按病组（DRG）付费分组方案

（2.0 版）

（上　册）

国家医疗保障局　**组织编写**

中国协和医科大学出版社
北　京

图书在版编目（CIP）数据

按病组（DRG）付费分组方案：2.0版 / 国家医疗保障局组织编写. -- 北京：中国协和医科大学出版社, 2025. 7. -- ISBN 978-7-5679-2703-2

Ⅰ. F842.613

中国国家版本馆CIP数据核字第2025NA9609号

责任编辑 栾 韬 姚佳悦

封面设计 邱晓俐

责任校对 张 麓

责任印制 黄艳霞

出版发行 **中国协和医科大学出版社**

（北京市东城区东单三条9号 邮编100730 电话010-65260431）

网　　址 www.pumcp.com

印　　刷 北京中科印刷有限公司

开　　本 880mm×1230mm 1/16

印　　张 114

字　　数 3610千字

版　　次 2025年7月第1版

印　　次 2025年7月第1次印刷

定　　价 598.00元

（版权所有，侵权必究，如有印装质量问题，由本社发行部调换）

前　言

“疾病诊断相关分组（diagnosis-related groups，DRG）”正式诞生于20世纪60年代末的美国，其起源大概可以追溯到20世纪20年代医疗服务当中的一个实际问题，即“如何比较医疗服务提供者的优劣，以便做出适当的选择？”回答这个问题的最大困难在于，不同的医疗服务提供者之间收治患者的数量和类型不同，难以直接比较。为了解决这个问题，产生了“病例组合（case-mix）”的概念。“病例组合”将临床过程相近和/或资源消耗相当的病例分类组合成为若干个组别，组与组之间制定不同的“权重（weight）”反映各组的价值。于是，同组之间的病例可以直接比较，不同组的病例经过权重的调整再进行比较。至20世纪60年代，涌现出多种有风险调整功能的“病例组合”工具，在医疗服务管理中应用最为广泛的当数DRG。

20世纪80年代，美国率先将DRG用于医保定额支付，如今多数发达国家社会保险都采用这一工具进行预算、资源配置管理或购买医疗服务。从本质上讲，DRG既能用于支付管理，也能用于预算管理，还能用于质量管理，是一套“管理工具”。20世纪80年代末，我国开始了DRG的初步研究，认为国内病案承载的数据可以基本满足DRG分组需要。经过30余年的发展，形成了应用于不同领域的DRG版本，DRG研究在我国逐渐深入。

随着我国城镇化、人口老龄化、就业方式多样化，医保的短期和长期收支平衡面临挑战，引进DRG这一管理工具，开始DRG支付方式改革，替代目前使用的按项目付费，能够兼顾医、保、患的利益，促进三方达成共识，有利于实现以患者为中心、提高医保基金使用效率的目标，使医保管理部门和医疗机构实现医保购买谈判、财务收支平衡，调动广大医务人员的积极性，优化临床路径、规范诊疗行为、提高服务效率，促进医疗卫生事业可持续发展。

2019年，国家医疗保障局（以下简称“国家医保局”）、财政部、国家卫生健康委和国家中医药管理局联合印发《关于印发按疾病诊断相关分组付费国家试点城市名单的通知》（医保发〔2019〕34号），确定了30个城市作为DRG付费国家试点城市，提出了各试点城市及所在省份要在国家DRG付费试点工作组的统一领导下，按照“顶层设计、模拟测试、实际付费”三步走的思路，确保完成各阶段的工作任务。同年，国家医保局和北京市政府正式签署了《关于建立完善疾病诊断相关分组付费技术标准和维护机制的合作备忘录》，决定双方共同建立完善DRG付费技术标准体系及运行维护机制，同时在北京市医疗保障局设立“DRG付费国家试点工作技术指导组”，承担DRG支付方式改革的技术支持工作。2021年，国家医保局印发《DRG/DIP支付方式改革三年行动计划》，提出了“全面完成DRG/DIP支付方式改革任务”的目标，技术指导组进一步落实开发和完善DRG改革技术标准的工作要求，提高改革标准化、规范化水平。

分组方案的编制以“临床路径相似，资源消耗相近”的原则，分别对核心疾病诊断相关分组（ADRG）和细分组（DRG）进行论证研究，其中ADRG层面，国家医保局联合中华医学会和中华口腔医学会开展临床论证，邀请了200余位临床专家，以《国家医疗保障疾病诊断相关分组（CHS-DRG）分组方案（1.1版）》为基础，召开了37次专题论证会，对分组方案进行了全方位的升级。DRG层面，结合试点城市DRG付费运行中发现的问题，通过DRG支付方式改革城市5371万份病例统计分析，并结合麻醉风险分级的内容对DRG方案进行优化。本次形成的《按病组（DRG）付费分组方案（2.0版）》，更加契合临床实际情况，真正体现DRG取之于医、用之于医。

特别感谢中华医学会、中华口腔医学会在临床论证过程中给予的支持和帮助，同时也感谢各省、市将改革运行过程中遇到的技术问题及时反馈给我们。随着医疗技术的发展，相关信息业务编码标准的更新，我们将和临床“相向而行”不断调整、完善分组方案。

编写组

2025年6月

目　录

上　册

按病组（DRG）付费分组方案（2.0版）编制说明

按病组（DRG）付费分组方案（2.0版）分组方案

下　册

按病组（DRG）付费分组方案（2.0版）

编制说明

一、开发环境

DRG的应用基于《医疗保障基金结算清单》数据、国家医保版《医疗保障疾病分类与代码》（ICD-10）和《医疗保障手术及操作分类与代码》（ICD-9-CM-3）。

（一）医疗保障基金结算清单

在国家医保局颁发《医疗保障基金结算清单》之前，我国采用“病案首页”数据作为DRG分组数据来源。病案首页数据在借鉴国外相关标准的基础上，结合我国的国情和具体情况，通过对病案首页中所有的数据元按照标准化的要求，对中文名称、英文名称、定义等做出了明确要求，特别是对主要诊断、其他诊断、主要手术和操作、其他手术和操作等重要诊疗项目进行了规范化的要求，为病案首页数据标准化奠定了基础，是DRG分组结果客观、真实、可靠的必要保证。对病案首页数据进行标准化，需要采用一些标准化的方法。参照目前比较公认的国标GB/T 18391《信息技术　元数据注册系统（MDR）》中所提供的方法，进行数据字典的标准化建设。按照标准中的要求，对“病案首页”所需的信息进行需求分析、信息分类、信息抽象、提取数据元、确定数据类型、定义数据元属性等每个阶段的建设，最终形成“病案首页数据”。

在研制DRG时，使用了各地医院《出院病例病案首页》和医疗保险结算清单。精准的分组结果，依赖于病案首页各个数据项目的准确性、规范性和标准化，特别是与DRG分组相关的各项诊疗项目数据。

通过病案首页中的主要诊断、手术和操作，准确反映疾病的严重程度和治疗方式的复杂程度；通过年龄、出生体重（新生儿病例）、其他诊断等变量来反映病例的个体特征差异。数据字典中各数据元定义和描述的具体内容，大多属于医学专业范畴，参照了相关的医学术语和分类标准，以及相关的其他专业领域的国家、行业标准。

2019年，根据国家医保局信息标准化工作总体安排，业务标准小组对国内各统筹地区医保结算清单、住院病案首页及财政部2019年《关于全面推行医疗收费电子票据管理改革的通知》精神进行了深入研究，在此基础上，遵循“适用性、一致性、规范性”的基本原则，融合现行各个版本的优点，编制了全新的《医疗保障基金结算清单》，涵盖了DRG所需的病案首页中的指标内容、参保患者住院结算信息，以及财政部医疗收费电子票据中的收费分类等。

2020年4月国家医保局根据《国家医疗保障局关于印发医疗保障定点医疗机构等信息业务编码规则和方法的通知》（医保发〔2019〕55号）有关要求，制定《医疗保障基金结算清单填写规范（试行）》。要求北京市、天津市共8个试点城市试行医保结算清单填写规范。

2021年7月国家医保局在听取和汇总8个试点城市医保结算清单使用情况的基础上，对《医疗保障基金结算清单》进行了修订，并下发了《医疗保障基金结算清单填写规范》（医保办发〔2021〕34号），要求全国“认真贯彻落实，加快推进医保结算清单的落地使用，做好基础信息质量控制，提高数据管理能力”。随着《医疗保障基金结算清单》的全面使用，DRG分组的数据将完全来源于《医疗保障基金结算清单》。

（二）疾病分类与代码（ICD-10）

回顾ICD发展史，1853年，法国的医学统计学家耶克•贝蒂荣（Jacques Bertillon）提出疾病死亡原因统计分类法，受到政府与公共卫生行政部门的重视，在近50年中几经修订，逐步推广使用，它便是当今国际疾病分类法的第1版。此后，在1900年、1920年、1929年、1938年的巴黎国际统计学会议上被命名为“国际死因分类法（International List of Causes of Death）”的第2～5版，简称ICD系统。1948年，世界卫生组织（WHO）接管后更名为“国际疾病、外伤与死因统计分类法”第6版，首次成为一个综合性的疾病分类法，同时包括了精神疾病分类。1957年，公布了ICD-7。1966年，世界卫生组织（WHO）在“国际疾病、外伤与死因统计分类法”ICD-7的基础上，对全部疾病都添加了描述性定义，对诊断名词做出了界定与解释，并且列出同义的其他诊断名词。1975年，公布了ICD-9。1992年，公布了ICD-10，其主要特点包括了新认识的疾病，损伤分类更细，条目比ICD-9扩展了1.6倍，它的应用范围不仅考虑到疾病统计、生命统计，而且照顾到医院管理、科研和医疗保险购买服务的使用。说明国际标准在亚目的情况下已经考虑到管理需求。

我国自2001年推广使用《疾病和有关健康和问题的国际统计分类（第十次修订本ICD-10）》，同时制定出版相应的国家标准（GB/T 14396-2001）。随着病案信息在医院管理等方面的应用，医院内部为使用方便，在国家标准版的基础上增加实际诊断名称，编码方面在亚目的基础上扩充尾码。在区域统计时发现同一诊断名称在不同医院所使用的编码不同，因此，2011年卫生部统计信息中心发布了《疾病分类与代码》，并于2012年发布修订版。

根据国家医保局信息标准化工作总体安排，国家医保局业务标准小组对国内各统筹地区疾病分类与代码使用现况、不同版本编码的规则进行了深入研究，在此基础上，业务标准小组按照GB/T 14396-2016给出的规则，遵循“科学性、适用性、公允性”的基本原则，融合现行各个疾病诊断编码版本的优点，起草了国家医保版标准，并于2021年1月更新为2.0版本。本标准收录了2048个疾病类目、10 171个疾病亚目和33 304个可以直接用于临床诊断的条目。本标准以包容性强、融合度高为主要特征，方便各地原有编码标准的对接和转换，并要求全国医保结算端以此疾病分类与代码为标准开展医保结算及其他相关业务。

（三）手术及操作分类与代码（ICD-9-CM-3）

手术操作分类是医疗保险框定管理单元、落实分类管理的重要依据。手术操作编码是医保业务信息的重要组成部分。规范手术及操作分类与编码，对提升医保业务信息化水平、进而提升医保业务管理效能有着重要意义。根据国家医保局信息标准化工作总体安排，业务标准小组对国内各统筹地区手术操作编码使用现况、不同版本编码的规则进行了深入研究，在此基础上，业务标准小组按照《国际疾病分类手术与操作（ICD-9-CM-3）》给出的规则，遵循“科学性、适用性、公允性”的基本原则，融合现行各个手术操作编码版本的优点，起草本标准，并于2021年1月更新为2.0版本。该标准收录了890个手术操作亚目、3666个手术操作细目和13 686个手术操作条目。本标准以包容性强、融合度高为主要特征，方便各地原有编码标准的对接和转换。国家医保局建立了医保业务相关标准的动态维护机制，将广泛吸收使用者的合理化建议，不断维护、更新和修订此规范。

DRG是基于国家医保版疾病分类与代码和手术及操作分类与代码进行编制的。

二、相关术语

1．主要诊断大类（major diagnostic category，MDC）：指主要诊断按解剖系统及其他大类目进行分类的结果。

2．核心疾病诊断相关分组（adjacent diagnosis related group，ADRG）：是主要根据疾病临床特征划分的一组疾病诊断或手术操作等临床过程相似的病例组合。ADRG不能直接应用于管理或付费，需进一步细分为DRG后才能使用。

3．主要诊断（principal diagnosis）：指经医疗机构诊治确定的导致患者本次住院就医主要原因的疾病（或健康状况）。

4．其他诊断（secondary diagnosis）：指患者住院时并存的、后来发生的、或是影响所接受的治疗和/或住院时间的疾病。

5．主要手术及操作（major procedure）：指患者本次住院期间，针对临床医师为患者作出主要诊断的病症所施行的手术或操作。

6．其他手术及操作（secondary procedure）：指患者在本次住院被实施的其他手术或操作。

7．合并症或并发症（comorbidity or complication，CC）：合并症（comorbidity）指与主要诊断和并发症非直接相关，但对本次医疗过程有一定影响的病症（不包括对当前住院没有影响的早期住院诊断）；并发症（complication）指与主要诊断存在因果关系，主要诊断直接引起的病症。其中，影响较大的称为“严重合并症或并发症（major comorbidity or complication，MCC）”。

8．0000组：指疾病诊断编码不规范等原因导致的不能正常入组的病例进入的组。

9．歧义（QY）组：指与主要诊断无关的手术病例组，可在多个MDC中出现。

三、方案要点

（一）基础信息

DRG需要的基础信息包括病情严重程度和复杂性、治疗方式、医疗结果及资源消耗等多个维度的信息。考虑到信息的准确性和可获得性，DRG各个维度的数据均来自参保患者出院时的《医疗保障基金结算清单》。具体见表3-1。

表3-1 DRG方案的数据需求表

分类轴心	信息/数据
数据来源	《医疗保障基金结算清单》
编码系统	《医疗保障疾病诊断分类与代码》ICD-10 《医疗保障手术操作分类与代码》ICD-9-CM-3
病情严重程度及复杂性	主要诊断、其他诊断、个体因素（如性别、新生儿的出生体重等）
治疗方式	手术室手术、非手术室操作、其他辅助的医疗和护理服务（如呼吸机使用等）
医疗结果	离院方式（死亡、医嘱离院、非医嘱离院、转院等）
资源消耗	医疗费用、住院时间

（二）核心疾病诊断相关分组（ADRG）

《国家医疗保障疾病诊断相关分组（DRG）分组方案（2.0版）》[以下简称《DRG（2.0版）》]采用的国家医保版ICD-10编码包含疾病诊断2048个类目、10 171个亚目、33 304个条目，国家医保版ICD-9-CM-3编码包含手术和操作890个亚目、3666个细目和13 686个条目。依照“临床过程相似性”和“资源消耗相似性”的分组原则进行核心疾病诊断相关组（ADRG）分组，分别设立182个外科手术组、37个非手术室操作组及190个内科诊疗组，总共409个核心疾病诊断相关组。可覆盖所有危急重短期（60天以内）住院病例。

与上一版分组方案相比，DRG（2.0版）分组方案ADRG从376组升级至409组，见表3-2。

表3-2 ADRG的变化情况

1.1 序号	1.1 ADRG	1.1ADRG名称	2.0 ADRG	2.0ADRG名称	2.0 序号
			AA1	心肺移植	1
1	AA1	心脏移植	AA2	心脏移植	2
2	AB1	肝移植	AB1	肝移植	3
3	AC1	胰/肾联合移植	AC1	胰/肾联合移植	4
4	AD1	胰腺移植	AD1	胰腺移植	5
5	AE1	肾移植	AE1	肾移植	6
6	AF1	肺移植	AF1	肺移植	7
7	AG1	异体骨髓/造血干细胞移植	AG1	非同胞全相合异基因造血干细胞移植	8
			AG2	同胞全相合异基因造血干细胞移植	9

续 表

1.1 序号	1.1 ADRG	1.1ADRG名称	2.0 ADRG	2.0ADRG名称	2.0 序号
8	AG2	自体骨髓/造血干细胞移植	AG3	自体骨髓/造血干细胞移植	10
9	AH1	有创呼吸机支持≥96小时或ECMO或全人工心脏移植术	AH1	ECMO或全人工心脏植入术	11
			AH2	有创呼吸机支持≥96小时	12
			BB1	神经系统复合手术	13
12	BC1	伴出血诊断的颅内血管手术	BB2	伴出血诊断的颅脑手术	14
			BB3	伴肿瘤诊断的颅脑手术	15
10	BB1	脑创伤开颅术	BB4	伴创伤诊断的颅脑手术	16
11	BB2	除创伤之外的其他开颅术	BB5	其他颅脑相关手术	17
13	BC2	脑室分流及翻修手术	BC1	脑室分流及翻修手术	18
14	BD1	脊髓手术	BD1	脊柱脊髓手术	19
15	BD2	神经刺激器植入或去除术	BD2	立体定向与功能性神经外科手术	20
16	BE1	颈及脑血管手术	BE1	颈及脑血管手术	21
17	BE2	脑血管介入治疗	BE2	神经介入治疗	22
18	BJ1	神经系统其他手术	BJ1	神经系统其他手术	23
19	BL1	脑血管病溶栓治疗	BL1	神经系统血管病溶栓治疗	24
20	BM1	脑血管介入检查术	BM1	神经介入检查术	25
21	BR1	颅内出血性疾患	BR1	脑卒中	26
22	BR2	脑缺血性疾患	BR2	其他脑缺血性疾病	27
23	BS1	非创伤性意识障碍	BS1	非创伤性意识障碍	28
24	BT1	病毒性脑、脊髓和脑膜炎	BT1	病毒性脑、脊髓和脑膜炎	29
			BT2	细菌性脑、脊髓和脑膜炎	30
25	BT2	神经系统的其他感染	BT3	神经系统的其他感染	31
26	BU1	神经系统肿瘤	BU1	神经系统肿瘤	32
27	BU2	神经系统变性疾患	BU2	神经系统变性疾病	33
28	BU3	中枢神经系统脱髓鞘病	BU3	中枢神经系统脱髓鞘病	34
29	BV1	癫痫	BV1	癫痫	35
30	BV2	神经肌肉接头及肌肉病	BV2	神经肌肉接头及肌肉病	36
31	BV3	头痛	BV3	头痛	37
32	BW1	神经系统先天性疾患	BW1	神经系统先天性疾病	38
33	BW2	脑性瘫痪	BW2	脑性瘫痪	39
34	BX1	认知功能障碍	BX1	认知功能障碍	40
35	BX2	脑神经/周围神经疾患	BX2	脑神经/周围神经疾病	41
36	BY1	颅脑损伤	BY1	颅脑损伤	42
37	BY2	脊髓伤病及功能障碍	BY2	脊髓伤病及功能障碍	43
38	BZ1	神经系统其他疾患	BZ1	神经系统其他疾病	44
			CB1	角膜移植手术	45
			CB2	玻璃体、视网膜、脉络膜联合晶状体手术	46
			CB3	晶状体联合视网膜及晶状体以外的内眼手术	47
39	CB1	玻璃体、视网膜、脉络膜手术	CB4	玻璃体、视网膜、脉络膜手术	48

续 表

1.1序号	1.1 ADRG	1.1ADRG名称	2.0 ADRG	2.0ADRG名称	2.0序号
41	CB3	晶体手术	CB5	晶状体手术	49
42	CB4	视网膜、虹膜及晶状体以外的内眼手术	CB6	视网膜及晶状体以外的内眼手术	50
40	CB2	虹膜手术			
43	CC1	角膜、巩膜、结膜手术	CB7	角膜、巩膜、结膜手术	51
45	CD2	眼眶手术	CD1	眼眶手术	52
			CD2	眼肌手术	53
44	CD1	除眼眶外的外眼手术	CD3	除眼眶外的外眼手术	54
46	CJ1	其他眼部手术	CJ1	其他眼部手术	55
47	CR1	眼部恶性肿瘤及交界性肿瘤	CR1	眼部恶性肿瘤及交界性肿瘤	56
48	CS1	眼外肌、眼的神经及血管疾病	CS1	眼外肌、眼的神经及血管疾病	57
49	CT1	前房出血及眼创伤的非手术治疗	CT1	前房出血及眼创伤的非手术治疗	58
50	CU1	急性重大眼感染	CU1	急性重大眼感染	59
51	CV1	各种类型青光眼	CV1	各种类型青光眼	60
52	CW1	各种类型白内障	CW1	各种类型白内障	61
53	CX1	其他疾患引起眼部病变	CX1	其他疾病引起眼部病变	62
54	CZ1	其他眼部疾患	CZ1	其他眼部疾病	63
			DB1	鼻颅底或鼻眼复杂手术	64
			DB2	鼻颅底或鼻眼一般手术	65
			DC1	口腔颌面头颈缺损游离组织瓣修复术	66
			DC2	口腔颌面头颈缺损其他组织瓣修复术	67
55	DA1	头颈恶性肿瘤大手术	DC3	口腔颌面头颈恶性肿瘤根治术	68
56	DB1	恶性肿瘤之外的头颈大手术	DC4	口腔颌面头颈肿瘤切除术	69
57	DB2	人工听觉装置植入	DD1	人工听觉装置植入	70
58	DB3	唇、腭裂修补术	DD2	唇、腭裂修补术	71
59	DC1	中耳/内耳/侧颅底手术	DE1	中耳/内耳/侧颅底手术	72
60	DC2	耳部其他小手术	DE2	耳部其他小手术	73
61	DD1	鼻成型术	DF1	鼻成形术	74
62	DD2	鼻腔、鼻窦手术	DF2	鼻腔、鼻窦手术	75
63	DE1	咽、喉、气管手术	DG1	咽、喉、气管手术	76
64	DE2	扁桃体和/或腺样体切除手术	DG2	扁桃体和/或腺样体切除手术	77
66	DG2	颅/面骨手术	DH1	颅面骨正颌手术	78
			DH2	颅面骨创伤手术	79
			DH3	颞下颌关节手术	80
			DH4	颅面骨其他手术	81
65	DG1	腮腺及其他唾液腺手术			
67	DJ1	头、颈、耳、鼻、咽、口其他手术	DJ1	头、颈、耳、鼻、咽、口其他手术	82
68	DK1	其他头、颈、耳、鼻、咽、口治疗操作	DK1	其他头、颈、耳、鼻、咽、口治疗操作	83
69	DR1	头、颈、耳、鼻、咽、口恶性肿瘤	DR1	头、颈、耳、鼻、咽、口恶性肿瘤	84
70	DS1	平衡失调及听觉障碍	DS1	平衡失调及听觉障碍	85
71	DT1	中耳炎及上呼吸道感染	DT1	中耳炎及上呼吸道感染	86

续 表

1.1 序号	1.1 ADRG	1.1ADRG名称	2.0 ADRG	2.0ADRG名称	2.0 序号
72	DT2	会厌炎、喉炎及气管炎	DT2	会厌炎、喉炎及气管炎	87
73	DU1	头、颈、外耳、口鼻的创伤及变形	DU1	头、颈、外耳、口鼻的创伤及变形	88
74	DV1	头、颈、耳、鼻、咽、口非恶性增生性疾患	DV1	头、颈、耳、鼻、咽、口非恶性增生性疾病	89
75	DW1	口腔、牙齿有关疾患	DW1	口腔、牙齿有关疾病	90
76	DZ1	其他头、颈、耳、鼻、咽、口疾患	DZ1	其他头、颈、耳、鼻、咽、口疾病	91
77	EB1	肺大手术	EB1	肺大手术	92
78	EB2	肺其他手术	EB2	肺其他手术	93
79	EC1	纵隔、气管、胸壁大手术	EC1	纵隔、气管、胸壁大手术	94
80	EC2	纵隔、气管、胸壁其他手术	EC2	纵隔、气管、胸壁其他手术	95
81	ED1	除肺、纵隔、气管、胸壁外的其他手术	ED1	除肺、纵隔、气管、胸壁外的其他手术	96
82	EJ1	呼吸系统其他手术	EJ1	呼吸系统其他手术	97
			EK1	有创呼吸机治疗小于96小时	98
			EK2	伴肺水肿或呼吸衰竭的无创呼吸支持技术	99
83	ER1	呼吸系统肿瘤	ER1	呼吸系统肿瘤	100
85	ER3	肺水肿及呼吸衰竭	ER2	肺水肿或呼吸衰竭	101
87	ES2	肺真菌病	ES1	肺真菌病	102
86	ES1	呼吸系统结核	ES2	呼吸系统结核	103
88	ES3	呼吸系统感染/炎症	ES3	呼吸系统感染/炎症	104
89	ET1	肺间质性疾患	ET1	肺间质性疾病	105
90	ET2	慢性气道阻塞病	ET2	慢性气道阻塞病	106
91	EU1	重大胸部创伤	EU1	重大胸部创伤	107
92	EV1	呼吸系统症状、体征	EV1	呼吸系统症状、体征	108
93	EW1	胸膜病变及胸腔积液	EW1	胸膜病变及胸腔积液	109
94	EX1	哮喘及喘息性支气管炎	EX1	哮喘及喘息性支气管炎	110
95	EX2	百日咳及急性支气管炎	EX2	百日咳及急性支气管炎	111
96	EZ1	其他呼吸系统疾患	EZ1	其他呼吸系统疾病	112
97	FB1	瓣膜手术伴冠脉手术	FB1	瓣膜手术伴冠脉手术	113
98	FB2	心脏瓣膜手术	FB2	心脏瓣膜手术	114
99	FC1	冠状动脉手术	FC1	冠状动脉手术	115
100	FD1	先天性心脏病复杂手术	FD1	先天性心脏病复杂手术	116
101	FD2	先天性心脏病常规手术	FD2	先天性心脏病常规手术	117
103	FE1	大血管手术伴介入操作	FE1	大血管复杂手术	118
104	FE2	大血管手术	FE2	大血管常规手术	119
106	FF2	外周血管手术伴介入操作	FF1	外周血管手术伴介入操作	120
107	FF3	外周血管（除大隐静脉外）其他的手术	FF2	外周血管（除大隐静脉外）其他的手术	121
105	FF1	大隐静脉和小隐静脉手术	FF3	大隐静脉和小隐静脉手术	122
108	FJ1	循环系统其他手术	FJ1	心血管系统其他手术	123
			FK1	心脏循环辅助系统植入	124
109	FK1	伴急性心肌梗塞/心衰/休克的心脏除颤器及心室同步	FK2	伴急性心肌梗死/心衰/休克的心脏除颤器及心室同步	125

续 表

1.1 序号	1.1 ADRG	1.1ADRG名称	2.0 ADRG	2.0ADRG名称	2.0 序号
110	FK2	不伴急性心肌梗塞/心衰/休克的心脏除颤器及心室同步	FK3	不伴急性心肌梗死/心衰/休克的心脏除颤器及心室同步	126
111	FK3	永久性起搏器植入/置换/更新	FK4	永久性起搏器植入/置换/更新	127
114	FL3	经皮瓣膜植入或修复术	FL1	经皮瓣膜植入或修复术	128
112	FL1	经皮心脏消融术伴房颤和/或房扑	FL2	经皮心脏消融术伴房颤和/或房扑	129
113	FL2	经皮心脏消融术除房扑、房颤外其他心律失常	FL3	经皮心脏消融术除房扑、房颤外其他心律失常	130
102	FD3	先天性心脏病介入治疗	FL4	先天性心脏病介入治疗	131
118	FM4	经皮大血管支架置入或修复术	FM1	经皮大血管复杂手术	132
			FM2	经皮大血管常规手术	133
115	FM1	经皮冠状动脉支架植入	FM3	经皮冠状动脉支架植入	134
116	FM2	其他经皮心血管治疗	FM4	其他经皮心血管治疗	135
117	FM3	经皮心导管检查操作	FM5	经皮心导管检查操作	136
119	FN1	外周动静脉复杂经皮血管内检查和/或治疗	FN1	下肢动脉经皮血管内治疗	137
120	FN2	外周动静脉经皮血管内检查和/或治疗	FN2	其他外周血管检查和/或治疗	138
121	FP1	心力衰竭、休克伴操作性治疗	FP1	心力衰竭、休克伴操作性治疗	139
122	FR1	急性心肌梗死	FR1	急性心肌梗死	140
123	FR2	心力衰竭、休克	FR2	心力衰竭、休克	141
84	ER2	肺栓塞	FR3	肺栓塞	142
124	FR3	心绞痛	FR4	心绞痛	143
125	FR4	冠状动脉粥样硬化/血栓/闭塞	FR5	冠状动脉粥样硬化/血栓/闭塞	144
126	FT1	心肌病	FT1	心肌病	145
127	FT2	感染性心内膜炎	FT2	感染性心内膜炎	146
128	FT3	瓣膜疾患	FT3	瓣膜疾病	147
129	FT4	心包疾病	FT4	心包疾病	148
130	FU1	严重心律失常及心脏停搏	FU1	严重心律失常及心脏停搏	149
131	FU2	心律失常及传导障碍	FU2	心律失常及传导障碍	150
132	FV1	先天性心脏病	FV1	先天性心脏病	151
133	FV2	高血压	FV2	高血压	152
134	FV3	晕厥及/或虚脱	FV3	晕厥及/或虚脱	153
135	FW1	动脉疾患	FW1	动脉疾病	154
136	FW2	静脉疾患	FW2	静脉疾病	155
137	FZ1	其他循环系统疾患	FZ1	其他循环系统疾病	156
138	GB1	食管、胃、十二指肠大手术	GB1	食管大手术	157
			GB2	胃、十二指肠大手术	158
139	GB2	小肠、大肠（含直肠）的大手术	GB3	小肠、大肠（含直肠）的大手术	159
140	GC1	食管、胃、十二指肠其他手术	GC1	食管其他手术	160
			GC2	胃、十二指肠其他手术	161
141	GC2	小肠、大肠（含直肠）的其他手术	GC3	小肠、大肠（含直肠）的其他手术	162
			GD1	腹膜后肿瘤手术	163
142	GD1	伴穿孔、化脓、坏疽等阑尾切除术	GE1	伴穿孔、化脓、坏疽等阑尾切除术	164

续 表

1.1 序号	1.1 ADRG	1.1ADRG名称	2.0 ADRG	2.0ADRG名称	2.0 序号
143	GD2	阑尾切除术	GE2	阑尾切除术	165
145	GE2	疝其他手术	GF1	特殊类型疝手术	166
			GF2	腹壁疝及脐疝手术	167
144	GE1	腹股沟及腹疝手术	GF3	腹股沟疝及股疝手术	168
146	GF1	肛管、肛门及肛周手术	GG1	肛管、肛门及肛周手术	169
147	GF2	直肠其他手术	GG2	直肠其他手术	170
148	GG1	腹腔/盆腔内粘连松解术	GH1	腹腔/盆腔内粘连松解术	171
149	GJ1	消化系统其他手术	GJ1	消化系统其他手术	172
150	GK1	消化系统其他内镜治疗操作	GK1	消化系统其他内镜治疗操作	173
151	GK2	胃镜治疗操作	GK2	胃镜治疗操作	174
152	GK3	结肠镜治疗操作	GK3	结肠镜治疗操作	175
153	GR1	消化系统恶性肿瘤	GR1	消化系统恶性肿瘤	176
154	GS1	胃肠出血	GS1	胃肠出血	177
155	GT1	炎症性肠病	GT1	炎症性肠病	178
156	GU1	消化道溃疡伴穿孔	GU1	消化道溃疡伴穿孔	179
157	GU2	其他消化溃疡	GU2	其他消化道溃疡	180
158	GV1	消化道梗阻或腹痛	GV1	消化道梗阻或腹痛	181
159	GW1	食管炎、胃肠炎	GW1	食管炎、胃肠炎	182
160	GZ1	其他消化系统诊断	GZ1	其他消化系统疾病	183
161	HB1	胰、肝切除和/或分流手术	HB1	胰、肝切除和/或分流手术	184
162	HC1	胆总管手术	HC1	胆总管手术	185
163	HC2	胆囊切除手术	HC2	胆囊切除手术	186
164	HC3	除胆囊切除术以外的胆道手术	HC3	除胆囊切除术以外的胆道手术	187
165	HJ1	与肝、胆或胰腺疾患有关的其他手术	HJ1	与肝、胆或胰腺疾病有关的其他手术	188
166	HK1	食管曲张静脉出血的治疗性内镜操作	HK1	食管曲张静脉出血的治疗性内镜操作	189
167	HL1	肝胆胰系统的治疗性操作	HL1	肝胆胰系统的治疗性操作	190
168	HL2	肝胆胰系统的诊断性操作	HL2	肝胆胰系统的诊断性操作	191
169	HR1	肝胆胰系统恶性肿瘤	HR1	肝胆胰系统恶性肿瘤	192
170	HS1	肝功能衰竭	HS1	肝功能衰竭	193
171	HS2	肝硬化	HS2	肝硬化	194
172	HS3	病毒性肝炎	HS3	病毒性肝炎	195
173	HT1	重症胰腺炎	HT1	重症胰腺炎	196
174	HT2	急性胰腺炎	HT2	急性胰腺炎	197
175	HU1	急性胆道疾患	HU1	急性胆道疾病	198
176	HZ1	其他肝脏疾病	HZ1	其他肝脏疾病	199
177	HZ2	胆道其他疾病	HZ2	胆道其他疾病	200
178	HZ3	胰腺其他疾病	HZ3	胰腺其他疾病	201
179	IB1	复杂脊柱疾患或3节段及以上脊柱融合手术或翻修手术	IB1	复杂脊柱疾病或3节段及以上脊柱融合手术或翻修手术	202
180	IB2	脊柱2节段及以下脊柱融合术	IB2	脊柱2节段及以下脊柱融合术	203

续 表

1.1序号	1.1ADRG	1.1ADRG名称	2.0ADRG	2.0ADRG名称	2.0序号
181	IB3	与脊柱有关的其他手术	IB3	与脊柱有关的其他手术	204
182	IC1	髋、肩、膝、肘和踝关节假体翻修/修正手术	IC1	髋、肩、膝、肘和踝关节假体翻修/修正手术	205
183	IC2	髋、肩、膝、肘和踝关节置换术	IC2	髋、肩、膝、肘和踝关节置换术	206
184	IC3	除置换/翻修外的髋、肩、膝、肘、踝和足部关节的修复、重建手术	IC3	除置换/翻修外的髋、肩、膝、肘、踝和足部关节的修复、重建手术	207
185	IC4	除置换/翻修外的髋、肩、膝、肘、踝和足部关节其他手术	IC4	除置换/翻修外的髋、肩、膝、肘、踝和足部关节其他手术	208
			ID1	脊柱、骨盆的骨与软组织肿瘤手术	209
			ID2	除脊柱、骨盆以外的骨与软组织肿瘤手术	210
187	IE1	骨盆髋臼手术	IE1	骨盆髋臼手术	211
190	IF3	股骨手术	IE2	股骨手术	212
191	IF4	除股骨以外的下肢骨手术	IE3	除股骨以外的下肢骨手术	213
186	ID1	小关节手术	IE4	小关节手术	214
188	IF1	上肢骨手术	IE5	上肢骨手术	215
189	IF2	手外科手术	IE6	手外科手术	216
192	IF5	骨科固定装置去除/修正术	IF1	骨科固定装置去除/修正术	217
193	IG1	周围神经手术	IG1	周围神经手术	218
194	IH1	肌肉、肌腱手术	IH1	肌肉、肌腱手术	219
195	IJ1	骨骼肌肉系统的其他手术	IJ1	骨骼肌肉系统的其他手术	220
196	IR1	骨盆骨折	IR1	骨盆骨折	221
197	IR2	股骨骨折	IR2	股骨骨折	222
198	IS1	前臂、腕、手或足损伤	IS1	前臂、腕、手或足损伤	223
199	IS2	除前臂、腕、手足外的损伤	IS2	除前臂、腕、手足外的损伤	224
200	IT1	骨髓炎	IT1	骨髓炎	225
201	IT2	慢性炎症性肌肉骨骼结缔组织疾患	IT2	慢性炎症性肌肉骨骼结缔组织疾病	226
202	IT3	感染性关节炎	IT3	感染性关节炎	227
203	IU1	骨病及其他关节病	IU1	骨病及其他关节病	228
204	IU2	颈腰背疾患	IU2	颈腰背疾病	229
205	IU3	骨骼、肌肉、结缔组织恶性病损、病理性骨折	IU3	骨骼、肌肉、结缔组织恶性病损、病理性骨折	230
206	IV1	除脊柱外先天性骨骼肌肉系统疾患	IV1	除脊柱外先天性骨骼肌肉系统疾病	231
207	IZ1	肌肉骨骼系统植入物/假体的康复照护	IZ1	肌肉骨骼系统植入物/假体的康复照护	232
208	IZ2	骨骼、肌肉、肌腱、结缔组织的其他疾患	IZ2	骨骼、肌肉、肌腱、结缔组织的其他疾病	233
209	JA1	乳房恶性肿瘤根治性切除伴乳房重建术	JA1	乳房恶性肿瘤根治性切除伴乳房重建术	234
210	JA2	乳房恶性肿瘤根治性切除术	JA2	乳房恶性肿瘤根治性切除术	235
211	JB1	乳房成型手术	JB1	乳房成形手术	236
212	JB2	乳腺切除手术	JB2	乳腺切除手术	237
213	JB3	其他乳房手术	JB3	其他乳房手术	238
214	JC1	颜面及其他皮肤、皮下组织成型术	JC1	颜面及其他皮肤、皮下组织成形术	239
215	JD1	皮肤移植手术	JD1	皮肤移植手术	240

续 表

1.1 序号	1.1 ADRG	1.1ADRG名称	2.0 ADRG	2.0ADRG名称	2.0 序号
216	JD2	皮肤清创手术	JD2	皮肤清创手术	241
217	JJ1	皮肤、皮下组织的其他手术	JJ1	皮肤、皮下组织的其他手术	242
218	JR1	乳房恶性肿瘤	JR1	乳房恶性肿瘤	243
219	JR2	皮肤、皮下组织的恶性肿瘤	JR2	皮肤、皮下组织的恶性肿瘤	244
220	JS1	重大皮肤疾患	JS1	重大皮肤疾病	245
221	JS2	炎症性皮肤病	JS2	炎症性皮肤病	246
222	JT1	乳房、皮肤、皮下组织创伤	JT1	乳房、皮肤、皮下组织创伤	247
223	JU1	感染性皮肤病	JU1	感染性皮肤病	248
224	JV1	皮肤、皮下组织的非恶性增生性病变	JV1	皮肤、皮下组织的非恶性增生性病变	249
225	JV2	乳房良性病变	JV2	乳房良性病变	250
226	JZ1	其他皮肤及乳腺疾患	JZ1	其他皮肤及乳腺疾病	251
227	KB1	肾上腺手术	KB1	肾上腺手术	252
228	KC1	垂体手术	KC1	垂体手术	253
229	KD1	甲状腺大手术	KD1	甲状腺、甲状旁腺大手术	254
230	KD2	甲状旁腺、甲状舌管及甲状腺其他手术	KD2	甲状旁腺、甲状舌管及甲状腺其他手术	255
231	KE1	减重手术	KE1	减重手术	256
232	KJ1	因内分泌、营养、代谢疾患的其他手术	KJ1	因内分泌、营养、代谢疾病的其他手术	257
233	KR1	内分泌腺体肿瘤	KR1	内分泌腺体肿瘤	258
234	KS1	糖尿病	KS1	糖尿病	259
235	KT1	内分泌、营养、代谢疾病	KT1	内分泌、营养、代谢疾病	260
236	KU1	营养失调	KU1	营养失调	261
237	KV1	先天性代谢异常	KV1	先天性代谢异常	262
238	KZ1	其他代谢疾患	KZ1	其他代谢疾病	263
239	LA1	肾脏肿瘤手术	LA1	肾脏肿瘤手术	264
240	LA2	膀胱肿瘤手术	LA2	膀胱肿瘤手术	265
241	LB1	肾脏结石手术	LB1	肾脏结石手术	266
242	LB2	肾脏其他手术	LB2	肾脏其他手术	267
243	LC1	输尿管手术	LC1	输尿管手术	268
244	LD1	膀胱其他手术	LD1	膀胱其他手术	269
245	LE1	尿道手术	LE1	尿道手术	270
246	LF1	肾透析相关手术	LF1	肾透析相关手术	271
247	LJ1	泌尿系统其他手术	LJ1	泌尿系统其他手术	272
248	LL1	肾透析	LL1	肾透析	273
249	LR1	肾功能不全	LR1	肾功能不全	274
250	LS1	肾炎及肾病	LS1	肾炎及肾病	275
251	LT1	肾及尿路肿瘤	LT1	肾及尿路肿瘤	276
252	LU1	肾及尿路感染	LU1	肾及尿路感染	277
253	LV1	代谢性肾病	LV1	代谢性肾病	278
254	LW1	肾、尿路体征及症状	LW1	肾、尿路体征及症状	279
255	LX1	尿路结石、阻塞及尿道狭窄	LX1	尿路结石、阻塞及尿道狭窄	280

续 表

1.1 序号	1.1 ADRG	1.1ADRG名称	2.0 ADRG	2.0ADRG名称	2.0 序号
256	LZ1	肾及泌尿系统其他疾患	LZ1	肾及泌尿系统其他疾病	281
257	MA1	男性生殖器官恶性肿瘤手术	MA1	男性生殖器官恶性肿瘤手术	282
258	MB1	前列腺手术	MB1	前列腺手术	283
259	MC1	阴茎手术	MC1	阴茎手术	284
260	MD1	睾丸手术	MD1	睾丸手术	285
261	MJ1	其他男性生殖系统手术	MJ1	其他男性生殖系统手术	286
262	MR1	男性生殖系统恶性肿瘤	MR1	男性生殖系统恶性肿瘤	287
263	MS1	男性生殖系统炎症	MS1	男性生殖系统炎症	288
264	MZ1	其他男性生殖系统疾患	MZ1	其他男性生殖系统疾病	289
265	NA1	女性生殖器官恶性肿瘤的广泛切除手术	NA1	女性生殖器官恶性肿瘤的广泛切除手术	290
266	NA2	女性生殖器官恶性肿瘤除广泛切除术以外的手术	NA2	女性生殖器官恶性肿瘤除广泛切除术以外的手术	291
267	NB1	女性生殖系统重建手术	NB1	女性生殖系统重建手术	292
268	NC1	子宫（除子宫腔内病变以外）手术	NC1	子宫（除子宫腔内病变以外）手术	293
269	ND1	附件手术	ND1	附件手术	294
270	NE1	子宫腔内病变手术	NE1	子宫腔内病变手术	295
271	NF1	外阴、阴道、宫颈手术	NF1	外阴、阴道、宫颈手术	296
272	NG1	辅助生殖技术	NG1	辅助生殖技术	297
273	NJ1	女性生殖系统其他手术	NJ1	女性生殖系统其他手术	298
274	NR1	女性生殖系统恶性肿瘤	NR1	女性生殖系统恶性肿瘤	299
275	NS1	女性生殖系感染	NS1	女性生殖系统感染	300
276	NZ1	女性生殖系统其他疾患	NZ1	女性生殖系统其他疾病	301
277	OB1	剖宫产术	OB1	剖宫产术	302
			OC1	阴道助产手术	303
278	OC1	阴道分娩伴手术操作	OC2	阴道分娩伴手术操作	304
279	OD1	与妊娠相关的子宫及附件手术	OD1	与妊娠相关的子宫及附件手术	305
280	OD2	与妊娠相关的外阴、阴道及宫颈手术	OD2	与妊娠相关的外阴、阴道及宫颈手术	306
281	OE1	异位妊娠手术	OE1	异位妊娠手术	307
282	OF1	中期引产手术操作	OF1	中期引产手术操作	308
283	OF2	早期流产手术操作	OF2	早期流产手术操作	309
284	OJ1	与妊娠、分娩有关的其他手术操作	OJ1	与妊娠、分娩相关的其他手术操作	310
285	OR1	阴道分娩	OR1	阴道分娩	311
286	OS1	产褥期相关疾患	OS1	产褥期相关疾病	312
287	OS2	流产相关疾患	OS2	流产相关疾病	313
288	OT1	异位妊娠	OT1	异位妊娠	314
289	OZ1	与妊娠有关的其他疾患	OZ1	妊娠期相关疾病	315
290	PB1	新生儿（出生年龄＜29天）心血管手术	PB1	新生儿（出生年龄＜29天）心血管手术	316
			PC1	新生儿（出生年龄＜29天）除心血管外复杂手术	317
291	PC1	新生儿（出生年龄＜29天）腹部手术	PD1	新生儿（出生年龄＜29天）腹部手术	318

续 表

1.1序号	1.1 ADRG	1.1ADRG名称	2.0 ADRG	2.0ADRG名称	2.0序号
292	PJ1	新生儿（出生年龄＜29天）的其他手术	PJ1	新生儿（出生年龄＜29天）其他手术	319
293	PK1	新生儿伴呼吸机支持	PK1	新生儿伴呼吸机支持	320
294	PR1	新生儿呼吸窘迫综合征	PR1	新生儿呼吸窘迫综合征	321
295	PS1	极度发育不全（出生体重＜1500g）	PS1	极度发育不全（出生体重＜1500g）	322
296	PS2	早产儿（出生体重1500-1999g）	PS2	早产儿（出生体重1500-1999g）	323
297	PS3	早产儿（出生体重2000-2499g）	PS3	早产儿（出生体重2000-2499g）	324
298	PS4	早产儿（出生体重＞2499g）	PS4	早产儿（出生体重＞2499g）	325
299	PU1	足月儿	PU1	足月儿相关疾病	326
300	PV1	源于新生儿（29天≤出生年龄＜1周岁）诊断的婴儿疾患	PV1	源于新生儿（29天≤出生年龄＜1周岁）诊断的婴儿疾病	327
301	QB1	脾切除术	QB1	脾切除术	328
302	QJ1	非特指部位、组织、器官的良性肿瘤手术	QJ1	非特指部位、组织、器官的良性肿瘤手术	329
			QR1	移植物抗宿主病	330
303	QR1	网状内皮及免疫性疾患	QR2	网状内皮及免疫性疾病	331
304	QS1	红细胞病及营养性贫血	QS1	红细胞病及营养性贫血	332
305	QS2	溶血性贫血	QS2	溶血性贫血	333
			QS3	重型再生障碍性贫血	334
306	QS3	再生障碍性贫血	QS4	其他再生障碍性贫血	335
307	QS4	其他贫血	QS5	其他贫血	336
308	QT1	凝血功能障碍	QT1	血栓与止血	337
309	RA1	淋巴瘤等伴重大手术	RA1	淋巴瘤、白血病等伴重大手术	338
310	RA2	淋巴瘤等伴其他手术	RA2	淋巴瘤、白血病等伴其他手术	339
311	RA3	骨髓增生性疾患或低分化肿瘤等伴重大手术	RA3	骨髓增生性疾病或恶性增生性疾病等伴重大手术	340
312	RA4	骨髓增生性疾患或低分化肿瘤等伴其他手术	RA4	骨髓增生性疾病或恶性增生性疾病等伴其他手术	341
313	RB1	急性白血病化学治疗和/或其他治疗	RK1	急性白血病化学治疗和/或其他治疗	342
314	RB2	淋巴瘤、多发骨髓瘤化学治疗和/或其他治疗	RK2	淋巴瘤、多发骨髓瘤化学治疗和/或其他治疗	343
315	RC1	恶性增生性疾患放射治疗	RL1	恶性及增生性疾病放射治疗（体外照射）	344
			RL2	恶性及增生性疾病放射治疗（近距离照射）	345
316	RD1	恶性增生性疾患的介入和/或射频治疗	RM1	恶性及增生性疾病的介入、消融治疗	346
317	RE1	恶性增生性疾患的化学治疗和/或其他治疗	RN1	恶性及增生性疾病的化学治疗和/或其他治疗	347
318	RG1	恶行增生性疾患的靶向、免疫治疗	RN2	恶性及增生性疾病的靶向、免疫治疗	348
			RP1	恶性及增生性疾病的终末期治疗	349
319	RR1	急性白血病	RR1	急性白血病	350
320	RS1	淋巴瘤及其他类型白血病	RS1	淋巴瘤及其他类型白血病	351
321	RS2	骨髓瘤	RS2	浆细胞病	352
322	RT1	非特指恶性肿瘤	RT1	非特指恶性肿瘤	353
323	RT2	非特指良性肿瘤	RT2	非特指良性肿瘤	354
324	RU1	恶性增生性疾患的其他治疗	RU1	恶性及增生性疾病的其他治疗	355

续 表

1.1 序号	1.1 ADRG	1.1ADRG名称	2.0 ADRG	2.0ADRG名称	2.0 序号
325	RV1	与放射治疗有关的恶性增生性疾患			
326	RW1	恶性增生性疾患治疗后的随诊检查	RW1	恶性及增生性疾病治疗后的随诊检查	356
327	RW2	恶性增生性疾患维持性治疗	RW2	恶性及增生性疾病维持性治疗	357
328	SB1	全身性感染的手术	SB1	需手术的感染性疾病	358
329	SR1	败血症	SR1	败血症	359
330	SS1	手术后及创伤后感染	SS1	手术后及创伤后感染	360
331	ST1	原因不明的发热	ST1	原因不明的发热	361
332	SU1	病毒性疾患	SU1	病毒性疾病	362
333	SV1	细菌性疾患	SV1	细菌性疾病	363
334	SZ1	其他感染性或寄生虫性疾患	SZ1	其他感染性或寄生虫性疾病	364
335	TB1	精神病患者的手术	TB1	精神病患者的手术	365
336	TR1	精神分裂症	TR1	精神分裂症	366
337	TR2	偏执及急性精神病	TR2	偏执及急性精神病	367
338	TS1	重大的情感障碍	TS1	心境障碍	368
339	TS2	神经症性障碍及其他情感性障碍	TS2	神经症及相关障碍	369
340	TT1	进食及睡眠障碍	TT1	进食及睡眠障碍	370
341	TT2	人格障碍	TT2	人格障碍	371
342	TU1	儿童期精神发育障碍	TU1	儿童期精神发育障碍	372
343	TV1	焦虑性障碍	TV1	焦虑障碍	373
344	TW1	器质性及症状性精神障碍	TW1	器质性及症状性精神障碍	374
			TX1	性心理及性功能障碍	375
			TY1	强迫及相关障碍	376
345	UR1	酒精中毒及戒除	UR1	酒精中毒及戒除	377
346	US1	兴奋剂滥用与依赖	US1	兴奋剂滥用与依赖	378
347	VB1	损伤的皮肤移植	VB1	损伤的皮肤移植	379
348	VC1	与损伤有关的清创术	VC1	与损伤有关的清创术	380
349	VJ1	其他损伤的手术	VJ1	其他损伤的手术	381
350	VR1	损伤	VR1	损伤	382
351	VS1	过敏反应	VS1	过敏反应	383
352	VS2	药物中毒或毒性反应	VS2	药物中毒或毒性反应	384
353	VT1	医疗后遗症	VT1	医疗后遗症	385
354	VZ1	其他损伤、中毒及毒性反应疾患	VZ1	其他损伤、中毒及毒性反应疾病	386
			WB1	烧伤面积≥50%，或三度面积≥20%的烧伤，伴有手术操作	387
355	WB1	大于体表30%或多处三度烧伤、腐蚀伤及冻伤等灼伤伴植皮	WB2	烧伤面积≥30%，＜50%，或三度面积≥10%，＜20%的烧伤，伴有手术操作	388
356	WC1	其他烧伤伴植皮	WB3	烧伤面积＜30%或其他烧伤，伴有手术操作	389
357	WJ1	烧伤伴除植皮之外的任何手术室手术	WJ1	烧伤相关其他手术	390
358	WR1	大于体表30%或多处三度烧伤、腐蚀伤及冻伤等灼伤	WR1	烧伤面积≥30%的烧伤	391

续 表

1.1 序号	1.1 ADRG	1.1ADRG名称	2.0 ADRG	2.0ADRG名称	2.0 序号
359	WZ1	其他烧伤、腐蚀伤及冻伤等灼伤	WR2	烧伤面积＜30%的烧伤或其他烧伤	392
360	XJ1	其他接触健康服务的诊断伴手术室操作	XJ1	其他接触健康服务的诊断伴手术操作	393
361	XR1	精神心理康复	XR1	精神心理康复	394
362	XR2	神经、骨骼及肌肉康复	XR2	神经、骨骼及肌肉康复	395
363	XR3	功能障碍康复	XR3	功能障碍康复	396
364	XS1	体征及症状	XS1	体征及症状	397
365	XS2	随访（不含恶性肿瘤诊断）	XS2	随访（不含恶性肿瘤诊断）	398
366	XT1	其他后期照护	XT1	其他后期照护	399
367	XT2	非特指的先天畸形	XT2	非特指的先天畸形	400
368	XT3	其他影响健康状态的因素	XT3	其他影响健康状态的因素	401
369	YC1	HIV相关疾患的手术室手术	YC1	需手术的HIV相关疾病	402
370	YR1	HIV相关疾患	YR1	HIV相关疾病	403
371	YR2	HIV其他相关情况	YR2	HIV其他相关情况	404
372	ZB1	多发性严重创伤开颅术	ZB1	多发性严重创伤开颅术	405
373	ZC1	多发性严重创伤的脊柱、髋、股或肢体手术	ZC1	多发性严重创伤的脊柱、髋、股或肢体手术	406
374	ZD1	多发性重要创伤的腹腔手术	ZD1	严重复合伤的腹部手术	407
375	ZJ1	与多发重要创伤诊断有关的其他手术室操作	ZJ1	与多发伤有关的其他手术操作	408
376	ZZ1	多发性重要创伤无手术	ZZ1	多发性重要创伤无手术	409

（三）不作为分组规则的疾病诊断和手术操作列表

为保证分组方案科学合理、真实反映诊疗过程的实际情况，根据ICD-10的编码原则和编码共识，制定了不作为入组规则的疾病诊断列表，共包含1849个疾病诊断；根据ICD-9-CM3的编码共识，减少检查性操作等资源消耗小且非核心治疗的手术操作对分组造成的影响，制订了不作为分组规则的手术操作列表，共包含1827个手术操作编码。上述两个列表中包含的编码，不作为ADRG的入组条件。

（四）合并症或并发症列表

既往通过回归的方法观测病例的合并症或并发症（用病例的其他诊断来标记）对医疗费用的影响，选出导致医疗费用增长超过20%的合并症或并发症。然后，按照黄金分割原则，将其区分为“严重合并症或并发症（MCC）”和“合并症或并发症（CC）”。本次通过大数据人工智能遗传算法，建立多目标的分析模型，综合考虑合并症或并发症的严重程度、分组效能、病例数、资源消耗等因素，采用多目标同时优化的大数据方法进行测算，并根据麻醉风险分级的内容进行调整，经管理、统计和临床专家论证后，形成“严重合并症或并发症（MCC）”和“合并症或并发症（CC）”。最终，共形成4477个MCC和8009个CC。

（五）合并症或并发症排除表

一些其他诊断与主要诊断关系密切（按ICD-10的类目判断），所以这些其他诊断不能作为MCC或CC，应当予以排除。因此，编制了合并症或并发症的排除表，共包括27 143个主要诊断，分为211个子列表。

分组方案第六部分第1节和第2节分别展示了MCC列表和CC列表，其中，每一个MCC或CC都对应着一个排除表的表号（表的内容见第六部分第3节）；每个排除表中都包含若干疾病诊断，表示当这些疾病诊断作为主要诊断出现的时候，相应的MCC或CC应该被排除，即不被视为MCC或CC。

（六）疾病诊断相关分组（DRGs）

DRG分组方案共包括634个疾病诊断相关分组，其中251个外科手术组，57个非手术室操作组及326个内科诊疗组。

按病组（DRG）付费分组方案（2.0 版）

分组方案

一、主要诊断大类（MDC）目录

DRG共分为26个主要诊断大类（MDC），参见表1-1-1。

表1-1-1 DRG主要诊断大类（MDC）

序号	MDC编码	MDC名称
1	MDCA	先期分组
2	MDCB	神经系统疾病及功能障碍
3	MDCC	眼疾病及功能障碍
4	MDCD	头颈、耳、鼻、口、咽疾病及功能障碍
5	MDCE	呼吸系统疾病及功能障碍
6	MDCF	循环系统疾病及功能障碍
7	MDCG	消化道疾病及功能障碍
8	MDCH	肝、胆、胰疾病及功能障碍
9	MDCI	骨骼、肌肉疾病及功能障碍
10	MDCJ	乳房、皮肤疾病及功能障碍
11	MDCK	内分泌、营养、代谢疾病及功能障碍
12	MDCL	泌尿系统疾病及功能障碍
13	MDCM	男性生殖系统疾病及功能障碍
14	MDCN	女性生殖系统疾病及功能障碍
15	MDCO	妊娠、分娩及产褥期
16	MDCP	新生儿疾病
17	MDCQ	血液、免疫疾病及功能障碍
18	MDCR	骨髓增生疾病及功能障碍，低分化肿瘤
19	MDCS	感染及寄生虫病（全身性或不明确部位的）
20	MDCT	精神疾病及功能障碍
21	MDCU	酒精/药物使用及其引起的器质性精神功能障碍
22	MDCV	创伤、中毒及药物毒性反应
23	MDCW	烧伤
24	MDCX	影响健康因素及其他就医情况
25	MDCY	HIV感染疾病及相关操作
26	MDCZ	多发严重创伤

二、核心疾病诊断相关分组（ADRG）目录

DRG初步分为409个核心疾病诊断相关组（ADRG），其中外科手术组182个、非手术室操作组37个，内科诊疗组190个。全部ADRG列表参见表2-1-1。

表2-1-1　DRG核心疾病诊断相关组（ADRG）

ADRG编码	ADRG名称
AA1	心肺移植
AA2	心脏移植
AB1	肝移植
AC1	胰/肾联合移植
AD1	胰腺移植
AE1	肾移植
AF1	肺移植
AG1	非同胞全相合异基因造血干细胞移植
AG2	同胞全相合异基因造血干细胞移植
AG3	自体骨髓/造血干细胞移植
AH1	ECMO或全人工心脏植入术
AH2	有创呼吸机支持≥96小时
BB1	神经系统复合手术
BB2	伴出血诊断的颅脑手术
BB3	伴肿瘤诊断的颅脑手术
BB4	伴创伤诊断的颅脑手术
BB5	其他颅脑相关手术
BC1	脑室分流及翻修手术
BD1	脊柱脊髓手术
BD2	立体定向与功能性神经外科手术
BE1	颈及脑血管手术
BE2	神经介入治疗
BJ1	神经系统其他手术
BL1	神经系统血管病溶栓治疗
BM1	神经介入检查术
BR1	脑卒中
BR2	其他脑缺血性疾病
BS1	非创伤性意识障碍
BT1	病毒性脑、脊髓和脑膜炎
BT2	细菌性脑、脊髓和脑膜炎
BT3	神经系统的其他感染
BU1	神经系统肿瘤

续 表

ADRG编码	ADRG名称
BU2	神经系统变性疾病
BU3	中枢神经系统脱髓鞘病
BV1	癫痫
BV2	神经肌肉接头及肌肉病
BV3	头痛
BW1	神经系统先天性疾病
BW2	脑性瘫痪
BX1	认知功能障碍
BX2	脑神经/周围神经疾病
BY1	颅脑损伤
BY2	脊髓伤病及功能障碍
BZ1	神经系统其他疾病
CB1	角膜移植手术
CB2	玻璃体、视网膜、脉络膜联合晶状体手术
CB3	晶状体联合视网膜及晶状体以外的内眼手术
CB4	玻璃体、视网膜、脉络膜手术
CB5	晶状体手术
CB6	视网膜及晶状体以外的内眼手术
CB7	角膜、巩膜、结膜手术
CD1	眼眶手术
CD2	眼肌手术
CD3	除眼眶外的外眼手术
CJ1	其他眼部手术
CR1	眼部恶性肿瘤及交界性肿瘤
CS1	眼外肌、眼的神经及血管疾病
CT1	前房出血及眼创伤的非手术治疗
CU1	急性重大眼感染
CV1	各种类型青光眼
CW1	各种类型白内障
CX1	其他疾病引起眼部病变
CZ1	其他眼部疾病
DB1	鼻颅底或鼻眼复杂手术
DB2	鼻颅底或鼻眼一般手术
DC1	口腔颌面头颈缺损游离组织瓣修复术
DC2	口腔颌面头颈缺损其他组织瓣修复术
DC3	口腔颌面头颈恶性肿瘤根治术
DC4	口腔颌面头颈肿瘤切除术
DD1	人工听觉装置植入
DD2	唇、腭裂修补术
DE1	中耳/内耳/侧颅底手术

续 表

ADRG编码	ADRG名称
DE2	耳部其他小手术
DF1	鼻成形术
DF2	鼻腔、鼻窦手术
DG1	咽、喉、气管手术
DG2	扁桃体和/或腺样体切除手术
DH1	颅面骨正颌手术
DH2	颅面骨创伤手术
DH3	颞下颌关节手术
DH4	颅面骨其他手术
DJ1	头、颈、耳、鼻、咽、口其他手术
DK1	其他头、颈、耳、鼻、咽、口治疗操作
DR1	头、颈、耳、鼻、咽、口恶性肿瘤
DS1	平衡失调及听觉障碍
DT1	中耳炎及上呼吸道感染
DT2	会厌炎、喉炎及气管炎
DU1	头、颈、外耳、口鼻的创伤及变形
DV1	头、颈、耳、鼻、咽、口非恶性增生性疾病
DW1	口腔、牙齿有关疾病
DZ1	其他头、颈、耳、鼻、咽、口疾病
EB1	肺大手术
EB2	肺其他手术
EC1	纵隔、气管、胸壁大手术
EC2	纵隔、气管、胸壁其他手术
ED1	除肺、纵隔、气管、胸壁外的其他手术
EJ1	呼吸系统其他手术
EK1	有创呼吸机治疗小于96小时
EK2	伴肺水肿或呼吸衰竭的无创呼吸支持技术
ER1	呼吸系统肿瘤
ER2	肺水肿或呼吸衰竭
ES1	肺真菌病
ES2	呼吸系统结核
ES3	呼吸系统感染/炎症
ET1	肺间质性疾病
ET2	慢性气道阻塞病
EU1	重大胸部创伤
EV1	呼吸系统症状、体征
EW1	胸膜病变及胸腔积液
EX1	哮喘及喘息性支气管炎
EX2	百日咳及急性支气管炎
EZ1	其他呼吸系统疾病

续 表

ADRG编码	ADRG名称
FB1	瓣膜手术伴冠脉手术
FB2	心脏瓣膜手术
FC1	冠状动脉手术
FD1	先天性心脏病复杂手术
FD2	先天性心脏病常规手术
FE1	大血管复杂手术
FE2	大血管常规手术
FF1	外周血管手术伴介入操作
FF2	外周血管（除大隐静脉外）其他的手术
FF3	大隐静脉和小隐静脉手术
FJ1	心血管系统其他手术
FK1	心脏循环辅助系统植入
FK2	伴急性心肌梗死/心衰/休克的心脏除颤器及心室同步
FK3	不伴急性心肌梗死/心衰/休克的心脏除颤器及心室同步
FK4	永久性起搏器植入/置换/更新
FL1	经皮瓣膜植入或修复术
FL2	经皮心脏消融术伴房颤和/或房扑
FL3	经皮心脏消融术除房扑、房颤外其他心律失常
FL4	先天性心脏病介入治疗
FM1	经皮大血管复杂手术
FM2	经皮大血管常规手术
FM3	经皮冠状动脉支架植入
FM4	其他经皮心血管治疗
FM5	经皮心导管检查操作
FN1	下肢动脉经皮血管内治疗
FN2	其他外周血管检查和/或治疗
FP1	心力衰竭、休克伴操作性治疗
FR1	急性心肌梗死
FR2	心力衰竭、休克
FR3	肺栓塞
FR4	心绞痛
FR5	冠状动脉粥样硬化/血栓/闭塞
FT1	心肌病
FT2	感染性心内膜炎
FT3	瓣膜疾病
FT4	心包疾病
FU1	严重心律失常及心脏停搏
FU2	心律失常及传导障碍
FV1	先天性心脏病
FV2	高血压

续 表

ADRG编码	ADRG名称
FV3	晕厥及/或虚脱
FW1	动脉疾病
FW2	静脉疾病
FZ1	其他循环系统疾病
GB1	食管大手术
GB2	胃、十二指肠大手术
GB3	小肠、大肠（含直肠）的大手术
GC1	食管其他手术
GC2	胃、十二指肠其他手术
GC3	小肠、大肠（含直肠）的其他手术
GD1	腹膜后肿瘤手术
GE1	伴穿孔、化脓、坏疽等阑尾切除术
GE2	阑尾切除术
GF1	特殊类型疝手术
GF2	腹壁疝及脐疝手术
GF3	腹股沟疝及股疝手术
GG1	肛管、肛门及肛周手术
GG2	直肠其他手术
GH1	腹腔/盆腔内粘连松解术
GJ1	消化系统其他手术
GK1	消化系统其他内镜治疗操作
GK2	胃镜治疗操作
GK3	结肠镜治疗操作
GR1	消化系统恶性肿瘤
GS1	胃肠出血
GT1	炎症性肠病
GU1	消化道溃疡伴穿孔
GU2	其他消化道溃疡
GV1	消化道梗阻或腹痛
GW1	食管炎、胃肠炎
GZ1	其他消化系统疾病
HB1	胰、肝切除和/或分流手术
HC1	胆总管手术
HC2	胆囊切除手术
HC3	除胆囊切除术以外的胆道手术
HJ1	与肝、胆或胰腺疾病有关的其他手术
HK1	食管曲张静脉出血的治疗性内镜操作
HL1	肝胆胰系统的治疗性操作
HL2	肝胆胰系统的诊断性操作
HR1	肝胆胰系统恶性肿瘤

续 表

ADRG编码	ADRG名称
HS1	肝功能衰竭
HS2	肝硬化
HS3	病毒性肝炎
HT1	重症胰腺炎
HT2	急性胰腺炎
HU1	急性胆道疾病
HZ1	其他肝脏疾病
HZ2	胆道其他疾病
HZ3	胰腺其他疾病
IB1	复杂脊柱疾病或3节段及以上脊柱融合手术或翻修手术
IB2	脊柱2节段及以下脊柱融合术
IB3	与脊柱有关的其他手术
IC1	髋、肩、膝、肘和踝关节假体翻修/修正手术
IC2	髋、肩、膝、肘和踝关节置换术
IC3	除置换/翻修外的髋、肩、膝、肘、踝和足部关节的修复、重建手术
IC4	除置换/翻修外的髋、肩、膝、肘、踝和足部关节其他手术
ID1	脊柱、骨盆的骨与软组织肿瘤手术
ID2	除脊柱、骨盆以外的骨与软组织肿瘤手术
IE1	骨盆髋臼手术
IE2	股骨手术
IE3	除股骨以外的下肢骨手术
IE4	小关节手术
IE5	上肢骨手术
IE6	手外科手术
IF1	骨科固定装置去除/修正术
IG1	周围神经手术
IH1	肌肉、肌腱手术
IJ1	骨骼肌肉系统的其他手术
IR1	骨盆骨折
IR2	股骨骨折
IS1	前臂、腕、手或足损伤
IS2	除前臂、腕、手足外的损伤
IT1	骨髓炎
IT2	慢性炎症性肌肉骨骼结缔组织疾病
IT3	感染性关节炎
IU1	骨病及其他关节病
IU2	颈腰背疾病
IU3	骨骼、肌肉、结缔组织恶性病损、病理性骨折
IV1	除脊柱外先天性骨骼肌肉系统疾病
IZ1	肌肉骨骼系统植入物/假体的康复照护

续 表

ADRG编码	ADRG名称
IZ2	骨骼、肌肉、肌腱、结缔组织的其他疾病
JA1	乳房恶性肿瘤根治性切除伴乳房重建术
JA2	乳房恶性肿瘤根治性切除术
JB1	乳房成形手术
JB2	乳腺切除手术
JB3	其他乳房手术
JC1	颜面及其他皮肤、皮下组织成形术
JD1	皮肤移植手术
JD2	皮肤清创手术
JJ1	皮肤、皮下组织的其他手术
JR1	乳房恶性肿瘤
JR2	皮肤、皮下组织的恶性肿瘤
JS1	重大皮肤疾病
JS2	炎症性皮肤病
JT1	乳房、皮肤、皮下组织创伤
JU1	感染性皮肤病
JV1	皮肤、皮下组织的非恶性增生性病变
JV2	乳房良性病变
JZ1	其他皮肤及乳腺疾病
KB1	肾上腺手术
KC1	垂体手术
KD1	甲状腺、甲状旁腺大手术
KD2	甲状旁腺、甲状舌管及甲状腺其他手术
KE1	减重手术
KJ1	因内分泌、营养、代谢疾病的其他手术
KR1	内分泌腺体肿瘤
KS1	糖尿病
KT1	内分泌、营养、代谢疾病
KU1	营养失调
KV1	先天性代谢异常
KZ1	其他代谢疾病
LA1	肾脏肿瘤手术
LA2	膀胱肿瘤手术
LB1	肾脏结石手术
LB2	肾脏其他手术
LC1	输尿管手术
LD1	膀胱其他手术
LE1	尿道手术
LF1	肾透析相关手术
LJ1	泌尿系统其他手术

续 表

ADRG编码	ADRG名称
LL1	肾透析
LR1	肾功能不全
LS1	肾炎及肾病
LT1	肾及尿路肿瘤
LU1	肾及尿路感染
LV1	代谢性肾病
LW1	肾、尿路体征及症状
LX1	尿路结石、阻塞及尿道狭窄
LZ1	肾及泌尿系统其他疾病
MA1	男性生殖器官恶性肿瘤手术
MB1	前列腺手术
MC1	阴茎手术
MD1	睾丸手术
MJ1	其他男性生殖系统手术
MR1	男性生殖系统恶性肿瘤
MS1	男性生殖系统炎症
MZ1	其他男性生殖系统疾病
NA1	女性生殖器官恶性肿瘤的广泛切除手术
NA2	女性生殖器官恶性肿瘤除广泛切除术以外的手术
NB1	女性生殖系统重建手术
NC1	子宫（除子宫腔内病变以外）手术
ND1	附件手术
NE1	子宫腔内病变手术
NF1	外阴、阴道、宫颈手术
NG1	辅助生殖技术
NJ1	女性生殖系统其他手术
NR1	女性生殖系统恶性肿瘤
NS1	女性生殖系统感染
NZ1	女性生殖系统其他疾病
OB1	剖宫产术
OC1	阴道助产手术
OC2	阴道分娩伴手术操作
OD1	与妊娠相关的子宫及附件手术
OD2	与妊娠相关的外阴、阴道及宫颈手术
OE1	异位妊娠手术
OF1	中期引产手术操作
OF2	早期流产手术操作
OJ1	与妊娠、分娩相关的其他手术操作
OR1	阴道分娩
OS1	产褥期相关疾病

续 表

ADRG编码	ADRG名称
OS2	流产相关疾病
OT1	异位妊娠
OZ1	妊娠期相关疾病
PB1	新生儿（出生年龄＜29天）心血管手术
PC1	新生儿（出生年龄＜29天）除心血管外复杂手术
PD1	新生儿（出生年龄＜29天）腹部手术
PJ1	新生儿（出生年龄＜29天）其他手术
PK1	新生儿伴呼吸机支持
PR1	新生儿呼吸窘迫综合征
PS1	极度发育不全（出生体重＜1500g）
PS2	早产儿（出生体重1500-1999g）
PS3	早产儿（出生体重2000-2499g）
PS4	早产儿（出生体重＞2499g）
PU1	足月儿相关疾病
PV1	源于新生儿（29天≤出生年龄＜1周岁）诊断的婴儿疾病
QB1	脾切除术
QJ1	非特指部位、组织、器官的良性肿瘤手术
QR1	移植物抗宿主病
QR2	网状内皮及免疫性疾病
QS1	红细胞病及营养性贫血
QS2	溶血性贫血
QS3	重型再生障碍性贫血
QS4	其他再生障碍性贫血
QS5	其他贫血
QT1	血栓与止血
RA1	淋巴瘤、白血病等伴重大手术
RA2	淋巴瘤、白血病等伴其他手术
RA3	骨髓增生性疾病或恶性增生性疾病等伴重大手术
RA4	骨髓增生性疾病或恶性增生性疾病等伴其他手术
RK1	急性白血病化学治疗和/或其他治疗
RK2	淋巴瘤、多发骨髓瘤化学治疗和/或其他治疗
RL1	恶性及增生性疾病放射治疗（体外照射）
RL2	恶性及增生性疾病放射治疗（近距离照射）
RM1	恶性及增生性疾病的介入、消融治疗
RN1	恶性及增生性疾病的化学治疗和/或其他治疗
RN2	恶性及增生性疾病的靶向、免疫治疗
RP1	恶性及增生性疾病的终末期治疗
RR1	急性白血病
RS1	淋巴瘤及其他类型白血病
RS2	浆细胞病

续 表

ADRG编码	ADRG名称
RT1	非特指恶性肿瘤
RT2	非特指良性肿瘤
RU1	恶性及增生性疾病的其他治疗
RW1	恶性及增生性疾病治疗后的随诊检查
RW2	恶性及增生性疾病维持性治疗
SB1	全身性感染疾病的手术
SR1	败血症
SS1	手术后及创伤后感染
ST1	原因不明的发热
SU1	病毒性疾病
SV1	细菌性疾病
SZ1	其他感染性或寄生虫性疾病
TB1	精神病患者的手术
TR1	精神分裂症
TR2	偏执及急性精神病
TS1	心境障碍
TS2	神经症及相关障碍
TT1	进食及睡眠障碍
TT2	人格障碍
TU1	儿童期精神发育障碍
TV1	焦虑障碍
TW1	器质性及症状性精神障碍
TX1	性心理及性功能障碍
TY1	强迫及相关障碍
UR1	酒精中毒及戒除
US1	兴奋剂滥用与依赖
VB1	损伤的皮肤移植
VC1	与损伤有关的清创术
VJ1	其他损伤的手术
VR1	损伤
VS1	过敏反应
VS2	药物中毒或毒性反应
VT1	医疗后遗症
VZ1	其他损伤、中毒及毒性反应疾病
WB1	烧伤面积≥50%，或三度面积≥20%的烧伤，伴有手术操作
WB2	烧伤面积≥30%，＜50%，或三度面积≥10%，＜20%的烧伤，伴有手术操作
WB3	烧伤面积＜30%或其他烧伤，伴有手术操作
WJ1	烧伤相关其他手术
WR1	烧伤面积≥30%的烧伤
WR2	烧伤面积＜30%的烧伤或其他烧伤

续 表

ADRG编码	ADRG名称
XJ1	其他接触健康服务的诊断伴手术操作
XR1	精神心理康复
XR2	神经、骨骼及肌肉康复
XR3	功能障碍康复
XS1	体征及症状
XS2	随访（不含恶性肿瘤诊断）
XT1	其他后期照护
XT2	非特指的先天畸形
XT3	其他影响健康状态的因素
YC1	HIV相关疾病的手术
YR1	HIV相关疾病
YR2	HIV其他相关情况
ZB1	多发性严重创伤开颅术
ZC1	多发性严重创伤的脊柱、髋、股或肢体手术
ZD1	严重复合伤的腹部手术
ZJ1	与多发伤有关的其他手术操作
ZZ1	多发性重要创伤无手术

三、疾病诊断相关分组（DRGs）目录

DRG分组方案共包括634个疾病诊断相关分组，其中251个外科手术组，57个非手术室操作组及326个内科诊疗组。全部DRG列表参见表3-1-1。

表3-1-1　DRG疾病诊断相关组（DRGs）

ADRG编码	DRG编码	DRG名称
AA1	AA19	心肺移植
AA2	AA29	心脏移植
AB1	AB19	肝移植
AC1	AC19	胰/肾联合移植
AD1	AD19	胰腺移植
AE1	AE19	肾移植
AF1	AF19	肺移植
AG1	AG19	非同胞全相合异基因造血干细胞移植
AG2	AG29	同胞全相合异基因造血干细胞移植
AG3	AG39	自体骨髓/造血干细胞移植
AH1	AH19	ECMO或全人工心脏植入术
AH2	AH29	有创呼吸机支持≥96小时
BB1	BB11	神经系统复合手术，伴严重合并症或并发症
BB1	BB15	神经系统复合手术，不伴严重合并症或并发症
BB2	BB21	伴出血诊断的颅脑手术，伴严重合并症或并发症
BB2	BB23	伴出血诊断的颅脑手术，伴一般合并症或并发症
BB2	BB25	伴出血诊断的颅脑手术，不伴合并症或并发症
BB3	BB31	伴肿瘤诊断的颅脑手术，伴严重合并症或并发症
BB3	BB35	伴肿瘤诊断的颅脑手术，不伴严重合并症或并发症
BB4	BB41	伴创伤诊断的颅脑手术，伴严重合并症或并发症
BB4	BB43	伴创伤诊断的颅脑手术，伴一般合并症或并发症
BB4	BB45	伴创伤诊断的颅脑手术，不伴合并症或并发症
BB5	BB51	其他颅脑相关手术，伴严重合并症或并发症
BB5	BB55	其他颅脑相关手术，不伴严重合并症或并发症
BC1	BC19	脑室分流及翻修手术
BD1	BD19	脊柱脊髓手术
BD2	BD29	立体定向与功能性神经外科手术
BE1	BE19	颈及脑血管手术
BE2	BE21	神经介入治疗，伴严重合并症或并发症
BE2	BE25	神经介入治疗，不伴严重合并症或并发症
BJ1	BJ11	神经系统其他手术，伴严重合并症或并发症

续 表

ADRG编码	DRG编码	DRG名称
BJ1	BJ13	神经系统其他手术，伴一般合并症或并发症
BJ1	BJ15	神经系统其他手术，不伴合并症或并发症
BL1	BL11	神经系统血管病溶栓治疗，伴严重合并症或并发症
BL1	BL15	神经系统血管病溶栓治疗，不伴严重合并症或并发症
BM1	BM11	神经介入检查术，伴严重合并症或并发症
BM1	BM15	神经介入检查术，不伴严重合并症或并发症
BR1	BR11	脑卒中，伴严重合并症或并发症
BR1	BR13	脑卒中，伴一般合并症或并发症
BR1	BR15	脑卒中，不伴合并症或并发症
BR2	BR21	其他脑缺血性疾病，伴严重合并症或并发症
BR2	BR23	其他脑缺血性疾病，伴一般合并症或并发症
BR2	BR25	其他脑缺血性疾病，不伴合并症或并发症
BS1	BS11	非创伤性意识障碍，伴严重合并症或并发症
BS1	BS13	非创伤性意识障碍，伴一般合并症或并发症
BS1	BS15	非创伤性意识障碍，不伴合并症或并发症
BT1	BT13	病毒性脑、脊髓和脑膜炎，伴合并症或并发症
BT1	BT15	病毒性脑、脊髓和脑膜炎，不伴合并症或并发症
BT2	BT21	细菌性脑、脊髓和脑膜炎，伴严重合并症或并发症
BT2	BT23	细菌性脑、脊髓和脑膜炎，伴一般合并症或并发症
BT2	BT25	细菌性脑、脊髓和脑膜炎，不伴合并症或并发症
BT3	BT31	神经系统的其他感染，伴严重合并症或并发症
BT3	BT33	神经系统的其他感染，伴一般合并症或并发症
BT3	BT35	神经系统的其他感染，不伴合并症或并发症
BU1	BU11	神经系统肿瘤，伴严重合并症或并发症
BU1	BU15	神经系统肿瘤，不伴严重合并症或并发症
BU2	BU21	神经系统变性疾病，伴严重合并症或并发症
BU2	BU25	神经系统变性疾病，不伴严重合并症或并发症
BU3	BU31	中枢神经系统脱髓鞘病，伴严重合并症或并发症
BU3	BU35	中枢神经系统脱髓鞘病，不伴严重合并症或并发症
BV1	BV11	癫痫，伴严重合并症或并发症
BV1	BV13	癫痫，伴一般合并症或并发症
BV1	BV15	癫痫，不伴合并症或并发症
BV2	BV21	神经肌肉接头及肌肉病，伴严重合并症或并发症
BV2	BV25	神经肌肉接头及肌肉病，不伴严重合并症或并发症
BV3	BV39	头痛
BW1	BW13	神经系统先天性疾病，伴合并症或并发症
BW1	BW15	神经系统先天性疾病，不伴合并症或并发症
BW2	BW21	脑性瘫痪，伴严重合并症或并发症
BW2	BW23	脑性瘫痪，伴一般合并症或并发症
BW2	BW25	脑性瘫痪，不伴合并症或并发症

续 表

ADRG编码	DRG编码	DRG名称
BX1	BX11	认知功能障碍，伴严重合并症或并发症
BX1	BX15	认知功能障碍，不伴严重合并症或并发症
BX2	BX23	脑神经/周围神经疾病，伴合并症或并发症
BX2	BX25	脑神经/周围神经疾病，不伴合并症或并发症
BY1	BY11	颅脑损伤，伴严重合并症或并发症
BY1	BY15	颅脑损伤，不伴严重合并症或并发症
BY2	BY21	脊髓伤病及功能障碍，伴严重合并症或并发症
BY2	BY23	脊髓伤病及功能障碍，伴一般合并症或并发症
BY2	BY25	脊髓伤病及功能障碍，不伴合并症或并发症
BZ1	BZ11	神经系统其他疾病，伴严重合并症或并发症
BZ1	BZ13	神经系统其他疾病，伴一般合并症或并发症
BZ1	BZ15	神经系统其他疾病，不伴合并症或并发症
CB1	CB19	角膜移植手术
CB2	CB29	玻璃体、视网膜、脉络膜联合晶状体手术
CB3	CB39	晶状体联合视网膜及晶状体以外的内眼手术
CB4	CB43	玻璃体、视网膜、脉络膜手术，伴合并症或并发症
CB4	CB45	玻璃体、视网膜、脉络膜手术，不伴合并症或并发症
CB5	CB59	晶状体手术
CB6	CB69	视网膜及晶状体以外的内眼手术
CB7	CB79	角膜、巩膜、结膜手术
CD1	CD19	眼眶手术
CD2	CD29	眼肌手术
CD3	CD39	除眼眶外的外眼手术
CJ1	CJ19	其他眼部手术
CR1	CR19	眼部恶性肿瘤及交界性肿瘤
CS1	CS13	眼外肌、眼的神经及血管疾病，伴合并症或并发症
CS1	CS15	眼外肌、眼的神经及血管疾病，不伴合并症或并发症
CT1	CT19	前房出血及眼创伤的非手术治疗
CU1	CU19	急性重大眼感染
CV1	CV19	各种类型青光眼
CW1	CW19	各种类型白内障
CX1	CX13	其他疾病引起眼部病变，伴合并症或并发症
CX1	CX15	其他疾病引起眼部病变，不伴合并症或并发症
CZ1	CZ19	其他眼部疾病
DB1	DB19	鼻颅底或鼻眼复杂手术
DB2	DB29	鼻颅底或鼻眼一般手术
DC1	DC19	口腔颌面头颈缺损游离组织瓣修复术
DC2	DC23	口腔颌面头颈缺损其他组织瓣修复术，伴合并症或并发症
DC2	DC25	口腔颌面头颈缺损其他组织瓣修复术，不伴合并症或并发症
DC3	DC39	口腔颌面头颈恶性肿瘤根治术

续　表

ADRG编码	DRG编码	DRG名称
DC4	DC43	口腔颌面头颈肿瘤切除术，伴合并症或并发症
DC4	DC45	口腔颌面头颈肿瘤切除术，不伴合并症或并发症
DD1	DD19	人工听觉装置植入
DD2	DD29	唇、腭裂修补术
DE1	DE19	中耳/内耳/侧颅底手术
DE2	DE23	耳部其他小手术，伴合并症或并发症
DE2	DE25	耳部其他小手术，不伴合并症或并发症
DF1	DF19	鼻成形术
DF2	DF29	鼻腔、鼻窦手术
DG1	DG19	咽、喉、气管手术
DG2	DG29	扁桃体和/或腺样体切除手术
DH1	DH19	颅面骨正颌手术
DH2	DH29	颅面骨创伤手术
DH3	DH39	颞下颌关节手术
DH4	DH49	颅面骨其他手术
DJ1	DJ19	头、颈、耳、鼻、咽、口其他手术
DK1	DK19	其他头、颈、耳、鼻、咽、口治疗操作
DR1	DR19	头、颈、耳、鼻、咽、口恶性肿瘤
DS1	DS19	平衡失调及听觉障碍
DT1	DT19	中耳炎及上呼吸道感染
DT2	DT29	会厌炎、喉炎及气管炎
DU1	DU19	头、颈、外耳、口鼻的创伤及变形
DV1	DV19	头、颈、耳、鼻、咽、口非恶性增生性疾病
DW1	DW19	口腔、牙齿有关疾病
DZ1	DZ13	其他头、颈、耳、鼻、咽、口疾病，伴合并症或并发症
DZ1	DZ15	其他头、颈、耳、鼻、咽、口疾病，不伴合并症或并发症
EB1	EB19	肺大手术
EB2	EB29	肺其他手术
EC1	EC19	纵隔、气管、胸壁大手术
EC2	EC29	纵隔、气管、胸壁其他手术
ED1	ED11	除肺、纵隔、气管、胸壁外的其他手术，伴严重合并症或并发症
ED1	ED13	除肺、纵隔、气管、胸壁外的其他手术，伴一般合并症或并发症
ED1	ED15	除肺、纵隔、气管、胸壁外的其他手术，不伴合并症或并发症
EJ1	EJ11	呼吸系统其他手术，伴严重合并症或并发症
EJ1	EJ13	呼吸系统其他手术，伴一般合并症或并发症
EJ1	EJ15	呼吸系统其他手术，不伴合并症或并发症
EK1	EK19	有创呼吸机治疗小于96小时
EK2	EK23	伴肺水肿或呼吸衰竭的无创呼吸支持技术，伴合并症或并发症
EK2	EK25	伴肺水肿或呼吸衰竭的无创呼吸支持技术，不伴合并症或并发症
ER1	ER11	呼吸系统肿瘤，伴严重合并症或并发症

续 表

ADRG编码	DRG编码	DRG名称
ER1	ER15	呼吸系统肿瘤，不伴严重合并症或并发症
ER2	ER23	肺水肿或呼吸衰竭，伴合并症或并发症
ER2	ER25	肺水肿或呼吸衰竭，不伴合并症或并发症
ES1	ES11	肺真菌病，伴严重合并症或并发症
ES1	ES13	肺真菌病，伴一般合并症或并发症
ES1	ES15	肺真菌病，不伴合并症或并发症
ES2	ES29	呼吸系统结核
ES3	ES31	呼吸系统感染/炎症，伴严重合并症或并发症
ES3	ES33	呼吸系统感染/炎症，伴一般合并症或并发症
ES3	ES35	呼吸系统感染/炎症，不伴合并症或并发症
ET1	ET11	肺间质性疾病，伴严重合并症或并发症
ET1	ET13	肺间质性疾病，伴一般合并症或并发症
ET1	ET15	肺间质性疾病，不伴合并症或并发症
ET2	ET23	慢性气道阻塞病，伴合并症或并发症
ET2	ET25	慢性气道阻塞病，不伴合并症或并发症
EU1	EU19	重大胸部创伤
EV1	EV19	呼吸系统症状、体征
EW1	EW11	胸膜病变及胸腔积液，伴严重合并症或并发症
EW1	EW13	胸膜病变及胸腔积液，伴一般合并症或并发症
EW1	EW15	胸膜病变及胸腔积液，不伴合并症或并发症
EX1	EX13	哮喘及喘息性支气管炎，伴合并症或并发症
EX1	EX15	哮喘及喘息性支气管炎，不伴合并症或并发症
EX2	EX29	百日咳及急性支气管炎
EZ1	EZ11	其他呼吸系统疾病，伴严重合并症或并发症
EZ1	EZ13	其他呼吸系统疾病，伴一般合并症或并发症
EZ1	EZ15	其他呼吸系统疾病，不伴合并症或并发症
FB1	FB19	瓣膜手术伴冠脉手术
FB2	FB29	心脏瓣膜手术
FC1	FC19	冠状动脉手术
FD1	FD19	先天性心脏病复杂手术
FD2	FD23	先天性心脏病常规手术，伴合并症或并发症
FD2	FD25	先天性心脏病常规手术，不伴合并症或并发症
FE1	FE19	大血管复杂手术
FE2	FE29	大血管常规手术
FF1	FF19	外周血管手术伴介入操作
FF2	FF23	外周血管（除大隐静脉外）其他的手术，伴合并症或并发症
FF2	FF25	外周血管（除大隐静脉外）其他的手术，不伴合并症或并发症
FF3	FF39	大隐静脉和小隐静脉手术
FJ1	FJ19	心血管系统其他手术
FK1	FK19	心脏循环辅助系统植入

续 表

ADRG 编码	DRG 编码	DRG名称
FK2	FK29	伴急性心肌梗死/心衰/休克的心脏除颤器及心室同步
FK3	FK39	不伴急性心肌梗死/心衰/休克的心脏除颤器及心室同步
FK4	FK49	永久性起搏器植入/置换/更新
FL1	FL19	经皮瓣膜植入或修复术
FL2	FL29	经皮心脏消融术伴房颤和/或房扑
FL3	FL39	经皮心脏消融术除房扑、房颤外其他心律失常
FL4	FL49	先天性心脏病介入治疗
FM1	FM19	经皮大血管复杂手术
FM2	FM29	经皮大血管常规手术
FM3	FM39	经皮冠状动脉支架植入
FM4	FM49	其他经皮心血管治疗
FM5	FM59	经皮心导管检查操作
FN1	FN19	下肢动脉经皮血管内治疗
FN2	FN23	其他外周血管检查和/或治疗，伴合并症或并发症
FN2	FN25	其他外周血管检查和/或治疗，不伴合并症或并发症
FP1	FP13	心力衰竭、休克伴操作性治疗，伴合并症或并发症
FP1	FP15	心力衰竭、休克伴操作性治疗，不伴合并症或并发症
FR1	FR11	急性心肌梗死，伴严重合并症或并发症
FR1	FR15	急性心肌梗死，不伴严重合并症或并发症
FR2	FR21	心力衰竭、休克，伴严重合并症或并发症
FR2	FR25	心力衰竭、休克，不伴严重合并症或并发症
FR3	FR33	肺栓塞，伴合并症或并发症
FR3	FR35	肺栓塞，不伴合并症或并发症
FR4	FR49	心绞痛
FR5	FR59	冠状动脉粥样硬化/血栓/闭塞
FT1	FT19	心肌病
FT2	FT29	感染性心内膜炎
FT3	FT39	瓣膜疾病
FT4	FT41	心包疾病，伴严重合并症或并发症
FT4	FT43	心包疾病，伴一般合并症或并发症
FT4	FT45	心包疾病，不伴合并症或并发症
FU1	FU11	严重心律失常及心脏停搏，伴严重合并症或并发症
FU1	FU15	严重心律失常及心脏停搏，不伴严重合并症或并发症
FU2	FU29	心律失常及传导障碍
FV1	FV19	先天性心脏病
FV2	FV23	高血压，伴合并症或并发症
FV2	FV25	高血压，不伴合并症或并发症
FV3	FV33	晕厥及/或虚脱，伴合并症或并发症
FV3	FV35	晕厥及/或虚脱，不伴合并症或并发症
FW1	FW13	动脉疾病，伴合并症或并发症

续 表

ADRG编码	DRG编码	DRG名称
FW1	FW15	动脉疾病，不伴合并症或并发症
FW2	FW29	静脉疾病
FZ1	FZ19	其他循环系统疾病
GB1	GB11	食管大手术，伴严重合并症或并发症
GB1	GB15	食管大手术，不伴严重合并症或并发症
GB2	GB29	胃、十二指肠大手术
GB3	GB39	小肠、大肠（含直肠）的大手术
GC1	GC19	食管其他手术
GC2	GC21	胃、十二指肠其他手术，伴严重合并症或并发症
GC2	GC23	胃、十二指肠其他手术，伴一般合并症或并发症
GC2	GC25	胃、十二指肠其他手术，不伴合并症或并发症
GC3	GC31	小肠、大肠（含直肠）的其他手术，伴严重合并症或并发症
GC3	GC33	小肠、大肠（含直肠）的其他手术，伴一般合并症或并发症
GC3	GC35	小肠、大肠（含直肠）的其他手术，不伴合并症或并发症
GD1	GD19	腹膜后肿瘤手术
GE1	GE19	伴穿孔、化脓、坏疽等阑尾切除术
GE2	GE29	阑尾切除术
GF1	GF19	特殊类型疝手术
GF2	GF23	腹壁疝及脐疝手术，伴合并症或并发症
GF2	GF25	腹壁疝及脐疝手术，不伴合并症或并发症
GF3	GF39	腹股沟疝及股疝手术
GG1	GG19	肛管、肛门及肛周手术
GG2	GG29	直肠其他手术
GH1	GH11	腹腔/盆腔内粘连松解术，伴严重合并症或并发症
GH1	GH13	腹腔/盆腔内粘连松解术，伴一般合并症或并发症
GH1	GH15	腹腔/盆腔内粘连松解术，不伴合并症或并发症
GJ1	GJ11	消化系统其他手术，伴严重合并症或并发症
GJ1	GJ13	消化系统其他手术，伴一般合并症或并发症
GJ1	GJ15	消化系统其他手术，不伴合并症或并发症
GK1	GK19	消化系统其他内镜治疗操作
GK2	GK23	胃镜治疗操作，伴合并症或并发症
GK2	GK25	胃镜治疗操作，不伴合并症或并发症
GK3	GK33	结肠镜治疗操作，伴合并症或并发症
GK3	GK35	结肠镜治疗操作，不伴合并症或并发症
GR1	GR11	消化系统恶性肿瘤，伴严重合并症或并发症
GR1	GR15	消化系统恶性肿瘤，不伴严重合并症或并发症
GS1	GS11	胃肠出血，伴严重合并症或并发症
GS1	GS13	胃肠出血，伴一般合并症或并发症
GS1	GS15	胃肠出血，不伴合并症或并发症
GT1	GT13	炎症性肠病，伴合并症或并发症

续 表

ADRG编码	DRG编码	DRG名称
GT1	GT15	炎症性肠病，不伴合并症或并发症
GU1	GU19	消化道溃疡伴穿孔
GU2	GU23	其他消化道溃疡，伴合并症或并发症
GU2	GU25	其他消化道溃疡，不伴合并症或并发症
GV1	GV13	消化道梗阻或腹痛，伴合并症或并发症
GV1	GV15	消化道梗阻或腹痛，不伴合并症或并发症
GW1	GW13	食管炎、胃肠炎，伴合并症或并发症
GW1	GW15	食管炎、胃肠炎，不伴合并症或并发症
GZ1	GZ19	其他消化系统疾病
HB1	HB11	胰、肝切除和/或分流手术，伴严重合并症或并发症
HB1	HB15	胰、肝切除和/或分流手术，不伴严重合并症或并发症
HC1	HC11	胆总管手术，伴严重合并症或并发症
HC1	HC15	胆总管手术，不伴严重合并症或并发症
HC2	HC23	胆囊切除手术，伴合并症或并发症
HC2	HC25	胆囊切除手术，不伴合并症或并发症
HC3	HC31	除胆囊切除术以外的胆道手术，伴严重合并症或并发症
HC3	HC33	除胆囊切除术以外的胆道手术，伴一般合并症或并发症
HC3	HC35	除胆囊切除术以外的胆道手术，不伴合并症或并发症
HJ1	HJ11	与肝、胆或胰腺疾病有关的其他手术，伴严重合并症或并发症
HJ1	HJ13	与肝、胆或胰腺疾病有关的其他手术，伴一般合并症或并发症
HJ1	HJ15	与肝、胆或胰腺疾病有关的其他手术，不伴合并症或并发症
HK1	HK19	食管曲张静脉出血的治疗性内镜操作
HL1	HL19	肝胆胰系统的治疗性操作
HL2	HL29	肝胆胰系统的诊断性操作
HR1	HR19	肝胆胰系统恶性肿瘤
HS1	HS19	肝功能衰竭
HS2	HS21	肝硬化，伴严重合并症或并发症
HS2	HS25	肝硬化，不伴严重合并症或并发症
HS3	HS39	病毒性肝炎
HT1	HT11	重症胰腺炎，伴严重合并症或并发症
HT1	HT13	重症胰腺炎，伴一般合并症或并发症
HT1	HT15	重症胰腺炎，不伴合并症或并发症
HT2	HT21	急性胰腺炎，伴严重合并症或并发症
HT2	HT23	急性胰腺炎，伴一般合并症或并发症
HT2	HT25	急性胰腺炎，不伴合并症或并发症
HU1	HU11	急性胆道疾病，伴严重合并症或并发症
HU1	HU15	急性胆道疾病，不伴严重合并症或并发症
HZ1	HZ11	其他肝脏疾病，伴严重合并症或并发症
HZ1	HZ13	其他肝脏疾病，伴一般合并症或并发症
HZ1	HZ15	其他肝脏疾病，不伴合并症或并发症

续　表

ADRG编码	DRG编码	DRG名称
HZ2	HZ29	胆道其他疾病
HZ3	HZ31	胰腺其他疾病，伴严重合并症或并发症
HZ3	HZ35	胰腺其他疾病，不伴严重合并症或并发症
IB1	IB19	复杂脊柱疾病或3节段及以上脊柱融合手术或翻修手术
IB2	IB29	脊柱2节段及以下脊柱融合术
IB3	IB31	与脊柱有关的其他手术，伴严重合并症或并发症
IB3	IB35	与脊柱有关的其他手术，不伴严重合并症或并发症
IC1	IC19	髋、肩、膝、肘和踝关节假体翻修/修正手术
IC2	IC29	髋、肩、膝、肘和踝关节置换术
IC3	IC39	除置换/翻修外的髋、肩、膝、肘、踝和足部关节的修复、重建手术
IC4	IC49	除置换/翻修外的髋、肩、膝、肘、踝和足部关节其他手术
ID1	ID19	脊柱、骨盆的骨与软组织肿瘤手术
ID2	ID23	除脊柱、骨盆以外的骨与软组织肿瘤手术，伴合并症或并发症
ID2	ID25	除脊柱、骨盆以外的骨与软组织肿瘤手术，不伴合并症或并发症
IE1	IE13	骨盆髋臼手术，伴合并症或并发症
IE1	IE15	骨盆髋臼手术，不伴合并症或并发症
IE2	IE21	股骨手术，伴严重合并症或并发症
IE2	IE25	股骨手术，不伴严重合并症或并发症
IE3	IE39	除股骨以外的下肢骨手术
IE4	IE43	小关节手术，伴合并症或并发症
IE4	IE45	小关节手术，不伴合并症或并发症
IE5	IE59	上肢骨手术
IE6	IE69	手外科手术
IF1	IF19	骨科固定装置去除/修正术
IG1	IG19	周围神经手术
IH1	IH13	肌肉、肌腱手术，伴合并症或并发症
IH1	IH15	肌肉、肌腱手术，不伴合并症或并发症
IJ1	IJ13	骨骼肌肉系统的其他手术，伴合并症或并发症
IJ1	IJ15	骨骼肌肉系统的其他手术，不伴合并症或并发症
IR1	IR19	骨盆骨折
IR2	IR29	股骨骨折
IS1	IS19	前臂、腕、手或足损伤
IS2	IS29	除前臂、腕、手足外的损伤
IT1	IT19	骨髓炎
IT2	IT21	慢性炎症性肌肉骨骼结缔组织疾病，伴严重合并症或并发症
IT2	IT23	慢性炎症性肌肉骨骼结缔组织疾病，伴一般合并症或并发症
IT2	IT25	慢性炎症性肌肉骨骼结缔组织疾病，不伴合并症或并发症
IT3	IT33	感染性关节炎，伴合并症或并发症
IT3	IT35	感染性关节炎，不伴合并症或并发症
IU1	IU13	骨病及其他关节病，伴合并症或并发症

续 表

ADRG 编码	DRG 编码	DRG名称
IU1	IU15	骨病及其他关节病，不伴合并症或并发症
IU2	IU29	颈腰背疾病
IU3	IU39	骨骼、肌肉、结缔组织恶性病损、病理性骨折
IV1	IV19	除脊柱外先天性骨骼肌肉系统疾病
IZ1	IZ13	肌肉骨骼系统植入物/假体的康复照护，伴合并症或并发症
IZ1	IZ15	肌肉骨骼系统植入物/假体的康复照护，不伴合并症或并发症
IZ2	IZ23	骨骼、肌肉、肌腱、结缔组织的其他疾病，伴合并症或并发症
IZ2	IZ25	骨骼、肌肉、肌腱、结缔组织的其他疾病，不伴合并症或并发症
JA1	JA19	乳房恶性肿瘤根治性切除伴乳房重建术
JA2	JA29	乳房恶性肿瘤根治性切除术
JB1	JB19	乳房成形手术
JB2	JB29	乳腺切除手术
JB3	JB39	其他乳房手术
JC1	JC19	颜面及其他皮肤、皮下组织成形术
JD1	JD13	皮肤移植手术，伴合并症或并发症
JD1	JD15	皮肤移植手术，不伴合并症或并发症
JD2	JD21	皮肤清创手术，伴严重合并症或并发症
JD2	JD23	皮肤清创手术，伴一般合并症或并发症
JD2	JD25	皮肤清创手术，不伴合并症或并发症
JJ1	JJ19	皮肤、皮下组织的其他手术
JR1	JR19	乳房恶性肿瘤
JR2	JR23	皮肤、皮下组织的恶性肿瘤，伴合并症或并发症
JR2	JR25	皮肤、皮下组织的恶性肿瘤，不伴合并症或并发症
JS1	JS13	重大皮肤疾病，伴合并症或并发症
JS1	JS15	重大皮肤疾病，不伴合并症或并发症
JS2	JS29	炎症性皮肤病
JT1	JT19	乳房、皮肤、皮下组织创伤
JU1	JU13	感染性皮肤病，伴合并症或并发症
JU1	JU15	感染性皮肤病，不伴合并症或并发症
JV1	JV19	皮肤、皮下组织的非恶性增生性病变
JV2	JV29	乳房良性病变
JZ1	JZ13	其他皮肤及乳腺疾病，伴合并症或并发症
JZ1	JZ15	其他皮肤及乳腺疾病，不伴合并症或并发症
KB1	KB19	肾上腺手术
KC1	KC11	垂体手术，伴严重合并症或并发症
KC1	KC15	垂体手术，不伴严重合并症或并发症
KD1	KD19	甲状腺、甲状旁腺大手术
KD2	KD29	甲状旁腺、甲状舌管及甲状腺其他手术
KE1	KE19	减重手术
KJ1	KJ13	因内分泌、营养、代谢疾病的其他手术，伴合并症或并发症

续 表

ADRG编码	DRG编码	DRG名称
KJ1	KJ15	因内分泌、营养、代谢疾病的其他手术，不伴合并症或并发症
KR1	KR19	内分泌腺体肿瘤
KS1	KS13	糖尿病，伴合并症或并发症
KS1	KS15	糖尿病，不伴合并症或并发症
KT1	KT13	内分泌、营养、代谢疾病，伴合并症或并发症
KT1	KT15	内分泌、营养、代谢疾病，不伴合并症或并发症
KU1	KU11	营养失调，伴严重合并症或并发症
KU1	KU13	营养失调，伴一般合并症或并发症
KU1	KU15	营养失调，不伴合并症或并发症
KV1	KV19	先天性代谢异常
KZ1	KZ13	其他代谢疾病，伴合并症或并发症
KZ1	KZ15	其他代谢疾病，不伴合并症或并发症
LA1	LA19	肾脏肿瘤手术
LA2	LA23	膀胱肿瘤手术，伴合并症或并发症
LA2	LA25	膀胱肿瘤手术，不伴合并症或并发症
LB1	LB19	肾脏结石手术
LB2	LB29	肾脏其他手术
LC1	LC19	输尿管手术
LD1	LD19	膀胱其他手术
LE1	LE19	尿道手术
LF1	LF11	肾透析相关手术，伴严重合并症或并发症
LF1	LF15	肾透析相关手术，不伴严重合并症或并发症
LJ1	LJ13	泌尿系统其他手术，伴合并症或并发症
LJ1	LJ15	泌尿系统其他手术，不伴合并症或并发症
LL1	LL11	肾透析，伴严重合并症或并发症
LL1	LL13	肾透析，伴一般合并症或并发症
LL1	LL15	肾透析，不伴合并症或并发症
LR1	LR13	肾功能不全，伴合并症或并发症
LR1	LR15	肾功能不全，不伴合并症或并发症
LS1	LS11	肾炎及肾病，伴严重合并症或并发症
LS1	LS15	肾炎及肾病，不伴严重合并症或并发症
LT1	LT19	肾及尿路肿瘤
LU1	LU11	肾及尿路感染，伴严重合并症或并发症
LU1	LU13	肾及尿路感染，伴一般合并症或并发症
LU1	LU15	肾及尿路感染，不伴合并症或并发症
LV1	LV19	代谢性肾病
LW1	LW19	肾、尿路体征及症状
LX1	LX19	尿路结石、阻塞及尿道狭窄
LZ1	LZ13	肾及泌尿系统其他疾病，伴合并症或并发症
LZ1	LZ15	肾及泌尿系统其他疾病，不伴合并症或并发症

续 表

ADRG编码	DRG编码	DRG名称
MA1	MA19	男性生殖器官恶性肿瘤手术
MB1	MB19	前列腺手术
MC1	MC19	阴茎手术
MD1	MD19	睾丸手术
MJ1	MJ19	其他男性生殖系统手术
MR1	MR13	男性生殖系统恶性肿瘤，伴合并症或并发症
MR1	MR15	男性生殖系统恶性肿瘤，不伴合并症或并发症
MS1	MS13	男性生殖系统炎症，伴合并症或并发症
MS1	MS15	男性生殖系统炎症，不伴合并症或并发症
MZ1	MZ19	其他男性生殖系统疾病
NA1	NA19	女性生殖器官恶性肿瘤的广泛切除手术
NA2	NA29	女性生殖器官恶性肿瘤除广泛切除术以外的手术
NB1	NB19	女性生殖系统重建手术
NC1	NC19	子宫（除子宫腔内病变以外）手术
ND1	ND19	附件手术
NE1	NE19	子宫腔内病变手术
NF1	NF19	外阴、阴道、宫颈手术
NG1	NG19	辅助生殖技术
NJ1	NJ13	女性生殖系统其他手术，伴合并症或并发症
NJ1	NJ15	女性生殖系统其他手术，不伴合并症或并发症
NR1	NR13	女性生殖系统恶性肿瘤，伴合并症或并发症
NR1	NR15	女性生殖系统恶性肿瘤，不伴合并症或并发症
NS1	NS19	女性生殖系统感染
NZ1	NZ19	女性生殖系统其他疾病
OB1	OB19	剖宫产术
OC1	OC11	阴道助产手术，伴严重合并症或并发症
OC1	OC15	阴道助产手术，不伴严重合并症或并发症
OC2	OC29	阴道分娩伴手术操作
OD1	OD19	与妊娠相关的子宫及附件手术
OD2	OD29	与妊娠相关的外阴、阴道及宫颈手术
OE1	OE19	异位妊娠手术
OF1	OF19	中期引产手术操作
OF2	OF29	早期流产手术操作
OJ1	OJ19	与妊娠、分娩相关的其他手术操作
OR1	OR19	阴道分娩
OS1	OS19	产褥期相关疾病
OS2	OS29	流产相关疾病
OT1	OT19	异位妊娠
OZ1	OZ19	妊娠期相关疾病
PB1	PB19	新生儿（出生年龄＜29天）心血管手术

续 表

ADRG编码	DRG编码	DRG名称
PC1	PC19	新生儿（出生年龄＜29天）除心血管外复杂手术
PD1	PD13	新生儿（出生年龄＜29天）腹部手术，伴合并症或并发症
PD1	PD15	新生儿（出生年龄＜29天）腹部手术，不伴合并症或并发症
PJ1	PJ19	新生儿（出生年龄＜29天）其他手术
PK1	PK11	新生儿伴呼吸机支持，伴严重合并症或并发症
PK1	PK15	新生儿伴呼吸机支持，不伴严重合并症或并发症
PR1	PR11	新生儿呼吸窘迫综合征，伴严重合并症或并发症
PR1	PR15	新生儿呼吸窘迫综合征，不伴严重合并症或并发症
PS1	PS11	极度发育不全（出生体重＜1500g），伴严重合并症或并发症
PS1	PS15	极度发育不全（出生体重＜1500g），不伴严重合并症或并发症
PS2	PS29	早产儿（出生体重1500-1999g）
PS3	PS39	早产儿（出生体重2000-2499g）
PS4	PS43	早产儿（出生体重＞2499g），伴合并症或并发症
PS4	PS45	早产儿（出生体重＞2499g），不伴合并症或并发症
PU1	PU19	足月儿相关疾病
PV1	PV19	源于新生儿（29天≤出生年龄＜1周岁）诊断的婴儿疾病
QB1	QB19	脾切除术
QJ1	QJ13	非特指部位、组织、器官的良性肿瘤手术，伴合并症或并发症
QJ1	QJ15	非特指部位、组织、器官的良性肿瘤手术，不伴合并症或并发症
QR1	QR19	移植物抗宿主病
QR2	QR21	网状内皮及免疫性疾病，伴严重合并症或并发症
QR2	QR23	网状内皮及免疫性疾病，伴一般合并症或并发症
QR2	QR25	网状内皮及免疫性疾病，不伴合并症或并发症
QS1	QS13	红细胞病及营养性贫血，伴合并症或并发症
QS1	QS15	红细胞病及营养性贫血，不伴合并症或并发症
QS2	QS29	溶血性贫血
QS3	QS31	重型再生障碍性贫血，伴严重合并症或并发症
QS3	QS33	重型再生障碍性贫血，伴一般合并症或并发症
QS3	QS35	重型再生障碍性贫血，不伴合并症或并发症
QS4	QS41	其他再生障碍性贫血，伴严重合并症或并发症
QS4	QS43	其他再生障碍性贫血，伴一般合并症或并发症
QS4	QS45	其他再生障碍性贫血，不伴合并症或并发症
QS5	QS51	其他贫血，伴严重合并症或并发症
QS5	QS53	其他贫血，伴一般合并症或并发症
QS5	QS55	其他贫血，不伴合并症或并发症
QT1	QT11	血栓与止血，伴严重合并症或并发症
QT1	QT13	血栓与止血，伴一般合并症或并发症
QT1	QT15	血栓与止血，不伴合并症或并发症
RA1	RA11	淋巴瘤、白血病等伴重大手术，伴严重合并症或并发症
RA1	RA13	淋巴瘤、白血病等伴重大手术，伴一般合并症或并发症

续 表

ADRG编码	DRG编码	DRG名称
RA1	RA15	淋巴瘤、白血病等伴重大手术，不伴合并症或并发症
RA2	RA29	淋巴瘤、白血病等伴其他手术
RA3	RA39	骨髓增生性疾病或恶性增生性疾病等伴重大手术
RA4	RA49	骨髓增生性疾病或恶性增生性疾病等伴其他手术
RK1	RK11	急性白血病化学治疗和/或其他治疗，伴严重合并症或并发症
RK1	RK13	急性白血病化学治疗和/或其他治疗，伴一般合并症或并发症
RK1	RK15	急性白血病化学治疗和/或其他治疗，不伴合并症或并发症
RK2	RK21	淋巴瘤、多发骨髓瘤化学治疗和/或其他治疗，伴严重合并症或并发症
RK2	RK25	淋巴瘤、多发骨髓瘤化学治疗和/或其他治疗，不伴严重合并症或并发症
RL1	RL11	恶性及增生性疾病放射治疗（体外照射），伴严重合并症或并发症
RL1	RL15	恶性及增生性疾病放射治疗（体外照射），不伴严重合并症或并发症
RL2	RL21	恶性及增生性疾病放射治疗（近距离照射），伴严重合并症或并发症
RL2	RL23	恶性及增生性疾病放射治疗（近距离照射），伴一般合并症或并发症
RL2	RL25	恶性及增生性疾病放射治疗（近距离照射），不伴合并症或并发症
RM1	RM11	恶性及增生性疾病的介入、消融治疗，伴严重合并症或并发症
RM1	RM15	恶性及增生性疾病的介入、消融治疗，不伴严重合并症或并发症
RN1	RN13	恶性及增生性疾病的化学治疗和/或其他治疗，伴合并症或并发症
RN1	RN15	恶性及增生性疾病的化学治疗和/或其他治疗，不伴合并症或并发症
RN2	RN21	恶性及增生性疾病的靶向、免疫治疗，伴严重合并症或并发症
RN2	RN25	恶性及增生性疾病的靶向、免疫治疗，不伴严重合并症或并发症
RP1	RP11	恶性及增生性疾病的终末期治疗，伴严重合并症或并发症
RP1	RP15	恶性及增生性疾病的终末期治疗，不伴严重合并症或并发症
RR1	RR13	急性白血病，伴合并症或并发症
RR1	RR15	急性白血病，不伴合并症或并发症
RS1	RS13	淋巴瘤及其他类型白血病，伴合并症或并发症
RS1	RS15	淋巴瘤及其他类型白血病，不伴合并症或并发症
RS2	RS21	浆细胞病，伴严重合并症或并发症
RS2	RS23	浆细胞病，伴一般合并症或并发症
RS2	RS25	浆细胞病，不伴合并症或并发症
RT1	RT11	非特指恶性肿瘤，伴严重合并症或并发症
RT1	RT13	非特指恶性肿瘤，伴一般合并症或并发症
RT1	RT15	非特指恶性肿瘤，不伴合并症或并发症
RT2	RT29	非特指良性肿瘤
RU1	RU19	恶性及增生性疾病的其他治疗
RW1	RW19	恶性及增生性疾病治疗后的随诊检查
RW2	RW21	恶性及增生性疾病维持性治疗，伴严重合并症或并发症
RW2	RW25	恶性及增生性疾病维持性治疗，不伴严重合并症或并发症
SB1	SB11	全身性感染疾病的手术，伴严重合并症或并发症
SB1	SB13	全身性感染疾病的手术，伴一般合并症或并发症
SB1	SB15	全身性感染疾病的手术，不伴合并症或并发症

续 表

ADRG编码	DRG编码	DRG名称
SR1	SR11	败血症，伴严重合并症或并发症
SR1	SR13	败血症，伴一般合并症或并发症
SR1	SR15	败血症，不伴合并症或并发症
SS1	SS19	手术后及创伤后感染
ST1	ST13	原因不明的发热，伴合并症或并发症
ST1	ST15	原因不明的发热，不伴合并症或并发症
SU1	SU19	病毒性疾病
SV1	SV11	细菌性疾病，伴严重合并症或并发症
SV1	SV13	细菌性疾病，伴一般合并症或并发症
SV1	SV15	细菌性疾病，不伴合并症或并发症
SZ1	SZ13	其他感染性或寄生虫性疾病，伴合并症或并发症
SZ1	SZ15	其他感染性或寄生虫性疾病，不伴合并症或并发症
TB1	TB19	精神病患者的手术
TR1	TR19	精神分裂症
TR2	TR29	偏执及急性精神病
TS1	TS19	心境障碍
TS2	TS29	神经症及相关障碍
TT1	TT13	进食及睡眠障碍，伴合并症或并发症
TT1	TT15	进食及睡眠障碍，不伴合并症或并发症
TT2	TT29	人格障碍
TU1	TU19	儿童期精神发育障碍
TV1	TV19	焦虑障碍
TW1	TW11	器质性及症状性精神障碍，伴严重合并症或并发症
TW1	TW15	器质性及症状性精神障碍，不伴严重合并症或并发症
TX1	TX19	性心理及性功能障碍
TY1	TY19	强迫及相关障碍
UR1	UR19	酒精中毒及戒除
US1	US19	兴奋剂滥用与依赖
VB1	VB13	损伤的皮肤移植，伴合并症或并发症
VB1	VB15	损伤的皮肤移植，不伴合并症或并发症
VC1	VC13	与损伤有关的清创术，伴合并症或并发症
VC1	VC15	与损伤有关的清创术，不伴合并症或并发症
VJ1	VJ11	其他损伤的手术，伴严重合并症或并发症
VJ1	VJ13	其他损伤的手术，伴一般合并症或并发症
VJ1	VJ15	其他损伤的手术，不伴合并症或并发症
VR1	VR19	损伤
VS1	VS19	过敏反应
VS2	VS21	药物中毒或毒性反应，伴严重合并症或并发症
VS2	VS25	药物中毒或毒性反应，不伴严重合并症或并发症
VT1	VT13	医疗后遗症，伴合并症或并发症

续 表

ADRG编码	DRG编码	DRG名称
VT1	VT15	医疗后遗症，不伴合并症或并发症
VZ1	VZ11	其他损伤、中毒及毒性反应疾病，伴严重合并症或并发症
VZ1	VZ15	其他损伤、中毒及毒性反应疾病，不伴严重合并症或并发症
WB1	WB19	烧伤面积≥50%，或三度面积≥20%的烧伤，伴有手术操作
WB2	WB29	烧伤面积≥30%，＜50%，或三度面积≥10%，＜20%的烧伤，伴有手术操作
WB3	WB39	烧伤面积＜30%或其他烧伤，伴有手术操作
WJ1	WJ19	烧伤相关其他手术
WR1	WR19	烧伤面积≥30%的烧伤
WR2	WR29	烧伤面积＜30%的烧伤或其他烧伤
XJ1	XJ13	其他接触健康服务的诊断伴手术操作，伴合并症或并发症
XJ1	XJ15	其他接触健康服务的诊断伴手术操作，不伴合并症或并发症
XR1	XR19	精神心理康复
XR2	XR21	神经、骨骼及肌肉康复，伴严重合并症或并发症
XR2	XR23	神经、骨骼及肌肉康复，伴一般合并症或并发症
XR2	XR25	神经、骨骼及肌肉康复，不伴合并症或并发症
XR3	XR31	功能障碍康复，伴严重合并症或并发症
XR3	XR33	功能障碍康复，伴一般合并症或并发症
XR3	XR35	功能障碍康复，不伴合并症或并发症
XS1	XS11	体征及症状，伴严重合并症或并发症
XS1	XS15	体征及症状，不伴严重合并症或并发症
XS2	XS21	随访（不含恶性肿瘤诊断），伴严重合并症或并发症
XS2	XS23	随访（不含恶性肿瘤诊断），伴一般合并症或并发症
XS2	XS25	随访（不含恶性肿瘤诊断），不伴合并症或并发症
XT1	XT19	其他后期照护
XT2	XT29	非特指的先天畸形
XT3	XT33	其他影响健康状态的因素，伴合并症或并发症
XT3	XT35	其他影响健康状态的因素，不伴合并症或并发症
YC1	YC11	HIV相关疾病的手术，伴严重合并症或并发症
YC1	YC13	HIV相关疾病的手术，伴一般合并症或并发症
YC1	YC15	HIV相关疾病的手术，不伴合并症或并发症
YR1	YR11	HIV相关疾病，伴严重合并症或并发症
YR1	YR13	HIV相关疾病，伴一般合并症或并发症
YR1	YR15	HIV相关疾病，不伴合并症或并发症
YR2	YR21	HIV其他相关情况，伴严重合并症或并发症
YR2	YR25	HIV其他相关情况，不伴严重合并症或并发症
ZB1	ZB19	多发性严重创伤开颅术
ZC1	ZC11	多发性严重创伤的脊柱、髋、股或肢体手术，伴严重合并症或并发症
ZC1	ZC15	多发性严重创伤的脊柱、髋、股或肢体手术，不伴严重合并症或并发症
ZD1	ZD19	严重复合伤的腹部手术
ZJ1	ZJ11	与多发伤有关的其他手术操作，伴严重合并症或并发症

续　表

ADRG编码	DRG编码	DRG名称
ZJ1	ZJ15	与多发伤有关的其他手术操作，不伴严重合并症或并发症
ZZ1	ZZ11	多发性重要创伤无手术，伴严重合并症或并发症
ZZ1	ZZ15	多发性重要创伤无手术，不伴严重合并症或并发症

四、核心疾病诊断相关分组（ADRG）列表

MDCA 先期分组

AA1 心肺移植

包含以下主要手术或操作：
33.6x00 心脏-肺联合移植术

AA2 心脏移植

包含以下主要手术或操作：
37.5100 心脏移植术
37.5100x001 自体心脏移植

AB1 肝移植

包含以下主要手术或操作：
50.5902 劈离式肝移植术
50.5100 辅助肝移植
50.5100x001 同种异体原位肝移植术
50.5100x002 自体肝移植术
50.5900x001 肝肾联合移植术
50.5900x004 同种异体肝肾联合移植术
50.5900x005 同种异体肝移植术
50.5901 原位肝移植

AC1 胰/肾联合移植

同时包含以下手术或操作：
52.8000 胰腺移植
52.8200 胰腺同种移植
52.8300 胰腺异种移植

和

55.6100 肾自体移植术
55.6901 肾异体移植术

AD1 胰腺移植

包含以下主要手术或操作：
52.8000 胰腺移植
52.8200 胰腺同种移植
52.8300 胰腺异种移植

AE1 肾移植

包含以下主要手术或操作：
55.6100 肾自体移植术
55.6901 肾异体移植术

AF1 肺移植

包含以下主要手术或操作：
33.5000 肺移植术
33.5000x001 自体肺移植术
33.5100 单侧肺移植术
33.5200 双侧肺移植术

AG1 非同胞全相合异基因造血干细胞移植

包含以下主要手术或操作：
41.0200 异体骨髓移植伴净化
41.0800x001 异体造血干细胞移植伴净化

AG2 同胞全相合异基因造血干细胞移植

包含以下主要手术或操作：
41.0300 异体骨髓移植不伴净化
41.0500 异体造血干细胞移植不伴净化
41.0600 脐血干细胞移植

AG3 自体骨髓/造血干细胞移植

包含以下主要手术或操作：
41.0000 骨髓移植
41.0100 自体骨髓移植不伴净化
41.0401 自体外周血干细胞移植术
41.0701 自体外周血干细胞移植伴净化
41.0900 自体骨髓移植伴净化

AH1 ECMO或全人工心脏植入术

包含以下主要手术或操作：
37.5200x001 全人工心脏移植术
39.6500 体外膜氧合［ECMO］

AH2　有创呼吸机支持≥96小时

入组条件：
（其他诊断或手术或操作1）+手术或操作2

其他诊断：
Z93.000　气管造口状态

手术或操作1：
31.1x00x005　暂时性气管切开术
31.2100x001　纵隔气管切开术
31.2900x001　永久性气管切开术
31.7400　气管造口修复术
31.7400x001　气管造口扩张术
96.0400　气管内插管
96.5500　气管造口洗涤

手术或操作2：
96.7201　呼吸机治疗［大于等于96小时］

MDCB　神经系统疾病及功能障碍

主诊表

包含以下主要诊断：
A01.002+G01*　伤寒性脑膜炎
A02.203+G01*　沙门菌脑膜炎
A06.600+G07*　阿米巴脑脓肿
A17.000+G01*　结核性脑膜炎
A17.000x001+G05.0*　结核性脊膜炎
A17.000x005+G01*　蛛网膜结核病
A17.000x006+G01*　结核性脑膜粘连
A17.001+G01*　结核性脑脊髓膜炎
A17.100+G07*　脑膜结核瘤
A17.100x001+G07*　脑脊膜结核瘤
A17.800x007+G05.0*　结核性脊髓脊膜炎
A17.801+G07*　脑结核瘤
A17.802+G07*　结核性脑肉芽肿
A17.803+G05.0*　结核性脑膜脑炎
A17.804+G05.0*　结核性脑炎
A17.805+G07*　结核性脑脓肿
A17.806+G07*　脊髓结核
A17.807+G94.0*　结核性脑积水
A17.900+G99.8*　神经系统结核
A17.900x001+G99.8*　中枢神经系统结核
A18.822+I68.1*　结核性脑动脉炎
A20.300　脑膜炎型鼠疫
A22.801+G01*　炭疽脑膜炎
A23.900x005+G05.0*　布氏杆菌性脑炎
A23.900x006　布氏杆菌多发性神经根神经病
A32.101+G01*　利斯特菌性脑膜炎
A32.102+G05.0*　利斯特菌性脑膜脑炎
A32.801+I68.1*　利斯特菌性大脑动脉炎
A36.803+G63.0*　白喉性多神经炎
A37.900x005　百日咳脑病
A39.000+G01*　脑膜炎球菌性脑膜炎
A39.000x004+G01*　双球菌性脑膜炎
A39.000x005+G01*　脑膜炎球菌性蛛网膜炎
A39.000x006+G01*　流行性脑脊髓膜炎轻型
A39.000x007+G01*　流行性脑脊髓膜炎普通型
A39.000x008+G01*　流行性脑脊髓膜炎暴发型
A39.001+G01*　普通型流行性脑脊髓膜炎
A39.002+G01*　暴发型流行性脑脊髓膜炎
A39.003+G01*　流行性脑脊髓膜炎
A39.100+E35.1*　沃-弗综合征
A39.200　急性脑膜炎球菌血症
A39.300　慢性脑膜炎球菌血症
A39.400　脑膜炎球菌血症
A39.802+G05.0*　脑膜炎球菌性脑炎
A39.803+G05.0*　脑膜炎球菌性脊髓脊膜炎
A39.900　脑膜炎球菌感染
A42.800x003+G01*　放线菌脑膜炎
A43.801　脑诺卡菌病
A48.100x003　军团菌性脑炎
A50.400x002+G01*　晚期先天性梅毒性脑膜炎
A50.400x003+G05.0*　晚期先天性梅毒性脑炎
A50.400x004+G63.0*　晚期先天性梅毒性多神经病
A50.402+G01*　先天性梅毒性脑膜炎
A51.401+G01*　二期梅毒性脑膜炎
A52.001+I68.1*　梅毒性大脑动脉炎
A52.100x005+G22*　梅毒性帕金森病
A52.100x006+G59.8*　梅毒性神经炎
A52.100x007+G05.0*　梅毒性脑炎
A52.100x008+G63.0*　梅毒性多神经病
A52.100x009+G01*　梅毒性脑膜炎
A52.100x010+G05.0*　梅毒性脑膜脑炎
A52.104+F02.8*　麻痹性痴呆
A52.105+G01*　三期梅毒性脑膜炎
A52.106+H48.0*　视神经梅毒
A54.801+G07*　淋球菌性脑脓肿
A54.803+G01*　淋球菌性脑膜炎

A69.200x002+G63.0*　莱姆病性神经病
A79.900x003+G05.2*　立克次体脑炎
A80.000　急性麻痹性脊髓灰质炎，与接种有关
A80.100　急性麻痹性脊髓灰质炎，(外地)移入性野病毒
A80.200　急性麻痹性脊髓灰质炎，本土性野病毒
A80.300x001　脊髓灰质炎瘫痪型
A80.301　急性麻痹性脊髓灰质炎
A80.400　急性非麻痹性脊髓灰质炎
A80.400x001　脊髓灰质炎无瘫痪型
A80.400x002　脊髓灰质炎顿挫型
A80.900　急性脊髓灰质炎
A81.000　克罗伊茨费尔特-雅各布病
A81.000x002　亚急性海绵状脑病
A81.000x004　可传播性海绵状脑病
A81.000x006　常染色体显性遗传朊蛋白病
A81.000x007　家族性致死性睡眠症
A81.001+F02.1*　克罗伊茨费尔特-雅各布病性痴呆
A81.100　亚急性硬化性全脑炎
A81.101　亚急性包涵体脑炎
A81.200　进行性多灶性白质脑病
A81.200x001　播散性坏死性脑白质病
A81.800　中枢神经系统其他的非典型病毒感染
A81.800x001　库鲁病［新几内亚震颤病］
A81.801　朊蛋白病
A81.900　中枢神经系统的非典型病毒感染
A82.000　森林狂犬病
A82.100　城市狂犬病
A82.900　狂犬病
A83.000　日本脑炎
A83.000x001　流行性乙型脑炎
A83.000x002　流行性乙型脑炎轻型
A83.000x003　流行性乙型脑炎普通型
A83.000x004　流行性乙型脑炎重型
A83.000x005　流行性乙型脑炎极重型
A83.100　西方马脑炎
A83.200　东方马脑炎
A83.300　圣路易斯脑炎
A83.400　澳大利亚脑炎
A83.500　加利福尼亚脑炎
A83.600　罗西欧病毒病
A83.800　蚊媒介病毒性脑炎，其他的
A83.900　蚊媒介的病毒性脑炎
A84.000　远东蜱媒介的脑炎［俄罗斯春-夏型脑炎］
A84.000x001　森林脑炎
A84.100　中部欧洲蜱媒介的脑炎
A84.800x001　羊跳跃脑炎
A84.900　蜱媒介的病毒性脑炎
A85.000+G05.1*　肠病毒性脑炎
A85.000x002+G05.1*　柯萨奇病毒性脑炎
A85.000x003+G05.1*　埃可病毒性脑炎
A85.001+G05.1*　肠病毒性脑脊髓炎
A85.100+G05.1*　腺病毒性脑炎
A85.101+G05.1*　腺病毒性脑脊髓炎
A85.200　节肢动物媒介的病毒性脑炎
A85.200x001　虫媒病毒性脑炎
A85.800　病毒性脑炎，其他特指的
A86.x00　病毒性脑炎
A86.x01　病毒性脑脊髓炎
A86.x02　病毒性脑膜脑炎
A87.000+G02.0*　肠病毒性脑膜炎
A87.000x001+G02.0*　肠道病毒性脑膜炎
A87.000x002+G02.0*　柯萨奇病毒性脑膜炎
A87.000x003+G02.0*　埃可病毒性脑膜炎
A87.100+G02.0*　腺病毒性脑膜炎
A87.200x001+G02.0*　淋巴细胞性脉络丛脑膜炎
A87.200x002+G02.0*　复发性淋巴细胞性脑膜炎
A87.800　病毒性脑膜炎，其他的
A87.801　乙脑病毒性脑膜炎
A87.900　病毒性脑膜炎
A87.901　病毒性脑脊髓膜炎
A88.000　肠病毒疹热［波士顿疹病］
A88.100　流行性眩晕
A88.800　中枢神经系统其他特指的病毒性感染
A88.800x001　脊髓灰质炎样综合征
A89.x00　中枢神经系统的病毒性感染
A92.300x002　西尼罗脑炎
A92.300x003　西尼罗脑膜炎
A92.300x004　西尼罗病毒性脑膜脑炎
B00.300+G02.0*　疱疹病毒性脑膜炎
B00.400+G05.1*　疱疹病毒性脑炎
B00.400x001+G05.1*　单纯疱疹病毒性脑炎
B00.401+G05.1*　疱疹病毒性脑膜脑炎
B01.000+G02.0*　水痘脑膜炎
B01.000x001+G02.0*　水痘性脑膜炎
B01.100+G05.1*　水痘脑炎
B02.000+G05.1*　带状疱疹脑炎
B02.000x002+G05.1*　带状疱疹性脑炎
B02.000x003+G05.1*　带状疱疹性脑膜脑炎
B02.001+G05.1*　带状疱疹神经根脊髓炎

B02.100+G02.0* 带状疱疹脑膜炎
B02.200x004+G53.0* 拉姆齐-亨特综合征［Ramsay-Hunt综合征］
B02.200x008+G63.0* 带状疱疹性多神经病
B02.201+G53.0* 带状疱疹性坐骨神经痛
B02.202+G53.0* 带状疱疹性神经痛
B02.203+G53.0* 带状疱疹性神经根炎
B02.204+G53.1* 带状疱疹性多脑神经麻痹
B02.206+G53.0* 带状疱疹性肋间神经痛
B02.207+G53.0* 疱疹后三叉神经痛
B05.000+G05.1* 麻疹并发脑炎
B05.100+G02.0* 麻疹并发脑膜炎
B06.000x002+G05.1* 风疹性脑膜脑炎
B06.001+G05.1* 风疹性脑炎
B06.002+G02.0* 风疹性脑膜炎
B25.801+G05.1* 巨细胞病毒性脑炎
B26.100+G02.0* 流行性腮腺炎性脑膜炎
B26.200+G05.1* 流行性腮腺炎性脑炎
B26.201+G05.1* 流行性腮腺炎性脑膜脑炎
B26.202+G05.1* 流行性腮腺炎性脑脊髓炎
B26.800x003+G63.0* 流行性腮腺炎性多神经病
B37.500+G02.1* 念珠菌性脑膜炎
B38.400+G02.1* 球孢子菌病脑膜炎
B43.101+G07* 大脑着色真菌病
B45.100x002+G02.1* 新型隐球菌脑膜炎
B45.101+G02.1* 隐球菌性脑膜炎
B45.102+G05.2* 隐球菌性脑炎
B49.x01+G02.1* 真菌性脑膜炎
B50.000x001+G94.8* 脑型疟疾
B57.400x001+G02.8* 慢性恰加斯病伴脑膜炎
B57.400x002+G05.2* 慢性恰加斯病伴脑炎
B57.401+F02.8* 慢性查加斯病性痴呆
B58.200+G05.2* 弓形虫脑膜脑炎
B58.200x002+G05.2* 弓形虫脑炎
B58.201+G05.2* 脑弓形虫病
B60.200x001+G05.2* 原发性阿米巴性脑膜脑炎
B60.200x002+G05.2* 肉芽肿性阿米巴脑炎
B60.201+G05.2* 阿米巴性脑膜脑炎
B65.901+G07* 脑型血吸虫病
B69.000x002+G94.8* 马尾神经囊虫病
B69.001+G94.8* 脑囊虫病
B69.002+G94.8* 囊虫病癫痫
B83.202+G05.2* 嗜酸细胞性脑膜脑炎
B89.x00x002+G73.4* 寄生虫病并发肌病
B99.x00x003+G94.0* 感染后脑积水
B99.x00x004+G73.4* 感染性疾病并发肌病
C47.000x001 头部周围神经和自主神经恶性肿瘤
C47.000x002 面部周围神经和自主神经恶性肿瘤
C47.000x003 颈部周围神经和自主神经恶性肿瘤
C47.100x001 上肢周围神经和自主神经恶性肿瘤
C47.100x004 腕周围神经和自主神经恶性肿瘤
C47.100x005 臂神经恶性肿瘤
C47.100x006 臂丛恶性肿瘤
C47.100x007 正中神经恶性肿瘤
C47.100x008 桡神经恶性肿瘤
C47.100x009 尺神经恶性肿瘤
C47.101 肩部神经恶性肿瘤
C47.102 手神经恶性肿瘤
C47.200x001 下肢周围神经和自主神经恶性肿瘤
C47.200x004 髂部周围神经和自主神经恶性肿瘤
C47.200x005 踝部周围神经和自主神经恶性肿瘤
C47.200x006 股神经恶性肿瘤
C47.200x007 闭孔神经恶性肿瘤
C47.200x008 坐骨神经恶性肿瘤
C47.201 髋神经恶性肿瘤
C47.202 足神经恶性肿瘤
C47.300 胸部周围神经恶性肿瘤
C47.300x002 腋部周围神经和自主神经恶性肿瘤
C47.300x003 膈部周围神经和自主神经恶性肿瘤
C47.300x004 肩胛区周围神经和自主神经恶性肿瘤
C47.300x005 肋间神经恶性肿瘤
C47.400 腹部周围神经恶性肿瘤
C47.400x002 脐部周围神经和自主神经恶性肿瘤
C47.500 盆腔周围神经恶性肿瘤
C47.500x001 骨盆周围神经和自主神经恶性肿瘤
C47.500x002 臀部周围神经和自主神经恶性肿瘤
C47.500x004 会阴周围神经和自主神经恶性肿瘤
C47.500x005 骶部周围神经和自主神经恶性肿瘤
C47.500x006 骶尾周围神经和自主神经恶性肿瘤
C47.500x007 直肠膀胱隔周围神经和自主神经恶性肿瘤
C47.500x008 直肠阴道隔周围神经和自主神经恶性肿瘤
C47.500x009 直肠周围神经和自主神经恶性肿瘤
C47.500x010 坐骨直肠窝周围神经和自主神经恶性肿瘤
C47.500x012 腰骶丛恶性肿瘤
C47.500x013 骶神经恶性肿瘤
C47.500x014 骶丛恶性肿瘤
C47.501 腹股沟神经恶性肿瘤

C47.600　躯干周围神经恶性肿瘤
C47.600x002　背部周围神经和自主神经恶性肿瘤
C47.600x003　腰部周围神经和自主神经恶性肿瘤
C47.800　周围神经和自主神经系统交搭跨越恶性肿瘤的损害
C47.900　周围神经和自主神经系统恶性肿瘤
C70.000　脑膜恶性肿瘤
C70.000x002　硬脑膜恶性肿瘤
C70.100x001　脊膜恶性肿瘤
C70.100x003　硬脊膜恶性肿瘤
C70.900　脑脊膜恶性肿瘤
C70.901　硬膜下恶性肿瘤
C71.000　大脑（除外脑叶和脑室）恶性肿瘤
C71.000x001　下丘脑恶性肿瘤
C71.000x004　岛叶恶性肿瘤
C71.000x006　基底节恶性肿瘤
C71.000x007　脑白质恶性肿瘤
C71.001　幕上恶性肿瘤
C71.002　丘脑恶性肿瘤
C71.003　胼胝体恶性肿瘤
C71.100　额叶恶性肿瘤
C71.200　颞叶恶性肿瘤
C71.300　顶叶恶性肿瘤
C71.400　枕叶恶性肿瘤
C71.500　脑室恶性肿瘤
C71.500x003　侧脑室恶性肿瘤
C71.500x004　第三脑室恶性肿瘤
C71.501　脉络丛恶性肿瘤
C71.600　小脑恶性肿瘤
C71.601　小脑蚓部恶性肿瘤
C71.602　小脑扁桃体恶性肿瘤
C71.700　脑干恶性肿瘤
C71.701　脑桥恶性肿瘤
C71.702　延髓恶性肿瘤
C71.703　第四脑室恶性肿瘤
C71.704　幕下恶性肿瘤
C71.705　中脑恶性肿瘤
C71.800　脑交搭跨越恶性肿瘤的损害
C71.800x006　额颞岛叶恶性肿瘤
C71.800x007　额叶和丘脑及胼胝体恶性肿瘤
C71.800x008　大脑皮层多处恶性肿瘤
C71.801　额顶叶恶性肿瘤
C71.802　额颞顶叶恶性肿瘤
C71.803　顶枕叶恶性肿瘤
C71.804　顶颞叶恶性肿瘤
C71.805　颞顶枕叶恶性肿瘤
C71.806　额颞叶恶性肿瘤
C71.807　颞叶脑岛恶性肿瘤
C71.808　颞枕叶恶性肿瘤
C71.809　脑桥小脑角恶性肿瘤
C71.900　脑恶性肿瘤
C71.900x001　蝶鞍上恶性肿瘤
C71.900x002　颅内恶性肿瘤
C71.900x005　颅前窝恶性肿瘤
C71.900x006　颅底恶性肿瘤
C71.900x007　颅中窝恶性肿瘤
C71.900x008　颅后窝恶性肿瘤
C71.901　鞍上区恶性肿瘤
C71.902　蝶鞍区恶性肿瘤
C71.903　颅底交通性恶性肿瘤
C72.000　脊髓恶性肿瘤
C72.000x006　骶髓恶性肿瘤
C72.001　脊髓颈段恶性肿瘤
C72.002　脊髓圆锥恶性肿瘤
C72.003　脊髓胸段恶性肿瘤
C72.004　脊髓腰段恶性肿瘤
C72.100　马尾恶性肿瘤
C72.200　嗅神经恶性肿瘤
C72.201　嗅球恶性肿瘤
C72.300　视神经恶性肿瘤
C72.400　听神经恶性肿瘤
C72.500　脑神经恶性肿瘤
C72.501　动眼神经恶性肿瘤
C72.502　滑车神经恶性肿瘤
C72.503　三叉神经恶性肿瘤
C72.504　展神经恶性肿瘤
C72.505　面神经恶性肿瘤
C72.506　前庭蜗神经恶性肿瘤
C72.507　舌咽神经恶性肿瘤
C72.508　迷走神经恶性肿瘤
C72.509　副神经恶性肿瘤
C72.510　舌下神经恶性肿瘤
C72.800　脑和中枢神经系统其他部位交搭跨越恶性肿瘤的损害
C72.800x001　颅眶沟通恶性肿瘤
C72.800x002　颅底沟通恶性肿瘤
C72.800x003　颅鼻眶沟通恶性肿瘤
C72.900　中枢神经系统恶性肿瘤
C72.900x004　椎管内恶性肿瘤
C72.900x005　蝶鞍旁恶性肿瘤

C72.900x006 颈静脉孔区恶性肿瘤
C72.901 硬膜外恶性肿瘤
C75.200 颅咽管恶性肿瘤
C75.300 松果体恶性肿瘤
C79.300 脑和脑膜继发性恶性肿瘤
C79.300x002 脑继发恶性肿瘤
C79.300x006 颅窝继发恶性肿瘤
C79.300x011 颅内继发恶性肿瘤
C79.300x012 颅内静脉窦继发恶性肿瘤
C79.300x013 颈静脉孔区继发恶性肿瘤
C79.300x016 脑白质继发恶性肿瘤
C79.300x017 硬脑膜下继发恶性肿瘤
C79.300x018 岛叶继发恶性肿瘤
C79.300x019 侧脑室继发恶性肿瘤
C79.300x020 第三脑室继发恶性肿瘤
C79.300x021 基底节继发恶性肿瘤
C79.300x023 胼胝体继发恶性肿瘤
C79.300x024 中脑继发恶性肿瘤
C79.300x025 脑桥继发恶性肿瘤
C79.300x026 延髓继发恶性肿瘤
C79.300x027 第四脑室继发恶性肿瘤
C79.300x028 小脑幕上继发恶性肿瘤
C79.300x029 小脑幕下继发恶性肿瘤
C79.300x030 癌性脑膜炎
C79.300x031 颅底继发恶性肿瘤
C79.300x032 颅前窝继发恶性肿瘤
C79.300x033 颅中窝继发恶性肿瘤
C79.300x034 颅后窝继发恶性肿瘤
C79.301 脑膜继发恶性肿瘤
C79.302 大脑继发恶性肿瘤
C79.303 额叶继发恶性肿瘤
C79.304 顶叶继发恶性肿瘤
C79.305 枕叶继发恶性肿瘤
C79.306 颞叶继发恶性肿瘤
C79.307 脑岛继发恶性肿瘤
C79.308 海马回继发恶性肿瘤
C79.309 小脑继发恶性肿瘤
C79.310 脑干继发恶性肿瘤
C79.311 丘脑继发恶性肿瘤
C79.400x012 硬膜外继发恶性肿瘤
C79.400x013 椎管内继发恶性肿瘤
C79.400x018 马尾继发恶性肿瘤
C79.400x019 上肢周围神经继发恶性肿瘤
C79.400x020 下肢周围神经继发恶性肿瘤
C79.400x021 交感神经继发恶性肿瘤
C79.400x022 周围神经继发恶性肿瘤
C79.401 中枢神经系统继发恶性肿瘤
C79.402 脑神经继发恶性肿瘤
C79.403 脊髓继发恶性肿瘤
C79.404 脊膜继发恶性肿瘤
C79.828 神经节继发恶性肿瘤
C80.000x002+G13.1* 癌性脑白质病
C80.000x003+G13.1* 癌性脑病
C80.002+G63.1* 恶性肿瘤性周围神经病
C80.004+G73.1* 伊顿-兰伯特综合征
D17.700x001 鞍区脂肪瘤
D17.700x004 脊髓圆锥脂肪瘤
D17.700x008 神经系统脂肪瘤
D17.700x009 颅内脂肪瘤
D17.700x010 硬膜内脂肪瘤
D17.700x011 硬膜外脂肪瘤
D17.700x012 脑桥脂肪瘤
D17.700x013 小脑角脂肪瘤
D17.700x025 脊髓脂肪瘤
D17.700x026 椎管内脂肪瘤
D17.700x030 蛛网膜下腔脂肪瘤
D18.000x023 硬膜外血管瘤
D18.000x026 脑干血管瘤
D18.000x027 蝶鞍旁血管瘤
D18.000x028 颅内血管瘤
D18.002 脑血管瘤
D18.100x008 硬脑膜下淋巴管瘤
D32.000 脑膜良性肿瘤
D32.000x002 鞍隔脑膜瘤
D32.000x004 大脑镰脑膜瘤
D32.000x008 蝶骨脑膜瘤
D32.000x011 横窦脑膜瘤
D32.000x014 颅窝脑膜瘤
D32.000x019 桥脑脑膜瘤
D32.000x020 筛窦脑膜瘤
D32.000x021 矢状窦脑膜瘤
D32.000x024 小脑脑膜瘤
D32.000x026 岩骨脑膜瘤
D32.000x028 枕叶脑膜瘤
D32.000x030 蝶鞍上脑膜瘤
D32.000x031 侧脑室脑膜瘤
D32.000x032 大脑皮层多部位脑膜瘤
D32.000x036 硬脑膜下脑膜瘤
D32.000x038 颅底脑膜瘤
D32.000x039 窦汇区脑膜瘤

D32.001　蝶骨嵴脑膜瘤
D32.002　颅中窝脑膜瘤
D32.003　前床突脑膜瘤
D32.004　额叶脑膜瘤
D32.005　顶叶脑膜瘤
D32.006　大脑镰旁脑膜瘤
D32.007　矢状窦旁脑膜瘤
D32.008　嗅沟脑膜瘤
D32.009　中央区脑膜瘤
D32.010　脑室内脑膜瘤
D32.011　颞叶脑膜瘤
D32.012　颅后窝脑膜瘤
D32.013　颅前窝脑膜瘤
D32.014　鞍区脑膜瘤
D32.015　鞍结节脑膜瘤
D32.016　鞍背脑膜瘤
D32.017　枕部脑膜瘤
D32.018　小脑幕脑膜瘤
D32.019　小脑脑桥角脑膜瘤
D32.020　斜坡脑膜瘤
D32.021　颈静脉孔区脑膜瘤
D32.022　枕骨大孔区脑膜瘤
D32.023　颅内外沟通性脑膜瘤
D32.100　脊（髓）膜良性肿瘤
D32.100x001　脊膜瘤
D32.101　颅颈交界区脊膜瘤
D32.102　颈段脊膜瘤
D32.103　胸段脊膜瘤
D32.104　腰段脊膜瘤
D32.105　骶段脊膜瘤
D32.106　硬脊膜下良性肿瘤
D32.900　脑脊膜良性肿瘤
D32.900x001　皮肤脑膜瘤
D32.900x002　脑膜瘤
D32.900x003　脑脊膜瘤
D33.000　脑幕上的良性肿瘤
D33.000x003　脑室良性肿瘤
D33.000x004　矢状窦良性肿瘤
D33.000x005　小脑幕上良性肿瘤
D33.001　侧脑室良性肿瘤
D33.002　第三脑室良性肿瘤
D33.003　大脑良性肿瘤
D33.004　额叶良性肿瘤
D33.005　枕叶良性肿瘤
D33.006　顶叶良性肿瘤
D33.007　颞叶良性肿瘤
D33.008　岛叶良性肿瘤
D33.009　海马回良性肿瘤
D33.010　丘脑良性肿瘤
D33.011　脉络丛良性肿瘤
D33.012　基底节良性肿瘤
D33.100　脑幕下的良性肿瘤
D33.100x005　小脑幕下良性肿瘤
D33.101　小脑良性肿瘤
D33.102　小脑蚓部良性肿瘤
D33.103　脑干良性肿瘤
D33.104　脑桥良性肿瘤
D33.105　第四脑室良性肿瘤
D33.200　脑的良性肿瘤
D33.200x001　颅内良性肿瘤
D33.200x003　颅窝良性肿瘤
D33.201　胼胝体良性肿瘤
D33.202　颅底良性肿瘤
D33.300　脑神经良性肿瘤
D33.300x003　嗅球良性肿瘤
D33.300x005　视神经乳头良性肿瘤
D33.301　嗅神经良性肿瘤
D33.302　视神经良性肿瘤
D33.303　动眼神经良性肿瘤
D33.304　滑车神经良性肿瘤
D33.305　三叉神经良性肿瘤
D33.306　展神经良性肿瘤
D33.307　面神经良性肿瘤
D33.308　听神经良性肿瘤
D33.309　舌咽神经良性肿瘤
D33.310　迷走神经良性肿瘤
D33.311　副神经良性肿瘤
D33.312　舌下神经良性肿瘤
D33.400　脊髓良性肿瘤
D33.401　脊髓颈段良性肿瘤
D33.402　脊髓胸段良性肿瘤
D33.403　脊髓腰段良性肿瘤
D33.404　脊髓骶段良性肿瘤
D33.405　脊髓圆锥良性肿瘤
D33.406　马尾良性肿瘤
D33.700x001　颅眶沟通良性肿瘤
D33.700x002　颅鼻眶沟通良性肿瘤
D33.700x003　颈静脉孔区良性肿瘤
D33.900　中枢神经系统良性肿瘤
D33.900x001　硬脑膜外良性肿瘤

D33.900x002　硬脊膜外良性肿瘤
D33.900x003　蝶鞍旁良性肿瘤
D33.901　硬膜外良性肿瘤
D33.902　椎管内良性肿瘤
D35.201　鞍区良性肿瘤
D35.300　颅咽管良性肿瘤
D35.400　松果体良性肿瘤
D35.500　颈动脉体良性肿瘤
D36.100x002　头部周围神经和自主神经良性肿瘤
D36.100x005　耳部周围神经和自主神经良性肿瘤
D36.100x006　颞下窝周围神经和自主神经良性肿瘤
D36.100x007　翼腭窝周围神经和自主神经良性肿瘤
D36.100x008　咽旁间隙周围神经和自主神经良性肿瘤
D36.100x009　咽后间隙周围神经和自主神经良性肿瘤
D36.100x010　眼睑周围神经和自主神经良性肿瘤
D36.100x011　鼻部周围神经和自主神经良性肿瘤
D36.100x012　颈丛良性肿瘤
D36.100x014　肩部周围神经和自主神经良性肿瘤
D36.100x015　手部周围神经和自主神经良性肿瘤
D36.100x016　腕部周围神经和自主神经良性肿瘤
D36.100x017　臂神经良性肿瘤
D36.100x023　髋部周围神经和自主神经良性肿瘤
D36.100x024　足部周围神经和自主神经良性肿瘤
D36.100x025　髂部周围神经和自主神经良性肿瘤
D36.100x026　踝部周围神经和自主神经良性肿瘤
D36.100x027　股神经良性肿瘤
D36.100x028　闭孔神经良性肿瘤
D36.100x029　坐骨神经良性肿瘤
D36.100x030　胸部周围神经和自主神经良性肿瘤
D36.100x032　腋部周围神经和自主神经良性肿瘤
D36.100x033　膈部周围神经和自主神经良性肿瘤
D36.100x036　肋间神经良性肿瘤
D36.100x037　腹部周围神经和自主神经良性肿瘤
D36.100x039　脐部周围神经和自主神经良性肿瘤
D36.100x041　骨盆周围神经和自主神经良性肿瘤
D36.100x042　臀部周围神经和自主神经良性肿瘤
D36.100x043　腹股沟周围神经和自主神经良性肿瘤
D36.100x044　会阴周围神经和自主神经良性肿瘤
D36.100x045　骶部周围神经和自主神经良性肿瘤
D36.100x047　直肠膀胱隔周围神经和自主神经良性肿瘤
D36.100x048　直肠阴道隔周围神经和自主神经良性肿瘤
D36.100x050　坐骨直肠窝周围神经和自主神经良性肿瘤
D36.100x052　腰骶丛良性肿瘤
D36.100x053　骶神经良性肿瘤
D36.100x054　骶丛良性肿瘤
D36.100x056　背部周围神经和自主神经良性肿瘤
D36.100x057　腰部周围神经和自主神经良性肿瘤
D36.100x058　腰神经良性肿瘤
D36.101　面部周围神经和自主神经良性肿瘤
D36.102　颈周围神经和自主神经良性肿瘤
D36.103　躯干周围神经和自主神经良性肿瘤
D36.104　肩胛区周围神经和自主神经良性肿瘤
D36.105　腹腔周围神经和自主神经良性肿瘤
D36.106　腹膜后神经良性肿瘤
D36.107　盆腔周围神经和自主神经良性肿瘤
D36.108　直肠周围神经和自主神经良性肿瘤
D36.109　脊神经良性肿瘤
D36.110　骶尾周围神经和自主神经良性肿瘤
D36.111　上肢周围神经和自主神经良性肿瘤
D36.112　下肢周围神经和自主神经良性肿瘤
D36.113　臂丛神经良性肿瘤
D36.114　桡神经良性肿瘤
D36.115　尺神经良性肿瘤
D36.116　正中神经良性肿瘤
D42.000x001　脑膜交界性肿瘤
D42.000x002　硬脑膜下交界性肿瘤
D42.001　脑膜肿瘤
D42.002　硬脑膜下动态未定肿瘤
D42.003　硬脑膜下肿瘤
D42.100x001　脊膜交界性肿瘤
D42.100x002　硬脊膜下交界性肿瘤
D42.101　脊膜肿瘤
D42.900x001　脑脊膜交界性肿瘤
D42.900x002　硬膜下交界性肿瘤
D42.901　脑脊膜肿瘤
D43.000x001　枕叶交界性肿瘤
D43.000x002　脑室交界性肿瘤
D43.000x003　额叶交界性肿瘤
D43.000x004　顶叶交界性肿瘤
D43.000x005　颞叶交界性肿瘤
D43.000x006　大脑交界性肿瘤
D43.001　脑幕上肿瘤
D43.002　脑室动态未定肿瘤
D43.003　脑室肿瘤
D43.004　大脑动态未定肿瘤

D43.005　大脑肿瘤
D43.006　额叶动态未定肿瘤
D43.007　额叶肿瘤
D43.008　枕叶动态未定肿瘤
D43.009　枕叶肿瘤
D43.010　顶叶动态未定肿瘤
D43.011　顶叶肿瘤
D43.012　颞叶动态未定肿瘤
D43.013　颞叶肿瘤
D43.100x001　脑干交界性肿瘤
D43.100x002　小脑交界性肿瘤
D43.100x003　延髓交界性肿瘤
D43.100x004　第四脑室交界性肿瘤
D43.101　脑幕下肿瘤
D43.102　脑干动态未定肿瘤
D43.103　脑干肿瘤
D43.104　小脑动态未定肿瘤
D43.105　小脑肿瘤
D43.106　延髓动态未定肿瘤
D43.107　延髓肿瘤
D43.200x001　颅内交界性肿瘤
D43.200x002　脑交界性肿瘤
D43.200x003　颅底沟通交界性肿瘤
D43.200x004　颅底交界性肿瘤
D43.200x005　斜坡交界性肿瘤
D43.201　脑肿瘤
D43.202　颅底交通性肿瘤
D43.300x001　脑神经交界性肿瘤
D43.300x002　嗅神经交界性肿瘤
D43.300x003　视神经交界性肿瘤
D43.300x004　动眼神经交界性肿瘤
D43.300x005　滑车神经交界性肿瘤
D43.300x006　三叉神经交界性肿瘤
D43.300x007　外展神经交界性肿瘤
D43.300x008　面神经交界性肿瘤
D43.300x009　听神经交界性肿瘤
D43.300x010　舌咽神经交界性肿瘤
D43.300x011　迷走神经交界性肿瘤
D43.300x012　副神经交界性肿瘤
D43.300x013　舌下神经交界性肿瘤
D43.301　脑神经肿瘤
D43.400x001　脊髓交界性肿瘤
D43.400x002　马尾交界性肿瘤
D43.401　脊髓肿瘤
D43.402　马尾动态未定肿瘤
D43.403　马尾肿瘤
D43.700　中枢神经系统其他部位动态未定或动态未知的肿瘤
D43.900x001　硬膜外交界性肿瘤
D43.900x002　椎管内交界性肿瘤
D43.900x003　硬脑膜外交界性肿瘤
D43.900x004　硬脊膜外交界性肿瘤
D43.901　中枢神经系统肿瘤
D43.902　硬脑膜外动态未定肿瘤
D43.903　硬脑膜外肿瘤
D44.400x001　颅咽管交界性肿瘤
D44.401　颅咽管肿瘤
D44.500x001　松果体交界性肿瘤
D44.500x003　松果体区交界性肿瘤
D44.501　松果体肿瘤
D48.002　颅骨动态未定肿瘤
D48.003　颅骨肿瘤
D48.100x023　脑血管交界性肿瘤
D48.200x001　周围神经和自主神经系统交界性肿瘤
D48.200x011　鼻周围神经和自主神经交界性肿瘤
D48.200x012　上肢周围神经和自主神经交界性肿瘤
D48.200x013　肩周围神经和自主神经交界性肿瘤
D48.200x014　手周围神经和自主神经交界性肿瘤
D48.200x015　腕周围神经和自主神经交界性肿瘤
D48.200x016　臂神经交界性肿瘤
D48.200x017　臂丛交界性肿瘤
D48.200x018　正中神经交界性肿瘤
D48.200x019　桡神经交界性肿瘤
D48.200x020　尺神经交界性肿瘤
D48.200x022　髋周围神经和自主神经交界性肿瘤
D48.200x023　足周围神经和自主神经交界性肿瘤
D48.200x024　髂周围神经和自主神经交界性肿瘤
D48.200x025　踝周围神经和自主神经交界性肿瘤
D48.200x026　股神经交界性肿瘤
D48.200x027　闭孔神经交界性肿瘤
D48.200x028　坐骨神经交界性肿瘤
D48.200x029　胸周围神经和自主神经交界性肿瘤
D48.200x030　腋周围神经和自主神经交界性肿瘤
D48.200x031　腘周围神经和自主神经交界性肿瘤
D48.200x032　肩胛区周围神经和自主神经交界性肿瘤
D48.200x033　肋间神经交界性肿瘤
D48.200x034　腹周围神经和自主神经交界性肿瘤
D48.200x035　脐周围神经和自主神经交界性肿瘤
D48.200x036　骨盆周围神经和自主神经交界性肿瘤

D48.200x037　臀周围神经和自主神经交界性肿瘤
D48.200x038　腹股沟周围神经和自主神经交界性肿瘤
D48.200x039　会阴周围神经和自主神经交界性肿瘤
D48.200x040　骶周围神经和自主神经交界性肿瘤
D48.200x041　骶尾周围神经和自主神经交界性肿瘤
D48.200x042　直肠膀胱隔周围神经和自主神经交界性肿瘤
D48.200x043　直肠阴道隔周围神经和自主神经交界性肿瘤
D48.200x044　直肠周围神经和自主神经交界性肿瘤
D48.200x045　坐骨直肠窝周围神经和自主神经交界性肿瘤
D48.200x046　盆腔周围神经和自主神经交界性肿瘤
D48.200x047　腰骶丛交界性肿瘤
D48.200x048　骶神经交界性肿瘤
D48.200x049　骶丛交界性肿瘤
D48.200x051　背周围神经和自主神经交界性肿瘤
D48.200x052　腰周围神经和自主神经交界性肿瘤
D48.200x053　腰神经交界性肿瘤
D48.201　周围神经肿瘤
D48.202　自主神经肿瘤
D48.203　头颈部周围神经动态未定肿瘤
D48.204　头颈部周围神经肿瘤
D48.205　头颈部自主神经动态未定肿瘤
D48.206　头颈部自主神经肿瘤
D48.207　躯干周围神经动态未定肿瘤
D48.208　躯干周围神经肿瘤
D48.209　躯干自主神经动态未定肿瘤
D48.210　躯干自主神经肿瘤
D48.211　上肢周围神经动态未定肿瘤
D48.212　上肢周围神经肿瘤
D48.213　上肢自主神经动态未定肿瘤
D48.214　上肢自主神经肿瘤
D48.215　下肢周围神经动态未定肿瘤
D48.216　下肢周围神经肿瘤
D48.217　下肢自主神经动态未定肿瘤
D48.218　下肢自主神经肿瘤
D48.700x026　颅眶沟通交界性肿瘤
D48.700x027　颅鼻眶沟通交界性肿瘤
D48.900x004+G94.1*　肿瘤引起的脑积水
D48.900x010+G05.8*　副肿瘤相关性边缘叶脑炎
D48.900x011+G63.1*　副肿瘤相关性周围神经病
D48.900x012+G73.2*　副肿瘤综合征相关性肌无力综合征
D48.905+G13.1*　副肿瘤性小脑共济失调
D48.907+G13.0*　神经系统副肿瘤综合征
D51.901+G32.0*　维生素B12缺乏性贫血性脊髓后侧索硬化
D86.800x002+G53.2*　结节病性多发性脑神经麻痹
E01.802+F02.8*　后天性甲状腺机能减退性痴呆
E03.500　黏液性水肿昏迷
E03.803+F02.8*　其他特指的后天性甲状腺机能减退性痴呆
E03.902+G73.5*　甲状腺功能减退性肌病
E05.900x002+G73.0*　甲状腺功能亢进症合并周期性麻痹
E05.900x007+G73.0*　甲亢性肌无力综合征
E05.904+G73.5*　甲状腺功能亢进性肌病
E06.302+G94.8*　桥本脑病
E10.400x021+G63.2*　1型糖尿病性多发性神经病
E10.400x022+G63.2*　1型糖尿病性胰岛素相关性神经炎
E10.400x024+G63.2*　1型糖尿病性远端对称性周围神经病
E10.400x025+G63.2*　1型糖尿病性小神经纤维周围神经病
E10.400x026+G63.2*　1型糖尿病性感觉运动性周围神经病
E10.400x110+G59.0*　1型糖尿病性单神经病
E10.400x111+G59.0*　1型糖尿病性胸神经根病
E10.400x112+G59.0*　1型糖尿病性躯干神经根病
E10.400x121+G73.0*　1型糖尿病性肌无力综合征
E10.400x130+G59.0*　1型糖尿病性脑神经麻痹
E10.400x140+G59.0*　1型糖尿病性动眼神经麻痹
E10.400x150+G59.0*　1型糖尿病性外展神经麻痹
E10.400x160+G59.0*　1型糖尿病性股神经病
E10.400x170+G59.0*　1型糖尿病性多发性单神经病
E10.400x180+G59.0*　1型糖尿病性眼肌麻痹
E10.400x190+G59.0*　1型糖尿病性神经根病
E10.400x191+G59.0*　1型糖尿病腰骶神经根神经丛病
E10.400x310+G99.0*　1型糖尿病性出汗异常
E10.400x360+G99.0*　1型糖尿病性性无能
E10.400x380+G99.0*　1型糖尿病性膀胱张力减弱
E10.400x390+G99.0*　1型糖尿病性神经性水肿
E10.400x901+G99.0*　1型糖尿病性脊髓病
E10.400x910+G63.2*　1型糖尿病伴神经系统并发症
E10.401+G63.2*　1型糖尿病性周围神经病
E10.402+G99.0*　1型糖尿病性自主神经病变

E10.403+G63.2*　1型糖尿病性神经炎
E10.405+G73.0*　1型糖尿病性肌萎缩
E11.400　2型糖尿病伴有神经的并发症
E11.400x021+G63.2*　2型糖尿病性多发性神经病
E11.400x022+G63.2*　2型糖尿病性胰岛素相关性神经炎
E11.400x024+G63.2*　2型糖尿病性远端对称性周围神经病
E11.400x025+G63.2*　2型糖尿病性小神经纤维周围神经病
E11.400x026+G63.2*　2型糖尿病性感觉运动性周围神经病
E11.400x110+G59.0*　2型糖尿病性单神经病
E11.400x111+G59.0*　2型糖尿病性胸神经根病
E11.400x112+G59.0*　2型糖尿病性躯干神经根病
E11.400x121+G73.0*　2型糖尿病性肌无力综合征
E11.400x130+G59.0*　2型糖尿病性脑神经麻痹
E11.400x140+G59.0*　2型糖尿病性动眼神经麻痹
E11.400x150+G59.0*　2型糖尿病性外展神经麻痹
E11.400x160+G59.0*　2型糖尿病性股神经病
E11.400x170+G59.0*　2型糖尿病性多发性单神经病
E11.400x180+G59.0*　2型糖尿病性眼肌麻痹
E11.400x190+G59.0*　2型糖尿病性神经根病
E11.400x191+G59.0*　2型糖尿病腰骶神经根神经丛病
E11.400x310+G99.0*　2型糖尿病性出汗异常
E11.400x360+G99.0*　2型糖尿病性性无能
E11.400x390+G99.0*　2型糖尿病性神经性水肿
E11.400x901+G99.0*　2型糖尿病性脊髓病
E11.401+G63.2*　2型糖尿病性周围神经病
E11.402+G99.0*　2型糖尿病性自主神经病变
E11.403+G63.2*　2型糖尿病性神经炎
E11.405+G73.0*　2型糖尿病性肌萎缩
E12.400　营养不良相关性糖尿病伴有神经的并发症
E12.400x001+G99.0*　营养不良相关性糖尿病伴自主神经病变
E13.400x223+G63.2*　继发性糖尿病性周围神经病变
E14.400　糖尿病伴有神经的并发症
E14.400x021+G63.2*　糖尿病性多发性神经病
E14.400x022+G63.2*　糖尿病性胰岛素相关性神经炎
E14.400x023+G63.2*　糖尿病性周围神经病
E14.400x024+G63.2*　糖尿病性远端对称性周围神经病
E14.400x025+G63.2*　糖尿病性小神经纤维周围神经病
E14.400x026+G63.2*　糖尿病性感觉运动性周围神经病
E14.400x110+G59.0*　糖尿病性单神经病
E14.400x111+G59.0*　糖尿病性胸神经根病
E14.400x112+G59.0*　糖尿病性躯干神经根病
E14.400x120+G73.0*　糖尿病性肌萎缩
E14.400x121+G73.0*　糖尿病性肌无力综合征
E14.400x130+G59.0*　糖尿病性脑神经麻痹
E14.400x140+G59.0*　糖尿病性动眼神经麻痹
E14.400x150+G59.0*　糖尿病性外展神经麻痹
E14.400x160+G59.0*　糖尿病性股神经病
E14.400x170+G59.0*　糖尿病性多发性单神经病
E14.400x190+G59.0*　糖尿病性神经根病
E14.400x191+G59.0*　糖尿病腰骶神经根神经丛病
E14.400x310+G99.0*　糖尿病性出汗异常
E14.400x311+G99.0*　糖尿病性体位性低血压
E14.400x312+G99.0*　糖尿病性自主神经病
E14.400x360+G99.0*　糖尿病性性无能
E14.400x390+G99.0*　糖尿病性神经性水肿
E14.400x901+G99.0*　糖尿病性脊髓病
E16.107+G94.8*　低血糖昏迷性脑病
E16.108+G94.8*　低血糖性脑病
E16.111+G94.3*　低血糖性脑昏迷
E20.900x004+G73.5*　甲状旁腺功能减低合并肌病
E21.300x004+G73.5*　甲状旁腺亢进合并肌病
E23.000x001+G73.5*　垂体功能减退性肌病
E34.901+G73.5*　内分泌病性肌病
E51.100x002+G63.4*　糙皮病性多神经病
E51.100x003+G63.4*　脚气病性多神经炎
E51.200+G32.8*　韦尼克脑病
E53.800x003+G32.0*　侧索联合变性病
E53.800x014+G32.0*　维生素B12缺乏性贫血性脊髓后侧索硬化症
E53.801+G32.0*　脊髓亚急性联合变性
E53.803+G63.4*　维生素B12缺乏性周围神经病
E53.805+F02.8*　维生素B12缺乏性痴呆
E53.900x002+G63.4*　维生素B缺乏性周围神经病
E56.900x003+G63.4*　维生素缺乏性周围神经病
E56.901+G63.4*　维生素缺乏性多神经炎
E63.900x001　营养缺乏性多神经炎
E63.902+G63.4*　营养性周围神经病
E71.300x006　新生儿肾上腺脑白质病
E71.301　肾上腺脑白质营养不良

E71.303　肾上腺脊髓周围神经病
E74.007+G73.6*　糖原贮积症肌病
E75.000x001　桑德霍夫病［Sandhoff病］
E75.000x002　泰-萨克斯病［Tay-Sachs病］
E75.000x003　成年型GM2神经节苷脂贮积症
E75.000x004　幼年型GM2神经节苷脂贮积症
E75.100x001　神经节苷脂贮积症
E75.100x002　GM1神经节苷脂贮积症
E75.100x004　黏脂贮积病Ⅳ型
E75.101　GM3神经节苷脂沉积症
E75.200x006　克拉贝病
E75.200x007　法伯综合征
E75.200x009　中枢神经系统海绵样变性［卡纳万病］
E75.200x010　海蓝组织细胞增生症
E75.200x011　戈谢病Ⅱ型
E75.200x012　尼曼-匹克病A型
E75.200x013　弥漫性体部血管角化瘤
E75.201　戈谢病
E75.202　脑白质营养不良
E75.203　尼曼-皮克病
E75.204　异染性脑白质营养不良
E75.205　法布里病
E75.206　硫酸酯酶缺乏
E75.300　神经鞘脂贮积症
E75.400　神经元蜡样脂褐质贮积症
E75.400x002　巴藤病
E75.400x003　比尔朔夫斯基-杨斯基病
E75.400x004　库夫斯病
E75.400x005　施皮格尔迈尔-沃格特病
E75.600x002+G32.8*　全身性脂贮积症性大脑变性
E75.601+G73.6*　脂质沉积性肌病
E75.602+F02.8*　脑脂质沉积性痴呆
E80.200x006　卟啉病神经病
E83.001　肝豆状核变性
E83.003+F02.8*　肝豆状核变性痴呆
E83.505+F02.8*　高钙血症性痴呆
E85.100x002　淀粉样多发性神经病变
E85.101+G63.3*　淀粉样变性周围神经病
E85.400x008+G99.0*　淀粉样变性性周围神经病
E85.400x012　脑淀粉样变
E85.414+I68.0*　淀粉样变脑血管损害
E88.904+G99.2*　代谢性脊髓病
E88.905+G99.0*　代谢性周围神经病
E88.908+G73.6*　代谢性肌病
F01.000　急性发作的血管性痴呆
F01.100　多发脑梗死性痴呆
F01.101　常染色体显性遗传性脑动脉病
F01.102　遗传性多发脑梗死性痴呆
F01.200　皮层下血管性痴呆
F01.300　混合型皮层和皮层下血管性痴呆
F01.800x001　出血性痴呆
F01.900　血管性痴呆
F01.901　动脉硬化性痴呆
F01.902　脑动脉硬化性精神病
F03.x00　痴呆
F03.x01　老年性痴呆
G00.000　嗜血杆菌脑膜炎
G00.000x001　流感嗜血杆菌脑膜炎
G00.100　肺炎球菌性脑膜炎
G00.200　链球菌性脑膜炎
G00.300　葡萄球菌性脑膜炎
G00.800　细菌性脑膜炎，其他的
G00.800x002　大肠埃希杆菌脑膜炎
G00.800x003　弗里德伦德尔肺炎杆菌脑膜炎
G00.800x005　鲍曼不动杆菌性脑膜炎
G00.801　变形杆菌性脑膜炎
G00.802　大肠杆菌性脑膜炎
G00.803　克雷伯杆菌性脑膜炎
G00.900　细菌性脑膜炎
G00.900x003　颅底化脓性脑膜炎
G00.901　化脓性脑膜炎
G00.902　新生儿化脓性脑膜炎
G00.903　耳源性脑膜炎
G00.904　手术后化脓性脑膜炎
G03.000　非化脓性脑膜炎
G03.001　无菌性脑膜炎
G03.002　局限性脑膜炎
G03.100　慢性脑膜炎
G03.200　良性复发性脑膜炎［莫拉利特］
G03.800　脑膜炎，其他特指原因引起的
G03.800x003　肥厚性硬脑膜炎
G03.800x004　肥厚性硬脊膜炎
G03.800x005　肥厚性硬脑脊膜炎
G03.801　化学性脑膜炎
G03.802　反应性脑膜炎
G03.900　脑膜炎
G03.900x008　脑脊膜炎
G03.901　颅底蛛网膜炎
G03.902　脊髓蛛网膜炎
G03.903　硬脑膜炎

G03.904　蛛网膜炎
G03.905　原发性肥厚性硬脑膜炎
G03.906　非特异性脑脊膜炎
G03.907　急性脑膜炎
G04.000　急性播散性脑炎
G04.000x004　疫苗接种后脑脊髓炎
G04.001　急性播散性脑脊髓炎
G04.002　疫苗接种后脑炎
G04.100　人类T细胞淋巴病毒相关脊髓病
G04.101　热带痉挛性截瘫
G04.200　细菌性脑膜脑炎和脊髓脊膜炎，不可归类在他处者
G04.201　绿脓杆菌性脑膜脑炎
G04.800　脑炎、脊髓炎和脑脊髓炎，其他的
G04.800x003　化脓性脊髓炎
G04.800x004　抗NMDA受体脑炎
G04.800x005　脱髓鞘性脊髓炎
G04.800x007　边缘叶脑炎
G04.800x008　肺炎支原体性脑炎
G04.800x009　猫抓性脑炎
G04.800x010　感染性边缘叶脑炎
G04.800x012　免疫介导性脑脊髓炎
G04.800x013　免疫介导性脑炎
G04.800x014　免疫介导性脊髓炎
G04.800x015　免疫介导性脊髓神经根神经病
G04.800x016　免疫介导性脑干脑炎
G04.801　自体免疫性脑炎
G04.802　感染后脑炎
G04.803　感染后脑脊髓炎
G04.804　变态反应性脑炎
G04.805　化脓性脑炎
G04.807　化脓性脑膜脑炎
G04.808　化脓性脑室炎
G04.900x001　非特异性脑炎
G04.900x005　脊髓神经根病
G04.900x010　脑干脑炎
G04.900x011　脑脊髓神经根炎
G04.900x019　散发性脑炎
G04.900x021　脑室管膜炎
G04.900x024　急性脑膜脑炎
G04.900x025　急性小脑炎
G04.900x027　大脑性脑室炎
G04.900x031　脊髓神经根炎
G04.902　急性上行性脊髓炎
G04.903　脑室炎
G04.904　中枢神经系统感染
G04.905　急性神经根脊髓炎
G04.906　室管膜炎
G04.907　局灶性脑炎
G04.908　脊髓炎
G04.909　急性脊髓炎
G04.910　上行性脊髓炎
G04.911　脑脊髓炎
G04.912　神经根脊髓炎
G04.913　脑炎
G04.914　脑膜脑炎
G04.915　脑炎性假瘤
G04.916　脑炎性肿物
G04.917　脑炎性病变
G04.918　椎管内炎性肿物
G04.919　小脑炎
G04.920　复发性多灶性炎性脑病
G04.921　脑干炎
G04.922　脑性发热
G06.000x001　小脑脓肿
G06.000x002　额叶脓肿
G06.000x003　顶叶脓肿
G06.000x004　颞叶脓肿
G06.000x005　枕叶脓肿
G06.000x007　基底节脓肿
G06.000x008　丘脑脓肿
G06.000x009　下丘脑脓肿
G06.000x011　半卵圆中心脓肿
G06.000x012　胼胝体脓肿
G06.000x013　中脑脓肿
G06.000x014　脑桥脓肿
G06.000x015　延髓脓肿
G06.000x018　颅内硬脑膜外肉芽肿
G06.000x020　颅内硬脑膜下肉芽肿
G06.000x021　侧窦周围脓肿
G06.000x022　耳源性脑脓肿
G06.001　脑脓肿
G06.002　脑肉芽肿
G06.003　海绵窦脓肿
G06.004　颅内脓肿
G06.005　颅内炎性肉芽肿
G06.006　颅内感染
G06.008　硬脑膜下脓肿
G06.009　硬脑膜外脓肿
G06.100x002　椎管内脓肿

G06.100x003　脊髓脓肿
G06.100x004　脊髓肉芽肿
G06.100x006　硬脊膜外肉芽肿
G06.100x008　硬脊膜下肉芽肿
G06.100x009　椎管内感染
G06.101　椎管内肉芽肿
G06.102　硬脊膜下脓肿
G06.103　硬脊膜外脓肿
G06.200　硬膜外和硬膜下脓肿
G06.200x003　硬脑膜下炎性肉芽肿
G06.201　硬膜下脓肿
G06.202　硬膜下肉芽肿
G06.203　硬膜外脓肿
G08.x00　颅内和椎管内的静脉炎和血栓性静脉炎
G08.x00x001　化脓性矢状窦血栓形成
G08.x00x002　化脓性直窦血栓形成
G08.x00x003　化脓性乙状窦血栓形成
G08.x00x004　乙状窦栓塞
G08.x00x005　乙状窦血栓性静脉炎
G08.x00x006　化脓性海绵窦血栓形成
G08.x00x007　海绵窦血栓性静脉炎
G08.x00x008　海绵窦炎
G08.x00x009　化脓性横窦血栓形成
G08.x00x010　侧窦栓塞
G08.x00x011　颅内静脉窦静脉炎
G08.x00x013　耳源性颅内静脉窦血栓性静脉炎
G08.x01　颅内静脉窦化脓性血栓形成
G08.x02　耳源性乙状窦血栓性静脉炎
G09.x00　中枢神经系统炎性疾病的后遗症
G09.x00x001　脊髓炎后遗症
G09.x00x002　脑炎后遗症
G09.x00x003　脑膜炎后遗症
G09.x00x004　脑脊髓炎后遗症
G09.x01　感染中毒性脑病后遗症
G10.x00　亨廷顿病
G10.x00x004　良性非进行性家族性舞蹈病
G10.x00x005　先天性舞蹈病
G10.x01+F02.2*　亨廷顿病性痴呆
G11.000　先天性非进行性共济失调
G11.000x002　小脑性发育不良及发育不全
G11.000x003　先天性小脑性共济失调
G11.000x004　先天性小脑性共济失调双侧瘫痪
G11.000x005　先天性小脑蚓部发育不全
G11.000x006　先天性小脑颗粒细胞发育不全
G11.000x007　先天性共济失调，精神发育迟缓及部分无虹膜
G11.000x008　先天性平衡失调综合征
G11.100　早期发病的小脑性共济失调
G11.100x002　脊髓小脑性共济失调
G11.100x003　早发型小脑性共济失调增加遗传性共济失调-侏儒-智力缺陷综合征［Marinesco-Sjogren综合征］
G11.100x004　周期性共济失调［发作性共济失调］
G11.100x005　肌阵挛小脑性共济失调［Ramsay-Hunt综合征］
G11.100x006　反射保留型Friedreich共济失调
G11.101　X-连锁隐性遗传脊髓小脑性共济失调
G11.102　弗里德赖希共济失调
G11.200　晚期发病的小脑性共济失调
G11.200x002　进行性小脑共济失调［橄榄体脑桥小脑萎缩］
G11.200x004　晚发型Friedreich共济失调
G11.201　遗传性小脑性共济失调［Marie共济失调］
G11.300　小脑共济失调伴有脱氧核糖核酸［DNA］修复缺陷
G11.300x001　共济失调性毛细血管扩张症
G11.300x002　小脑性共济失调，伴有脱氧核糖核酸修复缺陷［Kearn-Sayre综合征］
G11.301　路易斯-巴尔综合征
G11.400　遗传性痉挛性截瘫
G11.400x001　遗传性痉挛性截瘫［Strumpell-Lorrain病］
G11.800　遗传性共济失调，其他的
G11.801　共济失调-手笨拙综合征
G11.900　遗传性共济失调
G11.900x001　共济失调综合征
G11.900x005　常染色体显性小脑共济失调
G11.900x006　常染色体隐性遗传性共济失调
G11.901　小脑共济失调
G11.902　原发性小脑变性
G12.000　婴儿脊髓性肌萎缩，Ⅰ型［韦德尼希-霍夫曼］
G12.100　肌萎缩，其他遗传性脊髓性的
G12.100x001　成人型脊髓性肌萎缩（Ⅳ型）
G12.100x003　幼年型进行性球麻痹［Fazio-Londe病］
G12.100x004　远端型脊髓性肌萎缩
G12.100x008　青年上肢远端肌萎缩症［平山病］
G12.101　肩腓型脊髓性肌萎缩
G12.102　少年型脊髓性肌萎缩，Ⅲ型

G12.103 婴儿型脊髓性肌萎缩，Ⅱ型
G12.104 成人型进行性脊髓性肌萎缩
G12.200 运动神经元病
G12.200x002 继发性侧索硬化
G12.200x005 进行性肌萎缩
G12.200x007 遗传性运动神经元病
G12.200x008 进行性假性延髓麻痹
G12.200x009 运动神经元变性病
G12.200x010 连枷臂综合征
G12.200x011 上运动神经元综合征
G12.200x012 真性球麻痹
G12.200x013 下运动神经元综合征
G12.200x015 免疫介导性运动神经元病
G12.200x016 假性延髓麻痹
G12.201 肌萎缩侧索硬化症（ALS）
G12.202 锥体束变性
G12.203 球麻痹
G12.204 进行性球麻痹
G12.205 原发性侧索硬化症
G12.206 进行性脊髓性肌萎缩
G12.207 家族性运动神经元病
G12.208 假性球麻痹
G12.209 脊髓延髓肌萎缩症［肯尼迪病］
G12.800 脊髓性肌萎缩和有关的综合征，其他的
G12.800x001 发作性非运动源性运动障碍
G12.803 克吕韦耶病
G12.900 脊髓性肌萎缩
G14.x00 脊髓灰质炎后综合征
G20.x00 帕金森病
G20.x00x006 少年型帕金森综合征
G20.x01 帕金森叠加综合征
G20.x02+F02.3* 帕金森病性痴呆
G20.x03 帕金森综合征
G20.x04 帕金森病3级
G20.x05 帕金森病4级
G20.x06 帕金森病5级
G20.x07 青年型帕金森病
G20.x08 早发型帕金森病
G21.000 恶性抗精神病药综合征
G21.001 恶性综合征
G21.100 帕金森综合征，其他药物性继发性的
G21.101 中毒性帕金森综合征
G21.102 药源性静坐不能
G21.200 继发性帕金森综合征，其他外部因素引起的
G21.201 外伤性帕金森综合征
G21.300 脑炎后帕金森综合征
G21.400 血管性帕金森综合征
G21.401 动脉硬化性帕金森综合征
G21.800 继发性帕金森综合征，其他的
G21.800x002 不典型帕金森综合征
G21.801 感染后帕金森综合征
G21.900 继发性帕金森综合征
G23.000 哈勒沃登-施帕茨病
G23.000x002 进行性苍白球变性
G23.000x003 苍白球黑质红核色素变性
G23.100 进行性核上性眼肌麻痹［斯蒂尔-里查森-奥尔谢夫斯基］
G23.101 进行性核上性麻痹
G23.200 帕金森型多系统萎缩
G23.300 小脑型多系统萎缩
G23.800 基底核变性疾病，其他特指的
G23.800x005 家族性特发性基底节钙化症［Fahr病］
G23.800x006 齿状红核苍白球丘脑底核萎缩症
G23.800x007 关岛肌萎缩侧索硬化-帕金森-痴呆综合征
G23.801 橄榄体脑桥小脑萎缩
G23.802 原发性基底节钙化
G23.803 皮质基底节变性
G23.804 神经源性直立性低血压
G23.900 基底核变性疾病
G24.000 药物性张力失常
G24.100 特发性家族性张力失常
G24.101 扭转痉挛
G24.102 特发性肌张力异常
G24.103 多巴胺反应性肌张力障碍
G24.104 特发性扭转性肌张力障碍
G24.105 原发性肌张力障碍
G24.106 原发性遗传性肌张力不全
G24.200 特发性非家族性张力失常
G24.200x001 婴儿大脑性手足徐动型轻瘫
G24.200x003 运动诱发性肌张力障碍
G24.201 继发性肌张力障碍
G24.202 症状性肌张力障碍
G24.300 痉挛性斜颈
G24.300x002 痉挛性颈后倾
G24.300x003 痉挛性颈前倾
G24.300x004 痉挛性颈侧倾
G24.400 特发性口面运动障碍
G24.400x002 无牙性口面运动障碍

G24.400x003　单纯口下颌张力障碍
G24.400x004　睑痉挛-口下颌肌张力障碍
G24.500　睑痉挛
G24.500x002　梅热睑痉挛［Meige综合征］
G24.501　眼睑痉挛-口下颌肌张力障碍
G24.800　张力失常，其他的
G24.800x008　非运动诱发性肌张力障碍
G24.801　发作性肌张力障碍
G24.804　局灶型肌张力障碍
G24.805　节段型肌张力障碍
G24.806　多灶型肌张力障碍
G24.807　全身型肌张力障碍
G24.808　偏身型肌张力障碍
G24.900　张力失常
G24.900x003　肌张力障碍
G24.901　迟发性运动障碍
G24.902　运动障碍
G25.000　特发性震颤
G25.000x002　家族性震颤
G25.000x003　单纯头部震颤
G25.000x004　单纯面部震颤
G25.000x005　单纯声音震颤
G25.000x006　单纯手震颤
G25.000x007　儿童的战栗发作
G25.000x008　红核震颤
G25.000x009　原发性震颤
G25.100　药物性震颤
G25.200　震颤，其他特指型的
G25.200x002　小脑性震颤
G25.200x003　任务特异性震颤
G25.200x004　原发性书写震颤
G25.200x005　直立性震颤
G25.200x006　周围神经病性震颤
G25.200x007　肌张力障碍性震颤
G25.200x008　静止性震颤
G25.200x009　姿势性震颤
G25.201　意向性震颤
G25.202　动作性震颤
G25.300　肌阵挛
G25.300x002　药物性肌阵挛
G25.300x003　非进展性脑病的肌阵挛持续状态
G25.300x004　睡眠肌阵挛
G25.400　药物性舞蹈症
G25.500　舞蹈症，其他的
G25.500x003　发作性运动诱发性舞蹈手足徐动症［阵发性运动神经源性运动障碍］
G25.500x005　老年性舞蹈病
G25.501　偏身舞蹈症
G25.502　神经棘红细胞增多症
G25.600　药物性抽搐和其他器质性原因的抽搐
G25.600x001　药物性抽搐
G25.601　面肌抽搐
G25.800x001　不安腿综合征［不宁腿综合征］
G25.800x004　器质性书写痉挛
G25.800x005　非药物性静坐不能
G25.802　僵人综合征
G25.900　锥体束外和运动疾患
G25.901　锥体外系综合征
G25.902　基底神经节综合征
G25.903　基底节病变
G30.000　阿尔茨海默病伴有早期发病
G30.000x002　家族性阿尔茨海默病（老年前期型）
G30.000x003+F00.0*　阿尔茨海默病性痴呆（老年前期型）
G30.000x004+F00.0*　家族性阿尔茨海默病性痴呆（老年前期型）
G30.100　阿尔茨海默病伴有晚期发病
G30.100x002+F00.1*　家族性阿尔茨海默病性痴呆（老年型）
G30.100x003+F00.1*　阿尔茨海默病性痴呆（老年型）
G30.800　阿尔茨海默病，其他的
G30.800x001　阿尔茨海默病（混合型）
G30.800x003+F00.2*　混合性痴呆
G30.801+F00.2*　混合型阿尔茨海默病性痴呆伴幻觉妄想状态
G30.802+F00.2*　混合型阿尔茨海默病性痴呆伴抑郁状态
G30.900　阿尔茨海默病
G30.901+F00.9*　阿尔茨海默病性痴呆
G31.000　局限性脑萎缩
G31.000x003　进行性孤立性失语症
G31.000x005+F02.8*　额颞叶痴呆
G31.000x006+F02.8*　语义性痴呆
G31.001　皮克病
G31.002+F02.0*　皮克病性痴呆
G31.100　老年性脑变性，不可归类在他处者
G31.100x007　额颞叶变性
G31.101　老年性脑萎缩
G31.200　酒精性神经系统变性

G31.200x001　慢性酒精中毒性神经系统损害
G31.200x005　酒精性大脑变性
G31.201　酒精中毒性小脑共济失调
G31.202　酒精性小脑变性
G31.203　酒精中毒性脑病
G31.800　神经系统其他特指的变性疾病
G31.800x004　灰质变性［阿尔珀斯］
G31.800x008　亚急性小脑变性
G31.801　额颞痴呆
G31.802　脊髓变性
G31.803　亚急性坏死性脑病
G31.804　皮质纹状体脊髓变性
G31.805+F02.8*　路易体痴呆
G31.806　婴儿进行性脑灰质营养不良综合征
G31.807　亚速尔病
G31.900　神经系统的变性性疾病
G31.900x003　儿童期脑萎缩
G31.900x004　脊髓小脑变性
G31.900x006　皮质延髓小脑萎缩
G31.900x008　婴儿进行性大脑变性
G31.900x009　中枢神经系统变性
G31.901　大脑变性
G31.902　脑萎缩
G31.903　小脑萎缩
G31.904　小脑变性
G35.x00　多发性硬化
G35.x00x002　脑干多发性硬化
G35.x00x003　脊髓多发性硬化
G35.x01　多发性硬化，复发缓解型
G35.x02　多发性硬化，原发进展型
G35.x03　多发性硬化，继发进展型
G35.x04　多发性硬化，进展复发型
G35.x05　多发性硬化，同心圆型
G35.x06+F02.8*　多发性硬化性痴呆
G36.000　视神经脊髓炎［德维克］
G36.000x002　视神经脊髓炎谱系疾病
G36.100　急性和亚急性出血性白质脑炎［赫斯特］
G36.101　急性出血性白质脑炎
G36.800　急性播散性脱髓鞘，其他特指的
G36.900　急性播散性脱髓鞘
G36.901　急性脱髓鞘性脊髓病
G37.000　弥漫性硬化
G37.000x002　轴周性脑炎
G37.100　胼胝体中枢性脱髓鞘
G37.100x002　原发性胼胝体变性
G37.200　中枢性脑桥髓鞘破坏
G37.200x001　脑桥中央髓鞘溶解症
G37.200x002　脑桥外髓鞘溶解症
G37.300　中枢神经系统脱髓鞘病的急性横贯性脊髓炎
G37.301　急性横贯性脊髓炎
G37.400　亚急性坏死性脊髓炎
G37.500　同心性硬化［鲍洛］
G37.800　中枢神经系统其他特指的脱髓鞘疾病
G37.800x006　脱髓鞘假瘤
G37.801　炎性脱髓鞘性假瘤综合征
G37.802　脱髓鞘性白质脑病
G37.803　脱髓鞘性脑病
G37.804　脱髓鞘性脊髓病
G37.805　临床孤立综合征
G37.900　中枢神经系统脱髓鞘病
G37.901　脱髓鞘病
G40.000　局部相关性（局灶性）（部分）特发性癫痫和伴有局限性发作的癫痫综合征
G40.001　儿童良性癫痫伴中央颞区棘波
G40.002　常染色体显性遗传夜间额叶癫痫
G40.003　偏侧抽搐偏瘫综合征
G40.004　早发性良性儿童枕叶癫痫
G40.005　迟发性儿童枕叶癫痫
G40.100　局部相关性（局灶性）（部分）症状性癫痫和伴有简单部分发作的癫痫综合征
G40.100x001　癫痫部分性发作
G40.100x002　癫痫单纯部分性运动性发作伴Jackson发作
G40.100x003　癫痫单纯部分性感觉性发作
G40.100x004　癫痫单纯部分性运动性发作
G40.100x005　癫痫单纯部分性感觉性发作伴视觉症状
G40.100x006　癫痫单纯部分性发作继发全面发作
G40.100x007　额叶癫痫
G40.100x008　顶叶癫痫
G40.100x009　局灶性癫痫半侧阵挛性发作
G40.100x010　癫痫单纯部分性发作
G40.100x011　单纯部分性癫痫自主神经性发作
G40.100x012　简单部分性癫痫伴听觉症状
G40.101　家族性局灶性癫痫
G40.102　新皮质癫痫
G40.103　症状性局灶性癫痫
G40.200　局部相关性（局灶性）（部分）症状性癫痫和伴有复杂部分发作的癫痫综合征

G40.200x001　癫痫单纯部分性发作伴精神症状性发作
G40.200x002　颞叶性癫痫
G40.200x003　枕叶性癫痫
G40.200x004　癫痫复杂部分性发作继发全面发作
G40.200x005　下丘脑（痴笑性）癫痫
G40.200x006　癫痫复杂部分性发作
G40.200x010　家族性颞叶癫痫
G40.200x011　癫痫复杂部分性发作伴意识障碍和自动症
G40.200x013　癫痫复杂部分性发作伴意识障碍和运动症状
G40.201　边缘叶癫痫
G40.202　伴海马硬化颞叶内侧癫痫
G40.203　颞叶内侧癫痫
G40.204　边缘性癫痫持续状态
G40.300　全身性特发性癫痫和癫痫综合征
G40.300x001　发作性肌阵挛
G40.300x002　混合型癫痫
G40.300x003　癫痫全面性发作肌阵挛发作
G40.300x004　翁韦里希特-伦德伯格病［波罗的海肌阵挛］［青少年肌阵挛癫痫］
G40.300x006　癫痫全面性发作强直性发作
G40.300x007　仅全面性强直-阵挛发作的癫痫
G40.300x008　全身性非惊厥性癫痫
G40.300x009　全身性惊厥性疾病
G40.300x010　癫痫全面性发作阵挛性发作
G40.300x012　新生儿睡眠肌阵挛
G40.300x013　儿童良性癫痫
G40.300x014　婴儿重度肌阵挛癫痫［Dravet综合征］
G40.300x017　新生儿癫痫
G40.300x018　新生儿癫痫综合征
G40.300x019　全面性癫痫伴热性惊厥附加症
G40.300x020　癫痫全面性发作失张力发作
G40.300x023　癫痫全面性发作强直阵挛性发作
G40.300x025　良性家族性新生儿癫痫
G40.301　青少年肌阵挛癫痫
G40.302　良性婴儿肌阵挛性癫痫
G40.303　特发性全面性癫痫
G40.304　儿童失神癫痫
G40.305　良性家族性新生儿惊厥
G40.306　青少年失神癫痫
G40.307　肌阵挛失神癫痫
G40.308　全面惊厥性癫痫持续状态
G40.309　良性新生儿惊厥
G40.310　进行性肌阵挛性癫痫
G40.311　良性非家族性婴儿惊厥
G40.400　全身性癫痫和癫痫综合征，其他的
G40.400x001　婴儿痉挛症［West综合征］
G40.400x002　伦诺克斯-加斯托综合征［Lennox-Gastaut综合征］
G40.400x003　早发性肌阵挛性脑病
G40.400x005　早期婴儿癫痫性脑病伴暴发抑制
G40.400x008　肌阵挛癫痫伴破碎肌红纤维
G40.401　儿童期弥漫性慢棘-慢波（小发作变异型）癫痫性脑病
G40.402　婴儿早期肌阵挛性脑病
G40.403　肌阵挛站立不能发作性癫痫
G40.404　婴儿严重肌阵挛性癫痫
G40.405　韦斯特综合征
G40.406　大田原综合征
G40.500　特指的癫痫综合征
G40.500x001　慢性进行性部分癫痫持续状态［Rasmussen综合征］
G40.500x003　间脑性癫痫［自主神经性癫痫］
G40.500x008　睡眠癫痫
G40.500x009　惊吓性癫痫
G40.502　特发性光敏性枕叶癫痫
G40.503　拉斯穆森综合征
G40.504　儿童期慢性进行性部分连续性癫痫
G40.505　药源性癫痫发作
G40.600　癫痫大发作（伴有或不伴有小发作）
G40.601　癫痫大发作伴小发作
G40.700　癫痫小发作，不伴有大发作
G40.700x001　癫痫小发作［典型失神发作］
G40.700x002　癫痫小发作［非典型失神发作］
G40.800x003　简单部分性癫痫伴躯体感觉症状
G40.800x004　症状性癫痫［继发性癫痫］
G40.800x008　呕吐型癫痫
G40.800x010　反射性癫痫光敏性发作
G40.800x013　觉醒时伴有全面强直阵挛性发作的癫痫
G40.801　反射性癫痫
G40.802　视觉敏感性癫痫
G40.803　原发性阅读性癫痫
G40.804　婴儿游走性部分性发作
G40.805　难治性癫痫
G40.900　癫痫
G40.900x005　癫痫性脑病
G40.903+F02.8*　癫痫性痴呆

G41.000　癫痫大发作持续状态
G41.000x002　癫痫全面性强直-阵挛发作持续状态
G41.000x003　癫痫阵挛发作持续状态
G41.000x004　癫痫强直性发作持续状态
G41.000x005　癫痫肌阵挛发作持续状态
G41.001　全面性强直阵挛性癫痫持续状态
G41.100　癫痫小发作持续状态
G41.101　失神性癫痫持续状态
G41.200　复杂部分性癫痫持续状态
G41.200x002　癫痫偏侧抽搐状态伴偏侧轻瘫
G41.200x003　边缘叶性癫痫持续状态
G41.200x004　癫痫单纯部分性发作持续状态
G41.801　慢波睡眠中持续棘慢复合波癫痫
G41.802　全面性癫痫持续状态
G41.806　局灶性癫痫持续状态
G41.807　局灶性癫痫持续性先兆
G41.900　癫痫持续状态
G43.000　偏头痛不伴有先兆［普通偏头痛］
G43.100　偏头痛伴有先兆［典型偏头痛］
G43.100x002　偏头痛性先兆［偏头痛等位症］
G43.100x005　有迁延性先兆的偏头痛
G43.100x006　有先兆急性发作的偏头痛
G43.100x011　典型先兆不伴头痛
G43.102　基底动脉型偏头痛
G43.103　典型先兆伴非偏头痛性头痛
G43.105　家族性偏瘫性偏头痛
G43.106　散发性偏瘫性偏头痛
G43.200　偏头痛状态
G43.300　复杂性偏头痛
G43.800x002　眼肌麻痹型偏头痛
G43.801　持续性先兆不伴脑梗死
G43.802　腹型偏头痛
G43.803　视网膜性偏头痛
G43.804　儿童周期性综合征
G43.900　偏头痛
G44.000　丛集性头痛综合征
G44.000x002　发作性丛集性头痛
G44.000x004　慢性阵发性偏头痛
G44.001　慢性偏头痛
G44.002　复发性丛集性头痛
G44.003　慢性丛集性头痛
G44.004　神经性头痛
G44.005　神经血管性头痛
G44.100　血管性头痛，不可归类在他处者
G44.100x004　颈源性头痛［颈神经后支源性头痛］
G44.200　紧张型头痛
G44.200x003　发作性紧张型头痛
G44.200x005　慢性紧张型头痛不伴颅骨膜压痛
G44.201　少发复发性紧张型头痛
G44.202　少发复发性紧张型头痛伴颅骨膜压痛
G44.204　频发复发性紧张型头痛
G44.205　频发复发性紧张型头痛伴颅骨膜压痛
G44.207　慢性紧张型头痛
G44.208　慢性紧张型头痛伴颅骨膜压痛
G44.300　慢性创伤后头痛
G44.400　药物性头痛，不可归类在他处者
G44.800　头痛综合征，其他特指的
G44.800x001　自发性低颅压综合征［原发性低颅压］
G44.800x002　急性外伤后头痛
G44.800x006　慢性每日头痛
G45.000　椎基底动脉综合征
G45.001　基底动脉尖综合征
G45.002　椎-基底动脉供血不足
G45.003　椎-基底动脉盗血综合征
G45.004　后循环缺血
G45.100　颈动脉综合征（大脑半球的）
G45.100x002　颈内动脉缺血
G45.101　颈内动脉供血不足
G45.102　颈动脉闭塞综合征
G45.200　多发性和双侧入脑前动脉综合征
G45.300　一过性黑矇
G45.400　短暂性完全性遗忘
G45.800　短暂性大脑缺血性发作和相关的综合征，其他的
G45.800x002　无名动脉盗血综合征
G45.800x003　锁骨下盗血综合征伴锁骨下动脉闭塞
G45.800x004　锁骨下盗血综合征伴锁骨下动脉狭窄
G45.801　锁骨下动脉盗血综合征
G45.802　脑血管供血不足伴短暂性局灶性神经症状
G45.900　短暂性大脑缺血性发作
G45.901　脑动脉痉挛
G47.200　睡眠-觉醒节律障碍
G47.200x002　延迟睡眠阶段综合征
G47.200x003　日节律性睡眠障碍
G47.400x002　发作性睡病
G47.400x003　昏睡
G47.401　猝倒发作
G50.000　三叉神经痛
G50.001　眶上神经痛

G50.002　筛前神经痛
G50.003　原发性三叉神经痛
G50.004　继发性三叉神经痛
G50.100　非典型性面部痛
G50.801　味觉性出汗综合征
G50.802　三叉神经麻痹
G50.803　三叉神经炎
G50.900　三叉神经疾患
G51.000　贝尔面瘫
G51.000x003　眼轮匝肌麻痹
G51.002　中枢性面神经麻痹
G51.003　周围性面神经麻痹
G51.100　膝状神经节炎
G51.200　梅尔克松综合征
G51.201　梅尔克松-罗森塔尔综合征
G51.300　阵挛性半面痉挛
G51.301　面肌痉挛
G51.400　面肌纤维抽搐
G51.800x003　颜面萎缩症
G51.800x006　鳄鱼泪综合征
G51.801　面肌萎缩
G51.802　半侧颜面萎缩症
G51.803　面神经炎
G51.900　面神经疾患
G52.000　嗅神经疾患
G52.100　舌咽神经疾患
G52.100x003　原发性舌咽神经痛
G52.100x004　继发性舌咽神经痛
G52.101　舌咽神经痛
G52.102　舌咽神经麻痹
G52.200　迷走神经疾患
G52.201　喉返神经麻痹
G52.202　喉返神经疾患
G52.203　迷走神经麻痹
G52.204　喉返神经炎
G52.205　迷走神经功能亢进
G52.300　舌下神经疾患
G52.301　舌下神经痛
G52.302　舌下神经麻痹
G52.700　多发脑神经疾患
G52.700x005　维拉雷综合征
G52.701　多发性脑神经麻痹
G52.702　多发性脑神经炎
G52.703　多发性脑神经损害
G52.704　颈静脉孔综合征
G52.705　眶尖综合征
G52.800x004　枕神经痛
G52.800x005　枕小神经痛
G52.800x006　枕大神经炎
G52.801　副神经疾患
G52.802　斜方肌麻痹
G52.900　脑神经疾患
G52.901　脑神经炎
G52.902　脑神经麻痹
G54.000　臂丛疾患
G54.000x001　臂丛神经损害
G54.000x004　颈肋综合征
G54.000x006　过度外展综合征
G54.001　肋锁综合征
G54.002　胸廓出口综合征
G54.003　臂丛神经麻痹
G54.004　前斜角肌综合征
G54.100　腰骶丛疾患
G54.100x001　腰骶丛损害
G54.100x002　臀上皮神经卡压综合征［臀上皮神经炎］
G54.200　颈神经根疾患，不可归类在他处者
G54.200x001　颈神经根损害
G54.201　颈神经根囊肿
G54.300　胸神经根疾患，不可归类在他处者
G54.300x001　胸神经根损害
G54.400　腰骶神经根疾患，不可归类在他处者
G54.400x001　腰骶神经根损害
G54.500　神经痛性肌萎缩
G54.600　幻肢综合征伴有疼痛
G54.700　幻肢综合征不伴有疼痛
G54.800x003　手术后神经根粘连
G54.800x004　脊神经嵌压综合征
G54.801　骶神经根囊肿
G54.900　神经根和神经丛疾患
G54.900x001　周围神经卡压综合征
G54.901　神经根压迫症
G56.000　腕管综合征
G56.100　正中神经的其他损害
G56.100x001　正中神经损害
G56.100x002　正中神经卡压综合征
G56.100x003　骨间背侧神经卡压综合征
G56.100x004　旋前圆肌综合征
G56.101　正中神经麻痹
G56.200　尺神经损害

G56.200x001 迟发性尺神经炎
G56.201 尺神经麻痹
G56.202 肘管综合征
G56.203 尺神经炎
G56.300 桡神经损害
G56.301 桡神经麻痹
G56.800x001 指间神经瘤
G56.900 上肢单神经病
G57.000 坐骨神经损害
G57.000x003 坐骨神经粘连
G57.001 梨状肌综合征
G57.100 感觉异样性股痛
G57.100x001 股外侧皮神经炎
G57.200 股神经损害
G57.200x003 髂腹股沟神经痛［髂腹股综合征］
G57.201 股神经麻痹
G57.300 外腘神经损害
G57.300x001 腓深神经麻痹
G57.300x005 腓总神经损害
G57.301 腓神经麻痹
G57.302 腓神经损害
G57.303 腓总神经麻痹
G57.304 腓浅神经卡压
G57.400 中腘神经损害
G57.400x001 腘内侧神经损害
G57.401 胫神经麻痹
G57.500 跗管综合征
G57.500x001 胫后神经卡压综合征
G57.600 跖神经损害
G57.600x002 足底神经损害
G57.600x003 莫顿跖痛症［Morton病］
G57.601 跖趾神经炎
G57.603 足底内侧神经卡压征
G57.604 足底外侧神经卡压征
G57.800x001 趾间神经瘤
G57.800x002 手术后下肢神经粘连
G57.900 下肢单神经病
G57.901 下肢单神经炎
G58.000 肋间神经病
G58.001 肋间神经痛
G58.002 肋间神经炎
G58.700 多发性单神经炎
G58.800x001 膈神经麻痹
G58.800x004 手术后皮神经粘连
G58.800x006 肩胛上卡压综合征
G58.800x007 胸长神经麻痹
G58.800x008 耳大神经痛
G58.801 枕大神经痛
G58.900 单神经病
G58.900x002 神经功能障碍
G58.900x003 神经麻痹
G60.000 遗传性运动和感觉神经病
G60.000x002 遗传性共济失调伴肌萎缩［鲁西-莱维综合征］
G60.000x003 肥大性间质神经病［德热里纳-索塔病］
G60.000x005 婴儿肥大性神经病
G60.000x008 沙尔科-玛丽-图斯病
G60.001 脱髓鞘型腓骨肌萎缩
G60.002 轴索型腓骨肌萎缩
G60.003 腓骨肌萎缩
G60.100 植烷酸贮积症
G60.200 与遗传性共济失调有关的神经病
G60.300 特发性进行性神经病
G60.800x001 感觉性多发性神经病
G60.800x002 里吉综合征
G60.800x003 色素沉着，水肿，多发性神经病综合征
G60.800x004 遗传性感觉性神经病
G60.800x005 内拉东综合征［Nelaton综合征］
G60.800x006 莫旺病［Morvan病］
G60.800x007 巨轴索神经病
G60.800x010 遗传性感觉自主神经病
G60.801 先天性无痛无汗症
G60.802 感觉性周围神经病
G60.803 遗传性压力易感性周围神经病
G60.900 遗传性和特发性神经病
G60.900x001 遗传性周围神经病
G61.000 吉兰-巴雷［格林-巴利］综合征
G61.000x003 急性运动轴索性神经病
G61.000x004 急性炎性脱髓鞘性多发神经根神经病
G61.000x005 急性运动感觉轴索性神经病
G61.000x006 急性感觉神经病
G61.001 费舍综合征
G61.002 吉兰-巴雷综合征轴索型
G61.003 吉兰-巴雷综合征脱髓鞘型
G61.100 血清性神经病变
G61.800x003 获得性多灶性感觉运动神经病
G61.800x004 急性感觉运动神经病
G61.800x005 亚急性感觉神经病

G61.800x006　亚急性或慢性感觉运动神经病
G61.801　慢性炎症性脱髓鞘性多发性神经病
G61.900　炎性多神经病
G62.000　药物性多神经病
G62.001　药物性周围神经病
G62.100　酒精性多神经病
G62.100x002　慢性酒精中毒性神经病
G62.101　酒精中毒性周围神经病
G62.200　毒性物质引起的多神经病，其他的
G62.200x001　化学性多神经病
G62.200x003　中毒性多神经病
G62.201　有机磷中毒迟发性神经病
G62.800x005　感觉神经元病
G62.800x007　血管炎相关神经病
G62.800x008　轴索性周围神经病
G62.800x009　小纤维神经病
G62.803　放射性多神经病
G62.804　运动性周围神经病
G62.805　混合性周围神经病
G62.806　感染性周围神经病
G62.807　免疫相关性周围神经病
G62.808　缺血性周围神经病
G62.809　创伤性周围神经病
G62.810　后天获得性周围神经病
G62.900　多神经病
G62.900x002　末梢神经病［末梢神经炎］
G62.900x003　末梢神经退行性改变
G62.900x004　炎性和中毒性神经病
G62.900x011　痛性周围神经病
G62.901　周围神经病
G62.908　多灶性感觉运动神经病
G62.909　多灶性运动神经病
G64.x00　周围神经系统的其他疾患
G64.x00x001　肌颤搐多汗综合征
G70.000　重症肌无力
G70.000x002　重症肌无力危象
G70.000x004　胆碱能危象
G70.000x005　反拗性危象
G70.001　重症肌无力，肌萎缩型
G70.002　重症肌无力，眼肌型
G70.003　重症肌无力，轻度全身型
G70.004　重症肌无力，中度全身型
G70.005　重症肌无力，急性重症型
G70.006　重症肌无力，迟发重症型
G70.007　肌无力危象
G70.008　儿童型重症肌无力
G70.100　中毒性肌神经疾患
G70.200　先天性和发育性肌无力
G70.200x004　少年型重症肌无力
G70.200x005　儿童型重症肌无力，眼肌型
G70.201　先天性重症肌无力
G70.202　先天性肌无力综合征
G70.800x001　非癌性肌无力综合征
G70.900　肌神经疾患
G70.900x001　喉肌无力
G70.900x003　面肌肌无力
G70.901　肌无力综合征
G70.902　肌无力
G71.000　肌营养不良
G71.000x005　杜氏肌营养不良症［Duchenne型肌营养不良症］
G71.000x006　Becker型肌营养不良症［贝氏肌营养不良症］
G71.000x010　Emery-dreifuss型肌营养不良症
G71.000x011　眼肌型肌营养不良症
G71.001　进行性肌营养不良
G71.002　眼咽型肌营养不良症
G71.003　假肥大型肌营养不良症
G71.004　远端型肌营养不良症
G71.005　迪谢纳型肌营养不良症
G71.006　面肩肱型肌营养不良症
G71.007　肢带型肌营养不良症
G71.100　肌强直性疾患
G71.101　神经性肌强直
G71.102　萎缩性肌强直
G71.103　营养不良性肌强直
G71.104　先天性肌强直
G71.105　先天性副肌强直
G71.106　非营养不良性肌强直综合征
G71.200　先天性肌病
G71.200x002　先天性肌营养不良
G71.200x003　多微小轴空病
G71.200x004　先天性肌纤维类型不均衡
G71.200x005　中央轴空病
G71.300　线粒体肌病，不可归类在他处者
G71.300x001　线粒体脑肌病伴高乳酸血症和卒中样发作
G71.300x003　线粒体肌病
G71.301　线粒体脑肌病
G71.800　肌肉的其他原发性疾患

G71.800x002　肌-眼-脑病
G71.801　肌萎缩
G71.900　肌肉的原发性疾患
G71.900x001　遗传性肌病
G72.000　药物性肌病
G72.100　酒精性肌病
G72.200　毒性物质引起的肌病，其他的
G72.200x001　中毒性肌病
G72.300　周期性瘫痪
G72.301　低钾型周期性麻痹
G72.302　高钾性周期性麻痹
G72.304　正常钾型周期性麻痹
G72.400　炎性肌病，不可归类在他处者
G72.401　包涵体肌炎
G72.402　遗传性包涵体肌病
G72.403　散发性包涵体肌炎
G72.404　症状性炎性肌病
G72.800x001　肌麻痹
G72.800x002　血管源性肌病
G72.800x003　缺血缺氧性肌病
G72.800x006　风湿免疫病合并肌病
G72.800x007　杆状体肌病
G72.800x008　还原体肌病
G72.800x009　肌管肌病
G72.800x010　肌球蛋白缺乏性肌病
G72.800x011　肌小管肌病
G72.800x012　远端性肌病
G72.800x013　指印体肌病
G72.900　肌病
G80.000　痉挛性四肢麻痹性脑瘫
G80.000x011　双侧痉挛型脑性瘫痪
G80.000x021　偏侧痉挛型脑性瘫痪
G80.100　痉挛性双侧脑瘫
G80.101　痉挛型脑性瘫痪
G80.200　痉挛性偏侧脑瘫
G80.200x001　婴儿性偏瘫
G80.300　运动障碍性脑瘫
G80.300x003　强直型脑性瘫痪
G80.301　双侧手足徐动症
G80.302　手足徐动型脑性瘫痪
G80.303　肌张力低下型脑性瘫痪
G80.305　发作性舞蹈-手足徐动症
G80.400　共济失调性脑瘫
G80.800　大脑性瘫痪［脑瘫］，其他的
G80.801　震颤型脑性瘫痪
G80.802　混合型脑性瘫痪
G80.900　大脑性瘫痪［脑瘫］
G81.000　松弛性偏瘫
G81.100　痉挛性偏瘫
G81.900　偏瘫
G81.900x002　轻偏瘫
G81.901　交替性偏瘫
G81.902　完全性偏瘫
G81.903　不完全性偏瘫
G82.000　松弛性截瘫
G82.000x011　急性弛缓性截瘫
G82.000x021　慢性弛缓性截瘫
G82.000x031　急性完全性弛缓性截瘫
G82.000x041　慢性完全性弛缓性截瘫
G82.000x051　急性不完全性弛缓性截瘫
G82.000x061　慢性不完全性弛缓性截瘫
G82.100　痉挛性截瘫
G82.100x021　慢性痉挛性截瘫
G82.100x031　急性完全性痉挛性截瘫
G82.100x041　慢性完全性痉挛性截瘫
G82.100x051　急性不完全性痉挛性截瘫
G82.100x061　慢性不完全性痉挛性截瘫
G82.101　急性痉挛性截瘫
G82.200　截瘫
G82.200x021　慢性截瘫
G82.200x031　急性完全性截瘫
G82.200x041　慢性完全性截瘫
G82.201　慢性不完全性截瘫
G82.202　急性截瘫
G82.203　急性不完全性截瘫
G82.204　高位截瘫
G82.300　松弛性四肢瘫痪
G82.300x021　慢性弛缓性四肢瘫
G82.300x031　急性完全性弛缓性四肢瘫
G82.300x041　慢性完全性弛缓性四肢瘫
G82.300x051　急性不完全性弛缓性四肢瘫
G82.300x061　慢性不完全性弛缓性四肢瘫
G82.301　急性弛缓性四肢瘫
G82.400　痉挛性四肢瘫痪
G82.400x011　急性痉挛性四肢瘫
G82.400x031　急性完全性痉挛性四肢瘫
G82.400x041　慢性完全性痉挛性四肢瘫
G82.400x051　急性不完全性痉挛性四肢瘫
G82.400x061　慢性不完全性痉挛性四肢瘫
G82.401　慢性痉挛性四肢瘫

G82.500 四肢瘫痪
G82.500x031 急性完全性四肢瘫
G82.500x041 慢性完全性四肢瘫
G82.501 急性四肢瘫
G82.502 慢性四肢瘫
G82.503 急性不完全性四肢瘫
G82.504 慢性不完全性四肢瘫
G83.000 双上肢瘫
G83.000x002 完全性双上肢瘫
G83.000x003 不完全性双上肢瘫
G83.100 下肢单瘫
G83.100x002 完全性下肢单瘫
G83.100x003 不完全性下肢单瘫
G83.200 上肢单瘫
G83.200x002 完全性上肢单瘫
G83.200x003 不完全性上肢单瘫
G83.300 单瘫
G83.300x002 完全性单瘫
G83.300x003 不完全性单瘫
G83.400 马尾综合征
G83.500 闭锁综合征
G83.600 上运动神经元性面瘫
G83.800x001 脊髓半切综合征［布朗-塞卡尔氏综合征］
G83.800x003 交叉性瘫痪
G83.801 布朗-塞卡尔综合征
G83.802 脊髓完全性瘫痪
G83.803 托德瘫痪
G83.900 麻痹［瘫痪］综合征
G83.900x001 痉挛性瘫痪［中枢性瘫痪］
G83.900x002 瘫痪
G83.900x003 完全性瘫痪
G83.900x004 不完全性瘫痪
G83.900x005 弛缓性瘫痪［周围性瘫痪］
G83.901 轻度瘫痪
G90.000 特发性周围自主神经病
G90.001 颈动脉窦性晕厥
G90.100 家族性自主神经功能异常［赖利-戴］
G90.200 霍纳综合征
G90.400 自主性高反射
G90.500 复杂性区域疼痛综合征Ⅰ型
G90.501 反射性交感神经营养不良综合征
G90.600 复杂性区域疼痛综合征Ⅱ型
G90.700 其他和未明确类型的复杂区域性疼痛综合征
G90.800x001 交感神经炎
G90.800x002 直立不耐受
G90.800x003 直立性调节障碍
G90.800x004 β受体亢进综合征［β受体过敏综合征］
G90.800x005 胆碱能神经功能亢进
G90.801 交感神经链综合征
G90.900 自主神经系统疾患
G90.900x001 自主神经功能紊乱
G90.900x002 植物神经功能紊乱
G91.000 交通性脑积水
G91.000x002 颅内出血后脑积水
G91.000x003 感染性脑积水
G91.100 梗阻性脑积水
G91.100x002 中脑导水管梗阻
G91.100x003 孤立性第四脑室［第四脑室积水］
G91.200 正常压力脑积水
G91.300 创伤后脑积水
G91.301 创伤后硬脑膜下积液
G91.800x001 继发性脑积水
G91.800x003 脑外脑积水
G91.800x004 脑内脑积水
G91.800x006 蛛网膜下腔出血后脑积水
G91.801 耳源性脑积水
G91.802 硬脑膜下积液
G91.900 脑积水
G92.x00 中毒性脑病
G92.x00x002 急性中毒性脑病
G92.x00x003 慢性中毒性脑病
G92.x01 一氧化碳中毒性脑病
G92.x02 一氧化碳中毒迟发性脑病
G93.000 大脑囊肿
G93.000x002 脑囊肿
G93.000x006 小脑囊肿
G93.000x007 侧脑室囊肿
G93.000x009 脉络丛囊肿
G93.000x010 外侧裂蛛网膜囊肿
G93.000x011 颅骨板障内蛛网膜囊肿
G93.000x012 鞍上蛛网膜囊肿
G93.000x013 桥小脑角蛛网膜囊肿
G93.000x014 蛛网膜憩室
G93.000x015 颅内囊肿
G93.001 蛛网膜囊肿
G93.002 透明隔囊肿
G93.003 后天性脑穿通畸形

G93.004 第四脑室囊肿
G93.005 硬膜下囊肿
G93.100 缺氧性脑损害，不可归类在他处者
G93.100x002 脑缺氧症
G93.101 肺性脑病
G93.102 缺氧缺血性脑病
G93.200 良性颅内高压
G93.200x003 弥漫性颅内压增高
G93.200x004 局限性颅内压增高
G93.201 良性颅内压增高综合征
G93.300 病毒感染后疲劳综合征
G93.300x002 良性肌痛性脑脊髓炎
G93.301 肌痛性脑脊髓炎
G93.400 脑病
G93.400x001 白质灰质性脑病
G93.400x002 弥散性脑病
G93.400x004 枕叶脑白质病变
G93.400x005 脑病［器质性脑病］
G93.400x006 脑干病变
G93.400x007 可逆性后部白质脑病综合征
G93.400x008 自身免疫相关性脑病
G93.401 低颅压综合征
G93.402 脑白质病
G93.403 代谢性脑病
G93.404 器质性脑病
G93.405 可逆性后部白质脑病
G93.500 脑受压
G93.500x001 枕骨大孔疝［小脑扁桃体疝］
G93.500x002 脑干受压
G93.500x005 外侧型小脑幕裂孔疝［钩回疝］
G93.500x006 中央型小脑幕裂孔疝［中心疝/中线疝］
G93.500x007 小脑幕孔下降疝
G93.500x008 小脑幕孔上升疝
G93.500x009 大脑镰下疝［扣带回疝］
G93.500x010 蝶骨嵴疝
G93.501 脑疝
G93.503 小脑幕裂孔疝
G93.504 后天性脑膜膨出
G93.600 脑水肿
G93.600x002 脑干水肿
G93.600x003 血管源性脑水肿
G93.600x004 细胞性脑水肿［细胞毒性脑水肿］
G93.600x005 脑积水性脑水肿［间质性脑水肿］
G93.600x006 缺血性脑水肿
G93.600x007 渗透压性脑水肿
G93.600x008 粒细胞性脑水肿
G93.600x009 离子性脑水肿
G93.700 赖氏综合征
G93.800x007 胰性脑病
G93.800x009 脑室憩室
G93.800x010 颅内积气［气颅症］
G93.800x012 无动性缄默［睁眼昏迷］
G93.800x013 脑死亡
G93.801 室管膜病
G93.802 放射性脑病
G93.803 去脑强直
G93.804 大脑功能障碍
G93.805 脑钙化
G93.806 脑软化
G93.807 脑胶质细胞增生
G93.808 脑室扩张
G93.809 颅内静脉窦狭窄
G93.810 丘脑综合征
G93.811 视丘反应综合征
G93.812 中枢性呼吸衰竭
G93.814 颅内胆脂瘤
G93.815 去皮层状态
G93.900 脑疾患
G93.900x001 脑干功能衰竭
G93.901 间脑病变
G93.902 脑肿物
G93.903 鞍区肿物
G93.904 顶叶综合征
G95.000 脊髓空洞症和延髓空洞症
G95.001 延髓空洞症
G95.002+M49.4* 脊髓空洞性夏科关节病
G95.003 脊髓空洞症
G95.100 血管性脊髓病
G95.100x003 脊髓前动脉栓塞
G95.100x004 脊髓前动脉血栓形成
G95.100x007 缺血性脊髓病
G95.100x008 缺血性脊髓血管病
G95.100x013 缺氧缺血性脊髓病
G95.101 脊髓出血
G95.102 急性脊髓梗死
G95.103 脊髓缺血
G95.104 脊髓坏死
G95.105 脊髓动脉血栓形成
G95.106 脊髓水肿

G95.107　脊髓后动脉综合征
G95.108　脊髓栓塞
G95.109　脊髓前动脉闭塞综合征
G95.200　脊髓受压
G95.800　脊髓其他特指的疾病
G95.800x003　脊髓神经根囊肿
G95.800x004　脊髓内囊肿
G95.800x005　脊髓前角病变
G95.800x007　脊髓性膀胱
G95.800x010　椎管内囊肿
G95.800x011　硬脊膜外囊肿
G95.800x012　骶椎神经根袖囊肿
G95.800x014　非创伤性脊髓不全横贯性损害
G95.800x015　脊髓软化
G95.800x016　脊髓胶质细胞增生
G95.800x017　药物性脊髓病
G95.801　中毒性脊髓病
G95.802　脊髓硬化症
G95.803　放射性脊髓病
G95.804　脊髓萎缩
G95.805　脊髓病性膀胱
G95.806　椎管内纤维组织增生
G95.807　肝性脊髓病
G95.808　脊髓囊肿
G95.900　脊髓病
G95.900x003　椎管内占位性病变
G95.900x004　椎管内外占位性病变
G95.901　椎管内肿物
G96.000　脑脊液漏
G96.000x005　脑脊液眼漏
G96.000x006　创伤性脑脊液漏
G96.001　脑脊液鼻漏
G96.002　脑脊液耳漏
G96.003　手术后脑脊液漏
G96.100　脑脊膜疾患，不可归类在他处者
G96.100x001　脊髓蛛网膜粘连
G96.100x002　蛛网膜粘连
G96.100x003　马尾粘连
G96.100x004　脊髓粘连
G96.100x005　脑膜粘连
G96.100x007　髓外硬膜外囊肿
G96.100x008　硬脊膜外粘连
G96.100x009　椎管内胆脂瘤
G96.100x010　椎管内蛛网膜囊肿
G96.100x013　硬脊膜内囊肿
G96.101　脊膜粘连
G96.103　脑室粘连
G96.104　硬膜外囊肿
G96.800x002　脑叶炎性病变
G96.800x003　营养不良性神经病［营养障碍性神经病］
G96.800x005　类固醇激素反应性慢性淋巴细胞性炎症伴脑桥血管周围强化症［CLIPPERS综合征］
G96.800x006　脊髓损伤后体温调节功能障碍
G96.800x007　海绵窦综合征
G96.900　中枢神经系统疾患
G96.900x002　脑脊髓神经病
G96.900x003　脑脊髓神经根病
G96.900x004　中枢神经系统并发症
G96.901　脑脊髓病
G96.902　中枢性疼痛
G97.000　腰椎穿刺引起的脑脊液漏
G97.100　对腰椎穿刺的其他反应
G97.100x002　腰椎穿刺术后感染
G97.100x003　腰椎穿刺术后脑疝
G97.101　腰椎穿刺术后头痛
G97.200　脑室分流后颅内低压
G97.800x001　手术后马尾神经损伤
G97.800x002　手术后脑膜膨出
G97.800x003　手术后肢体功能障碍
G97.800x004　手术后瘫痪
G97.800x005　手术后颅内积气
G97.800x006　手术后脑积水
G97.800x008　手术后脑神经损伤
G97.800x009　脑部手术后皮下积液
G97.801　操作后缺氧性脑损害
G97.802　脑血管造影后脑血管痉挛
G97.803　裂隙脑室综合征
G97.900　神经系统的操作后疾患
G98.x00　神经系统的其他疾患，不可归类在他处者
G98.x00x001　神经系统病变
G98.x00x002　神经系统萎缩
H47.203　家族遗传性视神经萎缩
H47.401　视交叉综合征
H47.600　视皮层疾患
H47.601　皮质盲
H47.700　视路疾患
H49.000　第三［动眼］神经麻痹
H49.100　第四［滑车］神经麻痹
H49.200　第六［展］神经麻痹

I60.000　颈动脉弯管和杈的蛛网膜下出血
I60.000x001　颈内动脉虹吸弯和分叉部蛛网膜下腔出血
I60.000x002　颈内动脉分叉段动脉瘤破裂伴蛛网膜下腔出血
I60.000x003　颈内动脉眼动脉段动脉瘤破裂伴蛛网膜下腔出血
I60.000x004　脉络膜前动脉动脉瘤破裂伴蛛网膜下腔出血
I60.000x006　颈内动脉海绵窦段动脉瘤破裂伴蛛网膜下腔出血
I60.000x007　颈内动脉床突段动脉瘤破裂伴蛛网膜下腔出血
I60.000x008　颈内动脉背侧动脉瘤破裂伴蛛网膜下腔出血
I60.001　颈动脉动脉瘤破裂伴蛛网膜下隙出血
I60.100　大脑中动脉的蛛网膜下出血
I60.101　大脑中动脉瘤破裂伴蛛网膜下腔出血
I60.200　前交通动脉的蛛网膜下出血
I60.200x002　大脑前-前交通动脉瘤破裂伴蛛网膜下腔出血
I60.200x003　大脑前动脉近侧段（A1）动脉瘤破裂伴蛛网膜下腔出血
I60.200x004　大脑前动脉近侧段（A2）动脉瘤破裂伴蛛网膜下腔出血
I60.200x005　大脑前动脉远侧段（A2-A5）动脉瘤破裂伴蛛网膜下腔出血
I60.200x007　胼胝体动脉瘤破裂伴蛛网膜下腔出血
I60.201　前交通动脉瘤破裂伴蛛网膜下腔出血
I60.300　后交通动脉的蛛网膜下出血
I60.301　后交通动脉瘤破裂伴蛛网膜下腔出血
I60.400　基底动脉的蛛网膜下出血
I60.400x002　椎动脉与基底动脉结合部动脉瘤破裂伴蛛网膜下腔出血
I60.400x003　基底动脉顶端动脉瘤破裂伴蛛网膜下腔出血
I60.400x004　基底动脉干动脉瘤破裂伴蛛网膜下腔出血
I60.401　基底动脉瘤破裂伴蛛网膜下腔出血
I60.500x003　椎动脉动脉瘤破裂伴蛛网膜下腔出血
I60.500x004　脊髓前动脉瘤破裂伴蛛网膜下腔出血
I60.600x001　大脑后动脉动脉瘤破裂伴蛛网膜下腔出血
I60.600x003　小脑前下动脉动脉瘤破裂伴蛛网膜下腔出血
I60.600x004　小脑上动脉动脉瘤破裂伴蛛网膜下腔出血
I60.600x005　迷路动脉动脉瘤破裂伴蛛网膜下腔出血
I60.600x006　多发颅内动脉瘤破裂伴蛛网膜下腔出血
I60.600x007　颅内镜像动脉瘤破裂伴蛛网膜下腔出血
I60.600x008　脑干前非动脉瘤出血［中脑周围非动脉瘤性出血］
I60.601　小脑后下动脉动脉瘤破裂伴蛛网膜下隙出血
I60.602　垂体上动脉动脉瘤破裂伴蛛网膜下腔出血
I60.700x001　脑动脉瘤破裂伴蛛网膜下腔出血
I60.701　颅内动脉瘤破裂伴蛛网膜下隙出血
I60.800x002　脑动脉畸形伴蛛网膜下腔出血
I60.800x003　脑静脉畸形伴蛛网膜下腔出血
I60.800x004　脑海绵状血管畸形伴蛛网膜下腔出血
I60.800x005　脑干海绵状血管畸形伴蛛网膜下腔出血
I60.800x006　小脑幕下海绵状血管畸形伴蛛网膜下腔出血
I60.800x008　硬脑膜动静脉瘘伴蛛网膜下腔出血
I60.800x010　脑动脉夹层伴蛛网膜下腔出血
I60.800x013　脊髓动静脉畸形伴蛛网膜下腔出血
I60.800x014　脊髓髓周动静脉瘘伴蛛网膜下腔出血
I60.800x015　颅脑肿瘤伴蛛网膜下腔出血
I60.801　脑动静脉畸形破裂伴蛛网膜下腔出血
I60.802　脑膜出血
I60.900x004　脑实质出血继发蛛网膜下腔出血
I60.900x005　感染性颅内动脉瘤破裂伴蛛网膜下腔出血
I60.900x006　蛛网膜下腔出血
I60.902+H45.0*　眼-脑综合征
I61.000x006　胼胝体出血
I61.000x007　尾状核头出血
I61.000x008　壳核出血
I61.000x009　尾状核出血
I61.000x011　最外囊出血
I61.001　豆状核出血
I61.002　大脑皮质下出血
I61.003　豆纹动脉出血
I61.004　基底节出血
I61.005　内囊出血
I61.006　外囊出血
I61.100x001　顶叶出血
I61.100x002　多处脑叶出血
I61.100x003　额叶出血
I61.100x004　额颞叶出血
I61.100x005　枕叶出血

I61.100x006　颞叶出血
I61.100x007　额顶叶脑出血
I61.100x008　顶枕叶脑出血
I61.100x009　额顶枕叶脑出血
I61.100x010　额颞顶叶脑出血
I61.100x011　额颞顶枕叶脑出血
I61.100x012　额颞枕叶脑出血
I61.100x013　颞顶叶脑出血
I61.100x014　颞枕叶脑出血
I61.101　脑叶出血
I61.200x001　大脑半球出血
I61.300x002　脑干出血
I61.300x003　延髓出血
I61.300x004　中脑出血
I61.301　脑桥出血
I61.400x001　小脑出血
I61.400x002　小脑扁桃体出血
I61.400x003　小脑蚓部出血
I61.500x002　侧脑室出血
I61.500x003　第三脑室出血
I61.500x004　第四脑室出血
I61.500x005　多个脑室出血
I61.500x006　继发性脑室出血
I61.500x007　原发性脑室出血
I61.500x008　脑室出血
I61.600x001　多灶性脑出血
I61.800x001　脑穿支动脉出血
I61.801　间脑出血
I61.802　丘脑出血
I61.803　丘脑下部出血
I61.900x002　脑出血
I61.900x004　脑出血血肿扩大
I61.900x005　脑静脉闭塞后出血
I61.900x006　脑血管炎性脑出血
I61.900x007　脑肿瘤卒中
I61.900x008　凝血功能障碍性脑出血
I61.901　大脑中动脉出血
I61.902　高血压脑出血
I61.903　脑血肿
I61.904　出血性脑软化
I61.905　脑血管破裂
I62.000　非创伤性硬膜下出血
I62.000x005　亚急性非创伤性硬脑膜下出血
I62.001　急性非创伤性硬膜下血肿
I62.003　慢性硬膜下血肿
I62.100　非创伤性硬膜外出血
I62.100x001　急性非创伤性硬脑膜外出血
I62.100x003　亚急性非创伤性硬脑膜外出血
I62.100x004　慢性非创伤性硬膜外血肿
I62.101　硬膜外血肿
I62.900x001　非创伤性颅内出血
I63.000　入脑前动脉血栓形成引起的脑梗死
I63.001　基底动脉血栓形成脑梗死
I63.002　颈动脉血栓形成脑梗死
I63.003　椎动脉血栓形成脑梗死
I63.100　入脑前动脉栓塞引起的脑梗死
I63.101　基底动脉栓塞脑梗死
I63.102　颈动脉栓塞脑梗死
I63.103　椎动脉栓塞脑梗死
I63.200　入脑前动脉的闭塞或狭窄引起的脑梗死
I63.201　颈内动脉狭窄脑梗死
I63.202　颈总动脉狭窄脑梗死
I63.203　颈动脉狭窄脑梗死
I63.204　颈动脉闭塞脑梗死
I63.205　基底动脉闭塞脑梗死
I63.206　基底动脉狭窄脑梗死
I63.207　椎动脉闭塞脑梗死
I63.208　椎动脉狭窄脑梗死
I63.300　大脑动脉血栓形成引起的脑梗死
I63.301　血栓形成性脑软化
I63.302　血栓性偏瘫
I63.401　大脑动脉栓塞引起的偏瘫
I63.402　大脑动脉栓塞引起脑梗死
I63.500　大脑动脉的闭塞或狭窄引起的脑梗死
I63.500x002　丘脑穿支动脉梗死
I63.501　大脑动脉狭窄脑梗死
I63.502　大脑动脉闭塞脑梗死
I63.600x001　非生脓性大脑静脉血栓形成引起的脑梗死
I63.801　腔隙性脑梗死
I63.802　动脉硬化性脑软化
I63.900　脑梗死
I63.900x007　分水岭脑梗死［边缘带脑梗死］
I63.901　脑干梗死
I63.902　大面积脑梗死
I63.903　出血性脑梗死
I63.904　小脑梗死
I63.905　多发性脑梗死
I63.906　基底节脑梗死
I63.907　丘脑梗死

I63.908 创伤性脑梗死
I63.909 无症状性脑梗死
I64.x01 脑血管意外
I65.000x004 椎动脉栓塞
I65.000x005 椎动脉迂曲
I65.001 椎动脉狭窄
I65.002 椎动脉闭塞
I65.003 椎动脉血栓形成
I65.100x004 基底动脉栓塞
I65.101 基底动脉闭塞
I65.102 基底动脉狭窄
I65.103 基底动脉血栓形成
I65.200x001 颈动脉狭窄
I65.200x009 颈动脉栓塞
I65.200x010 颈动脉血栓形成
I65.200x011 颈外动脉血栓形成
I65.200x012 颈外动脉栓塞
I65.200x013 颈总动脉栓塞
I65.200x014 颈总动脉血栓形成
I65.200x015 颈动脉闭塞
I65.201 颈内动脉狭窄
I65.202 颈总动脉狭窄
I65.203 颈内动脉闭塞
I65.204 颈外动脉狭窄
I65.205 颈外动脉闭塞
I65.206 颈内动脉血栓形成
I65.207 颈总动脉闭塞
I65.208 颈内动脉栓塞
I65.300x001 多个入脑前动脉闭塞和狭窄
I65.300x002 双侧入脑前动脉闭塞
I65.300x003 双侧入脑前动脉狭窄
I65.800x001 无名动脉斑块
I65.800x002 锁骨下动脉斑块
I65.800x007 无名动脉闭塞
I65.900x001 入脑前动脉栓塞
I65.900x002 入脑前动脉狭窄
I65.900x003 入脑前动脉闭塞
I66.001 大脑中动脉狭窄
I66.002 大脑中动脉闭塞
I66.003 大脑中动脉血栓形成
I66.004+G46.0* 大脑中动脉综合征
I66.100x003 大脑前动脉血栓形成
I66.101 大脑前动脉狭窄
I66.102 大脑前动脉闭塞
I66.103+G46.1* 大脑前动脉综合征
I66.200x002 大脑后动脉栓塞
I66.201 大脑后动脉闭塞
I66.202 大脑后动脉狭窄
I66.203 红核丘脑综合征
I66.204 大脑后动脉血栓形成
I66.205+G46.2* 大脑后动脉综合征
I66.300x005 迷路动脉栓塞
I66.300x007 小脑后下动脉狭窄
I66.300x008 小脑后下动脉闭塞
I66.300x010 小脑前下动脉狭窄
I66.300x011 小脑前下动脉闭塞
I66.300x013 小脑上动脉狭窄
I66.300x014 小脑上动脉闭塞
I66.300x015 小脑动脉栓塞
I66.301 小脑动脉狭窄
I66.302 小脑动脉闭塞
I66.303 小脑后下动脉血栓形成
I66.304+G46.3* 瓦伦贝格综合征
I66.400 多个和双侧大脑动脉闭塞和狭窄
I66.400x002 双侧大脑动脉闭塞
I66.400x003 双侧大脑动脉狭窄
I66.401 多发性大脑动脉闭塞
I66.800x001 大脑穿支动脉闭塞
I66.800x002 大脑穿支动脉狭窄
I66.800x003 后交通动脉狭窄
I66.800x004 后交通动脉闭塞
I66.800x005 前交通动脉狭窄
I66.800x006 前交通动脉闭塞
I66.800x007 脑桥动脉栓塞
I66.800x008 脉络膜前动脉栓塞
I66.900x003 脑栓塞
I66.901 脑动脉狭窄
I66.902 脑动脉闭塞
I66.903 脑血栓形成
I67.000x001 脑动脉夹层
I67.000x002 大脑前动脉夹层
I67.000x003 大脑中动脉夹层
I67.000x005 颅内颈内动脉夹层
I67.000x007 脉络膜前动脉夹层
I67.000x009 颅内椎动脉夹层
I67.000x010 大脑后动脉夹层
I67.100x001 脑动脉瘤
I67.100x005 脑膜动静脉瘘
I67.100x007 海绵窦动静脉瘘
I67.100x008 垂体上动脉瘤

I67.100x010　颅内多发动脉瘤
I67.100x011　脉络膜前动脉瘤
I67.100x012　细菌性颅内动脉瘤
I67.100x013　前循环动脉瘤
I67.100x017　颅内巨大动脉瘤
I67.100x018　颅内镜像动脉瘤
I67.100x019　颈内动脉分叉段动脉瘤
I67.100x020　大脑前-前交通动脉瘤
I67.100x021　大脑前动脉近侧段（A1）动脉瘤
I67.100x023　大脑前动脉远侧段（A2-A5）动脉瘤
I67.100x026　椎动脉与基底动脉结合部动脉瘤
I67.100x029　小脑前下动脉动脉瘤
I67.100x030　小脑后下动脉动脉瘤
I67.100x032　后循环动脉瘤
I67.100x033　大脑后动脉动脉瘤
I67.100x035　小脑上动脉动脉瘤
I67.101　脑动静脉瘘，后天性
I67.103　后交通动脉瘤
I67.106　颈内动脉海绵窦瘘
I67.107　前交通动脉瘤
I67.108　大脑中动脉瘤
I67.109　脑假性动脉瘤
I67.110　颅内动脉瘤
I67.111　小脑动脉瘤
I67.200　大脑动脉粥样硬化
I67.200x002　皮层下动脉硬化性脑病
I67.200x003　颈动脉斑块
I67.200x004　颈动脉硬化
I67.201　动脉硬化性脑病
I67.202　颈内动脉粥样硬化
I67.203　椎动脉粥样硬化
I67.301　宾斯旺格病
I67.400x001　高血压性脑病
I67.500　烟雾病
I67.600x003　乙状窦憩室
I67.600x007　颅内静脉非化脓性血栓形成
I67.600x008　非化脓性直窦血栓形成
I67.601　颅内静脉窦非脓性血栓形成
I67.602　横窦非脓性血栓形成
I67.603　海绵窦非脓性血栓形成
I67.604　上矢状窦非脓性血栓形成
I67.605　乙状窦非脓性血栓形成
I67.606　大脑静脉非脓性血栓形成
I67.700x001　脑动脉炎
I67.700x002　中枢神经系统原发性血管炎
I67.800x003　脑血管供血不足
I67.800x004　缺血性脑血管病
I67.800x005　伴有皮层下梗塞和白质脑病的常染色体显性脑动脉病
I67.801　复发性脑血管病
I67.802　急性脑血管病
I67.803　脑动脉供血不足
I67.804　脑坏死
I67.805　慢性缺血性脑血管病
I67.806　可逆性缺血性神经功能缺损
I67.900　脑血管病
I67.900x004+G46.3*　本尼迪克综合征
I67.900x005　脑毛细血管扩张症
I67.901+G46.3*　中脑红核综合征
I67.902+G46.3*　韦伯综合征［大脑脚综合征］
I69.000x001　蛛网膜下腔出血后遗症
I69.000x002　蛛网膜下腔出血恢复期
I69.000x003　陈旧性蛛网膜下腔出血
I69.100x001　脑出血后遗症
I69.100x002　脑出血恢复期
I69.100x003　陈旧性脑出血
I69.200x001　颅内出血后遗症
I69.300　脑梗死后遗症
I69.300x002　陈旧性脑梗死
I69.300x003　脑梗死恢复期
I72.000　颈动脉瘤伴夹层
I72.000x011　颈总动脉瘤
I72.000x012　颈总动脉假性动脉瘤
I72.000x013　颈总动脉夹层
I72.000x022　颈内动脉假性动脉瘤
I72.000x023　颈内动脉夹层
I72.000x031　颈外动脉瘤
I72.000x032　颈外动脉假性动脉瘤
I72.000x033　颈外动脉夹层
I72.000x034　颈内动脉海绵窦段动脉瘤
I72.000x035　颈内动脉床突段动脉瘤
I72.000x036　颈内动脉眼动脉段动脉瘤
I72.000x038　颈内动脉背侧动脉瘤
I72.000x321　颞浅动脉假性动脉瘤
I72.001　颈动脉假性动脉瘤
I72.002　颈内动脉瘤
I72.003　颈动脉扩张
I72.004　颈内动脉颅内段动脉瘤
I72.005　颈动脉夹层
I72.006　颈动脉动脉瘤

I72.500x001　基底动脉瘤
I72.500x002　基底动脉顶端动脉瘤
I72.600x002　椎动脉动脉瘤
I77.000x012　脊髓动静脉瘘
I77.000x013　硬脊膜下髓周动静脉瘘
I77.002　硬脊膜动静脉瘘
I77.302　脑血管纤维性肌发育不良
I86.800x010　椎管内静脉曲张
J09.x04+G05.1*　已确认的人畜共病或大流行性流感病毒性脑炎
J10.800x001+G94.8*　已知病毒的流感性脑病
J10.801+G94.8*　甲型H1N1型流行性感冒性脑病
J10.804+G05.1*　已确认的季节性流感病毒性脑炎
J10.805+G05.1*　流行性感冒性脑炎，其他流感病毒被标明
J11.800x001+G94.8*　未知病毒的流感性脑病
J11.803+G05.1*　未确认的季节性流感病毒性脑炎
M05.301+G63.6*　类风湿性关节炎伴多神经病
M30.005+F02.8*　结节性多动脉炎性痴呆
M32.106+G63.5*　狼疮性周围神经病
M32.107+G99.2*　狼疮性脊髓病变
M32.114+G94.8*　狼疮性脑病
M32.116+F02.8*　狼疮性痴呆
M33.102+G63.5*　皮肌炎性周围神经病
M35.008+G94.8*　干燥综合征性中枢神经损害
M35.009+G63.5*　干燥综合征性周围神经病
M35.900x002+G63.5*　胶原病性神经炎
M51.001+G99.2*　胸椎间盘突出伴脊髓病
M51.002+G99.2*　胸椎腰椎椎间盘突出伴脊髓病
M51.003+G99.2*　腰椎间盘突出伴脊髓病
M51.004+G99.2*　腰骶椎间盘突出伴脊髓病
M53.000　颈颅综合征
M53.001　颈后交感神经综合征
M53.002　颅椎综合征
M79.200x001　多部位神经炎
M79.204　神经束膜炎
M79.205　慢性类风湿性神经炎
M79.207　神经痛
M79.208　神经炎
M89.000　痛性神经营养不良
M89.000x093　祖德克萎缩
M89.001　肩手综合征
M89.003　交感反射性营养不良
N18.502+F02.8*　尿毒症性痴呆
N18.503+G63.8*　尿毒症性神经病变
N18.507+G99.8*　尿毒症性偏瘫
Q00.000　无脑儿
Q00.000x001　无脑畸形
Q00.100　颅脊柱裂
Q00.200x101　开放性枕骨裂脑露畸形
Q00.200x201　闭合性枕骨裂脑露畸形
Q01.000　额部脑膨出
Q01.100　鼻根部脑膨出
Q01.200　枕部脑膨出
Q01.800x101　顶骨脑膨出
Q01.800x201　眶部脑膨出
Q01.800x301　鼻部脑膨出
Q01.800x401　鼻咽脑膨出
Q01.801　先天性枕骨大孔疝
Q01.900　脑膨出
Q01.900x001　脑膜脑膨出
Q01.900x003　积水性脑膨出
Q01.901　先天性脑疝
Q02.x00　小头畸形
Q03.001　西尔维于斯导水管狭窄
Q03.002　西尔维于斯导水管梗阻
Q03.101　第四脑室外侧孔闭锁
Q03.102　第四脑室孔闭塞综合征
Q03.103　第四脑室正中孔闭锁
Q03.800　先天性脑积水，其他的
Q03.900　先天性脑积水
Q04.000　胼胝体先天性畸形
Q04.000x011　胼胝体发育不全
Q04.100　无嗅脑畸形
Q04.200　前脑无裂畸形
Q04.300x011　先天性大脑萎缩
Q04.300x021　先天性下丘脑萎缩
Q04.300x031　先天性小脑萎缩
Q04.300x502　先天性双侧外侧裂综合征
Q04.301　大脑皮层发育不全
Q04.302　巨脑回
Q04.303　脑发育不全
Q04.304　脑回小
Q04.305　无脑回
Q04.306　朱伯特综合征
Q04.307　先天性脑萎缩
Q04.400　视（神经）中隔发育不良
Q04.500　巨脑
Q04.600　先天性大脑囊肿
Q04.600x202　先天性硬膜下囊肿

Q04.601　脑穿通畸形
Q04.602　脑裂畸形
Q04.603　先天性第三脑室囊肿
Q04.604　先天性蛛网膜囊肿
Q04.800x002　先天性低脊髓畸形
Q04.800x003　先天性胡桃脑
Q04.800x005　先天性第五六脑室
Q04.801　先天性巨大硬脊膜囊
Q04.802　先天性脑灰质异位症
Q04.803　先天性脑透明隔异常
Q04.900　脑先天性畸形
Q04.902　先天性脑发育异常
Q05.000　颈段脊柱裂伴有脑积水
Q05.000x002　颈段脊髓脊膜膨出伴脑积水
Q05.100　胸段脊柱裂伴有脑积水
Q05.100x002　胸段脊髓脊膜膨出伴脑积水
Q05.200　腰段脊柱裂伴有脑积水
Q05.200x002　腰段脊髓脊膜膨出伴脑积水
Q05.300　骶段脊柱裂伴有脑积水
Q05.300x002　骶段脊髓脊膜膨出伴脑积水
Q05.400　脊柱裂伴有脑积水
Q05.400x001　脊髓脊膜膨出伴脑积水
Q05.500　颈段脊柱裂不伴有脑积水
Q05.500x002　颈段脊髓脊膜膨出
Q05.600　胸段脊柱裂不伴有脑积水
Q05.600x002　胸段脊髓脊膜膨出
Q05.700　腰段脊柱裂不伴有脑积水
Q05.700x002　腰骶段脊柱裂
Q05.700x003　腰段脊髓脊膜膨出
Q05.700x004　腰骶段脊髓脊膜膨出
Q05.700x005　人类尾巴
Q05.800　骶段脊柱裂不伴有脑积水
Q05.801　骶椎椎板裂
Q05.900　脊柱裂
Q05.900x002　脊柱裂伴脊膜膨出
Q05.900x006　特发性脊髓疝
Q05.900x007　脊膜膨出
Q05.901　脑脊膜膨出
Q05.902　脊膜脊髓膨出
Q06.000　无脊髓畸形
Q06.100　脊髓发育不全和发育异常
Q06.101　脊髓发育异常
Q06.200　脊髓纵裂
Q06.300　先天性马尾畸形，其他的
Q06.400　脊髓积水
Q06.400x002　先天性椎管积水
Q06.800x002　双脊髓畸形
Q06.800x003　先天性脊髓低位
Q06.800x005　椎管内肠源性囊肿
Q06.801　先天性脊髓栓系综合征
Q06.900　脊髓先天性畸形
Q06.901　腰骶神经根囊肿
Q07.000　阿-基综合征
Q07.800　神经系统其他特指的先天性畸形
Q07.800x202　先天性视神经萎缩
Q07.800x901　先天性臂丛神经移位
Q07.800x902　先天性面瘫
Q07.800x903　先天性脑神经异常支配性疾病
Q07.800x904　神经胶质异位
Q07.801　下颌瞬目综合征［MarcusGunn综合征］
Q07.900　神经系统先天性畸形
Q14.200x005　有髓鞘视神经纤维
Q25.800x003　先天性颈总动脉狭窄
Q27.300x006　先天性脊髓动静脉瘘
Q27.300x008　硬膜外动静脉畸形
Q27.800x025　颅骨血管畸形
Q27.800x032　颈静脉球异位症
Q27.801　先天性脊髓血管畸形
Q27.819　先天性头颈部血管畸形
Q28.000　入脑前血管动静脉畸形
Q28.001　先天性入脑前动静脉瘤
Q28.100　入脑前血管的其他畸形
Q28.103　先天性椎动脉畸形
Q28.104　先天性颈内动脉动脉瘤
Q28.105　先天性基底动脉畸形
Q28.106　先天性入脑前动脉瘤
Q28.200　大脑血管动静脉畸形
Q28.200x006　颅内巨大动静脉畸形
Q28.200x007　涉及功能区的动静脉畸形（Spetzler-Martin3级及以下）
Q28.200x008　涉及功能区的动静脉畸形（Spetzler-Martin3级以上）
Q28.201　先天性大脑动静脉瘤
Q28.202　先天性硬脑膜动静脉瘘
Q28.203　先天性脑动静脉瘘
Q28.300x001　脑血管畸形
Q28.300x005　基底动脉畸形
Q28.300x007　脑静脉畸形
Q28.301　先天性大脑动静脉畸形
Q28.302　先天性大脑动脉瘤

Q28.303　先天性大脑后动脉缺失
Q28.304　先天性大脑中动脉动脉瘤
Q28.305　先天性小脑动静脉畸形
Q28.800x003　髓内动静脉畸形
Q28.800x004　髓内血管畸形
Q28.800x005　椎体海绵状血管畸形
Q28.800x006　颅骨膜窦
Q75.000　颅缝早闭
Q75.001　先天性尖头
Q75.800x902　先天性颅骨缺损
Q76.000　隐性脊柱裂
Q85.000　神经纤维瘤病（非恶性）
Q85.100　结节性硬化症
Q85.805　斯特奇-卡利舍-韦伯综合征
Q85.806　脑膜血管瘤病
Q85.900x041　颅内错构瘤
Q85.900x042　下丘脑错构瘤病
Q85.900x043　硬脊膜下错构瘤
Q85.900x052　椎管内错构瘤
Q85.910　脑错构瘤
Q87.800x301　脑肝肾综合征［Bowen-Lee-Zellweger 综合征］
R20.000　皮肤感觉缺失
R20.100　皮肤感觉减退
R20.200x002　皮肤针刺感
R20.200x003　皮肤麻刺感
R20.200x006　皮痛
R20.201　蚁走感
R20.202　偏身感觉异常
R20.300　感觉过敏
R20.801　皮肤感觉障碍
R20.802　口周麻木
R20.803　肢体麻木
R25.000　异常的头部运动
R25.001　发作性点头症
R25.100　震颤
R25.100x001　下肢震颤
R25.100x002　上肢震颤
R25.100x003　头部震颤
R25.200x001　痛性痉挛
R25.300　肌束震颤
R25.300x002　颤搐
R25.800x001　不自主运动
R25.801　反射性发作
R25.802　手足徐动症
R25.803　异常不随意运动
R26.000　共济失调步态
R26.000x001　蹒跚性步态
R26.200x001　行走困难
R26.300　固态［不动］
R26.301　卧床不起
R26.800x001　异常步态
R26.802　走路不稳
R27.000　共济失调
R27.800x001　协调障碍
R27.800x002　中枢性协调障碍
R27.801　协调缺乏
R29.100　假性脑膜炎
R29.200　异常反射
R29.300　异常姿势
R29.600　跌倒倾向，不可归类在他处者
R29.800　累及神经和肌肉骨骼系统其他和未特指的症状和体征
R29.800x502　半侧运动不能
R29.800x503　半侧注意不能
R29.800x504　半侧空间忽略
R29.800x505　左侧忽略
R29.800x507　感觉忽略
R29.800x508　视空间忽略
R29.802　短暂性肢体麻痹
R29.803　短暂性单瘫
R40.000　嗜眠
R40.100　木僵
R40.100x002　中昏迷
R40.100x003　浅昏迷
R40.100x005　亚木僵
R40.200　昏迷
R40.200x002　一过性意识丧失
R40.200x004　深昏迷
R40.200x005　意识模糊
R40.201　意识丧失
R42.x00x001　眩晕
R42.x00x002　周期性眩晕
R42.x00x004　头晕
R43.000　嗅觉丧失
R43.100　嗅觉倒错
R43.200　味觉倒错
R43.800x001　嗅觉障碍
R43.800x003　味觉障碍
R43.800x004　味觉丧失

R51.x00　头痛
R51.x00x002　低颅压性头痛
R51.x00x003　面部疼痛
R56.000　发热性惊厥
R56.800x001　抽搐状态
R56.800x003　不明原因抽搐
R56.800x005　良性惊厥
R56.801　癫痫样发作
R56.802　婴儿惊厥
R56.803　惊厥
R83.000　脑脊液酶水平异常
R83.100　脑脊液激素水平异常
R83.200　脑脊液其他药物、药剂和生物制剂水平异常
R83.300　脑脊液主要为非药用性物质的水平异常
R83.400　脑脊液异常的免疫学所见
R83.500　脑脊液异常的微生物学所见
R83.600　脑脊液异常的细胞学所见
R83.700　脑脊液异常的组织学所见
R83.800　脑脊液其他异常所见
R83.900　脑脊液异常所见
R90.000　颅内占位性病变
R90.000x003　脑干占位性病变
R90.800x003　脑沟增宽
R90.801　脑超声波图异常
R90.803　脑缺血灶
R90.804　脑软化灶
R90.805　垂体柄增粗
R90.806　脊髓占位性病变
R90.807　白质病变
R93.000x001　颅骨诊断性检查异常
R93.000x002　头部诊断性检查异常
R94.000　中枢神经系统功能检查的异常结果
R94.001　脑电图异常
R94.102　特殊感觉功能检查异常
R94.103　神经刺激反应异常
R94.104　肌电图异常
S01.800x011　开放性脑损伤伴颅骨骨折
S01.800x021　开放性脑损伤伴颈椎脱位
S01.800x031　开放性脑损伤
S01.800x083　头骨开放性损伤
S01.801　开放性颅内异物
S02.000　颅骨穹隆骨折
S02.000x003　颞骨鳞部骨折
S02.000x004　额骨和颞骨鳞部骨折
S02.000x005　额骨和顶骨骨折
S02.001　额骨骨折
S02.002　顶骨骨折
S02.011　开放性额骨骨折
S02.012　开放性顶骨骨折
S02.100　颅底骨骨折
S02.100x002　前颅凹骨折
S02.100x003　中颅凹骨折
S02.100x004　后颅凹骨折
S02.100x006　眶顶骨折
S02.100x008　额窦骨折
S02.100x009　蝶骨骨折
S02.101　枕骨骨折
S02.102　颞骨骨折
S02.103　筛窦骨折
S02.111　开放性颅底骨骨折
S02.112　开放性枕骨骨折
S02.113　开放性颞骨骨折
S02.114　开放性筛窦骨折
S02.300　眶底骨折
S02.300x002　眶底粉碎性骨折
S02.700x001　颅骨多发性骨折
S02.700x002　颅骨和面骨多发性骨折
S02.701　多发性面骨骨折
S02.712　开放性多发性颅骨骨折
S02.900x002　颅骨骨折
S02.902　颅骨凹陷性骨折
S02.911　开放性颅骨骨折
S04.200　滑车神经损伤
S04.300　三叉神经损伤
S04.400　展神经损伤
S04.500　面神经损伤
S04.501　面神经断裂
S04.502　眶下神经损伤
S04.600　听神经损伤
S04.700　副神经损伤
S04.801　舌下神经损伤
S04.802　嗅神经损伤
S04.803　舌咽神经损伤
S04.804　迷走神经损伤
S04.900　脑神经损伤
S06.000　脑震荡
S06.100　创伤性大脑水肿
S06.200x001　弥散性大脑损伤
S06.200x002　弥散性小脑损伤

S06.200x011　弥散性大脑损伤伴出血
S06.200x021　弥散性小脑损伤伴出血
S06.200x031　多发性大脑内出血
S06.200x032　多发性大脑血肿
S06.200x033　多发性小脑血肿
S06.200x081　多发性大脑挫裂伤
S06.200x082　多发性小脑挫裂伤
S06.201　脑干挫伤
S06.202　脑挫伤
S06.203　大脑撕裂伤
S06.204　创伤性脑疝
S06.205　创伤性脑受压
S06.206　弥漫性轴索损伤
S06.211　开放性脑挫伤
S06.300x001　局灶性大脑损伤
S06.300x002　局灶性小脑损伤
S06.300x011　局灶性大脑挫伤伴出血
S06.300x021　局灶性小脑挫伤伴出血
S06.300x031　局灶性大脑挫伤伴血肿
S06.300x032　局灶性大脑挫伤伴大量出血
S06.300x041　局灶性小脑挫伤伴血肿
S06.300x042　局灶性小脑挫伤伴大量出血
S06.300x081　局灶性大脑挫裂伤
S06.300x082　局灶性小脑挫裂伤
S06.301　创伤性脑局灶出血
S06.302　创伤性脑血肿
S06.310　开放性局灶性脑损伤
S06.400　硬膜外出血
S06.401　创伤性闭合性硬膜外血肿
S06.410　开放性硬膜外出血
S06.500　创伤性硬膜下出血
S06.500x002　创伤性硬脑膜下血肿
S06.500x004　急性创伤性硬脑膜下血肿
S06.500x005　亚急性创伤性硬脑膜下出血
S06.500x006　亚急性创伤性硬脑膜下血肿
S06.500x007　慢性创伤性硬脑膜下出血
S06.501　创伤性急性硬膜下出血
S06.502　创伤性慢性硬膜下血肿
S06.510　开放性硬膜下出血
S06.600　创伤性蛛网膜下出血
S06.600x002　创伤性蛛网膜下腔血肿
S06.610　开放性蛛网膜下隙出血
S06.700　颅内损伤伴有延长的昏迷
S06.700x001　闭合性颅脑损伤轻型
S06.700x002　闭合性颅脑损伤中型
S06.700x003　闭合性颅脑损伤重型
S06.700x004　闭合性颅脑损伤特重型
S06.700x005　开放性颅脑损伤轻型
S06.700x006　开放性颅脑损伤中型
S06.700x007　开放性颅脑损伤重型
S06.700x008　开放性颅脑损伤特重型
S06.710　开放性颅内损伤伴长时间昏迷
S06.800x002　创伤性脑内血肿
S06.800x004　创伤性小脑血肿
S06.800x005　创伤性小脑挫伤
S06.800x007　创伤性颅内血肿
S06.800x009　创伤性颅内动脉瘤
S06.800x010　创伤性脑梗塞
S06.800x011　创伤性颅内积气
S06.800x012　创伤性脑积水
S06.800x013　创伤性硬脑膜下积液
S06.801　创伤性小脑出血
S06.802　创伤性脑出血
S06.803　创伤性脑干出血
S06.804　创伤性颅内出血
S06.805　创伤性颅内海绵窦损伤
S06.811　开放性脑出血
S06.812　开放性脑干出血
S06.813　开放性小脑出血
S06.814　开放性颅内出血
S06.900　颅内损伤
S06.901　脑干损伤
S06.910　开放性颅内损伤
S06.911　开放性脑干损伤
S06.912　开放性颅内海绵窦损伤
S14.001　颈部脊髓水肿
S14.002　颈部脊髓震荡
S14.100x011　颈部脊髓完全损伤
S14.100x021　颈部脊髓中央损伤综合征
S14.100x022　脊髓中央管综合征
S14.100x031　颈部脊髓前索综合征
S14.100x032　颈部脊髓不完全损伤
S14.100x033　颈部脊髓后索综合征
S14.100x701　颈部脊髓功能损伤
S14.100x711　颈部脊髓功能损伤C1
S14.100x721　颈部脊髓功能损伤C2
S14.100x731　颈部脊髓功能损伤C3
S14.100x741　颈部脊髓功能损伤C4
S14.100x751　颈部脊髓功能损伤C5
S14.100x761　颈部脊髓功能损伤C6

S14.100x771 颈部脊髓功能损伤C7
S14.100x781 颈胸段脊髓功能损伤
S14.101 颈部脊髓损伤
S14.200 颈椎棘突神经根的损伤
S14.200x001 颈脊神经根损伤
S14.300 臂丛损伤
S14.400 颈部周围神经损伤
S14.500 颈部交感神经损伤
S14.601 颈部神经损伤
S24.000x002 胸部脊髓震荡
S24.001 胸部脊髓水肿
S24.100x011 胸部脊髓完全损伤
S24.100x021 胸部脊髓前索综合征
S24.100x022 胸部脊髓中央损伤综合征
S24.100x023 胸部脊髓不完全损伤
S24.100x024 胸部脊髓后索综合征
S24.100x701 胸部脊髓功能损伤
S24.100x711 胸部脊髓功能损伤T1
S24.100x721 胸部脊髓功能损伤T2/T3
S24.100x731 胸部脊髓功能损伤T4/T5
S24.100x741 胸部脊髓功能损伤T6/T7
S24.100x751 胸部脊髓功能损伤T8/T9
S24.100x761 胸部脊髓功能损伤T10/T11
S24.100x771 胸部脊髓功能损伤T12
S24.101 胸部脊髓损伤
S24.300 胸部周围神经损伤
S24.300x001 肋间神经损伤
S24.400 胸部交感神经损伤
S24.400x001 心丛神经损伤
S24.400x002 食管丛神经损伤
S24.400x003 肺丛神经损伤
S24.400x004 星状神经丛损伤
S24.400x005 胸部交感神经节损伤
S24.500 胸部其他神经的损伤
S24.500x001 膈神经损伤
S24.600 胸部神经的损伤
S34.000x002 腰部脊髓震荡
S34.001 腰部脊髓水肿
S34.100x001 腰部脊髓损伤
S34.100x002 腰部脊髓完全损伤
S34.100x003 腰部脊髓不完全损伤
S34.100x701 腰部脊髓功能损伤
S34.100x711 腰部脊髓功能损伤L1
S34.100x721 腰部脊髓功能损伤L2
S34.100x731 腰部脊髓功能损伤L3
S34.100x741 腰部脊髓功能损伤L4
S34.100x751 腰部脊髓功能损伤L5
S34.100x761 骶部脊髓功能损伤
S34.200x001 骶脊神经根损伤
S34.200x002 腰脊神经根损伤
S34.300 马尾损伤
S34.400 腰骶丛损伤
S34.500 腰部、骶部和骨盆交感神经损伤
S34.500x001 腹腔交感神经节损伤
S34.500x004 肠系膜下丛交感神经损伤
S34.500x005 肠系膜上丛交感神经损伤
S34.501 腹腔丛损伤
S34.502 腹下丛损伤
S34.503 肠系膜丛损伤
S34.504 内脏神经损伤
S34.600 腹部、下背和骨盆周围神经损伤
S34.601 下背周围神经损伤
S34.602 骨盆周围神经损伤
S34.800x001 腰骶神经损伤
S34.801 腹部神经损伤
S34.802 下背神经损伤
S34.803 骨盆神经损伤
S44.000x001 上臂尺神经损伤
S44.100x001 上臂正中神经损伤
S44.101 上臂正中神经断裂
S44.200x001 上臂桡神经损伤
S44.300 腋神经损伤
S44.400 肌皮神经损伤
S44.500 在肩和上臂水平的皮感觉神经损伤
S44.500x001 臂内侧皮神经损伤
S44.501 上臂皮感觉神经损伤
S44.700x001 肩和上臂多处神经损伤
S44.701 上臂多发神经损伤
S44.800x001 肩胛上神经损伤
S44.900x001 肩和上臂神经损伤
S44.901 上臂神经损伤
S54.000x001 前臂尺神经损伤
S54.001 前臂尺神经断裂
S54.100x001 前臂正中神经损伤
S54.101 前臂正中神经断裂
S54.200x001 前臂桡神经损伤
S54.300x001 前臂皮感觉神经损伤
S54.700x001 前臂多处神经损伤
S54.800 在前臂水平的其他神经损伤
S54.900x001 前臂神经损伤

S64.000x001 腕部尺神经损伤
S64.000x002 手部尺神经损伤
S64.100x001 腕部正中神经损伤
S64.100x002 手部正中神经损伤
S64.200x001 腕部桡神经损伤
S64.200x002 手部桡神经损伤
S64.300 拇指指神经损伤
S64.400x001 指神经损伤
S64.700x001 腕和手多处神经损伤
S64.800 在腕和手水平的其他神经损伤
S64.900x001 腕和手神经损伤
S74.000x001 坐骨神经损伤
S74.000x002 髋部坐骨神经损伤
S74.000x003 大腿坐骨神经损伤
S74.100x001 股神经损伤
S74.100x002 髋部股神经损伤
S74.100x003 大腿股神经损伤
S74.200x001 髋部皮感觉神经损伤
S74.200x002 大腿皮感觉神经损伤
S74.700x001 髋部多处神经损伤
S74.700x002 大腿多处神经损伤
S74.801 闭孔神经损伤
S74.900x001 髋部神经损伤
S74.900x002 大腿神经损伤
S84.000x001 胫后神经损伤
S84.000x002 胫神经损伤
S84.100x001 腓神经损伤
S84.200x001 小腿皮感觉神经损伤
S84.700x001 小腿多处神经损伤
S84.800x001 腓总神经损伤
S84.800x002 腓肠神经损伤
S84.900x001 小腿神经损伤
S94.000 足底外侧神经损伤
S94.100 足底内侧神经损伤
S94.200x001 踝和足腓深神经损伤
S94.200x002 腓深神经外侧支末端损伤
S94.300x001 踝和足皮感觉神经损伤
S94.700x001 踝和足多处神经损伤
S94.800x001 趾神经损伤
S94.900x001 踝和足神经损伤
T02.000x001 头和颈骨折
T02.010 开放性头部伴颈部骨折
T06.000x001 脑神经损伤伴颈神经和脊髓损伤
T06.100x001 多处神经和脊髓损伤
T06.101 脊周围神经损伤
T06.200x001 多处神经损伤
T09.300 脊髓损伤
T09.300x003 脊髓完全损伤
T09.300x004 脊髓中央损伤综合征
T09.300x005 脊髓前索综合征
T09.300x006 脊髓后索综合征
T09.300x007 脊髓血肿
T09.301 创伤性截瘫
T09.400 躯干神经、脊神经根和神经丛的损伤
T09.400x001 脊神经损伤
T09.400x002 脊神经根损伤
T09.400x003 脊神经丛损伤
T11.300 上肢神经的损伤
T13.300 下肢神经的损伤
T14.400 神经损伤
T70.203 高原性脑水肿
T79.100x002 创伤性脑脂肪栓塞
T79.801 创伤性脑膜炎
T80.600x007 急性透析性脑病
T80.600x008 慢性透析性脑病
T80.600x009 透析性脑病
T85.000 脑室颅内（交通）分流的机械性并发症
T85.001 脑室腹腔分流管障碍
T85.002 脑室腹腔分流管脱位
T85.003 脑室腹腔分流管阻塞
T85.100 神经系统植入的电子刺激器的机械性并发症
T85.100x001 脑电子神经刺激器引起的机械性并发症
T85.100x002 周围神经电子神经刺激器引起的机械性并发症
T85.100x004 脊髓电子神经刺激器引起的机械性并发症
T85.807 颅骨补片排斥反应
T90.300 脑神经损伤后遗症
T90.300x003 视神经损伤后遗症
T90.301 陈旧性脑神经损伤
T90.302 陈旧性面神经损伤
T90.500 颅内损伤后遗症
T90.501 陈旧性颅脑损伤
T90.502 陈旧性颅内损伤
T90.503 创伤性癫痫
T91.300 脊髓损伤后遗症
T91.300x002 颈部脊髓损伤后遗症
T91.300x003 胸部脊髓损伤后遗症

T91.300x004　腰部脊髓损伤后遗症
T91.301　陈旧性脊髓损伤
Z42.000x011　开颅术后骨瓣凹陷整形
Z42.001　颅骨缺损修补
Z46.200x001　取出神经系统治疗装置
Z46.200x002　神经刺激器更换
Z46.201　听觉代替装置
Z46.202　视觉代替装置

BB1　神经系统复合手术

同时包含以下手术或操作：
38.1000x002　动脉内膜剥脱术
38.1100　颅内动脉内膜切除术
38.1200x003　颈动脉内膜剥脱术
38.1201　颈动脉内膜切除术
38.1202　颈动脉内膜切除伴补片修补术
38.3000x001　动脉瘤切除伴吻合术
38.3100　颅内血管部分切除伴吻合术
38.3100x001　脑血管切除伴吻合术
38.3101　颅内血管畸形切除伴吻合术
38.3200x002　颈内动脉瘤切除伴吻合术
38.3200x003　颈静脉部分切除伴吻合术
38.3201　颈动脉动脉瘤切除伴吻合术
38.3202　颈动脉部分切除伴吻合术
38.3500x003　锁骨下动脉部分切除伴吻合术
38.4100　颅内血管部分切除术伴置换术
38.4200x001　颈动脉部分切除伴颈总-颈内动脉人工血管搭桥术
38.4200x002　颈总动脉切除伴自体血管移植术
38.4200x003　颈动脉部分切除伴颈总-颈内动脉自体血管搭桥术
38.4201　颈动脉部分切除伴置换术
38.4202　椎动脉瘤切除伴置换术
38.4203　颈动脉动脉瘤切除伴置换术
38.4500x002　锁骨下动脉瘤切除伴人工血管置换术
38.4500x020　锁骨下动脉部分切除伴自体血管置换术
38.4508　锁骨下动脉瘤切除伴置换术
38.4509　锁骨下动脉部分切除伴置换术
38.5100　颅内血管静脉曲张的结扎术和剥脱术
38.5200x001　眶静脉曲张结扎术
38.5201　头部静脉曲张的结扎术和剥脱术
38.5202　颈部静脉曲张的结扎术和剥脱术
38.6100x002　颅内动脉瘤切除术
38.6101　颅内血管畸形切除术
38.6102　脑血管瘤切除术
38.6200x002　颈静脉瘤切除术
38.6200x003　颈静脉扩张切除术
38.6200x005　颈动脉瘤切除术
38.6200x006　颈外动脉瘤切除术
38.6200x007　颈外静脉瘤切除术
38.6200x008　颈动脉病损切除术
38.6200x009　颈静脉病损切除术
38.6200x010　颈动脉外膜剥离术
38.6201　颈部血管瘤切除术
38.6500x001　头臂干动脉瘤切除［无名动脉瘤切除术］
38.6500x002　头臂静脉病损切除术［无名静脉病损切除术］
38.8100x004　椎动脉结扎术
38.8101　颅内血管畸形夹闭术
38.8200x003　颈内动脉结扎术
38.8200x005　颈内静脉结扎术
38.8200x006　颈前静脉结扎术
38.8200x007　颈总动脉结扎术
38.8200x008　颈外动脉结扎术
38.8200x009　颞动脉结扎术
38.8201　颈动脉结扎术
38.8202　颈静脉结扎术
38.8504　锁骨下动脉结扎术
39.2800x002　颞肌贴敷术
39.2800x003　颈外动脉-大脑中动脉搭桥术
39.2800x005　颈内动脉-大脑中动脉搭桥术
39.2800x008　枕动脉-大脑后动脉搭桥术
39.2800x009　枕动脉-小脑动脉搭桥术
39.2800x010　颞浅动脉-大脑后动脉搭桥术
39.2801　颞浅动脉-大脑中动脉搭桥术
39.2802　脑硬膜动脉血管融通术
39.2900x057　颈动脉-椎动脉搭桥术
39.5100　钳夹动脉瘤
39.5100x004　内窥镜下脑动脉瘤夹闭术
39.5100x007　脑动脉瘤夹闭术
39.5101　颈动脉瘤夹闭术
39.5102　大脑前动脉瘤夹闭术
39.5103　大脑中动脉瘤夹闭术
39.5104　后交通动脉瘤夹闭术
39.5105　基底动脉瘤夹闭术
39.5106　椎动脉瘤夹闭术
39.5107　前交通动脉瘤夹闭术
39.5108　小脑上动脉瘤夹闭术
39.5200x002　动脉瘤破裂修补术

39.5200x003　动脉瘤孤立术
39.5200x007　颅内动脉瘤修补术
39.5200x008　颈动脉瘤修补术
39.5200x009　锁骨下动脉瘤修补术
39.5201　动脉瘤包裹术
39.5202　动脉瘤缝扎术
39.5203　动脉瘤折叠术
39.5300x011　动静脉瘘切除术
39.5900x013　颞浅动脉贴敷术

和

00.6100x008　经皮颈总动脉球囊扩张成形术
00.6100x012　经皮颈静脉球囊扩张成形术
00.6101　经皮颈动脉球囊扩张成形术
00.6102　经皮椎动脉球囊扩张成形术
00.6200x005　经皮大脑中动脉球囊扩张成形术
00.6200x006　经皮大脑前动脉球囊扩张成形术
00.6200x007　经皮大脑后动脉球囊扩张成形术
00.6200x008　经皮椎动脉颅内段球囊扩张成形术
00.6200x009　经皮颈内动脉颅内段球囊扩张成形术
00.6201　经皮基底动脉球囊扩张成形术
00.6202　经皮交通动脉血管球囊扩张成形术
00.6300　颈动脉支架经皮置入术
00.6300x005　经皮颈动脉远端保护装置置入术
00.6300x006　经皮颈动脉覆膜支架置入术
00.6300x007　经皮颈动脉药物洗脱支架置入术
00.6301　脑保护伞下颈动脉支架置入术
00.6400x009　经皮椎动脉支架置入术
00.6400x012　经皮颅外远端保护装置置入术
00.6400x013　经皮椎动脉药物洗脱支架置入术
00.6400x014　经皮椎动脉覆膜支架置入术
00.6401　经皮椎动脉非药物洗脱支架置入术
00.6500x008　经皮颅内动脉支架置入术
00.6500x010　经皮颅内动脉远端保护装置置入术
00.6500x011　经皮颅内静脉窦支架置入术
00.6500x012　经皮大脑前动脉支架置入术
00.6500x013　经皮大脑后动脉支架置入术
00.6500x014　经皮基底动脉支架置入术
00.6501　经皮大脑中动脉支架置入术
39.5000x013　锁骨下静脉球囊扩张成形术
39.5300x019　脑动静脉瘘修补术
39.5300x020　椎管内动静脉瘘修补术
39.5300x021　头面部动静脉瘘修补术
39.5300x022　锁骨下动静脉瘘修补术
39.5302　动静脉瘘切断术
39.5303　动静脉瘘结扎术
39.5304　动静脉瘘夹闭术
39.7200x001　颈静脉支架置入术
39.7200x004　颈内动脉栓塞术
39.7200x005　颈动脉栓塞术
39.7200x007　硬脑膜动静脉瘘栓塞术（DAVF）
39.7200x008　椎动静脉瘘栓塞术
39.7200x009　颌动脉栓塞术
39.7200x018　颈动静脉瘘栓塞术
39.7201　头部血管内修补或闭合术
39.7202　颈部血管内修补或闭合术
39.7203　经导管颅内动脉瘤栓塞术
39.7205　经导管颅内动脉瘤支架辅助栓塞术
39.7206　经导管颈动脉瘤栓塞术
39.7208　经导管颈动脉瘤支架辅助栓塞术
39.7209　经导管颅内血管栓塞术
39.7211　经导管颈部血管栓塞术
39.7213　经导管椎动脉栓塞术
39.7215　经导管硬脑膜血管栓塞术
39.7216　经导管颈内动脉海绵窦瘘栓塞术
39.7400x001　经皮颅内静脉取栓术
39.7400x002　经皮颅内动脉取栓术
39.7400x003　经皮颈静脉取栓术
39.7400x004　经皮颈动脉取栓术
39.7401　经导管颅内血管血栓去除术
39.7501　经导管颅内血管裸弹簧圈栓塞术
39.7502　经导管入脑前血管裸弹簧圈栓塞术
39.7503　经导管颅内动脉瘤裸弹簧圈栓塞术
39.7504　经导管颈动脉瘤裸弹簧圈栓塞术
39.7505　经导管颈部血管裸弹簧圈栓塞术
39.7506　经导管椎动脉裸弹簧圈栓塞术
39.7601　经导管颅内动脉瘤生物活性弹簧圈栓塞术
39.7603　经导管颈动脉瘤生物活性弹簧圈栓塞术
39.7604　经导管颈部血管生物活性弹簧圈栓塞术
39.7605　经导管椎动脉生物活性弹簧圈栓塞术
39.7606　经导管颅内血管生物活性弹簧圈栓塞术
39.7900x013　锁骨下动脉栓塞术
39.7900x040　经皮锁骨下动脉取栓术
39.7900x078　动静脉瘘栓塞术
39.7900x515　经皮锁骨下动静脉瘘封堵术
39.7909　经导管脊髓血管栓塞术
88.4100　脑动脉造影术
88.4100x001　基底动脉造影
88.4101　脑血管造影

88.4102 脊髓血管造影
88.4103 颈动脉造影术
88.4104 椎动脉造影
88.4201 主动脉弓造影
88.4401 锁骨下动脉造影

BB2 伴出血诊断的颅脑手术

包含以下主要诊断：
I60.000 颈动脉弯管和杈的蛛网膜下出血
I60.000x001 颈内动脉虹吸弯和分叉部蛛网膜下腔出血
I60.000x002 颈内动脉分叉段动脉瘤破裂伴蛛网膜下腔出血
I60.000x003 颈内动脉眼动脉段动脉瘤破裂伴蛛网膜下腔出血
I60.000x004 脉络膜前动脉动脉瘤破裂伴蛛网膜下腔出血
I60.000x006 颈内动脉海绵窦段动脉瘤破裂伴蛛网膜下腔出血
I60.000x007 颈内动脉床突段动脉瘤破裂伴蛛网膜下腔出血
I60.000x008 颈内动脉背侧动脉瘤破裂伴蛛网膜下腔出血
I60.001 颈动脉动脉瘤破裂伴蛛网膜下隙出血
I60.100 大脑中动脉的蛛网膜下出血
I60.101 大脑中动脉瘤破裂伴蛛网膜下腔出血
I60.200 前交通动脉的蛛网膜下出血
I60.200x002 大脑前-前交通动脉瘤破裂伴蛛网膜下腔出血
I60.200x003 大脑前动脉近侧段（A1）动脉瘤破裂伴蛛网膜下腔出血
I60.200x004 大脑前动脉近侧段（A2）动脉瘤破裂伴蛛网膜下腔出血
I60.200x005 大脑前动脉远侧段（A2-A5）动脉瘤破裂伴蛛网膜下腔出血
I60.200x007 胼胝体动脉瘤破裂伴蛛网膜下腔出血
I60.201 前交通动脉瘤破裂伴蛛网膜下腔出血
I60.300 后交通动脉的蛛网膜下出血
I60.301 后交通动脉瘤破裂伴蛛网膜下腔出血
I60.400 基底动脉的蛛网膜下出血
I60.400x002 椎动脉与基底动脉结合部动脉瘤破裂伴蛛网膜下腔出血
I60.400x003 基底动脉顶端动脉瘤破裂伴蛛网膜下腔出血
I60.400x004 基底动脉干动脉瘤破裂伴蛛网膜下腔出血
I60.401 基底动脉瘤破裂伴蛛网膜下腔出血
I60.500x003 椎动脉动脉瘤破裂伴蛛网膜下腔出血
I60.500x004 脊髓前动脉瘤破裂伴蛛网膜下腔出血
I60.600x001 大脑后动脉动脉瘤破裂伴蛛网膜下腔出血
I60.600x003 小脑前下动脉动脉瘤破裂伴蛛网膜下腔出血
I60.600x004 小脑上动脉动脉瘤破裂伴蛛网膜下腔出血
I60.600x005 迷路动脉动脉瘤破裂伴蛛网膜下腔出血
I60.600x006 多发颅内动脉瘤破裂伴蛛网膜下腔出血
I60.600x007 颅内镜像动脉瘤破裂伴蛛网膜下腔出血
I60.600x008 脑干前非动脉瘤出血［中脑周围非动脉瘤性出血］
I60.601 小脑后下动脉动脉瘤破裂伴蛛网膜下隙出血
I60.602 垂体上动脉动脉瘤破裂伴蛛网膜下腔出血
I60.700x001 脑动脉瘤破裂伴蛛网膜下腔出血
I60.701 颅内动脉瘤破裂伴蛛网膜下隙出血
I60.800x002 脑动脉畸形伴蛛网膜下腔出血
I60.800x003 脑静脉畸形伴蛛网膜下腔出血
I60.800x004 脑海绵状血管畸形伴蛛网膜下腔出血
I60.800x005 脑干海绵状血管畸形伴蛛网膜下腔出血
I60.800x006 小脑幕下海绵状血管畸形伴蛛网膜下腔出血
I60.800x008 硬脑膜动静脉瘘伴蛛网膜下腔出血
I60.800x010 脑动脉夹层伴蛛网膜下腔出血
I60.800x013 脊髓动静脉畸形伴蛛网膜下腔出血
I60.800x014 脊髓髓周动静脉瘘伴蛛网膜下腔出血
I60.800x015 颅脑肿瘤伴蛛网膜下腔出血
I60.801 脑动静脉畸形破裂伴蛛网膜下腔出血
I60.802 脑膜出血
I60.900x004 脑实质出血继发蛛网膜下腔出血
I60.900x005 感染性颅内动脉瘤破裂伴蛛网膜下腔出血
I60.900x006 蛛网膜下腔出血
I61.000x006 胼胝体出血
I61.000x007 尾状核头出血
I61.000x008 壳核出血
I61.000x009 尾状核出血
I61.000x011 最外囊出血
I61.001 豆状核出血
I61.002 大脑皮质下出血
I61.003 豆纹动脉出血
I61.004 基底节出血

I61.005　内囊出血
I61.006　外囊出血
I61.100x001　顶叶出血
I61.100x002　多处脑叶出血
I61.100x003　额叶出血
I61.100x004　额颞叶出血
I61.100x005　枕叶出血
I61.100x006　颞叶出血
I61.100x007　额顶叶脑出血
I61.100x008　顶枕叶脑出血
I61.100x009　额顶枕叶脑出血
I61.100x010　额颞顶叶脑出血
I61.100x011　额颞顶枕叶脑出血
I61.100x012　额颞枕叶脑出血
I61.100x013　颞顶叶脑出血
I61.100x014　颞枕叶脑出血
I61.101　脑叶出血
I61.200x001　大脑半球出血
I61.300x002　脑干出血
I61.300x003　延髓出血
I61.300x004　中脑出血
I61.301　脑桥出血
I61.400x001　小脑出血
I61.400x002　小脑扁桃体出血
I61.400x003　小脑蚓部出血
I61.500x002　侧脑室出血
I61.500x003　第三脑室出血
I61.500x004　第四脑室出血
I61.500x005　多个脑室出血
I61.500x006　继发性脑室出血
I61.500x007　原发性脑室出血
I61.500x008　脑室出血
I61.600x001　多灶性脑出血
I61.800x001　脑穿支动脉出血
I61.801　间脑出血
I61.802　丘脑出血
I61.803　丘脑下部出血
I61.900x002　脑出血
I61.900x004　脑出血血肿扩大
I61.900x005　脑静脉闭塞后出血
I61.900x006　脑血管炎性脑出血
I61.900x007　脑肿瘤卒中
I61.900x008　凝血功能障碍性脑出血
I61.901　大脑中动脉出血
I61.902　高血压脑出血
I61.903　脑血肿
I61.904　出血性脑软化
I61.905　脑血管破裂
I62.000　非创伤性硬膜下出血
I62.000x005　亚急性非创伤性硬脑膜下出血
I62.001　急性非创伤性硬膜下血肿
I62.003　慢性硬膜下血肿
I62.100　非创伤性硬膜外出血
I62.100x001　急性非创伤性硬脑膜外出血
I62.100x003　亚急性非创伤性硬脑膜外出血
I62.100x004　慢性非创伤性硬膜外血肿
I62.101　硬膜外血肿
I62.900x001　非创伤性颅内出血
I67.000x001　脑动脉夹层
I67.000x002　大脑前动脉夹层
I67.000x003　大脑中动脉夹层
I67.000x005　颅内颈内动脉夹层
I67.000x007　脉络膜前动脉夹层
I67.000x009　颅内椎动脉夹层
I67.000x010　大脑后动脉夹层
I67.100x001　脑动脉瘤
I67.100x005　脑膜动静脉瘘
I67.100x007　海绵窦动静脉瘘
I67.100x008　垂体上动脉瘤
I67.100x010　颅内多发动脉瘤
I67.100x011　脉络膜前动脉瘤
I67.100x012　细菌性颅内动脉瘤
I67.100x013　前循环动脉瘤
I67.100x017　颅内巨大动脉瘤
I67.100x018　颅内镜像动脉瘤
I67.100x019　颈内动脉分叉段动脉瘤
I67.100x020　大脑前-前交通动脉瘤
I67.100x021　大脑前动脉近侧段（A1）动脉瘤
I67.100x023　大脑前动脉远侧段（A2-A5）动脉瘤
I67.100x026　椎动脉与基底动脉结合部动脉瘤
I67.100x029　小脑前下动脉动脉瘤
I67.100x030　小脑后下动脉动脉瘤
I67.100x032　后循环动脉瘤
I67.100x033　大脑后动脉动脉瘤
I67.100x035　小脑上动脉动脉瘤
I67.101　脑动静脉瘘，后天性
I67.103　后交通动脉瘤
I67.106　颈内动脉海绵窦瘘
I67.107　前交通动脉瘤
I67.108　大脑中动脉瘤

I67.109　脑假性动脉瘤
I67.110　颅内动脉瘤
I67.111　小脑动脉瘤
I72.000x034　颈内动脉海绵窦段动脉瘤
I72.000x035　颈内动脉床突段动脉瘤
I72.000x036　颈内动脉眼动脉段动脉瘤
I72.500x001　基底动脉瘤
I72.500x002　基底动脉顶端动脉瘤
I72.600x002　椎动脉动脉瘤
Q27.819　先天性头颈部血管畸形
Q28.000　入脑前血管动静脉畸形
Q28.001　先天性入脑前动静脉瘤
Q28.100　入脑前血管的其他畸形
Q28.103　先天性椎动脉畸形
Q28.104　先天性颈内动脉动脉瘤
Q28.105　先天性基底动脉畸形
Q28.106　先天性入脑前动脉瘤
Q28.200　大脑血管动静脉畸形
Q28.200x006　颅内巨大动静脉畸形
Q28.200x007　涉及功能区的动静脉畸形（Spetzler-Martin3级及以下）
Q28.200x008　涉及功能区的动静脉畸形（Spetzler-Martin3级以上）
Q28.201　先天性大脑动静脉瘤
Q28.202　先天性硬脑膜动静脉瘘
Q28.203　先天性脑动静脉瘘
Q28.300x001　脑血管畸形
Q28.300x005　基底动脉畸形
Q28.300x007　脑静脉畸形
Q28.301　先天性大脑动静脉畸形
Q28.302　先天性大脑动脉瘤
Q28.303　先天性大脑后动脉缺失
Q28.304　先天性大脑中动脉动脉瘤
Q28.305　先天性小脑动静脉畸形
包含以下主要手术或操作：
01.0900x006　颅内血肿硬通道穿刺引流术
01.0900x007　立体定向颅内血肿穿刺引流术
01.1000x001　颅压监护探极置入术
01.2400x013　硬脑膜外血肿清除术
01.2401　颅后窝血肿清除术
01.2408　颅内血肿清除术
01.2409　颅骨钻孔引流术
01.2410　颞肌下减压术
01.2411　颅骨切开减压术
01.2413　颅骨去骨瓣减压术
01.3101　脑膜切开伴蛛网膜下腔血肿引流术
01.3102　脑膜切开伴蛛网膜下腔脓肿引流术
01.3103　脑膜切开伴硬脑膜下脓肿引流术
01.3104　脑膜切开伴硬脑膜下腔血肿清除术
01.3105　硬脑膜下切开引流术
01.3106　脑蛛网膜下腔切开引流术
01.3107　脑膜切开引流术
01.3108　硬脑膜下钻孔引流术
01.3900x009　脑内血肿清除术
01.3900x012　经外侧裂脑内血肿清除术
01.3900x017　立体定向脑切开引流术
01.3904　经颞叶脑血肿清除术
01.3905　脑立体定向血肿碎吸术
01.3906　内镜下脑血肿引流术
01.3910　脑血肿切开引流术
38.0100x001　颅内血管血栓切除术
38.0200x002　颈动脉探查术
38.0200x003　颈内静脉血栓切除术
38.0200x004　颈动脉切开异物去除术
38.0201　颈动脉取栓术
38.0202　颈静脉取栓术
38.0500x004　锁骨下动脉切开探查术
38.0501　锁骨下动脉取栓术
38.1000x002　动脉内膜剥脱术
38.1100　颅内动脉内膜切除术
38.1200x003　颈动脉内膜剥脱术
38.1201　颈动脉内膜切除术
38.1202　颈动脉内膜切除伴补片修补术
38.3000　血管部分切除术伴吻合术
38.3000x001　动脉瘤切除伴吻合术
38.3100　颅内血管部分切除伴吻合术
38.3100x001　脑血管切除伴吻合术
38.3101　颅内血管畸形切除伴吻合术
38.3200x002　颈内动脉瘤切除伴吻合术
38.3200x003　颈静脉部分切除伴吻合术
38.3201　颈动脉动脉瘤切除伴吻合术
38.3202　颈动脉部分切除伴吻合术
38.3500x003　锁骨下动脉部分切除伴吻合术
38.4000　血管部分切除术伴置换术
38.4100　颅内血管部分切除术伴置换术
38.4200x001　颈动脉部分切除伴颈总-颈内动脉人工血管搭桥术
38.4200x002　颈总动脉切除伴自体血管移植术
38.4200x003　颈动脉部分切除伴颈总-颈内动脉自体血管搭桥术

38.4201　颈动脉部分切除伴置换术
38.4202　椎动脉瘤切除伴置换术
38.4203　颈动脉动脉瘤切除伴置换术
38.4500x002　锁骨下动脉瘤切除伴人工血管置换术
38.4500x020　锁骨下动脉部分切除伴自体血管置换术
38.4508　锁骨下动脉瘤切除伴置换术
38.4509　锁骨下动脉部分切除伴置换术
38.6000x012　血管病损切除术
38.6000x013　血管球瘤切除术
38.6100x002　颅内动脉瘤切除术
38.6101　颅内血管畸形切除术
38.6102　脑血管瘤切除术
38.8000　血管的其他手术闭合
38.8100x004　椎动脉结扎术
38.8101　颅内血管畸形夹闭术
39.2800x002　颞肌贴敷术
39.2800x003　颈外动脉-大脑中动脉搭桥术
39.2800x005　颈内动脉-大脑中动脉搭桥术
39.2800x008　枕动脉-大脑后动脉搭桥术
39.2800x009　枕动脉-小脑动脉搭桥术
39.2800x010　颞浅动脉-大脑后动脉搭桥术
39.2801　颞浅动脉-大脑中动脉搭桥术
39.2802　脑硬膜动脉血管融通术
39.5100　钳夹动脉瘤
39.5100x004　内窥镜下脑动脉瘤夹闭术
39.5100x007　脑动脉瘤夹闭术
39.5100x008　上肢动脉瘤钳夹术
39.5100x009　下肢动脉瘤钳夹术
39.5101　颈动脉瘤夹闭术
39.5102　大脑前动脉瘤夹闭术
39.5103　大脑中动脉瘤夹闭术
39.5104　后交通动脉瘤夹闭术
39.5105　基底动脉瘤夹闭术
39.5106　椎动脉瘤夹闭术
39.5107　前交通动脉瘤夹闭术
39.5108　小脑上动脉瘤夹闭术
39.5200x002　动脉瘤破裂修补术
39.5200x003　动脉瘤孤立术
39.5200x005　肺动脉瘤包裹术
39.5200x006　主动脉瘤包裹术（非体外）
39.5200x007　颅内动脉瘤修补术
39.5200x008　颈动脉瘤修补术
39.5200x009　锁骨下动脉瘤修补术
39.5201　动脉瘤包裹术
39.5202　动脉瘤缝扎术
39.5203　动脉瘤折叠术
39.5300x011　动静脉瘘切除术
39.5300x013　颈动静脉瘘修补术
39.5300x015　人工动静脉瘘切除术
39.5300x016　人工动静脉瘘修补术
39.5300x019　脑动静脉瘘修补术
39.5300x021　头面部动静脉瘘修补术
39.5300x022　锁骨下动静脉瘘修补术
39.5302　动静脉瘘切断术
39.5303　动静脉瘘结扎术
39.5304　动静脉瘘夹闭术
39.5900x013　颞浅动脉贴敷术

BB3　伴肿瘤诊断的颅脑手术

包含以下主要诊断：
C70.000　脑膜恶性肿瘤
C70.000x002　硬脑膜恶性肿瘤
C70.100x001　脊膜恶性肿瘤
C70.100x003　硬脊膜恶性肿瘤
C70.900　脑脊膜恶性肿瘤
C70.901　硬膜下恶性肿瘤
C71.000　大脑（除外脑叶和脑室）恶性肿瘤
C71.000x001　下丘脑恶性肿瘤
C71.000x004　岛叶恶性肿瘤
C71.000x006　基底节恶性肿瘤
C71.000x007　脑白质恶性肿瘤
C71.001　幕上恶性肿瘤
C71.002　丘脑恶性肿瘤
C71.003　胼胝体恶性肿瘤
C71.100　额叶恶性肿瘤
C71.200　颞叶恶性肿瘤
C71.300　顶叶恶性肿瘤
C71.400　枕叶恶性肿瘤
C71.500　脑室恶性肿瘤
C71.500x003　侧脑室恶性肿瘤
C71.500x004　第三脑室恶性肿瘤
C71.501　脉络丛恶性肿瘤
C71.600　小脑恶性肿瘤
C71.601　小脑蚓部恶性肿瘤
C71.602　小脑扁桃体恶性肿瘤
C71.700　脑干恶性肿瘤
C71.701　脑桥恶性肿瘤
C71.702　延髓恶性肿瘤
C71.703　第四脑室恶性肿瘤
C71.704　幕下恶性肿瘤

C71.705　中脑恶性肿瘤
C71.800　脑交搭跨越恶性肿瘤的损害
C71.800x006　额颞岛叶恶性肿瘤
C71.800x007　额叶和丘脑及胼胝体恶性肿瘤
C71.800x008　大脑皮层多处恶性肿瘤
C71.801　额顶叶恶性肿瘤
C71.802　额颞顶叶恶性肿瘤
C71.803　顶枕叶恶性肿瘤
C71.804　顶颞叶恶性肿瘤
C71.805　颞顶枕叶恶性肿瘤
C71.806　额颞叶恶性肿瘤
C71.807　颞叶脑岛恶性肿瘤
C71.808　颞枕叶恶性肿瘤
C71.809　脑桥小脑角恶性肿瘤
C71.900　脑恶性肿瘤
C71.900x001　蝶鞍上恶性肿瘤
C71.900x002　颅内恶性肿瘤
C71.900x005　颅前窝恶性肿瘤
C71.900x006　颅底恶性肿瘤
C71.900x007　颅中窝恶性肿瘤
C71.900x008　颅后窝恶性肿瘤
C71.901　鞍上区恶性肿瘤
C71.902　蝶鞍区恶性肿瘤
C71.903　颅底交通性恶性肿瘤
C72.200　嗅神经恶性肿瘤
C72.201　嗅球恶性肿瘤
C72.300　视神经恶性肿瘤
C72.400　听神经恶性肿瘤
C72.500　脑神经恶性肿瘤
C72.501　动眼神经恶性肿瘤
C72.502　滑车神经恶性肿瘤
C72.503　三叉神经恶性肿瘤
C72.504　展神经恶性肿瘤
C72.505　面神经恶性肿瘤
C72.506　前庭蜗神经恶性肿瘤
C72.507　舌咽神经恶性肿瘤
C72.508　迷走神经恶性肿瘤
C72.509　副神经恶性肿瘤
C72.510　舌下神经恶性肿瘤
C72.800　脑和中枢神经系统其他部位交搭跨越恶性肿瘤的损害
C72.800x001　颅眶沟通恶性肿瘤
C72.800x002　颅底沟通恶性肿瘤
C72.800x003　颅鼻眶沟通恶性肿瘤
C72.900　中枢神经系统恶性肿瘤
C72.900x004　椎管内恶性肿瘤
C72.900x005　蝶鞍旁恶性肿瘤
C72.900x006　颈静脉孔区恶性肿瘤
C72.901　硬膜外恶性肿瘤
C75.300　松果体恶性肿瘤
C79.300　脑和脑膜继发性恶性肿瘤
C79.300x002　脑继发恶性肿瘤
C79.300x006　颅窝继发恶性肿瘤
C79.300x011　颅内继发恶性肿瘤
C79.300x012　颅内静脉窦继发恶性肿瘤
C79.300x013　颈静脉孔区继发恶性肿瘤
C79.300x016　脑白质继发恶性肿瘤
C79.300x017　硬脑膜下继发恶性肿瘤
C79.300x018　岛叶继发恶性肿瘤
C79.300x019　侧脑室继发恶性肿瘤
C79.300x020　第三脑室继发恶性肿瘤
C79.300x021　基底节继发恶性肿瘤
C79.300x023　胼胝体继发恶性肿瘤
C79.300x024　中脑继发恶性肿瘤
C79.300x025　脑桥继发恶性肿瘤
C79.300x026　延髓继发恶性肿瘤
C79.300x027　第四脑室继发恶性肿瘤
C79.300x028　小脑幕上继发恶性肿瘤
C79.300x029　小脑幕下继发恶性肿瘤
C79.300x031　颅底继发恶性肿瘤
C79.300x032　颅前窝继发恶性肿瘤
C79.300x033　颅中窝继发恶性肿瘤
C79.300x034　颅后窝继发恶性肿瘤
C79.301　脑膜继发恶性肿瘤
C79.302　大脑继发恶性肿瘤
C79.303　额叶继发恶性肿瘤
C79.304　顶叶继发恶性肿瘤
C79.305　枕叶继发恶性肿瘤
C79.306　颞叶继发恶性肿瘤
C79.307　脑岛继发恶性肿瘤
C79.308　海马回继发恶性肿瘤
C79.309　小脑继发恶性肿瘤
C79.310　脑干继发恶性肿瘤
C79.311　丘脑继发恶性肿瘤
C79.400x012　硬膜外继发恶性肿瘤
D17.700x001　鞍区脂肪瘤
D17.700x008　神经系统脂肪瘤
D17.700x009　颅内脂肪瘤
D17.700x010　硬膜内脂肪瘤
D17.700x011　硬膜外脂肪瘤

D17.700x012　脑桥脂肪瘤
D17.700x013　小脑角脂肪瘤
D17.700x030　蛛网膜下腔脂肪瘤
D18.000x026　脑干血管瘤
D18.000x027　蝶鞍旁血管瘤
D18.000x028　颅内血管瘤
D18.002　脑血管瘤
D32.000　脑膜良性肿瘤
D32.000x002　鞍隔脑膜瘤
D32.000x004　大脑镰脑膜瘤
D32.000x008　蝶骨脑膜瘤
D32.000x011　横窦脑膜瘤
D32.000x014　颅窝脑膜瘤
D32.000x019　桥脑脑膜瘤
D32.000x020　筛窦脑膜瘤
D32.000x021　矢状窦脑膜瘤
D32.000x024　小脑脑膜瘤
D32.000x026　岩骨脑膜瘤
D32.000x028　枕叶脑膜瘤
D32.000x030　蝶鞍上脑膜瘤
D32.000x031　侧脑室脑膜瘤
D32.000x032　大脑皮层多部位脑膜瘤
D32.000x036　硬脑膜下脑膜瘤
D32.000x038　颅底脑膜瘤
D32.000x039　窦汇区脑膜瘤
D32.001　蝶骨嵴脑膜瘤
D32.002　颅中窝脑膜瘤
D32.003　前床突脑膜瘤
D32.004　额叶脑膜瘤
D32.005　顶叶脑膜瘤
D32.006　大脑镰旁脑膜瘤
D32.007　矢状窦旁脑膜瘤
D32.008　嗅沟脑膜瘤
D32.009　中央区脑膜瘤
D32.010　脑室内脑膜瘤
D32.011　颞叶脑膜瘤
D32.012　颅后窝脑膜瘤
D32.013　颅前窝脑膜瘤
D32.014　鞍区脑膜瘤
D32.015　鞍结节脑膜瘤
D32.016　鞍背脑膜瘤
D32.017　枕部脑膜瘤
D32.018　小脑幕脑膜瘤
D32.019　小脑脑桥角脑膜瘤
D32.020　斜坡脑膜瘤
D32.021　颈静脉孔区脑膜瘤
D32.022　枕骨大孔区脑膜瘤
D32.023　颅内外沟通性脑膜瘤
D32.100　脊（髓）膜良性肿瘤
D32.100x001　脊膜瘤
D32.101　颅颈交界区脊膜瘤
D32.106　硬脊膜下良性肿瘤
D32.900　脑脊膜良性肿瘤
D32.900x001　皮肤脑膜瘤
D32.900x002　脑膜瘤
D32.900x003　脑脊膜瘤
D33.000　脑幕上的良性肿瘤
D33.000x003　脑室良性肿瘤
D33.000x004　矢状窦良性肿瘤
D33.000x005　小脑幕上良性肿瘤
D33.001　侧脑室良性肿瘤
D33.002　第三脑室良性肿瘤
D33.003　大脑良性肿瘤
D33.004　额叶良性肿瘤
D33.005　枕叶良性肿瘤
D33.006　顶叶良性肿瘤
D33.007　颞叶良性肿瘤
D33.008　岛叶良性肿瘤
D33.009　海马回良性肿瘤
D33.010　丘脑良性肿瘤
D33.011　脉络丛良性肿瘤
D33.012　基底节良性肿瘤
D33.100　脑幕下的良性肿瘤
D33.100x005　小脑幕下良性肿瘤
D33.101　小脑良性肿瘤
D33.102　小脑蚓部良性肿瘤
D33.103　脑干良性肿瘤
D33.104　脑桥良性肿瘤
D33.105　第四脑室良性肿瘤
D33.200　脑的良性肿瘤
D33.200x001　颅内良性肿瘤
D33.200x003　颅窝良性肿瘤
D33.201　胼胝体良性肿瘤
D33.202　颅底良性肿瘤
D33.300　脑神经良性肿瘤
D33.300x003　嗅球良性肿瘤
D33.300x005　视神经乳头良性肿瘤
D33.301　嗅神经良性肿瘤
D33.302　视神经良性肿瘤
D33.303　动眼神经良性肿瘤

D33.304　滑车神经良性肿瘤
D33.305　三叉神经良性肿瘤
D33.306　展神经良性肿瘤
D33.307　面神经良性肿瘤
D33.308　听神经良性肿瘤
D33.309　舌咽神经良性肿瘤
D33.310　迷走神经良性肿瘤
D33.311　副神经良性肿瘤
D33.312　舌下神经良性肿瘤
D33.700x001　颅眶沟通良性肿瘤
D33.700x002　颅鼻眶沟通良性肿瘤
D33.700x003　颈静脉孔区良性肿瘤
D33.900　中枢神经系统良性肿瘤
D33.900x001　硬脑膜外良性肿瘤
D33.900x002　硬脊膜外良性肿瘤
D33.900x003　蝶鞍旁良性肿瘤
D33.901　硬膜外良性肿瘤
D35.300　颅咽管良性肿瘤
D35.400　松果体良性肿瘤
D36.100x002　头部周围神经和自主神经良性肿瘤
D36.100x006　颞下窝周围神经和自主神经良性肿瘤
D36.100x007　翼腭窝周围神经和自主神经良性肿瘤
D36.100x008　咽旁间隙周围神经和自主神经良性肿瘤
D36.100x009　咽后间隙周围神经和自主神经良性肿瘤
D42.000x001　脑膜交界性肿瘤
D42.000x002　硬脑膜下交界性肿瘤
D42.001　脑膜肿瘤
D42.002　硬脑膜下动态未定肿瘤
D42.003　硬脑膜下肿瘤
D42.100x001　脊膜交界性肿瘤
D42.100x002　硬脊膜下交界性肿瘤
D42.101　脊膜肿瘤
D42.900x001　脑脊膜交界性肿瘤
D42.900x002　硬膜下交界性肿瘤
D42.901　脑脊膜肿瘤
D43.000x001　枕叶交界性肿瘤
D43.000x002　脑室交界性肿瘤
D43.000x003　额叶交界性肿瘤
D43.000x004　顶叶交界性肿瘤
D43.000x005　颞叶交界性肿瘤
D43.000x006　大脑交界性肿瘤
D43.001　脑幕上肿瘤
D43.002　脑室动态未定肿瘤
D43.003　脑室肿瘤
D43.004　大脑动态未定肿瘤
D43.005　大脑肿瘤
D43.006　额叶动态未定肿瘤
D43.007　额叶肿瘤
D43.008　枕叶动态未定肿瘤
D43.009　枕叶肿瘤
D43.010　顶叶动态未定肿瘤
D43.011　顶叶肿瘤
D43.012　颞叶动态未定肿瘤
D43.013　颞叶肿瘤
D43.100x001　脑干交界性肿瘤
D43.100x002　小脑交界性肿瘤
D43.100x003　延髓交界性肿瘤
D43.100x004　第四脑室交界性肿瘤
D43.101　脑幕下肿瘤
D43.102　脑干动态未定肿瘤
D43.103　脑干肿瘤
D43.104　小脑动态未定肿瘤
D43.105　小脑肿瘤
D43.106　延髓动态未定肿瘤
D43.107　延髓肿瘤
D43.200x001　颅内交界性肿瘤
D43.200x002　脑交界性肿瘤
D43.200x003　颅底沟通交界性肿瘤
D43.200x004　颅底交界性肿瘤
D43.200x005　斜坡交界性肿瘤
D43.201　脑肿瘤
D43.202　颅底交通性肿瘤
D43.300x001　脑神经交界性肿瘤
D43.300x002　嗅神经交界性肿瘤
D43.300x003　视神经交界性肿瘤
D43.300x004　动眼神经交界性肿瘤
D43.300x005　滑车神经交界性肿瘤
D43.300x006　三叉神经交界性肿瘤
D43.300x007　外展神经交界性肿瘤
D43.300x008　面神经交界性肿瘤
D43.300x009　听神经交界性肿瘤
D43.300x010　舌咽神经交界性肿瘤
D43.300x011　迷走神经交界性肿瘤
D43.300x012　副神经交界性肿瘤
D43.300x013　舌下神经交界性肿瘤
D43.301　脑神经肿瘤
D43.900x003　硬脑膜外交界性肿瘤
D43.900x004　硬脊膜外交界性肿瘤

D43.901　中枢神经系统肿瘤
D43.902　硬脑膜外动态未定肿瘤
D43.903　硬脑膜外肿瘤
D44.400x001　颅咽管交界性肿瘤
D44.401　颅咽管肿瘤
D44.500x001　松果体交界性肿瘤
D44.500x003　松果体区交界性肿瘤
D44.501　松果体肿瘤
D48.002　颅骨动态未定肿瘤
D48.003　颅骨肿瘤
D48.100x023　脑血管交界性肿瘤
包含以下主要手术或操作：
01.1000x001　颅压监护探极置入术
01.1200　开放性脑膜活组织检查
01.1200x001　鼻内镜下脑膜活组织检查
01.1400　开放性大脑活组织检查
01.1400x001　脑室镜下脑活组织检查
01.1500　颅骨活组织检查
01.1800x002　神经内镜检查术
01.2100x001　颅静脉窦切开修补术
01.2300　颅骨切开术部位的再切开
01.2400x005　开颅探查术
01.2400x009　颅内脓肿引流术
01.2400x013　硬脑膜外血肿清除术
01.2400x018　硬脑膜切开术
01.2401　颅后窝血肿清除术
01.2402　颅骨切开引流术
01.2403　延髓前方减压术
01.2404　环枕减压术
01.2405　硬膜外脓肿清除术
01.2406　神经内镜下环枕减压术
01.2407　颅骨钻孔探查术
01.2408　颅内血肿清除术
01.2409　颅骨钻孔引流术
01.2410　颞肌下减压术
01.2411　颅骨切开减压术
01.2413　颅骨去骨瓣减压术
01.2414　颅骨钻孔减压术
01.2415　颅骨切开异物取出术
01.2500x003　颅骨清创术
01.2501　颞骨全切除术
01.2502　颞骨部分切除术
01.2503　颅骨部分切除术
01.2504　颅骨死骨切除术
01.2505　眶板眶顶切除术
01.2506　颅骨骨碎片取除术
01.2600　颅腔或组织的导管置入术
01.2700　颅腔或组织的导管去除术
01.2800　经伯尔孔的脑内导管放置术
01.3101　脑膜切开伴蛛网膜下腔血肿引流术
01.3102　脑膜切开伴蛛网膜下腔脓肿引流术
01.3103　脑膜切开伴硬脑膜下脓肿引流术
01.3104　脑膜切开伴硬脑膜下腔血肿清除术
01.3105　硬脑膜下切开引流术
01.3106　脑蛛网膜下腔切开引流术
01.3107　脑膜切开引流术
01.3108　硬脑膜下钻孔引流术
01.3201　脑叶切开术
01.3202　脑神经束切断术
01.3203　经皮扣带回切断术
01.3204　延髓束切断术
01.3205　胼胝体切开术
01.3206　颅内立体定向双侧扣带回毁损术
01.3900x002　脑白质切开术
01.3900x009　脑内血肿清除术
01.3900x012　经外侧裂脑内血肿清除术
01.3900x017　立体定向脑切开引流术
01.3902　脑室切开引流术
01.3903　杏仁核海马切开术
01.3904　经颞叶脑血肿清除术
01.3905　脑立体定向血肿碎吸术
01.3906　内镜下脑血肿引流术
01.3907　脑切开异物取出术
01.3908　大脑半球切开术
01.3909　脑囊肿切开引流术
01.3910　脑血肿切开引流术
01.3911　脑脓肿切开引流术
01.4101　丘脑切开术
01.4102　丘脑射频毁损术
01.4103　丘脑化学破坏术
01.4104　丘脑核破坏术
01.4105　丘脑病损切除术
01.4201　立体定向苍白球切开术
01.4202　苍白球切开术
01.4203　苍白球射频毁损术
01.4204　苍白球丘脑化学破坏术
01.5100x001　开颅蛛网膜剥离术
01.5100x006　大脑镰脑膜病损切除术
01.5100x007　小脑幕脑膜病损切除术
01.5101　脑膜部分切除术

01.5102　经鼻脑膜病损切除术
01.5103　经枕脑膜病损切除术
01.5104　经额脑膜病损切除术
01.5105　脑蛛网膜病损切除术
01.5106　脑膜病损切除术
01.5107　内镜下脑蛛网膜病损切除术
01.5108　软脑膜切除术
01.5200　大脑半球切除术
01.5301　脑叶次全切除术
01.5302　额叶切除术
01.5303　颞叶切除术
01.5304　标准前颞叶切除术
01.5900x022　多个脑室病损切除术
01.5900x030　中颅窝病损切除术
01.5900x032　颈静脉孔病损切除术
01.5900x036　海马杏仁核切除术
01.5900x037　大脑半球病损切除术
01.5900x038　大脑深部病损切除术
01.5900x040　蝶鞍旁病损切除术
01.5900x041　额颞岛叶病损切除术
01.5900x043　小脑病损切除术
01.5900x044　小脑桥脑角病损切除术
01.5900x048　岩斜区病损切除术
01.5900x049　枕骨大孔区病损切除术
01.5900x050　神经内镜下脑室病损切除术
01.5900x051　神经内镜下脑病损切除术
01.5900x053　经皮脑病损冷冻消融术
01.5900x054　经皮脑病损激光消融术（映射）
01.5901　脑病损切除术
01.5902　鞍区病损切除术
01.5903　侧脑室病损切除术
01.5904　第三脑室病损切除术
01.5905　后颅窝病损切除术
01.5906　岛叶病损切除术
01.5907　第四脑室病损切除术
01.5908　顶叶病损切除术
01.5909　额叶病损切除术
01.5910　海绵窦病损切除术
01.5911　经额脑病损切除术
01.5912　经蝶窦脑病损切除术
01.5913　颞叶病损切除术
01.5914　经顶脑病损切除术
01.5915　经颞脑病损切除术
01.5916　经翼点脑病损切除术
01.5917　经枕脑病损切除术
01.5918　颅底病损切除术
01.5919　经蝶脑病损切除术
01.5920　脑干病损切除术
01.5921　脑囊肿造袋术
01.5922　胼胝体病损切除术
01.5923　小脑半球病损切除术
01.5924　小脑蚓部病损切除术
01.5925　脑清创术
01.5926　内镜下前颅窝病损切除术
01.5927　立体定向脑病损切除术
01.5928　脑斜坡病损切除术
01.5929　脑部分切除术
01.5931　内镜下颅底病损切除术
01.5932　颞下窝病损切除术
01.5933　选择性杏仁核海马切除术
01.5935　小脑扁桃体部分切除术
01.5936　神经导航下颅内病灶切除术
01.5937　内镜下鞍旁病损切除术
01.5938　脑室镜下颅底病损切除术
01.5939　内镜下斜坡病损切除术
01.5940　枕叶病损切除术
01.5941　前胼胝体切除术
01.6x00　颅骨病损的切除术
01.6x01　颅肉芽肿切除术
02.0101　线形颅骨切除术
02.0102　条带状颅骨切除术
02.0300x001　颅骨骨瓣修补术
02.0400x003　颅骨骨膜移植术
02.0401　颅骨骨膜自体移植术
02.0402　颅骨骨膜异体移植术
02.0500x004　颅骨硅橡胶板置入术
02.0500x005　颅骨有机玻璃板置入术
02.0501　颅骨钛板置换术
02.0502　颅骨钛板置入术
02.0503　颅骨钛网置入术
02.0504　颅骨金属板置入术
02.0505　颅骨金属板置换术
02.0600x003　颅骨修补术
02.0601　额瓣修复术
02.0602　颅缝再造术
02.0603　颅骨有机玻璃修补术
02.0700　颅骨（金属）板去除
02.1100x001　硬脑膜缝合术
02.1200x001　耳镜下脑脊液耳漏修补术
02.1200x002　鼻内镜下脑膜膨出修补术

02.1200x003　脑室镜下脑脊液漏修补术
02.1201　硬脑膜缺损修补术
02.1202　脑膜膨出修补术
02.1203　脑脊液漏修补术
02.1204　脑脊液鼻漏修补术
02.1205　脑脊液耳漏修补术
02.1206　脑脊液切口漏修补术
02.1207　脑膨出修补术伴颅成形术
02.1208　内镜下脑脊液鼻漏修补术
02.1209　硬脑膜补片修补术
02.1210　硬脑膜敷贴术
02.1211　内镜下经翼突入路蝶窦外侧隐窝脑膜脑膨出切除伴颅底修补术
02.1212　内镜下额隐窝及额窦脑膜脑膨出切除伴颅底修补术
02.1300x001　鼻内镜下脑膜中动脉电凝术
02.1301　中脑膜动脉结扎术
02.1302　矢状窦结扎术
02.1400x001　脑室镜下脉络丛烧灼术
02.1401　脉络丛烧灼术
02.1402　侧脑室脉络丛切除灼烧术
02.1403　第三脑室脉络丛切除灼烧术
02.1404　第四脑室脉络丛切除灼烧术
02.9100　大脑皮层粘连松解术
02.9200　脑修补术
02.9401　颅钳插入术
02.9402　环状钳插入术
02.9403　颅钳置换术
02.9404　环状钳置换术
02.9405　头颅骨盆牵引装置置入术
02.9501　颅钳牵引装置去除术
02.9502　环状钳牵引装置去除术
02.9503　头颅骨盆牵引装置去除术
02.9600　蝶骨电极置入
02.9901　中脑导水管粘连松解术
04.0100x003　听神经切断术
04.0101　经乙状窦后入路听神经瘤切除术
04.0102　经迷路内听道听神经瘤切除术
04.0103　前庭神经切断术
04.0200x005　三叉神经感觉根部分切断术
04.0201　延髓三叉神经脊髓束切断术
04.0202　颞下三叉神经根切断术
04.0203　经后颅窝三叉神经感觉根切断术
04.0301　颅神经切断术
04.0303　面神经切断术
04.0401　面神经解剖术
04.0402　颅神经探查术
04.0404　面神经探查术
04.0405　喉返神经探查术
04.0406　副神经探查术
04.0701　滑车神经撕脱术
04.0702　三叉神经撕脱术
04.0707　颅神经病损切除术
04.0708　视神经病损切除术
04.0709　三叉神经病损切除术
04.0710　面神经病损切除术
04.0711　听神经病损切除术
04.0722　颅神经切除术
04.0723　视神经切除术
04.0724　面神经切除术
04.0725　听神经切除术
04.0726　经乙状窦后入路听神经切除术
04.0727　前庭神经切除术
04.0728　经迷路内听道前庭神经切除术
04.0729　舌咽神经切除术
04.4100x003　三叉神经减压术
04.4100x007　三叉神经根粘连松解术
04.4101　三叉神经微血管减压术
04.4102　内镜下三叉神经微血管减压术
04.4200x006　经后颅窝面神经减压术
04.4200x007　枕下神经减压术
04.4200x014　面神经根粘连松解术
04.4200x016　展神经减压术
04.4201　视神经减压术
04.4202　内镜下视神经减压术
04.4203　面神经减压术
04.4204　面神经微血管减压术
04.4205　内镜下面神经微血管减压术
04.4206　听神经减压术
04.4207　听神经根粘连松解术
04.4208　舌咽神经减压术
04.4209　舌咽神经微血管减压术
04.4210　内镜下舌咽神经微血管减压术
04.4211　迷走神经减压术
04.4213　副神经减压术
04.5x00x005　颅神经移植术
07.1300　垂体腺活组织检查，经前额入路
07.1400　垂体腺活组织检查，经蝶骨入路
07.1500　垂体腺活组织检查，未特指入路
07.1700　松果腺活组织检查

07.5100x001　松果体探查术
07.5200x001　松果体切开术
07.5301　松果体病损切除术
07.5400x001　松果体全部切除术
07.5900　松果腺其他手术
07.6100x002　经额垂体部分切除术
07.6100x003　经额垂体漏斗部切除术
07.6200x003　经蝶骨垂体部分切除术
07.6200x007　神经内镜下经鼻腔-蝶窦垂体病损切除术
07.6201　经蝶骨垂体病损切除术
07.6202　经蝶入路内镜下垂体部分切除术
07.6301　垂体病损切除术
07.6400x001　经额垂体全部切除术
07.6500　垂体腺全部切除术，经蝶骨入路
07.6501　经蝶入路内镜下垂体全部切除术
07.6800　垂体腺全部切除术，其他特指入路
07.6900x001　垂体切除术
07.7100　垂体窝探查术
07.7200x002　经蝶骨垂体探查术
07.7200x003　拉克氏（Rathke's）囊切除术
07.7201　经蝶骨垂体血肿清除术
07.7202　经蝶骨垂体切开引流术
07.7203　经蝶骨垂体脓肿清除术
07.7204　颅咽管瘤穿刺抽吸术
07.7205　颅咽管瘤穿刺冲洗术，经脑室镜
07.7901　蝶鞍填塞

BB4　伴创伤诊断的颅脑手术

包含以下主要诊断：
S01.800x011　开放性脑损伤伴颅骨骨折
S01.800x021　开放性脑损伤伴颈椎脱位
S01.800x031　开放性脑损伤
S01.801　开放性颅内异物
S02.000　颅骨穹隆骨折
S02.000x003　颞骨鳞部骨折
S02.000x004　额骨和颞骨鳞部骨折
S02.000x005　额骨和顶骨骨折
S02.001　额骨骨折
S02.002　顶骨骨折
S02.011　开放性额骨骨折
S02.012　开放性顶骨骨折
S02.100　颅底骨骨折
S02.100x002　前颅凹骨折
S02.100x003　中颅凹骨折
S02.100x004　后颅凹骨折
S02.100x006　眶顶骨折
S02.100x008　额窦骨折
S02.100x009　蝶骨骨折
S02.101　枕骨骨折
S02.102　颞骨骨折
S02.103　筛窦骨折
S02.111　开放性颅底骨骨折
S02.112　开放性枕骨骨折
S02.113　开放性颞骨骨折
S02.114　开放性筛窦骨折
S02.700x001　颅骨多发性骨折
S02.700x002　颅骨和面骨多发性骨折
S02.900x002　颅骨骨折
S02.902　颅骨凹陷性骨折
S02.911　开放性颅骨骨折
S04.400　展神经损伤
S06.000　脑震荡
S06.100　创伤性大脑水肿
S06.200x001　弥散性大脑损伤
S06.200x002　弥散性小脑损伤
S06.200x011　弥散性大脑损伤伴出血
S06.200x021　弥散性小脑损伤伴出血
S06.200x031　多发性大脑内出血
S06.200x032　多发性大脑血肿
S06.200x033　多发性小脑血肿
S06.200x081　多发性大脑挫裂伤
S06.200x082　多发性小脑挫裂伤
S06.201　脑干挫伤
S06.202　脑挫伤
S06.203　大脑撕裂伤
S06.204　创伤性脑疝
S06.205　创伤性脑受压
S06.206　弥漫性轴索损伤
S06.211　开放性脑挫伤
S06.300x001　局灶性大脑损伤
S06.300x002　局灶性小脑损伤
S06.300x011　局灶性大脑挫伤伴出血
S06.300x021　局灶性小脑挫伤伴出血
S06.300x031　局灶性大脑挫伤伴血肿
S06.300x032　局灶性大脑挫伤伴大量出血
S06.300x041　局灶性小脑挫伤伴血肿
S06.300x042　局灶性小脑挫伤伴大量出血
S06.300x081　局灶性大脑挫裂伤
S06.300x082　局灶性小脑挫裂伤

S06.301　创伤性脑局灶出血
S06.302　创伤性脑血肿
S06.310　开放性局灶性脑损伤
S06.400　硬膜外出血
S06.401　创伤性闭合性硬膜外血肿
S06.410　开放性硬膜外出血
S06.500　创伤性硬膜下出血
S06.500x002　创伤性硬脑膜下血肿
S06.500x004　急性创伤性硬脑膜下血肿
S06.500x005　亚急性创伤性硬脑膜下出血
S06.500x006　亚急性创伤性硬脑膜下血肿
S06.500x007　慢性创伤性硬脑膜下出血
S06.501　创伤性急性硬膜下出血
S06.502　创伤性慢性硬膜下血肿
S06.510　开放性硬膜下出血
S06.600　创伤性蛛网膜下出血
S06.600x002　创伤性蛛网膜下腔血肿
S06.610　开放性蛛网膜下隙出血
S06.700　颅内损伤伴有延长的昏迷
S06.700x001　闭合性颅脑损伤轻型
S06.700x002　闭合性颅脑损伤中型
S06.700x003　闭合性颅脑损伤重型
S06.700x004　闭合性颅脑损伤特重型
S06.700x005　开放性颅脑损伤轻型
S06.700x006　开放性颅脑损伤中型
S06.700x007　开放性颅脑损伤重型
S06.700x008　开放性颅脑损伤特重型
S06.710　开放性颅内损伤伴长时间昏迷
S06.800x002　创伤性脑内血肿
S06.800x004　创伤性小脑血肿
S06.800x005　创伤性小脑挫伤
S06.800x007　创伤性颅内血肿
S06.800x009　创伤性颅内动脉瘤
S06.800x010　创伤性脑梗塞
S06.800x011　创伤性颅内积气
S06.800x012　创伤性脑积水
S06.800x013　创伤性硬脑膜下积液
S06.801　创伤性小脑出血
S06.802　创伤性脑出血
S06.803　创伤性脑干出血
S06.804　创伤性颅内出血
S06.805　创伤性颅内海绵窦损伤
S06.811　开放性脑出血
S06.812　开放性脑干出血
S06.813　开放性小脑出血
S06.814　开放性颅内出血
S06.900　颅内损伤
S06.901　脑干损伤
S06.910　开放性颅内损伤
S06.911　开放性脑干损伤
S06.912　开放性颅内海绵窦损伤

包含以下主要手术或操作：

01.1000x001　颅压监护探极置入术
01.1200　开放性脑膜活组织检查
01.1200x001　鼻内镜下脑膜活组织检查
01.1400　开放性大脑活组织检查
01.1400x001　脑室镜下脑活组织检查
01.1500　颅骨活组织检查
01.1800x002　神经内镜检查术
01.2100x001　颅静脉窦切开修补术
01.2300　颅骨切开术部位的再切开
01.2400x005　开颅探查术
01.2400x009　颅内脓肿引流术
01.2400x013　硬脑膜外血肿清除术
01.2400x018　硬脑膜切开术
01.2401　颅后窝血肿清除术
01.2402　颅骨切开引流术
01.2403　延髓前方减压术
01.2404　环枕减压术
01.2405　硬膜外脓肿清除术
01.2406　神经内镜下环枕减压术
01.2407　颅骨钻孔探查术
01.2408　颅内血肿清除术
01.2409　颅骨钻孔引流术
01.2410　颞肌下减压术
01.2411　颅骨切开减压术
01.2413　颅骨去骨瓣减压术
01.2414　颅骨钻孔减压术
01.2415　颅骨切开异物取出术
01.2500x003　颅骨清创术
01.2501　颞骨全切除术
01.2502　颞骨部分切除术
01.2503　颅骨部分切除术
01.2504　颅骨死骨切除术
01.2505　眶板眶顶切除术
01.2506　颅骨骨碎片取除术
01.2507　茎突截短术
01.2600　颅腔或组织的导管置入术
01.2700　颅腔或组织的导管去除术
01.2800　经伯尔孔的脑内导管放置术

01.3101　脑膜切开伴蛛网膜下腔血肿引流术
01.3102　脑膜切开伴蛛网膜下腔脓肿引流术
01.3103　脑膜切开伴硬脑膜下脓肿引流术
01.3104　脑膜切开伴硬脑膜下腔血肿清除术
01.3105　硬脑膜下切开引流术
01.3106　脑蛛网膜下腔切开引流术
01.3107　脑膜切开引流术
01.3108　硬脑膜下钻孔引流术
01.3201　脑叶切开术
01.3202　脑神经束切断术
01.3203　经皮扣带回切断术
01.3204　延髓束切断术
01.3205　胼胝体切开术
01.3206　颅内立体定向双侧扣带回毁损术
01.3900x002　脑白质切开术
01.3900x009　脑内血肿清除术
01.3900x012　经外侧裂脑内血肿清除术
01.3900x017　立体定向脑切开引流术
01.3902　脑室切开引流术
01.3903　杏仁核海马切开术
01.3904　经颞叶脑血肿清除术
01.3905　脑立体定向血肿碎吸术
01.3906　内镜下脑血肿引流术
01.3907　脑切开异物取出术
01.3908　大脑半球切开术
01.3909　脑囊肿切开引流术
01.3910　脑血肿切开引流术
01.3911　脑脓肿切开引流术
02.0300x001　颅骨骨瓣修补术
02.0400x003　颅骨骨膜移植术
02.0401　颅骨骨膜自体移植术
02.0402　颅骨骨膜异体移植术
02.0500x004　颅骨硅橡胶板置入术
02.0500x005　颅骨有机玻璃板置入术
02.0501　颅骨钛板置换术
02.0502　颅骨钛板置入术
02.0503　颅骨钛网置入术
02.0504　颅骨金属板置入术
02.0505　颅骨金属板置换术
02.0600x003　颅骨修补术
02.0601　额瓣修复术
02.0602　颅缝再造术
02.0603　颅骨有机玻璃修补术
02.0700　颅骨（金属）板去除
02.1100x001　硬脑膜缝合术
02.1200x001　耳镜下脑脊液耳漏修补术
02.1200x002　鼻内镜下脑膜膨出修补术
02.1200x003　脑室镜下脑脊液漏修补术
02.1201　硬脑膜缺损修补术
02.1202　脑膜膨出修补术
02.1203　脑脊液漏修补术
02.1204　脑脊液鼻漏修补术
02.1205　脑脊液耳漏修补术
02.1206　脑脊液切口漏修补术
02.1207　脑膨出修补术伴颅成形术
02.1208　内镜下脑脊液鼻漏修补术
02.1209　硬脑膜补片修补术
02.1210　硬脑膜敷贴术
02.1211　内镜下经翼突入路蝶窦外侧隐窝脑膜脑膨出切除伴颅底修补术
02.1212　内镜下额隐窝及额窦脑膜脑膨出切除伴颅底修补术
02.1300x001　鼻内镜下脑膜中动脉电凝术
02.1301　中脑膜动脉结扎术
02.1302　矢状窦结扎术
02.1400x001　脑室镜下脉络丛烧灼术
02.1401　脉络丛烧灼术
02.1402　侧脑室脉络丛切除灼烧术
02.1403　第三脑室脉络丛切除灼烧术
02.1404　第四脑室脉络丛切除灼烧术
02.9100　大脑皮层粘连松解术
02.9200　脑修补术
02.9401　颅钳插入术
02.9402　环状钳插入术
02.9403　颅钳置换术
02.9404　环状钳置换术
02.9405　头颅骨盆牵引装置置入术
02.9501　颅钳牵引装置去除术
02.9502　环状钳牵引装置去除术
02.9503　头颅骨盆牵引装置去除术

BB5　其他颅脑相关手术

包含以下主要手术或操作：
01.1000x001　颅压监护探极置入术
01.1200　开放性脑膜活组织检查
01.1200x001　鼻内镜下脑膜活组织检查
01.1400　开放性大脑活组织检查
01.1400x001　脑室镜下脑活组织检查
01.1500　颅骨活组织检查
01.1800x002　神经内镜检查术

01.2100x001 颅静脉窦切开修补术
01.2300 颅骨切开术部位的再切开
01.2400x005 开颅探查术
01.2400x009 颅内脓肿引流术
01.2400x013 硬脑膜外血肿清除术
01.2400x018 硬脑膜切开术
01.2401 颅后窝血肿清除术
01.2402 颅骨切开引流术
01.2403 延髓前方减压术
01.2404 环枕减压术
01.2405 硬膜外脓肿清除术
01.2406 神经内镜下环枕减压术
01.2407 颅骨钻孔探查术
01.2408 颅内血肿清除术
01.2409 颅骨钻孔引流术
01.2410 颞肌下减压术
01.2411 颅骨切开减压术
01.2413 颅骨去骨瓣减压术
01.2414 颅骨钻孔减压术
01.2415 颅骨切开异物取出术
01.2500x003 颅骨清创术
01.2501 颞骨全切除术
01.2502 颞骨部分切除术
01.2503 颅骨部分切除术
01.2504 颅骨死骨切除术
01.2505 眶板眶顶切除术
01.2506 颅骨骨碎片取除术
01.2507 茎突截短术
01.2600 颅腔或组织的导管置入术
01.2700 颅腔或组织的导管去除术
01.2800 经伯尔孔的脑内导管放置术
01.3101 脑膜切开伴蛛网膜下腔血肿引流术
01.3102 脑膜切开伴蛛网膜下腔脓肿引流术
01.3103 脑膜切开伴硬脑膜下脓肿引流术
01.3104 脑膜切开伴硬脑膜下腔血肿清除术
01.3105 硬脑膜下切开引流术
01.3106 脑蛛网膜下腔切开引流术
01.3107 脑膜切开引流术
01.3108 硬脑膜下钻孔引流术
01.3201 脑叶切开术
01.3202 脑神经束切断术
01.3203 经皮扣带回切断术
01.3204 延髓束切断术
01.3205 胼胝体切开术
01.3206 颅内立体定向双侧扣带回毁损术
01.3900x002 脑白质切开术
01.3900x009 脑内血肿清除术
01.3900x012 经外侧裂脑内血肿清除术
01.3900x017 立体定向脑切开引流术
01.3902 脑室切开引流术
01.3903 杏仁核海马切开术
01.3904 经颞叶脑血肿清除术
01.3905 脑立体定向血肿碎吸术
01.3906 内镜下脑血肿引流术
01.3907 脑切开异物取出术
01.3908 大脑半球切开术
01.3909 脑囊肿切开引流术
01.3910 脑血肿切开引流术
01.3911 脑脓肿切开引流术
01.4101 丘脑切开术
01.4102 丘脑射频毁损术
01.4103 丘脑化学破坏术
01.4104 丘脑核破坏术
01.4105 丘脑病损切除术
01.4201 立体定向苍白球切开术
01.4202 苍白球切开术
01.4203 苍白球射频毁损术
01.4204 苍白球丘脑化学破坏术
01.5100x001 开颅蛛网膜剥离术
01.5100x006 大脑镰脑膜病损切除术
01.5100x007 小脑幕脑膜病损切除术
01.5101 脑膜部分切除术
01.5102 经鼻脑膜病损切除术
01.5103 经枕脑膜病损切除术
01.5104 经额脑膜病损切除术
01.5105 脑蛛网膜病损切除术
01.5106 脑膜病损切除术
01.5107 内镜下脑蛛网膜病损切除术
01.5108 软脑膜切除术
01.5200 大脑半球切除术
01.5301 脑叶次全切除术
01.5302 额叶切除术
01.5303 颞叶切除术
01.5304 标准前颞叶切除术
01.5900x022 多个脑室病损切除术
01.5900x030 中颅窝病损切除术
01.5900x032 颈静脉孔病损切除术
01.5900x036 海马杏仁核切除术
01.5900x037 大脑半球病损切除术
01.5900x038 大脑深部病损切除术

01.5900x040　蝶鞍旁病损切除术
01.5900x041　额颞岛叶病损切除术
01.5900x043　小脑病损切除术
01.5900x044　小脑桥脑角病损切除术
01.5900x048　岩斜区病损切除术
01.5900x049　枕骨大孔区病损切除术
01.5900x050　神经内镜下脑室病损切除术
01.5900x051　神经内镜下脑病损切除术
01.5900x053　经皮脑病损冷冻消融术
01.5900x054　经皮脑病损激光消融术（映射）
01.5901　脑病损切除术
01.5902　鞍区病损切除术
01.5903　侧脑室病损切除术
01.5904　第三脑室病损切除术
01.5905　后颅窝病损切除术
01.5906　岛叶病损切除术
01.5907　第四脑室病损切除术
01.5908　顶叶病损切除术
01.5909　额叶病损切除术
01.5910　海绵窦病损切除术
01.5911　经额脑病损切除术
01.5912　经蝶窦脑病损切除术
01.5913　颞叶病损切除术
01.5914　经顶脑病损切除术
01.5915　经颞脑病损切除术
01.5916　经翼点脑病损切除术
01.5917　经枕脑病损切除术
01.5918　颅底病损切除术
01.5919　经蝶脑病损切除术
01.5920　脑干病损切除术
01.5921　脑囊肿造袋术
01.5922　胼胝体病损切除术
01.5923　小脑半球病损切除术
01.5924　小脑蚓部病损切除术
01.5925　脑清创术
01.5926　内镜下前颅窝病损切除术
01.5927　立体定向脑病损切除术
01.5928　脑斜坡病损切除术
01.5929　脑部分切除术
01.5931　内镜下颅底病损切除术
01.5932　颞下窝病损切除术
01.5933　选择性杏仁核海马切除术
01.5935　小脑扁桃体部分切除术
01.5936　神经导航下颅内病灶切除术
01.5937　内镜下鞍旁病损切除术
01.5938　脑室镜下颅底病损切除术
01.5939　内镜下斜坡病损切除术
01.5940　枕叶病损切除术
01.5941　前胼胝体切除术
01.6x00　颅骨病损的切除术
01.6x01　颅肉芽肿切除术
02.0101　线形颅骨切除术
02.0102　条带状颅骨切除术
02.0300x001　颅骨骨瓣修补术
02.0400x003　颅骨骨膜移植术
02.0401　颅骨骨膜自体移植术
02.0402　颅骨骨膜异体移植术
02.0500x004　颅骨硅橡胶板置入术
02.0500x005　颅骨有机玻璃板置入术
02.0501　颅骨钛板置换术
02.0502　颅骨钛板置入术
02.0503　颅骨钛网置入术
02.0504　颅骨金属板置入术
02.0505　颅骨金属板置换术
02.0600x003　颅骨修补术
02.0601　额瓣修复术
02.0602　颅缝再造术
02.0603　颅骨有机玻璃修补术
02.0700　颅骨（金属）板去除
02.1100x001　硬脑膜缝合术
02.1200x001　耳镜下脑脊液耳漏修补术
02.1200x002　鼻内镜下脑膜膨出修补术
02.1200x003　脑室镜下脑脊液漏修补术
02.1201　硬脑膜缺损修补术
02.1202　脑膜膨出修补术
02.1203　脑脊液漏修补术
02.1204　脑脊液鼻漏修补术
02.1205　脑脊液耳漏修补术
02.1206　脑脊液切口漏修补术
02.1207　脑膨出修补术伴颅成形术
02.1208　内镜下脑脊液鼻漏修补术
02.1209　硬脑膜补片修补术
02.1210　硬脑膜敷贴术
02.1211　内镜下经翼突入路蝶窦外侧隐窝脑膜脑膨出切除伴颅底修补术
02.1212　内镜下额隐窝及额窦脑膜脑膨出切除伴颅底修补术
02.1300x001　鼻内镜下脑膜中动脉电凝术
02.1301　中脑膜动脉结扎术
02.1302　矢状窦结扎术

02.1400x001　脑室镜下脉络丛烧灼术
02.1401　脉络丛烧灼术
02.1402　侧脑室脉络丛切除灼烧术
02.1403　第三脑室脉络丛切除灼烧术
02.1404　第四脑室脉络丛切除灼烧术
02.9100　大脑皮层粘连松解术
02.9200　脑修补术
02.9401　颅钳插入术
02.9402　环状钳插入术
02.9403　颅钳置换术
02.9404　环状钳置换术
02.9405　头颅骨盆牵引装置置入术
02.9501　颅钳牵引装置去除术
02.9502　环状钳牵引装置去除术
02.9503　头颅骨盆牵引装置去除术
02.9600　蝶骨电极置入
02.9901　中脑导水管粘连松解术
04.0100x003　听神经切断术
04.0101　经乙状窦后入路听神经瘤切除术
04.0102　经迷路内听道听神经瘤切除术
04.0103　前庭神经切断术
04.0200x005　三叉神经感觉根部分切断术
04.0201　延髓三叉神经脊髓束切断术
04.0202　颞下三叉神经根切断术
04.0203　经后颅窝三叉神经感觉根切断术
04.0301　颅神经切断术
04.0303　面神经切断术
04.0401　面神经解剖术
04.0402　颅神经探查术
04.0404　面神经探查术
04.0406　副神经探查术
04.0701　滑车神经撕脱术
04.0702　三叉神经撕脱术
04.0707　颅神经病损切除术
04.0708　视神经病损切除术
04.0709　三叉神经病损切除术
04.0710　面神经病损切除术
04.0711　听神经病损切除术
04.0722　颅神经切除术
04.0723　视神经切除术
04.0724　面神经切除术
04.0725　听神经切除术
04.0726　经乙状窦后入路听神经切除术
04.0727　前庭神经切除术
04.0728　经迷路内听道前庭神经切除术
04.0729　舌咽神经切除术
04.4100x003　三叉神经减压术
04.4100x007　三叉神经根粘连松解术
04.4101　三叉神经微血管减压术
04.4102　内镜下三叉神经微血管减压术
04.4200x006　经后颅窝面神经减压术
04.4200x007　枕下神经减压术
04.4200x014　面神经根粘连松解术
04.4200x016　展神经减压术
04.4201　视神经减压术
04.4202　内镜下视神经减压术
04.4203　面神经减压术
04.4204　面神经微血管减压术
04.4205　内镜下面神经微血管减压术
04.4206　听神经减压术
04.4207　听神经根粘连松解术
04.4208　舌咽神经减压术
04.4209　舌咽神经微血管减压术
04.4210　内镜下舌咽神经微血管减压术
04.4211　迷走神经减压术
04.4213　副神经减压术
04.5x00x005　颅神经移植术
07.1300　垂体腺活组织检查，经前额入路
07.1400　垂体腺活组织检查，经蝶骨入路
07.1500　垂体腺活组织检查，未特指入路
07.1700　松果腺活组织检查
07.5100x001　松果体探查术
07.5200x001　松果体切开术
07.5301　松果体病损切除术
07.5400x001　松果体全部切除术
07.5900　松果腺其他手术
07.6100x002　经额垂体部分切除术
07.6100x003　经额垂体漏斗部切除术
07.6200x003　经蝶骨垂体部分切除术
07.6200x007　神经内镜下经鼻腔-蝶窦垂体病损切除术
07.6201　经蝶骨垂体病损切除术
07.6202　经蝶入路内镜下垂体部分切除术
07.6301　垂体病损切除术
07.6400x001　经额垂体全部切除术
07.6500　垂体腺全部切除术，经蝶骨入路
07.6501　经蝶入路内镜下垂体全部切除术
07.6800　垂体腺全部切除术，其他特指入路
07.6900x001　垂体切除术
07.7100　垂体窝探查术

07.7200x002　经蝶骨垂体探查术
07.7200x003　拉克氏（Rathke's）囊切除术
07.7201　经蝶骨垂体血肿清除术
07.7202　经蝶骨垂体切开引流术
07.7203　经蝶骨垂体脓肿清除术
07.7204　颅咽管瘤穿刺抽吸术
07.7205　颅咽管瘤穿刺冲洗术，经脑室镜
07.7901　蝶鞍填塞
38.0100x001　颅内血管血栓切除术
38.0200x004　颈动脉切开异物去除术
38.0500x004　锁骨下动脉切开探查术
38.0501　锁骨下动脉取栓术
38.1000x002　动脉内膜剥脱术
38.1100　颅内动脉内膜切除术
38.3000　血管部分切除术伴吻合术
38.3000x001　动脉瘤切除伴吻合术
38.3100　颅内血管部分切除伴吻合术
38.3100x001　脑血管切除伴吻合术
38.3101　颅内血管畸形切除伴吻合术
38.3200x003　颈静脉部分切除伴吻合术
38.3500x003　锁骨下动脉部分切除伴吻合术
38.4000　血管部分切除术伴置换术
38.4100　颅内血管部分切除术伴置换术
38.4202　椎动脉瘤切除伴置换术
38.4500x002　锁骨下动脉瘤切除伴人工血管置换术
38.4500x020　锁骨下动脉部分切除伴自体血管置换术
38.4508　锁骨下动脉瘤切除伴置换术
38.4509　锁骨下动脉部分切除伴置换术
38.6000x012　血管病损切除术
38.6000x013　血管球瘤切除术
38.6100x002　颅内动脉瘤切除术
38.6101　颅内血管畸形切除术
38.6102　脑血管瘤切除术
38.8000　血管的其他手术闭合
38.8100x004　椎动脉结扎术
38.8101　颅内血管畸形夹闭术
39.2800x002　颞肌贴敷术
39.2800x003　颈外动脉-大脑中动脉搭桥术
39.2800x005　颈内动脉-大脑中动脉搭桥术
39.2800x008　枕动脉-大脑后动脉搭桥术
39.2800x009　枕动脉-小脑动脉搭桥术
39.2800x010　颞浅动脉-大脑后动脉搭桥术
39.2801　颞浅动脉-大脑中动脉搭桥术
39.2802　脑硬膜动脉血管融通术
39.5100　钳夹动脉瘤
39.5100x004　内窥镜下脑动脉瘤夹闭术
39.5100x007　脑动脉瘤夹闭术
39.5100x008　上肢动脉瘤钳夹术
39.5100x009　下肢动脉瘤钳夹术
39.5101　颈动脉瘤夹闭术
39.5102　大脑前动脉瘤夹闭术
39.5103　大脑中动脉瘤夹闭术
39.5104　后交通动脉瘤夹闭术
39.5105　基底动脉瘤夹闭术
39.5106　椎动脉瘤夹闭术
39.5107　前交通动脉瘤夹闭术
39.5108　小脑上动脉瘤夹闭术
39.5200x002　动脉瘤破裂修补术
39.5200x003　动脉瘤孤立术
39.5200x005　肺动脉瘤包裹术
39.5200x006　主动脉瘤包裹术（非体外）
39.5200x007　颅内动脉瘤修补术
39.5200x009　锁骨下动脉瘤修补术
39.5201　动脉瘤包裹术
39.5202　动脉瘤缝扎术
39.5203　动脉瘤折叠术
39.5300x011　动静脉瘘切除术
39.5300x015　人工动静脉瘘切除术
39.5300x016　人工动静脉瘘修补术
39.5300x019　脑动静脉瘘修补术
39.5300x022　锁骨下动静脉瘘修补术

BC1　脑室分流及翻修手术

包含以下主要手术或操作：
02.2101　脑室外引流［EVD］装置置入术
02.2102　脑室外引流［EVD］装置置换术
02.2200x001　神经内镜下第三脑室底造瘘术
02.2200x005　脑室-静脉窦分流术
02.2201　经胼胝体第三脑室造口引流术
02.2202　神经内镜第三脑室造口术
02.2203　第三脑室造口术
02.2204　脑室Ommaya泵置入术
02.2205　侧脑室脑池造口引流术
02.2206　脑室脑池分流术
02.2207　脑室蛛网膜下腔分流术
02.2208　脑室造口术
02.2210　脑室小脑延髓池分流术
02.2211　脑室胼胝体周围池分流术
02.2212　脑室颈蛛网膜下腔分流术
02.2213　脑室矢状窦分流术

02.2214 内镜下脑室造口术
02.2215 侧脑室枕大池分流术
02.2216 透明隔造瘘术
02.3101 侧脑室乳突造口引流术
02.3102 脑室乳突分流术
02.3103 脑室鼻咽分流术
02.3200x001 脑室-颈外静脉分流术
02.3201 脑室心房分流术
02.3202 脑室腔静脉分流术
02.3203 脑室颈静脉分流术
02.3204 脑室颈外动脉分流术
02.3300x001 脑室-胸腔分流术
02.3301 侧脑室胸腔造口引流术
02.3400x002 脑室-腹腔分流术
02.3401 侧脑室腹腔内分流术
02.3402 脑室胆囊分流术
02.3403 硬膜下腹腔分流术
02.3404 脑室镜下脑室腹腔分流术
02.3405 腹腔镜下脑室腹腔分流术
02.3501 脑室膀胱分流术
02.3502 脑室输尿管分流术
02.3901 脑室骨髓分流术
02.4101 脑室分流管冲洗术
02.4102 脑室分流管探查术
02.4200x005 Ommaya泵引流管修正术
02.4201 脑室-腹膜分流管脑室端修正术
02.4202 脑室分流管修正术
02.4203 脑室腹腔分流管调整术
02.4204 脑室腹腔分流管重置术
02.4301 脑室腹腔引流管夹闭术
02.4302 脑室Ommaya泵去除术
54.9502 脑室-腹腔分流修复术

BD1 脊柱脊髓手术

包含以下主要手术或操作：
03.0100x001 椎管内异物去除术
03.0200 椎板切除术部位再切开
03.0900x003 颈椎后路单开门椎管减压术
03.0900x004 颈椎后路双开门椎管减压术
03.0900x005 颈椎前路椎管减压术
03.0900x006 腰椎椎板切除减压术
03.0900x007 胸椎椎板切除减压术
03.0900x009 椎管成形术
03.0900x010 椎管减压术
03.0900x014 椎管钻孔减压术
03.0900x016 椎间孔切开术
03.0900x019 脊髓后正中点状切开术
03.0900x021 颈椎椎间孔钻孔减压术
03.0901 椎管探查术
03.0902 脊髓探查术
03.0903 脊神经根探查术
03.0904 椎间孔减压术
03.0905 脊神经根减压术
03.0906 椎管切开引流术
03.0907 脊髓内引流术
03.0908 椎间盘粘连松解术
03.0909 椎管扩大成形术，单开门
03.0910 椎管扩大成形术，双开门
03.0911 椎板切开减压术
03.0912 椎板切除减压术
03.0913 椎间盘镜下椎管成形术
03.0914 椎间盘镜下椎管减压术
03.0915 椎间盘镜下椎间孔切开术
03.1x00x001 椎管内神经根切断术
03.1x00x003 马尾神经切断术
03.1x01 脊髓后根神经切断术
03.1x02 脊髓前根神经切断术
03.2100x001 经皮脊髓切断术
03.2101 立体定向脊髓切断术
03.2900x003 脊髓前连合切断术
03.2900x004 脊髓前连合切开术
03.2900x005 脊髓背根入髓区切开术
03.2901 脊髓前外侧束切断术
03.2902 脊髓神经束切断术
03.2903 脊髓丘脑侧索切断术
03.3201 硬脊膜活组织检查
03.3202 脊髓活组织检查术
03.4x00x001 脊髓髓内病损切除术
03.4x00x002 脊髓病损栓塞术
03.4x00x004 硬脊膜切除术
03.4x00x007 脊髓脊膜病损电凝破坏术
03.4x00x008 椎管内外病损切除术
03.4x00x009 椎管外神经根病损切除术
03.4x01 颈髓病损切除术
03.4x02 硬脊膜囊肿造袋术
03.4x03 脊髓病损切除术
03.4x04 硬脊膜病损切除术
03.4x05 硬脊膜外病损切除术
03.4x06 硬脊膜下病损切除术
03.4x07 内镜下椎管内病损切除术

03.5100x003 脑脊膜膨出修补术
03.5200x003 脊髓外露修补术
03.5900x005 硬脊膜修补术
03.5901 脊柱裂修补术
03.5902 脊髓纵裂修补术
03.5903 脊膜修补术
03.5904 椎弓缺损修补术
03.5905 脊髓空洞填塞术
03.6x00x008 脊髓终丝切断术
03.6x00x010 脊髓脊膜松解术
03.6x00x011 脊髓栓系松解术
03.6x01 脊髓粘连松解术
03.6x02 脊髓神经根粘连松解术
03.6x03 脊髓蛛网膜粘连松解术
03.7100 脊髓蛛网膜下-腹腔分流术
03.7101 脊髓空洞腹腔引流术
03.7200 脊髓蛛网膜下-输尿管分流术
03.7900x002 脊髓-蛛网膜下腔分流术
03.7901 脊髓硬膜外分流术
03.7902 脊髓空洞蛛网膜下腔分流术
03.7904 胸腔脊膜吻合术
03.7905 腰-蛛网膜下腔分流术
03.7906 输卵管脊膜吻合术
03.9600 经皮的椎骨关节面去神经术
03.9700x001 脊髓膜分流修正术
03.9801 脊髓蛛网膜下腔-腹腔分流管去除术
03.9900x003 脊髓造瘘术
03.9900x004 脊髓切开引流术
04.0300x003 脊神经根切断术
04.0300x009 颈神经后根切断术
04.0300x010 腰骶神经后根切断术
04.2x04 脊神经破坏术
04.2x05 脊髓神经根射频消融术
04.2x06 椎间孔镜下经侧后路脊神经内侧支射频消融术
38.6100x001 脊髓畸形血管切除术
38.6100x005 椎管内畸形血管切除术
80.5100x008 前入路颈椎间盘切除术
80.5100x011 后入路胸椎间盘切除术
80.5100x013 后入路腰椎间盘切除术
80.5100x023 颈椎间盘切除伴椎板切除术
80.5100x024 颈椎间盘切除伴半椎板切除术
80.5100x025 颈椎间盘髓核切除术
80.5100x026 椎间盘镜下后入路颈椎间盘切除术
80.5100x027 胸椎间盘切除伴椎板切除术
80.5100x028 胸椎间盘切除伴半椎板切除术
80.5100x029 胸椎间盘髓核切除术
80.5100x030 椎间盘镜下后入路胸椎间盘切除术
80.5100x031 椎间盘镜下前入路胸椎间盘切除术
80.5100x032 椎间盘镜下前入路颈椎间盘切除术
80.5100x033 椎间盘镜下后入路腰椎间盘切除术
80.5100x034 椎间盘镜下前入路腰椎间盘切除术
80.5100x035 腰椎间盘切除伴椎板切除术
80.5100x036 腰椎间盘切除伴半椎板切除术
80.5100x037 经皮腰椎间盘髓核切吸术
80.5100x038 腰椎间盘髓核切除伴椎板切除术
80.5100x039 前外侧入路腰椎间盘切除术
80.5101 颈椎间盘切除术
80.5102 颈椎间盘切除伴椎管减压术
80.5103 内镜下颈椎间盘切除术
80.5104 胸椎间盘切除术
80.5105 胸椎间盘切除伴椎管减压术
80.5106 内镜下胸椎间盘切除术
80.5107 腰椎间盘切除术
80.5108 腰椎间盘切除伴椎管减压术
80.5109 腰椎髓核切除术
80.5110 内镜下腰椎间盘切除术
80.5111 内镜下腰椎髓核切除术
80.5300 纤维环修补术伴移植物或假体
80.5400x001 经皮椎间盘电热纤维环成形术（IDET）
80.5401 腰椎间盘纤维环缝合术

BD2 立体定向与功能性神经外科手术

包含以下主要手术或操作：
01.2001 颅神经刺激脉冲发生器植入
01.2002 颅神经刺激脉冲发生器置换
01.2200 去除颅内神经刺激器导线
01.2900 颅神经刺激脉冲发生器去除术
02.9300x001 颅内神经刺激器调整术
02.9301 颅内神经刺激器植入术
02.9302 颅内神经刺激器置换术
02.9303 脑深部电极置入术
02.9304 丘脑底核电极刺激器置入术
03.9300x003 脊髓神经刺激器导线置入术
03.9300x004 脊髓神经刺激器导线置换术
03.9302 脊髓神经刺激器置换术
03.9400x001 骶神经电刺激器导线取出术
03.9400x002 脊髓神经刺激器导线取出术
04.9200x001 周围神经刺激器导线置入术
04.9200x002 周围神经刺激器导线置换术

04.9200x003　骶神经神经刺激器导线置入术
04.9202　周围神经刺激器置换术
04.9203　骶神经神经刺激器置入术
04.9300x001　周围神经电刺激器导线去除术
04.9301　骶神经刺激电极取出术
39.8101　颈动脉窦刺激装置的置入
39.8102　颈动脉窦刺激装置的置换
39.8201　颈动脉窦刺激导线的置入
39.8202　颈动脉窦刺激导线的置换
39.8301　颈动脉窦刺激脉冲发生器的置入
39.8302　颈动脉窦刺激脉冲发生器的置换
39.8400　单纯颈动脉窦刺激导线修复
39.8500　颈动脉窦刺激脉冲发生器修复
39.8600　颈动脉窦刺激装置去除术，全系统
39.8700　单纯颈动脉窦刺激导线去除术，全系统
39.8800　单纯颈动脉窦刺激脉冲发生器去除术，全系统
86.0501　皮下神经刺激器去除
86.0900x009　皮下神经电刺激器置入术
86.9401　单列神经刺激脉冲发生器的置入
86.9402　单列神经刺激脉冲发生器的置换
86.9500x001　多列神经刺激脉冲发生器置入术
86.9500x002　多列神经刺激脉冲发生器置换术
86.9501　双列神经刺激脉冲发生器的置入
86.9502　双列神经刺激脉冲发生器的置换
86.9600x001　皮层电极刺激器植入术
86.9600x002　迷走神经刺激器VNS植入术
86.9600x003　脊髓神经刺激器置入术
86.9600x006　周围神经刺激器置入术
86.9601　其他神经刺激器的置入
86.9602　其他神经刺激器的置换
86.9701　可充电单列神经刺激脉冲发生器的置入
86.9702　可充电单列神经刺激脉冲发生器的置换
86.9800x001　可充电多列神经刺激脉冲发生器置入术
86.9800x002　可充电多列神经刺激脉冲发生器置换术
86.9801　可充电双列神经刺激脉冲发生器的置入
86.9802　可充电双列神经刺激脉冲发生器置换术

BE1　颈及脑血管手术

包含以下主要手术或操作：
21.0600　控制鼻出血，用颈外动脉结扎术
38.0200x002　颈动脉探查术
38.0200x003　颈内静脉血栓切除术
38.0201　颈动脉取栓术
38.0202　颈静脉取栓术
38.1200x003　颈动脉内膜剥脱术
38.1201　颈动脉内膜切除术
38.1202　颈动脉内膜切除伴补片修补术
38.3200x002　颈内动脉瘤切除伴吻合术
38.3201　颈动脉动脉瘤切除伴吻合术
38.3202　颈动脉部分切除伴吻合术
38.4200x001　颈动脉部分切除伴颈总-颈内动脉人工血管搭桥术
38.4200x002　颈总动脉切除伴自体血管移植术
38.4200x003　颈动脉部分切除伴颈总-颈内动脉自体血管搭桥术
38.4201　颈动脉部分切除伴置换术
38.4203　颈动脉动脉瘤切除伴置换术
38.5100　颅内血管静脉曲张的结扎术和剥脱术
38.5200x001　眶静脉曲张结扎术
38.5201　头部静脉曲张的结扎术和剥脱术
38.5202　颈部静脉曲张的结扎术和剥脱术
38.6200x002　颈静脉瘤切除术
38.6200x003　颈静脉扩张切除术
38.6200x005　颈动脉瘤切除术
38.6200x006　颈外动脉瘤切除术
38.6200x007　颈外静脉瘤切除术
38.6200x008　颈动脉病损切除术
38.6200x009　颈静脉病损切除术
38.6200x010　颈动脉外膜剥离术
38.6201　颈部血管瘤切除术
38.6500x001　头臂干动脉瘤切除［无名动脉瘤切除术］
38.6500x002　头臂静脉病损切除术［无名静脉病损切除术］
38.8200x003　颈内动脉结扎术
38.8200x005　颈内静脉结扎术
38.8200x006　颈前静脉结扎术
38.8200x007　颈总动脉结扎术
38.8200x008　颈外动脉结扎术
38.8200x009　颞动脉结扎术
38.8201　颈动脉结扎术
38.8202　颈静脉结扎术
38.8504　锁骨下动脉结扎术
39.0x02　锁骨下动脉-肺动脉吻合术
39.2200x001　降主动脉-锁骨下动脉人工血管搭桥术
39.2200x002　颈外动脉-颈内动脉人工血管搭桥术
39.2200x003　颈总动脉-肱动脉自体血管搭桥术

39.2200x004　颈总动脉-锁骨下动脉搭桥术
39.2200x005　颈总动脉-腋动脉自体血管搭桥术
39.2200x006　颈总动脉-腋动脉人工血管搭桥术
39.2200x008　升主动脉-颈总动脉人工血管搭桥术
39.2200x009　升主动脉-锁骨下动脉人工血管搭桥术
39.2200x010　升主动脉-腋动脉人工血管搭桥术
39.2200x011　锁骨下动脉-肱动脉自体血管搭桥术
39.2200x012　主动脉-颈动脉人工血管搭桥术
39.2200x014　锁骨下动脉-肱动脉人工血管搭桥术
39.2200x015　升主动脉-头臂血管人工血管搭桥术
39.2200x016　升主动脉-无名动脉人工血管搭桥术
39.2200x018　颈外动脉-颈内动脉自体血管搭桥术
39.2200x019　颈总动脉-肱动脉人工血管搭桥术
39.2200x021　主动脉-锁骨下动脉-颈动脉搭桥术
39.2203　主动脉-颈动脉搭桥术
39.2205　颈动脉-颈动脉搭桥术
39.2206　颈动脉-腋动脉搭桥术
39.2207　主动脉-颈动脉-腋动脉搭桥术
39.2208　颈动脉-锁骨下动脉搭桥术
39.2209　颈动脉-锁骨上动脉搭桥术
39.2211　颈动脉-肱动脉搭桥术
39.2900x057　颈动脉-椎动脉搭桥术
39.3100x005　颈总动脉修补术
39.3109　颈动脉缝合术
39.3204　颈静脉缝合术
39.5001　锁骨下动脉球囊血管成形术
39.5200x008　颈动脉瘤修补术
39.5300x013　颈动静脉瘘修补术
39.5300x020　椎管内动静脉瘘修补术
39.5300x021　头面部动静脉瘘修补术
39.5302　动静脉瘘切断术
39.5303　动静脉瘘结扎术
39.5304　动静脉瘘夹闭术
39.5900x006　颈内动脉成形术
39.5900x013　颞浅动脉贴敷术
39.8901　颈动脉体瘤切除术
39.9800x003　颈内动脉瘤破裂止血术

BE2　神经介入治疗

包含以下主要手术或操作：
00.5501　锁骨下动脉药物洗脱支架置入术
00.6100x008　经皮颈总动脉球囊扩张成形术
00.6100x012　经皮颈静脉球囊扩张成形术
00.6101　经皮颈动脉球囊扩张成形术
00.6102　经皮椎动脉球囊扩张成形术
00.6200x005　经皮大脑中动脉球囊扩张成形术
00.6200x006　经皮大脑前动脉球囊扩张成形术
00.6200x007　经皮大脑后动脉球囊扩张成形术
00.6200x008　经皮椎动脉颅内段球囊扩张成形术
00.6200x009　经皮颈内动脉颅内段球囊扩张成形术
00.6201　经皮基底动脉球囊扩张成形术
00.6202　经皮交通动脉血管球囊扩张成形术
00.6300　颈动脉支架经皮置入术
00.6300x005　经皮颈动脉远端保护装置置入术
00.6300x006　经皮颈动脉覆膜支架置入术
00.6300x007　经皮颈动脉药物洗脱支架置入术
00.6301　脑保护伞下颈动脉支架置入术
00.6400x009　经皮椎动脉支架置入术
00.6400x012　经皮颅外远端保护装置置入术
00.6400x013　经皮椎动脉药物洗脱支架置入术
00.6400x014　经皮椎动脉覆膜支架置入术
00.6401　经皮椎动脉非药物洗脱支架置入术
00.6500x008　经皮颅内动脉支架置入术
00.6500x010　经皮颅内动脉远端保护装置置入术
00.6500x011　经皮颅内静脉窦支架置入术
00.6500x012　经皮大脑前动脉支架置入术
00.6500x013　经皮大脑后动脉支架置入术
00.6500x014　经皮基底动脉支架置入术
00.6501　经皮大脑中动脉支架置入术
17.5300　经皮颅外血管粥样硬化切除术
17.5301　经皮颈动脉粥样斑块切除术
17.5400　颅内血管经皮粥样硬化切除术
39.5000x013　锁骨下静脉球囊扩张成形术
39.7200x001　颈静脉支架置入术
39.7200x004　颈内动脉栓塞术
39.7200x005　颈动脉栓塞术
39.7200x007　硬脑膜动静脉瘘栓塞术（DAVF）
39.7200x008　椎动静脉瘘栓塞术
39.7200x009　颌动脉栓塞术
39.7200x018　颈动静脉瘘栓塞术
39.7201　头部血管内修补或闭合术
39.7202　颈部血管内修补或闭合术
39.7203　经导管颅内动脉瘤栓塞术
39.7205　经导管颅内动脉瘤支架辅助栓塞术
39.7206　经导管颈动脉瘤栓塞术
39.7208　经导管颈动脉瘤支架辅助栓塞术
39.7209　经导管颅内血管栓塞术
39.7211　经导管颈部血管栓塞术
39.7213　经导管椎动脉栓塞术
39.7215　经导管硬脑膜血管栓塞术

39.7216　经导管颈内动脉海绵窦瘘栓塞术
39.7400x001　经皮颅内静脉取栓术
39.7400x002　经皮颅内动脉取栓术
39.7400x003　经皮颈静脉取栓术
39.7400x004　经皮颈动脉取栓术
39.7401　经导管颅内血管血栓去除术
39.7501　经导管颅内血管裸弹簧圈栓塞术
39.7502　经导管入脑前血管裸弹簧圈栓塞术
39.7503　经导管颅内动脉瘤裸弹簧圈栓塞术
39.7504　经导管颈动脉瘤裸弹簧圈栓塞术
39.7505　经导管颈部血管裸弹簧圈栓塞术
39.7506　经导管椎动脉裸弹簧圈栓塞术
39.7601　经导管颅内动脉瘤生物活性弹簧圈栓塞术
39.7603　经导管颈动脉瘤生物活性弹簧圈栓塞术
39.7604　经导管颈部血管生物活性弹簧圈栓塞术
39.7605　经导管椎动脉生物活性弹簧圈栓塞术
39.7606　经导管颅内血管生物活性弹簧圈栓塞术
39.7900x013　锁骨下动脉栓塞术
39.7900x040　经皮锁骨下动脉取栓术
39.7900x078　动静脉瘘栓塞术
39.7900x515　经皮锁骨下动静脉瘘封堵术
39.7908　经导管硬脊膜血管栓塞术
39.7909　经导管脊髓血管栓塞术
39.8900x001　颈动脉球切除术
39.9000x034　锁骨下动脉覆膜支架置入术
39.9008　锁骨下动脉支架置入术

BJ1　神经系统其他手术

包含以下主要手术或操作：
01.0100　脑池穿刺
01.0100x002　小脑延髓池穿刺术
01.0200x001　经脑室分流导管脑室穿刺术
01.0900x002　脑室穿刺术
01.0900x003　前囟门穿刺术
01.0900x004　硬脑膜下腔穿刺抽吸术
01.0900x005　小脑穿刺术
01.0900x006　颅内血肿硬通道穿刺引流术
01.0900x007　立体定向颅内血肿穿刺引流术
01.0900x008　脑脓肿穿刺引流术
01.0900x009　脑室钻孔引流术
01.0901　颅内穿刺引流术
01.1600x001　脑氧分压监护探头置入术
01.1700x001　脑温探头置入术
03.3100x001　腰大池引流术
04.0200x006　鼻内镜下三叉神经切断术
04.0200x007　三叉神经射频毁损术
04.0200x008　三叉神经半月节球囊压迫术
04.0300x002　闭孔神经切断术
04.0300x013　翼管神经切断术
04.0300x014　眶神经切断术
04.0300x015　枕大神经切断术
04.0300x016　臂丛神经切断术
04.0300x017　正中神经切断术
04.0300x018　腹股沟区神经切断术
04.0300x019　胫前神经切断术
04.0300x020　胫后神经切断术
04.0300x021　腓肠神经切断术
04.0304　周围神经切断术
04.0305　指神经切断术
04.0306　趾神经切断术
04.0307　运动神经切断术
04.0308　坐骨神经切断术
04.0309　胫神经肌支切断术
04.0310　腓神经切断术
04.0400x025　牙槽神经探查术
04.0400x029　胸背神经探查术
04.0400x030　舌神经探查术
04.0400x031　足神经探查术
04.0405　喉返神经探查术
04.0407　舌下神经探查术
04.0408　周围神经探查术
04.0409　颈丛神经探查术
04.0410　臂丛神经探查术
04.0411　腰丛神经探查术
04.0412　骶丛神经探查术
04.0413　膈神经探查术
04.0414　坐骨神经探查术
04.0415　腋神经探查术
04.0416　肌皮神经探查术
04.0417　肩胛上神经探查术
04.0418　正中神经探查术
04.0419　尺神经探查术
04.0420　桡神经探查术
04.0421　指神经探查术
04.0422　肋间神经探查术
04.0423　股神经探查术
04.0424　胫神经探查术
04.0425　腓总神经探查术
04.0426　足底神经探查术
04.0500　半月神经节切除术

04.0600x001 颅神经节切除术
04.0600x002 周围神经节切除术
04.0700x030 神经内镜下经鼻腔视神经管减压术
04.0700x031 鼻内镜下视神经病损切除术
04.0700x032 鼻内镜下筛前神经烧灼术
04.0700x033 筛前神经烧灼术
04.0700x034 蝶腭神经烧灼术
04.0700x035 嗅神经病损切除术
04.0700x036 动眼神经病损切除术
04.0700x037 滑车神经病损切除术
04.0700x038 外展神经病损切除术
04.0700x039 舌咽神经病损切除术
04.0700x040 迷走神经病损切除术
04.0700x041 舌下神经病损切除术
04.0700x042 副神经病损切除术
04.0700x043 下颌神经病损切除术
04.0700x044 肋间神经病损切除术
04.0700x045 纵隔神经病损切除术
04.0700x046 腹膜后神经病损切除术
04.0700x047 肌皮神经病损切除术
04.0700x048 正中神经病损切除术
04.0700x049 指神经病损切除术
04.0700x050 闭孔神经病损切除术
04.0700x051 股神经病损切除术
04.0700x052 胫神经病损切除术
04.0700x053 足神经病损切除术
04.0700x054 正中神经撕脱术
04.0703 眶上神经撕脱术
04.0704 眶下神经撕脱术
04.0705 下牙槽神经撕脱术
04.0706 舌神经撕脱术
04.0712 鼓室神经丛切除术
04.0713 周围神经病损切除术
04.0714 颈神经病损切除术
04.0715 臂丛神经病损切除术
04.0716 腰神经病损切除术
04.0717 骶尾部神经病损切除术
04.0718 坐骨神经病损切除术
04.0719 尺神经病损切除术
04.0720 桡神经病损切除术
04.0721 腓总神经病损切除术
04.0730 喉返神经切除术
04.0731 周围神经切除术
04.0732 肋间神经切除术
04.1201 颅神经活组织检查
04.1202 周围神经活组织检查
04.1203 神经节活组织检查术
04.2x00x001 肋间神经冷冻镇痛术
04.2x00x017 内囊前肢毁损术
04.2x01 颅神经破坏术
04.2x02 周围神经破坏术
04.2x03 周围神经烧灼术
04.2x11 肋间神经射频消融术
04.3x00x012 臂丛神经上、中、下干缝合术
04.3x00x017 腓肠神经吻合术
04.3x00x018 腋神经吻合术
04.3x00x019 下颌神经吻合术
04.3x00x020 隐神经吻合术
04.3x00x021 隐神经修复术
04.3x00x023 马尾神经缝合术
04.3x00x024 皮神经缝合术
04.3x00x025 耳大神经吻合术
04.3x00x026 腓总神经吻合术
04.3x00x028 迷走神经干吻合术
04.3x00x029 副神经缝合术
04.3x00x030 颈丛神经缝合术
04.3x00x031 舌下神经缝合术
04.3x00x032 膈神经缝合术
04.3x00x033 趾神经缝合术
04.3x01 颅神经缝合术
04.3x02 面神经缝合术
04.3x03 迷走神经缝合术
04.3x04 喉返神经缝合术
04.3x05 周围神经缝合术
04.3x07 腰丛神经缝合术
04.3x08 骶丛神经缝合术
04.3x09 肌皮神经缝合术
04.3x10 正中神经缝合术
04.3x11 尺神经缝合术
04.3x12 桡神经缝合术
04.3x13 指神经缝合术
04.3x14 闭孔神经缝合术
04.3x17 胫神经缝合术
04.3x18 腓神经缝合术
04.4200x017 迷走神经根粘连松解术
04.4300 腕管松解术
04.4301 关节镜下腕管松解术
04.4400 跗管松解术
04.4900x033 腓浅神经松解术
04.4900x034 腓深神经松解术

04.4900x035　腋神经松解术
04.4900x037　胫后神经松解术
04.4900x042　周围神经松解术
04.4900x043　肘管松解术
04.4900x046　副神经松解术
04.4900x047　颈丛神经松解术
04.4900x048　颏神经松解术
04.4900x049　肩胛上神经松解术
04.4900x050　膈神经松解术
04.4901　臂丛神经松解术
04.4902　舌神经根松解术
04.4903　神经根管松解术
04.4904　腰丛神经松解术
04.4905　骶神经松解术
04.4906　马尾神经松解术
04.4907　正中神经松解术
04.4908　尺神经松解术
04.4909　桡神经松解术
04.4910　指神经松解术
04.4911　坐骨神经松解术
04.4912　下肢外周神经减压术
04.4913　股神经松解术
04.4914　胫神经松解术
04.4915　腓总神经松解术
04.4916　腓神经松解术
04.4917　足神经松解术
04.4918　跖间神经松解术
04.4919　趾间神经松解术
04.5x00x009　耳大神经移植术
04.5x00x016　周围神经移植术
04.5x00x017　脊神经移植术
04.5x00x018　副神经移植术
04.5x00x019　颈丛神经移植术
04.5x00x020　胫神经移植术
04.5x00x021　肩胛神经移植术
04.5x00x022　腋神经移植术
04.5x00x023　肌皮神经移植术
04.5x00x025　异体神经移植修复臂丛神经术
04.5x00x026　异体神经移植修复肌皮神经术
04.5x00x027　异体神经移植修复正中神经术
04.5x00x028　异体神经移植修复桡神经术
04.5x00x029　异体神经移植修复尺神经术
04.5x00x030　异体神经移植修复坐骨神经术
04.5x00x031　异体神经移植修复股神经术
04.5x00x032　异体神经移植修复胫神经术
04.5x00x033　异体神经移植修复腓总神经术
04.5x01　面神经移植术
04.5x02　臂丛神经移植术
04.5x04　尺神经移植术
04.5x05　桡神经移植术
04.5x07　坐骨神经移植术
04.5x08　股神经移植术
04.5x09　腓总神经移植术
04.5x10　腓肠神经移植术
04.5x11　喉返神经移植术
04.6x00x010　同侧脊神经根移位术
04.6x00x012　闭孔神经移位术
04.6x00x013　尺神经部分神经束移位术
04.6x00x014　尺神经前移术
04.6x00x015　肱三头肌支移位术
04.6x00x017　脑神经移位术
04.6x00x018　桡神经浅支移位术
04.6x00x019　正中神经部分神经束移位术
04.6x00x020　周围神经移位术
04.6x01　副神经移位术
04.6x04　颈丛神经移位术
04.6x05　健侧颈7神经移位术
04.6x06　肋间神经移位术
04.6x07　胸背神经移位术
04.6x08　正中神经移位术
04.6x10　尺神经移位术
04.6x11　指神经移位术
04.6x12　膈神经移位术
04.7100　舌下神经-面神经吻合术
04.7200　副神经-面神经吻合术
04.7300　副神经-舌下神经吻合术
04.7400x032　面神经-三叉神经吻合术
04.7400x033　耳大神经-面神经吻合术
04.7401　颅神经吻合术
04.7402　面神经吻合术
04.7403　面神经膈神经吻合术
04.7404　舌下神经吻合术
04.7405　牙槽神经吻合术
04.7406　迷走神经吻合术
04.7407　周围神经吻合术
04.7408　指神经吻合术
04.7409　尺神经吻合术
04.7410　桡神经吻合术
04.7411　臂丛神经吻合术
04.7412　正中神经吻合术

04.7413 肌皮神经吻合术
04.7414 闭孔神经吻合术
04.7415 坐骨神经吻合术
04.7416 股神经吻合术
04.7417 胫神经吻合术
04.7418 腓神经吻合术
04.7500x001 颅神经调整术
04.7500x002 周围神经调整术
04.7500x003 正中神经调整术
04.7500x004 面神经修复术后再修正术
04.7500x005 坐骨神经修复术后再修正术
04.7501 颅神经修复术
04.7502 周围神经修复术
04.7503 正中神经修复术
04.7600x005 舌下神经延迟修补术
04.7600x006 副神经延迟修补术
04.7600x007 面神经延迟修补术
04.7600x008 胸神经延迟修补术
04.7600x009 肩胛神经延迟修补术
04.7600x010 腋神经延迟修补术
04.7600x011 臂丛神经延迟修补术
04.7600x012 肌皮神经延迟修补术
04.7600x013 正中神经延迟修补术
04.7600x014 指神经延迟修补术
04.7600x015 坐骨神经延迟修补术
04.7600x016 胫神经延迟修补术
04.7600x017 腓神经延迟修补术
04.7600x018 足底神经延迟修补术
04.7601 尺神经延迟修补术
04.7602 桡神经延迟修补术
04.7603 皮神经延迟修补术
04.7900 其他神经成形术
04.9100 神经牵伸术
04.9900 颅和周围神经的其他手术
05.0x00x001 交感神经切断术
05.0x01 胸腔镜下交感神经切断术
05.1101 交感神经活组织检查
05.1102 交感神经节活组织检查
05.2100 蝶腭神经节切除术
05.2100x002 翼腭神经节破坏术
05.2200 颈交感神经切除术
05.2200x002 经皮穿刺颈交感神经节毁损术
05.2300 腰交感神经切除术
05.2300x003 超声内镜下腹腔神经丛阻滞术（CPN）
05.2300x004 经皮穿刺腰交感神经节毁损术
05.2300x005 经皮穿刺腹腔神经丛毁损术
05.2300x006 经皮腹腔神经丛射频消融术
05.2300x007 腹膜后无水酒精神经阻滞术
05.2301 腹腔镜腰交感神经切除术
05.2400x003 骶神经根囊肿穿刺充填术
05.2401 腹腔镜骶前神经切断术
05.2402 骶前神经切断术
05.2500 动脉周围交感神经切除术
05.2901 交感神经切除术
05.2902 交感神经病损切除术
05.2903 胸交感神经切除术
05.2904 胸腔镜下胸交感神经部分切除术
05.3100 麻醉药交感神经注射，为了镇痛
05.3100x006 星状神经节阻滞术
05.3100x007 腹腔神经节阻滞术
05.3100x008 内窥镜下腹腔神经节阻滞术
05.3100x009 腹膜后神经丛阻滞术
05.3100x010 脊神经丛阻滞术
05.3101 腹腔无水酒精神经阻滞术
05.3200x001 交感神经注射破坏剂
05.3900 交感神经或神经节的其他注射
05.8101 交感神经修补术
05.8102 交感神经节修补术
05.8900x001 交感神经瘤切除术
17.6100x001 脑病损激光间质热疗法［LITT］
29.9200x001 舌咽神经切断术
29.9200x002 舌下神经切除术
31.9100x001 喉返神经切断术
31.9100x002 喉返神经解剖术
44.0100 迷走神经干切断术
80.5200 椎间盘化学溶解术
80.5900x001 椎间盘射频消融术
80.5900x003 椎间盘激光汽化术
86.5902 头皮裂伤清创缝合术
92.3001 脑立体定向双侧扣带回毁损术
92.3002 脑立体定向药瘾戒断术

BL1 神经系统血管病溶栓治疗

包含以下主要手术或操作：
99.1000 血栓溶解药的注射或输注
99.1005 脑动脉血栓溶解剂灌注
99.1006 颈动脉血栓溶解剂灌注
99.1008 脑动脉内溶栓术
99.1009 脑静脉窦溶栓术

BM1 神经介入检查术

包含以下主要手术或操作：
88.4100 脑动脉造影术
88.4100x001 基底动脉造影
88.4101 脑血管造影
88.4102 脊髓血管造影
88.4103 颈动脉造影术
88.4104 椎动脉造影
88.4401 锁骨下动脉造影
88.6101 脑静脉造影
88.6102 颈静脉造影
88.6103 锁骨下静脉造影

BR1 脑卒中

包含以下主要诊断：
G91.000x002 颅内出血后脑积水
G91.800x006 蛛网膜下腔出血后脑积水
I60.000 颈动脉弯管和杈的蛛网膜下出血
I60.000x001 颈内动脉虹吸弯和分叉部蛛网膜下腔出血
I60.000x002 颈内动脉分叉段动脉瘤破裂伴蛛网膜下腔出血
I60.000x003 颈内动脉眼动脉段动脉瘤破裂伴蛛网膜下腔出血
I60.000x004 脉络膜前动脉动脉瘤破裂伴蛛网膜下腔出血
I60.000x006 颈内动脉海绵窦段动脉瘤破裂伴蛛网膜下腔出血
I60.000x007 颈内动脉床突段动脉瘤破裂伴蛛网膜下腔出血
I60.000x008 颈内动脉背侧动脉瘤破裂伴蛛网膜下腔出血
I60.001 颈动脉动脉瘤破裂伴蛛网膜下隙出血
I60.100 大脑中动脉的蛛网膜下出血
I60.101 大脑中动脉瘤破裂伴蛛网膜下腔出血
I60.200 前交通动脉的蛛网膜下出血
I60.200x002 大脑前-前交通动脉瘤破裂伴蛛网膜下腔出血
I60.200x003 大脑前动脉近侧段（A1）动脉瘤破裂伴蛛网膜下腔出血
I60.200x004 大脑前动脉近侧段（A2）动脉瘤破裂伴蛛网膜下腔出血
I60.200x005 大脑前动脉远侧段（A2-A5）动脉瘤破裂伴蛛网膜下腔出血
I60.200x007 胼胝体动脉瘤破裂伴蛛网膜下腔出血
I60.201 前交通动脉瘤破裂伴蛛网膜下腔出血
I60.300 后交通动脉的蛛网膜下出血
I60.301 后交通动脉瘤破裂伴蛛网膜下腔出血
I60.400 基底动脉的蛛网膜下出血
I60.400x002 椎动脉与基底动脉结合部动脉瘤破裂伴蛛网膜下腔出血
I60.400x003 基底动脉顶端动脉瘤破裂伴蛛网膜下腔出血
I60.400x004 基底动脉干动脉瘤破裂伴蛛网膜下腔出血
I60.401 基底动脉瘤破裂伴蛛网膜下腔出血
I60.500x003 椎动脉动脉瘤破裂伴蛛网膜下腔出血
I60.500x004 脊髓前动脉瘤破裂伴蛛网膜下腔出血
I60.600x001 大脑后动脉动脉瘤破裂伴蛛网膜下腔出血
I60.600x003 小脑前下动脉动脉瘤破裂伴蛛网膜下腔出血
I60.600x004 小脑上动脉动脉瘤破裂伴蛛网膜下腔出血
I60.600x005 迷路动脉动脉瘤破裂伴蛛网膜下腔出血
I60.600x006 多发颅内动脉瘤破裂伴蛛网膜下腔出血
I60.600x007 颅内镜像动脉瘤破裂伴蛛网膜下腔出血
I60.600x008 脑干前非动脉瘤出血［中脑周围非动脉瘤性出血］
I60.601 小脑后下动脉动脉瘤破裂伴蛛网膜下隙出血
I60.602 垂体上动脉动脉瘤破裂伴蛛网膜下腔出血
I60.700x001 脑动脉瘤破裂伴蛛网膜下腔出血
I60.701 颅内动脉瘤破裂伴蛛网膜下隙出血
I60.800x002 脑动脉畸形伴蛛网膜下腔出血
I60.800x003 脑静脉畸形伴蛛网膜下腔出血
I60.800x004 脑海绵状血管畸形伴蛛网膜下腔出血
I60.800x005 脑干海绵状血管畸形伴蛛网膜下腔出血
I60.800x006 小脑幕下海绵状血管畸形伴蛛网膜下腔出血
I60.800x008 硬脑膜动静脉瘘伴蛛网膜下腔出血
I60.800x010 脑动脉夹层伴蛛网膜下腔出血
I60.800x013 脊髓动静脉畸形伴蛛网膜下腔出血
I60.800x014 脊髓髓周动静脉瘘伴蛛网膜下腔出血
I60.800x015 颅脑肿瘤伴蛛网膜下腔出血
I60.801 脑动静脉畸形破裂伴蛛网膜下腔出血

I60.802　脑膜出血
I60.900x004　脑实质出血继发蛛网膜下腔出血
I60.900x005　感染性颅内动脉瘤破裂伴蛛网膜下腔出血
I60.900x006　蛛网膜下腔出血
I60.902+H45.0*　眼-脑综合征
I61.000x006　胼胝体出血
I61.000x007　尾状核头出血
I61.000x008　壳核出血
I61.000x009　尾状核出血
I61.000x011　最外囊出血
I61.001　豆状核出血
I61.002　大脑皮质下出血
I61.003　豆纹动脉出血
I61.004　基底节出血
I61.005　内囊出血
I61.006　外囊出血
I61.100x001　顶叶出血
I61.100x002　多处脑叶出血
I61.100x003　额叶出血
I61.100x004　额颞叶出血
I61.100x005　枕叶出血
I61.100x006　颞叶出血
I61.100x007　额顶叶脑出血
I61.100x008　顶枕叶脑出血
I61.100x009　额顶枕叶脑出血
I61.100x010　额颞顶叶脑出血
I61.100x011　额颞顶枕叶脑出血
I61.100x012　额颞枕叶脑出血
I61.100x013　颞顶叶脑出血
I61.100x014　颞枕叶脑出血
I61.101　脑叶出血
I61.200x001　大脑半球出血
I61.300x002　脑干出血
I61.300x003　延髓出血
I61.300x004　中脑出血
I61.301　脑桥出血
I61.400x001　小脑出血
I61.400x002　小脑扁桃体出血
I61.400x003　小脑蚓部出血
I61.500x002　侧脑室出血
I61.500x003　第三脑室出血
I61.500x004　第四脑室出血
I61.500x005　多个脑室出血
I61.500x006　继发性脑室出血
I61.500x007　原发性脑室出血
I61.500x008　脑室出血
I61.600x001　多灶性脑出血
I61.800x001　脑穿支动脉出血
I61.801　间脑出血
I61.802　丘脑出血
I61.803　丘脑下部出血
I61.900x002　脑出血
I61.900x004　脑出血血肿扩大
I61.900x005　脑静脉闭塞后出血
I61.900x006　脑血管炎性脑出血
I61.900x007　脑肿瘤卒中
I61.900x008　凝血功能障碍性脑出血
I61.901　大脑中动脉出血
I61.902　高血压脑出血
I61.903　脑血肿
I61.904　出血性脑软化
I61.905　脑血管破裂
I62.000　非创伤性硬膜下出血
I62.000x005　亚急性非创伤性硬脑膜下出血
I62.001　急性非创伤性硬膜下血肿
I62.003　慢性硬膜下血肿
I62.100　非创伤性硬膜外出血
I62.100x001　急性非创伤性硬脑膜外出血
I62.100x003　亚急性非创伤性硬脑膜外出血
I62.100x004　慢性非创伤性硬膜外血肿
I62.101　硬膜外血肿
I62.900x001　非创伤性颅内出血
I63.000　入脑前动脉血栓形成引起的脑梗死
I63.001　基底动脉血栓形成脑梗死
I63.002　颈动脉血栓形成脑梗死
I63.003　椎动脉血栓形成脑梗死
I63.100　入脑前动脉栓塞引起的脑梗死
I63.101　基底动脉栓塞脑梗死
I63.102　颈动脉栓塞脑梗死
I63.103　椎动脉栓塞脑梗死
I63.200　入脑前动脉的闭塞或狭窄引起的脑梗死
I63.201　颈内动脉狭窄脑梗死
I63.202　颈总动脉狭窄脑梗死
I63.203　颈动脉狭窄脑梗死
I63.204　颈动脉闭塞脑梗死
I63.205　基底动脉闭塞脑梗死
I63.206　基底动脉狭窄脑梗死
I63.207　椎动脉闭塞脑梗死
I63.208　椎动脉狭窄脑梗死

I63.300　大脑动脉血栓形成引起的脑梗死
I63.302　血栓性偏瘫
I63.401　大脑动脉栓塞引起的偏瘫
I63.402　大脑动脉栓塞引起脑梗死
I63.500　大脑动脉的闭塞或狭窄引起的脑梗死
I63.500x002　丘脑穿支动脉梗死
I63.501　大脑动脉狭窄脑梗死
I63.502　大脑动脉闭塞脑梗死
I63.600x001　非生脓性大脑静脉血栓形成引起的脑梗死
I63.900x007　分水岭脑梗死［边缘带脑梗死］
I63.901　脑干梗死
I63.902　大面积脑梗死
I63.903　出血性脑梗死
I63.904　小脑梗死
I63.905　多发性脑梗死
I63.906　基底节脑梗死
I63.907　丘脑梗死
I63.908　创伤性脑梗死

BR2　其他脑缺血性疾病

包含以下主要诊断：
G45.000　椎基底动脉综合征
G45.001　基底动脉尖综合征
G45.002　椎-基底动脉供血不足
G45.003　椎-基底动脉盗血综合征
G45.004　后循环缺血
G45.100　颈动脉综合征（大脑半球的）
G45.100x002　颈内动脉缺血
G45.101　颈内动脉供血不足
G45.102　颈动脉闭塞综合征
G45.200　多发性和双侧入脑前动脉综合征
G45.300　一过性黑矇
G45.400　短暂性完全性遗忘
G45.800　短暂性大脑缺血性发作和相关的综合征，其他的
G45.800x002　无名动脉盗血综合征
G45.800x003　锁骨下盗血综合征伴锁骨下动脉闭塞
G45.800x004　锁骨下盗血综合征伴锁骨下动脉狭窄
G45.801　锁骨下动脉盗血综合征
G45.802　脑血管供血不足伴短暂性局灶性神经症状
G45.900　短暂性大脑缺血性发作
G45.901　脑动脉痉挛
I63.301　血栓形成性脑软化
I63.801　腔隙性脑梗死
I63.802　动脉硬化性脑软化
I63.900　脑梗死
I63.909　无症状性脑梗死
I64.x01　脑血管意外
I65.000x004　椎动脉栓塞
I65.000x005　椎动脉迂曲
I65.001　椎动脉狭窄
I65.002　椎动脉闭塞
I65.003　椎动脉血栓形成
I65.100x004　基底动脉栓塞
I65.101　基底动脉闭塞
I65.102　基底动脉狭窄
I65.103　基底动脉血栓形成
I65.200x001　颈动脉狭窄
I65.200x009　颈动脉栓塞
I65.200x010　颈动脉血栓形成
I65.200x011　颈外动脉血栓形成
I65.200x012　颈外动脉栓塞
I65.200x013　颈总动脉栓塞
I65.200x014　颈总动脉血栓形成
I65.200x015　颈动脉闭塞
I65.201　颈内动脉狭窄
I65.202　颈总动脉狭窄
I65.203　颈内动脉闭塞
I65.204　颈外动脉狭窄
I65.205　颈外动脉闭塞
I65.206　颈内动脉血栓形成
I65.207　颈总动脉闭塞
I65.208　颈内动脉栓塞
I65.300x001　多个入脑前动脉闭塞和狭窄
I65.300x002　双侧入脑前动脉闭塞
I65.300x003　双侧入脑前动脉狭窄
I65.800x001　无名动脉斑块
I65.800x002　锁骨下动脉斑块
I65.800x007　无名动脉闭塞
I65.900x001　入脑前动脉栓塞
I65.900x002　入脑前动脉狭窄
I65.900x003　入脑前动脉闭塞
I66.001　大脑中动脉狭窄
I66.002　大脑中动脉闭塞
I66.003　大脑中动脉血栓形成
I66.004+G46.0*　大脑中动脉综合征
I66.100x003　大脑前动脉血栓形成
I66.101　大脑前动脉狭窄
I66.102　大脑前动脉闭塞

I66.103+G46.1* 大脑前动脉综合征
I66.200x002 大脑后动脉栓塞
I66.201 大脑后动脉闭塞
I66.202 大脑后动脉狭窄
I66.203 红核丘脑综合征
I66.204 大脑后动脉血栓形成
I66.205+G46.2* 大脑后动脉综合征
I66.300x005 迷路动脉栓塞
I66.300x007 小脑后下动脉狭窄
I66.300x008 小脑后下动脉闭塞
I66.300x010 小脑前下动脉狭窄
I66.300x011 小脑前下动脉闭塞
I66.300x013 小脑上动脉狭窄
I66.300x014 小脑上动脉闭塞
I66.300x015 小脑动脉栓塞
I66.301 小脑动脉狭窄
I66.302 小脑动脉闭塞
I66.303 小脑后下动脉血栓形成
I66.304+G46.3* 瓦伦贝格综合征
I66.400 多个和双侧大脑动脉闭塞和狭窄
I66.400x002 双侧大脑动脉闭塞
I66.400x003 双侧大脑动脉狭窄
I66.401 多发性大脑动脉闭塞
I66.800x001 大脑穿支动脉闭塞
I66.800x002 大脑穿支动脉狭窄
I66.800x003 后交通动脉狭窄
I66.800x004 后交通动脉闭塞
I66.800x005 前交通动脉狭窄
I66.800x006 前交通动脉闭塞
I66.800x007 脑桥动脉栓塞
I66.800x008 脉络膜前动脉栓塞
I66.900x003 脑栓塞
I66.901 脑动脉狭窄
I66.902 脑动脉闭塞
I66.903 脑血栓形成
I67.000x001 脑动脉夹层
I67.000x002 大脑前动脉夹层
I67.000x003 大脑中动脉夹层
I67.000x005 颅内颈内动脉夹层
I67.000x007 脉络膜前动脉夹层
I67.000x009 颅内椎动脉夹层
I67.000x010 大脑后动脉夹层
I67.100x001 脑动脉瘤
I67.100x005 脑膜动静脉瘘
I67.100x007 海绵窦动静脉瘘
I67.100x008 垂体上动脉瘤
I67.100x010 颅内多发动脉瘤
I67.100x011 脉络膜前动脉瘤
I67.100x012 细菌性颅内动脉瘤
I67.100x013 前循环动脉瘤
I67.100x017 颅内巨大动脉瘤
I67.100x018 颅内镜像动脉瘤
I67.100x019 颈内动脉分叉段动脉瘤
I67.100x020 大脑前-前交通动脉瘤
I67.100x021 大脑前动脉近侧段（A1）动脉瘤
I67.100x023 大脑前动脉远侧段（A2-A5）动脉瘤
I67.100x026 椎动脉与基底动脉结合部动脉瘤
I67.100x029 小脑前下动脉动脉瘤
I67.100x030 小脑后下动脉动脉瘤
I67.100x032 后循环动脉瘤
I67.100x033 大脑后动脉动脉瘤
I67.100x035 小脑上动脉动脉瘤
I67.101 脑动静脉瘘，后天性
I67.103 后交通动脉瘤
I67.106 颈内动脉海绵窦瘘
I67.107 前交通动脉瘤
I67.108 大脑中动脉瘤
I67.109 脑假性动脉瘤
I67.110 颅内动脉瘤
I67.111 小脑动脉瘤
I67.200 大脑动脉粥样硬化
I67.200x002 皮层下动脉硬化性脑病
I67.200x003 颈动脉斑块
I67.200x004 颈动脉硬化
I67.201 动脉硬化性脑病
I67.202 颈内动脉粥样硬化
I67.203 椎动脉粥样硬化
I67.301 宾斯旺格病
I67.400x001 高血压性脑病
I67.500 烟雾病
I67.600x003 乙状窦憩室
I67.600x007 颅内静脉非化脓性血栓形成
I67.600x008 非化脓性直窦血栓形成
I67.601 颅内静脉窦非脓性血栓形成
I67.602 横窦非脓性血栓形成
I67.603 海绵窦非脓性血栓形成
I67.604 上矢状窦非脓性血栓形成
I67.605 乙状窦非脓性血栓形成
I67.606 大脑静脉非脓性血栓形成
I67.800x003 脑血管供血不足

I67.800x004　缺血性脑血管病
I67.800x005　伴有皮层下梗塞和白质脑病的常染色体显性脑动脉病
I67.801　复发性脑血管病
I67.802　急性脑血管病
I67.803　脑动脉供血不足
I67.804　脑坏死
I67.805　慢性缺血性脑血管病
I67.806　可逆性缺血性神经功能缺损
I67.900　脑血管病
I67.900x004+G46.3*　本尼迪克综合征
I67.900x005　脑毛细血管扩张症
I67.901+G46.3*　中脑红核综合征
I67.902+G46.3*　韦伯综合征［大脑脚综合征］
I72.000　颈动脉瘤伴夹层
I72.000x011　颈总动脉瘤
I72.000x012　颈总动脉假性动脉瘤
I72.000x013　颈总动脉夹层
I72.000x022　颈内动脉假性动脉瘤
I72.000x023　颈内动脉夹层
I72.000x031　颈外动脉瘤
I72.000x032　颈外动脉假性动脉瘤
I72.000x033　颈外动脉夹层
I72.000x034　颈内动脉海绵窦段动脉瘤
I72.000x035　颈内动脉床突段动脉瘤
I72.000x036　颈内动脉眼动脉段动脉瘤
I72.000x038　颈内动脉背侧动脉瘤
I72.000x321　颞浅动脉假性动脉瘤
I72.001　颈动脉假性动脉瘤
I72.002　颈内动脉瘤
I72.003　颈动脉扩张
I72.004　颈内动脉颅内段动脉瘤
I72.005　颈动脉夹层
I72.006　颈动脉动脉瘤
I72.500x001　基底动脉瘤
I72.500x002　基底动脉顶端动脉瘤
I72.600x002　椎动脉动脉瘤

BS1　非创伤性意识障碍

包含以下主要诊断：
E03.500　黏液性水肿昏迷
E16.107+G94.8*　低血糖昏迷性脑病
G93.500x001　枕骨大孔疝［小脑扁桃体疝］
G93.500x002　脑干受压
G93.500x005　外侧型小脑幕裂孔疝［钩回疝］
G93.500x006　中央型小脑幕裂孔疝［中心疝/中线疝］
G93.500x007　小脑幕孔下降疝
G93.500x008　小脑幕孔上升疝
G93.500x009　大脑镰下疝［扣带回疝］
G93.500x010　蝶骨嵴疝
G93.501　脑疝
G93.600　脑水肿
G93.600x002　脑干水肿
G93.600x003　血管源性脑水肿
G93.600x004　细胞性脑水肿［细胞毒性脑水肿］
G93.600x005　脑积水性脑水肿［间质性脑水肿］
G93.600x006　缺血性脑水肿
G93.600x007　渗透压性脑水肿
G93.600x008　粒细胞性脑水肿
G93.600x009　离子性脑水肿
G93.800x012　无动性缄默［睁眼昏迷］
G93.800x013　脑死亡
G93.815　去皮层状态
G97.100x003　腰椎穿刺术后脑疝
R40.000　嗜眠
R40.100　木僵
R40.100x002　中昏迷
R40.100x003　浅昏迷
R40.100x005　亚木僵
R40.200　昏迷
R40.200x002　一过性意识丧失
R40.200x004　深昏迷
R40.200x005　意识模糊
R40.201　意识丧失

BT1　病毒性脑、脊髓和脑膜炎

包含以下主要诊断：
A80.000　急性麻痹性脊髓灰质炎，与接种有关
A80.100　急性麻痹性脊髓灰质炎，（外地）移入性野病毒
A80.200　急性麻痹性脊髓灰质炎，本土性野病毒
A80.300x001　脊髓灰质炎瘫痪型
A80.301　急性麻痹性脊髓灰质炎
A80.400　急性非麻痹性脊髓灰质炎
A80.400x001　脊髓灰质炎无瘫痪型
A80.400x002　脊髓灰质炎顿挫型
A80.900　急性脊髓灰质炎
A81.100　亚急性硬化性全脑炎
A81.101　亚急性包涵体脑炎

A82.000　森林狂犬病
A82.100　城市狂犬病
A82.900　狂犬病
A83.000　日本脑炎
A83.000x001　流行性乙型脑炎
A83.000x002　流行性乙型脑炎轻型
A83.000x003　流行性乙型脑炎普通型
A83.000x004　流行性乙型脑炎重型
A83.000x005　流行性乙型脑炎极重型
A83.100　西方马脑炎
A83.200　东方马脑炎
A83.300　圣路易斯脑炎
A83.400　澳大利亚脑炎
A83.500　加利福尼亚脑炎
A83.600　罗西欧病毒病
A83.800　蚊媒介病毒性脑炎，其他的
A83.900　蚊媒介的病毒性脑炎
A84.000　远东蜱媒介的脑炎［俄罗斯春-夏型脑炎］
A84.000x001　森林脑炎
A84.100　中部欧洲蜱媒介的脑炎
A84.800x001　羊跳跃脑炎
A84.900　蜱媒介的病毒性脑炎
A85.000+G05.1*　肠病毒性脑炎
A85.000x002+G05.1*　柯萨奇病毒性脑炎
A85.000x003+G05.1*　埃可病毒性脑炎
A85.001+G05.1*　肠病毒性脑脊髓炎
A85.100+G05.1*　腺病毒性脑炎
A85.101+G05.1*　腺病毒性脑脊髓炎
A85.200　节肢动物媒介的病毒性脑炎
A85.200x001　虫媒病毒性脑炎
A85.800　病毒性脑炎，其他特指的
A86.x00　病毒性脑炎
A86.x01　病毒性脑脊髓炎
A86.x02　病毒性脑膜脑炎
A87.000+G02.0*　肠病毒性脑膜炎
A87.000x001+G02.0*　肠道病毒性脑膜炎
A87.000x002+G02.0*　柯萨奇病毒性脑膜炎
A87.000x003+G02.0*　埃可病毒性脑膜炎
A87.100+G02.0*　腺病毒性脑膜炎
A87.200x001+G02.0*　淋巴细胞性脉络丛脑膜炎
A87.200x002+G02.0*　复发性淋巴细胞性脑膜炎
A87.800　病毒性脑膜炎，其他的
A87.801　乙脑病毒性脑膜炎
A87.900　病毒性脑膜炎
A87.901　病毒性脑脊髓膜炎
A88.000　肠病毒疹热［波士顿疹病］
A88.100　流行性眩晕
A88.800x001　脊髓灰质炎样综合征
A92.300x002　西尼罗脑炎
A92.300x003　西尼罗脑膜炎
A92.300x004　西尼罗病毒性脑膜脑炎
B00.300+G02.0*　疱疹病毒性脑膜炎
B00.400+G05.1*　疱疹病毒性脑炎
B00.400x001+G05.1*　单纯疱疹病毒性脑炎
B00.401+G05.1*　疱疹病毒性脑膜脑炎
B01.000+G02.0*　水痘脑膜炎
B01.000x001+G02.0*　水痘性脑膜炎
B01.100+G05.1*　水痘脑炎
B02.000+G05.1*　带状疱疹脑炎
B02.000x002+G05.1*　带状疱疹性脑炎
B02.000x003+G05.1*　带状疱疹性脑膜脑炎
B02.001+G05.1*　带状疱疹神经根脊髓炎
B02.100+G02.0*　带状疱疹脑膜炎
B05.000+G05.1*　麻疹并发脑炎
B05.100+G02.0*　麻疹并发脑膜炎
B06.000x002+G05.1*　风疹性脑膜脑炎
B06.001+G05.1*　风疹性脑炎
B06.002+G02.0*　风疹性脑膜炎
B25.801+G05.1*　巨细胞病毒性脑炎
B26.100+G02.0*　流行性腮腺炎性脑膜炎
B26.200+G05.1*　流行性腮腺炎性脑炎
B26.201+G05.1*　流行性腮腺炎性脑膜脑炎
B26.202+G05.1*　流行性腮腺炎性脑脊髓炎
G04.000　急性播散性脑炎
G04.000x004　疫苗接种后脑脊髓炎
G04.001　急性播散性脑脊髓炎
G04.002　疫苗接种后脑炎
G04.800x005　脱髓鞘性脊髓炎
G04.902　急性上行性脊髓炎
G04.909　急性脊髓炎
G04.910　上行性脊髓炎
J09.x04+G05.1*　已确认的人畜共病或大流行性流感病毒性脑炎
J10.800x001+G94.8*　已知病毒的流感性脑病
J10.801+G94.8*　甲型H1N1型流行性感冒性脑病
J10.804+G05.1*　已确认的季节性流感病毒性脑炎
J10.805+G05.1*　流行性感冒性脑炎，其他流感病毒被标明
J11.800x001+G94.8*　未知病毒的流感性脑病
J11.803+G05.1*　未确认的季节性流感病毒性脑炎

BT2 细菌性脑、脊髓和脑膜炎

包含以下主要诊断：

A01.002+G01* 伤寒性脑膜炎
A02.203+G01* 沙门菌脑膜炎
A17.000+G01* 结核性脑膜炎
A17.000x001+G05.0* 结核性脊膜炎
A17.000x005+G01* 蛛网膜结核病
A17.000x006+G01* 结核性脑膜粘连
A17.001+G01* 结核性脑脊髓膜炎
A17.100+G07* 脑膜结核瘤
A17.100x001+G07* 脑脊膜结核瘤
A17.800x007+G05.0* 结核性脊髓脊膜炎
A17.801+G07* 脑结核瘤
A17.802+G07* 结核性脑肉芽肿
A17.803+G05.0* 结核性脑膜脑炎
A17.804+G05.0* 结核性脑炎
A17.805+G07* 结核性脑脓肿
A17.806+G07* 脊髓结核
A17.807+G94.0* 结核性脑积水
A17.900+G99.8* 神经系统结核
A17.900x001+G99.8* 中枢神经系统结核
A18.822+I68.1* 结核性脑动脉炎
A20.300 脑膜炎型鼠疫
A22.801+G01* 炭疽脑膜炎
A23.900x005+G05.0* 布氏杆菌性脑炎
A23.900x006 布氏杆菌多发性神经根神经病
A32.101+G01* 利斯特菌性脑膜炎
A32.102+G05.0* 利斯特菌性脑膜脑炎
A32.801+I68.1* 利斯特菌性大脑动脉炎
A39.000+G01* 脑膜炎球菌性脑膜炎
A39.000x004+G01* 双球菌性脑膜炎
A39.000x005+G01* 脑膜炎球菌性蛛网膜炎
A39.000x006+G01* 流行性脑脊髓膜炎轻型
A39.000x007+G01* 流行性脑脊髓膜炎普通型
A39.000x008+G01* 流行性脑脊髓膜炎暴发型
A39.001+G01* 普通型流行性脑脊髓膜炎
A39.002+G01* 暴发型流行性脑脊髓膜炎
A39.003+G01* 流行性脑脊髓膜炎
A39.200 急性脑膜炎球菌血症
A39.300 慢性脑膜炎球菌血症
A39.400 脑膜炎球菌血症
A39.802+G05.0* 脑膜炎球菌性脑炎
A39.803+G05.0* 脑膜炎球菌性脊髓脊膜炎
A39.900 脑膜炎球菌感染
A42.800x003+G01* 放线菌脑膜炎
A43.801 脑诺卡菌病
A48.100x003 军团菌性脑炎
A54.801+G07* 淋球菌性脑脓肿
A54.803+G01* 淋球菌性脑膜炎
G00.000 嗜血杆菌脑膜炎
G00.000x001 流感嗜血杆菌脑膜炎
G00.100 肺炎球菌性脑膜炎
G00.200 链球菌性脑膜炎
G00.300 葡萄球菌性脑膜炎
G00.800 细菌性脑膜炎，其他的
G00.800x002 大肠埃希杆菌脑膜炎
G00.800x003 弗里德伦德尔肺炎杆菌脑膜炎
G00.800x005 鲍曼不动杆菌性脑膜炎
G00.801 变形杆菌性脑膜炎
G00.802 大肠杆菌性脑膜炎
G00.803 克雷伯杆菌性脑膜炎
G00.900 细菌性脑膜炎
G00.900x003 颅底化脓性脑膜炎
G00.901 化脓性脑膜炎
G00.902 新生儿化脓性脑膜炎
G00.903 耳源性脑膜炎
G00.904 手术后化脓性脑膜炎
G03.000 非化脓性脑膜炎
G03.001 无菌性脑膜炎
G03.002 局限性脑膜炎
G03.100 慢性脑膜炎
G04.200 细菌性脑膜脑炎和脊髓脊膜炎，不可归类在他处者
G04.201 绿脓杆菌性脑膜脑炎
G04.805 化脓性脑炎
G04.807 化脓性脑膜脑炎
G04.808 化脓性脑室炎
G06.000x001 小脑脓肿
G06.000x002 额叶脓肿
G06.000x003 顶叶脓肿
G06.000x004 颞叶脓肿
G06.000x005 枕叶脓肿
G06.000x007 基底节脓肿
G06.000x008 丘脑脓肿
G06.000x009 下丘脑脓肿
G06.000x011 半卵圆中心脓肿
G06.000x012 胼胝体脓肿
G06.000x013 中脑脓肿
G06.000x014 脑桥脓肿

G06.000x015 延髓脓肿
G06.000x021 侧窦周围脓肿
G06.000x022 耳源性脑脓肿
G06.001 脑脓肿
G06.002 脑肉芽肿
G06.003 海绵窦脓肿
G06.004 颅内脓肿
G06.008 硬脑膜下脓肿
G06.009 硬脑膜外脓肿
G06.100x002 椎管内脓肿
G06.100x003 脊髓脓肿
G06.102 硬脊膜下脓肿
G06.103 硬脊膜外脓肿
G06.200 硬膜外和硬膜下脓肿
G06.201 硬膜下脓肿
G06.203 硬膜外脓肿
G08.x00x001 化脓性矢状窦血栓形成
G08.x00x002 化脓性直窦血栓形成
G08.x00x003 化脓性乙状窦血栓形成
G08.x00x006 化脓性海绵窦血栓形成
G08.x00x009 化脓性横窦血栓形成
G08.x00x013 耳源性颅内静脉窦血栓性静脉炎
G08.x01 颅内静脉窦化脓性血栓形成
G08.x02 耳源性乙状窦血栓性静脉炎

BT3 神经系统的其他感染

包含以下主要诊断：
A06.600+G07* 阿米巴脑脓肿
A36.803+G63.0* 白喉性多神经炎
A37.900x005 百日咳脑病
A39.100+E35.1* 沃-弗综合征
A50.400x002+G01* 晚期先天性梅毒性脑膜炎
A50.400x003+G05.0* 晚期先天性梅毒性脑炎
A50.400x004+G63.0* 晚期先天性梅毒性多神经病
A50.402+G01* 先天性梅毒性脑膜炎
A51.401+G01* 二期梅毒性脑膜炎
A52.001+I68.1* 梅毒性大脑动脉炎
A52.100x005+G22* 梅毒性帕金森病
A52.100x006+G59.8* 梅毒性神经炎
A52.100x007+G05.0* 梅毒性脑炎
A52.100x008+G63.0* 梅毒性多神经病
A52.100x009+G01* 梅毒性脑膜炎
A52.100x010+G05.0* 梅毒性脑膜脑炎
A52.105+G01* 三期梅毒性脑膜炎
A52.106+H48.0* 视神经梅毒
A69.200x002+G63.0* 莱姆病性神经病
A79.900x003+G05.2* 立克次体脑炎
A81.200 进行性多灶性白质脑病
A81.800 中枢神经系统其他的非典型病毒感染
A81.800x001 库鲁病［新几内亚震颤病］
A81.801 朊蛋白病
A81.900 中枢神经系统的非典型病毒感染
A88.800 中枢神经系统其他特指的病毒性感染
A89.x00 中枢神经系统的病毒性感染
B02.200x004+G53.0* 拉姆齐-亨特综合征［Ramsay-Hunt综合征］
B02.200x008+G63.0* 带状疱疹性多神经病
B02.201+G53.0* 带状疱疹性坐骨神经痛
B02.202+G53.0* 带状疱疹性神经痛
B02.203+G53.0* 带状疱疹性神经根炎
B02.204+G53.1* 带状疱疹性多脑神经麻痹
B02.206+G53.0* 带状疱疹性肋间神经痛
B02.207+G53.0* 疱疹后三叉神经痛
B26.800x003+G63.0* 流行性腮腺炎性多神经病
B37.500+G02.1* 念珠菌性脑膜炎
B38.400+G02.1* 球孢子菌病脑膜炎
B43.101+G07* 大脑着色真菌病
B45.100x002+G02.1* 新型隐球菌脑膜炎
B45.101+G02.1* 隐球菌性脑膜炎
B45.102+G05.2* 隐球菌性脑炎
B49.x01+G02.1* 真菌性脑膜炎
B50.000x001+G94.8* 脑型疟疾
B57.400x001+G02.8* 慢性恰加斯病伴脑膜炎
B57.400x002+G05.2* 慢性恰加斯病伴脑炎
B58.200+G05.2* 弓形虫脑膜脑炎
B58.200x002+G05.2* 弓形虫脑炎
B58.201+G05.2* 脑弓形虫病
B60.200x001+G05.2* 原发性阿米巴性脑膜脑炎
B60.200x002+G05.2* 肉芽肿性阿米巴脑炎
B60.201+G05.2* 阿米巴性脑膜脑炎
B65.901+G07* 脑型血吸虫病
B69.000x002+G94.8* 马尾神经囊虫病
B69.001+G94.8* 脑囊虫病
B83.202+G05.2* 嗜酸细胞性脑膜脑炎
B99.x00x003+G94.0* 感染后脑积水
C79.300x030 癌性脑膜炎
G03.200 良性复发性脑膜炎［莫拉利特］
G03.800 脑膜炎，其他特指原因引起的
G03.800x003 肥厚性硬脑膜炎
G03.800x004 肥厚性硬脊膜炎

G03.800x005　肥厚性硬脑脊膜炎
G03.801　化学性脑膜炎
G03.802　反应性脑膜炎
G03.900　脑膜炎
G03.900x008　脑脊膜炎
G03.901　颅底蛛网膜炎
G03.902　脊髓蛛网膜炎
G03.903　硬脑膜炎
G03.904　蛛网膜炎
G03.906　非特异性脑脊膜炎
G03.907　急性脑膜炎
G04.800x003　化脓性脊髓炎
G04.800x007　边缘叶脑炎
G04.800x008　肺炎支原体性脑炎
G04.800x009　猫抓性脑炎
G04.800x010　感染性边缘叶脑炎
G04.802　感染后脑炎
G04.803　感染后脑脊髓炎
G04.804　变态反应性脑炎
G04.900x001　非特异性脑炎
G04.900x005　脊髓神经根病
G04.900x010　脑干脑炎
G04.900x011　脑脊髓神经根炎
G04.900x019　散发性脑炎
G04.900x021　脑室管膜炎
G04.900x024　急性脑膜脑炎
G04.900x025　急性小脑炎
G04.900x027　大脑性脑室炎
G04.900x031　脊髓神经根炎
G04.903　脑室炎
G04.904　中枢神经系统感染
G04.905　急性神经根脊髓炎
G04.906　室管膜炎
G04.907　局灶性脑炎
G04.908　脊髓炎
G04.911　脑脊髓炎
G04.912　神经根脊髓炎
G04.913　脑炎
G04.914　脑膜脑炎
G04.916　脑炎性肿物
G04.917　脑炎性病变
G04.918　椎管内炎性肿物
G04.919　小脑炎
G04.920　复发性多灶性炎性脑病
G04.921　脑干炎
G04.922　脑性发热
G06.000x018　颅内硬脑膜外肉芽肿
G06.000x020　颅内硬脑膜下肉芽肿
G06.005　颅内炎性肉芽肿
G06.006　颅内感染
G06.100x004　脊髓肉芽肿
G06.100x006　硬脊膜外肉芽肿
G06.100x008　硬脊膜下肉芽肿
G06.100x009　椎管内感染
G06.101　椎管内肉芽肿
G06.200x003　硬脑膜下炎性肉芽肿
G06.202　硬膜下肉芽肿
G08.x00　颅内和椎管内的静脉炎和血栓性静脉炎
G08.x00x004　乙状窦栓塞
G08.x00x005　乙状窦血栓性静脉炎
G08.x00x007　海绵窦血栓性静脉炎
G08.x00x008　海绵窦炎
G08.x00x010　侧窦栓塞
G08.x00x011　颅内静脉窦静脉炎
G09.x00x002　脑炎后遗症
G09.x00x003　脑膜炎后遗症
R29.100　假性脑膜炎

BU1　神经系统肿瘤

包含以下主要诊断：
C47.000x001　头部周围神经和自主神经恶性肿瘤
C47.000x002　面部周围神经和自主神经恶性肿瘤
C47.000x003　颈部周围神经和自主神经恶性肿瘤
C47.100x001　上肢周围神经和自主神经恶性肿瘤
C47.100x004　腕周围神经和自主神经恶性肿瘤
C47.100x005　臂神经恶性肿瘤
C47.100x006　臂丛恶性肿瘤
C47.100x007　正中神经恶性肿瘤
C47.100x008　桡神经恶性肿瘤
C47.100x009　尺神经恶性肿瘤
C47.101　肩部神经恶性肿瘤
C47.102　手神经恶性肿瘤
C47.200x001　下肢周围神经和自主神经恶性肿瘤
C47.200x004　髂部周围神经和自主神经恶性肿瘤
C47.200x005　踝部周围神经和自主神经恶性肿瘤
C47.200x006　股神经恶性肿瘤
C47.200x007　闭孔神经恶性肿瘤
C47.200x008　坐骨神经恶性肿瘤
C47.201　髋神经恶性肿瘤
C47.202　足神经恶性肿瘤

C47.300　胸部周围神经恶性肿瘤
C47.300x002　腋部周围神经和自主神经恶性肿瘤
C47.300x003　膈部周围神经和自主神经恶性肿瘤
C47.300x004　肩胛区周围神经和自主神经恶性肿瘤
C47.300x005　肋间神经恶性肿瘤
C47.400　腹部周围神经恶性肿瘤
C47.400x002　脐部周围神经和自主神经恶性肿瘤
C47.500　盆腔周围神经恶性肿瘤
C47.500x001　骨盆周围神经和自主神经恶性肿瘤
C47.500x002　臀部周围神经和自主神经恶性肿瘤
C47.500x004　会阴周围神经和自主神经恶性肿瘤
C47.500x005　骶部周围神经和自主神经恶性肿瘤
C47.500x006　骶尾周围神经和自主神经恶性肿瘤
C47.500x007　直肠膀胱隔周围神经和自主神经恶性肿瘤
C47.500x008　直肠阴道隔周围神经和自主神经恶性肿瘤
C47.500x009　直肠周围神经和自主神经恶性肿瘤
C47.500x010　坐骨直肠窝周围神经和自主神经恶性肿瘤
C47.500x012　腰骶丛恶性肿瘤
C47.500x013　骶神经恶性肿瘤
C47.500x014　骶丛恶性肿瘤
C47.501　腹股沟神经恶性肿瘤
C47.600　躯干周围神经恶性肿瘤
C47.600x002　背部周围神经和自主神经恶性肿瘤
C47.600x003　腰部周围神经和自主神经恶性肿瘤
C47.800　周围神经和自主神经系统交搭跨越恶性肿瘤的损害
C47.900　周围神经和自主神经系统恶性肿瘤
C70.000　脑膜恶性肿瘤
C70.000x002　硬脑膜恶性肿瘤
C70.100x001　脊膜恶性肿瘤
C70.100x003　硬脊膜恶性肿瘤
C70.900　脑脊膜恶性肿瘤
C70.901　硬膜下恶性肿瘤
C71.000　大脑（除外脑叶和脑室）恶性肿瘤
C71.000x001　下丘脑恶性肿瘤
C71.000x004　岛叶恶性肿瘤
C71.000x006　基底节恶性肿瘤
C71.000x007　脑白质恶性肿瘤
C71.001　幕上恶性肿瘤
C71.002　丘脑恶性肿瘤
C71.003　胼胝体恶性肿瘤
C71.100　额叶恶性肿瘤
C71.200　颞叶恶性肿瘤
C71.300　顶叶恶性肿瘤
C71.400　枕叶恶性肿瘤
C71.500　脑室恶性肿瘤
C71.500x003　侧脑室恶性肿瘤
C71.500x004　第三脑室恶性肿瘤
C71.501　脉络丛恶性肿瘤
C71.600　小脑恶性肿瘤
C71.601　小脑蚓部恶性肿瘤
C71.602　小脑扁桃体恶性肿瘤
C71.700　脑干恶性肿瘤
C71.701　脑桥恶性肿瘤
C71.702　延髓恶性肿瘤
C71.703　第四脑室恶性肿瘤
C71.704　幕下恶性肿瘤
C71.705　中脑恶性肿瘤
C71.800　脑交搭跨越恶性肿瘤的损害
C71.800x006　额颞岛叶恶性肿瘤
C71.800x007　额叶和丘脑及胼胝体恶性肿瘤
C71.800x008　大脑皮层多处恶性肿瘤
C71.801　额顶叶恶性肿瘤
C71.802　额颞顶叶恶性肿瘤
C71.803　顶枕叶恶性肿瘤
C71.804　顶颞叶恶性肿瘤
C71.805　颞顶枕叶恶性肿瘤
C71.806　额颞叶恶性肿瘤
C71.807　颞叶脑岛恶性肿瘤
C71.808　颞枕叶恶性肿瘤
C71.809　脑桥小脑角恶性肿瘤
C71.900　脑恶性肿瘤
C71.900x001　蝶鞍上恶性肿瘤
C71.900x002　颅内恶性肿瘤
C71.900x005　颅前窝恶性肿瘤
C71.900x006　颅底恶性肿瘤
C71.900x007　颅中窝恶性肿瘤
C71.900x008　颅后窝恶性肿瘤
C71.901　鞍上区恶性肿瘤
C71.902　蝶鞍区恶性肿瘤
C71.903　颅底交通性恶性肿瘤
C72.000　脊髓恶性肿瘤
C72.000x006　骶髓恶性肿瘤
C72.001　脊髓颈段恶性肿瘤
C72.002　脊髓圆锥恶性肿瘤
C72.003　脊髓胸段恶性肿瘤
C72.004　脊髓腰段恶性肿瘤

C72.100　马尾恶性肿瘤
C72.200　嗅神经恶性肿瘤
C72.201　嗅球恶性肿瘤
C72.300　视神经恶性肿瘤
C72.400　听神经恶性肿瘤
C72.500　脑神经恶性肿瘤
C72.501　动眼神经恶性肿瘤
C72.502　滑车神经恶性肿瘤
C72.503　三叉神经恶性肿瘤
C72.504　展神经恶性肿瘤
C72.505　面神经恶性肿瘤
C72.506　前庭蜗神经恶性肿瘤
C72.507　舌咽神经恶性肿瘤
C72.508　迷走神经恶性肿瘤
C72.509　副神经恶性肿瘤
C72.510　舌下神经恶性肿瘤
C72.800　脑和中枢神经系统其他部位交搭跨越恶性肿瘤的损害
C72.800x001　颅眶沟通恶性肿瘤
C72.800x002　颅底沟通恶性肿瘤
C72.800x003　颅鼻眶沟通恶性肿瘤
C72.900　中枢神经系统恶性肿瘤
C72.900x004　椎管内恶性肿瘤
C72.900x005　蝶鞍旁恶性肿瘤
C72.900x006　颈静脉孔区恶性肿瘤
C72.901　硬膜外恶性肿瘤
C75.200　颅咽管恶性肿瘤
C75.300　松果体恶性肿瘤
C79.300　脑和脑膜继发性恶性肿瘤
C79.300x002　脑继发恶性肿瘤
C79.300x006　颅窝继发恶性肿瘤
C79.300x011　颅内继发恶性肿瘤
C79.300x012　颅内静脉窦继发恶性肿瘤
C79.300x013　颈静脉孔区继发恶性肿瘤
C79.300x016　脑白质继发恶性肿瘤
C79.300x017　硬脑膜下继发恶性肿瘤
C79.300x018　岛叶继发恶性肿瘤
C79.300x019　侧脑室继发恶性肿瘤
C79.300x020　第三脑室继发恶性肿瘤
C79.300x021　基底节继发恶性肿瘤
C79.300x023　胼胝体继发恶性肿瘤
C79.300x024　中脑继发恶性肿瘤
C79.300x025　脑桥继发恶性肿瘤
C79.300x026　延髓继发恶性肿瘤
C79.300x027　第四脑室继发恶性肿瘤
C79.300x028　小脑幕上继发恶性肿瘤
C79.300x029　小脑幕下继发恶性肿瘤
C79.300x031　颅底继发恶性肿瘤
C79.300x032　颅前窝继发恶性肿瘤
C79.300x033　颅中窝继发恶性肿瘤
C79.300x034　颅后窝继发恶性肿瘤
C79.301　脑膜继发恶性肿瘤
C79.302　大脑继发恶性肿瘤
C79.303　额叶继发恶性肿瘤
C79.304　顶叶继发恶性肿瘤
C79.305　枕叶继发恶性肿瘤
C79.306　颞叶继发恶性肿瘤
C79.307　脑岛继发恶性肿瘤
C79.308　海马回继发恶性肿瘤
C79.309　小脑继发恶性肿瘤
C79.310　脑干继发恶性肿瘤
C79.311　丘脑继发恶性肿瘤
C79.400x012　硬膜外继发恶性肿瘤
C79.400x013　椎管内继发恶性肿瘤
C79.400x018　马尾继发恶性肿瘤
C79.400x019　上肢周围神经继发恶性肿瘤
C79.400x020　下肢周围神经继发恶性肿瘤
C79.400x021　交感神经继发恶性肿瘤
C79.400x022　周围神经继发恶性肿瘤
C79.401　中枢神经系统继发恶性肿瘤
C79.402　脑神经继发恶性肿瘤
C79.403　脊髓继发恶性肿瘤
C79.404　脊膜继发恶性肿瘤
C79.828　神经节继发恶性肿瘤
C80.000x002+G13.1*　癌性脑白质病
C80.000x003+G13.1*　癌性脑病
C80.004+G73.1*　伊顿-兰伯特综合征
D17.700x001　鞍区脂肪瘤
D17.700x004　脊髓圆锥脂肪瘤
D17.700x008　神经系统脂肪瘤
D17.700x009　颅内脂肪瘤
D17.700x010　硬膜内脂肪瘤
D17.700x011　硬膜外脂肪瘤
D17.700x012　脑桥脂肪瘤
D17.700x013　小脑角脂肪瘤
D17.700x025　脊髓脂肪瘤
D17.700x026　椎管内脂肪瘤
D17.700x030　蛛网膜下腔脂肪瘤
D18.100x008　硬脑膜下淋巴管瘤
D32.000　脑膜良性肿瘤

D32.000x002　鞍隔脑膜瘤
D32.000x004　大脑镰脑膜瘤
D32.000x008　蝶骨脑膜瘤
D32.000x011　横窦脑膜瘤
D32.000x014　颅窝脑膜瘤
D32.000x019　桥脑脑膜瘤
D32.000x020　筛窦脑膜瘤
D32.000x021　矢状窦脑膜瘤
D32.000x024　小脑脑膜瘤
D32.000x026　岩骨脑膜瘤
D32.000x028　枕叶脑膜瘤
D32.000x030　蝶鞍上脑膜瘤
D32.000x031　侧脑室脑膜瘤
D32.000x032　大脑皮层多部位脑膜瘤
D32.000x036　硬脑膜下脑膜瘤
D32.000x038　颅底脑膜瘤
D32.000x039　窦汇区脑膜瘤
D32.001　蝶骨嵴脑膜瘤
D32.002　颅中窝脑膜瘤
D32.003　前床突脑膜瘤
D32.004　额叶脑膜瘤
D32.005　顶叶脑膜瘤
D32.006　大脑镰旁脑膜瘤
D32.007　矢状窦旁脑膜瘤
D32.008　嗅沟脑膜瘤
D32.009　中央区脑膜瘤
D32.010　脑室内脑膜瘤
D32.011　颞叶脑膜瘤
D32.012　颅后窝脑膜瘤
D32.013　颅前窝脑膜瘤
D32.014　鞍区脑膜瘤
D32.015　鞍结节脑膜瘤
D32.016　鞍背脑膜瘤
D32.017　枕部脑膜瘤
D32.018　小脑幕脑膜瘤
D32.019　小脑脑桥角脑膜瘤
D32.020　斜坡脑膜瘤
D32.021　颈静脉孔区脑膜瘤
D32.022　枕骨大孔区脑膜瘤
D32.023　颅内外沟通性脑膜瘤
D32.100　脊（髓）膜良性肿瘤
D32.100x001　脊膜瘤
D32.101　颅颈交界区脊膜瘤
D32.102　颈段脊膜瘤
D32.103　胸段脊膜瘤
D32.104　腰段脊膜瘤
D32.105　骶段脊膜瘤
D32.106　硬脊膜下良性肿瘤
D32.900　脑脊膜良性肿瘤
D32.900x001　皮肤脑膜瘤
D32.900x002　脑膜瘤
D32.900x003　脑脊膜瘤
D33.000　脑幕上的良性肿瘤
D33.000x003　脑室良性肿瘤
D33.000x004　矢状窦良性肿瘤
D33.000x005　小脑幕上良性肿瘤
D33.001　侧脑室良性肿瘤
D33.002　第三脑室良性肿瘤
D33.003　大脑良性肿瘤
D33.004　额叶良性肿瘤
D33.005　枕叶良性肿瘤
D33.006　顶叶良性肿瘤
D33.007　颞叶良性肿瘤
D33.008　岛叶良性肿瘤
D33.009　海马回良性肿瘤
D33.010　丘脑良性肿瘤
D33.011　脉络丛良性肿瘤
D33.012　基底节良性肿瘤
D33.100　脑幕下的良性肿瘤
D33.100x005　小脑幕下良性肿瘤
D33.101　小脑良性肿瘤
D33.102　小脑蚓部良性肿瘤
D33.103　脑干良性肿瘤
D33.104　脑桥良性肿瘤
D33.105　第四脑室良性肿瘤
D33.200　脑的良性肿瘤
D33.200x001　颅内良性肿瘤
D33.200x003　颅窝良性肿瘤
D33.201　胼胝体良性肿瘤
D33.202　颅底良性肿瘤
D33.300　脑神经良性肿瘤
D33.300x003　嗅球良性肿瘤
D33.300x005　视神经乳头良性肿瘤
D33.301　嗅神经良性肿瘤
D33.302　视神经良性肿瘤
D33.303　动眼神经良性肿瘤
D33.304　滑车神经良性肿瘤
D33.305　三叉神经良性肿瘤
D33.306　展神经良性肿瘤
D33.307　面神经良性肿瘤

D33.308 听神经良性肿瘤
D33.309 舌咽神经良性肿瘤
D33.310 迷走神经良性肿瘤
D33.311 副神经良性肿瘤
D33.312 舌下神经良性肿瘤
D33.400 脊髓良性肿瘤
D33.401 脊髓颈段良性肿瘤
D33.402 脊髓胸段良性肿瘤
D33.403 脊髓腰段良性肿瘤
D33.404 脊髓骶段良性肿瘤
D33.405 脊髓圆锥良性肿瘤
D33.406 马尾良性肿瘤
D33.700x001 颅眶沟通良性肿瘤
D33.700x002 颅鼻眶沟通良性肿瘤
D33.700x003 颈静脉孔区良性肿瘤
D33.900 中枢神经系统良性肿瘤
D33.900x001 硬脑膜外良性肿瘤
D33.900x002 硬脊膜外良性肿瘤
D33.900x003 蝶鞍旁良性肿瘤
D33.901 硬膜外良性肿瘤
D33.902 椎管内良性肿瘤
D35.201 鞍区良性肿瘤
D35.300 颅咽管良性肿瘤
D35.400 松果体良性肿瘤
D35.500 颈动脉体良性肿瘤
D36.100x002 头部周围神经和自主神经良性肿瘤
D36.100x005 耳部周围神经和自主神经良性肿瘤
D36.100x006 颞下窝周围神经和自主神经良性肿瘤
D36.100x007 翼腭窝周围神经和自主神经良性肿瘤
D36.100x008 咽旁间隙周围神经和自主神经良性肿瘤
D36.100x009 咽后间隙周围神经和自主神经良性肿瘤
D36.100x010 眼睑周围神经和自主神经良性肿瘤
D36.100x011 鼻部周围神经和自主神经良性肿瘤
D36.100x012 颈丛良性肿瘤
D36.100x014 肩部周围神经和自主神经良性肿瘤
D36.100x015 手部周围神经和自主神经良性肿瘤
D36.100x016 腕部周围神经和自主神经良性肿瘤
D36.100x017 臂神经良性肿瘤
D36.100x023 髋部周围神经和自主神经良性肿瘤
D36.100x024 足部周围神经和自主神经良性肿瘤
D36.100x025 髂部周围神经和自主神经良性肿瘤
D36.100x026 踝部周围神经和自主神经良性肿瘤
D36.100x027 股神经良性肿瘤
D36.100x028 闭孔神经良性肿瘤
D36.100x029 坐骨神经良性肿瘤
D36.100x030 胸部周围神经和自主神经良性肿瘤
D36.100x032 腋部周围神经和自主神经良性肿瘤
D36.100x033 膈部周围神经和自主神经良性肿瘤
D36.100x036 肋间神经良性肿瘤
D36.100x037 腹部周围神经和自主神经良性肿瘤
D36.100x039 脐部周围神经和自主神经良性肿瘤
D36.100x041 骨盆周围神经和自主神经良性肿瘤
D36.100x042 臀部周围神经和自主神经良性肿瘤
D36.100x043 腹股沟周围神经和自主神经良性肿瘤
D36.100x044 会阴周围神经和自主神经良性肿瘤
D36.100x045 骶部周围神经和自主神经良性肿瘤
D36.100x047 直肠膀胱隔周围神经和自主神经良性肿瘤
D36.100x048 直肠阴道隔周围神经和自主神经良性肿瘤
D36.100x050 坐骨直肠窝周围神经和自主神经良性肿瘤
D36.100x052 腰骶丛良性肿瘤
D36.100x053 骶神经良性肿瘤
D36.100x054 骶丛良性肿瘤
D36.100x056 背部周围神经和自主神经良性肿瘤
D36.100x057 腰部周围神经和自主神经良性肿瘤
D36.100x058 腰神经良性肿瘤
D36.101 面部周围神经和自主神经良性肿瘤
D36.102 颈周围神经和自主神经良性肿瘤
D36.103 躯干周围神经和自主神经良性肿瘤
D36.104 肩胛区周围神经和自主神经良性肿瘤
D36.105 腹腔周围神经和自主神经良性肿瘤
D36.106 腹膜后神经良性肿瘤
D36.107 盆腔周围神经和自主神经良性肿瘤
D36.108 直肠周围神经和自主神经良性肿瘤
D36.109 脊神经良性肿瘤
D36.110 骶尾周围神经和自主神经良性肿瘤
D36.111 上肢周围神经和自主神经良性肿瘤
D36.112 下肢周围神经和自主神经良性肿瘤
D36.113 臂丛神经良性肿瘤
D36.114 桡神经良性肿瘤
D36.115 尺神经良性肿瘤
D36.116 正中神经良性肿瘤
D42.000x001 脑膜交界性肿瘤
D42.000x002 硬脑膜下交界性肿瘤
D42.001 脑膜肿瘤
D42.002 硬脑膜下动态未定肿瘤

D42.003　硬脑膜下肿瘤
D42.100x001　脊膜交界性肿瘤
D42.100x002　硬脊膜下交界性肿瘤
D42.101　脊膜肿瘤
D42.900x001　脑脊膜交界性肿瘤
D42.900x002　硬膜下交界性肿瘤
D42.901　脑脊膜肿瘤
D43.000x001　枕叶交界性肿瘤
D43.000x002　脑室交界性肿瘤
D43.000x003　额叶交界性肿瘤
D43.000x004　顶叶交界性肿瘤
D43.000x005　颞叶交界性肿瘤
D43.000x006　大脑交界性肿瘤
D43.001　脑幕上肿瘤
D43.002　脑室动态未定肿瘤
D43.003　脑室肿瘤
D43.004　大脑动态未定肿瘤
D43.005　大脑肿瘤
D43.006　额叶动态未定肿瘤
D43.007　额叶肿瘤
D43.008　枕叶动态未定肿瘤
D43.009　枕叶肿瘤
D43.010　顶叶动态未定肿瘤
D43.011　顶叶肿瘤
D43.012　颞叶动态未定肿瘤
D43.013　颞叶肿瘤
D43.100x001　脑干交界性肿瘤
D43.100x002　小脑交界性肿瘤
D43.100x003　延髓交界性肿瘤
D43.100x004　第四脑室交界性肿瘤
D43.101　脑幕下肿瘤
D43.102　脑干动态未定肿瘤
D43.103　脑干肿瘤
D43.104　小脑动态未定肿瘤
D43.105　小脑肿瘤
D43.106　延髓动态未定肿瘤
D43.107　延髓肿瘤
D43.200x001　颅内交界性肿瘤
D43.200x002　脑交界性肿瘤
D43.200x003　颅底沟通交界性肿瘤
D43.200x004　颅底交界性肿瘤
D43.200x005　斜坡交界性肿瘤
D43.201　脑肿瘤
D43.202　颅底交通性肿瘤
D43.300x001　脑神经交界性肿瘤
D43.300x002　嗅神经交界性肿瘤
D43.300x003　视神经交界性肿瘤
D43.300x004　动眼神经交界性肿瘤
D43.300x005　滑车神经交界性肿瘤
D43.300x006　三叉神经交界性肿瘤
D43.300x007　外展神经交界性肿瘤
D43.300x008　面神经交界性肿瘤
D43.300x009　听神经交界性肿瘤
D43.300x010　舌咽神经交界性肿瘤
D43.300x011　迷走神经交界性肿瘤
D43.300x012　副神经交界性肿瘤
D43.300x013　舌下神经交界性肿瘤
D43.301　脑神经肿瘤
D43.400x001　脊髓交界性肿瘤
D43.400x002　马尾交界性肿瘤
D43.401　脊髓肿瘤
D43.402　马尾动态未定肿瘤
D43.403　马尾肿瘤
D43.700　中枢神经系统其他部位动态未定或动态未知的肿瘤
D43.900x001　硬膜外交界性肿瘤
D43.900x002　椎管内交界性肿瘤
D43.900x003　硬脑膜外交界性肿瘤
D43.900x004　硬脊膜外交界性肿瘤
D43.901　中枢神经系统肿瘤
D43.902　硬脑膜外动态未定肿瘤
D43.903　硬脑膜外肿瘤
D44.400x001　颅咽管交界性肿瘤
D44.401　颅咽管肿瘤
D44.500x001　松果体交界性肿瘤
D44.500x003　松果体区交界性肿瘤
D44.501　松果体肿瘤
D48.002　颅骨动态未定肿瘤
D48.003　颅骨肿瘤
D48.100x023　脑血管交界性肿瘤
D48.200x001　周围神经和自主神经系统交界性肿瘤
D48.200x011　鼻周围神经和自主神经交界性肿瘤
D48.200x012　上肢周围神经和自主神经交界性肿瘤
D48.200x013　肩周围神经和自主神经交界性肿瘤
D48.200x014　手周围神经和自主神经交界性肿瘤
D48.200x015　腕周围神经和自主神经交界性肿瘤
D48.200x016　臂神经交界性肿瘤
D48.200x017　臂丛交界性肿瘤
D48.200x018　正中神经交界性肿瘤
D48.200x019　桡神经交界性肿瘤

D48.200x020　尺神经交界性肿瘤
D48.200x022　髋周围神经和自主神经交界性肿瘤
D48.200x023　足周围神经和自主神经交界性肿瘤
D48.200x024　髂周围神经和自主神经交界性肿瘤
D48.200x025　踝周围神经和自主神经交界性肿瘤
D48.200x026　股神经交界性肿瘤
D48.200x027　闭孔神经交界性肿瘤
D48.200x028　坐骨神经交界性肿瘤
D48.200x029　胸周围神经和自主神经交界性肿瘤
D48.200x030　腋周围神经和自主神经交界性肿瘤
D48.200x031　膈周围神经和自主神经交界性肿瘤
D48.200x032　肩胛区周围神经和自主神经交界性肿瘤
D48.200x033　肋间神经交界性肿瘤
D48.200x034　腹周围神经和自主神经交界性肿瘤
D48.200x035　脐周围神经和自主神经交界性肿瘤
D48.200x036　骨盆周围神经和自主神经交界性肿瘤
D48.200x037　臀周围神经和自主神经交界性肿瘤
D48.200x038　腹股沟周围神经和自主神经交界性肿瘤
D48.200x039　会阴周围神经和自主神经交界性肿瘤
D48.200x040　骶周围神经和自主神经交界性肿瘤
D48.200x041　骶尾周围神经和自主神经交界性肿瘤
D48.200x042　直肠膀胱隔周围神经和自主神经交界性肿瘤
D48.200x043　直肠阴道隔周围神经和自主神经交界性肿瘤
D48.200x044　直肠周围神经和自主神经交界性肿瘤
D48.200x045　坐骨直肠窝周围神经和自主神经交界性肿瘤
D48.200x046　盆腔周围神经和自主神经交界性肿瘤
D48.200x047　腰骶丛交界性肿瘤
D48.200x048　骶神经交界性肿瘤
D48.200x049　骶丛交界性肿瘤
D48.200x051　背周围神经和自主神经交界性肿瘤
D48.200x052　腰周围神经和自主神经交界性肿瘤
D48.200x053　腰神经交界性肿瘤
D48.201　周围神经肿瘤
D48.202　自主神经肿瘤
D48.203　头颈部周围神经动态未定肿瘤
D48.204　头颈部周围神经肿瘤
D48.205　头颈部自主神经动态未定肿瘤
D48.206　头颈部自主神经肿瘤
D48.207　躯干周围神经动态未定肿瘤
D48.208　躯干周围神经肿瘤
D48.209　躯干自主神经动态未定肿瘤
D48.210　躯干自主神经肿瘤
D48.211　上肢周围神经动态未定肿瘤
D48.212　上肢周围神经肿瘤
D48.213　上肢自主神经动态未定肿瘤
D48.214　上肢自主神经肿瘤
D48.215　下肢周围神经动态未定肿瘤
D48.216　下肢周围神经肿瘤
D48.217　下肢自主神经动态未定肿瘤
D48.218　下肢自主神经肿瘤
D48.700x026　颅眶沟通交界性肿瘤
D48.700x027　颅鼻眶沟通交界性肿瘤
D48.900x004+G94.1*　肿瘤引起的脑积水
D48.900x010+G05.8*　副肿瘤相关性边缘叶脑炎
D48.905+G13.1*　副肿瘤性小脑共济失调
D48.907+G13.0*　神经系统副肿瘤综合征
Q85.900x041　颅内错构瘤
Q85.900x042　下丘脑错构瘤病
Q85.900x043　硬脊膜下错构瘤
R90.000　颅内占位性病变
R90.806　脊髓占位性病变

BU2　神经系统变性疾病

包含以下主要诊断：
A81.000　克罗伊茨费尔特-雅各布病
A81.000x002　亚急性海绵状脑病
A81.000x004　可传播性海绵状脑病
A81.000x006　常染色体显性遗传朊蛋白病
A81.000x007　家族性致死性睡眠症
A81.001+F02.1*　克罗伊茨费尔特-雅各布病性痴呆
A81.200x001　播散性坏死性脑白质病
B57.401+F02.8*　慢性查加斯病性痴呆
E71.301　肾上腺脑白质营养不良
E75.000x001　桑德霍夫病［Sandhoff病］
E75.000x002　泰-萨克斯病［Tay-Sachs病］
E75.000x003　成年型GM2神经节苷脂贮积症
E75.000x004　幼年型GM2神经节苷脂贮积症
E75.100x001　神经节苷脂贮积症
E75.100x002　GM1神经节苷脂贮积症
E75.100x004　黏脂贮积病Ⅳ型

E75.101　GM3神经节苷脂沉积症
E75.200x006　克拉贝病
E75.200x007　法伯综合征
E75.200x009　中枢神经系统海绵样变性［卡纳万病］
E75.200x010　海蓝组织细胞增生症
E75.200x011　戈谢病Ⅱ型
E75.200x012　尼曼-匹克病A型
E75.200x013　弥漫性体部血管角化瘤
E75.201　戈谢病
E75.202　脑白质营养不良
E75.203　尼曼-皮克病
E75.204　异染性脑白质营养不良
E75.205　法布里病
E75.206　硫酸酯酶缺乏
E75.300　神经鞘脂贮积症
E75.400　神经元蜡样脂褐质贮积症
E75.400x002　巴藤病
E75.400x003　比尔朔夫斯基-杨斯基病
E75.400x004　库夫斯病
E75.400x005　施皮格尔迈尔-沃格特病
E83.001　肝豆状核变性
G10.x00　亨廷顿病
G10.x01+F02.2*　亨廷顿病性痴呆
G11.000　先天性非进行性共济失调
G11.000x002　小脑性发育不良及发育不全
G11.000x003　先天性小脑性共济失调
G11.000x004　先天性小脑性共济失调双侧瘫痪
G11.000x005　先天性小脑蚓部发育不全
G11.000x006　先天性小脑颗粒细胞发育不全
G11.000x007　先天性共济失调，精神发育迟缓及部分无虹膜
G11.000x008　先天性平衡失调综合征
G11.100　早期发病的小脑性共济失调
G11.100x002　脊髓小脑性共济失调
G11.100x003　早发型小脑性共济失调增加遗传性共济失调-侏儒-智力缺陷综合征［Marinesco-Sjogren综合征］
G11.100x004　周期性共济失调［发作性共济失调］
G11.100x005　肌阵挛小脑性共济失调［Ramsay-Hunt综合征］
G11.100x006　反射保留型Friedreich共济失调
G11.101　X-连锁隐性遗传脊髓小脑性共济失调
G11.102　弗里德赖希共济失调
G11.200　晚期发病的小脑性共济失调
G11.200x002　进行性小脑共济失调［橄榄体脑桥小脑萎缩］
G11.200x004　晚发型Friedreich共济失调
G11.201　遗传性小脑性共济失调［Marie共济失调］
G11.300　小脑共济失调伴有脱氧核糖核酸［DNA］修复缺陷
G11.300x001　共济失调性毛细血管扩张症
G11.300x002　小脑性共济失调，伴有脱氧核糖核酸修复缺陷［Kearn-Sayre综合征］
G11.301　路易斯-巴尔综合征
G11.400　遗传性痉挛性截瘫
G11.400x001　遗传性痉挛性截瘫［Strumpell-Lorrain病］
G11.800　遗传性共济失调，其他的
G11.801　共济失调-手笨拙综合征
G11.900　遗传性共济失调
G11.900x001　共济失调综合征
G11.900x005　常染色体显性小脑共济失调
G11.900x006　常染色体隐性遗传性共济失调
G11.901　小脑共济失调
G11.902　原发性小脑变性
G12.000　婴儿脊髓性肌萎缩，Ⅰ型［韦德尼希-霍夫曼］
G12.100　肌萎缩，其他遗传性脊髓性的
G12.100x001　成人型脊髓性肌萎缩（Ⅳ型）
G12.100x003　幼年型进行性球麻痹［Fazio-Londe病］
G12.100x004　远端型脊髓性肌萎缩
G12.100x008　青年上肢远端肌萎缩症［平山病］
G12.101　肩腓型脊髓性肌萎缩
G12.102　少年型脊髓性肌萎缩，Ⅲ型
G12.103　婴儿型脊髓性肌萎缩，Ⅱ型
G12.104　成人型进行性脊髓性肌萎缩
G12.200　运动神经元病
G12.200x002　继发性侧索硬化
G12.200x005　进行性肌萎缩
G12.200x007　遗传性运动神经元病
G12.200x008　进行性假性延髓麻痹
G12.200x009　运动神经元变性病
G12.200x010　连枷臂综合征
G12.200x011　上运动神经元综合征
G12.200x012　真性球麻痹
G12.200x013　下运动神经元综合征
G12.200x015　免疫介导性运动神经元病
G12.200x016　假性延髓麻痹
G12.201　肌萎缩侧索硬化症（ALS）
G12.202　锥体束变性

G12.203　球麻痹
G12.204　进行性球麻痹
G12.205　原发性侧索硬化症
G12.206　进行性脊髓性肌萎缩
G12.207　家族性运动神经元病
G12.208　假性球麻痹
G12.209　脊髓延髓肌萎缩症［肯尼迪病］
G12.800　脊髓性肌萎缩和有关的综合征，其他的
G12.800x001　发作性非运动源性运动障碍
G12.803　克吕韦耶病
G12.900　脊髓性肌萎缩
G14.x00　脊髓灰质炎后综合征
G20.x00　帕金森病
G20.x00x006　少年型帕金森综合征
G20.x01　帕金森叠加综合征
G20.x02+F02.3*　帕金森病性痴呆
G20.x03　帕金森综合征
G20.x04　帕金森病3级
G20.x05　帕金森病4级
G20.x06　帕金森病5级
G20.x07　青年型帕金森病
G20.x08　早发型帕金森病
G21.000　恶性抗精神病药综合征
G21.001　恶性综合征
G21.100　帕金森综合征，其他药物性继发性的
G21.101　中毒性帕金森综合征
G21.102　药源性静坐不能
G21.200　继发性帕金森综合征，其他外部因素引起的
G21.201　外伤性帕金森综合征
G21.300　脑炎后帕金森综合征
G21.400　血管性帕金森综合征
G21.401　动脉硬化性帕金森综合征
G21.800　继发性帕金森综合征，其他的
G21.800x002　不典型帕金森综合征
G21.801　感染后帕金森综合征
G21.900　继发性帕金森综合征
G23.000　哈勒沃登-施帕茨病
G23.000x002　进行性苍白球变性
G23.000x003　苍白球黑质红核色素变性
G23.100　进行性核上性眼肌麻痹［斯蒂尔-里查森-奥尔谢夫斯基］
G23.101　进行性核上性麻痹
G23.200　帕金森型多系统萎缩
G23.300　小脑型多系统萎缩
G23.800　基底核变性疾病，其他特指的
G23.800x005　家族性特发性基底节钙化症［Fahr病］
G23.800x006　齿状红核苍白球丘脑底核萎缩症
G23.800x007　关岛肌萎缩侧索硬化-帕金森-痴呆综合征
G23.801　橄榄体脑桥小脑萎缩
G23.802　原发性基底节钙化
G23.803　皮质基底节变性
G23.804　神经源性直立性低血压
G23.900　基底核变性疾病
G24.000　药物性张力失常
G24.100　特发性家族性张力失常
G24.101　扭转痉挛
G24.102　特发性肌张力异常
G24.103　多巴胺反应性肌张力障碍
G24.104　特发性扭转性肌张力障碍
G24.105　原发性肌张力障碍
G24.106　原发性遗传性肌张力不全
G24.200　特发性非家族性张力失常
G24.200x001　婴儿大脑性手足徐动型轻瘫
G24.200x003　运动诱发性肌张力障碍
G24.201　继发性肌张力障碍
G24.202　症状性肌张力障碍
G24.300x002　痉挛性颈后倾
G24.300x003　痉挛性颈前倾
G24.300x004　痉挛性颈侧倾
G24.400　特发性口面运动障碍
G24.400x002　无牙性口面运动障碍
G24.400x003　单纯口下颌张力障碍
G24.400x004　睑痉挛-口下颌肌张力障碍
G24.500　睑痉挛
G24.500x002　梅热睑痉挛［Meige综合征］
G24.501　眼睑痉挛-口下颌肌张力障碍
G24.800　张力失常，其他的
G24.800x008　非运动诱发性肌张力障碍
G24.801　发作性肌张力障碍
G24.804　局灶型肌张力障碍
G24.805　节段型肌张力障碍
G24.806　多灶型肌张力障碍
G24.807　全身型肌张力障碍
G24.808　偏身型肌张力障碍
G24.900　张力失常
G24.900x003　肌张力障碍
G24.901　迟发性运动障碍
G24.902　运动障碍

G25.000　特发性震颤
G25.000x002　家族性震颤
G25.000x003　单纯头部震颤
G25.000x004　单纯面部震颤
G25.000x005　单纯声音震颤
G25.000x006　单纯手震颤
G25.000x007　儿童的战栗发作
G25.000x008　红核震颤
G25.000x009　原发性震颤
G25.100　药物性震颤
G25.200　震颤，其他特指型的
G25.200x002　小脑性震颤
G25.200x003　任务特异性震颤
G25.200x004　原发性书写震颤
G25.200x005　直立性震颤
G25.200x006　周围神经病性震颤
G25.200x007　肌张力障碍性震颤
G25.200x008　静止性震颤
G25.200x009　姿势性震颤
G25.201　意向性震颤
G25.202　动作性震颤
G25.300　肌阵挛
G25.300x002　药物性肌阵挛
G25.300x003　非进展性脑病的肌阵挛持续状态
G25.300x004　睡眠肌阵挛
G25.400　药物性舞蹈症
G25.500　舞蹈症，其他的
G25.500x003　发作性运动诱发性舞蹈手足徐动症［阵发性运动神经源性运动障碍］
G25.500x005　老年性舞蹈病
G25.501　偏身舞蹈症
G25.502　神经棘红细胞增多症
G25.600　药物性抽搐和其他器质性原因的抽搐
G25.600x001　药物性抽搐
G25.601　面肌抽搐
G25.800x001　不安腿综合征［不宁腿综合征］
G25.800x004　器质性书写痉挛
G25.800x005　非药物性静坐不能
G25.802　僵人综合征
G25.900　锥体束外和运动疾患
G25.901　锥体外系综合征
G25.902　基底神经节综合征
G25.903　基底节病变
G31.000　局限性脑萎缩
G31.000x003　进行性孤立性失语症
G31.100　老年性脑变性，不可归类在他处者
G31.101　老年性脑萎缩
G31.200　酒精性神经系统变性
G31.200x001　慢性酒精中毒性神经系统损害
G31.200x005　酒精性大脑变性
G31.201　酒精中毒性小脑共济失调
G31.202　酒精性小脑变性
G31.203　酒精中毒性脑病
G31.800　神经系统其他特指的变性疾病
G31.800x004　灰质变性［阿尔珀斯］
G31.800x008　亚急性小脑变性
G31.802　脊髓变性
G31.803　亚急性坏死性脑病
G31.804　皮质纹状体脊髓变性
G31.806　婴儿进行性脑灰质营养不良综合征
G31.807　亚速尔病
G31.900　神经系统的变性性疾病
G31.900x003　儿童期脑萎缩
G31.900x004　脊髓小脑变性
G31.900x006　皮质延髓小脑萎缩
G31.903　小脑萎缩
G31.904　小脑变性
Q85.000　神经纤维瘤病（非恶性）
Q85.100　结节性硬化症
R27.000　共济失调

BU3　中枢神经系统脱髓鞘病

包含以下主要诊断：
G03.905　原发性肥厚性硬脑膜炎
G04.800x004　抗NMDA受体脑炎
G04.800x012　免疫介导性脑脊髓炎
G04.800x013　免疫介导性脑炎
G04.800x014　免疫介导性脊髓炎
G04.800x015　免疫介导性脊髓神经根神经病
G04.800x016　免疫介导性脑干脑炎
G04.801　自体免疫性脑炎
G04.915　脑炎性假瘤
G35.x00　多发性硬化
G35.x00x002　脑干多发性硬化
G35.x00x003　脊髓多发性硬化
G35.x01　多发性硬化，复发缓解型
G35.x02　多发性硬化，原发进展型
G35.x03　多发性硬化，继发进展型
G35.x04　多发性硬化，进展复发型
G35.x05　多发性硬化，同心圆型

G35.x06+F02.8* 多发性硬化性痴呆
G36.000 视神经脊髓炎［德维克］
G36.000x002 视神经脊髓炎谱系疾病
G36.100 急性和亚急性出血性白质脑炎［赫斯特］
G36.101 急性出血性白质脑炎
G36.800 急性播散性脱髓鞘，其他特指的
G36.900 急性播散性脱髓鞘
G36.901 急性脱髓鞘性脊髓病
G37.000 弥漫性硬化
G37.000x002 轴周性脑炎
G37.100 胼胝体中枢性脱髓鞘
G37.100x002 原发性胼胝体变性
G37.200 中枢性脑桥髓鞘破坏
G37.200x001 脑桥中央髓鞘溶解症
G37.200x002 脑桥外髓鞘溶解症
G37.300 中枢神经系统脱髓鞘病的急性横贯性脊髓炎
G37.400 亚急性坏死性脊髓炎
G37.500 同心性硬化［鲍洛］
G37.800 中枢神经系统其他特指的脱髓鞘疾病
G37.800x006 脱髓鞘假瘤
G37.801 炎性脱髓鞘性假瘤综合征
G37.802 脱髓鞘性白质脑病
G37.803 脱髓鞘性脑病
G37.804 脱髓鞘性脊髓病
G37.805 临床孤立综合征
G37.900 中枢神经系统脱髓鞘病
G37.901 脱髓鞘病

BV1 癫痫

包含以下主要诊断：
B69.002+G94.8* 囊虫病癫痫
G40.000 局部相关性（局灶性）（部分）特发性癫痫和伴有局限性发作的癫痫综合征
G40.001 儿童良性癫痫伴中央颞区棘波
G40.002 常染色体显性遗传夜间额叶癫痫
G40.003 偏侧抽搐偏瘫综合征
G40.004 早发性良性儿童枕叶癫痫
G40.005 迟发性儿童枕叶癫痫
G40.100 局部相关性（局灶性）（部分）症状性癫痫和伴有简单部分发作的癫痫综合征
G40.100x001 癫痫部分性发作
G40.100x002 癫痫单纯部分性运动性发作伴Jackson发作
G40.100x003 癫痫单纯部分性感觉性发作
G40.100x004 癫痫单纯部分性运动性发作
G40.100x005 癫痫单纯部分性感觉性发作伴视觉症状
G40.100x006 癫痫单纯部分性发作继发全面发作
G40.100x007 额叶癫痫
G40.100x008 顶叶癫痫
G40.100x009 局灶性癫痫半侧阵挛性发作
G40.100x010 癫痫单纯部分性发作
G40.100x011 单纯部分性癫痫自主神经性发作
G40.100x012 简单部分性癫痫伴听觉症状
G40.101 家族性局灶性癫痫
G40.102 新皮质癫痫
G40.103 症状性局灶性癫痫
G40.200 局部相关性（局灶性）（部分）症状性癫痫和伴有复杂部分发作的癫痫综合征
G40.200x001 癫痫单纯部分性发作伴精神症状性发作
G40.200x002 颞叶性癫痫
G40.200x003 枕叶性癫痫
G40.200x004 癫痫复杂部分性发作继发全面发作
G40.200x005 下丘脑（痴笑性）癫痫
G40.200x006 癫痫复杂部分性发作
G40.200x010 家族性颞叶癫痫
G40.200x011 癫痫复杂部分性发作伴意识障碍和自动症
G40.200x013 癫痫复杂部分性发作伴意识障碍和运动症状
G40.201 边缘叶癫痫
G40.202 伴海马硬化颞叶内侧癫痫
G40.203 颞叶内侧癫痫
G40.204 边缘性癫痫持续状态
G40.300 全身性特发性癫痫和癫痫综合征
G40.300x001 发作性肌阵挛
G40.300x002 混合型癫痫
G40.300x003 癫痫全面性发作肌阵挛发作
G40.300x004 翁韦里希特-伦德伯格病［波罗的海肌阵挛］［青少年肌阵挛癫痫］
G40.300x006 癫痫全面性发作强直性发作
G40.300x007 仅全面性强直-阵挛发作的癫痫
G40.300x008 全身性非惊厥性癫痫
G40.300x009 全身性惊厥性疾病
G40.300x010 癫痫全面性发作阵挛性发作
G40.300x012 新生儿睡眠肌阵挛
G40.300x013 儿童良性癫痫
G40.300x014 婴儿重度肌阵挛癫痫［Dravet综

合征］
G40.300x017　新生儿癫痫
G40.300x018　新生儿癫痫综合征
G40.300x019　全面性癫痫伴热性惊厥附加症
G40.300x020　癫痫全面性发作失张力发作
G40.300x023　癫痫全面性发作强直阵挛性发作
G40.300x025　良性家族性新生儿癫痫
G40.301　青少年肌阵挛癫痫
G40.302　良性婴儿肌阵挛性癫痫
G40.303　特发性全面性癫痫
G40.304　儿童失神癫痫
G40.305　良性家族性新生儿惊厥
G40.306　青少年失神癫痫
G40.307　肌阵挛失神癫痫
G40.308　全面惊厥性癫痫持续状态
G40.309　良性新生儿惊厥
G40.310　进行性肌阵挛性癫痫
G40.311　良性非家族性婴儿惊厥
G40.400　全身性癫痫和癫痫综合征，其他的
G40.400x001　婴儿痉挛症［West综合征］
G40.400x002　伦诺克斯-加斯托综合征［Lennox-Gastaut综合征］
G40.400x003　早发性肌阵挛性脑病
G40.400x005　早期婴儿癫痫性脑病伴暴发抑制
G40.400x008　肌阵挛癫痫伴破碎肌红纤维
G40.401　儿童期弥漫性慢棘-慢波（小发作变异型）癫痫性脑病
G40.402　婴儿早期肌阵挛性脑病
G40.403　肌阵挛站立不能发作性癫痫
G40.404　婴儿严重肌阵挛性癫痫
G40.405　韦斯特综合征
G40.406　大田原综合征
G40.500　特指的癫痫综合征
G40.500x001　慢性进行性部分癫痫持续状态［Rasmussen综合征］
G40.500x003　间脑性癫痫［自主神经性癫痫］
G40.500x008　睡眠癫痫
G40.500x009　惊吓性癫痫
G40.502　特发性光敏性枕叶癫痫
G40.503　拉斯穆森综合征
G40.504　儿童期慢性进行性部分连续性癫痫
G40.505　药源性癫痫发作
G40.600　癫痫大发作（伴有或不伴有小发作）
G40.601　癫痫大发作伴小发作
G40.700　癫痫小发作，不伴有大发作
G40.700x001　癫痫小发作［典型失神发作］
G40.700x002　癫痫小发作［非典型失神发作］
G40.800x003　简单部分性癫痫伴躯体感觉症状
G40.800x004　症状性癫痫［继发性癫痫］
G40.800x008　呕吐型癫痫
G40.800x010　反射性癫痫光敏性发作
G40.800x013　觉醒时伴有全面强直阵挛性发作的癫痫
G40.801　反射性癫痫
G40.802　视觉敏感性癫痫
G40.803　原发性阅读性癫痫
G40.804　婴儿游走性部分性发作
G40.805　难治性癫痫
G40.900　癫痫
G40.900x005　癫痫性脑病
G40.903+F02.8*　癫痫性痴呆
G41.000　癫痫大发作持续状态
G41.000x002　癫痫全面性强直-阵挛发作持续状态
G41.000x003　癫痫阵挛发作持续状态
G41.000x004　癫痫强直性发作持续状态
G41.000x005　癫痫肌阵挛发作持续状态
G41.001　全面性强直阵挛性癫痫持续状态
G41.100　癫痫小发作持续状态
G41.101　失神性癫痫持续状态
G41.200　复杂部分性癫痫持续状态
G41.200x002　癫痫偏侧抽搐状态伴偏侧轻瘫
G41.200x003　边缘叶性癫痫持续状态
G41.200x004　癫痫单纯部分性发作持续状态
G41.801　慢波睡眠中持续棘慢复合波癫痫
G41.802　全面性癫痫持续状态
G41.806　局灶性癫痫持续状态
G41.807　局灶性癫痫持续性先兆
G41.900　癫痫持续状态
G83.803　托德瘫痪
R56.800x001　抽搐状态
R56.800x003　不明原因抽搐
R56.800x005　良性惊厥
R56.801　癫痫样发作
R56.802　婴儿惊厥
R56.803　惊厥
T90.503　创伤性癫痫

BV2　神经肌肉接头及肌肉病

包含以下主要诊断：
B89.x00x002+G73.4*　寄生虫病并发肌病

B99.x00x004+G73.4* 感染性疾病并发肌病
D48.900x012+G73.2* 副肿瘤综合征相关性肌无力综合征
E05.900x002+G73.0* 甲状腺功能亢进症合并周期性麻痹
E10.405+G73.0* 1型糖尿病性肌萎缩
E14.400x120+G73.0* 糖尿病性肌萎缩
E20.900x004+G73.5* 甲状旁腺功能减低合并肌病
E21.300x004+G73.5* 甲状旁腺亢进合并肌病
E23.000x001+G73.5* 垂体功能减退性肌病
E34.901+G73.5* 内分泌病性肌病
E74.007+G73.6* 糖原贮积症肌病
E75.601+G73.6* 脂质沉积性肌病
E88.908+G73.6* 代谢性肌病
G70.000 重症肌无力
G70.000x002 重症肌无力危象
G70.000x004 胆碱能危象
G70.000x005 反拗性危象
G70.001 重症肌无力，肌萎缩型
G70.002 重症肌无力，眼肌型
G70.003 重症肌无力，轻度全身型
G70.004 重症肌无力，中度全身型
G70.005 重症肌无力，急性重症型
G70.006 重症肌无力，迟发重症型
G70.007 肌无力危象
G70.008 儿童型重症肌无力
G70.100 中毒性肌神经疾患
G70.200 先天性和发育性肌无力
G70.200x004 少年型重症肌无力
G70.200x005 儿童型重症肌无力，眼肌型
G70.201 先天性重症肌无力
G70.202 先天性肌无力综合征
G70.800x001 非癌性肌无力综合征
G70.900 肌神经疾患
G70.900x001 喉肌无力
G70.900x003 面肌肌无力
G70.901 肌无力综合征
G70.902 肌无力
G71.000 肌营养不良
G71.000x005 杜氏肌营养不良症［Duchenne型肌营养不良症］
G71.000x006 Becker型肌营养不良症［贝氏肌营养不良症］
G71.000x010 Emery-dreifuss型肌营养不良症
G71.000x011 眼肌型肌营养不良症
G71.001 进行性肌营养不良
G71.002 眼咽型肌营养不良症
G71.003 假肥大型肌营养不良症
G71.004 远端型肌营养不良症
G71.005 迪谢纳型肌营养不良症
G71.006 面肩肱型肌营养不良症
G71.007 肢带型肌营养不良症
G71.100 肌强直性疾患
G71.101 神经性肌强直
G71.102 萎缩性肌强直
G71.103 营养不良性肌强直
G71.104 先天性肌强直
G71.105 先天性副肌强直
G71.106 非营养不良性肌强直综合征
G71.200 先天性肌病
G71.200x002 先天性肌营养不良
G71.200x003 多微小轴空病
G71.200x004 先天性肌纤维类型不均衡
G71.200x005 中央轴空病
G71.300 线粒体肌病，不可归类在他处者
G71.300x001 线粒体脑肌病伴高乳酸血症和卒中样发作
G71.300x003 线粒体肌病
G71.301 线粒体脑肌病
G71.800 肌肉的其他原发性疾患
G71.800x002 肌-眼-脑病
G71.801 肌萎缩
G71.900 肌肉的原发性疾患
G71.900x001 遗传性肌病
G72.000 药物性肌病
G72.100 酒精性肌病
G72.200 毒性物质引起的肌病，其他的
G72.200x001 中毒性肌病
G72.300 周期性瘫痪
G72.301 低钾型周期性麻痹
G72.302 高钾性周期性麻痹
G72.304 正常钾型周期性麻痹
G72.400 炎性肌病，不可归类在他处者
G72.401 包涵体肌炎
G72.402 遗传性包涵体肌病
G72.403 散发性包涵体肌炎
G72.404 症状性炎性肌病
G72.800x001 肌麻痹
G72.800x002 血管源性肌病
G72.800x003 缺血缺氧性肌病

G72.800x006　风湿免疫病合并肌病
G72.800x007　杆状体肌病
G72.800x008　还原体肌病
G72.800x009　肌管肌病
G72.800x010　肌球蛋白缺乏性肌病
G72.800x011　肌小管肌病
G72.800x012　远端性肌病
G72.800x013　指印体肌病
G72.900　肌病
R25.200x001　痛性痉挛

BV3　头痛

包含以下主要诊断：
G43.000　偏头痛不伴有先兆［普通偏头痛］
G43.100　偏头痛伴有先兆［典型偏头痛］
G43.100x002　偏头痛性先兆［偏头痛等位症］
G43.100x005　有迁延性先兆的偏头痛
G43.100x006　有先兆急性发作的偏头痛
G43.100x011　典型先兆不伴头痛
G43.102　基底动脉型偏头痛
G43.103　典型先兆伴非偏头痛性头痛
G43.105　家族性偏瘫性偏头痛
G43.106　散发性偏瘫性偏头痛
G43.200　偏头痛状态
G43.300　复杂性偏头痛
G43.800x002　眼肌麻痹型偏头痛
G43.801　持续性先兆不伴脑梗死
G43.802　腹型偏头痛
G43.803　视网膜性偏头痛
G43.804　儿童周期性综合征
G43.900　偏头痛
G44.000　丛集性头痛综合征
G44.000x002　发作性丛集性头痛
G44.000x004　慢性阵发性偏头痛
G44.001　慢性偏头痛
G44.002　复发性丛集性头痛
G44.003　慢性丛集性头痛
G44.004　神经性头痛
G44.005　神经血管性头痛
G44.100　血管性头痛，不可归类在他处者
G44.100x004　颈源性头痛［颈神经后支源性头痛］
G44.200　紧张型头痛
G44.200x003　发作性紧张型头痛
G44.200x005　慢性紧张型头痛不伴颅骨膜压痛
G44.201　少发复发性紧张型头痛
G44.202　少发复发性紧张型头痛伴颅骨膜压痛
G44.204　频发复发性紧张型头痛
G44.205　频发复发性紧张型头痛伴颅骨膜压痛
G44.207　慢性紧张型头痛
G44.208　慢性紧张型头痛伴颅骨膜压痛
G44.300　慢性创伤后头痛
G44.400　药物性头痛，不可归类在他处者
G44.800　头痛综合征，其他特指的
G44.800x001　自发性低颅压综合征［原发性低颅压］
G44.800x002　急性外伤后头痛
G44.800x006　慢性每日头痛
G97.101　腰椎穿刺术后头痛
R51.x00　头痛
R51.x00x002　低颅压性头痛
R51.x00x003　面部疼痛

BW1　神经系统先天性疾病

包含以下主要诊断：
G10.x00x004　良性非进行性家族性舞蹈病
G10.x00x005　先天性舞蹈病
G95.001　延髓空洞症
H47.203　家族遗传性视神经萎缩
Q00.100　颅脊柱裂
Q00.200x101　开放性枕骨裂脑露畸形
Q00.200x201　闭合性枕骨裂脑露畸形
Q01.000　额部脑膨出
Q01.100　鼻根部脑膨出
Q01.200　枕部脑膨出
Q01.800x101　顶骨脑膨出
Q01.800x201　眶部脑膨出
Q01.800x301　鼻部脑膨出
Q01.800x401　鼻咽脑膨出
Q01.801　先天性枕骨大孔疝
Q01.900　脑膨出
Q01.900x001　脑膜脑膨出
Q01.900x003　积水性脑膨出
Q01.901　先天性脑疝
Q02.x00　小头畸形
Q03.001　西尔维于斯导水管狭窄
Q03.002　西尔维于斯导水管梗阻
Q03.101　第四脑室外侧孔闭锁
Q03.102　第四脑室孔闭塞综合征
Q03.103　第四脑室正中孔闭锁
Q03.800　先天性脑积水，其他的
Q03.900　先天性脑积水

Q04.000　胼胝体先天性畸形
Q04.000x011　胼胝体发育不全
Q04.100　无嗅脑畸形
Q04.200　前脑无裂畸形
Q04.300x011　先天性大脑萎缩
Q04.300x021　先天性下丘脑萎缩
Q04.300x031　先天性小脑萎缩
Q04.300x502　先天性双侧外侧裂综合征
Q04.301　大脑皮层发育不全
Q04.302　巨脑回
Q04.303　脑发育不全
Q04.304　脑回小
Q04.305　无脑回
Q04.306　朱伯特综合征
Q04.307　先天性脑萎缩
Q04.400　视（神经）中隔发育不良
Q04.500　巨脑
Q04.600　先天性大脑囊肿
Q04.600x202　先天性硬膜下囊肿
Q04.601　脑穿通畸形
Q04.602　脑裂畸形
Q04.603　先天性第三脑室囊肿
Q04.604　先天性蛛网膜囊肿
Q04.800x002　先天性低脊髓畸形
Q04.800x003　先天性胡桃脑
Q04.800x005　先天性第五六脑室
Q04.801　先天性巨大硬脊膜囊
Q04.802　先天性脑灰质异位症
Q04.803　先天性脑透明隔异常
Q04.900　脑先天性畸形
Q04.902　先天性脑发育异常
Q05.000　颈段脊柱裂伴有脑积水
Q05.000x002　颈段脊髓脊膜膨出伴脑积水
Q05.100　胸段脊柱裂伴有脑积水
Q05.100x002　胸段脊髓脊膜膨出伴脑积水
Q05.200　腰段脊柱裂伴有脑积水
Q05.200x002　腰段脊髓脊膜膨出伴脑积水
Q05.300　骶段脊柱裂伴有脑积水
Q05.300x002　骶段脊髓脊膜膨出伴脑积水
Q05.400　脊柱裂伴有脑积水
Q05.400x001　脊髓脊膜膨出伴脑积水
Q05.500　颈段脊柱裂不伴有脑积水
Q05.500x002　颈段脊髓脊膜膨出
Q05.600　胸段脊柱裂不伴有脑积水
Q05.600x002　胸段脊髓脊膜膨出
Q05.700　腰段脊柱裂不伴有脑积水
Q05.700x002　腰骶段脊柱裂
Q05.700x003　腰段脊髓脊膜膨出
Q05.700x004　腰骶段脊髓脊膜膨出
Q05.700x005　人类尾巴
Q05.800　骶段脊柱裂不伴有脑积水
Q05.801　骶椎椎板裂
Q05.900　脊柱裂
Q05.900x002　脊柱裂伴脊膜膨出
Q05.900x006　特发性脊髓疝
Q05.900x007　脊膜膨出
Q05.901　脑脊膜膨出
Q05.902　脊膜脊髓膨出
Q06.000　无脊髓畸形
Q06.100　脊髓发育不全和发育异常
Q06.101　脊髓发育异常
Q06.200　脊髓纵裂
Q06.400　脊髓积水
Q06.400x002　先天性椎管积水
Q06.800x002　双脊髓畸形
Q06.800x003　先天性脊髓低位
Q06.800x005　椎管内肠源性囊肿
Q06.801　先天性脊髓栓系综合征
Q06.900　脊髓先天性畸形
Q06.901　腰骶神经根囊肿
Q07.000　阿-基综合征
Q07.800　神经系统其他特指的先天性畸形
Q07.800x202　先天性视神经萎缩
Q07.800x901　先天性臂丛神经移位
Q07.800x902　先天性面瘫
Q07.800x903　先天性脑神经异常支配性疾病
Q07.800x904　神经胶质异位
Q07.801　下颌瞬目综合征［MarcusGunn综合征］
Q25.800x003　先天性颈总动脉狭窄
Q27.800x032　颈静脉球异位症
Q27.801　先天性脊髓血管畸形
Q27.819　先天性头颈部血管畸形
Q28.000　入脑前血管动静脉畸形
Q28.001　先天性入脑前动静脉瘤
Q28.100　入脑前血管的其他畸形
Q28.103　先天性椎动脉畸形
Q28.104　先天性颈内动脉动脉瘤
Q28.105　先天性基底动脉畸形
Q28.106　先天性入脑前动脉瘤
Q28.200　大脑血管动静脉畸形

Q28.200x006　颅内巨大动静脉畸形
Q28.200x007　涉及功能区的动静脉畸形（Spetzler-Martin3级及以下）
Q28.200x008　涉及功能区的动静脉畸形（Spetzler-Martin3级以上）
Q28.201　先天性大脑动静脉瘤
Q28.202　先天性硬脑膜动静脉瘘
Q28.203　先天性脑动静脉瘘
Q28.300x001　脑血管畸形
Q28.300x005　基底动脉畸形
Q28.300x007　脑静脉畸形
Q28.301　先天性大脑动静脉畸形
Q28.302　先天性大脑动脉瘤
Q28.303　先天性大脑后动脉缺失
Q28.304　先天性大脑中动脉动脉瘤
Q28.305　先天性小脑动静脉畸形
Q28.800x004　髓内血管畸形
Q28.800x006　颅骨膜窦
Q76.000　隐性脊柱裂
Q85.805　斯特奇-卡利舍-韦伯综合征
Q85.910　脑错构瘤

BW2　脑性瘫痪

包含以下主要诊断：
G80.000　痉挛性四肢麻痹性脑瘫
G80.000x011　双侧痉挛型脑性瘫痪
G80.000x021　偏侧痉挛型脑性瘫痪
G80.100　痉挛性双侧脑瘫
G80.101　痉挛型脑性瘫痪
G80.200　痉挛性偏侧脑瘫
G80.200x001　婴儿性偏瘫
G80.300　运动障碍性脑瘫
G80.300x003　强直型脑性瘫痪
G80.301　双侧手足徐动症
G80.302　手足徐动型脑性瘫痪
G80.303　肌张力低下型脑性瘫痪
G80.305　发作性舞蹈-手足徐动症
G80.400　共济失调性脑瘫
G80.800　大脑性瘫痪［脑瘫］，其他的
G80.801　震颤型脑性瘫痪
G80.802　混合型脑性瘫痪
G80.900　大脑性瘫痪［脑瘫］
G81.000　松弛性偏瘫
G81.100　痉挛性偏瘫
G81.900　偏瘫
G81.900x002　轻偏瘫
G81.901　交替性偏瘫
G81.902　完全性偏瘫
G81.903　不完全性偏瘫

BX1　认知功能障碍

包含以下主要诊断：
A52.104+F02.8*　麻痹性痴呆
E01.802+F02.8*　后天性甲状腺机能减退性痴呆
E03.803+F02.8*　其他特指的后天性甲状腺机能减退性痴呆
E53.805+F02.8*　维生素B12缺乏性痴呆
E75.602+F02.8*　脑脂质沉积性痴呆
E83.003+F02.8*　肝豆状核变性痴呆
E83.505+F02.8*　高钙血症性痴呆
F01.000　急性发作的血管性痴呆
F01.100　多发脑梗死性痴呆
F01.102　遗传性多发脑梗死性痴呆
F01.200　皮层下血管性痴呆
F01.300　混合型皮层和皮层下血管性痴呆
F01.800x001　出血性痴呆
F01.900　血管性痴呆
F01.901　动脉硬化性痴呆
F01.902　脑动脉硬化性精神病
F03.x00　痴呆
F03.x01　老年性痴呆
G30.000　阿尔茨海默病伴有早期发病
G30.000x002　家族性阿尔茨海默病（老年前期型）
G30.000x003+F00.0*　阿尔茨海默病性痴呆（老年前期型）
G30.000x004+F00.0*　家族性阿尔茨海默病性痴呆（老年前期型）
G30.100　阿尔茨海默病伴有晚期发病
G30.100x002+F00.1*　家族性阿尔茨海默病性痴呆（老年型）
G30.100x003+F00.1*　阿尔茨海默病性痴呆（老年型）
G30.800　阿尔茨海默病，其他的
G30.800x001　阿尔茨海默病（混合型）
G30.800x003+F00.2*　混合性痴呆
G30.801+F00.2*　混合型阿尔茨海默病性痴呆伴幻觉妄想状态
G30.802+F00.2*　混合型阿尔茨海默病性痴呆伴抑郁状态
G30.900　阿尔茨海默病

G30.901+F00.9*　阿尔茨海默病性痴呆
G31.000x005+F02.8*　额颞叶痴呆
G31.000x006+F02.8*　语义性痴呆
G31.001　皮克病
G31.002+F02.0*　皮克病性痴呆
G31.100x007　额颞叶变性
G31.801　额颞痴呆
G31.805+F02.8*　路易体痴呆
G31.900x008　婴儿进行性大脑变性
G31.900x009　中枢神经系统变性
M30.005+F02.8*　结节性多动脉炎性痴呆
M32.116+F02.8*　狼疮性痴呆
N18.502+F02.8*　尿毒症性痴呆

BX2　脑神经/周围神经疾病

包含以下主要诊断：
C80.002+G63.1*　恶性肿瘤性周围神经病
D48.900x011+G63.1*　副肿瘤相关性周围神经病
D51.901+G32.0*　维生素B12缺乏性贫血性脊髓后侧索硬化
D86.800x002+G53.2*　结节病性多发性脑神经麻痹
E10.400x021+G63.2*　1型糖尿病性多发性神经病
E10.400x022+G63.2*　1型糖尿病性胰岛素相关性神经炎
E10.400x024+G63.2*　1型糖尿病性远端对称性周围神经病
E10.400x025+G63.2*　1型糖尿病性小神经纤维周围神经病
E10.400x026+G63.2*　1型糖尿病性感觉运动性周围神经病
E10.400x110+G59.0*　1型糖尿病性单神经病
E10.400x111+G59.0*　1型糖尿病性胸神经根病
E10.400x112+G59.0*　1型糖尿病性躯干神经根病
E10.400x121+G73.0*　1型糖尿病性肌无力综合征
E10.400x130+G59.0*　1型糖尿病性脑神经麻痹
E10.400x140+G59.0*　1型糖尿病性动眼神经麻痹
E10.400x150+G59.0*　1型糖尿病性外展神经麻痹
E10.400x160+G59.0*　1型糖尿病性股神经病
E10.400x170+G59.0*　1型糖尿病性多发性单神经病
E10.400x180+G59.0*　1型糖尿病性眼肌麻痹
E10.400x190+G59.0*　1型糖尿病性神经根病
E10.400x191+G59.0*　1型糖尿病腰骶神经根神经丛病
E10.400x310+G99.0*　1型糖尿病性出汗异常
E10.400x380+G99.0*　1型糖尿病性膀胱张力减弱
E10.400x390+G99.0*　1型糖尿病性神经性水肿
E10.400x901+G99.0*　1型糖尿病性脊髓病
E10.400x910+G63.2*　1型糖尿病伴神经系统并发症
E10.401+G63.2*　1型糖尿病性周围神经病
E10.402+G99.0*　1型糖尿病性自主神经病变
E10.403+G63.2*　1型糖尿病性神经炎
E11.400　2型糖尿病伴有神经的并发症
E11.400x021+G63.2*　2型糖尿病性多发性神经病
E11.400x022+G63.2*　2型糖尿病性胰岛素相关性神经炎
E11.400x024+G63.2*　2型糖尿病性远端对称性周围神经病
E11.400x025+G63.2*　2型糖尿病性小神经纤维周围神经病
E11.400x026+G63.2*　2型糖尿病性感觉运动性周围神经病
E11.400x110+G59.0*　2型糖尿病性单神经病
E11.400x111+G59.0*　2型糖尿病性胸神经根病
E11.400x112+G59.0*　2型糖尿病性躯干神经根病
E11.400x121+G73.0*　2型糖尿病性肌无力综合征
E11.400x130+G59.0*　2型糖尿病性脑神经麻痹
E11.400x140+G59.0*　2型糖尿病性动眼神经麻痹
E11.400x150+G59.0*　2型糖尿病性外展神经麻痹
E11.400x160+G59.0*　2型糖尿病性股神经病
E11.400x170+G59.0*　2型糖尿病性多发性单神经病
E11.400x180+G59.0*　2型糖尿病性眼肌麻痹
E11.400x190+G59.0*　2型糖尿病性神经根病
E11.400x191+G59.0*　2型糖尿病腰骶神经根神经丛病
E11.400x310+G99.0*　2型糖尿病性出汗异常
E11.400x390+G99.0*　2型糖尿病性神经性水肿
E11.400x901+G99.0*　2型糖尿病性脊髓病
E11.401+G63.2*　2型糖尿病性周围神经病
E11.402+G99.0*　2型糖尿病性自主神经病变
E11.403+G63.2*　2型糖尿病性神经炎
E11.405+G73.0*　2型糖尿病性肌萎缩
E13.400x223+G63.2*　继发性糖尿病性周围神经病变
E14.400　糖尿病伴有神经的并发症
E14.400x021+G63.2*　糖尿病性多发性神经病
E14.400x022+G63.2*　糖尿病性胰岛素相关性神经炎
E14.400x023+G63.2*　糖尿病性周围神经病
E14.400x024+G63.2*　糖尿病性远端对称性周围神经病
E14.400x025+G63.2*　糖尿病性小神经纤维周围神经病

E14.400x026+G63.2*　糖尿病性感觉运动性周围神经病
E14.400x110+G59.0*　糖尿病性单神经病
E14.400x111+G59.0*　糖尿病性胸神经根病
E14.400x112+G59.0*　糖尿病性躯干神经根病
E14.400x121+G73.0*　糖尿病性肌无力综合征
E14.400x130+G59.0*　糖尿病性脑神经麻痹
E14.400x140+G59.0*　糖尿病性动眼神经麻痹
E14.400x150+G59.0*　糖尿病性外展神经麻痹
E14.400x160+G59.0*　糖尿病性股神经病
E14.400x170+G59.0*　糖尿病性多发性单神经病
E14.400x190+G59.0*　糖尿病性神经根病
E14.400x191+G59.0*　糖尿病腰骶神经根神经丛病
E14.400x310+G99.0*　糖尿病性出汗异常
E14.400x311+G99.0*　糖尿病性体位性低血压
E14.400x312+G99.0*　糖尿病性自主神经病
E14.400x390+G99.0*　糖尿病性神经性水肿
E14.400x901+G99.0*　糖尿病性脊髓病
E51.100x002+G63.4*　糙皮病性多神经病
E51.100x003+G63.4*　脚气病性多神经炎
E53.800x003+G32.0*　侧索联合变性病
E53.800x014+G32.0*　维生素B12缺乏性贫血性脊髓后侧索硬化症
E53.803+G63.4*　维生素B12缺乏性周围神经病
E53.900x002+G63.4*　维生素B缺乏性周围神经病
E56.900x003+G63.4*　维生素缺乏性周围神经病
E56.901+G63.4*　维生素缺乏性多神经炎
E63.902+G63.4*　营养性周围神经病
E71.303　肾上腺脊髓周围神经病
E80.200x006　卟啉病神经病
E85.100x002　淀粉样多发性神经病变
E85.101+G63.3*　淀粉样变性周围神经病
E85.400x008+G99.0*　淀粉样变性性周围神经病
E88.905+G99.0*　代谢性周围神经病
G50.000　三叉神经痛
G50.001　眶上神经痛
G50.002　筛前神经痛
G50.003　原发性三叉神经痛
G50.004　继发性三叉神经痛
G50.100　非典型性面部痛
G50.801　味觉性出汗综合征
G50.802　三叉神经麻痹
G50.803　三叉神经炎
G50.900　三叉神经疾患
G51.000　贝尔面瘫
G51.000x003　眼轮匝肌麻痹
G51.002　中枢性面神经麻痹
G51.003　周围性面神经麻痹
G51.100　膝状神经节炎
G51.200　梅尔克松综合征
G51.201　梅尔克松-罗森塔尔综合征
G51.300　阵挛性半面痉挛
G51.301　面肌痉挛
G51.400　面肌纤维抽搐
G51.800x003　颜面萎缩症
G51.800x006　鳄鱼泪综合征
G51.801　面肌萎缩
G51.802　半侧颜面萎缩症
G51.803　面神经炎
G51.900　面神经疾患
G52.000　嗅神经疾患
G52.100　舌咽神经疾患
G52.100x003　原发性舌咽神经痛
G52.100x004　继发性舌咽神经痛
G52.101　舌咽神经痛
G52.102　舌咽神经麻痹
G52.200　迷走神经疾患
G52.201　喉返神经麻痹
G52.202　喉返神经疾患
G52.203　迷走神经麻痹
G52.204　喉返神经炎
G52.205　迷走神经功能亢进
G52.300　舌下神经疾患
G52.301　舌下神经痛
G52.302　舌下神经麻痹
G52.700　多发脑神经疾患
G52.700x005　维拉雷综合征
G52.701　多发性脑神经麻痹
G52.702　多发性脑神经炎
G52.703　多发性脑神经损害
G52.704　颈静脉孔综合征
G52.705　眶尖综合征
G52.800x004　枕神经痛
G52.800x005　枕小神经痛
G52.800x006　枕大神经炎
G52.801　副神经疾患
G52.802　斜方肌麻痹
G52.900　脑神经疾患
G52.901　脑神经炎
G52.902　脑神经麻痹

G54.000　臂丛疾患
G54.000x001　臂丛神经损害
G54.000x004　颈肋综合征
G54.000x006　过度外展综合征
G54.001　肋锁综合征
G54.002　胸廓出口综合征
G54.003　臂丛神经麻痹
G54.004　前斜角肌综合征
G54.100　腰骶丛疾患
G54.100x001　腰骶丛损害
G54.100x002　臀上皮神经卡压综合征［臀上皮神经炎］
G54.200　颈神经根疾患，不可归类在他处者
G54.200x001　颈神经根损害
G54.201　颈神经根囊肿
G54.300　胸神经根疾患，不可归类在他处者
G54.300x001　胸神经根损害
G54.400　腰骶神经根疾患，不可归类在他处者
G54.400x001　腰骶神经根损害
G54.500　神经痛性肌萎缩
G54.600　幻肢综合征伴有疼痛
G54.700　幻肢综合征不伴有疼痛
G54.800x003　手术后神经根粘连
G54.800x004　脊神经嵌压综合征
G54.801　骶神经根囊肿
G54.900　神经根和神经丛疾患
G54.900x001　周围神经卡压综合征
G54.901　神经根压迫症
G56.000　腕管综合征
G56.100　正中神经的其他损害
G56.100x001　正中神经损害
G56.100x002　正中神经卡压综合征
G56.100x003　骨间背侧神经卡压综合征
G56.100x004　旋前圆肌综合征
G56.101　正中神经麻痹
G56.200　尺神经损害
G56.200x001　迟发性尺神经炎
G56.201　尺神经麻痹
G56.202　肘管综合征
G56.203　尺神经炎
G56.300　桡神经损害
G56.301　桡神经麻痹
G56.800x001　指间神经瘤
G56.900　上肢单神经病
G57.000　坐骨神经损害
G57.000x003　坐骨神经粘连
G57.001　梨状肌综合征
G57.100　感觉异样性股痛
G57.100x001　股外侧皮神经炎
G57.200　股神经损害
G57.200x003　髂腹股沟神经痛［髂腹股综合征］
G57.201　股神经麻痹
G57.300　外腘神经损害
G57.300x001　腓深神经麻痹
G57.300x005　腓总神经损害
G57.301　腓神经麻痹
G57.302　腓神经损害
G57.303　腓总神经麻痹
G57.304　腓浅神经卡压
G57.400　中腘神经损害
G57.400x001　腘内侧神经损害
G57.401　胫神经麻痹
G57.500　跗管综合征
G57.500x001　胫后神经卡压综合征
G57.600　跖神经损害
G57.600x002　足底神经损害
G57.600x003　莫顿跖痛症［Morton病］
G57.601　跖趾神经炎
G57.603　足底内侧神经卡压征
G57.604　足底外侧神经卡压征
G57.800x001　趾间神经瘤
G57.800x002　手术后下肢神经粘连
G57.900　下肢单神经病
G57.901　下肢单神经炎
G58.000　肋间神经病
G58.001　肋间神经痛
G58.002　肋间神经炎
G58.700　多发性单神经炎
G58.800x001　膈神经麻痹
G58.800x004　手术后皮神经粘连
G58.800x006　肩胛上卡压综合征
G58.800x007　胸长神经麻痹
G58.800x008　耳大神经痛
G58.801　枕大神经痛
G58.900　单神经病
G58.900x002　神经功能障碍
G58.900x003　神经麻痹
G60.000　遗传性运动和感觉神经病
G60.000x002　遗传性共济失调伴肌萎缩［鲁西-莱维综合征］

G60.000x003　肥大性间质神经病［德热里纳-索塔病］
G60.000x005　婴儿肥大性神经病
G60.000x008　沙尔科-玛丽-图斯病
G60.001　脱髓鞘型腓骨肌萎缩
G60.002　轴索型腓骨肌萎缩
G60.003　腓骨肌萎缩
G60.100　植烷酸贮积症
G60.200　与遗传性共济失调有关的神经病
G60.300　特发性进行性神经病
G60.800x001　感觉性多发性神经病
G60.800x002　里吉综合征
G60.800x003　色素沉着，水肿，多发性神经病综合征
G60.800x004　遗传性感觉性神经病
G60.800x005　内拉东综合征［Nelaton综合征］
G60.800x006　莫旺病［Morvan病］
G60.800x007　巨轴索神经病
G60.800x010　遗传性感觉自主神经病
G60.801　先天性无痛无汗症
G60.802　感觉性周围神经病
G60.803　遗传性压力易感性周围神经病
G60.900　遗传性和特发性神经病
G60.900x001　遗传性周围神经病
G61.000　吉兰-巴雷［格林-巴利］综合征
G61.000x003　急性运动轴索性神经病
G61.000x004　急性炎性脱髓鞘性多发神经根神经病
G61.000x005　急性运动感觉轴索性神经病
G61.000x006　急性感觉神经病
G61.001　费舍综合征
G61.002　吉兰-巴雷综合征轴索型
G61.003　吉兰-巴雷综合征脱髓鞘型
G61.100　血清性神经病变
G61.800x003　获得性多灶性感觉运动神经病
G61.800x004　急性感觉运动神经病
G61.800x005　亚急性感觉神经病
G61.800x006　亚急性或慢性感觉运动神经病
G61.801　慢性炎症性脱髓鞘性多发性神经病
G61.900　炎性多神经病
G62.000　药物性多神经病
G62.001　药物性周围神经病
G62.100　酒精性多神经病
G62.100x002　慢性酒精中毒性神经病
G62.101　酒精中毒性周围神经病
G62.200　毒性物质引起的多神经病，其他的
G62.200x001　化学性多神经病
G62.200x003　中毒性多神经病
G62.201　有机磷中毒迟发性神经病
G62.800x005　感觉神经元病
G62.800x007　血管炎相关神经病
G62.800x008　轴索性周围神经病
G62.800x009　小纤维神经病
G62.803　放射性多神经病
G62.804　运动性周围神经病
G62.805　混合性周围神经病
G62.806　感染性周围神经病
G62.807　免疫相关性周围神经病
G62.808　缺血性周围神经病
G62.809　创伤性周围神经病
G62.810　后天获得性周围神经病
G62.900　多神经病
G62.900x002　末梢神经病［末梢神经炎］
G62.900x003　末梢神经退行性改变
G62.900x004　炎性和中毒性神经病
G62.900x011　痛性周围神经病
G62.901　周围神经病
G62.908　多灶性感觉运动神经病
G62.909　多灶性运动神经病
G64.x00　周围神经系统的其他疾患
G64.x00x001　肌颤搐多汗综合征
G83.400　马尾综合征
G83.600　上运动神经元性面瘫
G90.000　特发性周围自主神经病
G90.001　颈动脉窦性晕厥
G90.100　家族性自主神经功能异常［赖利-戴］
G90.200　霍纳综合征
G90.400　自主性高反射
G90.500　复杂性区域疼痛综合征Ⅰ型
G90.501　反射性交感神经营养不良综合征
G90.600　复杂性区域疼痛综合征Ⅱ型
G90.700　其他和未明确类型的复杂区域性疼痛综合征
G90.800x001　交感神经炎
G90.800x002　直立不耐受
G90.800x003　直立性调节障碍
G90.800x004　β受体亢进综合征［β受体过敏综合征］
G90.800x005　胆碱能神经功能亢进
G90.801　交感神经链综合征
G90.900　自主神经系统疾患

G90.900x001　自主神经功能紊乱
G90.900x002　植物神经功能紊乱
H49.000　第三［动眼］神经麻痹
H49.100　第四［滑车］神经麻痹
H49.200　第六［展］神经麻痹
M32.106+G63.5*　狼疮性周围神经病
M33.102+G63.5*　皮肌炎性周围神经病
M35.009+G63.5*　干燥综合征性周围神经病
M35.900x002+G63.5*　胶原病性神经炎
M53.000　颈颅综合征
M53.001　颈后交感神经综合征
M53.002　颅椎综合征
M79.200x001　多部位神经炎
M79.204　神经束膜炎
M79.205　慢性类风湿性神经炎
M79.207　神经痛
M79.208　神经炎
M89.000　痛性神经营养不良
M89.000x093　祖德克萎缩
M89.001　肩手综合征
M89.003　交感反射性营养不良
Q14.200x005　有髓鞘视神经纤维
S04.200　滑车神经损伤
S04.300　三叉神经损伤
S04.400　展神经损伤
S04.500　面神经损伤
S04.501　面神经断裂
S04.502　眶下神经损伤
S04.600　听神经损伤
S04.700　副神经损伤
S04.801　舌下神经损伤
S04.802　嗅神经损伤
S04.803　舌咽神经损伤
S04.804　迷走神经损伤
S04.900　脑神经损伤
S14.300　臂丛损伤
S14.400　颈部周围神经损伤
S14.500　颈部交感神经损伤
S14.601　颈部神经损伤
S24.300　胸部周围神经损伤
S24.300x001　肋间神经损伤
S24.400　胸部交感神经损伤
S24.400x001　心丛神经损伤
S24.400x002　食管丛神经损伤
S24.400x003　肺丛神经损伤
S24.400x004　星状神经丛损伤
S24.400x005　胸部交感神经节损伤
S24.500　胸部其他神经的损伤
S24.500x001　膈神经损伤
S24.600　胸部神经的损伤
S34.400　腰骶丛损伤
S34.500　腰部、骶部和骨盆交感神经损伤
S34.500x001　腹腔交感神经节损伤
S34.500x004　肠系膜下丛交感神经损伤
S34.500x005　肠系膜上丛交感神经损伤
S34.501　腹腔丛损伤
S34.502　腹下丛损伤
S34.503　肠系膜丛损伤
S34.504　内脏神经损伤
S34.600　腹部、下背和骨盆周围神经损伤
S34.601　下背周围神经损伤
S34.602　骨盆周围神经损伤
S34.801　腹部神经损伤
S34.802　下背神经损伤
S34.803　骨盆神经损伤
S44.000x001　上臂尺神经损伤
S44.100x001　上臂正中神经损伤
S44.101　上臂正中神经断裂
S44.200x001　上臂桡神经损伤
S44.300　腋神经损伤
S44.400　肌皮神经损伤
S44.500　在肩和上臂水平的皮感觉神经损伤
S44.500x001　臂内侧皮神经损伤
S44.501　上臂皮感觉神经损伤
S44.700x001　肩和上臂多处神经损伤
S44.701　上臂多发神经损伤
S44.800x001　肩胛上神经损伤
S44.900x001　肩和上臂神经损伤
S44.901　上臂神经损伤
S54.000x001　前臂尺神经损伤
S54.001　前臂尺神经断裂
S54.100x001　前臂正中神经损伤
S54.101　前臂正中神经断裂
S54.200x001　前臂桡神经损伤
S54.300x001　前臂皮感觉神经损伤
S54.700x001　前臂多处神经损伤
S54.800　在前臂水平的其他神经损伤
S54.900x001　前臂神经损伤
S64.000x001　腕部尺神经损伤
S64.000x002　手部尺神经损伤

S64.100x001　腕部正中神经损伤
S64.100x002　手部正中神经损伤
S64.200x001　腕部桡神经损伤
S64.200x002　手部桡神经损伤
S64.300　拇指指神经损伤
S64.400x001　指神经损伤
S64.700x001　腕和手多处神经损伤
S64.800　在腕和手水平的其他神经损伤
S64.900x001　腕和手神经损伤
S74.000x001　坐骨神经损伤
S74.000x002　髋部坐骨神经损伤
S74.000x003　大腿坐骨神经损伤
S74.100x001　股神经损伤
S74.100x002　髋部股神经损伤
S74.100x003　大腿股神经损伤
S74.200x001　髋部皮感觉神经损伤
S74.200x002　大腿皮感觉神经损伤
S74.700x001　髋部多处神经损伤
S74.700x002　大腿多处神经损伤
S74.801　闭孔神经损伤
S74.900x001　髋部神经损伤
S74.900x002　大腿神经损伤
S84.000x001　胫后神经损伤
S84.000x002　胫神经损伤
S84.100x001　腓神经损伤
S84.200x001　小腿皮感觉神经损伤
S84.700x001　小腿多处神经损伤
S84.800x001　腓总神经损伤
S84.800x002　腓肠神经损伤
S84.900x001　小腿神经损伤
S94.000　足底外侧神经损伤
S94.100　足底内侧神经损伤
S94.200x001　踝和足腓深神经损伤
S94.200x002　腓深神经外侧支末端损伤
S94.300x001　踝和足皮感觉神经损伤
S94.700x001　踝和足多处神经损伤
S94.800x001　趾神经损伤
S94.900x001　踝和足神经损伤
T06.101　脊周围神经损伤
T06.200x001　多处神经损伤
T09.400　躯干神经、脊神经根和神经丛的损伤
T09.400x001　脊神经损伤
T09.400x002　脊神经根损伤
T09.400x003　脊神经丛损伤
T11.300　上肢神经的损伤
T13.300　下肢神经的损伤
T14.400　神经损伤
T90.300　脑神经损伤后遗症
T90.300x003　视神经损伤后遗症
T90.301　陈旧性脑神经损伤
T90.302　陈旧性面神经损伤

BY1　颅脑损伤

包含以下主要诊断：
S01.800x011　开放性脑损伤伴颅骨骨折
S01.800x021　开放性脑损伤伴颈椎脱位
S01.800x031　开放性脑损伤
S01.800x083　头骨开放性损伤
S01.801　开放性颅内异物
S02.000　颅骨穹隆骨折
S02.000x003　颞骨鳞部骨折
S02.000x004　额骨和颞骨鳞部骨折
S02.000x005　额骨和顶骨骨折
S02.001　额骨骨折
S02.002　顶骨骨折
S02.011　开放性额骨骨折
S02.012　开放性顶骨骨折
S02.100　颅底骨骨折
S02.100x002　前颅凹骨折
S02.100x003　中颅凹骨折
S02.100x004　后颅凹骨折
S02.100x006　眶顶骨折
S02.100x008　额窦骨折
S02.100x009　蝶骨骨折
S02.101　枕骨骨折
S02.102　颞骨骨折
S02.103　筛窦骨折
S02.111　开放性颅底骨骨折
S02.112　开放性枕骨骨折
S02.113　开放性颞骨骨折
S02.114　开放性筛窦骨折
S02.300　眶底骨折
S02.300x002　眶底粉碎性骨折
S02.700x001　颅骨多发性骨折
S02.700x002　颅骨和面骨多发性骨折
S02.701　多发性面骨骨折
S02.712　开放性多发性颅骨骨折
S02.900x002　颅骨骨折
S02.902　颅骨凹陷性骨折
S02.911　开放性颅骨骨折

S06.000　脑震荡
S06.100　创伤性大脑水肿
S06.200x001　弥散性大脑损伤
S06.200x002　弥散性小脑损伤
S06.200x011　弥散性大脑损伤伴出血
S06.200x021　弥散性小脑损伤伴出血
S06.200x031　多发性大脑内出血
S06.200x032　多发性大脑血肿
S06.200x033　多发性小脑血肿
S06.200x081　多发性大脑挫裂伤
S06.200x082　多发性小脑挫裂伤
S06.201　脑干挫伤
S06.202　脑挫伤
S06.203　大脑撕裂伤
S06.204　创伤性脑疝
S06.205　创伤性脑受压
S06.206　弥漫性轴索损伤
S06.211　开放性脑挫伤
S06.300x001　局灶性大脑损伤
S06.300x002　局灶性小脑损伤
S06.300x011　局灶性大脑挫伤伴出血
S06.300x021　局灶性小脑挫伤伴出血
S06.300x031　局灶性大脑挫伤伴血肿
S06.300x032　局灶性大脑挫伤伴大量出血
S06.300x041　局灶性小脑挫伤伴血肿
S06.300x042　局灶性小脑挫伤伴大量出血
S06.300x081　局灶性大脑挫裂伤
S06.300x082　局灶性小脑挫裂伤
S06.301　创伤性脑局灶出血
S06.302　创伤性脑血肿
S06.310　开放性局灶性脑损伤
S06.400　硬膜外出血
S06.401　创伤性闭合性硬膜外血肿
S06.410　开放性硬膜外出血
S06.500　创伤性硬膜下出血
S06.500x002　创伤性硬脑膜下血肿
S06.500x004　急性创伤性硬脑膜下血肿
S06.500x005　亚急性创伤性硬脑膜下出血
S06.500x006　亚急性创伤性硬脑膜下血肿
S06.500x007　慢性创伤性硬脑膜下出血
S06.501　创伤性急性硬膜下出血
S06.502　创伤性慢性硬膜下血肿
S06.510　开放性硬膜下出血
S06.600　创伤性蛛网膜下出血
S06.600x002　创伤性蛛网膜下腔血肿
S06.610　开放性蛛网膜下隙出血
S06.700　颅内损伤伴有延长的昏迷
S06.700x001　闭合性颅脑损伤轻型
S06.700x002　闭合性颅脑损伤中型
S06.700x003　闭合性颅脑损伤重型
S06.700x004　闭合性颅脑损伤特重型
S06.700x005　开放性颅脑损伤轻型
S06.700x006　开放性颅脑损伤中型
S06.700x007　开放性颅脑损伤重型
S06.700x008　开放性颅脑损伤特重型
S06.710　开放性颅内损伤伴长时间昏迷
S06.800x002　创伤性脑内血肿
S06.800x004　创伤性小脑血肿
S06.800x005　创伤性小脑挫伤
S06.800x007　创伤性颅内血肿
S06.800x009　创伤性颅内动脉瘤
S06.800x010　创伤性脑梗塞
S06.800x011　创伤性颅内积气
S06.800x012　创伤性脑积水
S06.800x013　创伤性硬脑膜下积液
S06.801　创伤性小脑出血
S06.802　创伤性脑出血
S06.803　创伤性脑干出血
S06.804　创伤性颅内出血
S06.805　创伤性颅内海绵窦损伤
S06.811　开放性脑出血
S06.812　开放性脑干出血
S06.813　开放性小脑出血
S06.814　开放性颅内出血
S06.900　颅内损伤
S06.901　脑干损伤
S06.910　开放性颅内损伤
S06.911　开放性脑干损伤
S06.912　开放性颅内海绵窦损伤
T02.000x001　头和颈骨折
T02.010　开放性头部伴颈部骨折

BY2　脊髓伤病及功能障碍

包含以下主要诊断：
E53.801+G32.0*　脊髓亚急性联合变性
E88.904+G99.2*　代谢性脊髓病
G04.101　热带痉挛性截瘫
G37.301　急性横贯性脊髓炎
G82.000　松弛性截瘫
G82.000x011　急性弛缓性截瘫

G82.000x021　慢性弛缓性截瘫
G82.000x031　急性完全性弛缓性截瘫
G82.000x041　慢性完全性弛缓性截瘫
G82.000x051　急性不完全性弛缓性截瘫
G82.000x061　慢性不完全性弛缓性截瘫
G82.100　痉挛性截瘫
G82.100x021　慢性痉挛性截瘫
G82.100x031　急性完全性痉挛性截瘫
G82.100x041　慢性完全性痉挛性截瘫
G82.100x051　急性不完全性痉挛性截瘫
G82.100x061　慢性不完全性痉挛性截瘫
G82.101　急性痉挛性截瘫
G82.200　截瘫
G82.200x021　慢性截瘫
G82.200x031　急性完全性截瘫
G82.200x041　慢性完全性截瘫
G82.201　慢性不完全性截瘫
G82.202　急性截瘫
G82.203　急性不完全性截瘫
G82.204　高位截瘫
G82.300　松弛性四肢瘫痪
G82.300x021　慢性弛缓性四肢瘫
G82.300x031　急性完全性弛缓性四肢瘫
G82.300x041　慢性完全性弛缓性四肢瘫
G82.300x051　急性不完全性弛缓性四肢瘫
G82.300x061　慢性不完全性弛缓性四肢瘫
G82.301　急性弛缓性四肢瘫
G82.400　痉挛性四肢瘫痪
G82.400x011　急性痉挛性四肢瘫
G82.400x031　急性完全性痉挛性四肢瘫
G82.400x041　慢性完全性痉挛性四肢瘫
G82.400x051　急性不完全性痉挛性四肢瘫
G82.400x061　慢性不完全性痉挛性四肢瘫
G82.401　慢性痉挛性四肢瘫
G82.500　四肢瘫痪
G82.500x031　急性完全性四肢瘫
G82.500x041　慢性完全性四肢瘫
G82.501　急性四肢瘫
G82.502　慢性四肢瘫
G82.503　急性不完全性四肢瘫
G82.504　慢性不完全性四肢瘫
G83.000　双上肢瘫
G83.000x002　完全性双上肢瘫
G83.000x003　不完全性双上肢瘫
G83.100　下肢单瘫
G83.100x002　完全性下肢单瘫
G83.100x003　不完全性下肢单瘫
G83.200　上肢单瘫
G83.200x002　完全性上肢单瘫
G83.200x003　不完全性上肢单瘫
G83.300　单瘫
G83.300x002　完全性单瘫
G83.300x003　不完全性单瘫
G83.800x001　脊髓半切综合征［布朗-塞卡尔氏综合征］
G83.800x003　交叉性瘫痪
G83.801　布朗-塞卡尔综合征
G83.802　脊髓完全性瘫痪
G83.900x001　痉挛性瘫痪［中枢性瘫痪］
G83.900x002　瘫痪
G83.900x003　完全性瘫痪
G83.900x004　不完全性瘫痪
G83.900x005　弛缓性瘫痪［周围性瘫痪］
G83.901　轻度瘫痪
G95.000　脊髓空洞症和延髓空洞症
G95.002+M49.4*　脊髓空洞性夏科关节病
G95.003　脊髓空洞症
G95.100　血管性脊髓病
G95.100x003　脊髓前动脉栓塞
G95.100x004　脊髓前动脉血栓形成
G95.100x007　缺血性脊髓病
G95.100x008　缺血性脊髓血管病
G95.100x013　缺氧缺血性脊髓病
G95.101　脊髓出血
G95.102　急性脊髓梗死
G95.103　脊髓缺血
G95.104　脊髓坏死
G95.105　脊髓动脉血栓形成
G95.106　脊髓水肿
G95.107　脊髓后动脉综合征
G95.108　脊髓栓塞
G95.109　脊髓前动脉闭塞综合征
G95.200　脊髓受压
G95.800　脊髓其他特指的疾病
G95.800x003　脊髓神经根囊肿
G95.800x004　脊髓内囊肿
G95.800x005　脊髓前角病变
G95.800x007　脊髓性膀胱
G95.800x010　椎管内囊肿
G95.800x011　硬脊膜外囊肿

G95.800x012　骶椎神经根袖囊肿
G95.800x014　非创伤性脊髓不全横贯性损害
G95.800x015　脊髓软化
G95.800x016　脊髓胶质细胞增生
G95.800x017　药物性脊髓病
G95.801　中毒性脊髓病
G95.802　脊髓硬化症
G95.803　放射性脊髓病
G95.804　脊髓萎缩
G95.805　脊髓病性膀胱
G95.806　椎管内纤维组织增生
G95.807　肝性脊髓病
G95.900　脊髓病
G95.900x003　椎管内占位性病变
G95.900x004　椎管内外占位性病变
G95.901　椎管内肿物
G96.800x006　脊髓损伤后体温调节功能障碍
I77.000x012　脊髓动静脉瘘
I77.000x013　硬脊膜下髓周动静脉瘘
I77.002　硬脊膜动静脉瘘
M51.001+G99.2*　胸椎间盘突出伴脊髓病
M51.002+G99.2*　胸椎腰椎椎间盘突出伴脊髓病
M51.003+G99.2*　腰椎间盘突出伴脊髓病
M51.004+G99.2*　腰骶椎间盘突出伴脊髓病
Q27.300x006　先天性脊髓动静脉瘘
Q27.300x008　硬膜外动静脉畸形
Q28.800x003　髓内动静脉畸形
Q28.800x005　椎体海绵状血管畸形
S14.001　颈部脊髓水肿
S14.002　颈部脊髓震荡
S14.100x011　颈部脊髓完全损伤
S14.100x021　颈部脊髓中央损伤综合征
S14.100x022　脊髓中央管综合征
S14.100x031　颈部脊髓前索综合征
S14.100x032　颈部脊髓不完全损伤
S14.100x033　颈部脊髓后索综合征
S14.100x701　颈部脊髓功能损伤
S14.100x711　颈部脊髓功能损伤C1
S14.100x721　颈部脊髓功能损伤C2
S14.100x731　颈部脊髓功能损伤C3
S14.100x741　颈部脊髓功能损伤C4
S14.100x751　颈部脊髓功能损伤C5
S14.100x761　颈部脊髓功能损伤C6
S14.100x771　颈部脊髓功能损伤C7
S14.100x781　颈胸段脊髓功能损伤
S14.101　颈部脊髓损伤
S14.200　颈椎棘突神经根的损伤
S14.200x001　颈脊神经根损伤
S24.000x002　胸部脊髓震荡
S24.001　胸部脊髓水肿
S24.100x011　胸部脊髓完全损伤
S24.100x021　胸部脊髓前索综合征
S24.100x022　胸部脊髓中央损伤综合征
S24.100x023　胸部脊髓不完全损伤
S24.100x024　胸部脊髓后索综合征
S24.100x701　胸部脊髓功能损伤
S24.100x711　胸部脊髓功能损伤T1
S24.100x721　胸部脊髓功能损伤T2/T3
S24.100x731　胸部脊髓功能损伤T4/T5
S24.100x741　胸部脊髓功能损伤T6/T7
S24.100x751　胸部脊髓功能损伤T8/T9
S24.100x761　胸部脊髓功能损伤T10/T11
S24.100x771　胸部脊髓功能损伤T12
S24.101　胸部脊髓损伤
S34.000x002　腰部脊髓震荡
S34.001　腰部脊髓水肿
S34.100x001　腰部脊髓损伤
S34.100x002　腰部脊髓完全损伤
S34.100x003　腰部脊髓不完全损伤
S34.100x701　腰部脊髓功能损伤
S34.100x711　腰部脊髓功能损伤L1
S34.100x721　腰部脊髓功能损伤L2
S34.100x731　腰部脊髓功能损伤L3
S34.100x741　腰部脊髓功能损伤L4
S34.100x751　腰部脊髓功能损伤L5
S34.100x761　骶部脊髓功能损伤
S34.200x001　骶脊神经根损伤
S34.200x002　腰脊神经根损伤
S34.300　马尾损伤
S34.800x001　腰骶神经损伤
T06.000x001　脑神经损伤伴颈神经和脊髓损伤
T06.100x001　多处神经和脊髓损伤
T09.300　脊髓损伤
T09.300x003　脊髓完全损伤
T09.300x004　脊髓中央损伤综合征
T09.300x005　脊髓前索综合征
T09.300x006　脊髓后索综合征
T09.300x007　脊髓血肿
T09.301　创伤性截瘫
T91.300　脊髓损伤后遗症

T91.300x002　颈部脊髓损伤后遗症
T91.300x003　胸部脊髓损伤后遗症
T91.300x004　腰部脊髓损伤后遗症
T91.301　陈旧性脊髓损伤

BZ1　神经系统其他疾病

包含以下主要诊断：
D18.000x023　硬膜外血管瘤
D18.000x026　脑干血管瘤
D18.000x027　蝶鞍旁血管瘤
D18.000x028　颅内血管瘤
D18.002　脑血管瘤
E03.902+G73.5*　甲状腺功能减退性肌病
E05.900x007+G73.0*　甲亢性肌无力综合征
E05.904+G73.5*　甲状腺功能亢进性肌病
E06.302+G94.8*　桥本脑病
E10.400x360+G99.0*　1型糖尿病性性无能
E11.400x360+G99.0*　2型糖尿病性性无能
E12.400　营养不良相关性糖尿病伴有神经的并发症
E12.400x001+G99.0*　营养不良相关性糖尿病伴自主神经病变
E14.400x360+G99.0*　糖尿病性性无能
E16.108+G94.8*　低血糖性脑病
E16.111+G94.3*　低血糖性脑昏迷
E51.200+G32.8*　韦尼克脑病
E63.900x001　营养缺乏性多神经炎
E71.300x006　新生儿肾上腺脑白质病
E75.600x002+G32.8*　全身性脂贮积症性大脑变性
E85.400x012　脑淀粉样变
E85.414+I68.0*　淀粉样变脑血管损害
F01.101　常染色体显性遗传性脑动脉病
G04.100　人类T细胞淋巴病毒相关脊髓病
G04.800　脑炎、脊髓炎和脑脊髓炎，其他的
G09.x00　中枢神经系统炎性疾病的后遗症
G09.x00x001　脊髓炎后遗症
G09.x00x004　脑脊髓炎后遗症
G09.x01　感染中毒性脑病后遗症
G24.300　痉挛性斜颈
G31.901　大脑变性
G31.902　脑萎缩
G47.200　睡眠-觉醒节律障碍
G47.200x002　延迟睡眠阶段综合征
G47.200x003　日节律性睡眠障碍
G47.400x002　发作性睡病
G47.400x003　昏睡
G47.401　猝倒发作
G83.500　闭锁综合征
G83.900　麻痹［瘫痪］综合征
G91.000　交通性脑积水
G91.000x003　感染性脑积水
G91.100　梗阻性脑积水
G91.100x002　中脑导水管梗阻
G91.100x003　孤立性第四脑室［第四脑室积水］
G91.200　正常压力脑积水
G91.300　创伤后脑积水
G91.301　创伤后硬脑膜下积液
G91.800x001　继发性脑积水
G91.800x003　脑外脑积水
G91.800x004　脑内脑积水
G91.801　耳源性脑积水
G91.802　硬脑膜下积液
G91.900　脑积水
G92.x00　中毒性脑病
G92.x00x002　急性中毒性脑病
G92.x00x003　慢性中毒性脑病
G92.x01　一氧化碳中毒性脑病
G92.x02　一氧化碳中毒迟发性脑病
G93.000　大脑囊肿
G93.000x002　脑囊肿
G93.000x006　小脑囊肿
G93.000x007　侧脑室囊肿
G93.000x009　脉络丛囊肿
G93.000x010　外侧裂蛛网膜囊肿
G93.000x011　颅骨板障内蛛网膜囊肿
G93.000x012　鞍上蛛网膜囊肿
G93.000x013　桥小脑角蛛网膜囊肿
G93.000x014　蛛网膜憩室
G93.000x015　颅内囊肿
G93.001　蛛网膜囊肿
G93.002　透明隔囊肿
G93.003　后天性脑穿通畸形
G93.004　第四脑室囊肿
G93.005　硬膜下囊肿
G93.100　缺氧性脑损害，不可归类在他处者
G93.100x002　脑缺氧症
G93.101　肺性脑病
G93.102　缺氧缺血性脑病
G93.200　良性颅内高压
G93.200x003　弥漫性颅内压增高
G93.200x004　局限性颅内压增高

G93.201　良性颅内压增高综合征
G93.300　病毒感染后疲劳综合征
G93.300x002　良性肌痛性脑脊髓炎
G93.301　肌痛性脑脊髓炎
G93.400　脑病
G93.400x001　白质灰质性脑病
G93.400x002　弥散性脑病
G93.400x004　枕叶脑白质病变
G93.400x005　脑病［器质性脑病］
G93.400x006　脑干病变
G93.400x007　可逆性后部白质脑病综合征
G93.400x008　自身免疫相关性脑病
G93.401　低颅压综合征
G93.402　脑白质病
G93.403　代谢性脑病
G93.404　器质性脑病
G93.405　可逆性后部白质脑病
G93.500　脑受压
G93.503　小脑幕裂孔疝
G93.504　后天性脑膜膨出
G93.700　赖氏综合征
G93.800x007　胰性脑病
G93.800x009　脑室憩室
G93.800x010　颅内积气［气颅症］
G93.801　室管膜病
G93.802　放射性脑病
G93.803　去脑强直
G93.804　大脑功能障碍
G93.805　脑钙化
G93.806　脑软化
G93.807　脑胶质细胞增生
G93.808　脑室扩张
G93.809　颅内静脉窦狭窄
G93.810　丘脑综合征
G93.811　视丘反应综合征
G93.812　中枢性呼吸衰竭
G93.814　颅内胆脂瘤
G93.900　脑疾患
G93.900x001　脑干功能衰竭
G93.901　间脑病变
G93.902　脑肿物
G93.903　鞍区肿物
G93.904　顶叶综合征
G95.808　脊髓囊肿
G96.000　脑脊液漏
G96.000x005　脑脊液眼漏
G96.000x006　创伤性脑脊液漏
G96.001　脑脊液鼻漏
G96.002　脑脊液耳漏
G96.003　手术后脑脊液漏
G96.100　脑脊膜疾患，不可归类在他处者
G96.100x001　脊髓蛛网膜粘连
G96.100x002　蛛网膜粘连
G96.100x003　马尾粘连
G96.100x004　脊髓粘连
G96.100x005　脑膜粘连
G96.100x007　髓外硬膜外囊肿
G96.100x008　硬脊膜外粘连
G96.100x009　椎管内胆脂瘤
G96.100x010　椎管内蛛网膜囊肿
G96.100x013　硬脊膜内囊肿
G96.101　脊膜粘连
G96.103　脑室粘连
G96.104　硬膜外囊肿
G96.800x002　脑叶炎性病变
G96.800x003　营养不良性神经病［营养障碍性神经病］
G96.800x005　类固醇激素反应性慢性淋巴细胞性炎症伴脑桥血管周围强化症［CLIPPERS综合征］
G96.800x007　海绵窦综合征
G96.900　中枢神经系统疾患
G96.900x002　脑脊髓神经病
G96.900x003　脑脊髓神经根病
G96.900x004　中枢神经系统并发症
G96.901　脑脊髓病
G96.902　中枢性疼痛
G97.000　腰椎穿刺引起的脑脊液漏
G97.100　对腰椎穿刺的其他反应
G97.100x002　腰椎穿刺术后感染
G97.200　脑室分流后颅内低压
G97.800x001　手术后马尾神经损伤
G97.800x002　手术后脑膜膨出
G97.800x003　手术后肢体功能障碍
G97.800x004　手术后瘫痪
G97.800x005　手术后颅内积气
G97.800x006　手术后脑积水
G97.800x008　手术后脑神经损伤
G97.800x009　脑部手术后皮下积液
G97.801　操作后缺氧性脑损害
G97.802　脑血管造影后脑血管痉挛

G97.803　裂隙脑室综合征
G97.900　神经系统的操作后疾患
G98.x00　神经系统的其他疾患，不可归类在他处者
G98.x00x001　神经系统病变
G98.x00x002　神经系统萎缩
H47.401　视交叉综合征
H47.600　视皮层疾患
H47.601　皮质盲
H47.700　视路疾患
I67.700x001　脑动脉炎
I67.700x002　中枢神经系统原发性血管炎
I69.000x001　蛛网膜下腔出血后遗症
I69.000x002　蛛网膜下腔出血恢复期
I69.000x003　陈旧性蛛网膜下腔出血
I69.100x001　脑出血后遗症
I69.100x002　脑出血恢复期
I69.100x003　陈旧性脑出血
I69.200x001　颅内出血后遗症
I69.300　脑梗死后遗症
I69.300x002　陈旧性脑梗死
I69.300x003　脑梗死恢复期
I77.302　脑血管纤维性肌发育不良
I86.800x010　椎管内静脉曲张
M05.301+G63.6*　类风湿性关节炎伴多神经病
M32.107+G99.2*　狼疮性脊髓病变
M32.114+G94.8*　狼疮性脑病
M35.008+G94.8*　干燥综合征性中枢神经损害
N18.503+G63.8*　尿毒症性神经病变
N18.507+G99.8*　尿毒症性偏瘫
Q00.000　无脑儿
Q00.000x001　无脑畸形
Q06.300　先天性马尾畸形，其他的
Q07.900　神经系统先天性畸形
Q27.800x025　颅骨血管畸形
Q75.000　颅缝早闭
Q75.001　先天性尖头
Q75.800x902　先天性颅骨缺损
Q85.806　脑膜血管瘤病
Q85.900x052　椎管内错构瘤
Q87.800x301　脑肝肾综合征［Bowen-Lee-Zellweger 综合征］
R20.000　皮肤感觉缺失
R20.100　皮肤感觉减退
R20.200x002　皮肤针刺感
R20.200x003　皮肤麻刺感
R20.200x006　皮痛
R20.201　蚁走感
R20.202　偏身感觉异常
R20.300　感觉过敏
R20.801　皮肤感觉障碍
R20.802　口周麻木
R20.803　肢体麻木
R25.000　异常的头部运动
R25.001　发作性点头症
R25.100　震颤
R25.100x001　下肢震颤
R25.100x002　上肢震颤
R25.100x003　头部震颤
R25.300　肌束震颤
R25.300x002　颤搐
R25.800x001　不自主运动
R25.801　反射性发作
R25.802　手足徐动症
R25.803　异常不随意运动
R26.000　共济失调步态
R26.000x001　蹒跚性步态
R26.200x001　行走困难
R26.300　固态［不动］
R26.301　卧床不起
R26.800x001　异常步态
R26.802　走路不稳
R27.800x001　协调障碍
R27.800x002　中枢性协调障碍
R27.801　协调缺乏
R29.200　异常反射
R29.300　异常姿势
R29.600　跌倒倾向，不可归类在他处者
R29.800　累及神经和肌肉骨骼系统其他和未特指的症状和体征
R29.800x502　半侧运动不能
R29.800x503　半侧注意不能
R29.800x504　半侧空间忽略
R29.800x505　左侧忽略
R29.800x507　感觉忽略
R29.800x508　视空间忽略
R29.802　短暂性肢体麻痹
R29.803　短暂性单瘫
R42.x00x001　眩晕
R42.x00x002　周期性眩晕
R42.x00x004　头晕

R43.000　嗅觉丧失
R43.100　嗅觉倒错
R43.200　味觉倒错
R43.800x001　嗅觉障碍
R43.800x003　味觉障碍
R43.800x004　味觉丧失
R56.000　发热性惊厥
R83.000　脑脊液酶水平异常
R83.100　脑脊液激素水平异常
R83.200　脑脊液其他药物、药剂和生物制剂水平异常
R83.300　脑脊液主要为非药用性物质的水平异常
R83.400　脑脊液异常的免疫学所见
R83.500　脑脊液异常的微生物学所见
R83.600　脑脊液异常的细胞学所见
R83.700　脑脊液异常的组织学所见
R83.800　脑脊液其他异常所见
R83.900　脑脊液异常所见
R90.000x003　脑干占位性病变
R90.800x003　脑沟增宽
R90.801　脑超声波图异常
R90.803　脑缺血灶
R90.804　脑软化灶
R90.805　垂体柄增粗
R90.807　白质病变
R93.000x001　颅骨诊断性检查异常
R93.000x002　头部诊断性检查异常
R94.000　中枢神经系统功能检查的异常结果
R94.001　脑电图异常
R94.102　特殊感觉功能检查异常
R94.103　神经刺激反应异常
R94.104　肌电图异常
T70.203　高原性脑水肿
T79.100x002　创伤性脑脂肪栓塞
T79.801　创伤性脑膜炎
T80.600x007　急性透析性脑病
T80.600x008　慢性透析性脑病
T80.600x009　透析性脑病
T85.000　脑室颅内（交通）分流的机械性并发症
T85.001　脑室腹腔分流管障碍
T85.002　脑室腹腔分流管脱位
T85.003　脑室腹腔分流管阻塞
T85.100　神经系统植入的电子刺激器的机械性并发症
T85.100x001　脑电子神经刺激器引起的机械性并发症
T85.100x002　周围神经电子神经刺激器引起的机械性并发症
T85.100x004　脊髓电子神经刺激器引起的机械性并发症
T85.807　颅骨补片排斥反应
T90.500　颅内损伤后遗症
T90.501　陈旧性颅脑损伤
T90.502　陈旧性颅内损伤
Z42.000x011　开颅术后骨瓣凹陷整形
Z42.001　颅骨缺损修补
Z46.200x001　取出神经系统治疗装置
Z46.200x002　神经刺激器更换
Z46.201　听觉代替装置
Z46.202　视觉代替装置

MDCC　眼疾病及功能障碍

主诊表

包含以下主要诊断：
A06.801　眼阿米巴病
A18.500x002　眼眶结核
A18.500x005+H32.0*　结核性视网膜脉络膜炎
A18.500x008+H13.1*　结膜结核
A18.500x010+H32.0*　脉络膜结核瘤
A18.500x013+H22.0*　结核性虹膜睫状体炎
A18.501+H32.0*　视网膜结核
A18.502+H32.0*　脉络膜结核
A18.503+H48.8*　视神经结核
A18.504+H22.0*　葡萄膜结核
A18.506+H19.2*　角膜结核
A18.507+H19.0*　巩膜结核
A30.900x006+H19.2*　麻风性点状角膜炎
A30.900x007+H32.0*　麻风性脉络膜炎
A36.800x006+H22.8*　白喉性虹膜麻痹
A36.801+H13.1*　白喉性结膜炎
A39.801+H13.1*　脑膜炎球菌性结膜炎
A50.000x001+H32.0*　早期先天性梅毒性脉络膜视网膜炎
A50.001+H58.8*　早期先天性梅毒性眼病
A50.300+H58.8*　晚期先天性梅毒性眼病
A50.300x002+H19.2*　晚期先天性梅毒性间质性角膜炎
A50.300x003+H32.0*　晚期先天性梅毒性脉络膜视网膜炎

A50.301+H19.2* 梅毒性角膜炎
A51.400x005+H22.0* 二期梅毒性虹膜睫状体炎
A51.402+H22.0* 二期梅毒性葡萄膜炎
A51.403+H32.0* 早期梅毒性视网膜炎
A51.404+H58.8* 早期梅毒性眼病
A51.405+H58.8* 二期梅毒性眼病
A52.100x012+H48.1* 梅毒相关性视神经炎
A52.102+H58.0* 阿-罗瞳孔
A52.700x015+H58.8* 梅毒性眼病
A52.701+H22.0* 三期梅毒性葡萄膜炎
A52.702+H32.0* 三期梅毒性视网膜炎
A52.708+H58.8* 晚期梅毒性眼病
A54.300x002+H19.2* 先天性淋球菌性角膜炎
A54.302+H13.1* 淋球菌性结膜炎
A54.303+H22.0* 淋球菌性虹膜睫状体炎
A71.000 初期沙眼
A71.100 活动期沙眼
A71.100x002 沙眼性血管翳
A71.100x003 沙眼性结膜炎
A71.101 沙眼性角膜炎
A71.900 沙眼
A74.000+H13.1* 衣原体结膜炎
B00.500x002+H58.8* 单纯疱疹病毒性眼病
B00.500x005+H19.1* 树枝状角膜炎
B00.500x007+H22.0* 单纯疱疹病毒性虹膜睫状体炎
B00.500x009+H22.0* 疱疹病毒性葡萄膜炎
B00.501+H19.1* 疱疹病毒性角膜炎
B00.502+H13.1* 疱疹病毒性结膜炎
B00.503+H58.8* 疱疹性眼炎
B00.504+H03.1* 疱疹病毒性眼睑皮炎
B00.505+H22.0* 疱疹性虹膜睫状体炎
B00.506+H22.0* 疱疹性虹膜炎
B00.507+H19.1* 疱疹性角膜结膜炎
B00.508+H22.0* 疱疹性前葡萄膜炎
B00.509+H03.1* 疱疹性眼睑炎
B02.301+H58.8* 带状疱疹性眼炎
B02.302+H19.2* 带状疱疹性角膜炎
B02.303+H03.1* 眼睑带状疱疹
B02.304+H13.1* 带状疱疹性结膜炎
B02.305+H22.0* 带状疱疹性虹膜睫状体炎
B02.306+H22.0* 带状疱疹性虹膜炎
B02.307+H19.2* 带状疱疹性角膜结膜炎
B02.308+H19.0* 带状疱疹性巩膜炎
B05.800x001+H19.2* 麻疹并发角膜结膜炎
B07.x02 眼睑疣
B25.800x002+H19.2* 巨细胞病毒性角膜炎
B25.802+H32.0* 巨细胞病毒性视网膜炎
B26.801+H13.1* 流行性腮腺炎性结膜炎
B30.000+H19.2* 腺病毒性角膜结膜炎
B30.001+H19.2* 流行性角膜结膜炎
B30.100+H13.1* 腺病毒性结膜炎
B30.200+H13.1* 病毒性咽结膜炎
B30.201+H13.1* 咽结膜热
B30.300+H13.1* 急性流行性出血性（肠病毒性）结膜炎
B30.301+H13.1* 流行性出血性结膜炎
B30.800+H13.1* 病毒性结膜炎，其他的
B30.900 病毒性结膜炎
B37.807+H48.8* 视神经念珠菌感染
B49.x03+H19.2* 真菌性角膜炎
B49.x04+H19.2* 真菌性角膜溃疡
B58.000 眼弓形虫病
B58.001+H32.0* 弓形虫脉络膜视网膜炎
B60.100x002+H13.1* 棘阿米巴性结膜炎
B60.100x003+H19.2* 棘阿米巴性角膜结膜炎
B60.100x004+H19.2* 棘阿米巴性角膜炎
B87.200x001+H58.8* 眼蝇蛆病
B89.x02+H06.1* 眼眶寄生虫病
C43.100x001 眼睑恶性黑色素瘤
C43.101 眦恶性黑色素瘤
C44.100x002 眼睑恶性肿瘤
C44.100x003 内眦恶性肿瘤
C44.100x004 外眦恶性肿瘤
C44.101 眦恶性肿瘤
C44.102 睑板腺恶性肿瘤
C49.003 睑结缔组织恶性肿瘤
C69.000x001 结膜恶性肿瘤
C69.100 角膜恶性肿瘤
C69.200 视网膜恶性肿瘤
C69.300 脉络膜恶性肿瘤
C69.400 睫状体恶性肿瘤
C69.400x005 虹膜恶性肿瘤
C69.401 葡萄膜恶性肿瘤
C69.500x003 泪管恶性肿瘤
C69.501 泪腺恶性肿瘤
C69.502 泪囊恶性肿瘤
C69.503 鼻泪管恶性肿瘤
C69.600 眶恶性肿瘤
C69.600x001 眶内恶性肿瘤

C69.601　眶结缔组织恶性肿瘤
C69.602　眶周神经恶性肿瘤
C69.603　眼外肌恶性肿瘤
C69.604　眼球后组织恶性肿瘤
C69.800　眼和附器交搭跨越恶性肿瘤的损害
C69.900　眼恶性肿瘤
C69.900x001　眼内恶性肿瘤
C69.901　眼球恶性肿瘤
C79.200x002　眼睑继发恶性肿瘤
C79.400x014　泪管继发恶性肿瘤
C79.405　眼继发恶性肿瘤
C79.406　眶内继发恶性肿瘤
C79.407　眼球继发恶性肿瘤
C79.408　眼外肌继发恶性肿瘤
C79.409　脉络膜继发恶性肿瘤
D03.100x002　眼睑原位黑色素瘤
D03.100x003　眦原位黑色素瘤
D04.100x001　眼皮肤原位癌
D04.101　眦原位癌
D09.200　眼原位癌
D09.201　眼球原位癌
D09.202　角膜原位癌
D17.700x005　结膜脂肪瘤
D18.000x002　结膜血管瘤
D18.000x804　眶内血管瘤
D18.000x805　脉络膜血管瘤
D18.000x821　眼球血管瘤
D21.003　眼睑结缔组织良性肿瘤
D22.100　眼睑（包括眦）黑素细胞痣
D22.100x004　眼皮黑色素痣
D23.100x001　眼睑良性肿瘤
D23.100x002　内眦良性肿瘤
D23.100x003　外眦良性肿瘤
D23.101　眦皮肤良性肿瘤
D31.000x001　结膜良性肿瘤
D31.000x002　结膜黑色素痣
D31.100　角膜良性肿瘤
D31.200　视网膜良性肿瘤
D31.300　脉络膜良性肿瘤
D31.400　睫状体良性肿瘤
D31.402　虹膜良性肿瘤
D31.500x001　泪管良性肿瘤
D31.500x003　鼻泪管良性肿瘤
D31.501　泪腺良性肿瘤
D31.502　泪囊良性肿瘤
D31.600　眶良性肿瘤
D31.600x001　眶内良性肿瘤
D31.601　眶结缔组织良性肿瘤
D31.602　眼外肌良性肿瘤
D31.603　眶周围神经良性肿瘤
D31.604　球后良性肿瘤
D31.605　眼后组织良性肿瘤
D31.900　眼良性肿瘤
D31.901　眼球良性肿瘤
D48.200x010　眼睑周围神经和自主神经交界性肿瘤
D48.700x021　眶交界性肿瘤
D48.703　眼动态未定肿瘤
D48.704　眼肿瘤
D48.705　眶周围神经动态未定肿瘤
D48.706　眶周围神经肿瘤
D48.900x014+H36.8*　肿瘤相关性视网膜病
D86.800x003+H22.1*　结节病性虹膜睫状体炎
D86.801　眼眶结节病
E05.002+H06.2*　甲状腺功能障碍性突眼
E05.902+H58.8*　甲状腺毒症性眼病
E10.300x011+H36.0*　1型糖尿病性背景性视网膜病
E10.300x012+H36.0*　1型糖尿病性背景性出血性视网膜病
E10.300x013+H36.0*　1型糖尿病性背景性硬性渗出物性视网膜病
E10.300x014+H36.0*　1型糖尿病性背景性小动脉瘤视网膜病
E10.300x015+H36.0*　1型糖尿病性背景性静脉扩张性视网膜病
E10.300x021+H36.0*　1型糖尿病性增殖性前期视网膜病
E10.300x022+H36.0*　1型糖尿病性增殖性前期视网膜内微血管异常性视网膜病
E10.300x023+H36.0*　1型糖尿病性增殖性前期絮状斑点性视网膜病
E10.300x024+H36.0*　1型糖尿病性增殖性前期出血性视网膜病
E10.300x025+H36.0*　1型糖尿病性增殖性前期局部缺血性视网膜病
E10.300x031+H36.0*　1型糖尿病性增殖性视网膜病
E10.300x032+H36.0*　1型糖尿病性增殖性出血性视网膜病
E10.300x033+H36.0*　1型糖尿病性增殖性视网膜前出血性视网膜病
E10.300x034+H36.0*　1型糖尿病性增殖性玻璃体

出血性视网膜病

E10.300x035+H36.0*　1型糖尿病性增殖性新生血管化性视网膜病

E10.300x036+H36.0*　1型糖尿病性增殖性视网膜牵引性视网膜病

E10.300x041+H36.0*　1型糖尿病性斑点性视网膜病

E10.300x042+H36.0*　1型糖尿病性局部的水肿斑点性视网膜病

E10.300x043+H36.0*　1型糖尿病性全面的水肿斑点性视网膜病

E10.300x044+H36.0*　1型糖尿病性星状的斑点性视网膜病

E10.300x045+H36.0*　1型糖尿病性环状的黄斑病性视网膜病

E10.300x046+H36.0*　1型糖尿病性缺血性黄斑病性视网膜病

E10.300x047+H36.0*　1型糖尿病性视网膜增厚性视网膜病

E10.300x051+H42.0*　1型糖尿病性新生血管性青光眼

E10.300x052+H22.1*　1型糖尿病性虹膜红变症

E10.300x053+H36.0*　1型糖尿病性牵拉性视网膜脱离

E10.300x091+H28.0*　1型糖尿病性早发的年龄相关性白内障

E10.301+H36.0*　1型糖尿病性视网膜病变

E10.302+H28.0*　1型糖尿病性白内障

E10.303+H22.1*　1型糖尿病性虹膜炎

E11.300x011+H36.0*　2型糖尿病性背景性视网膜病

E11.300x012+H36.0*　2型糖尿病性背景性出血性视网膜病

E11.300x013+H36.0*　2型糖尿病性背景性硬性渗出物性视网膜病

E11.300x014+H36.0*　2型糖尿病性背景性小动脉瘤视网膜病

E11.300x015+H36.0*　2型糖尿病性背景性静脉扩张性视网膜病

E11.300x021+H36.0*　2型糖尿病性增殖性前期视网膜病

E11.300x022+H36.0*　2型糖尿病性增殖性前期视网膜内微血管异常性视网膜病

E11.300x023+H36.0*　2型糖尿病性增殖性前期絮状斑点性视网膜病

E11.300x024+H36.0*　2型糖尿病性增殖性前期出血性视网膜病

E11.300x025+H36.0*　2型糖尿病性增殖性前期局部缺血性视网膜病

E11.300x031+H36.0*　2型糖尿病性增殖性视网膜病

E11.300x032+H36.0*　2型糖尿病性增殖性出血性视网膜病

E11.300x033+H36.0*　2型糖尿病性增殖性视网膜前出血性视网膜病

E11.300x034+H36.0*　2型糖尿病性增殖性玻璃体出血性视网膜病

E11.300x035+H36.0*　2型糖尿病性增殖性新生血管化性视网膜病

E11.300x036+H36.0*　2型糖尿病性增殖性视网膜牵引性视网膜病

E11.300x041+H36.0*　2型糖尿病性斑点性视网膜病

E11.300x042+H36.0*　2型糖尿病性局部的水肿斑点性视网膜病

E11.300x043+H36.0*　2型糖尿病性全面的水肿斑点性视网膜病

E11.300x044+H36.0*　2型糖尿病性星状的斑点性视网膜病

E11.300x045+H36.0*　2型糖尿病性环状的黄斑病性视网膜病

E11.300x046+H36.0*　2型糖尿病性缺血性黄斑病性视网膜病

E11.300x047+H36.0*　2型糖尿病性视网膜增厚性视网膜病

E11.300x051+H42.0*　2型糖尿病性新生血管性青光眼

E11.300x052+H22.1*　2型糖尿病性虹膜红变症

E11.300x053+H36.0*　2型糖尿病性牵拉性视网膜脱离

E11.300x091+H28.0*　2型糖尿病性早发的年龄相关性白内障

E11.301+H36.0*　2型糖尿病性视网膜病变

E11.302+H28.0*　2型糖尿病性白内障

E11.303+H22.1*　2型糖尿病性虹膜炎

E12.300　营养不良相关性糖尿病伴有眼的并发症

E13.300x271+H36.0*　继发性糖尿病性视网膜病变

E13.300x571+H36.0*　青少年发病的成人型糖尿病性视网膜病变

E14.300x011+H36.0*　糖尿病性背景性视网膜病

E14.300x012+H36.0*　糖尿病性背景性出血性视网膜病

E14.300x013+H36.0*　糖尿病性背景性硬性渗出物性视网膜病

E14.300x014+H36.0* 糖尿病性背景性小动脉瘤视网膜病
E14.300x015+H36.0* 糖尿病性背景性静脉扩张性视网膜病
E14.300x021+H36.0* 糖尿病性增殖性前期视网膜病
E14.300x022+H36.0* 糖尿病性增殖性前期视网膜内微血管异常性视网膜病
E14.300x023+H36.0* 糖尿病性增殖性前期絮状斑点性视网膜病
E14.300x024+H36.0* 糖尿病性增殖性前期出血性视网膜病
E14.300x025+H36.0* 糖尿病性增殖性前期局部缺血性视网膜病
E14.300x031+H36.0* 糖尿病性增殖性视网膜病
E14.300x032+H36.0* 糖尿病性增殖性出血性视网膜病
E14.300x033+H36.0* 糖尿病性增殖性视网膜前出血性视网膜病
E14.300x034+H36.0* 糖尿病性增殖性玻璃体出血性视网膜病
E14.300x035+H36.0* 糖尿病性增殖性新生血管化性视网膜病
E14.300x036+H36.0* 糖尿病性增殖性视网膜牵引性视网膜病
E14.300x041+H36.0* 糖尿病性斑点性视网膜病
E14.300x042+H36.0* 糖尿病性局部的水肿斑点性视网膜病
E14.300x043+H36.0* 糖尿病性全面的水肿斑点性视网膜病
E14.300x044+H36.0* 糖尿病性星状的斑点性视网膜病
E14.300x045+H36.0* 糖尿病性环状的黄斑病性视网膜病
E14.300x046+H36.0* 糖尿病性缺血性黄斑病性视网膜病
E14.300x047+H36.0* 糖尿病性视网膜增厚性视网膜病
E14.300x051+H42.0* 糖尿病性新生血管性青光眼
E14.300x052+H22.1* 糖尿病性虹膜红变症
E14.300x053+H36.0* 糖尿病性牵拉性视网膜脱离
E14.300x054+H22.1* 糖尿病性虹膜炎
E14.300x061+H28.0* 糖尿病性白内障
E14.300x071+H36.0* 糖尿病性视网膜病变
E14.300x091+H28.0* 糖尿病性早发的年龄相关性白内障
E14.400x180+G59.0* 糖尿病性眼肌麻痹
E20.902+H28.1* 甲状旁腺功能减退症性白内障
E50.000x001+H13.8* 维生素A缺乏伴结膜干燥症
E50.100x002+H13.8* 维生素A缺乏伴比托斑点及结膜干燥症
E50.200x001+H19.8* 维生素A缺乏伴角膜干燥症
E50.300x001+H19.8* 维生素A缺乏伴角膜溃疡和干燥症
E50.400x001+H19.8* 维生素A缺乏伴角膜软化
E50.500x001+H58.1* 维生素A缺乏伴夜盲症
E50.600x001+H19.8* 维生素A缺乏伴角膜干眼瘢痕
E50.701+H19.8* 维生素A缺乏干眼症
E65.x00x006 眼睑眶隔脂肪增多症
E70.302 眼白化病
E83.500x006+H28.1* 低钙血性白内障［手足搐搦性白内障］
E85.418 眼睑淀粉样变性
E88.906+H28.1* 代谢性白内障
H00.000x001 眼睑疖肿
H00.001 睑腺炎
H00.002 眼睑脓肿
H00.003 眼睑蜂窝织炎
H00.100 睑板腺囊肿
H01.000 睑缘炎
H01.100 眼睑的非感染性皮肤病
H01.100x003 眼睑变应性皮炎
H01.100x004 眼睑接触性皮炎
H01.100x005 眼睑湿疹性皮炎
H01.100x006 眼睑盘形红斑狼疮性皮炎
H01.100x007 眼睑干皮病
H01.101 眼睑皮炎
H01.801 眼睑瘘
H01.802 眼睑肉芽肿
H01.900 眼睑炎症
H01.901 眼睑炎性假瘤
H02.000 睑内翻和倒睫
H02.000x004 瘢痕性睑内翻
H02.001 先天性倒睫
H02.002 瘢痕性倒睫
H02.003 睑内翻
H02.004 倒睫
H02.100 睑外翻
H02.101 麻痹性睑外翻
H02.102 瘢痕性睑外翻

H02.103　老年性睑外翻
H02.200　兔眼
H02.300　眼睑皮肤松弛症
H02.300x004　下睑袋
H02.301　眼睑皮赘
H02.400　上睑下垂
H02.500　影响眼睑功能的其他疾患
H02.500x008　睑板腺功能障碍
H02.501　睑裂狭小
H02.502　睑缘粘连
H02.503　眼睑退缩
H02.504　眼睑粘连性瘢痕
H02.506　眼睑闭锁
H02.600　睑黄斑瘤
H02.700　眼睑和眼周区域的其他变性性疾患
H02.700x001　睑板腺脂肪变性
H02.700x008　眼睑白癜风
H02.702　眼睑萎缩
H02.703　眼睑坏死
H02.704　眼睑黄褐斑
H02.705　眼睑睫毛脱落
H02.800x011　眼睑皮脂腺囊肿
H02.800x014　内眦移位
H02.800x016　外眦移位
H02.800x018　眼睑皮下淤血
H02.801　眼睑多毛症
H02.802　乱睫
H02.803　眼睑角化病
H02.804　后天性眼睑畸形
H02.805　眼睑结石
H02.806　眼睑水肿
H02.807　后天性眼内眦畸形
H02.808　陈旧性眼睑异物
H02.809　后天性眼外眦畸形
H02.810　眼睑出血
H02.811　眼睑黑变病
H02.812　眼睑囊肿
H02.813　眼睑新生物
H02.900　眼睑疾患
H02.900x003　眼睑细胞组织增生症
H02.901　眼睑肿物
H04.000　泪腺炎
H04.000x004　慢性泪腺肥大
H04.001　急性泪腺炎
H04.002　慢性泪腺炎
H04.003　泪腺炎性假瘤
H04.100　泪腺的其他疾患
H04.101　泪液分泌过少
H04.102　泪腺脱垂
H04.103　干眼综合征
H04.104　泪腺萎缩
H04.105　泪腺囊肿
H04.200　溢泪
H04.300　泪道急性炎症
H04.300x004　泪囊炎
H04.300x005　泪小管炎
H04.302　急性泪囊炎
H04.303　泪囊脓肿
H04.304　急性泪囊周围炎
H04.305　急性泪小管炎
H04.400　泪道慢性炎症
H04.401　慢性泪囊炎
H04.402　慢性泪小管炎
H04.500x001　泪小点闭塞
H04.500x004　泪道狭窄
H04.501　泪道关闭不全
H04.502　泪小点外翻
H04.503　鼻泪管阻塞
H04.504　鼻泪管闭锁
H04.505　泪小管阻塞
H04.506　泪小点狭窄
H04.507　泪石
H04.508　鼻泪管狭窄
H04.509　泪道阻塞
H04.600　泪道的其他改变
H04.600x003　泪囊黏液囊肿
H04.601　泪囊囊肿
H04.602　泪囊瘘
H04.603　泪小管瘘
H04.604　泪管肉芽肿
H04.800x002　泪小管息肉
H04.800x003　泪囊憩室
H04.801　泪小管断裂
H04.900　泪器系疾患
H04.900x001　泪腺肿物
H04.901　泪囊肿物
H05.000　眼眶急性炎症
H05.000x002　眼眶脓肿
H05.000x006　眼眶感染
H05.001　眶蜂窝织炎

H05.002 眼球筋膜炎
H05.003 眼眶骨髓炎
H05.004 眼眶内脓肿
H05.005 眼眶骨膜炎
H05.100 眼眶慢性炎性疾患
H05.100x003 眼眶非特异性炎症
H05.100x005 眼球后炎
H05.100x008 眼眶慢性炎症
H05.101 眼眶内肉芽肿
H05.102 眶内炎
H05.103 眼眶炎性假瘤
H05.104 眶肌炎
H05.200 突眼性情况
H05.201 眼球突出
H05.202 眼球移位
H05.203 眼眶出血
H05.204 眶内血肿
H05.205 眼眶水肿
H05.300 眼眶畸形
H05.300x003 眼眶外生骨疣
H05.301 眼眶萎缩
H05.400 眼球内陷
H05.500 眼眶贯通伤后残留（陈旧性）异物
H05.500x001 陈旧性眶内异物
H05.500x002 陈旧性球后异物
H05.800 眼眶的其他疾患
H05.800x002 眼眶黏液囊肿
H05.800x003 眶内上皮样囊肿
H05.800x005 眼眶溃疡
H05.800x006 眼眶瘘管
H05.801 眼眶囊肿
H05.802 眶脂肪脱垂
H05.900 眼眶疾患
H05.900x002 眶内肿物
H05.900x003 眶外肿物
H05.900x004 眶上肿物
H05.901 眼眶肿物
H10.000 黏液脓性结膜炎
H10.100 急性变应性结膜炎
H10.101 变应性结膜炎
H10.102 春季角结膜炎
H10.103 泡性结膜炎
H10.200 急性结膜炎，其他的
H10.200x001 急性卡他性结膜炎
H10.300 急性结膜炎
H10.400 慢性结膜炎
H10.401 结膜肉芽肿
H10.500 睑缘结膜炎
H10.500x001 眼眦脓肿
H10.800x001 感染性结膜炎
H10.801 结膜溃疡
H10.900 结膜炎
H10.901 细菌性结膜炎
H11.000 翼状胬肉
H11.100 结膜变性和沉着物
H11.100x001 结膜变性
H11.100x007 结膜黑变病
H11.101 结膜沉着物
H11.102 睑裂斑
H11.103 结膜铁质沉着症
H11.104 结膜干燥
H11.105 结膜结石
H11.106 结膜角化
H11.107 结膜银质沉着病
H11.108 结膜色素沉着病
H11.200 结膜瘢痕
H11.201 睑球粘连
H11.300 结膜出血
H11.301 结膜下出血
H11.400 结膜血管疾患和囊肿，其他的
H11.401 结膜囊肿
H11.402 结膜水肿
H11.403 结膜充血
H11.404 结膜动脉瘤
H11.405 结膜血管增生
H11.800x005 结膜囊挛缩
H11.800x006 结膜囊狭窄
H11.801 结膜淋巴管扩张
H11.802 假性翼状胬肉
H11.803 角结膜增生
H11.804 结膜囊畸形
H11.805 结膜松弛
H11.806 结膜息肉
H11.807 结膜脱垂
H11.808 结膜溶解
H11.900 结膜疾患
H11.901 结膜肿物
H15.000 巩膜炎
H15.000x002 巩膜脓肿
H15.001 巩膜溃疡

H15.100 巩膜外层炎
H15.800x008 巩膜缺损
H15.800x009 巩膜钙化
H15.800x010 巩膜膨隆
H15.801 巩膜囊肿
H15.802 巩膜黑变病
H15.803 巩膜葡萄肿
H15.804 巩膜肉芽肿
H15.805 巩膜粘连
H15.806 巩膜坏死
H15.900 巩膜疾患
H16.000 角膜溃疡
H16.000x001 病毒性角膜溃疡
H16.000x006 环形角膜溃疡
H16.000x010 角膜糜烂
H16.001 角膜溃疡性穿孔
H16.002 中心性角膜溃疡
H16.003 蚕蚀性角膜溃疡
H16.004 边缘性角膜溃疡
H16.005 前房积脓性角膜溃疡
H16.006 细菌性角膜溃疡
H16.007 角膜穿孔
H16.100 浅层角膜炎，其他不伴有结膜炎的
H16.100x004 晕性角膜炎
H16.100x005 星状角膜炎
H16.100x006 条纹状角膜炎
H16.100x007 钱币状角膜炎
H16.100x008 光敏性角膜炎
H16.100x009 雪盲
H16.101 电光性眼炎
H16.102 浅层点状角膜炎
H16.103 丝状角膜炎
H16.200 角膜结膜炎
H16.200x001 暴露性角膜结膜炎
H16.200x006 结节性眼炎
H16.201 小泡性角膜结膜炎
H16.203 神经营养性角膜结膜炎
H16.204 浅层角膜结膜炎
H16.205 暴露性角膜炎
H16.300x004 硬化性角膜炎
H16.300x005 角膜基质炎
H16.301 深层角膜炎
H16.302 角膜脓肿
H16.303 科根综合征
H16.400 角膜新血管形成
H16.401 角膜血管翳
H16.402 角膜血管影
H16.800x003 疫苗接种角膜炎
H16.800x005 粘连性角膜炎
H16.800x006 反应性角膜炎
H16.800x010 束状角膜炎
H16.800x014 陈旧性角膜炎
H16.801 药物性角膜结膜炎
H16.802 大泡性角膜炎
H16.803 细菌性角膜炎
H16.804 化脓性角膜炎
H16.805 神经麻痹性角膜炎
H16.900 角膜炎
H17.000 粘连性白斑
H17.100 角膜混浊，其他中心性
H17.801 角膜白斑
H17.802 角膜云翳
H17.803 角膜斑翳
H17.901 角膜瘢痕
H17.902 角膜混浊
H18.000 角膜色素沉着和沉着物
H18.000x004 角膜Kayser-Fleischer环［凯泽-弗莱舍尔环］
H18.000x005 克鲁肯贝格梭
H18.000x006 施特里线
H18.001 角膜沉着物
H18.002 角膜黑变病
H18.003 角膜血染
H18.100 大泡性角膜病变
H18.200 角膜水肿，其他的
H18.300 角膜层改变
H18.300x001 特塞梅特膜皱折
H18.300x002 特塞梅特膜破裂
H18.400 角膜变性
H18.400x003 角膜角化病
H18.400x004 角膜软化症
H18.401 角膜老年环
H18.402 带状角膜病变
H18.403 Salzmann结节状角膜变性
H18.404 边缘性角膜变性
H18.405 滴状角膜
H18.500 遗传性角膜营养不良
H18.500x005 颗粒状角膜基质营养不良
H18.500x007 斑状角膜营养不良
H18.501 上皮基底膜营养不良

H18.502 角膜营养不良
H18.504 格子状角膜营养不良
H18.506 Fuchs角膜内皮营养不良
H18.600 圆锥角膜
H18.700 角膜畸形，其他的
H18.700x005 角膜突出
H18.701 角膜葡萄肿
H18.702 角膜后弹性层膨出
H18.800x005 角膜切口瘘
H18.800x007 角膜炎性肿物
H18.800x009 角膜上皮损伤
H18.800x012 角膜知觉减退
H18.800x014 角膜内皮炎
H18.801 角膜溶解
H18.802 角膜囊肿
H18.803 角膜干燥症
H18.804 复发性角膜糜烂
H18.805 角膜皮赘
H18.806 角膜上皮脱落
H18.807 角膜结膜化
H18.808 角膜内皮失代偿
H18.900 角膜疾患
H18.901 角膜肿物
H20.000x003 前房积脓
H20.000x004 急性虹膜睫状体炎
H20.001 亚急性虹膜睫状体炎
H20.002 复发性虹膜睫状体炎
H20.003 变态反应性虹膜睫状体炎
H20.004 前房积脓性虹膜睫状体炎
H20.100 慢性虹膜睫状体炎
H20.100x002 慢性虹膜炎
H20.101 慢性眼色素膜炎
H20.102 肉芽肿性葡萄膜炎
H20.200 晶体诱发性虹膜睫状体炎
H20.200x001 晶状体相关性葡萄膜炎
H20.800 虹膜睫状体炎，其他的
H20.801 眼色素层脑膜炎
H20.802 创伤性虹膜睫状体炎
H20.803 Fuchs综合征
H20.804 虹膜脓肿
H20.900 虹膜睫状体炎
H20.900x002 虹膜炎
H20.900x004 葡萄膜炎［色素膜炎］
H20.900x006 陈旧性葡萄膜炎
H20.901 角膜葡萄膜炎
H21.000 前房积血
H21.002 虹膜出血
H21.003 睫状体出血
H21.100 虹膜和睫状体的其他血管疾患
H21.101 虹膜新生血管
H21.102 虹膜红变
H21.103 睫状体新生血管
H21.104 前房角新生血管
H21.200 虹膜和睫状体变性
H21.200x005 缩瞳性瞳孔囊肿
H21.200x006 虹膜半透明
H21.200x007 瞳孔缘变性
H21.200x008 特发性虹膜萎缩
H21.200x009 进行性虹膜萎缩
H21.201 虹膜萎缩
H21.202 虹膜变性
H21.203 虹膜劈裂症
H21.204 睫状体变性
H21.300x005 炎症渗出性虹膜囊肿
H21.300x006 外伤植入性虹膜囊肿
H21.300x007 寄生虫性虹膜囊肿
H21.300x008 炎症渗出性睫状体囊肿
H21.300x009 外伤植入性睫状体囊肿
H21.300x010 寄生虫性睫状体囊肿
H21.300x011 炎症渗出性前房囊肿
H21.300x012 外伤植入性前房囊肿
H21.300x013 寄生虫性前房囊肿
H21.301 虹膜囊肿
H21.302 睫状体囊肿
H21.303 前房囊肿
H21.400 瞳孔膜
H21.401 瞳孔闭锁
H21.402 瞳孔闭合
H21.403 虹膜膨隆
H21.500 虹膜和睫状体的其他粘连和破裂
H21.500x003 虹膜根部离断
H21.500x004 虹膜前粘连
H21.500x011 瞳孔前粘连
H21.500x013 虹膜后粘连
H21.500x015 睫状体脱离
H21.501 虹膜离断
H21.502 虹膜粘连
H21.503 睫状体离断
H21.504 瞳孔后粘连
H21.505 瞳孔移位

H21.506　前房角后退
H21.507　前房角粘连
H21.508　前房角破裂
H21.510　陈旧性虹膜睫状体炎
H21.800　虹膜和睫状体其他特指的疾患
H21.800x001　前房积液
H21.801　虹膜前增殖膜
H21.802　虹膜脱出
H21.900　虹膜和睫状体疾患
H21.901　虹膜肿物
H25.000　老年性初期白内障
H25.000x002　前极白内障
H25.000x003　冠状老年性白内障
H25.000x005　点状老年性白内障
H25.000x006　后极白内障
H25.000x007　皮质性白内障初发期
H25.001　后囊下白内障
H25.002　皮质性白内障成熟期
H25.004　皮质性白内障膨胀期
H25.100　老年核性白内障
H25.200　老年性白内障，莫尔加尼型
H25.800　老年性白内障，其他的
H25.800x001　其他的老年性白内障
H25.800x002　联合性老年性白内障
H25.900　老年性白内障
H26.000x001　早老性白内障
H26.000x002　青年期白内障
H26.000x005　发育性白内障
H26.001　婴儿期白内障
H26.002　幼年性白内障
H26.003　老年前期白内障
H26.100　外伤性白内障
H26.100x002　晶体后囊膜破裂
H26.200　并发性白内障
H26.200x005　慢性虹膜睫状体炎性白内障
H26.201　虹膜异色性白内障
H26.202　青光眼性白内障
H26.300　药物性白内障
H26.300x001　激素性白内障
H26.300x004　三硝基甲苯性白内障
H26.301　中毒性白内障
H26.400　后发性白内障
H26.400x002　继发性白内障
H26.400x003　膜性白内障
H26.401　泽默林环
H26.801　混合性白内障
H26.802　放射性白内障
H26.900　白内障
H26.901　晶体混浊
H27.000　无晶状体
H27.100　晶状体脱位
H27.101　晶状体半脱位
H27.102　晶状体全脱位
H27.800　晶状体其他特指的疾患
H27.800x001　真性晶状体囊膜剥脱
H27.900　晶状体疾患
H30.000　局灶性脉络膜视网膜炎
H30.000x002　渗出性脉络膜炎
H30.000x004　局灶性脉络膜炎
H30.000x005　局灶性视网膜炎
H30.001　近乳头性脉络膜视网膜炎
H30.100　播散性脉络膜视网膜炎
H30.100x002　播散性视网膜炎
H30.100x003　播散性脉络膜炎
H30.200　后睫状体炎
H30.201　睫状体平坦部炎
H30.800x002　急性视网膜色素上皮炎
H30.801　原田病
H30.900　脉络膜视网膜炎
H30.900x001　陈旧性脉络膜视网膜炎
H30.900x002　结节性脉络膜炎
H30.901　视神经视网膜炎
H30.902　脉络膜炎
H30.903　视网膜炎
H31.000　脉络膜视网膜瘢痕
H31.000x001　视网膜瘢痕
H31.000x002　日光性视网膜病
H31.000x004　炎症后黄斑瘢痕
H31.000x005　外伤后黄斑瘢痕
H31.100　脉络膜变性
H31.101　脉络膜萎缩
H31.102　脉络膜硬化
H31.200　遗传性脉络膜营养障碍
H31.200x002　无脉络膜症
H31.200x003　中心小区性脉络膜营养不良
H31.200x004　广泛性脉络膜营养不良
H31.200x005　视乳头周围脉络膜营养不良
H31.200x006　回旋状脉络膜萎缩
H31.300　脉络膜出血和破裂
H31.300x004　驱逐性脉络膜出血

H31.301 脉络膜破裂
H31.302 脉络膜出血
H31.400 脉络膜脱离
H31.400x003 化脓性脉络膜脱离
H31.401 出血性脉络膜脱离
H31.402 手术后脉络膜脱离
H31.403 创伤性脉络膜脱离
H31.404 渗出性脉络膜脱离
H31.800x001 脉络膜缺血
H31.800x002 脉络膜渗出
H31.800x003 脉络膜水肿
H31.800x004 特发性息肉样脉络膜血管病变
H31.801 葡萄膜渗漏综合征
H31.802 脉络膜新生血管
H31.900 脉络膜疾患
H31.901 脉络膜肿物
H33.000 视网膜脱离伴视网膜断裂
H33.000x005 巨大裂孔性视网膜脱离
H33.000x006 脉络膜脱离型视网膜脱离
H33.000x007 黄斑裂孔性视网膜脱离
H33.001 孔源性视网膜脱离
H33.002 锯齿缘离断
H33.100 视网膜劈裂症及视网膜囊肿
H33.100x004 假性视网膜囊肿
H33.100x005 寄生虫性视网膜囊肿
H33.100x006 锯齿缘囊肿
H33.101 视网膜囊肿
H33.102 视网膜劈裂症
H33.200 浆液性视网膜脱离
H33.200x002 出血性视网膜脱离
H33.200x004 渗出性视网膜脱离
H33.300 视网膜断裂不伴有脱离
H33.300x006 视网膜撕裂
H33.301 视网膜缺损
H33.302 创伤性视网膜裂孔
H33.303 视网膜破裂
H33.304 视网膜裂孔
H33.400 牵引性视网膜脱离
H33.401 增生性玻璃体视网膜病伴视网膜脱离
H33.500 视网膜脱离，其他的
H33.500x002 大泡性视网膜脱离
H33.500x006 医源性视网膜脱离
H33.500x008 局限性视网膜脱离
H33.501 继发性视网膜脱离
H33.502 陈旧性视网膜脱离
H33.503 创伤性视网膜脱离
H33.504 复发性视网膜脱离
H33.506 原发性视网膜脱离
H34.000 短暂性视网膜动脉阻塞
H34.100 视网膜中央动脉阻塞
H34.200 视网膜动脉阻塞，其他的
H34.200x002 视网膜血管痉挛
H34.200x004 视网膜粥样栓塞［侯兰荷思特斑］
H34.200x005 视网膜微栓塞
H34.201 视网膜部分性动脉阻塞
H34.202 视网膜分支动脉阻塞
H34.203 视网膜动脉供血不足
H34.204 视网膜动脉栓塞
H34.800 视网膜血管阻塞，其他的
H34.800x001 颞上支静脉阻塞
H34.801 视网膜分支静脉阻塞
H34.802 视网膜静脉阻塞
H34.803 视网膜中心性静脉阻塞
H34.804 视网膜部分性静脉阻塞
H34.900 未特指的视网膜血管阻塞
H34.900x001 视网膜血管阻塞
H35.000 背景性视网膜病变和视网膜血管改变
H35.000x004 肾病眼底改变
H35.000x014 视网膜血管白鞘
H35.000x017 缺血性视网膜病变
H35.000x019 急性区域性隐匿性外层视网膜病变
H35.000x020 IRVAN综合征
H35.000x021 中心性渗出性脉络膜视网膜病
H35.001 视网膜血管病变
H35.002 视网膜静脉周围炎
H35.004 高血压性视网膜病变
H35.005 科茨病
H35.006 环状视网膜病
H35.007 视网膜血管曲张
H35.008 视网膜血管炎
H35.009 视网膜微动脉瘤
H35.010 家族性渗出性玻璃体视网膜病变
H35.011 视网膜大动脉瘤
H35.012 视网膜新生血管
H35.013 视网膜动脉炎
H35.014 视网膜静脉炎
H35.015 背景性视网膜病变
H35.100 早产儿视网膜病
H35.200 增生性视网膜病变，其他的
H35.200x001 外伤性增殖性视网膜病

H35.300　黄斑和后极变性
H35.300x007　黄斑血管样纹
H35.300x008　库恩特-尤尼乌斯变性
H35.300x009　中毒性黄斑病
H35.300x010　干性年龄相关性黄斑变性
H35.300x011　湿性年龄相关性黄斑变性
H35.300x012　近视性黄斑变性
H35.301　黄斑玻璃样疣
H35.302　黄斑皱褶
H35.303　黄斑裂孔
H35.304　黄斑囊肿
H35.305　年龄相关性黄斑变性
H35.306　黄斑前膜
H35.307　视网膜黄斑变性
H35.400　周围性视网膜变性
H35.400x001　视网膜变性
H35.400x003　视网膜格状变性
H35.400x004　视网膜微囊样变性
H35.400x005　视网膜栅栏状变性
H35.400x006　视网膜铺路石状变性
H35.400x007　视网膜网状变性
H35.500　遗传性视网膜变性
H35.500x003　遗传性视网膜营养障碍
H35.500x004　眼底黄色斑点症［Stargardt病］
H35.500x005　色素性视网膜炎
H35.500x006　毯样视网膜营养障碍
H35.500x007　白点状视网膜营养障碍
H35.500x008　色素性视网膜营养障碍
H35.500x009　卵黄性视网膜营养障碍
H35.501　视网膜色素变性
H35.502　视网膜营养障碍
H35.503　施塔加特病
H35.600　视网膜出血
H35.601　黄斑出血
H35.602　眼底出血
H35.700　视网膜层分离
H35.700x005　视网膜神经上皮层脱离
H35.701　中心性浆液性脉络膜视网膜病变
H35.702　视网膜色素上皮脱离
H35.703　创伤性脉络膜视网膜病
H35.800x005　急性视网膜坏死综合征
H35.800x008　外伤性视网膜病
H35.800x009　药物性视网膜病变
H35.800x010　肾病性视网膜病
H35.800x011　黑色素瘤相关性视网膜病
H35.801　继发性视网膜病变
H35.802　眼缺血综合征
H35.803　远达性视网膜病
H35.804　黄斑囊样水肿
H35.805　视网膜萎缩
H35.806　视网膜黑变病
H35.807　视网膜前机化膜
H35.808　视网膜坏死
H35.809　急性坏死性视网膜炎
H35.900　视网膜疾患
H40.000　可疑青光眼
H40.000x001　交界性青光眼
H40.000x002　青光眼临床前期
H40.000x004　青光眼术后眼压失控
H40.001　高眼压症
H40.002　前房角狭窄
H40.100　原发性开角型青光眼
H40.100x001　开角型青光眼
H40.100x004　残余性青光眼
H40.101　色素性青光眼
H40.102　假性囊膜剥脱综合征
H40.103　正常眼压性青光眼
H40.200　原发性闭角型青光眼
H40.200x006　急性闭角性青光眼急性发作期
H40.200x007　急性闭角型青光眼间歇期
H40.200x009　急性闭角型青光眼临床前期
H40.200x010　急性闭角型青光眼先兆期
H40.200x011　急性闭角型青光眼慢性期
H40.200x012　急性闭角型青光眼绝对期
H40.202　慢性闭角型青光眼
H40.203　原发性急性闭角型青光眼
H40.300　继发于眼外伤的青光眼
H40.400　继发于眼部炎症的青光眼
H40.401　虹膜睫状体炎继发性青光眼
H40.403　青光眼睫状体炎综合征
H40.500　继发于其他眼部疾患的青光眼
H40.500x001　虹膜角膜内皮综合征
H40.500x002　继发性青光眼
H40.500x008　晶状体过敏性青光眼
H40.500x009　恶性青光眼［睫状环阻滞性青光眼］
H40.501　新生血管性青光眼
H40.502　无晶状体性青光眼
H40.503　晶状体性青光眼
H40.504　晶状体脱位性青光眼
H40.505　晶状体溶解性青光眼

H40.506　Schwartz综合征
H40.600　药物性青光眼
H40.600x002　糖皮质激素性青光眼
H40.800x002　血影细胞性青光眼
H40.800x004　发育性青光眼
H40.800x005　分泌过多性青光眼
H40.801　混合型青光眼
H40.900　青光眼
H43.000　玻璃体脱出
H43.001　玻璃体疝
H43.100　玻璃体积血
H43.100x003　蛛网膜下腔出血合并玻璃体积血［Terson综合征］
H43.200　玻璃体内结晶沉积
H43.200x001　星状玻璃体变性
H43.300　玻璃体混浊，其他的
H43.800x003　玻璃体脱离
H43.800x004　玻璃体萎缩
H43.800x005　闪辉性玻璃体液化
H43.801　玻璃体囊肿
H43.802　玻璃体黄斑牵拉综合征
H43.803　玻璃体变性
H43.804　玻璃体机化
H43.805　增殖性玻璃体病变
H43.806　玻璃体增生
H43.900　玻璃体疾患
H44.000　化脓性眼内炎
H44.000x002　感染性眼内炎
H44.000x005　眼内炎
H44.000x007　转移性眼内炎
H44.001　玻璃体脓肿
H44.002　全眼球炎
H44.003　眼脓肿
H44.100　眼内炎，其他的
H44.100x003　眼小梁炎
H44.101　全色素膜炎
H44.102　眼炎性假瘤
H44.103　交感性眼炎
H44.104　寄生虫性眼内炎
H44.200　变性近视
H44.200x001　病理性近视
H44.300　眼球的其他变性性疾患
H44.300x001　虹膜铁质沉着症
H44.300x002　晶状体铁质沉着症
H44.300x003　视网膜铁质沉着症
H44.301　眼铁质沉着病
H44.302　眼铜屑沉着病
H44.400　低眼压症
H44.401　角膜瘘
H44.402　巩膜瘘
H44.500　眼球的变性性情况
H44.501　绝对期青光眼
H44.502　眼球萎缩
H44.503　眼球痨
H44.600　眼内残留（陈旧性）磁性异物
H44.600x002　陈旧性前房磁性异物
H44.600x003　陈旧性睫状体磁性异物
H44.600x004　陈旧性虹膜磁性异物
H44.600x005　陈旧性晶状体磁性异物
H44.600x006　陈旧性眼球磁性异物
H44.600x007　陈旧性玻璃体磁性异物
H44.700　眼内残留（陈旧性）非磁性异物
H44.700x002　陈旧性玻璃体非磁性异物
H44.700x003　陈旧性巩膜非磁性异物
H44.700x004　陈旧性前房非磁性异物
H44.700x005　陈旧性眼球非磁性异物
H44.700x007　陈旧性睫状体非磁性异物
H44.700x008　陈旧性虹膜非磁性异物
H44.700x009　陈旧性晶状体非磁性异物
H44.800　眼球的其他疾患
H44.801　眼内出血
H44.802　眼球脱位
H44.803　眼球粘连
H44.900　眼球疾患
H44.901　眼球肿物
H46.x00　视神经炎
H46.x01　球后视神经炎
H46.x02　视盘炎
H47.000　视神经疾患，不可归类在他处者
H47.000x009　视神经病
H47.001　视神经麻痹
H47.002　视神经鞘膜内出血
H47.003　视神经受压
H47.004　缺血性视神经病变
H47.005　中毒性视神经损害
H47.006　肯尼迪综合征
H47.100　视神经盘水肿
H47.101　视盘水肿
H47.200　视神经萎缩
H47.200x003　原发性视神经萎缩

H47.200x004　继发性视神经萎缩
H47.300　视神经盘的其他疾患
H47.300x005　视盘血管炎［视神经乳头静脉炎］
H47.301　视神经盘玻璃疣
H47.302　视盘前膜
H47.303　假性视盘水肿
H47.304　视盘肿物
H47.400　视交叉疾患
H47.500　视路疾患，其他的
H47.500x002　视放射病变
H47.500x003　视束病变
H47.500x004　外侧膝状体病变
H47.600x001　枕叶病变
H49.001　动眼神经炎
H49.201　展神经炎
H49.300　全部（外部）眼肌麻痹
H49.400　进行性眼外肌麻痹
H49.400x001　慢性进行性眼外肌麻痹
H49.800　麻痹性斜视，其他的
H49.800x002　麻痹性外斜视
H49.800x007　眼外肌麻痹
H49.801　卡恩斯-塞尔综合征
H49.803　眶上裂综合征
H49.804　眼内直肌麻痹
H49.805　眼上斜肌麻痹
H49.806　眼上直肌麻痹
H49.807　痛性眼肌麻痹
H49.808　眼外直肌麻痹
H49.809　眼下斜肌麻痹
H49.810　眼下直肌麻痹
H49.900　麻痹性斜视
H49.901　先天性麻痹性斜视
H50.000　会聚性共同性斜视
H50.000x002　共同性内斜视
H50.000x004　内斜视
H50.000x009　残余性内斜视
H50.001　调节性内斜视
H50.002　交替性内斜视
H50.003　失用性内斜视
H50.004　连续性内斜视
H50.005　先天性内斜视
H50.006　继发性内斜视
H50.007　知觉性内斜视
H50.008　运动性内斜视
H50.100　散开性共同性斜视
H50.100x002　共同性外斜视
H50.100x004　外斜视
H50.100x007　残余性外斜视
H50.101　交替性外斜视
H50.102　失用性外斜视
H50.103　连续性外斜视
H50.104　先天性外斜视
H50.105　继发性外斜视
H50.106　知觉性外斜视
H50.107　运动性外斜视
H50.200　垂直斜视
H50.200x004　下斜肌亢进
H50.200x006　分离性水平性偏斜
H50.201　上斜视
H50.202　下斜视
H50.300　间歇性斜视
H50.300x002　交替性间歇性外斜视
H50.300x004　交替性间歇性内斜视
H50.301　间歇性外斜视
H50.302　间歇性内斜视
H50.400　斜视，其他和未特指的
H50.401　旋转斜视
H50.402　分离性垂直斜视
H50.403　微斜视
H50.404　单眼固定综合征
H50.405　共同性斜视
H50.500　隐斜
H50.500x002　内隐斜
H50.500x003　外隐斜
H50.500x004　交替性上隐斜
H50.600　机械性斜视
H50.600x003　外伤性麻痹性斜视
H50.600x004　继发性斜视
H50.600x005　先天性眼外肌纤维化综合征
H50.601　上斜肌肌鞘综合征［Brown综合征］
H50.602　粘连性斜视
H50.603　眼肌纤维化
H50.800x002　急性肌炎性斜视
H50.800x003　痉挛性斜视
H50.800x006　盲点综合征
H50.800x007　A-V征
H50.800x010　固定性斜视
H50.801　外斜V征
H50.802　眼球后退综合征
H50.803　外斜A征

H50.804 Helveston综合征
H50.805 失用性斜视
H50.806 内斜V征
H50.807 内斜A征
H50.900 斜视
H51.000 同向性注视麻痹
H51.000x001 先天性水平注视麻痹
H51.100 集合不全和过度
H51.200 核间性眼肌瘫痪
H51.800 双眼运动疾患，其他特指的
H51.801 眼球运动障碍
H51.900 双眼运动疾患
H52.000 远视
H52.100 近视
H52.101 高度近视
H52.200 散光
H52.300x002 屈光参差
H52.301 影像不等
H52.400 老视
H52.500 调节疾患
H52.500x001 眼内肌麻痹
H52.500x003 调节痉挛
H52.500x004 调节麻痹
H52.501 瞳孔括约肌麻痹
H52.600 屈光的其他疾患
H52.700 屈光疾患
H52.701 屈光不正
H53.000 失用性弱视
H53.000x001 废用性弱视
H53.000x004 形觉剥夺性弱视
H53.000x005 斜视性弱视
H53.001 弱视
H53.002 屈光参差性弱视
H53.100 主观视觉障碍
H53.100x001 眼疲劳
H53.100x004 闪光性暗点
H53.101 畏光
H53.102 突然视力丧失
H53.103 视觉性晕
H53.104 视物变形
H53.105 昼盲
H53.200 复视
H53.300 双眼视力的其他疾患
H53.300x001 异常视网膜对应
H53.300x002 融合及立体视觉障碍
H53.300x003 同步性视觉感受不伴融合
H53.300x004 双眼视觉抑制
H53.400 视野缺损
H53.400x003 双鼻侧偏盲
H53.400x004 弓形暗点
H53.400x005 比耶鲁姆暗点
H53.400x006 中心性暗点
H53.400x007 环形暗点
H53.401 扩大盲点
H53.402 偏盲
H53.500 色觉缺陷
H53.500x002 全色盲
H53.500x003 后天性色觉缺陷
H53.500x004 绿色弱
H53.500x005 绿色盲
H53.500x006 红色弱
H53.500x007 红色盲
H53.500x008 蓝色弱
H53.500x009 蓝色盲
H53.501 色盲
H53.600 夜盲
H53.800x001 潜水黑视
H53.800x002 缺血性视觉障碍
H53.801 视物模糊
H53.802 中毒性弱视
H53.803 烟草性弱视
H53.900 视觉障碍
H54.000 盲，双眼
H54.001 黑矇
H54.100 重度视力缺损，双眼
H54.200 中度视力缺损，双眼
H54.300 轻度或无视力缺损，双眼
H54.400 盲，单眼
H54.400x002 单眼盲伴另一眼视力低下
H54.500 重度视力缺损，单眼
H54.600 中度视力缺损，单眼
H54.601 单眼视力低下
H54.900 视力缺损，双眼
H55.x00 眼震和其他不规则眼运动
H55.x00x001 先天性眼球震颤
H55.x00x002 眼球震颤
H55.x00x005 隐性眼球震颤
H55.x01 不规则眼运动
H57.000 瞳孔功能异常
H57.000x003 虹膜麻痹

H57.001　瞳孔缩小
H57.002　瞳孔散大
H57.003　埃迪瞳孔
H57.100　眼痛
H57.100x002　眼眶痛
H57.800x003　眼眶综合征
H57.800x004　眼球旁囊肿
H57.800x007　眼窝凹陷
H57.900　眼和附器疾患
H59.000　白内障术后（大泡性无晶状体的）角膜病变
H59.001　白内障术后玻璃体综合征
H59.002　玻璃体（触摸）综合征
H59.003　玻璃体角膜综合征
H59.800x003　手术后角膜后弹力层脱离
H59.800x004　手术后浅前房
H59.800x007　手术后无前房
H59.800x008　睑下垂矫正术后过矫
H59.800x009　玻璃体切除术后视网膜脱离
H59.800x010　视网膜脱离术后未复位
H59.800x011　睑下垂矫正术后低矫
H59.800x013　玻璃体内晶状体皮质残留
H59.800x014　囊袋阻滞综合征
H59.800x015　手术后眉下垂
H59.801　青光眼术后无前房
H59.802　毒性眼前节综合征
H59.803　手术后结膜瘘
H59.804　手术后视网膜瘢痕
H59.805　手术后脉络膜视网膜瘢痕
H59.806　手术后虹膜嵌顿
H59.807　手术后虹膜脱垂
H59.808　青光眼术后浅前房
H59.809　青光眼术后滤过泡漏
H59.810　手术后巩膜坏死
H59.811　疱疹相关性眼内炎
H59.812　操作后后疱疹感染
H59.813　操作后滤过泡感染
H59.900　眼和附器的操作后疾患
I70.800x003　眼底动脉硬化
I70.800x007　闭塞性视网膜动脉炎
I70.801　视网膜动脉粥样硬化
I72.803　眶内动脉瘤
I77.004　眶动静脉瘘
I80.801　眶内血栓性静脉炎
I86.803　眼眶静脉曲张
L65.905　眉毛脱落
M35.005+H19.3*　干燥综合征性角膜结膜炎
N18.504+H32.8*　肾性视网膜炎
N18.508+H32.8*　蛋白尿性视网膜炎
Q10.000　先天性上睑下垂
Q10.100　先天性睑外翻
Q10.200　先天性睑内翻
Q10.300　眼睑的其他先天性畸形
Q10.300x008　先天性眼眦畸形
Q10.300x011　先天性外眦赘皮
Q10.300x012　先天性重睑不对称
Q10.301　眼睑发育不全
Q10.302　先天性睫毛倾斜度异常综合征
Q10.303　先天性内眦赘皮
Q10.304　先天性双行睫
Q10.306　先天性小睑裂综合征
Q10.307　先天性眼睑缺如
Q10.400　泪器缺如或发育不全
Q10.401　先天性泪器发育不全
Q10.402　先天性泪点缺失
Q10.403　先天性泪小点闭锁
Q10.404　先天性鼻泪管缺如
Q10.500　先天性泪管狭窄
Q10.500x003　先天性鼻泪管闭锁
Q10.500x004　先天性泪道阻塞
Q10.600　泪器其他的先天性畸形
Q10.600x002　先天性副泪腺
Q10.601　先天性泪道畸形
Q10.602　先天性泪小阜畸形
Q10.700　眼眶先天性畸形
Q10.701　先天性眶距增宽症
Q11.000　囊状眼球
Q11.100　无眼畸形，其他的
Q11.200　小眼畸形
Q11.200x001　先天性小眼球
Q11.201　眼发育不全
Q11.202　隐眼
Q11.203　真性小眼球
Q11.300　巨眼畸形
Q12.000　先天性白内障
Q12.001　绕核性白内障
Q12.002　先天性核性白内障
Q12.100　先天性晶状体移位
Q12.200　晶状体缺损
Q12.300　先天性无晶状体

Q12.400　球形晶状体
Q12.800　先天性晶状体畸形，其他的
Q12.801　先天性圆锥形晶状体
Q12.900　先天性晶状体畸形
Q13.000　虹膜缺损
Q13.100　虹膜缺如
Q13.101+H42.8*　无虹膜青光眼
Q13.201　先天性瞳孔闭锁
Q13.202　先天性瞳孔大小不等
Q13.203　先天性瞳孔异位
Q13.300　先天性角膜混浊
Q13.301　先天性角膜白斑
Q13.400x001　先天性扁平角膜
Q13.400x004　先天性角膜异常
Q13.400x006　先天性角膜巩膜化
Q13.401　先天性角膜畸形
Q13.405　彼得异常
Q13.500　蓝色巩膜
Q13.500x002　巩膜色素斑
Q13.801　里格尔异常
Q13.802　永存瞳孔膜
Q13.803　阿克森费尔德-里格尔综合征
Q13.900　眼前段先天性畸形
Q14.000　玻璃体先天性畸形
Q14.000x006　眼永存胚胎血管膜
Q14.001　先天性玻璃体发育异常
Q14.002　先天性玻璃体混浊
Q14.003　永存原发性玻璃体增生症
Q14.100　视网膜先天性畸形
Q14.100x003　晶状体血管膜
Q14.101　视网膜发育不良
Q14.102　先天性视网膜色素异常
Q14.103　先天性视网膜动脉瘤
Q14.104　先天性视网膜劈裂症
Q14.200　视神经盘先天性畸形
Q14.200x001　先天性视神经乳头缺损
Q14.200x002　先天性视神经乳头小凹
Q14.200x004　先天性视神经乳头发育不全
Q14.201　牵牛花综合征
Q14.202　视盘发育不良
Q14.203　视盘小凹
Q14.300x001　先天性脉络膜畸形
Q14.301　先天性脉络膜缺损
Q14.801　眼底缺损
Q14.900　眼后段先天性畸形
Q15.000　先天性青光眼
Q15.000x001　先天性水眼［眼积水］
Q15.002　先天性球形角膜伴青光眼
Q15.003　新生儿青光眼
Q15.004　婴幼儿型青光眼
Q15.005　青少年型青光眼
Q15.801　先天性大角膜
Q15.802　先天性小角膜
Q15.803　先天性球形角膜
Q15.900　眼先天性畸形
Q18.803　眼-耳廓发育不全
Q75.500　眼下颌发育不全
Q82.800x017　大头、假性视盘水肿及多发性血管瘤病
Q85.804　冯·希佩尔-林道综合征
Q85.900x046　眼睑错构瘤
Q87.005　先天性隐眼综合征
Q87.800x910　肥胖视网膜变性糖尿病综合征［Alstrom综合征］
R93.800x008　眼占位性病变
R94.101　视觉激发电位异常
R94.105　眼电图异常
R94.106　视网膜电图异常
S00.100x001　眼睑挫伤
S00.100x003　眼睑淤血
S00.100x006　眉弓挫伤
S00.101　眼周区挫伤
S00.200　眼睑和眼周区其他浅表损伤
S00.201　眶区浅表损伤
S00.202　眼睑血肿
S01.000x002　眉弓裂伤
S01.100　眼睑和眼周区开放性伤口
S01.101　眼睑裂伤
S01.102　开放性眼睑异物
S01.103　眶部裂伤
S02.311　开放性眶底骨折
S02.801　眶骨骨折
S02.811　开放性眶骨骨折
S04.000x001　视神经损伤
S04.000x002　视交叉损伤
S04.000x003　视路损伤
S04.000x004　视皮质损伤
S04.100　动眼神经损伤
S05.000x002　结膜损伤
S05.001　角膜擦伤

S05.002　角膜磨损
S05.100x004　眼球挫伤
S05.101　眼眶挫伤
S05.102　创伤性前房积血
S05.103　晶状体挫伤
S05.104　巩膜挫伤
S05.200x003　外伤性玻璃体嵌顿
S05.200x004　外伤性虹膜缺损
S05.200x005　外伤性晶状体嵌顿
S05.200x006　外伤性玻璃体溢出
S05.200x007　外伤性虹膜根部离断
S05.201　角膜穿通伤伴虹膜嵌顿
S05.202　角膜穿通伤伴虹膜脱垂
S05.203　角膜穿通伤伴晶状体嵌顿
S05.204　角膜穿通伤伴玻璃体嵌顿
S05.205　创伤性虹膜脱垂
S05.206　创伤性虹膜嵌顿
S05.207　创伤性虹膜疝
S05.208　创伤性睫状体脱垂
S05.209　创伤性玻璃体脱垂
S05.210　创伤性玻璃体疝
S05.300　眼撕裂伤不伴有眼内组织脱出或缺失
S05.300x004　眼球破裂伤
S05.300x005　外伤性前房角劈裂
S05.300x010　眼撕裂伤
S05.301　角膜裂伤
S05.302　角膜全层裂伤
S05.303　虹膜裂伤
S05.304　巩膜裂伤
S05.305　睫状体裂伤
S05.306　结膜裂伤
S05.307　角膜板层裂伤
S05.400x001　眶内异物
S05.400x002　眼肌异物
S05.401　眶穿通伤
S05.500x001　眼内异物
S05.500x002　眼球穿通伤伴磁性异物
S05.500x003　眼球穿通伤伴非磁性异物
S05.600x002　眼球穿通伤
S05.601　角膜穿通伤
S05.602　虹膜穿通伤
S05.603　晶状体穿通伤
S05.604　巩膜穿通伤
S05.605　视网膜穿通伤
S05.700　眼撕脱伤
S05.800x001　外伤性虹膜脱离
S05.800x007　眼外肌断裂
S05.800x008　眼内直肌断裂
S05.800x009　眼外直肌断裂
S05.801　眼震荡
S05.802　眼挫伤
S05.803　角膜损伤
S05.804　虹膜损伤
S05.805　晶状体损伤
S05.806　创伤性晶状体脱位
S05.807　巩膜损伤
S05.808　视网膜震荡
S05.809　视网膜损伤
S05.810　泪小管裂伤
S05.811　泪管损伤
S05.812　冲击波性失明
S05.900　眼和眶的损伤
S05.900x003　眼部开放性损伤
S05.901　眼损伤
S05.902　创伤性失明
S05.903　玻璃体损伤
T15.000　角膜异物
T15.100x001　结膜异物
T15.101　眼睑异物
T15.800x001　眼球异物
T15.800x002　泪点内异物
T15.801　多发性外眼异物
T15.900　外眼异物
T26.000　眼睑和眼周区烧伤
T26.001　眼睑烧伤
T26.002　眼周区烧伤
T26.100x001　角膜和结膜烧伤
T26.100x003　结膜烧伤
T26.101　角膜烧伤
T26.102　结合膜囊烧伤
T26.200x001　眼部烧伤伴眼球破裂
T26.301　巩膜烧伤
T26.400　眼和附器烧伤
T26.400x001　眼部烧伤
T26.401　眼球烧伤
T26.500　睑和眼周区腐蚀伤
T26.500x002　眼睑腐蚀伤
T26.500x003　眼周区腐蚀伤
T26.600x001　角膜和结膜腐蚀伤
T26.600x002　角膜腐蚀伤

T26.600x003 结膜腐蚀伤
T26.601 角膜伴结膜酸性烧伤
T26.602 角膜化学性烧伤
T26.603 角膜碱性烧伤
T26.604 角膜酸性烧伤
T26.605 结膜酸性烧伤
T26.700x001 眼部腐蚀伤伴眼球破裂
T26.800x001 巩膜腐蚀伤
T26.900 眼和附器腐蚀伤
T26.900x001 眼部腐蚀伤
T26.901 眼球酸性烧伤
T26.902 眼球碱性烧伤
T66.x02+H47.5* 放射性视神经损害
T79.800x006 创伤性低眼压
T85.200 眼内透镜的机械性并发症
T85.200x001 人工晶体脱位
T85.200x002 人工晶体引起的机械性并发症
T85.201 人工晶体夹持
T85.202 人工晶体移位
T85.300x001 眼前房引流管脱出
T85.300x003 眼假体眶引起的机械性并发症
T85.300x004 角膜移植物引起的机械性并发症
T85.300x005 眼硅油乳化
T85.300x006 人工泪管移位
T85.300x007 人工泪管阻塞
T85.300x008 巩膜环扎带暴露
T85.300x009 眼假体装置植入物和移植物引起的机械性并发症
T85.301 义眼台暴露
T85.302 玻璃体气体泄漏
T85.303 玻璃体硅油移位
T85.304 人工玻璃体障碍
T85.308 前房植入硅管障碍
T85.309 巩膜环扎带障碍
T85.310 角膜缝线外露
T85.311 角膜移植片溶解
T85.312 义眼座外露
T85.800x805 人工角膜前膜
T85.800x806 人工角膜后膜
T85.800x807 人工晶体前膜
T85.800x808 眼硅油残留
T85.800x809 眼植入物并发症
T85.903 人工晶体障碍
T86.800x802 眼硅胶移植失败
T86.800x804 角膜移植失败
T86.800x811 巩膜移植排斥
T86.800x812 巩膜移植失败
T86.800x816 眼移植物失败
T86.801 移植角膜排斥反应
T86.809 眼硅胶排斥反应
T86.810 眼植入物排斥反应
T90.101 陈旧性眼睑损伤
Z03.801 可疑青光眼观察
Z41.101 重睑
Z42.003 眼睑术后畸形整形
Z42.004 结膜囊瘢痕修复
Z44.201 安装义眼
Z46.000 眼镜和接触镜片的安装和调整
Z48.801 取出眼内硅油
Z52.500 供角膜者

CB1 角膜移植手术

包含以下主要手术或操作：
11.3200 胬肉切除术伴角膜移植术
11.6000x002 部分角膜缘移植术
11.6000x003 全角膜缘移植术
11.6100 用自体移植物的板层角膜成形术
11.6200x002 板层角膜移植术
11.6200x003 角膜板层修补术
11.6300x001 穿透性自体角膜移植术
11.6300x002 自体角膜转位术
11.6400x001 穿透性角膜移植术
11.6400x002 羊膜移植的角膜成形术
11.6900x001 全层角膜移植术
11.6900x003 异体角膜缘干细胞移植术
11.6901 角膜干细胞移植
11.6902 角膜内皮移植术
11.7300x001 人工角膜移植术

CB2 玻璃体、视网膜、脉络膜联合晶状体手术

同时包含CB4和CB5的手术或操作

CB3 晶状体联合视网膜及晶状体以外的内眼手术

同时包含CB5和CB6的手术或操作

CB4 玻璃体、视网膜、脉络膜手术

包含以下主要手术或操作：
12.8703 巩膜外加压术伴填充

12.8801　巩膜外加压术
14.0100　用磁吸法去除眼后节异物
14.0101　玻璃体异物磁吸术
14.0200x001　眼后节异物去除术
14.0200x002　玻璃体腔异物取出术
14.0201　脉络膜切开异物取出术
14.0202　后段眼球壁异物取出术
14.2101　脉络膜病损透热术
14.2102　视网膜病损透热术
14.2201　脉络膜病损冷冻术
14.2202　视网膜病损冷冻术
14.2301　脉络膜病损氙弧光凝固术
14.2302　视网膜病损氙弧光凝固术
14.2401　脉络膜病损激光凝固术
14.2402　视网膜病损激光凝固术
14.2403　黄斑光动力学治疗（PDT）
14.2500　用光凝固法的脉络膜视网膜病损破坏术
14.2601　脉络膜病损放射疗法
14.2602　视网膜病损放射疗法
14.2900x001　视网膜剥离术
14.2900x002　视网膜前膜切除术
14.2900x003　脉络膜病损切除术
14.2900x004　内界膜剥离术
14.2901　脉络膜病损其他破坏术
14.2902　视网膜病损其他破坏术
14.3101　视网膜裂孔电凝术
14.3200x001　黄斑裂孔冷冻术
14.3200x002　视网膜裂孔冷冻术
14.3300　用氙弧光凝固法的视网膜裂伤修补术
14.3400　用激光光凝固法的视网膜裂伤修补术
14.3500　用光凝固法的视网膜裂伤修补术
14.3901　黄斑裂孔填塞术
14.4100　巩膜环扎术伴有植入物
14.4900x001　巩膜环扎术
14.4901　巩膜环扎术伴空气填塞
14.4902　巩膜环扎术伴巩膜切除术
14.4903　巩膜环扎术伴玻璃体切除术
14.5101　视网膜脱离电凝术
14.5200x001　视网膜脱离冷冻术
14.5300x001　视网膜脱离氙弧光凝固术
14.5400x001　视网膜脱离激光治疗术
14.5500　用光凝固法的视网膜脱离修补术
14.5901　巩膜缩短术
14.5902　玻璃体硅油置入术，用于视网膜再附着
14.5903　玻璃体腔注气，视网膜复位术
14.5904　玻璃体气液交换，视网膜复位术
14.5905　玻璃体腔重水注射术，视网膜复位术
14.6x00x001　眼后节置入物取出术
14.6x01　巩膜环扎带取出术
14.6x02　玻璃体硅油取出术
14.7100x001　前入路玻璃体切除术
14.7201　玻璃体抽吸术
14.7300x001　前入路玻璃体切割术
14.7401　后入路玻璃体切割术
14.7500x001　玻璃体腔内替代物注射术
14.7500x002　玻璃体自体血清注入术
14.7500x003　玻璃体硅油置换术
14.7500x004　玻璃体重水置换术
14.7501　玻璃体硅油填充术
14.7900x001　人工玻璃体球囊置入术
14.7901　玻璃体腔探查术
14.7902　玻璃体腔脱位晶状体取出术
14.7903　玻璃体药物注射术
14.7904　玻璃体腔残留晶体皮质取出术
14.7905　玻璃体气液交换术
14.9x00x001　巩膜外环扎带调整术
14.9x01　视网膜下放液术
14.9x02　视网膜部分剥离术
14.9x03　视网膜切开术
14.9x04　脉络膜上腔放液术
14.9x05　视网膜松解术
14.9x06　视网膜部分切除术
14.9x07　黄斑转位术
14.9x08　视网膜色素上皮细胞移植术
16.9100x002　眼球内注气术

CB5　晶状体手术

包含以下主要手术或操作：
13.0100　用磁吸法的去除晶状体异物
13.0201　晶状体切开异物取出术
13.1100　经颞下入路晶状体囊内摘出术
13.1900x006　白内障针吸术
13.1900x007　晶状体囊内摘除术
13.1900x008　膜性白内障剪除术
13.1901　白内障囊内冷凝摘出术
13.1902　白内障囊内摘除术
13.2x01　晶状体刮匙摘除术
13.3x00x001　晶状体单纯抽吸囊外摘除术
13.3x01　创伤性白内障冲洗术
13.4100x001　白内障超声乳化抽吸术

13.4101　飞秒激光白内障超声乳化抽吸术
13.4200x001　经后路白内障切割吸出术
13.4300x001　白内障切割吸出术
13.5100　经颞下入路晶状体囊外摘出术
13.5900x001　白内障囊外摘除术
13.6400x001　后发性白内障切开术
13.6500x002　后发性白内障切除术
13.6501　晶状体前囊膜切除术
13.6502　晶状体后囊膜切除术
13.6503　晶状体后囊膜激光切开术
13.6600　后发膜机械性碎裂术［复发性白内障］
13.6900x002　激光后囊切开术［YAG］
13.6901　残留晶状体皮质切除术
13.7000　置入人工晶状体
13.7100x001　白内障摘除伴人工晶体一期置入术
13.7200x001　人工晶体二期置入术
13.8x00x003　人工晶体取出术
13.9000x004　后囊切开术
13.9000x005　张力环缝合术
13.9000x006　虹膜隔晶体置入术
13.9000x007　人工晶体缝合术
13.9000x008　人工晶体前膜切除术
13.9000x009　人工晶体睫状沟固定术
13.9000x010　晶状体前囊切开术
13.9000x011　晶状体囊膜剪开术
13.9001　人工晶状体复位术
13.9002　人工晶状体悬吊术
13.9003　晶状体囊袋张力环植入术
13.9100x001　可植入式隐形眼镜置入术［ICL置入术］

CB6　视网膜及晶状体以外的内眼手术

包含以下主要手术或操作：
12.1100x002　虹膜激光切开贯通术
12.1101　虹膜激光打孔术
12.1200x001　虹膜切开术
12.1201　瞳孔缘剪开术
12.1202　虹膜激光切开术
12.1203　虹膜括约肌切断术
12.1300　虹膜脱出切除术
12.1400x001　虹膜部分切除术
12.1400x008　瞳孔前膜激光切开术
12.1401　虹膜全切除术
12.1402　虹膜激光切除术
12.1403　虹膜周边切除术
12.1404　虹膜周边激光切除术
12.3100　虹膜前房角粘连松解术
12.3200x001　虹膜前粘连松解术
12.3300　虹膜后粘连松解术
12.3301　虹膜粘连松解术
12.3500　瞳孔成形术
12.3501　瞳孔膜穿刺术
12.3502　瞳孔粘连松解术
12.3503　瞳孔切开术
12.3504　瞳孔残膜切除术
12.3505　滤过泡针拨术
12.3900x001　虹膜修补术
12.3900x004　虹膜还纳术
12.3901　虹膜离断缝合术
12.3902　虹膜复位术
12.4100x001　眼前房病损激光切除术
12.4100x002　虹膜周边激光破坏术
12.4100x003　虹膜周边冷冻破坏术
12.4100x004　虹膜周边电灼破坏术
12.4200　虹膜病损切除术
12.4201　前房机化膜切除术
12.4300x001　睫状体病损破坏术
12.4400　睫状体病损切除术
12.4401　虹膜睫状体切除术
12.5100x001　前房角穿刺术
12.5200x001　前房角切开术
12.5300　眼前房角切开伴眼前房角穿刺
12.5400　外路小梁切开术
12.5501　睫状体切开术
12.5900x001　房角分离术
12.5901　前房角成形术
12.6301　虹膜嵌顿术
12.6400x001　激光小梁成形术［ALP、KLP］
12.6400x003　滤帘切除术［小梁切除术］
12.6400x009　小梁切除术伴人造移植物
12.6400x010　滤过道再通术
12.6401　氪激光小梁成形术［KLP］
12.6402　小梁消融术
12.6403　氩激光小梁成形术［ALP］
12.6404　小梁切除术伴丝裂霉素注入
12.6405　非穿透性小梁切除术
12.6406　小梁切除术伴羊膜移植
12.6407　小梁切除术伴移植物
12.6408　非穿透小梁切除术伴移植物
12.6601　滤泡修复术
12.6700　眼房水引流装置置入

12.6700x002　硅管调整术
12.6700x003　硅管取出术
12.6700x004　硅管置入术
12.6700x008　眼压调节器置入术
12.6700x009　眼压调节器修正术
12.6700x010　眼压调节器再次置入术
12.6701　青光眼阀取出术
12.6702　青光眼阀修复调位术
12.6703　前房导管术
12.6704　青光眼阀置入术
12.7100　睫状体透热凝固术
12.7200　睫状体冷冻疗法
12.7300　睫状体光凝固法
12.7401　睫状体贫血术
12.9100x002　机化膜切除
12.9100x004　睫状体放液术
12.9100x006　前房抽吸术
12.9101　前房穿刺术
12.9102　前房冲洗术
12.9701　人工虹膜隔取出术
12.9702　人工虹膜隔植入术
12.9703　虹膜缩短术
12.9801　睫状体缝合术
12.9802　睫状体固定术
12.9803　睫状体复位术
12.9900x004　滤过泡增生组织切除术
12.9900x008　前房硅油取出术
12.9900x009　滤过泡分离术
12.9900x010　前房探查术
12.9901　放射敷贴器取出术
12.9903　前房成形术
12.9904　前房导管修正术
12.9905　前房导管取出术

CB7　角膜、巩膜、结膜手术

包含以下主要手术或操作：
10.0x00x001　结膜切开异物取出术
10.1x00x001　结膜切开探查术
10.2900x001　结膜囊探查术
10.3101　结膜病损切除术
10.3102　结膜环切除术
10.3200　结膜病损破坏术
10.3201　结膜冷冻术
10.3300x002　结膜结石取出术
10.3301　沙眼滤泡去除术
10.3302　沙眼摩擦挤压术
10.4100x001　睑球粘连游离移植物修补术
10.4101　睑球粘连羊膜移植修补术
10.4102　睑球粘连口唇黏膜移植修补术
10.4200x001　结膜穹窿游离移植物重建术
10.4201　结膜穹窿羊膜移植重建术
10.4202　结膜穹窿口唇黏膜移植重建术
10.4300x002　结膜穹窿成形术
10.4400x001　结膜移植术
10.4401　自体结膜移植术
10.4402　异体结膜移植术
10.4403　羊膜移植结膜修补术
10.4900x001　结膜成形术
10.4900x003　结膜修补术
10.4901　结膜滤过泡瘘修补术
10.4903　结膜囊成形术
10.4904　结膜瓣修补术
10.5x01　睑球粘连分离术
10.6x00x001　结膜缝合术
10.6x00x002　结膜撕裂修补术
10.9900x001　结膜瓣遮盖术
10.9901　结膜松弛矫正术
11.0x00　磁吸法去除嵌入角膜异物
11.1x01　角膜切开异物去除术
11.3201　翼状胬肉切除伴自体干细胞移植术
11.3202　翼状胬肉切除术伴异体干细胞移植术
11.3203　翼状胬肉切除伴羊膜植片移植术
11.3204　翼状胬肉切除术伴丝裂霉素注入
11.3900x001　翼状胬肉切除术
11.3901　翼状胬肉切除伴结膜移植术
11.4100x001　角膜上皮刮除术
11.4200　角膜病损的热灼术
11.4300　角膜病损的冷冻疗法
11.4901　板层角膜切除术
11.4903　角膜病损切除术
11.5100　角膜裂伤缝合术
11.5101　角巩膜瘘缝合术
11.5200　角膜手术后伤口裂开修补术
11.5300x001　结膜瓣角膜修补术
11.5900x001　角膜修补术
11.5900x002　角膜间层烧灼术
11.5901　角膜缝线调整术
11.7100x001　屈光性角膜成形术
11.7100x002　准分子激光角膜原位磨镶术［LASIK］
11.7100x005　准分子激光屈光性角膜切削术［PRK］

11.7100x007　全飞秒微小切口基质透镜切除术（SMILE）
11.7101　准分子原位角膜磨镶术
11.7102　前弹力层下角膜磨镶术［SBK］
11.7103　微型角膜刀法准分子激光角膜上皮瓣下磨镶术（Epi-LASIK）
11.7104　准分子激光角膜上皮瓣下磨镶术（LASEK）
11.7400x001　角膜交联术
11.7500　放射性角膜切开术
11.7600　表面角膜镜片术
11.7900x001　角膜基质环植入术
11.7901　不规则散光矫正术
11.7902　角膜植片更换术
11.9100x001　角膜染色术［墨针］
11.9200x001　植入角膜去除术
11.9900x002　自体角膜缘干细胞取材术
12.0200x003　巩膜异物取出术
12.3400　角膜玻璃体粘连松解术
12.5900x003　巩膜静脉窦扩张术［Schlemm's管扩张术］
12.6100　巩膜环钻术伴虹膜切除术
12.6200　巩膜热灼术伴虹膜切除术
12.6500x003　巩膜灼瘘术
12.6500x004　虹膜周边切除伴巩膜造瘘术［谢氏手术］
12.6501　巩膜切除术
12.6502　巩膜下巩膜咬切术
12.6503　虹膜巩膜切除术
12.6600　巩膜造口术后修复术
12.6901　脉络膜上腔巩膜内引流术
12.8100　巩膜裂伤缝合术
12.8200x001　巩膜瘘修补术
12.8300x002　眼前节手术伤口修补术
12.8302　巩膜瓣剥离术
12.8303　巩膜缝线调整术
12.8304　巩膜环扎带修正术
12.8400x002　巩膜咬切术
12.8400x004　巩膜缝合术
12.8401　巩膜灼烙术
12.8402　巩膜透热术
12.8403　巩膜病损切除术
12.8404　巩膜冷冻术
12.8500x002　异体巩膜移植术
12.8600x001　巩膜葡萄肿修补术
12.8700x005　巩膜移植物加固术
12.8701　巩膜异体羊膜填充术
12.8702　巩膜生物胶植入术
12.8802　后巩膜加固术
12.8900x001　巩膜板层移植术
12.8900x007　巩膜交联术
12.8901　巩膜修补术
12.8902　巩膜成形术
12.8903　巩膜切开探查术
12.8904　巩膜切开放液术
12.9201　前房注气术
12.9202　前房注液术
12.9203　前房药物注射术
12.9301　前房上皮衍生物去除术
12.9302　前房上皮衍生物破坏
98.2100x001　眼表浅异物去除
98.2200x001　结膜嵌入异物去除
98.2200x005　角膜嵌入异物去除
98.2203　非切开结膜异物取出术

CD1　眼眶手术

包含以下主要手术或操作：
04.0302　视神经切断术
04.0403　视神经鞘膜切开术
04.4201　视神经减压术
04.4202　内镜下视神经减压术
09.2100　泪腺病损切除术
09.2200x001　泪腺部分切除术
09.2300　全部泪腺切除术
09.3x00x001　泪腺悬吊术
09.3x01　泪腺修复术
09.3x02　泪腺加固术
16.0101　外侧开眶术
16.0900x004　一个眶壁减压术
16.0900x005　多个眶壁减压术
16.0901　开眶探查术
16.0903　眶减压术
16.0904　内镜下眶减压术
16.1x01　眶切开异物取出术
16.1x02　内镜下眶内异物取出术
16.3100x001　眼内容物剜出伴巩膜内填充
16.3900x001　眼球内容物剜出术
16.4100x002　眼球摘除伴义眼置入术
16.4200x001　眼球摘除伴义眼台置入术
16.4200x002　眼球摘除伴植入物置入术
16.4900x001　眼球摘除术

16.4901　隐眼摘除术
16.5100x002　眼眶内容物剜出伴邻近结构去除术
16.5200　眼眶内容物剜出术伴治疗性去除眶骨
16.5900x001　眼眶内容物剜出术
16.5901　眼眶内容物切除伴皮瓣滑行修复术
16.5902　眼眶内容物剜出术伴颞肌移植术
16.6100x001　义眼二期置入术
16.6101　二期义眼台置入术
16.6200x001　义眼台修正术
16.6300x002　眼窝凹陷填充术
16.6300x003　放疗后眼窝凹陷填充术
16.6300x004　眼内自膨胀水凝胶注入术
16.6400　眼摘除腔的其他修复术
16.6500　内容物剜出腔的二期移植物置入术
16.6600　内容物剜出腔的其他修复术
16.6900　眼球去除后的其他二期操作
16.7101　义眼台取出术
16.7200　去除眼眶植入物
16.8100x002　眼眶缺损修补术
16.8200　眼球破裂修补术
16.8900x001　眶骨重建术
16.8900x002　眶内壁重建术
16.8901　眼球修补术
16.8902　内镜下眼眶修补术
16.8903　眼窝成形术
16.8904　眼眶再造术
16.9100x003　眼眶内注射治疗性药物
16.9200　眼眶病损切除术
16.9201　内镜下眶内病损切除术
16.9300x003　眶内病损切除术
16.9800x001　眼眶内容物复位术
16.9801　眼眶清创术
16.9900　眼球其他手术
38.5200x001　眶静脉曲张结扎术
76.4501　眶骨切除术
76.4600x003　眶外壁重建术
76.4600x004　眉弓重建术
76.7801　眶骨骨折闭合复位术
76.7802　内镜下眶壁骨折整复术
76.7900x001　眶壁骨折切开复位术
76.7902　眶骨骨折切开复位术
76.7903　眶骨骨折切开复位内固定术
76.9100x008　眼眶骨片垫高术
76.9100x009　眶骨缺损修复术
76.9200x006　眶骨异质成形物置入术
98.2101　眶内表浅异物去除

CD2　眼肌手术

包含以下主要手术或操作：
15.1100　一条眼外肌的后徙术
15.1200　一条眼外肌的前徙术
15.1300　一条眼外肌的部分切除术
15.1900x001　一条眼外肌离断术
15.2100　一条眼外肌的延长术
15.2200　一条眼外肌的缩短术
15.2901　一条眼外肌的悬吊术
15.3x01　两条或两条以上眼外肌的后徙术
15.3x02　两条或两条以上眼外肌的前徙术
15.4x01　两条或两条以上眼外肌缩短术
15.4x02　两条或两条以上眼外肌悬吊术
15.5x00　眼外肌移位术
15.6x00　眼外肌手术后的修复术
15.7x00　眼外肌损伤修补术
15.7x01　眼肌粘连松解术
15.9x00x001　眼肌部分切除术
15.9x00x007　眼肌探查术
15.9x00x008　眼睑轮匝肌切断术
15.9x00x009　眼外肌病损切除术
15.9x00x010　眼外肌本体感受器破坏术

CD3　除眼眶外的外眼手术

包含以下主要手术或操作：
08.0100　睑缘切开术
08.0200　睑缝合后切开术
08.0901　眼睑切开探查术
08.0903　眼睑粘连松解术
08.0904　眼睑切开异物取出术
08.2000x003　眉部瘢痕切除术
08.2000x005　眼睑瘢痕切除术
08.2000x006　眼睑病损切除术
08.2000x009　眼睑皮肤和皮下坏死组织切除清创术
08.2001　眉部病损切除术
08.2002　睑板腺切除术
08.2003　眦病损切除
08.2100　睑板腺囊肿切除术
08.2100x001　睑板腺囊肿刮除术
08.2200x003　眼睑小病损切除术
08.2201　睑板腺病损切除术
08.2300x001　眼睑病损板层切除术

08.2400x001 眼睑病损全层切除术
08.2500 眼睑病损破坏术
08.3101 上睑下垂额肌瓣悬吊术
08.3102 额肌缝线睑下垂修补术
08.3200x001 上睑下垂缝线悬吊术
08.3200x002 上睑下垂异体组织额肌悬吊术
08.3200x003 上睑下垂额肌悬吊术
08.3201 硬脑膜异体额肌悬吊术
08.3202 眼阔筋膜悬吊术
08.3300x001 上睑下垂提上睑肌缩短术
08.3400x001 上睑下垂上直肌提吊术
08.3500 上睑下垂修补术，用睑板法
08.3600x002 上睑下垂眼轮匝肌悬吊术
08.3700 上睑下垂矫正过度复位术
08.3800 睑退缩矫正术
08.4101 睑外翻热灼修补术
08.4102 睑内翻热灼修补术
08.4201 睑外翻缝合修补术
08.4202 睑内翻缝合修补术
08.4203 睑轮匝肌缩短睑内翻修补术
08.4204 睑轮匝肌重叠，睑外翻修补术
08.4301 睑外翻楔形切除修补术
08.4302 睑内翻楔形切除修补术
08.4401 睑内翻矫正伴睑重建术
08.4402 睑外翻矫正伴睑重建术
08.4403 Wheeler睑内翻修补术
08.4901 睑外翻矫正术
08.4902 睑内翻矫正术
08.5100 眦切开术
08.5101 睑裂增大术
08.5200x002 睑缘缝合术
08.5200x003 眦缝合术
08.5200x004 睑板缝合术
08.5900x001 眦移位矫正术
08.5900x004 内眦成形术
08.5900x005 外眦成形术
08.5900x006 眦韧带固定术
08.5900x007 眦韧带修复术
08.5901 内眦赘皮修补术
08.5902 眦成形术
08.5903 眶距增宽矫正术
08.5904 眦韧带悬吊术
08.6100x002 眼睑全厚植皮术
08.6100x003 眼睑中厚植皮术
08.6100x004 游离皮瓣移植眼睑重建术
08.6100x005 脱细胞真皮移植眼睑重建术
08.6101 局部皮瓣转位眼睑重建术
08.6102 眼睑皮片移植重建术
08.6103 带蒂头皮瓣眉再造术
08.6201 黏膜瓣移植眼睑重建术
08.6300x005 全厚皮片移植眉重建术
08.6300x006 皮瓣移植眉重建术
08.6301 头皮移植法眉毛再造术
08.6400 用结膜睑板移植片的眼睑重建术
08.6900 用皮瓣或移植物的其他眼睑重建术
08.7001 眉重建术
08.7100x001 眼睑非全层伴睑缘重建术
08.7200x001 眼睑板层重建术
08.7300x001 眼睑全层伴睑缘重建术
08.7400x001 眼睑全层重建术
08.8101 眼睑裂伤缝合术
08.8102 眉裂伤缝合术
08.8200x001 眼睑非全层的眼睑裂伤及修补术
08.8300x001 眼睑非全层裂伤修补术
08.8400x001 眼睑全层及睑缘裂伤修补术
08.8500x001 眼睑全层裂伤修补术
08.8600x002 眼袋切除术
08.8700 上眼睑皱纹切除术
08.8900x002 异体睑板移植术
08.8900x005 重建眉修整术
08.8900x006 眼下睑固定术
08.8900x007 眼睑赘皮切除术
08.8900x008 重睑激光成形术
08.8901 外眦皱纹切除术
08.8902 重睑术
08.8903 眉修补术
08.9100x001 睫毛电解术
08.9100x002 倒睫激光术
08.9200 冷冻外科眼睑拔睫毛术
08.9300x001 眼睑拔睫毛术
08.9900x003 眼睑缝线去除
08.9901 睫毛重建术
09.4100 泪点探通术
09.4100x001 泪点扩张术
09.4200 泪小管探通术
09.4300 鼻泪管探通术
09.4401 鼻泪管支架植入术
09.4402 鼻泪管激光探通插管术
09.4403 鼻泪道扩张模置入术
09.4404 人工泪管置入术

09.4405　泪小管穿线插管术
09.4900x002　鼻内镜下人工泪管取出术
09.4900x003　人工泪管取出术
09.4901　泪道挂线术
09.5100　泪点切开术
09.5200　泪小管切开术
09.5300　泪囊切开术
09.5900x001　泪管切开术
09.6x00x001　泪管病损切除术
09.6x00x006　泪小管病损切除术
09.6x01　泪囊切除术
09.6x02　泪囊病损切除术
09.6x03　泪道病损切除术
09.6x04　泪小管切除术
09.7100　泪点外翻矫正术
09.7200x001　泪点修补术
09.7201　泪点重建术
09.7300x001　泪小管成形术
09.7300x003　泪小管缝合术
09.7300x004　泪道重建术
09.7301　泪小管吻合术
09.8200　结膜泪囊鼻腔吻合术
09.8301　结膜-鼻腔吻合插管术
09.9100　泪点封闭术
09.9900x002　泪囊瘘口封闭术
15.9x01　眼阔筋膜切除术
38.6000x012　血管病损切除术
86.2200x011　皮肤和皮下坏死组织切除清创术
86.2201　皮肤伤口切除性清创术
86.4x01　头.面.颈皮肤病损根治切除术
98.2200x004　眼睑嵌入异物去除
98.2202　非切开眼睑异物取出术

CJ1　其他眼部手术

包含以下主要手术或操作：
08.5200　睑缝合术
08.8600　下眼睑皱纹切除术
09.4300x001　鼻内镜下鼻泪管探通术
09.4900x004　泪道植入物修正术
09.4900x005　泪管植入物置换术
09.8100　泪囊鼻腔吻合术［DCR］
09.8100x004　鼻内镜下鼻腔泪囊造口术
09.8101　内镜下鼻-泪管吻合术
09.8300x001　鼻内镜下鼻腔支架植入术
09.9900x003　泪囊瘘管切除术
09.9900x004　泪囊破裂修补术
10.1x00x003　结膜放射状切开术
10.9900x004　结膜脱位复位术
11.3100x001　翼状胬肉转位术
11.9900x003　板层角膜间冲洗术
11.9900x004　角膜基质内注药术
11.9900x005　角膜针刺术
12.0100　用磁吸法去除眼前节眼内异物
12.0200x002　眼前房切开异物取出术
12.0200x004　眼前节非磁性异物取出术
16.0200　眼眶切开术伴置入眼眶植入物
16.1x00x001　眼内异物取出术
16.7200x002　眼硅胶取出术
16.9100　球后注射治疗性药物
16.9100x001　球后注射无水乙醇
86.3x02　皮肤病损切除术
86.3x03　皮下组织病损切除术
86.3x10x067　腔镜下皮下组织病损切除术
86.3x12　皮肤病损激光治疗

CR1　眼部恶性肿瘤及交界性肿瘤

包含以下主要诊断：
C43.100x001　眼睑恶性黑色素瘤
C43.101　眦恶性黑色素瘤
C44.100x002　眼睑恶性肿瘤
C44.100x003　内眦恶性肿瘤
C44.100x004　外眦恶性肿瘤
C44.101　眦恶性肿瘤
C44.102　睑板腺恶性肿瘤
C49.003　睑结缔组织恶性肿瘤
C69.000x001　结膜恶性肿瘤
C69.100　角膜恶性肿瘤
C69.200　视网膜恶性肿瘤
C69.300　脉络膜恶性肿瘤
C69.400　睫状体恶性肿瘤
C69.400x005　虹膜恶性肿瘤
C69.401　葡萄膜恶性肿瘤
C69.500x003　泪管恶性肿瘤
C69.501　泪腺恶性肿瘤
C69.502　泪囊恶性肿瘤
C69.503　鼻泪管恶性肿瘤
C69.600　眶恶性肿瘤
C69.600x001　眶内恶性肿瘤
C69.601　眶结缔组织恶性肿瘤
C69.602　眶周神经恶性肿瘤

C69.603　眼外肌恶性肿瘤
C69.604　眼球后组织恶性肿瘤
C69.800　眼和附器交搭跨越恶性肿瘤的损害
C69.900　眼恶性肿瘤
C69.900x001　眼内恶性肿瘤
C69.901　眼球恶性肿瘤
C79.200x002　眼睑继发恶性肿瘤
C79.400x014　泪管继发恶性肿瘤
C79.405　眼继发恶性肿瘤
C79.406　眶内继发恶性肿瘤
C79.407　眼球继发恶性肿瘤
C79.408　眼外肌继发恶性肿瘤
C79.409　脉络膜继发恶性肿瘤
D03.100x002　眼睑原位黑色素瘤
D03.100x003　眦原位黑色素瘤
D04.100x001　眼皮肤原位癌
D04.101　眦原位癌
D09.200　眼原位癌
D09.201　眼球原位癌
D09.202　角膜原位癌
D48.200x010　眼睑周围神经和自主神经交界性肿瘤
D48.700x021　眶交界性肿瘤
D48.704　眼肿瘤
D48.706　眶周围神经肿瘤
D48.900x014+H36.8*　肿瘤相关性视网膜病

CS1　眼外肌、眼的神经及血管疾病

包含以下主要诊断：
H34.000　短暂性视网膜动脉阻塞
H34.100　视网膜中央动脉阻塞
H34.200　视网膜动脉阻塞，其他的
H34.200x002　视网膜血管痉挛
H34.200x004　视网膜粥样栓塞［侯兰荷思特斑］
H34.200x005　视网膜微栓塞
H34.201　视网膜部分性动脉阻塞
H34.202　视网膜分支动脉阻塞
H34.203　视网膜动脉供血不足
H34.204　视网膜动脉栓塞
H34.800　视网膜血管阻塞，其他的
H34.800x001　颞上支静脉阻塞
H34.801　视网膜分支静脉阻塞
H34.802　视网膜静脉阻塞
H34.803　视网膜中心性静脉阻塞
H34.804　视网膜部分性静脉阻塞
H34.900　未特指的视网膜血管阻塞
H34.900x001　视网膜血管阻塞
H35.000　背景性视网膜病变和视网膜血管改变
H35.000x014　视网膜血管白鞘
H35.000x017　缺血性视网膜病变
H35.000x019　急性区域性隐匿性外层视网膜病变
H35.000x020　IRVAN综合征
H35.000x021　中心性渗出性脉络膜视网膜病
H35.001　视网膜血管病变
H35.002　视网膜静脉周围炎
H35.007　视网膜血管曲张
H35.008　视网膜血管炎
H35.009　视网膜微动脉瘤
H35.011　视网膜大动脉瘤
H35.012　视网膜新生血管
H35.013　视网膜动脉炎
H35.014　视网膜静脉炎
H46.x00　视神经炎
H46.x01　球后视神经炎
H46.x02　视盘炎
H47.000　视神经疾患，不可归类在他处者
H47.000x009　视神经病
H47.001　视神经麻痹
H47.002　视神经鞘膜内出血
H47.003　视神经受压
H47.004　缺血性视神经病变
H47.006　肯尼迪综合征
H47.200　视神经萎缩
H47.200x003　原发性视神经萎缩
H47.200x004　继发性视神经萎缩
H47.300x005　视盘血管炎［视神经乳头静脉炎］
H47.301　视神经盘玻璃疣
H47.302　视盘前膜
H47.303　假性视盘水肿
H47.304　视盘肿物
H47.500　视路疾患，其他的
H47.500x002　视放射病变
H47.500x003　视束病变
H47.500x004　外侧膝状体病变
H47.600x001　枕叶病变
H49.001　动眼神经炎
H49.201　展神经炎
H49.300　全部（外部）眼肌麻痹
H49.400　进行性眼外肌麻痹
H49.400x001　慢性进行性眼外肌麻痹
H49.800　麻痹性斜视，其他的

H49.800x002　麻痹性外斜视
H49.800x007　眼外肌麻痹
H49.801　卡恩斯-塞尔综合征
H49.803　眶上裂综合征
H49.804　眼内直肌麻痹
H49.805　眼上斜肌麻痹
H49.806　眼上直肌麻痹
H49.808　眼外直肌麻痹
H49.809　眼下斜肌麻痹
H49.810　眼下直肌麻痹
H49.900　麻痹性斜视
H49.901　先天性麻痹性斜视
H50.000　会聚性共同性斜视
H50.000x002　共同性内斜视
H50.000x004　内斜视
H50.000x009　残余性内斜视
H50.001　调节性内斜视
H50.002　交替性内斜视
H50.003　失用性内斜视
H50.004　连续性内斜视
H50.005　先天性内斜视
H50.006　继发性内斜视
H50.007　知觉性内斜视
H50.008　运动性内斜视
H50.100　散开性共同性斜视
H50.100x002　共同性外斜视
H50.100x004　外斜视
H50.100x007　残余性外斜视
H50.101　交替性外斜视
H50.102　失用性外斜视
H50.103　连续性外斜视
H50.104　先天性外斜视
H50.105　继发性外斜视
H50.106　知觉性外斜视
H50.107　运动性外斜视
H50.200　垂直斜视
H50.200x004　下斜肌亢进
H50.200x006　分离性水平性偏斜
H50.201　上斜视
H50.202　下斜视
H50.300　间歇性斜视
H50.300x002　交替性间歇性外斜视
H50.300x004　交替性间歇性内斜视
H50.301　间歇性外斜视
H50.302　间歇性内斜视
H50.400　斜视，其他和未特指的
H50.401　旋转斜视
H50.402　分离性垂直斜视
H50.403　微斜视
H50.404　单眼固定综合征
H50.405　共同性斜视
H50.500　隐斜
H50.500x002　内隐斜
H50.500x003　外隐斜
H50.500x004　交替性上隐斜
H50.600　机械性斜视
H50.600x003　外伤性麻痹性斜视
H50.600x004　继发性斜视
H50.600x005　先天性眼外肌纤维化综合征
H50.601　上斜肌肌鞘综合征［Brown综合征］
H50.602　粘连性斜视
H50.603　眼肌纤维化
H50.800x002　急性肌炎性斜视
H50.800x003　痉挛性斜视
H50.800x006　盲点综合征
H50.800x007　A-V征
H50.800x010　固定性斜视
H50.801　外斜V征
H50.802　眼球后退综合征
H50.803　外斜A征
H50.804　Helveston综合征
H50.805　失用性斜视
H50.806　内斜V征
H50.807　内斜A征
H50.900　斜视
H51.000　同向性注视麻痹
H51.000x001　先天性水平注视麻痹
H51.100　集合不全和过度
H51.200　核间性眼肌瘫痪
H51.800　双眼运动疾患，其他特指的
H51.801　眼球运动障碍
H51.900　双眼运动疾患
H52.500　调节疾患
H52.500x001　眼内肌麻痹
H52.500x003　调节痉挛
H52.500x004　调节麻痹
H52.501　瞳孔括约肌麻痹
H53.200　复视
H53.400　视野缺损
H53.400x003　双鼻侧偏盲

H53.400x004 弓形暗点
H53.400x005 比耶鲁姆暗点
H53.400x006 中心性暗点
H53.400x007 环形暗点
H53.402 偏盲
H55.x00 眼震和其他不规则眼运动
H55.x00x001 先天性眼球震颤
H55.x00x002 眼球震颤
H55.x00x005 隐性眼球震颤
H55.x01 不规则眼运动
H57.000 瞳孔功能异常
H57.000x003 虹膜麻痹
H57.001 瞳孔缩小
H57.002 瞳孔散大
H57.003 埃迪瞳孔
I70.800x003 眼底动脉硬化
I70.800x007 闭塞性视网膜动脉炎
I70.801 视网膜动脉粥样硬化
I77.004 眶动静脉瘘
I80.801 眶内血栓性静脉炎
I86.803 眼眶静脉曲张
Q14.000x006 眼永存胚胎血管膜
Q14.100x003 晶状体血管膜
Q14.200x001 先天性视神经乳头缺损
Q14.200x002 先天性视神经乳头小凹
Q14.200x004 先天性视神经乳头发育不全
Q82.800x017 大头、假性视盘水肿及多发性血管瘤病
Q85.804 冯・希佩尔-林道综合征
Q87.800x910 肥胖视网膜变性糖尿病综合征［Alstrom综合征］
S04.000x001 视神经损伤
S04.100 动眼神经损伤
T66.x02+H47.5* 放射性视神经损害

CT1 前房出血及眼创伤的非手术治疗

包含以下主要诊断：
H05.500 眼眶贯通伤后残留（陈旧性）异物
H05.500x001 陈旧性眶内异物
H05.500x002 陈旧性球后异物
H11.300 结膜出血
H11.301 结膜下出血
H20.802 创伤性虹膜睫状体炎
H21.000 前房积血
H21.002 虹膜出血
H21.003 睫状体出血
H26.100x002 晶体后囊膜破裂
H31.000 脉络膜视网膜瘢痕
H31.000x001 视网膜瘢痕
H31.000x002 日光性视网膜病
H31.000x004 炎症后黄斑瘢痕
H31.000x005 外伤后黄斑瘢痕
H31.300 脉络膜出血和破裂
H31.300x004 驱逐性脉络膜出血
H31.301 脉络膜破裂
H31.302 脉络膜出血
H31.400 脉络膜脱离
H31.400x003 化脓性脉络膜脱离
H31.401 出血性脉络膜脱离
H31.402 手术后脉络膜脱离
H31.403 创伤性脉络膜脱离
H31.404 渗出性脉络膜脱离
H33.200 浆液性视网膜脱离
H33.200x002 出血性视网膜脱离
H33.200x004 渗出性视网膜脱离
H33.300 视网膜断裂不伴有脱离
H33.300x006 视网膜撕裂
H33.301 视网膜缺损
H33.302 创伤性视网膜裂孔
H33.303 视网膜破裂
H33.304 视网膜裂孔
H33.400 牵引性视网膜脱离
H33.401 增生性玻璃体视网膜病伴视网膜脱离
H33.500 视网膜脱离，其他的
H33.500x002 大泡性视网膜脱离
H33.500x006 医源性视网膜脱离
H33.500x008 局限性视网膜脱离
H33.501 继发性视网膜脱离
H33.502 陈旧性视网膜脱离
H33.503 创伤性视网膜脱离
H33.504 复发性视网膜脱离
H33.506 原发性视网膜脱离
H35.600 视网膜出血
H35.601 黄斑出血
H35.602 眼底出血
H35.703 创伤性脉络膜视网膜病
H43.100 玻璃体积血
H44.600 眼内残留（陈旧性）磁性异物
H44.600x002 陈旧性前房磁性异物
H44.600x003 陈旧性睫状体磁性异物

H44.600x004　陈旧性虹膜磁性异物
H44.600x005　陈旧性晶状体磁性异物
H44.600x006　陈旧性眼球磁性异物
H44.600x007　陈旧性玻璃体磁性异物
H44.700　眼内残留（陈旧性）非磁性异物
H44.700x002　陈旧性玻璃体非磁性异物
H44.700x003　陈旧性巩膜非磁性异物
H44.700x004　陈旧性前房非磁性异物
H44.700x005　陈旧性眼球非磁性异物
H44.700x007　陈旧性睫状体非磁性异物
H44.700x008　陈旧性虹膜非磁性异物
H44.700x009　陈旧性晶状体非磁性异物
H44.801　眼内出血
H59.900　眼和附器的操作后疾患
S00.100x001　眼睑挫伤
S00.100x003　眼睑淤血
S00.100x006　眉弓挫伤
S00.101　眼周区挫伤
S00.200　眼睑和眼周区其他浅表损伤
S00.201　眶区浅表损伤
S00.202　眼睑血肿
S01.000x002　眉弓裂伤
S01.100　眼睑和眼周区开放性伤口
S01.101　眼睑裂伤
S01.102　开放性眼睑异物
S01.103　眶部裂伤
S02.311　开放性眶底骨折
S02.801　眶骨骨折
S02.811　开放性眶骨骨折
S04.000x002　视交叉损伤
S04.000x003　视路损伤
S04.000x004　视皮质损伤
S05.000x002　结膜损伤
S05.001　角膜擦伤
S05.002　角膜磨损
S05.100x004　眼球挫伤
S05.101　眼眶挫伤
S05.102　创伤性前房积血
S05.103　晶状体挫伤
S05.104　巩膜挫伤
S05.200x003　外伤性玻璃体嵌顿
S05.200x004　外伤性虹膜缺损
S05.200x005　外伤性晶状体嵌顿
S05.200x006　外伤性玻璃体溢出
S05.200x007　外伤性虹膜根部离断
S05.201　角膜穿通伤伴虹膜嵌顿
S05.202　角膜穿通伤伴虹膜脱垂
S05.203　角膜穿通伤伴晶状体嵌顿
S05.204　角膜穿通伤伴玻璃体嵌顿
S05.205　创伤性虹膜脱垂
S05.206　创伤性虹膜嵌顿
S05.207　创伤性虹膜疝
S05.208　创伤性睫状体脱垂
S05.209　创伤性玻璃体脱垂
S05.210　创伤性玻璃体疝
S05.300　眼撕裂伤不伴有眼内组织脱出或缺失
S05.300x004　眼球破裂伤
S05.300x005　外伤性前房角劈裂
S05.300x010　眼撕裂伤
S05.301　角膜裂伤
S05.302　角膜全层裂伤
S05.303　虹膜裂伤
S05.304　巩膜裂伤
S05.305　睫状体裂伤
S05.306　结膜裂伤
S05.307　角膜板层裂伤
S05.401　眶穿通伤
S05.500x002　眼球穿通伤伴磁性异物
S05.500x003　眼球穿通伤伴非磁性异物
S05.600x002　眼球穿通伤
S05.601　角膜穿通伤
S05.602　虹膜穿通伤
S05.603　晶状体穿通伤
S05.604　巩膜穿通伤
S05.605　视网膜穿通伤
S05.700　眼撕脱伤
S05.800x001　外伤性虹膜脱离
S05.800x007　眼外肌断裂
S05.800x008　眼内直肌断裂
S05.800x009　眼外直肌断裂
S05.801　眼震荡
S05.802　眼挫伤
S05.803　角膜损伤
S05.804　虹膜损伤
S05.805　晶状体损伤
S05.806　创伤性晶状体脱位
S05.807　巩膜损伤
S05.808　视网膜震荡
S05.809　视网膜损伤
S05.810　泪小管裂伤

S05.811　泪管损伤
S05.812　冲击波性失明
S05.900　眼和眶的损伤
S05.900x003　眼部开放性损伤
S05.901　眼损伤
S05.902　创伤性失明
S05.903　玻璃体损伤
T15.000　角膜异物
T15.100x001　结膜异物
T15.101　眼睑异物
T15.800x001　眼球异物
T15.800x002　泪点内异物
T15.801　多发性外眼异物
T15.900　外眼异物
T85.200　眼内透镜的机械性并发症
T85.200x001　人工晶体脱位
T85.200x002　人工晶体引起的机械性并发症
T85.201　人工晶体夹持
T85.202　人工晶体移位
T85.300x001　眼前房引流管脱出
T85.300x003　眼假体眶引起的机械性并发症
T85.300x004　角膜移植物引起的机械性并发症
T85.300x005　眼硅油乳化
T85.300x006　人工泪管移位
T85.300x007　人工泪管阻塞
T85.300x008　巩膜环扎带暴露
T85.300x009　眼假体装置植入物和移植物引起的机械性并发症
T85.301　义眼台暴露
T85.302　玻璃体气体泄漏
T85.303　玻璃体硅油移位
T85.304　人工玻璃体障碍
T85.308　前房植入硅管障碍
T85.309　巩膜环扎带障碍
T85.310　角膜缝线外露
T85.311　角膜移植片溶解
T85.312　义眼座外露

CU1　急性重大眼感染

包含以下主要诊断：
A06.801　眼阿米巴病
A18.500x002　眼眶结核
A18.500x005+H32.0*　结核性视网膜脉络膜炎
A18.500x008+H13.1*　结膜结核
A18.500x010+H32.0*　脉络膜结核瘤
A18.500x013+H22.0*　结核性虹膜睫状体炎
A18.501+H32.0*　视网膜结核
A18.502+H32.0*　脉络膜结核
A18.503+H48.8*　视神经结核
A18.504+H22.0*　葡萄膜结核
A18.506+H19.2*　角膜结核
A18.507+H19.0*　巩膜结核
A30.900x006+H19.2*　麻风性点状角膜炎
A30.900x007+H32.0*　麻风性脉络膜炎
A36.800x006+H22.8*　白喉性虹膜麻痹
A36.801+H13.1*　白喉性结膜炎
A39.801+H13.1*　脑膜炎球菌性结膜炎
A50.000x001+H32.0*　早期先天性梅毒性脉络膜视网膜炎
A50.001+H58.8*　早期先天性梅毒性眼病
A50.300+H58.8*　晚期先天性梅毒性眼病
A50.300x002+H19.2*　晚期先天性梅毒性间质性角膜炎
A50.300x003+H32.0*　晚期先天性梅毒性脉络膜视网膜炎
A50.301+H19.2*　梅毒性角膜炎
A51.400x005+H22.0*　二期梅毒性虹膜睫状体炎
A51.402+H22.0*　二期梅毒性葡萄膜炎
A51.403+H32.0*　早期梅毒性视网膜炎
A51.404+H58.8*　早期梅毒性眼病
A51.405+H58.8*　二期梅毒性眼病
A52.100x012+H48.1*　梅毒相关性视神经炎
A52.102+H58.0*　阿-罗瞳孔
A52.700x015+H58.8*　梅毒性眼病
A52.701+H22.0*　三期梅毒性葡萄膜炎
A52.702+H32.0*　三期梅毒性视网膜炎
A52.708+H58.8*　晚期梅毒性眼病
A54.300x002+H19.2*　先天性淋球菌性角膜炎
A54.302+H13.1*　淋球菌性结膜炎
A54.303+H22.0*　淋球菌性虹膜睫状体炎
A71.000　初期沙眼
A71.100　活动期沙眼
A71.100x002　沙眼性血管翳
A71.100x003　沙眼性结膜炎
A71.101　沙眼性角膜炎
A71.900　沙眼
A74.000+H13.1*　衣原体结膜炎
B00.500x002+H58.8*　单纯疱疹病毒性眼病
B00.500x005+H19.1*　树枝状角膜炎
B00.500x007+H22.0*　单纯疱疹病毒性虹膜睫状

体炎
B00.500x009+H22.0* 疱疹病毒性葡萄膜炎
B00.501+H19.1* 疱疹病毒性角膜炎
B00.502+H13.1* 疱疹病毒性结膜炎
B00.503+H58.8* 疱疹性眼炎
B00.504+H03.1* 疱疹病毒性眼睑皮炎
B00.505+H22.0* 疱疹性虹膜睫状体炎
B00.506+H22.0* 疱疹性虹膜炎
B00.507+H19.1* 疱疹性角膜结膜炎
B00.508+H22.0* 疱疹性前葡萄膜炎
B00.509+H03.1* 疱疹性眼睑炎
B02.301+H58.8* 带状疱疹性眼炎
B02.302+H19.2* 带状疱疹性角膜炎
B02.303+H03.1* 眼睑带状疱疹
B02.304+H13.1* 带状疱疹性结膜炎
B02.305+H22.0* 带状疱疹性虹膜睫状体炎
B02.306+H22.0* 带状疱疹性虹膜炎
B02.307+H19.2* 带状疱疹性角膜结膜炎
B02.308+H19.0* 带状疱疹性巩膜炎
B05.800x001+H19.2* 麻疹并发角膜结膜炎
B07.x02 眼睑疣
B25.800x002+H19.2* 巨细胞病毒性角膜炎
B25.802+H32.0* 巨细胞病毒性视网膜炎
B26.801+H13.1* 流行性腮腺炎性结膜炎
B30.000+H19.2* 腺病毒性角膜结膜炎
B30.001+H19.2* 流行性角膜结膜炎
B30.100+H13.1* 腺病毒性结膜炎
B30.200+H13.1* 病毒性咽结膜炎
B30.201+H13.1* 咽结膜热
B30.300+H13.1* 急性流行性出血性（肠病毒性）结膜炎
B30.301+H13.1* 流行性出血性结膜炎
B30.800+H13.1* 病毒性结膜炎，其他的
B30.900 病毒性结膜炎
B37.807+H48.8* 视神经念珠菌感染
B49.x03+H19.2* 真菌性角膜炎
B49.x04+H19.2* 真菌性角膜溃疡
B58.000 眼弓形虫病
B58.001+H32.0* 弓形虫脉络膜视网膜炎
B60.100x002+H13.1* 棘阿米巴性结膜炎
B60.100x003+H19.2* 棘阿米巴性角膜结膜炎
B60.100x004+H19.2* 棘阿米巴性角膜炎
B87.200x001+H58.8* 眼蝇蛆病
B89.x02+H06.1* 眼眶寄生虫病
D86.800x003+H22.1* 结节病性虹膜睫状体炎
H00.003 眼睑蜂窝织炎
H05.000 眼眶急性炎症
H05.000x002 眼眶脓肿
H05.000x006 眼眶感染
H05.001 眶蜂窝织炎
H05.002 眼球筋膜炎
H05.003 眼眶骨髓炎
H05.004 眼眶内脓肿
H05.005 眼眶骨膜炎
H05.100 眼眶慢性炎性疾患
H05.100x003 眼眶非特异性炎症
H05.100x005 眼球后炎
H05.101 眼眶内肉芽肿
H05.102 眶内炎
H05.103 眼眶炎性假瘤
H05.104 眶肌炎
H05.205 眼眶水肿
H10.300 急性结膜炎
H16.000 角膜溃疡
H16.000x001 病毒性角膜溃疡
H16.000x006 环形角膜溃疡
H16.000x010 角膜糜烂
H16.001 角膜溃疡性穿孔
H16.002 中心性角膜溃疡
H16.003 蚕蚀性角膜溃疡
H16.004 边缘性角膜溃疡
H16.005 前房积脓性角膜溃疡
H16.006 细菌性角膜溃疡
H16.007 角膜穿孔
H16.101 电光性眼炎
H16.102 浅层点状角膜炎
II16.103 丝状角膜炎
H16.200 角膜结膜炎
H16.200x001 暴露性角膜结膜炎
H16.200x006 结节性眼炎
H16.201 小泡性角膜结膜炎
H16.203 神经营养性角膜结膜炎
H16.204 浅层角膜结膜炎
H16.205 暴露性角膜炎
H16.300x004 硬化性角膜炎
H16.300x005 角膜基质炎
H16.301 深层角膜炎
H16.302 角膜脓肿
H16.303 科根综合征
H16.800x003 疫苗接种角膜炎

H16.800x005　粘连性角膜炎
H16.800x006　反应性角膜炎
H16.800x010　束状角膜炎
H16.800x014　陈旧性角膜炎
H16.801　药物性角膜结膜炎
H16.802　大泡性角膜炎
H16.803　细菌性角膜炎
H16.804　化脓性角膜炎
H16.805　神经麻痹性角膜炎
H16.900　角膜炎
H20.200　晶体诱发性虹膜睫状体炎
H20.800　虹膜睫状体炎，其他的
H20.801　眼色素层脑膜炎
H20.804　虹膜脓肿
H20.900　虹膜睫状体炎
H20.901　角膜葡萄膜炎
H44.000　化脓性眼内炎
H44.000x002　感染性眼内炎
H44.000x005　眼内炎
H44.000x007　转移性眼内炎
H44.001　玻璃体脓肿
H44.002　全眼球炎
H44.003　眼脓肿
H44.100　眼内炎，其他的
H44.100x003　眼小梁炎
H44.101　全色素膜炎
H44.102　眼炎性假瘤
H44.103　交感性眼炎
H44.104　寄生虫性眼内炎
H59.810　手术后巩膜坏死
H59.811　疱疹相关性眼内炎
H59.812　操作后后疱疹感染
M35.005+H19.3*　干燥综合征性角膜结膜炎

CV1　各种类型青光眼

包含以下主要诊断：
E10.300x051+H42.0*　1型糖尿病性新生血管性青光眼
E11.300x051+H42.0*　2型糖尿病性新生血管性青光眼
H40.000　可疑青光眼
H40.000x001　交界性青光眼
H40.000x002　青光眼临床前期
H40.000x004　青光眼术后眼压失控
H40.001　高眼压症
H40.100　原发性开角型青光眼
H40.100x001　开角型青光眼
H40.100x004　残余性青光眼
H40.101　色素性青光眼
H40.103　正常眼压性青光眼
H40.200　原发性闭角型青光眼
H40.200x006　急性闭角性青光眼急性发作期
H40.200x007　急性闭角型青光眼间歇期
H40.200x009　急性闭角型青光眼临床前期
H40.200x010　急性闭角型青光眼先兆期
H40.200x011　急性闭角型青光眼慢性期
H40.200x012　急性闭角型青光眼绝对期
H40.202　慢性闭角型青光眼
H40.203　原发性急性闭角型青光眼
H40.300　继发于眼外伤的青光眼
H40.400　继发于眼部炎症的青光眼
H40.401　虹膜睫状体炎继发性青光眼
H40.403　青光眼睫状体炎综合征
H40.500　继发于其他眼部疾患的青光眼
H40.500x002　继发性青光眼
H40.500x008　晶状体过敏性青光眼
H40.500x009　恶性青光眼［睫状环阻滞性青光眼］
H40.501　新生血管性青光眼
H40.502　无晶状体性青光眼
H40.503　晶状体性青光眼
H40.504　晶状体脱位性青光眼
H40.505　晶状体溶解性青光眼
H40.506　Schwartz综合征
H40.600　药物性青光眼
H40.600x002　糖皮质激素性青光眼
H40.800x002　血影细胞性青光眼
H40.800x004　发育性青光眼
H40.800x005　分泌过多性青光眼
H40.801　混合型青光眼
H40.900　青光眼
H44.501　绝对期青光眼
H59.800x004　手术后浅前房
H59.800x007　手术后无前房
H59.801　青光眼术后无前房
H59.808　青光眼术后浅前房
H59.809　青光眼术后滤过泡漏
Q13.101+H42.8*　无虹膜青光眼
Q15.000　先天性青光眼
Q15.003　新生儿青光眼
Q15.004　婴幼儿型青光眼

Q15.005　青少年型青光眼
Z03.801　可疑青光眼观察

CW1　各种类型白内障

包含以下主要诊断：
E10.300x091+H28.0*　1型糖尿病性早发的年龄相关性白内障
E10.302+H28.0*　1型糖尿病性白内障
E11.300x091+H28.0*　2型糖尿病性早发的年龄相关性白内障
E11.302+H28.0*　2型糖尿病性白内障
E14.300x061+H28.0*　糖尿病性白内障
E14.300x091+H28.0*　糖尿病性早发的年龄相关性白内障
E20.902+H28.1*　甲状旁腺功能减退症性白内障
E83.500x006+H28.1*　低钙血性白内障［手足搐搦性白内障］
E88.906+H28.1*　代谢性白内障
H25.000　老年性初期白内障
H25.000x002　前极白内障
H25.000x003　冠状老年性白内障
H25.000x005　点状老年性白内障
H25.000x006　后极白内障
H25.000x007　皮质性白内障初发期
H25.001　后囊下白内障
H25.002　皮质性白内障成熟期
H25.004　皮质性白内障膨胀期
H25.100　老年核性白内障
H25.200　老年性白内障，莫尔加尼型
H25.800　老年性白内障，其他的
H25.800x001　其他的老年性白内障
H25.800x002　联合性老年性白内障
H25.900　老年性白内障
H26.000x001　早老性白内障
H26.000x002　青年期白内障
H26.000x005　发育性白内障
H26.001　婴儿期白内障
H26.002　幼年性白内障
H26.003　老年前期白内障
H26.100　外伤性白内障
H26.200　并发性白内障
H26.200x005　慢性虹膜睫状体炎性白内障
H26.201　虹膜异色性白内障
H26.202　青光眼性白内障
H26.300　药物性白内障
H26.300x001　激素性白内障
H26.300x004　三硝基甲苯性白内障
H26.301　中毒性白内障
H26.400　后发性白内障
H26.400x002　继发性白内障
H26.400x003　膜性白内障
H26.401　泽默林环
H26.801　混合性白内障
H26.802　放射性白内障
H26.900　白内障
H26.901　晶体混浊
H27.000　无晶状体
H27.100　晶状体脱位
H27.101　晶状体半脱位
H27.102　晶状体全脱位
H27.800　晶状体其他特指的疾患
H27.800x001　真性晶状体囊膜剥脱
H27.900　晶状体疾患
Q12.000　先天性白内障
Q12.001　绕核性白内障
Q12.002　先天性核性白内障

CX1　其他疾病引起眼部病变

包含以下主要诊断：
E05.902+H58.8*　甲状腺毒症性眼病
E10.300x011+H36.0*　1型糖尿病性背景性视网膜病
E10.300x012+H36.0*　1型糖尿病性背景性出血性视网膜病
E10.300x013+H36.0*　1型糖尿病性背景性硬性渗出物性视网膜病
E10.300x014+H36.0*　1型糖尿病性背景性小动脉瘤视网膜病
E10.300x015+H36.0*　1型糖尿病性背景性静脉扩张性视网膜病
E10.300x021+H36.0*　1型糖尿病性增殖性前期视网膜病
E10.300x022+H36.0*　1型糖尿病性增殖性前期视网膜内微血管异常性视网膜病
E10.300x023+H36.0*　1型糖尿病性增殖性前期絮状斑点性视网膜病
E10.300x024+H36.0*　1型糖尿病性增殖性前期出血性视网膜病
E10.300x025+H36.0*　1型糖尿病性增殖性前期局部缺血性视网膜病
E10.300x031+H36.0*　1型糖尿病性增殖性视网膜病

E10.300x032+H36.0* 1型糖尿病性增殖性出血性视网膜病
E10.300x033+H36.0* 1型糖尿病性增殖性视网膜前出血性视网膜病
E10.300x034+H36.0* 1型糖尿病性增殖性玻璃体出血性视网膜病
E10.300x035+H36.0* 1型糖尿病性增殖性新生血管化性视网膜病
E10.300x036+H36.0* 1型糖尿病性增殖性视网膜牵引性视网膜病
E10.300x041+H36.0* 1型糖尿病性斑点性视网膜病
E10.300x042+H36.0* 1型糖尿病性局部的水肿斑点性视网膜病
E10.300x043+H36.0* 1型糖尿病性全面的水肿斑点性视网膜病
E10.300x044+H36.0* 1型糖尿病性星状的斑点性视网膜病
E10.300x045+H36.0* 1型糖尿病性环状的黄斑病性视网膜病
E10.300x046+H36.0* 1型糖尿病性缺血性黄斑病性视网膜病
E10.300x047+H36.0* 1型糖尿病性视网膜增厚性视网膜病
E10.300x052+H22.1* 1型糖尿病性虹膜红变症
E10.300x053+H36.0* 1型糖尿病性牵拉性视网膜脱离
E10.301+H36.0* 1型糖尿病性视网膜病变
E10.303+H22.1* 1型糖尿病性虹膜炎
E11.300x011+H36.0* 2型糖尿病性背景性视网膜病
E11.300x012+H36.0* 2型糖尿病性背景性出血性视网膜病
E11.300x013+H36.0* 2型糖尿病性背景性硬性渗出物性视网膜病
E11.300x014+H36.0* 2型糖尿病性背景性小动脉瘤视网膜病
E11.300x015+H36.0* 2型糖尿病性背景性静脉扩张性视网膜病
E11.300x021+H36.0* 2型糖尿病性增殖性前期视网膜病
E11.300x022+H36.0* 2型糖尿病性增殖性前期视网膜内微血管异常性视网膜病
E11.300x023+H36.0* 2型糖尿病性增殖性前期絮状斑点性视网膜病
E11.300x024+H36.0* 2型糖尿病性增殖性前期出血性视网膜病
E11.300x025+H36.0* 2型糖尿病性增殖性前期局部缺血性视网膜病
E11.300x031+H36.0* 2型糖尿病性增殖性视网膜病
E11.300x032+H36.0* 2型糖尿病性增殖性出血性视网膜病
E11.300x033+H36.0* 2型糖尿病性增殖性视网膜前出血性视网膜病
E11.300x034+H36.0* 2型糖尿病性增殖性玻璃体出血性视网膜病
E11.300x035+H36.0* 2型糖尿病性增殖性新生血管化性视网膜病
E11.300x036+H36.0* 2型糖尿病性增殖性视网膜牵引性视网膜病
E11.300x041+H36.0* 2型糖尿病性斑点性视网膜病
E11.300x042+H36.0* 2型糖尿病性局部的水肿斑点性视网膜病
E11.300x043+H36.0* 2型糖尿病性全面的水肿斑点性视网膜病
E11.300x044+H36.0* 2型糖尿病性星状的斑点性视网膜病
E11.300x045+H36.0* 2型糖尿病性环状的黄斑病性视网膜病
E11.300x046+H36.0* 2型糖尿病性缺血性黄斑病性视网膜病
E11.300x047+H36.0* 2型糖尿病性视网膜增厚性视网膜病
E11.300x052+H22.1* 2型糖尿病性虹膜红变症
E11.300x053+H36.0* 2型糖尿病性牵拉性视网膜脱离
E11.301+H36.0* 2型糖尿病性视网膜病变
E11.303+H22.1* 2型糖尿病性虹膜炎
E12.300 营养不良相关性糖尿病伴有眼的并发症
E13.300x271+H36.0* 继发性糖尿病性视网膜病变
E13.300x571+H36.0* 青少年发病的成人型糖尿病性视网膜病变
E14.300x011+H36.0* 糖尿病性背景性视网膜病
E14.300x012+H36.0* 糖尿病性背景性出血性视网膜病
E14.300x013+H36.0* 糖尿病性背景性硬性渗出物性视网膜病
E14.300x014+H36.0* 糖尿病性背景性小动脉瘤视

网膜病
E14.300x015+H36.0*　糖尿病性背景性静脉扩张性视网膜病
E14.300x021+H36.0*　糖尿病性增殖性前期视网膜病
E14.300x022+H36.0*　糖尿病性增殖性前期视网膜内微血管异常性视网膜病
E14.300x023+H36.0*　糖尿病性增殖性前期絮状斑点性视网膜病
E14.300x024+H36.0*　糖尿病性增殖性前期出血性视网膜病
E14.300x025+H36.0*　糖尿病性增殖性前期局部缺血性视网膜病
E14.300x031+H36.0*　糖尿病性增殖性视网膜病
E14.300x032+H36.0*　糖尿病性增殖性出血性视网膜病
E14.300x033+H36.0*　糖尿病性增殖性视网膜前出血性视网膜病
E14.300x034+H36.0*　糖尿病性增殖性玻璃体出血性视网膜病
E14.300x035+H36.0*　糖尿病性增殖性新生血管化性视网膜病
E14.300x036+H36.0*　糖尿病性增殖性视网膜牵引性视网膜病
E14.300x041+H36.0*　糖尿病性斑点性视网膜病
E14.300x042+H36.0*　糖尿病性局部的水肿斑点性视网膜病
E14.300x043+H36.0*　糖尿病性全面的水肿斑点性视网膜病
E14.300x044+H36.0*　糖尿病性星状的斑点性视网膜病
E14.300x045+H36.0*　糖尿病性环状的黄斑病性视网膜病
E14.300x046+H36.0*　糖尿病性缺血性黄斑病性视网膜病
E14.300x047+H36.0*　糖尿病性视网膜增厚性视网膜病
E14.300x051+H42.0*　糖尿病性新生血管性青光眼
E14.300x052+H22.1*　糖尿病性虹膜红变症
E14.300x053+H36.0*　糖尿病性牵拉性视网膜脱离
E14.300x054+H22.1*　糖尿病性虹膜炎
E14.300x071+H36.0*　糖尿病性视网膜病变
E14.400x180+G59.0*　糖尿病性眼肌麻痹
H35.004　高血压性视网膜病变
N18.504+H32.8*　肾性视网膜炎
N18.508+H32.8*　蛋白尿性视网膜炎

CZ1　其他眼部疾病

包含以下主要诊断：
D17.700x005　结膜脂肪瘤
D18.000x002　结膜血管瘤
D18.000x804　眶内血管瘤
D18.000x805　脉络膜血管瘤
D18.000x821　眼球血管瘤
D21.003　眼睑结缔组织良性肿瘤
D22.100　眼睑（包括眦）黑素细胞痣
D22.100x004　眼皮黑色素痣
D23.100x001　眼睑良性肿瘤
D23.100x002　内眦良性肿瘤
D23.100x003　外眦良性肿瘤
D23.101　眦皮肤良性肿瘤
D31.000x001　结膜良性肿瘤
D31.000x002　结膜黑色素痣
D31.100　角膜良性肿瘤
D31.200　视网膜良性肿瘤
D31.300　脉络膜良性肿瘤
D31.400　睫状体良性肿瘤
D31.402　虹膜良性肿瘤
D31.500x001　泪管良性肿瘤
D31.500x003　鼻泪管良性肿瘤
D31.501　泪腺良性肿瘤
D31.502　泪囊良性肿瘤
D31.600　眶良性肿瘤
D31.600x001　眶内良性肿瘤
D31.601　眶结缔组织良性肿瘤
D31.602　眼外肌良性肿瘤
D31.603　眶周围神经良性肿瘤
D31.604　球后良性肿瘤
D31.605　眼后组织良性肿瘤
D31.900　眼良性肿瘤
D31.901　眼球良性肿瘤
D48.703　眼动态未定肿瘤
D48.705　眶周围神经动态未定肿瘤
D86.801　眼眶结节病
E05.002+H06.2*　甲状腺功能障碍性突眼
E50.000x001+H13.8*　维生素A缺乏伴结膜干燥症
E50.100x002+H13.8*　维生素A缺乏伴比托斑点及结膜干燥症
E50.200x001+H19.8*　维生素A缺乏伴角膜干燥症
E50.300x001+H19.8*　维生素A缺乏伴角膜溃疡和干燥症

E50.400x001+H19.8* 维生素A缺乏伴角膜软化
E50.500x001+H58.1* 维生素A缺乏伴夜盲症
E50.600x001+H19.8* 维生素A缺乏伴角膜干眼瘢痕
E50.701+H19.8* 维生素A缺乏干眼症
E65.x00x006 眼睑眶隔脂肪增多症
E70.302 眼白化病
E85.418 眼睑淀粉样变性
H00.000x001 眼睑疖肿
H00.001 睑腺炎
H00.002 眼睑脓肿
H00.100 睑板腺囊肿
H01.000 睑缘炎
H01.100 眼睑的非感染性皮肤病
H01.100x003 眼睑变应性皮炎
H01.100x004 眼睑接触性皮炎
H01.100x005 眼睑湿疹性皮炎
H01.100x006 眼睑盘形红斑狼疮性皮炎
H01.100x007 眼睑干皮病
H01.101 眼睑皮炎
H01.801 眼睑瘘
H01.802 眼睑肉芽肿
H01.900 眼睑炎症
H01.901 眼睑炎性假瘤
H02.000 睑内翻和倒睫
H02.000x004 瘢痕性睑内翻
H02.001 先天性倒睫
H02.002 瘢痕性倒睫
H02.003 睑内翻
H02.004 倒睫
H02.100 睑外翻
H02.101 麻痹性睑外翻
H02.102 瘢痕性睑外翻
H02.103 老年性睑外翻
H02.200 兔眼
H02.300 眼睑皮肤松弛症
H02.300x004 下睑袋
H02.301 眼睑皮赘
H02.400 上睑下垂
H02.500 影响眼睑功能的其他疾患
H02.500x008 睑板腺功能障碍
H02.501 睑裂狭小
H02.502 睑缘粘连
H02.503 眼睑退缩
H02.504 眼睑粘连性瘢痕
H02.506 眼睑闭锁
H02.600 睑黄斑瘤
H02.700 眼睑和眼周区域的其他变性性疾患
H02.700x001 睑板腺脂肪变性
H02.700x008 眼睑白癜风
H02.702 眼睑萎缩
H02.703 眼睑坏死
H02.704 眼睑黄褐斑
H02.705 眼睑睫毛脱落
H02.800x011 眼睑皮脂腺囊肿
H02.800x014 内眦移位
H02.800x016 外眦移位
H02.800x018 眼睑皮下淤血
H02.801 眼睑多毛症
H02.802 乱睫
H02.803 眼睑角化病
H02.804 后天性眼睑畸形
H02.805 眼睑结石
H02.806 眼睑水肿
H02.807 后天性眼内眦畸形
H02.808 陈旧性眼睑异物
H02.809 后天性眼外眦畸形
H02.810 眼睑出血
H02.811 眼睑黑变病
H02.812 眼睑囊肿
H02.813 眼睑新生物
H02.900 眼睑疾患
H02.900x003 眼睑细胞组织增生症
H02.901 眼睑肿物
H04.000 泪腺炎
H04.000x004 慢性泪腺肥大
H04.001 急性泪腺炎
H04.002 慢性泪腺炎
H04.003 泪腺炎性假瘤
H04.100 泪腺的其他疾患
H04.101 泪液分泌过少
H04.102 泪腺脱垂
H04.103 干眼综合征
H04.104 泪腺萎缩
H04.105 泪腺囊肿
H04.200 溢泪
H04.300 泪道急性炎症
H04.300x004 泪囊炎
H04.300x005 泪小管炎
H04.302 急性泪囊炎
H04.303 泪囊脓肿

H04.304　急性泪囊周围炎
H04.305　急性泪小管炎
H04.400　泪道慢性炎症
H04.401　慢性泪囊炎
H04.402　慢性泪小管炎
H04.500x001　泪小点闭塞
H04.500x004　泪道狭窄
H04.501　泪道关闭不全
H04.502　泪小点外翻
H04.503　鼻泪管阻塞
H04.504　鼻泪管闭锁
H04.505　泪小管阻塞
H04.506　泪小点狭窄
H04.507　泪石
H04.508　鼻泪管狭窄
H04.509　泪道阻塞
H04.600　泪道的其他改变
H04.600x003　泪囊黏液囊肿
H04.601　泪囊囊肿
H04.602　泪囊瘘
H04.603　泪小管瘘
H04.604　泪管肉芽肿
H04.800x002　泪小管息肉
H04.800x003　泪囊憩室
H04.801　泪小管断裂
H04.900　泪器系疾患
H04.900x001　泪腺肿物
H04.901　泪囊肿物
H05.100x008　眼眶慢性炎症
H05.200　突眼性情况
H05.201　眼球突出
H05.202　眼球移位
H05.203　眼眶出血
H05.204　眶内血肿
H05.300　眼眶畸形
H05.300x003　眼眶外生骨疣
H05.301　眼眶萎缩
H05.400　眼球内陷
H05.800　眼眶的其他疾患
H05.800x002　眼眶黏液囊肿
H05.800x003　眶内上皮样囊肿
H05.800x005　眼眶溃疡
H05.800x006　眼眶瘘管
H05.801　眼眶囊肿
H05.802　眶脂肪脱垂
H05.900　眼眶疾患
H05.900x002　眶内肿物
H05.900x003　眶外肿物
H05.900x004　眶上肿物
H05.901　眼眶肿物
H10.000　黏液脓性结膜炎
H10.100　急性变应性结膜炎
H10.101　变应性结膜炎
H10.102　春季角结膜炎
H10.103　泡性结膜炎
H10.200　急性结膜炎，其他的
H10.200x001　急性卡他性结膜炎
H10.400　慢性结膜炎
H10.401　结膜肉芽肿
H10.500　睑缘结膜炎
H10.500x001　眼眦脓肿
H10.800x001　感染性结膜炎
H10.801　结膜溃疡
H10.900　结膜炎
H10.901　细菌性结膜炎
H11.000　翼状胬肉
H11.100　结膜变性和沉着物
H11.100x001　结膜变性
H11.100x007　结膜黑变病
H11.101　结膜沉着物
H11.102　睑裂斑
H11.103　结膜铁质沉着症
H11.104　结膜干燥
H11.105　结膜结石
H11.106　结膜角化
H11.107　结膜银质沉着病
H11.108　结膜色素沉着病
H11.200　结膜瘢痕
H11.201　睑球粘连
H11.400　结膜血管疾患和囊肿，其他的
H11.401　结膜囊肿
H11.402　结膜水肿
H11.403　结膜充血
H11.404　结膜动脉瘤
H11.405　结膜血管增生
H11.800x005　结膜囊挛缩
H11.800x006　结膜囊狭窄
H11.801　结膜淋巴管扩张
H11.802　假性翼状胬肉
H11.803　角结膜增生

H11.804　结膜囊畸形
H11.805　结膜松弛
H11.806　结膜息肉
H11.807　结膜脱垂
H11.808　结膜溶解
H11.900　结膜疾患
H11.901　结膜肿物
H15.000　巩膜炎
H15.000x002　巩膜脓肿
H15.001　巩膜溃疡
H15.100　巩膜外层炎
H15.800x008　巩膜缺损
H15.800x009　巩膜钙化
H15.800x010　巩膜膨隆
H15.801　巩膜囊肿
H15.802　巩膜黑变病
H15.803　巩膜葡萄肿
H15.804　巩膜肉芽肿
H15.805　巩膜粘连
H15.806　巩膜坏死
H15.900　巩膜疾患
H16.100　浅层角膜炎，其他不伴有结膜炎的
H16.100x004　晕性角膜炎
H16.100x005　星状角膜炎
H16.100x006　条纹状角膜炎
H16.100x007　钱币状角膜炎
H16.100x008　光敏性角膜炎
H16.100x009　雪盲
H16.400　角膜新血管形成
H16.401　角膜血管翳
H16.402　角膜血管影
H17.000　粘连性白斑
H17.100　角膜混浊，其他中心性
H17.801　角膜白斑
H17.802　角膜云翳
H17.803　角膜斑翳
H17.901　角膜瘢痕
H17.902　角膜混浊
H18.000　角膜色素沉着和沉着物
H18.000x004　角膜Kayser-Fleischer环［凯泽-弗莱舍尔环］
H18.000x005　克鲁肯贝格梭
H18.000x006　施特里线
H18.001　角膜沉着物
H18.002　角膜黑变病
H18.003　角膜血染
H18.100　大泡性角膜病变
H18.200　角膜水肿，其他的
H18.300　角膜层改变
H18.300x001　特塞梅特膜皱折
H18.300x002　特塞梅特膜破裂
H18.400　角膜变性
H18.400x003　角膜角化病
H18.400x004　角膜软化症
H18.401　角膜老年环
H18.402　带状角膜病变
H18.403　Salzmann结节状角膜变性
H18.404　边缘性角膜变性
H18.405　滴状角膜
H18.500　遗传性角膜营养不良
H18.500x005　颗粒状角膜基质营养不良
H18.500x007　斑状角膜营养不良
H18.501　上皮基底膜营养不良
H18.502　角膜营养不良
H18.504　格子状角膜营养不良
H18.506　Fuchs角膜内皮营养不良
H18.600　圆锥角膜
H18.700　角膜畸形，其他的
H18.700x005　角膜突出
H18.701　角膜葡萄肿
H18.702　角膜后弹性层膨出
H18.800x005　角膜切口瘘
H18.800x007　角膜炎性肿物
H18.800x009　角膜上皮损伤
H18.800x012　角膜知觉减退
H18.800x014　角膜内皮炎
H18.801　角膜溶解
H18.802　角膜囊肿
H18.803　角膜干燥症
H18.804　复发性角膜糜烂
H18.805　角膜皮赘
H18.806　角膜上皮脱落
H18.807　角膜结膜化
H18.808　角膜内皮失代偿
H18.900　角膜疾患
H18.901　角膜肿物
H20.000x003　前房积脓
H20.000x004　急性虹膜睫状体炎
H20.001　亚急性虹膜睫状体炎
H20.002　复发性虹膜睫状体炎

H20.003　变态反应性虹膜睫状体炎
H20.004　前房积脓性虹膜睫状体炎
H20.100　慢性虹膜睫状体炎
H20.100x002　慢性虹膜炎
H20.101　慢性眼色素膜炎
H20.102　肉芽肿性葡萄膜炎
H20.200x001　晶状体相关性葡萄膜炎
H20.803　Fuchs综合征
H20.900x002　虹膜炎
H20.900x004　葡萄膜炎［色素膜炎］
H20.900x006　陈旧性葡萄膜炎
H21.100　虹膜和睫状体的其他血管疾患
H21.101　虹膜新生血管
H21.102　虹膜红变
H21.103　睫状体新生血管
H21.104　前房角新生血管
H21.200　虹膜和睫状体变性
H21.200x005　缩瞳性瞳孔囊肿
H21.200x006　虹膜半透明
H21.200x007　瞳孔缘变性
H21.200x008　特发性虹膜萎缩
H21.200x009　进行性虹膜萎缩
H21.201　虹膜萎缩
H21.202　虹膜变性
H21.203　虹膜劈裂症
H21.204　睫状体变性
H21.300x005　炎症渗出性虹膜囊肿
H21.300x006　外伤植入性虹膜囊肿
H21.300x007　寄生虫性虹膜囊肿
H21.300x008　炎症渗出性睫状体囊肿
H21.300x009　外伤植入性睫状体囊肿
H21.300x010　寄生虫性睫状体囊肿
H21.300x011　炎症渗出性前房囊肿
H21.300x012　外伤植入性前房囊肿
H21.300x013　寄生虫性前房囊肿
H21.301　虹膜囊肿
H21.302　睫状体囊肿
H21.303　前房囊肿
H21.400　瞳孔膜
H21.401　瞳孔闭锁
H21.402　瞳孔闭合
H21.403　虹膜膨隆
H21.500　虹膜和睫状体的其他粘连和破裂
H21.500x003　虹膜根部离断
H21.500x004　虹膜前粘连
H21.500x011　瞳孔前粘连
H21.500x013　虹膜后粘连
H21.500x015　睫状体脱离
H21.501　虹膜离断
H21.502　虹膜粘连
H21.503　睫状体离断
H21.504　瞳孔后粘连
H21.505　瞳孔移位
H21.506　前房角后退
H21.507　前房角粘连
H21.508　前房角破裂
H21.510　陈旧性虹膜睫状体炎
H21.800　虹膜和睫状体其他特指的疾患
H21.800x001　前房积液
H21.801　虹膜前增殖膜
H21.802　虹膜脱出
H21.900　虹膜和睫状体疾患
H21.901　虹膜肿物
H30.000　局灶性脉络膜视网膜炎
H30.000x002　渗出性脉络膜炎
H30.000x004　局灶性脉络膜炎
H30.000x005　局灶性视网膜炎
H30.001　近乳头性脉络膜视网膜炎
H30.100　播散性脉络膜视网膜炎
H30.100x002　播散性视网膜炎
H30.100x003　播散性脉络膜炎
H30.200　后睫状体炎
H30.201　睫状体平坦部炎
H30.800x002　急性视网膜色素上皮炎
H30.801　原田病
H30.900　脉络膜视网膜炎
H30.900x001　陈旧性脉络膜视网膜炎
H30.900x002　结节性脉络膜炎
H30.901　视神经视网膜炎
H30.902　脉络膜炎
H30.903　视网膜炎
H31.100　脉络膜变性
H31.101　脉络膜萎缩
H31.102　脉络膜硬化
H31.200　遗传性脉络膜营养障碍
H31.200x002　无脉络膜症
H31.200x003　中心小区性脉络膜营养不良
H31.200x004　广泛性脉络膜营养不良
H31.200x005　视乳头周围脉络膜营养不良
H31.200x006　回旋状脉络膜萎缩

H31.800x001　脉络膜缺血
H31.800x002　脉络膜渗出
H31.800x003　脉络膜水肿
H31.800x004　特发性息肉样脉络膜血管病变
H31.801　葡萄膜渗漏综合征
H31.802　脉络膜新生血管
H31.900　脉络膜疾患
H31.901　脉络膜肿物
H33.000　视网膜脱离伴视网膜断裂
H33.000x005　巨大裂孔性视网膜脱离
H33.000x006　脉络膜脱离型视网膜脱离
H33.000x007　黄斑裂孔性视网膜脱离
H33.001　孔源性视网膜脱离
H33.002　锯齿缘离断
H33.100　视网膜劈裂症及视网膜囊肿
H33.100x004　假性视网膜囊肿
H33.100x005　寄生虫性视网膜囊肿
H33.100x006　锯齿缘囊肿
H33.101　视网膜囊肿
H33.102　视网膜劈裂症
H35.000x004　肾病眼底改变
H35.005　科茨病
H35.006　环状视网膜病
H35.010　家族性渗出性玻璃体视网膜病变
H35.015　背景性视网膜病变
H35.100　早产儿视网膜病
H35.200　增生性视网膜病变，其他的
H35.200x001　外伤性增殖性视网膜病
H35.300　黄斑和后极变性
H35.300x007　黄斑血管样纹
H35.300x008　库恩特-尤尼乌斯变性
H35.300x009　中毒性黄斑病
H35.300x010　干性年龄相关性黄斑变性
H35.300x011　湿性年龄相关性黄斑变性
H35.300x012　近视性黄斑变性
H35.301　黄斑玻璃样疣
H35.302　黄斑皱褶
H35.303　黄斑裂孔
H35.304　黄斑囊肿
H35.305　年龄相关性黄斑变性
H35.306　黄斑前膜
H35.307　视网膜黄斑变性
H35.400　周围性视网膜变性
H35.400x001　视网膜变性
H35.400x003　视网膜格状变性
H35.400x004　视网膜微囊样变性
H35.400x005　视网膜栅栏状变性
H35.400x006　视网膜铺路石状变性
H35.400x007　视网膜网状变性
H35.500　遗传性视网膜变性
H35.500x003　遗传性视网膜营养障碍
H35.500x004　眼底黄色斑点症［Stargardt病］
H35.500x005　色素性视网膜炎
H35.500x006　毯样视网膜营养障碍
H35.500x007　白点状视网膜营养障碍
H35.500x008　色素性视网膜营养障碍
H35.500x009　卵黄性视网膜营养障碍
H35.501　视网膜色素变性
H35.502　视网膜营养障碍
H35.503　施塔加特病
H35.700　视网膜层分离
H35.700x005　视网膜神经上皮层脱离
H35.701　中心性浆液性脉络膜视网膜病变
H35.702　视网膜色素上皮脱离
H35.800x005　急性视网膜坏死综合征
H35.800x008　外伤性视网膜病
H35.800x009　药物性视网膜病变
H35.800x010　肾病性视网膜病
H35.800x011　黑色素瘤相关性视网膜病
H35.801　继发性视网膜病变
H35.802　眼缺血综合征
H35.803　远达性视网膜病
H35.804　黄斑囊样水肿
H35.805　视网膜萎缩
H35.806　视网膜黑变病
H35.807　视网膜前机化膜
H35.808　视网膜坏死
H35.809　急性坏死性视网膜炎
H35.900　视网膜疾患
H40.002　前房角狭窄
H40.102　假性囊膜剥脱综合征
H40.500x001　虹膜角膜内皮综合征
H43.000　玻璃体脱出
H43.001　玻璃体疝
H43.100x003　蛛网膜下腔出血合并玻璃体积血［Terson综合征］
H43.200　玻璃体内结晶沉积
H43.200x001　星状玻璃体变性
H43.300　玻璃体混浊，其他的
H43.800x003　玻璃体脱离

H43.800x004　玻璃体萎缩
H43.800x005　闪辉性玻璃体液化
H43.801　玻璃体囊肿
H43.802　玻璃体黄斑牵拉综合征
H43.803　玻璃体变性
H43.804　玻璃体机化
H43.805　增殖性玻璃体病变
H43.806　玻璃体增生
H43.900　玻璃体疾患
H44.200　变性近视
H44.200x001　病理性近视
H44.300　眼球的其他变性性疾患
H44.300x001　虹膜铁质沉着症
H44.300x002　晶状体铁质沉着症
H44.300x003　视网膜铁质沉着症
H44.301　眼铁质沉着病
H44.302　眼铜屑沉着病
H44.400　低眼压症
H44.401　角膜瘘
H44.402　巩膜瘘
H44.500　眼球的变性性情况
H44.502　眼球萎缩
H44.503　眼球痨
H44.800　眼球的其他疾患
H44.802　眼球脱位
H44.803　眼球粘连
H44.900　眼球疾患
H44.901　眼球肿物
H47.005　中毒性视神经损害
H47.100　视神经盘水肿
H47.101　视盘水肿
H47.300　视神经盘的其他疾患
H47.400　视交叉疾患
H49.807　痛性眼肌麻痹
H52.000　远视
H52.100　近视
H52.101　高度近视
H52.200　散光
H52.300x002　屈光参差
H52.301　影像不等
H52.400　老视
H52.600　屈光的其他疾患
H52.700　屈光疾患
H52.701　屈光不正
H53.000　失用性弱视
H53.000x001　废用性弱视
H53.000x004　形觉剥夺性弱视
H53.000x005　斜视性弱视
H53.001　弱视
H53.002　屈光参差性弱视
H53.100　主观视觉障碍
H53.100x001　眼疲劳
H53.100x004　闪光性暗点
H53.101　畏光
H53.102　突然视力丧失
H53.103　视觉性晕
H53.104　视物变形
H53.105　昼盲
H53.300　双眼视力的其他疾患
H53.300x001　异常视网膜对应
H53.300x002　融合及立体视觉障碍
H53.300x003　同步性视觉感受不伴融合
H53.300x004　双眼视觉抑制
H53.401　扩大盲点
H53.500　色觉缺陷
H53.500x002　全色盲
H53.500x003　后天性色觉缺陷
H53.500x004　绿色弱
H53.500x005　绿色盲
H53.500x006　红色弱
H53.500x007　红色盲
H53.500x008　蓝色弱
H53.500x009　蓝色盲
H53.501　色盲
H53.600　夜盲
H53.800x001　潜水黑视
H53.800x002　缺血性视觉障碍
H53.801　视物模糊
H53.802　中毒性弱视
H53.803　烟草性弱视
H53.900　视觉障碍
H54.000　盲，双眼
H54.001　黑矇
H54.100　重度视力缺损，双眼
H54.200　中度视力缺损，双眼
H54.300　轻度或无视力缺损，双眼
H54.400　盲，单眼
H54.400x002　单眼盲伴另一眼视力低下
H54.500　重度视力缺损，单眼
H54.600　中度视力缺损，单眼

H54.601　单眼视力低下
H54.900　视力缺损，双眼
H57.100　眼痛
H57.100x002　眼眶痛
H57.800x003　眼眶综合征
H57.800x004　眼球旁囊肿
H57.800x007　眼窝凹陷
H57.900　眼和附器疾患
H59.000　白内障术后（大泡性无晶状体的）角膜病变
H59.001　白内障术后玻璃体综合征
H59.002　玻璃体（触摸）综合征
H59.003　玻璃体角膜综合征
H59.800x003　手术后角膜后弹力层脱离
H59.800x008　睑下垂矫正术后过矫
H59.800x009　玻璃体切除术后视网膜脱离
H59.800x010　视网膜脱离术后未复位
H59.800x011　睑下垂矫正术后低矫
H59.800x013　玻璃体内晶状体皮质残留
H59.800x014　囊袋阻滞综合征
H59.800x015　手术后眉下垂
H59.802　毒性眼前节综合征
H59.803　手术后结膜瘘
H59.804　手术后视网膜瘢痕
H59.805　手术后脉络膜视网膜瘢痕
H59.806　手术后虹膜嵌顿
H59.807　手术后虹膜脱垂
H59.813　操作后滤过泡感染
I72.803　眶内动脉瘤
L65.905　眉毛脱落
Q10.000　先天性上睑下垂
Q10.100　先天性睑外翻
Q10.200　先天性睑内翻
Q10.300　眼睑的其他先天性畸形
Q10.300x008　先天性眼眦畸形
Q10.300x011　先天性外眦赘皮
Q10.300x012　先天性重睑不对称
Q10.301　眼睑发育不全
Q10.302　先天性睫毛倾斜度异常综合征
Q10.303　先天性内眦赘皮
Q10.304　先天性双行睫
Q10.306　先天性小睑裂综合征
Q10.307　先天性眼睑缺如
Q10.400　泪器缺如或发育不全
Q10.401　先天性泪器发育不全
Q10.402　先天性泪点缺失
Q10.403　先天性泪小点闭锁
Q10.404　先天性鼻泪管缺如
Q10.500　先天性泪管狭窄
Q10.500x003　先天性鼻泪管闭锁
Q10.500x004　先天性泪道阻塞
Q10.600　泪器其他的先天性畸形
Q10.600x002　先天性副泪腺
Q10.601　先天性泪道畸形
Q10.602　先天性泪小阜畸形
Q10.700　眼眶先天性畸形
Q10.701　先天性眶距增宽症
Q11.000　囊状眼球
Q11.100　无眼畸形，其他的
Q11.200　小眼畸形
Q11.200x001　先天性小眼球
Q11.201　眼发育不全
Q11.202　隐眼
Q11.203　真性小眼球
Q11.300　巨眼畸形
Q12.100　先天性晶状体移位
Q12.200　晶状体缺损
Q12.300　先天性无晶状体
Q12.400　球形晶状体
Q12.800　先天性晶状体畸形，其他的
Q12.801　先天性圆锥形晶状体
Q12.900　先天性晶状体畸形
Q13.000　虹膜缺损
Q13.100　虹膜缺如
Q13.201　先天性瞳孔闭锁
Q13.202　先天性瞳孔大小不等
Q13.203　先天性瞳孔异位
Q13.300　先天性角膜混浊
Q13.301　先天性角膜白斑
Q13.400x001　先天性扁平角膜
Q13.400x004　先天性角膜异常
Q13.400x006　先天性角膜巩膜化
Q13.401　先天性角膜畸形
Q13.405　彼得异常
Q13.500　蓝色巩膜
Q13.500x002　巩膜色素斑
Q13.801　里格尔异常
Q13.802　永存瞳孔膜
Q13.803　阿克森费尔德-里格尔综合征
Q13.900　眼前段先天性畸形

Q14.000 玻璃体先天性畸形
Q14.001 先天性玻璃体发育异常
Q14.002 先天性玻璃体混浊
Q14.003 永存原发性玻璃体增生症
Q14.100 视网膜先天性畸形
Q14.101 视网膜发育不良
Q14.102 先天性视网膜色素异常
Q14.103 先天性视网膜动脉瘤
Q14.104 先天性视网膜劈裂症
Q14.200 视神经盘先天性畸形
Q14.201 牵牛花综合征
Q14.202 视盘发育不良
Q14.203 视盘小凹
Q14.300x001 先天性脉络膜畸形
Q14.301 先天性脉络膜缺损
Q14.801 眼底缺损
Q14.900 眼后段先天性畸形
Q15.000x001 先天性水眼［眼积水］
Q15.002 先天性球形角膜伴青光眼
Q15.801 先天性大角膜
Q15.802 先天性小角膜
Q15.803 先天性球形角膜
Q15.900 眼先天性畸形
Q18.803 眼-耳廓发育不全
Q75.500 眼下颌发育不全
Q85.900x046 眼睑错构瘤
Q87.005 先天性隐眼综合征
R93.800x008 眼占位性病变
R94.101 视觉激发电位异常
R94.105 眼电图异常
R94.106 视网膜电图异常
S05.400x001 眶内异物
S05.400x002 眼肌异物
S05.500x001 眼内异物
T26.000 眼睑和眼周区烧伤
T26.001 眼睑烧伤
T26.002 眼周区烧伤
T26.100x001 角膜和结膜烧伤
T26.100x003 结膜烧伤
T26.101 角膜烧伤
T26.102 结合膜囊烧伤
T26.200x001 眼部烧伤伴眼球破裂
T26.301 巩膜烧伤
T26.400 眼和附器烧伤
T26.400x001 眼部烧伤
T26.401 眼球烧伤
T26.500 睑和眼周区腐蚀伤
T26.500x002 眼睑腐蚀伤
T26.500x003 眼周区腐蚀伤
T26.600x001 角膜和结膜腐蚀伤
T26.600x002 角膜腐蚀伤
T26.600x003 结膜腐蚀伤
T26.601 角膜伴结膜酸性烧伤
T26.602 角膜化学性烧伤
T26.603 角膜碱性烧伤
T26.604 角膜酸性烧伤
T26.605 结膜酸性烧伤
T26.700x001 眼部腐蚀伤伴眼球破裂
T26.800x001 巩膜腐蚀伤
T26.900 眼和附器腐蚀伤
T26.900x001 眼部腐蚀伤
T26.901 眼球酸性烧伤
T26.902 眼球碱性烧伤
T79.800x006 创伤性低眼压
T85.800x805 人工角膜前膜
T85.800x806 人工角膜后膜
T85.800x807 人工晶体前膜
T85.800x808 眼硅油残留
T85.800x809 眼植入物并发症
T85.903 人工晶体障碍
T86.800x802 眼硅胶移植失败
T86.800x804 角膜移植失败
T86.800x811 巩膜移植排斥
T86.800x812 巩膜移植失败
T86.800x816 眼移植物失败
T86.801 移植角膜排斥反应
T86.809 眼硅胶排斥反应
T86.810 眼植入物排斥反应
T90.101 陈旧性眼睑损伤
Z41.101 重睑
Z42.003 眼睑术后畸形整形
Z42.004 结膜囊瘢痕修复
Z44.201 安装义眼
Z46.000 眼镜和接触镜片的安装和调整
Z48.801 取出眼内硅油
Z52.500 供角膜者

MDCD 头颈、耳、鼻、口、咽疾病及功能障碍

主诊表

包含以下主要诊断：

A18.000x002+M90.0* 腭骨结核
A18.000x003+M90.0* 颌骨结核
A18.000x004+H75.0* 乳突结核
A18.000x006+M90.0* 颧骨结核
A18.003+M90.0* 鼻骨结核
A18.004+M90.0* 下颌结核
A18.200x002 颌下淋巴结结核
A18.200x005 颏下淋巴结结核
A18.201 头颈部结核性淋巴结炎
A18.202 颊淋巴结结核
A18.203 腮腺淋巴结结核
A18.205 颈淋巴结结核
A18.400x018 外耳道结核
A18.400x019 中耳结核
A18.600 耳结核
A18.601+H67.0* 结核性中耳炎
A18.800x006+K93.8* 唇结核
A18.800x025+K93.8* 牙龈结核
A18.800x034+K93.8* 结核性口腔溃疡
A18.802+K93.8* 舌结核
A18.803+M63.0* 咀嚼肌结核
A18.804+K93.8* 腮腺结核
A18.805+K93.8* 颌下腺结核
A36.000 咽白喉
A36.000x002 扁桃体白喉
A36.000x003 白喉性膜性咽峡炎
A36.000x004 白喉性悬雍垂麻痹
A36.100 鼻咽白喉
A36.200 喉白喉
A36.200x002 白喉性喉麻痹
A52.700x003+J99.8* 鼻梅毒
A52.700x004+J99.8* 鼻窦梅毒
A52.703+J99.8* 梅毒性喉炎
A66.501+J99.8* 毁形性鼻咽炎
A69.000 坏死性溃疡性口炎
A69.000x002 走马疳
A69.100x001 奋森咽峡炎
A69.100x002 梭菌螺旋体性咽炎
A69.100x003 急性坏死性溃疡性龈炎
B00.200x001 口腔疱疹
B00.201 疱疹病毒性龈口炎
B00.203 疱疹病毒性口炎
B02.800 带状疱疹伴有其他并发症
B02.801+H62.1* 外耳带状疱疹
B05.300+H67.1* 麻疹并发中耳炎
B08.000x003 牛丘疹性口腔炎病毒感染
B08.500 肠病毒性水疱性咽炎
B08.501 疱疹性咽峡炎
B08.802 肠病毒性淋巴结咽炎
B36.902+H62.2* 耳真菌病
B36.903+H62.2* 真菌性外耳道炎
B37.000 念珠菌性口炎
B37.001 口腔念珠菌感染
B37.002 念珠菌性口角炎
B37.003 咽念珠菌感染
B37.200x005+H62.2* 念珠菌性外耳炎
B37.800x084 念珠菌性唇炎
B44.200x001+J99.8* 扁桃体曲霉菌病
B44.800x001 上颌窦曲霉菌病
B44.800x004+H62.2* 外耳道曲霉菌病
B44.800x006 中耳曲霉菌病
B44.800x007 喉曲霉菌病
B44.804 鼻窦曲霉菌病
B48.100 鼻孢子菌病
B48.300x002+K93.8* 地丝菌口炎
B49.x05 真菌性鼻窦炎
B49.x06 真菌性额窦炎
B49.x07 真菌性筛窦炎
B49.x08 真菌性蝶窦炎
B49.x09 真菌性上颌窦炎
B49.x10 鼻真菌病
B87.300x002+J99.8* 喉蝇蛆病
B87.400x001+H94.8* 耳蝇蛆病
C00.000 外上唇恶性肿瘤
C00.001 外上唇口红区恶性肿瘤
C00.002 外上唇唇红缘恶性肿瘤
C00.100 外下唇恶性肿瘤
C00.101 外下唇口红区恶性肿瘤
C00.102 外下唇唇红缘恶性肿瘤
C00.200 外唇的恶性肿瘤
C00.200x002 外唇唇红缘恶性肿瘤
C00.300 上唇内面恶性肿瘤
C00.301 上唇内面颊侧面恶性肿瘤
C00.302 上唇内面系带恶性肿瘤
C00.303 上唇内面黏膜恶性肿瘤

C00.304　上唇内面口腔面恶性肿瘤
C00.400　下唇内面恶性肿瘤
C00.401　下唇内面颊侧面恶性肿瘤
C00.402　下唇内面系带恶性肿瘤
C00.403　下唇内面黏膜恶性肿瘤
C00.404　下唇内面口腔面恶性肿瘤
C00.500　唇内面的恶性肿瘤
C00.500x002　唇内面黏膜恶性肿瘤
C00.500x003　唇内面口腔面恶性肿瘤
C00.500x004　唇内面系带恶性肿瘤
C00.500x005　唇内面颊侧面恶性肿瘤
C00.600　唇连合的恶性肿瘤
C00.800　唇交搭跨越恶性肿瘤的损害
C00.900　唇恶性肿瘤
C01.x00　舌根恶性肿瘤
C01.x00x003　舌后三分之一恶性肿瘤
C01.x01　舌根背面恶性肿瘤
C02.000　舌背面恶性肿瘤
C02.000x002　舌前三分之二背面恶性肿瘤
C02.100　舌缘恶性肿瘤
C02.100x001　舌尖及侧缘的恶性肿瘤
C02.101　舌尖恶性肿瘤
C02.200　舌腹面恶性肿瘤
C02.200x002　舌前三分之二腹面恶性肿瘤
C02.201　舌系带恶性肿瘤
C02.300　舌前三分之二部位的恶性肿瘤
C02.300x002　舌中三分之一恶性肿瘤
C02.300x003　舌活动部分恶性肿瘤
C02.400　舌扁桃体恶性肿瘤
C02.800　舌交搭跨越恶性肿瘤的损害
C02.900　舌恶性肿瘤
C02.900x002　舌多处恶性肿瘤
C03.000　上牙龈恶性肿瘤
C03.000x002　上颌恶性肿瘤
C03.001　上颌软组织恶性肿瘤
C03.100　下牙龈恶性肿瘤
C03.100x002　下颌恶性肿瘤
C03.101　下颌软组织恶性肿瘤
C03.900　牙龈恶性肿瘤
C03.900x001　颌结缔组织恶性肿瘤
C03.901　颌软组织恶性肿瘤
C04.000　口底前部恶性肿瘤
C04.100　口底侧部恶性肿瘤
C04.800　口底交搭跨越恶性肿瘤的损害
C04.900　口底恶性肿瘤
C05.000　硬腭恶性肿瘤
C05.100　软腭恶性肿瘤
C05.200　悬雍垂恶性肿瘤
C05.800　腭交搭跨越恶性肿瘤的损害
C05.900　腭恶性肿瘤
C05.900x002　口顶恶性肿瘤
C06.000　颊黏膜恶性肿瘤
C06.001　颊内部恶性肿瘤
C06.100　口前庭恶性肿瘤
C06.100x002　上颊沟恶性肿瘤
C06.100x003　下颊沟恶性肿瘤
C06.100x004　上唇沟恶性肿瘤
C06.100x005　下唇沟恶性肿瘤
C06.101　颊龈沟恶性肿瘤
C06.102　唇龈沟恶性肿瘤
C06.200　磨牙后区恶性肿瘤
C06.800　口的其他和未特指部位交搭跨越恶性肿瘤的损害
C06.900　口恶性肿瘤
C06.901　小涎腺恶性肿瘤
C06.902　口腔黏膜恶性肿瘤
C07.x00　腮腺恶性肿瘤
C07.x00x003　副腮腺恶性肿瘤
C08.000　下颌下腺恶性肿瘤
C08.100　舌下腺恶性肿瘤
C08.800　大涎腺交搭跨越恶性肿瘤的损害
C08.800x001　舌下腺及下颌下腺恶性肿瘤
C08.900　大涎腺恶性肿瘤
C08.900x001　唾液腺恶性肿瘤
C09.000　扁桃体窝恶性肿瘤
C09.100　扁桃体柱恶性肿瘤（前）（后）
C09.100x001　舌腭弓恶性肿瘤
C09.100x002　前扁桃体柱恶性肿瘤
C09.100x003　后扁桃体柱恶性肿瘤
C09.800　扁桃体交搭跨越恶性肿瘤的损害
C09.900　扁桃体恶性肿瘤
C09.901　咽门扁桃体恶性肿瘤
C09.902　腭扁桃体恶性肿瘤
C10.000　会厌谷恶性肿瘤
C10.100　会厌前面恶性肿瘤
C10.101　会厌边缘恶性肿瘤
C10.102　舌会厌褶恶性肿瘤
C10.200　口咽侧壁恶性肿瘤
C10.300　口咽后壁恶性肿瘤
C10.400　鳃裂恶性肿瘤

C10.800　口咽交搭跨越恶性肿瘤的损害
C10.800x002　口咽连接部恶性肿瘤
C10.900　口咽恶性肿瘤
C11.000　鼻咽上壁恶性肿瘤
C11.001　鼻咽顶恶性肿瘤
C11.100　鼻咽后壁恶性肿瘤
C11.101　腺样体恶性肿瘤
C11.102　咽扁桃体恶性肿瘤
C11.200　鼻咽侧壁恶性肿瘤
C11.200x002　罗森米窝恶性肿瘤
C11.201　咽鼓管开口恶性肿瘤
C11.202　咽隐窝恶性肿瘤
C11.300　鼻咽前壁恶性肿瘤
C11.300x001　鼻中隔后缘恶性肿瘤
C11.300x004　软腭的鼻咽后面恶性肿瘤
C11.300x005　软腭的鼻咽上面恶性肿瘤
C11.300x006　鼻后缘恶性肿瘤
C11.301　鼻咽底恶性肿瘤
C11.302　鼻后孔恶性肿瘤
C11.800　鼻咽交搭跨越恶性肿瘤的损害
C11.801　鼻咽多壁恶性肿瘤
C11.900　鼻咽恶性肿瘤
C11.901　鼻咽壁恶性肿瘤
C12.x00x002　梨状窝恶性肿瘤
C13.000　环状软骨后部恶性肿瘤
C13.100x001　杓状会厌褶恶性肿瘤
C13.100x002　杓状会厌褶边缘区恶性肿瘤
C13.101　咽下面恶性肿瘤
C13.200　下咽后壁恶性肿瘤
C13.800　下咽交搭跨越恶性肿瘤的损害
C13.900　下咽恶性肿瘤
C13.901　下咽壁恶性肿瘤
C14.000　咽恶性肿瘤
C14.001　咽喉恶性肿瘤
C14.002　咽侧壁恶性肿瘤
C14.003　咽后壁恶性肿瘤
C14.200　瓦尔代尔扁桃体环恶性肿瘤
C14.800　唇、口腔和咽交搭跨越恶性肿瘤的损害
C14.800x001　颊部及牙龈恶性肿瘤
C14.800x002　舌根及咽部恶性肿瘤
C14.800x003　舌根和咽部及喉部恶性肿瘤
C14.800x004　舌部及口底恶性肿瘤
C14.800x005　口腔及咽部恶性肿瘤
C14.800x006　腭部及咽部恶性肿瘤
C14.800x007　舌下腺及舌根恶性肿瘤
C30.000　鼻腔恶性肿瘤
C30.001　鼻软骨恶性肿瘤
C30.002　鼻甲恶性肿瘤
C30.003　内鼻恶性肿瘤
C30.004　鼻中隔恶性肿瘤
C30.005　鼻前庭恶性肿瘤
C30.100　中耳恶性肿瘤
C30.101　咽鼓管恶性肿瘤
C30.102　乳突恶性肿瘤
C30.103　内耳恶性肿瘤
C31.000　上颌窦恶性肿瘤
C31.100　筛窦恶性肿瘤
C31.200　额窦恶性肿瘤
C31.300　蝶窦恶性肿瘤
C31.800　鼻旁窦交搭跨越恶性肿瘤的损害
C31.801　筛窦蝶窦恶性肿瘤
C31.900x001　鼻窦恶性肿瘤
C32.000　声门恶性肿瘤
C32.001　声带恶性肿瘤
C32.100　声门上恶性肿瘤
C32.100x004　会厌后面（喉面）恶性肿瘤
C32.101　会厌恶性肿瘤
C32.102　喉外部恶性肿瘤
C32.103　假声带恶性肿瘤
C32.104　喉室带恶性肿瘤
C32.200　声门下恶性肿瘤
C32.300　喉软骨恶性肿瘤
C32.800　喉交搭跨越恶性肿瘤的损害
C32.900　喉恶性肿瘤
C39.000　上呼吸道的恶性肿瘤
C39.801　鼻腔，鼻窦恶性肿瘤
C41.000x018　颅骨恶性肿瘤
C41.000x019　斜坡恶性肿瘤
C41.000x020　舌骨恶性肿瘤
C41.000x021　犁骨恶性肿瘤
C41.000x023　颚骨恶性肿瘤
C41.000x025　鼻甲骨恶性肿瘤
C41.000x027　颌面骨恶性肿瘤
C41.001　面骨恶性肿瘤
C41.002　额骨恶性肿瘤
C41.003　顶骨恶性肿瘤
C41.004　枕骨恶性肿瘤
C41.005　蝶骨恶性肿瘤
C41.006　筛骨恶性肿瘤
C41.007　颞骨恶性肿瘤

C41.008 眶骨恶性肿瘤
C41.009 鼻骨恶性肿瘤
C41.010 颧骨恶性肿瘤
C41.011 上颌骨恶性肿瘤
C41.012 眉弓恶性肿瘤
C41.100 下颌骨恶性肿瘤
C41.100x002 髁突恶性肿瘤
C43.000 唇恶性黑色素瘤
C43.200x001 耳廓恶性黑色素瘤
C43.200x003 耳恶性黑色素瘤
C43.201 外耳道恶性黑色素瘤
C43.300 面部恶性黑色素瘤
C43.302 鼻恶性黑色素瘤
C43.400x002 头皮恶性黑色素瘤
C43.401 颈部恶性黑色素瘤
C44.000 唇皮肤恶性肿瘤
C44.200x001 耳部皮肤恶性肿瘤
C44.201 外耳道皮肤恶性肿瘤
C44.300 面部皮肤恶性肿瘤
C44.300x005 颞部皮肤恶性肿瘤
C44.300x006 鼻翼皮肤恶性肿瘤
C44.302 额部皮肤恶性肿瘤
C44.304 鼻部皮肤恶性肿瘤
C44.305 颌下皮肤恶性肿瘤
C44.306 鼻唇沟恶性肿瘤
C44.307 颏部恶性肿瘤
C44.400x004 头皮恶性肿瘤
C44.401 颈部皮肤恶性肿瘤
C46.200 腭卡波西肉瘤
C47.000x004 耳部周围神经和自主神经恶性肿瘤
C47.000x005 颞下窝周围神经和自主神经恶性肿瘤
C47.000x006 翼腭窝周围神经和自主神经恶性肿瘤
C47.000x007 咽旁间隙周围神经和自主神经恶性肿瘤
C47.000x008 咽后间隙周围神经和自主神经恶性肿瘤
C47.000x009 眼睑周围神经和自主神经恶性肿瘤
C47.000x010 鼻部周围神经和自主神经恶性肿瘤
C47.000x011 颈丛恶性肿瘤
C49.000x004 颞部结缔组织恶性肿瘤
C49.000x005 头部结缔组织恶性肿瘤
C49.001 面部结缔组织和软组织恶性肿瘤
C49.002 颈部结缔组织和软组织恶性肿瘤
C49.004 耳部结缔组织恶性肿瘤
C49.005 翼腭窝结缔组织恶性肿瘤
C71.900x009 翼腭窝恶性肿瘤
C71.900x010 颞下窝恶性肿瘤
C76.000x002 头部恶性肿瘤
C76.000x007 颌下恶性肿瘤
C76.001 面部恶性肿瘤
C76.002 颈部恶性肿瘤
C76.003 颊恶性肿瘤
C76.004 鼻恶性肿瘤
C76.005 颌下恶性肿瘤
C76.006 颏下恶性肿瘤
C77.000x005 头部淋巴结继发恶性肿瘤
C77.001 面部淋巴结继发恶性肿瘤
C77.002 颈部淋巴结继发恶性肿瘤
C77.003 颏下淋巴结继发恶性肿瘤
C77.004 颌下淋巴结继发恶性肿瘤
C77.005 腮腺淋巴结继发恶性肿瘤
C77.006 耳淋巴结继发恶性肿瘤
C77.007 锁骨上淋巴结继发恶性肿瘤
C77.008 气管食管沟淋巴结继发恶性肿瘤
C78.300x004 咽鼓管继发恶性肿瘤
C78.300x005 上颌窦继发恶性肿瘤
C78.300x006 声带继发恶性肿瘤
C78.300x008 乳突继发恶性肿瘤
C78.300x010 会厌继发恶性肿瘤
C78.301 鼻窦继发恶性肿瘤
C78.302 鼻腔继发恶性肿瘤
C78.303 中耳继发恶性肿瘤
C78.305 喉继发恶性肿瘤
C79.200x008 颏部皮肤继发恶性肿瘤
C79.201 头部皮肤继发恶性肿瘤
C79.202 面部皮肤继发恶性肿瘤
C79.203 颈部皮肤继发恶性肿瘤
C79.500x004 上颌骨继发恶性肿瘤
C79.500x007 斜坡继发恶性肿瘤
C79.500x016 眶骨继发恶性肿瘤
C79.500x028 舌骨继发恶性肿瘤
C79.502 颅骨继发恶性肿瘤
C79.503 面骨继发恶性肿瘤
C79.504 颌骨继发恶性肿瘤
C79.505 下颌骨继发恶性肿瘤
C79.800x806 头部继发恶性肿瘤
C79.800x812 颌部继发恶性肿瘤
C79.800x824 悬雍垂继发恶性肿瘤
C79.800x825 腭部继发恶性肿瘤
C79.800x826 臼齿后区继发恶性肿瘤

C79.800x828 鼻咽继发恶性肿瘤
C79.800x833 面部继发恶性肿瘤
C79.800x840 唇部继发恶性肿瘤
C79.800x843 齿龈继发恶性肿瘤
C79.800x844 颊黏膜继发恶性肿瘤
C79.800x845 颊龈沟继发恶性肿瘤
C79.801 口腔继发恶性肿瘤
C79.802 舌继发恶性肿瘤
C79.803 咽继发恶性肿瘤
C79.804 扁桃体继发恶性肿瘤
C79.830 颌下腺继发恶性肿瘤
C79.831 腮腺继发恶性肿瘤
C79.832 拉特克囊继发恶性肿瘤
C79.834 颈部继发性恶性肿瘤
C79.835 舌下腺继发恶性肿瘤
D00.000x005 唇红缘原位癌
D00.000x007 鼻咽原位癌
D00.000x008 腮腺原位癌
D00.001 扁桃体原位癌
D00.002 唇原位癌
D00.003 口腔原位癌
D00.004 舌原位癌
D00.005 杓状会厌褶原位癌
D00.006 口底原位癌
D00.007 咽原位癌
D00.008 下咽原位癌
D00.009 舌下腺原位癌
D00.010 颌下腺原位癌
D00.011 颊黏膜原位癌
D00.012 臼齿后区原位癌
D00.013 硬腭原位癌
D02.000 喉原位癌
D02.000x003 喉面杓状会厌褶原位癌
D02.000x004 会厌舌骨上原位癌
D02.001 会厌原位癌
D02.002 声带原位癌
D02.300 呼吸系统其他部位的原位癌
D02.301 鼻腔原位癌
D02.302 鼻旁窦原位癌
D02.303 中耳原位癌
D03.000 唇原位黑色素瘤
D03.200x002 耳原位黑色素瘤
D03.201 外耳道原位黑色素瘤
D03.301 面部原位黑色素瘤
D03.400x002 头皮原位黑色素瘤
D03.401 颈部原位黑色素瘤
D04.000 唇皮肤原位癌
D04.200x001 耳皮肤原位癌
D04.201 外耳道皮肤原位癌
D04.300x001 鼻沟皮肤原位癌
D04.300x002 面皮肤原位癌
D04.400x001 头皮原位癌
D04.401 颈部皮肤原位癌
D09.701 颊原位癌
D10.000 唇良性肿瘤
D10.000x002 唇系带良性肿瘤
D10.000x003 唇内面良性肿瘤
D10.000x004 唇黏膜良性肿瘤
D10.000x005 唇红缘良性肿瘤
D10.100 舌良性肿瘤
D10.101 舌扁桃体良性肿瘤
D10.200 口底良性肿瘤
D10.200x002 舌下良性肿瘤
D10.300x005 悬雍垂良性肿瘤
D10.300x007 颌下良性肿瘤
D10.301 口腔黏膜黑色素痣
D10.302 颊黏膜良性肿瘤
D10.303 腭良性肿瘤
D10.305 牙槽良性肿瘤
D10.306 齿龈良性肿瘤
D10.307 磨牙后区良性肿瘤
D10.308 小涎腺良性肿瘤
D10.309 口良性肿瘤
D10.400 扁桃体良性肿瘤
D10.401 咽门扁桃体良性肿瘤
D10.402 腭扁桃体良性肿瘤
D10.500x001 口咽良性肿瘤
D10.500x002 会厌前面良性肿瘤
D10.501 扁桃体窝良性肿瘤
D10.502 扁桃体柱良性肿瘤
D10.503 会咽谷良性肿瘤
D10.504 鳃裂良性肿瘤
D10.600 鼻咽良性肿瘤
D10.601 鼻中隔后缘良性肿瘤
D10.602 鼻后孔良性肿瘤
D10.603 咽扁桃体良性肿瘤
D10.700 咽下部良性肿瘤
D10.701 咽下梨状窝良性肿瘤
D10.900 咽良性肿瘤
D11.000 腮腺良性肿瘤

D11.701　下颌下腺良性肿瘤
D11.702　舌下腺良性肿瘤
D11.900　大涎腺良性肿瘤
D11.900x001　唾液腺良性肿瘤
D14.000x005　额窦良性肿瘤
D14.000x006　筛窦良性肿瘤
D14.000x007　上颌窦良性肿瘤
D14.000x009　蝶窦良性肿瘤
D14.000x010　鼻腔良性肿瘤
D14.001　鼻旁窦良性肿瘤
D14.002　中耳良性肿瘤
D14.003　鼻前庭良性肿瘤
D14.004　鼻中隔良性肿瘤
D14.005　鼻软骨良性肿瘤
D14.006　鼻孔良性肿瘤
D14.007　鼻黏膜良性肿瘤
D14.008　内耳良性肿瘤
D14.100　喉良性肿瘤
D14.100x002　会厌舌骨上良性肿瘤
D14.101　会厌良性肿瘤
D14.102　声带良性肿瘤
D14.103　声门良性肿瘤
D16.400x013　眼窝骨良性肿瘤
D16.400x018　颅骨良性肿瘤
D16.400x019　乳突骨良性肿瘤
D16.400x025　犁骨良性肿瘤
D16.401　面骨良性肿瘤
D16.402　蝶骨良性肿瘤
D16.403　筛骨良性肿瘤
D16.404　颞骨良性肿瘤
D16.405　顶骨良性肿瘤
D16.406　额骨良性肿瘤
D16.407　枕骨良性肿瘤
D16.408　眶骨良性肿瘤
D16.409　鼻骨良性肿瘤
D16.410　颧骨良性肿瘤
D16.411　上颌骨良性肿瘤
D16.500　下颌骨良性肿瘤
D16.500x002　髁突良性肿瘤
D17.000x003　头部脂肪瘤
D17.001　面部脂肪瘤
D17.002　颈部脂肪瘤
D17.700x003　喉脂肪瘤
D17.700x006　梨状窝脂肪瘤
D17.700x007　颅骨脂肪瘤
D17.700x020　腮腺脂肪瘤
D17.700x021　舌脂肪瘤
D17.700x032　下颌下腺脂肪瘤
D18.000x021　颅骨血管瘤
D18.000x501　鼻窦血管瘤
D18.000x503　鼻部血管瘤
D18.000x504　鼻咽血管瘤
D18.000x505　唇部血管瘤
D18.000x506　外耳道血管瘤
D18.000x507　喉部血管瘤
D18.000x508　口腔血管瘤
D18.000x510　咽部血管瘤
D18.000x511　梨状窝血管瘤
D18.000x807　腮腺血管瘤
D18.000x808　唾液腺血管瘤
D18.000x809　舌部血管瘤
D18.000x823　上颌骨血管瘤
D18.000x844　腭部血管瘤
D18.000x845　上颌窦血管瘤
D18.000x858　嚼肌血管瘤
D18.001　头部血管瘤
D18.003　面部血管瘤
D18.004　颈部血管瘤
D18.100x004　口腔内淋巴管瘤
D18.100x007　颅内淋巴管瘤
D18.100x010　腮腺淋巴管瘤
D18.100x011　舌淋巴管瘤
D18.100x013　头部淋巴管瘤
D18.100x021　下颌下腺淋巴管瘤
D18.100x027　唇部淋巴管瘤
D18.101　面部淋巴管瘤
D18.102　颈部淋巴管瘤
D21.000　头、面和颈部结缔组织和其他软组织的良性肿瘤
D21.000x002　耳软骨良性肿瘤
D21.000x007　锁骨上结缔组织良性肿瘤
D21.000x008　头部结缔组织良性肿瘤
D21.001　面部结缔组织良性肿瘤
D21.002　颈结缔组织良性肿瘤
D21.004　耳部结缔组织良性肿瘤
D21.005　颞下凹结缔组织良性肿瘤
D21.006　翼腭窝结缔组织良性肿瘤
D21.007　咽旁间隙结缔组织良性肿瘤
D22.000　唇黑素细胞痣
D22.200x002　耳部黑色素痣

D22.201　外耳道黑素细胞痣
D22.301　面部黑素细胞痣
D22.302　鼻黑素细胞痣
D22.400x002　头皮黑色素痣
D22.401　颈黑素细胞痣
D23.000　唇皮肤良性肿瘤
D23.200x002　耳廓良性肿瘤
D23.200x003　耳皮肤良性肿瘤
D23.200x008　耳后皮肤良性肿瘤
D23.201　外耳道良性肿瘤
D23.300x003　鼻唇沟良性肿瘤
D23.300x004　颊部皮肤良性肿瘤
D23.301　面部皮肤良性肿瘤
D23.302　眉部良性肿瘤
D23.303　鼻部皮肤良性肿瘤
D23.400x003　头皮良性肿瘤
D23.401　颈部皮肤良性肿瘤
D36.700x004　颞部良性肿瘤
D36.700x005　颊部良性肿瘤
D36.700x006　咽旁间隙良性肿瘤
D36.700x007　鼻部良性肿瘤
D36.701　头部良性肿瘤
D36.702　面部良性肿瘤
D36.703　颈部良性肿瘤
D37.000x001　扁桃体交界性肿瘤
D37.000x002　唇交界性肿瘤
D37.000x003　腮腺交界性肿瘤
D37.000x004　唾液腺交界性肿瘤
D37.000x005　咽部交界性肿瘤
D37.000x006　杓状会厌褶交界性肿瘤
D37.000x007　唇红缘交界性肿瘤
D37.000x008　大唾液腺交界性肿瘤
D37.000x009　小唾液腺交界性肿瘤
D37.000x010　齿龈交界性肿瘤
D37.000x011　鼻咽交界性肿瘤
D37.000x012　舌根交界性肿瘤
D37.000x013　口底交界性肿瘤
D37.000x014　腭交界性肿瘤
D37.000x015　颊黏膜交界性肿瘤
D37.001　唇肿瘤
D37.002　口腔动态未定肿瘤
D37.003　口腔肿瘤
D37.004　咽动态未定肿瘤
D37.005　咽肿瘤
D37.006　腭动态未定肿瘤
D37.007　腭肿瘤
D37.008　舌根动态未定肿瘤
D37.009　舌根肿瘤
D37.010　腮腺动态未定肿瘤
D37.011　腮腺肿瘤
D37.012　扁桃体动态未定肿瘤
D37.013　扁桃体肿瘤
D37.014　大涎腺动态未定肿瘤
D37.015　大涎腺肿瘤
D37.016　小涎腺动态未定肿瘤
D37.017　小涎腺肿瘤
D37.018　杓状会厌褶动态未定肿瘤
D37.019　杓状会厌褶肿瘤
D38.000x001　会厌交界性肿瘤
D38.000x002　喉交界性肿瘤
D38.001　喉肿瘤
D38.002　会厌动态未定肿瘤
D38.003　会厌肿瘤
D38.500x001　鼻腔交界性肿瘤
D38.500x003　鼻窦交界性肿瘤
D38.500x004　鼻软骨交界性肿瘤
D38.500x005　中耳交界性肿瘤
D38.501　鼻腔动态未定肿瘤
D38.502　鼻腔肿瘤
D38.503　鼻旁窦动态未定肿瘤
D38.504　鼻旁窦肿瘤
D38.505　鼻软骨动态未定肿瘤
D38.506　鼻软骨肿瘤
D38.507　中耳动态未定肿瘤
D38.508　中耳肿瘤
D38.509　鼻颅底交通性肿瘤
D44.600x002　颈动脉体交界性肿瘤
D44.700x003　颈静脉体交界性肿瘤
D44.700x004　颈静脉球交界性肿瘤
D48.000x004　上颌骨交界性肿瘤
D48.004　面骨动态未定肿瘤
D48.005　面骨肿瘤
D48.101　头部结缔组织动态未定肿瘤
D48.102　头部结缔组织肿瘤
D48.103　面结缔组织动态未定肿瘤
D48.104　面结缔组织肿瘤
D48.105　耳结缔组织动态未定肿瘤
D48.106　耳结缔组织肿瘤
D48.200x002　头周围神经和自主神经交界性肿瘤
D48.200x003　面周围神经和自主神经交界性肿瘤

D48.200x004　颈周围神经和自主神经交界性肿瘤
D48.200x005　耳周围神经和自主神经交界性肿瘤
D48.200x006　颞下窝周围神经和自主神经交界性肿瘤
D48.200x007　翼腭窝周围神经和自主神经交界性肿瘤
D48.200x008　咽旁间隙周围神经和自主神经交界性肿瘤
D48.200x009　咽后间隙周围神经和自主神经交界性肿瘤
D48.518　鼻皮肤动态未定肿瘤
D48.519　耳皮肤动态未定肿瘤
D48.700x007　颊部交界性肿瘤
D48.700x025　面部交界性肿瘤
D48.701　头颈部动态未定肿瘤
D48.702　头颈部肿瘤
D86.802　眼色素层腮腺炎
E10.600x031　1型糖尿病性急性牙周脓肿
E10.600x032　1型糖尿病性牙周炎
E11.600x031　2型糖尿病性急性牙周脓肿
E11.600x032　2型糖尿病性牙周炎
E14.600x031　糖尿病性急性牙周脓肿
E14.600x032　糖尿病性牙周炎
E34.800x005　坏死性唾液腺组织化生
E85.400x006　咽淀粉样变性
E85.401　淀粉样变声带损害
E85.402　淀粉样变鼻咽损害
E85.405　淀粉样变齿龈损害
E85.409　淀粉样变喉损害
E85.410　淀粉样变胸膜损害
G47.300　睡眠呼吸暂停
G47.300x001　睡眠呼吸暂停低通气综合征
G47.300x031　睡眠低通气综合征
G47.300x033　混合性睡眠呼吸暂停低通气综合征
G47.300x035　中枢性低通气综合征
G47.300x036　中枢性睡眠呼吸暂停低通气综合征
G47.300x037　阻塞性睡眠呼吸暂停低通气综合征
G47.301　阻塞性睡眠呼吸暂停综合征
G47.302　中枢性睡眠呼吸暂停综合征
G47.303　混合性睡眠呼吸暂停综合征
G47.304　上气道阻力综合征
H60.000　外耳脓肿
H60.000x002　外耳道脓肿
H60.000x004　耳廓痈
H60.000x005　耳廓疖
H60.001　外耳疖
H60.002　外耳痈
H60.100　外耳蜂窝织炎
H60.100x001　外耳道蜂窝织炎
H60.100x002　耳廓蜂窝织炎
H60.200　恶性外耳炎
H60.300　感染性外耳炎，其他的
H60.300x002　耳廓感染
H60.300x003　耳廓瘘感染
H60.300x005　弥漫性外耳道炎
H60.300x006　外耳继发性感染
H60.301　出血性外耳炎
H60.302　弥漫性外耳炎
H60.303　游泳者耳病
H60.400　外耳胆脂瘤
H60.400x004　外耳道胆脂瘤
H60.401　外耳肉芽肿
H60.500x006　急性接触性外耳炎
H60.500x007　急性反应性外耳炎
H60.501　外耳湿疹
H60.502　急性光化性外耳炎
H60.503　急性化学性外耳炎
H60.801　慢性外耳炎
H60.900　外耳炎
H60.901　外耳道炎
H61.000　外耳软骨膜炎
H61.001　慢性结节性耳轮软骨皮炎
H61.100x002　后天性耳廓畸形
H61.100x005　烧伤后耳廓缺损
H61.100x006　烧伤后小耳畸形
H61.100x007　耳廓钙化
H61.100x009　耳廓瘢痕
H61.101　后天性外耳畸形
H61.102　耳廓瘘
H61.103　耳廓假性囊肿
H61.104　耳后血肿骨化
H61.105　耳廓肿物
H61.200　耵聍栓塞
H61.300　后天性外耳道狭窄
H61.800x005　外耳道瘢痕
H61.801　颞下颌关节外耳道疝
H61.802　外耳道外生骨疣
H61.803　外耳瘘
H61.804　外耳道角化症
H61.805　外耳道坏死

H61.806　外耳道囊肿
H61.901　外耳道肿物
H61.902　后天性外耳道闭锁
H65.000x002　急性分泌性中耳炎
H65.101　蓝鼓膜综合征
H65.102　急性变应性中耳炎
H65.200　慢性浆液性中耳炎
H65.300　慢性黏液样中耳炎
H65.300x001　慢性分泌性中耳炎
H65.400　慢性非化脓性中耳炎，其他的
H65.400x001　其他的慢性非化脓性中耳炎
H65.900　非化脓性中耳炎
H65.900x001　分泌性中耳炎
H65.901　浆液性中耳炎
H66.000　急性化脓性中耳炎
H66.001　岩尖综合征
H66.101　慢性鼓室化脓性中耳炎
H66.102　良性慢性化脓性中耳炎
H66.200　慢性鼓窦隐窝化脓性中耳炎
H66.301　慢性化脓性中耳炎
H66.400　化脓性中耳炎
H66.900　中耳炎
H66.900x002　急性中耳炎
H66.900x003　慢性中耳炎
H68.000　咽鼓管炎
H68.100　咽鼓管阻塞
H68.100x003　咽鼓管受压
H68.101　咽鼓管狭窄
H69.000　咽鼓管开放症
H69.800　咽鼓管其他特指的疾患
H69.900　咽鼓管疾患
H70.000　急性乳突炎
H70.000x007　乳突脓肿
H70.000x009　急性乳突积脓
H70.001　耳后脓肿
H70.002　急性化脓性乳突炎
H70.003　颈部贝佐尔德脓肿
H70.004　乳突囊肿
H70.100　慢性乳突炎
H70.101　耳后瘘管
H70.102　乳突骨疽
H70.103　乳突瘘
H70.200　岩锥炎
H70.201　岩锥脓肿
H70.800　乳突炎和有关情况，其他的
H70.800x001　岩尖病变
H70.800x002　颞部感染
H70.900　乳突炎
H71.x00　中耳胆脂瘤
H71.x01　慢性化脓性中耳炎胆脂瘤型
H71.x02　中耳肉芽肿
H71.x03　鼓室胆脂瘤
H71.x04　乳突胆脂瘤
H71.x05　颞骨胆脂瘤
H72.000　鼓膜中心穿孔
H72.001　鼓膜紧张部穿孔
H72.100　鼓膜鼓室上隐窝穿孔
H72.101　鼓膜松弛部穿孔
H72.200　鼓膜其他边缘性穿孔
H72.800　鼓膜的其他穿孔
H72.900　鼓膜穿孔
H73.000　急性鼓膜炎
H73.001　大疱性鼓膜炎
H73.100　慢性鼓膜炎
H73.101　慢性鼓室炎
H73.102　慢性肉芽性鼓膜炎
H73.800x005　血鼓室
H73.801　鼓室粘连
H73.802　鼓膜炎
H73.803　鼓室炎
H73.804　鼓膜萎缩
H73.900　鼓膜疾患
H74.000　鼓室硬化
H74.101　粘连性中耳炎
H74.201　听骨链中断
H74.300　听骨其他后天性异常
H74.300x003　听骨部分丧失
H74.300x004　听骨关节强硬
H74.400　中耳息肉
H74.801　中耳瘘
H74.802　慢性化脓性中耳炎骨疡型
H74.900　中耳和乳突疾患
H80.000x001　非闭塞性耳硬化累及前庭窗
H80.000x002　非闭塞性镫骨耳硬化
H80.100x001　闭塞性耳硬化累及前庭窗
H80.100x002　闭塞性镫骨耳硬化
H80.200　耳蜗性耳硬化症
H80.800x001　其他耳硬化
H80.900　耳硬化
H81.000　梅尼埃［美尼尔］病

H81.100　良性阵发性眩晕
H81.101　儿童良性阵发性眩晕
H81.200　前庭神经元炎
H81.301　莱穆瓦耶综合征
H81.302　耳源性眩晕
H81.303　前庭周围性眩晕
H81.400　中枢性眩晕
H81.400x003　中枢性位置性眼球震颤
H81.800　前庭功能的其他疾患
H81.900　前庭功能疾患
H81.901　眩晕综合征
H81.902　前庭系统病变
H83.000　迷路炎
H83.000x001　迷路炎［内耳炎］
H83.000x002　迷路周围炎
H83.100　迷路瘘管
H83.101　半规管瘘
H83.200　迷路功能障碍
H83.200x001　半规管轻瘫
H83.200x002　迷路机能减退
H83.200x003　前庭功能丧失
H83.300x001　爆震性聋
H83.301　声创伤
H83.302　噪音性耳聋
H83.800x002　自发性圆窗膜破裂
H83.800x003　迷路卒中
H83.800x004　上半规管裂综合征
H83.801　迷路出血
H83.900x001　内耳道肿物
H90.000　双侧传导性听觉丧失
H90.100　单侧传导性听觉丧失，对侧听觉不受限制
H90.200　传导性听觉丧失
H90.300　双侧感音神经性听觉丧失
H90.400　单侧感音神经性听觉丧失，对侧听觉不受限制
H90.500　感音神经性听觉丧失
H90.501　先天性耳聋
H90.502　非综合征性耳聋
H90.600　双侧混合性传导性和感音神经性听觉丧失
H90.700　单侧混合性传导性和感音神经性听觉丧失，对侧听觉不受限制
H90.801　混合性耳聋
H91.000　耳毒性听觉丧失
H91.001　药物性耳聋
H91.100　老年聋
H91.200　突发特发性听觉丧失
H91.200x001　突发性聋
H91.300x001　聋哑症
H91.801　创伤性耳聋
H91.900　听觉丧失
H91.900x002　听力减退
H91.900x004　低频率耳聋
H91.901　高频率耳聋
H92.000　耳痛
H92.100　耳漏
H92.100x001　耳流脓
H92.200　耳出血
H93.001　短暂缺血性聋
H93.100　耳鸣
H93.101　血管性耳鸣
H93.102　神经性耳鸣
H93.103　噪声性耳鸣
H93.200x002　听功能障碍
H93.200x005　听觉过敏
H93.201　复听
H93.300　听神经疾患
H93.301　听神经炎
H93.800x001　耳廓血肿机化
H93.900x001　耳甲腔囊肿
H93.901　耳后肿物
H95.000x001　胆脂瘤术后复发
H95.101　乳突切除术后空腔肉芽形成
H95.102　乳突切除术后空腔感染
H95.800　耳和乳突的其他操作后疾患
H95.900　耳和乳突的操作后疾患操作后并发症
H95.900x001　鼓室成形术后操作后疾患
H95.900x002　乳突根治术后操作后疾患
I77.001　头面部动静脉瘘
I77.003　耳廓动静脉瘘
I86.000　舌下静脉曲张
I88.101　慢性颈淋巴结炎
I88.102　慢性颌下淋巴结炎
I88.103　慢性颏下淋巴结炎
I88.104　慢性腮腺淋巴结炎
I88.900x004　颌下淋巴结炎
I88.900x007　腮腺肉芽肿性淋巴结炎
I89.000x014　头面部淋巴水肿
J00.x00　急性鼻咽炎［感冒］
J00.x00x004　急性鼻炎
J00.x00x006　感染性鼻炎

J00.x00x007　感染性鼻咽炎
J00.x00x008　急性卡他性鼻炎
J01.000　急性上颌窦炎
J01.001　急性化脓性上颌窦炎
J01.100　急性额窦炎
J01.200　急性筛窦炎
J01.300　急性蝶窦炎
J01.400　急性全鼻窦炎
J01.800　急性鼻窦炎，其他的
J01.900　急性鼻窦炎
J01.900x003　急性鼻窦脓肿
J01.901　急性化脓性鼻窦炎
J02.000　链球菌性咽炎
J02.801　病毒性咽炎
J02.802　病毒性咽喉痛
J02.900　急性咽炎
J02.900x002　急性化脓性咽峡炎
J02.900x005　急性咽喉痛
J02.901　急性化脓性咽炎
J02.902　急性咽峡炎
J02.903　溃疡性咽炎
J02.905　咽喉痛
J03.000　链球菌性扁桃体炎
J03.800　急性扁桃体炎，其他特指病原体引起的
J03.900　急性扁桃体炎
J03.900x001　扁桃体残根炎
J03.900x006　急性滤泡性扁桃体炎
J03.901　急性化脓性扁桃体炎
J03.902　急性腺样体炎
J04.000　急性喉炎
J04.000x004　急性感染性喉炎
J04.000x006　急性声门下喉炎
J04.000x008　急性溃疡性喉炎
J04.001　急性化脓性喉炎
J04.002　急性水肿性喉炎
J04.003　急性痉挛性喉炎
J04.004　链球菌性喉炎
J04.005　溃疡性喉炎
J04.100　急性气管炎
J04.200　急性喉气管炎
J05.000　急性梗阻性喉炎［哮吼］
J05.100　急性会厌炎
J06.000　急性咽喉炎
J06.000x002　过敏性咽喉炎
J06.800x001　急性咽气管炎
J06.900　急性上呼吸道感染
J06.900x001　病毒性上呼吸道感染
J09.x05+H67.1*　流感，人畜共患或大流行性流感病毒性中耳炎
J10.100　流行性感冒伴有其他呼吸道表现，季节性流感病毒被标明
J10.100x001　已知病毒的流行性感冒
J10.100x002　已知病毒的流感性急性上呼吸道感染
J10.100x003　已知病毒的流感性咽炎
J10.100x004　已知病毒的流感性喉炎
J10.101　甲型H1N1流行性感冒
J10.800　流行性感冒伴有其他表现，季节性流感病毒被标明
J10.803+H67.1*　已确认的季节性流感病毒性中耳炎
J11.100x001　未知病毒的流感性感冒
J11.100x002　未知病毒的流感性急性上呼吸道感染
J11.100x003　未知病毒的流感性咽炎
J11.100x004　未知病毒的流感性喉炎
J11.102　流行性感冒伴胸膜渗漏
J11.802+H67.1*　未确认的流感病毒性中耳炎
J30.000　血管运动性鼻炎
J30.100　花粉引起的变应性鼻炎
J30.101　花粉症
J30.200　季节性变应性鼻炎，其他的
J30.300x001　药物性鼻炎
J30.300x002　全年性变应性鼻炎
J30.400　变应性鼻炎
J31.000　慢性鼻炎
J31.001　肥大性鼻炎
J31.002　溃疡性鼻炎
J31.003　肉芽肿性鼻炎
J31.004　萎缩性鼻炎
J31.005　干燥性鼻炎
J31.100　慢性鼻咽炎
J31.200　慢性咽炎
J31.201　慢性咽喉痛
J31.202　慢性咽峡炎
J31.203　肥大性咽炎
J31.204　萎缩性咽炎
J32.000　慢性上颌窦炎
J32.000x005　上颌窦肉芽肿
J32.000x009　出血性坏死性上颌窦炎
J32.001　慢性化脓性上颌窦炎
J32.002　坏死性上颌窦炎
J32.003　上颌窦瘘

J32.004 上颌窦脓肿
J32.005 口腔上颌窦瘘
J32.006 隐匿性鼻窦综合征
J32.100 慢性额窦炎
J32.100x005 额窦肉芽肿
J32.101 慢性化脓性额窦炎
J32.102 额窦脓肿
J32.200 慢性筛窦炎
J32.200x004 筛窦脓肿
J32.200x005 筛窦肉芽肿
J32.201 慢性化脓性筛窦炎
J32.300 慢性蝶窦炎
J32.300x004 蝶窦脓肿
J32.301 慢性化脓性蝶窦炎
J32.302 蝶窦肉芽肿
J32.400 慢性全鼻窦炎
J32.400x001 全组鼻窦炎
J32.800x001 额窦上颌窦炎
J32.800x002 额窦筛窦炎
J32.800x003 额窦蝶窦炎
J32.800x004 上颌窦蝶窦炎
J32.800x006 额窦筛窦上颌窦炎
J32.800x007 额窦上颌窦蝶窦炎
J32.800x008 筛窦上颌窦蝶窦炎
J32.800x009 筛窦蝶窦炎
J32.800x011 额窦筛窦蝶窦炎
J32.801 上颌窦筛窦炎
J32.802 额筛窦脓肿
J32.803 慢性多鼻窦炎
J32.900 慢性鼻窦炎
J32.900x007 鼻窦滴漏综合征
J32.900x008 上颌窦肿物
J32.900x009 筛窦肿物
J32.900x010 额窦肿物
J32.900x011 蝶窦肿物
J32.901 慢性化脓性鼻窦炎
J32.902 慢性牙源性鼻窦炎
J32.903 鼻窦瘘
J32.904 鼻窦肉芽肿
J32.905 鼻窦脓肿
J32.906 鼻窦肿物
J33.000 鼻腔息肉
J33.000x002 鼻咽部毛息肉
J33.001 鼻咽息肉
J33.002 鼻中隔息肉
J33.003 鼻后孔息肉
J33.100 鼻窦息肉样退行性变
J33.800x002 额窦息肉
J33.801 鼻窦息肉
J33.802 鼻甲息肉
J33.803 蝶窦息肉
J33.804 筛窦息肉
J33.805 上颌窦息肉
J33.900 鼻息肉
J34.000x004 鼻坏死
J34.000x010 鼻中隔肉芽肿
J34.001 鼻部脓肿
J34.002 鼻疖
J34.003 鼻溃疡
J34.004 鼻痈
J34.005 鼻中隔坏死
J34.006 鼻中隔溃疡
J34.007 鼻中隔脓肿
J34.008 鼻蜂窝织炎
J34.100x008 鼻窦黏液囊肿
J34.101 蝶窦囊肿
J34.102 额窦囊肿
J34.103 筛窦囊肿
J34.104 上颌窦囊肿
J34.105 鼻囊肿
J34.106 鼻窦囊肿
J34.107 鼻甲囊肿
J34.108 鼻前庭囊肿
J34.200 鼻中隔偏曲
J34.300 鼻甲肥大
J34.800x001 鼻部感染
J34.800x002 鼻部瘘管
J34.800x004 钩突肥大
J34.800x006 铬鼻病
J34.800x009 后天性鼻孔狭窄
J34.800x019 鼻中隔血肿
J34.800x020 泡性中鼻甲
J34.800x033 鼻前庭肿物
J34.800x034 鼻中隔肿物
J34.801 鼻中隔-鼻甲粘连
J34.802 后天性鼻腔闭锁
J34.803 鼻漏
J34.804 鼻石
J34.805 鼻孔狭窄
J34.806 鼻前庭炎

J34.807 鼻甲粘连
J34.809 鼻腔粘连
J34.810 鼻腔肿物
J34.811 鼻腔狭窄
J34.812 鼻翼肥大
J34.813 鼻中隔穿孔
J35.000 慢性扁桃体炎
J35.100 扁桃体肥大
J35.200 腺样体肥大
J35.300 扁桃体肥大伴有腺样体肥大
J35.800x008 扁桃体瘢痕
J35.800x009 腺样体瘢痕
J35.801 扁桃体残体
J35.802 扁桃体溃疡
J35.803 扁桃体囊肿
J35.804 扁桃体结石
J35.805 扁桃体息肉
J35.806 扁桃体角化病
J35.807 扁桃体腺样体瘢痕
J35.808 腺样体残体
J35.809 腺样体赘生物
J35.901 扁桃体肿物
J36.x00 扁桃体周脓肿
J36.x00x001 扁桃体脓肿
J36.x00x003 扁桃体周围炎
J36.x00x004 扁桃体周围蜂窝组织炎
J37.000 慢性喉炎
J37.001 慢性喉咽炎
J37.002 慢性会厌炎
J37.003 肥厚性喉炎
J37.004 会厌炎性假瘤
J37.005 干燥性喉炎
J37.100 慢性喉气管炎
J38.000x001 喉上神经麻痹
J38.000x002 喉神经麻痹
J38.000x005 声门麻痹
J38.000x006 声带活动不良
J38.000x011 单侧不完全声带麻痹
J38.000x012 单侧不完全喉麻痹
J38.000x021 单侧完全声带麻痹
J38.000x022 单侧完全喉麻痹
J38.000x031 双侧不完全声带麻痹
J38.000x032 双侧不完全喉麻痹
J38.001 喉麻痹
J38.002 声带麻痹
J38.101 喉息肉
J38.102 声带息肉
J38.200 声带结节
J38.200x001 歌手结节
J38.200x002 教师结节
J38.201 声带炎
J38.300x008 声带粘连
J38.300x011 声带增生
J38.300x013 声带蜂窝织炎
J38.300x015 声带鳞状上皮不典型性增生
J38.300x016 声带沟
J38.300x018 声带闭合不全
J38.301 声带白斑
J38.302 声带出血
J38.303 声带固定
J38.304 声带囊肿
J38.305 声带脓肿
J38.307 声带松弛
J38.308 声带肿物
J38.309 声带角化症
J38.310 声带瘢痕粘连
J38.311 声带不典型性增生
J38.312 声带肉芽肿
J38.313 声带肥厚
J38.400 喉水肿
J38.400x002 声门下水肿
J38.400x003 声门上水肿
J38.400x004 声门水肿
J38.401 声带任克氏间隙水肿
J38.402 声带水肿
J38.500 喉痉挛
J38.600 喉狭窄
J38.601 喉梗阻
J38.700x001 喉室带囊肿
J38.700x003 喉肌弱症
J38.700x007 喉内炎性肿物
J38.700x009 喉坏死
J38.700x013 环杓关节炎
J38.700x017 室带肥厚
J38.700x021 喉蜂窝织炎
J38.700x022 喉软骨膜炎
J38.700x027 喉黏膜不典型增生
J38.701 后天性喉瘘
J38.702 创伤性喉蹼
J38.703 喉瘢痕

J38.704　喉溃疡
J38.705　喉囊肿
J38.706　喉白斑
J38.707　喉脓肿
J38.708　喉肿物
J38.709　喉皮肥厚
J38.710　喉肉芽肿
J38.711　喉硬结病
J38.712　喉角化症
J38.714　会厌溃疡
J38.715　会厌囊肿
J38.716　会厌脓肿
J38.717　会厌肉芽肿
J38.718　会厌增生
J38.719　声门狭窄
J38.720　环杓关节强硬
J38.721　舌骨大角综合征
J39.000x001　咽侧壁炎性肿物
J39.001　咽后脓肿
J39.002　咽周脓肿
J39.003　咽旁脓肿
J39.101　咽蜂窝织炎
J39.200x004　咽下部囊肿
J39.200x008　喉咽部狭窄
J39.200x009　咽下部狭窄
J39.200x015　咽肌麻痹
J39.200x016　鼻咽肿物
J39.200x020　鼻咽溃疡
J39.201　瘢痕性咽狭窄
J39.202　鼻咽瘘
J39.203　鼻咽囊肿
J39.204　鼻咽狭窄
J39.205　鼻咽粘连
J39.206　鼻咽黏膜溃疡
J39.207　腭咽增生
J39.208　梨状窝囊肿
J39.209　梨状窝息肉
J39.210　咽瘘
J39.212　咽水肿
J39.213　咽狭窄
J39.214　咽角化症
J39.215　咽部囊肿
J39.216　咽喉溃疡
J39.217　咽喉粘连
J39.218　咽肌痉挛
J39.219　咽部肿物
J39.220　咽旁间隙感染
J39.221　咽旁间隙囊肿
J39.222　环咽肌痉挛
J39.223　手术后咽瘘
J39.224　鼻咽部病变
J39.225　鼻咽淋巴组织增生
J39.300　上呼吸道过敏反应
J39.809　气管坏死
J39.811　后天性气管憩室
J39.900　上呼吸道疾病
J95.000　气管造口术功能不全
J95.000x001　气管造口术后吻合口脓毒病
J95.000x002　气管切开术后拔管困难
J95.000x007　气管造口术后口出血
J95.001　气管造口术后气管皮肤瘘
J95.002　气管造口感染
J95.003　气管造口术后狭窄
J95.004　气管造口术后气管食管瘘
J95.005　气管造口术后气道阻塞
J95.400　门德尔松综合征
J95.500　操作后的声门下狭窄
J95.501　手术后喉狭窄
J95.800x001　气管插管后喉水肿
J95.800x013　手术后气管瘘
J95.803　空鼻综合征
J95.805　手术后喉水肿
J95.806　手术后声带麻痹
J95.807　手术后声带粘连
J95.809　手术后喉粘连
K00.000　无牙症
K00.000x003　少牙畸形
K00.000x004　先天缺牙
K00.001　牙齿发育不全
K00.002　牙齿缺少
K00.100x001　多生牙
K00.101　第四臼齿
K00.200x001　巨牙症
K00.200x002　釉珠
K00.200x003　过小牙
K00.200x005　牛牙症
K00.200x009　畸形中央尖
K00.200x010　牙内陷
K00.201　双生牙
K00.202　结合齿

K00.203 套叠齿
K00.204 融合齿
K00.205 圆锥齿
K00.206 齿前突
K00.207 齿中突
K00.300x002 无氟釉质不透明
K00.301 氟牙症
K00.400 牙形成障碍
K00.400x001 弯曲牙
K00.400x002 特奈牙
K00.400x004 牙根发育不良
K00.401 区域性牙齿发育异常
K00.402 釉质发育不全（新生儿）（生后）（生前）
K00.500x002 壳状牙
K00.501 牙本质发育不全
K00.502 牙生长不全
K00.503 釉质发生不全
K00.600x002 诞生牙
K00.600x006 恒牙萌出过迟
K00.600x007 恒牙早萌
K00.600x008 低位乳牙
K00.601 个别乳磨牙早失
K00.602 新生儿牙
K00.603 牙齿萌出过早
K00.604 牙齿萌出过晚
K00.605 乳齿过早脱落
K00.608 乳牙滞留
K00.700 出牙综合征
K00.800x002 四环素牙
K00.801 牙齿形成期间颜色改变
K00.900 牙发育疾患
K01.000 埋伏牙
K01.100 阻生牙
K02.000 牙釉质龋
K02.001 牙齿白斑点损害
K02.100 牙本质龋
K02.101 乳牙中龋
K02.200 牙骨质龋
K02.300 静止龋
K02.400x001 牙折断
K02.400x002 婴儿黑牙病
K02.400x003 黑牙折断
K02.500 龋齿伴牙髓暴露
K02.800x001 继发龋
K02.800x002 急性龋
K02.800x003 乳牙浅龋
K02.800x005 乳牙深龋
K02.800x006 恒牙浅龋
K02.800x007 恒牙中龋
K02.800x008 恒牙深龋
K02.900x001 龋病
K02.901 蔓延性龋
K03.000 牙过度磨耗
K03.000x002 牙齿颌面磨损
K03.001 邻面磨损
K03.100x001 牙齿磨损
K03.101 牙齿楔状缺损
K03.102 净齿剂牙磨损
K03.103 习惯性牙磨损
K03.104 职业性牙磨损
K03.105 宗教仪式性牙磨损
K03.106 传统性牙磨损
K03.200x002 牙酸蚀病
K03.201 特发性牙腐蚀
K03.202 药物性牙腐蚀
K03.203 职业性牙腐蚀
K03.204 持续性呕吐致牙腐蚀
K03.300 牙病理性吸收
K03.300x001 牙髓内部肉芽肿
K03.300x002 牙根外吸收
K03.300x003 牙内吸收
K03.400 牙骨质增生
K03.401 齿槽骨质增生
K03.500 牙骨粘连
K03.600x001 牙齿变色
K03.601 牙石
K03.602 龈下牙石（龈下垢）
K03.603 龈上牙石（龈上垢）
K03.604 牙上沉积物
K03.700 牙硬组织萌出后颜色改变
K03.800x001 辐照性牙釉质
K03.800x002 牙本质过敏症
K03.800x003 牙隐裂
K03.800x005 牙震荡
K03.801 牙根纵裂
K03.900 牙硬组织疾病
K04.000 牙髓炎
K04.000x007 溃疡性牙髓炎
K04.000x008 增生性牙髓炎
K04.001 急性牙髓炎

K04.002　慢性牙髓炎
K04.006　可逆性牙髓炎
K04.007　不可逆性牙髓炎
K04.100　牙髓坏死
K04.101　牙髓坏疽
K04.200　牙髓变性
K04.200x003　牙髓钙化
K04.201　牙髓石
K04.300　牙髓异常硬组织形成
K04.400　急性牙髓源性根尖牙周炎
K04.401　急性根尖周炎
K04.500　慢性根尖牙周炎
K04.500x001　慢性根尖周炎
K04.501　根尖肉芽肿
K04.600　根尖周脓肿伴有窦道
K04.700　根尖周脓肿不伴有窦道
K04.701　根尖脓肿
K04.702　牙槽脓肿
K04.703　剩余牙根脓肿
K04.800　牙根囊肿
K04.801　根尖囊肿
K04.802　根尖周囊肿
K04.803　残余牙根囊肿
K04.900　牙髓和根尖周组织其他和未特指的疾病
K04.901　牙髓和根尖周组织疾病
K04.902　牙周牙髓综合征
K05.000　急性龈炎
K05.000x002　急性龈乳头炎
K05.100　慢性龈炎
K05.100x005　龈炎
K05.100x008　青春期龈炎
K05.100x010　龈乳头炎
K05.100x011　菌斑性龈炎
K05.100x012　萌出性龈炎
K05.100x013　浆细胞龈炎
K05.101　化脓性牙龈炎
K05.102　增生性牙龈炎
K05.103　溃疡性龈炎
K05.104　边缘性龈炎
K05.105　肥大性龈炎
K05.106　脱屑性龈炎
K05.200　急性牙周炎
K05.200x002　急性多发性龈脓肿
K05.201　牙周脓肿
K05.202　牙冠周脓肿
K05.203　牙龈脓肿
K05.204　急性冠周炎
K05.300　慢性牙周炎
K05.300x002　复合性牙周炎
K05.301　单纯性牙周炎
K05.400　牙周变性
K05.400x002　幼年牙周变性
K05.500x001　咬合创伤
K05.500x002　侵袭性牙周炎
K05.500x003　根分歧病变
K05.500x005　种植体周围炎
K05.600　牙周病
K06.000　牙龈退缩
K06.000x002　局部性牙龈退缩
K06.000x003　感染后牙龈退缩
K06.000x004　手术后牙龈退缩
K06.100　牙龈增厚
K06.100x001　牙龈增生
K06.100x002　药物性牙龈增生
K06.100x003　遗传性龈纤维瘤病
K06.200　与创伤有关的牙龈和无牙牙槽嵴损害
K06.800x009　牙周巨细胞肉芽肿
K06.800x012　牙龈黑斑
K06.800x013　牙龈黏膜色素沉着
K06.800x014　种植体周围黏膜炎
K06.800x015　白血病的龈病损
K06.801　牙龈化脓性肉芽肿
K06.802　巨细胞性牙龈瘤
K06.803　牙龈瘤
K06.804　牙龈出血
K06.805　牙龈瘘管
K06.806　牙龈溃疡
K06.807　牙龈息肉
K06.808　牙槽嵴松弛
K06.809　纤维性牙龈瘤
K06.810　龈沟赘生物
K06.900　牙龈和无牙牙槽嵴疾患
K06.901　牙龈肿物
K07.000x002　上颌骨纤维增生
K07.000x004　下颌骨增生
K07.000x007　巨上颌
K07.000x008　小下颌
K07.000x009　小上颌
K07.000x011　颏后缩
K07.000x012　方颏畸形

K07.000x013　颏部畸形
K07.002　巨颌症
K07.003　颌骨发育不全
K07.004　上颌骨骨质增生
K07.005　上颌骨发育不全
K07.006　下颌骨骨质增生
K07.007　下颌发育不全
K07.008　下颌角肥大
K07.009　下颌角肥大伴咬肌肥大
K07.010　小颌畸形
K07.011　小颏畸形
K07.012　唇腭裂术后颌骨发育不全
K07.100x008　错䶬畸形骨性Ⅰ类
K07.100x009　错䶬畸形骨性Ⅱ类
K07.100x010　错䶬畸形骨性Ⅲ类
K07.100x011　颏部前突
K07.100x012　上颌前突下颌后缩
K07.100x014　上颌后缩下颌前突
K07.100x015　长面综合征
K07.100x016　短面综合征
K07.100x017　下颌前突偏斜
K07.101　偏颌畸形
K07.102　双突颌畸形
K07.103　上颌后缩
K07.104　上颌前突
K07.105　上下颌前突畸形
K07.106　下颌后缩
K07.107　下颌偏斜
K07.108　下颌前突
K07.109　颌后缩
K07.110　颌骨不对称
K07.200x001　后牙开䶬
K07.200x002　后牙锁合
K07.200x003　前牙反䶬
K07.200x005　深覆䶬
K07.200x011　错䶬畸形安氏Ⅰ类
K07.200x012　错䶬畸形安氏Ⅱ类
K07.200x013　错䶬畸形安氏Ⅲ类
K07.200x014　深覆盖
K07.201　覆咬合
K07.202　前牙开䶬
K07.203　牙弓中线偏离
K07.204　咬合异常
K07.205　反䶬
K07.300x003　牙齿位置异常
K07.300x005　牙齿间隙
K07.300x006　牙齿扭转
K07.300x007　牙齿移位
K07.300x008　第一恒磨牙异位萌出
K07.300x009　牙的病理性移位
K07.301　牙错位
K07.302　牙列不齐
K07.303　牙体缺损
K07.304　牙拥挤
K07.305　异位牙
K07.400x001　错䶬畸形
K07.500x002　颌骨闭合异常
K07.600　颞下颌关节疾患
K07.600x001　颞下颌关节紊乱病
K07.600x003　颞下颌关节强直
K07.601　陈旧性颞下颌关节脱位
K07.602　颞颌关节综合征
K07.603　颞颌关节骨关节病
K07.604　颞颌关节炎
K07.800x001　颜面部缺损
K07.900　牙面畸形
K07.901　下颌畸形
K07.902　颌骨畸形
K07.903　颌骨先天畸形
K08.000　全身性疾病引起的牙脱落
K08.101　单颌牙列缺失
K08.102　外伤性牙齿缺失
K08.103　后天性牙齿缺失
K08.104　牙列部分缺失
K08.201　无牙牙槽突萎缩
K08.202　牙槽骨萎缩
K08.203　牙槽嵴萎缩
K08.204　牙槽突萎缩
K08.300x002　残留牙根
K08.302　残冠
K08.801　牙痛
K08.802　牙槽嵴裂
K08.803　牙槽突不齐
K08.804　牙槽嵴黏膜角化过度
K08.805　牙槽突裂
K08.806　牙槽出血
K08.807　牙槽隐性裂
K08.808　牙槽嵴增大
K08.809　牙槽骨缺损
K08.900　牙及支持结构疾患

K09.000　发育性牙源性囊肿
K09.000x005　颌骨发育性牙源性囊肿
K09.000x007　颌骨始基囊肿
K09.001　含牙囊肿
K09.002　萌牙囊肿
K09.003　牙龈囊肿
K09.004　颌骨含牙囊肿
K09.005　始基囊肿
K09.100x001　腭骨囊肿
K09.100x003　球上颌囊肿
K09.100x004　口腔发育性（非牙源性）囊肿
K09.100x006　鼻腭囊肿
K09.102　鼻牙槽囊肿
K09.103　鼻腭管囊肿
K09.200　颌的其他囊肿
K09.200x001　颌骨囊肿
K09.201　颌出血性囊肿
K09.202　颌动脉瘤性囊肿
K09.203　髁状突囊肿
K09.204　上颌骨囊肿
K09.205　下颌骨囊肿
K09.800x005　爱泼斯坦小结［口底皮样囊肿］
K09.801　腮腺淋巴上皮囊肿
K09.804　颏部皮样囊肿
K09.805　颊囊肿
K09.806　口腔表皮样囊肿
K09.807　口腔皮样囊肿
K09.808　口腔黏液腺囊肿
K09.809　口腔淋巴上皮囊肿
K09.900x001　口腔囊肿
K10.000　颌的发育性疾患
K10.000x002　腭隆凸
K10.000x003　颌的潜伏性骨囊肿
K10.000x004　斯塔夫尼囊肿
K10.001　下颌隆凸
K10.002　腭裂手术后畸形
K10.100　中心性巨细胞肉芽肿
K10.100x001　颌骨中枢性巨细胞病变
K10.100x003　颌下区肉芽肿
K10.101　颌骨巨细胞修复性肉芽肿
K10.102　颌骨巨细胞肉芽肿
K10.103　颌肉芽肿
K10.200　颌的炎性情况
K10.201　放射性颌骨坏死
K10.202　颌骨骨髓炎
K10.203　颌骨放射性骨髓炎
K10.204　颌骨炎性增生
K10.205　颌骨骨炎
K10.206　颌骨死骨
K10.207　化脓性颌骨髓炎
K10.208　髁状突炎
K10.209　慢性下颌骨边缘性骨髓炎
K10.210　慢性下颌骨中央性骨髓炎
K10.211　慢性颌骨炎
K10.212　下颌炎性窦道
K10.213　下颌骨局限坏死
K10.214　翼腭窝炎
K10.300x003　颌骨牙槽炎
K10.301　牙槽骨骨炎
K10.302　干槽症
K10.800x002　腭血肿
K10.800x005　颌骨纤维异常增殖症
K10.800x006　颌骨骨质增生
K10.800x008　家族性巨颌症
K10.800x010　颌骨单侧髁突增生
K10.800x011　颌骨单侧髁突发育不全
K10.800x012　髁突肥大
K10.801　单侧髁状突肥大
K10.802　髁状突骨疣
K10.803　后天性腭畸形
K10.804　颌骨纤维结构发育不良
K10.805　颌外生性骨疣
K10.808　上腭穿孔
K10.809　颌部瘤样纤维组织增生
K10.900x002　颌骨缺损
K10.901　颌骨肿物
K11.000　涎腺萎缩
K11.100x002　下颌下腺良性增生
K11.100x004　唾液腺肥大
K11.101　腮腺肥大
K11.102　颌下腺肥大
K11.200　涎腺炎
K11.200x009　下颌下腺炎
K11.200x011　舌下腺炎
K11.200x012　慢性唾液腺炎
K11.200x014　硬化性唾液腺炎
K11.201　急性腮腺炎
K11.202　急性颌下腺炎
K11.203　急性舌下腺炎
K11.204　慢性腮腺炎

K11.205 慢性颌下腺炎
K11.206 慢性舌下腺炎
K11.207 腮腺炎性假瘤
K11.208 硬化性涎腺炎
K11.209 阻塞性颌下腺炎
K11.210 阻塞性腮腺炎
K11.211 化脓性腮腺炎
K11.300 涎腺脓肿
K11.301 腮腺脓肿
K11.302 颌下腺脓肿
K11.303 舌下腺脓肿
K11.400 涎腺瘘
K11.400x003 唾液导管瘘
K11.401 腮腺瘘
K11.402 腮腺导管瘘
K11.404 颌下腺瘘
K11.500x003 舌下管结石
K11.500x005 唾液腺导管结石
K11.501 腮腺导管结石
K11.503 颌下腺导管结石
K11.600 涎腺黏液囊肿
K11.600x005 口腔黏膜黏液囊肿
K11.600x008 舌下腺黏液囊肿
K11.601 腮腺囊肿
K11.602 腮腺涎液潴留
K11.603 舌下腺囊肿
K11.604 舌下囊肿
K11.605 颌下腺囊肿
K11.606 颌下腺黏液囊肿
K11.700x001 唾液分泌紊乱
K11.700x002 唾液分泌过少
K11.700x003 流涎症
K11.701 口干燥症
K11.800 涎腺的其他疾病
K11.800x002 腮腺唾液潴留
K11.800x006 坏死性唾液腺化生
K11.800x007 唾液腺肉芽肿
K11.800x010 腮腺结节病
K11.801 涎腺管狭窄
K11.802 米库利奇病
K11.803 腮腺管扩张
K11.804 腮腺肉芽肿
K11.805 涎腺良性淋巴上皮损害
K11.806 涎腺管扩张
K11.807 涎腺导管阻塞
K11.900x004 唾液腺病
K11.901 腮腺区肿物
K11.902 涎腺肿物
K11.903 颌下腺肿物
K12.000 复发性口腔阿弗他溃疡
K12.000x001 轻型阿弗他溃疡
K12.001 复发性坏死性黏膜腺周炎
K12.002 口腔阿弗他溃疡
K12.003 疱疹样口炎
K12.100x002 过敏性口炎
K12.100x011 尼古丁口炎
K12.100x012 药物性口炎
K12.100x013 糜烂性口炎
K12.101 创伤性口腔黏膜溃疡
K12.102 腭部溃疡
K12.103 腭溃疡穿孔
K12.105 腭部炎性假瘤
K12.106 变应性口炎
K12.107 溃疡性口炎
K12.108 义齿性口炎
K12.109 口腔黏膜溃疡
K12.110 口底炎性假瘤
K12.111 口腔感染
K12.112 口腔炎
K12.114 小疱性口炎
K12.115 颊溃疡
K12.116 口腔炎性肿块
K12.117 上腭炎性肿物
K12.200x003 颏下间隙感染
K12.200x011 口底多间隙感染
K12.200x012 颌下感染
K12.200x017 口腔内脓肿
K12.200x018 软腭脓肿
K12.200x019 硬腭脓肿
K12.201 口腔脓肿
K12.202 颌下间隙感染
K12.203 颊部脓肿
K12.204 颊间隙感染
K12.205 颊瘘
K12.206 腭瘘
K12.207 颌下瘘管
K12.208 口腔瘘管
K12.209 口腔皮肤瘘
K12.210 眶下间隙感染
K12.211 颞下间隙感染

K12.212 舌下间隙感染
K12.213 咬肌间隙感染
K12.214 口蜂窝织炎
K12.215 翼下颌间隙感染
K12.216 牙源性面部皮肤瘘
K12.217 颌面间隙感染
K12.218 颊黏膜脓肿
K12.301 黏膜炎（口腔）（口咽）
K12.302 药物性黏膜炎（口腔）（口咽）
K12.303 放射性黏膜炎（口腔）（口咽）
K12.304 病毒性黏膜炎（口腔）（口咽）
K12.305 腭黏膜炎
K13.000x001 感染性口角炎
K13.000x006 剥脱性唇炎
K13.000x007 腺性唇炎
K13.000x012 唇表皮化
K13.000x014 唇黏液囊肿
K13.000x016 烧伤后唇畸形
K13.000x017 变应性接触性唇炎
K13.000x018 唇脓肿
K13.000x023 唇结节病
K13.001 唇瘘
K13.002 唇瘢痕
K13.003 唇肥厚
K13.004 唇畸形
K13.005 唇溃疡
K13.006 唇囊肿
K13.007 唇息肉
K13.008 唇外翻
K13.009 唇肉芽肿
K13.010 唇部肿物
K13.011 唇蜂窝织炎
K13.012 唇鳞状上皮增生
K13.013 唇炎
K13.014 口角炎
K13.015 唇皲裂
K13.016 唇疼
K13.100 颊和唇咬伤
K13.101 颊咬伤
K13.200x004 口腔灶性上皮增生
K13.200x005 烟斑
K13.200x006 白色角化症
K13.200x007 口腔黏膜红斑
K13.200x009 口腔黏膜白色水肿
K13.200x010 颊鳞状上皮增生
K13.200x011 腭黏膜上皮增生
K13.201 腭黏膜角化不良
K13.202 腭白斑
K13.203 口腔白斑
K13.204 口腔黏膜过度角化
K13.205 舌白斑
K13.206 舌白色水肿
K13.207 舌良性过度角化症
K13.208 牙龈白斑
K13.209 颊白斑
K13.210 舌鳞状上皮增生
K13.300 毛状白斑
K13.400 口腔黏膜肉芽肿和类肉芽肿损害
K13.400x001 口腔黏膜结节病
K13.400x002 口腔黏膜浆细胞肉芽肿
K13.400x004 口腔黏膜化脓性肉芽肿
K13.401 口腔黏膜肉芽肿
K13.402 口腔黏膜嗜酸性肉芽肿
K13.403 口腔黏膜疣状黄瘤
K13.500 口腔黏膜下纤维化
K13.500x002 腭部黏膜下纤维化
K13.600 口腔黏膜刺激性增生
K13.600x001 口腔黏膜炎性增生
K13.601 口腔黏膜增生
K13.602 腭增生症
K13.603 腭黏膜息肉
K13.700 口腔黏膜其他的损害
K13.700x001 腭部瘢痕
K13.700x003 腭黏膜炎症
K13.700x004 后天性颊沟畸形
K13.700x006 口腔毛息肉
K13.700x007 颊部炎症
K13.700x009 慢性颊黏膜下炎症
K13.700x010 口腔内血管增生
K13.700x011 口腔黏膜出血
K13.700x013 后天性软腭畸形
K13.700x018 翼沟过长
K13.700x019 腭垂囊肿
K13.700x021 软腭肥厚
K13.700x022 腭麻痹
K13.700x023 软腭麻痹
K13.700x024 软腭震颤
K13.700x025 金属引起的口腔黏膜病变
K13.700x026 颊部息肉
K13.702 口腔肿物

K13.703 口腔瘢痕
K13.704 口腔黏蛋白沉积症
K13.705 口腔出血
K13.706 后天性小口畸形
K13.707 颊部炎性假瘤
K13.709 腭咽闭合不全
K13.710 悬雍垂（腭垂）肥大
K13.711 悬雍垂（腭垂）息肉
K13.714 软腭肿瘤放疗后畸形
K13.715 下颌前庭沟过浅
K14.000 舌炎
K14.000x006 舌创伤性溃疡
K14.000x007 舌部嗜酸性溃疡
K14.001 舌脓肿
K14.002 舌炎性肿块
K14.003 舌溃疡
K14.004 舌乳突炎
K14.100x001 地图舌
K14.102 移行性舌炎
K14.200 正中菱形舌炎
K14.300 舌乳头肥大
K14.300x001 毛舌
K14.300x003 舌苔
K14.300x004 叶状乳头肥大
K14.301 舌叶乳头增生
K14.302 黑毛舌
K14.400 舌乳头萎缩
K14.400x001 光面舌
K14.401 萎缩性舌炎
K14.500x001 裂纹舌
K14.500x002 沟纹舌
K14.600x001 舌痛症
K14.800x003 舌瘘管
K14.800x005 舌畸形
K14.800x010 舌牙痕
K14.800x012 舌息肉
K14.800x013 舌粘连
K14.801 舌肉芽肿
K14.802 舌出血
K14.803 舌肥大
K14.804 舌萎缩
K14.805 舌囊肿
K14.807 舌肌阵挛
K14.808 舌瘢痕
K14.809 舌尖瘘管
K14.900x002 强直舌
K14.900x003 舌的静脉曲张
K14.900x004 舌缺损
K14.901 舌肿物
L02.000 面部皮肤脓肿、疖和痈
L04.001 急性头面部淋巴结炎
L04.002 急性颈部淋巴结炎
L04.003 急性颌下淋巴结炎
M31.300 韦格纳肉芽肿病
M31.301 口腔黏膜韦格纳肉芽肿
M35.900x011 Satoxoshi综合征
M84.000x081 下颌骨骨折连接不正
M84.000x082 面骨骨折连接不正
M85.000x081 颅骨纤维增殖症
M85.000x083 颧骨纤维异常增殖症
M95.001 鞍鼻
M95.002 凹陷性鼻
M95.003 鼻萎陷
M95.005 后天性歪鼻
M95.006 驼峰鼻
M95.007 压扁鼻
M95.100 菜花状耳
M95.201 后天性头部畸形
M95.202 后天性颅骨畸形
M95.203 后天性额骨畸形
M95.204 后天性前额畸形
M95.205 后天性面部畸形
M95.206 后天性面骨畸形
M95.207 茎突过长
M95.208 后天性颊畸形
M95.209 后天性颏畸形
M95.210 翼钩过长
Q16.000 先天性无（耳）郭
Q16.101 先天性外耳道缺如
Q16.102 先天性外耳道闭锁
Q16.103 先天性外耳道狭窄
Q16.200 无咽鼓管
Q16.300 听小骨先天性畸形
Q16.301 砧镫关节异常
Q16.400 中耳其他的先天性畸形
Q16.401 中耳缺失
Q16.500 内耳先天性畸形
Q16.501 大前庭导水管综合征
Q16.900 引起听力缺陷的耳先天性畸形
Q16.901 先天性无耳

Q17.000　副耳廓
Q17.000x003　先天性副耳垂
Q17.000x005　先天性颊部副耳
Q17.001　多耳畸形
Q17.002　先天性耳赘
Q17.003　先天性耳前附件
Q17.100　巨耳畸形
Q17.200　小耳畸形
Q17.300x002　先天性尖耳
Q17.300x004　先天性卷曲耳
Q17.300x005　先天性扁平耳
Q17.300x006　先天性猿耳
Q17.301　杯状耳
Q17.302　先天性耳廓畸形
Q17.303　先天性耳垂畸形
Q17.400　移位耳
Q17.400x002　先天性低位耳
Q17.500　凸耳
Q17.501　招风耳
Q17.800x004　先天性隐耳
Q17.801　先天性耳垂裂
Q17.802　先天性耳垂缺如
Q17.803　咽鼓管异常
Q17.900　耳先天性畸形
Q18.001　先天性鳃裂瘘管
Q18.002　先天性鳃裂囊肿
Q18.003　梨状窝瘘
Q18.100x003　先天性颈前瘘管
Q18.100x006　先天性耳后瘘
Q18.100x008　先天性颈外侧瘘
Q18.100x009　先天性颈外侧囊肿
Q18.101　先天性耳廓瘘
Q18.102　先天性耳前瘘管
Q18.103　先天性耳前囊肿
Q18.104　先天性外耳囊肿
Q18.200　鳃裂畸形，其他的
Q18.200x003　无下颌并耳畸形
Q18.200x004　颈部副耳
Q18.300　颈蹼
Q18.400　大口畸形
Q18.400x004　面中裂
Q18.500　小口畸形
Q18.600　巨唇
Q18.700　小唇
Q18.800x001　先天性颈部囊肿
Q18.800x002　先天性面部瘘
Q18.800x003　先天性面部囊肿
Q18.800x004　先天性颈部瘘
Q18.801　先天性半面短小症
Q18.802　面横裂
Q18.804　面和颈近中囊肿
Q18.805　面部先天性畸形，其他的
Q18.806　颈部先天性畸形，其他的
Q18.807　面斜裂
Q18.900x002　先天性鼻唇沟畸形
Q18.903　颈部先天性畸形
Q27.300x007　腮腺动静脉畸形
Q27.300x010　颌骨动静脉畸形
Q27.302　先天性头颈部动静脉瘘
Q27.800x021　唇血管畸形
Q27.800x024　口腔血管畸形
Q27.800x026　腮腺血管畸形
Q27.800x027　上颌骨血管畸形
Q27.800x028　唾液腺血管畸形
Q27.800x030　头面血管畸形
Q27.800x036　咽后壁血管畸形
Q27.800x040　面部血管畸形
Q27.802　先天性舌血管畸形
Q30.000　鼻后孔闭锁
Q30.001　先天性前鼻孔狭窄
Q30.100x001　先天性鼻缺如
Q30.101　鼻发育不良
Q30.200x001　鼻裂
Q30.201　鼻切迹
Q30.300　先天性鼻中隔穿孔
Q30.800x003　先天性鼻头肥大
Q30.800x004　上颌梨状孔发育不良
Q30.800x005　先天性副鼻
Q30.800x006　先天性鼻正中瘘
Q30.800x007　先天性鼻瘘
Q30.800x008　鼻神经胶质瘤
Q30.801　鼻窦发育异常
Q30.802　鼻窦异常骨间隔
Q30.804　鼻中隔气化
Q30.805　鼻翼畸形
Q30.900　鼻先天性畸形
Q31.000　喉蹼
Q31.100　先天性声门下狭窄
Q31.200　喉发育不全
Q31.301　先天性喉囊肿

Q31.500　先天性喉软骨软化病
Q31.800x003　先天性环状软骨后裂
Q31.800x004　先天性喉结突出
Q31.800x005　先天性声门闭合不良
Q31.801　先天性会厌裂
Q31.802　先天性声门关闭不全
Q31.803　先天性声带沟
Q31.804　先天性喉闭锁
Q31.805　先天性喉隔
Q31.806　先天性喉狭窄
Q31.900　喉先天性畸形
Q32.000　先天性气管软化
Q32.100　气管的其他先天性畸形
Q32.101　先天性气管发育异常
Q34.801　先天性鼻咽闭锁
Q35.100　硬腭裂
Q35.101　双侧部分硬腭裂
Q35.300　软腭裂
Q35.301　软腭穿孔
Q35.302　隐性腭裂
Q35.500　硬腭裂伴有软腭裂
Q35.500x004　先天性双侧三度腭裂
Q35.501　单侧硬腭裂伴软腭裂
Q35.502　单侧硬腭裂伴软腭裂和齿槽裂
Q35.700　腭垂裂
Q35.900　腭裂
Q35.901　双侧完全性腭裂
Q35.902　单侧完全性腭裂
Q35.903　不完全性腭裂
Q35.907　口鼻瘘
Q36.000　双侧唇裂
Q36.001　双侧完全唇裂
Q36.002　双侧混合型唇裂
Q36.003　双侧不完全唇裂
Q36.004　双侧Ⅰ度唇裂
Q36.005　双侧Ⅱ度唇裂
Q36.006　双侧Ⅲ度唇裂
Q36.100　正中唇裂
Q36.900　单侧唇裂
Q36.900x003　先天性唇裂术后继发畸形
Q36.901　单侧完全唇裂
Q36.902　单侧不完全唇裂
Q36.903　隐性单侧唇裂
Q36.904　单侧Ⅰ度唇裂
Q36.905　单侧Ⅱ度唇裂
Q36.906　单侧Ⅲ度唇裂
Q37.000　硬腭裂伴有双侧唇裂
Q37.100　硬腭裂伴有单侧唇裂
Q37.200　软腭裂伴有双侧唇裂
Q37.300　软腭裂伴有单侧唇裂
Q37.400　硬腭和软腭裂伴有双侧唇裂
Q37.500　硬腭和软腭裂伴有单侧唇裂
Q37.800　腭裂伴有双侧唇裂
Q37.900　腭裂伴有单侧唇裂
Q38.000x003　先天性唇畸形
Q38.000x005　先天性厚唇
Q38.000x006　先天性薄唇
Q38.000x007　先天性红唇缺如
Q38.001　唇系带短缩
Q38.002　范德沃德综合征
Q38.003　先天性重唇
Q38.004　先天性唇瘘
Q38.100　舌系带过短
Q38.200　巨舌
Q38.300　舌的其他先天性畸形
Q38.300x003　先天性小舌
Q38.300x005　皱襞舌
Q38.300x007　先天性舌粘连
Q38.301　先天性舌发育不全
Q38.303　无舌症
Q38.304　舌裂
Q38.305　舌系带过长
Q38.400　涎腺和导管先天性畸形
Q38.400x001　先天性唾液腺瘘
Q38.400x002　先天性唾液腺畸形
Q38.500x002　先天性无悬雍垂
Q38.500x003　先天性腭畸形
Q38.500x005　悬雍垂过长
Q38.500x006　高腭弓
Q38.500x007　先天性软腭缺如
Q38.500x009　先天性腭咽闭合过度
Q38.501　软腭发育不全
Q38.502　先天性腭瘘
Q38.600x001　颊系带附着异常
Q38.600x002　先天性齿龈畸形
Q38.600x004　先天性颊沟过浅
Q38.600x006　先天性牙槽嵴裂
Q38.601　先天性口畸形
Q38.700　咽囊
Q38.701　先天性咽憩室

Q38.801　先天性腭咽闭合不全
Q38.802　咽部畸形
Q67.200　长头
Q67.300　斜形头
Q67.400x202　先天性鼻中隔气化
Q67.400x906　先天性颌骨缺损
Q67.401　先天性塌鼻
Q67.402　先天性颅骨凹陷
Q67.403　先天性鼻中隔偏曲
Q67.404　先天性半面萎缩
Q67.405　半侧小面畸形
Q67.406　先天性扁鼻
Q67.407　先天性驼峰鼻
Q75.200x001　眶距增宽症
Q75.400　下颌骨颜面发育不全
Q75.801　先天性面骨畸形
Q75.804　颅裂畸形
Q75.805　先天性额骨变形
Q75.900x005　先天性颌骨畸形
Q85.900x012　面部错构瘤
Q85.900x031　外耳道错构瘤
Q85.900x035　腮腺错构瘤
Q85.900x037　耳错构瘤
Q85.900x038　腭部错构瘤
Q85.905　鼻错构瘤
Q87.000x301　隐眼综合征［Frasher综合征］
Q87.004　哨型面综合征
Q87.006　第一二腮弓发育不良
Q89.202　甲状舌管囊肿
Q89.800x903　唇部淋巴管畸形
Q89.800x904　颈部淋巴管畸形
Q89.800x905　口腔淋巴管畸形
Q89.800x906　腮腺淋巴管畸形
Q89.800x907　舌淋巴管畸形
Q89.800x908　头面颈淋巴管畸形
Q89.800x909　咽淋巴管畸形
R04.000　鼻出血
R04.100　咽喉出血
R04.801　鼻咽部出血
R06.501　鼾症
R06.700　喷嚏
R07.000　咽痛
R43.800x002　嗅觉与味觉混合障碍
R49.000　发声困难
R49.001　声嘶
R49.100　失声
R49.201　鼻音过重
R49.202　鼻音过轻
R59.000x004　咽部淋巴结肿大
R59.900　淋巴结增大
S00.000x053　头皮血肿机化
S00.001　头皮挫伤
S00.002　头皮擦伤
S00.003　头皮异物
S00.004　头皮血肿
S00.300　鼻浅表损伤
S00.300x051　鼻部挫伤
S00.302　鼻血肿
S00.400　耳浅表损伤
S00.400x052　外耳挫伤
S00.401　耳廓挫伤
S00.402　耳廓血肿
S00.403　鼓室挫伤
S00.404　鼓膜挫伤
S00.500　唇和口腔浅表损伤
S00.500x051　唇挫伤
S00.500x052　下颌挫伤
S00.501　口腔浅表损伤
S00.700　头部多处浅表损伤
S00.800x053　颊挫伤
S00.800x054　下颚挫伤
S00.800x055　前额挫伤
S00.800x056　颞部挫伤
S00.801　面部软组织挫伤
S00.802　面部擦伤
S00.803　面部挫伤
S00.804　面部浅表异物
S00.900　头部的浅表损伤
S01.000　头皮开放性伤口
S01.001　头皮裂伤
S01.200x011　鼻表皮开放性损伤
S01.200x021　鼻孔开放性损伤
S01.200x031　鼻中隔开放性损伤
S01.200x091　鼻部开放性损伤伴蝶窦异物
S01.200x092　创伤性鼻部缺损
S01.300x002　耳道开放性损伤
S01.300x011　外耳耳翼开放性损伤
S01.300x012　耳廓开放性损伤
S01.300x031　耳屏开放性损伤
S01.300x051　耳咽管开放性损伤

S01.300x061　听小骨开放性损伤
S01.300x071　中耳开放性损伤
S01.300x081　耳蜗开放性损伤
S01.301　开放性外耳道损伤
S01.302　开放性耳后损伤伴异物
S01.400x011　颊部开放性损伤
S01.400x021　上颌开放性损伤
S01.400x031　腭部开放性损伤
S01.401　开放性颞下颌损伤
S01.500x001　口腔开放性损伤
S01.500x021　口腔黏膜开放性损伤
S01.500x022　脸颊内部开放性损伤
S01.500x042　舌和口底开放性损伤
S01.500x051　上腭开放性损伤
S01.500x052　软腭开放性损伤
S01.501　舌裂伤
S01.502　开放性舌部损伤
S01.503　牙龈裂伤
S01.504　开放性唇部损伤
S01.505　软腭穿通伤
S01.506　唇裂伤
S01.700　头部多处开放性伤口
S01.800x085　面部异物
S01.800x086　前额开放性损伤
S01.800x087　下颚开放性损伤
S01.802　面部裂伤
S01.803　开放性面部损伤
S01.804　开放性腮腺管断裂
S01.900　头部的开放性伤口
S02.200　鼻骨骨折
S02.201　鼻中隔骨折
S02.211　开放性鼻骨骨折
S02.400x001　颧弓骨折
S02.400x003　上颌骨骨折
S02.400x005　上颌窦骨折
S02.401　颧骨骨折
S02.411　开放性上颌骨骨折
S02.412　开放性颧骨骨折
S02.500　创伤性牙折断
S02.500x002　创伤性牙破损
S02.501　创伤性牙齿脱落
S02.600　下颌骨骨折
S02.600x011　髁突骨折
S02.600x021　髁突下部骨折
S02.600x031　下颌骨冠突骨折
S02.600x041　下颌骨支骨折
S02.600x051　颌骨角骨折
S02.600x061　下颌骨纤维软骨体骨折
S02.600x081　下颌骨体骨折
S02.600x091　下颌骨复合骨折
S02.611　开放性下颌骨骨折
S02.612　开放性髁状突骨折
S02.700x004　鼻眶筛骨折
S02.711　开放性多发性面骨骨折
S02.800x003　上腭骨折
S02.802　牙槽骨骨折
S02.803　腭骨折
S02.810　特指开放性颅骨和面骨骨折
S02.812　开放性牙槽骨骨折
S02.813　开放性腭骨折
S02.901　面骨骨折
S02.912　开放性面骨骨折
S03.000　颌关节脱位
S03.000x001　颌软骨脱位
S03.100　鼻中隔软骨脱位
S03.200　牙脱位
S03.301　头部脱位
S03.400　颌关节扭伤和劳损
S03.400x001　颞下颌关节损伤
S03.400x002　颞下颌韧带损伤
S03.501　头部关节和韧带扭伤和劳损
S08.000　头皮撕脱
S08.100　耳创伤性切断
S08.800　头部其他部位的创伤性切断
S08.801　创伤性鼻切断
S09.101　头部肌腱损伤
S09.200　耳鼓膜创伤性破裂
S09.800x002　创伤性乳牙损伤
S09.800x003　创伤性鼻窦积血
S09.801　创伤性鼻中隔血肿
S09.900　头部的损伤
S09.900x006　唇部损伤
S09.901　面部损伤
S09.902　眉部损伤
S09.903　鼻损伤
S09.904　耳损伤
S09.905　耳廓损伤
S09.906　舌损伤
S09.907　唾液腺损伤
S10.000x003　咽部挫伤

S10.001　喉挫伤
S10.002　声带挫伤
S10.003　颈部食管挫伤
S10.004　气管挫伤
S10.101　咽血肿
S10.102　咽喉浅表损伤
S10.700　颈部多处浅表损伤
S10.801　会厌浅表损伤
S10.900　颈部的浅表损伤
S10.901　颈部挫伤
S10.902　颈部异物
S11.001　开放性气管损伤
S11.002　开放性喉损伤
S11.003　开放性颈部气管断裂
S11.004　喉气管贯通伤
S11.100x001　甲状腺开放性损伤
S11.201　开放性咽部损伤
S11.700　颈部多处开放性伤口
S11.800x081　会厌开放性损伤
S11.800x082　锁骨上区开放性损伤
S11.900　颈部的开放性伤口
S12.803　舌骨断裂
S12.813　开放性舌骨断裂
S12.814　开放性环状软骨断裂
S12.815　开放性气管软骨断裂
S13.400　颈椎扭伤和劳损
S13.400x003　颈部前纵韧带扭伤
S13.400x005　寰枕关节扭伤
S13.401　挥鞭伤
S13.402　颈部韧带扭伤
S13.403　寰枢关节扭伤
S13.500　甲状腺区扭伤和劳损
S13.500x003　环杓韧带扭伤
S13.500x004　环甲关节扭伤
S13.500x005　环甲韧带扭伤
S13.500x006　喉软骨断裂
S13.500x007　甲状软骨断裂
S13.500x008　环状软骨断裂
S13.500x009　气管软骨断裂
S13.500x010　开放性喉软骨断裂
S13.500x011　开放性甲状软骨断裂
S13.501　甲状软骨扭伤
S13.502　环杓关节扭伤
S13.601　颈部扭伤
S15.001　颈内动脉裂伤
S15.002　颈总动脉裂伤
S15.003　颈外动脉裂伤
S15.004　创伤性颈动脉瘤
S15.005　创伤性颈动脉海绵窦瘘
S15.100　椎动脉损伤
S15.200　颈外静脉损伤
S15.300　颈内静脉损伤
S15.301　颈内静脉断裂
S15.800x002　创伤性椎动静脉瘘
S15.800x003　创伤性甲状腺血管损伤
S15.801　创伤性颈动静脉瘘
S15.900x001　颈部血管损伤
S17.000x001　喉气管挤压伤
S17.000x002　喉挤压伤
S17.001　气管挤压伤
S17.800　颈部其他部位的挤压伤
S17.801　咽喉挤压伤
S17.900　颈部挤压伤
S19.800x002　颈部气管损伤
S19.800x004　颈部胸导管损伤
S19.801　咽喉损伤
S19.802　喉损伤
S19.900　颈部损伤
T16.x00　耳内异物
T16.x00x001　耳道异物
T16.x00x002　中耳异物
T17.000　鼻窦内异物
T17.001　上颌窦异物
T17.002　筛窦异物
T17.101　鼻腔异物
T17.200　咽内异物
T17.200x001　鼻咽内异物
T17.300　喉内异物
T18.000　口内异物
T18.001　口腔软组织异物
T18.002　舌异物
T27.000x002　喉部烧伤
T27.000x003　气管烧伤
T27.100x001　喉和气管及肺烧伤
T27.401　喉化学性烧伤
T27.402　气管化学性烧伤
T27.500x001　喉和气管及肺腐蚀伤
T28.000x002　口腔烧伤
T28.000x003　咽部烧伤
T28.501　口腔黏膜化学性烧伤

T28.502 咽化学性烧伤
T70.000 航空中耳炎
T70.100 航空鼻窦炎
T81.800x008 操作后软腭穿孔
T81.800x013 操作中环-杓关节脱位
T81.804 气管造口肉芽
T85.606 气管套管脱出
T85.607 气管植入T管断裂
T85.800x804 插管引起的气管内出血
T85.800x810 鼻整形术后并发症
T85.800x811 鼻整形术后假体外露
T86.802 舌移植皮瓣坏死
T90.800 头部其他特指损伤的后遗症
Z41.102 鼻梁成形
Z41.103 颧骨增高
Z42.000x002 颌面术后整形
Z42.000x015 耳术后整形
Z42.000x019 头皮外伤后整形
Z42.002 面部矫形术后整形
Z42.005 头颈部瘢痕修复
Z42.006 唇裂术后畸形整形
Z42.007 唇腭裂术后畸形整形
Z42.008 腭裂术后整形
Z42.009 颌面术后畸形整形
Z42.010 耳再造术后整形
Z43.000 气管造口维护
Z43.000x002 气管套管拔除
Z43.001 关闭气管造口
Z45.301 安装人工耳蜗
Z45.302 调整人工耳蜗装置
Z45.303 取除人工耳蜗装置
Z45.304 取除鼓膜置管
Z45.801 安装发音钮
Z46.100 助听器的安装和调整
Z46.300x001 假牙的安装和调整
Z46.400 正牙装置的安装和调整

DB1 鼻颅底或鼻眼复杂手术

包含以下主要手术或操作：
01.2502 颞骨部分切除术
01.5102 经鼻脑膜病损切除术
01.5900x030 中颅窝病损切除术
01.5900x032 颈静脉孔病损切除术
01.5900x040 蝶鞍旁病损切除术
01.5900x048 岩斜区病损切除术
01.5900x049 枕骨大孔区病损切除术
01.5902 鞍区病损切除术
01.5905 后颅窝病损切除术
01.5910 海绵窦病损切除术
01.5912 经蝶窦脑病损切除术
01.5918 颅底病损切除术
01.5919 经蝶脑病损切除术
01.5926 内镜下前颅窝病损切除术
01.5928 脑斜坡病损切除术
01.5931 内镜下颅底病损切除术
01.5932 颞下窝病损切除术
01.5936 神经导航下颅内病灶切除术
01.5937 内镜下鞍旁病损切除术
01.5938 脑室镜下颅底病损切除术
01.5939 内镜下斜坡病损切除术
02.1211 内镜下经翼突入路蝶窦外侧隐窝脑膜脑膨出切除伴颅底修补术
02.1212 内镜下额隐窝及额窦脑膜脑膨出切除伴颅底修补术
02.1300x001 鼻内镜下脑膜中动脉电凝术
04.0200x006 鼻内镜下三叉神经切断术
04.0700x031 鼻内镜下视神经病损切除术
04.0700x035 嗅神经病损切除术
04.0700x036 动眼神经病损切除术
04.0700x037 滑车神经病损切除术
04.0700x038 外展神经病损切除术
04.0700x039 舌咽神经病损切除术
04.0700x040 迷走神经病损切除术
04.0700x041 舌下神经病损切除术
04.0700x042 副神经病损切除术
04.4102 内镜下三叉神经微血管减压术
07.7200x003 拉克氏（Rathke's）囊切除术
16.1x02 内镜下眶内异物取出术
16.9201 内镜下眶内病损切除术
29.3900x001 鼻咽病损切除术
29.3903 翼腭窝病损切除术

DB2 鼻颅底或鼻眼一般手术

包含以下主要手术或操作：
01.1200x001 鼻内镜下脑膜活组织检查
02.1200x002 鼻内镜下脑膜膨出修补术
02.1200x003 脑室镜下脑脊液漏修补术
02.1201 硬脑膜缺损修补术
02.1202 脑膜膨出修补术
02.1203 脑脊液漏修补术

02.1204　脑脊液鼻漏修补术
02.1208　内镜下脑脊液鼻漏修补术
02.1209　硬脑膜补片修补术
03.5100x003　脑脊膜膨出修补术
04.0205　筛前神经切断术
04.0300x013　翼管神经切断术
04.0302　视神经切断术
04.0403　视神经鞘膜切开术
04.0700x030　神经内镜下经鼻腔视神经管减压术
04.0700x032　鼻内镜下筛前神经烧灼术
04.0700x033　筛前神经烧灼术
04.0700x034　蝶腭神经烧灼术
04.4201　视神经减压术
04.4202　内镜下视神经减压术
05.2100　蝶腭神经节切除术
05.2100x002　翼腭神经节破坏术
07.1400　垂体腺活组织检查，经蝶骨入路
07.6200x003　经蝶骨垂体部分切除术
07.6200x007　神经内镜下经鼻腔-蝶窦垂体病损切除术
07.6201　经蝶骨垂体病损切除术
07.6202　经蝶入路内镜下垂体部分切除术
07.6500　垂体腺全部切除术，经蝶骨入路
07.6501　经蝶入路内镜下垂体全部切除术
07.7200x002　经蝶骨垂体探查术
07.7201　经蝶骨垂体血肿清除术
07.7202　经蝶骨垂体切开引流术
07.7203　经蝶骨垂体脓肿清除术
09.6x02　泪囊病损切除术
16.0904　内镜下眶减压术
16.8902　内镜下眼眶修补术
21.0500　控制鼻出血，用（经上颌窦）颌动脉结扎术
22.4200x007　Draf Ⅲ型手术
76.7802　内镜下眶壁骨折整复术

DC1　口腔颌面头颈缺损游离组织瓣修复术

包含以下主要手术或操作：
26.4900x007　下颌下腺自体移植腺体减量术
26.4900x009　唇腺自体移植术
26.4900x010　颊腺自体移植术
26.4900x011　舌下腺自体移植术
86.700x0013　游离皮瓣移植术
86.7400x034　肌皮瓣游离移植术
86.7400x035　腓动脉穿支腓骨皮瓣游离移植修复
86.7400x036　带血管化腓骨肌皮瓣移植术
86.7400x037　腓骨肌皮瓣移植术
86.7400x038　腹股沟皮瓣转移术
86.7400x042　游离脂肪瓣移植术
86.7406　面部洞穿性缺损修复术

DC2　口腔颌面头颈缺损其他组织瓣修复术

包含以下主要手术或操作：
86.7104　腹部埋藏皮瓣术
26.4901　颌下腺自体移植术
27.5601　口内皮肤移植术
27.5702　口内皮瓣移植术
86.700x0014　皮瓣转移术
86.7100x009　皮瓣预制术
86.7101　带蒂皮瓣断蒂术
86.7102　皮管成形术
86.7103　带蒂皮瓣延迟术
86.7105　带蒂皮瓣制备术
86.7200x001　带蒂皮瓣迁徙术
86.7400x026　带蒂皮瓣移植术
86.7400x031　筋膜皮瓣移植术
86.7400x032　皮下蒂皮瓣移植术
86.7400x033　岛状皮瓣移植术
86.7400x039　二级串联游离植皮术
86.7400x040　岛状皮瓣转移术
86.7400x041　皮下筋膜瓣术
86.7401　前徙皮瓣移植术
86.7402　滑动皮瓣移植术
86.7403　双带蒂皮瓣移植术
86.7404　旋转皮瓣移植术
86.7405　管状皮瓣移植术
86.7407　颌面局部皮瓣转移术
86.7500x001　带蒂皮瓣修整术
86.7500x010　带蒂皮瓣去脂术
86.7500x011　邻近皮瓣修复术
86.7500x012　皮瓣探查术
86.7501　皮瓣清创术
86.7502　皮瓣去脂术
86.7503　皮瓣修整术
86.7504　复杂性皮瓣、肌皮瓣、超薄皮瓣修复术

DC3　口腔颌面头颈恶性肿瘤根治术

包含以下主要手术或操作：
30.4x00x002　全喉切除伴根治性淋巴结清扫术
40.3x00x005　功能性颈淋巴结清扫术
40.4000　根治性颈淋巴结清扫

40.4000x003　舌骨上颈淋巴结清扫术
40.4100　根治性颈淋巴结清扫，单侧
40.4200　根治性颈淋巴结清扫，双侧
40.5900x011　舌骨上淋巴结清扫术

DC4　口腔颌面头颈肿瘤切除术

包含以下主要诊断：
C00.000　外上唇恶性肿瘤
C00.001　外上唇口红区恶性肿瘤
C00.002　外上唇唇红缘恶性肿瘤
C00.100　外下唇恶性肿瘤
C00.101　外下唇口红区恶性肿瘤
C00.102　外下唇唇红缘恶性肿瘤
C00.200　外唇的恶性肿瘤
C00.200x002　外唇唇红缘恶性肿瘤
C00.300　上唇内面恶性肿瘤
C00.301　上唇内面颊侧面恶性肿瘤
C00.302　上唇内面系带恶性肿瘤
C00.303　上唇内面黏膜恶性肿瘤
C00.304　上唇内面口腔面恶性肿瘤
C00.400　下唇内面恶性肿瘤
C00.401　下唇内面颊侧面恶性肿瘤
C00.402　下唇内面系带恶性肿瘤
C00.403　下唇内面黏膜恶性肿瘤
C00.404　下唇内面口腔面恶性肿瘤
C00.500　唇内面的恶性肿瘤
C00.500x002　唇内面黏膜恶性肿瘤
C00.500x003　唇内面口腔面恶性肿瘤
C00.500x004　唇内面系带恶性肿瘤
C00.500x005　唇内面颊侧面恶性肿瘤
C00.600　唇连合的恶性肿瘤
C00.800　唇交搭跨越恶性肿瘤的损害
C00.900　唇恶性肿瘤
C01.x00　舌根恶性肿瘤
C01.x00x003　舌后三分之一恶性肿瘤
C01.x01　舌根背面恶性肿瘤
C02.000　舌背面恶性肿瘤
C02.000x002　舌前三分之二背面恶性肿瘤
C02.100　舌缘恶性肿瘤
C02.100x001　舌尖及侧缘的恶性肿瘤
C02.101　舌尖恶性肿瘤
C02.200　舌腹面恶性肿瘤
C02.200x002　舌前三分之二腹面恶性肿瘤
C02.201　舌系带恶性肿瘤
C02.300　舌前三分之二部位的恶性肿瘤
C02.300x002　舌中三分之一恶性肿瘤
C02.300x003　舌活动部分恶性肿瘤
C02.400　舌扁桃体恶性肿瘤
C02.800　舌交搭跨越恶性肿瘤的损害
C02.900　舌恶性肿瘤
C02.900x002　舌多处恶性肿瘤
C03.000　上牙龈恶性肿瘤
C03.000x002　上颌恶性肿瘤
C03.001　上颌软组织恶性肿瘤
C03.100　下牙龈恶性肿瘤
C03.100x002　下颌恶性肿瘤
C03.101　下颌软组织恶性肿瘤
C03.900　牙龈恶性肿瘤
C03.900x001　颌结缔组织恶性肿瘤
C03.901　颌软组织恶性肿瘤
C04.000　口底前部恶性肿瘤
C04.100　口底侧部恶性肿瘤
C04.800　口底交搭跨越恶性肿瘤的损害
C04.900　口底恶性肿瘤
C05.000　硬腭恶性肿瘤
C05.100　软腭恶性肿瘤
C05.200　悬雍垂恶性肿瘤
C05.800　腭交搭跨越恶性肿瘤的损害
C05.900　腭恶性肿瘤
C05.900x002　口顶恶性肿瘤
C06.000　颊黏膜恶性肿瘤
C06.001　颊内部恶性肿瘤
C06.100　口前庭恶性肿瘤
C06.100x002　上颊沟恶性肿瘤
C06.100x003　下颊沟恶性肿瘤
C06.100x004　上唇沟恶性肿瘤
C06.100x005　下唇沟恶性肿瘤
C06.101　颊龈沟恶性肿瘤
C06.102　唇龈沟恶性肿瘤
C06.200　磨牙后区恶性肿瘤
C06.800　口的其他和未特指部位交搭跨越恶性肿瘤的损害
C06.900　口恶性肿瘤
C06.901　小涎腺恶性肿瘤
C06.902　口腔黏膜恶性肿瘤
C07.x00　腮腺恶性肿瘤
C07.x00x003　副腮腺恶性肿瘤
C08.000　下颌下腺恶性肿瘤
C08.100　舌下腺恶性肿瘤
C08.800　大涎腺交搭跨越恶性肿瘤的损害

C08.800x001　舌下腺及下颌下腺恶性肿瘤
C08.900　大涎腺恶性肿瘤
C08.900x001　唾液腺恶性肿瘤
C09.000　扁桃体窝恶性肿瘤
C09.100　扁桃体柱恶性肿瘤（前）（后）
C09.100x001　舌腭弓恶性肿瘤
C09.100x002　前扁桃体柱恶性肿瘤
C09.100x003　后扁桃体柱恶性肿瘤
C09.800　扁桃体交搭跨越恶性肿瘤的损害
C09.900　扁桃体恶性肿瘤
C09.901　咽门扁桃体恶性肿瘤
C09.902　腭扁桃体恶性肿瘤
C10.000　会厌谷恶性肿瘤
C10.100　会厌前面恶性肿瘤
C10.101　会厌边缘恶性肿瘤
C10.102　舌会厌褶恶性肿瘤
C10.200　口咽侧壁恶性肿瘤
C10.300　口咽后壁恶性肿瘤
C10.400　鳃裂恶性肿瘤
C10.800　口咽交搭跨越恶性肿瘤的损害
C10.800x002　口咽连接部恶性肿瘤
C10.900　口咽恶性肿瘤
C11.000　鼻咽上壁恶性肿瘤
C11.001　鼻咽顶恶性肿瘤
C11.100　鼻咽后壁恶性肿瘤
C11.101　腺样体恶性肿瘤
C11.102　咽扁桃体恶性肿瘤
C11.200　鼻咽侧壁恶性肿瘤
C11.200x002　罗森米窝恶性肿瘤
C11.201　咽鼓管开口恶性肿瘤
C11.202　咽隐窝恶性肿瘤
C11.300　鼻咽前壁恶性肿瘤
C11.300x001　鼻中隔后缘恶性肿瘤
C11.300x004　软腭的鼻咽后面恶性肿瘤
C11.300x005　软腭的鼻咽上面恶性肿瘤
C11.300x006　鼻后缘恶性肿瘤
C11.301　鼻咽底恶性肿瘤
C11.302　鼻后孔恶性肿瘤
C11.800　鼻咽交搭跨越恶性肿瘤的损害
C11.801　鼻咽多壁恶性肿瘤
C11.900　鼻咽恶性肿瘤
C11.901　鼻咽壁恶性肿瘤
C12.x00x002　梨状窝恶性肿瘤
C13.000　环状软骨后部恶性肿瘤
C13.100x001　杓状会厌褶恶性肿瘤
C13.100x002　杓状会厌褶边缘区恶性肿瘤
C13.101　咽下面恶性肿瘤
C13.200　下咽后壁恶性肿瘤
C13.800　下咽交搭跨越恶性肿瘤的损害
C13.900　下咽恶性肿瘤
C13.901　下咽壁恶性肿瘤
C14.000　咽恶性肿瘤
C14.001　咽喉恶性肿瘤
C14.002　咽侧壁恶性肿瘤
C14.003　咽后壁恶性肿瘤
C14.200　瓦尔代尔扁桃体环恶性肿瘤
C14.800　唇、口腔和咽交搭跨越恶性肿瘤的损害
C14.800x001　颊部及牙龈恶性肿瘤
C14.800x002　舌根及咽部恶性肿瘤
C14.800x003　舌根和咽部及喉部恶性肿瘤
C14.800x004　舌部及口底恶性肿瘤
C14.800x005　口腔及咽部恶性肿瘤
C14.800x006　腭部及咽部恶性肿瘤
C14.800x007　舌下腺及舌根恶性肿瘤
C30.000　鼻腔恶性肿瘤
C30.001　鼻软骨恶性肿瘤
C30.002　鼻甲恶性肿瘤
C30.003　内鼻恶性肿瘤
C30.004　鼻中隔恶性肿瘤
C30.005　鼻前庭恶性肿瘤
C30.100　中耳恶性肿瘤
C30.101　咽鼓管恶性肿瘤
C30.102　乳突恶性肿瘤
C30.103　内耳恶性肿瘤
C31.000　上颌窦恶性肿瘤
C31.100　筛窦恶性肿瘤
C31.200　额窦恶性肿瘤
C31.300　蝶窦恶性肿瘤
C31.800　鼻旁窦交搭跨越恶性肿瘤的损害
C31.801　筛窦蝶窦恶性肿瘤
C31.900x001　鼻窦恶性肿瘤
C32.000　声门恶性肿瘤
C32.001　声带恶性肿瘤
C32.100　声门上恶性肿瘤
C32.100x004　会厌后面（喉面）恶性肿瘤
C32.101　会厌恶性肿瘤
C32.102　喉外部恶性肿瘤
C32.103　假声带恶性肿瘤
C32.104　喉室带恶性肿瘤
C32.200　声门下恶性肿瘤

C32.300　喉软骨恶性肿瘤
C32.800　喉交搭跨越恶性肿瘤的损害
C32.900　喉恶性肿瘤
C39.000　上呼吸道的恶性肿瘤
C39.801　鼻腔，鼻窦恶性肿瘤
C41.100x002　髁突恶性肿瘤
C41.000x018　颅骨恶性肿瘤
C41.000x019　斜坡恶性肿瘤
C41.000x020　舌骨恶性肿瘤
C41.000x021　犁骨恶性肿瘤
C41.000x023　颚骨恶性肿瘤
C41.000x025　鼻甲骨恶性肿瘤
C41.000x027　颌面骨恶性肿瘤
C41.001　面骨恶性肿瘤
C41.002　额骨恶性肿瘤
C41.003　顶骨恶性肿瘤
C41.004　枕骨恶性肿瘤
C41.005　蝶骨恶性肿瘤
C41.006　筛骨恶性肿瘤
C41.007　颞骨恶性肿瘤
C41.008　眶骨恶性肿瘤
C41.009　鼻骨恶性肿瘤
C41.010　颧骨恶性肿瘤
C41.011　上颌骨恶性肿瘤
C41.012　眉弓恶性肿瘤
C41.100　下颌骨恶性肿瘤
C43.000　唇恶性黑色素瘤
C43.200x001　耳廓恶性黑色素瘤
C43.200x003　耳恶性黑色素瘤
C43.201　外耳道恶性黑色素瘤
C43.300　面部恶性黑色素瘤
C43.302　鼻恶性黑色素瘤
C43.400x002　头皮恶性黑色素瘤
C43.401　颈部恶性黑色素瘤
C44.000　唇皮肤恶性肿瘤
C44.200x001　耳部皮肤恶性肿瘤
C44.201　外耳道皮肤恶性肿瘤
C44.300　面部皮肤恶性肿瘤
C44.300x005　颞部皮肤恶性肿瘤
C44.300x006　鼻翼皮肤恶性肿瘤
C44.302　额部皮肤恶性肿瘤
C44.304　鼻部皮肤恶性肿瘤
C44.305　颌下皮肤恶性肿瘤
C44.306　鼻唇沟恶性肿瘤
C44.307　颏部恶性肿瘤
C44.400x004　头皮恶性肿瘤
C44.401　颈部皮肤恶性肿瘤
C46.200　腭卡波西肉瘤
C47.000x004　耳部周围神经和自主神经恶性肿瘤
C47.000x005　颞下窝周围神经和自主神经恶性肿瘤
C47.000x006　翼腭窝周围神经和自主神经恶性肿瘤
C47.000x007　咽旁间隙周围神经和自主神经恶性肿瘤
C47.000x008　咽后间隙周围神经和自主神经恶性肿瘤
C47.000x009　眼睑周围神经和自主神经恶性肿瘤
C47.000x010　鼻部周围神经和自主神经恶性肿瘤
C47.000x011　颈丛恶性肿瘤
C49.000x004　颞部结缔组织恶性肿瘤
C49.000x005　头部结缔组织恶性肿瘤
C49.001　面部结缔组织和软组织恶性肿瘤
C49.002　颈部结缔组织和软组织恶性肿瘤
C49.004　耳部结缔组织恶性肿瘤
C49.005　翼腭窝结缔组织恶性肿瘤
C71.900x009　翼腭窝恶性肿瘤
C71.900x010　颞下窝恶性肿瘤
C76.000x002　头部恶性肿瘤
C76.000x007　颌下恶性肿瘤
C76.001　面部恶性肿瘤
C76.002　颈部恶性肿瘤
C76.003　颊恶性肿瘤
C76.004　鼻恶性肿瘤
C76.005　颌下恶性肿瘤
C76.006　颏下恶性肿瘤
C77.000x005　头部淋巴结继发恶性肿瘤
C77.001　面部淋巴结继发恶性肿瘤
C77.002　颈部淋巴结继发恶性肿瘤
C77.003　颏下淋巴结继发恶性肿瘤
C77.004　颌下淋巴结继发恶性肿瘤
C77.005　腮腺淋巴结继发恶性肿瘤
C77.006　耳淋巴结继发恶性肿瘤
C77.007　锁骨上淋巴结继发恶性肿瘤
C77.008　气管食管沟淋巴结继发恶性肿瘤
C78.300x004　咽鼓管继发恶性肿瘤
C78.300x005　上颌窦继发恶性肿瘤
C78.300x006　声带继发恶性肿瘤
C78.300x008　乳突继发恶性肿瘤
C78.300x010　会厌继发恶性肿瘤
C78.301　鼻窦继发恶性肿瘤
C78.302　鼻腔继发恶性肿瘤

C78.303　中耳继发恶性肿瘤
C78.305　喉继发恶性肿瘤
C79.200x008　颏部皮肤继发恶性肿瘤
C79.201　头部皮肤继发恶性肿瘤
C79.202　面部皮肤继发恶性肿瘤
C79.203　颈部皮肤继发恶性肿瘤
C79.500x004　上颌骨继发恶性肿瘤
C79.500x007　斜坡继发恶性肿瘤
C79.500x016　眶骨继发恶性肿瘤
C79.500x028　舌骨继发恶性肿瘤
C79.502　颅骨继发恶性肿瘤
C79.503　面骨继发恶性肿瘤
C79.504　颌骨继发恶性肿瘤
C79.505　下颌骨继发恶性肿瘤
C79.800x806　头部继发恶性肿瘤
C79.800x812　颌部继发恶性肿瘤
C79.800x824　悬雍垂继发恶性肿瘤
C79.800x825　腭部继发恶性肿瘤
C79.800x826　臼齿后区继发恶性肿瘤
C79.800x828　鼻咽继发恶性肿瘤
C79.800x833　面部继发恶性肿瘤
C79.800x840　唇部继发恶性肿瘤
C79.800x843　齿龈继发恶性肿瘤
C79.800x844　颊黏膜继发恶性肿瘤
C79.800x845　颊龈沟继发恶性肿瘤
C79.801　口腔继发恶性肿瘤
C79.802　舌继发恶性肿瘤
C79.803　咽继发恶性肿瘤
C79.804　扁桃体继发恶性肿瘤
C79.830　颌下腺继发恶性肿瘤
C79.831　腮腺继发恶性肿瘤
C79.832　拉特克囊继发恶性肿瘤
C79.834　颈部继发性恶性肿瘤
C79.835　舌下腺继发恶性肿瘤
D00.000x005　唇红缘原位癌
D00.000x007　鼻咽原位癌
D00.000x008　腮腺原位癌
D00.001　扁桃体原位癌
D00.002　唇原位癌
D00.003　口腔原位癌
D00.004　舌原位癌
D00.005　杓状会厌褶原位癌
D00.006　口底原位癌
D00.007　咽原位癌
D00.008　下咽原位癌
D00.009　舌下腺原位癌
D00.010　颌下腺原位癌
D00.011　颊黏膜原位癌
D00.012　臼齿后区原位癌
D00.013　硬腭原位癌
D02.000　喉原位癌
D02.000x003　喉面杓状会厌褶原位癌
D02.000x004　会厌舌骨上原位癌
D02.001　会厌原位癌
D02.002　声带原位癌
D02.300　呼吸系统其他部位的原位癌
D02.301　鼻腔原位癌
D02.302　鼻旁窦原位癌
D02.303　中耳原位癌
D03.000　唇原位黑色素瘤
D03.200x002　耳原位黑色素瘤
D03.201　外耳道原位黑色素瘤
D03.301　面部原位黑色素瘤
D03.400x002　头皮原位黑色素瘤
D03.401　颈部原位黑色素瘤
D04.000　唇皮肤原位癌
D04.200x001　耳皮肤原位癌
D04.201　外耳道皮肤原位癌
D04.300x001　鼻沟皮肤原位癌
D04.300x002　面皮肤原位癌
D04.400x001　头皮原位癌
D04.401　颈部皮肤原位癌
D09.701　颊原位癌
D10.300x005　悬雍垂良性肿瘤
D10.300x007　颌下良性肿瘤
D10.301　口腔黏膜黑色素痣
D10.302　颊黏膜良性肿瘤
D10.303　腭良性肿瘤
D10.305　牙槽良性肿瘤
D10.306　齿龈良性肿瘤
D10.307　磨牙后区良性肿瘤
D10.308　小涎腺良性肿瘤
D10.309　口良性肿瘤
D10.400　扁桃体良性肿瘤
D10.401　咽门扁桃体良性肿瘤
D10.402　腭扁桃体良性肿瘤
D10.500x001　口咽良性肿瘤
D10.500x002　会厌前面良性肿瘤
D10.501　扁桃体窝良性肿瘤
D10.502　扁桃体柱良性肿瘤

D10.503　会咽谷良性肿瘤
D10.504　鳃裂良性肿瘤
D10.600　鼻咽良性肿瘤
D10.601　鼻中隔后缘良性肿瘤
D10.602　鼻后孔良性肿瘤
D10.603　咽扁桃体良性肿瘤
D10.700　咽下部良性肿瘤
D10.701　咽下梨状窝良性肿瘤
D10.900　咽良性肿瘤
D11.000　腮腺良性肿瘤
D11.701　下颌下腺良性肿瘤
D11.702　舌下腺良性肿瘤
D11.900　大涎腺良性肿瘤
D11.900x001　唾液腺良性肿瘤
D14.000x005　额窦良性肿瘤
D14.000x006　筛窦良性肿瘤
D14.000x007　上颌窦良性肿瘤
D14.000x009　蝶窦良性肿瘤
D14.000x010　鼻腔良性肿瘤
D14.001　鼻旁窦良性肿瘤
D14.002　中耳良性肿瘤
D14.003　鼻前庭良性肿瘤
D14.004　鼻中隔良性肿瘤
D14.005　鼻软骨良性肿瘤
D14.006　鼻孔良性肿瘤
D14.007　鼻黏膜良性肿瘤
D14.008　内耳良性肿瘤
D14.100　喉良性肿瘤
D14.100x002　会厌舌骨上良性肿瘤
D14.101　会厌良性肿瘤
D14.102　声带良性肿瘤
D14.103　声门良性肿瘤
D16.400x013　眼窝骨良性肿瘤
D16.400x018　颅骨良性肿瘤
D16.400x019　乳突骨良性肿瘤
D16.400x025　犁骨良性肿瘤
D16.401　面骨良性肿瘤
D16.402　蝶骨良性肿瘤
D16.403　筛骨良性肿瘤
D16.404　颞骨良性肿瘤
D16.405　顶骨良性肿瘤
D16.406　额骨良性肿瘤
D16.407　枕骨良性肿瘤
D16.408　眶骨良性肿瘤
D16.409　鼻骨良性肿瘤
D16.410　颧骨良性肿瘤
D16.411　上颌骨良性肿瘤
D16.500　下颌骨良性肿瘤
D16.500x002　髁突良性肿瘤
D17.000x003　头部脂肪瘤
D17.001　面部脂肪瘤
D17.002　颈部脂肪瘤
D18.000x501　鼻窦血管瘤
D18.000x503　鼻部血管瘤
D18.000x504　鼻咽血管瘤
D18.000x505　唇部血管瘤
D18.000x506　外耳道血管瘤
D18.000x507　喉部血管瘤
D18.000x508　口腔血管瘤
D18.000x510　咽部血管瘤
D18.000x807　腮腺血管瘤
D18.000x808　唾液腺血管瘤
D18.000x809　舌部血管瘤
D18.000x823　上颌骨血管瘤
D18.000x844　腭部血管瘤
D18.000x845　上颌窦血管瘤
D18.000x858　嚼肌血管瘤
D18.001　头部血管瘤
D18.003　面部血管瘤
D18.004　颈部血管瘤
D18.100x004　口腔内淋巴管瘤
D18.100x010　腮腺淋巴管瘤
D18.100x011　舌淋巴管瘤
D18.100x013　头部淋巴管瘤
D18.100x021　下颌下腺淋巴管瘤
D18.100x027　唇部淋巴管瘤
D18.101　面部淋巴管瘤
D18.102　颈部淋巴管瘤
D21.000　头、面和颈部结缔组织和其他软组织的良性肿瘤
D21.000x002　耳软骨良性肿瘤
D21.000x007　锁骨上结缔组织良性肿瘤
D21.000x008　头部结缔组织良性肿瘤
D21.001　面部结缔组织良性肿瘤
D21.002　颈结缔组织良性肿瘤
D21.004　耳部结缔组织良性肿瘤
D21.005　颞下凹结缔组织良性肿瘤
D21.006　翼腭窝结缔组织良性肿瘤
D21.007　咽旁间隙结缔组织良性肿瘤
D22.000　唇黑素细胞痣

D22.200x002　耳部黑色素痣
D22.201　外耳道黑素细胞痣
D22.301　面部黑素细胞痣
D22.302　鼻黑素细胞痣
D22.400x002　头皮黑色素痣
D22.401　颈黑素细胞痣
D23.000　唇皮肤良性肿瘤
D23.200x002　耳廓良性肿瘤
D23.200x003　耳皮肤良性肿瘤
D23.200x008　耳后皮肤良性肿瘤
D23.201　外耳道良性肿瘤
D23.300x003　鼻唇沟良性肿瘤
D23.300x004　颊部皮肤良性肿瘤
D23.301　面部皮肤良性肿瘤
D23.302　眉部良性肿瘤
D23.303　鼻部皮肤良性肿瘤
D23.400x003　头皮良性肿瘤
D23.401　颈部皮肤良性肿瘤
D36.700x004　颞部良性肿瘤
D36.700x005　颊部良性肿瘤
D36.700x006　咽旁间隙良性肿瘤
D36.700x007　鼻部良性肿瘤
D36.701　头部良性肿瘤
D36.702　面部良性肿瘤
D36.703　颈部良性肿瘤
D37.000x001　扁桃体交界性肿瘤
D37.000x002　唇交界性肿瘤
D37.000x003　腮腺交界性肿瘤
D37.000x004　唾液腺交界性肿瘤
D37.000x005　咽部交界性肿瘤
D37.000x006　杓状会厌褶交界性肿瘤
D37.000x007　唇红缘交界性肿瘤
D37.000x008　大唾液腺交界性肿瘤
D37.000x009　小唾液腺交界性肿瘤
D37.000x010　齿龈交界性肿瘤
D37.000x011　鼻咽交界性肿瘤
D37.000x012　舌根交界性肿瘤
D37.000x013　口底交界性肿瘤
D37.000x014　腭交界性肿瘤
D37.000x015　颊黏膜交界性肿瘤
D37.003　口腔肿瘤
D37.005　咽肿瘤
D37.007　腭肿瘤
D37.009　舌根肿瘤
D37.011　腮腺肿瘤
D37.013　扁桃体肿瘤
D37.015　大涎腺肿瘤
D37.017　小涎腺肿瘤
D37.019　杓状会厌褶肿瘤
D38.000x001　会厌交界性肿瘤
D38.000x002　喉交界性肿瘤
D38.001　喉肿瘤
D38.003　会厌肿瘤
D38.500x001　鼻腔交界性肿瘤
D38.500x003　鼻窦交界性肿瘤
D38.500x004　鼻软骨交界性肿瘤
D38.500x005　中耳交界性肿瘤
D38.502　鼻腔肿瘤
D38.504　鼻旁窦肿瘤
D38.506　鼻软骨肿瘤
D38.508　中耳肿瘤
D38.509　鼻颅底交通性肿瘤
D44.600x002　颈动脉体交界性肿瘤
D44.700x003　颈静脉体交界性肿瘤
D44.700x004　颈静脉球交界性肿瘤
D48.000x004　上颌骨交界性肿瘤
D48.005　面骨肿瘤
D48.101　头部结缔组织动态未定肿瘤
D48.102　头部结缔组织肿瘤
D48.103　面结缔组织动态未定肿瘤
D48.104　面结缔组织肿瘤
D48.105　耳结缔组织动态未定肿瘤
D48.106　耳结缔组织肿瘤
D48.200x002　头周围神经和自主神经交界性肿瘤
D48.200x003　面周围神经和自主神经交界性肿瘤
D48.200x004　颈周围神经和自主神经交界性肿瘤
D48.200x005　耳周围神经和自主神经交界性肿瘤
D48.200x006　颞下窝周围神经和自主神经交界性肿瘤
D48.200x007　翼腭窝周围神经和自主神经交界性肿瘤
D48.200x008　咽旁间隙周围神经和自主神经交界性肿瘤
D48.200x009　咽后间隙周围神经和自主神经交界性肿瘤
D48.700x007　颊部交界性肿瘤
D48.700x025　面部交界性肿瘤
D48.702　头颈部肿瘤
Q30.800x008　鼻神经胶质瘤

包含以下主要手术或操作：
01.2502　颞骨部分切除术
01.2503　颅骨部分切除术
01.2504　颅骨死骨切除术
01.6x00　颅骨病损的切除术
06.6x00　舌部甲状腺切除术
18.2101　耳前病损切除术
18.2900x003　耳廓病损切除术
18.2900x009　外耳道病损切除术
18.2901　外耳病损切除术
18.3100　外耳病损根治性切除术
18.3900x003　耳廓切除术
18.3900x005　耳廓部分切除术
20.4900x004　乳突切除术
20.4900x008　开放式乳突改良根治术
20.4900x009　完壁式乳突改良根治术
20.4901　乳突改良根治术
20.4902　乳突病损切除术
20.5100　中耳病损切除术
20.5901　岩锥病损切除术
22.2x00x009　鼻内窥镜下上颌窦根治术
22.3100x002　上颌窦根治术
22.4201　额窦病损切除术
22.4202　内镜下额窦病损切除术
22.6001　鼻窦病损切除术
22.6002　内镜下鼻窦病损切除术
22.6100　经考德威尔-卢克入路上颌窦病损切除术
22.6200x004　上颌窦病损切除术
22.6201　内镜下上颌窦病损切除术
22.6300　筛窦切除术
22.6300x011　鼻内窥镜下钩突切除术
22.6300x012　筛窦部分切除术
22.6301　内镜下筛窦切除术
22.6302　筛窦病损切除术
22.6303　内镜下筛窦病损切除术
22.6400　蝶窦切除术
22.6401　内镜下蝶窦切除术
22.6402　蝶窦病损切除术
22.6403　内镜下蝶窦病损切除术
24.3100x003　牙龈病损切除术
24.4x05　牙槽病损切除术
24.5x03　牙槽部分切除术
25.1x01　舌病损切除术
25.1x02　舌病损破坏术
25.1x03　舌射频治疗术
25.1x04　支撑喉镜下舌根部病损切除术
25.2x00　舌部分切除术
25.2x01　半舌切除术
25.3x00　舌全部切除术
25.4x00x001　舌扩大性切除术
26.2901　腮腺病损切除术
26.2902　涎腺病损切除术
26.2903　舌下腺病损切除术
26.2904　颌下腺病损切除术
26.2906　副腮腺病损切除术
26.3000　涎腺切除术
26.3100x008　腮腺深叶切除术
26.3100x009　腮腺浅叶切除术
26.3101　腮腺部分切除术
26.3102　腮腺叶切除术
26.3103　舌下腺部分切除术
26.3104　颌下腺部分切除术
26.3105　副腮腺切除术
26.3200x001　唇腺切除术
26.3201　腮腺切除术
26.3202　舌下腺切除术
26.3203　颌下腺切除术
27.3101　硬腭病损切除术
27.3104　硬腭部分切除术
27.3200x001　硬腭病损广泛切除术
27.3201　牙槽骨隆突切除修整术
27.3202　腭广泛切除术
27.3203　腭全切除术
27.4200　唇病损广泛切除术
27.4301　唇病损切除术
27.4302　唇病损激光烧灼术
27.4900x007　口底病损切除术
27.4900x009　口腔病损激光烧灼术
27.4900x014　软腭病损射频消融术
27.4900x018　磨牙后区病损切除术
27.4900x019　口角病损切除术
27.4900x020　软腭部分切除术
27.4902　颌下区病损切除术
27.4903　颊内部病损切除术
27.4904　软腭病损切除术
27.4905　鼻唇病损切除术
27.4906　口腔病损切除术
27.4907　口病损射频消融术
27.4908　口病损激光烧灼术
27.4909　软腭射频消融术

27.4910　软腭切除术
27.7200　腭垂切除术
27.7201　腭垂部分切除术
27.7202　悬雍垂激光切除术
27.7901　悬雍垂病损切除术
28.2x00x002　扁桃体切除术
28.2x00x003　支撑喉镜下扁桃体切除术
28.2x01　扁桃体射频消融术
28.2x02　扁桃体激光切除术
28.2x03　扁桃体等离子切除术
28.2x04　内镜下扁桃体切除术
28.3x01　扁桃体伴腺样体切除术
28.3x02　扁桃体部分切除伴腺样体切除术
28.3x03　扁桃体伴腺样体等离子切除术
28.4x00　扁桃腺残体切除术
28.5x01　舌扁桃体激光消融术
28.5x02　内镜下舌扁桃体部分切除术
28.5x03　舌扁桃体射频消融术
28.6x00x001　鼻内镜下经鼻腺样体切除术
28.6x00x002　腺样体切除术
28.6x00x004　支撑喉镜下残余腺样增殖体切除术
28.6x00x005　鼻内镜下腺样体消融术
28.6x01　腺样体等离子切除术
28.6x02　内镜下腺样体切除术
28.6x03　内镜下残余腺样增殖体切除术
29.3300x001　下咽切除术
29.3300x002　部分咽切除术
29.3900x001　鼻咽病损切除术
29.3900x007　支撑喉镜下鼻咽病损切除术
29.3900x010　下咽病损切除术
29.3900x012　咽部病损激光烧灼术
29.3900x019　咽旁间隙病损切除术
29.3901　咽部病损切除术
29.3902　咽旁病损切除术
29.3903　翼腭窝病损切除术
29.3905　支撑喉镜下咽部病损切除术
29.3906　支撑喉镜下咽部病损激光切除术
29.3907　支撑喉镜下咽部病损射频消融术
29.3908　内镜下鼻咽病损切除术
29.3909　内镜下梨状窝病损切除术
30.0900x016　支撑喉镜下声门病损切除术
30.0900x021　会厌病损切除术
30.0900x024　梨状窝病损切除术
30.0900x038　喉病损射频消融术
30.0900x039　支撑喉镜下喉病损激光烧灼术
30.0900x040　声门病损烧灼术
30.0901　声带病损切除术
30.0902　喉病损切除术
30.0903　内镜下会厌病损切除术
30.0904　内镜下会厌病损激光切除术
30.0905　内镜下声带病损切除术
30.0906　内镜下声带病损激光切除术
30.0907　内镜下声带病损射频消融术
30.0908　内镜下声带剥离术
30.0909　内镜下喉病损射频消融术
30.0911　支撑喉镜下喉病损切除术
30.1x00　半喉切除术
30.1x00x002　垂直喉切除术
30.2100　会厌切除术
30.2100x002　支撑喉镜下会厌切除术
30.2100x003　会厌软骨切除术
30.2101　会厌扩大切除术
30.2200　声带切除术
30.2201　声带部分切除术
30.2202　声带扩大切除术
30.2203　内镜下声带部分切除术
30.2204　内镜下声带切除术
30.2900x002　喉杓状软骨切除术
30.2900x003　喉部分切除术
30.2900x009　支撑喉镜下喉软骨切除术
30.2900x011　环状软骨-舌骨固定术（次全喉切除）
30.2900x012　环状软骨-舌骨-会厌固定术（次全喉切除）
30.2900x013　喉环状软骨切除术
30.2900x014　甲状软骨切除术
30.2901　舌骨切除术
30.2902　舌骨部分切除术
30.2903　室带部分切除术
30.2904　喉软骨切除术
30.2905　喉软骨部分切除术
30.2906　喉裂开术
30.2907　额侧喉部分切除术
30.2908　声门上喉部分切除术
30.2909　垂直喉部分切除术
30.2910　外侧喉部分切除术
30.2911　喉次全切除术
30.2912　支撑喉镜下杓状软骨切除术
30.3x00　全部喉切除术
30.3x01　全喉扩大切除术
30.3x02　喉咽切除术

30.3x03　喉咽食管切除术
30.3x04　残余喉切除术
31.5x00x003　气管病损激光烧灼术
31.5x00x012　气管节段切除术
31.5x00x013　纵隔镜下气管病损切除术
31.5x00x014　气管隆突病损切除术
31.5x01　气管病损切除术
31.5x02　气管部分切除术
31.5x03　气管楔形切除术
31.5x04　内镜下气管病损切除术
38.6200x002　颈静脉瘤切除术
38.6200x005　颈动脉瘤切除术
38.6200x006　颈外动脉瘤切除术
38.6200x007　颈外静脉瘤切除术
38.6201　颈部血管瘤切除术
39.8901　颈动脉体瘤切除术
42.3201　食管病损切除术
86.4x01　头.面.颈皮肤病损根治切除术

DD1　人工听觉装置植入

包含以下主要手术或操作：
20.9500　电磁助听器置人
20.9501　骨锚式助听器置入术
20.9502　中耳振动声桥置入术
20.9601　人工耳蜗置入术
20.9602　人工耳蜗置换术
20.9701　单道人工耳蜗置入术
20.9702　单道人工耳蜗置换术
20.9801　多道人工耳蜗置入术
20.9802　多道人工耳蜗置换术

DD2　唇、腭裂修补术

包含以下主要手术或操作：
27.5301　腭瘘管修补术
27.5302　唇瘘修补术
27.5303　颊部瘘修补术
27.5400　裂唇修补术
27.5401　唇裂二期修复术
27.5700x006　口腔游离皮瓣移植术
27.5900x011　口形矫正术
27.5900x017　唇黏膜瓣移植术
27.5900x018　口腔黏膜瓣移植术
27.5900x019　口腔黏膜游离移植术
27.5900x020　颊肌黏膜瓣移植术
27.5901　口角缝合术
27.5902　交叉唇瓣断蒂术
27.5903　唇成形术
27.5904　口轮匝肌功能重建术
27.5905　口鼻通道成形术
27.5907　小口开大术
27.5908　口内重建术
27.5909　唇瘢痕松解术
27.5910　口成形术
27.5911　下唇缺损修复术
27.5913　唇外翻矫正术
27.5914　巨口矫形术
27.5915　唇缺损修复术
27.6100　腭裂伤缝合术
27.6200x002　后推法腭裂矫正术
27.6200x003　腭裂修补术
27.6201　腭裂修补术伴悬雍垂修补术
27.6300x002　腭裂术后继发畸形矫正术
27.6301　腭裂二期修复术
27.6302　腭裂上提术
27.6400　腭植入物置入术
27.6900x003　软腭激光烧灼术
27.6900x004　咽腭弓延长成形术
27.6900x007　悬雍垂-软腭-咽成形术［UPPP］
27.6900x008　舌腭弓延长成形术
27.6901　腭垂-软腭成形术［LAUP］
27.6902　腭咽成形术
27.6903　硬腭成形术
27.6904　软腭成形术
27.6905　腭瓣修复术
27.6906　悬雍垂腭咽成形术
27.6907　腭咽激光成形术
27.6908　腭瘘修补术
27.6909　腭咽射频成形术
27.7100　腭垂切开术
27.7202　悬雍垂激光切除术
27.7300　腭垂修补术
27.9100x001　唇系带切断术
27.9101　唇系带整形术
27.9900x006　面横裂矫正术

DE1　中耳/内耳/侧颅底手术

包含以下主要手术或操作：
19.0x00x002　镫骨板钻孔术
19.0x00x003　镫骨松动术
19.0x01　镫骨脚切开术

19.0x02 耳硬化分离术
19.0x03 镫骨再撼动术
19.1100 镫骨切除术伴砧骨置换
19.1900x002 镫骨部分切除伴脂肪移植术
19.1900x003 镫骨切除术
19.1900x004 人工镫骨置入术
19.1900x005 人工镫骨置换术
19.1900x006 镫骨足板开窗术
19.1900x007 内镜下镫骨切除术
19.1900x008 内镜下镫骨足板开窗术
19.1901 镫骨部分切除术
19.1902 人工镫骨取出术
19.2100 镫骨切除术伴砧骨置换的修复术
19.2900x001 镫骨切除术的修正术
19.2901 镫骨粘连松解术
19.2902 镫骨重建术
19.3x00x001 听骨链撼动术
19.3x00x002 内镜下人工听骨链重建术
19.3x00x003 人工听小骨取出术
19.3x01 听骨切除术
19.3x02 砧镫关节复位术
19.3x03 听骨链重建术
19.3x04 异体听骨植入术
19.4x00x002 鼓膜修补术
19.4x00x003 鼓膜移植术
19.4x00x004 内镜下鼓膜修补术
19.4x00x005 内镜下鼓室成形术
19.4x01 鼓室成形术，Ⅰ型
19.5200 鼓室成形术，Ⅱ型
19.5300 鼓室成形术，Ⅲ型
19.5400 鼓室成形术，Ⅳ型
19.5500 鼓室成形术，Ⅴ型
19.6x00x001 鼓室成形修正术
19.9x00x006 乙状窦还纳术
19.9x00x007 鼓室封闭术
19.9x00x008 乳突腔填塞术
19.9x01 耳后瘘管修补术
19.9x02 中耳成形术
19.9x03 乳突肌成形术
19.9x04 乳突腔内植皮术
19.9x05 乳突瘘闭合术
20.0100x007 圆窗龛置管术
20.2100x004 乳突切开探查术
20.2101 乳突切开引流术
20.2200 岩锥气房切开术
20.2201 岩尖凿开术
20.2300x001 鼓室粘连松解术
20.2300x002 上鼓室切开术
20.2300x007 鼓窦探查术
20.2300x009 中耳切开探查术
20.2301 鼓室探查术
20.2302 中耳切开异物取出术
20.2303 中耳粘连松解术
20.4100 单纯乳突切除术
20.4200x002 乳突扩大根治术
20.4900x004 乳突切除术
20.4900x007 上鼓室鼓窦切开术
20.4900x008 开放式乳突改良根治术
20.4900x009 完壁式乳突改良根治术
20.4901 乳突改良根治术
20.4902 乳突病损切除术
20.5100 中耳病损切除术
20.5100x002 耳后病损切除术
20.5100x003 鼓室病损切除术
20.5101 颈静脉球瘤切除术
20.5102 鼓膜病损切除术
20.5900x003 岩尖切开术
20.5901 岩锥病损切除术
20.5902 鼓膜切除术
20.5903 内镜下岩尖病损切除术
20.6100x004 半规管阻塞术
20.6101 半规管开窗术
20.6102 迷路开窗术
20.6103 前庭开窗术
20.6200x002 半规管裂修补术
20.7100 内淋巴分流术
20.7900x001 迷路减压术
20.7900x005 内耳切开探查术
20.7900x006 迷路切除术
20.7901 内耳切开术
20.7902 内耳病损切除术
20.7903 内淋巴减压术
20.7904 迷路部分切除术
20.7905 内耳切开引流术
20.7906 前庭切除术
20.8x00x004 咽鼓管吹张术
20.8x00x005 咽鼓管填充术
20.8x00x006 内镜下腭帆张肌松解术
20.8x01 咽鼓管通气术
20.8x02 咽鼓管成形术

20.8x03　咽鼓管注药术
20.8x04　咽鼓管置管术
20.8x05　咽鼓管扩张术
20.9100　鼓室交感神经切除术
20.9201　乳突术后清创术
20.9301　卵圆窗修补术
20.9302　圆窗修补术
20.9303　半规管瘘修补术
38.8200x011　乳突导血管封闭术

DE2　耳部其他小手术

包含以下主要手术或操作：
18.0101　耳廓造孔
18.0200x003　外耳道探查术
18.0202　外耳道切开异物取出术
18.2100x006　耳前瘘管切除术
18.2101　耳前病损切除术
18.2900x003　耳廓病损切除术
18.2900x009　外耳道病损切除术
18.2900x016　耳廓皮肤和皮下坏死组织切除清创术
18.2900x018　耳后瘘管切除术
18.2901　外耳病损切除术
18.2902　外耳病损烧灼术
18.2903　外耳病损冷冻术
18.2904　外耳病损刮除术
18.2905　外耳病损电凝术
18.2906　外耳病损激光手术
18.2907　副耳切除术
18.3900x003　耳廓切除术
18.3900x004　外耳软骨切除术
18.3900x005　耳廓部分切除术
18.3901　外耳切断术
18.4x00　外耳裂伤缝合术
18.5x00x001　招风耳矫正术
18.6x00x001　内镜下外耳道成形术
18.6x01　外耳道成形术
18.6x02　外耳道植皮术
18.7100x001　耳廓成形术
18.7100x002　耳廓重建术
18.7100x009　耳廓支架取出术
18.7100x010　义耳置入术
18.7101　杯状耳矫正术
18.7102　耳廓支架植入术
18.7103　全耳再造术
18.7104　隐耳矫正术
18.7105　耳廓缺损修补术
18.7200　断耳再接术
18.7900x002　耳垂畸形矫正术
18.7900x008　乳突植皮术
18.7900x009　耳游离皮瓣移植术
18.7901　外耳成形术
18.7902　耳廓植皮术
18.7903　耳软骨整形术
18.7904　外耳上提术
18.7905　耳后皮肤移植术
18.7906　耳甲腔成形术
18.9x00x002　耳前皮肤扩张器置入术
18.9x00x004　外耳道支架取出术
18.9x00x005　外耳道支架置换术
18.9x00x007　耳后皮肤扩张器置入术
18.9x01　外耳道记忆合金支架置入术
18.9x02　外耳道记忆合金支架置换术
18.9x03　外耳道记忆合金支架取出术
20.0100x003　鼓膜造口术
20.0100x005　鼓室置管术
20.0100x006　内镜下鼓膜置管术
20.0900x008　中耳抽吸术
20.0901　鼓膜切开引流术
20.0902　鼓膜穿刺术
20.1x01　鼓膜通气管取出术

DF1　鼻成形术

包含以下主要手术或操作：
21.3200x010　鼻皮肤和皮下坏死组织切除清创术
21.3201　鼻部皮肤病损切除术
21.8100　鼻裂伤缝合术
21.8200x006　鼻正中瘘管切除术
21.8201　鼻咽瘘管切除术
21.8202　鼻唇瘘管切除术
21.8203　口鼻瘘管切除术
21.8300x001　臂部皮瓣鼻再造术
21.8301　额部皮瓣鼻重建术
21.8302　前臂皮瓣鼻重建术
21.8400x002　鼻内窥镜下鼻中隔成形术
21.8400x003　鼻中隔成形术
21.8400x006　歪鼻鼻成形术
21.8401　弯鼻鼻成形术
21.8402　驼峰鼻矫正术
21.8500x002　隆鼻伴耳廓软骨移植术
21.8500x004　隆鼻伴人工假体置入术

21.8500x005　隆鼻伴自体甲状软骨移植术
21.8500x007　隆鼻伴自体颅骨外板移植术
21.8500x008　隆鼻伴自体髂骨移植术
21.8500x010　隆鼻伴自体鼻软骨移植术
21.8500x011　隆鼻伴自体脂肪移植术
21.8501　肋骨移植隆鼻术
21.8502　硅胶支架植入隆鼻术
21.8503　鼻甲移植物植入术
21.8504　人造植入物隆鼻术
21.8505　单纯鞍鼻矫治术（隆鼻术）
21.8600x004　鼻翼成形术
21.8601　鼻翼矫正术
21.8602　鼻唇沟皮瓣修补术
21.8603　鼻尖成形术
21.8700x003　鼻唇沟成形术
21.8700x004　鼻甲成形术
21.8700x005　鼻小柱成形术
21.8700x008　鼻内窥镜下鼻甲成形术
21.8700x009　内镜下前后鼻孔成形术
21.8701　后鼻孔成形术
21.8702　前鼻孔成形术
21.8801　鼻中隔穿孔修补术
21.8802　鼻中隔软骨移植术
21.8900x002　鼻植皮术
21.8900x003　断鼻再接术
21.8900x004　再造鼻修整术
21.8901　鼻翼上提术

DF2　鼻腔、鼻窦手术

包含以下主要手术或操作：
09.8100x004　鼻内镜下鼻腔泪囊造口术
09.8101　内镜下鼻-泪管吻合术
09.8200　结膜泪囊鼻腔吻合术
09.8301　结膜-鼻腔吻合插管术
21.0700x001　鼻黏膜切除止血术
21.0902　鼻出血血管缝合术
21.0904　内镜下鼻中隔黏膜划痕术
21.0905　内镜下鼻射频止血术
21.1x00x002　鼻切开探查术
21.1x00x006　鼻软骨切开术
21.1x01　鼻腔切开引流术
21.1x02　鼻腔切开异物取出术
21.1x03　鼻皮肤切开术
21.1x04　内镜下鼻中隔异物取出术
21.3101　鼻息肉切除术
21.3102　内镜下鼻息肉切除术
21.3103　鼻内病损切除术
21.3104　内镜下鼻内病损切除术
21.3105　鼻内病损破坏术
21.3106　内镜下鼻内病损破坏术
21.3107　鼻息肉激光烧灼术
21.3108　鼻内病损激光烧灼术
21.3109　内镜下鼻内病损射频消融术
21.3200x003　鼻前庭病损切除术
21.3200x008　鼻中隔病损激光烧灼术
21.4x00　鼻部分切除术
21.4x01　鼻切断术
21.5x00　鼻中隔黏膜下切除术
21.5x00x004　鼻内窥镜下鼻中隔黏膜下部分切除术
21.5x01　内镜下鼻中隔黏膜下切除术
21.6100x002　鼻甲射频消融术
21.6100x006　鼻甲激光烧灼术
21.6101　鼻甲电烧术
21.6102　鼻甲激光切除术
21.6103　鼻甲微波烧灼术
21.6104　鼻甲冷冻切除术
21.6200　鼻甲骨折术
21.6900x009　鼻内窥镜下鼻甲切除术
21.6901　鼻甲部分切除术
21.6902　鼻甲切除术
21.6903　内镜下鼻甲部分切除术
21.6904　内镜下鼻甲射频消融术
21.7100　鼻骨折闭合性复位术
21.7200　鼻骨折开放性复位术
21.7200x001　内镜下鼻骨骨折切开复位术
21.9100　鼻粘连松解术
21.9101　内镜下鼻腔粘连松解术
21.9900x005　鼻腔缩窄术
21.9900x006　鼻腔穿刺抽吸术
21.9901　鼻腔扩张术
21.9902　鼻植入物取出术
22.0100x003　上颌窦穿刺抽吸灌洗
22.0101　鼻窦穿刺抽吸术
22.0102　鼻窦穿刺冲洗术
22.2x00x009　鼻内窥镜下上颌窦根治术
22.2x00x010　鼻内镜下上颌窦球囊扩张术
22.2x00x011　鼻内镜下上颌窦切开异物去除术
22.2x01　内镜下上颌窦开窗术
22.2x02　内镜下上颌窦探查术
22.3100x002　上颌窦根治术

22.3900x002 上颌窦开窗术
22.3900x003 上颌窦探查术
22.4100x005 鼻外额窦开窗术
22.4100x006 鼻内镜下额窦切开异物去除术
22.4100x007 鼻内镜下额窦窦口球囊扩张术
22.4101 内镜下额窦开窗术
22.4200x005 Draf Ⅱ a型手术
22.4200x006 Draf Ⅱ b型手术
22.4200x008 Draf Ⅰ型手术
22.4200x009 鼻内窥镜下经鼻额窦底切除术
22.4201 额窦病损切除术
22.4202 内镜下额窦病损切除术
22.5000x004 鼻窦切开异物取出术
22.5001 鼻窦探查术
22.5002 内镜下鼻窦扩大术
22.5100 筛窦切开术
22.5101 筛窦探查术
22.5102 内镜下筛窦开窗术
22.5103 内镜下筛窦切开异物取出术
22.5201 蝶窦探查术
22.5202 蝶窦开窗术
22.5203 内镜下蝶窦开窗术
22.5204 内镜下蝶窦探查术
22.5205 内镜下蝶窦切开异物取出术
22.5300 多个鼻窦切开术
22.5300x004 鼻内窥镜下多个鼻窦开窗术
22.5301 内镜下全组鼻窦开窗术
22.6001 鼻窦病损切除术
22.6002 内镜下鼻窦病损切除术
22.6100 经考德威尔-卢克入路上颌窦病损切除术
22.6200x004 上颌窦病损切除术
22.6201 内镜下上颌窦病损切除术
22.6300 筛窦切除术
22.6300x011 鼻内窥镜下钩突切除术
22.6300x012 筛窦部分切除术
22.6301 内镜下筛窦切除术
22.6302 筛窦病损切除术
22.6303 内镜下筛窦病损切除术
22.6400 蝶窦切除术
22.6401 内镜下蝶窦切除术
22.6402 蝶窦病损切除术
22.6403 内镜下蝶窦病损切除术
22.7100x001 鼻窦瘘修补术
22.7100x004 上颌窦瘘修补术
22.7101 口腔鼻窦瘘修补术
22.7102 内镜下鼻窦瘘修补术
22.7900x002 鼻窦骨折切开复位术
22.7900x003 上颌窦提升术
22.7901 鼻窦骨修补术
22.7902 额鼻管重建术
22.7903 鼻窦成形术
22.9x01 额窦置管引流术
22.9x02 鼻窦造口术

DG1 咽、喉、气管手术

包含以下主要手术或操作：
29.0x00x003 咽部切开探查术
29.0x00x006 咽切开异物取出术
29.2x00x001 鳃裂囊肿切除术
29.3100 环咽肌切开术
29.3200 咽憩室切除术
29.3201 咽食管憩室切除术
29.3300x001 下咽切除术
29.3300x002 部分咽切除术
29.3301 梨状窝切除术
29.3900x007 支撑喉镜下鼻咽病损切除术
29.3900x010 下咽病损切除术
29.3900x012 咽部病损激光烧灼术
29.3900x017 咽颌淋巴烧灼术
29.3900x019 咽旁间隙病损切除术
29.3901 咽部病损切除术
29.3902 咽旁病损切除术
29.3905 支撑喉镜下咽部病损切除术
29.3906 支撑喉镜下咽部病损激光切除术
29.3907 支撑喉镜下咽部病损射频消融术
29.3908 内镜下鼻咽病损切除术
29.3909 内镜下梨状窝病损切除术
29.4x00x003 下咽成形术
29.4x00x004 咽成形术
29.4x01 咽重建术
29.4x02 鼻咽腔闭锁矫正术
29.4x03 咽射频减容术
29.4x04 鼻咽成形术
29.5100 咽裂伤缝合术
29.5200x002 鳃裂瘘管切除术
29.5300x002 咽瘘缝合术
29.5301 咽瘘修补术
29.5302 咽食管瘘切除术
29.5400 咽粘连松解术
29.5901 咽后壁修补术

29.9100x001　咽扩张术
29.9101　鼻咽扩张术
29.9200x001　舌咽神经切断术
29.9200x002　舌下神经切除术
30.0100　喉囊肿的袋形缝合术［造袋术］
30.0900x016　支撑喉镜下声门病损切除术
30.0900x021　会厌病损切除术
30.0900x024　梨状窝病损切除术
30.0900x038　喉病损射频消融术
30.0900x039　支撑喉镜下喉病损激光烧灼术
30.0900x040　声门病损烧灼术
30.0901　声带病损切除术
30.0902　喉病损切除术
30.0903　内镜下会厌病损切除术
30.0904　内镜下会厌病损激光切除术
30.0905　内镜下声带病损切除术
30.0906　内镜下声带病损激光切除术
30.0907　内镜下声带病损射频消融术
30.0908　内镜下声带剥离术
30.0909　内镜下喉病损射频消融术
30.0911　支撑喉镜下喉病损切除术
30.2100　会厌切除术
30.2100x002　支撑喉镜下会厌切除术
30.2100x003　会厌软骨切除术
30.2101　会厌扩大切除术
30.2200　声带切除术
30.2201　声带部分切除术
30.2202　声带扩大切除术
30.2203　内镜下声带部分切除术
30.2204　内镜下声带切除术
30.2900x002　喉杓状软骨切除术
30.2900x003　喉部分切除术
30.2900x009　支撑喉镜下喉软骨切除术
30.2900x011　环状软骨-舌骨固定术（次全喉切除）
30.2900x012　环状软骨-舌骨-会厌固定术（次全喉切除）
30.2900x013　喉环状软骨切除术
30.2900x014　甲状软骨切除术
30.2900x015　支撑喉镜下喉部分切除术
30.2901　舌骨切除术
30.2902　舌骨部分切除术
30.2903　室带部分切除术
30.2904　喉软骨切除术
30.2905　喉软骨部分切除术
30.2906　喉裂开术
30.2907　额侧喉部分切除术
30.2908　声门上喉部分切除术
30.2909　垂直喉部分切除术
30.2910　外侧喉部分切除术
30.2911　喉次全切除术
30.2912　支撑喉镜下杓状软骨切除术
31.0x00　喉注射
31.0x01　声带注射
31.0x02　声带脂肪移植术
31.0x03　内镜下声带脂肪移植术
31.0x04　支撑喉镜下声带注射术
31.0x05　支撑喉镜下声带充填术
31.1x00x005　暂时性气管切开术
31.2100x001　纵隔气管切开术
31.2900x001　永久性气管切开术
31.3x00x008　环状软骨前切开术
31.3x01　喉探查术
31.3x02　气管探查术
31.3x03　气管切开异物取出术
31.3x04　内镜下声带切开术
31.4501　开放性气管活组织检查术
31.5x00x003　气管病损激光烧灼术
31.5x00x012　气管节段切除术
31.5x00x013　纵隔镜下气管病损切除术
31.5x00x014　气管隆突病损切除术
31.5x01　气管病损切除术
31.5x02　气管部分切除术
31.5x03　气管楔形切除术
31.5x04　内镜下气管病损切除术
31.6100　喉裂伤缝合术
31.6201　喉气管瘘管切除术
31.6202　喉气管瘘修补术
31.6300　喉造口修复术
31.6400　喉骨骨折修补术
31.6900x007　声带固定术
31.6900x008　声带转位术
31.6900x013　喉支架置入术
31.6901　喉结成形术
31.6902　喉成形术
31.6903　喉功能重建术
31.6904　喉双蒂双肌瓣修复术
31.6905　环甲膜缩短术
31.6906　会厌成形术
31.6907　甲状软骨成形术
31.6908　声门成形术

31.6909　声带外移术
31.6910　声带成形术
31.6911　内镜下声带成形术
31.6912　内镜下环杓关节复位术
31.6913　内镜下喉成形术
31.7100x001　气管修补术
31.7201　气管造口闭合术
31.7300x001　气管瘘闭合术
31.7301　气管食管瘘修补术
31.7302　内镜下气管瘘封堵术
31.7400　气管造口修复术
31.7400x001　气管造口扩张术
31.7500x002　气管成形伴人工喉重建术
31.7500x004　人工气管重建术
31.7500x006　发音钮置换术
31.7501　发音重建术
31.7502　发音钮置入术
31.7503　气管重建术
31.7504　人工喉建造术
31.7900x004　气管狭窄松解术
31.7900x005　气管隆突成形术
31.7900x006　气管扩张术
31.7901　气管成形术
31.7902　人造气管移植术
31.7903　气管狭窄修复术
31.7904　气管膜部修补术
31.9100x001　喉返神经切断术
31.9100x002　喉返神经解剖术
31.9200x001　支撑喉镜下气管粘连松解术
31.9201　气管粘连松解术
31.9202　声带粘连松解术
31.9203　喉粘连松解术
31.9204　内镜下声带粘连松解术
31.9301　气管支架置换术
31.9302　喉支架置换术
31.9303　内镜下气管支架置换术
31.9304　内镜下喉支架置换术
31.9500　气管食管造口术
31.9501　内镜下气管食管造口术
31.9801　声门扩大术
31.9802　喉扩张术
31.9803　喉T型管置入术
31.9807　内镜下喉扩张术
31.9901　气管硅胶管植入术
31.9903　气管球囊扩张术
31.9904　气管人工假体植入术
31.9905　气管悬吊术

DG2　扁桃体和/或腺样体切除手术

包含以下主要手术或操作：
28.2x00x002　扁桃体切除术
28.2x00x003　支撑喉镜下扁桃体切除术
28.2x01　扁桃体射频消融术
28.2x02　扁桃体激光切除术
28.2x03　扁桃体等离子切除术
28.2x04　内镜下扁桃体切除术
28.3x01　扁桃体伴腺样体切除术
28.3x02　扁桃体部分切除伴腺样体切除术
28.3x03　扁桃体伴腺样体等离子切除术
28.4x00　扁桃腺残体切除术
28.5x00　舌扁桃体切除术
28.5x01　舌扁桃体激光消融术
28.5x02　内镜下舌扁桃体部分切除术
28.5x03　舌扁桃体射频消融术
28.6x00x001　鼻内镜下经鼻腺样体切除术
28.6x00x002　腺样体切除术
28.6x00x004　支撑喉镜下残余腺样增殖体切除术
28.6x00x005　鼻内镜下腺样体消融术
28.6x01　腺样体等离子切除术
28.6x02　内镜下腺样体切除术
28.6x03　内镜下残余腺样增殖体切除术
28.7x01　扁桃体切除术后止血
28.7x02　腺样增殖体切除术后止血
28.9200x002　扁桃体病损射频消融术
28.9201　扁桃体病损切除术
28.9202　腺样增殖体病损切除术
28.9900　扁桃体和腺样增殖体的其他手术

DH1　颅面骨正颌手术

包含以下主要诊断：
K07.000x002　上颌骨纤维增生
K07.000x004　下颌骨增生
K07.000x007　巨上颌
K07.000x008　小下颌
K07.000x009　小上颌
K07.000x011　颏后缩
K07.000x012　方颏畸形
K07.000x013　颏部畸形
K07.002　巨颌症
K07.003　颌骨发育不全

K07.004　上颌骨骨质增生
K07.005　上颌骨发育不全
K07.006　下颌骨骨质增生
K07.007　下颌发育不全
K07.008　下颌角肥大
K07.009　下颌角肥大伴咬肌肥大
K07.010　小颌畸形
K07.011　小颏畸形
K07.012　唇腭裂术后颌骨发育不全
K07.100x008　错殆畸形骨性Ⅰ类
K07.100x009　错殆畸形骨性Ⅱ类
K07.100x010　错殆畸形骨性Ⅲ类
K07.100x011　颏部前突
K07.100x012　上颌前突下颌后缩
K07.100x014　上颌后缩下颌前突
K07.100x015　长面综合征
K07.100x016　短面综合征
K07.100x017　下颌前突偏斜
K07.101　偏颌畸形
K07.102　双突颌畸形
K07.103　上颌后缩
K07.104　上颌前突
K07.105　上下颌前突畸形
K07.106　下颌后缩
K07.107　下颌偏斜
K07.108　下颌前突
K07.109　颌后缩
K07.110　颌骨不对称
K07.200x001　后牙开殆
K07.200x002　后牙锁合
K07.200x003　前牙反殆
K07.200x005　深覆殆
K07.200x011　错殆畸形安氏Ⅰ类
K07.200x012　错殆畸形安氏Ⅱ类
K07.200x013　错殆畸形安氏Ⅲ类
K07.200x014　深覆盖
K07.201　覆咬合
K07.202　前牙开殆
K07.203　牙弓中线偏离
K07.204　咬合异常
K07.205　反殆
K07.300x003　牙齿位置异常
K07.300x005　牙齿间隙
K07.300x006　牙齿扭转
K07.300x007　牙齿移位
K07.300x008　第一恒磨牙异位萌出
K07.300x009　牙的病理性移位
K07.301　牙错位
K07.302　牙列不齐
K07.303　牙体缺损
K07.304　牙拥挤
K07.305　异位牙
K07.400x001　错殆畸形
K07.500x002　颌骨闭合异常
K07.900　牙面畸形
K07.901　下颌畸形
K07.902　颌骨畸形
K07.903　颌骨先天畸形
包含以下主要手术或操作：
01.6x00　颅骨病损的切除术
27.5906　上颌重建术
27.5912　口底重建术
76.0100　面骨死骨切除术
76.0101　下颌骨死骨切除术
76.0102　上颌骨死骨切除术
76.0900x001　面骨切开术
76.0900x003　下颌骨劈开术
76.0900x004　颌骨探查术
76.0903　面骨骨折碎片取出术
76.0905　面骨开窗术
76.2x00x014　面骨病损局部切除术
76.2x01　下颌骨病损切除术
76.2x02　上颌骨病损切除术
76.2x03　面骨骨折清创术
76.2x04　颌骨囊肿摘除术
76.3100x001　下颌骨部分切除术伴植骨术
76.3100x009　髁突高位切除术
76.3100x010　髁突摘除术
76.3100x011　下颌骨部分切除术
76.3100x012　鼻内镜下下颌骨部分切除术
76.3101　下颌骨次全切除术
76.3102　半下颌骨切除术
76.3103　下颌骨角切骨术
76.3104　下颌骨体切骨术
76.3900x003　鼻内窥镜下上颌骨部分切除术
76.3900x013　面骨部分切除术
76.3900x014　上颌骨部分切除伴人工骨置入术
76.3900x016　上颌骨次全切除术
76.3901　上颌骨部分切除伴植骨术
76.3902　上颌骨部分切除术

76.3903　颧骨部分切除术
76.3904　上颌骨部分切除伴假体置入术
76.3905　上颌骨切骨术
76.4100　下颌骨全部切除术同时伴重建术
76.4200x002　下颌骨全部切除术
76.4300x003　下颌骨重建术
76.4301　下颌骨缺损修复术
76.4400x002　面骨骨全部切除伴重建术
76.4400x003　上颌骨全部切除伴重建术
76.4500x003　面骨骨全部切除术
76.4502　上颌骨全部切除术
76.4503　颧骨全切术
76.4600x001　额骨重建术
76.4600x005　颧骨重建术
76.4600x007　上颌骨重建术
76.5x00　颞下颌关节成形术
76.5x00x001　关节镜下颞颌关节成形术
76.6100　下颌支闭合性骨成形术［骨切开术］
76.6200　开放性下颌支骨成形术［骨切开术］
76.6300　下颌骨体骨成形术［骨切开术］
76.6400x002　下颌下缘去骨成形术
76.6400x008　下颌角成形术
76.6400x016　下颌根尖下截骨成形术
76.6400x017　下颌矢状劈开术
76.6401　下颌骨成形术
76.6402　下颌骨截骨成形术
76.6403　下颌后退术
76.6404　下颌前徙术
76.6500x004　上颌骨部分骨成形术
76.6500x006　上颌LeFort Ⅰ型分块截骨成形术
76.6500x008　上颌LeFort Ⅱ型分块截骨成形术
76.6500x009　上颌Lefort Ⅲ型截骨成形术
76.6501　上颌骨成形术
76.6502　上颌Lefort Ⅰ型截骨成形术
76.6503　上颌Lefort Ⅱ型截骨成形术
76.6600　上颌骨全骨成形术［骨切开术］
76.6700　颏缩小成形术
76.6800x002　颏成形术
76.6800x003　颏增大成形术
76.6801　颏硅胶植入增大成形术
76.6802　隆颏术
76.6900x003　颧弓降低术
76.6900x004　髁突成形术
76.6901　颌骨修整术
76.6902　面骨成形术
76.6903　颧骨成形术
76.6904　颧弓成形术
76.6905　颧骨增高术
76.7000　面骨骨折复位术
76.7100　颧骨骨折闭合性复位术
76.7200　颧骨骨折开放性复位术
76.7200x001　颧弓骨折切开复位术
76.7201　颧骨骨折切开复位内固定术
76.7300　上颌骨骨折闭合性复位术
76.7300x001　鼻内窥镜下上颌骨骨折闭合复位术
76.7301　上颌骨折闭合复位伴牙弓夹板结扎固定术
76.7400　上颌骨骨折开放性复位术
76.7401　上颌骨骨折切开复位内固定术
76.7500　下颌骨骨折闭合性复位术
76.7501　下颌骨骨折闭合复位伴牙弓夹板结扎固定术
76.7600　下颌骨骨折开放性复位术
76.7601　髁状突骨折切开复位内固定术
76.7602　下颌骨骨折切开复位内固定术
76.7700　牙槽骨折开放性复位术
76.7701　牙槽骨折切开复位内固定术
76.7702　牙槽骨骨折切开复位伴牙齿栓结术
76.7800x001　面骨骨折闭合复位拉力螺钉内固定术
76.7800x003　齿槽骨折闭合复位内固定术
76.7800x004　齿槽骨折闭合复位术
76.7900x006　面骨骨折切开复位术
76.7900x013　髁突骨折切开复位内固定术
76.7900x014　鼻内镜下眶骨骨折切开复位术
76.7901　面骨骨折切开复位内固定术
76.9100x002　面骨自体骨植入术
76.9100x004　上颌骨自体骨植入术
76.9100x007　下颌骨自体骨植入术
76.9100x010　颧骨自体骨植入术
76.9100x011　颧骨异体骨植入术
76.9101　下颌骨骨移植术
76.9102　上颌骨骨移植术
76.9200x001　面骨硅胶假体置入术
76.9200x003　面骨钛网置入术
76.9200x004　下颌骨钛板置入术
76.9200x005　面部生物材料充填术
76.9200x007　面骨钛网修补术
76.9200x008　面骨人工骨置入术
76.9200x009　面骨人工珊瑚置入术
76.9200x010　面骨表面植骨术
76.9200x011　上颌骨钛板置入术
76.9200x012　上颌骨人工假体置入术

76.9200x013　下颌骨人工假体置入术
76.9201　上颌骨合成物植入术
76.9202　下颌骨合成物植入术
76.9300　颞下颌脱位闭合性复位术
76.9400　颞下颌脱位开放性复位术
76.9500x003　颞下颌关节病损切除术
76.9500x004　颞下颌关节置换术
76.9500x005　颞颌关节盘切除术
76.9500x006　颞颌髁突切除术
76.9500x007　颞颌关节盘固定术
76.9501　颞下颌关节松解术
76.9601　颞下颌关节腔的灌洗治疗
76.9901　面骨假体取出术
78.9900x001　骨牵拉延长器置入术

DH2　颅面骨创伤手术

包含以下主要诊断：
H61.100x002　后天性耳廓畸形
H61.100x005　烧伤后耳廓缺损
H61.100x006　烧伤后小耳畸形
H61.100x009　耳廓瘢痕
H61.101　后天性外耳畸形
H61.102　耳廓瘘
H61.300　后天性外耳道狭窄
H61.800x005　外耳道瘢痕
H61.803　外耳瘘
H61.902　后天性外耳道闭锁
J34.200　鼻中隔偏曲
J34.800x009　后天性鼻孔狭窄
J34.802　后天性鼻腔闭锁
J34.805　鼻孔狭窄
J34.811　鼻腔狭窄
J38.701　后天性喉瘘
J38.702　创伤性喉蹼
J39.213　咽狭窄
K08.102　外伤性牙齿缺失
K13.002　唇瘢痕
K13.008　唇外翻
K13.706　后天性小口畸形
K13.709　腭咽闭合不全
K13.714　软腭肿瘤放疗后畸形
M84.000x081　下颌骨骨折连接不正
M84.000x082　面骨骨折连接不正
M95.001　鞍鼻
M95.002　凹陷性鼻
M95.003　鼻萎陷
M95.005　后天性歪鼻
M95.006　驼峰鼻
M95.007　压扁鼻
M95.100　菜花状耳
M95.201　后天性头部畸形
M95.202　后天性颅骨畸形
M95.203　后天性额骨畸形
M95.204　后天性前额畸形
M95.205　后天性面部畸形
M95.206　后天性面骨畸形
M95.207　茎突过长
M95.208　后天性颊畸形
M95.209　后天性颏畸形
M95.210　翼钩过长
S00.000x053　头皮血肿机化
S00.001　头皮挫伤
S00.002　头皮擦伤
S00.003　头皮异物
S00.004　头皮血肿
S00.300　鼻浅表损伤
S00.300x051　鼻部挫伤
S00.302　鼻血肿
S00.400　耳浅表损伤
S00.400x052　外耳挫伤
S00.401　耳廓挫伤
S00.402　耳廓血肿
S00.403　鼓室挫伤
S00.404　鼓膜挫伤
S00.500　唇和口腔浅表损伤
S00.500x051　唇挫伤
S00.500x052　下颌挫伤
S00.501　口腔浅表损伤
S00.700　头部多处浅表损伤
S00.800x053　颊挫伤
S00.800x054　下颚挫伤
S00.800x055　前额挫伤
S00.800x056　颞部挫伤
S00.801　面部软组织挫伤
S00.802　面部擦伤
S00.803　面部挫伤
S00.804　面部浅表异物
S00.900　头部的浅表损伤
S01.000　头皮开放性伤口
S01.001　头皮裂伤

S01.200x011　鼻表皮开放性损伤
S01.200x021　鼻孔开放性损伤
S01.200x031　鼻中隔开放性损伤
S01.200x091　鼻部开放性损伤伴蝶窦异物
S01.200x092　创伤性鼻部缺损
S01.300x002　耳道开放性损伤
S01.300x011　外耳耳翼开放性损伤
S01.300x012　耳廓开放性损伤
S01.300x031　耳屏开放性损伤
S01.300x051　耳咽管开放性损伤
S01.300x061　听小骨开放性损伤
S01.300x071　中耳开放性损伤
S01.300x081　耳蜗开放性损伤
S01.301　开放性外耳道损伤
S01.302　开放性耳后损伤伴异物
S01.400x011　颊部开放性损伤
S01.400x021　上颌开放性损伤
S01.400x031　腭部开放性损伤
S01.401　开放性颞下颌损伤
S01.500x001　口腔开放性损伤
S01.500x021　口腔黏膜开放性损伤
S01.500x022　脸颊内部开放性损伤
S01.500x042　舌和口底开放性损伤
S01.500x051　上腭开放性损伤
S01.500x052　软腭开放性损伤
S01.501　舌裂伤
S01.502　开放性舌部损伤
S01.503　牙龈裂伤
S01.504　开放性唇部损伤
S01.505　软腭穿通伤
S01.506　唇裂伤
S01.700　头部多处开放性伤口
S01.802　面部裂伤
S01.803　开放性面部损伤
S01.804　开放性腮腺管断裂
S01.900　头部的开放性伤口
S02.200　鼻骨骨折
S02.201　鼻中隔骨折
S02.211　开放性鼻骨骨折
S02.400x001　颧弓骨折
S02.400x003　上颌骨骨折
S02.400x005　上颌窦骨折
S02.401　颧骨骨折
S02.411　开放性上颌骨骨折
S02.412　开放性颧骨骨折
S02.500　创伤性牙折断
S02.500x002　创伤性牙破损
S02.501　创伤性牙齿脱落
S02.600　下颌骨骨折
S02.600x011　髁突骨折
S02.600x021　髁突下部骨折
S02.600x031　下颌骨冠突骨折
S02.600x041　下颌骨支骨折
S02.600x051　颌骨角骨折
S02.600x061　下颌骨纤维软骨体骨折
S02.600x081　下颌骨体骨折
S02.600x091　下颌骨复合骨折
S02.611　开放性下颌骨骨折
S02.612　开放性髁状突骨折
S02.700x004　鼻眶筛骨折
S02.711　开放性多发性面骨骨折
S02.800x003　上腭骨折
S02.802　牙槽骨骨折
S02.803　腭骨折
S02.810　特指开放性颅骨和面骨骨折
S02.812　开放性牙槽骨骨折
S02.813　开放性腭骨折
S02.901　面骨骨折
S02.912　开放性面骨骨折
S03.000　颌关节脱位
S03.000x001　颌软骨脱位
S03.100　鼻中隔软骨脱位
S03.200　牙脱位
S03.301　头部脱位
S03.400　颌关节扭伤和劳损
S03.400x001　颞下颌关节损伤
S03.400x002　颞下颌韧带损伤
S03.501　头部关节和韧带扭伤和劳损
S08.000　头皮撕脱
S08.100　耳创伤性切断
S08.801　创伤性鼻切断
S09.101　头部肌腱损伤
S09.200　耳鼓膜创伤性破裂
S09.800x002　创伤性乳牙损伤
S09.800x003　创伤性鼻窦积血
S09.801　创伤性鼻中隔血肿
S09.900　头部的损伤
S09.900x006　唇部损伤
S09.901　面部损伤
S09.902　眉部损伤

S09.903　鼻损伤
S09.904　耳损伤
S09.905　耳廓损伤
S09.906　舌损伤
S09.907　唾液腺损伤
S10.000x003　咽部挫伤
S10.001　喉挫伤
S10.002　声带挫伤
S10.003　颈部食管挫伤
S10.004　气管挫伤
S10.101　咽血肿
S10.102　咽喉浅表损伤
S10.700　颈部多处浅表损伤
S10.801　会厌浅表损伤
S10.900　颈部的浅表损伤
S10.901　颈部挫伤
S10.902　颈部异物
S11.001　开放性气管损伤
S11.002　开放性喉损伤
S11.003　开放性颈部气管断裂
S11.004　喉气管贯通伤
S11.100x001　甲状腺开放性损伤
S11.201　开放性咽部损伤
S11.700　颈部多处开放性伤口
S11.800x081　会厌开放性损伤
S11.800x082　锁骨上区开放性损伤
S11.900　颈部的开放性伤口
S12.803　舌骨断裂
S12.813　开放性舌骨断裂
S12.814　开放性环状软骨断裂
S12.815　开放性气管软骨断裂
S13.400　颈椎扭伤和劳损
S13.400x003　颈部前纵韧带扭伤
S13.400x005　寰枕关节扭伤
S13.401　挥鞭伤
S13.402　颈部韧带扭伤
S13.403　寰枢关节扭伤
S13.500　甲状腺区扭伤和劳损
S13.500x003　环杓韧带扭伤
S13.500x004　环甲关节扭伤
S13.500x005　环甲韧带扭伤
S13.500x006　喉软骨断裂
S13.500x007　甲状软骨断裂
S13.500x008　环状软骨断裂
S13.500x009　气管软骨断裂
S13.500x010　开放性喉软骨断裂
S13.500x011　开放性甲状软骨断裂
S13.501　甲状软骨扭伤
S13.502　环杓关节扭伤
S13.601　颈部扭伤
S15.001　颈内动脉裂伤
S15.002　颈总动脉裂伤
S15.003　颈外动脉裂伤
S15.004　创伤性颈动脉瘤
S15.005　创伤性颈动脉海绵窦瘘
S15.100　椎动脉损伤
S15.200　颈外静脉损伤
S15.300　颈内静脉损伤
S15.301　颈内静脉断裂
S15.800x002　创伤性椎动静脉瘘
S15.800x003　创伤性甲状腺血管损伤
S15.801　创伤性颈动静脉瘘
S15.900x001　颈部血管损伤
S17.000x001　喉气管挤压伤
S17.000x002　喉挤压伤
S17.001　气管挤压伤
S17.801　咽喉挤压伤
S17.900　颈部挤压伤
S19.800x002　颈部气管损伤
S19.800x004　颈部胸导管损伤
S19.801　咽喉损伤
S19.802　喉损伤
S19.900　颈部损伤
T17.000　鼻窦内异物
T17.001　上颌窦异物
T17.002　筛窦异物
T18.001　口腔软组织异物
T81.800x008　操作后软腭穿孔
T81.800x013　操作中环-杓关节脱位
包含以下主要手术或操作：
01.6x00　颅骨病损的切除术
27.5906　上颌重建术
27.5912　口底重建术
76.0100　面骨死骨切除术
76.0101　下颌骨死骨切除术
76.0102　上颌骨死骨切除术
76.0900x001　面骨切开术
76.0900x003　下颌骨劈开术
76.0900x004　颌骨探查术
76.0903　面骨骨折碎片取出术

76.0905　面骨开窗术
76.2x00x014　面骨病损局部切除术
76.2x01　下颌骨病损切除术
76.2x02　上颌骨病损切除术
76.2x03　面骨骨折清创术
76.2x04　颌骨囊肿摘除术
76.3100x001　下颌骨部分切除术伴植骨术
76.3100x009　髁突高位切除术
76.3100x010　髁突摘除术
76.3100x011　下颌骨部分切除术
76.3100x012　鼻内镜下下颌骨部分切除术
76.3101　下颌骨次全切除术
76.3102　半下颌骨切除术
76.3103　下颌骨角切骨术
76.3104　下颌骨体切骨术
76.3900x003　鼻内窥镜下上颌骨部分切除术
76.3900x013　面骨部分切除术
76.3900x014　上颌骨部分切除伴人工骨置入术
76.3900x016　上颌骨次全切除术
76.3901　上颌骨部分切除伴植骨术
76.3902　上颌骨部分切除术
76.3903　颧骨部分切除术
76.3904　上颌骨部分切除伴假体置入术
76.3905　上颌骨切骨术
76.4100　下颌骨全部切除术同时伴重建术
76.4200x002　下颌骨全部切除术
76.4300x003　下颌骨重建术
76.4301　下颌骨缺损修复术
76.4400x002　面骨骨全部切除伴重建术
76.4400x003　上颌骨全部切除伴重建术
76.4500x003　面骨骨全部切除术
76.4502　上颌骨全部切除术
76.4503　颧骨全切术
76.4600x001　额骨重建术
76.4600x005　颧骨重建术
76.4600x007　上颌骨重建术
76.5x00　颞下颌关节成形术
76.5x00x001　关节镜下颞颌关节成形术
76.6100　下颌支闭合性骨成形术［骨切开术］
76.6200　开放性下颌支骨成形术［骨切开术］
76.6300　下颌骨体骨成形术［骨切开术］
76.6400x002　下颌下缘去骨成形术
76.6400x008　下颌角成形术
76.6400x016　下颌根尖下截骨成形术
76.6400x017　下颌矢状劈开术
76.6401　下颌骨成形术
76.6402　下颌骨截骨成形术
76.6403　下颌后退术
76.6404　下颌前徙术
76.6500x004　上颌骨部分骨成形术
76.6500x006　上颌 LeFort Ⅰ型分块截骨成形术
76.6500x008　上颌 LeFort Ⅱ型分块截骨成形术
76.6500x009　上颌 Lefort Ⅲ型截骨成形术
76.6501　上颌骨成形术
76.6502　上颌 Lefort Ⅰ型截骨成形术
76.6503　上颌 Lefort Ⅱ型截骨成形术
76.6600　上颌骨全骨成形术［骨切开术］
76.6700　颏缩小成形术
76.6800x002　颏成形术
76.6800x003　颏增大成形术
76.6801　颏硅胶植入增大成形术
76.6802　隆颏术
76.6900x003　颧弓降低术
76.6900x004　髁突成形术
76.6901　颌骨修整术
76.6902　面骨成形术
76.6903　颧骨成形术
76.6904　颧弓成形术
76.6905　颧骨增高术
76.7000　面骨骨折复位术
76.7100　颧骨骨折闭合性复位术
76.7200　颧骨骨折开放性复位术
76.7200x001　颧弓骨折切开复位术
76.7201　颧骨骨折切开复位内固定术
76.7300　上颌骨骨折闭合性复位术
76.7300x001　鼻内窥镜下上颌骨骨折闭合复位术
76.7301　上颌骨折闭合复位伴牙弓夹板结扎固定术
76.7400　上颌骨骨折开放性复位术
76.7401　上颌骨骨折切开复位内固定术
76.7500　下颌骨骨折闭合性复位术
76.7501　下颌骨骨折闭合复位伴牙弓夹板结扎固定术
76.7600　下颌骨骨折开放性复位术
76.7601　髁状突骨折切开复位内固定术
76.7602　下颌骨骨折切开复位内固定术
76.7700　牙槽骨折开放性复位术
76.7701　牙槽骨折切开复位内固定术
76.7702　牙槽骨骨折切开复位伴牙齿栓结术
76.7800x001　面骨骨折闭合复位拉力螺钉内固定术
76.7800x003　齿槽骨折闭合复位内固定术
76.7800x004　齿槽骨折闭合复位术

76.7900x006　面骨骨折切开复位术
76.7900x013　髁突骨折切开复位内固定术
76.7900x014　鼻内镜下眶骨骨折切开复位术
76.7901　面骨骨折切开复位内固定术
76.9100x002　面骨自体骨植入术
76.9100x004　上颌骨自体骨植入术
76.9100x007　下颌骨自体骨植入术
76.9100x010　颧骨自体骨植入术
76.9100x011　颧骨异体骨植入术
76.9101　下颌骨骨移植术
76.9102　上颌骨骨移植术
76.9200x001　面骨硅胶假体置入术
76.9200x003　面骨钛网置入术
76.9200x004　下颌骨钛板置入术
76.9200x005　面部生物材料充填术
76.9200x007　面骨钛网修补术
76.9200x008　面骨人工骨置入术
76.9200x009　面骨人工珊瑚置入术
76.9200x010　面骨表面植骨术
76.9200x011　上颌骨钛板置入术
76.9200x012　上颌骨人工假体置入术
76.9200x013　下颌骨人工假体置入术
76.9201　上颌骨合成物植入术
76.9202　下颌骨合成物植入术
76.9300　颞下颌脱位闭合性复位术
76.9400　颞下颌脱位开放性复位术
76.9500x003　颞下颌关节病损切除术
76.9500x004　颞下颌关节置换术
76.9500x005　颞颌关节盘切除术
76.9500x006　颞颌髁突切除术
76.9500x007　颞颌关节盘固定术
76.9501　颞下颌关节松解术
76.9601　颞下颌关节腔的灌洗治疗
76.9901　面骨假体取出术
78.9900x001　骨牵拉延长器置入术

DH3　颞下颌关节手术

包含以下主要诊断：
K07.600　颞下颌关节疾患
K07.600x001　颞下颌关节紊乱病
K07.600x003　颞下颌关节强直
K07.601　陈旧性颞下颌关节脱位
K07.602　颞颌关节综合征
K07.603　颞颌关节骨关节病
K07.604　颞颌关节炎

包含以下主要手术或操作：
01.6x00　颅骨病损的切除术
27.5906　上颌重建术
27.5912　口底重建术
76.0100　面骨死骨切除术
76.0101　下颌骨死骨切除术
76.0102　上颌骨死骨切除术
76.0900x001　面骨切开术
76.0900x003　下颌骨劈开术
76.0900x004　颌骨探查术
76.0903　面骨骨折碎片取出术
76.0905　面骨开窗术
76.2x00x014　面骨病损局部切除术
76.2x01　下颌骨病损切除术
76.2x02　上颌骨病损切除术
76.2x03　面骨骨折清创术
76.2x04　颌骨囊肿摘除术
76.3100x001　下颌骨部分切除术伴植骨术
76.3100x009　髁突高位切除术
76.3100x010　髁突摘除术
76.3100x011　下颌骨部分切除术
76.3100x012　鼻内镜下下颌骨部分切除术
76.3101　下颌骨次全切除术
76.3102　半下颌骨切除术
76.3103　下颌骨角切骨术
76.3104　下颌骨体切骨术
76.3900x003　鼻内窥镜下上颌骨部分切除术
76.3900x013　面骨部分切除术
76.3900x014　上颌骨部分切除伴人工骨置入术
76.3900x016　上颌骨次全切除术
76.3901　上颌骨部分切除伴植骨术
76.3902　上颌骨部分切除术
76.3903　颧骨部分切除术
76.3904　上颌骨部分切除伴假体置入术
76.3905　上颌骨切骨术
76.4100　下颌骨全部切除术同时伴重建术
76.4200x002　下颌骨全部切除术
76.4300x003　下颌骨重建术
76.4301　下颌骨缺损修复术
76.4400x002　面骨骨全部切除伴重建术
76.4400x003　上颌骨全部切除伴重建术
76.4500x003　面骨骨全部切除术
76.4502　上颌骨全部切除术
76.4503　颧骨全切术
76.4600x001　额骨重建术

76.4600x005　颧骨重建术
76.4600x007　上颌骨重建术
76.5x00　颞下颌关节成形术
76.5x00x001　关节镜下颞颌关节成形术
76.6100　下颌支闭合性骨成形术［骨切开术］
76.6200　开放性下颌支骨成形术［骨切开术］
76.6300　下颌骨体骨成形术［骨切开术］
76.6400x002　下颌下缘去骨成形术
76.6400x008　下颌角成形术
76.6400x016　下颌根尖下截骨成形术
76.6400x017　下颌矢状劈开术
76.6401　下颌骨成形术
76.6402　下颌骨截骨成形术
76.6403　下颌后退术
76.6404　下颌前徙术
76.6500x004　上颌骨部分骨成形术
76.6500x006　上颌 LeFort Ⅰ型分块截骨成形术
76.6500x008　上颌 LeFort Ⅱ型分块截骨成形术
76.6500x009　上颌 Lefort Ⅲ型截骨成形术
76.6501　上颌骨成形术
76.6502　上颌 Lefort Ⅰ型截骨成形术
76.6503　上颌 Lefort Ⅱ型截骨成形术
76.6600　上颌骨全骨成形术［骨切开术］
76.6700　颏缩小成形术
76.6800x002　颏成形术
76.6800x003　颏增大成形术
76.6801　颏硅胶植入增大成形术
76.6802　隆颏术
76.6900x003　颧弓降低术
76.6900x004　髁突成形术
76.6901　颌骨修整术
76.6902　面骨成形术
76.6903　颧骨成形术
76.6904　颧弓成形术
76.6905　颧骨增高术
76.7000　面骨骨折复位术
76.7100　颧骨骨折闭合性复位术
76.7200　颧骨骨折开放性复位术
76.7200x001　颧弓骨折切开复位术
76.7201　颧骨骨折切开复位内固定术
76.7300　上颌骨骨折闭合性复位术
76.7300x001　鼻内窥镜下上颌骨骨折闭合复位术
76.7301　上颌骨折闭合复位伴牙弓夹板结扎固定术
76.7400　上颌骨骨折开放性复位术
76.7401　上颌骨骨折切开复位内固定术
76.7500　下颌骨骨折闭合性复位术
76.7501　下颌骨骨折闭合复位伴牙弓夹板结扎固定术
76.7600　下颌骨骨折开放性复位术
76.7601　髁状突骨折切开复位内固定术
76.7602　下颌骨骨折切开复位内固定术
76.7700　牙槽骨折开放性复位术
76.7701　牙槽骨折切开复位内固定术
76.7702　牙槽骨骨折切开复位伴牙齿栓结术
76.7800x001　面骨骨折闭合复位拉力螺钉内固定术
76.7800x003　齿槽骨折闭合复位内固定术
76.7800x004　齿槽骨折闭合复位术
76.7900x006　面骨骨折切开复位术
76.7900x013　髁突骨折切开复位内固定术
76.7900x014　鼻内镜下眶骨骨折切开复位术
76.7901　面骨骨折切开复位内固定术
76.9100x002　面骨自体骨植入术
76.9100x004　上颌骨自体骨植入术
76.9100x007　下颌骨自体骨植入术
76.9100x010　颧骨自体骨植入术
76.9100x011　颧骨异体骨植入术
76.9101　下颌骨骨移植术
76.9102　上颌骨骨移植术
76.9200x001　面骨硅胶假体置入术
76.9200x003　面骨钛网置入术
76.9200x004　下颌骨钛板置入术
76.9200x005　面部生物材料充填术
76.9200x007　面骨钛网修补术
76.9200x008　面骨人工骨置入术
76.9200x009　面骨人工珊瑚置入术
76.9200x010　面骨表面植骨术
76.9200x011　上颌骨钛板置入术
76.9200x012　上颌骨人工假体置入术
76.9200x013　下颌骨人工假体置入术
76.9201　上颌骨合成物植入术
76.9202　下颌骨合成物植入术
76.9300　颞下颌脱位闭合性复位术
76.9400　颞下颌脱位开放性复位术
76.9500x003　颞下颌关节病损切除术
76.9500x004　颞下颌关节置换术
76.9500x005　颞颌关节盘切除术
76.9500x006　颞颌髁突切除术
76.9500x007　颞颌关节盘固定术
76.9501　颞下颌关节松解术
76.9601　颞下颌关节腔的灌洗治疗
76.9901　面骨假体取出术

78.9900x001 骨牵拉延长器置入术

DH4 颅面骨其他手术

包含以下主要手术或操作：
01.6x00 颅骨病损的切除术
27.5906 上颌重建术
27.5912 口底重建术
76.0100 面骨死骨切除术
76.0101 下颌骨死骨切除术
76.0102 上颌骨死骨切除术
76.0900x001 面骨切开术
76.0900x003 下颌骨劈开术
76.0900x004 颌骨探查术
76.0903 面骨骨折碎片取出术
76.0905 面骨开窗术
76.2x00x014 面骨病损局部切除术
76.2x01 下颌骨病损切除术
76.2x02 上颌骨病损切除术
76.2x03 面骨骨折清创术
76.2x04 颌骨囊肿摘除术
76.3100x001 下颌骨部分切除术伴植骨术
76.3100x009 髁突高位切除术
76.3100x010 髁突摘除术
76.3100x011 下颌骨部分切除术
76.3100x012 鼻内镜下下颌骨部分切除术
76.3101 下颌骨次全切除术
76.3102 半下颌骨切除术
76.3103 下颌骨角切骨术
76.3104 下颌骨体切骨术
76.3900x003 鼻内窥镜下上颌骨部分切除术
76.3900x013 面骨部分切除术
76.3900x014 上颌骨部分切除伴人工骨置入术
76.3900x016 上颌骨次全切除术
76.3901 上颌骨部分切除伴植骨术
76.3902 上颌骨部分切除术
76.3903 颧骨部分切除术
76.3904 上颌骨部分切除伴假体置入术
76.3905 上颌骨切骨术
76.4100 下颌骨全部切除术同时伴重建术
76.4200x002 下颌骨全部切除术
76.4300x003 下颌骨重建术
76.4301 下颌骨缺损修复术
76.4400x002 面骨骨全部切除伴重建术
76.4400x003 上颌骨全部切除伴重建术
76.4500x003 面骨骨全部切除术
76.4502 上颌骨全部切除术
76.4503 颧骨全切术
76.4600x001 额骨重建术
76.4600x005 颧骨重建术
76.4600x007 上颌骨重建术
76.5x00 颞下颌关节成形术
76.5x00x001 关节镜下颞颌关节成形术
76.6100 下颌支闭合性骨成形术［骨切开术］
76.6200 开放性下颌支骨成形术［骨切开术］
76.6300 下颌骨体成形术［骨切开术］
76.6400x002 下颌下缘去骨成形术
76.6400x008 下颌角成形术
76.6400x016 下颌根尖下截骨成形术
76.6400x017 下颌矢状劈开术
76.6401 下颌骨成形术
76.6402 下颌骨截骨成形术
76.6403 下颌后退术
76.6404 下颌前徙术
76.6500x004 上颌骨部分骨成形术
76.6500x006 上颌LeFort Ⅰ型分块截骨成形术
76.6500x008 上颌LeFort Ⅱ型分块截骨成形术
76.6500x009 上颌Lefort Ⅲ型截骨成形术
76.6501 上颌骨成形术
76.6502 上颌Lefort Ⅰ型截骨成形术
76.6503 上颌Lefort Ⅱ型截骨成形术
76.6600 上颌骨全骨成形术［骨切开术］
76.6700 颏缩小成形术
76.6800x002 颏成形术
76.6800x003 颏增大成形术
76.6801 颏硅胶植入增大成形术
76.6802 隆颏术
76.6900x003 颧弓降低术
76.6900x004 髁突成形术
76.6901 颌骨修整术
76.6902 面骨成形术
76.6903 颧骨成形术
76.6904 颧弓成形术
76.6905 颧骨增高术
76.7000 面骨骨折复位术
76.7100 颧骨骨折闭合性复位术
76.7200 颧骨骨折开放性复位术
76.7200x001 颧弓骨折切开复位术
76.7201 颧骨骨折切开复位内固定术
76.7300 上颌骨骨折闭合性复位术
76.7300x001 鼻内窥镜下上颌骨骨折闭合复位术

76.7301　上颌骨折闭合复位伴牙弓夹板结扎固定术
76.7400　上颌骨骨折开放性复位术
76.7401　上颌骨骨折切开复位内固定术
76.7500　下颌骨骨折闭合性复位术
76.7501　下颌骨骨折闭合复位伴牙弓夹板结扎固定术
76.7600　下颌骨骨折开放性复位术
76.7601　髁状突骨折切开复位内固定术
76.7602　下颌骨骨折切开复位内固定术
76.7700　牙槽骨折开放性复位术
76.7701　牙槽骨折切开复位内固定术
76.7702　牙槽骨骨折切开复位伴牙齿栓结术
76.7800x001　面骨骨折闭合复位拉力螺钉内固定术
76.7800x003　齿槽骨折闭合复位内固定术
76.7800x004　齿槽骨折闭合复位术
76.7900x006　面骨骨折切开复位术
76.7900x013　髁突骨折切开复位内固定术
76.7900x014　鼻内镜下眶骨骨折切开复位术
76.7901　面骨骨折切开复位内固定术
76.9100x002　面骨自体骨植入术
76.9100x004　上颌骨自体骨植入术
76.9100x007　下颌骨自体骨植入术
76.9100x010　颧骨自体骨植入术
76.9100x011　颧骨异体骨植入术
76.9101　下颌骨骨移植术
76.9102　上颌骨骨移植术
76.9200x001　面骨硅胶假体置入术
76.9200x003　面骨钛网置入术
76.9200x004　下颌骨钛板置入术
76.9200x005　面部生物材料充填术
76.9200x007　面骨钛网修补术
76.9200x008　面骨人工骨置入术
76.9200x009　面骨人工珊瑚置入术
76.9200x010　面骨表面植骨术
76.9200x011　上颌骨钛板置入术
76.9200x012　上颌骨人工假体置入术
76.9200x013　下颌骨人工假体置入术
76.9201　上颌骨合成物植入术
76.9202　下颌骨合成物植入术
76.9300　颞下颌脱位闭合性复位术
76.9400　颞下颌脱位开放性复位术
76.9500x003　颞下颌关节病损切除术
76.9500x004　颞下颌关节置换术
76.9500x005　颞颌关节盘切除术
76.9500x006　颞颌髁突切除术
76.9500x007　颞颌关节盘固定术
76.9501　颞下颌关节松解术
76.9601　颞下颌关节腔的灌洗治疗
76.9901　面骨假体取出术
78.9900x001　骨牵拉延长器置入术

DJ1　头、颈、耳、鼻、咽、口其他手术

包含以下主要手术或操作：
27.3103　腭囊肿切除术
04.0101　经乙状窦后入路听神经瘤切除术
04.0102　经迷路内听道听神经瘤切除术
04.0103　前庭神经切断术
04.0202　颞下三叉神经根切断术
04.0300x011　面神经分支切断术
04.0303　面神经切断术
04.0304　周围神经切断术
04.0401　面神经解剖术
04.0402　颅神经探查术
04.0404　面神经探查术
04.0405　喉返神经探查术
04.0406　副神经探查术
04.0407　舌下神经探查术
04.0408　周围神经探查术
04.0705　下牙槽神经撕脱术
04.0706　舌神经撕脱术
04.0708　视神经病损切除术
04.0710　面神经病损切除术
04.0711　听神经病损切除术
04.0712　鼓室神经丛切除术
04.0724　面神经切除术
04.0726　经乙状窦后入路听神经切除术
04.0728　经迷路内听道前庭神经切除术
04.4101　三叉神经微血管减压术
04.4203　面神经减压术
04.4204　面神经微血管减压术
04.4205　内镜下面神经微血管减压术
04.4206　听神经减压术
04.4207　听神经根粘连松解术
04.4209　舌咽神经微血管减压术
04.4211　迷走神经减压术
04.4212　喉返神经松解术
04.4213　副神经减压术
04.4902　舌神经根松解术
04.6x02　耳大神经移位术
04.6x03　下牙槽神经移位术
04.7100　舌下神经-面神经吻合术

04.7200　副神经-面神经吻合术
04.7402　面神经吻合术
04.7404　舌下神经吻合术
04.7405　牙槽神经吻合术
04.7406　迷走神经吻合术
06.7x00　甲状舌管切除术
06.7x00x003　甲状舌管瘘闭合术
06.7x01　甲状舌管病损切除术
06.7x02　甲状舌管瘘切除术
09.4300　鼻泪管探通术
09.4402　鼻泪管激光探通插管术
09.4404　人工泪管置入术
09.4900x002　鼻内镜下人工泪管取出术
09.9900x002　泪囊瘘口封闭术
18.3100　外耳病损根治性切除术
18.9x00x009　耳前皮肤扩张器取出术
18.9x00x010　耳后皮肤扩张器取出术
20.6200　内耳开窗术的修复术
20.9901　人工耳蜗取出术
20.9902　人工耳蜗电极取出术
20.9903　人工耳蜗电极修正术
21.0400　控制鼻出血，用筛动脉结扎术
21.3200x007　鼻死骨切除术
21.9900x002　鼻清创术
23.0100　拔除乳牙
23.0900x003　齿钳拔牙
23.1100　拔除残根
23.1900x003　拔牙术
23.1900x006　阻生齿拔除术伴翻瓣
23.1900x007　阻生齿拔除术不伴翻瓣
23.1901　全口牙拔除术
23.1902　阻生牙拔除术
23.4100　安装牙冠
23.4200　置入固定桥
23.4900x001　牙冠延长术
23.6x00x002　义齿种植
23.6x00x003　义齿种植一期手术（种植体固定钉置入术）
23.6x00x004　义齿种植二期手术（种植体基桩连接术）
23.7100　根管治疗，冲洗术
23.7200　根管治疗伴根尖切除术
23.7300　根尖切除术
23.7300x001　根尖病损切除术
23.7301　根尖搔刮术
24.0x00x002　牙槽切开术
24.0x00x003　牙龈切开术
24.2x00　牙龈成形术
24.2x01　牙龈成形术伴移植
24.3100x003　牙龈病损切除术
24.3101　牙周病损切除术
24.3200x001　牙龈缝合术
24.3900x001　牙龈沟加深术
24.3900x002　牙龈翻瓣术
24.4x00x002　牙源性颌骨病损切除术
24.4x01　颌骨上牙囊肿切除术
24.4x02　牙齿囊肿袋形缝合术
24.4x03　牙周囊肿切除术
24.4x04　根尖囊肿切除术
24.4x05　牙槽病损切除术
24.4x06　牙源性皮瘘切除术
24.5x00x003　牙槽植骨成形术
24.5x00x005　牙槽切除术
24.5x01　牙槽修补术
24.5x02　牙槽嵴植骨修复术
24.5x03　牙槽部分切除术
24.5x04　牙槽骨修整术
24.5x05　牙槽嵴裂植骨术
24.6x01　牙导萌术
24.6x02　牙冠龈盖切除术
24.6x03　牙嵌顿结扎术
24.8x03　牙弓修补术
24.8x04　牙间隙裂闭合术
24.9101　唇颊沟牵伸术
24.9102　唇颊沟加深术
24.9103　舌沟牵伸术
24.9104　舌沟加深术
24.9105　口腔前庭成形术
24.9900　其他牙手术
25.1x01　舌病损切除术
25.1x02　舌病损破坏术
25.1x03　舌射频治疗术
25.1x04　支撑喉镜下舌根部病损切除术
25.1x05　支撑喉镜下舌病损激光烧灼术
25.2x00　舌部分切除术
25.2x01　半舌切除术
25.3x00　舌全部切除术
25.4x00x001　舌扩大性切除术
25.5100x001　舌缝合术
25.5900x002　舌根射频消融术

25.5900x008　舌修补术
25.5900x009　颏舌肌前移术
25.5900x010　舌根牵引固定术
25.5900x011　舌骨悬吊术
25.5900x012　舌瓣断蒂术
25.5901　舌筋膜悬吊术
25.5902　舌悬吊术
25.5903　道格拉斯手术
25.5904　舌根牵引伴舌骨悬吊术
25.5905　舌移植皮瓣修补术
25.5906　舌体舌根减容术
25.9100x001　舌系带延长术
25.9101　舌系带整形术
25.9200　舌系带切除术
25.9300　舌粘连松解术
25.9400x002　舌切开异物去除术
25.9900x001　舌系带成形术
26.0x00x002　唾液腺切开术
26.0x00x004　唾液腺导管切开术
26.0x00x005　涎腺切开异物去除术
26.2100x001　唾液腺造袋术
26.2101　颌下囊肿袋形缝合术
26.2901　腮腺病损切除术
26.2902　涎腺病损切除术
26.2903　舌下腺病损切除术
26.2904　颌下腺病损切除术
26.2905　颌下腺导管结石去除术
26.2906　副腮腺病损切除术
26.3000　涎腺切除术
26.3100x008　腮腺深叶切除术
26.3100x009　腮腺浅叶切除术
26.3101　腮腺部分切除术
26.3102　腮腺叶切除术
26.3103　舌下腺部分切除术
26.3104　颌下腺部分切除术
26.3105　副腮腺切除术
26.3200x001　唇腺切除术
26.3201　腮腺切除术
26.3202　舌下腺切除术
26.3203　颌下腺切除术
26.4100x001　唾液腺缝合术
26.4200x001　唾液腺瘘修补术
26.4200x002　腮腺导管瘘修补术
26.4900x001　下颌下腺移植术后导管重建术
26.4900x005　腮腺管口移植术
26.4900x006　唾液腺管修补术
26.4900x008　下颌下腺导管口转位术
26.4902　腮腺管吻合术
26.4903　腮腺导管重建术
26.4904　颌下腺导管重建术
26.4905　腮腺管移植术
26.4906　腮腺脱细胞异体真皮补片修补术
26.9900x001　腮腺导管再通术
26.9901　腮腺导管结扎术
27.0x11　翼腭窝切开异物取出术
27.1x01　腭切开探查术
27.3101　硬腭病损切除术
27.3102　硬腭射频消融术
27.3104　硬腭部分切除术
27.3200x001　硬腭病损广泛切除术
27.3201　牙槽骨隆突切除修整术
27.3202　腭广泛切除术
27.3203　腭全切除术
27.4100　唇系带切除术
27.4200　唇病损广泛切除术
27.4300x010　唇部皮肤和皮下坏死组织切除清创术
27.4301　唇病损切除术
27.4302　唇病损激光烧灼术
27.4900x007　口底病损切除术
27.4900x009　口腔病损激光烧灼术
27.4900x014　软腭病损射频消融术
27.4900x018　磨牙后区病损切除术
27.4900x019　口角病损切除术
27.4900x020　软腭部分切除术
27.4901　口腔黏膜病损切除术
27.4902　颌下区病损切除术
27.4903　颊内部病损切除术
27.4904　软腭病损切除术
27.4905　鼻唇病损切除术
27.4906　口腔病损切除术
27.4907　口病损射频消融术
27.4908　口病损激光烧灼术
27.4909　软腭射频消融术
27.4910　软腭切除术
27.5100　唇裂伤缝合术
27.5200　口的其他部分裂伤缝合术
27.5500x002　唇全厚植皮术
27.5600x002　唇中厚植皮术
27.5700x005　交叉唇瓣转移术
27.5701　唇皮瓣移植术

27.5703　唇带蒂皮瓣移植术
27.7200　腭垂切除术
27.7201　腭垂部分切除术
27.7301　二氧化碳激光双下甲咽侧索气化术
27.7901　悬雍垂病损切除术
27.9900x001　半侧颜面萎缩矫正术
27.9900x005　面部病损切除术
27.9900x007　面瘫矫正术
27.9900x009　面斜裂矫正术
27.9900x010　颊系带切开术
27.9901　颊部病损切除术
27.9902　颏下病损切除术
27.9903　颊脂垫修复术
27.9904　颅颌面裂矫形术
28.9100　扁桃体和腺样增殖体切开去除异物
29.9900　咽的其他手术
38.6000x012　血管病损切除术
38.6000x013　血管球瘤切除术
39.2900x013　颈内静脉-锁骨下静脉自体血管搭桥术
39.5300x013　颈动静脉瘘修补术
39.7900x013　锁骨下动脉栓塞术
39.9000x034　锁骨下动脉覆膜支架置入术
39.9008　锁骨下动脉支架置入术
39.9800x001　伤口止血术
39.9800x003　颈内动脉瘤破裂止血术
39.9801　手术后伤口止血术
40.1100x003　腹腔镜下淋巴结活检术
40.2100　深部颈淋巴结切除术
40.2900x002　单纯淋巴结切除术
40.2900x008　颌下淋巴结切除术
40.2900x021　颈淋巴结切除术
40.2900x022　淋巴结切除术
40.2900x024　颏下淋巴结切除术
40.2901　锁骨上淋巴结切除术
40.2910　淋巴管瘤切除术
40.3x00x001　淋巴结扩大性区域性切除术
40.3x00x002　淋巴结区域性切除术
40.5901　颌下淋巴结清扫术
40.9x00x003　周围淋巴管-小静脉吻合术
40.9x00x004　淋巴干-小静脉吻合术
40.9x00x008　淋巴水肿矫正Homans-Macey手术［Homan手术］
40.9x00x009　淋巴水肿矫正Charles手术［Charles手术］
40.9x00x010　淋巴水肿矫正Thompson手术［Thompson手术］
40.9x00x013　淋巴管瘘结扎术
40.9x00x014　淋巴管瘘切除术
40.9x00x015　淋巴管瘘粘连术
40.9x00x016　淋巴管瘤注射术
40.9x09　淋巴管静脉吻合术
42.0902　食管切开探查术
42.1100　颈部食管造口术
42.1901　胸部食管造口术
42.2500　开放性食管活组织检查
42.3100x001　食管憩室切除术
42.4100x008　食管内翻拔脱术
76.9700x001　眶骨内固定装置取出术
76.9700x002　颧骨内固定装置取出术
76.9701　下颌骨内固定装置取出术
76.9702　上颌骨内固定装置取出术
79.7900x002　环杓关节脱位闭合复位术
83.1900x005　环咽肌切断术
86.2200x011　皮肤和皮下坏死组织切除清创术
86.2201　皮肤伤口切除性清创术
86.3x02　皮肤病损切除术
86.3x03　皮下组织病损切除术
86.3x10x067　腔镜下皮下组织病损切除术
86.3x12　皮肤病损激光治疗
86.8702　颞部脂肪移植充填术
86.8900x002　面部皮肤部分切除整形术
86.8900x014　颈部皮肤部分切除整形术
86.9301　皮肤扩张器植入术
86.9302　皮肤扩张器调整术
98.2201　非切开头皮异物去除
98.2204　非切开颈部异物去除

DK1　其他头、颈、耳、鼻、咽、口治疗操作

包含以下主要手术或操作：
20.7200　内耳注射
21.0100　控制鼻出血，用前鼻孔填塞
21.0200　控制鼻出血，用后鼻孔（和前鼻孔）填塞
21.0200x001　蝶窦填塞止血术
21.0200x002　上颌窦填塞止血术
21.0300x003　鼻内窥镜下鼻微波烧灼止血术
21.0300x004　鼻内窥镜下电凝止血术
21.0301　鼻出血激光烧灼术
21.0302　鼻出血电凝术
21.0501　内镜下蝶腭动脉结扎术
21.0600　控制鼻出血，用颈外动脉结扎术

21.0901　鼻出血冷冻术
21.0903　内镜下颌内动脉栓塞（用于鼻衄）
22.0200　经自然孔的鼻窦抽吸或灌洗
22.1200　鼻窦开放性活组织检查
23.5x01　自体牙再植术
23.7000x001　牙神经摘除术
23.7001　牙髓切除术
23.7002　根管填充术
24.7x01　安装牙齿矫正器
24.7x02　牙钢丝矫形术
24.7x03　安装牙齿弓形杆
24.7x04　安装牙周夹板矫形
24.8x02　咬合调整
25.0200　开放性舌活组织检查
25.0201　舌楔形活组织检查
26.9101　腮腺导管探查术
27.2901　上颚穿刺术
27.9200x001　唇切开异物去除术
31.0x00x001　支撑喉镜下喉注射治疗
31.4502　开放性喉活组织检查术
31.9400　气管注入局部作用的治疗性物质
31.9804　喉支架调整术
31.9805　喉支架取出术
31.9806　喉模取出术
31.9900x001　内镜下气管支架取出术
31.9902　气管扩张管去除术
96.0600　森斯塔管置入
98.0101　口腔异物取出术
98.1100x001　耳内异物去除
98.1200x001　鼻腔内异物去除
98.1201　内镜下鼻腔异物取出术
98.1300x001　咽内异物去除
98.1400x001　喉内异物去除
98.1400x002　内镜下喉模去除
98.1501　非切开气管异物取出术

DR1　头、颈、耳、鼻、咽、口恶性肿瘤

包含以下主要诊断：
C00.000　外上唇恶性肿瘤
C00.001　外上唇口红区恶性肿瘤
C00.002　外上唇唇红缘恶性肿瘤
C00.100　外下唇恶性肿瘤
C00.101　外下唇口红区恶性肿瘤
C00.102　外下唇唇红缘恶性肿瘤
C00.200　外唇的恶性肿瘤
C00.200x002　外唇唇红缘恶性肿瘤
C00.300　上唇内面恶性肿瘤
C00.301　上唇内面颊侧面恶性肿瘤
C00.302　上唇内面系带恶性肿瘤
C00.303　上唇内面黏膜恶性肿瘤
C00.304　上唇内面口腔面恶性肿瘤
C00.400　下唇内面恶性肿瘤
C00.401　下唇内面颊侧面恶性肿瘤
C00.402　下唇内面系带恶性肿瘤
C00.403　下唇内面黏膜恶性肿瘤
C00.404　下唇内面口腔面恶性肿瘤
C00.500　唇内面的恶性肿瘤
C00.500x002　唇内面黏膜恶性肿瘤
C00.500x003　唇内面口腔面恶性肿瘤
C00.500x004　唇内面系带恶性肿瘤
C00.500x005　唇内面颊侧面恶性肿瘤
C00.600　唇连合的恶性肿瘤
C00.800　唇交搭跨越恶性肿瘤的损害
C00.900　唇恶性肿瘤
C01.x00　舌根恶性肿瘤
C01.x00x003　舌后三分之一恶性肿瘤
C01.x01　舌根背面恶性肿瘤
C02.000　舌背面恶性肿瘤
C02.000x002　舌前三分之二背面恶性肿瘤
C02.100　舌缘恶性肿瘤
C02.100x001　舌尖及侧缘的恶性肿瘤
C02.101　舌尖恶性肿瘤
C02.200　舌腹面恶性肿瘤
C02.200x002　舌前三分之二腹面恶性肿瘤
C02.201　舌系带恶性肿瘤
C02.300　舌前三分之二部位的恶性肿瘤
C02.300x002　舌中三分之一恶性肿瘤
C02.300x003　舌活动部分恶性肿瘤
C02.400　舌扁桃体恶性肿瘤
C02.800　舌交搭跨越恶性肿瘤的损害
C02.900　舌恶性肿瘤
C02.900x002　舌多处恶性肿瘤
C03.000　上牙龈恶性肿瘤
C03.000x002　上颌恶性肿瘤
C03.001　上颌软组织恶性肿瘤
C03.100　下牙龈恶性肿瘤
C03.100x002　下颌恶性肿瘤
C03.101　下颌软组织恶性肿瘤
C03.900　牙龈恶性肿瘤
C03.900x001　颌结缔组织恶性肿瘤

C03.901　颌软组织恶性肿瘤
C04.000　口底前部恶性肿瘤
C04.100　口底侧部恶性肿瘤
C04.800　口底交搭跨越恶性肿瘤的损害
C04.900　口底恶性肿瘤
C05.000　硬腭恶性肿瘤
C05.100　软腭恶性肿瘤
C05.200　悬雍垂恶性肿瘤
C05.800　腭交搭跨越恶性肿瘤的损害
C05.900　腭恶性肿瘤
C05.900x002　口顶恶性肿瘤
C06.000　颊黏膜恶性肿瘤
C06.001　颊内部恶性肿瘤
C06.100　口前庭恶性肿瘤
C06.100x002　上颊沟恶性肿瘤
C06.100x003　下颊沟恶性肿瘤
C06.100x004　上唇沟恶性肿瘤
C06.100x005　下唇沟恶性肿瘤
C06.101　颊龈沟恶性肿瘤
C06.102　唇龈沟恶性肿瘤
C06.200　磨牙后区恶性肿瘤
C06.800　口的其他和未特指部位交搭跨越恶性肿瘤的损害
C06.900　口恶性肿瘤
C06.901　小涎腺恶性肿瘤
C06.902　口腔黏膜恶性肿瘤
C07.x00　腮腺恶性肿瘤
C07.x00x003　副腮腺恶性肿瘤
C08.000　下颌下腺恶性肿瘤
C08.100　舌下腺恶性肿瘤
C08.800　大涎腺交搭跨越恶性肿瘤的损害
C08.800x001　舌下腺及下颌下腺恶性肿瘤
C08.900　大涎腺恶性肿瘤
C08.900x001　唾液腺恶性肿瘤
C09.000　扁桃体窝恶性肿瘤
C09.100　扁桃体柱恶性肿瘤（前）（后）
C09.100x001　舌腭弓恶性肿瘤
C09.100x002　前扁桃体柱恶性肿瘤
C09.100x003　后扁桃体柱恶性肿瘤
C09.800　扁桃体交搭跨越恶性肿瘤的损害
C09.900　扁桃体恶性肿瘤
C09.901　咽门扁桃体恶性肿瘤
C09.902　腭扁桃体恶性肿瘤
C10.000　会厌谷恶性肿瘤
C10.100　会厌前面恶性肿瘤
C10.101　会厌边缘恶性肿瘤
C10.102　舌会厌褶恶性肿瘤
C10.200　口咽侧壁恶性肿瘤
C10.300　口咽后壁恶性肿瘤
C10.400　鳃裂恶性肿瘤
C10.800　口咽交搭跨越恶性肿瘤的损害
C10.800x002　口咽连接部恶性肿瘤
C10.900　口咽恶性肿瘤
C11.000　鼻咽上壁恶性肿瘤
C11.001　鼻咽顶恶性肿瘤
C11.100　鼻咽后壁恶性肿瘤
C11.101　腺样体恶性肿瘤
C11.102　咽扁桃体恶性肿瘤
C11.200　鼻咽侧壁恶性肿瘤
C11.200x002　罗森米窝恶性肿瘤
C11.201　咽鼓管开口恶性肿瘤
C11.202　咽隐窝恶性肿瘤
C11.300　鼻咽前壁恶性肿瘤
C11.300x001　鼻中隔后缘恶性肿瘤
C11.300x004　软腭的鼻咽后面恶性肿瘤
C11.300x005　软腭的鼻咽上面恶性肿瘤
C11.300x006　鼻后缘恶性肿瘤
C11.301　鼻咽底恶性肿瘤
C11.302　鼻后孔恶性肿瘤
C11.800　鼻咽交搭跨越恶性肿瘤的损害
C11.801　鼻咽多壁恶性肿瘤
C11.900　鼻咽恶性肿瘤
C11.901　鼻咽壁恶性肿瘤
C12.x00x002　梨状窝恶性肿瘤
C13.000　环状软骨后部恶性肿瘤
C13.100x001　杓状会厌褶恶性肿瘤
C13.100x002　杓状会厌褶边缘区恶性肿瘤
C13.101　咽下面恶性肿瘤
C13.200　下咽后壁恶性肿瘤
C13.800　下咽交搭跨越恶性肿瘤的损害
C13.900　下咽恶性肿瘤
C13.901　下咽壁恶性肿瘤
C14.000　咽恶性肿瘤
C14.001　咽喉恶性肿瘤
C14.002　咽侧壁恶性肿瘤
C14.003　咽后壁恶性肿瘤
C14.200　瓦尔代尔扁桃体环恶性肿瘤
C14.800　唇、口腔和咽交搭跨越恶性肿瘤的损害
C14.800x001　颊部及牙龈恶性肿瘤
C14.800x002　舌根及咽部恶性肿瘤

C14.800x003　舌根和咽部及喉部恶性肿瘤
C14.800x004　舌部及口底恶性肿瘤
C14.800x005　口腔及咽部恶性肿瘤
C14.800x006　腭部及咽部恶性肿瘤
C14.800x007　舌下腺及舌根恶性肿瘤
C30.000　鼻腔恶性肿瘤
C30.001　鼻软骨恶性肿瘤
C30.002　鼻甲恶性肿瘤
C30.003　内鼻恶性肿瘤
C30.004　鼻中隔恶性肿瘤
C30.005　鼻前庭恶性肿瘤
C30.100　中耳恶性肿瘤
C30.101　咽鼓管恶性肿瘤
C30.102　乳突恶性肿瘤
C30.103　内耳恶性肿瘤
C31.000　上颌窦恶性肿瘤
C31.100　筛窦恶性肿瘤
C31.200　额窦恶性肿瘤
C31.300　蝶窦恶性肿瘤
C31.800　鼻旁窦交搭跨越恶性肿瘤的损害
C31.801　筛窦蝶窦恶性肿瘤
C31.900x001　鼻窦恶性肿瘤
C32.000　声门恶性肿瘤
C32.001　声带恶性肿瘤
C32.100　声门上恶性肿瘤
C32.100x004　会厌后面（喉面）恶性肿瘤
C32.101　会厌恶性肿瘤
C32.102　喉外部恶性肿瘤
C32.103　假声带恶性肿瘤
C32.104　喉室带恶性肿瘤
C32.200　声门下恶性肿瘤
C32.300　喉软骨恶性肿瘤
C32.800　喉交搭跨越恶性肿瘤的损害
C32.900　喉恶性肿瘤
C39.000　上呼吸道的恶性肿瘤
C39.801　鼻腔，鼻窦恶性肿瘤
C41.000x018　颅骨恶性肿瘤
C41.000x019　斜坡恶性肿瘤
C41.000x020　舌骨恶性肿瘤
C41.000x021　犁骨恶性肿瘤
C41.000x023　颚骨恶性肿瘤
C41.000x025　鼻甲骨恶性肿瘤
C41.000x027　颌面骨恶性肿瘤
C41.001　面骨恶性肿瘤
C41.002　额骨恶性肿瘤
C41.003　顶骨恶性肿瘤
C41.004　枕骨恶性肿瘤
C41.005　蝶骨恶性肿瘤
C41.006　筛骨恶性肿瘤
C41.007　颞骨恶性肿瘤
C41.008　眶骨恶性肿瘤
C41.009　鼻骨恶性肿瘤
C41.010　颧骨恶性肿瘤
C41.011　上颌骨恶性肿瘤
C41.012　眉弓恶性肿瘤
C41.100　下颌骨恶性肿瘤
C41.100x002　髁突恶性肿瘤
C43.000　唇恶性黑色素瘤
C43.200x001　耳廓恶性黑色素瘤
C43.200x003　耳恶性黑色素瘤
C43.201　外耳道恶性黑色素瘤
C43.300　面部恶性黑色素瘤
C43.302　鼻恶性黑色素瘤
C43.400x002　头皮恶性黑色素瘤
C43.401　颈部恶性黑色素瘤
C44.000　唇皮肤恶性肿瘤
C44.200x001　耳部皮肤恶性肿瘤
C44.201　外耳道皮肤恶性肿瘤
C44.300　面部皮肤恶性肿瘤
C44.300x005　颞部皮肤恶性肿瘤
C44.300x006　鼻翼皮肤恶性肿瘤
C44.302　额部皮肤恶性肿瘤
C44.304　鼻部皮肤恶性肿瘤
C44.305　颌下皮肤恶性肿瘤
C44.306　鼻唇沟恶性肿瘤
C44.307　颏部恶性肿瘤
C44.400x004　头皮恶性肿瘤
C44.401　颈部皮肤恶性肿瘤
C46.200　腭卡波西肉瘤
C47.000x004　耳部周围神经和自主神经恶性肿瘤
C47.000x005　颞下窝周围神经和自主神经恶性肿瘤
C47.000x006　翼腭窝周围神经和自主神经恶性肿瘤
C47.000x007　咽旁间隙周围神经和自主神经恶性肿瘤
C47.000x008　咽后间隙周围神经和自主神经恶性肿瘤
C47.000x009　眼睑周围神经和自主神经恶性肿瘤
C47.000x010　鼻部周围神经和自主神经恶性肿瘤
C47.000x011　颈丛恶性肿瘤
C49.000x004　颞部结缔组织恶性肿瘤

C49.000x005　头部结缔组织恶性肿瘤
C49.001　面部结缔组织和软组织恶性肿瘤
C49.002　颈部结缔组织和软组织恶性肿瘤
C49.004　耳部结缔组织恶性肿瘤
C49.005　翼腭窝结缔组织恶性肿瘤
C71.900x009　翼腭窝恶性肿瘤
C71.900x010　颞下窝恶性肿瘤
C76.000x002　头部恶性肿瘤
C76.000x007　颌下恶性肿瘤
C76.001　面部恶性肿瘤
C76.002　颈部恶性肿瘤
C76.003　颊恶性肿瘤
C76.004　鼻恶性肿瘤
C76.005　颌下恶性肿瘤
C76.006　颏下恶性肿瘤
C77.000x005　头部淋巴结继发恶性肿瘤
C77.001　面部淋巴结继发恶性肿瘤
C77.002　颈部淋巴结继发恶性肿瘤
C77.003　颏下淋巴结继发恶性肿瘤
C77.004　颌下淋巴结继发恶性肿瘤
C77.005　腮腺淋巴结继发恶性肿瘤
C77.006　耳淋巴结继发恶性肿瘤
C77.007　锁骨上淋巴结继发恶性肿瘤
C77.008　气管食管沟淋巴结继发恶性肿瘤
C78.300x004　咽鼓管继发恶性肿瘤
C78.300x005　上颌窦继发恶性肿瘤
C78.300x006　声带继发恶性肿瘤
C78.300x008　乳突继发恶性肿瘤
C78.300x010　会厌继发恶性肿瘤
C78.301　鼻窦继发恶性肿瘤
C78.302　鼻腔继发恶性肿瘤
C78.303　中耳继发恶性肿瘤
C78.305　喉继发恶性肿瘤
C79.200x008　颏部皮肤继发恶性肿瘤
C79.201　头部皮肤继发恶性肿瘤
C79.202　面部皮肤继发恶性肿瘤
C79.203　颈部皮肤继发恶性肿瘤
C79.500x004　上颌骨继发恶性肿瘤
C79.500x007　斜坡继发恶性肿瘤
C79.500x016　眶骨继发恶性肿瘤
C79.500x028　舌骨继发恶性肿瘤
C79.502　颅骨继发恶性肿瘤
C79.503　面骨继发恶性肿瘤
C79.504　颌骨继发恶性肿瘤
C79.505　下颌骨继发恶性肿瘤
C79.800x806　头部继发恶性肿瘤
C79.800x812　颌部继发恶性肿瘤
C79.800x824　悬雍垂继发恶性肿瘤
C79.800x825　腭部继发恶性肿瘤
C79.800x826　臼齿后区继发恶性肿瘤
C79.800x828　鼻咽继发恶性肿瘤
C79.800x833　面部继发恶性肿瘤
C79.800x840　唇部继发恶性肿瘤
C79.800x843　齿龈继发恶性肿瘤
C79.800x844　颊黏膜继发恶性肿瘤
C79.800x845　颊龈沟继发恶性肿瘤
C79.801　口腔继发恶性肿瘤
C79.802　舌继发恶性肿瘤
C79.803　咽继发恶性肿瘤
C79.804　扁桃体继发恶性肿瘤
C79.830　颌下腺继发恶性肿瘤
C79.831　腮腺继发恶性肿瘤
C79.832　拉特克囊继发恶性肿瘤
C79.834　颈部继发性恶性肿瘤
C79.835　舌下腺继发恶性肿瘤
D00.000x005　唇红缘原位癌
D00.000x007　鼻咽原位癌
D00.000x008　腮腺原位癌
D00.001　扁桃体原位癌
D00.002　唇原位癌
D00.003　口腔原位癌
D00.004　舌原位癌
D00.005　杓状会厌褶原位癌
D00.006　口底原位癌
D00.007　咽原位癌
D00.008　下咽原位癌
D00.009　舌下腺原位癌
D00.010　颌下腺原位癌
D00.011　颊黏膜原位癌
D00.012　臼齿后区原位癌
D00.013　硬腭原位癌
D02.000　喉原位癌
D02.000x003　喉面杓状会厌褶原位癌
D02.000x004　会厌舌骨上原位癌
D02.001　会厌原位癌
D02.002　声带原位癌
D02.300　呼吸系统其他部位的原位癌
D02.301　鼻腔原位癌
D02.302　鼻旁窦原位癌
D02.303　中耳原位癌

D03.000 唇原位黑色素瘤
D03.200x002 耳原位黑色素瘤
D03.201 外耳道原位黑色素瘤
D03.301 面部原位黑色素瘤
D03.400x002 头皮原位黑色素瘤
D03.401 颈部原位黑色素瘤
D04.000 唇皮肤原位癌
D04.200x001 耳皮肤原位癌
D04.201 外耳道皮肤原位癌
D04.300x001 鼻沟皮肤原位癌
D04.300x002 面皮肤原位癌
D04.400x001 头皮原位癌
D04.401 颈部皮肤原位癌
D09.701 颊原位癌
D37.000x001 扁桃体交界性肿瘤
D37.000x002 唇交界性肿瘤
D37.000x003 腮腺交界性肿瘤
D37.000x004 唾液腺交界性肿瘤
D37.000x005 咽部交界性肿瘤
D37.000x006 杓状会厌褶交界性肿瘤
D37.000x007 唇红缘交界性肿瘤
D37.000x008 大唾液腺交界性肿瘤
D37.000x009 小唾液腺交界性肿瘤
D37.000x010 齿龈交界性肿瘤
D37.000x011 鼻咽交界性肿瘤
D37.000x012 舌根交界性肿瘤
D37.000x013 口底交界性肿瘤
D37.000x014 腭交界性肿瘤
D37.000x015 颊黏膜交界性肿瘤
D37.003 口腔肿瘤
D37.005 咽肿瘤
D37.007 腭肿瘤
D37.009 舌根肿瘤
D37.011 腮腺肿瘤
D37.013 扁桃体肿瘤
D37.015 大涎腺肿瘤
D37.017 小涎腺肿瘤
D37.019 杓状会厌褶肿瘤
D38.000x001 会厌交界性肿瘤
D38.000x002 喉交界性肿瘤
D38.001 喉肿瘤
D38.003 会厌肿瘤
D38.500x001 鼻腔交界性肿瘤
D38.500x003 鼻窦交界性肿瘤
D38.500x004 鼻软骨交界性肿瘤
D38.500x005 中耳交界性肿瘤
D38.502 鼻腔肿瘤
D38.504 鼻旁窦肿瘤
D38.506 鼻软骨肿瘤
D38.508 中耳肿瘤
D38.509 鼻颅底交通性肿瘤
D44.600x002 颈动脉体交界性肿瘤
D44.700x003 颈静脉体交界性肿瘤
D44.700x004 颈静脉球交界性肿瘤
D48.000x004 上颌骨交界性肿瘤
D48.004 面骨动态未定肿瘤
D48.005 面骨肿瘤
D48.101 头部结缔组织动态未定肿瘤
D48.102 头部结缔组织肿瘤
D48.103 面结缔组织动态未定肿瘤
D48.104 面结缔组织肿瘤
D48.105 耳结缔组织动态未定肿瘤
D48.106 耳结缔组织肿瘤
D48.200x002 头周围神经和自主神经交界性肿瘤
D48.200x003 面周围神经和自主神经交界性肿瘤
D48.200x004 颈周围神经和自主神经交界性肿瘤
D48.200x005 耳周围神经和自主神经交界性肿瘤
D48.200x006 颞下窝周围神经和自主神经交界性肿瘤
D48.200x007 翼腭窝周围神经和自主神经交界性肿瘤
D48.200x008 咽旁间隙周围神经和自主神经交界性肿瘤
D48.200x009 咽后间隙周围神经和自主神经交界性肿瘤
D48.700x007 颊部交界性肿瘤
D48.700x025 面部交界性肿瘤
D48.702 头颈部肿瘤
Q30.800x008 鼻神经胶质瘤

DS1 平衡失调及听觉障碍

包含以下主要诊断：
H81.000 梅尼埃［美尼尔］病
H81.100 良性阵发性眩晕
H81.101 儿童良性阵发性眩晕
H81.200 前庭神经元炎
H81.301 莱穆瓦耶综合征
H81.302 耳源性眩晕
H81.303 前庭周围性眩晕
H81.400 中枢性眩晕

H81.400x003　中枢性位置性眼球震颤
H81.800　前庭功能的其他疾患
H81.900　前庭功能疾患
H81.901　眩晕综合征
H81.902　前庭系统病变
H83.000　迷路炎
H83.000x001　迷路炎［内耳炎］
H83.000x002　迷路周围炎
H83.100　迷路瘘管
H83.101　半规管瘘
H83.200　迷路功能障碍
H83.200x001　半规管轻瘫
H83.200x002　迷路机能减退
H83.200x003　前庭功能丧失
H83.300x001　爆震性聋
H83.301　声创伤
H83.302　噪音性耳聋
H83.800x002　自发性圆窗膜破裂
H83.800x003　迷路卒中
H83.800x004　上半规管裂综合征
H83.801　迷路出血
H90.000　双侧传导性听觉丧失
H90.100　单侧传导性听觉丧失，对侧听觉不受限制
H90.200　传导性听觉丧失
H90.300　双侧感音神经性听觉丧失
H90.400　单侧感音神经性听觉丧失，对侧听觉不受限制
H90.500　感音神经性听觉丧失
H90.501　先天性耳聋
H90.502　非综合征性耳聋
H90.600　双侧混合性传导性和感音神经性听觉丧失
H90.700　单侧混合性传导性和感音神经性听觉丧失，对侧听觉不受限制
H90.801　混合性耳聋
H91.000　耳毒性听觉丧失
H91.001　药物性耳聋
H91.100　老年聋
H91.200　突发特发性听觉丧失
H91.200x001　突发性聋
H91.300x001　聋哑症
H91.801　创伤性耳聋
H91.900　听觉丧失
H91.900x002　听力减退
H91.900x004　低频率耳聋
H91.901　高频率耳聋
H93.001　短暂缺血性聋
H93.100　耳鸣
H93.101　血管性耳鸣
H93.102　神经性耳鸣
H93.103　噪声性耳鸣
H93.200x002　听功能障碍
H93.200x005　听觉过敏
H93.201　复听

DT1　中耳炎及上呼吸道感染

包含以下主要诊断：
A18.600　耳结核
A18.601+H67.0*　结核性中耳炎
B05.300+H67.1*　麻疹并发中耳炎
B08.500　肠病毒性水疱性咽炎
B08.501　疱疹性咽峡炎
B08.802　肠病毒性淋巴结咽炎
H65.000x002　急性分泌性中耳炎
H65.101　蓝鼓膜综合征
H65.102　急性变应性中耳炎
H65.200　慢性浆液性中耳炎
H65.300　慢性黏液样中耳炎
H65.300x001　慢性分泌性中耳炎
H65.400　慢性非化脓性中耳炎，其他的
H65.400x001　其他的慢性非化脓性中耳炎
H65.900　非化脓性中耳炎
H65.900x001　分泌性中耳炎
H65.901　浆液性中耳炎
H66.000　急性化脓性中耳炎
H66.001　岩尖综合征
H66.101　慢性鼓室化脓性中耳炎
H66.102　良性慢性化脓性中耳炎
H66.200　慢性鼓窦隐窝化脓性中耳炎
H66.301　慢性化脓性中耳炎
H66.400　化脓性中耳炎
H66.900　中耳炎
H66.900x002　急性中耳炎
H66.900x003　慢性中耳炎
H68.000　咽鼓管炎
H70.000　急性乳突炎
H70.000x007　乳突脓肿
H70.000x009　急性乳突积脓
H70.001　耳后脓肿
H70.002　急性化脓性乳突炎
H70.003　颈部贝佐尔德脓肿

H70.004　乳突囊肿
H70.100　慢性乳突炎
H70.101　耳后瘘管
H70.102　乳突骨疽
H70.103　乳突瘘
H70.200　岩锥炎
H70.201　岩锥脓肿
H70.800　乳突炎和有关情况，其他的
H70.800x001　岩尖病变
H70.800x002　颞部感染
H70.900　乳突炎
H71.x00　中耳胆脂瘤
H71.x01　慢性化脓性中耳炎胆脂瘤型
H71.x02　中耳肉芽肿
H71.x03　鼓室胆脂瘤
H71.x04　乳突胆脂瘤
H71.x05　颞骨胆脂瘤
H72.000　鼓膜中心穿孔
H72.001　鼓膜紧张部穿孔
H72.100　鼓膜鼓室上隐窝穿孔
H72.101　鼓膜松弛部穿孔
H72.200　鼓膜其他边缘性穿孔
H72.800　鼓膜的其他穿孔
H72.900　鼓膜穿孔
H73.000　急性鼓膜炎
H73.001　大疱性鼓膜炎
H73.100　慢性鼓膜炎
H73.101　慢性鼓室炎
H73.102　慢性肉芽性鼓膜炎
H73.800x005　血鼓室
H73.801　鼓室粘连
H73.802　鼓膜炎
H73.803　鼓室炎
H73.804　鼓膜萎缩
H73.900　鼓膜疾患
H74.000　鼓室硬化
H74.101　粘连性中耳炎
H74.801　中耳瘘
H74.802　慢性化脓性中耳炎骨疡型
J00.x00　急性鼻咽炎［感冒］
J00.x00x004　急性鼻炎
J00.x00x006　感染性鼻炎
J00.x00x007　感染性鼻咽炎
J00.x00x008　急性卡他性鼻炎
J01.000　急性上颌窦炎
J01.001　急性化脓性上颌窦炎
J01.100　急性额窦炎
J01.200　急性筛窦炎
J01.300　急性蝶窦炎
J01.400　急性全鼻窦炎
J01.800　急性鼻窦炎，其他的
J01.900　急性鼻窦炎
J01.900x003　急性鼻窦脓肿
J01.901　急性化脓性鼻窦炎
J02.000　链球菌性咽炎
J02.801　病毒性咽炎
J02.802　病毒性咽喉痛
J02.900　急性咽炎
J02.900x002　急性化脓性咽峡炎
J02.900x005　急性咽喉痛
J02.901　急性化脓性咽炎
J02.902　急性咽峡炎
J02.903　溃疡性咽炎
J02.905　咽喉痛
J03.000　链球菌性扁桃体炎
J03.800　急性扁桃体炎，其他特指病原体引起的
J03.900　急性扁桃体炎
J03.900x001　扁桃体残根炎
J03.900x006　急性滤泡性扁桃体炎
J03.901　急性化脓性扁桃体炎
J03.902　急性腺样体炎
J06.900　急性上呼吸道感染
J06.900x001　病毒性上呼吸道感染
J09.x05+H67.1*　流感，人畜共患或大流行性流感病毒性中耳炎
J10.100　流行性感冒伴有其他呼吸道表现，季节性流感病毒被标明
J10.100x001　已知病毒的流行性感冒
J10.100x002　已知病毒的流感性急性上呼吸道感染
J10.100x003　已知病毒的流感性咽炎
J10.100x004　已知病毒的流感性喉炎
J10.101　甲型H1N1流行性感冒
J10.800　流行性感冒伴有其他表现，季节性流感病毒被标明
J10.803+H67.1*　已确认的季节性流感病毒性中耳炎
J11.100x001　未知病毒的流感性感冒
J11.100x002　未知病毒的流感性急性上呼吸道感染
J11.100x003　未知病毒的流感性咽炎
J11.100x004　未知病毒的流感性喉炎
J11.102　流行性感冒伴胸膜渗漏

J11.802+H67.1*　未确认的流感病毒性中耳炎
J30.000　血管运动性鼻炎
J30.100　花粉引起的变应性鼻炎
J30.101　花粉症
J30.300x001　药物性鼻炎
J30.300x002　全年性变应性鼻炎
J30.400　变应性鼻炎
J31.000　慢性鼻炎
J31.001　肥大性鼻炎
J31.002　溃疡性鼻炎
J31.003　肉芽肿性鼻炎
J31.004　萎缩性鼻炎
J31.005　干燥性鼻炎
J31.100　慢性鼻咽炎
J31.200　慢性咽炎
J31.201　慢性咽喉痛
J31.202　慢性咽峡炎
J31.203　肥大性咽炎
J31.204　萎缩性咽炎
J32.000　慢性上颌窦炎
J32.000x005　上颌窦肉芽肿
J32.000x009　出血性坏死性上颌窦炎
J32.001　慢性化脓性上颌窦炎
J32.002　坏死性上颌窦炎
J32.003　上颌窦瘘
J32.004　上颌窦脓肿
J32.005　口腔上颌窦瘘
J32.100　慢性额窦炎
J32.100x005　额窦肉芽肿
J32.101　慢性化脓性额窦炎
J32.102　额窦脓肿
J32.200　慢性筛窦炎
J32.200x004　筛窦脓肿
J32.200x005　筛窦肉芽肿
J32.201　慢性化脓性筛窦炎
J32.300　慢性蝶窦炎
J32.300x004　蝶窦脓肿
J32.301　慢性化脓性蝶窦炎
J32.302　蝶窦肉芽肿
J32.400　慢性全鼻窦炎
J32.400x001　全组鼻窦炎
J32.800x001　额窦上颌窦炎
J32.800x002　额窦筛窦炎
J32.800x003　额窦蝶窦炎
J32.800x004　上颌窦蝶窦炎
J32.800x006　额窦筛窦上颌窦炎
J32.800x007　额窦上颌窦蝶窦炎
J32.800x008　筛窦上颌窦蝶窦炎
J32.800x009　筛窦蝶窦炎
J32.800x011　额窦筛窦蝶窦炎
J32.801　上颌窦筛窦炎
J32.802　额筛窦脓肿
J32.803　慢性多鼻窦炎
J32.900　慢性鼻窦炎
J32.900x007　鼻窦滴漏综合征
J32.900x008　上颌窦肿物
J32.900x009　筛窦肿物
J32.900x010　额窦肿物
J32.900x011　蝶窦肿物
J32.901　慢性化脓性鼻窦炎
J32.902　慢性牙源性鼻窦炎
J32.903　鼻窦瘘
J32.904　鼻窦肉芽肿
J32.905　鼻窦脓肿
J32.906　鼻窦肿物
J35.000　慢性扁桃体炎
J35.802　扁桃体溃疡
J39.000x001　咽侧壁炎性肿物
J39.001　咽后脓肿
J39.002　咽周脓肿
J39.003　咽旁脓肿
J39.101　咽蜂窝织炎
J39.216　咽喉溃疡
J39.220　咽旁间隙感染
T70.000　航空中耳炎
T70.100　航空鼻窦炎

DT2　会厌炎、喉炎及气管炎

包含以下主要诊断：
A36.000x003　白喉性膜性咽峡炎
A36.200　喉白喉
A36.200x002　白喉性喉麻痹
A52.703+J99.8*　梅毒性喉炎
A69.100x001　奋森咽峡炎
A69.100x002　梭菌螺旋体性咽炎
J04.000　急性喉炎
J04.000x004　急性感染性喉炎
J04.000x006　急性声门下喉炎
J04.000x008　急性溃疡性喉炎
J04.001　急性化脓性喉炎

J04.002　急性水肿性喉炎
J04.003　急性痉挛性喉炎
J04.004　链球菌性喉炎
J04.005　溃疡性喉炎
J04.100　急性气管炎
J05.000　急性梗阻性喉炎［哮吼］
J05.100　急性会厌炎
J06.000　急性咽喉炎
J36.x00　扁桃体周脓肿
J36.x00x001　扁桃体脓肿
J36.x00x003　扁桃体周围炎
J36.x00x004　扁桃体周围蜂窝组织炎
J37.000　慢性喉炎
J37.001　慢性喉咽炎
J37.002　慢性会厌炎
J37.003　肥厚性喉炎
J37.004　会厌炎性假瘤
J37.005　干燥性喉炎
J37.100　慢性喉气管炎
J38.201　声带炎
J38.300x013　声带蜂窝织炎
J38.305　声带脓肿
J38.700x009　喉坏死
J38.700x021　喉蜂窝织炎
J38.700x022　喉软骨膜炎
J38.704　喉溃疡
J38.707　喉脓肿
J38.714　会厌溃疡
J38.716　会厌脓肿
J39.809　气管坏死
J39.811　后天性气管憩室

DU1　头、颈、外耳、口鼻的创伤及变形

包含以下主要诊断：
H61.100x002　后天性耳廓畸形
H61.100x005　烧伤后耳廓缺损
H61.100x006　烧伤后小耳畸形
H61.100x009　耳廓瘢痕
H61.101　后天性外耳畸形
H61.102　耳廓瘘
H61.300　后天性外耳道狭窄
H61.800x005　外耳道瘢痕
H61.803　外耳瘘
H61.902　后天性外耳道闭锁
J34.200　鼻中隔偏曲
J34.800x009　后天性鼻孔狭窄
J34.802　后天性鼻腔闭锁
J34.805　鼻孔狭窄
J34.811　鼻腔狭窄
J38.701　后天性喉瘘
J38.702　创伤性喉蹼
J39.213　咽狭窄
K07.601　陈旧性颞下颌关节脱位
K08.102　外伤性牙齿缺失
K13.002　唇瘢痕
K13.008　唇外翻
K13.700　口腔黏膜其他的损害
K13.706　后天性小口畸形
K13.709　腭咽闭合不全
K13.714　软腭肿瘤放疗后畸形
M84.000x081　下颌骨骨折连接不正
M84.000x082　面骨骨折连接不正
M95.001　鞍鼻
M95.002　凹陷性鼻
M95.003　鼻萎陷
M95.005　后天性歪鼻
M95.006　驼峰鼻
M95.007　压扁鼻
M95.100　菜花状耳
M95.201　后天性头部畸形
M95.202　后天性颅骨畸形
M95.203　后天性额骨畸形
M95.204　后天性前额畸形
M95.205　后天性面部畸形
M95.206　后天性面骨畸形
M95.207　茎突过长
M95.208　后天性颊畸形
M95.209　后天性颏畸形
M95.210　翼钩过长
S00.000x053　头皮血肿机化
S00.001　头皮挫伤
S00.002　头皮擦伤
S00.003　头皮异物
S00.004　头皮血肿
S00.300　鼻浅表损伤
S00.300x051　鼻部挫伤
S00.302　鼻血肿
S00.400　耳浅表损伤
S00.400x052　外耳挫伤
S00.401　耳廓挫伤

S00.402 耳廓血肿
S00.403 鼓室挫伤
S00.404 鼓膜挫伤
S00.500 唇和口腔浅表损伤
S00.500x051 唇挫伤
S00.500x052 下颌挫伤
S00.501 口腔浅表损伤
S00.700 头部多处浅表损伤
S00.800x053 颊挫伤
S00.800x054 下颚挫伤
S00.800x055 前额挫伤
S00.800x056 颞部挫伤
S00.801 面部软组织挫伤
S00.802 面部擦伤
S00.803 面部挫伤
S00.804 面部浅表异物
S00.900 头部的浅表损伤
S01.000 头皮开放性伤口
S01.001 头皮裂伤
S01.200x011 鼻表皮开放性损伤
S01.200x021 鼻孔开放性损伤
S01.200x031 鼻中隔开放性损伤
S01.200x091 鼻部开放性损伤伴蝶窦异物
S01.200x092 创伤性鼻部缺损
S01.300x002 耳道开放性损伤
S01.300x011 外耳耳翼开放性损伤
S01.300x012 耳廓开放性损伤
S01.300x031 耳屏开放性损伤
S01.300x051 耳咽管开放性损伤
S01.300x061 听小骨开放性损伤
S01.300x071 中耳开放性损伤
S01.300x081 耳蜗开放性损伤
S01.301 开放性外耳道损伤
S01.302 开放性耳后损伤伴异物
S01.400x011 颊部开放性损伤
S01.400x021 上颌开放性损伤
S01.400x031 腭部开放性损伤
S01.401 开放性颞下颌损伤
S01.500x001 口腔开放性损伤
S01.500x021 口腔黏膜开放性损伤
S01.500x022 脸颊内部开放性损伤
S01.500x042 舌和口底开放性损伤
S01.500x051 上腭开放性损伤
S01.500x052 软腭开放性损伤
S01.501 舌裂伤
S01.502 开放性舌部损伤
S01.503 牙龈裂伤
S01.504 开放性唇部损伤
S01.505 软腭穿通伤
S01.506 唇裂伤
S01.700 头部多处开放性伤口
S01.800x085 面部异物
S01.800x086 前额开放性损伤
S01.800x087 下颚开放性损伤
S01.802 面部裂伤
S01.803 开放性面部损伤
S01.804 开放性腮腺管断裂
S01.900 头部的开放性伤口
S02.200 鼻骨骨折
S02.201 鼻中隔骨折
S02.211 开放性鼻骨骨折
S02.400x001 颧弓骨折
S02.400x003 上颌骨骨折
S02.400x005 上颌窦骨折
S02.401 颧骨骨折
S02.411 开放性上颌骨骨折
S02.412 开放性颧骨骨折
S02.500 创伤性牙折断
S02.500x002 创伤性牙破损
S02.501 创伤性牙齿脱落
S02.600 下颌骨骨折
S02.600x011 髁突骨折
S02.600x021 髁突下部骨折
S02.600x031 下颌骨冠突骨折
S02.600x041 下颌骨支骨折
S02.600x051 颌骨角骨折
S02.600x061 下颌骨纤维软骨体骨折
S02.600x081 下颌骨体骨折
S02.600x091 下颌骨复合骨折
S02.611 开放性下颌骨骨折
S02.612 开放性髁状突骨折
S02.700x004 鼻眶筛骨折
S02.711 开放性多发性面骨骨折
S02.800x003 上腭骨折
S02.802 牙槽骨骨折
S02.803 腭骨折
S02.810 特指开放性颅骨和面骨骨折
S02.812 开放性牙槽骨骨折
S02.813 开放性腭骨折
S02.901 面骨骨折

S02.912 开放性面骨骨折
S03.000 颌关节脱位
S03.000x001 颌软骨脱位
S03.100 鼻中隔软骨脱位
S03.200 牙脱位
S03.301 头部脱位
S03.400 颌关节扭伤和劳损
S03.400x001 颞下颌关节损伤
S03.400x002 颞下颌韧带损伤
S03.501 头部关节和韧带扭伤和劳损
S08.000 头皮撕脱
S08.100 耳创伤性切断
S08.800 头部其他部位的创伤性切断
S08.801 创伤性鼻切断
S09.101 头部肌腱损伤
S09.200 耳鼓膜创伤性破裂
S09.800x002 创伤性乳牙损伤
S09.800x003 创伤性鼻窦积血
S09.801 创伤性鼻中隔血肿
S09.900 头部的损伤
S09.900x006 唇部损伤
S09.901 面部损伤
S09.902 眉部损伤
S09.903 鼻损伤
S09.904 耳损伤
S09.905 耳廓损伤
S09.906 舌损伤
S09.907 唾液腺损伤
S10.000x003 咽部挫伤
S10.001 喉挫伤
S10.002 声带挫伤
S10.003 颈部食管挫伤
S10.004 气管挫伤
S10.101 咽血肿
S10.102 咽喉浅表损伤
S10.700 颈部多处浅表损伤
S10.801 会厌浅表损伤
S10.900 颈部的浅表损伤
S10.901 颈部挫伤
S10.902 颈部异物
S11.001 开放性气管损伤
S11.002 开放性喉损伤
S11.003 开放性颈部气管断裂
S11.004 喉气管贯通伤
S11.100x001 甲状腺开放性损伤
S11.201 开放性咽部损伤
S11.700 颈部多处开放性伤口
S11.800x081 会厌开放性损伤
S11.800x082 锁骨上区开放性损伤
S11.900 颈部的开放性伤口
S12.803 舌骨断裂
S12.813 开放性舌骨断裂
S12.814 开放性环状软骨断裂
S12.815 开放性气管软骨断裂
S13.400 颈椎扭伤和劳损
S13.400x003 颈部前纵韧带扭伤
S13.400x005 寰枕关节扭伤
S13.401 挥鞭伤
S13.402 颈部韧带扭伤
S13.403 寰枢关节扭伤
S13.500 甲状腺区扭伤和劳损
S13.500x003 环杓韧带扭伤
S13.500x004 环甲关节扭伤
S13.500x005 环甲韧带扭伤
S13.500x006 喉软骨断裂
S13.500x007 甲状软骨断裂
S13.500x008 环状软骨断裂
S13.500x009 气管软骨断裂
S13.500x010 开放性喉软骨断裂
S13.500x011 开放性甲状软骨断裂
S13.501 甲状软骨扭伤
S13.502 环杓关节扭伤
S13.601 颈部扭伤
S15.001 颈内动脉裂伤
S15.002 颈总动脉裂伤
S15.003 颈外动脉裂伤
S15.004 创伤性颈动脉瘤
S15.005 创伤性颈动脉海绵窦瘘
S15.100 椎动脉损伤
S15.200 颈外静脉损伤
S15.300 颈内静脉损伤
S15.301 颈内静脉断裂
S15.800x002 创伤性椎动静脉瘘
S15.800x003 创伤性甲状腺血管损伤
S15.801 创伤性颈动静脉瘘
S15.900x001 颈部血管损伤
S17.000x001 喉气管挤压伤
S17.000x002 喉挤压伤
S17.001 气管挤压伤
S17.800 颈部其他部位的挤压伤

S17.801　咽喉挤压伤
S17.900　颈部挤压伤
S19.800x002　颈部气管损伤
S19.800x004　颈部胸导管损伤
S19.801　咽喉损伤
S19.802　喉损伤
S19.900　颈部损伤
T17.000　鼻窦内异物
T17.001　上颌窦异物
T17.002　筛窦异物
T18.001　口腔软组织异物
T81.800x008　操作后软腭穿孔
T81.800x013　操作中环-杓关节脱位

DV1　头、颈、耳、鼻、咽、口非恶性增生性疾病

包含以下主要诊断：
B87.300x002+J99.8*　喉蝇蛆病
B87.400x001+H94.8*　耳蝇蛆病
D10.000　唇良性肿瘤
D10.000x002　唇系带良性肿瘤
D10.000x003　唇内面良性肿瘤
D10.000x004　唇黏膜良性肿瘤
D10.000x005　唇红缘良性肿瘤
D10.100　舌良性肿瘤
D10.101　舌扁桃体良性肿瘤
D10.200　口底良性肿瘤
D10.200x002　舌下良性肿瘤
D10.300x005　悬雍垂良性肿瘤
D10.300x007　颌下良性肿瘤
D10.301　口腔黏膜黑色素痣
D10.302　颊黏膜良性肿瘤
D10.303　腭良性肿瘤
D10.305　牙槽良性肿瘤
D10.306　齿龈良性肿瘤
D10.307　磨牙后区良性肿瘤
D10.308　小涎腺良性肿瘤
D10.309　口良性肿瘤
D10.400　扁桃体良性肿瘤
D10.401　咽门扁桃体良性肿瘤
D10.402　腭扁桃体良性肿瘤
D10.500x001　口咽良性肿瘤
D10.500x002　会厌前面良性肿瘤
D10.501　扁桃体窝良性肿瘤
D10.502　扁桃体柱良性肿瘤
D10.503　会咽谷良性肿瘤
D10.504　鳃裂良性肿瘤
D10.600　鼻咽良性肿瘤
D10.601　鼻中隔后缘良性肿瘤
D10.602　鼻后孔良性肿瘤
D10.603　咽扁桃体良性肿瘤
D10.700　咽下部良性肿瘤
D10.701　咽下梨状窝良性肿瘤
D10.900　咽良性肿瘤
D11.000　腮腺良性肿瘤
D11.701　下颌下腺良性肿瘤
D11.702　舌下腺良性肿瘤
D11.900　大涎腺良性肿瘤
D11.900x001　唾液腺良性肿瘤
D14.000x005　额窦良性肿瘤
D14.000x006　筛窦良性肿瘤
D14.000x007　上颌窦良性肿瘤
D14.000x009　蝶窦良性肿瘤
D14.000x010　鼻腔良性肿瘤
D14.001　鼻旁窦良性肿瘤
D14.002　中耳良性肿瘤
D14.003　鼻前庭良性肿瘤
D14.004　鼻中隔良性肿瘤
D14.005　鼻软骨良性肿瘤
D14.006　鼻孔良性肿瘤
D14.007　鼻黏膜良性肿瘤
D14.008　内耳良性肿瘤
D14.100　喉良性肿瘤
D14.100x002　会厌舌骨上良性肿瘤
D14.101　会厌良性肿瘤
D14.102　声带良性肿瘤
D14.103　声门良性肿瘤
D16.400x013　眼窝骨良性肿瘤
D16.400x018　颅骨良性肿瘤
D16.400x019　乳突骨良性肿瘤
D16.400x025　犁骨良性肿瘤
D16.401　面骨良性肿瘤
D16.402　蝶骨良性肿瘤
D16.403　筛骨良性肿瘤
D16.404　颞骨良性肿瘤
D16.405　顶骨良性肿瘤
D16.406　额骨良性肿瘤
D16.407　枕骨良性肿瘤
D16.408　眶骨良性肿瘤
D16.409　鼻骨良性肿瘤

D16.410 颧骨良性肿瘤
D16.411 上颌骨良性肿瘤
D16.500 下颌骨良性肿瘤
D16.500x002 髁突良性肿瘤
D17.000x003 头部脂肪瘤
D17.001 面部脂肪瘤
D17.002 颈部脂肪瘤
D17.700x003 喉脂肪瘤
D17.700x006 梨状窝脂肪瘤
D17.700x007 颅骨脂肪瘤
D17.700x020 腮腺脂肪瘤
D17.700x021 舌脂肪瘤
D17.700x032 下颌下腺脂肪瘤
D18.000x021 颅骨血管瘤
D18.000x501 鼻窦血管瘤
D18.000x503 鼻部血管瘤
D18.000x504 鼻咽血管瘤
D18.000x505 唇部血管瘤
D18.000x506 外耳道血管瘤
D18.000x507 喉部血管瘤
D18.000x508 口腔血管瘤
D18.000x510 咽部血管瘤
D18.000x511 梨状窝血管瘤
D18.000x807 腮腺血管瘤
D18.000x808 唾液腺血管瘤
D18.000x809 舌部血管瘤
D18.000x823 上颌骨血管瘤
D18.000x844 腭部血管瘤
D18.000x845 上颌窦血管瘤
D18.000x858 嚼肌血管瘤
D18.001 头部血管瘤
D18.003 面部血管瘤
D18.004 颈部血管瘤
D18.100x004 口腔内淋巴管瘤
D18.100x007 颅内淋巴管瘤
D18.100x010 腮腺淋巴管瘤
D18.100x011 舌淋巴管瘤
D18.100x013 头部淋巴管瘤
D18.100x021 下颌下腺淋巴管瘤
D18.100x027 唇部淋巴管瘤
D18.101 面部淋巴管瘤
D18.102 颈部淋巴管瘤
D21.000 头、面和颈部结缔组织和其他软组织的良性肿瘤
D21.000x002 耳软骨良性肿瘤
D21.000x007 锁骨上结缔组织良性肿瘤
D21.000x008 头部结缔组织良性肿瘤
D21.001 面部结缔组织良性肿瘤
D21.002 颈结缔组织良性肿瘤
D21.004 耳部结缔组织良性肿瘤
D21.005 颞下凹结缔组织良性肿瘤
D21.006 翼腭窝结缔组织良性肿瘤
D21.007 咽旁间隙结缔组织良性肿瘤
D22.000 唇黑素细胞痣
D22.200x002 耳部黑色素痣
D22.201 外耳道黑素细胞痣
D22.301 面部黑素细胞痣
D22.302 鼻黑素细胞痣
D22.400x002 头皮黑色素痣
D22.401 颈黑素细胞痣
D23.000 唇皮肤良性肿瘤
D23.200x002 耳廓良性肿瘤
D23.200x003 耳皮肤良性肿瘤
D23.200x008 耳后皮肤良性肿瘤
D23.201 外耳道良性肿瘤
D23.300x003 鼻唇沟良性肿瘤
D23.300x004 颊部皮肤良性肿瘤
D23.301 面部皮肤良性肿瘤
D23.302 眉部良性肿瘤
D23.303 鼻部皮肤良性肿瘤
D23.400x003 头皮良性肿瘤
D23.401 颈部皮肤良性肿瘤
D36.700x004 颞部良性肿瘤
D36.700x005 颊部良性肿瘤
D36.700x006 咽旁间隙良性肿瘤
D36.700x007 鼻部良性肿瘤
D36.701 头部良性肿瘤
D36.702 面部良性肿瘤
D36.703 颈部良性肿瘤
D37.001 唇肿瘤
E85.400x006 咽淀粉样变性
E85.401 淀粉样变声带损害
E85.402 淀粉样变鼻咽损害
E85.409 淀粉样变喉损害
H61.100x007 耳廓钙化
H61.104 耳后血肿骨化
H61.801 颞下颌关节外耳道疝
H61.802 外耳道外生骨疣
H61.804 外耳道角化症
H61.806 外耳道囊肿

H61.901 外耳道肿物
H83.900x001 内耳道肿物
H93.900x001 耳甲腔囊肿
H93.901 耳后肿物
J33.000 鼻腔息肉
J33.000x002 鼻咽部毛息肉
J33.001 鼻咽息肉
J33.002 鼻中隔息肉
J33.003 鼻后孔息肉
J33.800x002 额窦息肉
J33.801 鼻窦息肉
J33.802 鼻甲息肉
J33.803 蝶窦息肉
J33.804 筛窦息肉
J33.805 上颌窦息肉
J33.900 鼻息肉
J34.000x010 鼻中隔肉芽肿
J34.100x008 鼻窦黏液囊肿
J34.101 蝶窦囊肿
J34.102 额窦囊肿
J34.103 筛窦囊肿
J34.104 上颌窦囊肿
J34.105 鼻囊肿
J34.106 鼻窦囊肿
J34.107 鼻甲囊肿
J34.108 鼻前庭囊肿
J34.800x033 鼻前庭肿物
J34.800x034 鼻中隔肿物
J34.810 鼻腔肿物
J35.100 扁桃体肥大
J35.200 腺样体肥大
J35.300 扁桃体肥大伴有腺样体肥大
J35.800x008 扁桃体瘢痕
J35.800x009 腺样体瘢痕
J35.803 扁桃体囊肿
J35.805 扁桃体息肉
J35.807 扁桃体腺样体瘢痕
J35.809 腺样体赘生物
J35.901 扁桃体肿物
J38.101 喉息肉
J38.102 声带息肉
J38.200 声带结节
J38.200x001 歌手结节
J38.200x002 教师结节
J38.300x011 声带增生
J38.300x015 声带鳞状上皮不典型性增生
J38.308 声带肿物
J38.310 声带瘢痕粘连
J38.311 声带不典型性增生
J38.312 声带肉芽肿
J38.313 声带肥厚
J38.700x001 喉室带囊肿
J38.700x007 喉内炎性肿物
J38.700x027 喉黏膜不典型增生
J38.703 喉瘢痕
J38.705 喉囊肿
J38.706 喉白斑
J38.708 喉肿物
J38.709 喉皮肥厚
J38.710 喉肉芽肿
J38.711 喉硬结病
J38.712 喉角化症
J38.715 会厌囊肿
J38.717 会厌肉芽肿
J38.718 会厌增生
J38.721 舌骨大角综合征
J39.200x004 咽下部囊肿
J39.200x016 鼻咽肿物
J39.200x020 鼻咽溃疡
J39.203 鼻咽囊肿
J39.204 鼻咽狭窄
J39.206 鼻咽黏膜溃疡
J39.207 腭咽增生
J39.217 咽喉粘连
J39.219 咽部肿物
J39.225 鼻咽淋巴组织增生
K06.100 牙龈增厚
K06.100x001 牙龈增生
K06.100x002 药物性牙龈增生
K06.100x003 遗传性龈纤维瘤病
K06.800x009 牙周巨细胞肉芽肿
K06.801 牙龈化脓性肉芽肿
K06.802 巨细胞性牙龈瘤
K06.803 牙龈瘤
K06.807 牙龈息肉
K06.809 纤维性牙龈瘤
K06.901 牙龈肿物
K09.000 发育性牙源性囊肿
K09.000x005 颌骨发育性牙源性囊肿
K09.000x007 颌骨始基囊肿

K09.001　含牙囊肿
K09.002　萌牙囊肿
K09.003　牙龈囊肿
K09.004　颌骨含牙囊肿
K09.005　始基囊肿
K09.100x001　腭骨囊肿
K09.100x003　球上颌囊肿
K09.100x004　口腔发育性（非牙源性）囊肿
K09.100x006　鼻腭囊肿
K09.102　鼻牙槽囊肿
K09.103　鼻腭管囊肿
K09.200　颌的其他囊肿
K09.201　颌出血性囊肿
K09.202　颌动脉瘤性囊肿
K09.203　髁状突囊肿
K09.204　上颌骨囊肿
K09.205　下颌骨囊肿
K09.800x005　爱泼斯坦小结［口底皮样囊肿］
K09.801　腮腺淋巴上皮囊肿
K09.804　颏部皮样囊肿
K09.805　颊囊肿
K09.806　口腔表皮样囊肿
K09.807　口腔皮样囊肿
K09.808　口腔黏液腺囊肿
K09.809　口腔淋巴上皮囊肿
K09.900x001　口腔囊肿
K10.100　中心性巨细胞肉芽肿
K10.100x001　颌骨中枢性巨细胞病变
K10.100x003　颌下区肉芽肿
K10.101　颌骨巨细胞修复性肉芽肿
K10.102　颌骨巨细胞肉芽肿
K10.103　颌肉芽肿
K10.800x005　颌骨纤维异常增殖症
K10.800x006　颌骨骨质增生
K10.800x008　家族性巨颌症
K10.800x010　颌骨单侧髁突增生
K10.800x011　颌骨单侧髁突发育不全
K10.800x012　髁突肥大
K10.801　单侧髁状突肥大
K10.802　髁状突骨疣
K10.805　颌外生性骨疣
K10.809　颌部瘤样纤维组织增生
K10.901　颌骨肿物
K11.100x002　下颌下腺良性增生
K11.100x004　唾液腺肥大
K11.101　腮腺肥大
K11.102　颌下腺肥大
K11.207　腮腺炎性假瘤
K11.208　硬化性涎腺炎
K11.600　涎腺黏液囊肿
K11.600x005　口腔黏膜黏液囊肿
K11.600x008　舌下腺黏液囊肿
K11.601　腮腺囊肿
K11.602　腮腺涎液潴留
K11.603　舌下腺囊肿
K11.604　舌下囊肿
K11.605　颌下腺囊肿
K11.606　颌下腺黏液囊肿
K11.800　涎腺的其他疾病
K11.804　腮腺肉芽肿
K11.901　腮腺区肿物
K11.902　涎腺肿物
K11.903　颌下腺肿物
K12.105　腭部炎性假瘤
K12.110　口底炎性假瘤
K12.116　口腔炎性肿块
K12.117　上腭炎性肿物
K13.006　唇囊肿
K13.007　唇息肉
K13.009　唇肉芽肿
K13.012　唇鳞状上皮增生
K13.200x004　口腔灶性上皮增生
K13.200x005　烟斑
K13.200x006　白色角化症
K13.200x007　口腔黏膜红斑
K13.200x009　口腔黏膜白色水肿
K13.200x010　颊鳞状上皮增生
K13.200x011　腭黏膜上皮增生
K13.201　腭黏膜角化不良
K13.202　腭白斑
K13.203　口腔白斑
K13.204　口腔黏膜过度角化
K13.205　舌白斑
K13.206　舌白色水肿
K13.207　舌良性过度角化症
K13.208　牙龈白斑
K13.209　颊白斑
K13.210　舌鳞状上皮增生
K13.300　毛状白斑
K13.400　口腔黏膜肉芽肿和类肉芽肿损害

K13.400x001　口腔黏膜结节病
K13.400x002　口腔黏膜浆细胞肉芽肿
K13.400x004　口腔黏膜化脓性肉芽肿
K13.401　口腔黏膜肉芽肿
K13.402　口腔黏膜嗜酸性肉芽肿
K13.403　口腔黏膜疣状黄瘤
K13.500　口腔黏膜下纤维化
K13.600　口腔黏膜刺激性增生
K13.600x001　口腔黏膜炎性增生
K13.601　口腔黏膜增生
K13.602　腭增生症
K13.603　腭黏膜息肉
K13.700x001　腭部瘢痕
K13.700x010　口腔内血管增生
K13.700x019　腭垂囊肿
K13.700x026　颊部息肉
K13.702　口腔肿物
K13.707　颊部炎性假瘤
K13.710　悬雍垂（腭垂）肥大
K13.711　悬雍垂（腭垂）息肉
K14.800x012　舌息肉
K14.801　舌肉芽肿
K14.805　舌囊肿
K14.901　舌肿物
M85.000x081　颅骨纤维增殖症
M85.000x083　颧骨纤维异常增殖症
Q85.905　鼻错构瘤
R59.900　淋巴结增大

DW1　口腔、牙齿有关疾病

包含以下主要诊断：
A18.202　颊淋巴结结核
A18.203　腮腺淋巴结结核
A18.800x006+K93.8*　唇结核
A18.800x025+K93.8*　牙龈结核
A18.800x034+K93.8*　结核性口腔溃疡
A18.802+K93.8*　舌结核
A18.803+M63.0*　咀嚼肌结核
A18.804+K93.8*　腮腺结核
A18.805+K93.8*　颌下腺结核
A69.000　坏死性溃疡性口炎
A69.000x002　走马疳
A69.100x003　急性坏死性溃疡性龈炎
B00.200x001　口腔疱疹
B00.201　疱疹病毒性龈口炎
B00.203　疱疹病毒性口炎
B08.000x003　牛丘疹性口腔炎病毒感染
B37.000　念珠菌性口炎
B37.001　口腔念珠菌感染
B37.002　念珠菌性口角炎
B37.003　咽念珠菌感染
B37.800x084　念珠菌性唇炎
B48.300x002+K93.8*　地丝菌口炎
E10.600x031　1型糖尿病性急性牙周脓肿
E10.600x032　1型糖尿病性牙周炎
E11.600x031　2型糖尿病性急性牙周脓肿
E11.600x032　2型糖尿病性牙周炎
E14.600x031　糖尿病性急性牙周脓肿
E14.600x032　糖尿病性牙周炎
E34.800x005　坏死性唾液腺组织化生
E85.405　淀粉样变齿龈损害
K00.000　无牙症
K00.000x003　少牙畸形
K00.000x004　先天缺牙
K00.001　牙齿发育不全
K00.002　牙齿缺少
K00.100x001　多生牙
K00.101　第四臼齿
K00.200x001　巨牙症
K00.200x002　釉珠
K00.200x003　过小牙
K00.200x005　牛牙症
K00.200x009　畸形中央尖
K00.200x010　牙内陷
K00.201　双生牙
K00.202　结合齿
K00.203　套叠齿
K00.204　融合齿
K00.205　圆锥齿
K00.206　齿前突
K00.207　齿中突
K00.300x002　无氟釉质不透明
K00.301　氟牙症
K00.400　牙形成障碍
K00.400x001　弯曲牙
K00.400x002　特奈牙
K00.400x004　牙根发育不良
K00.401　区域性牙齿发育异常
K00.402　釉质发育不全（新生儿）（生后）（生前）
K00.500x002　壳状牙

K00.501 牙本质发育不全
K00.502 牙生长不全
K00.503 釉质发生不全
K00.600x002 诞生牙
K00.600x006 恒牙萌出过迟
K00.600x007 恒牙早萌
K00.600x008 低位乳牙
K00.601 个别乳磨牙早失
K00.602 新生儿牙
K00.603 牙齿萌出过早
K00.604 牙齿萌出过晚
K00.605 乳齿过早脱落
K00.608 乳牙滞留
K00.700 出牙综合征
K00.800x002 四环素牙
K00.801 牙齿形成期间颜色改变
K00.900 牙发育疾患
K01.000 埋伏牙
K01.100 阻生牙
K02.000 牙釉质龋
K02.001 牙齿白斑点损害
K02.100 牙本质龋
K02.101 乳牙中龋
K02.200 牙骨质龋
K02.300 静止龋
K02.400x001 牙折断
K02.400x002 婴儿黑牙病
K02.400x003 黑牙折断
K02.500 龋齿伴牙髓暴露
K02.800x001 继发龋
K02.800x002 急性龋
K02.800x003 乳牙浅龋
K02.800x005 乳牙深龋
K02.800x006 恒牙浅龋
K02.800x007 恒牙中龋
K02.800x008 恒牙深龋
K02.900x001 龋病
K02.901 蔓延性龋
K03.000 牙过度磨耗
K03.000x002 牙齿颌面磨损
K03.001 邻面磨损
K03.100x001 牙齿磨损
K03.101 牙齿楔状缺损
K03.102 净齿剂牙磨损
K03.103 习惯性牙磨损
K03.104 职业性牙磨损
K03.105 宗教仪式性牙磨损
K03.106 传统性牙磨损
K03.200x002 牙酸蚀病
K03.201 特发性牙腐蚀
K03.202 药物性牙腐蚀
K03.203 职业性牙腐蚀
K03.204 持续性呕吐致牙腐蚀
K03.300 牙病理性吸收
K03.300x001 牙髓内部肉芽肿
K03.300x002 牙根外吸收
K03.300x003 牙内吸收
K03.400 牙骨质增生
K03.401 齿槽骨质增生
K03.500 牙骨粘连
K03.600x001 牙齿变色
K03.601 牙石
K03.602 龈下牙石（龈下垢）
K03.603 龈上牙石（龈上垢）
K03.604 牙上沉积物
K03.700 牙硬组织萌出后颜色改变
K03.800x001 辐照性牙釉质
K03.800x002 牙本质过敏症
K03.800x003 牙隐裂
K03.800x005 牙震荡
K03.801 牙根纵裂
K03.900 牙硬组织疾病
K04.000 牙髓炎
K04.000x007 溃疡性牙髓炎
K04.000x008 增生性牙髓炎
K04.001 急性牙髓炎
K04.002 慢性牙髓炎
K04.006 可逆性牙髓炎
K04.007 不可逆性牙髓炎
K04.100 牙髓坏死
K04.101 牙髓坏疽
K04.200 牙髓变性
K04.200x003 牙髓钙化
K04.201 牙髓石
K04.300 牙髓异常硬组织形成
K04.400 急性牙髓源性根尖牙周炎
K04.401 急性根尖周炎
K04.500 慢性根尖牙周炎
K04.500x001 慢性根尖周炎
K04.501 根尖肉芽肿

K04.600 根尖周脓肿伴有窦道
K04.700 根尖周脓肿不伴有窦道
K04.701 根尖脓肿
K04.702 牙槽脓肿
K04.703 剩余牙根脓肿
K04.800 牙根囊肿
K04.801 根尖囊肿
K04.802 根尖周囊肿
K04.803 残余牙根囊肿
K04.900 牙髓和根尖周组织其他和未特指的疾病
K04.901 牙髓和根尖周组织疾病
K04.902 牙周牙髓综合征
K05.000 急性龈炎
K05.000x002 急性龈乳头炎
K05.100 慢性龈炎
K05.100x005 龈炎
K05.100x008 青春期龈炎
K05.100x010 龈乳头炎
K05.100x011 菌斑性龈炎
K05.100x012 萌出性龈炎
K05.100x013 浆细胞龈炎
K05.101 化脓性牙龈炎
K05.102 增生性牙龈炎
K05.103 溃疡性龈炎
K05.104 边缘性龈炎
K05.105 肥大性龈炎
K05.106 脱屑性龈炎
K05.200 急性牙周炎
K05.200x002 急性多发性龈脓肿
K05.201 牙周脓肿
K05.202 牙冠周脓肿
K05.203 牙龈脓肿
K05.204 急性冠周炎
K05.300 慢性牙周炎
K05.300x002 复合性牙周炎
K05.301 单纯性牙周炎
K05.400 牙周变性
K05.400x002 幼年牙周变性
K05.500x001 咬合创伤
K05.500x002 侵袭性牙周炎
K05.500x003 根分歧病变
K05.500x005 种植体周围炎
K05.600 牙周病
K06.000 牙龈退缩
K06.000x002 局部性牙龈退缩
K06.000x003 感染后牙龈退缩
K06.000x004 手术后牙龈退缩
K06.200 与创伤有关的牙龈和无牙牙槽嵴损害
K06.800x012 牙龈黑斑
K06.800x013 牙龈黏膜色素沉着
K06.800x014 种植体周围黏膜炎
K06.800x015 白血病的龈病损
K06.804 牙龈出血
K06.805 牙龈瘘管
K06.806 牙龈溃疡
K06.808 牙槽嵴松弛
K06.810 龈沟赘生物
K06.900 牙龈和无牙牙槽嵴疾患
K07.000x002 上颌骨纤维增生
K07.000x004 下颌骨增生
K07.000x007 巨上颌
K07.000x008 小下颌
K07.000x009 小上颌
K07.000x011 颏后缩
K07.000x012 方颏畸形
K07.000x013 颏部畸形
K07.002 巨颌症
K07.003 颌骨发育不全
K07.004 上颌骨骨质增生
K07.005 上颌骨发育不全
K07.006 下颌骨骨质增生
K07.007 下颌发育不全
K07.008 下颌角肥大
K07.009 下颌角肥大伴咬肌肥大
K07.010 小颌畸形
K07.011 小颏畸形
K07.012 唇腭裂术后颌骨发育不全
K07.100x008 错殆畸形骨性Ⅰ类
K07.100x009 错殆畸形骨性Ⅱ类
K07.100x010 错殆畸形骨性Ⅲ类
K07.100x011 颏部前突
K07.100x012 上颌前突下颌后缩
K07.100x014 上颌后缩下颌前突
K07.100x015 长面综合征
K07.100x016 短面综合征
K07.100x017 下颌前突偏斜
K07.101 偏颌畸形
K07.102 双突颌畸形
K07.103 上颌后缩
K07.104 上颌前突

K07.105 上下颌前突畸形
K07.106 下颌后缩
K07.107 下颌偏斜
K07.108 下颌前突
K07.109 颌后缩
K07.110 颌骨不对称
K07.200x001 后牙开殆
K07.200x002 后牙锁合
K07.200x003 前牙反殆
K07.200x005 深覆殆
K07.200x011 错殆畸形安氏Ⅰ类
K07.200x012 错殆畸形安氏Ⅱ类
K07.200x013 错殆畸形安氏Ⅲ类
K07.200x014 深覆盖
K07.201 覆咬合
K07.202 前牙开殆
K07.203 牙弓中线偏离
K07.204 咬合异常
K07.205 反殆
K07.300x003 牙齿位置异常
K07.300x005 牙齿间隙
K07.300x006 牙齿扭转
K07.300x007 牙齿移位
K07.300x008 第一恒磨牙异位萌出
K07.300x009 牙的病理性移位
K07.301 牙错位
K07.302 牙列不齐
K07.303 牙体缺损
K07.304 牙拥挤
K07.305 异位牙
K07.400x001 错殆畸形
K07.500x002 颌骨闭合异常
K07.600 颞下颌关节疾患
K07.600x001 颞下颌关节紊乱病
K07.600x003 颞下颌关节强直
K07.602 颞颌关节综合征
K07.603 颞颌关节骨关节病
K07.604 颞颌关节炎
K07.800x001 颜面部缺损
K07.900 牙面畸形
K07.901 下颌畸形
K07.902 颌骨畸形
K07.903 颌骨先天畸形
K08.000 全身性疾病引起的牙脱落
K08.101 单颌牙列缺失
K08.103 后天性牙齿缺失
K08.104 牙列部分缺失
K08.201 无牙牙槽突萎缩
K08.202 牙槽骨萎缩
K08.203 牙槽嵴萎缩
K08.204 牙槽突萎缩
K08.300x002 残留牙根
K08.302 残冠
K08.801 牙痛
K08.802 牙槽嵴裂
K08.803 牙槽突不齐
K08.804 牙槽嵴黏膜角化过度
K08.805 牙槽突裂
K08.806 牙槽出血
K08.807 牙槽隐性裂
K08.808 牙槽嵴增大
K08.809 牙槽骨缺损
K08.900 牙及支持结构疾患
K09.200x001 颌骨囊肿
K10.000x002 腭隆凸
K10.000x003 颌的潜伏性骨囊肿
K10.000x004 斯塔夫尼囊肿
K10.001 下颌隆凸
K10.200 颌的炎性情况
K10.201 放射性颌骨坏死
K10.204 颌骨炎性增生
K10.205 颌骨骨炎
K10.206 颌骨死骨
K10.208 髁状突炎
K10.211 慢性颌骨炎
K10.212 下颌炎性窦道
K10.213 下颌骨局限坏死
K10.214 翼腭窝炎
K10.300x003 颌骨牙槽炎
K10.301 牙槽骨骨炎
K10.302 干槽症
K10.800x002 腭血肿
K10.803 后天性腭畸形
K10.804 颌骨纤维结构发育不良
K10.808 上腭穿孔
K10.900x002 颌骨缺损
K12.000 复发性口腔阿弗他溃疡
K12.000x001 轻型阿弗他溃疡
K12.001 复发性坏死性黏膜腺周炎
K12.002 口腔阿弗他溃疡

K12.003 疱疹样口炎
K12.100x002 过敏性口炎
K12.100x011 尼古丁口炎
K12.100x012 药物性口炎
K12.100x013 糜烂性口炎
K12.101 创伤性口腔黏膜溃疡
K12.102 腭部溃疡
K12.103 腭溃疡穿孔
K12.106 变应性口炎
K12.107 溃疡性口炎
K12.108 义齿性口炎
K12.109 口腔黏膜溃疡
K12.111 口腔感染
K12.112 口腔炎
K12.114 小疱性口炎
K12.115 颊溃疡
K12.200x003 颏下间隙感染
K12.200x011 口底多间隙感染
K12.200x012 颌下感染
K12.200x017 口腔内脓肿
K12.200x018 软腭脓肿
K12.200x019 硬腭脓肿
K12.201 口腔脓肿
K12.202 颌下间隙感染
K12.203 颊部脓肿
K12.204 颊间隙感染
K12.205 颊瘘
K12.206 腭瘘
K12.207 颌下瘘管
K12.208 口腔瘘管
K12.209 口腔皮肤瘘
K12.210 眶下间隙感染
K12.211 颞下间隙感染
K12.212 舌下间隙感染
K12.213 咬肌间隙感染
K12.214 口蜂窝织炎
K12.215 翼下颌间隙感染
K12.216 牙源性面部皮肤瘘
K12.217 颌面间隙感染
K12.218 颊黏膜脓肿
K12.301 黏膜炎（口腔）（口咽）
K12.302 药物性黏膜炎（口腔）（口咽）
K12.303 放射性黏膜炎（口腔）（口咽）
K12.304 病毒性黏膜炎（口腔）（口咽）
K12.305 腭黏膜炎
K13.000x001 感染性口角炎
K13.000x006 剥脱性唇炎
K13.000x007 腺性唇炎
K13.000x012 唇表皮化
K13.000x014 唇黏液囊肿
K13.000x016 烧伤后唇畸形
K13.000x017 变应性接触性唇炎
K13.000x018 唇脓肿
K13.000x023 唇结节病
K13.001 唇瘘
K13.003 唇肥厚
K13.004 唇畸形
K13.005 唇溃疡
K13.010 唇部肿物
K13.011 唇蜂窝织炎
K13.013 唇炎
K13.014 口角炎
K13.015 唇皲裂
K13.016 唇疼
K13.100 颊和唇咬伤
K13.101 颊咬伤
K13.500x002 腭部黏膜下纤维化
K13.700x003 腭黏膜炎症
K13.700x004 后天性颊沟畸形
K13.700x006 口腔毛息肉
K13.700x007 颊部炎症
K13.700x009 慢性颊黏膜下炎症
K13.700x011 口腔黏膜出血
K13.700x013 后天性软腭畸形
K13.700x018 翼沟过长
K13.700x021 软腭肥厚
K13.700x022 腭麻痹
K13.700x023 软腭麻痹
K13.700x024 软腭震颤
K13.700x025 金属引起的口腔黏膜病变
K13.703 口腔瘢痕
K13.704 口腔黏蛋白沉积症
K13.705 口腔出血
K13.715 下颌前庭沟过浅
K14.000 舌炎
K14.000x006 舌创伤性溃疡
K14.000x007 舌部嗜酸性溃疡
K14.001 舌脓肿
K14.002 舌炎性肿块
K14.003 舌溃疡

K14.004 舌乳突炎
K14.100x001 地图舌
K14.102 移行性舌炎
K14.200 正中菱形舌炎
K14.300 舌乳头肥大
K14.300x001 毛舌
K14.300x003 舌苔
K14.300x004 叶状乳头肥大
K14.301 舌叶乳头增生
K14.302 黑毛舌
K14.400 舌乳头萎缩
K14.400x001 光面舌
K14.401 萎缩性舌炎
K14.500x001 裂纹舌
K14.500x002 沟纹舌
K14.600x001 舌痛症
K14.800x003 舌瘘管
K14.800x005 舌畸形
K14.800x010 舌牙痕
K14.800x013 舌粘连
K14.802 舌出血
K14.803 舌肥大
K14.804 舌萎缩
K14.807 舌肌阵挛
K14.808 舌瘢痕
K14.809 舌尖瘘管
K14.900x002 强直舌
K14.900x003 舌的静脉曲张
K14.900x004 舌缺损
L04.003 急性颌下淋巴结炎
M31.300 韦格纳肉芽肿病
M31.301 口腔黏膜韦格纳肉芽肿
Q18.400 大口畸形
Q18.500 小口畸形
Q18.600 巨唇
Q18.700 小唇
Q35.100 硬腭裂
Q35.101 双侧部分硬腭裂
Q35.300 软腭裂
Q35.301 软腭穿孔
Q35.302 隐性腭裂
Q35.500 硬腭裂伴有软腭裂
Q35.500x004 先天性双侧三度腭裂
Q35.501 单侧硬腭裂伴软腭裂
Q35.502 单侧硬腭裂伴软腭裂和齿槽裂
Q35.700 腭垂裂
Q35.901 双侧完全性腭裂
Q35.902 单侧完全性腭裂
Q35.907 口鼻瘘
Q36.000 双侧唇裂
Q36.001 双侧完全唇裂
Q36.002 双侧混合型唇裂
Q36.003 双侧不完全唇裂
Q36.004 双侧Ⅰ度唇裂
Q36.005 双侧Ⅱ度唇裂
Q36.006 双侧Ⅲ度唇裂
Q36.100 正中唇裂
Q36.900 单侧唇裂
Q36.900x003 先天性唇裂术后继发畸形
Q36.901 单侧完全唇裂
Q36.903 隐性单侧唇裂
Q36.904 单侧Ⅰ度唇裂
Q36.905 单侧Ⅱ度唇裂
Q36.906 单侧Ⅲ度唇裂
Q37.200 软腭裂伴有双侧唇裂
Q37.300 软腭裂伴有单侧唇裂
Q37.900 腭裂伴有单侧唇裂
Q38.000x003 先天性唇畸形
Q38.000x005 先天性厚唇
Q38.000x006 先天性薄唇
Q38.000x007 先天性红唇缺如
Q38.002 范德沃德综合征
Q38.003 先天性重唇
Q38.004 先天性唇瘘
Q38.100 舌系带过短
Q38.200 巨舌
Q38.300 舌的其他先天性畸形
Q38.300x003 先天性小舌
Q38.300x005 皱襞舌
Q38.300x007 先天性舌粘连
Q38.301 先天性舌发育不全
Q38.303 无舌症
Q38.305 舌系带过长
Q38.400 涎腺和导管先天性畸形
Q38.400x001 先天性唾液腺瘘
Q38.400x002 先天性唾液腺畸形
Q38.500x002 先天性无悬雍垂
Q38.500x003 先天性腭畸形
Q38.500x005 悬雍垂过长
Q38.500x006 高腭弓

Q38.500x007 先天性软腭缺如
Q38.500x009 先天性腭咽闭合过度
Q38.501 软腭发育不全
Q38.502 先天性腭瘘
Q38.600x001 颊系带附着异常
Q38.600x002 先天性齿龈畸形
Q38.600x006 先天性牙槽嵴裂
Q38.601 先天性口畸形
Q87.004 哨型面综合征
Q87.006 第一二腮弓发育不良
Q89.800x903 唇部淋巴管畸形
Q89.800x905 口腔淋巴管畸形
Q89.800x907 舌淋巴管畸形
T18.000 口内异物
T18.002 舌异物

DZ1 其他头、颈、耳、鼻、咽、口疾病

包含以下主要诊断：
A18.000x002+M90.0* 腭骨结核
A18.000x003+M90.0* 颌骨结核
A18.000x004+H75.0* 乳突结核
A18.000x006+M90.0* 颧骨结核
A18.003+M90.0* 鼻骨结核
A18.004+M90.0* 下颌结核
A18.200x002 颌下淋巴结结核
A18.200x005 颏下淋巴结结核
A18.201 头颈部结核性淋巴结炎
A18.205 颈淋巴结结核
A18.400x018 外耳道结核
A18.400x019 中耳结核
A36.000 咽白喉
A36.000x002 扁桃体白喉
A36.000x004 白喉性悬雍垂麻痹
A36.100 鼻咽白喉
A52.700x003+J99.8* 鼻梅毒
A52.700x004+J99.8* 鼻窦梅毒
A66.501+J99.8* 毁形性鼻咽炎
B02.800 带状疱疹伴有其他并发症
B02.801+H62.1* 外耳带状疱疹
B36.902+H62.2* 耳真菌病
B36.903+H62.2* 真菌性外耳道炎
B37.200x005+H62.2* 念珠菌性外耳炎
B44.200x001+J99.8* 扁桃体曲霉菌病
B44.800x001 上颌窦曲霉菌病
B44.800x004+H62.2* 外耳道曲霉菌病
B44.800x006 中耳曲霉菌病
B44.800x007 喉曲霉菌病
B44.804 鼻窦曲霉菌病
B48.100 鼻孢子菌病
B49.x05 真菌性鼻窦炎
B49.x06 真菌性额窦炎
B49.x07 真菌性筛窦炎
B49.x08 真菌性蝶窦炎
B49.x09 真菌性上颌窦炎
B49.x10 鼻真菌病
D37.002 口腔动态未定肿瘤
D37.004 咽动态未定肿瘤
D37.006 腭动态未定肿瘤
D37.008 舌根动态未定肿瘤
D37.010 腮腺动态未定肿瘤
D37.012 扁桃体动态未定肿瘤
D37.014 大涎腺动态未定肿瘤
D37.016 小涎腺动态未定肿瘤
D37.018 杓状会厌褶动态未定肿瘤
D38.002 会厌动态未定肿瘤
D38.501 鼻腔动态未定肿瘤
D38.503 鼻旁窦动态未定肿瘤
D38.505 鼻软骨动态未定肿瘤
D38.507 中耳动态未定肿瘤
D48.518 鼻皮肤动态未定肿瘤
D48.519 耳皮肤动态未定肿瘤
D48.701 头颈部动态未定肿瘤
D86.802 眼色素层腮腺炎
E85.410 淀粉样变胸膜损害
G47.300 睡眠呼吸暂停
G47.300x001 睡眠呼吸暂停低通气综合征
G47.300x031 睡眠低通气综合征
G47.300x033 混合性睡眠呼吸暂停低通气综合征
G47.300x035 中枢性低通气综合征
G47.300x036 中枢性睡眠呼吸暂停低通气综合征
G47.300x037 阻塞性睡眠呼吸暂停低通气综合征
G47.301 阻塞性睡眠呼吸暂停综合征
G47.302 中枢性睡眠呼吸暂停综合征
G47.303 混合性睡眠呼吸暂停综合征
G47.304 上气道阻力综合征
H60.000 外耳脓肿
H60.000x002 外耳道脓肿
H60.000x004 耳廓痈
H60.000x005 耳廓疖
H60.001 外耳疖

H60.002　外耳痈
H60.100　外耳蜂窝织炎
H60.100x001　外耳道蜂窝织炎
H60.100x002　耳廓蜂窝织炎
H60.200　恶性外耳炎
H60.300　感染性外耳炎，其他的
H60.300x002　耳廓感染
H60.300x003　耳廓瘘感染
H60.300x005　弥漫性外耳道炎
H60.300x006　外耳继发性感染
H60.301　出血性外耳炎
H60.302　弥漫性外耳炎
H60.303　游泳者耳病
H60.400　外耳胆脂瘤
H60.400x004　外耳道胆脂瘤
H60.401　外耳肉芽肿
H60.500x006　急性接触性外耳炎
H60.500x007　急性反应性外耳炎
H60.501　外耳湿疹
H60.502　急性光化性外耳炎
H60.503　急性化学性外耳炎
H60.801　慢性外耳炎
H60.900　外耳炎
H60.901　外耳道炎
H61.000　外耳软骨膜炎
H61.001　慢性结节性耳轮软骨皮炎
H61.103　耳廓假性囊肿
H61.105　耳廓肿物
H61.200　耵聍栓塞
H61.805　外耳道坏死
H68.100　咽鼓管阻塞
H68.100x003　咽鼓管受压
H68.101　咽鼓管狭窄
H69.000　咽鼓管开放症
H69.800　咽鼓管其他特指的疾患
H69.900　咽鼓管疾患
H74.201　听骨链中断
H74.300　听骨其他后天性异常
H74.300x003　听骨部分丧失
H74.300x004　听骨关节强硬
H74.400　中耳息肉
H74.900　中耳和乳突疾患
H80.000x001　非闭塞性耳硬化累及前庭窗
H80.000x002　非闭塞性镫骨耳硬化
H80.100x001　闭塞性耳硬化累及前庭窗
H80.100x002　闭塞性镫骨耳硬化
H80.200　耳蜗性耳硬化症
H80.800x001　其他耳硬化
H80.900　耳硬化
H92.000　耳痛
H92.100　耳漏
H92.100x001　耳流脓
H92.200　耳出血
H93.300　听神经疾患
H93.301　听神经炎
H93.800x001　耳廓血肿机化
H95.000x001　胆脂瘤术后复发
H95.101　乳突切除术后空腔肉芽形成
H95.102　乳突切除术后空腔感染
H95.800　耳和乳突的其他操作后疾患
H95.900　耳和乳突的操作后疾患操作后并发症
H95.900x001　鼓室成形术后操作后疾患
H95.900x002　乳突根治术后操作后疾患
I77.001　头面部动静脉瘘
I77.003　耳廓动静脉瘘
I86.000　舌下静脉曲张
I88.101　慢性颈淋巴结炎
I88.102　慢性颌下淋巴结炎
I88.103　慢性颏下淋巴结炎
I88.104　慢性腮腺淋巴结炎
I88.900x004　颌下淋巴结炎
I88.900x007　腮腺肉芽肿性淋巴结炎
I89.000x014　头面部淋巴水肿
J04.200　急性喉气管炎
J06.000x002　过敏性咽喉炎
J06.800x001　急性咽气管炎
J30.200　季节性变应性鼻炎，其他的
J32.006　隐匿性鼻窦综合征
J33.100　鼻窦息肉样退行性变
J34.000x004　鼻坏死
J34.001　鼻部脓肿
J34.002　鼻疖
J34.003　鼻溃疡
J34.004　鼻痈
J34.005　鼻中隔坏死
J34.006　鼻中隔溃疡
J34.007　鼻中隔脓肿
J34.008　鼻蜂窝织炎
J34.300　鼻甲肥大
J34.800x001　鼻部感染

J34.800x002　鼻部瘘管
J34.800x004　钩突肥大
J34.800x006　铬鼻病
J34.800x019　鼻中隔血肿
J34.800x020　泡性中鼻甲
J34.801　鼻中隔-鼻甲粘连
J34.803　鼻漏
J34.804　鼻石
J34.806　鼻前庭炎
J34.807　鼻甲粘连
J34.809　鼻腔粘连
J34.812　鼻翼肥大
J34.813　鼻中隔穿孔
J35.801　扁桃体残体
J35.804　扁桃体结石
J35.806　扁桃体角化病
J35.808　腺样体残体
J38.000x001　喉上神经麻痹
J38.000x002　喉神经麻痹
J38.000x005　声门麻痹
J38.000x006　声带活动不良
J38.000x011　单侧不完全声带麻痹
J38.000x012　单侧不完全喉麻痹
J38.000x021　单侧完全声带麻痹
J38.000x022　单侧完全喉麻痹
J38.000x031　双侧不完全声带麻痹
J38.000x032　双侧不完全喉麻痹
J38.001　喉麻痹
J38.002　声带麻痹
J38.300x008　声带粘连
J38.300x016　声带沟
J38.300x018　声带闭合不全
J38.301　声带白斑
J38.302　声带出血
J38.303　声带固定
J38.304　声带囊肿
J38.307　声带松弛
J38.309　声带角化症
J38.400　喉水肿
J38.400x002　声门下水肿
J38.400x003　声门上水肿
J38.400x004　声门水肿
J38.401　声带任克氏间隙水肿
J38.402　声带水肿
J38.500　喉痉挛
J38.600　喉狭窄
J38.601　喉梗阻
J38.700x003　喉肌弱症
J38.700x013　环杓关节炎
J38.700x017　室带肥厚
J38.719　声门狭窄
J38.720　环杓关节强硬
J39.200x008　喉咽部狭窄
J39.200x009　咽下部狭窄
J39.200x015　咽肌麻痹
J39.201　瘢痕性咽狭窄
J39.202　鼻咽瘘
J39.205　鼻咽粘连
J39.208　梨状窝囊肿
J39.209　梨状窝息肉
J39.210　咽瘘
J39.212　咽水肿
J39.214　咽角化症
J39.215　咽部囊肿
J39.218　咽肌痉挛
J39.221　咽旁间隙囊肿
J39.222　环咽肌痉挛
J39.223　手术后咽瘘
J39.224　鼻咽部病变
J39.300　上呼吸道过敏反应
J39.900　上呼吸道疾病
J95.000　气管造口术功能不全
J95.000x001　气管造口术后吻合口脓毒病
J95.000x002　气管切开术后拔管困难
J95.000x007　气管造口术后口出血
J95.001　气管造口术后气管皮肤瘘
J95.002　气管造口感染
J95.003　气管造口术后狭窄
J95.004　气管造口术后气管食管瘘
J95.005　气管造口术后气道阻塞
J95.400　门德尔松综合征
J95.500　操作后的声门下狭窄
J95.501　手术后喉狭窄
J95.800x001　气管插管后喉水肿
J95.800x013　手术后气管瘘
J95.803　空鼻综合征
J95.805　手术后喉水肿
J95.806　手术后声带麻痹
J95.807　手术后声带粘连
J95.809　手术后喉粘连

K10.000　颌的发育性疾患
K10.002　腭裂手术后畸形
K10.202　颌骨骨髓炎
K10.203　颌骨放射性骨髓炎
K10.207　化脓性颌骨髓炎
K10.209　慢性下颌骨边缘性骨髓炎
K10.210　慢性下颌骨中央性骨髓炎
K11.000　涎腺萎缩
K11.200　涎腺炎
K11.200x009　下颌下腺炎
K11.200x011　舌下腺炎
K11.200x012　慢性唾液腺炎
K11.200x014　硬化性唾液腺炎
K11.201　急性腮腺炎
K11.202　急性颌下腺炎
K11.203　急性舌下腺炎
K11.204　慢性腮腺炎
K11.205　慢性颌下腺炎
K11.206　慢性舌下腺炎
K11.209　阻塞性颌下腺炎
K11.210　阻塞性腮腺炎
K11.211　化脓性腮腺炎
K11.300　涎腺脓肿
K11.301　腮腺脓肿
K11.302　颌下腺脓肿
K11.303　舌下腺脓肿
K11.400　涎腺瘘
K11.400x003　唾液导管瘘
K11.401　腮腺瘘
K11.402　腮腺导管瘘
K11.404　颌下腺瘘
K11.500x003　舌下管结石
K11.500x005　唾液腺导管结石
K11.501　腮腺导管结石
K11.503　颌下腺导管结石
K11.700x001　唾液分泌紊乱
K11.700x002　唾液分泌过少
K11.700x003　流涎症
K11.701　口干燥症
K11.800x002　腮腺唾液潴留
K11.800x006　坏死性唾液腺化生
K11.800x007　唾液腺肉芽肿
K11.800x010　腮腺结节病
K11.801　涎腺管狭窄
K11.802　米库利奇病
K11.803　腮腺管扩张
K11.805　涎腺良性淋巴上皮损害
K11.806　涎腺管扩张
K11.807　涎腺导管阻塞
K11.900x004　唾液腺病
L02.000　面部皮肤脓肿、疖和痈
L04.001　急性头面部淋巴结炎
L04.002　急性颈部淋巴结炎
M35.900x011　Satoxoshi综合征
Q16.000　先天性无（耳）郭
Q16.101　先天性外耳道缺如
Q16.102　先天性外耳道闭锁
Q16.103　先天性外耳道狭窄
Q16.200　无咽鼓管
Q16.300　听小骨先天性畸形
Q16.301　砧镫关节异常
Q16.400　中耳其他的先天性畸形
Q16.401　中耳缺失
Q16.500　内耳先天性畸形
Q16.501　大前庭导水管综合征
Q16.900　引起听力缺陷的耳先天性畸形
Q16.901　先天性无耳
Q17.000　副耳廓
Q17.000x003　先天性副耳垂
Q17.000x005　先天性颊部副耳
Q17.001　多耳畸形
Q17.002　先天性耳赘
Q17.003　先天性耳前附件
Q17.100　巨耳畸形
Q17.200　小耳畸形
Q17.300x002　先天性尖耳
Q17.300x004　先天性卷曲耳
Q17.300x005　先天性扁平耳
Q17.300x006　先天性猿耳
Q17.301　杯状耳
Q17.302　先天性耳廓畸形
Q17.303　先天性耳垂畸形
Q17.400　移位耳
Q17.400x002　先天性低位耳
Q17.500　凸耳
Q17.501　招风耳
Q17.800x004　先天性隐耳
Q17.801　先天性耳垂裂
Q17.802　先天性耳垂缺如
Q17.803　咽鼓管异常

Q17.900 耳先天性畸形
Q18.001 先天性鳃裂瘘管
Q18.002 先天性鳃裂囊肿
Q18.003 梨状窝瘘
Q18.100x003 先天性颈前瘘管
Q18.100x006 先天性耳后瘘
Q18.100x008 先天性颈外侧瘘
Q18.100x009 先天性颈外侧囊肿
Q18.101 先天性耳廓瘘
Q18.102 先天性耳前瘘管
Q18.103 先天性耳前囊肿
Q18.104 先天性外耳囊肿
Q18.200 鳃裂畸形，其他的
Q18.200x003 无下颌并耳畸形
Q18.200x004 颈部副耳
Q18.300 颈蹼
Q18.400x004 面中裂
Q18.800x001 先天性颈部囊肿
Q18.800x002 先天性面部瘘
Q18.800x003 先天性面部囊肿
Q18.800x004 先天性颈部瘘
Q18.801 先天性半面短小症
Q18.802 面横裂
Q18.804 面和颈近中囊肿
Q18.805 面部先天性畸形，其他的
Q18.806 颈部先天性畸形，其他的
Q18.807 面斜裂
Q18.900x002 先天性鼻唇沟畸形
Q18.903 颈部先天性畸形
Q27.300x007 腮腺动静脉畸形
Q27.300x010 颌骨动静脉畸形
Q27.302 先天性头颈部动静脉瘘
Q27.800x021 唇血管畸形
Q27.800x024 口腔血管畸形
Q27.800x026 腮腺血管畸形
Q27.800x027 上颌骨血管畸形
Q27.800x028 唾液腺血管畸形
Q27.800x030 头面血管畸形
Q27.800x036 咽后壁血管畸形
Q27.800x040 面部血管畸形
Q27.802 先天性舌血管畸形
Q30.000 鼻后孔闭锁
Q30.001 先天性前鼻孔狭窄
Q30.100x001 先天性鼻缺如
Q30.101 鼻发育不良
Q30.200x001 鼻裂
Q30.201 鼻切迹
Q30.300 先天性鼻中隔穿孔
Q30.800x003 先天性鼻头肥大
Q30.800x004 上颌梨状孔发育不良
Q30.800x005 先天性副鼻
Q30.800x006 先天性鼻正中瘘
Q30.800x007 先天性鼻瘘
Q30.801 鼻窦发育异常
Q30.802 鼻窦异常骨间隔
Q30.804 鼻中隔气化
Q30.805 鼻翼畸形
Q30.900 鼻先天性畸形
Q31.000 喉蹼
Q31.100 先天性声门下狭窄
Q31.200 喉发育不全
Q31.301 先天性喉囊肿
Q31.500 先天性喉软骨软化病
Q31.800x003 先天性环状软骨后裂
Q31.800x004 先天性喉结突出
Q31.800x005 先天性声门闭合不良
Q31.801 先天性会厌裂
Q31.802 先天性声门关闭不全
Q31.803 先天性声带沟
Q31.804 先天性喉闭锁
Q31.805 先天性喉隔
Q31.806 先天性喉狭窄
Q31.900 喉先天性畸形
Q32.000 先天性气管软化
Q32.100 气管的其他先天性畸形
Q32.101 先天性气管发育异常
Q34.801 先天性鼻咽闭锁
Q35.900 腭裂
Q35.903 不完全性腭裂
Q36.902 单侧不完全唇裂
Q37.000 硬腭裂伴有双侧唇裂
Q37.100 硬腭裂伴有单侧唇裂
Q37.400 硬腭和软腭裂伴有双侧唇裂
Q37.500 硬腭和软腭裂伴有单侧唇裂
Q37.800 腭裂伴有双侧唇裂
Q38.001 唇系带短缩
Q38.304 舌裂
Q38.600x004 先天性颊沟过浅
Q38.700 咽囊
Q38.701 先天性咽憩室

Q38.801　先天性腭咽闭合不全
Q38.802　咽部畸形
Q67.200　长头
Q67.300　斜形头
Q67.400x202　先天性鼻中隔气化
Q67.400x906　先天性颌骨缺损
Q67.401　先天性塌鼻
Q67.402　先天性颅骨凹陷
Q67.403　先天性鼻中隔偏曲
Q67.404　先天性半面萎缩
Q67.405　半侧小面畸形
Q67.406　先天性扁鼻
Q67.407　先天性驼峰鼻
Q75.200x001　眶距增宽症
Q75.400　下颌骨颜面发育不全
Q75.801　先天性面骨畸形
Q75.804　颅裂畸形
Q75.805　先天性额骨变形
Q75.900x005　先天性颌骨畸形
Q85.900x012　面部错构瘤
Q85.900x031　外耳道错构瘤
Q85.900x035　腮腺错构瘤
Q85.900x037　耳错构瘤
Q85.900x038　腭部错构瘤
Q87.000x301　隐眼综合征［Frasher综合征］
Q89.202　甲状舌管囊肿
Q89.800x904　颈部淋巴管畸形
Q89.800x906　腮腺淋巴管畸形
Q89.800x908　头面颈淋巴管畸形
Q89.800x909　咽淋巴管畸形
R04.000　鼻出血
R04.100　咽喉出血
R04.801　鼻咽部出血
R06.501　鼾症
R06.700　喷嚏
R07.000　咽痛
R43.800x002　嗅觉与味觉混合障碍
R49.000　发声困难
R49.001　声嘶
R49.100　失声
R49.201　鼻音过重
R49.202　鼻音过轻
R59.000x004　咽部淋巴结肿大
T16.x00　耳内异物
T16.x00x001　耳道异物
T16.x00x002　中耳异物
T17.101　鼻腔异物
T17.200　咽内异物
T17.200x001　鼻咽内异物
T17.300　喉内异物
T27.000x002　喉部烧伤
T27.000x003　气管烧伤
T27.100x001　喉和气管及肺烧伤
T27.401　喉化学性烧伤
T27.402　气管化学性烧伤
T27.500x001　喉和气管及肺腐蚀伤
T28.000x002　口腔烧伤
T28.000x003　咽部烧伤
T28.501　口腔黏膜化学性烧伤
T28.502　咽化学性烧伤
T81.804　气管造口肉芽
T85.606　气管套管脱出
T85.607　气管植入T管断裂
T85.800x804　插管引起的气管内出血
T85.800x810　鼻整形术后并发症
T85.800x811　鼻整形术后假体外露
T86.802　舌移植皮瓣坏死
T90.800　头部其他特指损伤的后遗症
Z41.102　鼻梁成形
Z41.103　颧骨增高
Z42.000x002　颌面术后整形
Z42.000x015　耳术后整形
Z42.000x019　头皮外伤后整形
Z42.002　面部矫形术后整形
Z42.005　头颈部瘢痕修复
Z42.006　唇裂术后畸形整形
Z42.007　唇腭裂术后畸形整形
Z42.008　腭裂术后整形
Z42.009　颌面术后畸形整形
Z42.010　耳再造术后整形
Z43.000　气管造口维护
Z43.000x002　气管套管拔除
Z43.001　关闭气管造口
Z45.301　安装人工耳蜗
Z45.302　调整人工耳蜗装置
Z45.303　取除人工耳蜗装置
Z45.304　取除鼓膜置管
Z45.801　安装发音钮
Z46.100　助听器的安装和调整
Z46.300x001　假牙的安装和调整

Z46.400　正牙装置的安装和调整

MDCE　呼吸系统疾病及功能障碍

主诊表

包含以下主要诊断：
A01.000x005+J17.0*　伤寒并发肺炎
A02.201+J17.0*　沙门菌肺炎
A06.500+J99.8*　阿米巴肺脓肿
A06.500x002+J99.8*　肺阿米巴病［阿米巴肺脓肿］
A06.501+J99.8*　阿米巴肝肺脓肿
A06.502+J17.3*　阿米巴肝肾囊肿伴肺炎
A15.000x001　肺结核（显微镜检证实）
A15.000x002　肺结核（仅痰涂片证实）
A15.000x003　肺结核（痰涂片及培养均证实）
A15.000x010　继发性肺结核（初治，单耐药）涂阳培阳
A15.000x012　继发性肺结核（初治，多耐药）涂阳培阳
A15.000x014　继发性肺结核（初治，广泛耐药）涂阳培阳
A15.000x016　继发性肺结核（初治，耐多药）涂阳培阳
A15.000x018　继发性肺结核（初治，药物敏感）涂阳培阳
A15.000x020　继发性肺结核（复治，单耐药）涂阳培阳
A15.000x022　继发性肺结核（复治，多耐药）涂阳培阳
A15.000x024　继发性肺结核（复治，广泛耐药）涂阳培阳
A15.000x026　继发性肺结核（复治，耐多药）涂阳培阳
A15.000x028　继发性肺结核（复治，药物敏感）涂阳培阳
A15.001　肺结核瘤，痰镜检（+）
A15.002　肺干酪性结核，痰镜检（+）
A15.003　结核性肺纤维变性，痰镜检（+）
A15.004　结核性肺炎，痰镜检（+）
A15.005　结核性气胸，痰镜检（+）
A15.006　结核性支气管扩张，痰镜检（+）
A15.007　空洞型肺结核，痰镜检（+）
A15.100x001　肺结核（仅痰培养证实）
A15.100x002　继发性肺结核（初治，单耐药）涂阴培阳
A15.100x003　继发性肺结核（初治，多耐药）涂阴培阳
A15.100x004　继发性肺结核（初治，广泛耐药）涂阴培阳
A15.100x005　继发性肺结核（初治，耐多药）涂阴培阳
A15.100x006　继发性肺结核（初治，药物敏感）涂阴培阳
A15.100x007　继发性肺结核（复治，单耐药）涂阴培阳
A15.100x008　继发性肺结核（复治，多耐药）涂阴培阳
A15.100x009　继发性肺结核（复治，广泛耐药）涂阴培阳
A15.100x010　继发性肺结核（复治，耐多药）涂阴培阳
A15.100x011　继发性肺结核（复治，药物敏感）涂阴培阳
A15.101　肺结核瘤，痰培养（+）
A15.102　肺干酪性结核，痰培养（+）
A15.103　结核性肺纤维变性，痰培养（+）
A15.104　结核性肺炎，痰培养（+）
A15.105　结核性气胸，痰培养（+）
A15.106　结核性支气管扩张，痰培养（+）
A15.107　空洞型肺结核，痰培养（+）
A15.200x001　肺结核（组织学证实）
A15.200x002　结核性损毁肺（组织学+）
A15.201　肺结核瘤，病理（+）
A15.202　肺干酪性结核，病理（+）
A15.203　结核性肺纤维变性，病理（+）
A15.204　结核性肺炎，病理（+）
A15.205　结核性气胸，病理（+）
A15.206　结核性支气管扩张，病理（+）
A15.207　空洞型肺结核，病理（+）
A15.300x001　肺结核（分子诊断证实）
A15.301　肺结核瘤经证实（+）
A15.302　肺干酪性结核经证实（+）
A15.303　结核性肺纤维变性经证实（+）
A15.304　结核性肺炎经证实（+）
A15.305　结核性气胸经证实（+）
A15.306　结核性支气管扩张经证实（+）
A15.307　空洞型肺结核经证实（+）
A15.400x001　肺门淋巴结结核（细菌学和组织学证实）
A15.401　肺门淋巴结结核，病理（+）

A15.402　气管支气管淋巴结结核，细菌学（+）
A15.403　气管支气管淋巴结结核，病理（+）
A15.404　胸内淋巴结结核，细菌学（+）
A15.405　胸内淋巴结结核，病理（+）
A15.406　纵隔淋巴结结核，细菌学（+）
A15.407　纵隔淋巴结结核，病理（+）
A15.408　支气管淋巴结结核，细菌学（+）
A15.409　支气管淋巴结结核，病理（+）
A15.500x001　喉结核（细菌学和组织学证实）
A15.500x002　气管结核（细菌学和组织学证实）
A15.500x003　支气管结核（细菌学和组织学证实）
A15.500x004　声带结核（细菌学和组织学证实）
A15.500x010　支气管结核（初治，单耐药）涂阳培阳
A15.500x011　支气管结核（初治，单耐药）涂阴培阳
A15.500x012　支气管结核（初治，多耐药）涂阳培阳
A15.500x013　支气管结核（初治，多耐药）涂阴培阳
A15.500x014　支气管结核（初治，广泛耐药）涂阳培阳
A15.500x015　支气管结核（初治，广泛耐药）涂阴培阳
A15.500x016　支气管结核（初治，耐多药）涂阳培阳
A15.500x017　支气管结核（初治，耐多药）涂阴培阳
A15.500x018　支气管结核（初治，药物敏感）涂阳培阳
A15.500x019　支气管结核（初治，药物敏感）涂阴培阳
A15.500x020　支气管结核（复治，单耐药）涂阳培阳
A15.500x021　支气管结核（复治，单耐药）涂阴培阳
A15.500x022　支气管结核（复治，多耐药）涂阳培阳
A15.500x023　支气管结核（复治，多耐药）涂阴培阳
A15.500x024　支气管结核（复治，广泛耐药）涂阳培阳
A15.500x025　支气管结核（复治，广泛耐药）涂阴培阳
A15.500x026　支气管结核（复治，耐多药）涂阳培阳
A15.500x027　支气管结核（复治，耐多药）涂阴培阳
A15.500x028　支气管结核（复治，药物敏感）涂阳培阳
A15.500x029　支气管结核（复治，药物敏感）涂阴培阳
A15.501　喉结核，病理（+）
A15.502　会厌结核，细菌学（+）
A15.503　会厌结核，病理（+）
A15.504　声带结核，细菌学（+）
A15.505　声带结核，病理（+）
A15.506　气管结核，细菌学（+）
A15.507　气管结核，病理（+）
A15.508　支气管结核，细菌学（+）
A15.509　支气管结核，病理（+）
A15.601　结核性胸膜炎，病理（+）
A15.602　结核性脓胸，细菌学（+）
A15.603　结核性脓胸，病理（+）
A15.604　结核性胸腔积液，细菌学（+）
A15.605　结核性胸腔积液，病理（+）
A15.606　结核性渗出性胸膜炎，细菌学（+）
A15.607　结核性渗出性胸膜炎，病理（+）
A15.608　胸膜结核瘤，细菌学（+）
A15.609　胸膜结核瘤，病理（+）
A15.701　原发性呼吸道结核，病理（+）
A15.702　肺原发性结核性复征，细菌学（+）
A15.703　肺原发性结核性复征，病理（+）
A15.800x001　鼻咽结核性肉芽肿（组织学证实）
A15.801　结核性鼻窦炎，细菌学（+）
A15.802　结核性鼻窦炎，病理（+）
A15.803　鼻中隔结核，细菌学（+）
A15.804　鼻中隔结核，病理（+）
A15.805　鼻咽结核，细菌学（+）
A15.806　鼻咽结核，病理（+）
A15.807　鼻结核，细菌学（+）
A15.808　鼻结核，病理（+）
A15.809　扁桃体结核，细菌学（+）
A15.810　扁桃体结核，病理（+）
A15.811　咽部结核，细菌学（+）
A15.812　咽部结核，病理（+）
A15.813　纵隔结核，细菌学（+）
A15.814　纵隔结核，病理（+）
A15.900　呼吸道结核，经细菌学和组织学所证实的
A15.901　呼吸道结核，病理（+）

A16.000x001　肺结核（细菌学和组织学检查为阴性）
A16.000x002　支气管结核（细菌学和组织学证实均阴性）
A16.001　肺结核瘤，痰镜检（-）
A16.002　结核性肺炎，痰镜检（-）
A16.003　结核性肺纤维变性，痰镜检（-）
A16.004　结核性气胸，痰镜检（-）
A16.005　结核性支气管扩张，痰镜检（-）
A16.006　肺干酪性结核，痰镜检（-）
A16.007　空洞型肺结核，痰镜检（-）
A16.008　浸润型肺结核，痰镜检（-）
A16.009　增殖型肺结核，痰镜检（-）
A16.010　肺结核，痰培养（-）
A16.011　肺结核瘤，痰培养（-）
A16.012　结核性肺炎，痰培养（-）
A16.013　结核性肺纤维变性，痰培养（-）
A16.014　结核性气胸，痰培养（-）
A16.015　结核性支气管扩张，痰培养（-）
A16.016　肺干酪性结核，痰培养（-）
A16.017　空洞型肺结核，痰培养（-）
A16.018　浸润型肺结核，痰培养（-）
A16.019　增殖型肺结核，痰培养（-）
A16.020　肺结核，病理（-）
A16.021　肺结核瘤，病理（-）
A16.022　结核性肺炎，病理（-）
A16.023　结核性肺纤维变性，病理（-）
A16.024　结核性气胸，病理（-）
A16.025　结核性支气管扩张，病理（-）
A16.026　肺干酪性结核，病理（-）
A16.027　空洞型肺结核，病理（-）
A16.028　浸润型肺结核，病理（-）
A16.029　增殖型肺结核，病理（-）
A16.030　肺结核瘤，细胞学（组织学）(-)
A16.031　结核性肺炎，细胞学（组织学）(-)
A16.032　结核性肺纤维变性，细胞学（组织学）(-)
A16.033　结核性气胸，细胞学（组织学）(-)
A16.034　结核性支气管扩张，细胞学（组织学）(-)
A16.035　肺干酪性结核，细胞学（组织学）(-)
A16.036　空洞型肺结核，细胞学（组织学）(-)
A16.037　浸润型肺结核，细胞学（组织学）(-)
A16.038　增殖型肺结核，细胞学（组织学）(-)
A16.100x001　肺结核（未行细菌学和组织学检查）
A16.101　肺结核瘤，未做细菌学和组织学检查
A16.102　结核性肺炎，未做细菌学和组织学检查
A16.103　结核性肺纤维变性，未做细菌学和组织学检查
A16.104　结核性气胸，未做细菌学和组织学检查
A16.105　结核性支气管扩张，未做细菌学和组织学检查
A16.106　肺干酪性结核，未做细菌学和组织学检查
A16.107　空洞型肺结核，未做细菌学和组织学检查
A16.108　浸润型肺结核，未做细菌学和组织学检查
A16.109　增殖型肺结核，未做细菌学和组织学检查
A16.200x002　肺结核
A16.200x007　结节型肺结核
A16.200x012　结核性胸膜瘘
A16.200x013　结核性损毁肺
A16.200x014　结核性大咯血
A16.200x015　继发性肺结核
A16.201　肺结核瘤
A16.202　结核性肺炎
A16.203　结核性肺纤维变性
A16.204　结核性气胸
A16.205　结核性支气管扩张
A16.206　肺干酪性结核
A16.207　空洞型肺结核
A16.210　结核性肺不张
A16.300x002　结核性支气管淋巴瘘
A16.300x003　胸壁淋巴结结核
A16.300x007　结核性乳糜胸
A16.301　肺门淋巴结结核
A16.302　胸内淋巴结结核
A16.303　气管支气管淋巴结结核
A16.304　支气管淋巴结结核
A16.305　纵隔淋巴结结核
A16.400x005　孤立性气管支气管结核
A16.400x010　结核性气管狭窄
A16.400x011　结核性支气管狭窄
A16.401　会厌结核
A16.402　气管结核
A16.403　声带结核
A16.405　结核性支气管胸膜瘘
A16.406　喉结核
A16.500x001　结核性干性胸膜炎
A16.500x004　结核性胸膜炎
A16.500x008　结核性胸膜炎（初治）
A16.500x009　结核性胸膜炎（复治）
A16.500x010　结核性包裹性脓胸
A16.501　结核性脓胸

A16.503　结核性渗出性胸膜炎
A16.504　胸膜结核瘤
A16.505　结核性脓气胸
A16.700x001　肺结核原发综合征
A16.700x002　原发性肺结核
A16.800x002　干酪性鼻窦炎
A16.800x003　干酪性鼻炎［结核性鼻炎］
A16.801　结核性鼻窦炎
A16.802　鼻中隔结核
A16.803　鼻咽结核
A16.804　鼻结核
A16.805　扁桃体结核
A16.806　咽部结核
A16.807　纵隔结核
A16.900x001　结核病
A16.900x002　结核感染
A16.900x003　呼吸道结核病
A16.900x023　结核性胸壁窦
A19.000　单个特指部位的急性粟粒型结核
A19.000x001　血行播散性肺结核（初治，单耐药）涂阳培阳
A19.000x002　血行播散性肺结核（初治，单耐药）涂阴培阳
A19.000x003　血行播散性肺结核（初治，多耐药）涂阳培阳
A19.000x004　血行播散性肺结核（初治，多耐药）涂阴培阳
A19.000x005　血行播散性肺结核（初治，广泛耐药）涂阳培阳
A19.000x006　血行播散性肺结核（初治，广泛耐药）涂阴培阳
A19.000x007　血行播散性肺结核（初治，耐多药）涂阳培阳
A19.000x008　血行播散性肺结核（初治，耐多药）涂阴培阳
A19.000x009　血行播散性肺结核（初治，药物敏感）涂阳培阳
A19.000x010　血行播散性肺结核（初治，药物敏感）涂阴培阳
A19.000x011　血行播散性肺结核（复治，单耐药）涂阳培阳
A19.000x012　血行播散性肺结核（复治，单耐药）涂阴培阳
A19.000x013　血行播散性肺结核（复治，多耐药）涂阳培阳
A19.000x014　血行播散性肺结核（复治，多耐药）涂阴培阳
A19.000x015　血行播散性肺结核（复治，广泛耐药）涂阳培阳
A19.000x016　血行播散性肺结核（复治，广泛耐药）涂阴培阳
A19.000x017　血行播散性肺结核（复治，耐多药）涂阳培阳
A19.000x018　血行播散性肺结核（复治，耐多药）涂阴培阳
A19.000x019　血行播散性肺结核（复治，药物敏感）涂阳培阳
A19.000x020　血行播散性肺结核（复治，药物敏感）涂阴培阳
A19.001　急性血行播散型肺结核
A19.800　粟粒型结核，其他的
A19.801　亚急性血行播散型肺结核
A19.802　慢性血行播散型肺结核
A19.803　亚急性血行播散型结核
A21.201+J17.0*　肺型土拉菌病
A22.102+J17.0*　炭疽肺炎
A36.201　白喉性喉气管炎
A37.000　百日咳博德特杆菌性百日咳
A37.100　副百日咳博德特杆菌性百日咳
A37.800x001　支气管败血性杆菌百日咳
A37.900　百日咳
A37.900x003　百日咳肺不张
A37.900x004　百日咳肺气肿
A37.901+J17.0*　百日咳肺炎
A43.000x001+J99.8*　肺诺卡菌肺炎
A52.704+J99.8*　肺梅毒
A54.806+J17.0*　淋球菌性肺炎
B01.200+J17.1*　水痘肺炎
B05.200+J17.1*　麻疹并发肺炎
B06.800　风疹伴有其他并发症
B06.801+J17.1*　风疹性肺炎
B25.000+J17.1*　巨细胞病毒性肺炎
B33.400x001+J17.1*　汉坦病毒心肺综合征
B37.100　肺念珠菌病
B37.101+J17.2*　念珠菌性肺炎
B37.800x083　呼吸道念珠菌感染
B37.803　支气管念珠菌感染
B38.000　急性肺球孢子菌病
B38.000x001+J17.2*　急性肺球孢子菌肺炎
B38.100　慢性肺球孢子菌病

B38.100x001+J17.2*　慢性肺球孢子菌肺炎
B38.200　肺球孢子菌病
B38.200x001+J17.2*　肺球孢子菌肺炎
B39.000　急性肺荚膜组织胞浆菌病
B39.000x001+J17.2*　急性肺荚膜组织胞浆菌肺炎
B39.100　慢性肺荚膜组织胞浆菌病
B39.100x001+J17.2*　慢性肺荚膜组织胞浆菌肺炎
B39.200　肺荚膜组织胞浆菌病
B39.200x001+J17.2*　肺荚膜组织胞浆菌肺炎
B40.000　急性肺芽生菌病
B40.100　慢性肺芽生菌病
B40.200　肺芽生菌病
B41.000　肺副球孢子菌病
B42.000+J99.8*　肺孢子丝菌病
B44.000x001+J99.8*　侵袭性肺曲霉菌病
B44.101+J99.8*　变态反应性支气管肺曲霉病
B44.102+J17.2*　曲霉菌性肺炎
B45.000　肺隐球菌病
B45.000x002+J99.8*　新型隐球菌肺炎
B46.000x001+J99.8*　肺毛霉菌病
B48.500+J17.2*　肺孢子菌病
B48.501+J17.2*　卡氏肺孢子虫病
B48.502+J17.2*　耶氏肺孢子虫病
B49.x00x011　呼吸道真菌感染
B49.x13　支气管真菌感染
B49.x14+J99.8*　肺真菌感染
B58.300+J17.3*　肺弓形虫病
B65.902+J99.8*　肺血吸虫病
B65.907+I52.1*　血吸虫病性肺心病
B66.401+J99.8*　肺吸虫病
B67.100x001+J99.8*　肺细粒棘球蚴病
B77.801+J17.3*　急性蛔蚴性肺炎
C33.x00　气管恶性肿瘤
C34.000　主支气管恶性肿瘤
C34.000x002　左主支气管恶性肿瘤
C34.000x003　右主支气管恶性肿瘤
C34.001　肺门恶性肿瘤
C34.100x003　左肺上叶恶性肿瘤
C34.100x004　右肺上叶恶性肿瘤
C34.101　肺上叶恶性肿瘤
C34.102　肺上沟恶性肿瘤
C34.201　肺中叶恶性肿瘤
C34.300x003　左肺下叶恶性肿瘤
C34.300x004　右肺下叶恶性肿瘤
C34.301　肺下叶恶性肿瘤
C34.800　支气管和肺交搭跨越恶性肿瘤的损害
C34.800x001　右肺中上叶恶性肿瘤
C34.800x002　右肺中下叶恶性肿瘤
C34.800x003　左肺上下叶恶性肿瘤
C34.801　肺中上叶恶性肿瘤
C34.802　肺中下叶恶性肿瘤
C34.803　肺上下叶恶性肿瘤
C34.900x001　肺恶性肿瘤
C34.900x004　左肺恶性肿瘤
C34.900x005　右肺恶性肿瘤
C34.900x006　双肺恶性肿瘤
C34.900x008　肺多处恶性肿瘤
C34.901　支气管恶性肿瘤
C34.902　细支气管恶性肿瘤
C37.x00　胸腺恶性肿瘤
C38.100　前纵隔恶性肿瘤
C38.200　后纵隔恶性肿瘤
C38.300　纵隔恶性肿瘤
C38.400　胸膜恶性肿瘤
C38.400x003　胸膜脏层恶性肿瘤
C38.401　胸膜壁层恶性肿瘤
C38.800　心脏、纵隔和胸膜交搭跨越恶性肿瘤的损害
C39.800　呼吸和胸腔内器官交搭跨越恶性肿瘤的损害
C39.900x001　呼吸系统恶性肿瘤
C45.000　胸膜间皮瘤
C45.700　间皮瘤，其他部位的
C45.701　肺间皮瘤
C45.702　纵隔间皮瘤
C46.701　肺卡波西肉瘤
C76.100　胸部恶性肿瘤
C76.100x003　胸腔恶性肿瘤
C77.100　胸腔内淋巴结继发性的恶性肿瘤
C77.100x004　支气管淋巴结继发恶性肿瘤
C77.101　胸骨旁淋巴结继发恶性肿瘤
C77.102　肺门淋巴结继发恶性肿瘤
C77.103　纵隔淋巴结继发恶性肿瘤
C77.104　气管淋巴结继发恶性肿瘤
C77.105　气管支气管淋巴结继发恶性肿瘤
C78.000　肺部继发性恶性肿瘤
C78.000x003　支气管软骨继发恶性肿瘤
C78.001　支气管继发恶性肿瘤
C78.002　主支气管继发恶性肿瘤
C78.003　气管支气管继发恶性肿瘤

C78.100　纵隔继发性恶性肿瘤
C78.200　胸膜继发性恶性肿瘤
C78.201　恶性胸腔积液
C78.304　气管继发恶性肿瘤
C78.306　呼吸器官继发恶性肿瘤
C79.800x809　胸壁继发恶性肿瘤
C79.800x829　胸腺继发恶性肿瘤
C79.800x838　胸导管继发恶性肿瘤
C79.807　胸腔继发恶性肿瘤
C79.810　膈继发恶性肿瘤
D02.100　气管原位癌
D02.200x002　肺原位癌
D02.201　支气管原位癌
D02.400　呼吸系统的原位癌
D14.200　气管良性肿瘤
D14.300x001　肺良性肿瘤
D14.301　支气管良性肿瘤
D14.302　主支气管良性肿瘤
D14.400　呼吸系统良性肿瘤
D15.000　胸腺良性肿瘤
D15.200　纵隔良性肿瘤
D15.200x001　后纵隔良性肿瘤
D15.200x002　前纵隔良性肿瘤
D15.700　胸腔内器官良性肿瘤，其他特指的
D15.701　胸膜良性肿瘤
D15.900　胸腔内器官良性肿瘤
D17.400　胸腔内器官良性脂肪瘤样肿瘤
D17.400x001　纵隔脂肪瘤
D17.400x002　胸膜脂肪瘤
D17.400x003　胸腔脂肪瘤
D17.400x004　肺脂肪瘤
D17.400x005　胸腺脂肪瘤
D17.700x019　气管脂肪瘤
D17.700x023　支气管脂肪瘤
D18.000x800　肺血管瘤
D18.000x814　纵隔血管瘤
D18.000x857　胸锁乳突肌血管瘤
D18.011　胸腔血管瘤
D18.100x015　纵隔淋巴管瘤
D18.100x025　胸淋巴管瘤
D18.100x026　胸腺淋巴管瘤
D18.105　胸腔淋巴管瘤
D19.000　胸膜间皮组织良性肿瘤
D36.700x008　胸良性肿瘤
D36.700x013　膈下良性肿瘤
D36.706　胸腔良性肿瘤
D36.717　胸壁良性肿瘤
D38.100x001　肺交界性肿瘤
D38.100x002　气管交界性肿瘤
D38.100x003　支气管交界性肿瘤
D38.101　肺肿瘤
D38.102　气管动态未定肿瘤
D38.103　气管肿瘤
D38.104　支气管动态未定肿瘤
D38.105　支气管肿瘤
D38.200x001　胸膜交界性肿瘤
D38.201　胸膜肿瘤
D38.300x001　纵隔交界性肿瘤
D38.300x002　前纵隔交界性肿瘤
D38.300x003　后纵隔交界性肿瘤
D38.301　纵隔肿瘤
D38.400x001　胸腺交界性肿瘤
D38.401　胸腺肿瘤
D38.600x001　呼吸系统交界性肿瘤
D38.601　呼吸器官肿瘤
D48.115　胸壁结缔组织动态未定肿瘤
D48.700x019　胸部交界性肿瘤
D48.709　胸腔动态未定肿瘤
D48.710　胸腔肿瘤
D86.000　肺结节病
D86.200　肺结节病伴有淋巴结结节病
E32.000　持续性胸腺增生
E32.000x003　胸腺肥大
E32.001　胸腺增生
E32.002　先天性胸腺肥大
E32.100　胸腺脓肿
E32.800x001　胸腺淋巴体质
E32.800x004　胸腺咽管瘘
E32.800x005　胸腺咽管囊肿
E32.801　胸腺囊肿
E32.802　胸腺萎缩
E32.900　胸腺病
E83.104+J99.8*　肺含铁血黄素沉积症
E84.001　肺囊性纤维化
E85.400x005　上呼吸道淀粉样变性
E85.404　淀粉样变支气管损害
E85.407　淀粉样变气管损害
E85.412+J99.8*　淀粉样变肺损害
E89.802　后天性胸腺缺失
G47.300x034　原发性肺泡低通气综合征

I00.x00x007+J17.8* 风湿性肺炎
I88.106 慢性肺门淋巴结炎
I88.107 慢性纵隔淋巴结炎
I88.900x002 肺门淋巴结炎
I88.900x008 纵隔淋巴结炎
I89.000x016 胸壁淋巴水肿
I89.000x027 胸导管颈段梗阻
I89.000x028 胸导管胸段梗阻
I89.000x029 肺淋巴管扩张症
I89.003 胸导管梗阻
I89.800x002 非丝虫性乳糜胸
I89.800x007 乳糜性胸水
I89.800x016 原发性乳糜胸
I89.800x017 继发性乳糜胸
I89.800x018 肺淋巴回流淤滞
I89.800x021 纵隔乳糜囊肿
I89.800x023 胸壁乳糜囊肿
I89.804 胸导管断裂
I89.807 乳糜胸
I97.800x018 手术后乳糜胸
J09.x00 被标明的人畜共患或大流行性流感病毒引起的流感
J09.x01 人感染H5N1禽流感
J09.x02 人感染H7N9禽流感
J10.000 流行性感冒伴有肺炎，季节性流感病毒
J10.000x001 已知病毒的流感性肺炎
J10.001 甲型H1N1流行性感冒性肺炎
J10.100x005 已知病毒的流感性胸膜炎
J11.000x001 未知病毒的流感性肺炎
J11.100x005 未知病毒的流感性胸膜炎
J12.000 腺病毒肺炎
J12.100 呼吸道合胞体病毒肺炎
J12.200 副流感病毒肺炎
J12.300 人类偏肺病毒肺炎
J12.800 病毒性肺炎，其他的
J12.900 病毒性肺炎
J13.x00 链球菌性肺炎
J14.x00 流感嗜血杆菌性肺炎
J15.000 肺炎杆菌性肺炎
J15.000x002 克雷伯杆菌肺炎
J15.100 假单胞菌性肺炎
J15.101 铜绿假单胞菌性肺炎
J15.200 葡萄球菌性肺炎
J15.300 B族链球菌性肺炎
J15.400 链球菌性肺炎，其他的
J15.402 肠球菌属性肺炎
J15.500 大肠杆菌性肺炎
J15.600x002 革兰阴性细菌性肺炎
J15.600x003 粘质沙雷菌性肺炎
J15.600x005 鲍曼不动杆菌性肺炎
J15.600x006 坂崎肠杆菌性肺炎
J15.601 变形杆菌性肺炎
J15.602 阴沟杆菌性肺炎
J15.700 肺炎支原体性肺炎
J15.800x001 革兰阳性细菌性肺炎
J15.800x002 产气杆菌性肺炎
J15.900 细菌性肺炎
J15.901 细菌性支气管肺炎
J15.902 社区获得性肺炎，非重症
J15.903 社区获得性肺炎，重症
J16.000 衣原体肺炎
J16.800x001 中东呼吸综合征
J18.000 支气管肺炎
J18.000x001 喘息性支气管肺炎
J18.000x002 毛细管支气管性肺炎
J18.001 弥漫性肺炎
J18.002 支气管肺炎，非重症
J18.100 大叶性肺炎
J18.200 坠积性肺炎
J18.800x001 多重感染的肺炎
J18.800x002 节段性肺炎
J18.800x004 中毒性肺炎
J18.800x006 中叶性肺炎
J18.800x012 免疫抑制宿主性肺炎
J18.801 肺泡性肺炎
J18.802 医院获得性肺炎
J18.803 阻塞性肺炎
J18.900 肺炎
J18.901 非典型性肺炎
J18.902 迁延性肺炎
J18.903 重症肺炎
J20.000 肺炎支原体急性支气管炎
J20.100 流感嗜血杆菌急性支气管炎
J20.200 链球菌急性支气管炎
J20.300 柯萨奇病毒急性支气管炎
J20.400 副流感病毒急性支气管炎
J20.500 呼吸道合胞体病毒急性支气管炎
J20.600 鼻病毒急性支气管炎
J20.700 艾柯病毒急性支气管炎
J20.800 急性支气管炎，其他特指病原体引起的

J20.900 急性支气管炎
J20.901 急性化脓性支气管炎
J20.902 急性气管支气管炎
J21.000 呼吸道合胞体病毒急性细支气管炎
J21.100 人类偏肺病毒急性细支气管炎
J21.801 急性肺炎支原体性细支气管炎
J21.900 急性细支气管炎
J21.900x002 急性毛细支气管炎
J21.901 急性喘息性支气管炎
J22.x00 急性下呼吸道感染
J39.801 喉气管狭窄
J39.802 气管瘢痕
J39.803 气管周围脓肿
J39.804 气管囊肿
J39.805 气管狭窄
J39.806 气管肉芽肿
J39.807 气管受压
J39.808 气管软化症
J39.810 气管息肉
J40.x00 支气管炎
J40.x00x002 纤维素性支气管炎
J40.x01 气管支气管炎
J41.000 单纯性慢性支气管炎
J41.100 黏液脓性慢性支气管炎
J41.800 混合的单纯性和黏液脓性慢性支气管炎
J42.x00 慢性支气管炎
J42.x00x001 慢性气管炎
J42.x00x003 慢性气管支气管炎
J42.x00x004 慢性支气管炎急性加重期
J42.x00x005 慢性支气管炎临床缓解期
J42.x00x006 慢性支气管炎慢性迁延期
J42.x01 弥漫性泛细支气管炎
J43.000 麦克劳德综合征
J43.000x003 透明肺
J43.001 单侧肺气肿
J43.100 全叶肺气肿
J43.101 全腺泡性肺气肿
J43.200 小叶中心性肺气肿
J43.800x001 瘢痕性肺气肿
J43.900 肺气肿
J43.900x001 大疱性肺气肿
J43.901 肺大疱
J43.902 肺大疱破裂
J43.903 老年性肺气肿
J43.904 阻塞性肺气肿
J44.000 慢性阻塞性肺病伴有急性下呼吸道感染
J44.100 慢性阻塞性肺病伴有急性加重
J44.800x001 闭塞性细支气管炎
J44.801 慢性支气管炎伴肺气肿
J44.802 慢性喘息性支气管炎
J44.803 慢性气肿性支气管炎
J44.805 慢性细支气管炎
J44.806 慢性阻塞性支气管炎
J44.807 哮喘-慢阻肺重叠综合征
J44.900 慢性阻塞性肺病
J44.900x002 慢性阻塞性肺疾病Ⅰ级
J44.900x003 慢性阻塞性肺疾病Ⅱ级
J44.900x004 慢性阻塞性肺疾病Ⅲ级
J44.900x005 慢性阻塞性肺疾病Ⅳ级
J45.000 主要为变应性哮喘
J45.000x001 药物性支气管哮喘
J45.000x003 职业性支气管哮喘
J45.002 阿司匹林哮喘
J45.003 变态反应性支气管哮喘
J45.004 过敏性鼻炎伴哮喘
J45.005 咳嗽变异性哮喘
J45.006 儿童期哮喘
J45.007 外源性支气管哮喘
J45.100 非变应性哮喘
J45.100x002 月经期支气管哮喘
J45.100x003 运动性支气管哮喘
J45.800 混合性哮喘
J45.900 哮喘
J45.900x001 支气管哮喘
J45.900x002 难治性支气管哮喘
J45.900x011 支气管哮喘（完全控制）
J45.900x012 支气管哮喘（部分控制）
J45.900x013 支气管哮喘（未控制）
J45.900x021 支气管哮喘（急性发作期）
J45.900x023 支气管哮喘（临床缓解期）
J45.900x031 支气管哮喘（间歇发作）
J45.900x041 哮喘性肺炎
J45.901 哮喘性支气管炎
J45.902 迟发型哮喘
J45.903 支气管哮喘，非危重
J46.x00x002 支气管哮喘急性发作（轻度）
J46.x00x003 支气管哮喘急性发作（中度）
J46.x00x006 闭锁肺综合征
J46.x00x008 支气管哮喘（慢性持续期）
J46.x00x009 支气管哮喘（轻度持续）

J46.x00x010　支气管哮喘（中度持续）
J46.x01　支气管哮喘，重度
J46.x02　支气管哮喘，危重
J47.x00　支气管扩张（症）
J47.x01　支气管扩张伴咯血
J47.x02　细支气管扩张
J47.x03　支气管扩张伴感染
J60.x00　煤炭工肺尘埃沉着病
J60.x00x002　碳末沉着病［炭肺］
J60.x00x003　煤工尘肺壹期
J60.x00x004　煤工尘肺贰期
J60.x00x005　煤工尘肺叁期
J60.x01　煤矽肺
J61.x00x001　石棉肺壹期
J61.x00x002　石棉肺贰期
J61.x00x003　石棉肺叁期
J61.x01　石棉肺
J62.000x001　滑石尘肺壹期
J62.000x002　滑石尘肺贰期
J62.000x003　滑石尘肺叁期
J62.001　滑石粉尘肺
J62.800x002　矽肺性肺纤维化
J62.800x003　矽肺［硅肺］Ⅰ期
J62.800x004　矽肺［硅肺］Ⅱ期
J62.800x005　矽肺［硅肺］Ⅲ期
J62.800x006　陶工尘肺壹期
J62.800x007　陶工尘肺贰期
J62.800x008　陶工尘肺叁期
J62.801　陶工尘肺
J62.802　硅沉着病
J62.803　矽肺
J62.804　石匠哮喘
J63.000　矾土肺（肺的）
J63.000x001　铝尘肺壹期
J63.000x002　铝尘肺贰期
J63.000x003　铝尘肺叁期
J63.001　铝尘肺
J63.100　铁矾土纤维化（肺的）
J63.200　铍中毒
J63.201　铍肺
J63.300x001　石墨尘肺壹期
J63.300x002　石墨尘肺贰期
J63.300x003　石墨尘肺叁期
J63.301　石墨尘肺
J63.400　肺铁末沉着病
J63.500　锡沉着病
J63.800　无机粉尘引起的肺尘埃沉着病，其他特指的
J63.800x001　铸工尘肺
J63.800x003　电焊工尘肺
J63.800x005　云母尘肺
J63.800x009　锑尘肺
J63.800x010　钡尘肺
J63.800x011　硬金属肺病
J63.800x012　水泥尘肺壹期
J63.800x013　水泥尘肺贰期
J63.800x014　水泥尘肺叁期
J63.800x015　铸工尘肺壹期
J63.800x016　铸工尘肺贰期
J63.800x017　铸工尘肺叁期
J63.800x018　电焊工尘肺壹期
J63.800x019　电焊工尘肺贰期
J63.800x020　电焊工尘肺叁期
J63.800x021　云母尘肺壹期
J63.800x022　云母尘肺贰期
J63.800x023　云母尘肺叁期
J63.800x024　炭黑尘肺壹期
J63.800x025　炭黑尘肺贰期
J63.800x026　炭黑尘肺叁期
J63.801　磨工尘肺
J63.802　水泥尘肺
J63.803　炭黑尘肺
J64.x00　肺尘埃沉着病
J65.x00　与结核有关的肺尘埃沉着病
J66.000　棉屑沉着病
J66.100　亚麻清铲工病
J66.200　大麻沉着病
J66.800　有机粉尘引起的气道疾病，其他特指的
J67.000　农民肺
J67.100　蔗尘肺
J67.200　好鸟者肺
J67.200x002　鹦鹉肺
J67.200x003　饲鸽者肺
J67.300　软木沉着病
J67.400　麦芽工人肺
J67.400x002　棒状曲霉菌性肺泡炎
J67.500　蘑菇工人肺
J67.600　剥枫树皮者肺
J67.600x001　皮质隐子座菌性肺泡炎
J67.700x001　空调肺

J67.700x002　加湿器肺
J67.800x001　过敏性鱼食肺
J67.800x002　过敏性红杉锯屑病
J67.800x003　过敏性洗奶酪肺
J67.800x004　过敏性皮毛肺
J67.800x005　过敏性咖啡肺
J67.900　有机粉尘引起的过敏性肺炎
J68.000x001　吸入有毒气体性肺炎
J68.000x002　急性化学性支气管炎
J68.001　化学性肺炎
J68.002　化学性支气管炎
J68.101　化学性肺水肿
J68.201　化学性上呼吸道炎症
J68.301　反应性气道功能障碍综合征
J68.400　化学制剂、气体、烟雾和蒸气引起的慢性呼吸性情况
J68.800　化学制剂、气体、烟雾和蒸气引起的其他呼吸性情况
J68.900　化学制剂、气体、烟雾和蒸气引起的呼吸性情况
J69.000　食物和呕吐物引起的肺炎
J69.000x002　吸入胃分泌物引起的肺炎
J69.000x004　吸入奶引起的肺炎
J69.001　吸入性肺炎
J69.100x001　吸入油引起的肺炎
J69.101　脂质性肺炎
J69.800x001　吸入血引起的肺炎
J70.001　放射性肺炎
J70.101　放射性肺纤维化
J70.200　急性药物性间质性肺疾患
J70.200x002　亚急性药物性肺疾病
J70.300　慢性药物性间质性肺疾患
J70.400　药物性间质性肺疾患
J70.800　外部物质引起的呼吸性情况，其他特指的
J70.900　外部物质引起的呼吸性情况
J80.x00　成人型呼吸窘迫综合征
J80.x01　急性呼吸窘迫综合征
J81.x00　肺水肿
J81.x00x002　急性肺水肿
J82.x00x001　肺嗜酸性粒细胞增多症
J82.x00x002　热带性肺嗜酸性粒细胞增多症
J82.x00x004　哮喘性肺嗜酸性粒细胞增多症
J82.x00x005　吕弗勒综合征
J82.x01　嗜酸细胞性肺炎
J84.000x003　弥漫性肺泡出血综合征
J84.001　肺泡蛋白沉积症
J84.002　肺泡微结石症
J84.100x006　致纤维化肺泡炎
J84.100x007　继发性肺间质纤维化
J84.100x008　弥漫性肺间质纤维化
J84.101　肺间质纤维化
J84.102　肺肉芽肿
J84.103　哈曼-里奇综合征
J84.104　特发性肺间质纤维化
J84.105　间质性纤维化性肺泡炎
J84.108　机化性肺炎
J84.109　炎症后肺纤维化
J84.110　肺硬化
J84.800x003　寻常型间质性肺炎
J84.800x004　隐源性机化性肺炎
J84.800x005　非特异性间质性肺炎
J84.800x006　呼吸性细支气管炎伴间质性肺病
J84.800x007　急性间质性肺炎
J84.800x008　肺淋巴管瘤病
J84.801　脱屑性间质性肺炎
J84.802　胆固醇肺炎
J84.803　肺弥漫性间质病变
J84.804　淋巴细胞性间质性肺炎
J84.805　内源性脂质性肺炎
J84.900　间质性肺病
J85.000x002　肺坏疽
J85.001　肺坏死
J85.002　坏疽性肺炎
J85.100　肺脓肿伴有肺炎
J85.200　肺脓肿不伴有肺炎
J85.300　纵隔脓肿
J86.000　脓胸伴有瘘
J86.000x006　支气管胃瘘
J86.000x012　肝胆支气管瘘
J86.000x013　支气管胆管瘘
J86.001　肝胸膜瘘
J86.002　结肠胸腔瘘
J86.003　气管食管瘘
J86.004　食管纵隔瘘
J86.005　食管胸腔瘘
J86.006　食管胸膜皮肤瘘
J86.007　食管支气管瘘
J86.008　食管胃支气管瘘
J86.009　手术后支气管胸膜瘘
J86.010　胸腹瘘

J86.011　胸胃瘘
J86.012　胸壁瘘
J86.013　胸壁窦道
J86.014　支气管肝脓肿瘘
J86.015　支气管胃结肠瘘
J86.016　支气管瘘
J86.017　支气管胸膜瘘
J86.018　支气管内脏瘘
J86.019　纵隔瘘
J86.020　纵隔支气管瘘
J86.901　化脓性胸膜炎
J86.902　包裹性脓胸
J86.903　脓气胸
J90.x00　胸腔积液，不可归类在他处者
J90.x00x002　渗出性胸膜炎
J90.x00x003　胸膜炎伴积液
J90.x00x004　浆液性胸膜炎
J90.x00x005　化学性胸浆膜炎
J90.x01　包裹性胸膜炎
J90.x02　急性渗出性胸膜炎
J92.000　胸膜斑伴有石棉沉着
J92.900x002　胸膜斑
J92.901　胸膜肥厚
J93.003　张力性气胸
J93.100x001　自发性气胸
J93.100x002　闭合性气胸
J93.800x001　包裹性气胸
J93.900　气胸
J94.101　胸膜纤维化
J94.200　血胸
J94.201　血气胸
J94.800x003　特发性胸腔积液
J94.800x004　胸膜囊肿
J94.800x010　血性胸水
J94.801　液气胸
J94.802　包裹性胸腔积液
J94.804　胸腔积液
J94.805　胸膜粘连
J94.806　胸膜钙化
J94.807　胸膜纤维样增生
J94.900x001　胸膜病变
J94.901　胸膜肿物
J95.100　胸腔手术后的急性肺功能不全
J95.200　非胸腔手术后的急性肺功能不全
J95.300　手术后慢性肺功能不全
J95.401　吸入性麻醉引起的化学性肺炎
J95.800x004　手术操作后呼吸衰竭
J95.800x009　主支气管吻合口狭窄
J95.800x010　气管吻合口狭窄
J95.800x012　手术后气管食管瘘
J95.800x016　手术后脓胸
J95.800x021　手术后成人呼吸窘迫综合征
J95.801　手术后胸腔积液
J95.802　呼吸机相关性肺炎
J95.804　手术后气胸
J95.808　手术后气管狭窄
J95.810　手术后支气管吻合口狭窄
J95.811　手术后肺水肿
J95.900　呼吸性疾患，操作后的
J96.000　急性呼吸衰竭
J96.100　慢性呼吸衰竭
J96.900x001　呼吸衰竭
J96.900x002　Ⅰ型呼吸衰竭
J96.900x003　Ⅱ型呼吸衰竭
J98.000x009　支气管软化
J98.000x011　支气管痉挛
J98.000x012　气管支气管肥大症
J98.000x013　气管支气管软骨骨形成症
J98.001　支气管黏膜纤维组织增生
J98.002　支气管憩室
J98.003　支气管结石
J98.004　支气管息肉
J98.005　支气管狭窄
J98.006　支气管肉芽肿
J98.007　支气管溃疡
J98.008　支气管钙化
J98.009　支气管阻塞
J98.010　支气管骨化
J98.011　支气管囊肿
J98.100　肺萎陷
J98.101　肺不张
J98.102　肺中叶综合征
J98.200　间质性肺气肿
J98.201　纵隔气肿
J98.300　代偿性肺气肿
J98.400x001　肺病
J98.400x005　肺厚壁空洞
J98.400x008　肺假性肿瘤
J98.400x012　过敏性支气管肺疾患
J98.400x013　炎症性损毁肺

J98.400x016　肺炎性肿物
J98.400x019　血管炎性肺损害
J98.401　多囊肺
J98.402　肺不典型增生
J98.403　肺功能不全
J98.404　肺假性淋巴瘤
J98.405　肺炎性假瘤
J98.407　肺假性囊肿
J98.408　肺膨出
J98.409　肺囊肿
J98.410　肺空洞
J98.411　肺钙化
J98.412　肺损伤
J98.413　肺石病
J98.414　肺部感染
J98.415　蜂窝肺
J98.416　毁损肺
J98.417　支气管源性囊肿
J98.418　后天性肺疝
J98.500x001　慢性纵隔炎
J98.500x007　纵隔萎缩［Retraction of mediastinum］
J98.500x008　纵隔肉芽肿
J98.501　急性纵隔炎
J98.502　纵隔感染
J98.503　纵隔炎
J98.504　纵隔疝
J98.505　纵隔囊肿
J98.506　纵隔纤维化
J98.507　纵隔肿物
J98.508　纵隔炎性假瘤
J98.600x001　膈膨升
J98.601　膈肌麻痹
J98.602　膈肌囊肿
J98.700　呼吸道感染
J98.800x001　气管肿物
J98.800x003　气管憩室
J98.800x004　大气道狭窄
J98.800x006　气管梗阻
J98.800x007　气管假性淋巴瘤
J98.800x009　气管脓肿
J98.800x014　气管瘘口狭窄
J98.800x016　气管角化病
J98.800x018　纤毛不动综合征
J98.801　呼吸道梗阻
J98.802　胸腔感染
J98.901　胸腔肿物
M05.100+J99.0*　类风湿性肺病
M05.101+J99.0*　类风湿性关节炎伴肺泡炎
M05.102+J99.0*　类风湿性关节炎伴肺间质纤维化
M05.103+J99.0*　类风湿尘肺
M31.300x002　坏死性呼吸道肉芽肿病
M31.302+J99.1*　韦格纳肉芽肿病累及肺
M31.304+J99.1*　多发性血管炎性肉芽肿病累及肺
M32.103+J99.1*　狼疮性肺炎
M33.001+J99.1*　幼年型皮肌炎累及肺
M33.103+J99.1*　皮肌炎性肺间质纤维化
M33.201+J99.1*　多肌炎伴肺间质纤维化
M33.901+J99.1*　皮多肌炎累及肺
M34.800x001+J99.1*　系统性硬化症性肺病变
M34.801+J99.1*　硬皮病性肺间质纤维化
M35.002+J99.1*　干燥综合征伴肺间质纤维化
M35.904+J99.1*　结缔组织病肺间质纤维化
M95.401　后天性胸廓畸形
M95.402　制鞋工胸
M95.403　后天性漏斗胸
M95.404　桶状胸
M95.405　胸壁畸形
M95.406　胸壁凹陷
M95.407　胸骨凹陷
M95.408　后天性胸骨回缩
M95.409　后天性鸡胸
M95.410　后天性肋骨畸形
Q32.102　先天性气管狭窄
Q32.200　先天性支气管软化
Q32.300　先天性支气管狭窄
Q32.400x002　先天性支气管发育不全
Q32.400x004　先天性支气管憩室
Q32.400x005　气管支气管巨大症
Q32.401　先天性支气管畸形
Q32.402　先天性支气管闭锁
Q33.000　先天性囊性肺
Q33.002　先天性肺囊状腺样畸形
Q33.003　先天性支气管囊肿
Q33.100　副肺叶
Q33.200　肺分离
Q33.301　先天性肺叶缺如
Q33.400　先天性支气管扩张
Q33.500　肺的异位组织
Q33.600　肺发育不全和发育异常
Q33.800x001　肺奇静脉裂

Q33.800x002　先天性肺大泡
Q33.900　肺先天性畸形
Q34.000　胸膜异常
Q34.100　纵隔先天性囊肿
Q34.900　呼吸系统先天性畸形
Q67.600　漏斗胸
Q67.700　鸡胸
Q67.800x001　先天性胸廓畸形
Q67.801　剑突畸形
Q67.802　先天性胸壁变形
Q79.000　先天性膈疝
Q79.101　先天性膈畸形
Q79.102　先天性膈膨升
Q79.103　先天性膈缺如
Q85.900x015　胸壁错构瘤
Q85.901　肺错构瘤
Q85.904　支气管错构瘤
Q85.908　胸膜错构瘤
Q89.209　先天性胸腺囊肿
Q89.800x910　胸导管发育不全
R04.200　咯血
R04.800x002　支气管内出血
R04.800x004　弥漫性肺泡出血
R04.802　肺出血
R04.900　呼吸道出血
R05.x00　咳嗽
R05.x01　咳嗽晕厥综合征
R05.x02　类百日咳综合征
R06.000　呼吸困难
R06.000x002　端坐呼吸
R06.000x003　气短
R06.100　喘鸣
R06.200　喘息
R06.300　周期性呼吸
R06.301　切恩-斯托克斯呼吸
R06.400　通气过度
R06.600　呃逆
R06.800x005　叹息
R06.801　屏气
R06.802　低通气综合征
R06.803　呼吸肌麻痹
R06.804　呼吸异常
R06.805　呼吸暂停
R06.806　高碳酸血症
R09.000　窒息
R09.100　胸膜炎
R09.100x002　慢性胸膜炎
R09.101　胆汁性胸膜炎
R09.200　呼吸停止
R09.201　心脏呼吸衰竭
R09.300　痰异常
R09.800x091　啰音
R09.800x092　胸腔鼓音
R09.800x093　胸腔异常敲击音
R09.800x094　胸膜摩擦音
R09.800x095　喘憋
R09.801　胸闷
R59.009　肺门淋巴结肿大
R84.000　呼吸器官和胸腔标本的酶水平异常
R84.100　呼吸器官和胸腔标本的激素水平异常
R84.200　呼吸器官和胸腔标本的其他药物、药剂和生物制剂水平异常
R84.300　呼吸器官和胸腔标本的主要为非药用性物质的水平异常
R84.400　呼吸器官和胸腔标本的异常的免疫学所见
R84.500　呼吸器官和胸腔标本的异常的微生物学所见
R84.600　呼吸器官和胸腔标本的异常的细胞学所见
R84.700　呼吸器官和胸腔标本的异常的组织学所见
R84.800　呼吸器官和胸腔标本的其他异常所见
R84.903　支气管洗出物异常
R84.904　胸水异常
R91.x00x001　肺部阴影
R91.x00x005　肺门增大
R91.x01　肺钱币形损害
R91.x03　肺占位性病变
R91.x04　孤立性肺结节
R93.801　胸腔占位性病变
R93.804　纵隔移位
R93.805　纵隔阴影
R94.200　肺功能检查的异常结果
R94.201　通气功能障碍
R94.202　中枢性低通气
R94.204　肺活量减低
S24.200　胸椎神经根损伤
S25.401　创伤性肺动脉破裂
S27.000　创伤性气胸
S27.010　开放性气胸
S27.100　创伤性血胸
S27.110　开放性血胸

S27.200 创伤性血气胸
S27.210 开放性血气胸
S27.300x012 肺血肿
S27.301 肺挫伤
S27.302 创伤性肺破裂
S27.303 创伤性肺韧带撕裂
S27.310 开放性肺特指损伤
S27.311 开放性肺破裂
S27.312 开放性肺内异物
S27.313 肺穿透伤
S27.400 支气管损伤
S27.401 创伤性支气管断裂
S27.410 开放性支气管损伤
S27.500 胸部气管损伤
S27.501 创伤性胸部气管破裂
S27.510 开放性胸部气管损伤
S27.600 胸膜损伤
S27.610 开放性胸膜损伤
S27.700 胸内器官多处损伤
S27.710 开放性胸内器官多处损伤
S27.800x013 创伤性纵隔血肿
S27.801 食管黏膜擦伤
S27.802 胸部食管损伤
S27.803 贲门损伤
S27.804 创伤性膈破裂
S27.805 创伤性膈疝
S27.806 胸部淋巴管损伤
S27.807 胸腺损伤
S27.808 创伤性胸腔积液
S27.810 开放性特指胸内器官损伤
S27.811 食管异物穿孔
S27.812 开放性膈破裂
S27.900 胸内器官的损伤
S27.910 开放性胸腔异物
S28.000 胸部挤压伤
S28.100 胸的部分创伤性切断
S29.700 胸部多处损伤
S29.800 胸部其他特指的损伤
S29.900 胸部损伤
T17.400 气管内异物
T17.500 支气管内异物
T17.501 塑型性支气管炎
T17.801 多发性呼吸道异物
T17.802 细支气管内异物
T17.803 肺黏液栓塞
T17.804 肺异物
T17.900 呼吸道内异物
T17.901 异物吸入性窒息
T27.200x001 胸腔烧伤
T27.300 呼吸道烧伤
T27.600x001 胸腔腐蚀伤
T27.700 呼吸道腐蚀伤
T79.800x007 创伤性肺炎
T81.400x009 操作后胸腔感染
T85.608 主支气管支架断裂
T85.700x804 胸部硅胶板植入感染
T86.800x011 肺移植失败
T86.803 移植肺排斥反应
U04.900 严重急性呼吸道综合征
U07.000 蒸汽所致疾病
U07.100x001 新型冠状病毒肺炎
U07.100x002 新型冠状病毒感染
U07.100x003 新型冠状病毒肺炎临床诊断病例
Z03.800x001 新型冠状病毒肺炎疑似病例

EB1 肺大手术

包含以下主要手术或操作：
32.0901 支气管病损切除术
32.0902 支气管病损破坏术
32.2903 肺袖式切除术
32.2905 肺部分切除术
32.3001 胸腔镜下肺叶部分切除术
32.3900x003 全余肺切除术
32.3901 肺节段切除术
32.3902 肺叶部分切除术
32.4100 胸腔镜下肺叶切除术
32.4100x002 胸腔镜下复合肺叶切除术
32.4101 胸腔镜下肺叶伴邻近肺叶节段切除术
32.4900x002 肺叶伴肺段切除术
32.4900x003 余肺肺叶切除术
32.4901 肺叶伴邻近肺叶节段切除术
32.4902 肺叶切除术
32.4903 肺叶袖状切除术
32.5000x001 胸腔镜下全肺切除术
32.5001 胸腔镜下全肺切除术伴纵隔淋巴清扫
32.5900x001 全肺切除术
32.5901 全肺切除术伴纵隔淋巴结清扫术
32.6x00x002 肺叶切除术伴淋巴结清扫术
32.6x00x004 支气管根治性清扫术
33.0x00x003 胸腔镜下支气管切开异物取出术

33.0x00x004　胸腔镜下支气管切开术
33.0x03　支气管切开异物取出术
33.1x00x003　胸腔镜下肺内异物取出术
33.1x04　肺内异物取出术
33.3901　肺粘连松解术
33.3902　胸膜粘连松解术
33.3903　胸腔镜下胸膜粘连松解术
33.4801　胸腔镜下支气管成形术
33.4802　支气管成形术
33.4803　支气管吻合术
33.4804　气管支气管吻合术
34.0200x003　胸腔镜中转开胸探查术
34.0300x001　近期开胸术后再开胸术
34.0301　胸腔术后再切开止血术
34.0900x011　开胸止血术
34.0901　胸膜切开血肿清除术
34.0902　胸腔切开脓肿清除术
34.0904　开胸异物取出术
34.0905　胸腔镜下胸腔切开异物取出术
34.0906　胸腔镜下胸腔切开止血术
34.4x00x008　胸腔病损切除术
34.5100x004　脏层胸膜剥除术
34.5100x005　肺门胸膜剥除松解术
34.5101　胸膜剥脱术
34.5200　胸腔镜肺剥离
34.5903　胸膜切除术
34.7301　支气管胸膜瘘闭合术
34.7303　支气管镜下支气管胸膜瘘修补术
34.9901　胸腔粘连松解术
34.9902　胸膜固定术
34.9904　胸腔镜下胸腔粘连松解术
34.9905　胸腔镜下胸膜固定术
38.0501　锁骨下动脉取栓术
38.0503　肺动脉取栓术
38.1500x001　肺动脉内膜剥脱术
38.1501　肺动脉内膜切除术
38.3500x002　肺动脉吊带矫治术
38.3501　肺动脉部分切除伴吻合术
40.2902　肺门淋巴结切除术
40.2903　肺门纵膈淋巴结切除术
40.2904　纵隔淋巴结切除术
40.5900x012　气管旁淋巴结清扫术
40.5904　胸内淋巴结清扫术
40.5905　肺门淋巴结清扫术
40.5906　纵隔淋巴结清扫术
40.5913　胸腔镜胸内淋巴结清扫术
40.5914　胸腔镜纵隔淋巴结清扫术

EB2　肺其他手术

包含以下主要手术或操作：
32.0900x004　胸腔镜下支气管病损切除术
32.2000x002　纵隔镜下肺病损切除术
32.2000x003　胸腔镜下肺部分切除术
32.2001　胸腔镜下肺楔形切除术
32.2002　胸腔镜下肺大疱切除术
32.2003　胸腔镜下肺病损切除术
32.2004　胸腔镜下肺病损氩氦刀冷冻术
32.2100　肺大疱折叠术
32.2100x001　肺大泡缝扎术
32.2100x005　胸腔镜下肺大疱缝扎术
32.2101　胸腔镜下肺大疱折叠术
32.2200　肺容量减少术
32.2200x004　支气管镜下肺减容术
32.2201　胸腔镜下肺减容术
32.2300x001　直视下肺病损射频消融术
32.2400x001　经皮肺病损射频消融术
32.2400x002　经皮肺病损微波消融术
32.2400x003　经皮肺病损无水酒精注射术
32.2500x001　胸腔镜下肺病损射频消融术
32.2700　支气管镜支气管热成型术，气道平滑肌消融
32.2801　内镜下肺病损切除术
32.2802　内镜下肺大疱切除术
32.2803　内镜下肺病损激光切除术
32.2804　内镜下肺病损电凝切除术
32.2900x005　肺病损氩氦刀冷冻术
32.2900x016　余肺楔形切除术
32.2901　肺病损切除术
32.2902　肺大疱切除术
32.2904　肺楔形切除术
32.9x00　其他的肺切除术
33.0x01　支气管造口术
33.0x02　支气管切开引流术
33.0x04　支气管血肿清除术
33.1x00x004　胸腔镜下肺切开术
33.1x01　肺大疱外引流术
33.1x02　肺切开血肿清除术
33.1x03　肺切开引流术
33.1x05　胸腔镜下肺切开引流术
33.1x06　胸腔镜下肺切开血肿清除术
33.2000　胸腔镜肺活组织检查

33.2000x002　纵隔镜下肺组织活检术
33.2500x002　胸腔镜下支气管活检术
33.2500x003　直视下支气管活检术
33.2800x001　开胸肺活检术
33.4300x002　肺裂伤修补术
33.4805　支气管修补术
33.4901　肺修补术
33.4902　胸腔镜下肺修补术
33.7101　经内镜支气管瓣膜置入，单叶
33.7102　经内镜支气管瓣膜置换，单叶
33.7301　经内镜支气管瓣膜置入，多叶
33.7302　经内镜支气管瓣膜置换，多叶
33.7802　气管镜支气管支架取出术
33.7900x001　支气管镜下支气管扩张术
33.7900x003　支气管镜下生物学肺容积减少术（BLVR）
33.7901　气管镜支气管支架置入术
33.9101　支气管球囊扩张术
33.9200x002　胸腔镜下支气管结扎术
33.9300x001　经皮穿刺肺肿物金标置入术
33.9300x002　经皮穿刺肺肿物导丝置入术
33.9900x002　支气管镜下肺止血术
34.0200x001　开胸探查术
34.0600　胸腔镜胸膜腔引流
34.0900x010　胸腔镜下脓胸清除术
34.2000　胸腔镜胸膜活组织检查
34.2100x001　胸腔镜检查
34.2301　胸腔镜下胸壁活组织检查术
34.2700x001　膈肌活检术
34.5901　胸膜部分切除术
34.7900x002　关胸术
38.0500x002　肺动脉探查术

EC1　纵隔、气管、胸壁大手术

包含以下主要手术或操作：
07.8000　胸腺切除术
07.8001　胸腔镜下胸腺切除术
07.8100　胸腺部分切除术
07.8101　胸腺病损切除术
07.8201　胸腺扩大切除术
07.8300　胸腔镜下胸腺部分切除术
07.8300x002　胸腔镜下胸腺病损切除术
07.8400　胸腔镜下胸腺全部切除术
07.8401　胸腔镜下胸腺扩大切除术
31.5x00x012　气管节段切除术
31.5x00x013　纵隔镜下气管病损切除术
31.5x00x014　气管隆突病损切除术
31.5x01　气管病损切除术
31.5x02　气管部分切除术
31.5x03　气管楔形切除术
31.5x04　内镜下气管病损切除术
31.7301　气管食管瘘修补术
31.7500x002　气管成形伴人工喉重建术
31.7500x004　人工气管重建术
31.7503　气管重建术
31.7900x005　气管隆突成形术
31.7901　气管成形术
31.7902　人造气管移植术
31.7903　气管狭窄修复术
32.0900x005　纵隔镜下支气管病损切除术
32.1x00x004　胸腔镜下支气管袖形切除术
32.1x01　支气管袖状切除术
32.1x02　支气管楔形切除术
32.1x03　支气管部分切除术
32.1x04　胸腔镜下支气管部分切除术
32.2700x001　支气管镜下支气管热成形术
33.3400　胸廓成形术
33.3401　部分胸廓成形术
33.3402　胸廓改良成形术
33.3403　胸膜外胸廓成形术
33.4100　支气管裂伤缝合术
33.4100x002　胸腔镜下支气管裂伤缝合术
33.4200x001　食管-支气管瘘修补术
33.4201　内镜下支气管食管瘘闭合术
34.1x03　纵隔切开异物取出术
34.1x04　纵隔血肿清除术
34.3x02　纵隔病损切除术
34.3x04　胸腔镜下纵隔病损切除术
34.3x05　纵隔镜下纵隔病损切除术
34.4x01　胸壁病损切除术
34.4x02　胸壁部分切除术
34.4x03　胸腔镜下胸壁病损切除术
34.5902　胸膜病损切除术
34.5904　胸腔镜下胸膜病损切除术
34.7400x001　鸡胸矫正术
34.7400x005　胸廓畸形矫正术
34.7400x007　鸡胸反NUSS手术
34.7400x008　漏斗胸NUSS手术
34.7400x009　胸腔镜下鸡胸反NUSS手术
34.7400x010　胸腔镜下漏斗胸NUSS手术

34.7400x011　漏斗胸Wang手术
34.7401　漏斗胸畸形矫正术
34.7402　胸腔镜下漏斗胸矫正术
34.7403　胸腔镜下胸廓畸形矫正术
34.7900x001　胸壁修补术
34.7900x003　胸壁缺损修补术（人工材料）
34.7900x004　胸壁缺损修补术（自体材料）
34.8101　横膈病损切除术
34.8102　横膈部分切除术
34.8301　胸腹瘘管切除术
34.8302　胸胃瘘管切除术
34.8303　胸肠瘘管切除术
34.8400x003　膈肌修补术
34.9301　带蒂大网膜胸腔移植术
37.3101　心包剥脱术
37.3102　心包部分切除术
37.3103　心包病损切除术
38.4500x001　上腔静脉部分切除伴人工血管补片修补术
38.4500x002　锁骨下动脉瘤切除伴人工血管置换术
38.4500x003　上腔静脉部分切除伴人工血管置换术
38.4500x010　全主动脉弓人工血管置换术
38.4500x011　支架象鼻术
38.4500x013　升主动脉部分切除伴人工血管置换术
38.4500x014　胸主动脉部分切除伴人工血管置换术
38.4503　主动脉瓣和升主动脉置换和冠脉移植术（Bentall手术）
38.4506　主动脉瓣和升主动脉置换术（Cabrol手术）
38.4510　上腔静脉部分切除伴置换术
38.6500x001　头臂干动脉瘤切除［无名动脉瘤切除术］
38.8500x001　动脉导管结扎术
38.8500x012　动脉导管未闭切断缝合术
38.8500x013　体-肺动脉侧支结扎术
38.8502　肺动脉结扎术
39.2300x003　肺动脉融合术
39.5400x001　胸主动脉夹层动脉瘤开窗术
39.5900x002　肺动脉修补术
39.5900x015　肺静脉成形术
39.5900x031　胸腔镜下肺动脉修补术
39.7900x014　体-肺动脉侧支封堵术
39.9000x038　经皮肺静脉支架置入术
40.5000　淋巴结根治性切除术
40.5200　主动脉旁淋巴结根治性切除术
40.6301　胸腔镜淋巴瘘修补术
40.6400　胸导管结扎术
40.6401　胸腔镜胸导管结扎术
40.6900x002　胸导管-颈外静脉吻合术
40.6900x004　胸导管成形术
53.8000x001　经胸膈疝修补术
53.8001　经胸食管裂孔疝修补术
53.8002　经胸腹横膈疝修补术

EC2　纵隔、气管、胸壁其他手术

包含以下主要手术或操作：
04.0300x012　膈神经切断术
04.2x10　肋间神经冷冻术
07.8100x009　CT引导下胸腺病损射频消融术
07.9100　胸腺区探查术
07.9200x001　胸腺切开探查术
07.9300　胸腺修补术
07.9400　胸腺移植术
07.9500　胸腔镜下胸腺切开术
07.9800　胸腺其他和未特指的胸腔镜手术
07.9901　胸腺固定术
31.7100x001　气管修补术
31.7302　内镜下气管瘘封堵术
31.7900x006　气管扩张术
31.7904　气管膜部修补术
31.9301　气管支架置换术
31.9901　气管硅胶管植入术
31.9904　气管人工假体植入术
31.9905　气管悬吊术
33.7800x001　内镜下支气管瓣膜取出术
33.7900x004　支气管镜下主支气管支架置入术
34.0100x003　胸壁切开排气术
34.1x01　纵隔切开引流术
34.1x02　纵隔探查术
34.1x05　胸腔镜下纵隔切开引流术
34.2200　纵隔镜检查
34.2502　胸腔镜下纵隔活组织检查
34.2600　开放性纵隔活组织检查
34.3x01　经皮纵隔病损射频消融术
34.3x03　纵隔病损射频消融术
34.5200x001　胸腔镜下胸膜剥脱术
34.5900x001　胸腔镜下胸膜部分切除术
34.6x02　胸腔镜下胸膜划痕术
34.7100　胸壁裂伤缝合术
34.7101　胸壁清创缝合术
34.7200　胸廓造口闭合术

34.7300x002　胸腔镜下支气管胸膜瘘闭合术
34.7302　胸壁瘘管闭合术
34.8100x001　胸腔镜下横膈病损切除术
34.8100x002　腹腔镜下横膈病损切除术
34.8200　横膈裂伤缝合术
34.8200x002　膈肌缝合术
34.8500　横膈起搏器置入
34.8900x002　膈肌脓肿引流术
34.9203　胸腔镜下化学胸膜固定术
34.9903　纵隔松解术
37.1200x005　心包切开探查术
37.1200x008　胸腔镜下心包切开引流术
37.1201　心包粘连松解术
37.1203　心包开窗术
37.1204　心包切开引流术
37.9100　开胸心脏按摩
38.8500x016　奇静脉结扎术
40.1100x004　纵隔镜下淋巴结活检术
40.6100　胸导管套管置入术
40.6200　胸导管造瘘术
40.6300　胸导管瘘口闭合术
40.6300x003　胸腔镜下胸导管瘘闭合术
40.6900x003　胸导管狭窄扩张术
40.6901　胸导管颈内静脉吻合术
40.6902　胸导管奇静脉吻合术
53.8100x001　膈肌折叠术
53.8101　经胸膈肌折叠术
53.8102　经腹膈肌折叠术
53.8103　胸腔镜膈肌折叠术
53.8200　胸骨旁疝修补术
53.8300x001　胸腔镜下膈疝修补术
53.8301　胸腔镜下食管裂孔疝修补术
53.8400　其他和开放性横隔疝修补术，胸入路

ED1　除肺、纵隔、气管、胸壁外的其他手术

包含以下主要手术或操作：
29.9900　咽的其他手术
30.0100　喉囊肿的袋形缝合术［造袋术］
30.0900x016　支撑喉镜下声门病损切除术
30.0900x021　会厌病损切除术
30.0900x024　梨状窝病损切除术
30.0900x038　喉病损射频消融术
30.0900x039　支撑喉镜下喉病损激光烧灼术
30.0900x040　声门病损烧灼术
30.0901　声带病损切除术
30.0902　喉病损切除术
30.1x00　半喉切除术
30.2100　会厌切除术
30.2101　会厌扩大切除术
30.2200　声带切除术
30.2201　声带部分切除术
30.2202　声带扩大切除术
30.2203　内镜下声带部分切除术
30.2204　内镜下声带切除术
30.2900x002　喉杓状软骨切除术
30.2900x003　喉部分切除术
30.2900x009　支撑喉镜下喉软骨切除术
30.2900x013　喉环状软骨切除术
30.2900x014　甲状软骨切除术
30.2901　舌骨切除术
30.2902　舌骨部分切除术
30.2903　室带部分切除术
30.2904　喉软骨切除术
30.2905　喉软骨部分切除术
30.2906　喉裂开术
30.2907　额侧喉部分切除术
30.2908　声门上喉部分切除术
30.2909　垂直喉部分切除术
30.2910　外侧喉部分切除术
30.2911　喉次全切除术
30.2912　支撑喉镜下杓状软骨切除术
30.3x00　全部喉切除术
30.3x04　残余喉切除术
30.4x00x002　全喉切除伴根治性淋巴结清扫术
31.2100x001　纵隔气管切开术
31.2900x001　永久性气管切开术
31.3x00x008　环状软骨前切开术
31.3x01　喉探查术
31.3x02　气管探查术
31.3x03　气管切开异物取出术
31.3x04　内镜下声带切开术
31.4501　开放性气管活组织检查术
31.4502　开放性喉活组织检查术
31.5x00x003　气管病损激光烧灼术
31.6100　喉裂伤缝合术
31.6201　喉气管瘘管切除术
31.6202　喉气管瘘修补术
31.6300　喉造口修复术
31.6400　喉骨骨折修补术
31.6900x013　喉支架置入术

31.6901　喉结成形术
31.6902　喉成形术
31.6903　喉功能重建术
31.6904　喉双蒂双肌瓣修复术
31.6905　环甲膜缩短术
31.6906　会厌成形术
31.6907　甲状软骨成形术
31.6912　内镜下环杓关节复位术
31.6913　内镜下喉成形术
31.7201　气管造口闭合术
31.7300x001　气管瘘闭合术
31.7400x001　气管造口扩张术
31.7501　发音重建术
31.7502　发音钮置入术
31.7504　人工喉建造术
31.7900x004　气管狭窄松解术
31.9100x001　喉返神经切断术
31.9100x002　喉返神经解剖术
31.9201　气管粘连松解术
31.9202　声带粘连松解术
31.9203　喉粘连松解术
31.9204　内镜下声带粘连松解术
31.9302　喉支架置换术
31.9303　内镜下气管支架置换术
31.9304　内镜下喉支架置换术
31.9500　气管食管造口术
31.9501　内镜下气管食管造口术
31.9801　声门扩大术
31.9802　喉扩张术
31.9803　喉T型管置入术
31.9805　喉支架取出术
31.9806　喉模取出术
31.9807　内镜下喉扩张术
31.9902　气管扩张管去除术
31.9903　气管球囊扩张术
32.0100x004　支气管镜下支气管病损冷冻术
32.0101　内镜下支气管病损切除术
32.0102　内镜下支气管病损破坏术
32.2600　肺病损或肺组织的其他和未特指的消融
33.3100x001　膈神经破坏术
33.3201　胸膜腔注气术
33.3202　胸腔镜下胸腔注气术
33.3300　气腹用于肺萎陷
33.9301　肺穿刺抽吸术
33.9800　支气管的其他手术
33.9900x001　支气管肺灌洗术
33.9901　肺灌洗术
33.9903　气管镜肺灌洗术
34.0102　胸壁切开异物取出术
34.0103　胸壁切开血肿清除术
34.0500　创建胸膜腹膜分流术
34.0900x006　胸膜切开探查术
34.0903　胸腔切开引流术
34.2900　纵隔其他诊断性操作
34.6x00　胸膜划痕术
34.6x01　胸膜硬化术
34.8900x003　膈肌切开术
34.8900x004　膈上升术
34.9201　化学胸膜固定术
34.9202　胸膜腔药物注射治疗
34.9300　胸膜修补术
34.9302　胸腔镜下胸膜修补术
40.1100x012　胸腔镜下淋巴结活检术
40.2100　深部颈淋巴结切除术
40.2200　乳房内淋巴结切除术
40.2300　腋淋巴结切除术
40.2900x002　单纯淋巴结切除术
40.2900x025　胸腔镜下纵隔淋巴结切除术
40.2900x026　胸腔镜下淋巴管瘤切除术
40.2900x027　腹腔镜下淋巴管瘤切除术
40.2901　锁骨上淋巴结切除术
40.3x00x001　淋巴结扩大性区域性切除术
40.3x00x002　淋巴结区域性切除术
40.3x00x003　腔镜下区域性腋窝淋巴结区域切除术
40.3x00x005　功能性颈淋巴结清扫术
40.4000　根治性颈淋巴结清扫
40.4100　根治性颈淋巴结清扫，单侧
40.4200　根治性颈淋巴结清扫，双侧
40.5100　腋下淋巴结根治性切除术
40.5101　腔镜腋下淋巴结清扫术
40.5903　锁骨上淋巴结清扫术
40.9x00x003　周围淋巴管-小静脉吻合术
40.9x00x004　淋巴干-小静脉吻合术
40.9x00x008　淋巴水肿矫正Homans-Macey手术［Homan手术］
40.9x00x009　淋巴水肿矫正Charles手术［Charles手术］
40.9x00x010　淋巴水肿矫正Thompson手术［Thompson手术］
40.9x00x013　淋巴管瘘结扎术

40.9x00x014　淋巴管瘘切除术
40.9x00x015　淋巴管瘘粘连术
40.9x00x016　淋巴管瘤注射术
54.1900x024　膈下脓肿切除术
54.1908　膈下血肿清除术
96.0501　支气管支架置入术
96.0502　主支气管支架置入术
96.5601　支气管灌洗
98.1502　非切开支气管异物取出术
98.1503　气管镜支气管异物取出术
98.1504　气管镜气管异物取出术
98.1800x001　造口腔内异物去除

EJ1　呼吸系统其他手术

包含以下主要手术或操作：
39.7902　经导管支气管动脉栓塞术
31.1x00x005　暂时性气管切开术
31.9400　气管注入局部作用的治疗性物质
33.9200　支气管结扎术
34.7300x001　食管-胸膜瘘闭合术
38.7x04　下腔静脉滤器置入术
39.7900x030　经皮肺动脉取栓术
86.3x02　皮肤病损切除术
86.3x03　皮下组织病损切除术
86.3x10x067　腔镜下皮下组织病损切除术
86.3x12　皮肤病损激光治疗
96.0500x001　气管支架置入
96.5602　气管灌洗术
99.1007　肺动脉血栓溶解剂灌注

EK1　有创呼吸机治疗小于96小时

包含以下主要手术或操作：
96.7101　呼吸机治疗［小于96小时］

EK2　伴肺水肿或呼吸衰竭的无创呼吸支持技术

包含以下主要诊断：
J68.101　化学性肺水肿
J80.x00　成人型呼吸窘迫综合征
J80.x01　急性呼吸窘迫综合征
J81.x00　肺水肿
J81.x00x002　急性肺水肿
J95.100　胸腔手术后的急性肺功能不全
J95.200　非胸腔手术后的急性肺功能不全
J95.300　手术后慢性肺功能不全
J95.800x004　手术操作后呼吸衰竭
J95.811　手术后肺水肿
J96.000　急性呼吸衰竭
J96.100　慢性呼吸衰竭
J96.900x001　呼吸衰竭
J96.900x002　Ⅰ型呼吸衰竭
J96.900x003　Ⅱ型呼吸衰竭
包含以下主要手术或操作：
93.9000　无创机械性通气
93.9000x002　无创呼吸机辅助通气（双水平气道正压［BiPAP］）
93.9000x003　无创呼吸机辅助通气（高频通气［HFPPV］）
93.9001　持续性气道正压通气（CPAP）
93.9100　间歇性正压通气［IPPB］

ER1　呼吸系统肿瘤

包含以下主要诊断：
C33.x00　气管恶性肿瘤
C34.000　主支气管恶性肿瘤
C34.000x002　左主支气管恶性肿瘤
C34.000x003　右主支气管恶性肿瘤
C34.001　肺门恶性肿瘤
C34.100x003　左肺上叶恶性肿瘤
C34.100x004　右肺上叶恶性肿瘤
C34.101　肺上叶恶性肿瘤
C34.102　肺上沟恶性肿瘤
C34.201　肺中叶恶性肿瘤
C34.300x003　左肺下叶恶性肿瘤
C34.300x004　右肺下叶恶性肿瘤
C34.301　肺下叶恶性肿瘤
C34.800　支气管和肺交搭跨越恶性肿瘤的损害
C34.800x001　右肺中上叶恶性肿瘤
C34.800x002　右肺中下叶恶性肿瘤
C34.800x003　左肺上下叶恶性肿瘤
C34.801　肺中上叶恶性肿瘤
C34.802　肺中下叶恶性肿瘤
C34.803　肺上下叶恶性肿瘤
C34.900x001　肺恶性肿瘤
C34.900x004　左肺恶性肿瘤
C34.900x005　右肺恶性肿瘤
C34.900x006　双肺恶性肿瘤
C34.900x008　肺多处恶性肿瘤
C34.901　支气管恶性肿瘤
C34.902　细支气管恶性肿瘤
C37.x00　胸腺恶性肿瘤

C38.100　前纵隔恶性肿瘤
C38.200　后纵隔恶性肿瘤
C38.300　纵隔恶性肿瘤
C38.400　胸膜恶性肿瘤
C38.400x003　胸膜脏层恶性肿瘤
C38.401　胸膜壁层恶性肿瘤
C38.800　心脏、纵隔和胸膜交搭跨越恶性肿瘤的损害
C39.800　呼吸和胸腔内器官交搭跨越恶性肿瘤的损害
C39.900x001　呼吸系统恶性肿瘤
C45.000　胸膜间皮瘤
C45.700　间皮瘤，其他部位的
C45.701　肺间皮瘤
C45.702　纵隔间皮瘤
C46.701　肺卡波西肉瘤
C76.100　胸部恶性肿瘤
C76.100x003　胸腔恶性肿瘤
C77.100　胸腔内淋巴结继发性的恶性肿瘤
C77.100x004　支气管淋巴结继发恶性肿瘤
C77.101　胸骨旁淋巴结继发恶性肿瘤
C77.102　肺门淋巴结继发恶性肿瘤
C77.103　纵隔淋巴结继发恶性肿瘤
C77.104　气管淋巴结继发恶性肿瘤
C77.105　气管支气管淋巴结继发恶性肿瘤
C78.000　肺部继发性恶性肿瘤
C78.000x003　支气管软骨继发恶性肿瘤
C78.001　支气管继发恶性肿瘤
C78.002　主支气管继发恶性肿瘤
C78.003　气管支气管继发恶性肿瘤
C78.100　纵隔继发性恶性肿瘤
C78.200　胸膜继发性恶性肿瘤
C78.201　恶性胸腔积液
C78.304　气管继发恶性肿瘤
C78.306　呼吸器官继发恶性肿瘤
C79.800x809　胸壁继发恶性肿瘤
C79.800x829　胸腺继发恶性肿瘤
C79.800x838　胸导管继发恶性肿瘤
C79.807　胸腔继发恶性肿瘤
C79.810　膈继发恶性肿瘤
D02.100　气管原位癌
D02.200x002　肺原位癌
D02.201　支气管原位癌
D02.400　呼吸系统的原位癌
D14.200　气管良性肿瘤
D14.300x001　肺良性肿瘤
D14.301　支气管良性肿瘤
D14.302　主支气管良性肿瘤
D14.400　呼吸系统良性肿瘤
D15.000　胸腺良性肿瘤
D15.200　纵隔良性肿瘤
D15.200x001　后纵隔良性肿瘤
D15.200x002　前纵隔良性肿瘤
D15.700　胸腔内器官良性肿瘤，其他特指的
D15.701　胸膜良性肿瘤
D15.900　胸腔内器官良性肿瘤
D17.400　胸腔内器官良性脂肪瘤样肿瘤
D17.400x001　纵隔脂肪瘤
D17.400x002　胸膜脂肪瘤
D17.400x003　胸腔脂肪瘤
D17.400x004　肺脂肪瘤
D17.400x005　胸腺脂肪瘤
D17.700x019　气管脂肪瘤
D17.700x023　支气管脂肪瘤
D18.000x800　肺血管瘤
D18.000x814　纵隔血管瘤
D18.000x857　胸锁乳突肌血管瘤
D18.100x015　纵隔淋巴管瘤
D18.100x025　胸淋巴管瘤
D18.100x026　胸腺淋巴管瘤
D18.105　胸腔淋巴管瘤
D19.000　胸膜间皮组织良性肿瘤
D36.700x008　胸良性肿瘤
D36.700x013　膈下良性肿瘤
D36.706　胸腔良性肿瘤
D36.717　胸壁良性肿瘤
D38.100x001　肺交界性肿瘤
D38.100x002　气管交界性肿瘤
D38.100x003　支气管交界性肿瘤
D38.101　肺肿瘤
D38.102　气管动态未定肿瘤
D38.103　气管肿瘤
D38.104　支气管动态未定肿瘤
D38.105　支气管肿瘤
D38.200x001　胸膜交界性肿瘤
D38.201　胸膜肿瘤
D38.300x001　纵隔交界性肿瘤
D38.300x002　前纵隔交界性肿瘤
D38.300x003　后纵隔交界性肿瘤
D38.301　纵隔肿瘤

D38.400x001　胸腺交界性肿瘤
D38.401　胸腺肿瘤
D38.600x001　呼吸系统交界性肿瘤
D38.601　呼吸器官肿瘤
D48.115　胸壁结缔组织动态未定肿瘤
D48.700x019　胸部交界性肿瘤
D48.709　胸腔动态未定肿瘤
D48.710　胸腔肿瘤
J98.400x008　肺假性肿瘤
J98.404　肺假性淋巴瘤
J98.405　肺炎性假瘤
Q85.901　肺错构瘤
Q85.904　支气管错构瘤
Q85.908　胸膜错构瘤

ER2　肺水肿或呼吸衰竭

包含以下主要诊断：
J68.101　化学性肺水肿
J80.x00　成人型呼吸窘迫综合征
J80.x01　急性呼吸窘迫综合征
J81.x00　肺水肿
J81.x00x002　急性肺水肿
J95.100　胸腔手术后的急性肺功能不全
J95.200　非胸腔手术后的急性肺功能不全
J95.300　手术后慢性肺功能不全
J95.800x004　手术操作后呼吸衰竭
J95.811　手术后肺水肿
J96.000　急性呼吸衰竭
J96.100　慢性呼吸衰竭
J96.900x001　呼吸衰竭
J96.900x002　Ⅰ型呼吸衰竭
J96.900x003　Ⅱ型呼吸衰竭

ES1　肺真菌病

包含以下主要诊断：
B37.100　肺念珠菌病
B37.101+J17.2*　念珠菌性肺炎
B37.800x083　呼吸道念珠菌感染
B37.803　支气管念珠菌感染
B38.000　急性肺球孢子菌病
B38.000x001+J17.2*　急性肺球孢子菌肺炎
B38.100　慢性肺球孢子菌病
B38.100x001+J17.2*　慢性肺球孢子菌肺炎
B38.200　肺球孢子菌病
B38.200x001+J17.2*　肺球孢子菌肺炎
B39.000　急性肺荚膜组织胞浆菌病
B39.000x001+J17.2*　急性肺荚膜组织胞浆菌肺炎
B39.100　慢性肺荚膜组织胞浆菌病
B39.100x001+J17.2*　慢性肺荚膜组织胞浆菌肺炎
B39.200　肺荚膜组织胞浆菌病
B39.200x001+J17.2*　肺荚膜组织胞浆菌肺炎
B40.000　急性肺芽生菌病
B40.100　慢性肺芽生菌病
B40.200　肺芽生菌病
B41.000　肺副球孢子菌病
B42.000+J99.8*　肺孢子丝菌病
B44.000x001+J99.8*　侵袭性肺曲霉菌病
B44.101+J99.8*　变态反应性支气管肺曲霉病
B44.102+J17.2*　曲霉菌性肺炎
B45.000　肺隐球菌病
B45.000x002+J99.8*　新型隐球菌肺炎
B46.000x001+J99.8*　肺毛霉菌病
B48.500+J17.2*　肺孢子菌病
B48.501+J17.2*　卡氏肺孢子虫病
B48.502+J17.2*　耶氏肺孢子虫病
B49.x00x011　呼吸道真菌感染
B49.x13　支气管真菌感染
B49.x14+J99.8*　肺真菌感染

ES2　呼吸系统结核

包含以下主要诊断：
A15.000x001　肺结核（显微镜检证实）
A15.000x002　肺结核（仅痰涂片证实）
A15.000x003　肺结核（痰涂片及培养均证实）
A15.000x010　继发性肺结核（初治，单耐药）涂阳培阳
A15.000x012　继发性肺结核（初治，多耐药）涂阳培阳
A15.000x014　继发性肺结核（初治，广泛耐药）涂阳培阳
A15.000x016　继发性肺结核（初治，耐多药）涂阳培阳
A15.000x018　继发性肺结核（初治，药物敏感）涂阳培阳
A15.000x020　继发性肺结核（复治，单耐药）涂阳培阳
A15.000x022　继发性肺结核（复治，多耐药）涂阳培阳
A15.000x024　继发性肺结核（复治，广泛耐药）涂阳培阳

A15.000x026 继发性肺结核（复治，耐多药）涂阳培阳
A15.000x028 继发性肺结核（复治，药物敏感）涂阳培阳
A15.001 肺结核瘤，痰镜检（+）
A15.002 肺干酪性结核，痰镜检（+）
A15.003 结核性肺纤维变性，痰镜检（+）
A15.004 结核性肺炎，痰镜检（+）
A15.005 结核性气胸，痰镜检（+）
A15.006 结核性支气管扩张，痰镜检（+）
A15.007 空洞型肺结核，痰镜检（+）
A15.100x001 肺结核（仅痰培养证实）
A15.100x002 继发性肺结核（初治，单耐药）涂阴培阳
A15.100x003 继发性肺结核（初治，多耐药）涂阴培阳
A15.100x004 继发性肺结核（初治，广泛耐药）涂阴培阳
A15.100x005 继发性肺结核（初治，耐多药）涂阴培阳
A15.100x006 继发性肺结核（初治，药物敏感）涂阴培阳
A15.100x007 继发性肺结核（复治，单耐药）涂阴培阳
A15.100x008 继发性肺结核（复治，多耐药）涂阴培阳
A15.100x009 继发性肺结核（复治，广泛耐药）涂阴培阳
A15.100x010 继发性肺结核（复治，耐多药）涂阴培阳
A15.100x011 继发性肺结核（复治，药物敏感）涂阴培阳
A15.101 肺结核瘤，痰培养（+）
A15.102 肺干酪性结核，痰培养（+）
A15.103 结核性肺纤维变性，痰培养（+）
A15.104 结核性肺炎，痰培养（+）
A15.105 结核性气胸，痰培养（+）
A15.106 结核性支气管扩张，痰培养（+）
A15.107 空洞型肺结核，痰培养（+）
A15.200x001 肺结核（组织学证实）
A15.200x002 结核性损毁肺（组织学+）
A15.201 肺结核瘤，病理（+）
A15.202 肺干酪性结核，病理（+）
A15.203 结核性肺纤维变性，病理（+）
A15.204 结核性肺炎，病理（+）
A15.205 结核性气胸，病理（+）
A15.206 结核性支气管扩张，病理（+）
A15.207 空洞型肺结核，病理（+）
A15.300x001 肺结核（分子诊断证实）
A15.301 肺结核瘤经证实（+）
A15.302 肺干酪性结核经证实（+）
A15.303 结核性肺纤维变性经证实（+）
A15.304 结核性肺炎经证实（+）
A15.305 结核性气胸经证实（+）
A15.306 结核性支气管扩张经证实（+）
A15.307 空洞型肺结核经证实（+）
A15.400x001 肺门淋巴结结核（细菌学和组织学证实）
A15.401 肺门淋巴结结核，病理（+）
A15.402 气管支气管淋巴结结核，细菌学（+）
A15.403 气管支气管淋巴结结核，病理（+）
A15.404 胸内淋巴结结核，细菌学（+）
A15.405 胸内淋巴结结核，病理（+）
A15.406 纵隔淋巴结结核，细菌学（+）
A15.407 纵隔淋巴结结核，病理（+）
A15.408 支气管淋巴结结核，细菌学（+）
A15.409 支气管淋巴结结核，病理（+）
A15.500x001 喉结核（细菌学和组织学证实）
A15.500x002 气管结核（细菌学和组织学证实）
A15.500x003 支气管结核（细菌学和组织学证实）
A15.500x004 声带结核（细菌学和组织学证实）
A15.500x010 支气管结核（初治，单耐药）涂阳培阳
A15.500x011 支气管结核（初治，单耐药）涂阴培阳
A15.500x012 支气管结核（初治，多耐药）涂阳培阳
A15.500x013 支气管结核（初治，多耐药）涂阴培阳
A15.500x014 支气管结核（初治，广泛耐药）涂阳培阳
A15.500x015 支气管结核（初治，广泛耐药）涂阴培阳
A15.500x016 支气管结核（初治，耐多药）涂阳培阳
A15.500x017 支气管结核（初治，耐多药）涂阴培阳
A15.500x018 支气管结核（初治，药物敏感）涂阳培阳
A15.500x019 支气管结核（初治，药物敏感）涂

阴培阳
A15.500x020　支气管结核（复治，单耐药）涂阳培阳
A15.500x021　支气管结核（复治，单耐药）涂阴培阳
A15.500x022　支气管结核（复治，多耐药）涂阳培阳
A15.500x023　支气管结核（复治，多耐药）涂阴培阳
A15.500x024　支气管结核（复治，广泛耐药）涂阳培阳
A15.500x025　支气管结核（复治，广泛耐药）涂阴培阳
A15.500x026　支气管结核（复治，耐多药）涂阳培阳
A15.500x027　支气管结核（复治，耐多药）涂阴培阳
A15.500x028　支气管结核（复治，药物敏感）涂阳培阳
A15.500x029　支气管结核（复治，药物敏感）涂阴培阳
A15.501　喉结核，病理（+）
A15.502　会厌结核，细菌学（+）
A15.503　会厌结核，病理（+）
A15.504　声带结核，细菌学（+）
A15.505　声带结核，病理（+）
A15.506　气管结核，细菌学（+）
A15.507　气管结核，病理（+）
A15.508　支气管结核，细菌学（+）
A15.509　支气管结核，病理（+）
A15.601　结核性胸膜炎，病理（+）
A15.602　结核性脓胸，细菌学（+）
A15.603　结核性脓胸，病理（+）
A15.604　结核性胸腔积液，细菌学（+）
A15.605　结核性胸腔积液，病理（+）
A15.606　结核性渗出性胸膜炎，细菌学（+）
A15.607　结核性渗出性胸膜炎，病理（+）
A15.608　胸膜结核瘤，细菌学（+）
A15.609　胸膜结核瘤，病理（+）
A15.701　原发性呼吸道结核，病理（+）
A15.702　肺原发性结核性复征，细菌学（+）
A15.703　肺原发性结核性复征，病理（+）
A15.800x001　鼻咽结核性肉芽肿（组织学证实）
A15.801　结核性鼻窦炎，细菌学（+）
A15.802　结核性鼻窦炎，病理（+）
A15.803　鼻中隔结核，细菌学（+）
A15.804　鼻中隔结核，病理（+）
A15.805　鼻咽结核，细菌学（+）
A15.806　鼻咽结核，病理（+）
A15.807　鼻结核，细菌学（+）
A15.808　鼻结核，病理（+）
A15.809　扁桃体结核，细菌学（+）
A15.810　扁桃体结核，病理（+）
A15.811　咽部结核，细菌学（+）
A15.812　咽部结核，病理（+）
A15.813　纵隔结核，细菌学（+）
A15.814　纵隔结核，病理（+）
A15.900　呼吸道结核，经细菌学和组织学所证实的
A15.901　呼吸道结核，病理（+）
A16.000x001　肺结核（细菌学和组织学检查为阴性）
A16.000x002　支气管结核（细菌学和组织学证实均阴性）
A16.001　肺结核瘤，痰镜检（-）
A16.002　结核性肺炎，痰镜检（-）
A16.003　结核性肺纤维变性，痰镜检（-）
A16.004　结核性气胸，痰镜检（-）
A16.005　结核性支气管扩张，痰镜检（-）
A16.006　肺干酪性结核，痰镜检（-）
A16.007　空洞型肺结核，痰镜检（-）
A16.008　浸润型肺结核，痰镜检（-）
A16.009　增殖型肺结核，痰镜检（-）
A16.010　肺结核，痰培养（-）
A16.011　肺结核瘤，痰培养（-）
A16.012　结核性肺炎，痰培养（-）
A16.013　结核性肺纤维变性，痰培养（-）
A16.014　结核性气胸，痰培养（-）
A16.015　结核性支气管扩张，痰培养（-）
A16.016　肺干酪性结核，痰培养（-）
A16.017　空洞型肺结核，痰培养（-）
A16.018　浸润型肺结核，痰培养（-）
A16.019　增殖型肺结核，痰培养（-）
A16.020　肺结核，病理（-）
A16.021　肺结核瘤，病理（-）
A16.022　结核性肺炎，病理（-）
A16.023　结核性肺纤维变性，病理（-）
A16.024　结核性气胸，病理（-）
A16.025　结核性支气管扩张，病理（-）
A16.026　肺干酪性结核，病理（-）

A16.027　空洞型肺结核，病理（-）
A16.028　浸润型肺结核，病理（-）
A16.029　增殖型肺结核，病理（-）
A16.030　肺结核瘤，细胞学（组织学）(-)
A16.031　结核性肺炎，细胞学（组织学）(-)
A16.032　结核性肺纤维变性，细胞学（组织学）(-)
A16.033　结核性气胸，细胞学（组织学）(-)
A16.034　结核性支气管扩张，细胞学（组织学）(-)
A16.035　肺干酪性结核，细胞学（组织学）(-)
A16.036　空洞型肺结核，细胞学（组织学）(-)
A16.037　浸润型肺结核，细胞学（组织学）(-)
A16.038　增殖型肺结核，细胞学（组织学）(-)
A16.100x001　肺结核（未行细菌学和组织学检查）
A16.101　肺结核瘤，未做细菌学和组织学检查
A16.102　结核性肺炎，未做细菌学和组织学检查
A16.103　结核性肺纤维变性，未做细菌学和组织学检查
A16.104　结核性气胸，未做细菌学和组织学检查
A16.105　结核性支气管扩张，未做细菌学和组织学检查
A16.106　肺干酪性结核，未做细菌学和组织学检查
A16.107　空洞型肺结核，未做细菌学和组织学检查
A16.108　浸润型肺结核，未做细菌学和组织学检查
A16.109　增殖型肺结核，未做细菌学和组织学检查
A16.200x002　肺结核
A16.200x007　结节型肺结核
A16.200x012　结核性胸膜瘘
A16.200x013　结核性损毁肺
A16.200x014　结核性大咯血
A16.200x015　继发性肺结核
A16.201　肺结核瘤
A16.202　结核性肺炎
A16.203　结核性肺纤维变性
A16.204　结核性气胸
A16.206　肺干酪性结核
A16.207　空洞型肺结核
A16.210　结核性肺不张
A16.300x002　结核性支气管淋巴瘘
A16.300x003　胸壁淋巴结结核
A16.300x007　结核性乳糜胸
A16.301　肺门淋巴结结核
A16.302　胸内淋巴结结核
A16.303　气管支气管淋巴结结核
A16.304　支气管淋巴结结核
A16.305　纵隔淋巴结结核
A16.400x005　孤立性气管支气管结核
A16.400x010　结核性气管狭窄
A16.400x011　结核性支气管狭窄
A16.401　会厌结核
A16.402　气管结核
A16.403　声带结核
A16.405　结核性支气管胸膜瘘
A16.406　喉结核
A16.500x001　结核性干性胸膜炎
A16.500x004　结核性胸膜炎
A16.500x008　结核性胸膜炎（初治）
A16.500x009　结核性胸膜炎（复治）
A16.500x010　结核性包裹性脓胸
A16.501　结核性脓胸
A16.503　结核性渗出性胸膜炎
A16.504　胸膜结核瘤
A16.505　结核性脓气胸
A16.700x001　肺结核原发综合征
A16.700x002　原发性肺结核
A16.800x002　干酪性鼻窦炎
A16.800x003　干酪性鼻炎［结核性鼻炎］
A16.801　结核性鼻窦炎
A16.802　鼻中隔结核
A16.803　鼻咽结核
A16.804　鼻结核
A16.805　扁桃体结核
A16.806　咽部结核
A16.807　纵隔结核
A16.900x001　结核病
A16.900x002　结核感染
A16.900x003　呼吸道结核病
A16.900x023　结核性胸壁窦
A19.000　单个特指部位的急性粟粒型结核
A19.000x001　血行播散性肺结核（初治，单耐药）涂阳培阳
A19.000x002　血行播散性肺结核（初治，单耐药）涂阴培阳
A19.000x003　血行播散性肺结核（初治，多耐药）涂阳培阳
A19.000x004　血行播散性肺结核（初治，多耐药）涂阴培阳
A19.000x005　血行播散性肺结核（初治，广泛耐药）涂阳培阳
A19.000x006　血行播散性肺结核（初治，广泛耐药）涂阴培阳

A19.000x007　血行播散性肺结核（初治，耐多药）涂阳培阳
A19.000x008　血行播散性肺结核（初治，耐多药）涂阴培阳
A19.000x009　血行播散性肺结核（初治，药物敏感）涂阳培阳
A19.000x010　血行播散性肺结核（初治，药物敏感）涂阴培阳
A19.000x011　血行播散性肺结核（复治，单耐药）涂阳培阳
A19.000x012　血行播散性肺结核（复治，单耐药）涂阴培阳
A19.000x013　血行播散性肺结核（复治，多耐药）涂阳培阳
A19.000x014　血行播散性肺结核（复治，多耐药）涂阴培阳
A19.000x015　血行播散性肺结核（复治，广泛耐药）涂阳培阳
A19.000x016　血行播散性肺结核（复治，广泛耐药）涂阴培阳
A19.000x017　血行播散性肺结核（复治，耐多药）涂阳培阳
A19.000x018　血行播散性肺结核（复治，耐多药）涂阴培阳
A19.000x019　血行播散性肺结核（复治，药物敏感）涂阳培阳
A19.000x020　血行播散性肺结核（复治，药物敏感）涂阴培阳
A19.001　急性血行播散型肺结核
A19.801　亚急性血行播散型肺结核
A19.802　慢性血行播散型肺结核
A19.803　亚急性血行播散型结核

ES3　呼吸系统感染/炎症

包含以下主要诊断：
A01.000x005+J17.0*　伤寒并发肺炎
A02.201+J17.0*　沙门菌肺炎
A06.500+J99.8*　阿米巴肺脓肿
A06.500x002+J99.8*　肺阿米巴病［阿米巴肺脓肿］
A06.501+J99.8*　阿米巴肝肺脓肿
A06.502+J17.3*　阿米巴肝肾囊肿伴肺炎
A21.201+J17.0*　肺型土拉菌病
A22.102+J17.0*　炭疽肺炎
A43.000x001+J99.8*　肺诺卡菌肺炎
A52.704+J99.8*　肺梅毒
A54.806+J17.0*　淋球菌性肺炎
B01.200+J17.1*　水痘肺炎
B05.200+J17.1*　麻疹并发肺炎
B06.800　风疹伴有其他并发症
B06.801+J17.1*　风疹性肺炎
B25.000+J17.1*　巨细胞病毒性肺炎
B58.300+J17.3*　肺弓形虫病
B65.902+J99.8*　肺血吸虫病
B65.907+I52.1*　血吸虫病性肺心病
B66.401+J99.8*　肺吸虫病
B67.100x001+J99.8*　肺细粒棘球蚴病
B77.801+J17.3*　急性蛔蚴性肺炎
J09.x00　被标明的人畜共患或大流行性流感病毒引起的流感
J09.x01　人感染H5N1禽流感
J09.x02　人感染H7N9禽流感
J10.000　流行性感冒伴有肺炎，季节性流感病毒
J10.000x001　已知病毒的流感性肺炎
J10.001　甲型H1N1流行性感冒性肺炎
J11.000x001　未知病毒的流感性肺炎
J12.000　腺病毒肺炎
J12.100　呼吸道合胞体病毒肺炎
J12.200　副流感病毒肺炎
J12.300　人类偏肺病毒肺炎
J12.800　病毒性肺炎，其他的
J12.900　病毒性肺炎
J13.x00　链球菌性肺炎
J14.x00　流感嗜血杆菌性肺炎
J15.000　肺炎杆菌性肺炎
J15.000x002　克雷伯杆菌肺炎
J15.100　假单胞菌性肺炎
J15.101　铜绿假单胞菌性肺炎
J15.200　葡萄球菌性肺炎
J15.300　B族链球菌性肺炎
J15.400　链球菌性肺炎，其他的
J15.402　肠球菌属性肺炎
J15.500　大肠杆菌性肺炎
J15.600x002　革兰阴性细菌性肺炎
J15.600x003　粘质沙雷菌性肺炎
J15.600x005　鲍曼不动杆菌性肺炎
J15.600x006　坂崎肠杆菌性肺炎
J15.601　变形杆菌性肺炎
J15.602　阴沟杆菌性肺炎
J15.700　肺炎支原体性肺炎
J15.800x001　革兰阳性细菌性肺炎

J15.800x002　产气杆菌性肺炎
J15.900　细菌性肺炎
J15.901　细菌性支气管肺炎
J15.902　社区获得性肺炎，非重症
J15.903　社区获得性肺炎，重症
J16.000　衣原体肺炎
J16.800x001　中东呼吸综合征
J18.000　支气管肺炎
J18.000x001　喘息性支气管肺炎
J18.000x002　毛细管支气管性肺炎
J18.001　弥漫性肺炎
J18.002　支气管肺炎，非重症
J18.100　大叶性肺炎
J18.200　坠积性肺炎
J18.800x001　多重感染的肺炎
J18.800x002　节段性肺炎
J18.800x006　中叶性肺炎
J18.800x012　免疫抑制宿主性肺炎
J18.801　肺泡性肺炎
J18.802　医院获得性肺炎
J18.803　阻塞性肺炎
J18.900　肺炎
J18.901　非典型性肺炎
J18.902　迁延性肺炎
J18.903　重症肺炎
J22.x00　急性下呼吸道感染
J39.803　气管周围脓肿
J85.000x002　肺坏疽
J85.001　肺坏死
J85.002　坏疽性肺炎
J85.100　肺脓肿伴有肺炎
J85.200　肺脓肿不伴有肺炎
J85.300　纵隔脓肿
J86.000　脓胸伴有瘘
J86.014　支气管肝脓肿瘘
J86.901　化脓性胸膜炎
J86.902　包裹性脓胸
J86.903　脓气胸
J95.800x016　手术后脓胸
J95.802　呼吸机相关性肺炎
J98.414　肺部感染
J98.501　急性纵隔炎
J98.502　纵隔感染
J98.503　纵隔炎
J98.700　呼吸道感染
J98.802　胸腔感染

ET1　肺间质性疾病

包含以下主要诊断：
D86.000　肺结节病
D86.200　肺结节病伴有淋巴结结节病
E85.412+J99.8*　淀粉样变肺损害
J60.x00　煤炭工肺尘埃沉着病
J60.x00x002　碳末沉着病［炭肺］
J60.x00x003　煤工尘肺壹期
J60.x00x004　煤工尘肺贰期
J60.x00x005　煤工尘肺叁期
J60.x01　煤矽肺
J61.x00x001　石棉肺壹期
J61.x00x002　石棉肺贰期
J61.x00x003　石棉肺叁期
J61.x01　石棉肺
J62.000x001　滑石尘肺壹期
J62.000x002　滑石尘肺贰期
J62.000x003　滑石尘肺叁期
J62.001　滑石粉尘肺
J62.800x002　矽肺性肺纤维化
J62.800x003　矽肺［硅肺］Ⅰ期
J62.800x004　矽肺［硅肺］Ⅱ期
J62.800x005　矽肺［硅肺］Ⅲ期
J62.800x006　陶工尘肺壹期
J62.800x007　陶工尘肺贰期
J62.800x008　陶工尘肺叁期
J62.801　陶工尘肺
J62.802　硅沉着病
J62.803　矽肺
J62.804　石匠哮喘
J63.000　矾土肺（肺的）
J63.000x001　铝尘肺壹期
J63.000x002　铝尘肺贰期
J63.000x003　铝尘肺叁期
J63.001　铝尘肺
J63.100　铁矾土纤维化（肺的）
J63.200　铍中毒
J63.201　铍肺
J63.300x001　石墨尘肺壹期
J63.300x002　石墨尘肺贰期
J63.300x003　石墨尘肺叁期
J63.301　石墨尘肺
J63.400　肺铁末沉着病

J63.500　锡沉着病
J63.800　无机粉尘引起的肺尘埃沉着病，其他特指的
J63.800x001　铸工尘肺
J63.800x003　电焊工尘肺
J63.800x005　云母尘肺
J63.800x009　锑尘肺
J63.800x010　钡尘肺
J63.800x011　硬金属肺病
J63.800x012　水泥尘肺壹期
J63.800x013　水泥尘肺贰期
J63.800x014　水泥尘肺叁期
J63.800x015　铸工尘肺壹期
J63.800x016　铸工尘肺贰期
J63.800x017　铸工尘肺叁期
J63.800x018　电焊工尘肺壹期
J63.800x019　电焊工尘肺贰期
J63.800x020　电焊工尘肺叁期
J63.800x021　云母尘肺壹期
J63.800x022　云母尘肺贰期
J63.800x023　云母尘肺叁期
J63.800x024　炭黑尘肺壹期
J63.800x025　炭黑尘肺贰期
J63.800x026　炭黑尘肺叁期
J63.801　磨工尘肺
J63.802　水泥尘肺
J63.803　炭黑尘肺
J64.x00　肺尘埃沉着病
J65.x00　与结核有关的肺尘埃沉着病
J66.000　棉屑沉着病
J66.100　亚麻清铲工病
J66.200　大麻沉着病
J67.000　农民肺
J67.100　蔗尘肺
J67.200　好鸟者肺
J67.200x002　鹦鹉肺
J67.200x003　饲鸽者肺
J67.300　软木沉着病
J67.400　麦芽工人肺
J67.400x002　棒状曲霉菌性肺泡炎
J67.500　蘑菇工人肺
J67.600　剥枫树皮者肺
J67.600x001　皮质隐子座菌性肺泡炎
J67.700x001　空调肺
J67.700x002　加湿器肺
J67.800x001　过敏性鱼食肺
J67.800x002　过敏性红杉锯屑病
J67.800x003　过敏性洗奶酪肺
J67.800x004　过敏性皮毛肺
J67.800x005　过敏性咖啡肺
J67.900　有机粉尘引起的过敏性肺炎
J68.000x001　吸入有毒气体性肺炎
J68.000x002　急性化学性支气管炎
J68.001　化学性肺炎
J68.002　化学性支气管炎
J70.001　放射性肺炎
J70.101　放射性肺纤维化
J70.200　急性药物性间质性肺疾患
J70.200x002　亚急性药物性肺疾病
J70.300　慢性药物性间质性肺疾患
J70.400　药物性间质性肺疾患
J82.x00x001　肺嗜酸性粒细胞增多症
J82.x00x002　热带性肺嗜酸性粒细胞增多症
J82.x00x004　哮喘性肺嗜酸性粒细胞增多症
J82.x00x005　吕弗勒综合征
J82.x01　嗜酸细胞性肺炎
J84.000x003　弥漫性肺泡出血综合征
J84.001　肺泡蛋白沉积症
J84.002　肺泡微结石症
J84.100x006　致纤维化肺泡炎
J84.100x007　继发性肺间质纤维化
J84.100x008　弥漫性肺间质纤维化
J84.101　肺间质纤维化
J84.102　肺肉芽肿
J84.103　哈曼-里奇综合征
J84.104　特发性肺间质纤维化
J84.105　间质性纤维化性肺泡炎
J84.108　机化性肺炎
J84.109　炎症后肺纤维化
J84.110　肺硬化
J84.800x003　寻常型间质性肺炎
J84.800x004　隐源性机化性肺炎
J84.800x005　非特异性间质性肺炎
J84.800x006　呼吸性细支气管炎伴间质性肺病
J84.800x007　急性间质性肺炎
J84.800x008　肺淋巴管瘤病
J84.801　脱屑性间质性肺炎
J84.802　胆固醇肺炎
J84.803　肺弥漫性间质病变
J84.804　淋巴细胞性间质性肺炎

J84.805　内源性脂质性肺炎
J84.900　间质性肺病
M05.100+J99.0*　类风湿性肺病
M05.101+J99.0*　类风湿性关节炎伴肺泡炎
M05.102+J99.0*　类风湿性关节炎伴肺间质纤维化
M05.103+J99.0*　类风湿尘肺
M31.300x002　坏死性呼吸道肉芽肿病
M31.302+J99.1*　韦格纳肉芽肿病累及肺
M31.304+J99.1*　多发性血管炎性肉芽肿病累及肺
M32.103+J99.1*　狼疮性肺炎
M33.001+J99.1*　幼年型皮肌炎累及肺
M33.103+J99.1*　皮肌炎性肺间质纤维化
M33.201+J99.1*　多肌炎伴肺间质纤维化
M33.901+J99.1*　皮多肌炎累及肺
M34.800x001+J99.1*　系统性硬化症性肺病变
M34.801+J99.1*　硬皮病性肺间质纤维化
M35.002+J99.1*　干燥综合征伴肺间质纤维化
M35.904+J99.1*　结缔组织病肺间质纤维化
R04.800x004　弥漫性肺泡出血

ET2　慢性气道阻塞病

包含以下主要诊断：
A16.205　结核性支气管扩张
E84.001　肺囊性纤维化
J41.000　单纯性慢性支气管炎
J41.100　黏液脓性慢性支气管炎
J41.800　混合的单纯性和黏液脓性慢性支气管炎
J42.x00　慢性支气管炎
J42.x00x001　慢性气管炎
J42.x00x003　慢性气管支气管炎
J42.x00x004　慢性支气管炎急性加重期
J42.x00x005　慢性支气管炎临床缓解期
J42.x00x006　慢性支气管炎慢性迁延期
J42.x01　弥漫性泛细支气管炎
J44.000　慢性阻塞性肺病伴有急性下呼吸道感染
J44.100　慢性阻塞性肺病伴有急性加重
J44.800x001　闭塞性细支气管炎
J44.801　慢性支气管炎伴肺气肿
J44.802　慢性喘息性支气管炎
J44.803　慢性气肿性支气管炎
J44.805　慢性细支气管炎
J44.806　慢性阻塞性支气管炎
J44.807　哮喘-慢阻肺重叠综合征
J44.900　慢性阻塞性肺病
J44.900x002　慢性阻塞性肺疾病Ⅰ级
J44.900x003　慢性阻塞性肺疾病Ⅱ级
J44.900x004　慢性阻塞性肺疾病Ⅲ级
J44.900x005　慢性阻塞性肺疾病Ⅳ级
J47.x00　支气管扩张（症）
J47.x01　支气管扩张伴咯血
J47.x02　细支气管扩张
J47.x03　支气管扩张伴感染

EU1　重大胸部创伤

包含以下主要诊断：
S25.401　创伤性肺动脉破裂
S27.000　创伤性气胸
S27.010　开放性气胸
S27.100　创伤性血胸
S27.110　开放性血胸
S27.200　创伤性血气胸
S27.210　开放性血气胸
S27.300x012　肺血肿
S27.301　肺挫伤
S27.302　创伤性肺破裂
S27.303　创伤性肺韧带撕裂
S27.310　开放性肺特指损伤
S27.311　开放性肺破裂
S27.312　开放性肺内异物
S27.313　肺穿透伤
S27.400　支气管损伤
S27.401　创伤性支气管断裂
S27.410　开放性支气管损伤
S27.500　胸部气管损伤
S27.501　创伤性胸部气管破裂
S27.510　开放性胸部气管损伤
S27.600　胸膜损伤
S27.610　开放性胸膜损伤
S27.700　胸内器官多处损伤
S27.710　开放性胸内器官多处损伤
S27.800x013　创伤性纵隔血肿
S27.801　食管黏膜擦伤
S27.802　胸部食管损伤
S27.803　贲门损伤
S27.804　创伤性膈破裂
S27.805　创伤性膈疝
S27.806　胸部淋巴管损伤
S27.807　胸腺损伤
S27.808　创伤性胸腔积液
S27.810　开放性特指胸内器官损伤

S27.811 食管异物穿孔
S27.812 开放性膈破裂
S27.900 胸内器官的损伤
S27.910 开放性胸腔异物
S28.000 胸部挤压伤
S28.100 胸的部分创伤性切断
S29.700 胸部多处损伤
S29.900 胸部损伤
T79.800x007 创伤性肺炎

EV1 呼吸系统症状、体征

包含以下主要诊断：
R04.200 咯血
R04.800x002 支气管内出血
R04.802 肺出血
R04.900 呼吸道出血
R05.x00 咳嗽
R05.x01 咳嗽晕厥综合征
R05.x02 类百日咳综合征
R06.000 呼吸困难
R06.000x002 端坐呼吸
R06.000x003 气短
R06.100 喘鸣
R06.200 喘息
R06.300 周期性呼吸
R06.301 切恩-斯托克斯呼吸
R06.400 通气过度
R06.600 呃逆
R06.800x005 叹息
R06.801 屏气
R06.802 低通气综合征
R06.803 呼吸肌麻痹
R06.804 呼吸异常
R06.805 呼吸暂停
R06.806 高碳酸血症
R09.000 窒息
R09.200 呼吸停止
R09.201 心脏呼吸衰竭
R09.300 痰异常
R09.800x091 啰音
R09.800x092 胸腔鼓音
R09.800x093 胸腔异常敲击音
R09.800x094 胸膜摩擦音
R09.800x095 喘憋
R09.801 胸闷
R91.x00x001 肺部阴影
R91.x00x005 肺门增大
R91.x03 肺占位性病变
R93.801 胸腔占位性病变
R93.804 纵隔移位
R93.805 纵隔阴影
R94.200 肺功能检查的异常结果
R94.204 肺活量减低

EW1 胸膜病变及胸腔积液

包含以下主要诊断：
D18.011 胸腔血管瘤
I89.800x002 非丝虫性乳糜胸
I89.800x007 乳糜性胸水
I89.800x016 原发性乳糜胸
I89.800x017 继发性乳糜胸
I89.807 乳糜胸
I97.800x018 手术后乳糜胸
J10.100x005 已知病毒的流感性胸膜炎
J11.100x005 未知病毒的流感性胸膜炎
J43.902 肺大疱破裂
J90.x00 胸腔积液，不可归类在他处者
J90.x00x002 渗出性胸膜炎
J90.x00x003 胸膜炎伴积液
J90.x00x004 浆液性胸膜炎
J90.x00x005 化学性胸浆膜炎
J90.x01 包裹性胸膜炎
J90.x02 急性渗出性胸膜炎
J92.000 胸膜斑伴有石棉沉着
J92.900x002 胸膜斑
J92.901 胸膜肥厚
J93.003 张力性气胸
J93.100x001 自发性气胸
J93.100x002 闭合性气胸
J93.800x001 包裹性气胸
J93.900 气胸
J94.101 胸膜纤维化
J94.200 血胸
J94.201 血气胸
J94.800x003 特发性胸腔积液
J94.800x004 胸膜囊肿
J94.800x010 血性胸水
J94.801 液气胸
J94.802 包裹性胸腔积液
J94.804 胸腔积液

J94.805　胸膜粘连
J94.806　胸膜钙化
J94.807　胸膜纤维样增生
J94.900x001　胸膜病变
J94.901　胸膜肿物
J95.801　手术后胸腔积液
J95.804　手术后气胸
J98.201　纵隔气肿
Q34.000　胸膜异常
Q85.900x015　胸壁错构瘤
R09.100　胸膜炎
R09.100x002　慢性胸膜炎
R09.101　胆汁性胸膜炎

EX1　哮喘及喘息性支气管炎

包含以下主要诊断：
J45.000　主要为变应性哮喘
J45.000x001　药物性支气管哮喘
J45.000x003　职业性支气管哮喘
J45.002　阿司匹林哮喘
J45.003　变态反应性支气管哮喘
J45.004　过敏性鼻炎伴哮喘
J45.005　咳嗽变异性哮喘
J45.006　儿童期哮喘
J45.007　外源性支气管哮喘
J45.100　非变应性哮喘
J45.100x002　月经期支气管哮喘
J45.100x003　运动性支气管哮喘
J45.800　混合性哮喘
J45.900　哮喘
J45.900x001　支气管哮喘
J45.900x002　难治性支气管哮喘
J45.900x011　支气管哮喘（完全控制）
J45.900x012　支气管哮喘（部分控制）
J45.900x013　支气管哮喘（未控制）
J45.900x021　支气管哮喘（急性发作期）
J45.900x023　支气管哮喘（临床缓解期）
J45.900x031　支气管哮喘（间歇发作）
J45.900x041　哮喘性肺炎
J45.901　哮喘性支气管炎
J45.902　迟发型哮喘
J45.903　支气管哮喘，非危重
J46.x00x002　支气管哮喘急性发作（轻度）
J46.x00x003　支气管哮喘急性发作（中度）
J46.x00x006　闭锁肺综合征
J46.x00x008　支气管哮喘（慢性持续期）
J46.x00x009　支气管哮喘（轻度持续）
J46.x00x010　支气管哮喘（中度持续）
J46.x01　支气管哮喘，重度
J46.x02　支气管哮喘，危重

EX2　百日咳及急性支气管炎

包含以下主要诊断：
A36.201　白喉性喉气管炎
A37.000　百日咳博德特杆菌性百日咳
A37.100　副百日咳博德特杆菌性百日咳
A37.800x001　支气管败血性杆菌百日咳
A37.900　百日咳
A37.900x003　百日咳肺不张
A37.900x004　百日咳肺气肿
A37.901+J17.0*　百日咳肺炎
J20.000　肺炎支原体急性支气管炎
J20.100　流感嗜血杆菌急性支气管炎
J20.200　链球菌急性支气管炎
J20.300　柯萨奇病毒急性支气管炎
J20.400　副流感病毒急性支气管炎
J20.500　呼吸道合胞体病毒急性支气管炎
J20.600　鼻病毒急性支气管炎
J20.700　艾柯病毒急性支气管炎
J20.800　急性支气管炎，其他特指病原体引起的
J20.900　急性支气管炎
J20.901　急性化脓性支气管炎
J20.902　急性气管支气管炎
J21.000　呼吸道合胞体病毒急性细支气管炎
J21.100　人类偏肺病毒急性细支气管炎
J21.801　急性肺炎支原体性细支气管炎
J21.900　急性细支气管炎
J21.900x002　急性毛细支气管炎
J21.901　急性喘息性支气管炎
J40.x00　支气管炎
J40.x00x002　纤维素性支气管炎
J40.x01　气管支气管炎
T17.501　塑型性支气管炎

EZ1　其他呼吸系统疾病

包含以下主要诊断：
A19.800　粟粒型结核，其他的
B33.400x001+J17.1*　汉坦病毒心肺综合征
E32.000　持续性胸腺增生
E32.000x003　胸腺肥大

E32.001　胸腺增生
E32.002　先天性胸腺肥大
E32.100　胸腺脓肿
E32.800x001　胸腺淋巴体质
E32.800x004　胸腺咽管瘘
E32.800x005　胸腺咽管囊肿
E32.801　胸腺囊肿
E32.802　胸腺萎缩
E32.900　胸腺病
E83.104+J99.8*　肺含铁血黄素沉积症
E85.400x005　上呼吸道淀粉样变性
E85.404　淀粉样变支气管损害
E85.407　淀粉样变气管损害
E89.802　后天性胸腺缺失
G47.300x034　原发性肺泡低通气综合征
I00.x00x007+J17.8*　风湿性肺炎
I88.106　慢性肺门淋巴结炎
I88.107　慢性纵隔淋巴结炎
I88.900x002　肺门淋巴结炎
I88.900x008　纵隔淋巴结炎
I89.000x016　胸壁淋巴水肿
I89.000x027　胸导管颈段梗阻
I89.000x028　胸导管胸段梗阻
I89.000x029　肺淋巴管扩张症
I89.003　胸导管梗阻
I89.800x018　肺淋巴回流淤滞
I89.800x021　纵隔乳糜囊肿
I89.800x023　胸壁乳糜囊肿
I89.804　胸导管断裂
J18.800x004　中毒性肺炎
J39.801　喉气管狭窄
J39.802　气管瘢痕
J39.804　气管囊肿
J39.805　气管狭窄
J39.806　气管肉芽肿
J39.807　气管受压
J39.808　气管软化症
J39.810　气管息肉
J43.000　麦克劳德综合征
J43.000x003　透明肺
J43.001　单侧肺气肿
J43.100　全叶肺气肿
J43.101　全腺泡性肺气肿
J43.200　小叶中心性肺气肿
J43.800x001　瘢痕性肺气肿
J43.900　肺气肿
J43.900x001　大疱性肺气肿
J43.901　肺大疱
J43.903　老年性肺气肿
J43.904　阻塞性肺气肿
J66.800　有机粉尘引起的气道疾病，其他特指的
J68.201　化学性上呼吸道炎症
J68.301　反应性气道功能障碍综合征
J68.400　化学制剂、气体、烟雾和蒸气引起的慢性呼吸性情况
J68.800　化学制剂、气体、烟雾和蒸气引起的其他呼吸性情况
J68.900　化学制剂、气体、烟雾和蒸气引起的呼吸性情况
J69.000　食物和呕吐物引起的肺炎
J69.000x002　吸入胃分泌物引起的肺炎
J69.000x004　吸入奶引起的肺炎
J69.001　吸入性肺炎
J69.100x001　吸入油引起的肺炎
J69.101　脂质性肺炎
J69.800x001　吸入血引起的肺炎
J70.800　外部物质引起的呼吸性情况，其他特指的
J70.900　外部物质引起的呼吸性情况
J86.000x006　支气管胃瘘
J86.000x012　肝胆支气管瘘
J86.000x013　支气管胆管瘘
J86.001　肝胸膜瘘
J86.002　结肠胸腔瘘
J86.003　气管食管瘘
J86.004　食管纵隔瘘
J86.005　食管胸腔瘘
J86.006　食管胸膜皮肤瘘
J86.007　食管支气管瘘
J86.008　食管胃支气管瘘
J86.009　手术后支气管胸膜瘘
J86.010　胸腹瘘
J86.011　胸胃瘘
J86.012　胸壁瘘
J86.013　胸壁窦道
J86.015　支气管胃结肠瘘
J86.016　支气管瘘
J86.017　支气管胸膜瘘
J86.018　支气管内脏瘘
J86.019　纵隔瘘
J86.020　纵隔支气管瘘

J95.401 吸入性麻醉引起的化学性肺炎
J95.800x009 主支气管吻合口狭窄
J95.800x010 气管吻合口狭窄
J95.800x012 手术后气管食管瘘
J95.800x021 手术后成人呼吸窘迫综合征
J95.808 手术后气管狭窄
J95.810 手术后支气管吻合口狭窄
J95.900 呼吸性疾患，操作后的
J98.000x009 支气管软化
J98.000x011 支气管痉挛
J98.000x012 气管支气管肥大症
J98.000x013 气管支气管软骨骨形成症
J98.001 支气管黏膜纤维组织增生
J98.002 支气管憩室
J98.003 支气管结石
J98.004 支气管息肉
J98.005 支气管狭窄
J98.006 支气管肉芽肿
J98.007 支气管溃疡
J98.008 支气管钙化
J98.009 支气管阻塞
J98.010 支气管骨化
J98.011 支气管囊肿
J98.100 肺萎陷
J98.101 肺不张
J98.102 肺中叶综合征
J98.200 间质性肺气肿
J98.300 代偿性肺气肿
J98.400x001 肺病
J98.400x005 肺厚壁空洞
J98.400x012 过敏性支气管肺疾患
J98.400x013 炎症性损毁肺
J98.400x016 肺炎性肿物
J98.400x019 血管炎性肺损害
J98.401 多囊肺
J98.402 肺不典型增生
J98.403 肺功能不全
J98.407 肺假性囊肿
J98.408 肺膨出
J98.409 肺囊肿
J98.410 肺空洞
J98.411 肺钙化
J98.412 肺损伤
J98.413 肺石病
J98.415 蜂窝肺
J98.416 毁损肺
J98.417 支气管源性囊肿
J98.418 后天性肺疝
J98.500x001 慢性纵隔炎
J98.500x007 纵隔萎缩［Retraction of mediastinum］
J98.500x008 纵隔肉芽肿
J98.504 纵隔疝
J98.505 纵隔囊肿
J98.506 纵隔纤维化
J98.507 纵隔肿物
J98.508 纵隔炎性假瘤
J98.600x001 膈膨升
J98.601 膈肌麻痹
J98.602 膈肌囊肿
J98.800x001 气管肿物
J98.800x003 气管憩室
J98.800x004 大气道狭窄
J98.800x006 气管梗阻
J98.800x007 气管假性淋巴瘤
J98.800x009 气管脓肿
J98.800x014 气管瘘口狭窄
J98.800x016 气管角化病
J98.800x018 纤毛不动综合征
J98.801 呼吸道梗阻
J98.901 胸腔肿物
M95.401 后天性胸廓畸形
M95.402 制鞋工胸
M95.403 后天性漏斗胸
M95.404 桶状胸
M95.405 胸壁畸形
M95.406 胸壁凹陷
M95.407 胸骨凹陷
M95.408 后天性胸骨回缩
M95.409 后天性鸡胸
M95.410 后天性肋骨畸形
Q32.102 先天性气管狭窄
Q32.200 先天性支气管软化
Q32.300 先天性支气管狭窄
Q32.400x002 先天性支气管发育不全
Q32.400x004 先天性支气管憩室
Q32.400x005 气管支气管巨大症
Q32.401 先天性支气管畸形
Q32.402 先天性支气管闭锁
Q33.000 先天性囊性肺
Q33.002 先天性肺囊状腺样畸形

Q33.003　先天性支气管囊肿
Q33.100　副肺叶
Q33.200　肺分离
Q33.301　先天性肺叶缺如
Q33.400　先天性支气管扩张
Q33.500　肺的异位组织
Q33.600　肺发育不全和发育异常
Q33.800x001　肺奇静脉裂
Q33.800x002　先天性肺大泡
Q33.900　肺先天性畸形
Q34.100　纵隔先天性囊肿
Q34.900　呼吸系统先天性畸形
Q67.600　漏斗胸
Q67.700　鸡胸
Q67.800x001　先天性胸廓畸形
Q67.801　剑突畸形
Q67.802　先天性胸壁变形
Q79.000　先天性膈疝
Q79.101　先天性膈畸形
Q79.102　先天性膈膨升
Q79.103　先天性膈缺如
Q89.209　先天性胸腺囊肿
Q89.800x910　胸导管发育不全
R59.009　肺门淋巴结肿大
R84.000　呼吸器官和胸腔标本的酶水平异常
R84.100　呼吸器官和胸腔标本的激素水平异常
R84.200　呼吸器官和胸腔标本的其他药物、药剂和生物制剂水平异常
R84.300　呼吸器官和胸腔标本的主要为非药用性物质的水平异常
R84.400　呼吸器官和胸腔标本的异常的免疫学所见
R84.500　呼吸器官和胸腔标本的异常的微生物学所见
R84.600　呼吸器官和胸腔标本的异常的细胞学所见
R84.700　呼吸器官和胸腔标本的异常的组织学所见
R84.800　呼吸器官和胸腔标本的其他异常所见
R84.903　支气管洗出物异常
R84.904　胸水异常
R91.x01　肺钱币形损害
R91.x04　孤立性肺结节
R94.201　通气功能障碍
R94.202　中枢性低通气
S24.200　胸椎神经根损伤
S29.800　胸部其他特指的损伤
T17.400　气管内异物
T17.500　支气管内异物
T17.801　多发性呼吸道异物
T17.802　细支气管内异物
T17.803　肺黏液栓塞
T17.804　肺异物
T17.900　呼吸道内异物
T17.901　异物吸入性窒息
T27.200x001　胸腔烧伤
T27.300　呼吸道烧伤
T27.600x001　胸腔腐蚀伤
T27.700　呼吸道腐蚀伤
T81.400x009　操作后胸腔感染
T85.608　主支气管支架断裂
T85.700x804　胸部硅胶板植入感染
T86.800x011　肺移植失败
T86.803　移植肺排斥反应
U04.900　严重急性呼吸道综合征
U07.000　蒸汽所致疾病
U07.100x001　新型冠状病毒肺炎
U07.100x002　新型冠状病毒感染
U07.100x003　新型冠状病毒肺炎临床诊断病例
Z03.800x001　新型冠状病毒肺炎疑似病例

MDCF　循环系统疾病及功能障碍

主诊表

包含以下主要诊断：
A01.000x016+I41.0*　伤寒并发中毒性心肌炎
A18.808+I32.0*　结核性心包炎
A18.809+I32.0*　结核性心包积液
A18.818+I79.8*　结核性腹主动脉炎
A18.820+I39.8*　心内膜结核
A18.821+I41.0*　心肌结核
A32.802+I39.8*　利斯特菌性心内膜炎
A36.802+I41.0*　白喉性心肌炎
A38.x00x002+I41.0*　猩红热并发急性心肌炎
A39.500　脑膜炎球菌性心脏病
A39.501+I32.0*　脑膜炎球菌性心包炎
A39.502+I39.8*　脑膜炎球菌性心内膜炎
A39.503+I41.0*　脑膜炎球菌性心肌炎
A39.504+I52.0*　脑膜炎球菌性心炎
A52.000+I98.0*　心血管梅毒
A52.000x001+I52.0*　梅毒性冠状动脉口狭窄
A52.000x006+I39.1*　梅毒性主动脉瓣狭窄
A52.000x007+I39.1*　梅毒性主动脉瓣狭窄关闭不全

A52.000x011+I39.0* 梅毒性二尖瓣狭窄
A52.002+I79.1* 梅毒性主动脉炎
A52.003+I79.0* 梅毒性主动脉瘤
A52.004+I39.1* 梅毒性主动脉瓣关闭不全
A52.005+I52.0* 梅毒性心脏病
A52.006+I39.8* 梅毒性心内膜炎
A52.007+I41.0* 梅毒性心肌炎
A52.008+I32.0* 梅毒性心包炎
A52.009+I39.3* 梅毒性肺动脉反流
A54.802+I39.8* 淋球菌性心内膜炎
A54.804+I41.0* 淋球菌性心肌炎
A54.805+I32.0* 淋球菌性心包炎
B01.800x001+I41.1* 水痘并发心肌炎
B25.803+I41.1* 巨细胞病毒性心肌炎
B26.803+I41.1* 流行性腮腺炎并心肌炎
B33.200 病毒性心炎
B33.200x001+I32.1* 柯萨奇病毒性心包炎
B33.200x002+I39.8* 柯萨奇病毒性心内膜炎
B33.200x004+I41.1* 柯萨奇病毒性心肌炎
B33.201+I41.1* 新生儿无菌性心肌炎
B37.600+I39.8* 念珠菌性心内膜炎
B49.x15 真菌性心包炎
B57.001+I98.1* 急性查加斯病累及心血管
B57.002+I41.2* 急性查加斯病伴心肌炎
B57.201+I98.1* 心血管介入性慢性查加斯病
B57.202+I41.2* 慢性查加斯病性心肌炎
B58.800x001+I41.2* 弓形虫心肌炎
C38.000 心脏恶性肿瘤
C38.000x004 心室恶性肿瘤
C38.001 心包恶性肿瘤
C38.002 心房恶性肿瘤
C45.200 心包间皮瘤
C49.300x006 上腔静脉恶性肿瘤
C49.402 下腔静脉恶性肿瘤
C49.900x001 结缔组织恶性肿瘤
C75.400 颈动脉体恶性肿瘤
C75.500x001 主动脉体恶性肿瘤
C75.501 节旁体恶性肿瘤
C79.800x807 心包继发恶性肿瘤
C79.800x819 腹主动脉继发恶性肿瘤
C79.800x830 血管继发恶性肿瘤
C79.800x863 恶性心包积液
C79.808 心脏继发恶性肿瘤
D15.100 心脏良性肿瘤
D15.101 心房良性肿瘤
D15.102 心室良性肿瘤
D15.103 心包良性肿瘤
D15.104 心肌良性肿瘤
D15.105 心内膜良性肿瘤
D15.106 心外膜良性肿瘤
D18.000x001 血管瘤
D18.000x003 节段性血管瘤病
D18.000x004 蓝色橡皮大疱性痣综合征
D18.000x005 溃疡残毁性血管瘤病
D18.000x822 盆腔血管瘤
D18.000x835 心房血管瘤
D18.000x836 胸壁血管瘤
D18.000x837 肺动脉瓣下血管瘤
D18.000x840 心包血管瘤
D18.000x841 心室血管瘤
D18.010 动静脉血管瘤
D18.109 血管淋巴管瘤
D20.000x002 腹主动脉旁良性肿瘤
D21.300x005 大血管良性肿瘤
D21.400 腹部结缔组织和其他软组织良性肿瘤
D21.400x004 下腔静脉良性肿瘤
D35.600x001 主动脉体良性肿瘤
D44.601 颈动脉体肿瘤
D44.700 主动脉体和其他节旁体动态未定或动态未知的肿瘤
D44.700x002 主动脉体交界性肿瘤
D44.701 主动脉体肿瘤
D44.702 颈静脉球动态未定肿瘤
D44.703 颈静脉球肿瘤
D48.100x008 颈静脉交界性肿瘤
D48.100x024 血管交界性肿瘤
D48.711 心脏动态未定肿瘤
D48.712 心脏肿瘤
D86.800x005+I41.8* 结节病性心肌炎
E03.900x004+I43.8* 甲状腺功能减退性心脏病
E05.900x004+I43.8* 甲状腺毒性心脏病
E05.903+I43.8* 甲状腺功能亢进性心脏病
E10.400x311+G99.0* 1型糖尿病性体位性低血压
E10.502+I79.2* 1型糖尿病性心肌病
E10.700x011 1型糖尿病性多发性微血管并发症
E10.700x022 1型糖尿病性高血压
E10.700x023 1型糖尿病性肥胖症性高血压
E11.500x021+I79.2* 2型糖尿病性周围血管病及坏疽
E11.501+I79.2* 2型糖尿病性周围血管病变

E11.502+I79.2* 2型糖尿病性心肌病
E11.700x022 2型糖尿病性高血压
E11.700x023 2型糖尿病性肥胖症性高血压
E13.500x241+I79.2* 继发性糖尿病大血管病变
E13.500x541+I79.2* 青少年发病的成人型糖尿病大血管病变
E14.500x031+I43.8* 糖尿病性缺血性心肌病
E14.500x032+I43.8* 糖尿病性心肌病
E14.700x022 糖尿病性高血压
E14.700x023 糖尿病性肥胖症性高血压
E16.800x101 糖耐量受损伴肥胖型高血压
E16.800x102 糖耐量受损伴高血压
E63.901+I43.2* 营养性心肌病
E74.006+K77.8* 肝糖原贮积症
E74.008+I43.1* 心脏糖原贮积症
E76.300x002+I52.8* 黏多糖贮积性心脏病
E83.103 血色病性心肌病
E85.408 淀粉样变血管损害
E85.416+I43.1* 淀粉样变心脏损害
E88.907+I43.1* 代谢性心肌病
I01.000 急性风湿性心包炎
I01.100 急性风湿性心内膜炎
I01.200 急性风湿性心肌炎
I01.800x001 急性风湿性全心炎
I01.900 急性风湿性心脏病
I02.000x001 风湿性舞蹈病伴急性风湿性心脏病
I02.900x001 风湿性舞蹈症［小舞蹈症］
I02.900x003 慢性风湿性舞蹈症
I05.000 二尖瓣狭窄
I05.000x001 风湿性二尖瓣狭窄
I05.100 风湿性二尖瓣关闭不全
I05.200 二尖瓣狭窄伴有关闭不全
I05.200x001 风湿性二尖瓣狭窄伴关闭不全
I05.800 二尖瓣疾病，其他的
I05.900 二尖瓣疾病
I05.900x001 风湿性二尖瓣病
I06.000 风湿性主动脉瓣狭窄
I06.100 风湿性主动脉瓣关闭不全
I06.200 风湿性主动脉瓣狭窄伴有关闭不全
I06.800x001 其他风湿性主动脉瓣疾病
I06.900 风湿性主动脉瓣疾病
I07.000 三尖瓣狭窄
I07.000x001 风湿性三尖瓣狭窄
I07.100 三尖瓣关闭不全
I07.100x001 风湿性三尖瓣关闭不全
I07.200 三尖瓣狭窄伴有关闭不全
I07.200x001 风湿性三尖瓣狭窄伴关闭不全
I07.800 三尖瓣疾病，其他的
I07.900 三尖瓣疾病
I07.900x001 风湿性三尖瓣病
I08.000 二尖瓣和主动脉瓣的疾患
I08.000x001 风湿性二尖瓣主动脉瓣联合瓣膜病
I08.000x002 风湿性二尖瓣狭窄伴主动脉瓣关闭不全
I08.000x003 风湿性二尖瓣关闭不全伴主动脉瓣狭窄
I08.000x004 风湿性二尖瓣关闭不全伴主动脉瓣狭窄关闭不全
I08.000x005 风湿性二尖瓣狭窄伴主动脉瓣狭窄关闭不全
I08.000x006 风湿性二尖瓣狭窄关闭不全伴主动脉瓣关闭不全
I08.000x007 风湿性二尖瓣及主动脉瓣关闭不全
I08.000x008 风湿性二尖瓣及主动脉瓣狭窄伴关闭不全
I08.000x009 风湿性二尖瓣及主动脉瓣狭窄
I08.000x010 风湿性二尖瓣狭窄关闭不全伴主动脉瓣狭窄
I08.001 二尖瓣狭窄伴主动脉瓣关闭不全
I08.002 二尖瓣关闭不全伴主动脉瓣狭窄
I08.003 二尖瓣关闭不全伴主动脉瓣狭窄关闭不全
I08.004 二尖瓣狭窄伴主动脉瓣狭窄关闭不全
I08.005 二尖瓣狭窄关闭不全伴主动脉瓣关闭不全
I08.006 二尖瓣及主动脉瓣关闭不全
I08.007 二尖瓣及主动脉瓣狭窄伴关闭不全
I08.008 二尖瓣及主动脉瓣狭窄
I08.009 二尖瓣狭窄关闭不全伴主动脉瓣狭窄
I08.100 二尖瓣和三尖瓣的疾患
I08.100x001 风湿性二尖瓣三尖瓣联合瓣膜病
I08.100x002 风湿性二尖瓣狭窄伴三尖瓣关闭不全
I08.100x003 风湿性二尖瓣狭窄关闭不全伴三尖瓣关闭不全
I08.100x004 风湿性二尖瓣及三尖瓣关闭不全
I08.100x005 风湿性二尖瓣及三尖瓣狭窄
I08.101 二尖瓣狭窄伴三尖瓣关闭不全
I08.102 二尖瓣狭窄关闭不全伴三尖瓣关闭不全
I08.103 二尖瓣及三尖瓣关闭不全
I08.104 二尖瓣及三尖瓣狭窄
I08.200 主动脉瓣和三尖瓣的疾患
I08.200x001 风湿性主动脉瓣三尖瓣联合瓣膜病

I08.200x002　风湿性主动脉瓣及三尖瓣关闭不全
I08.201　主动脉瓣及三尖瓣关闭不全
I08.300　二尖瓣、主动脉瓣和三尖瓣的合并疾患
I08.300x001　风湿性二尖瓣主动脉瓣三尖瓣联合瓣膜病
I08.300x002　风湿性二尖瓣狭窄关闭不全伴主动脉瓣及三尖瓣关闭不全
I08.300x003　风湿性二尖瓣狭窄及主动脉瓣三尖瓣关闭不全
I08.300x004　风湿性二尖瓣主动脉瓣及三尖瓣关闭不全
I08.300x005　风湿性二尖瓣主动脉瓣及三尖瓣狭窄关闭不全
I08.300x006　风湿性二尖瓣狭窄关闭不全伴主动脉瓣三尖瓣狭窄
I08.300x007　风湿性二尖瓣主动脉瓣狭窄关闭不全伴三尖瓣关闭不全
I08.301　二尖瓣狭窄关闭不全伴主动脉瓣及三尖瓣关闭不全
I08.302　二尖瓣狭窄及主动脉瓣三尖瓣关闭不全
I08.303　二尖瓣主动脉瓣及三尖瓣关闭不全
I08.304　二尖瓣主动脉瓣及三尖瓣狭窄关闭不全
I08.305　二尖瓣狭窄关闭不全伴主动脉瓣三尖瓣狭窄
I08.306　二尖瓣主动脉瓣狭窄关闭不全伴三尖瓣关闭不全
I08.800　多个心瓣膜疾病，其他的
I08.800x002　风湿性二尖瓣狭窄伴三尖瓣关闭不全及肺动脉瓣关闭不全
I08.800x003　风湿性二尖瓣狭窄及关闭不全肺动脉瓣关闭不全
I08.801　二尖瓣狭窄及关闭不全肺动脉瓣关闭不全
I08.900　多个心瓣膜疾病
I08.901　风湿性联合瓣膜病
I09.000　风湿性心肌炎
I09.100x001　慢性风湿性心内膜炎
I09.100x002　慢性风湿性心瓣膜炎
I09.200　慢性风湿性心包炎
I09.200x001　风湿性粘连性心包炎
I09.200x003　慢性风湿性心肌心包炎
I09.200x004　慢性风湿性纵隔心包炎
I09.801　风湿性肺动脉瓣狭窄
I09.802　风湿性肺动脉瓣关闭不全
I09.900　风湿性心脏病
I09.900x002　风湿性全心炎
I10.x00x002　高血压
I10.x00x007　老年收缩期高血压
I10.x00x008　良性高血压
I10.x00x009　临界性高血压
I10.x00x015　青春期高血压
I10.x00x016　白大衣高血压
I10.x00x017　假性高血压
I10.x01　正常高值血压
I10.x02　恶性高血压
I10.x03　高血压1级
I10.x04　高血压2级
I10.x05　高血压3级
I10.x06　高血压危象
I10.x08　单纯收缩期高血压
I10.x09　原发性高血压
I10.x10　高血压急症
I10.x12　难治性高血压
I10.x13　低肾素性高血压
I10.x14　高血压亚急症
I11.001　高血压性心力衰竭
I11.002　高血压心脏病伴心力衰竭
I11.901　高血压性心脏病
I12.902　肾动脉硬化
I13.000x001　高血压性心脏病和肾脏病伴心力衰竭
I13.200x001　高血压性心脏病和肾脏病伴心力衰竭和肾衰竭
I13.900x001　高血压性心脏病和肾脏病
I15.000　肾血管性高血压
I15.100x001　肾实质性高血压
I15.101　利德尔综合征
I15.102　肾性高血压
I15.103　肾萎缩性高血压
I15.200x001　原发性醛固酮增多症性高血压
I15.200x002　肾上腺皮质醇增多症性高血压
I15.200x003　肾上腺髓质增生性高血压
I15.200x004　糖皮质激素增多综合征性高血压
I15.200x005　嗜铬细胞瘤性高血压
I15.800x001　口服避孕药性高血压
I15.800x002　大动脉炎性高血压
I15.800x003　医源性高血压
I15.800x004　围手术期高血压
I15.800x006　阻塞性睡眠呼吸暂停低通气综合征性高血压
I15.900　继发性高血压
I20.000　不稳定型心绞痛

I20.000x004　中间型冠状动脉综合征
I20.000x005　混合型心绞痛
I20.001　增强型心绞痛
I20.002　初发型劳力性心绞痛
I20.003　恶化劳力性心绞痛
I20.004　卧位型心绞痛
I20.005　心肌梗死后心绞痛
I20.006　心肌梗死前综合征
I20.101　变异型心绞痛
I20.102　冠状动脉痉挛
I20.800x006　自发型心绞痛
I20.800x007　微血管性心绞痛
I20.801　稳定型心绞痛
I20.802　X综合征
I20.803　劳力性心绞痛
I20.806　慢性稳定型心绞痛
I20.807　稳定劳力性心绞痛
I20.808　冠状动脉慢血流综合征
I20.900　心绞痛
I21.000x005　急性前壁尖部心肌梗死
I21.001　急性前壁心肌梗死
I21.002　急性前侧壁心肌梗死
I21.003　急性前间壁心肌梗死
I21.004　急性广泛前壁心肌梗死
I21.103　急性下壁心肌梗死
I21.104　急性下间壁心肌梗死
I21.105　急性下侧壁心肌梗死
I21.106　急性下后壁心肌梗死
I21.200x003　急性后壁心肌梗死
I21.200x009　急性心房心肌梗死
I21.200x010　急性心尖部心肌梗死
I21.200x011　急性后间壁心肌梗死
I21.200x014　急性侧壁正后壁心肌梗死
I21.200x015　急性尖-侧壁心肌梗死
I21.200x016　急性下壁高侧壁心肌梗死
I21.200x017　急性下壁高侧壁正后壁心肌梗死
I21.200x018　急性下壁后壁右心室心肌梗死
I21.200x019　急性广泛前壁高侧壁心肌梗死
I21.200x020　急性前侧壁下壁心肌梗死
I21.200x021　急性前壁高侧壁心肌梗死
I21.200x022　急性前间壁高侧壁心肌梗死
I21.200x023　急性广泛前壁下壁心肌梗死
I21.200x024　急性前壁高侧壁下壁心肌梗死
I21.200x025　急性广泛前壁下壁高侧壁心肌梗死
I21.200x026　急性前间壁下壁心肌梗死
I21.200x027　急性高侧壁正后壁心肌梗死
I21.200x029　急性下壁侧壁心肌梗死
I21.200x030　急性下后壁右心室心肌梗死
I21.204　急性高侧壁心肌梗死
I21.205　急性正后壁心肌梗死
I21.206　急性右室心肌梗死
I21.207　急性下壁右心室心肌梗死
I21.208　急性下壁正后壁心肌梗死
I21.210　急性侧壁心肌梗死
I21.211　急性前壁下壁心肌梗死
I21.212　急性下壁侧壁正后壁心肌梗死
I21.213　急性多壁心肌梗死
I21.300x003　手术后心肌梗死
I21.300x004　急性ST段抬高型心肌梗死
I21.300x005　围手术期心肌梗死
I21.300x008　支架内血栓相关性心肌梗死
I21.302　冠状动脉旁路术后心肌梗死
I21.303　冠状动脉介入治疗术后心肌梗死
I21.400x003　急性小灶心肌梗死
I21.401　急性非ST段抬高型心肌梗死
I21.402　非透壁性心肌梗死
I21.900　急性心肌梗死
I21.900x001　非冠心病性心肌梗死
I21.901　冠状动脉破裂
I22.000x001　急性前壁再发心肌梗死
I22.000x002　急性广泛前壁再发心肌梗死
I22.000x003　急性前间壁再发心肌梗死
I22.000x004　急性前尖壁再发心肌梗死
I22.000x005　急性前侧壁再发心肌梗死
I22.100x001　急性下壁再发心肌梗死
I22.100x002　急性下后壁再发心肌梗死
I22.100x003　急性下侧壁再发心肌梗死
I22.800x001　急性后壁再发心肌梗死
I22.800x002　急性后间壁再发心肌梗死
I22.800x003　急性间壁再发心肌梗死
I22.800x004　急性侧壁再发心肌梗死
I22.800x005　急性高侧壁再发心肌梗死
I22.800x006　急性前壁高侧壁再发心肌梗死
I22.800x007　急性下壁侧壁正后壁再发心肌梗死
I22.800x008　急性下壁右心室再发心肌梗死
I22.800x009　急性下壁正后壁再发心肌梗死
I22.800x010　急性正后壁再发心肌梗死
I22.800x011　急性前壁下壁再发心肌梗死
I22.800x012　急性右心室再发心肌梗死
I22.800x013　急性广泛前壁下壁高侧壁再发心肌

梗死
I22.800x014　急性下壁高侧壁正后壁再发心肌梗死
I22.800x015　急性下壁高侧壁再发心肌梗死
I22.800x016　急性侧壁正后壁再发心肌梗死
I22.800x017　急性前间壁高侧壁再发心肌梗死
I22.800x018　急性前间壁下壁再发心肌梗死
I22.900x001　急性再发心肌梗死
I23.000x001　急性心肌梗死后心脏破裂伴心包积血
I23.100x001　急性心肌梗死后房间隔缺损
I23.200x001　急性心肌梗死后室间隔穿孔
I23.300x001　急性心肌梗死后心脏破裂
I23.400x001　急性心肌梗死后腱索断裂
I23.500x001　急性心肌梗死后乳头肌断裂
I23.601　急性心肌梗死后心室附壁血栓形成
I23.800x001　急性心肌梗死后的近期并发症
I24.000x003　冠状动脉血栓形成
I24.000x004　急性冠状动脉支架内血栓形成
I24.000x005　亚急性冠状动脉支架内血栓形成
I24.000x009　冠状动脉支架后并发冠状动脉血栓栓塞
I24.000x010　冠状动脉支架后并发冠状动脉分支闭塞
I24.001　冠状动脉支架内血栓形成
I24.002　冠状动脉闭塞
I24.003　冠状动脉栓塞
I24.100x001　心肌梗死后综合征［德雷斯勒综合征］［Dressler综合征］
I24.800x001　冠状动脉供血不足
I24.800x004　冠状动脉支架后并发冠状动脉无再流
I24.800x007　急性非ST段抬高型急性冠脉综合征
I24.801　急性冠状动脉供血不足
I24.900x001　急性心肌缺血
I24.901　急性冠脉综合征
I25.000x001　动脉硬化性心血管病
I25.100x003　冠状动脉狭窄
I25.102　冠状动脉粥样硬化
I25.103　冠状动脉粥样硬化性心脏病
I25.104　冠心病心律失常型
I25.300　心脏动脉瘤
I25.300x005　室间隔动脉瘤
I25.300x006　左心室假性室壁瘤
I25.300x007　左心室前壁心尖假性室壁瘤
I25.300x008　左心室前壁心尖室壁瘤
I25.300x009　左心室室壁瘤
I25.300x010　左心室下壁假性室壁瘤
I25.300x011　左心室下壁室壁瘤
I25.300x012　右室室壁瘤
I25.300x013　假性室壁瘤
I25.301　心室壁瘤
I25.302　心房壁瘤
I25.400　冠状动脉动脉瘤
I25.400x001　冠状动脉窦动脉瘤
I25.400x005　冠状动脉夹层
I25.401　后天性冠状动脉动静脉瘘
I25.402　冠状动脉扩张
I25.403　冠状动脉扩张病
I25.500　缺血性心肌病
I25.600x001　隐匿性冠状动脉粥样硬化性心脏病
I25.800x002　冠状动脉左房瘘
I25.800x003　慢性冠状动脉供血不足
I25.800x004　心肌供血不足
I25.800x005　冠状动脉瘘
I25.800x006　冠状动脉左室瘘
I25.800x009　冠状动脉成形术后再狭窄
I25.800x010　冠状动脉支架植入术后再狭窄
I25.800x011　冠状动脉右室瘘
I25.800x012　冠状动脉无再流
I25.802　冠状动脉炎
I25.900　慢性缺血性心脏病
I25.901　冠状动脉性心脏病
I25.902　冠状动脉缺血
I26.001　急性肺源性心脏病
I26.900x001　肺栓塞
I26.900x002　肺动脉血栓形成
I26.900x002　肺动脉血栓形成
I26.900x003　肺血栓栓塞症
I26.900x003　肺血栓栓塞症
I26.900x005　大面积肺血栓栓塞症
I26.900x005　大面积肺血栓栓塞症
I26.900x006　次大面积肺血栓肺栓塞症
I26.900x007　非血栓性肺栓塞症
I26.900x008　肺梗死
I26.900x008　肺梗死
I26.900x009　慢性肺动脉栓塞
I26.900x009　慢性肺动脉栓塞
I26.900x010　急性肺栓塞
I26.900x011　急性大面积肺血栓栓塞症
I26.900x011　急性大面积肺血栓栓塞症
I26.900x012　急性次大面积肺血栓栓塞症
I26.900x012　急性次大面积肺血栓栓塞症
I26.900x013　急性低风险性肺血栓栓塞症
I26.900x013　急性低风险性肺血栓栓塞症

I26.900x015　急性肺血栓栓塞症
I26.900x015　急性肺血栓栓塞症
I26.900x016　慢性肺血栓栓塞急性再发
I26.900x016　慢性肺血栓栓塞急性再发
I26.900x017　感染性肺栓塞
I26.900x018　肺动脉菌栓栓塞
I26.900x018　肺动脉菌栓栓塞
I26.901　肺血栓形成
I26.901　肺血栓形成
I26.902　慢性肺血栓栓塞症
I26.902　慢性肺血栓栓塞症
I27.000x007　可遗传性肺动脉高压
I27.000x008　原发性轻度肺动脉高压
I27.000x009　原发性中度肺动脉高压
I27.000x010　原发性重度肺动脉高压
I27.001　特发性肺动脉高压［原发性肺动脉高压］
I27.100　脊柱后侧凸性心脏病
I27.200x002　结缔组织病相关性肺动脉高压
I27.200x003　门静脉高压性肺动脉高压
I27.200x004　甲状腺相关性肺动脉高压
I27.200x005　药物性肺动脉高压
I27.200x006　食物抑制剂相关性肺动脉高压
I27.200x009　危险因素相关性肺动脉高压
I27.200x012　肺动脉高压
I27.200x013　肺动脉高压危象
I27.200x015　轻度肺动脉高压
I27.200x016　低氧相关性肺动脉高压
I27.200x017　脾切除相关性肺动脉高压
I27.200x018　疾病相关性肺动脉高压
I27.200x019　毒物相关性肺动脉高压
I27.200x020　左心疾病相关性肺动脉高压
I27.200x021　中度肺动脉高压
I27.200x022　重度肺动脉高压
I27.201　继发性肺动脉高压
I27.202　慢性血栓栓塞性肺动脉高压症
I27.801　艾森门格综合征
I27.900　肺源性心脏病
I27.900x002　慢性肺源性心脏病
I28.000x002　经皮肺动静脉瘘栓塞术后再通
I28.000x003　肺动静脉瘘
I28.100　肺动脉的动脉瘤
I28.800x003　肺小静脉炎
I28.800x005　肺毛细血管瘤样病变
I28.800x007　肺血管炎
I28.800x008　特发性肺动脉扩张
I28.800x010　肺动脉闭塞
I28.800x010　肺动脉闭塞
I28.801　肺动脉扩张
I28.802　肺静脉狭窄
I28.803　后天性肺动脉狭窄
I28.804　肺静脉闭塞症
I28.900x001　肺血管病
I30.000　急性非特异性特发性心包炎
I30.100　感染性心包炎
I30.100x005　肺炎球菌性心包炎
I30.100x006　急性感染心包积液
I30.100x007　链球菌性心包炎
I30.100x008　葡萄球菌性心包炎
I30.101　化脓性心包炎
I30.102　细菌性心包炎
I30.103　病毒性心包炎
I30.801　纤维蛋白性心包炎
I30.900　急性心包炎
I30.900x001　急性心包积液
I30.900x003　急性心肌心包炎
I31.000　慢性粘连性心包炎
I31.000x002　慢性粘连性纵隔心包炎
I31.001　心包粘连
I31.100　慢性缩窄性心包炎
I31.100x001　慢性化脓性缩窄性心包炎
I31.101　心包钙化
I31.200x001　心包积血
I31.300　心包积液（非炎性）
I31.300x005　甲状腺功能减低性心包积液
I31.301　乳糜性心包积液
I31.302　包裹性心包积液
I31.800x001　心包破裂
I31.800x003　心包积气
I31.900x008　纵隔心包炎
I31.900x009　放射性心包炎
I31.900x010　肿瘤性心包炎
I31.901　心包压塞
I31.902　心包炎
I31.903　非特异性心包炎
I31.904　慢性心包炎
I33.000x001　恶性心内膜炎
I33.000x004　感染性心内膜炎
I33.000x006　革兰阳性杆菌性心内膜炎
I33.000x007　急性细菌性心内膜炎
I33.000x008　假单胞菌性心内膜炎

I33.000x011 葡萄球菌性心内膜炎
I33.000x012 奥斯勒结节
I33.000x019 吸毒性心内膜炎
I33.000x020 二尖瓣瓣周脓肿
I33.000x021 右心感染性心内膜炎
I33.000x022 左心自体瓣膜性心内膜炎
I33.000x024 机械相关性心内膜炎
I33.001 急性感染性心内膜炎
I33.002 亚急性感染性心内膜炎
I33.003 链球菌性心内膜炎
I33.004 真菌性心内膜炎
I33.005 细菌性心内膜炎
I33.006 感染性心内膜炎性赘生物
I33.007 亚急性细菌性心内膜炎
I33.008 二尖瓣赘生物
I33.009 主动脉瓣赘生物
I33.010 三尖瓣赘生物
I33.011 肺动脉瓣赘生物
I33.900 急性心内膜炎
I34.000 二尖瓣关闭不全
I34.000x001 非风湿性二尖瓣关闭不全
I34.001 二尖瓣反流
I34.100 二尖瓣脱垂
I34.101 二尖瓣脱垂综合征
I34.102 二尖瓣后叶脱垂
I34.200 非风湿性二尖瓣狭窄
I34.201 二尖瓣术后狭窄
I34.202 老年钙化性二尖瓣狭窄
I34.800x002 二尖瓣裂
I34.800x003 手术后二尖瓣狭窄伴关闭不全
I34.800x005 心内膜炎并二尖瓣穿孔
I34.800x006 二尖瓣钙化
I34.801 非风湿性二尖瓣狭窄伴关闭不全
I34.802 二尖瓣腱索断裂
I34.803 二尖瓣退行性变
I34.900 非风湿性二尖瓣疾患
I35.000 主动脉瓣狭窄
I35.000x002 经导管主动脉瓣植入术后再狭窄
I35.000x003 主动脉瓣球囊扩张术后再狭窄
I35.100 主动脉瓣关闭不全
I35.100x003 经导管主动脉瓣植入术后关闭不全
I35.101 心内膜炎伴主动脉瓣关闭不全
I35.200 主动脉瓣狭窄伴有关闭不全
I35.200x001 老年钙化性主动脉瓣狭窄伴关闭不全
I35.800x003 心内膜炎伴主动脉瓣脱垂
I35.801 主动脉瓣硬化
I35.802 主动脉瓣松软综合征
I35.803 心内膜炎伴主动脉瓣穿孔
I35.804 退行性主动脉瓣疾患
I35.805 主动脉瓣增厚
I35.806 主动脉瓣钙化
I35.807 主动脉瓣周脓肿
I35.808 主动脉瓣脱垂
I35.900 主动脉瓣疾患
I36.000 非风湿性三尖瓣狭窄
I36.100 非风湿性三尖瓣关闭不全
I36.200 非风湿性三尖瓣狭窄伴有关闭不全
I36.800x002 三尖瓣脱垂
I36.800x003 三尖瓣下移
I36.800x004 三尖瓣腱索断裂
I36.800x005 三尖瓣钙化
I36.801 非风湿性三尖瓣脱垂
I36.900 非风湿性三尖瓣疾患
I37.000 肺动脉瓣狭窄
I37.100 肺动脉瓣关闭不全
I37.200 肺动脉瓣狭窄伴有关闭不全
I37.800 肺动脉瓣疾患，其他的
I37.900 肺动脉瓣疾患
I38.x00x002 老年性心脏瓣膜病
I38.x00x005 心瓣膜破裂
I38.x00x006 心内膜炎
I38.x00x007 慢性心脏瓣膜炎
I38.x01 心脏瓣膜病
I38.x02 心脏瓣膜穿孔
I38.x03 心脏瓣膜钙化
I40.000x003 细菌性心肌炎
I40.000x004 心肌脓肿
I40.000x005 暴发性心肌炎
I40.000x006 原虫性心肌炎
I40.000x007 真菌性心肌炎
I40.001 病毒性心肌炎
I40.002 急性细菌性心肌炎
I40.100 孤立性心肌炎
I40.800x001 中毒性心肌炎
I40.800x002 药物性心肌炎
I40.800x003 过敏性心肌炎
I40.900 急性心肌炎
I42.000x001 家族性扩张性心肌病
I42.001 扩张型心肌病（充血型心肌病）
I42.100 梗阻性肥厚型心肌病

I42.100x002　肥厚性主动脉瓣下狭窄
I42.200x002　肥厚型心肌病
I42.201　心尖肥厚型心肌病
I42.300　心内膜心肌（嗜酸性）病
I42.301　心内膜心肌纤维化
I42.401　先天性心肌病
I42.500x001　限制性心肌病
I42.501　缩窄性心肌病
I42.600　酒精性心肌病
I42.701　药物性心肌病
I42.800x001　心肌囊肿
I42.800x002　致心律失常性右室心肌病
I42.800x004　心肌炎后心肌病
I42.800x005　右心心肌病
I42.800x006　致心律失常性左室心肌病
I42.800x007　应激性心肌病［心尖球形综合征］
I42.801　心尖球囊样综合征
I42.802　心动过速性心肌病
I42.803　右室心肌病
I42.900　心肌病
I42.901　继发性心肌病
I42.902　家族性心肌病
I42.904　特异性心肌病
I42.905　特发性心肌病
I44.000　Ⅰ度房室传导阻滞
I44.100　Ⅱ度房室传导阻滞
I44.101　二度Ⅰ型房室传导阻滞
I44.102　二度Ⅱ型房室传导阻滞
I44.200　Ⅲ度房室传导阻滞
I44.201　高度房室传导阻滞
I44.300x003　特发性房室束支退化症［lengre病］
I44.302　部分房室传导阻滞
I44.303　房室传导阻滞
I44.304　左室支架硬化症
I44.400　左前分支传导阻滞
I44.500　左后分支传导阻滞
I44.601　不完全性左束支传导阻滞
I44.602　完全性左束支传导阻滞
I44.700　左束支传导阻滞
I45.000　右分支传导阻滞
I45.101　不完全性右束支传导阻滞
I45.102　完全性右束支传导阻滞
I45.103　右束支传导阻滞
I45.200　双分支传导阻滞
I45.300　三分支传导阻滞
I45.400x001　室内传导阻滞
I45.401　束支传导阻滞
I45.500x002　窦房结功能低下
I45.500x004　房内传导阻滞
I45.500x005　中隔束支传导阻滞
I45.501　窦房传导阻滞
I45.502　窦性停搏
I45.600　预激综合征
I45.600x003　间歇性预激综合征
I45.600x004　A型预激综合征
I45.600x005　B型预激综合征
I45.600x007　心室预激
I45.601　劳恩-加农-莱文综合征
I45.602　隐性预激综合征
I45.800x002　干扰性房室分离
I45.800x004　R-R长间歇
I45.801　短QT综合征
I45.804　先天性QT间期延长
I45.900x002　家族性传导系统障碍
I45.900x003　心脏传导系统退行性变
I45.901　阿-斯综合征［Adams-Stokes综合征］
I46.000　心脏停搏复苏成功
I46.100x001　心源性猝死
I46.901　呼吸心跳骤停
I47.000　折返性室性心律失常
I47.100　室上性心动过速
I47.100x001　窦房折返性心动过速
I47.100x004　房室结折返性心动过速
I47.100x005　房室折返性心动过速
I47.100x013　自律性增高性房性心动过速
I47.100x014　窄QRS心动过速
I47.101　房性心动过速
I47.102　阵发性室上性心动过速
I47.103　阵发性交界性心动过速
I47.104　阵发性房室折返性心动过速
I47.105　交界性心动过速
I47.106　阵发性房室结内折返性心动过速
I47.107　非阵发性交界性心动过速
I47.108　阵发性房性心动过速
I47.109　阵发性房室性心动过速
I47.110　房内折返性心动过速
I47.111　局灶性房性心动过速
I47.200　室性心动过速
I47.200x001　尖端扭转型室性心动过速
I47.200x003　右室室性心动过速

I47.200x005　左室室性心动过速
I47.200x006　宽QRS心动过速
I47.200x007　非持续性室性心动过速
I47.200x008　束支折返性室性心动过速
I47.200x009　儿茶酚胺敏感性室性心动过速
I47.200x010　多形性室性心动过速
I47.200x011　单形性室性心动过速
I47.200x013　双向性室性心动过速
I47.200x014　心律失常电风暴
I47.201　阵发性室性心动过速
I47.202　非阵发性室性心动过速
I47.203　持续性室性心动过速
I47.204　儿茶酚胺敏感性多形性室性心动过速
I47.900　阵发性心动过速
I48.000　阵发性心房颤动
I48.100　持续性心房颤动
I48.100x002　永久性心房颤动
I48.100x003　长程持续性心房颤动
I48.200　慢性心房颤动
I48.300　典型心房扑动
I48.301　Ⅰ型心房扑动
I48.400　非典型心房扑动
I48.401　Ⅱ型心房扑动
I48.900x003　心房扑动
I48.900x004　心房颤动［心房纤颤］
I48.900x015　新诊断心房颤动
I49.001　心室颤动
I49.002　心室扑动
I49.100x001　房性期前收缩［房性早搏］
I49.101　频发性房性期外收缩
I49.200x001　结性期前收缩［交界性过早搏动］
I49.300x002　室性期前收缩
I49.300x005　加速性室性自主心律
I49.301　频发性室性期外收缩
I49.302　室性自搏
I49.303　阵发性室性期外收缩
I49.400x001　期前收缩
I49.401　频发性期外收缩
I49.402　偶发房室性期外收缩
I49.403　结性逸搏
I49.404　过早除极
I49.500　病态窦房结综合征
I49.501　快慢综合征
I49.800x001　室性并行心律
I49.800x002　窦房结-房室结游走节律
I49.800x003　窦房结游走性心律
I49.800x005　反复心律（逆节律）
I49.800x006　房性心律
I49.800x007　结性心律
I49.800x010　紊乱性房性心律
I49.800x015　房性逸搏
I49.800x016　室性逸搏
I49.801　窦性心律失常
I49.802　室性心律失常
I49.804　长QT间期综合征
I49.805　布鲁咯哒综合征［Brugada综合征］
I49.900　心律失常
I50.000　充血性心力衰竭
I50.000x005　右心室衰竭（继发于左心衰竭）
I50.000x006　急性右心衰竭
I50.001　右心衰竭
I50.002　全心衰竭
I50.100　左心室衰竭
I50.100x006　左心衰竭
I50.101　急性左心衰竭
I50.102　左心房衰竭
I50.103　左心衰竭合并肺水肿
I50.104　心源性哮喘
I50.105　慢性左心功能不全
I50.900　心力衰竭
I50.900x001　低心排综合征
I50.900x002　心功能不全
I50.900x017　难治性心力衰竭
I50.900x018　慢性心功能不全急性加重
I50.900x019　舒张性心力衰竭
I50.906　心肌损害
I50.907　急性心力衰竭
I50.908　慢性心力衰竭
I51.000x001　后天性室间隔缺损
I51.001　后天性房间隔缺损
I51.100x001　心脏腱索断裂
I51.200x001　心脏乳头肌断裂
I51.301　心室血栓
I51.302　心房血栓
I51.303　心耳血栓
I51.304　心尖部血栓
I51.400　心肌炎
I51.400x005　肉芽肿型心肌炎
I51.400x006　巨细胞型心肌炎
I51.401　老年性心肌炎

I51.402 老年性心脏病
I51.403 心肌炎后遗症
I51.404 间质性心肌炎
I51.500x002 心肌劳损
I51.500x006 老年性心肌病
I51.501 老年性心肌变性
I51.502 心肌脂肪变性
I51.600x002 心血管意外
I51.600x003 心血管硬化
I51.700 心脏肥大
I51.700x003 心房扩大
I51.700x004 心肌肥大
I51.700x006 心室肥厚
I51.700x007 心室扩大
I51.700x009 心脏扩大
I51.700x014 左室扩大
I51.700x015 右室扩大
I51.701 左室肥大
I51.702 右室肥大
I51.703 左房扩大
I51.704 右房扩大
I51.705 运动员心脏综合征
I51.706 室间隔肥大
I51.707 心房肥大
I51.708 心肌肥厚
I51.709 心室肥大
I51.800x004 心肌功能不全
I51.800x005 心室肿物
I51.800x006 心房肿物
I51.801 心室假腱索
I51.802 全心炎
I51.803 乳头肌功能不全
I51.900 心脏病
I51.900x001 肝源性心脏病
I51.901 心脏肿物
I51.903 贫血性心脏病
I70.000x003 主动脉硬化
I70.000x005 升主动脉粥样硬化
I70.000x006 主动脉弓粥样硬化
I70.000x007 胸主动脉粥样硬化
I70.000x008 胸腹主动脉粥样硬化
I70.000x009 升主动脉钙化
I70.000x010 主动脉弓钙化
I70.000x011 胸主动脉钙化
I70.000x012 腹主动脉钙化
I70.000x013 胸腹主动脉钙化
I70.001 主动脉钙化
I70.002 腹主动脉粥样硬化
I70.003 升主动脉狭窄
I70.004 髂总动脉粥样硬化
I70.010 主动脉的动脉粥样硬化伴坏疽
I70.011 主动脉钙化伴坏疽
I70.012 腹主动脉粥样硬化伴坏疽
I70.013 升主动脉狭窄伴坏疽
I70.014 髂总动脉粥样硬化伴坏疽
I70.100x002 肾动脉动脉硬化症
I70.101 肾动脉狭窄
I70.102 移植肾动脉狭窄
I70.110 肾动脉粥样硬化伴坏疽
I70.111 肾动脉狭窄伴坏疽
I70.112 移植肾动脉狭窄伴坏疽
I70.200x002 肢体动脉硬化
I70.200x004 肢体闭塞性动脉硬化
I70.200x005 动脉中层硬化症
I70.200x011 肢体动脉粥样硬化伴间歇性跛行
I70.200x021 肢体动脉粥样硬化伴疼痛
I70.200x031 肢体动脉粥样硬化伴溃疡
I70.200x061 肱动脉粥样硬化
I70.200x062 股动脉粥样硬化
I70.200x063 腘动脉粥样硬化
I70.200x064 胫动脉粥样硬化
I70.200x065 腓动脉粥样硬化
I70.201 上肢动脉粥样硬化
I70.203 下肢动脉粥样硬化
I70.204 下肢动脉硬化闭塞症
I70.206 蒙克贝格硬化
I70.207 趾动脉粥样硬化
I70.208 闭塞性周围动脉粥样硬化
I70.209 肢体动脉硬化性闭塞症
I70.210 四肢动脉的动脉粥样硬化伴坏疽
I70.211 上肢动脉粥样硬化性坏疽
I70.213 下肢动脉粥样硬化伴坏疽
I70.214 下肢动脉硬化闭塞症伴坏疽
I70.217 趾动脉粥样硬化性坏疽
I70.218 闭塞性周围动脉粥样硬化伴坏疽
I70.219 肢体动脉硬化性闭塞症伴坏疽
I70.800x005 髂动脉硬化
I70.800x006 腋动脉粥样硬化
I70.802 髂动脉闭塞性粥样硬化
I70.804 锁骨下动脉粥样硬化

I70.805　乳内动脉粥样硬化
I70.810　其他动脉粥样硬化伴坏疽
I70.812　髂动脉闭塞性粥样硬化伴坏疽
I70.900x002　闭塞性动脉硬化
I70.900x003　动脉硬化
I70.900x004　动脉粥样硬化
I70.900x006　老年性动脉炎
I70.900x007　外周动脉粥样硬化
I70.901　闭塞性动脉炎
I70.902　周身性动脉硬化
I70.910　全身性的动脉粥样硬化伴坏疽
I70.911　闭塞性动脉炎伴坏疽
I70.912　周身性动脉硬化伴坏疽
I71.000x002　主动脉夹层
I71.000x003　主动脉壁内血肿
I71.000x004　升主动脉壁内血肿
I71.000x005　主动脉弓壁内血肿
I71.000x006　胸主动脉壁内血肿
I71.000x007　腹主动脉壁内血肿
I71.000x008　胸腹主动脉壁内血肿
I71.000x011　主动脉夹层A型
I71.000x012　主动脉夹层A1S型
I71.000x013　主动脉夹层A2S型
I71.000x014　主动脉夹层A3S型
I71.000x015　主动脉夹层A1C型
I71.000x016　主动脉夹层A2C型
I71.000x017　主动脉夹层A3C型
I71.000x021　主动脉夹层B型
I71.000x022　主动脉夹层B1S型
I71.000x023　主动脉夹层B2S型
I71.000x024　主动脉夹层B3S型
I71.000x025　主动脉夹层B1C型
I71.000x026　主动脉夹层B2C型
I71.000x027　主动脉夹层B3C型
I71.000x028　主动脉弓夹层
I71.000x029　胸腹主动脉夹层
I71.001　主动脉夹层动脉瘤破裂
I71.002　降主动脉夹层
I71.003　升主动脉夹层
I71.004　腹主动脉夹层
I71.005　主动脉夹层壁间血肿
I71.006　腹主动脉壁间出血
I71.007　胸主动脉夹层
I71.100　胸主动脉瘤破裂
I71.100x002　升主动脉瘤破裂
I71.100x003　主动脉弓动脉瘤破裂
I71.101　主动脉弓破裂
I71.200x006　主动脉根部假性动脉瘤
I71.200x010　主动脉根部动脉瘤
I71.200x011　胸主动脉瘤
I71.200x014　主动脉弓扩张
I71.201　升主动脉瘤
I71.202　胸主动脉假性动脉瘤
I71.203　升主动脉扩张
I71.204　主动脉弓动脉瘤
I71.205　主动脉弓假性动脉瘤
I71.206　升主动脉假性动脉瘤
I71.300　腹主动脉瘤破裂
I71.400x002　腹主动脉瘤
I71.401　腹主动脉假性动脉瘤
I71.402　腹主动脉扩张
I71.500　胸腹主动脉瘤破裂
I71.600x001　胸腹主动脉瘤
I71.600x004　胸腹主动脉假性动脉瘤
I71.600x005　胸腹主动脉扩张
I71.800　主动脉瘤破裂
I71.801　主动脉破裂
I71.900x002　主动脉瘤
I71.900x004　真菌性主动脉瘤
I71.901　主动脉扩张
I71.902　降主动脉瘤
I71.903　降主动脉假性动脉瘤
I72.100　上肢动脉瘤伴夹层
I72.100x003　肱动脉瘤
I72.100x004　肱动脉假性动脉瘤
I72.100x005　肱动脉夹层
I72.100x006　上肢动脉瘤破裂
I72.100x007　上肢动脉瘤
I72.101　上肢假性动脉瘤
I72.103　上肢假性动脉瘤破裂
I72.200　肾动脉瘤伴夹层
I72.200x001　肾动脉瘤
I72.200x003　肾动脉夹层
I72.201　肾假性动脉瘤
I72.300　髂动脉瘤伴夹层
I72.300x003　髂动脉夹层
I72.300x006　髂动脉瘤
I72.300x012　髂总动脉假性动脉瘤
I72.300x013　髂总动脉夹层
I72.300x021　髂内动脉瘤

I72.300x022 髂内动脉假性动脉瘤
I72.300x023 髂内动脉夹层
I72.300x031 髂外动脉瘤
I72.300x032 髂外动脉假性动脉瘤
I72.300x033 髂外动脉夹层
I72.301 髂总动脉瘤
I72.302 髂动脉假性动脉瘤破裂
I72.303 髂动脉假性动脉瘤
I72.304 髂动脉瘤破裂
I72.305 髂动脉扩张
I72.400 下肢动脉瘤伴夹层
I72.400x010 下肢动脉瘤
I72.400x030 下肢动脉瘤破裂
I72.400x110 股动脉瘤
I72.400x111 股总动脉瘤
I72.400x112 股深动脉瘤
I72.400x113 股浅动脉瘤
I72.400x121 股总动脉假性动脉瘤
I72.400x122 股深动脉假性动脉瘤
I72.400x123 股浅动脉假性动脉瘤
I72.400x130 股动脉夹层
I72.400x131 股总动脉夹层
I72.400x132 股深动脉夹层
I72.400x133 股浅动脉夹层
I72.400x210 胫动脉瘤
I72.400x212 胫前动脉瘤
I72.400x213 胫后动脉瘤
I72.400x220 胫动脉假性动脉瘤
I72.400x222 胫前动脉假性动脉瘤
I72.400x223 胫后动脉假性动脉瘤
I72.400x230 胫动脉夹层
I72.400x232 胫前动脉夹层
I72.400x233 胫后动脉夹层
I72.400x310 腓动脉瘤
I72.400x320 腓动脉假性动脉瘤
I72.400x330 腓动脉夹层
I72.400x410 胫腓干动脉瘤
I72.400x420 胫腓干动脉假性动脉瘤
I72.400x430 胫腓干动脉夹层
I72.400x520 腘动脉假性动脉瘤
I72.400x530 腘动脉夹层
I72.401 下肢假性动脉瘤
I72.402 下肢假性动脉瘤破裂
I72.403 股动脉假性动脉瘤破裂
I72.404 股动脉假性动脉瘤
I72.405 腘动脉瘤
I72.501 基底动脉瘤伴夹层
I72.600 椎动脉瘤伴夹层
I72.800x023 锁骨下动脉夹层
I72.800x042 腹腔动脉假性动脉瘤
I72.800x051 腹腔干动脉瘤
I72.800x053 腹腔干动脉夹层
I72.800x061 肠系膜动脉瘤
I72.800x093 脾动脉夹层
I72.800x101 腋动脉瘤
I72.800x102 腋动脉假性动脉瘤
I72.800x103 腋动脉夹层
I72.800x111 支气管动脉瘤
I72.800x121 脊髓前动脉瘤
I72.800x151 胰十二指肠动脉瘤
I72.804 锁骨下动脉瘤
I72.805 锁骨下动脉假性动脉瘤
I72.806 无名动脉瘤
I72.808 胰十二指肠动脉假性动脉瘤
I72.811 脾动脉瘤
I72.812 脾动脉假性动脉瘤
I72.813 腹腔动脉瘤
I72.814 腹腔干动脉假性动脉瘤
I72.900 动脉瘤伴夹层
I72.900x002 肢端小动脉扩张
I72.900x003 动脉瘤
I72.900x004 动脉夹层
I72.901 假性动脉瘤
I73.001 雷诺现象
I73.100 血栓闭塞性血管炎［伯格］
I73.800x001 股绀红皮病
I73.800x003 四肢供血不足
I73.800x006 肢端血管功能失调
I73.800x007 腘动脉陷迫综合征
I73.800x008 肢端发绀
I73.802 上肢缺血
I73.803 下肢缺血
I73.804 红斑性肢痛症
I73.805 肢端绀红皮病
I73.901 间歇性跛行
I73.902 血管痉挛
I73.903 动脉痉挛
I74.000x003 勒里施综合征［Leriche综合征］
I74.001 腹主动脉栓塞
I74.002 腹主动脉血栓形成

I74.003 主动脉分叉综合征
I74.004 平肾腹主动脉闭塞
I74.005 肾下腹主动脉闭塞
I74.006 腹主动脉闭塞
I74.101 主动脉栓塞
I74.102 主动脉血栓形成
I74.200x001 上肢动脉闭塞
I74.200x004 肱动脉栓塞
I74.200x005 肱动脉血栓形成
I74.200x006 桡动脉闭塞
I74.200x007 肱动脉闭塞
I74.201 上肢动脉栓塞
I74.202 上肢动脉血栓形成
I74.300x030 下肢动脉闭塞
I74.300x111 股总动脉血栓形成
I74.300x112 股深动脉血栓形成
I74.300x113 股浅动脉血栓形成
I74.300x121 股总动脉栓塞
I74.300x122 股深动脉栓塞
I74.300x123 股浅动脉栓塞
I74.300x131 股总动脉闭塞
I74.300x132 股深动脉闭塞
I74.300x133 股浅动脉闭塞
I74.300x210 胫动脉血栓形成
I74.300x212 胫前动脉血栓形成
I74.300x213 胫后动脉血栓形成
I74.300x220 胫动脉栓塞
I74.300x222 胫前动脉栓塞
I74.300x223 胫后动脉栓塞
I74.300x230 胫动脉闭塞
I74.300x232 胫前动脉闭塞
I74.300x233 胫后动脉闭塞
I74.300x310 腓动脉血栓形成
I74.300x320 腓动脉栓塞
I74.300x330 腓动脉闭塞
I74.300x410 胫腓干动脉血栓形成
I74.300x420 胫腓干动脉栓塞
I74.300x430 胫腓干动脉闭塞
I74.300x510 腘动脉血栓形成
I74.300x520 腘动脉栓塞
I74.301 下肢动脉栓塞
I74.302 下肢动脉血栓形成
I74.303 创伤性股动脉血栓形成
I74.304 股动脉栓塞
I74.305 股动脉闭塞
I74.307 股动脉血栓形成
I74.308 腘动脉闭塞
I74.310 蓝趾综合征
I74.401 四肢动脉栓塞
I74.402 四肢动脉血栓形成
I74.500x002 髂动脉闭塞
I74.500x007 髂总动脉闭塞
I74.500x008 髂动脉血栓形成
I74.500x009 髂内动脉血栓形成
I74.500x010 髂外动脉血栓形成
I74.500x011 髂动脉栓塞
I74.500x012 髂内动脉栓塞
I74.500x013 髂外动脉栓塞
I74.501 髂总动脉栓塞
I74.502 髂总动脉血栓形成
I74.503 髂内动脉闭塞
I74.504 髂外动脉闭塞
I74.800x001 腹腔动脉闭塞
I74.800x004 脾栓塞
I74.800x005 腋动脉栓塞
I74.800x006 腋动脉闭塞
I74.800x007 腋动脉血栓形成
I74.800x008 腹腔干动脉栓塞
I74.800x009 腹腔干动脉闭塞
I74.800x010 脾动脉闭塞
I74.800x011 肠系膜上动脉闭塞
I74.800x012 脾动脉血栓
I74.801 锁骨下动脉闭塞
I74.802 锁骨下动脉血栓形成
I74.805 脾动脉栓塞
I74.806 腹腔动脉栓塞
I74.807 腹腔动脉血栓形成
I74.901 多发性动脉栓塞
I74.902 动脉栓塞
I77.000x008 子宫旁动静脉瘘
I77.000x011 动静脉内瘘血栓形成
I77.000x014 桡动静脉瘘
I77.000x015 肱动静脉瘘
I77.005 锁骨下动静脉瘘
I77.006 支气管动静脉瘘
I77.007 腹主动脉下腔静脉瘘
I77.008 脾动静脉瘘
I77.010 肾动静脉瘘
I77.011 盆腔动静脉瘘
I77.012 股动静脉瘘

I77.013　下肢动静脉瘘
I77.014　多发性动静脉瘘
I77.100x004　髂动脉狭窄
I77.100x005　髂动脉迂曲
I77.100x012　降主动脉狭窄
I77.100x014　股深动脉狭窄
I77.100x015　股浅动脉狭窄
I77.100x018　胫动脉狭窄
I77.100x027　股总动脉狭窄
I77.100x028　胫腓干动脉狭窄
I77.100x029　脾动脉狭窄
I77.100x031　肠系膜下动脉狭窄
I77.100x032　桡动脉狭窄
I77.101　颈动脉迂曲
I77.102　锁骨下动脉狭窄
I77.103　无名动脉迂曲
I77.104　无名动脉狭窄
I77.105　肱动脉狭窄
I77.106　肱动脉迂曲
I77.107　腋动脉狭窄
I77.108　上肢动脉狭窄
I77.109　主动脉迂曲
I77.110　后天性主动脉狭窄
I77.111　胸主动脉狭窄
I77.112　腹主动脉狭窄
I77.113　主动脉弓狭窄
I77.114　腹腔干动脉狭窄
I77.115　股动脉狭窄
I77.117　腘动脉狭窄
I77.118　腘动脉挤压综合征
I77.120　胫前动脉狭窄
I77.121　胫后动脉狭窄
I77.123　腓动脉狭窄
I77.125　髂总动脉狭窄
I77.126　髂外动脉狭窄
I77.127　髂内动脉狭窄
I77.129　下肢动脉狭窄
I77.131　移植肝动脉狭窄
I77.200　动脉破裂
I77.201　动脉瘘
I77.202　支气管动脉-肺动脉瘘
I77.203　肺动脉瘘
I77.204　腹主动脉-空肠瘘
I77.300x002　动脉肌纤维发育不良
I77.300x003　锁骨下动脉纤维肌性结构发育不良
I77.301　肾动脉纤维肌肉发育不良
I77.500　动脉坏死
I77.600　动脉炎
I77.600x001　大动脉炎
I77.600x004　多发性大动脉炎
I77.600x012　药物性血管炎
I77.600x013　脓疱性血管炎
I77.600x014　重症血管炎
I77.600x015　肺动脉炎
I77.600x016　中枢神经系统血管炎
I77.601　主动脉炎
I77.602　动脉内膜炎
I77.603　血管炎
I77.604　上肢动脉炎
I77.605　下肢动脉炎
I77.800x002　主动脉根部病变
I77.800x006　颈动脉溃疡
I77.800x007　锁骨下动脉溃疡
I77.800x008　椎动脉溃疡
I77.800x009　肾动脉溃疡
I77.800x010　腹腔动脉溃疡
I77.800x011　肠系膜动脉溃疡
I77.800x012　腋动脉溃疡
I77.800x013　肱动脉溃疡
I77.800x014　髂动脉溃疡
I77.800x015　股动脉溃疡
I77.800x016　胫动脉溃疡
I77.800x017　胫腓干动脉溃疡
I77.800x018　腓动脉溃疡
I77.800x019　腘动脉溃疡
I77.800x020　升主动脉溃疡
I77.800x021　主动脉弓溃疡
I77.800x022　胸主动脉溃疡
I77.800x024　胸腹主动脉溃疡
I77.801　动脉溃疡
I77.802　腹主动脉溃疡
I77.803　主动脉溃疡
I77.804　德戈病
I77.805　后天性腹主动脉畸形
I77.806　主动脉脓肿
I77.807　动脉糜烂
I77.900　动脉和小动脉的疾患
I78.000　遗传性出血性毛细血管扩张
I78.101　老年痣
I78.102　蜘蛛痣

I78.801　毛细血管渗漏综合征
I78.803　毛细血管扩张症
I78.900　毛细血管疾病
I80.001　下肢浅表静脉炎
I80.002　下肢化脓性浅表血栓静脉炎
I80.100x003　髂股静脉炎
I80.101　股静脉炎
I80.102　股静脉血栓性静脉炎
I80.103　髂股静脉血栓形成
I80.104　股静脉血栓形成
I80.201　下肢深静脉血栓性静脉炎
I80.202　下肢深静脉炎
I80.203　髂内静脉血栓形成
I80.204　髂外静脉血栓形成
I80.206　髂静脉血栓形成
I80.207　下肢深静脉血栓形成
I80.208　下肢深静脉栓塞
I80.209　手术后下肢深静脉血栓形成
I80.300x005　下肢静脉闭塞
I80.300x006　下肢静脉肌间血栓形成
I80.301　下肢静脉炎
I80.302　下肢血栓性静脉炎
I80.303　下肢静脉血栓形成
I80.800　静脉炎和血栓性静脉炎，其他部位的
I80.800x002　胸壁血栓性静脉炎［蒙道尔病］
I80.800x006　腹壁静脉炎
I80.800x007　肾静脉周围炎
I80.802　乳腺血栓性静脉炎
I80.803　上肢静脉炎
I80.804　上肢血栓性静脉炎
I80.901　静脉炎
I80.902　血栓性静脉炎
I82.100x001　游走性血栓性静脉炎
I82.200x001　腔静脉栓塞
I82.201　腔静脉瘤栓
I82.202　上腔静脉血栓形成
I82.203　下腔静脉血栓形成
I82.204　下腔静脉栓塞
I82.300x001　肾静脉栓塞
I82.301　肾静脉血栓形成
I82.302　肾静脉瘤栓
I82.800x002　脾静脉栓塞
I82.800x003　髂静脉栓塞
I82.800x004　髂内静脉栓塞
I82.800x005　髂外静脉栓塞
I82.800x009　腋静脉栓塞
I82.801　颈内静脉血栓形成
I82.802　颈静脉血栓形成
I82.803　锁骨下静脉血栓形成
I82.804　腋静脉血栓形成
I82.805　上肢深静脉血栓形成
I82.806　上肢静脉血栓形成
I82.900x001　静脉栓塞
I82.900x002　静脉血栓形成
I82.900x003　非化脓性血栓形成
I82.900x004　静脉血栓栓塞症
I83.000　下肢静脉曲张伴有溃疡
I83.001　大隐静脉曲张伴有溃疡
I83.100x001　下肢静脉曲张性皮炎
I83.101　下肢静脉曲张伴静脉炎
I83.102　淤积性皮炎
I83.200x001　下肢静脉曲张伴静脉炎和溃疡
I83.900x004　下肢静脉曲张
I83.901　下肢静脉瘤
I83.902　下肢静脉曲张破裂
I83.903　大隐静脉曲张
I83.904　大隐静脉瘤
I83.905　小隐静脉曲张
I86.800x005　颈外静脉扩张
I86.800x011　上肢静脉瘤
I86.800x015　静脉湖
I86.800x017　鼻中隔静脉曲张性溃疡
I86.801　颞静脉曲张
I86.802　颞静脉瘤
I86.804　颈总静脉瘤
I86.805　颈外静脉瘤
I86.806　颈静脉曲张
I86.807　冠状静脉窦扩张
I86.811　肾静脉瘤
I86.813　腹壁静脉曲张
I86.814　躯干静脉瘤
I86.815　颈静脉扩张
I86.816　颈内静脉扩张
I87.000　血栓形成后综合征
I87.001　静脉炎后综合征
I87.100x003　腔静脉综合征
I87.100x007　上腔静脉梗阻
I87.100x008　锁骨下静脉压迫综合征
I87.100x009　头臂静脉狭窄［无名静脉狭窄］
I87.101　上肢静脉阻塞

I87.102　上肢静脉狭窄
I87.103　无名静脉狭窄
I87.104　无名静脉阻塞
I87.106　上腔静脉综合征
I87.110　肝静脉-下腔静脉阻塞
I87.111　下腔静脉综合征
I87.112　下腔静脉狭窄
I87.113　下腔静脉阻塞
I87.114　上下腔静脉回流障碍综合征
I87.115　髂总静脉狭窄
I87.116　髂总静脉压迫综合征［Cockett综合征］
I87.117　左肾静脉压迫综合征［胡桃夹现象］
I87.118　下肢静脉狭窄
I87.119　下肢静脉阻塞
I87.200x001　慢性周围静脉功能不全
I87.201　下肢静脉功能不全
I87.202　下肢深静脉瓣膜功能不全
I87.801　静脉硬化
I87.802　静脉石
I87.805　下肢静脉回流障碍
I87.900　静脉疾患
I89.001　原发性淋巴水肿
I89.007　盆腔淋巴管阻塞
I89.100x003　亚急性淋巴管炎
I95.000　特发性低血压
I95.100　直立性低血压
I95.101　体位性低血压
I95.200　药物性低血压
I95.800x001　慢性低血压
I95.900　低血压
I97.000　心脏切开术后综合征
I97.000x002　心包切开术后综合征
I97.001　心脏手术后低心排综合征
I97.100x004　手术后心力衰竭伴肺水肿
I97.101　瓣膜置换术后心脏功能衰竭
I97.102　心脏手术后心力衰竭
I97.800x001　动脉导管未闭结扎术后残余分流
I97.800x002　动脉导管未闭封堵术后残余分流
I97.800x004　上肢动脉穿刺后痉挛
I97.800x005　室间隔缺损修补术后残余分流
I97.800x006　手术后腹主动脉阻塞
I97.800x008　房间隔缺损修补术后残余分流
I97.800x009　右室外管道狭窄
I97.800x010　右室流出道疏通术后残余狭窄
I97.800x011　左室流出道疏通术后残余狭窄
I97.800x013　心脏瓣膜置换术后瓣周漏
I97.800x014　房间隔缺损封堵术后残余分流
I97.800x015　室间隔缺损封堵术后残余分流
I97.800x016　心脏机械瓣膜置换术后功能障碍
I97.800x017　生物瓣膜置换术后功能衰竭
I97.800x020　二尖瓣闭式扩张术后再狭窄
I97.801　手术后淋巴水肿
I97.802　手术后会阴部静脉回流障碍
I97.803　手术后心力衰竭
I97.804　人工动静脉瘘瘤形成
I97.900　循环系统的操作后疾患
I99.x01　循环系统疾患
J09.x03+I41.1*　已确认的人畜共病或大流行性流感病毒性心肌炎
J10.800x003+I41.1*　已知病毒的流感性心肌炎
J10.802+I41.1*　甲型H1N1型流行性感冒性心肌炎
J11.801+I41.1*　未明确病毒性流行性感冒性心肌炎
J94.000　乳糜性渗出
M05.302+I43.8*　类风湿性关节炎伴心肌病
M05.304+I52.8*　类风湿性关节炎伴心炎
M05.305+I32.8*　类风湿性关节炎伴心包炎
M05.306+I41.8*　类风湿性关节炎伴心肌炎
M05.307+I39.8*　类风湿性关节炎伴心内膜炎
M10.004+I43.8*　心脏尿酸盐痛风石
M31.400　主动脉弓综合征［高安病］
M31.600　巨细胞动脉炎，其他的
M31.804　系统性血管炎
M32.104+I43.8*　狼疮性心肌病
M32.105+I32.8*　狼疮性心包炎
M32.109+I39.8*　利布曼-萨克斯病
M34.800x009+I52.8*　系统性硬化症心脏损害
N18.505+I68.8*　尿毒症性脑血管病
N18.506+I32.8*　尿毒症性心包炎
Q20.000　共同动脉干
Q20.100　右心室双出口
Q20.101　陶-宾综合征
Q20.200　左心室双出口
Q20.200x002　先天性左心室瘘
Q20.300　心室动脉连接不协调
Q20.300x002　主动脉右转位
Q20.301　纠正性大动脉转位
Q20.302　完全性大动脉转位
Q20.400　双入口心室
Q20.500　房室连接不协调
Q20.500x001　心室反位

Q20.600　心耳异构
Q20.600x001　心房异构
Q20.601　先天性心耳畸形
Q20.800x003　先天性小心室
Q20.801　单房心脏
Q20.802　双腔心
Q20.900　心腔和心连接的先天性畸形
Q21.000　室间隔缺损
Q21.100　房间隔缺损
Q21.100x001　共同心房
Q21.101　中央型房间隔缺损（卵圆孔型）
Q21.102　房间隔缺损（继发孔型）
Q21.103　上腔型房间隔缺损（高位缺损或静脉窦缺损）
Q21.104　混合型房间隔缺损
Q21.105　下腔型房间隔缺损（低位缺损）
Q21.106　鲁登巴赫综合征
Q21.200　房室间隔缺损
Q21.201　Ⅰ型房间隔缺损
Q21.202　房室管型室间隔缺损
Q21.203　部分性房室隔缺损
Q21.204　过渡性房室隔缺损
Q21.205　完全性房室隔缺损
Q21.206　单心房
Q21.300x001　法洛四联症
Q21.300x002　法洛四联症，肺动脉瓣缺如
Q21.300x003　法洛四联症，心内膜垫缺损
Q21.400x001　主肺动脉窗
Q21.800　心间隔的其他先天性畸形
Q21.800x003　室间隔膜部瘤
Q21.802　室间隔膨胀瘤
Q21.804　法洛五联症
Q21.805　法洛三联症
Q21.900　心间隔先天性畸形
Q22.000　肺动脉瓣闭锁
Q22.100　先天性肺动脉瓣狭窄
Q22.102　右室流出道狭窄
Q22.200　先天性肺动脉瓣关闭不全
Q22.301　先天性肺动脉瓣畸形
Q22.302　先天性肺动脉瓣缺如
Q22.400　先天性三尖瓣狭窄
Q22.400x003　先天性三尖瓣闭锁
Q22.500　埃布斯坦异常
Q22.600　右心发育不全综合征
Q22.800x004　先天性三尖瓣乳头肌起源异常
Q22.800x005　先天性三尖瓣骑跨
Q22.800x007　先天性三尖瓣裂
Q22.801　先天性三尖瓣关闭不全
Q22.802　先天性三尖瓣缺如
Q22.900　三尖瓣先天性畸形
Q23.000　先天性主动脉瓣狭窄
Q23.001　左室流出道狭窄
Q23.100　先天性主动脉瓣关闭不全
Q23.101　先天性主动脉瓣二叶瓣畸形
Q23.200　先天性二尖瓣狭窄
Q23.200x002　先天性二尖瓣闭锁
Q23.200x003　先天性二尖瓣狭窄，二尖瓣上环
Q23.200x004　先天性二尖瓣狭窄，瓣下，降落伞型
Q23.300　先天性二尖瓣关闭不全
Q23.300x002　先天性二尖瓣关闭不全并狭窄
Q23.400　左心发育不全综合征
Q23.401　先天性升主动脉发育不良
Q23.800　主动脉瓣和二尖瓣的其他先天性畸形
Q23.800x004　先天性主动脉瓣穿孔
Q23.800x008　先天性二尖瓣穿孔
Q23.801　先天性主动脉瓣脱垂
Q23.802　先天性二尖瓣脱垂
Q23.803　先天性二尖瓣腱索过长
Q23.804　先天性主动脉瓣瓣上隔膜
Q23.805　先天性二尖瓣裂
Q23.900x001　先天性主动脉瓣畸形
Q23.901　先天性二尖瓣畸形
Q24.000x002　镜面右位心
Q24.000x003　单发右位心
Q24.100　左位心
Q24.200　三房心
Q24.300　肺动脉漏斗部狭窄
Q24.300x002　肺动脉瓣狭窄，瓣下
Q24.400　先天性主动脉下狭窄
Q24.400x003　先天性主动脉瓣下隔膜
Q24.501　冠状动脉肌桥
Q24.502　冠状动脉起源异常
Q24.503　冠状动脉-右心房瘘
Q24.504　冠状动脉-右心室瘘
Q24.505　先天性冠状动脉动脉瘤
Q24.506　先天性冠状动脉发育不良
Q24.507　先天性冠状动脉肺动脉瘘
Q24.508　先天性冠状动脉畸形
Q24.509　先天性冠状动静脉瘘
Q24.510　无顶冠状静脉窦综合征

Q24.511　冠状动脉-左心室瘘
Q24.512　冠状动脉单冠畸形
Q24.513　冠状动脉-左心房瘘
Q24.600x002　先天性长QT间期综合征
Q24.601　先天性一度房室阻滞
Q24.602　先天性二度房室阻滞
Q24.603　先天性三度房室阻滞
Q24.800　心脏其他特指的先天性畸形
Q24.800x010　单组房室瓣
Q24.800x011　先天性房室瓣骑跨
Q24.800x012　先天性房室瓣关闭不全
Q24.800x014　先天性右心室憩室
Q24.800x017　先天性心脏憩室
Q24.800x018　先天性心包憩室
Q24.800x025　右旋心
Q24.800x026　左旋心
Q24.800x027　心脏转位不全
Q24.800x028　心房畸形
Q24.800x030　心室憩室
Q24.803　假腱索
Q24.804　十字交叉心
Q24.805　左室流出道肌束肥厚
Q24.806　心室肌致密化不全
Q24.807　先天性心包囊肿
Q24.808　先天性心包缺损
Q24.809　先天性心室肥厚
Q24.810　先天性心脏肥大
Q24.811　先天性右心房憩室
Q24.812　左室憩室
Q24.813　中位心
Q24.814　心室异常肌束
Q24.815　心脏缺如
Q24.900　先天性心脏畸形
Q24.901　小心脏
Q25.000　动脉导管未闭
Q25.100　主动脉缩窄
Q25.200　主动脉闭锁
Q25.300　主动脉狭窄
Q25.301　先天性主动脉瓣上狭窄
Q25.302　先天性降主动脉狭窄
Q25.303　左室流出道梗阻
Q25.400x009　先天性主动脉憩室
Q25.400x010　先天性主动脉骑跨
Q25.400x012　先天性主动脉窦畸形
Q25.400x013　先天性主动脉左房分流
Q25.401　先天性高主动脉弓
Q25.402　先天性双主动脉弓
Q25.403　先天性主动脉窦动脉瘤破裂
Q25.404　先天性主动脉弓断离
Q25.405　先天性主动脉弓发育不良
Q25.406　先天性主动脉扩张
Q25.407　先天性主动脉右位
Q25.408　主动脉窦动脉瘤
Q25.500　肺动脉闭锁
Q25.600　肺动脉狭窄
Q25.601　先天性肺动脉瓣上狭窄
Q25.700x006　先天性肺动脉瘤
Q25.700x007　先天性肺动脉起源于升主动脉
Q25.700x008　先天性肺动脉扩张
Q25.700x011　先天性支气管动脉肺动脉瘘
Q25.700x012　肺体动脉间异常侧支
Q25.701　先天性肺动静脉瘘
Q25.702　先天性肺动脉发育不全
Q25.703　先天性肺动脉缺如
Q25.704　先天性肺动脉异常
Q25.705　肺动脉吊带
Q25.800x002　先天性头臂动脉畸形
Q25.800x004　先天性左锁骨下动脉畸形
Q25.900　大动脉先天性畸形
Q26.000x001　先天性上下腔静脉狭窄
Q26.000x002　先天性上腔静脉狭窄
Q26.000x003　先天性下腔静脉狭窄
Q26.000x004　先天性下腔静脉闭锁
Q26.100　永存左上腔静脉
Q26.200x001　完全型肺静脉异位引流
Q26.200x002　完全性肺静脉异位引流，混合型
Q26.200x003　完全性肺静脉异位引流，心内型
Q26.200x004　完全性肺静脉异位引流，心上型
Q26.200x005　完全性肺静脉异位引流，心下型
Q26.300　肺静脉连接部分异常
Q26.301　肺静脉闭锁
Q26.302　肺体静脉间异常侧支静脉
Q26.400　肺静脉连接异常
Q26.500　门静脉连接异常
Q26.500x001　先天性门静脉畸形
Q26.600　门静脉-肝动脉瘘
Q26.800x001　部分型肺静脉异位引流，镰刀综合征
Q26.800x002　先天性下腔静脉入左房
Q26.800x003　先天性下腔静脉肝段缺如
Q26.800x004　先天性左上腔静脉入左房

Q26.800x005 先天性双下腔静脉
Q26.800x006 先天性右上腔静脉缺如
Q26.800x007 先天性无名静脉异常走行
Q26.800x008 先天性下腔静脉缺如
Q26.800x010 先天性双上腔静脉
Q26.801 先天性肺静脉狭窄
Q26.901 上腔静脉畸形
Q26.902 下腔静脉畸形
Q27.001 先天性脐动脉缺如
Q27.100 先天性肾动脉狭窄
Q27.200x002 先天性肾动脉畸形
Q27.200x003 多肾动脉
Q27.300x009 子宫动静脉畸形
Q27.301 先天性动静脉瘘
Q27.303 先天性腋动静脉瘘
Q27.306 先天性躯干部动静脉瘘
Q27.307 先天性上肢动静脉瘘
Q27.308 先天性下肢动静脉瘘
Q27.309 先天性周围血管动静脉瘤
Q27.400 先天性静脉扩张
Q27.800x007 髂动脉畸形
Q27.800x008 躯干血管畸形
Q27.800x018 迷走锁骨下动脉畸形
Q27.800x020 永久性右脐静脉
Q27.800x031 先天性静脉缺如
Q27.800x033 支气管黏膜血管畸形
Q27.800x034 腹壁血管畸形
Q27.800x035 肛周血管畸形
Q27.800x037 腹膜后血管畸形
Q27.800x039 肾球门血管病
Q27.800x041 周围动脉畸形
Q27.800x042 周围静脉畸形
Q27.803 先天性胃血管畸形
Q27.806 先天性肾血管畸形
Q27.808 先天性脐动脉畸形
Q27.809 先天性小肠血管畸形
Q27.811 先天性肠系膜血管畸形
Q27.812 先天性腹腔动脉畸形
Q27.815 先天性睾丸血管畸形
Q27.817 先天性上肢血管畸形
Q27.818 先天性下肢血管畸形
Q27.900 周围血管系统先天性畸形
Q28.800x007 支气管动脉畸形
Q28.801 肺血管畸形
Q28.900 循环系统先天性畸形
Q28.900x001 血管畸形
Q82.800x015 血管瘤病
Q82.800x016 全身性血管瘤病
Q82.811 血管内血管瘤病
Q82.812 肺毛细血管瘤病
Q85.900x048 小汗腺血管错构瘤
Q87.203 克利佩尔-特脑纳-韦伯综合征
Q87.400 马方综合征
Q87.809 Williams综合征
R00.000 心动过速
R00.001 窦性心动过速
R00.100 心动过缓
R00.100x001 窦性心动过缓
R00.200 心悸
R00.300 无脉电活动，不可归类在他处者
R00.800 心脏搏动异常，其他和未特指的
R00.800x001 三联律
R00.800x003 四联律
R00.801 心脏搏动异常
R01.000 良性和无害的心脏杂音
R01.100 心脏杂音
R01.200x003 心前区摩擦音
R02.x00 坏疽，不可归类在他处者
R03.001 应激性高血压
R03.100 非特异性低血压读数
R07.101 痛性呼吸
R07.200 心前区痛
R07.301 前胸壁痛
R07.400 胸痛
R09.800x081 动脉性杂音
R09.800x082 脉搏弱
R55.x00x001 晕厥
R55.x00x002 心源性晕厥
R55.x00x003 排尿性晕厥
R55.x00x004 脑源性晕厥
R55.x00x005 情景性晕厥
R55.x00x006 反射性晕厥
R55.x00x007 器质性晕厥
R55.x00x008 情境性晕厥
R55.x00x009 血管抑制性晕厥
R55.x00x010 血管迷走性晕厥（混合型）
R55.x00x011 血管迷走性晕厥（心脏抑制型）
R55.x00x012 血管迷走性晕厥（血管型）
R55.x00x013 血管迷走性晕厥
R55.x00x014 迷走神经性晕厥

R55.x02 虚脱
R57.000 心源性休克
R57.100 血容量不足性休克
R57.101 失血性休克
R57.200 脓毒性休克
R57.800x003 内毒素性休克
R57.801 梗阻性休克
R57.802 血管舒张性休克
R57.803 神经源性休克
R57.900 休克
R57.900x002 周围循环衰竭
R57.901 循环衰竭
R93.100x002 心脏异常阴影
R93.101 超声心动图异常
R93.102 冠状循环诊断性影像异常
R93.103 主动脉占位性病变
R94.300 心血管功能检查的异常结果
R94.300x003 Q-T间期延长
R94.300x007 非特异性ST-T改变
R94.300x010 Brugada波样心电图改变
R94.300x011 房室结双径路
R94.300x012 房室结三径路
R94.301 复极综合征
R94.303 心电图异常
R94.304 RR间期延长
R94.305 心音图异常
R94.306 心电向量图异常
R94.307 心内电生理学检查异常
R94.308 继发性QT间期延长
R96.000x001 猝死
R96.001 突然不明原因的死亡
S09.000x001 头部血管损伤
S15.000x002 创伤性颈动脉瘘
S15.700x001 颈部多处血管损伤
S25.000 胸主动脉损伤
S25.001 创伤性胸主动脉瘤
S25.100x002 无名动脉损伤
S25.101 锁骨下动脉损伤
S25.200x001 腔静脉损伤
S25.201 创伤性上腔静脉破裂
S25.300x001 无名静脉损伤
S25.301 锁骨下静脉损伤
S25.400 肺血管损伤
S25.500 肋间血管损伤
S25.501 创伤性肋间动脉破裂
S25.700 胸部多处血管损伤
S25.800x003 乳房静脉损伤
S25.801 奇静脉损伤
S25.802 创伤性乳房动脉破裂
S25.900 胸部血管的损伤
S26.000x001 创伤性心包积血
S26.000x002 创伤性心包填塞
S26.010 开放性心包积血
S26.800x011 心脏挫伤
S26.800x021 心脏撕裂伤
S26.800x031 心脏撕裂伤伴心室穿透
S26.800x082 心脏穿透性损伤
S26.800x083 创伤性心脏破裂
S26.801 创伤性心包破裂
S26.810 开放性心脏特指损伤
S26.811 开放性心脏穿通伤
S26.812 开放性心脏破裂
S26.813 心脏异物
S26.900 心脏损伤
S26.910 开放性心脏损伤
S35.000 腹主动脉损伤
S35.001 创伤性腹主动脉瘤
S35.100 下腔静脉损伤
S35.100x003 肝静脉损伤
S35.101 创伤性下腔静脉破裂
S35.102 创伤性肝静脉破裂
S35.200x001 腹腔动脉损伤
S35.200x003 胃十二指肠动脉损伤
S35.200x004 肝动脉损伤
S35.200x005 肠系膜下动脉损伤
S35.200x006 肠系膜上动脉损伤
S35.200x007 脾动脉损伤
S35.201 肠系膜动脉损伤
S35.202 胃动脉损伤
S35.203 创伤性胃动脉破裂
S35.204 创伤性肝动脉破裂
S35.205 创伤性脾动脉破裂
S35.300x001 门静脉损伤
S35.300x002 脾静脉损伤
S35.300x003 肠系膜下静脉损伤
S35.300x004 肠系膜上静脉损伤
S35.300x005 肠系膜静脉损伤
S35.301 创伤性肠系膜静脉破裂
S35.302 创伤性脾静脉破裂
S35.400x001 肾动脉损伤

S35.400x002　肾静脉损伤
S35.401　创伤性肾静脉破裂
S35.402　创伤性肾动脉破裂
S35.500x001　髂动脉损伤
S35.500x002　创伤性髂总动脉血栓形成
S35.500x003　创伤性髂动静脉瘘
S35.500x004　髂静脉损伤
S35.500x005　子宫动脉损伤
S35.500x006　子宫静脉损伤
S35.500x007　下腹动脉损伤
S35.500x008　下腹静脉损伤
S35.501　创伤性髂动脉破裂
S35.502　创伤性髂静脉破裂
S35.503　创伤性子宫动静脉破裂
S35.700x001　腹部和下背及骨盆多处血管损伤
S35.700x003　骶前静脉丛损伤
S35.700x004　肠系膜血管损伤
S35.701　腹部多处血管损伤
S35.800x001　卵巢动脉损伤
S35.800x002　卵巢静脉损伤
S35.801　卵巢动静脉损伤
S35.900x001　腹部血管损伤
S35.901　下背血管损伤
S35.902　骨盆血管损伤
S35.903　创伤性肠系膜血管损伤
S45.000　腋动脉损伤
S45.001　创伤性腋动脉破裂
S45.101　创伤性肱动脉损伤
S45.200x002　肱静脉损伤
S45.201　创伤性腋静脉损伤
S45.300x001　肩和上臂浅表静脉损伤
S45.300x002　肩部浅表静脉损伤
S45.301　上臂浅表静脉损伤
S45.700x001　肩和上臂多处血管损伤
S45.701　上臂多发血管损伤
S45.800　在肩和上臂水平的其他血管损伤
S45.900x001　肩和上臂血管损伤
S55.000x001　前臂尺动脉损伤
S55.100x001　前臂桡动脉损伤
S55.101　创伤性桡动脉断裂
S55.200x001　前臂静脉损伤
S55.700x001　前臂多处血管损伤
S55.800　在前臂水平的其他血管损伤
S55.900x001　前臂血管损伤
S65.000x001　手部尺动脉损伤
S65.000x002　腕部尺动脉损伤
S65.100x001　腕部桡动脉损伤
S65.100x002　手部桡动脉损伤
S65.200　掌浅动静脉弓损伤
S65.300　掌深动静脉弓损伤
S65.400　拇指血管损伤
S65.401　创伤性拇指动脉破裂
S65.500　手指血管损伤，其他的
S65.501　创伤性指动脉破裂
S65.700x001　腕和手多处血管损伤
S65.800　在腕和手水平的其他血管损伤
S65.900x001　腕和手血管损伤
S75.000　股动脉损伤
S75.000x002　股浅动脉损伤
S75.000x003　股深动脉损伤
S75.000x004　创伤性股动脉瘤
S75.000x005　创伤性股假性动脉瘤
S75.001　创伤性股深动脉破裂
S75.100x001　股静脉损伤
S75.100x002　髋部股静脉损伤
S75.100x003　大腿股静脉损伤
S75.200　在髋和大腿水平的大隐静脉损伤
S75.200x001　大腿大隐静脉损伤
S75.700x001　髋部多处血管损伤
S75.700x002　大腿多处血管损伤
S75.800　在髋和大腿水平的其他血管损伤
S75.900x001　髋部血管损伤
S75.900x002　大腿血管损伤
S75.901　创伤性股动静脉瘘
S85.000　腘动脉损伤
S85.100x001　胫动脉损伤
S85.100x002　胫前动脉损伤
S85.101　胫后动脉损伤
S85.102　创伤性胫后动脉血栓形成
S85.200　腓动脉损伤
S85.300x001　小腿大隐静脉损伤
S85.400x001　小腿小隐静脉损伤
S85.500　腘静脉损伤
S85.700x001　小腿多处血管损伤
S85.800x001　胫后血管损伤
S85.801　创伤性胫后动静脉损伤
S85.900x001　小腿血管损伤
S95.000　足背动脉损伤
S95.100　足底动脉损伤
S95.200　足背静脉损伤

S95.700x001 踝和足多处血管损伤
S95.800 在踝和足水平的其他血管损伤
S95.900x001 踝和足血管损伤
T11.400 上肢血管的损伤
T13.400 下肢血管的损伤
T70.200x007 高原性心脏病
T79.100 脂肪栓塞（创伤性）
T79.101 脂肪栓塞综合征
T80.000 输注、输血和治疗性注射后的空气栓塞
T80.000x001 输注后空气栓塞
T80.100 输注、输血和治疗性注射后的血管并发症
T81.700x002 操作后脂肪栓塞
T81.700x003 操作后周围血管狭窄
T81.700x004 操作后动-静脉瘘
T81.700x005 皮瓣血管危象
T81.700x101 经皮球囊扩瓣术后冠状动脉分支闭塞
T81.700x102 经皮球囊扩瓣术后腹膜后血肿
T81.700x103 经皮球囊扩瓣术后穿刺血管血肿
T81.700x104 经皮球囊扩瓣术后穿刺假性动脉瘤
T81.700x105 经皮球囊扩瓣术后动静脉瘘
T81.700x201 射频消融术后冠状动脉分支闭塞
T81.700x202 射频消融术后腹膜后血肿
T81.700x203 射频消融术后穿刺血管血肿
T81.700x204 射频消融术后穿刺假性动脉瘤
T81.700x205 射频消融术后动静脉瘘
T81.700x301 心导管检查术后腹膜后血肿
T81.700x302 心导管检查术后穿刺血管血肿
T81.700x303 心导管检查术后穿刺假性动脉瘤
T81.700x304 心导管检查术后动静脉瘘
T81.700x308 心导管检查术后冠状动脉分支闭塞
T81.700x401 心导管造影术后冠状动脉分支闭塞
T81.700x402 心导管造影术后腹膜后血肿
T81.700x403 心导管造影术后穿刺血管血肿
T81.700x404 心导管造影术后穿刺假性动脉瘤
T81.700x405 心导管造影术后动静脉瘘
T81.701 操作后动脉血栓形成
T81.702 动静脉造瘘后静脉炎
T81.703 操作后的空气栓塞
T81.800x010 操作后心力衰竭
T82.000 心脏瓣膜假体的机械性并发症
T82.000x001 心脏瓣膜置换术后瓣膜故障
T82.000x002 心脏植入物脱落
T82.001 机械瓣膜置换术后瓣周漏
T82.002 二尖瓣机械瓣周漏
T82.003 主动脉机械瓣周漏
T82.100 心脏电子装置的机械性并发症
T82.100x002 起搏器起搏功能不良
T82.100x003 起搏器感知功能不良
T82.100x005 心房导线穿孔
T82.100x006 心室导线穿孔
T82.100x007 心脏电子装置电极导线绝缘层破裂
T82.100x008 心脏电子装置电极导线脱位
T82.100x009 心脏电子装置电极导线断裂
T82.100x010 除颤器起搏功能不良
T82.100x011 除颤器感知功能不良
T82.100x012 心脏电子装置周围组织慢性疼痛
T82.100x013 心脏电子装置囊袋血肿
T82.100x014 心脏电子装置囊袋积液
T82.100x015 心脏电子装置囊袋破溃
T82.101 心脏起搏器导线突出
T82.102 心脏起搏器电极功能异常
T82.103 心脏起搏器电极移位
T82.201 冠状动脉搭桥术机械性并发症
T82.202 瓣膜移植物机械性并发症
T82.300 血管移植物的机械性并发症，其他的
T82.301 主动脉移植物（置换）的机械性并发症
T82.302 动脉移植物的机械性并发症
T82.303 主动脉移植物（置换）术后内漏
T82.400 血管透析导管的机械性并发症
T82.401 静脉透析管阻塞
T82.500x001 心血管封堵器移位
T82.500x002 心血管封堵器渗漏
T82.500x003 心脏和血管装置植入物引起的机械性并发症
T82.501 下腔静脉支架脱落
T82.502 移植血管坏死
T82.503 室间隔缺损手术后残余漏
T82.504 房间隔缺损手术后残余漏
T82.600 心脏瓣膜假体引起的感染和炎症性反应
T82.600x001 心脏瓣膜假体引起的感染
T82.601 人工瓣膜心内膜炎
T82.700 心脏和血管装置、植入物和移植物引起的感染和炎症性反应，其他的
T82.702 人工血管感染
T82.703 心脏起搏器植入感染
T82.704 支架植入感染
T82.800x101 心脏和血管假体装置植入物和移植物引起的栓塞
T82.800x102 心脏和血管假体装置植入物和移植物引起的纤维化

T82.800x103　心脏和血管假体装置植入物和移植物引起的出血
T82.800x104　心脏和血管假体装置植入物和移植物引起的疼痛
T82.800x105　心脏和血管假体装置植入物和移植物引起的血管狭窄
T82.800x106　心脏和血管假体装置植入物和移植物引起的血栓形成
T82.800x201　经皮房缺-室缺矫治术后冠状动脉分支闭塞
T82.800x202　经皮房缺-室缺矫治术后腹膜后血肿
T82.800x203　经皮房缺-室缺矫治术后穿刺血管血肿
T82.800x204　经皮房缺-室缺矫治术后穿刺假性动脉瘤
T82.800x205　经皮房缺-室缺矫治术后动静脉瘘
T82.800x206　经皮房缺-室缺矫治术后冠状动脉撕裂
T82.800x207　经皮房缺-室缺矫治术后冠状动脉穿孔
T82.800x208　经皮房缺-室缺矫治术后冠状动脉急性闭塞
T82.800x301　经皮冠状动脉狭窄矫治术后腹膜后血肿
T82.800x302　经皮冠状动脉狭窄矫治术后穿刺血管血肿
T82.800x303　经皮冠状动脉狭窄矫治术后穿刺假性动脉瘤
T82.800x304　经皮冠状动脉狭窄矫治术后动静脉瘘
T82.800x305　经皮冠状动脉狭窄矫治术后冠状动脉撕裂
T82.800x306　经皮冠状动脉狭窄矫治术后冠状动脉穿孔
T82.800x307　经皮冠状动脉狭窄矫治术后冠状动脉急性闭塞
T82.800x308　经皮冠状动脉狭窄矫治术后冠状动脉分支闭塞
T82.800x401　股动脉支架内再狭窄
T82.800x402　腘动脉支架内再狭窄
T82.800x403　胫动脉支架内再狭窄
T82.800x404　腓动脉支架内再狭窄
T82.800x405　髂动脉支架内再狭窄
T82.800x406　腘动脉支架闭塞
T82.800x407　髂动脉支架闭塞
T82.800x408　股动脉支架闭塞
T82.800x409　为肾透析的肿胀手综合征
T82.800x410　为肾透析的动静脉内瘘高流量
T82.800x411　为肾透析的静脉导管功能不良
T82.801　下腔静脉滤器血栓形成
T82.803　操作中动静脉瘘
T82.804　动脉支架内血栓形成
T82.805　二尖瓣机械瓣膜老化
T82.806　腹主动脉支架内血栓形成
T82.807　颈内动脉支架植入后再狭窄
T82.808　静脉插管血栓形成
T82.809　人工血管闭塞
T82.810　人工血管吻合口狭窄
T82.811　人工血管血栓形成
T82.814　人工血管破裂
T82.900x001　心脏假体装置植入物和移植物的并发症
T82.900x002　血管假体装置植入物和移植物的并发症
T82.901　人工心脏瓣膜失常
T82.903　心脏起搏器失灵
T82.904　起搏器综合征
T86.200x001　心脏移植失败
T86.200x002　心脏移植排斥
T86.300x001　心肺移植失败
T86.300x002　心肺移植排斥
Z03.400　可疑心肌梗死的观察
Z03.500x001　可疑心血管病的观察
Z03.501　可疑冠心病观察
Z45.001　安装心脏起搏器
Z45.002　更换心脏起搏器
Z45.003　更换心脏起搏器电极
Z45.005　更换心脏起搏器脉冲发生器
Z45.006　起搏器安装术后调整
Z45.800x006　除颤器更换
Z52.700　供心者

FB1　瓣膜手术伴冠脉手术

同时包含以下手术或操作：
35.0100x002　经皮主动脉瓣探查术
35.0101　主动脉瓣闭式扩张术
35.0200x003　经皮二尖瓣探查术
35.0201　二尖瓣闭式扩张术
35.0300x002　经皮肺动脉瓣探查术
35.0301　肺动脉瓣闭式扩张术

35.0400x001　三尖瓣探查术
35.0401　三尖瓣闭式扩张术
35.1000　无置换的开放性心脏瓣膜成形术
35.1100x003　主动脉瓣修补术
35.1100x004　主动脉瓣切开探查术
35.1100x005　胸腔镜下主动脉瓣成形术
35.1101　主动脉瓣成形术
35.1200x001　二尖瓣修补术
35.1200x002　二尖瓣切开扩张术
35.1200x003　二尖瓣切开探查术
35.1201　二尖瓣成形术
35.1202　胸腔镜下二尖瓣成形术
35.1300x002　肺动脉瓣切开扩张术
35.1300x004　肺动脉瓣修补术
35.1300x005　胸腔镜下肺动脉瓣成形术
35.1301　肺动脉瓣成形术
35.1400x001　三尖瓣修补术
35.1400x002　三尖瓣下移矫治术［Ebstein畸形］
35.1400x003　三尖瓣切开扩张术
35.1400x006　三尖瓣环缩术
35.1401　三尖瓣成形术
35.1402　胸腔镜下三尖瓣成形术
35.2000x001　共同动脉干瓣膜修补术
35.2000x002　三尖瓣切开探查术
35.2000x003　肺动脉瓣切开探查术
35.2100x002　自体肺动脉移植术［Ross手术］
35.2100x003　主动脉瓣置换伴升主动脉置换术［Wheat's手术］
35.2100x004　主动脉根部扩大伴主动脉瓣生物瓣膜置换术
35.2100x005　胸腔镜下主动脉瓣生物瓣膜置换术
35.2101　主动脉瓣生物瓣膜置换术
35.2200x002　主动脉根部扩大伴主动脉瓣机械瓣膜置换术
35.2200x004　胸腔镜下主动脉瓣机械瓣膜置换术
35.2201　主动脉瓣机械瓣膜置换术
35.2300x002　二尖瓣生物瓣膜置换术（保留瓣下结构）
35.2301　二尖瓣生物瓣膜置换术
35.2302　胸腔镜下二尖瓣生物瓣置换术
35.2400x002　二尖瓣机械瓣膜置换术（保留瓣下结构）
35.2401　二尖瓣机械瓣膜置换术
35.2402　胸腔镜下二尖瓣机械瓣膜置换术
35.2500x002　胸腔镜下肺动脉瓣生物瓣膜置换术
35.2501　肺动脉瓣生物瓣膜置换术
35.2600x002　胸腔镜下肺动脉瓣机械瓣膜置换术
35.2601　肺动脉瓣机械瓣膜置换术
35.2701　三尖瓣生物瓣膜置换术
35.2702　胸腔镜下三尖瓣生物瓣膜置换术
35.2801　三尖瓣机械瓣膜置换术
35.2802　胸腔镜下三尖瓣机械瓣膜置换术
35.3101　心脏乳头肌修补术
35.3200x003　腱索移植术
35.3201　腱索修补术
35.3202　腱索切断术
35.3300x001　二尖瓣瓣环成形术
35.3300x002　三尖瓣瓣环成形术
35.3300x003　三尖瓣瓣环折叠术
35.3500x002　主动脉瓣下狭窄切开术
35.3500x003　二尖瓣下环切除术
35.3500x004　二尖瓣上环切除术
35.3500x005　肺动脉瓣上环切除术
35.3500x006　主动脉瓣上环切除术
35.3500x007　主动脉瓣下膈膜切除术
35.3500x008　主动脉瓣下狭窄切除术
35.3500x009　主动脉瓣瓣上狭窄矫治术
35.3501　主动脉瓣膜下环切除术
35.9500x001　人造心脏瓣膜重新缝合术
35.9500x003　主动脉瓣瓣周漏修补术
35.9500x004　二尖瓣瓣周漏修补术
35.9500x005　三尖瓣瓣周漏修补术
35.9502　人工瓣膜瓣周漏修补术
35.9900x001　三尖瓣瓣膜切除术（非瓣膜置换）
35.9900x002　三尖瓣闭合术（单心室）
37.3300x017　心脏瓣膜病损（赘生物）切除术
37.3300x026　主动脉瓣赘生物清除术

和

00.6600x004　经皮冠状动脉球囊扩张成形术
00.6601　经皮冠状动脉药物球囊血管内成形术
17.5500x002　经皮冠状动脉粥样斑块切除术
17.5500x003　经皮冠状动脉血栓抽吸术
17.5501　经皮冠状动脉旋磨术
36.0300x002　冠状动脉内膜剥脱术
36.0300x003　冠状动脉内膜剥脱术伴补片移植术
36.0300x006　冠状动脉开口成形术
36.0301　冠状动脉内膜切除术
36.0302　冠状动脉内膜切除伴补片修补术

36.0303　冠状动脉血栓切除术
36.0400　冠状动脉内血栓溶解药输注
36.0601　冠状动脉药物涂层支架置入术
36.0602　冠状动脉裸支架置入术
36.0700　药物洗脱冠状动脉支架置入
36.0700x004　经皮冠状动脉覆膜支架置入术
36.0701　冠状动脉生物可吸收支架置入术
36.1000x001　主动脉-冠状动脉搭桥术
36.1000x002　带蒂左冠状动脉移植术
36.1100　一根冠状动脉的（主动脉）冠状动脉旁路移植
36.1200　二根冠状动脉的（主动脉）冠状动脉旁路移植
36.1300　三根冠状动脉的（主动脉）冠状动脉旁路移植
36.1400　四根或以上冠状动脉的（主动脉）冠状动脉旁路移植
36.1500　单乳房内动脉-冠状动脉旁路移植
36.1600　双乳房内动脉-冠状动脉旁路移植
36.1700x001　胃网膜动脉-冠状动脉搭桥术
36.1900x001　左锁骨下动脉-左冠状动脉吻合术
36.3400　经皮经心肌血管再形成术
36.9100　冠状血管动脉瘤修补术
36.9900x002　冠状动脉探查术
36.9900x006　冠状动脉成形术
36.9900x007　冠状动脉窦成形术
36.9900x008　冠状动脉畸形矫正术
36.9900x009　冠状动静脉瘘结扎术
36.9900x010　冠状动静脉瘘修补术
36.9900x011　经皮冠状动脉瘘栓塞术
36.9900x012　经皮冠状动脉瘘封堵术
36.9900x013　冠状动脉修补术
36.9901　冠状动脉肺动脉瘘封堵术
36.9902　冠状动脉结扎术
36.9903　冠状动脉瘘修补术
37.1100x005　冠状动脉肌桥切断术
37.1100x007　冠状动脉肌桥松解术

FB2　心脏瓣膜手术

包含以下主要手术或操作：
35.0101　主动脉瓣闭式扩张术
35.0201　二尖瓣闭式扩张术
35.0301　肺动脉瓣闭式扩张术
35.0400x001　三尖瓣探查术
35.0401　三尖瓣闭式扩张术
35.1000　无置换的开放性心脏瓣膜成形术
35.1100x003　主动脉瓣修补术
35.1100x004　主动脉瓣切开探查术
35.1100x005　胸腔镜下主动脉瓣成形术
35.1101　主动脉瓣成形术
35.1200x001　二尖瓣修补术
35.1200x002　二尖瓣切开扩张术
35.1200x003　二尖瓣切开探查术
35.1201　二尖瓣成形术
35.1202　胸腔镜下二尖瓣成形术
35.1300x002　肺动脉瓣切开扩张术
35.1300x004　肺动脉瓣修补术
35.1300x005　胸腔镜下肺动脉瓣成形术
35.1301　肺动脉瓣成形术
35.1400x001　三尖瓣修补术
35.1400x002　三尖瓣下移矫治术［Ebstein畸形］
35.1400x003　三尖瓣切开扩张术
35.1400x006　三尖瓣环缩术
35.1401　三尖瓣成形术
35.1402　胸腔镜下三尖瓣成形术
35.2000x001　共同动脉干瓣膜修补术
35.2000x002　三尖瓣切开探查术
35.2000x003　肺动脉瓣切开探查术
35.2100x002　自体肺动脉移植术［Ross手术］
35.2100x003　主动脉瓣置换伴升主动脉置换术［Wheat's手术］
35.2100x004　主动脉根部扩大伴主动脉瓣生物瓣膜置换术
35.2100x005　胸腔镜下主动脉瓣生物瓣膜置换术
35.2101　主动脉瓣生物瓣膜置换术
35.2200x002　主动脉根部扩大伴主动脉瓣机械瓣膜置换术
35.2200x003　主动脉瓣机械瓣膜置换伴升主动脉置换术［Wheat's手术］
35.2200x004　胸腔镜下主动脉瓣机械瓣膜置换术
35.2201　主动脉瓣机械瓣膜置换术
35.2300x002　二尖瓣生物瓣膜置换术（保留瓣下结构）
35.2301　二尖瓣生物瓣膜置换术
35.2302　胸腔镜下二尖瓣生物瓣置换术
35.2400x002　二尖瓣机械瓣膜置换术（保留瓣下结构）
35.2400x003　共同房室瓣机械瓣置换术
35.2401　二尖瓣机械瓣膜置换术
35.2402　胸腔镜下二尖瓣机械瓣膜置换术

35.2500x002　胸腔镜下肺动脉瓣生物瓣膜置换术
35.2501　肺动脉瓣生物瓣膜置换术
35.2600x002　胸腔镜下肺动脉瓣机械瓣膜置换术
35.2601　肺动脉瓣机械瓣膜置换术
35.2701　三尖瓣生物瓣膜置换术
35.2702　胸腔镜下三尖瓣生物瓣膜置换术
35.2801　三尖瓣机械瓣膜置换术
35.2802　胸腔镜下三尖瓣机械瓣膜置换术
35.3101　心脏乳头肌修补术
35.3200x003　腱索移植术
35.3200x004　腱索转移术
35.3201　腱索修补术
35.3202　腱索切断术
35.3300x001　二尖瓣瓣环成形术
35.3300x002　三尖瓣瓣环成形术
35.3300x003　三尖瓣瓣环折叠术
35.3300x004　主动脉瓣瓣环成形术
35.3500x002　主动脉瓣下狭窄切开术
35.3500x003　二尖瓣下环切除术
35.3500x004　二尖瓣上环切除术
35.3500x005　肺动脉瓣上环切除术
35.3500x006　主动脉瓣上环切除术
35.3500x007　主动脉瓣下膈膜切除术
35.3500x008　主动脉瓣下狭窄切除术
35.3500x009　主动脉瓣瓣上狭窄矫治术
35.3500x011　改良Konno手术
35.3500x012　二尖瓣瓣上隔膜切除术
35.3501　主动脉瓣膜下环切除术
35.9500x001　人造心脏瓣膜重新缝合术
35.9500x003　主动脉瓣瓣周漏修补术
35.9500x004　二尖瓣瓣周漏修补术
35.9500x005　三尖瓣瓣周漏修补术
35.9502　人工瓣膜瓣周漏修补术
35.9900x001　三尖瓣瓣膜切除术（非瓣膜置换）
35.9900x002　三尖瓣闭合术（单心室）
37.3300x017　心脏瓣膜病损（赘生物）切除术
37.3300x026　主动脉瓣赘生物清除术

FC1　冠状动脉手术

包含以下主要手术或操作：
36.0300x002　冠状动脉内膜剥脱术
36.0300x003　冠状动脉内膜剥脱术伴补片移植术
36.0300x006　冠状动脉开口成形术
36.0301　冠状动脉内膜切除术
36.0302　冠状动脉内膜切除伴补片修补术
36.0303　冠状动脉血栓切除术
36.1000x001　主动脉-冠状动脉搭桥术
36.1000x002　带蒂左冠状动脉移植术
36.1100　一根冠状动脉的（主动脉）冠状动脉旁路移植
36.1200　二根冠状动脉的（主动脉）冠状动脉旁路移植
36.1300　三根冠状动脉的（主动脉）冠状动脉旁路移植
36.1400　四根或以上冠状动脉的（主动脉）冠状动脉旁路移植
36.1500　单乳房内动脉-冠状动脉旁路移植
36.1600　双乳房内动脉-冠状动脉旁路移植
36.1700x001　胃网膜动脉-冠状动脉搭桥术
36.1900x001　左锁骨下动脉-左冠状动脉吻合术
36.1900x002　颈总动脉-冠状动脉吻合术
36.2x00　动脉植入的心脏血管再形成术
36.3200　其他经心肌的血管再形成术
36.3300　内镜下经心肌血管再形成术
36.3900x001　心脏网膜固定术
36.3901　心肌细胞移植术
36.9100　冠状血管动脉瘤修补术
36.9900x002　冠状动脉探查术
36.9900x006　冠状动脉成形术
36.9900x007　冠状动脉窦成形术
36.9900x008　冠状动脉畸形矫正术
36.9900x009　冠状动静脉瘘结扎术
36.9900x010　冠状动静脉瘘修补术
36.9900x013　冠状动脉修补术
36.9901　冠状动脉肺动脉瘘封堵术
36.9902　冠状动脉结扎术
36.9903　冠状动脉瘘修补术
37.1100x005　冠状动脉肌桥切断术
37.1100x007　冠状动脉肌桥松解术

FD1　先天性心脏病复杂手术

包含以下主要手术或操作：
35.3901　主动脉窦修补术
39.2102　上腔静脉-右肺动脉吻合术
39.4903　体-肺分流再校正术
39.4904　体-肺分流去除术
35.3400x005　跨肺动脉瓣右室流出道肺动脉补片修补术
35.3400x007　右室流出道修补术
35.3400x008　左室流出道修补术

35.5400x003　心内膜垫缺损人造补片矫治术
35.5400x004　部分型心内膜垫缺损人造补片矫治术
35.5400x005　房室通道人造补片修补术
35.5400x006　完全型心内膜垫缺损人造补片矫治术
35.6300x002　心内膜垫缺损组织补片矫治术
35.6300x003　部分型心内膜垫缺损组织补片矫治术
35.6300x004　完全型心内膜垫缺损组织补片矫治术
35.6300x005　移行型心内膜垫缺损组织补片矫治术
35.7200x002　多发室间隔缺损修补术
35.7300x002　心内膜垫缺损矫治术
35.7300x003　右房右室异常通道修补术
35.7300x004　部分型心内膜垫缺损矫治术
35.7300x005　房室通道修补术
35.7300x006　完全型心内膜垫缺损矫治术
35.7300x007　移行型心内膜垫缺损矫治术
35.7301　胸腔镜下心内膜垫缺损修补术
35.8100x001　法乐氏四联症根治术
35.8100x002　法乐氏三联症根治术
35.8100x003　法乐氏三联症矫治术
35.8100x004　法乐氏五联症根治术
35.8200x009　左心房—肺静脉干吻合术
35.8200x011　混合型肺静脉畸形引流心内直视修复术
35.8200x012　完全型肺静脉畸形引流心内直视修复术
35.8200x013　改良warden手术
35.8201　完全肺静脉异位引流矫正术
35.8300x004　肺动脉干全部矫正术
35.8300x005　永存动脉干修补术
35.8301　肺动脉干全部修补术
35.8302　肺动脉干全部矫正术伴室间隔缺损假体修补术
35.8303　肺动脉干全部修补术伴右室代替肺动脉供血建造术
35.8304　主动脉-肺动脉间隔缺损修补术
35.8307　完全动脉干矫正术
35.8308　完全动脉干矫正伴室间隔缺损假体置入术
35.8309　共同动脉干矫正术
35.8400x001　大血管转位矫正术
35.8400x002　Nikaidoh手术
35.8400x003　双动脉根部调转术
35.9101　马斯塔德手术
35.9102　心房内调转术
35.9200x001　右心室-肺动脉分流术［Rastelli手术］
35.9200x003　右心室—肺动脉外通道置换术
35.9200x004　单源化手术
35.9200x005　右室双出口矫治术
35.9201　拉斯特里氏手术
35.9202　REV手术
35.9300x002　心室内隧道修补术
35.9300x003　左心室-主动脉隧道修补术
35.9300x004　一个半心室矫治术
35.9300x005　Damus-Kaye-Stansel手术
35.9301　左心室双出口直视修复术
35.9302　左心室尖-主动脉分流术
35.9400x003　右心耳-肺动脉不带瓣管道吻合术
35.9400x004　右心耳-肺动脉带瓣管道吻合术
35.9400x005　右心耳-肺动脉直接吻合术
35.9400x006　半方坦手术［半Fontan手术］
35.9401　方坦手术
35.9402　改良方坦手术
35.9500x002　室间隔术后修复术
35.9500x007　房间隔术后修复术
35.9500x008　改良方坦术后修复术
35.9501　心脏间隔补片再缝合术
37.3201　心室动脉瘤折叠术
37.3202　心脏动脉瘤修补术
37.3300x014　心房肿瘤切除术
37.3300x016　室壁瘤切除术
37.3300x018　心脏肿瘤切除术
37.3300x019　心脏异常传导束切断术
37.3300x020　右室双腔心矫治术
37.3300x021　左室双腔心矫治术
37.3300x025　经胸心脏微波消融术
37.3300x029　胸腔镜下三房心矫治术
37.3308　传导束切断术
37.3500x005　Morrow手术
37.3501　改良Morrow手术
37.3600x007　左心耳结扎术
37.4900x007　室壁瘤折叠术
38.3400x003　血管环矫治术
38.3500x002　肺动脉吊带矫治术
38.4500x017　主动脉弓中断矫治术
38.8500x013　体-肺动脉侧支结扎术
38.8500x019　体-肺侧支汇聚术
38.8501　肺动脉环缩术
39.2100x003　单向肺动脉-上腔静脉分流术［单向Glenn手术］
39.2100x004　双向肺动脉-上腔静脉分流术［双向

Glenn手术］
39.2100x005　双侧双向肺动脉-上腔静脉分流术［双侧双向Glenn手术］
39.2100x006　侧通道全腔静脉-肺动脉吻合术
39.2100x007　外通道全腔静脉-肺动脉吻合术
39.2300x003　肺动脉融合术

FD2　先天性心脏病常规手术

包含以下主要手术或操作：
35.4101　房间隔造口术
35.3100x001　心脏乳头肌切开术
35.3400x001　右心室动脉圆锥切除术
35.3400x003　右室流出道疏通术
35.3400x004　左室流出道疏通术
35.3400x006　右室漏斗部病损切除术
35.4100x001　房间隔缺损扩大术
35.4100x002　卵圆孔缺损扩大术
35.4200x002　房间隔开窗术
35.4200x005　室间隔开窗术
35.4200x006　室间隔缺损扩大术
35.4200x007　卵圆孔开窗术
35.4200x008　房间隔穿刺术
35.4201　布莱洛克-汉隆手术
35.5000　心脏间隔缺损的假体修补术
35.5100x001　房间隔缺损人造补片修补术
35.5100x002　经胸房间隔缺损闭式封堵术
35.5100x003　卵圆孔未闭人造补片修补术
35.5100x004　胸腔镜下房间隔缺损人造补片修补术
35.5100x005　经胸卵圆孔未闭闭式封堵术
35.5101　卵圆孔未闭假体修补术
35.5300x001　室间隔缺损人造补片修补术
35.5300x003　经胸室间隔缺损闭式封堵术
35.5301　室间隔缺损假体修补术
35.6000　心脏间隔缺损修补术，用组织移植物
35.6100x001　胸腔镜下房间隔缺损组织补片修补术
35.6101　房间隔缺损组织补片修补术
35.6102　卵圆孔未闭组织补片修补术
35.6201　室间隔缺损组织补片修补术
35.7000　心脏间隔缺损的其他和未特指的修补术
35.7100x002　卵圆孔未闭修补术
35.7100x003　房间隔部分闭合术
35.7100x004　房间隔开窗闭合术
35.7100x005　房间隔膨出瘤修补术
35.7100x007　人工房间隔再造术
35.7100x008　单心房矫治术
35.7100x009　房间隔缺损修补术
35.7100x010　胸腔镜下卵圆孔未闭修补术
35.7101　胸腔镜下房间隔缺损修补术
35.7200x001　室间隔缺损修补术
35.7201　胸腔镜下室间隔缺损修补术
35.8100x005　右室流出道补片修补术
35.8100x006　左室流出道补片修补术
35.8200x006　部分型肺静脉畸形引流矫治术
35.8200x008　胸腔镜下肺静脉畸形引流矫治术
35.8200x010　部分型肺静脉畸形引流心内直视修复术
35.8305　肺动脉干加宽术
37.3300x006　心室异常肌束切除术
37.3300x009　三房心矫治术
37.3300x012　预激症候群希氏束切断术
37.3300x013　心房隔膜切除术
37.3300x015　心脏憩室切除术
37.3300x022　右心房减容术
37.3300x023　左心房减容术
37.3300x027　右室流出道赘生物切除术
37.3300x028　右心耳切除术
37.3304　心房部分切除术
37.3307　心肌部分切除术
37.3600x001　胸腔镜下左心耳切除术
37.3600x005　左心耳切除术
37.3600x006　左心耳夹闭术
37.3600x008　胸腔镜下左心耳结扎术
38.8500x001　动脉导管结扎术
38.8500x012　动脉导管未闭切断缝合术
38.8505　动脉导管未闭结扎术
39.2100x001　肺动脉-上腔静脉分流术
39.2101　腔静脉-右心房搭桥术

FE1　大血管复杂手术

包含以下主要手术或操作：
38.4500x003　上腔静脉部分切除伴人工血管置换术
38.4500x007　部分主动脉弓人工血管置换术
38.4500x009　次全主动脉人工血管置换术
38.4500x010　全主动脉弓人工血管置换术
38.4500x011　支架象鼻术
38.4500x013　升主动脉部分切除伴人工血管置换术
38.4500x014　胸主动脉部分切除伴人工血管置换术
38.4500x015　肺动脉瘤切除伴人工血管置换术
38.4500x016　全主动脉人工血管置换术
38.4500x018　主动脉瘤切除伴人工血管置换术

38.4500x019　主动脉部分切除伴人工血管置换术
38.4500x021　胸主动脉部分切除伴自体血管置换术
38.4501　主动脉部分切除伴置换术
38.4502　胸主动脉瘤切除伴置换术
38.4503　主动脉瓣和升主动脉置换和冠脉移植术（Bentall手术）
38.4504　全主动脉弓人工血管置换并支架象鼻手术（Sun's手术）
38.4505　保留主动脉窦的主动脉瓣和升主动脉替换术（Wheat手术）
38.4506　主动脉瓣和升主动脉置换术（Cabrol手术）
38.4507　保留主动脉瓣主动脉根部置换加冠状动脉移植术（David手术）
38.4511　胸腔镜升主动脉置换术
38.4700x001　下腔静脉部分切除伴人工血管置换术
38.4702　下腔静脉部分切除伴置换术
39.1x00x009　肠系膜上静脉-下腔静脉颈内静脉搭桥术
39.1x00x011　肠系膜上静脉-下腔静脉-右心房人工血管搭桥术
39.5900x030　主动脉弓成形术

FE2　大血管常规手术

包含以下主要手术或操作：
38.8401　主动脉结扎术
38.8502　肺动脉结扎术
54.9402　腹腔静脉分流术
38.0400x001　腹主动脉血栓切除术
38.0400x002　主动脉切开探查术
38.0401　主动脉取栓术
38.0502　上腔静脉取栓术
38.0503　肺动脉取栓术
38.0504　胸主动脉取栓术
38.0702　下腔静脉取栓术
38.1400x001　主动脉内膜剥脱术
38.1401　主动脉内膜切除伴补片修补术
38.1402　腹主动脉内膜切除术
38.1403　胸主动脉内膜切除术
38.1500x001　肺动脉内膜剥脱术
38.1501　肺动脉内膜切除术
38.3400　主动脉部分切除术伴吻合术
38.3401　主动脉动脉瘤切除伴吻合术
38.3402　腹主动脉动脉瘤切除伴吻合术
38.3403　胸主动脉动脉瘤切除伴吻合术
38.3501　肺动脉部分切除伴吻合术
38.3700x003　下腔静脉部分切除伴吻合术
38.4400x001　腹主动脉部分切除伴人工血管置换术
38.4400x002　腹主动脉瘤切除伴人工血管置换术
38.4400x003　腹主动脉部分切除伴自体血管置换术
38.4401　腹主动脉瘤切除伴置换术
38.4500x001　上腔静脉部分切除伴人工血管补片修补术
38.4500x004　肺动脉瘤切除伴补片修补术
38.4510　上腔静脉部分切除伴置换术
38.6400x001　腹主动脉瘤切除术
38.6401　主动脉病损切除术
38.6402　主动脉瘤切除术
38.6500x003　肺动脉病损切除术
38.6500x004　胸腔镜下肺动脉病损切除术
38.6500x005　上腔静脉病损切除术
38.6700x005　腹腔静脉瘤切除术
38.6701　下腔静脉病损切除术
38.7x00x008　左上腔静脉结扎术
38.7x00x009　上腔静脉封堵术
38.7x01　腔静脉结扎术
38.7x02　腔静脉折叠术
39.0x01　升主动脉-肺动脉吻合术
39.0x04　主动脉-肺动脉吻合术
39.0x05　降主动脉-肺动脉吻合术
39.1x00x006　肾静脉-下腔静脉吻合术
39.1x00x008　脾静脉-下腔静脉人工血管分流术
39.1x00x010　肠系膜上静脉-下腔静脉人工血管搭桥术
39.1x00x024　肝下下腔静脉-肝上下腔静脉人工血管搭桥术
39.1x01　肠系膜静脉-腔静脉吻合术
39.1x03　门静脉-腔静脉吻合术
39.1x04　肾静脉-腔静脉吻合术
39.1x05　肠系膜上静脉-下腔静脉吻合术
39.1x06　脾静脉-腔静脉吻合术
39.1x08　肝圆韧带架桥门静脉-下腔静脉吻合术
39.1x09　肝圆韧带架桥肠系膜上静脉-下腔静脉吻合术
39.2200x001　降主动脉-锁骨下动脉人工血管搭桥术
39.2200x008　升主动脉-颈总动脉人工血管搭桥术
39.2200x009　升主动脉-锁骨下动脉人工血管搭桥术
39.2200x010　升主动脉-腋动脉人工血管搭桥术
39.2200x012　主动脉-颈动脉人工血管搭桥术
39.2200x015　升主动脉-头臂血管人工血管搭桥术
39.2200x016　升主动脉-无名动脉人工血管搭桥术

39.2200x021 主动脉-锁骨下动脉-颈动脉搭桥术
39.2201 主动脉-锁骨下动脉-肱动脉搭桥术
39.2203 主动脉-颈动脉搭桥术
39.2204 主动脉-锁骨下动脉搭桥术
39.2207 主动脉-颈动脉-腋动脉搭桥术
39.2212 主动脉-肱动脉搭桥术
39.2300x005 降主动脉腹主动脉人造血管旁路术
39.2300x016 肠系膜上静脉-下腔静脉-右心房搭桥术
39.2300x017 无名静脉-上腔静脉人工血管搭桥术
39.2300x018 无名静脉-右心耳人工血管搭桥术
39.2300x019 下腔静脉-右心耳人工血管搭桥术
39.2300x020 下腔静脉-右心房人工血管搭桥术
39.2300x021 腔静脉一右心房人工血管搭桥术
39.2300x022 上腔静脉-右心房人工血管搭桥术
39.2300x024 升主动脉-降主动脉人工血管搭桥术
39.2301 升主动脉-降主动脉搭桥术
39.2302 升主动脉-腹主动脉搭桥术
39.2303 降主动脉-胸主动脉搭桥术
39.2304 无名静脉-上腔静脉搭桥术
39.2305 上腔静脉-右心房搭桥术
39.2306 下腔静脉-右肺动脉搭桥术
39.2309 右心房-颈静脉搭桥术
39.2400x001 主动脉-肾动脉人工血管搭桥术
39.2400x002 主动脉-肾动脉自体血管搭桥术
39.2401 腹主动脉-肾动脉搭桥术
39.2500x001 腹主动脉-股动脉-髂动脉人工血管搭桥术
39.2500x002 腹主动脉-股动脉人工血管搭桥术
39.2500x003 腹主动脉-髂动脉人工血管搭桥术
39.2500x004 腹主动脉-双侧髂动脉人工血管搭桥术
39.2500x007 升主动脉-股动脉人工血管搭桥术
39.2500x008 升主动脉-双股动脉人工血管搭桥术
39.2500x016 主动脉-髂动脉自体血管搭桥术
39.2500x017 主动脉-股动脉自体血管搭桥术
39.2500x018 主动脉-腘动脉人工血管搭桥术
39.2500x019 主动脉-腘动脉自体血管搭桥术
39.2502 腹主动脉-髂动脉搭桥术
39.2503 腹主动脉-股动脉-髂动脉搭桥术
39.2505 腹主动脉-股动脉搭桥术
39.2507 升主动脉-髂动脉搭桥术
39.2509 胸主动脉-髂动脉搭桥术
39.2510 腹主动脉-腘动脉搭桥术
39.2600x001 腹主动脉-肠系膜上动脉人工血管搭桥术
39.2600x008 腹主动脉-腹腔干动脉搭桥术
39.2606 腹主动脉-肠系膜上动脉搭桥术
39.3100x012 胸主动脉缝合术
39.3100x013 腹主动脉缝合术
39.3107 肺动脉缝合术
39.3203 下腔静脉缝合术
39.3205 上腔静脉缝合术
39.4900x010 肺动脉环缩去除
39.5012 腔静脉球囊血管成形术
39.5200x005 肺动脉瘤包裹术
39.5200x006 主动脉瘤包裹术（非体外）
39.5200x010 胸主动脉瘤修补术
39.5200x013 腹主动脉瘤修补术
39.5203 动脉瘤折叠术
39.5400x001 胸主动脉夹层动脉瘤开窗术
39.5600x001 主动脉组织补片修补术
39.5600x002 腔静脉组织补片修补术
39.5700x003 主动脉补片修补术
39.5700x004 主动脉合成补片修补术
39.5900x002 肺动脉修补术
39.5900x009 上腔静脉成形术
39.5900x016 升主动脉成形术
39.5900x018 主动脉成形术
39.5900x032 主动脉缩窄术
39.7900x035 经皮上腔静脉取栓术
39.7900x041 经皮下腔静脉取栓术
39.9100x002 下腔静脉松解术
39.9100x003 下腔静脉粘连松解术

FF1 外周血管手术伴介入操作

同时包含以下手术或操作：
38.0000 血管切开术
38.0200x002 颈动脉探查术
38.0200x003 颈内静脉血栓切除术
38.0201 颈动脉取栓术
38.0202 颈静脉取栓术
38.0300x003 上肢血管切开探查术
38.0300x005 上肢动脉探查术
38.0301 上肢静脉取栓术
38.0302 上肢动脉取栓术
38.0501 锁骨下动脉取栓术
38.0601 肠系膜动脉取栓术
38.0602 髂动脉取栓术
38.0603 肾动脉取栓术
38.0700x001 肠系膜上静脉血栓切除术

38.0700x003　门静脉探查术
38.0701　髂静脉取栓术
38.0703　肾静脉取栓术
38.0704　门静脉取栓术
38.0705　肠系膜静脉取栓术
38.0800x002　下肢动脉血栓切除术
38.0800x003　下肢动脉探查术
38.0801　股动脉取栓术
38.0802　腘动脉取栓术
38.0900x001　下肢静脉血栓切除术
38.0900x002　下肢静脉探查术
38.0901　股静脉取栓术
38.0902　腘静脉取栓术
38.1000x002　动脉内膜剥脱术
38.1200x003　颈动脉内膜剥脱术
38.1201　颈动脉内膜切除术
38.1202　颈动脉内膜切除伴补片修补术
38.1300　上肢血管内膜切除术
38.1600x002　髂动脉内膜剥除术
38.1600x005　髂动脉内膜剥脱伴补片修补术
38.1601　肾动脉内膜切除伴补片修补术
38.1602　髂动脉内膜切除术
38.1603　髂动脉内膜切除伴补片修补术
38.1604　肾动脉内膜切除术
38.1800x001　股动脉内膜剥脱术
38.1800x002　股动脉内膜剥脱伴血栓切除术
38.1800x003　腘动脉内膜剥脱伴补片修补术
38.1800x004　腘动脉内膜剥脱术
38.1800x005　下肢动脉内膜剥脱伴血栓切除术
38.1800x006　胫腓动脉内膜剥脱伴补片修补术
38.1800x007　股动脉内膜剥脱伴补片修补术
38.1801　股动脉内膜切除术
38.1802　股动脉内膜切除伴补片修补术
38.1803　腘动脉内膜切除术
38.1804　腘动脉内膜切除伴补片修补术
38.3000　血管部分切除术伴吻合术
38.3000x001　动脉瘤切除伴吻合术
38.3200x002　颈内动脉瘤切除伴吻合术
38.3201　颈动脉动脉瘤切除伴吻合术
38.3202　颈动脉部分切除伴吻合术
38.3300　上肢血管部分切除伴吻合术
38.3301　上肢动脉动脉瘤切除伴吻合术
38.3600　腹动脉部分切除术伴吻合术
38.3600x001　腹腔动脉部分切除伴吻合术
38.3600x002　肝动脉部分切除伴吻合术
38.3600x003　移植肾动脉部分切除伴吻合术
38.3600x004　肾动脉部分切除伴吻合术
38.3600x005　脾动脉部分切除伴吻合术
38.3600x006　髂动脉部分切除伴吻合术
38.3700　腹静脉部分切除术伴吻合术
38.3701　肾静脉部分切除伴吻合术
38.3800　下肢动脉部分切除术伴吻合术
38.3900　下肢静脉部分切除术伴吻合术
38.4000　血管部分切除术伴置换术
38.4200x001　颈动脉部分切除伴颈总-颈内动脉人工血管搭桥术
38.4200x002　颈总动脉切除伴自体血管移植术
38.4200x003　颈动脉部分切除伴颈总-颈内动脉自体血管搭桥术
38.4201　颈动脉部分切除伴置换术
38.4202　椎动脉瘤切除伴置换术
38.4203　颈动脉动脉瘤切除伴置换术
38.4300x001　肱动脉瘤切除伴自体血管移植术
38.4300x002　桡动脉部分切除伴桡尺动脉自体血管移植术
38.4301　桡动脉部分切除伴置换术
38.4302　肱动脉部分切除伴置换术
38.4303　腋静脉部分切除伴置换术
38.4304　尺动脉部分切除伴自体血管置换术
38.4500x002　锁骨下动脉瘤切除伴人工血管置换术
38.4508　锁骨下动脉瘤切除伴置换术
38.4509　锁骨下动脉部分切除伴置换术
38.4600x001　髂动脉部分切除术伴人工血管置换术
38.4600x003　髂动脉瘤切除伴人工血管置换术
38.4601　肾动脉瘤切除伴置换术
38.4602　脾动脉瘤切除伴置换术
38.4603　髂动脉部分切除伴置换术
38.4604　髂动脉瘤切除伴置换术
38.4701　门静脉瘤切除伴置换术
38.4800x001　腘动脉瘤切除伴人工血管置换术
38.4800x002　腘动脉部分切除伴人工血管置换术
38.4801　腘动脉部分切除伴置换术
38.4802　股动脉部分切除伴置换术
38.4803　胫动脉部分切除伴置换术
38.4804　腘动脉瘤切除伴置换术
38.4805　股动脉瘤切除伴置换术
38.4900x001　下肢静脉部分切除伴人工血管置换术
38.4900x002　下肢静脉部分切除伴自体血管移植术
38.5000　静脉曲张的结扎术和剥脱术
38.5201　头部静脉曲张的结扎术和剥脱术

38.5202　颈部静脉曲张的结扎术和剥脱术
38.5300　上肢血管静脉曲张的结扎术和剥脱术
38.5500　胸部血管静脉曲张的结扎术和剥脱术
38.5701　十二指肠静脉曲张结扎术
38.6000x010　静脉内异物取出术
38.6000x011　躯干部血管瘤切除术
38.6000x012　血管病损切除术
38.6000x013　血管球瘤切除术
38.6200x002　颈静脉瘤切除术
38.6200x003　颈静脉扩张切除术
38.6200x005　颈动脉瘤切除术
38.6200x006　颈外动脉瘤切除术
38.6200x007　颈外静脉瘤切除术
38.6201　颈部血管瘤切除术
38.6300x001　肱动脉瘤切除术
38.6301　上肢动脉瘤切除术
38.6302　上肢血管病损切除术
38.6500x001　头臂干动脉瘤切除［无名动脉瘤切除术］
38.6500x002　头臂静脉病损切除术［无名静脉病损切除术］
38.6501　无名静脉病损切除术
38.6600x002　肝动脉瘤切除术
38.6601　脾动脉瘤切除术
38.6602　肾动脉瘤切除术
38.6703　肾静脉病损切除术
38.6705　肠系膜上静脉病损切除术
38.6706　髂静脉病损切除术
38.6800x002　下肢动脉病损切除术
38.6801　腘动脉瘤切除术
38.6802　股动脉瘤切除术
38.6901　下肢静脉病损切除术
38.8000　血管的其他手术闭合
38.8200x003　颈内动脉结扎术
38.8200x005　颈内静脉结扎术
38.8200x006　颈前静脉结扎术
38.8200x007　颈总动脉结扎术
38.8200x008　颈外动脉结扎术
38.8201　颈动脉结扎术
38.8202　颈静脉结扎术
38.8203　舌动脉结扎术
38.8300x004　上肢血管结扎术
38.8301　尺动脉结扎术
38.8302　肱动脉结扎术
38.8303　桡动脉结扎术
38.8500x010　胸壁血管结扎术
38.8500x016　奇静脉结扎术
38.8500x017　胸腔镜下肋间动脉结扎术
38.8503　肋间动脉结扎术
38.8504　锁骨下动脉结扎术
38.8600x004　腹壁血管结扎术
38.8600x005　腹膜血管结扎术
38.8601　大网膜动脉结扎术
38.8602　胃动脉结扎术
38.8603　胆囊动脉结扎术
38.8604　肠系膜动脉结扎术
38.8605　肝动脉结扎术
38.8606　脾动脉结扎术
38.8607　髂动脉结扎术
38.8608　肾动脉结扎术
38.8609　子宫动脉结扎术
38.8700x001　腹部静脉结扎术
38.8700x002　卵巢动静脉高位结扎术
38.8700x008　子宫动静脉高位结扎术
38.8700x009　腹腔镜下卵巢动静脉高位结扎术
38.8701　肠系膜静脉结扎术
38.8702　子宫静脉高位结扎术
38.8703　肾静脉结扎术
38.8704　门静脉结扎术
38.8800x002　髂内动脉结扎术
38.8801　下肢动脉结扎术
38.8901　下肢静脉结扎术
38.9400　静脉缩短
39.0x02　锁骨下动脉-肺动脉吻合术
39.1x00x007　肠系膜上静脉-右心房人工血管分流术
39.1x00x012　颈外静脉-大隐静脉分流术
39.1x00x013　胃冠状静脉-肾静脉吻合术
39.1x07　脾静脉-肾静脉吻合术
39.1x10　经颈静脉肝内门体静脉吻合术
39.2200x002　颈外动脉-颈内动脉人工血管搭桥术
39.2200x003　颈总动脉-肱动脉自体血管搭桥术
39.2200x004　颈总动脉-锁骨下动脉搭桥术
39.2200x005　颈总动脉-腋动脉自体血管搭桥术
39.2200x006　颈总动脉-腋动脉人工血管搭桥术
39.2200x011　锁骨下动脉-肱动脉自体血管搭桥术
39.2200x014　锁骨下动脉-肱动脉人工血管搭桥术
39.2200x018　颈外动脉-颈内动脉自体血管搭桥术
39.2200x019　颈总动脉-肱动脉人工血管搭桥术
39.2202　锁骨下动脉-肱动脉搭桥术
39.2205　颈动脉-颈动脉搭桥术

39.2206　颈动脉-腋动脉搭桥术
39.2208　颈动脉-锁骨下动脉搭桥术
39.2209　颈动脉-锁骨上动脉搭桥术
39.2210　锁骨下动脉-锁骨下动脉搭桥术
39.2211　颈动脉-肱动脉搭桥术
39.2500x005　髂动脉-股动脉人工血管搭桥术
39.2500x006　髂动脉-腘动脉人工血管搭桥术
39.2500x009　髂动脉-股动脉-腘动脉人工血管搭桥术
39.2500x010　髂动脉-股动脉-腘动脉自体血管搭桥术
39.2500x011　髂动脉-股动脉人工血管-腘动脉自体血管搭桥术
39.2500x012　髂动脉-股动脉自体血管搭桥术
39.2500x013　髂动脉-腘动脉自体血管搭桥术
39.2500x014　髂总动脉-腘动脉人工血管架桥术
39.2500x015　髂总动脉-股动脉大隐静脉架桥术
39.2501　髂动脉-腘动脉搭桥术
39.2504　髂动脉-髂动脉搭桥术
39.2506　髂动脉-股动脉搭桥术
39.2508　髂动脉-股动脉-腘动脉搭桥术
39.2600x002　髂总动脉-肠系膜上动脉搭桥术
39.2600x003　髂总动脉-髂外动脉搭桥术
39.2600x004　肾动脉-股动脉人工血管搭桥术
39.2600x007　髂动脉-髂动脉人工血管搭桥术
39.2600x009　髂总动脉-腹腔干动脉人工血管搭桥术
39.2600x010　肾动脉-股动脉自体血管搭桥术
39.2602　髂动脉-肠系膜上动脉搭桥术
39.2604　肾动脉-股动脉搭桥术
39.2605　肾动脉-脾动脉搭桥术
39.2607　肠系膜上动脉-髂动脉搭桥术
39.2900x001　大隐静脉-肱动脉搭桥术
39.2900x002　大隐静脉-股动脉搭桥术
39.2900x003　股动脉-腓动脉自体血管搭桥术
39.2900x004　股动脉-腘动脉自体血管搭桥术
39.2900x005　股动脉-腘动脉人工血管搭桥术
39.2900x010　股浅动脉-股深动脉搭桥术
39.2900x011　颈内静脉-股静脉搭桥术
39.2900x012　颈外静脉-颈内静脉搭桥术
39.2900x013　颈内静脉-锁骨下静脉自体血管搭桥术
39.2900x015　髂静脉-股静脉自体血管搭桥术
39.2900x017　腋动脉-腋动脉人工血管搭桥术
39.2900x019　腋动脉-股动脉人工血管搭桥术
39.2900x024　肱动脉分支-肱动脉主干人工血管搭桥术
39.2900x025　肱动脉-头静脉人工血管搭桥术
39.2900x026　腘动脉-胫动脉自体血管搭桥术
39.2900x027　股动脉-胫腓动脉干搭桥术
39.2900x028　股静脉-股静脉人工血管搭桥术
39.2900x030　腋动脉-腘动脉人工血管搭桥术
39.2900x031　股动脉-股动脉人工血管搭桥术
39.2900x032　股动脉-股动脉自体血管搭桥术
39.2900x033　股动脉-腘动脉-腓动脉血管搭桥术
39.2900x034　股动脉-腘动脉-腓动脉自体血管搭桥术
39.2900x035　股动脉-腘动脉-胫后动脉血管搭桥术
39.2900x036　股动脉-腘动脉-胫后动脉自体血管搭桥术
39.2900x037　股动脉-腘动脉-胫前动脉血管搭桥术
39.2900x038　股动脉-腘动脉-胫前动脉自体血管搭桥术
39.2900x039　股动脉-腘动脉人工血管-腓动脉自体血管搭桥术
39.2900x040　股动脉-腘动脉人工血管-胫后动脉自体血管搭桥术
39.2900x041　股动脉-腘动脉人工血管-胫前动脉自体血管搭桥术
39.2900x042　股动脉-胫后动脉自体血管搭桥术
39.2900x043　股动脉-胫前动脉自体血管搭桥术
39.2900x044　股静脉-大隐静脉吻合术
39.2900x045　股静脉-股静脉自体血管搭桥术
39.2900x046　腘动脉-腓动脉自体血管搭桥术
39.2900x047　腘动脉-胫后动脉自体血管搭桥术
39.2900x048　腘动脉-胫前动脉自体血管搭桥术
39.2900x049　腋动脉-双股动脉人工血管搭桥术
39.2901　髂静脉-股静脉搭桥术
39.2902　股动脉-股动脉搭桥术
39.2903　腋动脉-股动脉搭桥术
39.2904　肱动脉-肱动脉搭桥术
39.2905　肱动脉-头静脉搭桥术
39.2906　股动脉-腓动脉搭桥术
39.2907　股动脉-腘动脉搭桥术
39.2908　股动脉-胫动脉搭桥术
39.2909　肱动脉-尺动脉搭桥术
39.2910　腋动脉-腋动脉搭桥术
39.2911　腘动脉-腓动脉搭桥术
39.2912　腘动脉-胫动脉搭桥术
39.2913　腋动脉-腘动脉搭桥术
39.2914　腘动脉-足背动脉搭桥术
39.2915　腋动脉-肱动脉搭桥术

39.2916 腘动脉-腘动脉搭桥术
39.3100 动脉缝合术
39.3100x002 肱动脉修补术
39.3100x004 股动脉修补术
39.3100x005 颈总动脉修补术
39.3100x006 肋间动脉修补术
39.3100x007 桡动脉修补术
39.3100x009 足背动脉修补术
39.3100x010 尺动脉吻合术
39.3101 胫动脉缝合术
39.3102 股动脉缝合术
39.3103 腋动脉缝合术
39.3104 肋间动脉缝合术
39.3105 足背动脉缝合术
39.3106 髂动脉缝合术
39.3108 肾动脉缝合术
39.3109 颈动脉缝合术
39.3110 十二指肠动脉缝合术
39.3111 腘动脉缝合术
39.3112 肱动脉缝合术
39.3113 桡动脉缝合术
39.3200 静脉缝合术
39.3200x004 门静脉缝合术
39.3201 肠系膜静脉缝合术
39.3202 肱静脉缝合术
39.3204 颈静脉缝合术
39.3206 股静脉缝合术
39.3207 肝静脉缝合术
39.4900x001 人工血管取出术
39.4900x005 下肢人工血管血栓切除术
39.4900x006 上肢人工血管血栓切除术
39.4900x008 肝动脉导管去除
39.5100 钳夹动脉瘤
39.5101 颈动脉瘤夹闭术
39.5102 大脑前动脉瘤夹闭术
39.5103 大脑中动脉瘤夹闭术
39.5104 后交通动脉瘤夹闭术
39.5105 基底动脉瘤夹闭术
39.5106 椎动脉瘤夹闭术
39.5107 前交通动脉瘤夹闭术
39.5108 小脑上动脉瘤夹闭术
39.5200x002 动脉瘤破裂修补术
39.5200x003 动脉瘤孤立术
39.5201 动脉瘤包裹术
39.5202 动脉瘤缝扎术
39.5300x010 下肢动静脉瘘电凝术
39.5300x011 动静脉瘘切除术
39.5300x013 颈动静脉瘘修补术
39.5300x016 人工动静脉瘘修补术
39.5300x017 上肢动静脉瘘结扎术
39.5300x018 下肢动静脉瘘结扎术
39.5302 动静脉瘘切断术
39.5303 动静脉瘘结扎术
39.5304 动静脉瘘夹闭术
39.5500 迷走肾血管的再植入
39.5601 动脉组织补片修补术
39.5602 静脉组织补片修补术
39.5701 静脉合成补片修补术
39.5702 动脉合成补片修补术
39.5800 用其他类型补片移植物的血管修补术
39.5900x001 动脉修补术
39.5900x003 肝静脉成形术
39.5900x004 股动脉成形术
39.5900x005 腘静脉修补术
39.5900x006 颈内动脉成形术
39.5900x007 静脉修补术
39.5900x008 髂动脉成形术
39.5900x010 肾动脉成形术
39.5900x011 无名动脉成形术
39.5900x013 颞浅动脉贴敷术
39.5900x014 静脉瓣膜包裹术
39.5900x019 股静脉环缩术
39.5900x021 股静脉瓣膜环缩术
39.5900x022 腘动脉修补术
39.5900x023 体静脉狭窄矫治术
39.5900x024 血管修补术
39.5900x031 胸腔镜下肺动脉修补术
39.5900x033 肺动脉干修补术
39.5900x034 肺动脉闭锁修补术
39.7900x015 奇静脉封堵术
39.7900x077 躯干动静脉瘘栓塞术
39.7900x078 动静脉瘘栓塞术
39.7900x301 上肢动静脉瘘栓塞术
39.7900x801 下肢动静脉瘘栓塞术
39.8900x001 颈动脉球切除术
39.8901 颈动脉体瘤切除术
39.9300 血管-血管的套管的置入术
39.9401 血管-血管套管的修复术
39.9800x003 颈内动脉瘤破裂止血术
39.9900 血管其他手术

40.0x01　淋巴管探查术
40.2900x017　腹膜后淋巴管瘤（囊肿）切除术
40.2900x018　肠系膜淋巴管瘤（囊肿）切除术
40.2900x019　肢体淋巴管瘤（囊肿）切除术
40.2900x020　腹壁淋巴管瘤（囊肿）切除术
40.2910　淋巴管瘤切除术
40.6301　胸腔镜淋巴瘘修补术
40.9x00x003　周围淋巴管-小静脉吻合术
40.9x00x004　淋巴干-小静脉吻合术
40.9x00x005　腰淋巴干-小静脉吻合术
40.9x00x006　髂淋巴干-小静脉吻合术
40.9x00x007　肠淋巴干-小静脉吻合术
40.9x00x008　淋巴水肿矫正Homans-Macey手术［Homan手术］
40.9x00x009　淋巴水肿矫正Charles手术［Charles手术］
40.9x00x010　淋巴水肿矫正Thompson手术［Thompson手术］
40.9x00x011　腹膜后淋巴管横断结扎术
40.9x00x012　髂淋巴干横断结扎术
40.9x00x013　淋巴管瘘结扎术
40.9x00x014　淋巴管瘘切除术
40.9x00x015　淋巴管瘘粘连术
40.9x00x016　淋巴管瘤注射术
40.9x00x017　淋巴水肿抽吸术
40.9x01　腹腔淋巴管修补术
40.9x02　周围淋巴管结扎术
40.9x03　周围淋巴管闭合术
40.9x04　周围淋巴管扩张术
40.9x05　周围淋巴管吻合术
40.9x06　周围淋巴管移植术
40.9x07　周围淋巴管重建术
40.9x08　淋巴水肿矫正术
40.9x09　淋巴管静脉吻合术
54.9400x002　腹腔-静脉转流泵管置入术
54.9401　腹腔颈静脉分流术
55.9902　肾蒂淋巴管离断术
59.0200x007　肾周围淋巴管剥脱术
59.0300x002　腹腔镜下肾周围淋巴管剥脱术

和

00.0102　颈部血管治疗性超声
00.0300　周围血管治疗性超声
00.5500x009　经皮周围动脉药物洗脱支架置入术
00.5500x010　经皮周围静脉药物洗脱支架置入术
00.5500x011　经皮尺动脉药物洗脱支架置入术
00.5500x012　经皮腓动脉药物洗脱支架置入术
00.5500x013　经皮肱动脉药物洗脱支架置入术
00.5500x014　经皮桡动脉药物洗脱支架置入术
00.5500x015　经皮上肢静脉药物洗脱支架置入术
00.5500x016　经皮头臂静脉药物洗脱支架置入术
00.5500x017　经皮外周动脉可降解支架置入术
00.5501　锁骨下动脉药物洗脱支架置入术
00.5502　股总动脉药物洗脱支架置入术
00.6000　表浅股动脉药物洗脱支架置入
00.6000x001　经皮股浅动脉药物洗脱支架置入术
00.6300x006　经皮颈动脉覆膜支架置入术
07.4200x002　经皮肾动脉去交感神经射频消融术
17.5600x001　经皮周围血管动脉粥样斑块切除术
38.2300　血管内光谱分析
38.2500　经光学相干断层扫描的非冠状血管血管内影像［OCT］
39.5000x013　锁骨下静脉球囊扩张成形术
39.5000x019　头臂静脉球囊扩张成形术
39.5000x024　肝动脉球囊扩张成形术
39.5000x025　上肢静脉球囊扩张成形术
39.5000x026　下肢静脉球囊扩张成形术
39.5000x029　髂总动脉球囊扩张成形术
39.5000x030　髂外动脉球囊扩张成形术
39.5000x031　下肢动脉球囊扩张成形术
39.5000x038　经皮肩峰动脉球囊扩张成形术
39.5000x039　经皮乳内动脉球囊扩张成形术
39.5000x040　经皮胫腓干动脉球囊成形术
39.5000x041　经皮足背动脉球囊扩张成形术
39.5001　锁骨下动脉球囊血管成形术
39.5002　肾动脉球囊血管成形术
39.5004　股动脉球囊血管成形术
39.5005　髂动脉球囊血管成形术
39.5006　肝静脉球囊血管成形术
39.5007　髂静脉球囊血管成形术
39.5008　无名动脉球囊血管成形术
39.5009　腘动脉球囊血管成形术
39.5011　胫动脉球囊血管成形术
39.5013　桡动脉球囊血管成形术
39.5014　腋动脉球囊血管成形术
39.5015　腓动脉球囊血管成形术
39.5016　肱动脉球囊血管成形术
39.5017　门静脉球囊扩张成形术
39.5900x025　烟囱技术肠系膜上动脉重建术

39.5900x026　烟囱技术髂内动脉重建术
39.5900x027　烟囱技术肾动脉重建术
39.5900x028　烟囱技术颈总动脉重建术
39.5900x029　烟囱技术锁骨下动脉重建术
39.7200x001　颈静脉支架置入术
39.7900x007　髂动脉瘤覆膜支架置入术
39.7900x009　甲状腺动脉栓塞术
39.7900x013　锁骨下动脉栓塞术
39.7900x017　结肠动脉栓塞术
39.7900x019　髂动脉栓塞术
39.7900x020　肾动脉栓塞术
39.7900x021　腰动脉栓塞术
39.7900x022　精索静脉栓塞术
39.7900x023　卵巢静脉栓塞术
39.7900x024　盆腔静脉栓塞术
39.7900x025　股动脉栓塞术
39.7900x027　臀下动脉栓塞术
39.7900x028　经皮肠系膜上动脉取栓术
39.7900x029　经皮肠系膜上静脉取栓术
39.7900x031　经皮腹主动脉取栓术
39.7900x032　经皮股动脉取栓术
39.7900x033　经皮门静脉取栓术
39.7900x034　经皮髂动脉取栓术
39.7900x036　经皮上肢动脉取栓术
39.7900x037　经皮上肢静脉取栓术
39.7900x038　经皮上肢人工血管取栓术
39.7900x039　经皮肾静脉取栓术
39.7900x040　经皮锁骨下动脉取栓术
39.7900x042　经皮下肢动脉取栓术
39.7900x043　经皮下肢静脉取栓术
39.7900x044　经皮下肢人工血管取栓术
39.7900x045　经皮周围动脉取栓术
39.7900x046　经皮周围静脉取栓术
39.7900x047　经皮下肢动脉弹簧圈栓塞术
39.7900x049　动脉NBCA生物胶栓塞术
39.7900x075　经皮肾动脉取栓术
39.7900x809　下肢静脉滤器置入术
39.7901　经导管肾血管栓塞术
39.7902　经导管支气管动脉栓塞术
39.7903　经导管肝动脉栓塞术
39.7904　经导管脾动脉栓塞术
39.7905　经导管下肢血管栓塞术
39.7906　经导管髂内动脉栓塞术
39.7907　经导管上肢血管栓塞术
39.7910　经导管动静脉畸形介入栓塞术
39.9000x010　脾动脉支架置入术
39.9000x011　髂静脉支架置入术
39.9000x012　锁骨下静脉支架置入术
39.9000x016　下肢静脉支架置入术
39.9000x017　尺动脉支架置入术
39.9000x019　股动脉覆膜支架置入术
39.9000x020　尺动脉非药物洗脱支架置入术
39.9000x021　腓动脉非药物洗脱支架置入术
39.9000x023　肱动脉非药物洗脱支架置入术
39.9000x024　肱动脉支架置入术
39.9000x025　腘动脉覆膜支架置入术
39.9000x028　髂动脉覆膜支架置入术
39.9000x029　桡动脉非药物洗脱支架置入术
39.9000x030　桡动脉支架置入术
39.9000x031　上肢动脉覆膜支架置入术
39.9000x032　上肢静脉非药物洗脱支架置入术
39.9000x033　上肢静脉支架置入术
39.9000x034　锁骨下动脉覆膜支架置入术
39.9000x035　头臂静脉非药物洗脱支架置入术
39.9000x036　无名动脉覆膜支架置入术
39.9001　肠系膜上动脉支架置入术
39.9003　门静脉支架置入术
39.9004　髂动脉支架置入术
39.9006　肝静脉支架置入术
39.9007　无名动脉支架置入术
39.9008　锁骨下动脉支架置入术
39.9009　股动脉支架置入术
39.9011　胫动脉支架置入术
39.9012　肝动脉支架置入术
39.9013　腘动脉支架置入术
39.9014　无名静脉支架置入术
39.9015　腓动脉支架置入术
39.9016　肾动脉支架置入术
44.4400x001　食管-胃底静脉栓塞术
99.1000x006　腹主动脉导管溶栓
99.1000x007　髂动脉导管溶栓
99.1000x008　髂静脉导管溶栓
99.1000x009　上肢动脉导管溶栓
99.1000x010　上肢静脉导管溶栓
99.1001　下肢动脉溶栓术
99.1002　股动脉置管溶栓术
99.1003　下肢静脉置管溶栓术
99.1004　肾动脉血栓溶解剂灌注

FF2 外周血管（除大隐静脉外）其他的手术

包含以下主要手术或操作：

38.0000 血管切开术
38.0200x002 颈动脉探查术
38.0200x003 颈内静脉血栓切除术
38.0200x004 颈动脉切开异物去除术
38.0201 颈动脉取栓术
38.0202 颈静脉取栓术
38.0300x003 上肢血管切开探查术
38.0300x005 上肢动脉探查术
38.0301 上肢静脉取栓术
38.0302 上肢动脉取栓术
38.0500x003 无名静脉取栓术
38.0500x004 锁骨下动脉切开探查术
38.0501 锁骨下动脉取栓术
38.0600x002 腹腔动脉切开探查术
38.0600x003 肝动脉取栓术
38.0601 肠系膜动脉取栓术
38.0602 髂动脉取栓术
38.0603 肾动脉取栓术
38.0700x001 肠系膜上静脉血栓切除术
38.0700x003 门静脉探查术
38.0700x004 肝静脉取栓术
38.0701 髂静脉取栓术
38.0703 肾静脉取栓术
38.0704 门静脉取栓术
38.0705 肠系膜静脉取栓术
38.0800x002 下肢动脉血栓切除术
38.0800x003 下肢动脉探查术
38.0800x004 下肢人工血管取栓术
38.0800x005 下肢动脉切开异物去除术
38.0801 股动脉取栓术
38.0802 腘动脉取栓术
38.0900x001 下肢静脉血栓切除术
38.0900x002 下肢静脉探查术
38.0901 股静脉取栓术
38.0902 腘静脉取栓术
38.1000x002 动脉内膜剥脱术
38.1200x003 颈动脉内膜剥脱术
38.1201 颈动脉内膜切除术
38.1202 颈动脉内膜切除伴补片修补术
38.1300 上肢血管内膜切除术
38.1600x002 髂动脉内膜剥除术
38.1600x005 髂动脉内膜剥脱伴补片修补术
38.1601 肾动脉内膜切除伴补片修补术
38.1602 髂动脉内膜切除术
38.1603 髂动脉内膜切除伴补片修补术
38.1604 肾动脉内膜切除术
38.1800x001 股动脉内膜剥脱术
38.1800x002 股动脉内膜剥脱伴血栓切除术
38.1800x003 腘动脉内膜剥脱伴补片修补术
38.1800x004 腘动脉内膜剥脱术
38.1800x005 下肢动脉内膜剥脱伴血栓切除术
38.1800x006 胫腓动脉内膜剥脱伴补片修补术
38.1800x007 股动脉内膜剥脱伴补片修补术
38.1801 股动脉内膜切除术
38.1802 股动脉内膜切除伴补片修补术
38.1803 腘动脉内膜切除术
38.1804 腘动脉内膜切除伴补片修补术
38.3000 血管部分切除术伴吻合术
38.3000x001 动脉瘤切除伴吻合术
38.3200x002 颈内动脉瘤切除伴吻合术
38.3200x003 颈静脉部分切除伴吻合术
38.3201 颈动脉动脉瘤切除伴吻合术
38.3202 颈动脉部分切除伴吻合术
38.3300 上肢血管部分切除伴吻合术
38.3301 上肢动脉动脉瘤切除伴吻合术
38.3500x003 锁骨下动脉部分切除伴吻合术
38.3500x004 肺静脉部分切除伴吻合术
38.3600 腹动脉部分切除术伴吻合术
38.3600x001 腹腔动脉部分切除伴吻合术
38.3600x002 肝动脉部分切除伴吻合术
38.3600x003 移植肾动脉部分切除伴吻合术
38.3600x004 肾动脉部分切除伴吻合术
38.3600x005 脾动脉部分切除伴吻合术
38.3600x006 髂动脉部分切除伴吻合术
38.3700 腹静脉部分切除术伴吻合术
38.3700x001 门静脉部分切除伴吻合术
38.3700x002 肠系膜静脉部分切除伴吻合术
38.3700x004 髂静脉部分切除伴吻合术
38.3700x005 脾静脉部分切除伴吻合术
38.3701 肾静脉部分切除伴吻合术
38.3800 下肢动脉部分切除术伴吻合术
38.3900 下肢静脉部分切除术伴吻合术
38.4000 血管部分切除术伴置换术
38.4200x001 颈动脉部分切除伴颈总-颈内动脉人工血管搭桥术
38.4200x002 颈总动脉切除伴自体血管移植术
38.4200x003 颈动脉部分切除伴颈总-颈内动脉自

体血管搭桥术
38.4201　颈动脉部分切除伴置换术
38.4202　椎动脉瘤切除伴置换术
38.4203　颈动脉动脉瘤切除伴置换术
38.4300x001　肱动脉瘤切除伴自体血管移植术
38.4300x002　桡动脉部分切除伴桡尺动脉自体血管移植术
38.4300x003　腋动脉部分切除伴自体血管置换术
38.4300x004　腋静脉部分切除伴自体血管置换术
38.4300x005　腋静脉部分切除伴人工血管置换术
38.4300x006　肱动脉部分切除伴人工血管置换术
38.4300x007　桡动脉部分切除伴人工血管置换术
38.4300x008　桡动脉部分切除伴自体血管置换术
38.4301　桡动脉部分切除伴置换术
38.4302　肱动脉部分切除伴置换术
38.4303　腋静脉部分切除伴置换术
38.4304　尺动脉部分切除伴自体血管置换术
38.4500x002　锁骨下动脉瘤切除伴人工血管置换术
38.4500x020　锁骨下动脉部分切除伴自体血管置换术
38.4500x022　锁骨下静脉部分切除伴自体血管置换术
38.4500x023　肺动脉部分切除伴自体血管置换术
38.4500x024　无名动脉部分切除伴人工血管置换术
38.4508　锁骨下动脉瘤切除伴置换术
38.4509　锁骨下动脉部分切除伴置换术
38.4600x001　髂动脉部分切除术伴人工血管置换术
38.4600x003　髂动脉瘤切除伴人工血管置换术
38.4600x004　髂动脉部分切除伴自体血管置换术
38.4600x005　肝动脉部分切除伴自体血管置换术
38.4600x006　阴茎动脉部分切除伴自体血管置换术
38.4601　肾动脉瘤切除伴置换术
38.4602　脾动脉瘤切除伴置换术
38.4603　髂动脉部分切除伴置换术
38.4604　髂动脉瘤切除伴置换术
38.4700x002　门静脉部分切除伴人工血管置换术
38.4700x003　门静脉部分切除伴自体血管置换术
38.4700x004　髂静脉部分切除伴人工血管置换术
38.4700x005　髂静脉部分切除伴自体血管置换术
38.4701　门静脉瘤切除伴置换术
38.4800x001　腘动脉瘤切除伴人工血管置换术
38.4800x002　腘动脉部分切除伴人工血管置换术
38.4800x003　腘动脉部分切除伴自体血管置换术
38.4800x004　股动脉部分切除伴人工血管置换术
38.4801　腘动脉部分切除伴置换术
38.4802　股动脉部分切除伴置换术
38.4803　胫动脉部分切除伴置换术
38.4804　腘动脉瘤切除伴置换术
38.4805　股动脉瘤切除伴置换术
38.4900x001　下肢静脉部分切除伴人工血管置换术
38.4900x002　下肢静脉部分切除伴自体血管移植术
38.5000　静脉曲张的结扎术和剥脱术
38.5201　头部静脉曲张的结扎术和剥脱术
38.5202　颈部静脉曲张的结扎术和剥脱术
38.5300　上肢血管静脉曲张的结扎术和剥脱术
38.5500　胸部血管静脉曲张的结扎术和剥脱术
38.5701　十二指肠静脉曲张结扎术
38.6000x010　静脉内异物取出术
38.6000x011　躯干部血管瘤切除术
38.6000x012　血管病损切除术
38.6000x013　血管球瘤切除术
38.6200x002　颈静脉瘤切除术
38.6200x003　颈静脉扩张切除术
38.6200x005　颈动脉瘤切除术
38.6200x006　颈外动脉瘤切除术
38.6200x007　颈外静脉瘤切除术
38.6200x008　颈动脉病损切除术
38.6200x009　颈静脉病损切除术
38.6200x010　颈动脉外膜剥离术
38.6201　颈部血管瘤切除术
38.6300x001　肱动脉瘤切除术
38.6301　上肢动脉瘤切除术
38.6302　上肢血管病损切除术
38.6500x001　头臂干动脉瘤切除［无名动脉瘤切除术］
38.6500x002　头臂静脉病损切除术［无名静脉病损切除术］
38.6501　无名静脉病损切除术
38.6600x002　肝动脉瘤切除术
38.6600x003　髂动脉部分切除术
38.6600x004　肠系膜动脉切除术
38.6601　脾动脉瘤切除术
38.6602　肾动脉瘤切除术
38.6703　肾静脉病损切除术
38.6705　肠系膜上静脉病损切除术
38.6706　髂静脉病损切除术
38.6800x002　下肢动脉病损切除术
38.6801　腘动脉瘤切除术
38.6802　股动脉瘤切除术
38.6901　下肢静脉病损切除术

38.7x00x010 垂直静脉结扎术
38.8000 血管的其他手术闭合
38.8200x003 颈内动脉结扎术
38.8200x005 颈内静脉结扎术
38.8200x006 颈前静脉结扎术
38.8200x007 颈总动脉结扎术
38.8200x008 颈外动脉结扎术
38.8200x009 颞动脉结扎术
38.8201 颈动脉结扎术
38.8202 颈静脉结扎术
38.8203 舌动脉结扎术
38.8300x004 上肢血管结扎术
38.8301 尺动脉结扎术
38.8302 肱动脉结扎术
38.8303 桡动脉结扎术
38.8500x010 胸壁血管结扎术
38.8500x016 奇静脉结扎术
38.8500x017 胸腔镜下肋间动脉结扎术
38.8500x018 胸腔镜下支气管动脉结扎术
38.8503 肋间动脉结扎术
38.8504 锁骨下动脉结扎术
38.8600x004 腹壁血管结扎术
38.8600x005 腹膜血管结扎术
38.8600x006 腹腔镜子宫动脉结扎术
38.8601 大网膜动脉结扎术
38.8602 胃动脉结扎术
38.8603 胆囊动脉结扎术
38.8604 肠系膜动脉结扎术
38.8605 肝动脉结扎术
38.8606 脾动脉结扎术
38.8607 髂动脉结扎术
38.8608 肾动脉结扎术
38.8609 子宫动脉结扎术
38.8700x001 腹部静脉结扎术
38.8700x002 卵巢动静脉高位结扎术
38.8700x008 子宫动静脉高位结扎术
38.8700x009 腹腔镜下卵巢动静脉高位结扎术
38.8700x010 髂静脉结扎术
38.8700x011 腹腔镜下门静脉结扎术
38.8700x012 腹腔镜下脾动脉结扎术
38.8701 肠系膜静脉结扎术
38.8702 子宫静脉高位结扎术
38.8703 肾静脉结扎术
38.8704 门静脉结扎术
38.8800x002 髂内动脉结扎术
38.8800x003 股深动脉结扎术
38.8800x004 股浅动脉结扎术
38.8800x005 股总动脉结扎术
38.8801 下肢动脉结扎术
38.8901 下肢静脉结扎术
38.9400 静脉缩短
39.0x02 锁骨下动脉-肺动脉吻合术
39.1x00x007 肠系膜上静脉-右心房人工血管分流术
39.1x00x012 颈外静脉-大隐静脉分流术
39.1x00x013 胃冠状静脉-肾静脉吻合术
39.1x00x020 胃左动脉-门静脉吻合术
39.1x00x021 门静脉-门静脉吻合术
39.1x00x022 脾静脉-门静脉吻合术
39.1x00x023 肠系膜静脉-门静脉吻合术
39.1x07 脾静脉-肾静脉吻合术
39.1x10 经颈静脉肝内门体静脉吻合术
39.2200x002 颈外动脉-颈内动脉人工血管搭桥术
39.2200x003 颈总动脉-肱动脉自体血管搭桥术
39.2200x004 颈总动脉-锁骨下动脉搭桥术
39.2200x005 颈总动脉-腋动脉自体血管搭桥术
39.2200x006 颈总动脉-腋动脉人工血管搭桥术
39.2200x011 锁骨下动脉-肱动脉自体血管搭桥术
39.2200x014 锁骨下动脉-肱动脉人工血管搭桥术
39.2200x018 颈外动脉-颈内动脉自体血管搭桥术
39.2200x019 颈总动脉-肱动脉人工血管搭桥术
39.2200x022 左颈总动脉-右颈总动脉人工血管搭桥术
39.2200x023 椎动脉-锁骨下动脉人工血管搭桥术
39.2200x024 锁骨下动脉-无名动脉人工血管搭桥术
39.2200x025 锁骨下动脉-无名动脉自体血管搭桥术
39.2202 锁骨下动脉-肱动脉搭桥术
39.2205 颈动脉-颈动脉搭桥术
39.2206 颈动脉-腋动脉搭桥术
39.2208 颈动脉-锁骨下动脉搭桥术
39.2209 颈动脉-锁骨上动脉搭桥术
39.2210 锁骨下动脉-锁骨下动脉搭桥术
39.2211 颈动脉-肱动脉搭桥术
39.2300x009 无名动脉-颈总动脉搭桥术
39.2308 颈静脉-锁骨下静脉搭桥术
39.2500x005 髂动脉-股动脉人工血管搭桥术
39.2500x006 髂动脉-腘动脉人工血管搭桥术
39.2500x009 髂动脉-股动脉-腘动脉人工血管搭桥术
39.2500x010 髂动脉-股动脉-腘动脉自体血管搭桥术

39.2500x011 髂动脉-股动脉人工血管-腘动脉自体血管搭桥术
39.2500x012 髂动脉-股动脉自体血管搭桥术
39.2500x013 髂动脉-腘动脉自体血管搭桥术
39.2500x014 髂总动脉-腘动脉人工血管架桥术
39.2500x015 髂总动脉-股动脉大隐静脉架桥术
39.2500x020 腋动脉-髂动脉人工血管搭桥术
39.2500x021 腋动脉-髂动脉自体血管搭桥术
39.2501 髂动脉-腘动脉搭桥术
39.2504 髂动脉-髂动脉搭桥术
39.2506 髂动脉-股动脉搭桥术
39.2508 髂动脉-股动脉-腘动脉搭桥术
39.2600x002 髂总动脉-肠系膜上动脉搭桥术
39.2600x003 髂总动脉-髂外动脉搭桥术
39.2600x004 肾动脉-股动脉人工血管搭桥术
39.2600x007 髂动脉-髂动脉人工血管搭桥术
39.2600x009 髂总动脉-腹腔干动脉人工血管搭桥术
39.2600x010 肾动脉-股动脉自体血管搭桥术
39.2600x011 肝动脉-脾动脉人工血管搭桥术
39.2600x012 肝动脉-脾动脉自体血管搭桥术
39.2600x013 髂动脉-肠系膜上动脉人工血管搭桥术
39.2602 髂动脉-肠系膜上动脉搭桥术
39.2604 肾动脉-股动脉搭桥术
39.2605 肾动脉-脾动脉搭桥术
39.2607 肠系膜上动脉-髂动脉搭桥术
39.2900x003 股动脉-腓动脉自体血管搭桥术
39.2900x004 股动脉-腘动脉自体血管搭桥术
39.2900x005 股动脉-腘动脉人工血管搭桥术
39.2900x010 股浅动脉-股深动脉搭桥术
39.2900x011 颈内静脉-股静脉搭桥术
39.2900x012 颈外静脉-颈内静脉搭桥术
39.2900x013 颈内静脉-锁骨下静脉自体血管搭桥术
39.2900x015 髂静脉-股静脉自体血管搭桥术
39.2900x017 腋动脉-腋动脉人工血管搭桥术
39.2900x019 腋动脉-股动脉人工血管搭桥术
39.2900x024 肱动脉分支-肱动脉主干人工血管搭桥术
39.2900x025 肱动脉-头静脉人工血管搭桥术
39.2900x026 腘动脉-胫动脉自体血管搭桥术
39.2900x027 股动脉-胫腓动脉干搭桥术
39.2900x028 股静脉-股静脉人工血管搭桥术
39.2900x030 腋动脉-腘动脉人工血管搭桥术
39.2900x031 股动脉-股动脉人工血管搭桥术
39.2900x032 股动脉-股动脉自体血管搭桥术
39.2900x033 股动脉-腘动脉-腓动脉血管搭桥术
39.2900x034 股动脉-腘动脉-腓动脉自体血管搭桥术
39.2900x035 股动脉-腘动脉-胫后动脉血管搭桥术
39.2900x036 股动脉-腘动脉-胫后动脉自体血管搭桥术
39.2900x037 股动脉-腘动脉-胫前动脉血管搭桥术
39.2900x038 股动脉-腘动脉-胫前动脉自体血管搭桥术
39.2900x039 股动脉-腘动脉人工血管-腓动脉自体血管搭桥术
39.2900x040 股动脉-腘动脉人工血管-胫后动脉自体血管搭桥术
39.2900x041 股动脉-腘动脉人工血管-胫前动脉自体血管搭桥术
39.2900x042 股动脉-胫后动脉自体血管搭桥术
39.2900x043 股动脉-胫前动脉自体血管搭桥术
39.2900x045 股静脉-股静脉自体血管搭桥术
39.2900x046 腘动脉-腓动脉自体血管搭桥术
39.2900x047 腘动脉-胫后动脉自体血管搭桥术
39.2900x048 腘动脉-胫前动脉自体血管搭桥术
39.2900x049 腋动脉-双股动脉人工血管搭桥术
39.2900x050 腋动脉-肱动脉人工血管搭桥术
39.2900x051 腋动脉-肱动脉自体血管搭桥术
39.2900x052 股动脉-胫动脉人工血管搭桥术
39.2900x053 股动脉-腓动脉人工血管搭桥术
39.2900x054 右股动脉-左股动脉-腘动脉人工血管搭桥术
39.2900x055 腘动脉-腘静脉自体血管搭桥术
39.2900x056 腘动脉-足底动脉自体血管搭桥术
39.2901 髂静脉-股静脉搭桥术
39.2902 股动脉-股动脉搭桥术
39.2903 腋动脉-股动脉搭桥术
39.2904 肱动脉-肱动脉搭桥术
39.2905 肱动脉-头静脉搭桥术
39.2906 股动脉-腓动脉搭桥术
39.2907 股动脉-腘动脉搭桥术
39.2908 股动脉-胫动脉搭桥术
39.2909 肱动脉-尺动脉搭桥术
39.2910 腋动脉-腋动脉搭桥术
39.2911 腘动脉-腓动脉搭桥术
39.2912 腘动脉-胫动脉搭桥术
39.2913 腋动脉-腘动脉搭桥术
39.2914 腘动脉-足背动脉搭桥术
39.2915 腋动脉-肱动脉搭桥术
39.2916 腘动脉-腘动脉搭桥术

39.3100 动脉缝合术
39.3100x002 肱动脉修补术
39.3100x004 股动脉修补术
39.3100x005 颈总动脉修补术
39.3100x006 肋间动脉修补术
39.3100x007 桡动脉修补术
39.3100x009 足背动脉修补术
39.3100x010 尺动脉吻合术
39.3100x011 锁骨下动脉缝合术
39.3100x014 肝动脉缝合术
39.3100x015 肠系膜动脉缝合术
39.3100x016 子宫动脉缝合术
39.3100x017 掌指动脉缝合术
39.3100x018 指动脉缝合术
39.3100x019 腓动脉缝合术
39.3101 胫动脉缝合术
39.3102 股动脉缝合术
39.3103 腋动脉缝合术
39.3104 肋间动脉缝合术
39.3105 足背动脉缝合术
39.3106 髂动脉缝合术
39.3108 肾动脉缝合术
39.3109 颈动脉缝合术
39.3110 十二指肠动脉缝合术
39.3111 腘动脉缝合术
39.3112 肱动脉缝合术
39.3113 桡动脉缝合术
39.3200 静脉缝合术
39.3200x004 门静脉缝合术
39.3200x007 髂静脉缝合术
39.3200x008 移植肾的肾静脉缝合术
39.3200x009 肾静脉缝合术
39.3200x010 胫静脉缝合术
39.3200x011 腘静脉缝合术
39.3200x012 腓静脉缝合术
39.3200x013 足静脉缝合术
39.3201 肠系膜静脉缝合术
39.3202 肱静脉缝合术
39.3204 颈静脉缝合术
39.3206 股静脉缝合术
39.3207 肝静脉缝合术
39.4900x001 人工血管取出术
39.4900x005 下肢人工血管血栓切除术
39.4900x006 上肢人工血管血栓切除术
39.4900x008 肝动脉导管去除
39.5100 钳夹动脉瘤
39.5100x008 上肢动脉瘤钳夹术
39.5100x009 下肢动脉瘤钳夹术
39.5101 颈动脉瘤夹闭术
39.5102 大脑前动脉瘤夹闭术
39.5103 大脑中动脉瘤夹闭术
39.5104 后交通动脉瘤夹闭术
39.5105 基底动脉瘤夹闭术
39.5106 椎动脉瘤夹闭术
39.5107 前交通动脉瘤夹闭术
39.5108 小脑上动脉瘤夹闭术
39.5200x002 动脉瘤破裂修补术
39.5200x003 动脉瘤孤立术
39.5200x009 锁骨下动脉瘤修补术
39.5200x011 肺动脉瘤修补术
39.5200x012 腹腔动脉瘤修补术
39.5200x014 胰十二指肠上动脉瘤修补术
39.5200x015 肠系膜动脉瘤修补术
39.5200x016 上肢动脉瘤修补术
39.5200x017 下肢动脉瘤修补术
39.5201 动脉瘤包裹术
39.5202 动脉瘤缝扎术
39.5300x010 下肢动静脉瘘电凝术
39.5300x011 动静脉瘘切除术
39.5300x013 颈动静脉瘘修补术
39.5300x016 人工动静脉瘘修补术
39.5300x017 上肢动静脉瘘结扎术
39.5300x018 下肢动静脉瘘结扎术
39.5300x022 锁骨下动静脉瘘修补术
39.5300x023 肺动静脉瘘修补术
39.5300x024 躯干部动静脉瘘修补术
39.5300x025 股动静脉瘘修补术
39.5302 动静脉瘘切断术
39.5303 动静脉瘘结扎术
39.5304 动静脉瘘夹闭术
39.5500 迷走肾血管的再植入
39.5600x003 肺动脉组织补片修补术
39.5600x004 肺静脉组织补片修补术
39.5600x005 门静脉组织补片修补术
39.5600x006 下肢动脉组织补片修补术
39.5600x007 上肢动脉组织补片修补术
39.5601 动脉组织补片修补术
39.5602 静脉组织补片修补术
39.5700x005 肺动脉合成补片修补术
39.5700x006 上肢动脉合成补片修补术

39.5700x007　上肢静脉合成补片修补术
39.5700x008　下肢动脉合成补片修补术
39.5700x009　下肢静脉合成补片修补术
39.5701　静脉合成补片修补术
39.5702　动脉合成补片修补术
39.5800　用其他类型补片移植物的血管修补术
39.5900x001　动脉修补术
39.5900x003　肝静脉成形术
39.5900x004　股动脉成形术
39.5900x005　腘静脉修补术
39.5900x006　颈内动脉成形术
39.5900x007　静脉修补术
39.5900x008　髂动脉成形术
39.5900x010　肾动脉成形术
39.5900x011　无名动脉成形术
39.5900x013　颞浅动脉贴敷术
39.5900x014　静脉瓣膜包裹术
39.5900x019　股静脉环缩术
39.5900x021　股静脉瓣膜环缩术
39.5900x022　腘动脉修补术
39.5900x023　体静脉狭窄矫治术
39.5900x024　血管修补术
39.5900x031　胸腔镜下肺动脉修补术
39.5900x033　肺动脉干修补术
39.5900x034　肺动脉闭锁修补术
39.5900x035　下肢深静脉瓣膜成形术
39.5900x036　下肢动脉成形术
39.7200x009　颌动脉栓塞术
39.7900x015　奇静脉封堵术
39.7900x077　躯干动静脉瘘栓塞术
39.7900x078　动静脉瘘栓塞术
39.7900x301　上肢动静脉瘘栓塞术
39.7900x801　下肢动静脉瘘栓塞术
39.8900x001　颈动脉球切除术
39.8901　颈动脉体瘤切除术
39.9100x004　肾动脉松解术
39.9100x005　肾静脉松解术
39.9100x006　髂动脉松解术
39.9100x007　髂静脉松解术
39.9100x008　股静脉松解术
39.9100x009　桡动脉松解术
39.9100x010　桡静脉松解术
39.9300　血管-血管的套管的置入术
39.9401　血管-血管套管的修复术
39.9800x003　颈内动脉瘤破裂止血术
39.9900　血管其他手术
40.0x01　淋巴管探查术
40.2900x017　腹膜后淋巴管瘤（囊肿）切除术
40.2900x018　肠系膜淋巴管瘤（囊肿）切除术
40.2900x019　肢体淋巴管瘤（囊肿）切除术
40.2900x020　腹壁淋巴管瘤（囊肿）切除术
40.2910　淋巴管瘤切除术
40.6301　胸腔镜淋巴瘘修补术
40.9x00x003　周围淋巴管-小静脉吻合术
40.9x00x004　淋巴干-小静脉吻合术
40.9x00x005　腰淋巴干-小静脉吻合术
40.9x00x006　髂淋巴干-小静脉吻合术
40.9x00x007　肠淋巴干-小静脉吻合术
40.9x00x008　淋巴水肿矫正Homans-Macey手术［Homan手术］
40.9x00x009　淋巴水肿矫正Charles手术［Charles手术］
40.9x00x010　淋巴水肿矫正Thompson手术［Thompson手术］
40.9x00x011　腹膜后淋巴管横断结扎术
40.9x00x012　髂淋巴干横断结扎术
40.9x00x013　淋巴管瘘结扎术
40.9x00x014　淋巴管瘘切除术
40.9x00x015　淋巴管瘘粘连术
40.9x00x016　淋巴管瘤注射术
40.9x00x017　淋巴水肿抽吸术
40.9x01　腹腔淋巴管修补术
40.9x02　周围淋巴管结扎术
40.9x03　周围淋巴管闭合术
40.9x04　周围淋巴管扩张术
40.9x05　周围淋巴管吻合术
40.9x06　周围淋巴管移植术
40.9x07　周围淋巴管重建术
40.9x08　淋巴水肿矫正术
40.9x09　淋巴管静脉吻合术
54.9400x002　腹腔-静脉转流泵管置入术
54.9401　腹腔颈静脉分流术
55.9902　肾蒂淋巴管离断术
59.0200x007　肾周围淋巴管剥脱术
59.0300x002　腹腔镜下肾周围淋巴管剥脱术

FF3　大隐静脉和小隐静脉手术

包含以下主要手术或操作：
38.0900x003　大隐静脉切开术
38.5900x003　大隐静脉主干激光闭合术

38.5900x005　下肢静脉剥脱术
38.5900x008　大隐静脉高位结扎电凝术
38.5900x009　下肢静脉曲张刨吸术（Trivex系统）
38.5900x010　大隐静脉射频消融术
38.5901　大隐静脉高位结扎和剥脱术
38.5902　大隐静脉曲张结扎术
38.5903　大隐静脉曲张剥脱术
38.5904　小隐静脉曲张结扎术
38.5905　小隐静脉曲张剥脱术
38.5906　小隐静脉高位结扎和剥脱术
38.5907　大隐静脉曲张分段切除术
39.2900x001　大隐静脉-肱动脉搭桥术
39.2900x002　大隐静脉-股动脉搭桥术
39.2900x044　股静脉-大隐静脉吻合术

FJ1　心血管系统其他手术

包含以下主要手术或操作：
37.3306　心脏射频消融改良迷宫术
00.6700x001　肺动脉血流储备分数检查
00.6701　主动脉血管内压测定
37.0x00x003　心脏穿刺异物去除术
37.1000x004　心脏切开探查术
37.1000x007　心肌松解术
37.1000x008　心脏切开异物去除术
37.1100x004　心房血栓清除术
37.1100x006　心内膜剥除术
37.1100x008　心耳血栓清除术
37.1100x009　心室血栓清除术
37.1101　心肌切开术
37.1102　心内膜切开术
37.1103　心室切开术
37.1104　心房切开术
37.1200x005　心包切开探查术
37.1200x008　胸腔镜下心包切开引流术
37.1200x009　心包切开闭式引流术
37.1200x010　心包血块清除术
37.1200x011　胸腔镜下心包开窗术
37.1201　心包粘连松解术
37.1202　心包异物取出术
37.1203　心包开窗术
37.1204　心包切开引流术
37.2400　心包活组织检查
37.2401　胸腔镜下心包活组织检查
37.2500x001　经皮心肌活检
37.2501　心肌活组织检查
37.3100x006　心包减压术
37.3101　心包剥脱术
37.3102　心包部分切除术
37.3103　心包病损切除术
37.3104　胸腔镜下心包病损切除术
37.3300x008　心脏病损切除术
37.3300x024　经胸心脏射频消融改良迷宫术
37.3301　心房病损切除术
37.3305　心室病损切除术
37.3701　胸腔镜下心房病损切除术
37.3703　胸腔镜下心脏射频消融改良迷宫术
37.3704　胸腔镜下心脏病损切除术
37.4100　围绕心脏的心脏假体支持装置植入术
37.4900x001　心包修补术
37.4900x002　心脏破裂修补术
37.4900x005　心室修补术
37.4900x014　改良心室修补术
37.4900x015　心房修补术
37.4900x016　心室折叠术
37.4901　心包缝合术
37.4902　心脏缝合术
37.4903　心房折叠术
37.7901　心脏起搏器囊袋清创术
37.7902　心脏起搏器囊袋修补术
37.9000x001　经皮左心耳封堵术
37.9100　开胸心脏按摩
37.9300x001　心包局部灌注治疗
38.0500x002　肺动脉探查术

FK1　心脏循环辅助系统植入

包含以下主要手术或操作：
37.5300x001　人工心脏的置换术或修补术
37.5400　全部置换心脏系统的其他可置入成分置换或修补术
37.5500　去除内置的双心室心脏置换系统
37.6000　植入或置入双心室心脏外置式辅助系统
37.6101　主动脉球囊反搏置入术
37.6200x002　心脏辅助系统置入术
37.6201　心脏泵置入术
37.6301　心脏辅助系统置换术
37.6400x001　心脏辅助系统去除术
37.6500x001　外置式心脏辅助系统置入术
37.6600x001　左心室辅助系统置入术［LVAD置入术］
37.6600x002　右心室辅助系统置入术［RVAD置

入术］
37.6800x001　经皮心脏辅助装置置换术
37.6800x002　经皮心脏辅助装置置入术
37.6800x003　经皮左心室辅助装置置入术［Impella导管心室辅助系统置入］
37.6800x004　经皮右心室辅助装置置入术［RVAD置入术］
37.6800x005　经皮左心室辅助装置置入术［LVAD置入术］

FK2　伴急性心肌梗死/心衰/休克的心脏除颤器及心室同步

包含以下主要诊断：
I11.001　高血压性心力衰竭
I11.002　高血压心脏病伴心力衰竭
I13.000x001　高血压性心脏病和肾脏病伴心力衰竭
I21.000x005　急性前壁尖部心肌梗死
I21.001　急性前壁心肌梗死
I21.002　急性前侧壁心肌梗死
I21.003　急性前间壁心肌梗死
I21.004　急性广泛前壁心肌梗死
I21.103　急性下壁心肌梗死
I21.104　急性下间壁心肌梗死
I21.105　急性下侧壁心肌梗死
I21.106　急性下后壁心肌梗死
I21.200x003　急性后壁心肌梗死
I21.200x009　急性心房心肌梗死
I21.200x010　急性心尖部心肌梗死
I21.200x011　急性后间壁心肌梗死
I21.200x014　急性侧壁正后壁心肌梗死
I21.200x015　急性尖-侧壁心肌梗死
I21.200x016　急性下壁高侧壁心肌梗死
I21.200x017　急性下壁高侧壁正后壁心肌梗死
I21.200x018　急性下壁后壁右心室心肌梗死
I21.200x019　急性广泛前壁高侧壁心肌梗死
I21.200x020　急性前侧壁下壁心肌梗死
I21.200x021　急性前壁高侧壁心肌梗死
I21.200x022　急性前间壁高侧壁心肌梗死
I21.200x023　急性广泛前壁下壁心肌梗死
I21.200x024　急性前壁高侧壁下壁心肌梗死
I21.200x025　急性广泛前壁下壁高侧壁心肌梗死
I21.200x026　急性前间壁下壁心肌梗死
I21.200x027　急性高侧壁正后壁心肌梗死
I21.200x029　急性下壁侧壁心肌梗死
I21.200x030　急性下后壁右心室心肌梗死
I21.204　急性高侧壁心肌梗死
I21.205　急性正后壁心肌梗死
I21.206　急性右室心肌梗死
I21.207　急性下壁右心室心肌梗死
I21.208　急性下壁正后壁心肌梗死
I21.210　急性侧壁心肌梗死
I21.211　急性前壁下壁心肌梗死
I21.212　急性下壁侧壁正后壁心肌梗死
I21.213　急性多壁心肌梗死
I21.300x003　手术后心肌梗死
I21.300x004　急性ST段抬高型心肌梗死
I21.300x005　围手术期心肌梗死
I21.300x008　支架内血栓相关性心肌梗死
I21.302　冠状动脉旁路术后心肌梗死
I21.303　冠状动脉介入治疗术后心肌梗死
I21.400x003　急性小灶心肌梗死
I21.401　急性非ST段抬高型心肌梗死
I21.402　非透壁性心肌梗死
I21.900　急性心肌梗死
I21.900x001　非冠心病性心肌梗死
I21.901　冠状动脉破裂
I22.000x001　急性前壁再发心肌梗死
I22.000x002　急性广泛前壁再发心肌梗死
I22.000x003　急性前间壁再发心肌梗死
I22.000x004　急性前尖壁再发心肌梗死
I22.000x005　急性前侧壁再发心肌梗死
I22.100x001　急性下壁再发心肌梗死
I22.100x002　急性下后壁再发心肌梗死
I22.100x003　急性下侧壁再发心肌梗死
I22.800x001　急性后壁再发心肌梗死
I22.800x002　急性后间壁再发心肌梗死
I22.800x003　急性间壁再发心肌梗死
I22.800x004　急性侧壁再发心肌梗死
I22.800x005　急性高侧壁再发心肌梗死
I22.800x006　急性前壁高侧壁再发心肌梗死
I22.800x007　急性下壁侧壁正后壁再发心肌梗死
I22.800x008　急性下壁右心室再发心肌梗死
I22.800x009　急性下壁正后壁再发心肌梗死
I22.800x010　急性正后壁再发心肌梗死
I22.800x011　急性前壁下壁再发心肌梗死
I22.800x012　急性右心室再发心肌梗死
I22.800x013　急性广泛前壁下壁高侧壁再发心肌梗死
I22.800x014　急性下壁高侧壁正后壁再发心肌梗死
I22.800x015　急性下壁高侧壁再发心肌梗死

I22.800x016　急性侧壁正后壁再发心肌梗死
I22.800x017　急性前间壁高侧壁再发心肌梗死
I22.800x018　急性前间壁下壁再发心肌梗死
I22.900x001　急性再发心肌梗死
I23.000x001　急性心肌梗死后心脏破裂伴心包积血
I23.100x001　急性心肌梗死后房间隔缺损
I23.200x001　急性心肌梗死后室间隔穿孔
I23.300x001　急性心肌梗死后心脏破裂
I23.400x001　急性心肌梗死后腱索断裂
I23.500x001　急性心肌梗死后乳头肌断裂
I23.601　急性心肌梗死后心室附壁血栓形成
I23.800x001　急性心肌梗死后的近期并发症
I50.000　充血性心力衰竭
I50.000x005　右心室衰竭（继发于左心衰竭）
I50.000x006　急性右心衰竭
I50.001　右心衰竭
I50.002　全心衰竭
I50.100　左心室衰竭
I50.100x006　左心衰竭
I50.101　急性左心衰竭
I50.102　左心房衰竭
I50.103　左心衰竭合并肺水肿
I50.104　心源性哮喘
I50.105　慢性左心功能不全
I50.900　心力衰竭
I50.900x001　低心排综合征
I50.900x002　心功能不全
I50.900x017　难治性心力衰竭
I50.900x018　慢性心功能不全急性加重
I50.900x019　舒张性心力衰竭
I50.907　急性心力衰竭
I50.908　慢性心力衰竭
I97.100x004　手术后心力衰竭伴肺水肿
I97.101　瓣膜置换术后心脏功能衰竭
I97.102　心脏手术后心力衰竭
I97.803　手术后心力衰竭
R57.000　心源性休克
R57.100　血容量不足性休克
R57.101　失血性休克
R57.200　脓毒性休克
R57.800x003　内毒素性休克
R57.801　梗阻性休克
R57.802　血管舒张性休克
R57.803　神经源性休克
R57.900　休克
R57.900x002　周围循环衰竭
R57.901　循环衰竭
T81.800x010　操作后心力衰竭
包含以下主要手术或操作：
00.5000x001　双心室起搏器置入术
00.5000x004　三腔永久起搏器置入术
00.5000x005　三腔永久起搏器置换术
00.5001　心脏再同步起搏器置入术
00.5002　心脏再同步起搏器置换术
00.5100x001　双心室起搏伴心内除颤器置入术
00.5101　心脏再同步除颤器置入术
00.5102　心脏再同步除颤器置换术
00.5301　心脏再同步起搏器脉冲发生器置入术
00.5302　心脏再同步起搏器脉冲发生器置换术
00.5401　心脏再同步除颤器脉冲发生器置入术
00.5402　心脏再同步除颤器脉冲发生器置换术
17.5100　置入可充电的心脏收缩力调节［CCM］装置，全系统
17.5200　仅置入或置换心脏收缩力调节［CCM］可充电的脉冲发生器
37.9400x001　单腔植入型心律转复除颤器置入术
37.9400x002　双腔植入型心律转复除颤器置入术
37.9800x003　单腔植入型心律转复除颤器更换术
37.9800x004　双腔植入型心律转复除颤器更换术

FK3　不伴急性心肌梗死/心衰/休克的心脏除颤器及心室同步

包含以下主要手术或操作：
00.5000x001　双心室起搏器置入术
00.5000x004　三腔永久起搏器置入术
00.5000x005　三腔永久起搏器置换术
00.5001　心脏再同步起搏器置入术
00.5002　心脏再同步起搏器置换术
00.5100x001　双心室起搏伴心内除颤器置入术
00.5101　心脏再同步除颤器置入术
00.5102　心脏再同步除颤器置换术
00.5301　心脏再同步起搏器脉冲发生器置入术
00.5302　心脏再同步起搏器脉冲发生器置换术
00.5401　心脏再同步除颤器脉冲发生器置入术
00.5402　心脏再同步除颤器脉冲发生器置换术
17.5100　置入可充电的心脏收缩力调节［CCM］装置，全系统
17.5200　仅置入或置换心脏收缩力调节［CCM］可充电的脉冲发生器
37.9400x001　单腔植入型心律转复除颤器置入术

37.9400x002　双腔植入型心律转复除颤器置入术
37.9800x003　单腔植入型心律转复除颤器更换术
37.9800x004　双腔植入型心律转复除颤器更换术

FK4　永久性起搏器植入/置换/更新

包含以下主要手术或操作：
37.8000x001　永久起搏器置入术
37.8000x002　永久起搏器置换术
37.8001　心脏起搏器置入术
37.8101　单腔永久起搏器置入术
37.8201　频率应答单腔永久起搏器置入术
37.8301　双腔永久起搏器置入术
37.8501　单腔永久起搏器置换术
37.8601　频率应答单腔永久起搏器置换术
37.8701　双腔永久起搏器置换术
37.8901　起搏器装置去除术
37.8902　起搏器装置修复术
37.8903　起搏器装置调整术
37.9401　心脏除颤器置入术
37.9402　自动心脏复律器置入术
37.9403　心脏除颤器置换术
37.9404　自动心脏复律器置换术
37.9600x001　自动心脏复律器脉冲发生器置入术
37.9600x002　心脏除颤器脉冲发生器置入术
37.9800x001　自动心脏复律器脉冲发生器置换术
37.9800x002　心脏除颤器脉冲发生器置换术

FL1　经皮瓣膜植入或修复术

包含以下主要手术或操作：
35.0100x002　经皮主动脉瓣探查术
35.0200x003　经皮二尖瓣探查术
35.0300x002　经皮肺动脉瓣探查术
35.0501　经导管主动脉瓣植入术
35.0502　经导管主动脉瓣置换术
35.0600x001　经胸主动脉瓣支架置入术
35.0600x002　经心尖主动脉瓣生物瓣膜置换术
35.0701　经导管肺动脉瓣植入术
35.0800x001　经胸肺动脉瓣支架置入术
35.0800x002　经心尖肺动脉瓣生物瓣膜植入术
35.0900　心脏瓣膜的血管内置换
35.2300x003　经心尖二尖瓣生物瓣膜植入术
35.9500x006　经皮肺动脉瓣瓣周漏修补术
35.9600x008　经皮主动脉瓣瓣周漏封堵术
35.9601　经导管肺动脉瓣球囊扩张成形术
35.9602　经导管主动脉瓣球囊扩张成形术
35.9603　经导管三尖瓣球囊扩张成形术
35.9604　经导管二尖瓣球囊扩张成形术
35.9700x001　经皮二尖瓣生物瓣置换术
35.9700x002　经皮二尖瓣机械瓣置换术
35.9700x003　经皮二尖瓣钳夹术（Mitra Clip）
35.9700x004　经心尖二尖瓣钳夹术
35.9700x005　经心尖二尖瓣人工腱索置入修补术
35.9700x006　经皮二尖瓣瓣周漏封堵术

FL2　经皮心脏消融术伴房颤和/或房扑

包含以下主要诊断：
I48.000　阵发性心房颤动
I48.100　持续性心房颤动
I48.100x002　永久性心房颤动
I48.100x003　长程持续性心房颤动
I48.200　慢性心房颤动
I48.300　典型心房扑动
I48.301　Ⅰ型心房扑动
I48.400　非典型心房扑动
I48.401　Ⅱ型心房扑动
I48.900x003　心房扑动
I48.900x004　心房颤动［心房纤颤］
I48.900x015　新诊断心房颤动
包含以下主要手术或操作：
37.3302　心脏射频消融术
37.3303　心脏微波消融术
37.3401　经导管心脏射频消融术
37.3402　经导管心脏射频消融改良迷宫术
37.3403　经导管心脏冷冻消融术
37.3404　经导管心脏化学消融术
37.3405　经导管心脏微波消融术
37.3406　经血管心脏三维射频消融术
37.3702　胸腔镜下心脏射频消融术

FL3　经皮心脏消融术除房扑、房颤外其他心律失常

包含以下主要手术或操作：
37.3302　心脏射频消融术
37.3303　心脏微波消融术
37.3401　经导管心脏射频消融术
37.3402　经导管心脏射频消融改良迷宫术
37.3403　经导管心脏冷冻消融术
37.3404　经导管心脏化学消融术
37.3405　经导管心脏微波消融术
37.3406　经血管心脏三维射频消融术

37.3702　胸腔镜下心脏射频消融术

FL4　先天性心脏病介入治疗

包含以下主要手术或操作：
35.4200x003　经皮房间隔造口术
35.4200x009　经皮室间隔完整的肺动脉闭锁射频打孔及球囊扩张成形术
35.5200x001　经皮房间隔缺损封堵术
35.5200x002　经皮卵圆孔未闭封堵术
35.5201　房间隔缺损闭式封堵术
35.5500x001　经皮室间隔缺损封堵术
35.9800x001　房间隔缺损封堵器取出术
35.9800x002　室间隔缺损封堵器取出术
36.9900x005　经皮冠状动脉-右房瘘封堵术
39.7800x008　经皮动脉导管未闭封堵术
39.7900x402　经皮主动脉窦瘤封堵术

FM1　经皮大血管复杂手术

包含以下主要手术或操作：
39.7103　腹主动脉分支覆膜支架置入术
39.7300x004　胸主动脉覆膜支架置入术（腋-腋、腋-颈、腋-腋-颈）[HYBRID复合手术]
39.7302　胸主动脉分支覆膜支架置入术
39.7800x001　胸主动脉开窗分支覆膜支架置入术
39.7800x002　腹主动脉开窗分支覆膜支架置入术
39.9000x027　肺动脉带瓣支架植入术

FM2　经皮大血管常规手术

包含以下主要手术或操作：
00.5500x008　经皮降主动脉药物洗脱支架置入术
39.5003　升主动脉球囊血管成形术
39.5010　腹主动脉球囊血管成形术
39.7100x004　腹主动脉栓塞术
39.7101　腹主动脉支架置入术
39.7102　腹主动脉覆膜支架腔内隔绝术
39.7300x003　主动脉覆膜支架腔内隔绝术
39.7301　胸主动脉支架置入术
39.7303　胸主动脉覆膜支架腔内隔绝术
39.7701　腹主动脉球囊阻断术
39.7800x006　主动脉瘤支架置入术
39.7800x010　主动脉伞堵术
39.7900x011　肺动脉栓塞术
39.7900x030　经皮肺动脉取栓术
39.7900x031　经皮腹主动脉取栓术
39.7900x517　肺动静脉瘘栓塞术
39.9000x022　肺动脉支架置入术
39.9000x037　肺动脉分支支架置入术
39.9000x038　经皮肺静脉支架置入术

FM3　经皮冠状动脉支架植入

包含以下主要手术或操作：
36.0601　冠状动脉药物涂层支架置入术
36.0602　冠状动脉裸支架置入术
36.0700　药物洗脱冠状动脉支架置入
36.0700x004　经皮冠状动脉覆膜支架置入术
36.0701　冠状动脉生物可吸收支架置入术

FM4　其他经皮心血管治疗

包含以下主要手术或操作：
00.0200x001　心脏血管治疗性超声
00.6600x004　经皮冠状动脉球囊扩张成形术
00.6601　经皮冠状动脉药物球囊血管内成形术
17.5500x002　经皮冠状动脉粥样斑块切除术
17.5500x003　经皮冠状动脉血栓抽吸术
17.5500x004　经皮冠状动脉斑块准分子激光消融术
17.5501　经皮冠状动脉旋磨术
36.0400　冠状动脉内血栓溶解药输注
36.0901　准分子激光冠状动脉斑块消融术
36.3400　经皮经心肌血管再形成术
36.9900x011　经皮冠状动脉瘘栓塞术
36.9900x012　经皮冠状动脉瘘封堵术
37.2800　心内超声心动图
37.3400x001　经皮环肺静脉电隔离术
37.3400x002　经皮室间隔心肌消融术（PTSMA）
37.3500x004　经皮左心室减容重塑（伞样）装置置入术
37.4900x008　经皮心室重建术
37.4900x017　经皮室壁瘤封堵术
37.4900x018　经胸室壁瘤封堵术
37.7501　心脏起搏器电极调整术
37.7800　暂时性经静脉起搏器系统的置入
37.9200x001　心脏注射治疗
37.9900x002　右心耳结扎术
37.9900x003　经皮右心耳封堵术
39.4900x012　经皮导管抓捕术
39.5000x015　肺动脉球囊扩张成形术
39.5000x027　肺动脉分支球囊扩张成形术
99.1007　肺动脉血栓溶解剂灌注

FM5　经皮心导管检查操作

包含以下主要手术或操作：

00.2400x001　冠状动脉血管内超声（IVUS）

00.5601　植入型压力传感器与导线的置入，用于心内或大血管血液动力学监测

00.5602　植入型压力传感器与导线的置换，用于心内或大血管血液动力学监测

00.5700　心内或大血管的血流动力学监测皮下装置置入或置换

00.5900x003　冠脉微循环阻力指数检查［IMR检查］

00.5901　冠脉瞬时无波形比值检查［iFR检查］

00.5902　冠状动脉血流储备分数检查

37.2000　非侵入性程序化电刺激（NIPS）

37.2000x003　经食道心脏调搏术

37.2100　右心导管置入

37.2200　左心导管置入

37.2300　联合的右心和左心导管置入

37.2600x001　术中心脏电生理检查

37.2700　心脏标测图

37.2901　希氏束电图

38.2400　经光学相干断层扫描的冠状血管血管内影像［OCT］

38.2601　置入无导线的压力传感器，用于心内或大血管血流动力学监测

38.2602　置换无导线的压力传感器，用于心内或大血管血流动力学监测

88.5000　心血管造影术

88.5201　右心房造影

88.5202　右心室造影

88.5301　左心房造影

88.5302　左心室造影

88.5400x001　左右心联合造影

88.5500　单根导管的冠状动脉造影术

88.5500x002　单根导管冠状动脉搭桥术后桥血管造影

88.5600　用两根导管的冠状动脉造影术

88.5600x002　两根导管冠状动脉搭桥术后桥血管造影

88.5700x003　多根导管冠状动脉搭桥术后桥血管造影

88.5701　多根导管冠状动脉造影

88.5800　负对比剂心脏X线照相术

88.5900　手术中冠状动脉荧光血管造影术

FN1　下肢动脉经皮血管内治疗

包含以下主要手术或操作：

39.5004　股动脉球囊血管成形术

39.5005　髂动脉球囊血管成形术

39.5009　腘动脉球囊血管成形术

39.5011　胫动脉球囊血管成形术

39.5015　腓动脉球囊血管成形术

39.7905　经导管下肢血管栓塞术

39.7906　经导管髂内动脉栓塞术

39.9004　髂动脉支架置入术

39.9009　股动脉支架置入术

39.9011　胫动脉支架置入术

39.9013　腘动脉支架置入术

39.9015　腓动脉支架置入术

00.5500x012　经皮腓动脉药物洗脱支架置入术

00.5502　股总动脉药物洗脱支架置入术

00.6000　表浅股动脉药物洗脱支架置入

17.5600x001　经皮周围血管动脉粥样斑块切除术

39.5000x029　髂总动脉球囊扩张成形术

39.5000x030　髂外动脉球囊扩张成形术

39.5000x031　下肢动脉球囊扩张成形术

39.5900x026　烟囱技术髂内动脉重建术

39.7900x007　髂动脉瘤覆膜支架置入术

39.7900x019　髂动脉栓塞术

39.7900x025　股动脉栓塞术

39.7900x032　经皮股动脉取栓术

39.7900x042　经皮下肢动脉取栓术

39.7900x044　经皮下肢人工血管取栓术

39.7900x047　经皮下肢动脉弹簧圈栓塞术

39.7900x051　经皮下肢动脉瘤腔内修补术

39.7900x070　经皮下肢动脉栓塞术

39.9000x019　股动脉覆膜支架置入术

39.9000x021　腓动脉非药物洗脱支架置入术

39.9000x025　腘动脉覆膜支架置入术

39.9000x028　髂动脉覆膜支架置入术

99.1001　下肢动脉溶栓术

FN2　其他外周血管检查和/或治疗

包含以下主要手术或操作：

88.5101　上腔静脉造影

00.0102　颈部血管治疗性超声

00.0300　周围血管治疗性超声

00.2101　颈动脉血管内超声（IVUS）

00.2102　颅外脑血管血管内超声（IVUS）

00.2201　胸内血管血管内超声（IVUS）
00.2202　胸主动脉血管内超声（IVUS）
00.2300x002　周围血管血管内超声（IVUS）
00.2300x003　上肢血管血管内超声（IVUS）
00.2300x004　下肢血管血管内超声（IVUS）
00.2500x002　肾血管血管内超声（IVUS）
00.5500x009　经皮周围动脉药物洗脱支架置入术
00.5500x010　经皮周围静脉药物洗脱支架置入术
00.5500x011　经皮尺动脉药物洗脱支架置入术
00.5500x013　经皮肱动脉药物洗脱支架置入术
00.5500x014　经皮桡动脉药物洗脱支架置入术
00.5500x015　经皮上肢静脉药物洗脱支架置入术
00.5500x016　经皮头臂静脉药物洗脱支架置入术
00.5500x017　经皮外周动脉可降解支架置入术
00.5501　锁骨下动脉药物洗脱支架置入术
07.4200x002　经皮肾动脉去交感神经射频消融术
38.2300　血管内光谱分析
38.2500　经光学相干断层扫描的非冠状血管血管内影像［OCT］
38.7x03　上腔静脉滤器置入术
38.7x04　下腔静脉滤器置入术
39.4900x011　封堵器取出术
39.4901　上腔静脉滤器取出术
39.4902　下腔静脉滤器取出术
39.5000x013　锁骨下静脉球囊扩张成形术
39.5000x019　头臂静脉球囊扩张成形术
39.5000x024　肝动脉球囊扩张成形术
39.5000x025　上肢静脉球囊扩张成形术
39.5000x026　下肢静脉球囊扩张成形术
39.5000x034　经皮腹腔干动脉球囊扩张成形术
39.5000x035　经皮腹腔动脉球囊扩张成形术
39.5000x036　经皮胃左动脉球囊扩张成形术
39.5000x037　经皮肠系膜动脉球囊扩张成形术
39.5000x038　经皮肩峰动脉球囊扩张成形术
39.5000x039　经皮乳内动脉球囊扩张成形术
39.5000x040　经皮胫腓干动脉球囊成形术
39.5000x041　经皮足背动脉球囊扩张成形术
39.5001　锁骨下动脉球囊血管成形术
39.5002　肾动脉球囊血管成形术
39.5006　肝静脉球囊血管成形术
39.5008　无名动脉球囊血管成形术
39.5013　桡动脉球囊血管成形术
39.5014　腋动脉球囊血管成形术
39.5016　肱动脉球囊血管成形术
39.5017　门静脉球囊扩张成形术
39.5900x025　烟囱技术肠系膜上动脉重建术
39.5900x027　烟囱技术肾动脉重建术
39.5900x028　烟囱技术颈总动脉重建术
39.5900x029　烟囱技术锁骨下动脉重建术
39.7200x017　经皮头面部动静脉瘘栓塞术
39.7300x006　经皮主动脉肺动脉窗封堵术
39.7800x005　经皮乳内动脉封堵术
39.7900x009　甲状腺动脉栓塞术
39.7900x013　锁骨下动脉栓塞术
39.7900x014　体-肺动脉侧支封堵术
39.7900x017　结肠动脉栓塞术
39.7900x020　肾动脉栓塞术
39.7900x021　腰动脉栓塞术
39.7900x022　精索静脉栓塞术
39.7900x023　卵巢静脉栓塞术
39.7900x024　盆腔静脉栓塞术
39.7900x027　臀下动脉栓塞术
39.7900x028　经皮肠系膜上动脉取栓术
39.7900x029　经皮肠系膜上静脉取栓术
39.7900x033　经皮门静脉取栓术
39.7900x034　经皮髂动脉取栓术
39.7900x036　经皮上肢动脉取栓术
39.7900x037　经皮上肢静脉取栓术
39.7900x038　经皮上肢人工血管取栓术
39.7900x039　经皮肾静脉取栓术
39.7900x040　经皮锁骨下动脉取栓术
39.7900x043　经皮下肢静脉取栓术
39.7900x045　经皮周围动脉取栓术
39.7900x046　经皮周围静脉取栓术
39.7900x049　动脉NBCA生物胶栓塞术
39.7900x052　经皮肾动脉瘤腔内修补术
39.7900x053　经皮食管动脉栓塞术
39.7900x054　经皮肝固有动脉栓塞术
39.7900x055　经皮肾上腺动脉栓塞术
39.7900x056　经皮膈动脉栓塞术
39.7900x057　经皮膈下动脉栓塞术
39.7900x058　经皮肠系膜上动脉栓塞术
39.7900x059　经皮肠系膜下动脉栓塞术
39.7900x060　经皮胸廓内动脉栓塞术
39.7900x061　经皮肋间动脉栓塞术
39.7900x062　经皮骶正中动脉栓塞术
39.7900x063　经皮卵巢动脉栓塞术
39.7900x064　经皮阴道动脉栓塞术
39.7900x065　经皮会阴动脉栓塞术
39.7900x066　经皮膀胱动脉栓塞术

39.7900x067　经皮阴茎动脉栓塞术
39.7900x068　经皮前列腺动脉栓塞术
39.7900x069　经皮上肢动脉栓塞术
39.7900x071　经皮上肢静脉栓塞术
39.7900x072　经皮下肢静脉栓塞术
39.7900x073　经皮胃静脉栓塞术
39.7900x074　经皮门静脉栓塞术
39.7900x075　经皮肾动脉取栓术
39.7900x515　经皮锁骨下动静脉瘘封堵术
39.7900x516　经皮硬脊膜动静脉瘘栓塞术
39.7900x518　经皮垂直静脉封堵术
39.7900x625　经皮肝动脉-门静脉瘘栓塞术
39.7900x626　经皮腹腔动脉-门静脉瘘栓塞术
39.7900x703　经皮肾动静脉瘘栓塞术
39.7900x704　经皮阴茎动静脉瘘栓塞术
39.7900x809　下肢静脉滤器置入术
39.7901　经导管肾血管栓塞术
39.7902　经导管支气管动脉栓塞术
39.7903　经导管肝动脉栓塞术
39.7904　经导管脾动脉栓塞术
39.7907　经导管上肢血管栓塞术
39.7910　经导管动静脉畸形介入栓塞术
39.9000x010　脾动脉支架置入术
39.9000x011　髂静脉支架置入术
39.9000x012　锁骨下静脉支架置入术
39.9000x016　下肢静脉支架置入术
39.9000x017　尺动脉支架置入术
39.9000x020　尺动脉非药物洗脱支架置入术
39.9000x023　肱动脉非药物洗脱支架置入术
39.9000x024　肱动脉支架置入术
39.9000x026　动脉导管支架置入术
39.9000x029　桡动脉非药物洗脱支架置入术
39.9000x030　桡动脉支架置入术
39.9000x031　上肢动脉覆膜支架置入术
39.9000x032　上肢静脉非药物洗脱支架置入术
39.9000x033　上肢静脉支架置入术
39.9000x034　锁骨下动脉覆膜支架置入术
39.9000x035　头臂静脉非药物洗脱支架置入术
39.9000x036　无名动脉覆膜支架置入术
39.9000x039　经皮腋动脉支架置入术
39.9000x040　经皮胃左动脉支架置入术
39.9000x041　经皮主动脉球囊支架植入术
39.9001　肠系膜上动脉支架置入术
39.9002　腹腔干动脉支架置入术
39.9003　门静脉支架置入术
39.9006　肝静脉支架置入术
39.9007　无名动脉支架置入术
39.9008　锁骨下动脉支架置入术
39.9012　肝动脉支架置入术
39.9014　无名静脉支架置入术
39.9016　肾动脉支架置入术
44.4400x001　食管-胃底静脉栓塞术
87.0800x002　颈淋巴管造影
88.4201　主动脉弓造影
88.4202　胸主动脉造影
88.4203　升主动脉造影
88.4204　腹主动脉造影
88.4205　降主动脉造影
88.4300　肺动脉造影术
88.4300x002　体-肺侧支造影［MAPCAS］
88.4400x001　乳内动脉造影
88.4402　无名动脉造影
88.4403　支气管动脉造影
88.4404　膈动脉造影
88.4405　肋间动脉造影
88.4500　肾动脉造影术
88.4600　胎盘动脉造影术
88.4700x001　肾上腺动脉造影
88.4700x002　腹腔干动脉造影
88.4701　肝动脉造影
88.4702　脾动脉造影
88.4703　胃动脉造影
88.4704　胰腺动脉造影
88.4705　肠系膜上动脉造影
88.4706　肠系膜下动脉造影
88.4707　腹腔动脉造影
88.4800x005　下肢动脉造影
88.4800x006　腘动脉造影
88.4801　股动脉造影
88.4900x005　全身动脉造影
88.4900x006　肩峰动脉造影
88.4900x007　阴茎动脉造影
88.4901　上肢动脉造影
88.4902　盆腔动脉造影
88.4903　子宫动脉造影
88.4904　髂动脉造影
88.5102　下腔静脉造影
88.6000　用对比剂静脉造影术，未特指的部位
88.6200x001　肺静脉造影
88.6400x001　肝门静脉造影

88.6400x002　门静脉造影
88.6400x003　脾门静脉造影
88.6401　肝静脉造影
88.6500x002　腹内静脉造影
88.6500x005　髂外静脉造影
88.6500x006　肾上腺静脉造影
88.6501　肠系膜静脉造影
88.6502　肾静脉造影
88.6503　卵巢静脉造影
88.6600x002　下肢静脉造影
88.6601　股静脉造影
88.6700x001　垂直静脉造影
88.6701　脊髓静脉造影
88.6702　上肢静脉造影
88.6703　髂静脉造影
88.6800　阻抗静脉造影术
99.1000x007　髂动脉导管溶栓
99.1000x008　髂静脉导管溶栓
99.1000x009　上肢动脉导管溶栓
99.1000x010　上肢静脉导管溶栓
99.1002　股动脉置管溶栓术
99.1003　下肢静脉置管溶栓术
99.1004　肾动脉血栓溶解剂灌注

FP1　心力衰竭、休克伴操作性治疗

包含以下主要诊断：
I11.001　高血压性心力衰竭
I11.002　高血压心脏病伴心力衰竭
I13.000x001　高血压性心脏病和肾脏病伴心力衰竭
I13.200x001　高血压性心脏病和肾脏病伴心力衰竭和肾衰竭
I50.000　充血性心力衰竭
I50.000x005　右心室衰竭（继发于左心衰竭）
I50.000x006　急性右心衰竭
I50.001　右心衰竭
I50.002　全心衰竭
I50.100　左心室衰竭
I50.100x006　左心衰竭
I50.101　急性左心衰竭
I50.102　左心房衰竭
I50.103　左心衰竭合并肺水肿
I50.104　心源性哮喘
I50.105　慢性左心功能不全
I50.900　心力衰竭
I50.900x001　低心排综合征
I50.900x002　心功能不全
I50.900x017　难治性心力衰竭
I50.900x018　慢性心功能不全急性加重
I50.900x019　舒张性心力衰竭
I50.907　急性心力衰竭
I50.908　慢性心力衰竭
R57.000　心源性休克
R57.100　血容量不足性休克
R57.101　失血性休克
R57.200　脓毒性休克
R57.800x003　内毒素性休克
R57.801　梗阻性休克
R57.802　血管舒张性休克
R57.803　神经源性休克
R57.900　休克
R57.900x002　周围循环衰竭
R57.901　循环衰竭
包含以下主要手术或操作：
37.6700　置入心脏刺激系统
39.9500x004　血浆置换
39.9500x005　单膜血浆置换
39.9500x006　双膜血浆置换
39.9500x007　连续性肾脏替代治疗［CRRT］
39.9501　血液滤过
39.9600x002　血浆灌流
39.9600x003　血液灌流
96.7101　呼吸机治疗［小于96小时］

FR1　急性心肌梗死

包含以下主要诊断：
I21.000x005　急性前壁尖部心肌梗死
I21.001　急性前壁心肌梗死
I21.002　急性前侧壁心肌梗死
I21.003　急性前间壁心肌梗死
I21.004　急性广泛前壁心肌梗死
I21.103　急性下壁心肌梗死
I21.104　急性下间壁心肌梗死
I21.105　急性下侧壁心肌梗死
I21.106　急性下后壁心肌梗死
I21.200x003　急性后壁心肌梗死
I21.200x009　急性心房心肌梗死
I21.200x010　急性心尖部心肌梗死
I21.200x011　急性后间壁心肌梗死
I21.200x014　急性侧壁正后壁心肌梗死
I21.200x015　急性尖-侧壁心肌梗死

I21.200x016　急性下壁高侧壁心肌梗死
I21.200x017　急性下壁高侧壁正后壁心肌梗死
I21.200x018　急性下壁后壁右心室心肌梗死
I21.200x019　急性广泛前壁高侧壁心肌梗死
I21.200x020　急性前侧壁下壁心肌梗死
I21.200x021　急性前壁高侧壁心肌梗死
I21.200x022　急性前间壁高侧壁心肌梗死
I21.200x023　急性广泛前壁下壁心肌梗死
I21.200x024　急性前壁高侧壁下壁心肌梗死
I21.200x025　急性广泛前壁下壁高侧壁心肌梗死
I21.200x026　急性前间壁下壁心肌梗死
I21.200x027　急性高侧壁正后壁心肌梗死
I21.200x029　急性下壁侧壁心肌梗死
I21.200x030　急性下后壁右心室心肌梗死
I21.204　急性高侧壁心肌梗死
I21.205　急性正后壁心肌梗死
I21.206　急性右室心肌梗死
I21.207　急性下壁右心室心肌梗死
I21.208　急性下壁正后壁心肌梗死
I21.210　急性侧壁心肌梗死
I21.211　急性前壁下壁心肌梗死
I21.212　急性下壁侧壁正后壁心肌梗死
I21.213　急性多壁心肌梗死
I21.300x003　手术后心肌梗死
I21.300x004　急性ST段抬高型心肌梗死
I21.300x005　围手术期心肌梗死
I21.300x008　支架内血栓相关性心肌梗死
I21.302　冠状动脉旁路术后心肌梗死
I21.303　冠状动脉介入治疗术后心肌梗死
I21.400x003　急性小灶心肌梗死
I21.401　急性非ST段抬高型心肌梗死
I21.402　非透壁性心肌梗死
I21.900　急性心肌梗死
I21.900x001　非冠心病性心肌梗死
I21.901　冠状动脉破裂
I22.000x001　急性前壁再发心肌梗死
I22.000x002　急性广泛前壁再发心肌梗死
I22.000x003　急性前间壁再发心肌梗死
I22.000x004　急性前尖壁再发心肌梗死
I22.000x005　急性前侧壁再发心肌梗死
I22.100x001　急性下壁再发心肌梗死
I22.100x002　急性下后壁再发心肌梗死
I22.100x003　急性下侧壁再发心肌梗死
I22.800x001　急性后壁再发心肌梗死
I22.800x002　急性后间壁再发心肌梗死
I22.800x003　急性间壁再发心肌梗死
I22.800x004　急性侧壁再发心肌梗死
I22.800x005　急性高侧壁再发心肌梗死
I22.800x006　急性前壁高侧壁再发心肌梗死
I22.800x007　急性下壁侧壁正后壁再发心肌梗死
I22.800x008　急性下壁右心室再发心肌梗死
I22.800x009　急性下壁正后壁再发心肌梗死
I22.800x010　急性正后壁再发心肌梗死
I22.800x011　急性前壁下壁再发心肌梗死
I22.800x012　急性右心室再发心肌梗死
I22.800x013　急性广泛前壁下壁高侧壁再发心肌梗死
I22.800x014　急性下壁高侧壁正后壁再发心肌梗死
I22.800x015　急性下壁高侧壁再发心肌梗死
I22.800x016　急性侧壁正后壁再发心肌梗死
I22.800x017　急性前间壁高侧壁再发心肌梗死
I22.800x018　急性前间壁下壁再发心肌梗死
I22.900x001　急性再发心肌梗死
I23.000x001　急性心肌梗死后心脏破裂伴心包积血
I23.100x001　急性心肌梗死后房间隔缺损
I23.200x001　急性心肌梗死后室间隔穿孔
I23.300x001　急性心肌梗死后心脏破裂
I23.400x001　急性心肌梗死后腱索断裂
I23.500x001　急性心肌梗死后乳头肌断裂
I23.601　急性心肌梗死后心室附壁血栓形成
I23.800x001　急性心肌梗死后的近期并发症

FR2　心力衰竭、休克

包含以下主要诊断：
I11.001　高血压性心力衰竭
I11.002　高血压心脏病伴心力衰竭
I13.000x001　高血压性心脏病和肾脏病伴心力衰竭
I13.200x001　高血压性心脏病和肾脏病伴心力衰竭和肾衰竭
I50.000　充血性心力衰竭
I50.000x005　右心室衰竭（继发于左心衰竭）
I50.000x006　急性右心衰竭
I50.001　右心衰竭
I50.002　全心衰竭
I50.100　左心室衰竭
I50.100x006　左心衰竭
I50.101　急性左心衰竭
I50.102　左心房衰竭
I50.103　左心衰竭合并肺水肿
I50.104　心源性哮喘

I50.105　慢性左心功能不全
I50.900　心力衰竭
I50.900x001　低心排综合征
I50.900x002　心功能不全
I50.900x017　难治性心力衰竭
I50.900x018　慢性心功能不全急性加重
I50.900x019　舒张性心力衰竭
I50.907　急性心力衰竭
I50.908　慢性心力衰竭
I97.100x004　手术后心力衰竭伴肺水肿
I97.101　瓣膜置换术后心脏功能衰竭
I97.102　心脏手术后心力衰竭
I97.803　手术后心力衰竭
R57.000　心源性休克
R57.100　血容量不足性休克
R57.101　失血性休克
R57.200　脓毒性休克
R57.800x003　内毒素性休克
R57.801　梗阻性休克
R57.802　血管舒张性休克
R57.803　神经源性休克
R57.900　休克
R57.900x002　周围循环衰竭
R57.901　循环衰竭
T81.800x010　操作后心力衰竭

FR3　肺栓塞

包含以下主要诊断：
I26.900x001　肺栓塞
I26.900x002　肺动脉血栓形成
I26.900x003　肺血栓栓塞症
I26.900x005　大面积肺血栓栓塞症
I26.900x006　次大面积肺血栓肺栓塞症
I26.900x007　非血栓性肺栓塞症
I26.900x008　肺梗死
I26.900x009　慢性肺动脉栓塞
I26.900x010　急性肺栓塞
I26.900x011　急性大面积肺血栓栓塞症
I26.900x012　急性次大面积肺血栓栓塞症
I26.900x013　急性低风险性肺血栓栓塞症
I26.900x015　急性肺血栓栓塞症
I26.900x016　慢性肺血栓栓塞急性再发
I26.900x017　感染性肺栓塞
I26.900x018　肺动脉菌栓栓塞
I26.901　肺血栓形成
I26.902　慢性肺血栓栓塞症
I28.800x010　肺动脉闭塞

FR4　心绞痛

包含以下主要诊断：
I20.000　不稳定型心绞痛
I20.000x004　中间型冠状动脉综合征
I20.000x005　混合型心绞痛
I20.001　增强型心绞痛
I20.002　初发型劳力性心绞痛
I20.003　恶化劳力性心绞痛
I20.004　卧位型心绞痛
I20.005　心肌梗死后心绞痛
I20.006　心肌梗死前综合征
I20.101　变异型心绞痛
I20.102　冠状动脉痉挛
I20.800x006　自发型心绞痛
I20.800x007　微血管性心绞痛
I20.801　稳定型心绞痛
I20.802　X综合征
I20.803　劳力性心绞痛
I20.806　慢性稳定型心绞痛
I20.807　稳定劳力性心绞痛
I20.808　冠状动脉慢血流综合征
I20.900　心绞痛

FR5　冠状动脉粥样硬化/血栓/闭塞

包含以下主要诊断：
I24.000x003　冠状动脉血栓形成
I24.000x004　急性冠状动脉支架内血栓形成
I24.000x005　亚急性冠状动脉支架内血栓形成
I24.000x009　冠状动脉支架后并发冠状动脉血栓栓塞
I24.000x010　冠状动脉支架后并发冠状动脉分支闭塞
I24.001　冠状动脉支架内血栓形成
I24.002　冠状动脉闭塞
I24.003　冠状动脉栓塞
I24.100x001　心肌梗死后综合征［德雷斯勒综合征］［Dressler综合征］
I24.800x001　冠状动脉供血不足
I24.800x004　冠状动脉支架后并发冠状动脉无再流
I24.800x007　急性非ST段抬高型急性冠脉综合征
I24.801　急性冠状动脉供血不足
I24.900x001　急性心肌缺血
I24.901　急性冠脉综合征
I25.000x001　动脉硬化性心血管病

I25.100x003 冠状动脉狭窄
I25.102 冠状动脉粥样硬化
I25.103 冠状动脉粥样硬化性心脏病
I25.400 冠状动脉动脉瘤
I25.400x001 冠状动脉窦动脉瘤
I25.400x005 冠状动脉夹层
I25.401 后天性冠状动脉动静脉瘘
I25.402 冠状动脉扩张
I25.403 冠状动脉扩张病
I25.600x001 隐匿性冠状动脉粥样硬化性心脏病
I25.800x002 冠状动脉左房瘘
I25.800x003 慢性冠状动脉供血不足
I25.800x004 心肌供血不足
I25.800x005 冠状动脉瘘
I25.800x006 冠状动脉左室瘘
I25.800x009 冠状动脉成形术后再狭窄
I25.800x010 冠状动脉支架植入术后再狭窄
I25.800x011 冠状动脉右室瘘
I25.800x012 冠状动脉无再流
I25.802 冠状动脉炎
I25.900 慢性缺血性心脏病
I25.901 冠状动脉性心脏病
I25.902 冠状动脉缺血
I51.600x002 心血管意外
I51.600x003 心血管硬化
T81.700x101 经皮球囊扩瓣术后冠状动脉分支闭塞
T81.700x201 射频消融术后冠状动脉分支闭塞
T81.700x308 心导管检查术后冠状动脉分支闭塞
T81.700x401 心导管造影术后冠状动脉分支闭塞
T82.201 冠状动脉搭桥术机械性并发症
T82.800x201 经皮房缺-室缺矫治术后冠状动脉分支闭塞
T82.800x208 经皮房缺-室缺矫治术后冠状动脉急性闭塞
T82.800x307 经皮冠状动脉狭窄矫治术后冠状动脉急性闭塞
T82.800x308 经皮冠状动脉狭窄矫治术后冠状动脉分支闭塞

FT1 心肌病

包含以下主要诊断：
A01.000x016+I41.0* 伤寒并发中毒性心肌炎
A36.802+I41.0* 白喉性心肌炎
A38.x00x002+I41.0* 猩红热并发急性心肌炎
A39.503+I41.0* 脑膜炎球菌性心肌炎
A52.007+I41.0* 梅毒性心肌炎
A54.804+I41.0* 淋球菌性心肌炎
B01.800x001+I41.1* 水痘并发心肌炎
B25.803+I41.1* 巨细胞病毒性心肌炎
B26.803+I41.1* 流行性腮腺炎并心肌炎
B33.200 病毒性心炎
B33.200x004+I41.1* 柯萨奇病毒性心肌炎
B33.201+I41.1* 新生儿无菌性心肌炎
B57.001+I98.1* 急性查加斯病累及心血管
B57.002+I41.2* 急性查加斯病伴心肌炎
B57.202+I41.2* 慢性查加斯病性心肌炎
B58.800x001+I41.2* 弓形虫心肌炎
D86.800x005+I41.8* 结节病性心肌炎
E10.502+I79.2* 1型糖尿病性心肌病
E11.502+I79.2* 2型糖尿病性心肌病
E14.500x031+I43.8* 糖尿病性缺血性心肌病
E14.500x032+I43.8* 糖尿病性心肌病
E63.901+I43.2* 营养性心肌病
E74.006+K77.8* 肝糖原贮积症
E74.008+I43.1* 心脏糖原贮积症
E76.300x002+I52.8* 黏多糖贮积性心脏病
E83.103 血色病性心肌病
E85.416+I43.1* 淀粉样变心脏损害
E88.907+I43.1* 代谢性心肌病
I01.200 急性风湿性心肌炎
I09.000 风湿性心肌炎
I25.500 缺血性心肌病
I40.000x003 细菌性心肌炎
I40.000x005 暴发性心肌炎
I40.000x006 原虫性心肌炎
I40.000x007 真菌性心肌炎
I40.001 病毒性心肌炎
I40.002 急性细菌性心肌炎
I40.100 孤立性心肌炎
I40.800x001 中毒性心肌炎
I40.800x002 药物性心肌炎
I40.800x003 过敏性心肌炎
I40.900 急性心肌炎
I42.000x001 家族性扩张性心肌病
I42.001 扩张型心肌病（充血型心肌病）
I42.100 梗阻性肥厚型心肌病
I42.200x002 肥厚型心肌病
I42.201 心尖肥厚型心肌病
I42.300 心内膜心肌（嗜酸性）病
I42.301 心内膜心肌纤维化

I42.401　先天性心肌病
I42.500x001　限制性心肌病
I42.501　缩窄性心肌病
I42.600　酒精性心肌病
I42.701　药物性心肌病
I42.800x001　心肌囊肿
I42.800x002　致心律失常性右室心肌病
I42.800x004　心肌炎后心肌病
I42.800x005　右心心肌病
I42.800x006　致心律失常性左室心肌病
I42.800x007　应激性心肌病［心尖球形综合征］
I42.801　心尖球囊样综合征
I42.802　心动过速性心肌病
I42.803　右室心肌病
I42.900　心肌病
I42.901　继发性心肌病
I42.902　家族性心肌病
I42.904　特异性心肌病
I42.905　特发性心肌病
I50.906　心肌损害
I51.400　心肌炎
I51.400x005　肉芽肿型心肌炎
I51.400x006　巨细胞型心肌炎
I51.401　老年性心肌炎
I51.403　心肌炎后遗症
I51.404　间质性心肌炎
I51.500x002　心肌劳损
I51.500x006　老年性心肌病
I51.501　老年性心肌变性
I51.502　心肌脂肪变性
I51.802　全心炎
J09.x03+I41.1*　已确认的人畜共病或大流行性流感病毒性心肌炎
J10.800x003+I41.1*　已知病毒的流感性心肌炎
J10.802+I41.1*　甲型H1N1型流行性感冒性心肌炎
J11.801+I41.1*　未明确病毒性流行性感冒性心肌炎
M05.302+I43.8*　类风湿性关节炎伴心肌病
M05.306+I41.8*　类风湿性关节炎伴心肌炎
M32.104+I43.8*　狼疮性心肌病
T70.200x007　高原性心脏病

FT2　感染性心内膜炎

包含以下主要诊断：
A18.820+I39.8*　心内膜结核
A18.821+I41.0*　心肌结核
A32.802+I39.8*　利斯特菌性心内膜炎
A39.500　脑膜炎球菌性心脏病
A39.502+I39.8*　脑膜炎球菌性心内膜炎
A39.504+I52.0*　脑膜炎球菌性心炎
A52.000+I98.0*　心血管梅毒
A52.006+I39.8*　梅毒性心内膜炎
A54.802+I39.8*　淋球菌性心内膜炎
B33.200x002+I39.8*　柯萨奇病毒性心内膜炎
B37.600+I39.8*　念珠菌性心内膜炎
I01.100　急性风湿性心内膜炎
I33.000x001　恶性心内膜炎
I33.000x004　感染性心内膜炎
I33.000x006　革兰阳性杆菌性心内膜炎
I33.000x007　急性细菌性心内膜炎
I33.000x008　假单胞菌性心内膜炎
I33.000x011　葡萄球菌性心内膜炎
I33.000x012　奥斯勒结节
I33.000x019　吸毒性心内膜炎
I33.000x020　二尖瓣瓣周脓肿
I33.000x021　右心感染性心内膜炎
I33.000x022　左心自体瓣膜性心内膜炎
I33.000x024　机械相关性心内膜炎
I33.001　急性感染性心内膜炎
I33.002　亚急性感染性心内膜炎
I33.003　链球菌性心内膜炎
I33.004　真菌性心内膜炎
I33.005　细菌性心内膜炎
I33.006　感染性心内膜炎性赘生物
I33.007　亚急性细菌性心内膜炎
I33.900　急性心内膜炎
T82.703　心脏起搏器植入感染

FT3　瓣膜疾病

包含以下主要诊断：
A52.000x006+I39.1*　梅毒性主动脉瓣狭窄
A52.000x007+I39.1*　梅毒性主动脉瓣狭窄关闭不全
A52.000x011+I39.0*　梅毒性二尖瓣狭窄
A52.004+I39.1*　梅毒性主动脉瓣关闭不全
A52.009+I39.3*　梅毒性肺动脉反流
I05.000　二尖瓣狭窄
I05.000x001　风湿性二尖瓣狭窄
I05.100　风湿性二尖瓣关闭不全
I05.200　二尖瓣狭窄伴有关闭不全
I05.200x001　风湿性二尖瓣狭窄伴关闭不全
I05.800　二尖瓣疾病，其他的

I05.900　二尖瓣疾病
I05.900x001　风湿性二尖瓣病
I06.000　风湿性主动脉瓣狭窄
I06.100　风湿性主动脉瓣关闭不全
I06.200　风湿性主动脉瓣狭窄伴有关闭不全
I06.800x001　其他风湿性主动脉瓣疾病
I06.900　风湿性主动脉瓣疾病
I07.000　三尖瓣狭窄
I07.000x001　风湿性三尖瓣狭窄
I07.100　三尖瓣关闭不全
I07.100x001　风湿性三尖瓣关闭不全
I07.200　三尖瓣狭窄伴有关闭不全
I07.200x001　风湿性三尖瓣狭窄伴关闭不全
I07.800　三尖瓣疾病，其他的
I07.900　三尖瓣疾病
I07.900x001　风湿性三尖瓣病
I08.000　二尖瓣和主动脉瓣的疾患
I08.000x001　风湿性二尖瓣主动脉瓣联合瓣膜病
I08.000x002　风湿性二尖瓣狭窄伴主动脉瓣关闭不全
I08.000x003　风湿性二尖瓣关闭不全伴主动脉瓣狭窄
I08.000x004　风湿性二尖瓣关闭不全伴主动脉瓣狭窄关闭不全
I08.000x005　风湿性二尖瓣狭窄伴主动脉瓣狭窄关闭不全
I08.000x006　风湿性二尖瓣狭窄关闭不全伴主动脉瓣关闭不全
I08.000x007　风湿性二尖瓣及主动脉瓣关闭不全
I08.000x008　风湿性二尖瓣及主动脉瓣狭窄伴关闭不全
I08.000x009　风湿性二尖瓣及主动脉瓣狭窄
I08.000x010　风湿性二尖瓣狭窄关闭不全伴主动脉瓣狭窄
I08.001　二尖瓣狭窄伴主动脉瓣关闭不全
I08.002　二尖瓣关闭不全伴主动脉瓣狭窄
I08.003　二尖瓣关闭不全伴主动脉瓣狭窄关闭不全
I08.004　二尖瓣狭窄伴主动脉瓣狭窄关闭不全
I08.005　二尖瓣狭窄关闭不全伴主动脉瓣关闭不全
I08.006　二尖瓣及主动脉瓣关闭不全
I08.007　二尖瓣及主动脉瓣狭窄伴关闭不全
I08.008　二尖瓣及主动脉瓣狭窄
I08.009　二尖瓣狭窄关闭不全伴主动脉瓣狭窄
I08.100　二尖瓣和三尖瓣的疾患
I08.100x001　风湿性二尖瓣三尖瓣联合瓣膜病
I08.100x002　风湿性二尖瓣狭窄伴三尖瓣关闭不全
I08.100x003　风湿性二尖瓣狭窄关闭不全伴三尖瓣关闭不全
I08.100x004　风湿性二尖瓣及三尖瓣关闭不全
I08.100x005　风湿性二尖瓣及三尖瓣狭窄
I08.101　二尖瓣狭窄伴三尖瓣关闭不全
I08.102　二尖瓣狭窄关闭不全伴三尖瓣关闭不全
I08.103　二尖瓣及三尖瓣关闭不全
I08.104　二尖瓣及三尖瓣狭窄
I08.200　主动脉瓣和三尖瓣的疾患
I08.200x001　风湿性主动脉瓣三尖瓣联合瓣膜病
I08.200x002　风湿性主动脉瓣及三尖瓣关闭不全
I08.201　主动脉瓣及三尖瓣关闭不全
I08.300　二尖瓣、主动脉瓣和三尖瓣的合并疾患
I08.300x001　风湿性二尖瓣主动脉瓣三尖瓣联合瓣膜病
I08.300x002　风湿性二尖瓣狭窄关闭不全伴主动脉瓣及三尖瓣关闭不全
I08.300x003　风湿性二尖瓣狭窄及主动脉瓣三尖瓣关闭不全
I08.300x004　风湿性二尖瓣主动脉瓣及三尖瓣关闭不全
I08.300x005　风湿性二尖瓣主动脉瓣及三尖瓣狭窄关闭不全
I08.300x006　风湿性二尖瓣狭窄关闭不全伴主动脉瓣三尖瓣狭窄
I08.300x007　风湿性二尖瓣主动脉瓣狭窄关闭不全伴三尖瓣关闭不全
I08.301　二尖瓣狭窄关闭不全伴主动脉瓣及三尖瓣关闭不全
I08.302　二尖瓣狭窄及主动脉瓣三尖瓣关闭不全
I08.303　二尖瓣主动脉瓣及三尖瓣关闭不全
I08.304　二尖瓣主动脉瓣及三尖瓣狭窄关闭不全
I08.305　二尖瓣狭窄关闭不全伴主动脉瓣三尖瓣狭窄
I08.306　二尖瓣主动脉瓣狭窄关闭不全伴三尖瓣关闭不全
I08.800　多个心瓣膜疾病，其他的
I08.800x002　风湿性二尖瓣狭窄伴三尖瓣关闭不全及肺动脉瓣关闭不全
I08.800x003　风湿性二尖瓣狭窄及关闭不全肺动脉瓣关闭不全
I08.801　二尖瓣狭窄及关闭不全肺动脉瓣关闭不全
I08.900　多个心瓣膜疾病
I08.901　风湿性联合瓣膜病

I09.100x001　慢性风湿性心内膜炎
I09.100x002　慢性风湿性心瓣膜炎
I09.801　风湿性肺动脉瓣狭窄
I09.802　风湿性肺动脉瓣关闭不全
I33.008　二尖瓣赘生物
I33.009　主动脉瓣赘生物
I33.010　三尖瓣赘生物
I33.011　肺动脉瓣赘生物
I34.000　二尖瓣关闭不全
I34.000x001　非风湿性二尖瓣关闭不全
I34.001　二尖瓣反流
I34.100　二尖瓣脱垂
I34.101　二尖瓣脱垂综合征
I34.102　二尖瓣后叶脱垂
I34.200　非风湿性二尖瓣狭窄
I34.201　二尖瓣术后狭窄
I34.202　老年钙化性二尖瓣狭窄
I34.800x002　二尖瓣裂
I34.800x003　手术后二尖瓣狭窄伴关闭不全
I34.800x005　心内膜炎并二尖瓣穿孔
I34.800x006　二尖瓣钙化
I34.801　非风湿性二尖瓣狭窄伴关闭不全
I34.802　二尖瓣腱索断裂
I34.803　二尖瓣退行性变
I34.900　非风湿性二尖瓣疾患
I35.000　主动脉瓣狭窄
I35.000x002　经导管主动脉瓣植入术后再狭窄
I35.000x003　主动脉瓣球囊扩张术后再狭窄
I35.100　主动脉瓣关闭不全
I35.100x003　经导管主动脉瓣植入术后关闭不全
I35.101　心内膜炎伴主动脉瓣关闭不全
I35.200　主动脉瓣狭窄伴有关闭不全
I35.200x001　老年钙化性主动脉瓣狭窄伴关闭不全
I35.800x003　心内膜炎伴主动脉瓣脱垂
I35.801　主动脉瓣硬化
I35.802　主动脉瓣松软综合征
I35.803　心内膜炎伴主动脉瓣穿孔
I35.804　退行性主动脉瓣疾患
I35.805　主动脉瓣增厚
I35.806　主动脉瓣钙化
I35.807　主动脉瓣周脓肿
I35.808　主动脉瓣脱垂
I35.900　主动脉瓣疾患
I36.000　非风湿性三尖瓣狭窄
I36.100　非风湿性三尖瓣关闭不全
I36.200　非风湿性三尖瓣狭窄伴有关闭不全
I36.800x002　三尖瓣脱垂
I36.800x003　三尖瓣下移
I36.800x004　三尖瓣腱索断裂
I36.800x005　三尖瓣钙化
I36.801　非风湿性三尖瓣脱垂
I36.900　非风湿性三尖瓣疾患
I37.000　肺动脉瓣狭窄
I37.100　肺动脉瓣关闭不全
I37.200　肺动脉瓣狭窄伴有关闭不全
I37.800　肺动脉瓣疾患，其他的
I37.900　肺动脉瓣疾患
I38.x00x002　老年性心脏瓣膜病
I38.x00x005　心瓣膜破裂
I38.x00x006　心内膜炎
I38.x00x007　慢性心脏瓣膜炎
I38.x01　心脏瓣膜病
I38.x02　心脏瓣膜穿孔
I38.x03　心脏瓣膜钙化
I42.100x002　肥厚性主动脉瓣下狭窄
I51.100x001　心脏腱索断裂
I51.200x001　心脏乳头肌断裂
I51.803　乳头肌功能不全
I97.800x016　心脏机械瓣膜置换术后功能障碍
I97.800x017　生物瓣膜置换术后功能衰竭
I97.800x020　二尖瓣闭式扩张术后再狭窄
T82.000　心脏瓣膜假体的机械性并发症
T82.000x001　心脏瓣膜置换术后瓣膜故障
T82.001　机械瓣膜置换术后瓣周漏
T82.003　主动脉机械瓣周漏
T82.202　瓣膜移植物机械性并发症
T82.805　二尖瓣机械瓣膜老化

FT4　心包疾病

包含以下主要诊断：
A18.808+I32.0*　结核性心包炎
A18.809+I32.0*　结核性心包积液
A39.501+I32.0*　脑膜炎球菌性心包炎
A52.005+I52.0*　梅毒性心脏病
A52.008+I32.0*　梅毒性心包炎
A54.805+I32.0*　淋球菌性心包炎
B33.200x001+I32.1*　柯萨奇病毒性心包炎
B49.x15　真菌性心包炎
I01.000　急性风湿性心包炎
I01.800x001　急性风湿性全心炎

I01.900　急性风湿性心脏病
I02.000x001　风湿性舞蹈病伴急性风湿性心脏病
I09.200　慢性风湿性心包炎
I09.200x001　风湿性粘连性心包炎
I09.200x003　慢性风湿性心肌心包炎
I09.200x004　慢性风湿性纵隔心包炎
I30.000　急性非特异性特发性心包炎
I30.100　感染性心包炎
I30.100x005　肺炎球菌性心包炎
I30.100x006　急性感染心包积液
I30.100x007　链球菌性心包炎
I30.100x008　葡萄球菌性心包炎
I30.101　化脓性心包炎
I30.102　细菌性心包炎
I30.103　病毒性心包炎
I30.801　纤维蛋白性心包炎
I30.900　急性心包炎
I30.900x001　急性心包积液
I30.900x003　急性心肌心包炎
I31.000　慢性粘连性心包炎
I31.000x002　慢性粘连性纵隔心包炎
I31.001　心包粘连
I31.100　慢性缩窄性心包炎
I31.100x001　慢性化脓性缩窄性心包炎
I31.101　心包钙化
I31.200x001　心包积血
I31.300　心包积液（非炎性）
I31.300x005　甲状腺功能减低性心包积液
I31.301　乳糜性心包积液
I31.302　包裹性心包积液
I31.800x001　心包破裂
I31.800x003　心包积气
I31.900x008　纵隔心包炎
I31.900x009　放射性心包炎
I31.900x010　肿瘤性心包炎
I31.901　心包压塞
I31.902　心包炎
I31.903　非特异性心包炎
I31.904　慢性心包炎
I40.000x004　心肌脓肿
I97.000x002　心包切开术后综合征
M05.305+I32.8*　类风湿性关节炎伴心包炎
M32.105+I32.8*　狼疮性心包炎
N18.506+I32.8*　尿毒症性心包炎
S26.000x001　创伤性心包积血
S26.000x002　创伤性心包填塞
S26.010　开放性心包积血
S26.801　创伤性心包破裂

FU1　严重心律失常及心脏停搏

包含以下主要诊断：
I44.200　Ⅲ度房室传导阻滞
I44.201　高度房室传导阻滞
I45.300　三分支传导阻滞
I45.801　短QT综合征
I45.804　先天性QT间期延长
I45.901　阿-斯综合征［Adams-Stokes综合征］
I46.000　心脏停搏复苏成功
I46.100x001　心源性猝死
I46.901　呼吸心跳骤停
I47.200　室性心动过速
I47.200x001　尖端扭转型室性心动过速
I47.200x003　右室室性心动过速
I47.200x005　左室室性心动过速
I47.200x006　宽QRS心动过速
I47.200x007　非持续性室性心动过速
I47.200x008　束支折返性室性心动过速
I47.200x009　儿茶酚胺敏感性室性心动过速
I47.200x010　多形性室性心动过速
I47.200x011　单形性室性心动过速
I47.200x013　双向性室性心动过速
I47.200x014　心律失常电风暴
I47.201　阵发性室性心动过速
I47.202　非阵发性室性心动过速
I47.203　持续性室性心动过速
I47.204　儿茶酚胺敏感性多形性室性心动过速
I49.001　心室颤动
I49.002　心室扑动
I49.300x005　加速性室性自主心律
I49.302　室性自搏
I49.800x016　室性逸搏
I49.804　长QT间期综合征
I49.805　布鲁咯哒综合征［Brugada综合征］
R00.300　无脉电活动，不可归类在他处者
R94.300x003　Q-T间期延长
R94.300x010　Brugada波样心电图改变
R94.308　继发性QT间期延长
R96.000x001　猝死
R96.001　突然不明原因的死亡
Z45.001　安装心脏起搏器

Z45.002　更换心脏起搏器
Z45.003　更换心脏起搏器电极
Z45.005　更换心脏起搏器脉冲发生器
Z45.006　起搏器安装术后调整
Z45.800x006　除颤器更换

FU2　心律失常及传导障碍

包含以下主要诊断：
I25.104　冠心病心律失常型
I44.000　Ⅰ度房室传导阻滞
I44.100　Ⅱ度房室传导阻滞
I44.101　二度Ⅰ型房室传导阻滞
I44.102　二度Ⅱ型房室传导阻滞
I44.300x003　特发性房室束支退化症［lengre病］
I44.302　部分房室传导阻滞
I44.303　房室传导阻滞
I44.304　左室支架硬化症
I44.400　左前分支传导阻滞
I44.500　左后分支传导阻滞
I44.601　不完全性左束支传导阻滞
I44.602　完全性左束支传导阻滞
I44.700　左束支传导阻滞
I45.000　右分支传导阻滞
I45.101　不完全性右束支传导阻滞
I45.102　完全性右束支传导阻滞
I45.103　右束支传导阻滞
I45.200　双分支传导阻滞
I45.400x001　室内传导阻滞
I45.401　束支传导阻滞
I45.500x002　窦房结功能低下
I45.500x004　房内传导阻滞
I45.500x005　中隔束支传导阻滞
I45.501　窦房传导阻滞
I45.502　窦性停搏
I45.600　预激综合征
I45.600x003　间歇性预激综合征
I45.600x004　A型预激综合征
I45.600x005　B型预激综合征
I45.600x007　心室预激
I45.601　劳恩-加农-莱文综合征
I45.602　隐性预激综合征
I45.800x002　干扰性房室分离
I45.800x004　R-R长间歇
I45.900x002　家族性传导系统障碍
I45.900x003　心脏传导系统退行性变
I47.000　折返性室性心律失常
I47.100　室上性心动过速
I47.100x001　窦房折返性心动过速
I47.100x004　房室结折返性心动过速
I47.100x005　房室折返性心动过速
I47.100x013　自律性增高性房性心动过速
I47.100x014　窄QRS心动过速
I47.101　房性心动过速
I47.102　阵发性室上性心动过速
I47.103　阵发性交界性心动过速
I47.104　阵发性房室折返性心动过速
I47.105　交界性心动过速
I47.106　阵发性房室结内折返性心动过速
I47.107　非阵发性交界性心动过速
I47.108　阵发性房性心动过速
I47.109　阵发性房室性心动过速
I47.110　房内折返性心动过速
I47.111　局灶性房性心动过速
I47.900　阵发性心动过速
I48.000　阵发性心房颤动
I48.100　持续性心房颤动
I48.100x002　永久性心房颤动
I48.100x003　长程持续性心房颤动
I48.200　慢性心房颤动
I48.300　典型心房扑动
I48.301　Ⅰ型心房扑动
I48.400　非典型心房扑动
I48.401　Ⅱ型心房扑动
I48.900x003　心房扑动
I48.900x004　心房颤动［心房纤颤］
I48.900x015　新诊断心房颤动
I49.100x001　房性期前收缩［房性早搏］
I49.101　频发性房性期外收缩
I49.200x001　结性期前收缩［交界性过早搏动］
I49.300x002　室性期前收缩
I49.301　频发性室性期外收缩
I49.303　阵发性室性期外收缩
I49.400x001　期前收缩
I49.401　频发性期外收缩
I49.402　偶发房室性期外收缩
I49.403　结性逸搏
I49.404　过早除极
I49.500　病态窦房结综合征
I49.501　快慢综合征
I49.800x001　室性并行心律

I49.800x002　窦房结-房室结游走节律
I49.800x003　窦房结游走性心律
I49.800x005　反复心律（逆节律）
I49.800x006　房性心律
I49.800x007　结性心律
I49.800x010　紊乱性房性心律
I49.800x015　房性逸搏
I49.801　窦性心律失常
I49.802　室性心律失常
I49.900　心律失常
R00.000　心动过速
R00.001　窦性心动过速
R00.100　心动过缓
R00.100x001　窦性心动过缓
R00.200　心悸
R00.800　心脏搏动异常，其他和未特指的
R00.800x001　三联律
R00.800x003　四联律
R00.801　心脏搏动异常
R94.300x011　房室结双径路
R94.300x012　房室结三径路

FV1　先天性心脏病

包含以下主要诊断：
I27.801　艾森门格综合征
Q20.000　共同动脉干
Q20.100　右心室双出口
Q20.101　陶-宾综合征
Q20.200　左心室双出口
Q20.200x002　先天性左心室瘘
Q20.300　心室动脉连接不协调
Q20.300x002　主动脉右转位
Q20.301　纠正性大动脉转位
Q20.302　完全性大动脉转位
Q20.400　双入口心室
Q20.500　房室连接不协调
Q20.500x001　心室反位
Q20.600　心耳异构
Q20.600x001　心房异构
Q20.601　先天性心耳畸形
Q20.800x003　先天性小心室
Q20.801　单房心脏
Q20.802　双腔心
Q20.900　心腔和心连接的先天性畸形
Q21.000　室间隔缺损
Q21.100　房间隔缺损
Q21.100x001　共同心房
Q21.101　中央型房间隔缺损（卵圆孔型）
Q21.102　房间隔缺损（继发孔型）
Q21.103　上腔型房间隔缺损（高位缺损或静脉窦缺损）
Q21.104　混合型房间隔缺损
Q21.105　下腔型房间隔缺损（低位缺损）
Q21.106　鲁登巴赫综合征
Q21.200　房室间隔缺损
Q21.201　Ⅰ型房间隔缺损
Q21.202　房室管型室间隔缺损
Q21.203　部分性房室隔缺损
Q21.204　过渡性房室隔缺损
Q21.205　完全性房室隔缺损
Q21.206　单心房
Q21.300x001　法洛四联症
Q21.300x002　法洛四联症，肺动脉瓣缺如
Q21.300x003　法洛四联症，心内膜垫缺损
Q21.400x001　主肺动脉窗
Q21.800　心间隔的其他先天性畸形
Q21.800x003　室间隔膜部瘤
Q21.802　室间隔膨胀瘤
Q21.804　法洛五联症
Q21.805　法洛三联症
Q21.900　心间隔先天性畸形
Q22.000　肺动脉瓣闭锁
Q22.100　先天性肺动脉瓣狭窄
Q22.102　右室流出道狭窄
Q22.200　先天性肺动脉瓣关闭不全
Q22.301　先天性肺动脉瓣畸形
Q22.302　先天性肺动脉瓣缺如
Q22.400　先天性三尖瓣狭窄
Q22.400x003　先天性三尖瓣闭锁
Q22.500　埃布斯坦异常
Q22.600　右心发育不全综合征
Q22.800x004　先天性三尖瓣乳头肌起源异常
Q22.800x005　先天性三尖瓣骑跨
Q22.800x007　先天性三尖瓣裂
Q22.801　先天性三尖瓣关闭不全
Q22.802　先天性三尖瓣缺如
Q22.900　三尖瓣先天性畸形
Q23.000　先天性主动脉瓣狭窄
Q23.001　左室流出道狭窄
Q23.100　先天性主动脉瓣关闭不全

Q23.101　先天性主动脉瓣二叶瓣畸形
Q23.200　先天性二尖瓣狭窄
Q23.200x002　先天性二尖瓣闭锁
Q23.200x003　先天性二尖瓣狭窄，二尖瓣上环
Q23.200x004　先天性二尖瓣狭窄，瓣下，降落伞型
Q23.300　先天性二尖瓣关闭不全
Q23.300x002　先天性二尖瓣关闭不全并狭窄
Q23.400　左心发育不全综合征
Q23.401　先天性升主动脉发育不良
Q23.800　主动脉瓣和二尖瓣的其他先天性畸形
Q23.800x004　先天性主动脉瓣穿孔
Q23.800x008　先天性二尖瓣穿孔
Q23.801　先天性主动脉瓣脱垂
Q23.802　先天性二尖瓣脱垂
Q23.803　先天性二尖瓣腱索过长
Q23.804　先天性主动脉瓣瓣上隔膜
Q23.805　先天性二尖瓣裂
Q23.900x001　先天性主动脉瓣畸形
Q23.901　先天性二尖瓣畸形
Q24.000x002　镜面右位心
Q24.000x003　单发右位心
Q24.100　左位心
Q24.200　三房心
Q24.300　肺动脉漏斗部狭窄
Q24.300x002　肺动脉瓣狭窄，瓣下
Q24.400　先天性主动脉下狭窄
Q24.400x003　先天性主动脉瓣下隔膜
Q24.501　冠状动脉肌桥
Q24.502　冠状动脉起源异常
Q24.503　冠状动脉-右心房瘘
Q24.504　冠状动脉-右心室瘘
Q24.505　先天性冠状动脉动脉瘤
Q24.506　先天性冠状动脉发育不良
Q24.507　先天性冠状动脉肺动脉瘘
Q24.508　先天性冠状动脉畸形
Q24.509　先天性冠状动静脉瘘
Q24.510　无顶冠状静脉窦综合征
Q24.511　冠状动脉-左心室瘘
Q24.512　冠状动脉单冠畸形
Q24.513　冠状动脉-左心房瘘
Q24.600x002　先天性长QT间期综合征
Q24.601　先天性一度房室阻滞
Q24.602　先天性二度房室阻滞
Q24.603　先天性三度房室阻滞
Q24.800　心脏其他特指的先天性畸形
Q24.800x010　单组房室瓣
Q24.800x011　先天性房室瓣骑跨
Q24.800x012　先天性房室瓣关闭不全
Q24.800x014　先天性右心室憩室
Q24.800x017　先天性心脏憩室
Q24.800x018　先天性心包憩室
Q24.800x025　右旋心
Q24.800x026　左旋心
Q24.800x027　心脏转位不全
Q24.800x028　心房畸形
Q24.800x030　心室憩室
Q24.803　假腱索
Q24.804　十字交叉心
Q24.805　左室流出道肌束肥厚
Q24.806　心室肌致密化不全
Q24.807　先天性心包囊肿
Q24.808　先天性心包缺损
Q24.809　先天性心室肥厚
Q24.810　先天性心脏肥大
Q24.811　先天性右心房憩室
Q24.812　左室憩室
Q24.813　中位心
Q24.814　心室异常肌束
Q24.815　心脏缺如
Q24.900　先天性心脏畸形
Q24.901　小心脏
Q25.000　动脉导管未闭
Q25.100　主动脉缩窄
Q25.200　主动脉闭锁
Q25.300　主动脉狭窄
Q25.301　先天性主动脉瓣上狭窄
Q25.302　先天性降主动脉狭窄
Q25.303　左室流出道梗阻
Q25.400x009　先天性主动脉憩室
Q25.400x010　先天性主动脉骑跨
Q25.400x012　先天性主动脉窦畸形
Q25.400x013　先天性主动脉左房分流
Q25.401　先天性高主动脉弓
Q25.402　先天性双主动脉弓
Q25.403　先天性主动脉窦动脉瘤破裂
Q25.404　先天性主动脉弓断离
Q25.405　先天性主动脉弓发育不良
Q25.406　先天性主动脉扩张
Q25.407　先天性主动脉右位
Q25.408　主动脉窦动脉瘤

Q25.500　肺动脉闭锁
Q25.600　肺动脉狭窄
Q25.601　先天性肺动脉瓣上狭窄
Q25.700x006　先天性肺动脉瘤
Q25.700x007　先天性肺动脉起源于升主动脉
Q25.700x008　先天性肺动脉扩张
Q25.700x011　先天性支气管动脉肺动脉瘘
Q25.700x012　肺体动脉间异常侧支
Q25.701　先天性肺动静脉瘘
Q25.702　先天性肺动脉发育不全
Q25.703　先天性肺动脉缺如
Q25.704　先天性肺动脉异常
Q25.705　肺动脉吊带
Q25.900　大动脉先天性畸形
Q26.000x001　先天性上下腔静脉狭窄
Q26.000x002　先天性上腔静脉狭窄
Q26.000x003　先天性下腔静脉狭窄
Q26.000x004　先天性下腔静脉闭锁
Q26.100　永存左上腔静脉
Q26.200x001　完全型肺静脉异位引流
Q26.200x002　完全性肺静脉异位引流，混合型
Q26.200x003　完全性肺静脉异位引流，心内型
Q26.200x004　完全性肺静脉异位引流，心上型
Q26.200x005　完全性肺静脉异位引流，心下型
Q26.300　肺静脉连接部分异常
Q26.301　肺静脉闭锁
Q26.302　肺体静脉间异常侧支静脉
Q26.400　肺静脉连接异常
Q26.500　门静脉连接异常
Q26.500x001　先天性门静脉畸形
Q26.600　门静脉-肝动脉瘘
Q26.800x001　部分型肺静脉异位引流，镰刀综合征
Q26.800x002　先天性下腔静脉入左房
Q26.800x003　先天性下腔静脉肝段缺如
Q26.800x004　先天性左上腔静脉入左房
Q26.800x005　先天性双下腔静脉
Q26.800x006　先天性右上腔静脉缺如
Q26.800x007　先天性无名静脉异常走行
Q26.800x008　先天性下腔静脉缺如
Q26.800x010　先天性双上腔静脉
Q26.801　先天性肺静脉狭窄
Q26.901　上腔静脉畸形
Q26.902　下腔静脉畸形
Q87.400　马方综合征
Q87.809　Williams综合征

FV2　高血压

包含以下主要诊断：
E10.700x022　1型糖尿病性高血压
E10.700x023　1型糖尿病性肥胖症性高血压
E11.700x022　2型糖尿病性高血压
E11.700x023　2型糖尿病性肥胖症性高血压
E14.700x022　糖尿病性高血压
E14.700x023　糖尿病性肥胖症性高血压
E16.800x101　糖耐量受损伴肥胖型高血压
E16.800x102　糖耐量受损伴高血压
I10.x00x002　高血压
I10.x00x007　老年收缩期高血压
I10.x00x008　良性高血压
I10.x00x009　临界性高血压
I10.x00x015　青春期高血压
I10.x00x016　白大衣高血压
I10.x00x017　假性高血压
I10.x01　正常高值血压
I10.x02　恶性高血压
I10.x03　高血压1级
I10.x04　高血压2级
I10.x05　高血压3级
I10.x06　高血压危象
I10.x08　单纯收缩期高血压
I10.x09　原发性高血压
I10.x10　高血压急症
I10.x12　难治性高血压
I10.x13　低肾素性高血压
I10.x14　高血压亚急症
I11.901　高血压性心脏病
I13.900x001　高血压性心脏病和肾脏病
I15.000　肾血管性高血压
I15.100x001　肾实质性高血压
I15.101　利德尔综合征
I15.102　肾性高血压
I15.103　肾萎缩性高血压
I15.200x001　原发性醛固酮增多症性高血压
I15.200x002　肾上腺皮质醇增多症性高血压
I15.200x003　肾上腺髓质增生性高血压
I15.200x004　糖皮质激素增多综合征性高血压
I15.200x005　嗜铬细胞瘤性高血压
I15.800x001　口服避孕药性高血压
I15.800x002　大动脉炎性高血压
I15.800x003　医源性高血压

I15.800x004　围手术期高血压
I15.800x006　阻塞性睡眠呼吸暂停低通气综合征性高血压
I15.900　继发性高血压

FV3　晕厥及/或虚脱

包含以下主要诊断：
E10.400x311+G99.0*　1型糖尿病性体位性低血压
I95.100　直立性低血压
I95.101　体位性低血压
R55.x00x001　晕厥
R55.x00x002　心源性晕厥
R55.x00x003　排尿性晕厥
R55.x00x004　脑源性晕厥
R55.x00x005　情景性晕厥
R55.x00x006　反射性晕厥
R55.x00x007　器质性晕厥
R55.x00x008　情境性晕厥
R55.x00x009　血管抑制性晕厥
R55.x00x010　血管迷走性晕厥（混合型）
R55.x00x011　血管迷走性晕厥（心脏抑制型）
R55.x00x012　血管迷走性晕厥（血管型）
R55.x00x013　血管迷走性晕厥
R55.x00x014　迷走神经性晕厥
R55.x02　虚脱

FW1　动脉疾病

包含以下主要诊断：
A18.818+I79.8*　结核性腹主动脉炎
A52.000x001+I52.0*　梅毒性冠状动脉口狭窄
A52.002+I79.1*　梅毒性主动脉炎
A52.003+I79.0*　梅毒性主动脉瘤
E10.700x011　1型糖尿病性多发性微血管并发症
E11.500x021+I79.2*　2型糖尿病性周围血管病及坏疽
E11.501+I79.2*　2型糖尿病性周围血管病变
E13.500x241+I79.2*　继发性糖尿病大血管病变
E13.500x541+I79.2*　青少年发病的成人型糖尿病大血管病变
E85.408　淀粉样变血管损害
I12.902　肾动脉硬化
I25.300　心脏动脉瘤
I25.300x005　室间隔动脉瘤
I27.000x007　可遗传性肺动脉高压
I27.000x008　原发性轻度肺动脉高压
I27.000x009　原发性中度肺动脉高压
I27.000x010　原发性重度肺动脉高压
I27.001　特发性肺动脉高压［原发性肺动脉高压］
I27.200x002　结缔组织病相关性肺动脉高压
I27.200x003　门静脉高压性肺动脉高压
I27.200x004　甲状腺相关性肺动脉高压
I27.200x005　药物性肺动脉高压
I27.200x006　食物抑制剂相关性肺动脉高压
I27.200x009　危险因素相关性肺动脉高压
I27.200x012　肺动脉高压
I27.200x013　肺动脉高压危象
I27.200x015　轻度肺动脉高压
I27.200x016　低氧相关性肺动脉高压
I27.200x017　脾切除相关性肺动脉高压
I27.200x018　疾病相关性肺动脉高压
I27.200x019　毒物相关性肺动脉高压
I27.200x020　左心疾病相关性肺动脉高压
I27.200x021　中度肺动脉高压
I27.200x022　重度肺动脉高压
I27.201　继发性肺动脉高压
I27.202　慢性血栓栓塞性肺动脉高压症
I28.000x002　经皮肺动静脉瘘栓塞术后再通
I28.000x003　肺动静脉瘘
I28.800x008　特发性肺动脉扩张
I28.801　肺动脉扩张
I28.803　后天性肺动脉狭窄
I70.000x003　主动脉硬化
I70.000x005　升主动脉粥样硬化
I70.000x006　主动脉弓粥样硬化
I70.000x007　胸主动脉粥样硬化
I70.000x008　胸腹主动脉粥样硬化
I70.000x009　升主动脉钙化
I70.000x010　主动脉弓钙化
I70.000x011　胸主动脉钙化
I70.000x012　腹主动脉钙化
I70.000x013　胸腹主动脉钙化
I70.001　主动脉钙化
I70.002　腹主动脉粥样硬化
I70.003　升主动脉狭窄
I70.004　髂总动脉粥样硬化
I70.010　主动脉的动脉粥样硬化伴坏疽
I70.011　主动脉钙化伴坏疽
I70.012　腹主动脉粥样硬化伴坏疽
I70.013　升主动脉狭窄伴坏疽
I70.014　髂总动脉粥样硬化伴坏疽

I70.100x002 肾动脉动脉硬化症
I70.101 肾动脉狭窄
I70.102 移植肾动脉狭窄
I70.110 肾动脉粥样硬化伴坏疽
I70.111 肾动脉狭窄伴坏疽
I70.112 移植肾动脉狭窄伴坏疽
I70.200x002 肢体动脉硬化
I70.200x004 肢体闭塞性动脉硬化
I70.200x005 动脉中层硬化症
I70.200x011 肢体动脉粥样硬化伴间歇性跛行
I70.200x021 肢体动脉粥样硬化伴疼痛
I70.200x031 肢体动脉粥样硬化伴溃疡
I70.200x061 肱动脉粥样硬化
I70.200x062 股动脉粥样硬化
I70.200x063 腘动脉粥样硬化
I70.200x064 胫动脉粥样硬化
I70.200x065 腓动脉粥样硬化
I70.201 上肢动脉粥样硬化
I70.203 下肢动脉粥样硬化
I70.204 下肢动脉硬化闭塞症
I70.206 蒙克贝格硬化
I70.207 趾动脉粥样硬化
I70.208 闭塞性周围动脉粥样硬化
I70.209 肢体动脉硬化性闭塞症
I70.210 四肢动脉的动脉粥样硬化伴坏疽
I70.211 上肢动脉粥样硬化性坏疽
I70.213 下肢动脉粥样硬化伴坏疽
I70.214 下肢动脉硬化闭塞症伴坏疽
I70.217 趾动脉粥样硬化性坏疽
I70.218 闭塞性周围动脉粥样硬化伴坏疽
I70.219 肢体动脉硬化性闭塞症伴坏疽
I70.800x005 髂动脉硬化
I70.800x006 腋动脉粥样硬化
I70.802 髂动脉闭塞性粥样硬化
I70.804 锁骨下动脉粥样硬化
I70.805 乳内动脉粥样硬化
I70.810 其他动脉粥样硬化伴坏疽
I70.812 髂动脉闭塞性粥样硬化伴坏疽
I70.900x002 闭塞性动脉硬化
I70.900x003 动脉硬化
I70.900x004 动脉粥样硬化
I70.900x006 老年性动脉炎
I70.900x007 外周动脉粥样硬化
I70.901 闭塞性动脉炎
I70.902 周身性动脉硬化
I70.910 全身性的动脉粥样硬化伴坏疽
I70.911 闭塞性动脉炎伴坏疽
I70.912 周身性动脉硬化伴坏疽
I71.000x002 主动脉夹层
I71.000x003 主动脉壁内血肿
I71.000x004 升主动脉壁内血肿
I71.000x005 主动脉弓壁内血肿
I71.000x006 胸主动脉壁内血肿
I71.000x007 腹主动脉壁内血肿
I71.000x008 胸腹主动脉壁内血肿
I71.000x011 主动脉夹层A型
I71.000x012 主动脉夹层A1S型
I71.000x013 主动脉夹层A2S型
I71.000x014 主动脉夹层A3S型
I71.000x015 主动脉夹层A1C型
I71.000x016 主动脉夹层A2C型
I71.000x017 主动脉夹层A3C型
I71.000x021 主动脉夹层B型
I71.000x022 主动脉夹层B1S型
I71.000x023 主动脉夹层B2S型
I71.000x024 主动脉夹层B3S型
I71.000x025 主动脉夹层B1C型
I71.000x026 主动脉夹层B2C型
I71.000x027 主动脉夹层B3C型
I71.000x028 主动脉弓夹层
I71.000x029 胸腹主动脉夹层
I71.001 主动脉夹层动脉瘤破裂
I71.002 降主动脉夹层
I71.003 升主动脉夹层
I71.004 腹主动脉夹层
I71.005 主动脉夹层壁间血肿
I71.006 腹主动脉壁间出血
I71.007 胸主动脉夹层
I71.100 胸主动脉瘤破裂
I71.100x002 升主动脉瘤破裂
I71.100x003 主动脉弓动脉瘤破裂
I71.101 主动脉弓破裂
I71.200x006 主动脉根部假性动脉瘤
I71.200x010 主动脉根部动脉瘤
I71.200x011 胸主动脉瘤
I71.200x014 主动脉弓扩张
I71.201 升主动脉瘤
I71.202 胸主动脉假性动脉瘤
I71.203 升主动脉扩张
I71.204 主动脉弓动脉瘤

I71.205　主动脉弓假性动脉瘤
I71.206　升主动脉假性动脉瘤
I71.300　腹主动脉瘤破裂
I71.400x002　腹主动脉瘤
I71.401　腹主动脉假性动脉瘤
I71.402　腹主动脉扩张
I71.500　胸腹主动脉瘤破裂
I71.600x001　胸腹主动脉瘤
I71.600x004　胸腹主动脉假性动脉瘤
I71.600x005　胸腹主动脉扩张
I71.800　主动脉瘤破裂
I71.801　主动脉破裂
I71.900x002　主动脉瘤
I71.900x004　真菌性主动脉瘤
I71.901　主动脉扩张
I71.902　降主动脉瘤
I71.903　降主动脉假性动脉瘤
I72.100　上肢动脉瘤伴夹层
I72.100x003　肱动脉瘤
I72.100x004　肱动脉假性动脉瘤
I72.100x005　肱动脉夹层
I72.100x006　上肢动脉瘤破裂
I72.100x007　上肢动脉瘤
I72.101　上肢假性动脉瘤
I72.103　上肢假性动脉瘤破裂
I72.200　肾动脉瘤伴夹层
I72.200x001　肾动脉瘤
I72.200x003　肾动脉夹层
I72.201　肾假性动脉瘤
I72.300　髂动脉瘤伴夹层
I72.300x003　髂动脉夹层
I72.300x006　髂动脉瘤
I72.300x012　髂总动脉假性动脉瘤
I72.300x013　髂总动脉夹层
I72.300x021　髂内动脉瘤
I72.300x022　髂内动脉假性动脉瘤
I72.300x023　髂内动脉夹层
I72.300x031　髂外动脉瘤
I72.300x032　髂外动脉假性动脉瘤
I72.300x033　髂外动脉夹层
I72.301　髂总动脉瘤
I72.302　髂动脉假性动脉瘤破裂
I72.303　髂动脉假性动脉瘤
I72.304　髂动脉瘤破裂
I72.305　髂动脉扩张
I72.400　下肢动脉瘤伴夹层
I72.400x010　下肢动脉瘤
I72.400x030　下肢动脉瘤破裂
I72.400x110　股动脉瘤
I72.400x111　股总动脉瘤
I72.400x112　股深动脉瘤
I72.400x113　股浅动脉瘤
I72.400x121　股总动脉假性动脉瘤
I72.400x122　股深动脉假性动脉瘤
I72.400x123　股浅动脉假性动脉瘤
I72.400x130　股动脉夹层
I72.400x131　股总动脉夹层
I72.400x132　股深动脉夹层
I72.400x133　股浅动脉夹层
I72.400x210　胫动脉瘤
I72.400x212　胫前动脉瘤
I72.400x213　胫后动脉瘤
I72.400x220　胫动脉假性动脉瘤
I72.400x222　胫前动脉假性动脉瘤
I72.400x223　胫后动脉假性动脉瘤
I72.400x230　胫动脉夹层
I72.400x232　胫前动脉夹层
I72.400x233　胫后动脉夹层
I72.400x310　腓动脉瘤
I72.400x320　腓动脉假性动脉瘤
I72.400x330　腓动脉夹层
I72.400x410　胫腓干动脉瘤
I72.400x420　胫腓干动脉假性动脉瘤
I72.400x430　胫腓干动脉夹层
I72.400x520　腘动脉假性动脉瘤
I72.400x530　腘动脉夹层
I72.401　下肢假性动脉瘤
I72.402　下肢假性动脉瘤破裂
I72.403　股动脉假性动脉瘤破裂
I72.404　股动脉假性动脉瘤
I72.405　腘动脉瘤
I72.501　基底动脉瘤伴夹层
I72.600　椎动脉瘤伴夹层
I72.800x023　锁骨下动脉夹层
I72.800x042　腹腔动脉假性动脉瘤
I72.800x051　腹腔干动脉瘤
I72.800x053　腹腔干动脉夹层
I72.800x061　肠系膜动脉瘤
I72.800x093　脾动脉夹层
I72.800x101　腋动脉瘤

I72.800x102　腋动脉假性动脉瘤
I72.800x103　腋动脉夹层
I72.800x111　支气管动脉瘤
I72.800x121　脊髓前动脉瘤
I72.800x151　胰十二指肠动脉瘤
I72.804　锁骨下动脉瘤
I72.805　锁骨下动脉假性动脉瘤
I72.806　无名动脉瘤
I72.808　胰十二指肠动脉假性动脉瘤
I72.811　脾动脉瘤
I72.812　脾动脉假性动脉瘤
I72.813　腹腔动脉瘤
I72.814　腹腔干动脉假性动脉瘤
I72.900　动脉瘤伴夹层
I72.900x002　肢端小动脉扩张
I72.900x003　动脉瘤
I72.900x004　动脉夹层
I72.901　假性动脉瘤
I73.001　雷诺现象
I73.100　血栓闭塞性血管炎［伯格］
I73.800x001　股绀红皮病
I73.800x003　四肢供血不足
I73.800x006　肢端血管功能失调
I73.800x007　腘动脉陷迫综合征
I73.800x008　肢端发绀
I73.802　上肢缺血
I73.803　下肢缺血
I73.804　红斑性肢痛症
I73.805　肢端绀红皮病
I73.901　间歇性跛行
I73.902　血管痉挛
I73.903　动脉痉挛
I74.000x003　勒里施综合征［Leriche综合征］
I74.001　腹主动脉栓塞
I74.002　腹主动脉血栓形成
I74.003　主动脉分叉综合征
I74.004　平肾腹主动脉闭塞
I74.005　肾下腹主动脉闭塞
I74.006　腹主动脉闭塞
I74.101　主动脉栓塞
I74.102　主动脉血栓形成
I74.200x001　上肢动脉闭塞
I74.200x004　肱动脉栓塞
I74.200x005　肱动脉血栓形成
I74.200x006　桡动脉闭塞
I74.200x007　肱动脉闭塞
I74.201　上肢动脉栓塞
I74.202　上肢动脉血栓形成
I74.300x030　下肢动脉闭塞
I74.300x111　股总动脉血栓形成
I74.300x112　股深动脉血栓形成
I74.300x113　股浅动脉血栓形成
I74.300x121　股总动脉栓塞
I74.300x122　股深动脉栓塞
I74.300x123　股浅动脉栓塞
I74.300x131　股总动脉闭塞
I74.300x132　股深动脉闭塞
I74.300x133　股浅动脉闭塞
I74.300x210　胫动脉血栓形成
I74.300x212　胫前动脉血栓形成
I74.300x213　胫后动脉血栓形成
I74.300x220　胫动脉栓塞
I74.300x222　胫前动脉栓塞
I74.300x223　胫后动脉栓塞
I74.300x230　胫动脉闭塞
I74.300x232　胫前动脉闭塞
I74.300x233　胫后动脉闭塞
I74.300x310　腓动脉血栓形成
I74.300x320　腓动脉栓塞
I74.300x330　腓动脉闭塞
I74.300x410　胫腓干动脉血栓形成
I74.300x420　胫腓干动脉栓塞
I74.300x430　胫腓干动脉闭塞
I74.300x510　腘动脉血栓形成
I74.300x520　腘动脉栓塞
I74.301　下肢动脉栓塞
I74.302　下肢动脉血栓形成
I74.303　创伤性股动脉血栓形成
I74.304　股动脉栓塞
I74.305　股动脉闭塞
I74.307　股动脉血栓形成
I74.308　腘动脉闭塞
I74.310　蓝趾综合征
I74.401　四肢动脉栓塞
I74.402　四肢动脉血栓形成
I74.500x002　髂动脉闭塞
I74.500x007　髂总动脉闭塞
I74.500x008　髂动脉血栓形成
I74.500x009　髂内动脉血栓形成
I74.500x010　髂外动脉血栓形成

I74.500x011　髂动脉栓塞
I74.500x012　髂内动脉栓塞
I74.500x013　髂外动脉栓塞
I74.501　髂总动脉栓塞
I74.502　髂总动脉血栓形成
I74.503　髂内动脉闭塞
I74.504　髂外动脉闭塞
I74.800x001　腹腔动脉闭塞
I74.800x005　腋动脉栓塞
I74.800x006　腋动脉闭塞
I74.800x007　腋动脉血栓形成
I74.800x008　腹腔干动脉栓塞
I74.800x009　腹腔干动脉闭塞
I74.800x010　脾动脉闭塞
I74.800x011　肠系膜上动脉闭塞
I74.800x012　脾动脉血栓
I74.801　锁骨下动脉闭塞
I74.802　锁骨下动脉血栓形成
I74.805　脾动脉栓塞
I74.806　腹腔动脉栓塞
I74.807　腹腔动脉血栓形成
I74.901　多发性动脉栓塞
I74.902　动脉栓塞
I77.000x011　动静脉内瘘血栓形成
I77.000x014　桡动静脉瘘
I77.000x015　肱动静脉瘘
I77.005　锁骨下动静脉瘘
I77.006　支气管动静脉瘘
I77.007　腹主动脉下腔静脉瘘
I77.008　脾动静脉瘘
I77.010　肾动静脉瘘
I77.011　盆腔动静脉瘘
I77.012　股动静脉瘘
I77.013　下肢动静脉瘘
I77.014　多发性动静脉瘘
I77.100x004　髂动脉狭窄
I77.100x005　髂动脉迂曲
I77.100x012　降主动脉狭窄
I77.100x014　股深动脉狭窄
I77.100x015　股浅动脉狭窄
I77.100x018　胫动脉狭窄
I77.100x027　股总动脉狭窄
I77.100x028　胫腓干动脉狭窄
I77.100x029　脾动脉狭窄
I77.100x031　肠系膜下动脉狭窄
I77.100x032　桡动脉狭窄
I77.101　颈动脉迂曲
I77.102　锁骨下动脉狭窄
I77.103　无名动脉迂曲
I77.104　无名动脉狭窄
I77.105　肱动脉狭窄
I77.106　肱动脉迂曲
I77.107　腋动脉狭窄
I77.108　上肢动脉狭窄
I77.109　主动脉迂曲
I77.110　后天性主动脉狭窄
I77.111　胸主动脉狭窄
I77.112　腹主动脉狭窄
I77.113　主动脉弓狭窄
I77.114　腹腔干动脉狭窄
I77.115　股动脉狭窄
I77.117　腘动脉狭窄
I77.118　腘动脉挤压综合征
I77.120　胫前动脉狭窄
I77.121　胫后动脉狭窄
I77.123　腓动脉狭窄
I77.125　髂总动脉狭窄
I77.126　髂外动脉狭窄
I77.127　髂内动脉狭窄
I77.129　下肢动脉狭窄
I77.131　移植肝动脉狭窄
I77.200　动脉破裂
I77.201　动脉瘘
I77.202　支气管动脉-肺动脉瘘
I77.203　肺动脉瘘
I77.204　腹主动脉-空肠瘘
I77.300x002　动脉肌纤维发育不良
I77.300x003　锁骨下动脉纤维肌性结构发育不良
I77.301　肾动脉纤维肌肉发育不良
I77.500　动脉坏死
I77.600　动脉炎
I77.600x001　大动脉炎
I77.600x004　多发性大动脉炎
I77.600x012　药物性血管炎
I77.600x013　脓疱性血管炎
I77.600x014　重症血管炎
I77.600x015　肺动脉炎
I77.600x016　中枢神经系统血管炎
I77.601　主动脉炎
I77.602　动脉内膜炎

I77.603　血管炎
I77.604　上肢动脉炎
I77.605　下肢动脉炎
I77.800x002　主动脉根部病变
I77.800x006　颈动脉溃疡
I77.800x007　锁骨下动脉溃疡
I77.800x008　椎动脉溃疡
I77.800x009　肾动脉溃疡
I77.800x010　腹腔动脉溃疡
I77.800x011　肠系膜动脉溃疡
I77.800x012　腋动脉溃疡
I77.800x013　肱动脉溃疡
I77.800x014　髂动脉溃疡
I77.800x015　股动脉溃疡
I77.800x016　胫动脉溃疡
I77.800x017　胫腓干动脉溃疡
I77.800x018　腓动脉溃疡
I77.800x019　腘动脉溃疡
I77.800x020　升主动脉溃疡
I77.800x021　主动脉弓溃疡
I77.800x022　胸主动脉溃疡
I77.800x024　胸腹主动脉溃疡
I77.801　动脉溃疡
I77.802　腹主动脉溃疡
I77.803　主动脉溃疡
I77.804　德戈病
I77.805　后天性腹主动脉畸形
I77.806　主动脉脓肿
I77.807　动脉糜烂
I77.900　动脉和小动脉的疾患
I97.800x001　动脉导管未闭结扎术后残余分流
I97.800x002　动脉导管未闭封堵术后残余分流
I97.804　人工动静脉瘘瘤形成
M31.400　主动脉弓综合征［高安病］
M31.600　巨细胞动脉炎，其他的
M31.804　系统性血管炎
Q25.800x002　先天性头臂动脉畸形
Q25.800x004　先天性左锁骨下动脉畸形
Q27.001　先天性脐动脉缺如
Q27.100　先天性肾动脉狭窄
Q27.200x002　先天性肾动脉畸形
Q27.200x003　多肾动脉
Q27.301　先天性动静脉瘘
Q27.303　先天性腋动静脉瘘
Q27.306　先天性躯干部动静脉瘘
Q27.307　先天性上肢动静脉瘘
Q27.308　先天性下肢动静脉瘘
Q27.309　先天性周围血管动静脉瘤
Q27.800x007　髂动脉畸形
Q27.800x018　迷走锁骨下动脉畸形
Q27.800x041　周围动脉畸形
Q27.808　先天性脐动脉畸形
Q27.812　先天性腹腔动脉畸形
Q28.800x007　支气管动脉畸形
S25.000　胸主动脉损伤
S25.001　创伤性胸主动脉瘤
S25.100x002　无名动脉损伤
S25.101　锁骨下动脉损伤
S25.501　创伤性肋间动脉破裂
S25.802　创伤性乳房动脉破裂
S35.000　腹主动脉损伤
S35.001　创伤性腹主动脉瘤
S35.200x001　腹腔动脉损伤
S35.200x003　胃十二指肠动脉损伤
S35.200x004　肝动脉损伤
S35.200x005　肠系膜下动脉损伤
S35.200x006　肠系膜上动脉损伤
S35.200x007　脾动脉损伤
S35.201　肠系膜动脉损伤
S35.202　胃动脉损伤
S35.203　创伤性胃动脉破裂
S35.204　创伤性肝动脉破裂
S35.205　创伤性脾动脉破裂
S35.400x001　肾动脉损伤
S35.402　创伤性肾动脉破裂
S35.500x001　髂动脉损伤
S35.500x002　创伤性髂总动脉血栓形成
S35.500x003　创伤性髂动静脉瘘
S35.500x005　子宫动脉损伤
S35.500x007　下腹动脉损伤
S35.501　创伤性髂动脉破裂
S35.800x001　卵巢动脉损伤
S45.000　腋动脉损伤
S45.001　创伤性腋动脉破裂
S45.101　创伤性肱动脉损伤
S55.000x001　前臂尺动脉损伤
S55.100x001　前臂桡动脉损伤
S55.101　创伤性桡动脉断裂
S65.000x001　手部尺动脉损伤
S65.000x002　腕部尺动脉损伤

S65.100x001　腕部桡动脉损伤
S65.100x002　手部桡动脉损伤
S65.200　掌浅动静脉弓损伤
S65.300　掌深动静脉弓损伤
S65.401　创伤性拇指动脉破裂
S65.501　创伤性指动脉破裂
S75.000　股动脉损伤
S75.000x002　股浅动脉损伤
S75.000x003　股深动脉损伤
S75.000x004　创伤性股动脉瘤
S75.000x005　创伤性股假性动脉瘤
S75.001　创伤性股深动脉破裂
S75.901　创伤性股动静脉瘘
S85.000　腘动脉损伤
S85.100x001　胫动脉损伤
S85.100x002　胫前动脉损伤
S85.101　胫后动脉损伤
S85.102　创伤性胫后动脉血栓形成
S85.200　腓动脉损伤
S85.801　创伤性胫后动静脉损伤
S95.000　足背动脉损伤
S95.100　足底动脉损伤
T81.700x004　操作后动-静脉瘘
T81.700x104　经皮球囊扩瓣术后穿刺假性动脉瘤
T81.700x105　经皮球囊扩瓣术后动静脉瘘
T81.700x204　射频消融术后穿刺假性动脉瘤
T81.700x205　射频消融术后动静脉瘘
T81.700x303　心导管检查术后穿刺假性动脉瘤
T81.700x304　心导管检查术后动静脉瘘
T81.700x404　心导管造影术后穿刺假性动脉瘤
T81.700x405　心导管造影术后动静脉瘘
T81.701　操作后动脉血栓形成
T82.401　静脉透析管阻塞
T82.702　人工血管感染
T82.800x204　经皮房缺-室缺矫治术后穿刺假性动脉瘤
T82.800x205　经皮房缺-室缺矫治术后动静脉瘘
T82.800x206　经皮房缺-室缺矫治术后冠状动脉撕裂
T82.800x207　经皮房缺-室缺矫治术后冠状动脉穿孔
T82.800x302　经皮冠状动脉狭窄矫治术后穿刺血管血肿
T82.800x303　经皮冠状动脉狭窄矫治术后穿刺假性动脉瘤
T82.800x304　经皮冠状动脉狭窄矫治术后动静脉瘘
T82.800x305　经皮冠状动脉狭窄矫治术后冠状动脉撕裂
T82.800x306　经皮冠状动脉狭窄矫治术后冠状动脉穿孔
T82.800x401　股动脉支架内再狭窄
T82.800x402　腘动脉支架内再狭窄
T82.800x403　胫动脉支架内再狭窄
T82.800x404　腓动脉支架内再狭窄
T82.800x405　髂动脉支架内再狭窄
T82.800x406　腘动脉支架闭塞
T82.800x407　髂动脉支架闭塞
T82.800x408　股动脉支架闭塞
T82.803　操作中动静脉瘘
T82.804　动脉支架内血栓形成
T82.806　腹主动脉支架内血栓形成
T82.807　颈内动脉支架植入后再狭窄
T82.809　人工血管闭塞
T82.810　人工血管吻合口狭窄

FW2　静脉疾病

包含以下主要诊断：

I28.800x003　肺小静脉炎
I28.802　肺静脉狭窄
I28.804　肺静脉闭塞症
I77.000x008　子宫旁动静脉瘘
I80.001　下肢浅表静脉炎
I80.002　下肢化脓性浅表血栓静脉炎
I80.100x003　髂股静脉炎
I80.101　股静脉炎
I80.102　股静脉血栓性静脉炎
I80.103　髂股静脉血栓形成
I80.104　股静脉血栓形成
I80.201　下肢深静脉血栓性静脉炎
I80.202　下肢深静脉炎
I80.203　髂内静脉血栓形成
I80.204　髂外静脉血栓形成
I80.206　髂静脉血栓形成
I80.207　下肢深静脉血栓形成
I80.208　下肢深静脉栓塞
I80.209　手术后下肢深静脉血栓形成
I80.300x005　下肢静脉闭塞
I80.300x006　下肢静脉肌间血栓形成
I80.301　下肢静脉炎
I80.302　下肢血栓性静脉炎
I80.303　下肢静脉血栓形成
I80.800　静脉炎和血栓性静脉炎，其他部位的

I80.800x002　胸壁血栓性静脉炎［蒙道尔病］
I80.800x006　腹壁静脉炎
I80.800x007　肾静脉周围炎
I80.802　乳腺血栓性静脉炎
I80.803　上肢静脉炎
I80.804　上肢血栓性静脉炎
I80.901　静脉炎
I80.902　血栓性静脉炎
I82.100x001　游走性血栓性静脉炎
I82.200x001　腔静脉栓塞
I82.201　腔静脉瘤栓
I82.202　上腔静脉血栓形成
I82.203　下腔静脉血栓形成
I82.204　下腔静脉栓塞
I82.300x001　肾静脉栓塞
I82.301　肾静脉血栓形成
I82.302　肾静脉瘤栓
I82.800x002　脾静脉栓塞
I82.800x003　髂静脉栓塞
I82.800x004　髂内静脉栓塞
I82.800x005　髂外静脉栓塞
I82.800x009　腋静脉栓塞
I82.801　颈内静脉血栓形成
I82.802　颈静脉血栓形成
I82.803　锁骨下静脉血栓形成
I82.804　腋静脉血栓形成
I82.805　上肢深静脉血栓形成
I82.806　上肢静脉血栓形成
I82.900x001　静脉栓塞
I82.900x002　静脉血栓形成
I82.900x003　非化脓性血栓形成
I82.900x004　静脉血栓栓塞症
I83.000　下肢静脉曲张伴有溃疡
I83.001　大隐静脉曲张伴有溃疡
I83.100x001　下肢静脉曲张性皮炎
I83.101　下肢静脉曲张伴静脉炎
I83.102　淤积性皮炎
I83.200x001　下肢静脉曲张伴静脉炎和溃疡
I83.900x004　下肢静脉曲张
I83.901　下肢静脉瘤
I83.902　下肢静脉曲张破裂
I83.903　大隐静脉曲张
I83.904　大隐静脉瘤
I83.905　小隐静脉曲张
I86.800x005　颈外静脉扩张
I86.800x011　上肢静脉瘤
I86.800x015　静脉湖
I86.800x017　鼻中隔静脉曲张性溃疡
I86.801　颞静脉曲张
I86.802　颞静脉瘤
I86.804　颈总静脉瘤
I86.805　颈外静脉瘤
I86.806　颈静脉曲张
I86.807　冠状静脉窦扩张
I86.811　肾静脉瘤
I86.813　腹壁静脉曲张
I86.814　躯干静脉瘤
I86.815　颈静脉扩张
I86.816　颈内静脉扩张
I87.000　血栓形成后综合征
I87.001　静脉炎后综合征
I87.100x003　腔静脉综合征
I87.100x007　上腔静脉梗阻
I87.100x008　锁骨下静脉压迫综合征
I87.100x009　头臂静脉狭窄［无名静脉狭窄］
I87.101　上肢静脉阻塞
I87.102　上肢静脉狭窄
I87.103　无名静脉狭窄
I87.104　无名静脉阻塞
I87.106　上腔静脉综合征
I87.110　肝静脉-下腔静脉阻塞
I87.111　下腔静脉综合征
I87.112　下腔静脉狭窄
I87.113　下腔静脉阻塞
I87.114　上下腔静脉回流障碍综合征
I87.115　髂总静脉狭窄
I87.116　髂总静脉压迫综合征［Cockett综合征］
I87.117　左肾静脉压迫综合征［胡桃夹现象］
I87.118　下肢静脉狭窄
I87.119　下肢静脉阻塞
I87.200x001　慢性周围静脉功能不全
I87.201　下肢静脉功能不全
I87.202　下肢深静脉瓣膜功能不全
I87.801　静脉硬化
I87.802　静脉石
I87.805　下肢静脉回流障碍
I87.900　静脉疾患
I89.007　盆腔淋巴管阻塞
I89.100x003　亚急性淋巴管炎
I97.802　手术后会阴部静脉回流障碍

Q27.400 先天性静脉扩张
Q27.800x008 躯干血管畸形
Q27.800x031 先天性静脉缺如
Q27.800x039 肾球门血管病
Q27.800x042 周围静脉畸形
Q27.817 先天性上肢血管畸形
Q27.818 先天性下肢血管畸形
Q27.900 周围血管系统先天性畸形
Q28.900x001 血管畸形
Q82.800x015 血管瘤病
Q82.800x016 全身性血管瘤病
Q82.811 血管内血管瘤病
Q82.812 肺毛细血管瘤病
Q87.203 克利佩尔-特脑纳-韦伯综合征
R02.x00 坏疽，不可归类在他处者
S25.200x001 腔静脉损伤
S25.201 创伤性上腔静脉破裂
S25.300x001 无名静脉损伤
S25.301 锁骨下静脉损伤
S25.800x003 乳房静脉损伤
S25.801 奇静脉损伤
S35.100 下腔静脉损伤
S35.100x003 肝静脉损伤
S35.101 创伤性下腔静脉破裂
S35.102 创伤性肝静脉破裂
S35.300x001 门静脉损伤
S35.300x002 脾静脉损伤
S35.300x003 肠系膜下静脉损伤
S35.300x004 肠系膜上静脉损伤
S35.300x005 肠系膜静脉损伤
S35.301 创伤性肠系膜静脉破裂
S35.302 创伤性脾静脉破裂
S35.400x002 肾静脉损伤
S35.401 创伤性肾静脉破裂
S35.500x004 髂静脉损伤
S35.500x006 子宫静脉损伤
S35.500x008 下腹静脉损伤
S35.502 创伤性髂静脉破裂
S35.503 创伤性子宫动静脉破裂
S35.700x003 骶前静脉丛损伤
S35.800x002 卵巢静脉损伤
S35.801 卵巢动静脉损伤
S45.200x002 肱静脉损伤
S45.201 创伤性腋静脉损伤
S45.300x001 肩和上臂浅表静脉损伤
S45.300x002 肩部浅表静脉损伤
S45.301 上臂浅表静脉损伤
S55.200x001 前臂静脉损伤
S75.100x001 股静脉损伤
S75.100x002 髋部股静脉损伤
S75.100x003 大腿股静脉损伤
S75.200 在髋和大腿水平的大隐静脉损伤
S75.200x001 大腿大隐静脉损伤
S85.300x001 小腿大隐静脉损伤
S85.400x001 小腿小隐静脉损伤
S85.500 腘静脉损伤
S95.200 足背静脉损伤
T80.100 输注、输血和治疗性注射后的血管并发症
T81.702 动静脉造瘘后静脉炎
T82.501 下腔静脉支架脱落
T82.801 下腔静脉滤器血栓形成
T82.808 静脉插管血栓形成

FZ1 其他循环系统疾病

包含以下主要诊断：
B57.201+I98.1* 心血管介入性慢性查加斯病
C38.000 心脏恶性肿瘤
C38.000x004 心室恶性肿瘤
C38.001 心包恶性肿瘤
C38.002 心房恶性肿瘤
C45.200 心包间皮瘤
C49.300x006 上腔静脉恶性肿瘤
C49.402 下腔静脉恶性肿瘤
C49.900x001 结缔组织恶性肿瘤
C75.400 颈动脉体恶性肿瘤
C75.500x001 主动脉体恶性肿瘤
C75.501 节旁体恶性肿瘤
C79.800x807 心包继发恶性肿瘤
C79.800x819 腹主动脉继发恶性肿瘤
C79.800x830 血管继发恶性肿瘤
C79.800x863 恶性心包积液
C79.808 心脏继发恶性肿瘤
D15.100 心脏良性肿瘤
D15.101 心房良性肿瘤
D15.102 心室良性肿瘤
D15.103 心包良性肿瘤
D15.104 心肌良性肿瘤
D15.105 心内膜良性肿瘤
D15.106 心外膜良性肿瘤
D18.000x001 血管瘤

D18.000x003　节段性血管瘤病
D18.000x004　蓝色橡皮大疱性痣综合征
D18.000x005　溃疡残毁性血管瘤病
D18.000x822　盆腔血管瘤
D18.000x835　心房血管瘤
D18.000x836　胸壁血管瘤
D18.000x837　肺动脉瓣下血管瘤
D18.000x840　心包血管瘤
D18.000x841　心室血管瘤
D18.010　动静脉血管瘤
D18.109　血管淋巴管瘤
D20.000x002　腹主动脉旁良性肿瘤
D21.300x005　大血管良性肿瘤
D21.400　腹部结缔组织和其他软组织良性肿瘤
D21.400x004　下腔静脉良性肿瘤
D35.600x001　主动脉体良性肿瘤
D44.601　颈动脉体肿瘤
D44.700　主动脉体和其他节旁体动态未定或动态未知的肿瘤
D44.700x002　主动脉体交界性肿瘤
D44.701　主动脉体肿瘤
D44.702　颈静脉球动态未定肿瘤
D44.703　颈静脉球肿瘤
D48.100x008　颈静脉交界性肿瘤
D48.100x024　血管交界性肿瘤
D48.711　心脏动态未定肿瘤
D48.712　心脏肿瘤
E03.900x004+I43.8*　甲状腺功能减退性心脏病
E05.900x004+I43.8*　甲状腺毒性心脏病
E05.903+I43.8*　甲状腺功能亢进性心脏病
I02.900x001　风湿性舞蹈症［小舞蹈症］
I02.900x003　慢性风湿性舞蹈症
I09.900　风湿性心脏病
I09.900x002　风湿性全心炎
I25.300x006　左心室假性室壁瘤
I25.300x007　左心室前壁心尖假性室壁瘤
I25.300x008　左心室前壁心尖室壁瘤
I25.300x009　左心室室壁瘤
I25.300x010　左心室下壁假性室壁瘤
I25.300x011　左心室下壁室壁瘤
I25.300x012　右室室壁瘤
I25.300x013　假性室壁瘤
I25.301　心室壁瘤
I25.302　心房壁瘤
I26.001　急性肺源性心脏病
I27.100　脊柱后侧凸性心脏病
I27.900　肺源性心脏病
I27.900x002　慢性肺源性心脏病
I28.100　肺动脉的动脉瘤
I28.800x005　肺毛细血管瘤样病变
I28.800x007　肺血管炎
I28.900x001　肺血管病
I51.000x001　后天性室间隔缺损
I51.001　后天性房间隔缺损
I51.301　心室血栓
I51.302　心房血栓
I51.303　心耳血栓
I51.304　心尖部血栓
I51.402　老年性心脏病
I51.700　心脏肥大
I51.700x003　心房扩大
I51.700x004　心肌肥大
I51.700x006　心室肥厚
I51.700x007　心室扩大
I51.700x009　心脏扩大
I51.700x014　左室扩大
I51.700x015　右室扩大
I51.701　左室肥大
I51.702　右室肥大
I51.703　左房扩大
I51.704　右房扩大
I51.705　运动员心脏综合征
I51.706　室间隔肥大
I51.707　心房肥大
I51.708　心肌肥厚
I51.709　心室肥大
I51.800x004　心肌功能不全
I51.800x005　心室肿物
I51.800x006　心房肿物
I51.801　心室假腱索
I51.900　心脏病
I51.900x001　肝源性心脏病
I51.901　心脏肿物
I51.903　贫血性心脏病
I74.800x004　脾栓塞
I78.000　遗传性出血性毛细血管扩张
I78.101　老年痣
I78.102　蜘蛛痣
I78.801　毛细血管渗漏综合征
I78.803　毛细血管扩张症

I78.900 毛细血管疾病
I89.001 原发性淋巴水肿
I95.000 特发性低血压
I95.200 药物性低血压
I95.800x001 慢性低血压
I95.900 低血压
I97.000 心脏切开术后综合征
I97.001 心脏手术后低心排综合征
I97.800x004 上肢动脉穿刺后痉挛
I97.800x005 室间隔缺损修补术后残余分流
I97.800x006 手术后腹主动脉阻塞
I97.800x008 房间隔缺损修补术后残余分流
I97.800x009 右室外管道狭窄
I97.800x010 右室流出道疏通术后残余狭窄
I97.800x011 左室流出道疏通术后残余狭窄
I97.800x013 心脏瓣膜置换术后瓣周漏
I97.800x014 房间隔缺损封堵术后残余分流
I97.800x015 室间隔缺损封堵术后残余分流
I97.801 手术后淋巴水肿
I97.900 循环系统的操作后疾患
I99.x01 循环系统疾患
J94.000 乳糜性渗出
M05.304+I52.8* 类风湿性关节炎伴心炎
M05.307+I39.8* 类风湿性关节炎伴心内膜炎
M10.004+I43.8* 心脏尿酸盐痛风石
M32.109+I39.8* 利布曼-萨克斯病
M34.800x009+I52.8* 系统性硬化症心脏损害
N18.505+I68.8* 尿毒症性脑血管病
Q27.300x009 子宫动静脉畸形
Q27.800x020 永久性右脐静脉
Q27.800x033 支气管黏膜血管畸形
Q27.800x034 腹壁血管畸形
Q27.800x035 肛周血管畸形
Q27.800x037 腹膜后血管畸形
Q27.803 先天性胃血管畸形
Q27.806 先天性肾血管畸形
Q27.809 先天性小肠血管畸形
Q27.811 先天性肠系膜血管畸形
Q27.815 先天性睾丸血管畸形
Q28.801 肺血管畸形
Q28.900 循环系统先天性畸形
Q85.900x048 小汗腺血管错构瘤
R01.000 良性和无害的心脏杂音
R01.100 心脏杂音
R01.200x003 心前区摩擦音
R03.001 应激性高血压
R03.100 非特异性低血压读数
R07.101 痛性呼吸
R07.200 心前区痛
R07.301 前胸壁痛
R07.400 胸痛
R09.800x081 动脉性杂音
R09.800x082 脉搏弱
R93.100x002 心脏异常阴影
R93.101 超声心动图异常
R93.102 冠状循环诊断性影像异常
R93.103 主动脉占位性病变
R94.300 心血管功能检查的异常结果
R94.300x007 非特异性ST-T改变
R94.301 复极综合征
R94.303 心电图异常
R94.304 RR间期延长
R94.305 心音图异常
R94.306 心电向量图异常
R94.307 心内电生理学检查异常
S09.000x001 头部血管损伤
S15.000x002 创伤性颈动脉瘘
S15.700x001 颈部多处血管损伤
S25.400 肺血管损伤
S25.500 肋间血管损伤
S25.700 胸部多处血管损伤
S25.900 胸部血管的损伤
S26.800x011 心脏挫伤
S26.800x021 心脏撕裂伤
S26.800x031 心脏撕裂伤伴心室穿透
S26.800x082 心脏穿透性损伤
S26.800x083 创伤性心脏破裂
S26.810 开放性心脏特指损伤
S26.811 开放性心脏穿通伤
S26.812 开放性心脏破裂
S26.813 心脏异物
S26.900 心脏损伤
S26.910 开放性心脏损伤
S35.700x001 腹部和下背及骨盆多处血管损伤
S35.700x004 肠系膜血管损伤
S35.701 腹部多处血管损伤
S35.900x001 腹部血管损伤
S35.901 下背血管损伤
S35.902 骨盆血管损伤
S35.903 创伤性肠系膜血管损伤

S45.700x001　肩和上臂多处血管损伤
S45.701　上臂多发血管损伤
S45.800　在肩和上臂水平的其他血管损伤
S45.900x001　肩和上臂血管损伤
S55.700x001　前臂多处血管损伤
S55.800　在前臂水平的其他血管损伤
S55.900x001　前臂血管损伤
S65.400　拇指血管损伤
S65.500　手指血管损伤，其他的
S65.700x001　腕和手多处血管损伤
S65.800　在腕和手水平的其他血管损伤
S65.900x001　腕和手血管损伤
S75.700x001　髋部多处血管损伤
S75.700x002　大腿多处血管损伤
S75.800　在髋和大腿水平的其他血管损伤
S75.900x001　髋部血管损伤
S75.900x002　大腿血管损伤
S85.700x001　小腿多处血管损伤
S85.800x001　胫后血管损伤
S85.900x001　小腿血管损伤
S95.700x001　踝和足多处血管损伤
S95.800　在踝和足水平的其他血管损伤
S95.900x001　踝和足血管损伤
T11.400　上肢血管的损伤
T13.400　下肢血管的损伤
T79.100　脂肪栓塞（创伤性）
T79.101　脂肪栓塞综合征
T80.000　输注、输血和治疗性注射后的空气栓塞
T80.000x001　输注后空气栓塞
T81.700x002　操作后脂肪栓塞
T81.700x003　操作后周围血管狭窄
T81.700x005　皮瓣血管危象
T81.700x102　经皮球囊扩瓣术后腹膜后血肿
T81.700x103　经皮球囊扩瓣术后穿刺血管血肿
T81.700x202　射频消融术后腹膜后血肿
T81.700x203　射频消融术后穿刺血管血肿
T81.700x301　心导管检查术后腹膜后血肿
T81.700x302　心导管检查术后穿刺血管血肿
T81.700x402　心导管造影术后腹膜后血肿
T81.700x403　心导管造影术后穿刺血管血肿
T81.703　操作后的空气栓塞
T82.000x002　心脏植入物脱落
T82.002　二尖瓣机械瓣周漏
T82.100　心脏电子装置的机械性并发症
T82.100x002　起搏器起搏功能不良
T82.100x003　起搏器感知功能不良
T82.100x005　心房导线穿孔
T82.100x006　心室导线穿孔
T82.100x007　心脏电子装置电极导线绝缘层破裂
T82.100x008　心脏电子装置电极导线脱位
T82.100x009　心脏电子装置电极导线断裂
T82.100x010　除颤器起搏功能不良
T82.100x011　除颤器感知功能不良
T82.100x012　心脏电子装置周围组织慢性疼痛
T82.100x013　心脏电子装置囊袋血肿
T82.100x014　心脏电子装置囊袋积液
T82.100x015　心脏电子装置囊袋破溃
T82.101　心脏起搏器导线突出
T82.102　心脏起搏器电极功能异常
T82.103　心脏起搏器电极移位
T82.300　血管移植物的机械性并发症，其他的
T82.301　主动脉移植物（置换）的机械性并发症
T82.302　动脉移植物的机械性并发症
T82.303　主动脉移植物（置换）术后内漏
T82.400　血管透析导管的机械性并发症
T82.500x001　心血管封堵器移位
T82.500x002　心血管封堵器渗漏
T82.500x003　心脏和血管装置植入物引起的机械性并发症
T82.502　移植血管坏死
T82.503　室间隔缺损手术后残余漏
T82.504　房间隔缺损手术后残余漏
T82.600　心脏瓣膜假体引起的感染和炎症性反应
T82.600x001　心脏瓣膜假体引起的感染
T82.601　人工瓣膜心内膜炎
T82.700　心脏和血管装置、植入物和移植物引起的感染和炎症性反应，其他的
T82.704　支架植入感染
T82.800x101　心脏和血管假体装置植入物和移植物引起的栓塞
T82.800x102　心脏和血管假体装置植入物和移植物引起的纤维化
T82.800x103　心脏和血管假体装置植入物和移植物引起的出血
T82.800x104　心脏和血管假体装置植入物和移植物引起的疼痛
T82.800x105　心脏和血管假体装置植入物和移植物引起的血管狭窄
T82.800x106　心脏和血管假体装置植入物和移植物引起的血栓形成

T82.800x202　经皮房缺-室缺矫治术后腹膜后血肿
T82.800x203　经皮房缺-室缺矫治术后穿刺血管血肿
T82.800x301　经皮冠状动脉狭窄矫治术后腹膜后血肿
T82.800x409　为肾透析的肿胀手综合征
T82.800x410　为肾透析的动静脉内瘘高流量
T82.800x411　为肾透析的静脉导管功能不良
T82.811　人工血管血栓形成
T82.814　人工血管破裂
T82.900x001　心脏假体装置植入物和移植物的并发症
T82.900x002　血管假体装置植入物和移植物的并发症
T82.901　人工心脏瓣膜失常
T82.903　心脏起搏器失灵
T82.904　起搏器综合征
T86.200x001　心脏移植失败
T86.200x002　心脏移植排斥
T86.300x001　心肺移植失败
T86.300x002　心肺移植排斥
Z03.400　可疑心肌梗死的观察
Z03.500x001　可疑心血管病的观察
Z03.501　可疑冠心病观察
Z52.700　供心者

MDCG　消化道疾病及功能障碍

主诊表

包含以下主要诊断：
A00.000x001　古典生物型霍乱
A00.100x001　埃尔托生物型霍乱
A00.900　霍乱
A00.900x002　霍乱轻型
A00.900x003　霍乱中型
A00.900x004　霍乱重型
A00.900x005　霍乱暴发型
A03.000x001　痢疾志贺菌痢疾
A03.100x001　福氏志贺菌痢疾
A03.200x001　鲍氏志贺菌痢疾
A03.300x001　宋内志贺菌痢疾
A03.800x001　不定型志贺菌痢疾
A03.800x002　菌痢混合感染
A03.900　细菌性痢疾
A03.900x002　慢性细菌性痢疾急性发作
A03.900x005　慢性隐匿型菌痢
A03.900x007　中毒型菌痢休克型
A03.900x008　中毒型菌痢脑型
A03.900x009　中毒型菌痢混合型
A03.901　急性细菌性痢疾
A03.902　慢性迁延型细菌性痢疾
A03.903　慢性细菌性痢疾
A03.904　中毒型细菌性痢疾
A04.000x002　肠致病性大肠杆菌肠炎
A04.100x001　肠毒性大肠杆菌肠炎
A04.200x001　肠侵袭性大肠杆菌肠炎
A04.300x001　肠出血性大肠杆菌肠炎
A04.400x004　肠粘附性大肠杆菌肠炎
A04.401　大肠杆菌性肠炎
A04.500　弯曲菌肠炎
A04.600　小肠结肠耶尔森菌性小肠炎
A04.600x001　耶尔森菌肠炎
A04.700　艰难梭状芽孢杆菌性小肠结肠炎
A04.700x002　抗生素相关性肠炎
A04.701　艰难梭状芽孢杆菌性食物中毒
A04.702　伪膜性结肠炎
A04.800x001　吡邻单胞菌肠炎
A04.800x003　产气杆菌肠炎
A04.800x006　副溶血弧菌肠炎
A04.800x007　金黄色葡萄球菌肠炎
A04.800x010　嗜水气单胞菌肠炎
A04.801　变形杆菌肠炎
A04.802　铜绿假单胞菌肠炎
A04.803　厌氧菌肠炎
A04.900　细菌性肠道感染
A04.901　细菌性结肠炎
A04.902　细菌性腹泻
A05.000　食物媒介的葡萄球菌性食物中毒
A05.000x001　葡萄球菌食物中毒
A05.100　肉毒中毒
A05.200　食物媒介的产气荚膜梭状芽孢杆菌［韦尔希梭状芽孢杆菌］食物中毒
A05.200x002　急性出血性坏死性肠炎
A05.202　急性坏死性肠炎
A05.300　食物媒介的副溶血性弧菌食物中毒
A05.300x001　副溶血性弧菌食物中毒
A05.400　食物媒介的蜡样芽孢杆菌食物中毒
A05.400x001　蜡样芽孢杆菌食物中毒
A05.800　食物中毒，其他特指的细菌性
A05.900　细菌性食物中毒

A07.000　小袋纤毛虫病
A07.100　贾第虫病［兰伯鞭毛虫病］
A07.200　隐孢子虫病
A07.300　等孢球虫病
A07.300x002　肠道球虫病
A07.800x002　肉孢子虫病
A07.801　肠道滴虫病
A07.900x001　肠道原虫感染
A08.000　轮状病毒性肠炎
A08.100x001　诺如病毒性肠炎
A08.101　诺如病毒性急性胃肠病
A08.200　腺病毒性肠炎
A08.300　病毒性肠炎，其他的
A08.301　EB病毒性肠炎
A08.400　病毒性肠道感染
A08.400x003　病毒性小肠炎
A08.401　病毒性肠炎
A08.402　病毒性胃肠炎
A08.500　肠道感染，其他特指的
A09.000x001　肠道感染
A09.000x003　流行性肠炎
A09.000x006　出血性结肠炎
A09.001　感染性胃肠炎
A09.002　感染性结肠炎
A09.003　痢疾
A09.004　感染性腹泻
A09.005　脓毒性肠炎
A09.006　急性出血性肠炎
A09.007　急性感染性肠炎
A09.900x003　急性肠炎
A09.900x004　急性小肠炎
A09.900x006　肠炎
A09.900x007　腹泻
A09.901　胃肠炎
A09.902　结肠炎
A09.903　婴儿腹泻
A09.904　出血性肠炎
A18.300x009+K93.0*　腹腔结核
A18.300x013+K93.0*　结核性胃结肠瘘
A18.300x014+K93.0*　结核性直肠瘘
A18.300x015+K93.0*　膈下结核性脓肿
A18.300x016　腹膜后结核
A18.302+K93.0*　阑尾结核
A18.303+K93.0*　肠结核
A18.304+K93.0*　结核性肠炎
A18.305+K93.0*　结肠结核瘤
A18.306+K93.0*　结核性肛瘘
A18.307+K93.0*　肛周结核
A18.308　腹腔淋巴结结核
A18.309　结核性腹腔积液
A18.310　腹膜后淋巴结结核
A18.311+K93.0*　腹膜结核
A18.312+K93.0*　腹部结核性脓肿
A18.313+K93.0*　腹部结核性窦道
A18.314+K67.3*　结核性腹膜炎
A18.315+K93.0*　肠系膜结核
A18.316+K93.0*　肠系膜淋巴结结核
A18.800x014+K23.0*　食管结核
A18.807+K23.0*　结核性食管炎
A18.812+K93.8*　胃结核
A49.809　幽门螺杆菌感染
A52.710+K67.2*　梅毒性腹膜炎
A54.807+K67.1*　淋球菌性腹膜炎
A60.102+K93.8*　直肠疱疹病毒感染
A74.801+K67.0*　衣原体腹膜炎
B37.800x091　念珠菌性腹膜炎
B37.804　食管念珠菌病
B37.805　胃肠道念珠菌感染
B37.806　肠道念珠菌病
B46.200x001+K93.8*　胃肠型毛霉菌病
B49.x00x002　真菌性结肠炎
B49.x12　真菌性食管炎
B49.x16　肠道真菌感染
B49.x17　真菌性腹膜炎
B66.501　肠吸虫病
B77.000x001+K93.8*　肠蛔虫病
B77.001+K93.8*　蛔虫性肠穿孔
B82.000　肠道蠕虫病
B82.900　肠道寄生虫病
B82.901　肠寄生虫性脓肿
B87.800x002+K93.8*　肠蝇蛆病
C15.000　颈部食管恶性肿瘤
C15.100　胸部食管恶性肿瘤
C15.100x002　食管胸上段恶性肿瘤
C15.100x003　食管胸中段恶性肿瘤
C15.100x004　食管胸下段恶性肿瘤
C15.200　腹部食管恶性肿瘤
C15.300　食管上三分之一的恶性肿瘤
C15.400　食管中三分之一的恶性肿瘤
C15.500　食管下三分之一的恶性肿瘤

C15.800x001　食管颈部及腹部恶性肿瘤
C15.800x002　食管颈部及胸部恶性肿瘤
C15.800x003　食管胸部及腹部恶性肿瘤
C15.800x004　食管颈部和胸部及腹部恶性肿瘤
C15.801　食管中上段恶性肿瘤
C15.802　食管中下段恶性肿瘤
C15.900　食管恶性肿瘤
C15.900x003　食管多处恶性肿瘤
C16.000　贲门恶性肿瘤
C16.000x003　贲门口恶性肿瘤
C16.000x004　胃角恶性肿瘤
C16.001　食管贲门连接处恶性肿瘤
C16.002　食管胃连接处恶性肿瘤
C16.100　胃底恶性肿瘤
C16.200　胃体恶性肿瘤
C16.301　胃窦恶性肿瘤
C16.400　幽门恶性肿瘤
C16.401　幽门前恶性肿瘤
C16.402　幽门管恶性肿瘤
C16.500　胃小弯恶性肿瘤
C16.600　胃大弯恶性肿瘤
C16.800　胃交搭跨越恶性肿瘤的损害
C16.800x002　胃体和胃窦及胃大弯恶性肿瘤
C16.800x003　胃底及胃体恶性肿瘤
C16.801　贲门胃底恶性肿瘤
C16.802　贲门胃体恶性肿瘤
C16.803　胃窦胃体恶性肿瘤
C16.804　胃底胃体恶性肿瘤
C16.900　胃恶性肿瘤
C16.900x003　胃多处恶性肿瘤
C16.902　胃溃疡癌变
C16.903　残胃恶性肿瘤
C17.000　十二指肠恶性肿瘤
C17.100　空肠恶性肿瘤
C17.200　回肠恶性肿瘤
C17.300　麦克尔憩室恶性肿瘤
C17.800　小肠交搭跨越恶性肿瘤的损害
C17.801　十二指肠及空肠恶性肿瘤
C17.900　小肠恶性肿瘤
C17.900x002　小肠多处恶性肿瘤
C18.000　盲肠恶性肿瘤
C18.001　回盲部恶性肿瘤
C18.100　阑尾恶性肿瘤
C18.200　升结肠恶性肿瘤
C18.300　结肠肝曲恶性肿瘤
C18.400　横结肠恶性肿瘤
C18.500　结肠脾曲恶性肿瘤
C18.600　降结肠恶性肿瘤
C18.700　乙状结肠恶性肿瘤
C18.800x002　盲肠及升结肠恶性肿瘤
C18.801　降结肠乙状结肠恶性肿瘤
C18.802　升结肠横结肠恶性肿瘤
C18.803　横结肠降结肠恶性肿瘤
C18.900　结肠恶性肿瘤
C18.900x001　结肠多处恶性肿瘤
C18.901　结肠腺瘤恶变
C19.x00　直肠乙状结肠连接处恶性肿瘤
C19.x01　结肠和直肠恶性肿瘤
C20.x00　直肠恶性肿瘤
C20.x00x003　直肠多处恶性肿瘤
C20.x01　直肠壶腹部恶性肿瘤
C21.000　肛门恶性肿瘤
C21.100　肛管恶性肿瘤
C21.101　肛门括约肌恶性肿瘤
C21.200　泄殖腔肛源区恶性肿瘤
C21.800　直肠、肛门和肛管交搭跨越恶性肿瘤的损害
C21.801　直肠肛管恶性肿瘤
C21.802　直肠肛门恶性肿瘤
C26.000　肠道部位的恶性肿瘤
C26.800　消化系统交搭跨越恶性肿瘤的损害
C26.800x001　小肠及结肠恶性肿瘤
C26.800x002　胃体及横结肠恶性肿瘤
C26.900　消化系统部位不明确的恶性肿瘤
C26.901　胃肠道恶性肿瘤
C45.100　腹膜间皮瘤
C45.100x005　腹膜壁层间皮瘤
C45.101　肠系膜间皮瘤
C45.102　结肠系膜间皮瘤
C45.103　网膜间皮瘤
C45.700x002　腹膜后间皮瘤
C45.700x005　直肠间皮瘤
C45.703　胃间皮瘤
C45.705　结肠间皮瘤
C48.000　腹膜后腔恶性肿瘤
C48.100　腹膜特指部位的恶性肿瘤
C48.103　盆腔腹膜恶性肿瘤
C48.104　网膜恶性肿瘤
C48.105　腹膜壁层恶性肿瘤
C48.200　腹膜恶性肿瘤

C48.201　腹膜腔恶性肿瘤
C48.800　腹膜后腔和腹膜交搭跨越恶性肿瘤的损害
C76.200　腹部恶性肿瘤
C76.304　腹股沟恶性肿瘤
C77.106　食管淋巴结继发恶性肿瘤
C77.200x001　贲门淋巴结继发恶性肿瘤
C77.201　胃淋巴结继发恶性肿瘤
C77.207　肠系膜淋巴结继发恶性肿瘤
C77.208　肠周淋巴结继发恶性肿瘤
C78.400　小肠继发性恶性肿瘤
C78.401　十二指肠继发恶性肿瘤
C78.402　空肠继发恶性肿瘤
C78.403　回肠继发恶性肿瘤
C78.500x004　乙状结肠继发恶性肿瘤
C78.500x006　直肠乙状结肠连接部继发恶性肿瘤
C78.500x008　肛门继发恶性肿瘤
C78.501　直肠继发恶性肿瘤
C78.502　盲肠继发恶性肿瘤
C78.503　阑尾继发恶性肿瘤
C78.504　结肠继发恶性肿瘤
C78.505　肛管继发恶性肿瘤
C78.600x004　腹膜继发恶性肿瘤
C78.601　腹膜后继发恶性肿瘤
C78.602　大网膜继发恶性肿瘤
C78.603　肠系膜继发恶性肿瘤
C78.800x005　胃肠道继发恶性肿瘤
C78.800x010　胃底继发恶性肿瘤
C78.800x013　胃食管连接部继发恶性肿瘤
C78.800x014　贲门食管连接部继发恶性肿瘤
C78.801　食管继发恶性肿瘤
C78.802　胃继发恶性肿瘤
C78.803　贲门继发恶性肿瘤
C78.804　壶腹继发恶性肿瘤
C78.809　消化器官继发性恶性肿瘤
C79.800x834　腹股沟继发恶性肿瘤
C79.809　腹腔继发恶性肿瘤
D00.100　食管原位癌
D00.200　胃原位癌
D00.200x002　贲门食管连接部原位癌
D00.200x003　胃角原位癌
D01.000　结肠原位癌
D01.100　直肠乙状结肠连接处原位癌
D01.200　直肠原位癌
D01.300x001　肛门原位癌
D01.301　肛管原位癌
D01.401　肠原位癌
D01.402　小肠原位癌
D01.403　空肠原位癌
D01.404　回肠原位癌
D01.405　十二指肠原位癌
D01.900　消化器官原位癌
D09.700x002　腹腔原位癌
D12.000　盲肠良性肿瘤
D12.000x002　回盲瓣良性肿瘤
D12.001　回盲部良性肿瘤
D12.100　阑尾良性肿瘤
D12.200　升结肠良性肿瘤
D12.300　横结肠良性肿瘤
D12.301　结肠肝曲良性肿瘤
D12.302　结肠脾曲良性肿瘤
D12.400　降结肠良性肿瘤
D12.500　乙状结肠良性肿瘤
D12.600　结肠良性肿瘤
D12.601　家族性息肉病
D12.602　结肠腺瘤样息肉病
D12.603　大肠良性肿瘤
D12.700　直肠乙状结肠连接处良性肿瘤
D12.800　直肠良性肿瘤
D12.900x001　肛门良性肿瘤
D12.901　肛管良性肿瘤
D13.000　食管良性肿瘤
D13.100　胃良性肿瘤
D13.101　贲门良性肿瘤
D13.200　十二指肠良性肿瘤
D13.301　小肠良性肿瘤
D13.302　空肠良性肿瘤
D13.303　回肠良性肿瘤
D13.304　麦克尔憩室良性肿瘤
D13.900　消化系统内不明确部位的良性肿瘤
D13.900x003　消化道多发息肉综合征
D13.902　肠良性肿瘤
D17.500　腹腔内器官良性脂肪瘤样肿瘤
D17.500x001　肠系膜脂肪瘤
D17.500x003　肠脂肪瘤
D17.500x004　腹腔脂肪瘤
D17.500x005　盆腔脂肪瘤
D17.500x007　回盲部脂肪瘤
D17.500x008　胃脂肪瘤
D17.500x009　十二指肠球部脂肪瘤

D17.700x017　贲门脂肪瘤
D17.700x022　食管脂肪瘤
D17.700x027　肛旁脂肪瘤
D17.701　腹膜脂肪瘤
D17.702　腹膜后脂肪瘤
D18.000x040　贲门血管瘤
D18.000x041　肠系膜血管瘤
D18.000x042　肠血管瘤
D18.000x043　结肠血管瘤
D18.000x045　食道血管瘤
D18.000x046　小肠血管瘤
D18.000x801　腹膜后血管瘤
D18.000x825　肛门血管瘤
D18.000x838　上消化道血管瘤
D18.000x859　腹股沟血管瘤
D18.012　腹腔血管瘤
D18.100x001　肠系膜淋巴管瘤
D18.106　腹腔淋巴管瘤
D19.100　腹膜间皮组织良性肿瘤
D20.000　腹膜后腔良性肿瘤
D20.100　腹膜良性肿瘤
D20.101　网膜良性肿瘤
D20.102　肠系膜良性肿瘤
D36.700x014　腹部良性肿瘤
D36.700x018　直肠膀胱隔良性肿瘤
D36.700x019　直肠阴道隔良性肿瘤
D36.707　腹腔良性肿瘤
D36.708　腹股沟良性肿瘤
D36.901　多发性腺瘤样息肉
D37.100x001　贲门交界性肿瘤
D37.100x002　胃交界性肿瘤
D37.100x003　胃角交界性肿瘤
D37.101　胃肿瘤
D37.102　贲门动态未定肿瘤
D37.103　贲门肿瘤
D37.200x001　十二指肠交界性肿瘤
D37.200x002　小肠交界性肿瘤
D37.200x003　空肠交界性肿瘤
D37.200x004　回肠交界性肿瘤
D37.201　小肠肿瘤
D37.202　十二指肠动态未定肿瘤
D37.203　十二指肠肿瘤
D37.204　空肠动态未定肿瘤
D37.205　空肠肿瘤
D37.206　回肠动态未定肿瘤
D37.207　回肠肿瘤
D37.300x001　阑尾交界性肿瘤
D37.301　阑尾肿瘤
D37.400x001　结肠交界性肿瘤
D37.400x002　乙状结肠交界性肿瘤
D37.401　结肠肿瘤
D37.402　升结肠动态未定肿瘤
D37.403　升结肠肿瘤
D37.404　横结肠动态未定肿瘤
D37.405　横结肠肿瘤
D37.406　降结肠动态未定肿瘤
D37.407　降结肠肿瘤
D37.408　乙状结肠动态未定肿瘤
D37.409　乙状结肠肿瘤
D37.410　盲肠动态未定肿瘤
D37.411　盲肠肿瘤
D37.500x001　直肠交界性肿瘤
D37.500x002　直肠乙状结肠连接部交界性肿瘤
D37.501　直肠肿瘤
D37.502　直肠乙状结肠交界处动态未定肿瘤
D37.503　直肠乙状结肠交界处肿瘤
D37.606　壶腹部动态未定肿瘤
D37.607　壶腹部肿瘤
D37.700x001　肠交界性肿瘤
D37.700x002　食管交界性肿瘤
D37.700x007　肛管交界性肿瘤
D37.701　食管动态未定肿瘤
D37.702　食管肿瘤
D37.707　肠动态未定肿瘤
D37.708　肠肿瘤
D37.709　肛门动态未定肿瘤
D37.710　肛门肿瘤
D37.900x001　消化器官交界性肿瘤
D37.901　消化器官肿瘤
D48.117　腹壁结缔组织动态未定肿瘤
D48.121　腹股沟结缔组织动态未定肿瘤
D48.129　直肠阴道隔结缔组织动态未定肿瘤
D48.300x001　腹膜后交界性肿瘤
D48.301　腹膜后肿瘤
D48.400x002　腹膜交界性肿瘤
D48.400x003　直肠子宫陷凹交界性肿瘤
D48.401　腹膜肿瘤
D48.402　肠系膜动态未定肿瘤
D48.403　肠系膜肿瘤
D48.700x004　腹部交界性肿瘤

D48.700x005　腹股沟交界性肿瘤
D48.713　腹腔动态未定肿瘤
D48.714　腹腔肿瘤
E10.400x330+G99.0*　1型糖尿病性腹泻
E10.400x340+G99.0*　1型糖尿病性肛门直肠功能障碍
E10.400x350+G99.0*　1型糖尿病性食管功能障碍
E10.400x370+G99.0*　1型糖尿病性胃轻瘫
E11.400x330+G99.0*　2型糖尿病性腹泻
E11.400x340+G99.0*　2型糖尿病性肛门直肠功能障碍
E11.400x350+G99.0*　2型糖尿病性食管功能障碍
E11.406+G99.0*　2型糖尿病性胃轻瘫
E14.400x330+G99.0*　糖尿病性腹泻
E14.400x340+G99.0*　糖尿病性肛门直肠功能障碍
E14.400x350+G99.0*　糖尿病性食管功能障碍
E14.400x370+G99.0*　糖尿病性胃轻瘫
E16.400　胃泌素分泌异常
E16.400x003　促胃液素分泌异常
E16.401　高胃泌素血症
E16.402　佐林格-埃利森综合征
E73.000　先天性乳糖缺乏
E73.100　继发性乳糖缺乏
E73.800　乳糖不耐受，其他的
E73.900　乳糖不耐受
E84.102　远端肠梗阻综合征
E85.417+K93.8*　淀粉样变肠道损害
I72.800x063　肠系膜动脉夹层
I72.800x131　胃十二指肠动脉瘤
I72.800x132　胃十二指肠假性动脉瘤
I72.800x142　肠系膜上动脉假性动脉瘤
I72.801　肠系膜上动脉夹层动脉瘤
I72.802　肠系膜上动脉动脉瘤
I72.807　胃十二指肠动脉假性动脉瘤
I72.815　腹腔动脉瘤破裂
I72.816　腹腔动脉夹层动脉瘤
I77.400　腹腔动脉压迫综合征
I78.802　胃肠道毛细血管扩张症
I85.000x001　食管静脉曲张破裂出血
I85.900x001　食管静脉曲张
I85.901　食管静脉瘤
I86.400　胃静脉曲张
I86.400x001　胃底静脉曲张
I86.400x002　胃血管扩张
I86.400x004　胃静脉瘤
I86.401　胃底静脉曲张伴出血
I86.800x014　食管胃底静脉曲张破裂出血
I86.800x022　乙状结肠静脉瘤
I86.812　十二指肠静脉曲张伴出血
I88.000x003　慢性肠系膜淋巴结炎
I88.001　急性肠系膜淋巴结炎
I88.105　慢性食管旁淋巴结炎
I89.005　肠淋巴管扩张
I89.006　小肠淋巴管扩张
I89.800x006　乳糜性腹水
I89.800x019　腹膜后乳糜囊肿
I89.801　肠系膜乳糜囊肿
I89.803　非丝虫性乳糜性腹水
J11.800x002　未知病毒的流感性胃肠炎
K20.x00　食管炎
K20.x00x001　贲门炎
K20.x00x003　创伤性食管炎
K20.x00x006　食管脓肿
K20.x01　化学性食管炎
K20.x02　放射性食管炎
K20.x03　手术后食管炎
K21.001　反流性食管炎
K21.900x003　胃食管反流
K21.901　食管反流
K21.902　贲门松弛
K21.903　喉咽反流
K22.000x001　贲门痉挛
K22.000x002　贲门失弛缓
K22.100　食管溃疡
K22.101　贲门糜烂
K22.102　贲门溃疡
K22.103　食管糜烂
K22.200　食管梗阻
K22.201　贲门梗阻
K22.202　贲门狭窄
K22.203　食管受压
K22.204　食管挛缩
K22.205　食管狭窄
K22.206　胡桃夹食管
K22.207　创伤性食管狭窄
K22.208　手术后食管狭窄
K22.209　后天性食管蹼
K22.300　食管穿孔
K22.301　食管破裂
K22.400　食管运动障碍

K22.400x003　螺旋状食管
K22.401　食管痉挛
K22.500　后天性食管憩室
K22.600x001　贲门撕裂症
K22.601　食管贲门黏膜撕裂综合征
K22.700x001　巴氏食管
K22.800x003　食管肌性肥厚
K22.800x011　贲门息肉
K22.801　食管隆起性病变
K22.802　创伤后食管瘘
K22.803　食管白斑
K22.804　食管出血
K22.805　食管囊肿
K22.806　食管扩张
K22.807　食管息肉
K22.808　食管肠上皮化生
K22.809　食管黏膜剥脱症
K22.811　食管瘘
K22.812　食管黏膜不典型增生
K22.813　手术后食管瘘
K22.814　食管炎性肉芽肿
K22.815　食管黏膜鳞状上皮增生
K22.900x001　食管功能不全
K22.901　食管肿物
K25.000　急性胃溃疡伴有出血
K25.000x001　胃黏膜下恒径动脉破裂出血
K25.000x002　急性胃黏膜病变伴出血
K25.001　迪厄拉富瓦溃疡
K25.100x001　胃溃疡伴急性穿孔
K25.200x001　胃溃疡伴出血和急性穿孔
K25.300x001　急性胃溃疡
K25.400x001　胃溃疡伴出血
K25.400x002　胃窦部溃疡伴出血
K25.401　幽门溃疡伴出血
K25.500x001　胃溃疡伴穿孔
K25.501　幽门穿孔
K25.600　慢性胃溃疡伴有出血和穿孔
K25.700　慢性胃溃疡不伴有出血或穿孔
K25.900x001　胃溃疡
K25.901　残胃溃疡
K25.902　胃小弯溃疡
K25.903　幽门管溃疡
K26.000　急性十二指肠溃疡伴有出血
K26.001　急性十二指肠球部溃疡并出血
K26.100　急性十二指肠溃疡伴有穿孔
K26.200x001　十二指肠溃疡伴出血和急性穿孔
K26.200x002　十二指肠球部溃疡伴出血和急性穿孔
K26.300　急性十二指肠溃疡不伴有出血和穿孔
K26.400x003　十二指肠糜烂出血
K26.401　十二指肠球部溃疡伴出血
K26.500x001　十二指肠溃疡伴穿孔
K26.501　十二指肠球部溃疡伴穿孔
K26.600　慢性十二指肠溃疡伴有出血和穿孔
K26.701　慢性十二指肠溃疡
K26.900x001　十二指肠溃疡
K26.900x002　十二指肠球部溃疡
K27.000　急性消化性溃疡伴有出血
K27.100x001　消化性溃疡伴急性穿孔
K27.200　急性消化性溃疡伴有出血和穿孔
K27.300　急性消化性溃疡不伴有出血和穿孔
K27.400　慢性消化性溃疡伴有出血
K27.400x001　多发性溃疡伴出血
K27.400x002　复合性溃疡伴出血
K27.400x004　消化性溃疡伴出血
K27.401　应激性溃疡伴出血
K27.500　慢性消化性溃疡伴有穿孔
K27.500x001　多发性溃疡伴穿孔
K27.500x002　复合性溃疡伴穿孔
K27.500x005　上消化道溃疡伴穿孔
K27.501　消化性溃疡伴穿孔
K27.502　应激性溃疡伴穿孔
K27.503　上消化道穿孔
K27.600　慢性消化性溃疡伴有出血和穿孔
K27.600x001　复合性溃疡伴出血和穿孔
K27.700x001　慢性消化性溃疡
K27.900x001　多发性复合性溃疡
K27.900x002　复合性溃疡
K27.900x005　NSAIDs 相关溃疡
K27.901　消化性溃疡
K27.902　应激性溃疡
K28.000　急性胃空肠溃疡伴有出血
K28.100　急性胃空肠溃疡伴有穿孔
K28.200　急性胃空肠溃疡伴有出血和穿孔
K28.300x001　急性胃空肠溃疡
K28.400x002　吻合口溃疡伴出血
K28.401　空肠溃疡伴出血
K28.500　慢性胃空肠溃疡伴有穿孔
K28.500x001　吻合口溃疡伴穿孔
K28.600　慢性胃空肠溃疡伴有出血和穿孔
K28.600x001　空肠溃疡伴出血和穿孔

K28.700　慢性胃空肠溃疡不伴有出血或穿孔
K28.900x001　吻合口溃疡
K28.900x002　吻合口溃疡伴梗阻
K28.901　空肠溃疡
K29.000　急性出血性胃炎
K29.001　急性糜烂出血性胃炎
K29.100x001　急性胃炎
K29.101　急性糜烂性胃炎
K29.200　酒精性胃炎
K29.300　慢性浅表性胃炎
K29.400　慢性萎缩性胃炎
K29.500　慢性胃炎
K29.501　慢性胃窦炎
K29.600　胃炎，其他的
K29.600x006　反流性胃炎
K29.600x007　应激性胃炎
K29.601　变应性胃炎
K29.602　肥厚性胃炎
K29.603　糜烂性胃炎
K29.604　梅内特里耶病
K29.605　肉芽肿性胃炎
K29.606　胃黏膜肥厚
K29.608　药物性胃炎
K29.700　胃炎
K29.700x002　胃炎性假瘤
K29.701　残胃炎
K29.800　十二指肠炎
K29.801　十二指肠球炎
K29.802　十二指肠乳头炎
K29.900　胃十二指肠炎
K30.x00　功能性消化不良
K30.x00x001　肠消化不良
K31.000　急性胃扩张
K31.100　成人肥厚性幽门狭窄
K31.100x002　幽门梗阻
K31.101　瘢痕性幽门梗阻
K31.102　幽门不全梗阻
K31.103　幽门肥大
K31.104　幽门狭窄
K31.200　胃沙漏状狭窄及缩窄
K31.300　幽门痉挛
K31.400　胃憩室
K31.500　十二指肠梗阻
K31.501　十二指肠狭窄
K31.502　十二指肠淤积
K31.600x004　胃小肠结肠瘘
K31.600x005　胃瘘
K31.601　胃空肠结肠瘘
K31.602　胃结肠瘘
K31.603　胃腹壁瘘
K31.604　十二指肠瘘
K31.605　手术后食管胃瘘
K31.606　手术后胃瘘
K31.607　手术后胃小肠瘘
K31.608　手术后胃大肠瘘
K31.609　手术后十二指肠瘘
K31.701　十二指肠息肉
K31.702　十二指肠球部息肉
K31.703　胃息肉
K31.800x801　低张力胃
K31.800x802　十二指肠白点征
K31.800x806　十二指肠穿孔
K31.800x808　胃假性淋巴瘤
K31.801　胃黏膜肠上皮化生
K31.802　高张力胃
K31.803　沙漏状胃痉挛
K31.804　胃酸过多
K31.805　胃酸缺乏
K31.806　胃狭窄
K31.807　胃痉挛
K31.808　胃结石
K31.809　胃麻痹
K31.810　胃囊肿
K31.811　胃下垂
K31.812　胃扭转
K31.813　胃破裂
K31.814　胃穿孔
K31.815　胃黄色斑
K31.816　胃黏膜脱垂
K31.818　十二指肠球变形
K31.819　胃潴留
K31.820　胃-心综合征
K31.821　胃黏膜不典型增生
K31.901　胃排空障碍
K31.902　胃肿物
K31.903　十二指肠肿物
K31.904　急性胃黏膜病变
K31.905　胃黏膜病变
K35.200　急性阑尾炎伴有弥漫性腹膜炎
K35.201　急性阑尾炎破裂或穿孔后伴有弥漫性腹

膜炎
K35.300　急性阑尾炎伴局限性腹膜炎
K35.301　急性阑尾炎伴腹膜脓肿
K35.800x001　急性阑尾炎
K36.x00x003　亚急性阑尾炎
K36.x00x004　阑尾残端炎
K36.x01　复发性阑尾炎
K36.x02　慢性阑尾炎
K37.x00　阑尾炎
K37.x00x002　阑尾周围炎
K38.000　阑尾增生
K38.000x002　阑尾包块
K38.100　阑尾结石
K38.200　阑尾憩室
K38.300　阑尾瘘
K38.800x001　闭锁性阑尾
K38.800x003　阑尾套叠
K38.800x004　阑尾炎性假瘤
K38.801　阑尾黏液囊肿
K38.802　阑尾囊肿
K38.900　阑尾疾病
K40.000x001　双侧腹股沟疝伴梗阻
K40.001　双侧腹股沟斜疝伴梗阻
K40.002　双侧腹股沟直疝伴梗阻
K40.100x001　双侧腹股沟疝伴坏疽
K40.101　双侧腹股沟斜疝伴坏死
K40.102　双侧腹股沟直疝伴坏死
K40.200x001　双侧腹股沟疝
K40.201　双侧腹股沟斜疝
K40.202　双侧腹股沟直疝
K40.203　双侧滑动性腹股沟斜疝
K40.204　双侧腹股沟疝（一侧直疝、一侧斜疝）
K40.300　单侧或未特指的腹股沟疝，伴有梗阻，不伴有坏疽
K40.301　单侧绞窄性腹股沟斜疝
K40.302　单侧绞窄性腹股沟直疝
K40.303　单侧难复性腹股沟直疝
K40.304　单侧难复性腹股沟斜疝
K40.305　单侧嵌顿性腹股沟直疝
K40.306　单侧嵌顿性腹股沟斜疝
K40.307　单侧嵌顿性腹股沟疝伴梗阻
K40.308　单侧滑动性腹股沟疝伴梗阻
K40.309　腹股沟嵌顿性滑疝
K40.310　绞窄性腹股沟疝
K40.311　难复性腹股沟疝
K40.312　嵌顿性腹股沟疝
K40.313　嵌顿性腹股沟疝伴梗阻
K40.314　嵌顿性腹股沟斜疝
K40.315　腹股沟直疝嵌顿
K40.400x001　单侧腹股沟疝伴坏疽
K40.401　单侧腹股沟斜疝伴坏疽
K40.402　单侧腹股沟直疝伴坏疽
K40.900x001　腹股沟环松弛
K40.900x002　单侧腹股沟疝
K40.900x003　单侧腹股沟斜疝
K40.900x004　单侧腹股沟直疝
K40.900x005　腹股沟斜疝合并直疝
K40.900x006　先天性腹股沟斜疝
K40.901　腹股沟斜疝
K40.902　腹股沟直疝
K40.903　腹股沟滑动疝
K40.904　复发性腹股沟斜疝
K40.905　复发性腹股沟直疝
K40.906　复发性腹股沟疝
K40.907　阴囊疝
K41.000　双侧股疝，伴有梗阻，不伴有坏疽
K41.100x001　双侧股疝伴坏疽
K41.200x001　双侧股疝
K41.300x002　单侧绞窄性股疝
K41.300x003　单侧股疝伴梗阻
K41.301　绞窄性股疝
K41.302　嵌顿性股疝
K41.400x001　单侧股疝伴坏疽
K41.900x001　股疝
K42.000x001　脐疝伴梗阻
K42.001　嵌顿性脐疝
K42.100x001　坏疽性脐疝
K42.900　脐疝，不伴有梗阻或坏疽
K42.901　脐旁疝
K42.902　复发性脐疝
K43.000　切口疝，伴有梗阻，不伴有坏疽
K43.001　梗阻性切口疝
K43.002　嵌顿性切口疝伴梗阻
K43.003　不可复性切口疝
K43.004　狭窄性切口疝
K43.100　切口疝，伴有坏疽
K43.200　切口疝，不伴有梗阻和坏疽
K43.301　梗阻性造口旁疝
K43.302　嵌顿性造口旁疝，不伴坏疽
K43.303　不可复性造口旁疝

K43.304　狭窄性造口旁疝
K43.400　坏疽性造口旁疝
K43.500　造口旁疝，不伴梗阻和坏疽
K43.601　上腹疝伴梗阻
K43.602　下腹疝伴梗阻
K43.603　腹中线疝伴梗阻
K43.604　半月线疝伴梗阻
K43.605　剑突下疝伴梗阻
K43.700　其他未特指的坏疽性腹疝
K44.000x001　膈疝伴梗阻
K44.000x002　绞窄性膈疝伴梗阻
K44.100x001　坏疽性膈疝
K44.900x001　膈疝
K44.901　食管裂孔疝
K45.000　腹疝，伴有梗阻，不伴有坏疽，其他特指的
K45.002　嵌顿性闭孔疝
K45.003　绞窄性腹疝伴肠梗阻
K45.100　腹疝，伴有坏疽，其他特指的
K45.800　腹疝，不伴有梗阻或坏疽，其他特指的
K45.801　坐骨大孔疝
K45.802　闭孔疝
K45.804　绞窄性闭孔疝
K45.805　库珀疝
K45.806　人工肛门处疝
K45.807　腰疝
K45.808　特赖茨窝上疝
K46.000　腹疝，伴有梗阻，不伴有坏疽
K46.000x002　腹内疝伴肠梗阻
K46.001　绞窄性小肠疝
K46.002　嵌顿性小肠疝
K46.100　腹疝，伴有坏疽
K46.100x001　腹内疝伴坏疽
K46.101　坏疽性小肠疝
K46.900　腹疝，不伴有梗阻或坏疽
K46.900x002　腹内疝
K46.900x003　输入袢内疝
K46.900x004　网膜裂孔疝
K46.900x012　大肠疝
K46.901　肠系膜裂孔疝
K46.902　肠系膜内疝
K46.903　阑尾疝
K46.905　小肠疝
K50.000　小肠克罗恩病
K50.000x001　末端性回肠炎
K50.000x005　十二指肠克罗恩病
K50.001　空肠克罗恩病
K50.002　回肠克罗恩病
K50.101　肉芽肿性结肠炎
K50.102　结肠克罗恩病
K50.103　直肠克罗恩病
K50.104　肉芽肿性盲肠炎
K50.800　克罗恩病，其他的
K50.800x001　大肠和小肠克罗恩病
K50.801　食管克罗恩病
K50.900　克罗恩病
K51.000　溃疡性（慢性）全结肠炎
K51.001　溃疡性全结肠炎，轻度
K51.002　溃疡性全结肠炎，中度
K51.003　溃疡性全结肠炎，重度
K51.200x001　溃疡性直肠炎
K51.201　溃疡性直肠炎，轻度
K51.202　溃疡性直肠炎，中度
K51.203　溃疡性直肠炎，重度
K51.300　慢性溃疡性直肠乙状结肠炎
K51.301　溃疡性直肠乙状结肠炎，轻度
K51.302　溃疡性直肠乙状结肠炎，中度
K51.303　溃疡性直肠乙状结肠炎，重度
K51.400　炎性息肉
K51.401　结肠炎性息肉
K51.500　左侧结肠炎
K51.800x001　溃疡性结肠炎伴出血
K51.900　溃疡性结肠炎
K51.901　溃疡性结肠炎，轻度
K51.902　溃疡性结肠炎，中度
K51.903　溃疡性结肠炎，重度
K52.000　放射性胃肠炎和结肠炎
K52.000x001　放射性肠炎
K52.001　放射性结肠炎
K52.101　中毒性胃肠炎
K52.102　中毒性肠炎
K52.103　中毒性腹泻
K52.104　药物性胃肠炎和结肠炎
K52.200x004　胃肠道过敏症
K52.201　过敏性腹泻
K52.202　过敏性结肠炎
K52.203　过敏性肠炎
K52.204　饮食性腹泻
K52.300　未定型结肠炎
K52.800x003　嗜酸细胞性小肠炎

K52.801　胶原性结肠炎
K52.802　淋巴细胞性结肠炎
K52.803　嗜酸性细胞性胃炎
K52.804　嗜酸细胞性胃肠炎
K52.901　非感染性胃肠炎
K52.902　非感染性腹泻
K52.903　非感染性回盲部炎症
K52.904　非感染性急性肠炎
K52.907　慢性肠炎
K52.908　慢性腹泻
K52.909　慢性胃肠炎
K52.910　慢性结肠炎
K52.911　盲肠炎
K52.912　非感染性乙状结肠炎
K52.914　肠炎性包块
K52.917　非感染性小儿肠炎
K52.918　非感染性婴儿肠炎
K52.919　非感染性幼儿腹泻
K55.000　肠急性血管疾患
K55.000x005　缺血性结肠炎
K55.000x010　肠系膜上静脉血栓形成
K55.000x011　肠缺血梗死
K55.000x015　肠系膜静脉瘤栓
K55.001　急性肠血管梗死
K55.002　急性缺血性肠坏死
K55.003　出血性肠梗死
K55.004　肠坏死
K55.005　肠系膜坏疽
K55.006　肠系膜动脉栓塞
K55.007　肠系膜静脉血栓形成伴肠坏死
K55.008　肠系膜动脉血栓形成
K55.009　肠系膜动脉栓塞伴肠坏死
K55.010　肠系膜静脉血栓形成
K55.011　肠系膜静脉栓塞
K55.012　肠系膜梗死
K55.013　大网膜坏死
K55.100　肠慢性血管疾患
K55.100x001　肠道慢性缺血性综合征
K55.100x005　慢性肠道血管功能不全
K55.100x006　慢性缺血性结肠炎
K55.100x008　慢性缺血性结肠小肠炎
K55.101　肠系膜动脉狭窄
K55.102　肠系膜上动脉狭窄
K55.103　肠系膜动脉硬化
K55.104　肠系膜动脉供血不足
K55.105　肠系膜上动脉压迫综合征
K55.106　慢性缺血性小肠炎
K55.200　结肠血管发育不良
K55.200x013　肠血管增生
K55.201　结肠血管扩张症
K55.202　肠血管发育不良
K55.300　小肠血管发育不良
K55.300x001　小肠毛细血管扩张
K55.800x003　十二指肠动脉破裂
K55.800x004　十二指肠动脉压迫综合征
K55.801　肠系膜动脉炎
K55.900　肠血管疾患
K55.900x004　缺血性肠病伴出血
K55.901　缺血性小肠炎
K55.902　缺血性肠病
K56.000　麻痹性肠梗阻
K56.001　神经源性肠梗阻
K56.100　肠套叠
K56.101　结肠套叠
K56.102　直肠套叠
K56.200　肠扭转
K56.200x003　肠系膜扭转
K56.200x011　空肠扭转
K56.201　绞窄性肠梗阻
K56.202　肠绞窄
K56.203　结肠扭转
K56.300　胆石性肠梗阻
K56.400x001　粪便嵌塞
K56.400x003　肠嵌塞
K56.401　肠结石
K56.500x003　粘连性肠梗阻
K56.501　腹膜粘连伴肠梗阻
K56.503　肠粘连性狭窄
K56.600x001　肠绞窄坏死
K56.600x005　痉挛性肠梗阻
K56.600x008　结肠梗阻
K56.601　肠狭窄
K56.602　乙状结肠狭窄
K56.603　肠梗阻伴坏死
K56.604　机械性肠梗阻
K56.700　肠梗阻
K56.700x003　完全性肠梗阻
K56.701　不完全性肠梗阻
K57.000　小肠憩室病伴有穿孔和脓肿
K57.001　小肠憩室伴脓肿

K57.002 小肠憩室病伴腹膜炎
K57.003 十二指肠憩室伴穿孔
K57.100x005 小肠憩室
K57.101 十二指肠憩室梗阻性黄疸综合征
K57.102 回盲部憩室
K57.103 空肠憩室
K57.104 十二指肠憩室
K57.105 回肠憩室
K57.106 小肠憩室炎
K57.107 空肠憩室炎
K57.108 十二指肠憩室炎
K57.200x001 大肠憩室伴穿孔
K57.201 大肠憩室病伴有脓肿
K57.202 结肠憩室伴腹膜炎
K57.300x006 大肠憩室
K57.301 盲肠憩室
K57.302 直肠憩室
K57.303 结肠憩室
K57.304 结肠憩室炎
K57.305 盲肠憩室炎
K57.400 小肠和大肠憩室病伴有穿孔和脓肿
K57.401 小肠和大肠憩室病伴腹膜炎
K57.500 小肠和大肠憩室病不伴有穿孔或脓肿
K57.800 肠憩室病，伴有穿孔和脓肿
K57.800x001 肠憩室病伴有穿孔和脓肿
K57.801 肠憩室病伴腹膜炎
K57.900 肠憩室病，不伴有穿孔或脓肿
K57.900x001 肠憩室伴憩室炎
K58.100 腹泻型肠易激综合征［IBS-D］
K58.200 便秘型肠易激综合征［IBS-C］
K58.300 混合型肠易激综合征［IBS-M］
K58.800 其他和未特指的肠易激综合征
K58.801 肠易激综合征
K59.000 便秘
K59.002 粪便潴留
K59.003 慢传输型便秘
K59.100 功能性腹泻
K59.101 肠道菌群失调
K59.200 神经源性肠
K59.200x002 神经源性直肠
K59.200x003 神经源性肠道功能障碍
K59.301 结肠扩张
K59.302 后天性巨结肠
K59.303 中毒性巨结肠
K59.400 肛门痉挛
K59.400x002 痉挛性肛部痛
K59.401 盆底肌痉挛综合征
K59.800x002 肠扩张
K59.800x005 结肠松弛
K59.801 脾曲综合征
K59.900x001 肠功能紊乱
K59.900x002 结肠功能紊乱
K60.000 急性肛裂
K60.100 慢性肛裂
K60.200 肛裂
K60.300 肛瘘
K60.301 高位肛瘘
K60.302 低位肛瘘
K60.303 复杂性肛瘘
K60.400 直肠瘘
K60.400x003 肛门会阴瘘
K60.401 直肠会阴瘘
K60.402 直肠皮肤瘘
K60.403 直肠阴囊皮肤瘘
K60.500 肛门直肠瘘
K61.000 肛门脓肿
K61.001 肛周脓肿
K61.002 肛门蜂窝织炎
K61.100 直肠脓肿
K61.101 直肠周围脓肿
K61.200 肛门直肠脓肿
K61.300 坐骨直肠窝脓肿
K61.400 括约肌内脓肿
K62.000 肛门息肉
K62.001 肛管息肉
K62.100 直肠息肉
K62.100x002 直肠息肉伴出血
K62.200 脱肛
K62.200x001 肛门脱垂
K62.201 肛管脱垂
K62.202 肛门括约肌脱垂
K62.300 直肠脱垂
K62.300x003 直肠黏膜松弛
K62.301 直肠黏膜脱垂
K62.400x002 直肠狭窄
K62.400x003 肛门括约肌失缓症
K62.400x004 肛门闭锁
K62.401 肛门狭窄
K62.402 直肠梗阻
K62.500x001 直肠出血

K62.501　肛门出血
K62.600x002　直肠溃疡
K62.601　肛管溃疡
K62.602　肛门周围溃疡
K62.700　放射性直肠炎
K62.800x001　出血性直肠炎
K62.800x005　肛周感染
K62.800x009　慢性直肠炎
K62.800x010　直肠穿孔
K62.800x012　直肠前突
K62.800x017　耻骨直肠肌肥厚症
K62.800x021　直肠周围炎
K62.801　肛窦炎
K62.802　肛管炎
K62.803　巨直肠
K62.804　直肠吻合口瘢痕
K62.805　直肠不典型增生
K62.806　直肠纤维钙化
K62.807　直肠吻合口炎
K62.808　直肠肉芽肿
K62.809　直肠瘢痕
K62.810　直肠囊肿
K62.811　直肠炎
K62.812　直肠痛
K62.813　肛门括约肌松弛
K62.814　肛管炎性肿物
K62.815　肛周炎
K62.816　肛乳头肥大
K62.817　肛门白斑
K62.818　肛管囊肿
K62.819　肛门囊肿
K62.820　肛门痛
K62.821　肛门炎
K62.822　慢性肛管直肠炎
K62.901　肛旁肿物
K62.902　肛管肿物
K62.903　直肠肿物
K63.000　肠脓肿
K63.001　小肠脓肿
K63.100x001　非创伤性肠穿孔
K63.101　空肠穿孔
K63.102　回肠穿孔
K63.103　结肠穿孔
K63.104　回盲部溃疡伴穿孔
K63.105　乙状结肠穿孔
K63.107　肠破裂
K63.108　小肠穿孔
K63.200　肠瘘
K63.200x003　盲管瘘
K63.200x008　盆腔腹壁瘘
K63.201　腹壁肠瘘
K63.202　腹壁盲肠瘘
K63.203　腹壁窦道
K63.204　结肠瘘
K63.205　手术后结肠瘘
K63.206　手术后盲肠瘘
K63.207　手术后空肠瘘
K63.208　手术后回肠瘘
K63.209　手术后肠腹壁瘘
K63.210　手术后肠吻合口瘘
K63.211　手术后小肠结肠瘘
K63.212　手术后结肠直肠瘘
K63.213　手术后肠瘘
K63.214　腹壁瘘
K63.215　手术后大肠瘘
K63.216　手术后小肠瘘
K63.301　回肠溃疡
K63.302　小肠溃疡
K63.303　小肠黏膜糜烂
K63.304　原发性小肠溃疡
K63.305　结肠溃疡
K63.306　盲肠溃疡
K63.307　直肠乙状结肠溃疡
K63.308　肠糜烂
K63.400　肠下垂
K63.401　结肠下垂
K63.402　回肠黏膜脱垂
K63.403　内脏下垂
K63.500　结肠息肉
K63.500x002　色素沉着性结肠息肉
K63.500x084　横结肠息肉
K63.501　升结肠息肉
K63.502　降结肠息肉
K63.503　乙状结肠息肉
K63.504　多发性结肠息肉
K63.801　肠脂肪垂
K63.802　小肠囊肿
K63.803　小肠息肉
K63.804　小肠肿物
K63.805　小肠肉芽肿

K63.806　小肠不典型增生
K63.807　十二指肠囊肿
K63.809　结肠积气
K63.810　结肠囊肿
K63.812　结肠黑变病
K63.813　回盲部息肉
K63.814　回盲部肉芽肿
K63.815　回盲部黏液性囊肿
K63.816　盲肠息肉
K63.817　直肠乙状结肠炎
K63.818　大肠不典型增生
K63.819　肠肉芽肿
K63.900x001　结肠肿物
K63.900x002　肠上皮化生
K63.900x003　肠系膜肿物
K63.900x005　盲肠瘀滞症
K63.901　回盲部肿物
K63.902　功能性肠病
K64.000　Ⅰ度痔
K64.100　Ⅱ度痔
K64.200　Ⅲ度痔
K64.300　Ⅳ度痔
K64.400　残留痔皮赘
K64.401　肛门皮赘
K64.402　直肠皮赘
K64.500　肛周静脉血栓形成
K64.501　肛周血肿
K64.801　血栓性内痔
K64.802　出血性内痔
K64.803　脱垂性内痔
K64.804　直肠静脉曲张破裂
K64.805　内痔
K64.806　血栓性外痔
K64.807　出血性外痔
K64.808　溃疡性外痔
K64.809　外痔
K64.810　血栓性痔
K64.811　混合痔
K64.900　痔
K64.901　出血性痔
K65.000　急性腹膜炎
K65.000x014　盲肠脓肿
K65.001　急性化脓性弥漫性腹膜炎
K65.002　急性化脓性腹膜炎
K65.003　急性弥漫性腹膜炎
K65.004　腹膜脓肿
K65.005　腹腔脓肿
K65.006　腹膜后脓肿
K65.008　肝周脓肿
K65.009　膈下脓肿
K65.010　网膜脓肿
K65.011　盲肠后脓肿
K65.012　肠系膜脓肿
K65.013　男性盆腔脓肿
K65.014　男性盆腔炎
K65.015　男性盆腔炎性包块
K65.016　细菌性腹膜炎
K65.017　继发性腹膜炎
K65.800x001　肠系膜炎
K65.800x002　出血性腹膜炎
K65.801　肠系膜脂肪坏死
K65.802　慢性腹膜炎
K65.803　胆汁性腹膜炎
K65.804　硬化性腹膜炎
K65.805　多浆膜炎
K65.806　多浆膜腔积液
K65.807　嗜酸性粒细胞性腹膜炎
K65.900　腹膜炎
K65.901　局限性腹膜炎
K65.902　自发性腹膜炎
K65.903　腹腔感染
K65.904　腹膜后感染
K65.905　大网膜炎
K65.906　原发性腹膜炎
K66.000　腹膜粘连
K66.000x007　腹壁粘连
K66.001　回盲部粘连
K66.002　肠粘连
K66.003　胃粘连
K66.004　肠系膜粘连
K66.005　膈肌粘连
K66.006　大网膜粘连
K66.007　腹腔粘连
K66.008　十二指肠粘连
K66.100　腹腔积血
K66.101　腹膜出血
K66.102　腹膜后血肿
K66.103　肠系膜出血
K66.200　腹膜后纤维化
K66.201　奥蒙德病

K66.800　腹膜其他特指的疾患
K66.800x008　网膜肉芽肿性炎
K66.800x009　腹膜憩室
K66.801　网膜囊肿
K66.802　肠系膜囊肿
K66.803　肠系膜钙化
K66.805　腹膜后囊肿
K66.806　腹壁肉芽肿
K66.807　腹腔囊肿
K66.808　腹膜囊肿
K66.809　腹膜肉芽肿
K66.810　腹膜后肉芽肿
K66.811　膈下囊肿
K66.812　骶前囊肿
K66.901　腹膜后肿物
K90.000　乳糜泻［腹腔病］
K90.000x001　非热带性口炎性腹泻
K90.001　谷胶肠病
K90.002　特发性脂肪痢
K90.100x001　热带性口炎性腹泻
K90.100x002　口炎性腹泻
K90.100x003　热带性脂肪痢
K90.200　盲袢综合征
K90.200x001　非手术性盲袢综合征
K90.300x001　胰源性腹泻
K90.400　不耐受引起的吸收不良
K90.400x003　肠原性脂肪代谢障碍
K90.401　脂肪痢
K90.402　蛋白丢失性胃肠病
K90.403　碳水化合物吸收不良
K90.404　蛋白吸收不良
K90.405　淀粉吸收不良
K90.406　脂肪吸收不良
K90.801　原发性小肠吸收不良综合征
K90.802+M14.8*　惠普尔病
K90.900x002　肠吸收障碍
K90.901　小肠吸收不良综合征（非手术性）
K91.000　胃肠手术后呕吐
K91.100　胃手术后综合征
K91.100x001　迟发型倾倒综合征
K91.101　倾倒综合征
K91.102　残窦综合征
K91.103　迷走神经切断后综合征
K91.200x002　手术后吸收不良综合征
K91.201　短肠综合征
K91.202　手术后盲袢综合征
K91.300　手术后肠梗阻
K91.300x002　手术后肠道狭窄
K91.301　回肠肛管吻合口狭窄
K91.302　手术后小肠储袋梗阻
K91.303　手术后肠肠吻合口狭窄
K91.305　直肠吻合口狭窄
K91.401　小肠造口术后功能障碍
K91.402　肠造口术后功能障碍
K91.404　结肠造口术后狭窄
K91.405　结肠造口脱垂
K91.406　人工肛门脱垂
K91.408　人工肛门狭窄
K91.800x007　手术后食管破裂
K91.800x102　残胃炎伴出血
K91.800x103　残胃溃疡伴出血
K91.800x106　胃肠吻合口炎伴出血
K91.800x111　胃肠吻合术后输入袢梗阻
K91.800x116　手术后胃缺血性坏死
K91.800x117　手术后急性胃扩张
K91.800x206　手术后结肠-直肠瘘
K91.800x412　手术后胆肠吻合口炎
K91.800x501　胰腺空肠吻合口溃疡伴出血
K91.800x601　手术后造瘘口旁疝
K91.800x602　手术后造瘘口狭窄
K91.800x702　人工肛门出血
K91.801　胰胃吻合口狭窄
K91.802　残胃吻合口炎
K91.803　肠代食管吻合口狭窄
K91.804　肠造瘘术后肠黏膜脱垂
K91.805　胆囊空肠吻合口狭窄
K91.808　结肠吻合口炎
K91.809　食管胃吻合口狭窄
K91.810　食管胃吻合口瘘
K91.811　食管胃吻合口炎
K91.812　食管空肠吻合口狭窄
K91.813　食管空肠吻合口瘘
K91.814　食管空肠吻合口炎
K91.815　食管吻合口瘘
K91.816　食管十二指肠吻合口瘘
K91.817　食管结肠吻合口狭窄
K91.818　手术后胃肠功能紊乱
K91.819　手术后胃肠吻合口狭窄
K91.820　手术后肠粘连
K91.821　手术后肠吻合口炎

K91.824　手术后肛门括约肌失禁
K91.828　手术后胃排空障碍
K91.829　手术后胃肠吻合口炎
K91.830　手术后胃瘫综合征
K91.831　手术后幽门梗阻
K91.832　胃肠吻合口功能障碍
K91.833　胃肠吻合口水肿
K91.834　胃肠吻合口炎
K91.835　胃肠道手术后腹泻
K91.836　输入袢综合征
K91.837　手术后腹膜炎
K91.839　肠吻合口狭窄
K91.842　胃肠吻合术后输出袢梗阻
K91.900　消化系统的操作后疾患
K92.000　呕血
K92.100x001　黑便
K92.200x001　便血
K92.200x005　胃肠道出血
K92.201　胃出血
K92.202　残胃出血
K92.203　十二指肠出血
K92.204　肠出血
K92.205　盲肠出血
K92.206　结肠出血
K92.207　急性上消化道出血
K92.208　上消化道出血
K92.209　下消化道出血
K92.210　消化道出血
K92.800x001　食管癌伴出血
K92.800x002　胃癌伴出血
K92.800x003　残胃溃疡癌变伴出血
K92.800x004　小肠淋巴瘤伴出血
K92.800x005　结肠癌伴出血
K92.800x007　直肠癌伴出血
K92.800x011　十二指肠癌伴出血
K92.901　胃肠功能紊乱
M32.112+K93.8*　狼疮性胃肠道损害
M32.115+K67.8*　狼疮性浆膜炎
M34.800x006+K23.8*　系统性硬化症累及食管
Q27.810　先天性大肠血管畸形
Q39.000x001　先天性食管闭锁
Q39.100　食管闭锁伴有气管食管瘘
Q39.100x011　先天性食管闭锁伴气管和食管上段瘘
Q39.100x021　先天性食管闭锁伴气管和食管下段瘘
Q39.200x011　先天性气管食管瘘
Q39.300　先天性食管狭窄
Q39.400　先天性食管蹼
Q39.501　先天性食管失弛缓症
Q39.600　食管憩室
Q39.601　先天性咽食管憩室
Q39.602　先天性食管中段憩室
Q39.800x201　先天性食管假梗阻
Q39.800x903　先天性食管缺如
Q39.800x904　先天性食管移位
Q39.800x905　食管异位组织
Q39.801　食管重复畸形
Q39.802　先天性短食管
Q39.803　先天性食管囊肿
Q39.900　食管先天性畸形
Q40.000　先天性肥大性幽门狭窄
Q40.002　先天性幽门闭锁
Q40.003　先天性幽门痉挛
Q40.100　先天性食管裂孔疝
Q40.200x004　先天性贲门痉挛
Q40.200x005　先天性沙漏状胃
Q40.200x010　十二指肠隔膜
Q40.201　胃重复畸形
Q40.202　先天性小胃畸形
Q40.203　先天性巨胃
Q40.204　先天性胃壁肌层缺损
Q40.205　先天性胃黏膜异位
Q40.206　先天性胃扭转
Q40.207　先天性胃憩室
Q40.208　先天性胃移位
Q40.209　食管胃黏膜异位
Q40.300　胃先天性畸形
Q40.800　上消化道其他特指的先天性畸形
Q40.900　上消化道先天性畸形
Q41.001　先天性十二指肠缺如
Q41.002　先天性十二指肠狭窄
Q41.003　先天性十二指肠闭锁
Q41.101　先天性空肠狭窄
Q41.102　先天性空肠闭锁
Q41.103　苹果皮综合征
Q41.104　先天性空肠缺如
Q41.201　先天性回肠缺如
Q41.202　先天性回肠狭窄
Q41.203　先天性回肠闭锁
Q41.800　小肠其他特指部位的先天性缺如、闭锁和狭窄

Q41.901　先天性小肠狭窄
Q41.902　先天性小肠缺如
Q41.903　先天性小肠闭锁
Q42.000x101　先天性直肠闭锁伴直肠尿道瘘
Q42.000x201　先天性直肠闭锁伴直肠膀胱瘘
Q42.000x301　先天性直肠闭锁伴直肠外阴瘘
Q42.000x401　先天性直肠闭锁伴直肠皮肤瘘
Q42.000x501　先天性直肠闭锁伴直肠结肠瘘
Q42.001　直肠先天性狭窄，伴有瘘
Q42.002　直肠先天性闭锁，伴有瘘
Q42.101　直肠先天性狭窄，不伴有瘘
Q42.102　直肠先天性闭锁，不伴有瘘
Q42.200x201　先天性肛门闭锁伴直肠膀胱瘘
Q42.200x901　先天性肛门闭锁伴直肠尿道瘘
Q42.200x902　先天性肛门闭锁伴直肠阴道瘘
Q42.200x903　先天性肛门闭锁伴直肠外阴瘘
Q42.200x904　先天性肛门闭锁伴直肠前庭瘘
Q42.200x905　先天性肛门闭锁伴直肠皮肤瘘
Q42.201　肛门先天性狭窄，伴有瘘
Q42.202　肛门先天性闭锁，伴有瘘
Q42.301　肛门先天性狭窄，不伴有瘘
Q42.302　肛门先天性闭锁，不伴有瘘
Q42.800x002　先天性结肠缺如
Q42.800x003　先天性结肠狭窄
Q42.801　阑尾闭锁
Q42.802　阑尾缺如
Q42.803　先天性结肠闭锁
Q42.901　先天性大肠闭锁
Q42.902　先天性大肠狭窄
Q42.903　先天性大肠缺如
Q43.000　麦克尔憩室
Q43.001　先天性卵黄管囊肿
Q43.002　先天性脐窦
Q43.003　先天性脐瘘
Q43.004　先天性脐茸
Q43.100　先天无神经节性巨结肠［赫希施斯普龙病］
Q43.101　先天性短段型巨结肠
Q43.102　先天性长段型巨结肠
Q43.103　先天性普通型巨结肠
Q43.104　先天性超短段型巨结肠
Q43.105　先天性巨结肠类源病
Q43.106　先天性全结肠型巨结肠
Q43.200　结肠的其他先天性功能性疾患
Q43.200x002　巨结肠类缘病
Q43.200x003　巨膀胱-小结肠-肠蠕动不良综合征
Q43.201　先天性结肠扩张
Q43.300x201　先天性肠粘连
Q43.300x901　先天性杰克逊膜
Q43.301　先天性肠旋转不良
Q43.401　结肠重复畸形
Q43.402　双阑尾
Q43.403　小肠重复畸形
Q43.404　直肠重复畸形
Q43.500　异位肛门
Q43.601　先天性肛瘘
Q43.602　先天性直肠瘘
Q43.700　永存泄殖腔
Q43.800x006　先天性小结肠
Q43.800x008　先天性游离盲肠
Q43.800x009　先天性空肠异位
Q43.800x012　先天性小肠发育异常
Q43.800x014　先天性十二指肠憩室
Q43.800x015　先天性小肠憩室
Q43.800x017　先天性盲肠憩室
Q43.800x018　先天性乙状结肠憩室
Q43.800x019　先天性直肠憩室
Q43.801　肠源性囊肿
Q43.802　先天性小肠黏膜异位
Q43.803　小左结肠综合征
Q43.804　先天性巨十二指肠
Q43.805　先天性十二指肠瓣膜
Q43.806　盲肠异位
Q43.807　先天性盲袢综合征
Q43.808　先天性巨阑尾
Q43.809　间位结肠
Q43.810　先天性短结肠
Q43.811　先天性结肠憩室
Q43.812　先天性长结肠
Q43.900　肠先天性畸形
Q43.901　先天性肛门畸形
Q44.500x008　先天性胃内胆管异位
Q45.300x102　食道异位胰腺
Q45.300x103　十二指肠异位胰腺
Q45.300x104　胃内异位胰腺
Q45.300x105　空肠异位胰腺
Q45.801　肝脾异位
Q45.900　消化系统先天性畸形
Q51.702　先天性子宫直肠瘘
Q79.200　脐疝
Q79.201　先天性脐膨出

Q79.300　腹裂
Q79.301　先天性腹壁缺损
Q79.400　干梅腹综合征
Q79.500　腹壁的其他先天性畸形
Q79.501　先天性脐畸形
Q85.900x002　肠错构瘤
Q85.900x036　腹壁错构瘤
Q85.902　腹膜后错构瘤
Q85.906　胃错构瘤
Q85.913　结肠错构瘤
Q89.300　内脏反位
Q89.300x001　内脏移位
Q89.301　卡塔格内综合征
Q89.302　原发性纤毛运动障碍综合征
R10.000　急腹症
R10.000x004　严重腹痛伴腹部强直
R10.101　上腹痛
R10.102　胃痛
R10.103　消化不良
R10.301　下腹痛
R10.400x002　功能性腹痛
R10.400x004　婴儿型腹部绞痛
R10.401　肠绞痛
R10.402　腹痛
R12.x00　胃灼热
R12.x00x002　反酸
R14.x00x001　胃胀气
R14.x00x002　嗳气
R14.x00x003　气胀痛
R14.x00x006　腹胀
R14.x00x007　肠胀气
R15.x00　大便失禁
R19.000x005　盆腔内弥漫性肿胀
R19.100　异常肠鸣音
R19.100x001　肠鸣音亢进
R19.100x002　肠鸣音消失
R19.200　可见性蠕动
R19.200x002　蠕动过强
R19.300　腹强直
R19.400　大便习惯改变
R19.500x002　大便颜色异常
R19.500x003　脓血便
R19.500x004　黏液便
R19.501　便潜血
R19.600　口臭
R19.800x001　排便困难
R58.x01　腹腔内出血
R85.000　消化器官和腹腔标本的酶水平异常
R85.100　消化器官和腹腔标本的激素水平异常
R85.200　消化器官和腹腔标本的其他药物、药剂和生物制剂水平异常
R85.300　消化器官和腹腔标本的主要为非药用性物质的水平异常
R85.400　消化器官和腹腔标本的异常的免疫学所见
R85.500　消化器官和腹腔标本的异常的微生物学所见
R85.600　消化器官和腹腔标本的异常的细胞学所见
R85.700　消化器官和腹腔标本的异常的组织学所见
R85.800　消化器官和腹腔标本的其他异常所见
R93.300x001　消化道诊断性影像异常
R93.300x003　结肠占位性病变
R93.300x004　直肠占位性病变
R93.303　胃占位性病变
R93.500x001　腹部诊断性影像异常
S11.202　开放性颈部食管损伤
S36.300　胃损伤
S36.301　创伤性胃破裂
S36.310　开放性胃破裂
S36.400　小肠损伤
S36.400x091　空肠损伤
S36.400x093　回肠损伤
S36.400x095　小肠多处损伤
S36.401　创伤性十二指肠破裂
S36.402　创伤性空肠破裂
S36.403　创伤性回肠破裂
S36.404　创伤性小肠破裂
S36.405　十二指肠损伤
S36.411　开放性小肠破裂
S36.412　开放性十二指肠破裂
S36.413　开放性空肠破裂
S36.414　开放性回肠破裂
S36.500　结肠损伤
S36.500x011　升结肠损伤
S36.500x021　横结肠损伤
S36.500x031　降结肠损伤
S36.500x041　乙状结肠损伤
S36.500x091　结肠多处损伤
S36.500x092　阑尾损伤
S36.500x093　盲肠损伤
S36.501　创伤性结肠破裂
S36.511　开放性结肠破裂

S36.600　直肠损伤
S36.600x003　直肠多处损伤
S36.601　创伤性直肠破裂
S36.611　开放性直肠破裂
S36.700　多个腹内器官损伤
S36.701　创伤性腹内多器官破裂
S36.800x022　肠系膜损伤
S36.801　腹膜损伤
S36.802　肠系膜裂伤
S36.803　创伤性腹膜后血肿
S36.810　开放性特指腹内器官损伤
S36.811　开放性肠系膜血肿
S36.812　开放性肠系膜裂伤
S36.813　开放性腹膜后血肿
S36.814　开放性大网膜破裂
S36.900　腹内器官的损伤
S36.901　创伤性肠破裂
S36.910　开放性腹内器官损伤
S39.905　肛门损伤
S39.909　腹部金属异物
T18.100　食管内异物
T18.200　胃内异物
T18.300　小肠内异物
T18.300x003　空肠内异物
T18.301　十二指肠异物
T18.400　结肠内异物
T18.500x004　直肠乙状结肠连接部异物
T18.501　肛门内异物
T18.502　直肠内异物
T18.801　多发性消化道异物
T18.900　消化道内异物
T28.100　食管烧伤
T28.200x001　胃部烧伤
T28.200x002　消化道烧伤
T28.600　食管腐蚀伤
T28.700x002　消化道腐蚀伤
T28.701　胃化学性烧伤
T28.702　肠道的腐蚀伤
T80.200x001　腹膜透析相关性腹膜炎
T98.300x001　闸门综合征

GB1　食管大手术

包含以下主要手术或操作：
30.3x03　喉咽食管切除术
42.4000　食管切除术
42.4100　部分食管切除术
42.4100x008　食管内翻拔脱术
42.4101　胸腹联合切口食管部分切除术
42.4102　颈胸腹三切口食管部分切除术
42.4103　胸腔镜食管部分切除术
42.4104　胸腔镜颈腹切口食管部分切除术
42.4200x001　颈胸联合切口全食管切除术
42.4200x002　颈腹联合切口全食管切除术
42.4201　胸腹联合切口全食管切除术
42.4202　颈胸腹三切口全食管切除术
42.4203　胸腔镜全食管切除术
42.5100　胸内食管食管吻合术
42.5200　胸内食管胃吻合术
42.5200x005　胸内食管-胃颈部吻合术
42.5201　食管胃弓上吻合术
42.5202　食管胃弓下吻合术
42.5300x001　胸内空肠代食管术
42.5401　食管十二指肠吻合术
42.5402　食管回肠吻合术
42.5403　食管空肠吻合术
42.5500x001　胸内结肠代食管术
42.5600　其他胸内食管结肠吻合术
42.5800x001　胃代食管术
42.5900x001　食管-空肠弓上吻合术
42.6100　胸骨前食管食管吻合术
42.6200　胸骨前食管胃吻合术
42.6300　胸骨前食管吻合术伴小肠间置术
42.6400x002　胸骨前食管-小肠吻合术
42.6401　胸骨前食管十二指肠吻合术
42.6402　胸骨前食管回肠吻合术
42.6403　胸骨前食管空肠吻合术
42.6500　胸骨前食管吻合术伴结肠间置术
42.6601　胸骨前食管结肠吻合术
42.6800　其他胸骨前食管吻合术伴间置术
42.6900　其他胸骨前食管吻合术
43.5x00x003　贲门部分切除伴食管-胃吻合术
43.5x00x007　胃近端切除伴食管-胃吻合术
43.5x01　胃大部切除伴食管胃吻合术
43.5x02　贲门切除伴食管胃弓下吻合术
43.5x03　腹腔镜下胃大部切除伴食管-胃吻合术
43.9901　全胃切除伴食管空肠吻合术
43.9902　残胃切除，食管空肠吻合术
43.9903　全胃切除伴食管十二指肠吻合术
43.9904　腹腔镜辅助全胃切除伴食管-十二指肠吻合术

43.9905 腹腔镜辅助全胃切除伴食管-空肠吻合术
44.5x02 食管胃吻合口成形术

GB2 胃、十二指肠大手术

包含以下主要手术或操作：
43.9906 全胃切除，不伴吻合术
40.5000 淋巴结根治性切除术
40.5200 主动脉旁淋巴结根治性切除术
42.5801 人工食管建造术
42.5802 胃-咽吻合术
42.5803 胃-喉吻合术
43.3x00x003 幽门环肌层切开术
43.3x00x004 幽门肌层切开术
43.3x01 腹腔镜下幽门肌层切开术
43.4201 贲门病损切除术
43.4202 胃病损切除术
43.4203 腹腔镜下胃病损切除术
43.6x00x005 胃幽门切除术伴胃-十二指肠吻合术
43.6x00x006 胃远端切除术伴胃-十二指肠吻合术
43.6x01 胃大部切除伴胃十二指肠吻合术
43.6x02 腹腔镜胃大部切除伴胃十二指肠吻合术
43.7x00x001 胃大部切除伴胃-空肠吻合术［Billroth Ⅱ式手术］
43.7x00x002 腹腔镜下残胃部分切除伴胃空肠吻合术
43.7x01 残胃部分切除伴胃空肠吻合术
43.7x02 胃肠吻合口切除伴胃空肠吻合术
43.7x03 腹腔镜胃大部切除伴胃空肠吻合术
43.8100 胃部分切除术伴空肠移位术
43.8202 腹腔镜胃楔形切除术
43.8901 胃部分切除术
43.8902 胃底横断术
43.8903 胃袖状切除术
43.9101 全胃切除伴空肠间置术
43.9102 腹腔镜辅助全胃切除伴空肠间置术
43.9900x002 残胃切除术
43.9900x003 腹腔镜下胃切除术
43.9900x004 根治性胃切除术
44.2100x001 幽门切开扩张术
44.2200x002 内镜下幽门括约肌切开术
44.2900x001 幽门成形术
44.2900x003 腹腔镜下幽门成形术
44.2901 幽门粘连松解术
44.3801 腹腔镜下胃空肠吻合术
44.3802 腹腔镜下胃十二指肠吻合术
44.3803 腹腔镜下幽门旷置术
44.3804 腹腔镜下胃转流术（LRYGB）
44.3900x003 胃-十二指肠吻合术
44.3901 胃转流术［胃-肠搭桥吻合术］
44.3902 胃十二指肠吻合术（旁路）
44.3903 胃空肠吻合术（旁路）
44.3904 幽门旷置术
44.6500 胃十二指肠成形术
44.6500x003 胸腔镜下贲门松解术
44.6501 贲门成形术
44.6600x002 胃-贲门成形术
44.6601 胃底折叠术
45.6200x005 腹腔镜下十二指肠部分切除术
45.6200x006 腹腔镜下十二指肠全部切除术
45.6203 十二指肠切除术
51.8200x001 奥狄括约肌切开术
51.8200x002 经十二指肠壶腹括约肌切开术
51.8300x003 胆总管-十二指肠后壁吻合术
51.8301 十二指肠括约肌成形术
52.6x01 胰腺全部切除伴十二指肠切除术
52.7x00 根治性胰十二指肠切除术
52.7x00x003 胰腺根治性切除术

GB3 小肠、大肠（含直肠）的大手术

包含以下主要手术或操作：
17.3100 腹腔镜多段大肠切除术
17.3101 腹腔镜直肠乙状结肠部分切除术
17.3200 腹腔镜盲肠切除术
17.3200x001 腹腔镜下盲肠部分切除术
17.3200x002 腹腔镜下回盲部切除术
17.3300 腹腔镜右半结肠切除术
17.3300x002 腹腔镜下升结肠部分切除术
17.3400 腹腔镜横结肠切除术
17.3401 腹腔镜横结肠部分切除术
17.3500 腹腔镜左半结肠切除术
17.3500x001 腹腔镜下降结肠部分切除术
17.3600 腹腔镜乙状结肠切除术
17.3600x001 腹腔镜下乙状结肠部分切除术
17.3900x002 腹腔镜下结肠部分切除术
17.3900x003 腹腔镜下小肠-结肠切除术
17.3900x004 腹腔镜经肛门巨结肠根治术（改良Soave法）
17.3901 腹腔镜巨结肠切除术
40.5101 腔镜腋下淋巴结清扫术
40.5908 腹腔淋巴结清扫术

40.5909　肠系膜淋巴结清扫术
40.5910　盆腔淋巴结清扫术
40.5911　腹腔镜腹腔淋巴结清扫术
40.5912　腹腔镜盆腔淋巴结清扫术
45.0001　肠切开取石术
45.0002　肠切开异物取出术
45.5000　肠段分离术
45.5100x001　回肠部分切除用于间置术
45.5101　小肠部分切除用于间置术
45.5201　结肠部分切除术用于间置术
45.6100　小肠多节段部分切除术
45.6100x001　腹腔镜下小肠多节段部分切除术
45.6200x003　腹腔镜下回肠全部切除术
45.6200x004　腹腔镜下空肠全部切除术
45.6300　小肠全部切除术
45.6300x001　腹腔镜下小肠全部切除术
45.7100x001　大肠多节段切除术
45.7200x002　回盲部切除术
45.7200x004　盲肠部分切除术
45.7201　回盲部分切除术
45.7202　盲肠切除术
45.7300x003　升结肠部分切除术
45.7300x006　右半结肠姑息性切除术
45.7300x007　右半结肠切除术
45.7301　回肠结肠切除术
45.7302　右半结肠根治性切除术
45.7304　升结肠切除术
45.7400x003　横结肠切除术
45.7401　横结肠部分切除术
45.7500　左半结肠切除术
45.7500x001　降结肠部分切除术
45.7501　左半结肠根治性切除术
45.7600x008　乙状结肠切除术
45.7601　乙状结肠部分切除术
45.7900x001　结肠次全切除术
45.7900x002　巨结肠切除术
45.7900x003　经肛门巨结肠根治术（改良Soave法）
45.7901　结肠部分切除术
45.7902　小肠结肠部分切除术
45.8100　腹腔镜腹内全结肠切除术
45.8100x001　腹腔镜下结肠次全切除术
45.8200　开放性腹内全结肠切除术
45.8300　其他和未特指的腹内全结肠切除术
45.9000　肠吻合术
45.9100x009　十二指肠-回肠吻合术
45.9100x010　空肠-空肠侧侧吻合术
45.9200　小肠直肠残端吻合术
45.9300x012　小肠-升结肠吻合术
45.9300x013　小肠-大肠吻合术
45.9300x014　小肠-结肠吻合术
45.9300x015　回肠贮袋肛管吻合术
45.9301　回肠-横结肠吻合术
45.9302　回肠-降结肠吻合术
45.9303　回肠-盲肠吻合术
45.9304　回肠-升结肠吻合术
45.9305　回肠-乙状结肠吻合术
45.9306　回肠-直肠吻合术
45.9307　空肠-横结肠吻合术
45.9308　空肠-降结肠吻合术
45.9309　空肠-升结肠吻合术
45.9310　空肠-乙状结肠吻合术
45.9400x004　降结肠-乙状结肠吻合术
45.9400x009　盲肠-乙状结肠吻合术
45.9400x012　升结肠-乙状结肠吻合术
45.9400x016　横结肠-直肠吻合术
45.9400x017　盲肠-结肠吻合术
45.9400x018　盲肠-直肠吻合术
45.9401　横结肠-降结肠吻合术
45.9402　横结肠-乙状结肠吻合术
45.9403　降结肠-直肠吻合术
45.9404　结肠-直肠吻合术
45.9405　乙状结肠-直肠吻合术
45.9406　升结肠-横结肠吻合术
45.9407　升结肠-降结肠吻合术
45.9408　升结肠-直肠吻合术
45.9500x001　直肠-肛门吻合术
45.9501　结肠-肛门吻合术
45.9502　回肠-肛门吻合术
45.9503　降结肠-肛门吻合术
45.9504　乙状结肠-肛门吻合术
46.0200　小肠外置段切除术
46.0400x002　肠外置段的切除术
46.0401　肠外置术（二期）
46.0402　结肠襻切除术
46.1000　结肠造口术
46.1000x007　腹腔镜下结肠造口术
46.1100　暂时性结肠造口术
46.1100x002　腹腔镜下结肠暂时性造口术
46.2000　回肠造口术
46.2001　腹腔镜回肠造口术

46.2200　节制性回肠造口术
46.2300x001　回肠永久性造口术
46.2301　腹腔镜永久性回肠造口术
46.3100　其他肠造口的延迟性切开
46.3900x008　暂时性盲肠造口术
46.5200x012　降结肠造口闭合术
46.6000　肠固定术
46.6100　小肠固定至腹壁
46.6101　回肠固定术
46.6400x001　腹腔镜下结肠固定术
46.6400x002　大肠折叠术
46.7300x005　小肠破裂修补术
46.7301　空肠裂伤修补术
46.7302　回肠裂伤修补术
46.7303　腹腔镜小肠裂伤修补术
46.8100x001　腹腔镜下小肠扭转复位术
46.8100x002　腹腔镜下小肠套叠复位术
46.8200x001　腹腔镜下大肠扭转复位术
46.8200x002　腹腔镜下大肠套叠复位术
46.8700　结肠支架的其他非内镜置入术
46.9700　肠移植
46.9700x001　自体小肠移植术
46.9900　肠的其他手术
48.4900x002　直肠切除术［Swenson手术］
48.4900x003　直肠-腹-会阴拖出切除术
48.4901　会阴-直肠拖出术
48.4902　经前会阴超低位直肠切除术
48.4903　腹腔镜辅助经前会阴超低位直肠切除术
48.4904　斯文林直肠切除术
48.4905　Bacon-Black术
48.5100　腹腔镜下腹会阴直肠切除术
48.5100x002　腹腔镜下经肛提肌外腹会阴直肠联合切除术［LELAPE手术］
48.5200　开放性腹会阴直肠切除术
48.5201　肛提肌外腹会阴直肠联合切除术
48.5900x001　直肠全部切除术
48.6100　经骶直肠乙状结肠切除术
48.6100x001　腹腔镜下经腹直肠乙状结肠切除术
48.6100x002　腹腔镜下经骶直肠乙状结肠切除术
48.6200　直肠前切除术同时伴结肠造口术
48.6201　腹腔镜下直肠前切除伴结肠造口术
48.6300x001　腹腔镜下经括约肌间直肠前切除术（ISR）
48.6300x002　腹腔镜下经自然腔道直肠前切除术（NOSES）
48.6300x003　腹腔镜下超低位直肠前切除术
48.6300x004　低位直肠前切除术
48.6300x005　超低位直肠前切除术
48.6301　直肠前切除术
48.6302　腹腔镜下直肠前切除术
48.6303　腹腔镜低位直肠前切除术
48.6400x001　经骶尾直肠切除术
48.6500x001　腹-会阴拖出术
48.6900x002　腹腔镜下直肠根治术
48.6900x004　经肛门直肠病损根治术
48.6900x007　直肠根治术
48.6901　经骶经肛门括约肌直肠病损切除术
48.6902　直肠部分切除术
48.6903　直肠-乙状结肠切除术
48.6904　直肠乙状结肠部分切除术
48.6905　直肠切除术
48.6906　残余直肠切除术
48.6907　全结肠直肠（包括肛门）切除术
48.6908　残余直肠肛管切除术
48.6909　腹腔镜下直肠部分切除术
48.6910　腹腔镜直肠切除术
48.6911　腹腔镜直肠-乙状结肠部分切除术
48.6912　腹腔镜全结肠直肠（包括肛门）切除术
48.6913　腹腔镜帕克氏术（Park's术）
54.4x00x050　腹腔镜下直肠全系膜切除术［TME］
54.4x00x051　直肠全系膜切除术
54.4x00x053　腹腔镜下经肛全直肠系膜切除术（L-TaTME）
54.4x00x054　经肛全直肠系膜切除术（TaTME）
70.5002　腹腔镜阴道前后壁修补术
70.5300x001　阴道前后壁修补术伴生物补片植入
70.7200　结肠阴道瘘修补术
70.7300　直肠阴道瘘修补术
70.7400x001　小肠-阴道瘘修补术
70.7401　小肠-阴道瘘切除术

GC1　食管其他手术

包含以下主要手术或操作：
29.3201　咽食管憩室切除术
29.5302　咽食管瘘切除术
31.7301　气管食管瘘修补术
31.9500　气管食管造口术
31.9501　内镜下气管食管造口术
40.5902　食管旁淋巴结清扫术
42.0100　食管蹼切开术

42.0900x001　食管切开引流术
42.0900x002　食管切开支架去除术
42.0901　食管切开异物取出术
42.0902　食管切开探查术
42.1000　食管造口术
42.1100　颈部食管造口术
42.1200　食管憩室外置术
42.1901　胸部食管造口术
42.2100　经手术切开的食管镜检查
42.2200　经人工造口的食管镜检查
42.2500　开放性食管活组织检查
42.3100x001　食管憩室切除术
42.3101　胸腔镜食管憩室切除术
42.3200x003　食管病损氩气刀治疗术
42.3200x006　胸腔镜食管病损切除术
42.3201　食管病损切除术
42.3300x015　内镜下食管多环套扎术（MBM）
42.3300x016　内镜下食管固有肌层肿瘤全层切除术（EFR）
42.3300x017　内镜下食管固有肌层挖除术（ESE）
42.3900　食管病损或食管组织的其他破坏术
42.7x00x001　食管贲门肌层切开术
42.7x01　改良食管肌层切开术［改良Heller手术］
42.7x02　腹腔镜食管贲门肌层切开术
42.7x04　胸腔镜食管肌层切开术
42.8100　食管置入永久性管
42.8200　食管裂伤缝合术
42.8300　食管造口闭合术
42.8400　食管瘘修补术
42.8501　食管吻合口狭窄修补术
42.8502　食管镜食管狭窄整复术
42.8600　皮下隧道制造不伴食管吻合术
42.8701　食管膈肌瓣修补术
42.8900　食管其他修补术
42.9100x002　食管静脉曲张套扎术
44.4400x001　食管-胃底静脉栓塞术
44.6500x001　食管-贲门成形术
44.6500x002　食管-胃成形术［Belsey手术］
44.9100x002　门奇静脉断流术［食管-胃底静脉结扎术］

GC2　胃、十二指肠其他手术

包含以下主要手术或操作：
44.4402　经导管胃静脉栓塞术
34.0200x001　开胸探查术
40.5900x013　胃周围淋巴结清扫术
40.5900x015　脾门淋巴结清扫术
42.9200x007　内镜下贲门括约肌切开术（POEM）
42.9201　贲门括约肌球囊扩张术
43.0x00x003　胃切开探查术
43.0x01　胃切开取石术
43.0x02　胃切开异物取出术
43.0x03　腹腔镜下胃切开异物取出术
43.1900x003　永久性胃造口术
43.1900x005　暂时性胃造口术
43.1900x006　腹腔镜下胃造口术
43.4900　胃病损或组织的其他破坏术
43.8200　腹腔镜垂直（袖状）胃切除术
43.8201　腹腔镜胃部分切除术
44.0000　迷走神经切断术
44.0001　腹腔镜下迷走神经切断术
44.0100　迷走神经干切断术
44.0200　高选择性迷走神经切断术
44.0200x002　壁细胞迷走神经切断术
44.0300x001　选择性迷走神经切断术
44.1500　开放性胃活组织检查
44.3100　高位胃搭桥术
44.4000　消化性溃疡缝合术
44.4100x008　胃溃疡穿孔修补术
44.4101　胃溃疡修补术
44.4102　腹腔镜胃溃疡穿孔修补术
44.4200x001　腹腔镜下十二指肠溃疡穿孔修补术
44.4200x003　十二指肠溃疡穿孔修补术
44.4201　十二指肠溃疡修补术
44.4202　腹腔镜十二指肠溃疡修补术
44.4400x005　胃十二指肠动脉栓塞术
44.4401　十二指肠动脉栓塞术
44.4403　经导管胃动脉栓塞术
44.4901　胃切开止血术
44.4902　十二指肠切开止血术
44.5x00x002　胃-空肠吻合口闭合术
44.5x00x004　胃-十二指肠吻合口闭合术
44.5x00x005　胃-十二指肠吻合口修补术
44.5x01　胃肠吻合口修补术
44.6100x003　胃破裂修补术
44.6200　胃造口闭合术
44.6300x001　胃-结肠瘘闭合术
44.6301　胃结肠瘘修补术
44.6302　胃空肠瘘修补术
44.6400　胃固定术

44.6401　腹腔镜下胃固定术
44.6701　腹腔镜胃底折叠术
44.6800x002　腹腔镜下胃束带术
44.6801　腹腔镜垂直束带胃成形术（VBG）
44.6901　胃修补术
44.6902　腹腔镜胃修补术
44.9100x001　贲门周围血管离断术
44.9100x005　腹腔镜下胃静脉曲张离断术
44.9101　胃底静脉结扎术
44.9201　胃扭转复位术
44.9501　腹腔镜下可调节胃束带术（LAGB）
44.9502　垂直绑带式胃减容术（VGB）
44.9601　腹腔镜可调节胃束带置换术
44.9602　腹腔镜可调节胃束带修正术
44.9701　腹腔镜可调节胃束带去除术
44.9801　腹腔镜可调节胃束带放松术
44.9802　腹腔镜下可调节胃束带紧缩术
45.0100x005　十二指肠切开探查术
45.0100x006　十二指肠切开减压术
45.0101　十二指肠切开异物取出术
45.0102　十二指肠切开取石术
45.3101　十二指肠病损切除术
45.3102　十二指肠憩室切除术
45.3200x001　十二指肠病损破坏术
45.6202　十二指肠部分切除术
46.0101　十二指肠外置术
46.7100　十二指肠裂伤缝合术
46.7200　十二指肠瘘的闭合术
46.7900x009　腹腔镜下十二指肠成形术
46.7902　十二指肠成形术

GC3　小肠、大肠（含直肠）的其他手术

包含以下主要手术或操作：
40.5900x019　肠周围淋巴结清扫术
45.0200x001　空肠切开取石
45.0200x002　小肠切开探查术
45.0201　小肠切开异物取出术
45.0202　小肠切开取石术
45.0203　小肠切开减压术
45.0204　腹腔镜小肠切开减压术
45.0300x002　大肠切开探查术
45.0300x003　横结肠切开引流术
45.0301　大肠切开取石术
45.0302　大肠切开异物取出术
45.0303　大肠切开减压术
45.1101　术中小肠内镜检查
45.1500　开放性小肠活组织检查
45.2600　开放性大肠活组织检查
45.3300x006　空肠病损切除术
45.3300x009　回肠病损切除术
45.3301　小肠病损切除术
45.3302　小肠憩室切除术
45.3303　腹腔镜小肠病损切除术
45.3304　腹腔镜麦克尔憩室切除术
45.4100x001　大肠病损切除术
45.4100x002　腹腔镜下结肠病损切除术
45.4100x003　腹腔镜下乙状结肠病损切除术
45.4100x004　腹腔镜下回盲部病损切除术
45.4100x007　腹腔镜下结肠止血术
45.4101　结肠病损切除术
45.4102　横结肠病损切除术
45.4103　降结肠病损切除术
45.4104　乙状结肠病损切除术
45.4105　盲肠病损切除术
45.4107　升结肠病损切除术
45.4108　盲肠憩室切除术
45.4900x001　大肠病损破坏术
45.4900x003　结肠病损高频电凝术
45.4900x005　结肠病损激光烧灼术
45.4901　结肠袋形缝合术
45.6200x001　腹腔镜下回肠部分切除术
45.6200x002　腹腔镜下空肠部分切除术
45.6201　小肠部分切除术
45.6204　空肠部分切除术
45.6205　空肠切除术
45.6206　回肠部分切除术
45.6207　回肠切除术
45.6208　腹腔镜下小肠部分切除术
45.9100x006　小肠-小肠端侧吻合术
45.9100x008　空肠-空肠端侧吻合术
45.9101　空肠空肠吻合术
45.9102　回肠回肠吻合术
45.9103　十二指肠空肠吻合术
45.9104　空肠回肠吻合术
46.0300x001　肠外置术［Mikulicz手术］
46.0300x003　盲肠外置术
46.0300x004　结肠旷置术
46.0301　肠外置术（一期）
46.0302　襻式结肠造口术
46.1300　永久性结肠造口术

46.1301　腹腔镜乙状结肠永久性造口术
46.1400　结肠造口的延迟性切开
46.2100　暂时性回肠造口术
46.2400　回肠造口的延迟性切开
46.3900x002　空肠造口术
46.3900x006　腹腔镜下十二指肠造口术
46.3900x007　腹腔镜下小肠造口术
46.3901　空肠（营养性）造口术
46.3902　十二指肠造口术
46.3903　输入襻造口术
46.3904　小肠造口术
46.3905　腹腔镜空肠造口术
46.4000　肠造口修复术
46.4100　小肠造口修复术
46.4101　回肠造口修复术
46.4102　空肠造口修复术
46.4103　回肠造口周围疝修补术
46.4200　结肠造口周围疝修补术
46.4201　腹腔镜结肠造口周围疝修补术
46.4202　腹腔镜结肠造口周围疝无张力成形术
46.4300x004　横结肠造口重建术
46.4300x005　结肠造口扩大术
46.4301　结肠造口修复术
46.4302　横结肠造口修复术
46.4303　降结肠造口修复术
46.5000　肠造口闭合术
46.5100x002　回肠造口还纳术
46.5100x004　空肠造口还纳术
46.5100x006　小肠造口还纳术
46.5101　回肠造口闭合术
46.5102　空肠造口闭合术
46.5200x006　结肠造口还纳术
46.5200x010　乙状结肠造口还纳术
46.5200x011　横结肠造口还纳术
46.5201　盲肠造口闭合术
46.5202　结肠造口闭合术
46.5203　乙状结肠造口闭合术
46.5204　横结肠造口闭合术
46.6200x003　小肠排列术
46.6200x004　小肠外排列术
46.6201　小肠折叠术［Noble手术］
46.6301　盲肠-升结肠固定术
46.6302　乙状结肠-腹壁固定术［Moschowitz手术］
46.6401　盲肠固定术
46.6402　乙状结肠固定术
46.6403　结肠固定术
46.7400x004　小肠瘘修补术
46.7401　小肠-小肠吻合口瘘修补术
46.7402　小肠-大肠吻合口瘘修补术
46.7403　空肠瘘修补术
46.7404　小肠腹壁瘘切除术
46.7405　小肠-乙状结肠瘘切除术
46.7500x004　结肠破裂修补术
46.7501　横结肠裂伤修补术
46.7502　乙状结肠裂伤修补术
46.7503　盲肠裂伤修补术
46.7504　升结肠裂伤修补术
46.7505　降结肠裂伤修补术
46.7506　腹腔镜下结肠裂伤修补术
46.7601　乙状结肠瘘修补术
46.7602　盲肠瘘修补术
46.7603　结肠瘘修补术
46.7604　腹腔镜下结肠瘘修补术
46.8001　肠系膜扭转复位术
46.8002　肠套叠复位术
46.8101　小肠扭转复位术
46.8102　小肠套叠复位术
46.8201　大肠扭转复位术
46.8202　大肠套叠复位术
46.9100　乙状结肠肌切开术
46.9200x001　结肠肌切开术
46.9201　结肠隔膜切开术
46.9300x001　十二指肠空肠吻合口切除术
46.9301　空肠回肠吻合口切除术
46.9400　大肠吻合口修复术
46.9401　直肠吻合口狭窄切开术
57.8301　膀胱回肠瘘修补术
57.8302　膀胱乙状结肠瘘修补术
57.8305　膀胱阴道直肠瘘修补术
75.6201　直肠近期产科裂伤修补术
75.6202　肛门括约肌近期产科裂伤修补术

GD1　腹膜后肿瘤手术

包含以下主要手术或操作：
40.2900x017　腹膜后淋巴管瘤（囊肿）切除术
40.5900x010　腹腔镜下腹膜后淋巴结清扫术
40.5907　腹膜后淋巴结清扫术
40.9x00x011　腹膜后淋巴管横断结扎术
54.1901　腹膜后血肿清除术
54.2300x003　腹膜后活检术

54.4x02　腹膜后病损切除术
54.4x09　经阴道腹膜后病损切除术
54.4x15　腹腔镜下腹膜后病损切除术
54.7301　腹膜后组织修补术
54.9104　腹膜后穿刺引流术

GE1　伴穿孔、化脓、坏疽等阑尾切除术

包含以下主要诊断：
C18.100　阑尾恶性肿瘤
K35.200　急性阑尾炎伴有弥漫性腹膜炎
K35.201　急性阑尾炎破裂或穿孔后伴有弥漫性腹膜炎
K35.300　急性阑尾炎伴局限性腹膜炎
K35.301　急性阑尾炎伴腹膜脓肿
包含以下主要手术或操作：
47.0100　腹腔镜下阑尾切除术
47.0900x001　内镜下经盲肠阑尾切除术
47.0901　阑尾切除术
47.0902　阑尾残端切除术
47.0903　阑尾病损切除术
47.2x00　阑尾脓肿引流术
47.2x01　腹腔镜下阑尾脓肿引流术
47.9100　阑尾造口术
47.9200　阑尾瘘管闭合术
47.9901　阑尾内翻包埋术

GE2　阑尾切除术

包含以下主要手术或操作：
47.0100　腹腔镜下阑尾切除术
47.0900x001　内镜下经盲肠阑尾切除术
47.0901　阑尾切除术
47.0902　阑尾残端切除术
47.0903　阑尾病损切除术
47.2x00　阑尾脓肿引流术
47.2x01　腹腔镜下阑尾脓肿引流术
47.9100　阑尾造口术
47.9200　阑尾瘘管闭合术
47.9901　阑尾内翻包埋术
98.0400x002　内镜下阑尾粪石取出术

GF1　特殊类型疝手术

包含以下主要手术或操作：
53.7100　腹腔镜腹入路横隔疝修补术
53.7100x001　腹腔镜下食管裂孔疝补片修补术
53.7101　腹腔镜经腹食管裂孔疝修补术
53.7200x001　经腹膈疝补片修补术
53.7201　经腹膈疝修补术
53.7202　经腹食管裂孔疝修补术
53.7500　腹入路横隔疝修补术
53.8000x001　经胸膈疝修补术
53.8001　经胸食管裂孔疝修补术
53.8002　经胸腹横膈疝修补术
53.8100x001　膈肌折叠术
53.8101　经胸膈肌折叠术
53.8102　经腹膈肌折叠术
53.8103　胸腔镜膈肌折叠术
53.8200　胸骨旁疝修补术
53.8300x001　胸腔镜下膈疝修补术
53.8301　胸腔镜下食管裂孔疝修补术
53.8400　其他和开放性横隔疝修补术，胸入路
53.9x00x015　造口旁疝修补术
53.9x00x016　会阴疝无张力修补术
53.9x00x017　骶前疝修补术
53.9x00x018　腹内疝修补术
53.9x00x019　腹内疝松解还纳术
53.9x00x020　腹腔镜下闭孔疝修补术
53.9x00x021　腹腔镜下闭孔疝无张力修补术
53.9x00x022　腹腔镜下腰疝无张力修补术
53.9x00x023　肠系膜裂孔疝修补术
53.9x01　坐骨孔疝修补术
53.9x02　腰疝修补术
53.9x03　闭孔疝修补术
53.9x04　坐骨直肠窝疝修补术
53.9x05　腹膜后疝修补术
53.9x06　网膜疝修补术

GF2　腹壁疝及脐疝手术

包含以下主要手术或操作：
53.5101　腹腔镜下切口疝修补术
53.6301　腹腔镜下切口疝无张力修补术
53.4101　脐疝无张力修补术
53.4201　腹腔镜下脐疝无张力修补术
53.4301　腹腔镜下脐疝修补术
53.4901　脐疝修补术
53.4902　脐重建术
53.5100　切口疝修补术
53.5900x001　腹壁白线疝修补术
53.5901　腹壁疝修补术
53.5902　腹腔镜下腹壁疝修补术
53.6101　腹壁切口疝无张力修补术

53.6200　腹腔镜下移植物或假体的前腹壁切口疝修补术
53.6302　腹腔镜下腹壁疝无张力修补术
53.6900x002　腹白线疝无张力修补术
53.6901　腹壁疝无张力修补术

GF3　腹股沟疝及股疝手术

包含以下主要手术或操作：
17.1100x001　腹腔镜下单侧腹股沟直疝无张力修补术
17.1200x001　腹腔镜下单侧腹股沟斜疝无张力修补术
17.1300x001　腹腔镜下经腹膜前腹股沟疝补片修补术（TAPP）
17.1300x002　腹腔镜下全腹膜外腹股沟疝补片修补术（TEP）
17.2100x001　腹腔镜下双侧腹股沟直疝无张力修补术
17.2200x001　腹腔镜下双侧腹股沟斜疝无张力修补术
17.2300x001　腹腔镜下双侧腹股沟疝无张力修补术，一侧直疝一侧斜疝
17.2400x001　腹腔镜下双侧腹股沟疝无张力修补术
53.0001　单侧腹股沟疝修补术
53.0002　腹腔镜下单侧腹股沟疝修补术
53.0100x001　单侧腹股沟直疝疝囊高位结扎术
53.0101　单侧腹股沟直疝修补术
53.0102　单侧腹股沟直疝斜疝修补术
53.0201　单侧腹股沟斜疝修补术
53.0202　单侧腹股沟斜疝疝囊高位结扎术
53.0203　腹腔镜下单侧腹股沟斜疝修补术
53.0204　腹腔镜下单侧腹股沟斜疝疝囊高位结扎术
53.0301　单侧腹股沟直疝斜疝无张力修补术
53.0302　单侧腹股沟直疝无张力修补术
53.0401　单侧腹股沟斜疝无张力修补术
53.0501　单侧腹股沟疝无张力修补术
53.1000　双侧腹股沟疝修补术
53.1101　双侧腹股沟直疝修补术
53.1200x001　腹腔镜下双侧腹股沟斜疝疝囊高位结扎术
53.1201　双侧腹股沟斜疝修补术
53.1202　双侧腹股沟斜疝疝囊高位结扎术
53.1203　腹腔镜下双侧腹股沟斜疝修补术
53.1301　腹股沟疝修补术，一侧直疝一侧斜疝
53.1401　双侧腹股沟直疝无张力修补术
53.1501　双侧腹股沟斜疝无张力修补
53.1601　腹股沟疝无张力修补术，一侧直疝，一侧斜疝
53.1701　双侧腹股沟疝无张力修补术
53.2100x001　腹腔镜下单侧股疝无张力修补术
53.2101　单侧股疝无张力修补术
53.2900x001　腹腔镜下单侧股疝修补术
53.2901　单侧股疝修补术
53.3100x001　腹腔镜下双侧股疝无张力修补术
53.3101　双侧股疝无张力修补术
53.3901　双侧股疝修补术

GG1　肛管、肛门及肛周手术

包含以下主要手术或操作：
17.98330　混合痔外剥内扎治疗
49.0101　肛周脓肿穿刺抽吸术
49.0200x001　肛周组织下部切开术
49.0201　肛门周围组织切开术
49.0300　肛周皮赘切除术
49.0400x008　肛周脓肿根治术
49.0400x009　肛周病损切除术
49.0401　肛周脓肿切除术
49.0402　肛门周围组织切除术
49.1100　肛门瘘管切开术
49.1200　肛门瘘管切除术
49.3900x015　肛门皮肤和皮下坏死组织切除清创术
49.3900x017　肛窦电凝术
49.3901　肛裂切除术
49.3902　肛窦切除术
49.3903　肛裂切开挂线术
49.3904　肛门病损激光切除术
49.3905　肛门病损切除术
49.3906　肛乳头切除术
49.3907　肛管病损切除术
49.4100　痔复位术
49.4200　痔注射
49.4300　痔烧灼术
49.4301　痔夹闭术
49.4400　痔冷冻破坏术
49.4500　痔结扎术
49.4500x004　内镜下内痔套扎治疗
49.4501　超声引导下痔结扎术
49.4600　痔切除术
49.4601　痔切除术伴肛门成形术
49.4701　血栓痔剥离术

49.4900x002 经肛门吻合器痔切除术
49.4900x003 吻合器痔上黏膜环切术
49.4901 痔上直肠黏膜环形切除吻合术（PPH术）
49.4902 肛垫悬吊术
49.4903 开环式微创肛肠吻合器手术
49.5200x002 肛门后侧括约肌切开术
49.5900x001 耻骨直肠肌部分切断术
49.5901 肛管内括约肌切开术
49.5902 肛门括约肌切断术
49.5903 肛门括约肌切开术
49.6x00 肛门切除术
49.6x01 肛门括约肌切除术
49.7100 肛门裂伤缝合术
49.7200 肛门环扎术
49.7301 肛瘘挂线术
49.7302 肛瘘结扎术
49.7400x001 股薄肌移植肛门失禁矫正术
49.7501 人工肛门括约肌植入术
49.7502 人工肛门括约肌修复术
49.7600 人工肛门括约肌去除
49.7900x005 肛门括约肌修补术
49.7901 肛门陈旧性产科裂伤修补术
49.7902 肛门括约肌成形术
49.7903 肛门成形术
49.7904 腹腔镜下肛门成形术
49.7905 经会阴肛门成形术
49.7906 经骶会阴肛门成形术
49.9100 肛门隔膜切开术
49.9200 皮下电子肛门刺激器的置入
49.9300x001 肛管探查术
49.9300x002 肛门后切术
49.9300x003 肛门扩张术
49.9300x004 肛门切开探查术
49.9300x005 肛门狭窄切开术
49.9301 肛门挂线去除术
49.9302 肛门切开异物取出术
49.9400 肛门脱垂复位术
49.9500x002 手术后肛门出血缝扎止血术
49.9900x007 肛门脱细胞异体真皮置入术
49.9901 肛管皮肤移植术
98.0501 肛管内异物的不切开去除

GG2 直肠其他手术

包含以下主要手术或操作：
48.0x00x002 直肠切开引流术
48.0x00x003 直肠切开探查术
48.0x01 直肠减压术
48.0x02 肛门闭锁减压术
48.0x03 直肠直线切开术［PANAS］
48.0x04 直肠脓肿切开引流术
48.1x00 直肠造口
48.2101 手术中直肠乙状结肠镜检查术
48.2500 开放性直肠活组织检查
48.3101 直肠病损根治性电凝固术
48.3200x003 直肠病损电凝术
48.3201 直肠病损电切术
48.3401 直肠病损冷冻术
48.3501 直肠病损切除术
48.3502 经肛门直肠病损切除术
48.3503 经骶尾直肠病损切除术
48.3504 经阴道直肠病损切除术
48.3505 直肠后壁病损切除术
48.3506 Kraske术
48.3507 腹腔镜直肠病损切除术
48.3514 经肛门内镜直肠显微手术（TaTEM）
48.3600x007 经肛门内镜下直肠病变微创手术［TEM］
48.3601 直肠息肉切除术
48.4101 直肠黏膜下切除术
48.4102 经肛门直肠黏膜环切术
48.4103 直肠黏膜下环切术
48.4104 直肠内拖出切除术
48.4105 直肠黏膜切除术
48.4106 腹腔镜直肠黏膜下切除术
48.4200 腹腔镜直肠拖出切除术
48.4300 开放性直肠拖出切除术
48.5000 腹会阴直肠切除术
48.7100 直肠裂伤缝合术
48.7101 腹腔镜直肠破裂修补术
48.7200 直肠造口闭合术
48.7300x001 会阴-直肠瘘闭合术
48.7301 会阴直肠瘘修补术
48.7302 肛门直肠瘘修补术
48.7303 直肠瘘修补术
48.7400 直肠直肠吻合术
48.7401 经肛门吻合器直肠切除术
48.7501 直肠脱垂里普斯坦修补术
48.7600x001 直肠固定术
48.7600x002 直肠骶骨上悬吊术
48.7600x008 直肠黏膜悬吊术
48.7601 直肠脱垂注射术

48.7602　直肠脱垂德洛姆修补术
48.7603　直肠脱垂悬吊术
48.7604　直肠乙状结肠固定术
48.7605　腹腔镜直肠悬吊术
48.7900x003　直肠修补术
48.7901　陈旧性产科直肠裂伤修补术
48.8100x001　直肠瘘管切开术
48.8102　直肠阴道隔膜切开术
48.8201　直肠阴道隔病损切除术
48.8202　直肠-阴道隔切除术
48.8203　经阴直肠阴道隔病损切除术
48.8204　盆腔直肠病损切除术
48.8205　腹腔镜下直肠阴道隔病损切除术
48.8206　腹腔镜下直肠后囊肿切除术
48.9100　直肠狭窄切开术
48.9200　肛门直肠肌切开术
48.9201　肛门直肠肌部分切除术
48.9300　直肠周围瘘的修补术
48.9900　直肠和直肠周围组织的其他手术
49.5100　左侧肛门括约肌切开术
70.5200　直肠膨出修补术
70.5201　阴道后壁修补术
70.5202　腹腔镜阴道后壁修补术
70.5500x001　阴道后壁修补术伴生物补片植入
70.5500x002　阴道后壁修补术伴人工补片置入
98.0502　直肠异物的不切开去除

GH1　腹腔/盆腔内粘连松解术

包含以下主要手术或操作：
54.5100　腹腔镜下腹膜粘连松解术
54.5100x005　腹腔镜下腹腔粘连松解术
54.5100x009　腹腔镜下盆腔粘连松解术
54.5101　腹腔镜下肠粘连松解术
54.5102　腹腔镜下网膜粘连松解术
54.5103　腹腔镜下盆腔腹膜粘连松解术
54.5900x007　盆腔腹膜粘连松解术
54.5901　腹腔粘连松解术
54.5902　腹膜粘连松解术
54.5903　肠粘连松解术
54.5904　盆腔粘连松解术
54.5905　网膜粘连松解术
54.5906　阑尾周围粘连松解术

GJ1　消化系统其他手术

包含以下主要手术或操作：
34.8101　横膈病损切除术
34.8102　横膈部分切除术
34.8301　胸腹瘘管切除术
34.8302　胸胃瘘管切除术
34.8303　胸肠瘘管切除术
38.8601　大网膜动脉结扎术
38.8602　胃动脉结扎术
38.8603　胆囊动脉结扎术
38.8604　肠系膜动脉结扎术
38.8607　髂动脉结扎术
38.8701　肠系膜静脉结扎术
39.1x00x011　肠系膜上静脉-下腔静脉-右心房人工血管搭桥术
39.1x00x013　胃冠状静脉-肾静脉吻合术
39.1x01　肠系膜静脉-腔静脉吻合术
39.2606　腹主动脉-肠系膜上动脉搭桥术
39.3203　下腔静脉缝合术
39.5000x011　下腔静脉球囊扩张成形术
39.5000x021　上腔静脉球囊扩张成形术
39.7101　腹主动脉支架置入术
39.7102　腹主动脉覆膜支架腔内隔绝术
39.7103　腹主动脉分支覆膜支架置入术
39.7800x006　主动脉瘤支架置入术
39.9002　腹腔干动脉支架置入术
39.9800x001　伤口止血术
39.9801　手术后伤口止血术
40.1100x003　腹腔镜下淋巴结活检术
40.2100　深部颈淋巴结切除术
40.2300　腋淋巴结切除术
40.2400　腹股沟淋巴结切除术
40.2900x002　单纯淋巴结切除术
40.2900x018　肠系膜淋巴管瘤（囊肿）切除术
40.2900x020　腹壁淋巴管瘤（囊肿）切除术
40.2900x023　髂外血管旁淋巴结切除术
40.2900x028　腹膜后淋巴结切除术
40.2901　锁骨上淋巴结切除术
40.2905　腹主动脉旁淋巴结切除术
40.2906　腹腔淋巴结切除术
40.2907　腹膜淋巴结切除术
40.2908　肠系膜淋巴结切除术
40.2909　盆腔淋巴结切除术
40.3x00x001　淋巴结扩大性区域性切除术

40.3x00x002　淋巴结区域性切除术
40.5300　髂淋巴结根治性切除术
40.5301　腹腔镜髂淋巴结清扫术
40.5400x001　腹股沟淋巴结清扫术
40.5400x002　腹腔镜下腹股沟淋巴结清扫术
40.5400x003　腹股沟浅淋巴结清扫术
40.9x00x003　周围淋巴管-小静脉吻合术
40.9x00x004　淋巴干-小静脉吻合术
40.9x00x006　髂淋巴干-小静脉吻合术
40.9x00x007　肠淋巴干-小静脉吻合术
40.9x00x008　淋巴水肿矫正Homans-Macey手术［Homan手术］
40.9x00x009　淋巴水肿矫正Charles手术［Charles手术］
40.9x00x010　淋巴水肿矫正Thompson手术［Thompson手术］
40.9x00x012　髂淋巴干横断结扎术
40.9x00x013　淋巴管瘘结扎术
40.9x00x014　淋巴管瘘切除术
40.9x00x015　淋巴管瘘粘连术
40.9x00x016　淋巴管瘤注射术
40.9x09　淋巴管静脉吻合术
44.1101　经腹胃镜检查（手术中）
51.1301　开放性胆囊活组织检查
51.1302　开放性胆管活组织检查
51.8100　奥狄氏括约肌扩张
51.8101　法特氏壶腹扩张术
51.8200x003　胰管括约肌切开取石术
51.8201　十二指肠乳头肌切开术
51.8900　奥狄氏括约肌的其他手术
52.1200　开放性胰腺活组织检查
52.5901　胰腺部分切除术
52.5902　胰腺十二指肠部分切除术
52.5904　胰体尾切除术
54.0x00x010　腹壁血肿清除术
54.0x00x021　腹膜外血肿清除术
54.0x00x023　髂窝积液清除术
54.0x00x026　腹股沟切开异物去除术
54.0x00x027　腹股沟血肿清除术
54.0x01　腹股沟探查术
54.0x03　腹壁异物取出术
54.1100　开腹探查术
54.1101　腹腔镜中转剖腹探查术
54.1201　再开腹探查术
54.1202　近期开腹术后腹腔止血术
54.1900x001　腹部血肿去除术
54.1900x005　腹腔镜下腹腔积血清除术
54.1900x006　腹腔镜下男性盆腔脓肿切开引流术
54.1900x010　腹腔脓肿切开引流术
54.1900x011　腹腔血肿清除术
54.1900x020　男性盆腔脓肿切开引流术
54.1900x023　男性盆腔血肿清除术
54.1900x024　膈下脓肿切除术
54.1900x025　骶前区切开引流术
54.1902　腹膜血肿清除术
54.1903　腹腔切开引流术
54.1904　膈下脓肿切开引流术
54.1905　男性盆腔切开引流术
54.1906　网膜切开术
54.1907　腹腔出血止血术
54.1908　膈下血肿清除术
54.1909　肠系膜血肿清除术
54.2100　腹腔镜检查
54.2200x003　腹腔镜下腹壁活检术
54.2300x004　腹腔镜下网膜活组织检查
54.2300x005　腹腔镜下腹膜活组织检查
54.2300x006　腹腔镜下肠系膜活组织检查
54.2301　开放性腹膜活组织检查
54.2302　开放性网膜活组织检查
54.2303　开放性肠系膜活组织检查
54.2500　腹膜灌洗
54.3x00x004　腹壁窦道扩创术
54.3x00x010　腹壁伤口扩创术
54.3x00x011　腹壁伤口清创术
54.3x00x027　脐病损切除术
54.3x01　腹壁病损切除术
54.3x02　腹腔镜下腹壁病损切除术
54.3x03　腹股沟病损切除术
54.3x04　脐切除术
54.3x05　盆腔壁病损切除术
54.3x06　腹壁清创术
54.3x07　腹壁脐尿管囊肿切除术
54.3x08　腹壁瘢痕切除术
54.4x00x005　大网膜病损切除术
54.4x00x006　大网膜部分切除术
54.4x00x007　大网膜切除术
54.4x00x012　骶尾部病损切除术
54.4x00x021　腹膜外病损切除术
54.4x00x035　盆腔病损切除术
54.4x00x039　盆腔病损冷冻治疗术

54.4x00x042　髂窝病损切除术
54.4x00x048　腹腔病损氩氦刀靶向冷冻治疗术
54.4x00x052　腹腔镜下大网膜部分切除术
54.4x01　腹膜病损切除术
54.4x03　网膜部分切除术
54.4x04　网膜切除术
54.4x05　网膜病损切除术
54.4x06　肠系膜病损切除术
54.4x07　骶前病损切除术
54.4x08　盆腔腹膜切除术
54.4x10　腹腔镜下盆腔腹膜病损切除术
54.4x11　腹腔镜下腹膜病损切除术
54.4x12　腹腔镜下网膜病损切除术
54.4x13　腹腔镜下肠系膜病损切除术
54.4x14　腹腔镜下网膜部分切除术
54.4x16　腹腔镜下网膜切除术
54.6101　腹壁切口裂开缝合术
54.6200　肉芽性腹部伤口的延迟性闭合术
54.6301　腹壁裂伤缝合术
54.6400　腹膜缝合术
54.6400x001　腹腔镜下腹膜缝合术
54.6401　网膜裂伤缝合术
54.7100　腹裂（畸形）修补术
54.7200x001　腹壁补片修补术
54.7200x002　脐膨出修补术
54.7200x003　脐膨出补片修补术
54.7200x004　脐膨出腹壁牵引悬吊术
54.7300x001　腹膜组织修补术
54.7302　胃结肠韧带缝合术
54.7400x001　大网膜包肝术
54.7400x002　大网膜包肾术
54.7400x003　大网膜还纳术
54.7400x004　大网膜内移植术
54.7400x005　大网膜修补术
54.7400x006　生物大网膜移植术
54.7401　网膜固定术
54.7402　网膜缝合术
54.7403　网膜移植术
54.7404　网膜扭转复位术
54.7405　异体大网膜移植术
54.7500x002　肠系膜修补术
54.7501　肠系膜固定术
54.7502　肠系膜折叠术
54.9201　腹腔切开异物取出术
54.9202　腹腔镜下腹腔异物取出术
54.9300x001　腹壁造口术
54.9400x002　腹腔-静脉转流泵管置入术
54.9400x003　腹腔-右心房分流术
54.9400x004　腹腔-锁骨下静脉分流术
54.9401　腹腔颈静脉分流术
54.9402　腹腔静脉分流术
54.9500　腹膜切开术
54.9500x004　脑室-腹腔引流管腹腔端修正术
54.9500x005　腹腔镜下拉德手术（Ladd's）
54.9501　拉德手术
54.9502　脑室-腹腔分流修复术
54.9700x001　腹水浓缩回输
54.9703　腹腔镜下腹腔局部注射
54.9900x010　腹腔镜下盆腔病损切除术
54.9900x011　腹腔镜下盆腔内膜病损电凝术
54.9900x017　盆腔补片术
54.9902　腹腔病损切除术
54.9904　腹腔镜下腹腔病损切除术
86.3x02　皮肤病损切除术
86.3x03　皮下组织病损切除术
86.3x10x067　腔镜下皮下组织病损切除术
86.3x12　皮肤病损激光治疗
96.2200x002　内镜下直肠支架植入术
96.2900　消化道肠套迭复位术
97.5901　食道扩张支架去除
98.1800x001　造口腔内异物去除

GK1　消化系统其他内镜治疗操作

包含以下主要手术或操作：
42.3303　内镜黏膜下隧道食管病损切除术
42.3305　内镜食管黏膜下剥离术
43.4107　内镜下胃黏膜下剥离术［ESD］
44.3201　内镜下胃空肠吻合术
44.9901　内镜下胃支架植入术
45.3004　内镜下十二指肠黏膜下剥离术（ESD）
45.3007　内镜下经黏膜下隧道十二指肠病损切除术（STER）
46.3201　空肠穿刺置管造口术
46.8501　十二指肠球囊扩张术
46.8502　结肠球囊扩张术
46.8503　十二指肠支架置入术
46.8505　空肠支架置入术
46.8506　空肠吻合口球囊扩张术
46.8507　小肠球囊扩张术
46.8508　回肠支架植入术

46.8509　输入襻支架植入术
42.3307　内镜食管静脉曲张结扎术
42.3308　内镜食管静脉曲张硬化剂注射术
42.3309　内镜食管静脉曲张组织胶注射术
43.4100x020　内镜下胃底静脉曲张组织胶注射术
43.4100x021　内镜下胃全层切除术［EFTR］
43.4100x024　内镜下胃多环套扎术（MBM）
43.4100x025　内镜下胃固有肌层挖除术（ESE）
43.4106　内镜下经黏膜下隧道胃病损切除术（STER）
43.4109　内镜下胃静脉曲张结扎术
43.4110　内镜下胃静脉曲张硬化术
44.2200x004　内镜下胃肠吻合口支架植入术
45.3000x005　内镜下十二指肠多环套扎术（MBM）
45.3000x006　内镜下十二指肠固有肌层肿瘤全层切除术（EFR）
45.3000x007　内镜下十二指肠固有肌层挖除术（ESE）
45.3003　内镜下十二指肠病损光动力治疗（PDT）
45.3400x002　内镜下小肠黏膜切除术（EMR）
45.3400x003　内镜下小肠黏膜下剥离术（ESD）
45.3400x004　内镜下经黏膜下隧道小肠病损切除术（STER）
45.3400x006　内镜下小肠多环套扎术（MBM）
45.3400x007　内镜下小肠固有肌层肿瘤全层切除术（EFR）
45.3400x008　内镜下小肠固有肌层挖除术（ESE）
45.4300x009　内镜下结肠黏膜下剥离术（ESD）
45.4300x012　内镜下经黏膜下隧道结肠病损切除术（STER）
45.4300x013　内镜下结肠病损氩气刀治疗术（APC）
45.4300x015　内镜下结肠多环套扎术（MBM）
45.4300x016　内镜下结肠固有肌层肿瘤全层切除术（EFR）
45.4300x017　内镜下结肠固有肌层挖除术（ESE）
46.8500x005　内镜下十二指肠支架置入术
46.8500x008　内镜下小肠球囊扩张术
46.8500x009　内镜下小肠支架置入术
46.8510　内镜下十二指肠球囊扩张术
48.3600x001　内镜下直肠病损氩离子凝固术
48.3600x003　内镜下直肠黏膜下剥离术（ESD）
48.3600x004　内镜下直肠黏膜切除术（EMR）
48.3600x005　内镜下直肠病损光动力治疗术（PDT）
48.3600x006　内镜下经黏膜下隧道直肠病损切除术（STER）
48.3600x009　内镜下直肠多环套扎术（MBM）
48.3600x010　内镜下直肠固有肌层肿瘤全层切除术（EFR）
48.3600x011　内镜下直肠固有肌层挖除术（ESE）

GK2　胃镜治疗操作

包含以下主要手术或操作：
42.3301　内镜食管病损切除术
42.3302　内镜食管病损氩离子凝固术
42.3304　内镜食管息肉切除术
42.3306　内镜食管黏膜切除术
42.9202　内镜下食管扩张术
43.4101　内镜下胃病损氩离子凝固术
43.4102　内镜下胃病损套扎治疗术
43.4105　内镜下胃息肉切除术
43.4108　内镜下胃黏膜切除术［EMR］
44.4301　内镜下胃氩气刀止血术
44.4302　内镜下胃钛夹止血术
44.4303　内镜下十二指肠钛夹止血术
45.3001　内镜下十二指肠病损切除术
45.3002　内镜下十二指肠病损氩离子凝固治疗术
45.3005　内镜下十二指肠黏膜切除术（EMR）
45.3006　内镜下十二指肠病损射频消融术
98.0301　内镜下胃内异物去除
98.0302　内镜下十二指肠内异物去除
42.3300x006　胃镜下食管病损电灼术
42.3300x007　胃镜下食管射频术
42.3310　内镜食管出血止血术
42.8101　内镜下食管支架置入术
42.9200x006　内镜下食管球囊扩张成形术
42.9200x008　内镜下胃咽吻合口扩张术
42.9900x001　内镜下食管支架调整术
42.9901　食管支架调整术
43.1100x001　内镜下经皮胃造瘘术
43.4100x011　胃镜下贲门病损切除术
43.4100x013　胃镜下胃病损电切术
43.4100x014　胃镜下胃病损切除术
43.4100x015　胃镜下贲门病损电切术
43.4100x016　胃镜下胃病损硬化术
43.4100x026　内镜下胃病损射频消融术
43.4103　内镜下胃肠吻合口病损切除术
43.4104　内镜下胃病损光动力疗法
44.1100x002　术中胃镜检查
44.2200x001　胃镜下胃-肠吻合口扩张术
44.2200x003　内镜下食管胃吻合口扩张术
44.2201　内镜下幽门球囊扩张术

44.2202　内镜下幽门支架植入术
44.3200x001　内镜下经皮胃-空肠造瘘术
44.4300x001　胃镜下十二指肠止血术
44.4300x002　胃镜下胃出血止血术
44.4300x003　胃镜下胃空肠吻合口出血止血术
44.4300x004　胃溃疡修补术，经胃镜
44.4300x005　十二指肠溃疡修补术，经胃镜
44.9300　胃泡（球囊）置入
44.9400　胃泡（球囊）去除
44.9800x003　液体灌注可调节胃束带放松术
44.9800x004　液体撤收可调节胃束带紧缩术
97.5101　内镜下胃造瘘管取出术
97.5902　内镜下食管支架取出术
97.5903　内镜下胃支架取出术

GK3　结肠镜治疗操作

包含以下主要手术或操作：
45.3401　内镜下空肠病损氩气刀治疗术（APC）
45.3402　内镜下回肠病损氩气刀治疗术（APC）
45.4201　内镜下乙状结肠息肉切除术
45.4301　内镜下乙状结肠病损切除术
45.4302　内镜下结肠病损切除术
45.4303　内镜下盲肠病损切除术
45.4304　内镜下结肠止血术
45.4305　内镜下直肠止血术
45.4306　内镜下直肠钛夹止血术
45.4307　内镜下结肠黏膜切除术（EMR）
46.8504　直肠吻合口球囊扩张术
46.8511　内镜下结肠球囊扩张术
46.9501　小肠灌洗
46.9601　空气灌肠复位术
46.9602　大肠灌洗
48.3301　直肠病损激光切除术
48.3602　直肠-乙状结肠镜下直肠息肉切除术
48.3603　内镜下直肠息肉氩离子凝固术（APC）
49.3101　内镜下肛门病损切除术
98.0303　内镜下小肠内异物取出术
98.0401　内镜下大肠内异物去除
45.3400x001　内镜下小肠出血止血术
45.3400x005　内镜下小肠病损切除术
45.4200x003　纤维结肠镜下结肠息肉切除术
45.4300x008　结肠镜下结肠病损电凝术
46.3200x002　内镜下经皮空肠造瘘术
46.8600　内镜下结肠支架置入
46.8600x001　内镜下阑尾支架置入术
46.9600x001　内镜下逆行阑尾腔冲洗术
47.9900x002　内镜下阑尾治疗术
48.3200x001　直肠-乙状结肠镜下直肠病损电切术
48.3600x002　内镜下直肠病损切除术
48.9900x005　内镜下直肠出血止血术
97.5201　内镜下空肠造瘘管取出术
97.5900x001　内镜下结肠支架取出术
97.5900x002　内镜下十二指肠支架取出术
97.5900x003　内镜下消化道支架取出术
98.0500x003　内镜下直肠内异物去除

GR1　消化系统恶性肿瘤

包含以下主要诊断：
C15.000　颈部食管恶性肿瘤
C15.100　胸部食管恶性肿瘤
C15.100x002　食管胸上段恶性肿瘤
C15.100x003　食管胸中段恶性肿瘤
C15.100x004　食管胸下段恶性肿瘤
C15.200　腹部食管恶性肿瘤
C15.300　食管上三分之一的恶性肿瘤
C15.400　食管中三分之一的恶性肿瘤
C15.500　食管下三分之一的恶性肿瘤
C15.800x001　食管颈部及腹部恶性肿瘤
C15.800x002　食管颈部及胸部恶性肿瘤
C15.800x003　食管胸部及腹部恶性肿瘤
C15.800x004　食管颈部和胸部及腹部恶性肿瘤
C15.801　食管中上段恶性肿瘤
C15.802　食管中下段恶性肿瘤
C15.900　食管恶性肿瘤
C15.900x003　食管多处恶性肿瘤
C16.000　贲门恶性肿瘤
C16.000x003　贲门口恶性肿瘤
C16.000x004　胃角恶性肿瘤
C16.001　食管贲门连接处恶性肿瘤
C16.002　食管胃连接处恶性肿瘤
C16.100　胃底恶性肿瘤
C16.200　胃体恶性肿瘤
C16.301　胃窦恶性肿瘤
C16.400　幽门恶性肿瘤
C16.401　幽门前恶性肿瘤
C16.402　幽门管恶性肿瘤
C16.500　胃小弯恶性肿瘤
C16.600　胃大弯恶性肿瘤
C16.800　胃交搭跨越恶性肿瘤的损害
C16.800x002　胃体和胃窦及胃大弯恶性肿瘤

C16.800x003　胃底及胃体恶性肿瘤
C16.801　贲门胃底恶性肿瘤
C16.802　贲门胃体恶性肿瘤
C16.803　胃窦胃体恶性肿瘤
C16.804　胃底胃体恶性肿瘤
C16.900　胃恶性肿瘤
C16.900x003　胃多处恶性肿瘤
C16.902　胃溃疡癌变
C16.903　残胃恶性肿瘤
C17.000　十二指肠恶性肿瘤
C17.100　空肠恶性肿瘤
C17.200　回肠恶性肿瘤
C17.300　麦克尔憩室恶性肿瘤
C17.800　小肠交搭跨越恶性肿瘤的损害
C17.801　十二指肠及空肠恶性肿瘤
C17.900　小肠恶性肿瘤
C17.900x002　小肠多处恶性肿瘤
C18.000　盲肠恶性肿瘤
C18.001　回盲部恶性肿瘤
C18.100　阑尾恶性肿瘤
C18.200　升结肠恶性肿瘤
C18.300　结肠肝曲恶性肿瘤
C18.400　横结肠恶性肿瘤
C18.500　结肠脾曲恶性肿瘤
C18.600　降结肠恶性肿瘤
C18.700　乙状结肠恶性肿瘤
C18.800x002　盲肠及升结肠恶性肿瘤
C18.801　降结肠乙状结肠恶性肿瘤
C18.802　升结肠横结肠恶性肿瘤
C18.803　横结肠降结肠恶性肿瘤
C18.900　结肠恶性肿瘤
C18.900x001　结肠多处恶性肿瘤
C18.901　结肠腺瘤恶变
C19.x00　直肠乙状结肠连接处恶性肿瘤
C19.x01　结肠和直肠恶性肿瘤
C20.x00　直肠恶性肿瘤
C20.x00x003　直肠多处恶性肿瘤
C20.x01　直肠壶腹部恶性肿瘤
C21.000　肛门恶性肿瘤
C21.100　肛管恶性肿瘤
C21.101　肛门括约肌恶性肿瘤
C21.200　泄殖腔肛源区恶性肿瘤
C21.800　直肠、肛门和肛管交搭跨越恶性肿瘤的损害
C21.801　直肠肛管恶性肿瘤
C21.802　直肠肛门恶性肿瘤
C26.000　肠道部位的恶性肿瘤
C26.800　消化系统交搭跨越恶性肿瘤的损害
C26.800x001　小肠及结肠恶性肿瘤
C26.800x002　胃体及横结肠恶性肿瘤
C26.900　消化系统部位不明确的恶性肿瘤
C26.901　胃肠道恶性肿瘤
C45.100　腹膜间皮瘤
C45.100x005　腹膜壁层间皮瘤
C45.101　肠系膜间皮瘤
C45.102　结肠系膜间皮瘤
C45.103　网膜间皮瘤
C45.700x002　腹膜后间皮瘤
C45.700x005　直肠间皮瘤
C45.703　胃间皮瘤
C45.705　结肠间皮瘤
C48.000　腹膜后腔恶性肿瘤
C48.100　腹膜特指部位的恶性肿瘤
C48.103　盆腔腹膜恶性肿瘤
C48.104　网膜恶性肿瘤
C48.105　腹膜壁层恶性肿瘤
C48.200　腹膜恶性肿瘤
C48.201　腹膜腔恶性肿瘤
C48.800　腹膜后腔和腹膜交搭跨越恶性肿瘤的损害
C76.200　腹部恶性肿瘤
C76.304　腹股沟恶性肿瘤
C77.106　食管淋巴结继发恶性肿瘤
C77.200x001　贲门淋巴结继发恶性肿瘤
C77.201　胃淋巴结继发恶性肿瘤
C77.207　肠系膜淋巴结继发恶性肿瘤
C77.208　肠周淋巴结继发恶性肿瘤
C78.400　小肠继发性恶性肿瘤
C78.401　十二指肠继发恶性肿瘤
C78.402　空肠继发恶性肿瘤
C78.403　回肠继发恶性肿瘤
C78.500x004　乙状结肠继发恶性肿瘤
C78.500x006　直肠乙状结肠连接部继发恶性肿瘤
C78.500x008　肛门继发恶性肿瘤
C78.501　直肠继发恶性肿瘤
C78.502　盲肠继发恶性肿瘤
C78.503　阑尾继发恶性肿瘤
C78.504　结肠继发恶性肿瘤
C78.505　肛管继发恶性肿瘤
C78.600x004　腹膜继发恶性肿瘤
C78.601　腹膜后继发恶性肿瘤

C78.602　大网膜继发恶性肿瘤
C78.603　肠系膜继发恶性肿瘤
C78.800x005　胃肠道继发恶性肿瘤
C78.800x010　胃底继发恶性肿瘤
C78.800x013　胃食管连接部继发恶性肿瘤
C78.800x014　贲门食管连接部继发恶性肿瘤
C78.801　食管继发恶性肿瘤
C78.802　胃继发恶性肿瘤
C78.803　贲门继发恶性肿瘤
C78.804　壶腹继发恶性肿瘤
C78.809　消化器官继发性恶性肿瘤
C79.800x834　腹股沟继发恶性肿瘤
C79.809　腹腔继发恶性肿瘤
D00.100　食管原位癌
D00.200　胃原位癌
D00.200x002　贲门食管连接部原位癌
D00.200x003　胃角原位癌
D01.000　结肠原位癌
D01.100　直肠乙状结肠连接处原位癌
D01.200　直肠原位癌
D01.300x001　肛门原位癌
D01.301　肛管原位癌
D01.401　肠原位癌
D01.402　小肠原位癌
D01.403　空肠原位癌
D01.404　回肠原位癌
D01.405　十二指肠原位癌
D01.900　消化器官原位癌
D09.700x002　腹腔原位癌

GS1　胃肠出血

包含以下主要诊断：
I85.000x001　食管静脉曲张破裂出血
I86.401　胃底静脉曲张伴出血
I86.800x014　食管胃底静脉曲张破裂出血
I86.812　十二指肠静脉曲张伴出血
K22.804　食管出血
K55.800x003　十二指肠动脉破裂
K55.900x004　缺血性肠病伴出血
K91.800x102　残胃炎伴出血
K91.800x103　残胃溃疡伴出血
K91.800x106　胃肠吻合口炎伴出血
K91.800x501　胰腺空肠吻合口溃疡伴出血
K92.000　呕血
K92.100x001　黑便
K92.200x001　便血
K92.200x005　胃肠道出血
K92.201　胃出血
K92.202　残胃出血
K92.203　十二指肠出血
K92.204　肠出血
K92.205　盲肠出血
K92.206　结肠出血
K92.207　急性上消化道出血
K92.208　上消化道出血
K92.209　下消化道出血
K92.210　消化道出血
K92.800x001　食管癌伴出血
K92.800x002　胃癌伴出血
K92.800x003　残胃溃疡癌变伴出血
K92.800x004　小肠淋巴瘤伴出血
K92.800x005　结肠癌伴出血
K92.800x007　直肠癌伴出血
K92.800x011　十二指肠癌伴出血
R19.501　便潜血

GT1　炎症性肠病

包含以下主要诊断：
K50.000　小肠克罗恩病
K50.000x001　末端性回肠炎
K50.000x005　十二指肠克罗恩病
K50.001　空肠克罗恩病
K50.002　回肠克罗恩病
K50.101　肉芽肿性结肠炎
K50.102　结肠克罗恩病
K50.103　直肠克罗恩病
K50.104　肉芽肿性盲肠炎
K50.800　克罗恩病，其他的
K50.800x001　大肠和小肠克罗恩病
K50.801　食管克罗恩病
K50.900　克罗恩病
K51.000　溃疡性（慢性）全结肠炎
K51.001　溃疡性全结肠炎，轻度
K51.002　溃疡性全结肠炎，中度
K51.003　溃疡性全结肠炎，重度
K51.200x001　溃疡性直肠炎
K51.201　溃疡性直肠炎，轻度
K51.202　溃疡性直肠炎，中度
K51.203　溃疡性直肠炎，重度
K51.300　慢性溃疡性直肠乙状结肠炎

K51.301　溃疡性直肠乙状结肠炎，轻度
K51.302　溃疡性直肠乙状结肠炎，中度
K51.303　溃疡性直肠乙状结肠炎，重度
K51.401　结肠炎性息肉
K51.800x001　溃疡性结肠炎伴出血
K51.900　溃疡性结肠炎
K51.901　溃疡性结肠炎，轻度
K51.902　溃疡性结肠炎，中度
K51.903　溃疡性结肠炎，重度
K52.000　放射性胃肠炎和结肠炎
K52.104　药物性胃肠炎和结肠炎
K52.200x004　胃肠道过敏症
K52.201　过敏性腹泻
K52.202　过敏性结肠炎
K52.203　过敏性肠炎
K52.204　饮食性腹泻
K52.800x003　嗜酸细胞性小肠炎
K52.801　胶原性结肠炎
K52.802　淋巴细胞性结肠炎
K52.803　嗜酸性细胞性胃炎
K52.804　嗜酸细胞性胃肠炎

GU1　消化道溃疡伴穿孔

包含以下主要诊断：
K25.100x001　胃溃疡伴急性穿孔
K25.200x001　胃溃疡伴出血和急性穿孔
K25.500x001　胃溃疡伴穿孔
K25.501　幽门穿孔
K25.600　慢性胃溃疡伴有出血和穿孔
K26.100　急性十二指肠溃疡伴有穿孔
K26.200x001　十二指肠溃疡伴出血和急性穿孔
K26.200x002　十二指肠球部溃疡伴出血和急性穿孔
K26.500x001　十二指肠溃疡伴穿孔
K26.501　十二指肠球部溃疡伴穿孔
K26.600　慢性十二指肠溃疡伴有出血和穿孔
K27.100x001　消化性溃疡伴急性穿孔
K27.200　急性消化性溃疡伴有出血和穿孔
K27.500　慢性消化性溃疡伴有穿孔
K27.500x001　多发性溃疡伴穿孔
K27.500x002　复合性溃疡伴穿孔
K27.500x005　上消化道溃疡伴穿孔
K27.501　消化性溃疡伴穿孔
K27.502　应激性溃疡伴穿孔
K27.503　上消化道穿孔
K27.600　慢性消化性溃疡伴有出血和穿孔
K27.600x001　复合性溃疡伴出血和穿孔
K28.100　急性胃空肠溃疡伴有穿孔
K28.200　急性胃空肠溃疡伴有出血和穿孔
K28.500　慢性胃空肠溃疡伴有穿孔
K28.500x001　吻合口溃疡伴穿孔
K28.600　慢性胃空肠溃疡伴有出血和穿孔
K28.600x001　空肠溃疡伴出血和穿孔
K28.900x002　吻合口溃疡伴梗阻
K63.103　结肠穿孔
K63.104　回盲部溃疡伴穿孔
K63.105　乙状结肠穿孔

GU2　其他消化道溃疡

包含以下主要诊断：
K22.100　食管溃疡
K22.101　贲门糜烂
K22.102　贲门溃疡
K22.103　食管糜烂
K25.000　急性胃溃疡伴有出血
K25.000x001　胃黏膜下恒径动脉破裂出血
K25.000x002　急性胃黏膜病变伴出血
K25.001　迪厄拉富瓦溃疡
K25.300x001　急性胃溃疡
K25.400x001　胃溃疡伴出血
K25.400x002　胃窦部溃疡伴出血
K25.401　幽门溃疡伴出血
K25.700　慢性胃溃疡不伴有出血或穿孔
K25.900x001　胃溃疡
K25.901　残胃溃疡
K25.902　胃小弯溃疡
K25.903　幽门管溃疡
K26.000　急性十二指肠溃疡伴有出血
K26.001　急性十二指肠球部溃疡并出血
K26.300　急性十二指肠溃疡不伴有出血和穿孔
K26.400x003　十二指肠糜烂出血
K26.401　十二指肠球部溃疡伴出血
K26.701　慢性十二指肠溃疡
K26.900x001　十二指肠溃疡
K26.900x002　十二指肠球部溃疡
K27.000　急性消化性溃疡伴有出血
K27.300　急性消化性溃疡不伴有出血和穿孔
K27.400　慢性消化性溃疡伴有出血
K27.400x001　多发性溃疡伴出血
K27.400x002　复合性溃疡伴出血
K27.400x004　消化性溃疡伴出血

K27.401　应激性溃疡伴出血
K27.700x001　慢性消化性溃疡
K27.900x001　多发性复合性溃疡
K27.900x002　复合性溃疡
K27.900x005　NSAIDs相关溃疡
K27.901　消化性溃疡
K27.902　应激性溃疡
K28.000　急性胃空肠溃疡伴有出血
K28.300x001　急性胃空肠溃疡
K28.400x002　吻合口溃疡伴出血
K28.401　空肠溃疡伴出血
K28.700　慢性胃空肠溃疡不伴有出血或穿孔
K28.900x001　吻合口溃疡
K28.901　空肠溃疡
K31.800x808　胃假性淋巴瘤
K63.302　小肠溃疡
K63.303　小肠黏膜糜烂
K63.304　原发性小肠溃疡
K63.305　结肠溃疡
K63.306　盲肠溃疡
K63.307　直肠乙状结肠溃疡

GV1　消化道梗阻或腹痛

包含以下主要诊断：
E84.102　远端肠梗阻综合征
K22.200　食管梗阻
K22.201　贲门梗阻
K22.202　贲门狭窄
K22.203　食管受压
K22.205　食管狭窄
K22.206　胡桃夹食管
K22.207　创伤性食管狭窄
K22.208　手术后食管狭窄
K22.901　食管肿物
K31.100　成人肥厚性幽门狭窄
K31.100x002　幽门梗阻
K31.101　瘢痕性幽门梗阻
K31.102　幽门不全梗阻
K31.103　幽门肥大
K31.104　幽门狭窄
K31.200　胃沙漏状狭窄及缩窄
K31.500　十二指肠梗阻
K31.501　十二指肠狭窄
K31.502　十二指肠淤积
K31.808　胃结石
K40.000x001　双侧腹股沟疝伴梗阻
K40.001　双侧腹股沟斜疝伴梗阻
K40.002　双侧腹股沟直疝伴梗阻
K40.100x001　双侧腹股沟疝伴坏疽
K40.101　双侧腹股沟斜疝伴坏死
K40.102　双侧腹股沟直疝伴坏死
K40.301　单侧绞窄性腹股沟斜疝
K40.302　单侧绞窄性腹股沟直疝
K40.303　单侧难复性腹股沟直疝
K40.304　单侧难复性腹股沟斜疝
K40.305　单侧嵌顿性腹股沟直疝
K40.306　单侧嵌顿性腹股沟斜疝
K40.307　单侧嵌顿性腹股沟疝伴梗阻
K40.308　单侧滑动性腹股沟疝伴梗阻
K40.309　腹股沟嵌顿性滑疝
K40.310　绞窄性腹股沟疝
K40.311　难复性腹股沟疝
K40.312　嵌顿性腹股沟疝
K40.313　嵌顿性腹股沟疝伴梗阻
K40.314　嵌顿性腹股沟斜疝
K40.315　腹股沟直疝嵌顿
K40.400x001　单侧腹股沟疝伴坏疽
K40.401　单侧腹股沟斜疝伴坏疽
K40.402　单侧腹股沟直疝伴坏疽
K41.000　双侧股疝，伴有梗阻，不伴有坏疽
K41.100x001　双侧股疝伴坏疽
K41.300x002　单侧绞窄性股疝
K41.300x003　单侧股疝伴梗阻
K41.302　嵌顿性股疝
K41.400x001　单侧股疝伴坏疽
K42.000x001　脐疝伴梗阻
K42.001　嵌顿性脐疝
K42.100x001　坏疽性脐疝
K43.000　切口疝，伴有梗阻，不伴有坏疽
K43.001　梗阻性切口疝
K43.002　嵌顿性切口疝伴梗阻
K43.003　不可复性切口疝
K43.004　狭窄性切口疝
K43.100　切口疝，伴有坏疽
K43.200　切口疝，不伴有梗阻和坏疽
K43.301　梗阻性造口旁疝
K43.302　嵌顿性造口旁疝，不伴坏疽
K43.303　不可复性造口旁疝
K43.304　狭窄性造口旁疝
K43.400　坏疽性造口旁疝

K43.601　上腹疝伴梗阻
K43.602　下腹疝伴梗阻
K43.603　腹中线疝伴梗阻
K43.604　半月线疝伴梗阻
K43.605　剑突下疝伴梗阻
K43.700　其他未特指的坏疽性腹疝
K44.000x001　膈疝伴梗阻
K44.000x002　绞窄性膈疝伴梗阻
K44.100x001　坏疽性膈疝
K45.000　腹疝，伴有梗阻，不伴有坏疽，其他特指的
K45.002　嵌顿性闭孔疝
K45.003　绞窄性腹疝伴肠梗阻
K45.100　腹疝，伴有坏疽，其他特指的
K45.800　腹疝，不伴有梗阻或坏疽，其他特指的
K45.804　绞窄性闭孔疝
K46.000　腹疝，伴有梗阻，不伴有坏疽
K46.000x002　腹内疝伴肠梗阻
K46.001　绞窄性小肠疝
K46.002　嵌顿性小肠疝
K46.100　腹疝，伴有坏疽
K46.100x001　腹内疝伴坏疽
K46.101　坏疽性小肠疝
K56.000　麻痹性肠梗阻
K56.001　神经源性肠梗阻
K56.100　肠套叠
K56.101　结肠套叠
K56.102　直肠套叠
K56.200　肠扭转
K56.200x003　肠系膜扭转
K56.200x011　空肠扭转
K56.201　绞窄性肠梗阻
K56.202　肠绞窄
K56.203　结肠扭转
K56.300　胆石性肠梗阻
K56.400x001　粪便嵌塞
K56.400x003　肠嵌塞
K56.401　肠结石
K56.500x003　粘连性肠梗阻
K56.501　腹膜粘连伴肠梗阻
K56.503　肠粘连性狭窄
K56.600x001　肠绞窄坏死
K56.600x005　痉挛性肠梗阻
K56.600x008　结肠梗阻
K56.601　肠狭窄
K56.602　乙状结肠狭窄
K56.603　肠梗阻伴坏死
K56.604　机械性肠梗阻
K56.700　肠梗阻
K56.700x003　完全性肠梗阻
K56.701　不完全性肠梗阻
K62.402　直肠梗阻
K91.300　手术后肠梗阻
K91.300x002　手术后肠道狭窄
K91.404　结肠造口术后狭窄
K91.408　人工肛门狭窄
K91.800x111　胃肠吻合术后输入袢梗阻
K91.809　食管胃吻合口狭窄
K91.812　食管空肠吻合口狭窄
K91.819　手术后胃肠吻合口狭窄
K91.831　手术后幽门梗阻
K91.839　肠吻合口狭窄
K91.842　胃肠吻合术后输出袢梗阻
R10.000　急腹症
R10.000x004　严重腹痛伴腹部强直
R10.101　上腹痛
R10.301　下腹痛
R10.400x002　功能性腹痛
R10.400x004　婴儿型腹部绞痛
R10.401　肠绞痛
R10.402　腹痛

GW1　食管炎、胃肠炎

包含以下主要诊断：
A00.000x001　古典生物型霍乱
A00.100x001　埃尔托生物型霍乱
A00.900　霍乱
A00.900x002　霍乱轻型
A00.900x003　霍乱中型
A00.900x004　霍乱重型
A00.900x005　霍乱暴发型
A03.000x001　痢疾志贺菌痢疾
A03.100x001　福氏志贺菌痢疾
A03.200x001　鲍氏志贺菌痢疾
A03.300x001　宋内志贺菌痢疾
A03.800x001　不定型志贺菌痢疾
A03.800x002　菌痢混合感染
A03.900　细菌性痢疾
A03.900x002　慢性细菌性痢疾急性发作
A03.900x005　慢性隐匿型菌痢

A03.900x007　中毒型菌痢休克型
A03.900x008　中毒型菌痢脑型
A03.900x009　中毒型菌痢混合型
A03.901　急性细菌性痢疾
A03.902　慢性迁延型细菌性痢疾
A03.903　慢性细菌性痢疾
A03.904　中毒型细菌性痢疾
A04.000x002　肠致病性大肠杆菌肠炎
A04.100x001　肠毒性大肠杆菌肠炎
A04.200x001　肠侵袭性大肠杆菌肠炎
A04.300x001　肠出血性大肠杆菌肠炎
A04.400x004　肠粘附性大肠杆菌肠炎
A04.401　大肠杆菌性肠炎
A04.500　弯曲菌肠炎
A04.600　小肠结肠耶尔森菌性小肠炎
A04.600x001　耶尔森菌肠炎
A04.700　艰难梭状芽孢杆菌性小肠结肠炎
A04.700x002　抗生素相关性肠炎
A04.701　艰难梭状芽孢杆菌性食物中毒
A04.702　伪膜性结肠炎
A04.800x001　吡邻单胞菌肠炎
A04.800x003　产气杆菌肠炎
A04.800x006　副溶血弧菌肠炎
A04.800x007　金黄色葡萄球菌肠炎
A04.800x010　嗜水气单胞菌肠炎
A04.801　变形杆菌肠炎
A04.802　铜绿假单胞菌肠炎
A04.803　厌氧菌肠炎
A04.900　细菌性肠道感染
A04.901　细菌性结肠炎
A04.902　细菌性腹泻
A05.000　食物媒介的葡萄球菌性食物中毒
A05.000x001　葡萄球菌食物中毒
A05.100　肉毒中毒
A05.200　食物媒介的产气荚膜梭状芽孢杆菌［韦尔希梭状芽孢杆菌］食物中毒
A05.200x002　急性出血性坏死性肠炎
A05.202　急性坏死性肠炎
A05.300　食物媒介的副溶血性弧菌食物中毒
A05.300x001　副溶血性弧菌食物中毒
A05.400　食物媒介的蜡样芽孢杆菌食物中毒
A05.400x001　蜡样芽孢杆菌食物中毒
A05.800　食物中毒，其他特指的细菌性
A05.900　细菌性食物中毒
A07.000　小袋纤毛虫病
A07.100　贾第虫病［兰伯鞭毛虫病］
A07.200　隐孢子虫病
A07.300　等孢球虫病
A07.300x002　肠道球虫病
A07.800x002　肉孢子虫病
A07.801　肠道滴虫病
A07.900x001　肠道原虫感染
A08.000　轮状病毒性肠炎
A08.100x001　诺如病毒性肠炎
A08.101　诺如病毒性急性胃肠病
A08.200　腺病毒性肠炎
A08.300　病毒性肠炎，其他的
A08.301　EB病毒性肠炎
A08.400　病毒性肠道感染
A08.400x003　病毒性小肠炎
A08.401　病毒性肠炎
A08.402　病毒性胃肠炎
A08.500　肠道感染，其他特指的
A09.000x001　肠道感染
A09.000x003　流行性肠炎
A09.000x006　出血性结肠炎
A09.001　感染性胃肠炎
A09.002　感染性结肠炎
A09.003　痢疾
A09.004　感染性腹泻
A09.005　脓毒性肠炎
A09.006　急性出血性肠炎
A09.007　急性感染性肠炎
A09.900x003　急性肠炎
A09.900x004　急性小肠炎
A09.900x006　肠炎
A09.900x007　腹泻
A09.901　胃肠炎
A09.902　结肠炎
A09.903　婴儿腹泻
A09.904　出血性肠炎
A18.800x014+K23.0*　食管结核
A18.807+K23.0*　结核性食管炎
A49.809　幽门螺杆菌感染
A60.102+K93.8*　直肠疱疹病毒感染
B37.804　食管念珠菌病
B37.805　胃肠道念珠菌感染
B37.806　肠道念珠菌病
B49.x00x002　真菌性结肠炎
B49.x12　真菌性食管炎

B49.x16　肠道真菌感染
B49.x17　真菌性腹膜炎
K20.x00　食管炎
K20.x00x001　贲门炎
K20.x00x003　创伤性食管炎
K20.x00x006　食管脓肿
K20.x01　化学性食管炎
K20.x02　放射性食管炎
K20.x03　手术后食管炎
K21.001　反流性食管炎
K29.000　急性出血性胃炎
K29.001　急性糜烂出血性胃炎
K29.100x001　急性胃炎
K29.101　急性糜烂性胃炎
K29.200　酒精性胃炎
K29.300　慢性浅表性胃炎
K29.400　慢性萎缩性胃炎
K29.500　慢性胃炎
K29.501　慢性胃窦炎
K29.600　胃炎，其他的
K29.600x006　反流性胃炎
K29.600x007　应激性胃炎
K29.601　变应性胃炎
K29.602　肥厚性胃炎
K29.603　糜烂性胃炎
K29.604　梅内特里耶病
K29.605　肉芽肿性胃炎
K29.606　胃黏膜肥厚
K29.608　药物性胃炎
K29.700　胃炎
K29.700x002　胃炎性假瘤
K29.701　残胃炎
K29.800　十二指肠炎
K29.801　十二指肠球炎
K29.802　十二指肠乳头炎
K29.900　胃十二指肠炎
K51.500　左侧结肠炎
K52.000x001　放射性肠炎
K52.001　放射性结肠炎
K52.101　中毒性胃肠炎
K52.102　中毒性肠炎
K52.103　中毒性腹泻
K52.300　未定型结肠炎
K52.901　非感染性胃肠炎
K52.902　非感染性腹泻
K52.903　非感染性回盲部炎症
K52.904　非感染性急性肠炎
K52.907　慢性肠炎
K52.908　慢性腹泻
K52.909　慢性胃肠炎
K52.910　慢性结肠炎
K52.911　盲肠炎
K52.912　非感染性乙状结肠炎
K52.914　肠炎性包块
K52.917　非感染性小儿肠炎
K52.918　非感染性婴儿肠炎
K57.000　小肠憩室病伴有穿孔和脓肿
K57.001　小肠憩室伴脓肿
K57.002　小肠憩室病伴腹膜炎
K57.003　十二指肠憩室伴穿孔
K57.100x005　小肠憩室
K57.102　回盲部憩室
K57.103　空肠憩室
K57.104　十二指肠憩室
K57.105　回肠憩室
K57.106　小肠憩室炎
K57.107　空肠憩室炎
K57.108　十二指肠憩室炎
K57.200x001　大肠憩室伴穿孔
K57.201　大肠憩室病伴有脓肿
K57.202　结肠憩室伴腹膜炎
K57.300x006　大肠憩室
K57.301　盲肠憩室
K57.302　直肠憩室
K57.303　结肠憩室
K57.304　结肠憩室炎
K57.305　盲肠憩室炎
K58.100　腹泻型肠易激综合征［IBS-D］
K58.200　便秘型肠易激综合征［IBS-C］
K58.300　混合型肠易激综合征［IBS-M］
K58.800　其他和未特指的肠易激综合征
K58.801　肠易激综合征

GZ1　其他消化系统疾病

包含以下主要诊断：

A18.300x009+K93.0*　腹腔结核
A18.300x013+K93.0*　结核性胃结肠瘘
A18.300x014+K93.0*　结核性直肠瘘
A18.300x015+K93.0*　膈下结核性脓肿
A18.300x016　腹膜后结核

A18.302+K93.0*　阑尾结核
A18.303+K93.0*　肠结核
A18.304+K93.0*　结核性肠炎
A18.305+K93.0*　结肠结核瘤
A18.306+K93.0*　结核性肛瘘
A18.307+K93.0*　肛周结核
A18.308　腹腔淋巴结结核
A18.309　结核性腹腔积液
A18.310　腹膜后淋巴结结核
A18.311+K93.0*　腹膜结核
A18.312+K93.0*　腹部结核性脓肿
A18.313+K93.0*　腹部结核性窦道
A18.314+K67.3*　结核性腹膜炎
A18.315+K93.0*　肠系膜结核
A18.316+K93.0*　肠系膜淋巴结结核
A18.812+K93.8*　胃结核
A52.710+K67.2*　梅毒性腹膜炎
A54.807+K67.1*　淋球菌性腹膜炎
A74.801+K67.0*　衣原体腹膜炎
B37.800x091　念珠菌性腹膜炎
B46.200x001+K93.8*　胃肠型毛霉菌病
B66.501　肠吸虫病
B77.000x001+K93.8*　肠蛔虫病
B77.001+K93.8*　蛔虫性肠穿孔
B82.000　肠道蠕虫病
B82.900　肠道寄生虫病
B82.901　肠寄生虫性脓肿
B87.800x002+K93.8*　肠蝇蛆病
D12.000　盲肠良性肿瘤
D12.000x002　回盲瓣良性肿瘤
D12.001　回盲部良性肿瘤
D12.100　阑尾良性肿瘤
D12.200　升结肠良性肿瘤
D12.300　横结肠良性肿瘤
D12.301　结肠肝曲良性肿瘤
D12.302　结肠脾曲良性肿瘤
D12.400　降结肠良性肿瘤
D12.500　乙状结肠良性肿瘤
D12.600　结肠良性肿瘤
D12.601　家族性息肉病
D12.602　结肠腺瘤样息肉病
D12.603　大肠良性肿瘤
D12.700　直肠乙状结肠连接处良性肿瘤
D12.800　直肠良性肿瘤
D12.900x001　肛门良性肿瘤
D12.901　肛管良性肿瘤
D13.000　食管良性肿瘤
D13.100　胃良性肿瘤
D13.101　贲门良性肿瘤
D13.200　十二指肠良性肿瘤
D13.301　小肠良性肿瘤
D13.302　空肠良性肿瘤
D13.303　回肠良性肿瘤
D13.304　麦克尔憩室良性肿瘤
D13.900　消化系统内不明确部位的良性肿瘤
D13.900x003　消化道多发息肉综合征
D13.902　肠良性肿瘤
D17.500　腹腔内器官良性脂肪瘤样肿瘤
D17.500x001　肠系膜脂肪瘤
D17.500x003　肠脂肪瘤
D17.500x004　腹腔脂肪瘤
D17.500x005　盆腔脂肪瘤
D17.500x007　回盲部脂肪瘤
D17.500x008　胃脂肪瘤
D17.500x009　十二指肠球部脂肪瘤
D17.700x017　贲门脂肪瘤
D17.700x022　食管脂肪瘤
D17.700x027　肛旁脂肪瘤
D17.701　腹膜脂肪瘤
D17.702　腹膜后脂肪瘤
D18.000x040　贲门血管瘤
D18.000x041　肠系膜血管瘤
D18.000x042　肠血管瘤
D18.000x043　结肠血管瘤
D18.000x045　食道血管瘤
D18.000x046　小肠血管瘤
D18.000x801　腹膜后血管瘤
D18.000x825　肛门血管瘤
D18.000x838　上消化道血管瘤
D18.000x859　腹股沟血管瘤
D18.012　腹腔血管瘤
D18.100x001　肠系膜淋巴管瘤
D18.106　腹腔淋巴管瘤
D19.100　腹膜间皮组织良性肿瘤
D20.000　腹膜后腔良性肿瘤
D20.100　腹膜良性肿瘤
D20.101　网膜良性肿瘤
D20.102　肠系膜良性肿瘤
D36.700x014　腹部良性肿瘤
D36.700x018　直肠膀胱隔良性肿瘤

D36.700x019　直肠阴道隔良性肿瘤
D36.707　腹腔良性肿瘤
D36.708　腹股沟良性肿瘤
D36.901　多发性腺瘤样息肉
D37.100x001　贲门交界性肿瘤
D37.100x002　胃交界性肿瘤
D37.100x003　胃角交界性肿瘤
D37.101　胃肿瘤
D37.102　贲门动态未定肿瘤
D37.103　贲门肿瘤
D37.200x001　十二指肠交界性肿瘤
D37.200x002　小肠交界性肿瘤
D37.200x003　空肠交界性肿瘤
D37.200x004　回肠交界性肿瘤
D37.201　小肠肿瘤
D37.202　十二指肠动态未定肿瘤
D37.203　十二指肠肿瘤
D37.204　空肠动态未定肿瘤
D37.205　空肠肿瘤
D37.206　回肠动态未定肿瘤
D37.207　回肠肿瘤
D37.300x001　阑尾交界性肿瘤
D37.301　阑尾肿瘤
D37.400x001　结肠交界性肿瘤
D37.400x002　乙状结肠交界性肿瘤
D37.401　结肠肿瘤
D37.402　升结肠动态未定肿瘤
D37.403　升结肠肿瘤
D37.404　横结肠动态未定肿瘤
D37.405　横结肠肿瘤
D37.406　降结肠动态未定肿瘤
D37.407　降结肠肿瘤
D37.408　乙状结肠动态未定肿瘤
D37.409　乙状结肠肿瘤
D37.410　盲肠动态未定肿瘤
D37.411　盲肠肿瘤
D37.500x001　直肠交界性肿瘤
D37.500x002　直肠乙状结肠连接部交界性肿瘤
D37.501　直肠肿瘤
D37.502　直肠乙状结肠交界处动态未定肿瘤
D37.503　直肠乙状结肠交界处肿瘤
D37.606　壶腹部动态未定肿瘤
D37.607　壶腹部肿瘤
D37.700x001　肠交界性肿瘤
D37.700x002　食管交界性肿瘤
D37.700x007　肛管交界性肿瘤
D37.701　食管动态未定肿瘤
D37.702　食管肿瘤
D37.707　肠动态未定肿瘤
D37.708　肠肿瘤
D37.709　肛门动态未定肿瘤
D37.710　肛门肿瘤
D37.900x001　消化器官交界性肿瘤
D37.901　消化器官肿瘤
D48.117　腹壁结缔组织动态未定肿瘤
D48.121　腹股沟结缔组织动态未定肿瘤
D48.129　直肠阴道隔结缔组织动态未定肿瘤
D48.300x001　腹膜后交界性肿瘤
D48.301　腹膜后肿瘤
D48.400x002　腹膜交界性肿瘤
D48.400x003　直肠子宫陷凹交界性肿瘤
D48.401　腹膜肿瘤
D48.402　肠系膜动态未定肿瘤
D48.403　肠系膜肿瘤
D48.700x004　腹部交界性肿瘤
D48.700x005　腹股沟交界性肿瘤
D48.713　腹腔动态未定肿瘤
D48.714　腹腔肿瘤
E10.400x330+G99.0*　1型糖尿病性腹泻
E10.400x340+G99.0*　1型糖尿病性肛门直肠功能障碍
E10.400x350+G99.0*　1型糖尿病性食管功能障碍
E10.400x370+G99.0*　1型糖尿病性胃轻瘫
E11.400x330+G99.0*　2型糖尿病性腹泻
E11.400x340+G99.0*　2型糖尿病性肛门直肠功能障碍
E11.400x350+G99.0*　2型糖尿病性食管功能障碍
E11.406+G99.0*　2型糖尿病性胃轻瘫
E14.400x330+G99.0*　糖尿病性腹泻
E14.400x340+G99.0*　糖尿病性肛门直肠功能障碍
E14.400x350+G99.0*　糖尿病性食管功能障碍
E14.400x370+G99.0*　糖尿病性胃轻瘫
E16.400　胃泌素分泌异常
E16.400x003　促胃液素分泌异常
E16.401　高胃泌素血症
E16.402　佐林格-埃利森综合征
E73.000　先天性乳糖缺乏
E73.100　继发性乳糖缺乏
E73.800　乳糖不耐受，其他的
E73.900　乳糖不耐受

E85.417+K93.8* 淀粉样变肠道损害
I72.800x063 肠系膜动脉夹层
I72.800x131 胃十二指肠动脉瘤
I72.800x132 胃十二指肠假性动脉瘤
I72.800x142 肠系膜上动脉假性动脉瘤
I72.801 肠系膜上动脉夹层动脉瘤
I72.802 肠系膜上动脉动脉瘤
I72.807 胃十二指肠动脉假性动脉瘤
I72.815 腹腔动脉瘤破裂
I72.816 腹腔动脉夹层动脉瘤
I77.400 腹腔动脉压迫综合征
I78.802 胃肠道毛细血管扩张症
I85.900x001 食管静脉曲张
I85.901 食管静脉瘤
I86.400 胃静脉曲张
I86.400x001 胃底静脉曲张
I86.400x002 胃血管扩张
I86.400x004 胃静脉瘤
I86.800x022 乙状结肠静脉瘤
I88.000x003 慢性肠系膜淋巴结炎
I88.001 急性肠系膜淋巴结炎
I88.105 慢性食管旁淋巴结炎
I89.005 肠淋巴管扩张
I89.006 小肠淋巴管扩张
I89.800x006 乳糜性腹水
I89.800x019 腹膜后乳糜囊肿
I89.801 肠系膜乳糜囊肿
I89.803 非丝虫性乳糜性腹水
J11.800x002 未知病毒的流感性胃肠炎
K21.900x003 胃食管反流
K21.901 食管反流
K21.902 贲门松弛
K21.903 喉咽反流
K22.000x001 贲门痉挛
K22.000x002 贲门失弛缓
K22.204 食管挛缩
K22.209 后天性食管蹼
K22.300 食管穿孔
K22.301 食管破裂
K22.400 食管运动障碍
K22.400x003 螺旋状食管
K22.401 食管痉挛
K22.500 后天性食管憩室
K22.600x001 贲门撕裂症
K22.601 食管贲门黏膜撕裂综合征
K22.700x001 巴氏食管
K22.800x003 食管肌性肥厚
K22.800x011 贲门息肉
K22.801 食管隆起性病变
K22.802 创伤后食管瘘
K22.803 食管白斑
K22.805 食管囊肿
K22.806 食管扩张
K22.807 食管息肉
K22.808 食管肠上皮化生
K22.809 食管黏膜剥脱症
K22.811 食管瘘
K22.812 食管黏膜不典型增生
K22.813 手术后食管瘘
K22.814 食管炎性肉芽肿
K22.815 食管黏膜鳞状上皮增生
K22.900x001 食管功能不全
K30.x00 功能性消化不良
K30.x00x001 肠消化不良
K31.000 急性胃扩张
K31.300 幽门痉挛
K31.400 胃憩室
K31.600x004 胃小肠结肠瘘
K31.600x005 胃瘘
K31.601 胃空肠结肠瘘
K31.602 胃结肠瘘
K31.603 胃腹壁瘘
K31.604 十二指肠瘘
K31.605 手术后食管胃瘘
K31.606 手术后胃瘘
K31.607 手术后胃小肠瘘
K31.608 手术后胃大肠瘘
K31.609 手术后十二指肠瘘
K31.701 十二指肠息肉
K31.702 十二指肠球部息肉
K31.703 胃息肉
K31.800x801 低张力胃
K31.800x802 十二指肠白点征
K31.800x806 十二指肠穿孔
K31.801 胃黏膜肠上皮化生
K31.802 高张力胃
K31.803 沙漏状胃痉挛
K31.804 胃酸过多
K31.805 胃酸缺乏
K31.806 胃狭窄

K31.807　胃痉挛
K31.809　胃麻痹
K31.810　胃囊肿
K31.811　胃下垂
K31.812　胃扭转
K31.813　胃破裂
K31.814　胃穿孔
K31.815　胃黄色斑
K31.816　胃黏膜脱垂
K31.818　十二指肠球变形
K31.819　胃潴留
K31.820　胃-心综合征
K31.821　胃黏膜不典型增生
K31.901　胃排空障碍
K31.902　胃肿物
K31.903　十二指肠肿物
K31.904　急性胃黏膜病变
K31.905　胃黏膜病变
K35.200　急性阑尾炎伴有弥漫性腹膜炎
K35.201　急性阑尾炎破裂或穿孔后伴有弥漫性腹膜炎
K35.300　急性阑尾炎伴局限性腹膜炎
K35.301　急性阑尾炎伴腹膜脓肿
K35.800x001　急性阑尾炎
K36.x00x003　亚急性阑尾炎
K36.x00x004　阑尾残端炎
K36.x01　复发性阑尾炎
K36.x02　慢性阑尾炎
K37.x00　阑尾炎
K37.x00x002　阑尾周围炎
K38.000　阑尾增生
K38.000x002　阑尾包块
K38.100　阑尾结石
K38.200　阑尾憩室
K38.300　阑尾瘘
K38.800x001　闭锁性阑尾
K38.800x003　阑尾套叠
K38.800x004　阑尾炎性假瘤
K38.801　阑尾黏液囊肿
K38.802　阑尾囊肿
K38.900　阑尾疾病
K40.200x001　双侧腹股沟疝
K40.201　双侧腹股沟斜疝
K40.202　双侧腹股沟直疝
K40.203　双侧滑动性腹股沟斜疝
K40.204　双侧腹股沟疝（一侧直疝、一侧斜疝）
K40.300　单侧或未特指的腹股沟疝，伴有梗阻，不伴有坏疽
K40.900x001　腹股沟环松弛
K40.900x002　单侧腹股沟疝
K40.900x003　单侧腹股沟斜疝
K40.900x004　单侧腹股沟直疝
K40.900x005　腹股沟斜疝合并直疝
K40.900x006　先天性腹股沟斜疝
K40.901　腹股沟斜疝
K40.902　腹股沟直疝
K40.903　腹股沟滑动疝
K40.904　复发性腹股沟斜疝
K40.905　复发性腹股沟直疝
K40.906　复发性腹股沟疝
K40.907　阴囊疝
K41.200x001　双侧股疝
K41.301　绞窄性股疝
K41.900x001　股疝
K42.900　脐疝，不伴有梗阻或坏疽
K42.901　脐旁疝
K42.902　复发性脐疝
K43.500　造口旁疝，不伴梗阻和坏疽
K44.900x001　膈疝
K44.901　食管裂孔疝
K45.801　坐骨大孔疝
K45.802　闭孔疝
K45.805　库珀疝
K45.806　人工肛门处疝
K45.807　腰疝
K45.808　特赖茨窝上疝
K46.900　腹疝，不伴有梗阻或坏疽
K46.900x002　腹内疝
K46.900x003　输入袢内疝
K46.900x004　网膜裂孔疝
K46.900x012　大肠疝
K46.901　肠系膜裂孔疝
K46.902　肠系膜内疝
K46.903　阑尾疝
K46.905　小肠疝
K51.400　炎性息肉
K52.919　非感染性幼儿腹泻
K55.000　肠急性血管疾患
K55.000x005　缺血性结肠炎
K55.000x010　肠系膜上静脉血栓形成

K55.000x011 肠缺血梗死
K55.000x015 肠系膜静脉瘤栓
K55.001 急性肠血管梗死
K55.002 急性缺血性肠坏死
K55.003 出血性肠梗死
K55.004 肠坏死
K55.005 肠系膜坏疽
K55.006 肠系膜动脉栓塞
K55.007 肠系膜静脉血栓形成伴肠坏死
K55.008 肠系膜动脉血栓形成
K55.009 肠系膜动脉栓塞伴肠坏死
K55.010 肠系膜静脉血栓形成
K55.011 肠系膜静脉栓塞
K55.012 肠系膜梗死
K55.013 大网膜坏死
K55.100 肠慢性血管疾患
K55.100x001 肠道慢性缺血性综合征
K55.100x005 慢性肠道血管功能不全
K55.100x006 慢性缺血性结肠炎
K55.100x008 慢性缺血性结肠小肠炎
K55.101 肠系膜动脉狭窄
K55.102 肠系膜上动脉狭窄
K55.103 肠系膜动脉硬化
K55.104 肠系膜动脉供血不足
K55.105 肠系膜上动脉压迫综合征
K55.106 慢性缺血性小肠炎
K55.200 结肠血管发育不良
K55.200x013 肠血管增生
K55.201 结肠血管扩张症
K55.202 肠血管发育不良
K55.300 小肠血管发育不良
K55.300x001 小肠毛细血管扩张
K55.800x004 十二指肠动脉压迫综合征
K55.801 肠系膜动脉炎
K55.900 肠血管疾患
K55.901 缺血性小肠炎
K55.902 缺血性肠病
K57.101 十二指肠憩室梗阻性黄疸综合征
K57.400 小肠和大肠憩室病伴有穿孔和脓肿
K57.401 小肠和大肠憩室病伴腹膜炎
K57.500 小肠和大肠憩室病不伴有穿孔或脓肿
K57.800 肠憩室病，伴有穿孔和脓肿
K57.800x001 肠憩室病伴有穿孔和脓肿
K57.801 肠憩室病伴腹膜炎
K57.900 肠憩室病，不伴有穿孔或脓肿
K57.900x001 肠憩室伴憩室炎
K59.000 便秘
K59.002 粪便潴留
K59.003 慢传输型便秘
K59.100 功能性腹泻
K59.101 肠道菌群失调
K59.200 神经源性肠
K59.200x002 神经源性直肠
K59.200x003 神经源性肠道功能障碍
K59.301 结肠扩张
K59.302 后天性巨结肠
K59.303 中毒性巨结肠
K59.400 肛门痉挛
K59.400x002 痉挛性肛部痛
K59.401 盆底肌痉挛综合征
K59.800x002 肠扩张
K59.800x005 结肠松弛
K59.801 脾曲综合征
K59.900x001 肠功能紊乱
K59.900x002 结肠功能紊乱
K60.000 急性肛裂
K60.100 慢性肛裂
K60.200 肛裂
K60.300 肛瘘
K60.301 高位肛瘘
K60.302 低位肛瘘
K60.303 复杂性肛瘘
K60.400 直肠瘘
K60.400x003 肛门会阴瘘
K60.401 直肠会阴瘘
K60.402 直肠皮肤瘘
K60.403 直肠阴囊皮肤瘘
K60.500 肛门直肠瘘
K61.000 肛门脓肿
K61.001 肛周脓肿
K61.002 肛门蜂窝织炎
K61.100 直肠脓肿
K61.101 直肠周围脓肿
K61.200 肛门直肠脓肿
K61.300 坐骨直肠窝脓肿
K61.400 括约肌内脓肿
K62.000 肛门息肉
K62.001 肛管息肉
K62.100 直肠息肉
K62.100x002 直肠息肉伴出血

K62.200 脱肛
K62.200x001 肛门脱垂
K62.201 肛管脱垂
K62.202 肛门括约肌脱垂
K62.300 直肠脱垂
K62.300x003 直肠黏膜松弛
K62.301 直肠黏膜脱垂
K62.400x002 直肠狭窄
K62.400x003 肛门括约肌失缓症
K62.400x004 肛门闭锁
K62.401 肛门狭窄
K62.500x001 直肠出血
K62.501 肛门出血
K62.600x002 直肠溃疡
K62.601 肛管溃疡
K62.602 肛门周围溃疡
K62.700 放射性直肠炎
K62.800x001 出血性直肠炎
K62.800x005 肛周感染
K62.800x009 慢性直肠炎
K62.800x010 直肠穿孔
K62.800x012 直肠前突
K62.800x017 耻骨直肠肌肥厚症
K62.800x021 直肠周围炎
K62.801 肛窦炎
K62.802 肛管炎
K62.803 巨直肠
K62.804 直肠吻合口瘢痕
K62.805 直肠不典型增生
K62.806 直肠纤维钙化
K62.807 直肠吻合口炎
K62.808 直肠肉芽肿
K62.809 直肠瘢痕
K62.810 直肠囊肿
K62.811 直肠炎
K62.812 直肠痛
K62.813 肛门括约肌松弛
K62.814 肛管炎性肿物
K62.815 肛周炎
K62.816 肛乳头肥大
K62.817 肛门白斑
K62.818 肛管囊肿
K62.819 肛门囊肿
K62.820 肛门痛
K62.821 肛门炎
K62.822 慢性肛管直肠炎
K62.901 肛旁肿物
K62.902 肛管肿物
K62.903 直肠肿物
K63.000 肠脓肿
K63.001 小肠脓肿
K63.100x001 非创伤性肠穿孔
K63.101 空肠穿孔
K63.102 回肠穿孔
K63.107 肠破裂
K63.108 小肠穿孔
K63.200 肠瘘
K63.200x003 盲管瘘
K63.200x008 盆腔腹壁瘘
K63.201 腹壁肠瘘
K63.202 腹壁盲肠瘘
K63.203 腹壁窦道
K63.204 结肠瘘
K63.205 手术后结肠瘘
K63.206 手术后盲肠瘘
K63.207 手术后空肠瘘
K63.208 手术后回肠瘘
K63.209 手术后肠腹壁瘘
K63.210 手术后肠吻合口瘘
K63.211 手术后小肠结肠瘘
K63.212 手术后结肠直肠瘘
K63.213 手术后肠瘘
K63.214 腹壁瘘
K63.215 手术后大肠瘘
K63.216 手术后小肠瘘
K63.301 回肠溃疡
K63.308 肠糜烂
K63.400 肠下垂
K63.401 结肠下垂
K63.402 回肠黏膜脱垂
K63.403 内脏下垂
K63.500 结肠息肉
K63.500x002 色素沉着性结肠息肉
K63.500x084 横结肠息肉
K63.501 升结肠息肉
K63.502 降结肠息肉
K63.503 乙状结肠息肉
K63.504 多发性结肠息肉
K63.801 肠脂肪垂
K63.802 小肠囊肿

K63.803 小肠息肉
K63.804 小肠肿物
K63.805 小肠肉芽肿
K63.806 小肠不典型增生
K63.807 十二指肠囊肿
K63.809 结肠积气
K63.810 结肠囊肿
K63.812 结肠黑变病
K63.813 回盲部息肉
K63.814 回盲部肉芽肿
K63.815 回盲部黏液性囊肿
K63.816 盲肠息肉
K63.817 直肠乙状结肠炎
K63.818 大肠不典型增生
K63.819 肠肉芽肿
K63.900x001 结肠肿物
K63.900x002 肠上皮化生
K63.900x003 肠系膜肿物
K63.900x005 盲肠瘀滞症
K63.901 回盲部肿物
K63.902 功能性肠病
K64.000 Ⅰ度痔
K64.100 Ⅱ度痔
K64.200 Ⅲ度痔
K64.300 Ⅳ度痔
K64.400 残留痔皮赘
K64.401 肛门皮赘
K64.402 直肠皮赘
K64.500 肛周静脉血栓形成
K64.501 肛周血肿
K64.801 血栓性内痔
K64.802 出血性内痔
K64.803 脱垂性内痔
K64.804 直肠静脉曲张破裂
K64.805 内痔
K64.806 血栓性外痔
K64.807 出血性外痔
K64.808 溃疡性外痔
K64.809 外痔
K64.810 血栓性痔
K64.811 混合痔
K64.900 痔
K64.901 出血性痔
K65.000 急性腹膜炎
K65.000x014 盲肠脓肿
K65.001 急性化脓性弥漫性腹膜炎
K65.002 急性化脓性腹膜炎
K65.003 急性弥漫性腹膜炎
K65.004 腹膜脓肿
K65.005 腹腔脓肿
K65.006 腹膜后脓肿
K65.008 肝周脓肿
K65.009 膈下脓肿
K65.010 网膜脓肿
K65.011 盲肠后脓肿
K65.012 肠系膜脓肿
K65.013 男性盆腔脓肿
K65.014 男性盆腔炎
K65.015 男性盆腔炎性包块
K65.016 细菌性腹膜炎
K65.017 继发性腹膜炎
K65.800x001 肠系膜炎
K65.800x002 出血性腹膜炎
K65.801 肠系膜脂肪坏死
K65.802 慢性腹膜炎
K65.803 胆汁性腹膜炎
K65.804 硬化性腹膜炎
K65.805 多浆膜炎
K65.806 多浆膜腔积液
K65.807 嗜酸性粒细胞性腹膜炎
K65.900 腹膜炎
K65.901 局限性腹膜炎
K65.902 自发性腹膜炎
K65.903 腹腔感染
K65.904 腹膜后感染
K65.905 大网膜炎
K65.906 原发性腹膜炎
K66.000 腹膜粘连
K66.000x007 腹壁粘连
K66.001 回盲部粘连
K66.002 肠粘连
K66.003 胃粘连
K66.004 肠系膜粘连
K66.005 膈肌粘连
K66.006 大网膜粘连
K66.007 腹腔粘连
K66.008 十二指肠粘连
K66.100 腹腔积血
K66.101 腹膜出血
K66.102 腹膜后血肿

K66.103 肠系膜出血
K66.200 腹膜后纤维化
K66.201 奥蒙德病
K66.800 腹膜其他特指的疾患
K66.800x008 网膜肉芽肿性炎
K66.800x009 腹膜憩室
K66.801 网膜囊肿
K66.802 肠系膜囊肿
K66.803 肠系膜钙化
K66.805 腹膜后囊肿
K66.806 腹壁肉芽肿
K66.807 腹腔囊肿
K66.808 腹膜囊肿
K66.809 腹膜肉芽肿
K66.810 腹膜后肉芽肿
K66.811 膈下囊肿
K66.812 骶前囊肿
K66.901 腹膜后肿物
K90.000 乳糜泻［腹腔病］
K90.000x001 非热带性口炎性腹泻
K90.001 谷胶肠病
K90.002 特发性脂肪痢
K90.100x001 热带性口炎性腹泻
K90.100x002 口炎性腹泻
K90.100x003 热带性脂肪痢
K90.200 盲袢综合征
K90.200x001 非手术性盲袢综合征
K90.300x001 胰源性腹泻
K90.400 不耐受引起的吸收不良
K90.400x003 肠原性脂肪代谢障碍
K90.401 脂肪痢
K90.402 蛋白丢失性胃肠病
K90.403 碳水化合物吸收不良
K90.404 蛋白吸收不良
K90.405 淀粉吸收不良
K90.406 脂肪吸收不良
K90.801 原发性小肠吸收不良综合征
K90.802+M14.8* 惠普尔病
K90.900x002 肠吸收障碍
K90.901 小肠吸收不良综合征（非手术性）
K91.000 胃肠手术后呕吐
K91.100 胃手术后综合征
K91.100x001 迟发型倾倒综合征
K91.101 倾倒综合征
K91.102 残窦综合征
K91.103 迷走神经切断后综合征
K91.200x002 手术后吸收不良综合征
K91.201 短肠综合征
K91.202 手术后盲袢综合征
K91.301 回肠肛管吻合口狭窄
K91.302 手术后小肠储袋梗阻
K91.303 手术后肠肠吻合口狭窄
K91.305 直肠吻合口狭窄
K91.401 小肠造口术后功能障碍
K91.402 肠造口术后功能障碍
K91.405 结肠造口脱垂
K91.406 人工肛门脱垂
K91.800x007 手术后食管破裂
K91.800x116 手术后胃缺血性坏死
K91.800x117 手术后急性胃扩张
K91.800x206 手术后结肠-直肠瘘
K91.800x412 手术后胆肠吻合口炎
K91.800x601 手术后造瘘口旁疝
K91.800x602 手术后造瘘口狭窄
K91.800x702 人工肛门出血
K91.801 胰胃吻合口狭窄
K91.802 残胃吻合口炎
K91.803 肠代食管吻合口狭窄
K91.804 肠造瘘术后肠黏膜脱垂
K91.805 胆囊空肠吻合口狭窄
K91.808 结肠吻合口炎
K91.810 食管胃吻合口瘘
K91.811 食管胃吻合口炎
K91.813 食管空肠吻合口瘘
K91.814 食管空肠吻合口炎
K91.815 食管吻合口瘘
K91.816 食管十二指肠吻合口瘘
K91.817 食管结肠吻合口狭窄
K91.818 手术后胃肠功能紊乱
K91.820 手术后肠粘连
K91.821 手术后肠吻合口炎
K91.824 手术后肛门括约肌失禁
K91.828 手术后胃排空障碍
K91.829 手术后胃肠吻合口炎
K91.830 手术后胃瘫综合征
K91.832 胃肠吻合口功能障碍
K91.833 胃肠吻合口水肿
K91.834 胃肠吻合口炎
K91.835 胃肠道手术后腹泻
K91.836 输入袢综合征

K91.837 手术后腹膜炎
K91.900 消化系统的操作后疾患
K92.901 胃肠功能紊乱
M32.112+K93.8* 狼疮性胃肠道损害
M32.115+K67.8* 狼疮性浆膜炎
M34.800x006+K23.8* 系统性硬化症累及食管
Q27.810 先天性大肠血管畸形
Q39.000x001 先天性食管闭锁
Q39.100 食管闭锁伴有气管食管瘘
Q39.100x011 先天性食管闭锁伴气管和食管上段瘘
Q39.100x021 先天性食管闭锁伴气管和食管下段瘘
Q39.200x011 先天性气管食管瘘
Q39.300 先天性食管狭窄
Q39.400 先天性食管蹼
Q39.501 先天性食管失弛缓症
Q39.600 食管憩室
Q39.601 先天性咽食管憩室
Q39.602 先天性食管中段憩室
Q39.800x201 先天性食管假梗阻
Q39.800x903 先天性食管缺如
Q39.800x904 先天性食管移位
Q39.800x905 食管异位组织
Q39.801 食管重复畸形
Q39.802 先天性短食管
Q39.803 先天性食管囊肿
Q39.900 食管先天性畸形
Q40.000 先天性肥大性幽门狭窄
Q40.002 先天性幽门闭锁
Q40.003 先天性幽门痉挛
Q40.100 先天性食管裂孔疝
Q40.200x004 先天性贲门痉挛
Q40.200x005 先天性沙漏状胃
Q40.200x010 十二指肠隔膜
Q40.201 胃重复畸形
Q40.202 先天性小胃畸形
Q40.203 先天性巨胃
Q40.204 先天性胃壁肌层缺损
Q40.205 先天性胃黏膜异位
Q40.206 先天性胃扭转
Q40.207 先天性胃憩室
Q40.208 先天性胃移位
Q40.209 食管胃黏膜异位
Q40.300 胃先天性畸形
Q40.800 上消化道其他特指的先天性畸形
Q40.900 上消化道先天性畸形
Q41.001 先天性十二指肠缺如
Q41.002 先天性十二指肠狭窄
Q41.003 先天性十二指肠闭锁
Q41.101 先天性空肠狭窄
Q41.102 先天性空肠闭锁
Q41.103 苹果皮综合征
Q41.104 先天性空肠缺如
Q41.201 先天性回肠缺如
Q41.202 先天性回肠狭窄
Q41.203 先天性回肠闭锁
Q41.800 小肠其他特指部位的先天性缺如、闭锁和狭窄
Q41.901 先天性小肠狭窄
Q41.902 先天性小肠缺如
Q41.903 先天性小肠闭锁
Q42.000x101 先天性直肠闭锁伴直肠尿道瘘
Q42.000x201 先天性直肠闭锁伴直肠膀胱瘘
Q42.000x301 先天性直肠闭锁伴直肠外阴瘘
Q42.000x401 先天性直肠闭锁伴直肠皮肤瘘
Q42.000x501 先天性直肠闭锁伴直肠结肠瘘
Q42.001 直肠先天性狭窄，伴有瘘
Q42.002 直肠先天性闭锁，伴有瘘
Q42.101 直肠先天性狭窄，不伴有瘘
Q42.102 直肠先天性闭锁，不伴有瘘
Q42.200x201 先天性肛门闭锁伴直肠膀胱瘘
Q42.200x901 先天性肛门闭锁伴直肠尿道瘘
Q42.200x902 先天性肛门闭锁伴直肠阴道瘘
Q42.200x903 先天性肛门闭锁伴直肠外阴瘘
Q42.200x904 先天性肛门闭锁伴直肠前庭瘘
Q42.200x905 先天性肛门闭锁伴直肠皮肤瘘
Q42.201 肛门先天性狭窄，伴有瘘
Q42.202 肛门先天性闭锁，伴有瘘
Q42.301 肛门先天性狭窄，不伴有瘘
Q42.302 肛门先天性闭锁，不伴有瘘
Q42.800x002 先天性结肠缺如
Q42.800x003 先天性结肠狭窄
Q42.801 阑尾闭锁
Q42.802 阑尾缺如
Q42.803 先天性结肠闭锁
Q42.901 先天性大肠闭锁
Q42.902 先天性大肠狭窄
Q42.903 先天性大肠缺如
Q43.000 麦克尔憩室
Q43.001 先天性卵黄管囊肿
Q43.002 先天性脐窦

Q43.003 先天性脐瘘
Q43.004 先天性脐茸
Q43.100 先天无神经节性巨结肠［赫希施斯普龙病］
Q43.101 先天性短段型巨结肠
Q43.102 先天性长段型巨结肠
Q43.103 先天性普通型巨结肠
Q43.104 先天性超短段型巨结肠
Q43.105 先天性巨结肠类源病
Q43.106 先天性全结肠型巨结肠
Q43.200 结肠的其他先天性功能性疾患
Q43.200x002 巨结肠类缘病
Q43.200x003 巨膀胱-小结肠-肠蠕动不良综合征
Q43.201 先天性结肠扩张
Q43.300x201 先天性肠粘连
Q43.300x901 先天性杰克逊膜
Q43.301 先天性肠旋转不良
Q43.401 结肠重复畸形
Q43.402 双阑尾
Q43.403 小肠重复畸形
Q43.404 直肠重复畸形
Q43.500 异位肛门
Q43.601 先天性肛瘘
Q43.602 先天性直肠瘘
Q43.700 永存泄殖腔
Q43.800x006 先天性小结肠
Q43.800x008 先天性游离盲肠
Q43.800x009 先天性空肠异位
Q43.800x012 先天性小肠发育异常
Q43.800x014 先天性十二指肠憩室
Q43.800x015 先天性小肠憩室
Q43.800x017 先天性盲肠憩室
Q43.800x018 先天性乙状结肠憩室
Q43.800x019 先天性直肠憩室
Q43.801 肠源性囊肿
Q43.802 先天性小肠黏膜异位
Q43.803 小左结肠综合征
Q43.804 先天性巨十二指肠
Q43.805 先天性十二指肠瓣膜
Q43.806 盲肠异位
Q43.807 先天性盲袢综合征
Q43.808 先天性巨阑尾
Q43.809 间位结肠
Q43.810 先天性短结肠
Q43.811 先天性结肠憩室
Q43.812 先天性长结肠
Q43.900 肠先天性畸形
Q43.901 先天性肛门畸形
Q44.500x008 先天性胃内胆管异位
Q45.300x102 食道异位胰腺
Q45.300x103 十二指肠异位胰腺
Q45.300x104 胃内异位胰腺
Q45.300x105 空肠异位胰腺
Q45.801 肝脾异位
Q45.900 消化系统先天性畸形
Q51.702 先天性子宫直肠瘘
Q79.200 脐疝
Q79.201 先天性脐膨出
Q79.300 腹裂
Q79.301 先天性腹壁缺损
Q79.400 干梅腹综合征
Q79.500 腹壁的其他先天性畸形
Q79.501 先天性脐畸形
Q85.900x002 肠错构瘤
Q85.900x036 腹壁错构瘤
Q85.902 腹膜后错构瘤
Q85.906 胃错构瘤
Q85.913 结肠错构瘤
Q89.300 内脏反位
Q89.300x001 内脏移位
Q89.301 卡塔格内综合征
Q89.302 原发性纤毛运动障碍综合征
R10.102 胃痛
R10.103 消化不良
R12.x00 胃灼热
R12.x00x002 反酸
R14.x00x001 胃胀气
R14.x00x002 嗳气
R14.x00x003 气胀痛
R14.x00x006 腹胀
R14.x00x007 肠胀气
R15.x00 大便失禁
R19.000x005 盆腔内弥漫性肿胀
R19.100 异常肠鸣音
R19.100x001 肠鸣音亢进
R19.100x002 肠鸣音消失
R19.200 可见性蠕动
R19.200x002 蠕动过强
R19.300 腹强直
R19.400 大便习惯改变
R19.500x002 大便颜色异常

R19.500x003　脓血便
R19.500x004　黏液便
R19.600　口臭
R19.800x001　排便困难
R58.x01　腹腔内出血
R85.000　消化器官和腹腔标本的酶水平异常
R85.100　消化器官和腹腔标本的激素水平异常
R85.200　消化器官和腹腔标本的其他药物、药剂和生物制剂水平异常
R85.300　消化器官和腹腔标本的主要为非药用性物质的水平异常
R85.400　消化器官和腹腔标本的异常的免疫学所见
R85.500　消化器官和腹腔标本的异常的微生物学所见
R85.600　消化器官和腹腔标本的异常的细胞学所见
R85.700　消化器官和腹腔标本的异常的组织学所见
R85.800　消化器官和腹腔标本的其他异常所见
R93.300x001　消化道诊断性影像异常
R93.300x003　结肠占位性病变
R93.300x004　直肠占位性病变
R93.303　胃占位性病变
R93.500x001　腹部诊断性影像异常
S11.202　开放性颈部食管损伤
S36.300　胃损伤
S36.301　创伤性胃破裂
S36.310　开放性胃破裂
S36.400　小肠损伤
S36.400x091　空肠损伤
S36.400x093　回肠损伤
S36.400x095　小肠多处损伤
S36.401　创伤性十二指肠破裂
S36.402　创伤性空肠破裂
S36.403　创伤性回肠破裂
S36.404　创伤性小肠破裂
S36.405　十二指肠损伤
S36.411　开放性小肠破裂
S36.412　开放性十二指肠破裂
S36.413　开放性空肠破裂
S36.414　开放性回肠破裂
S36.500　结肠损伤
S36.500x011　升结肠损伤
S36.500x021　横结肠损伤
S36.500x031　降结肠损伤
S36.500x041　乙状结肠损伤
S36.500x091　结肠多处损伤
S36.500x092　阑尾损伤
S36.500x093　盲肠损伤
S36.501　创伤性结肠破裂
S36.511　开放性结肠破裂
S36.600　直肠损伤
S36.600x003　直肠多处损伤
S36.601　创伤性直肠破裂
S36.611　开放性直肠破裂
S36.700　多个腹内器官损伤
S36.701　创伤性腹内多器官破裂
S36.800x022　肠系膜损伤
S36.801　腹膜损伤
S36.802　肠系膜裂伤
S36.803　创伤性腹膜后血肿
S36.810　开放性特指腹内器官损伤
S36.811　开放性肠系膜血肿
S36.812　开放性肠系膜裂伤
S36.813　开放性腹膜后血肿
S36.814　开放性大网膜破裂
S36.900　腹内器官的损伤
S36.901　创伤性肠破裂
S36.910　开放性腹内器官损伤
S39.905　肛门损伤
S39.909　腹部金属异物
T18.100　食管内异物
T18.200　胃内异物
T18.300　小肠内异物
T18.300x003　空肠内异物
T18.301　十二指肠异物
T18.400　结肠内异物
T18.500x004　直肠乙状结肠连接部异物
T18.501　肛门内异物
T18.502　直肠内异物
T18.801　多发性消化道异物
T18.900　消化道内异物
T28.100　食管烧伤
T28.200x001　胃部烧伤
T28.200x002　消化道烧伤
T28.600　食管腐蚀伤
T28.700x002　消化道腐蚀伤
T28.701　胃化学性烧伤
T28.702　肠道的腐蚀伤
T80.200x001　腹膜透析相关性腹膜炎
T98.300x001　闸门综合征

MDCH 肝、胆、胰疾病及功能障碍

主诊表

包含以下主要诊断：

A01.001+K77.0* 伤寒性肝炎
A06.400+K77.0* 阿米巴肝脓肿
A18.301 肝门淋巴结结核
A18.814+K77.0* 肝结核
A18.815+K87.0* 胆管结核
A18.816+K87.0* 胆囊结核
A18.817+K87.1* 胰腺结核
A50.000x002+K77.0* 早期先天性梅毒性肝炎
A51.400x008+K77.0* 二期梅毒性肝炎
A52.700x007+K77.0* 梅毒性肝病
A52.705+K77.0* 梅毒性肝硬化
B00.802+K77.0* 疱疹病毒性肝炎
B00.803+K77.0* EB病毒性肝炎
B05.800x003+K77.0* 麻疹并发肝炎
B15.000 甲型肝炎，伴有肝昏迷
B15.001 急性甲型病毒性肝炎伴肝昏迷
B15.002 急性重型甲型病毒性肝炎伴肝昏迷
B15.003 亚急性重型甲型病毒性肝炎伴肝昏迷
B15.900 甲型肝炎，不伴有肝昏迷
B15.901 急性甲型病毒性肝炎
B15.902 急性黄疸型甲型病毒性肝炎
B15.903 急性淤胆型甲型病毒性肝炎
B15.905 急性无黄疸型甲型病毒性肝炎
B16.000 急性乙型肝炎，伴有δ因子（共同感染），并伴有肝昏迷
B16.000x001 病毒性肝炎乙型丁型亚急性重型
B16.001 急性乙型丁型病毒性肝炎伴肝昏迷
B16.100 急性乙型肝炎，伴有δ因子（共同感染），但不伴有肝昏迷
B16.100x002 病毒性肝炎乙型丁型急性黄疸型
B16.100x003 病毒性肝炎乙型丁型急性无黄疸型
B16.100x004 病毒性肝炎乙型丁型淤胆型
B16.101 急性乙型丁型病毒性肝炎，不伴有肝昏迷
B16.200 急性乙型肝炎，不伴有δ因子（共同感染），但伴有肝昏迷
B16.201 急性乙型病毒性肝炎伴肝昏迷
B16.202 亚急性重型乙型病毒性肝炎伴肝昏迷
B16.203 急性重型乙型病毒性肝炎伴肝昏迷
B16.204 急性无黄疸型乙型肝炎伴肝昏迷
B16.901 急性黄疸型乙型病毒性肝炎
B16.902 急性淤胆型乙型病毒性肝炎
B16.903 输血后乙型病毒性肝炎
B16.904 急性乙型病毒性肝炎
B16.905 急性无黄疸型乙型病毒性肝炎
B17.000 慢性乙型肝炎的急性δ因子（超级）感染
B17.100 急性丙型肝炎
B17.100x003 病毒性肝炎丙型急性无黄疸型
B17.100x006 病毒性肝炎丙型急性淤疸型
B17.101 急性黄疸型丙型病毒性肝炎
B17.102 急性重型丙型病毒性肝炎
B17.103 亚急性重型丙型病毒性肝炎
B17.200 急性戊型肝炎
B17.200x004 病毒性肝炎戊型急性无黄疸型
B17.200x005 病毒性肝炎戊型急性重型
B17.202 急性黄疸型戊型病毒性肝炎
B17.203 急性淤胆型戊型病毒性肝炎
B17.204 急性重型戊型病毒性肝炎
B17.205 亚急性重型戊型病毒性肝炎
B17.800x001 病毒性肝炎重叠感染
B17.800x002 病毒性肝炎双重感染
B17.800x003 病毒性肝炎三重感染（三重以上）
B17.801 急性病毒性肝炎混合感染
B17.803 急性重叠型黄疸型病毒性肝炎
B17.900 急性病毒性肝炎
B17.900x002 病毒性肝炎急性淤胆型
B17.900x004 病毒性肝炎急性无黄疸型
B17.900x005 病毒性肝炎急性重型（暴发型）
B17.900x006 病毒性肝炎亚急性重型
B17.902 急性黄疸型病毒性肝炎
B17.903 急性传染性肝炎，未特指
B17.904 急性肝炎，未特指
B18.000 慢性乙型病毒性肝炎，伴有δ因子
B18.001 慢性乙型丁型病毒性肝炎
B18.002 慢性乙型丁型病毒性肝炎轻度
B18.003 慢性乙型丁型病毒性肝炎中度
B18.004 慢性乙型丁型病毒性肝炎重度
B18.100 慢性乙型病毒性肝炎，不伴有δ因子
B18.100x007 病毒性肝炎乙型慢性淤胆型
B18.104 慢性轻度乙型病毒性肝炎
B18.105 慢性中度乙型病毒性肝炎
B18.106 慢性重度乙型病毒性肝炎
B18.107 未特指乙型病毒性肝炎
B18.200 慢性丙型病毒性肝炎
B18.200x009 病毒性肝炎丙型慢性淤疸型
B18.201 慢性黄疸型丙型病毒性肝炎

B18.202 慢性轻度丙型病毒性肝炎
B18.203 慢性中度丙型病毒性肝炎
B18.204 慢性重度丙型病毒性肝炎
B18.800x001 病毒性肝炎三重感染（三重以上）（慢性轻度）
B18.800x002 病毒性肝炎三重感染（三重以上）（慢性中度）
B18.800x003 病毒性肝炎三重感染（三重以上）（慢性重度）
B18.800x004 病毒性肝炎三重感染（三重以上）（慢性重型）
B18.800x005 慢性戊型病毒性肝炎
B18.801 慢性轻度重叠感染型病毒性肝炎
B18.802 慢性重叠型病毒性肝炎
B18.803 慢性重型重叠型病毒性肝炎
B18.804 慢性混合型病毒性肝炎
B18.805 慢性重型混合型病毒性肝炎
B18.900 慢性病毒性肝炎
B18.900x006 病毒性肝炎慢性淤胆型
B18.901 慢性轻度病毒性肝炎
B18.902 慢性中度病毒性肝炎
B18.903 慢性重度病毒性肝炎
B19.000 病毒性肝炎，伴有肝昏迷
B19.001 急性重型病毒性肝炎伴肝昏迷
B19.002 亚急性重型病毒性肝炎伴肝昏迷
B19.900 病毒性肝炎，不伴有肝昏迷
B19.901 输血后肝炎
B25.100+K77.0* 巨细胞病毒性肝炎
B25.101+K77.0* 巨细胞病毒性肝炎伴肝昏迷
B25.200+K87.1* 巨细胞病毒性胰腺炎
B26.300+K87.1* 流行性腮腺炎性胰腺炎
B26.802+K77.0* 流行性腮腺炎性肝炎
B44.803 肝曲霉病
B45.800x001 胆道隐球菌病
B54.x00 疟疾
B54.x00x003+K77.0* 疟疾性肝炎
B58.100+K77.0* 弓形虫肝炎
B65.202+K77.0* 血吸虫病性肝硬化
B65.900x004+K77.0* 血吸虫性门静脉高压
B65.900x010+K77.0* 肝血吸虫病
B65.903+K77.0* 血吸虫性肝炎
B65.904+I98.2* 血吸虫性食管静脉曲张
B65.906+I98.3* 血吸虫性食管静脉曲张破裂出血
B66.100x001+K77.0* 中华肝吸虫病
B66.301 肝片吸虫病
B67.000x001+K77.0* 肝细粒棘球蚴病
B67.500x001+K77.0* 肝泡型棘球蚴病
B67.800x001+K77.0* 肝棘球蚴病［肝包虫病］
C22.000 肝细胞癌
C22.001 肝恶性细胞瘤
C22.100 肝内胆管癌
C22.101 胆管癌
C22.200 肝母细胞瘤
C22.300 肝血管肉瘤
C22.301 肝巨噬细胞肉瘤
C22.400 肝的其他肉瘤
C22.700 肝恶性肿瘤，其他特指的
C22.900 肝恶性肿瘤
C23.x00 胆囊恶性肿瘤
C24.000 肝外胆管恶性肿瘤
C24.000x007 肝门胆管恶性肿瘤
C24.001 肝管恶性肿瘤
C24.002 胆管恶性肿瘤
C24.003 胆总管恶性肿瘤
C24.004 胆囊管恶性肿瘤
C24.100 法特壶腹恶性肿瘤
C24.101 法特壶腹周围恶性肿瘤
C24.800 胆道交搭跨越恶性肿瘤的损害
C24.800x001 肝内及肝外胆管恶性肿瘤
C24.900 胆道恶性肿瘤
C25.000 胰头恶性肿瘤
C25.100 胰体恶性肿瘤
C25.200 胰尾恶性肿瘤
C25.300 胰管恶性肿瘤
C25.400 胰腺内分泌的恶性肿瘤
C25.401 胰岛恶性肿瘤
C25.701 胰颈恶性肿瘤
C25.800x001 胰头和胰颈及胰体恶性肿瘤
C25.801 胰体胰尾部恶性肿瘤
C25.802 胰颈胰体部恶性肿瘤
C25.803 胰头胰颈部恶性肿瘤
C25.900 胰恶性肿瘤
C26.800x003 胆管及胆囊恶性肿瘤
C45.704 肝间皮瘤
C77.203 肝淋巴结继发恶性肿瘤
C77.204 胰淋巴结继发恶性肿瘤
C78.700 肝部和肝内胆管继发性恶性肿瘤
C78.800x009 胰头继发恶性肿瘤
C78.806 胰腺继发恶性肿瘤
C78.807 胆囊继发恶性肿瘤

C78.808　胆管继发恶性肿瘤
D01.500x001　肝原位癌
D01.501　胆囊原位癌
D01.502　胆道原位癌
D01.503　法特壶腹原位癌
D01.700　消化器官其他特指的原位癌
D01.701　胰腺原位癌
D13.400　肝良性肿瘤
D13.401　肝内胆管良性肿瘤
D13.500　肝外胆管良性肿瘤
D13.500x001　胆管良性肿瘤
D13.500x003　法特壶腹良性肿瘤
D13.501　胆囊良性肿瘤
D13.600　胰良性肿瘤
D13.700x001　朗格汉斯胰岛
D13.701　胰岛细胞瘤
D17.700x015　肝脂肪瘤
D18.000x031　胰腺血管瘤
D18.013　肝血管瘤
D37.600x001　胆囊交界性肿瘤
D37.600x002　法特壶腹交界性肿瘤
D37.600x003　肝交界性肿瘤
D37.600x004　肝胆管交界性肿瘤
D37.601　肝肿瘤
D37.602　胆囊动态未定肿瘤
D37.603　胆囊肿瘤
D37.604　胆管动态未定肿瘤
D37.605　胆管肿瘤
D37.700x003　胰腺交界性肿瘤
D37.705　胰腺动态未定肿瘤
D37.706　胰腺肿瘤
E80.400　吉尔伯特综合征
E80.500　克里格勒-纳贾综合征
E80.501　葡萄糖醛酸转移酶缺乏
E80.600x005　体质性高胆红素血症
E80.600x006　胆红素排泄障碍
E80.600x007　肝炎后高胆红素血症
E80.600x008　家族性肝内胆汁淤积症［Byler病］
E80.601　迪宾-约翰逊综合征
E80.602　先天性高胆红素血症
E80.603　罗托综合征
E83.102　肝含铁血黄素沉积症
E84.901　胰腺囊性纤维变性
E85.415+K77.8*　淀粉样变肝损害
I72.800x072　肝动脉假性动脉瘤
I72.809　肝动脉瘤
I74.800x016　肝动脉闭塞
I74.803　肝动脉栓塞
I74.804　肝动脉血栓形成
I77.000x017　肝动静脉瘘
I77.100x011　肝动脉狭窄
I81.x00　门静脉血栓形成
I81.x00x003　门静脉栓塞
I82.000x001　布-加综合征［budd-chiari综合征］
I82.001　肝静脉血栓形成
I86.808　肝静脉瘤
I86.809　肝静脉曲张
I87.108　脾静脉狭窄
I87.109　门静脉狭窄
I87.121　肝小静脉闭塞病
I87.803　门静脉海绵样变
K65.007　肝下脓肿
K70.000　酒精性脂肪肝
K70.001　齐夫综合征
K70.100　酒精性肝炎
K70.201　酒精性肝纤维化
K70.300　酒精性肝硬化
K70.301+I98.2*　酒精性肝硬化伴食管静脉曲张
K70.302+I98.3*　酒精性肝硬化伴食管静脉曲张破裂出血
K70.303+I98.2*　酒精性肝硬化伴胃底静脉曲张
K70.304+I98.2*　酒精性肝硬化伴食管胃底静脉曲张
K70.305+I98.3*　酒精性肝硬化伴胃底静脉曲张破裂出血
K70.306+I98.3*　酒精性肝硬化伴食管胃底静脉曲张破裂出血
K70.400x002　亚急性酒精性肝衰竭
K70.401　急性酒精性肝衰竭
K70.402　慢性酒精性肝衰竭
K70.403　酒精性肝衰竭伴肝昏迷
K70.900　酒精性肝病
K70.901　酒精性肝损害
K71.000x002　中毒性肝病伴胆汁淤积
K71.001　药物性肝炎伴胆汁淤积
K71.002　进行性家族性肝内胆汁淤积症
K71.100　中毒性肝病伴有肝坏死
K71.100x003　药物性慢性肝衰竭
K71.100x005　中毒性肝病伴肝衰竭（慢性轻度）
K71.100x006　中毒性肝病伴肝衰竭（慢性中度）

K71.100x007　中毒性肝病伴肝衰竭（慢性重度）
K71.100x008　中毒性肝病伴肝衰竭（慢性重型）
K71.101　药物性肝炎伴肝衰竭
K71.102　急性药物性肝衰竭
K71.103　中毒性肝衰竭
K71.104　亚急性药物性肝衰竭
K71.200x001　中毒性肝病伴急性肝炎
K71.300x001　中毒性肝病伴慢性迁延性肝炎
K71.400x001　中毒性肝病伴慢性小叶性肝炎
K71.500x001　中毒性肝病伴慢性活动性肝炎
K71.500x002　中毒性肝病伴狼疮状肝炎
K71.600　中毒性肝病伴有肝炎
K71.600x002　中毒性肝炎
K71.601　药物性肝炎
K71.700　中毒性肝病伴有肝纤维化和肝硬化
K71.701　药物性肝硬化
K71.702　中毒性肝硬化
K71.800　中毒性肝病伴有肝的其他疾患
K71.900　中毒性肝病
K71.900x003　化学毒物肝损害
K71.901　药物性肝损害
K71.902+I98.2*　中毒性肝病伴食管静脉曲张
K71.903+I98.3*　中毒性肝病伴食管静脉曲张破裂出血
K72.000x004　慢加急性肝衰竭
K72.000x005　慢加亚急性肝衰竭
K72.000x013　重症肝炎
K72.001　亚急性肝衰竭
K72.002　急性黄色肝萎缩
K72.003　急性肝衰竭
K72.004　急性非病毒性肝炎
K72.005　晚发性肝衰竭
K72.100　慢性肝衰竭
K72.900x001　肝功能衰竭
K72.900x003+G94.3*　肝性脑病
K72.902　肝萎缩
K72.904　肝坏死
K73.000x001　慢性迁延性肝炎
K73.100　慢性小叶性肝炎，不可归类在他处者
K73.200x002　慢性活动性肝炎
K73.800x001　慢性复发性肝炎
K73.801　慢性间质性肝炎
K73.900　慢性肝炎
K73.901　慢性重型肝炎
K74.000　肝纤维化
K74.100　肝硬化
K74.200　肝纤维化伴有肝硬化
K74.300　原发性胆汁型肝硬化
K74.300x005+I98.2*　原发性胆汁型肝硬化伴胃底静脉曲张
K74.300x006+I98.3*　原发性胆汁型肝硬化伴胃底静脉曲张破裂出血
K74.300x007+I98.2*　原发性胆汁型肝硬化伴食管胃底静脉曲张
K74.300x008+I98.3*　原发性胆汁型肝硬化伴食管胃底静脉曲张破裂出血
K74.301+I98.2*　原发性胆汁性肝硬化伴食管静脉曲张
K74.302+I98.3*　原发性胆汁性肝硬化伴食管静脉曲张破裂出血
K74.400　继发性胆汁型肝硬化
K74.500　胆汁型肝硬化
K74.600　肝硬变
K74.600x002　丙型肝炎肝硬化
K74.600x003　乙型肝炎肝硬化
K74.600x010　拉埃奈克肝硬化［Laennec肝硬化］
K74.600x021　乙肝后肝硬化合并甲肝感染
K74.600x025　乙肝后肝硬化合并戊肝感染
K74.600x027　丙肝后肝硬化合并戊肝感染
K74.600x029　乙丙肝炎后肝硬化合并甲肝感染
K74.600x030　乙丁肝炎后肝硬化合并甲肝感染
K74.600x031　乙肝后肝硬化甲戊肝感染
K74.600x034　乙丙肝炎后肝硬化合并戊肝感染
K74.600x036　乙丁肝炎后肝硬化戊肝感染
K74.600x041　乙肝后肝硬化合并丙肝感染
K74.600x042　丙肝后肝硬化合并乙肝感染
K74.601　特指肝硬化
K74.602　乙型肝炎后肝硬化失代偿期
K74.603　丙型肝炎后肝硬化失代偿期
K74.604　自身免疫性肝炎后肝硬化失代偿期
K74.605　肝炎后肝硬化失代偿期
K74.606　混合型肝硬化失代偿期
K74.607　肝硬化失代偿期
K74.608　肝炎后肝硬化
K74.610　结节性肝硬化
K74.611　门脉性肝硬化
K74.612　混合型肝硬化
K74.613　隐源性肝硬化
K74.614　自身免疫性肝硬化
K74.615+I98.3*　肝硬化伴食管静脉曲张破裂出血

K74.616+I98.2* 肝硬化伴食管静脉曲张
K74.617+I98.3* 肝硬化伴食管胃底静脉曲张破裂出血
K74.618+I98.3* 肝硬化伴胃底静脉曲张破裂出血
K74.619+I98.2* 肝硬化伴食管胃底静脉曲张
K74.620+I98.2* 肝硬化伴胃底静脉曲张
K75.000 肝脓肿
K75.000x002 胆管炎性肝脓肿
K75.000x003 门静脉炎性肝脓肿
K75.001 胆源性肝脓肿
K75.002 血源性肝脓肿
K75.003 细菌性肝脓肿
K75.100 门静脉炎
K75.200 非特异反应性肝炎
K75.300 肉芽肿性肝炎
K75.300x001 肝肉芽肿
K75.400 自身免疫性肝炎
K75.401 狼疮性肝炎
K75.800x001 胆小管炎性肝炎
K75.800x006 肝炎性肿物
K75.801 肝旁炎性肿物
K75.803 营养性肝炎
K75.804 胆汁淤积性肝炎
K75.805 肝胆管炎
K75.806 非酒精性脂肪性肝炎
K75.810 肝炎性假瘤
K75.901 肝炎
K76.000 脂肪肝
K76.001 非酒精性脂肪性肝病
K76.101 心源性肝硬化
K76.102 慢性淤血性肝损害
K76.200 肝中心性出血性坏死
K76.300 肝梗死
K76.400 紫癜样肝病
K76.401 肝血管瘤病
K76.500 肝静脉梗阻症
K76.500x001 肝门静脉闭塞
K76.500x002 肝小静脉闭塞
K76.600x002 门脉高压
K76.600x006 门静脉瘤栓
K76.600x007 非肝硬化性门脉高压
K76.601 胰源性门脉高压
K76.602 特发性门脉高压
K76.603 班蒂综合征
K76.700 肝肾综合征
K76.700x001 肝肾功能衰竭
K76.700x003 肝性肾病
K76.800x003 肝多发性再生肥大结节
K76.800x006 肝功能不全
K76.800x007 肝管出血
K76.800x009 甲亢性肝损害
K76.800x015 肝炎后黄疸
K76.800x021 肝内型窦后阻塞
K76.800x022 肝粘连
K76.800x023 肝溃疡
K76.800x026 急性淤血性肝损害
K76.800x027 代谢性肝病
K76.801 自发性肝破裂出血
K76.803 肝出血
K76.804 肝结节
K76.805 肝肺综合征
K76.806 多发性肝囊肿
K76.807 肝囊肿
K76.808 肝结节性局灶性增生
K76.809 肝下垂
K76.810 缺血性肝病
K76.811 肝血肿
K76.813 肝内钙化点
K76.814 肝癌破裂出血
K76.815 肝管息肉
K76.816 肝细胞性黄疸
K76.817 后天性肝内血管分流
K76.818 单纯性肝囊肿
K76.819 先天性胆汁酸合成障碍
K76.900x002 肝损害
K76.901 肝肿物
K80.000x002 胆囊结石伴急性胆囊炎
K80.000x004 胆囊结石伴慢性胆囊炎急性发作
K80.001 胆囊结石伴坏疽性胆囊炎
K80.002 胆囊结石伴急性化脓性胆囊炎
K80.100x001 胆囊结石伴胆囊炎
K80.101 胆囊结石伴慢性胆囊炎
K80.200x001 残余胆囊结石
K80.200x003 胆囊结石
K80.201 胆囊管结石
K80.202 胆囊绞痛
K80.203 胆囊结石嵌顿
K80.300x002 胆管结石伴胆管炎
K80.300x005 胆总管结石伴急性化脓性梗阻性胆管炎

K80.301 胆总管结石伴急性化脓性胆管炎
K80.302 胆总管结石伴胆管炎
K80.303 肝胆管结石伴胆管炎
K80.304 胆总管结石伴急性胆管炎
K80.305 肝内胆管结石伴胆管炎
K80.306 肝外胆管结石伴胆管炎
K80.400 胆管结石伴有胆囊炎
K80.400x004 肝内胆管结石伴慢性胆囊炎
K80.401 胆管结石伴急性胆囊炎
K80.402 胆总管结石伴急性胆囊炎
K80.403 胆管结石伴慢性胆囊炎
K80.404 胆总管结石伴慢性胆囊炎
K80.405 肝胆管结石伴胆囊炎
K80.406 肝管结石伴慢性胆囊炎
K80.500x001 胆道术后残留结石
K80.500x002 胆管结石
K80.501 胆总管结石
K80.502 胆绞痛
K80.503 肝内胆管结石
K80.504 肝胆管结石
K80.505 胆总管残余结石
K80.506 胆肠吻合口结石
K80.507 肝管结石
K80.800x001 胆石症
K80.801 米里齐综合征
K81.000 急性胆囊炎
K81.000x008 胆囊积脓
K81.001 胆囊脓肿
K81.002 急性化脓性胆囊炎
K81.003 急性坏疽性胆囊炎
K81.004 胆囊周围脓肿
K81.005 胆囊坏死
K81.006 慢性胆囊炎急性发作
K81.007 急性梗阻性化脓性胆囊炎
K81.008 胆囊坏疽
K81.100 慢性胆囊炎
K81.101 慢性残余胆囊炎
K81.801 胆囊周炎
K81.900 胆囊炎
K81.900x001 黄色肉芽肿性胆囊炎
K82.000 胆囊梗阻
K82.000x003 胆囊管残株炎
K82.001 胆囊管梗阻
K82.100x002 胆囊积液
K82.101 胆囊黏液囊肿
K82.200 胆囊穿孔
K82.200x002 胆囊破裂
K82.300 胆囊瘘
K82.301 胆囊肠瘘
K82.302 胆囊胃瘘
K82.303 胆囊十二指肠瘘
K82.304 胆囊结肠瘘
K82.305 手术后胆囊瘘
K82.306 胆囊腹壁瘘
K82.400 胆囊胆固醇沉着症
K82.800x002 胆囊出血
K82.800x004 胆囊肉芽肿
K82.800x009 胆囊功能障碍
K82.801 胆囊肿大
K82.802 胆囊息肉
K82.803 胆囊腺肌症
K82.804 胆囊管扩张
K82.805 胆囊肥大
K82.806 胆囊钙化
K82.807 胆囊萎缩
K82.808 胆囊扭转
K82.900x001 胆囊病变
K82.900x002 胆囊肿物
K83.000 胆管炎
K83.000x007 急性化脓性胆管炎
K83.000x012 IgG4相关性胆管炎
K83.001 急性胆管炎
K83.004 胆总管炎
K83.005 急性梗阻性胆管炎
K83.006 慢性胆管炎
K83.007 复发性胆管炎
K83.008 梗阻性胆管炎
K83.009 淤积性胆管炎
K83.010 反流性胆管炎
K83.011 化脓性胆管炎
K83.012 硬化性胆管炎
K83.013 原发性胆管炎
K83.014 胆管周围炎
K83.015 继发性胆管炎
K83.016 急性化脓性肝胆管炎
K83.017 狭窄性胆管炎
K83.018 缺血性胆管炎
K83.019 胆道感染
K83.100 胆管梗阻
K83.100x001 肝管狭窄

K83.100x008　肝内胆管狭窄
K83.101　胆囊内胆汁淤积
K83.102　胆汁淤积症
K83.103　肝管梗阻
K83.104　肝胆管狭窄
K83.105　胆管狭窄
K83.106　胆管闭塞
K83.107　胆总管狭窄
K83.108　胆总管梗阻
K83.109　梗阻性黄疸
K83.200x001　胆管破裂
K83.300　胆管瘘
K83.301　胆总管十二指肠瘘
K83.302　胆管十二指肠瘘
K83.303　胆总管胃瘘
K83.304　手术后胆总管肠瘘
K83.305　手术后胆总管小肠瘘
K83.306　手术后肝总管肠瘘
K83.307　手术后肝总管小肠瘘
K83.400x001　奥迪括约肌痉挛
K83.401　法特壶腹痉挛
K83.501　胆管囊肿
K83.502　胆总管囊肿
K83.800x009　胆管息肉
K83.800x012　胆汁反流
K83.800x022　肝内胆管积气
K83.800x023　胆管积气
K83.802　奥迪括约肌狭窄
K83.803　法特壶腹部不典型增生
K83.804　缩窄性十二指肠乳头炎
K83.805　肝胆管扩张
K83.807　胆管扩张
K83.808　胆管溃疡
K83.809　胆管出血
K83.810　胆管肥大
K83.811　胆管粘连
K83.813　胆管萎缩
K83.814　胆管瘢痕
K83.815　胆管消失综合征
K83.816　胆总管痉挛
K83.817　胆总管扩张
K83.818　胆总管不典型增生
K83.819　肝内胆管缺失综合征
K83.820　胆-心综合征
K83.901　胆管肿物
K83.902　胆总管肿物
K85.000　特发性急性胰腺炎
K85.001　急性特发性胰腺炎，轻症
K85.002　急性特发性胰腺炎，重症
K85.100　胆汁型急性胰腺炎
K85.101　急性胆源型胰腺炎，轻症
K85.102　急性胆源型胰腺炎，重症
K85.200　酒精性急性胰腺炎
K85.201　急性酒精性胰腺炎，轻症
K85.202　急性酒精性胰腺炎，重症
K85.300　药物性急性胰腺炎
K85.301　急性药物性胰腺炎，轻症
K85.302　急性药物性胰腺炎，重症
K85.800x001　化脓性胰腺炎
K85.800x002　急性出血坏死性胰腺炎
K85.800x003　胰腺脓肿
K85.801　急性操作后胰腺炎，轻症
K85.802　急性创伤性胰腺炎，轻症
K85.803　急性复发性胰腺炎，轻症
K85.807　急性水肿性胰腺炎，轻症
K85.808　急性手术后胰腺炎，轻症
K85.809　急性自身免疫性胰腺炎，轻症
K85.813　急性操作后胰腺炎，重症
K85.814　急性出血性胰腺炎，重症
K85.815　急性创伤性胰腺炎，重症
K85.816　急性复发性胰腺炎，重症
K85.817　急性化脓性胰腺炎，重症
K85.818　急性坏死性胰腺炎，重症
K85.821　急性手术后胰腺炎，重症
K85.822　急性自身免疫性胰腺炎，重症
K85.900　急性胰腺炎
K85.900x002　急性轻症胰腺炎
K85.900x003　慢性胰腺炎急性发作
K85.901　亚急性胰腺炎
K85.902　急性重症胰腺炎
K86.000　酒精性慢性胰腺炎
K86.100x001　复发性胰腺炎
K86.100x002　慢性胰腺炎
K86.100x004　高脂血症性胰腺炎
K86.101　慢性复发性胰腺炎
K86.102　慢性创伤性胰腺炎
K86.103　慢性自身免疫性胰腺炎
K86.104　慢性胆石性胰腺炎
K86.105　慢性间质性胰腺炎
K86.106　慢性囊性胰腺炎

K86.107 慢性纤维性胰腺炎
K86.200 胰腺囊肿
K86.300 胰腺假囊肿
K86.800x001 胰腺肿大
K86.800x002 胰胆管扩张
K86.800x013 胰腺囊性纤维性变
K86.800x015 胰腺功能不全并中性粒细胞减少综合征［Shwachman-Diamond综合征］
K86.801 胰腺坏死
K86.802 胰腺纤维化
K86.803 胰岛组织硬化
K86.804 胰管狭窄
K86.805 胰腺组织增生
K86.806 胰腺钙化
K86.807 胰管痉挛
K86.808 胰管扩张
K86.809 胰管结石
K86.810 胰瘘
K86.811 胰管梗阻
K86.812 胰腺脂肪浸润
K86.813 胰腺肉芽肿
K86.814 胰腺功能不全
K86.815 手术后胰腺瘘
K86.816 胰腺积液
K86.817 胰腺萎缩
K86.818 胰-心综合征
K86.901 胰腺肿物
K91.500 胆囊切除术后综合征
K91.800x301 肝断面胆道残端漏
K91.800x304 手术后肝外胆管狭窄
K91.800x401 胆肠吻合口反流
K91.800x402 胆道吻合口漏
K91.800x403 胆道吻合口狭窄
K91.800x407 胆囊切除术后粘连
K91.800x411 手术后缺血性胆道病
K91.806 胆总管空肠吻合口狭窄
K91.807 胆漏
K91.822 手术后胆管狭窄
K91.823 手术后胆管十二指肠吻合口狭窄
K91.825 手术后肝衰竭
K91.826 手术后肝总管狭窄
K91.827 手术后肝管-空肠吻合口狭窄
K91.840 手术后胆管闭锁
K91.841 手术后肝管狭窄
K92.800x006 肝癌伴出血
K92.800x009 胆囊癌伴出血
K92.800x010 胆管癌伴出血
K92.800x012 胰腺癌伴出血
K92.801 门脉高压性胃肠病
M32.108+K77.8* 狼疮性肝损害
M35.003+K77.8* 干燥综合征性肝损害
Q27.304 先天性肝动静脉瘘
Q27.800x004 肝门血管畸形
Q27.804 先天性胆囊血管畸形
Q27.805 先天性肝血管畸形
Q44.001 先天性胆囊不发育
Q44.002 先天性胆囊发育不全
Q44.003 胆囊分隔
Q44.004 先天性无胆囊
Q44.100x002 先天性肝内胆囊
Q44.100x003 胆囊重复畸形
Q44.101 先天性胆囊闭锁
Q44.102 胆囊憩室
Q44.200 胆管闭锁
Q44.200x003 先天性胆总管下端闭锁
Q44.201 先天性胆总管闭锁
Q44.300 先天性胆管狭窄
Q44.301 先天性胆管闭塞性黄疸
Q44.400 先天性胆总管囊肿
Q44.500x005 先天性胆总管狭窄
Q44.500x006 胆管重复畸形
Q44.500x007 先天性肝内胆管囊状扩张症［Caroli病］
Q44.501 先天性胆总管畸形
Q44.502 先天性胆管畸形
Q44.503 先天性胆总管扩张
Q44.504 先天性胆管扩张症
Q44.505 卡罗莱综合征
Q44.600 肝囊性病
Q44.601 多囊肝
Q44.700x002 阿拉杰里综合征［Alagille综合征］
Q44.700x003 肝异位
Q44.700x004 先天性多囊肝
Q44.701 先天性肝内胆管发育不良征
Q44.702 先天性肝脏畸形
Q44.703 先天性肝纤维化
Q44.704 肝发育不良
Q44.705 先天性肝囊肿
Q45.001 胰腺不发育
Q45.002 胰腺发育不全

Q45.003　胰腺缺如
Q45.100　环状胰腺
Q45.200　胰腺先天性囊肿
Q45.300x901　先天性多囊胰
Q45.300x902　胰腺分裂症
Q45.300x904　迷走胰腺
Q45.301　异位胰腺
Q45.802　胰胆管合流异常
Q85.900x019　胆囊错构瘤
Q85.900x044　胆管错构瘤
Q85.911　肝错构瘤
Q85.912　胰腺错构瘤
R16.000x001　肝大
R16.200x001　肝脾大
R17.900　高胆红素血症，不伴黄疸
R17.900x001　非新生儿高胆红素血症
R17.901　高胆红素血症
R93.200x001　肝诊断性影像异常
R93.200x002　胆道诊断性影像异常
R93.201　肝钙化灶
R93.203　肝占位性病变
R93.204　胆囊占位性病变
R93.205　胆管占位性病变
R93.302　胰腺占位性病变
R94.500　肝功能检查的异常结果
S36.100x001　肝损伤
S36.100x011　肝挫伤
S36.100x013　创伤性肝血肿
S36.100x021　肝撕裂伤
S36.100x031　肝轻度撕裂伤
S36.100x041　肝中度撕裂伤
S36.100x051　肝重度撕裂伤
S36.100x081　胆管损伤
S36.101　胆囊损伤
S36.102　创伤性肝破裂
S36.103　创伤性胆总管破裂
S36.110　开放性肝破裂
S36.111　开放性胆囊损伤
S36.112　开放性胆管损伤
S36.113　开放性胆总管损伤
S36.200　胰损伤
S36.200x001　胰腺损伤
S36.200x011　胰头损伤
S36.200x021　胰体损伤
S36.200x031　胰尾损伤
S36.200x091　胰管损伤
S36.200x092　胰腺和胰管损伤
S36.201　创伤性胰腺破裂
S36.202　胰腺包膜撕裂
S36.210　开放性胰损伤
T81.800x006　操作后胰腺炎
T82.813　肝移植后肝动脉假性动脉瘤破裂
T85.800x802　TIPSS肝内支架狭窄
T86.400x001　肝移植失败
T86.400x003　肝移植排斥
T86.400x004　肝移植物急性抗宿主病
T86.400x005　肝移植物慢性抗宿主病
T86.400x006　肝移植急性排斥
T86.400x007　肝移植慢性排斥
T86.400x009　肝移植后肝动脉血栓形成
T86.400x010　肝移植后肝动脉狭窄
T86.400x011　肝移植后肝动脉假性动脉瘤
T86.400x012　肝移植后门静脉血栓形成
T86.400x013　肝移植后门静脉狭窄
T86.400x014　肝移植后下腔静脉血栓形成
T86.400x015　肝移植后下腔静脉狭窄
T86.400x016　肝移植后肝静脉回流障碍
T86.400x017　肝移植后肝功能不全
T86.400x018　肝移植后门静脉闭塞
T86.401　移植肝功能衰竭
T86.800x021　胰移植失败
T86.804　移植胰排斥反应
Z52.600x001　供肝脏者

HB1　胰、肝切除和/或分流手术

包含以下主要手术或操作：
38.6600x002　肝动脉瘤切除术
39.1x00x006　肾静脉-下腔静脉吻合术
39.1x00x007　肠系膜上静脉-右心房人工血管分流术
39.1x00x008　脾静脉-下腔静脉人工血管分流术
39.1x00x009　肠系膜上静脉-下腔静脉颈内静脉搭桥术
39.1x00x010　肠系膜上静脉-下腔静脉人工血管搭桥术
39.1x00x012　颈外静脉-大隐静脉分流术
39.1x00x013　胃冠状静脉-肾静脉吻合术
39.1x01　肠系膜静脉-腔静脉吻合术
39.1x03　门静脉-腔静脉吻合术
39.1x05　肠系膜上静脉-下腔静脉吻合术
39.1x07　脾静脉-肾静脉吻合术

39.1x10　经颈静脉肝内门体静脉吻合术
39.2300x017　无名静脉-上腔静脉人工血管搭桥术
40.5900x014　肝门淋巴结清扫术
50.2200　部分肝切除术
50.2200x003　肝Ⅱ段切除术
50.2200x004　肝Ⅲ段切除术
50.2200x005　肝Ⅳ段切除术
50.2200x006　肝Ⅴ段切除术
50.2200x007　肝Ⅵ段切除术
50.2200x008　肝Ⅶ段切除术
50.2200x009　肝Ⅷ段切除术
50.2200x010　供体肝部分切取术
50.2201　肝楔形切除术
50.2202　肝段切除术
50.2203　腹腔镜下肝段切除术
50.2204　腹腔镜下肝楔形切除术
50.2205　腹腔镜下肝部分切除术
50.2206　腹腔镜下活体取肝术
50.3x01　右半肝切除术
50.3x02　左半肝切除术
50.3x03　肝叶部分切除术
50.3x04　全肝叶切除术伴其他肝叶部分切除术
50.3x05　腹腔镜下肝叶切除术
50.3x06　腹腔镜下半肝切除术
50.4x00　全肝切除术
51.3300　胆囊胰腺吻合术
51.3301　腹腔镜下胆胰转流术
51.3601　胆总管空肠吻合术
51.3602　胆总管十二指肠吻合术
51.3700x001　腹腔镜下肝门-空肠吻合术
51.3700x002　腹腔镜下肝门-肠吻合术
51.3700x003　肝胆管-空肠吻合术
51.3700x007　肝门-空肠吻合术
51.3701　肝总管空肠吻合术
51.3702　肝管胃吻合术
51.3703　肝管十二指肠吻合术
51.3704　肝管空肠吻合术
51.6200x002　法特壶腹切除术
51.6201　法特氏壶腹病损切除术
51.8300x003　胆总管-十二指肠后壁吻合术
51.8301　十二指肠括约肌成形术
52.5100x001　胰近端切除伴十二指肠切除术
52.5101　胰头切除术
52.5102　胰头伴部分胰体切除术
52.5103　胰头十二指肠切除术
52.5104　胰头部分切除术
52.5201　胰尾切除术
52.5202　胰尾伴部分胰体切除术
52.5203　胰尾部分切除术
52.5204　腹腔镜下胰尾切除术
52.5205　腹腔镜下胰尾伴部分胰体切除术
52.5206　腹腔镜下胰体胰尾病损切除术
52.5300　根治性胰腺次全切除术
52.5301　腹腔镜根治性胰体尾切除术
52.5901　胰腺部分切除术
52.5902　胰腺十二指肠部分切除术
52.5903　胰腺节段切除术
52.5904　胰体尾切除术
52.5905　腹腔镜胰腺部分切除术
52.5906　腹腔镜胰腺中段切除术
52.6x00　全胰切除术
52.6x00x003　异位胰腺切除术
52.6x00x004　移植胰腺切除术
52.6x01　胰腺全部切除伴十二指肠切除术
52.6x02　腹腔镜下全胰切除术
52.6x03　腹腔镜下胰十二指肠切除术
52.7x00　根治性胰十二指肠切除术
52.7x00x003　胰腺根治性切除术
52.7x00x004　保留幽门的胰十二指肠切除术［PPPD手术］
52.7x01　腹腔镜下胰十二指肠根治术
52.9601　胰腺管空肠吻合术
52.9602　胰腺管胃吻合术
52.9603　胰腺管回肠吻合术
52.9604　胰腺管十二指肠吻合术
52.9605　腹腔镜下胰胃吻合术
54.9400x002　腹腔-静脉转流泵管置入术
54.9401　腹腔颈静脉分流术
54.9402　腹腔静脉分流术
54.9501　拉德手术
54.9502　脑室-腹腔分流修复术

HC1　胆总管手术

包含以下主要手术或操作：
51.3903　胆总管胃空肠吻合术
51.3905　胆总管胃吻合术
51.4100x001　胆总管切开取石术
51.4201　胆总管切开异物取出术
51.4202　胆总管切开减压术
51.4301　肝胆总管吻合术

51.4302 肝管支架置入术
51.4303 胆总管支架置入术
51.4304 胆管支架置入术
51.4900x002 胆管切开取石术
51.4900x003 胆总管切开取栓术
51.4901 肝管切开取石术
51.4902 胆肠吻合口切开取石术
51.4903 胆管切开取石术（伴T管引流）
51.4904 肝总管切开取石术
51.4905 胆管切开取栓术
51.5100 胆总管探查术
51.5101 胆总管切开引流术
51.5102 胆总管切开支架取出术
51.6100x001 残余胆囊管切除术
51.6101 胆囊管残端切除术，经腹腔镜
51.6300x001 腹腔镜下胆总管病损切除术
51.6301 胆总管病损切除术
51.6302 胆总管部分切除术
51.6303 胆总管切除术
51.7101 胆总管裂伤缝合术
51.7200x001 胆总管修补术
51.7201 胆总管瘘修补术
51.7202 胆总管-肠吻合口拆除术
51.7203 胆总管球囊扩张术
51.7204 胆总管扩张术
51.7900x006 胆总管损伤修补术
51.8701 腹腔镜下胆总管T管引流术
51.8800x006 腹腔镜下胆道取石术
51.8800x009 内镜下胆管碎石取石术
51.8801 胆道镜下胆管取石术
51.8802 十二指肠镜下胆总管切开取石术
51.8803 腹腔镜下胆总管切开取石术
51.8804 胆道镜下肝内胆管结石取出术
51.8805 腹腔镜-胆道镜联合探查取石术
51.8806 胆道镜下胆管结石取出术
51.8807 经胆囊管行胆总管取石术

HC2 胆囊切除手术

包含以下主要手术或操作：
51.2100 部分胆囊切除术
51.2101 胆囊病损切除术
51.2200 胆囊切除术
51.2200x004 胆囊扩大切除术
51.2201 残余胆囊切除术
51.2300 腹腔镜下胆囊切除术
51.2301 腹腔镜下残余胆囊切除术
51.2400 腹腔镜下部分胆囊切除术
51.2401 腹腔镜下胆囊病损切除术

HC3 除胆囊切除术以外的胆道手术

包含以下主要手术或操作：
51.0200 套管胆囊造口术
51.0300x002 胆囊造口术
51.0301 腹腔镜下胆囊造口术
51.0400x004 胆囊引流术
51.0400x006 浅式胆囊取石术
51.0400x008 胆道镜下碎石取石术
51.0401 胆囊切开取石术
51.0402 胆囊切开引流术
51.0403 胆囊切开异物取出术
51.0404 腹腔镜下胆囊切开引流术
51.0405 腹腔镜下胆囊切开取石术
51.3100 胆囊肝管吻合术
51.3200x001 胆囊-结肠吻合术
51.3201 胆囊空肠吻合术
51.3202 胆囊十二指肠吻合术
51.3203 腹腔镜下胆囊空肠吻合术
51.3204 腹腔镜下胆囊十二指肠吻合术
51.3400 胆囊胃吻合术
51.3500 其他胆囊吻合术
51.3900x005 胆管吻合术
51.3900x008 胆管-胰吻合术
51.3901 胆管空肠吻合术
51.3902 胆管十二指肠吻合术
51.3904 胆管肝管空肠吻合术
51.3906 胆管胃吻合术
51.3907 腹腔镜下胆管空肠吻合术
51.5900x001 超声引导下胆管穿刺引流术
51.5900x005 胆管引流术
51.5900x006 腹腔镜下胆道探查术
51.5900x008 肝内胆管引流术
51.5900x009 内镜下胆道异物去除术
51.5901 肝管切开引流术
51.5902 肝管切开探查术
51.5903 胆管切开探查术
51.5904 肝总管切开探查术
51.6900x007 肝胆管病损切除术
51.6900x008 肝胆管切除术
51.6900x012 肝总管切除术
51.6900x013 腹腔镜下胆管病损切除术

51.6901　胆管病损切除术
51.6902　胆管部分切除术
51.6903　肝管切除术
51.6904　肝管病损切除术
51.6905　肝总管部分切除术
51.7900x002　胆管成形术
51.7900x005　胆管修补术
51.7900x007　空肠代胆道术
51.7901　肝管成形术
51.7902　胆管空肠吻合口闭合术
51.7903　带蒂肠片肝管成形术
51.7904　胆管瘘修补术
51.7905　胆管造口闭合术
51.7906　肝总管修补术
51.7907　胆管人工造口闭合术
51.7908　肝管扩张术
51.7909　腹腔镜下胆管瘘口修补术
51.7910　腹腔镜下胆管修补术
51.8100　奥狄氏括约肌扩张
51.8101　法特氏壶腹扩张术
51.8900　奥狄氏括约肌的其他手术
51.9100　胆囊裂伤的修补术
51.9101　腹腔镜下胆囊破裂修补术
51.9200　胆囊造口闭合术
51.9300x001　胆囊-空肠瘘切除术
51.9301　胆囊瘘修补术
51.9302　胆囊空肠瘘修补术
51.9303　胆囊十二指肠瘘修补术
51.9304　胆囊结肠瘘修补术
51.9305　胆囊胃瘘修补术
51.9401　胆管吻合口重建术
51.9901　胆道内假体置换术

HJ1　与肝、胆或胰腺疾病有关的其他手术

包含以下主要手术或操作：
34.8101　横膈病损切除术
34.8102　横膈部分切除术
38.0601　肠系膜动脉取栓术
38.0700x003　门静脉探查术
38.0702　下腔静脉取栓术
38.0704　门静脉取栓术
38.0705　肠系膜静脉取栓术
38.3000　血管部分切除术伴吻合术
38.6700x003　门静脉部分切除术
38.6700x005　腹腔静脉瘤切除术
38.6702　门静脉病损切除术
38.6704　肝静脉病损切除术
38.7x01　腔静脉结扎术
38.7x02　腔静脉折叠术
38.7x03　上腔静脉滤器置入术
38.7x04　下腔静脉滤器置入术
38.8600x004　腹壁血管结扎术
38.8600x005　腹膜血管结扎术
38.8601　大网膜动脉结扎术
38.8602　胃动脉结扎术
38.8603　胆囊动脉结扎术
38.8604　肠系膜动脉结扎术
38.8605　肝动脉结扎术
38.8606　脾动脉结扎术
38.8608　肾动脉结扎术
38.8700x011　腹腔镜下门静脉结扎术
38.8701　肠系膜静脉结扎术
38.8704　门静脉结扎术
39.2600x006　升主动脉-腹主动脉人工血管搭桥术
39.2600x007　髂动脉-髂动脉人工血管搭桥术
39.3200x004　门静脉缝合术
39.5000x011　下腔静脉球囊扩张成形术
39.5000x021　上腔静脉球囊扩张成形术
39.5000x024　肝动脉球囊扩张成形术
39.5006　肝静脉球囊血管成形术
39.5010　腹主动脉球囊血管成形术
39.5017　门静脉球囊扩张成形术
39.5900x003　肝静脉成形术
39.9003　门静脉支架置入术
39.9012　肝动脉支架置入术
39.9500x005　单膜血浆置换
39.9500x006　双膜血浆置换
39.9501　血液滤过
39.9600x002　血浆灌流
39.9600x003　血液灌流
39.9800x001　伤口止血术
39.9801　手术后伤口止血术
40.1100x003　腹腔镜下淋巴结活检术
40.2100　深部颈淋巴结切除术
40.2300　腋淋巴结切除术
40.2400　腹股沟淋巴结切除术
40.2900x002　单纯淋巴结切除术
40.2900x018　肠系膜淋巴管瘤（囊肿）切除术
40.2900x020　腹壁淋巴管瘤（囊肿）切除术
40.2900x023　髂外血管旁淋巴结切除术

40.2900x029　肝门淋巴结切除术
40.2901　锁骨上淋巴结切除术
40.2905　腹主动脉旁淋巴结切除术
40.2906　腹腔淋巴结切除术
40.2907　腹膜淋巴结切除术
40.2908　肠系膜淋巴结切除术
40.2909　盆腔淋巴结切除术
40.3x00x001　淋巴结扩大性区域性切除术
40.3x00x002　淋巴结区域性切除术
40.3x00x003　腔镜下区域性腋窝淋巴结区域切除术
40.5000　淋巴结根治性切除术
40.5100　腋下淋巴结根治性切除术
40.5101　腔镜腋下淋巴结清扫术
40.5200　主动脉旁淋巴结根治性切除术
40.5300　髂淋巴结根治性切除术
40.5301　腹腔镜髂淋巴结清扫术
40.5400x001　腹股沟淋巴结清扫术
40.5400x002　腹腔镜下腹股沟淋巴结清扫术
40.5400x003　腹股沟浅淋巴结清扫术
40.5900x010　腹腔镜下腹膜后淋巴结清扫术
40.5906　纵隔淋巴结清扫术
40.5907　腹膜后淋巴结清扫术
40.5908　腹腔淋巴结清扫术
40.5909　肠系膜淋巴结清扫术
40.5910　盆腔淋巴结清扫术
40.5911　腹腔镜腹腔淋巴结清扫术
40.5912　腹腔镜盆腔淋巴结清扫术
40.9x00x003　周围淋巴管-小静脉吻合术
40.9x00x004　淋巴干-小静脉吻合术
40.9x00x008　淋巴水肿矫正Homans-Macey手术［Homan手术］
40.9x00x009　淋巴水肿矫正Charles手术［Charles手术］
40.9x00x010　淋巴水肿矫正Thompson手术［Thompson手术］
40.9x00x012　髂淋巴干横断结扎术
40.9x00x013　淋巴管瘘结扎术
40.9x00x014　淋巴管瘘切除术
40.9x00x015　淋巴管瘘粘连术
40.9x00x016　淋巴管瘤注射术
40.9x09　淋巴管静脉吻合术
41.2x02　脾切开引流术
41.2x04　腹腔镜脾囊肿开窗术
41.4100　脾囊肿袋形缝术［造袋术］
41.4200x002　脾病损切除术
41.4200x003　经皮脾病损射频消融术
41.4200x005　经皮脾病损微波消融术
41.4300　部分脾切除术
41.4301　腹腔镜脾部分切除术
41.5x00　全脾切除术
41.5x01　腹腔镜全脾切除术
41.9300　副脾切除术
41.9301　腹腔镜副脾切除术
41.9901　脾内无水酒精注入治疗术
42.9100x002　食管静脉曲张套扎术
44.3900x003　胃-十二指肠吻合术
44.9100x001　贲门周围血管离断术
44.9100x002　门奇静脉断流术［食管-胃底静脉结扎术］
44.9100x005　腹腔镜下胃静脉曲张离断术
45.0100x005　十二指肠切开探查术
45.3200x001　十二指肠病损破坏术
46.3900x002　空肠造口术
46.7900x009　腹腔镜下十二指肠成形术
46.8500x005　内镜下十二指肠支架置入术
50.0x00x004　腹腔镜下肝切开引流术
50.0x00x008　肝被膜下血肿清除术
50.0x00x016　肝探查术
50.0x01　肝切开引流术
50.0x02　肝切开异物取出术
50.0x03　腹腔镜下肝囊肿开窗引流术
50.0x04　腹腔镜下肝脓肿切开引流术
50.0x05　腹腔镜下肝异物去除术
50.1200　开放性肝活组织检查
50.1400　腹腔镜下肝活组织检查
50.2100　肝病损的袋形缝合术［造袋术］
50.2301　肝病损微波消融术
50.2302　肝病损射频消融术
50.2303　胆囊床病损射频消融术
50.2501　腹腔镜下肝病损微波消融术
50.2502　腹腔镜下肝病损射频消融术
50.2503　腹腔镜超声引导下肝病损射频消融术
50.2600　肝病损或组织的其他和未特指消融术
50.2900x020　腹腔镜下肝内无水酒精注射术
50.2900x021　腹腔镜下肝抽吸术
50.2901　肝病损氩氦刀治疗术
50.2902　肝病损冷冻治疗术
50.2903　肝病损酒精固化治疗术
50.2904　肝病损离体切除术
50.2905　肝病损破坏术

50.2906　肝病损超声刀治疗
50.2907　肝病损微波治疗
50.2908　肝病损切除术
50.2909　腹腔镜下肝病损切除术
50.2910　腹腔镜下肝病损烧灼术
50.6101　肝破裂修补术
50.6900x002　肝修补术
50.6900x003　供体肝修补术
50.6901　肝固定术
50.9200x001　肝透析［人工肝治疗］
50.9201　肝透析
50.9900x003　肝止血术
51.1301　开放性胆囊活组织检查
51.1302　开放性胆管活组织检查
51.3100x001　腹腔镜下胆囊肝管吻合术
51.8200x001　奥狄括约肌切开术
51.8200x002　经十二指肠壶腹括约肌切开术
51.8200x003　胰管括约肌切开取石术
51.8201　十二指肠乳头肌切开术
52.0100　胰囊肿导管引流术
52.0101　腹腔镜下胰腺周围脓肿外引流术
52.0102　腹腔镜下胰腺囊肿外引流术
52.0900x001　腹腔镜下胰腺脓肿引流术
52.0901　胰腺切开探查术
52.0902　胰腺切开取石术
52.0903　胰腺切开引流术
52.0904　腹腔镜下胰腺切开引流术
52.1200　开放性胰腺活组织检查
52.1201　胰腺活组织检查，经腹腔镜
52.2100x001　腹腔镜下胰腺病损射频消融术
52.2100x002　腹腔镜下胰腺病损微波消融术
52.2100x003　腹腔镜下胰腺病损冷冻消融术
52.2100x004　腹腔镜下胰腺病损纳米刀消融术
52.2101　腹腔镜下胰腺病损切除术
52.2102　超声内镜下胰腺无水酒精注射术
52.2201　胰腺病损切除术
52.2202　胰腺病损射频消融术
52.3x00　胰囊肿袋形缝合术［造袋术］
52.4x00x004　胰腺囊肿引流术
52.4x00x007　超声内镜下胰腺囊肿-胃吻合术
52.4x00x008　超声内镜下胰腺囊肿-十二指肠吻合术
52.4x00x009　超声内镜下胰腺囊肿-胃吻合伴清创术
52.4x00x010　超声内镜下胰腺脓肿-十二指肠吻合伴清创术
52.4x00x011　超声内镜下胰腺囊肿穿刺引流术
52.4x00x012　CT引导下胰腺囊肿穿刺引流术
52.4x01　胰腺囊肿十二指肠吻合术
52.4x02　胰腺囊肿胃吻合术
52.4x03　胰腺囊肿空肠吻合术
52.4x04　腹腔镜下胰腺囊肿胃肠吻合术
52.4x05　腹腔镜下胰腺囊肿十二指肠吻合术
52.4x06　腹腔镜下胰腺囊肿空肠吻合术
52.4x07　腹腔镜下胰腺囊肿内引流术
52.8100　胰腺组织再植入
52.8400　朗格汉斯胰岛细胞自体移植
52.8400x001　胰岛细胞自体移植
52.8500　朗格汉斯胰岛细胞异体移植
52.8500x001　胰岛细胞异体移植
52.8600　朗格汉斯胰岛细胞移植
52.8600x001　胰岛细胞移植
52.9500x001　胰瘘管切除术
52.9500x002　胰尾修补术
52.9501　胰腺裂伤缝合术
52.9502　胰管修补术
52.9503　胰腺瘘修补术
52.9504　胰腺修补术
52.9901　胰管扩张术
54.0x00x010　腹壁血肿清除术
54.0x00x021　腹膜外血肿清除术
54.0x00x023　髂窝积液清除术
54.0x01　腹股沟探查术
54.0x03　腹壁异物取出术
54.1100　开腹探查术
54.1101　腹腔镜中转剖腹探查术
54.1201　再开腹探查术
54.1202　近期开腹术后腹腔止血术
54.1900x001　腹部血肿去除术
54.1900x005　腹腔镜下腹腔积血清除术
54.1900x010　腹腔脓肿切开引流术
54.1900x011　腹腔血肿清除术
54.1900x024　膈下脓肿切除术
54.1902　腹膜血肿清除术
54.1903　腹腔切开引流术
54.1904　膈下脓肿切开引流术
54.1907　腹腔出血止血术
54.1908　膈下血肿清除术
54.1909　肠系膜血肿清除术
54.2100　腹腔镜检查

54.2200x003 腹腔镜下腹壁活检术
54.2301 开放性腹膜活组织检查
54.2302 开放性网膜活组织检查
54.2303 开放性肠系膜活组织检查
54.3x00x004 腹壁窦道扩创术
54.3x00x010 腹壁伤口扩创术
54.3x00x011 腹壁伤口清创术
54.3x00x027 脐病损切除术
54.3x01 腹壁病损切除术
54.3x02 腹腔镜下腹壁病损切除术
54.3x03 腹股沟病损切除术
54.3x04 脐切除术
54.3x05 盆腔壁病损切除术
54.3x06 腹壁清创术
54.3x07 腹壁脐尿管囊肿切除术
54.4x00x005 大网膜病损切除术
54.4x00x006 大网膜部分切除术
54.4x00x007 大网膜切除术
54.4x00x012 骶尾部病损切除术
54.4x00x021 腹膜外病损切除术
54.4x00x035 盆腔病损切除术
54.4x00x039 盆腔病损冷冻治疗术
54.4x00x042 髂窝病损切除术
54.4x00x048 腹腔病损氩氦刀靶向冷冻治疗术
54.4x00x050 腹腔镜下直肠全系膜切除术［TME］
54.4x00x055 经皮腹膜后病损纳米刀消融术
54.4x01 腹膜病损切除术
54.4x02 腹膜后病损切除术
54.4x03 网膜部分切除术
54.4x04 网膜切除术
54.4x05 网膜病损切除术
54.4x06 肠系膜病损切除术
54.4x07 骶前病损切除术
54.4x08 盆腔腹膜切除术
54.4x10 腹腔镜下盆腔腹膜病损切除术
54.4x11 腹腔镜下腹膜病损切除术
54.4x12 腹腔镜下网膜病损切除术
54.4x13 腹腔镜下肠系膜病损切除术
54.4x14 腹腔镜下网膜部分切除术
54.4x16 腹腔镜下网膜切除术
54.5100 腹腔镜下腹膜粘连松解术
54.5100x005 腹腔镜下腹腔粘连松解术
54.5100x009 腹腔镜下盆腔粘连松解术
54.5101 腹腔镜下肠粘连松解术
54.5102 腹腔镜下网膜粘连松解术
54.5103 腹腔镜下盆腔腹膜粘连松解术
54.5900x007 盆腔腹膜粘连松解术
54.5901 腹腔粘连松解术
54.5902 腹膜粘连松解术
54.5903 肠粘连松解术
54.5904 盆腔粘连松解术
54.5905 网膜粘连松解术
54.6101 腹壁切口裂开缝合术
54.6301 腹壁裂伤缝合术
54.6400 腹膜缝合术
54.6401 网膜裂伤缝合术
54.7100 腹裂（畸形）修补术
54.7200x001 腹壁补片修补术
54.7300x001 腹膜组织修补术
54.7302 胃结肠韧带缝合术
54.7400x001 大网膜包肝术
54.7400x002 大网膜包肾术
54.7400x003 大网膜还纳术
54.7400x004 大网膜内移植术
54.7400x005 大网膜修补术
54.7400x006 生物大网膜移植术
54.7401 网膜固定术
54.7402 网膜缝合术
54.7403 网膜移植术
54.7404 网膜扭转复位术
54.7405 异体大网膜移植术
54.7500x002 肠系膜修补术
54.7501 肠系膜固定术
54.7502 肠系膜折叠术
54.9300x001 腹壁造口术
54.9703 腹腔镜下腹腔局部注射
54.9900x010 腹腔镜下盆腔病损切除术
54.9900x011 腹腔镜下盆腔内膜病损电凝术
54.9900x017 盆腔补片术
54.9904 腹腔镜下腹腔病损切除术
86.2200x011 皮肤和皮下坏死组织切除清创术

HK1 食管曲张静脉出血的治疗性内镜操作

包含以下主要手术或操作：
42.3307 内镜食管静脉曲张结扎术
42.3308 内镜食管静脉曲张硬化剂注射术
42.3309 内镜食管静脉曲张组织胶注射术
42.3310 内镜食管出血止血术
43.4100x020 内镜下胃底静脉曲张组织胶注射术
96.0601 三腔二囊管插管术

HL1 肝胆胰系统的治疗性操作

包含以下主要手术或操作：
39.7900x033 经皮门静脉取栓术
39.7903 经导管肝动脉栓塞术
42.3200x003 食管病损氩气刀治疗术
42.3300x006 胃镜下食管病损电灼术
42.9200x006 内镜下食管球囊扩张成形术
44.4400x001 食管-胃底静脉栓塞术
45.3001 内镜下十二指肠病损切除术
50.2400x001 肝病损聚焦超声消融术
50.2400x002 经皮肝病损纳米刀消融术
50.2400x003 经皮肝病损冷冻消融术
52.2200x005 经皮胰腺病损射频消融术
52.2200x006 经皮胰腺病损微波消融术
52.2200x007 经皮胰腺病损冷冻消融术
52.2200x008 胰腺病损聚焦超声消融术
52.2200x009 经皮胰腺病损纳米刀消融术
50.2401 CT引导下肝病损射频消融术
50.2402 CT引导下肝病损微波消融术
50.2403 超声引导下肝病损微波消融术
50.2404 超声引导下肝病损射频消融术
50.9300 肝局部灌注
50.9400x005 肝病损药物注射治疗
50.9401 肝内无水酒精注射术
50.9402 肝囊肿硬化剂注射术
51.0101 胆囊穿刺术
51.0102 经皮经肝胆囊置管引流术
51.0103 超声引导下胆囊穿刺引流术
51.6400x002 内镜下胆总管病损切除术
51.6400x003 内镜下胆管病损射频消融术
51.8400x001 内镜下奥迪括约肌切开术
51.8401 内镜下肝管气囊扩张术
51.8402 内镜下胆管扩张术
51.8403 内镜下奥狄氏括约肌扩张术
51.8404 内镜下胆总管球囊扩张术
51.8500x002 内镜下十二指肠乳头肌切开取石术
51.8501 内镜下胰管括约肌切开术
51.8502 内镜下胆管括约肌切开术
51.8503 内镜下十二指肠乳头肌切开术（EST）
51.8600x002 内镜下鼻胆管引流术
51.8700x001 内镜下胆道内支架成形术
51.8700x003 内镜下胆管支架置入术
51.8700x004 内镜下胆管置管引流术
51.8700x005 内窥镜胆总管内置管术
51.8702 内镜下肝管支架置入术
51.9501 经皮胆总管支架去除术
51.9600x001 经皮胆总管结石取出术
51.9601 经T管胆道镜下胆总管取石术
51.9800x001 超声引导下经皮肝穿刺胆管引流术
51.9804 经皮经肝胆管引流术
51.9800x005 经皮胆道镜下取石术
51.9800x008 经皮胆管球囊扩张术
51.9800x009 经皮胆管引流术
51.9800x010 经皮胆管支架置入术
51.9800x012 经皮肝穿刺胆管引流术
51.9800x013 经皮肝穿刺肝胆管引流术
51.9800x015 经皮肝穿刺胆总管支架置入术
51.9800x016 经皮胆肠吻合口扩张术
51.9801 经皮肝穿刺胆管支架植入术
51.9803 经皮经肝胆管球囊扩张术
51.9805 经皮经肝肝管支架植入术
51.9806 经皮胆管扩张术
51.9807 经胆道镜胆管扩张术
51.9808 经T管胆道支架植入术
52.2200x001 胰腺病损硬化剂注射术
52.9200x001 经皮穿刺胰腺置管引流术
52.9201 胰管支架置入术
52.9300 内镜下胰管支架（管）置入
52.9300x002 内镜下胰管置管引流术
52.9301 腹腔镜下经十二指肠切开胰管开口整形支架引流术
52.9400 内镜下胰管结石去除术
52.9400x002 内镜下胰管碎石取石术
52.9700 内镜下鼻胰引流管置入
52.9800x001 内镜下胰管球囊扩张术［EOBD］
97.0502 胆管支架置换术
97.5505 经皮胆总管支架取出术
97.5506 内镜下胆管支架取出术
97.5601 内镜下胰管支架去除
98.5201 胆管体外冲击波碎石
98.5202 胆囊体外冲击波碎石术
98.5900x003 胰腺结石体外冲击波碎石

HL2 肝胆胰系统的诊断性操作

包含以下主要手术或操作：
51.1000 内镜逆行胰胆管造影［ERCP］
51.1100 内镜逆行胆管造影［ERC］
51.1101 术中胆道镜检查
51.1104 腹腔镜下胆总管探查术

51.1105　腹腔镜下胆道造影术
51.1500　奥狄氏括约肌的压力测量
52.1302　腹腔镜下胰腺探查
52.1303　胆道镜逆行胰管造影［ERP］

HR1　肝胆胰系统恶性肿瘤

包含以下主要诊断：
C22.000　肝细胞癌
C22.001　肝恶性细胞瘤
C22.100　肝内胆管癌
C22.101　胆管癌
C22.200　肝母细胞瘤
C22.300　肝血管肉瘤
C22.301　肝巨噬细胞肉瘤
C22.400　肝的其他肉瘤
C22.700　肝恶性肿瘤，其他特指的
C22.900　肝恶性肿瘤
C23.x00　胆囊恶性肿瘤
C24.000　肝外胆管恶性肿瘤
C24.000x007　肝门胆管恶性肿瘤
C24.001　肝管恶性肿瘤
C24.002　胆管恶性肿瘤
C24.003　胆总管恶性肿瘤
C24.004　胆囊管恶性肿瘤
C24.100　法特壶腹恶性肿瘤
C24.101　法特壶腹周围恶性肿瘤
C24.800　胆道交搭跨越恶性肿瘤的损害
C24.800x001　肝内及肝外胆管恶性肿瘤
C24.900　胆道恶性肿瘤
C25.000　胰头恶性肿瘤
C25.100　胰体恶性肿瘤
C25.200　胰尾恶性肿瘤
C25.300　胰管恶性肿瘤
C25.400　胰腺内分泌的恶性肿瘤
C25.401　胰岛恶性肿瘤
C25.701　胰颈恶性肿瘤
C25.800x001　胰头和胰颈及胰体恶性肿瘤
C25.801　胰体胰尾部恶性肿瘤
C25.802　胰颈胰体部恶性肿瘤
C25.803　胰头胰颈部恶性肿瘤
C25.900　胰恶性肿瘤
C26.800x003　胆管及胆囊恶性肿瘤
C45.704　肝间皮瘤
C77.203　肝淋巴结继发恶性肿瘤
C77.204　胰淋巴结继发恶性肿瘤
C78.700　肝部和肝内胆管继发性恶性肿瘤
C78.800x009　胰头继发恶性肿瘤
C78.806　胰腺继发恶性肿瘤
C78.807　胆囊继发恶性肿瘤
C78.808　胆管继发恶性肿瘤
D01.500x001　肝原位癌
D01.501　胆囊原位癌
D01.502　胆道原位癌
D01.503　法特壶腹原位癌
D01.700　消化器官其他特指的原位癌
D01.701　胰腺原位癌
K92.800x006　肝癌伴出血
K92.800x009　胆囊癌伴出血
K92.800x010　胆管癌伴出血
K92.800x012　胰腺癌伴出血

HS1　肝功能衰竭

包含以下主要诊断：
B15.000　甲型肝炎，伴有肝昏迷
B15.001　急性甲型病毒性肝炎伴肝昏迷
B15.002　急性重型甲型病毒性肝炎伴肝昏迷
B15.003　亚急性重型甲型病毒性肝炎伴肝昏迷
B16.000　急性乙型肝炎，伴有δ因子（共同感染），并伴有肝昏迷
B16.000x001　病毒性肝炎乙型丁型亚急性重型
B16.001　急性乙型丁型病毒性肝炎伴肝昏迷
B16.200　急性乙型肝炎，不伴有δ因子（共同感染），但伴有肝昏迷
B16.201　急性乙型病毒性肝炎伴肝昏迷
B16.202　亚急性重型乙型病毒性肝炎伴肝昏迷
B16.203　急性重型乙型病毒性肝炎伴肝昏迷
B16.204　急性无黄疸型乙型肝炎伴肝昏迷
B17.102　急性重型丙型病毒性肝炎
B17.103　亚急性重型丙型病毒性肝炎
B17.200x005　病毒性肝炎戊型急性重型
B17.204　急性重型戊型病毒性肝炎
B17.205　亚急性重型戊型病毒性肝炎
B17.800x001　病毒性肝炎重叠感染
B17.900x005　病毒性肝炎急性重型（暴发型）
B17.900x006　病毒性肝炎亚急性重型
B18.800x004　病毒性肝炎三重感染（三重以上）（慢性重型）
B18.803　慢性重型重叠型病毒性肝炎
B18.805　慢性重型混合型病毒性肝炎
B19.000　病毒性肝炎，伴有肝昏迷

B19.001　急性重型病毒性肝炎伴肝昏迷
B19.002　亚急性重型病毒性肝炎伴肝昏迷
B25.101+K77.0*　巨细胞病毒性肝炎伴肝昏迷
K70.400x002　亚急性酒精性肝衰竭
K70.401　急性酒精性肝衰竭
K70.402　慢性酒精性肝衰竭
K70.403　酒精性肝衰竭伴肝昏迷
K71.100　中毒性肝病伴有肝坏死
K71.100x003　药物性慢性肝衰竭
K71.100x005　中毒性肝病伴肝衰竭（慢性轻度）
K71.100x006　中毒性肝病伴肝衰竭（慢性中度）
K71.100x007　中毒性肝病伴肝衰竭（慢性重度）
K71.100x008　中毒性肝病伴肝衰竭（慢性重型）
K71.101　药物性肝炎伴肝衰竭
K71.102　急性药物性肝衰竭
K71.103　中毒性肝衰竭
K71.104　亚急性药物性肝衰竭
K72.000x004　慢加急性肝衰竭
K72.000x005　慢加亚急性肝衰竭
K72.000x013　重症肝炎
K72.001　亚急性肝衰竭
K72.002　急性黄色肝萎缩
K72.003　急性肝衰竭
K72.005　晚发性肝衰竭
K72.100　慢性肝衰竭
K72.900x001　肝功能衰竭
K73.901　慢性重型肝炎
K76.700x001　肝肾功能衰竭
T86.401　移植肝功能衰竭

HS2　肝硬化

包含以下主要诊断：
A52.705+K77.0*　梅毒性肝硬化
B65.202+K77.0*　血吸虫病性肝硬化
B65.904+I98.2*　血吸虫性食管静脉曲张
B65.906+I98.3*　血吸虫性食管静脉曲张破裂出血
K70.000　酒精性脂肪肝
K70.001　齐夫综合征
K70.100　酒精性肝炎
K70.201　酒精性肝纤维化
K70.300　酒精性肝硬化
K70.301+I98.2*　酒精性肝硬化伴食管静脉曲张
K70.302+I98.3*　酒精性肝硬化伴食管静脉曲张破裂出血
K70.303+I98.2*　酒精性肝硬化伴胃底静脉曲张
K70.304+I98.2*　酒精性肝硬化伴食管胃底静脉曲张
K70.305+I98.3*　酒精性肝硬化伴胃底静脉曲张破裂出血
K70.306+I98.3*　酒精性肝硬化伴食管胃底静脉曲张破裂出血
K70.900　酒精性肝病
K70.901　酒精性肝损害
K71.700　中毒性肝病伴有肝纤维化和肝硬化
K71.701　药物性肝硬化
K71.702　中毒性肝硬化
K71.902+I98.2*　中毒性肝病伴食管静脉曲张
K71.903+I98.3*　中毒性肝病伴食管静脉曲张破裂出血
K72.900x003+G94.3*　肝性脑病
K74.000　肝纤维化
K74.100　肝硬化
K74.200　肝纤维化伴有肝硬化
K74.300　原发性胆汁型肝硬化
K74.300x005+I98.2*　原发性胆汁型肝硬化伴胃底静脉曲张
K74.300x006+I98.3*　原发性胆汁型肝硬化伴胃底静脉曲张破裂出血
K74.300x007+I98.2*　原发性胆汁型肝硬化伴食管胃底静脉曲张
K74.300x008+I98.3*　原发性胆汁型肝硬化伴食管胃底静脉曲张破裂出血
K74.301+I98.2*　原发性胆汁性肝硬化伴食管静脉曲张
K74.302+I98.3*　原发性胆汁性肝硬化伴食管静脉曲张破裂出血
K74.400　继发性胆汁型肝硬化
K74.500　胆汁型肝硬化
K74.600　肝硬变
K74.600x002　丙型肝炎肝硬化
K74.600x003　乙型肝炎肝硬化
K74.600x010　拉埃奈克肝硬化［Laennec肝硬化］
K74.600x021　乙肝后肝硬化合并甲肝感染
K74.600x025　乙肝后肝硬化合并戊肝感染
K74.600x027　丙肝后肝硬化合并戊肝感染
K74.600x029　乙丙肝炎后肝硬化合并甲肝感染
K74.600x030　乙丁肝炎后肝硬化合并甲肝感染
K74.600x031　乙肝后肝硬化甲戊肝感染
K74.600x034　乙丙肝炎后肝硬化合并戊肝感染
K74.600x036　乙丁肝炎后肝硬化戊肝感染
K74.600x041　乙肝后肝硬化合并丙肝感染

K74.600x042　丙肝后肝硬化合并乙肝感染
K74.601　特指肝硬化
K74.602　乙型肝炎后肝硬化失代偿期
K74.603　丙型肝炎后肝硬化失代偿期
K74.604　自身免疫性肝炎后肝硬化失代偿期
K74.605　肝炎后肝硬化失代偿期
K74.606　混合型肝硬化失代偿期
K74.607　肝硬化失代偿期
K74.608　肝炎后肝硬化
K74.610　结节性肝硬化
K74.611　门脉性肝硬化
K74.612　混合型肝硬化
K74.613　隐源性肝硬化
K74.614　自身免疫性肝硬化
K74.615+I98.3*　肝硬化伴食管静脉曲张破裂出血
K74.616+I98.2*　肝硬化伴食管静脉曲张
K74.617+I98.3*　肝硬化伴食管胃底静脉曲张破裂出血
K74.618+I98.3*　肝硬化伴胃底静脉曲张破裂出血
K74.619+I98.2*　肝硬化伴食管胃底静脉曲张
K74.620+I98.2*　肝硬化伴胃底静脉曲张
K76.101　心源性肝硬化
K76.700　肝肾综合征
K76.700x003　肝性肾病
K76.805　肝肺综合征
K92.801　门脉高压性胃肠病
Q44.703　先天性肝纤维化

HS3　病毒性肝炎

包含以下主要诊断：
B15.900　甲型肝炎，不伴有肝昏迷
B15.901　急性甲型病毒性肝炎
B15.902　急性黄疸型甲型病毒性肝炎
B15.903　急性淤胆型甲型病毒性肝炎
B15.905　急性无黄疸型甲型病毒性肝炎
B16.100　急性乙型肝炎，伴有δ因子（共同感染），但不伴有肝昏迷
B16.100x002　病毒性肝炎乙型丁型急性黄疸型
B16.100x003　病毒性肝炎乙型丁型急性无黄疸型
B16.100x004　病毒性肝炎乙型丁型淤胆型
B16.101　急性乙型丁型病毒性肝炎，不伴有肝昏迷
B16.901　急性黄疸型乙型病毒性肝炎
B16.902　急性淤胆型乙型病毒性肝炎
B16.903　输血后乙型病毒性肝炎
B16.904　急性乙型病毒性肝炎
B16.905　急性无黄疸型乙型病毒性肝炎
B17.000　慢性乙型肝炎的急性δ因子（超级）感染
B17.100　急性丙型肝炎
B17.100x003　病毒性肝炎丙型急性无黄疸型
B17.100x006　病毒性肝炎丙型急性淤疸型
B17.101　急性黄疸型丙型病毒性肝炎
B17.200　急性戊型肝炎
B17.200x004　病毒性肝炎戊型急性无黄疸型
B17.202　急性黄疸型戊型病毒性肝炎
B17.203　急性淤胆型戊型病毒性肝炎
B17.800x002　病毒性肝炎双重感染
B17.800x003　病毒性肝炎三重感染（三重以上）
B17.801　急性病毒性肝炎混合感染
B17.803　急性重叠型黄疸型病毒性肝炎
B17.900　急性病毒性肝炎
B17.900x002　病毒性肝炎急性淤胆型
B17.900x004　病毒性肝炎急性无黄疸型
B17.902　急性黄疸型病毒性肝炎
B17.903　急性传染性肝炎，未特指
B17.904　急性肝炎，未特指
B18.000　慢性乙型病毒性肝炎，伴有δ因子
B18.001　慢性乙型丁型病毒性肝炎
B18.002　慢性乙型丁型病毒性肝炎轻度
B18.003　慢性乙型丁型病毒性肝炎中度
B18.004　慢性乙型丁型病毒性肝炎重度
B18.100　慢性乙型病毒性肝炎，不伴有δ因子
B18.100x007　病毒性肝炎乙型慢性淤胆型
B18.104　慢性轻度乙型病毒性肝炎
B18.105　慢性中度乙型病毒性肝炎
B18.106　慢性重度乙型病毒性肝炎
B18.107　未特指乙型病毒性肝炎
B18.200　慢性丙型病毒性肝炎
B18.200x009　病毒性肝炎丙型慢性淤疸型
B18.201　慢性黄疸型丙型病毒性肝炎
B18.202　慢性轻度丙型病毒性肝炎
B18.203　慢性中度丙型病毒性肝炎
B18.204　慢性重度丙型病毒性肝炎
B18.800x001　病毒性肝炎三重感染（三重以上）（慢性轻度）
B18.800x002　病毒性肝炎三重感染（三重以上）（慢性中度）
B18.800x003　病毒性肝炎三重感染（三重以上）（慢性重度）
B18.800x005　慢性戊型病毒性肝炎
B18.801　慢性轻度重叠感染型病毒性肝炎

B18.802 慢性重叠型病毒性肝炎
B18.804 慢性混合型病毒性肝炎
B18.900 慢性病毒性肝炎
B18.900x006 病毒性肝炎慢性淤胆型
B18.901 慢性轻度病毒性肝炎
B18.902 慢性中度病毒性肝炎
B18.903 慢性重度病毒性肝炎
B19.900 病毒性肝炎，不伴有肝昏迷
B19.901 输血后肝炎

HT1 重症胰腺炎

包含以下主要诊断：
K85.002 急性特发性胰腺炎，重症
K85.102 急性胆源型胰腺炎，重症
K85.202 急性酒精性胰腺炎，重症
K85.302 急性药物性胰腺炎，重症
K85.800x001 化脓性胰腺炎
K85.800x002 急性出血坏死性胰腺炎
K85.800x003 胰腺脓肿
K85.813 急性操作后胰腺炎，重症
K85.814 急性出血性胰腺炎，重症
K85.815 急性创伤性胰腺炎，重症
K85.816 急性复发性胰腺炎，重症
K85.817 急性化脓性胰腺炎，重症
K85.818 急性坏死性胰腺炎，重症
K85.821 急性手术后胰腺炎，重症
K85.822 急性自身免疫性胰腺炎，重症
K85.902 急性重症胰腺炎
K86.801 胰腺坏死

HT2 急性胰腺炎

包含以下主要诊断：
B25.200+K87.1* 巨细胞病毒性胰腺炎
B26.300+K87.1* 流行性腮腺炎性胰腺炎
K85.000 特发性急性胰腺炎
K85.001 急性特发性胰腺炎，轻症
K85.100 胆汁型急性胰腺炎
K85.101 急性胆源型胰腺炎，轻症
K85.200 酒精性急性胰腺炎
K85.201 急性酒精性胰腺炎，轻症
K85.300 药物性急性胰腺炎
K85.301 急性药物性胰腺炎，轻症
K85.803 急性复发性胰腺炎，轻症
K85.807 急性水肿性胰腺炎，轻症
K85.808 急性手术后胰腺炎，轻症
K85.809 急性自身免疫性胰腺炎，轻症
K85.900 急性胰腺炎
K85.900x002 急性轻症胰腺炎
K85.900x003 慢性胰腺炎急性发作
K85.901 亚急性胰腺炎

HU1 急性胆道疾病

包含以下主要诊断：
K75.805 肝胆管炎
K75.806 非酒精性脂肪性肝炎
K80.000x002 胆囊结石伴急性胆囊炎
K80.000x004 胆囊结石伴慢性胆囊炎急性发作
K80.001 胆囊结石伴坏疽性胆囊炎
K80.002 胆囊结石伴急性化脓性胆囊炎
K80.100x001 胆囊结石伴胆囊炎
K80.200x001 残余胆囊结石
K80.200x003 胆囊结石
K80.201 胆囊管结石
K80.202 胆囊绞痛
K80.203 胆囊结石嵌顿
K80.300x002 胆管结石伴胆管炎
K80.300x005 胆总管结石伴急性化脓性梗阻性胆管炎
K80.301 胆总管结石伴急性化脓性胆管炎
K80.302 胆总管结石伴胆管炎
K80.303 肝胆管结石伴胆管炎
K80.304 胆总管结石伴急性胆管炎
K80.305 肝内胆管结石伴胆管炎
K80.306 肝外胆管结石伴胆管炎
K80.400 胆管结石伴有胆囊炎
K80.401 胆管结石伴急性胆囊炎
K80.402 胆总管结石伴急性胆囊炎
K80.405 肝胆管结石伴胆囊炎
K80.500x001 胆道术后残留结石
K80.500x002 胆管结石
K80.501 胆总管结石
K80.502 胆绞痛
K80.503 肝内胆管结石
K80.504 肝胆管结石
K80.505 胆总管残余结石
K80.506 胆肠吻合口结石
K80.507 肝管结石
K80.800x001 胆石症
K80.801 米里齐综合征
K81.000 急性胆囊炎

K81.000x008　胆囊积脓
K81.001　胆囊脓肿
K81.002　急性化脓性胆囊炎
K81.003　急性坏疽性胆囊炎
K81.004　胆囊周围脓肿
K81.005　胆囊坏死
K81.006　慢性胆囊炎急性发作
K81.007　急性梗阻性化脓性胆囊炎
K81.008　胆囊坏疽
K81.801　胆囊周炎
K81.900　胆囊炎
K81.900x001　黄色肉芽肿性胆囊炎
K82.000x003　胆囊管残株炎
K82.001　胆囊管梗阻
K82.200　胆囊穿孔
K82.200x002　胆囊破裂
K82.808　胆囊扭转
K83.000　胆管炎
K83.000x007　急性化脓性胆管炎
K83.000x012　IgG4相关性胆管炎
K83.001　急性胆管炎
K83.004　胆总管炎
K83.005　急性梗阻性胆管炎
K83.007　复发性胆管炎
K83.008　梗阻性胆管炎
K83.009　淤积性胆管炎
K83.010　反流性胆管炎
K83.011　化脓性胆管炎
K83.012　硬化性胆管炎
K83.013　原发性胆管炎
K83.014　胆管周围炎
K83.015　继发性胆管炎
K83.016　急性化脓性肝胆管炎
K83.017　狭窄性胆管炎
K83.018　缺血性胆管炎
K83.019　胆道感染
K83.100　胆管梗阻
K83.103　肝管梗阻
K83.106　胆管闭塞
K83.108　胆总管梗阻
K83.109　梗阻性黄疸
K83.200x001　胆管破裂

HZ1　其他肝脏疾病

包含以下主要诊断：
A01.001+K77.0*　伤寒性肝炎
A06.400+K77.0*　阿米巴肝脓肿
A18.301　肝门淋巴结结核
A18.814+K77.0*　肝结核
A50.000x002+K77.0*　早期先天性梅毒性肝炎
A51.400x008+K77.0*　二期梅毒性肝炎
A52.700x007+K77.0*　梅毒性肝病
B00.802+K77.0*　疱疹病毒性肝炎
B00.803+K77.0*　EB病毒性肝炎
B05.800x003+K77.0*　麻疹并发肝炎
B25.100+K77.0*　巨细胞病毒性肝炎
B26.802+K77.0*　流行性腮腺炎性肝炎
B44.803　肝曲霉病
B54.x00　疟疾
B54.x00x003+K77.0*　疟疾性肝炎
B58.100+K77.0*　弓形虫肝炎
B65.900x004+K77.0*　血吸虫性门静脉高压
B65.900x010+K77.0*　肝血吸虫病
B65.903+K77.0*　血吸虫性肝炎
B66.100x001+K77.0*　中华肝吸虫病
B66.301　肝片吸虫病
B67.000x001+K77.0*　肝细粒棘球蚴病
B67.500x001+K77.0*　肝泡型棘球蚴病
B67.800x001+K77.0*　肝棘球蚴病［肝包虫病］
D13.400　肝良性肿瘤
D13.401　肝内胆管良性肿瘤
D13.500x001　胆管良性肿瘤
D13.500x003　法特壶腹良性肿瘤
D13.501　胆囊良性肿瘤
D17.700x015　肝脂肪瘤
D18.013　肝血管瘤
D37.600x003　肝交界性肿瘤
D37.600x004　肝胆管交界性肿瘤
E80.400　吉尔伯特综合征
E80.500　克里格勒-纳贾综合征
E80.501　葡萄糖醛酸转移酶缺乏
E80.600x005　体质性高胆红素血症
E80.600x006　胆红素排泄障碍
E80.600x007　肝炎后高胆红素血症
E80.600x008　家族性肝内胆汁淤积症［Byler病］
E80.601　迪宾-约翰逊综合征
E80.602　先天性高胆红素血症

E80.603　罗托综合征
E83.102　肝含铁血黄素沉积症
E85.415+K77.8*　淀粉样变肝损害
I72.800x072　肝动脉假性动脉瘤
I72.809　肝动脉瘤
I74.800x016　肝动脉闭塞
I74.803　肝动脉栓塞
I74.804　肝动脉血栓形成
I77.000x017　肝动静脉瘘
I77.100x011　肝动脉狭窄
I81.x00　门静脉血栓形成
I81.x00x003　门静脉栓塞
I82.000x001　布-加综合征［budd-chiari综合征］
I82.001　肝静脉血栓形成
I86.808　肝静脉瘤
I86.809　肝静脉曲张
I87.108　脾静脉狭窄
I87.109　门静脉狭窄
I87.121　肝小静脉闭塞病
I87.803　门静脉海绵样变
K65.007　肝下脓肿
K71.000x002　中毒性肝病伴胆汁淤积
K71.001　药物性肝炎伴胆汁淤积
K71.002　进行性家族性肝内胆汁淤积症
K71.200x001　中毒性肝病伴急性肝炎
K71.300x001　中毒性肝病伴慢性迁延性肝炎
K71.400x001　中毒性肝病伴慢性小叶性肝炎
K71.500x001　中毒性肝病伴慢性活动性肝炎
K71.500x002　中毒性肝病伴狼疮状肝炎
K71.600　中毒性肝病伴有肝炎
K71.600x002　中毒性肝炎
K71.601　药物性肝炎
K71.800　中毒性肝病伴有肝的其他疾患
K71.900　中毒性肝病
K71.900x003　化学毒物肝损害
K71.901　药物性肝损害
K72.004　急性非病毒性肝炎
K72.902　肝萎缩
K72.904　肝坏死
K73.000x001　慢性迁延性肝炎
K73.100　慢性小叶性肝炎，不可归类在他处者
K73.200x002　慢性活动性肝炎
K73.800x001　慢性复发性肝炎
K73.801　慢性间质性肝炎
K73.900　慢性肝炎
K75.000　肝脓肿
K75.000x002　胆管炎性肝脓肿
K75.000x003　门静脉炎性肝脓肿
K75.001　胆源性肝脓肿
K75.002　血源性肝脓肿
K75.003　细菌性肝脓肿
K75.100　门静脉炎
K75.200　非特异反应性肝炎
K75.300　肉芽肿性肝炎
K75.300x001　肝肉芽肿
K75.400　自身免疫性肝炎
K75.401　狼疮性肝炎
K75.800x001　胆小管炎性肝炎
K75.800x006　肝炎性肿物
K75.801　肝旁炎性肿物
K75.803　营养性肝炎
K75.804　胆汁淤积性肝炎
K75.810　肝炎性假瘤
K75.901　肝炎
K76.000　脂肪肝
K76.001　非酒精性脂肪性肝病
K76.102　慢性淤血性肝损害
K76.200　肝中心性出血性坏死
K76.300　肝梗死
K76.400　紫癜样肝病
K76.401　肝血管瘤病
K76.500　肝静脉梗阻症
K76.500x001　肝门静脉闭塞
K76.500x002　肝小静脉闭塞
K76.600x002　门脉高压
K76.600x006　门静脉瘤栓
K76.600x007　非肝硬化性门脉高压
K76.601　胰源性门脉高压
K76.602　特发性门脉高压
K76.603　班蒂综合征
K76.800x003　肝多发性再生肥大结节
K76.800x006　肝功能不全
K76.800x007　肝管出血
K76.800x009　甲亢性肝损害
K76.800x015　肝炎后黄疸
K76.800x021　肝内型窦后阻塞
K76.800x022　肝粘连
K76.800x023　肝溃疡
K76.800x026　急性淤血性肝损害
K76.800x027　代谢性肝病

K76.801　自发性肝破裂出血
K76.803　肝出血
K76.804　肝结节
K76.806　多发性肝囊肿
K76.807　肝囊肿
K76.808　肝结节性局灶性增生
K76.809　肝下垂
K76.810　缺血性肝病
K76.811　肝血肿
K76.813　肝内钙化点
K76.814　肝癌破裂出血
K76.815　肝管息肉
K76.816　肝细胞性黄疸
K76.817　后天性肝内血管分流
K76.818　单纯性肝囊肿
K76.819　先天性胆汁酸合成障碍
K76.900x002　肝损害
K76.901　肝肿物
K91.825　手术后肝衰竭
K91.826　手术后肝总管狭窄
K91.827　手术后肝管-空肠吻合口狭窄
K91.841　手术后肝管狭窄
M32.108+K77.8*　狼疮性肝损害
M35.003+K77.8*　干燥综合征性肝损害
Q27.304　先天性肝动静脉瘘
Q27.800x004　肝门血管畸形
Q27.805　先天性肝血管畸形
Q44.600　肝囊性病
Q44.601　多囊肝
Q44.700x002　阿拉杰里综合征［Alagille综合征］
Q44.700x003　肝异位
Q44.700x004　先天性多囊肝
Q44.701　先天性肝内胆管发育不良征
Q44.702　先天性肝脏畸形
Q44.704　肝发育不良
Q44.705　先天性肝囊肿
Q85.911　肝错构瘤
R16.000x001　肝大
R16.200x001　肝脾大
R17.900　高胆红素血症，不伴黄疸
R17.900x001　非新生儿高胆红素血症
R17.901　高胆红素血症
R93.200x001　肝诊断性影像异常
R93.201　肝钙化灶
R93.203　肝占位性病变
R94.500　肝功能检查的异常结果
S36.100x001　肝损伤
S36.100x011　肝挫伤
S36.100x013　创伤性肝血肿
S36.100x021　肝撕裂伤
S36.100x031　肝轻度撕裂伤
S36.100x041　肝中度撕裂伤
S36.100x051　肝重度撕裂伤
S36.102　创伤性肝破裂
S36.110　开放性肝破裂
T82.813　肝移植后肝动脉假性动脉瘤破裂
T85.800x802　TIPSS肝内支架狭窄
T86.400x001　肝移植失败
T86.400x003　肝移植排斥
T86.400x004　肝移植物急性抗宿主病
T86.400x005　肝移植物慢性抗宿主病
T86.400x006　肝移植急性排斥
T86.400x007　肝移植慢性排斥
T86.400x009　肝移植后肝动脉血栓形成
T86.400x010　肝移植后肝动脉狭窄
T86.400x011　肝移植后肝动脉假性动脉瘤
T86.400x012　肝移植后门静脉血栓形成
T86.400x013　肝移植后门静脉狭窄
T86.400x014　肝移植后下腔静脉血栓形成
T86.400x015　肝移植后下腔静脉狭窄
T86.400x016　肝移植后肝静脉回流障碍
T86.400x017　肝移植后肝功能不全
T86.400x018　肝移植后门静脉闭塞
Z52.600x001　供肝脏者

HZ2　胆道其他疾病

包含以下主要诊断：
A18.815+K87.0*　胆管结核
A18.816+K87.0*　胆囊结核
B45.800x001　胆道隐球菌病
D13.500　肝外胆管良性肿瘤
D37.600x001　胆囊交界性肿瘤
D37.600x002　法特壶腹交界性肿瘤
D37.601　肝肿瘤
D37.602　胆囊动态未定肿瘤
D37.603　胆囊肿瘤
D37.604　胆管动态未定肿瘤
D37.605　胆管肿瘤
K80.101　胆囊结石伴慢性胆囊炎
K80.400x004　肝内胆管结石伴慢性胆囊炎

K80.403 胆管结石伴慢性胆囊炎
K80.404 胆总管结石伴慢性胆囊炎
K80.406 肝管结石伴慢性胆囊炎
K81.100 慢性胆囊炎
K81.101 慢性残余胆囊炎
K82.000 胆囊梗阻
K82.100x002 胆囊积液
K82.101 胆囊黏液囊肿
K82.300 胆囊瘘
K82.301 胆囊肠瘘
K82.302 胆囊胃瘘
K82.303 胆囊十二指肠瘘
K82.304 胆囊结肠瘘
K82.305 手术后胆囊瘘
K82.306 胆囊腹壁瘘
K82.400 胆囊胆固醇沉着症
K82.800x002 胆囊出血
K82.800x004 胆囊肉芽肿
K82.800x009 胆囊功能障碍
K82.801 胆囊肿大
K82.802 胆囊息肉
K82.803 胆囊腺肌症
K82.804 胆囊管扩张
K82.805 胆囊肥大
K82.806 胆囊钙化
K82.807 胆囊萎缩
K82.900x001 胆囊病变
K82.900x002 胆囊肿物
K83.006 慢性胆管炎
K83.100x001 肝管狭窄
K83.100x008 肝内胆管狭窄
K83.101 胆囊内胆汁淤积
K83.102 胆汁淤积症
K83.104 肝胆管狭窄
K83.105 胆管狭窄
K83.107 胆总管狭窄
K83.300 胆管瘘
K83.301 胆总管十二指肠瘘
K83.302 胆管十二指肠瘘
K83.303 胆总管胃瘘
K83.304 手术后胆总管肠瘘
K83.305 手术后胆总管小肠瘘
K83.306 手术后肝总管肠瘘
K83.307 手术后肝总管小肠瘘
K83.400x001 奥迪括约肌痉挛
K83.401 法特壶腹痉挛
K83.501 胆管囊肿
K83.502 胆总管囊肿
K83.800x009 胆管息肉
K83.800x012 胆汁反流
K83.800x022 肝内胆管积气
K83.800x023 胆管积气
K83.802 奥迪括约肌狭窄
K83.803 法特壶腹部不典型增生
K83.804 缩窄性十二指肠乳头炎
K83.805 肝胆管扩张
K83.807 胆管扩张
K83.808 胆管溃疡
K83.809 胆管出血
K83.810 胆管肥大
K83.811 胆管粘连
K83.813 胆管萎缩
K83.814 胆管瘢痕
K83.815 胆管消失综合征
K83.816 胆总管痉挛
K83.817 胆总管扩张
K83.818 胆总管不典型增生
K83.819 肝内胆管缺失综合征
K83.820 胆-心综合征
K83.901 胆管肿物
K83.902 胆总管肿物
K91.500 胆囊切除术后综合征
K91.800x301 肝断面胆道残端漏
K91.800x304 手术后肝外胆管狭窄
K91.800x401 胆肠吻合口反流
K91.800x402 胆道吻合口漏
K91.800x403 胆道吻合口狭窄
K91.800x407 胆囊切除术后粘连
K91.800x411 手术后缺血性胆道病
K91.806 胆总管空肠吻合口狭窄
K91.807 胆漏
K91.822 手术后胆管狭窄
K91.823 手术后胆管十二指肠吻合口狭窄
K91.840 手术后胆管闭锁
Q27.804 先天性胆囊血管畸形
Q44.001 先天性胆囊不发育
Q44.002 先天性胆囊发育不全
Q44.003 胆囊分隔
Q44.004 先天性无胆囊
Q44.100x002 先天性肝内胆囊

Q44.100x003　胆囊重复畸形
Q44.101　先天性胆囊闭锁
Q44.102　胆囊憩室
Q44.200　胆管闭锁
Q44.200x003　先天性胆总管下端闭锁
Q44.201　先天性胆总管闭锁
Q44.300　先天性胆管狭窄
Q44.301　先天性胆管闭塞性黄疸
Q44.400　先天性胆总管囊肿
Q44.500x005　先天性胆总管狭窄
Q44.500x006　胆管重复畸形
Q44.500x007　先天性肝内胆管囊状扩张症［Caroli病］
Q44.501　先天性胆总管畸形
Q44.502　先天性胆管畸形
Q44.503　先天性胆总管扩张
Q44.504　先天性胆管扩张症
Q44.505　卡罗莱综合征
Q85.900x019　胆囊错构瘤
Q85.900x044　胆管错构瘤
R93.200x002　胆道诊断性影像异常
R93.204　胆囊占位性病变
R93.205　胆管占位性病变
S36.100x081　胆管损伤
S36.101　胆囊损伤
S36.103　创伤性胆总管破裂
S36.111　开放性胆囊损伤
S36.112　开放性胆管损伤
S36.113　开放性胆总管损伤

HZ3　胰腺其他疾病

包含以下主要诊断：
A18.817+K87.1*　胰腺结核
D13.600　胰良性肿瘤
D13.700x001　朗格汉斯胰岛
D13.701　胰岛细胞瘤
D18.000x031　胰腺血管瘤
D37.700x003　胰腺交界性肿瘤
D37.705　胰腺动态未定肿瘤
D37.706　胰腺肿瘤
E84.901　胰腺囊性纤维变性
K85.801　急性操作后胰腺炎，轻症
K85.802　急性创伤性胰腺炎，轻症
K86.000　酒精性慢性胰腺炎
K86.100x001　复发性胰腺炎
K86.100x002　慢性胰腺炎
K86.100x004　高脂血症性胰腺炎
K86.101　慢性复发性胰腺炎
K86.102　慢性创伤性胰腺炎
K86.103　慢性自身免疫性胰腺炎
K86.104　慢性胆石性胰腺炎
K86.105　慢性间质性胰腺炎
K86.106　慢性囊性胰腺炎
K86.107　慢性纤维性胰腺炎
K86.200　胰腺囊肿
K86.300　胰腺假囊肿
K86.800x001　胰腺肿大
K86.800x002　胰胆管扩张
K86.800x013　胰腺囊性纤维性变
K86.800x015　胰腺功能不全并中性粒细胞减少综合征［Shwachman-Diamond综合征］
K86.802　胰腺纤维化
K86.803　胰岛组织硬化
K86.804　胰管狭窄
K86.805　胰腺组织增生
K86.806　胰腺钙化
K86.807　胰管痉挛
K86.808　胰管扩张
K86.809　胰管结石
K86.810　胰瘘
K86.811　胰管梗阻
K86.812　胰腺脂肪浸润
K86.813　胰腺肉芽肿
K86.814　胰腺功能不全
K86.815　手术后胰腺瘘
K86.816　胰腺积液
K86.817　胰腺萎缩
K86.818　胰-心综合征
K86.901　胰腺肿物
Q45.001　胰腺不发育
Q45.002　胰腺发育不全
Q45.003　胰腺缺如
Q45.100　环状胰腺
Q45.200　胰腺先天性囊肿
Q45.300x901　先天性多囊胰
Q45.300x902　胰腺分裂症
Q45.300x904　迷走胰腺
Q45.301　异位胰腺
Q45.802　胰胆管合流异常
Q85.912　胰腺错构瘤

R93.302　胰腺占位性病变
S36.200　胰损伤
S36.200x001　胰腺损伤
S36.200x011　胰头损伤
S36.200x021　胰体损伤
S36.200x031　胰尾损伤
S36.200x091　胰管损伤
S36.200x092　胰腺和胰管损伤
S36.201　创伤性胰腺破裂
S36.202　胰腺包膜撕裂
S36.210　开放性胰损伤
T81.800x006　操作后胰腺炎
T86.800x021　胰移植失败
T86.804　移植胰排斥反应

MDCI　骨骼、肌肉疾病及功能障碍

主诊表

包含以下主要诊断：
A02.202+M01.3*　沙门菌关节炎
A02.204+M90.2*　沙门菌骨髓炎
A18.000x015+M01.1*　结核性风湿病［篷塞病］
A18.000x018+M49.0*　脊椎结核并椎旁脓肿
A18.000x019+M01.1*　关节寒性脓肿［关节结核脓肿］
A18.000x034+M90.0*　肢体骨结核
A18.000x035+M90.0*　骨结核病
A18.000x042+M90.0*　第三楔骨结核
A18.000x046+M68.0*　结核性滑膜炎
A18.000x047+M49.0*　结核性脊柱前凸
A18.000x048+M49.0*　结核性脊柱侧弯
A18.000x049+M49.0*　脊柱骨脓肿［结核性脊柱骨脓肿］
A18.000x053+M01.1*　胸锁关节结核
A18.000x057+M49.0*　骶骨结核
A18.000x058+M68.0*　腱鞘结核
A18.000x060+M90.0*　胸骨结核
A18.000x062+M68.0*　结核性腱鞘炎
A18.000x063+M90.0*　结核性骨炎
A18.000x064+M90.0*　结核性骨髓炎
A18.000x065+M90.0*　结核性骨坏死
A18.000x066+M49.0*　颈椎结核性截瘫
A18.000x067+M90.0*　骨髓结核
A18.001+M90.0*　骨结核
A18.002+M01.1*　关节结核
A18.005+M49.0*　颈椎结核
A18.006+M49.0*　胸椎结核
A18.007+M49.0*　腰椎结核
A18.008+M90.0*　腰椎结核性窦道
A18.009+M49.0*　脊柱结核
A18.010+M49.0*　脊柱结核性脓肿
A18.011+M49.0*　结核性脊柱后凸
A18.012+M49.0*　脊柱结核性截瘫
A18.013+M49.0*　结核性脊柱裂
A18.014+M90.0*　肋骨结核
A18.015+M90.0*　耻骨结核
A18.016+M90.0*　肱骨结核
A18.017+M90.0*　桡骨结核
A18.018+M90.0*　尺骨结核
A18.019+M90.0*　掌骨结核
A18.020+M90.0*　指骨结核
A18.021+M90.0*　股骨结核
A18.022+M90.0*　胫骨结核
A18.023+M90.0*　腓骨结核
A18.024+M90.0*　跟骨结核
A18.025+M90.0*　楔骨结核
A18.026+M90.0*　趾骨结核
A18.027+M01.1*　肩关节结核
A18.028+M01.1*　肘关节结核
A18.029+M01.1*　腕关节结核
A18.030+M01.1*　指关节结核
A18.031+M01.1*　髋关节结核
A18.032+M49.0*　骶髂关节结核
A18.033+M01.1*　髋关节结核性滑膜炎
A18.034+M01.1*　膝关节结核
A18.035+M01.1*　膝关节结核性滑膜炎
A18.036+M01.1*　踝关节结核
A18.037+M01.1*　跖趾关节结核
A18.038+M01.1*　趾关节结核
A18.039+M01.1*　关节结核性风湿病
A18.040+M01.1*　关节结核性窦道
A18.041+M68.0*　滑膜结核
A18.042+M68.0*　肌腱结核
A18.043+M01.1*　关节结核性脓肿
A18.044+M01.1*　结核性关节炎
A18.300x006+K67.3*　髂窝结核
A18.317　髂窝结核性脓肿
A18.318　髂窝淋巴结结核
A18.800x010+M63.0*　肌结核
A18.800x022+M63.0*　上臂内侧横纹肌结核

A18.800x027+M63.0*　腰大肌结核性脓肿
A18.800x028+M63.0*　腰肌结核
A18.810+M63.0*　胸大肌结核
A18.819+M36.8*　结缔组织结核
A23.901+M49.1*　布氏菌病脊柱炎
A23.902+M01.3*　布氏菌病关节炎
A39.804+M01.0*　脑膜炎球菌性关节炎
A39.805+M03.0*　脑膜炎球菌感染后关节炎
A51.400x002+M90.1*　二期梅毒性骨膜炎
A51.400x007+M63.0*　二期梅毒性肌炎
A52.103+M14.6*　夏科关节病
A52.700x008+M68.0*　梅毒性滑膜炎
A52.700x009+M68.0*　梅毒性腱鞘炎
A52.700x010+M63.0*　梅毒性肌炎
A52.706+M01.3*　梅毒性关节病
A52.707+M90.2*　骨梅毒
A54.401+M01.3*　淋球菌性关节炎
A54.402+M73.0*　淋球菌性滑囊炎
A54.403+M90.2*　淋球菌性骨髓炎
A54.404+M68.0*　淋球菌性滑膜炎
A54.405+M68.0*　淋球菌性腱鞘炎
A69.900x002+M01.8*　螺旋体感染性关节炎
B06.802+M01.4*　风疹性关节炎
B19.900x001+M03.2*　病毒性肝炎相关性关节炎
B26.800x001+M01.5*　流行性腮腺炎性关节炎
B33.001　流行性胸肌痛
B37.800x089+M01.6*　念珠菌性髋关节炎
B37.800x090　腰椎念珠菌感染
B45.300　骨隐球菌病
B49.x19+M01.6*　真菌性关节炎
B58.800x002+M63.1*　弓形虫肌炎
B67.200x001+M90.2*　骨细粒棘球蚴病
C40.000x006　肩关节恶性肿瘤
C40.001　肩胛骨恶性肿瘤
C40.002　肱骨恶性肿瘤
C40.003　尺骨恶性肿瘤
C40.004　桡骨恶性肿瘤
C40.005　肘关节恶性肿瘤
C40.100x006　腕关节恶性肿瘤
C40.100x007　手关节恶性肿瘤
C40.101　腕骨恶性肿瘤
C40.102　指骨恶性肿瘤
C40.103　掌骨恶性肿瘤
C40.200x005　膝关节恶性肿瘤
C40.201　股骨恶性肿瘤
C40.202　胫骨恶性肿瘤
C40.203　腓骨恶性肿瘤
C40.300x003　踝骨恶性肿瘤
C40.300x004　距骨恶性肿瘤
C40.300x005　跟骨恶性肿瘤
C40.300x009　足骨恶性肿瘤
C40.300x010　踝关节恶性肿瘤
C40.300x011　足关节恶性肿瘤
C40.301　髌骨恶性肿瘤
C40.302　跗骨恶性肿瘤
C40.303　趾骨恶性肿瘤
C40.304　跖骨恶性肿瘤
C40.800　四肢骨和关节软骨交搭跨越恶性肿瘤的损害
C40.900x001　四肢骨恶性肿瘤
C40.901　四肢关节软骨恶性肿瘤
C41.200x005　椎骨恶性肿瘤
C41.201　颈椎恶性肿瘤
C41.202　胸椎恶性肿瘤
C41.203　腰椎恶性肿瘤
C41.300x002　锁骨恶性肿瘤
C41.301　胸骨恶性肿瘤
C41.302　肋骨恶性肿瘤
C41.400x008　髋关节恶性肿瘤
C41.400x009　髋臼恶性肿瘤
C41.401　盆骨恶性肿瘤
C41.402　髋骨恶性肿瘤
C41.403　骶骨恶性肿瘤
C41.404　耻骨恶性肿瘤
C41.405　尾骨恶性肿瘤
C41.406　髂骨恶性肿瘤
C41.800　骨和关节软骨交搭跨越恶性肿瘤的损害
C41.800x001　腰椎及骶椎恶性肿瘤
C41.900x001　骨恶性肿瘤
C41.901　关节软骨恶性肿瘤
C46.100　软组织卡波西肉瘤
C49.100x001　上肢结缔组织恶性肿瘤
C49.100x002　上肢软组织恶性肿瘤
C49.100x006　腕部结缔组织恶性肿瘤
C49.101　肩结缔组织和软组织恶性肿瘤
C49.102　肘结缔组织恶性肿瘤
C49.103　手结缔组织恶性肿瘤
C49.200x001　下肢结缔组织恶性肿瘤
C49.200x002　下肢软组织恶性肿瘤
C49.200x005　膝部结缔组织和软组织恶性肿瘤

C49.200x006　踝部结缔组织恶性肿瘤
C49.201　髋结缔组织和软组织恶性肿瘤
C49.202　足结缔组织恶性肿瘤
C49.300x001　横膈恶性肿瘤
C49.300x002　肩胛区结缔组织恶性肿瘤
C49.300x003　胸部结缔组织恶性肿瘤
C49.301　腋下结缔组织恶性肿瘤
C49.302　膈结缔组织恶性肿瘤
C49.400　腹部结缔组织和软组织恶性肿瘤
C49.400x003　腹壁结缔组织恶性肿瘤
C49.401　季肋部结缔组织恶性肿瘤
C49.500　盆腔结缔组织和软组织恶性肿瘤
C49.500x001　骶前结缔组织恶性肿瘤
C49.500x008　直肠周围结缔组织恶性肿瘤
C49.501　臀部结缔组织恶性肿瘤
C49.502　腹股沟结缔组织恶性肿瘤
C49.504　骶结缔组织恶性肿瘤
C49.505　直肠阴道隔结缔组织恶性肿瘤
C49.600　躯干结缔组织和软组织的恶性肿瘤
C49.601　背部结缔组织恶性肿瘤
C49.800　结缔组织和软组织交搭跨越恶性肿瘤的损害
C49.900x003　软组织恶性肿瘤
C76.300x001　骶前恶性肿瘤
C76.300x009　骨盆恶性肿瘤
C76.400　上肢恶性肿瘤
C76.401　肩恶性肿瘤
C76.402　手部恶性肿瘤
C76.500　下肢恶性肿瘤
C76.501　髋恶性肿瘤
C76.502　腘窝恶性肿瘤
C76.503　足恶性肿瘤
C76.701　躯干部恶性肿瘤
C76.702　背部恶性肿瘤
C79.500x001　骨继发恶性肿瘤
C79.500x006　椎体继发恶性肿瘤
C79.500x008　指骨继发恶性肿瘤
C79.500x009　髂骨继发恶性肿瘤
C79.500x010　股骨继发恶性肿瘤
C79.500x011　关节继发恶性肿瘤
C79.500x012　桡骨继发恶性肿瘤
C79.500x013　胸骨继发恶性肿瘤
C79.500x021　肋骨继发恶性肿瘤
C79.500x022　锁骨继发恶性肿瘤
C79.500x024　盆骨继发恶性肿瘤
C79.500x025　骶骨继发恶性肿瘤
C79.500x026　尾骨继发恶性肿瘤
C79.500x030　颈椎继发恶性肿瘤
C79.500x031　胸椎继发恶性肿瘤
C79.500x032　腰椎继发恶性肿瘤
C79.501　骨髓继发恶性肿瘤
C79.506　躯干骨继发恶性肿瘤
C79.507　上肢骨继发恶性肿瘤
C79.508　下肢骨继发恶性肿瘤
C79.509　脊柱继发恶性肿瘤
C79.800x813　锁骨上继发恶性肿瘤
C79.800x817　下肢继发恶性肿瘤
C79.800x835　上肢继发恶性肿瘤
C79.800x836　肌肉继发恶性肿瘤
C79.800x847　髂窝继发恶性肿瘤
C79.827　结缔组织继发恶性肿瘤
D16.000x002　肩胛骨良性肿瘤
D16.001　上肢长骨良性肿瘤
D16.002　肱骨良性肿瘤
D16.003　桡骨良性肿瘤
D16.004　尺骨良性肿瘤
D16.100x005　上肢关节良性肿瘤
D16.101　腕骨良性肿瘤
D16.102　掌骨良性肿瘤
D16.103　指骨良性肿瘤
D16.200x005　膝关节良性肿瘤
D16.201　股骨良性肿瘤
D16.202　胫骨良性肿瘤
D16.203　腓骨良性肿瘤
D16.300x003　踝骨良性肿瘤
D16.300x004　距骨良性肿瘤
D16.300x005　跟骨良性肿瘤
D16.300x008　下肢关节良性肿瘤
D16.301　髌骨良性肿瘤
D16.302　跗骨良性肿瘤
D16.303　跖骨良性肿瘤
D16.304　趾骨良性肿瘤
D16.600x002　颈椎良性肿瘤
D16.600x003　胸椎良性肿瘤
D16.600x004　腰椎良性肿瘤
D16.600x005　椎骨良性肿瘤
D16.700x003　锁骨良性肿瘤
D16.701　胸骨良性肿瘤
D16.702　肋骨良性肿瘤
D16.800x001　耻骨良性肿瘤

D16.800x002　髂骨良性肿瘤
D16.800x006　髋骨良性肿瘤
D16.801　盆骨良性肿瘤
D16.802　骶骨良性肿瘤
D16.803　坐骨良性肿瘤
D16.804　尾骨良性肿瘤
D16.900x001　骨良性肿瘤
D16.900x002　关节软骨良性肿瘤
D16.900x003　软骨良性肿瘤
D17.700x028　骨脂肪瘤
D18.000x024　椎管内血管瘤
D18.000x025　脊柱血管瘤
D18.000x846　锁骨血管瘤
D18.000x860　膝关节血管瘤
D18.000x861　踝关节血管瘤
D18.009　肌内血管瘤
D18.014　骨血管瘤
D21.100　上肢结缔组织和其他软组织良性肿瘤，包括肩
D21.100x002　上肢结缔组织良性肿瘤
D21.100x003　肘部结缔组织良性肿瘤
D21.100x004　上肢端结缔组织良性肿瘤
D21.101　肩结缔组织良性肿瘤
D21.102　手结缔组织良性肿瘤
D21.200　下肢结缔组织和其他软组织良性肿瘤，包括髋
D21.200x003　膝关节滑膜良性肿瘤
D21.200x004　腘窝结缔组织良性肿瘤
D21.200x006　下肢结缔组织良性肿瘤
D21.200x007　下肢端结缔组织良性肿瘤
D21.201　髋结缔组织良性肿瘤
D21.202　足结缔组织良性肿瘤
D21.300　胸部结缔组织和其他软组织良性肿瘤
D21.300x001　胸壁结缔组织良性肿瘤
D21.300x004　胸骨后结缔组织良性肿瘤
D21.301　腋结缔组织良性肿瘤
D21.302　膈结缔组织良性肿瘤
D21.303　肩胛区结缔组织良性肿瘤
D21.400x001　腹部结缔组织良性肿瘤
D21.400x002　髂窝结缔组织良性肿瘤
D21.400x003　髂腰肌结缔组织良性肿瘤
D21.401　腰部结缔组织良性肿瘤
D21.402　腹壁结缔组织良性肿瘤
D21.403　腹腔结缔组织良性肿瘤
D21.500　盆腔结缔组织和其他软组织良性肿瘤
D21.500x001　骶部结缔组织良性肿瘤
D21.500x002　骶前结缔组织良性肿瘤
D21.500x005　盆腔结缔组织良性肿瘤
D21.501　臀部结缔组织良性肿瘤
D21.502　腹股沟结缔组织良性肿瘤
D21.503　骶尾结缔组织良性肿瘤
D21.504　坐骨直肠窝结缔组织良性肿瘤
D21.505　尿道旁结缔组织良性肿瘤
D21.507　阴道旁结缔组织良性肿瘤
D21.508　直肠阴道壁结缔组织良性肿瘤
D21.509　直肠旁结缔组织良性肿瘤
D21.600　躯干结缔组织和其他软组织的良性肿瘤
D21.600x002　躯干结缔组织良性肿瘤
D21.601　背部结缔组织良性肿瘤
D21.602　胁腹结缔组织良性肿瘤
D21.900x001　肌肉良性肿瘤
D21.900x002　结缔组织良性肿瘤
D21.900x003　结缔组织及软组织良性肿瘤
D21.900x005　黏液囊良性肿瘤
D21.900x007　筋膜良性肿瘤
D21.900x008　脂肪良性肿瘤
D21.900x009　韧带良性肿瘤
D21.900x012　滑膜良性肿瘤
D21.900x013　腱鞘良性肿瘤
D21.900x014　肢体多处结缔组织良性肿瘤
D36.700x016　骨盆良性肿瘤
D36.700x024　骶前良性肿瘤
D36.700x029　手部良性肿瘤
D36.700x030　腕部良性肿瘤
D36.700x032　腘窝良性肿瘤
D36.700x035　髂良性肿瘤
D36.700x036　踝部良性肿瘤
D36.700x038　腰部良性肿瘤
D36.712　骶良性肿瘤
D36.713　髋良性肿瘤
D36.714　上肢良性肿瘤
D36.715　下肢良性肿瘤
D36.718　足良性肿瘤
D48.000x001　骨交界性肿瘤
D48.000x028　髂骨交界性肿瘤
D48.001　骨肿瘤
D48.006　锁骨动态未定肿瘤
D48.007　锁骨肿瘤
D48.008　胸骨动态未定肿瘤
D48.009　胸骨肿瘤

D48.010 肋骨动态未定肿瘤
D48.011 肋骨肿瘤
D48.012 脊柱动态未定肿瘤
D48.013 脊柱肿瘤
D48.014 盆骨动态未定肿瘤
D48.015 盆骨肿瘤
D48.016 骶骨动态未定肿瘤
D48.017 骶骨肿瘤
D48.018 上肢骨动态未定肿瘤
D48.019 上肢骨肿瘤
D48.020 下肢骨动态未定肿瘤
D48.021 下肢骨肿瘤
D48.022 关节动态未定肿瘤
D48.023 关节肿瘤
D48.100x003 骶前结缔组织交界性肿瘤
D48.100x006 滑膜交界性肿瘤
D48.100x007 结缔组织交界性肿瘤
D48.100x009 软组织交界性肿瘤
D48.100x018 腹部结缔组织交界性肿瘤
D48.100x020 盆腔结缔组织交界性肿瘤
D48.100x021 背部结缔组织交界性肿瘤
D48.100x025 肢端结缔组织交界性肿瘤
D48.107 颈部结缔组织动态未定肿瘤
D48.108 颈部结缔组织肿瘤
D48.109 躯干结缔组织动态未定肿瘤
D48.110 躯干结缔组织肿瘤
D48.111 腋下结缔组织动态未定肿瘤
D48.112 腋下结缔组织肿瘤
D48.113 肩结缔组织动态未定肿瘤
D48.114 肩结缔组织肿瘤
D48.116 胸壁结缔组织肿瘤
D48.118 腹壁结缔组织肿瘤
D48.119 腰结缔组织动态未定肿瘤
D48.120 腰结缔组织肿瘤
D48.122 腹股沟结缔组织肿瘤
D48.123 骶结缔组织动态未定肿瘤
D48.124 骶结缔组织肿瘤
D48.125 臀结缔组织动态未定肿瘤
D48.126 臀结缔组织肿瘤
D48.130 直肠阴道隔结缔组织肿瘤
D48.131 上肢结缔组织动态未定肿瘤
D48.132 上肢结缔组织肿瘤
D48.133 下肢结缔组织动态未定肿瘤
D48.134 下肢结缔组织肿瘤
D48.700x010 肢端交界性肿瘤
D48.700x013 手部交界性肿瘤
D48.700x016 腕部交界性肿瘤
D48.717 上肢动态未定肿瘤
D48.718 上肢肿瘤
D48.719 下肢动态未定肿瘤
D48.720 下肢肿瘤
D48.721 骶动态未定或动态未知肿瘤
D48.724 手动态未定肿瘤
D48.900x005+M90.6* 肿瘤引起的变形性骨炎
D48.900x013+M63.8* 肿瘤相关性肌炎
D48.903+M90.7* 肿瘤性病理性骨折
D48.904+M36.0* 肿瘤相关性皮肌炎
D86.800x006+M14.8* 结节病性关节病
D86.800x007 BLAU综合征
D86.803+M63.3* 结节病性肌炎
D86.900 结节病
D86.901 伯克结节病
E03.900x005+M14.5* 甲状腺功能减退性关节炎
E05.900x005+M14.5* 甲状腺毒症性关节病
E10.600x011+M14.6* 1型糖尿病性夏科关节病
E10.600x012+M14.2* 1型糖尿病性手关节综合征
E10.600x014+M14.2* 1型糖尿病性手掌筋膜纤维瘤病
E10.600x015+M14.2* 1型糖尿病性肩关节周围炎
E10.601+M14.2* 1型糖尿病性关节病
E10.602+M14.6* 1型糖尿病神经病性关节病
E11.600x011+M14.6* 2型糖尿病性夏科关节病
E11.600x012+M14.2* 2型糖尿病性手关节综合征
E11.600x014+M14.2* 2型糖尿病性手掌筋膜纤维瘤病
E11.600x015+M14.2* 2型糖尿病性肩关节周围炎
E11.601+M14.2* 2型糖尿病性关节病
E11.602+M14.6* 2型糖尿病神经病性关节病
E14.600x011+M14.6* 糖尿病性夏科关节病
E14.600x012+M14.2* 糖尿病性手关节综合征
E14.600x014+M14.2* 糖尿病性手掌筋膜纤维瘤病
E14.600x015+M14.2* 糖尿病性肩关节周围炎
E14.600x016+M14.2* 糖尿病性骨关节病
E21.300x003+M14.1* 甲状旁腺功能亢进症性晶体性关节病
E22.000x006+M14.5* 肢端肥大症性关节病
E34.902+M82.1* 内分泌病性骨质疏松
E55.000x002 佝偻病性骨软化
E55.000x003 幼年的骨软化性佝偻病
E55.000x004 婴儿的骨软化性佝偻病

E55.000x007　先天性佝偻病
E55.001　佝偻病
E64.300　佝偻病后遗症
E83.100x006+M14.5*　血色素沉着型关节病
E83.300x008+M90.8*　维生素D依赖性佝偻病
E83.300x012+M90.8*　维生素D抵抗性骨软化
E83.307+M90.8*　低磷性骨软化症
E83.308+M90.8*　低磷性佝偻病
E85.000　非神经病性家族遗传性淀粉样变
E85.001　家族性地中海热
E85.900　淀粉样变
E85.900x003　斑疹性淀粉样变性
E88.902+M90.8*　代谢性骨病
I00.x00x004　急性风湿热
I00.x00x005　急性风湿性关节炎
I00.x01　风湿性关节炎
K50.902+M07.4*　克罗恩病性关节病
K51.904+M07.5*　溃疡性结肠炎性关节病
K52.913+M07.6*　肠病性关节炎
L40.501+M07.3*　银屑病性关节炎
L40.502+M09.0*　银屑病性幼年型关节炎
L87.100　反应性穿通性胶原病
M00.000x091　葡萄球菌性关节炎
M00.000x092　葡萄球菌性多关节炎
M00.001　葡萄球菌性肩关节炎
M00.002　葡萄球菌性肘关节炎
M00.003　葡萄球菌性腕关节炎
M00.004　葡萄球菌性髋关节炎
M00.005　葡萄球菌性膝关节炎
M00.006　葡萄球菌性踝关节炎
M00.100x001　肺炎球菌性多关节炎
M00.100x011　肺炎球菌性肩关节炎
M00.100x021　肺炎球菌性肘关节炎
M00.100x031　肺炎球菌性腕关节炎
M00.100x051　肺炎球菌性髋关节炎
M00.100x061　肺炎球菌性膝关节炎
M00.100x071　肺炎球菌性踝关节炎
M00.100x091　肺炎球菌性关节炎
M00.200x001　链球菌性多关节炎
M00.200x011　链球菌性肩关节炎
M00.200x021　链球菌性肘关节炎
M00.200x031　链球菌性腕关节炎
M00.200x051　链球菌性髋关节炎
M00.200x061　链球菌性膝关节炎
M00.200x071　链球菌性踝关节炎
M00.200x091　链球菌性关节炎
M00.800　关节炎和多关节炎，其他特指的细菌性病原体引起的
M00.900　化脓性关节炎
M00.900x011　感染性肩关节炎
M00.900x021　感染性肘关节炎
M00.900x031　感染性腕关节炎
M00.900x051　感染性髋关节炎
M00.900x061　感染性膝关节炎
M00.900x071　感染性踝关节炎
M00.901　感染性关节炎
M02.000　肠旁路术后关节病
M02.100　痢疾后关节病
M02.200　免疫后关节病
M02.201　血清性关节炎
M02.300　赖特尔病
M02.800　反应性关节病，其他的
M02.900　反应性关节病
M05.000　费尔蒂综合征
M05.200　类风湿性脉管炎
M05.200x092　类风湿性血管炎
M05.303+G73.7*　类风湿性关节炎相关性肌病
M05.308　累及全身类风湿性关节炎
M05.800　血清反应阳性的类风湿性关节炎，其他的
M05.900　血清反应阳性的类风湿性关节炎
M05.900x093　累及内脏的类风湿性关节炎
M06.000　血清反应阴性的类风湿性关节炎
M06.001　复发性血清阴性对称性滑膜炎伴凹陷性水肿
M06.002　缓解性血清阴性对称性滑膜炎伴凹陷性水肿综合征
M06.003　滑膜炎-痤疮-脓疱疹-骨肥厚-骨炎综合征
M06.100　成年型斯蒂尔病
M06.200　类风湿性滑囊炎
M06.300　类风湿性结节
M06.400　炎性多关节病
M06.800　类风湿性关节炎，其他特指的
M06.800x051　类风湿性髋关节炎
M06.800x071　类风湿性足关节炎
M06.900　类风湿性关节炎
M06.901　类风湿性肩关节炎
M06.902　类风湿性肘关节炎
M06.903　类风湿性腕关节炎
M06.904　类风湿性手骨间关节炎
M06.906　类风湿性膝关节炎

M06.907 类风湿性踝关节炎
M06.908 类风湿性斜颈
M06.909 类风湿性多部位关节炎
M08.000 幼年型类风湿性关节炎
M08.001 幼年型类风湿因子阴性关节炎
M08.002 幼年型类风湿因子阳性关节炎
M08.100 幼年型关节强硬性脊椎炎
M08.100x092 幼年型脊椎关节炎
M08.200 幼年型关节炎伴有全身性发病
M08.201 幼年型斯蒂尔病
M08.300 幼年型多关节炎（血清反应阴性）
M08.300x001 多关节型儿童类风湿病
M08.301 慢性幼年型多关节炎
M08.400 少关节性幼年型关节炎
M08.800x091 幼年型特发性关节炎
M08.900 幼年型关节炎
M10.000 特发性痛风
M10.000x094 原发性痛风
M10.002 痛风性关节炎
M10.003 痛风性滑囊炎
M10.100 铅性痛风
M10.200 药物性痛风
M10.300 肾功能损害引起的痛风
M10.400 继发性痛风，其他的
M10.900 痛风
M10.900x093 痛风石
M10.901 痛风体质
M10.902+H62.8* 耳痛风石
M10.903 痛风结节
M11.000 羟磷灰石沉着病
M11.100 家族性软骨钙沉着
M11.201 软骨钙质沉着
M11.800x093 假性痛风性关节炎
M11.801 焦磷酸盐结晶性关节炎（病）
M11.802 磷酸二钙结晶性关节炎（病）
M11.900 结晶性关节病
M12.000 慢性风湿病后关节病［雅库综合征］
M12.100 卡斯钦-贝克病［大骨节病］
M12.200 绒毛结节性滑膜炎（色素沉着的）
M12.200x011 肩关节色素沉着绒毛结节性滑膜炎
M12.200x021 肘关节色素沉着绒毛结节性滑膜炎
M12.200x031 腕关节色素沉着绒毛结节性滑膜炎
M12.200x051 髋关节色素沉着绒毛结节性滑膜炎
M12.200x061 膝色素沉着绒毛结节性滑膜炎
M12.200x071 踝关节色素沉着绒毛结节性滑膜炎
M12.300 复发性风湿病
M12.400 间歇性关节积水
M12.500 创伤性关节病
M12.500x011 肩关节创伤性关节病
M12.500x021 肘关节创伤性关节病
M12.500x031 腕关节创伤性关节病
M12.500x051 髋关节创伤性关节病
M12.500x061 膝关节创伤性关节病
M12.500x071 踝关节创伤性关节病
M12.801 短暂性关节炎（病）
M13.000 多关节炎
M13.100 单关节炎
M13.100x011 胸锁关节炎
M13.800x001 变应性关节炎
M13.802 更年期关节炎
M13.900 关节炎
M15.000 原发性全身性（骨）关节病
M15.100 赫伯登结节（伴有关节病）
M15.200 布沙尔结节（伴有关节病）
M15.300 继发性多发性关节病
M15.301 创伤后多关节病
M15.400 侵蚀性（骨）关节病
M15.401 糜烂性骨关节病
M15.801 海加思结节
M15.900 多关节病
M15.900x003 重度多关节病
M15.901 萎缩性多关节炎
M15.902 全身性骨关节炎
M16.000 原发性双侧髋关节病
M16.101 原发性单侧髋关节病
M16.200 发育异常导致的双侧髋关节病
M16.301 发育异常性单侧髋关节病
M16.400 创伤后双侧髋关节病
M16.501 创伤后单侧髋关节病
M16.600 继发性双侧髋关节病，其他的
M16.701 继发性单侧髋关节病
M16.900 髋关节病
M16.900x002 双侧髋关节骨性关节病
M16.900x011 髋关节周围炎
M16.900x012 髋关节退行性病变
M16.901 老年性髋关节病
M17.000 原发性双侧膝关节病
M17.101 原发性单侧膝关节病
M17.200 创伤后双侧膝关节病
M17.301 创伤后单侧膝关节病

M17.400　继发性双侧膝关节病，其他的
M17.500x002　独眼征（膝CYCLOPS形成）
M17.501　继发性单侧膝关节病
M17.900　膝关节病
M17.900x002　膝关节退行性病变
M17.900x003　双侧膝关节骨性关节病
M17.900x004　单侧膝关节骨性关节病
M18.000　双侧第一腕掌关节的原发性关节病
M18.101　单侧第一腕掌关节原发性关节病
M18.200　双侧第一腕掌关节的创伤后关节病
M18.301　单侧第一腕掌关节创伤后关节病
M18.400x001　继发性双侧第一腕掌关节病
M18.501　单侧第一腕掌关节继发性关节病
M18.900　第一腕掌关节的关节病
M18.900x002　双侧腕关节骨性关节病
M19.001　原发性关节病
M19.101　创伤后关节病
M19.201　继发性关节病
M19.800　关节病，其他特指的
M19.900　关节病
M19.900x092　重度骨关节病
M19.900x093　指骨关节病
M19.900x094　趾骨关节病
M19.900x095　跖骨关节病
M19.900x096　距下关节骨性关节病
M19.900x097　跖趾关节骨性关节病
M19.901　肩关节关节病
M19.902　肘关节关节病
M19.903　腕关节关节病
M19.904　手骨间关节病
M19.905　踝关节关节病
M19.906　足关节关节病
M19.907　肥厚性关节炎
M19.908　老年性关节炎
M19.909　变形性关节炎
M19.910　萎缩性关节炎
M20.000　手指变形
M20.000x004　拇外展功能障碍
M20.000x005　后天性拇变形
M20.000x011　后天性槌状指
M20.002　后天性手指畸形
M20.003　后天性手指重叠
M20.005　手指挛缩
M20.006　手指钮孔状变形
M20.007　手指天鹅颈状变形
M20.100x001　踇囊炎
M20.100x002　后天性踇外翻
M20.200x001　僵踇
M20.301　后天性踇内翻
M20.302　后天性槌状趾
M20.400x001　后天性锤状趾
M20.501　后天性仰趾畸形
M20.502　后天性脚趾重叠
M20.503　后天性脚趾肥大
M20.504　后天性爪形趾
M20.505　鸡趾
M20.506　脚趾挛缩
M20.507　脚趾下垂
M20.508　竖起趾
M20.600　趾后天性变形
M21.000x051　后天性髋外翻
M21.000x071　后天性马蹄外翻足
M21.001　后天性肘外翻
M21.002　后天性膝外翻
M21.003　后天性足外翻
M21.100x011　后天性肩内翻
M21.100x051　后天性髋内翻
M21.100x072　后天性踝内翻
M21.101　弓形腿
M21.102　后天性肘内翻
M21.103　髋关节内翻变形
M21.104　后天性膝内翻
M21.105　后天性足内翻
M21.200x001　后天性肢体屈曲变形
M21.200x021　后天性肘关节屈曲变形
M21.200x031　后天性前臂屈曲变形
M21.200x032　后天性腕关节屈曲变形
M21.200x041　后天性手屈曲变形
M21.200x061　后天性膝关节屈曲变形
M21.201　手屈曲畸形
M21.202　膝关节屈曲畸形
M21.301　后天性腕下垂
M21.302　后天性足下垂
M21.400　后天性扁平足［平足］
M21.401　足弓下陷
M21.402　足弓松弛
M21.501　后天性爪形手
M21.502　后天性手畸形
M21.503　后天性爪形足
M21.504　后天性足畸形

M21.505　后天性马蹄内翻足
M21.600x071　后天性足变形
M21.600x072　后天性踝变形
M21.601　后天性弓形足
M21.602　足旋前
M21.603　足凹陷
M21.604　后天性踝关节畸形
M21.605　踝旋前
M21.700　四肢（后天性）长度不等
M21.700x031　后天性尺骨短缩变形
M21.700x061　后天性胫骨短缩变形
M21.701　后天性上臂短缩畸形
M21.702　后天性前臂短缩畸形
M21.703　后天性股骨短缩畸形
M21.704　后天性大腿短缩畸形
M21.705　后天性髋短缩畸形
M21.706　后天性小腿短缩畸形
M21.801　后天性锁骨畸形
M21.802　后天性肩胛骨畸形
M21.803　翼状肩胛
M21.804　后天性肱骨畸形
M21.805　后天性股骨畸形
M21.806　后天性胫骨畸形
M21.807　后天性腓骨畸形
M21.808　布鲁克病
M21.900　四肢后天性变形
M21.900x011　后天性肩关节变形
M21.900x041　后天性腕关节变形
M21.900x051　后天性上肢变形
M21.901　后天性上臂畸形
M21.902　后天性尺骨畸形
M21.903　后天性桡骨畸形
M21.904　后天性前臂畸形
M21.905　后天性掌骨畸形
M21.906　后天性髋关节畸形
M21.907　后天性膝关节畸形
M21.908　后天性下肢畸形
M22.000　复发性髌骨脱位
M22.100　复发性髌骨不全脱位
M22.200x001　髌股关节病
M22.201　髌骨关节病
M22.300x001　髌骨不稳定
M22.301　髌骨滑脱
M22.400　髌骨软骨软化
M22.801　髌骨外侧过度挤压综合征
M22.802　髌骨畸形
M22.900　髌骨疾患
M23.000x031　膝内侧半月板囊肿
M23.000x061　膝外侧半月板囊肿
M23.001　膝半月板囊肿
M23.100　盘状半月板（先天性）
M23.200x092　陈旧性桶柄状撕裂
M23.201　陈旧性前十字韧带损伤
M23.202　陈旧性内侧半月板前角损伤
M23.203　陈旧性后十字韧带损伤
M23.204　陈旧性内侧半月板后角损伤
M23.205　陈旧性膝内侧半月板损伤
M23.206　陈旧性膝内侧副韧带损伤
M23.207　陈旧性膝外侧副韧带损伤
M23.208　陈旧性膝外侧半月板前角损伤
M23.209　陈旧性膝外侧半月板后角损伤
M23.210　陈旧性膝外侧半月板损伤
M23.211　陈旧性膝关节囊韧带损伤
M23.212　陈旧性膝半月板断裂
M23.213　陈旧性膝半月板损伤
M23.214　陈旧性膝韧带损伤
M23.215　陈旧性膝内多发性损伤
M23.300x061　膝外侧半月板紊乱
M23.300x062　膝内侧半月板紊乱
M23.301　内侧半月板前角损伤
M23.302　内侧半月板后角损伤
M23.303　内侧半月板损伤
M23.304　外侧半月板前角损伤
M23.305　外侧半月板后角损伤
M23.306　外侧半月板损伤
M23.307　半月板变性
M23.308　半月板损伤
M23.309　半月板运动过度
M23.310　遗留的半月板
M23.311　复发性半月板紊乱
M23.400　膝关节游离体
M23.500x091　膝前内侧旋转不稳定
M23.501　陈旧性膝韧带破裂
M23.601　自发性膝韧带破裂
M23.800x001　膝后外复合体损伤
M23.800x011　陈旧性膝前十字韧带断裂
M23.800x021　陈旧性膝后十字韧带断裂
M23.800x031　陈旧性膝内侧副韧带断裂
M23.800x041　陈旧性膝外侧副韧带断裂
M23.800x094　陈旧性膝关节韧带损伤

M23.800x095 陈旧性膝关节软骨损伤
M23.801 前十字韧带松弛
M23.802 后十字韧带松弛
M23.803 内侧副韧带松弛
M23.804 外侧副韧带松弛
M23.805 膝关节囊韧带松弛
M23.806 膝韧带松弛
M23.807 弹响膝
M23.808 膝关节滑膜嵌顿
M23.809 膝韧带囊肿
M23.810 膝关节锁定
M23.811 膝关节粘连
M23.812 髌韧带粘连
M23.900 膝关节内紊乱
M24.000 关节游离体
M24.001 肩关节游离体
M24.002 肘关节游离体
M24.003 腕关节游离体
M24.004 指关节游离体
M24.005 髋关节游离体
M24.006 踝关节游离体
M24.100x071 陈旧性踝距骨软骨损伤
M24.100x072 陈旧性踝胫骨软骨损伤
M24.100x091 陈旧性关节软骨损伤
M24.101 关节软骨变性
M24.102 陈旧性关节软骨撕裂
M24.202 陈旧性踝外侧副韧带断裂
M24.203 项韧带肥厚
M24.204 黄韧带肥厚
M24.205 寰枢横韧带松弛
M24.206 韧带钙化
M24.207 韧带后天性畸形
M24.208 韧带挛缩
M24.209 韧带内囊肿
M24.210 韧带松弛
M24.300x091 关节病理性脱位
M24.301 自发性寰枢椎脱位
M24.302 自发性寰枢椎半脱位
M24.303 髋关节病理性脱位
M24.304 髋关节病理性不全脱位
M24.305 膝关节病理性脱位
M24.306 膝关节病理性不全脱位
M24.307 踝关节病理性脱位
M24.308 踝关节病理性不全脱位
M24.309 足关节病理性脱位
M24.310 足关节病理性不全脱位
M24.311 自发性关节脱位
M24.401 复发性肩关节脱位
M24.402 复发性肩关节不全脱位
M24.403 复发性肘关节脱位
M24.404 复发性肘关节不全脱位
M24.405 复发性腕关节脱位
M24.406 复发性腕关节不全脱位
M24.407 复发性手骨间关节脱位
M24.408 复发性手骨间关节不全脱位
M24.409 复发性髋关节脱位
M24.410 复发性髋关节不全脱位
M24.411 复发性膝关节脱位
M24.412 复发性膝关节不全脱位
M24.414 复发性踝关节脱位
M24.415 复发性踝关节不全脱位
M24.416 关节习惯性脱位
M24.417 关节习惯性不全脱位
M24.500 关节挛缩
M24.500x001 多发关节挛缩
M24.501 髋关节挛缩
M24.502 膝关节挛缩
M24.503 踝关节挛缩
M24.600 关节强硬
M24.601 多发性关节强硬
M24.602 肩关节强硬
M24.603 肘关节强硬
M24.604 腕关节强硬
M24.605 手骨间关节强硬
M24.606 髋关节强硬
M24.607 膝关节强硬
M24.608 踝关节强硬
M24.609 关节骨性强硬
M24.610 关节纤维变性
M24.700 髋臼前突
M24.701 髋关节内陷
M24.800x052 髋关节撞击综合征
M24.801 陈旧性肩关节脱位
M24.802 肩关节粘连
M24.803 陈旧性肘关节脱位
M24.804 肘关节粘连
M24.805 陈旧性腕关节脱位
M24.806 陈旧性手骨间关节脱位
M24.807 陈旧性髋关节脱位
M24.808 陈旧性膝关节脱位

M24.810 陈旧性踝关节脱位
M24.811 关节粘连
M24.812 尺骨撞击综合征
M24.900 关节紊乱
M24.900x052 骶髂关节紊乱
M24.901 肩关节紊乱
M24.902 肘关节紊乱
M24.903 腕关节紊乱
M24.904 手骨间关节紊乱
M24.905 髋关节紊乱
M24.906 踝关节紊乱
M24.907 腰椎关节滑膜嵌顿
M24.908 腰椎小关节紊乱
M25.000 关节积血
M25.001 肩关节积血
M25.002 肘关节积血
M25.003 腕关节积血
M25.004 手骨间关节积血
M25.005 髋关节积血
M25.006 膝关节积血
M25.007 踝关节积血
M25.100 关节瘘
M25.100x011 肩关节瘘
M25.100x021 肘关节瘘
M25.100x031 腕关节瘘
M25.100x051 髋关节瘘
M25.100x061 膝关节瘘
M25.100x071 踝关节瘘
M25.200 连枷状关节
M25.201 关节松弛
M25.301 关节不稳定
M25.400 关节渗出
M25.401 肩关节积液
M25.402 肩关节肿胀
M25.403 肘关节积液
M25.404 肘关节肿胀
M25.405 腕关节积液
M25.406 腕关节肿胀
M25.407 手骨间关节积液
M25.408 手骨间关节肿胀
M25.409 髋关节积液
M25.410 髋关节肿胀
M25.411 膝关节积液
M25.412 膝关节肿胀
M25.413 踝关节积液
M25.414 踝关节肿胀
M25.415 关节积液
M25.416 关节肿胀
M25.500 关节痛
M25.501 肩关节痛
M25.502 肘关节痛
M25.503 腕关节痛
M25.504 手骨间关节痛
M25.505 髋关节痛
M25.506 膝关节痛
M25.507 踝关节痛
M25.600x091 关节僵硬
M25.601 肢体僵硬
M25.602 肩关节僵硬
M25.603 肘关节僵硬
M25.604 腕关节僵硬
M25.605 指关节僵硬
M25.606 髋关节僵硬
M25.607 膝关节僵硬
M25.608 踝关节僵硬
M25.700 骨赘
M25.800x092 关节周围骨化
M25.801 多部位关节钙化
M25.802 肩关节钙化
M25.803 肩关节囊肿
M25.804 肘关节囊肿
M25.805 腕关节囊肿
M25.807 髋关节囊肿
M25.808 膝关节囊肿
M25.809 踝关节囊肿
M25.810 关节周围异位骨化
M25.900x031 腕关节肿物
M25.900x061 膝关节肿物
M25.901 关节肿物
M30.000 结节性多动脉炎
M30.001+G73.7* 结节性多动脉炎性肌病
M30.002+G63.5* 结节性多动脉炎性多神经病
M30.003+G63.5* 结节性多动脉炎性周围神经病
M30.004 多脉管炎
M30.100 多动脉炎伴有肺受累［丘格-斯特劳斯］
M30.100x001 嗜酸性肉芽肿性血管炎
M30.101 变应性肉芽肿性血管炎
M30.200 幼年型多动脉炎
M30.300 黏膜皮肤淋巴结综合征［川崎病］
M30.301 IVIG无应答型川崎病

M30.801　多脉管炎重叠综合征
M31.000x002　免疫性血管炎
M31.001　古德帕斯丘综合征
M31.100　血栓性微血管病
M31.101　血栓性血小板减少性紫癜
M31.500　巨细胞动脉炎伴有风湿性多肌痛
M31.700　显微镜下多脉管炎
M31.702+G63.5*　显微镜下多血管炎性周围神经病
M31.801　HCV感染相关血管炎
M31.802　ANCA相关性血管炎
M31.803　低补体血症血管炎
M31.900x001　坏死性脉管炎
M32.000　药物性系统性红斑狼疮
M32.100x016　狼疮性关节炎
M32.110+G73.7*　狼疮性肌病
M32.113+H36.8*　狼疮性视网膜病变
M32.800　系统性红斑狼疮，其他形式的
M32.900　系统性红斑狼疮
M32.901　隐匿性系统性红斑狼疮
M33.000　幼年型皮肌炎
M33.100x001　儿童皮肌炎
M33.100x004　成人皮肌炎
M33.101　皮肌炎
M33.104　无肌病性皮肌炎
M33.105　异色皮肌炎
M33.200　多肌炎
M33.900　皮多肌炎
M34.800x002+G73.7*　系统性硬化症性肌病
M34.800x004+N08.5*　系统性硬化症肾脏危象
M34.800x005+G53.8*　系统性硬化症累及脑神经
M34.800x007+N08.5*　系统性硬化症肾损害
M34.802　布施克硬肿病
M34.804+G73.7*　全身性硬化性肌病
M34.805　肢端硬肿病
M34.806+G63.5*　全身性硬化性多神经病变
M34.900　全身性硬皮病
M34.900x001　系统性硬化症
M35.000　干燥综合征［舍格伦］
M35.001　继发性干燥综合征
M35.004+G73.7*　干燥综合征性肌病
M35.101　混合性结缔组织病
M35.102　混合性结缔组织病肾损害
M35.200　贝赫切特［贝切特］病
M35.201　贝赫切特病性关节炎
M35.203　神经贝赫切特病
M35.300　风湿性多肌痛
M35.400　弥漫性（嗜酸细胞性）筋膜炎
M35.500　多病灶性纤维硬化病
M35.700　过度活动综合征
M35.701　家族性韧带松弛
M35.800x001　抗合成酶综合征
M35.801　嗜酸性粒细胞增多-肌痛综合征
M35.802　近端指间关节周围胶原沉积症
M35.900x006+G63.5*　继发于结缔组织病的周围神经病
M35.900x007　高IgD综合征
M35.901　结缔组织病
M35.902　胶原病
M35.903+G63.5*　胶原血管性多神经病
M35.905　抗J0-1综合征
M35.906　IgG4相关疾病
M35.907　自身免疫病
M40.000　姿势性脊柱后凸
M40.000x091　青年型姿势性脊柱后凸
M40.100　继发性脊柱后凸，其他的
M40.100x051　继发性胸腰段脊柱后凸
M40.101　强直性脊柱炎后凸畸形
M40.200x021　颈椎后凸
M40.200x041　胸椎后凸
M40.200x061　腰椎后凸
M40.201　脊柱后凸
M40.300　直背综合征
M40.401　后天性脊柱前凸
M40.402　姿势性脊柱前凸
M40.500　脊柱前凸
M40.501　鞍状背
M41.000　婴儿特发性脊柱侧弯
M41.101　青少年特发性脊柱侧弯
M41.200　特发性脊柱侧弯，其他的
M41.300　胸源性脊柱侧弯
M41.400　神经肌肉性脊柱侧弯
M41.400x091　脊髓灰质炎后脊柱侧弯
M41.401　麻痹性脊柱侧弯
M41.500　继发性脊柱侧弯，其他的
M41.501　创伤性脊柱侧弯
M41.800　脊柱侧弯，其他形式的
M41.900　脊柱侧弯
M41.900x061　腰椎侧弯
M41.901　脊柱后侧凸
M42.000x091　卡尔韦病

M42.002　幼年椎骨骺骨软骨病
M42.100　成年脊柱骨软骨病
M42.900　脊柱骨软骨病
M43.001　枕寰枢椎滑脱
M43.002　颈椎滑脱
M43.003　颈椎胸椎滑脱
M43.004　胸椎滑脱
M43.005　胸椎腰椎滑脱
M43.006　腰椎滑脱
M43.007　腰骶部脊椎滑脱
M43.008　骶尾部滑脱
M43.009　腰椎峡部裂
M43.100x011　后天性寰枢椎滑脱
M43.100x021　颈椎前移
M43.100x041　胸椎前移
M43.100x061　腰椎前移
M43.100x062　后天性腰椎滑脱
M43.100x071　腰骶脊椎前移
M43.100x091　后天性脊椎滑脱
M43.101　创伤性脊椎前移
M43.102　变性性脊椎前移
M43.201　寰枢椎关节强硬
M43.202　骶髂关节强硬
M43.203　后天性脊柱关节强硬
M43.300　复发性寰枢不完全性脱位伴有脊髓病
M43.400　复发性寰枢不完全性脱位，其他的
M43.501　复发性颈椎不完全性脱位
M43.502　复发性颈椎胸椎不完全性脱位
M43.503　复发性胸椎不完全性脱位
M43.504　复发性胸椎腰椎不完全性脱位
M43.505　复发性腰椎不完全性脱位
M43.600　斜颈
M43.601　肌性斜颈
M43.602　僵颈
M43.801　脊柱旋转不足
M43.802　腰骶关节畸形
M43.803　骶髂关节畸形
M43.804　骶骨畸形
M43.805　尾骨畸形
M43.901　后天性脊柱变形
M45.x00　强直性脊柱炎
M45.x01　类风湿性脊椎炎
M45.x02　萎缩性脊柱炎
M45.x03+H22.1*　强直性脊柱炎伴虹膜睫状体炎
M46.000　脊柱肌腱端病
M46.000x093　棘间韧带发育不良
M46.000x094　棘上韧带炎
M46.001　颈椎肌腱端炎
M46.002　胸椎肌腱端炎
M46.003　腰椎肌腱端炎
M46.004　颈椎棘上韧带炎
M46.100　骶髂关节炎，不可归类在他处者
M46.200　椎骨骨髓炎
M46.200x021　颈椎骨髓炎
M46.200x041　胸椎骨髓炎
M46.200x061　腰椎骨髓炎
M46.300　椎间盘感染（脓性）
M46.300x021　颈椎间盘感染
M46.300x041　胸椎间盘感染
M46.300x061　腰椎间盘感染
M46.301　化脓性胸椎间盘感染
M46.302　化脓性腰椎间盘感染
M46.400　关节盘炎
M46.401　颈椎椎间盘炎
M46.402　胸椎椎间盘炎
M46.403　腰椎椎间盘炎
M46.500x091　椎体感染
M46.500x092　化脓性脊柱炎
M46.501　颈椎脓肿
M46.502　胸椎脓肿
M46.503　腰椎脓肿
M46.504　骶尾椎脓肿
M46.800x091　肥大性脊柱炎
M46.800x093　变形性脊柱炎
M46.802　退行性脊柱炎
M46.803　增生性脊柱炎
M46.900　炎性脊椎病
M47.001+G99.2*　椎动脉型颈椎病
M47.002+G99.2*　椎动脉压迫综合征
M47.003+G99.2*　脊髓前动脉压迫综合征
M47.101+G99.2*　脊髓型颈椎病
M47.102+G99.2*　胸椎关节强硬伴脊髓病
M47.103+G99.2*　腰椎关节强硬伴脊髓病
M47.104+G99.2*　脊椎关节强硬伴脊髓病
M47.201　神经根型颈椎病
M47.202　交感神经型颈椎病
M47.203　神经根型胸椎病
M47.204　神经根型腰椎病
M47.205　颈-心综合征
M47.800x024　食管型颈椎病

M47.800x031 脊柱关节滑膜嵌顿
M47.800x032 齿状突骨质增生
M47.801 颈椎关节强硬
M47.802 混合型颈椎病
M47.803 胸椎关节强硬
M47.804 腰椎关节强硬
M47.806 腰骶关节强硬
M47.900 脊椎关节强硬
M47.900x091 脊柱骨关节病
M47.901 肥厚性脊柱炎
M47.902 脊柱变性
M47.903 老年性脊柱炎
M47.904 椎骨关节面破坏
M48.000x081 尾部狭窄
M48.001 枕寰枢椎管狭窄
M48.002 颈椎椎管狭窄
M48.003 胸椎椎管狭窄
M48.004 胸腰椎椎管狭窄
M48.005 腰椎椎管狭窄
M48.006 颈腰综合征
M48.100 强直性骨肥厚［福雷斯蒂尔］
M48.100x091 弥漫性特发性骨肥厚［DISH病］
M48.200 脊椎棘突吻合
M48.200x021 颈椎棘突吻合
M48.200x041 胸椎棘突吻合
M48.200x061 腰椎棘突吻合
M48.300x091 创伤后脊椎病
M48.301 颈椎椎间盘创伤性退变
M48.302 胸椎椎间盘创伤性退变
M48.303 腰椎椎间盘创伤性退变
M48.304 创伤性腰椎病
M48.305 屈梅尔脊柱炎
M48.401 脊椎应力性骨折
M48.500x092 脊椎楔入
M48.501 颈椎楔形变
M48.502 胸椎楔形变
M48.503 腰椎楔形变
M48.800x022 颈前纵韧带骨化
M48.800x091 脊椎半切综合征
M48.801 颈椎后纵韧带骨化
M48.802 胸椎后纵韧带骨化
M48.803 胸腰椎后纵韧带骨化
M48.804 腰椎后纵韧带骨化
M48.805 骶尾椎后纵韧带骨化
M48.806 后纵韧带骨化
M48.808 黄韧带骨化
M48.810 棘突间韧带综合征
M48.811 肌性脊柱炎
M48.812 老年性脊椎萎缩
M48.900x002 腰椎骨质增生
M48.901 颈椎退行性病变
M48.902 胸椎退行性病变
M48.903 腰椎退行性病变
M48.904 脊椎退行性病变
M50.000+G99.2* 颈椎间盘疾患伴有脊髓病
M50.001+G99.2* 颈椎间盘突出伴脊髓病
M50.100 颈椎间盘疾患伴有神经根病
M50.101+G55.1* 颈椎间盘突出伴有神经根病
M50.200x001 颈椎间盘脱出
M50.201 颈椎间盘突出
M50.202 颈椎胸椎椎间盘突出
M50.300x001 颈椎骨质增生
M50.301 颈椎胸椎椎间盘变性
M50.800 颈椎间盘疾患，其他的
M50.900 颈椎间盘疾患
M50.901 颈椎胸椎椎间盘疾患
M51.100x002+G55.1* 腰椎间盘突出伴神经根病
M51.101+G55.1* 腰椎间盘脱出伴坐骨神经痛
M51.102+G55.1* 髓核疝性神经炎
M51.103+G55.1* 椎间盘疾患性腰痛伴坐骨神经痛
M51.104+G55.1* 椎间盘破裂性神经炎
M51.105+G55.1* 椎间盘移位性脊髓神经根压迫
M51.106+G55.1* 椎间盘移位性神经炎
M51.200x001 胸椎间盘脱出
M51.200x004 腰骶椎间盘脱出
M51.200x005 颈胸间盘突出
M51.201 胸椎间盘突出
M51.202 腰椎间盘突出
M51.203 胸腰椎椎间盘突出
M51.204 腰骶椎间盘突出
M51.205 椎间盘移位性腰痛
M51.301 胸椎间盘变性
M51.302 胸腰椎间盘变性
M51.303 腰椎间盘变性
M51.304 腰骶椎间盘变性
M51.305 椎间盘变性
M51.400 施莫尔结
M51.800x003 椎间盘囊肿
M51.800x004 椎间盘突出
M51.801 椎间盘膨隆

M51.802　椎间盘钙化
M51.803　椎间盘畸形
M51.901　腰椎间盘退行性病变
M53.100　颈臂综合征
M53.101　颈肩综合征
M53.201　多发性脊柱不稳定
M53.202　枕寰枢椎不稳定
M53.203　颈椎不稳定
M53.204　颈胸椎不稳定
M53.205　胸椎不稳定
M53.206　胸腰椎不稳定
M53.207　腰椎不稳定
M53.208　腰骶关节不稳定
M53.209　骶髂关节不稳定
M53.210　尾骨运动过度
M53.211　背部韧带松弛
M53.212　病理性脊柱关节脱位
M53.301　尾骨痛
M53.302　骶髂关节改变
M53.303　骶髂关节僵硬
M53.304　骶髂关节面破坏
M53.305　骶尾部痛
M53.306　非创伤性骶髂关节损害
M53.801　脊柱强直
M53.802　脊柱关节僵硬
M53.900　背部病
M54.100　神经根病
M54.100x021　颈神经根炎
M54.101　臂丛神经炎
M54.102　胸神经根炎
M54.103　腰神经根炎
M54.104　腰骶神经根炎
M54.105　神经根炎
M54.106　神经根痛
M54.107　神经根综合征
M54.200　颈痛
M54.300　坐骨神经痛
M54.400　腰痛伴有坐骨神经痛
M54.500　下背痛
M54.501　第三腰椎横突综合征
M54.502　腰痛
M54.503　腰背痛
M54.504　腰背肌筋膜炎
M54.505　腰肌劳损
M54.507　低背综合征
M54.600　胸段背痛
M54.801　脊椎源性痛综合征
M54.900　背痛
M60.000　感染性肌炎
M60.000x051　大腿感染性肌炎
M60.000x061　小腿感染性肌炎
M60.000x092　热带化脓性肌炎
M60.000x093　肌肉脓肿
M60.001　肩区感染性肌炎
M60.002　上臂感染性肌炎
M60.003　前臂感染性肌炎
M60.004　手感染性肌炎
M60.005　大腿肌间脓肿
M60.006　膝关节肌间脓肿
M60.007　足感染性肌炎
M60.008　腰大肌脓肿
M60.100　间质性肌炎
M60.200x091　肌肉肉芽肿
M60.201　滑石粉肉芽肿
M60.800x061　腓肠肌炎
M60.800x081　腹壁慢性肌炎
M60.801　坏死性肌炎
M60.802　陈旧性肌炎
M60.803　腰大肌炎
M60.804　增生性肌炎
M60.805　姿势性肌炎
M60.900　肌炎
M60.901　嗜酸性肌筋膜炎
M60.902　肌筋膜炎
M60.903　巨噬细胞肌筋膜炎
M61.000　外伤性骨化性肌炎
M61.000x051　髋关节创伤后骨化性肌炎
M61.100　进行性骨化性肌炎
M61.101　进行性骨化性纤维发育不良
M61.102　弥漫性进行性骨化性多肌炎
M61.201　肌肉麻痹性骨化
M61.301　烧伤后肌肉骨化
M61.400　肌肉的其他钙化
M61.501　骨化性肌炎
M61.502　骑士骨
M61.900　肌肉钙化和骨化
M62.000　肌肉分离
M62.100　肌肉的其他（非创伤性）破裂
M62.200　肌肉缺血性梗死
M62.200x001　骨筋膜室综合征

M62.202　非创伤性腔隙综合征
M62.203　肌间隙综合征
M62.300　不动综合征（截瘫性）
M62.400　肌肉挛缩
M62.401　肩区肌肉挛缩
M62.402　上臂肌肉挛缩
M62.403　前臂肌肉挛缩
M62.404　手部肌挛缩
M62.405　臀肌挛缩
M62.406　大腿肌肉挛缩
M62.407　小腿肌肉挛缩
M62.408　踝肌肉挛缩
M62.409　足肌肉挛缩
M62.410　头颈肌挛缩
M62.411　躯干肌挛缩
M62.501　上臂肌肉萎缩
M62.502　前臂肌肉萎缩
M62.503　手肌肉萎缩
M62.504　大腿肌萎缩
M62.505　小腿肌肉萎缩
M62.506　咀嚼肌萎缩
M62.507　头颈部肌萎缩
M62.508　单侧肢体肌萎缩
M62.509　弥漫性肌肉萎缩
M62.510　失用性肌肉萎缩
M62.511　原发性肌肉萎缩
M62.512　全身性肌萎缩
M62.513　少肌症
M62.600　肌肉劳损
M62.600x081　陈旧性腰肌劳损
M62.601　上臂肌肉劳损
M62.602　前臂肌肉劳损
M62.603　大腿肌肉劳损
M62.604　小腿肌肉劳损
M62.605　头颈部肌肉劳损
M62.606　胸肌劳损
M62.607　躯干肌肉劳损
M62.800x002　肌肉血肿
M62.800x051　股四头肌内侧头囊肿
M62.800x053　髂肌囊肿
M62.800x061　腓骨长肌腱滑脱
M62.800x062　腓肠肌肥大
M62.800x081　咬肌肥大
M62.800x095　肌肉脂肪浸润
M62.800x096　肌肉血肿机化
M62.800x097　肌玻璃体变性
M62.800x101　筋膜病
M62.800x102　发作性四肢强直
M62.802　大腿肌肥厚
M62.803　横纹肌溶解症
M62.804　后天性肌强直
M62.805　后天性肌鞘疝
M62.806　后天性肌肉畸形
M62.807　后天性筋膜疝
M62.808　肌肉瘢痕
M62.809　肌肉变性
M62.810　肌肉肥大
M62.811　肌肉纤颤
M62.812　肌软化
M62.813　肌疝
M62.814　肌纤维变性
M62.815　肌张力缺失
M62.817　阔筋膜挛缩症
M62.819　膝关节肌肥大
M62.821　足筋膜挛缩
M62.822　疼痛性肌痉挛综合征
M62.901　肌肉肿物
M65.000　腱鞘脓肿
M65.001　肩区腱鞘脓肿
M65.002　上臂腱鞘脓肿
M65.003　前臂腱鞘脓肿
M65.004　手腱鞘脓肿
M65.005　骨盆区腱鞘脓肿
M65.006　大腿腱鞘脓肿
M65.007　小腿腱鞘脓肿
M65.008　踝腱鞘脓肿
M65.009　足腱鞘脓肿
M65.010　特指部位腱鞘脓肿
M65.101　感染性滑膜炎
M65.200　钙化性肌腱炎
M65.300　扳机指
M65.301　结节性腱鞘病
M65.400　桡骨茎突腱鞘炎［德奎尔万］
M65.800x093　创伤后滑膜炎
M65.802　指肌腱粘连
M65.803　肌腱钙化
M65.804　粘连性肌腱炎
M65.805　趾肌腱粘连
M65.806　应激性髋
M65.900x062　膝关节滑膜皱襞综合征

M65.900x093　狭窄性腱鞘炎
M65.901　肩关节滑膜炎
M65.902　肘关节滑膜炎
M65.903　腕关节滑膜炎
M65.904　手关节滑膜炎
M65.905　髋关节滑膜炎
M65.906　膝关节滑膜炎
M65.907　踝关节滑膜炎
M65.908　跖趾关节滑膜炎
M65.909　滑膜炎
M65.910　腱鞘炎
M66.000　腘囊肿破裂
M66.101　多关节滑膜破裂
M66.102　肩锁关节滑膜破裂
M66.103　盂肱关节滑膜破裂
M66.104　胸锁关节滑膜破裂
M66.105　肘关节滑膜破裂
M66.106　腕关节滑膜破裂
M66.107　手骨间关节滑膜破裂
M66.108　髋关节滑膜破裂
M66.109　骶髂关节滑膜破裂
M66.110　膝关节滑膜破裂
M66.111　踝关节滑膜破裂
M66.112　足关节滑膜破裂
M66.113　滑膜囊肿破裂
M66.201　肩区伸肌腱自发性破裂
M66.202　上臂伸肌腱自发性破裂
M66.203　前臂伸肌腱自发性破裂
M66.204　手伸肌腱自发性破裂
M66.205　骨盆区伸肌腱自发性破裂
M66.206　大腿伸肌腱自发性破裂
M66.207　小腿伸肌腱自发性破裂
M66.208　踝伸肌腱自发性破裂
M66.209　足伸肌腱自发性破裂
M66.301　肩区屈肌腱自发性破裂
M66.302　上臂屈肌腱自发性破裂
M66.303　前臂屈肌腱自发性破裂
M66.304　手屈肌腱自发性破裂
M66.305　骨盆区屈肌腱自发性破裂
M66.306　大腿屈肌腱自发性破裂
M66.307　小腿屈肌腱自发性破裂
M66.308　踝屈肌腱自发性破裂
M66.309　足屈肌腱自发性破裂
M66.400　肌腱的自发性破裂，其他的
M66.501　非创伤性肌腱断裂
M66.502　非创伤性肌腱连接点断裂
M67.001　跟腱挛缩
M67.100x041　掌腱膜挛缩
M67.100x051　髂胫束挛缩
M67.101　肌腱挛缩
M67.102　腓肠肌腱膜挛缩症
M67.103　拇指屈肌肌腱挛缩
M67.104　足跖腱膜挛缩
M67.200　滑膜肥大，不可归类在他处者
M67.300　短暂性滑膜炎
M67.301　中毒性滑膜炎
M67.302　暂时性髋关节滑膜炎
M67.400　腱鞘囊肿
M67.400x031　腕腱鞘囊肿
M67.401　肌腱腱鞘囊肿
M67.402　关节腱鞘囊肿
M67.800x041　手指屈肌肌腱粘连
M67.800x091　滑膜脂肪疝
M67.800x092　肌腱滑脱
M67.800x093　肌腱松弛
M67.800x094　滑膜嵌顿
M67.800x095　瘢痕性肌腱粘连
M67.800x096　肌腱囊肿
M67.803　滑膜增生
M67.804　滑膜皱襞综合征
M67.805　肌腱疝
M67.806　腱鞘游离体
M67.807　韧带骨化
M67.901　肌腱疾患
M70.001　腕慢性碎裂音滑膜炎
M70.002　手慢性碎裂音滑膜炎
M70.100　手滑囊炎
M70.101　腕滑囊炎
M70.102　过度打击手
M70.200　鹰嘴囊炎
M70.201　矿工肘
M70.202　学生肘
M70.301　过度打击肘
M70.400　髌前囊炎
M70.402　努恩膝
M70.403　髌前水囊瘤
M70.500x002　膝假性滑囊炎
M70.501　鹅趾滑囊炎
M70.502　腘滑囊炎
M70.503　过度打击膝

M70.504 膝半膜肌肉滑囊炎
M70.600 转子滑囊炎
M70.600x001 转子腱炎
M70.700 髋的其他滑囊炎
M70.700x002 髂耻滑囊炎
M70.701 坐骨滑囊炎
M70.702 大粗隆滑囊炎
M70.800 与使用、过度使用和压迫有关的其他软组织疾患
M70.800x001 手指滑囊炎
M70.901 体位性劳损
M70.902 职业性滑囊炎
M71.000 黏液囊脓肿
M71.001 肩区黏液囊脓肿
M71.002 上臂黏液囊脓肿
M71.003 前臂黏液囊脓肿
M71.004 手黏液囊脓肿
M71.005 骨盆区黏液囊脓肿
M71.006 大腿黏液囊脓肿
M71.007 小腿黏液囊脓肿
M71.008 踝黏液囊脓肿
M71.009 足黏液囊脓肿
M71.100 感染性滑囊炎，其他的
M71.101 肩区感染性滑囊炎
M71.102 上臂感染性滑囊炎
M71.103 前臂感染性滑囊炎
M71.104 手感染性滑囊炎
M71.105 骨盆区感染性滑囊炎
M71.106 大腿感染性滑囊炎
M71.107 小腿感染性滑囊炎
M71.108 踝感染性滑囊炎
M71.109 足感染性滑囊炎
M71.200 腘间隙滑膜囊肿［贝克］
M71.200x001 腘窝囊肿
M71.300x021 肘窝囊肿
M71.301 肩区滑膜囊肿
M71.302 肘窝滑膜囊肿
M71.303 腕关节滑膜囊肿
M71.304 手关节滑膜囊肿
M71.305 坐骨滑膜囊肿
M71.306 髋关节滑膜囊肿
M71.307 膝关节滑膜囊肿
M71.308 踝关节滑膜囊肿
M71.309 足滑膜囊肿
M71.310 滑膜囊肿
M71.400 黏液囊钙沉着
M71.401 上臂滑膜钙化
M71.402 前臂滑膜钙化
M71.403 手部滑膜钙化
M71.404 骨盆区滑膜钙化
M71.405 大腿滑膜钙化
M71.406 小腿滑膜钙化
M71.407 踝关节滑膜钙化
M71.408 足滑膜钙化
M71.501 肘关节粘连性滑囊炎
M71.502 腕关节粘连性滑囊炎
M71.503 手骨间关节粘连性滑囊炎
M71.504 髋关节粘连性滑囊炎
M71.505 骶髂关节粘连性滑囊炎
M71.506 膝关节粘连性滑囊炎
M71.507 踝关节粘连性滑囊炎
M71.508 足粘连性滑囊炎
M71.801 异位滑囊
M71.900 黏液囊病
M71.900x001 肘关节黏液囊病
M71.900x002 腕关节黏液囊病
M71.900x003 手骨间关节黏液囊病
M71.900x004 髋关节黏液囊病
M71.900x005 骶髂关节黏液囊病
M71.900x006 膝关节黏液囊病
M71.900x007 踝关节黏液囊病
M71.909 滑囊炎
M72.000 掌腱膜纤维瘤病［迪皮特朗］
M72.001 掌筋膜挛缩症
M72.100 指节垫
M72.200 跖筋膜纤维瘤病
M72.201 足底筋膜纤维瘤病
M72.202 跖筋膜炎
M72.400 假肉瘤性纤维瘤病
M72.401 肩区结节性筋膜炎
M72.402 上臂结节性筋膜炎
M72.403 前臂结节性筋膜炎
M72.404 手结节性筋膜炎
M72.405 骨盆区结节性筋膜炎
M72.406 大腿结节性筋膜炎
M72.407 小腿结节性筋膜炎
M72.408 踝结节性筋膜炎
M72.409 足结节性筋膜炎
M72.410 结节性筋膜炎
M72.600 坏死性筋膜炎

M72.601 肩区坏死性筋膜炎
M72.602 上臂坏死性筋膜炎
M72.603 前臂坏死性筋膜炎
M72.604 手坏死性筋膜炎
M72.605 骨盆区坏死性筋膜炎
M72.606 大腿坏死性筋膜炎
M72.607 小腿坏死性筋膜炎
M72.608 踝坏死性筋膜炎
M72.609 足坏死性筋膜炎
M72.800x091 硬化性筋膜炎
M72.800x092 缺血性筋膜炎
M72.801 肩关节筋膜脓肿
M72.802 肘关节筋膜脓肿
M72.803 腕关节筋膜脓肿
M72.804 指纤维组织瘤样增生
M72.805 筋膜脓肿
M72.806 陈旧性筋膜炎
M72.900x051 臀部纤维瘤病
M72.900x052 臀肌筋膜炎
M72.900x071 趾筋膜炎
M72.900x073 掌跖纤维瘤病
M72.900x081 腰背部筋膜炎
M72.900x082 躯干纤维瘤病
M72.900x083 椎管内纤维瘤病
M72.900x084 颈部纤维瘤病
M72.900x093 下肢纤维瘤病
M72.901 多部位筋膜炎
M72.903 肩区筋膜炎
M72.904 肩区纤维瘤病
M72.905 上臂筋膜炎
M72.906 上臂纤维瘤病
M72.907 前臂筋膜炎
M72.908 前臂纤维瘤病
M72.909 手筋膜炎
M72.910 手纤维瘤病
M72.911 骨盆区筋膜炎
M72.912 骨盆区纤维瘤病
M72.913 大腿筋膜炎
M72.914 大腿纤维瘤病
M72.915 小腿筋膜炎
M72.916 小腿纤维瘤病
M72.917 踝筋膜炎
M72.918 踝纤维瘤病
M72.919 足筋膜炎
M72.920 足纤维瘤病
M72.921 纤维瘤病
M72.922 筋膜炎
M75.000 粘连性肩关节囊炎
M75.000x001 冻结肩
M75.001 肩周炎
M75.002 迪普莱关节周炎
M75.003 肱肩胛关节周炎
M75.004 肩黏性肌腱炎
M75.100 旋转袖综合征
M75.101 非创伤性冈上肌撕裂
M75.102 冈上肌综合征
M75.103 肩袖自发性破裂
M75.200 二头肌腱炎
M75.201 肱二头肌长头肌腱炎
M75.300 肩钙化性肌腱炎
M75.301 肩钙化性黏液囊
M75.302 冈上肌肌腱钙化
M75.400 肩撞击综合征
M75.500 肩滑囊炎
M75.501 肩峰下滑囊炎
M75.502 肩胛肱骨滑囊炎
M75.503 三角肌下滑囊炎
M75.504 喙突下滑囊炎
M75.600 退行性肩关节盂唇撕裂
M75.802 肩胛肱骨肌纤维变性
M75.803 肩胛肱骨肌纤维鞘炎
M75.804 肩腱鞘炎
M75.900 肩损害
M76.000 臀肌腱炎
M76.100 髂肌腱炎
M76.200 髂嵴骨刺
M76.300 髂胫带综合征
M76.301 涉及髂胫带弹响髋
M76.302 涉及髂胫带弹响膝
M76.400 胫侧滑囊炎［佩莱格里尼-施蒂达］
M76.400x001 胫骨侧黏液囊炎
M76.500 髌肌腱炎
M76.600 跟腱炎
M76.602 跟腱滑囊炎
M76.603 跟腱痛
M76.700 腓肌腱炎
M76.701 腓肠肌内外侧头肌腱炎
M76.800x072 踝关节撞击综合征
M76.801 髋部肌腱端病
M76.802 腓骨肌腱撞击综合征

M76.803 膝肌腱端病
M76.804 胫前综合征
M76.805 胫后综合征
M76.806 胫后肌腱炎
M76.807 踝滑囊炎
M76.900 下肢肌腱端病
M77.000 内上髁炎
M77.001 肱骨内上髁炎
M77.100 外上髁炎
M77.101 肱骨外上髁炎
M77.200 腕关节周围炎
M77.300 跟骨骨刺
M77.400 跖痛症
M77.500 足的其他肌腱端病
M77.501 踝肌腱端病
M77.502 跟骨滑囊炎
M77.503 脚趾滑囊炎
M77.800x001 胫后肌腱失能
M77.800x002 腓骨肌腱滑脱
M77.801 肘肌腱端病
M77.804 腕肌腱端病
M77.900 肌腱端病
M77.901 关节周围炎
M77.902 肌腱炎
M77.903 骨刺
M77.905 肌腱周围炎
M77.906 关节囊炎
M79.000 风湿病
M79.000x092 关节风湿病
M79.000x093 风湿性肌痛
M79.000x095 成纤维细胞性风湿病
M79.002 软组织风湿
M79.100 肌痛
M79.101 肩区肌痛
M79.102 上臂肌痛
M79.103 前臂肌痛
M79.104 手肌痛
M79.105 骨盆区肌痛
M79.106 大腿肌痛
M79.107 小腿肌痛
M79.108 踝肌痛
M79.109 足肌痛
M79.201 多部位神经痛
M79.203 下肢神经痛
M79.206 神经肌肉痛
M79.209 神经病理性疼痛
M79.300 脂膜炎
M79.300x051 臀部脂膜炎
M79.301 组织细胞吞噬性脂膜炎
M79.302 结节性非化脓性脂膜炎
M79.303 嗜酸性脂膜炎
M79.500 软组织内残留异物
M79.500x061 小腿软组织异物残留
M79.500x082 躯干软组织异物残留
M79.501 肩区软组织异物残留
M79.502 上臂软组织异物残留
M79.503 前臂软组织异物残留
M79.504 手软组织异物残留
M79.505 骨盆区软组织异物残留
M79.506 大腿软组织异物残留
M79.507 膝关节软组织异物残留
M79.508 踝软组织异物残留
M79.509 足软组织异物残留
M79.510 头颈部软组织异物残留
M79.511 胸壁异物
M79.600 肢痛
M79.600x002 跟痛症
M79.600x011 肩痛
M79.600x021 上臂疼痛
M79.600x051 下肢疼痛
M79.601 手痛
M79.602 跗骨痛
M79.603 脚趾痛
M79.604 足痛
M79.700 纤维肌痛
M79.701 肩部纤维肌炎
M79.702 腰纤维肌炎
M79.703 风湿性肌纤维组织炎
M79.704 纤维织炎
M79.705 肌纤维鞘炎
M79.800x001 肢体肿胀
M79.800x081 椎旁脓肿
M79.800x082 面部软组织下垂
M79.800x083 面部软组织增生性病变
M79.800x091 脂肪疝
M79.800x096 纤维结缔组织炎
M79.808 脂肪坏死
M79.810 结缔组织炎
M79.812 脂肪萎缩
M79.900x001 肢体肿物

M79.901　肩区软组织疾患
M79.902　上臂软组织疾患
M79.903　前臂软组织疾患
M79.904　手软组织疾患
M79.905　骨盆区软组织疾患
M79.906　大腿软组织疾患
M79.907　小腿软组织疾患
M79.908　踝软组织疾患
M79.909　足软组织疾患
M80.000　绝经后骨质疏松伴有病理性骨折
M80.100　卵巢切除术后骨质疏松伴有病理性骨折
M80.200　失用性骨质疏松伴有病理性骨折
M80.300　手术后吸收不良性骨质疏松伴有病理性骨折
M80.400　药物性骨质疏松伴有病理性骨折
M80.500　特发性骨质疏松伴有病理性骨折
M80.800　骨质疏松伴有病理性骨折，其他的
M80.801　老年性骨质疏松伴病理性骨折
M80.900　骨质疏松伴有病理性骨折
M81.000　绝经后骨质疏松
M81.100　卵巢切除术后骨质疏松
M81.200　失用性骨质疏松
M81.300　手术后吸收不良性骨质疏松
M81.400　药物性骨质疏松
M81.500　特发性骨质疏松
M81.600　局限性骨质疏松［勒凯纳］
M81.800x091　老年性骨质疏松
M81.801　肝性骨营养不良
M81.900　骨质疏松
M81.900x101　脊椎松解
M81.903　骨脱矿质
M81.904　骨脱钙
M83.000　产褥期骨软化症
M83.100　老年性骨软化症
M83.200　吸收不良引起的成人骨软化症
M83.200x092　成人手术后吸收障碍性骨软化症
M83.300　营养不良引起的成人骨软化症
M83.400　铝骨病
M83.500　成人其他药物性骨软化症
M83.801　麦角甾醇缺乏（维生素D2）伴成人骨软化
M83.802　全身骨内多发性吸收
M83.900　成人骨软化症
M83.900x091　骨软化症
M84.000　骨折连接不正
M84.000x021　肱骨骨折连接不正
M84.000x031　尺骨骨折连接不正
M84.000x032　桡骨骨折连接不正
M84.000x041　指骨骨折连接不正
M84.000x042　腕舟骨骨折连接不正
M84.000x043　掌骨骨折连接不正
M84.000x051　股骨骨折连接不正
M84.000x052　骨盆骨折连接不正
M84.000x061　胫骨骨折连接不正
M84.000x062　髌骨骨折连接不正
M84.000x063　腓骨骨折连接不正
M84.000x071　跟骨骨折连接不正
M84.000x072　踝关节骨折连接不正
M84.000x073　足舟骨连接不正
M84.000x074　足骨骨折连接不正
M84.100　骨折不连接［假关节］
M84.100x011　锁骨骨折不连接
M84.100x012　肩胛骨骨折不连接
M84.100x021　肱骨骨折不连接
M84.100x031　尺骨骨折不连接
M84.100x032　桡骨骨折不连接
M84.100x041　指骨骨折不连接
M84.100x042　掌骨骨折不连接
M84.100x043　舟骨骨折不连接
M84.100x044　腕骨骨折不连接
M84.100x051　股骨骨折不连接
M84.100x052　髋臼骨折不连接
M84.100x061　腓骨骨折不连接
M84.100x062　胫骨骨折不连接
M84.100x063　髌骨骨折不连接
M84.100x071　跖骨骨折不连接
M84.100x072　跟骨骨折不连接
M84.100x073　踝关节骨折不连接
M84.100x074　距骨骨折不连接
M84.100x075　趾骨骨折不连接
M84.100x081　腰椎骨折不连接
M84.200　骨折延迟愈合
M84.300x091　应力性骨折
M84.301　疲劳性骨折
M84.401　自发性骨折
M84.801　颅骨分离
M84.900　骨的连续性疾患
M85.000x001　额骨纤维性结构不良
M85.000x002　枕骨纤维性结构不良
M85.000x004　肩胛骨纤维结构不良

M85.000x007 尺骨纤维结构不良
M85.000x008 掌指骨纤维性结构不良
M85.000x011 锁骨纤维异常增殖症
M85.000x031 桡骨纤维异常增殖症
M85.000x051 股骨纤维结构不良
M85.000x052 髋骨纤维异常增殖症
M85.000x053 骨盆骨纤维结构不良
M85.000x054 坐骨纤维异常增殖症
M85.000x061 胫骨纤维结构不良
M85.000x062 腓骨纤维结构不良
M85.000x071 跟骨纤维结构不良
M85.000x082 肋骨纤维异常增殖症
M85.000x084 椎骨纤维异常增殖症
M85.001 骨纤维异样增殖症
M85.002 贾菲利希滕斯坦（-尤林格）综合征
M85.003 肱骨纤维结构不良
M85.100 氟骨症
M85.200 颅骨肥大
M85.201 额骨内面骨肥厚
M85.202 狮面骨
M85.300 致密性骨炎
M85.400 单一性骨囊肿
M85.500 动脉瘤性骨囊肿
M85.600x021 肱骨骨囊肿
M85.600x031 桡骨骨囊肿
M85.600x032 尺骨骨囊肿
M85.600x041 腕骨骨囊肿
M85.600x042 指骨骨囊肿
M85.600x043 掌骨骨囊肿
M85.600x051 股骨骨囊肿
M85.600x052 坐骨结节囊肿
M85.600x053 髂骨骨囊肿
M85.600x061 腓骨骨囊肿
M85.600x062 胫骨骨囊肿
M85.600x071 距骨骨囊肿
M85.600x072 跟骨骨囊肿
M85.600x081 颞骨囊肿
M85.600x092 单纯性骨囊肿
M85.600x093 孤立性骨囊肿
M85.602 躯干骨囊肿
M85.603 骨囊肿
M85.801 肢骨纹状肥大
M85.802 骨密度增加
M85.803 骨实质丧失
M85.900 骨密度和结构的疾患
M86.000 急性血源性骨髓炎
M86.100 急性骨髓炎，其他的
M86.200 亚急性骨髓炎
M86.300 慢性多病灶性骨髓炎
M86.400 慢性骨髓炎伴有引流窦道
M86.500 慢性血源性骨髓炎，其他的
M86.600x061 小腿慢性化脓性骨髓炎
M86.601 肘关节慢性化脓性骨髓炎
M86.602 手慢性化脓性骨髓炎
M86.603 骨盆区慢性化脓性骨髓炎
M86.604 大腿慢性化脓性骨髓炎
M86.605 膝关节慢性化脓性骨髓炎
M86.606 踝慢性化脓性骨髓炎
M86.607 足慢性化脓性骨髓炎
M86.608 慢性骨髓炎
M86.609 慢性化脓性骨髓炎
M86.610 骨内死骨形成
M86.800x071 跖骨籽骨形成
M86.800x095 布罗迪脓肿
M86.801 股骨肉芽肿
M86.803 骨干炎
M86.804 水肿性波特瘤
M86.805 骨残留异物性肉芽肿
M86.807 骨膜骨赘形成伴骨髓炎
M86.808 骨脓肿
M86.809 骨肉芽肿
M86.810 加雷骨髓炎
M86.811 硬化性骨髓炎
M86.812 籽骨炎
M86.900 骨髓炎
M86.900x001 多发性骨髓炎
M86.900x071 跗骨骨髓炎
M86.900x073 跖骨骨髓炎
M86.901 锁骨骨髓炎
M86.902 肩胛骨骨髓炎
M86.903 肱骨骨髓炎
M86.904 桡骨骨髓炎
M86.905 尺骨骨髓炎
M86.906 腕骨骨髓炎
M86.907 手指骨髓炎
M86.908 掌骨骨髓炎
M86.909 骨盆骨髓炎
M86.910 股骨骨髓炎
M86.911 膝关节骨髓炎
M86.912 腓骨骨髓炎

M86.913　胫骨骨髓炎
M86.914　足部骨髓炎
M86.915　趾骨骨髓炎
M86.916　跟骨骨髓炎
M86.917　颅骨骨髓炎
M86.918　肋骨骨髓炎
M86.919　躯干骨骨髓炎
M86.920　胸骨骨髓炎
M86.921　骨炎
M86.923　骨膜炎
M87.000　特发性无菌性骨坏死
M87.001　肱骨头无菌性坏死
M87.002　股骨头无菌性坏死
M87.100　药物性骨坏死
M87.101　药物性肱骨头坏死
M87.102　药物性股骨头坏死
M87.200　以前创伤引起的骨坏死
M87.200x021　创伤后肱骨坏死
M87.200x042　创伤后腕骨坏死
M87.200x072　创伤后距骨坏死
M87.200x073　创伤后足舟骨坏死
M87.201　外伤后腕舟骨骨质疏松及萎缩
M87.202　创伤后指骨坏死
M87.203　创伤后股骨头坏死
M87.204　创伤后趾骨坏死
M87.300　继发性骨坏死，其他的
M87.800x021　肱骨头缺血性坏死
M87.800x041　月骨缺血性坏死
M87.800x051　股骨头缺血性坏死
M87.800x091　骨缺血性坏死
M87.800x101　足舟骨坏死
M87.900　骨坏死
M87.900x021　肱骨骨坏死
M87.900x061　胫骨骨坏死
M87.900x071　距骨骨坏死
M87.901　股骨骨坏死
M88.000　颅骨佩吉特病
M88.800　骨的佩吉特病，其他的
M88.900　指骨的佩吉特病
M89.002　创伤后骨质疏松
M89.100　骨骺生长停止
M89.101　骺横线
M89.200x071　足舟骨过度生长
M89.201　软骨内骨生长迟缓
M89.202　多发性偏心性多中心骨化
M89.300　骨肥大
M89.301　跖骨肥大
M89.302　跗骨肥大
M89.303　面骨骨质增生
M89.304　剑突骨质增生
M89.305　颧骨肥大
M89.306　骨过度生长
M89.307　骨膜肥厚
M89.308　骨皮质肥厚
M89.309　骨质增生
M89.310　腕背隆突综合征
M89.401　肥大性肺性骨关节病
M89.402　厚皮性骨膜病
M89.403　普罗蒂斯综合征
M89.404　继发性肥大性骨关节病
M89.500　骨质溶解
M89.500x091　大块溶骨病
M89.600　脊髓灰质炎后骨病
M89.800x501　股骨非骨化性纤维瘤
M89.800x601　膝关节籽骨炎
M89.800x906　蜡油样骨病
M89.800x908　骨瘢痕
M89.802　肩胛擦响症
M89.803　肩胛痛
M89.804　肱骨破坏
M89.808　股骨头变平
M89.810　胫骨非骨化性纤维瘤
M89.813　足副舟骨痛
M89.816　肋骨滑脱
M89.817　非骨化性纤维瘤
M89.818　骨质破坏
M89.819　婴儿型骨皮质肥厚
M89.820　骨外露
M89.821　创伤后骨膜下骨化
M89.823　骨痛
M89.824　骨膜下出血
M89.825　骨膜骨赘形成
M89.900x063　膝股骨内侧骨疣
M89.900x072　趾骨肿物
M89.900x091　外生骨疣
M89.900x101　桡骨病变
M89.900x102　骶骨病变
M89.900x103　髂骨病变
M89.900x104　距骨病变
M89.901　锁骨肿物

M89.902　肩胛骨肿物
M89.903　肱骨肿物
M89.904　腕骨病变
M89.905　指骨病变
M89.906　股骨病变
M89.907　骨盆区骨肿物
M89.908　大腿骨肿物
M89.909　膝关节骨肿物
M89.910　腓骨肿物
M89.911　胫骨肿物
M89.912　跖骨肿物
M89.913　踝骨肿物
M89.914　足骨肿物
M89.915　胸骨病变
M89.916　头颈部骨肿物
M89.917　椎骨病变
M89.918　肋骨肿物
M89.919　骨肿物
M89.920　骨病变
M89.921　肩胛骨骨疣
M89.922　肱骨骨疣
M89.923　尺骨骨疣
M89.924　桡骨骨疣
M89.925　股骨骨疣
M89.926　胫骨骨疣
M89.927　趾骨骨疣
M89.928　额骨骨疣
M89.929　脊柱骨疣
M91.000　幼年型骨盆骨软骨病
M91.000x051　耻骨联合幼年型骨软骨病
M91.001　坐骨软骨结合
M91.002　耻骨软骨结合
M91.003　髂嵴软骨病
M91.004　髋臼骨软骨病
M91.100　幼年型股骨头骨软骨病［莱格-卡尔韦-佩尔特斯］
M91.101　幼年型股骨骺骨软骨病
M91.102　幼年型髋关节骨软骨病
M91.200　扁平髋
M91.201　幼年骨软骨病性髋关节畸形
M91.300　假性髋关节痛
M91.800　幼年型髋关节和骨盆骨软骨病，其他的
M91.800x051　先天性髋关节脱位复位后幼年型骨软骨病
M91.900　幼年型髋关节和骨盆骨软骨病
M92.000x001　幼年型肱骨头骨软骨病
M92.001　幼年型肱骨小头骨软骨病
M92.101　尺骨下段幼年型骨软骨病
M92.102　桡骨头骨软骨病
M92.200　幼年型手部骨软骨病
M92.201　幼年型腕骨骨软骨病
M92.202　幼年型掌骨骨软骨病
M92.300　上肢其他的幼年型骨软骨病
M92.301　幼年型臂软骨病
M92.302　幼年型锁骨骨软骨病
M92.303　幼年型胸骨骨软骨病
M92.400　幼年型髌骨骨软骨病
M92.401　髌骨克勒病
M92.402　辛丁-拉森软骨病
M92.501　胫骨粗隆骨软骨病
M92.502　胫骨内翻骨软骨病
M92.503　胫骨幼年型骨软骨病
M92.504　腓骨幼年型骨软骨病
M92.600　幼年型跗骨骨软骨病
M92.600x002　距骨幼年型骨软骨病
M92.601　幼年型跟骨骨软骨病
M92.602　幼年型跗舟骨骨软骨病
M92.604　幼年型外胫骨软骨病
M92.605　幼年型内侧楔骨软骨病
M92.606　幼年型舟骨软骨病
M92.700x003　跖骨幼年型骨软骨病
M92.701　幼年型第二跖骨骨软骨病
M92.702　幼年型第五跖骨骨软骨病
M92.703　跖骨头不全骨折
M92.801　幼年型下肢骨软骨炎
M92.802　幼年型足骨软骨病
M92.803　跟骨骺炎
M92.804　跟骨骨突炎
M92.900　幼年型骨软骨病
M92.901　幼年型骨骺炎
M92.902　幼年型骨软骨炎
M92.903　幼年型骨突炎
M93.000　股骨上端（非创伤性）骨骺滑脱
M93.100　成人金伯克病
M93.200x001　踝距骨剥脱性骨软骨炎
M93.200x002　肱骨小头剥脱性骨软骨炎
M93.200x003　分离性骨软骨炎［剥脱性骨软骨炎］
M93.201　肩关节分离性骨软骨病
M93.202　膝关节分离性骨软骨病
M93.800x001　桡骨小头骨骺炎

M93.800x002　膝关节骨软骨炎
M93.800x003　趾骨骨软骨炎
M93.901　骨骺炎
M93.902　骨软骨炎
M93.903　骺脱离
M93.904　骨骺滑脱
M93.905　骨突炎
M94.000　肋骨与肋软骨连接处综合征［蒂策］
M94.001　肋骨软骨炎
M94.100　复发性多软骨炎
M94.200　软骨软化
M94.300　软骨溶解
M94.300x051　特发性髋关节软骨溶解症
M94.801　化脓性软骨炎
M94.802　老年性软骨骨化
M94.803　慢性萎缩性多软骨炎
M94.804　软骨肥大
M94.805　软骨脓肿
M94.806　软骨实质丧失
M94.807　软骨萎缩
M94.808　软骨炎
M94.900　软骨疾患
M95.301　颈部畸形
M95.501　扁骨盆
M95.502　后天性骨盆畸形
M95.503　后天性骨盆倾斜
M95.504　后天性骨盆狭窄
M95.505　后天性漏斗骨盆
M95.506　内格勒骨盆
M95.507　尖骨盆
M95.508　婴儿型骨盆
M95.509　后天性髂骨畸形
M95.510　后天性坐骨畸形
M95.801　后天性躯干畸形
M95.802　后天性腹壁畸形
M95.901　后天性骨畸形
M96.001　关节固定术后假关节形成
M96.100　椎板切除术后综合征，不可归类在他处者
M96.200　放射后脊柱后凸
M96.300　椎板切除术后脊柱后凸
M96.400　手术后脊柱前凸
M96.500　放射后脊柱侧弯
M96.600x001　假体周围骨折
M96.600x002　股骨假体周围骨折
M96.601　插入矫形外科关节假体后骨折
M96.602　插入矫形外科骨板后骨折
M96.801　继发于关节假体取出后关节不稳定
M96.802　手术后腰椎间盘粘连
M96.803　腰椎间盘切除术后状态关节紊乱
M96.900　肌肉骨骼疾患，操作后的
M99.000　节段性和躯体性功能障碍
M99.100x001　枕颈椎骨不全脱位
M99.100x002　颈胸椎骨不全脱位
M99.100x003　胸腰椎骨不全脱位
M99.100x004　腰骶椎骨不全脱位
M99.100x005　骶尾椎骨不全脱位
M99.100x006　骶髂椎骨不全脱位
M99.200x001　枕颈椎管不全脱位性狭窄
M99.200x002　颈胸椎管不全脱位性狭窄
M99.200x003　胸腰椎管不全脱位性狭窄
M99.200x004　腰骶椎管不全脱位性狭窄
M99.200x005　骶尾椎管不全脱位性狭窄
M99.200x006　骶髂椎管不全脱位性狭窄
M99.300x001　枕颈椎管骨性狭窄
M99.300x002　颈胸椎管骨性狭窄
M99.300x003　胸腰椎管骨性狭窄
M99.300x004　腰骶椎管骨性狭窄
M99.300x005　骶尾椎管骨性狭窄
M99.300x006　骶髂椎管骨性狭窄
M99.400x001　枕颈椎管结缔组织性狭窄
M99.400x002　颈胸椎管结缔组织性狭窄
M99.400x003　胸腰椎管结缔组织性狭窄
M99.400x004　腰骶椎管结缔组织性狭窄
M99.400x005　骶尾椎管结缔组织性狭窄
M99.400x006　骶髂椎管结缔组织性狭窄
M99.500x001　枕颈椎管椎间盘狭窄
M99.500x002　颈胸椎管椎间盘狭窄
M99.500x003　胸腰椎管椎间盘狭窄
M99.500x004　腰骶椎管椎间盘狭窄
M99.500x005　骶尾椎管椎间盘狭窄
M99.500x006　骶髂椎管椎间盘狭窄
M99.600　椎间孔骨性和不全脱位性狭窄
M99.700x002　椎间孔椎间盘狭窄
M99.800　生物力学损害，其他的
M99.900　生物力学损害
N25.002+M90.8*　肾性骨病
N25.003+M90.8*　肾性骨软化
Q65.000　先天性髋脱位，单侧
Q65.100　先天性髋脱位，双侧
Q65.200　先天性髋脱位

Q65.300　先天性髋半脱位，单侧
Q65.400　先天性髋半脱位，双侧
Q65.500　先天性髋半脱位
Q65.600　不稳定髋
Q65.600x011　先天性单侧髋关节不稳定
Q65.600x021　先天性双侧髋关节不稳定
Q65.800x004　先天性髋关节外展挛缩
Q65.801　先天性髋关节发育不良
Q65.802　先天性髋臼发育不良
Q65.803　先天性髋内翻
Q65.804　先天性髋外翻
Q65.900　髋先天性变形
Q66.000　马蹄内翻足
Q66.100　仰趾内翻足
Q66.200　内翻跖
Q66.300　足的其他先天性内翻变形
Q66.400　仰趾外翻足
Q66.500　先天性平足
Q66.600　足的其他先天性外翻变形
Q66.601　先天性马蹄外翻足
Q66.700　高弓足
Q66.701　先天性第四跖骨短畸形
Q66.702　先天性弓形足
Q66.800x006　先天性垂直距骨
Q66.800x007　先天性足副舟骨
Q66.800x008　先天性跟距骨桥
Q66.800x009　先天性跗骨畸形
Q66.800x010　先天性趾畸形
Q66.800x012　先天性跖骨内收
Q66.800x013　先天性跖骨短缩
Q66.800x014　先天性跗骨联合
Q66.800x015　小趾内翻
Q66.800x016　第5跖骨外翻
Q66.801　先天性足畸形
Q66.802　先天性锤状趾
Q66.803　先天性马蹄足
Q66.804　先天性外翻
Q66.805　先天性仰趾足
Q66.900　足先天性变形
Q67.000　面不对称
Q67.100　面受压［扁脸］
Q67.100x001　先天性面中部凹陷
Q67.500　脊柱先天性变形
Q67.501　先天性脊柱侧凸
Q67.502　先天性脊柱后凸侧弯
Q67.503　先天性姿势性脊柱侧凸
Q68.001　先天性胸锁乳突肌性斜颈
Q68.002　先天性斜颈
Q68.100　手先天性变形
Q68.100x002　先天性杵状指
Q68.100x009　先天性拇指发育不良
Q68.100x010　先天性拇指内收畸形
Q68.101　先天性铲状手
Q68.102　先天性指畸形
Q68.103　先天性爪形手
Q68.104　先天性分裂手
Q68.200　膝先天性变形
Q68.201　先天性膝关节脱位
Q68.300　先天性股骨弯曲
Q68.300x001　先天性弓形股骨
Q68.300x002　先天性股骨短缩畸形
Q68.401　先天性腓骨弯曲
Q68.402　先天性胫骨弯曲
Q68.500　先天性腿长骨弯曲
Q68.501　先天性弓形腿
Q68.800x006　先天性桡骨小头半脱位
Q68.800x014　先天性前臂畸形
Q68.800x015　先天性桡骨畸形
Q68.800x016　先天性尺骨畸形
Q68.800x018　先天性胫骨假关节
Q68.800x019　先天性腓骨假关节
Q68.800x020　先天性胫腓骨假关节
Q68.800x021　先天性腕关节半脱位
Q68.800x022　先天性尺桡关节脱位
Q68.800x023　先天性肘关节挛缩
Q68.800x024　先天性多发性关节挛缩症
Q68.800x025　先天性下肢关节挛缩
Q68.801　先天性关节畸形
Q68.802　先天性肩关节脱位
Q68.803　先天性高肩胛症
Q68.804　先天性肩胛骨变形
Q68.805　先天性锁骨变形
Q68.807　先天性上肢畸形
Q68.808　先天性肘关节发育不良
Q68.809　先天性肘关节畸形
Q68.810　先天性肘关节脱位
Q68.811　先天性肘外翻
Q68.812　先天性下肢畸形
Q68.813　先天性踝关节畸形
Q69.000　副指

Q69.100　副拇指
Q69.200　副趾
Q69.200x001　副蹰趾
Q69.900x001　多指
Q69.900x002　多趾
Q70.000　指融合
Q70.001　先天性并指伴骨连接
Q70.100　蹼状指
Q70.200　趾融合
Q70.201　先天性并趾伴骨连接
Q70.300　蹼状趾
Q70.400x001　并指和多指
Q70.400x002　并趾和多趾
Q70.900x001　并指
Q70.900x002　并趾
Q70.901　指关节粘连
Q71.000　上肢先天性完全缺如
Q71.100　上臂和前臂先天性缺如伴有手的存在
Q71.200x001　先天性前臂缺如
Q71.200x002　先天性手缺如
Q71.300x021　先天性拇指缺如
Q71.300x031　先天性指缺如
Q71.301　先天性掌骨缺如
Q71.400　桡骨纵向短小缺陷
Q71.401　先天性桡骨缺如
Q71.500　尺骨纵向短小缺陷
Q71.501　先天性尺骨缺如
Q71.600　虾爪状手
Q71.801　先天性短上肢
Q71.802　先天性桡尺骨缺如
Q71.900　上肢短小缺陷
Q72.000　下肢先天性完全缺如
Q72.000x001　先天性单侧下肢完全缺如
Q72.100　大腿和小腿先天性缺如伴有足的存在
Q72.200　小腿和足先天性缺如
Q72.300x301　先天性趾缺如
Q72.300x302　先天性单足缺如
Q72.400　股骨纵向短小缺陷
Q72.400x001　先天性股骨头缺如
Q72.400x002　先天性股骨近端局灶性缺损
Q72.401　先天性股骨缺如
Q72.500　胫骨纵向短小缺陷
Q72.501　先天性胫骨缺如
Q72.600　腓骨纵向短小缺陷
Q72.601　先天性腓骨缺如
Q72.700　足裂
Q72.800　下肢的其他短小缺陷
Q72.800x002　先天性股骨发育不良
Q72.800x003　股骨滑车发育不良
Q72.900　下肢短小缺陷
Q73.000　四肢先天性缺如
Q73.100　四肢短肢［海豹肢畸形］
Q73.800　四肢其他短小缺陷
Q74.000x902　先天性肘内翻
Q74.000x906　先天性上肢骨发育异常
Q74.000x907　先天性扳机指
Q74.001　马德隆畸形
Q74.002　锁骨颅骨发育不良
Q74.003　肩胛骨发育异常
Q74.004　先天性锁骨假关节
Q74.005　先天性尺桡关节融合
Q74.007　副腕骨
Q74.008　细长指
Q74.009　先天性巨指
Q74.010　先天性狭窄性腱鞘炎
Q74.100x004　先天性膝关节发育不良
Q74.100x006　先天性二分髌骨
Q74.101　先天性膝内翻
Q74.102　先天性膝外翻
Q74.103　先天性发育不全髌骨
Q74.104　先天性高位髌骨
Q74.105　先天性髌骨缺如
Q74.106　先天性髌骨脱位
Q74.200x001　先天性股骨颈纤维结构不良
Q74.200x003　先天性骶骨假关节
Q74.200x004　先天性胫骨纤维结构不良
Q74.200x005　先天性耻骨分离
Q74.200x006　先天性腓骨结构不良
Q74.201　先天性骶髂关节融合
Q74.202　先天性胫腓骨纤维结构不良
Q74.203　先天性下肢骨假关节
Q74.204　先天性巨趾
Q74.300　先天性多发性关节弯曲
Q74.300x001　居林-施特恩综合征［Guerin-Stern综合征］
Q74.800x001　先天性短指畸形
Q74.800x201　先天性单侧下肢肥大症
Q74.800x202　先天性单侧上肢肥大症
Q74.800x203　偏侧肢体肥大
Q74.800x301　先天性四肢生长缓慢

Q74.800x401　先天性四肢生长不对称
Q74.800x402　先天性上肢生长不对称
Q74.800x403　先天性下肢生长不对称
Q74.800x501　拉森综合征［Larsen综合征］
Q74.801　先天性偏侧肢体肥大
Q74.900　四肢先天性畸形
Q75.002　先天性三角头
Q75.100　颅面骨发育不全
Q75.101　克鲁宗病
Q75.200　器官距离过远
Q75.300　大头畸形
Q75.400x001　颌面骨发育不全及耳聋综合征［TreacherCollins综合征］
Q75.800x101　颅面裂
Q75.802　扁平颅底
Q75.803　颅底凹陷症
Q75.806　先天性前额畸形
Q75.807　先天性茎突过长
Q75.808　鸟嘴综合征
Q75.809　先天性枕骨大孔区畸形
Q75.900　颅和面骨先天性畸形
Q75.900x001　先天性头颅凹陷
Q75.900x002　先天性头颅畸形
Q76.000x002　先天性颈椎峡部裂
Q76.000x003　先天性腰椎峡部裂
Q76.000x004　先天性腰椎隐裂
Q76.000x005　先天性腰骶椎隐裂
Q76.001　隐性骶裂
Q76.100　先天性短颈综合征
Q76.100x004　先天性环枕融合
Q76.200　先天性脊椎前移症
Q76.200x103　先天性腰椎体滑脱
Q76.201　先天性脊柱脱位
Q76.202　先天性脊椎滑脱
Q76.203　先天性腰骶脊椎前移症
Q76.300　骨先天性畸形引起的先天性脊柱侧弯
Q76.300x011　先天性脊柱侧弯半椎体畸形
Q76.400x101　先天性半椎体畸形
Q76.400x102　先天性椎骨缺如
Q76.400x201　先天性第一骶椎腰化
Q76.400x203　先天性骶椎腰化
Q76.400x301　先天性寰枢椎脱位
Q76.400x302　先天性颈椎脱位
Q76.400x303　颈椎横突过长
Q76.400x304　环椎椎弓发育不全
Q76.400x305　先天性环椎后弓肥大
Q76.400x306　先天性齿状突发育不良
Q76.400x307　先天性移行椎
Q76.400x308　先天性胸椎腰化
Q76.400x310　先天性椎管狭窄
Q76.400x313　先天性骶椎畸形
Q76.400x324　腰椎椎体后缘续连症
Q76.400x903　先天性脊柱畸形
Q76.400x905　先天性直背综合征
Q76.400x906　先天性脊柱前凸
Q76.401　先天性寰枕畸形
Q76.402　先天性寰枢椎畸形
Q76.403　先天性颈椎畸形
Q76.404　先天性颈椎体融合
Q76.405　先天性齿突发育不良
Q76.406　先天性齿状突移位
Q76.407　先天性颈椎横突过长
Q76.408　先天性脊柱融合
Q76.409　先天性脊柱扁椎骨
Q76.412　先天性脊柱后凸畸形
Q76.413　先天性脊椎缺失
Q76.414　先天性胸椎畸形
Q76.415　先天性椎板闭合不全
Q76.416　先天性胸椎脱位
Q76.417　先天性腰椎畸形
Q76.418　先天性第五腰椎骶化
Q76.419　先天性尾骨畸形
Q76.500　颈肋
Q76.600x101　先天性肋骨缺如
Q76.600x301　副肋
Q76.600x901　先天性肋骨外翻
Q76.600x902　先天性叉状肋
Q76.600x903　先天性肋骨畸形
Q76.600x904　肋骨纤维性结构不良
Q76.601　先天性分叉肋
Q76.602　先天性肋骨融合
Q76.700　胸骨先天性畸形
Q76.700x101　先天性胸骨缺如
Q76.700x201　先天性胸骨裂
Q76.700x902　剑突过长综合征
Q76.800　胸廓的其他先天性畸形
Q76.900　胸廓先天性畸形
Q77.000　软骨成长不全
Q77.100　致死性身材矮小症
Q77.200　短肋综合征

Q77.201　窒息性胸廓发育不良
Q77.300　点状软骨发育不良
Q77.301　先天性多发性骨骺发育不良
Q77.400　软骨发育不全
Q77.500　弯曲变形性发育不良（骨骼）
Q77.600　软骨外胚层发育不良
Q77.700　脊椎骨骺发育不良
Q77.701　进行性假性类风湿发育不良症
Q77.800　骨软骨发育不良伴有管状骨和脊柱发育缺陷，其他的
Q77.801　Leri-Weill综合征
Q77.900　骨软骨发育不良伴有管状骨和脊柱发育缺陷
Q78.000　成骨不全
Q78.100　多骨纤维性结构不良
Q78.100x001　先天性弥漫性纤维性骨炎
Q78.100x002　多发性骨纤维发育不良伴性早熟综合征［Albright综合征］
Q78.200　骨硬化症
Q78.201　播散性骨硬化病
Q78.300　进行性骨干发育异常
Q78.400　内生软骨瘤病
Q78.400x002　先天性膝关节滑膜骨软骨瘤病
Q78.400x006　先天性多发性骨软骨瘤
Q78.401　奥利埃病
Q78.403　马富奇综合征
Q78.404　先天性髋关节滑膜骨软骨瘤病
Q78.405　先天性膝滑膜骨软骨瘤病
Q78.500　干骺端发育不良
Q78.500x001　派尔综合征［Pyle综合征］
Q78.600　多发性先天性外生骨疣
Q78.600x002　骨干续连症
Q78.800　骨软骨发育不良，其他特指的
Q78.900　骨软骨发育不良
Q78.900x001　软骨营养障碍
Q78.900x002　先天性软骨增生
Q78.900x003　增生性软骨营养障碍
Q78.900x004　骨骼发育不良
Q78.901　多发性骨骼发育不全
Q79.600　埃勒斯-当洛斯综合征
Q79.800x004　先天性跟腱短缩
Q79.800x005　胸大肌缺损并指综合征［Poland综合征］
Q79.800x006　先天性束带畸形
Q79.800x007　纤维肌性发育不良
Q79.801　肯林卡综合征
Q79.803　波伦综合征
Q79.804　先天性肌萎缩
Q79.805　先天性胸大肌缺如
Q79.900　肌肉骨骼系统先天性畸形
Q85.900x008　前臂错构瘤
Q85.900x014　足错构瘤
Q85.900x023　横纹肌间质错构瘤
Q85.900x027　平滑肌错构瘤
Q85.900x030　下肢错构瘤
Q85.900x034　背部错构瘤
Q85.900x039　膝部错构瘤
Q85.900x040　肢体错构瘤
Q85.900x051　骨错构瘤
Q85.900x057　软骨间叶性错构瘤
Q86.000　胎儿酒精综合征（畸形的）
Q86.100　胎儿乙内酰脲综合征
Q86.200　苄丙酮香豆素引起的同质异形
Q86.800　已知的外源性原因引起的其他先天性畸形综合征
Q87.000x201　阿佩尔综合征［Apert综合征］
Q87.000x501　哈勒曼-斯特雷夫综合征［Hallerman-Streiff综合征］
Q87.000x904　腭心面综合征［Velo-Cardio-Facia综合征］
Q87.000x905　歌舞伎面谱综合征［Kabuki综合征］
Q87.000x906　默比乌斯综合征［Moebius综合征］
Q87.000x907　短指-球状晶体异位综合征［马尔凯萨尼综合征］
Q87.000x909　口-面-指综合征
Q87.001　戈尔登哈尔综合征
Q87.002　马尔凯萨尼（-魏尔）综合征
Q87.003　皮-罗综合征
Q87.100x601　塞克尔综合征［Seckel综合征］
Q87.100x701　史密斯-莱尔米-奥皮茨综合征［Smith-Lemli-Opitz综合征］
Q87.100x901　奥斯科格综合征［Aarskog综合征］
Q87.100x903　罗比诺-西尔弗曼-史密斯综合征［Robinow-Silverman-Smith综合征］
Q87.101　德朗热综合征
Q87.102　杜博维茨综合征
Q87.103　科凯恩综合征
Q87.104　鲁塞尔-西尔弗综合征
Q87.105　努南综合征
Q87.106　普拉德-威利综合征

Q87.200　主要涉及四肢的先天性畸形综合征
Q87.200x601　桡骨发育不全-血小板减少综合征［TAR综合征］
Q87.200x701　VATER综合征
Q87.202　甲-髌综合征
Q87.204　鲁宾斯坦-塔比综合征
Q87.300x301　韦弗综合征［Weaver综合征］
Q87.300x901　普罗特斯综合征［Proteus综合征］
Q87.300x902　CLOVES综合征
Q87.301　贝克威思-威德曼综合征
Q87.302　索托斯综合征
Q87.500　其他先天性畸形综合征，伴有其他骨改变
Q87.800　其他先天性畸形综合征，不可归类在他处者
Q87.800x902　Frasier综合征
Q87.802　策尔韦格综合征
Q87.803　颈-眼-听神经综合征
Q87.805　类马方综合征
Q89.800x911　上肢淋巴管发育不全
Q89.800x912　下肢淋巴管发育不全
R07.300x002　肋软骨痛
R29.400　弹响髋
R93.600　肢体诊断性影像检查的异常所见
R93.700　肌肉骨骼系统其他部位诊断性影像检查的异常所见
S12.000　第一颈椎骨折
S12.000x002　寰椎骨折
S12.010　开放性第一颈椎骨折
S12.100　第二颈椎骨折
S12.100x002　枢椎骨折
S12.100x003　枢椎椎弓根骨折［Hangman骨折］
S12.110　开放性第二颈椎骨折
S12.200x011　颈椎骨折C3
S12.200x021　颈椎骨折C4
S12.200x031　颈椎骨折C5
S12.200x041　颈椎骨折C6
S12.200x051　颈椎骨折C7
S12.210　开放性特指颈椎骨折
S12.700　颈椎多处骨折
S12.710　开放性多发性颈椎骨折
S12.900x001　颈椎骨折
S12.900x003　颈椎神经弓骨折
S12.900x004　颈椎棘突骨折
S12.900x005　颈椎横突骨折
S12.900x006　颈椎椎弓骨折
S12.910　开放性颈椎骨折
S13.000　颈椎间盘创伤性破裂
S13.100　颈椎脱位
S13.100x021　颈椎半脱位C2/C3
S13.100x022　颈椎脱位C2/C3
S13.100x031　颈椎半脱位C3/C4
S13.100x032　颈椎脱位C3/C4
S13.100x041　颈椎半脱位C4/C5
S13.100x042　颈椎脱位C4/C5
S13.100x051　颈椎半脱位C5/C6
S13.100x052　颈椎脱位C5/C6
S13.100x061　颈椎半脱位C6/C7
S13.100x062　颈椎脱位C6/C7
S13.100x071　颈胸椎半脱位C7/T1
S13.100x072　颈胸椎脱位C7/T1
S13.100x081　寰枕关节半脱位
S13.100x082　寰枕关节脱位
S13.101　颈椎半脱位
S13.102　寰枢椎半脱位
S13.103　寰枢椎脱位
S13.104　枢椎脱位
S13.200x003　甲状软骨脱位
S13.201　颈部脱位
S13.202　环杓关节脱位
S13.203　环甲软骨关节脱位
S13.300　颈部多发性脱位
S13.400x006　颈椎关节交锁
S16.x00x001　颈部肌肉损伤
S16.x00x002　颈部肌腱损伤
S22.000x003　胸椎压缩性骨折
S22.000x005　胸椎神经弓骨折
S22.000x006　胸椎棘突骨折
S22.000x007　胸椎横突骨折
S22.000x009　胸椎椎弓骨折
S22.000x011　胸椎骨折T1/T2
S22.000x021　胸椎骨折T3/T4
S22.000x031　胸椎骨折T5/T6
S22.000x041　胸椎骨折T7/T8
S22.000x051　胸椎骨折T9/T10
S22.000x061　胸椎骨折T11/T12
S22.010　开放性胸椎骨折
S22.100　胸椎多处骨折
S22.110　开放性多发性胸椎骨折
S22.200　胸骨骨折

S22.210　开放性胸骨骨折
S22.300　肋骨骨折
S22.300x011　第一肋骨骨折
S22.310　开放性肋骨骨折
S22.400　肋骨多处骨折
S22.400x011　肋骨多发性骨折伴第一肋骨骨折
S22.400x021　两根肋骨骨折不伴第一肋骨骨折
S22.400x031　三根肋骨骨折不伴第一肋骨骨折
S22.400x041　四根以上肋骨骨折不伴第一肋骨骨折
S22.410　开放性多发性肋骨骨折
S22.500　连枷胸
S22.800　骨性胸廓其他部位的骨折
S22.810　开放性胸廓特指部位骨折
S22.900　骨性胸廓的骨折
S22.910　开放性胸廓骨折
S23.000　胸椎间盘创伤性破裂
S23.100x011　胸椎脱位T1/T2
S23.100x012　胸椎脱位T2/T3
S23.100x021　胸椎脱位T3/T4
S23.100x022　胸椎脱位T4/T5
S23.100x031　胸椎脱位T5/T6
S23.100x032　胸椎脱位T6/T7
S23.100x041　胸椎脱位T7/T8
S23.100x042　胸椎脱位T8/T9
S23.100x051　胸椎脱位T9/T10
S23.100x052　胸椎脱位T10/T11
S23.100x061　胸椎脱位T11/T12
S23.100x071　胸腰椎脱位T12/L1
S23.101　创伤性胸椎间盘突出
S23.200x001　肋骨关节脱位
S23.200x004　胸部气管脱位
S23.200x005　剑状软骨脱位
S23.201　气管脱位
S23.202　肋软骨脱位
S23.203　胸骨脱位
S23.300　胸椎扭伤和劳损
S23.400　肋骨和胸骨扭伤和劳损
S23.401　胸骨扭伤和劳损
S23.500　胸部其他和未特指部位的扭伤和劳损
S23.501　胸部扭伤
S29.000x001　胸部肌腱损伤
S29.000x002　胸部肌肉损伤
S32.000x002　腰椎压缩性骨折
S32.000x011　腰椎骨折L1
S32.000x021　腰椎骨折L2
S32.000x031　腰椎骨折L3
S32.000x041　腰椎骨折L4
S32.000x051　腰椎骨折L5
S32.010　开放性腰椎骨折
S32.100　骶骨骨折
S32.110　开放性骶骨骨折
S32.200　尾骨骨折
S32.210　开放性尾骨骨折
S32.300　髂骨骨折
S32.310　开放性髂骨骨折
S32.400　髋臼骨折
S32.410　开放性髋臼骨折
S32.500x002　耻骨分支骨折
S32.500x003　耻骨联合骨折
S32.510　开放性耻骨骨折
S32.700　腰椎和骨盆多处骨折
S32.701　多发性骨盆骨折
S32.702　多发性腰椎骨折
S32.710　开放性腰椎和骨盆多处骨折
S32.711　开放性多发性骨盆骨折
S32.712　开放性多发性腰椎骨折
S32.800x021　腰骶棘突骨折
S32.800x022　腰骶横突骨折
S32.800x023　腰骶椎弓骨折
S32.800x024　腰骶椎骨骨折
S32.800x091　骨盆联合体骨折
S32.800x092　骨盆侧方挤压骨折
S32.800x093　骨盆开书样骨折
S32.800x094　骨盆垂直剪切骨折
S32.800x095　马耳盖尼骨折
S32.801　坐骨骨折
S32.802　骨盆骨折
S32.810　开放性腰椎和骨盆特指部位骨折
S32.811　开放性坐骨骨折
S32.812　开放性骨盆骨折
S32.813　开放性腰骶部脊柱骨折
S33.000　腰椎间盘创伤性破裂
S33.100x011　腰椎脱位L1/L2
S33.100x021　腰椎脱位L2/L3
S33.100x031　腰椎脱位L3/L4
S33.100x041　腰椎脱位L4/L5
S33.100x051　腰骶椎脱位L5/S1
S33.200x001　尾骨脱位
S33.200x002　骶骨脱位
S33.200x003　骶髂关节脱位

S33.201　骶尾关节脱位
S33.300x001　耻骨联合脱位
S33.300x004　骨盆脱位
S33.301　腰椎和骨盆脱位
S33.400　耻骨联合创伤性破裂
S33.500　腰椎扭伤和劳损
S33.500x011　腰骶关节扭伤
S33.501　腰部扭伤
S33.502　腰椎扭伤
S33.600　骶髂关节扭伤和劳损
S33.600x001　骶髂关节扭伤
S33.601　骶部关节扭伤
S33.700x001　骶尾韧带劳损
S33.700x002　棘上韧带损伤
S33.700x003　腰部关节扭伤
S33.701　骶髂区扭伤
S33.702　耻骨联合扭伤
S33.703　腰椎和骨盆部位的扭伤和劳损
S39.000x001　腹部肌肉损伤
S39.000x002　腹部肌腱损伤
S39.000x003　下背肌肉损伤
S39.000x004　下背肌腱损伤
S39.000x005　骨盆肌肉损伤
S39.000x006　骨盆肌腱损伤
S39.001　腹直肌断裂
S39.002　开放性腰大肌断裂
S39.800x001　腹部软组织损伤
S39.800x002　下背软组织损伤
S39.800x003　骨盆软组织损伤
S39.800x004　腹部和下背及骨盆软组织损伤
S39.800x005　臀部软组织损伤
S39.906　腰部损伤
S42.000　锁骨骨折
S42.000x011　锁骨胸骨端骨折
S42.000x021　锁骨干骨折
S42.000x031　锁骨肩峰端骨折
S42.000x091　锁骨多发性骨折
S42.010　开放性锁骨骨折
S42.100　肩胛骨骨折
S42.100x011　肩胛骨体骨折
S42.100x021　肩峰骨折
S42.100x031　肩胛骨喙突骨折
S42.100x041　肩胛骨颈和肩关节盂骨折
S42.100x042　肩关节盂骨折
S42.100x091　肩胛骨多发性骨折
S42.110　开放性肩胛骨骨折
S42.200x001　肱骨近端骨折
S42.200x011　肱骨近端骨骺分离
S42.200x031　肱骨解剖颈骨折
S42.200x041　肱骨大结节骨折
S42.200x091　肱骨小结节骨折
S42.200x092　肱骨近端多发性骨折
S42.202　肱骨外科颈骨折
S42.203　肱骨头骨折
S42.210　开放性肱骨上端骨折
S42.300　肱骨干骨折
S42.300x002　肱骨干多发性骨折
S42.301　肱骨骨折
S42.310　开放性肱骨干骨折
S42.311　开放性肱骨骨折
S42.400x001　肱骨远端骨折
S42.400x041　肱骨内上髁骨折
S42.400x042　肱骨外上髁骨折
S42.400x043　肱骨远端骨骺分离
S42.400x051　肱骨远端T型骨折
S42.400x091　肱骨远端多发性骨折
S42.400x092　肱骨滑车骨折
S42.400x093　肱骨小头骨折
S42.401　肱骨髁上骨折
S42.402　肱骨外髁骨折
S42.403　肱骨髁间骨折
S42.404　肱骨内髁骨折
S42.410　开放性肱骨下端骨折
S42.700　锁骨、肩胛骨和肱骨多处骨折
S42.710　开放性锁骨、肩胛骨和肱骨多处骨折
S42.800　肩和上臂其他部位的骨折
S42.810　开放性肩和上臂特指部位骨折
S42.900　肩胛带的骨折
S42.910　开放性肩骨折
S43.000　肩关节脱位
S43.000x011　肱骨前脱位
S43.000x021　肱骨后脱位
S43.000x031　肱骨下脱位
S43.001　肩关节半脱位
S43.002　盂肱关节脱位
S43.100　肩锁关节脱位
S43.200　胸锁关节脱位
S43.301　肩胛骨脱位
S43.302　肩胛带脱位
S43.400x001　肩关节扭伤

S43.400x002 创伤性肩关节积血
S43.400x003 肩袖关节囊扭伤
S43.400x004 喙肱韧带扭伤
S43.400x005 肩关节盂唇损伤
S43.401 肩关节劳损
S43.500 肩锁关节扭伤和劳损
S43.500x001 肩锁关节扭伤
S43.500x002 肩锁韧带扭伤
S43.501 肩锁韧带损伤
S43.600 胸锁关节扭伤和劳损
S43.601 胸锁关节扭伤
S43.700 肩胛带其他和未特指部位的扭伤和劳损
S43.701 肩胛带扭伤
S46.000 肩回旋套肌肉和肌腱损伤
S46.000x001 肩袖肌腱损伤
S46.002 肩袖损伤
S46.100x001 肱二头肌长头肌肉损伤
S46.100x003 肱二头肌长头肌肉和肌腱损伤
S46.101 二头肌长头肌腱损伤
S46.200x001 肱二头肌肌肉损伤
S46.200x002 肱二头肌肌腱损伤
S46.200x003 肱二头肌肌肉和肌腱损伤
S46.201 创伤性肱二头肌断裂
S46.300x001 肱三头肌肌肉损伤
S46.300x002 肱三头肌肌腱损伤
S46.300x003 肱三头肌肌肉和肌腱损伤
S46.301 创伤性肱三头肌断裂
S46.700x001 肩和上臂多处肌肉损伤
S46.700x002 肩和上臂多处肌腱损伤
S46.701 肩多发肌腱损伤
S46.702 上臂多发肌腱损伤
S46.800x001 三角肌损伤
S46.800x002 冈上肌肌肉损伤
S46.800x003 冈上肌肌腱损伤
S46.800x004 冈下肌肌肉损伤
S46.800x005 冈下肌肌腱损伤
S46.800x006 肩胛下肌肌肉损伤
S46.800x007 肩胛下肌肌腱损伤
S46.801 创伤性冈上肌断裂
S46.802 创伤性三角肌断裂
S46.900x001 肩和上臂肌肉损伤
S46.900x002 肩和上臂肌腱损伤
S48.900 在肩和上臂水平的创伤性切断
S49.700 肩和上臂多处损伤
S49.800 肩和上臂其他特指的损伤
S49.901 上臂损伤
S51.901 开放性前臂损伤
S52.000x001 肘关节骨折
S52.000x002 尺骨近端骨折
S52.000x012 尺骨鹰嘴骨骺分离
S52.000x021 尺骨冠突骨折
S52.000x091 尺骨近端多发性骨折
S52.001 鹰嘴骨折
S52.002 蒙特贾骨折脱位
S52.010 开放性尺骨上端骨折
S52.011 开放性鹰嘴骨折
S52.100x001 桡骨近端骨折
S52.100x002 桡骨近端骨骺分离
S52.100x012 桡骨头骨骺分离
S52.100x091 桡骨近端多发性骨折
S52.101 桡骨头骨折
S52.102 桡骨颈骨折
S52.110 开放性桡骨上端骨折
S52.200 尺骨干骨折
S52.200x011 孟氏骨折
S52.201 尺骨骨折
S52.210 开放性尺骨干骨折
S52.211 开放性尺骨骨折
S52.300 桡骨干骨折
S52.300x011 盖氏骨折
S52.310 开放性桡骨干骨折
S52.400x001 桡尺骨骨干骨折
S52.410 开放性尺骨桡骨骨干骨折
S52.500x001 桡骨远端骨折
S52.500x002 桡骨茎突骨折
S52.500x003 桡骨远端骨骺分离
S52.500x011 科雷骨折
S52.500x021 巴顿骨折
S52.500x022 史密斯骨折
S52.500x091 桡骨关节内骨折
S52.501 屈曲型桡骨下端骨折
S52.502 伸直型桡骨下端骨折
S52.510 开放性桡骨下端骨折
S52.600x001 尺骨远端骨折伴桡骨远端骨折
S52.600x002 尺骨茎突骨折伴桡骨远端骨折
S52.610 开放性尺骨桡骨远端骨折
S52.700 前臂多处骨折
S52.701 尺骨桡骨闭合性骨折
S52.710 开放性多发性前臂骨折
S52.711 开放性尺骨桡骨骨折

S52.800x002　尺骨远端骨骺分离
S52.801　桡骨骨折
S52.802　尺骨茎突骨折
S52.803　尺骨头骨折
S52.804　尺骨下端骨折
S52.810　开放性前臂特指部位骨折
S52.811　开放性桡骨骨折
S52.812　开放性尺骨茎突骨折
S52.813　开放性尺骨头骨折
S52.814　开放性尺骨下端骨折
S52.900　前臂骨折
S53.000　桡骨头脱位
S53.000x003　桡骨头半脱位
S53.001　桡肱关节脱位
S53.002　尺桡关节脱位
S53.100　肘关节脱位
S53.100x011　肘关节前脱位
S53.100x021　肘关节后脱位
S53.100x031　肘关节内脱位
S53.100x041　肘关节侧方脱位
S53.101　尺肱关节脱位
S53.102　尺骨头脱位
S53.200x001　桡侧副韧带断裂
S53.300x001　尺侧副韧带断裂
S53.400　肘关节扭伤和劳损
S53.400x002　创伤性肘关节积血
S53.400x012　桡侧副韧带扭伤
S53.400x021　尺侧副韧带扭伤
S53.400x031　桡肱关节扭伤
S53.400x041　尺肱关节扭伤
S53.401　桡骨环状韧带扭伤
S53.402　肘关节扭伤
S56.000x001　前臂拇指屈肌损伤
S56.000x002　前臂拇指屈肌腱损伤
S56.000x003　前臂拇指屈肌和肌腱损伤
S56.001　前臂拇指屈肌断裂
S56.100x001　前臂指屈肌损伤
S56.100x002　前臂指屈肌腱损伤
S56.100x003　前臂指屈肌和肌腱损伤
S56.200x001　前臂屈肌损伤
S56.200x002　前臂屈肌腱损伤
S56.200x003　前臂屈肌和肌腱损伤
S56.300x001　前臂拇指伸肌损伤
S56.300x002　前臂拇指伸肌腱损伤
S56.300x003　前臂拇指伸肌和肌腱损伤
S56.300x004　前臂拇指外展肌损伤
S56.300x005　前臂拇指外展肌腱损伤
S56.300x006　前臂拇指外展肌和肌腱损伤
S56.301　前臂拇指外展肌和肌腱断裂
S56.400x001　前臂指伸肌损伤
S56.400x002　前臂手指伸肌腱损伤
S56.400x003　前臂手指伸肌和肌腱损伤
S56.500x001　前臂伸肌损伤
S56.500x002　前臂伸肌腱损伤
S56.500x003　前臂伸肌和肌腱损伤
S56.700x001　前臂多处肌肉和肌腱损伤
S56.801　前臂肌肉和肌腱损伤
S57.800　前臂其他部位的挤压伤
S59.700　前臂多处损伤
S59.701　肘关节后脱位，桡骨头和尺骨冠状突骨折
S59.800　前臂其他特指的损伤
S59.900　前臂损伤
S61.701　开放性腕部多发损伤
S61.702　开放性手多发损伤
S61.901　开放性手部损伤
S61.902　手套撕脱伤
S62.000x001　腕舟骨骨折
S62.010　开放性手舟状骨骨折
S62.100x011　月骨骨折
S62.100x021　三角骨骨折
S62.100x031　豆骨骨折
S62.100x041　大多角骨骨折
S62.100x051　小多角骨骨折
S62.100x061　头状骨骨折
S62.100x071　钩骨骨折
S62.100x091　腕骨多发性骨折
S62.101　腕骨骨折
S62.110　开放性特指腕骨骨折
S62.111　开放性腕骨骨折
S62.200　第一掌骨骨折
S62.200x011　第一掌骨基底骨折
S62.200x021　第一掌骨干骨折
S62.200x031　第一掌骨颈骨折
S62.200x041　第一掌骨头骨折
S62.201　贝内特骨折
S62.210　开放性第一掌骨骨折
S62.300x002　掌骨骨骺分离
S62.300x011　掌骨基底骨折
S62.300x021　掌骨干骨折
S62.300x031　掌骨颈骨折

S62.300x041　掌骨头骨折
S62.301　掌骨骨折
S62.310　开放性特指掌骨骨折
S62.311　开放性掌骨骨折
S62.400　掌骨多处骨折
S62.410　开放性多发性掌骨骨折
S62.500　拇指骨折
S62.500x002　拇指骨骺分离
S62.500x011　拇指近节骨折
S62.500x021　拇指远节骨折
S62.510　开放性拇指骨折
S62.600x002　指骨骨骺分离
S62.600x011　指骨近节骨折
S62.600x021　指骨中节骨折
S62.600x031　指骨远节骨折
S62.611　开放性指骨骨折
S62.700　手指多处骨折
S62.710　开放性多发性指骨骨折
S62.801　手骨折
S62.802　指骨骨折
S62.810　开放性腕和手其他和未特指部位骨折
S62.811　开放性手骨折
S63.000　腕关节脱位
S63.000x002　桡骨远端关节脱位
S63.000x003　尺骨远端关节脱位
S63.000x011　下尺桡关节脱位
S63.000x021　桡腕关节脱位
S63.000x031　腕骨间关节脱位
S63.000x041　掌骨近端关节脱位
S63.000x042　腕掌关节脱位
S63.000x081　腕骨脱位
S63.000x082　腕舟骨脱位
S63.000x083　腕舟骨月骨周围脱位
S63.100　指关节脱位
S63.100x001　指间关节脱位
S63.100x002　拇指关节脱位
S63.100x011　掌指关节脱位
S63.100x012　掌骨远端关节脱位
S63.100x013　拇掌关节脱位
S63.100x021　手指远端指间关节脱位
S63.200　手指多处脱位
S63.200x001　指关节多发性脱位
S63.300x001　腕副韧带断裂
S63.300x002　桡腕韧带断裂
S63.300x003　尺腕韧带断裂
S63.300x004　腕和腕关节韧带断裂
S63.400x001　掌指关节韧带断裂
S63.400x002　掌指关节副韧带断裂
S63.400x003　手掌韧带断裂
S63.400x004　手掌板断裂
S63.400x005　指间关节韧带断裂
S63.400x006　指间关节副韧带断裂
S63.401　创伤性掌关节韧带破裂
S63.500　腕关节扭伤和劳损
S63.500x002　腕关节损伤
S63.500x003　创伤性腕关节积血
S63.500x011　腕骨关节扭伤
S63.500x012　腕骨关节损伤
S63.500x021　桡腕关节扭伤
S63.500x022　桡腕关节损伤
S63.500x031　腕掌关节扭伤
S63.500x032　腕掌关节损伤
S63.500x081　下尺桡关节扭伤
S63.500x082　下尺桡关节损伤
S63.500x101　腕关节三角纤维软骨损伤
S63.501　腕关节扭伤
S63.600　手指扭伤和劳损
S63.600x001　拇指扭伤
S63.600x002　指骨扭伤
S63.601　指关节扭伤
S63.602　掌指关节扭伤
S63.700x001　腕中关节扭伤
S63.701　手关节扭伤
S66.000x001　腕和手拇指长屈肌和肌腱损伤
S66.000x002　腕和手拇指长屈肌损伤
S66.000x003　腕和手拇指长屈肌腱损伤
S66.000x004　腕部拇指长屈肌和肌腱损伤
S66.000x005　腕部拇指长屈肌损伤
S66.000x006　腕部拇指长屈肌腱损伤
S66.000x007　手部拇指长屈肌和肌腱损伤
S66.000x008　手部拇指长屈肌损伤
S66.000x009　手部拇指长屈肌腱损伤
S66.100x001　腕和手指屈肌和肌腱损伤
S66.100x002　腕和手指屈肌损伤
S66.100x003　腕和手指屈肌腱损伤
S66.100x004　腕部指屈肌和肌腱损伤
S66.100x005　腕部指屈肌损伤
S66.100x006　腕部指屈肌腱损伤
S66.100x007　手部指屈肌和肌腱损伤
S66.100x008　手部指屈肌损伤

S66.100x009　手部指屈肌腱损伤
S66.200x001　腕和手拇指伸肌和肌腱损伤
S66.200x002　腕和手拇指伸肌损伤
S66.200x003　腕和手拇指伸肌腱损伤
S66.200x004　腕部拇指伸肌和肌腱损伤
S66.200x005　腕部拇指伸肌损伤
S66.200x006　腕部拇指伸肌腱损伤
S66.200x007　手部拇指伸肌和肌腱损伤
S66.200x008　手部拇指伸肌损伤
S66.200x009　手部拇指伸肌腱损伤
S66.300x001　腕和手指伸肌和肌腱损伤
S66.300x002　腕和手指伸肌损伤
S66.300x003　腕和手指伸肌腱损伤
S66.300x004　腕部指伸肌和肌腱损伤
S66.300x005　腕部指伸肌损伤
S66.300x006　腕部指伸肌腱损伤
S66.300x007　手部指伸肌和肌腱损伤
S66.300x008　手部指伸肌损伤
S66.300x009　手部指伸肌腱损伤
S66.400x001　腕和手拇指内在肌和肌腱损伤
S66.400x002　腕和手拇指内在肌损伤
S66.400x003　腕和手拇指内在肌腱损伤
S66.400x004　腕部拇指内在肌和肌腱损伤
S66.400x005　腕部拇指内在肌损伤
S66.400x006　腕部拇指内在肌腱损伤
S66.400x007　手部拇指内在肌和肌腱损伤
S66.400x008　手部拇指内在肌损伤
S66.400x009　手部拇指内在肌腱损伤
S66.500x001　腕和手指内在肌和肌腱损伤
S66.500x002　腕和手指内在肌损伤
S66.500x003　腕和手指内在肌腱损伤
S66.500x004　腕部指内在肌和肌腱损伤
S66.500x005　腕部指内在肌损伤
S66.500x006　腕部指内在肌腱损伤
S66.500x007　手部指内在肌和肌腱损伤
S66.500x008　手部指内在肌损伤
S66.500x009　手部指内在肌腱损伤
S66.600x001　腕和手多处屈肌和肌腱损伤
S66.601　多发性手屈肌断裂
S66.700x001　腕和手多处伸肌和肌腱损伤
S66.800　在腕和手水平的其他肌肉和肌腱的损伤
S66.900x001　腕和手肌肉和肌腱损伤
S66.900x002　腕部肌肉损伤
S66.900x003　手部肌肉损伤
S66.900x004　手指肌肉损伤
S68.000x002　拇指不全切断
S68.001　拇指完全切断
S68.100x001　单指不全切断
S68.200x001　多指不全切断
S68.201　多手指完全切断
S68.300　手指（一部分）伴有腕和手其他部分的合并创伤性切断
S68.900　腕和手水平的创伤性切断
S69.700　腕和手多处损伤
S69.800　腕和手其他特指的损伤
S71.101　大腿撕脱伤
S72.000　股骨颈骨折
S72.000x011　股骨关节囊内骨折
S72.000x021　股骨头骨骺分离
S72.000x031　股骨颈头下骨折
S72.000x041　股骨颈经颈骨折
S72.000x051　股骨颈基底骨折
S72.000x081　股骨头骨折
S72.000x082　股骨髋部骨折
S72.010　开放性股骨颈骨折
S72.100x001　股骨大粗隆骨折
S72.100x002　股骨小粗隆骨折
S72.101　股骨粗隆间骨折
S72.110　开放性股骨粗隆间骨折
S72.200x001　股骨粗隆下骨折
S72.210　开放性股骨粗隆下骨折
S72.300　股骨干骨折
S72.310　开放性股骨干骨折
S72.400x001　股骨远端骨折
S72.400x012　股骨内髁骨折
S72.400x013　股骨外髁骨折
S72.400x021　股骨远端骨骺分离
S72.400x031　股骨髁上骨折
S72.400x041　股骨髁间骨折
S72.401　股骨髁骨折
S72.410　开放性股骨下端骨折
S72.700　股骨多处骨折
S72.710　开放性多发性股骨骨折
S72.800　股骨其他部位的骨折
S72.810　开放性股骨特指部位骨折
S72.900　股骨骨折
S72.900x002　股骨骨骺分离
S72.910　开放性股骨骨折
S73.000　髋脱位
S73.000x003　髋臼脱位

S73.000x011 髋关节后脱位
S73.000x021 髋关节前脱位
S73.001 髋关节半脱位
S73.100 髋扭伤和劳损
S73.100x002 创伤性髋关节积血
S73.100x011 髂股韧带扭伤
S73.100x021 髂关节囊韧带扭伤
S73.101 髋扭伤
S76.000x002 髋部肌肉损伤
S76.000x003 髋部肌腱损伤
S76.100x001 股四头肌和肌腱损伤
S76.100x002 股四头肌肌肉损伤
S76.100x003 股四头肌肌腱损伤
S76.100x004 髌腱断裂
S76.101 股四头肌腱断裂
S76.102 髌韧带损伤
S76.200x002 大腿内收肌肌肉损伤
S76.200x003 大腿内收肌肌腱损伤
S76.300x001 大腿后部肌群和肌腱损伤
S76.300x002 大腿后部肌群肌肉损伤
S76.301 大腿后部肌腱损伤
S76.401 大腿肌腱损伤
S76.402 大腿肌断裂
S76.700x001 髋和大腿多处肌肉和肌腱损伤
S78.900 髋和大腿水平的创伤性切断
S79.700 髋和大腿多处损伤
S79.701 多发性大腿损伤
S79.800 髋和大腿其他特指的损伤
S79.800x001 髋关节周围软组织损伤
S79.901 大腿损伤
S79.902 髋周软组织损伤
S81.901 小腿撕脱伤
S82.000 髌骨骨折
S82.000x002 髌骨软骨骨折
S82.000x004 髌骨袖套状骨折
S82.010 开放性髌骨骨折
S82.100x011 胫骨近端骨折伴腓骨骨折
S82.100x012 胫骨平台伴腓骨骨折
S82.100x081 胫骨近端骨折
S82.100x082 胫骨近端骨骺分离
S82.100x084 胫骨髁骨折
S82.100x085 胫骨髁间棘骨折
S82.100x086 胫骨外髁骨折
S82.100x087 胫骨平台骨折
S82.100x088 胫骨平台伴髁间骨折
S82.100x089 胫骨结节骨折
S82.101 闭合性胫骨平台骨折
S82.102 胫骨头骨折
S82.110 开放性胫骨上端骨折
S82.111 开放性胫骨头骨折
S82.200x011 胫骨干骨折伴腓骨骨折
S82.200x081 胫骨干骨折
S82.201 胫腓骨干骨折
S82.202 胫骨骨折
S82.203 胫腓骨闭合性骨折
S82.210 开放性胫骨骨干骨折
S82.211 开放性胫骨骨折
S82.212 开放性胫腓骨干骨折
S82.300x011 胫骨远端骨折伴腓骨骨折
S82.300x012 胫腓骨下端骨骺分离
S82.300x081 胫骨远端骨折
S82.300x082 胫骨远端骨骺分离
S82.300x083 Pilon骨折
S82.301 胫腓骨下端骨折
S82.310 开放性胫骨下端骨折
S82.311 开放性胫腓骨下端骨折
S82.400x001 腓骨骨折
S82.400x002 腓骨远端骨骺分离
S82.400x011 腓骨近端骨折
S82.400x012 腓骨头骨折
S82.400x013 腓骨颈骨折
S82.400x014 腓骨小头骨折
S82.400x091 腓骨多发性骨折
S82.401 腓骨干骨折
S82.410 开放性腓骨骨折
S82.411 开放性腓骨干骨折
S82.500 内踝骨折
S82.500x001 胫骨骨折伴踝骨折
S82.501 胫骨骨折累及踝关节
S82.510 开放性内踝骨折
S82.600 外踝骨折
S82.600x001 腓骨骨折伴踝骨折
S82.601 腓骨骨折累及踝关节
S82.610 开放性外踝骨折
S82.700 小腿多处骨折
S82.710 开放性多发性小腿骨折
S82.800x081 踝骨骨折
S82.800x082 踝关节骨折
S82.801 三踝骨折
S82.802 双踝骨折

S82.803 踝骨闭合性骨折
S82.810 开放性小腿特指部位骨折
S82.811 开放性三踝骨折
S82.812 开放性双踝骨折
S82.900 小腿骨折
S82.910 开放性小腿骨折
S83.000 髌骨脱位
S83.001 髌骨半脱位
S83.100 膝关节脱位
S83.100x011 胫骨近端前脱位
S83.100x012 股骨远端后脱位
S83.100x021 胫骨近端后脱位
S83.100x031 胫骨近端内侧脱位
S83.100x041 胫骨近端外侧脱位
S83.100x081 胫腓关节脱位
S83.101 膝关节半脱位
S83.102 胫腓关节近端脱位
S83.200x001 膝半月板撕裂
S83.200x002 膝外侧半月板桶柄状撕裂
S83.200x003 膝内侧半月板桶柄状撕裂
S83.200x004 膝半月板桶柄状撕裂
S83.200x005 膝内侧半月板撕裂
S83.200x006 膝外侧半月板撕裂
S83.201 膝内侧半月板损伤
S83.202 膝外侧半月板损伤
S83.300x001 膝关节软骨撕裂
S83.400x001 膝关节副韧带扭伤
S83.400x002 膝关节副韧带断裂
S83.400x003 膝关节副韧带损伤
S83.400x011 膝关节外侧副韧带扭伤
S83.400x012 膝关节外侧副韧带损伤
S83.400x021 膝关节内侧副韧带扭伤
S83.400x022 膝关节内侧副韧带损伤
S83.400x031 膝关节外侧副韧带部分断裂
S83.400x032 膝关节外侧副韧带完全断裂
S83.400x041 膝关节内侧副韧带部分断裂
S83.400x042 膝关节内侧副韧带完全断裂
S83.401 膝关节副韧带劳损
S83.500x001 膝关节十字韧带断裂
S83.500x002 膝关节十字韧带扭伤
S83.500x003 膝关节十字韧带损伤
S83.500x011 膝关节前十字韧带扭伤
S83.500x012 膝关节前十字韧带损伤
S83.500x021 膝关节后十字韧带扭伤
S83.500x022 膝关节后十字韧带损伤
S83.500x031 膝关节前十字韧带部分断裂
S83.500x032 膝关节前十字韧带完全断裂
S83.500x041 膝关节后十字韧带部分断裂
S83.500x042 膝关节后十字韧带完全断裂
S83.501 膝关节十字韧带劳损
S83.600x002 膝关节损伤
S83.600x003 创伤性膝关节积血
S83.600x004 胫腓近端关节扭伤
S83.600x005 胫腓近端关节损伤
S83.600x006 胫腓近端韧带扭伤
S83.600x007 胫腓近端韧带损伤
S83.601 膝关节扭伤
S83.602 胫腓韧带上端撕裂
S83.603 上胫腓关节扭伤
S83.700x001 膝外侧半月板伴副韧带损伤
S83.700x002 膝外侧半月板伴十字韧带损伤
S83.700x003 膝关节多处损伤
S83.700x004 膝内侧半月板伴副韧带损伤
S83.700x005 膝内侧半月板伴十字韧带损伤
S83.700x006 膝关节多处韧带损伤
S86.001 跟腱断裂
S86.100x001 小腿后部肌群和肌腱损伤
S86.100x002 小腿后部肌群肌肉损伤
S86.100x003 小腿后部肌群肌腱损伤
S86.200x002 小腿前部肌群肌腱损伤
S86.201 小腿水平前部肌群肌腱损伤
S86.300x001 腓侧肌群和肌腱损伤
S86.300x002 腓侧肌群肌肉损伤
S86.300x003 腓侧肌群肌腱损伤
S86.300x004 腓肠肌断裂
S86.300x005 腓骨长短肌损伤
S86.300x006 创伤性腓骨肌腱滑脱
S86.301 小腿水平腓侧肌群肌腱损伤
S86.700x001 小腿多处肌肉和肌腱损伤
S86.700x002 胫腓肌腱断裂
S86.701 小腿水平多发性肌腱损伤
S86.800 在小腿水平的其他肌肉和肌腱损伤
S86.901 小腿水平肌肉损伤
S88.900 小腿水平的创伤性切断
S89.700 小腿多处损伤
S89.800 小腿其他特指的损伤
S89.900 小腿损伤
S91.300x811 踝和足开放性损伤伴骨折
S91.300x821 踝和足开放性损伤伴脱位
S91.300x823 足部开放性损伤伴脱位

S91.301 开放性足损伤
S91.302 足部皮肤撕裂伤
S91.303 足裂伤
S92.000 跟骨骨折
S92.010 开放性跟骨骨折
S92.100 距骨骨折
S92.101 距骨颈骨折
S92.110 开放性距骨骨折
S92.200x001 跗骨骨折
S92.200x081 跗间关节骨折
S92.201 骰骨骨折
S92.202 足舟状骨骨折
S92.203 楔状骨骨折（足）
S92.210 开放性特指跗骨骨折
S92.300 跖骨骨折
S92.300x001 跖跗关节骨折
S92.300x003 跖骨基底骨折
S92.300x004 跖骨骨骺损伤
S92.310 开放性跖骨骨折
S92.400 踇趾骨折
S92.410 开放性踇趾骨折
S92.500x001 趾骨骨折
S92.500x002 趾骨骨骺损伤
S92.510 开放性特指趾骨骨折
S92.700 足多处骨折
S92.710 开放性多发性足骨折
S92.900 足骨折
S92.910 开放性足骨折
S93.000 踝关节脱位
S93.000x004 距骨脱位
S93.000x005 腓骨脱位
S93.001 踝关节半脱位
S93.002 胫距关节脱位
S93.003 胫腓远端关节脱位
S93.100x001 趾骨脱位
S93.101 趾关节脱位
S93.102 跖趾关节半脱位
S93.103 跖趾关节脱位
S93.200x001 踝和足韧带断裂
S93.200x002 踝部韧带断裂
S93.200x003 足部韧带断裂
S93.200x004 踝距腓前韧带断裂
S93.200x005 跟腓韧带断裂
S93.300x011 跗骨脱位
S93.300x021 中跗关节脱位
S93.300x031 跗跖关节骨折脱位［Lisfranc骨折脱位］
S93.300x032 跗跖关节脱位
S93.300x081 距舟关节脱位
S93.301 足部脱位
S93.302 跖骨脱位
S93.303 足舟骨脱位
S93.400 踝扭伤和劳损
S93.400x002 踝关节损伤
S93.400x003 创伤性踝关节积血
S93.400x004 踝内侧副韧带扭伤
S93.400x012 踝三角韧带损伤
S93.400x021 跟腓韧带扭伤
S93.400x022 跟腓韧带损伤
S93.400x031 胫腓远端韧带扭伤
S93.400x032 胫腓远端韧带损伤
S93.401 踝关节扭伤
S93.402 踝内侧副韧带损伤
S93.403 三角韧带断裂
S93.404 三角韧带扭伤
S93.405 胫腓韧带远端撕裂
S93.500 足趾扭伤和劳损
S93.500x001 趾间关节扭伤
S93.500x002 趾间关节损伤
S93.500x003 跖趾关节扭伤
S93.500x004 跖趾关节损伤
S93.500x005 足趾扭伤
S93.500x006 足趾损伤
S93.600x001 跗骨韧带扭伤
S93.600x002 跗骨韧带损伤
S93.600x003 跗跖韧带扭伤
S93.600x004 跗跖韧带损伤
S93.601 足扭伤
S96.000x001 踝和足趾长屈肌和肌腱损伤
S96.100x001 踝和足趾长伸肌和肌腱损伤
S96.100x002 足拇长肌腱损伤
S96.101 足拇长伸肌腱断裂
S96.102 趾伸肌腱断裂
S96.200x001 踝和足内在肌和肌腱损伤
S96.700x001 踝和足多处肌肉和肌腱损伤
S96.701 踝和足水平多发性肌腱损伤
S96.800x001 踝部胫后肌腱损伤
S96.800x002 趾肌腱损伤
S96.801 趾肌腱断裂
S96.900x002 踝和足肌肉和肌腱损伤
S98.300 足其他部位的创伤性切断

S98.400 足创伤性切断
S99.800x001 足部软组织撕脱伤
T02.100x001 躯干多发性骨折
T02.110 开放性多发性躯干骨折
T02.200x001 单上肢多发性骨折
T02.210 开放性多发性单上肢骨折
T02.300x001 单下肢多发性骨折
T02.310 开放性多发性单下肢骨折
T02.800x001 身体复合部位的骨折
T02.810 开放性身体特指复合部位骨折
T02.900 多处骨折
T02.910 开放性多发性骨折
T03.000x001 头和颈脱位
T03.000x002 头和颈扭伤
T03.000x003 头和颈损伤
T03.100x001 胸伴下背及骨盆脱位
T03.100x002 胸伴下背及骨盆扭伤
T03.100x003 胸伴下背及骨盆损伤
T03.200x001 上肢多处脱位
T03.200x002 上肢多处扭伤
T03.200x003 上肢多处损伤
T03.300x001 下肢多处脱位
T03.300x002 下肢多处扭伤
T03.300x003 下肢多处损伤
T03.400x001 上肢和下肢多处脱位
T03.400x002 上肢和下肢多处扭伤
T03.400x003 上肢和下肢多处损伤
T03.800x001 身体复合部位的脱位
T03.800x002 身体复合部位的扭伤
T03.900 多处脱位、扭伤和劳损
T03.900x001 多处脱位
T03.900x002 多处扭伤
T04.800x001 身体复合部位的挤压伤
T05.800x003 身体复合部位的创伤性切断
T06.400x001 多处肌肉和肌腱损伤
T06.400x002 多处肌肉损伤
T06.401 多发性肌腱损伤
T06.800x001 身体复合部位的损伤
T08.x00 脊柱骨折
T08.x10 开放性脊柱骨折
T09.200 躯干关节和韧带脱位、扭伤和劳损
T09.200x001 躯干关节和韧带脱位
T09.200x002 躯干关节脱位
T09.200x003 躯干韧带脱位
T09.200x004 躯干关节和韧带扭伤
T09.200x005 躯干关节扭伤
T09.200x006 躯干韧带扭伤
T09.200x007 躯干关节和韧带损伤
T09.200x008 躯干关节损伤
T09.200x009 躯干韧带损伤
T09.500 躯干肌肉和肌腱的损伤
T09.500x002 躯干肌肉损伤
T09.500x003 躯干肌腱损伤
T10.x00 上肢骨折
T10.x10 开放性上肢骨折
T11.102 上肢撕脱伤
T11.200 上肢关节和韧带脱位、扭伤和劳损
T11.200x001 上肢关节和韧带脱位
T11.200x002 上肢关节脱位
T11.200x003 上肢韧带脱位
T11.200x004 上肢关节和韧带扭伤
T11.200x005 上肢关节扭伤
T11.200x006 上肢韧带扭伤
T11.200x007 上肢关节和韧带损伤
T11.200x008 上肢关节损伤
T11.200x009 上肢韧带损伤
T11.500 上肢肌肉和肌腱的损伤
T11.500x002 上肢肌肉损伤
T11.500x003 上肢肌腱损伤
T11.800 上肢其他特指的损伤
T11.900 上肢损伤
T12.x00 下肢骨折
T12.x10 开放性下肢骨折
T13.001 下肢血肿
T13.100x003 下肢撕脱伤
T13.100x004 下肢剥脱伤
T13.101 下肢皮肤撕裂伤
T13.200x002 下肢关节脱位
T13.200x003 下肢韧带脱位
T13.200x005 下肢关节扭伤
T13.200x006 下肢韧带扭伤
T13.200x007 下肢关节和韧带损伤
T13.200x008 下肢关节损伤
T13.200x009 下肢韧带损伤
T13.201 下肢关节和韧带脱位
T13.202 下肢关节和韧带扭伤
T13.203 下肢关节和韧带劳损
T13.501 下肢肌肉损伤
T13.502 下肢肌腱损伤
T13.800 下肢其他特指的损伤

T13.900　下肢损伤
T14.200　身体骨折
T14.210　开放性骨折
T14.300　脱位、扭伤和劳损
T14.500　血管损伤
T14.501　创伤性动脉瘤
T14.601　肌腱损伤
T14.602　肌肉损伤
T14.701　挤压伤
T14.702　创伤性切断
T79.600　创伤性肌肉缺血
T79.600x003　腔隙综合征
T79.600x004　上肢骨筋膜室综合征
T79.600x006　下肢骨筋膜室综合征
T79.601　创伤性骨筋膜室综合征
T79.602　福耳克曼缺血性挛缩
T79.603　腹腔间隔室综合征
T79.800x002　创伤性下肢坏死
T81.800x012　手术后胸骨哆开
T84.000　内部关节假体的机械性并发症
T84.000x004　人工关节置换术后假体功能障碍
T84.000x005　人工髋关节置换术后髋臼松动
T84.000x006　人工关节置换术后假体松动
T84.000x007　人工髋关节置换术后异位骨化
T84.000x008　人工膝关节置换术后假体松动
T84.000x012　人工股骨头置换术后假体松动
T84.000x013　人工股骨头置换术后假体功能障碍
T84.001　关节假体并发症
T84.002　髋关节假体松动
T84.003　髋关节假体障碍
T84.004　膝关节假体障碍
T84.005　肩关节假体障碍
T84.006　肘关节假体障碍
T84.100　肢骨内部固定装置的机械性并发症
T84.200x003　骨内固定装置障碍
T84.200x004　胸骨的金属丝引起的机械性并发症
T84.201　骨折内固定装置障碍
T84.202　脊柱内固定装置障碍
T84.203　胸骨内固定钢丝断裂
T84.300　骨的装置、植入物和移植物的机械性并发症，其他的
T84.300x001　骨移植物引起的机械性并发症
T84.300x002　骨刺激器引起的机械性并发症
T84.301　上颌骨假体露出
T84.401　肌肉移植物引起的机械性并发症
T84.402　肌腱移植物引起的机械性并发症
T84.500　内部关节假体引起的感染和炎症性反应
T84.500x002　关节假体引起的感染
T84.501　髋关节假体植入感染
T84.502　膝关节假体植入感染
T84.503　肩关节假体植入物感染
T84.504　肘关节假体植入物感染
T84.600　内部固定装置［任何部位］引起的感染和炎症性反应
T84.600x003　内固定装置引起的感染
T84.601　舌骨固定物植入感染
T84.602　下颌骨内固定物植入感染
T84.603　脊柱内固定物植入感染
T84.604　骨折内固定物植入感染
T84.605　肌肉内固定物的感染
T84.800　内部矫形外科假体装置、植入物和移植物的其他并发症
T84.800x003　膝关节内固定术后疼痛
T84.800x005　髋关节内固定术后疼痛
T84.800x007　关节内固定术后疼痛
T84.800x009　关节置换术后异位骨化
T84.800x010　关节内固定术后异位骨化
T84.801　腕假体装置术后皮肤破溃
T84.802　骨折内固定术后疼痛
T84.803　脊柱内固定术后疼痛
T84.804　脊柱内固定物排斥
T84.805　人工关节置换术后疼痛
T84.806　髋关节置换术后疼痛
T84.807　膝关节置换术后疼痛
T85.713　颅骨人工骨板植入感染
T87.000　上肢再植（部位）的并发症
T87.001　上肢再植术后感染
T87.100　下肢再植（部位）的并发症
T87.101　下肢再植术后感染
T87.300　截断术残端的神经瘤
T87.300x001　创伤性神经瘤
T87.300x002　指创伤性神经瘤
T87.400　截断术残端的感染
T87.500　截断术残端的坏死
T87.600x002　截断术残端挛缩
T87.600x003　截断术残端血肿
T87.600x004　截断术残端水肿
T87.601　截肢残端溃疡
T87.602　残端综合征
Z44.000x001　人工臂安装

Z44.000x002　人工臂调整
Z44.100x001　人工腿的安装
Z44.100x002　人工腿的调整
Z44.800　安装和调整，其他外部假体装置的
Z44.800x001　骨折外固定装置的安装
Z44.800x002　骨折外固定装置的调整
Z44.900　安装和调整，外部假体装置的
Z45.800x002　脊柱侧弯术后生长棒调节
Z45.800x011　骨内固定装置调整
Z47.000x002　取出内固定装置
Z47.001　取除骨折内固定装置
Z47.801　更换外固定装置
Z47.802　检查外固定装置
Z47.803　取除外固定装置
Z51.800x001　冲击治疗
Z52.200　供骨者

IB1　复杂脊柱疾病或3节段及以上脊柱融合手术或翻修手术

入组条件1：主要诊断+主要手术或操作1
或入组条件2：主要手术或操作2
或入组条件3：手术或操作3+手术或操作4

主要诊断：
A18.000x047+M49.0*　结核性脊柱前凸
A18.000x048+M49.0*　结核性脊柱侧弯
A18.000x049+M49.0*　脊柱骨脓肿［结核性脊柱骨脓肿］
A18.000x066+M49.0*　颈椎结核性截瘫
A18.005+M49.0*　颈椎结核
A18.006+M49.0*　胸椎结核
A18.007+M49.0*　腰椎结核
A18.008+M90.0*　腰椎结核性窦道
A18.009+M49.0*　脊柱结核
A18.010+M49.0*　脊柱结核性脓肿
A18.011+M49.0*　结核性脊柱后凸
A18.012+M49.0*　脊柱结核性截瘫
A18.013+M49.0*　结核性脊柱裂
A23.901+M49.1*　布氏菌病脊柱炎
B37.800x090　腰椎念珠菌感染
M08.100　幼年型关节强硬性脊椎炎
M08.100x092　幼年型脊椎关节炎
M40.000x091　青年型姿势性脊柱后凸
M40.100x051　继发性胸腰段脊柱后凸
M40.101　强直性脊柱炎后凸畸形
M40.200x021　颈椎后凸
M40.200x041　胸椎后凸
M40.200x061　腰椎后凸
M40.201　脊柱后凸
M40.401　后天性脊柱前凸
M40.402　姿势性脊柱前凸
M40.500　脊柱前凸
M41.000　婴儿特发性脊柱侧弯
M41.101　青少年特发性脊柱侧弯
M41.200　特发性脊柱侧弯，其他的
M41.300　胸源性脊柱侧弯
M41.400x091　脊髓灰质炎后脊柱侧弯
M41.401　麻痹性脊柱侧弯
M41.501　创伤性脊柱侧弯
M41.800　脊柱侧弯，其他形式的
M41.900　脊柱侧弯
M41.900x061　腰椎侧弯
M41.901　脊柱后侧凸
M43.901　后天性脊柱变形
M45.x01　类风湿性脊椎炎
M45.x02　萎缩性脊柱炎
M45.x03+H22.1*　强直性脊柱炎伴虹膜睫状体炎
M46.200x021　颈椎骨髓炎
M46.200x041　胸椎骨髓炎
M46.200x061　腰椎骨髓炎
M46.300x021　颈椎间盘感染
M46.300x041　胸椎间盘感染
M46.300x061　腰椎间盘感染
M46.301　化脓性胸椎间盘感染
M46.302　化脓性腰椎间盘感染
M46.401　颈椎椎间盘炎
M46.402　胸椎椎间盘炎
M46.403　腰椎椎间盘炎
M46.500x091　椎体感染
M46.500x092　化脓性脊柱炎
M46.501　颈椎脓肿
M46.502　胸椎脓肿
M46.503　腰椎脓肿
M46.504　骶尾椎脓肿
M46.800x091　肥大性脊柱炎
M46.800x093　变形性脊柱炎
M46.802　退行性脊柱炎
M46.803　增生性脊柱炎
M46.900　炎性脊椎病
M48.001　枕寰枢椎管狭窄

M48.002　颈椎椎管狭窄
M48.003　胸椎椎管狭窄
M48.004　胸腰椎椎管狭窄
M48.305　屈梅尔脊柱炎
M48.811　肌性脊柱炎
M96.200　放射后脊柱后凸
M96.300　椎板切除术后脊柱后凸
M96.400　手术后脊柱前凸
M96.500　放射后脊柱侧弯
M99.200x001　枕颈椎管不全脱位性狭窄
M99.200x002　颈胸椎管不全脱位性狭窄
M99.200x003　胸腰椎管不全脱位性狭窄
M99.300x001　枕颈椎管骨性狭窄
M99.300x002　颈胸椎管骨性狭窄
M99.300x003　胸腰椎管骨性狭窄
M99.400x001　枕颈椎管结缔组织性狭窄
M99.400x002　颈胸椎管结缔组织性狭窄
M99.400x003　胸腰椎管结缔组织性狭窄
M99.500x001　枕颈椎管椎间盘狭窄
M99.500x002　颈胸椎管椎间盘狭窄
M99.500x003　胸腰椎管椎间盘狭窄
M99.600　椎间孔骨性和不全脱位性狭窄
M99.700x002　椎间孔椎间盘狭窄
Q67.500　脊柱先天性变形
Q67.501　先天性脊柱侧凸
Q67.502　先天性脊柱后凸侧弯
Q67.503　先天性姿势性脊柱侧凸
Q76.000x002　先天性颈椎峡部裂
Q76.000x003　先天性腰椎峡部裂
Q76.000x004　先天性腰椎隐裂
Q76.000x005　先天性腰骶椎隐裂
Q76.200　先天性脊椎前移症
Q76.200x103　先天性腰椎体滑脱
Q76.201　先天性脊柱脱位
Q76.202　先天性脊椎滑脱
Q76.203　先天性腰骶脊椎前移症
Q76.300　骨先天性畸形引起的先天性脊柱侧弯
Q76.300x011　先天性脊柱侧弯半椎体畸形
Q76.400x101　先天性半椎体畸形
Q76.400x102　先天性椎骨缺如
Q76.400x201　先天性第一骶椎腰化
Q76.400x203　先天性骶椎腰化
Q76.400x301　先天性寰枢椎脱位
Q76.400x302　先天性颈椎脱位
Q76.400x303　颈椎横突过长
Q76.400x304　环椎椎弓发育不全
Q76.400x305　先天性环椎后弓肥大
Q76.400x307　先天性移行椎
Q76.400x308　先天性胸椎腰化
Q76.400x310　先天性椎管狭窄
Q76.400x313　先天性骶椎畸形
Q76.400x324　腰椎椎体后缘续连症
Q76.400x903　先天性脊柱畸形
Q76.400x906　先天性脊柱前凸
Q76.402　先天性寰枢椎畸形
Q76.403　先天性颈椎畸形
Q76.404　先天性颈椎体融合
Q76.407　先天性颈椎横突过长
Q76.408　先天性脊柱融合
Q76.409　先天性脊柱扁椎骨
Q76.412　先天性脊柱后凸畸形
Q76.413　先天性脊椎缺失
Q76.414　先天性胸椎畸形
Q76.415　先天性椎板闭合不全
Q76.416　先天性胸椎脱位
Q76.417　先天性腰椎畸形
Q76.418　先天性第五腰椎骶化

主要手术或操作1：
03.0900x025　腰椎前路椎板切除减压术
03.0900x026　腰椎后路椎板切除减压术
03.0900x027　腰椎后路椎板成形术
03.0900x028　骶椎后路椎管减压术
77.6900x032　胸椎病损切除术
77.6900x055　颈椎病损切除术
77.6900x059　经皮椎骨病损射频消融术
77.6900x060　经皮椎骨病损微波消融术
77.6900x061　经皮椎骨病损冷冻消融术
77.6900x062　经皮椎骨病损纳米刀消融术
77.6900x068　经皮髂骨病损纳米刀消融术
77.6900x069　经皮骶骨病损纳米刀消融术
77.6906　内镜下椎间隙病灶清除引流术
77.8909　经口咽入路齿状突磨除术
77.9900x004　前入路胸椎椎体切除术
78.0900x008　颈椎植骨术
78.0900x009　胸椎植骨术
78.0900x015　颈椎人工骨植骨术
78.0900x018　胸椎人工骨植骨术
78.0900x025　异体半骨盆移植术
78.0900x026　异体椎间融合骨块移植术

80.5100x008　前入路颈椎间盘切除术
80.5100x011　后入路胸椎间盘切除术
80.5100x023　颈椎间盘切除伴椎板切除术
80.5100x024　颈椎间盘切除伴半椎板切除术
80.5100x025　颈椎间盘髓核切除术
80.5100x026　椎间盘镜下后入路颈椎间盘切除术
80.5100x027　胸椎间盘切除伴椎板切除术
80.5100x028　胸椎间盘切除伴半椎板切除术
80.5100x029　胸椎间盘髓核切除术
80.5100x030　椎间盘镜下后入路胸椎间盘切除术
80.5100x031　椎间盘镜下前入路胸椎间盘切除术
80.5100x032　椎间盘镜下前入路颈椎间盘切除术
80.5101　颈椎间盘切除术
80.5102　颈椎间盘切除伴椎管减压术
80.5103　内镜下颈椎间盘切除术
80.5104　胸椎间盘切除术
80.5105　胸椎间盘切除伴椎管减压术
80.5106　内镜下胸椎间盘切除术
80.5400x001　经皮椎间盘电热纤维环成形术（IDET）
80.5900x001　椎间盘射频消融术
80.5900x003　椎间盘激光汽化术
80.9900x003　颈椎后路小关节切除术
80.9900x006　颈椎前路小关节切除术
80.9901　椎体切除术伴椎间盘切除术
80.9902　椎体部分切除伴椎间盘切除术
80.9903　椎体次全切除伴椎间盘切除术
81.0200x001　前入路颈椎融合术
81.0200x002　前外侧入路颈椎融合术
81.0300x001　后入路颈椎融合术
81.0300x002　后外侧入路颈椎融合术
81.0400x004　前外侧入路胸椎融合术
81.0400x005　前外侧入路胸腰椎融合术
81.0401　胸椎椎体间融合术，前入路
81.0402　胸腰椎椎体间融合术，前入路
81.0500x005　后外侧入路胸椎融合术
81.0500x006　后外侧入路胸腰椎融合术
81.0501　胸椎融合术，后入路
81.0502　胸腰椎融合术，后入路
81.0600x005　前外侧入路腰椎融合术
81.0600x006　前外侧入路腰骶椎融合术
81.0601　腰椎椎体间融合术，前入路
81.0602　腰骶椎椎体间融合术，前入路
81.0700x002　腰骶外侧横突融合术
81.0701　腰椎后柱融合术，后入路
81.0702　腰骶椎后柱融合术，后入路
81.0800x016　后外侧入路腰椎融合术
81.0800x017　后外侧入路腰骶椎融合术
81.0800x018　经椎间孔入路腰椎体融合术
81.0801　腰椎椎体间融合术，后入路
81.0802　腰骶椎椎体间融合术，后入路
84.5900x002　椎体间减压装置置入术
84.6101　颈部分椎间盘置换
84.6201　颈全椎间盘假体置换
84.6300x002　胸椎全部间盘假体置入术
84.6300x003　胸椎部分间盘假体置入术
84.6301　胸椎间盘假体置换
84.6600x001　颈人工椎间盘翻修术
84.6601　颈人工椎间盘假体置换术
84.6700x002　胸人工椎间盘翻修术
84.6701　胸人工椎间盘假体置换术

主要手术或操作2：
03.0900x007　胸椎椎板切除减压术
03.0900x023　胸椎后路椎板切除减压术
03.0900x024　胸椎前路椎板切除减压术
03.5303　齿状突骨折切开复位内固定术
79.8904　颈后入路寰枢椎复位内固定术
81.0100x001　前入路寰-枢椎融合术
81.0101　寰-枢椎融合术，经口
81.0102　寰-枢椎融合术，后入路
81.0103　枕-颈融合术，前入路
81.0104　枕-颈融合术，经口
81.0105　枕-颈融合术，后入路
81.3101　寰-枢椎再融合术，前入路
81.3102　寰-枢椎再融合术，经口
81.3103　寰-枢椎再融合术，后入路
81.3104　枕-颈再融合术，前入路
81.3105　枕-颈再融合术，经口
81.3106　枕-颈再融合术，后入路
81.3200x001　前入路颈椎翻修术
81.3200x002　前外侧入路颈椎翻修术
81.3300x001　后入路颈椎翻修术
81.3300x002　后外侧入路颈椎翻修术
81.3400x003　前外侧入路胸椎翻修术
81.3400x004　前外侧入路胸腰椎翻修术
81.3401　胸椎椎体间再融合术，前入路
81.3402　胸腰椎椎体间再融合术，前入路
81.3500x003　后外侧入路胸椎翻修术
81.3500x004　后外侧入路胸腰椎翻修术
81.3501　胸椎再融合术，后入路

81.3502　胸腰椎再融合术，后入路
81.3600x003　前外侧入路腰椎翻修术
81.3600x004　前外侧入路腰骶椎翻修术
81.3601　腰椎椎体间再融合术，前入路
81.3602　腰骶椎椎体间再融合术，前入路
81.3700x001　腰椎外侧横突翻修术
81.3700x002　腰骶外侧横突翻修术
81.3701　腰椎后柱再融合术，后入路
81.3702　腰骶椎后柱再融合术，后入路
81.3800x003　后外侧入路腰椎翻修术
81.3800x004　后外侧入路腰骶椎翻修术
81.3800x005　经椎间孔入路腰椎体翻修术
81.3801　腰椎椎体间再融合术，后入路
81.3802　腰骶椎椎体间再融合术，后入路
81.3900　脊柱其他部位再融合术

手术或操作3：
81.0200x001　前入路颈椎融合术
81.0200x002　前外侧入路颈椎融合术
81.0300x001　后入路颈椎融合术
81.0300x002　后外侧入路颈椎融合术
81.0400x004　前外侧入路胸椎融合术
81.0400x005　前外侧入路胸腰椎融合术
81.0401　胸椎椎体间融合术，前入路
81.0402　胸腰椎椎体间融合术，前入路
81.0500x005　后外侧入路胸椎融合术
81.0500x006　后外侧入路胸腰椎融合术
81.0501　胸椎融合术，后入路
81.0502　胸腰椎融合术，后入路
81.0600x005　前外侧入路腰椎融合术
81.0600x006　前外侧入路腰骶椎融合术
81.0601　腰椎椎体间融合术，前入路
81.0602　腰骶椎椎体间融合术，前入路
81.0700x002　腰骶外侧横突融合术
81.0701　腰椎后柱融合术，后入路
81.0702　腰骶椎后柱融合术，后入路
81.0800x016　后外侧入路腰椎融合术
81.0800x017　后外侧入路腰骶椎融合术
81.0800x018　经椎间孔入路腰椎体融合术
81.0801　腰椎椎体间融合术，后入路
81.0802　腰骶椎椎体间融合术，后入路

手术或操作4：
81.6300　4-8个椎骨融合或再融合
81.6400x003　多块椎骨融合

IB2　脊柱2节段及以下脊柱融合术

包含以下主要手术或操作：
81.0200x001　前入路颈椎融合术
81.0200x002　前外侧入路颈椎融合术
81.0300x001　后入路颈椎融合术
81.0300x002　后外侧入路颈椎融合术
81.0400x004　前外侧入路胸椎融合术
81.0400x005　前外侧入路胸腰椎融合术
81.0401　胸椎椎体间融合术，前入路
81.0402　胸腰椎椎体间融合术，前入路
81.0500x005　后外侧入路胸椎融合术
81.0500x006　后外侧入路胸腰椎融合术
81.0501　胸椎融合术，后入路
81.0502　胸腰椎融合术，后入路
81.0600x005　前外侧入路腰椎融合术
81.0600x006　前外侧入路腰骶椎融合术
81.0601　腰椎椎体间融合术，前入路
81.0602　腰骶椎椎体间融合术，前入路
81.0700x002　腰骶外侧横突融合术
81.0701　腰椎后柱融合术，后入路
81.0702　腰骶椎后柱融合术，后入路
81.0800x016　后外侧入路腰椎融合术
81.0800x017　后外侧入路腰骶椎融合术
81.0800x018　经椎间孔入路腰椎体融合术
81.0801　腰椎椎体间融合术，后入路
81.0802　腰骶椎椎体间融合术，后入路

IB3　与脊柱有关的其他手术

包含以下主要手术或操作：
03.0100x001　椎管内异物去除术
03.0200　椎板切除术部位再切开
03.0900x003　颈椎后路单开门椎管减压术
03.0900x004　颈椎后路双开门椎管减压术
03.0900x005　颈椎前路椎管减压术
03.0900x006　腰椎椎板切除减压术
03.0900x009　椎管成形术
03.0900x010　椎管减压术
03.0900x014　椎管钻孔减压术
03.0900x016　椎间孔切开术
03.0900x019　脊髓后正中点状切开术
03.0900x021　颈椎椎间孔钻孔减压术
03.0900x022　经皮内镜颈椎椎板切除减压术
03.0900x025　腰椎前路椎板切除减压术
03.0900x026　腰椎后路椎板切除减压术

03.0900x027　腰椎后路椎板成形术
03.0900x028　骶椎后路椎管减压术
03.0901　椎管探查术
03.0902　脊髓探查术
03.0903　脊神经根探查术
03.0904　椎间孔减压术
03.0905　脊神经根减压术
03.0906　椎管切开引流术
03.0907　脊髓内引流术
03.0908　椎间盘粘连松解术
03.0909　椎管扩大成形术，单开门
03.0910　椎管扩大成形术，双开门
03.0911　椎板切开减压术
03.0912　椎板切除减压术
03.0913　椎间盘镜下椎管成形术
03.0914　椎间盘镜下椎管减压术
03.0915　椎间盘镜下椎间孔切开术
03.1x00x001　椎管内神经根切断术
03.1x01　脊髓后根神经切断术
03.2100x001　经皮脊髓切断术
03.2900x005　脊髓背根入髓区切开术
03.2901　脊髓前外侧束切断术
03.2902　脊髓神经束切断术
03.2903　脊髓丘脑侧索切断术
03.3100x001　腰大池引流术
03.3201　硬脊膜活组织检查
03.3202　脊髓活组织检查术
03.4x00x001　脊髓髓内病损切除术
03.4x00x002　脊髓病损栓塞术
03.4x00x007　脊髓脊膜病损电凝破坏术
03.4x00x008　椎管内外病损切除术
03.4x00x009　椎管外神经根病损切除术
03.4x01　颈髓病损切除术
03.4x03　脊髓病损切除术
03.4x04　硬脊膜病损切除术
03.4x05　硬脊膜外病损切除术
03.4x06　硬脊膜下病损切除术
03.4x07　内镜下椎管内病损切除术
03.5100x003　脑脊膜膨出修补术
03.5300x001　脊椎骨折复位术
03.5301　脊椎骨折切开复位内固定术
03.5302　颈椎骨折切开复位内固定术
03.5304　胸椎骨折切开复位内固定术
03.5305　腰椎骨折切开复位内固定术
03.5900x005　硬脊膜修补术
03.5901　脊柱裂修补术
03.5902　脊髓纵裂修补术
03.5903　脊膜修补术
03.5905　脊髓空洞填塞术
03.6x00x008　脊髓终丝切断术
03.6x01　脊髓粘连松解术
03.6x02　脊髓神经根粘连松解术
03.6x03　脊髓蛛网膜粘连松解术
03.7101　脊髓空洞腹腔引流术
03.8x01　椎管内无水酒精注射
03.9000x001　连续硬膜外阻滞术
03.9202　脊髓鞘内注射
03.9600　经皮的椎骨关节面去神经术
03.9900x003　脊髓造瘘术
03.9900x004　脊髓切开引流术
54.4x00x047　腰骶病损切除术
77.0904　椎骨死骨去除术
77.1900x004　椎骨负压引流管置入术
77.1904　椎骨切开引流术
77.2900x004　椎骨截骨术
77.2904　椎骨楔形截骨术
77.3908　椎骨切开术
77.6900x032　胸椎病损切除术
77.6900x039　腰椎病损切除术
77.6900x055　颈椎病损切除术
77.6900x056　骶椎病损切除术
77.6900x059　经皮椎骨病损射频消融术
77.6900x060　经皮椎骨病损微波消融术
77.6900x061　经皮椎骨病损冷冻消融术
77.6900x062　经皮椎骨病损纳米刀消融术
77.6900x068　经皮髂骨病损纳米刀消融术
77.6900x069　经皮骶骨病损纳米刀消融术
77.6904　椎骨病损切除术
77.6905　内镜下脊柱病灶清除术
77.6906　内镜下椎间隙病灶清除引流术
77.7900x005　椎骨取骨术
77.8900x008　脊椎后弓切除术
77.8900x013　椎体部分切除术
77.8905　椎骨部分切除术
77.8906　棘突切除术
77.8907　椎骨关节面切除术
77.8908　尾骨部分切除术
77.8909　经口咽入路齿状突磨除术
77.9900x004　前入路胸椎椎体切除术
77.9904　全椎体切除术

77.9905　骶骨全部切除术
77.9906　尾骨全部切除术
78.0900x008　颈椎植骨术
78.0900x009　胸椎植骨术
78.0900x010　腰椎植骨术
78.0900x011　骶椎植骨术
78.0900x013　骶椎人工骨植骨术
78.0900x015　颈椎人工骨植骨术
78.0900x018　胸椎人工骨植骨术
78.0900x019　腰椎人工骨植骨术
78.0900x025　异体半骨盆移植术
78.0900x026　异体椎间融合骨块移植术
78.0904　椎骨植骨术
78.1900x004　椎骨外固定架固定术
78.4904　椎骨成形术
78.5900x022　椎弓根钉内固定术
78.5900x026　脊柱可调节装置置入术（生长棒）
78.5900x037　脊柱可调节装置调整术
78.5904　椎骨内固定术
78.7904　椎骨折骨术
79.7900x003　颈椎脱位闭合复位术
79.7900x006　腰椎脱位闭合复位术
79.8900x002　颈椎脱位切开复位内固定术
79.8900x003　颈椎脱位切开复位术
79.8900x006　腰椎脱位切开复位内固定术
79.8900x007　腰椎脱位切开复位术
79.8900x009　胸椎脱位切开复位术
79.8900x010　胸椎脱位切开复位内固定术
80.0900x001　人工椎体取出术
80.4900x002　脊柱关节松解术
80.4901　骶韧带切断术
80.4902　脊柱韧带切断术
80.5100x008　前入路颈椎间盘切除术
80.5100x011　后入路胸椎间盘切除术
80.5100x013　后入路腰椎间盘切除术
80.5100x023　颈椎间盘切除伴椎板切除术
80.5100x024　颈椎间盘切除伴半椎板切除术
80.5100x025　颈椎间盘髓核切除术
80.5100x026　椎间盘镜下后入路颈椎间盘切除术
80.5100x027　胸椎间盘切除伴椎板切除术
80.5100x028　胸椎间盘切除伴半椎板切除术
80.5100x029　胸椎间盘髓核切除术
80.5100x030　椎间盘镜下后入路胸椎间盘切除术
80.5100x031　椎间盘镜下前入路胸椎间盘切除术
80.5100x032　椎间盘镜下前入路颈椎间盘切除术
80.5100x033　椎间盘镜下后入路腰椎间盘切除术
80.5100x034　椎间盘镜下前入路腰椎间盘切除术
80.5100x035　腰椎间盘切除伴椎板切除术
80.5100x036　腰椎间盘切除伴半椎板切除术
80.5100x037　经皮腰椎间盘髓核切吸术
80.5100x038　腰椎间盘髓核切除伴椎板切除术
80.5100x039　前外侧入路腰椎间盘切除术
80.5101　颈椎间盘切除术
80.5102　颈椎间盘切除伴椎管减压术
80.5103　内镜下颈椎间盘切除术
80.5104　胸椎间盘切除术
80.5105　胸椎间盘切除伴椎管减压术
80.5106　内镜下胸椎间盘切除术
80.5107　腰椎间盘切除术
80.5108　腰椎间盘切除伴椎管减压术
80.5109　腰椎髓核切除术
80.5110　内镜下腰椎间盘切除术
80.5111　内镜下腰椎髓核切除术
80.5300　纤维环修补术伴移植物或假体
80.5400x001　经皮椎间盘电热纤维环成形术（IDET）
80.5401　腰椎间盘纤维环缝合术
80.7901　关节镜脊柱关节滑膜切除术
80.8900x004　项韧带病损切除术
80.8901　脊柱关节病损切除术
81.6500　经皮椎骨成形术
81.6600x001　经皮穿刺脊柱后凸成形术
81.6600x002　腰椎骨折球囊扩张成形术
81.6600x003　胸椎骨折球囊扩张成形术
81.6601　经皮椎体球囊扩张成形术
84.5900x002　椎体间减压装置置入术
84.6001　人工椎间盘置换
84.6101　颈部分椎间盘置换
84.6201　颈全椎间盘假体置换
84.6300x002　胸椎全部间盘假体置入术
84.6300x003　胸椎部分间盘假体置入术
84.6301　胸椎间盘假体置换
84.6400x001　腰椎部分间盘假体置入术
84.6400x003　腰椎棘突间腰椎稳定器置入术
84.6401　腰骶部分椎间盘假体置换
84.6500　腰骶全椎间盘假体置入
84.6501　腹腔镜辅助下腰椎前路椎间盘置换术
84.6600x001　颈人工椎间盘翻修术
84.6601　颈人工椎间盘假体置换术
84.6700x002　胸人工椎间盘翻修术
84.6701　胸人工椎间盘假体置换术

84.6800x001 腰人工椎间盘翻修术
84.6801 腰人工椎间盘假体置换术
84.8001 棘突装置的置入
84.8002 棘突装置的置换
84.8100 棘突装置的修复术
84.8201 椎弓根动力稳定装置置入术
84.8202 椎弓根动力稳定装置置换术
84.8203 脊柱生长阀置入术
84.8204 脊柱生长阀置换术
84.8205 经皮椎弓根钉内固定术
84.8301 脊柱生长阀修复术
84.8401 椎骨关节面置换装置的置入
84.8402 椎骨关节面置换装置的置换
84.8500 椎骨关节面置换装置的修复术
86.9401 单列神经刺激脉冲发生器的置入
86.9402 单列神经刺激脉冲发生器的置换
86.9500x001 多列神经刺激脉冲发生器置入术
86.9500x002 多列神经刺激脉冲发生器置换术
86.9600x003 脊髓神经刺激器置入术
86.9701 可充电单列神经刺激脉冲发生器的置入
86.9702 可充电单列神经刺激脉冲发生器的置换
86.9800x001 可充电多列神经刺激脉冲发生器置入术
86.9800x002 可充电多列神经刺激脉冲发生器置换术

IC1 髋、肩、膝、肘和踝关节假体翻修/修正手术

包含以下主要手术或操作：
00.7000x001 全髋关节假体翻修术
00.7100x001 髋关节髋臼假体翻修术
00.7200x001 髋关节股骨假体翻修术
00.7201 人工股骨干和股骨头修复术
00.7300x001 髋关节髋臼衬垫和股骨头翻修术
00.7300x002 髋关节髋臼衬垫翻修术
00.7300x003 髋关节股骨头翻修术
00.7301 人工股骨头修复术
00.8000x001 全膝关节假体翻修术
00.8100x001 膝关节胫骨假体翻修术
00.8200x001 膝关节股骨假体翻修术
00.8201 膝关节置换修复术，股骨成分伴胫骨（衬垫）置入
00.8300x001 膝关节髌骨假体翻修术
00.8400x001 膝关节胫骨衬垫翻修术
81.5900 下肢关节置换修复术
81.9700x002 肘关节翻修术
81.9701 肩关节置换修复术
81.9702 肘关节置换修复术

IC2 髋、肩、膝、肘和踝关节置换术

包含以下主要手术或操作：
00.8500x001 全髋关节表面置换术
00.8600x001 股骨头表面置换术
00.8700x001 髋臼表面置换术
81.5100 全髋关节置换
81.5200x004 人工双动股骨头置换术
81.5201 人工股骨头置换术
81.5202 人工髋臼置换术
81.5400 全部膝关节置换
81.5400x004 膝关节单髁表面置换术
81.5400x005 膝关节髌股表面置换术
81.5400x007 膝关节双间室置换术
81.5400x008 铰链式人工膝关节置换术
81.5401 部分膝关节置换术
81.5600 踝关节全部置换
81.5700x001 跖趾关节置换术
81.5700x002 趾关节置换术
81.8000 肩关节全部置换
81.8000x003 肩关节表面置换术
81.8100 肩关节部分置换
81.8101 人工肱骨头置换术
81.8400 肘关节全部置换
81.8400x002 人工桡骨头置换术
81.8401 肘关节部分置换术
81.8800 反向全肩关节置换术

IC3 除置换/翻修外的髋、肩、膝、肘、踝和足部关节的修复、重建手术

包含以下主要手术或操作：
77.2800x002 跖骨截骨术
77.2802 跖骨楔形截骨术
77.2900x006 跟骨截骨术
78.4600x002 髌骨成形术
78.4600x003 膝关节镜下髌骨成形术
81.1100 踝融合术
81.1100x003 踝关节镜下踝关节融合术
81.1101 胫距关节融合术
81.1200x001 足三关节融合术
81.1300x003 距下关节融合术
81.1300x004 踝关节镜下距下关节融合术

81.1500　跗跖融合术
81.1500x001　跖楔关节融合术
81.1600　跖趾融合术
81.1800　距下关节关节制动术
81.2101　髋关节融合术
81.2201　膝关节融合术
81.2300x002　肩关节喙突截骨移位固定术［Latajet手术］
81.2300x003　肩关节肩盂植骨固定术
81.2300x004　肩关节镜下盂唇固定术
81.2300x005　肩关节盂唇固定术
81.2301　肩关节融合术
81.2401　肘关节融合术
81.2901　骶髂关节融合术
81.2902　胸锁关节融合术
81.4000　髋修补术
81.4000x004　髋关节镜下髋关节成形术
81.4000x005　髋关节镜下盂唇修补术
81.4000x006　髋关节镜下软骨成形术
81.4000x007　髋关节镜下异体骨软骨移植术
81.4000x008　髋关节异体骨软骨移植术
81.4200　膝五合一修补术
81.4300　膝关节三联修补术
81.4501　膝关节前交叉韧带重建术
81.4502　膝关节后交叉韧带重建术
81.4503　关节镜膝关节交叉韧带重建术
81.4504　关节镜膝关节前交叉韧带重建术
81.4505　关节镜膝关节后交叉韧带重建术
81.4600x001　副韧带修补术
81.4600x002　异体韧带重建膝关节内侧副韧带术
81.4600x003　异体韧带重建膝关节外侧副韧带术
81.4601　关节镜膝关节副韧带修补术
81.4700x001　膝关节半月板成形术
81.4700x005　膝关节镜下半月板成形术
81.4700x012　膝关节镜下异体外侧半月板移植术
81.4700x013　膝关节镜下半月板缝合术
81.4700x014　膝关节镜下半月板移植术
81.4700x015　膝关节镜下软骨成形术
81.4700x016　膝关节镜下软骨细胞移植术
81.4700x017　膝关节镜下软骨修复术
81.4700x018　膝关节镜下异体骨软骨移植术
81.4700x019　膝关节镜下自体骨软骨移植术
81.4700x020　膝关节镜下异体内侧半月板移植术
81.4700x021　膝关节异体骨软骨移植术
81.4701　鹅足转移术
81.4900x001　踝关节修补术
81.4900x002　踝关节镜下软骨成形术
81.4900x003　踝关节镜下软骨修复术
81.4900x004　踝关节镜下异体骨软骨移植术
81.4900x005　踝关节镜下自体骨软骨移植术
81.4900x006　踝关节软骨镜下软骨细胞移植术
81.4900x007　踝关节异体骨软骨移植术
81.4900x008　异体韧带重建踝关节韧带术
81.4901　踝关节内侧韧带修补术
81.4902　踝关节外侧韧带修补术
81.8200　复发性肩脱位的修补术
81.8201　关节镜习惯性肩关节脱位修补术
81.8300x001　肩关节成形术
81.8300x003　肩关节囊修复重建术
81.8300x004　肩关节修补术
81.8300x006　肩袖修补术
81.8300x007　肩关节镜下关节囊热紧缩术
81.8300x008　肩关节镜下肩袖修补术
81.8300x009　肩关节镜下盂唇修补术
81.8301　肩峰成形术
81.8302　肩关节盂成形术
81.8303　肩锁关节修补术
81.8304　高肩胛症松解术
81.8305　肩关节成形翻修术
81.8500x001　肱骨髁间成形术
81.8500x002　肘关节成形术
81.8500x004　肘关节镜下软骨成形术
81.8500x005　肘关节镜下软骨修复术
81.8500x006　肘关节镜下异体骨软骨移植术
81.8500x007　肘关节镜下自体骨软骨移植术
81.8500x008　肘关节镜下软骨细胞移植术
81.8500x009　异体韧带重建肘关节周围韧带术
81.9300x009　肘关节镜下韧带重建术
81.9300x010　肘关节韧带修补术
81.9400x001　踝关节韧带修补术
81.9400x006　踝关节镜下韧带修补术
81.9400x007　踝关节镜下韧带重建术
81.9401　踝关节囊缝合术
81.9402　踝关节韧带缝合术
81.9403　足关节囊缝合术
81.9404　足韧带缝合术
81.9500x001　髌韧带缝合术
81.9501　下肢关节囊缝合术
81.9502　下肢韧带缝合术
81.9600x003　髌韧带重建术

81.9600x009 关节软骨修复术
81.9600x015 韧带修补术
81.9600x017 跖趾关节镜下软骨成形术
81.9600x018 跖趾关节镜下软骨修复术
81.9600x019 足趾关节游离移植术
81.9600x020 膝关节镜下膝关节后外侧角重建术
81.9600x021 膝关节后外侧角重建术
81.9600x022 膝关节镜下膝关节内侧髌股韧带重建术
81.9600x023 膝关节内侧髌股韧带重建术
81.9600x024 膝关节镜下膝后十字韧带再附着术
81.9600x025 膝后十字韧带再附着术
81.9600x026 膝关节镜下髌骨内侧支持带紧缩缝合术
81.9600x027 髌骨内侧支持带紧缩缝合术
81.9600x028 膝关节镜下髌韧带移位术
81.9600x029 髌韧带移位术
81.9600x030 膝关节镜下髌骨外侧支持带松解术
81.9600x031 髌骨外侧支持带松解术
81.9600x032 膝关节镜下髌韧带重建术

IC4 除置换/翻修外的髋、肩、膝、肘、踝和足部关节其他手术

包含以下主要手术或操作：
77.0600 髌骨死骨去除术
77.1600x001 髌骨开窗引流术
77.1601 髌骨减压术
77.6601 髌骨病损切除术
77.6900x013 踝骨病损切除术
77.8300x002 尺骨头切除术
77.8300x005 桡骨茎突切除术
77.8300x006 桡骨小头切除术
77.8300x007 关节镜下桡骨小头切除术
77.8302 桡骨头切除术
77.8600 髌骨部分骨切除术
77.9600 髌骨全部切除术
78.0600x001 髌骨植骨术
78.0600x003 髌骨人工骨植骨术
78.1601 髌骨外固定术
79.2900x004 髌骨骨折切开复位术
79.6900x002 髌骨开放性骨折清创术
79.7100 肩脱位闭合性复位术
79.7200 肘脱位闭合性复位术
79.7500 髋脱位闭合性复位术
79.7600 膝脱位闭合性复位术
79.7600x001 髌骨脱位闭合复位术
79.7700 踝脱位闭合性复位术
79.7900x005 桡尺关节脱位闭合复位术
79.7900x007 骶髂关节脱位闭合复位术
79.8100x003 肩关节脱位切开复位内固定术
79.8100x004 肩锁关节脱位切开复位术
79.8100x006 肩锁关节脱位切开复位内固定术
79.8200 肘脱位开放性复位术
79.8200x001 肘关节脱位切开复位内固定术
79.8201 桡骨头脱位切开复位术
79.8500 髋脱位开放性复位术
79.8500x001 髋关节脱位切开复位内固定术
79.8600 膝脱位开放性复位术
79.8700 踝脱位开放性复位术
79.8900x001 尺桡关节脱位切开复位术
79.8900x008 胸锁关节脱位切开复位内固定术
79.8901 胸锁关节切开复位术
80.0100x001 肩关节假体取出术
80.0100x002 肩关节旷置术
80.0101 肩关节切开假体去除关节旷置术
80.0200x001 肘关节假体取出术
80.0200x002 肘关节旷置术
80.0201 肘关节切开假体去除关节旷置术
80.0500x001 髋关节假体取出术
80.0500x003 髋关节旷置术
80.0501 髋关节切开假体去除关节旷置术
80.0600x001 膝关节假体取出术
80.0600x002 膝关节旷置术
80.0601 膝关节切开假体去除关节旷置术
80.0700x001 踝关节假体取出术
80.0700x002 踝关节旷置术
80.0701 踝关节切开假体去除关节旷置术
80.1100 肩关节切开术
80.1100x001 肩关节切开引流术
80.1101 关节镜肩关节游离体取出术
80.1200 肘关节切开术
80.1200x001 肘关节切开引流术
80.1200x002 肘关节切开异物去除术
80.1201 关节镜肘关节游离体取出术
80.1500 髋关节切开术
80.1500x001 髋关节切开引流术
80.1500x002 髋关节切开异物去除术
80.1501 关节镜髋关节游离体取出术
80.1600 膝关节切开术
80.1600x001 膝关节切开引流术

80.1601　膝关节游离体取出术
80.1602　膝关节异物取出术
80.1603　膝关节血肿清除术
80.1604　关节镜膝关节游离体取出术
80.1700　踝关节切开术
80.1700x001　踝关节切开引流术
80.1701　踝关节游离体取出术
80.1702　踝关节游离体去除术，经关节镜
80.4101　肩关节松解术
80.4102　关节镜肩关节松解术
80.4201　肘关节松解术
80.4202　关节镜肘关节松解术
80.4500x001　髋关节囊松解术
80.4501　髋关节松解术
80.4502　关节镜髋关节松解术
80.4601　膝关节松解术
80.4602　髌韧带松解术
80.4603　关节镜膝关节松解术
80.4700x002　踝关节囊松解术
80.4701　踝关节松解术
80.4702　关节镜踝关节松解术
80.6x00x002　膝半月板切除术
80.6x00x010　膝关节镜下外侧半月板切除术
80.6x00x011　膝关节镜下内侧半月板切除术
80.6x01　膝内侧半月板切除术
80.6x02　膝外侧半月板切除术
80.6x03　膝半月板部分切除术
80.6x04　膝盘状半月板切除术
80.6x05　关节镜膝关节半月板切除术
80.6x06　关节镜膝关节半月板部分切除术
80.6x07　关节镜膝内侧半月板部分切除术
80.6x08　关节镜膝外侧半月板部分切除术
80.7100　肩关节滑膜切除术
80.7101　关节镜肩关节滑膜切除术
80.7200　肘关节滑膜切除术
80.7201　关节镜肘关节滑膜切除术
80.7500　髋关节滑膜切除术
80.7501　关节镜髋关节滑膜切除术
80.7600　膝关节滑膜切除术
80.7601　关节镜膝关节滑膜切除术
80.7700　踝关节滑膜切除术
80.7701　关节镜踝关节滑膜切除术
80.8101　肩关节病损切除术
80.8102　关节镜肩关节病损切除术
80.8200x003　肘关节镜下微骨折术
80.8201　肘关节病损切除术
80.8202　关节镜肘关节病损切除术
80.8501　髋关节病损切除术
80.8502　关节镜髋关节病损切除术
80.8600x009　膝关节镜下微骨折术
80.8601　膝关节病损切除术
80.8602　关节镜膝关节病损切除术
80.8700x007　踝关节镜下微骨折术
80.8701　踝关节病损切除术
80.8702　关节镜踝关节病损切除术
80.8900x001　骶髂关节病损切除术
80.8900x005　胸锁关节病损切除术
80.9100　肩关节的其他切除术
80.9200　肘关节的其他切除术
80.9500　髋关节的其他切除术
80.9600　膝关节的其他切除术
80.9700　踝关节的其他切除术
81.4400x001　异体韧带重建膝关节内侧支持带术
81.4400x002　异体韧带重建膝关节外侧支持带术
81.4401　关节镜髌骨稳定术
81.4402　髌骨支持带外侧松解，内侧紧缩术
81.4403　髌骨习惯性脱位韧带成形术
84.0600　肘关节离断术
84.0800　肩关节离断术
84.0900x001　肩胛带离断术
84.1300　踝关节离断术
84.1400　经胫骨和腓骨踝部的踝截断术
84.1600　膝关节离断术
84.1800　髋关节离断术
84.4500　膝上假体安装

ID1　脊柱、骨盆的骨与软组织肿瘤手术

包含以下主要诊断：
C41.200x005　椎骨恶性肿瘤
C41.201　颈椎恶性肿瘤
C41.202　胸椎恶性肿瘤
C41.203　腰椎恶性肿瘤
C41.400x008　髋关节恶性肿瘤
C41.400x009　髋臼恶性肿瘤
C41.401　盆骨恶性肿瘤
C41.402　髋骨恶性肿瘤
C41.403　骶骨恶性肿瘤
C41.404　耻骨恶性肿瘤
C41.406　髂骨恶性肿瘤
C41.800x001　腰椎及骶椎恶性肿瘤

C49.500　盆腔结缔组织和软组织恶性肿瘤
C49.500x001　骶前结缔组织恶性肿瘤
C49.501　臀部结缔组织恶性肿瘤
C49.502　腹股沟结缔组织恶性肿瘤
C49.504　骶结缔组织恶性肿瘤
C76.300x001　骶前恶性肿瘤
C76.300x009　骨盆恶性肿瘤
C76.501　髋恶性肿瘤
C79.500x006　椎体继发恶性肿瘤
C79.500x009　髂骨继发恶性肿瘤
C79.500x024　盆骨继发恶性肿瘤
C79.500x025　骶骨继发恶性肿瘤
C79.500x030　颈椎继发恶性肿瘤
C79.500x031　胸椎继发恶性肿瘤
C79.500x032　腰椎继发恶性肿瘤
C79.509　脊柱继发恶性肿瘤
D16.600x002　颈椎良性肿瘤
D16.600x003　胸椎良性肿瘤
D16.600x004　腰椎良性肿瘤
D16.600x005　椎骨良性肿瘤
D16.800x001　耻骨良性肿瘤
D16.800x002　髂骨良性肿瘤
D16.800x006　髋骨良性肿瘤
D16.801　盆骨良性肿瘤
D16.802　骶骨良性肿瘤
D16.803　坐骨良性肿瘤
D48.000x028　髂骨交界性肿瘤
D48.012　脊柱动态未定肿瘤
D48.013　脊柱肿瘤
D48.014　盆骨动态未定肿瘤
D48.015　盆骨肿瘤
D48.016　骶骨动态未定肿瘤
D48.017　骶骨肿瘤
包含以下主要手术或操作：
54.3x03　腹股沟病损切除术
54.3x05　盆腔壁病损切除术
54.4x00x012　骶尾部病损切除术
54.4x00x021　腹膜外病损切除术
54.4x00x035　盆腔病损切除术
54.4x00x042　髂窝病损切除术
54.4x00x047　腰骶病损切除术
54.4x00x055　经皮腹膜后病损纳米刀消融术
54.4x02　腹膜后病损切除术
54.4x07　骶前病损切除术
77.6900x001　耻骨病损切除术
77.6900x004　骶骨病损切除术
77.6900x025　髂骨病损切除术
77.6900x032　胸椎病损切除术
77.6900x039　腰椎病损切除术
77.6900x055　颈椎病损切除术
77.6900x056　骶椎病损切除术
77.6900x057　髋臼病损切除术
77.6900x058　坐骨病损切除术
77.6900x059　经皮椎骨病损射频消融术
77.6900x060　经皮椎骨病损微波消融术
77.6900x061　经皮椎骨病损冷冻消融术
77.6900x062　经皮椎骨病损纳米刀消融术
77.6900x068　经皮髂骨病损纳米刀消融术
77.6900x069　经皮骶骨病损纳米刀消融术
77.6901　骨盆病损切除术
77.6904　椎骨病损切除术
77.8900x004　骨盆部分切除术
77.8900x017　髂骨部分切除术
77.9105　颈肋切除术
77.9900x003　骨盆切除术
77.9900x004　前入路胸椎椎体切除术
77.9901　坐骨全部切除术
77.9904　全椎体切除术
77.9905　骶骨全部切除术
78.0900x008　颈椎植骨术
78.0900x009　胸椎植骨术
78.0900x010　腰椎植骨术
78.0900x011　骶椎植骨术
78.0900x012　髋骨植骨术
78.0900x022　髂骨植骨术
78.0900x023　耻骨植骨术
78.0900x024　坐骨植骨术
78.0900x025　异体半骨盆移植术
78.0900x026　异体椎间融合骨块移植术
78.0901　骨盆植骨术
78.0904　椎骨植骨术
78.1900x004　椎骨外固定架固定术
78.1901　盆骨外固定术
78.3000　肢体延伸术
78.4900x007　骨盆重建术
78.4901　骨盆成形术
78.5900x022　椎弓根钉内固定术
78.5900x027　骨盆钢板内固定术
78.5900x028　骨盆钢针内固定术
78.5900x029　骨盆螺钉内固定术

78.5900x030　骨盆髓内针内固定术
78.5901　骨盆内固定术
78.5904　椎骨内固定术
81.4000x007　髋关节镜下异体骨软骨移植术
81.4000x008　髋关节异体骨软骨移植术
81.4001　髋臼成形术
84.1800　髋关节离断术
84.1901　半侧骨盆截断术
84.5500x003　丙烯酸水泥骨空隙填充
84.5500x004　钙质骨空隙填充
84.5500x005　聚甲基丙烯酸甲酯骨空隙填充
84.5501　骨空隙骨水泥填充术
84.5600x001　水泥间隔物置入术
84.5601　关节腔隙骨水泥填充术

ID2　除脊柱、骨盆以外的骨与软组织肿瘤手术

包含以下主要诊断：
C40.000x006　肩关节恶性肿瘤
C40.001　肩胛骨恶性肿瘤
C40.002　肱骨恶性肿瘤
C40.003　尺骨恶性肿瘤
C40.004　桡骨恶性肿瘤
C40.005　肘关节恶性肿瘤
C40.100x006　腕关节恶性肿瘤
C40.200x005　膝关节恶性肿瘤
C40.201　股骨恶性肿瘤
C40.202　胫骨恶性肿瘤
C40.203　腓骨恶性肿瘤
C40.300x003　踝骨恶性肿瘤
C40.300x004　距骨恶性肿瘤
C40.300x005　跟骨恶性肿瘤
C40.300x009　足骨恶性肿瘤
C40.300x010　踝关节恶性肿瘤
C40.300x011　足关节恶性肿瘤
C40.301　髌骨恶性肿瘤
C40.800　四肢骨和关节软骨交搭跨越恶性肿瘤的损害
C40.900x001　四肢骨恶性肿瘤
C40.901　四肢关节软骨恶性肿瘤
C41.302　肋骨恶性肿瘤
C41.800　骨和关节软骨交搭跨越恶性肿瘤的损害
C41.900x001　骨恶性肿瘤
C41.901　关节软骨恶性肿瘤
C49.100x001　上肢结缔组织恶性肿瘤
C49.100x002　上肢软组织恶性肿瘤
C49.101　肩结缔组织和软组织恶性肿瘤
C49.102　肘结缔组织恶性肿瘤
C49.200x001　下肢结缔组织恶性肿瘤
C49.200x002　下肢软组织恶性肿瘤
C49.200x005　膝部结缔组织和软组织恶性肿瘤
C49.200x006　踝部结缔组织恶性肿瘤
C49.201　髋结缔组织和软组织恶性肿瘤
C49.300x002　肩胛区结缔组织恶性肿瘤
C76.400　上肢恶性肿瘤
C76.401　肩恶性肿瘤
C76.500　下肢恶性肿瘤
C76.502　腘窝恶性肿瘤
C79.500x001　骨继发恶性肿瘤
C79.500x010　股骨继发恶性肿瘤
C79.500x011　关节继发恶性肿瘤
C79.500x012　桡骨继发恶性肿瘤
C79.506　躯干骨继发恶性肿瘤
C79.507　上肢骨继发恶性肿瘤
C79.508　下肢骨继发恶性肿瘤
D16.000x002　肩胛骨良性肿瘤
D16.001　上肢长骨良性肿瘤
D16.002　肱骨良性肿瘤
D16.003　桡骨良性肿瘤
D16.004　尺骨良性肿瘤
D16.201　股骨良性肿瘤
D16.202　胫骨良性肿瘤
D16.301　髌骨良性肿瘤
D48.000x001　骨交界性肿瘤
D48.018　上肢骨动态未定肿瘤
D48.019　上肢骨肿瘤
D48.020　下肢骨动态未定肿瘤
D48.021　下肢骨肿瘤
D48.022　关节动态未定肿瘤
D48.023　关节肿瘤
包含以下主要手术或操作：
77.2200x001　肱骨截骨术
77.2300x001　尺骨截骨术
77.2300x002　桡骨截骨术
77.2500x001　股骨截骨术
77.2500x008　股骨粗隆部旋转截骨术
77.2500x009　股骨粗隆下内收截骨术
77.2700x003　胫骨截骨术
77.6100x008　胸廓骨病损切除术
77.6100x013　经皮肋骨病损纳米刀消融术
77.6101　肩胛骨病损切除术

77.6102 锁骨病损切除术
77.6103 肋骨病损切除术
77.6104 胸骨病损切除术
77.6201 肱骨病损切除术
77.6301 桡骨病损切除术
77.6302 尺骨病损切除术
77.6401 腕骨病损切除术
77.6501 股骨病损切除术
77.6601 髌骨病损切除术
77.6701 胫骨病损切除术
77.6702 腓骨病损切除术
77.6801 跗骨病损切除术
77.6802 跖骨病损切除术
77.6900x007 跟骨病损切除术
77.6900x013 踝骨病损切除术
77.6900x020 距骨病损切除术
77.6900x047 足骨病损切除术
77.9101 肩胛骨全部切除术
77.9102 锁骨全部切除术
77.9103 肋骨骨全部切除术
77.9104 肋骨椎骨横突切除术
77.9200 肱骨全部切除术
77.9301 桡骨全部切除术
77.9302 尺骨全部切除术
77.9401 腕骨切除术
77.9500 股骨全部切除术
77.9600 髌骨全部切除术
77.9701 胫骨全部切除术
77.9702 腓骨全部切除术
77.9801 跗骨切除术
77.9802 距骨切除术
77.9804 跖骨切除术
77.9902 指骨全部切除术
77.9903 趾骨全部切除术
78.0000x003 同种异体骨植骨术
78.0100x002 锁骨人工骨植骨术
78.0100x003 异体肩胛骨移植术
78.0100x004 异体锁骨移植术
78.0101 肩胛骨植骨术
78.0102 锁骨植骨术
78.0103 肋骨植骨术
78.0104 胸骨植骨术
78.0200x001 肱骨植骨术
78.0200x003 异体肱骨上段半关节移植术
78.0200x004 异体肱骨下段半关节移植术
78.0300x006 异体桡骨移植术
78.0300x007 异体尺骨移植术
78.0301 桡骨植骨术
78.0302 尺骨植骨术
78.0403 掌骨植骨术
78.0500x001 股骨植骨术
78.0500x003 异体股骨上段半关节移植术
78.0500x004 异体股骨下段半关节移植术
78.0500x005 异体股骨头移植术
78.0500x006 异体股骨骨板移植术
78.0600x001 髌骨植骨术
78.0700x005 带血管蒂腓骨移植术
78.0700x007 异体胫骨上段半关节移植术
78.0700x008 异体胫骨下段半关节移植术
78.0700x009 异体腓骨移植术
78.0701 胫骨植骨术
78.0702 腓骨植骨术
78.0800x001 距骨植骨术
78.0801 跗骨植骨术
78.0802 跖骨植骨术
78.0900x001 跟骨植骨术
78.0900x025 异体半骨盆移植术
78.0900x026 异体椎间融合骨块移植术
78.1101 肩胛骨外固定架固定术
78.1102 锁骨外固定术
78.1103 肋骨外固定架固定术
78.1104 胸骨外固定架固定术
78.1201 肱骨外固定术
78.1301 桡骨外固定术
78.1302 尺骨外固定术
78.1401 腕骨外固定术
78.1402 掌骨外固定术
78.1501 股骨外固定术
78.1601 髌骨外固定术
78.1701 胫骨外固定术
78.1702 腓骨外固定术
78.1801 跗骨外固定术
78.1802 跖骨外固定术
78.5101 肩胛骨内固定术
78.5102 锁骨内固定术
78.5201 肱骨内固定术
78.5301 桡骨内固定术
78.5302 尺骨内固定术
78.5401 腕骨内固定术
78.5402 掌骨内固定术

78.5501　股骨内固定术
78.5601　髌骨内固定术
78.5701　胫骨内固定术
78.5702　腓骨内固定术
78.5801　跗骨内固定术
78.5802　跖骨内固定术
82.2900x001　手部软组织病损切除术
83.3200　肌肉病损切除术
83.3900x001　腘窝病损切除术
83.3900x017　软组织病损切除术
83.3900x018　软组织病损破坏术
83.3900x064　经皮头部软组织病损纳米刀消融术
83.3900x065　经皮颈部软组织病损纳米刀消融术
83.3900x066　经皮上肢软组织病损纳米刀消融术
84.0400　腕关节离断术
84.0500　经前臂截断术
84.0600　肘关节离断术
84.0701　上臂截断术
84.0800　肩关节离断术
84.0900x001　肩胛带离断术
84.1101　趾关节离断术
84.1102　多趾截除术
84.1103　跖骨头截断术
84.1200　经足截断术
84.1300　踝关节离断术
84.1400　经胫骨和腓骨踝部的踝截断术
84.1500x002　经胫骨和腓骨的小腿离断术
84.1501　小腿截断术
84.1600　膝关节离断术
84.1701　大腿截断术
84.5500x003　丙烯酸水泥骨空隙填充
84.5500x004　钙质骨空隙填充
84.5500x005　聚甲基丙烯酸甲酯骨空隙填充
84.5501　骨空隙骨水泥填充术
84.5600x001　水泥间隔物置入术
84.5601　关节腔隙骨水泥填充术

IE1　骨盆髋臼手术

包含以下主要手术或操作：
77.0900x005　坐骨死骨切除术
77.0901　骨盆死骨去除术
77.1901　骨盆切开引流术
77.2900x001　骨盆截骨术
77.2900x007　髋脱位髋骨截骨术
77.2900x008　髂骨截骨术
77.2901　骨盆楔形截骨术
77.3901　骨盆切开术
77.3902　髂骨切开术
77.3903　耻骨切开术
77.3904　坐骨耻骨切开术
77.3905　耻骨联合切开术
77.6900x001　耻骨病损切除术
77.6900x004　骶骨病损切除术
77.6900x025　髂骨病损切除术
77.6900x057　髋臼病损切除术
77.6900x058　坐骨病损切除术
77.6901　骨盆病损切除术
77.7901　髂骨切除术用作移植物
77.8502　髋臼部分切除术
77.8900x002　耻骨部分切除术
77.8900x004　骨盆部分切除术
77.8900x005　髋臼周围截骨术
77.8900x017　髂骨部分切除术
77.8901　坐骨部分切除术
77.8902　骶骨部分切除术
77.9900x003　骨盆切除术
77.9901　坐骨全部切除术
78.0900x012　髋骨植骨术
78.0900x016　髋骨人工骨植骨术
78.0900x017　髂骨人工骨植骨术
78.0900x022　髂骨植骨术
78.0900x023　耻骨植骨术
78.0900x024　坐骨植骨术
78.0901　骨盆植骨术
78.1901　盆骨外固定术
78.4900x007　骨盆重建术
78.4900x008　髂骨修补术
78.4900x009　耻骨成形术
78.4901　骨盆成形术
78.5900x027　骨盆钢板内固定术
78.5900x028　骨盆钢针内固定术
78.5900x029　骨盆螺钉内固定术
78.5900x030　骨盆髓内针内固定术
78.5901　骨盆内固定术
78.7901　骨盆折骨术
79.0902　骨盆骨折闭合性复位术
79.1903　骨盆骨折闭合复位内固定术
79.3900x025　骨盆骨折切开复位螺钉内固定术
79.3900x026　骨盆骨折切开复位髓内针内固定术
79.3900x027　骨盆骨折切开复位钢针内固定术

79.3900x037 髂骨骨折切开复位螺钉内固定术
79.3900x039 髂骨骨折切开复位钢针内固定术
79.3900x043 骨盆骨折切开复位钢板内固定术
79.3900x045 髋骨骨折切开复位钢板内固定术
79.3900x046 髋骨骨折切开复位螺钉内固定术
79.3900x048 髋骨骨折切开复位钢针内固定术
79.3900x050 髂骨骨折切开复位钢板内固定术
79.3900x056 髂骨骨折切开复位内固定术
79.3900x057 耻骨骨折切开复位内固定术
79.3900x058 骶骨骨折切开复位内固定术
79.3901 盆骨骨折切开复位内固定术
81.4001 髋臼成形术
84.1901 半侧骨盆截断术

IE2 股骨手术

包含以下主要手术或操作：
77.0500 股骨死骨去除术
77.1500x001 股骨颈开窗引流术
77.1500x002 股骨开窗引流术
77.1500x003 股骨头开窗引流术
77.1500x005 股骨髁开窗引流术
77.1500x006 股骨钻孔减压术
77.1501 股骨切开引流术
77.1502 股骨减压术
77.2500x001 股骨截骨术
77.2500x002 股骨上端截骨术
77.2500x003 股骨粗隆间截骨术
77.2500x004 股骨粗隆下截骨术
77.2500x005 股骨麦氏截骨术
77.2500x006 股骨髁上截骨术
77.2500x007 股骨下端截骨术
77.2500x008 股骨粗隆部旋转截骨术
77.2500x009 股骨粗隆下内收截骨术
77.3500 股骨切断术
77.6501 股骨病损切除术
77.7500 股骨切除术用作移植物
77.8500 股骨部分骨切除术
77.8501 股骨头颈切除术
77.9500 股骨全部切除术
78.0500x001 股骨植骨术
78.0500x002 股骨人工骨植骨术
78.0500x003 异体股骨上段半关节移植术
78.0500x004 异体股骨下段半关节移植术
78.0500x005 异体股骨头移植术
78.0500x006 异体股骨骨板移植术
78.0501 股骨颈骨折骨栓植入术
78.1501 股骨外固定术
78.3500x001 股骨延长术
78.4501 股骨成形术
78.5500x003 股骨髓内针内固定术
78.5500x005 股骨钢板内固定术
78.5500x006 股骨钢针内固定术
78.5500x007 股骨螺钉内固定术
78.5500x008 股骨头重建棒置入术
78.5501 股骨内固定术
78.7500 股骨折骨术
78.9500 股骨生长刺激器的置入
79.0500x002 股骨骨折闭合复位术
79.1500x006 股骨骨折闭合复位髓内针内固定术
79.1500x007 股骨骨折闭合复位钢针内固定术
79.1500x008 股骨骨折闭合复位螺钉内固定术
79.2501 股骨骨折切开复位术
79.3500x016 股骨骨折切开复位钢板内固定术
79.3500x017 股骨骨折切开复位螺钉内固定术
79.3500x018 股骨骨折切开复位髓内针内固定术
79.3500x019 股骨骨折切开复位钢针内固定术
79.3500x020 股骨骨折切开复位钢丝内固定术
79.3501 股骨骨折切开复位内固定术
79.4501 股骨骨骺分离闭合复位术
79.5501 股骨骨骺分离切开复位术
79.6500 股骨开放性骨折部位的清创术
79.9500 股骨损伤的手术
84.1701 大腿截断术

IE3 除股骨以外的下肢骨手术

包含以下主要手术或操作：
77.0701 胫骨死骨去除术
77.0702 腓骨死骨去除术
77.0800x001 跟骨死骨切除术
77.0800x002 距骨死骨切除术
77.0801 跗骨死骨去除术
77.0802 跖骨死骨去除术
77.0900x004 足骨死骨去除术
77.0903 趾骨死骨去除术
77.1700x001 胫骨开窗引流术
77.1700x002 胫骨切开异物去除术
77.1700x003 腓骨开窗引流术
77.1701 胫骨切开引流术
77.1702 胫骨减压术
77.1703 腓骨切开引流术

77.1800x001　距骨减压术
77.1801　跗骨切开引流术
77.1802　跗骨减压术
77.1803　跖骨切开引流术
77.1900x001　胫腓骨骺开放术
77.1903　趾骨切开引流术
77.2600　髌骨楔形骨切开术
77.2700x001　腓骨截骨术
77.2700x003　胫骨截骨术
77.2701　胫骨楔形截骨术
77.2702　胫骨上端高位截骨术
77.2703　腓骨楔形截骨术
77.2800x001　跗骨截骨术
77.2800x003　舟骨截骨术
77.2800x004　骰骨截骨术
77.2800x005　距骨截骨术
77.2801　跗骨楔形切骨术
77.2900x005　趾骨截骨术
77.2903　趾骨楔形截骨术
77.3600　髌骨切断术
77.3701　胫骨切断术
77.3702　腓骨切断术
77.3801　跗骨切断术
77.3802　跖骨切断术
77.3907　趾骨切断术
77.5100　踇囊肿切除术伴软组织矫正术和第一跖骨切开术
77.5301　McBride手术
77.5400x001　小趾囊肿切除矫正术
77.5600x002　锤状趾矫正术
77.5700x001　爪形趾矫正术
77.5800x007　巨趾矫正术
77.5800x008　裂趾成形术
77.5801　翘趾修补术
77.5802　叠交趾修补术
77.5900x002　凯勒手术（Keller术）
77.6701　胫骨病损切除术
77.6702　腓骨病损切除术
77.6801　跗骨病损切除术
77.6802　跖骨病损切除术
77.6900x007　跟骨病损切除术
77.6900x020　距骨病损切除术
77.6900x047　足骨病损切除术
77.6903　趾骨病损切除术
77.7600　髌骨切除术用作移植物
77.7701　胫骨切除术用作移植物
77.7702　腓骨切除术用作移植物
77.7800　跗骨和跖骨切除术用作移植物
77.7900x001　跟骨取骨术
77.7900x006　趾骨取骨术
77.8700x003　腓骨小头切除术
77.8700x004　关节镜下胫骨部分切除术
77.8701　胫骨部分切除术
77.8702　腓骨部分切除术
77.8801　跗骨部分切除术
77.8802　跖骨部分切除术
77.8900x026　足骨部分切除术
77.8900x027　跟骨部分切除术
77.8900x028　副舟骨切除术
77.8904　趾骨部分切除术
77.9701　胫骨全部切除术
77.9702　腓骨全部切除术
77.9801　跗骨切除术
77.9802　距骨切除术
77.9803　Kidner手术
77.9804　跖骨切除术
77.9805　籽骨切除术
77.9903　趾骨全部切除术
78.0700x004　胫骨人工骨植骨术
78.0700x005　带血管蒂腓骨移植术
78.0700x006　腓骨人工骨植骨术
78.0700x007　异体胫骨上段半关节移植术
78.0700x008　异体胫骨下段半关节移植术
78.0700x009　异体腓骨移植术
78.0701　胫骨植骨术
78.0702　腓骨植骨术
78.0800x001　距骨植骨术
78.0800x002　距骨人工骨植骨术
78.0801　跗骨植骨术
78.0802　跖骨植骨术
78.0900x001　跟骨植骨术
78.0900x014　跟骨人工骨植骨术
78.0900x021　趾骨人工骨植骨术
78.0903　趾骨植骨术
78.1701　胫骨外固定术
78.1702　腓骨外固定术
78.1801　跗骨外固定术
78.1802　跖骨外固定术
78.1903　趾骨外固定术
78.2501　布朗特手术

78.2701 胫骨缩短术
78.2702 腓骨缩短术
78.2800 跗骨和跖骨缩短术
78.2902 趾骨短缩术
78.3701 胫骨延长术
78.3702 腓骨延长术
78.3800x001 跗骨延长术
78.3800x002 跖骨延长术
78.4700x001 胫骨结节移位术
78.4701 胫骨成形术
78.4702 腓骨成形术
78.4801 跗骨成形术
78.4802 跖骨成形术
78.4900x001 跟骨修补术
78.4900x006 趾骨矫正术
78.4903 趾骨成形术
78.5600x001 髌骨钢板内固定术
78.5600x002 髌骨钢针内固定术
78.5600x003 髌骨螺钉内固定术
78.5601 髌骨内固定术
78.5700x003 腓骨螺钉内固定术
78.5700x004 腓骨髓内针内固定术
78.5700x005 胫骨钢板内固定术
78.5700x006 胫骨钢针内固定术
78.5700x007 胫骨螺钉内固定术
78.5700x008 胫骨髓内针内固定术
78.5700x009 腓骨钢板内固定术
78.5700x010 腓骨钢针内固定术
78.5700x011 膝关节镜下后交叉韧带止点撕脱骨折固定术
78.5700x012 膝关节镜下胫骨髁间棘骨折固定术
78.5700x013 关节镜下胫骨钢丝内固定术
78.5701 胫骨内固定术
78.5702 腓骨内固定术
78.5800x002 跗骨钢针内固定术
78.5800x003 跗骨螺钉内固定术
78.5800x005 跖骨钢板内固定术
78.5800x006 跖骨钢针内固定术
78.5800x007 跖骨螺钉内固定术
78.5800x008 跖骨髓内针内固定术
78.5800x009 跗骨钢板内固定术
78.5801 跗骨内固定术
78.5802 跖骨内固定术
78.5900x020 趾骨钢板内固定术
78.5900x034 趾骨钢针内固定术
78.5900x035 趾骨螺钉内固定术
78.5900x036 趾骨髓内针内固定术
78.5903 趾骨内固定术
78.7600 髌骨折骨术
78.7701 胫骨折骨术
78.7702 腓骨折骨术
78.7801 跗骨折骨术
78.7802 跖骨折骨术
78.7903 趾骨折骨术
78.9600 髌骨生长刺激器的置入
78.9701 胫骨生长刺激器的置入
78.9800 跗骨和跖骨生长刺激器的置入
79.0601 胫骨骨折闭合性复位术
79.0602 腓骨骨折闭合性复位术
79.0603 踝关节骨折闭合性复位术
79.0604 髌骨骨折闭合性复位术
79.0700x002 距骨骨折闭合复位术
79.0700x005 跟骨骨折闭合复位术
79.0701 跗骨骨折闭合性复位术
79.0702 跖骨骨折闭合性复位术
79.0801 趾骨骨折闭合性复位术
79.1600x004 胫骨骨折闭合复位髓内针内固定术
79.1600x006 胫骨骨折闭合复位螺钉内固定术
79.1600x007 踝关节骨折闭合复位髓内针内固定术
79.1600x008 踝关节骨折闭合复位钢针内固定术
79.1600x009 腓骨骨折闭合复位髓内针内固定术
79.1600x010 腓骨骨折闭合复位钢针内固定术
79.1600x011 腓骨骨折闭合复位螺钉内固定术
79.1600x012 胫骨骨折闭合复位钢板内固定术
79.1600x013 踝关节骨折闭合复位螺钉内固定术
79.1600x014 腓骨骨折闭合复位钢板内固定术
79.1601 胫骨骨折闭合复位内固定术
79.1602 腓骨骨折闭合复位内固定术
79.1603 踝关节骨折闭合复位内固定术
79.1700x005 跖骨骨折闭合复位钢针内固定术
79.1700x006 跖骨骨折闭合复位螺钉内固定术
79.1700x007 跗骨骨折闭合复位螺钉内固定术
79.1700x009 跟骨骨折闭合复位钢针内固定术
79.1700x010 跟骨骨折闭合复位螺钉内固定术
79.1700x011 跖骨骨折闭合复位髓内针内固定术
79.1700x012 跗骨骨折闭合复位钢针内固定术
79.1700x013 跟骨骨折闭合复位内固定术
79.1701 跗骨骨折闭合复位内固定术
79.1702 跖骨骨折闭合复位内固定术
79.1800x002 趾骨骨折闭合复位钢针内固定术

79.1800x003　趾骨骨折闭合复位髓内针内固定术
79.1900x005　髌骨骨折闭合复位空心钉内固定术
79.2601　胫骨骨折切开复位术
79.2602　腓骨骨折切开复位术
79.2603　踝关节骨折切开复位术
79.2700x004　跟骨骨折切开复位术
79.2701　跗骨骨折切开复位术
79.2702　跖骨骨折切开复位术
79.2801　趾骨骨折切开复位术
79.3600x008　腓骨骨折切开复位钢针内固定术
79.3600x009　踝关节骨折切开复位钢板内固定术
79.3600x010　踝关节骨折切开复位螺钉内固定术
79.3600x011　踝关节骨折切开复位髓内针内固定术
79.3600x012　踝关节骨折切开复位钢针内固定术
79.3600x013　胫骨骨折切开复位钢板内固定术
79.3600x014　胫骨骨折切开复位螺钉内固定术
79.3600x015　胫骨骨折切开复位髓内针内固定术
79.3600x016　胫骨骨折切开复位钢针内固定术
79.3600x017　腓骨骨折切开复位钢板内固定术
79.3600x018　腓骨骨折切开复位螺钉内固定术
79.3600x019　腓骨骨折切开复位髓内针内固定术
79.3600x020　膝关节镜下前交叉韧带止点撕脱骨折复位固定术
79.3601　胫骨骨折切开复位内固定术
79.3602　腓骨骨折切开复位内固定术
79.3603　踝关节骨折切开复位内固定术
79.3604　髌骨骨折切开复位内固定术
79.3605　胫骨骨折切开复位内固定，经关节镜
79.3700x010　跗骨骨折切开复位螺钉内固定术
79.3700x011　跗骨骨折切开复位髓内针内固定术
79.3700x012　跗骨骨折切开复位钢针内固定术
79.3700x013　跟骨骨折切开复位钢板内固定术
79.3700x014　跟骨骨折切开复位螺钉内固定术
79.3700x015　跖骨骨折切开复位螺钉内固定术
79.3700x016　跖骨骨折切开复位髓内针内固定术
79.3700x017　跖骨骨折切开复位钢针内固定术
79.3700x018　跟骨骨折切开复位钢针内固定术
79.3700x019　跖骨骨折切开复位钢板内固定术
79.3700x020　楔骨骨折切开复位螺钉内固定术
79.3700x021　跟骨骨折切开复位内固定术
79.3700x022　楔骨骨折切开复位内固定术
79.3700x023　舟状骨骨折切开复位内固定术
79.3700x024　骰骨骨折切开复位内固定术
79.3700x031　距骨骨折切开复位螺钉内固定术
79.3700x033　距骨骨折切开复位钢针内固定术
79.3700x055　距骨骨折切开复位钢板内固定术
79.3701　跗骨骨折切开复位内固定术
79.3702　跖骨骨折切开复位内固定术
79.3800x002　趾骨骨折切开复位螺钉内固定术
79.3800x003　趾骨骨折切开复位髓内针内固定术
79.3800x004　趾骨骨折切开复位钢针内固定术
79.3800x005　趾骨骨折切开复位钢板内固定术
79.3900x001　髌骨骨折切开复位张力带钢丝内固定术
79.3900x002　髌骨骨折切开复位螺钉内固定术
79.3900x052　髌骨骨折切开复位聚髌器内固定术
79.4601　胫骨骨骺分离闭合复位术
79.4602　腓骨骨骺分离闭合复位术
79.5601　胫骨骨骺分离切开复位术
79.5602　腓骨骨骺分离切开复位术
79.6600x001　踝骨开放性骨折清创术
79.6601　胫骨开放性骨折清创术
79.6602　腓骨开放性骨折清创术
79.6701　跗骨开放性骨折清创术
79.6702　跖骨开放性骨折清创术
79.6800　趾开放性骨折部位的清创术
79.8600x002　胫骨结节内下移位术［改良Hauser手术］
79.9600　胫骨和腓骨损伤的手术
79.9700　跗骨和跖骨损伤的手术
79.9800　趾骨损伤的手术
84.1200　经足截断术
84.1500x002　经胫骨和腓骨的小腿离断术
84.1501　小腿截断术
84.2501　断趾再植术
84.2601　断足再植术
84.2701　小腿断肢再植术
84.2801　大腿断肢再植术
84.4600　膝下假体安装
84.4700　小腿假体安装
86.8502　并趾矫正术

IE4　小关节手术

包含以下主要手术或操作：
77.5200　踇囊肿切除术伴软组织矫正术和关节固定术
77.5900x001　踇囊切除术
79.7801　跖关节脱位闭合复位术
79.7802　趾关节脱位闭合性复位术
79.8800x001　跖趾关节脱位切开复位术
79.8800x002　距舟关节脱位切开复位术

79.8801 趾关节脱位切开复位术
79.8802 距下关节脱位切开复位术
79.8803 跖跗关节脱位切开复位术
80.0800x001 趾关节假体取出术
80.0800x002 趾关节旷置术
80.0801 趾关节切开假体去除关节旷置术
80.1800x003 跖趾关节镜下游离体取出术
80.1801 跖趾关节切开术
80.1802 趾关节切开术
80.4800x002 踇趾关节松解术
80.4800x005 距下关节囊松解术
80.4801 跖关节松解术
80.4802 趾关节松解术
80.4803 关节镜趾关节松解术
80.4804 足韧带松解术
80.7800 足和趾关节滑膜切除术
80.7800x002 跖关节镜下跖关节滑膜切除术
80.7801 关节镜趾关节滑膜切除术
80.8800x003 踇囊病损切除术
80.8800x004 跖趾关节镜下病损切除术
80.8801 趾关节病损切除术
80.8802 关节镜趾关节病损切除术
80.9800 足和趾关节的其他切除术
80.9800x001 跖趾关节切除术
81.1400 跗骨间融合术
81.1400x002 足外侧柱延长术
81.1401 跟骰关节融合术
81.1700x001 跟骨关节融合术
81.1700x003 趾关节融合术
81.9301 上肢关节囊缝合术
81.9302 上肢韧带缝合术
84.1101 趾关节离断术
84.1102 多趾截除术
84.1103 跖骨头截断术

IE5 上肢骨手术

包含以下主要手术或操作：
77.0101 肩胛骨死骨去除术
77.0102 锁骨死骨去除术
77.0200 肱骨死骨去除术
77.0301 桡骨死骨去除术
77.0302 尺骨死骨去除术
77.1200x001 肱骨开窗引流术
77.1200x002 肱骨减压术
77.1300x001 尺骨开窗引流术
77.1301 桡骨切开术不伴切断术
77.1302 尺骨切开术不伴切断术
77.2100x001 肩胛骨截骨术
77.2100x002 锁骨截骨术
77.2101 肩胛骨楔形截骨术
77.2102 锁骨楔形截骨术
77.2200x001 肱骨截骨术
77.2200x002 肱骨外科颈部分切骨术
77.2200x003 肱骨髁上截骨术
77.2300x001 尺骨截骨术
77.2300x002 桡骨截骨术
77.2301 桡骨楔形截骨术
77.2302 尺骨楔形截骨术
77.3200 肱骨切断术
77.3301 桡骨切断术
77.3302 尺骨切断术
77.6101 肩胛骨病损切除术
77.6102 锁骨病损切除术
77.6201 肱骨病损切除术
77.6301 桡骨病损切除术
77.6302 尺骨病损切除术
77.7101 肩胛骨切除术用作移植物
77.7200 肱骨切除术用作移植物
77.7301 桡骨切除术用作移植物
77.7302 尺骨切除术用作移植物
77.8101 肩胛骨部分切除术
77.8102 肩峰切除术
77.8104 锁骨部分切除术
77.8105 锁骨头切除术
77.8200 肱骨部分骨切除术
77.8200x002 肱骨髁部分切除术
77.8301 桡骨部分切除术
77.8303 尺骨部分切除术
77.9101 肩胛骨全部切除术
77.9102 锁骨全部切除术
77.9200 肱骨全部切除术
77.9301 桡骨全部切除术
77.9302 尺骨全部切除术
78.0100x002 锁骨人工骨植骨术
78.0100x003 异体肩胛骨移植术
78.0100x004 异体锁骨移植术
78.0101 肩胛骨植骨术
78.0102 锁骨植骨术
78.0200x001 肱骨植骨术
78.0200x002 肱骨人工骨植骨术

78.0200x003　异体肱骨上段半关节移植术
78.0200x004　异体肱骨下段半关节移植术
78.0300x004　尺骨人工骨植骨术
78.0300x005　桡骨人工骨植骨术
78.0300x006　异体桡骨移植术
78.0300x007　异体尺骨移植术
78.0301　桡骨植骨术
78.0302　尺骨植骨术
78.1101　肩胛骨外固定架固定术
78.1102　锁骨外固定术
78.1201　肱骨外固定术
78.1301　桡骨外固定术
78.1302　尺骨外固定术
78.2200　肱骨缩短手术
78.2300x001　关节镜下尺骨短缩术
78.2301　桡骨缩短术
78.2302　尺骨缩短术
78.3200x001　肱骨延长术
78.3301　桡骨延长术
78.3302　尺骨延长术
78.4101　肩胛骨成形术
78.4102　肩胛固定术
78.4103　锁骨成形术
78.4201　肱骨成形术
78.4301　桡骨成形术
78.4302　尺骨成形术
78.5100x004　锁骨髓内针内固定术
78.5100x013　肩胛骨钢板内固定术
78.5100x014　肩胛骨钢针内固定术
78.5100x015　肩胛骨螺钉内固定术
78.5100x016　锁骨钢板内固定术
78.5100x017　锁骨钢针内固定术
78.5100x018　锁骨螺钉内固定术
78.5101　肩胛骨内固定术
78.5102　锁骨内固定术
78.5200x003　肱骨螺钉内固定术
78.5200x004　肱骨髓内针内固定术
78.5200x005　肱骨钢板内固定术
78.5200x006　肱骨钢针内固定术
78.5201　肱骨内固定术
78.5300x002　尺骨钢针内固定术
78.5300x003　尺骨螺钉内固定术
78.5300x004　尺骨髓内针内固定术
78.5300x005　桡骨钢板内固定术
78.5300x006　桡骨钢针内固定术
78.5300x007　桡骨螺钉内固定术
78.5300x008　桡骨髓内针内固定术
78.5300x009　尺骨钢板内固定术
78.5301　桡骨内固定术
78.5302　尺骨内固定术
78.7101　肩胛骨折骨术
78.7102　锁骨折骨术
78.7200　肱骨折骨术
78.7301　桡骨折骨术
78.7302　尺骨折骨术
78.9100　肩胛骨，锁骨和胸廓［肋骨和胸骨］生长刺激器的置入
78.9200　肱骨生长刺激器的置入
78.9301　桡骨生长刺激器的置入
78.9302　尺骨生长刺激器的置入
79.0100x001　肱骨骨折闭合复位术
79.0201　桡骨骨折闭合性复位术
79.0202　尺骨骨折闭合性复位术
79.0901　锁骨骨折闭合性复位术
79.1100x002　肱骨骨折闭合复位钢针内固定术
79.1100x003　肱骨骨折闭合复位螺钉内固定术
79.1100x004　肱骨骨折闭合复位髓内针内固定术
79.1100x005　肱骨骨折闭合复位钢板内固定术
79.1200x003　尺骨骨折闭合复位钢针内固定术
79.1200x004　桡骨骨折闭合复位钢针内固定术
79.1200x005　尺骨骨折闭合复位螺钉内固定术
79.1200x006　桡骨骨折闭合复位螺钉内固定术
79.1200x007　尺骨骨折闭合复位髓内针内固定术
79.1200x008　桡骨骨折闭合复位髓内针内固定术
79.1200x009　尺骨骨折闭合复位钢板内固定术
79.1200x010　桡骨骨折闭合复位钢板内固定术
79.1201　桡骨骨折闭合复位内固定术
79.1202　尺骨骨折闭合复位内固定术
79.1900x006　锁骨骨折闭合复位钢板内固定术
79.1900x007　锁骨骨折闭合复位钢针内固定术
79.1900x008　锁骨骨折闭合复位螺钉内固定术
79.1900x009　锁骨骨折闭合复位髓内针内固定术
79.1902　锁骨骨折闭合复位内固定术
79.2101　肱骨骨折切开复位术
79.2201　桡骨骨折切开复位术
79.2202　尺骨骨折切开复位术
79.2901　锁骨骨折切开复位术
79.3100x004　肱骨骨折切开复位钢针内固定术
79.3100x005　肱骨骨折切开复位钢板内固定术
79.3100x006　肱骨骨折切开复位螺钉内固定术

79.3100x007　肱骨骨折切开复位髓内针内固定术
79.3100x008　肱骨骨折切开复位空心钉内固定术
79.3100x009　肱骨骨折切开复位TiNi环抱器内固定术
79.3101　肱骨骨折切开复位内固定术
79.3200x001　尺骨骨折切开复位钢板内固定术
79.3200x002　尺骨骨折切开复位髓内针内固定术
79.3200x009　尺骨骨折切开复位螺钉内固定术
79.3200x010　尺骨骨折切开复位钢针内固定术
79.3200x011　桡骨骨折切开复位钢板内固定术
79.3200x012　桡骨骨折切开复位螺钉内固定术
79.3200x013　桡骨骨折切开复位髓内针内固定术
79.3200x014　桡骨骨折切开复位钢针内固定术
79.3201　桡骨骨折切开复位内固定术
79.3202　尺骨骨折切开复位内固定术
79.3900x028　肩胛骨骨折切开复位螺钉内固定术
79.3900x030　肩胛骨骨折切开复位钢针内固定术
79.3900x040　锁骨骨折切开复位螺钉内固定术
79.3900x041　锁骨骨折切开复位髓内针内固定术
79.3900x042　锁骨骨折切开复位钢针内固定术
79.3900x044　肩胛骨骨折切开复位钢板内固定术
79.3900x051　锁骨骨折切开复位钢板内固定术
79.3902　肩胛骨骨折切开复位内固定术
79.3904　锁骨骨折切开复位内固定术
79.4101　肱骨骨骺分离闭合复位术
79.4201　桡骨骨骺分离闭合复位术
79.4202　尺骨骨骺分离闭合复位术
79.5100　肱骨骨骺分离的开放性复位术
79.5201　桡骨骨骺分离切开复位术
79.5202　尺骨骨骺分离切开复位术
79.6100　肱骨开放性骨折部位的清创术
79.6201　桡骨开放性骨折清创术
79.6202　尺骨开放性骨折清创术
79.6901　锁骨开放性骨折清创术
79.9100　肱骨损伤的手术
79.9200　桡骨和尺骨损伤的手术
84.0500　经前臂截断术
84.0701　上臂截断术
84.2301　前臂断肢再植术
84.2302　断手再植术
84.2303　断腕再植术
84.2304　断掌再植术
84.2401　上臂断肢再植术
84.4101　上臂假体安装
84.4102　肩假体安装
84.4201　前臂假体安装
84.4202　手假体安装
84.4300　臂假体安装

IE6　手外科手术

包含以下主要手术或操作：
77.0401　腕骨死骨去除术
77.0402　掌骨死骨去除术
77.0902　指骨死骨去除术
77.1401　腕骨切开术不伴切断术
77.1402　掌骨切开术不伴切断术
77.1902　指骨切开引流术
77.2400x002　掌骨截骨术
77.2401　腕骨楔形截骨术
77.2402　掌骨楔形截骨术
77.2900x003　指骨截骨术
77.2902　指骨楔形截骨术
77.3401　腕骨切断术
77.3402　掌骨切断术
77.3906　指骨切断术
77.6401　腕骨病损切除术
77.6402　掌骨病损切除术
77.6902　指骨病损切除术
77.7400　腕骨和掌骨切除术用作移植物
77.8400x001　月骨切除术
77.8401　腕骨部分切除术
77.8402　掌骨部分切除术
77.8903　指骨部分切除术
77.9401　腕骨切除术
77.9402　掌骨全部切除术
77.9902　指骨全部切除术
78.0400x001　掌骨人工骨植骨术
78.0401　腕骨植骨术
78.0402　舟状骨植骨术
78.0403　掌骨植骨术
78.0900x020　指骨人工骨植骨术
78.0902　指骨植骨术
78.1401　腕骨外固定术
78.1402　掌骨外固定术
78.1902　指骨外固定术
78.2400　腕骨和掌骨缩短手术
78.2901　指骨短缩术
78.2903　巨指畸形骨骺阻滞术
78.3400x001　腕骨延长术
78.3401　掌骨延长术

78.3900x001　指骨延长术
78.4401　腕骨成形术
78.4402　掌骨成形术
78.4900x005　指骨修补术
78.4902　指骨成形术
78.5400x003　腕骨螺钉内固定术
78.5400x004　腕骨空心钉内固定术
78.5400x005　掌骨钢板内固定术
78.5400x006　掌骨钢针内固定术
78.5400x007　掌骨螺钉内固定术
78.5400x008　掌骨髓内针内固定术
78.5400x009　腕骨钢板内固定术
78.5400x010　腕骨钢针内固定术
78.5400x011　掌骨钢丝内固定术
78.5400x012　腕关节镜下舟骨骨折固定术
78.5401　腕骨内固定术
78.5402　掌骨内固定术
78.5900x019　指骨钢板内固定术
78.5900x031　指骨钢针内固定术
78.5900x032　指骨螺钉内固定术
78.5900x033　指骨髓内针内固定术
78.5902　指骨内固定术
78.7401　腕骨折骨术
78.7402　掌骨折骨术
78.7902　指骨折骨术
78.9400　腕骨和掌骨生长刺激器的置入
79.0301　腕骨骨折闭合性复位术
79.0302　掌骨骨折闭合性复位术
79.0400x004　指关节骨折闭合复位术（腕掌关节、掌指关节、指间关节）
79.0401　指骨骨折闭合性复位术
79.1300x003　腕骨骨折闭合复位钢针内固定术
79.1300x004　掌骨骨折闭合复位钢针内固定术
79.1300x005　腕骨骨折闭合复位螺钉内固定术
79.1300x006　掌骨骨折闭合复位螺钉内固定术
79.1300x007　腕骨骨折闭合复位空心钉内固定术
79.1300x008　掌骨骨折闭合复位髓内针内固定术
79.1300x009　掌骨骨折闭合复位钢板内固定术
79.1301　腕骨骨折闭合复位内固定术
79.1302　掌骨骨折闭合复位内固定术
79.1400x002　指骨骨折闭合复位钢针内固定术
79.1400x003　指骨骨折闭合复位螺钉内固定术
79.1400x004　指骨骨折闭合复位髓内针内固定术
79.2301　腕骨骨折切开复位术
79.2302　掌骨骨折切开复位术
79.2400x002　指关节骨折切开复位术（腕掌关节、掌指关节、指间关节）
79.2401　指骨骨折切开复位术
79.3300x005　掌骨骨折切开复位钢板内固定术
79.3300x006　掌骨骨折切开复位螺钉内固定术
79.3300x007　掌骨骨折切开复位髓内针内固定术
79.3300x008　掌骨骨折切开复位钢针内固定术
79.3300x009　腕骨骨折切开复位钢板内固定术
79.3300x010　腕骨骨折切开复位螺钉内固定术
79.3300x012　腕骨骨折切开复位钢针内固定术
79.3300x013　腕骨骨折切开复位空心钉内固定术
79.3301　腕骨骨折切开复位内固定术
79.3302　掌骨骨折切开复位内固定术
79.3400x002　指骨骨折切开复位螺钉内固定术
79.3400x003　指骨骨折切开复位髓内针内固定术
79.3400x004　指骨骨折切开复位钢针内固定术
79.3400x005　指骨骨折切开复位钢板内固定术
79.3400x006　指关节骨折切开复位内固定术（腕掌关节、掌指关节、指间关节）
79.3401　指骨骨折切开复位内固定术
79.6301　腕骨开放性骨折清创术
79.6302　掌骨开放性骨折清创术
79.6400　手指开放性骨折部位的清创术
79.7300　腕脱位闭合性复位术
79.7401　掌指关节脱位闭合性复位术
79.7402　指关节脱位闭合复位术
79.8300　腕脱位开放性复位术
79.8300x001　腕关节脱位切开复位内固定术
79.8301　腕掌关节脱位切开复位术
79.8401　指关节脱位切开复位术
79.8402　掌指关节脱位切开复位术
79.8900x005　腕掌关节切开复位内固定术
79.9300　腕骨和掌骨损伤的手术
79.9400　手指骨损伤的手术
80.0300x001　腕关节假体取出术
80.0300x002　腕关节旷置术
80.0301　腕关节切开假体去除关节旷置术
80.0400x001　指关节假体取出术
80.0400x002　指关节旷置术
80.0401　指关节切开假体去除关节旷置术
80.1300　腕关节切开术
80.1300x002　腕关节镜下游离体取出术
80.1400　手和指关节切开术
80.4300x001　腕关节松解术
80.4301　关节镜腕关节松解术

80.4302　腕韧带松解术
80.4400x001　指关节囊松解术
80.4400x004　掌指关节侧副韧带松解术
80.4400x005　关节镜下指关节松解术
80.4401　指关节松解术
80.4402　指韧带松解术
80.7300　腕关节滑膜切除术
80.7301　关节镜腕关节滑膜切除术
80.7400　手和指关节滑膜切除术
80.7401　关节镜指关节滑膜切除术
80.8301　腕关节病损切除术
80.8302　关节镜腕关节病损切除术
80.8401　指关节病损切除术
80.8402　关节镜指关节病损切除术
80.9300　腕关节的其他切除术
80.9400　手和指关节的其他切除术
81.2500x002　全腕关节融合术
81.2500x003　腕骨间融合术
81.2500x004　腕中关节融合术
81.2501　腕桡关节固定术
81.2601　掌腕关节固定术
81.2701　掌指关节固定术
81.2801　指间关节固定术
81.7100x001　掌指关节成形术伴植入
81.7100x002　人工指关节置换术
81.7100x003　指间关节成形术伴植入
81.7100x004　异体指关节游离移植术
81.7100x005　人工掌指关节置换术
81.7200x002　掌指关节成形术
81.7200x003　指间关节成形术
81.7200x004　掌板紧缩术
81.7200x005　掌板修复术
81.7200x006　指关节软骨重建术
81.7300x001　人工腕关节置换术
81.7400x001　腕关节成形术伴植入
81.7400x002　腕掌关节成形术伴植入
81.7500x001　腕关节成形术
81.7500x002　腕掌关节成形术
81.7500x003　腕关节镜下TFCC成形术
81.7500x004　腕关节镜下TFCC修补术
81.7500x005　腕关节镜下软骨成形术
81.7900　手、指和腕关节的其他修补术
81.9300x003　指间关节侧副韧带重建术
81.9300x004　腕关节镜下韧带重建术
81.9300x005　腕关节韧带重建术
81.9300x006　腕关节韧带紧缩术
81.9300x007　指关节囊缝合术
81.9300x008　指间关节侧副韧带缝合术
81.9703　腕关节置换修复术
81.9704　指关节置换修复术
82.0901　手部软组织切开术
82.6100x002　拇指整复术
82.6101　足趾转位代拇指术
82.6102　手指转位代拇指术
82.6900x002　拇指重建术
82.6901　拇指残端拇化术
82.8100x001　手指移位术
82.8101　手指代手指再造术
82.8102　足趾代手指再造术
82.8201　裂指畸形修补术
82.8300x001　巨指矫正术
82.8400x001　槌状指矫正术
82.8900x002　镜影手畸形矫正术
82.8900x003　缩窄环畸形矫正术
82.8901　手筋膜疝修补术
82.8902　手筋膜折叠术
84.0100x001　多指截指术
84.0100x002　手指关节离断术
84.0100x004　手指离断术
84.0101　指关节离断术
84.0102　手指截断术，拇指除外
84.0103　掌指关节离断术
84.0201　拇指截断术
84.0202　拇指关节离断术
84.0301　手截断术
84.0302　掌截断术
84.0400　腕关节离断术
84.2101　拇指断指再植术
84.2201　手指断指再植术
86.8501　并指矫正术

IF1　骨科固定装置去除/修正术

包含以下主要手术或操作：
76.9700　去除面骨内固定装置
76.9700x001　眶骨内固定装置取出术
76.9700x002　颧骨内固定装置取出术
76.9701　下颌骨内固定装置取出术
76.9702　上颌骨内固定装置取出术
78.5900x025　椎骨内固定修正术
78.6100x004　肩锁关节内固定物取出术

78.6101　肩胛骨内固定装置去除术
78.6102　肩胛骨外固定装置去除术
78.6103　锁骨内固定装置去除术
78.6104　锁骨外固定装置去除术
78.6105　肋骨内固定装置去除术
78.6106　肋骨外固定装置去除术
78.6107　胸骨内固定装置去除术
78.6108　胸骨外固定装置去除术
78.6201　肱骨内固定装置去除术
78.6202　肱骨外固定装置去除术
78.6301　桡骨内固定装置去除术
78.6302　桡骨外固定装置去除术
78.6303　尺骨内固定装置去除术
78.6304　尺骨外固定装置去除术
78.6401　腕骨内固定装置去除术
78.6402　腕骨外固定装置去除术
78.6403　掌骨内固定装置去除术
78.6404　掌骨外固定装置去除术
78.6501　股骨内固定装置去除术
78.6502　股骨外固定装置去除术
78.6600x002　膝关节内固定物取出术
78.6600x003　膝关节镜下内固定物取出术
78.6601　髌骨内固定装置去除术
78.6602　髌骨外固定装置去除术
78.6701　胫骨内固定装置去除术
78.6702　胫骨外固定装置去除术
78.6703　腓骨内固定装置去除术
78.6704　腓骨外固定装置去除术
78.6705　踝关节内固定装置去除术
78.6706　踝关节外固定装置去除术
78.6800x005　楔骨内固定物取出术
78.6801　跗骨内固定装置去除术
78.6802　跗骨外固定装置去除术
78.6803　跖骨内固定装置去除术
78.6804　跖骨外固定装置去除术
78.6900x002　跟骨内固定物取出术
78.6900x008　髋关节内固定物取出术
78.6900x010　椎骨内固定物取出术
78.6900x016　椎骨外固定架去除术
78.6900x017　髂骨内固定装置去除术
78.6901　骨盆内固定装置去除术
78.6902　骨盆外固定装置去除术
78.6903　指骨内固定装置去除术
78.6904　指骨外固定装置去除术
78.6905　趾骨内固定装置去除术
78.6906　趾骨外固定装置去除术
78.6907　脊柱内固定装置去除术
78.6908　脊柱外固定装置去除术

IG1　周围神经手术

包含以下主要手术或操作：
04.0103　前庭神经切断术
04.0200x005　三叉神经感觉根部分切断术
04.0200x007　三叉神经射频毁损术
04.0202　颞下三叉神经根切断术
04.0300x002　闭孔神经切断术
04.0300x003　脊神经根切断术
04.0300x009　颈神经后根切断术
04.0300x010　腰骶神经后根切断术
04.0301　颅神经切断术
04.0303　面神经切断术
04.0304　周围神经切断术
04.0305　指神经切断术
04.0306　趾神经切断术
04.0307　运动神经切断术
04.0308　坐骨神经切断术
04.0309　胫神经肌支切断术
04.0310　腓神经切断术
04.0400x025　牙槽神经探查术
04.0400x029　胸背神经探查术
04.0401　面神经解剖术
04.0402　颅神经探查术
04.0403　视神经鞘膜切开术
04.0404　面神经探查术
04.0405　喉返神经探查术
04.0406　副神经探查术
04.0407　舌下神经探查术
04.0408　周围神经探查术
04.0409　颈丛神经探查术
04.0410　臂丛神经探查术
04.0411　腰丛神经探查术
04.0412　骶丛神经探查术
04.0413　膈神经探查术
04.0414　坐骨神经探查术
04.0415　腋神经探查术
04.0416　肌皮神经探查术
04.0417　肩胛上神经探查术
04.0418　正中神经探查术
04.0419　尺神经探查术
04.0420　桡神经探查术

04.0421　指神经探查术
04.0422　肋间神经探查术
04.0423　股神经探查术
04.0424　胫神经探查术
04.0425　腓总神经探查术
04.0426　足底神经探查术
04.0500　半月神经节切除术
04.0600x002　周围神经节切除术
04.0700x052　胫神经病损切除术
04.0715　臂丛神经病损切除术
04.0716　腰神经病损切除术
04.0717　骶尾部神经病损切除术
04.0719　尺神经病损切除术
04.0720　桡神经病损切除术
04.0721　腓总神经病损切除术
04.0733　骶前神经切除术
04.2x00x001　肋间神经冷冻镇痛术
04.2x00x017　内囊前肢毁损术
04.2x01　颅神经破坏术
04.2x02　周围神经破坏术
04.2x03　周围神经烧灼术
04.2x04　脊神经破坏术
04.2x05　脊髓神经根射频消融术
04.2x06　椎间孔镜下经侧后路脊神经内侧支射频消融术
04.2x11　肋间神经射频消融术
04.2x13　神经感觉支乙醇注射术
04.3x00x012　臂丛神经上、中、下干缝合术
04.3x00x017　腓肠神经吻合术
04.3x00x023　马尾神经缝合术
04.3x00x024　皮神经缝合术
04.3x00x026　腓总神经吻合术
04.3x01　颅神经缝合术
04.3x02　面神经缝合术
04.3x03　迷走神经缝合术
04.3x05　周围神经缝合术
04.3x06　臂丛神经缝合术
04.3x07　腰丛神经缝合术
04.3x09　肌皮神经缝合术
04.3x10　正中神经缝合术
04.3x11　尺神经缝合术
04.3x12　桡神经缝合术
04.3x13　指神经缝合术
04.3x14　闭孔神经缝合术
04.3x15　坐骨神经缝合术
04.3x16　股神经缝合术
04.3x17　胫神经缝合术
04.3x18　腓神经缝合术
04.4100x007　三叉神经根粘连松解术
04.4200x006　经后颅窝面神经减压术
04.4200x007　枕下神经减压术
04.4200x014　面神经根粘连松解术
04.4900x033　腓浅神经松解术
04.4900x034　腓深神经松解术
04.4900x035　腋神经松解术
04.4900x037　胫后神经松解术
04.4900x042　周围神经松解术
04.4900x043　肘管松解术
04.4900x044　跖管减压术
04.4900x045　踝管减压术
04.4912　下肢外周神经减压术
04.5x00x025　异体神经移植修复臂丛神经术
04.5x00x026　异体神经移植修复肌皮神经术
04.5x00x027　异体神经移植修复正中神经术
04.5x00x028　异体神经移植修复桡神经术
04.5x00x029　异体神经移植修复尺神经术
04.5x00x030　异体神经移植修复坐骨神经术
04.5x00x031　异体神经移植修复股神经术
04.5x00x032　异体神经移植修复胫神经术
04.5x00x033　异体神经移植修复腓总神经术
04.5x02　臂丛神经移植术
04.5x03　正中神经移植术
04.5x04　尺神经移植术
04.5x05　桡神经移植术
04.5x06　指神经移植术
04.5x09　腓总神经移植术
04.5x10　腓肠神经移植术
04.6x00x014　尺神经前移术
04.6x00x018　桡神经浅支移位术
04.6x00x020　周围神经移位术
04.6x01　副神经移位术
04.6x03　下牙槽神经移位术
04.6x06　肋间神经移位术
04.6x07　胸背神经移位术
04.6x08　正中神经移位术
04.6x09　桡神经移位术
04.6x10　尺神经移位术
04.6x11　指神经移位术
04.7407　周围神经吻合术
04.7408　指神经吻合术

04.7409　尺神经吻合术
04.7410　桡神经吻合术
04.7412　正中神经吻合术
04.7413　肌皮神经吻合术
04.7414　闭孔神经吻合术
04.7417　胫神经吻合术
04.7418　腓神经吻合术
04.7500x002　周围神经调整术
04.7500x003　正中神经调整术
04.7900　其他神经成形术
05.2100x002　翼腭神经节破坏术
05.2300x003　超声内镜下腹腔神经丛阻滞术（CPN）
05.2300x006　经皮腹腔神经丛射频消融术
05.2300x007　腹膜后无水酒精神经阻滞术
05.2400x003　骶神经根囊肿穿刺充填术

IH1　肌肉、肌腱手术

包含以下主要手术或操作：
82.0101　手部腱鞘松解术
82.0102　手腱鞘切开探查术
82.0103　手部肌腱切开异物去除术
82.0200x001　手部肌肉切开减压术
82.0201　手部肌肉异物去除术
82.0401　掌间隙切开引流术
82.0402　鱼际间隙切开引流术
82.1100x002　侧腱束切断术
82.1101　手部肌腱切断术
82.1200x002　掌筋膜切断术
82.1201　手部筋膜切断术
82.1202　手部筋膜粘连松解术
82.1900x002　手部肌肉松解术
82.1901　手部肌肉切断术
82.2100　手腱鞘病损切除术
82.2101　手部腱鞘囊肿切除术
82.2200　手肌肉病损切除术
82.2900x001　手部软组织病损切除术
82.3200x001　手肌腱切取术
82.3301　手部腱鞘切除术
82.3400x001　手肌肉切取术
82.3400x002　手筋膜切除用于移植
82.3500x001　掌腱膜部分切除术
82.3500x002　掌腱膜切除术
82.3501　掌腱膜挛缩松解术
82.3600x001　手部肌肉切除术
82.3601　手部肌肉清创术
82.4100　手腱鞘缝合术
82.4200　手屈肌腱延迟性缝合术
82.4300x001　手部肌腱延迟性缝合术
82.4301　手部伸肌腱延迟性缝合术
82.4400x001　屈腕肌腱缝合术
82.4400x002　屈指肌腱缝合术
82.4500x001　拇长伸肌腱缝合术
82.4500x009　伸指总肌腱缝合术
82.4500x010　伸指肌腱侧束缝合术
82.4500x011　伸指肌腱中央束缝合术
82.4500x012　伸腕肌腱缝合术
82.4500x013　伸指肌腱缝合术
82.4501　手部伸肌腱缝合术
82.4601　手部筋膜缝合术
82.4602　手部肌肉缝合术
82.5100　手肌腱前徙术
82.5200　手肌腱后徙术
82.5301　手部肌腱止点重建术
82.5401　手部肌肉止点重建术
82.5501　手部肌腱延长术
82.5502　手部肌腱缩短术
82.5600x002　手部自体肌腱移植术
82.5600x003　手部异体肌腱移植术
82.5600x004　手部带腱帽异体肌腱移植术
82.5600x005　手部带鞘管异体肌腱移植术
82.5601　手部肌腱移植术
82.5602　对掌肌成形术
82.5700x001　手部肌腱移位术
82.5801　手部肌肉移植术
82.5900x001　手部肌肉移位术
82.7100x001　拇外展功能重建术
82.7100x002　指浅屈肌替代法屈肌腱滑车重建术
82.7100x003　游离腱片法屈肌腱滑车重建术
82.7100x004　腱环法屈肌腱滑车重建术
82.7101　拇对掌肌功能重建术
82.7201　手肌肉移植物的整形术
82.7202　手筋膜移植物整形术
82.7900x001　手肌腱移植的整形术
82.7901　手肌腱硅条成形术
82.8500x001　手部肌腱固定术
82.8500x002　屈指浅肌腱近指间关节固定术
82.8600x001　手部肌腱成形术
82.8600x006　手指肌腱成形术
82.8600x010　指深-浅屈肌腱交叉延长术
82.8600x011　伸指肌腱中央束重建术［Matev法］

82.8600x012 伸指肌腱中央束重建术［Carroll法］
82.8600x013 伸指肌腱中央束重建术［Fowler法］
82.9100x004 手指肌腱松解术
82.9101 手部筋膜松解术
82.9102 手部肌肉粘连松解术
82.9103 手部肌腱粘连松解术
82.9501 手部腱鞘封闭术
82.9900 手肌、腱和筋膜的其他手术
83.0100x001 肌腱探查术
83.0101 腱鞘切开术
83.0102 腱鞘松解术
83.0103 腱鞘米粒样小体去除术
83.0200x005 前臂切开减压术
83.0200x006 小腿减张术
83.0201 肌肉筋膜切开减压术
83.0202 肌肉切开探查术
83.0203 肌肉切开异物取出术
83.0204 肌肉切开引流术
83.0205 臀中肌综合征减压术
83.1101 跟腱挛缩松解术
83.1201 股内收肌松解术
83.1202 臀大肌切断术
83.1300x001 腓肠肌腱膜松解术
83.1300x004 前臂肌腱松解术
83.1300x006 下肢肌腱松解术
83.1300x007 肌腱松解术
83.1300x008 跖腱膜切断术
83.1301 足部肌腱松解术
83.1302 髂腰肌腱切断术
83.1303 腕部屈肌腱松解术
83.1400x006 跖筋膜切断术
83.1400x007 福耳克曼挛缩松解伴筋膜切断术
83.1400x008 趾筋膜切断术
83.1401 筋膜剥脱术
83.1402 足筋膜切断术
83.1403 臀筋膜切断术
83.1404 腿筋膜松解术
83.1405 髂胫束切断术
83.1900x001 股内收肌切断术
83.1900x003 腘绳肌切断术
83.1900x005 环咽肌切断术
83.1900x008 肩胛提肌切断术
83.1900x009 单侧内收肌和髂腰肌切断术
83.1900x010 内收肌切断术
83.1900x012 髂腰肌切断术
83.1900x013 前斜角肌切断术
83.1900x017 臀肌切断术
83.1900x018 斜颈腱性条索切断术
83.1900x019 胸腔镜下胸锁乳突肌切断术
83.1900x020 胸锁乳突肌部分切断术
83.1900x023 髋关节镜下髂腰肌松解术
83.1900x024 中、前斜角肌切断术
83.1900x025 腓肠肌切断术
83.1900x026 缝匠肌切断术
83.1900x027 股四头肌切断术
83.1900x028 股直肌切断术
83.1900x030 阔筋膜张肌切断术
83.1900x031 胸小肌切断术
83.1901 肌肉松解术
83.1902 肌肉切断术
83.1903 胸锁乳突肌切断术
83.1904 胸腔出口综合征减压术
83.3200 肌肉病损切除术
83.3200x001 背部肌肉病损切除术
83.3200x007 躯干肌肉病损切除术
83.3200x009 上肢肌肉病损切除术
83.3200x012 下肢肌肉病损切除术
83.3201 骨化性肌炎切除术
83.3900x018 软组织病损破坏术
83.3900x064 经皮头部软组织病损纳米刀消融术
83.3900x065 经皮颈部软组织病损纳米刀消融术
83.3900x066 经皮上肢软组织病损纳米刀消融术
83.4100x001 肌腱切取术
83.4200x002 腱膜切除术
83.4201 肌腱切除术
83.4202 腱鞘切除术
83.4300x001 肌肉切取术
83.4301 肌肉切取用做移植物
83.4302 筋膜切取用做移植物
83.4400x001 筋膜切除术
83.4400x002 阔筋膜部分切除术
83.4400x003 足筋膜切除术
83.4500x001 肌肉切除术
83.4500x003 肩胛舌骨肌部分切除术
83.4500x004 颈伸肌部分切除术
83.4500x005 前斜角肌切除术
83.4500x006 咬肌部分切除术
83.4500x007 中斜角肌部分切除术
83.4500x008 耻骨直肠肌部分切除术
83.4500x013 肌肉部分切除术

83.4501 肌肉清创术
83.4502 斜角肌切除术
83.6100 腱鞘缝合术
83.6201 肌腱延迟缝合术
83.6301 冈上肌修补术
83.6400x007 前臂肌腱缝合术
83.6400x008 上肢肌腱缝合术
83.6400x009 腕部肌腱缝合术
83.6400x011 下肢肌腱缝合术
83.6400x013 趾肌腱缝合术
83.6400x015 踇长伸肌腱缝合术
83.6401 肌腱缝合术
83.6402 跟腱缝合术
83.6403 腱膜缝合术
83.6500x001 腹直肌缝合术
83.6500x002 肱二头肌缝合术
83.6500x003 肱三头肌缝合术
83.6500x005 股二头肌缝合术
83.6500x006 股四头肌缝合术
83.6500x011 胫前肌缝合术
83.6500x012 前臂肌缝合术
83.6500x013 三角肌缝合术
83.6500x014 提肛肌缝合术
83.6500x015 臀部肌缝合术
83.6500x016 下肢肌肉缝合术
83.6500x017 胸锁乳突肌缝合术
83.6500x018 上肢肌肉缝合术
83.6500x019 头面部肌肉缝合术
83.6500x020 颈部肌肉缝合术
83.6500x021 躯干部肌肉缝合术
83.6501 肌肉缝合术
83.6502 筋膜缝合术
83.6503 腹直肌分离修补术
83.7100 腱前徙术
83.7200 腱后徙术
83.7300x002 肌腱再接术
83.7400x001 肌肉再接术
83.7500x003 前臂肌腱移位术
83.7500x004 跟腱异体肌腱移植修补术
83.7500x005 跟腱带蒂腱膜转移修补术
83.7501 肌腱转移术
83.7600x002 胫前肌腱移位术
83.7600x003 髂胫束移位术
83.7600x005 足趾肌腱移位术
83.7600x006 腓骨短肌腱移位术
83.7600x007 肱桡肌腱移位术
83.7600x008 股方肌腱移位术
83.7600x009 屈腕肌腱移位术
83.7600x010 屈指肌腱移位术
83.7600x011 伸腕肌腱移位术
83.7600x012 旋前圆肌腱移位术
83.7600x013 掌长肌腱移位术
83.7700x001 下肢肌肉移植术
83.7700x003 胫后肌移植术
83.7700x004 福耳克曼挛缩松解伴肌游离移植术
83.7700x005 肩内收功能重建伴肌移位术
83.7700x006 上肢肌拇内收功能重建伴肌移位术
83.7700x007 上肢肌拇外展功能重建伴肌移位术
83.7700x008 上肢肌屈拇功能重建伴肌移位术
83.7700x009 上肢肌屈拇功能重建伴肌游离移植术
83.7700x010 上肢肌屈腕功能重建伴肌移位术
83.7700x011 上肢肌屈腕功能重建伴肌游离移植术
83.7700x012 上肢肌屈指功能重建伴肌移位术
83.7700x013 上肢肌屈指功能重建伴肌游离移植术
83.7700x014 上肢肌屈肘功能重建伴肌移位术
83.7700x015 上肢肌屈肘功能重建伴肌游离移植术
83.7700x016 上肢肌伸拇功能重建伴肌移位术
83.7700x017 上肢肌伸拇功能重建伴肌游离移植术
83.7700x018 上肢肌伸腕功能重建伴肌移位术
83.7700x019 上肢肌伸腕功能重建伴肌游离移植术
83.7700x020 上肢肌伸指功能重建伴肌移位术
83.7700x021 上肢肌伸指功能重建伴肌游离移植术
83.7700x022 上肢肌伸肘功能重建伴肌移位术
83.7700x023 上肢肌伸肘功能重建伴肌游离移植术
83.7700x024 上肢肌旋后功能重建伴肌移位术
83.7700x025 上肢肌旋前功能重建伴肌移位术
83.7700x026 下肢肌屈踝功能重建伴肌移位术
83.7700x027 下肢肌屈踇功能重建伴肌移位术
83.7700x028 下肢肌屈膝功能重建伴肌移位术
83.7700x029 下肢肌屈趾功能重建伴肌移位术
83.7700x030 下肢肌伸踝功能重建伴肌移位术
83.7700x031 下肢肌伸踇功能重建伴肌移位术

83.7700x032　下肢肌伸膝功能重建伴肌移位术
83.7700x033　下肢肌伸趾功能重建伴肌移位术
83.7701　肌肉转移术
83.7702　肌皮瓣转移术
83.7900x001　肌肉移位术
83.7900x002　胫后肌前移术
83.7900x003　胫前肌外移术
83.7900x004　斜方肌代三角肌术
83.7900x005　背阔肌移位术
83.7900x006　比目鱼肌移位术
83.7900x007　大腿肌移位术
83.7900x008　大圆肌移位术
83.7900x009　腓肠肌移位术
83.7900x010　腹部肌移位术
83.7900x011　三角肌移位术
83.7900x012　臀大肌移位术
83.7900x013　胸大肌移位术
83.8100　肌腱移植
83.8100x003　人工肌腱移植术
83.8101　异体肌腱移植术
83.8200x001　背阔肌移植术
83.8200x005　颞筋膜移植术
83.8200x007　背阔肌游离移植术
83.8200x008　肌肉游离移植术
83.8200x009　股薄肌移植术
83.8200x010　斜方肌移植术
83.8200x011　胸大肌移植术
83.8201　肌肉移植术
83.8202　筋膜移植术
83.8300　肌腱滑车重建术
83.8500x001　腓骨长短肌腱延长术
83.8500x002　跟腱缩短术
83.8500x003　跟腱延长术
83.8500x004　肱二头肌腱延长术
83.8500x005　腘肌延长术
83.8500x008　伸趾肌腱延长术
83.8500x009　足屈肌腱延长术
83.8500x010　足伸肌腱延长术
83.8500x011　半腱肌延长术
83.8500x012　背阔肌延长术
83.8500x013　肱桡肌腱缩短术
83.8500x014　肱桡肌腱延长术
83.8500x015　肱三头肌腱缩短术
83.8500x016　肱三头肌腱延长术
83.8500x017　股二头肌腱缩短术
83.8500x018　股二头肌腱延长术
83.8500x019　股内收肌腱缩短术
83.8500x020　股内收肌腱延长术
83.8500x021　股三头肌腱缩短术
83.8500x022　股三头肌腱延长术
83.8500x023　股四头肌腱缩短术
83.8500x024　股四头肌腱延长术
83.8500x025　股直肌腱缩短术
83.8500x026　股直肌腱延长术
83.8500x027　肩胛下肌延长术
83.8500x028　胫后肌腱缩短术
83.8500x029　胫后肌腱延长术
83.8500x030　胫前肌腱缩短术
83.8500x031　胫前肌腱延长术
83.8500x032　胫前肌延长术
83.8500x033　足屈肌腱缩短术
83.8500x034　足伸肌腱缩短术
83.8500x035　胸大肌延长术
83.8500x036　胸大肌缩短术
83.8500x037　肱二头肌腱缩短术
83.8500x038　半腱肌缩短术
83.8500x039　旋前圆肌延长术
83.8500x040　旋前圆肌缩短术
83.8500x041　腕伸肌腱延长术
83.8500x042　腕伸肌腱缩短术
83.8500x043　腕屈肌腱延长术
83.8500x044　腕屈肌腱缩短术
83.8500x045　拇长屈肌腱延长术
83.8500x046　拇长屈肌腱缩短术
83.8500x047　拇长伸肌腱延长术
83.8500x048　拇长伸肌腱缩短术
83.8500x049　拇长展肌腱延长术
83.8500x050　拇长展肌腱缩短术
83.8500x051　指伸肌腱延长术
83.8500x052　指伸肌腱缩短术
83.8500x053　指屈肌腱延长术
83.8500x054　指屈肌腱缩短术
83.8500x055　腓骨长短肌腱缩短术
83.8501　肌腱紧缩术
83.8502　肌腱延长术
83.8600　股四头肌成形术
83.8700x001　肌肉成形术
83.8700x003　肩关节肌肉成形术
83.8700x005　三角肌重建术
83.8700x007　下肢肌肉成形术

83.8700x009　胸大肌成形术
83.8701　肌肉修补术
83.8800x001　跟腱修补术
83.8800x010　距腓韧带缝合修补术
83.8800x012　足肌腱成形术
83.8800x014　肩关节镜下肱二头肌肌腱长头固定术
83.8800x015　冈上肌腱修补术
83.8800x016　胫前肌腱修补术
83.8800x017　上肢肌腱固定术
83.8800x018　下肢肌腱固定术
83.8801　肌腱固定术
83.8802　肌腱成形术
83.8803　肌腱修补术
83.8900x002　筋膜断蒂术
83.8901　筋膜成形术
83.8902　筋膜延长术
83.8903　筋膜疝修补术
83.8904　筋膜折叠术
83.8905　筋膜固定术
83.9100x001　关节镜下臀肌挛缩松解术
83.9100x004　前臂束带松解术
83.9100x005　上肢肌腱粘连松解术
83.9100x007　臀肌粘连松解术
83.9100x008　下肢肌腱粘连松解术
83.9100x009　下肢束带松解术
83.9101　肌腱粘连松解术
83.9102　肌肉粘连松解术
83.9103　臀筋膜挛缩松解术
83.9104　筋膜松解术
83.9105　针刀松解术
83.9201　骨骼肌刺激器置入术
83.9202　骨骼肌刺激器置换术
83.9300　去除骨骼肌刺激器

IJ1　骨骼肌肉系统的其他手术

包含以下主要手术或操作：
02.9405　头颅骨盆牵引装置置入术
34.4x01　胸壁病损切除术
34.4x03　胸腔镜下胸壁病损切除术
34.7900x001　胸壁修补术
34.7900x002　关胸术
34.7900x003　胸壁缺损修补术（人工材料）
34.7900x004　胸壁缺损修补术（自体材料）
34.8101　横膈病损切除术
34.8102　横膈部分切除术
39.9801　手术后伤口止血术
40.2900x019　肢体淋巴管瘤（囊肿）切除术
54.4x07　骶前病损切除术
77.0103　肋骨死骨去除术
77.0104　胸骨死骨去除术
77.1001　骨切开引流术
77.1002　骨碎片去除术
77.1003　骨钻孔减压术
77.1101　肩胛骨切开术不伴切断术
77.1102　锁骨切开术不伴切断术
77.1103　肋骨切开术不伴切断术
77.1104　胸骨切开术不伴切断术
77.2103　肋骨楔形截骨术
77.2104　胸骨楔形截骨术
77.3001　骨关节切开术
77.3101　肩胛骨切断术
77.3102　锁骨切断术
77.3103　肋骨切断术
77.3104　胸骨切断术
77.6100x008　胸廓骨病损切除术
77.6103　肋骨病损切除术
77.6104　胸骨病损切除术
77.7102　肋骨切除术用作移植物
77.8100x007　第一肋骨部分切除术
77.8100x009　多根肋骨切除术
77.8103　肋骨部分切除术
77.8106　胸骨部分切除术
77.8107　剑突切除术
77.9103　肋骨骨全部切除术
77.9104　肋骨椎骨横突切除术
77.9105　颈肋切除术
77.9106　胸骨全部切除术
78.0000x003　同种异体骨植骨术
78.0103　肋骨植骨术
78.0104　胸骨植骨术
78.1103　肋骨外固定架固定术
78.1104　胸骨外固定架固定术
78.2001　骨骺固定术
78.2002　开放性骨骺骨干固定术
78.2003　经皮骨骺骨干固定术
78.3000　肢体延伸术
78.4104　肋骨成形术
78.4105　胸骨成形术
78.4106　胸骨缺损修补术
78.5100x003　胸骨内固定装置再置入术

78.5100x005　胸骨钢板内固定术
78.5100x006　胸骨钢针内固定术
78.5100x007　胸骨螺钉内固定术
78.5100x009　肋骨钢板内固定术
78.5100x010　肋骨钢针内固定术
78.5100x011　肋骨螺钉内固定术
78.5100x012　肋骨髓内针内固定术
78.5103　胸骨内固定术
78.5104　肋骨内固定术
78.7103　肋骨折骨术
78.7104　胸骨折骨术
78.9900x001　骨牵拉延长器置入术
79.1901　肋骨骨折闭合复位内固定术
79.3900x034　肋骨骨折切开复位螺钉内固定术
79.3900x036　肋骨骨折切开复位钢针内固定术
79.3900x049　肋骨骨折切开复位钢板内固定术
79.3900x053　胸骨骨折切开复位钢板内固定术
79.3900x054　胸骨骨折切开复位螺钉内固定术
79.3903　肋骨骨折切开复位内固定术
79.3905　胸骨骨折切开复位内固定术
79.4900　其他骨骨骺分离的闭合性复位术
79.5900　其他骨骨骺分离的开放性复位术
79.6000　开放性骨折部位的清创术
79.7000　脱位的闭合性复位术
79.9000　骨损伤的手术
79.9900　其他骨损伤的手术
80.1900　其他特指部位关节切开术
80.5200　椎间盘化学溶解术
80.5900x001　椎间盘射频消融术
80.5900x003　椎间盘激光汽化术
80.9900x001　黄韧带部分切除术
80.9900x002　假关节切除术
80.9900x003　颈椎后路小关节切除术
80.9900x004　肋软骨切除术
80.9900x005　项韧带切除术
80.9900x006　颈椎前路小关节切除术
80.9901　椎体切除术伴椎间盘切除术
80.9902　椎体部分切除伴椎间盘切除术
80.9903　椎体次全切除伴椎间盘切除术
81.9101　关节抽吸术
81.9201　关节治疗性物质注射
81.9202　韧带治疗性物质注射
81.9900　关节结构的其他手术
82.0300　手黏液囊切开术
82.0902　手部软组织切开异物去除术
82.3100　手黏液囊切除术
82.3900x001　手部软组织切除术
82.9300x001　手软组织抽吸术
82.9600x001　手软组织局部作用治疗性物质注射
83.0300　黏液囊切开术
83.0301　去除黏液囊钙质沉积物
83.0900x003　筋膜间隙切开减压术
83.0901　筋膜切开术
83.0902　软组织探查术
83.0903　软组织切开异物取出术
83.2900x001　肌腱、血管、神经探查术
83.2900x002　手肌腱、血管、神经探查术
83.2900x003　足血管、神经、肌腱探查术
83.3100　腱鞘病损切除术
83.3100x001　跟腱病损切除术
83.3100x008　踝关节镜下跟腱病损切除术
83.3101　腱鞘囊肿切除术
83.3900x001　腘窝病损切除术
83.3900x016　滑囊病损切除术
83.3900x017　软组织病损切除术
83.3901　肌腱病损切除术
83.3902　腘窝囊肿切除术
83.3903　筋膜病损切除术
83.3904　颈部软组织病损切除术
83.4900　软组织的其他切除术
83.5x00　黏液囊切除术
83.8400　畸形足松解术
83.8401　畸形足埃文斯（EVANS）手术
83.9400　黏液囊抽吸术
83.9900x003　肌腱打孔术
83.9901　黏液囊缝合术
84.2900　其他再附着
84.3x00　截断残端的修复术
84.4400　臂假体装置置入
84.4800　小腿假体装置置入
84.5300　肢体内部延长装置置入伴动力分离术
84.5400x001　肢体内部延长装置置入术
84.5500x003　丙烯酸水泥骨空隙填充
84.5500x004　钙质骨空隙填充
84.5500x005　聚甲基丙烯酸甲酯骨空隙填充
84.5501　骨空隙骨水泥填充术
84.5600x001　水泥间隔物置入术
84.5601　关节腔隙骨水泥填充术
84.5700x001　水泥间隔物取出术
84.9200　等份联体双胎分离术

84.9300　联体双胎不等份分离术
84.9400　胸骨插入刚性板固定装置
84.9900　肌肉骨骼系统的其他手术
86.3x02　皮肤病损切除术
86.3x03　皮下组织病损切除术
86.3x10x067　腔镜下皮下组织病损切除术
86.3x12　皮肤病损激光治疗
86.8900x011　残端皮肤修整术

IR1　骨盆骨折

包含以下主要诊断：
M84.000x052　骨盆骨折连接不正
M84.100　骨折不连接［假关节］
M84.100x052　髋臼骨折不连接
S32.300　髂骨骨折
S32.310　开放性髂骨骨折
S32.400　髋臼骨折
S32.410　开放性髋臼骨折
S32.500x002　耻骨分支骨折
S32.500x003　耻骨联合骨折
S32.510　开放性耻骨骨折
S32.700　腰椎和骨盆多处骨折
S32.701　多发性骨盆骨折
S32.800x091　骨盆联合体骨折
S32.800x092　骨盆侧方挤压骨折
S32.800x093　骨盆开书样骨折
S32.800x094　骨盆垂直剪切骨折
S32.800x095　马耳盖尼骨折
S32.801　坐骨骨折
S32.802　骨盆骨折
S32.811　开放性坐骨骨折
S32.812　开放性骨盆骨折

IR2　股骨骨折

包含以下主要诊断：
S72.000　股骨颈骨折
S72.000x011　股骨关节囊内骨折
S72.000x021　股骨头骨骺分离
S72.000x031　股骨颈头下骨折
S72.000x041　股骨颈经颈骨折
S72.000x051　股骨颈基底骨折
S72.000x081　股骨头骨折
S72.000x082　股骨髋部骨折
S72.010　开放性股骨颈骨折
S72.100x001　股骨大粗隆骨折
S72.100x002　股骨小粗隆骨折
S72.101　股骨粗隆间骨折
S72.110　开放性股骨粗隆间骨折
S72.200x001　股骨粗隆下骨折
S72.210　开放性股骨粗隆下骨折
S72.300　股骨干骨折
S72.310　开放性股骨干骨折
S72.400x001　股骨远端骨折
S72.400x012　股骨内髁骨折
S72.400x013　股骨外髁骨折
S72.400x021　股骨远端骨骺分离
S72.400x031　股骨髁上骨折
S72.400x041　股骨髁间骨折
S72.401　股骨髁骨折
S72.410　开放性股骨下端骨折
S72.700　股骨多处骨折
S72.800　股骨其他部位的骨折
S72.900　股骨骨折
S72.900x002　股骨骨骺分离
S72.910　开放性股骨骨折

IS1　前臂、腕、手或足损伤

包含以下主要诊断：
M24.309　足关节病理性脱位
M24.310　足关节病理性不全脱位
M24.407　复发性手骨间关节脱位
M24.408　复发性手骨间关节不全脱位
M24.812　尺骨撞击综合征
M84.000x043　掌骨骨折连接不正
M84.000x074　足骨骨折连接不正
M84.100x044　腕骨骨折不连接
M84.100x075　趾骨骨折不连接
M87.200　以前创伤引起的骨坏死
M87.201　外伤后腕舟骨骨质疏松及萎缩
S51.901　开放性前臂损伤
S52.000x002　尺骨近端骨折
S52.000x012　尺骨鹰嘴骨骺分离
S52.000x021　尺骨冠突骨折
S52.000x091　尺骨近端多发性骨折
S52.010　开放性尺骨上端骨折
S52.100x001　桡骨近端骨折
S52.100x002　桡骨近端骨骺分离
S52.100x012　桡骨头骨骺分离
S52.100x091　桡骨近端多发性骨折
S52.101　桡骨头骨折

S52.102 桡骨颈骨折
S52.110 开放性桡骨上端骨折
S52.200 尺骨干骨折
S52.200x011 孟氏骨折
S52.201 尺骨骨折
S52.210 开放性尺骨干骨折
S52.211 开放性尺骨骨折
S52.300 桡骨干骨折
S52.300x011 盖氏骨折
S52.310 开放性桡骨干骨折
S52.400x001 桡尺骨骨干骨折
S52.410 开放性尺骨桡骨骨干骨折
S52.500x001 桡骨远端骨折
S52.500x002 桡骨茎突骨折
S52.500x003 桡骨远端骨骺分离
S52.500x011 科雷骨折
S52.500x021 巴顿骨折
S52.500x022 史密斯骨折
S52.500x091 桡骨关节内骨折
S52.501 屈曲型桡骨下端骨折
S52.502 伸直型桡骨下端骨折
S52.510 开放性桡骨下端骨折
S52.600x001 尺骨远端骨折伴桡骨远端骨折
S52.600x002 尺骨茎突骨折伴桡骨远端骨折
S52.610 开放性尺骨桡骨远端骨折
S52.700 前臂多处骨折
S52.701 尺骨桡骨闭合性骨折
S52.710 开放性多发性前臂骨折
S52.711 开放性尺骨桡骨骨折
S52.800x002 尺骨远端骨骺分离
S52.801 桡骨骨折
S52.802 尺骨茎突骨折
S52.803 尺骨头骨折
S52.804 尺骨下端骨折
S52.810 开放性前臂特指部位骨折
S52.811 开放性桡骨骨折
S52.812 开放性尺骨茎突骨折
S52.814 开放性尺骨下端骨折
S52.900 前臂骨折
S53.000 桡骨头脱位
S53.000x003 桡骨头半脱位
S53.001 桡肱关节脱位
S53.002 尺桡关节脱位
S53.200x001 桡侧副韧带断裂
S53.300x001 尺侧副韧带断裂
S53.400x012 桡侧副韧带扭伤
S53.400x021 尺侧副韧带扭伤
S53.400x031 桡肱关节扭伤
S53.400x041 尺肱关节扭伤
S53.401 桡骨环状韧带扭伤
S53.402 肘关节扭伤
S56.000x001 前臂拇指屈肌损伤
S56.000x002 前臂拇指屈肌腱损伤
S56.000x003 前臂拇指屈肌和肌腱损伤
S56.001 前臂拇指屈肌断裂
S56.100x001 前臂指屈肌损伤
S56.100x002 前臂指屈肌腱损伤
S56.100x003 前臂指屈肌和肌腱损伤
S56.200x001 前臂屈肌损伤
S56.200x002 前臂屈肌腱损伤
S56.200x003 前臂屈肌和肌腱损伤
S56.300x001 前臂拇指伸肌损伤
S56.300x002 前臂拇指伸肌腱损伤
S56.300x003 前臂拇指伸肌和肌腱损伤
S56.300x004 前臂拇指外展肌损伤
S56.300x005 前臂拇指外展肌腱损伤
S56.300x006 前臂拇指外展肌和肌腱损伤
S56.301 前臂拇指外展肌和肌腱断裂
S56.400x001 前臂指伸肌损伤
S56.400x002 前臂手指伸肌腱损伤
S56.400x003 前臂手指伸肌和肌腱损伤
S56.500x001 前臂伸肌损伤
S56.500x002 前臂伸肌腱损伤
S56.500x003 前臂伸肌和肌腱损伤
S56.700x001 前臂多处肌肉和肌腱损伤
S56.801 前臂肌肉和肌腱损伤
S59.700 前臂多处损伤
S59.701 肘关节后脱位，桡骨头和尺骨冠状突骨折
S59.900 前臂损伤
S61.701 开放性腕部多发损伤
S61.702 开放性手多发损伤
S61.901 开放性手部损伤
S61.902 手套撕脱伤
S62.000x001 腕舟骨骨折
S62.010 开放性手舟状骨骨折
S62.100x011 月骨骨折
S62.100x021 三角骨骨折
S62.100x031 豆骨骨折
S62.100x041 大多角骨骨折
S62.100x051 小多角骨骨折

S62.100x061　头状骨骨折
S62.100x071　钩骨骨折
S62.100x091　腕骨多发性骨折
S62.101　腕骨骨折
S62.110　开放性特指腕骨骨折
S62.111　开放性腕骨骨折
S62.200　第一掌骨骨折
S62.200x011　第一掌骨基底骨折
S62.200x021　第一掌骨干骨折
S62.200x031　第一掌骨颈骨折
S62.200x041　第一掌骨头骨折
S62.201　贝内特骨折
S62.210　开放性第一掌骨骨折
S62.300x002　掌骨骨骺分离
S62.300x011　掌骨基底骨折
S62.300x021　掌骨干骨折
S62.300x031　掌骨颈骨折
S62.300x041　掌骨头骨折
S62.301　掌骨骨折
S62.310　开放性特指掌骨骨折
S62.311　开放性掌骨骨折
S62.400　掌骨多处骨折
S62.410　开放性多发性掌骨骨折
S62.500　拇指骨折
S62.500x002　拇指骨骺分离
S62.500x011　拇指近节骨折
S62.500x021　拇指远节骨折
S62.510　开放性拇指骨折
S62.600x002　指骨骨骺分离
S62.600x011　指骨近节骨折
S62.600x021　指骨中节骨折
S62.600x031　指骨远节骨折
S62.611　开放性指骨骨折
S62.700　手指多处骨折
S62.710　开放性多发性指骨骨折
S62.801　手骨折
S62.802　指骨骨折
S62.811　开放性手骨折
S63.000　腕关节脱位
S63.000x002　桡骨远端关节脱位
S63.000x003　尺骨远端关节脱位
S63.000x011　下尺桡关节脱位
S63.000x021　桡腕关节脱位
S63.000x031　腕骨间关节脱位
S63.000x041　掌骨近端关节脱位
S63.000x042　腕掌关节脱位
S63.000x081　腕骨脱位
S63.000x082　腕舟骨脱位
S63.000x083　腕舟骨月骨周围脱位
S63.100　指关节脱位
S63.100x001　指间关节脱位
S63.100x002　拇指关节脱位
S63.100x011　掌指关节脱位
S63.100x012　掌骨远端关节脱位
S63.100x013　拇掌关节脱位
S63.100x021　手指远端指间关节脱位
S63.200　手指多处脱位
S63.200x001　指关节多发性脱位
S63.300x001　腕副韧带断裂
S63.300x002　桡腕韧带断裂
S63.300x003　尺腕韧带断裂
S63.300x004　腕和腕关节韧带断裂
S63.400x001　掌指关节韧带断裂
S63.400x002　掌指关节副韧带断裂
S63.400x003　手掌韧带断裂
S63.400x004　手掌板断裂
S63.400x005　指间关节韧带断裂
S63.400x006　指间关节副韧带断裂
S63.401　创伤性掌关节韧带破裂
S63.500　腕关节扭伤和劳损
S63.500x002　腕关节损伤
S63.500x003　创伤性腕关节积血
S63.500x011　腕骨关节扭伤
S63.500x012　腕骨关节损伤
S63.500x021　桡腕关节扭伤
S63.500x022　桡腕关节损伤
S63.500x031　腕掌关节扭伤
S63.500x032　腕掌关节损伤
S63.500x081　下尺桡关节扭伤
S63.500x082　下尺桡关节损伤
S63.500x101　腕关节三角纤维软骨损伤
S63.501　腕关节扭伤
S63.600　手指扭伤和劳损
S63.600x001　拇指扭伤
S63.600x002　指骨扭伤
S63.601　指关节扭伤
S63.602　掌指关节扭伤
S63.700x001　腕中关节扭伤
S63.701　手关节扭伤
S66.000x001　腕和手拇指长屈肌和肌腱损伤

S66.000x002　腕和手拇指长屈肌损伤
S66.000x003　腕和手拇指长屈肌腱损伤
S66.000x004　腕部拇指长屈肌和肌腱损伤
S66.000x005　腕部拇指长屈肌损伤
S66.000x006　腕部拇指长屈肌腱损伤
S66.000x007　手部拇指长屈肌和肌腱损伤
S66.000x008　手部拇指长屈肌损伤
S66.000x009　手部拇指长屈肌腱损伤
S66.100x001　腕和手指屈肌和肌腱损伤
S66.100x002　腕和手指屈肌损伤
S66.100x003　腕和手指屈肌腱损伤
S66.100x004　腕部指屈肌和肌腱损伤
S66.100x005　腕部指屈肌损伤
S66.100x006　腕部指屈肌腱损伤
S66.100x007　手部指屈肌和肌腱损伤
S66.100x008　手部指屈肌损伤
S66.100x009　手部指屈肌腱损伤
S66.200x001　腕和手拇指伸肌和肌腱损伤
S66.200x002　腕和手拇指伸肌损伤
S66.200x003　腕和手拇指伸肌腱损伤
S66.200x004　腕部拇指伸肌和肌腱损伤
S66.200x005　腕部拇指伸肌损伤
S66.200x006　腕部拇指伸肌腱损伤
S66.200x007　手部拇指伸肌和肌腱损伤
S66.200x008　手部拇指伸肌损伤
S66.200x009　手部拇指伸肌腱损伤
S66.300x001　腕和手指伸肌和肌腱损伤
S66.300x002　腕和手指伸肌损伤
S66.300x003　腕和手指伸肌腱损伤
S66.300x004　腕部指伸肌和肌腱损伤
S66.300x005　腕部指伸肌损伤
S66.300x006　腕部指伸肌腱损伤
S66.300x007　手部指伸肌和肌腱损伤
S66.300x008　手部指伸肌损伤
S66.300x009　手部指伸肌腱损伤
S66.400x001　腕和手拇指内在肌和肌腱损伤
S66.400x002　腕和手拇指内在肌损伤
S66.400x003　腕和手拇指内在肌腱损伤
S66.400x004　腕部拇指内在肌和肌腱损伤
S66.400x005　腕部拇指内在肌损伤
S66.400x006　腕部拇指内在肌腱损伤
S66.400x007　手部拇指内在肌和肌腱损伤
S66.400x008　手部拇指内在肌损伤
S66.400x009　手部拇指内在肌腱损伤
S66.500x001　腕和手指内在肌和肌腱损伤
S66.500x002　腕和手指内在肌损伤
S66.500x003　腕和手指内在肌腱损伤
S66.500x004　腕部指内在肌和肌腱损伤
S66.500x005　腕部指内在肌损伤
S66.500x006　腕部指内在肌腱损伤
S66.500x007　手部指内在肌和肌腱损伤
S66.500x008　手部指内在肌损伤
S66.500x009　手部指内在肌腱损伤
S66.600x001　腕和手多处屈肌和肌腱损伤
S66.601　多发性手屈肌断裂
S66.700x001　腕和手多处伸肌和肌腱损伤
S66.800　在腕和手水平的其他肌肉和肌腱的损伤
S66.900x001　腕和手肌肉和肌腱损伤
S66.900x002　腕部肌肉损伤
S66.900x003　手部肌肉损伤
S66.900x004　手指肌肉损伤
S68.000x002　拇指不全切断
S68.001　拇指完全切断
S68.100x001　单指不全切断
S68.200x001　多指不全切断
S68.201　多手指完全切断
S68.300　手指（一部分）伴有腕和手其他部分的合并创伤性切断
S68.900　腕和手水平的创伤性切断
S69.700　腕和手多处损伤
S69.800　腕和手其他特指的损伤
S86.001　跟腱断裂
S91.300x823　足部开放性损伤伴脱位
S91.301　开放性足损伤
S91.302　足部皮肤撕裂伤
S91.303　足裂伤
S92.000　跟骨骨折
S92.010　开放性跟骨骨折
S92.200x001　跗骨骨折
S92.200x081　跗间关节骨折
S92.201　骰骨骨折
S92.202　足舟状骨骨折
S92.203　楔状骨骨折（足）
S92.210　开放性特指跗骨骨折
S92.300　跖骨骨折
S92.300x001　跖跗关节骨折
S92.300x003　跖骨基底骨折
S92.300x004　跖骨骨骺损伤
S92.310　开放性跖骨骨折
S92.400　踇趾骨折

S92.410　开放性踇趾骨折
S92.500x001　趾骨骨折
S92.500x002　趾骨骨骺损伤
S92.510　开放性特指趾骨骨折
S92.700　足多处骨折
S92.710　开放性多发性足骨折
S92.900　足骨折
S92.910　开放性足骨折
S93.100x001　趾骨脱位
S93.101　趾关节脱位
S93.102　跖趾关节半脱位
S93.103　跖趾关节脱位
S93.200x003　足部韧带断裂
S93.300x011　跗骨脱位
S93.300x021　中跗关节脱位
S93.300x031　跗跖关节骨折脱位［Lisfranc骨折脱位］
S93.300x032　跗跖关节脱位
S93.300x081　距舟关节脱位
S93.301　足部脱位
S93.302　跖骨脱位
S93.303　足舟骨脱位
S93.500　足趾扭伤和劳损
S93.500x001　趾间关节扭伤
S93.500x002　趾间关节损伤
S93.500x003　跖趾关节扭伤
S93.500x004　跖趾关节损伤
S93.500x005　足趾扭伤
S93.500x006　足趾损伤
S93.600x001　跗骨韧带扭伤
S93.600x002　跗骨韧带损伤
S93.600x003　跗跖韧带扭伤
S93.600x004　跗跖韧带损伤
S93.601　足扭伤
S96.000x001　踝和足趾长屈肌和肌腱损伤
S96.100x001　踝和足趾长伸肌和肌腱损伤
S96.100x002　足拇长肌腱损伤
S96.101　足拇长伸肌腱断裂
S96.102　趾伸肌腱断裂
S96.200x001　踝和足内在肌和肌腱损伤
S96.700x001　踝和足多处肌肉和肌腱损伤
S96.701　踝和足水平多发性肌腱损伤
S96.800x001　踝部胫后肌腱损伤
S96.800x002　趾肌腱损伤
S96.801　趾肌腱断裂
S96.900x002　踝和足肌肉和肌腱损伤
S99.800x001　足部软组织撕脱伤

IS2　除前臂、腕、手足外的损伤

包含以下主要诊断：
M22.000　复发性髌骨脱位
M22.100　复发性髌骨不全脱位
M22.200x001　髌股关节病
M22.201　髌骨关节病
M22.300x001　髌骨不稳定
M22.301　髌骨滑脱
M22.400　髌骨软骨软化
M22.801　髌骨外侧过度挤压综合征
M22.802　髌骨畸形
M23.000x031　膝内侧半月板囊肿
M23.000x061　膝外侧半月板囊肿
M23.001　膝半月板囊肿
M23.100　盘状半月板（先天性）
M23.300x061　膝外侧半月板紊乱
M23.300x062　膝内侧半月板紊乱
M23.301　内侧半月板前角损伤
M23.302　内侧半月板后角损伤
M23.303　内侧半月板损伤
M23.304　外侧半月板前角损伤
M23.305　外侧半月板后角损伤
M23.306　外侧半月板损伤
M23.307　半月板变性
M23.308　半月板损伤
M23.309　半月板运动过度
M23.310　遗留的半月板
M23.311　复发性半月板紊乱
M23.500x091　膝前内侧旋转不稳定
M23.800x001　膝后外复合体损伤
M23.801　前十字韧带松弛
M23.802　后十字韧带松弛
M23.803　内侧副韧带松弛
M23.804　外侧副韧带松弛
M23.805　膝关节囊韧带松弛
M23.806　膝韧带松弛
M23.807　弹响膝
M23.808　膝关节滑膜嵌顿
M23.809　膝韧带囊肿
M23.810　膝关节锁定
M23.811　膝关节粘连
M23.812　髌韧带粘连
M23.900　膝关节内紊乱

M24.101 关节软骨变性
M24.300x091 关节病理性脱位
M24.303 髋关节病理性脱位
M24.305 膝关节病理性脱位
M24.306 膝关节病理性不全脱位
M24.307 踝关节病理性脱位
M24.308 踝关节病理性不全脱位
M24.311 自发性关节脱位
M24.401 复发性肩关节脱位
M24.402 复发性肩关节不全脱位
M24.403 复发性肘关节脱位
M24.404 复发性肘关节不全脱位
M24.405 复发性腕关节脱位
M24.406 复发性腕关节不全脱位
M24.409 复发性髋关节脱位
M24.410 复发性髋关节不全脱位
M24.411 复发性膝关节脱位
M24.412 复发性膝关节不全脱位
M24.414 复发性踝关节脱位
M24.415 复发性踝关节不全脱位
M24.416 关节习惯性脱位
M24.417 关节习惯性不全脱位
M84.000x062 髌骨骨折连接不正
M84.000x063 腓骨骨折连接不正
M84.100x012 肩胛骨骨折不连接
M84.100x062 胫骨骨折不连接
M84.100x063 髌骨骨折不连接
M84.100x073 踝关节骨折不连接
M84.100x074 距骨骨折不连接
M89.201 软骨内骨生长迟缓
M89.202 多发性偏心性多中心骨化
M94.000 肋骨与肋软骨连接处综合征［蒂策］
M94.001 肋骨软骨炎
S22.200 胸骨骨折
S22.210 开放性胸骨骨折
S22.300 肋骨骨折
S22.300x011 第一肋骨骨折
S22.310 开放性肋骨骨折
S22.400 肋骨多处骨折
S22.400x011 肋骨多发性骨折伴第一肋骨骨折
S22.400x021 两根肋骨骨折不伴第一肋骨骨折
S22.400x031 三根肋骨骨折不伴第一肋骨骨折
S22.400x041 四根以上肋骨骨折不伴第一肋骨骨折
S22.410 开放性多发性肋骨骨折
S22.500 连枷胸
S22.800 骨性胸廓其他部位的骨折
S22.810 开放性胸廓特指部位骨折
S22.900 骨性胸廓的骨折
S23.200x001 肋骨关节脱位
S23.200x004 胸部气管脱位
S23.200x005 剑状软骨脱位
S23.201 气管脱位
S23.202 肋软骨脱位
S23.203 胸骨脱位
S23.300 胸椎扭伤和劳损
S23.400 肋骨和胸骨扭伤和劳损
S23.401 胸骨扭伤和劳损
S23.500 胸部其他和未特指部位的扭伤和劳损
S23.501 胸部扭伤
S33.200x001 尾骨脱位
S33.200x002 骶骨脱位
S33.200x003 骶髂关节脱位
S33.300x001 耻骨联合脱位
S33.300x004 骨盆脱位
S33.400 耻骨联合创伤性破裂
S33.600x001 骶髂关节扭伤
S33.700x001 骶尾韧带劳损
S39.000x002 腹部肌腱损伤
S39.000x004 下背肌腱损伤
S39.000x006 骨盆肌腱损伤
S42.000 锁骨骨折
S42.000x011 锁骨胸骨端骨折
S42.000x021 锁骨干骨折
S42.000x031 锁骨肩峰端骨折
S42.000x091 锁骨多发性骨折
S42.010 开放性锁骨骨折
S42.100 肩胛骨骨折
S42.100x011 肩胛骨体骨折
S42.100x021 肩峰骨折
S42.100x031 肩胛骨喙突骨折
S42.100x041 肩胛骨颈和肩关节盂骨折
S42.100x042 肩关节盂骨折
S42.100x091 肩胛骨多发性骨折
S42.110 开放性肩胛骨骨折
S42.200x001 肱骨近端骨折
S42.200x011 肱骨近端骨骺分离
S42.200x031 肱骨解剖颈骨折
S42.200x041 肱骨大结节骨折
S42.200x091 肱骨小结节骨折
S42.200x092 肱骨近端多发性骨折

S42.202 肱骨外科颈骨折
S42.203 肱骨头骨折
S42.210 开放性肱骨上端骨折
S42.300 肱骨干骨折
S42.300x002 肱骨干多发性骨折
S42.301 肱骨骨折
S42.310 开放性肱骨干骨折
S42.311 开放性肱骨骨折
S42.400x001 肱骨远端骨折
S42.400x041 肱骨内上髁骨折
S42.400x042 肱骨外上髁骨折
S42.400x043 肱骨远端骨骺分离
S42.400x051 肱骨远端T型骨折
S42.400x091 肱骨远端多发性骨折
S42.400x092 肱骨滑车骨折
S42.400x093 肱骨小头骨折
S42.401 肱骨髁上骨折
S42.402 肱骨外髁骨折
S42.403 肱骨髁间骨折
S42.404 肱骨内髁骨折
S42.410 开放性肱骨下端骨折
S42.700 锁骨、肩胛骨和肱骨多处骨折
S42.710 开放性锁骨、肩胛骨和肱骨多处骨折
S42.900 肩胛带的骨折
S42.910 开放性肩骨折
S43.000 肩关节脱位
S43.000x011 肱骨前脱位
S43.000x021 肱骨后脱位
S43.000x031 肱骨下脱位
S43.001 肩关节半脱位
S43.002 盂肱关节脱位
S43.100 肩锁关节脱位
S43.200 胸锁关节脱位
S43.301 肩胛骨脱位
S43.302 肩胛带脱位
S43.400x001 肩关节扭伤
S43.400x002 创伤性肩关节积血
S43.400x003 肩袖关节囊扭伤
S43.400x004 喙肱韧带扭伤
S43.400x005 肩关节盂唇损伤
S43.401 肩关节劳损
S43.500 肩锁关节扭伤和劳损
S43.500x001 肩锁关节扭伤
S43.500x002 肩锁韧带扭伤
S43.501 肩锁韧带损伤
S43.600 胸锁关节扭伤和劳损
S43.601 胸锁关节扭伤
S43.700 肩胛带其他和未特指部位的扭伤和劳损
S43.701 肩胛带扭伤
S46.000 肩回旋套肌肉和肌腱损伤
S46.000x001 肩袖肌腱损伤
S46.002 肩袖损伤
S46.100x001 肱二头肌长头肌肉损伤
S46.100x003 肱二头肌长头肌肉和肌腱损伤
S46.101 二头肌长头肌腱损伤
S46.200x001 肱二头肌肌肉损伤
S46.200x002 肱二头肌肌腱损伤
S46.200x003 肱二头肌肌肉和肌腱损伤
S46.201 创伤性肱二头肌断裂
S46.300x001 肱三头肌肌肉损伤
S46.300x002 肱三头肌肌腱损伤
S46.300x003 肱三头肌肌肉和肌腱损伤
S46.301 创伤性肱三头肌断裂
S46.700x001 肩和上臂多处肌肉损伤
S46.700x002 肩和上臂多处肌腱损伤
S46.701 肩多发肌腱损伤
S46.702 上臂多发肌腱损伤
S46.800x001 三角肌损伤
S46.800x002 冈上肌肌肉损伤
S46.800x003 冈上肌肌腱损伤
S46.800x004 冈下肌肌肉损伤
S46.800x005 冈下肌肌腱损伤
S46.800x006 肩胛下肌肌肉损伤
S46.800x007 肩胛下肌肌腱损伤
S46.801 创伤性冈上肌断裂
S46.802 创伤性三角肌断裂
S46.900x001 肩和上臂肌肉损伤
S46.900x002 肩和上臂肌腱损伤
S49.700 肩和上臂多处损伤
S49.800 肩和上臂其他特指的损伤
S49.901 上臂损伤
S52.000x001 肘关节骨折
S52.001 鹰嘴骨折
S52.002 蒙特贾骨折脱位
S52.011 开放性鹰嘴骨折
S52.813 开放性尺骨头骨折
S53.100 肘关节脱位
S53.100x011 肘关节前脱位
S53.100x021 肘关节后脱位
S53.100x031 肘关节内脱位

S53.100x041　肘关节侧方脱位
S53.101　尺肱关节脱位
S53.102　尺骨头脱位
S53.400　肘关节扭伤和劳损
S53.400x002　创伤性肘关节积血
S71.101　大腿撕脱伤
S72.710　开放性多发性股骨骨折
S73.000　髋脱位
S73.000x003　髋臼脱位
S73.000x011　髋关节后脱位
S73.000x021　髋关节前脱位
S73.001　髋关节半脱位
S73.100　髋扭伤和劳损
S73.100x002　创伤性髋关节积血
S73.100x011　髂股韧带扭伤
S73.100x021　髂关节囊韧带扭伤
S73.101　髋扭伤
S76.000x002　髋部肌肉损伤
S76.000x003　髋部肌腱损伤
S76.100x001　股四头肌和肌腱损伤
S76.100x002　股四头肌肌肉损伤
S76.100x003　股四头肌肌腱损伤
S76.100x004　髌腱断裂
S76.101　股四头肌腱断裂
S76.102　髌韧带损伤
S76.200x002　大腿内收肌肌肉损伤
S76.200x003　大腿内收肌肌腱损伤
S76.300x001　大腿后部肌群和肌腱损伤
S76.300x002　大腿后部肌群肌肉损伤
S76.301　大腿后部肌腱损伤
S76.401　大腿肌腱损伤
S76.402　大腿肌断裂
S76.700x001　髋和大腿多处肌肉和肌腱损伤
S79.700　髋和大腿多处损伤
S79.701　多发性大腿损伤
S79.901　大腿损伤
S79.902　髋周软组织损伤
S81.901　小腿撕脱伤
S82.000　髌骨骨折
S82.000x002　髌骨软骨骨折
S82.000x004　髌骨袖套状骨折
S82.010　开放性髌骨骨折
S82.100x011　胫骨近端骨折伴腓骨骨折
S82.100x012　胫骨平台伴腓骨骨折
S82.100x081　胫骨近端骨折
S82.100x082　胫骨近端骨骺分离
S82.100x084　胫骨髁骨折
S82.100x085　胫骨髁间棘骨折
S82.100x086　胫骨外髁骨折
S82.100x087　胫骨平台骨折
S82.100x088　胫骨平台伴髁间骨折
S82.100x089　胫骨结节骨折
S82.101　闭合性胫骨平台骨折
S82.102　胫骨头骨折
S82.110　开放性胫骨上端骨折
S82.111　开放性胫骨头骨折
S82.200x011　胫骨干骨折伴腓骨骨折
S82.200x081　胫骨干骨折
S82.201　胫腓骨干骨折
S82.202　胫骨骨折
S82.203　胫腓骨闭合性骨折
S82.210　开放性胫骨骨干骨折
S82.211　开放性胫骨骨折
S82.212　开放性胫腓骨干骨折
S82.300x011　胫骨远端骨折伴腓骨骨折
S82.300x012　胫腓骨下端骨骺分离
S82.300x081　胫骨远端骨折
S82.300x082　胫骨远端骨骺分离
S82.300x083　Pilon骨折
S82.301　胫腓骨下端骨折
S82.310　开放性胫骨下端骨折
S82.311　开放性胫腓骨下端骨折
S82.400x001　腓骨骨折
S82.400x002　腓骨远端骨骺分离
S82.400x011　腓骨近端骨折
S82.400x012　腓骨头骨折
S82.400x013　腓骨颈骨折
S82.400x014　腓骨小头骨折
S82.400x091　腓骨多发性骨折
S82.401　腓骨干骨折
S82.410　开放性腓骨骨折
S82.411　开放性腓骨干骨折
S82.500　内踝骨折
S82.500x001　胫骨骨折伴踝骨折
S82.501　胫骨骨折累及踝关节
S82.510　开放性内踝骨折
S82.600　外踝骨折
S82.600x001　腓骨骨折伴踝骨折
S82.601　腓骨骨折累及踝关节
S82.610　开放性外踝骨折

S82.700　小腿多处骨折
S82.710　开放性多发性小腿骨折
S82.800x081　踝骨骨折
S82.800x082　踝关节骨折
S82.801　三踝骨折
S82.802　双踝骨折
S82.803　踝骨闭合性骨折
S82.810　开放性小腿特指部位骨折
S82.811　开放性三踝骨折
S82.812　开放性双踝骨折
S82.900　小腿骨折
S82.910　开放性小腿骨折
S83.000　髌骨脱位
S83.001　髌骨半脱位
S83.100　膝关节脱位
S83.100x011　胫骨近端前脱位
S83.100x012　股骨远端后脱位
S83.100x021　胫骨近端后脱位
S83.100x031　胫骨近端内侧脱位
S83.100x041　胫骨近端外侧脱位
S83.100x081　胫腓关节脱位
S83.101　膝关节半脱位
S83.102　胫腓关节近端脱位
S83.200x001　膝半月板撕裂
S83.200x002　膝外侧半月板桶柄状撕裂
S83.200x003　膝内侧半月板桶柄状撕裂
S83.200x004　膝半月板桶柄状撕裂
S83.200x005　膝内侧半月板撕裂
S83.200x006　膝外侧半月板撕裂
S83.201　膝内侧半月板损伤
S83.202　膝外侧半月板损伤
S83.300x001　膝关节软骨撕裂
S83.400x001　膝关节副韧带扭伤
S83.400x002　膝关节副韧带断裂
S83.400x003　膝关节副韧带损伤
S83.400x011　膝关节外侧副韧带扭伤
S83.400x012　膝关节外侧副韧带损伤
S83.400x021　膝关节内侧副韧带扭伤
S83.400x022　膝关节内侧副韧带损伤
S83.400x031　膝关节外侧副韧带部分断裂
S83.400x032　膝关节外侧副韧带完全断裂
S83.400x041　膝关节内侧副韧带部分断裂
S83.400x042　膝关节内侧副韧带完全断裂
S83.401　膝关节副韧带劳损
S83.500x001　膝关节十字韧带断裂
S83.500x002　膝关节十字韧带扭伤
S83.500x003　膝关节十字韧带损伤
S83.500x011　膝关节前十字韧带扭伤
S83.500x012　膝关节前十字韧带损伤
S83.500x021　膝关节后十字韧带扭伤
S83.500x022　膝关节后十字韧带损伤
S83.500x031　膝关节前十字韧带部分断裂
S83.500x032　膝关节前十字韧带完全断裂
S83.500x041　膝关节后十字韧带部分断裂
S83.500x042　膝关节后十字韧带完全断裂
S83.501　膝关节十字韧带劳损
S83.600x002　膝关节损伤
S83.600x003　创伤性膝关节积血
S83.600x004　胫腓近端关节扭伤
S83.600x005　胫腓近端关节损伤
S83.600x006　胫腓近端韧带扭伤
S83.600x007　胫腓近端韧带损伤
S83.601　膝关节扭伤
S83.602　胫腓韧带上端撕裂
S83.603　上胫腓关节扭伤
S83.700x001　膝外侧半月板伴副韧带损伤
S83.700x002　膝外侧半月板伴十字韧带损伤
S83.700x003　膝关节多处损伤
S83.700x004　膝内侧半月板伴副韧带损伤
S83.700x005　膝内侧半月板伴十字韧带损伤
S83.700x006　膝关节多处韧带损伤
S86.100x001　小腿后部肌群和肌腱损伤
S86.100x002　小腿后部肌群肌肉损伤
S86.100x003　小腿后部肌群肌腱损伤
S86.200x002　小腿前部肌群肌腱损伤
S86.201　小腿水平前部肌群肌腱损伤
S86.300x001　腓侧肌群和肌腱损伤
S86.300x002　腓侧肌群肌肉损伤
S86.300x003　腓侧肌群肌腱损伤
S86.300x004　腓肠肌断裂
S86.300x005　腓骨长短肌损伤
S86.300x006　创伤性腓骨肌腱滑脱
S86.301　小腿水平腓侧肌群肌腱损伤
S86.700x001　小腿多处肌肉和肌腱损伤
S86.700x002　胫腓肌腱断裂
S86.701　小腿水平多发性肌腱损伤
S86.800　在小腿水平的其他肌肉和肌腱损伤
S86.901　小腿水平肌肉损伤
S89.700　小腿多处损伤
S89.800　小腿其他特指的损伤

S89.900　小腿损伤
S91.300x811　踝和足开放性损伤伴骨折
S91.300x821　踝和足开放性损伤伴脱位
S92.100　距骨骨折
S92.101　距骨颈骨折
S92.110　开放性距骨骨折
S93.000　踝关节脱位
S93.000x004　距骨脱位
S93.000x005　腓骨脱位
S93.001　踝关节半脱位
S93.002　胫距关节脱位
S93.003　胫腓远端关节脱位
S93.200x001　踝和足韧带断裂
S93.200x002　踝部韧带断裂
S93.200x004　踝距腓前韧带断裂
S93.200x005　跟腓韧带断裂
S93.400　踝扭伤和劳损
S93.400x002　踝关节损伤
S93.400x003　创伤性踝关节积血
S93.400x004　踝内侧副韧带扭伤
S93.400x012　踝三角韧带损伤
S93.400x021　跟腓韧带扭伤
S93.400x022　跟腓韧带损伤
S93.400x031　胫腓远端韧带扭伤
S93.400x032　胫腓远端韧带损伤
S93.401　踝关节扭伤
S93.402　踝内侧副韧带损伤
S93.403　三角韧带断裂
S93.404　三角韧带扭伤
S93.405　胫腓韧带远端撕裂
T02.200x001　单上肢多发性骨折
T02.210　开放性多发性单上肢骨折
T02.300x001　单下肢多发性骨折
T02.310　开放性多发性单下肢骨折
T02.800x001　身体复合部位的骨折
T02.810　开放性身体特指复合部位骨折
T03.200x003　上肢多处损伤
T09.200x005　躯干关节扭伤
T09.200x008　躯干关节损伤
T10.x00　上肢骨折
T10.x10　开放性上肢骨折
T11.102　上肢撕脱伤
T11.200x005　上肢关节扭伤
T11.200x006　上肢韧带扭伤
T11.200x008　上肢关节损伤
T11.200x009　上肢韧带损伤
T11.500　上肢肌肉和肌腱的损伤
T11.500x002　上肢肌肉损伤
T11.500x003　上肢肌腱损伤
T11.800　上肢其他特指的损伤
T11.900　上肢损伤
T12.x00　下肢骨折
T12.x10　开放性下肢骨折
T13.001　下肢血肿
T13.100x003　下肢撕脱伤
T13.100x004　下肢剥脱伤
T13.101　下肢皮肤撕裂伤
T13.200x002　下肢关节脱位
T13.200x003　下肢韧带脱位
T13.200x005　下肢关节扭伤
T13.200x006　下肢韧带扭伤
T13.200x007　下肢关节和韧带损伤
T13.200x008　下肢关节损伤
T13.200x009　下肢韧带损伤
T13.201　下肢关节和韧带脱位
T13.202　下肢关节和韧带扭伤
T13.203　下肢关节和韧带劳损
T13.501　下肢肌肉损伤
T13.502　下肢肌腱损伤
T13.800　下肢其他特指的损伤
T13.900　下肢损伤

IT1　骨髓炎

包含以下主要诊断：
A02.204+M90.2*　沙门菌骨髓炎
A18.000x063+M90.0*　结核性骨炎
A18.000x064+M90.0*　结核性骨髓炎
A18.000x065+M90.0*　结核性骨坏死
A18.000x067+M90.0*　骨髓结核
A54.403+M90.2*　淋球菌性骨髓炎
B37.800x090　腰椎念珠菌感染
M46.200　椎骨骨髓炎
M46.200x021　颈椎骨髓炎
M46.200x041　胸椎骨髓炎
M46.200x061　腰椎骨髓炎
M86.000　急性血源性骨髓炎
M86.100　急性骨髓炎，其他的
M86.200　亚急性骨髓炎
M86.300　慢性多病灶性骨髓炎
M86.400　慢性骨髓炎伴有引流窦道

M86.500　慢性血源性骨髓炎，其他的
M86.600x061　小腿慢性化脓性骨髓炎
M86.601　肘关节慢性化脓性骨髓炎
M86.602　手慢性化脓性骨髓炎
M86.603　骨盆区慢性化脓性骨髓炎
M86.604　大腿慢性化脓性骨髓炎
M86.605　膝关节慢性化脓性骨髓炎
M86.606　踝慢性化脓性骨髓炎
M86.607　足慢性化脓性骨髓炎
M86.608　慢性骨髓炎
M86.609　慢性化脓性骨髓炎
M86.610　骨内死骨形成
M86.800x071　跖骨籽骨形成
M86.800x095　布罗迪脓肿
M86.801　股骨肉芽肿
M86.803　骨干炎
M86.804　水肿性波特瘤
M86.805　骨残留异物性肉芽肿
M86.807　骨膜骨赘形成伴骨髓炎
M86.808　骨脓肿
M86.809　骨肉芽肿
M86.810　加雷骨髓炎
M86.811　硬化性骨髓炎
M86.812　籽骨炎
M86.900　骨髓炎
M86.900x001　多发性骨髓炎
M86.900x071　跗骨骨髓炎
M86.900x073　跖骨骨髓炎
M86.901　锁骨骨髓炎
M86.902　肩胛骨骨髓炎
M86.903　肱骨骨髓炎
M86.904　桡骨骨髓炎
M86.905　尺骨骨髓炎
M86.906　腕骨骨髓炎
M86.907　手指骨髓炎
M86.908　掌骨骨髓炎
M86.909　骨盆骨髓炎
M86.910　股骨骨髓炎
M86.911　膝关节骨髓炎
M86.912　腓骨骨髓炎
M86.913　胫骨骨髓炎
M86.914　足部骨髓炎
M86.915　趾骨骨髓炎
M86.916　跟骨骨髓炎
M86.917　颅骨骨髓炎
M86.918　肋骨骨髓炎
M86.919　躯干骨骨髓炎
M86.920　胸骨骨髓炎
M86.921　骨炎
M86.923　骨膜炎
M87.000　特发性无菌性骨坏死
M87.001　肱骨头无菌性坏死
M87.002　股骨头无菌性坏死
M87.100　药物性骨坏死
M87.101　药物性肱骨头坏死
M87.102　药物性股骨头坏死
M87.200x021　创伤后肱骨坏死
M87.200x042　创伤后腕骨坏死
M87.200x072　创伤后距骨坏死
M87.200x073　创伤后足舟骨坏死
M87.202　创伤后指骨坏死
M87.203　创伤后股骨头坏死
M87.204　创伤后趾骨坏死
M87.300　继发性骨坏死，其他的
M87.800x021　肱骨头缺血性坏死
M87.800x041　月骨缺血性坏死
M87.800x051　股骨头缺血性坏死
M87.800x091　骨缺血性坏死
M87.800x101　足舟骨坏死
M87.900　骨坏死
M87.900x021　肱骨骨坏死
M87.900x061　胫骨骨坏死
M87.900x071　距骨骨坏死
M87.901　股骨骨坏死

IT2　慢性炎症性肌肉骨骼结缔组织疾病

包含以下主要诊断：
A18.000x015+M01.1*　结核性风湿病［篷塞病］
A18.000x034+M90.0*　肢体骨结核
A18.000x035+M90.0*　骨结核病
A18.000x042+M90.0*　第三楔骨结核
A18.000x057+M49.0*　骶骨结核
A18.000x058+M68.0*　腱鞘结核
A18.000x060+M90.0*　胸骨结核
A18.000x062+M68.0*　结核性腱鞘炎
A18.001+M90.0*　骨结核
A18.014+M90.0*　肋骨结核
A18.015+M90.0*　耻骨结核
A18.016+M90.0*　肱骨结核
A18.017+M90.0*　桡骨结核

A18.018+M90.0* 尺骨结核
A18.019+M90.0* 掌骨结核
A18.020+M90.0* 指骨结核
A18.021+M90.0* 股骨结核
A18.022+M90.0* 胫骨结核
A18.023+M90.0* 腓骨结核
A18.024+M90.0* 跟骨结核
A18.025+M90.0* 楔骨结核
A18.026+M90.0* 趾骨结核
A18.041+M68.0* 滑膜结核
A18.042+M68.0* 肌腱结核
A18.300x006+K67.3* 髂窝结核
A18.317 髂窝结核性脓肿
A18.318 髂窝淋巴结结核
A18.800x010+M63.0* 肌结核
A18.800x022+M63.0* 上臂内侧横纹肌结核
A18.800x027+M63.0* 腰大肌结核性脓肿
A18.800x028+M63.0* 腰肌结核
A18.810+M63.0* 胸大肌结核
A18.819+M36.8* 结缔组织结核
A51.400x002+M90.1* 二期梅毒性骨膜炎
A51.400x007+M63.0* 二期梅毒性肌炎
A52.700x008+M68.0* 梅毒性滑膜炎
A52.700x009+M68.0* 梅毒性腱鞘炎
A52.700x010+M63.0* 梅毒性肌炎
A52.707+M90.2* 骨梅毒
A54.402+M73.0* 淋球菌性滑囊炎
A54.404+M68.0* 淋球菌性滑膜炎
A54.405+M68.0* 淋球菌性腱鞘炎
B45.300 骨隐球菌病
B58.800x002+M63.1* 弓形虫肌炎
B67.200x001+M90.2* 骨细粒棘球蚴病
D48.900x013+M63.8* 肿瘤相关性肌炎
D48.904+M36.0* 肿瘤相关性皮肌炎
D86.803+M63.3* 结节病性肌炎
E85.000 非神经病性家族遗传性淀粉样变
E85.001 家族性地中海热
E85.900 淀粉样变
E85.900x003 斑疹性淀粉样变性
I00.x00x004 急性风湿热
I00.x00x005 急性风湿性关节炎
I00.x01 风湿性关节炎
K50.902+M07.4* 克罗恩病性关节病
K51.904+M07.5* 溃疡性结肠炎性关节病
K52.913+M07.6* 肠病性关节炎
L40.501+M07.3* 银屑病性关节炎
L87.100 反应性穿通性胶原病
M00.800 关节炎和多关节炎，其他特指的细菌性病原体引起的
M02.300 赖特尔病
M02.800 反应性关节病，其他的
M05.000 费尔蒂综合征
M05.200 类风湿性脉管炎
M05.200x092 类风湿性血管炎
M05.303+G73.7* 类风湿性关节炎相关性肌病
M05.308 累及全身类风湿性关节炎
M05.800 血清反应阳性的类风湿性关节炎，其他的
M05.900x093 累及内脏的类风湿性关节炎
M06.002 缓解性血清阴性对称性滑膜炎伴凹陷性水肿综合征
M06.003 滑膜炎-痤疮-脓疱疹-骨肥厚-骨炎综合征
M06.100 成年型斯蒂尔病
M06.200 类风湿性滑囊炎
M06.300 类风湿性结节
M06.901 类风湿性肩关节炎
M06.902 类风湿性肘关节炎
M06.903 类风湿性腕关节炎
M06.904 类风湿性手骨间关节炎
M06.907 类风湿性踝关节炎
M06.908 类风湿性斜颈
M08.002 幼年型类风湿因子阳性关节炎
M08.100 幼年型关节强硬性脊椎炎
M08.100x092 幼年型脊椎关节炎
M08.300 幼年型多关节炎（血清反应阴性）
M08.300x001 多关节型儿童类风湿病
M08.301 慢性幼年型多关节炎
M08.400 少关节性幼年型关节炎
M08.900 幼年型关节炎
M10.400 继发性痛风，其他的
M11.800x093 假性痛风性关节炎
M11.801 焦磷酸盐结晶性关节炎（病）
M11.802 磷酸二钙结晶性关节炎（病）
M12.300 复发性风湿病
M23.601 自发性膝韧带破裂
M30.000 结节性多动脉炎
M30.001+G73.7* 结节性多动脉炎性肌病
M30.002+G63.5* 结节性多动脉炎性多神经病
M30.003+G63.5* 结节性多动脉炎性周围神经病
M30.004 多脉管炎
M30.100 多动脉炎伴有肺受累［丘格-斯特劳斯］

M30.100x001　嗜酸性肉芽肿性血管炎
M30.101　变应性肉芽肿性血管炎
M30.200　幼年型多动脉炎
M30.300　黏膜皮肤淋巴结综合征［川崎病］
M30.301　IVIG无应答型川崎病
M30.801　多脉管炎重叠综合征
M31.000x002　免疫性血管炎
M31.001　古德帕斯丘综合征
M31.100　血栓性微血管病
M31.101　血栓性血小板减少性紫癜
M31.500　巨细胞动脉炎伴有风湿性多肌痛
M31.700　显微镜下多脉管炎
M31.702+G63.5*　显微镜下多血管炎性周围神经病
M31.801　HCV感染相关血管炎
M31.802　ANCA相关性血管炎
M31.803　低补体血症血管炎
M31.900x001　坏死性脉管炎
M32.000　药物性系统性红斑狼疮
M32.110+G73.7*　狼疮性肌病
M32.800　系统性红斑狼疮，其他形式的
M32.900　系统性红斑狼疮
M32.901　隐匿性系统性红斑狼疮
M33.000　幼年型皮肌炎
M33.100x001　儿童皮肌炎
M33.100x004　成人皮肌炎
M33.101　皮肌炎
M33.104　无肌病性皮肌炎
M33.105　异色皮肌炎
M33.200　多肌炎
M33.900　皮多肌炎
M34.800x002+G73.7*　系统性硬化症性肌病
M34.800x005+G53.8*　系统性硬化症累及脑神经
M34.802　布施克硬肿病
M34.804+G73.7*　全身性硬化性肌病
M34.805　肢端硬肿病
M34.806+G63.5*　全身性硬化性多神经病变
M34.900　全身性硬皮病
M34.900x001　系统性硬化症
M35.000　干燥综合征［舍格伦］
M35.001　继发性干燥综合征
M35.004+G73.7*　干燥综合征性肌病
M35.101　混合性结缔组织病
M35.102　混合性结缔组织病肾损害
M35.200　贝赫切特［贝切特］病
M35.201　贝赫切特病性关节炎
M35.203　神经贝赫切特病
M35.300　风湿性多肌痛
M35.400　弥漫性（嗜酸细胞性）筋膜炎
M35.500　多病灶性纤维硬化病
M35.700　过度活动综合征
M35.701　家族性韧带松弛
M35.800x001　抗合成酶综合征
M35.801　嗜酸性粒细胞增多-肌痛综合征
M35.900x006+G63.5*　继发于结缔组织病的周围神经病
M35.900x007　高IgD综合征
M35.901　结缔组织病
M35.902　胶原病
M35.903+G63.5*　胶原血管性多神经病
M35.905　抗J0-1综合征
M35.906　IgG4相关疾病
M35.907　自身免疫病
M45.x00　强直性脊柱炎
M45.x01　类风湿性脊椎炎
M45.x02　萎缩性脊柱炎
M45.x03+H22.1*　强直性脊柱炎伴虹膜睫状体炎
M60.900　肌炎
M60.901　嗜酸性肌筋膜炎
M60.902　肌筋膜炎
M60.903　巨噬细胞肌筋膜炎
M79.810　结缔组织炎
Q79.800x007　纤维肌性发育不良
Q79.801　肯林卡综合征
Q79.803　波伦综合征
Z51.800x001　冲击治疗

IT3　感染性关节炎

包含以下主要诊断：
A02.202+M01.3*　沙门菌关节炎
A18.000x019+M01.1*　关节寒性脓肿［关节结核脓肿］
A18.000x046+M68.0*　结核性滑膜炎
A18.000x053+M01.1*　胸锁关节结核
A18.002+M01.1*　关节结核
A18.027+M01.1*　肩关节结核
A18.028+M01.1*　肘关节结核
A18.029+M01.1*　腕关节结核
A18.030+M01.1*　指关节结核
A18.031+M01.1*　髋关节结核
A18.032+M49.0*　骶髂关节结核

A18.033+M01.1* 髋关节结核性滑膜炎
A18.034+M01.1* 膝关节结核
A18.035+M01.1* 膝关节结核性滑膜炎
A18.036+M01.1* 踝关节结核
A18.037+M01.1* 跖趾关节结核
A18.038+M01.1* 趾关节结核
A18.039+M01.1* 关节结核性风湿病
A18.040+M01.1* 关节结核性窦道
A18.043+M01.1* 关节结核性脓肿
A18.044+M01.1* 结核性关节炎
A23.902+M01.3* 布氏菌病关节炎
A39.804+M01.0* 脑膜炎球菌性关节炎
A39.805+M03.0* 脑膜炎球菌感染后关节炎
A52.103+M14.6* 夏科关节病
A52.706+M01.3* 梅毒性关节病
A54.401+M01.3* 淋球菌性关节炎
A69.900x002+M01.8* 螺旋体感染性关节炎
B06.802+M01.4* 风疹性关节炎
B19.900x001+M03.2* 病毒性肝炎相关性关节炎
B26.800x001+M01.5* 流行性腮腺炎性关节炎
B37.800x089+M01.6* 念珠菌性髋关节炎
B49.x19+M01.6* 真菌性关节炎
M00.000x091 葡萄球菌性关节炎
M00.000x092 葡萄球菌性多关节炎
M00.001 葡萄球菌性肩关节炎
M00.002 葡萄球菌性肘关节炎
M00.003 葡萄球菌性腕关节炎
M00.004 葡萄球菌性髋关节炎
M00.005 葡萄球菌性膝关节炎
M00.006 葡萄球菌性踝关节炎
M00.100x001 肺炎球菌性多关节炎
M00.100x011 肺炎球菌性肩关节炎
M00.100x021 肺炎球菌性肘关节炎
M00.100x031 肺炎球菌性腕关节炎
M00.100x051 肺炎球菌性髋关节炎
M00.100x061 肺炎球菌性膝关节炎
M00.100x071 肺炎球菌性踝关节炎
M00.100x091 肺炎球菌性关节炎
M00.200x001 链球菌性多关节炎
M00.200x011 链球菌性肩关节炎
M00.200x021 链球菌性肘关节炎
M00.200x031 链球菌性腕关节炎
M00.200x051 链球菌性髋关节炎
M00.200x061 链球菌性膝关节炎
M00.200x071 链球菌性踝关节炎
M00.200x091 链球菌性关节炎
M00.900 化脓性关节炎
M00.900x011 感染性肩关节炎
M00.900x021 感染性肘关节炎
M00.900x031 感染性腕关节炎
M00.900x051 感染性髋关节炎
M00.900x061 感染性膝关节炎
M00.900x071 感染性踝关节炎
M00.901 感染性关节炎

IU1 骨病及其他关节病

包含以下主要诊断：
D48.900x005+M90.6* 肿瘤引起的变形性骨炎
D86.800x006+M14.8* 结节病性关节病
E03.900x005+M14.5* 甲状腺功能减退性关节炎
E05.900x005+M14.5* 甲状腺毒症性关节病
E10.600x011+M14.6* 1型糖尿病性夏科关节病
E10.600x012+M14.2* 1型糖尿病性手关节综合征
E10.600x015+M14.2* 1型糖尿病性肩关节周围炎
E10.601+M14.2* 1型糖尿病性关节病
E10.602+M14.6* 1型糖尿病神经病性关节病
E11.600x011+M14.6* 2型糖尿病性夏科关节病
E11.600x012+M14.2* 2型糖尿病性手关节综合征
E11.600x015+M14.2* 2型糖尿病性肩关节周围炎
E11.601+M14.2* 2型糖尿病性关节病
E11.602+M14.6* 2型糖尿病神经病性关节病
E14.600x011+M14.6* 糖尿病性夏科关节病
E14.600x012+M14.2* 糖尿病性手关节综合征
E14.600x015+M14.2* 糖尿病性肩关节周围炎
E14.600x016+M14.2* 糖尿病性骨关节病
E21.300x003+M14.1* 甲状旁腺功能亢进症性晶体性关节病
E22.000x006+M14.5* 肢端肥大症性关节病
E55.000x002 佝偻病性骨软化
E55.000x003 幼年的骨软化性佝偻病
E55.000x004 婴儿的骨软化性佝偻病
E55.000x007 先天性佝偻病
E55.001 佝偻病
E64.300 佝偻病后遗症
E83.100x006+M14.5* 血色素沉着型关节病
E83.300x008+M90.8* 维生素D依赖性佝偻病
E83.300x012+M90.8* 维生素D抵抗性骨软化
E83.307+M90.8* 低磷性骨软化症
E83.308+M90.8* 低磷性佝偻病
E88.902+M90.8* 代谢性骨病

L40.502+M09.0* 银屑病性幼年型关节炎
M02.000 肠旁路术后关节病
M02.100 痢疾后关节病
M02.200 免疫后关节病
M02.201 血清性关节炎
M02.900 反应性关节病
M05.900 血清反应阳性的类风湿性关节炎
M06.000 血清反应阴性的类风湿性关节炎
M06.001 复发性血清阴性对称性滑膜炎伴凹陷性水肿
M06.400 炎性多关节病
M06.800 类风湿性关节炎，其他特指的
M06.800x051 类风湿性髋关节炎
M06.800x071 类风湿性足关节炎
M06.900 类风湿性关节炎
M06.906 类风湿性膝关节炎
M06.909 类风湿性多部位关节炎
M08.000 幼年型类风湿性关节炎
M08.001 幼年型类风湿因子阴性关节炎
M08.200 幼年型关节炎伴有全身性发病
M08.201 幼年型斯蒂尔病
M08.800x091 幼年型特发性关节炎
M10.000 特发性痛风
M10.000x094 原发性痛风
M10.002 痛风性关节炎
M10.003 痛风性滑囊炎
M10.100 铅性痛风
M10.200 药物性痛风
M10.300 肾功能损害引起的痛风
M10.900 痛风
M10.900x093 痛风石
M10.901 痛风体质
M10.902+H62.8* 耳痛风石
M10.903 痛风结节
M11.000 羟磷灰石沉着病
M11.100 家族性软骨钙沉着
M11.201 软骨钙质沉着
M11.900 结晶性关节病
M12.000 慢性风湿病后关节病［雅库综合征］
M12.100 卡斯钦-贝克病［大骨节病］
M12.200 绒毛结节性滑膜炎（色素沉着的）
M12.200x011 肩关节色素沉着绒毛结节性滑膜炎
M12.200x021 肘关节色素沉着绒毛结节性滑膜炎
M12.200x031 腕关节色素沉着绒毛结节性滑膜炎
M12.200x051 髋关节色素沉着绒毛结节性滑膜炎
M12.200x061 膝色素沉着绒毛结节性滑膜炎
M12.200x071 踝关节色素沉着绒毛结节性滑膜炎
M12.400 间歇性关节积水
M12.500 创伤性关节病
M12.500x011 肩关节创伤性关节病
M12.500x021 肘关节创伤性关节病
M12.500x031 腕关节创伤性关节病
M12.500x051 髋关节创伤性关节病
M12.500x061 膝关节创伤性关节病
M12.500x071 踝关节创伤性关节病
M12.801 短暂性关节炎（病）
M13.000 多关节炎
M13.100 单关节炎
M13.100x011 胸锁关节炎
M13.800x001 变应性关节炎
M13.802 更年期关节炎
M13.900 关节炎
M15.000 原发性全身性（骨）关节病
M15.100 赫伯登结节（伴有关节病）
M15.200 布沙尔结节（伴有关节病）
M15.300 继发性多发性关节病
M15.301 创伤后多关节病
M15.400 侵蚀性（骨）关节病
M15.401 糜烂性骨关节病
M15.900 多关节病
M15.900x003 重度多关节病
M15.901 萎缩性多关节炎
M15.902 全身性骨关节炎
M16.000 原发性双侧髋关节病
M16.101 原发性单侧髋关节病
M16.200 发育异常导致的双侧髋关节病
M16.301 发育异常性单侧髋关节病
M16.400 创伤后双侧髋关节病
M16.501 创伤后单侧髋关节病
M16.600 继发性双侧髋关节病，其他的
M16.701 继发性单侧髋关节病
M16.900 髋关节病
M16.900x002 双侧髋关节骨性关节病
M16.900x011 髋关节周围炎
M16.900x012 髋关节退行性病变
M16.901 老年性髋关节病
M17.000 原发性双侧膝关节病
M17.101 原发性单侧膝关节病
M17.200 创伤后双侧膝关节病
M17.301 创伤后单侧膝关节病

M17.400　继发性双侧膝关节病，其他的
M17.500x002　独眼征（膝CYCLOPS形成）
M17.501　继发性单侧膝关节病
M17.900　膝关节病
M17.900x002　膝关节退行性病变
M17.900x003　双侧膝关节骨性关节病
M17.900x004　单侧膝关节骨性关节病
M18.000　双侧第一腕掌关节的原发性关节病
M18.101　单侧第一腕掌关节原发性关节病
M18.200　双侧第一腕掌关节的创伤后关节病
M18.301　单侧第一腕掌关节创伤后关节病
M18.400x001　继发性双侧第一腕掌关节病
M18.501　单侧第一腕掌关节继发性关节病
M18.900　第一腕掌关节的关节病
M18.900x002　双侧腕关节骨性关节病
M19.001　原发性关节病
M19.101　创伤后关节病
M19.201　继发性关节病
M19.800　关节病，其他特指的
M19.900　关节病
M19.900x092　重度骨关节病
M19.900x093　指骨关节病
M19.900x094　趾骨关节病
M19.900x095　跖骨关节病
M19.900x096　距下关节骨性关节病
M19.900x097　跖趾关节骨性关节病
M19.901　肩关节关节病
M19.902　肘关节关节病
M19.903　腕关节关节病
M19.904　手骨间关节病
M19.905　踝关节关节病
M19.906　足关节关节病
M19.907　肥厚性关节炎
M19.908　老年性关节炎
M19.909　变形性关节炎
M19.910　萎缩性关节炎
M23.400　膝关节游离体
M24.000　关节游离体
M24.001　肩关节游离体
M24.002　肘关节游离体
M24.003　腕关节游离体
M24.004　指关节游离体
M24.005　髋关节游离体
M24.006　踝关节游离体
M24.500　关节挛缩
M24.500x001　多发关节挛缩
M24.501　髋关节挛缩
M24.502　膝关节挛缩
M24.503　踝关节挛缩
M24.600　关节强硬
M24.601　多发性关节强硬
M24.602　肩关节强硬
M24.603　肘关节强硬
M24.604　腕关节强硬
M24.605　手骨间关节强硬
M24.606　髋关节强硬
M24.607　膝关节强硬
M24.608　踝关节强硬
M24.609　关节骨性强硬
M24.610　关节纤维变性
M24.700　髋臼前突
M24.800x052　髋关节撞击综合征
M24.811　关节粘连
M24.900　关节紊乱
M24.900x052　骶髂关节紊乱
M24.908　腰椎小关节紊乱
M25.000　关节积血
M25.001　肩关节积血
M25.002　肘关节积血
M25.003　腕关节积血
M25.004　手骨间关节积血
M25.005　髋关节积血
M25.006　膝关节积血
M25.007　踝关节积血
M25.100　关节瘘
M25.100x011　肩关节瘘
M25.100x021　肘关节瘘
M25.100x031　腕关节瘘
M25.100x051　髋关节瘘
M25.100x061　膝关节瘘
M25.100x071　踝关节瘘
M25.200　连枷状关节
M25.201　关节松弛
M25.301　关节不稳定
M25.400　关节渗出
M25.401　肩关节积液
M25.402　肩关节肿胀
M25.403　肘关节积液
M25.404　肘关节肿胀
M25.405　腕关节积液

M25.406　腕关节肿胀
M25.407　手骨间关节积液
M25.408　手骨间关节肿胀
M25.409　髋关节积液
M25.410　髋关节肿胀
M25.411　膝关节积液
M25.412　膝关节肿胀
M25.413　踝关节积液
M25.414　踝关节肿胀
M25.415　关节积液
M25.416　关节肿胀
M25.500　关节痛
M25.501　肩关节痛
M25.502　肘关节痛
M25.503　腕关节痛
M25.504　手骨间关节痛
M25.505　髋关节痛
M25.506　膝关节痛
M25.507　踝关节痛
M25.600x091　关节僵硬
M25.601　肢体僵硬
M25.602　肩关节僵硬
M25.603　肘关节僵硬
M25.604　腕关节僵硬
M25.605　指关节僵硬
M25.606　髋关节僵硬
M25.607　膝关节僵硬
M25.608　踝关节僵硬
M25.700　骨赘
M25.800x092　关节周围骨化
M25.801　多部位关节钙化
M25.802　肩关节钙化
M25.803　肩关节囊肿
M25.804　肘关节囊肿
M25.805　腕关节囊肿
M25.807　髋关节囊肿
M25.808　膝关节囊肿
M25.809　踝关节囊肿
M25.810　关节周围异位骨化
M25.900x031　腕关节肿物
M25.900x061　膝关节肿物
M25.901　关节肿物
M42.000x091　卡尔韦病
M42.002　幼年椎骨骺骨软骨病
M42.100　成年脊柱骨软骨病
M47.900　脊椎关节强硬
M47.900x091　脊柱骨关节病
M81.000　绝经后骨质疏松
M81.100　卵巢切除术后骨质疏松
M81.200　失用性骨质疏松
M81.300　手术后吸收不良性骨质疏松
M81.400　药物性骨质疏松
M81.500　特发性骨质疏松
M81.600　局限性骨质疏松［勒凯纳］
M81.800x091　老年性骨质疏松
M81.801　肝性骨营养不良
M81.900　骨质疏松
M81.900x101　脊椎松解
M81.903　骨脱矿质
M81.904　骨脱钙
M83.000　产褥期骨软化症
M83.100　老年性骨软化症
M83.200　吸收不良引起的成人骨软化症
M83.200x092　成人手术后吸收障碍性骨软化症
M83.300　营养不良引起的成人骨软化症
M83.400　铝骨病
M83.900　成人骨软化症
M83.900x091　骨软化症
M85.000x011　锁骨纤维异常增殖症
M85.000x031　桡骨纤维异常增殖症
M85.000x051　股骨纤维结构不良
M85.000x052　髋骨纤维异常增殖症
M85.000x053　骨盆骨纤维结构不良
M85.000x054　坐骨纤维异常增殖症
M85.000x061　胫骨纤维结构不良
M85.000x062　腓骨纤维结构不良
M85.000x071　跟骨纤维结构不良
M85.000x082　肋骨纤维异常增殖症
M85.000x084　椎骨纤维异常增殖症
M85.001　骨纤维异样增殖症
M85.002　贾菲利希滕斯坦（-尤林格）综合征
M85.003　肱骨纤维结构不良
M85.100　氟骨症
M85.200　颅骨肥大
M85.201　额骨内面骨肥厚
M85.300　致密性骨炎
M85.400　单一性骨囊肿
M85.500　动脉瘤性骨囊肿
M85.600x021　肱骨骨囊肿
M85.600x031　桡骨骨囊肿

M85.600x032　尺骨骨囊肿
M85.600x041　腕骨骨囊肿
M85.600x042　指骨骨囊肿
M85.600x043　掌骨骨囊肿
M85.600x051　股骨骨囊肿
M85.600x052　坐骨结节囊肿
M85.600x053　髂骨骨囊肿
M85.600x061　腓骨骨囊肿
M85.600x062　胫骨骨囊肿
M85.600x071　距骨骨囊肿
M85.600x072　跟骨骨囊肿
M85.600x081　颞骨囊肿
M85.600x092　单纯性骨囊肿
M85.600x093　孤立性骨囊肿
M85.602　躯干骨囊肿
M85.603　骨囊肿
M88.000　颅骨佩吉特病
M88.800　骨的佩吉特病，其他的
M88.900　指骨的佩吉特病
M89.002　创伤后骨质疏松
M89.100　骨骺生长停止
M89.101　骺横线
M89.200x071　足舟骨过度生长
M89.300　骨肥大
M89.301　跖骨肥大
M89.302　跗骨肥大
M89.303　面骨骨质增生
M89.304　剑突骨质增生
M89.305　颧骨肥大
M89.306　骨过度生长
M89.307　骨膜肥厚
M89.308　骨皮质肥厚
M89.309　骨质增生
M89.310　腕背隆突综合征
M89.401　肥大性肺性骨关节病
M89.402　厚皮性骨膜病
M89.403　普罗蒂斯综合征
M89.404　继发性肥大性骨关节病
M89.500　骨质溶解
M89.500x091　大块溶骨病
M89.600　脊髓灰质炎后骨病
M89.800x501　股骨非骨化性纤维瘤
M89.800x601　膝关节籽骨炎
M89.800x906　蜡油样骨病
M89.800x908　骨瘢痕
M89.802　肩胛擦响症
M89.803　肩胛痛
M89.804　肱骨破坏
M89.808　股骨头变平
M89.810　胫骨非骨化性纤维瘤
M89.813　足副舟骨痛
M89.816　肋骨滑脱
M89.817　非骨化性纤维瘤
M89.818　骨质破坏
M89.819　婴儿型骨皮质肥厚
M89.820　骨外露
M89.821　创伤后骨膜下骨化
M89.823　骨痛
M89.824　骨膜下出血
M89.825　骨膜骨赘形成
M89.900x063　膝股骨内侧骨疣
M89.900x072　趾骨肿物
M89.900x091　外生骨疣
M89.901　锁骨肿物
M89.903　肱骨肿物
M89.906　股骨病变
M89.911　胫骨肿物
M89.912　跖骨肿物
M89.915　胸骨病变
M89.917　椎骨病变
M89.918　肋骨肿物
M89.919　骨肿物
M89.920　骨病变
M89.926　胫骨骨疣
M89.928　额骨骨疣
M91.000　幼年型骨盆骨软骨病
M91.000x051　耻骨联合幼年型骨软骨病
M91.001　坐骨软骨结合
M91.002　耻骨软骨结合
M91.003　髂嵴软骨病
M91.004　髋臼骨软骨病
M91.100　幼年型股骨头骨软骨病［莱格-卡尔韦-佩尔特斯］
M91.101　幼年型股骨骺骨软骨病
M91.102　幼年型髋关节骨软骨病
M91.200　扁平髋
M91.201　幼年骨软骨病性髋关节畸形
M91.300　假性髋关节痛
M91.800　幼年型髋关节和骨盆骨软骨病，其他的
M91.800x051　先天性髋关节脱位复位后幼年型骨

软骨病
M91.900　幼年型髋关节和骨盆骨软骨病
M92.000x001　幼年型肱骨头骨软骨病
M92.001　幼年型肱骨小头骨软骨病
M92.101　尺骨下段幼年型骨软骨病
M92.102　桡骨头骨软骨病
M92.200　幼年型手部骨软骨病
M92.201　幼年型腕骨骨软骨病
M92.202　幼年型掌骨骨软骨病
M92.400　幼年型髌骨骨软骨病
M92.401　髌骨克勒病
M92.402　辛丁-拉森软骨病
M92.501　胫骨粗隆骨软骨病
M92.502　胫骨内翻骨软骨病
M92.503　胫骨幼年型骨软骨病
M92.504　腓骨幼年型骨软骨病
M92.600　幼年型跗骨骨软骨病
M92.600x002　距骨幼年型骨软骨病
M92.601　幼年型跟骨骨软骨病
M92.602　幼年型跗舟骨骨软骨病
M92.604　幼年型外胫骨软骨病
M92.605　幼年型内侧楔骨软骨病
M92.606　幼年型舟骨软骨病
M92.700x003　跖骨幼年型骨软骨病
M92.701　幼年型第二跖骨骨软骨病
M92.702　幼年型第五跖骨骨软骨病
M92.703　跖骨头不全骨折
M92.801　幼年型下肢骨软骨炎
M92.802　幼年型足骨软骨病
M92.803　跟骨骺炎
M92.804　跟骨骨突炎
M92.900　幼年型骨软骨病
M92.901　幼年型骨骺炎
M92.902　幼年型骨软骨炎
M92.903　幼年型骨突炎
M93.000　股骨上端（非创伤性）骨骺滑脱
M93.100　成人金伯克病
M93.200x001　踝距骨剥脱性骨软骨炎
M93.200x002　肱骨小头剥脱性骨软骨炎
M93.200x003　分离性骨软骨炎［剥脱性骨软骨炎］
M93.201　肩关节分离性骨软骨病
M93.202　膝关节分离性骨软骨病
M93.800x001　桡骨小头骨骺炎
M93.800x002　膝关节骨软骨炎
M93.800x003　耻骨骨软骨炎
M93.901　骨骺炎
M93.902　骨软骨炎
M93.903　骺脱离
M93.904　骨骺滑脱
M93.905　骨突炎
M94.100　复发性多软骨炎
M94.200　软骨软化
M94.300　软骨溶解
M94.300x051　特发性髋关节软骨溶解症
M94.801　化脓性软骨炎
M94.802　老年性软骨骨化
M94.808　软骨炎
M94.900　软骨疾患
M95.901　后天性骨畸形
N25.002+M90.8*　肾性骨病

IU2　颈腰背疾病

包含以下主要诊断：
A18.000x018+M49.0*　脊椎结核并椎旁脓肿
A18.000x047+M49.0*　结核性脊柱前凸
A18.000x048+M49.0*　结核性脊柱侧弯
A18.000x049+M49.0*　脊柱骨脓肿［结核性脊柱骨脓肿］
A18.000x066+M49.0*　颈椎结核性截瘫
A18.005+M49.0*　颈椎结核
A18.006+M49.0*　胸椎结核
A18.007+M49.0*　腰椎结核
A18.008+M90.0*　腰椎结核性窦道
A18.009+M49.0*　脊柱结核
A18.010+M49.0*　脊柱结核性脓肿
A18.011+M49.0*　结核性脊柱后凸
A18.012+M49.0*　脊柱结核性截瘫
A18.013+M49.0*　结核性脊柱裂
A23.901+M49.1*　布氏菌病脊柱炎
M24.203　项韧带肥厚
M24.204　黄韧带肥厚
M24.205　寰枢横韧带松弛
M24.301　自发性寰枢椎脱位
M24.302　自发性寰枢椎半脱位
M40.000　姿势性脊柱后凸
M40.000x091　青年型姿势性脊柱后凸
M40.100　继发性脊柱后凸，其他的
M40.100x051　继发性胸腰段脊柱后凸
M40.101　强直性脊柱炎后凸畸形
M40.200x021　颈椎后凸

M40.200x041 胸椎后凸
M40.200x061 腰椎后凸
M40.201 脊柱后凸
M40.300 直背综合征
M40.401 后天性脊柱前凸
M40.402 姿势性脊柱前凸
M40.500 脊柱前凸
M40.501 鞍状背
M41.000 婴儿特发性脊柱侧弯
M41.101 青少年特发性脊柱侧弯
M41.200 特发性脊柱侧弯，其他的
M41.300 胸源性脊柱侧弯
M41.400 神经肌肉性脊柱侧弯
M41.400x091 脊髓灰质炎后脊柱侧弯
M41.401 麻痹性脊柱侧弯
M41.500 继发性脊柱侧弯，其他的
M41.501 创伤性脊柱侧弯
M41.800 脊柱侧弯，其他形式的
M41.900 脊柱侧弯
M41.900x061 腰椎侧弯
M41.901 脊柱后侧凸
M42.900 脊柱骨软骨病
M43.001 枕寰枢椎滑脱
M43.002 颈椎滑脱
M43.003 颈椎胸椎滑脱
M43.004 胸椎滑脱
M43.005 胸椎腰椎滑脱
M43.006 腰椎滑脱
M43.007 腰骶部脊椎滑脱
M43.008 骶尾部滑脱
M43.009 腰椎峡部裂
M43.100x011 后天性寰枢椎滑脱
M43.100x021 颈椎前移
M43.100x041 胸椎前移
M43.100x061 腰椎前移
M43.100x062 后天性腰椎滑脱
M43.100x071 腰骶脊椎前移
M43.100x091 后天性脊椎滑脱
M43.101 创伤性脊椎前移
M43.102 变性性脊椎前移
M43.201 寰枢椎关节强硬
M43.202 骶髂关节强硬
M43.203 后天性脊柱关节强硬
M43.300 复发性寰枢不完全性脱位伴有脊髓病
M43.400 复发性寰枢不完全性脱位，其他的
M43.501 复发性颈椎不完全性脱位
M43.502 复发性颈椎胸椎不完全性脱位
M43.503 复发性胸椎不完全性脱位
M43.504 复发性胸椎腰椎不完全性脱位
M43.505 复发性腰椎不完全性脱位
M43.600 斜颈
M43.601 肌性斜颈
M43.602 僵颈
M43.801 脊柱旋转不足
M43.802 腰骶关节畸形
M43.803 骶髂关节畸形
M43.804 骶骨畸形
M43.805 尾骨畸形
M43.901 后天性脊柱变形
M46.000 脊柱肌腱端病
M46.000x093 棘间韧带发育不良
M46.000x094 棘上韧带炎
M46.001 颈椎肌腱端炎
M46.002 胸椎肌腱端炎
M46.003 腰椎肌腱端炎
M46.004 颈椎棘上韧带炎
M46.100 骶髂关节炎，不可归类在他处者
M46.300 椎间盘感染（脓性）
M46.300x021 颈椎间盘感染
M46.300x041 胸椎间盘感染
M46.300x061 腰椎间盘感染
M46.301 化脓性胸椎间盘感染
M46.302 化脓性腰椎间盘感染
M46.400 关节盘炎
M46.401 颈椎椎间盘炎
M46.402 胸椎椎间盘炎
M46.403 腰椎椎间盘炎
M46.500x091 椎体感染
M46.500x092 化脓性脊柱炎
M46.501 颈椎脓肿
M46.502 胸椎脓肿
M46.503 腰椎脓肿
M46.504 骶尾椎脓肿
M46.800x091 肥大性脊柱炎
M46.800x093 变形性脊柱炎
M46.802 退行性脊柱炎
M46.803 增生性脊柱炎
M46.900 炎性脊椎病
M47.001+G99.2* 椎动脉型颈椎病
M47.002+G99.2* 椎动脉压迫综合征

M47.003+G99.2*　脊髓前动脉压迫综合征
M47.101+G99.2*　脊髓型颈椎病
M47.102+G99.2*　胸椎关节强硬伴脊髓病
M47.103+G99.2*　腰椎关节强硬伴脊髓病
M47.104+G99.2*　脊椎关节强硬伴脊髓病
M47.201　神经根型颈椎病
M47.202　交感神经型颈椎病
M47.203　神经根型胸椎病
M47.204　神经根型腰椎病
M47.205　颈-心综合征
M47.800x024　食管型颈椎病
M47.800x031　脊柱关节滑膜嵌顿
M47.800x032　齿状突骨质增生
M47.801　颈椎关节强硬
M47.802　混合型颈椎病
M47.803　胸椎关节强硬
M47.804　腰椎关节强硬
M47.806　腰骶关节强硬
M47.901　肥厚性脊柱炎
M47.902　脊柱变性
M47.903　老年性脊柱炎
M47.904　椎骨关节面破坏
M48.000x081　尾部狭窄
M48.001　枕寰枢椎管狭窄
M48.002　颈椎椎管狭窄
M48.003　胸椎椎管狭窄
M48.004　胸腰椎椎管狭窄
M48.005　腰椎椎管狭窄
M48.006　颈腰综合征
M48.100　强直性骨肥厚［福雷斯蒂尔］
M48.100x091　弥漫性特发性骨肥厚［DISH病］
M48.200　脊椎棘突吻合
M48.200x021　颈椎棘突吻合
M48.200x041　胸椎棘突吻合
M48.200x061　腰椎棘突吻合
M48.300x091　创伤后脊椎病
M48.301　颈椎椎间盘创伤性退变
M48.302　胸椎椎间盘创伤性退变
M48.303　腰椎椎间盘创伤性退变
M48.304　创伤性腰椎病
M48.305　屈梅尔脊柱炎
M48.500x092　脊椎楔入
M48.501　颈椎楔形变
M48.502　胸椎楔形变
M48.503　腰椎楔形变
M48.800x022　颈前纵韧带骨化
M48.800x091　脊椎半切综合征
M48.801　颈椎后纵韧带骨化
M48.802　胸椎后纵韧带骨化
M48.803　胸腰椎后纵韧带骨化
M48.804　腰椎后纵韧带骨化
M48.805　骶尾椎后纵韧带骨化
M48.806　后纵韧带骨化
M48.808　黄韧带骨化
M48.810　棘突间韧带综合征
M48.811　肌性脊柱炎
M48.812　老年性脊椎萎缩
M48.900x002　腰椎骨质增生
M48.901　颈椎退行性病变
M48.902　胸椎退行性病变
M48.903　腰椎退行性病变
M48.904　脊椎退行性病变
M50.000+G99.2*　颈椎间盘疾患伴有脊髓病
M50.001+G99.2*　颈椎间盘突出伴脊髓病
M50.100　颈椎间盘疾患伴有神经根病
M50.101+G55.1*　颈椎间盘突出伴有神经根病
M50.200x001　颈椎间盘脱出
M50.201　颈椎间盘突出
M50.202　颈椎胸椎椎间盘突出
M50.300x001　颈椎骨质增生
M50.301　颈椎胸椎椎间盘变性
M50.800　颈椎间盘疾患，其他的
M50.900　颈椎间盘疾患
M50.901　颈椎胸椎椎间盘疾患
M51.100x002+G55.1*　腰椎间盘突出伴神经根病
M51.101+G55.1*　腰椎间盘脱出伴坐骨神经痛
M51.102+G55.1*　髓核疝性神经炎
M51.103+G55.1*　椎间盘疾患性腰痛伴坐骨神经痛
M51.104+G55.1*　椎间盘破裂性神经炎
M51.105+G55.1*　椎间盘移位性脊髓神经根压迫
M51.106+G55.1*　椎间盘移位性神经炎
M51.200x001　胸椎间盘脱出
M51.200x004　腰骶椎间盘脱出
M51.200x005　颈胸间盘突出
M51.201　胸椎间盘突出
M51.202　腰椎间盘突出
M51.203　胸腰椎椎间盘突出
M51.204　腰骶椎间盘突出
M51.205　椎间盘移位性腰痛
M51.301　胸椎间盘变性

M51.302　胸腰椎间盘变性
M51.303　腰椎间盘变性
M51.304　腰骶椎间盘变性
M51.305　椎间盘变性
M51.400　施莫尔结
M51.800x003　椎间盘囊肿
M51.800x004　椎间盘突出
M51.801　椎间盘膨隆
M51.802　椎间盘钙化
M51.803　椎间盘畸形
M51.901　腰椎间盘退行性病变
M53.201　多发性脊柱不稳定
M53.202　枕寰枢椎不稳定
M53.203　颈椎不稳定
M53.204　颈胸椎不稳定
M53.205　胸椎不稳定
M53.206　胸腰椎不稳定
M53.207　腰椎不稳定
M53.208　腰骶关节不稳定
M53.209　骶髂关节不稳定
M53.210　尾骨运动过度
M53.211　背部韧带松弛
M53.212　病理性脊柱关节脱位
M53.301　尾骨痛
M53.302　骶髂关节改变
M53.303　骶髂关节僵硬
M53.304　骶髂关节面破坏
M53.305　骶尾部痛
M53.306　非创伤性骶髂关节损害
M53.801　脊柱强直
M53.802　脊柱关节僵硬
M53.900　背部病
M54.100　神经根病
M54.100x021　颈神经根炎
M54.101　臂丛神经炎
M54.102　胸神经根炎
M54.103　腰神经根炎
M54.104　腰骶神经根炎
M54.105　神经根炎
M54.106　神经根痛
M54.107　神经根综合征
M54.200　颈痛
M54.300　坐骨神经痛
M54.400　腰痛伴有坐骨神经痛
M54.500　下背痛
M54.501　第三腰椎横突综合征
M54.502　腰痛
M54.503　腰背痛
M54.504　腰背肌筋膜炎
M54.505　腰肌劳损
M54.507　低背综合征
M54.600　胸段背痛
M54.801　脊椎源性痛综合征
M54.900　背痛
M62.600x081　陈旧性腰肌劳损
M84.100x081　腰椎骨折不连接
M85.000x001　额骨纤维性结构不良
M85.000x002　枕骨纤维性结构不良
M85.000x004　肩胛骨纤维结构不良
M85.000x007　尺骨纤维结构不良
M85.000x008　掌指骨纤维性结构不良
M96.100　椎板切除术后综合征，不可归类在他处者
M96.200　放射后脊柱后凸
M96.300　椎板切除术后脊柱后凸
M96.400　手术后脊柱前凸
M96.500　放射后脊柱侧弯
M96.802　手术后腰椎间盘粘连
M96.803　腰椎间盘切除术后状态关节紊乱
M99.200x001　枕颈椎管不全脱位性狭窄
M99.200x002　颈胸椎管不全脱位性狭窄
M99.200x003　胸腰椎管不全脱位性狭窄
M99.200x004　腰骶椎管不全脱位性狭窄
M99.200x005　骶尾椎管不全脱位性狭窄
M99.200x006　骶髂椎管不全脱位性狭窄
M99.300x001　枕颈椎管骨性狭窄
M99.300x002　颈胸椎管骨性狭窄
M99.300x003　胸腰椎管骨性狭窄
M99.300x004　腰骶椎管骨性狭窄
M99.300x005　骶尾椎管骨性狭窄
M99.300x006　骶髂椎管骨性狭窄
M99.400x001　枕颈椎管结缔组织性狭窄
M99.400x002　颈胸椎管结缔组织性狭窄
M99.400x003　胸腰椎管结缔组织性狭窄
M99.400x004　腰骶椎管结缔组织性狭窄
M99.400x005　骶尾椎管结缔组织性狭窄
M99.400x006　骶髂椎管结缔组织性狭窄
M99.500x001　枕颈椎管椎间盘狭窄
M99.500x002　颈胸椎管椎间盘狭窄
M99.500x003　胸腰椎管椎间盘狭窄
M99.500x004　腰骶椎管椎间盘狭窄

M99.500x005　骶尾椎管椎间盘狭窄
M99.500x006　骶髂椎管椎间盘狭窄
M99.600　椎间孔骨性和不全脱位性狭窄
M99.700x002　椎间孔椎间盘狭窄
Q67.500　脊柱先天性变形
Q67.501　先天性脊柱侧凸
Q67.502　先天性脊柱后凸侧弯
Q67.503　先天性姿势性脊柱侧凸
Q76.000x002　先天性颈椎峡部裂
Q76.000x003　先天性腰椎峡部裂
Q76.000x004　先天性腰椎隐裂
Q76.000x005　先天性腰骶椎隐裂
Q76.001　隐性骶裂
Q76.100　先天性短颈综合征
Q76.100x004　先天性环枕融合
Q76.200　先天性脊椎前移症
Q76.200x103　先天性腰椎体滑脱
Q76.201　先天性脊柱脱位
Q76.202　先天性脊椎滑脱
Q76.203　先天性腰骶脊椎前移症
Q76.300　骨先天性畸形引起的先天性脊柱侧弯
Q76.300x011　先天性脊柱侧弯半椎体畸形
Q76.400x101　先天性半椎体畸形
Q76.400x102　先天性椎骨缺如
Q76.400x201　先天性第一骶椎腰化
Q76.400x203　先天性骶椎腰化
Q76.400x301　先天性寰枢椎脱位
Q76.400x302　先天性颈椎脱位
Q76.400x303　颈椎横突过长
Q76.400x304　环椎椎弓发育不全
Q76.400x305　先天性环椎后弓肥大
Q76.400x306　先天性齿状突发育不良
Q76.400x307　先天性移行椎
Q76.400x308　先天性胸椎腰化
Q76.400x310　先天性椎管狭窄
Q76.400x313　先天性骶椎畸形
Q76.400x324　腰椎椎体后缘续连症
Q76.400x903　先天性脊柱畸形
Q76.400x905　先天性直背综合征
Q76.400x906　先天性脊柱前凸
Q76.401　先天性寰枕畸形
Q76.402　先天性寰枢椎畸形
Q76.403　先天性颈椎畸形
Q76.404　先天性颈椎体融合
Q76.405　先天性齿突发育不良
Q76.406　先天性齿状突移位
Q76.407　先天性颈椎横突过长
Q76.408　先天性脊柱融合
Q76.409　先天性脊柱扁椎骨
Q76.412　先天性脊柱后凸畸形
Q76.413　先天性脊椎缺失
Q76.414　先天性胸椎畸形
Q76.415　先天性椎板闭合不全
Q76.416　先天性胸椎脱位
Q76.417　先天性腰椎畸形
Q76.418　先天性第五腰椎骶化
Q76.419　先天性尾骨畸形
Q85.900x034　背部错构瘤
S12.000　第一颈椎骨折
S12.000x002　寰椎骨折
S12.010　开放性第一颈椎骨折
S12.100　第二颈椎骨折
S12.100x002　枢椎骨折
S12.100x003　枢椎椎弓根骨折［Hangman骨折］
S12.110　开放性第二颈椎骨折
S12.200x011　颈椎骨折C3
S12.200x021　颈椎骨折C4
S12.200x031　颈椎骨折C5
S12.200x041　颈椎骨折C6
S12.200x051　颈椎骨折C7
S12.210　开放性特指颈椎骨折
S12.700　颈椎多处骨折
S12.710　开放性多发性颈椎骨折
S12.900x001　颈椎骨折
S12.900x003　颈椎神经弓骨折
S12.900x004　颈椎棘突骨折
S12.900x005　颈椎横突骨折
S12.900x006　颈椎椎弓骨折
S12.910　开放性颈椎骨折
S13.000　颈椎间盘创伤性破裂
S13.100　颈椎脱位
S13.100x021　颈椎半脱位C2/C3
S13.100x022　颈椎脱位C2/C3
S13.100x031　颈椎半脱位C3/C4
S13.100x032　颈椎脱位C3/C4
S13.100x041　颈椎半脱位C4/C5
S13.100x042　颈椎脱位C4/C5
S13.100x051　颈椎半脱位C5/C6
S13.100x052　颈椎脱位C5/C6
S13.100x061　颈椎半脱位C6/C7

S13.100x062 颈椎脱位C6/C7
S13.100x071 颈胸椎半脱位C7/T1
S13.100x072 颈胸椎脱位C7/T1
S13.100x081 寰枕关节半脱位
S13.100x082 寰枕关节脱位
S13.101 颈椎半脱位
S13.102 寰枢椎半脱位
S13.103 寰枢椎脱位
S13.104 枢椎脱位
S13.200x003 甲状软骨脱位
S13.201 颈部脱位
S13.202 环杓关节脱位
S13.203 环甲软骨关节脱位
S13.300 颈部多发性脱位
S13.400x006 颈椎关节交锁
S16.x00x001 颈部肌肉损伤
S16.x00x002 颈部肌腱损伤
S22.000x003 胸椎压缩性骨折
S22.000x005 胸椎神经弓骨折
S22.000x006 胸椎棘突骨折
S22.000x007 胸椎横突骨折
S22.000x009 胸椎椎弓骨折
S22.000x011 胸椎骨折T1/T2
S22.000x021 胸椎骨折T3/T4
S22.000x031 胸椎骨折T5/T6
S22.000x041 胸椎骨折T7/T8
S22.000x051 胸椎骨折T9/T10
S22.000x061 胸椎骨折T11/T12
S22.010 开放性胸椎骨折
S22.100 胸椎多处骨折
S22.110 开放性多发性胸椎骨折
S23.000 胸椎间盘创伤性破裂
S23.100x011 胸椎脱位T1/T2
S23.100x012 胸椎脱位T2/T3
S23.100x021 胸椎脱位T3/T4
S23.100x022 胸椎脱位T4/T5
S23.100x031 胸椎脱位T5/T6
S23.100x032 胸椎脱位T6/T7
S23.100x041 胸椎脱位T7/T8
S23.100x042 胸椎脱位T8/T9
S23.100x051 胸椎脱位T9/T10
S23.100x052 胸椎脱位T10/T11
S23.100x061 胸椎脱位T11/T12
S23.100x071 胸腰椎脱位T12/L1
S23.101 创伤性胸椎间盘突出
S29.000x001 胸部肌腱损伤
S29.000x002 胸部肌肉损伤
S32.000x002 腰椎压缩性骨折
S32.000x011 腰椎骨折L1
S32.000x021 腰椎骨折L2
S32.000x031 腰椎骨折L3
S32.000x041 腰椎骨折L4
S32.000x051 腰椎骨折L5
S32.010 开放性腰椎骨折
S32.100 骶骨骨折
S32.110 开放性骶骨骨折
S32.200 尾骨骨折
S32.210 开放性尾骨骨折
S32.702 多发性腰椎骨折
S32.800x021 腰骶棘突骨折
S32.800x022 腰骶横突骨折
S32.800x023 腰骶椎弓骨折
S32.800x024 腰骶椎骨骨折
S32.810 开放性腰椎和骨盆特指部位骨折
S32.813 开放性腰骶部脊柱骨折
S33.000 腰椎间盘创伤性破裂
S33.100x011 腰椎脱位L1/L2
S33.100x021 腰椎脱位L2/L3
S33.100x031 腰椎脱位L3/L4
S33.100x041 腰椎脱位L4/L5
S33.100x051 腰骶椎脱位L5/S1
S33.201 骶尾关节脱位
S33.301 腰椎和骨盆脱位
S33.500 腰椎扭伤和劳损
S33.500x011 腰骶关节扭伤
S33.501 腰部扭伤
S33.502 腰椎扭伤
S33.600 骶髂关节扭伤和劳损
S33.601 骶部关节扭伤
S33.700x002 棘上韧带损伤
S33.700x003 腰部关节扭伤
S33.703 腰椎和骨盆部位的扭伤和劳损
S39.906 腰部损伤
T08.x00 脊柱骨折
T08.x10 开放性脊柱骨折
T09.200x001 躯干关节和韧带脱位
T09.200x002 躯干关节脱位
T09.200x003 躯干韧带脱位
T09.200x004 躯干关节和韧带扭伤
T09.200x007 躯干关节和韧带损伤

IU3　骨骼、肌肉、结缔组织恶性病损、病理性骨折

包含以下主要诊断：

C40.000x006　肩关节恶性肿瘤
C40.001　肩胛骨恶性肿瘤
C40.002　肱骨恶性肿瘤
C40.003　尺骨恶性肿瘤
C40.004　桡骨恶性肿瘤
C40.005　肘关节恶性肿瘤
C40.100x006　腕关节恶性肿瘤
C40.100x007　手关节恶性肿瘤
C40.101　腕骨恶性肿瘤
C40.102　指骨恶性肿瘤
C40.103　掌骨恶性肿瘤
C40.200x005　膝关节恶性肿瘤
C40.201　股骨恶性肿瘤
C40.202　胫骨恶性肿瘤
C40.203　腓骨恶性肿瘤
C40.300x003　踝骨恶性肿瘤
C40.300x004　距骨恶性肿瘤
C40.300x005　跟骨恶性肿瘤
C40.300x009　足骨恶性肿瘤
C40.300x010　踝关节恶性肿瘤
C40.300x011　足关节恶性肿瘤
C40.301　髌骨恶性肿瘤
C40.302　跗骨恶性肿瘤
C40.303　趾骨恶性肿瘤
C40.304　跖骨恶性肿瘤
C40.800　四肢骨和关节软骨交搭跨越恶性肿瘤的损害
C40.900x001　四肢骨恶性肿瘤
C40.901　四肢关节软骨恶性肿瘤
C41.200x005　椎骨恶性肿瘤
C41.201　颈椎恶性肿瘤
C41.202　胸椎恶性肿瘤
C41.203　腰椎恶性肿瘤
C41.300x002　锁骨恶性肿瘤
C41.301　胸骨恶性肿瘤
C41.302　肋骨恶性肿瘤
C41.400x008　髋关节恶性肿瘤
C41.400x009　髋臼恶性肿瘤
C41.401　盆骨恶性肿瘤
C41.402　髋骨恶性肿瘤
C41.403　骶骨恶性肿瘤
C41.404　耻骨恶性肿瘤
C41.405　尾骨恶性肿瘤
C41.406　髂骨恶性肿瘤
C41.800　骨和关节软骨交搭跨越恶性肿瘤的损害
C41.800x001　腰椎及骶椎恶性肿瘤
C41.900x001　骨恶性肿瘤
C41.901　关节软骨恶性肿瘤
C49.100x001　上肢结缔组织恶性肿瘤
C49.100x002　上肢软组织恶性肿瘤
C49.100x006　腕部结缔组织恶性肿瘤
C49.101　肩结缔组织和软组织恶性肿瘤
C49.102　肘结缔组织恶性肿瘤
C49.103　手结缔组织恶性肿瘤
C49.200x001　下肢结缔组织恶性肿瘤
C49.200x002　下肢软组织恶性肿瘤
C49.200x005　膝部结缔组织和软组织恶性肿瘤
C49.200x006　踝部结缔组织恶性肿瘤
C49.201　髋结缔组织和软组织恶性肿瘤
C49.202　足结缔组织恶性肿瘤
C49.300x001　横膈恶性肿瘤
C49.300x002　肩胛区结缔组织恶性肿瘤
C49.300x003　胸部结缔组织恶性肿瘤
C49.301　腋下结缔组织恶性肿瘤
C49.302　膈结缔组织恶性肿瘤
C49.400　腹部结缔组织和软组织恶性肿瘤
C49.400x003　腹壁结缔组织恶性肿瘤
C49.401　季肋部结缔组织恶性肿瘤
C49.500　盆腔结缔组织和软组织恶性肿瘤
C49.500x001　骶前结缔组织恶性肿瘤
C49.500x008　直肠周围结缔组织恶性肿瘤
C49.501　臀部结缔组织恶性肿瘤
C49.502　腹股沟结缔组织恶性肿瘤
C49.504　骶结缔组织恶性肿瘤
C49.505　直肠阴道隔结缔组织恶性肿瘤
C49.600　躯干结缔组织和软组织的恶性肿瘤
C49.601　背部结缔组织恶性肿瘤
C49.800　结缔组织和软组织交搭跨越恶性肿瘤的损害
C49.900x003　软组织恶性肿瘤
C79.500x001　骨继发恶性肿瘤
C79.500x006　椎体继发恶性肿瘤
C79.500x008　指骨继发恶性肿瘤
C79.500x009　髂骨继发恶性肿瘤
C79.500x010　股骨继发恶性肿瘤
C79.500x011　关节继发恶性肿瘤

C79.500x012　桡骨继发恶性肿瘤
C79.500x013　胸骨继发恶性肿瘤
C79.500x021　肋骨继发恶性肿瘤
C79.500x022　锁骨继发恶性肿瘤
C79.500x024　盆骨继发恶性肿瘤
C79.500x025　骶骨继发恶性肿瘤
C79.500x026　尾骨继发恶性肿瘤
C79.500x030　颈椎继发恶性肿瘤
C79.500x031　胸椎继发恶性肿瘤
C79.500x032　腰椎继发恶性肿瘤
C79.501　骨髓继发恶性肿瘤
C79.506　躯干骨继发恶性肿瘤
C79.507　上肢骨继发恶性肿瘤
C79.508　下肢骨继发恶性肿瘤
C79.509　脊柱继发恶性肿瘤
C79.800x835　上肢继发恶性肿瘤
C79.800x836　肌肉继发恶性肿瘤
C79.800x847　髂窝继发恶性肿瘤
D21.302　膈结缔组织良性肿瘤
D48.000x001　骨交界性肿瘤
D48.000x028　髂骨交界性肿瘤
D48.001　骨肿瘤
D48.006　锁骨动态未定肿瘤
D48.007　锁骨肿瘤
D48.008　胸骨动态未定肿瘤
D48.009　胸骨肿瘤
D48.010　肋骨动态未定肿瘤
D48.011　肋骨肿瘤
D48.012　脊柱动态未定肿瘤
D48.013　脊柱肿瘤
D48.014　盆骨动态未定肿瘤
D48.015　盆骨肿瘤
D48.016　骶骨动态未定肿瘤
D48.017　骶骨肿瘤
D48.018　上肢骨动态未定肿瘤
D48.019　上肢骨肿瘤
D48.020　下肢骨动态未定肿瘤
D48.021　下肢骨肿瘤
D48.022　关节动态未定肿瘤
D48.023　关节肿瘤
D48.100x003　骶前结缔组织交界性肿瘤
D48.100x006　滑膜交界性肿瘤
D48.100x007　结缔组织交界性肿瘤
D48.100x009　软组织交界性肿瘤
D48.100x018　腹部结缔组织交界性肿瘤
D48.100x020　盆腔结缔组织交界性肿瘤
D48.100x021　背部结缔组织交界性肿瘤
D48.100x025　肢端结缔组织交界性肿瘤
D48.107　颈部结缔组织动态未定肿瘤
D48.108　颈部结缔组织肿瘤
D48.109　躯干结缔组织动态未定肿瘤
D48.110　躯干结缔组织肿瘤
D48.111　腋下结缔组织动态未定肿瘤
D48.112　腋下结缔组织肿瘤
D48.114　肩结缔组织肿瘤
D48.116　胸壁结缔组织肿瘤
D48.118　腹壁结缔组织肿瘤
D48.120　腰结缔组织肿瘤
D48.122　腹股沟结缔组织肿瘤
D48.124　骶结缔组织肿瘤
D48.126　臀结缔组织肿瘤
D48.130　直肠阴道隔结缔组织肿瘤
D48.132　上肢结缔组织肿瘤
D48.134　下肢结缔组织肿瘤
D48.903+M90.7*　肿瘤性病理性骨折
M48.401　脊椎应力性骨折
M80.000　绝经后骨质疏松伴有病理性骨折
M80.100　卵巢切除术后骨质疏松伴有病理性骨折
M80.200　失用性骨质疏松伴有病理性骨折
M80.300　手术后吸收不良性骨质疏松伴有病理性骨折
M80.400　药物性骨质疏松伴有病理性骨折
M80.500　特发性骨质疏松伴有病理性骨折
M80.800　骨质疏松伴有病理性骨折，其他的
M80.801　老年性骨质疏松伴病理性骨折
M80.900　骨质疏松伴有病理性骨折
M84.300x091　应力性骨折
M84.301　疲劳性骨折

IV1　除脊柱外先天性骨骼肌肉系统疾病

包含以下主要诊断：
Q65.000　先天性髋脱位，单侧
Q65.100　先天性髋脱位，双侧
Q65.200　先天性髋脱位
Q65.300　先天性髋半脱位，单侧
Q65.400　先天性髋半脱位，双侧
Q65.500　先天性髋半脱位
Q65.600　不稳定髋
Q65.600x011　先天性单侧髋关节不稳定
Q65.600x021　先天性双侧髋关节不稳定

Q65.800x004 先天性髋关节外展挛缩
Q65.801 先天性髋关节发育不良
Q65.802 先天性髋臼发育不良
Q65.803 先天性髋内翻
Q65.804 先天性髋外翻
Q65.900 髋先天性变形
Q66.000 马蹄内翻足
Q66.100 仰趾内翻足
Q66.200 内翻跖
Q66.300 足的其他先天性内翻变形
Q66.400 仰趾外翻足
Q66.500 先天性平足
Q66.600 足的其他先天性外翻变形
Q66.601 先天性马蹄外翻足
Q66.700 高弓足
Q66.701 先天性第四跖骨短畸形
Q66.702 先天性弓形足
Q66.800x006 先天性垂直距骨
Q66.800x007 先天性足副舟骨
Q66.800x008 先天性跟距骨桥
Q66.800x009 先天性跗骨畸形
Q66.800x010 先天性趾畸形
Q66.800x012 先天性跖骨内收
Q66.800x013 先天性跖骨短缩
Q66.800x014 先天性跗骨联合
Q66.800x015 小趾内翻
Q66.800x016 第5跖骨外翻
Q66.801 先天性足畸形
Q66.802 先天性锤状趾
Q66.803 先天性马蹄足
Q66.804 先天性外翻
Q66.805 先天性仰趾足
Q66.900 足先天性变形
Q67.000 面不对称
Q67.100 面受压［扁脸］
Q67.100x001 先天性面中部凹陷
Q68.001 先天性胸锁乳突肌性斜颈
Q68.002 先天性斜颈
Q68.100 手先天性变形
Q68.100x002 先天性杵状指
Q68.100x009 先天性拇指发育不良
Q68.100x010 先天性拇指内收畸形
Q68.101 先天性铲状手
Q68.102 先天性指畸形
Q68.103 先天性爪形手
Q68.104 先天性分裂手
Q68.200 膝先天性变形
Q68.201 先天性膝关节脱位
Q68.300 先天性股骨弯曲
Q68.300x001 先天性弓形股骨
Q68.300x002 先天性股骨短缩畸形
Q68.401 先天性腓骨弯曲
Q68.402 先天性胫骨弯曲
Q68.500 先天性腿长骨弯曲
Q68.501 先天性弓形腿
Q68.800x006 先天性桡骨小头半脱位
Q68.800x014 先天性前臂畸形
Q68.800x015 先天性桡骨畸形
Q68.800x016 先天性尺骨畸形
Q68.800x018 先天性胫骨假关节
Q68.800x019 先天性腓骨假关节
Q68.800x020 先天性胫腓骨假关节
Q68.800x021 先天性腕关节半脱位
Q68.800x022 先天性尺桡关节脱位
Q68.800x023 先天性肘关节挛缩
Q68.800x024 先天性多发性关节挛缩症
Q68.800x025 先天性下肢关节挛缩
Q68.801 先天性关节畸形
Q68.802 先天性肩关节脱位
Q68.803 先天性高肩胛症
Q68.804 先天性肩胛骨变形
Q68.805 先天性锁骨变形
Q68.807 先天性上肢畸形
Q68.808 先天性肘关节发育不良
Q68.809 先天性肘关节畸形
Q68.810 先天性肘关节脱位
Q68.811 先天性肘外翻
Q68.812 先天性下肢畸形
Q68.813 先天性踝关节畸形
Q69.000 副指
Q69.100 副拇指
Q69.200 副趾
Q69.200x001 副跗趾
Q69.900x001 多指
Q69.900x002 多趾
Q70.000 指融合
Q70.001 先天性并指伴骨连接
Q70.100 蹼状指
Q70.200 趾融合
Q70.201 先天性并趾伴骨连接

Q70.300　蹼状趾
Q70.400x001　并指和多指
Q70.400x002　并趾和多趾
Q70.900x001　并指
Q70.900x002　并趾
Q70.901　指关节粘连
Q71.000　上肢先天性完全缺如
Q71.100　上臂和前臂先天性缺如伴有手的存在
Q71.200x001　先天性前臂缺如
Q71.200x002　先天性手缺如
Q71.300x021　先天性拇指缺如
Q71.300x031　先天性指缺如
Q71.301　先天性掌骨缺如
Q71.400　桡骨纵向短小缺陷
Q71.401　先天性桡骨缺如
Q71.500　尺骨纵向短小缺陷
Q71.501　先天性尺骨缺如
Q71.600　虾爪状手
Q71.801　先天性短上肢
Q71.802　先天性桡尺骨缺如
Q71.900　上肢短小缺陷
Q72.000　下肢先天性完全缺如
Q72.000x001　先天性单侧下肢完全缺如
Q72.100　大腿和小腿先天性缺如伴有足的存在
Q72.200　小腿和足先天性缺如
Q72.300x301　先天性趾缺如
Q72.300x302　先天性单足缺如
Q72.400　股骨纵向短小缺陷
Q72.400x001　先天性股骨头缺如
Q72.400x002　先天性股骨近端局灶性缺损
Q72.401　先天性股骨缺如
Q72.500　胫骨纵向短小缺陷
Q72.501　先天性胫骨缺如
Q72.600　腓骨纵向短小缺陷
Q72.601　先天性腓骨缺如
Q72.700　足裂
Q72.800　下肢的其他短小缺陷
Q72.800x002　先天性股骨发育不良
Q72.800x003　股骨滑车发育不良
Q72.900　下肢短小缺陷
Q73.000　四肢先天性缺如
Q73.100　四肢短肢［海豹肢畸形］
Q73.800　四肢其他短小缺陷
Q74.000x902　先天性肘内翻
Q74.000x906　先天性上肢骨发育异常
Q74.000x907　先天性扳机指
Q74.001　马德隆畸形
Q74.002　锁骨颅骨发育不良
Q74.003　肩胛骨发育异常
Q74.004　先天性锁骨假关节
Q74.005　先天性尺桡关节融合
Q74.007　副腕骨
Q74.008　细长指
Q74.009　先天性巨指
Q74.010　先天性狭窄性腱鞘炎
Q74.100x004　先天性膝关节发育不良
Q74.100x006　先天性二分髌骨
Q74.101　先天性膝内翻
Q74.102　先天性膝外翻
Q74.103　先天性发育不全髌骨
Q74.104　先天性高位髌骨
Q74.105　先天性髌骨缺如
Q74.106　先天性髌骨脱位
Q74.200x001　先天性股骨颈纤维结构不良
Q74.200x003　先天性骶骨假关节
Q74.200x004　先天性胫骨纤维结构不良
Q74.200x005　先天性耻骨分离
Q74.200x006　先天性腓骨结构不良
Q74.201　先天性骶髂关节融合
Q74.202　先天性胫腓骨纤维结构不良
Q74.203　先天性下肢骨假关节
Q74.204　先天性巨趾
Q74.300　先天性多发性关节弯曲
Q74.300x001　居林-施特恩综合征［Guerin-Stern 综合征］
Q74.800x001　先天性短指畸形
Q74.800x201　先天性单侧下肢肥大症
Q74.800x202　先天性单侧上肢肥大症
Q74.800x203　偏侧肢体肥大
Q74.800x301　先天性四肢生长缓慢
Q74.800x401　先天性四肢生长不对称
Q74.800x402　先天性上肢生长不对称
Q74.800x403　先天性下肢生长不对称
Q74.800x501　拉森综合征［Larsen 综合征］
Q74.801　先天性偏侧肢体肥大
Q74.900　四肢先天性畸形
Q75.002　先天性三角头
Q75.100　颅面骨发育不全
Q75.101　克鲁宗病
Q75.200　器官距离过远

Q75.300　大头畸形
Q75.400x001　颌面骨发育不全及耳聋综合征［TreacherCollins综合征］
Q75.800x101　颅面裂
Q75.802　扁平颅底
Q75.803　颅底凹陷症
Q75.806　先天性前额畸形
Q75.807　先天性茎突过长
Q75.808　鸟嘴综合征
Q75.809　先天性枕骨大孔区畸形
Q75.900　颅和面骨先天性畸形
Q75.900x001　先天性头颅凹陷
Q75.900x002　先天性头颅畸形
Q76.500　颈肋
Q76.600x101　先天性肋骨缺如
Q76.600x301　副肋
Q76.600x901　先天性肋骨外翻
Q76.600x902　先天性叉状肋
Q76.600x903　先天性肋骨畸形
Q76.600x904　肋骨纤维性结构不良
Q76.601　先天性分叉肋
Q76.602　先天性肋骨融合
Q76.700　胸骨先天性畸形
Q76.700x101　先天性胸骨缺如
Q76.700x201　先天性胸骨裂
Q76.700x902　剑突过长综合征
Q76.800　胸廓的其他先天性畸形
Q76.900　胸廓先天性畸形
Q77.000　软骨成长不全
Q77.100　致死性身材矮小症
Q77.400　软骨发育不全
Q78.400x002　先天性膝关节滑膜骨软骨瘤病
Q78.400x006　先天性多发性骨软骨瘤
Q78.401　奥利埃病
Q78.403　马富奇综合征
Q78.404　先天性髋关节滑膜骨软骨瘤病
Q78.405　先天性膝滑膜骨软骨瘤病
Q78.500　干骺端发育不良
Q78.500x001　派尔综合征［Pyle综合征］
Q78.600　多发性先天性外生骨疣
Q78.600x002　骨干续连症
Q78.800　骨软骨发育不良，其他特指的
Q78.900　骨软骨发育不良
Q78.900x001　软骨营养障碍
Q78.900x002　先天性软骨增生
Q78.900x003　增生性软骨营养障碍
Q78.900x004　骨骼发育不良
Q78.901　多发性骨骼发育不全
Q79.600　埃勒斯-当洛斯综合征
Q79.800x004　先天性跟腱短缩
Q79.800x005　胸大肌缺损并指综合征［Poland综合征］
Q79.800x006　先天性束带畸形
Q79.804　先天性肌萎缩
Q79.805　先天性胸大肌缺如
Q79.900　肌肉骨骼系统先天性畸形
Q89.800x911　上肢淋巴管发育不全
Q89.800x912　下肢淋巴管发育不全

IZ1　肌肉骨骼系统植入物/假体的康复照护

包含以下主要诊断：
M96.600x001　假体周围骨折
M96.600x002　股骨假体周围骨折
M96.601　插入矫形外科关节假体后骨折
M96.602　插入矫形外科骨板后骨折
T81.800x012　手术后胸骨哆开
T84.000　内部关节假体的机械性并发症
T84.000x004　人工关节置换术后假体功能障碍
T84.000x005　人工髋关节置换术后髋臼松动
T84.000x006　人工关节置换术后假体松动
T84.000x007　人工髋关节置换术后异位骨化
T84.000x008　人工膝关节置换术后假体松动
T84.000x012　人工股骨头置换术后假体松动
T84.000x013　人工股骨头置换术后假体功能障碍
T84.001　关节假体并发症
T84.002　髋关节假体松动
T84.003　髋关节假体障碍
T84.004　膝关节假体障碍
T84.005　肩关节假体障碍
T84.006　肘关节假体障碍
T84.100　肢骨内部固定装置的机械性并发症
T84.200x003　骨内固定装置障碍
T84.200x004　胸骨的金属丝引起的机械性并发症
T84.201　骨折内固定装置障碍
T84.202　脊柱内固定装置障碍
T84.203　胸骨内固定钢丝断裂
T84.300　骨的装置、植入物和移植物的机械性并发症，其他的
T84.300x001　骨移植物引起的机械性并发症
T84.300x002　骨刺激器引起的机械性并发症

T84.301　上颌骨假体露出
T84.401　肌肉移植物引起的机械性并发症
T84.402　肌腱移植物引起的机械性并发症
T84.500　内部关节假体引起的感染和炎症性反应
T84.500x002　关节假体引起的感染
T84.501　髋关节假体植入感染
T84.502　膝关节假体植入感染
T84.503　肩关节假体植入物感染
T84.504　肘关节假体植入物感染
T84.600　内部固定装置［任何部位］引起的感染和炎症性反应
T84.600x003　内固定装置引起的感染
T84.601　舌骨固定物植入感染
T84.602　下颌骨内固定物植入感染
T84.603　脊柱内固定物植入感染
T84.604　骨折内固定物植入感染
T84.605　肌肉内固定物的感染
T84.800　内部矫形外科假体装置、植入物和移植物的其他并发症
T84.800x003　膝关节内固定术后疼痛
T84.800x005　髋关节内固定术后疼痛
T84.800x007　关节内固定术后疼痛
T84.800x009　关节置换术后异位骨化
T84.800x010　关节内固定术后异位骨化
T84.801　腕假体装置术后皮肤破溃
T84.802　骨折内固定术后疼痛
T84.803　脊柱内固定术后疼痛
T84.804　脊柱内固定物排斥
T84.805　人工关节置换术后疼痛
T84.806　髋关节置换术后疼痛
T84.807　膝关节置换术后疼痛
T85.713　颅骨人工骨板植入感染
T87.000　上肢再植（部位）的并发症
T87.001　上肢再植术后感染
T87.100　下肢再植（部位）的并发症
T87.101　下肢再植术后感染
Z44.000x001　人工臂安装
Z44.000x002　人工臂调整
Z44.100x001　人工腿的安装
Z44.100x002　人工腿的调整
Z44.800　安装和调整，其他外部假体装置的
Z44.800x001　骨折外固定装置的安装
Z44.800x002　骨折外固定装置的调整
Z44.900　安装和调整，外部假体装置的
Z45.800x002　脊柱侧弯术后生长棒调节
Z45.800x011　骨内固定装置调整
Z47.000x002　取出内固定装置
Z47.001　取除骨折内固定装置
Z47.801　更换外固定装置
Z47.802　检查外固定装置
Z47.803　取除外固定装置

IZ2　骨骼、肌肉、肌腱、结缔组织的其他疾病

包含以下主要诊断：
B33.001　流行性胸肌痛
C46.100　软组织卡波西肉瘤
C76.300x001　骶前恶性肿瘤
C76.300x009　骨盆恶性肿瘤
C76.400　上肢恶性肿瘤
C76.401　肩恶性肿瘤
C76.402　手部恶性肿瘤
C76.500　下肢恶性肿瘤
C76.501　髋恶性肿瘤
C76.502　腘窝恶性肿瘤
C76.503　足恶性肿瘤
C76.701　躯干部恶性肿瘤
C76.702　背部恶性肿瘤
C79.800x813　锁骨上继发恶性肿瘤
C79.800x817　下肢继发恶性肿瘤
C79.827　结缔组织继发恶性肿瘤
D16.000x002　肩胛骨良性肿瘤
D16.001　上肢长骨良性肿瘤
D16.002　肱骨良性肿瘤
D16.003　桡骨良性肿瘤
D16.004　尺骨良性肿瘤
D16.100x005　上肢关节良性肿瘤
D16.101　腕骨良性肿瘤
D16.102　掌骨良性肿瘤
D16.103　指骨良性肿瘤
D16.200x005　膝关节良性肿瘤
D16.201　股骨良性肿瘤
D16.202　胫骨良性肿瘤
D16.203　腓骨良性肿瘤
D16.300x003　踝骨良性肿瘤
D16.300x004　距骨良性肿瘤
D16.300x005　跟骨良性肿瘤
D16.300x008　下肢关节良性肿瘤
D16.301　髌骨良性肿瘤
D16.302　跗骨良性肿瘤
D16.303　跖骨良性肿瘤

D16.304　趾骨良性肿瘤
D16.600x002　颈椎良性肿瘤
D16.600x003　胸椎良性肿瘤
D16.600x004　腰椎良性肿瘤
D16.600x005　椎骨良性肿瘤
D16.700x003　锁骨良性肿瘤
D16.701　胸骨良性肿瘤
D16.702　肋骨良性肿瘤
D16.800x001　耻骨良性肿瘤
D16.800x002　髂骨良性肿瘤
D16.800x006　髋骨良性肿瘤
D16.801　盆骨良性肿瘤
D16.802　骶骨良性肿瘤
D16.803　坐骨良性肿瘤
D16.804　尾骨良性肿瘤
D16.900x001　骨良性肿瘤
D16.900x002　关节软骨良性肿瘤
D16.900x003　软骨良性肿瘤
D17.700x028　骨脂肪瘤
D18.000x024　椎管内血管瘤
D18.000x025　脊柱血管瘤
D18.000x846　锁骨血管瘤
D18.000x860　膝关节血管瘤
D18.000x861　踝关节血管瘤
D18.009　肌内血管瘤
D18.014　骨血管瘤
D21.100　上肢结缔组织和其他软组织良性肿瘤，包括肩
D21.100x002　上肢结缔组织良性肿瘤
D21.100x003　肘部结缔组织良性肿瘤
D21.100x004　上肢端结缔组织良性肿瘤
D21.101　肩结缔组织良性肿瘤
D21.102　手结缔组织良性肿瘤
D21.200　下肢结缔组织和其他软组织良性肿瘤，包括髋
D21.200x003　膝关节滑膜良性肿瘤
D21.200x004　腘窝结缔组织良性肿瘤
D21.200x006　下肢结缔组织良性肿瘤
D21.200x007　下肢端结缔组织良性肿瘤
D21.201　髋结缔组织良性肿瘤
D21.202　足结缔组织良性肿瘤
D21.300　胸部结缔组织和其他软组织良性肿瘤
D21.300x001　胸壁结缔组织良性肿瘤
D21.300x004　胸骨后结缔组织良性肿瘤
D21.301　腋结缔组织良性肿瘤
D21.303　肩胛区结缔组织良性肿瘤
D21.400x001　腹部结缔组织良性肿瘤
D21.400x002　髂窝结缔组织良性肿瘤
D21.400x003　髂腰肌结缔组织良性肿瘤
D21.401　腰部结缔组织良性肿瘤
D21.402　腹壁结缔组织良性肿瘤
D21.403　腹腔结缔组织良性肿瘤
D21.500　盆腔结缔组织和其他软组织良性肿瘤
D21.500x001　骶部结缔组织良性肿瘤
D21.500x002　骶前结缔组织良性肿瘤
D21.500x005　盆腔结缔组织良性肿瘤
D21.501　臀部结缔组织良性肿瘤
D21.502　腹股沟结缔组织良性肿瘤
D21.503　骶尾结缔组织良性肿瘤
D21.504　坐骨直肠窝结缔组织良性肿瘤
D21.505　尿道旁结缔组织良性肿瘤
D21.507　阴道旁结缔组织良性肿瘤
D21.508　直肠阴道壁结缔组织良性肿瘤
D21.509　直肠旁结缔组织良性肿瘤
D21.600　躯干结缔组织和其他软组织的良性肿瘤
D21.600x002　躯干结缔组织良性肿瘤
D21.601　背部结缔组织良性肿瘤
D21.602　胁腹结缔组织良性肿瘤
D21.900x001　肌肉良性肿瘤
D21.900x002　结缔组织良性肿瘤
D21.900x003　结缔组织及软组织良性肿瘤
D21.900x005　黏液囊良性肿瘤
D21.900x007　筋膜良性肿瘤
D21.900x008　脂肪良性肿瘤
D21.900x009　韧带良性肿瘤
D21.900x012　滑膜良性肿瘤
D21.900x013　腱鞘良性肿瘤
D21.900x014　肢体多处结缔组织良性肿瘤
D36.700x016　骨盆良性肿瘤
D36.700x024　骶前良性肿瘤
D36.700x029　手部良性肿瘤
D36.700x030　腕部良性肿瘤
D36.700x032　腘窝良性肿瘤
D36.700x035　髂良性肿瘤
D36.700x036　踝部良性肿瘤
D36.700x038　腰部良性肿瘤
D36.712　骶良性肿瘤
D36.713　髋良性肿瘤
D36.714　上肢良性肿瘤
D36.715　下肢良性肿瘤

D36.718　足良性肿瘤
D48.113　肩结缔组织动态未定肿瘤
D48.119　腰结缔组织动态未定肿瘤
D48.123　骶结缔组织动态未定肿瘤
D48.125　臀结缔组织动态未定肿瘤
D48.131　上肢结缔组织动态未定肿瘤
D48.133　下肢结缔组织动态未定肿瘤
D48.700x010　肢端交界性肿瘤
D48.700x013　手部交界性肿瘤
D48.700x016　腕部交界性肿瘤
D48.717　上肢动态未定肿瘤
D48.718　上肢肿瘤
D48.719　下肢动态未定肿瘤
D48.720　下肢肿瘤
D48.721　骶动态未定或动态未知肿瘤
D48.724　手动态未定肿瘤
D86.800x007　BLAU综合征
D86.900　结节病
D86.901　伯克结节病
E10.600x014+M14.2*　1型糖尿病性手掌筋膜纤维瘤病
E11.600x014+M14.2*　2型糖尿病性手掌筋膜纤维瘤病
E14.600x014+M14.2*　糖尿病性手掌筋膜纤维瘤病
E34.902+M82.1*　内分泌病性骨质疏松
M15.801　海加思结节
M20.000　手指变形
M20.000x004　拇外展功能障碍
M20.000x005　后天性拇变形
M20.000x011　后天性槌状指
M20.002　后天性手指畸形
M20.003　后天性手指重叠
M20.005　手指挛缩
M20.006　手指钮孔状变形
M20.007　手指天鹅颈状变形
M20.100x001　踇囊炎
M20.100x002　后天性踇外翻
M20.200x001　僵踇
M20.301　后天性踇内翻
M20.302　后天性槌状趾
M20.400x001　后天性锤状趾
M20.501　后天性仰趾畸形
M20.502　后天性脚趾重叠
M20.503　后天性脚趾肥大
M20.504　后天性爪形趾
M20.505　鸡趾
M20.506　脚趾挛缩
M20.507　脚趾下垂
M20.508　竖起趾
M20.600　趾后天性变形
M21.000x051　后天性髋外翻
M21.000x071　后天性马蹄外翻足
M21.001　后天性肘外翻
M21.002　后天性膝外翻
M21.003　后天性足外翻
M21.100x011　后天性肩内翻
M21.100x051　后天性髋内翻
M21.100x072　后天性踝内翻
M21.101　弓形腿
M21.102　后天性肘内翻
M21.103　髋关节内翻变形
M21.104　后天性膝内翻
M21.105　后天性足内翻
M21.200x001　后天性肢体屈曲变形
M21.200x021　后天性肘关节屈曲变形
M21.200x031　后天性前臂屈曲变形
M21.200x032　后天性腕关节屈曲变形
M21.200x041　后天性手屈曲变形
M21.200x061　后天性膝关节屈曲变形
M21.201　手屈曲畸形
M21.202　膝关节屈曲畸形
M21.301　后天性腕下垂
M21.302　后天性足下垂
M21.400　后天性扁平足［平足］
M21.401　足弓下陷
M21.402　足弓松弛
M21.501　后天性爪形手
M21.502　后天性手畸形
M21.503　后天性爪形足
M21.504　后天性足畸形
M21.505　后天性马蹄内翻足
M21.600x071　后天性足变形
M21.600x072　后天性踝变形
M21.601　后天性弓形足
M21.602　足旋前
M21.603　足凹陷
M21.604　后天性踝关节畸形
M21.605　踝旋前
M21.700　四肢（后天性）长度不等
M21.700x031　后天性尺骨短缩变形

M21.700x061　后天性胫骨短缩变形
M21.701　后天性上臂短缩畸形
M21.702　后天性前臂短缩畸形
M21.703　后天性股骨短缩畸形
M21.704　后天性大腿短缩畸形
M21.705　后天性髋短缩畸形
M21.706　后天性小腿短缩畸形
M21.801　后天性锁骨畸形
M21.802　后天性肩胛骨畸形
M21.803　翼状肩胛
M21.804　后天性肱骨畸形
M21.805　后天性股骨畸形
M21.806　后天性胫骨畸形
M21.807　后天性腓骨畸形
M21.808　布鲁克病
M21.900　四肢后天性变形
M21.900x011　后天性肩关节变形
M21.900x041　后天性腕关节变形
M21.900x051　后天性上肢变形
M21.901　后天性上臂畸形
M21.902　后天性尺骨畸形
M21.903　后天性桡骨畸形
M21.904　后天性前臂畸形
M21.905　后天性掌骨畸形
M21.906　后天性髋关节畸形
M21.907　后天性膝关节畸形
M21.908　后天性下肢畸形
M22.900　髌骨疾患
M23.200x092　陈旧性桶柄状撕裂
M23.201　陈旧性前十字韧带损伤
M23.202　陈旧性内侧半月板前角损伤
M23.203　陈旧性后十字韧带损伤
M23.204　陈旧性内侧半月板后角损伤
M23.205　陈旧性膝内侧半月板损伤
M23.206　陈旧性膝内侧副韧带损伤
M23.207　陈旧性膝外侧副韧带损伤
M23.208　陈旧性膝外侧半月板前角损伤
M23.209　陈旧性膝外侧半月板后角损伤
M23.210　陈旧性膝外侧半月板损伤
M23.211　陈旧性膝关节囊韧带损伤
M23.212　陈旧性膝半月板断裂
M23.213　陈旧性膝半月板损伤
M23.214　陈旧性膝韧带损伤
M23.215　陈旧性膝内多发性损伤
M23.501　陈旧性膝韧带破裂
M23.800x011　陈旧性膝前十字韧带断裂
M23.800x021　陈旧性膝后十字韧带断裂
M23.800x031　陈旧性膝内侧副韧带断裂
M23.800x041　陈旧性膝外侧副韧带断裂
M23.800x094　陈旧性膝关节韧带损伤
M23.800x095　陈旧性膝关节软骨损伤
M24.100x071　陈旧性踝距骨软骨损伤
M24.100x072　陈旧性踝胫骨软骨损伤
M24.100x091　陈旧性关节软骨损伤
M24.102　陈旧性关节软骨撕裂
M24.202　陈旧性踝外侧副韧带断裂
M24.206　韧带钙化
M24.207　韧带后天性畸形
M24.208　韧带挛缩
M24.209　韧带内囊肿
M24.210　韧带松弛
M24.304　髋关节病理性不全脱位
M24.701　髋关节内陷
M24.801　陈旧性肩关节脱位
M24.802　肩关节粘连
M24.803　陈旧性肘关节脱位
M24.804　肘关节粘连
M24.805　陈旧性腕关节脱位
M24.806　陈旧性手骨间关节脱位
M24.807　陈旧性髋关节脱位
M24.808　陈旧性膝关节脱位
M24.810　陈旧性踝关节脱位
M24.901　肩关节紊乱
M24.902　肘关节紊乱
M24.903　腕关节紊乱
M24.904　手骨间关节紊乱
M24.905　髋关节紊乱
M24.906　踝关节紊乱
M24.907　腰椎关节滑膜嵌顿
M32.100x016　狼疮性关节炎
M32.113+H36.8*　狼疮性视网膜病变
M34.800x004+N08.5*　系统性硬化症肾脏危象
M34.800x007+N08.5*　系统性硬化症肾损害
M35.802　近端指间关节周围胶原沉积症
M53.100　颈臂综合征
M53.101　颈肩综合征
M60.000　感染性肌炎
M60.000x051　大腿感染性肌炎
M60.000x061　小腿感染性肌炎
M60.000x092　热带化脓性肌炎

M60.000x093　肌肉脓肿
M60.001　肩区感染性肌炎
M60.002　上臂感染性肌炎
M60.003　前臂感染性肌炎
M60.004　手感染性肌炎
M60.005　大腿肌间脓肿
M60.006　膝关节肌间脓肿
M60.007　足感染性肌炎
M60.008　腰大肌脓肿
M60.100　间质性肌炎
M60.200x091　肌肉肉芽肿
M60.201　滑石粉肉芽肿
M60.800x061　腓肠肌炎
M60.800x081　腹壁慢性肌炎
M60.801　坏死性肌炎
M60.802　陈旧性肌炎
M60.803　腰大肌炎
M60.804　增生性肌炎
M60.805　姿势性肌炎
M61.000　外伤性骨化性肌炎
M61.000x051　髋关节创伤后骨化性肌炎
M61.100　进行性骨化性肌炎
M61.101　进行性骨化性纤维发育不良
M61.102　弥漫性进行性骨化性多肌炎
M61.201　肌肉麻痹性骨化
M61.301　烧伤后肌肉骨化
M61.400　肌肉的其他钙化
M61.501　骨化性肌炎
M61.502　骑士骨
M61.900　肌肉钙化和骨化
M62.000　肌肉分离
M62.100　肌肉的其他（非创伤性）破裂
M62.200　肌肉缺血性梗死
M62.200x001　骨筋膜室综合征
M62.202　非创伤性腔隙综合征
M62.203　肌间隙综合征
M62.300　不动综合征（截瘫性）
M62.400　肌肉挛缩
M62.401　肩区肌肉挛缩
M62.402　上臂肌肉挛缩
M62.403　前臂肌肉挛缩
M62.404　手部肌挛缩
M62.405　臀肌挛缩
M62.406　大腿肌肉挛缩
M62.407　小腿肌肉挛缩
M62.408　踝肌肉挛缩
M62.409　足肌肉挛缩
M62.410　头颈肌挛缩
M62.411　躯干肌挛缩
M62.501　上臂肌肉萎缩
M62.502　前臂肌肉萎缩
M62.503　手肌肉萎缩
M62.504　大腿肌萎缩
M62.505　小腿肌肉萎缩
M62.506　咀嚼肌萎缩
M62.507　头颈部肌萎缩
M62.508　单侧肢体肌萎缩
M62.509　弥漫性肌肉萎缩
M62.510　失用性肌肉萎缩
M62.511　原发性肌肉萎缩
M62.512　全身性肌萎缩
M62.513　少肌症
M62.600　肌肉劳损
M62.601　上臂肌肉劳损
M62.602　前臂肌肉劳损
M62.603　大腿肌肉劳损
M62.604　小腿肌肉劳损
M62.605　头颈部肌肉劳损
M62.606　胸肌劳损
M62.607　躯干肌肉劳损
M62.800x002　肌肉血肿
M62.800x051　股四头肌内侧头囊肿
M62.800x053　髂肌囊肿
M62.800x061　腓骨长肌腱滑脱
M62.800x062　腓肠肌肥大
M62.800x081　咬肌肥大
M62.800x095　肌肉脂肪浸润
M62.800x096　肌肉血肿机化
M62.800x097　肌玻璃体变性
M62.800x101　筋膜病
M62.800x102　发作性四肢强直
M62.802　大腿肌肥厚
M62.803　横纹肌溶解症
M62.804　后天性肌强直
M62.805　后天性肌鞘疝
M62.806　后天性肌肉畸形
M62.807　后天性筋膜疝
M62.808　肌肉瘢痕
M62.809　肌肉变性
M62.810　肌肉肥大

M62.811 肌肉纤颤
M62.812 肌软化
M62.813 肌疝
M62.814 肌纤维变性
M62.815 肌张力缺失
M62.817 阔筋膜挛缩症
M62.819 膝关节肌肥大
M62.821 足筋膜挛缩
M62.822 疼痛性肌痉挛综合征
M62.901 肌肉肿物
M65.000 腱鞘脓肿
M65.001 肩区腱鞘脓肿
M65.002 上臂腱鞘脓肿
M65.003 前臂腱鞘脓肿
M65.004 手腱鞘脓肿
M65.005 骨盆区腱鞘脓肿
M65.006 大腿腱鞘脓肿
M65.007 小腿腱鞘脓肿
M65.008 踝腱鞘脓肿
M65.009 足腱鞘脓肿
M65.010 特指部位腱鞘脓肿
M65.101 感染性滑膜炎
M65.200 钙化性肌腱炎
M65.300 扳机指
M65.301 结节性腱鞘病
M65.400 桡骨茎突腱鞘炎［德奎尔万］
M65.800x093 创伤后滑膜炎
M65.802 指肌腱粘连
M65.803 肌腱钙化
M65.804 粘连性肌腱炎
M65.805 趾肌腱粘连
M65.806 应激性髋
M65.900x062 膝关节滑膜皱襞综合征
M65.900x093 狭窄性腱鞘炎
M65.901 肩关节滑膜炎
M65.902 肘关节滑膜炎
M65.903 腕关节滑膜炎
M65.904 手关节滑膜炎
M65.905 髋关节滑膜炎
M65.906 膝关节滑膜炎
M65.907 踝关节滑膜炎
M65.908 跖趾关节滑膜炎
M65.909 滑膜炎
M65.910 腱鞘炎
M66.000 腘囊肿破裂
M66.101 多关节滑膜破裂
M66.102 肩锁关节滑膜破裂
M66.103 盂肱关节滑膜破裂
M66.104 胸锁关节滑膜破裂
M66.105 肘关节滑膜破裂
M66.106 腕关节滑膜破裂
M66.107 手骨间关节滑膜破裂
M66.108 髋关节滑膜破裂
M66.109 骶髂关节滑膜破裂
M66.110 膝关节滑膜破裂
M66.111 踝关节滑膜破裂
M66.112 足关节滑膜破裂
M66.113 滑膜囊肿破裂
M66.201 肩区伸肌腱自发性破裂
M66.202 上臂伸肌腱自发性破裂
M66.203 前臂伸肌腱自发性破裂
M66.204 手伸肌腱自发性破裂
M66.205 骨盆区伸肌腱自发性破裂
M66.206 大腿伸肌腱自发性破裂
M66.207 小腿伸肌腱自发性破裂
M66.208 踝伸肌腱自发性破裂
M66.209 足伸肌腱自发性破裂
M66.301 肩区屈肌腱自发性破裂
M66.302 上臂屈肌腱自发性破裂
M66.303 前臂屈肌腱自发性破裂
M66.304 手屈肌腱自发性破裂
M66.305 骨盆区屈肌腱自发性破裂
M66.306 大腿屈肌腱自发性破裂
M66.307 小腿屈肌腱自发性破裂
M66.308 踝屈肌腱自发性破裂
M66.309 足屈肌腱自发性破裂
M66.400 肌腱的自发性破裂，其他的
M66.501 非创伤性肌腱断裂
M66.502 非创伤性肌腱连接点断裂
M67.001 跟腱挛缩
M67.100x041 掌腱膜挛缩
M67.100x051 髂胫束挛缩
M67.101 肌腱挛缩
M67.102 腓肠肌腱膜挛缩症
M67.103 拇指屈肌腱挛缩
M67.104 足跖腱膜挛缩
M67.200 滑膜肥大，不可归类在他处者
M67.300 短暂性滑膜炎
M67.301 中毒性滑膜炎
M67.302 暂时性髋关节滑膜炎

M67.400　腱鞘囊肿
M67.400x031　腕腱鞘囊肿
M67.401　肌腱腱鞘囊肿
M67.402　关节腱鞘囊肿
M67.800x041　手指屈肌肌腱粘连
M67.800x091　滑膜脂肪疝
M67.800x092　肌腱滑脱
M67.800x093　肌腱松弛
M67.800x094　滑膜嵌顿
M67.800x095　瘢痕性肌腱粘连
M67.800x096　肌腱囊肿
M67.803　滑膜增生
M67.804　滑膜皱襞综合征
M67.805　肌腱疝
M67.806　腱鞘游离体
M67.807　韧带骨化
M67.901　肌腱疾患
M70.001　腕慢性碎裂音滑膜炎
M70.002　手慢性碎裂音滑膜炎
M70.100　手滑囊炎
M70.101　腕滑囊炎
M70.102　过度打击手
M70.200　鹰嘴囊炎
M70.201　矿工肘
M70.202　学生肘
M70.301　过度打击肘
M70.400　髌前囊炎
M70.402　努恩膝
M70.403　髌前水囊瘤
M70.500x002　膝假性滑囊炎
M70.501　鹅趾滑囊炎
M70.502　腘滑囊炎
M70.503　过度打击膝
M70.504　膝半膜肌肉滑囊炎
M70.600　转子滑囊炎
M70.600x001　转子腱炎
M70.700　髋的其他滑囊炎
M70.700x002　髂耻滑囊炎
M70.701　坐骨滑囊炎
M70.702　大粗隆滑囊炎
M70.800　与使用、过度使用和压迫有关的其他软组织疾患
M70.800x001　手指滑囊炎
M70.901　体位性劳损
M70.902　职业性滑囊炎
M71.000　黏液囊脓肿
M71.001　肩区黏液囊脓肿
M71.002　上臂黏液囊脓肿
M71.003　前臂黏液囊脓肿
M71.004　手黏液囊脓肿
M71.005　骨盆区黏液囊脓肿
M71.006　大腿黏液囊脓肿
M71.007　小腿黏液囊脓肿
M71.008　踝黏液囊脓肿
M71.009　足黏液囊脓肿
M71.100　感染性滑囊炎，其他的
M71.101　肩区感染性滑囊炎
M71.102　上臂感染性滑囊炎
M71.103　前臂感染性滑囊炎
M71.104　手感染性滑囊炎
M71.105　骨盆区感染性滑囊炎
M71.106　大腿感染性滑囊炎
M71.107　小腿感染性滑囊炎
M71.108　踝感染性滑囊炎
M71.109　足感染性滑囊炎
M71.200　腘间隙滑膜囊肿［贝克］
M71.200x001　腘窝囊肿
M71.300x021　肘窝囊肿
M71.301　肩区滑膜囊肿
M71.302　肘窝滑膜囊肿
M71.303　腕关节滑膜囊肿
M71.304　手关节滑膜囊肿
M71.305　坐骨滑膜囊肿
M71.306　髋关节滑膜囊肿
M71.307　膝关节滑膜囊肿
M71.308　踝关节滑膜囊肿
M71.309　足滑膜囊肿
M71.310　滑膜囊肿
M71.400　黏液囊钙沉着
M71.401　上臂滑膜钙化
M71.402　前臂滑膜钙化
M71.403　手部滑膜钙化
M71.404　骨盆区滑膜钙化
M71.405　大腿滑膜钙化
M71.406　小腿滑膜钙化
M71.407　踝关节滑膜钙化
M71.408　足滑膜钙化
M71.501　肘关节粘连性滑囊炎
M71.502　腕关节粘连性滑囊炎
M71.503　手骨间关节粘连性滑囊炎

M71.504　髋关节粘连性滑囊炎
M71.505　骶髂关节粘连性滑囊炎
M71.506　膝关节粘连性滑囊炎
M71.507　踝关节粘连性滑囊炎
M71.508　足粘连性滑囊炎
M71.801　异位滑囊
M71.900　黏液囊病
M71.900x001　肘关节黏液囊病
M71.900x002　腕关节黏液囊病
M71.900x003　手骨间关节黏液囊病
M71.900x004　髋关节黏液囊病
M71.900x005　骶髂关节黏液囊病
M71.900x006　膝关节黏液囊病
M71.900x007　踝关节黏液囊病
M71.909　滑囊炎
M72.000　掌腱膜纤维瘤病［迪皮特朗］
M72.001　掌筋膜挛缩症
M72.100　指节垫
M72.200　跖筋膜纤维瘤病
M72.201　足底筋膜纤维瘤病
M72.202　跖筋膜炎
M72.400　假肉瘤性纤维瘤病
M72.401　肩区结节性筋膜炎
M72.402　上臂结节性筋膜炎
M72.403　前臂结节性筋膜炎
M72.404　手结节性筋膜炎
M72.405　骨盆区结节性筋膜炎
M72.406　大腿结节性筋膜炎
M72.407　小腿结节性筋膜炎
M72.408　踝结节性筋膜炎
M72.409　足结节性筋膜炎
M72.410　结节性筋膜炎
M72.600　坏死性筋膜炎
M72.601　肩区坏死性筋膜炎
M72.602　上臂坏死性筋膜炎
M72.603　前臂坏死性筋膜炎
M72.604　手坏死性筋膜炎
M72.605　骨盆区坏死性筋膜炎
M72.606　大腿坏死性筋膜炎
M72.607　小腿坏死性筋膜炎
M72.608　踝坏死性筋膜炎
M72.609　足坏死性筋膜炎
M72.800x091　硬化性筋膜炎
M72.800x092　缺血性筋膜炎
M72.801　肩关节筋膜脓肿
M72.802　肘关节筋膜脓肿
M72.803　腕关节筋膜脓肿
M72.804　指纤维组织瘤样增生
M72.805　筋膜脓肿
M72.806　陈旧性筋膜炎
M72.900x051　臀部纤维瘤病
M72.900x052　臀肌筋膜炎
M72.900x071　趾筋膜炎
M72.900x073　掌跖纤维瘤病
M72.900x081　腰背部筋膜炎
M72.900x082　躯干纤维瘤病
M72.900x083　椎管内纤维瘤病
M72.900x084　颈部纤维瘤病
M72.900x093　下肢纤维瘤病
M72.901　多部位筋膜炎
M72.903　肩区筋膜炎
M72.904　肩区纤维瘤病
M72.905　上臂筋膜炎
M72.906　上臂纤维瘤病
M72.907　前臂筋膜炎
M72.908　前臂纤维瘤病
M72.909　手筋膜炎
M72.910　手纤维瘤病
M72.911　骨盆区筋膜炎
M72.912　骨盆区纤维瘤病
M72.913　大腿筋膜炎
M72.914　大腿纤维瘤病
M72.915　小腿筋膜炎
M72.916　小腿纤维瘤病
M72.917　踝筋膜炎
M72.918　踝纤维瘤病
M72.919　足筋膜炎
M72.920　足纤维瘤病
M72.921　纤维瘤病
M72.922　筋膜炎
M75.000　粘连性肩关节囊炎
M75.000x001　冻结肩
M75.001　肩周炎
M75.002　迪普莱关节周炎
M75.003　肱肩胛关节周炎
M75.004　肩黏性肌腱炎
M75.100　旋转袖综合征
M75.101　非创伤性冈上肌撕裂
M75.102　冈上肌综合征
M75.103　肩袖自发性破裂

M75.200 二头肌腱炎
M75.201 肱二头肌长头肌腱炎
M75.300 肩钙化性肌腱炎
M75.301 肩钙化性黏液囊
M75.302 冈上肌肌腱钙化
M75.400 肩撞击综合征
M75.500 肩滑囊炎
M75.501 肩峰下滑囊炎
M75.502 肩胛肱骨滑囊炎
M75.503 三角肌下滑囊炎
M75.504 喙突下滑囊炎
M75.600 退行性肩关节盂唇撕裂
M75.802 肩胛肱骨肌纤维变性
M75.803 肩胛肱骨肌纤维鞘炎
M75.804 肩腱鞘炎
M75.900 肩损害
M76.000 臀肌腱炎
M76.100 髂肌腱炎
M76.200 髂嵴骨刺
M76.300 髂胫带综合征
M76.301 涉及髂胫带弹响髋
M76.302 涉及髂胫带弹响膝
M76.400 胫侧滑囊炎［佩莱格里尼-施蒂达］
M76.400x001 胫骨侧黏液囊炎
M76.500 髌肌腱炎
M76.600 跟腱炎
M76.602 跟腱滑囊炎
M76.603 跟腱痛
M76.700 腓肌腱炎
M76.701 腓肠肌内外侧头肌腱炎
M76.800x072 踝关节撞击综合征
M76.801 髋部肌腱端病
M76.802 腓骨肌腱撞击综合征
M76.803 膝肌腱端病
M76.804 胫前综合征
M76.805 胫后综合征
M76.806 胫后肌腱炎
M76.807 踝滑囊炎
M76.900 下肢肌腱端病
M77.000 内上髁炎
M77.001 肱骨内上髁炎
M77.100 外上髁炎
M77.101 肱骨外上髁炎
M77.200 腕关节周围炎
M77.300 跟骨骨刺
M77.400 跖痛症
M77.500 足的其他肌腱端病
M77.501 踝肌腱端病
M77.502 跟骨滑囊炎
M77.503 脚趾滑囊炎
M77.800x001 胫后肌腱失能
M77.800x002 腓骨肌腱滑脱
M77.801 肘肌腱端病
M77.804 腕肌腱端病
M77.900 肌腱端病
M77.901 关节周围炎
M77.902 肌腱炎
M77.903 骨刺
M77.905 肌腱周围炎
M77.906 关节囊炎
M79.000 风湿病
M79.000x092 关节风湿病
M79.000x093 风湿性肌痛
M79.000x095 成纤维细胞性风湿病
M79.002 软组织风湿
M79.100 肌痛
M79.101 肩区肌痛
M79.102 上臂肌痛
M79.103 前臂肌痛
M79.104 手肌痛
M79.105 骨盆区肌痛
M79.106 大腿肌痛
M79.107 小腿肌痛
M79.108 踝肌痛
M79.109 足肌痛
M79.201 多部位神经痛
M79.203 下肢神经痛
M79.206 神经肌肉痛
M79.209 神经病理性疼痛
M79.300 脂膜炎
M79.300x051 臀部脂膜炎
M79.301 组织细胞吞噬性脂膜炎
M79.302 结节性非化脓性脂膜炎
M79.303 嗜酸性脂膜炎
M79.500 软组织内残留异物
M79.500x061 小腿软组织异物残留
M79.500x082 躯干软组织异物残留
M79.501 肩区软组织异物残留
M79.502 上臂软组织异物残留
M79.503 前臂软组织异物残留

M79.504　手软组织异物残留
M79.505　骨盆区软组织异物残留
M79.506　大腿软组织异物残留
M79.507　膝关节软组织异物残留
M79.508　踝软组织异物残留
M79.509　足软组织异物残留
M79.510　头颈部软组织异物残留
M79.511　胸壁异物
M79.600　肢痛
M79.600x002　跟痛症
M79.600x011　肩痛
M79.600x021　上臂疼痛
M79.600x051　下肢疼痛
M79.601　手痛
M79.602　跗骨痛
M79.603　脚趾痛
M79.604　足痛
M79.700　纤维肌痛
M79.701　肩部纤维肌炎
M79.702　腰纤维肌炎
M79.703　风湿性肌纤维组织炎
M79.704　纤维织炎
M79.705　肌纤维鞘炎
M79.800x001　肢体肿胀
M79.800x081　椎旁脓肿
M79.800x082　面部软组织下垂
M79.800x083　面部软组织增生性病变
M79.800x091　脂肪疝
M79.800x096　纤维结缔组织炎
M79.808　脂肪坏死
M79.812　脂肪萎缩
M79.900x001　肢体肿物
M79.901　肩区软组织疾患
M79.902　上臂软组织疾患
M79.903　前臂软组织疾患
M79.904　手软组织疾患
M79.905　骨盆区软组织疾患
M79.906　大腿软组织疾患
M79.907　小腿软组织疾患
M79.908　踝软组织疾患
M79.909　足软组织疾患
M83.500　成人其他药物性骨软化症
M83.801　麦角甾醇缺乏（维生素D2）伴成人骨软化
M83.802　全身骨内多发性吸收
M84.000　骨折连接不正
M84.000x021　肱骨骨折连接不正
M84.000x031　尺骨骨折连接不正
M84.000x032　桡骨骨折连接不正
M84.000x041　指骨骨折连接不正
M84.000x042　腕舟骨骨折连接不正
M84.000x051　股骨骨折连接不正
M84.000x061　胫骨骨折连接不正
M84.000x071　跟骨骨折连接不正
M84.000x072　踝关节骨折连接不正
M84.000x073　足舟骨连接不正
M84.100x011　锁骨骨折不连接
M84.100x021　肱骨骨折不连接
M84.100x031　尺骨骨折不连接
M84.100x032　桡骨骨折不连接
M84.100x041　指骨骨折不连接
M84.100x042　掌骨骨折不连接
M84.100x043　舟骨骨折不连接
M84.100x051　股骨骨折不连接
M84.100x061　腓骨骨折不连接
M84.100x071　跖骨骨折不连接
M84.100x072　跟骨骨折不连接
M84.200　骨折延迟愈合
M84.401　自发性骨折
M84.801　颅骨分离
M84.900　骨的连续性疾患
M85.202　狮面骨
M85.801　肢骨纹状肥大
M85.802　骨密度增加
M85.803　骨实质丧失
M85.900　骨密度和结构的疾患
M89.900x101　桡骨病变
M89.900x102　骶骨病变
M89.900x103　髂骨病变
M89.900x104　距骨病变
M89.902　肩胛骨肿物
M89.904　腕骨病变
M89.905　指骨病变
M89.907　骨盆区骨肿物
M89.908　大腿骨肿物
M89.909　膝关节骨肿物
M89.910　腓骨肿物
M89.913　踝骨肿物
M89.914　足骨肿物
M89.916　头颈部骨肿物
M89.921　肩胛骨骨疣

M89.922　肱骨骨疣
M89.923　尺骨骨疣
M89.924　桡骨骨疣
M89.925　股骨骨疣
M89.927　趾骨骨疣
M89.929　脊柱骨疣
M92.300　上肢其他的幼年型骨软骨病
M92.301　幼年型臂软骨病
M92.302　幼年型锁骨骨软骨病
M92.303　幼年型胸骨骨软骨病
M94.803　慢性萎缩性多软骨炎
M94.804　软骨肥大
M94.805　软骨脓肿
M94.806　软骨实质丧失
M94.807　软骨萎缩
M95.301　颈部畸形
M95.501　扁骨盆
M95.502　后天性骨盆畸形
M95.503　后天性骨盆倾斜
M95.504　后天性骨盆狭窄
M95.505　后天性漏斗骨盆
M95.506　内格勒骨盆
M95.507　尖骨盆
M95.508　婴儿型骨盆
M95.509　后天性髂骨畸形
M95.510　后天性坐骨畸形
M95.801　后天性躯干畸形
M95.802　后天性腹壁畸形
M96.001　关节固定术后假关节形成
M96.801　继发于关节假体取出后关节不稳定
M96.900　肌肉骨骼疾患，操作后的
M99.000　节段性和躯体性功能障碍
M99.100x001　枕颈椎骨不全脱位
M99.100x002　颈胸椎骨不全脱位
M99.100x003　胸腰椎骨不全脱位
M99.100x004　腰骶椎骨不全脱位
M99.100x005　骶尾椎骨不全脱位
M99.100x006　骶髂椎骨不全脱位
M99.800　生物力学损害，其他的
M99.900　生物力学损害
N25.003+M90.8*　肾性骨软化
Q77.200　短肋综合征
Q77.201　窒息性胸廓发育不良
Q77.300　点状软骨发育不良
Q77.301　先天性多发性骨骺发育不良
Q77.500　弯曲变形性发育不良（骨骼）
Q77.600　软骨外胚层发育不良
Q77.700　脊椎骨骺发育不良
Q77.701　进行性假性类风湿发育不良症
Q77.800　骨软骨发育不良伴有管状骨和脊柱发育缺陷，其他的
Q77.801　Leri-Weill综合征
Q77.900　骨软骨发育不良伴有管状骨和脊柱发育缺陷
Q78.000　成骨不全
Q78.100　多骨纤维性结构不良
Q78.100x001　先天性弥漫性纤维性骨炎
Q78.100x002　多发性骨纤维发育不良伴性早熟综合征［Albright综合征］
Q78.200　骨硬化症
Q78.201　播散性骨硬化病
Q78.300　进行性骨干发育异常
Q78.400　内生软骨瘤病
Q85.900x008　前臂错构瘤
Q85.900x014　足错构瘤
Q85.900x023　横纹肌间质错构瘤
Q85.900x027　平滑肌错构瘤
Q85.900x030　下肢错构瘤
Q85.900x039　膝部错构瘤
Q85.900x040　肢体错构瘤
Q85.900x051　骨错构瘤
Q85.900x057　软骨间叶性错构瘤
Q86.000　胎儿酒精综合征（畸形的）
Q86.100　胎儿乙内酰脲综合征
Q86.200　苄丙酮香豆素引起的同质异形
Q86.800　已知的外源性原因引起的其他先天性畸形综合征
Q87.000x201　阿佩尔综合征［Apert综合征］
Q87.000x501　哈勒曼-斯特雷夫综合征［Hallerman-Streiff综合征］
Q87.000x904　腭心面综合征［Velo-Cardio-Facia综合征］
Q87.000x905　歌舞伎面谱综合征［Kabuki综合征］
Q87.000x906　默比乌斯综合征［Moebius综合征］
Q87.000x907　短指-球状晶体异位综合征［马尔凯萨尼综合征］
Q87.000x909　口-面-指综合征
Q87.001　戈尔登哈尔综合征
Q87.002　马尔凯萨尼（-魏尔）综合征
Q87.003　皮-罗综合征

Q87.100x601　塞克尔综合征［Seckel综合征］
Q87.100x701　史密斯-莱尔米-奥皮茨综合征［Smith-Lemli-Opitz综合征］
Q87.100x901　奥斯科格综合征［Aarskog综合征］
Q87.100x903　罗比诺-西尔弗曼-史密斯综合征［Robinow-Silverman-Smith综合征］
Q87.101　德朗热综合征
Q87.102　杜博维茨综合征
Q87.103　科凯恩综合征
Q87.104　鲁塞尔-西尔弗综合征
Q87.105　努南综合征
Q87.106　普拉德-威利综合征
Q87.200　主要涉及四肢的先天性畸形综合征
Q87.200x601　桡骨发育不全-血小板减少综合征［TAR综合征］
Q87.200x701　VATER综合征
Q87.202　甲-髌综合征
Q87.204　鲁宾斯坦-塔比综合征
Q87.300x301　韦弗综合征［Weaver综合征］
Q87.300x901　普罗特斯综合征［Proteus综合征］
Q87.300x902　CLOVES综合征
Q87.301　贝克威思-威德曼综合征
Q87.302　索托斯综合征
Q87.500　其他先天性畸形综合征，伴有其他骨改变
Q87.800　其他先天性畸形综合征，不可归类在他处者
Q87.800x902　Frasier综合征
Q87.802　策尔韦格综合征
Q87.803　颈-眼-听神经综合征
Q87.805　类马方综合征
R07.300x002　肋软骨痛
R29.400　弹响髋
R93.600　肢体诊断性影像检查的异常所见
R93.700　肌肉骨骼系统其他部位诊断性影像检查的异常所见
S22.910　开放性胸廓骨折
S32.710　开放性腰椎和骨盆多处骨折
S32.711　开放性多发性骨盆骨折
S32.712　开放性多发性腰椎骨折
S33.701　骶髂区扭伤
S33.702　耻骨联合扭伤
S39.000x001　腹部肌肉损伤
S39.000x003　下背肌肉损伤
S39.000x005　骨盆肌肉损伤
S39.001　腹直肌断裂
S39.002　开放性腰大肌断裂
S39.800x001　腹部软组织损伤
S39.800x002　下背软组织损伤
S39.800x003　骨盆软组织损伤
S39.800x004　腹部和下背及骨盆软组织损伤
S39.800x005　臀部软组织损伤
S42.800　肩和上臂其他部位的骨折
S42.810　开放性肩和上臂特指部位骨折
S48.900　在肩和上臂水平的创伤性切断
S57.800　前臂其他部位的挤压伤
S59.800　前臂其他特指的损伤
S62.810　开放性腕和手其他和未特指部位骨折
S72.810　开放性股骨特指部位骨折
S78.900　髋和大腿水平的创伤性切断
S79.800　髋和大腿其他特指的损伤
S79.800x001　髋关节周围软组织损伤
S88.900　小腿水平的创伤性切断
S98.300　足其他部位的创伤性切断
S98.400　足创伤性切断
T02.100x001　躯干多发性骨折
T02.110　开放性多发性躯干骨折
T02.900　多处骨折
T02.910　开放性多发性骨折
T03.000x001　头和颈脱位
T03.000x002　头和颈扭伤
T03.000x003　头和颈损伤
T03.100x001　胸伴下背及骨盆脱位
T03.100x002　胸伴下背及骨盆扭伤
T03.100x003　胸伴下背及骨盆损伤
T03.200x001　上肢多处脱位
T03.200x002　上肢多处扭伤
T03.300x001　下肢多处脱位
T03.300x002　下肢多处扭伤
T03.300x003　下肢多处损伤
T03.400x001　上肢和下肢多处脱位
T03.400x002　上肢和下肢多处扭伤
T03.400x003　上肢和下肢多处损伤
T03.800x001　身体复合部位的脱位
T03.800x002　身体复合部位的扭伤
T03.900　多处脱位、扭伤和劳损
T03.900x001　多处脱位
T03.900x002　多处扭伤
T04.800x001　身体复合部位的挤压伤
T05.800x003　身体复合部位的创伤性切断
T06.400x001　多处肌肉和肌腱损伤

T06.400x002　多处肌肉损伤
T06.401　多发性肌腱损伤
T06.800x001　身体复合部位的损伤
T09.200　躯干关节和韧带脱位、扭伤和劳损
T09.200x006　躯干韧带扭伤
T09.200x009　躯干韧带损伤
T09.500　躯干肌肉和肌腱的损伤
T09.500x002　躯干肌肉损伤
T09.500x003　躯干肌腱损伤
T11.200　上肢关节和韧带脱位、扭伤和劳损
T11.200x001　上肢关节和韧带脱位
T11.200x002　上肢关节脱位
T11.200x003　上肢韧带脱位
T11.200x004　上肢关节和韧带扭伤
T11.200x007　上肢关节和韧带损伤
T14.200　身体骨折
T14.210　开放性骨折
T14.300　脱位、扭伤和劳损
T14.500　血管损伤
T14.501　创伤性动脉瘤
T14.601　肌腱损伤
T14.602　肌肉损伤
T14.701　挤压伤
T14.702　创伤性切断
T79.600　创伤性肌肉缺血
T79.600x003　腔隙综合征
T79.600x004　上肢骨筋膜室综合征
T79.600x006　下肢骨筋膜室综合征
T79.601　创伤性骨筋膜室综合征
T79.602　福耳克曼缺血性挛缩
T79.603　腹腔间隔室综合征
T79.800x002　创伤性下肢坏死
T87.300　截断术残端的神经瘤
T87.300x001　创伤性神经瘤
T87.300x002　指创伤性神经瘤
T87.400　截断术残端的感染
T87.500　截断术残端的坏死
T87.600x002　截断术残端挛缩
T87.600x003　截断术残端血肿
T87.600x004　截断术残端水肿
T87.601　截肢残端溃疡
T87.602　残端综合征
Z52.200　供骨者

MDCJ　乳房、皮肤疾病及功能障碍

主诊表

包含以下主要诊断：

A18.400x001　播散性粟粒性狼疮
A18.400x006　酒渣样结核疹
A18.400x010　臀部结核
A18.400x013　皮肤结核溃疡
A18.400x014　疣状皮肤结核
A18.400x020　腰部结核性脓肿
A18.400x021　足结核
A18.400x022　肩部结核
A18.401　皮肤结核
A18.402　皮下组织结核
A18.403　皮肤结核性窦道
A18.404　瘰疬性皮肤结核
A18.405　结核性皮肤脓肿
A18.406　腹壁结核
A18.407　皮下组织结核性窦道
A18.408　结核性结节性红斑
A18.409　结核性狼疮
A18.410　寻常性狼疮
A18.411　巴赞病
A18.412　胸壁结核
A18.811　乳腺结核
A36.300　皮肤白喉
A46.x00　丹毒
A60.100x002　肛周皮肤疱疹
B00.000　疱疹性湿疹
B00.100　疱疹病毒性水疱皮炎
B00.100x001　单纯疱疹病毒性水疱皮炎
B00.100x004+H62.1*　耳部单纯疱疹HSV-Ⅱ型
B00.100x005　唇部单纯疱疹HSV-Ⅱ型
B00.101　唇单纯疱疹
B00.102　面单纯疱疹
B00.801+L99.8*　疱疹病毒性瘭疽
B00.804+L99.8*　疱疹病毒性甲沟炎
B07.x00x006　丝状疣
B07.x00x008　镶嵌疣
B07.x00x010　掌疣
B07.x00x011　掌跖疣
B07.x01　扁平疣
B07.x03　寻常疣
B07.x04　疣

B07.x05　指状疣
B08.800x007　柯萨奇湿疹
B09.x00x002　黏膜病毒性感染
B09.x01　病毒疹
B35.000　须癣和头癣
B35.000x001　癣菌性须疮
B35.001　头癣
B35.002　须癣
B35.003　脓癣
B35.100　甲癣
B35.100x002　皮肤癣菌性甲床炎
B35.200　手癣
B35.300　脚癣
B35.400　体癣
B35.500　叠瓦癣
B35.600　股癣
B35.600x002　腹股沟癣
B35.800x002　肉芽肿性皮肤癣菌病
B35.800x003　面癣
B35.800x004　腋毛癣
B35.801　播散性皮真菌病
B35.901　黄癣
B36.000x001　花斑癣［花斑糠疹］
B36.000x003　马拉色菌毛囊炎
B36.100　黑癣
B36.200　白癣
B36.200x001　皮肤毛孢子菌病
B36.300　黑色发结节病
B36.300x002　毛结节菌病
B36.901　皮肤真菌感染
B37.200x003　肢端念珠菌病
B37.201　念珠菌性指甲炎
B37.202　念珠菌性趾甲炎
B37.203　念珠菌性甲沟炎
B37.204　念珠菌性甲床炎
B37.205　皮肤念珠菌病
B37.900x001　克柔念珠菌感染
B37.900x002　近平滑念珠菌感染
B37.900x003　光滑念珠菌感染
B38.300　皮肤球孢子菌病
B40.300　皮肤芽生菌病
B40.301+L99.8*　芽生菌性皮炎
B40.302+L99.8*　芽生菌性脓皮病
B41.800x002　皮肤型副球孢子菌病
B43.000　皮肤着色真菌病
B43.200　皮下棕色真菌病性脓肿和囊肿
B44.800x002　皮肤曲霉菌病
B45.200　皮肤隐球菌病
B46.300x001+L99.8*　皮肤型毛霉菌病
B72.x00　龙线虫病
B72.x00x001　麦地那龙线虫病
B78.100x001+L99.8*　皮肤粪圆线虫病
B86.x00　疥疮
B86.x00x003　绵羊疥疮
B86.x00x004　牛疥疮
B86.x00x005　犬疥疮
B86.x00x006　猪疥疮
B86.x00x007　动物疥疮
B87.000x001+L99.8*　皮肤蝇蛆病
B88.000x004+L99.8*　革螨皮炎
B88.000x006+L99.8*　恙螨皮炎
B88.001+L99.8*　螨性皮炎
C43.500　躯干恶性黑色素瘤
C43.501　乳房恶性黑色素瘤
C43.502　胸壁恶性黑色素瘤
C43.503　腹壁恶性黑色素瘤
C43.504　腹股沟恶性黑色素瘤
C43.505　背部恶性黑色素瘤
C43.506　臀部恶性黑色素瘤
C43.507　肛门恶性黑色素瘤
C43.508　肛周恶性黑色素瘤
C43.600　上肢（包括肩）恶性黑色素瘤
C43.600x002　手指恶性黑色素瘤
C43.601　肩部恶性黑色素瘤
C43.602　上臂恶性黑色素瘤
C43.603　前臂恶性黑色素瘤
C43.604　肘部恶性黑色素瘤
C43.605　腕部恶性黑色素瘤
C43.606　手恶性黑色素瘤
C43.700x001　下肢恶性黑色素瘤
C43.701　髋恶性黑色素瘤
C43.702　大腿恶性黑色素瘤
C43.703　小腿恶性黑色素瘤
C43.704　膝部恶性黑色素瘤
C43.705　腘部恶性黑色素瘤
C43.706　踝部恶性黑色素瘤
C43.707　足部恶性黑色素瘤
C43.800　皮肤交搭跨越的恶性黑色素瘤
C43.900　皮肤恶性黑色素瘤
C43.900x003　恶性雀斑样痣

C43.901　恶性蓝痣
C44.500　躯干皮肤恶性肿瘤
C44.501　乳房皮肤恶性肿瘤
C44.502　胸部皮肤恶性肿瘤
C44.503　腹部皮肤恶性肿瘤
C44.504　背部皮肤恶性肿瘤
C44.505　肩胛区皮肤恶性肿瘤
C44.506　臀部皮肤恶性肿瘤
C44.507　肛门皮肤恶性肿瘤
C44.508　肛周皮肤恶性肿瘤
C44.509　腹股沟皮肤恶性肿瘤
C44.600　上肢（包括肩）皮肤恶性肿瘤
C44.601　肩部皮肤恶性肿瘤
C44.602　上臂皮肤恶性肿瘤
C44.603　前臂皮肤恶性肿瘤
C44.604　肘部皮肤恶性肿瘤
C44.605　腕部皮肤恶性肿瘤
C44.606　手皮肤恶性肿瘤
C44.700　下肢（包括髋）皮肤恶性肿瘤
C44.701　髋部皮肤恶性肿瘤
C44.702　大腿皮肤恶性肿瘤
C44.703　小腿皮肤恶性肿瘤
C44.704　膝部皮肤恶性肿瘤
C44.705　腘窝皮肤恶性肿瘤
C44.706　踝部皮肤恶性肿瘤
C44.707　足皮肤恶性肿瘤
C44.800　皮肤交搭跨越恶性肿瘤的损害
C44.900　皮肤恶性肿瘤
C44.901　汗腺恶性肿瘤
C46.000　皮肤卡波西肉瘤
C50.000　乳头和乳晕恶性肿瘤
C50.000x001　乳头恶性肿瘤
C50.001　乳晕恶性肿瘤
C50.100　乳房中央部恶性肿瘤
C50.200　乳房上内象限恶性肿瘤
C50.300　乳房下内象限恶性肿瘤
C50.400　乳房上外象限恶性肿瘤
C50.500　乳房下外象限恶性肿瘤
C50.600　乳房腋尾部恶性肿瘤
C50.800　乳房交搭跨越恶性肿瘤的损害
C50.800x005　异位乳腺恶性肿瘤
C50.801　乳腺恶性肿瘤，上部
C50.802　乳腺恶性肿瘤，下部
C50.803　乳腺恶性肿瘤，内侧
C50.804　乳腺恶性肿瘤，外侧
C50.900　乳房恶性肿瘤
C50.900x005　双侧乳腺恶性肿瘤
C50.901　男性乳腺恶性肿瘤
C50.902　副乳腺恶性肿瘤
C79.200　皮肤继发性恶性肿瘤
C79.200x001　腹壁皮肤继发恶性肿瘤
C79.200x005　臀部皮肤继发恶性肿瘤
C79.200x006　颌部皮肤继发恶性肿瘤
C79.200x007　乳房皮肤继发恶性肿瘤
C79.204　躯干皮肤继发恶性肿瘤
C79.205　四肢皮肤继发恶性肿瘤
C79.800x831　皮下继发恶性肿瘤
C79.806　乳腺继发恶性肿瘤
C96.200x006　皮肤外肥大细胞病
D03.500　躯干原位黑色素瘤
D03.500x002　肛门原位黑色素瘤
D03.501　乳房原位黑色素瘤
D03.502　肛门边缘原位黑色素瘤
D03.503　肛门皮肤原位黑色素瘤
D03.504　肛周原位黑色素瘤
D03.600　上肢（包括肩）原位黑色素瘤
D03.600x002　上肢端原位黑色素瘤
D03.601　肩原位黑色素瘤
D03.602　手原位黑色素瘤
D03.700x001　下肢原位黑色素瘤
D03.700x002　下肢端原位黑色素瘤
D03.701　髋原位黑色素瘤
D03.800　原位黑色素瘤，其他部位的
D03.900　原位黑色素瘤
D03.900x002　浅表扩散性原位黑色素瘤
D04.500　躯干皮肤原位癌
D04.501　乳房皮肤原位癌
D04.502　肛门边缘皮肤原位癌
D04.503　肛门皮肤原位癌
D04.504　肛周皮肤原位癌
D04.600x001　上肢皮肤原位癌
D04.601　肩皮肤原位癌
D04.700x001　下肢皮肤原位癌
D04.701　髋皮肤原位癌
D04.800　皮肤其他部位的原位癌
D04.900x001　皮肤原位癌
D05.000　乳房小叶原位癌
D05.100　乳房导管原位癌
D05.700　乳房其他部位的原位癌
D05.900　乳房的原位癌

D17.000x004　肩部脂肪瘤
D17.100x001　躯干脂肪瘤
D17.100x002　乳房脂肪瘤
D17.100x003　胸壁脂肪瘤
D17.101　会阴脂肪瘤
D17.200x001　肢体脂肪瘤
D17.200x002　上肢脂肪瘤
D17.200x003　手脂肪瘤
D17.200x004　下肢脂肪瘤
D17.200x005　足脂肪瘤
D17.300x004　皮肤脂肪瘤
D17.300x005　皮下脂肪瘤
D17.301　皮肤和皮下组织良性脂肪瘤样肿瘤
D17.500x010　腹股沟脂肪瘤
D17.500x011　腹壁脂肪瘤
D17.900x001　多发性脂肪瘤
D17.900x002　脂肪瘤
D18.000x010　腹壁血管瘤
D18.000x018　肢端血管瘤
D18.000x812　外阴血管瘤
D18.000x816　乳房血管瘤
D18.000x828　婴儿血管瘤（重症）
D18.000x847　臀血管瘤
D18.000x848　腰部血管瘤
D18.000x849　腋下血管瘤
D18.000x850　背血管瘤
D18.000x851　肘部血管瘤
D18.000x852　腕部血管瘤
D18.005　躯干部血管瘤
D18.006　肢体血管瘤
D18.007　皮肤血管瘤
D22.500　躯干黑素细胞痣
D22.500x008　骶部黑色素痣
D22.501　胸壁黑素细胞痣
D22.502　背黑素细胞痣
D22.503　乳房黑素细胞痣
D22.504　耻骨黑素细胞痣
D22.505　会阴黑素细胞痣
D22.506　肛门边缘黑素细胞痣
D22.507　肛门皮肤黑素细胞痣
D22.508　肛周黑素细胞痣
D22.509　肩胛间区黑素细胞痣
D22.510　腹股沟黑素细胞痣
D22.511　臀黑素细胞痣
D22.600　上肢（包括肩）黑素细胞痣
D22.601　肩黑素细胞痣
D22.602　手黑素细胞痣
D22.700　下肢（包括髋）黑素细胞痣
D22.701　足黑素细胞痣
D22.702　髋黑素细胞痣
D22.900　黑素细胞痣
D22.900x002　痣
D22.900x003　甲下痣
D22.900x017　大汗腺黑色素痣
D22.900x021　假性黑色素瘤
D22.901　神经皮肤黑变病
D23.500　躯干皮肤良性肿瘤
D23.500x003　肛门皮肤良性肿瘤
D23.500x006　胸部皮肤良性肿瘤
D23.500x010　会阴皮肤良性肿瘤
D23.501　背部皮肤良性肿瘤
D23.502　乳房皮肤良性肿瘤
D23.503　肛周皮肤良性肿瘤
D23.504　腹壁良性肿瘤
D23.505　腋皮肤良性肿瘤
D23.506　臀部皮肤良性肿瘤
D23.600x001　上肢皮肤良性肿瘤
D23.600x002　上肢端皮肤良性肿瘤
D23.601　肩皮肤良性肿瘤
D23.602　手皮肤良性肿瘤
D23.700x001　下肢皮肤良性肿瘤
D23.700x002　下肢端皮肤良性肿瘤
D23.701　髋皮肤良性肿瘤
D23.900　皮肤良性肿瘤
D24.x00　乳房良性肿瘤
D24.x01　乳头的腺瘤
D24.x02　副乳腺良性肿瘤
D28.000x001　外阴黑色素痣
D36.700x009　腋窝良性肿瘤
D36.716　腋部良性肿瘤
D48.500x002　鼻部皮肤交界性肿瘤
D48.500x003　臀部皮肤交界性肿瘤
D48.500x004　耳部皮肤交界性肿瘤
D48.500x005　皮肤交界性肿瘤
D48.500x006　躯干皮肤交界性肿瘤
D48.500x007　眼睑交界性肿瘤
D48.500x008　头皮交界性肿瘤
D48.500x009　面部皮肤交界性肿瘤
D48.500x010　手部皮肤交界性肿瘤
D48.500x011　肢体皮肤交界性肿瘤

D48.500x012　毛囊漏斗部交界性肿瘤
D48.500x014　耵聍腺交界性肿瘤
D48.501　皮肤肿瘤
D48.502　头颈部皮肤动态未定肿瘤
D48.503　头颈部皮肤肿瘤
D48.504　躯干皮肤动态未定肿瘤
D48.505　躯干皮肤肿瘤
D48.506　乳房皮肤动态未定肿瘤
D48.507　乳房皮肤肿瘤
D48.508　肛门边缘动态未定肿瘤
D48.509　肛门边缘肿瘤
D48.510　肛门皮肤动态未定肿瘤
D48.511　肛门皮肤肿瘤
D48.512　肛周皮肤动态未定肿瘤
D48.513　肛周皮肤肿瘤
D48.514　上肢皮肤动态未定肿瘤
D48.515　上肢皮肤肿瘤
D48.516　下肢皮肤动态未定肿瘤
D48.517　下肢皮肤肿瘤
D48.600x001　乳房交界性肿瘤
D48.601　乳腺肿瘤
D86.300　皮肤结节病
D86.300x002　冻疮样狼疮型皮肤结节病
E05.906　甲亢性皮肤病
E10.600x021　1型糖尿病性大疱症
E10.600x023　1型糖尿病性红斑
E10.600x024　1型糖尿病性潮红
E10.600x025　1型糖尿病性皮肤硬化
E10.600x026　1型糖尿病性皮肤增厚
E10.600x027+L99.8*　1型糖尿病性糖尿病脂性渐进性坏死
E10.600x028　1型糖尿病性甲周毛细血管扩张
E10.600x970　1型糖尿病性乳腺纤维化病变
E10.603+L99.8*　1型糖尿病性皮肤病
E11.600x021　2型糖尿病性大疱症
E11.600x023　2型糖尿病性红斑
E11.600x024　2型糖尿病性潮红
E11.600x025　2型糖尿病性皮肤硬化
E11.600x026　2型糖尿病性皮肤增厚
E11.600x027+L99.8*　2型糖尿病性糖尿病脂性渐进性坏死
E11.600x028　2型糖尿病性甲周毛细血管扩张
E11.600x970　2型糖尿病性乳腺纤维化病变
E11.603+L99.8*　2型糖尿病性皮肤病
E14.600x021　糖尿病性大疱症
E14.600x022　糖尿病性皮肤病
E14.600x023　糖尿病性红斑
E14.600x024　糖尿病性潮红
E14.600x025　糖尿病性皮肤硬化
E14.600x026　糖尿病性皮肤增厚
E14.600x027+L99.8*　糖尿病性糖尿病脂性渐进性坏死
E14.600x028　糖尿病性甲周毛细血管扩张
E14.600x970　糖尿病性乳腺纤维化病变
E16.300x003+L54.8*　坏死松解性游走性红斑
E50.800x002+L86*　维生素A缺乏伴毛囊角化病
E50.801+L86*　维生素A缺乏合并皮肤干燥病
E51.100　脚气病
E51.100x005+I98.8*　湿性脚气病
E51.100x006　干性脚气病
E83.201　肠病性肢端皮炎
E85.413+L99.0*　淀粉样变皮肤损害
I89.000x004　淋巴水肿
I89.000x013　继发性淋巴水肿
I89.000x015　颈部淋巴水肿
I89.000x017　腹壁淋巴水肿
I89.000x020　臀部淋巴水肿
I89.000x021　下肢淋巴水肿
I89.000x023　右淋巴导管梗阻
I89.000x026　象皮腿
I89.002　淋巴管闭塞
I89.004　上肢淋巴水肿
I89.009　非丝虫性象皮肿
I89.100x002　慢性淋巴管炎
I89.800x012　乳糜回流障碍
I89.800x013　乳糜反流
I89.800x014　乳糜瘘
I89.800x015　颈部乳糜瘘
I89.800x020　颈部乳糜囊肿
I89.800x022　腋窝乳糜囊肿
I89.800x024　躯干乳糜囊肿
I89.800x025　盆腔乳糜囊肿
I89.800x026　会阴区乳糜囊肿
I89.800x027　髂部乳糜囊肿
I89.800x028　腹壁乳糜囊肿
I89.800x029　腰背部乳糜囊肿
I89.800x030　臀部乳糜囊肿
I89.800x031　下肢乳糜囊肿
I89.900　淋巴管和淋巴结非感染性疾患
I97.200　乳房切除术后淋巴水肿综合征

L00.x00　葡萄球菌性烫伤样皮肤综合征
L01.000x011　急性泛发性发疹型脓疱病
L01.000x012　急性发热性发疹样脓疱病
L01.000x013　脓疱疮
L01.001　伯克哈特脓疱病
L01.002　大疱性脓疱病
L01.003　单纯性脓疱病
L01.004　溃疡性脓疱病
L01.005　毛囊性脓疱病
L01.008　寻常性脓疱病
L01.100　皮肤病的脓疱化，其他的
L02.100　颈部皮肤脓肿、疖和痈
L02.200　躯干皮肤脓肿、疖和痈
L02.200x004　会阴部炎性疖
L02.200x009　背部痈
L02.200x010　胸壁脓肿
L02.201　背部脓肿
L02.202　腹壁脓肿
L02.203　腹股沟脓肿
L02.205　髂窝脓肿
L02.206　会阴脓肿
L02.300　臀部皮肤脓肿、疖和痈
L02.401　腘窝脓肿
L02.402　下肢皮肤脓肿、疖和痈
L02.403　上肢皮肤脓肿、疖和痈
L02.800　皮肤脓肿、疖和痈，其他部位的
L02.801　头皮脓肿
L02.802　帽状腱膜下脓肿
L02.803　头部疖
L02.804　头部痈
L02.900x001　多发性疖肿
L02.900x002　多发性脓肿
L02.900x006　新生儿疖肿
L02.901　皮肤疖
L02.902　皮肤脓肿
L02.903　皮肤痈
L03.000　指和趾的蜂窝织炎
L03.000x015　指甲沟脓肿
L03.001　趾蜂窝织炎
L03.002　甲周炎
L03.003　甲沟炎
L03.004　甲床炎
L03.101　急性上肢淋巴管炎
L03.102　急性下肢淋巴管炎
L03.103　上肢蜂窝织炎
L03.104　肩蜂窝织炎
L03.105　臂蜂窝织炎
L03.106　手蜂窝织炎
L03.107　下肢蜂窝织炎
L03.108　腿蜂窝织炎
L03.109　足蜂窝织炎
L03.200　面部蜂窝织炎
L03.300　躯干蜂窝织炎
L03.301　胸壁蜂窝织炎
L03.302　背部蜂窝织炎
L03.303　腹壁蜂窝织炎
L03.304　腹股沟蜂窝织炎
L03.305　脐部蜂窝织炎
L03.306　会阴蜂窝织炎
L03.800　蜂窝织炎，其他部位的
L03.801　头部蜂窝织炎
L03.802　头皮蜂窝织炎
L03.900　蜂窝织炎
L05.000　藏毛囊肿伴有脓肿
L05.000x001　先天性胸壁皮肤窦道伴脓肿
L05.900　藏毛囊肿不伴有脓肿
L05.901　先天性背部皮肤窦道
L08.000x001　脓疱性细菌疹
L08.000x005　手浅表性大疱性脓皮病
L08.000x006　下疳样脓皮病
L08.000x007　慢性乳头状溃疡性脓皮病
L08.000x008　头皮糜烂脓疱性皮病
L08.000x009　芽生菌病样脓皮病
L08.000x010　足浅表性大疱性脓皮病
L08.001　化脓性皮炎
L08.002　脓疱性皮疹
L08.003　坏疽性皮炎
L08.100　红癣
L08.800x005　骶部炎性窦道
L08.800x006　臀部感染性窦道
L08.800x008　足跟感染性窦道
L08.800x011　恶性脓皮病
L08.801　皮肤感染性窦道
L08.802　增殖性脓皮病
L08.803　瘢痕感染
L08.804　背部感染性窦道
L08.805　腹壁感染性窦道
L08.900　皮肤和皮下组织的局部感染
L08.900x028　皮肤软化斑
L08.901　头面颈部皮肤感染

L08.902　躯干皮肤感染
L08.903　上肢皮肤感染
L08.904　下肢皮肤感染
L08.905　脐炎
L08.906　颈部软组织感染
L08.907　腹壁软组织感染
L08.908　会阴部软组织感染
L08.909　会阴炎性包块
L08.910　足皮肤感染
L08.911　足软组织感染
L10.000　寻常型天疱疮
L10.100　增生型天疱疮
L10.200　落叶型天疱疮
L10.300　巴西天疱疮
L10.400　红斑性天疱疮
L10.500　药物性天疱疮
L10.800　天疱疮，其他特指的
L10.800x001　副肿瘤性天疱疮
L10.800x002　家族性良性慢性天疱疮
L10.801　疱疹样天疱疮
L10.900　天疱疮
L11.000　后天性毛囊角化病
L11.100　短暂性棘皮松解皮肤病［格罗弗］
L11.800　皮肤棘层松解性疾患，其他特指的
L11.900　皮肤棘层松解性疾患
L12.000　大疱性类天疱疮
L12.100　瘢痕性类天疱疮
L12.101　良性黏膜类天疱疮
L12.102+H13.3*　结膜天疱疹
L12.103+H13.3*　眼天疱疹
L12.200　儿童期慢性大疱性疾病
L12.201　青少年疱疹样皮炎
L12.202　线状IgA大疱性皮病
L12.300　后天性大疱性表皮松解
L12.800　类天疱疮，其他的
L12.900　类天疱疮
L13.000　疱疹样皮炎
L13.100　角质层下小脓疱性皮炎
L13.101　斯内登-威尔金森病
L13.800　大疱性疾患，其他特指的
L13.900　大疱性疾患
L13.901　大疱性皮炎
L20.000　贝尼耶痒疹
L20.801　泛发性神经性皮炎
L20.802　变应性湿疹
L20.803　特应性神经性皮炎
L20.804　婴儿湿疹
L20.806　新生儿湿疹
L20.900　特应性皮炎
L21.000　头皮皮脂溢
L21.001　乳痂
L21.002　头皮糠疹
L21.100　婴儿脂溢性皮炎
L21.800　脂溢性皮炎，其他的
L21.900　脂溢性皮炎
L21.901　脂溢性湿疹
L22.x00　尿布皮炎
L22.x01　银屑病样尿布疹
L23.000　金属引起的变应性接触性皮炎
L23.001　铬变应性接触性皮炎
L23.002　镍变应性接触性皮炎
L23.100　粘贴剂引起的变应性接触性皮炎
L23.101　橡皮膏变应性接触性皮炎
L23.200　化妆品引起的变应性接触性皮炎
L23.300　药物接触皮肤引起的变应性接触性皮炎
L23.400　染料引起的变应性接触性皮炎
L23.500　化学产品引起的变应性接触性皮炎，其他的
L23.501　水泥变应性接触性皮炎
L23.502　塑料变应性接触性皮炎
L23.503　橡胶变应性接触性皮炎
L23.504　杀虫剂变应性接触性皮炎
L23.600　食物接触皮肤引起的变应性接触性皮炎
L23.700　植物引起的变应性接触性皮炎，除外食物
L23.801　毛皮变应性接触性皮炎
L23.900　变应性接触性皮炎
L23.901　过敏性皮炎
L24.000　去污剂引起的刺激性接触性皮炎
L24.100　油脂类引起的刺激性接触性皮炎
L24.200　溶剂类引起的刺激性接触性皮炎
L24.201　丙酮刺激性接触性皮炎
L24.202　醇类刺激性接触性皮炎
L24.203　二硫化碳刺激性接触性皮炎
L24.204　甲苯刺激性接触性皮炎
L24.205　溶剂类刺激性接触性皮炎
L24.206　松脂刺激性接触性皮炎
L24.300　化妆品引起的刺激性接触性皮炎
L24.400　药物接触皮肤引起的刺激性接触性皮炎
L24.500　化学产品引起的刺激性接触性皮炎，其

他的
L24.501 碱刺激性接触性皮炎
L24.502 尼龙刺激性接触性皮炎
L24.503 砌砖工刺激性痒病
L24.504 酸类刺激性接触性皮炎
L24.600 食物接触皮肤引起的刺激性接触性皮炎
L24.601 揉面刺激性痒病
L24.700 植物引起的刺激性接触性皮炎，除外食物
L24.800 刺激性接触性皮炎，其他物质引起的
L24.800x001 隐翅虫皮炎
L24.800x002 刺胞皮炎
L24.801 松毛虫皮炎
L24.900 刺激性接触性皮炎
L24.901 刺激性皮炎
L25.000 化妆品引起的接触性皮炎
L25.100 药物接触皮肤引起的接触性皮炎
L25.200 染料引起的接触性皮炎
L25.201 染发性皮炎
L25.300 化学产品引起的接触性皮炎，其他的
L25.400 食物接触皮肤引起的接触性皮炎
L25.500 植物引起的接触性皮炎，除外食物
L25.800 接触性皮炎，其他物质引起的
L25.900 接触性皮炎
L26.x00 剥脱性皮炎
L26.x01 黑布拉糠疹
L27.000x004 剥脱性皮炎型药疹
L27.000x006 大疱表皮松解症型药疹
L27.002 红皮病型药疹
L27.003 荨麻疹型药疹
L27.004 药物性红斑
L27.005 药物性皮炎
L27.100 药物和药剂引起的局限性皮疹
L27.101 固定性药疹
L27.200 摄入食物引起的皮炎
L27.201 牛奶过敏性皮炎
L27.800 内服物质引起的皮炎，其他的
L27.801 砷过敏性皮炎
L27.900 内服物质引起的皮炎
L28.000 慢性单纯性苔藓
L28.000x006 小棘苔癣
L28.000x007 金黄色苔癣
L28.001 局限性神经性皮炎
L28.002 苔藓样皮炎
L28.003 苔藓
L28.100 结节性痒疹
L28.200 痒疹，其他的
L28.201 黑布拉痒疹
L28.202 轻症痒疹
L28.203 丘疹性荨麻疹
L29.000 肛门瘙痒（症）
L29.100 阴囊瘙痒（症）
L29.300 肛门生殖器瘙痒（症）
L29.800 瘙痒（症），其他的
L29.801 冬令瘙痒症
L29.802 老年瘙痒症
L29.900 瘙痒（症）
L30.000 钱币状皮炎
L30.100 汗疱疹
L30.201 念珠菌疹
L30.202 皮肤癣菌疹
L30.203 湿疹样疹
L30.204 自体过敏性皮炎
L30.300 感染性皮炎
L30.301 传染性湿疹样皮炎
L30.400 擦烂红斑
L30.400x004 色素性玫瑰疹
L30.500 白色糠疹
L30.500x003 渗出性慢性单纯性糠疹
L30.800 皮炎，其他特指的
L30.801 寒冷性皮炎
L30.802 激素依赖性皮炎
L30.803 季节性大疱性皮炎
L30.804 嗜酸性粒细胞增多性皮病
L30.900 皮炎
L30.901 泛发性湿疹
L30.902 湿疹
L30.903 外阴湿疹
L30.904 阴囊湿疹
L30.905 湿疹样皮炎
L40.000 寻常性银屑病
L40.001 斑块状银屑病
L40.002 蛎壳状银屑病
L40.003 钱币形银屑病
L40.100 全身脓疱性银屑病
L40.101 冯-聪布施病
L40.102 脓疱性银屑病
L40.103 疱疹样脓疱病
L40.200 持续性肢端皮炎
L40.300 掌跖脓疱病
L40.301 掌跖脓疱性银屑病

L40.400　滴状银屑病
L40.500　关节病型银屑病
L40.800　银屑病，其他的
L40.801　反常性银屑病
L40.802　红皮病性银屑病
L40.900　银屑病
L41.000　急性苔藓痘疮样糠疹
L41.000x002　急性发热坏死溃疡性痘疮样糠疹
L41.100　慢性苔藓样糠疹
L41.300　小斑块副银屑病
L41.400　大斑块副银屑病
L41.500　网状副银屑病
L41.801　斑状副银屑病
L41.900　副银屑病
L42.x00　玫瑰糠疹
L43.000　肥厚性扁平苔藓
L43.100　大疱性扁平苔藓
L43.200　苔藓样药物反应
L43.300　亚急性（活动性）扁平苔藓
L43.301　热带扁平苔藓
L43.800　扁平苔藓，其他的
L43.901　口腔扁平苔藓
L43.902　舌扁平苔藓
L44.000　毛发红糠疹
L44.100　光泽苔藓
L44.200　条纹状苔藓
L44.300　念珠状红苔藓
L44.400　婴儿丘疹性肢皮炎［詹诺托-克罗斯蒂］
L44.800　丘疹鳞屑性疾患，其他特指的
L44.900　丘疹鳞屑性疾患
L50.000　变应性荨麻疹
L50.100　特发性荨麻疹
L50.200　冷和热引起的荨麻疹
L50.201　寒冷性荨麻疹
L50.202　热性荨麻疹
L50.300　皮肤划痕性荨麻疹
L50.400　振动荨麻疹
L50.500　胆碱能性荨麻疹
L50.600　接触性荨麻疹
L50.801　急性荨麻疹
L50.802　慢性荨麻疹
L50.803　胃肠型荨麻疹
L50.900　荨麻疹
L51.000　非大疱型多形性红斑
L51.100　大疱型多形性红斑
L51.200　中毒性表皮坏死松解症［莱尔］
L51.802　渗出性多形红斑
L51.900　多形性红斑
L52.x00　结节性红斑
L53.000　中毒性红斑
L53.100　离心性环状红斑
L53.101　风湿性环形红斑
L53.200　边缘性红斑
L53.300　慢性回状红斑，其他的
L53.800　红斑性情况，其他特指的
L53.801　猩红热样红斑
L53.900　红斑性情况
L53.901　红皮病
L55.000　Ⅰ度晒斑［晒伤］
L55.100　Ⅱ度晒斑［晒伤］
L55.200　Ⅲ度晒斑［晒伤］
L55.800　晒斑［晒伤］，其他的
L55.900　晒斑［晒伤］
L56.000　药物光毒性反应
L56.100　药物光变应性反应
L56.200　光接触性皮炎［香料皮炎］
L56.300　日光性荨麻疹
L56.400　多形性日光疹
L56.401　牛痘样水疱
L56.800　紫外线辐射引起的其他特指的急性皮肤改变
L56.900　紫外线辐射引起的急性皮肤改变
L57.000　光线性角化病
L57.001　灰泥角化症
L57.100　光线性类网状细胞增多症
L57.200　颈部菱形皮
L57.300　西瓦特皮肤异色病
L57.400　老年性皮肤松垂
L57.500　光线性肉芽肿
L57.800x004　非年龄性上肢皮肤松弛
L57.800x005　非年龄性下肢皮肤松弛
L57.800x006　非年龄性躯干皮肤松弛
L57.801　慢性光化性皮炎
L57.802　日光性皮炎
L57.803　光线性痒疹
L57.900　慢性暴露于非电离辐射下引起的皮肤改变
L58.000　急性放射性皮炎
L58.100　慢性放射性皮炎
L58.101　放射性皮肤溃疡

L58.900 放射性皮炎
L59.000 火激红斑［火激皮炎］
L59.801 慢性光化性皮炎，与辐射相关
L59.900 与辐射有关的皮肤和皮下组织疾患
L60.000 嵌甲
L60.100 甲剥离
L60.200 甲弯曲
L60.201 甲肥厚
L60.300 甲营养不良
L60.301 脆甲症
L60.400 博氏线
L60.500 黄甲综合征
L60.800x004 白甲
L60.800x005 甲萎缩
L60.800x006 甲纵沟
L60.800x007 甲纵裂
L60.800x008 甲纵嵴
L60.800x009 甲胬肉
L60.800x010 对半甲
L60.800x011 黑甲和褐甲
L60.800x012 红甲
L60.800x013 甲横沟
L60.800x014 甲凹点
L60.800x015 软甲
L60.800x016 绿甲综合征
L60.800x017 绿色条纹甲
L60.800x018 马克尔线
L60.800x019 特里甲
L60.800x020 天蓝甲半月
L60.800x021 多甲
L60.800x022 红色甲半月
L60.800x023 甲反向胬肉
L60.800x024 蓝甲
L60.800x025 米斯线
L60.800x026 逆剥
L60.800x027 薄甲
L60.800x028 扁平甲
L60.800x029 黄甲
L60.800x030 灰甲
L60.800x031 甲板染色
L60.800x032 甲层裂
L60.800x033 甲床紫癜
L60.800x034 球拍状甲
L60.801 甲床角化过度
L60.802 指甲下出血
L60.803 趾甲下出血
L60.900 甲疾患
L63.000 头部全秃
L63.100 普秃
L63.200 匐行性脱发
L63.800 斑秃，其他的
L63.900 斑秃
L64.000 药物性雄激素性脱发
L64.801 早老性脱发
L64.900 雄激素性脱发
L65.000 静止期脱发
L65.100 再生期脱发
L65.200 黏蛋白性脱发
L65.800x003 牵拉性脱发
L65.800x004 生长期头发松动
L65.800x005 生长期脱发
L65.801 感染后脱发
L65.802 神经性脱发
L65.901 眉缺损
L65.902 脱发
L65.903 脂溢性脱发
L65.904 毛发稀少症
L66.000 假性斑秃
L66.100 毛发扁平苔藓
L66.200 脱发性毛囊炎
L66.300 脓肿性头部毛囊周围炎
L66.400 网状红斑性毛囊炎
L66.800 瘢痕性脱发，其他的
L66.900 瘢痕性脱发
L67.000 结节性脆发病
L67.100 发色变异
L67.101 白发
L67.102 白睫毛
L67.103 白眉毛
L67.104 后天性白发
L67.105 灰发
L67.106 局限性白发
L67.800 毛色和毛干异常，其他的
L67.900 毛色和毛干异常
L68.000 男性型多毛症
L68.100 后天性胎毛过多
L68.200 局限性多毛症
L68.300 多毛症（基因变异）
L68.800 多毛症，其他的
L68.900 多毛症

L70.000　寻常痤疮
L70.001　粉刺
L70.002　结节性痤疮
L70.003　囊肿型痤疮
L70.004　脓疱性痤疮
L70.005　硬结性痤疮
L70.100　聚会性痤疮
L70.200　痘样痤疮
L70.201　额面痤疮
L70.202　粟粒坏死性痤疮
L70.203　萎缩性痤疮
L70.300　热带痤疮
L70.400　婴儿痤疮
L70.500　表皮脱落性痤疮
L70.801　恶病质痤疮
L70.802　人工性痤疮
L70.803　职业性痤疮
L70.900　痤疮
L70.900x002　成簇性眼眶周围痤疮
L71.000　口周皮炎
L71.100　肥大性酒渣鼻
L71.800　酒渣鼻，其他的
L71.900　酒渣鼻
L72.000　表皮囊肿
L72.000x006　脓疱性粟粒疹
L72.000x007　红色粟粒疹
L72.000x010　晶形粟粒疹
L72.000x011　深部粟粒疹
L72.100　毛根鞘囊肿
L72.101　面部皮脂腺囊肿
L72.102　头颈皮脂腺囊肿
L72.103　躯干皮脂腺囊肿
L72.104　四肢皮脂腺囊肿
L72.105　皮脂腺囊肿
L72.106　会阴皮脂腺囊肿
L72.200　多发性皮脂腺囊肿
L72.800x001　发疹性毳毛囊肿
L72.800x003　色素性毛囊囊肿
L72.800x004　皮肤黏液样囊肿
L72.900x001　耳后囊肿
L72.900x002　皮下囊肿
L72.900x003　皮肤纤毛性囊肿
L72.901　头颈部囊肿
L72.902　面部囊肿
L72.903　躯干囊肿
L72.904　腹股沟区皮肤囊肿
L72.905　四肢囊肿
L73.000　瘢瘤性痤疮
L73.100　须部假性毛囊炎
L73.200　化脓性汗腺炎
L73.800　毛囊疾患，其他特指的
L73.800x005　鼻毛假性毛囊炎
L73.800x006　铜绿假单胞菌毛囊炎
L73.800x007　细菌性毛囊炎
L73.801　狼疮样须疮
L73.802　毛囊闭锁三联征
L73.803　皮脂腺增生
L73.804　须疮
L73.805　寻常须疮
L73.900　毛囊疾患
L74.000　红痱
L74.001　痱子
L74.100　晶状痱
L74.200　深部痱
L74.300　痱
L74.400　无汗症
L74.801　红鼻肉芽肿
L74.900　外分泌汗腺疾患
L75.000　臭汗症
L75.100　色汗症
L75.200　顶浆分泌腺粟疹
L75.201　福克斯-福代斯病
L75.800　顶浆分泌汗腺疾患，其他的
L75.900　顶浆分泌汗腺疾患
L80.x00　白癜风
L81.000　炎症后色素沉着过度
L81.100　黄褐斑
L81.200　雀斑
L81.300　咖啡牛乳色斑
L81.400　其他黑色素沉着过度
L81.400x001　着色病
L81.401　黑皮病
L81.402　黑变病
L81.403　焦油性黑变病
L81.404　里尔黑变病
L81.405　雀斑痣
L81.407　中毒性黑变病
L81.500　白斑病，不可归类在他处者
L81.600　黑色素形成减少的其他疾患
L81.601　皮肤异色病

L81.700x002 匐行性血管瘤
L81.701 进行性色素性皮肤病
L81.702 毛细血管扩张性环状紫癜
L81.703 尚贝格色素皮肤病
L81.800 色素沉着其他特指的疾患
L81.800x003 色素分界线
L81.800x005 斑蝥黄沉着
L81.801 铁色素沉着
L81.802 文身色素沉着
L81.803 地方性砷中毒
L81.900 色素沉着的疾患
L82.x00 脂溢性角化病
L82.x01 黑色丘疹性皮肤病
L82.x02 莱泽-特雷拉特病
L83.x00 黑棘皮病
L83.x01 融合性网状乳头瘤病
L83.x02 假黑棘皮病
L84.x00x001 鸡眼
L84.x00x002 胼胝
L84.x01 感染性胼胝
L85.000 获得性鱼鳞癣
L85.100 后天性掌跖角化病［皮肤角化病］
L85.200 点状角化病（掌跖）
L85.300 皮肤干燥症
L85.800 表皮增厚，其他特指的
L85.801 角化棘皮瘤
L85.803 皮角
L85.804 砷角化病
L85.900 表皮增厚
L85.900x001 皮脂腺痣
L87.001 穿入性毛囊角化过度
L87.200 匐行穿孔性弹性组织变性
L87.800 经表皮排除疾患，其他的
L87.900 经表皮排除疾患
L88.x00 坏疽性脓皮症
L89.000 受压区Ⅰ期压疮
L89.001 骶尾区Ⅰ期压疮
L89.002 坐骨区Ⅰ期压疮
L89.003 股骨区Ⅰ期压疮
L89.004 跟骨区Ⅰ期压疮
L89.005 足踝区Ⅰ期压疮
L89.006 肩胛区Ⅰ期压疮
L89.007 枕骨区Ⅰ期压疮
L89.008 多处Ⅰ期压疮
L89.100 受压区Ⅱ期压疮
L89.101 骶尾区Ⅱ期压疮
L89.102 坐骨区Ⅱ期压疮
L89.103 股骨区Ⅱ期压疮
L89.104 跟骨区Ⅱ期压疮
L89.105 足踝区Ⅱ期压疮
L89.106 肩胛区Ⅱ期压疮
L89.107 枕骨区Ⅱ期压疮
L89.108 多处Ⅱ期压疮
L89.200 受压区Ⅲ期压疮
L89.201 骶尾区Ⅲ期压疮
L89.202 坐骨区Ⅲ期压疮
L89.203 股骨区Ⅲ期压疮
L89.204 跟骨区Ⅲ期压疮
L89.205 足踝区Ⅲ期压疮
L89.206 肩胛区Ⅲ期压疮
L89.207 枕骨区Ⅲ期压疮
L89.208 多处Ⅲ期压疮
L89.300 受压区Ⅳ期压疮
L89.301 骶尾区Ⅳ期压疮
L89.302 坐骨区Ⅳ期压疮
L89.303 股骨区Ⅳ期压疮
L89.304 跟骨区Ⅳ期压疮
L89.305 足踝区Ⅳ期压疮
L89.306 肩胛区Ⅳ期压疮
L89.307 枕骨区Ⅳ期压疮
L89.308 多处Ⅳ期压疮
L89.900 受压区压疮
L90.000 硬化萎缩性苔藓
L90.100 施韦宁格-布齐皮肤松弛
L90.200 雅达松-佩利扎里皮肤松弛
L90.300 特发性皮肤萎缩
L90.400 慢性萎缩性肢端皮炎
L90.401 特发性弥漫性皮肤萎缩
L90.500x006 头皮瘢痕
L90.500x007 枕部瘢痕
L90.500x008 鬓角瘢痕
L90.500x009 面部瘢痕
L90.500x010 额部瘢痕
L90.500x011 颞部瘢痕
L90.500x012 颧部瘢痕
L90.500x013 颌部瘢痕
L90.500x014 颏部瘢痕
L90.500x015 颊部瘢痕
L90.500x016 眼睑瘢痕
L90.500x017 内眦瘢痕

L90.500x018 上睑瘢痕
L90.500x019 下睑瘢痕
L90.500x020 外眦瘢痕
L90.500x021 眼眶瘢痕
L90.500x022 眉部瘢痕
L90.500x023 鼻部瘢痕
L90.500x024 鼻翼瘢痕
L90.500x025 口部瘢痕
L90.500x026 上唇瘢痕
L90.500x027 下唇瘢痕
L90.500x028 口角瘢痕
L90.500x029 耳部瘢痕
L90.500x030 耳垂瘢痕
L90.500x031 上肢瘢痕
L90.500x032 肩部瘢痕
L90.500x033 腋部瘢痕
L90.500x034 上臂瘢痕
L90.500x035 肘部瘢痕
L90.500x036 前臂瘢痕
L90.500x037 腕部瘢痕
L90.500x038 下肢瘢痕
L90.500x039 大腿瘢痕
L90.500x040 膝部瘢痕
L90.500x041 小腿瘢痕
L90.500x042 踝部瘢痕
L90.500x043 臀部瘢痕
L90.500x044 腘窝瘢痕
L90.500x045 乳房瘢痕
L90.500x046 乳头瘢痕
L90.500x047 乳晕瘢痕
L90.500x048 手部瘢痕
L90.500x049 手背瘢痕
L90.500x050 手掌瘢痕
L90.500x051 虎口瘢痕
L90.500x052 手指瘢痕
L90.500x053 拇指瘢痕
L90.500x054 足部瘢痕
L90.500x055 足背瘢痕
L90.500x056 足掌瘢痕
L90.500x057 足跟瘢痕
L90.500x058 足趾瘢痕
L90.500x059 踇趾瘢痕
L90.500x060 躯干瘢痕
L90.500x061 颈部瘢痕
L90.500x062 胸部瘢痕
L90.500x063 腹部瘢痕
L90.500x064 背部瘢痕
L90.500x065 腰部瘢痕
L90.500x066 脐部瘢痕
L90.500x067 全身多处瘢痕
L90.500x071 男性生殖器瘢痕
L90.500x072 睾丸瘢痕
L90.500x073 阴囊瘢痕
L90.500x074 男性外阴瘢痕
L90.501 瘢痕
L90.502 瘢痕挛缩
L90.503 瘢痕粘连
L90.504 痛性瘢痕
L90.505 手术后瘢痕
L90.600 萎缩纹
L90.800 皮肤的其他萎缩性疾患
L90.801 斑疹性皮肤萎缩
L90.803 老年性皮肤萎缩
L90.804 神经性皮肤萎缩
L90.805 Moulin线状皮肤萎缩
L90.900x001 糖皮质激素局部注射引起的皮肤萎缩
L90.901 面部萎缩
L90.902 斑状皮肤萎缩
L91.001 瘢痕疙瘩
L91.002 瘤样瘢痕
L91.800 皮肤其他的肥厚性疾患
L91.801 皮肤赘生物
L91.900 皮肤肥厚性疾患
L92.000 环状肉芽肿
L92.100 脂质渐进性坏死，不可归类在他处者
L92.200 面部肉芽肿［皮肤嗜酸细胞肉芽肿］
L92.300 皮肤和皮下组织异物性肉芽肿
L92.301 皮肤硅肉芽肿
L92.302 皮肤铍肉芽肿
L92.800 皮肤和皮下组织其他肉芽肿性疾患
L92.801 脐肉芽肿
L92.901 皮下组织肉芽肿
L92.903 皮肤肉芽肿
L93.000 盘状红斑狼疮
L93.001 红斑狼疮
L93.100 亚急性皮肤红斑狼疮
L93.200 局限性红斑狼疮，其他的
L93.200x003 肿胀性（瘤样）狼疮
L93.201 狼疮性脂膜炎
L93.202 深在性红斑狼疮

L94.000　局限性硬皮病［硬斑病］
L94.100　线状硬皮病
L94.200　皮肤钙质沉着症
L94.300　指端硬化
L94.301　趾端硬化
L94.400　戈特龙丘疹
L94.500　血管萎缩性皮肤异色病
L94.600　阿洪病
L94.800　局限性结缔组织疾患，其他特指的
L94.900　局限性结缔组织疾患
L95.000　青斑血管炎
L95.100　持久性隆起性红斑
L95.800　局限于皮肤的其他血管炎
L95.800x004　恶性萎缩性丘疹病
L95.801　结节性血管炎
L95.802　皮肤变应性血管炎
L95.900　局限于皮肤的血管炎
L95.900x001　白细胞碎裂性血管炎
L95.901　荨麻疹性血管炎
L97.x00　下肢溃疡，不可归类在他处者
L98.000　生脓性肉芽肿
L98.001　毛细管扩张性肉芽肿
L98.101　神经性表皮脱落
L98.200　热性中性粒细胞皮肤病［斯威特］
L98.300　嗜酸细胞性蜂窝织炎［韦尔斯］
L98.400　皮肤慢性溃疡，不可归类在他处者
L98.401　热带溃疡
L98.500　皮肤黏蛋白沉积症
L98.501　局部粘蛋白沉积症
L98.502　黏液水肿性苔藓
L98.503　网状红斑性黏蛋白沉积症
L98.600　皮肤和皮下组织其他的浸润性疾患
L98.700x001　获得性皮肤松弛症
L98.701　皮肤松弛，未特指
L98.702　皮肤松弛伴随减重（减肥手术）（饮食）
L98.800　皮肤和皮下组织其他特指的疾患
L98.800x001　Kimurus病（伴嗜酸性白细胞的血管增生）
L98.800x007　月经疹
L98.800x010　黑色萎缩
L98.800x011　扩张孔
L98.800x012　弥漫性皮肤肥大细胞增生病
L98.800x013　系统性肥大细胞增生病
L98.800x014　贫血痣
L98.800x015　粟丘疹
L98.800x016　女阴假性湿疣
L98.800x017　症状性苔藓样疹
L98.800x018　皮脂缺乏症
L98.800x020　具脂肪瘤样痣的褶皱皮肤
L98.800x021　丘疹性血管增生
L98.800x022　粘蛋白性汗管化生
L98.800x023　丘疹型血管角化瘤
L98.800x026　发疹性假性血管瘤病
L98.800x027　儿童不对称性曲侧周围疹
L98.801　面颊部痣样增生
L98.802　皮肤窦道
L98.803　皮肤淋巴细胞瘤
L98.804　皮肤瘘管
L98.900x002　胶样粟丘疹
M31.000　过敏性血管炎
M31.000x005　变应性皮肤血管炎
M34.000　进行性全身性硬皮病
M34.100　全身性钙质沉着综合征［CR（E）ST］
M34.200　药物和化学物质诱发的全身性硬皮病
M34.803　蒂比耶日-魏森巴赫综合征
M35.600　复发性脂膜炎［韦伯-克里斯琴］
M54.001　颈部脂膜炎
M54.002　骶部脂膜炎
M54.003　背部脂膜炎
M79.400　髌下脂肪垫肥大
M79.401　膝脂肪垫肥大
M79.403　髌前脂肪垫肥大
M79.404　髌后脂肪垫肥大
M79.801　上肢肿胀
M79.802　下肢肿胀
M79.803　巨手
M79.804　手肿胀
M79.805　脚趾肿胀
M79.806　足肿胀
M79.807　筋膜腐坏
M79.809　普罗菲谢病
M79.811　脂肪液化
N60.000　乳房孤立囊肿
N60.000x001　乳腺囊肿
N60.000x002　乳腺单发囊肿
N60.100　弥漫性囊性乳腺病
N60.100x002　慢性囊性乳腺病
N60.100x003　乳腺囊性增生病
N60.101　男性乳腺囊性增生
N60.200　乳房纤维囊性乳腺病

N60.201 乳腺腺病
N60.202 乳腺纤维囊性增生
N60.300 乳房纤维硬化
N60.400 乳管扩张症
N60.801 乳腺不典型增生
N60.900 良性乳腺发育不良
N61.x00x004 乳头炎
N61.x00x013 乳腺窦道
N61.x00x014 慢性乳腺炎
N61.x01 乳房炎性肉芽肿
N61.x02 乳腺导管瘘
N61.x03 乳腺脓肿
N61.x04 乳腺炎
N61.x05 急性乳腺炎
N61.x06 浆细胞性乳腺炎
N61.x07 乳房炎性肿物
N62.x00 乳房肥大
N62.x00x001 巨乳症
N62.x00x004 乳腺增生
N62.x00x007 乳头肥大
N62.x01 青春期乳房肥大
N62.x02 男性乳房发育
N63.x00 乳房肿块
N63.x01 乳房结节
N64.001 乳头皲裂
N64.002 乳头瘘
N64.100 乳房脂肪坏死
N64.200 乳房萎缩
N64.200x001 乳房松弛症
N64.300x001 非哺乳期溢乳
N64.400 乳痛症
N64.501 乳房硬结
N64.502 乳头凹陷
N64.503 乳头溢血
N64.504 乳头溢液
N64.801 乳房复旧不全
N64.802 乳房下垂
N64.803 乳房血肿
N64.804 乳头变性
N64.805 乳液囊肿
N64.900 乳房疾患
Q18.301 翼状颈皮综合征
Q18.902 先天性颜面畸形
Q80.000 寻常性鱼鳞病
Q80.100 性联鱼鳞病
Q80.200 片层状鱼鳞癣
Q80.200x002 胶样婴儿
Q80.300 先天性大疱性鱼鳞病样红皮病
Q80.400 斑色胎儿
Q80.800 先天性鱼鳞病，其他的
Q80.800x001 非大疱型红皮病型鱼鳞病
Q80.900 先天性鱼鳞病
Q81.000 单纯性大疱性表皮松解症
Q81.100 致死性大疱性表皮松解症
Q81.200 营养不良性大疱性表皮松解症
Q81.800 大疱性表皮松解症，其他的
Q81.900 大疱性表皮松解症
Q82.000 遗传性淋巴水肿
Q82.100 着色性干皮病
Q82.200 肥大细胞增生病
Q82.201 色素性荨麻疹
Q82.300 色素失调症
Q82.400 外胚层发育不良症（无汗的）
Q82.500x005 蒙古斑
Q82.501 单侧痣
Q82.502 粉刺样痣
Q82.503 葡萄酒色斑
Q82.504 葡萄酒色痣
Q82.505 胎记
Q82.506 血管痣
Q82.507 疣状表皮痣
Q82.508 小汗腺痣
Q82.800x001 先天性弹性纤维假黄瘤
Q82.800x003 先天性掌跖角化病
Q82.800x004 先天性掌皱褶异常
Q82.800x006 先天性腋蹼
Q82.800x010 毛发苔藓
Q82.800x011 先天性面部皮肤松弛
Q82.800x018 遗传性对称性色素异常症
Q82.800x019 类着色性干皮病
Q82.801 蓝色橡皮-疱痣综合征
Q82.802 良性家族性天疱疮
Q82.803 毛囊角化病
Q82.804 汗管角化症
Q82.805 疣状肢端角化症
Q82.806 遗传性掌跖角化症
Q82.807 先天性皮肤赘片
Q82.808 异常手掌皱褶
Q82.809 弹性组织瘤
Q82.810 弹性纤维假黄瘤

Q82.900　皮肤先天性畸形
Q83.000　先天性无乳房和乳头
Q83.100　副乳房
Q83.100x001　副乳腺囊性增生
Q83.100x002　副乳腺腺病
Q83.200　无乳头
Q83.300　副乳头
Q83.800x004　先天性小乳
Q83.800x005　先天性乳头肥大
Q83.801　乳房异位
Q83.802　先天性乳头内陷
Q83.803　乳房发育不良
Q83.900　乳房先天性畸形
Q84.000　先天性秃发
Q84.100　先天性毛发形态障碍，不可归类在他处者
Q84.101　先天性念珠状发
Q84.200　毛发的其他先天性畸形
Q84.201　先天性多毛症
Q84.202　先天性眉畸形
Q84.300　甲缺如
Q84.400　先天性白甲
Q84.500　指甲增大和增生
Q84.501　先天性甲肥厚
Q84.502　趾甲增大和增生
Q84.600x001　先天性趾甲畸形
Q84.600x002　先天性指甲畸形
Q84.600x003　先天性反甲
Q84.600x004　先天性杵状甲
Q84.601　先天性甲营养不良
Q84.602　趾甲的其他先天性畸形
Q84.800x012　先天性皮肤缺失
Q84.801　先天性皮肤发育不全
Q84.900　体被先天性畸形
Q85.801　息肉-色素沉着-脱发-爪甲营养不良综合征
Q85.900　斑痣性错构瘤病
Q85.900x009　乳房错构瘤
Q85.900x022　神经皮肤综合征
Q85.900x024　毛囊皮脂腺囊性错构瘤
Q85.900x025　毛盘瘤
Q85.900x026　念珠状错构瘤
Q85.900x028　神经毛囊错构瘤
Q85.900x049　色素血管性斑痣性错构瘤病
Q85.915　乳腺错构瘤
R21.x00x001　过敏性皮疹
R21.x00x003　痤疮样皮疹
R21.x00x004　青少年春季疹
R21.x01　非特异性斑疹
R21.x02　皮疹
R22.000x003　面部肿胀
R22.000x004　头部肿胀
R22.000x005　头部肿物
R22.002　头皮肿物
R22.003　鼻部肿物
R22.004　颊部肿物
R22.005　面部肿物
R22.006　耳部肿物
R22.100x001　颈部肿物
R22.100x002　颈部肿胀
R22.200x001　躯干肿胀
R22.200x002　躯干肿物
R22.200x004　胸部肿物
R22.202　胸壁肿物
R22.203　腹壁肿物
R22.204　腹股沟肿物
R22.205　背部肿物
R22.206　骶尾部肿物
R22.207　臀部肿物
R22.300x001　上肢肿物
R22.300x002　手肿物
R22.302　肩部肿物
R22.400x002　下肢肿物
R22.400x003　足肿物
R22.402　髋部肿物
R22.700x001　多部位肿胀
R22.700x002　多部位肿物
R22.901　局部肿物
R22.902　皮下肿物
R22.903　皮肤肿物
R22.904　皮下结节
R23.400x001　皮肤脱落
R23.400x003　皮肤脱屑
R23.401　皮肤硬结
R23.800x001　丘疹
R23.800x002　珍珠状阴茎丘疹
R23.801　皮肤改变
R58.x02　瘀斑
R60.900x003　流行性水肿
R60.900x004　儿童急性出血性水肿
R92.x00　乳房诊断性影像检查的异常所见
S20.000　乳房挫伤

S20.101 乳房浅表损伤
S20.200 胸部挫伤
S20.200x003 胸骨前区挫伤
S20.201 胸壁挫伤
S20.202 肩胛间区挫伤
S20.300x001 胸前壁浅表损伤
S20.301 胸部皮肤擦伤
S20.400x001 胸后壁浅表损伤
S20.700 胸部多处浅表损伤
S20.800x002 胸前缘域浅表损伤
S20.801 胸壁浅表损伤
S20.802 胸部浅表损伤
S20.803 胸壁擦伤
S21.000 乳房开放性伤口
S30.000x001 背部挫伤
S30.000x003 腰部挫伤
S30.000x004 骶骨区挫伤
S30.001 腰背部挫伤
S30.002 骶尾部挫伤
S30.003 臀部挫伤
S30.100 腹壁挫伤
S30.100x001 腹部挫伤
S30.100x002 胁腹挫伤
S30.100x004 髂区挫伤
S30.100x007 髂窝血肿
S30.101 创伤性髂部血肿
S30.102 创伤性髂腰肌血肿
S30.104 腹股沟挫伤
S30.200x005 会阴挫伤
S30.200x006 外阴挫伤
S30.700 腹部、下背和骨盆多处浅表损伤
S30.800x001 臀部浅表损伤
S30.800x002 腹上部浅表损伤
S30.800x004 胁腹浅表损伤
S30.801 腹壁浅表异物
S30.900x001 腹部浅表损伤
S30.900x002 下背浅表损伤
S30.900x003 骨盆浅表损伤
S31.001 创伤性会阴裂伤
S31.002 腰背部皮肤撕脱伤
S39.910 腰部软组织损伤
S39.911 腹壁软组织损伤
S40.000x001 肩部挫伤
S40.000x002 肩胛区挫伤
S40.000x003 腋窝区挫伤
S40.001 上臂挫伤
S40.700 肩和上臂多处浅表损伤
S40.701 肩臂多处挫伤
S40.800x011 肩部擦伤
S40.800x012 上臂擦伤
S40.800x021 肩部水泡
S40.800x022 上臂水泡
S40.800x031 肩部虫咬伤
S40.800x032 上臂虫咬伤
S40.800x041 肩部浅表异物
S40.800x042 上臂浅表异物
S40.900 肩和上臂的浅表损伤
S50.000 肘挫伤
S50.101 前臂挫伤
S50.700 前臂的多处浅表损伤
S50.701 前臂多处擦伤
S50.800x011 前臂擦伤
S50.800x021 前臂水泡
S50.800x031 前臂虫咬伤
S50.800x041 前臂浅表异物
S50.800x081 肘关节浅表损伤
S50.900 前臂浅表损伤
S50.901 肘浅表损伤
S60.000x001 手指挫伤
S60.100x001 手指挫伤伴指甲损伤
S60.201 腕部挫伤
S60.202 手挫伤
S60.700 腕和手多处浅表损伤
S60.701 手多发浅表损伤
S60.800x011 腕和手擦伤
S60.800x012 腕部擦伤
S60.800x021 腕和手水泡
S60.800x022 手部水泡
S60.800x023 腕部水泡
S60.800x031 腕和手虫咬伤
S60.800x032 腕部虫咬伤
S60.800x033 手部虫咬伤
S60.800x041 腕和手浅表异物
S60.800x042 腕部浅表异物
S60.800x043 手部浅表异物
S60.801 手指浅表异物
S60.900 腕和手的浅表损伤
S60.900x002 腕部浅表损伤
S60.901 手浅表损伤
S60.902 手擦伤

S70.000　髋挫伤
S70.100　大腿挫伤
S70.700x001　大腿多处浅表损伤
S70.700x002　髋部多处浅表损伤
S70.800x011　髋部擦伤
S70.800x012　股部擦伤
S70.800x021　髋部水泡
S70.800x022　股部水泡
S70.800x031　髋部虫咬伤
S70.800x032　股部虫咬伤
S70.800x041　髋部浅表异物
S70.800x042　股部浅表异物
S70.900x001　髋部浅表损伤
S70.900x002　大腿浅表损伤
S70.900x003　股部浅表损伤
S70.901　大腿血肿
S80.000　膝挫伤
S80.100x002　小腿血肿
S80.101　小腿挫伤
S80.700　小腿多处浅表损伤
S80.800x011　小腿擦伤
S80.800x012　膝部擦伤
S80.800x013　腘窝擦伤
S80.800x021　小腿水泡
S80.800x022　膝部水泡
S80.800x023　腘窝水泡
S80.800x031　小腿虫咬伤
S80.800x032　膝部虫咬伤
S80.800x033　腘窝虫咬伤
S80.800x041　小腿浅表异物
S80.800x042　膝部浅表异物
S80.800x043　腘窝浅表异物
S80.900　小腿浅表损伤
S80.901　膝部血肿
S90.000　踝挫伤
S90.100　趾挫伤不伴有趾甲损坏
S90.200　趾挫伤伴有趾甲损坏
S90.300x001　副舟骨损伤
S90.300x002　距骨骨软骨损伤
S90.300x003　距骨后三角骨损伤
S90.301　足挫伤
S90.700　踝和足多处浅表损伤
S90.800x011　踝和足擦伤
S90.800x012　踝部擦伤
S90.800x013　足部擦伤
S90.800x021　踝足部水泡
S90.800x022　踝部水泡
S90.800x023　足部水泡
S90.800x031　踝和足虫咬伤
S90.800x032　踝部虫咬伤
S90.800x033　足部虫咬伤
S90.800x041　踝和足浅表异物
S90.800x042　踝部浅表异物
S90.800x043　足部浅表异物
S90.900x002　踝部浅表损伤
S90.900x003　足部浅表损伤
S90.901　趾甲血肿
T00.000x001　头和颈浅表损伤
T00.100x001　胸伴腹和下背及骨盆浅表损伤
T00.200x001　上肢多处浅表损伤
T00.300x001　下肢多处浅表损伤
T00.600x001　上肢和下肢多处浅表损伤
T00.800x001　身体复合部位的浅表损伤
T00.900　多处浅表损伤
T00.900x002　多处皮肤浅表擦伤
T00.900x003　多处皮肤浅表水疱
T00.900x004　多处皮肤浅表青肿
T00.900x005　多处皮肤浅表挫伤
T00.900x006　多处皮肤浅表血肿
T00.900x007　多处皮肤浅表无毒昆虫咬伤
T00.901　多处挫伤
T00.902　多处皮肤破损
T01.301　下肢皮肤套脱伤
T01.800x001　身体复合部位的开放性损伤
T09.000　躯干浅表损伤
T09.000x011　躯干浅表擦伤
T09.000x021　躯干浅表水疱
T09.000x031　躯干浅表昆虫咬伤
T09.000x041　躯干浅表异物
T09.000x051　躯干浅表挫伤
T11.000　上肢浅表损伤
T11.000x021　上肢浅表水疱
T11.000x031　上肢浅表昆虫咬伤
T11.000x041　上肢浅表异物
T11.000x051　上肢浅表挫伤
T11.001　上肢擦伤
T11.101　上肢皮肤裂伤
T13.000　下肢浅表损伤
T13.000x011　下肢浅表擦伤
T13.000x021　下肢浅表水疱

T13.000x031　下肢浅表昆虫咬伤
T13.000x041　下肢浅表异物
T13.000x051　下肢浅表挫伤
T14.000　浅表损伤
T14.000x003　冲浪运动员结节
T14.000x011　身体浅表擦伤
T14.000x021　身体浅表水疱
T14.000x031　身体浅表昆虫咬伤
T14.000x041　身体浅表异物
T14.001　皮肤挫伤
T14.002　无毒蜘蛛咬伤
T14.003　皮下血肿
T14.101　皮肤裂伤
T79.700　创伤性皮下气肿
T81.800x009　操作后假性囊肿
T85.400　乳房假体和植入物的机械性并发症
T85.401　乳房假体障碍
Z41.000　头发移植
Z41.100x002　乳房整形
Z41.100x003　眼皮整形
Z41.100x004　颧骨突出整形
Z41.100x005　颞部凹陷整形
Z41.100x006　低眉弓整形
Z41.100x007　眉凹陷整形
Z41.100x008　眉弓突出整形
Z41.100x009　低额整形
Z41.100x010　颊部凹陷整形
Z41.100x011　臀部扁平整形
Z41.100x012　腿部凹陷整形
Z41.100x013　发际过高整形
Z41.100x014　额部窄整形
Z41.100x015　髋过宽整形
Z41.100x016　眶整形
Z41.100x017　上唇整形
Z41.100x018　下颌整形
Z41.100x019　臀部整形
Z41.100x020　耳垂整形
Z41.100x021　颏部整形
Z41.100x022　腹壁整形
Z41.100x023　鼻整形
Z41.100x024　吸脂
Z41.104　面部皱纹整容
Z41.105　隆胸
Z42.100x001　乳房术后整形
Z42.200x001　腹部术后整形
Z42.200x002　胸部术后整形
Z42.200x003　背部术后整形
Z42.201　胸部瘢痕修复
Z42.202　腹部瘢痕修复
Z42.203　背部瘢痕修复
Z42.204　臀部瘢痕修复
Z42.205　会阴瘢痕修复
Z42.300x001　上肢术后整形
Z42.301　上肢瘢痕修复
Z42.302　上肢残端修整
Z42.303　臂部瘢痕修复
Z42.304　手部瘢痕修复
Z42.400x001　下肢术后整形
Z42.401　下肢瘢痕修复
Z42.402　足部瘢痕修复
Z42.403　下肢残端修整
Z42.800x001　截肢残端修整
Z42.800x002　肛门术后整形
Z42.801　人工阴道成形术后整形
Z52.100　供皮者

JA1　乳房恶性肿瘤根治性切除伴乳房重建术

入组条件1：主要诊断+手术或操作1+手术或操作2
或入组条件2：主要诊断+手术或操作1+手术或操作3+手术或操作4
或入组条件3：主要诊断+手术或操作4+手术或操作5

主要诊断：
C44.501　乳房皮肤恶性肿瘤
C50.000　乳头和乳晕恶性肿瘤
C50.000x001　乳头恶性肿瘤
C50.001　乳晕恶性肿瘤
C50.100　乳房中央部恶性肿瘤
C50.200　乳房上内象限恶性肿瘤
C50.300　乳房下内象限恶性肿瘤
C50.400　乳房上外象限恶性肿瘤
C50.500　乳房下外象限恶性肿瘤
C50.600　乳房腋尾部恶性肿瘤
C50.800　乳房交搭跨越恶性肿瘤的损害
C50.800x005　异位乳腺恶性肿瘤
C50.801　乳腺恶性肿瘤，上部
C50.802　乳腺恶性肿瘤，下部
C50.803　乳腺恶性肿瘤，内侧
C50.804　乳腺恶性肿瘤，外侧
C50.900　乳房恶性肿瘤

C50.900x005　双侧乳腺恶性肿瘤
C50.901　男性乳腺恶性肿瘤
C50.902　副乳腺恶性肿瘤
C79.200x007　乳房皮肤继发恶性肿瘤
C79.806　乳腺继发恶性肿瘤
D03.501　乳房原位黑色素瘤
D04.501　乳房皮肤原位癌
D05.000　乳房小叶原位癌
D05.100　乳房导管原位癌
D05.900　乳房的原位癌

手术或操作1：
85.5300x001　单侧乳房假体置入术
85.5400x001　双侧乳房假体置入术
85.7000x001　乳房重建术
85.7100x001　乳房重建术应用背阔肌肌皮瓣
85.7200x001　乳房重建术应用带蒂横向腹直肌（TRAM）肌皮瓣
85.7300x001　乳房重建术应用游离横向腹直肌（TRAM）肌皮瓣
85.7400x001　乳房重建术应用游离腹壁下动脉穿支（DIEP）皮瓣
85.7500x001　乳房重建术应用游离腹壁下浅动脉（SIEA）皮瓣
85.7600x001　乳房重建术应用游离臀动脉穿支（GAP）皮瓣
85.7900x001　乳房重建术应用游离胸大肌

手术或操作2：
85.4300x003　单侧乳房切除伴同侧腋窝淋巴结活检术
85.4300x004　腔镜下单侧乳房改良根治术
85.4301　单侧乳腺改良根治术
85.4303　单侧单纯乳房切除术伴区域性淋巴结切除术
85.4401　双侧乳腺改良根治术
85.4403　双侧单纯乳房切除术伴区域性淋巴结切除术
85.4500　单侧根治性乳房切除术
85.4500x001　单侧乳房根治性切除伴同侧腋窝前哨淋巴结活检术
85.4500x003　腔镜下单侧乳房根治性切除伴同侧腋窝前哨淋巴结活检术
85.4501　腔镜单侧乳腺根治性切术
85.4600　双侧根治性乳房切除术
85.4700　单侧扩大根治性乳房切除术
85.4800　双侧扩大根治性乳房切除术

手术或操作3：
85.2100x003　乳房病损切除术
85.2100x019　乳房腺体区段切除术
85.2100x024　经皮乳腺病损纳米刀消融术
85.2200　乳房象限切除术
85.2300x001　乳腺局部扩大切除术
85.2301　乳腺部分切除术
85.3400x002　单侧皮下乳房切除术
85.3401　保留乳头的单侧皮下乳房切除术
85.3600x001　双侧皮下乳房切除术
85.3601　保留乳头的双侧皮下乳房切除术
85.4100x001　单侧乳房切除术
85.4200x001　双侧乳房切除术
85.4200x003　腔镜下双侧乳房切除术

手术或操作4：
40.1105　前哨淋巴结活组织检查
40.2100　深部颈淋巴结切除术
40.2200　乳房内淋巴结切除术
40.2300　腋淋巴结切除术
40.2900x002　单纯淋巴结切除术
40.2901　锁骨上淋巴结切除术
40.2910　淋巴管瘤切除术
40.3x00x001　淋巴结扩大性区域性切除术
40.3x00x002　淋巴结区域性切除术
40.3x00x003　腔镜下区域性腋窝淋巴结区域切除术
40.3x00x005　功能性颈淋巴结清扫术
40.4100　根治性颈淋巴结清扫，单侧
40.4200　根治性颈淋巴结清扫，双侧
40.5000　淋巴结根治性切除术
40.5100　腋下淋巴结根治性切除术
40.5101　腔镜腋下淋巴结清扫术
40.5901　颌下淋巴结清扫术
40.5914　胸腔镜纵隔淋巴结清扫术
40.5915　内乳淋巴结清扫术

手术或操作5：
85.3300x001　单侧乳房腺体切除伴假体置入术
85.3500x001　双侧皮下乳房切除伴假体置入术

JA2 乳房恶性肿瘤根治性切除术

入组条件1：主要诊断+主要手术或操作1
或入组条件2：主要诊断+手术或操作2+手术或操作3

主要诊断：
C44.501 乳房皮肤恶性肿瘤
C44.502 胸部皮肤恶性肿瘤
C50.000 乳头和乳晕恶性肿瘤
C50.000x001 乳头恶性肿瘤
C50.001 乳晕恶性肿瘤
C50.100 乳房中央部恶性肿瘤
C50.200 乳房上内象限恶性肿瘤
C50.300 乳房下内象限恶性肿瘤
C50.400 乳房上外象限恶性肿瘤
C50.500 乳房下外象限恶性肿瘤
C50.600 乳房腋尾部恶性肿瘤
C50.800 乳房交搭跨越恶性肿瘤的损害
C50.800x005 异位乳腺恶性肿瘤
C50.801 乳腺恶性肿瘤，上部
C50.802 乳腺恶性肿瘤，下部
C50.803 乳腺恶性肿瘤，内侧
C50.804 乳腺恶性肿瘤，外侧
C50.900 乳房恶性肿瘤
C50.900x005 双侧乳腺恶性肿瘤
C50.901 男性乳腺恶性肿瘤
C50.902 副乳腺恶性肿瘤
C79.200x007 乳房皮肤继发恶性肿瘤
C79.806 乳腺继发恶性肿瘤
D03.501 乳房原位黑色素瘤
D04.501 乳房皮肤原位癌
D05.000 乳房小叶原位癌
D05.100 乳房导管原位癌
D05.900 乳房的原位癌

主要手术或操作1：
85.4300x003 单侧乳房切除伴同侧腋窝淋巴结活检术
85.4300x004 腔镜下单侧乳房改良根治术
85.4301 单侧乳腺改良根治术
85.4303 单侧单纯乳房切除术伴区域性淋巴结切除术
85.4401 双侧乳腺改良根治术
85.4403 双侧单纯乳房切除术伴区域性淋巴结切除术
85.4500 单侧根治性乳房切除术
85.4500x001 单侧乳房根治性切除伴同侧腋窝前哨淋巴结活检术
85.4500x003 腔镜下单侧乳房根治性切除伴同侧腋窝前哨淋巴结活检术
85.4501 腔镜单侧乳腺根治性切术
85.4600 双侧根治性乳房切除术
85.4700 单侧扩大根治性乳房切除术
85.4800 双侧扩大根治性乳房切除术

手术或操作2：
85.2100x003 乳房病损切除术
85.2100x019 乳房腺体区段切除术
85.2100x024 经皮乳腺病损纳米刀消融术
85.2200 乳房象限切除术
85.2300x001 乳腺局部扩大切除术
85.2301 乳腺部分切除术
85.3400x002 单侧皮下乳房切除术
85.3401 保留乳头的单侧皮下乳房切除术
85.3600x001 双侧皮下乳房切除术
85.3601 保留乳头的双侧皮下乳房切除术
85.4100x001 单侧乳房切除术
85.4200x001 双侧乳房切除术
85.4200x003 腔镜下双侧乳房切除术

手术或操作3：
40.1105 前哨淋巴结活组织检查
40.2100 深部颈淋巴结切除术
40.2200 乳房内淋巴结切除术
40.2300 腋淋巴结切除术
40.2900x002 单纯淋巴结切除术
40.2901 锁骨上淋巴结切除术
40.2910 淋巴管瘤切除术
40.3x00x001 淋巴结扩大性区域性切除术
40.3x00x002 淋巴结区域性切除术
40.3x00x003 腔镜下区域性腋窝淋巴结区域切除术
40.3x00x005 功能性颈淋巴结清扫术
40.4100 根治性颈淋巴结清扫，单侧
40.4200 根治性颈淋巴结清扫，双侧
40.5000 淋巴结根治性切除术
40.5100 腋下淋巴结根治性切除术
40.5101 腔镜腋下淋巴结清扫术
40.5901 颌下淋巴结清扫术
40.5914 胸腔镜纵隔淋巴结清扫术

JB1 乳房成形手术

包含以下主要手术或操作：
85.3100 单侧缩小性乳房成形术
85.3200 双侧缩小性乳房成形术
85.3300x001 单侧乳房腺体切除伴假体置入术
85.3500x001 双侧皮下乳房切除伴假体置入术
85.5100x001 单侧乳房注射隆胸术
85.5200x001 双侧乳房注射隆胸术
85.5300x001 单侧乳房假体置入术
85.5400x001 双侧乳房假体置入术
85.5500x001 单侧乳房自体脂肪颗粒注射隆胸术
85.5500x002 双侧乳房自体脂肪颗粒注射隆胸术
85.6x00x001 乳房悬吊术
85.7000x001 乳房重建术
85.7100x001 乳房重建术应用背阔肌肌皮瓣
85.7200x001 乳房重建术应用带蒂横向腹直肌（TRAM）肌皮瓣
85.7300x001 乳房重建术应用游离横向腹直肌（TRAM）肌皮瓣
85.7400x001 乳房重建术应用游离腹壁下动脉穿支（DIEP）皮瓣
85.7500x001 乳房重建术应用游离腹壁下浅动脉（SIEA）皮瓣
85.7600x001 乳房重建术应用游离臀动脉穿支（GAP）皮瓣
85.7900x001 乳房重建术应用游离胸大肌
85.8100 乳房裂伤缝合术
85.8200 中厚皮片移植至乳房
85.8300 全层皮片移植至乳房
85.8400 带蒂皮瓣移植至乳房
85.8500 肌瓣移植至乳房
85.8601 乳头乳晕移位术
85.8700x003 乳头缩小术
85.8701 乳头成形术
85.8702 乳头重建术
85.8900x005 乳晕再造术
85.8900x006 乳房下垂矫正术
85.8900x007 乳房瘢痕松解术
85.8900x008 乳房下皱襞成形术
85.8901 乳晕缩小术
85.9300 乳房植入物修复术
85.9400 去除乳房植入物
85.9500 乳房组织扩张器置入
85.9600 乳房组织扩张器去除

JB2 乳腺切除手术

包含以下主要手术或操作：
40.1105 前哨淋巴结活组织检查
40.5000 淋巴结根治性切除术
40.5100 腋下淋巴结根治性切除术
40.5101 腔镜腋下淋巴结清扫术
85.2100x023 腔镜下乳房腺体区段切除术
85.2200 乳房象限切除术
85.2300x001 乳腺局部扩大切除术
85.2301 乳腺部分切除术
85.2400x006 副乳病损切除术
85.3400x002 单侧皮下乳房切除术
85.3401 保留乳头的单侧皮下乳房切除术
85.3600x001 双侧皮下乳房切除术
85.3601 保留乳头的双侧皮下乳房切除术
85.4100x001 单侧乳房切除术
85.4200x001 双侧乳房切除术
85.4200x003 腔镜下双侧乳房切除术
85.4300x003 单侧乳房切除伴同侧腋窝淋巴结活检术
85.4301 单侧乳腺改良根治术
85.4302 单侧保乳乳腺改良根治术
85.4303 单侧单纯乳房切除术伴区域性淋巴结切除术
85.4401 双侧乳腺改良根治术
85.4402 双侧保乳乳腺改良根治术
85.4403 双侧单纯乳房切除术伴区域性淋巴结切除术
85.4500 单侧根治性乳房切除术
85.4500x001 单侧乳房根治性切除伴同侧腋窝前哨淋巴结活检术
85.4500x003 腔镜下单侧乳房根治性切除伴同侧腋窝前哨淋巴结活检术
85.4501 腔镜单侧乳腺根治性切术
85.4600 双侧根治性乳房切除术
85.4700 单侧扩大根治性乳房切除术
85.4800 双侧扩大根治性乳房切除术

JB3 其他乳房手术

包含以下主要手术或操作：
40.2200 乳房内淋巴结切除术
85.0x00x003 乳房切开探查术
85.2000x001 乳房皮肤和皮下坏死组织切除清创术
85.2100x003 乳房病损切除术

85.2100x019　乳房腺体区段切除术
85.2100x020　腔镜下乳房病损切除术
85.2100x021　乳腺导管选择性切除术（单根）
85.2100x022　乳房病损消融术
85.2100x024　经皮乳腺病损纳米刀消融术
85.2101　乳房病损微创旋切术
85.2400x004　腔镜下双侧副乳切除术
85.2400x005　腔镜下单侧副乳切除术
85.2401　副乳腺切除术
85.2402　副乳头切除术
85.2500　乳头切除术
85.9900　乳房其他手术

JC1　颜面及其他皮肤、皮下组织成形术

包含以下主要手术或操作：
08.2000x003　眉部瘢痕切除术
08.2000x005　眼睑瘢痕切除术
08.2000x006　眼睑病损切除术
08.2001　眉部病损切除术
08.2300x001　眼睑病损板层切除术
08.2400x001　眼睑病损全层切除术
08.2500　眼睑病损破坏术
08.3101　上睑下垂额肌瓣悬吊术
08.3200x001　上睑下垂缝线悬吊术
08.3200x002　上睑下垂异体组织额肌悬吊术
08.3200x003　上睑下垂额肌悬吊术
08.3300x001　上睑下垂提上睑肌缩短术
08.3600x002　上睑下垂眼轮匝肌悬吊术
08.3700　上睑下垂矫正过度复位术
08.3800　睑退缩矫正术
08.4102　睑内翻热灼修补术
08.4202　睑内翻缝合修补术
08.4203　睑轮匝肌缩短睑内翻修补术
08.4301　睑外翻楔形切除修补术
08.4401　睑内翻矫正伴睑重建术
08.4402　睑外翻矫正伴睑重建术
08.4901　睑外翻矫正术
08.4902　睑内翻矫正术
08.5100　眦切开术
08.5101　睑裂增大术
08.5200x002　睑缘缝合术
08.5200x003　眦缝合术
08.5200x004　睑板缝合术
08.5900x001　眦移位矫正术
08.5900x004　内眦成形术
08.5900x005　外眦成形术
08.5900x006　眦韧带固定术
08.5900x007　眦韧带修复术
08.5901　内眦赘皮修补术
08.5902　眦成形术
08.5903　眶距增宽矫正术
08.5904　眦韧带悬吊术
08.6100x003　眼睑中厚植皮术
08.6100x004　游离皮瓣移植眼睑重建术
08.6101　局部皮瓣转位眼睑重建术
08.6201　黏膜瓣移植眼睑重建术
08.6400　用结膜睑板移植片的眼睑重建术
08.7001　眉重建术
08.7100x001　眼睑非全层伴睑缘重建术
08.7200x001　眼睑板层重建术
08.7300x001　眼睑全层伴睑缘重建术
08.7400x001　眼睑全层重建术
08.8101　眼睑裂伤缝合术
08.8102　眉裂伤缝合术
08.8200x001　眼睑非全层的眼睑裂伤及修补术
08.8300x001　眼睑非全层裂伤修补术
08.8400x001　眼睑全层及睑缘裂伤修补术
08.8500x001　眼睑全层裂伤修补术
08.8600x002　眼袋切除术
08.8700　上眼睑皱纹切除术
08.8900x002　异体睑板移植术
08.8900x005　重建眉修整术
08.8901　外眦皱纹切除术
08.8902　重睑术
08.9900x003　眼睑缝线去除
08.9901　睫毛重建术
18.4x00　外耳裂伤缝合术
18.5x00x001　招风耳矫正术
18.6x00x001　内镜下外耳道成形术
18.6x01　外耳道成形术
18.6x02　外耳道植皮术
18.7100x001　耳廓成形术
18.7100x002　耳廓重建术
18.7100x009　耳廓支架取出术
18.7100x010　义耳置入术
18.7101　杯状耳矫正术
18.7102　耳廓支架植入术
18.7104　隐耳矫正术
18.7105　耳廓缺损修补术
18.7200　断耳再接术

18.7900x002　耳垂畸形矫正术
18.7900x008　乳突植皮术
18.7900x009　耳游离皮瓣移植术
18.7901　外耳成形术
18.7906　耳甲腔成形术
18.9x00x002　耳前皮肤扩张器置入术
18.9x00x004　外耳道支架取出术
18.9x00x005　外耳道支架置换术
18.9x00x007　耳后皮肤扩张器置入术
21.8300x001　臂部皮瓣鼻再造术
21.8301　额部皮瓣鼻重建术
21.8302　前臂皮瓣鼻重建术
21.8400x002　鼻内窥镜下鼻中隔成形术
21.8400x003　鼻中隔成形术
21.8400x006　歪鼻鼻成形术
21.8401　弯鼻鼻成形术
21.8402　驼峰鼻矫正术
21.8500x002　隆鼻伴耳廓软骨移植术
21.8500x004　隆鼻伴人工假体置入术
21.8500x005　隆鼻伴自体甲状软骨移植术
21.8500x007　隆鼻伴自体颅骨外板移植术
21.8500x008　隆鼻伴自体髂骨移植术
21.8500x010　隆鼻伴自体鼻软骨移植术
21.8500x011　隆鼻伴自体脂肪移植术
21.8501　肋骨移植隆鼻术
21.8502　硅胶支架植入隆鼻术
21.8503　鼻甲移植物植入术
21.8504　人造植入物隆鼻术
21.8505　单纯鞍鼻矫治术（隆鼻术）
21.8600x004　鼻翼成形术
21.8601　鼻翼矫正术
21.8602　鼻唇沟皮瓣修补术
21.8603　鼻尖成形术
21.8700x003　鼻唇沟成形术
21.8700x004　鼻甲成形术
21.8700x005　鼻小柱成形术
21.8700x008　鼻内窥镜下鼻甲成形术
21.8700x009　内镜下前后鼻孔成形术
21.8701　后鼻孔成形术
21.8702　前鼻孔成形术
21.8801　鼻中隔穿孔修补术
21.8802　鼻中隔软骨移植术
27.5100　唇裂伤缝合术
27.5200　口的其他部分裂伤缝合术
27.5301　腭瘘管修补术
27.5302　唇瘘修补术
27.5303　颊部瘘修补术
27.5401　唇裂二期修复术
27.5700x005　交叉唇瓣转移术
27.5900x011　口形矫正术
27.5900x017　唇黏膜瓣移植术
27.5900x018　口腔黏膜瓣移植术
27.5900x019　口腔黏膜游离移植术
27.5900x020　颊肌黏膜瓣移植术
27.5901　口角缝合术
27.5903　唇成形术
27.5904　口轮匝肌功能重建术
27.5906　上颌重建术
27.5907　小口开大术
27.5909　唇瘢痕松解术
27.5910　口成形术
27.5911　下唇缺损修复术
27.5912　口底重建术
27.5913　唇外翻矫正术
27.5914　巨口矫形术
27.5915　唇缺损修复术
27.6200x002　后推法腭裂矫正术
27.6200x003　腭裂修补术
27.6201　腭裂修补术伴悬雍垂修补术
27.6300x002　腭裂术后继发畸形矫正术
27.6301　腭裂二期修复术
27.6302　腭裂上提术
27.6400　腭植入物置入术
27.6900x003　软腭激光烧灼术
27.6900x004　咽腭弓延长成形术
27.6900x007　悬雍垂-软腭-咽成形术［UPPP］
27.6900x008　舌腭弓延长成形术
27.6901　腭垂-软腭成形术［LAUP］
27.6902　腭咽成形术
27.6903　硬腭成形术
27.6904　软腭成形术
27.6905　腭瓣修复术
27.6906　悬雍垂腭咽成形术
27.6907　腭咽激光成形术
27.6908　腭瘘修补术
27.6909　腭咽射频成形术
27.7202　悬雍垂激光切除术
27.9100x001　唇系带切断术
27.9101　唇系带整形术
27.9900x001　半侧颜面萎缩矫正术

27.9900x005　面部病损切除术
27.9900x006　面横裂矫正术
27.9900x007　面瘫矫正术
27.9900x009　面斜裂矫正术
27.9903　颊脂垫修复术
27.9904　颅颌面裂矫形术
86.6400x002　毛发种植术
86.6400x003　毛囊种植术
86.8100x002　面肌悬吊术
86.8100x003　额肌悬吊术
86.8100x004　颊肌悬吊术
86.8100x005　颈肌悬吊术
86.8100x006　颞肌悬吊术
86.8200x006　颊部皱纹切除术
86.8200x007　内窥镜下额皮肤悬吊术
86.8200x008　内窥镜下颊皮肤悬吊术
86.8200x009　内窥镜下颈皮肤悬吊术
86.8200x010　内窥镜下颞皮肤悬吊术
86.8200x011　内窥镜下面部皮肤提升术
86.8201　面部提升术
86.8202　多层除皱术
86.8203　骨膜下面部除皱术
86.8300x031　脂肪垫切除术
86.8300x032　脂肪切除术
86.8300x034　上肢吸脂术
86.8300x035　腰部吸脂术
86.8301　吸脂术
86.8302　腹部吸脂术
86.8303　臀部吸脂术
86.8304　大腿吸脂术
86.8305　腹壁整形术
86.8306　腹壁去脂术
86.8700x001　皮下脂肪移植术
86.8701　自体脂肪移植术
86.8702　颞部脂肪移植充填术
86.8900x002　面部皮肤部分切除整形术
86.8900x010　脐整形术
86.8900x011　残端皮肤修整术
86.8900x014　颈部皮肤部分切除整形术
86.8901　皮肤V-Y缝合术
86.8902　“酒窝”成形术

JD1　皮肤移植手术

包含以下主要手术或操作：
08.6100x002　眼睑全厚植皮术
18.7902　耳廓植皮术
18.7905　耳后皮肤移植术
21.8900x002　鼻植皮术
21.8900x003　断鼻再接术
21.8900x004　再造鼻修整术
27.5500x002　唇全厚植皮术
27.5600x002　唇中厚植皮术
27.5601　口内皮肤移植术
27.5701　唇皮瓣移植术
27.5702　口内皮瓣移植术
27.5703　唇带蒂皮瓣移植术
27.5902　交叉唇瓣断蒂术
86.5100　头皮再植术
86.6101　手全厚皮片游离移植术
86.6200x002　指皮肤游离移植术
86.6201　手中厚皮片游离移植术
86.6202　手刃厚皮片游离移植术
86.6300x001　腹部全厚皮片移植术
86.6301　头面颈全厚皮片移植术
86.6302　躯干全厚皮片移植术
86.6303　上肢全厚皮片移植术
86.6304　下肢全厚皮片移植术
86.6501　猪皮移植术
86.6601　同种皮片移植术
86.6701　脱细胞异体真皮植皮术
86.6702　人工皮肤移植术
86.6900x010　全厚皮片移植术
86.6901　刃厚皮片移植术
86.6902　中厚皮片移植术
86.6903　头面颈部植皮术
86.6904　躯干部植皮术
86.6905　上肢植皮术
86.6906　下肢植皮术
86.700x0013　游离皮瓣移植术
86.700x0014　皮瓣转移术
86.7100x009　皮瓣预制术
86.7101　带蒂皮瓣断蒂术
86.7102　皮管成形术
86.7103　带蒂皮瓣延迟术
86.7104　腹部埋藏皮瓣术
86.7105　带蒂皮瓣制备术
86.7200x001　带蒂皮瓣迁徙术
86.7300x003　手带蒂皮瓣移植术
86.7300x004　手游离皮瓣移植术
86.7301　邻指皮瓣术

86.7302 鱼际皮瓣术
86.7303 指蹼成形术
86.7400x026 带蒂皮瓣移植术
86.7400x031 筋膜皮瓣移植术
86.7400x032 皮下蒂皮瓣移植术
86.7400x033 岛状皮瓣移植术
86.7400x034 肌皮瓣游离移植术
86.7400x035 腓动脉穿支腓骨皮瓣游离移植修复
86.7400x036 带血管化腓骨肌皮瓣移植术
86.7400x037 腓骨肌皮瓣移植术
86.7400x038 腹股沟皮瓣转移术
86.7400x039 二级串联游离植皮术
86.7400x040 岛状皮瓣转移术
86.7400x041 皮下筋膜瓣术
86.7400x042 游离脂肪瓣移植术
86.7401 前徙皮瓣移植术
86.7402 滑动皮瓣移植术
86.7403 双带蒂皮瓣移植术
86.7404 旋转皮瓣移植术
86.7405 管状皮瓣移植术
86.7406 面部洞穿性缺损修复术
86.7407 颌面局部皮瓣转移术
86.7500x001 带蒂皮瓣修整术
86.7500x010 带蒂皮瓣去脂术
86.7500x011 邻近皮瓣修复术
86.7500x012 皮瓣探查术
86.7501 皮瓣清创术
86.7502 皮瓣去脂术
86.7503 皮瓣修整术
86.7504 复杂性皮瓣、肌皮瓣、超薄皮瓣修复术
86.9100x001 供体皮肤切除术
86.9100x002 皮片取皮术
86.9301 皮肤扩张器植入术
86.9302 皮肤扩张器调整术
86.9303 头皮扩张器植入术
86.9305 肢体皮肤扩张器植入术
86.9306 躯干皮肤扩张器植入术

JD2 皮肤清创手术

包含以下主要手术或操作：
08.2000x009 眼睑皮肤和皮下坏死组织切除清创术
18.2900x016 耳廓皮肤和皮下坏死组织切除清创术
21.3200x010 鼻皮肤和皮下坏死组织切除清创术
21.9900x002 鼻清创术
21.9901 鼻腔扩张术
21.9902 鼻植入物取出术
27.4300x010 唇部皮肤和皮下坏死组织切除清创术
54.3x00x011 腹壁伤口清创术
61.3x00x005 阴囊皮肤和皮下坏死组织切除清创术
64.2x00x006 阴茎皮肤和皮下坏死组织切除清创术
71.3x00x021 女性会阴皮肤和皮下坏死组织切除清创术
71.3x00x023 女性外阴皮肤和皮下坏死组织切除清创术
86.2200x011 皮肤和皮下坏死组织切除清创术
86.2201 皮肤伤口切除性清创术
86.2203 中医化腐清创术
86.5902 头皮裂伤清创缝合术

JJ1 皮肤、皮下组织的其他手术

包含以下主要手术或操作：
08.2200x003 眼睑小病损切除术
08.2201 睑板腺病损切除术
09.7300x001 泪小管成形术
09.7300x004 泪道重建术
09.7301 泪小管吻合术
18.2100x006 耳前瘘管切除术
18.2101 耳前病损切除术
18.2900x003 耳廓病损切除术
18.2900x009 外耳道病损切除术
18.2901 外耳病损切除术
18.2902 外耳病损烧灼术
18.2903 外耳病损冷冻术
18.2904 外耳病损刮除术
18.2905 外耳病损电凝术
18.2907 副耳切除术
18.3100 外耳病损根治性切除术
18.3900x003 耳廓切除术
18.3901 外耳切断术
20.5100x002 耳后病损切除术
21.3201 鼻部皮肤病损切除术
21.4x00 鼻部分切除术
21.7200 鼻骨折开放性复位术
21.7200x001 内镜下鼻骨骨折切开复位术
21.8100 鼻裂伤缝合术
27.0x11 翼腭窝切开异物取出术
27.4200 唇病损广泛切除术
27.4301 唇病损切除术
27.4302 唇病损激光烧灼术
29.2x00x001 鳃裂囊肿切除术

29.5200x002　鳃裂瘘管切除术
31.7400x001　气管造口扩张术
34.0102　胸壁切开异物取出术
34.4x01　胸壁病损切除术
34.4x03　胸腔镜下胸壁病损切除术
34.7101　胸壁清创缝合术
34.7900x001　胸壁修补术
38.6000x011　躯干部血管瘤切除术
38.6300x001　肱动脉瘤切除术
38.6301　上肢动脉瘤切除术
38.6302　上肢血管病损切除术
38.6800x002　下肢动脉病损切除术
38.6801　腘动脉瘤切除术
38.6802　股动脉瘤切除术
39.9800x001　伤口止血术
39.9801　手术后伤口止血术
40.0x01　淋巴管探查术
40.2100　深部颈淋巴结切除术
40.2300　腋淋巴结切除术
40.2400　腹股沟淋巴结切除术
40.2900x002　单纯淋巴结切除术
40.2900x008　颌下淋巴结切除术
40.2900x020　腹壁淋巴管瘤（囊肿）切除术
40.2901　锁骨上淋巴结切除术
40.2910　淋巴管瘤切除术
40.3x00x001　淋巴结扩大性区域性切除术
40.3x00x002　淋巴结区域性切除术
40.9x00x016　淋巴管瘤注射术
49.0400x009　肛周病损切除术
54.0x00x010　腹壁血肿清除术
54.0x00x021　腹膜外血肿清除术
54.0x03　腹壁异物取出术
54.3x00x004　腹壁窦道扩创术
54.3x00x010　腹壁伤口扩创术
54.3x00x027　脐病损切除术
54.3x01　腹壁病损切除术
54.3x03　腹股沟病损切除术
54.3x04　脐切除术
54.3x05　盆腔壁病损切除术
54.3x06　腹壁清创术
54.3x07　腹壁脐尿管囊肿切除术
54.4x00x012　骶尾部病损切除术
54.4x00x047　腰骶病损切除术
54.6301　腹壁裂伤缝合术
54.7200x001　腹壁补片修补术
61.3x02　阴囊部分切除术
61.3x03　阴囊病损切除术
61.3x04　阴囊象皮病复位术
61.4102　阴囊裂伤缝合术
64.2x00x001　包皮瘢痕切除术
64.2x00x002　包皮病损切除术
64.2x00x003　阴茎瘢痕切除术
64.2x01　阴茎病损切除术
71.0900x004　外阴血肿清除术
71.0900x006　外阴脓肿穿刺术
71.0903　会阴造口术
71.0904　会阴切开术
71.0905　会阴切开异物取出术
71.2400x001　前庭大腺病损切除术
71.2400x003　前庭大腺切除术
71.3x00x001　大阴唇病损切除术
71.3x00x007　女性会阴部瘢痕切除术
71.3x00x011　外阴病损烧灼术
71.3x00x013　外阴窦道切除术
71.3x01　会阴病损切除术
71.3x04　外阴病损切除术
71.6100　单侧外阴切除术
71.6200　双侧外阴切除术
71.7101　外阴裂伤缝合术
71.7102　会阴裂伤缝合术
82.2200　手肌肉病损切除术
82.2900x001　手部软组织病损切除术
83.3900x017　软组织病损切除术
83.3900x064　经皮头部软组织病损纳米刀消融术
83.3900x065　经皮颈部软组织病损纳米刀消融术
83.3900x066　经皮上肢软组织病损纳米刀消融术
86.0100x002　皮肤和皮下组织脓肿抽吸术
86.0100x003　皮肤和皮下组织血肿抽吸术
86.0100x004　甲下脓肿抽吸术
86.0100x005　疱液抽取术
86.0200x003　皮肤着色
86.0200x004　皮肤充填物质置入术
86.0200x005　皮肤充填物质注射术
86.0200x006　细胞再生喷涂治疗（ReCell）
86.0201　文身
86.0202　皮肤硅胶填充术
86.0301　藏毛窦切开术
86.0302　藏毛囊肿切开术
86.0500x007　皮下引流装置取出术
86.0500x008　皮下植入装置取出术

86.0500x009　脊髓神经刺激器去除术
86.0501　皮下神经刺激器去除
86.0502　皮肤和皮下组织异物切开取出术
86.0503　皮肤组织扩张器取出术
86.0900x002　皮肤和皮下组织切开探查术
86.0900x008　腹部埋藏手取出术
86.0900x009　皮下神经电刺激器置入术
86.0900x010　皮肤和皮下组织切开减压术
86.0901　皮肤焦痂切开术
86.0902　皮肤窦道切开术
86.0903　甲切开术
86.2101　藏毛囊肿切除术
86.2102　藏毛窦切除术
86.2202　焦痂切除术
86.2300x001　甲床去除术
86.2300x002　甲根部分去除术
86.2300x003　甲褶去除术
86.2300x005　拔甲术
86.2301　指（趾）甲去除术
86.2400x001　皮肤病损显微外科手术［Mohs手术］
86.2500　磨皮术
86.2600x004　指赘结扎术
86.2600x005　趾赘结扎术
86.2601　多余指切除术
86.2602　多余趾切除术
86.3x01　皮肤瘢痕切除术
86.3x02　皮肤病损切除术
86.3x03　皮下组织病损切除术
86.3x04　男性会阴病损切除术
86.3x05　腋嗅切除术
86.3x06　皮肤Z型成形伴病损切除术
86.3x07　文身切除术
86.3x08　汗腺病损切除术
86.3x09　皮肤病损冷冻治疗
86.3x10　皮肤病损烧灼治疗
86.3x10x038　腋下汗腺切除术
86.3x10x067　腔镜下皮下组织病损切除术
86.3x10x068　指赘切除术
86.3x10x069　趾赘切除术
86.3x10x070　皮肤病损挤刮治疗
86.3x10x071　皮肤病损电解治疗
86.3x11　皮肤病损电灼治疗
86.3x12　皮肤病损激光治疗
86.3x13　颈部皮下组织病损切除术
86.3x14　皮肤色素痣切除术
86.3x15　皮肤及皮下血管瘤切除术
86.3x16　瘢痕单纯切除，Z字改形修复术
86.4x01　头.面.颈皮肤病损根治切除术
86.4x02　躯干皮肤病损根治性切除术
86.4x03　肢体皮肤病损根治切除术
86.5900x006　皮肤缝合术
86.5901　伤口裂开缝合术
86.5903　男性会阴皮肤缝合术
86.8401　皮肤瘢痕松解术
86.8402　皮肤蹼状挛缩松解术
86.8403　皮肤Z型成形术
86.8501　并指矫正术
86.8502　并趾矫正术
86.8600x001　甲成形术
86.9000x001　脂肪抽吸术（用于脂肪移植）
86.9200x002　皮肤电解除毛术
86.9201　除毛术
86.9900　皮肤和皮下组织的其他手术
98.2501　非切开躯干异物取出术
98.2600x001　手异物去除
98.2700x001　上肢异物去除
98.2800x001　足异物去除
98.2900x001　下肢异物去除

JR1　乳房恶性肿瘤

包含以下主要诊断：
C43.501　乳房恶性黑色素瘤
C50.000　乳头和乳晕恶性肿瘤
C50.000x001　乳头恶性肿瘤
C50.001　乳晕恶性肿瘤
C50.100　乳房中央部恶性肿瘤
C50.200　乳房上内象限恶性肿瘤
C50.300　乳房下内象限恶性肿瘤
C50.400　乳房上外象限恶性肿瘤
C50.500　乳房下外象限恶性肿瘤
C50.600　乳房腋尾部恶性肿瘤
C50.800　乳房交搭跨越恶性肿瘤的损害
C50.800x005　异位乳腺恶性肿瘤
C50.801　乳腺恶性肿瘤，上部
C50.802　乳腺恶性肿瘤，下部
C50.803　乳腺恶性肿瘤，内侧
C50.804　乳腺恶性肿瘤，外侧
C50.900　乳房恶性肿瘤
C50.900x005　双侧乳腺恶性肿瘤
C50.901　男性乳腺恶性肿瘤

C50.902　副乳腺恶性肿瘤
C79.200x007　乳房皮肤继发恶性肿瘤
C79.800x831　皮下继发恶性肿瘤
C79.806　乳腺继发恶性肿瘤
D03.501　乳房原位黑色素瘤
D04.501　乳房皮肤原位癌
D05.000　乳房小叶原位癌
D05.100　乳房导管原位癌
D05.700　乳房其他部位的原位癌
D05.900　乳房的原位癌
D48.600x001　乳房交界性肿瘤

JR2　皮肤、皮下组织的恶性肿瘤

包含以下主要诊断：
C43.500　躯干恶性黑色素瘤
C43.502　胸壁恶性黑色素瘤
C43.503　腹壁恶性黑色素瘤
C43.504　腹股沟恶性黑色素瘤
C43.505　背部恶性黑色素瘤
C43.506　臀部恶性黑色素瘤
C43.507　肛门恶性黑色素瘤
C43.508　肛周恶性黑色素瘤
C43.600　上肢（包括肩）恶性黑色素瘤
C43.600x002　手指恶性黑色素瘤
C43.601　肩部恶性黑色素瘤
C43.602　上臂恶性黑色素瘤
C43.603　前臂恶性黑色素瘤
C43.604　肘部恶性黑色素瘤
C43.605　腕部恶性黑色素瘤
C43.606　手恶性黑色素瘤
C43.700x001　下肢恶性黑色素瘤
C43.701　髋恶性黑色素瘤
C43.702　大腿恶性黑色素瘤
C43.703　小腿恶性黑色素瘤
C43.704　膝部恶性黑色素瘤
C43.705　腘部恶性黑色素瘤
C43.706　踝部恶性黑色素瘤
C43.707　足部恶性黑色素瘤
C43.800　皮肤交搭跨越的恶性黑色素瘤
C43.900　皮肤恶性黑色素瘤
C43.900x003　恶性雀斑样痣
C43.901　恶性蓝痣
C44.500　躯干皮肤恶性肿瘤
C44.501　乳房皮肤恶性肿瘤
C44.502　胸部皮肤恶性肿瘤
C44.503　腹部皮肤恶性肿瘤
C44.504　背部皮肤恶性肿瘤
C44.505　肩胛区皮肤恶性肿瘤
C44.506　臀部皮肤恶性肿瘤
C44.507　肛门皮肤恶性肿瘤
C44.508　肛周皮肤恶性肿瘤
C44.509　腹股沟皮肤恶性肿瘤
C44.600　上肢（包括肩）皮肤恶性肿瘤
C44.601　肩部皮肤恶性肿瘤
C44.602　上臂皮肤恶性肿瘤
C44.603　前臂皮肤恶性肿瘤
C44.604　肘部皮肤恶性肿瘤
C44.605　腕部皮肤恶性肿瘤
C44.606　手皮肤恶性肿瘤
C44.700　下肢（包括髋）皮肤恶性肿瘤
C44.701　髋部皮肤恶性肿瘤
C44.702　大腿皮肤恶性肿瘤
C44.703　小腿皮肤恶性肿瘤
C44.704　膝部皮肤恶性肿瘤
C44.705　腘窝皮肤恶性肿瘤
C44.706　踝部皮肤恶性肿瘤
C44.707　足皮肤恶性肿瘤
C44.800　皮肤交搭跨越恶性肿瘤的损害
C44.900　皮肤恶性肿瘤
C44.901　汗腺恶性肿瘤
C46.000　皮肤卡波西肉瘤
C79.200　皮肤继发性恶性肿瘤
C79.200x001　腹壁皮肤继发恶性肿瘤
C79.200x005　臀部皮肤继发恶性肿瘤
C79.200x006　颌部皮肤继发恶性肿瘤
C79.204　躯干皮肤继发恶性肿瘤
C79.205　四肢皮肤继发恶性肿瘤
D03.500　躯干原位黑色素瘤
D03.500x002　肛门原位黑色素瘤
D03.502　肛门边缘原位黑色素瘤
D03.503　肛门皮肤原位黑色素瘤
D03.504　肛周原位黑色素瘤
D03.600　上肢（包括肩）原位黑色素瘤
D03.600x002　上肢端原位黑色素瘤
D03.601　肩原位黑色素瘤
D03.602　手原位黑色素瘤
D03.700x001　下肢原位黑色素瘤
D03.700x002　下肢端原位黑色素瘤
D03.701　髋原位黑色素瘤
D03.800　原位黑色素瘤，其他部位的

D03.900　原位黑色素瘤
D03.900x002　浅表扩散性原位黑色素瘤
D04.500　躯干皮肤原位癌
D04.502　肛门边缘皮肤原位癌
D04.503　肛门皮肤原位癌
D04.504　肛周皮肤原位癌
D04.600x001　上肢皮肤原位癌
D04.601　肩皮肤原位癌
D04.700x001　下肢皮肤原位癌
D04.701　髋皮肤原位癌
D04.800　皮肤其他部位的原位癌
D04.900x001　皮肤原位癌
D48.500x002　鼻部皮肤交界性肿瘤
D48.500x003　臀部皮肤交界性肿瘤
D48.500x004　耳部皮肤交界性肿瘤
D48.500x005　皮肤交界性肿瘤
D48.500x006　躯干皮肤交界性肿瘤
D48.500x007　眼睑交界性肿瘤
D48.500x008　头皮交界性肿瘤
D48.500x009　面部皮肤交界性肿瘤
D48.500x010　手部皮肤交界性肿瘤
D48.500x011　肢体皮肤交界性肿瘤
D48.500x012　毛囊漏斗部交界性肿瘤
D48.500x014　耵聍腺交界性肿瘤
L85.801　角化棘皮瘤

JS1　重大皮肤疾病

包含以下主要诊断：
A18.400x001　播散性粟粒性狼疮
A18.400x010　臀部结核
A18.400x013　皮肤结核溃疡
A18.400x014　疣状皮肤结核
A18.400x020　腰部结核性脓肿
A18.400x021　足结核
A18.400x022　肩部结核
A18.401　皮肤结核
A18.402　皮下组织结核
A18.403　皮肤结核性窦道
A18.404　瘰疬性皮肤结核
A18.405　结核性皮肤脓肿
A18.406　腹壁结核
A18.407　皮下组织结核性窦道
A18.408　结核性结节性红斑
A18.409　结核性狼疮
A18.410　寻常性狼疮
A18.411　巴赞病
A18.412　胸壁结核
A36.300　皮肤白喉
B00.801+L99.8*　疱疹病毒性瘭疽
B00.804+L99.8*　疱疹病毒性甲沟炎
B35.800x002　肉芽肿性皮肤癣菌病
D18.000x812　外阴血管瘤
D18.000x828　婴儿血管瘤（重症）
E10.600x021　1型糖尿病性大疱症
E10.600x023　1型糖尿病性红斑
E10.600x024　1型糖尿病性潮红
E10.600x025　1型糖尿病性皮肤硬化
E10.600x026　1型糖尿病性皮肤增厚
E10.600x027+L99.8*　1型糖尿病性糖尿病脂性渐进性坏死
E10.600x028　1型糖尿病性甲周毛细血管扩张
E10.603+L99.8*　1型糖尿病性皮肤病
E11.600x021　2型糖尿病性大疱症
E11.600x023　2型糖尿病性红斑
E11.600x024　2型糖尿病性潮红
E11.600x025　2型糖尿病性皮肤硬化
E11.600x026　2型糖尿病性皮肤增厚
E11.600x027+L99.8*　2型糖尿病性糖尿病脂性渐进性坏死
E11.600x028　2型糖尿病性甲周毛细血管扩张
E11.603+L99.8*　2型糖尿病性皮肤病
E14.600x021　糖尿病性大疱症
E14.600x022　糖尿病性皮肤病
E14.600x023　糖尿病性红斑
E14.600x024　糖尿病性潮红
E14.600x025　糖尿病性皮肤硬化
E14.600x026　糖尿病性皮肤增厚
E14.600x027+L99.8*　糖尿病性糖尿病脂性渐进性坏死
E14.600x028　糖尿病性甲周毛细血管扩张
E16.300x003+L54.8*　坏死松解性游走性红斑
E50.800x002+L86*　维生素A缺乏伴毛囊角化病
E50.801+L86*　维生素A缺乏合并皮肤干燥病
E51.100x005+I98.8*　湿性脚气病
E83.201　肠病性肢端皮炎
L00.x00　葡萄球菌性烫伤样皮肤综合征
L01.000x011　急性泛发性发疹型脓疱病
L01.000x012　急性发热性发疹样脓疱病
L01.001　伯克哈特脓疱病
L01.002　大疱性脓疱病

L01.100　皮肤病的脓疱化，其他的
L02.300　臀部皮肤脓肿、疖和痈
L02.804　头部痈
L02.903　皮肤痈
L03.103　上肢蜂窝织炎
L03.104　肩蜂窝织炎
L03.105　臂蜂窝织炎
L03.106　手蜂窝织炎
L03.107　下肢蜂窝织炎
L03.108　腿蜂窝织炎
L03.109　足蜂窝织炎
L03.200　面部蜂窝织炎
L03.300　躯干蜂窝织炎
L03.301　胸壁蜂窝织炎
L03.302　背部蜂窝织炎
L03.303　腹壁蜂窝织炎
L03.304　腹股沟蜂窝织炎
L03.305　脐部蜂窝织炎
L03.306　会阴蜂窝织炎
L03.800　蜂窝织炎，其他部位的
L03.801　头部蜂窝织炎
L03.802　头皮蜂窝织炎
L03.900　蜂窝织炎
L05.901　先天性背部皮肤窦道
L08.000x006　下疳样脓皮病
L08.000x007　慢性乳头状溃疡性脓皮病
L08.000x008　头皮糜烂脓疱性皮病
L08.000x009　芽生菌病样脓皮病
L08.001　化脓性皮炎
L08.002　脓疱性皮疹
L08.800x006　臀部感染性窦道
L08.800x008　足跟感染性窦道
L08.800x011　恶性脓皮病
L08.801　皮肤感染性窦道
L08.802　增殖性脓皮病
L08.804　背部感染性窦道
L08.805　腹壁感染性窦道
L08.900　皮肤和皮下组织的局部感染
L08.906　颈部软组织感染
L08.907　腹壁软组织感染
L08.908　会阴部软组织感染
L08.911　足软组织感染
L10.000　寻常型天疱疮
L10.100　增生型天疱疮
L10.200　落叶型天疱疮
L10.300　巴西天疱疮
L10.400　红斑性天疱疮
L10.500　药物性天疱疮
L10.800　天疱疮，其他特指的
L10.800x001　副肿瘤性天疱疮
L10.800x002　家族性良性慢性天疱疮
L10.801　疱疹样天疱疮
L10.900　天疱疮
L11.900　皮肤棘层松解性疾患
L12.000　大疱性类天疱疮
L12.100　瘢痕性类天疱疮
L12.101　良性黏膜类天疱疮
L12.102+H13.3*　结膜天疱疹
L12.103+H13.3*　眼天疱疹
L12.200　儿童期慢性大疱性疾病
L12.202　线状IgA大疱性皮病
L12.300　后天性大疱性表皮松解
L12.800　类天疱疮，其他的
L12.900　类天疱疮
L13.000　疱疹样皮炎
L13.100　角质层下小脓疱性皮炎
L13.101　斯内登-威尔金森病
L13.800　大疱性疾患，其他特指的
L13.900　大疱性疾患
L13.901　大疱性皮炎
L23.500　化学产品引起的变应性接触性皮炎，其他的
L26.x00　剥脱性皮炎
L27.000x004　剥脱性皮炎型药疹
L27.000x006　大疱表皮松解症型药疹
L27.002　红皮病型药疹
L27.900　内服物质引起的皮炎
L30.204　自体过敏性皮炎
L30.804　嗜酸性粒细胞增多性皮病
L40.000　寻常性银屑病
L40.001　斑块状银屑病
L40.002　蛎壳状银屑病
L40.003　钱币形银屑病
L40.100　全身脓疱性银屑病
L40.101　冯-聪布施病
L40.102　脓疱性银屑病
L40.103　疱疹样脓疱病
L40.200　持续性肢端皮炎
L40.300　掌跖脓疱病
L40.301　掌跖脓疱性银屑病

L40.400　滴状银屑病
L40.500　关节病型银屑病
L40.801　反常性银屑病
L40.802　红皮病性银屑病
L40.900　银屑病
L41.000　急性苔藓痘疮样糠疹
L41.000x002　急性发热坏死溃疡性痘疮样糠疹
L41.100　慢性苔藓样糠疹
L41.400　大斑块副银屑病
L43.100　大疱性扁平苔藓
L44.000　毛发红糠疹
L51.000　非大疱型多形性红斑
L51.100　大疱型多形性红斑
L51.200　中毒性表皮坏死松解症［莱尔］
L51.802　渗出性多形红斑
L51.900　多形性红斑
L52.x00　结节性红斑
L53.000　中毒性红斑
L53.200　边缘性红斑
L53.901　红皮病
L58.101　放射性皮肤溃疡
L66.300　脓肿性头部毛囊周围炎
L73.200　化脓性汗腺炎
L73.802　毛囊闭锁三联征
L81.401　黑皮病
L81.402　黑变病
L83.x00　黑棘皮病
L88.x00　坏疽性脓皮症
L89.000　受压区Ⅰ期压疮
L89.001　骶尾区Ⅰ期压疮
L89.002　坐骨区Ⅰ期压疮
L89.003　股骨区Ⅰ期压疮
L89.004　跟骨区Ⅰ期压疮
L89.005　足踝区Ⅰ期压疮
L89.006　肩胛区Ⅰ期压疮
L89.007　枕骨区Ⅰ期压疮
L89.008　多处Ⅰ期压疮
L89.100　受压区Ⅱ期压疮
L89.101　骶尾区Ⅱ期压疮
L89.102　坐骨区Ⅱ期压疮
L89.103　股骨区Ⅱ期压疮
L89.104　跟骨区Ⅱ期压疮
L89.105　足踝区Ⅱ期压疮
L89.106　肩胛区Ⅱ期压疮
L89.107　枕骨区Ⅱ期压疮
L89.108　多处Ⅱ期压疮
L89.200　受压区Ⅲ期压疮
L89.201　骶尾区Ⅲ期压疮
L89.202　坐骨区Ⅲ期压疮
L89.203　股骨区Ⅲ期压疮
L89.204　跟骨区Ⅲ期压疮
L89.205　足踝区Ⅲ期压疮
L89.206　肩胛区Ⅲ期压疮
L89.207　枕骨区Ⅲ期压疮
L89.208　多处Ⅲ期压疮
L89.300　受压区Ⅳ期压疮
L89.301　骶尾区Ⅳ期压疮
L89.302　坐骨区Ⅳ期压疮
L89.303　股骨区Ⅳ期压疮
L89.304　跟骨区Ⅳ期压疮
L89.305　足踝区Ⅳ期压疮
L89.306　肩胛区Ⅳ期压疮
L89.307　枕骨区Ⅳ期压疮
L89.308　多处Ⅳ期压疮
L89.900　受压区压疮
L92.000　环状肉芽肿
L92.801　脐肉芽肿
L93.000　盘状红斑狼疮
L93.001　红斑狼疮
L93.100　亚急性皮肤红斑狼疮
L93.200　局限性红斑狼疮，其他的
L93.200x003　肿胀性（瘤样）狼疮
L93.201　狼疮性脂膜炎
L93.202　深在性红斑狼疮
L94.000　局限性硬皮病［硬斑病］
L94.500　血管萎缩性皮肤异色病
L95.000　青斑血管炎
L95.100　持久性隆起性红斑
L95.800　局限于皮肤的其他血管炎
L95.800x004　恶性萎缩性丘疹病
L95.801　结节性血管炎
L95.802　皮肤变应性血管炎
L95.900　局限于皮肤的血管炎
L95.900x001　白细胞碎裂性血管炎
L95.901　荨麻疹性血管炎
L97.x00　下肢溃疡，不可归类在他处者
L98.200　热性中性粒细胞皮肤病［斯威特］
L98.400　皮肤慢性溃疡，不可归类在他处者
L98.401　热带溃疡
L98.502　黏液水肿性苔藓

L98.800x012　弥漫性皮肤肥大细胞增生病
L98.800x013　系统性肥大细胞增生病
L98.803　皮肤淋巴细胞瘤
M31.000　过敏性血管炎
M31.000x005　变应性皮肤血管炎
M34.000　进行性全身性硬皮病
M34.100　全身性钙质沉着综合征［CR（E）ST］
M34.200　药物和化学物质诱发的全身性硬皮病
M34.803　蒂比耶日-魏森巴赫综合征
M54.001　颈部脂膜炎
M54.002　骶部脂膜炎
M54.003　背部脂膜炎
M79.400　髌下脂肪垫肥大
M79.401　膝脂肪垫肥大
M79.403　髌前脂肪垫肥大
M79.404　髌后脂肪垫肥大
M79.809　普罗菲谢病
Q80.000　寻常性鱼鳞病
Q80.100　性联鱼鳞病
Q80.200　片层状鱼鳞癣
Q80.200x002　胶样婴儿
Q80.300　先天性大疱性鱼鳞病样红皮病
Q80.400　斑色胎儿
Q80.800　先天性鱼鳞病，其他的
Q80.800x001　非大疱型红皮病型鱼鳞病
Q80.900　先天性鱼鳞病
Q81.000　单纯性大疱性表皮松解症
Q81.100　致死性大疱性表皮松解症
Q81.200　营养不良性大疱性表皮松解症
Q81.800　大疱性表皮松解症，其他的
Q81.900　大疱性表皮松解症
Q82.100　着色性干皮病
Q82.800x011　先天性面部皮肤松弛
Q82.801　蓝色橡皮-疱痣综合征
Q82.802　良性家族性天疱疮
Q82.803　毛囊角化病
Q82.804　汗管角化症
Q82.805　疣状肢端角化症
Q82.806　遗传性掌跖角化症
Q84.800x012　先天性皮肤缺失
Q85.900x022　神经皮肤综合征
R21.x01　非特异性斑疹
R60.900x003　流行性水肿
R60.900x004　儿童急性出血性水肿

JS2　炎症性皮肤病

包含以下主要诊断：
A18.400x006　酒渣样结核疹
B00.000　疱疹性湿疹
B36.200x001　皮肤毛孢子菌病
B37.900x001　克柔念珠菌感染
B37.900x002　近平滑念珠菌感染
B37.900x003　光滑念珠菌感染
B78.100x001+L99.8*　皮肤粪圆线虫病
B88.000x004+L99.8*　革螨皮炎
B88.000x006+L99.8*　恙螨皮炎
B88.001+L99.8*　螨性皮炎
L01.003　单纯性脓疱病
L20.000　贝尼耶痒疹
L20.801　泛发性神经性皮炎
L20.802　变应性湿疹
L20.803　特应性神经性皮炎
L20.804　婴儿湿疹
L20.806　新生儿湿疹
L20.900　特应性皮炎
L21.100　婴儿脂溢性皮炎
L21.800　脂溢性皮炎，其他的
L21.900　脂溢性皮炎
L21.901　脂溢性湿疹
L22.x00　尿布皮炎
L22.x01　银屑病样尿布疹
L23.300　药物接触皮肤引起的变应性接触性皮炎
L23.900　变应性接触性皮炎
L23.901　过敏性皮炎
L24.000　去污剂引起的刺激性接触性皮炎
L24.100　油脂类引起的刺激性接触性皮炎
L24.200　溶剂类引起的刺激性接触性皮炎
L24.201　丙酮刺激性接触性皮炎
L24.202　醇类刺激性接触性皮炎
L24.203　二硫化碳刺激性接触性皮炎
L24.204　甲苯刺激性接触性皮炎
L24.205　溶剂类刺激性接触性皮炎
L24.206　松脂刺激性接触性皮炎
L24.300　化妆品引起的刺激性接触性皮炎
L24.400　药物接触皮肤引起的刺激性接触性皮炎
L24.500　化学产品引起的刺激性接触性皮炎，其他的
L24.501　碱刺激性接触性皮炎
L24.502　尼龙刺激性接触性皮炎

L24.503　砌砖工刺激性痒病
L24.504　酸类刺激性接触性皮炎
L24.600　食物接触皮肤引起的刺激性接触性皮炎
L24.601　揉面刺激性痒病
L24.700　植物引起的刺激性接触性皮炎，除外食物
L24.800　刺激性接触性皮炎，其他物质引起的
L24.800x001　隐翅虫皮炎
L24.800x002　刺胞皮炎
L24.801　松毛虫皮炎
L24.900　刺激性接触性皮炎
L24.901　刺激性皮炎
L25.000　化妆品引起的接触性皮炎
L25.100　药物接触皮肤引起的接触性皮炎
L25.200　染料引起的接触性皮炎
L25.201　染发性皮炎
L25.300　化学产品引起的接触性皮炎，其他的
L25.500　植物引起的接触性皮炎，除外食物
L25.800　接触性皮炎，其他物质引起的
L25.900　接触性皮炎
L26.x01　黑布拉糠疹
L27.003　荨麻疹型药疹
L27.004　药物性红斑
L27.005　药物性皮炎
L27.100　药物和药剂引起的局限性皮疹
L27.101　固定性药疹
L27.200　摄入食物引起的皮炎
L27.201　牛奶过敏性皮炎
L27.800　内服物质引起的皮炎，其他的
L27.801　砷过敏性皮炎
L28.000　慢性单纯性苔藓
L28.000x006　小棘苔癣
L28.000x007　金黄色苔癣
L28.001　局限性神经性皮炎
L28.002　苔藓样皮炎
L28.003　苔藓
L28.100　结节性痒疹
L28.200　痒疹，其他的
L28.201　黑布拉痒疹
L28.203　丘疹性荨麻疹
L29.000　肛门瘙痒（症）
L29.800　瘙痒（症），其他的
L29.801　冬令瘙痒症
L29.802　老年瘙痒症
L29.900　瘙痒（症）
L30.000　钱币状皮炎
L30.100　汗疱疹
L30.201　念珠菌疹
L30.202　皮肤癣菌疹
L30.203　湿疹样疹
L30.300　感染性皮炎
L30.301　传染性湿疹样皮炎
L30.400　擦烂红斑
L30.400x004　色素性玫瑰疹
L30.500　白色糠疹
L30.500x003　渗出性慢性单纯性糠疹
L30.800　皮炎，其他特指的
L30.801　寒冷性皮炎
L30.802　激素依赖性皮炎
L30.803　季节性大疱性皮炎
L30.900　皮炎
L30.901　泛发性湿疹
L30.902　湿疹
L30.903　外阴湿疹
L30.904　阴囊湿疹
L30.905　湿疹样皮炎
L41.300　小斑块副银屑病
L41.500　网状副银屑病
L41.801　斑状副银屑病
L41.900　副银屑病
L44.400　婴儿丘疹性肢皮炎［詹诺托-克罗斯蒂］
L56.200　光接触性皮炎［香料皮炎］
L57.801　慢性光化性皮炎
L57.802　日光性皮炎
L58.000　急性放射性皮炎
L58.100　慢性放射性皮炎
L58.900　放射性皮炎
L59.000　火激红斑［火激皮炎］
L59.801　慢性光化性皮炎，与辐射相关
L81.701　进行性色素性皮肤病
L98.101　神经性表皮脱落
Q82.800x010　毛发苔藓

JT1　乳房、皮肤、皮下组织创伤

包含以下主要诊断：
S20.000　乳房挫伤
S20.101　乳房浅表损伤
S20.200　胸部挫伤
S20.200x003　胸骨前区挫伤
S20.201　胸壁挫伤
S20.202　肩胛间区挫伤

S20.300x001　胸前壁浅表损伤
S20.301　胸部皮肤擦伤
S20.400x001　胸后壁浅表损伤
S20.700　胸部多处浅表损伤
S20.800x002　胸前缘域浅表损伤
S20.801　胸壁浅表损伤
S20.802　胸部浅表损伤
S20.803　胸壁擦伤
S21.000　乳房开放性伤口
S30.000x001　背部挫伤
S30.000x003　腰部挫伤
S30.000x004　骶骨区挫伤
S30.001　腰背部挫伤
S30.002　骶尾部挫伤
S30.003　臀部挫伤
S30.100　腹壁挫伤
S30.100x001　腹部挫伤
S30.100x002　胁腹挫伤
S30.100x004　髂区挫伤
S30.100x007　髂窝血肿
S30.101　创伤性髂部血肿
S30.102　创伤性髂腰肌血肿
S30.104　腹股沟挫伤
S30.200x005　会阴挫伤
S30.200x006　外阴挫伤
S30.700　腹部、下背和骨盆多处浅表损伤
S30.800x001　臀部浅表损伤
S30.800x002　腹上部浅表损伤
S30.800x004　胁腹浅表损伤
S30.801　腹壁浅表异物
S30.900x001　腹部浅表损伤
S30.900x002　下背浅表损伤
S30.900x003　骨盆浅表损伤
S31.001　创伤性会阴裂伤
S31.002　腰背部皮肤撕脱伤
S39.910　腰部软组织损伤
S39.911　腹壁软组织损伤
S40.000x001　肩部挫伤
S40.000x002　肩胛区挫伤
S40.000x003　腋窝区挫伤
S40.001　上臂挫伤
S40.700　肩和上臂多处浅表损伤
S40.701　肩臂多处挫伤
S40.800x011　肩部擦伤
S40.800x012　上臂擦伤
S40.800x021　肩部水泡
S40.800x022　上臂水泡
S40.800x031　肩部虫咬伤
S40.800x032　上臂虫咬伤
S40.800x041　肩部浅表异物
S40.800x042　上臂浅表异物
S40.900　肩和上臂的浅表损伤
S50.000　肘挫伤
S50.101　前臂挫伤
S50.700　前臂的多处浅表损伤
S50.701　前臂多处擦伤
S50.800x011　前臂擦伤
S50.800x021　前臂水泡
S50.800x031　前臂虫咬伤
S50.800x041　前臂浅表异物
S50.800x081　肘关节浅表损伤
S50.900　前臂浅表损伤
S50.901　肘浅表损伤
S60.000x001　手指挫伤
S60.100x001　手指挫伤伴指甲损伤
S60.201　腕部挫伤
S60.202　手挫伤
S60.700　腕和手多处浅表损伤
S60.701　手多发浅表损伤
S60.800x011　腕和手擦伤
S60.800x012　腕部擦伤
S60.800x021　腕和手水泡
S60.800x022　手部水泡
S60.800x023　腕部水泡
S60.800x031　腕和手虫咬伤
S60.800x032　腕部虫咬伤
S60.800x033　手部虫咬伤
S60.800x041　腕和手浅表异物
S60.800x042　腕部浅表异物
S60.800x043　手部浅表异物
S60.801　手指浅表异物
S60.900　腕和手的浅表损伤
S60.900x002　腕部浅表损伤
S60.901　手浅表损伤
S60.902　手擦伤
S70.000　髋挫伤
S70.100　大腿挫伤
S70.700x001　大腿多处浅表损伤
S70.700x002　髋部多处浅表损伤
S70.800x011　髋部擦伤

S70.800x012 股部擦伤
S70.800x021 髋部水泡
S70.800x022 股部水泡
S70.800x031 髋部虫咬伤
S70.800x032 股部虫咬伤
S70.800x041 髋部浅表异物
S70.800x042 股部浅表异物
S70.900x001 髋部浅表损伤
S70.900x002 大腿浅表损伤
S70.900x003 股部浅表损伤
S70.901 大腿血肿
S80.000 膝挫伤
S80.100x002 小腿血肿
S80.101 小腿挫伤
S80.700 小腿多处浅表损伤
S80.800x011 小腿擦伤
S80.800x012 膝部擦伤
S80.800x013 腘窝擦伤
S80.800x021 小腿水泡
S80.800x022 膝部水泡
S80.800x023 腘窝水泡
S80.800x031 小腿虫咬伤
S80.800x032 膝部虫咬伤
S80.800x033 腘窝虫咬伤
S80.800x041 小腿浅表异物
S80.800x042 膝部浅表异物
S80.800x043 腘窝浅表异物
S80.900 小腿浅表损伤
S80.901 膝部血肿
S90.000 踝挫伤
S90.100 趾挫伤不伴有趾甲损坏
S90.200 趾挫伤伴有趾甲损坏
S90.300x001 副舟骨损伤
S90.300x002 距骨骨软骨损伤
S90.300x003 距骨后三角骨损伤
S90.301 足挫伤
S90.700 踝和足多处浅表损伤
S90.800x011 踝和足擦伤
S90.800x012 踝部擦伤
S90.800x013 足部擦伤
S90.800x021 踝足部水泡
S90.800x022 踝部水泡
S90.800x023 足部水泡
S90.800x031 踝和足虫咬伤
S90.800x032 踝部虫咬伤
S90.800x033 足部虫咬伤
S90.800x041 踝和足浅表异物
S90.800x042 踝部浅表异物
S90.800x043 足部浅表异物
S90.900x002 踝部浅表损伤
S90.900x003 足部浅表损伤
S90.901 趾甲血肿
T00.000x001 头和颈浅表损伤
T00.100x001 胸伴腹和下背及骨盆浅表损伤
T00.200x001 上肢多处浅表损伤
T00.300x001 下肢多处浅表损伤
T00.600x001 上肢和下肢多处浅表损伤
T00.800x001 身体复合部位的浅表损伤
T00.900 多处浅表损伤
T00.900x002 多处皮肤浅表擦伤
T00.900x003 多处皮肤浅表水疱
T00.900x004 多处皮肤浅表青肿
T00.900x005 多处皮肤浅表挫伤
T00.900x006 多处皮肤浅表血肿
T00.900x007 多处皮肤浅表无毒昆虫咬伤
T00.901 多处挫伤
T00.902 多处皮肤破损
T01.301 下肢皮肤套脱伤
T01.800x001 身体复合部位的开放性损伤
T09.000 躯干浅表损伤
T09.000x011 躯干浅表擦伤
T09.000x021 躯干浅表水疱
T09.000x031 躯干浅表昆虫咬伤
T09.000x041 躯干浅表异物
T09.000x051 躯干浅表挫伤
T11.000 上肢浅表损伤
T11.000x021 上肢浅表水疱
T11.000x031 上肢浅表昆虫咬伤
T11.000x041 上肢浅表异物
T11.000x051 上肢浅表挫伤
T11.001 上肢擦伤
T11.101 上肢皮肤裂伤
T13.000 下肢浅表损伤
T13.000x011 下肢浅表擦伤
T13.000x021 下肢浅表水疱
T13.000x031 下肢浅表昆虫咬伤
T13.000x041 下肢浅表异物
T13.000x051 下肢浅表挫伤
T14.000 浅表损伤
T14.000x003 冲浪运动员结节

T14.000x011　身体浅表擦伤
T14.000x021　身体浅表水疱
T14.000x031　身体浅表昆虫咬伤
T14.000x041　身体浅表异物
T14.001　皮肤挫伤
T14.002　无毒蜘蛛咬伤
T14.003　皮下血肿
T14.101　皮肤裂伤
T79.700　创伤性皮下气肿
Z41.105　隆胸

JU1　感染性皮肤病

包含以下主要诊断：
A46.x00　丹毒
A60.100x002　肛周皮肤疱疹
B00.100　疱疹病毒性水疱皮炎
B00.100x001　单纯疱疹病毒性水疱皮炎
B00.100x004+H62.1*　耳部单纯疱疹HSV-Ⅱ型
B00.100x005　唇部单纯疱疹HSV-Ⅱ型
B00.101　唇单纯疱疹
B00.102　面单纯疱疹
B08.800x007　柯萨奇湿疹
B09.x00x002　黏膜病毒性感染
B09.x01　病毒疹
I89.100x002　慢性淋巴管炎
L01.004　溃疡性脓疱病
L01.005　毛囊性脓疱病
L01.008　寻常性脓疱病
L02.100　颈部皮肤脓肿、疖和痈
L02.200　躯干皮肤脓肿、疖和痈
L02.200x004　会阴部炎性疖
L02.200x009　背部痈
L02.200x010　胸壁脓肿
L02.201　背部脓肿
L02.202　腹壁脓肿
L02.203　腹股沟脓肿
L02.205　髂窝脓肿
L02.206　会阴脓肿
L02.401　腘窝脓肿
L02.402　下肢皮肤脓肿、疖和痈
L02.403　上肢皮肤脓肿、疖和痈
L02.800　皮肤脓肿、疖和痈，其他部位的
L02.801　头皮脓肿
L02.802　帽状腱膜下脓肿
L02.803　头部疖
L02.900x001　多发性疖肿
L02.900x002　多发性脓肿
L02.900x006　新生儿疖肿
L02.901　皮肤疖
L02.902　皮肤脓肿
L03.000　指和趾的蜂窝织炎
L03.000x015　指甲沟脓肿
L03.001　趾蜂窝织炎
L03.002　甲周炎
L03.004　甲床炎
L03.101　急性上肢淋巴管炎
L05.000　藏毛囊肿伴有脓肿
L05.000x001　先天性胸壁皮肤窦道伴脓肿
L08.000x001　脓疱性细菌疹
L08.800x005　骶部炎性窦道
L08.803　瘢痕感染
L08.901　头面颈部皮肤感染
L08.902　躯干皮肤感染
L08.903　上肢皮肤感染
L08.904　下肢皮肤感染
L08.905　脐炎
L08.909　会阴炎性包块
L56.800　紫外线辐射引起的其他特指的急性皮肤改变
L98.000　生脓性肉芽肿
L98.001　毛细管扩张性肉芽肿
L98.300　嗜酸细胞性蜂窝织炎［韦尔斯］

JV1　皮肤、皮下组织的非恶性增生性病变

包含以下主要诊断：
D17.000x004　肩部脂肪瘤
D17.100x001　躯干脂肪瘤
D17.100x002　乳房脂肪瘤
D17.100x003　胸壁脂肪瘤
D17.101　会阴脂肪瘤
D17.200x001　肢体脂肪瘤
D17.200x002　上肢脂肪瘤
D17.200x003　手脂肪瘤
D17.200x004　下肢脂肪瘤
D17.200x005　足脂肪瘤
D17.300x004　皮肤脂肪瘤
D17.300x005　皮下脂肪瘤
D17.301　皮肤和皮下组织良性脂肪瘤样肿瘤
D17.500x010　腹股沟脂肪瘤
D17.500x011　腹壁脂肪瘤

D17.900x001 多发性脂肪瘤
D17.900x002 脂肪瘤
D18.000x010 腹壁血管瘤
D18.000x018 肢端血管瘤
D18.000x847 臀血管瘤
D18.000x848 腰部血管瘤
D18.000x849 腋下血管瘤
D18.000x850 背血管瘤
D18.000x851 肘部血管瘤
D18.000x852 腕部血管瘤
D18.005 躯干部血管瘤
D18.006 肢体血管瘤
D18.007 皮肤血管瘤
D22.500 躯干黑素细胞痣
D22.500x008 骶部黑色素痣
D22.501 胸壁黑素细胞痣
D22.502 背黑素细胞痣
D22.503 乳房黑素细胞痣
D22.504 耻骨黑素细胞痣
D22.505 会阴黑素细胞痣
D22.506 肛门边缘黑素细胞痣
D22.507 肛门皮肤黑素细胞痣
D22.508 肛周黑素细胞痣
D22.509 肩胛间区黑素细胞痣
D22.510 腹股沟黑素细胞痣
D22.511 臀黑素细胞痣
D22.600 上肢（包括肩）黑素细胞痣
D22.601 肩黑素细胞痣
D22.602 手黑素细胞痣
D22.700 下肢（包括髋）黑素细胞痣
D22.701 足黑素细胞痣
D22.702 髋黑素细胞痣
D22.900 黑素细胞痣
D22.900x002 痣
D22.900x003 甲下痣
D22.900x017 大汗腺黑色素痣
D22.900x021 假性黑色素瘤
D23.500 躯干皮肤良性肿瘤
D23.500x003 肛门皮肤良性肿瘤
D23.500x006 胸部皮肤良性肿瘤
D23.500x010 会阴皮肤良性肿瘤
D23.501 背部皮肤良性肿瘤
D23.503 肛周皮肤良性肿瘤
D23.504 腹壁良性肿瘤
D23.505 腋皮肤良性肿瘤
D23.506 臀部皮肤良性肿瘤
D23.600x001 上肢皮肤良性肿瘤
D23.600x002 上肢端皮肤良性肿瘤
D23.601 肩皮肤良性肿瘤
D23.602 手皮肤良性肿瘤
D23.700x001 下肢皮肤良性肿瘤
D23.700x002 下肢端皮肤良性肿瘤
D23.701 髋皮肤良性肿瘤
D23.900 皮肤良性肿瘤
D28.000x001 外阴黑色素痣
D36.700x009 腋窝良性肿瘤
D36.716 腋部良性肿瘤
D48.501 皮肤肿瘤
D48.503 头颈部皮肤肿瘤
D48.505 躯干皮肤肿瘤
D48.509 肛门边缘肿瘤
D48.511 肛门皮肤肿瘤
D48.513 肛周皮肤肿瘤
D48.515 上肢皮肤肿瘤
D48.517 下肢皮肤肿瘤
D86.300 皮肤结节病
D86.300x002 冻疮样狼疮型皮肤结节病
E05.906 甲亢性皮肤病
I89.800x012 乳糜回流障碍
I89.800x013 乳糜反流
I89.800x014 乳糜瘘
I89.800x015 颈部乳糜瘘
I89.800x020 颈部乳糜囊肿
I89.800x022 腋窝乳糜囊肿
I89.800x024 躯干乳糜囊肿
I89.800x025 盆腔乳糜囊肿
I89.800x026 会阴区乳糜囊肿
I89.800x027 髂部乳糜囊肿
I89.800x028 腹壁乳糜囊肿
I89.800x029 腰背部乳糜囊肿
I89.800x030 臀部乳糜囊肿
L90.500x006 头皮瘢痕
L90.500x007 枕部瘢痕
L90.500x008 鬓角瘢痕
L90.500x009 面部瘢痕
L90.500x010 额部瘢痕
L90.500x011 颞部瘢痕
L90.500x012 颧部瘢痕
L90.500x013 颌部瘢痕
L90.500x014 颏部瘢痕

L90.500x015 颊部瘢痕
L90.500x016 眼睑瘢痕
L90.500x017 内眦瘢痕
L90.500x018 上睑瘢痕
L90.500x019 下睑瘢痕
L90.500x020 外眦瘢痕
L90.500x021 眼眶瘢痕
L90.500x022 眉部瘢痕
L90.500x023 鼻部瘢痕
L90.500x024 鼻翼瘢痕
L90.500x025 口部瘢痕
L90.500x026 上唇瘢痕
L90.500x027 下唇瘢痕
L90.500x028 口角瘢痕
L90.500x029 耳部瘢痕
L90.500x030 耳垂瘢痕
L90.500x031 上肢瘢痕
L90.500x032 肩部瘢痕
L90.500x033 腋部瘢痕
L90.500x034 上臂瘢痕
L90.500x035 肘部瘢痕
L90.500x036 前臂瘢痕
L90.500x037 腕部瘢痕
L90.500x038 下肢瘢痕
L90.500x039 大腿瘢痕
L90.500x040 膝部瘢痕
L90.500x041 小腿瘢痕
L90.500x042 踝部瘢痕
L90.500x043 臀部瘢痕
L90.500x044 腘窝瘢痕
L90.500x045 乳房瘢痕
L90.500x046 乳头瘢痕
L90.500x047 乳晕瘢痕
L90.500x048 手部瘢痕
L90.500x049 手背瘢痕
L90.500x050 手掌瘢痕
L90.500x051 虎口瘢痕
L90.500x052 手指瘢痕
L90.500x053 拇指瘢痕
L90.500x054 足部瘢痕
L90.500x055 足背瘢痕
L90.500x056 足掌瘢痕
L90.500x057 足跟瘢痕
L90.500x058 足趾瘢痕
L90.500x059 踇趾瘢痕
L90.500x060 躯干瘢痕
L90.500x061 颈部瘢痕
L90.500x062 胸部瘢痕
L90.500x063 腹部瘢痕
L90.500x064 背部瘢痕
L90.500x065 腰部瘢痕
L90.500x066 脐部瘢痕
L90.500x067 全身多处瘢痕
L90.500x071 男性生殖器瘢痕
L90.500x072 睾丸瘢痕
L90.500x073 阴囊瘢痕
L90.500x074 男性外阴瘢痕
L90.501 瘢痕
L90.502 瘢痕挛缩
L90.503 瘢痕粘连
L90.504 痛性瘢痕
L90.505 手术后瘢痕
L90.800 皮肤的其他萎缩性疾患
L91.001 瘢痕疙瘩
L91.801 皮肤赘生物
L92.200 面部肉芽肿［皮肤嗜酸细胞肉芽肿］
L92.800 皮肤和皮下组织其他肉芽肿性疾患
L92.901 皮下组织肉芽肿
L92.903 皮肤肉芽肿
M79.801 上肢肿胀
M79.802 下肢肿胀
M79.803 巨手
M79.804 手肿胀
M79.805 脚趾肿胀
M79.806 足肿胀
M79.807 筋膜腐坏
M79.811 脂肪液化
R22.000x003 面部肿胀
R22.000x004 头部肿胀
R22.000x005 头部肿物
R22.002 头皮肿物
R22.003 鼻部肿物
R22.004 颊部肿物
R22.005 面部肿物
R22.006 耳部肿物
R22.100x001 颈部肿物
R22.100x002 颈部肿胀
R22.200x001 躯干肿胀
R22.200x002 躯干肿物
R22.200x004 胸部肿物

R22.202 胸壁肿物
R22.203 腹壁肿物
R22.204 腹股沟肿物
R22.205 背部肿物
R22.206 骶尾部肿物
R22.207 臀部肿物
R22.300x001 上肢肿物
R22.300x002 手肿物
R22.302 肩部肿物
R22.400x002 下肢肿物
R22.400x003 足肿物
R22.402 髋部肿物
R22.700x001 多部位肿胀
R22.700x002 多部位肿物
R22.901 局部肿物
R22.902 皮下肿物
R22.903 皮肤肿物
R22.904 皮下结节

JV2 乳房良性病变

包含以下主要诊断：
A18.811 乳腺结核
D18.000x816 乳房血管瘤
D23.502 乳房皮肤良性肿瘤
D24.x00 乳房良性肿瘤
D24.x01 乳头的腺瘤
D24.x02 副乳腺良性肿瘤
D48.507 乳房皮肤肿瘤
D48.601 乳腺肿瘤
E10.600x970 1型糖尿病性乳腺纤维化病变
E11.600x970 2型糖尿病性乳腺纤维化病变
E14.600x970 糖尿病性乳腺纤维化病变
I97.200 乳房切除术后淋巴水肿综合征
N60.000 乳房孤立囊肿
N60.000x001 乳腺囊肿
N60.000x002 乳腺单发囊肿
N60.100 弥漫性囊性乳腺病
N60.100x002 慢性囊性乳腺病
N60.100x003 乳腺囊性增生病
N60.101 男性乳腺囊性增生
N60.200 乳房纤维囊性乳腺病
N60.201 乳腺腺病
N60.202 乳腺纤维囊性增生
N60.300 乳房纤维硬化
N60.400 乳管扩张症
N60.801 乳腺不典型增生
N60.900 良性乳腺发育不良
N61.x00x004 乳头炎
N61.x00x013 乳腺窦道
N61.x00x014 慢性乳腺炎
N61.x01 乳房炎性肉芽肿
N61.x02 乳腺导管瘘
N61.x03 乳腺脓肿
N61.x04 乳腺炎
N61.x05 急性乳腺炎
N61.x06 浆细胞性乳腺炎
N61.x07 乳房炎性肿物
N62.x00 乳房肥大
N62.x00x001 巨乳症
N62.x00x004 乳腺增生
N62.x00x007 乳头肥大
N62.x01 青春期乳房肥大
N62.x02 男性乳房发育
N63.x00 乳房肿块
N63.x01 乳房结节
N64.001 乳头皲裂
N64.002 乳头瘘
N64.100 乳房脂肪坏死
N64.200 乳房萎缩
N64.200x001 乳房松弛症
N64.300x001 非哺乳期溢乳
N64.400 乳痛症
N64.501 乳房硬结
N64.502 乳头凹陷
N64.503 乳头溢血
N64.504 乳头溢液
N64.801 乳房复旧不全
N64.802 乳房下垂
N64.803 乳房血肿
N64.804 乳头变性
N64.805 乳液囊肿
N64.900 乳房疾患
Q83.000 先天性无乳房和乳头
Q83.100 副乳房
Q83.100x001 副乳腺囊性增生
Q83.100x002 副乳腺腺病
Q83.200 无乳头
Q83.300 副乳头
Q83.800x004 先天性小乳
Q83.800x005 先天性乳头肥大

Q83.801 乳房异位
Q83.802 先天性乳头内陷
Q83.803 乳房发育不良
Q83.900 乳房先天性畸形
Q85.900x009 乳房错构瘤
Q85.915 乳腺错构瘤
R92.x00 乳房诊断性影像检查的异常所见
T85.400 乳房假体和植入物的机械性并发症
T85.401 乳房假体障碍

JZ1 其他皮肤及乳腺疾病

包含以下主要诊断：
B07.x00x006 丝状疣
B07.x00x008 镶嵌疣
B07.x00x010 掌疣
B07.x00x011 掌跖疣
B07.x01 扁平疣
B07.x03 寻常疣
B07.x04 疣
B07.x05 指状疣
B35.000 须癣和头癣
B35.000x001 癣菌性须疮
B35.001 头癣
B35.002 须癣
B35.003 脓癣
B35.100 甲癣
B35.100x002 皮肤癣菌性甲床炎
B35.200 手癣
B35.300 脚癣
B35.400 体癣
B35.500 叠瓦癣
B35.600 股癣
B35.600x002 腹股沟癣
B35.800x003 面癣
B35.800x004 腋毛癣
B35.801 播散性皮真菌病
B35.901 黄癣
B36.000x001 花斑癣［花斑糠疹］
B36.000x003 马拉色菌毛囊炎
B36.100 黑癣
B36.200 白癣
B36.300 黑色发结节病
B36.300x002 毛结节菌病
B36.901 皮肤真菌感染
B37.200x003 肢端念珠菌病
B37.201 念珠菌性指甲炎
B37.202 念珠菌性趾甲炎
B37.203 念珠菌性甲沟炎
B37.204 念珠菌性甲床炎
B37.205 皮肤念珠菌病
B38.300 皮肤球孢子菌病
B40.300 皮肤芽生菌病
B40.301+L99.8* 芽生菌性皮炎
B40.302+L99.8* 芽生菌性脓皮病
B41.800x002 皮肤型副球孢子菌病
B43.000 皮肤着色真菌病
B43.200 皮下棕色真菌病性脓肿和囊肿
B44.800x002 皮肤曲霉菌病
B45.200 皮肤隐球菌病
B46.300x001+L99.8* 皮肤型毛霉菌病
B72.x00 龙线虫病
B72.x00x001 麦地那龙线虫病
B86.x00 疥疮
B86.x00x003 绵羊疥疮
B86.x00x004 牛疥疮
B86.x00x005 犬疥疮
B86.x00x006 猪疥疮
B86.x00x007 动物疥疮
B87.000x001+L99.8* 皮肤蝇蛆病
C96.200x006 皮肤外肥大细胞病
D22.901 神经皮肤黑变病
D48.502 头颈部皮肤动态未定肿瘤
D48.504 躯干皮肤动态未定肿瘤
D48.506 乳房皮肤动态未定肿瘤
D48.508 肛门边缘动态未定肿瘤
D48.510 肛门皮肤动态未定肿瘤
D48.512 肛周皮肤动态未定肿瘤
D48.514 上肢皮肤动态未定肿瘤
D48.516 下肢皮肤动态未定肿瘤
E51.100 脚气病
E51.100x006 干性脚气病
E85.413+L99.0* 淀粉样变皮肤损害
I89.000x004 淋巴水肿
I89.000x013 继发性淋巴水肿
I89.000x015 颈部淋巴水肿
I89.000x017 腹壁淋巴水肿
I89.000x020 臀部淋巴水肿
I89.000x021 下肢淋巴水肿
I89.000x023 右淋巴导管梗阻
I89.000x026 象皮腿

I89.002　淋巴管闭塞
I89.004　上肢淋巴水肿
I89.009　非丝虫性象皮肿
I89.800x031　下肢乳糜囊肿
I89.900　淋巴管和淋巴结非感染性疾患
L01.000x013　脓疱疮
L03.003　甲沟炎
L03.102　急性下肢淋巴管炎
L05.900　藏毛囊肿不伴有脓肿
L08.000x005　手浅表性大疱性脓皮病
L08.000x010　足浅表性大疱性脓皮病
L08.003　坏疽性皮炎
L08.100　红癣
L08.900x028　皮肤软化斑
L08.910　足皮肤感染
L11.000　后天性毛囊角化病
L11.100　短暂性棘皮松解皮肤病［格罗弗］
L11.800　皮肤棘层松解性疾患，其他特指的
L12.201　青少年疱疹样皮炎
L21.000　头皮皮脂溢
L21.001　乳痂
L21.002　头皮糠疹
L23.000　金属引起的变应性接触性皮炎
L23.001　铬变应性接触性皮炎
L23.002　镍变应性接触性皮炎
L23.100　粘贴剂引起的变应性接触性皮炎
L23.101　橡皮膏变应性接触性皮炎
L23.200　化妆品引起的变应性接触性皮炎
L23.400　染料引起的变应性接触性皮炎
L23.501　水泥变应性接触性皮炎
L23.502　塑料变应性接触性皮炎
L23.503　橡胶变应性接触性皮炎
L23.504　杀虫剂变应性接触性皮炎
L23.600　食物接触皮肤引起的变应性接触性皮炎
L23.700　植物引起的变应性接触性皮炎，除外食物
L23.801　毛皮变应性接触性皮炎
L25.400　食物接触皮肤引起的接触性皮炎
L28.202　轻症痒疹
L29.100　阴囊瘙痒（症）
L29.300　肛门生殖器瘙痒（症）
L40.800　银屑病，其他的
L42.x00　玫瑰糠疹
L43.000　肥厚性扁平苔藓
L43.200　苔藓样药物反应
L43.300　亚急性（活动性）扁平苔藓
L43.301　热带扁平苔藓
L43.800　扁平苔藓，其他的
L43.901　口腔扁平苔藓
L43.902　舌扁平苔藓
L44.100　光泽苔藓
L44.200　条纹状苔藓
L44.300　念珠状红苔藓
L44.800　丘疹鳞屑性疾患，其他特指的
L44.900　丘疹鳞屑性疾患
L50.000　变应性荨麻疹
L50.100　特发性荨麻疹
L50.200　冷和热引起的荨麻疹
L50.201　寒冷性荨麻疹
L50.202　热性荨麻疹
L50.300　皮肤划痕性荨麻疹
L50.400　振动荨麻疹
L50.500　胆碱能性荨麻疹
L50.600　接触性荨麻疹
L50.801　急性荨麻疹
L50.802　慢性荨麻疹
L50.803　胃肠型荨麻疹
L50.900　荨麻疹
L53.100　离心性环状红斑
L53.101　风湿性环形红斑
L53.300　慢性回状红斑，其他的
L53.800　红斑性情况，其他特指的
L53.801　猩红热样红斑
L53.900　红斑性情况
L55.000　Ⅰ度晒斑［晒伤］
L55.100　Ⅱ度晒斑［晒伤］
L55.200　Ⅲ度晒斑［晒伤］
L55.800　晒斑［晒伤］，其他的
L55.900　晒斑［晒伤］
L56.000　药物光毒性反应
L56.100　药物光变应性反应
L56.300　日光性荨麻疹
L56.400　多形性日光疹
L56.401　牛痘样水疱
L56.900　紫外线辐射引起的急性皮肤改变
L57.000　光线性角化病
L57.001　灰泥角化症
L57.100　光线性类网状细胞增多症
L57.200　颈部菱形皮
L57.300　西瓦特皮肤异色病
L57.400　老年性皮肤松垂

L57.500 光线性肉芽肿
L57.800x004 非年龄性上肢皮肤松弛
L57.800x005 非年龄性下肢皮肤松弛
L57.800x006 非年龄性躯干皮肤松弛
L57.803 光线性痒疹
L57.900 慢性暴露于非电离辐射下引起的皮肤改变
L59.900 与辐射有关的皮肤和皮下组织疾患
L60.000 嵌甲
L60.100 甲剥离
L60.200 甲弯曲
L60.201 甲肥厚
L60.300 甲营养不良
L60.301 脆甲症
L60.400 博氏线
L60.500 黄甲综合征
L60.800x004 白甲
L60.800x005 甲萎缩
L60.800x006 甲纵沟
L60.800x007 甲纵裂
L60.800x008 甲纵嵴
L60.800x009 甲胬肉
L60.800x010 对半甲
L60.800x011 黑甲和褐甲
L60.800x012 红甲
L60.800x013 甲横沟
L60.800x014 甲凹点
L60.800x015 软甲
L60.800x016 绿甲综合征
L60.800x017 绿色条纹甲
L60.800x018 马克尔线
L60.800x019 特里甲
L60.800x020 天蓝甲半月
L60.800x021 多甲
L60.800x022 红色甲半月
L60.800x023 甲反向胬肉
L60.800x024 蓝甲
L60.800x025 米斯线
L60.800x026 逆剥
L60.800x027 薄甲
L60.800x028 扁平甲
L60.800x029 黄甲
L60.800x030 灰甲
L60.800x031 甲板染色
L60.800x032 甲层裂
L60.800x033 甲床紫癜
L60.800x034 球拍状甲
L60.801 甲床角化过度
L60.802 指甲下出血
L60.803 趾甲下出血
L60.900 甲疾患
L63.000 头部全秃
L63.100 普秃
L63.200 匐行性脱发
L63.800 斑秃，其他的
L63.900 斑秃
L64.000 药物性雄激素性脱发
L64.801 早老性脱发
L64.900 雄激素性脱发
L65.000 静止期脱发
L65.100 再生期脱发
L65.200 黏蛋白性脱发
L65.800x003 牵拉性脱发
L65.800x004 生长期头发松动
L65.800x005 生长期脱发
L65.801 感染后脱发
L65.802 神经性脱发
L65.901 眉缺损
L65.902 脱发
L65.903 脂溢性脱发
L65.904 毛发稀少症
L66.000 假性斑秃
L66.100 毛发扁平苔藓
L66.200 脱发性毛囊炎
L66.400 网状红斑性毛囊炎
L66.800 瘢痕性脱发，其他的
L66.900 瘢痕性脱发
L67.000 结节性脆发病
L67.100 发色变异
L67.101 白发
L67.102 白睫毛
L67.103 白眉毛
L67.104 后天性白发
L67.105 灰发
L67.106 局限性白发
L67.800 毛色和毛干异常，其他的
L67.900 毛色和毛干异常
L68.000 男性型多毛症
L68.100 后天性胎毛过多
L68.200 局限性多毛症
L68.300 多毛症（基因变异）

L68.800 多毛症，其他的
L68.900 多毛症
L70.000 寻常痤疮
L70.001 粉刺
L70.002 结节性痤疮
L70.003 囊肿型痤疮
L70.004 脓疱性痤疮
L70.005 硬结性痤疮
L70.100 聚会性痤疮
L70.200 痘样痤疮
L70.201 额面痤疮
L70.202 粟粒坏死性痤疮
L70.203 萎缩性痤疮
L70.300 热带痤疮
L70.400 婴儿痤疮
L70.500 表皮脱落性痤疮
L70.801 恶病质痤疮
L70.802 人工性痤疮
L70.803 职业性痤疮
L70.900 痤疮
L70.900x002 成簇性眼眶周围痤疮
L71.000 口周皮炎
L71.100 肥大性酒渣鼻
L71.800 酒渣鼻，其他的
L71.900 酒渣鼻
L72.000 表皮囊肿
L72.000x006 脓疱性粟粒疹
L72.000x007 红色粟粒疹
L72.000x010 晶形粟粒疹
L72.000x011 深部粟粒疹
L72.100 毛根鞘囊肿
L72.101 面部皮脂腺囊肿
L72.102 头颈皮脂腺囊肿
L72.103 躯干皮脂腺囊肿
L72.104 四肢皮脂腺囊肿
L72.105 皮脂腺囊肿
L72.106 会阴皮脂腺囊肿
L72.200 多发性皮脂腺囊肿
L72.800x001 发疹性毳毛囊肿
L72.800x003 色素性毛囊囊肿
L72.800x004 皮肤黏液样囊肿
L72.900x001 耳后囊肿
L72.900x002 皮下囊肿
L72.900x003 皮肤纤毛性囊肿
L72.901 头颈部囊肿
L72.902 面部囊肿
L72.903 躯干囊肿
L72.904 腹股沟区皮肤囊肿
L72.905 四肢囊肿
L73.000 瘢瘤性痤疮
L73.100 须部假性毛囊炎
L73.800 毛囊疾患，其他特指的
L73.800x005 鼻毛假性毛囊炎
L73.800x006 铜绿假单胞菌毛囊炎
L73.800x007 细菌性毛囊炎
L73.801 狼疮样须疮
L73.803 皮脂腺增生
L73.804 须疮
L73.805 寻常须疮
L73.900 毛囊疾患
L74.000 红痱
L74.001 痱子
L74.100 晶状痱
L74.200 深部痱
L74.300 痱
L74.400 无汗症
L74.801 红鼻肉芽肿
L74.900 外分泌汗腺疾患
L75.000 臭汗症
L75.100 色汗症
L75.200 顶浆分泌腺粟疹
L75.201 福克斯-福代斯病
L75.800 顶浆分泌汗腺疾患，其他的
L75.900 顶浆分泌汗腺疾患
L80.x00 白癜风
L81.000 炎症后色素沉着过度
L81.100 黄褐斑
L81.200 雀斑
L81.300 咖啡牛乳色斑
L81.400 其他黑色素沉着过度
L81.400x001 着色病
L81.403 焦油性黑变病
L81.404 里尔黑变病
L81.405 雀斑痣
L81.407 中毒性黑变病
L81.500 白斑病，不可归类在他处者
L81.600 黑色素形成减少的其他疾患
L81.601 皮肤异色病
L81.700x002 匍行性血管瘤
L81.702 毛细血管扩张性环状紫癜

L81.703 尚贝格色素皮肤病
L81.800 色素沉着其他特指的疾患
L81.800x003 色素分界线
L81.800x005 斑蝥黄沉着
L81.801 铁色素沉着
L81.802 文身色素沉着
L81.803 地方性砷中毒
L81.900 色素沉着的疾患
L82.x00 脂溢性角化病
L82.x01 黑色丘疹性皮肤病
L82.x02 莱泽-特雷拉特病
L83.x01 融合性网状乳头瘤病
L83.x02 假黑棘皮病
L84.x00x001 鸡眼
L84.x00x002 胼胝
L84.x01 感染性胼胝
L85.000 获得性鱼鳞癣
L85.100 后天性掌跖角化病［皮肤角化病］
L85.200 点状角化病（掌跖）
L85.300 皮肤干燥症
L85.800 表皮增厚，其他特指的
L85.803 皮角
L85.804 砷角化病
L85.900 表皮增厚
L85.900x001 皮脂腺痣
L87.001 穿入性毛囊角化过度
L87.200 匐行穿孔性弹性组织变性
L87.800 经表皮排除疾患，其他的
L87.900 经表皮排除疾患
L90.000 硬化萎缩性苔藓
L90.100 施韦宁格-布齐皮肤松弛
L90.200 雅达松-佩利扎里皮肤松弛
L90.300 特发性皮肤萎缩
L90.400 慢性萎缩性肢端皮炎
L90.401 特发性弥漫性皮肤萎缩
L90.600 萎缩纹
L90.801 斑疹性皮肤萎缩
L90.803 老年性皮肤萎缩
L90.804 神经性皮肤萎缩
L90.805 Moulin线状皮肤萎缩
L90.900x001 糖皮质激素局部注射引起的皮肤萎缩
L90.901 面部萎缩
L90.902 斑状皮肤萎缩
L91.002 瘤样瘢痕
L91.800 皮肤其他的肥厚性疾患
L91.900 皮肤肥厚性疾患
L92.100 脂质渐进性坏死，不可归类在他处者
L92.300 皮肤和皮下组织异物性肉芽肿
L92.301 皮肤硅肉芽肿
L92.302 皮肤铍肉芽肿
L94.100 线状硬皮病
L94.200 皮肤钙质沉着症
L94.300 指端硬化
L94.301 趾端硬化
L94.400 戈特龙丘疹
L94.600 阿洪病
L94.800 局限性结缔组织疾患，其他特指的
L94.900 局限性结缔组织疾患
L98.500 皮肤黏蛋白沉积症
L98.501 局部粘蛋白沉积症
L98.503 网状红斑性黏蛋白沉积症
L98.600 皮肤和皮下组织其他的浸润性疾患
L98.700x001 获得性皮肤松弛症
L98.701 皮肤松弛，未特指
L98.702 皮肤松弛伴随减重（减肥手术）（饮食）
L98.800 皮肤和皮下组织其他特指的疾患
L98.800x001 Kimurus病（伴嗜酸性白细胞的血管增生）
L98.800x007 月经疹
L98.800x010 黑色萎缩
L98.800x011 扩张孔
L98.800x014 贫血痣
L98.800x015 粟丘疹
L98.800x016 女阴假性湿疣
L98.800x017 症状性苔藓样疹
L98.800x018 皮脂缺乏症
L98.800x020 具脂肪瘤样痣的褶皱皮肤
L98.800x021 丘疹性血管增生
L98.800x022 粘蛋白性汗管化生
L98.800x023 丘疹型血管角化瘤
L98.800x026 发疹性假性血管瘤病
L98.800x027 儿童不对称性曲侧周围疹
L98.801 面颊部痣样增生
L98.802 皮肤窦道
L98.804 皮肤瘘管
L98.900x002 胶样粟丘疹
M35.600 复发性脂膜炎［韦伯-克里斯琴］
Q18.301 翼状颈皮综合征
Q18.902 先天性颜面畸形

Q82.000　遗传性淋巴水肿
Q82.200　肥大细胞增生病
Q82.201　色素性荨麻疹
Q82.300　色素失调症
Q82.400　外胚层发育不良症（无汗的）
Q82.500x005　蒙古斑
Q82.501　单侧痣
Q82.502　粉刺样痣
Q82.503　葡萄酒色斑
Q82.504　葡萄酒色痣
Q82.505　胎记
Q82.506　血管痣
Q82.507　疣状表皮痣
Q82.508　小汗腺痣
Q82.800x001　先天性弹性纤维假黄瘤
Q82.800x003　先天性掌跖角化病
Q82.800x004　先天性掌皱褶异常
Q82.800x006　先天性腋蹼
Q82.800x018　遗传性对称性色素异常症
Q82.800x019　类着色性干皮病
Q82.807　先天性皮肤赘片
Q82.808　异常手掌皱褶
Q82.809　弹性组织瘤
Q82.810　弹性纤维假黄瘤
Q82.900　皮肤先天性畸形
Q84.000　先天性秃发
Q84.100　先天性毛发形态障碍，不可归类在他处者
Q84.101　先天性念珠状发
Q84.200　毛发的其他先天性畸形
Q84.201　先天性多毛症
Q84.202　先天性眉畸形
Q84.300　甲缺如
Q84.400　先天性白甲
Q84.500　指甲增大和增生
Q84.501　先天性甲肥厚
Q84.502　趾甲增大和增生
Q84.600x001　先天性趾甲畸形
Q84.600x002　先天性指甲畸形
Q84.600x003　先天性反甲
Q84.600x004　先天性杵状甲
Q84.601　先天性甲营养不良
Q84.602　趾甲的其他先天性畸形
Q84.801　先天性皮肤发育不全
Q84.900　体被先天性畸形
Q85.801　息肉-色素沉着-脱发-爪甲营养不良综合征
Q85.900　斑痣性错构瘤病
Q85.900x024　毛囊皮脂腺囊性错构瘤
Q85.900x025　毛盘瘤
Q85.900x026　念珠状错构瘤
Q85.900x028　神经毛囊错构瘤
Q85.900x049　色素血管性斑痣性错构瘤病
R21.x00x001　过敏性皮疹
R21.x00x003　痤疮样皮疹
R21.x00x004　青少年春季疹
R21.x02　皮疹
R23.400x001　皮肤脱落
R23.400x003　皮肤脱屑
R23.401　皮肤硬结
R23.800x001　丘疹
R23.800x002　珍珠状阴茎丘疹
R23.801　皮肤改变
R58.x02　瘀斑
T81.800x009　操作后假性囊肿
Z41.000　头发移植
Z41.100x002　乳房整形
Z41.100x003　眼皮整形
Z41.100x004　颧骨突出整形
Z41.100x005　颞部凹陷整形
Z41.100x006　低眉弓整形
Z41.100x007　眉凹陷整形
Z41.100x008　眉弓突出整形
Z41.100x009　低额整形
Z41.100x010　颊部凹陷整形
Z41.100x011　臀部扁平整形
Z41.100x012　腿部凹陷整形
Z41.100x013　发际过高整形
Z41.100x014　额部窄整形
Z41.100x015　髋过宽整形
Z41.100x016　眶整形
Z41.100x017　上唇整形
Z41.100x018　下颌整形
Z41.100x019　臀部整形
Z41.100x020　耳垂整形
Z41.100x021　颏部整形
Z41.100x022　腹壁整形
Z41.100x023　鼻整形
Z41.100x024　吸脂
Z41.104　面部皱纹整容

Z42.100x001　乳房术后整形
Z42.200x001　腹部术后整形
Z42.200x002　胸部术后整形
Z42.200x003　背部术后整形
Z42.201　胸部瘢痕修复
Z42.202　腹部瘢痕修复
Z42.203　背部瘢痕修复
Z42.204　臀部瘢痕修复
Z42.205　会阴瘢痕修复
Z42.300x001　上肢术后整形
Z42.301　上肢瘢痕修复
Z42.302　上肢残端修整
Z42.303　臂部瘢痕修复
Z42.304　手部瘢痕修复
Z42.400x001　下肢术后整形
Z42.401　下肢瘢痕修复
Z42.402　足部瘢痕修复
Z42.403　下肢残端修整
Z42.800x001　截肢残端修整
Z42.800x002　肛门术后整形
Z42.801　人工阴道成形术后整形
Z52.100　供皮者

MDCK　内分泌、营养、代谢疾病及功能障碍

主诊表

包含以下主要诊断：
C48.000x002　肾上腺周围组织恶性肿瘤
C73.x00　甲状腺恶性肿瘤
C73.x00x003　甲状腺多处恶性肿瘤
C74.000　肾上腺皮质恶性肿瘤
C74.100　肾上腺髓质恶性肿瘤
C74.900　肾上腺恶性肿瘤
C75.000　甲状旁腺恶性肿瘤
C75.100　垂体恶性肿瘤
C75.800　累及多个腺体的恶性肿瘤
C75.900　内分泌腺恶性肿瘤
C79.700　肾上腺继发性恶性肿瘤
C79.800x839　松果体继发恶性肿瘤
C79.805　甲状腺继发恶性肿瘤
C79.825　垂体继发恶性肿瘤
D09.300　甲状腺和其他和未特指内分泌腺原位癌
D09.301　甲状腺原位癌
D09.302　垂体原位癌
D09.303　肾上腺原位癌
D09.304　甲状旁腺原位癌
D17.700x029　肾上腺脂肪瘤
D18.000x810　肾上腺血管瘤
D18.000x839　甲状腺血管瘤
D34.x00　甲状腺良性肿瘤
D34.x00x003　胸骨后甲状腺良性肿瘤
D34.x00x005　异位甲状腺良性肿瘤
D34.x01　甲状舌管良性肿瘤
D35.000　肾上腺良性肿瘤
D35.001　肾上腺无功能腺瘤
D35.100　甲状旁腺良性肿瘤
D35.100x002　异位甲状旁腺良性肿瘤
D35.200　垂体良性肿瘤
D35.200x004　垂体无功能良性肿瘤
D35.200x007　垂体微小良性肿瘤
D35.200x008　侵袭性垂体瘤
D35.200x009　巨大侵袭性垂体瘤
D35.200x010　垂体瘤
D35.200x011　复杂垂体瘤
D35.601　节旁体良性肿瘤
D35.700　内分泌腺良性肿瘤，其他特指的
D35.800　累及多个腺体的良性肿瘤
D35.900　内分泌腺良性肿瘤
D44.000x001　甲状腺交界性肿瘤
D44.001　甲状腺肿瘤
D44.100x001　肾上腺交界性肿瘤
D44.101　肾上腺肿瘤
D44.200x001　甲状旁腺交界性肿瘤
D44.201　甲状旁腺肿瘤
D44.300x001　垂体交界性肿瘤
D44.301　垂体肿瘤
D44.800　累及多个腺体动态未定或动态未知的肿瘤
D44.800x002　多内分泌腺瘤病
D44.801　累及多个腺体肿瘤
D44.802　多发性内分泌腺瘤病
D44.900x001　内分泌腺交界性肿瘤
D44.901　内分泌腺肿瘤
D81.300　腺苷脱氨酶［ADA］缺乏
D81.500　嘌呤核苷磷酸化酶［PNP］缺乏
E00.000　先天性碘缺乏综合征，神经病型
E00.000x002　神经病型地方性呆小病
E00.100　先天性碘缺乏综合征，黏液水肿型
E00.100x002　黏液水肿型地方性呆小病
E00.100x003　甲状腺功能减退型地方性呆小病
E00.200　先天性碘缺乏综合征，混合型

E00.200x002　混合型地方性呆小病
E00.900　先天性碘缺乏综合征
E00.900x002　先天性碘缺乏性甲状腺功能减退症
E00.900x004　地方性克汀病
E00.900x005　散发性克汀病
E00.901　呆小病
E01.000　碘缺乏相关性弥漫性（地方性）甲状腺肿
E01.000x002　碘缺乏相关性弥漫性锁骨下甲状腺肿
E01.000x003　碘缺乏相关性弥漫性胸骨后甲状腺肿
E01.100　碘缺乏相关性多结节性（地方性）甲状腺肿
E01.100x002　碘缺乏相关性多结节性胸骨后甲状腺肿
E01.100x003　碘缺乏相关性结节性甲状腺肿
E01.200　碘缺乏相关性（地方性）甲状腺肿
E01.200x001　幼年期缺碘性甲状腺肿
E01.201　地方性甲状腺肿
E01.800x002　后天性碘缺乏性甲状腺功能减退症
E01.801　碘性甲状腺功能减退
E02.x00　临床症状不明显［亚临床］的碘缺乏性甲状腺功能减退症
E03.000　先天性甲状腺功能减退症伴有弥漫性甲状腺肿
E03.000x002　先天性非毒性甲状腺肿
E03.000x004　先天性实质的甲状腺肿
E03.001　先天性甲状腺肿
E03.100　先天性甲状腺功能减退症不伴有甲状腺肿
E03.100x001　先天性甲状腺萎缩
E03.100x002　甲状腺发育不全伴黏液性水肿
E03.100x004　先天性甲状腺功能不全
E03.101　甲状腺发育不良
E03.200x003　外源性物质引起的甲状腺功能减退症
E03.201　药物性甲状腺功能减退症
E03.202　医源性甲状腺功能减退症
E03.300　感染后甲状腺功能减退症
E03.400　甲状腺萎缩（后天性）
E03.801　继发性甲状腺功能减退症
E03.802　原发性甲状腺功能减退症
E03.900　甲状腺功能减退症
E03.900x006　亚临床甲状腺功能减退
E03.901　黏液性水肿
E04.000　非毒性弥漫性甲状腺肿
E04.001　单纯性甲状腺肿
E04.100　非毒性单个甲状腺结节
E04.100x005　非毒性单结节性甲状腺肿
E04.101　甲状腺结节
E04.102　甲状腺囊肿
E04.103　胸骨后甲状腺囊肿
E04.104　胶性结节甲状腺肿
E04.200　非毒性多结节性甲状腺肿
E04.200x001　囊性甲状腺肿
E04.200x003　非毒性多个甲状腺结节
E04.201　甲状腺肿伴囊性变
E04.801　青春期甲状腺肿
E04.900x001　甲状腺肿
E04.900x006　甲状腺锥叶代偿性肿大
E04.901　胸骨后甲状腺肿
E04.902　结节性甲状腺肿
E04.903　胸骨后结节性甲状腺肿
E04.904　锁骨下甲状腺肿
E05.000　甲状腺毒症伴有弥漫性甲状腺肿
E05.001　弥漫性甲状腺肿伴甲状腺功能亢进症
E05.003　毒性弥漫性甲状腺肿
E05.100　甲状腺毒症伴有毒性单个甲状腺结节
E05.200　甲状腺毒症伴有毒性多结节性甲状腺肿
E05.200x004　高功能腺瘤伴甲状腺功能亢进症
E05.201　毒性结节性甲状腺肿
E05.202　结节性甲状腺肿伴甲状腺功能亢进症
E05.203　自主性高功能性甲状腺腺瘤伴甲状腺功能亢进症
E05.300　来自异位甲状腺组织的甲状腺毒症
E05.301　异位甲状腺肿
E05.302　纵隔甲状腺肿
E05.400　人为甲状腺毒症
E05.400x001　医源性甲状腺功能亢进症
E05.500　甲状腺危象
E05.800x001　TSH依赖性甲状腺功能亢进症
E05.800x005　亚临床甲状腺功能亢进
E05.801　促甲状腺激素分泌过度
E05.802　碘原性甲状腺功能亢进症
E05.804　药物性甲状腺功能亢进症
E05.805　原发性甲状腺功能亢进症
E05.806　促甲状腺激素不适当分泌综合征
E05.900x001　甲状腺功能亢进症
E05.905　亚临床甲状腺功能亢进症
E06.000　急性甲状腺炎
E06.000x003　化脓性甲状腺炎
E06.001　急性化脓性甲状腺炎
E06.002　甲状腺脓肿
E06.100　亚急性甲状腺炎

E06.100x001　亚急性肉芽肿性甲状腺炎
E06.100x002　亚急性甲状腺炎［德奎尔万甲状腺炎］
E06.100x003　亚急性巨细胞性甲状腺炎
E06.100x004　亚急性非化脓性甲状腺炎
E06.200　慢性甲状腺炎伴有短暂性甲状腺毒症
E06.300　自身免疫性甲状腺炎
E06.300x001　短暂性桥本甲状腺毒症
E06.300x004　淋巴瘤性甲状腺肿
E06.300x005　淋巴细胞性甲状腺炎
E06.301　淋巴细胞性甲状腺肿
E06.303　淋巴瘤性甲状腺瘤
E06.304　桥本甲状腺炎
E06.400　药物性甲状腺炎
E06.400x002　医源性甲状腺炎
E06.500x001　慢性侵袭性甲状腺炎
E06.500x002　慢性纤维性甲状腺炎
E06.500x004　甲状腺炎性包块
E06.501　里德尔甲状腺炎
E06.502　慢性甲状腺炎
E06.900　甲状腺炎
E07.000　降钙素分泌过多
E07.000x001　高降钙素血症
E07.000x002　甲状腺降钙素分泌过多
E07.001　甲状腺C细胞增生
E07.100　激素生成障碍性甲状腺肿
E07.100x002　彭德莱综合征［家族性呆小聋哑症］
E07.100x003　家族性激素生成障碍性甲状腺肿
E07.800x001　甲状腺出血
E07.800x003　甲状腺功能正常的病态综合征
E07.800x004　甲状腺激素不敏感综合征［T4抵抗综合征］
E07.800x007　甲状腺结合球蛋白异常
E07.800x009　甲状腺梗死
E07.800x011　甲状腺不典型增生
E07.801　甲状腺激素抵抗综合征
E07.802　甲状腺钙化
E07.803　甲状腺囊肿出血
E07.804　低T3综合征
E07.805　手术后甲状腺瘘
E07.806　甲状腺病态综合征
E07.901　甲状腺肿物
E10.000　1型糖尿病伴有昏迷
E10.000x001　1型糖尿病性高渗性高血糖状态昏迷
E10.000x002　1型糖尿病性高血糖状态昏迷
E10.000x005　1型糖尿病性乳酸性酸中毒并昏迷
E10.000x006　1型糖尿病性酮症酸中毒和乳酸性酸中毒并昏迷
E10.001　1型糖尿病性高渗性昏迷
E10.002　1型糖尿病性低血糖昏迷
E10.003　1型糖尿病性酮症酸中毒昏迷
E10.100　1型糖尿病伴有酮症酸中毒
E10.100x012　1型糖尿病性酮症
E10.100x031　1型糖尿病性乳酸性酸中毒
E10.100x051　1型糖尿病性酮症酸中毒和乳酸性酸中毒
E10.100x061　成人晚发自身免疫性糖尿病酮症
E10.101　1型糖尿病性酮症酸中毒
E10.102　1型糖尿病性乳酸酸中毒
E10.103　1型糖尿病酮症
E10.500x021+I79.2*　1型糖尿病性周围血管病及坏疽
E10.500x043　1型糖尿病性下肢溃疡
E10.500x044　1型糖尿病性足坏疽
E10.500x045　1型糖尿病性急性皮肤坏疽
E10.500x046　1型糖尿病性细菌性坏疽
E10.500x047　1型糖尿病性溶血性坏疽
E10.500x048　1型糖尿病性富尼埃坏疽
E10.500x049　1型糖尿病性曼莱尼坏疽
E10.500x051　1型糖尿病性下肢感染
E10.501+I79.2*　1型糖尿病性周围血管病变
E10.503　1型糖尿病性足病
E10.504　1型糖尿病性溃疡
E10.505　1型糖尿病性坏疽
E10.600x042　1型糖尿病性低血糖性癫痫发作
E10.600x043　1型糖尿病性低血糖症
E10.600x051　1型糖尿病伴血糖控制不佳
E10.600x910　1型糖尿病性肌坏死
E10.600x911　1型糖尿病性坏死性筋膜炎
E10.600x920　1型糖尿病性无菌性肌坏死
E10.600x930　1型糖尿病性缺血性肌坏死
E10.700　1型糖尿病伴有多个并发症
E10.700x021　1型糖尿病性胰岛素抵抗
E10.700x024　1型糖尿病性内脏脂肪沉积增加
E10.700x025　1型糖尿病性黑棘皮症或血脂障碍或高胰岛素血症或肥胖症
E10.700x031　1型糖尿病性足溃疡和周围血管病
E10.700x032　1型糖尿病性足溃疡和周围神经病
E10.800　1型糖尿病伴有并发症
E10.900　1型糖尿病
E10.900x003　脆性糖尿病

E10.900x004　暴发性1型糖尿病
E10.901　成人隐匿性自身免疫性糖尿病
E11.000　2型糖尿病伴有昏迷
E11.000x001　2型糖尿病性高渗性高血糖状态昏迷
E11.000x005　2型糖尿病性乳酸性酸中毒并昏迷
E11.000x006　2型糖尿病性酮症酸中毒和乳酸性酸中毒并昏迷
E11.001　2型糖尿病性高渗性昏迷
E11.002　2型糖尿病性低血糖性昏迷
E11.003　2型糖尿病性酮症酸中毒昏迷
E11.100x051　2型糖尿病性酮症酸中毒和乳酸性酸中毒
E11.101　2型糖尿病性酮症酸中毒
E11.102　2型糖尿病性乳酸酸中毒
E11.103　2型糖尿病性酮症
E11.400x311+G99.0*　2型糖尿病性体位性低血压
E11.500x043　2型糖尿病性下肢溃疡
E11.500x044　2型糖尿病性足坏疽
E11.500x045　2型糖尿病性急性皮肤坏疽
E11.500x046　2型糖尿病性细菌性坏疽
E11.500x047　2型糖尿病性溶血性坏疽
E11.500x048　2型糖尿病性富尼埃坏疽
E11.500x049　2型糖尿病性曼莱尼坏疽
E11.500x051　2型糖尿病性下肢感染
E11.503　2型糖尿病足病
E11.504　2型糖尿病性溃疡
E11.505　2型糖尿病性坏疽
E11.600x042　2型糖尿病性低血糖性癫痫发作
E11.600x043　2型糖尿病性低血糖症
E11.600x051　2型糖尿病伴血糖控制不佳
E11.600x910　2型糖尿病性肌坏死
E11.600x911　2型糖尿病性坏死性筋膜炎
E11.600x920　2型糖尿病性无菌性肌坏死
E11.600x930　2型糖尿病性缺血性肌坏死
E11.700x011　2型糖尿病性多发性微血管并发症
E11.700x021　2型糖尿病性胰岛素抵抗
E11.700x024　2型糖尿病性内脏脂肪沉积增加
E11.700x025　2型糖尿病性黑棘皮症或血脂障碍或高胰岛素血症或肥胖症
E11.700x031　2型糖尿病性足溃疡和周围血管病
E11.700x032　2型糖尿病性足溃疡和周围神经病
E11.700x033　2型糖尿病伴多个并发症
E11.800　2型糖尿病伴有并发症
E11.900　2型糖尿病
E12.000　营养不良相关性糖尿病伴有昏迷
E12.100　营养不良相关性糖尿病伴有酮症酸中毒
E12.500　营养不良相关性糖尿病伴有周围循环并发症
E12.600　营养不良相关性糖尿病伴有其他特指的并发症
E12.700　营养不良相关性糖尿病伴有多个并发症
E12.800　营养不良相关性糖尿病伴有并发症
E12.900　营养不良相关性糖尿病不伴有并发症
E13.000　糖尿病伴有昏迷，其他特指的
E13.101　继发性糖尿病性酮症酸中毒
E13.102　继发性糖尿病性酮症
E13.600　糖尿病伴有其他特指的并发症，其他特指的
E13.700　糖尿病伴有多个并发症，其他特指的
E13.800　糖尿病伴并发症，其他特指的
E13.900x003　正确用药所致类固醇性糖尿病
E13.900x006　胰源性糖尿病
E13.901　肝性糖尿病
E13.902　线粒体糖尿病
E13.903　类固醇性糖尿病
E13.904　脂肪萎缩性糖尿病
E13.905　医源性糖尿病
E13.906　应激性高血糖状态
E13.907　继发性糖尿病
E14.000　糖尿病伴有昏迷
E14.000x001　糖尿病性高渗性高血糖状态昏迷
E14.000x002　糖尿病性高血糖状态昏迷
E14.000x003　糖尿病性低血糖昏迷
E14.000x004　糖尿病性酮症酸中毒并昏迷
E14.000x005　糖尿病性乳酸性酸中毒并昏迷
E14.000x006　糖尿病性酮症酸中毒和乳酸性酸中毒并昏迷
E14.100　糖尿病伴有酮症酸中毒
E14.100x012　糖尿病性酮症
E14.100x031　糖尿病性乳酸性酸中毒
E14.100x051　糖尿病性酮症酸中毒和乳酸性酸中毒
E14.500x011+I79.2*　糖尿病性周围血管病
E14.500x021+I79.2*　糖尿病性周围血管病及坏疽
E14.500x041　糖尿病性溃疡
E14.500x042　糖尿病性坏疽
E14.500x043　糖尿病性下肢溃疡
E14.500x044　糖尿病性足坏疽
E14.500x045　糖尿病性急性皮肤坏疽
E14.500x046　糖尿病性细菌性坏疽
E14.500x047　糖尿病性溶血性坏疽

E14.500x048　糖尿病性富尼埃坏疽
E14.500x049　糖尿病性曼莱尼坏疽
E14.500x050　糖尿病足
E14.500x051　糖尿病性下肢感染
E14.600x042　糖尿病性低血糖性癫痫发作
E14.600x043　糖尿病性低血糖症
E14.600x051　糖尿病伴血糖控制不佳
E14.600x910　糖尿病性肌坏死
E14.600x911　糖尿病性坏死性筋膜炎
E14.600x920　糖尿病性无菌性肌坏死
E14.600x930　糖尿病性缺血性肌坏死
E14.700　糖尿病伴有多个并发症
E14.700x011　糖尿病性多发性微血管并发症
E14.700x021　糖尿病性胰岛素抵抗
E14.700x024　糖尿病性内脏脂肪沉积增加
E14.700x025　糖尿病性黑棘皮症或血脂障碍或高胰岛素血症或肥胖症
E14.700x031　糖尿病性足溃疡和周围血管病
E14.700x032　糖尿病性足溃疡和周围神经病
E14.800　糖尿病伴有并发症
E14.900x001　糖尿病
E15.x00x001　低血糖性昏迷
E15.x00x002　非糖尿病引起的药物性胰岛素性昏迷
E15.x00x004　胰岛素分泌过多伴低血糖性昏迷
E16.000x001　药物性低血糖
E16.100x001　反应性低血糖症［餐后低血糖症］
E16.100x002　高胰岛素血症
E16.100x004　胰岛β细胞增生
E16.100x005　功能性非高胰岛素性低血糖
E16.100x006　功能性胰岛素分泌过多
E16.100x010　自身免疫性胰岛素综合征
E16.100x013　婴儿持续性高胰岛素血症性低血糖
E16.101　反应性低血糖症
E16.102　自身免疫性低血糖症
E16.103　功能性高胰岛素血症
E16.104　功能性非胰岛素性低血糖
E16.105　胰岛素自身免疫综合征
E16.106　婴儿低血糖症
E16.109　酒精性低血糖症
E16.110　先天性高胰岛素性低血糖血症
E16.112　先天性高胰岛素血症
E16.200　低血糖
E16.300　高血糖素分泌增多
E16.300x001　胰腺内分泌细胞增生伴胰升糖素过多
E16.300x002　胰升糖素分泌过多
E16.301　胰高血糖素血症
E16.800x001　胰腺胰多肽分泌过多
E16.800x002　胰腺生长抑素分泌过多
E16.800x003　胰腺血管活性肠肽分泌过多
E16.800x004　胰腺生长激素释放激素分泌过多
E16.800x006　A型胰岛素抵抗综合征
E16.800x007　B型胰岛素抵抗综合征
E16.800x011　糖耐量受损伴周围血管病
E16.800x021　糖耐量受损伴周围血管病及坏疽
E16.800x103　糖耐量受损伴内脏脂肪沉积增加
E16.800x104　糖耐量受损伴胰岛素抵抗
E16.800x105　糖耐量受损伴黑棘皮症或血脂障碍或高胰岛素血症或肥胖症
E16.800x901　糖耐量受损
E16.801　胰岛素抵抗
E16.802　胰腺生长抑素增加
E16.803　代谢综合征
E16.804　自身免疫性胰岛素受体病
E16.900x002　胰腺内分泌细胞增生
E16.901　胰岛细胞增生症
E20.000　特发性甲状旁腺功能减退症
E20.100　假性甲状旁腺功能减退症
E20.801　继发性甲状旁腺功能减退症
E20.802　先天性甲状旁腺功能减退症
E20.900　甲状旁腺功能减退症
E20.901　甲状旁腺性手足搐搦
E21.000　原发性甲状旁腺功能亢进症
E21.000x007　股骨囊性纤维性骨炎
E21.001　甲状旁腺增生
E21.002　全身囊性纤维性骨炎
E21.003　下颌骨囊性纤维性骨炎
E21.004　脊柱囊性纤维性骨炎
E21.005　上肢骨囊性纤维性骨炎
E21.006　下肢骨囊性纤维性骨炎
E21.100x001　继发性甲状旁腺功能亢进
E21.201　三发性甲状旁腺功能亢进症
E21.300　甲状旁腺功能亢进症
E21.300x002　甲状旁腺激素升高
E21.301　甲状旁腺功能亢进危象
E21.400x001　甲状旁腺出血
E21.400x003　甲状旁腺炎
E21.401　甲状旁腺囊肿
E21.402　甲状旁腺囊肿出血
E21.500　甲状旁腺的疾患
E22.000x001　垂体性巨人症

E22.000x002　生长激素生成过多
E22.000x005　垂体生长激素瘤
E22.001　肢端肥大症
E22.002　生长激素过度分泌综合征
E22.100　高催乳素血症
E22.200　抗利尿激素分泌失调综合征
E22.801　垂体多分泌功能瘤
E22.802　中枢性性早熟
E22.900　垂体功能亢进
E23.000　垂体功能减退症
E23.000x005　产后垂体前叶功能减退危象
E23.000x007　腺垂体功能减退症
E23.000x008　垂体前叶功能减退
E23.000x011　孤立性促性腺激素缺乏症
E23.000x014　停经泌乳综合征
E23.000x015　低促性腺激素性性腺功能减退症
E23.001　卡尔曼综合征
E23.002　垂体前叶功能减退危象
E23.003　全垂体功能减退症
E23.004　席恩综合征
E23.005　垂体性矮小症
E23.006　低促性腺激素性腺功能减退症
E23.007　单一性促性腺激素缺乏症
E23.008　胰岛素样生长因子1缺乏
E23.009　生长激素缺乏症
E23.010　特发性低促性腺激素性性腺功能减退症
E23.100　药物性垂体功能减退症
E23.200　尿崩症
E23.200x003　中枢性尿崩症
E23.200x005　完全性尿崩症
E23.201　脑外伤后尿崩症
E23.202　部分性垂体性尿崩症
E23.203　完全性垂体性尿崩症
E23.204　继发性尿崩症
E23.300x001　垂体功能不良
E23.301　垂体功能紊乱
E23.302　下丘脑综合征
E23.600x001　鞍区病变
E23.600x005　垂体管囊肿
E23.600x008　垂体炎
E23.600x010　垂体增大
E23.600x011　下丘脑性肥胖
E23.600x014　蝶鞍扩大
E23.600x015　反馈性垂体瘤综合征
E23.600x016　肥胖-生殖无能综合征
E23.601　垂体脓肿
E23.602　垂体卒中
E23.603　空泡蝶鞍综合征
E23.604　垂体瘢痕
E23.605　垂体性肥胖
E23.606　垂体增生
E23.607　垂体囊肿
E23.608　拉特克囊肿
E23.610　垂体钙化
E23.611　垂体出血
E23.612　垂体假腺瘤
E23.613　淋巴细胞性垂体炎
E23.614　垂体萎缩
E23.615　肉芽肿性垂体炎
E23.616　垂体柄阻断综合征
E23.617　垂体危象
E23.618　间脑综合征
E23.619　自身免疫性垂体炎
E23.700x001　垂体瘢痕形成
E23.701　垂体肿物
E24.000　垂体依赖性库欣病
E24.000x001　垂体促肾上腺皮质激素分泌过多
E24.001　垂体性嗜碱性粒细胞增多症
E24.100　纳尔逊综合征
E24.200　药物性皮质醇增多症
E24.200x001　正确用药所致药物性皮质醇增多症
E24.201　医源性库欣综合征
E24.202　类库欣综合征
E24.300　异位促肾上腺皮质激素综合征
E24.400　醇诱发的假库欣综合征
E24.800x001　原发性色素性结节状肾上腺皮质病
E24.801　糖皮质激素过度敏感综合征
E24.900　库欣综合征
E24.901　亚临床库欣综合征
E24.902　肾上腺皮质功能亢进症
E25.000x007　早熟性巨睾症
E25.000x008　盐丢失性先天性肾上腺增生
E25.001　11β-羟化酶缺陷症
E25.002　17α-羟化酶缺陷症
E25.003　21-羟化酶缺乏症
E25.004　先天性肾上腺皮质增生症
E25.005　先天性肾上腺发育不良
E25.801　假性性早熟
E25.802　女性肾上腺性假两性畸形
E25.901　肾上腺增生伴女性男性化

E25.902　肾上腺性征综合征
E25.903　男性肾上腺增生性性早熟
E26.000　原发性醛固酮过多症
E26.000x003　康恩综合征［Conn综合征］
E26.001　特发性醛固酮增多症
E26.100　继发性醛固酮过多症
E26.800x002　高肾素性醛固酮增多症
E26.801　家族性醛固酮增多症
E26.802　巴特综合征
E26.803　吉特尔曼综合征
E26.900　醛固酮过多症
E27.000x001　肾上腺皮质功能亢进
E27.000x002　促肾上腺皮质激素生成过多
E27.000x003　肾上腺皮质功能亢进危象
E27.000x011　肾上腺来源高雄激素血症
E27.001　肾上腺皮质功能亢进，与库欣综合征无关
E27.100x003　自身免疫性肾上腺炎
E27.101　艾迪生病
E27.200　艾迪生病危象
E27.200x003　肾上腺危象
E27.300　药物性肾上腺皮质功能减退症
E27.400x005　肾上腺皮质萎缩
E27.400x006　肾上腺皮质功能不全
E27.401　肾上腺出血
E27.402　肾上腺坏死
E27.403　继发性肾上腺皮质功能减退症
E27.404　三发性肾上腺皮质功能减退症
E27.405　醛固酮缺乏症
E27.406　肾上腺钙化
E27.407　肾上腺皮质功能减退症
E27.500　肾上腺髓质功能亢进
E27.500x003　儿茶酚胺分泌过多
E27.501　肾上腺髓质增生
E27.800x005　肾上腺增生
E27.800x010　肾上腺结节性增生
E27.800x012　肾上腺血肿
E27.800x021　肾上腺病变
E27.801　肾上腺囊肿
E27.802　肾上腺脓肿
E27.803　肾上腺皮质增生
E27.804　肾上腺炎
E27.805　肾上腺皮质结节样增生
E27.806　皮质醇结合球蛋白异常
E27.807　大结节性肾上腺皮质增生
E27.808　原发性色素性结节性肾上腺皮质增生
E27.809　肾上腺囊肿伴囊内出血
E27.810　肾上腺假性囊肿
E27.901　肾上腺肿物
E30.000　青春期延迟
E30.000x003　性发育迟缓
E30.001　第二性征发育不全
E30.002　幼稚型子宫
E30.100　性早熟
E30.100x002　真性性早熟
E30.101　周围性性早熟
E30.102　早发月经
E30.103　青春期发育过早
E30.801　乳腺过早发育
E31.000　自身免疫性多腺体衰竭
E31.001　施密特综合征
E31.002　自身免疫性多内分泌腺病综合征
E31.100　多腺体功能亢进
E31.800　多腺体功能障碍，其他的
E31.900　多腺体功能障碍
E31.901　多发性内分泌腺病
E34.000　类癌瘤综合征
E34.100　肠激素分泌过多，其他的
E34.200　异位激素分泌，不可归类在他处者
E34.300x002　侏儒症
E34.300x003　体质性身材矮小症
E34.300x006　社会心理性矮小症
E34.301　矮小症
E34.302　家族性身材矮小症
E34.303　原基性矮小症
E34.304　生长激素不反应性侏儒症
E34.305　拉伦氏综合征
E34.400　体质性高身材
E34.500　雄激素抵抗综合征
E34.500x001　睾丸女性化
E34.500x002　男性假两性畸形伴睾丸女性化
E34.500x005　男性假两性同体伴雄激素抵抗
E34.501　赖芬斯坦综合征
E34.800x006　妖精貌综合征
E34.801　松果体囊肿
E34.802　松果体功能障碍
E34.803　早老症
E34.804　多诺霍综合征
E34.805　松果体区肿物
E34.900x003　激素失调
E34.903　内分泌功能障碍

E40.x00　夸希奥科病［恶性营养不良病］
E41.x00　营养性消瘦
E41.x01　重度营养不良伴消瘦
E42.x00　消瘦性夸希奥科病
E43.x00　重度蛋白质-能量营养不良
E43.x00x001　严重营养不良
E43.x00x002　营养性水肿
E44.000　中度蛋白质-能量营养不良
E44.100　轻度蛋白质-能量营养不良
E45.x00　继后于蛋白质-能量营养不良的发育迟缓
E45.x00x003　营养不良性身材矮小
E46.x00x002　低蛋白性营养不良
E46.x00x003　营养不良
E46.x00x004　铜蓝蛋白降低
E46.x00x005　蛋白质-能量失衡
E46.x01　蛋白缺乏
E50.100x001+H13.8*　少年儿童的比托斑点
E50.900　维生素A缺乏病
E51.800　硫胺素缺乏的其他表现
E51.900　硫胺素缺乏
E51.900x001　维生素B1缺乏［硫胺素缺乏］
E52.x00　烟酸缺乏［糙皮病］
E52.x00x002　酒精性糙皮病
E52.x00x003　眼睑粟粒红斑［睑糙皮病］
E53.000　核黄素缺乏
E53.100　吡哆醇缺乏
E53.100x001　维生素B6缺乏
E53.800x010　叶酸盐缺乏
E53.800x011　生物素缺乏
E53.800x012　氰钴胺素缺乏
E53.800x013　泛酸缺乏
E53.802　叶酸缺乏症
E53.804　维生素B12缺乏症
E53.900　维生素B缺乏病
E53.901　复合性维生素B缺乏症
E54.x00　抗坏血酸缺乏
E55.002　维生素D缺乏性手足搐搦症
E55.900　维生素D缺乏病
E56.000　维生素E缺乏病
E56.100　维生素K缺乏病
E56.800x001　维生素P缺乏
E56.900　维生素缺乏病
E58.x00　饮食性钙缺乏
E59.x00　饮食性硒缺乏
E59.x01　克山病
E60.x00　饮食性锌缺乏
E61.000　铜缺乏
E61.100　铁缺乏
E61.200　镁缺乏
E61.300　锰缺乏
E61.400　铬缺乏
E61.500　钼缺乏
E61.600　钒缺乏
E61.700　多种营养元素缺乏
E61.800　营养元素缺乏，其他特指的
E61.900　营养元素缺乏
E63.000　必需脂肪酸［EFA］缺乏
E63.100　摄入食物结构失衡
E63.800　营养缺乏，其他特指的
E63.900　营养缺乏
E64.000　蛋白质-能量营养不良后遗症
E64.100　维生素A缺乏后遗症
E64.200　维生素C缺乏后遗症
E64.800　营养缺乏后遗症，其他的
E64.900　营养缺乏后遗症
E65.x00x002　局部性肥胖症
E65.x00x010　肩部脂肪增多症
E65.x00x011　腋部脂肪增多症
E65.x00x013　小腿脂肪增多症
E65.x01　腰部脂肪堆积
E65.x02　背部脂肪堆积
E65.x03　上肢脂肪堆积
E65.x04　脂肪垫
E65.x05　下颌脂肪袋
E65.x07　颈部脂肪堆积
E65.x08　面颊脂肪堆积
E65.x09　大腿脂肪堆积
E65.x10　腹部脂肪堆积
E65.x11　臀部脂肪堆积
E65.x12　盆腔脂肪增多症
E65.x13　硬膜外脂肪过多症
E66.000　过度热能引起的肥胖症
E66.100　药物性肥胖症
E66.200　极度肥胖症伴有小泡性肺换气不足
E66.201　极度肥胖伴低通气综合征
E66.801　病态性肥胖
E66.900　肥胖症
E66.900x001　单纯性肥胖
E66.901　重度肥胖
E67.000　维生素A过多症

E67.100　高胡萝卜素血症
E67.200　大剂量维生素B6综合征
E67.300　维生素D过多症
E67.800　营养过度，其他特指的
E68.x00　营养过度后遗症
E70.000　典型的苯丙酮酸尿
E70.000x002　苯丙酮酸性精神幼稚病
E70.100x001　苯丙酮尿症
E70.100x004　苯丙氨酸羟化酶缺乏症
E70.101　高苯丙氨酸血症
E70.102　四氢生物蝶呤缺乏症
E70.200　酪氨酸代谢紊乱
E70.201　高酪氨酸血症
E70.202　黑尿酸症
E70.203　褐黄病
E70.204　酪氨酸尿症
E70.205　原发性酪氨酸血症
E70.300　白化病
E70.300x003　切迪阿克-施泰因布林克-东综合征［Chediak-Steinbrinck-Higashi综合征］
E70.300x004　克罗斯综合征［Cross综合征］
E70.300x005　赫日曼斯基-普德拉克综合征［Hermansky-Pudlak综合征］
E70.301　瓦登伯格综合征
E70.800x001　组氨酸血症
E70.800x002　色氨酸代谢紊乱
E70.800x003　组氨酸代谢紊乱
E70.900　芳香氨基酸代谢紊乱
E71.000　槭糖尿病
E71.100x003　高缬氨酸血症
E71.100x004　异缬氨酸血症
E71.100x005　甲基丙二酸尿症
E71.101　丙酸血症
E71.102　甲基丙二酸血症
E71.103　异戊酸血症
E71.200　支链氨基酸代谢紊乱
E71.300　脂肪酸代谢紊乱
E71.300x005　继发性肉碱缺乏症
E71.300x011　肾上腺脑白质营养不良［Addison-Schilder综合征］
E71.302　原发性肉碱缺乏症
E71.304　肉毒碱棕榈酰转移酶缺乏症
E71.305　极长链酰基辅酶A脱氢酶缺陷症
E71.307　中链酰基辅酶A脱氢酶缺乏症
E71.308　极长链酰基辅酶A脱氢酶缺乏症
E71.309　长链3-羟酰基辅酶A脱氢酶缺乏症
E71.310　多种酰基辅酶A脱氢酶缺乏症
E72.001　甘氨酸尿症
E72.002　范科尼综合征
E72.003　胱氨酸尿症
E72.004　哈特纳普病
E72.005　洛氏综合征
E72.100x003　胱硫醚尿症
E72.100x004　高胱氨酸尿症
E72.100x005　蛋氨酸血症
E72.100x006　亚硫酸盐氧化酶缺乏症
E72.100x007　同型半胱氨酸尿症
E72.101　高同型半胱氨酸血症
E72.102　同型半胱氨酸血症
E72.200x002　一过性高氨血症
E72.200x004　精氨酸血症
E72.200x007　先天性高氨血症
E72.200x008　尿素循环障碍
E72.201　高氨血症
E72.202　瓜氨酸血症
E72.203　精氨基琥珀酸尿症
E72.204　精氨酸酶缺乏症
E72.205　N-乙酰谷氨酸合成酶缺乏症
E72.300x001　羟赖氨酸血症
E72.300x002　高赖氨酸血症
E72.301　羟赖氨酸代谢紊乱
E72.302　戊二酸血症
E72.303　戊二酸尿症
E72.304　戊二酸血症Ⅰ型
E72.305　戊二酸血症Ⅱ型
E72.306　戊二酸血症Ⅲ型
E72.400　鸟氨酸代谢紊乱
E72.400x001　鸟氨酸血症Ⅰ型
E72.400x002　鸟氨酸血症Ⅱ型
E72.401　高鸟胺酸血症-高氨血症-高瓜胺酸血症候群
E72.402　鸟氨酸氨甲酰基转移酶缺乏症
E72.500　甘油酸代谢紊乱
E72.500x001　高羟氨酸血症
E72.500x002　高脯氨酸血症Ⅰ型
E72.500x003　高脯氨酸血症Ⅱ型
E72.500x004　非酮病性高甘胺酸血症
E72.500x005　肌氨酸血症
E72.800x001　脲环代谢紊乱
E72.800x002　直链氨基酸代谢障碍

E72.800x004　β氨基酸代谢紊乱
E72.800x005　γ氨基酸代谢紊乱
E72.900x002　氨基酸尿
E72.900x004　低氨基酸尿症
E72.900x006　氨基酸代谢病
E72.901　低氨基酸血症
E72.902　高氨基酸尿症
E74.000　糖原贮积病
E74.000x006　肝磷酸化酶缺乏
E74.000x007　安德森病
E74.000x008　科里病
E74.000x009　福布斯病
E74.000x010　赫尔病
E74.000x011　麦卡德尔病
E74.000x012　蓬佩病
E74.000x013　冯-吉尔克病
E74.000x016+I43.1*　Danon病
E74.001　Ⅰ型糖原贮积症
E74.002　葡萄糖-6-磷酸酶缺乏
E74.003　Ⅱ型糖原贮积症
E74.004　Ⅲ型糖原贮积症
E74.005　Ⅴ型糖原贮积症
E74.009　Ⅶ型糖原贮积症
E74.100　果糖代谢紊乱
E74.100x002　原发性果糖尿症
E74.100x004　果糖-1，6-二磷酸缺乏
E74.101　遗传性果糖不耐受症
E74.200　半乳糖代谢紊乱
E74.200x002　半乳糖激酶缺乏
E74.201　半乳糖血症
E74.300x001　葡萄糖及半乳糖吸收不良
E74.300x002　肠二糖酶缺乏及二糖吸收不良
E74.300x003　蔗糖酶缺乏
E74.400　丙酮酸盐代谢和糖异生紊乱
E74.400x005　丙酮酸脱羧酶缺乏
E74.401　丙酮酸羧化酶缺乏
E74.402　磷酸烯醇丙酮酸羧激酶缺乏
E74.403　丙酮酸脱氢酶缺乏
E74.800x006　高乳酸血症
E74.800x007　葡萄糖转运体1缺陷
E74.801　肾性糖尿
E74.802　原发性戊糖尿
E74.803　草酸盐沉着症
E74.804　草酸尿
E74.900x002　多羧酶缺乏
E74.901　糖代谢紊乱
E75.500x001　中性脂质贮积病
E75.501　黄色瘤
E75.502　幼年性黄色瘤
E75.503　原发性家族性黄瘤病
E75.504　脑腱胆固醇沉着病
E75.505　沃尔曼病
E75.600x001　脂贮积病
E76.000　黏多糖贮积症，Ⅰ型
E76.100　黏多糖贮积症，Ⅱ型
E76.200x001　黏多糖贮积病Ⅲ型
E76.200x002　B型圣菲利浦综合征
E76.200x003　C型圣菲利浦综合征
E76.200x004　D型圣菲利浦综合征
E76.200x006　黏多糖贮积病Ⅵ型
E76.200x007　黏多糖贮积病Ⅶ型
E76.200x008　类似莫固综合征
E76.200x009　典型莫固综合征
E76.200x010　轻度马罗托-拉米综合征
E76.200x011　重度马罗托-拉米综合征
E76.200x012　β葡萄糖醛酸酶缺乏
E76.201　黏多糖贮积症，Ⅳ型
E76.300　黏多糖贮积症
E76.800　糖胺聚糖代谢紊乱，其他的
E76.900x001　氨基葡聚糖代谢紊乱
E77.000　溶酶体酶翻译后修饰缺陷
E77.000x002　黏脂贮积病Ⅱ型［I细胞病］
E77.000x003　黏脂贮积病Ⅲ型［假胡勒多种营养不良］
E77.100x002　天冬氨酰葡萄糖胺尿症
E77.100x003　岩藻糖苷贮积病
E77.100x004　甘露糖苷过多症
E77.100x005　黏脂贮积病Ⅰ型［唾液酸沉积病］
E77.100x006　β-甘露糖苷酶缺失
E77.801　低蛋白血症
E77.900　糖蛋白代谢紊乱
E78.000　纯高胆固醇血症
E78.000x003　A族高脂血症
E78.000x004　高β脂蛋白血症
E78.000x005　弗雷德里克森高脂蛋白血症Ⅱa型
E78.000x006　低密度脂蛋白型高脂蛋白血症
E78.000x007　胆固醇综合征
E78.001　家族性高胆固醇血症
E78.002　高低密度脂蛋白胆固醇血症
E78.003　纯合子家族性高胆固醇血症

E78.100　纯高甘油酯血症
E78.100x002　极低密度脂蛋白型高脂蛋白血症
E78.100x003　高前β脂蛋白血症
E78.100x004　内源性高甘油酯血症
E78.100x005　B族高脂血症
E78.100x007　弗雷德里克森高脂蛋白血症Ⅳ型
E78.100x008　家族性高甘油三酯血症
E78.200　混合性高脂血症
E78.200x008　高胆固醇血症伴内源性高甘油酯血症
E78.200x012　弗雷德里克森高脂蛋白血症Ⅲ型
E78.201　结节性黄色瘤
E78.202　扁平黄色瘤
E78.204　悬浮β脂蛋白血症
E78.205　高β脂蛋白血症伴高前β脂蛋白血症
E78.206　播散性黄色瘤
E78.207　疹性黄色瘤
E78.208　高脂血症C族
E78.209　Ⅱb型弗雷德里克森高脂蛋白血症
E78.210　结节疹性黄色瘤
E78.300x001　混合型高甘油酯血症
E78.300x002　弗雷德里克森高脂蛋白血症Ⅰ型
E78.300x003　弗雷德里克森高脂蛋白血症Ⅴ型
E78.300x004　D族高脂血症
E78.401　家族性混合性高脂血症
E78.402　谷固醇血症
E78.500　高脂血症
E78.500x001　高脂异常综合征
E78.600　脂蛋白缺乏
E78.600x001　棘红细胞增多症
E78.600x003　卵磷脂胆固醇酰基转移酶缺乏
E78.600x006　高密度脂蛋白缺乏
E78.600x007　低α脂蛋白血症
E78.600x008　丹吉尔病
E78.600x009　低β脂蛋白血症
E78.600x010　家族性低β脂蛋白血症
E78.600x011　低胆固醇血症
E78.601　载脂蛋白B缺乏
E78.602　无β脂蛋白血症
E78.800x002　脂性乌尔巴赫蛋白沉积症
E78.801　脂肪肉芽肿病
E78.900　脂蛋白代谢紊乱
E78.901　骨软骨营养不良
E79.001　高尿酸血症
E79.100　莱施-尼汉综合征
E79.800x001　遗传性黄嘌呤尿
E79.900　嘌呤和嘧啶代谢紊乱
E80.300x001　过氧化氢酶缺乏
E80.301　过氧化物酶缺乏
E80.302　δ-氨基酮戊酸脱水酶缺陷型卟啉病
E80.700　胆红素代谢紊乱
E83.000　铜代谢紊乱
E83.000x005　毛发纽结型门克病
E83.000x006　坚硬发型门克病
E83.002　门克斯综合征
E83.100　铁代谢紊乱
E83.200　锌代谢紊乱
E83.200x002　高锌血症
E83.300x007　抗维生素D性佝偻病
E83.300x010　家族性低磷酸盐血症
E83.300x014　低磷酸脂酶症
E83.300x021+M90.8*　低磷抗D性软骨病
E83.301　高磷尿症
E83.302　酸性磷酸酶缺乏
E83.303　磷代谢紊乱
E83.304　低磷血症
E83.305　磷酸酶过少症
E83.306　低碱性磷酸酶血症
E83.309　高磷酸盐血症
E83.401　低镁血症
E83.402　高镁血症
E83.403　遗传性低镁血症
E83.500x001　低钙血性惊厥
E83.500x007　特发性高钙尿症
E83.500x008　家族性低尿钙性高钙血症
E83.500x009　钙质沉着症
E83.500x011　肿瘤样钙盐沉着症
E83.501　高钙危象
E83.502　高钙血症
E83.503　低钙血症
E83.504　高钙尿症
E83.800　矿物质代谢紊乱，其他的
E83.900　矿物质代谢紊乱
E84.801　囊性纤维化伴混合表现
E84.900　囊性纤维化病
E85.200x001　家族遗传性淀粉样变性
E85.300x002　继发性淀粉样变性
E85.300x003　透析相关性淀粉样变病
E85.400x014　局限性淀粉样变性
E85.406　淀粉样变甲状腺损害
E85.800　淀粉样变，其他的

E85.901　原发性淀粉样变性
E86.x00x001　低血容量
E86.x00x003　细胞外液缺失
E86.x00x004　血浆容量缺失
E86.x01　脱水
E87.001　高钠血症
E87.101　脑耗盐综合征
E87.102　低钠血症
E87.200x002　高血氯性酸中毒
E87.201　代谢性酸中毒
E87.202　混合性酸中毒
E87.203　呼吸性酸中毒
E87.204　乳酸性酸中毒
E87.205　有机酸血症
E87.206　先天性高乳酸血症
E87.301　代谢性碱中毒
E87.302　低钾性碱中毒
E87.303　呼吸性碱中毒
E87.400　混合性酸碱平衡失调
E87.500　高钾血症
E87.501　假性低醛固酮血症
E87.600　低钾血症
E87.600x002　低钾性抽搐
E87.600x003　钾缺乏
E87.600x004　低钾性肌病
E87.700　体液过多
E87.701　水中毒
E87.800x004　低钾钠氯综合征
E87.801　电解质代谢紊乱
E87.802　高氯血症
E87.803　低氯血症
E88.000x002　α1-抗胰蛋白酶缺乏症
E88.000x003　双白蛋白血症
E88.001　高蛋白血症
E88.100x001　部分性脂肪营养不良
E88.100x002　进行性脂肪营养不良
E88.100x004　脂肪营养不良
E88.100x005　胰岛素性脂肪营养不良
E88.100x006　蛋白酶抑制剂相关性脂肪营养不良
E88.101　全身性脂肪营养不良
E88.202　疼痛性脂肪过多症
E88.203　脂肪堆积
E88.300　肿瘤溶解综合征
E88.800x004　三甲胺尿症
E88.800x005　洛奴瓦-邦索德腺脂瘤病
E88.800x007　还原型烟酰胺腺嘌呤二核苷酸-辅酶Q还原酶缺乏
E88.800x008　还原辅酶Q-细胞色素水解酶还原酶缺乏
E88.800x009　琥珀酸-辅酶Q还原酶缺乏
E88.800x013　希特林蛋白缺乏症
E88.801　霍法病
E88.802　酮症
E88.803　饥饿性酮症
E88.804　良性对称性脂肪瘤病
E88.806　线粒体DNA缺失
E88.807　β-酮硫解酶缺乏症
E88.900x010　先天性遗传代谢病［先天性代谢缺陷］
E88.901　代谢障碍
E88.903　遗传性代谢病
E89.000　操作后甲状腺功能减退症
E89.001　手术后甲状腺功能减退
E89.002　放射后甲状腺功能减退
E89.100　操作后血内胰岛素不足
E89.101　手术后低血糖昏迷
E89.102　手术后低胰岛素血症
E89.200x001　甲状旁腺缺失性手足搐搦
E89.201　手术后甲状旁腺功能减退
E89.300x002　医源性垂体功能减退症
E89.300x003　放射后垂体功能减退症
E89.301　手术后垂体功能减退
E89.302　后天性垂体缺失
E89.303　手术后尿崩症
E89.601　手术后肾上腺皮质功能减退
E89.800x002　肝移植术后糖尿病
E89.800x003　肝移植术后高脂血症
E89.801　血透失衡综合征
N25.801　继发性肾源性甲状旁腺功能亢进
Q85.900x006　甲状腺错构瘤
Q87.100x904　面部红斑侏儒综合征［Bloom综合征］
Q87.800x911　劳-穆-比［Laurence-Moon-Biedl］综合征
Q87.807　性幼稚-肥胖-多趾畸形综合征
Q89.100　肾上腺先天性畸形
Q89.101　异位肾上腺
Q89.200x012　先天性垂体发育异常
Q89.200x203　副甲状腺
Q89.200x204　甲状腺下降不全
Q89.201　垂体发育不良
Q89.203　异位甲状腺

Q89.205　异位甲状旁腺
Q89.206　甲状舌管瘘
Q89.207　异位垂体
Q90.000　三体性21，减数分裂不分离，唐氏综合征
R29.000　手足搐搦
R63.801　营养风险
R64.x00　恶病质
R73.000　葡萄糖耐量试验异常
R73.001　化学性糖尿病
R73.002　糖尿病前期
R73.003　潜伏性糖尿病
R73.900x001　血糖升高
R74.800x009　高脂肪酶血症
R79.801　丙酮血症
R81.x00x001　尿糖增高
R82.400　丙酮尿
R82.401　酮尿
R94.600　甲状腺功能检查的异常结果
R94.700　内分泌功能检查的异常结果，其他的
R94.801　基础代谢率异常
S37.803　肾上腺损伤

KB1　肾上腺手术

包含以下主要手术或操作：
07.0000　肾上腺区探查术
07.0100　单侧肾上腺区探查术
07.0200　双侧肾上腺区探查术
07.1200　开放性肾上腺活组织检查
07.1200x003　腹腔镜肾上腺活组织检查术
07.2100　肾上腺病损切除术
07.2102　腹腔镜肾上腺病损切除术
07.2200　单侧肾上腺切除术
07.2201　腹腔镜单侧肾上腺切除术
07.2900x001　单侧肾上腺大部分切除术
07.2900x003　肾上腺部分切除术
07.2901　肾上腺大部切除术
07.2902　腹腔镜肾上腺部分切除术
07.3x00　双侧肾上腺切除术
07.3x01　腹腔镜双侧肾上腺切除术
07.4101　肾上腺探查术
07.4102　腹腔镜肾上腺探查术
07.4103　肾上腺切开引流术
07.4200　肾上腺神经切断
07.4300　肾上腺血管结扎术
07.4400　肾上腺修补术
07.4501　肾上腺自体移植术
07.4900　肾上腺、神经和血管的其他手术
07.4900x002　肾上腺病损破坏术

KC1　垂体手术

包含以下主要手术或操作：
07.1300　垂体腺活组织检查，经前额入路
07.1400　垂体腺活组织检查，经蝶骨入路
07.1500　垂体腺活组织检查，未特指入路
07.5100x001　松果体探查术
07.5200x001　松果体切开术
07.5300　松果腺部分切除术
07.5301　松果体病损切除术
07.5400x001　松果体全部切除术
07.6100x002　经额垂体部分切除术
07.6100x003　经额垂体漏斗部切除术
07.6100x004　经额垂体病损切除术
07.6200x003　经蝶骨垂体部分切除术
07.6200x007　神经内镜下经鼻腔-蝶窦垂体病损切除术
07.6201　经蝶骨垂体病损切除术
07.6202　经蝶入路内镜下垂体部分切除术
07.6301　垂体病损切除术
07.6400x001　经额垂体全部切除术
07.6500　垂体腺全部切除术，经蝶骨入路
07.6501　经蝶入路内镜下垂体全部切除术
07.6800　垂体腺全部切除术，其他特指入路
07.6900x001　垂体切除术
07.7100　垂体窝探查术
07.7200x002　经蝶骨垂体探查术
07.7200x003　拉克氏（Rathke's）囊切除术
07.7201　经蝶骨垂体血肿清除术
07.7202　经蝶骨垂体切开引流术
07.7203　经蝶骨垂体脓肿清除术
07.7901　蝶鞍填塞

KD1　甲状腺、甲状旁腺大手术

包含以下主要手术或操作：
06.1301　开放性甲状旁腺活组织检查
06.2x00　单侧甲状腺叶切除术
06.2x01　腔镜下单侧甲状腺切除术
06.2x02　单侧甲状腺切除伴甲状腺峡部切除术
06.2x03　单侧甲状腺切除伴他叶部分切除术
06.2x04　单侧甲状腺切除伴峡部和其他叶部分切除术

06.3900x001　残余甲状腺大部切除术
06.3900x003　单侧甲状腺部分切除术
06.3900x004　单侧甲状腺次全切除术
06.3900x011　腔镜下甲状腺次全切除术
06.3900x012　双侧甲状腺部分切除术
06.3900x013　双侧甲状腺次全切除术
06.3901　甲状腺大部切除术
06.3902　腔镜下甲状腺大部切除术
06.3903　异位甲状腺切除术
06.3904　甲状腺楔形切除术
06.3905　甲状腺峡部切除术
06.3906　甲状腺峡部部分切除术
06.3907　腔镜下甲状腺峡部切除术
06.3908　腔镜下甲状腺部分切除术
06.4x00　甲状腺全部切除术
06.4x01　残余甲状腺切除术
06.4x02　腔镜下甲状腺全部切除术
06.5000　胸骨下甲状腺切除术
06.5100　胸骨下甲状腺部分切除术
06.5101　胸骨后甲状腺病损切除术
06.5200　胸骨下甲状腺全部切除术
06.6x00　舌部甲状腺切除术
06.9401　甲状腺自体移植术
40.4100　根治性颈淋巴结清扫，单侧
40.4200　根治性颈淋巴结清扫，双侧
40.5901　颌下淋巴结清扫术

KD2　甲状旁腺、甲状舌管及甲状腺其他手术

包含以下主要手术或操作：
06.0200x001　甲状腺术后切开探查术
06.0201　甲状腺术后止血术
06.0900x004　颈部探查术
06.0900x005　甲状舌管切开引流术
06.0900x006　甲状腺切开异物取出术
06.0901　甲状腺切开探查术
06.0902　甲状腺切开引流术
06.0903　甲状旁腺探查术
06.1200　开放性甲状腺活组织检查
06.3100　甲状腺病损切除术
06.3100x002　经皮甲状腺病损微波消融术
06.3101　腔镜下甲状腺病损切除术
06.3102　甲状腺病损射频消融术
06.5100x001　腔镜下胸骨后甲状腺次全切除术
06.5100x002　腔镜下胸骨后甲状腺病损切除术
06.7x00　甲状舌管切除术
06.7x00x003　甲状舌管瘘闭合术
06.7x01　甲状舌管病损切除术
06.7x02　甲状舌管瘘切除术
06.8100　甲状旁腺全部切除术
06.8100x002　腔镜下甲状旁腺全部切除术
06.8900x005　移植自体甲状旁腺切除术
06.8900x006　异位甲状旁腺病损切除术
06.8900x007　腔镜下甲状旁腺部分切除术
06.8901　异位甲状旁腺切除术
06.8902　甲状旁腺部分切除术
06.8903　甲状旁腺病损切除术
06.8904　腔镜下甲状旁腺病损切除术
06.8905　移植甲状旁腺切除术
06.9100x001　甲状腺峡部横断术
06.9200　甲状腺血管结扎术
06.9300　甲状腺缝合术
06.9501　甲状旁腺自体移植术
06.9502　甲状旁腺异体移植术
06.9800　甲状腺其他手术
06.9900x002　甲状旁腺病损破坏术
06.9900x003　经皮甲状旁腺病损微波消融术
40.4000x003　舌骨上颈淋巴结清扫术

KE1　减重手术

包含以下主要手术或操作：
43.7x00x001　胃大部切除伴胃-空肠吻合术［Billroth Ⅱ式手术］
43.7x01　残胃部分切除伴胃空肠吻合术
43.7x02　胃肠吻合口切除伴胃空肠吻合术
43.7x03　腹腔镜胃大部切除伴胃空肠吻合术
43.8200　腹腔镜垂直（袖状）胃切除术
43.8201　腹腔镜胃部分切除术
43.8202　腹腔镜胃楔形切除术
43.8903　胃袖状切除术
43.9900x003　腹腔镜下胃切除术
44.3201　内镜下胃空肠吻合术
44.3804　腹腔镜下胃转流术（LRYGB）
44.3900x003　胃-十二指肠吻合术
44.3901　胃转流术［胃-肠搭桥吻合术］
44.3902　胃十二指肠吻合术（旁路）
44.3903　胃空肠吻合术（旁路）
44.6800x002　腹腔镜下胃束带术
44.6801　腹腔镜垂直束带胃成形术（VBG）
44.6902　腹腔镜胃修补术
44.9501　腹腔镜下可调节胃束带术（LAGB）

44.9502 垂直绑带式胃减容术（VGB）
44.9601 腹腔镜可调节胃束带置换术
44.9602 腹腔镜可调节胃束带修正术
44.9800x003 液体灌注可调节胃束带放松术
44.9800x004 液体撤收可调节胃束带紧缩术
44.9801 腹腔镜可调节胃束带放松术
44.9802 腹腔镜下可调节胃束带紧缩术
45.9100x006 小肠-小肠端侧吻合术
45.9100x008 空肠-空肠端侧吻合术
45.9103 十二指肠空肠吻合术
45.9104 空肠回肠吻合术

KJ1 因内分泌、营养、代谢疾病的其他手术

包含以下主要手术或操作：
04.0304 周围神经切断术
04.0400x031 足神经探查术
04.0414 坐骨神经探查术
04.0423 股神经探查术
04.0426 足底神经探查术
04.0713 周围神经病损切除术
04.2x02 周围神经破坏术
04.2x13 神经感觉支乙醇注射术
04.3x05 周围神经缝合术
04.3x15 坐骨神经缝合术
04.4300 腕管松解术
04.4900x034 腓深神经松解术
04.4900x037 胫后神经松解术
04.4900x042 周围神经松解术
04.4907 正中神经松解术
04.4913 股神经松解术
04.4914 胫神经松解术
04.4915 腓总神经松解术
04.4916 腓神经松解术
04.4917 足神经松解术
04.7502 周围神经修复术
07.2100x002 经皮肾上腺病损纳米刀消融术
07.4900x001 超声引导下肾上腺囊肿穿刺术
18.9x00x007 耳后皮肤扩张器置入术
38.0800x002 下肢动脉血栓切除术
38.0800x003 下肢动脉探查术
38.0801 股动脉取栓术
38.0802 腘动脉取栓术
38.0900x002 下肢静脉探查术
38.1800x001 股动脉内膜剥脱术
38.1800x004 腘动脉内膜剥脱术
38.1800x005 下肢动脉内膜剥脱伴血栓切除术
38.1801 股动脉内膜切除术
38.1802 股动脉内膜切除伴补片修补术
38.2400 经光学相干断层扫描的冠状血管血管内影像［OCT］
38.3800 下肢动脉部分切除术伴吻合术
38.5900x003 大隐静脉主干激光闭合术
38.5900x005 下肢静脉剥脱术
38.5901 大隐静脉高位结扎和剥脱术
38.5906 小隐静脉高位结扎和剥脱术
38.6000x012 血管病损切除术
38.6800x002 下肢动脉病损切除术
38.6901 下肢静脉病损切除术
39.5000x026 下肢静脉球囊扩张成形术
39.5000x029 髂总动脉球囊扩张成形术
39.5000x030 髂外动脉球囊扩张成形术
39.5000x031 下肢动脉球囊扩张成形术
39.5004 股动脉球囊血管成形术
39.5005 髂动脉球囊血管成形术
39.5008 无名动脉球囊血管成形术
39.5009 腘动脉球囊血管成形术
39.5010 腹主动脉球囊血管成形术
39.5011 胫动脉球囊血管成形术
39.5015 腓动脉球囊血管成形术
39.5303 动静脉瘘结扎术
39.5900x004 股动脉成形术
39.5900x008 髂动脉成形术
39.5900x011 无名动脉成形术
39.5900x036 下肢动脉成形术
39.7900x042 经皮下肢动脉取栓术
39.9000 周围（非冠状的）血管非药物洗脱支架置入
39.9004 髂动脉支架置入术
39.9009 股动脉支架置入术
39.9011 胫动脉支架置入术
39.9013 腘动脉支架置入术
39.9015 腓动脉支架置入术
39.9500 血液透析
39.9500x007 连续性肾脏替代治疗［CRRT］
39.9600x003 血液灌流
40.0x00x002 皮下淋巴抽吸术
40.2900x002 单纯淋巴结切除术
40.3x00x001 淋巴结扩大性区域性切除术
40.3x00x002 淋巴结区域性切除术
40.3x00x003 腔镜下区域性腋窝淋巴结区域切

除术
44.9201　胃扭转复位术
44.9701　腹腔镜可调节胃束带去除术
45.6201　小肠部分切除术
45.6202　十二指肠部分切除术
45.6203　十二指肠切除术
45.6204　空肠部分切除术
45.6205　空肠切除术
45.6206　回肠部分切除术
45.6207　回肠切除术
45.6208　腹腔镜下小肠部分切除术
45.7500　左半结肠切除术
45.7500x001　降结肠部分切除术
45.9300x012　小肠-升结肠吻合术
45.9300x013　小肠-大肠吻合术
45.9300x014　小肠-结肠吻合术
45.9300x015　回肠贮袋肛管吻合术
45.9301　回肠-横结肠吻合术
45.9302　回肠-降结肠吻合术
45.9303　回肠-盲肠吻合术
45.9304　回肠-升结肠吻合术
45.9305　回肠-乙状结肠吻合术
45.9306　回肠-直肠吻合术
45.9307　空肠-横结肠吻合术
45.9310　空肠-乙状结肠吻合术
45.9400x004　降结肠-乙状结肠吻合术
45.9400x009　盲肠-乙状结肠吻合术
45.9400x012　升结肠-乙状结肠吻合术
45.9400x016　横结肠-直肠吻合术
45.9401　横结肠-降结肠吻合术
45.9402　横结肠-乙状结肠吻合术
45.9403　降结肠-直肠吻合术
45.9404　结肠-直肠吻合术
45.9405　乙状结肠-直肠吻合术
45.9406　升结肠-横结肠吻合术
45.9407　升结肠-降结肠吻合术
45.9408　升结肠-直肠吻合术
45.9502　回肠-肛门吻合术
45.9503　降结肠-肛门吻合术
52.2200x005　经皮胰腺病损射频消融术
52.2200x006　经皮胰腺病损微波消融术
52.2200x007　经皮胰腺病损冷冻消融术
52.2200x008　胰腺病损聚焦超声消融术
52.2200x009　经皮胰腺病损纳米刀消融术
52.2201　胰腺病损切除术
52.2202　胰腺病损射频消融术
52.5101　胰头切除术
52.5102　胰头伴部分胰体切除术
52.5103　胰头十二指肠切除术
52.5104　胰头部分切除术
52.5201　胰尾切除术
52.5202　胰尾伴部分胰体切除术
52.5203　胰尾部分切除术
52.5204　腹腔镜下胰尾切除术
52.5205　腹腔镜下胰尾伴部分胰体切除术
52.5206　腹腔镜下胰体胰尾病损切除术
52.5300　根治性胰腺次全切除术
52.5301　腹腔镜根治性胰体尾切除术
52.5901　胰腺部分切除术
52.5902　胰腺十二指肠部分切除术
52.5903　胰腺节段切除术
52.5904　胰体尾切除术
52.5905　腹腔镜胰腺部分切除术
52.5906　腹腔镜胰腺中段切除术
54.0x00x010　腹壁血肿清除术
54.0x00x021　腹膜外血肿清除术
54.0x00x023　髂窝积液清除术
54.0x01　腹股沟探查术
54.0x03　腹壁异物取出术
54.1100　开腹探查术
54.1101　腹腔镜中转剖腹探查术
54.1201　再开腹探查术
54.1202　近期开腹术后腹腔止血术
54.1900x001　腹部血肿去除术
54.1900x005　腹腔镜下腹腔积血清除术
54.1900x010　腹腔脓肿切开引流术
54.1900x011　腹腔血肿清除术
54.1901　腹膜后血肿清除术
54.1902　腹膜血肿清除术
54.1903　腹腔切开引流术
54.1904　膈下脓肿切开引流术
54.1907　腹腔出血止血术
54.1909　肠系膜血肿清除术
54.3x00x004　腹壁窦道扩创术
54.3x00x010　腹壁伤口扩创术
54.3x00x011　腹壁伤口清创术
54.3x00x027　脐病损切除术
54.3x01　腹壁病损切除术
54.3x02　腹腔镜下腹壁病损切除术
54.3x03　腹股沟病损切除术

54.3x04 脐切除术
54.3x05 盆腔壁病损切除术
54.3x06 腹壁清创术
54.3x07 腹壁脐尿管囊肿切除术
54.4x00x005 大网膜病损切除术
54.4x00x006 大网膜部分切除术
54.4x00x007 大网膜切除术
54.4x00x012 骶尾部病损切除术
54.4x00x021 腹膜外病损切除术
54.4x00x035 盆腔病损切除术
54.4x00x039 盆腔病损冷冻治疗术
54.4x00x042 髂窝病损切除术
54.4x00x048 腹腔病损氩氦刀靶向冷冻治疗术
54.4x00x055 经皮腹膜后病损纳米刀消融术
54.4x01 腹膜病损切除术
54.4x02 腹膜后病损切除术
54.4x03 网膜部分切除术
54.4x04 网膜切除术
54.4x05 网膜病损切除术
54.4x06 肠系膜病损切除术
54.4x07 骶前病损切除术
54.4x08 盆腔腹膜切除术
54.4x09 经阴道腹膜后病损切除术
54.4x10 腹腔镜下盆腔腹膜病损切除术
54.4x11 腹腔镜下腹膜病损切除术
54.4x12 腹腔镜下网膜病损切除术
54.4x13 腹腔镜下肠系膜病损切除术
54.4x14 腹腔镜下网膜部分切除术
54.4x15 腹腔镜下腹膜后病损切除术
54.4x16 腹腔镜下网膜切除术
54.5100 腹腔镜下腹膜粘连松解术
54.5100x005 腹腔镜下腹腔粘连松解术
54.5100x009 腹腔镜下盆腔粘连松解术
54.5101 腹腔镜下肠粘连松解术
54.5102 腹腔镜下网膜粘连松解术
54.5103 腹腔镜下盆腔腹膜粘连松解术
54.5900x007 盆腔腹膜粘连松解术
54.5901 腹腔粘连松解术
54.5902 腹膜粘连松解术
54.5903 肠粘连松解术
54.5904 盆腔粘连松解术
54.5905 网膜粘连松解术
54.5906 阑尾周围粘连松解术
54.6101 腹壁切口裂开缝合术
54.6301 腹壁裂伤缝合术
54.6400 腹膜缝合术
54.6401 网膜裂伤缝合术
54.7100 腹裂（畸形）修补术
54.7200x001 腹壁补片修补术
54.7300x001 腹膜组织修补术
54.7400x001 大网膜包肝术
54.7400x002 大网膜包肾术
54.7400x003 大网膜还纳术
54.7400x004 大网膜内移植术
54.7400x005 大网膜修补术
54.7400x006 生物大网膜移植术
54.7404 网膜扭转复位术
54.7500x002 肠系膜修补术
54.7501 肠系膜固定术
77.0802 跖骨死骨去除术
77.0900x004 足骨死骨去除术
77.0903 趾骨死骨去除术
77.1001 骨切开引流术
77.1700x001 胫骨开窗引流术
77.1702 胫骨减压术
77.1803 跖骨切开引流术
77.1903 趾骨切开引流术
77.2500x001 股骨截骨术
77.2500x007 股骨下端截骨术
77.2600 髌骨楔形骨切开术
77.2700x001 腓骨截骨术
77.2700x003 胫骨截骨术
77.2701 胫骨楔形截骨术
77.2702 胫骨上端高位截骨术
77.2800x002 跖骨截骨术
77.2802 跖骨楔形截骨术
77.2900x005 趾骨截骨术
77.2903 趾骨楔形截骨术
77.3701 胫骨切断术
77.3702 腓骨切断术
77.3802 跖骨切断术
77.3907 趾骨切断术
77.5900x001 踇囊切除术
77.6501 股骨病损切除术
77.6701 胫骨病损切除术
77.6702 腓骨病损切除术
77.6802 跖骨病损切除术
77.6900x007 跟骨病损切除术
77.6900x047 足骨病损切除术
77.6903 趾骨病损切除术

77.8500　股骨部分骨切除术
77.8701　胫骨部分切除术
77.8802　跖骨部分切除术
77.8900x026　足骨部分切除术
77.8904　趾骨部分切除术
77.9701　胫骨全部切除术
77.9804　跖骨切除术
77.9903　趾骨全部切除术
78.0700x007　异体胫骨上段半关节移植术
78.0700x008　异体胫骨下段半关节移植术
78.0700x009　异体腓骨移植术
78.0701　胫骨植骨术
78.0702　腓骨植骨术
78.0900x001　跟骨植骨术
78.0900x025　异体半骨盆移植术
78.0900x026　异体椎间融合骨块移植术
78.0903　趾骨植骨术
78.1701　胫骨外固定术
78.1801　跗骨外固定术
78.1802　跖骨外固定术
78.1903　趾骨外固定术
78.2902　趾骨短缩术
78.3701　胫骨延长术
78.4802　跖骨成形术
78.4900x006　趾骨矫正术
83.0100x001　肌腱探查术
83.0102　腱鞘松解术
83.0200x006　小腿减张术
83.0201　肌肉筋膜切开减压术
83.0203　肌肉切开异物取出术
83.0204　肌肉切开引流术
83.0901　筋膜切开术
83.0902　软组织探查术
83.0903　软组织切开异物取出术
83.1400x006　跖筋膜切断术
83.1402　足筋膜切断术
83.1901　肌肉松解术
83.2900x001　肌腱、血管、神经探查术
83.2900x003　足血管、神经、肌腱探查术
83.3100x001　跟腱病损切除术
83.3200　肌肉病损切除术
83.3200x012　下肢肌肉病损切除术
83.3900x017　软组织病损切除术
83.3900x064　经皮头部软组织病损纳米刀消融术
83.3900x065　经皮颈部软组织病损纳米刀消融术
83.3900x066　经皮上肢软组织病损纳米刀消融术
83.3901　肌腱病损切除术
83.3903　筋膜病损切除术
83.4202　腱鞘切除术
83.4400x003　足筋膜切除术
83.4500x001　肌肉切除术
83.4501　肌肉清创术
83.6400x013　趾肌腱缝合术
83.6401　肌腱缝合术
83.6500x016　下肢肌肉缝合术
83.6502　筋膜缝合术
83.7700x001　下肢肌肉移植术
83.7702　肌皮瓣转移术
83.7900x002　胫后肌前移术
83.8700x007　下肢肌肉成形术
83.8901　筋膜成形术
83.9101　肌腱粘连松解术
84.1101　趾关节离断术
84.1102　多趾截除术
84.1103　跖骨头截断术
84.1200　经足截断术
84.1300　踝关节离断术
84.1400　经胫骨和腓骨踝部的踝截断术
84.1500x002　经胫骨和腓骨的小腿离断术
84.1501　小腿截断术
84.1600　膝关节离断术
84.1701　大腿截断术
84.1800　髋关节离断术
84.2701　小腿断肢再植术
84.3x00　截断残端的修复术
86.0100x002　皮肤和皮下组织脓肿抽吸术
86.0100x003　皮肤和皮下组织血肿抽吸术
86.0500x007　皮下引流装置取出术
86.0502　皮肤和皮下组织异物切开取出术
86.0900x002　皮肤和皮下组织切开探查术
86.0902　皮肤窦道切开术
86.2101　藏毛囊肿切除术
86.2200x011　皮肤和皮下坏死组织切除清创术
86.2201　皮肤伤口切除性清创术
86.2202　焦痂切除术
86.2203　中医化腐清创术
86.2300x001　甲床去除术
86.2300x005　拔甲术
86.2301　指（趾）甲去除术
86.3x01　皮肤瘢痕切除术

86.3x02　皮肤病损切除术
86.3x03　皮下组织病损切除术
86.3x10x067　腔镜下皮下组织病损切除术
86.3x12　皮肤病损激光治疗
86.5900x006　皮肤缝合术
86.6301　头面颈全厚皮片移植术
86.6302　躯干全厚皮片移植术
86.6303　上肢全厚皮片移植术
86.6304　下肢全厚皮片移植术
86.6501　猪皮移植术
86.6601　同种皮片移植术
86.6701　脱细胞异体真皮植皮术
86.6702　人工皮肤移植术
86.6900x010　全厚皮片移植术
86.6901　刃厚皮片移植术
86.6902　中厚皮片移植术
86.6903　头面颈部植皮术
86.6904　躯干部植皮术
86.6905　上肢植皮术
86.6906　下肢植皮术
86.700x0013　游离皮瓣移植术
86.700x0014　皮瓣转移术
86.7100x009　皮瓣预制术
86.7101　带蒂皮瓣断蒂术
86.7102　皮管成形术
86.7103　带蒂皮瓣延迟术
86.7104　腹部埋藏皮瓣术
86.7105　带蒂皮瓣制备术
86.7200x001　带蒂皮瓣迁徙术
86.7400x026　带蒂皮瓣移植术
86.7400x031　筋膜皮瓣移植术
86.7400x032　皮下蒂皮瓣移植术
86.7400x033　岛状皮瓣移植术
86.7400x034　肌皮瓣游离移植术
86.7400x035　腓动脉穿支腓骨皮瓣游离移植修复
86.7400x036　带血管化腓骨肌皮瓣移植术
86.7400x037　腓骨肌皮瓣移植术
86.7400x038　腹股沟皮瓣转移术
86.7400x039　二级串联游离植皮术
86.7400x040　岛状皮瓣转移术
86.7400x041　皮下筋膜瓣术
86.7400x042　游离脂肪瓣移植术
86.7401　前徙皮瓣移植术
86.7402　滑动皮瓣移植术
86.7403　双带蒂皮瓣移植术
86.7404　旋转皮瓣移植术
86.7405　管状皮瓣移植术
86.7500x001　带蒂皮瓣修整术
86.7500x010　带蒂皮瓣去脂术
86.7500x011　邻近皮瓣修复术
86.7501　皮瓣清创术
86.7503　皮瓣修整术
86.7504　复杂性皮瓣、肌皮瓣、超薄皮瓣修复术
86.8300x031　脂肪垫切除术
86.8300x032　脂肪切除术
86.8301　吸脂术
86.8302　腹部吸脂术
86.8303　臀部吸脂术
86.8304　大腿吸脂术
86.8305　腹壁整形术
86.8306　腹壁去脂术
86.8900x002　面部皮肤部分切除整形术
86.8900x011　残端皮肤修整术
86.9000x001　脂肪抽吸术（用于脂肪移植）
86.9301　皮肤扩张器植入术
86.9302　皮肤扩张器调整术
86.9303　头皮扩张器植入术
86.9305　肢体皮肤扩张器植入术
86.9306　躯干皮肤扩张器植入术
88.4800x005　下肢动脉造影
88.4801　股动脉造影
88.4904　髂动脉造影
99.1001　下肢动脉溶栓术
99.1002　股动脉置管溶栓术

KR1　内分泌腺体肿瘤

包含以下主要诊断：
C48.000x002　肾上腺周围组织恶性肿瘤
C73.x00　甲状腺恶性肿瘤
C73.x00x003　甲状腺多处恶性肿瘤
C74.000　肾上腺皮质恶性肿瘤
C74.100　肾上腺髓质恶性肿瘤
C74.900　肾上腺恶性肿瘤
C75.000　甲状旁腺恶性肿瘤
C75.100　垂体恶性肿瘤
C75.800　累及多个腺体的恶性肿瘤
C75.900　内分泌腺恶性肿瘤
C79.700　肾上腺继发性恶性肿瘤
C79.800x839　松果体继发恶性肿瘤
C79.805　甲状腺继发恶性肿瘤

C79.825　垂体继发恶性肿瘤
D09.300　甲状腺和其他和未特指内分泌腺原位癌
D09.301　甲状腺原位癌
D09.302　垂体原位癌
D09.303　肾上腺原位癌
D09.304　甲状旁腺原位癌
D17.700x029　肾上腺脂肪瘤
D18.000x810　肾上腺血管瘤
D18.000x839　甲状腺血管瘤
D34.x00　甲状腺良性肿瘤
D34.x00x003　胸骨后甲状腺良性肿瘤
D34.x00x005　异位甲状腺良性肿瘤
D34.x01　甲状舌管良性肿瘤
D35.000　肾上腺良性肿瘤
D35.001　肾上腺无功能腺瘤
D35.100　甲状旁腺良性肿瘤
D35.100x002　异位甲状旁腺良性肿瘤
D35.200　垂体良性肿瘤
D35.200x004　垂体无功能良性肿瘤
D35.200x007　垂体微小良性肿瘤
D35.200x008　侵袭性垂体瘤
D35.200x009　巨大侵袭性垂体瘤
D35.200x010　垂体瘤
D35.200x011　复杂垂体瘤
D35.601　节旁体良性肿瘤
D35.800　累及多个腺体的良性肿瘤
D35.900　内分泌腺良性肿瘤
D44.000x001　甲状腺交界性肿瘤
D44.001　甲状腺肿瘤
D44.100x001　肾上腺交界性肿瘤
D44.101　肾上腺肿瘤
D44.200x001　甲状旁腺交界性肿瘤
D44.201　甲状旁腺肿瘤
D44.300x001　垂体交界性肿瘤
D44.301　垂体肿瘤
D44.800x002　多内分泌腺瘤病
D44.801　累及多个腺体肿瘤
D44.802　多发性内分泌腺瘤病
D44.900x001　内分泌腺交界性肿瘤
D44.901　内分泌腺肿瘤

KS1　糖尿病

包含以下主要诊断：
E10.000　1型糖尿病伴有昏迷
E10.000x001　1型糖尿病性高渗性高血糖状态昏迷
E10.000x002　1型糖尿病性高血糖状态昏迷
E10.000x005　1型糖尿病性乳酸性酸中毒并昏迷
E10.000x006　1型糖尿病性酮症酸中毒和乳酸性酸中毒并昏迷
E10.001　1型糖尿病性高渗性昏迷
E10.002　1型糖尿病性低血糖昏迷
E10.003　1型糖尿病性酮症酸中毒昏迷
E10.100　1型糖尿病伴有酮症酸中毒
E10.100x012　1型糖尿病性酮症
E10.100x031　1型糖尿病性乳酸性酸中毒
E10.100x051　1型糖尿病性酮症酸中毒和乳酸性酸中毒
E10.100x061　成人晚发自身免疫性糖尿病酮症
E10.101　1型糖尿病性酮症酸中毒
E10.102　1型糖尿病性乳酸酸中毒
E10.103　1型糖尿病酮症
E10.600x042　1型糖尿病性低血糖性癫痫发作
E10.600x043　1型糖尿病性低血糖症
E10.600x051　1型糖尿病伴血糖控制不佳
E10.700　1型糖尿病伴有多个并发症
E10.700x021　1型糖尿病性胰岛素抵抗
E10.700x024　1型糖尿病性内脏脂肪沉积增加
E10.700x025　1型糖尿病性黑棘皮症或血脂障碍或高胰岛素血症或肥胖症
E10.800　1型糖尿病伴有并发症
E10.900　1型糖尿病
E10.900x003　脆性糖尿病
E10.900x004　暴发性1型糖尿病
E10.901　成人隐匿性自身免疫性糖尿病
E11.000　2型糖尿病伴有昏迷
E11.000x001　2型糖尿病性高渗性高血糖状态昏迷
E11.000x005　2型糖尿病性乳酸性酸中毒并昏迷
E11.000x006　2型糖尿病性酮症酸中毒和乳酸性酸中毒并昏迷
E11.001　2型糖尿病性高渗性昏迷
E11.002　2型糖尿病性低血糖性昏迷
E11.003　2型糖尿病性酮症酸中毒昏迷
E11.100x051　2型糖尿病性酮症酸中毒和乳酸性酸中毒
E11.101　2型糖尿病性酮症酸中毒
E11.102　2型糖尿病性乳酸酸中毒
E11.103　2型糖尿病性酮症
E11.600x042　2型糖尿病性低血糖性癫痫发作
E11.600x043　2型糖尿病性低血糖症
E11.600x051　2型糖尿病伴血糖控制不佳

E11.700x011　2型糖尿病性多发性微血管并发症
E11.700x021　2型糖尿病性胰岛素抵抗
E11.700x024　2型糖尿病性内脏脂肪沉积增加
E11.700x025　2型糖尿病性黑棘皮症或血脂障碍或高胰岛素血症或肥胖症
E11.700x033　2型糖尿病伴多个并发症
E11.800　2型糖尿病伴有并发症
E11.900　2型糖尿病
E12.000　营养不良相关性糖尿病伴有昏迷
E12.100　营养不良相关性糖尿病伴有酮症酸中毒
E12.600　营养不良相关性糖尿病伴有其他特指的并发症
E12.700　营养不良相关性糖尿病伴有多个并发症
E12.800　营养不良相关性糖尿病伴有并发症
E12.900　营养不良相关性糖尿病不伴有并发症
E13.000　糖尿病伴有昏迷，其他特指的
E13.101　继发性糖尿病性酮症酸中毒
E13.102　继发性糖尿病性酮症
E13.600　糖尿病伴有其他特指的并发症，其他特指的
E13.700　糖尿病伴有多个并发症，其他特指的
E13.800　糖尿病伴并发症，其他特指的
E13.900x003　正确用药所致类固醇性糖尿病
E13.900x006　胰源性糖尿病
E13.901　肝性糖尿病
E13.902　线粒体糖尿病
E13.903　类固醇性糖尿病
E13.904　脂肪萎缩性糖尿病
E13.905　医源性糖尿病
E13.906　应激性高血糖状态
E13.907　继发性糖尿病
E14.000　糖尿病伴有昏迷
E14.000x001　糖尿病性高渗性高血糖状态昏迷
E14.000x002　糖尿病性高血糖状态昏迷
E14.000x003　糖尿病性低血糖昏迷
E14.000x004　糖尿病性酮症酸中毒并昏迷
E14.000x005　糖尿病性乳酸性酸中毒并昏迷
E14.000x006　糖尿病性酮症酸中毒和乳酸性酸中毒并昏迷
E14.100　糖尿病伴有酮症酸中毒
E14.100x012　糖尿病性酮症
E14.100x031　糖尿病性乳酸性酸中毒
E14.100x051　糖尿病性酮症酸中毒和乳酸性酸中毒
E14.600x042　糖尿病性低血糖性癫痫发作
E14.600x043　糖尿病性低血糖症
E14.600x051　糖尿病伴血糖控制不佳
E14.700　糖尿病伴有多个并发症
E14.700x011　糖尿病性多发性微血管并发症
E14.700x021　糖尿病性胰岛素抵抗
E14.700x024　糖尿病性内脏脂肪沉积增加
E14.700x025　糖尿病性黑棘皮症或血脂障碍或高胰岛素血症或肥胖症
E14.800　糖尿病伴有并发症
E14.900x001　糖尿病
E16.800x011　糖耐量受损伴周围血管病
E16.800x021　糖耐量受损伴周围血管病及坏疽
E89.800x002　肝移植术后糖尿病
R73.000　葡萄糖耐量试验异常
R73.001　化学性糖尿病
R73.002　糖尿病前期
R73.003　潜伏性糖尿病
R73.900x001　血糖升高
R81.x00x001　尿糖增高

KT1　内分泌、营养、代谢疾病

包含以下主要诊断：
E00.000　先天性碘缺乏综合征，神经病型
E00.000x002　神经病型地方性呆小病
E00.100　先天性碘缺乏综合征，黏液水肿型
E00.100x002　黏液水肿型地方性呆小病
E00.100x003　甲状腺功能减退型地方性呆小病
E00.200　先天性碘缺乏综合征，混合型
E00.200x002　混合型地方性呆小病
E00.900　先天性碘缺乏综合征
E00.900x002　先天性碘缺乏性甲状腺功能减退症
E00.900x004　地方性克汀病
E00.900x005　散发性克汀病
E00.901　呆小病
E01.000　碘缺乏相关性弥漫性（地方性）甲状腺肿
E01.000x002　碘缺乏相关性弥漫性锁骨下甲状腺肿
E01.000x003　碘缺乏相关性弥漫性胸骨后甲状腺肿
E01.100　碘缺乏相关性多结节性（地方性）甲状腺肿
E01.100x002　碘缺乏相关性多结节性胸骨后甲状腺肿
E01.100x003　碘缺乏相关性结节性甲状腺肿
E01.200　碘缺乏相关性（地方性）甲状腺肿
E01.200x001　幼年期缺碘性甲状腺肿
E01.201　地方性甲状腺肿
E01.800x002　后天性碘缺乏性甲状腺功能减退症

E01.801　碘性甲状腺功能减退
E02.x00　临床症状不明显［亚临床］的碘缺乏性甲状腺功能减退症
E03.000　先天性甲状腺功能减退症伴有弥漫性甲状腺肿
E03.000x002　先天性非毒性甲状腺肿
E03.000x004　先天性实质的甲状腺肿
E03.001　先天性甲状腺肿
E03.100　先天性甲状腺功能减退症不伴有甲状腺肿
E03.100x001　先天性甲状腺萎缩
E03.100x002　甲状腺发育不全伴黏液性水肿
E03.100x004　先天性甲状腺功能不全
E03.101　甲状腺发育不良
E03.200x003　外源性物质引起的甲状腺功能减退症
E03.201　药物性甲状腺功能减退症
E03.202　医源性甲状腺功能减退症
E03.300　感染后甲状腺功能减退症
E03.400　甲状腺萎缩（后天性）
E03.801　继发性甲状腺功能减退症
E03.802　原发性甲状腺功能减退症
E03.900　甲状腺功能减退症
E03.900x006　亚临床甲状腺功能减退
E03.901　黏液性水肿
E04.000　非毒性弥漫性甲状腺肿
E04.001　单纯性甲状腺肿
E04.100　非毒性单个甲状腺结节
E04.100x005　非毒性单结节性甲状腺肿
E04.101　甲状腺结节
E04.102　甲状腺囊肿
E04.103　胸骨后甲状腺囊肿
E04.104　胶性结节甲状腺肿
E04.200　非毒性多结节性甲状腺肿
E04.200x001　囊性甲状腺肿
E04.200x003　非毒性多个甲状腺结节
E04.201　甲状腺肿伴囊性变
E04.801　青春期甲状腺肿
E04.900x001　甲状腺肿
E04.900x006　甲状腺锥叶代偿性肿大
E04.901　胸骨后甲状腺肿
E04.902　结节性甲状腺肿
E04.903　胸骨后结节性甲状腺肿
E04.904　锁骨下甲状腺肿
E05.000　甲状腺毒症伴有弥漫性甲状腺肿
E05.001　弥漫性甲状腺肿伴甲状腺功能亢进症
E05.003　毒性弥漫性甲状腺肿
E05.100　甲状腺毒症伴有毒性单个甲状腺结节
E05.200　甲状腺毒症伴有毒性多结节性甲状腺肿
E05.200x004　高功能腺瘤伴甲状腺功能亢进症
E05.201　毒性结节性甲状腺肿
E05.202　结节性甲状腺肿伴甲状腺功能亢进症
E05.203　自主性高功能性甲状腺腺瘤伴甲状腺功能亢进症
E05.300　来自异位甲状腺组织的甲状腺毒症
E05.301　异位甲状腺肿
E05.302　纵隔甲状腺肿
E05.400　人为甲状腺毒症
E05.400x001　医源性甲状腺功能亢进症
E05.500　甲状腺危象
E05.800x001　TSH依赖性甲状腺功能亢进症
E05.800x005　亚临床甲状腺功能亢进
E05.801　促甲状腺激素分泌过度
E05.802　碘原性甲状腺功能亢进症
E05.804　药物性甲状腺功能亢进症
E05.805　原发性甲状腺功能亢进症
E05.806　促甲状腺激素不适当分泌综合征
E05.900x001　甲状腺功能亢进症
E05.905　亚临床甲状腺功能亢进症
E06.000　急性甲状腺炎
E06.000x003　化脓性甲状腺炎
E06.001　急性化脓性甲状腺炎
E06.002　甲状腺脓肿
E06.100　亚急性甲状腺炎
E06.100x001　亚急性肉芽肿性甲状腺炎
E06.100x002　亚急性甲状腺炎［德奎尔万甲状腺炎］
E06.100x003　亚急性巨细胞性甲状腺炎
E06.100x004　亚急性非化脓性甲状腺炎
E06.200　慢性甲状腺炎伴有短暂性甲状腺毒症
E06.300　自身免疫性甲状腺炎
E06.300x001　短暂性桥本甲状腺毒症
E06.300x004　淋巴瘤性甲状腺肿
E06.300x005　淋巴细胞性甲状腺炎
E06.301　淋巴细胞性甲状腺肿
E06.303　淋巴瘤性甲状腺瘤
E06.304　桥本甲状腺炎
E06.400　药物性甲状腺炎
E06.400x002　医源性甲状腺炎
E06.500x001　慢性侵袭性甲状腺炎
E06.500x002　慢性纤维性甲状腺炎
E06.500x004　甲状腺炎性包块
E06.501　里德尔甲状腺炎

E06.502 慢性甲状腺炎
E06.900 甲状腺炎
E07.000 降钙素分泌过多
E07.000x001 高降钙素血症
E07.000x002 甲状腺降钙素分泌过多
E07.001 甲状腺C细胞增生
E07.100 激素生成障碍性甲状腺肿
E07.100x002 彭德莱综合征［家族性呆小聋哑症］
E07.100x003 家族性激素生成障碍性甲状腺肿
E07.800x001 甲状腺出血
E07.800x003 甲状腺功能正常的病态综合征
E07.800x004 甲状腺激素不敏感综合征［T4抵抗综合征］
E07.800x007 甲状腺结合球蛋白异常
E07.800x009 甲状腺梗死
E07.800x011 甲状腺不典型增生
E07.801 甲状腺激素抵抗综合征
E07.802 甲状腺钙化
E07.803 甲状腺囊肿出血
E07.804 低T3综合征
E07.805 手术后甲状腺瘘
E07.806 甲状腺病态综合征
E07.901 甲状腺肿物
E15.x00x001 低血糖性昏迷
E15.x00x002 非糖尿病引起的药物性胰岛素性昏迷
E15.x00x004 胰岛素分泌过多伴低血糖性昏迷
E16.000x001 药物性低血糖
E16.100x001 反应性低血糖症［餐后低血糖症］
E16.100x002 高胰岛素血症
E16.100x004 胰岛β细胞增生
E16.100x005 功能性非高胰岛素性低血糖
E16.100x006 功能性胰岛素分泌过多
E16.100x010 自身免疫性胰岛素综合征
E16.100x013 婴儿持续性高胰岛素血症性低血糖
E16.101 反应性低血糖症
E16.102 自身免疫性低血糖症
E16.103 功能性高胰岛素血症
E16.104 功能性非胰岛素性低血糖
E16.105 胰岛素自身免疫综合征
E16.106 婴儿低血糖症
E16.109 酒精性低血糖症
E16.110 先天性高胰岛素性低血糖血症
E16.112 先天性高胰岛素血症
E16.200 低血糖
E16.300 高血糖素分泌增多
E16.300x001 胰腺内分泌细胞增生伴胰升糖素过多
E16.300x002 胰升糖素分泌过多
E16.301 胰高血糖素血症
E16.800x001 胰腺胰多肽分泌过多
E16.800x002 胰腺生长抑素分泌过多
E16.800x003 胰腺血管活性肠肽分泌过多
E16.800x004 胰腺生长激素释放激素分泌过多
E16.800x006 A型胰岛素抵抗综合征
E16.800x007 B型胰岛素抵抗综合征
E16.800x103 糖耐量受损伴内脏脂肪沉积增加
E16.800x104 糖耐量受损伴胰岛素抵抗
E16.800x105 糖耐量受损伴黑棘皮症或血脂障碍或高胰岛素血症或肥胖症
E16.800x901 糖耐量受损
E16.801 胰岛素抵抗
E16.802 胰腺生长抑素增加
E16.804 自身免疫性胰岛素受体病
E16.900x002 胰腺内分泌细胞增生
E16.901 胰岛细胞增生症
E20.000 特发性甲状旁腺功能减退症
E20.100 假性甲状旁腺功能减退症
E20.801 继发性甲状旁腺功能减退症
E20.802 先天性甲状旁腺功能减退症
E20.900 甲状旁腺功能减退症
E20.901 甲状旁腺性手足搐搦
E21.000 原发性甲状旁腺功能亢进症
E21.000x007 股骨囊性纤维性骨炎
E21.001 甲状旁腺增生
E21.002 全身囊性纤维性骨炎
E21.003 下颌骨囊性纤维性骨炎
E21.004 脊柱囊性纤维性骨炎
E21.005 上肢骨囊性纤维性骨炎
E21.006 下肢骨囊性纤维性骨炎
E21.100x001 继发性甲状旁腺功能亢进
E21.201 三发性甲状旁腺功能亢进症
E21.300 甲状旁腺功能亢进症
E21.300x002 甲状旁腺激素升高
E21.301 甲状旁腺功能亢进危象
E21.400x001 甲状旁腺出血
E21.400x003 甲状旁腺炎
E21.401 甲状旁腺囊肿
E21.402 甲状旁腺囊肿出血
E21.500 甲状旁腺的疾患
E22.000x001 垂体性巨人症
E22.000x002 生长激素生成过多

E22.000x005　垂体生长激素瘤
E22.001　肢端肥大症
E22.002　生长激素过度分泌综合征
E22.100　高催乳素血症
E22.200　抗利尿激素分泌失调综合征
E22.801　垂体多分泌功能瘤
E22.802　中枢性性早熟
E22.900　垂体功能亢进
E23.000　垂体功能减退症
E23.000x005　产后垂体前叶功能减退危象
E23.000x007　腺垂体功能减退症
E23.000x008　垂体前叶功能减退
E23.000x011　孤立性促性腺激素缺乏症
E23.000x014　停经泌乳综合征
E23.000x015　低促性腺激素性性腺功能减退症
E23.001　卡尔曼综合征
E23.002　垂体前叶功能减退危象
E23.003　全垂体功能减退症
E23.004　席恩综合征
E23.005　垂体性矮小症
E23.006　低促性腺激素性腺功能减退症
E23.007　单一性促性腺激素缺乏症
E23.008　胰岛素样生长因子1缺乏
E23.009　生长激素缺乏症
E23.010　特发性低促性腺激素性性腺功能减退症
E23.100　药物性垂体功能减退症
E23.200　尿崩症
E23.200x003　中枢性尿崩症
E23.200x005　完全性尿崩症
E23.201　脑外伤后尿崩症
E23.202　部分性垂体性尿崩症
E23.203　完全性垂体性尿崩症
E23.204　继发性尿崩症
E23.300x001　垂体功能不良
E23.301　垂体功能紊乱
E23.302　下丘脑综合征
E23.600x001　鞍区病变
E23.600x005　垂体管囊肿
E23.600x008　垂体炎
E23.600x010　垂体增大
E23.600x011　下丘脑性肥胖
E23.600x014　蝶鞍扩大
E23.600x015　反馈性垂体瘤综合征
E23.600x016　肥胖-生殖无能综合征
E23.601　垂体脓肿
E23.602　垂体卒中
E23.603　空泡蝶鞍综合征
E23.604　垂体瘢痕
E23.605　垂体性肥胖
E23.606　垂体增生
E23.607　垂体囊肿
E23.608　拉特克囊肿
E23.610　垂体钙化
E23.611　垂体出血
E23.612　垂体假腺瘤
E23.613　淋巴细胞性垂体炎
E23.614　垂体萎缩
E23.615　肉芽肿性垂体炎
E23.616　垂体柄阻断综合征
E23.617　垂体危象
E23.618　间脑综合征
E23.619　自身免疫性垂体炎
E23.700x001　垂体瘢痕形成
E23.701　垂体肿物
E24.000　垂体依赖性库欣病
E24.000x001　垂体促肾上腺皮质激素分泌过多
E24.001　垂体性嗜碱性粒细胞增多症
E24.100　纳尔逊综合征
E24.200　药物性皮质醇增多症
E24.200x001　正确用药所致药物性皮质醇增多症
E24.201　医源性库欣综合征
E24.202　类库欣综合征
E24.300　异位促肾上腺皮质激素综合征
E24.400　醇诱发的假库欣综合征
E24.800x001　原发性色素性结节状肾上腺皮质病
E24.801　糖皮质激素过度敏感综合征
E24.900　库欣综合征
E24.901　亚临床库欣综合征
E24.902　肾上腺皮质功能亢进症
E25.000x007　早熟性巨睾症
E25.000x008　盐丢失性先天性肾上腺增生
E25.001　11β-羟化酶缺陷症
E25.002　17α-羟化酶缺陷症
E25.003　21-羟化酶缺乏症
E25.004　先天性肾上腺皮质增生症
E25.005　先天性肾上腺发育不良
E25.801　假性性早熟
E25.802　女性肾上腺性假两性畸形
E25.901　肾上腺增生伴女性男性化
E25.902　肾上腺性征综合征

E25.903 男性肾上腺增生性性早熟
E26.000 原发性醛固酮过多症
E26.000x003 康恩综合征［Conn综合征］
E26.001 特发性醛固酮增多症
E26.100 继发性醛固酮过多症
E26.800x002 高肾素性醛固酮增多症
E26.801 家族性醛固酮增多症
E26.802 巴特综合征
E26.803 吉特尔曼综合征
E26.900 醛固酮过多症
E27.000x001 肾上腺皮质功能亢进
E27.000x002 促肾上腺皮质激素生成过多
E27.000x003 肾上腺皮质功能亢进危象
E27.000x011 肾上腺来源高雄激素血症
E27.001 肾上腺皮质功能亢进，与库欣综合征无关
E27.100x003 自身免疫性肾上腺炎
E27.101 艾迪生病
E27.200 艾迪生病危象
E27.200x003 肾上腺危象
E27.300 药物性肾上腺皮质功能减退症
E27.400x005 肾上腺皮质萎缩
E27.400x006 肾上腺皮质功能不全
E27.401 肾上腺出血
E27.402 肾上腺坏死
E27.403 继发性肾上腺皮质功能减退症
E27.404 三发性肾上腺皮质功能减退症
E27.405 醛固酮缺乏症
E27.406 肾上腺钙化
E27.407 肾上腺皮质功能减退症
E27.500 肾上腺髓质功能亢进
E27.500x003 儿茶酚胺分泌过多
E27.501 肾上腺髓质增生
E27.800x005 肾上腺增生
E27.800x010 肾上腺结节性增生
E27.800x012 肾上腺血肿
E27.800x021 肾上腺病变
E27.801 肾上腺囊肿
E27.802 肾上腺脓肿
E27.803 肾上腺皮质增生
E27.804 肾上腺炎
E27.805 肾上腺皮质结节样增生
E27.806 皮质醇结合球蛋白异常
E27.807 大结节性肾上腺皮质增生
E27.808 原发性色素性结节性肾上腺皮质增生
E27.809 肾上腺囊肿伴囊内出血
E27.810 肾上腺假性囊肿
E27.901 肾上腺肿物
E30.000 青春期延迟
E30.000x003 性发育迟缓
E30.001 第二性征发育不全
E30.002 幼稚型子宫
E30.100 性早熟
E30.100x002 真性性早熟
E30.101 周围性性早熟
E30.102 早发月经
E30.103 青春期发育过早
E30.801 乳腺过早发育
E31.000 自身免疫性多腺体衰竭
E31.001 施密特综合征
E31.002 自身免疫性多内分泌腺病综合征
E31.100 多腺体功能亢进
E31.800 多腺体功能障碍，其他的
E31.900 多腺体功能障碍
E31.901 多发性内分泌腺病
E34.000 类癌瘤综合征
E34.100 肠激素分泌过多，其他的
E34.200 异位激素分泌，不可归类在他处者
E34.300x002 侏儒症
E34.300x003 体质性身材矮小症
E34.300x006 社会心理性矮小症
E34.301 矮小症
E34.302 家族性身材矮小症
E34.303 原基性矮小症
E34.304 生长激素不反应性侏儒症
E34.305 拉伦氏综合征
E34.400 体质性高身材
E34.500 雄激素抵抗综合征
E34.500x001 睾丸女性化
E34.500x002 男性假两性畸形伴睾丸女性化
E34.500x005 男性假两性同体伴雄激素抵抗
E34.501 赖芬斯坦综合征
E34.800x006 妖精貌综合征
E34.801 松果体囊肿
E34.802 松果体功能障碍
E34.803 早老症
E34.804 多诺霍综合征
E34.805 松果体区肿物
E34.900x003 激素失调
E34.903 内分泌功能障碍
E89.000 操作后甲状腺功能减退症

E89.001　手术后甲状腺功能减退
E89.002　放射后甲状腺功能减退
E89.100　操作后血内胰岛素不足
E89.101　手术后低血糖昏迷
E89.200x001　甲状旁腺缺失性手足搐搦
E89.201　手术后甲状旁腺功能减退
E89.300x002　医源性垂体功能减退症
E89.300x003　放射后垂体功能减退症
E89.301　手术后垂体功能减退
E89.302　后天性垂体缺失
E89.303　手术后尿崩症
E89.601　手术后肾上腺皮质功能减退
E89.801　血透失衡综合征
N25.801　继发性肾源性甲状旁腺功能亢进
Q85.900x006　甲状腺错构瘤
Q87.800x911　劳-穆-比［Laurence-Moon-Biedl］综合征
Q87.807　性幼稚-肥胖-多趾畸形综合征
Q89.100　肾上腺先天性畸形
Q89.101　异位肾上腺
Q89.200x012　先天性垂体发育异常
Q89.200x203　副甲状腺
Q89.200x204　甲状腺下降不全
Q89.201　垂体发育不良
Q89.203　异位甲状腺
Q89.205　异位甲状旁腺
Q89.206　甲状舌管瘘
Q89.207　异位垂体
Q90.000　三体性21，减数分裂不分离，唐氏综合征
R94.600　甲状腺功能检查的异常结果
R94.801　基础代谢率异常
S37.803　肾上腺损伤

KU1　营养失调

包含以下主要诊断：
E40.x00　夸希奥科病［恶性营养不良病］
E41.x00　营养性消瘦
E41.x01　重度营养不良伴消瘦
E42.x00　消瘦性夸希奥科病
E43.x00　重度蛋白质-能量营养不良
E43.x00x001　严重营养不良
E43.x00x002　营养性水肿
E44.000　中度蛋白质-能量营养不良
E44.100　轻度蛋白质-能量营养不良
E45.x00　继后于蛋白质-能量营养不良的发育迟缓
E45.x00x003　营养不良性身材矮小
E46.x00x002　低蛋白性营养不良
E46.x00x003　营养不良
E46.x00x004　铜蓝蛋白降低
E46.x00x005　蛋白质-能量失衡
E46.x01　蛋白缺乏
E50.100x001+H13.8*　少年儿童的比托斑点
E50.900　维生素A缺乏病
E51.800　硫胺素缺乏的其他表现
E51.900　硫胺素缺乏
E51.900x001　维生素B1缺乏［硫胺素缺乏］
E52.x00x003　眼睑粟粒红斑［睑糙皮病］
E53.000　核黄素缺乏
E53.100　吡哆醇缺乏
E53.100x001　维生素B6缺乏
E53.800x010　叶酸盐缺乏
E53.800x011　生物素缺乏
E53.800x012　氰钴胺素缺乏
E53.800x013　泛酸缺乏
E53.802　叶酸缺乏症
E53.804　维生素B12缺乏症
E53.900　维生素B缺乏病
E53.901　复合性维生素B缺乏症
E54.x00　抗坏血酸缺乏
E55.002　维生素D缺乏性手足搐搦症
E55.900　维生素D缺乏病
E56.000　维生素E缺乏病
E56.100　维生素K缺乏病
E56.800x001　维生素P缺乏
E56.900　维生素缺乏病
E58.x00　饮食性钙缺乏
E59.x00　饮食性硒缺乏
E59.x01　克山病
E60.x00　饮食性锌缺乏
E61.000　铜缺乏
E61.100　铁缺乏
E61.200　镁缺乏
E61.300　锰缺乏
E61.400　铬缺乏
E61.500　钼缺乏
E61.600　钒缺乏
E61.700　多种营养元素缺乏
E61.800　营养元素缺乏，其他特指的
E61.900　营养元素缺乏
E63.000　必需脂肪酸［EFA］缺乏

E63.100　摄入食物结构失衡
E63.800　营养缺乏，其他特指的
E63.900　营养缺乏
E64.000　蛋白质-能量营养不良后遗症
E64.100　维生素A缺乏后遗症
E64.200　维生素C缺乏后遗症
E64.800　营养缺乏后遗症，其他的
E64.900　营养缺乏后遗症
E67.800　营养过度，其他特指的
E68.x00　营养过度后遗症
E78.601　载脂蛋白B缺乏
E80.700　胆红素代谢紊乱
E83.800　矿物质代谢紊乱，其他的
E84.801　囊性纤维化伴混合表现
R63.801　营养风险
R64.x00　恶病质

KV1　先天性代谢异常

包含以下主要诊断：
D81.300　腺苷脱氨酶［ADA］缺乏
D81.500　嘌呤核苷磷酸化酶［PNP］缺乏
E16.803　代谢综合征
E70.000　典型的苯丙酮酸尿
E70.000x002　苯丙酮酸性精神幼稚病
E70.100x001　苯丙酮尿症
E70.100x004　苯丙氨酸羟化酶缺乏症
E70.101　高苯丙氨酸血症
E70.102　四氢生物蝶呤缺乏症
E70.200　酪氨酸代谢紊乱
E70.201　高酪氨酸血症
E70.202　黑尿酸症
E70.203　褐黄病
E70.204　酪氨酸尿症
E70.205　原发性酪氨酸血症
E70.300　白化病
E70.300x003　切迪阿克-施泰因布林克-东综合征［Chediak-Steinbrinck-Higashi综合征］
E70.300x004　克罗斯综合征［Cross综合征］
E70.300x005　赫日曼斯基-普德拉克综合征［Hermansky-Pudlak综合征］
E70.301　瓦登伯格综合征
E70.800x001　组氨酸血症
E70.800x002　色氨酸代谢紊乱
E70.800x003　组氨酸代谢紊乱
E70.900　芳香氨基酸代谢紊乱
E71.000　槭糖尿病
E71.100x003　高缬氨酸血症
E71.100x004　异缬氨酸血症
E71.100x005　甲基丙二酸尿症
E71.101　丙酸血症
E71.102　甲基丙二酸血症
E71.103　异戊酸血症
E71.200　支链氨基酸代谢紊乱
E72.001　甘氨酸尿症
E72.002　范科尼综合征
E72.003　胱氨酸尿症
E72.004　哈特纳普病
E72.005　洛氏综合征
E72.100x003　胱硫醚尿症
E72.100x004　高胱氨酸尿症
E72.100x005　蛋氨酸血症
E72.100x006　亚硫酸盐氧化酶缺乏症
E72.100x007　同型半胱氨酸尿症
E72.101　高同型半胱氨酸血症
E72.102　同型半胱氨酸血症
E72.200x002　一过性高氨血症
E72.200x004　精氨酸血症
E72.200x007　先天性高氨血症
E72.200x008　尿素循环障碍
E72.201　高氨血症
E72.202　瓜氨酸血症
E72.203　精氨基琥珀酸尿症
E72.204　精氨酸酶缺乏症
E72.205　N-乙酰谷氨酸合成酶缺乏症
E72.300x001　羟赖氨酸血症
E72.300x002　高赖氨酸血症
E72.301　羟赖氨酸代谢紊乱
E72.302　戊二酸血症
E72.303　戊二酸尿症
E72.304　戊二酸血症Ⅰ型
E72.305　戊二酸血症Ⅱ型
E72.306　戊二酸血症Ⅲ型
E72.400　鸟氨酸代谢紊乱
E72.400x001　鸟氨酸血症Ⅰ型
E72.400x002　鸟氨酸血症Ⅱ型
E72.401　高鸟胺酸血症-高氨血症-高瓜胺酸血症候群
E72.402　鸟氨酸氨甲酰基转移酶缺乏症
E72.500　甘油酸代谢紊乱
E72.500x001　高羟氨酸血症

E72.500x002　高脯氨酸血症Ⅰ型
E72.500x003　高脯氨酸血症Ⅱ型
E72.500x004　非酮病性高甘胺酸血症
E72.500x005　肌氨酸血症
E72.800x001　脲环代谢紊乱
E72.800x002　直链氨基酸代谢障碍
E72.800x004　β氨基酸代谢紊乱
E72.800x005　γ氨基酸代谢紊乱
E72.900x002　氨基酸尿
E72.900x004　低氨基酸尿症
E72.900x006　氨基酸代谢病
E72.901　低氨基酸血症
E72.902　高氨基酸尿症
E74.000　糖原贮积病
E74.000x006　肝磷酸化酶缺乏
E74.000x007　安德森病
E74.000x008　科里病
E74.000x009　福布斯病
E74.000x010　赫尔病
E74.000x011　麦卡德尔病
E74.000x012　蓬佩病
E74.000x013　冯-吉尔克病
E74.000x016+I43.1*　Danon病
E74.001　Ⅰ型糖原贮积症
E74.002　葡萄糖-6-磷酸酶缺乏
E74.003　Ⅱ型糖原贮积症
E74.004　Ⅲ型糖原贮积症
E74.005　Ⅴ型糖原贮积症
E74.009　Ⅶ型糖原贮积症
E74.100　果糖代谢紊乱
E74.100x002　原发性果糖尿症
E74.100x004　果糖-1，6-二磷酸缺乏
E74.101　遗传性果糖不耐受症
E74.200　半乳糖代谢紊乱
E74.200x002　半乳糖激酶缺乏
E74.201　半乳糖血症
E74.300x001　葡萄糖及半乳糖吸收不良
E74.300x002　肠二糖酶缺乏及二糖吸收不良
E74.300x003　蔗糖酶缺乏
E74.400　丙酮酸盐代谢和糖异生紊乱
E74.400x005　丙酮酸脱羧酶缺乏
E74.401　丙酮酸羧化酶缺乏
E74.402　磷酸烯醇丙酮酸羧激酶缺乏
E74.403　丙酮酸脱氢酶缺乏
E74.800x006　高乳酸血症
E74.800x007　葡萄糖转运体1缺陷
E74.801　肾性糖尿
E74.802　原发性戊糖尿
E74.803　草酸盐沉着症
E74.804　草酸尿
E74.900x002　多羧酶缺乏
E74.901　糖代谢紊乱
E75.500x001　中性脂质贮积病
E75.501　黄色瘤
E75.502　幼年性黄色瘤
E75.503　原发性家族性黄瘤病
E75.504　脑腱胆固醇沉着病
E75.505　沃尔曼病
E75.600x001　脂贮积病
E76.000　黏多糖贮积症，Ⅰ型
E76.100　黏多糖贮积症，Ⅱ型
E76.200x001　黏多糖贮积病Ⅲ型
E76.200x002　B型圣菲利浦综合征
E76.200x003　C型圣菲利浦综合征
E76.200x004　D型圣菲利浦综合征
E76.200x006　黏多糖贮积病Ⅵ型
E76.200x007　黏多糖贮积病Ⅶ型
E76.200x008　类似莫固综合征
E76.200x009　典型莫固综合征
E76.200x010　轻度马罗托-拉米综合征
E76.200x011　重度马罗托-拉米综合征
E76.200x012　β葡萄糖醛酸酶缺乏
E76.201　黏多糖贮积症，Ⅳ型
E76.300　黏多糖贮积症
E76.800　糖胺聚糖代谢紊乱，其他的
E76.900x001　氨基葡聚糖代谢紊乱
E77.000　溶酶体酶翻译后修饰缺陷
E77.000x002　黏脂贮积病Ⅱ型［I细胞病］
E77.000x003　黏脂贮积病Ⅲ型［假胡勒多种营养不良］
E77.100x002　天冬氨酰葡萄糖胺尿症
E77.100x003　岩藻糖苷贮积病
E77.100x004　甘露糖苷过多症
E77.100x005　黏脂贮积病Ⅰ型［唾液酸沉积病］
E77.100x006　β-甘露糖苷酶缺失
E77.801　低蛋白血症
E77.900　糖蛋白代谢紊乱
E78.000　纯高胆固醇血症
E78.000x003　A族高脂血症
E78.000x004　高β脂蛋白血症

E78.000x005 弗雷德里克森高脂蛋白血症Ⅱa型
E78.000x006 低密度脂蛋白型高脂蛋白血症
E78.000x007 胆固醇综合征
E78.001 家族性高胆固醇血症
E78.002 高低密度脂蛋白胆固醇血症
E78.003 纯合子家族性高胆固醇血症
E78.100 纯高甘油酯血症
E78.100x002 极低密度脂蛋白型高脂蛋白血症
E78.100x003 高前β脂蛋白血症
E78.100x004 内源性高甘油酯血症
E78.100x005 B族高脂血症
E78.100x007 弗雷德里克森高脂蛋白血症Ⅳ型
E78.100x008 家族性高甘油三酯血症
E78.200 混合性高脂血症
E78.200x008 高胆固醇血症伴内源性高甘油酯血症
E78.200x012 弗雷德里克森高脂蛋白血症Ⅲ型
E78.201 结节性黄色瘤
E78.202 扁平黄色瘤
E78.204 悬浮β脂蛋白血症
E78.205 高β脂蛋白血症伴高前β脂蛋白血症
E78.206 播散性黄色瘤
E78.207 疹性黄色瘤
E78.208 高脂血症C族
E78.209 Ⅱb型弗雷德里克森高脂蛋白血症
E78.210 结节疹性黄色瘤
E78.300x001 混合型高甘油酯血症
E78.300x002 弗雷德里克森高脂蛋白血症Ⅰ型
E78.300x003 弗雷德里克森高脂蛋白血症Ⅴ型
E78.300x004 D族高脂血症
E78.401 家族性混合性高脂血症
E78.402 谷固醇血症
E78.500 高脂血症
E78.500x001 高脂异常综合征
E78.600 脂蛋白缺乏
E78.600x001 棘红细胞增多症
E78.600x003 卵磷脂胆固醇酰基转移酶缺乏
E78.600x006 高密度脂蛋白缺乏
E78.600x007 低α脂蛋白血症
E78.600x008 丹吉尔病
E78.600x009 低β脂蛋白血症
E78.600x010 家族性低β脂蛋白血症
E78.600x011 低胆固醇血症
E78.602 无β脂蛋白血症
E78.800x002 脂性乌尔巴赫蛋白沉积症
E78.801 脂肪肉芽肿病
E78.900 脂蛋白代谢紊乱
E78.901 骨软骨营养不良
E79.001 高尿酸血症
E79.100 莱施-尼汉综合征
E79.800x001 遗传性黄嘌呤尿
E79.900 嘌呤和嘧啶代谢紊乱
E80.300x001 过氧化氢酶缺乏
E80.301 过氧化物酶缺乏
E80.302 δ-氨基酮戊酸脱水酶缺陷型卟啉病
E83.000 铜代谢紊乱
E83.000x005 毛发纽结型门克病
E83.000x006 坚硬发型门克病
E83.002 门克斯综合征
E83.100 铁代谢紊乱
E83.200 锌代谢紊乱
E83.200x002 高锌血症
E83.300x010 家族性低磷酸盐血症
E83.300x014 低磷酸脂酶症
E83.300x021+M90.8* 低磷抗D性软骨病
E83.301 高磷尿症
E83.302 酸性磷酸酶缺乏
E83.303 磷代谢紊乱
E83.304 低磷血症
E83.305 磷酸酶过少症
E83.306 低碱性磷酸酶血症
E83.309 高磷酸盐血症
E83.403 遗传性低镁血症
E83.500x001 低钙血性惊厥
E83.500x007 特发性高钙尿症
E83.500x008 家族性低尿钙性高钙血症
E83.500x009 钙质沉着症
E83.500x011 肿瘤样钙盐沉着症
E83.900 矿物质代谢紊乱
E88.000x002 α1-抗胰蛋白酶缺乏症
E88.000x003 双白蛋白血症
E88.001 高蛋白血症
E88.100x001 部分性脂肪营养不良
E88.100x002 进行性脂肪营养不良
E88.100x004 脂肪营养不良
E88.100x005 胰岛素性脂肪营养不良
E88.100x006 蛋白酶抑制剂相关性脂肪营养不良
E88.101 全身性脂肪营养不良
E88.202 疼痛性脂肪过多症
E88.203 脂肪堆积
E88.300 肿瘤溶解综合征

E88.800x004　三甲胺尿症
E88.800x005　洛奴瓦-邦索德腺脂瘤病
E88.800x007　还原型烟酰胺腺嘌呤二核苷酸-辅酶Q还原酶缺乏
E88.800x008　还原辅酶Q-细胞色素水解酶还原酶缺乏
E88.800x009　琥珀酸-辅酶Q还原酶缺乏
E88.800x013　希特林蛋白缺乏症
E88.801　霍法病
E88.802　酮症
E88.803　饥饿性酮症
E88.804　良性对称性脂肪瘤病
E88.806　线粒体DNA缺失
E88.807　β-酮硫解酶缺乏症
E88.900x010　先天性遗传代谢病［先天性代谢缺陷］
E88.901　代谢障碍
E88.903　遗传性代谢病
Q87.100x904　面部红斑侏儒综合征［Bloom综合征］
R74.800x009　高脂肪酶血症

KZ1　其他代谢疾病

包含以下主要诊断：
D35.700　内分泌腺良性肿瘤，其他特指的
D44.800　累及多个腺体动态未定或动态未知的肿瘤
E10.500x021+I79.2*　1型糖尿病性周围血管病及坏疽
E10.500x043　1型糖尿病性下肢溃疡
E10.500x044　1型糖尿病性足坏疽
E10.500x045　1型糖尿病性急性皮肤坏疽
E10.500x046　1型糖尿病性细菌性坏疽
E10.500x047　1型糖尿病性溶血性坏疽
E10.500x048　1型糖尿病性富尼埃坏疽
E10.500x049　1型糖尿病性曼莱尼坏疽
E10.500x051　1型糖尿病性下肢感染
E10.501+I79.2*　1型糖尿病性周围血管病变
E10.503　1型糖尿病性足病
E10.504　1型糖尿病性溃疡
E10.505　1型糖尿病性坏疽
E10.600x910　1型糖尿病性肌坏死
E10.600x911　1型糖尿病性坏死性筋膜炎
E10.600x920　1型糖尿病性无菌性肌坏死
E10.600x930　1型糖尿病性缺血性肌坏死
E10.700x031　1型糖尿病性足溃疡和周围血管病
E10.700x032　1型糖尿病性足溃疡和周围神经病
E11.400x311+G99.0*　2型糖尿病性体位性低血压
E11.500x043　2型糖尿病性下肢溃疡
E11.500x044　2型糖尿病性足坏疽
E11.500x045　2型糖尿病性急性皮肤坏疽
E11.500x046　2型糖尿病性细菌性坏疽
E11.500x047　2型糖尿病性溶血性坏疽
E11.500x048　2型糖尿病性富尼埃坏疽
E11.500x049　2型糖尿病性曼莱尼坏疽
E11.500x051　2型糖尿病性下肢感染
E11.503　2型糖尿病足病
E11.504　2型糖尿病性溃疡
E11.505　2型糖尿病性坏疽
E11.600x910　2型糖尿病性肌坏死
E11.600x911　2型糖尿病性坏死性筋膜炎
E11.600x920　2型糖尿病性无菌性肌坏死
E11.600x930　2型糖尿病性缺血性肌坏死
E11.700x031　2型糖尿病性足溃疡和周围血管病
E11.700x032　2型糖尿病性足溃疡和周围神经病
E12.500　营养不良相关性糖尿病伴有周围循环并发症
E14.500x011+I79.2*　糖尿病性周围血管病
E14.500x021+I79.2*　糖尿病性周围血管病及坏疽
E14.500x041　糖尿病性溃疡
E14.500x042　糖尿病性坏疽
E14.500x043　糖尿病性下肢溃疡
E14.500x044　糖尿病性足坏疽
E14.500x045　糖尿病性急性皮肤坏疽
E14.500x046　糖尿病性细菌性坏疽
E14.500x047　糖尿病性溶血性坏疽
E14.500x048　糖尿病性富尼埃坏疽
E14.500x049　糖尿病性曼莱尼坏疽
E14.500x050　糖尿病足
E14.500x051　糖尿病性下肢感染
E14.600x910　糖尿病性肌坏死
E14.600x911　糖尿病性坏死性筋膜炎
E14.600x920　糖尿病性无菌性肌坏死
E14.600x930　糖尿病性缺血性肌坏死
E14.700x031　糖尿病性足溃疡和周围血管病
E14.700x032　糖尿病性足溃疡和周围神经病
E52.x00　烟酸缺乏［糙皮病］
E52.x00x002　酒精性糙皮病
E65.x00x002　局部性肥胖症
E65.x00x010　肩部脂肪增多症
E65.x00x011　腋部脂肪增多症
E65.x00x013　小腿脂肪增多症
E65.x01　腰部脂肪堆积

E65.x02　背部脂肪堆积
E65.x03　上肢脂肪堆积
E65.x04　脂肪垫
E65.x05　下颌脂肪袋
E65.x07　颈部脂肪堆积
E65.x08　面颊脂肪堆积
E65.x09　大腿脂肪堆积
E65.x10　腹部脂肪堆积
E65.x11　臀部脂肪堆积
E65.x12　盆腔脂肪增多症
E65.x13　硬膜外脂肪过多症
E66.000　过度热能引起的肥胖症
E66.100　药物性肥胖症
E66.200　极度肥胖症伴有小泡性肺换气不足
E66.201　极度肥胖伴低通气综合征
E66.801　病态性肥胖
E66.900　肥胖症
E66.900x001　单纯性肥胖
E66.901　重度肥胖
E67.000　维生素A过多症
E67.100　高胡萝卜素血症
E67.200　大剂量维生素B6综合征
E67.300　维生素D过多症
E71.300　脂肪酸代谢紊乱
E71.300x005　继发性肉碱缺乏症
E71.300x011　肾上腺脑白质营养不良［Addison-Schilder综合征］
E71.302　原发性肉碱缺乏症
E71.304　肉毒碱棕榈酰转移酶缺乏症
E71.305　极长链酰基辅酶A脱氢酶缺陷症
E71.307　中链酰基辅酶A脱氢酶缺乏症
E71.308　极长链酰基辅酶A脱氢酶缺乏症
E71.309　长链3-羟酰基辅酶A脱氢酶缺乏症
E71.310　多种酰基辅酶A脱氢酶缺乏症
E83.300x007　抗维生素D性佝偻病
E83.401　低镁血症
E83.402　高镁血症
E83.501　高钙危象
E83.502　高钙血症
E83.503　低钙血症
E83.504　高钙尿症
E84.900　囊性纤维化病
E85.200x001　家族遗传性淀粉样变性
E85.300x002　继发性淀粉样变性
E85.300x003　透析相关性淀粉样变病
E85.400x014　局限性淀粉样变性
E85.406　淀粉样变甲状腺损害
E85.800　淀粉样变，其他的
E85.901　原发性淀粉样变性
E86.x00x001　低血容量
E86.x00x003　细胞外液缺失
E86.x00x004　血浆容量缺失
E86.x01　脱水
E87.001　高钠血症
E87.101　脑耗盐综合征
E87.102　低钠血症
E87.200x002　高血氯性酸中毒
E87.201　代谢性酸中毒
E87.202　混合性酸中毒
E87.203　呼吸性酸中毒
E87.204　乳酸性酸中毒
E87.205　有机酸血症
E87.206　先天性高乳酸血症
E87.301　代谢性碱中毒
E87.302　低钾性碱中毒
E87.303　呼吸性碱中毒
E87.400　混合性酸碱平衡失调
E87.500　高钾血症
E87.501　假性低醛固酮血症
E87.600　低钾血症
E87.600x002　低钾性抽搐
E87.600x003　钾缺乏
E87.600x004　低钾性肌病
E87.700　体液过多
E87.701　水中毒
E87.800x004　低钾钠氯综合征
E87.801　电解质代谢紊乱
E87.802　高氯血症
E87.803　低氯血症
E89.102　手术后低胰岛素血症
E89.800x003　肝移植术后高脂血症
R29.000　手足搐搦
R79.801　丙酮血症
R82.400　丙酮尿
R82.401　酮尿
R94.700　内分泌功能检查的异常结果，其他的

MDCL 泌尿系统疾病及功能障碍

主诊表

包含以下主要诊断：
A02.205+N16.0* 沙门菌性肾小管-间质病变
A40.901+N08.0* 链球菌性脓毒症性肾小球病变
A41.902+N08.0* 脓毒症性肾小球病变
B65.002+N22.0* 血吸虫病性尿结石
C48.001 肾周恶性肿瘤
C64.x00x001 肾恶性肿瘤
C64.x00x003 双侧肾恶性肿瘤
C64.x00x004 肾多处恶性肿瘤
C65.x00 肾盂恶性肿瘤
C65.x01 肾盂输尿管连接处恶性肿瘤
C65.x02 肾盏恶性肿瘤
C66.x00 输尿管恶性肿瘤
C66.x00x002 双侧输尿管恶性肿瘤
C66.x00x003 输尿管多处恶性肿瘤
C67.000 膀胱三角区恶性肿瘤
C67.100 膀胱顶恶性肿瘤
C67.200 膀胱侧壁恶性肿瘤
C67.300 膀胱前壁恶性肿瘤
C67.400 膀胱后壁恶性肿瘤
C67.500 膀胱颈恶性肿瘤
C67.501 尿道内口恶性肿瘤
C67.600 输尿管口恶性肿瘤
C67.700 脐尿管恶性肿瘤
C67.800 膀胱交搭跨越恶性肿瘤的损害
C67.900 膀胱恶性肿瘤
C67.900x002 膀胱多处恶性肿瘤
C68.000 尿道恶性肿瘤
C68.100 尿道旁腺恶性肿瘤
C68.800 泌尿器官交搭跨越恶性肿瘤的损害
C68.800x003 膀胱和尿道及前列腺恶性肿瘤
C68.801 肾输尿管恶性肿瘤
C68.802 肾盂膀胱恶性肿瘤
C68.803 膀胱尿道恶性肿瘤
C68.804 输尿管膀胱恶性肿瘤
C68.805 肾盂输尿管恶性肿瘤
C68.900 泌尿器官恶性肿瘤
C76.301 膀胱直肠隔恶性肿瘤
C76.303 会阴部恶性肿瘤
C79.000x001 肾继发恶性肿瘤
C79.001 肾盂继发恶性肿瘤
C79.100x002 泌尿系统继发恶性肿瘤
C79.101 膀胱继发恶性肿瘤
C79.102 输尿管继发恶性肿瘤
C79.103 尿道继发恶性肿瘤
C90.004+N16.1* 多发性骨髓瘤伴肾小管间质病
C90.005+N08.1* 骨髓瘤伴肾小球病变
C95.900x017+N16.1* 白血病致肾小管间质疾患伴缓解
D09.000 膀胱原位癌
D09.100x001 尿道原位癌
D09.101 肾原位癌
D09.102 肾盂原位癌
D09.103 输尿管原位癌
D09.104 泌尿器官原位癌
D17.700x016 肾脂肪瘤
D18.000x806 尿道口血管瘤
D18.000x811 肾血管瘤
D18.000x819 膀胱血管瘤
D21.506 膀胱直肠结缔组织良性肿瘤
D30.000 肾良性肿瘤
D30.100 肾盂良性肿瘤
D30.200 输尿管良性肿瘤
D30.300 膀胱良性肿瘤
D30.301 膀胱尿道口良性肿瘤
D30.302 膀胱输尿管口良性肿瘤
D30.400 尿道良性肿瘤
D30.701 尿道旁腺良性肿瘤
D30.900 泌尿器官良性肿瘤
D41.000x001 肾交界性肿瘤
D41.001 肾肿瘤
D41.100x001 肾盂交界性肿瘤
D41.101 肾盂肿瘤
D41.200x001 输尿管交界性肿瘤
D41.201 输尿管肿瘤
D41.300x001 尿道交界性肿瘤
D41.301 尿道肿瘤
D41.400x001 膀胱交界性肿瘤
D41.400x004 膀胱息肉
D41.401 膀胱肿瘤
D41.700 泌尿器官动态未定或动态未知的肿瘤，其他的
D41.900x001 泌尿生殖系统交界性肿瘤
D41.901 泌尿系统肿瘤
D69.005+N08.2* 肾型过敏性紫癜
D89.101+N08.2* 冷球蛋白血症性肾小球肾炎

E10.200x011+N08.3*　1型糖尿病性前期肾病
E10.200x012+N08.3*　1型糖尿病性前期肾小球肾病
E10.200x013+N08.3*　1型糖尿病性前期基膜肥厚性肾小球肾病
E10.200x014+N08.3*　1型糖尿病性前期肾小球系膜增殖性肾病
E10.200x015+N08.3*　1型糖尿病性前期可逆的肾病
E10.200x016+N08.3*　1型糖尿病性前期微白蛋白尿
E10.200x017+N08.3*　1型糖尿病性前期持续性微白蛋白尿
E10.200x023+N08.3*　1型糖尿病性肾小球硬化症
E10.200x024+N08.3*　1型糖尿病性弥漫性肾小球硬化症
E10.200x025+N08.3*　1型糖尿病性结节性肾小球硬化症
E10.200x026+N08.3*　1型糖尿病性难愈性肾小球硬化症
E10.200x027+N08.3*　1型糖尿病性大量白蛋白尿
E10.200x028+N08.3*　1型糖尿病性递进性肾病
E10.200x029+N08.3*　1型糖尿病性毛细管间性肾小球硬化症
E10.200x030+N08.3*　1型糖尿病性持续蛋白尿
E10.200x031+N29.8*　1型糖尿病性终末期肾脏病
E10.200x091+N08.3*　1型糖尿病性急性肾功能衰竭
E10.200x092+N08.3*　1型糖尿病性髓质乳头坏死
E10.200x211+N08.3*　1型糖尿病肾病Ⅰ期
E10.200x212+N08.3*　1型糖尿病肾病Ⅱ期
E10.200x213+N08.3*　1型糖尿病肾病Ⅲ期
E10.200x214+N08.3*　1型糖尿病肾病Ⅳ期
E10.200x215+N08.3*　1型糖尿病肾病Ⅴ期
E10.201+N08.3*　1型糖尿病性肾病
E10.400x381+N33.8*　1型糖尿病神经源性膀胱炎
E10.404+G99.0*　1型糖尿病性神经源性膀胱
E11.200x011+N08.3*　2型糖尿病性前期肾病
E11.200x012+N08.3*　2型糖尿病性前期肾小球肾病
E11.200x013+N08.3*　2型糖尿病性前期基膜肥厚性肾小球肾病
E11.200x014+N08.3*　2型糖尿病性前期肾小球系膜增殖性肾病
E11.200x015+N08.3*　2型糖尿病性前期可逆的肾病
E11.200x016+N08.3*　2型糖尿病性前期微白蛋白尿
E11.200x017+N08.3*　2型糖尿病性前期持续性微白蛋白尿
E11.200x023+N08.3*　2型糖尿病性肾小球硬化症
E11.200x024+N08.3*　2型糖尿病性弥漫性肾小球硬化症
E11.200x025+N08.3*　2型糖尿病性结节性肾小球硬化症
E11.200x026+N08.3*　2型糖尿病性难愈性肾小球硬化症
E11.200x027+N08.3*　2型糖尿病性大量白蛋白尿
E11.200x028+N08.3*　2型糖尿病性递进性肾病
E11.200x029+N08.3*　2型糖尿病性毛细管间性肾小球硬化症
E11.200x030+N08.3*　2型糖尿病性持续蛋白尿
E11.200x031+N29.8*　2型糖尿病性终末期肾脏病
E11.200x091+N08.3*　2型糖尿病性急性肾功能衰竭
E11.200x092+N08.3*　2型糖尿病性髓质乳头坏死
E11.200x211+N08.3*　2型糖尿病肾病Ⅰ期
E11.200x212+N08.3*　2型糖尿病肾病Ⅱ期
E11.200x213+N08.3*　2型糖尿病肾病Ⅲ期
E11.200x214+N08.3*　2型糖尿病肾病Ⅳ期
E11.200x215+N08.3*　2型糖尿病肾病Ⅴ期
E11.201+N08.3*　2型糖尿病性肾病
E11.400x380+G99.0*　2型糖尿病性膀胱张力减弱
E11.400x381+N33.8*　2型糖尿病神经源性膀胱炎
E11.404+G99.0*　2型糖尿病性神经源性膀胱
E12.200　营养不良相关性糖尿病伴有肾的并发症
E12.400x002+N33.8*　营养不良相关性糖尿病伴神经源性膀胱炎
E13.200x521+N08.3*　青少年发病的成人型糖尿病性肾病
E13.201+N08.3*　脂肪萎缩性糖尿病性肾病
E14.200x011+N08.3*　糖尿病性前期肾病
E14.200x012+N08.3*　糖尿病性前期肾小球肾病
E14.200x013+N08.3*　糖尿病性前期基膜肥厚性肾小球肾病
E14.200x014+N08.3*　糖尿病性前期肾小球系膜增殖性肾病
E14.200x015+N08.3*　糖尿病性前期可逆的肾病
E14.200x016+N08.3*　糖尿病性前期微白蛋白尿
E14.200x017+N08.3*　糖尿病性前期持续性微白蛋白尿
E14.200x021+N08.3*　糖尿病性肾病
E14.200x023+N08.3*　糖尿病性肾小球硬化症
E14.200x024+N08.3*　糖尿病性弥漫性肾小球硬化症
E14.200x025+N08.3*　糖尿病性结节性肾小球硬化症
E14.200x026+N08.3*　糖尿病性难愈性肾小球硬化症
E14.200x027+N08.3*　糖尿病性大量白蛋白尿

E14.200x028+N08.3* 糖尿病性递进性肾病
E14.200x029+N08.3* 糖尿病性毛细管间性肾小球硬化症
E14.200x030+N08.3* 糖尿病性持续蛋白尿
E14.200x031+N29.8* 糖尿病性终末期肾脏病
E14.200x091+N08.3* 糖尿病性急性肾功能衰竭
E14.200x092+N08.3* 糖尿病性髓质乳头坏死
E14.200x211+N08.3* 糖尿病肾病Ⅰ期
E14.200x212+N08.3* 糖尿病肾病Ⅱ期
E14.200x213+N08.3* 糖尿病肾病Ⅲ期
E14.200x214+N08.3* 糖尿病肾病Ⅳ期
E14.200x215+N08.3* 糖尿病肾病Ⅴ期
E14.400x380+G99.0* 糖尿病性膀胱张力减弱
E14.400x381+N33.8* 糖尿病神经源性膀胱炎
E66.902+N08.4* 肥胖相关性肾病
E72.006+N29.8* 胱氨酸沉积病性肾损害
E72.007 赖氨酸尿蛋白不耐受症
E83.100x008+N16.3* 含铁血黄素沉积相关肾损害
E85.002 遗传性淀粉样肾病
E85.403 淀粉样变膀胱损害
E85.411+N29.8* 淀粉样变肾损害
I12.000x001 高血压性肾衰竭
I12.900x001 动脉硬化性肾病
I12.900x002 动脉硬化性肾炎
I12.900x003 高血压性肾病
I12.900x005 肾萎缩伴高血压
I12.900x006 小动脉性肾病
I12.900x008 恶性肾小动脉硬化症
I12.900x009 良性肾小动脉硬化症
I12.904 肾小动脉硬化症
I13.100x001 高血压性心脏病和肾脏病伴肾衰竭
I86.201 膀胱静脉曲张
M10.001+N16.8* 尿酸性肾病
M10.005+N22.8* 痛风性肾结石
M31.002+N08.5* 抗肾小球基底膜抗体病
M31.003+N08.5* 肺出血肾炎综合征相关肾小球肾炎
M31.102+N08.5* 血栓性血小板减少性紫癜相关肾小球肾炎
M31.305+N08.5* 肉芽肿性血管炎相关肾小球肾炎
M31.701+N08.5* ANCA相关性肾炎
M31.703+N08.5* 血管炎性肾小球肾炎
M32.101+N08.5* 狼疮性肾炎
M32.102+N16.4* 狼疮性肾小管间质肾炎
M35.006+N16.4* 干燥综合征性肾小管间质肾炎
M35.007+N16.4* 干燥综合征性肾盂肾炎
N00.000 急性肾炎综合征伴有轻微的肾小球异常
N00.100x001 局灶坏死性肾小球肾炎
N00.200 急性肾炎综合征伴有弥漫性膜性肾小球肾炎
N00.301 急性系膜增殖性肾小球肾炎
N00.400 急性肾炎综合征伴有弥漫性毛细血管内增生性肾小球肾炎
N00.500 急性肾炎综合征伴有弥漫性肾小球系膜毛细血管性肾小球肾炎
N00.600 急性肾炎综合征伴有密集沉积物病
N00.700 急性肾炎综合征伴有弥漫性新月形肾小球肾炎
N00.800x001 急性肾炎伴坏死性肾小球肾炎损害
N00.801 急性肾小球肾炎，IgA肾病
N00.802 急性增殖性肾小球肾炎
N00.900 急性肾炎综合征
N00.900x002 急性肾炎
N00.900x006 急性肾小球病
N00.900x008 急性肾病
N00.900x009 慢性肾小球肾炎伴急进型肾小球性肾炎
N00.901 急性链球菌感染后肾小球肾炎
N00.902 急性肾小球肾炎
N01.000 急进型肾炎综合征伴有轻微的肾小球异常
N01.100x002 急进型肾炎综合征，局灶性和节段性肾小球损害
N01.200x001 急进型肾炎综合征，弥漫性膜性肾小球肾炎
N01.300x001 急进型肾炎综合征，弥漫性肾小球膜性增生性肾小球肾炎
N01.400x001 急进型肾炎，毛细血管内增殖性肾炎
N01.500x001 急进型肾炎综合征，弥漫性肾小球膜毛细血管性肾小球肾炎
N01.600x001 急进型肾炎综合征，密集沉积物病
N01.700x001 急进性新月体性肾小球肾炎
N01.800 急进型肾炎综合征，其他的
N01.900 急进型肾炎综合征
N01.900x001 急进性肾炎
N01.900x002 急进性肾小球病
N01.900x003 急进性肾小球肾炎
N02.001 血尿，肾小球轻微病变
N02.002 IgA肾病，肾小球轻微病变

N02.101　IgA肾病，局灶和节段性肾小球损害
N02.102　血尿，局灶和节段性肾小球损害
N02.201　IgA肾病，膜性肾小球损害
N02.203　血尿，弥漫性膜性肾小球损害
N02.301　血尿，弥漫性肾小球系膜增殖性肾小球损害
N02.302　系膜增生性IgA肾病
N02.401　血尿，弥漫性毛细血管内增殖性肾炎
N02.502　血尿，膜增殖性肾小球损害
N02.600　复发性和持续性血尿伴有密集沉积物病
N02.701　新月体性IgA肾病
N02.702　血尿，新月体［形］肾小球肾炎
N02.800x003　良性家族性儿童期血尿
N02.801　IgA肾病
N02.802　薄基底膜肾病
N02.900　复发性和持续性血尿
N02.900x001　复发性血尿
N02.900x002　持续性血尿
N03.000　慢性肾炎综合征伴有轻微的肾小球异常
N03.100　慢性肾炎综合征伴有局灶性和节段性肾小球损害
N03.200x001　慢性膜性肾小球肾炎
N03.300x001　慢性弥漫性系膜增殖性肾小球肾炎
N03.400　慢性肾炎综合征伴有弥漫性毛细血管内增生性肾小球肾炎
N03.500x003　慢性肾小球膜毛细血管性肾小球肾炎
N03.501　膜增殖性肾小球肾炎Ⅰ型
N03.502　膜增殖性肾小球肾炎Ⅲ型
N03.503　膜性增生性肾小球肾炎
N03.601　膜增殖性肾小球肾炎Ⅱ型
N03.700　慢性肾炎综合征伴有弥漫性新月形肾小球肾炎
N03.800x001　慢性弥漫性增殖性肾小球肾炎
N03.800x003　慢性肾小球肾炎伴硬化性肾炎
N03.800x004　慢性肾小球肾炎伴膜性增殖性肾小球肾炎
N03.801　慢性增殖性肾小球肾炎
N03.900　慢性肾炎综合征
N03.900x002　慢性肾小球肾炎伴小管间质病变
N03.900x003　慢性肾炎
N03.900x004　隐匿型肾小球肾炎
N03.900x005　肾小球内皮细胞病
N03.900x006　慢性肾病
N03.900x007　慢性肾小球病
N03.901　慢性肾小球肾炎
N04.001　肾病综合征伴微小病变性肾小球肾炎
N04.101　肾病综合征伴局灶硬化性肾小球肾炎
N04.102　肾病综合征伴节段硬化性肾小球肾炎
N04.200x001　肾病综合征伴膜性肾小球肾炎
N04.300x001　肾病综合征伴膜增殖性肾小球肾炎
N04.300x003　肾病综合征伴膜性增殖性IgA肾病
N04.400x001　肾病综合征伴毛细血管增殖性肾炎
N04.501　肾病综合征，膜增殖性肾小球肾炎Ⅰ型
N04.502　肾病综合征，膜增殖性肾小球肾炎Ⅲ型
N04.601　肾病综合征，膜增殖性肾小球肾炎Ⅱ型
N04.700　肾病综合征伴有弥漫性新月形肾小球肾炎
N04.800x002　病毒性肾炎
N04.801　肾病综合征，增殖性肾小球肾炎
N04.900　肾病综合征
N04.901　脂性肾病
N04.902　先天性肾病综合征
N04.903　肾病型肾炎
N05.000x001　肾小球微小病变
N05.000x003　肥胖相关性肾小球肥大症
N05.000x004　微小病变性肾小球肾炎
N05.101　局灶性肾炎
N05.201　膜性肾病
N05.301　系膜增生性肾小球肾炎
N05.400　肾炎综合征伴有弥漫性毛细血管内增生性肾小球肾炎
N05.501　膜增殖性肾小球肾炎
N05.600　肾炎综合征伴有密集沉积物病
N05.701　新月体形肾小球肾炎
N05.801　IgM肾病
N05.802　增殖性肾小球肾炎
N05.803　肾小球肾病
N05.900　肾炎综合征
N05.900x002　肾小球肾炎
N05.900x003　肾炎
N05.900x006　小血管炎肾损害
N05.900x007　链球菌感染后肾小球肾炎
N05.900x009　肾小球病
N06.001　蛋白尿，肾小球轻微病变
N06.100　孤立性蛋白尿伴有局灶性和节段性肾小球损害
N06.200　孤立性蛋白尿伴有弥漫性膜性肾小球肾炎
N06.300　孤立性蛋白尿伴有弥漫性肾小球系膜性增生性肾小球肾炎
N06.400　孤立性蛋白尿伴有弥漫性毛细血管内增生性肾小球肾炎

N06.500　孤立性蛋白尿伴有弥漫性肾小球系膜毛细血管性肾小球肾炎
N06.600　孤立性蛋白尿伴有密集沉积物病
N06.700　孤立性蛋白尿伴有弥漫性新月形肾小球肾炎
N06.800　孤立性蛋白尿，其他的
N06.900　孤立性蛋白尿伴肾小球损害
N07.000　遗传性肾病伴有轻微的肾小球异常，不可归类在他处者
N07.100　遗传性肾病伴有局灶性和节段性肾小球损害，不可归类在他处者
N07.200　遗传性肾病伴有弥漫性膜性肾小球肾炎，不可归类在他处者
N07.300　遗传性肾病伴有弥漫性肾小球系膜增生性肾小球肾炎，不可归类在他处者
N07.400　遗传性肾病伴有弥漫性毛细血管内增生性肾小球肾炎，不可归类在他处者
N07.500　遗传性肾病伴有弥漫性肾小球系膜毛细血管性肾小球肾炎，不可归类在他处者
N07.600　遗传性肾病伴有密集沉积物病，不可归类在他处者
N07.700　遗传性肾病伴有弥漫性新月形肾小球肾炎，不可归类在他处者
N07.800　遗传性肾病，其他的，不可归类在他处者
N07.900x001　遗传性肾炎
N10.x00　急性肾小管-间质肾炎
N10.x01　急性间质性肾炎
N10.x02　急性肾盂肾炎
N11.000x001　反流性肾盂肾炎
N11.100　慢性梗阻性肾盂肾炎
N11.800x002　免疫相关的慢性间质性肾炎
N11.800x003　代谢异常相关的慢性间质性肾炎
N11.801　非梗阻性慢性肾盂肾炎
N11.802　黄色肉芽肿性肾盂肾炎
N11.900　慢性肾小管-间质肾炎
N11.900x001　慢性肾盂肾炎
N11.900x003　慢性肾盂炎
N11.901　慢性间质性肾炎
N12.x00　肾小管-间质肾炎
N12.x01　间质性肾炎
N12.x02　肾盂肾炎
N12.x03　肾小管病变
N13.000　肾盂积水伴有输尿管肾盂连接处梗阻
N13.100x001　肾积水伴输尿管狭窄
N13.201　肾积水伴肾结石
N13.202　肾积水伴输尿管结石
N13.203　肾积水伴肾输尿管结石
N13.204　肾积水伴结石性肾盂肾炎
N13.300x005　肾盂囊肿
N13.301　肾积水
N13.302　肾盏颈部狭窄
N13.400　输尿管积水
N13.500x010　输尿管痉挛
N13.501　肾盂输尿管连接处狭窄
N13.502　手术后输尿管膀胱吻合口梗阻
N13.503　输尿管梗阻
N13.504　输尿管狭窄
N13.506　腹膜后纤维化伴输尿管狭窄
N13.600　肾积脓
N13.600x001　肾盂脓肿
N13.600x002　肾盂积脓
N13.600x004　腹膜后纤维化伴感染
N13.601　肾结石伴有积水和感染
N13.602　输尿管结石伴有积水和感染
N13.603　肾输尿管结石伴有积水和感染
N13.604　输尿管肾盂连接处狭窄伴有感染
N13.605　输尿管狭窄伴有感染
N13.701　膀胱输尿管反流
N13.801　梗阻性肾病
N13.901　泌尿道梗阻
N14.000　镇痛剂肾病
N14.101　马兜铃酸肾病
N14.102　造影剂肾病
N14.201　药物性肾病
N14.301　汞中毒性肾病
N14.400　毒性肾病，不可归类在他处者
N15.000　巴尔干肾病
N15.101　肾脓肿
N15.102　肾周脓肿
N15.801　肾肉芽肿
N15.900x002　肾周围感染
N15.900x003　肾皮质化脓性感染
N15.900x004　感染性肾炎
N15.901　肾感染
N17.000　急性肾衰竭伴有肾小管坏死
N17.001　急性肾小管坏死
N17.002　缺血性肾病
N17.100　急性肾衰竭伴有急性肾皮质坏死
N17.101　急性肾皮质坏死

N17.200　急性肾衰竭伴有肾髓质坏死
N17.200x002　急性髓质乳头状坏死
N17.200x003　肾乳头坏死
N17.800　急性肾衰竭，其他的
N17.900　急性肾衰竭
N17.900x002　急性肾功能不全尿毒症期
N17.900x003　急性肾功能不全
N17.900x004　急性肾功能不全氮质血症期
N17.901　急性肾损害
N18.100　慢性肾脏病1期
N18.200　慢性肾脏病2期
N18.300　慢性肾脏病3期
N18.400　慢性肾脏病4期
N18.500　慢性肾脏病5期
N18.501　肾终末期疾病
N18.900x011　慢性肾损害
N18.901　弥漫性硬化性肾小球肾炎
N18.902　慢性肾衰竭
N18.904　慢性肾功能不全
N19.x00　肾衰竭
N19.x01　尿毒症
N19.x02　肾无功能
N19.x03　肾功能不全
N20.000　肾结石
N20.000x001　肾盂结石
N20.000x002　肾结石合并感染
N20.000x003　肾盏憩室内结石
N20.001　鹿角状结石
N20.002　肾石病
N20.100　输尿管结石
N20.200x001　肾输尿管结石
N20.900　泌尿系结石
N20.900x001　肾脏感染性结石
N20.901　结石性肾盂肾炎
N21.000　膀胱结石
N21.001　膀胱憩室结石
N21.100　尿道结石
N21.800　下泌尿道结石，其他的
N21.900　下泌尿道结石
N23.x00　肾绞痛
N25.001　肾性佝偻病
N25.004　肾性矮小症
N25.100　肾性尿崩症
N25.800x006　莱特伍德-奥尔布赖特综合征［Lightwood-Albright综合征］
N25.802　肾小管酸中毒
N25.803　肾小管酸中毒Ⅰ型
N25.804　肾小管酸中毒Ⅱ型
N25.805　肾小管酸中毒Ⅲ型
N25.806　肾小管酸中毒Ⅳ型
N25.900　肾小管功能损害所致的疾患
N26.x00　肾挛缩
N26.x01　肾小球硬化
N26.x02　肾硬化
N27.000　单侧小肾
N27.100　双侧小肾
N27.900　小肾
N28.001　肾梗死
N28.002　肾缺血
N28.003　肾动脉闭塞
N28.004　肾动脉栓塞
N28.005　肾动脉血栓形成
N28.100　肾囊肿
N28.101　单纯性肾囊肿
N28.102　获得性肾囊肿
N28.800x001　脂蛋白肾病
N28.801　囊性肾盂炎
N28.802　肾盂扩张
N28.803　肾盂息肉
N28.804　肾盂瘘
N28.805　肾包膜下积液
N28.806　肾出血
N28.807　肾肥大
N28.808　肾钙化
N28.809　肾瘘
N28.810　肾憩室
N28.811　肾危象
N28.812　肾下垂
N28.813　肾炎性肿物
N28.814　肾盏憩室
N28.815　肾肿物
N28.816　肾周积液
N28.817　失盐综合征
N28.818　游走肾
N28.819　自发性肾破裂
N28.820　囊性肾盂输尿管炎
N28.821　巨输尿管
N28.822　手术后输尿管瘘
N28.823　手术后输尿管粘连
N28.824　输尿管腹壁瘘

N28.825　输尿管坏死
N28.826　输尿管扩张
N28.827　输尿管瘘
N28.828　输尿管囊肿
N28.829　输尿管膨出
N28.830　输尿管破裂
N28.831　输尿管憩室
N28.832　输尿管疝
N28.833　输尿管息肉
N28.834　输尿管炎
N28.835　输尿管直肠瘘
N28.836　囊性输尿管炎
N28.837　被动性肾充血
N28.838　输尿管周围炎
N28.839　肾周围炎
N28.900x004　非传染性肝炎相关性肾病
N28.900x010　肾炎性假瘤
N28.900x013　继发性肾损害
N28.900x017　高血压肾损害
N28.900x026　IgG相关性肾病
N28.901　肾病
N28.902　输尿管肿物
N30.000　急性膀胱炎
N30.100　间质性膀胱炎（慢性）
N30.201　慢性膀胱炎
N30.300　膀胱三角区炎
N30.400　放射性膀胱炎
N30.800x004　膀胱炎性病变
N30.801　膀胱脓肿
N30.802　钙化性膀胱炎
N30.803　化学性膀胱炎
N30.804　黄色肉芽肿性膀胱炎
N30.805　滤泡性膀胱炎
N30.806　囊性膀胱炎
N30.807　嗜酸细胞性膀胱炎
N30.808　息肉样膀胱炎
N30.809　腺性膀胱炎
N30.810　增生性膀胱炎
N30.900　膀胱炎
N30.901　膀胱周围炎
N30.902　出血性膀胱炎
N31.000x001　无抑制神经病性膀胱
N31.100x001　反射性神经病性膀胱
N31.200x001　迟缓性神经病性膀胱
N31.200x002　迟缓性运动神经病性膀胱
N31.200x003　迟缓性感觉神经病性膀胱
N31.200x006　自主性神经病性膀胱
N31.200x007　非反射性神经病性膀胱
N31.201　膀胱逼尿肌无力
N31.202　膀胱松弛
N31.203　低顺应性膀胱
N31.800　膀胱其他的神经肌肉功能不良
N31.901　神经源性膀胱
N32.000　膀胱颈梗阻
N32.001　膀胱颈挛缩
N32.002　膀胱颈狭窄
N32.100　膀胱肠瘘
N32.101　膀胱小肠瘘
N32.102　膀胱结肠瘘
N32.103　膀胱乙状结肠瘘
N32.104　膀胱直肠瘘
N32.200　膀胱瘘，不可归类在他处者
N32.201　膀胱腹壁瘘
N32.202　膀胱输尿管瘘
N32.203　膀胱尿道瘘
N32.204　膀胱会阴瘘
N32.300　膀胱憩室
N32.301　膀胱憩室炎
N32.400　非创伤性膀胱破裂
N32.800x003　膀胱假憩室
N32.800x008　膀胱颈部充血
N32.800x009　膀胱痉挛
N32.800x012　膀胱无菌性坏死
N32.800x014　膀胱黏膜脱垂
N32.800x019　后天性膀胱外翻
N32.801　膀胱白斑
N32.802　膀胱瘢痕
N32.803　膀胱出血
N32.804　膀胱钙化
N32.805　膀胱过度活动症
N32.806　膀胱溃疡
N32.807　膀胱扩张
N32.808　膀胱挛缩
N32.809　膀胱囊肿
N32.810　膀胱软斑病
N32.811　膀胱纤维化
N32.812　膀胱小梁形成
N32.813　膀胱硬化
N32.814　膀胱黏膜不典型增生
N32.815　男性膀胱疝

N32.900x002　膀胱颈肿物
N32.901　膀胱肿物
N34.000　尿道脓肿
N34.000x005　尿道腺脓肿
N34.001　尿道旁腺脓肿
N34.002　尿道球腺脓肿
N34.100　非特异性尿道炎
N34.101　非淋球菌性尿道炎
N34.102　非性病性尿道炎
N34.200x003　尿道溃疡
N34.200x004　尿道口溃疡
N34.200x006　尿路软斑症
N34.201　绝经后尿道炎
N34.202　尿道口炎
N34.203　尿道球腺炎
N34.204　急性尿道炎
N34.205　慢性尿道炎
N34.300　尿道综合征
N35.000　创伤后尿道狭窄
N35.000x001　分娩后尿道狭窄
N35.100x001　感染后尿道狭窄
N35.800　尿道狭窄，其他的
N35.900　尿道狭窄
N35.901　针孔状尿道口
N36.000　尿道瘘
N36.000x007　假尿道通道
N36.001　尿道直肠瘘
N36.002　尿道会阴瘘
N36.003　创伤后尿道瘘
N36.004　手术后尿道会阴瘘
N36.005　手术后尿道直肠瘘
N36.100　尿道憩室
N36.200　尿道肉阜
N36.201　尿道息肉
N36.300　尿道黏膜脱垂
N36.301　男性尿道膨出
N36.302　尿道脱垂
N36.802　尿道白斑
N36.803　尿道瘢痕
N36.804　尿道出血
N36.805　尿道梗阻
N36.806　尿道囊肿
N36.807　尿道旁管囊肿
N36.808　尿道旁腺囊肿
N36.809　尿道肉芽肿
N36.901　尿道肿物
N39.000　泌尿道感染
N39.001　无症状性菌尿
N39.100　持续性蛋白尿
N39.200　直立性蛋白尿
N39.300　压力性尿失禁
N39.300x002　女性压力性尿失禁
N39.400　尿失禁，其他特指的
N39.401　充盈性尿失禁
N39.402　创伤后尿失禁
N39.403　混合性尿失禁
N39.404　解剖性尿失禁
N39.405　紧迫性尿失禁
N39.800　泌尿系统其他特指的疾患
N39.800x001　心肾综合征
N39.900　泌尿系统疾患
N99.000　操作后肾衰竭
N99.001　手术后肾衰竭
N99.100　操作后尿道狭窄
N99.100x003　手术后瘢痕性尿道闭锁
N99.100x005　手术后尿道口畸形
N99.101　手术后尿道狭窄
N99.500　泌尿道外口功能不良
N99.800x006　手术后尿道瘘
N99.800x011　膀胱造瘘口狭窄
N99.803　手术后尿潴留
N99.805　输尿管膀胱吻合口狭窄
N99.806　输尿管造口狭窄
N99.808　手术后尿道综合征
Q27.305　先天性肾动静脉瘘
Q51.701　先天性子宫尿道瘘
Q54.000　尿道下裂，龟头的
Q54.001　先天性尿道冠状沟下裂
Q54.100　阴茎部尿道下裂
Q54.200　阴茎阴囊部尿道下裂
Q54.300　会阴部尿道下裂
Q54.400　先天性痛性阴茎勃起
Q54.800　尿道下裂，其他的
Q54.900　尿道下裂
Q54.901　尿道旁裂
Q60.000　单侧肾缺如
Q60.100　双侧肾缺如
Q60.200　肾缺如
Q60.300　单侧肾发育不全
Q60.400　双侧肾发育不全

Q60.400x001　双侧肾不发育
Q60.500　肾发育不全
Q60.501　先天性肾萎缩
Q60.600　波特综合征
Q61.000　先天性单个肾囊肿
Q61.100　多囊肾，常染色体隐性
Q61.200　多囊肾，常染色体显性
Q61.300　多囊肾
Q61.400　肾发育不良
Q61.401　肾多囊性发育不良
Q61.402　多囊肾（进展型）
Q61.403　多囊性肾病
Q61.404　多囊肾发育不良
Q61.500　髓部囊性肾
Q61.800　囊性肾病，其他的
Q61.801　先天性纤维囊性肾
Q61.900　囊性肾病
Q61.901　麦克尔-格鲁贝尔综合征
Q62.000　先天性肾盂积水
Q62.100　输尿管闭锁和狭窄
Q62.100x802　先天性单侧输尿管闭锁
Q62.100x902　先天性双侧输尿管闭锁
Q62.101　先天性肾盂输尿管连接部梗阻
Q62.103　先天性输尿管膀胱开口处狭窄
Q62.104　先天性输尿管狭窄
Q62.200　先天性巨输尿管
Q62.201　先天性输尿管扩张
Q62.202　单纯性输尿管膨出
Q62.300x101　异位输尿管疝
Q62.300x301　先天性输尿管息肉
Q62.300x901　先天性输尿管疝
Q62.300x902　先天性梗阻性肾病
Q62.300x903　先天性泌尿道梗阻
Q62.300x904　肾盂输尿管连接部瓣膜
Q62.300x905　输尿管瓣膜
Q62.301　先天性输尿管积水
Q62.400　输尿管缺如
Q62.400x001　先天性输尿管不发育
Q62.400x002　先天性无输尿管
Q62.500　重复输尿管
Q62.600　输尿管错位
Q62.601　下腔静脉后输尿管
Q62.602　先天性输尿管开口移位
Q62.700　先天性膀胱-输尿管-肾反流
Q62.700x001　先天性膀胱输尿管反流
Q62.700x101　先天性单侧膀胱输尿管反流
Q62.700x201　先天性双侧膀胱输尿管反流
Q62.800　输尿管的其他先天性畸形
Q63.000　副肾
Q63.001　重复肾
Q63.002　双肾双肾盂
Q63.101　融合肾
Q63.102　马蹄形肾
Q63.103　分叶肾
Q63.200　异位肾
Q63.201　肾旋转不良
Q63.203　异位肾盂
Q63.301　先天性巨大肾
Q63.302　先天性增生性肾
Q63.800x101　先天性肾盏憩室
Q63.800x902　双肾盂
Q63.801　先天性肾结石
Q63.900　肾先天性畸形
Q64.000　尿道上裂
Q64.100　膀胱外翻
Q64.100x091　异位膀胱
Q64.200　先天性后尿道瓣
Q64.200x001　尿道瓣膜
Q64.200x021　前尿道瓣膜
Q64.301　先天性尿道瓣膜性狭窄
Q64.302　先天性尿道闭锁
Q64.303　先天性尿道狭窄
Q64.304　先天性膀胱尿道口处狭窄
Q64.400x301　先天性脐尿管憩室
Q64.400x902　先天性脐尿管脱垂
Q64.401　脐尿管瘘
Q64.402　脐尿管囊肿
Q64.403　脐尿管未闭
Q64.501　尿道缺如
Q64.502　膀胱缺如
Q64.600　先天性膀胱憩室
Q64.700x201　先天性膀胱脱垂
Q64.700x601　先天性巨尿道
Q64.700x701　巨膀胱-巨输尿管综合征
Q64.700x801　先天性尿道空洞性脊髓突出
Q64.700x901　先天性脐膀胱瘘
Q64.700x902　先天性膀胱疝
Q64.700x904　先天性尿道黏膜脱垂
Q64.701　先天性尿道畸形
Q64.702　双尿道

Q64.703　双尿道口
Q64.704　先天性尿道直肠瘘
Q64.705　先天性尿道憩室
Q64.706　异位尿道口
Q64.707　双膀胱
Q64.708　先天性尿道膨出
Q64.800x001　先天性尿道旁裂
Q64.900　泌尿系统先天性畸形
Q85.900x013　肾错构瘤破裂出血
Q85.900x029　先天性中胚叶肾瘤
Q85.903　肾错构瘤
Q87.800x903　Denys-Drash综合征
Q87.808　甲状旁腺功能减低-感音神经性耳聋-肾发育不良综合征
R30.000　排尿困难
R30.000x002　痛性尿淋漓
R30.100　排尿里急后重
R30.100x001　尿急
R30.900x001　尿痛
R31.x00　血尿
R32.x00　尿失禁
R32.x01　遗尿
R33.x00　尿潴留
R34.x01　少尿
R34.x02　无尿
R35.x00　多尿
R35.x00x001　尿频
R35.x00x003　夜尿增多
R36.x01　尿道溢液
R39.000　尿外渗
R39.100x001　尿线分叉
R39.100x002　尿线不佳
R39.101　排尿踌躇
R39.200　肾外性尿毒症
R39.200x001　肾前性尿毒症
R39.801　累及泌尿系统症状和体征
R79.802　低尿酸血症
R80.x00　孤立性蛋白尿
R80.x00x003　白蛋白尿
R80.x01　本周蛋白尿
R80.x02　蛋白尿
R82.000　乳糜尿
R82.200　胆汁尿
R82.300　血红蛋白尿
R82.500x003　尿中生物制剂水平升高
R82.500x004　尿中17-甾酮类水平升高
R82.500x005　尿中儿茶酚胺水平升高
R82.500x006　尿中吲哚乙酸水平升高
R82.500x007　尿中甾类水平升高
R82.600x001　尿中重金属水平异常
R82.700　尿的微生物学检查的异常所见
R82.800　尿的细胞学和组织学检查的异常所见
R82.900x002　黑尿
R82.900x003　结晶尿
R82.901　钙尿
R82.902　低比重尿
R93.400x001　膀胱充盈缺损
R93.400x002　肾充盈缺损
R93.400x003　输尿管充盈缺损
R93.401　肾超声检查异常
R93.402　肾动脉走行异常
R93.403　肾占位性病变
R93.404　输尿管占位性病变
R93.405　膀胱占位性病变
R94.400　肾功能检查的异常结果
R94.401　肾小球滤过率下降
R94.402　血肌酐升高
R94.802　逼尿肌内减弱
R94.803　膀胱功能检查异常
S37.000　肾损伤
S37.000x012　肾囊挫伤
S37.000x013　肾盂挫伤
S37.000x015　肾包膜下血肿
S37.000x016　肾盂积血
S37.000x022　肾囊破裂
S37.000x023　肾盂裂伤
S37.000x031　肾粉碎伤
S37.000x032　肾蒂损伤
S37.001　创伤性肾破裂
S37.002　肾挫伤
S37.003　创伤性肾血肿
S37.004　创伤性肾周血肿
S37.010　开放性肾损伤
S37.011　开放性肾破裂
S37.100　输尿管损伤
S37.101　创伤性输尿管断裂
S37.111　开放性输尿管断裂
S37.200　膀胱损伤
S37.200x011　膀胱挫伤
S37.200x022　腹膜外膀胱破裂

S37.200x023　腹膜内膀胱破裂
S37.200x024　混合型膀胱破裂
S37.200x081　膀胱裂伤
S37.201　创伤性膀胱破裂
S37.211　开放性膀胱破裂
S37.300　尿道损伤
S37.300x004　尿道完全断裂
S37.300x005　尿道部分断裂
S37.300x011　尿道膜部损伤
S37.300x021　尿道阴茎部损伤
S37.300x031　尿道前列腺部损伤
S37.300x081　尿道球部断裂
S37.300x082　尿道球部挫裂伤
S37.300x083　后尿道损伤
S37.301　创伤性尿道断裂
S37.302　尿道挫伤
S37.303　尿道损伤伴狭窄
S37.310　开放性尿道损伤
S37.813　开放性肾上腺损伤
T19.000　尿道内异物
T19.100　膀胱内异物
T19.800x001　输尿管内异物
T19.801　多发性泌尿生殖道异物
T19.900　泌尿生殖道内异物
T79.500　创伤性无尿症
T79.500x002　挤压后肾衰竭
T81.800x011　手术后尿失禁
T81.800x014　透析器首次使用综合征
T82.800x001　前臂动静脉瘘栓塞
T82.800x003　人工动静脉瘘闭塞
T82.800x004　人工动静脉瘘狭窄
T82.800x005　人工动静脉瘘血栓形成
T82.800x006　肾透析的移植血管血栓形成
T82.800x008　肾透析的人工血管血栓形成
T82.800x009　肾透析的血管通路血栓形成
T83.000x001　泌尿系导管引起的机械性并发症
T83.001　肾盂引流管阻塞
T83.002　肾造瘘管移位
T83.003　膀胱造瘘管阻塞
T83.004　导尿管阻塞
T83.100　泌尿系装置和植入物的机械性并发症，其他的
T83.100x001　泌尿系支架引起的机械性并发症
T83.100x002　泌尿系电子刺激装置引起的机械性并发症
T83.100x003　泌尿系括约肌植入物引起的机械性并发症
T83.100x004　尿道悬吊术后引起的机械性并发症
T83.101　输尿管支架断裂
T83.102　输尿管支架移位
T83.103　输尿管支架管阻塞
T83.200　泌尿器官移植物的机械性并发症
T83.500　泌尿系统中的假体装置、植入物和移植物引起的感染和炎症性反应
T83.500x002　输尿管支架感染
T83.500x003　导管相关性尿路感染
T83.501　泌尿道引流管植入感染
T83.800　泌尿生殖系假体装置、植入物和移植物的其他并发症
T83.800x001　插管引起的尿道损伤
T83.801　尿道悬吊带脱出
T83.802　阴道网片侵蚀
T83.804　移植肾输尿管瘘
T86.100x001　肾移植失败
T86.100x002　肾移植排斥
T86.100x003　肾移植后肾衰竭
T86.100x005　肾移植急性排斥
T86.100x006　肾移植慢性排斥
T86.100x007　肾移植急性体液性排斥
T86.100x008　肾移植急性细胞性排斥
T86.102　移植肾功能不全
T86.103　移植肾破裂
T86.104　移植肾死亡
T86.105　移植肾萎缩
T86.106　移植肾无功能
T86.107　肾移植术后少尿
T86.811　尿道悬吊带排斥
Z45.800x007　腹膜透析管取出
Z46.800x001　为肾透析半永久静脉拔管
Z46.800x002　为肾透析的临时静脉拔管
Z49.000　透析的准备性医疗
Z49.000x002　为肾透析的静脉插管
Z49.000x004　为肾透析的动静脉造瘘
Z49.101　血液透析
Z49.201　腹膜透析
Z52.400　供肾者

LA1　肾脏肿瘤手术

包含以下主要诊断：
C64.x00x001　肾恶性肿瘤

C64.x00x003　双侧肾恶性肿瘤
C64.x00x004　肾多处恶性肿瘤
C65.x00　肾盂恶性肿瘤
C65.x01　肾盂输尿管连接处恶性肿瘤
C65.x02　肾盏恶性肿瘤
C68.800　泌尿器官交搭跨越恶性肿瘤的损害
C68.801　肾输尿管恶性肿瘤
C68.802　肾盂膀胱恶性肿瘤
C68.805　肾盂输尿管恶性肿瘤
C79.000x001　肾继发恶性肿瘤
C79.001　肾盂继发恶性肿瘤
D09.101　肾原位癌
D09.102　肾盂原位癌
D30.000　肾良性肿瘤
D30.100　肾盂良性肿瘤
D41.000x001　肾交界性肿瘤
D41.001　肾肿瘤
D41.100x001　肾盂交界性肿瘤
D41.101　肾盂肿瘤
Q85.900x013　肾错构瘤破裂出血
Q85.900x029　先天性中胚叶肾瘤
Q85.903　肾错构瘤
包含以下主要手术或操作：
39.2605　肾动脉-脾动脉搭桥术
39.5500　迷走肾血管的再植入
40.2900x023　髂外血管旁淋巴结切除术
40.2905　腹主动脉旁淋巴结切除术
40.2909　盆腔淋巴结切除术
40.5400x001　腹股沟淋巴结清扫术
40.5900x016　肾门淋巴结清扫术
40.5900x017　肾周淋巴结清扫术
40.5909　肠系膜淋巴结清扫术
40.5910　盆腔淋巴结清扫术
40.5911　腹腔镜腹腔淋巴结清扫术
40.5912　腹腔镜盆腔淋巴结清扫术
55.0101　肾探查术
55.3200x001　肾病损射频消融术
55.3301　超声引导下肾病损射频消融术
55.3302　经皮肾镜肾病损消融术
55.3400x001　腹腔镜下肾病损射频消融术
55.3501　输尿管镜下肾病损消融术
55.3903　经皮肾镜肾盂病损电切术
55.4x00　部分肾切除术
55.4x01　肾楔形切除术
55.4x02　肾盂部分切除术
55.4x03　腹腔镜下肾部分切除术
55.4x04　肾盂切除术
55.4x05　肾盏切除术
55.5101　单侧肾切除术
55.5102　供肾取肾术
55.5103　腹腔镜下单侧肾切除术
55.5104　腹腔镜下单侧肾输尿管切除术
55.5105　腹腔镜供肾取肾术
55.5106　腹腔镜膀胱镜下肾输尿管切除术
55.5400　双侧肾切除术
55.5401　腹腔镜下双侧肾切除术
55.8600x006　腹腔镜下肾盏-输尿管吻合术
55.8602　肾盂输尿管吻合术
55.8603　肾盏输尿管吻合术
55.8605　肾盂输尿管膀胱吻合术
55.8606　腹腔镜下肾盂输尿管吻合术

LA2　膀胱肿瘤手术

包含以下主要诊断：
C64.x00x001　肾恶性肿瘤
C64.x00x003　双侧肾恶性肿瘤
C64.x00x004　肾多处恶性肿瘤
C65.x00　肾盂恶性肿瘤
C65.x01　肾盂输尿管连接处恶性肿瘤
C65.x02　肾盏恶性肿瘤
C67.000　膀胱三角区恶性肿瘤
C67.100　膀胱顶恶性肿瘤
C67.200　膀胱侧壁恶性肿瘤
C67.300　膀胱前壁恶性肿瘤
C67.400　膀胱后壁恶性肿瘤
C67.500　膀胱颈恶性肿瘤
C67.501　尿道内口恶性肿瘤
C67.700　脐尿管恶性肿瘤
C67.800　膀胱交搭跨越恶性肿瘤的损害
C67.900　膀胱恶性肿瘤
C67.900x002　膀胱多处恶性肿瘤
C68.803　膀胱尿道恶性肿瘤
C68.804　输尿管膀胱恶性肿瘤
C76.301　膀胱直肠隔恶性肿瘤
C79.101　膀胱继发恶性肿瘤
D41.400x001　膀胱交界性肿瘤
包含以下主要手术或操作：
57.4900x001　经尿道膀胱病损电切术
57.4901　经尿道膀胱病损切除术
57.4902　经尿道膀胱颈电切术

57.4903　经尿道膀胱病损激光烧灼术
57.4904　经尿道膀胱部分切除术
57.5100　脐尿管切除术
57.5100x001　脐尿管病损切除术
57.5100x003　腹腔镜下脐尿管病损切除术
57.5101　膀胱脐尿管瘘切除术
57.5102　腹腔镜下脐尿管切除术
57.5900x001　膀胱病损激光切除术
57.5900x002　膀胱镜下膀胱病损切除术
57.5901　膀胱病损切除术
57.5902　膀胱憩室切除术
57.5903　膀胱颈切除术
57.5905　膀胱内膜切除术
57.5906　膀胱病损电灼术
57.6x00　部分膀胱切除术
57.6x01　膀胱大部切除术
57.6x02　膀胱穹隆切除术
57.6x03　膀胱楔形切除术
57.6x04　膀胱三角区切除术
57.6x05　膀胱袖状切除术
57.6x06　腹腔镜下膀胱部分切除术
57.7100　根治性膀胱切除术
57.7101　膀胱尿道全切除术
57.7102　男性盆腔脏器去除术
57.7103　腹腔镜下膀胱根治切除术
57.7900x001　膀胱全切除术
57.7901　腹腔镜下全膀胱切除术
57.8700x005　腹腔镜下回肠代膀胱术
57.8700x006　腹腔镜下可控性肠代膀胱术
57.8700x007　腹腔镜下胃代膀胱术
57.8700x008　腹腔镜下直肠代膀胱术
57.8700x009　胃代膀胱术
57.8701　回肠代膀胱术
57.8702　可控回肠膀胱术
57.8703　结肠代膀胱术
57.8704　直肠代膀胱术
57.8706　乙状结肠代膀胱术

LB1　肾脏结石手术

包含以下主要手术或操作：
55.0102　肾切开取石术
55.0111　腹腔镜下肾切开取石术
55.0300x002　经皮肾镜取石术（Ⅱ期）（再次住院）
55.0300x003　经皮肾镜取石术（Ⅰ期）
55.0300x007　经皮肾镜取石术（Ⅱ期）（同次住院）
55.0301　经皮肾盂造口取石术
55.0302　经皮肾镜取石术
55.0400x005　经皮肾镜超声碎石取石术（Ⅱ期）（再次住院）
55.0400x006　经皮肾镜激光碎石取石术（Ⅱ期）（再次住院）
55.0400x007　经皮肾镜气压弹道碎石取石术（Ⅱ期）（再次住院）
55.0400x008　经皮肾镜超声碎石取石术（Ⅱ期）（同次住院）
55.0400x009　经皮肾镜激光碎石取石术（Ⅱ期）（同次住院）
55.0400x010　经皮肾镜气压弹道碎石取石术（Ⅱ期）（同次住院）
55.0401　经皮肾镜气压弹道碎石术
55.0402　经皮肾镜碎石术（PCNL）
55.0403　经皮肾镜超声碎石术
55.0404　经皮肾镜激光碎石术
55.0405　经肾造口碎石术
55.1101　肾盂切开取石术
55.1103　肾盂造口结石切除术
55.1104　肾窦切开取石术
55.1105　肾盏切开取石术
55.1109　腹腔镜下肾盂切开取石术

LB2　肾脏其他手术

包含以下主要手术或操作：
40.2900x023　髂外血管旁淋巴结切除术
40.2905　腹主动脉旁淋巴结切除术
40.2909　盆腔淋巴结切除术
40.5400x001　腹股沟淋巴结清扫术
40.5909　肠系膜淋巴结清扫术
40.5910　盆腔淋巴结清扫术
40.5911　腹腔镜腹腔淋巴结清扫术
40.5912　腹腔镜盆腔淋巴结清扫术
55.0100x010　肾被膜下血肿清除术
55.0101　肾探查术
55.0103　肾切开异物取出术
55.0104　肾切开引流术
55.0105　肾囊肿去顶术
55.0106　腹腔镜下肾囊肿去顶术
55.0107　肾血肿清除术
55.0108　移植肾探查术
55.0109　腹腔镜下肾探查术
55.0110　腹腔镜下肾切开引流术

55.0200 肾造口术
55.0201 腹腔镜下肾造口术
55.0300x005 经皮肾造口术
55.0300x006 经皮肾镜异物取出术
55.0303 经皮肾镜肾盏扩张术
55.1100x001 肾盂切开探查术
55.1100x002 输尿管镜下肾盂旁囊肿切开引流术
55.1102 肾盂切开引流术
55.1106 肾盏切开探查术
55.1107 肾盂囊肿开窗术
55.1108 腹腔镜下肾盂旁囊肿去顶术
55.1200 肾盂造口术
55.1200x001 肾盂内T管引流术
55.2400 开放性肾活组织检查
55.3100 肾病损袋形缝合术［造袋术］
55.3200x001 肾病损射频消融术
55.3301 超声引导下肾病损射频消融术
55.3302 经皮肾镜肾病损消融术
55.3400x001 腹腔镜下肾病损射频消融术
55.3501 输尿管镜下肾病损消融术
55.3900x001 副肾切除术
55.3900x003 肾病损切除术
55.3900x004 腹腔镜下肾病损切除术
55.3901 经皮肾病损冷冻治疗术
55.3902 经尿道输尿管镜肾病损激光切除术
55.3903 经皮肾镜肾盂病损电切术
55.4x00 部分肾切除术
55.4x01 肾楔形切除术
55.4x02 肾盂部分切除术
55.4x03 腹腔镜下肾部分切除术
55.4x04 肾盂切除术
55.4x05 肾盏切除术
55.5100 肾输尿管切除术
55.5101 单侧肾切除术
55.5102 供肾取肾术
55.5103 腹腔镜下单侧肾切除术
55.5104 腹腔镜下单侧肾输尿管切除术
55.5105 腹腔镜供肾取肾术
55.5106 腹腔镜膀胱镜下肾输尿管切除术
55.5200 残留肾切除术
55.5201 孤立肾切除术
55.5300x001 移植肾切除术
55.5400 双侧肾切除术
55.5401 腹腔镜下双侧肾切除术
55.7x00 肾固定术
55.7x01 腹腔镜下肾固定术
55.8101 肾裂伤修补术
55.8102 移植肾破裂修补术
55.8201 肾盂造口闭合术
55.8202 肾造口闭合术
55.8301 肾瘘修补术
55.8400 肾带蒂扭转的复位术
55.8500 马蹄形肾联合部切开术
55.8501 腹腔镜马蹄肾峡部分离术
55.8600x006 腹腔镜下肾盏-输尿管吻合术
55.8601 移植肾输尿管膀胱吻合术
55.8602 肾盂输尿管吻合术
55.8603 肾盏输尿管吻合术
55.8604 移植肾肾盂输尿管吻合术
55.8605 肾盂输尿管膀胱吻合术
55.8606 腹腔镜下肾盂输尿管吻合术
55.8701 肾盂成形术
55.8702 肾盂输尿管成形术
55.8703 腹腔镜下肾盂输尿管成形术
55.8704 腹腔镜下肾盂成形术
55.8900x002 供体肾修整术
55.8900x003 腹腔镜下融合肾离断术
55.8900x004 融合肾离断术
55.8901 肾修补术
55.8902 移植肾修补术
55.8903 肾成形术
55.9100 肾包膜剥脱术
55.9100x003 肾囊肿切除术
55.9100x004 肾盂囊肿切除术
55.9100x005 肾盂旁囊肿切除术
55.9200x007 经皮肾血肿抽吸术
55.9701 机械肾植入术
55.9702 机械肾置换术
55.9800 机械肾去除
55.9900x001 肾旷置术
55.9901 肾折叠术
55.9902 肾蒂淋巴管离断术
55.9903 腹腔镜下肾折叠术
56.3300x003 经皮肾镜输尿管活检术
59.0200x007 肾周围淋巴管剥脱术
59.0203 肾周围粘连松解术
59.0300x002 腹腔镜下肾周围淋巴管剥脱术
59.0901 肾周切开引流术
59.0902 肾周血肿清除术
59.0903 肾周区域探查术

59.0904　腹腔镜下肾周切开引流术
59.9101　肾周病损切除术

LC1　输尿管手术

包含以下主要手术或操作：
56.0x00x001　经尿道输尿管镜输尿管异物取出术
56.0x00x002　经尿道输尿管镜肾盂异物取出术
56.0x00x003　经尿道输尿管镜输尿管取石术
56.0x00x004　经尿道输尿管镜肾盂取石术
56.0x00x005　经尿道输尿管镜输尿管激光碎石术
56.0x00x006　经尿道输尿管镜肾盂激光碎石术
56.0x00x007　经尿道输尿管镜输尿管气压弹道碎石术
56.0x00x008　经尿道输尿管镜肾盂气压弹道碎石术
56.0x00x009　经尿道输尿管镜输尿管超声碎石术
56.0x00x010　经尿道输尿管镜肾盂超声碎石术
56.0x00x011　经尿道输尿管镜输尿管激光碎石取石术
56.0x00x012　经尿道输尿管镜肾盂激光碎石取石术
56.0x00x013　经尿道输尿管镜输尿管气压弹道碎石取石术
56.0x00x014　经尿道输尿管镜肾盂气压弹道碎石取石术
56.0x00x015　经尿道输尿管镜输尿管超声碎石取石术
56.0x00x016　经尿道输尿管镜肾盂超声碎石取石术
56.0x01　经尿道输尿管/肾盂异物取出术
56.0x02　经尿道输尿管/肾盂取石术
56.0x03　经尿道输尿管/肾盂激光碎石术
56.0x04　经尿道输尿管/肾盂气压弹道碎石术
56.0x05　经尿道输尿管/肾盂超声碎石术
56.0x06　经尿道输尿管/肾盂激光碎石取石术
56.0x07　经尿道输尿管/肾盂气压弹道碎石取石术
56.0x08　经尿道输尿管/肾盂超声碎石取石术
56.1x00x001　输尿管口切开术
56.1x01　膀胱镜下输尿管口切开术
56.2x00x002　经皮肾镜输尿管内切开术
56.2x00x007　输尿管切开探查术
56.2x01　输尿管切开取石术
56.2x02　输尿管切开异物取出术
56.2x03　输尿管切开引流术
56.2x04　腹腔镜下输尿管切开取石术
56.2x05　输尿管镜下输尿管切开术
56.3400　开放性输尿管活组织检查
56.4100　部分输尿管切除术
56.4100x008　膀胱镜下输尿管病损切除术
56.4100x009　腹腔镜下输尿管囊肿造口术
56.4100x011　腹腔镜下输尿管残端切除术
56.4100x012　经尿道输尿管病损激光切除术
56.4101　输尿管病损切除术
56.4102　副输尿管切除术
56.4103　输尿管口囊肿切除术
56.4104　输尿管缩短伴再植术
56.4105　腹腔镜下输尿管部分切除术
56.4106　内镜下输尿管病损切除术
56.4107　内镜下输尿管部分切除术
56.4200　输尿管全部切除术
56.4201　腹腔镜下输尿管切除术
56.5200x001　输尿管-回肠皮肤造口修正术
56.6100x001　输尿管-皮肤造口术
56.6100x003　输尿管造口术
56.6100x004　腹腔镜下输尿管-皮肤造口术
56.6201　输尿管-腹壁造口修复术
56.7102　输尿管-结肠吻合术
56.7104　输尿管-阑尾吻合术
56.7105　输尿管-空肠吻合术
56.7400　输尿管膀胱吻合术
56.7402　腹腔镜下输尿管膀胱吻合术
56.7501　左右输尿管吻合术
56.7900　输尿管其他吻合术或搭桥
56.8100　输尿管管腔内粘连松解术
56.8200x002　腹腔镜下输尿管损伤修复术
56.8201　输尿管裂伤修补术
56.8300　输尿管造口闭合术
56.8400x001　输尿管瘘修补术
56.8401　输尿管阴道瘘修补术
56.8500　输尿管固定术
56.8600　输尿管结扎去除术
56.8900x001　肠管代输尿管术
56.8900x006　腹腔镜下肠管代输尿管术
56.8901　输尿管成形术
56.8902　输尿管移植术
56.8903　输尿管延长术
56.8904　输尿管复位术
56.8905　空肠代输尿管术
56.8906　回肠代输尿管术
56.8907　膀胱瓣代输尿管术
56.8908　腹腔镜下输尿管成形术
56.9100　输尿管口扩张
56.9101　膀胱镜下输尿管口扩张术

56.9200　电子输尿管刺激器置入
56.9300　电子输尿管刺激器置换
56.9400　电子输尿管刺激器去除
56.9500　输尿管结扎术
56.9500x001　腹腔镜下输尿管结扎术
56.9900　输尿管其他手术
59.0201　输尿管狭窄松解术
59.0202　输尿管周围粘连松解术
59.0303　腹腔镜下输尿管周围粘连松解术
59.8x00x001　膀胱镜下输尿管扩张术
59.8x00x004　经尿道膀胱镜输尿管导管插入术
59.8x00x005　经尿道膀胱镜输尿管镜输尿管扩张术
59.8x00x006　经尿道膀胱镜输尿管扩张术
59.8x00x007　直视下输尿管支架置入
59.8x01　输尿管扩张术
59.8x03　经尿道输尿管支架置入术
59.8x04　经皮肾镜输尿管支架置入术
59.8x05　输尿管膀胱口扩张术

LD1　膀胱其他手术

包含以下主要手术或操作：
03.9400x001　骶神经电刺激器导线取出术
04.9200x003　骶神经神经刺激器导线置入术
04.9203　骶神经神经刺激器置入术
04.9301　骶神经刺激电极取出术
56.5101　乙状结肠膀胱腹壁造口术
56.5102　回肠输尿管皮肤造口术
56.7101　输尿管-回肠吻合术
56.7103　输尿管-直肠吻合术
56.7200　输尿管肠吻合术的修复术
56.7401　用膀胱补片的输尿管置换术
56.8909　腹腔镜下膀胱瓣代输尿管术
57.0x00x002　经尿道膀胱镜膀胱碎石钳碎石术
57.0x00x003　经尿道膀胱镜膀胱异物取出术
57.0x00x005　经尿道膀胱镜膀胱取石术
57.0x00x006　经尿道膀胱镜膀胱血块清除术
57.0x00x007　经尿道膀胱镜膀胱激光碎石术
57.0x00x008　经尿道膀胱镜膀胱超声碎石取石术
57.0x00x009　经尿道膀胱镜膀胱气压弹道碎石取石术
57.0x00x010　经尿道膀胱镜膀胱超声碎石术
57.0x00x011　经尿道膀胱镜膀胱气压弹道碎石术
57.0x00x012　经尿道膀胱镜膀胱激光碎石取石术
57.0x00x013　经尿道膀胱镜膀胱碎石钳碎石取石术
57.0x02　经尿道膀胱异物取出术
57.0x03　经尿道膀胱取石术
57.0x04　经尿道膀胱血块清除术
57.0x05　经尿道膀胱超声碎石术
57.0x06　经尿道膀胱激光碎石术
57.0x07　经尿道膀胱气压弹道碎石术
57.0x08　经尿道膀胱碎石钳碎石取石术
57.1200　膀胱切开的膀胱腔内粘连松解术
57.1700x002　经皮膀胱造口钬激光碎石取石术
57.1901　膀胱探查术
57.1902　膀胱切开取石术
57.1903　膀胱切开异物取出术
57.1904　膀胱切开引流术
57.1905　膀胱切开血块清除术
57.2100　膀胱造口术
57.2200　膀胱造口修复术
57.3400x002　直视下膀胱活检术
57.4100x002　经尿道膀胱腔内粘连松解术
57.4900x001　经尿道膀胱病损电切术
57.4901　经尿道膀胱病损切除术
57.4902　经尿道膀胱颈电切术
57.4903　经尿道膀胱病损激光烧灼术
57.4904　经尿道膀胱部分切除术
57.5100　脐尿管切除术
57.5100x001　脐尿管病损切除术
57.5100x003　腹腔镜下脐尿管病损切除术
57.5101　膀胱脐尿管瘘切除术
57.5102　腹腔镜下脐尿管切除术
57.5900x001　膀胱病损激光切除术
57.5900x002　膀胱镜下膀胱病损切除术
57.5901　膀胱病损切除术
57.5902　膀胱憩室切除术
57.5903　膀胱颈切除术
57.5904　膀胱病损耻骨上切除术
57.5905　膀胱内膜切除术
57.5906　膀胱病损电灼术
57.6x00　部分膀胱切除术
57.6x01　膀胱大部切除术
57.6x02　膀胱穹隆切除术
57.6x03　膀胱楔形切除术
57.6x04　膀胱三角区切除术
57.6x05　膀胱袖状切除术
57.6x06　腹腔镜下膀胱部分切除术
57.7100　根治性膀胱切除术
57.7101　膀胱尿道全切除术

57.7102　男性盆腔脏器去除术
57.7103　腹腔镜下膀胱根治切除术
57.7900x001　膀胱全切除术
57.7901　腹腔镜下全膀胱切除术
57.8100　膀胱裂伤缝合术
57.8200　膀胱造口闭合术
57.8301　膀胱回肠瘘修补术
57.8302　膀胱乙状结肠瘘修补术
57.8303　膀胱结肠瘘修补术
57.8304　膀胱直肠瘘修补术
57.8305　膀胱阴道直肠瘘修补术
57.8400x004　腹腔镜下膀胱-阴道瘘修补术
57.8400x005　经阴道膀胱-阴道瘘修补术
57.8401　膀胱瘘修补术
57.8402　膀胱阴道瘘修补术
57.8403　膀胱会阴瘘修补术
57.8404　膀胱子宫瘘修补术
57.8405　膀胱尿道阴道瘘修补术
57.8500x002　膀胱颈重建术
57.8501　膀胱颈成形术
57.8502　膀胱颈V-Y型成形术
57.8600　膀胱外翻修补术
57.8700x005　腹腔镜下回肠代膀胱术
57.8700x006　腹腔镜下可控性肠代膀胱术
57.8700x007　腹腔镜下胃代膀胱术
57.8700x008　腹腔镜下直肠代膀胱术
57.8700x009　胃代膀胱术
57.8701　回肠代膀胱术
57.8702　可控回肠膀胱术
57.8703　结肠代膀胱术
57.8704　直肠代膀胱术
57.8705　膀胱扩大术
57.8706　乙状结肠代膀胱术
57.8707　乙状结肠膀胱扩大术
57.8708　回肠浆肌层膀胱扩大术
57.8801　膀胱肠管吻合术
57.8900x001　膀胱修补术
57.8900x003　腹腔镜下膀胱颈悬吊术
57.8900x004　膀胱颈悬吊术
57.8901　膀胱固定术
57.8902　陈旧性膀胱产科裂伤修补术
57.8903　膀胱悬吊术
57.8904　膀胱疝修补术
57.8905　腹腔镜下膀胱修补术
57.9101　经尿道膀胱颈切开术
57.9102　经尿道膀胱颈切断术
57.9103　膀胱颈切断术
57.9201　经尿道膀胱颈扩张术
57.9300x001　膀胱术后出血止血术
57.9300x002　膀胱镜下膀胱术后出血止血术
57.9301　经尿道膀胱电凝止血术
57.9600　电子膀胱刺激器置入术
57.9700　电子膀胱刺激器置换术
57.9800　电子膀胱刺激器去除术
57.9900x001　膀胱封闭术
57.9900x002　膀胱旷置术
59.1100x001　膀胱周围粘连松解术
59.1200　腹腔镜下膀胱周围粘连松解术
59.1901　膀胱周围探查术
59.3x00　尿道膀胱连接处的折叠术
59.4x01　戈-弗-斯氏尿道膀胱悬吊术
59.4x02　米林-里德氏尿道膀胱悬吊术
59.4x03　奥克斯福德尿失禁手术［OXFORD手术］
59.4x04　经耻骨上膀胱尿道悬吊术（SPARC）
59.4x05　斯塔米膀胱颈悬吊术
59.7101　膀胱尿道提肌悬吊固定术
59.7200　置入物注入尿道和（或）膀胱颈
70.5001　阴道前后壁修补术
70.5002　腹腔镜阴道前后壁修补术
70.5100　膀胱膨出修补术
70.5101　阴道前壁修补术
70.5102　腹腔镜阴道前壁修补术
70.5300x001　阴道前后壁修补术伴生物补片植入
70.5300x002　阴道前后壁修补术伴人工补片置入
70.5400x001　阴道前壁修补术伴生物补片植入
70.5400x002　阴道前壁修补术伴人工补片置入
70.7703　耻骨梳韧带悬吊术
75.6101　膀胱近期产科裂伤修补术

LE1　尿道手术

包含以下主要手术或操作：
58.0x00x003　尿道切开探查术
58.0x00x004　膀胱镜下尿道狭窄切开术
58.0x01　尿道切开取石术
58.0x02　尿道会阴造口术
58.0x03　尿道切开异物取出术
58.0x04　尿道阴道造口术
58.0x05　尿道隔膜切除术
58.1x01　尿道外口切开术
58.3101　经尿道尿道病损电切术

58.3103　经尿道尿道狭窄电切术
58.3104　膀胱镜下后尿道瓣膜电切术
58.3901　尿道病损切除术
58.3902　尿道瓣膜切除术
58.3903　尿道切除术
58.3904　尿道部分切除术
58.3905　尿道狭窄切除术
58.3906　尿道口病损切除术
58.4100　尿道裂伤缝合术
58.4200　尿道造口闭合术
58.4301　尿道瘘修补术
58.4302　尿道阴道瘘修补术
58.4303　尿道直肠瘘修补术
58.4304　尿道会阴瘘修补术
58.4305　腹腔镜下尿道瘘修补术
58.4400　尿道再吻合术
58.4400x001　尿道拖入术
58.4401　尿道吻合术
58.4500x001　尿道下裂Ⅰ期成形术
58.4500x002　尿道下裂Ⅱ期成形术
58.4501　尿道上裂修补术
58.4502　尿道下裂修补术
58.4503　阴茎皮条法尿道成形术
58.4600x001　膀胱黏膜瓣代尿道成形术
58.4600x002　颊黏膜代尿道成形术
58.4600x003　结肠黏膜代尿道成形术
58.4600x004　回肠黏膜代尿道成形术
58.4600x005　阴唇皮瓣代尿道成形术
58.4600x006　包皮皮肤代尿道成形术
58.4600x007　舌黏膜代尿道成形术
58.4600x008　唇黏膜代尿道成形术
58.4600x009　阑尾代尿道成形术
58.4601　尿道建造术
58.4700　尿道口成形术
58.4701　尿道口紧缩术
58.4702　腹腔镜下尿道口紧缩术
58.4900x003　尿道修补术
58.4900x005　会阴阴囊皮瓣尿道成形术
58.4900x006　后尿道成形术
58.4901　尿道成形术
58.4902　尿道折叠术
58.5x00　尿道狭窄松解术
58.5x00x002　经尿道尿道切开术
58.5x01　尿道括约肌切开术
58.5x02　内镜下尿道内口切开术
58.5x03　尿道内口切开术
58.6x00x001　尿道-膀胱连接处扩张术
58.6x00x003　经内镜尿道结石取出术
58.6x00x004　经内镜尿道异物取出术
58.6x01　尿道会师术
58.6x02　尿道支架置入术
58.6x03　前列腺尿道记忆金属支架置入术
58.9101　尿道球腺引流术
58.9102　尿道旁切开引流术
58.9200x002　尿道旁腺病损切除术
58.9201　尿道旁病损切除术
58.9300　人工尿道括约肌［AUS］置入
58.9901　可膨胀的尿道括约肌去除术
59.5x00　耻骨后尿道悬吊术
59.5x01　经阴道无张力尿道悬吊术（TVT）
59.5x02　腹腔镜下尿道悬吊术
59.6x00　尿道旁悬吊术
59.7900x001　前尿道支架固定术
59.7901　前尿道固定术
59.7902　压迫性尿失禁修补术
59.7903　经阴道闭孔无张力尿道中段悬吊术（TVT-O）
59.7904　单切口经阴道闭孔无张力尿道中段悬吊术（TVT-S）
63.6x00x002　尿道镜下射精管口取石术
70.7700x004　腹腔镜下阴道悬吊术
70.7701　阴道悬吊术
75.6102　尿道近期产科裂伤修补术
98.1900x001　尿道内异物去除

LF1　肾透析相关手术

包含以下主要手术或操作：
38.0300x003　上肢血管切开探查术
38.4301　桡动脉部分切除伴置换术
38.4302　肱动脉部分切除伴置换术
38.4303　腋静脉部分切除伴置换术
38.9501　为肾透析半永久静脉插管术
39.2700x001　为肾透析的动静脉造瘘术
39.2700x002　为肾透析的动静脉人工血管搭桥术
39.2700x003　为肾透析的人工血管造瘘术
39.2700x004　为肾透析的移植血管造瘘术
39.2900x001　大隐静脉-肱动脉搭桥术
39.4200x001　为肾透析的动静脉瘘修补术
39.4200x002　为肾透析的人工血管动静脉瘘修补术
39.4200x003　为肾透析的移植血管动静脉瘘修补术
39.4200x004　为肾透析的自体血管动静脉瘘修补术

39.4300x001　去除用于肾透析的动静脉搭桥术
39.4900x004　动静脉造瘘术后人工血管血栓切除术
39.5000x013　锁骨下静脉球囊扩张成形术
39.5000x025　上肢静脉球囊扩张成形术
39.5000x032　动静脉造瘘后球囊扩张（用于肾透析）
39.5300x013　颈动静脉瘘修补术
39.5300x015　人工动静脉瘘切除术
39.5300x016　人工动静脉瘘修补术
39.5300x017　上肢动静脉瘘结扎术
39.7200x018　颈动静脉瘘栓塞术
39.7900x038　经皮上肢人工血管取栓术
39.7900x077　躯干动静脉瘘栓塞术
39.9300　血管-血管的套管的置入术
54.9300x003　腹膜透析导丝法置管术
54.9300x004　腹膜透析腹腔法置管术
54.9300x005　腹膜透析腹腔镜法置管术
54.9300x006　腹膜透析手工法置管术
54.9300x007　腹膜透析置管导丝法复位术
54.9300x008　腹膜透析置管腹腔法复位术
54.9300x009　腹膜透析置管腹腔镜法复位术
54.9300x010　腹膜透析置管手工法复位术
54.9300x011　腹膜透析管置入术
54.9300x012　腹膜透析管调整

LJ1　泌尿系统其他手术

包含以下主要手术或操作：
38.3701　肾静脉部分切除伴吻合术
54.4x02　腹膜后病损切除术
55.3300x001　经皮肾病损纳米刀消融术
55.3400x002　腹腔镜下肾病损纳米刀消融术
55.9200x002　经皮肾脓肿抽吸术
55.9200x006　经皮移植肾囊肿抽吸术
55.9201　肾穿刺引流术
55.9202　肾包膜下积液穿刺引流术
55.9203　肾穿刺术
55.9204　移植肾穿刺术
55.9205　经皮肾周脓肿抽吸术
55.9206　经皮肾囊肿抽吸术
55.9300　肾造口导管置换
55.9300x001　肾造瘘管置换术
55.9400　肾盂造口导管置换
55.9500　肾局部灌注
55.9601　肾囊肿硬化剂注射术
57.1101　膀胱穿刺术
57.1700x001　超声引导下耻骨上膀胱造口导尿管插入术
57.1701　经皮耻骨上膀胱造口导尿管插入术
57.1800x001　耻骨上膀胱造口导尿管插入术
59.0000　腹膜后清扫术
59.0301　腹腔镜下输尿管狭窄松解术
59.0302　腹腔镜下肾周粘连松解术
59.1902　耻骨后探查术
59.9300　输尿管造口导管置换术
59.9400　膀胱造口导管置换
59.9501　尿道超声碎石术
59.9502　肾超声碎石术
98.5101　肾体外冲击波碎石术
98.5102　膀胱体外冲击波碎石术
98.5103　输尿管体外冲击波碎石术
98.5104　肾盂体外冲击波碎石术

LL1　肾透析

包含以下主要手术或操作：
39.9500　血液透析
39.9500x004　血浆置换
39.9500x005　单膜血浆置换
39.9500x006　双膜血浆置换
39.9500x007　连续性肾脏替代治疗［CRRT］
39.9501　血液滤过
39.9600x002　血浆灌流
39.9600x003　血液灌流
54.9800　腹膜透析
54.9800x005　全自动腹膜透析仪腹膜透析
54.9800x006　人工操作法腹膜透析
54.9800x007　人工腹膜透析
54.9800x008　自动化腹膜透析

LR1　肾功能不全

包含以下主要诊断：
I12.000x001　高血压性肾衰竭
I13.100x001　高血压性心脏病和肾脏病伴肾衰竭
N00.000　急性肾炎综合征伴有轻微的肾小球异常
N00.100x001　局灶坏死性肾小球肾炎
N00.200　急性肾炎综合征伴有弥漫性膜性肾小球肾炎
N00.301　急性系膜增殖性肾小球肾炎
N00.400　急性肾炎综合征伴有弥漫性毛细血管内增生性肾小球肾炎
N00.500　急性肾炎综合征伴有弥漫性肾小球系膜毛细血管性肾小球肾炎

N00.600　急性肾炎综合征伴有密集沉积物病
N00.700　急性肾炎综合征伴有弥漫性新月形肾小球肾炎
N00.800x001　急性肾炎伴坏死性肾小球肾炎损害
N00.801　急性肾小球肾炎，IgA肾病
N00.802　急性增殖性肾小球肾炎
N00.900　急性肾炎综合征
N00.900x002　急性肾炎
N00.900x006　急性肾小球病
N00.900x008　急性肾病
N00.900x009　慢性肾小球肾炎伴急进型肾小球性肾炎
N00.901　急性链球菌感染后肾小球肾炎
N00.902　急性肾小球肾炎
N01.000　急进型肾炎综合征伴有轻微的肾小球异常
N01.100x002　急进型肾炎综合征，局灶性和节段性肾小球损害
N01.200x001　急进型肾炎综合征，弥漫性膜性肾小球肾炎
N01.300x001　急进型肾炎综合征，弥漫性肾小球膜性增生性肾小球肾炎
N01.400x001　急进型肾炎，毛细血管内增殖性肾炎
N01.500x001　急进型肾炎综合征，弥漫性肾小球膜毛细血管性肾小球肾炎
N01.600x001　急进型肾炎综合征，密集沉积物病
N01.700x001　急进性新月体性肾小球肾炎
N01.800　急进型肾炎综合征，其他的
N01.900　急进型肾炎综合征
N01.900x001　急进性肾炎
N01.900x002　急进性肾小球病
N01.900x003　急进性肾小球肾炎
N17.000　急性肾衰竭伴有肾小管坏死
N17.001　急性肾小管坏死
N17.002　缺血性肾病
N17.100　急性肾衰竭伴有急性肾皮质坏死
N17.101　急性肾皮质坏死
N17.200　急性肾衰竭伴有肾髓质坏死
N17.200x002　急性髓质乳头状坏死
N17.200x003　肾乳头坏死
N17.800　急性肾衰竭，其他的
N17.900　急性肾衰竭
N17.900x002　急性肾功能不全尿毒症期
N17.900x003　急性肾功能不全
N17.900x004　急性肾功能不全氮质血症期
N17.901　急性肾损害
N18.300　慢性肾脏病3期
N18.400　慢性肾脏病4期
N18.500　慢性肾脏病5期
N18.501　肾终末期疾病
N18.900x011　慢性肾损害
N18.902　慢性肾衰竭
N18.904　慢性肾功能不全
N19.x00　肾衰竭
N19.x01　尿毒症
N19.x02　肾无功能
N19.x03　肾功能不全
N25.900　肾小管功能损害所致的疾患
N99.000　操作后肾衰竭
N99.001　手术后肾衰竭
R39.200　肾外性尿毒症
R39.200x001　肾前性尿毒症
T79.500　创伤性无尿症
T79.500x002　挤压后肾衰竭
T86.100x001　肾移植失败
T86.100x002　肾移植排斥
T86.100x003　肾移植后肾衰竭
T86.100x005　肾移植急性排斥
T86.100x006　肾移植慢性排斥
T86.100x007　肾移植急性体液性排斥
T86.100x008　肾移植急性细胞性排斥
T86.102　移植肾功能不全
T86.103　移植肾破裂
T86.104　移植肾死亡
T86.105　移植肾萎缩
T86.106　移植肾无功能
T86.107　肾移植术后少尿

LS1　肾炎及肾病

包含以下主要诊断：
A40.901+N08.0*　链球菌性脓毒症性肾小球病变
A41.902+N08.0*　脓毒症性肾小球病变
C90.004+N16.1*　多发性骨髓瘤伴肾小管间质病
C90.005+N08.1*　骨髓瘤伴肾小球病变
C95.900x017+N16.1*　白血病致肾小管间质疾患伴缓解
D69.005+N08.2*　肾型过敏性紫癜
D89.101+N08.2*　冷球蛋白血症性肾小球肾炎
E66.902+N08.4*　肥胖相关性肾病
E72.006+N29.8*　胱氨酸沉积病性肾损害

E83.100x008+N16.3*　含铁血黄素沉积相关肾损害
E85.002　遗传性淀粉样肾病
E85.411+N29.8*　淀粉样变肾损害
I12.900x001　动脉硬化性肾病
I12.900x002　动脉硬化性肾炎
I12.900x003　高血压性肾病
I12.900x005　肾萎缩伴高血压
I12.900x006　小动脉性肾病
M31.002+N08.5*　抗肾小球基底膜抗体病
M31.003+N08.5*　肺出血肾炎综合征相关肾小球肾炎
M31.102+N08.5*　血栓性血小板减少性紫癜相关肾小球肾炎
M31.305+N08.5*　肉芽肿性血管炎相关肾小球肾炎
M31.701+N08.5*　ANCA相关性肾炎
M31.703+N08.5*　血管炎性肾小球肾炎
M32.101+N08.5*　狼疮性肾炎
M32.102+N16.4*　狼疮性肾小管间质肾炎
M35.006+N16.4*　干燥综合征性肾小管间质肾炎
M35.007+N16.4*　干燥综合征性肾盂肾炎
N02.001　血尿，肾小球轻微病变
N02.002　IgA肾病，肾小球轻微病变
N02.101　IgA肾病，局灶和节段性肾小球损害
N02.102　血尿，局灶和节段性肾小球损害
N02.201　IgA肾病，膜性肾小球损害
N02.203　血尿，弥漫性膜性肾小球损害
N02.301　血尿，弥漫性肾小球系膜增殖性肾小球损害
N02.302　系膜增生性IgA肾病
N02.401　血尿，弥漫性毛细血管内增殖性肾炎
N02.502　血尿，膜增殖性肾小球损害
N02.600　复发性和持续性血尿伴有密集沉积物病
N02.701　新月体性IgA肾病
N02.702　血尿，新月体［形］肾小球肾炎
N02.800x003　良性家族性儿童期血尿
N02.801　IgA肾病
N02.802　薄基底膜肾病
N03.000　慢性肾炎综合征伴有轻微的肾小球异常
N03.100　慢性肾炎综合征伴有局灶性和节段性肾小球损害
N03.200x001　慢性膜性肾小球肾炎
N03.300x001　慢性弥漫性系膜增殖性肾小球肾炎
N03.400　慢性肾炎综合征伴有弥漫性毛细血管内增生性肾小球肾炎
N03.500x003　慢性肾小球膜毛细血管性肾小球肾炎
N03.501　膜增殖性肾小球肾炎Ⅰ型
N03.502　膜增殖性肾小球肾炎Ⅲ型
N03.503　膜性增生性肾小球肾炎
N03.601　膜增殖性肾小球肾炎Ⅱ型
N03.700　慢性肾炎综合征伴有弥漫性新月形肾小球肾炎
N03.800x001　慢性弥漫性增殖性肾小球肾炎
N03.800x003　慢性肾小球肾炎伴硬化性肾炎
N03.800x004　慢性肾小球肾炎伴膜性增殖性肾小球肾炎
N03.801　慢性增殖性肾小球肾炎
N03.900　慢性肾炎综合征
N03.900x002　慢性肾小球肾炎伴小管间质病变
N03.900x003　慢性肾炎
N03.900x004　隐匿型肾小球肾炎
N03.900x005　肾小球内皮细胞病
N03.900x006　慢性肾病
N03.900x007　慢性肾小球病
N03.901　慢性肾小球肾炎
N04.001　肾病综合征伴微小病变性肾小球肾炎
N04.101　肾病综合征伴局灶硬化性肾小球肾炎
N04.102　肾病综合征伴节段硬化性肾小球肾炎
N04.200x001　肾病综合征伴膜性肾小球肾炎
N04.300x001　肾病综合征伴膜增殖性肾小球肾炎
N04.300x003　肾病综合征伴膜性增殖性IgA肾病
N04.400x001　肾病综合征伴毛细血管增殖性肾炎
N04.501　肾病综合征，膜增殖性肾小球肾炎Ⅰ型
N04.502　肾病综合征，膜增殖性肾小球肾炎Ⅲ型
N04.601　肾病综合征，膜增殖性肾小球肾炎Ⅱ型
N04.700　肾病综合征伴有弥漫性新月形肾小球肾炎
N04.800x002　病毒性肾炎
N04.801　肾病综合征，增殖性肾小球肾炎
N04.900　肾病综合征
N04.902　先天性肾病综合征
N04.903　肾病型肾炎
N05.000x001　肾小球微小病变
N05.000x004　微小病变性肾小球肾炎
N05.101　局灶性肾炎
N05.201　膜性肾病
N05.301　系膜增生性肾小球肾炎
N05.400　肾炎综合征伴有弥漫性毛细血管内增生性肾小球肾炎
N05.501　膜增殖性肾小球肾炎
N05.600　肾炎综合征伴有密集沉积物病
N05.701　新月体形肾小球肾炎

N05.801　IgM肾病
N05.802　增殖性肾小球肾炎
N05.803　肾小球肾病
N05.900　肾炎综合征
N05.900x002　肾小球肾炎
N05.900x003　肾炎
N05.900x006　小血管炎肾损害
N05.900x007　链球菌感染后肾小球肾炎
N05.900x009　肾小球病
N06.001　蛋白尿，肾小球轻微病变
N06.100　孤立性蛋白尿伴有局灶性和节段性肾小球损害
N06.200　孤立性蛋白尿伴有弥漫性膜性肾小球肾炎
N06.300　孤立性蛋白尿伴有弥漫性肾小球系膜性增生性肾小球肾炎
N06.400　孤立性蛋白尿伴有弥漫性毛细血管内增生性肾小球肾炎
N06.500　孤立性蛋白尿伴有弥漫性肾小球系膜毛细血管性肾小球肾炎
N06.600　孤立性蛋白尿伴有密集沉积物病
N06.700　孤立性蛋白尿伴有弥漫性新月形肾小球肾炎
N06.800　孤立性蛋白尿，其他的
N06.900　孤立性蛋白尿伴肾小球损害
N07.000　遗传性肾病伴有轻微的肾小球异常，不可归类在他处者
N07.100　遗传性肾病伴有局灶性和节段性肾小球损害，不可归类在他处者
N07.200　遗传性肾病伴有弥漫性膜性肾小球肾炎，不可归类在他处者
N07.300　遗传性肾病伴有弥漫性肾小球系膜增生性肾小球肾炎，不可归类在他处者
N07.400　遗传性肾病伴有弥漫性毛细血管内增生性肾小球肾炎，不可归类在他处者
N07.500　遗传性肾病伴有弥漫性肾小球系膜毛细血管性肾小球肾炎，不可归类在他处者
N07.600　遗传性肾病伴有密集沉积物病，不可归类在他处者
N07.700　遗传性肾病伴有弥漫性新月形肾小球肾炎，不可归类在他处者
N07.800　遗传性肾病，其他的，不可归类在他处者
N07.900x001　遗传性肾炎
N10.x00　急性肾小管-间质肾炎
N10.x01　急性间质性肾炎
N11.800x002　免疫相关的慢性间质性肾炎
N11.900　慢性肾小管-间质肾炎
N11.901　慢性间质性肾炎
N12.x00　肾小管-间质肾炎
N12.x01　间质性肾炎
N12.x03　肾小管病变
N13.801　梗阻性肾病
N14.000　镇痛剂肾病
N14.101　马兜铃酸肾病
N14.102　造影剂肾病
N14.201　药物性肾病
N14.301　汞中毒性肾病
N14.400　毒性肾病，不可归类在他处者
N15.000　巴尔干肾病
N18.901　弥漫性硬化性肾小球肾炎
N25.100　肾性尿崩症
N25.800x006　莱特伍德-奥尔布赖特综合征［Lightwood-Albright综合征］
N25.802　肾小管酸中毒
N25.803　肾小管酸中毒Ⅰ型
N25.804　肾小管酸中毒Ⅱ型
N25.805　肾小管酸中毒Ⅲ型
N25.806　肾小管酸中毒Ⅳ型
N26.x00　肾挛缩
N26.x01　肾小球硬化
N26.x02　肾硬化
N28.800x001　脂蛋白肾病
N28.817　失盐综合征
N28.900x004　非传染性肝炎相关性肾病
N28.900x013　继发性肾损害
N28.900x017　高血压肾损害
N28.900x026　IgG相关性肾病
N28.901　肾病
N39.100　持续性蛋白尿
N39.200　直立性蛋白尿
Q61.400　肾发育不良
Q61.401　肾多囊性发育不良
Q61.402　多囊肾（进展型）
Q61.403　多囊性肾病
Q61.404　多囊肾发育不良
Q61.500　髓部囊性肾
Q87.800x903　Denys-Drash综合征
Q87.808　甲状旁腺功能减低-感音神经性耳聋-肾发育不良综合征

LT1 肾及尿路肿瘤

包含以下主要诊断：

C48.001 肾周恶性肿瘤
C64.x00x001 肾恶性肿瘤
C64.x00x003 双侧肾恶性肿瘤
C64.x00x004 肾多处恶性肿瘤
C65.x00 肾盂恶性肿瘤
C65.x01 肾盂输尿管连接处恶性肿瘤
C65.x02 肾盏恶性肿瘤
C66.x00 输尿管恶性肿瘤
C66.x00x002 双侧输尿管恶性肿瘤
C66.x00x003 输尿管多处恶性肿瘤
C67.000 膀胱三角区恶性肿瘤
C67.100 膀胱顶恶性肿瘤
C67.200 膀胱侧壁恶性肿瘤
C67.300 膀胱前壁恶性肿瘤
C67.400 膀胱后壁恶性肿瘤
C67.500 膀胱颈恶性肿瘤
C67.501 尿道内口恶性肿瘤
C67.600 输尿管口恶性肿瘤
C67.700 脐尿管恶性肿瘤
C67.800 膀胱交搭跨越恶性肿瘤的损害
C67.900 膀胱恶性肿瘤
C67.900x002 膀胱多处恶性肿瘤
C68.000 尿道恶性肿瘤
C68.100 尿道旁腺恶性肿瘤
C68.800 泌尿器官交搭跨越恶性肿瘤的损害
C68.800x003 膀胱和尿道及前列腺恶性肿瘤
C68.801 肾输尿管恶性肿瘤
C68.802 肾盂膀胱恶性肿瘤
C68.803 膀胱尿道恶性肿瘤
C68.804 输尿管膀胱恶性肿瘤
C68.805 肾盂输尿管恶性肿瘤
C68.900 泌尿器官恶性肿瘤
C76.301 膀胱直肠隔恶性肿瘤
C76.303 会阴部恶性肿瘤
C79.000x001 肾继发恶性肿瘤
C79.001 肾盂继发恶性肿瘤
C79.100x002 泌尿系统继发恶性肿瘤
C79.101 膀胱继发恶性肿瘤
C79.102 输尿管继发恶性肿瘤
C79.103 尿道继发恶性肿瘤
D09.000 膀胱原位癌
D09.100x001 尿道原位癌
D09.101 肾原位癌
D09.102 肾盂原位癌
D09.103 输尿管原位癌
D09.104 泌尿器官原位癌
D18.000x806 尿道口血管瘤
D18.000x811 肾血管瘤
D18.000x819 膀胱血管瘤
D21.506 膀胱直肠结缔组织良性肿瘤
D30.000 肾良性肿瘤
D30.100 肾盂良性肿瘤
D30.200 输尿管良性肿瘤
D30.300 膀胱良性肿瘤
D30.301 膀胱尿道口良性肿瘤
D30.302 膀胱输尿管口良性肿瘤
D30.400 尿道良性肿瘤
D30.701 尿道旁腺良性肿瘤
D30.900 泌尿器官良性肿瘤
D41.000x001 肾交界性肿瘤
D41.001 肾肿瘤
D41.100x001 肾盂交界性肿瘤
D41.101 肾盂肿瘤
D41.200x001 输尿管交界性肿瘤
D41.201 输尿管肿瘤
D41.300x001 尿道交界性肿瘤
D41.301 尿道肿瘤
D41.400x001 膀胱交界性肿瘤
D41.400x004 膀胱息肉
D41.401 膀胱肿瘤
D41.700 泌尿器官动态未定或动态未知的肿瘤，其他的
D41.900x001 泌尿生殖系统交界性肿瘤
D41.901 泌尿系统肿瘤
Q85.900x013 肾错构瘤破裂出血
Q85.900x029 先天性中胚叶肾瘤
Q85.903 肾错构瘤

LU1 肾及尿路感染

包含以下主要诊断：

A02.205+N16.0* 沙门菌性肾小管-间质病变
B65.002+N22.0* 血吸虫病性尿结石
N10.x02 急性肾盂肾炎
N11.000x001 反流性肾盂肾炎
N11.100 慢性梗阻性肾盂肾炎
N11.801 非梗阻性慢性肾盂肾炎
N11.802 黄色肉芽肿性肾盂肾炎

N11.900x001 慢性肾盂肾炎
N11.900x003 慢性肾盂炎
N12.x02 肾盂肾炎
N13.600 肾积脓
N13.600x001 肾盂脓肿
N13.600x002 肾盂积脓
N13.600x004 腹膜后纤维化伴感染
N13.601 肾结石伴有积水和感染
N13.602 输尿管结石伴有积水和感染
N13.603 肾输尿管结石伴有积水和感染
N13.604 输尿管肾盂连接处狭窄伴有感染
N13.605 输尿管狭窄伴有感染
N15.101 肾脓肿
N15.102 肾周脓肿
N15.801 肾肉芽肿
N15.900x002 肾周围感染
N15.900x003 肾皮质化脓性感染
N15.900x004 感染性肾炎
N15.901 肾感染
N28.801 囊性肾盂炎
N28.834 输尿管炎
N28.836 囊性输尿管炎
N28.838 输尿管周围炎
N28.839 肾周围炎
N30.000 急性膀胱炎
N30.201 慢性膀胱炎
N30.300 膀胱三角区炎
N30.801 膀胱脓肿
N34.000 尿道脓肿
N34.000x005 尿道腺脓肿
N34.001 尿道旁腺脓肿
N34.002 尿道球腺脓肿
N34.100 非特异性尿道炎
N34.101 非淋球菌性尿道炎
N34.102 非性病性尿道炎
N34.200x003 尿道溃疡
N34.200x004 尿道口溃疡
N34.200x006 尿路软斑症
N34.201 绝经后尿道炎
N34.202 尿道口炎
N34.203 尿道球腺炎
N34.204 急性尿道炎
N34.205 慢性尿道炎
N34.300 尿道综合征
N39.000 泌尿道感染
N39.001 无症状性菌尿
T83.500 泌尿系统中的假体装置、植入物和移植物引起的感染和炎症性反应
T83.500x002 输尿管支架感染
T83.500x003 导管相关性尿路感染
T83.501 泌尿道引流管植入感染

LV1 代谢性肾病

包含以下主要诊断：
E10.200x011+N08.3* 1型糖尿病性前期肾病
E10.200x012+N08.3* 1型糖尿病性前期肾小球肾病
E10.200x013+N08.3* 1型糖尿病性前期基膜肥厚性肾小球肾病
E10.200x014+N08.3* 1型糖尿病性前期肾小球系膜增殖性肾病
E10.200x015+N08.3* 1型糖尿病性前期可逆的肾病
E10.200x016+N08.3* 1型糖尿病性前期微白蛋白尿
E10.200x017+N08.3* 1型糖尿病性前期持续性微白蛋白尿
E10.200x023+N08.3* 1型糖尿病性肾小球硬化症
E10.200x024+N08.3* 1型糖尿病性弥漫性肾小球硬化症
E10.200x025+N08.3* 1型糖尿病性结节性肾小球硬化症
E10.200x026+N08.3* 1型糖尿病性难愈性肾小球硬化症
E10.200x027+N08.3* 1型糖尿病性大量白蛋白尿
E10.200x028+N08.3* 1型糖尿病性递进性肾病
E10.200x029+N08.3* 1型糖尿病性毛细管间性肾小球硬化症
E10.200x030+N08.3* 1型糖尿病性持续蛋白尿
E10.200x031+N29.8* 1型糖尿病性终末期肾脏病
E10.200x091+N08.3* 1型糖尿病性急性肾功能衰竭
E10.200x092+N08.3* 1型糖尿病性髓质乳头坏死
E10.200x211+N08.3* 1型糖尿病肾病Ⅰ期
E10.200x212+N08.3* 1型糖尿病肾病Ⅱ期
E10.200x213+N08.3* 1型糖尿病肾病Ⅲ期
E10.200x214+N08.3* 1型糖尿病肾病Ⅳ期
E10.200x215+N08.3* 1型糖尿病肾病Ⅴ期
E10.201+N08.3* 1型糖尿病性肾病
E10.400x381+N33.8* 1型糖尿病神经源性膀胱炎
E10.404+G99.0* 1型糖尿病性神经源性膀胱
E11.200x011+N08.3* 2型糖尿病性前期肾病
E11.200x012+N08.3* 2型糖尿病性前期肾小球肾病
E11.200x013+N08.3* 2型糖尿病性前期基膜肥厚

性肾小球肾病
E11.200x014+N08.3*　2型糖尿病性前期肾小球系膜增殖性肾病
E11.200x015+N08.3*　2型糖尿病性前期可逆的肾病
E11.200x016+N08.3*　2型糖尿病性前期微白蛋白尿
E11.200x017+N08.3*　2型糖尿病性前期持续性微白蛋白尿
E11.200x023+N08.3*　2型糖尿病性肾小球硬化症
E11.200x024+N08.3*　2型糖尿病性弥漫性肾小球硬化症
E11.200x025+N08.3*　2型糖尿病性结节性肾小球硬化症
E11.200x026+N08.3*　2型糖尿病性难愈性肾小球硬化症
E11.200x027+N08.3*　2型糖尿病性大量白蛋白尿
E11.200x028+N08.3*　2型糖尿病性递进性肾病
E11.200x029+N08.3*　2型糖尿病性毛细管间性肾小球硬化症
E11.200x030+N08.3*　2型糖尿病性持续蛋白尿
E11.200x031+N29.8*　2型糖尿病性终末期肾脏病
E11.200x091+N08.3*　2型糖尿病性急性肾功能衰竭
E11.200x092+N08.3*　2型糖尿病性髓质乳头坏死
E11.200x211+N08.3*　2型糖尿病肾病Ⅰ期
E11.200x212+N08.3*　2型糖尿病肾病Ⅱ期
E11.200x213+N08.3*　2型糖尿病肾病Ⅲ期
E11.200x214+N08.3*　2型糖尿病肾病Ⅳ期
E11.200x215+N08.3*　2型糖尿病肾病Ⅴ期
E11.201+N08.3*　2型糖尿病性肾病
E11.400x380+G99.0*　2型糖尿病性膀胱张力减弱
E11.400x381+N33.8*　2型糖尿病神经源性膀胱炎
E11.404+G99.0*　2型糖尿病性神经源性膀胱
E12.200　营养不良相关性糖尿病伴有肾的并发症
E13.200x521+N08.3*　青少年发病的成人型糖尿病性肾病
E13.201+N08.3*　脂肪萎缩性糖尿病性肾病
E14.200x011+N08.3*　糖尿病性前期肾病
E14.200x012+N08.3*　糖尿病性前期肾小球肾病
E14.200x013+N08.3*　糖尿病性前期基膜肥厚性肾小球肾病
E14.200x014+N08.3*　糖尿病性前期肾小球系膜增殖性肾病
E14.200x015+N08.3*　糖尿病性前期可逆的肾病
E14.200x016+N08.3*　糖尿病性前期微白蛋白尿
E14.200x017+N08.3*　糖尿病性前期持续性微白蛋白尿
E14.200x021+N08.3*　糖尿病性肾病
E14.200x023+N08.3*　糖尿病性肾小球硬化症
E14.200x024+N08.3*　糖尿病性弥漫性肾小球硬化症
E14.200x025+N08.3*　糖尿病性结节性肾小球硬化症
E14.200x026+N08.3*　糖尿病性难愈性肾小球硬化症
E14.200x027+N08.3*　糖尿病性大量白蛋白尿
E14.200x028+N08.3*　糖尿病性递进性肾病
E14.200x029+N08.3*　糖尿病性毛细管间性肾小球硬化症
E14.200x030+N08.3*　糖尿病性持续蛋白尿
E14.200x031+N29.8*　糖尿病性终末期肾脏病
E14.200x091+N08.3*　糖尿病性急性肾功能衰竭
E14.200x092+N08.3*　糖尿病性髓质乳头坏死
E14.200x211+N08.3*　糖尿病肾病Ⅰ期
E14.200x212+N08.3*　糖尿病肾病Ⅱ期
E14.200x213+N08.3*　糖尿病肾病Ⅲ期
E14.200x214+N08.3*　糖尿病肾病Ⅳ期
E14.200x215+N08.3*　糖尿病肾病Ⅴ期
E14.400x380+G99.0*　糖尿病性膀胱张力减弱
E14.400x381+N33.8*　糖尿病神经源性膀胱炎
E85.403　淀粉样变膀胱损害
I12.900x008　恶性肾小动脉硬化症
I12.900x009　良性肾小动脉硬化症
I12.904　肾小动脉硬化症
M10.001+N16.8*　尿酸性肾病
N04.901　脂性肾病
N05.000x003　肥胖相关性肾小球肥大症
N11.800x003　代谢异常相关的慢性间质性肾炎
N25.001　肾性佝偻病

LW1　肾、尿路体征及症状

包含以下主要诊断：
E72.007　赖氨酸尿蛋白不耐受症
N02.900　复发性和持续性血尿
N02.900x001　复发性血尿
N02.900x002　持续性血尿
N13.701　膀胱输尿管反流
N23.x00　肾绞痛
N28.802　肾盂扩张
N32.803　膀胱出血
N36.804　尿道出血
N39.300　压力性尿失禁
N39.300x002　女性压力性尿失禁
N39.400　尿失禁，其他特指的
N39.401　充盈性尿失禁

N39.402　创伤后尿失禁
N39.403　混合性尿失禁
N39.404　解剖性尿失禁
N39.405　紧迫性尿失禁
N99.803　手术后尿潴留
R30.000　排尿困难
R30.000x002　痛性尿淋漓
R30.100　排尿里急后重
R30.100x001　尿急
R30.900x001　尿痛
R31.x00　血尿
R32.x00　尿失禁
R32.x01　遗尿
R33.x00　尿潴留
R34.x01　少尿
R34.x02　无尿
R35.x00　多尿
R35.x00x001　尿频
R35.x00x003　夜尿增多
R36.x01　尿道溢液
R39.000　尿外渗
R39.100x001　尿线分叉
R39.100x002　尿线不佳
R39.101　排尿踌躇
R39.801　累及泌尿系统症状和体征
R79.802　低尿酸血症
R80.x00　孤立性蛋白尿
R80.x00x003　白蛋白尿
R80.x01　本周蛋白尿
R80.x02　蛋白尿
R82.000　乳糜尿
R82.200　胆汁尿
R82.300　血红蛋白尿
R82.500x003　尿中生物制剂水平升高
R82.500x004　尿中17-甾酮类水平升高
R82.500x005　尿中儿茶酚胺水平升高
R82.500x006　尿中吲哚乙酸水平升高
R82.500x007　尿中甾类水平升高
R82.600x001　尿中重金属水平异常
R82.700　尿的微生物学检查的异常所见
R82.800　尿的细胞学和组织学检查的异常所见
R82.900x002　黑尿
R82.900x003　结晶尿
R82.901　钙尿
R82.902　低比重尿
R93.400x001　膀胱充盈缺损
R93.400x002　肾充盈缺损
R93.400x003　输尿管充盈缺损
R93.401　肾超声检查异常
R93.402　肾动脉走行异常
R93.403　肾占位性病变
R93.404　输尿管占位性病变
R93.405　膀胱占位性病变
R94.400　肾功能检查的异常结果
R94.401　肾小球滤过率下降
R94.402　血肌酐升高
R94.802　逼尿肌内减弱
R94.803　膀胱功能检查异常

LX1　尿路结石、阻塞及尿道狭窄

包含以下主要诊断：
M10.005+N22.8*　痛风性肾结石
N13.000　肾盂积水伴有输尿管肾盂连接处梗阻
N13.100x001　肾积水伴输尿管狭窄
N13.201　肾积水伴肾结石
N13.202　肾积水伴输尿管结石
N13.203　肾积水伴肾输尿管结石
N13.204　肾积水伴结石性肾盂肾炎
N13.300x005　肾盂囊肿
N13.301　肾积水
N13.302　肾盏颈部狭窄
N13.400　输尿管积水
N13.500x010　输尿管痉挛
N13.501　肾盂输尿管连接处狭窄
N13.502　手术后输尿管膀胱吻合口梗阻
N13.503　输尿管梗阻
N13.504　输尿管狭窄
N13.506　腹膜后纤维化伴输尿管狭窄
N13.901　泌尿道梗阻
N20.000　肾结石
N20.000x001　肾盂结石
N20.000x002　肾结石合并感染
N20.000x003　肾盏憩室内结石
N20.001　鹿角状结石
N20.002　肾石病
N20.100　输尿管结石
N20.200x001　肾输尿管结石
N20.900　泌尿系结石
N20.900x001　肾脏感染性结石
N20.901　结石性肾盂肾炎

N21.000　膀胱结石
N21.001　膀胱憩室结石
N21.100　尿道结石
N21.800　下泌尿道结石，其他的
N21.900　下泌尿道结石
N32.000　膀胱颈梗阻
N32.001　膀胱颈挛缩
N32.002　膀胱颈狭窄
N35.000　创伤后尿道狭窄
N35.000x001　分娩后尿道狭窄
N35.100x001　感染后尿道狭窄
N35.800　尿道狭窄，其他的
N35.900　尿道狭窄
N35.901　针孔状尿道口
N99.100　操作后尿道狭窄
N99.100x003　手术后瘢痕性尿道闭锁
N99.100x005　手术后尿道口畸形
N99.101　手术后尿道狭窄
N99.805　输尿管膀胱吻合口狭窄
N99.806　输尿管造口狭窄
Q62.100　输尿管闭锁和狭窄
Q62.100x802　先天性单侧输尿管闭锁
Q62.100x902　先天性双侧输尿管闭锁
Q62.101　先天性肾盂输尿管连接部梗阻
Q62.103　先天性输尿管膀胱开口处狭窄
Q62.104　先天性输尿管狭窄
Q62.300x902　先天性梗阻性肾病
Q62.300x903　先天性泌尿道梗阻
Q62.300x904　肾盂输尿管连接部瓣膜
Q62.300x905　输尿管瓣膜

LZ1　肾及泌尿系统其他疾病

包含以下主要诊断：
D17.700x016　肾脂肪瘤
E12.400x002+N33.8*　营养不良相关性糖尿病伴神经源性膀胱炎
I86.201　膀胱静脉曲张
N18.100　慢性肾脏病1期
N18.200　慢性肾脏病2期
N25.004　肾性矮小症
N27.000　单侧小肾
N27.100　双侧小肾
N27.900　小肾
N28.001　肾梗死
N28.002　肾缺血
N28.003　肾动脉闭塞
N28.004　肾动脉栓塞
N28.005　肾动脉血栓形成
N28.100　肾囊肿
N28.101　单纯性肾囊肿
N28.102　获得性肾囊肿
N28.803　肾盂息肉
N28.804　肾盂瘘
N28.805　肾包膜下积液
N28.806　肾出血
N28.807　肾肥大
N28.808　肾钙化
N28.809　肾瘘
N28.810　肾憩室
N28.811　肾危象
N28.812　肾下垂
N28.813　肾炎性肿物
N28.814　肾盏憩室
N28.815　肾肿物
N28.816　肾周积液
N28.818　游走肾
N28.819　自发性肾破裂
N28.820　囊性肾盂输尿管炎
N28.821　巨输尿管
N28.822　手术后输尿管瘘
N28.823　手术后输尿管粘连
N28.824　输尿管腹壁瘘
N28.825　输尿管坏死
N28.826　输尿管扩张
N28.827　输尿管瘘
N28.828　输尿管囊肿
N28.829　输尿管膨出
N28.830　输尿管破裂
N28.831　输尿管憩室
N28.832　输尿管疝
N28.833　输尿管息肉
N28.835　输尿管直肠瘘
N28.837　被动性肾充血
N28.900x010　肾炎性假瘤
N28.902　输尿管肿物
N30.100　间质性膀胱炎（慢性）
N30.400　放射性膀胱炎
N30.800x004　膀胱炎性病变
N30.802　钙化性膀胱炎
N30.803　化学性膀胱炎

N30.804　黄色肉芽肿性膀胱炎
N30.805　滤泡性膀胱炎
N30.806　囊性膀胱炎
N30.807　嗜酸细胞性膀胱炎
N30.808　息肉样膀胱炎
N30.809　腺性膀胱炎
N30.810　增生性膀胱炎
N30.900　膀胱炎
N30.901　膀胱周围炎
N30.902　出血性膀胱炎
N31.000x001　无抑制神经病性膀胱
N31.100x001　反射性神经病性膀胱
N31.200x001　迟缓性神经病性膀胱
N31.200x002　迟缓性运动神经病性膀胱
N31.200x003　迟缓性感觉神经病性膀胱
N31.200x006　自主性神经病性膀胱
N31.200x007　非反射性神经病性膀胱
N31.201　膀胱逼尿肌无力
N31.202　膀胱松弛
N31.203　低顺应性膀胱
N31.800　膀胱其他的神经肌肉功能不良
N31.901　神经源性膀胱
N32.100　膀胱肠瘘
N32.101　膀胱小肠瘘
N32.102　膀胱结肠瘘
N32.103　膀胱乙状结肠瘘
N32.104　膀胱直肠瘘
N32.200　膀胱瘘，不可归类在他处者
N32.201　膀胱腹壁瘘
N32.202　膀胱输尿管瘘
N32.203　膀胱尿道瘘
N32.204　膀胱会阴瘘
N32.300　膀胱憩室
N32.301　膀胱憩室炎
N32.400　非创伤性膀胱破裂
N32.800x003　膀胱假憩室
N32.800x008　膀胱颈部充血
N32.800x009　膀胱痉挛
N32.800x012　膀胱无菌性坏死
N32.800x014　膀胱黏膜脱垂
N32.800x019　后天性膀胱外翻
N32.801　膀胱白斑
N32.802　膀胱瘢痕
N32.804　膀胱钙化
N32.805　膀胱过度活动症
N32.806　膀胱溃疡
N32.807　膀胱扩张
N32.808　膀胱挛缩
N32.809　膀胱囊肿
N32.810　膀胱软斑病
N32.811　膀胱纤维化
N32.812　膀胱小梁形成
N32.813　膀胱硬化
N32.814　膀胱黏膜不典型增生
N32.815　男性膀胱疝
N32.900x002　膀胱颈肿物
N32.901　膀胱肿物
N36.000　尿道瘘
N36.000x007　假尿道通道
N36.001　尿道直肠瘘
N36.002　尿道会阴瘘
N36.003　创伤后尿道瘘
N36.004　手术后尿道会阴瘘
N36.005　手术后尿道直肠瘘
N36.100　尿道憩室
N36.200　尿道肉阜
N36.201　尿道息肉
N36.300　尿道黏膜脱垂
N36.301　男性尿道膨出
N36.302　尿道脱垂
N36.802　尿道白斑
N36.803　尿道瘢痕
N36.805　尿道梗阻
N36.806　尿道囊肿
N36.807　尿道旁管囊肿
N36.808　尿道旁腺囊肿
N36.809　尿道肉芽肿
N36.901　尿道肿物
N39.800　泌尿系统其他特指的疾患
N39.800x001　心肾综合征
N39.900　泌尿系统疾患
N99.500　泌尿道外口功能不良
N99.800x006　手术后尿道瘘
N99.800x011　膀胱造瘘口狭窄
N99.808　手术后尿道综合征
Q27.305　先天性肾动静脉瘘
Q51.701　先天性子宫尿道瘘
Q54.000　尿道下裂，龟头的
Q54.001　先天性尿道冠状沟下裂
Q54.100　阴茎部尿道下裂

Q54.200　阴茎阴囊部尿道下裂
Q54.300　会阴部尿道下裂
Q54.400　先天性痛性阴茎勃起
Q54.800　尿道下裂，其他的
Q54.900　尿道下裂
Q54.901　尿道旁裂
Q60.000　单侧肾缺如
Q60.100　双侧肾缺如
Q60.200　肾缺如
Q60.300　单侧肾发育不全
Q60.400　双侧肾发育不全
Q60.400x001　双侧肾不发育
Q60.500　肾发育不全
Q60.501　先天性肾萎缩
Q60.600　波特综合征
Q61.000　先天性单个肾囊肿
Q61.100　多囊肾，常染色体隐性
Q61.200　多囊肾，常染色体显性
Q61.300　多囊肾
Q61.800　囊性肾病，其他的
Q61.801　先天性纤维囊性肾
Q61.900　囊性肾病
Q61.901　麦克尔-格鲁贝尔综合征
Q62.000　先天性肾盂积水
Q62.200　先天性巨输尿管
Q62.201　先天性输尿管扩张
Q62.202　单纯性输尿管膨出
Q62.300x101　异位输尿管疝
Q62.300x301　先天性输尿管息肉
Q62.300x901　先天性输尿管疝
Q62.301　先天性输尿管积水
Q62.400　输尿管缺如
Q62.400x001　先天性输尿管不发育
Q62.400x002　先天性无输尿管
Q62.500　重复输尿管
Q62.600　输尿管错位
Q62.601　下腔静脉后输尿管
Q62.602　先天性输尿管开口移位
Q62.700　先天性膀胱-输尿管-肾反流
Q62.700x001　先天性膀胱输尿管反流
Q62.700x101　先天性单侧膀胱输尿管反流
Q62.700x201　先天性双侧膀胱输尿管反流
Q62.800　输尿管的其他先天性畸形
Q63.000　副肾
Q63.001　重复肾
Q63.002　双肾双肾盂
Q63.101　融合肾
Q63.102　马蹄形肾
Q63.103　分叶肾
Q63.200　异位肾
Q63.201　肾旋转不良
Q63.203　异位肾盂
Q63.301　先天性巨大肾
Q63.302　先天性增生性肾
Q63.800x101　先天性肾盏憩室
Q63.800x902　双肾盂
Q63.801　先天性肾结石
Q63.900　肾先天性畸形
Q64.000　尿道上裂
Q64.100　膀胱外翻
Q64.100x091　异位膀胱
Q64.200　先天性后尿道瓣
Q64.200x001　尿道瓣膜
Q64.200x021　前尿道瓣膜
Q64.301　先天性尿道瓣膜性狭窄
Q64.302　先天性尿道闭锁
Q64.303　先天性尿道狭窄
Q64.304　先天性膀胱尿道口处狭窄
Q64.400x301　先天性脐尿管憩室
Q64.400x902　先天性脐尿管脱垂
Q64.401　脐尿管瘘
Q64.402　脐尿管囊肿
Q64.403　脐尿管未闭
Q64.501　尿道缺如
Q64.502　膀胱缺如
Q64.600　先天性膀胱憩室
Q64.700x201　先大性膀胱脱垂
Q64.700x601　先天性巨尿道
Q64.700x701　巨膀胱-巨输尿管综合征
Q64.700x801　先天性尿道空洞性脊髓突出
Q64.700x901　先天性脐膀胱瘘
Q64.700x902　先天性膀胱疝
Q64.700x904　先天性尿道黏膜脱垂
Q64.701　先天性尿道畸形
Q64.702　双尿道
Q64.703　双尿道口
Q64.704　先天性尿道直肠瘘
Q64.705　先天性尿道憩室
Q64.706　异位尿道口
Q64.707　双膀胱

Q64.708 先天性尿道膨出
Q64.800x001 先天性尿道旁裂
Q64.900 泌尿系统先天性畸形
S37.000 肾损伤
S37.000x012 肾囊挫伤
S37.000x013 肾盂挫伤
S37.000x015 肾包膜下血肿
S37.000x016 肾盂积血
S37.000x022 肾囊破裂
S37.000x023 肾盂裂伤
S37.000x031 肾粉碎伤
S37.000x032 肾蒂损伤
S37.001 创伤性肾破裂
S37.002 肾挫伤
S37.003 创伤性肾血肿
S37.004 创伤性肾周血肿
S37.010 开放性肾损伤
S37.011 开放性肾破裂
S37.100 输尿管损伤
S37.101 创伤性输尿管断裂
S37.111 开放性输尿管断裂
S37.200 膀胱损伤
S37.200x011 膀胱挫伤
S37.200x022 腹膜外膀胱破裂
S37.200x023 腹膜内膀胱破裂
S37.200x024 混合型膀胱破裂
S37.200x081 膀胱裂伤
S37.201 创伤性膀胱破裂
S37.211 开放性膀胱破裂
S37.300 尿道损伤
S37.300x004 尿道完全断裂
S37.300x005 尿道部分断裂
S37.300x011 尿道膜部损伤
S37.300x021 尿道阴茎部损伤
S37.300x031 尿道前列腺部损伤
S37.300x081 尿道球部断裂
S37.300x082 尿道球部挫裂伤
S37.300x083 后尿道损伤
S37.301 创伤性尿道断裂
S37.302 尿道挫伤
S37.303 尿道损伤伴狭窄
S37.310 开放性尿道损伤
S37.813 开放性肾上腺损伤
T19.000 尿道内异物
T19.100 膀胱内异物
T19.800x001 输尿管内异物
T19.801 多发性泌尿生殖道异物
T19.900 泌尿生殖道内异物
T81.800x011 手术后尿失禁
T81.800x014 透析器首次使用综合征
T82.800x001 前臂动静脉瘘栓塞
T82.800x003 人工动静脉瘘闭塞
T82.800x004 人工动静脉瘘狭窄
T82.800x005 人工动静脉瘘血栓形成
T82.800x006 肾透析的移植血管血栓形成
T82.800x008 肾透析的人工血管血栓形成
T82.800x009 肾透析的血管通路血栓形成
T83.000x001 泌尿系导管引起的机械性并发症
T83.001 肾盂引流管阻塞
T83.002 肾造瘘管移位
T83.003 膀胱造瘘管阻塞
T83.004 导尿管阻塞
T83.100 泌尿系装置和植入物的机械性并发症，其他的
T83.100x001 泌尿系支架引起的机械性并发症
T83.100x002 泌尿系电子刺激装置引起的机械性并发症
T83.100x003 泌尿系括约肌植入物引起的机械性并发症
T83.100x004 尿道悬吊术后引起的机械性并发症
T83.101 输尿管支架断裂
T83.102 输尿管支架移位
T83.103 输尿管支架管阻塞
T83.200 泌尿器官移植物的机械性并发症
T83.800 泌尿生殖系假体装置、植入物和移植物的其他并发症
T83.800x001 插管引起的尿道损伤
T83.801 尿道悬吊带脱出
T83.802 阴道网片侵蚀
T83.804 移植肾输尿管瘘
T86.811 尿道悬吊带排斥
Z45.800x007 腹膜透析管取出
Z46.800x001 为肾透析半永久静脉拔管
Z46.800x002 为肾透析的临时静脉拔管
Z49.000 透析的准备性医疗
Z49.000x002 为肾透析的静脉插管
Z49.000x004 为肾透析的动静脉造瘘
Z49.101 血液透析
Z49.201 腹膜透析
Z52.400 供肾者

MDCM 男性生殖系统疾病及功能障碍

主诊表

包含以下主要诊断：

A06.800x004+N51.2* 阿米巴龟头炎
A18.100x018+N51.8* 精囊结核
A18.100x020+N51.8* 阴囊结核
A18.109+N51.0* 前列腺结核
A18.110+N51.8* 输精管结核
A18.116+N51.8* 结核性阴囊瘘
A18.117+N51.1* 睾丸结核
A18.118+N51.1* 附睾结核
A18.119+N51.8* 阴茎结核
A54.202+N51.0* 淋球菌性前列腺炎
A54.203+N51.1* 淋球菌性睾丸炎
A54.204+N51.1* 淋球菌性附睾炎
A56.102+N51.1* 衣原体性睾丸炎
A56.103+N51.1* 衣原体性附睾炎
A59.000x003+N51.0* 滴虫性前列腺炎
A60.000x004+N51.8* 阴囊单纯性疱疹
A60.003+N51.8* 阴茎单纯疱疹
B26.000+N51.1* 流行性腮腺炎性睾丸炎
B37.402+N51.2* 念珠菌性龟头炎
C49.503 会阴结缔组织恶性肿瘤
C60.000 包皮恶性肿瘤
C60.100 阴茎头恶性肿瘤
C60.200 阴茎体恶性肿瘤
C60.201 海绵体恶性肿瘤
C60.800 阴茎交搭跨越恶性肿瘤的损害
C60.900 阴茎恶性肿瘤
C60.901 阴茎皮肤恶性肿瘤
C61.x00 前列腺恶性肿瘤
C62.000 睾丸未降部的恶性肿瘤
C62.001 异位睾丸恶性肿瘤
C62.100 睾丸下降部的恶性肿瘤
C62.900 睾丸恶性肿瘤
C62.901 男性绒毛膜癌
C63.000 附睾恶性肿瘤
C63.100 精索恶性肿瘤
C63.200 阴囊恶性肿瘤
C63.201 阴囊皮肤恶性肿瘤
C63.700 男性生殖器官，其他特指的恶性肿瘤
C63.701 精囊恶性肿瘤
C63.702 鞘膜恶性肿瘤
C63.800 男性生殖器官交搭跨越恶性肿瘤的损害
C63.801 阴茎阴囊恶性肿瘤
C63.900 男性生殖器官恶性肿瘤
C79.800x228 生殖器官继发恶性肿瘤
C79.800x231 精索继发恶性肿瘤
C79.800x233 附睾继发恶性肿瘤
C79.815 输精管继发恶性肿瘤
C79.816 精囊继发恶性肿瘤
C79.817 睾丸继发恶性肿瘤
C79.818 前列腺继发恶性肿瘤
C79.819 阴囊继发恶性肿瘤
C79.820 阴茎继发恶性肿瘤
C79.821 会阴继发恶性肿瘤
D07.400 阴茎原位癌
D07.401 凯拉增殖性红斑
D07.402 包皮原位癌
D07.500 前列腺原位癌
D07.601 阴囊原位癌
D07.602 睾丸原位癌
D07.603 男性生殖器官原位癌
D17.600x001 精索脂肪瘤
D17.700x033 阴茎脂肪瘤
D17.700x034 阴囊脂肪瘤
D18.000x815 龟头血管瘤
D18.000x818 男性生殖器血管瘤
D18.000x855 包皮血管瘤
D18.008 生殖器官血管瘤
D18.108 生殖器官淋巴管瘤
D29.000 阴茎良性肿瘤
D29.001 龟头良性肿瘤
D29.100 前列腺良性肿瘤
D29.200 睾丸良性肿瘤
D29.300 附睾良性肿瘤
D29.400 阴囊良性肿瘤
D29.401 阴囊皮肤良性肿瘤
D29.700x004 输精管良性肿瘤
D29.700x005 包皮良性肿瘤
D29.701 精囊良性肿瘤
D29.702 精索良性肿瘤
D29.703 鞘膜良性肿瘤
D29.900 男性生殖器官良性肿瘤
D36.700x021 会阴良性肿瘤
D36.709 会阴部良性肿瘤
D40.000x001 前列腺交界性肿瘤
D40.001 前列腺肿瘤

D40.100x002 睾丸交界性肿瘤
D40.101 睾丸肿瘤
D40.700x001 附睾交界性肿瘤
D40.700x002 精囊交界性肿瘤
D40.700x003 阴茎纤维瘤病
D40.701 阴茎动态未定肿瘤
D40.702 阴茎肿瘤
D40.703 男性生殖器官皮肤动态未定肿瘤
D40.704 男性生殖器官皮肤肿瘤
D40.900x001 男性生殖器官交界性肿瘤
D40.901 男性生殖器官肿瘤
D48.127 会阴结缔组织动态未定肿瘤
D48.128 会阴结缔组织肿瘤
E29.000 睾丸功能亢进
E29.000x002 男性性腺功能亢进
E29.001 睾丸激素分泌过多
E29.002 雄激素分泌过多
E29.100 睾丸功能减退症
E29.100x002 男性性腺功能低下
E29.100x004 睾丸雄激素生物合成障碍
E29.101 原发性睾丸功能减退症
E29.102 继发性睾丸功能减退症
E29.103 幼稚型睾丸
E29.104 高促性腺激素性性腺功能减退症
E29.105 5α-还原酶缺陷症
E29.106 雄激素部分缺乏综合征
E29.800 睾丸功能障碍，其他的
E29.900 睾丸功能障碍
E89.501 手术后睾丸功能减退
I86.100 阴囊静脉曲张
I86.101 精索静脉曲张
I86.200 盆腔静脉曲张
I87.120 精索静脉压迫综合征
I87.804 阴茎静脉纤维化
I89.000x022 包皮淋巴水肿
I89.000x024 阴囊橡皮肿
I89.008 阴囊淋巴水肿
I89.800x010 非丝虫性阴囊乳靡囊肿
N36.801 精阜肥大
N40.x00 前列腺增生
N40.x01 前列腺结节
N41.000 急性前列腺炎
N41.100 慢性前列腺炎
N41.101 肉芽肿性前列腺炎
N41.200 前列腺脓肿
N41.300 前列腺膀胱炎
N41.800 前列腺炎性疾病，其他的
N41.900x001 前列腺炎
N41.900x002 化脓性前列腺炎
N42.000 前列腺结石
N42.101 前列腺充血
N42.102 前列腺出血
N42.200 前列腺萎缩
N42.300 前列腺不典型增生
N42.301 前列腺低级别不典型增生
N42.801 前列腺瘢痕
N42.802 前列腺囊肿
N42.901 前列腺肿物
N43.000 包绕性鞘膜积液
N43.001 包绕性睾丸鞘膜积液
N43.100 感染性鞘膜积液
N43.101 感染性睾丸鞘膜积液
N43.201 创伤后睾丸鞘膜积液
N43.300 鞘膜积液
N43.301 睾丸鞘膜积液
N43.302 精索鞘膜积液
N43.400 精子囊肿
N44.x00 睾丸扭转
N44.x01 附睾扭转
N44.x02 精索扭转
N45.000 睾丸炎、附睾炎和附睾-睾丸炎，伴有脓肿
N45.001 附睾脓肿
N45.002 睾丸脓肿
N45.901 附睾精子肉芽肿
N45.902 附睾肉芽肿
N45.903 附睾炎
N45.904 附睾炎性包块
N45.905 睾丸肉芽肿
N45.906 睾丸炎
N45.907 急性附睾炎
N45.908 附睾-睾丸炎
N46.x00 男性不育症
N46.x00x007 畸形精子症
N46.x01 无精症
N46.x02 少精症
N47.x00x001 包茎
N47.x01 包皮过长
N47.x02 包皮嵌顿
N47.x03 包皮粘连
N48.000 阴茎白斑

N48.000x003　阴茎干皱症
N48.001　干燥闭塞性龟头炎
N48.100　龟头包皮炎
N48.101　包皮溃疡
N48.102　龟头炎
N48.201　阴茎蜂窝织炎
N48.202　阴茎海绵体炎
N48.203　阴茎脓肿
N48.204　阴茎炎
N48.300　阴茎异常勃起
N48.301　阴茎痛性勃起
N48.400　器质性原因的阳痿
N48.400x005　神经源性勃起功能障碍
N48.400x006　糖尿病性勃起功能障碍
N48.400x007　1型糖尿病性勃起功能障碍
N48.400x008　2型糖尿病性勃起功能障碍
N48.401　静脉性阳痿
N48.402　外伤后阳痿
N48.403　血管瘘性阳痿
N48.500　阴茎溃疡
N48.600　阴茎海绵体硬结症
N48.800x005　包皮脓肿
N48.800x009　阴茎水肿
N48.801　包皮瘢痕
N48.802　包皮囊肿
N48.803　包皮血肿
N48.804　非感染性阴茎海绵体坏疽
N48.805　后天性阴茎畸形
N48.806　后天性阴茎隐匿
N48.807　泰森腺囊肿
N48.808　阴茎瘢痕
N48.809　阴茎海绵体静脉瘘
N48.810　阴茎瘘
N48.811　阴茎囊肿
N48.812　阴茎萎缩
N48.813　阴茎血栓形成
N48.901　阴茎肿物
N49.001　精囊炎
N49.002　精囊周围炎
N49.101　精索炎
N49.102　鞘膜脓肿
N49.103　鞘膜炎
N49.104　输精管炎
N49.201　阴囊蜂窝织炎
N49.202　阴囊坏疽
N49.203　阴囊疖肿
N49.204　阴囊脓肿
N49.205　阴囊炎
N49.800　男性生殖器官其他特指的炎性疾患
N49.900　男性生殖器官的炎性疾患
N50.000　睾丸萎缩
N50.100x001　精索血肿
N50.101　睾丸血肿
N50.102　血精
N50.103　阴囊血肿
N50.800　男性生殖器官其他特指的疾患
N50.800x001　精索狭窄
N50.800x002　鞘膜狭窄
N50.800x012　外生殖器发育异常
N50.800x014　睾丸间质细胞增生
N50.800x016　非丝虫性睾丸鞘膜乳糜囊肿
N50.800x023　阴囊水肿
N50.800x024　睾丸自发破裂
N50.800x025　男性生殖器皮脂腺囊肿
N50.800x027　精囊结石
N50.800x028　射精管狭窄
N50.800x038　男性更年期综合征
N50.800x041　精液肉芽肿
N50.800x042　小肠阴囊瘘
N50.801　膀胱输精管阴囊瘘
N50.802　附睾管扩张
N50.803　附睾囊肿
N50.804　附睾阴囊瘘
N50.805　附睾淤积症
N50.806　附睾肿大
N50.807　睾丸坏死
N50.808　睾丸结节
N50.809　睾丸结石
N50.810　睾丸囊肿
N50.811　睾丸疼痛
N50.812　睾丸纤维化
N50.813　精阜囊肿
N50.814　精囊瘢痕
N50.815　精囊囊肿
N50.816　精索囊肿
N50.817　尿道阴囊瘘
N50.818　鞘膜结石
N50.819　鞘膜囊肿
N50.820　射精管梗阻
N50.821　射精管囊肿

N50.822　输精管梗阻
N50.823　输精管囊肿
N50.824　输精管狭窄
N50.825　阴囊窦道
N50.826　阴囊溃疡
N50.827　阴囊肿大
N50.900x005　冠状沟肿物
N50.900x006　神经源性射精功能障碍
N50.900x007　神经源性生育功能障碍
N50.900x008　逆向射精症
N50.901　睾丸肿物
N50.902　阴囊肿物
N50.903　附睾肿物
N99.800x007　手术后会阴瘘
P83.500　先天性鞘膜积液
P83.500x002　先天性睾丸鞘膜积液
P83.500x003　先天性精索鞘膜积液
Q53.000　异位睾丸
Q53.000x002　单侧睾丸异位
Q53.000x003　双侧睾丸异位
Q53.100　单侧睾丸未降
Q53.100x001　单侧睾丸下降不全
Q53.101　单侧腹股沟型隐睾
Q53.102　单侧腹腔型隐睾
Q53.200　双侧睾丸未降
Q53.200x001　双侧睾丸下降不全
Q53.201　双侧腹腔型隐睾
Q53.202　双侧腹股沟型隐睾
Q53.900　睾丸未降
Q53.901　睾丸下降不全
Q53.902　隐睾
Q55.001　睾丸不发育
Q55.002　睾丸退化
Q55.003　先天性单睾丸
Q55.004　睾丸缺如
Q55.100x002　先天性睾丸发育不良
Q55.101　睾丸融合
Q55.200x901　多睾畸形
Q55.201　先天性男性中肾管囊肿
Q55.202　移行睾丸
Q55.203　先天性可回缩睾丸
Q55.300　输精管闭锁
Q55.400x006　先天性附睾缺如
Q55.400x008　前列腺膀胱内异位
Q55.401　先天性输精管缺失
Q55.402　先天性附睾分离
Q55.403　输精管发育不良
Q55.404　男性莫尔加尼囊肿
Q55.405　前列腺缺如
Q55.501　阴茎不发育
Q55.502　阴茎缺如
Q55.600x007　重复阴茎
Q55.600x008　双阴茎头畸形
Q55.600x009　阴茎系带短缩
Q55.601　阴茎发育不全
Q55.602　小阴茎
Q55.603　先天性阴茎屈曲畸形
Q55.604　先天性阴茎下弯
Q55.605　先天性包皮囊肿
Q55.606　隐匿性阴茎
Q55.800　男性生殖器官其他特指的先天性畸形
Q55.800x001　前列腺囊
Q55.801　先天性阴茎阴囊融合
Q55.802　阴茎阴囊转位
Q55.900　男性生殖器官先天性畸形
Q55.901　男性生殖器官发育不全
Q56.000　两性畸形，不可归类在他处者
Q56.001　女性男性化
Q56.002　卵睾体
Q56.100　男性假两性畸形，不可归类在他处者
Q56.300　假两性畸形
Q56.400　性别不清
Q85.900x032　精囊错构瘤
Q85.900x047　会阴错构瘤
R86.000　男性生殖器官标本的酶水平异常
R86.100　男性生殖器官标本的激素水平异常
R86.200　男性生殖器官标本的其他药物、药剂和生物制剂水平异常
R86.300　男性生殖器官标本的主要为非药用性物质的水平异常
R86.400　男性生殖器官标本的异常的免疫学所见
R86.500　男性生殖器官标本的异常的微生物学所见
R86.600　男性生殖器官标本的异常的细胞学所见
R86.700　男性生殖器官标本的异常的组织学所见
R86.800　男性生殖器官标本的其他异常所见
R86.900x003　精液标本异常
R86.901　精子异常
R86.902　前列腺分泌物异常
R86.903　弱精子症
R93.802　前列腺钙化灶

S30.202　创伤性阴囊血肿
S30.203　创伤性附睾血肿
S30.205　阴囊挫伤
S30.206　阴茎挫伤
S30.208　睾丸挫伤
S30.800x003　外生殖器浅表损伤
S31.200　阴茎开放性伤口
S31.300x001　阴囊开放性损伤
S31.300x002　开放性精囊损伤
S31.301　开放性睾丸损伤
S31.501　开放性外生殖器损伤
S37.801　输精管损伤
S37.802　精囊损伤
S37.804　前列腺损伤
S37.811　开放性输精管损伤
S37.814　开放性前列腺损伤
S38.000　外生殖器挤压伤
S38.001　阴茎挤压伤
S38.200x003　阴茎离断
S38.200x004　阴囊离断
S38.200x005　睾丸离断
S39.900x007　阴囊损伤
S39.900x009　附睾损伤
S39.900x010　睾丸损伤
S39.903　会阴损伤
S39.904　阴茎损伤
T19.800x002　阴茎内异物
T83.401　阴茎假体引起的并发症
T83.600　生殖道中的假体装置、植入物和移植物引起的感染和炎症性反应
T83.601　阴茎假体植入感染
Z31.000x004　输精管结扎术后复通
Z41.200　常规和宗教仪式的包皮环切术

MA1　男性生殖器官恶性肿瘤手术

包含以下主要诊断：
C60.000　包皮恶性肿瘤
C60.100　阴茎头恶性肿瘤
C60.200　阴茎体恶性肿瘤
C60.201　海绵体恶性肿瘤
C60.800　阴茎交搭跨越恶性肿瘤的损害
C60.900　阴茎恶性肿瘤
C60.901　阴茎皮肤恶性肿瘤
C61.x00　前列腺恶性肿瘤
C62.000　睾丸未降部的恶性肿瘤
C62.001　异位睾丸恶性肿瘤
C62.100　睾丸下降部的恶性肿瘤
C62.900　睾丸恶性肿瘤
C62.901　男性绒毛膜癌
C63.000　附睾恶性肿瘤
C63.100　精索恶性肿瘤
C63.200　阴囊恶性肿瘤
C63.201　阴囊皮肤恶性肿瘤
C63.700　男性生殖器官，其他特指的恶性肿瘤
C63.701　精囊恶性肿瘤
C63.702　鞘膜恶性肿瘤
C63.800　男性生殖器官交搭跨越恶性肿瘤的损害
C63.801　阴茎阴囊恶性肿瘤
C63.900　男性生殖器官恶性肿瘤
C79.800x228　生殖器官继发恶性肿瘤
C79.800x231　精索继发恶性肿瘤
C79.800x233　附睾继发恶性肿瘤
C79.815　输精管继发恶性肿瘤
C79.816　精囊继发恶性肿瘤
C79.817　睾丸继发恶性肿瘤
C79.818　前列腺继发恶性肿瘤
C79.819　阴囊继发恶性肿瘤
C79.820　阴茎继发恶性肿瘤
D07.400　阴茎原位癌
D07.401　凯拉增殖性红斑
D07.402　包皮原位癌
D07.500　前列腺原位癌
D07.601　阴囊原位癌
D07.602　睾丸原位癌
D07.603　男性生殖器官原位癌
D40.000x001　前列腺交界性肿瘤
D40.001　前列腺肿瘤
D40.100x002　睾丸交界性肿瘤
D40.101　睾丸肿瘤
D40.700x001　附睾交界性肿瘤
D40.700x002　精囊交界性肿瘤
D40.702　阴茎肿瘤
D40.900x001　男性生殖器官交界性肿瘤
包含以下主要手术或操作：
40.2400　腹股沟淋巴结切除术
40.2900x028　腹膜后淋巴结切除术
40.5400x001　腹股沟淋巴结清扫术
40.5400x002　腹腔镜下腹股沟淋巴结清扫术
40.5400x003　腹股沟浅淋巴结清扫术
40.5900x010　腹腔镜下腹膜后淋巴结清扫术

40.5907　腹膜后淋巴结清扫术
57.7102　男性盆腔脏器去除术
60.0x00x001　经尿道前列腺切开术［TUI-P］
60.0x03　前列腺被膜切开术
60.2100x001　经尿道前列腺激光切除术［TULIP手术］
60.3x01　耻骨上经膀胱前列腺切除术
60.4x01　耻骨后经膀胱前列腺切除术
60.5x01　前列腺精囊切除术
60.5x02　腹腔镜下前列腺根治性切除术
60.6100x002　前列腺部分切除术
60.6101　腹腔镜下前列腺病损切除术
60.6200　经会阴前列腺切除术
60.6201　经会阴前列腺冷冻切除术
60.6900x001　前列腺切除术
60.6900x002　腹腔镜下前列腺切除术
62.2x00x002　睾丸附件切除术
62.2x01　睾丸病损切除术
62.3x00　单侧睾丸切除术
62.3x01　单侧睾丸附睾切除术
62.3x02　单侧睾丸部分切除术
62.4100x004　双侧睾丸切除术
62.4101　双侧睾丸附睾切除术
62.4102　双侧睾丸根治性切除术
62.4103　腹腔镜下双侧睾丸切除术
64.3x01　阴茎部分切除术
64.3x02　阴茎全部切除术

MB1　前列腺手术

包含以下主要手术或操作：
39.7900x068　经皮前列腺动脉栓塞术
60.0x00x001　经尿道前列腺切开术［TUI-P］
60.0x00x003　前列腺脓肿引流术
60.0x01　前列腺切开引流术
60.0x02　前列腺切开取石术
60.0x03　前列腺被膜切开术
60.2100x001　经尿道前列腺激光切除术［TULIP手术］
60.2100x002　经尿道钬激光前列腺切除术［HOLEP］
60.2900x003　经尿道前列腺绿激光汽化术（PVP）
60.2900x004　经尿道前列腺等离子电切术
60.2901　经尿道前列腺气化电切术［TEVAP手术］
60.2902　经尿道前列腺切除术（TURP）
60.3x01　耻骨上经膀胱前列腺切除术
60.4x01　耻骨后经膀胱前列腺切除术
60.5x01　前列腺精囊切除术
60.5x02　腹腔镜下前列腺根治性切除术
60.6100x001　前列腺病损切除术
60.6100x002　前列腺部分切除术
60.6101　腹腔镜下前列腺病损切除术
60.6200　经会阴前列腺切除术
60.6201　经会阴前列腺冷冻切除术
60.6900x001　前列腺切除术
60.6900x002　腹腔镜下前列腺切除术
60.8201　前列腺周围组织病损切除术
60.9300　前列腺修补术
60.9400x001　前列腺术后止血术
60.9401　经尿道前列腺电凝止血术
60.9500x001　经尿道前列腺球囊扩张术
60.9600x001　经尿道前列腺微波治疗
60.9701　经尿道前列腺射频消融术
60.9702　经尿道前列腺针吸切除术
60.9901　经尿道前列腺异物取出术

MC1　阴茎手术

包含以下主要手术或操作：
38.5702　阴茎静脉曲张结扎术
38.8705　阴茎静脉结扎术
64.2x00x001　包皮瘢痕切除术
64.2x00x002　包皮病损切除术
64.2x00x003　阴茎瘢痕切除术
64.2x00x006　阴茎皮肤和皮下坏死组织切除清创术
64.2x00x008　龟头病损切除术
64.2x01　阴茎病损切除术
64.3x01　阴茎部分切除术
64.3x02　阴茎全部切除术
64.4100　阴茎裂伤缝合术
64.4200　阴茎痛性勃起松解术
64.4300　阴茎建造术
64.4400　阴茎重建术
64.4500　阴茎再植术
64.4500x002　阴茎海绵体断裂修补术
64.4901　阴茎矫直术
64.4902　阴茎延长术
64.4903　阴茎增粗术
64.4904　阴茎海绵体白膜修补术
64.4905　转移皮瓣阴茎修补术
64.5x00　性转变手术
64.5x00x001　变性手术（男变女）
64.9100x002　阴茎瘢痕松解术

64.9100x003　包皮粘连分离术
64.9101　包皮切开术
64.9200　阴茎切开术
64.9300x001　阴茎粘连松解术
64.9400　阴茎外部假体装配
64.9501　非可膨胀性阴茎假体置入术
64.9502　非可膨胀性阴茎假体置换术
64.9600　去除阴茎内部假体
64.9701　膨胀性阴茎假体置入术
64.9702　膨胀性阴茎假体置换术
64.9801　阴茎海绵体分流术
64.9802　阴茎海绵体冲洗术
98.2401　阴茎异物去除

MD1　睾丸手术

包含以下主要手术或操作：
61.0x00x003　阴囊切开探查术
61.0x04　阴囊异物取出术
61.2x01　睾丸鞘膜部分切除术
61.2x02　睾丸鞘膜切除术
61.3x00x005　阴囊皮肤和皮下坏死组织切除清创术
61.3x02　阴囊部分切除术
61.3x03　阴囊病损切除术
61.3x04　阴囊象皮病复位术
61.4101　睾丸鞘膜裂伤缝合术
61.4102　阴囊裂伤缝合术
61.4201　阴囊输精管瘘修补术
61.4202　阴囊皮肤瘘修补术
61.4900x002　鞘膜高位结扎术
61.4901　睾丸鞘状突高位结扎术
61.4902　阴囊修补术
61.4904　睾丸鞘膜翻转术
61.4905　腹腔镜下鞘状突高位结扎术
61.9101　睾丸鞘膜积液抽吸术
61.9200x001　鞘膜囊肿切除术
61.9900　阴囊和睾丸鞘膜的其他手术
62.0x00x001　睾丸切开探查术
62.0x01　腹腔镜下隐睾探查术
62.0x03　睾丸切开异物取出术
62.1200　开放性睾丸活组织检查
62.2x00x002　睾丸附件切除术
62.2x00x003　腹腔镜下单侧睾丸切除术
62.2x01　睾丸病损切除术
62.3x00　单侧睾丸切除术
62.3x01　单侧睾丸附睾切除术
62.3x02　单侧睾丸部分切除术
62.3x03　单侧隐睾切除术
62.3x04　腹腔镜下单侧隐睾切除术
62.4100x004　双侧睾丸切除术
62.4101　双侧睾丸附睾切除术
62.4102　双侧睾丸根治性切除术
62.4103　腹腔镜下双侧睾丸切除术
62.4104　双侧隐睾切除术
62.4105　腹腔镜下双侧隐睾切除术
62.4200　残留睾丸去除
62.5x00　睾丸固定术
62.5x01　腹腔镜睾丸固定术
62.5x02　睾丸复位术
62.6100　睾丸裂伤缝合术
62.6900x001　睾丸修补术
62.6901　睾丸移植术
62.7x00　睾丸假体置入
62.9900x001　显微镜下睾丸切开取精术
63.1x00x003　精索鞘膜高位结扎术
63.1x00x004　显微镜下精索静脉高位结扎术
63.1x00x005　显微镜下精索静脉低位结扎术
63.1x01　精索静脉高位结扎术
63.1x02　精索鞘膜积液切除术
63.1x03　腹腔镜精索静脉高位结扎术
63.2x00　附睾囊肿切除术
63.2x01　精液囊肿切除术
63.3x00x001　精索切除术
63.3x01　精索病损切除术
63.3x02　精索鞘膜囊肿切除术
63.3x03　附睾病损切除术
63.4x00　附睾切除术
63.5100　精索和附睾裂伤缝合术
63.5101　精索裂伤缝合术
63.5201　睾丸扭转复位术
63.5202　精索扭转复位术
63.5203　睾丸附件扭转复位术
63.5300　精索移植术
63.5900　精索和附睾的其他修补术
63.6x00x001　输精管探查术
63.6x00x003　显微镜下输精管探查术
63.6x00x004　精囊镜下射精管疏通术
63.6x01　输精管造口术
63.6x02　输精管切开节育器去除术，经腹腔镜
63.7000x001　男性绝育术
63.7100　输精管结扎术

63.7101 输精管切断术
63.7200 精索结扎术
63.7300 输精管切除术
63.7300x003 输精管病损切除术
63.7301 输精管部分切除术
63.8100 输精管和附睾裂伤的缝合术
63.8101 输精管裂伤的缝合术
63.8102 附睾裂伤的缝合术
63.8200x001 输精管吻合术
63.8200x002 显微镜下输精管吻合术
63.8300 附睾输精管吻合术
63.8300x001 显微镜下附睾输精管吻合术
63.8400 输精管结扎去除
63.8500 输精管瓣膜去除
63.8900 输精管和附睾的其他修补术
63.9100 精液囊肿抽吸术
63.9200x001 附睾切开探查术
63.9200x002 显微镜下附睾探查术
63.9300 精索切开术
63.9400 精索粘连松解术
63.9500 输精管瓣膜置入
63.9900x001 经尿道精囊镜输精管梗阻疏通术
63.9900x002 经尿道射精管切开术
63.9901 附睾穿刺取精子
69.1906 努克氏管积水鞘膜切除术

MJ1 其他男性生殖系统手术

包含以下主要手术或操作：
38.8607 髂动脉结扎术
39.7900x022 精索静脉栓塞术
39.7900x024 盆腔静脉栓塞术
39.9800x001 伤口止血术
39.9801 手术后伤口止血术
40.2400 腹股沟淋巴结切除术
40.2900x002 单纯淋巴结切除术
40.2900x017 腹膜后淋巴管瘤（囊肿）切除术
40.2900x018 肠系膜淋巴管瘤（囊肿）切除术
40.2908 肠系膜淋巴结切除术
40.3x00x001 淋巴结扩大性区域性切除术
40.3x00x002 淋巴结区域性切除术
40.5400x001 腹股沟淋巴结清扫术
40.5400x002 腹腔镜下腹股沟淋巴结清扫术
40.5400x003 腹股沟浅淋巴结清扫术
40.5909 肠系膜淋巴结清扫术
40.5910 盆腔淋巴结清扫术
40.5912 腹腔镜盆腔淋巴结清扫术
54.0x00x010 腹壁血肿清除术
54.0x00x021 腹膜外血肿清除术
54.0x00x023 髂窝积液清除术
54.0x01 腹股沟探查术
54.0x03 腹壁异物取出术
54.1100 开腹探查术
54.1101 腹腔镜中转剖腹探查术
54.1201 再开腹探查术
54.1202 近期开腹术后腹腔止血术
54.1900x001 腹部血肿去除术
54.1900x005 腹腔镜下腹腔积血清除术
54.1900x006 腹腔镜下男性盆腔脓肿切开引流术
54.1900x010 腹腔脓肿切开引流术
54.1900x011 腹腔血肿清除术
54.1900x020 男性盆腔脓肿切开引流术
54.1900x023 男性盆腔血肿清除术
54.1901 腹膜后血肿清除术
54.1902 腹膜血肿清除术
54.1903 腹腔切开引流术
54.1904 膈下脓肿切开引流术
54.1905 男性盆腔切开引流术
54.1907 腹腔出血止血术
54.1909 肠系膜血肿清除术
54.2100 腹腔镜检查
54.4x00x012 骶尾部病损切除术
54.4x00x021 腹膜外病损切除术
54.4x00x035 盆腔病损切除术
54.4x00x039 盆腔病损冷冻治疗术
54.4x00x042 髂窝病损切除术
54.4x00x048 腹腔病损氩氦刀靶向冷冻治疗术
54.4x00x050 腹腔镜下直肠全系膜切除术［TME］
54.4x01 腹膜病损切除术
54.4x02 腹膜后病损切除术
54.4x03 网膜部分切除术
54.4x04 网膜切除术
54.4x05 网膜病损切除术
54.4x07 骶前病损切除术
54.4x08 盆腔腹膜切除术
54.4x10 腹腔镜下盆腔腹膜病损切除术
54.4x11 腹腔镜下腹膜病损切除术
54.4x12 腹腔镜下网膜病损切除术
54.4x13 腹腔镜下肠系膜病损切除术
54.4x14 腹腔镜下网膜部分切除术
54.4x15 腹腔镜下腹膜后病损切除术

54.5100 腹腔镜下腹膜粘连松解术
54.5100x005 腹腔镜下腹腔粘连松解术
54.5100x009 腹腔镜下盆腔粘连松解术
54.5101 腹腔镜下肠粘连松解术
54.5102 腹腔镜下网膜粘连松解术
54.5103 腹腔镜下盆腔腹膜粘连松解术
54.5900x007 盆腔腹膜粘连松解术
54.5901 腹腔粘连松解术
54.5902 腹膜粘连松解术
54.5903 肠粘连松解术
54.5904 盆腔粘连松解术
54.5905 网膜粘连松解术
54.5906 阑尾周围粘连松解术
54.6101 腹壁切口裂开缝合术
54.6301 腹壁裂伤缝合术
54.6400 腹膜缝合术
54.6401 网膜裂伤缝合术
54.7100 腹裂（畸形）修补术
54.7200x001 腹壁补片修补术
54.7300x001 腹膜组织修补术
54.7400x001 大网膜包肝术
54.7400x002 大网膜包肾术
54.7400x003 大网膜还纳术
54.7400x004 大网膜内移植术
54.7400x005 大网膜修补术
54.7400x006 生物大网膜移植术
54.7404 网膜扭转复位术
54.7500x002 肠系膜修补术
54.7501 肠系膜固定术
54.9900x010 腹腔镜下盆腔病损切除术
54.9900x011 腹腔镜下盆腔内膜病损电凝术
54.9900x017 盆腔补片术
54.9901 盆腔病损切除术（男性）
54.9903 腹腔镜下盆腔病损切除术（男性）
54.9904 腹腔镜下腹腔病损切除术
57.7102 男性盆腔脏器去除术
58.3102 经尿道精阜电切术
58.4500x001 尿道下裂Ⅰ期成形术
58.4500x002 尿道下裂Ⅱ期成形术
58.4501 尿道上裂修补术
58.4502 尿道下裂修补术
58.4503 阴茎皮条法尿道成形术
60.1200 开放性前列腺活组织检查
60.1400 开放性精囊活组织检查
60.1901 精囊镜探查术
60.7100 经皮精囊抽吸术
60.7200 精囊切开术
60.7200x002 经尿道精囊镜精囊碎石取石术
60.7300 精囊切除术
60.7300x003 腹腔镜下副中肾管［苗勒管］囊肿切除术
60.7300x004 腹腔镜下精囊切除术
60.7301 苗勒管（副中肾管）囊肿切除术
60.7900x002 经尿道精囊镜精阜电切术
60.7900x003 精囊镜下精囊冲洗术
60.7900x004 精囊镜下精囊血肿清除术
60.7901 精囊囊肿切除术
60.8100x001 前列腺周围切开引流术
60.8101 前列腺周围脓肿引流术
60.9100 经皮前列腺抽吸术
60.9900x001 经皮前列腺病损纳米刀消融术
61.0x03 阴囊血肿清除术
61.3x00x007 阴囊切除术
61.3x01 阴囊病损电灼术
61.4903 阴囊再造术
62.9100 睾丸抽吸术
64.0x00 包皮环切术
64.9900 男性生殖器官的其他手术
86.2200x011 皮肤和皮下坏死组织切除清创术
86.3x04 男性会阴病损切除术
86.5903 男性会阴皮肤缝合术
98.1900x001 尿道内异物去除
98.2402 阴囊异物去除

MR1 男性生殖系统恶性肿瘤

包含以下主要诊断：
C49.503 会阴结缔组织恶性肿瘤
C60.000 包皮恶性肿瘤
C60.100 阴茎头恶性肿瘤
C60.200 阴茎体恶性肿瘤
C60.201 海绵体恶性肿瘤
C60.800 阴茎交搭跨越恶性肿瘤的损害
C60.900 阴茎恶性肿瘤
C60.901 阴茎皮肤恶性肿瘤
C61.x00 前列腺恶性肿瘤
C62.000 睾丸未降部的恶性肿瘤
C62.001 异位睾丸恶性肿瘤
C62.100 睾丸下降部的恶性肿瘤
C62.900 睾丸恶性肿瘤
C62.901 男性绒毛膜癌

C63.000　附睾恶性肿瘤
C63.100　精索恶性肿瘤
C63.200　阴囊恶性肿瘤
C63.201　阴囊皮肤恶性肿瘤
C63.700　男性生殖器官，其他特指的恶性肿瘤
C63.701　精囊恶性肿瘤
C63.702　鞘膜恶性肿瘤
C63.800　男性生殖器官交搭跨越恶性肿瘤的损害
C63.801　阴茎阴囊恶性肿瘤
C63.900　男性生殖器官恶性肿瘤
C79.800x228　生殖器官继发恶性肿瘤
C79.800x231　精索继发恶性肿瘤
C79.800x233　附睾继发恶性肿瘤
C79.815　输精管继发恶性肿瘤
C79.816　精囊继发恶性肿瘤
C79.817　睾丸继发恶性肿瘤
C79.818　前列腺继发恶性肿瘤
C79.819　阴囊继发恶性肿瘤
C79.820　阴茎继发恶性肿瘤
C79.821　会阴继发恶性肿瘤
D07.400　阴茎原位癌
D07.401　凯拉增殖性红斑
D07.402　包皮原位癌
D07.500　前列腺原位癌
D07.601　阴囊原位癌
D07.602　睾丸原位癌
D07.603　男性生殖器官原位癌
D40.000x001　前列腺交界性肿瘤
D40.001　前列腺肿瘤
D40.100x002　睾丸交界性肿瘤
D40.101　睾丸肿瘤
D40.700x001　附睾交界性肿瘤
D40.700x002　精囊交界性肿瘤
D40.700x003　阴茎纤维瘤病
D40.701　阴茎动态未定肿瘤
D40.702　阴茎肿瘤
D40.703　男性生殖器官皮肤动态未定肿瘤
D40.704　男性生殖器官皮肤肿瘤
D40.900x001　男性生殖器官交界性肿瘤
D40.901　男性生殖器官肿瘤
D48.127　会阴结缔组织动态未定肿瘤
D48.128　会阴结缔组织肿瘤

MS1　男性生殖系统炎症

包含以下主要诊断：
A06.800x004+N51.2*　阿米巴龟头炎
A18.100x018+N51.8*　精囊结核
A18.100x020+N51.8*　阴囊结核
A18.109+N51.0*　前列腺结核
A18.110+N51.8*　输精管结核
A18.116+N51.8*　结核性阴囊瘘
A18.117+N51.1*　睾丸结核
A18.118+N51.1*　附睾结核
A18.119+N51.8*　阴茎结核
A54.202+N51.0*　淋球菌性前列腺炎
A54.203+N51.1*　淋球菌性睾丸炎
A54.204+N51.1*　淋球菌性附睾炎
A56.102+N51.1*　衣原体性睾丸炎
A56.103+N51.1*　衣原体性附睾炎
A59.000x003+N51.0*　滴虫性前列腺炎
A60.000x004+N51.8*　阴囊单纯性疱疹
A60.003+N51.8*　阴茎单纯疱疹
B26.000+N51.1*　流行性腮腺炎性睾丸炎
B37.402+N51.2*　念珠菌性龟头炎
N41.000　急性前列腺炎
N41.100　慢性前列腺炎
N41.101　肉芽肿性前列腺炎
N41.200　前列腺脓肿
N41.300　前列腺膀胱炎
N41.800　前列腺炎性疾病，其他的
N41.900x001　前列腺炎
N41.900x002　化脓性前列腺炎
N43.100　感染性鞘膜积液
N43.101　感染性睾丸鞘膜积液
N45.000　睾丸炎、附睾炎和附睾-睾丸炎，伴有脓肿
N45.001　附睾脓肿
N45.002　睾丸脓肿
N45.901　附睾精子肉芽肿
N45.902　附睾肉芽肿
N45.903　附睾炎
N45.904　附睾炎性包块
N45.905　睾丸肉芽肿
N45.906　睾丸炎
N45.907　急性附睾炎
N45.908　附睾-睾丸炎
N48.001　干燥闭塞性龟头炎
N48.100　龟头包皮炎

N48.102 龟头炎
N48.201 阴茎蜂窝织炎
N48.202 阴茎海绵体炎
N48.203 阴茎脓肿
N48.204 阴茎炎
N49.001 精囊炎
N49.002 精囊周围炎
N49.101 精索炎
N49.102 鞘膜脓肿
N49.103 鞘膜炎
N49.104 输精管炎
N49.201 阴囊蜂窝织炎
N49.202 阴囊坏疽
N49.203 阴囊疖肿
N49.204 阴囊脓肿
N49.205 阴囊炎
N49.800 男性生殖器官其他特指的炎性疾患
T83.600 生殖道中的假体装置、植入物和移植物引起的感染和炎症性反应
T83.601 阴茎假体植入感染

MZ1 其他男性生殖系统疾病

包含以下主要诊断：
D17.600x001 精索脂肪瘤
D17.700x033 阴茎脂肪瘤
D17.700x034 阴囊脂肪瘤
D18.000x815 龟头血管瘤
D18.000x818 男性生殖器血管瘤
D18.000x855 包皮血管瘤
D18.008 生殖器官血管瘤
D18.108 生殖器官淋巴管瘤
D29.000 阴茎良性肿瘤
D29.001 龟头良性肿瘤
D29.100 前列腺良性肿瘤
D29.200 睾丸良性肿瘤
D29.300 附睾良性肿瘤
D29.400 阴囊良性肿瘤
D29.401 阴囊皮肤良性肿瘤
D29.700x004 输精管良性肿瘤
D29.700x005 包皮良性肿瘤
D29.701 精囊良性肿瘤
D29.702 精索良性肿瘤
D29.703 鞘膜良性肿瘤
D29.900 男性生殖器官良性肿瘤
D36.700x021 会阴良性肿瘤
D36.709 会阴部良性肿瘤
E29.000 睾丸功能亢进
E29.000x002 男性性腺功能亢进
E29.001 睾丸激素分泌过多
E29.002 雄激素分泌过多
E29.100 睾丸功能减退症
E29.100x002 男性性腺功能低下
E29.100x004 睾丸雄激素生物合成障碍
E29.101 原发性睾丸功能减退症
E29.102 继发性睾丸功能减退症
E29.103 幼稚型睾丸
E29.104 高促性腺激素性性腺功能减退症
E29.105 5α-还原酶缺陷症
E29.106 雄激素部分缺乏综合征
E29.800 睾丸功能障碍，其他的
E29.900 睾丸功能障碍
E89.501 手术后睾丸功能减退
I86.100 阴囊静脉曲张
I86.101 精索静脉曲张
I86.200 盆腔静脉曲张
I87.120 精索静脉压迫综合征
I87.804 阴茎静脉纤维化
I89.000x022 包皮淋巴水肿
I89.000x024 阴囊橡皮肿
I89.008 阴囊淋巴水肿
I89.800x010 非丝虫性阴囊乳靡囊肿
N36.801 精阜肥大
N40.x00 前列腺增生
N40.x01 前列腺结节
N42.000 前列腺结石
N42.101 前列腺充血
N42.102 前列腺出血
N42.200 前列腺萎缩
N42.300 前列腺不典型增生
N42.301 前列腺低级别不典型增生
N42.801 前列腺瘢痕
N42.802 前列腺囊肿
N42.901 前列腺肿物
N43.000 包绕性鞘膜积液
N43.001 包绕性睾丸鞘膜积液
N43.201 创伤后睾丸鞘膜积液
N43.300 鞘膜积液
N43.301 睾丸鞘膜积液
N43.302 精索鞘膜积液
N43.400 精子囊肿

N44.x00 睾丸扭转
N44.x01 附睾扭转
N44.x02 精索扭转
N46.x00 男性不育症
N46.x00x007 畸形精子症
N46.x01 无精症
N46.x02 少精症
N47.x00x001 包茎
N47.x01 包皮过长
N47.x02 包皮嵌顿
N47.x03 包皮粘连
N48.000 阴茎白斑
N48.000x003 阴茎干皱症
N48.101 包皮溃疡
N48.300 阴茎异常勃起
N48.301 阴茎痛性勃起
N48.400 器质性原因的阳痿
N48.400x005 神经源性勃起功能障碍
N48.400x006 糖尿病性勃起功能障碍
N48.400x007 1型糖尿病性勃起功能障碍
N48.400x008 2型糖尿病性勃起功能障碍
N48.401 静脉性阳痿
N48.402 外伤后阳痿
N48.403 血管瘘性阳痿
N48.500 阴茎溃疡
N48.600 阴茎海绵体硬结症
N48.800x005 包皮脓肿
N48.800x009 阴茎水肿
N48.801 包皮瘢痕
N48.802 包皮囊肿
N48.803 包皮血肿
N48.804 非感染性阴茎海绵体坏疽
N48.805 后天性阴茎畸形
N48.806 后天性阴茎隐匿
N48.807 泰森腺囊肿
N48.808 阴茎瘢痕
N48.809 阴茎海绵体静脉瘘
N48.810 阴茎瘘
N48.811 阴茎囊肿
N48.812 阴茎萎缩
N48.813 阴茎血栓形成
N48.901 阴茎肿物
N49.900 男性生殖器官的炎性疾患
N50.000 睾丸萎缩
N50.100x001 精索血肿
N50.101 睾丸血肿
N50.102 血精
N50.103 阴囊血肿
N50.800 男性生殖器官其他特指的疾患
N50.800x001 精索狭窄
N50.800x002 鞘膜狭窄
N50.800x012 外生殖器发育异常
N50.800x014 睾丸间质细胞增生
N50.800x016 非丝虫性睾丸鞘膜乳糜囊肿
N50.800x023 阴囊水肿
N50.800x024 睾丸自发破裂
N50.800x025 男性生殖器皮脂腺囊肿
N50.800x027 精囊结石
N50.800x028 射精管狭窄
N50.800x038 男性更年期综合征
N50.800x041 精液肉芽肿
N50.800x042 小肠阴囊瘘
N50.801 膀胱输精管阴囊瘘
N50.802 附睾管扩张
N50.803 附睾囊肿
N50.804 附睾阴囊瘘
N50.805 附睾淤积症
N50.806 附睾肿大
N50.807 睾丸坏死
N50.808 睾丸结节
N50.809 睾丸结石
N50.810 睾丸囊肿
N50.811 睾丸疼痛
N50.812 睾丸纤维化
N50.813 精阜囊肿
N50.814 精囊瘢痕
N50.815 精囊囊肿
N50.816 精索囊肿
N50.817 尿道阴囊瘘
N50.818 鞘膜结石
N50.819 鞘膜囊肿
N50.820 射精管梗阻
N50.821 射精管囊肿
N50.822 输精管梗阻
N50.823 输精管囊肿
N50.824 输精管狭窄
N50.825 阴囊窦道
N50.826 阴囊溃疡
N50.827 阴囊肿大
N50.900x005 冠状沟肿物

N50.900x006　神经源性射精功能障碍
N50.900x007　神经源性生育功能障碍
N50.900x008　逆向射精症
N50.901　睾丸肿物
N50.902　阴囊肿物
N50.903　附睾肿物
N99.800x007　手术后会阴瘘
P83.500　先天性鞘膜积液
P83.500x002　先天性睾丸鞘膜积液
P83.500x003　先天性精索鞘膜积液
Q53.000　异位睾丸
Q53.000x002　单侧睾丸异位
Q53.000x003　双侧睾丸异位
Q53.100　单侧睾丸未降
Q53.100x001　单侧睾丸下降不全
Q53.101　单侧腹股沟型隐睾
Q53.102　单侧腹腔型隐睾
Q53.200　双侧睾丸未降
Q53.200x001　双侧睾丸下降不全
Q53.201　双侧腹腔型隐睾
Q53.202　双侧腹股沟型隐睾
Q53.900　睾丸未降
Q53.901　睾丸下降不全
Q53.902　隐睾
Q55.001　睾丸不发育
Q55.002　睾丸退化
Q55.003　先天性单睾丸
Q55.004　睾丸缺如
Q55.100x002　先天性睾丸发育不良
Q55.101　睾丸融合
Q55.200x901　多睾畸形
Q55.201　先天性男性中肾管囊肿
Q55.202　移行睾丸
Q55.203　先天性可回缩睾丸
Q55.300　输精管闭锁
Q55.400x006　先天性附睾缺如
Q55.400x008　前列腺膀胱内异位
Q55.401　先天性输精管缺失
Q55.402　先天性附睾分离
Q55.403　输精管发育不良
Q55.404　男性莫尔加尼囊肿
Q55.405　前列腺缺如
Q55.501　阴茎不发育
Q55.502　阴茎缺如
Q55.600x007　重复阴茎
Q55.600x008　双阴茎头畸形
Q55.600x009　阴茎系带短缩
Q55.601　阴茎发育不全
Q55.602　小阴茎
Q55.603　先天性阴茎屈曲畸形
Q55.604　先天性阴茎下弯
Q55.605　先天性包皮囊肿
Q55.606　隐匿性阴茎
Q55.800　男性生殖器官其他特指的先天性畸形
Q55.800x001　前列腺囊
Q55.801　先天性阴茎阴囊融合
Q55.802　阴茎阴囊转位
Q55.900　男性生殖器官先天性畸形
Q55.901　男性生殖器官发育不全
Q56.000　两性畸形，不可归类在他处者
Q56.001　女性男性化
Q56.002　卵睾体
Q56.100　男性假两性畸形，不可归类在他处者
Q56.300　假两性畸形
Q56.400　性别不清
Q85.900x032　精囊错构瘤
Q85.900x047　会阴错构瘤
R86.000　男性生殖器官标本的酶水平异常
R86.100　男性生殖器官标本的激素水平异常
R86.200　男性生殖器官标本的其他药物、药剂和生物制剂水平异常
R86.300　男性生殖器官标本的主要为非药用性物质的水平异常
R86.400　男性生殖器官标本的异常的免疫学所见
R86.500　男性生殖器官标本的异常的微生物学所见
R86.600　男性生殖器官标本的异常的细胞学所见
R86.700　男性生殖器官标本的异常的组织学所见
R86.800　男性生殖器官标本的其他异常所见
R86.900x003　精液标本异常
R86.901　精子异常
R86.902　前列腺分泌物异常
R86.903　弱精子症
R93.802　前列腺钙化灶
S30.202　创伤性阴囊血肿
S30.203　创伤性附睾血肿
S30.205　阴囊挫伤
S30.206　阴茎挫伤
S30.208　睾丸挫伤
S30.800x003　外生殖器浅表损伤
S31.200　阴茎开放性伤口

S31.300x001　阴囊开放性损伤
S31.300x002　开放性精囊损伤
S31.301　开放性睾丸损伤
S31.501　开放性外生殖器损伤
S37.801　输精管损伤
S37.802　精囊损伤
S37.804　前列腺损伤
S37.811　开放性输精管损伤
S37.814　开放性前列腺损伤
S38.000　外生殖器挤压伤
S38.001　阴茎挤压伤
S38.200x003　阴茎离断
S38.200x004　阴囊离断
S38.200x005　睾丸离断
S39.900x007　阴囊损伤
S39.900x009　附睾损伤
S39.900x010　睾丸损伤
S39.903　会阴损伤
S39.904　阴茎损伤
T19.800x002　阴茎内异物
T83.401　阴茎假体引起的并发症
Z31.000x004　输精管结扎术后复通
Z41.200　常规和宗教仪式的包皮环切术

MDCN　女性生殖系统疾病及功能障碍

主诊表

包含以下主要诊断：
A18.100x019+N77.1*　外阴结核
A18.100x024+N74.1*　结核性直肠阴道瘘
A18.100x026+N74.1*　结核性输卵管炎
A18.100x030+N77.0*　结核性外阴溃疡
A18.100x032　结核性盆腔炎
A18.102　生殖系统结核
A18.111+N74.1*　子宫内膜结核
A18.112+N74.0*　子宫颈结核
A18.113+N74.1*　输卵管结核
A18.114+N74.1*　卵巢结核
A18.115+N74.1*　女性盆腔结核
A51.400x009+N74.2*　女性二期梅毒性盆腔炎
A54.003　淋球菌性宫颈炎
A54.004　淋球菌性阴道炎
A54.005　淋球菌性外阴阴道炎
A54.102　淋球菌性前庭大腺脓肿
A54.200x004+N74.3*　淋球菌性输卵管炎
A54.201+N74.3*　淋球菌性女性盆腔炎性疾病
A56.002　衣原体性宫颈炎
A56.003　衣原体性阴道炎
A56.004　衣原体性外阴阴道炎
A56.100x003+N74.4*　衣原体性输卵管炎
A56.100x004+N74.4*　衣原体性子宫内膜炎
A56.101+N74.4*　衣原体性女性盆腔炎性疾病
A56.104+N74.4*　衣原体盆腔腹膜感染
A59.002+N77.1*　滴虫性阴道炎
A60.000x003+N77.1*　外阴疱疹
B26.800x009+N74.8*　流行性腮腺炎并发卵巢炎
B37.300+N77.1*　外阴和阴道念珠菌病
B37.300x002+N77.1*　真菌性外阴炎
B37.301+N77.1*　念珠菌性阴道炎
B37.302+N77.1*　念珠菌性外阴阴道炎
C46.700x001　外阴卡波西肉瘤
C48.100x006　直肠子宫陷凹恶性肿瘤
C49.503　会阴结缔组织恶性肿瘤
C51.000　大阴唇恶性肿瘤
C51.001　前庭大腺恶性肿瘤
C51.100　小阴唇恶性肿瘤
C51.200　阴蒂恶性肿瘤
C51.800　外阴交搭跨越恶性肿瘤的损害
C51.900　外阴恶性肿瘤
C52.x00　阴道恶性肿瘤
C53.000　宫颈内膜恶性肿瘤
C53.100　外宫颈恶性肿瘤
C53.800　宫颈交搭跨越恶性肿瘤的损害
C53.801　宫颈残端恶性肿瘤
C53.900　宫颈恶性肿瘤
C54.000　子宫峡部恶性肿瘤
C54.001　子宫下段恶性肿瘤
C54.100　子宫内膜恶性肿瘤
C54.200　子宫肌层恶性肿瘤
C54.300　子宫底部恶性肿瘤
C54.800　子宫体交搭跨越恶性肿瘤的损害
C54.900　子宫体恶性肿瘤
C55.x00　子宫恶性肿瘤
C56.x00　卵巢恶性肿瘤
C56.x00x003　双侧卵巢恶性肿瘤
C57.000　输卵管恶性肿瘤
C57.000x002　双侧输卵管恶性肿瘤
C57.100　阔韧带恶性肿瘤
C57.101　卵巢冠恶性肿瘤
C57.200　圆韧带恶性肿瘤

C57.300　子宫旁组织恶性肿瘤
C57.300x001　子宫骶骨韧带恶性肿瘤
C57.301　子宫韧带恶性肿瘤
C57.400　子宫附件恶性肿瘤
C57.700　女性生殖器官，其他特指的恶性肿瘤
C57.701　女性沃尔夫体恶性肿瘤
C57.702　女性沃尔夫管恶性肿瘤
C57.800x004　子宫颈及阴道恶性肿瘤
C57.800x005　子宫及输卵管恶性肿瘤
C57.801　输卵管卵巢恶性肿瘤
C57.802　子宫卵巢恶性肿瘤
C57.803　阴道外阴恶性肿瘤
C57.900　女性生殖器官恶性肿瘤
C58.x00　胎盘恶性肿瘤
C58.x00x002　绒毛膜癌
C58.x00x003　绒毛膜上皮癌
C76.307　直肠阴道隔恶性肿瘤
C77.500x003　子宫旁淋巴结继发恶性肿瘤
C79.600　卵巢继发性恶性肿瘤
C79.800x202　输卵管继发恶性肿瘤
C79.800x205　子宫角继发恶性肿瘤
C79.800x206　子宫体继发恶性肿瘤
C79.800x209　子宫颈继发恶性肿瘤
C79.800x211　子宫旁继发恶性肿瘤
C79.800x213　子宫下段继发恶性肿瘤
C79.800x214　子宫韧带继发恶性肿瘤
C79.800x215　子宫圆韧带继发恶性肿瘤
C79.800x216　子宫阔韧带继发恶性肿瘤
C79.800x218　子宫卵巢韧带继发恶性肿瘤
C79.800x219　子宫骶骨韧带继发恶性肿瘤
C79.800x220　子宫内膜继发恶性肿瘤
C79.800x222　子宫附件继发恶性肿瘤
C79.800x223　子宫肌层继发恶性肿瘤
C79.800x228　生殖器官继发恶性肿瘤
C79.812　子宫继发恶性肿瘤
C79.813　附件继发恶性肿瘤
C79.814　阴道继发恶性肿瘤
C79.821　会阴继发恶性肿瘤
C79.822　外阴继发恶性肿瘤
C79.823　前庭大腺继发恶性肿瘤
C79.824　直肠阴道隔继发恶性肿瘤
C79.833　纳博特腺继发恶性肿瘤
D06.000　宫颈内膜原位癌
D06.100　宫颈外膜原位癌
D06.700　宫颈其他部位的原位癌
D06.900　宫颈的原位癌
D06.900x002　子宫颈上皮内瘤变Ⅲ级［CIN Ⅲ级］
D07.000　子宫内膜原位癌
D07.100　外阴原位癌
D07.100x002　外阴上皮内瘤变Ⅲ级［VIN Ⅲ级］
D07.200　阴道原位癌
D07.200x002　阴道上皮内瘤变Ⅲ级［VAIN Ⅲ级］
D07.301　卵巢原位癌
D07.302　输卵管原位癌
D07.303　子宫体原位癌
D07.304　女性生殖器官原位癌
D17.300x001　大阴唇脂肪瘤
D17.300x002　外阴脂肪瘤
D17.300x003　阴道脂肪瘤
D17.700x024　子宫体脂肪瘤
D18.000x817　女性生殖器血管瘤
D18.000x824　小阴唇血管瘤
D18.000x853　卵巢血管瘤
D18.000x854　附件血管瘤
D18.000x856　宫颈血管瘤
D18.008　生殖器官血管瘤
D20.103　直肠子宫陷凹良性肿瘤
D25.000　子宫黏膜下平滑肌瘤
D25.000x002　子宫颈黏膜下平滑肌瘤
D25.100x001　子宫肌壁间平滑肌瘤
D25.100x002　子宫颈壁内平滑肌瘤
D25.200　子宫浆膜下层平滑肌瘤
D25.200x002　阔韧带平滑肌瘤
D25.900　子宫平滑肌瘤
D25.900x001　子宫多发性平滑肌瘤
D25.901　宫颈平滑肌瘤
D26.000　宫颈良性肿瘤
D26.100　子宫体良性肿瘤
D26.100x002　子宫腺肌瘤
D26.700　子宫良性肿瘤，其他部位的
D26.701　胎盘良性肿瘤
D26.702　胎膜良性肿瘤
D26.900　子宫良性肿瘤
D27.x00　卵巢良性肿瘤
D27.x01　梅格斯综合征
D28.000　外阴良性肿瘤
D28.000x002　阴唇良性肿瘤
D28.100　阴道良性肿瘤
D28.200x002　卵巢冠良性肿瘤
D28.200x003　输卵管良性肿瘤

D28.201　子宫韧带良性肿瘤
D28.202　子宫阔韧带良性肿瘤
D28.203　子宫圆韧带良性肿瘤
D28.204　子宫主韧带良性肿瘤
D28.205　骶子宫韧带良性肿瘤
D28.206　卵巢固有韧带良性肿瘤
D28.700x001　阴蒂良性肿瘤
D28.900　女性生殖器官良性肿瘤
D36.700x021　会阴良性肿瘤
D36.709　会阴部良性肿瘤
D39.000x001　子宫交界性肿瘤
D39.000x002　子宫内膜交界性肿瘤
D39.001　子宫肿瘤
D39.002　子宫体动态未定肿瘤
D39.003　子宫体肿瘤
D39.004　子宫颈动态未定肿瘤
D39.005　子宫颈肿瘤
D39.100x001　卵巢多房囊肿
D39.100x003　卵巢交界性肿瘤
D39.101　卵巢肿瘤
D39.200x001　侵蚀性葡萄胎
D39.200x002　胎盘交界性肿瘤
D39.201　胎盘肿瘤
D39.202　恶性葡萄胎
D39.203　侵袭性葡萄胎
D39.204　破坏性绒毛膜腺瘤
D39.700x001　输卵管交界性肿瘤
D39.700x002　阴道交界性肿瘤
D39.701　外阴动态未定肿瘤
D39.702　外阴肿瘤
D39.703　子宫韧带动态未定肿瘤
D39.704　子宫韧带肿瘤
D39.705　输卵管动态未定肿瘤
D39.706　输卵管肿瘤
D39.707　阴道动态未定肿瘤
D39.708　阴道肿瘤
D39.709　女性生殖器官皮肤动态未定肿瘤
D39.710　女性生殖器官皮肤肿瘤
D39.900x001　女性生殖器官交界性肿瘤
D39.901　女性生殖器官肿瘤
D39.902　尿道阴道隔动态未定肿瘤
D39.903　尿道阴道隔肿瘤
D48.127　会阴结缔组织动态未定肿瘤
D48.128　会阴结缔组织肿瘤
E28.000　雌激素过多
E28.100　雄激素过多
E28.200　多囊卵巢综合征
E28.200x003　卵巢硬化性囊性综合征
E28.300x001　早发绝经
E28.300x002　卵巢功能减退
E28.300x005　女性性腺功能低下
E28.300x008　抗卵巢综合征
E28.301　卵巢早衰
E28.302　雌激素减少
E28.303　卵巢功能衰竭
E28.800x002　卵巢功能亢进
E28.900　卵巢功能障碍
E30.900　青春期疾患
E89.400x001　放射后卵巢功能衰竭
E89.400x002　手术后卵巢功能衰竭
E89.401　医源性卵巢功能衰竭
I77.009　子宫动静脉瘘
I86.200　盆腔静脉曲张
I86.300　外阴静脉曲张
I89.000x018　会阴淋巴水肿
I89.000x019　阴唇淋巴水肿
I89.000x025　阴唇橡皮肿
I89.800x032　子宫乳糜反流
I89.800x033　阴道乳糜反流
L29.200　外阴瘙痒（症）
M35.202+N77.8*　贝赫切特病性外阴溃疡
N32.004　女性前列腺病
N70.000　急性输卵管炎和卵巢炎
N70.001　急性输卵管炎
N70.002　急性卵巢炎
N70.100　慢性输卵管炎和卵巢炎
N70.101　慢性输卵管炎
N70.102　慢性卵巢炎
N70.103　输卵管积水
N70.104　卵巢积水
N70.900　输卵管炎和卵巢炎
N70.900x003　输卵管积脓
N70.900x007　输卵管脓肿
N70.901　卵巢坏死
N70.902　卵巢脓肿
N70.903　卵巢炎
N70.904　输卵管炎
N70.905　输卵管卵巢脓肿
N70.906　输卵管周围炎
N71.001　急性子宫内膜炎

N71.002 急性子宫炎
N71.101 慢性子宫内膜炎
N71.102 慢性子宫炎
N71.900x001 子宫肌炎
N71.901 子宫积脓
N71.902 子宫内膜炎
N72.x00x003 慢性子宫颈炎
N72.x00x006 子宫颈潴留囊肿
N72.x01 宫颈外膜炎
N72.x02 宫颈内膜炎
N72.x03 宫颈积脓
N73.001 急性阔韧带脓肿
N73.002 急性女性盆腔蜂窝织炎
N73.003 急性女性盆腔炎
N73.101 慢性女性盆腔炎
N73.102 慢性盆腔蜂窝织炎
N73.103 慢性子宫韧带脓肿
N73.104 慢性子宫韧带炎
N73.201 盆腔蜂窝织炎
N73.202 子宫韧带炎
N73.203 子宫周围炎
N73.300 女性急性盆腔腹膜炎
N73.400 女性慢性盆腔腹膜炎
N73.500 女性盆腔腹膜炎
N73.501 子宫直肠陷凹脓肿
N73.600 女性盆腔腹膜粘连
N73.600x006 子宫粘连闭锁综合征
N73.601 卵巢粘连
N73.602 女性盆腔粘连
N73.603 输卵管粘连
N73.604 子宫粘连
N73.605 子宫周围粘连
N73.606 卵巢-输卵管粘连
N73.800x002 盆腔感染综合征
N73.801 盆腔炎性肿物
N73.902 女性盆腔炎
N73.903 女性盆腔脓肿
N75.000 前庭大腺囊肿
N75.100 前庭大腺脓肿
N75.801 前庭大腺肥大
N75.802 前庭大腺炎
N75.900 前庭大腺疾病
N76.000 急性阴道炎
N76.000x001 阴道炎
N76.000x003 细菌性阴道炎
N76.000x004 急性外阴阴道炎
N76.000x006 阴道壁脓肿
N76.001 阴道脓肿
N76.100x001 慢性外阴阴道炎
N76.100x002 亚急性外阴阴道炎
N76.101 慢性阴道炎
N76.200 急性外阴炎
N76.201 外阴蜂窝织炎
N76.300x001 亚急性外阴炎
N76.301 慢性外阴炎
N76.400 外阴肿脓
N76.401 外阴疖
N76.500 阴道溃疡
N76.600 外阴溃疡
N76.601 复发性阿弗他女性生殖器官溃疡
N76.801 外阴炎性肿块
N76.802 阴道肉芽肿
N80.000 子宫的子宫内膜异位症
N80.001 子宫腺肌病
N80.100 卵巢的子宫内膜异位症
N80.100x001 卵巢巧克力样囊肿
N80.200 输卵管的子宫内膜异位症
N80.200x001 输卵管子宫内膜异位症
N80.300 盆腔腹膜的子宫内膜异位症
N80.301 腹膜子宫内膜异位症
N80.302 盆腔子宫内膜异位症
N80.303 子宫直肠凹子宫内膜异位症
N80.401 直肠阴道隔子宫内膜异位症
N80.500 肠的子宫内膜异位症
N80.501 直肠子宫内膜异位症
N80.600 皮肤瘢痕的子宫内膜异位症
N80.601 腹壁瘢痕子宫内膜异位症
N80.602 会阴子宫内膜异位症
N80.603 外阴子宫内膜异位症
N80.800x007 鼻腔子宫内膜异位症
N80.800x010 腹壁子宫内膜异位
N80.800x011 胸子宫内膜异位症
N80.801 外耳道子宫内膜异位症
N80.802 肺子宫内膜异位症
N80.803 肝子宫内膜异位症
N80.804 输尿管子宫内膜异位症
N80.805 膀胱子宫内膜异位症
N80.806 子宫韧带子宫内膜异位症
N80.807 腹膜后子宫内膜异位症
N80.808 骶前子宫内膜异位症

N80.809　胸腔子宫内膜异位症
N80.900　子宫内膜异位症
N81.000　女性尿道膨出
N81.100　膀胱膨出
N81.101　阴道前壁脱垂
N81.102　女性膀胱脱垂
N81.200　子宫阴道不完全性脱垂
N81.201　Ⅰ度子宫脱垂
N81.202　Ⅱ度子宫脱垂
N81.203　宫颈脱垂
N81.300　完全性子宫阴道脱垂
N81.301　Ⅲ度子宫脱垂
N81.400　子宫阴道脱垂
N81.500　阴道小肠膨出
N81.500x002　小肠阴道疝
N81.500x003　阴道后疝
N81.600　直肠膨出
N81.601　阴道后壁脱垂
N81.602　阴道后壁脱垂伴直肠膨出
N81.800x004　会阴缺陷
N81.800x005　盆底肌肉陈旧性裂伤
N81.800x006　陈旧性会阴损伤
N81.801　陈旧性会阴裂伤
N81.802　阴道前后壁脱垂
N81.803　阴道松弛
N81.900　女性生殖器脱垂
N82.000　膀胱阴道瘘
N82.100x001　子宫输尿管瘘
N82.101　尿道阴道瘘
N82.102　输尿管阴道瘘
N82.103　子宫膀胱瘘
N82.200　阴道小肠瘘
N82.201　手术后小肠阴道瘘
N82.300　阴道大肠瘘
N82.301　直肠膀胱阴道瘘
N82.302　直肠舟状窝瘘
N82.303　直肠阴道瘘
N82.401　子宫直肠瘘
N82.500　女性生殖道-皮肤瘘
N82.501　子宫腹壁瘘
N82.502　阴道会阴瘘
N82.801　子宫阴道瘘
N82.900　女性生殖道瘘
N82.900x003　子宫颈窦道
N82.901　阴道瘘
N82.902　子宫瘘
N83.000　卵巢滤泡囊肿
N83.000x002　格拉夫卵泡囊肿
N83.001　出血性卵巢滤泡囊肿
N83.100　黄体囊肿
N83.100x002　卵巢黄体破裂
N83.100x003　卵巢黄体血肿
N83.101　出血性卵巢黄体囊肿
N83.102　卵巢黄素化囊肿
N83.201　卵巢囊肿
N83.202　卵巢白体囊肿
N83.203　卵巢包涵囊肿
N83.204　卵巢浆液性囊肿
N83.205　卵巢黏液性囊肿
N83.206　卵巢潴留囊肿
N83.207　副卵巢囊肿
N83.300x001　卵巢萎缩
N83.300x002　输卵管萎缩
N83.401　输卵管脱垂
N83.500x004　卵巢子宫内膜异位囊肿伴扭转
N83.500x007　副卵管扭转
N83.501　卵巢蒂扭转
N83.502　卵巢扭转
N83.503　输卵管扭转
N83.504　莫尔加尼囊状附件扭转
N83.600　输卵管血肿
N83.601　输卵管出血
N83.700　阔韧带血肿
N83.800x012　泡状附件
N83.800x013　输卵管上皮增生
N83.800x015　阔韧带息肉
N83.800x016　输卵管憩室
N83.800x017　卵巢冠囊肿
N83.800x021　输卵管嵌顿
N83.801　阔韧带囊肿
N83.802　阔韧带撕裂综合征
N83.803　卵巢出血
N83.804　卵巢钙化
N83.805　卵巢破裂
N83.806　卵巢增生
N83.807　卵巢脂肪坏死
N83.808　输卵管坏死
N83.809　输卵管囊肿
N83.810　输卵管旁囊肿
N83.811　圆韧带囊肿

N83.812 子宫韧带囊肿
N83.901 卵巢肿物
N83.902 输卵管肿物
N83.903 阔韧带肿物
N84.000 子宫体息肉
N84.001 子宫内膜息肉
N84.100 宫颈息肉
N84.200 阴道息肉
N84.300 外阴息肉
N84.301 处女膜息肉
N84.302 阴唇息肉
N84.800x002 输卵管息肉
N84.900 女性生殖道息肉
N85.000 子宫内膜腺性增生
N85.000x002 子宫内膜囊性增生
N85.000x004 子宫内膜腺性囊性增生
N85.001 子宫内膜单纯性增生
N85.002 子宫内膜复杂性增生
N85.003 子宫内膜息肉样增生
N85.100 子宫内膜腺瘤性增生
N85.101 子宫内膜非典型增生
N85.200 子宫肥大
N85.300 子宫复旧不全
N85.300x001 慢性子宫复旧不全
N85.400 子宫错位
N85.401 子宫侧倾
N85.402 子宫后倾
N85.403 子宫前倾
N85.404 子宫移位
N85.500 子宫内翻
N85.600 子宫内粘连
N85.600x001 阿谢曼综合征
N85.700 子宫积血
N85.800x003 后天性子宫萎缩
N85.801 瘢痕子宫
N85.802 子宫破裂
N85.803 子宫白斑
N85.804 子宫穿孔
N85.805 子宫钙化
N85.806 子宫肌层囊肿
N85.807 子宫积水
N85.808 子宫溃疡
N85.809 子宫糜烂
N85.810 子宫内膜发育不全
N85.811 子宫内膜囊肿
N85.812 子宫内膜萎缩
N85.813 子宫囊肿
N85.814 子宫憩室
N85.815 子宫萎缩
N85.816 子宫纤维化
N85.901 子宫肿物
N86.x00x004 子宫颈糜烂
N86.x01 宫颈外翻
N86.x02 宫颈溃疡
N87.000 轻度宫颈发育不良
N87.001 宫颈上皮内肿瘤，Ⅰ级
N87.002 低级别鳞状上皮内病变
N87.100 中度宫颈发育不良
N87.101 宫颈上皮内肿瘤，Ⅱ级
N87.200x001 重度宫颈发育不良
N87.900 宫颈发育不良
N87.901 宫颈上皮内肿瘤
N88.000 宫颈白斑
N88.100 宫颈陈旧性裂伤
N88.101 宫颈阴道粘连
N88.102 宫颈粘连
N88.200x001 子宫颈狭窄
N88.201 宫颈闭锁
N88.300 宫颈功能不全
N88.400 宫颈肥厚性延长
N88.800x010 子宫颈钙化
N88.801 宫颈残端出血
N88.802 宫颈肥大
N88.803 宫颈囊肿
N88.804 宫颈水肿
N88.805 宫颈萎缩
N88.806 宫颈腺囊肿
N88.807 宫颈赘生物
N88.808 子宫颈鳞状上皮增生
N88.900 宫颈非炎性疾患
N89.000 轻度阴道发育不良
N89.001 阴道上皮内肿瘤，Ⅰ级
N89.100 中度阴道发育不良
N89.101 阴道上皮内肿瘤，Ⅱ级
N89.200 重度阴道发育不良，不可归类在他处者
N89.300 阴道发育不良
N89.400 阴道白斑
N89.501 阴道闭锁
N89.502 阴道狭窄
N89.503 阴道粘连

N89.600　处女膜环过紧
N89.600x001　强直性处女膜
N89.600x002　阴道入口过紧
N89.601　处女膜伞
N89.700　阴道积血
N89.800x009　阴道排液
N89.801　处女膜囊肿
N89.802　非创伤性处女膜破裂
N89.803　阴道瘢痕
N89.804　阴道结石
N89.805　阴道裂伤
N89.806　阴道囊肿
N89.807　阴道皮赘
N89.808　阴道血肿
N89.809　阴道赘生物
N89.810　阴道子宫托溃疡
N89.811　陈旧性阴道裂伤
N89.901　阴道肿物
N90.000　轻度外阴发育不良
N90.001　外阴上皮内肿瘤Ⅰ级
N90.100　中度外阴发育不良
N90.101　外阴上皮内肿瘤Ⅱ级
N90.200　重度外阴发育不良，不可归类在他处者
N90.300　外阴发育不良
N90.301　外阴鳞状上皮增生
N90.302　外阴上皮内肿瘤
N90.400　外阴白斑
N90.401　外阴干皱症
N90.402　外阴角化症
N90.403　外阴营养不良
N90.404　外阴硬化性苔藓
N90.500　外阴萎缩
N90.501　外阴狭窄
N90.600　外阴肥大
N90.601　阴唇肥大
N90.700　外阴囊肿
N90.701　阴蒂囊肿
N90.800x009　外阴粘连
N90.800x010　外阴非典型增生
N90.800x011　会阴囊肿
N90.800x012　会阴切口疝
N90.800x024　大阴唇瘢痕
N90.800x025　小阴唇瘢痕
N90.801　会阴瘢痕
N90.802　外阴瘢痕
N90.803　外阴陈旧性裂伤
N90.804　外阴假性湿疣
N90.805　外阴皮赘
N90.806　外阴水肿
N90.807　外阴血肿
N90.808　阴唇粘连
N90.809　阴蒂肥大
N90.810　外阴象皮病
N90.811　外阴白癜风
N90.901　会阴非炎性疾病
N90.902　外阴肿物
N91.000　原发闭经
N91.100　继发闭经
N91.200　闭经
N91.200x002　下丘脑性闭经
N91.300　原发性月经稀少
N91.400　继发性月经稀少
N91.500　月经稀少
N92.000x001　月经过多
N92.000x002　月经频繁
N92.100x001　月经频多
N92.101　子宫不规则出血
N92.200　青春期月经过多
N92.300　排卵期出血
N92.400　绝经前期出血过多
N92.400x001　更年期月经过多
N92.400x003　绝经期子宫不规则出血
N92.400x004　更年前期月经过多
N92.401　绝经期出血
N92.500　月经不规则，其他特指的
N92.600　月经不规则
N92.601　经期延长
N93.000x001　性交后出血
N93.801　功能障碍性子宫出血
N93.900　异常的子宫和阴道出血
N93.901　异常子宫出血
N94.000　经间痛
N94.100　性交疼痛
N94.200　阴道痉挛
N94.300　经前紧张征
N94.400　原发性痛经
N94.500　继发性痛经
N94.600　痛经
N94.800x009　女性生殖器皮脂腺囊肿
N94.802　女性盆腔血肿

N94.803　女性盆腔静脉充血综合征
N94.804　交通性腹膜鞘突管积液
N94.805　经血潴留
N94.806　盆腔积液
N94.807　盆腔囊肿
N94.808　盆腔假囊肿
N94.900　与女性生殖器官和月经周期有关的情况
N95.000　绝经后出血
N95.100　绝经期和女性更年期状态
N95.101　女性更年期综合征
N95.200　绝经后萎缩性阴道炎
N95.201　老年性阴道炎
N95.300x001　人工绝经后综合征
N95.800　绝经期和围绝经期的疾患，其他特指的
N95.900x001　绝经后卵巢可扪及综合征
N96.x00　习惯性流产
N96.x00x002　早期习惯性流产
N96.x00x003　晚期习惯性流产
N97.000x001　不排卵性不孕
N97.100x001　输卵管阻塞性不孕
N97.100x003　输卵管狭窄性不孕
N97.101　后天性输卵管闭锁
N97.200x001　子宫粘连性不孕
N97.200x002　卵子不植入
N97.300　宫颈起因的女性不孕症
N97.400x001　男方无精性不孕
N97.400x002　男方少精性不孕
N97.800x004　女性生殖器官血囊肿性不孕
N97.801　不育由于阴道畸形
N97.900　女性不孕症
N97.901　女性原发性不育
N97.902　女性继发性不育
N98.000　与人工授精有关的感染
N98.100　卵巢过度刺激
N98.200　试管内授精后企图植入受精卵的并发症
N98.300　在胚胎转移中企图植入胚胎的并发症
N98.800　与人工授精有关的其他并发症
N98.900　与人工授精有关的并发症
N99.200　阴道手术后粘连
N99.201　手术后阴道狭窄
N99.300　子宫切除术后阴道穹隆脱垂
N99.800x003　绝育后腹痛
N99.800x005　阴道成形术后阴道短小
N99.800x007　手术后会阴瘘
N99.800x010　子宫切口憩室
N99.801　残余卵巢综合征
N99.807　阴道残端出血
Q27.813　先天性子宫血管畸形
Q27.814　先天性卵巢血管畸形
Q27.816　先天性盆腔血管畸形
Q50.000　先天性无卵巢
Q50.000x011　先天性单侧卵巢缺如
Q50.000x021　先天性双侧卵巢缺如
Q50.100　发育性卵巢囊肿
Q50.200　卵巢先天性扭转
Q50.300x101　先天性卵巢条索状
Q50.301　副卵巢
Q50.302　卵巢异位
Q50.303　小卵巢
Q50.400　输卵管胚胎性囊肿
Q50.401　苗勒管囊肿
Q50.501　先天性卵巢旁囊肿
Q50.502　加特纳管囊肿
Q50.503　先天性卵巢冠囊肿
Q50.504　女性莫尔加尼囊肿
Q50.600　输卵管和阔韧带的其他先天性畸形
Q50.600x903　输卵管异位
Q50.600x904　先天性阔韧带缺如
Q50.601　先天性输卵管缺失
Q50.602　先天性阔韧带缺失
Q50.603　先天性输卵管闭锁
Q51.000　子宫缺如和不发育
Q51.000x001　始基子宫
Q51.001　先天性子宫缺失
Q51.100　双子宫伴有双宫颈和双阴道
Q51.100x001　双子宫颈
Q51.201　先天性双子宫单宫颈
Q51.202　子宫纵隔
Q51.203　子宫不全纵隔
Q51.300　双角子宫
Q51.400　单角子宫
Q51.501　先天性宫颈缺如
Q51.502　先天性宫颈不发育
Q51.600　宫颈胚胎性囊肿
Q51.800x007　先天性子宫内膜缺如
Q51.800x011　子宫横隔
Q51.800x012　子宫斜隔
Q51.801　先天性宫颈发育不良
Q51.802　弓形子宫
Q51.803　先天性残角子宫

Q51.804　先天性宫颈闭锁
Q51.805　先天性宫颈隔
Q51.806　先天性宫颈狭窄
Q51.808　子宫发育不全
Q51.900　子宫和宫颈先天性畸形
Q51.901　先天性宫颈畸形
Q52.000　先天性无阴道
Q52.101　阴道斜隔
Q52.103　阴道纵隔
Q52.104　阴道横膈
Q52.200　先天性直肠阴道瘘
Q52.300　处女膜闭锁
Q52.400x006　阴道苗勒管囊肿
Q52.400x007　阴道加特纳囊肿
Q52.401　阴道腺病
Q52.402　先天性阴道闭锁
Q52.403　先天性阴道狭窄
Q52.404　先天性阴道努克管囊肿
Q52.405　处女膜过长
Q52.406　尿道口处女膜病
Q52.407　伞状尿道口处女膜病
Q52.408　先天性处女膜增厚
Q52.500x001　先天性小阴唇粘连
Q52.601　先天性阴蒂肥大
Q52.700x003　先天性阴唇肥厚
Q52.700x004　先天性外阴缺如
Q52.700x005　先天性直肠会阴瘘
Q52.701　女性会阴发育异常
Q52.702　女性外阴发育异常
Q52.703　先天性外阴囊肿
Q52.800x004　女性中肾管囊肿
Q52.901　女性生殖道畸形综合征
Q56.000　两性畸形，不可归类在他处者
Q56.200　女性假两性畸形，不可归类在他处者
Q56.300　假两性畸形
Q56.400　性别不清
Q85.900x016　外阴错构瘤
Q85.900x045　盆腔错构瘤
Q85.900x047　会阴错构瘤
R87.000　女性生殖器官标本的酶水平异常
R87.100　女性生殖器官标本的激素水平异常
R87.200　女性生殖器官标本的其他药物、药剂和生物制剂水平异常
R87.300　女性生殖器官标本的主要为非药用性物质的水平异常
R87.400　女性生殖器官标本的异常的免疫学所见
R87.500　女性生殖器官标本的异常的微生物学所见
R87.600　女性生殖器官标本的异常的细胞学所见
R87.700　女性生殖器官标本的异常的组织学所见
R87.800　女性生殖器官标本的其他异常所见
R93.800x006　宫腔占位
R93.800x007　卵巢占位性病变
R93.803　子宫内膜增厚
S30.200x007　大阴唇挫伤
S30.200x008　小阴唇挫伤
S30.200x010　创伤性外阴血肿
S30.207　阴道挫伤
S31.400x001　阴道开放性损伤
S31.400x002　阴蒂开放性损伤
S31.400x003　外阴开放性损伤
S31.401　创伤性外阴裂伤
S31.402　处女膜裂伤
S37.400　卵巢损伤
S37.410　开放性卵巢损伤
S37.500　输卵管损伤
S37.510　开放性输卵管损伤
S37.600　子宫损伤
S37.600x002　创伤性子宫破裂
S37.601　创伤性宫颈裂伤
S37.602　创伤性子宫穿孔
S37.610　开放性子宫损伤
S37.710　开放性盆腔多个器官损伤
S37.810　开放性特指盆腔器官损伤
S38.200x001　大阴唇切断
S38.200x002　小阴唇切断
S38.200x006　外阴切断
S39.901　处女膜损伤
S39.902　阴道损伤
T19.201　外阴异物
T19.202　阴道内异物
T19.300x001　子宫内异物
T28.300　泌尿生殖器官内部烧伤
T28.300x001　阴道和子宫烧伤
T28.300x002　阴道烧伤
T28.300x003　子宫烧伤
T28.800　泌尿生殖器官内部腐蚀伤
T28.800x001　阴道和子宫腐蚀伤
T28.800x002　阴道腐蚀伤
T28.800x003　子宫腐蚀伤
T83.301　子宫内节育器残留

T83.302　子宫内节育器断裂
T83.303　子宫内节育器嵌顿
T83.304　子宫内节育器脱落
T83.305　子宫内节育器移位
T83.400　生殖道中其他假体装置、植入物和移植物的机械性并发症
T83.400x001　阴道植入物脱出
Z01.400x001　妇科检查
Z01.800x003　宫腔镜检查
Z31.000x001　输卵管绝育术后复通
Z31.100　人工授精
Z31.200　试管内授精
Z31.200x003　解冻胚胎移植
Z31.201　采取卵子
Z31.300x001　输卵管内配子移植
Z31.300x002　受精卵移植
Z52.800x001　供卵者

NA1　女性生殖器官恶性肿瘤的广泛切除手术

入组条件1：主要诊断+主要手术或操作1
或入组条件2：主要诊断+手术或操作2+手术或操作3

主要诊断：
C46.700x001　外阴卡波西肉瘤
C51.000　大阴唇恶性肿瘤
C51.001　前庭大腺恶性肿瘤
C51.100　小阴唇恶性肿瘤
C51.200　阴蒂恶性肿瘤
C51.800　外阴交搭跨越恶性肿瘤的损害
C51.900　外阴恶性肿瘤
C52.x00　阴道恶性肿瘤
C53.000　宫颈内膜恶性肿瘤
C53.100　外宫颈恶性肿瘤
C53.800　宫颈交搭跨越恶性肿瘤的损害
C53.801　宫颈残端恶性肿瘤
C53.900　宫颈恶性肿瘤
C54.000　子宫峡部恶性肿瘤
C54.001　子宫下段恶性肿瘤
C54.100　子宫内膜恶性肿瘤
C54.200　子宫肌层恶性肿瘤
C54.300　子宫底部恶性肿瘤
C54.800　子宫体交搭跨越恶性肿瘤的损害
C54.900　子宫体恶性肿瘤
C55.x00　子宫恶性肿瘤
C56.x00　卵巢恶性肿瘤
C56.x00x003　双侧卵巢恶性肿瘤
C57.000　输卵管恶性肿瘤
C57.000x002　双侧输卵管恶性肿瘤
C57.100　阔韧带恶性肿瘤
C57.101　卵巢冠恶性肿瘤
C57.200　圆韧带恶性肿瘤
C57.300　子宫旁组织恶性肿瘤
C57.300x001　子宫骶骨韧带恶性肿瘤
C57.301　子宫韧带恶性肿瘤
C57.400　子宫附件恶性肿瘤
C57.700　女性生殖器官，其他特指的恶性肿瘤
C57.701　女性沃尔夫体恶性肿瘤
C57.702　女性沃尔夫管恶性肿瘤
C57.800x004　子宫颈及阴道恶性肿瘤
C57.800x005　子宫及输卵管恶性肿瘤
C57.801　输卵管卵巢恶性肿瘤
C57.802　子宫卵巢恶性肿瘤
C57.803　阴道外阴恶性肿瘤
C57.900　女性生殖器官恶性肿瘤
C58.x00　胎盘恶性肿瘤
C58.x00x002　绒毛膜癌
C58.x00x003　绒毛膜上皮癌
C76.307　直肠阴道隔恶性肿瘤
C77.500x003　子宫旁淋巴结继发恶性肿瘤
C79.600　卵巢继发性恶性肿瘤
C79.800x202　输卵管继发恶性肿瘤
C79.800x205　子宫角继发恶性肿瘤
C79.800x206　子宫体继发恶性肿瘤
C79.800x209　子宫颈继发恶性肿瘤
C79.800x211　子宫旁继发恶性肿瘤
C79.800x213　子宫下段继发恶性肿瘤
C79.800x214　子宫韧带继发恶性肿瘤
C79.800x215　子宫圆韧带继发恶性肿瘤
C79.800x216　子宫阔韧带继发恶性肿瘤
C79.800x218　子宫卵巢韧带继发恶性肿瘤
C79.800x219　子宫骶骨韧带继发恶性肿瘤
C79.800x220　子宫内膜继发恶性肿瘤
C79.800x222　子宫附件继发恶性肿瘤
C79.800x223　子宫肌层继发恶性肿瘤
C79.800x228　生殖器官继发恶性肿瘤
C79.812　子宫继发恶性肿瘤
C79.813　附件继发恶性肿瘤
C79.814　阴道继发恶性肿瘤
C79.822　外阴继发恶性肿瘤

C79.823　前庭大腺继发恶性肿瘤
C79.824　直肠阴道隔继发恶性肿瘤
C79.833　纳博特腺继发恶性肿瘤
D06.000　宫颈内膜原位癌
D06.100　宫颈外膜原位癌
D06.900　宫颈的原位癌
D07.000　子宫内膜原位癌
D07.100　外阴原位癌
D07.200　阴道原位癌
D07.301　卵巢原位癌
D07.302　输卵管原位癌
D07.303　子宫体原位癌
D39.000x001　子宫交界性肿瘤
D39.000x002　子宫内膜交界性肿瘤
D39.100x003　卵巢交界性肿瘤
D39.200x001　侵蚀性葡萄胎
D39.200x002　胎盘交界性肿瘤
D39.202　恶性葡萄胎
D39.203　侵袭性葡萄胎
D39.700x001　输卵管交界性肿瘤
D39.700x002　阴道交界性肿瘤
D39.900x001　女性生殖器官交界性肿瘤

主要手术或操作1：

68.6100x001　腹腔镜下子宫广泛性切除术
68.6100x002　腹腔镜下子宫改良广泛性切除术
68.6101　腹腔镜改良根治性子宫切除术
68.6900x001　子宫广泛性切除术
68.6900x002　子宫改良广泛性切除术
68.6901　子宫根治性切除术
68.6902　子宫改良根治性切除术
68.7100x001　腹腔镜辅助经阴道子宫广泛性切除术
68.7900x003　经阴道子宫广泛性切除术
68.7901　经阴道子宫根治性切除术
68.8x01　女性盆腔廓清术
71.5x00x001　外阴广泛性切除术
71.5x00x003　外阴根治性局部扩大切除术
71.5x00x004　外阴根治性局部切除术

手术或操作2：
67.4x00x002　子宫颈广泛性切除术
68.4100　腹腔镜经腹全子宫切除术
68.4101　腹腔镜经腹子宫扩大切除术
68.4102　腹腔镜经腹筋膜外子宫切除术
68.4103　腹腔镜经腹始基子宫切除术
68.4104　腹腔镜经腹双子宫切除术
68.4900x004　始基子宫切除术
68.4900x006　子宫次广泛切除术
68.4901　经腹全子宫切除术
68.4902　经腹筋膜外全子宫切除术
68.4903　经腹扩大性全子宫切除术
68.4905　经腹双子宫切除术
68.5100　腹腔镜辅助阴道子宫切除术（LAVH）
68.5100x004　腹腔镜辅助经阴道始基子宫切除术
68.5100x005　腹腔镜辅助经阴道子宫次全切除术
68.5101　腹腔镜辅助经阴道子宫扩大切除术
68.5102　腹腔镜辅助经阴道筋膜内子宫切除术
68.5103　腹腔镜辅助经阴道子宫部分切除术
68.5900x002　经阴道子宫次全切除术
68.5900x003　经阴道筋膜外全子宫切除术
68.5901　经阴道子宫切除术
68.5902　经阴道子宫部分切除术
70.4x01　阴道切除术

手术或操作3：
40.2900x023　髂外血管旁淋巴结切除术
40.2905　腹主动脉旁淋巴结切除术
40.2907　腹膜淋巴结切除术
40.2909　盆腔淋巴结切除术
40.5000　淋巴结根治性切除术
40.5200　主动脉旁淋巴结根治性切除术
40.5300　髂淋巴结根治性切除术
40.5301　腹腔镜髂淋巴结清扫术
40.5400x001　腹股沟淋巴结清扫术
40.5907　腹膜后淋巴结清扫术
40.5908　腹腔淋巴结清扫术
40.5909　肠系膜淋巴结清扫术
40.5910　盆腔淋巴结清扫术
40.5911　腹腔镜腹腔淋巴结清扫术
40.5912　腹腔镜盆腔淋巴结清扫术
54.4x00x006　大网膜部分切除术
54.4x00x007　大网膜切除术
54.4x04　网膜切除术
54.4x16　腹腔镜下网膜切除术

NA2 女性生殖器官恶性肿瘤除广泛切除术以外的手术

包含以下主要诊断：

C46.700x001 外阴卡波西肉瘤
C51.000 大阴唇恶性肿瘤
C51.001 前庭大腺恶性肿瘤
C51.100 小阴唇恶性肿瘤
C51.200 阴蒂恶性肿瘤
C51.800 外阴交搭跨越恶性肿瘤的损害
C51.900 外阴恶性肿瘤
C52.x00 阴道恶性肿瘤
C53.000 宫颈内膜恶性肿瘤
C53.100 外宫颈恶性肿瘤
C53.800 宫颈交搭跨越恶性肿瘤的损害
C53.801 宫颈残端恶性肿瘤
C53.900 宫颈恶性肿瘤
C54.000 子宫峡部恶性肿瘤
C54.001 子宫下段恶性肿瘤
C54.100 子宫内膜恶性肿瘤
C54.200 子宫肌层恶性肿瘤
C54.300 子宫底部恶性肿瘤
C54.800 子宫体交搭跨越恶性肿瘤的损害
C54.900 子宫体恶性肿瘤
C55.x00 子宫恶性肿瘤
C56.x00 卵巢恶性肿瘤
C56.x00x003 双侧卵巢恶性肿瘤
C57.000 输卵管恶性肿瘤
C57.000x002 双侧输卵管恶性肿瘤
C57.100 阔韧带恶性肿瘤
C57.101 卵巢冠恶性肿瘤
C57.200 圆韧带恶性肿瘤
C57.300 子宫旁组织恶性肿瘤
C57.300x001 子宫骶骨韧带恶性肿瘤
C57.301 子宫韧带恶性肿瘤
C57.400 子宫附件恶性肿瘤
C57.700 女性生殖器官，其他特指的恶性肿瘤
C57.701 女性沃尔夫体恶性肿瘤
C57.702 女性沃尔夫管恶性肿瘤
C57.800x004 子宫颈及阴道恶性肿瘤
C57.800x005 子宫及输卵管恶性肿瘤
C57.801 输卵管卵巢恶性肿瘤
C57.802 子宫卵巢恶性肿瘤
C57.803 阴道外阴恶性肿瘤
C57.900 女性生殖器官恶性肿瘤
C58.x00 胎盘恶性肿瘤
C58.x00x002 绒毛膜癌
C58.x00x003 绒毛膜上皮癌
C76.307 直肠阴道隔恶性肿瘤
C77.500x003 子宫旁淋巴结继发恶性肿瘤
C79.600 卵巢继发性恶性肿瘤
C79.800x202 输卵管继发恶性肿瘤
C79.800x205 子宫角继发恶性肿瘤
C79.800x206 子宫体继发恶性肿瘤
C79.800x209 子宫颈继发恶性肿瘤
C79.800x211 子宫旁继发恶性肿瘤
C79.800x213 子宫下段继发恶性肿瘤
C79.800x214 子宫韧带继发恶性肿瘤
C79.800x215 子宫圆韧带继发恶性肿瘤
C79.800x216 子宫阔韧带继发恶性肿瘤
C79.800x218 子宫卵巢韧带继发恶性肿瘤
C79.800x219 子宫骶骨韧带继发恶性肿瘤
C79.800x220 子宫内膜继发恶性肿瘤
C79.800x222 子宫附件继发恶性肿瘤
C79.800x223 子宫肌层继发恶性肿瘤
C79.800x228 生殖器官继发恶性肿瘤
C79.812 子宫继发恶性肿瘤
C79.813 附件继发恶性肿瘤
C79.814 阴道继发恶性肿瘤
C79.822 外阴继发恶性肿瘤
C79.823 前庭大腺继发恶性肿瘤
C79.824 直肠阴道隔继发恶性肿瘤
C79.833 纳博特腺继发恶性肿瘤
D06.000 宫颈内膜原位癌
D06.100 宫颈外膜原位癌
D06.900 宫颈的原位癌
D07.000 子宫内膜原位癌
D07.100 外阴原位癌
D07.200 阴道原位癌
D07.301 卵巢原位癌
D07.302 输卵管原位癌
D07.303 子宫体原位癌
D39.000x001 子宫交界性肿瘤
D39.000x002 子宫内膜交界性肿瘤
D39.100x003 卵巢交界性肿瘤
D39.200x001 侵蚀性葡萄胎
D39.200x002 胎盘交界性肿瘤
D39.202 恶性葡萄胎
D39.203 侵袭性葡萄胎
D39.700x001 输卵管交界性肿瘤

D39.700x002　阴道交界性肿瘤
D39.900x001　女性生殖器官交界性肿瘤
包含以下主要手术或操作：
54.4x00x005　大网膜病损切除术
54.4x00x039　盆腔病损冷冻治疗术
54.4x03　网膜部分切除术
54.4x12　腹腔镜下网膜病损切除术
54.4x14　腹腔镜下网膜部分切除术
65.2200　卵巢楔形切除术
65.2400　腹腔镜卵巢楔形部分切除术
65.2501　腹腔镜卵巢病损切除术
65.2502　腹腔镜卵巢病损破坏术
65.2901　卵巢病损切除术
65.2902　卵巢病损破坏术
65.2904　经阴道卵巢病损破坏术
65.3100　腹腔镜单侧卵巢切除术
65.3900x001　单侧卵巢切除术
65.4100　腹腔镜单侧输卵管-卵巢切除术
65.4900x001　单侧输卵管-卵巢切除术
65.5100　双侧卵巢切除术
65.5200　残留卵巢其他切除
65.5200x001　残留卵巢切除术
65.5300　腹腔镜双侧卵巢切除术
65.5400　腹腔镜残留卵巢切除术
65.6100　双侧输卵管卵巢切除术
65.6200x001　残留输卵管-卵巢切除术
65.6300　腹腔镜双侧卵巢和输卵管切除术
65.6400　腹腔镜残留卵巢和输卵管切除术
65.7200x001　卵巢移位术
65.7900x010　卵巢重建术
65.8101　腹腔镜卵巢粘连松解术
66.0101　腹腔镜输卵管探查术
66.1101　腹腔镜输卵管活组织检查
66.4x00　单侧输卵管全部切除术
66.4x02　腹腔镜单侧输卵管切除术
66.5100　双侧输卵管切除术
66.5102　腹腔镜双侧输卵管切除术
66.5200　残留输卵管切除术
66.5201　腹腔镜残留输卵管切除术
66.6101　输卵管病损破坏术
66.6102　输卵管病损切除术
66.6103　腹腔镜输卵管病损破坏术
66.6104　腹腔镜输卵管病损切除术
66.7100x002　腹腔镜下输卵管单纯缝合术
66.7401　输卵管子宫角植入术
66.9204　腹腔镜单侧输卵管切断术
67.4x00x002　子宫颈广泛性切除术
68.0x00x004　子宫切开探查术
68.0x00x006　腹腔镜下子宫切开异物取出术
68.0x00x007　子宫切开术同时伴去除葡萄胎
68.2400　子宫动脉弹簧圈栓塞［UAE］
68.2401　腹腔镜子宫动脉弹簧圈栓塞［UAE］
68.2500x001　子宫动脉栓塞术
68.2501　腹腔镜子宫动脉栓塞术
68.2900x035　子宫角部分切除术
68.2900x037　子宫角楔形切除术
68.2901　子宫肌瘤切除术
68.2904　子宫病损破坏术
68.2905　子宫病损射频消融术
68.2906　子宫病损切除术
68.2911　腹腔镜子宫病损激光切除术
68.2912　腹腔镜子宫病损切除术
68.3100x002　筋膜内子宫切除术［CISH手术］
68.3101　标准子宫筋膜内子宫切除术
68.3102　腹腔镜子宫次全切除术
68.3103　腹腔镜子宫楔形切除术
68.3104　腹腔镜残角子宫切除术
68.3105　腹腔镜双子宫单侧切除术
68.3106　腹腔镜辅助子宫颈上子宫切除术
68.3900x003　子宫颈上子宫切除术
68.3901　子宫次全切除术
68.3902　子宫部分切除术
68.3903　子宫角切除术
68.3904　子宫楔形切除术
68.3905　残角子宫切除术
68.3906　双子宫单侧切除术
68.3907　双角子宫切除术
68.4100　腹腔镜经腹全子宫切除术
68.4101　腹腔镜经腹子宫扩大切除术
68.4102　腹腔镜经腹筋膜外子宫切除术
68.4103　腹腔镜经腹始基子宫切除术
68.4104　腹腔镜经腹双子宫切除术
68.4900x004　始基子宫切除术
68.4900x006　子宫次广泛切除术
68.4901　经腹全子宫切除术
68.4902　经腹筋膜外全子宫切除术
68.4903　经腹扩大性全子宫切除术
68.4905　经腹双子宫切除术
68.5100　腹腔镜辅助阴道子宫切除术（LAVH）
68.5100x004　腹腔镜辅助经阴道始基子宫切除术

68.5100x005 腹腔镜辅助经阴道子宫次全切除术
68.5101 腹腔镜辅助经阴道子宫扩大切除术
68.5102 腹腔镜辅助经阴道筋膜内子宫切除术
68.5103 腹腔镜辅助经阴道子宫部分切除术
68.5900x002 经阴道子宫次全切除术
68.5900x003 经阴道筋膜外全子宫切除术
68.5901 经阴道子宫切除术
68.5902 经阴道子宫部分切除术
69.1904 子宫韧带病损切除术
70.3301 阴道病损切除术
70.3305 腹腔镜阴道病损切除术
70.4x00x001 腹腔镜辅助人工阴道切除术
70.4x01 阴道切除术
71.3x03 外阴部分切除术
71.6100 单侧外阴切除术
71.6200x002 外阴单纯切除术

NB1 女性生殖系统重建手术

包含以下主要手术或操作：
48.7300x001 会阴-直肠瘘闭合术
48.7301 会阴直肠瘘修补术
48.7303 直肠瘘修补术
57.8305 膀胱阴道直肠瘘修补术
57.8400x004 腹腔镜下膀胱-阴道瘘修补术
57.8400x005 经阴道膀胱-阴道瘘修补术
57.8402 膀胱阴道瘘修补术
57.8403 膀胱会阴瘘修补术
57.8404 膀胱子宫瘘修补术
57.8405 膀胱尿道阴道瘘修补术
67.4x04 子宫颈切除伴阴道缝合术
67.6201 子宫颈阴道瘘修补术
67.6202 子宫颈乙状结肠瘘修补术
69.2200x006 子宫韧带悬吊术
69.2200x007 腹腔镜下子宫-骶韧带高位悬吊术
69.2200x008 腹腔镜下子宫-骶棘韧带固定术
69.2200x009 腹腔镜下子宫-骶前固定术
69.2200x010 经阴道子宫-骶棘韧带固定术
69.2200x011 经阴道子宫-骶前固定术
69.2200x012 经阴道子宫-骶韧带高位悬吊术
69.2200x013 子宫-骶棘韧带固定术
69.2200x014 子宫-骶前固定术
69.2200x015 子宫-骶韧带高位悬吊术
69.2200x016 腹腔镜下阴道-骶韧带高位悬吊术
69.2200x017 腹腔镜下阴道-骶棘韧带固定术
69.2200x018 腹腔镜下阴道-骶前固定术
69.2200x019 经阴道阴道-骶棘韧带固定术
69.2200x020 经阴道阴道-骶前固定术
69.2200x021 经阴道阴道-骶韧带高位悬吊术
69.2200x022 阴道-骶棘韧带固定术
69.2200x023 阴道骶前固定术
69.2200x024 阴道-骶韧带高位悬吊术
69.2200x025 骶韧带缩短术
69.2200x030 主韧带缩短术
69.2200x031 子宫阔韧带缩短术
69.2201 曼彻斯特手术
69.2202 子宫颈悬吊术
69.2203 子宫脱垂复位术
69.2204 主韧带悬吊术
69.2205 圆韧带悬吊术
69.2206 子宫骶韧带悬吊术
69.2207 圆韧带缩短术
69.2208 腹腔镜圆韧带缩短术
69.2209 腹腔镜宫骶韧带缩短术
69.2210 腹腔镜高位宫骶韧带悬吊术
69.2211 腹腔镜子宫韧带加固术
69.2212 腹腔镜子宫悬吊术
69.2300 经阴道慢性子宫内翻修补术
69.2901 子宫韧带修补术
69.4100 子宫裂伤缝合术
69.4200 子宫瘘管闭合术
69.4201 腹腔镜子宫瘘闭合术
69.4900x005 子宫修补术
69.4900x006 宫腔镜下子宫修补术
69.4901 子宫陈旧性产科裂伤修补术
69.4902 腹腔镜子宫陈旧性产科裂伤修补术
69.4903 腹腔镜子宫修补术
69.4904 宫腔镜子宫陈旧性产科裂伤修补术
69.9400 内翻子宫手法复位
70.4x00x001 腹腔镜辅助人工阴道切除术
70.5001 阴道前后壁修补术
70.5002 腹腔镜阴道前后壁修补术
70.5100 膀胱膨出修补术
70.5101 阴道前壁修补术
70.5102 腹腔镜阴道前壁修补术
70.5200 直肠膨出修补术
70.5201 阴道后壁修补术
70.5202 腹腔镜阴道后壁修补术
70.5300x001 阴道前后壁修补术伴生物补片植入
70.5300x002 阴道前后壁修补术伴人工补片置入
70.5304 改良性全盆底重建术

70.5305　全盆底重建术
70.5400x001　阴道前壁修补术伴生物补片植入
70.5400x002　阴道前壁修补术伴人工补片置入
70.5500x001　阴道后壁修补术伴生物补片植入
70.5500x002　阴道后壁修补术伴人工补片置入
70.6100　阴道建造术
70.6101　腹腔镜阴道建造术
70.6200x002　阴道成形术
70.6300x001　腹腔镜下腹膜代阴道术
70.6300x002　腹腔镜下回肠代阴道术
70.6300x003　腹腔镜下乙状结肠代阴道术
70.6301　生物补片的阴道建造术
70.6400x001　人工阴道重建术
70.7200　结肠阴道瘘修补术
70.7300　直肠阴道瘘修补术
70.7400x001　小肠-阴道瘘修补术
70.7401　小肠-阴道瘘切除术
70.7501　阴道瘘修补术
70.7700x004　腹腔镜下阴道悬吊术
70.7701　阴道悬吊术
70.7702　骶棘韧带悬吊术
70.7703　耻骨梳韧带悬吊术
70.7800x001　阴道固定术（使用移植物或假体）
70.7800x002　阴道悬吊术（使用移植物或假体）
70.7801　阴道移植物固定术
70.7802　腹腔镜阴道移植物固定术
70.7900x010　阴道黏膜瓣移植术
70.7901　阴道延长术
70.7902　阴道扩张术
70.7903　阴道缩窄术
70.7904　阴道断蒂术
70.7905　阴道残端缝合术
70.7906　阴道会阴成形术
70.7907　阴道穹窿修补术
70.7909　腹腔镜阴道会阴成形术
70.8x00　阴道穹隆封闭术
70.9100x001　阴道黏膜剥脱术
70.9200x001　阴道后疝修补术
70.9201　直肠子宫陷凹封闭术
70.9300x001　阴道小肠膨出修补术（用移植物或假体）
71.4x05　阴蒂保留血管神经复位术
71.7201　外阴瘘修补术
71.7202　会阴瘘修补术
71.7900x001　会阴陈旧性产科裂伤修补术
71.7900x008　小阴唇成形术
71.7900x009　大阴唇成形术
71.7900x010　后盆底重建术
71.7900x011　前盆底重建术
71.7900x012　阴唇黏膜游离移植术
71.7900x013　阴唇成形术
71.7901　外阴成形术
71.7902　外阴陈旧性产科裂伤修补术
71.7903　会阴成形术
71.7904　会阴陈旧性裂伤修补术

NC1　子宫（除子宫腔内病变以外）手术

包含以下主要手术或操作：
38.8609　子宫动脉结扎术
38.8700x008　子宫动静脉高位结扎术
38.8702　子宫静脉高位结扎术
67.4x05　腹腔镜子宫颈切除术
67.4x06　腹腔镜残余子宫颈切除术
67.4x07　腹腔镜阴式子宫颈切除术
68.0x00x004　子宫切开探查术
68.0x00x005　子宫切开异物取出术
68.0x00x006　腹腔镜下子宫切开异物取出术
68.0x00x007　子宫切开术同时伴去除葡萄胎
68.0x01　腹腔镜子宫切开术
68.1300　开放性子宫活组织检查
68.1501　腹腔镜子宫韧带活组织检查
68.1601　腹腔镜子宫活组织检查
68.2400　子宫动脉弹簧圈栓塞［UAE］
68.2401　腹腔镜子宫动脉弹簧圈栓塞［UAE］
68.2500x001　子宫动脉栓塞术
68.2501　腹腔镜子宫动脉栓塞术
68.2900x013　腹腔镜下子宫断蒂止血术
68.2900x028　子宫病损烧灼术
68.2900x031　子宫病损电凝术
68.2900x035　子宫角部分切除术
68.2900x037　子宫角楔形切除术
68.2901　子宫肌瘤切除术
68.2906　子宫病损切除术
68.2907　经阴道子宫病损切除术
68.2909　腹腔镜子宫病损电凝术
68.2910　腹腔镜子宫病损射频消融术
68.2911　腹腔镜子宫病损激光切除术
68.2912　腹腔镜子宫病损切除术
68.2918　腹腔镜辅助经阴道子宫病损切除术
68.3100x002　筋膜内子宫切除术［CISH手术］

68.3101 标准子宫筋膜内子宫切除术
68.3102 腹腔镜子宫次全切除术
68.3103 腹腔镜子宫楔形切除术
68.3104 腹腔镜残角子宫切除术
68.3105 腹腔镜双子宫单侧切除术
68.3106 腹腔镜辅助子宫颈上子宫切除术
68.3900x003 子宫颈上子宫切除术
68.3901 子宫次全切除术
68.3902 子宫部分切除术
68.3903 子宫角切除术
68.3904 子宫楔形切除术
68.3905 残角子宫切除术
68.3906 双子宫单侧切除术
68.3907 双角子宫切除术
68.4100 腹腔镜经腹全子宫切除术
68.4101 腹腔镜经腹子宫扩大切除术
68.4102 腹腔镜经腹筋膜外子宫切除术
68.4103 腹腔镜经腹始基子宫切除术
68.4104 腹腔镜经腹双子宫切除术
68.4900x004 始基子宫切除术
68.4900x006 子宫次广泛切除术
68.4901 经腹全子宫切除术
68.4902 经腹筋膜外全子宫切除术
68.4903 经腹扩大性全子宫切除术
68.4905 经腹双子宫切除术
68.5100 腹腔镜辅助阴道子宫切除术（LAVH）
68.5100x004 腹腔镜辅助经阴道始基子宫切除术
68.5100x005 腹腔镜辅助经阴道子宫次全切除术
68.5101 腹腔镜辅助经阴道子宫扩大切除术
68.5102 腹腔镜辅助经阴道筋膜内子宫切除术
68.5103 腹腔镜辅助经阴道子宫部分切除术
68.5900x002 经阴道子宫次全切除术
68.5900x003 经阴道筋膜外全子宫切除术
68.5901 经阴道子宫切除术
68.5902 经阴道子宫部分切除术
68.6100x001 腹腔镜下子宫广泛性切除术
68.6100x002 腹腔镜下子宫改良广泛性切除术
68.6101 腹腔镜改良根治性子宫切除术
68.6900x001 子宫广泛性切除术
68.6900x002 子宫改良广泛性切除术
68.6901 子宫根治性切除术
68.6902 子宫改良根治性切除术
68.7100x001 腹腔镜辅助经阴道子宫广泛性切除术
68.7900x003 经阴道子宫广泛性切除术
68.7901 经阴道子宫根治性切除术
68.9x00 其他和未特指子宫切除术

ND1 附件手术

包含以下主要手术或操作：
38.8700x002 卵巢动静脉高位结扎术
38.8700x009 腹腔镜下卵巢动静脉高位结扎术
65.0100x002 腹腔镜下卵巢切开探查术
65.0100x003 腹腔镜下卵巢切开引流术
65.0101 腹腔镜输卵管卵巢探查术
65.0103 腹腔镜卵巢脓肿切开引流术
65.0105 腹腔镜卵巢囊肿开窗术
65.0900x003 卵巢切开探查术
65.0900x004 卵巢切开血肿清除术
65.0900x005 卵巢切开引流术
65.0901 输卵管卵巢切开探查术
65.0903 卵巢脓肿切开引流术
65.0905 卵巢囊肿开窗术
65.1200x001 直视下卵巢活检术
65.1201 卵巢活组织检查
65.1300 腹腔镜卵巢活组织检查
65.2100 卵巢囊肿袋形缝合术［造袋术］
65.2200 卵巢楔形切除术
65.2300 腹腔镜卵巢囊肿袋形缝合术［造袋术］
65.2400 腹腔镜卵巢楔形部分切除术
65.2500x003 腹腔镜下卵巢病损烧灼术
65.2500x005 腹腔镜下卵巢囊肿穿刺术
65.2500x011 腹腔镜下卵巢电凝术
65.2501 腹腔镜卵巢病损切除术
65.2502 腹腔镜卵巢病损破坏术
65.2503 腹腔镜卵巢黄体切除术
65.2504 腹腔镜卵巢黄体破坏术
65.2505 腹腔镜卵巢部分切除术
65.2900x001 卵巢病损烧灼术
65.2900x007 卵巢黄体血肿清除术
65.2900x011 卵巢囊肿穿刺术
65.2900x022 经阴道卵巢囊肿穿刺术
65.2901 卵巢病损切除术
65.2902 卵巢病损破坏术
65.2903 经阴道卵巢病损切除术
65.2904 经阴道卵巢病损破坏术
65.2905 卵巢黄体切除术
65.2906 卵巢部分切除术
65.3100 腹腔镜单侧卵巢切除术
65.3900x001 单侧卵巢切除术
65.3900x002 经阴道单侧卵巢切除术

65.4100 腹腔镜单侧输卵管-卵巢切除术
65.4900x001 单侧输卵管-卵巢切除术
65.4901 经阴道单侧输卵管卵巢切除术
65.5100 双侧卵巢切除术
65.5100x001 女性去势术
65.5100x003 经阴道双侧卵巢切除术
65.5200 残留卵巢其他切除
65.5200x001 残留卵巢切除术
65.5300 腹腔镜双侧卵巢切除术
65.5400 腹腔镜残留卵巢切除术
65.6100 双侧输卵管卵巢切除术
65.6101 经阴道双侧输卵管卵巢切除术
65.6200x001 残留输卵管-卵巢切除术
65.6300 腹腔镜双侧卵巢和输卵管切除术
65.6301 双侧输卵管卵巢切除术，经阴道+腹腔镜
65.6400 腹腔镜残留卵巢和输卵管切除术
65.7100x001 卵巢单纯缝合术
65.7200x001 卵巢移位术
65.7300x001 输卵管-卵巢成形术
65.7400 腹腔镜卵巢单纯缝合术
65.7500 腹腔镜卵巢再植入
65.7600 腹腔镜输卵管卵巢成形术
65.7900x008 腹腔镜下卵巢破裂修补术
65.7900x009 腹腔镜下卵巢破裂止血术
65.7900x010 卵巢重建术
65.7901 卵巢成形术
65.7902 卵巢固定术
65.7903 卵巢悬吊术
65.7904 腹腔镜卵巢悬吊术
65.7905 腹腔镜卵巢成形术
65.8101 腹腔镜卵巢粘连松解术
65.8102 腹腔镜输卵管粘连松解术
65.8900x001 输卵管-卵巢粘连松解术
65.8901 卵巢粘连松解术
65.8902 输卵管粘连松解术
65.9100 卵巢抽吸术
65.9101 腹腔镜卵巢穿刺抽吸术
65.9200 卵巢移植术
65.9300 卵巢囊肿手法破裂术
65.9400 卵巢去神经术
65.9500 卵巢扭转松解术
65.9900x005 卵巢卵泡穿刺术
65.9900x006 腹腔镜下卵巢穿刺取卵术
65.9901 卵巢打孔术
65.9902 腹腔镜卵巢打孔术
66.0100x003 腹腔镜下输卵管切开引流术
66.0100x005 输卵管切开引流术
66.0100x008 输卵管切开探查术
66.0101 腹腔镜输卵管探查术
66.0102 腹腔镜输卵管切开术
66.0200 输卵管造口术
66.0202 腹腔镜输卵管造口术
66.1101 腹腔镜输卵管活组织检查
66.2101 腹腔镜双侧输卵管挤压术
66.2102 腹腔镜双侧输卵管结扎和挤压术
66.2200x001 腹腔镜下双侧输卵管切断术
66.2201 腹腔镜双侧输卵管结扎和切断术
66.2900x001 腹腔镜下双侧输卵管电凝术
66.2900x003 宫腔镜下输卵管栓塞术
66.2901 腹腔镜输卵管绝育术
66.2902 腹腔镜输卵管激光绝育术
66.2903 腹腔镜双侧输卵管结扎术
66.3100 双侧输卵管其他结扎术和挤压术
66.3200x001 双侧输卵管切断术
66.3200x002 波罗伊手术［Pomeroy手术］
66.3201 双侧输卵管抽芯包埋术
66.3900x001 输卵管绝育术
66.3900x004 双侧输卵管结扎术
66.3901 双侧输卵管粘堵术
66.3902 双侧输卵管套环绝育术
66.4x00 单侧输卵管全部切除术
66.4x01 经阴道单侧输卵管切除术
66.4x02 腹腔镜单侧输卵管切除术
66.5100 双侧输卵管切除术
66.5101 经阴道双侧输卵管切除术
66.5102 腹腔镜双侧输卵管切除术
66.5200 残留输卵管切除术
66.5201 腹腔镜残留输卵管切除术
66.6100x001 经阴道输卵管病损切除术
66.6100x002 腹腔镜下泡状附件电灼术
66.6100x003 腹腔镜下泡状附件切除术
66.6100x006 腹腔镜下输卵管伞端电凝术
66.6100x007 腹腔镜下输卵管系膜病损切除术
66.6100x008 泡状附件切除术
66.6100x011 输卵管病损烧灼术
66.6100x012 输卵管系膜病损切除术
66.6100x014 输卵管血肿清除术
66.6101 输卵管病损破坏术
66.6102 输卵管病损切除术
66.6103 腹腔镜输卵管病损破坏术

66.6104　腹腔镜输卵管病损切除术
66.6300　双侧输卵管部分切除术
66.6301　腹腔镜双侧输卵管部分切除术
66.6900x001　输卵管伞切除术
66.6900x002　腹腔镜下输卵管伞切除术
66.6901　单侧输卵管部分切除术
66.6902　腹腔镜单侧输卵管部分切除术
66.7100　单纯输卵管缝合术
66.7100x002　腹腔镜下输卵管单纯缝合术
66.7200　输卵管卵巢吻合术
66.7300　输卵管输卵管吻合术
66.7301　腹腔镜输卵管输卵管吻合术
66.7400　输卵管子宫吻合术
66.7401　输卵管子宫角植入术
66.7900x004　输卵管结扎再通术
66.7900x008　腹腔镜下输卵管导丝复通术
66.7900x009　腹腔镜下输卵管复位术
66.7900x010　输卵管复位术
66.7901　输卵管成形术
66.7902　输卵管移植术
66.7903　输卵管结扎去除术
66.7904　输卵管切断再通术
66.7905　腹腔镜输卵管成形术
66.7906　腹腔镜输卵管伞端成形术
66.8x01　输卵管通液术
66.8x02　腹腔镜输卵管通液术
66.8x03　宫腔镜输卵管通液术
66.9100x003　腹腔镜下输卵管穿刺引流术
66.9100x004　经阴道输卵管穿刺引流术
66.9200x001　阴道式输卵管结扎术
66.9201　单侧输卵管挤压术
66.9202　单侧输卵管结扎术
66.9203　腹腔镜单侧输卵管结扎术
66.9204　腹腔镜单侧输卵管切断术
66.9205　腹腔镜单侧输卵管破坏术
66.9301　输卵管假体置入术
66.9302　输卵管假体置换术
66.9400　输卵管假体去除
66.9500x001　腹腔镜下输卵管甲氨蝶呤注射术［MTX注射术］
66.9500x004　输卵管甲氨蝶呤注射术［MTX注射术］
66.9501　输卵管注药术
66.9502　腹腔镜输卵管注药术
66.9600　输卵管扩张术
66.9600x002　腹腔镜下输卵管扩张术
66.9600x003　宫腔镜下输卵管疏通术
66.9700　输卵管伞埋入子宫壁
66.9900　输卵管的其他手术

NE1　子宫腔内病变手术

包含以下主要手术或操作：
68.2100x002　子宫内膜粘连松解术
68.2101　宫腔镜子宫内膜粘连松解术
68.2201　子宫隔膜切开术
68.2202　子宫隔膜切除术
68.2204　宫腔镜子宫隔膜切开术
68.2206　宫腔镜子宫隔膜切除术
68.2300　子宫内膜切除术
68.2300x005　宫腔镜下子宫内膜热球去除术
68.2301　子宫内膜射频消融术
68.2302　宫腔镜子宫内膜切除术
68.2900x038　子宫内膜病损烧灼术
68.2900x048　宫腔镜下子宫电凝止血术
68.2902　子宫内膜病损破坏术
68.2903　子宫内膜病损切除术
68.2904　子宫病损破坏术
68.2905　子宫病损射频消融术
68.2913　宫腔镜子宫病损电切术
68.2914　宫腔镜子宫病损射频消融术
68.2915　宫腔镜子宫内膜病损切除术
68.2916　宫腔镜子宫内膜成形术
68.2917　宫腔镜子宫病损切除术
69.7x00　子宫内避孕装置置入
98.1600x001　子宫内异物去除
98.1600x002　宫腔镜下子宫内异物去除

NF1　外阴、阴道、宫颈手术

包含以下主要手术或操作：
67.0x00　子宫颈管扩张
67.0x00x002　子宫颈粘连松解术
67.0x01　子宫颈支架置入术
67.2x00　子宫颈锥形切除术
67.2x01　宫腔镜子宫颈锥形切除术
67.3100　子宫颈囊肿袋形缝合术［造袋术］
67.3200　子宫颈病损烧灼破坏术
67.3200x009　子宫颈电凝止血术
67.3200x012　子宫颈转化区大环形切除术［LLETZ］
67.3201　子宫颈环形电切术
67.3202　子宫颈锥形电切术
67.3203　宫腔镜子宫颈病损电切术

67.3300 子宫颈病损冷冻破坏术
67.3301 子宫颈冷冻治疗术
67.3302 子宫颈冷冻锥形切除术
67.3900x001 经阴道子宫颈病损切除术
67.3900x002 子宫颈囊肿开窗术
67.3901 子宫颈内膜旋切术
67.3902 宫腔镜子宫颈病损切除术
67.3903 腹腔镜子宫颈病损切除术
67.3904 子宫颈病损切除术
67.3905 子宫颈肌瘤切除术
67.4x00x002 子宫颈广泛性切除术
67.4x00x005 子宫颈切除术
67.4x01 子宫颈部分切除术
67.4x02 残余子宫颈切除术
67.4x03 经阴道子宫颈切除术
67.4x08 宫腔镜子宫颈切除术
67.5100 经腹子宫颈环扎术
67.5101 腹腔镜子宫颈环扎术
67.5900x001 希罗德卡手术［Shirodkar］
67.5900x002 子宫峡部环扎术
67.5900x003 子宫颈环扎术［McDonald手术］
67.5901 经阴道子宫颈环扎术
67.6100 子宫颈裂伤缝合术
67.6901 子宫颈成形术
67.6902 子宫颈陈旧性产科裂伤修补术
69.3x00 子宫颈周围子宫去神经术
69.9500 子宫颈切开术
69.9500x001 宫颈闭锁切开术
69.9600 去除子宫颈环扎材料
69.9700 去除子宫颈其他穿透性异物
70.1100 处女膜切开术
70.1200x001 后穹窿切开引流术
70.1300 阴道管腔内粘连松解术
70.1400x002 腹腔镜下阴道纵隔切开术
70.1400x007 阴道切开术
70.1400x012 阴道纵隔切除术
70.1401 阴道隔切断术
70.1402 阴道狭窄切开术
70.1403 阴道侧壁切开术
70.1404 阴道闭锁切开术
70.1405 阴道切开异物取出术
70.1407 腹腔镜阴道隔切断术
70.1408 宫腔镜阴道隔切断术
70.3100 处女膜切除术
70.3101 处女膜部分切除术
70.3300x003 阴道病损电切术
70.3301 阴道病损切除术
70.3302 阴道病损破坏术
70.3303 阴道囊肿袋形缝合术
70.3304 处女膜病损切除术
70.4x01 阴道切除术
70.4x02 阴道部分切除术
70.4x03 阴道闭合术
70.4x04 阴道部分闭合术
70.4x05 腹腔镜辅助阴道切除术
70.7100 阴道裂伤缝合术
70.7101 后穹窿裂伤缝合术
70.7600 处女膜缝合术
70.7900x005 阴道断蒂缝合术
70.7900x006 阴道断蒂止血术
70.7908 阴道陈旧性产科裂伤修补术
71.0100x002 小阴唇粘连松解术
71.0100x003 大阴唇粘连松解术
71.0100x004 阴唇粘连松解术
71.0900x004 外阴血肿清除术
71.0900x006 外阴脓肿穿刺术
71.0901 阴道入口切开扩大术
71.0903 会阴造口术
71.0904 会阴切开术
71.0905 会阴切开异物取出术
71.2100x001 前庭大腺囊肿抽吸术
71.2200x001 前庭大腺囊肿切开术
71.2300x001 前庭大腺造袋术
71.2400x001 前庭大腺病损切除术
71.2400x003 前庭大腺切除术
71.2401 巴多林腺病损切除术
71.2900x001 前庭大腺瘘管切除术
71.2900x002 前庭大腺造口术
71.3x00x001 大阴唇病损切除术
71.3x00x007 女性会阴部瘢痕切除术
71.3x00x011 外阴病损烧灼术
71.3x00x013 外阴窦道切除术
71.3x00x021 女性会阴皮肤和皮下坏死组织切除清创术
71.3x00x023 女性外阴皮肤和皮下坏死组织切除清创术
71.3x00x025 小阴唇病损切除术
71.3x01 会阴病损切除术
71.3x03 外阴部分切除术
71.3x04 外阴病损切除术

71.3x05　外阴病损破坏术
71.4x01　阴蒂病损切除术
71.4x02　阴蒂切除术
71.4x03　阴蒂部分切除术
71.4x04　阴蒂成形术
71.5x00x001　外阴广泛性切除术
71.5x00x003　外阴根治性局部扩大切除术
71.5x00x004　外阴根治性局部切除术
71.6100　单侧外阴切除术
71.6200　双侧外阴切除术
71.6200x002　外阴单纯切除术
71.7101　外阴裂伤缝合术
71.7102　会阴裂伤缝合术
71.8x00　外阴的其他手术
96.1800x001　子宫颈托放置
98.1601　非切开宫颈异物取出术
98.1700x001　阴道内异物去除
98.2300x001　外阴异物去除

NG1　辅助生殖技术

包含以下主要诊断：
N96.x00x003　晚期习惯性流产
N97.000x001　不排卵性不孕
N97.100x001　输卵管阻塞性不孕
N97.100x003　输卵管狭窄性不孕
N97.101　后天性输卵管闭锁
N97.200x001　子宫粘连性不孕
N97.200x002　卵子不植入
N97.300　宫颈起因的女性不孕症
N97.800x004　女性生殖器官血囊肿性不孕
N97.801　不育由于阴道畸形
N97.900　女性不孕症
N97.901　女性原发性不育
N97.902　女性继发性不育
Z31.100　人工授精
Z31.200　试管内授精
Z31.200x003　解冻胚胎移植
Z31.201　采取卵子
Z31.300x001　输卵管内配子移植
Z31.300x002　受精卵移植
包含以下主要手术或操作：
65.9900x008　超声引导下卵巢穿刺取卵术
69.9200x004　胚胎移植术
69.9200x006　胚胎移植术（IVF-ET）
69.9200x007　人工授精（AID）
69.9200x008　人工授精（AIH）
69.9201　卵巢穿刺取卵术
69.9202　人工胚胎移植术（IVF-FT）

NJ1　女性生殖系统其他手术

包含以下主要手术或操作：
38.7x01　腔静脉结扎术
38.7x02　腔静脉折叠术
38.7x03　上腔静脉滤器置入术
38.7x04　下腔静脉滤器置入术
38.8607　髂动脉结扎术
39.7900x019　髂动脉栓塞术
39.7900x023　卵巢静脉栓塞术
39.7900x024　盆腔静脉栓塞术
39.7900x809　下肢静脉滤器置入术
40.1100x003　腹腔镜下淋巴结活检术
40.2400　腹股沟淋巴结切除术
40.2900x002　单纯淋巴结切除术
40.2900x017　腹膜后淋巴管瘤（囊肿）切除术
40.2900x018　肠系膜淋巴管瘤（囊肿）切除术
40.2900x023　髂外血管旁淋巴结切除术
40.2901　锁骨上淋巴结切除术
40.2905　腹主动脉旁淋巴结切除术
40.2906　腹腔淋巴结切除术
40.2907　腹膜淋巴结切除术
40.2908　肠系膜淋巴结切除术
40.2909　盆腔淋巴结切除术
40.3x00x001　淋巴结扩大性区域性切除术
40.3x00x002　淋巴结区域性切除术
40.5000　淋巴结根治性切除术
40.5200　主动脉旁淋巴结根治性切除术
40.5300　髂淋巴结根治性切除术
40.5301　腹腔镜髂淋巴结清扫术
40.5400x001　腹股沟淋巴结清扫术
40.5907　腹膜后淋巴结清扫术
40.5908　腹腔淋巴结清扫术
40.5909　肠系膜淋巴结清扫术
40.5910　盆腔淋巴结清扫术
40.5911　腹腔镜腹腔淋巴结清扫术
40.5912　腹腔镜盆腔淋巴结清扫术
40.9x00x003　周围淋巴管-小静脉吻合术
40.9x00x004　淋巴干-小静脉吻合术
40.9x00x006　髂淋巴干-小静脉吻合术
40.9x00x007　肠淋巴干-小静脉吻合术
40.9x00x008　淋巴水肿矫正Homans-Macey手术

［Homan手术］
40.9x00x009　淋巴水肿矫正Charles手术［Charles手术］
40.9x00x010　淋巴水肿矫正Thompson手术［Thompson手术］
40.9x00x011　腹膜后淋巴管横断结扎术
40.9x00x012　髂淋巴干横断结扎术
40.9x00x013　淋巴管瘘结扎术
40.9x00x014　淋巴管瘘切除术
40.9x00x015　淋巴管瘘粘连术
40.9x00x016　淋巴管瘤注射术
40.9x09　淋巴管静脉吻合术
48.8100x001　直肠瘘管切开术
48.8102　直肠阴道隔膜切开术
48.8201　直肠阴道隔病损切除术
48.8202　直肠-阴道隔切除术
48.8203　经阴直肠阴道隔病损切除术
48.8204　盆腔直肠病损切除术
48.8205　腹腔镜下直肠阴道隔病损切除术
48.8206　腹腔镜下直肠后囊肿切除术
54.0x00x010　腹壁血肿清除术
54.0x00x021　腹膜外血肿清除术
54.0x00x023　髂窝积液清除术
54.0x01　腹股沟探查术
54.0x03　腹壁异物取出术
54.1100　开腹探查术
54.1101　腹腔镜中转剖腹探查术
54.1201　再开腹探查术
54.1202　近期开腹术后腹腔止血术
54.1900x001　腹部血肿去除术
54.1900x005　腹腔镜下腹腔积血清除术
54.1900x010　腹腔脓肿切开引流术
54.1900x011　腹腔血肿清除术
54.1901　腹膜后血肿清除术
54.1902　腹膜血肿清除术
54.1903　腹腔切开引流术
54.1904　膈下脓肿切开引流术
54.1907　腹腔出血止血术
54.1909　肠系膜血肿清除术
54.2100　腹腔镜检查
54.2100x005　经阴道腹腔镜检查
54.2200x003　腹腔镜下腹壁活检术
54.2300x003　腹膜后活检术
54.2300x004　腹腔镜下网膜活组织检查
54.2300x005　腹腔镜下腹膜活组织检查
54.2301　开放性腹膜活组织检查
54.2302　开放性网膜活组织检查
54.2303　开放性肠系膜活组织检查
54.3x01　腹壁病损切除术
54.3x02　腹腔镜下腹壁病损切除术
54.3x07　腹壁脐尿管囊肿切除术
54.4x00x005　大网膜病损切除术
54.4x00x006　大网膜部分切除术
54.4x00x007　大网膜切除术
54.4x00x012　骶尾部病损切除术
54.4x00x021　腹膜外病损切除术
54.4x00x035　盆腔病损切除术
54.4x00x039　盆腔病损冷冻治疗术
54.4x00x042　髂窝病损切除术
54.4x00x047　腰骶病损切除术
54.4x00x048　腹腔病损氩氦刀靶向冷冻治疗术
54.4x00x050　腹腔镜下直肠全系膜切除术［TME］
54.4x00x055　经皮腹膜后病损纳米刀消融术
54.4x01　腹膜病损切除术
54.4x02　腹膜后病损切除术
54.4x03　网膜部分切除术
54.4x04　网膜切除术
54.4x05　网膜病损切除术
54.4x06　肠系膜病损切除术
54.4x07　骶前病损切除术
54.4x08　盆腔腹膜切除术
54.4x09　经阴道腹膜后病损切除术
54.4x10　腹腔镜下盆腔腹膜病损切除术
54.4x11　腹腔镜下腹膜病损切除术
54.4x12　腹腔镜下网膜病损切除术
54.4x13　腹腔镜下肠系膜病损切除术
54.4x14　腹腔镜下网膜部分切除术
54.4x15　腹腔镜下腹膜后病损切除术
54.4x16　腹腔镜下网膜切除术
54.5100　腹腔镜下腹膜粘连松解术
54.5100x005　腹腔镜下腹腔粘连松解术
54.5100x009　腹腔镜下盆腔粘连松解术
54.5101　腹腔镜下肠粘连松解术
54.5102　腹腔镜下网膜粘连松解术
54.5103　腹腔镜下盆腔腹膜粘连松解术
54.5900x007　盆腔腹膜粘连松解术
54.5901　腹腔粘连松解术
54.5902　腹膜粘连松解术
54.5903　肠粘连松解术
54.5904　盆腔粘连松解术

54.5905　网膜粘连松解术
54.5906　阑尾周围粘连松解术
54.6101　腹壁切口裂开缝合术
54.6301　腹壁裂伤缝合术
54.6400　腹膜缝合术
54.6401　网膜裂伤缝合术
54.7100　腹裂（畸形）修补术
54.7200x001　腹壁补片修补术
54.7300x001　腹膜组织修补术
54.7400x001　大网膜包肝术
54.7400x002　大网膜包肾术
54.7400x003　大网膜还纳术
54.7400x004　大网膜内移植术
54.7400x005　大网膜修补术
54.7400x006　生物大网膜移植术
54.7404　网膜扭转复位术
54.7500x002　肠系膜修补术
54.7501　肠系膜固定术
54.9900x010　腹腔镜下盆腔病损切除术
54.9900x011　腹腔镜下盆腔内膜病损电凝术
54.9900x017　盆腔补片术
54.9904　腹腔镜下腹腔病损切除术
57.7101　膀胱尿道全切除术
58.0x02　尿道会阴造口术
58.0x04　尿道阴道造口术
65.9900x007　性腺切除术
69.1900x022　腹腔镜下阔韧带病损切除术
69.1901　子宫骶韧带烧灼术
69.1902　子宫骶韧带切除术
69.1903　阔韧带病损切除术
69.1904　子宫韧带病损切除术
69.1905　圆韧带病损切除术
69.1906　努克氏管积水鞘膜切除术
69.1907　腹腔镜子宫韧带病损切除术
69.1908　腹腔镜骶韧带部分切除术
69.1909　腹腔镜子宫韧带病损激光烧灼术
69.2100x001　子宫间置手术
69.2101　沃特金斯手术
69.3x01　子宫骶韧带切断术
69.3x02　腹腔镜子宫骶韧带切断术
69.9100x002　子宫球囊放置术
69.9800　子宫支持结构的其他手术
70.1200x002　腹腔镜女性盆腔血肿引流术
70.1202　腹腔镜女性盆腔脓肿引流术
70.3200x002　直肠子宫陷凹病损切除术
70.3201　腹腔镜直肠子宫陷凹病损切除术
70.3305　腹腔镜阴道病损切除术
71.9x00　女性生殖器官的其他手术

NR1　女性生殖系统恶性肿瘤

包含以下主要诊断：
C46.700x001　外阴卡波西肉瘤
C48.100x006　直肠子宫陷凹恶性肿瘤
C49.503　会阴结缔组织恶性肿瘤
C51.000　大阴唇恶性肿瘤
C51.001　前庭大腺恶性肿瘤
C51.100　小阴唇恶性肿瘤
C51.200　阴蒂恶性肿瘤
C51.800　外阴交搭跨越恶性肿瘤的损害
C51.900　外阴恶性肿瘤
C52.x00　阴道恶性肿瘤
C53.000　宫颈内膜恶性肿瘤
C53.100　外宫颈恶性肿瘤
C53.800　宫颈交搭跨越恶性肿瘤的损害
C53.801　宫颈残端恶性肿瘤
C53.900　宫颈恶性肿瘤
C54.000　子宫峡部恶性肿瘤
C54.001　子宫下段恶性肿瘤
C54.100　子宫内膜恶性肿瘤
C54.200　子宫肌层恶性肿瘤
C54.300　子宫底部恶性肿瘤
C54.800　子宫体交搭跨越恶性肿瘤的损害
C54.900　子宫体恶性肿瘤
C55.x00　子宫恶性肿瘤
C56.x00　卵巢恶性肿瘤
C56.x00x003　双侧卵巢恶性肿瘤
C57.000　输卵管恶性肿瘤
C57.000x002　双侧输卵管恶性肿瘤
C57.100　阔韧带恶性肿瘤
C57.101　卵巢冠恶性肿瘤
C57.200　圆韧带恶性肿瘤
C57.300　子宫旁组织恶性肿瘤
C57.300x001　子宫骶骨韧带恶性肿瘤
C57.301　子宫韧带恶性肿瘤
C57.400　子宫附件恶性肿瘤
C57.700　女性生殖器官，其他特指的恶性肿瘤
C57.701　女性沃尔夫体恶性肿瘤
C57.702　女性沃尔夫管恶性肿瘤
C57.800x004　子宫颈及阴道恶性肿瘤
C57.800x005　子宫及输卵管恶性肿瘤

C57.801　输卵管卵巢恶性肿瘤
C57.802　子宫卵巢恶性肿瘤
C57.803　阴道外阴恶性肿瘤
C57.900　女性生殖器官恶性肿瘤
C58.x00　胎盘恶性肿瘤
C58.x00x002　绒毛膜癌
C58.x00x003　绒毛膜上皮癌
C76.307　直肠阴道隔恶性肿瘤
C77.500x003　子宫旁淋巴结继发恶性肿瘤
C79.600　卵巢继发性恶性肿瘤
C79.800x202　输卵管继发恶性肿瘤
C79.800x205　子宫角继发恶性肿瘤
C79.800x206　子宫体继发恶性肿瘤
C79.800x209　子宫颈继发恶性肿瘤
C79.800x211　子宫旁继发恶性肿瘤
C79.800x213　子宫下段继发恶性肿瘤
C79.800x214　子宫韧带继发恶性肿瘤
C79.800x215　子宫圆韧带继发恶性肿瘤
C79.800x216　子宫阔韧带继发恶性肿瘤
C79.800x218　子宫卵巢韧带继发恶性肿瘤
C79.800x219　子宫骶骨韧带继发恶性肿瘤
C79.800x220　子宫内膜继发恶性肿瘤
C79.800x222　子宫附件继发恶性肿瘤
C79.800x223　子宫肌层继发恶性肿瘤
C79.800x228　生殖器官继发恶性肿瘤
C79.812　子宫继发恶性肿瘤
C79.813　附件继发恶性肿瘤
C79.814　阴道继发恶性肿瘤
C79.821　会阴继发恶性肿瘤
C79.822　外阴继发恶性肿瘤
C79.823　前庭大腺继发恶性肿瘤
C79.824　直肠阴道隔继发恶性肿瘤
C79.833　纳博特腺继发恶性肿瘤
D06.000　宫颈内膜原位癌
D06.100　宫颈外膜原位癌
D06.700　宫颈其他部位的原位癌
D06.900　宫颈的原位癌
D06.900x002　子宫颈上皮内瘤变III级［CINIII级］
D07.000　子宫内膜原位癌
D07.100　外阴原位癌
D07.100x002　外阴上皮内瘤变III级［VINIII级］
D07.200　阴道原位癌
D07.200x002　阴道上皮内瘤变III级［VAINIII级］
D07.301　卵巢原位癌
D07.302　输卵管原位癌
D07.303　子宫体原位癌
D07.304　女性生殖器官原位癌
D39.000x001　子宫交界性肿瘤
D39.000x002　子宫内膜交界性肿瘤
D39.100x003　卵巢交界性肿瘤
D39.200x001　侵蚀性葡萄胎
D39.200x002　胎盘交界性肿瘤
D39.202　恶性葡萄胎
D39.203　侵袭性葡萄胎
D39.700x001　输卵管交界性肿瘤
D39.700x002　阴道交界性肿瘤
D39.900x001　女性生殖器官交界性肿瘤
D48.128　会阴结缔组织肿瘤

NS1　女性生殖系统感染

包含以下主要诊断：
A18.100x019+N77.1*　外阴结核
A18.100x024+N74.1*　结核性直肠阴道瘘
A18.100x026+N74.1*　结核性输卵管炎
A18.100x030+N77.0*　结核性外阴溃疡
A18.100x032　结核性盆腔炎
A18.102　生殖系统结核
A18.111+N74.1*　子宫内膜结核
A18.112+N74.0*　子宫颈结核
A18.113+N74.1*　输卵管结核
A18.114+N74.1*　卵巢结核
A18.115+N74.1*　女性盆腔结核
A51.400x009+N74.2*　女性二期梅毒性盆腔炎
A54.003　淋球菌性宫颈炎
A54.004　淋球菌性阴道炎
A54.005　淋球菌性外阴阴道炎
A54.102　淋球菌性前庭大腺脓肿
A54.200x004+N74.3*　淋球菌性输卵管炎
A54.201+N74.3*　淋球菌性女性盆腔炎性疾病
A56.002　衣原体性宫颈炎
A56.003　衣原体性阴道炎
A56.004　衣原体性外阴阴道炎
A56.100x003+N74.4*　衣原体性输卵管炎
A56.100x004+N74.4*　衣原体性子宫内膜炎
A56.101+N74.4*　衣原体性女性盆腔炎性疾病
A56.104+N74.4*　衣原体盆腔腹膜感染
A59.002+N77.1*　滴虫性阴道炎
A60.000x003+N77.1*　外阴疱疹
B26.800x009+N74.8*　流行性腮腺炎并发卵巢炎
B37.300+N77.1*　外阴和阴道念珠菌病

B37.300x002+N77.1* 真菌性外阴炎
B37.301+N77.1* 念珠菌性阴道炎
B37.302+N77.1* 念珠菌性外阴阴道炎
N70.000 急性输卵管炎和卵巢炎
N70.001 急性输卵管炎
N70.002 急性卵巢炎
N70.100 慢性输卵管炎和卵巢炎
N70.101 慢性输卵管炎
N70.102 慢性卵巢炎
N70.103 输卵管积水
N70.900 输卵管炎和卵巢炎
N70.900x003 输卵管积脓
N70.900x007 输卵管脓肿
N70.901 卵巢坏死
N70.902 卵巢脓肿
N70.903 卵巢炎
N70.904 输卵管炎
N70.905 输卵管卵巢脓肿
N70.906 输卵管周围炎
N71.001 急性子宫内膜炎
N71.002 急性子宫炎
N71.101 慢性子宫内膜炎
N71.102 慢性子宫炎
N71.900x001 子宫肌炎
N71.901 子宫积脓
N71.902 子宫内膜炎
N72.x00x003 慢性子宫颈炎
N72.x01 宫颈外膜炎
N72.x02 宫颈内膜炎
N72.x03 宫颈积脓
N73.001 急性阔韧带脓肿
N73.002 急性女性盆腔蜂窝织炎
N73.003 急性女性盆腔炎
N73.101 慢性女性盆腔炎
N73.102 慢性盆腔蜂窝织炎
N73.103 慢性子宫韧带脓肿
N73.104 慢性子宫韧带炎
N73.201 盆腔蜂窝织炎
N73.202 子宫韧带炎
N73.203 子宫周围炎
N73.300 女性急性盆腔腹膜炎
N73.400 女性慢性盆腔腹膜炎
N73.500 女性盆腔腹膜炎
N73.501 子宫直肠陷凹脓肿
N73.800x002 盆腔感染综合征
N73.801 盆腔炎性肿物
N73.902 女性盆腔炎
N73.903 女性盆腔脓肿
N75.100 前庭大腺脓肿
N75.801 前庭大腺肥大
N75.802 前庭大腺炎
N75.900 前庭大腺疾病
N76.000 急性阴道炎
N76.000x001 阴道炎
N76.000x003 细菌性阴道炎
N76.000x004 急性外阴阴道炎
N76.000x006 阴道壁脓肿
N76.001 阴道脓肿
N76.100x001 慢性外阴阴道炎
N76.100x002 亚急性外阴阴道炎
N76.101 慢性阴道炎
N76.200 急性外阴炎
N76.201 外阴蜂窝织炎
N76.300x001 亚急性外阴炎
N76.301 慢性外阴炎
N76.400 外阴肿脓
N76.401 外阴疖
N76.801 外阴炎性肿块
N76.802 阴道肉芽肿

NZ1 女性生殖系统其他疾病

包含以下主要诊断：
D17.300x001 大阴唇脂肪瘤
D17.300x002 外阴脂肪瘤
D17.300x003 阴道脂肪瘤
D17.700x024 子宫体脂肪瘤
D18.000x817 女性生殖器血管瘤
D18.000x824 小阴唇血管瘤
D18.000x853 卵巢血管瘤
D18.000x854 附件血管瘤
D18.000x856 宫颈血管瘤
D18.008 生殖器官血管瘤
D20.103 直肠子宫陷凹良性肿瘤
D25.000 子宫黏膜下平滑肌瘤
D25.000x002 子宫颈黏膜下平滑肌瘤
D25.100x001 子宫肌壁间平滑肌瘤
D25.100x002 子宫颈壁内平滑肌瘤
D25.200 子宫浆膜下层平滑肌瘤
D25.200x002 阔韧带平滑肌瘤
D25.900 子宫平滑肌瘤

D25.900x001　子宫多发性平滑肌瘤
D25.901　宫颈平滑肌瘤
D26.000　宫颈良性肿瘤
D26.100　子宫体良性肿瘤
D26.100x002　子宫腺肌瘤
D26.700　子宫良性肿瘤，其他部位的
D26.701　胎盘良性肿瘤
D26.702　胎膜良性肿瘤
D26.900　子宫良性肿瘤
D27.x00　卵巢良性肿瘤
D27.x01　梅格斯综合征
D28.000　外阴良性肿瘤
D28.000x002　阴唇良性肿瘤
D28.100　阴道良性肿瘤
D28.200x002　卵巢冠良性肿瘤
D28.200x003　输卵管良性肿瘤
D28.201　子宫韧带良性肿瘤
D28.202　子宫阔韧带良性肿瘤
D28.203　子宫圆韧带良性肿瘤
D28.204　子宫主韧带良性肿瘤
D28.205　骶子宫韧带良性肿瘤
D28.206　卵巢固有韧带良性肿瘤
D28.700x001　阴蒂良性肿瘤
D28.900　女性生殖器官良性肿瘤
D36.700x021　会阴良性肿瘤
D36.709　会阴部良性肿瘤
D39.001　子宫肿瘤
D39.002　子宫体动态未定肿瘤
D39.003　子宫体肿瘤
D39.004　子宫颈动态未定肿瘤
D39.005　子宫颈肿瘤
D39.100x001　卵巢多房囊肿
D39.101　卵巢肿瘤
D39.201　胎盘肿瘤
D39.204　破坏性绒毛膜腺瘤
D39.701　外阴动态未定肿瘤
D39.702　外阴肿瘤
D39.703　子宫韧带动态未定肿瘤
D39.704　子宫韧带肿瘤
D39.705　输卵管动态未定肿瘤
D39.706　输卵管肿瘤
D39.707　阴道动态未定肿瘤
D39.708　阴道肿瘤
D39.709　女性生殖器官皮肤动态未定肿瘤
D39.710　女性生殖器官皮肤肿瘤
D39.901　女性生殖器官肿瘤
D39.902　尿道阴道隔动态未定肿瘤
D39.903　尿道阴道隔肿瘤
D48.127　会阴结缔组织动态未定肿瘤
E28.000　雌激素过多
E28.100　雄激素过多
E28.200　多囊卵巢综合征
E28.200x003　卵巢硬化性囊性综合征
E28.300x001　早发绝经
E28.300x002　卵巢功能减退
E28.300x005　女性性腺功能低下
E28.300x008　抗卵巢综合征
E28.301　卵巢早衰
E28.302　雌激素减少
E28.303　卵巢功能衰竭
E28.800x002　卵巢功能亢进
E28.900　卵巢功能障碍
E30.900　青春期疾患
E89.400x001　放射后卵巢功能衰竭
E89.400x002　手术后卵巢功能衰竭
E89.401　医源性卵巢功能衰竭
I77.009　子宫动静脉瘘
I86.200　盆腔静脉曲张
I86.300　外阴静脉曲张
I89.000x018　会阴淋巴水肿
I89.000x019　阴唇淋巴水肿
I89.000x025　阴唇橡皮肿
I89.800x032　子宫乳糜反流
I89.800x033　阴道乳糜反流
L29.200　外阴瘙痒（症）
M35.202+N77.8*　贝赫切特病性外阴溃疡
N32.004　女性前列腺病
N70.104　卵巢积水
N72.x00x006　子宫颈潴留囊肿
N73.600　女性盆腔腹膜粘连
N73.600x006　子宫粘连闭锁综合征
N73.601　卵巢粘连
N73.602　女性盆腔粘连
N73.603　输卵管粘连
N73.604　子宫粘连
N73.605　子宫周围粘连
N73.606　卵巢-输卵管粘连
N75.000　前庭大腺囊肿
N76.500　阴道溃疡
N76.600　外阴溃疡

N76.601　复发性阿弗他女性生殖器官溃疡
N80.000　子宫的子宫内膜异位症
N80.001　子宫腺肌病
N80.100　卵巢的子宫内膜异位症
N80.100x001　卵巢巧克力样囊肿
N80.200　输卵管的子宫内膜异位症
N80.200x001　输卵管子宫内膜异位症
N80.300　盆腔腹膜的子宫内膜异位症
N80.301　腹膜子宫内膜异位症
N80.302　盆腔子宫内膜异位症
N80.303　子宫直肠凹子宫内膜异位症
N80.401　直肠阴道隔子宫内膜异位症
N80.500　肠的子宫内膜异位症
N80.501　直肠子宫内膜异位症
N80.600　皮肤瘢痕的子宫内膜异位症
N80.601　腹壁瘢痕子宫内膜异位症
N80.602　会阴子宫内膜异位症
N80.603　外阴子宫内膜异位症
N80.800x007　鼻腔子宫内膜异位症
N80.800x010　腹壁子宫内膜异位
N80.800x011　胸子宫内膜异位症
N80.801　外耳道子宫内膜异位症
N80.802　肺子宫内膜异位症
N80.803　肝子宫内膜异位症
N80.804　输尿管子宫内膜异位症
N80.805　膀胱子宫内膜异位症
N80.806　子宫韧带子宫内膜异位症
N80.807　腹膜后子宫内膜异位症
N80.808　骶前子宫内膜异位症
N80.809　胸腔子宫内膜异位症
N80.900　子宫内膜异位症
N81.000　女性尿道膨出
N81.100　膀胱膨出
N81.101　阴道前壁脱垂
N81.102　女性膀胱脱垂
N81.200　子宫阴道不完全性脱垂
N81.201　Ⅰ度子宫脱垂
N81.202　Ⅱ度子宫脱垂
N81.203　宫颈脱垂
N81.300　完全性子宫阴道脱垂
N81.301　Ⅲ度子宫脱垂
N81.400　子宫阴道脱垂
N81.500　阴道小肠膨出
N81.500x002　小肠阴道疝
N81.500x003　阴道后疝
N81.600　直肠膨出
N81.601　阴道后壁脱垂
N81.602　阴道后壁脱垂伴直肠膨出
N81.800x004　会阴缺陷
N81.800x005　盆底肌肉陈旧性裂伤
N81.800x006　陈旧性会阴损伤
N81.801　陈旧性会阴裂伤
N81.802　阴道前后壁脱垂
N81.803　阴道松弛
N81.900　女性生殖器脱垂
N82.000　膀胱阴道瘘
N82.100x001　子宫输尿管瘘
N82.101　尿道阴道瘘
N82.102　输尿管阴道瘘
N82.103　子宫膀胱瘘
N82.200　阴道小肠瘘
N82.201　手术后小肠阴道瘘
N82.300　阴道大肠瘘
N82.301　直肠膀胱阴道瘘
N82.302　直肠舟状窝瘘
N82.303　直肠阴道瘘
N82.401　子宫直肠瘘
N82.500　女性生殖道-皮肤瘘
N82.501　子宫腹壁瘘
N82.502　阴道会阴瘘
N82.801　子宫阴道瘘
N82.900　女性生殖道瘘
N82.900x003　子宫颈窦道
N82.901　阴道瘘
N82.902　子宫瘘
N83.000　卵巢滤泡囊肿
N83.000x002　格拉夫卵泡囊肿
N83.001　出血性卵巢滤泡囊肿
N83.100　黄体囊肿
N83.100x002　卵巢黄体破裂
N83.100x003　卵巢黄体血肿
N83.101　出血性卵巢黄体囊肿
N83.102　卵巢黄素化囊肿
N83.201　卵巢囊肿
N83.202　卵巢白体囊肿
N83.203　卵巢包涵囊肿
N83.204　卵巢浆液性囊肿
N83.205　卵巢黏液性囊肿
N83.206　卵巢潴留囊肿
N83.207　副卵巢囊肿

N83.300x001 卵巢萎缩
N83.300x002 输卵管萎缩
N83.401 输卵管脱垂
N83.500x004 卵巢子宫内膜异位囊肿伴扭转
N83.500x007 副卵管扭转
N83.501 卵巢蒂扭转
N83.502 卵巢扭转
N83.503 输卵管扭转
N83.504 莫尔加尼囊状附件扭转
N83.600 输卵管血肿
N83.601 输卵管出血
N83.700 阔韧带血肿
N83.800x012 泡状附件
N83.800x013 输卵管上皮增生
N83.800x015 阔韧带息肉
N83.800x016 输卵管憩室
N83.800x017 卵巢冠囊肿
N83.800x021 输卵管嵌顿
N83.801 阔韧带囊肿
N83.802 阔韧带撕裂综合征
N83.803 卵巢出血
N83.804 卵巢钙化
N83.805 卵巢破裂
N83.806 卵巢增生
N83.807 卵巢脂肪坏死
N83.808 输卵管坏死
N83.809 输卵管囊肿
N83.810 输卵管旁囊肿
N83.811 圆韧带囊肿
N83.812 子宫韧带囊肿
N83.901 卵巢肿物
N83.902 输卵管肿物
N83.903 阔韧带肿物
N84.000 子宫体息肉
N84.001 子宫内膜息肉
N84.100 宫颈息肉
N84.200 阴道息肉
N84.300 外阴息肉
N84.301 处女膜息肉
N84.302 阴唇息肉
N84.800x002 输卵管息肉
N84.900 女性生殖道息肉
N85.000 子宫内膜腺性增生
N85.000x002 子宫内膜囊性增生
N85.000x004 子宫内膜腺性囊性增生
N85.001 子宫内膜单纯性增生
N85.002 子宫内膜复杂性增生
N85.003 子宫内膜息肉样增生
N85.100 子宫内膜腺瘤性增生
N85.101 子宫内膜非典型增生
N85.200 子宫肥大
N85.300 子宫复旧不全
N85.300x001 慢性子宫复旧不全
N85.400 子宫错位
N85.401 子宫侧倾
N85.402 子宫后倾
N85.403 子宫前倾
N85.404 子宫移位
N85.500 子宫内翻
N85.600 子宫内粘连
N85.600x001 阿谢曼综合征
N85.700 子宫积血
N85.800x003 后天性子宫萎缩
N85.801 瘢痕子宫
N85.802 子宫破裂
N85.803 子宫白斑
N85.804 子宫穿孔
N85.805 子宫钙化
N85.806 子宫肌层囊肿
N85.807 子宫积水
N85.808 子宫溃疡
N85.809 子宫糜烂
N85.810 子宫内膜发育不全
N85.811 子宫内膜囊肿
N85.812 子宫内膜萎缩
N85.813 子宫囊肿
N85.814 子宫憩室
N85.815 子宫萎缩
N85.816 子宫纤维化
N85.901 子宫肿物
N86.x00x004 子宫颈糜烂
N86.x01 宫颈外翻
N86.x02 宫颈溃疡
N87.000 轻度宫颈发育不良
N87.001 宫颈上皮内肿瘤，Ⅰ级
N87.002 低级别鳞状上皮内病变
N87.100 中度宫颈发育不良
N87.101 宫颈上皮内肿瘤，Ⅱ级
N87.200x001 重度宫颈发育不良
N87.900 宫颈发育不良

N87.901　宫颈上皮内肿瘤
N88.000　宫颈白斑
N88.100　宫颈陈旧性裂伤
N88.101　宫颈阴道粘连
N88.102　宫颈粘连
N88.200x001　子宫颈狭窄
N88.201　宫颈闭锁
N88.300　宫颈功能不全
N88.400　宫颈肥厚性延长
N88.800x010　子宫颈钙化
N88.801　宫颈残端出血
N88.802　宫颈肥大
N88.803　宫颈囊肿
N88.804　宫颈水肿
N88.805　宫颈萎缩
N88.806　宫颈腺囊肿
N88.807　宫颈赘生物
N88.808　子宫颈鳞状上皮增生
N88.900　宫颈非炎性疾患
N89.000　轻度阴道发育不良
N89.001　阴道上皮内肿瘤，Ⅰ级
N89.100　中度阴道发育不良
N89.101　阴道上皮内肿瘤，Ⅱ级
N89.200　重度阴道发育不良，不可归类在他处者
N89.300　阴道发育不良
N89.400　阴道白斑
N89.501　阴道闭锁
N89.502　阴道狭窄
N89.503　阴道粘连
N89.600　处女膜环过紧
N89.600x001　强直性处女膜
N89.600x002　阴道入口过紧
N89.601　处女膜伞
N89.700　阴道积血
N89.800x009　阴道排液
N89.801　处女膜囊肿
N89.802　非创伤性处女膜破裂
N89.803　阴道瘢痕
N89.804　阴道结石
N89.805　阴道裂伤
N89.806　阴道囊肿
N89.807　阴道皮赘
N89.808　阴道血肿
N89.809　阴道赘生物
N89.810　阴道子宫托溃疡
N89.811　陈旧性阴道裂伤
N89.901　阴道肿物
N90.000　轻度外阴发育不良
N90.001　外阴上皮内肿瘤Ⅰ级
N90.100　中度外阴发育不良
N90.101　外阴上皮内肿瘤Ⅱ级
N90.200　重度外阴发育不良，不可归类在他处者
N90.300　外阴发育不良
N90.301　外阴鳞状上皮增生
N90.302　外阴上皮内肿瘤
N90.400　外阴白斑
N90.401　外阴干皱症
N90.402　外阴角化症
N90.403　外阴营养不良
N90.404　外阴硬化性苔藓
N90.500　外阴萎缩
N90.501　外阴狭窄
N90.600　外阴肥大
N90.601　阴唇肥大
N90.700　外阴囊肿
N90.701　阴蒂囊肿
N90.800x009　外阴粘连
N90.800x010　外阴非典型增生
N90.800x011　会阴囊肿
N90.800x012　会阴切口疝
N90.800x024　大阴唇瘢痕
N90.800x025　小阴唇瘢痕
N90.801　会阴瘢痕
N90.802　外阴瘢痕
N90.803　外阴陈旧性裂伤
N90.804　外阴假性湿疣
N90.805　外阴皮赘
N90.806　外阴水肿
N90.807　外阴血肿
N90.808　阴唇粘连
N90.809　阴蒂肥大
N90.810　外阴象皮病
N90.811　外阴白癜风
N90.901　会阴非炎性疾病
N90.902　外阴肿物
N91.000　原发闭经
N91.100　继发闭经
N91.200　闭经
N91.200x002　下丘脑性闭经
N91.300　原发性月经稀少

N91.400　继发性月经稀少
N91.500　月经稀少
N92.000x001　月经过多
N92.000x002　月经频繁
N92.100x001　月经频多
N92.101　子宫不规则出血
N92.200　青春期月经过多
N92.300　排卵期出血
N92.400　绝经前期出血过多
N92.400x001　更年期月经过多
N92.400x003　绝经期子宫不规则出血
N92.400x004　更年前期月经过多
N92.401　绝经期出血
N92.500　月经不规则，其他特指的
N92.600　月经不规则
N92.601　经期延长
N93.000x001　性交后出血
N93.801　功能障碍性子宫出血
N93.900　异常的子宫和阴道出血
N93.901　异常子宫出血
N94.000　经间痛
N94.100　性交疼痛
N94.200　阴道痉挛
N94.300　经前紧张征
N94.400　原发性痛经
N94.500　继发性痛经
N94.600　痛经
N94.800x009　女性生殖器皮脂腺囊肿
N94.802　女性盆腔血肿
N94.803　女性盆腔静脉充血综合征
N94.804　交通性腹膜鞘突管积液
N94.805　经血潴留
N94.806　盆腔积液
N94.807　盆腔囊肿
N94.808　盆腔假囊肿
N94.900　与女性生殖器官和月经周期有关的情况
N95.000　绝经后出血
N95.100　绝经期和女性更年期状态
N95.101　女性更年期综合征
N95.200　绝经后萎缩性阴道炎
N95.201　老年性阴道炎
N95.300x001　人工绝经后综合征
N95.800　绝经期和围绝经期的疾患，其他特指的
N95.900x001　绝经后卵巢可扪及综合征
N96.x00　习惯性流产
N96.x00x002　早期习惯性流产
N96.x00x003　晚期习惯性流产
N97.000x001　不排卵性不孕
N97.100x001　输卵管阻塞性不孕
N97.100x003　输卵管狭窄性不孕
N97.101　后天性输卵管闭锁
N97.200x001　子宫粘连性不孕
N97.200x002　卵子不植入
N97.300　宫颈起因的女性不孕症
N97.400x001　男方无精性不孕
N97.400x002　男方少精性不孕
N97.800x004　女性生殖器官血囊肿性不孕
N97.801　不育由于阴道畸形
N97.900　女性不孕症
N97.901　女性原发性不育
N97.902　女性继发性不育
N98.000　与人工授精有关的感染
N98.100　卵巢过度刺激
N98.200　试管内授精后企图植入受精卵的并发症
N98.300　在胚胎转移中企图植入胚胎的并发症
N98.800　与人工授精有关的其他并发症
N98.900　与人工授精有关的并发症
N99.200　阴道手术后粘连
N99.201　手术后阴道狭窄
N99.300　子宫切除术后阴道穹隆脱垂
N99.800x003　绝育后腹痛
N99.800x005　阴道成形术后阴道短小
N99.800x007　手术后会阴瘘
N99.800x010　子宫切口憩室
N99.801　残余卵巢综合征
N99.807　阴道残端出血
Q27.813　先天性子宫血管畸形
Q27.814　先天性卵巢血管畸形
Q27.816　先天性盆腔血管畸形
Q50.000　先天性无卵巢
Q50.000x011　先天性单侧卵巢缺如
Q50.000x021　先天性双侧卵巢缺如
Q50.100　发育性卵巢囊肿
Q50.200　卵巢先天性扭转
Q50.300x101　先天性卵巢条索状
Q50.301　副卵巢
Q50.302　卵巢异位
Q50.303　小卵巢
Q50.400　输卵管胚胎性囊肿
Q50.401　苗勒管囊肿

Q50.501　先天性卵巢旁囊肿
Q50.502　加特纳管囊肿
Q50.503　先天性卵巢冠囊肿
Q50.504　女性莫尔加尼囊肿
Q50.600　输卵管和阔韧带的其他先天性畸形
Q50.600x903　输卵管异位
Q50.600x904　先天性阔韧带缺如
Q50.601　先天性输卵管缺失
Q50.602　先天性阔韧带缺失
Q50.603　先天性输卵管闭锁
Q51.000　子宫缺如和不发育
Q51.000x001　始基子宫
Q51.001　先天性子宫缺失
Q51.100　双子宫伴有双宫颈和双阴道
Q51.100x001　双子宫颈
Q51.201　先天性双子宫单宫颈
Q51.202　子宫纵隔
Q51.203　子宫不全纵隔
Q51.300　双角子宫
Q51.400　单角子宫
Q51.501　先天性宫颈缺如
Q51.502　先天性宫颈不发育
Q51.600　宫颈胚胎性囊肿
Q51.800x007　先天性子宫内膜缺如
Q51.800x011　子宫横隔
Q51.800x012　子宫斜隔
Q51.801　先天性宫颈发育不良
Q51.802　弓形子宫
Q51.803　先天性残角子宫
Q51.804　先天性宫颈闭锁
Q51.805　先天性宫颈隔
Q51.806　先天性宫颈狭窄
Q51.808　子宫发育不全
Q51.900　子宫和宫颈先天性畸形
Q51.901　先天性宫颈畸形
Q52.000　先天性无阴道
Q52.101　阴道斜隔
Q52.103　阴道纵隔
Q52.104　阴道横膈
Q52.200　先天性直肠阴道瘘
Q52.300　处女膜闭锁
Q52.400x006　阴道苗勒管囊肿
Q52.400x007　阴道加特纳囊肿
Q52.401　阴道腺病
Q52.402　先天性阴道闭锁
Q52.403　先天性阴道狭窄
Q52.404　先天性阴道努克管囊肿
Q52.405　处女膜过长
Q52.406　尿道口处女膜病
Q52.407　伞状尿道口处女膜病
Q52.408　先天性处女膜增厚
Q52.500x001　先天性小阴唇粘连
Q52.601　先天性阴蒂肥大
Q52.700x003　先天性阴唇肥厚
Q52.700x004　先天性外阴缺如
Q52.700x005　先天性直肠会阴瘘
Q52.701　女性会阴发育异常
Q52.702　女性外阴发育异常
Q52.703　先天性外阴囊肿
Q52.800x004　女性中肾管囊肿
Q52.901　女性生殖道畸形综合征
Q56.000　两性畸形，不可归类在他处者
Q56.200　女性假两性畸形，不可归类在他处者
Q56.300　假两性畸形
Q56.400　性别不清
Q85.900x016　外阴错构瘤
Q85.900x045　盆腔错构瘤
Q85.900x047　会阴错构瘤
R87.000　女性生殖器官标本的酶水平异常
R87.100　女性生殖器官标本的激素水平异常
R87.200　女性生殖器官标本的其他药物、药剂和生物制剂水平异常
R87.300　女性生殖器官标本的主要为非药用性物质的水平异常
R87.400　女性生殖器官标本的异常的免疫学所见
R87.500　女性生殖器官标本的异常的微生物学所见
R87.600　女性生殖器官标本的异常的细胞学所见
R87.700　女性生殖器官标本的异常的组织学所见
R87.800　女性生殖器官标本的其他异常所见
R93.800x006　宫腔占位
R93.800x007　卵巢占位性病变
R93.803　子宫内膜增厚
S30.200x007　大阴唇挫伤
S30.200x008　小阴唇挫伤
S30.200x010　创伤性外阴血肿
S30.207　阴道挫伤
S31.400x001　阴道开放性损伤
S31.400x002　阴蒂开放性损伤
S31.400x003　外阴开放性损伤
S31.401　创伤性外阴裂伤

S31.402　处女膜裂伤
S37.400　卵巢损伤
S37.410　开放性卵巢损伤
S37.500　输卵管损伤
S37.510　开放性输卵管损伤
S37.600　子宫损伤
S37.600x002　创伤性子宫破裂
S37.601　创伤性宫颈裂伤
S37.602　创伤性子宫穿孔
S37.610　开放性子宫损伤
S37.710　开放性盆腔多个器官损伤
S37.810　开放性特指盆腔器官损伤
S38.200x001　大阴唇切断
S38.200x002　小阴唇切断
S38.200x006　外阴切断
S39.901　处女膜损伤
S39.902　阴道损伤
T19.201　外阴异物
T19.202　阴道内异物
T19.300x001　子宫内异物
T28.300　泌尿生殖器官内部烧伤
T28.300x001　阴道和子宫烧伤
T28.300x002　阴道烧伤
T28.300x003　子宫烧伤
T28.800　泌尿生殖器官内部腐蚀伤
T28.800x001　阴道和子宫腐蚀伤
T28.800x002　阴道腐蚀伤
T28.800x003　子宫腐蚀伤
T83.301　子宫内节育器残留
T83.302　子宫内节育器断裂
T83.303　子宫内节育器嵌顿
T83.304　子宫内节育器脱落
T83.305　子宫内节育器移位
T83.400　生殖道中其他假体装置、植入物和移植物的机械性并发症
T83.400x001　阴道植入物脱出
Z01.400x001　妇科检查
Z01.800x003　宫腔镜检查
Z31.000x001　输卵管绝育术后复通
Z31.100　人工授精
Z31.200　试管内授精
Z31.200x003　解冻胚胎移植
Z31.201　采取卵子
Z31.300x001　输卵管内配子移植
Z31.300x002　受精卵移植
Z52.800x001　供卵者

MDCO　妊娠、分娩及产褥期

主诊表

包含以下主要诊断：
A34.x00　产科破伤风
O00.000　腹腔妊娠
O00.001　大网膜妊娠
O00.100　输卵管妊娠
O00.101　输卵管妊娠流产
O00.102　输卵管妊娠破裂
O00.103　输卵管残端妊娠破裂
O00.104　输卵管壶腹部妊娠
O00.105　输卵管壶腹部妊娠流产
O00.106　输卵管壶腹部妊娠破裂
O00.107　输卵管间质部妊娠
O00.108　输卵管间质部妊娠流产
O00.109　输卵管间质部妊娠破裂
O00.110　输卵管伞部妊娠
O00.111　输卵管伞部妊娠流产
O00.112　输卵管伞端妊娠破裂
O00.113　输卵管峡部妊娠
O00.114　输卵管峡部妊娠流产
O00.115　输卵管峡部妊娠破裂
O00.116　陈旧性输卵管妊娠
O00.117　输卵管复合妊娠
O00.200　卵巢妊娠
O00.201　卵巢妊娠破裂
O00.800x006　子宫下段妊娠
O00.801　残角子宫妊娠
O00.802　残角子宫妊娠破裂
O00.803　宫颈妊娠
O00.804　宫内外复合妊娠
O00.805　阔韧带妊娠
O00.807　子宫瘢痕处妊娠
O00.808　子宫壁妊娠
O00.809　子宫角妊娠
O00.900　异位妊娠
O00.901　持续性异位妊娠
O00.902　陈旧性异位妊娠
O01.001　完全性葡萄胎
O01.101　部分性葡萄胎
O01.102　不完全葡萄胎
O01.901　妊娠滋养细胞病

O01.902　异位葡萄胎
O02.000x001　胎停育
O02.001　萎缩卵
O02.002　子宫内胎块
O02.100　稽留流产
O02.100x002　石胎（胎儿石化）
O02.800　受孕的其他特指的异常产物
O02.800x001　绒毛膜血管瘤
O02.900　受孕的异常产物
O03.001　不完全性自然流产并发盆腔感染
O03.002　不完全自然流产并发生殖道感染
O03.100x001　不完全自然流产并发播散性血管内凝血
O03.101　不完全性自然流产并发过度出血
O03.102　不完全性自然流产并发延迟出血
O03.200x001　不完全自然流产并发栓塞
O03.300　不完全性自然流产，伴有其他和未特指的并发症
O03.300x031　不完全自然流产并发休克
O03.300x041　不完全自然流产并发肾衰竭
O03.300x061　不完全自然流产并发盆腔器官损伤
O03.400x001　不完全自然流产
O03.501　完全性自然流产并发盆腔感染
O03.502　完全性自然流产并发子宫内感染
O03.503　自然流产并发盆腔感染
O03.504　自然流产并发生殖道感染
O03.600x001　完全自然流产并发播散性血管内凝血
O03.601　完全性自然流产并发出血
O03.602　完全性自然流产并发延迟出血
O03.603　自然流产并发出血
O03.604　自然流产并发延迟出血
O03.701　完全性自然流产并发栓塞
O03.702　自然流产并发栓塞
O03.800　完全性或未特指的自然流产，伴有其他的并发症
O03.800x031　自然流产并发休克
O03.800x041　自然流产并发肾衰竭
O03.800x061　自然流产并发盆腔器官损伤
O03.801　完全性自然流产伴有并发症
O03.802　自然流产伴有并发症
O03.900x001　生化妊娠
O03.900x002　自然流产
O03.901　难免性流产
O03.902　习惯性流产伴近期流产
O03.903　孕晚期自然流产
O03.904　孕早期自然流产
O04.000x003　不完全医疗性流产并发生殖道感染
O04.001　不完全性医疗性流产并发盆腔感染
O04.100x002　不完全医疗性流产并发播散性血管内凝血
O04.101　不完全性医疗性流产并发过度出血
O04.200x001　不完全医疗性流产并发栓塞
O04.300　不完全性医疗性流产，伴有其他并发症
O04.300x031　不完全医疗性流产并发休克
O04.300x041　不完全医疗性流产并发子宫颈裂伤
O04.300x081　不完全医疗性流产并发心率缓慢
O04.400　不完全性医疗性流产，无并发症
O04.401　不完全性药物流产
O04.402　早期不完全性医疗性流产
O04.500x001　医疗性流产并发生殖道感染
O04.500x002　医疗性流产并发盆腔感染
O04.502　晚期医疗性流产并发盆腔感染
O04.503　早期医疗性流产并发盆腔感染
O04.600x001　医疗性流产并发出血
O04.601　医疗性流产并发播散性血管内凝血
O04.602　早期医疗性流产并发过度出血
O04.700x001　医疗性流产并发栓塞
O04.701　医疗性流产并发羊水栓塞
O04.800　完全性或未特指的医疗性流产，伴有其他并发症
O04.800x031　医疗性流产并发休克
O04.800x041　医疗性流产并发肾衰竭
O04.800x061　医疗性流产并发子宫颈裂伤
O04.801　医疗性流产并发会阴裂伤
O04.802　医疗性流产并发阴道壁血肿
O04.900x001　医疗性流产
O04.901　中期人工流产
O04.902　晚期人工流产
O04.905　早期人工流产
O05.000　不完全性流产，其他的，并发生殖道和盆腔感染
O05.100　不完全性流产，其他的，并发延迟或过度出血
O05.200　不完全性流产，其他的，并发栓塞
O05.301　其他不完全性流产伴有并发症
O05.400　不完全性流产，其他的，无并发症
O05.500　完全性流产，其他的，并发生殖道和盆腔感染
O05.600　完全性流产，其他的，并发延迟或过度出血

O05.700　完全性流产，其他的，并发栓塞
O05.801　其他完全性流产伴有并发症
O05.900　完全性流产，其他的，无并发症
O06.000　不完全性流产，并发生殖道和盆腔感染
O06.100　不完全性流产，并发延迟或过度出血
O06.200　不完全性流产，并发栓塞
O06.301　未特指的不完全性流产伴有并发症
O06.400　不完全性流产，无并发症
O06.500　完全性流产，并发生殖道和盆腔感染
O06.600　完全性流产，并发延迟或过度出血
O06.700　完全性流产，并发栓塞
O06.801　未特指的流产伴有并发症
O06.900　完全性流产，无并发症
O07.000　医疗性流产失败，并发生殖道和盆腔感染
O07.000x001　医疗性流产失败并发盆腔感染
O07.000x002　医疗性流产失败并发生殖道感染
O07.100x001　医疗性流产失败并发出血
O07.200x001　医疗性流产失败并发栓塞
O07.300　医疗性流产失败，伴有其他的并发症
O07.300x001　医疗性流产失败并发代谢紊乱
O07.300x002　医疗性流产失败并发休克
O07.401　人工流产失败
O07.402　药物流产失败
O07.500　企图流产失败，其他或未特指的，并发生殖道和盆腔感染
O07.600　企图流产失败，其他的，并发延迟或过度出血
O07.700　企图流产失败，其他的，并发栓塞
O07.800　企图流产失败，其他的，伴有其他的并发症
O07.900x001　企图流产失败
O08.000　流产、异位妊娠和葡萄胎妊娠后生殖道和盆腔感染
O08.000x002　流产后卵巢炎
O08.000x004　流产后输卵管炎
O08.000x005　流产后输卵管卵巢炎
O08.000x006　流产后脓毒症
O08.000x007　葡萄胎妊娠后盆腔感染
O08.000x009　异位妊娠后生殖道感染
O08.000x010　葡萄胎妊娠后生殖道感染
O08.000x011　流产后发热
O08.002　流产后腹膜炎
O08.004　流产后盆腔感染
O08.005　流产后子宫内膜炎
O08.006　异位妊娠后盆腔感染
O08.100x002　流产后出血
O08.100x003　异位妊娠后出血
O08.100x004　葡萄胎妊娠后出血
O08.101　流产后播散性血管内凝血
O08.102　流产后过度出血
O08.103　葡萄胎妊娠后过度出血
O08.104　异位妊娠后播散性血管内凝血
O08.105　异位妊娠后腹腔内出血
O08.106　异位妊娠后过度出血
O08.200x001　流产后栓塞
O08.200x002　异位妊娠后栓塞
O08.200x003　葡萄胎妊娠后栓塞
O08.202　流产后羊水栓塞
O08.203　流产后空气栓塞
O08.204　流产后肺栓塞
O08.300x003　流产后循环性虚脱
O08.300x004　葡萄胎妊娠后休克
O08.301　流产后休克
O08.302　异位妊娠后休克
O08.400x003　流产后肾小管坏死
O08.400x004　异位妊娠后肾衰竭
O08.400x005　葡萄胎妊娠后肾衰竭
O08.401　流产后肾衰竭
O08.500　流产、异位妊娠和葡萄胎妊娠后的代谢疾患
O08.600x004　流产后子宫颈裂伤
O08.600x005　异位妊娠后子宫破裂
O08.600x006　流产后盆腔器官损伤
O08.601　人工流产后肠穿孔
O08.602　人工流产后子宫穿孔
O08.603　人工流产后子宫韧带血肿
O08.604　人工流产并发穹隆穿孔
O08.700　流产、异位妊娠和葡萄胎妊娠后的其他静脉并发症
O08.800x006　腹腔妊娠后胎盘残留
O08.800x007　流产后失血性贫血
O08.801　流产后腹痛
O08.802　流产后宫颈粘连
O08.803　流产后宫腔粘连
O08.805　流产后心脏停搏
O08.806　异位妊娠后宫颈粘连
O08.900　流产、异位妊娠和葡萄胎妊娠后的并发症
O10.001　妊娠合并原有特发性高血压
O10.101　妊娠合并原有高血压性心脏病
O10.201　妊娠合并原有高血压性肾病

O10.301　妊娠合并原有高血压性心脏病和肾病
O10.401　妊娠合并原有继发性高血压
O10.900x001　妊娠合并原有高血压
O11.x01　慢性高血压并发子痫前期
O12.000　妊娠水肿
O12.100　妊娠蛋白尿
O12.200　妊娠水肿伴有蛋白尿
O13.x00　妊娠［妊娠引起的］高血压
O13.x01　妊娠期短暂性高血压
O14.000x001　轻度先兆子痫
O14.000x002　中度先兆子痫
O14.100x002　重度子痫前期
O14.200　HELLP综合征
O14.900　子痫前期
O15.001　产前子痫
O15.101　产时子痫
O15.201　产后子痫
O15.900　子痫
O16.x00　孕产妇高血压
O20.000　先兆流产
O20.800　妊娠早期的其他出血
O20.900　妊娠早期出血
O21.000　轻度妊娠剧吐
O21.001　早期轻度妊娠剧吐
O21.100　妊娠剧吐伴有代谢紊乱
O21.100x002　妊娠剧吐伴酸中毒
O21.100x003　妊娠剧吐伴脱水
O21.100x004　妊娠剧吐伴碳水化合物缺失
O21.100x005　妊娠剧吐伴电解质失衡
O21.100x006　妊娠剧吐伴酮症
O21.200　妊娠晚期呕吐
O21.800　并发于妊娠的其他呕吐
O21.900　妊娠呕吐
O22.000　妊娠期下肢静脉曲张
O22.101　妊娠期会阴静脉曲张
O22.102　妊娠期外阴静脉曲张
O22.103　妊娠期阴道静脉曲张
O22.200　妊娠期血栓性浅静脉炎
O22.300　妊娠期深静脉血栓形成
O22.400　妊娠期痔
O22.500　妊娠期大脑静脉血栓形成
O22.801　妊娠期子宫旁静脉曲张
O22.900　妊娠期静脉并发症
O22.901　妊娠期静脉炎
O22.902　妊娠期静脉血栓形成
O23.000x001　妊娠期肾炎
O23.001　妊娠期肾盂肾炎
O23.101　妊娠期膀胱炎
O23.200　妊娠期尿道感染
O23.300　妊娠期泌尿道其他部位感染
O23.400　妊娠期泌尿道感染
O23.500　妊娠期生殖道感染
O23.500x001　妊娠期宫腔感染
O23.500x002　妊娠期输卵管炎
O23.500x007　妊娠期细菌性阴道病
O23.500x009　妊娠期前庭大腺脓肿
O23.500x010　妊娠期输卵管卵巢炎
O23.501　妊娠合并盆腔炎
O23.502　妊娠合并盆腔粘连
O23.503　妊娠合并输卵管坏死
O23.504　妊娠期宫颈炎
O23.505　妊娠期外阴炎
O23.506　妊娠期阴道炎
O23.901　妊娠期泌尿生殖道感染
O24.000　妊娠期伴原有的1型糖尿病
O24.000x021　妊娠合并原有1型糖尿病（胰岛素治疗）
O24.100　妊娠期伴原有的2型糖尿病
O24.100x011　妊娠合并原有2型糖尿病（非胰岛素治疗）
O24.100x021　妊娠合并原有2型糖尿病（胰岛素治疗）
O24.200x001　妊娠合并原有营养不良性糖尿病
O24.300x001　妊娠合并原有糖尿病
O24.301　妊娠期伴原有糖尿病性酮症
O24.400　妊娠期发生的糖尿病
O24.900　妊娠糖尿病
O25.x00　妊娠期营养不良
O25.x01　产褥期营养不良
O26.000　妊娠期体重增加过度
O26.100　妊娠期体重增加过低
O26.200　习惯性流产者的妊娠医疗
O26.300　具有子宫内避孕装置的妊娠
O26.400　妊娠疱疹
O26.501　妊娠期并发低血压综合征
O26.600x010　妊娠合并肝脓肿
O26.600x011　妊娠合并肝炎
O26.601　妊娠合并肝病
O26.602　妊娠合并肝功能衰竭
O26.603　妊娠合并肝损害

O26.604　妊娠合并肝硬化
O26.605　妊娠合并脂肪肝
O26.606　妊娠期肝内胆汁淤积症
O26.607　妊娠期急性脂肪肝
O26.608　妊娠合并自身免疫性肝炎
O26.609　妊娠合并肝囊肿
O26.701　妊娠合并耻骨联合分离
O26.800　与妊娠有关的情况，其他特指的
O26.800x011　妊娠合并肾病
O26.800x013　妊娠合并慢性肾功能不全
O26.800x015　妊娠合并急性肾功能不全
O26.800x016　妊娠合并输尿管积水
O26.801　妊娠合并肾病综合征
O26.802　妊娠合并肾衰竭
O26.803　妊娠合并肾积水
O26.804　妊娠合并肾小球肾炎
O26.806　妊娠合并周围神经炎
O28.000　孕产妇产前筛查的血液学异常所见
O28.100　孕产妇产前筛查的生物化学异常所见
O28.200　孕产妇产前筛查的细胞学异常所见
O28.300　孕产妇产前筛查的超声波异常所见
O28.300x001　脐动脉血流比值升高
O28.400　孕产妇产前筛查的放射学异常所见
O28.501　产前染色体筛查异常
O28.502　唐氏筛查高风险
O28.800　孕产妇产前筛查的其他异常所见
O28.900　孕产妇产前筛查异常所见
O29.000x001　妊娠期麻醉相关的吸入性肺炎
O29.000x002　妊娠期麻醉相关的胃内容物吸入
O29.000x003　妊娠期麻醉相关的门德尔松综合征
O29.000x004　妊娠期麻醉相关的肺压迫性萎陷
O29.000x005　妊娠期麻醉相关的分泌物吸入
O29.100x001　妊娠期麻醉相关的心脏停搏
O29.100x002　妊娠期麻醉相关的心力衰竭
O29.200　妊娠期间麻醉的中枢神经系统并发症
O29.300　妊娠期间局部麻醉的中毒反应
O29.400　妊娠期间脊髓和硬膜外麻醉诱发的头痛
O29.500　妊娠期间脊髓和硬膜外麻醉的其他并发症
O29.600　妊娠期间插管失败或困难
O29.800　妊娠期间麻醉的其他并发症
O29.900　妊娠期间麻醉并发症
O30.000　双胎妊娠
O30.100　三胎妊娠
O30.200　四胎妊娠
O30.800　多胎妊娠，其他的
O30.801　五胎妊娠
O30.900　多胎妊娠
O31.000　纸样胎
O31.000x001　压扁胎
O31.100　一个或多个胎儿流产后的继续妊娠
O31.200　一个或多个胎儿宫内死亡后的继续妊娠
O31.201　双胎妊娠一胎宫内死亡
O31.800　特发于多胎妊娠的其他并发症
O31.800x003　无心双胎
O31.800x004　双胎交锁
O31.800x005　选择性宫内生长受限
O31.800x007　双胎选择性生长不一致
O32.000x001　不稳定产式
O32.100x004　膝先露
O32.101　臀先露
O32.102　足先露
O32.201　肩先露
O32.202　斜位
O32.301　额先露
O32.302　颏先露
O32.303　面先露
O32.401　初产头浮
O32.500　为多胎妊娠伴有一个或多个胎儿先露异常给予的孕产妇医疗
O32.601　复合先露
O32.801　后不均倾
O32.802　前不均倾
O32.803　枕后位
O32.900　为胎儿先露异常给予的孕产妇医疗
O33.000x002　骨盆倾斜
O33.000x003　扁平骨盆
O33.002　畸形骨盆
O33.101　骨盆狭窄
O33.102　均小骨盆
O33.201　骨盆入口狭窄
O33.300x003　横径狭窄型骨盆
O33.300x004　中骨盆狭窄
O33.300x005　男性骨盆
O33.301　骨盆出口狭窄
O33.400　为母体和胎儿混合性原因的胎盆不称给予的孕产妇医疗
O33.501　巨大儿伴头盆不称
O33.600　为脑积水胎儿引起的胎盆不称给予的孕产妇医疗
O33.700　为其他胎儿变形引起的胎盆不称给予的

孕产妇医疗
O33.700x004　胎儿脊髓脊膜膨出引起胎盆不称
O33.700x005　胎儿骶部畸胎瘤引起胎盆不称
O33.700x006　胎儿肿瘤引起胎盆不称
O33.800　为其他原因的胎盆不称给予的孕产妇医疗
O33.900　为胎盆不称给予的孕产妇医疗
O34.000x003　妊娠合并残角子宫
O34.000x006　妊娠合并双子宫双子宫颈双阴道
O34.000x007　妊娠合并双子宫双子宫颈
O34.000x008　妊娠合并双子宫双阴道
O34.000x009　妊娠合并子宫不全纵隔
O34.000x011　妊娠合并鞍状子宫
O34.000x012　妊娠合并双子宫颈
O34.000x013　妊娠合并双子宫颈双阴道
O34.001　妊娠合并单角子宫
O34.002　妊娠合并双角子宫
O34.003　妊娠合并双子宫
O34.004　妊娠合并子宫畸形
O34.005　妊娠合并子宫纵隔
O34.100x001　妊娠合并子宫肌瘤
O34.100x003　妊娠合并子宫内膜息肉
O34.100x011　妊娠合并子宫肿瘤
O34.101　妊娠合并子宫韧带良性肿瘤
O34.102　妊娠合并子宫体肿瘤
O34.200x002　剖宫产史的妊娠
O34.201　妊娠合并子宫瘢痕
O34.301　妊娠合并宫颈功能不全
O34.400x005　妊娠合并子宫颈幼稚
O34.400x009　妊娠合并子宫颈水肿
O34.400x010　妊娠合并子宫颈术后宫颈异常
O34.400x011　妊娠合并子宫颈环扎后
O34.400x013　妊娠合并子宫颈肌瘤
O34.400x014　妊娠合并子宫颈高度病变
O34.401　妊娠合并宫颈瘢痕
O34.402　妊娠合并宫颈非典型性增生
O34.403　妊娠合并宫颈糜烂
O34.404　妊娠合并宫颈息肉
O34.405　妊娠合并宫颈狭窄
O34.406　妊娠合并宫颈肿瘤
O34.500x001　妊娠合并子宫扭转
O34.500x002　妊娠合并子宫嵌顿
O34.500x005　妊娠合并子宫腺肌病
O34.500x007　妊娠合并腹壁子宫内膜异位症
O34.501　妊娠合并子宫后倾
O34.502　妊娠合并子宫脱垂
O34.503　妊娠合并子宫内膜异位症
O34.600x004　妊娠合并阴道肿瘤
O34.600x005　妊娠合并阴道囊肿
O34.600x006　妊娠合并阴道斜隔
O34.601　妊娠合并双阴道畸形
O34.602　妊娠合并阴道横隔
O34.603　妊娠合并阴道狭窄
O34.604　妊娠合并阴道纵隔
O34.700　为外阴和会阴异常给予的孕产妇医疗
O34.700x002　妊娠合并外阴水肿
O34.700x004　妊娠合并会阴瘢痕
O34.700x005　妊娠合并外阴瘢痕
O34.701　妊娠伴外阴畸形
O34.800　为盆腔器官其他异常给予的孕产妇医疗
O34.800x004　妊娠合并输卵管扭转
O34.800x005　妊娠合并输卵管系膜囊肿
O34.800x006　妊娠合并卵巢肿瘤
O34.800x010　妊娠合并泡状附件
O34.800x011　妊娠合并附件肿物
O34.800x012　妊娠合并盆腔子宫内膜异位
O34.800x013　妊娠合并输卵管肿瘤
O34.800x014　妊娠合并卵巢囊肿蒂扭转
O34.800x015　妊娠合并卵巢肿瘤蒂扭转
O34.800x017　妊娠合并输卵管积水
O34.800x018　妊娠合并卵巢黄体囊肿破裂
O34.800x019　妊娠合并附件扭转
O34.800x021　妊娠合并输卵管囊肿
O34.800x022　妊娠合并输卵管卵巢囊肿
O34.801　妊娠合并膀胱膨出
O34.802　妊娠合并卵巢囊肿
O34.803　妊娠合并盆底僵直
O34.804　妊娠合并悬垂腹
O34.805　妊娠合并直肠膨出
O34.806　妊娠合并卵巢扭转
O34.807　妊娠合并卵巢子宫内膜异位症
O34.900　为盆腔器官异常给予的孕产妇医疗
O35.002　胎儿侧脑室增宽
O35.003　胎儿脊柱裂
O35.004　胎儿脑发育异常
O35.005　胎儿脑积水
O35.006　胎儿脑脊膜膨出
O35.007　胎儿脑囊肿
O35.008　胎儿神经管缺陷
O35.009　胎儿无脑畸形
O35.010　胎儿Dandy-walker综合征

O35.101　胎儿染色体异常
O35.102　胎儿先天愚型
O35.200x002　胎儿基因异常
O35.200x003　胎儿单基因病
O35.200x004　胎儿遗传代谢病
O35.201　胎儿α地中海贫血
O35.202　胎儿β地中海贫血
O35.203　胎儿亨廷顿舞蹈病
O35.204　胎儿克拉伯病
O35.205　胎儿血友病
O35.206　胎儿遗传性疾病
O35.300x002　为妊娠合并风疹病毒感染所致胎儿的（可疑）损害给予的孕产妇医疗
O35.300x003　为妊娠合并巨细胞病毒感染所致胎儿的（可疑）损害给予的孕产妇医疗
O35.400　为酒精所致胎儿的（可疑）损害给予的孕产妇医疗
O35.500　为药物所致胎儿的（可疑）损害给予的孕产妇医疗
O35.600x001　放射后的孕产妇医疗
O35.700x001　羊膜穿刺后的孕产妇医疗
O35.700x002　活组织检查后的孕产妇医疗
O35.700x003　侵入性胎儿手术后的孕产妇医疗
O35.700x006　手术对胎儿损害的孕产妇医疗
O35.701　胎儿损害由于子宫内避孕器妊娠
O35.800x001　胎儿多发畸形
O35.800x002　为妊娠合并李斯特菌所致胎儿的（可疑）损害给予的孕产妇医疗
O35.800x003　胎儿畸形
O35.800x005　寄生胎
O35.800x006　胎儿结构畸形
O35.800x007　胎儿食管闭锁
O35.800x009　胎儿肾盂积水
O35.800x010　胎儿轻度肾盂积水
O35.800x011　胎儿腭裂
O35.800x012　胎儿唇裂
O35.800x015　胎儿肛门闭锁
O35.800x017　胎儿膀胱外翻
O35.800x018　胎儿马蹄内翻足
O35.800x019　胎儿多指
O35.800x020　胎儿多趾
O35.800x023　胎儿重度肾盂积水
O35.800x025　胎儿缺指
O35.800x026　胎儿缺趾
O35.800x027　胎儿心包积液
O35.800x028　为妊娠合并阴道溶血性链球菌感染所致胎儿的（可疑）损害给予的孕产妇医疗
O35.800x029　为妊娠合并弓形虫病所致胎儿的（可疑）损害给予的孕产妇医疗
O35.800x030　胎儿单脐动脉
O35.801　胎儿唇腭裂
O35.803　胎儿耳畸形
O35.804　胎儿肺畸形
O35.805　胎儿腹裂
O35.806　胎儿腹腔囊肿
O35.807　胎儿腹水
O35.808　胎儿肝占位
O35.809　胎儿膈疝
O35.810　胎儿颈部囊性淋巴管瘤
O35.811　胎儿联体双胎畸形
O35.812　胎儿尿道下裂
O35.813　胎儿皮下组织增厚
O35.814　胎儿脐膨出
O35.816　胎儿软骨畸形
O35.817　胎儿肾畸形
O35.818　胎儿消化道闭锁
O35.819　胎儿心脏畸形
O35.820　胎儿胸腔积液
O35.821　胎儿眼附器畸形
O35.822　胎儿幽门梗阻
O35.823　胎儿肢体畸形
O35.900　为（可疑）胎儿异常和损害给予的孕产妇医疗
O36.001　Rh血型不合
O36.002　Rh阴性抗D抗体异常
O36.100　为其他同种免疫给予的孕产妇医疗
O36.100x002　同种免疫伴胎儿水肿
O36.101　ABO血型不合
O36.201　妊娠伴胎儿水肿
O36.202　镜像综合征
O36.203　双胎镜像综合征
O36.300x007　胎动频繁
O36.300x008　胎动消失
O36.300x009　胎动减少
O36.301　慢性混合型胎儿宫内窘迫
O36.302　慢性胎儿宫内窘迫
O36.303　胎儿心律异常
O36.304　慢性胎心型胎儿宫内窘迫
O36.305　慢性羊水型胎儿宫内窘迫
O36.401　胎死宫内

O36.501　妊娠合并低体重儿
O36.502　妊娠合并胎盘功能不全
O36.503　胎儿生长发育迟缓
O36.504　妊娠合并小样儿
O36.601　妊娠合并巨大儿
O36.700x001　腹腔妊娠活胎
O36.800　为其他特指的胎儿问题给予的孕产妇医疗
O36.900　为胎儿问题给予的孕产妇医疗
O40.x00　羊水过多
O41.000　羊水过少
O41.000x002　无羊水
O41.100　羊膜囊和胎膜的感染
O41.101　胎膜炎
O41.102　胎盘炎
O41.103　蜕膜炎
O41.104　羊膜炎
O41.800　羊水和胎膜其他特指的疾患
O41.800x001　羊膜带综合征
O41.800x004　绒毛膜下血肿
O41.801　羊膜囊肿
O41.803　羊膜粘连
O41.900　羊水和胎膜疾患
O42.000x001　足月胎膜早破（在24小时之内产程开始）
O42.000x002　早产胎膜早破（在24小时之内产程开始）
O42.100x011　足月胎膜早破（在1-7天内产程开始）
O42.100x012　早产胎膜早破（在1-7天内产程开始）
O42.200x001　由于治疗而使产程延迟的胎膜早破
O42.900　胎膜早破
O43.001　双胎输血综合征
O43.002　胎儿母体输血综合征
O43.003　双胎脐动脉返流序列征
O43.004　双胎动脉反向灌注综合征
O43.005　双胎贫血-红细胞增多序列症
O43.100　胎盘畸形
O43.101　帆状胎盘
O43.102　副胎盘
O43.103　巨大胎盘
O43.104　轮状胎盘
O43.105　球拍状胎盘
O43.106　三叶胎盘
O43.107　双叶胎盘
O43.110　胎盘血管瘤
O43.111　异常胎盘
O43.112　有缘胎盘
O43.200　病态胎盘粘连
O43.200x001　胎盘植入
O43.200x002　胎盘植入（穿透型）
O43.800　胎盘疾患，其他的
O43.800x007　胎盘血窦
O43.801　胎盘梗死
O43.802　胎盘坏死
O43.803　胎盘功能障碍
O43.804　胎盘纤维化
O43.805　胎盘血肿
O43.806　胎盘老化
O43.807　胎盘囊肿
O43.900　胎盘疾患
O44.000x001　低置胎盘
O44.000x002　凶险性前置胎盘
O44.000x003　前置胎盘
O44.001　边缘性前置胎盘
O44.002　部分性前置胎盘
O44.003　完全性前置胎盘
O44.100　前置胎盘伴有出血
O44.100x001　低置胎盘伴出血
O44.100x002　凶险性前置胎盘伴出血
O44.101　边缘性前置胎盘伴出血
O44.102　部分性前置胎盘伴出血
O44.103　完全性前置胎盘伴出血
O45.000　胎盘早期剥离伴有凝血缺陷
O45.000x001　胎盘早期剥离伴纤维蛋白原缺乏血症
O45.000x003　胎盘早期剥离伴纤维蛋白溶解亢进
O45.000x004　胎盘早期剥离伴低纤维蛋白原血症
O45.001　胎盘早剥伴播散性血管内凝血
O45.801　子宫胎盘卒中
O45.900　胎盘早期剥离
O46.000　产前出血伴有凝血缺陷
O46.000x001　产前出血伴纤维蛋白原缺乏血症
O46.000x003　产前出血伴纤维蛋白溶解亢进
O46.000x004　产前出血伴低纤维蛋白原血症
O46.001　产前播散性血管内凝血
O46.801　胎盘边缘血窦破裂
O46.900　产前出血
O47.000　妊娠37整周之前的假临产
O47.100　妊娠37整周或以后的假临产
O47.900　假临产
O47.900x002　先兆临产
O48.x00　过期妊娠

O60.001　先兆早产不伴分娩
O60.100x001　早产伴分娩
O60.100x002　早产伴自然临产经剖宫产
O60.200　提前自然临产伴有足月产
O60.300x001　早产经剖宫产
O60.300x002　早产经引产
O61.000x001　后叶催产素引产失败
O61.000x002　前列腺素引产失败
O61.100　器械引产失败
O61.800　引产失败，其他的
O61.900　引产失败
O62.000　原发性宫缩乏力
O62.001　宫颈扩张失败
O62.100　继发性宫缩乏力
O62.101　产程活跃期受阻
O62.201　宫缩乏力
O62.202　子宫松弛
O62.300　急产
O62.400x005　协调性子宫收缩过强
O62.400x006　子宫痉挛性狭窄环
O62.400x007　不协调性子宫收缩过强
O62.401　高张力子宫功能不良
O62.402　宫颈痉挛
O62.403　子宫病理性收缩环
O62.404　子宫难产
O62.405　子宫强直性收缩
O62.406　先兆子宫破裂
O62.800　产力异常，其他的
O62.900　产力异常
O63.000　第一期（产程）延长
O63.001　活跃期停滞
O63.002　活跃期延长
O63.003　潜伏期延长
O63.100　第二期（产程）延长
O63.201　多胎延迟性分娩
O63.901　产程延长
O64.001　持续性枕横位难产
O64.002　持续性枕后位难产
O64.100x002　足先露引起的梗阻性分娩
O64.100x003　膝先露难产
O64.101　臀先露难产
O64.200　面先露引起的梗阻性分娩
O64.200x002　颏先露引起的梗阻性分娩
O64.301　额先露难产
O64.401　肩先露难产
O64.501　复合先露难产
O64.800　胎位不正和先露异常引起的梗阻性分娩，其他的
O64.801　高直后位难产
O64.802　高直前位难产
O64.803　高直位难产
O64.900　胎位不正和先露异常引起的梗阻性分娩
O65.000x001　扁平骨盆难产
O65.000x002　类人猿骨盆难产
O65.001　变形骨盆难产
O65.101　均小骨盆难产
O65.201　骨盆入口狭窄难产
O65.300x002　男性骨盆难产
O65.301　漏斗骨盆难产
O65.401　头盆不称难产
O65.500x002　子宫瘢痕引起的梗阻性分娩
O65.501　宫颈水肿难产
O65.800　母体骨盆异常引起的梗阻性分娩，其他的
O65.900　母体骨盆异常引起的梗阻性分娩
O66.001　肩位难产
O66.101　双胎交锁难产
O66.201　巨大儿难产
O66.300x001　联体双胎引起的梗阻性分娩
O66.300x002　胎儿水肿引起的梗阻性分娩
O66.300x003　胎儿骶部畸胎瘤引起的梗阻性分娩
O66.300x004　胎儿脊髓脊膜膨出引起的梗阻性分娩
O66.300x005　胎儿肿瘤引起的梗阻性分娩
O66.300x006　胎儿腹水引起的梗阻性分娩
O66.300x007　胎儿脑积水引起的梗阻性分娩
O66.401　试产失败后剖宫产
O66.500x001　真空吸引器应用失败
O66.500x002　产钳应用失败
O66.800　梗阻性分娩，其他特指的
O66.901　难产
O67.000　产时出血伴有凝血缺陷
O67.000x002　分娩期弥散性血管内凝血
O67.800　产时出血，其他的
O67.900　产时出血
O68.001　分娩并发胎儿心动过速
O68.002　分娩并发胎儿心率异常
O68.003　急性胎心型胎儿宫内窘迫
O68.101　急性羊水型胎儿宫内窘迫
O68.201　急性混合型胎儿宫内窘迫
O68.300x001　分娩伴胎儿酸碱平衡紊乱
O68.800　产程和分娩并发胎儿应激反应的其他证据

O68.901　急性胎儿宫内窘迫
O69.001　脐带脱垂
O69.002　脐带先露
O69.101　脐带绕颈
O69.200　产程和分娩并发其他脐带缠绕
O69.200x006　脐带狭窄
O69.200x007　脐带扭转
O69.201　脐带过长
O69.202　脐带绕臂
O69.203　脐带绕踝
O69.204　脐带绕肩
O69.205　脐带绕身
O69.206　脐带绕手
O69.207　脐带绕腿
O69.208　脐带真结
O69.209　双胎脐带缠绕
O69.210　脐带假结
O69.301　脐带过短
O69.400　产程和分娩并发前置血管
O69.401　脐带血管前置
O69.500x003　脐带血栓形成
O69.500x004　脐带静脉曲张
O69.501　脐带挫伤
O69.503　脐带血肿
O69.800x004　脐带水肿
O69.800x005　脐带绕颈不伴受压
O69.802　脐带囊肿
O69.804　脐带帆状附着
O69.900x001　分娩伴脐带并发症
O70.000　分娩时Ⅰ度会阴裂伤
O70.000x002　分娩时会阴裂伤累及阴唇系带
O70.000x003　分娩时会阴裂伤累及皮肤
O70.000x005　分娩时会阴裂伤累及阴道
O70.100　分娩时Ⅱ度会阴裂伤
O70.100x002　分娩时会阴裂伤累及盆底
O70.100x003　分娩时会阴裂伤累及会阴肌肉
O70.100x004　分娩时会阴裂伤累及阴道肌肉
O70.100x005　分娩时会阴-阴道复杂裂伤
O70.200　分娩时Ⅲ度会阴裂伤
O70.200x001　分娩时会阴裂伤累及阴道直肠隔
O70.200x003　分娩时会阴裂伤累及肛门括约肌
O70.300　分娩时Ⅳ度会阴裂伤
O70.300x001　分娩时会阴裂伤累及肛门黏膜
O70.300x002　分娩时会阴裂伤累及直肠黏膜
O70.900　分娩时会阴裂伤
O71.001　分娩前子宫破裂
O71.100x001　分娩期子宫破裂
O71.101　分娩中不完性子宫破裂
O71.200　产后子宫内翻
O71.201　产后子宫外翻
O71.202　分娩并发子宫内翻
O71.301　产伤性宫颈裂伤
O71.400　产科高位阴道裂伤
O71.401　产伤性中上三分之一阴道裂伤
O71.402　产伤性阴道后穹隆裂伤
O71.403　分娩伴阴道沟裂伤
O71.500　伤及盆腔器官的其他产科损伤
O71.500x004　分娩伴盆腔器官损伤
O71.501　产伤性膀胱损伤
O71.502　产伤性尿道裂伤
O71.600　伤及骨盆关节和韧带的产科损害
O71.601　产伤性耻骨联合分离
O71.700x001　分娩伴阔韧带血肿
O71.700x002　分娩伴子宫壁血肿
O71.701　产伤性会阴血肿
O71.702　产伤性盆腔血肿
O71.703　产伤性外阴血肿
O71.704　产伤性阴道血肿
O71.801　产伤性腹直肌分离
O71.802　产伤性腰骶神经根损害
O71.900　产科创伤
O72.000　第三产程出血
O72.000x003　胎盘嵌顿伴出血
O72.001　胎盘粘连伴出血
O72.002　胎盘滞留伴出血
O72.003　胎盘植入伴出血
O72.100　即刻产后出血，其他的
O72.101　产后即时出血
O72.201　胎膜滞留伴出血
O72.202　延迟性产后出血
O72.300　产后凝血缺陷
O72.300x002　产后纤维蛋白原缺乏血症
O72.300x003　产后纤维蛋白溶解
O72.301　产后播散性血管内凝血
O73.000　胎盘滞留不伴有出血
O73.001　胎盘粘连不伴出血
O73.002　胎盘植入不伴出血
O73.101　胎膜滞留不伴出血
O73.102　胎盘部分滞留不伴出血
O74.000x001　分娩期麻醉引起的吸入性肺炎

O74.000x002　分娩期麻醉相关的门德尔松综合征
O74.100　产程和分娩期间麻醉的其他肺部并发症
O74.200x001　分娩期麻醉相关的心脏停搏
O74.200x002　分娩期麻醉相关的心力衰竭
O74.300　产程和分娩期间麻醉的中枢神经系统并发症
O74.400　产程和分娩期间局部麻醉的毒性反应
O74.500　产程和分娩期间脊髓和硬膜外麻醉诱发的头痛
O74.600　产程和分娩期间脊髓和硬膜外麻醉的其他并发症
O74.700　产程和分娩期间插管失败或困难
O74.800　产程和分娩期间麻醉的其他并发症
O74.900x001　分娩期麻醉并发症
O75.000　产程和分娩期间母体窘迫
O75.101　产科休克
O75.200　产程期间发热，不可归类在他处者
O75.300x001　分娩期脓毒症
O75.300x002　分娩期宫内感染
O75.401　产科术后心脏停搏
O75.402　产科术中心脏停搏
O75.403　分娩伴心力衰竭
O75.500　人工破膜后分娩延迟
O75.600　自发或未特指的破膜后分娩延迟
O75.700x001　剖宫产后阴道分娩
O75.800x002　分娩期血尿
O75.800x004　分娩期子宫颈水肿
O75.801　产后尿潴留
O75.900　产程和分娩并发症
O80.000　头位顺产
O80.100　臀位顺产
O80.800　单胎顺产，其他的
O80.900　单胎顺产
O81.000　低位产钳术
O81.100　中位产钳术
O81.200　中位产钳术伴有旋转
O81.301　产钳助产
O81.401　吸引器助产分娩
O81.500　同时借助产钳和真空吸引器分娩
O82.000　经选择性剖宫产术的分娩
O82.100　经急症剖宫产术的分娩
O82.201　经剖宫产子宫切除术的单胎分娩
O82.800　经其他剖宫产术的单胎分娩
O82.900　经剖宫产术分娩
O83.000　胎臀牵引术
O83.101　臀位助产的单胎分娩
O83.200　手法助产的分娩，其他的
O83.300　腹腔妊娠中能活胎儿的分娩
O83.400　毁胎手术分娩
O83.800　助产的单胎分娩，其他特指的
O83.900　助产的单胎分娩
O84.000　多胎分娩均为顺产
O84.100　多胎分娩均借助产钳和真空吸引器
O84.200　多胎分娩均经剖宫产术
O84.800　多胎分娩，其他的
O84.900　多胎分娩
O85.x00　产褥期脓毒病
O85.x00x006　产褥期菌血症
O85.x01　产褥期腹膜炎
O85.x03　产褥期子宫内膜炎
O86.000　产科手术伤口的感染
O86.001　分娩后会阴切口感染
O86.002　剖宫产后伤口感染
O86.100x002　产褥期子宫颈炎
O86.101　产褥期输卵管-卵巢炎
O86.102　产褥期阴道炎
O86.201　产褥期泌尿系感染
O86.300x001　产褥期泌尿生殖道感染
O86.400x001　产褥病率
O86.401　产褥期不明原因发热
O86.402　产褥期未特指的感染
O86.800x001　剖宫产后腹内感染
O86.801　产褥期丹毒
O86.802　产褥期盆腔炎
O87.000　产褥期血栓性浅静脉炎
O87.100　产褥期深静脉血栓形成
O87.200　产褥期痔
O87.300　产褥期大脑静脉血栓形成
O87.301　产褥期大脑静脉窦血栓形成
O87.801　产褥期外阴静脉曲张
O87.802　产褥期下肢静脉曲张
O87.900　产褥期的静脉并发症
O87.900x003　产褥期血栓形成
O87.901　产褥期静脉炎
O88.000　产科空气栓塞
O88.100　羊水栓塞
O88.101　妊娠过敏样综合征
O88.200　产科血凝块栓塞
O88.201　产科肺栓塞
O88.300x001　产科脓血性栓塞

O88.300x002　产科脓毒性栓塞
O88.800x001　产科脂肪栓塞
O89.000x001　产褥期麻醉相关的吸入性肺炎
O89.000x002　产褥期麻醉相关的胃内容物或分泌物吸入
O89.000x003　产褥期麻醉相关的门德尔松综合征
O89.000x004　产褥期麻醉相关的肺压力性萎陷
O89.100x001　产褥期麻醉相关的心脏停搏
O89.100x002　产褥期麻醉相关的心力衰竭
O89.200　产褥期中麻醉的中枢神经系统并发症
O89.300　产褥期中局部麻醉的中毒反应
O89.400　产褥期中脊髓和硬膜外麻醉诱发的头痛
O89.500　产褥期中脊髓和硬膜外麻醉的其他并发症
O89.600　产褥期中插管失败或困难
O89.800　产褥期中麻醉的其他并发症
O89.900　产褥期中麻醉并发症
O90.000　剖宫产术的伤口破裂
O90.101　产褥期继发性会阴撕裂
O90.102　会阴切开伤口裂开
O90.201　产后会阴伤口血肿
O90.202　产后阴道伤口血肿
O90.300　产褥期心肌病
O90.400　产后急性肾衰竭
O90.400x002　产褥期肝肾综合征
O90.500　产后甲状腺炎
O90.800x004　产褥期尿潴留
O90.800x005　产褥期肾炎
O90.800x006　产褥期胎盘息肉
O90.800x007　剖宫产后子宫切口愈合不良
O90.800x008　会阴侧切伤口愈合不良
O90.800x009　会阴裂伤伤口愈合不良
O90.801　产后子宫复旧不良
O90.802　剖宫产后伤口愈合不良
O90.900　产褥期并发症
O91.000　与分娩有关的乳头感染
O91.001　产褥期乳头感染
O91.100x001　妊娠期化脓性乳腺炎
O91.101　产褥期乳腺脓肿
O91.102　产褥期化脓性乳腺炎
O91.200x001　妊娠期实质性乳腺炎
O91.200x003　妊娠期间质性乳腺炎
O91.200x004　妊娠期乳房淋巴管炎
O91.200x005　产褥期实质性乳腺炎
O91.200x007　产褥期间质性乳腺炎
O91.200x008　产褥期乳房淋巴管炎
O91.201　产褥期乳腺炎
O91.202　妊娠期乳腺炎
O92.000　与分娩有关的乳头内缩
O92.100　与分娩有关的乳头皲裂
O92.100x001　产褥期乳头皲裂
O92.200　与分娩有关的乳房其他和未特指的疾患
O92.300　无乳
O92.400　乳汁过少
O92.500x001　治疗性无乳
O92.500x002　继发性无乳
O92.600　乳溢
O92.700　哺乳的其他和未特指的疾患
O92.700x002　产褥期乳汁淤积
O92.701　产褥期积乳囊肿
O94.x00　妊娠、分娩和产褥期并发症的后遗症
O95.x00　产科死亡
O96.000　直接产科原因的死亡，发生于分娩后42天以上一年以内
O96.100　间接产科原因的死亡，发生于分娩后42天以上一年以内
O96.900　未特指产科原因的死亡，发生于分娩后42天以上一年以内
O97.000　直接产科原因后遗症的死亡
O97.100　间接产科原因后遗症的死亡
O97.900　产科原因后遗症的死亡
O98.000　结核并发于妊娠、分娩和产褥期
O98.000x021　分娩合并结核病
O98.000x031　产褥期结核病
O98.001　妊娠合并结核病
O98.100　梅毒并发于妊娠、分娩和产褥期
O98.100x021　分娩合并梅毒
O98.100x031　产褥期梅毒
O98.101　妊娠合并梅毒
O98.200　淋病并发于妊娠、分娩和产褥期
O98.200x021　分娩合并淋病
O98.200x031　产褥期淋病
O98.201　妊娠合并淋病
O98.300　主要为性传播模式的其他感染并发于妊娠、分娩和产褥期
O98.300x013　妊娠合并生殖道沙眼衣原体感染
O98.300x014　妊娠合并泌尿生殖道支原体感染
O98.301　妊娠合并滴虫性阴道炎
O98.302　妊娠合并尖锐湿疣
O98.400x005　妊娠合并乙型丁型病毒性肝炎
O98.400x011　妊娠合并病毒性肝炎

O98.400x021 分娩合并病毒性肝炎
O98.400x031 产褥期病毒性肝炎
O98.401 妊娠合并甲型肝炎
O98.402 妊娠合并乙型肝炎
O98.403 妊娠合并丙型肝炎
O98.404 妊娠合并戊型肝炎
O98.406 妊娠合并重症病毒性肝炎
O98.500 其他病毒性疾病，并发于妊娠、分娩和产褥期
O98.501 妊娠合并病毒性脑炎
O98.502 妊娠合并风疹
O98.503 妊娠合并巨细胞病毒感染
O98.506 妊娠合并水痘
O98.600 原虫性疾病并发于妊娠、分娩和产褥期
O98.601 妊娠合并弓形虫病
O98.800 孕产妇其他的传染病和寄生虫病并发于妊娠、分娩和产褥期
O98.800x002 妊娠合并真菌性阴道炎
O98.800x007 妊娠合并菌痢
O98.800x009 妊娠合并沙眼衣原体感染
O98.800x013 妊娠合并真菌性外阴炎
O98.800x032 产褥期寄生虫病
O98.800x033 妊娠合并肺毛霉菌病
O98.800x035 妊娠合并急性胃肠炎
O98.800x036 妊娠合并肠炎
O98.800x037 妊娠合并腹泻
O98.801 妊娠合并脓毒症
O98.802 妊娠合并花斑癣
O98.803 妊娠合并脊髓灰质炎后遗症
O98.804 妊娠合并菌血症
O98.805 妊娠合并利斯特菌病
O98.806 妊娠合并霉菌性阴道炎
O98.808 妊娠合并阴道溶血性链球菌感染
O98.809 妊娠合并阴虱
O98.810 妊娠合并急性传染性肠胃炎
O98.811 妊娠合并传染性肠炎
O98.900 孕产妇的传染病或寄生虫病并发于妊娠、分娩和产褥期
O99.000x021 分娩合并贫血
O99.000x031 产褥期贫血
O99.002 妊娠合并全血细胞减少
O99.003 妊娠合并再生障碍性贫血
O99.004 妊娠合并地中海贫血
O99.005 妊娠合并轻度贫血
O99.006 妊娠合并中度贫血
O99.007 妊娠合并重度贫血
O99.008 妊娠合并贫血
O99.100x005 妊娠合并白细胞减少
O99.100x012 妊娠合并血液和造血器官疾病
O99.100x013 妊娠合并涉及免疫机制疾患
O99.100x022 分娩合并血液和造血器官疾病
O99.100x023 分娩合并涉及免疫机制疾患
O99.100x032 产褥期血液和造血器官疾病
O99.100x033 产褥期涉及免疫机制疾患
O99.101 妊娠合并血小板减少
O99.102 妊娠合并血小板减少性紫癜
O99.103 妊娠合并过敏性紫癜
O99.104 妊娠合并血友病
O99.105 妊娠合并凝血功能异常
O99.106 妊娠合并脾功能亢进
O99.107 妊娠合并家族性红细胞增多症
O99.108 妊娠合并类白血病反应
O99.109 妊娠合并抗磷脂抗体综合征
O99.200x002 妊娠合并多囊卵巢
O99.200x011 妊娠合并内分泌、营养和代谢疾病
O99.200x014 产褥期低蛋白血症
O99.200x017 妊娠合并低钠血症
O99.200x018 妊娠合并单纯性肥胖
O99.200x021 分娩合并内分泌、营养和代谢疾病
O99.200x031 产褥期内分泌、营养和代谢疾病
O99.201 妊娠合并21-羟化酶缺乏症
O99.202 妊娠合并垂体侏儒
O99.203 妊娠合并代谢性酸中毒
O99.204 妊娠合并低蛋白血症
O99.205 妊娠合并低钾血症
O99.206 妊娠合并杜宾-约翰逊综合征
O99.207 妊娠合并肥胖症
O99.208 妊娠合并肝豆状核变性
O99.209 妊娠合并高胆红素血症
O99.210 妊娠合并高泌乳素血症
O99.211 妊娠合并高雄激素血症
O99.212 妊娠合并高脂血症
O99.213 妊娠合并饥饿性酮症
O99.214 妊娠合并甲状旁腺功能减退
O99.215 妊娠合并甲状腺功能减退
O99.216 妊娠合并甲状腺功能亢进
O99.217 妊娠合并甲状腺功能障碍
O99.218 妊娠合并甲状腺炎
O99.219 妊娠合并甲状腺肿
O99.220 妊娠合并库欣综合征

O99.221 妊娠合并尿崩症
O99.222 妊娠合并肾上腺皮质功能减退
O99.223 妊娠合并肾上腺肿物
O99.224 妊娠合并先天性肾上腺皮质增生
O99.225 妊娠合并原发性醛固酮增多症
O99.300x012 妊娠合并神经系统疾病
O99.300x016 妊娠合并颅内动脉瘤
O99.300x021 分娩合并精神和行为障碍
O99.300x022 分娩合并神经系统疾病
O99.300x031 产褥期合并精神障碍
O99.300x032 产褥期神经系统疾病
O99.301 妊娠合并多发性脑神经疾病
O99.302 妊娠合并脑白质病
O99.303 妊娠合并脊髓病
O99.304 妊娠合并面神经麻痹
O99.305 妊娠合并面神经炎
O99.306 妊娠合并癫痫
O99.307 妊娠合并焦虑症
O99.308 妊娠合并截瘫
O99.309 妊娠合并脑瘫
O99.310 妊娠合并重症肌无力
O99.311 妊娠合并精神病
O99.312 妊娠合并精神障碍
O99.313 妊娠合并强迫症
O99.314 妊娠合并智力障碍
O99.315 妊娠合并多发性硬化
O99.400x004 妊娠合并肺动脉高压
O99.400x008 妊娠合并心力衰竭
O99.400x010 妊娠合并大动脉炎
O99.400x011 妊娠合并循环系统疾病
O99.400x021 分娩合并循环系统疾病
O99.400x022 妊娠合并交界性心动过速
O99.400x023 妊娠合并左心衰竭
O99.400x027 妊娠合并心房颤动（心房纤颤）
O99.400x030 妊娠合并心室肥厚
O99.400x031 妊娠合并感染性心包炎
O99.400x032 产褥期肺动脉高压
O99.400x033 妊娠合并急性心肌梗死
O99.400x034 产褥期循环系统疾病
O99.401 产褥期脑血管病
O99.402 产褥期心功能不全
O99.403 妊娠合并窦性心动过速
O99.404 妊娠合并二尖瓣关闭不全
O99.405 妊娠合并二尖瓣脱垂
O99.406 妊娠合并房性期前收缩
O99.407 妊娠合并频发室性期前收缩
O99.408 妊娠合并风湿性心脏病
O99.409 妊娠合并冠状动脉供血不足
O99.410 妊娠合并室上性心动过速
O99.411 妊娠合并室性心动过速
O99.412 妊娠合并室性期前收缩
O99.413 妊娠合并心包积液
O99.414 妊娠合并心功能不全
O99.415 妊娠合并心肌病
O99.416 妊娠合并心肌炎后遗症
O99.418 妊娠合并心律失常
O99.419 妊娠合并心血管病
O99.420 妊娠合并心脏病
O99.421 妊娠合并心脏扩大
O99.422 妊娠合并右束支传导阻滞
O99.423 妊娠合并预激综合征
O99.424 妊娠合并左束支传导阻滞
O99.425 妊娠合并风湿性关节炎
O99.426 妊娠合并肾下腔静脉压迫
O99.427 妊娠合并血栓形成
O99.428 妊娠合并原发性肺动脉高压
O99.429 妊娠合并颈动脉狭窄
O99.430 妊娠合并脑出血
O99.431 妊娠合并脑梗死
O99.432 妊娠合并脑血管病
O99.433 妊娠合并烟雾病
O99.434 妊娠合并子宫动静脉瘘
O99.500x008 产后并发急性肺水肿
O99.500x011 妊娠合并呼吸系统疾病
O99.500x021 分娩合并呼吸系统疾病
O99.500x031 产褥期呼吸系统疾病
O99.501 妊娠合并慢性气管炎
O99.502 妊娠合并支气管扩张
O99.503 妊娠合并支气管炎
O99.504 妊娠期合并支气管哮喘
O99.505 妊娠合并肺不张
O99.506 妊娠合并肺部感染
O99.507 妊娠合并肺水肿
O99.508 妊娠合并过敏性哮喘
O99.509 妊娠合并呼吸衰竭
O99.510 妊娠合并上呼吸道感染
O99.511 妊娠合并胸水
O99.512 妊娠合并急性呼吸窘迫综合征
O99.600x001 妊娠合并急性阑尾炎
O99.600x011 妊娠合并消化系统疾病

O99.600x012　妊娠合并胃痉挛
O99.600x014　妊娠合并牙髓炎
O99.600x016　产褥期肠梗阻
O99.600x017　产褥期不完全性肠梗阻
O99.600x018　妊娠合并非感染性腹泻
O99.600x021　分娩合并消化系统疾病
O99.600x031　产褥期消化系统疾病
O99.601　妊娠合并上消化道出血
O99.602　妊娠合并牙周炎
O99.603　妊娠合并急性胃炎
O99.604　妊娠合并胃炎
O99.605　妊娠合并出血性胃炎
O99.607　妊娠合并肠梗阻
O99.609　妊娠合并小肠疝
O99.610　妊娠合并阑尾穿孔
O99.611　妊娠合并阑尾炎
O99.614　妊娠合并门脉高压
O99.615　妊娠合并胆囊结石
O99.616　妊娠合并胆囊息肉
O99.617　妊娠合并胆囊炎
O99.618　妊娠合并硬化性胆管炎
O99.619　妊娠合并急性胰腺炎
O99.620　妊娠合并腹膜囊肿
O99.621　妊娠合并腹膜炎
O99.622　妊娠合并肛瘘
O99.623　妊娠合并腹股沟疝
O99.624　妊娠合并胃穿孔
O99.700x006　妊娠合并颈部脓肿
O99.700x008　妊娠合并瘙痒性毛囊炎
O99.700x009　妊娠合并瘙痒性荨麻疹性丘疹
O99.700x010　妊娠合并线状IgM皮病
O99.700x011　妊娠合并丘疹性皮炎
O99.700x012　妊娠合并瘙痒性荨麻疹性斑块
O99.700x013　妊娠合并皮肤和皮下组织的疾病
O99.700x021　分娩合并皮肤和皮下组织的疾病
O99.700x031　产褥期皮肤和皮下组织的疾病
O99.701　妊娠合并过敏性皮炎
O99.702　妊娠合并黑棘皮病
O99.703　妊娠合并红皮病
O99.704　妊娠合并疖肿
O99.705　妊娠合并结节性红斑
O99.706　妊娠合并玫瑰糠疹
O99.707　妊娠合并银屑病
O99.708　妊娠合并皮炎
O99.709　妊娠合并荨麻疹
O99.710　妊娠合并湿疹
O99.711　妊娠合并痒疹
O99.800　疾病和情况，其他特指的，并发于妊娠、分娩和产褥期
O99.800x012　妊娠合并原位肿瘤
O99.800x014　妊娠合并交界性肿瘤
O99.800x016　妊娠合并垂体瘤
O99.800x017　妊娠合并骨髓异常增生综合征
O99.800x018　妊娠合并脑肿瘤
O99.800x019　妊娠合并血管瘤
O99.800x021　分娩合并恶性肿瘤
O99.800x022　分娩合并原位肿瘤
O99.800x023　分娩合并良性肿瘤
O99.800x024　分娩合并交界性肿瘤
O99.800x031　产褥期恶性肿瘤
O99.800x032　产褥期原位肿瘤
O99.800x033　产褥期良性肿瘤
O99.800x034　产褥期交界性肿瘤
O99.800x111　妊娠合并眼和附器疾病
O99.800x112　妊娠合并耳和乳突疾病
O99.800x113　妊娠合并高度近视
O99.800x114　妊娠合并视网膜病
O99.800x115　妊娠合并黄斑区囊肿
O99.800x116　妊娠合并视野缺损
O99.800x121　分娩合并眼和附器疾病
O99.800x122　分娩合并耳和乳突疾病
O99.800x131　产褥期眼和附器疾病
O99.800x132　产褥期耳和乳突疾病
O99.800x211　妊娠合并肌肉骨骼系统和结缔组织疾病
O99.800x213　妊娠合并硬皮病
O99.800x215　妊娠合并腰椎间盘突出
O99.800x216　妊娠合并强直性脊柱炎
O99.800x217　产褥期股内收肌腱炎
O99.800x221　分娩合并肌肉骨骼系统和结缔组织疾病
O99.800x231　产褥期肌肉骨骼系统和结缔组织疾病
O99.800x312　妊娠合并外阴白斑
O99.800x314　妊娠合并尿道结石
O99.800x315　妊娠合并肾小管酸中毒
O99.800x316　妊娠合并输尿管结石
O99.800x317　妊娠合并外阴营养不良
O99.800x318　妊娠合并卵巢过度刺激综合征
O99.800x319　妊娠期前庭大腺囊肿
O99.800x321　分娩合并泌尿生殖系统疾病
O99.800x331　产褥期泌尿生殖系统疾病

O99.800x411　妊娠合并先天性畸形、变形和染色体异常
O99.800x412　妊娠合并先天性心脏病
O99.800x413　妊娠合并先天性脑血管畸形
O99.800x414　妊娠合并先天性房间隔缺损
O99.800x415　妊娠合并肾畸形
O99.800x416　妊娠合并先天性脊柱畸形
O99.800x417　妊娠合并先天性肾缺失
O99.800x421　分娩合并先天性畸形、变形和染色体异常
O99.800x431　产褥期先天性畸形、变形和染色体异常
O99.800x511　妊娠合并糖耐量异常
O99.801　妊娠合并良性肿瘤
O99.802　妊娠合并恶性肿瘤
O99.803　妊娠合并眼疾病
O99.804　妊娠合并肌肉骨骼疾病
O99.805　妊娠合并结缔组织疾病
O99.806　妊娠合并泌尿生殖系统疾病
O99.807　妊娠合并先天性畸形
O99.808　妊娠合并染色体异常
O99.809　妊娠合并白血病
O99.810　妊娠合并肾结石
O99.811　妊娠合并系统性红斑狼疮
O99.812　妊娠合并干燥综合征
O99.813　妊娠合并风湿病
O99.814　妊娠合并视网膜剥离
Z34.000x001　首次正常妊娠监督
Z34.800　正常妊娠的监督，其他的
Z34.900x001　妊娠监督
Z35.000　具有不孕症史者的妊娠监督
Z35.100　具有流产结局史者的妊娠监督
Z35.100x001　具有水泡状胎块史的妊娠监督
Z35.101　具有多次人工流产史者的妊娠监督
Z35.102　具有葡萄胎史妊娠监督
Z35.103　具有绒毛膜上皮性疾病史者的妊娠监督
Z35.104　具有自然流产史者的妊娠监督
Z35.200　具有其他不良生殖或产科病史者的妊娠监督
Z35.200x002　具有子宫肌瘤史的妊娠监督
Z35.200x003　具有绒毛膜上皮性疾病史妊娠监督
Z35.200x006　具有胎儿疾病史的妊娠监督
Z35.201　具有胎儿畸形史妊娠监督
Z35.202　具有胎儿先天愚型史者的妊娠监督
Z35.203　具有胎死宫内史妊娠监督
Z35.204　具有胚胎停止发育史妊娠监督
Z35.206　具有新生儿溶血史妊娠监督
Z35.207　具有异位妊娠史妊娠监督
Z35.208　具有死产史妊娠监督
Z35.209　具有新生儿死亡史妊娠监督
Z35.300x002　妊娠隐瞒者的妊娠监督
Z35.400x001　具有多胎产史的妊娠监督
Z35.401　高龄经产妇妊娠监督
Z35.500x001　高龄初孕妇的妊娠监督
Z35.600x001　极年轻初孕妇的妊娠监督
Z35.700　由于社会问题引起的高危妊娠监督
Z35.801　宫颈原位癌妊娠监督
Z35.802　卵巢恶性肿瘤史妊娠监督
Z35.804　近亲婚配妊娠监督
Z35.806　输卵管再通术后妊娠监督
Z35.900　高危妊娠监督
Z36.001　抽取羊水查染色体
Z36.101　抽取羊水查甲胎球蛋白水平
Z36.201　胎儿肌肉活检
Z36.202　胎儿皮肤活检
Z36.300x002　超声波胎儿畸形筛查
Z36.301　产前特指物理学方法筛查畸形
Z36.400x001　超声波胎儿生长迟缓筛查
Z36.401　产前物理学方法筛选胎儿生长迟缓
Z36.500　对同种免疫的产前筛查
Z36.800x001　对血红蛋白病的筛查
Z36.800x002　对血友病的筛查
Z36.801　抽取绒毛查胎儿畸形
Z36.802　胎儿镜检查
Z36.803　羊膜镜检查
Z36.900　产前筛查
Z39.000x001　产后医疗照顾
Z39.000x011　在医院产后的医疗照顾
Z39.000x021　在医院外分娩有计划的产后医疗照顾
Z39.000x031　在医院外分娩无计划的产后医疗照顾
Z64.000x001　与不想要的妊娠有关的问题

OB1　剖宫产术

包含以下主要手术或操作：
74.0x00　古典式剖宫产
74.0x00x001　子宫体剖宫产
74.0x00x002　子宫上段剖宫产
74.1x01　剖宫产术，子宫下段横切口
74.1x02　剖宫产术，子宫下段直切口
74.2x00　腹膜外剖宫产

74.4x01 腹腔妊娠剖宫产术
74.9900 其他剖宫产

OC1 阴道助产手术

包含以下主要手术或操作：
72.0x00 低位产钳手术
72.1x00 低位产钳手术伴外阴切开术
72.2100 中位产钳手术伴外阴切开术
72.2900x001 中位产钳术
72.3100 高位产钳手术伴外阴切开术
72.3900x001 高位产钳术
72.4x00 产钳胎头旋转
72.5100x001 后出头产钳伴部分臀牵引术
72.5200x001 部分臀位牵引术
72.5300 头娩出后用产钳的全部臀位牵引
72.5400x001 全部臀位牵引术
72.6x00 头后出产钳助产
72.7100x001 胎头吸引伴会阴切开术
72.7900x001 胎头吸引术
72.8x00 其他特定器械的分娩
73.2100x001 内倒转助产
73.2200 内倒转术与联合倒转术伴牵引术
73.3x00x001 试用产钳
73.5900x001 臀助产术
73.8x00x006 胎儿锁骨切断助产术
73.9100 胎位外倒转术
73.9300 子宫颈切开助产
73.9400 耻骨切开助产
73.9900 其他助产手术

OC2 阴道分娩伴手术操作

包含以下主要手术或操作：
73.6x00x002 会阴中切缝合术
73.6x01 会阴侧切缝合术
73.6x02 会阴直切缝合术
73.8x00x002 毁胎术
73.8x00x005 胎儿脑积水穿刺放液
73.8x02 碎胎术
73.9200 脐带脱垂复位
75.4x00x001 手取胎膜
75.4x00x002 手取胎盘
75.4x00x003 胎盘钳夹术
75.5100 子宫颈近期产科裂伤修补术
75.5200 子宫体近期产科裂伤修补术
75.6901 近期产科盆底裂伤修补术
75.6902 近期产科会阴裂伤修补术
75.6903 近期产科外阴裂伤修补术
75.6904 近期产科外阴切开Ⅱ期缝合术
75.6905 近期产科阴道裂伤修补术
75.8x00 子宫或阴道产科填塞
75.8x00x001 子宫产科填塞
75.9100x001 产科会阴血肿去除术
75.9200x001 产科外阴血肿去除术
75.9200x002 产科阴道血肿去除术
75.9201 外阴产科血肿排除术
75.9202 阴道产科血肿排除术
75.9203 子宫韧带血肿清除术
75.9300 内翻子宫的手术矫正术
75.9400x001 产科内翻子宫手法复位

OD1 与妊娠相关的子宫及附件手术

包含以下主要手术或操作：
38.8609 子宫动脉结扎术
38.8700x002 卵巢动静脉高位结扎术
38.8700x008 子宫动静脉高位结扎术
38.8700x009 腹腔镜下卵巢动静脉高位结扎术
38.8702 子宫静脉高位结扎术
39.7900x019 髂动脉栓塞术
39.7906 经导管髂内动脉栓塞术
54.1101 腹腔镜中转剖腹探查术
65.2900x001 卵巢病损烧灼术
65.2900x007 卵巢黄体血肿清除术
65.2900x011 卵巢囊肿穿刺术
65.2900x022 经阴道卵巢囊肿穿刺术
65.2901 卵巢病损切除术
65.2902 卵巢病损破坏术
65.2903 经阴道卵巢病损切除术
65.2904 经阴道卵巢病损破坏术
65.2905 卵巢黄体切除术
65.2906 卵巢部分切除术
65.3100 腹腔镜单侧卵巢切除术
65.3900x001 单侧卵巢切除术
65.3900x002 经阴道单侧卵巢切除术
65.4100 腹腔镜单侧输卵管-卵巢切除术
65.4900x001 单侧输卵管-卵巢切除术
65.4901 经阴道单侧输卵管卵巢切除术
65.5100 双侧卵巢切除术
65.5100x001 女性去势术
65.5100x003 经阴道双侧卵巢切除术
65.5200 残留卵巢其他切除

65.5200x001 残留卵巢切除术
65.6200x001 残留输卵管-卵巢切除术
65.6400 腹腔镜残留卵巢和输卵管切除术
65.7200x001 卵巢移位术
65.7500 腹腔镜卵巢再植入
65.9200 卵巢移植术
65.9400 卵巢去神经术
65.9900x005 卵巢卵泡穿刺术
65.9900x007 性腺切除术
66.3200x001 双侧输卵管切断术
66.3200x002 波罗伊手术［Pomeroy手术］
66.3201 双侧输卵管抽芯包埋术
66.3900x001 输卵管绝育术
66.3900x004 双侧输卵管结扎术
66.3901 双侧输卵管粘堵术
66.3902 双侧输卵管套环绝育术
66.6900x001 输卵管伞切除术
66.6900x002 腹腔镜下输卵管伞切除术
66.7900x008 腹腔镜下输卵管导丝复通术
66.7900x010 输卵管复位术
66.8x03 宫腔镜输卵管通液术
66.9100x004 经阴道输卵管穿刺引流术
66.9301 输卵管假体置入术
66.9302 输卵管假体置换术
66.9400 输卵管假体去除
66.9600x003 宫腔镜下输卵管疏通术
68.0x01 腹腔镜子宫切开术
68.2400 子宫动脉弹簧圈栓塞［UAE］
68.2401 腹腔镜子宫动脉弹簧圈栓塞［UAE］
68.2500x001 子宫动脉栓塞术
68.2501 腹腔镜子宫动脉栓塞术
68.2900x013 腹腔镜下子宫断蒂止血术
68.2900x028 子宫病损烧灼术
68.2900x031 子宫病损电凝术
68.2900x038 子宫内膜病损烧灼术
68.2900x048 宫腔镜下子宫电凝止血术
68.2901 子宫肌瘤切除术
68.2902 子宫内膜病损破坏术
68.2903 子宫内膜病损切除术
68.2904 子宫病损破坏术
68.2905 子宫病损射频消融术
68.2906 子宫病损切除术
68.2907 经阴道子宫病损切除术
68.2909 腹腔镜子宫病损电凝术
68.2910 腹腔镜子宫病损射频消融术
68.2911 腹腔镜子宫病损激光切除术
68.2912 腹腔镜子宫病损切除术
68.2913 宫腔镜子宫病损电切术
68.2914 宫腔镜子宫病损射频消融术
68.2915 宫腔镜子宫内膜病损切除术
68.2916 宫腔镜子宫内膜成形术
68.2917 宫腔镜子宫病损切除术
68.2918 腹腔镜辅助经阴道子宫病损切除术
68.3105 腹腔镜双子宫单侧切除术
68.3900x003 子宫颈上子宫切除术
68.3901 子宫次全切除术
68.3902 子宫部分切除术
68.3903 子宫角切除术
68.3904 子宫楔形切除术
68.3905 残角子宫切除术
68.3906 双子宫单侧切除术
68.3907 双角子宫切除术
68.4103 腹腔镜经腹始基子宫切除术
68.4104 腹腔镜经腹双子宫切除术
68.4900x004 始基子宫切除术
68.4900x006 子宫次广泛切除术
68.4901 经腹全子宫切除术
68.4902 经腹筋膜外全子宫切除术
68.4903 经腹扩大性全子宫切除术
68.4905 经腹双子宫切除术
68.5100x005 腹腔镜辅助经阴道子宫次全切除术
68.5900x002 经阴道子宫次全切除术
68.5900x003 经阴道筋膜外全子宫切除术
68.5902 经阴道子宫部分切除术
68.6900x002 子宫改良广泛性切除术
68.6902 子宫改良根治性切除术
68.7100x001 腹腔镜辅助经阴道子宫广泛性切除术
68.7900x003 经阴道子宫广泛性切除术
68.7901 经阴道子宫根治性切除术
69.4900x005 子宫修补术
69.4900x006 宫腔镜下子宫修补术
69.4902 腹腔镜子宫陈旧性产科裂伤修补术
69.4903 腹腔镜子宫修补术
69.4904 宫腔镜子宫陈旧性产科裂伤修补术
69.9101 宫腔填塞止血术
70.3200x002 直肠子宫陷凹病损切除术
74.9100 子宫切开终止妊娠
74.9100x001 腹腔镜下子宫切开的治疗性流产
74.9101 腹腔镜子宫切开终止妊娠

OD2　与妊娠相关的外阴、阴道及宫颈手术

包含以下主要手术或操作：
67.0x00　子宫颈管扩张
67.0x00x002　子宫颈粘连松解术
67.0x01　子宫颈支架置入术
67.3100　子宫颈囊肿袋形缝合术［造袋术］
67.3200　子宫颈病损烧灼破坏术
67.3200x009　子宫颈电凝止血术
67.3200x012　子宫颈转化区大环形切除术［LLETZ］
67.3201　子宫颈环形电切术
67.3202　子宫颈锥形电切术
67.3203　宫腔镜子宫颈病损电切术
67.3300　子宫颈病损冷冻破坏术
67.3301　子宫颈冷冻治疗术
67.3302　子宫颈冷冻锥形切除术
67.3901　子宫颈内膜旋切术
67.3902　宫腔镜子宫颈病损切除术
67.3903　腹腔镜子宫颈病损切除术
67.3904　子宫颈病损切除术
67.3905　子宫颈肌瘤切除术
67.5900x001　希罗德卡手术［Shirodkar］
67.5900x002　子宫峡部环扎术
67.5900x003　子宫颈环扎术［McDonald手术］
67.5901　经阴道子宫颈环扎术
69.3x00　子宫颈周围子宫去神经术
69.9700　去除子宫颈其他穿透性异物
70.1202　腹腔镜女性盆腔脓肿引流术
70.1300　阴道管腔内粘连松解术
70.1400x002　腹腔镜下阴道纵隔切开术
70.1400x007　阴道切开术
70.1400x012　阴道纵隔切除术
70.1401　阴道隔切断术
70.1402　阴道狭窄切开术
70.1403　阴道侧壁切开术
70.1404　阴道闭锁切开术
70.1405　阴道切开异物取出术
70.1407　腹腔镜阴道隔切断术
70.1408　宫腔镜阴道隔切断术
70.3101　处女膜部分切除术
70.3304　处女膜病损切除术
70.3305　腹腔镜阴道病损切除术
70.4x00x001　腹腔镜辅助人工阴道切除术
70.4x01　阴道切除术
70.4x02　阴道部分切除术
70.4x03　阴道闭合术
70.4x05　腹腔镜辅助阴道切除术
70.7100　阴道裂伤缝合术
70.7101　后穹窿裂伤缝合术
70.7900x010　阴道黏膜瓣移植术
70.7904　阴道断蒂术
71.0100x003　大阴唇粘连松解术
71.0100x004　阴唇粘连松解术
71.2200x001　前庭大腺囊肿切开术
71.2400x001　前庭大腺病损切除术
71.2400x003　前庭大腺切除术
71.2401　巴多林腺病损切除术
71.2900x001　前庭大腺瘘管切除术
71.2900x002　前庭大腺造口术
71.3x00x001　大阴唇病损切除术
71.3x00x007　女性会阴部瘢痕切除术
71.3x00x011　外阴病损烧灼术
71.3x00x013　外阴窦道切除术
71.3x00x021　女性会阴皮肤和皮下坏死组织切除清创术
71.3x00x023　女性外阴皮肤和皮下坏死组织切除清创术
71.3x00x025　小阴唇病损切除术
71.3x01　会阴病损切除术
71.3x03　外阴部分切除术
71.3x04　外阴病损切除术
71.3x05　外阴病损破坏术
71.4x02　阴蒂切除术
71.4x03　阴蒂部分切除术
71.4x04　阴蒂成形术
71.4x05　阴蒂保留血管神经复位术
71.5x00x001　外阴广泛性切除术
71.5x00x003　外阴根治性局部扩大切除术
71.5x00x004　外阴根治性局部切除术
71.7101　外阴裂伤缝合术
71.7102　会阴裂伤缝合术
71.8x00　外阴的其他手术
75.8x00x002　阴道产科填塞
75.9900x006　宫颈提拉式缝合术
96.1800x001　子宫颈托放置
98.1601　非切开宫颈异物取出术
98.1700x001　阴道内异物去除
98.2300x001　外阴异物去除

OE1 异位妊娠手术

包含以下主要诊断：
O00.000 腹腔妊娠
O00.001 大网膜妊娠
O00.100 输卵管妊娠
O00.101 输卵管妊娠流产
O00.102 输卵管妊娠破裂
O00.103 输卵管残端妊娠破裂
O00.104 输卵管壶腹部妊娠
O00.105 输卵管壶腹部妊娠流产
O00.106 输卵管壶腹部妊娠破裂
O00.107 输卵管间质部妊娠
O00.108 输卵管间质部妊娠流产
O00.109 输卵管间质部妊娠破裂
O00.110 输卵管伞部妊娠
O00.111 输卵管伞部妊娠流产
O00.112 输卵管伞端妊娠破裂
O00.113 输卵管峡部妊娠
O00.114 输卵管峡部妊娠流产
O00.115 输卵管峡部妊娠破裂
O00.116 陈旧性输卵管妊娠
O00.117 输卵管复合妊娠
O00.200 卵巢妊娠
O00.201 卵巢妊娠破裂
O00.800x006 子宫下段妊娠
O00.801 残角子宫妊娠
O00.802 残角子宫妊娠破裂
O00.803 宫颈妊娠
O00.804 宫内外复合妊娠
O00.805 阔韧带妊娠
O00.807 子宫瘢痕处妊娠
O00.808 子宫壁妊娠
O00.809 子宫角妊娠
O00.900 异位妊娠
O00.901 持续性异位妊娠
O00.902 陈旧性异位妊娠
O08.000 流产、异位妊娠和葡萄胎妊娠后生殖道和盆腔感染
O08.006 异位妊娠后盆腔感染
O08.100x003 异位妊娠后出血
O08.104 异位妊娠后播散性血管内凝血
O08.105 异位妊娠后腹腔内出血
O08.106 异位妊娠后过度出血
O08.302 异位妊娠后休克
O08.500 流产、异位妊娠和葡萄胎妊娠后的代谢疾患
O08.600x005 异位妊娠后子宫破裂
O08.700 流产、异位妊娠和葡萄胎妊娠后的其他静脉并发症
O08.806 异位妊娠后宫颈粘连
包含以下主要手术或操作：
54.1100 开腹探查术
54.1101 腹腔镜中转剖腹探查术
54.1201 再开腹探查术
54.5100x009 腹腔镜下盆腔粘连松解术
65.0100x002 腹腔镜下卵巢切开探查术
65.0100x003 腹腔镜下卵巢切开引流术
65.0101 腹腔镜输卵管卵巢探查术
65.0103 腹腔镜卵巢脓肿切开引流术
65.0105 腹腔镜卵巢囊肿开窗术
65.0900x003 卵巢切开探查术
65.0900x005 卵巢切开引流术
65.0901 输卵管卵巢切开探查术
65.0905 卵巢囊肿开窗术
65.2100 卵巢囊肿袋形缝合术［造袋术］
65.2200 卵巢楔形切除术
65.2400 腹腔镜卵巢楔形部分切除术
65.2501 腹腔镜卵巢病损切除术
65.2502 腹腔镜卵巢病损破坏术
65.2505 腹腔镜卵巢部分切除术
65.2900x001 卵巢病损烧灼术
65.2900x011 卵巢囊肿穿刺术
65.2901 卵巢病损切除术
65.2902 卵巢病损破坏术
65.2903 经阴道卵巢病损切除术
65.2904 经阴道卵巢病损破坏术
65.2906 卵巢部分切除术
65.3100 腹腔镜单侧卵巢切除术
65.3900x001 单侧卵巢切除术
65.4100 腹腔镜单侧输卵管-卵巢切除术
65.4900x001 单侧输卵管-卵巢切除术
65.4901 经阴道单侧输卵管卵巢切除术
65.5200 残留卵巢其他切除
65.5200x001 残留卵巢切除术
65.5400 腹腔镜残留卵巢切除术
65.6100 双侧输卵管卵巢切除术
65.6200x001 残留输卵管-卵巢切除术
65.7100x001 卵巢单纯缝合术
65.7600 腹腔镜输卵管卵巢成形术

65.7900x010　卵巢重建术
65.7901　卵巢成形术
65.7905　腹腔镜卵巢成形术
65.8101　腹腔镜卵巢粘连松解术
66.0100x006　输卵管切开妊娠物去除术
66.0101　腹腔镜输卵管探查术
66.0102　腹腔镜输卵管切开术
66.0103　腹腔镜输卵管妊娠切开去除术
66.0200　输卵管造口术
66.0201　输卵管造口去除输卵管妊娠术
66.0202　腹腔镜输卵管造口术
66.0203　腹腔镜输卵管造口去除输卵管妊娠术
66.1101　腹腔镜输卵管活组织检查
66.2101　腹腔镜双侧输卵管挤压术
66.2200x001　腹腔镜下双侧输卵管切断术
66.2900x003　宫腔镜下输卵管栓塞术
66.2901　腹腔镜输卵管绝育术
66.2903　腹腔镜双侧输卵管结扎术
66.3100　双侧输卵管其他结扎术和挤压术
66.3200x001　双侧输卵管切断术
66.3201　双侧输卵管抽芯包埋术
66.3900x001　输卵管绝育术
66.3900x004　双侧输卵管结扎术
66.3901　双侧输卵管粘堵术
66.3902　双侧输卵管套环绝育术
66.4x00　单侧输卵管全部切除术
66.4x02　腹腔镜单侧输卵管切除术
66.5100　双侧输卵管切除术
66.5102　腹腔镜双侧输卵管切除术
66.5200　残留输卵管切除术
66.5201　腹腔镜残留输卵管切除术
66.6100x006　腹腔镜下输卵管伞端电凝术
66.6100x011　输卵管病损烧灼术
66.6100x014　输卵管血肿清除术
66.6102　输卵管病损切除术
66.6104　腹腔镜输卵管病损切除术
66.6200　输卵管切除术伴去除输卵管妊娠
66.6200x003　输卵管部分切除伴输卵管妊娠物去除术
66.6200x004　腹腔镜下输卵管部分切除伴输卵管妊娠物去除术
66.6201　腹腔镜输卵管切除伴输卵管妊娠去除术
66.6300　双侧输卵管部分切除术
66.6301　腹腔镜双侧输卵管部分切除术
66.6901　单侧输卵管部分切除术
66.6902　腹腔镜单侧输卵管部分切除术
66.7100　单纯输卵管缝合术
66.7100x002　腹腔镜下输卵管单纯缝合术
66.7200　输卵管卵巢吻合术
66.7300　输卵管输卵管吻合术
66.7301　腹腔镜输卵管输卵管吻合术
66.7400　输卵管子宫吻合术
66.7401　输卵管子宫角植入术
66.7900x009　腹腔镜下输卵管复位术
66.7901　输卵管成形术
66.7903　输卵管结扎去除术
66.7905　腹腔镜输卵管成形术
66.7906　腹腔镜输卵管伞端成形术
66.8x02　腹腔镜输卵管通液术
66.9200x001　阴道式输卵管结扎术
66.9201　单侧输卵管挤压术
66.9202　单侧输卵管结扎术
66.9203　腹腔镜单侧输卵管结扎术
66.9204　腹腔镜单侧输卵管切断术
66.9205　腹腔镜单侧输卵管破坏术
66.9500x001　腹腔镜下输卵管甲氨蝶呤注射术［MTX注射术］
66.9500x004　输卵管甲氨蝶呤注射术［MTX注射术］
66.9600x002　腹腔镜下输卵管扩张术
66.9700　输卵管伞埋入子宫壁
66.9900　输卵管的其他手术
68.2900x035　子宫角部分切除术
68.2900x037　子宫角楔形切除术
68.3903　子宫角切除术
68.3905　残角子宫切除术
74.3x00x006　子宫韧带妊娠物去除术
74.3x00x010　经阴道子宫颈妊娠物穿刺术
74.3x00x011　经阴道输卵管间质部妊娠物穿刺术
74.3x00x012　腹腔镜下卵巢切开胚胎清除术
74.3x00x013　卵巢切开胚胎清除术
74.3x00x014　腹腔镜下子宫韧带妊娠清除术
74.3x00x015　腹腔镜下残角子宫妊娠清除术
74.3x00x016　宫腔镜下子宫颈娠清除术
74.3x00x017　宫腔镜下子宫角妊娠清除术
74.3x00x018　宫腔镜下子宫瘢痕妊娠清除术
74.3x00x019　经阴道子宫瘢痕妊娠切除术
74.3x01　腹腔妊娠清除术
74.3x02　子宫角妊娠清除术
74.3x03　子宫颈妊娠清除术
74.3x04　子宫瘢痕妊娠清除术

74.3x05　腹腔镜腹腔妊娠清除术
74.3x06　腹腔镜子宫角妊娠清除术
74.3x07　腹腔镜子宫肌壁间妊娠清除术
74.3x08　腹腔镜子宫瘢痕妊娠清除术
74.3x09　宫腔镜子宫肌壁间妊娠清除术

OF1　中期引产手术操作

入组条件1：主要诊断1+主要手术或操作
或入组条件2：主要诊断2+其他诊断+主要手术或操作

主要诊断1：
O01.001　完全性葡萄胎
O01.101　部分性葡萄胎
O01.102　不完全葡萄胎
O01.901　妊娠滋养细胞病
O01.902　异位葡萄胎
O02.100x002　石胎（胎儿石化）
O03.903　孕晚期自然流产
O04.502　晚期医疗性流产并发盆腔感染
O04.800x061　医疗性流产并发子宫颈裂伤
O04.801　医疗性流产并发会阴裂伤
O04.802　医疗性流产并发阴道壁血肿
O04.901　中期人工流产
O04.902　晚期人工流产
O08.103　葡萄胎妊娠后过度出血
O08.202　流产后羊水栓塞
O35.002　胎儿侧脑室增宽
O35.003　胎儿脊柱裂
O35.004　胎儿脑发育异常
O35.005　胎儿脑积水
O35.006　胎儿脑脊膜膨出
O35.007　胎儿脑囊肿
O35.008　胎儿神经管缺陷
O35.009　胎儿无脑畸形
O35.010　胎儿Dandy-walker综合征
O35.101　胎儿染色体异常
O35.102　胎儿先天愚型
O35.200x002　胎儿基因异常
O35.200x003　胎儿单基因病
O35.200x004　胎儿遗传代谢病
O35.201　胎儿α地中海贫血
O35.202　胎儿β地中海贫血
O35.203　胎儿亨廷顿舞蹈病
O35.204　胎儿克拉伯病
O35.205　胎儿血友病
O35.206　胎儿遗传性疾病
O35.800x003　胎儿畸形
O35.800x005　寄生胎
O35.800x006　胎儿结构畸形
O35.800x007　胎儿食管闭锁
O35.800x009　胎儿肾盂积水
O35.800x010　胎儿轻度肾盂积水
O35.800x011　胎儿腭裂
O35.800x012　胎儿唇裂
O35.800x015　胎儿肛门闭锁
O35.800x017　胎儿膀胱外翻
O35.800x018　胎儿马蹄内翻足
O35.800x019　胎儿多指
O35.800x020　胎儿多趾
O35.800x023　胎儿重度肾盂积水
O35.800x025　胎儿缺指
O35.800x026　胎儿缺趾
O35.800x027　胎儿心包积液
O35.800x030　胎儿单脐动脉
O35.801　胎儿唇腭裂
O35.803　胎儿耳畸形
O35.804　胎儿肺畸形
O35.805　胎儿腹裂
O35.806　胎儿腹腔囊肿
O35.807　胎儿腹水
O35.808　胎儿肝占位
O35.809　胎儿膈疝
O35.810　胎儿颈部囊性淋巴管瘤
O35.811　胎儿联体双胎畸形
O35.812　胎儿尿道下裂
O35.813　胎儿皮下组织增厚
O35.814　胎儿脐膨出
O35.816　胎儿软骨畸形
O35.817　胎儿肾畸形
O35.818　胎儿消化道闭锁
O35.819　胎儿心脏畸形
O35.820　胎儿胸腔积液
O35.821　胎儿眼附器畸形
O35.822　胎儿幽门梗阻
O35.823　胎儿肢体畸形
O36.401　胎死宫内

主要诊断2：
O02.100　稽留流产

其他诊断：
O26.900x109 孕13周
O26.900x201 孕14周
O26.900x202 孕15周
O26.900x203 孕16周
O26.900x204 孕17周
O26.900x205 孕18周
O26.900x206 孕19周
O26.900x301 孕20周
O26.900x302 孕21周
O26.900x303 孕22周
O26.900x304 孕23周
O26.900x305 孕24周
O26.900x306 孕25周
O26.900x401 孕26周

主要手术或操作：
68.0x00x007 子宫切开术同时伴去除葡萄胎
69.0100x002 人工流产钳刮术
69.0200x003 流产后刮宫术
69.5202 流产后电吸刮宫术
69.5901 电吸刮宫术
73.1x01 水囊引产
73.1x02 子宫颈扩张球囊引产
73.8x00x003 钳夹术
74.9100 子宫切开终止妊娠
74.9100x001 腹腔镜下子宫切开的治疗性流产
74.9101 腹腔镜子宫切开终止妊娠
75.0x01 羊膜腔内注射药物引产术
75.0x01x001 药物羊膜腔内注射终止妊娠
75.0x02 利凡诺羊膜腔内注射终止妊娠

OF2 早期流产手术操作

包含以下主要诊断：
O02.000x001 胎停育
O02.002 子宫内胎块
O02.100 稽留流产
O03.001 不完全性自然流产并发盆腔感染
O03.002 不完全自然流产并发生殖道感染
O03.100x001 不完全自然流产并发播散性血管内凝血
O03.101 不完全性自然流产并发过度出血
O03.102 不完全性自然流产并发延迟出血
O03.200x001 不完全自然流产并发栓塞
O03.300 不完全性自然流产，伴有其他和未特指的并发症
O03.300x031 不完全自然流产并发休克
O03.300x041 不完全自然流产并发肾衰竭
O03.300x061 不完全自然流产并发盆腔器官损伤
O03.400x001 不完全自然流产
O03.501 完全性自然流产并发盆腔感染
O03.502 完全性自然流产并发子宫内感染
O03.503 自然流产并发盆腔感染
O03.504 自然流产并发生殖道感染
O03.600x001 完全自然流产并发播散性血管内凝血
O03.601 完全性自然流产并发出血
O03.602 完全性自然流产并发延迟出血
O03.603 自然流产并发出血
O03.604 自然流产并发延迟出血
O03.701 完全性自然流产并发栓塞
O03.702 自然流产并发栓塞
O03.800 完全性或未特指的自然流产，伴有其他的并发症
O03.800x031 自然流产并发休克
O03.800x041 自然流产并发肾衰竭
O03.800x061 自然流产并发盆腔器官损伤
O03.801 完全性自然流产伴有并发症
O03.802 自然流产伴有并发症
O03.900x001 生化妊娠
O03.900x002 自然流产
O03.901 难免性流产
O03.902 习惯性流产伴近期流产
O03.904 孕早期自然流产
O04.000x003 不完全医疗性流产并发生殖道感染
O04.001 不完全性医疗性流产并发盆腔感染
O04.100x002 不完全医疗性流产并发播散性血管内凝血
O04.101 不完全性医疗性流产并发过度出血
O04.300 不完全性医疗性流产，伴有其他并发症
O04.300x031 不完全医疗性流产并发休克
O04.300x041 不完全医疗性流产并发子宫颈裂伤
O04.300x081 不完全医疗性流产并发心率缓慢
O04.400 不完全性医疗性流产，无并发症
O04.401 不完全性药物流产
O04.402 早期不完全性医疗性流产
O04.500x001 医疗性流产并发生殖道感染
O04.500x002 医疗性流产并发盆腔感染
O04.503 早期医疗性流产并发盆腔感染
O04.600x001 医疗性流产并发出血

O04.601　医疗性流产并发播散性血管内凝血
O04.602　早期医疗性流产并发过度出血
O04.700x001　医疗性流产并发栓塞
O04.701　医疗性流产并发羊水栓塞
O04.800　完全性或未特指的医疗性流产，伴有其他并发症
O04.800x031　医疗性流产并发休克
O04.800x041　医疗性流产并发肾衰竭
O04.900x001　医疗性流产
O04.905　早期人工流产
O06.301　未特指的不完全性流产伴有并发症
O07.300　医疗性流产失败，伴有其他的并发症
O07.300x001　医疗性流产失败并发代谢紊乱
O07.300x002　医疗性流产失败并发休克
O07.401　人工流产失败
O07.402　药物流产失败
O07.500　企图流产失败，其他或未特指的，并发生殖道和盆腔感染
O07.600　企图流产失败，其他的，并发延迟或过度出血
O07.700　企图流产失败，其他的，并发栓塞
O07.800　企图流产失败，其他的，伴有其他的并发症
O07.900x001　企图流产失败
O08.000x005　流产后输卵管卵巢炎
O08.000x006　流产后脓毒症
O08.000x011　流产后发热
O08.002　流产后腹膜炎
O08.004　流产后盆腔感染
O08.005　流产后子宫内膜炎
O08.100x002　流产后出血
O08.101　流产后播散性血管内凝血
O08.102　流产后过度出血
O08.200x001　流产后栓塞
O08.203　流产后空气栓塞
O08.204　流产后肺栓塞
O08.300x003　流产后循环性虚脱
O08.301　流产后休克
O08.400x003　流产后肾小管坏死
O08.401　流产后肾衰竭
O08.600x004　流产后子宫颈裂伤
O08.600x006　流产后盆腔器官损伤
O08.601　人工流产后肠穿孔
O08.602　人工流产后子宫穿孔
O08.603　人工流产后子宫韧带血肿
O08.604　人工流产并发穹隆穿孔
O08.800x007　流产后失血性贫血
O08.801　流产后腹痛
O08.802　流产后宫颈粘连
O08.803　流产后宫腔粘连
O08.805　流产后心脏停搏
O08.900　流产、异位妊娠和葡萄胎妊娠后的并发症
包含以下主要手术或操作：
69.0101　终止妊娠刮宫术
69.0200x003　流产后刮宫术
69.0201　人工流产后刮宫术
69.5101　负压吸引人工流产术
69.5102　超声引导下负压吸引人工流产术
69.5103　宫腔镜电吸人流术
69.5202　流产后电吸刮宫术
69.5901　电吸刮宫术
73.4x00x004　米非司酮配伍前列腺素终止妊娠
96.4902　前列腺素栓剂置入，用于流产

OJ1　与妊娠、分娩相关的其他手术操作

包含以下主要手术或操作：
38.7x01　腔静脉结扎术
38.7x02　腔静脉折叠术
38.7x03　上腔静脉滤器置入术
38.7x04　下腔静脉滤器置入术
54.1202　近期开腹术后腹腔止血术
54.4x10　腹腔镜下盆腔腹膜病损切除术
54.6101　腹壁切口裂开缝合术
65.0100x002　腹腔镜下卵巢切开探查术
65.0103　腹腔镜卵巢脓肿切开引流术
65.0105　腹腔镜卵巢囊肿开窗术
65.0900x003　卵巢切开探查术
65.0900x004　卵巢切开血肿清除术
65.0903　卵巢脓肿切开引流术
65.0905　卵巢囊肿开窗术
65.1200x001　直视下卵巢活检术
65.1201　卵巢活组织检查
65.1300　腹腔镜卵巢活组织检查
65.2100　卵巢囊肿袋形缝合术［造袋术］
65.2200　卵巢楔形切除术
65.2300　腹腔镜卵巢囊肿袋形缝合术［造袋术］
65.2400　腹腔镜卵巢楔形部分切除术
65.2500x003　腹腔镜下卵巢病损烧灼术
65.2500x005　腹腔镜下卵巢囊肿穿刺术
65.2500x011　腹腔镜下卵巢电凝术

65.2501 腹腔镜卵巢病损切除术
65.2502 腹腔镜卵巢病损破坏术
65.2503 腹腔镜卵巢黄体切除术
65.2504 腹腔镜卵巢黄体破坏术
65.2505 腹腔镜卵巢部分切除术
65.5300 腹腔镜双侧卵巢切除术
65.6100 双侧输卵管卵巢切除术
65.6101 经阴道双侧输卵管卵巢切除术
65.6300 腹腔镜双侧卵巢和输卵管切除术
65.6301 双侧输卵管卵巢切除术，经阴道+腹腔镜
65.7100x001 卵巢单纯缝合术
65.7300x001 输卵管-卵巢成形术
65.7400 腹腔镜卵巢单纯缝合术
65.7600 腹腔镜输卵管卵巢成形术
65.7900x008 腹腔镜下卵巢破裂修补术
65.7900x009 腹腔镜下卵巢破裂止血术
65.7901 卵巢成形术
65.7902 卵巢固定术
65.7903 卵巢悬吊术
65.7904 腹腔镜卵巢悬吊术
65.7905 腹腔镜卵巢成形术
65.8100 腹腔镜卵巢和输卵管粘连松解术
65.8101 腹腔镜卵巢粘连松解术
65.8102 腹腔镜输卵管粘连松解术
65.8900x001 输卵管-卵巢粘连松解术
65.8901 卵巢粘连松解术
65.8902 输卵管粘连松解术
65.9100 卵巢抽吸术
65.9101 腹腔镜卵巢穿刺抽吸术
65.9300 卵巢囊肿手法破裂术
65.9500 卵巢扭转松解术
65.9900x006 腹腔镜下卵巢穿刺取卵术
65.9901 卵巢打孔术
65.9902 腹腔镜卵巢打孔术
66.0100x003 腹腔镜下输卵管切开引流术
66.0100x005 输卵管切开引流术
66.0100x006 输卵管切开妊娠物去除术
66.0100x008 输卵管切开探查术
66.0101 腹腔镜输卵管探查术
66.0102 腹腔镜输卵管切开术
66.0103 腹腔镜输卵管妊娠切开去除术
66.0200 输卵管造口术
66.0201 输卵管造口去除输卵管妊娠术
66.0202 腹腔镜输卵管造口术
66.0203 腹腔镜输卵管造口去除输卵管妊娠术
66.2101 腹腔镜双侧输卵管挤压术
66.2102 腹腔镜双侧输卵管结扎和挤压术
66.2200x001 腹腔镜下双侧输卵管切断术
66.2201 腹腔镜双侧输卵管结扎和切断术
66.2900x001 腹腔镜下双侧输卵管电凝术
66.2901 腹腔镜输卵管绝育术
66.2902 腹腔镜输卵管激光绝育术
66.2903 腹腔镜双侧输卵管结扎术
66.3100 双侧输卵管其他结扎术和挤压术
66.4x00 单侧输卵管全部切除术
66.4x01 经阴道单侧输卵管切除术
66.4x02 腹腔镜单侧输卵管切除术
66.5100 双侧输卵管切除术
66.5101 经阴道双侧输卵管切除术
66.5102 腹腔镜双侧输卵管切除术
66.5200 残留输卵管切除术
66.6100x001 经阴道输卵管病损切除术
66.6100x002 腹腔镜下泡状附件电灼术
66.6100x003 腹腔镜下泡状附件切除术
66.6100x006 腹腔镜下输卵管伞端电凝术
66.6100x007 腹腔镜下输卵管系膜病损切除术
66.6100x008 泡状附件切除术
66.6100x011 输卵管病损烧灼术
66.6100x012 输卵管系膜病损切除术
66.6100x014 输卵管血肿清除术
66.6101 输卵管病损破坏术
66.6102 输卵管病损切除术
66.6103 腹腔镜输卵管病损破坏术
66.6104 腹腔镜输卵管病损切除术
66.6200 输卵管切除术伴去除输卵管妊娠
66.6200x004 腹腔镜下输卵管部分切除伴输卵管妊娠物去除术
66.6201 腹腔镜输卵管切除伴输卵管妊娠去除术
66.6300 双侧输卵管部分切除术
66.6301 腹腔镜双侧输卵管部分切除术
66.6901 单侧输卵管部分切除术
66.7100 单纯输卵管缝合术
66.7300 输卵管输卵管吻合术
66.7301 腹腔镜输卵管输卵管吻合术
66.7900x004 输卵管结扎再通术
66.7901 输卵管成形术
66.7902 输卵管移植术
66.7903 输卵管结扎去除术
66.7904 输卵管切断再通术
66.7905 腹腔镜输卵管成形术

66.8x00x007　超声引导下输卵管通液术
66.8x01　输卵管通液术
66.8x02　腹腔镜输卵管通液术
66.9100x003　腹腔镜下输卵管穿刺引流术
66.9101　输卵管穿刺术
66.9200x001　阴道式输卵管结扎术
66.9201　单侧输卵管挤压术
66.9202　单侧输卵管结扎术
66.9203　腹腔镜单侧输卵管结扎术
66.9204　腹腔镜单侧输卵管切断术
66.9500x001　腹腔镜下输卵管甲氨蝶呤注射术［MTX注射术］
66.9500x004　输卵管甲氨蝶呤注射术［MTX注射术］
66.9501　输卵管注药术
66.9502　腹腔镜输卵管注药术
66.9600　输卵管扩张术
66.9700　输卵管伞埋入子宫壁
66.9900　输卵管的其他手术
67.1901　子宫颈管搔刮术
67.2x00　子宫颈锥形切除术
67.2x01　宫腔镜子宫颈锥形切除术
67.4x00x005　子宫颈切除术
67.4x01　子宫颈部分切除术
67.4x02　残余子宫颈切除术
67.4x04　子宫颈切除伴阴道缝合术
67.4x05　腹腔镜子宫颈切除术
67.4x07　腹腔镜阴式子宫颈切除术
67.5100　经腹子宫颈环扎术
67.5101　腹腔镜子宫颈环扎术
67.6100　子宫颈裂伤缝合术
67.6901　子宫颈成形术
67.6902　子宫颈陈旧性产科裂伤修补术
68.0x00x004　子宫切开探查术
68.0x00x005　子宫切开异物取出术
68.0x00x006　腹腔镜下子宫切开异物取出术
68.0x00x007　子宫切开术同时伴去除葡萄胎
68.1300　开放性子宫活组织检查
68.1400　开放性子宫韧带活组织检查
68.1501　腹腔镜子宫韧带活组织检查
68.1601　腹腔镜子宫活组织检查
68.2100x002　子宫内膜粘连松解术
68.2101　宫腔镜子宫内膜粘连松解术
68.2201　子宫隔膜切开术
68.2202　子宫隔膜切除术
68.2204　宫腔镜子宫隔膜切开术
68.2206　宫腔镜子宫隔膜切除术
68.2300　子宫内膜切除术
68.2300x005　宫腔镜下子宫内膜热球去除术
68.2301　子宫内膜射频消融术
68.2302　宫腔镜子宫内膜切除术
68.3100　腹腔镜子宫颈上子宫切除术［LSH］
68.3100x002　筋膜内子宫切除术［CISH手术］
68.3101　标准子宫筋膜内子宫切除术
68.3102　腹腔镜子宫次全切除术
68.3103　腹腔镜子宫楔形切除术
68.3104　腹腔镜残角子宫切除术
68.3106　腹腔镜辅助子宫颈上子宫切除术
68.4100　腹腔镜经腹全子宫切除术
68.4101　腹腔镜经腹子宫扩大切除术
68.4102　腹腔镜经腹筋膜外子宫切除术
68.5100　腹腔镜辅助阴道子宫切除术（LAVH）
68.5100x004　腹腔镜辅助经阴道始基子宫切除术
68.5101　腹腔镜辅助经阴道子宫扩大切除术
68.5102　腹腔镜辅助经阴道筋膜内子宫切除术
68.5103　腹腔镜辅助经阴道子宫部分切除术
68.5901　经阴道子宫切除术
68.6100x001　腹腔镜下子宫广泛性切除术
68.6100x002　腹腔镜下子宫改良广泛性切除术
68.6101　腹腔镜改良根治性子宫切除术
68.6900x001　子宫广泛性切除术
68.6901　子宫根治性切除术
68.8x01　女性盆腔廓清术
68.9x00　其他和未特指子宫切除术
69.0100x002　人工流产钳刮术
69.0101　终止妊娠刮宫术
69.0200x003　流产后刮宫术
69.0201　人工流产后刮宫术
69.0202　分娩后刮宫术
69.1900x022　腹腔镜下阔韧带病损切除术
69.1901　子宫骶韧带烧灼术
69.1902　子宫骶韧带切除术
69.1903　阔韧带病损切除术
69.1904　子宫韧带病损切除术
69.1905　圆韧带病损切除术
69.1906　努克氏管积水鞘膜切除术
69.1907　腹腔镜子宫韧带病损切除术
69.1908　腹腔镜骶韧带部分切除术
69.1909　腹腔镜子宫韧带病损激光烧灼术
69.2101　沃特金斯手术

69.2200x006　子宫韧带悬吊术
69.2200x008　腹腔镜下子宫-骶棘韧带固定术
69.2200x013　子宫-骶棘韧带固定术
69.2200x015　子宫-骶韧带高位悬吊术
69.2200x017　腹腔镜下阴道-骶棘韧带固定术
69.2200x025　骶韧带缩短术
69.2200x030　主韧带缩短术
69.2201　曼彻斯特手术
69.2202　子宫颈悬吊术
69.2205　圆韧带悬吊术
69.2208　腹腔镜圆韧带缩短术
69.2212　腹腔镜子宫悬吊术
69.2300　经阴道慢性子宫内翻修补术
69.2901　子宫韧带修补术
69.4100　子宫裂伤缝合术
69.4901　子宫陈旧性产科裂伤修补术
69.5101　负压吸引人工流产术
69.5102　超声引导下负压吸引人工流产术
69.5103　宫腔镜电吸人流术
69.5201　分娩后电吸刮宫术
69.5202　流产后电吸刮宫术
69.5901　电吸刮宫术
69.7x00　子宫内避孕装置置入
69.9202　人工胚胎移植术（IVF-FT）
69.9400　内翻子宫手法复位
69.9500　子宫颈切开术
69.9500x001　宫颈闭锁切开术
69.9600　去除子宫颈环扎材料
69.9900　子宫颈和子宫的其他手术
70.1100　处女膜切开术
70.1200x001　后穹窿切开引流术
70.2901　阴道探查
70.3100　处女膜切除术
70.3300x003　阴道病损电切术
70.3301　阴道病损切除术
70.3302　阴道病损破坏术
70.3303　阴道囊肿袋形缝合术
70.4x04　阴道部分闭合术
70.5001　阴道前后壁修补术
70.5100　膀胱膨出修补术
70.5101　阴道前壁修补术
70.5201　阴道后壁修补术
70.5202　腹腔镜阴道后壁修补术
70.6200x002　阴道成形术
70.6400x001　人工阴道重建术
70.7300　直肠阴道瘘修补术
70.7400x001　小肠-阴道瘘修补术
70.7501　阴道瘘修补术
70.7600　处女膜缝合术
70.7700x004　腹腔镜下阴道悬吊术
70.7800x002　阴道悬吊术（使用移植物或假体）
70.7802　腹腔镜阴道移植物固定术
70.7900x005　阴道断蒂缝合术
70.7900x006　阴道断蒂止血术
70.7901　阴道延长术
70.7902　阴道扩张术
70.7903　阴道缩窄术
70.7905　阴道残端缝合术
70.7906　阴道会阴成形术
70.7907　阴道穹窿修补术
70.7908　阴道陈旧性产科裂伤修补术
70.7909　腹腔镜阴道会阴成形术
71.0100x002　小阴唇粘连松解术
71.0900x004　外阴血肿清除术
71.0900x006　外阴脓肿穿刺术
71.0901　阴道入口切开扩大术
71.0903　会阴造口术
71.0904　会阴切开术
71.0905　会阴切开异物取出术
71.2100x001　前庭大腺囊肿抽吸术
71.2300x001　前庭大腺造袋术
71.4x01　阴蒂病损切除术
71.6100　单侧外阴切除术
71.7202　会阴瘘修补术
71.7900x001　会阴陈旧性产科裂伤修补术
71.7900x008　小阴唇成形术
71.7900x011　前盆底重建术
71.7900x013　阴唇成形术
71.7901　外阴成形术
71.7902　外阴陈旧性产科裂伤修补术
71.7903　会阴成形术
71.7904　会阴陈旧性裂伤修补术
72.9x00　器械分娩
73.1x00x001　剥膜引产
73.1x00x002　子宫颈扩张引产
73.1x01　水囊引产
73.1x02　子宫颈扩张球囊引产
73.4x00x004　米非司酮配伍前列腺素终止妊娠
73.8x01　选择性减胎术
74.3x00x012　腹腔镜下卵巢切开胚胎清除术

75.1x00x002 绒毛穿刺
75.2x00x001 胎儿宫内输血
75.3100 羊膜镜检查
75.3101 胎儿镜检查
75.3300x001 胎儿血样检查
75.3300x002 超声引导下经腹脐血采样术
75.3301 经腹绒毛取样术
75.3302 经宫颈绒毛取样术
75.3303 胎儿活组织检查
75.3600 胎儿缺陷矫正术
75.3600x002 胎儿镜下胎盘交通血管激光凝固术
75.3700 羊膜腔内灌注
75.6101 膀胱近期产科裂伤修补术
75.6102 尿道近期产科裂伤修补术
75.6201 直肠近期产科裂伤修补术
75.6202 肛门括约肌近期产科裂伤修补术
75.7x00 产后子宫腔手法探查
75.9900x002 超声引导下羊水减量
75.9900x004 多胎妊娠减胎术
75.9900x005 产时宫外治疗（EXIT）
75.9901 子宫捆绑术
75.9902 子宫缝合术

OR1 阴道分娩

包含以下其他诊断：
Z37.000x001 单胎活产
Z37.001 人工授精，单胎活产
Z37.002 试管婴儿，单胎活产
Z37.100x002 单胎死产
Z37.200x003 双胎活产
Z37.201 单卵双胎活产
Z37.202 双卵双胎活产
Z37.203 人工授精，双胎活产
Z37.204 试管婴儿，双胎活产
Z37.300x001 双胎，一胎活产，一胎死产
Z37.301 双胎，一胎活产，一胎葡萄胎
Z37.302 人工授精，一胎活产，一胎死产
Z37.303 试管婴儿，一胎活产，一胎死产
Z37.400x001 双胎死产
Z37.500x001 多胎活产
Z37.501 三胎活产
Z37.502 试管婴儿，三胎活产
Z37.600x001 多胎产，某些为活产
Z37.700x001 多胎产死产
Z37.900x003 珍贵儿

OS1 产褥期相关疾病

包含以下主要诊断：
O15.201 产后子痫
O71.200 产后子宫内翻
O71.201 产后子宫外翻
O72.201 胎膜滞留伴出血
O72.202 延迟性产后出血
O72.300 产后凝血缺陷
O72.300x002 产后纤维蛋白原缺乏血症
O72.300x003 产后纤维蛋白溶解
O72.301 产后播散性血管内凝血
O73.000 胎盘滞留不伴有出血
O73.001 胎盘粘连不伴出血
O73.002 胎盘植入不伴出血
O73.101 胎膜滞留不伴出血
O73.102 胎盘部分滞留不伴出血
O85.x00 产褥期脓毒病
O85.x00x006 产褥期菌血症
O85.x01 产褥期腹膜炎
O85.x03 产褥期子宫内膜炎
O86.000 产科手术伤口的感染
O86.001 分娩后会阴切口感染
O86.002 剖宫产后伤口感染
O86.100x002 产褥期子宫颈炎
O86.101 产褥期输卵管-卵巢炎
O86.102 产褥期阴道炎
O86.201 产褥期泌尿系感染
O86.300x001 产褥期泌尿生殖道感染
O86.400x001 产褥病率
O86.401 产褥期不明原因发热
O86.402 产褥期未特指的感染
O86.800x001 剖宫产后腹内感染
O86.801 产褥期丹毒
O86.802 产褥期盆腔炎
O87.000 产褥期血栓性浅静脉炎
O87.100 产褥期深静脉血栓形成
O87.200 产褥期痔
O87.300 产褥期大脑静脉血栓形成
O87.301 产褥期大脑静脉窦血栓形成
O87.801 产褥期外阴静脉曲张
O87.802 产褥期下肢静脉曲张
O87.900 产褥期的静脉并发症
O87.900x003 产褥期血栓形成
O87.901 产褥期静脉炎

O89.000x001　产褥期麻醉相关的吸入性肺炎
O89.000x002　产褥期麻醉相关的胃内容物或分泌物吸入
O89.000x003　产褥期麻醉相关的门德尔松综合征
O89.000x004　产褥期麻醉相关的肺压力性萎陷
O89.100x001　产褥期麻醉相关的心脏停搏
O89.100x002　产褥期麻醉相关的心力衰竭
O89.200　产褥期中麻醉的中枢神经系统并发症
O89.300　产褥期中局部麻醉的中毒反应
O89.400　产褥期中脊髓和硬膜外麻醉诱发的头痛
O89.500　产褥期中脊髓和硬膜外麻醉的其他并发症
O89.600　产褥期中插管失败或困难
O89.800　产褥期中麻醉的其他并发症
O89.900　产褥期中麻醉并发症
O90.000　剖宫产术的伤口破裂
O90.101　产褥期继发性会阴撕裂
O90.102　会阴切开伤口裂开
O90.201　产后会阴伤口血肿
O90.202　产后阴道伤口血肿
O90.300　产褥期心肌病
O90.400　产后急性肾衰竭
O90.400x002　产褥期肝肾综合征
O90.500　产后甲状腺炎
O90.800x004　产褥期尿潴留
O90.800x005　产褥期肾炎
O90.800x006　产褥期胎盘息肉
O90.800x007　剖宫产后子宫切口愈合不良
O90.800x008　会阴侧切伤口愈合不良
O90.800x009　会阴裂伤伤口愈合不良
O90.801　产后子宫复旧不良
O90.802　剖宫产后伤口愈合不良
O90.900　产褥期并发症
O91.000　与分娩有关的乳头感染
O91.001　产褥期乳头感染
O91.101　产褥期乳腺脓肿
O91.102　产褥期化脓性乳腺炎
O91.200x005　产褥期实质性乳腺炎
O91.200x007　产褥期间质性乳腺炎
O91.200x008　产褥期乳房淋巴管炎
O91.201　产褥期乳腺炎
O92.000　与分娩有关的乳头内缩
O92.100　与分娩有关的乳头皲裂
O92.100x001　产褥期乳头皲裂
O92.200　与分娩有关的乳房其他和未特指的疾患
O92.300　无乳
O92.400　乳汁过少
O92.500x001　治疗性无乳
O92.500x002　继发性无乳
O92.600　乳溢
O92.700　哺乳的其他和未特指的疾患
O92.700x002　产褥期乳汁淤积
O92.701　产褥期积乳囊肿
O98.000x031　产褥期结核病
O98.100x031　产褥期梅毒
O98.200x031　产褥期淋病
O98.400x031　产褥期病毒性肝炎
O98.800x032　产褥期寄生虫病
O99.000x031　产褥期贫血
O99.100x032　产褥期血液和造血器官疾病
O99.100x033　产褥期涉及免疫机制疾患
O99.200x014　产褥期低蛋白血症
O99.200x031　产褥期内分泌、营养和代谢疾病
O99.300x031　产褥期合并精神障碍
O99.300x032　产褥期神经系统疾病
O99.400x032　产褥期肺动脉高压
O99.400x034　产褥期循环系统疾病
O99.401　产褥期脑血管病
O99.402　产褥期心功能不全
O99.600x016　产褥期肠梗阻
O99.600x017　产褥期不完全性肠梗阻
O99.600x031　产褥期消化系统疾病
Z39.000x001　产后医疗照顾
Z39.000x011　在医院产后的医疗照顾
Z39.000x021　在医院外分娩有计划的产后医疗照顾
Z39.000x031　在医院外分娩无计划的产后医疗照顾

OS2　流产相关疾病

包含以下主要诊断：
O01.001　完全性葡萄胎
O01.101　部分性葡萄胎
O01.102　不完全葡萄胎
O01.901　妊娠滋养细胞病
O01.902　异位葡萄胎
O02.000x001　胎停育
O02.001　萎缩卵
O02.002　子宫内胎块
O02.100　稽留流产
O02.100x002　石胎（胎儿石化）
O02.800　受孕的其他特指的异常产物
O02.800x001　绒毛膜血管瘤

O02.900　受孕的异常产物
O03.001　不完全性自然流产并发盆腔感染
O03.002　不完全自然流产并发生殖道感染
O03.100x001　不完全自然流产并发播散性血管内凝血
O03.101　不完全性自然流产并发过度出血
O03.102　不完全性自然流产并发延迟出血
O03.200x001　不完全自然流产并发栓塞
O03.300　不完全性自然流产，伴有其他和未特指的并发症
O03.300x031　不完全自然流产并发休克
O03.300x041　不完全自然流产并发肾衰竭
O03.300x061　不完全自然流产并发盆腔器官损伤
O03.400x001　不完全自然流产
O03.501　完全性自然流产并发盆腔感染
O03.502　完全性自然流产并发子宫内感染
O03.503　自然流产并发盆腔感染
O03.504　自然流产并发生殖道感染
O03.600x001　完全自然流产并发播散性血管内凝血
O03.601　完全性自然流产并发出血
O03.602　完全性自然流产并发延迟出血
O03.603　自然流产并发出血
O03.604　自然流产并发延迟出血
O03.701　完全性自然流产并发栓塞
O03.702　自然流产并发栓塞
O03.800　完全性或未特指的自然流产，伴有其他的并发症
O03.800x031　自然流产并发休克
O03.800x041　自然流产并发肾衰竭
O03.800x061　自然流产并发盆腔器官损伤
O03.801　完全性自然流产伴有并发症
O03.802　自然流产伴有并发症
O03.900x001　生化妊娠
O03.900x002　自然流产
O03.901　难免性流产
O03.902　习惯性流产伴近期流产
O03.903　孕晚期自然流产
O03.904　孕早期自然流产
O04.000x003　不完全医疗性流产并发生殖道感染
O04.001　不完全性医疗性流产并发盆腔感染
O04.100x002　不完全医疗性流产并发播散性血管内凝血
O04.101　不完全性医疗性流产并发过度出血
O04.200x001　不完全医疗性流产并发栓塞
O04.300　不完全性医疗性流产，伴有其他并发症
O04.300x031　不完全医疗性流产并发休克
O04.300x041　不完全医疗性流产并发子宫颈裂伤
O04.300x081　不完全医疗性流产并发心率缓慢
O04.400　不完全性医疗性流产，无并发症
O04.401　不完全性药物流产
O04.402　早期不完全性医疗性流产
O04.500x001　医疗性流产并发生殖道感染
O04.500x002　医疗性流产并发盆腔感染
O04.502　晚期医疗性流产并发盆腔感染
O04.503　早期医疗性流产并发盆腔感染
O04.600x001　医疗性流产并发出血
O04.601　医疗性流产并发播散性血管内凝血
O04.602　早期医疗性流产并发过度出血
O04.700x001　医疗性流产并发栓塞
O04.701　医疗性流产并发羊水栓塞
O04.800　完全性或未特指的医疗性流产，伴有其他并发症
O04.800x031　医疗性流产并发休克
O04.800x041　医疗性流产并发肾衰竭
O04.800x061　医疗性流产并发子宫颈裂伤
O04.801　医疗性流产并发会阴裂伤
O04.802　医疗性流产并发阴道壁血肿
O04.900x001　医疗性流产
O04.901　中期人工流产
O04.902　晚期人工流产
O04.905　早期人工流产
O05.000　不完全性流产，其他的，并发生殖道和盆腔感染
O05.100　不完全性流产，其他的，并发延迟或过度出血
O05.200　不完全性流产，其他的，并发栓塞
O05.301　其他不完全性流产伴有并发症
O05.400　不完全性流产，其他的，无并发症
O05.500　完全性流产，其他的，并发生殖道和盆腔感染
O05.600　完全性流产，其他的，并发延迟或过度出血
O05.700　完全性流产，其他的，并发栓塞
O05.801　其他完全性流产伴有并发症
O05.900　完全性流产，其他的，无并发症
O06.000　不完全性流产，并发生殖道和盆腔感染
O06.100　不完全性流产，并发延迟或过度出血
O06.200　不完全性流产，并发栓塞
O06.301　未特指的不完全性流产伴有并发症
O06.400　不完全性流产，无并发症

O06.500　完全性流产，并发生殖道和盆腔感染
O06.600　完全性流产，并发延迟或过度出血
O06.700　完全性流产，并发栓塞
O06.801　未特指的流产伴有并发症
O06.900　完全性流产，无并发症
O07.000　医疗性流产失败，并发生殖道和盆腔感染
O07.000x001　医疗性流产失败并发盆腔感染
O07.000x002　医疗性流产失败并发生殖道感染
O07.100x001　医疗性流产失败并发出血
O07.200x001　医疗性流产失败并发栓塞
O07.300　医疗性流产失败，伴有其他的并发症
O07.300x001　医疗性流产失败并发代谢紊乱
O07.300x002　医疗性流产失败并发休克
O07.401　人工流产失败
O07.402　药物流产失败
O07.500　企图流产失败，其他或未特指的，并发生殖道和盆腔感染
O07.600　企图流产失败，其他的，并发延迟或过度出血
O07.700　企图流产失败，其他的，并发栓塞
O07.800　企图流产失败，其他的，伴有其他的并发症
O07.900x001　企图流产失败
O08.000　流产、异位妊娠和葡萄胎妊娠后生殖道和盆腔感染
O08.000x002　流产后卵巢炎
O08.000x004　流产后输卵管炎
O08.000x005　流产后输卵管卵巢炎
O08.000x006　流产后脓毒症
O08.000x007　葡萄胎妊娠后盆腔感染
O08.000x009　异位妊娠后生殖道感染
O08.000x010　葡萄胎妊娠后生殖道感染
O08.000x011　流产后发热
O08.002　流产后腹膜炎
O08.004　流产后盆腔感染
O08.005　流产后子宫内膜炎
O08.100x002　流产后出血
O08.100x004　葡萄胎妊娠后出血
O08.101　流产后播散性血管内凝血
O08.102　流产后过度出血
O08.103　葡萄胎妊娠后过度出血
O08.200x001　流产后栓塞
O08.200x003　葡萄胎妊娠后栓塞
O08.202　流产后羊水栓塞
O08.203　流产后空气栓塞
O08.204　流产后肺栓塞
O08.300x003　流产后循环性虚脱
O08.300x004　葡萄胎妊娠后休克
O08.301　流产后休克
O08.400x003　流产后肾小管坏死
O08.400x005　葡萄胎妊娠后肾衰竭
O08.401　流产后肾衰竭
O08.500　流产、异位妊娠和葡萄胎妊娠后的代谢疾患
O08.600x004　流产后子宫颈裂伤
O08.600x006　流产后盆腔器官损伤
O08.601　人工流产后肠穿孔
O08.602　人工流产后子宫穿孔
O08.603　人工流产后子宫韧带血肿
O08.604　人工流产并发穹隆穿孔
O08.700　流产、异位妊娠和葡萄胎妊娠后的其他静脉并发症
O08.800x007　流产后失血性贫血
O08.801　流产后腹痛
O08.802　流产后宫颈粘连
O08.803　流产后宫腔粘连
O08.805　流产后心脏停搏
O08.900　流产、异位妊娠和葡萄胎妊娠后的并发症

OT1　异位妊娠

包含以下主要诊断：
O00.000　腹腔妊娠
O00.001　大网膜妊娠
O00.100　输卵管妊娠
O00.101　输卵管妊娠流产
O00.102　输卵管妊娠破裂
O00.103　输卵管残端妊娠破裂
O00.104　输卵管壶腹部妊娠
O00.105　输卵管壶腹部妊娠流产
O00.106　输卵管壶腹部妊娠破裂
O00.107　输卵管间质部妊娠
O00.108　输卵管间质部妊娠流产
O00.109　输卵管间质部妊娠破裂
O00.110　输卵管伞部妊娠
O00.111　输卵管伞部妊娠流产
O00.112　输卵管伞端妊娠破裂
O00.113　输卵管峡部妊娠
O00.114　输卵管峡部妊娠流产
O00.115　输卵管峡部妊娠破裂
O00.116　陈旧性输卵管妊娠

O00.117 输卵管复合妊娠
O00.200 卵巢妊娠
O00.201 卵巢妊娠破裂
O00.800x006 子宫下段妊娠
O00.801 残角子宫妊娠
O00.802 残角子宫妊娠破裂
O00.803 宫颈妊娠
O00.804 宫内外复合妊娠
O00.805 阔韧带妊娠
O00.807 子宫瘢痕处妊娠
O00.808 子宫壁妊娠
O00.809 子宫角妊娠
O00.900 异位妊娠
O00.901 持续性异位妊娠
O00.902 陈旧性异位妊娠
O08.006 异位妊娠后盆腔感染
O08.100x003 异位妊娠后出血
O08.104 异位妊娠后播散性血管内凝血
O08.105 异位妊娠后腹腔内出血
O08.106 异位妊娠后过度出血
O08.200x002 异位妊娠后栓塞
O08.302 异位妊娠后休克
O08.400x004 异位妊娠后肾衰竭
O08.600x005 异位妊娠后子宫破裂
O08.800x006 腹腔妊娠后胎盘残留
O08.806 异位妊娠后宫颈粘连

OZ1 妊娠期相关疾病

包含以下主要诊断：
A34.x00 产科破伤风
O10.001 妊娠合并原有特发性高血压
O10.101 妊娠合并原有高血压性心脏病
O10.201 妊娠合并原有高血压性肾病
O10.301 妊娠合并原有高血压性心脏病和肾病
O10.401 妊娠合并原有继发性高血压
O10.900x001 妊娠合并原有高血压
O11.x01 慢性高血压并发子痫前期
O12.000 妊娠水肿
O12.100 妊娠蛋白尿
O12.200 妊娠水肿伴有蛋白尿
O13.x00 妊娠［妊娠引起的］高血压
O13.x01 妊娠期短暂性高血压
O14.000x001 轻度先兆子痫
O14.000x002 中度先兆子痫
O14.100x002 重度子痫前期
O14.200 HELLP综合征
O14.900 子痫前期
O15.001 产前子痫
O15.101 产时子痫
O15.900 子痫
O16.x00 孕产妇高血压
O20.000 先兆流产
O20.800 妊娠早期的其他出血
O20.900 妊娠早期出血
O21.000 轻度妊娠剧吐
O21.001 早期轻度妊娠剧吐
O21.100 妊娠剧吐伴有代谢紊乱
O21.100x002 妊娠剧吐伴酸中毒
O21.100x003 妊娠剧吐伴脱水
O21.100x004 妊娠剧吐伴碳水化合物缺失
O21.100x005 妊娠剧吐伴电解质失衡
O21.100x006 妊娠剧吐伴酮症
O21.200 妊娠晚期呕吐
O21.800 并发于妊娠的其他呕吐
O21.900 妊娠呕吐
O22.000 妊娠期下肢静脉曲张
O22.101 妊娠期会阴静脉曲张
O22.102 妊娠期外阴静脉曲张
O22.103 妊娠期阴道静脉曲张
O22.200 妊娠期血栓性浅静脉炎
O22.300 妊娠期深静脉血栓形成
O22.400 妊娠期痔
O22.500 妊娠期大脑静脉血栓形成
O22.801 妊娠期子宫旁静脉曲张
O22.900 妊娠期静脉并发症
O22.901 妊娠期静脉炎
O22.902 妊娠期静脉血栓形成
O23.000x001 妊娠期肾炎
O23.001 妊娠期肾盂肾炎
O23.101 妊娠期膀胱炎
O23.200 妊娠期尿道感染
O23.300 妊娠期泌尿道其他部位感染
O23.400 妊娠期泌尿道感染
O23.500 妊娠期生殖道感染
O23.500x001 妊娠期宫腔感染
O23.500x002 妊娠期输卵管炎
O23.500x007 妊娠期细菌性阴道病
O23.500x009 妊娠期前庭大腺脓肿
O23.500x010 妊娠期输卵管卵巢炎
O23.501 妊娠合并盆腔炎

O23.502 妊娠合并盆腔粘连
O23.503 妊娠合并输卵管坏死
O23.504 妊娠期宫颈炎
O23.505 妊娠期外阴炎
O23.506 妊娠期阴道炎
O23.901 妊娠期泌尿生殖道感染
O24.000 妊娠期伴原有的1型糖尿病
O24.000x021 妊娠合并原有1型糖尿病（胰岛素治疗）
O24.100 妊娠期伴原有的2型糖尿病
O24.100x011 妊娠合并原有2型糖尿病（非胰岛素治疗）
O24.100x021 妊娠合并原有2型糖尿病（胰岛素治疗）
O24.200x001 妊娠合并原有营养不良性糖尿病
O24.300x001 妊娠合并原有糖尿病
O24.301 妊娠期伴原有糖尿病性酮症
O24.400 妊娠期发生的糖尿病
O24.900 妊娠糖尿病
O25.x00 妊娠期营养不良
O25.x01 产褥期营养不良
O26.000 妊娠期体重增加过度
O26.100 妊娠期体重增加过低
O26.200 习惯性流产者的妊娠医疗
O26.300 具有子宫内避孕装置的妊娠
O26.400 妊娠疱疹
O26.501 妊娠期并发低血压综合征
O26.600x010 妊娠合并肝脓肿
O26.600x011 妊娠合并肝炎
O26.601 妊娠合并肝病
O26.602 妊娠合并肝功能衰竭
O26.603 妊娠合并肝损害
O26.604 妊娠合并肝硬化
O26.605 妊娠合并脂肪肝
O26.606 妊娠期肝内胆汁淤积症
O26.607 妊娠期急性脂肪肝
O26.608 妊娠合并自身免疫性肝炎
O26.609 妊娠合并肝囊肿
O26.701 妊娠合并耻骨联合分离
O26.800 与妊娠有关的情况，其他特指的
O26.800x011 妊娠合并肾病
O26.800x013 妊娠合并慢性肾功能不全
O26.800x015 妊娠合并急性肾功能不全
O26.800x016 妊娠合并输尿管积水
O26.801 妊娠合并肾病综合征
O26.802 妊娠合并肾衰竭
O26.803 妊娠合并肾积水
O26.804 妊娠合并肾小球肾炎
O26.806 妊娠合并周围神经炎
O28.000 孕产妇产前筛查的血液学异常所见
O28.100 孕产妇产前筛查的生物化学异常所见
O28.200 孕产妇产前筛查的细胞学异常所见
O28.300 孕产妇产前筛查的超声波异常所见
O28.300x001 脐动脉血流比值升高
O28.400 孕产妇产前筛查的放射学异常所见
O28.501 产前染色体筛查异常
O28.502 唐氏筛查高风险
O28.800 孕产妇产前筛查的其他异常所见
O28.900 孕产妇产前筛查异常所见
O29.000x001 妊娠期麻醉相关的吸入性肺炎
O29.000x002 妊娠期麻醉相关的胃内容物吸入
O29.000x003 妊娠期麻醉相关的门德尔松综合征
O29.000x004 妊娠期麻醉相关的肺压迫性萎陷
O29.000x005 妊娠期麻醉相关的分泌物吸入
O29.100x001 妊娠期麻醉相关的心脏停搏
O29.100x002 妊娠期麻醉相关的心力衰竭
O29.200 妊娠期间麻醉的中枢神经系统并发症
O29.300 妊娠期间局部麻醉的中毒反应
O29.400 妊娠期间脊髓和硬膜外麻醉诱发的头痛
O29.500 妊娠期间脊髓和硬膜外麻醉的其他并发症
O29.600 妊娠期间插管失败或困难
O29.800 妊娠期间麻醉的其他并发症
O29.900 妊娠期间麻醉并发症
O30.000 双胎妊娠
O30.100 三胎妊娠
O30.200 四胎妊娠
O30.800 多胎妊娠，其他的
O30.801 五胎妊娠
O30.900 多胎妊娠
O31.000 纸样胎
O31.000x001 压扁胎
O31.100 一个或多个胎儿流产后的继续妊娠
O31.200 一个或多个胎儿宫内死亡后的继续妊娠
O31.201 双胎妊娠一胎宫内死亡
O31.800 特发于多胎妊娠的其他并发症
O31.800x003 无心双胎
O31.800x004 双胎交锁
O31.800x005 选择性宫内生长受限
O31.800x007 双胎选择性生长不一致
O32.000x001 不稳定产式

O32.100x004　膝先露
O32.101　臀先露
O32.102　足先露
O32.201　肩先露
O32.202　斜位
O32.301　额先露
O32.302　颏先露
O32.303　面先露
O32.401　初产头浮
O32.500　为多胎妊娠伴有一个或多个胎儿先露异常给予的孕产妇医疗
O32.601　复合先露
O32.801　后不均倾
O32.802　前不均倾
O32.803　枕后位
O32.900　为胎儿先露异常给予的孕产妇医疗
O33.000x002　骨盆倾斜
O33.000x003　扁平骨盆
O33.002　畸形骨盆
O33.101　骨盆狭窄
O33.102　均小骨盆
O33.201　骨盆入口狭窄
O33.300x003　横径狭窄型骨盆
O33.300x004　中骨盆狭窄
O33.300x005　男性骨盆
O33.301　骨盆出口狭窄
O33.400　为母体和胎儿混合性原因的胎盆不称给予的孕产妇医疗
O33.501　巨大儿伴头盆不称
O33.600　为脑积水胎儿引起的胎盆不称给予的孕产妇医疗
O33.700　为其他胎儿变形引起的胎盆不称给予的孕产妇医疗
O33.700x004　胎儿脊髓脊膜膨出引起胎盆不称
O33.700x005　胎儿骶部畸胎瘤引起胎盆不称
O33.700x006　胎儿肿瘤引起胎盆不称
O33.800　为其他原因的胎盆不称给予的孕产妇医疗
O33.900　为胎盆不称给予的孕产妇医疗
O34.000x003　妊娠合并残角子宫
O34.000x006　妊娠合并双子宫双子宫颈双阴道
O34.000x007　妊娠合并双子宫双子宫颈
O34.000x008　妊娠合并双子宫双阴道
O34.000x009　妊娠合并子宫不全纵隔
O34.000x011　妊娠合并鞍状子宫
O34.000x012　妊娠合并双子宫颈
O34.000x013　妊娠合并双子宫颈双阴道
O34.001　妊娠合并单角子宫
O34.002　妊娠合并双角子宫
O34.003　妊娠合并双子宫
O34.004　妊娠合并子宫畸形
O34.005　妊娠合并子宫纵隔
O34.100x001　妊娠合并子宫肌瘤
O34.100x003　妊娠合并子宫内膜息肉
O34.100x011　妊娠合并子宫肿瘤
O34.101　妊娠合并子宫韧带良性肿瘤
O34.102　妊娠合并子宫体肿瘤
O34.200x002　剖宫产史的妊娠
O34.201　妊娠合并子宫瘢痕
O34.301　妊娠合并宫颈功能不全
O34.400x005　妊娠合并子宫颈幼稚
O34.400x009　妊娠合并子宫颈水肿
O34.400x010　妊娠合并子宫颈术后宫颈异常
O34.400x011　妊娠合并子宫颈环扎后
O34.400x013　妊娠合并子宫颈肌瘤
O34.400x014　妊娠合并子宫颈高度病变
O34.401　妊娠合并宫颈瘢痕
O34.402　妊娠合并宫颈非典型性增生
O34.403　妊娠合并宫颈糜烂
O34.404　妊娠合并宫颈息肉
O34.405　妊娠合并宫颈狭窄
O34.406　妊娠合并宫颈肿瘤
O34.500x001　妊娠合并子宫扭转
O34.500x002　妊娠合并子宫嵌顿
O34.500x005　妊娠合并子宫腺肌病
O34.500x007　妊娠合并腹壁子宫内膜异位症
O34.501　妊娠合并子宫后倾
O34.502　妊娠合并子宫脱垂
O34.503　妊娠合并子宫内膜异位症
O34.600x004　妊娠合并阴道肿瘤
O34.600x005　妊娠合并阴道囊肿
O34.600x006　妊娠合并阴道斜隔
O34.601　妊娠合并双阴道畸形
O34.602　妊娠合并阴道横隔
O34.603　妊娠合并阴道狭窄
O34.604　妊娠合并阴道纵隔
O34.700　为外阴和会阴异常给予的孕产妇医疗
O34.700x002　妊娠合并外阴水肿
O34.700x004　妊娠合并会阴瘢痕
O34.700x005　妊娠合并外阴瘢痕
O34.701　妊娠伴外阴畸形

O34.800　为盆腔器官其他异常给予的孕产妇医疗
O34.800x004　妊娠合并输卵管扭转
O34.800x005　妊娠合并输卵管系膜囊肿
O34.800x006　妊娠合并卵巢肿瘤
O34.800x010　妊娠合并泡状附件
O34.800x011　妊娠合并附件肿物
O34.800x012　妊娠合并盆腔子宫内膜异位
O34.800x013　妊娠合并输卵管肿瘤
O34.800x014　妊娠合并卵巢囊肿蒂扭转
O34.800x015　妊娠合并卵巢肿瘤蒂扭转
O34.800x017　妊娠合并输卵管积水
O34.800x018　妊娠合并卵巢黄体囊肿破裂
O34.800x019　妊娠合并附件扭转
O34.800x021　妊娠合并输卵管囊肿
O34.800x022　妊娠合并输卵管卵巢囊肿
O34.801　妊娠合并膀胱膨出
O34.802　妊娠合并卵巢囊肿
O34.803　妊娠合并盆底僵直
O34.804　妊娠合并悬垂腹
O34.805　妊娠合并直肠膨出
O34.806　妊娠合并卵巢扭转
O34.807　妊娠合并卵巢子宫内膜异位症
O34.900　为盆腔器官异常给予的孕产妇医疗
O35.002　胎儿侧脑室增宽
O35.003　胎儿脊柱裂
O35.004　胎儿脑发育异常
O35.005　胎儿脑积水
O35.006　胎儿脑脊膜膨出
O35.007　胎儿脑囊肿
O35.008　胎儿神经管缺陷
O35.009　胎儿无脑畸形
O35.010　胎儿Dandy-walker综合征
O35.101　胎儿染色体异常
O35.102　胎儿先天愚型
O35.200x002　胎儿基因异常
O35.200x003　胎儿单基因病
O35.200x004　胎儿遗传代谢病
O35.201　胎儿α地中海贫血
O35.202　胎儿β地中海贫血
O35.203　胎儿亨廷顿舞蹈病
O35.204　胎儿克拉伯病
O35.205　胎儿血友病
O35.206　胎儿遗传性疾病
O35.300x002　为妊娠合并风疹病毒感染所致胎儿的（可疑）损害给予的孕产妇医疗
O35.300x003　为妊娠合并巨细胞病毒感染所致胎儿的（可疑）损害给予的孕产妇医疗
O35.400　为酒精所致胎儿的（可疑）损害给予的孕产妇医疗
O35.500　为药物所致胎儿的（可疑）损害给予的孕产妇医疗
O35.600x001　放射后的孕产妇医疗
O35.700x001　羊膜穿刺后的孕产妇医疗
O35.700x002　活组织检查后的孕产妇医疗
O35.700x003　侵入性胎儿手术后的孕产妇医疗
O35.700x006　手术对胎儿损害的孕产妇医疗
O35.701　胎儿损害由于子宫内避孕器妊娠
O35.800x001　胎儿多发畸形
O35.800x002　为妊娠合并李斯特菌所致胎儿的（可疑）损害给予的孕产妇医疗
O35.800x003　胎儿畸形
O35.800x005　寄生胎
O35.800x006　胎儿结构畸形
O35.800x007　胎儿食管闭锁
O35.800x009　胎儿肾盂积水
O35.800x010　胎儿轻度肾盂积水
O35.800x011　胎儿腭裂
O35.800x012　胎儿唇裂
O35.800x015　胎儿肛门闭锁
O35.800x017　胎儿膀胱外翻
O35.800x018　胎儿马蹄内翻足
O35.800x019　胎儿多指
O35.800x020　胎儿多趾
O35.800x023　胎儿重度肾盂积水
O35.800x025　胎儿缺指
O35.800x026　胎儿缺趾
O35.800x027　胎儿心包积液
O35.800x028　为妊娠合并阴道溶血性链球菌感染所致胎儿的（可疑）损害给予的孕产妇医疗
O35.800x029　为妊娠合并弓形虫病所致胎儿的（可疑）损害给予的孕产妇医疗
O35.800x030　胎儿单脐动脉
O35.801　胎儿唇腭裂
O35.803　胎儿耳畸形
O35.804　胎儿肺畸形
O35.805　胎儿腹裂
O35.806　胎儿腹腔囊肿
O35.807　胎儿腹水
O35.808　胎儿肝占位
O35.809　胎儿膈疝

O35.810 胎儿颈部囊性淋巴管瘤
O35.811 胎儿联体双胎畸形
O35.812 胎儿尿道下裂
O35.813 胎儿皮下组织增厚
O35.814 胎儿脐膨出
O35.816 胎儿软骨畸形
O35.817 胎儿肾畸形
O35.818 胎儿消化道闭锁
O35.819 胎儿心脏畸形
O35.820 胎儿胸腔积液
O35.821 胎儿眼附器畸形
O35.822 胎儿幽门梗阻
O35.823 胎儿肢体畸形
O35.900 为（可疑）胎儿异常和损害给予的孕产妇医疗
O36.001 Rh血型不合
O36.002 Rh阴性抗D抗体异常
O36.100 为其他同种免疫给予的孕产妇医疗
O36.100x002 同种免疫伴胎儿水肿
O36.101 ABO血型不合
O36.201 妊娠伴胎儿水肿
O36.202 镜像综合征
O36.203 双胎镜像综合征
O36.300x007 胎动频繁
O36.300x008 胎动消失
O36.300x009 胎动减少
O36.301 慢性混合型胎儿宫内窘迫
O36.302 慢性胎儿宫内窘迫
O36.303 胎儿心律异常
O36.304 慢性胎心型胎儿宫内窘迫
O36.305 慢性羊水型胎儿宫内窘迫
O36.401 胎死宫内
O36.501 妊娠合并低体重儿
O36.502 妊娠合并胎盘功能不全
O36.503 胎儿生长发育迟缓
O36.504 妊娠合并小样儿
O36.601 妊娠合并巨大儿
O36.700x001 腹腔妊娠活胎
O36.800 为其他特指的胎儿问题给予的孕产妇医疗
O36.900 为胎儿问题给予的孕产妇医疗
O40.x00 羊水过多
O41.000 羊水过少
O41.000x002 无羊水
O41.100 羊膜囊和胎膜的感染
O41.101 胎膜炎
O41.102 胎盘炎
O41.103 蜕膜炎
O41.104 羊膜炎
O41.800 羊水和胎膜其他特指的疾患
O41.800x001 羊膜带综合征
O41.800x004 绒毛膜下血肿
O41.801 羊膜囊肿
O41.803 羊膜粘连
O41.900 羊水和胎膜疾患
O42.000x001 足月胎膜早破（在24小时之内产程开始）
O42.000x002 早产胎膜早破（在24小时之内产程开始）
O42.100x011 足月胎膜早破（在1-7天内产程开始）
O42.100x012 早产胎膜早破（在1-7天内产程开始）
O42.200x001 由于治疗而使产程延迟的胎膜早破
O42.900 胎膜早破
O43.001 双胎输血综合征
O43.002 胎儿母体输血综合征
O43.003 双胎脐动脉返流序列征
O43.004 双胎动脉反向灌注综合征
O43.005 双胎贫血-红细胞增多序列症
O43.100 胎盘畸形
O43.101 帆状胎盘
O43.102 副胎盘
O43.103 巨大胎盘
O43.104 轮状胎盘
O43.105 球拍状胎盘
O43.106 三叶胎盘
O43.107 双叶胎盘
O43.110 胎盘血管瘤
O43.111 异常胎盘
O43.112 有缘胎盘
O43.200 病态胎盘粘连
O43.200x001 胎盘植入
O43.200x002 胎盘植入（穿透型）
O43.800 胎盘疾患，其他的
O43.800x007 胎盘血窦
O43.801 胎盘梗死
O43.802 胎盘坏死
O43.803 胎盘功能障碍
O43.804 胎盘纤维化
O43.805 胎盘血肿
O43.806 胎盘老化

O43.807　胎盘囊肿
O43.900　胎盘疾患
O44.000x001　低置胎盘
O44.000x002　凶险性前置胎盘
O44.000x003　前置胎盘
O44.001　边缘性前置胎盘
O44.002　部分性前置胎盘
O44.003　完全性前置胎盘
O44.100　前置胎盘伴有出血
O44.100x001　低置胎盘伴出血
O44.100x002　凶险性前置胎盘伴出血
O44.101　边缘性前置胎盘伴出血
O44.102　部分性前置胎盘伴出血
O44.103　完全性前置胎盘伴出血
O45.000　胎盘早期剥离伴有凝血缺陷
O45.000x001　胎盘早期剥离伴纤维蛋白原缺乏血症
O45.000x003　胎盘早期剥离伴纤维蛋白溶解亢进
O45.000x004　胎盘早期剥离伴低纤维蛋白原血症
O45.001　胎盘早剥伴播散性血管内凝血
O45.801　子宫胎盘卒中
O45.900　胎盘早期剥离
O46.000　产前出血伴有凝血缺陷
O46.000x001　产前出血伴纤维蛋白原缺乏血症
O46.000x003　产前出血伴纤维蛋白溶解亢进
O46.000x004　产前出血伴低纤维蛋白原血症
O46.001　产前播散性血管内凝血
O46.801　胎盘边缘血窦破裂
O46.900　产前出血
O47.000　妊娠37整周之前的假临产
O47.100　妊娠37整周或以后的假临产
O47.900　假临产
O47.900x002　先兆临产
O48.x00　过期妊娠
O60.001　先兆早产不伴分娩
O60.100x001　早产伴分娩
O60.100x002　早产伴自然临产经剖宫产
O60.200　提前自然临产伴有足月产
O60.300x001　早产经剖宫产
O60.300x002　早产经引产
O61.000x001　后叶催产素引产失败
O61.000x002　前列腺素引产失败
O61.100　器械引产失败
O61.800　引产失败，其他的
O61.900　引产失败
O62.000　原发性宫缩乏力
O62.001　宫颈扩张失败
O62.100　继发性宫缩乏力
O62.101　产程活跃期受阻
O62.201　宫缩乏力
O62.202　子宫松弛
O62.300　急产
O62.400x005　协调性子宫收缩过强
O62.400x006　子宫痉挛性狭窄环
O62.400x007　不协调性子宫收缩过强
O62.401　高张力子宫功能不良
O62.402　宫颈痉挛
O62.403　子宫病理性收缩环
O62.404　子宫难产
O62.405　子宫强直性收缩
O62.406　先兆子宫破裂
O62.800　产力异常，其他的
O62.900　产力异常
O63.000　第一期（产程）延长
O63.001　活跃期停滞
O63.002　活跃期延长
O63.003　潜伏期延长
O63.100　第二期（产程）延长
O63.201　多胎延迟性分娩
O63.901　产程延长
O64.001　持续性枕横位难产
O64.002　持续性枕后位难产
O64.100x002　足先露引起的梗阻性分娩
O64.100x003　膝先露难产
O64.101　臀先露难产
O64.200　面先露引起的梗阻性分娩
O64.200x002　颏先露引起的梗阻性分娩
O64.301　额先露难产
O64.401　肩先露难产
O64.501　复合先露难产
O64.800　胎位不正和先露异常引起的梗阻性分娩，其他的
O64.801　高直后位难产
O64.802　高直前位难产
O64.803　高直位难产
O64.900　胎位不正和先露异常引起的梗阻性分娩
O65.000x001　扁平骨盆难产
O65.000x002　类人猿骨盆难产
O65.001　变形骨盆难产
O65.101　均小骨盆难产

O65.201　骨盆入口狭窄难产
O65.300x002　男性骨盆难产
O65.301　漏斗骨盆难产
O65.401　头盆不称难产
O65.500x002　子宫瘢痕引起的梗阻性分娩
O65.501　宫颈水肿难产
O65.800　母体骨盆异常引起的梗阻性分娩，其他的
O65.900　母体骨盆异常引起的梗阻性分娩
O66.001　肩位难产
O66.101　双胎交锁难产
O66.201　巨大儿难产
O66.300x001　联体双胎引起的梗阻性分娩
O66.300x002　胎儿水肿引起的梗阻性分娩
O66.300x003　胎儿骶部畸胎瘤引起的梗阻性分娩
O66.300x004　胎儿脊髓脊膜膨出引起的梗阻性分娩
O66.300x005　胎儿肿瘤引起的梗阻性分娩
O66.300x006　胎儿腹水引起的梗阻性分娩
O66.300x007　胎儿脑积水引起的梗阻性分娩
O66.401　试产失败后剖宫产
O66.500x001　真空吸引器应用失败
O66.500x002　产钳应用失败
O66.800　梗阻性分娩，其他特指的
O66.901　难产
O67.000　产时出血伴有凝血缺陷
O67.000x002　分娩期弥散性血管内凝血
O67.800　产时出血，其他的
O67.900　产时出血
O68.001　分娩并发胎儿心动过速
O68.002　分娩并发胎儿心率异常
O68.003　急性胎心型胎儿宫内窘迫
O68.101　急性羊水型胎儿宫内窘迫
O68.201　急性混合型胎儿宫内窘迫
O68.300x001　分娩伴胎儿酸碱平衡紊乱
O68.800　产程和分娩并发胎儿应激反应的其他证据
O68.901　急性胎儿宫内窘迫
O69.001　脐带脱垂
O69.002　脐带先露
O69.101　脐带绕颈
O69.200　产程和分娩并发其他脐带缠绕
O69.200x006　脐带狭窄
O69.200x007　脐带扭转
O69.201　脐带过长
O69.202　脐带绕臂
O69.203　脐带绕踝
O69.204　脐带绕肩
O69.205　脐带绕身
O69.206　脐带绕手
O69.207　脐带绕腿
O69.208　脐带真结
O69.209　双胎脐带缠绕
O69.210　脐带假结
O69.301　脐带过短
O69.400　产程和分娩并发前置血管
O69.401　脐带血管前置
O69.500x003　脐带血栓形成
O69.500x004　脐带静脉曲张
O69.501　脐带挫伤
O69.503　脐带血肿
O69.800x004　脐带水肿
O69.800x005　脐带绕颈不伴受压
O69.802　脐带囊肿
O69.804　脐带帆状附着
O69.900x001　分娩伴脐带并发症
O70.000　分娩时Ⅰ度会阴裂伤
O70.000x002　分娩时会阴裂伤累及阴唇系带
O70.000x003　分娩时会阴裂伤累及皮肤
O70.000x005　分娩时会阴裂伤累及阴道
O70.100　分娩时Ⅱ度会阴裂伤
O70.100x002　分娩时会阴裂伤累及盆底
O70.100x003　分娩时会阴裂伤累及会阴肌肉
O70.100x004　分娩时会阴裂伤累及阴道肌肉
O70.100x005　分娩时会阴-阴道复杂裂伤
O70.200　分娩时Ⅲ度会阴裂伤
O70.200x001　分娩时会阴裂伤累及阴道直肠隔
O70.200x003　分娩时会阴裂伤累及肛门括约肌
O70.300　分娩时Ⅳ度会阴裂伤
O70.300x001　分娩时会阴裂伤累及肛门黏膜
O70.300x002　分娩时会阴裂伤累及直肠黏膜
O70.900　分娩时会阴裂伤
O71.001　分娩前子宫破裂
O71.100x001　分娩期子宫破裂
O71.101　分娩中不完性子宫破裂
O71.202　分娩并发子宫内翻
O71.301　产伤性宫颈裂伤
O71.400　产科高位阴道裂伤
O71.401　产伤性中上三分之一阴道裂伤
O71.402　产伤性阴道后穹隆裂伤
O71.403　分娩伴阴道沟裂伤
O71.500　伤及盆腔器官的其他产科损伤
O71.500x004　分娩伴盆腔器官损伤

O71.501 产伤性膀胱损伤
O71.502 产伤性尿道裂伤
O71.600 伤及骨盆关节和韧带的产科损害
O71.601 产伤性耻骨联合分离
O71.700x001 分娩伴阔韧带血肿
O71.700x002 分娩伴子宫壁血肿
O71.701 产伤性会阴血肿
O71.702 产伤性盆腔血肿
O71.703 产伤性外阴血肿
O71.704 产伤性阴道血肿
O71.801 产伤性腹直肌分离
O71.802 产伤性腰骶神经根损害
O71.900 产科创伤
O72.000 第三产程出血
O72.000x003 胎盘嵌顿伴出血
O72.001 胎盘粘连伴出血
O72.002 胎盘滞留伴出血
O72.003 胎盘植入伴出血
O72.100 即刻产后出血，其他的
O72.101 产后即时出血
O74.000x001 分娩期麻醉引起的吸入性肺炎
O74.000x002 分娩期麻醉相关的门德尔松综合征
O74.100 产程和分娩期间麻醉的其他肺部并发症
O74.200x001 分娩期麻醉相关的心脏停搏
O74.200x002 分娩期麻醉相关的心力衰竭
O74.300 产程和分娩期间麻醉的中枢神经系统并发症
O74.400 产程和分娩期间局部麻醉的毒性反应
O74.500 产程和分娩期间脊髓和硬膜外麻醉诱发的头痛
O74.600 产程和分娩期间脊髓和硬膜外麻醉的其他并发症
O74.700 产程和分娩期间插管失败或困难
O74.800 产程和分娩期间麻醉的其他并发症
O74.900x001 分娩期麻醉并发症
O75.000 产程和分娩期间母体窘迫
O75.101 产科休克
O75.200 产程期间发热，不可归类在他处者
O75.300x001 分娩期脓毒症
O75.300x002 分娩期宫内感染
O75.401 产科术后心脏停搏
O75.402 产科术中心脏停搏
O75.403 分娩伴心力衰竭
O75.500 人工破膜后分娩延迟
O75.600 自发或未特指的破膜后分娩延迟
O75.800x002 分娩期血尿
O75.800x004 分娩期子宫颈水肿
O75.801 产后尿潴留
O75.900 产程和分娩并发症
O80.000 头位顺产
O80.100 臀位顺产
O80.800 单胎顺产，其他的
O80.900 单胎顺产
O81.000 低位产钳术
O81.100 中位产钳术
O81.200 中位产钳术伴有旋转
O81.301 产钳助产
O81.401 吸引器助产分娩
O81.500 同时借助产钳和真空吸引器分娩
O82.000 经选择性剖宫产术的分娩
O82.100 经急症剖宫产术的分娩
O82.201 经剖宫产子宫切除术的单胎分娩
O82.800 经其他剖宫产术的单胎分娩
O82.900 经剖宫产术分娩
O83.000 胎臀牵引术
O83.101 臀位助产的单胎分娩
O83.200 手法助产的分娩，其他的
O83.300 腹腔妊娠中能活胎儿的分娩
O83.400 毁胎手术分娩
O83.800 助产的单胎分娩，其他特指的
O83.900 助产的单胎分娩
O84.100 多胎分娩均借助产钳和真空吸引器
O84.200 多胎分娩均经剖宫产术
O84.800 多胎分娩，其他的
O84.900 多胎分娩
O88.000 产科空气栓塞
O88.100 羊水栓塞
O88.101 妊娠过敏样综合征
O88.200 产科血凝块栓塞
O88.201 产科肺栓塞
O88.300x001 产科脓血性栓塞
O88.300x002 产科脓毒性栓塞
O88.800x001 产科脂肪栓塞
O91.100x001 妊娠期化脓性乳腺炎
O91.200x001 妊娠期实质性乳腺炎
O91.200x003 妊娠期间质性乳腺炎
O91.200x004 妊娠期乳房淋巴管炎
O91.202 妊娠期乳腺炎
O94.x00 妊娠、分娩和产褥期并发症的后遗症
O95.x00 产科死亡

O96.000　直接产科原因的死亡，发生于分娩后42天以上一年以内
O96.100　间接产科原因的死亡，发生于分娩后42天以上一年以内
O96.900　未特指产科原因的死亡，发生于分娩后42天以上一年以内
O97.000　直接产科原因后遗症的死亡
O97.100　间接产科原因后遗症的死亡
O97.900　产科原因后遗症的死亡
O98.000　结核并发于妊娠、分娩和产褥期
O98.000x021　分娩合并结核病
O98.001　妊娠合并结核病
O98.100　梅毒并发于妊娠、分娩和产褥期
O98.100x021　分娩合并梅毒
O98.101　妊娠合并梅毒
O98.200　淋病并发于妊娠、分娩和产褥期
O98.200x021　分娩合并淋病
O98.201　妊娠合并淋病
O98.300　主要为性传播模式的其他感染并发于妊娠、分娩和产褥期
O98.300x013　妊娠合并生殖道沙眼衣原体感染
O98.300x014　妊娠合并泌尿生殖道支原体感染
O98.301　妊娠合并滴虫性阴道炎
O98.302　妊娠合并尖锐湿疣
O98.400x005　妊娠合并乙型丁型病毒性肝炎
O98.400x011　妊娠合并病毒性肝炎
O98.400x021　分娩合并病毒性肝炎
O98.401　妊娠合并甲型肝炎
O98.402　妊娠合并乙型肝炎
O98.403　妊娠合并丙型肝炎
O98.404　妊娠合并戊型肝炎
O98.406　妊娠合并重症病毒性肝炎
O98.500　其他病毒性疾病，并发于妊娠、分娩和产褥期
O98.501　妊娠合并病毒性脑炎
O98.502　妊娠合并风疹
O98.503　妊娠合并巨细胞病毒感染
O98.506　妊娠合并水痘
O98.600　原虫性疾病并发于妊娠、分娩和产褥期
O98.601　妊娠合并弓形虫病
O98.800　孕产妇其他的传染病和寄生虫病并发于妊娠、分娩和产褥期
O98.800x002　妊娠合并真菌性阴道炎
O98.800x007　妊娠合并菌痢
O98.800x009　妊娠合并沙眼衣原体感染
O98.800x013　妊娠合并真菌性外阴炎
O98.800x033　妊娠合并肺毛霉菌病
O98.800x035　妊娠合并急性胃肠炎
O98.800x036　妊娠合并肠炎
O98.800x037　妊娠合并腹泻
O98.801　妊娠合并脓毒症
O98.802　妊娠合并花斑癣
O98.803　妊娠合并脊髓灰质炎后遗症
O98.804　妊娠合并菌血症
O98.805　妊娠合并利斯特菌病
O98.806　妊娠合并霉菌性阴道炎
O98.808　妊娠合并阴道溶血性链球菌感染
O98.809　妊娠合并阴虱
O98.810　妊娠合并急性传染性肠胃炎
O98.811　妊娠合并传染性肠炎
O98.900　孕产妇的传染病或寄生虫病并发于妊娠、分娩和产褥期
O99.000x021　分娩合并贫血
O99.002　妊娠合并全血细胞减少
O99.003　妊娠合并再生障碍性贫血
O99.004　妊娠合并地中海贫血
O99.005　妊娠合并轻度贫血
O99.006　妊娠合并中度贫血
O99.007　妊娠合并重度贫血
O99.008　妊娠合并贫血
O99.100x005　妊娠合并白细胞减少
O99.100x012　妊娠合并血液和造血器官疾病
O99.100x013　妊娠合并涉及免疫机制疾患
O99.100x022　分娩合并血液和造血器官疾病
O99.100x023　分娩合并涉及免疫机制疾患
O99.101　妊娠合并血小板减少
O99.102　妊娠合并血小板减少性紫癜
O99.103　妊娠合并过敏性紫癜
O99.104　妊娠合并血友病
O99.105　妊娠合并凝血功能异常
O99.106　妊娠合并脾功能亢进
O99.107　妊娠合并家族性红细胞增多症
O99.108　妊娠合并类白血病反应
O99.109　妊娠合并抗磷脂抗体综合征
O99.200x002　妊娠合并多囊卵巢
O99.200x011　妊娠合并内分泌、营养和代谢疾病
O99.200x017　妊娠合并低钠血症
O99.200x018　妊娠合并单纯性肥胖
O99.200x021　分娩合并内分泌、营养和代谢疾病
O99.201　妊娠合并21-羟化酶缺乏症

O99.202 妊娠合并垂体侏儒
O99.203 妊娠合并代谢性酸中毒
O99.204 妊娠合并低蛋白血症
O99.205 妊娠合并低钾血症
O99.206 妊娠合并杜宾-约翰逊综合征
O99.207 妊娠合并肥胖症
O99.208 妊娠合并肝豆状核变性
O99.209 妊娠合并高胆红素血症
O99.210 妊娠合并高泌乳素血症
O99.211 妊娠合并高雄激素血症
O99.212 妊娠合并高脂血症
O99.213 妊娠合并饥饿性酮症
O99.214 妊娠合并甲状旁腺功能减退
O99.215 妊娠合并甲状腺功能减退
O99.216 妊娠合并甲状腺功能亢进
O99.217 妊娠合并甲状腺功能障碍
O99.218 妊娠合并甲状腺炎
O99.219 妊娠合并甲状腺肿
O99.220 妊娠合并库欣综合征
O99.221 妊娠合并尿崩症
O99.222 妊娠合并肾上腺皮质功能减退
O99.223 妊娠合并肾上腺肿物
O99.224 妊娠合并先天性肾上腺皮质增生
O99.225 妊娠合并原发性醛固酮增多症
O99.300x012 妊娠合并神经系统疾病
O99.300x016 妊娠合并颅内动脉瘤
O99.300x021 分娩合并精神和行为障碍
O99.300x022 分娩合并神经系统疾病
O99.301 妊娠合并多发性脑神经疾病
O99.302 妊娠合并脑白质病
O99.303 妊娠合并脊髓病
O99.304 妊娠合并面神经麻痹
O99.305 妊娠合并面神经炎
O99.306 妊娠合并癫痫
O99.307 妊娠合并焦虑症
O99.308 妊娠合并截瘫
O99.309 妊娠合并脑瘫
O99.310 妊娠合并重症肌无力
O99.311 妊娠合并精神病
O99.312 妊娠合并精神障碍
O99.313 妊娠合并强迫症
O99.314 妊娠合并智力障碍
O99.315 妊娠合并多发性硬化
O99.400x004 妊娠合并肺动脉高压
O99.400x008 妊娠合并心力衰竭
O99.400x010 妊娠合并大动脉炎
O99.400x011 妊娠合并循环系统疾病
O99.400x021 分娩合并循环系统疾病
O99.400x022 妊娠合并交界性心动过速
O99.400x023 妊娠合并左心衰竭
O99.400x027 妊娠合并心房颤动（心房纤颤）
O99.400x030 妊娠合并心室肥厚
O99.400x031 妊娠合并感染性心包炎
O99.400x033 妊娠合并急性心肌梗死
O99.403 妊娠合并窦性心动过速
O99.404 妊娠合并二尖瓣关闭不全
O99.405 妊娠合并二尖瓣脱垂
O99.406 妊娠合并房性期前收缩
O99.407 妊娠合并频发室性期前收缩
O99.408 妊娠合并风湿性心脏病
O99.409 妊娠合并冠状动脉供血不足
O99.410 妊娠合并室上性心动过速
O99.411 妊娠合并室性心动过速
O99.412 妊娠合并室性期前收缩
O99.413 妊娠合并心包积液
O99.414 妊娠合并心功能不全
O99.415 妊娠合并心肌病
O99.416 妊娠合并心肌炎后遗症
O99.418 妊娠合并心律失常
O99.419 妊娠合并心血管病
O99.420 妊娠合并心脏病
O99.421 妊娠合并心脏扩大
O99.422 妊娠合并右束支传导阻滞
O99.423 妊娠合并预激综合征
O99.424 妊娠合并左束支传导阻滞
O99.425 妊娠合并风湿性关节炎
O99.426 妊娠合并肾下腔静脉压迫
O99.427 妊娠合并血栓形成
O99.428 妊娠合并原发性肺动脉高压
O99.429 妊娠合并颈动脉狭窄
O99.430 妊娠合并脑出血
O99.431 妊娠合并脑梗死
O99.432 妊娠合并脑血管病
O99.433 妊娠合并烟雾病
O99.434 妊娠合并子宫动静脉瘘
O99.500x008 产后并发急性肺水肿
O99.500x011 妊娠合并呼吸系统疾病
O99.500x021 分娩合并呼吸系统疾病
O99.500x031 产褥期呼吸系统疾病
O99.501 妊娠合并慢性气管炎

O99.502　妊娠合并支气管扩张
O99.503　妊娠合并支气管炎
O99.504　妊娠期合并支气管哮喘
O99.505　妊娠合并肺不张
O99.506　妊娠合并肺部感染
O99.507　妊娠合并肺水肿
O99.508　妊娠合并过敏性哮喘
O99.509　妊娠合并呼吸衰竭
O99.510　妊娠合并上呼吸道感染
O99.511　妊娠合并胸水
O99.512　妊娠合并急性呼吸窘迫综合征
O99.600x001　妊娠合并急性阑尾炎
O99.600x011　妊娠合并消化系统疾病
O99.600x012　妊娠合并胃痉挛
O99.600x014　妊娠合并牙髓炎
O99.600x018　妊娠合并非感染性腹泻
O99.600x021　分娩合并消化系统疾病
O99.601　妊娠合并上消化道出血
O99.602　妊娠合并牙周炎
O99.603　妊娠合并急性胃炎
O99.604　妊娠合并胃炎
O99.605　妊娠合并出血性胃炎
O99.607　妊娠合并肠梗阻
O99.609　妊娠合并小肠疝
O99.610　妊娠合并阑尾穿孔
O99.611　妊娠合并阑尾炎
O99.614　妊娠合并门脉高压
O99.615　妊娠合并胆囊结石
O99.616　妊娠合并胆囊息肉
O99.617　妊娠合并胆囊炎
O99.618　妊娠合并硬化性胆管炎
O99.619　妊娠合并急性胰腺炎
O99.620　妊娠合并腹膜囊肿
O99.621　妊娠合并腹膜炎
O99.622　妊娠合并肛瘘
O99.623　妊娠合并腹股沟疝
O99.624　妊娠合并胃穿孔
O99.700x006　妊娠合并颈部脓肿
O99.700x008　妊娠合并瘙痒性毛囊炎
O99.700x009　妊娠合并瘙痒性荨麻疹性丘疹
O99.700x010　妊娠合并线状IgM皮病
O99.700x011　妊娠合并丘疹性皮炎
O99.700x012　妊娠合并瘙痒性荨麻疹性斑块
O99.700x013　妊娠合并皮肤和皮下组织的疾病
O99.700x021　分娩合并皮肤和皮下组织的疾病
O99.700x031　产褥期皮肤和皮下组织的疾病
O99.701　妊娠合并过敏性皮炎
O99.702　妊娠合并黑棘皮病
O99.703　妊娠合并红皮病
O99.704　妊娠合并疖肿
O99.705　妊娠合并结节性红斑
O99.706　妊娠合并玫瑰糠疹
O99.707　妊娠合并银屑病
O99.708　妊娠合并皮炎
O99.709　妊娠合并荨麻疹
O99.710　妊娠合并湿疹
O99.711　妊娠合并痒疹
O99.800　疾病和情况，其他特指的，并发于妊娠、分娩和产褥期
O99.800x012　妊娠合并原位肿瘤
O99.800x014　妊娠合并交界性肿瘤
O99.800x016　妊娠合并垂体瘤
O99.800x017　妊娠合并骨髓异常增生综合征
O99.800x018　妊娠合并脑肿瘤
O99.800x019　妊娠合并血管瘤
O99.800x021　分娩合并恶性肿瘤
O99.800x022　分娩合并原位肿瘤
O99.800x023　分娩合并良性肿瘤
O99.800x024　分娩合并交界性肿瘤
O99.800x031　产褥期恶性肿瘤
O99.800x032　产褥期原位肿瘤
O99.800x033　产褥期良性肿瘤
O99.800x034　产褥期交界性肿瘤
O99.800x111　妊娠合并眼和附器疾病
O99.800x112　妊娠合并耳和乳突疾病
O99.800x113　妊娠合并高度近视
O99.800x114　妊娠合并视网膜病
O99.800x115　妊娠合并黄斑区囊肿
O99.800x116　妊娠合并视野缺损
O99.800x121　分娩合并眼和附器疾病
O99.800x122　分娩合并耳和乳突疾病
O99.800x131　产褥期眼和附器疾病
O99.800x132　产褥期耳和乳突疾病
O99.800x211　妊娠合并肌肉骨骼系统和结缔组织疾病
O99.800x213　妊娠合并硬皮病
O99.800x215　妊娠合并腰椎间盘突出
O99.800x216　妊娠合并强直性脊柱炎
O99.800x217　产褥期股内收肌腱炎
O99.800x221　分娩合并肌肉骨骼系统和结缔组织

疾病
O99.800x231 产褥期肌肉骨骼系统和结缔组织疾病
O99.800x312 妊娠合并外阴白斑
O99.800x314 妊娠合并尿道结石
O99.800x315 妊娠合并肾小管酸中毒
O99.800x316 妊娠合并输尿管结石
O99.800x317 妊娠合并外阴营养不良
O99.800x318 妊娠合并卵巢过度刺激综合征
O99.800x319 妊娠期前庭大腺囊肿
O99.800x321 分娩合并泌尿生殖系统疾病
O99.800x331 产褥期泌尿生殖系统疾病
O99.800x411 妊娠合并先天性畸形、变形和染色体异常
O99.800x412 妊娠合并先天性心脏病
O99.800x413 妊娠合并先天性脑血管畸形
O99.800x414 妊娠合并先天性房间隔缺损
O99.800x415 妊娠合并肾畸形
O99.800x416 妊娠合并先天性脊柱畸形
O99.800x417 妊娠合并先天性肾缺失
O99.800x421 分娩合并先天性畸形、变形和染色体异常
O99.800x431 产褥期先天性畸形、变形和染色体异常
O99.800x511 妊娠合并糖耐量异常
O99.801 妊娠合并良性肿瘤
O99.802 妊娠合并恶性肿瘤
O99.803 妊娠合并眼疾病
O99.804 妊娠合并肌肉骨骼疾病
O99.805 妊娠合并结缔组织疾病
O99.806 妊娠合并泌尿生殖系统疾病
O99.807 妊娠合并先天性畸形
O99.808 妊娠合并染色体异常
O99.809 妊娠合并白血病
O99.810 妊娠合并肾结石
O99.811 妊娠合并系统性红斑狼疮
O99.812 妊娠合并干燥综合征
O99.813 妊娠合并风湿病
O99.814 妊娠合并视网膜剥离
Z34.000x001 首次正常妊娠监督
Z34.800 正常妊娠的监督，其他的
Z34.900x001 妊娠监督
Z35.000 具有不孕症史者的妊娠监督
Z35.100 具有流产结局史者的妊娠监督
Z35.100x001 具有水泡状胎块史的妊娠监督
Z35.101 具有多次人工流产史者的妊娠监督
Z35.102 具有葡萄胎史妊娠监督
Z35.103 具有绒毛膜上皮性疾病史者的妊娠监督
Z35.104 具有自然流产史者的妊娠监督
Z35.200 具有其他不良生殖或产科病史者的妊娠监督
Z35.200x002 具有子宫肌瘤史的妊娠监督
Z35.200x003 具有绒毛膜上皮性疾病史妊娠监督
Z35.200x006 具有胎儿疾病史的妊娠监督
Z35.201 具有胎儿畸形史妊娠监督
Z35.202 具有胎儿先天愚型史者的妊娠监督
Z35.203 具有胎死宫内史妊娠监督
Z35.204 具有胚胎停止发育史妊娠监督
Z35.206 具有新生儿溶血史妊娠监督
Z35.207 具有异位妊娠史妊娠监督
Z35.208 具有死产史妊娠监督
Z35.209 具有新生儿死亡史妊娠监督
Z35.300x002 妊娠隐瞒者的妊娠监督
Z35.400x001 具有多胎产史的妊娠监督
Z35.401 高龄经产妇妊娠监督
Z35.500x001 高龄初孕妇的妊娠监督
Z35.600x001 极年轻初孕妇的妊娠监督
Z35.700 由于社会问题引起的高危妊娠监督
Z35.801 宫颈原位癌妊娠监督
Z35.802 卵巢恶性肿瘤史妊娠监督
Z35.804 近亲婚配妊娠监督
Z35.806 输卵管再通术后妊娠监督
Z35.900 高危妊娠监督
Z36.001 抽取羊水查染色体
Z36.101 抽取羊水查甲胎球蛋白水平
Z36.201 胎儿肌肉活检
Z36.202 胎儿皮肤活检
Z36.300x002 超声波胎儿畸形筛查
Z36.301 产前特指物理学方法筛查畸形
Z36.400x001 超声波胎儿生长迟缓筛查
Z36.401 产前物理学方法筛选胎儿生长迟缓
Z36.500 对同种免疫的产前筛查
Z36.800x001 对血红蛋白病的筛查
Z36.800x002 对血友病的筛查
Z36.801 抽取绒毛查胎儿畸形
Z36.802 胎儿镜检查
Z36.803 羊膜镜检查
Z36.900 产前筛查
Z64.000x001 与不想要的妊娠有关的问题

MDCP　新生儿疾病

PB1　新生儿（出生年龄＜29天）心血管手术

包含以下主要手术或操作：
34.0200x003　胸腔镜中转开胸探查术
34.0301　胸腔术后再切开止血术
35.0100x002　经皮主动脉瓣探查术
35.0101　主动脉瓣闭式扩张术
35.0200x003　经皮二尖瓣探查术
35.0201　二尖瓣闭式扩张术
35.0300x002　经皮肺动脉瓣探查术
35.0301　肺动脉瓣闭式扩张术
35.0400x001　三尖瓣探查术
35.0401　三尖瓣闭式扩张术
35.0501　经导管主动脉瓣植入术
35.0502　经导管主动脉瓣置换术
35.0600x001　经胸主动脉瓣支架置入术
35.0600x002　经心尖主动脉瓣生物瓣膜置换术
35.0701　经导管肺动脉瓣植入术
35.0800x001　经胸肺动脉瓣支架置入术
35.1100x003　主动脉瓣修补术
35.1100x004　主动脉瓣切开探查术
35.1100x005　胸腔镜下主动脉瓣成形术
35.1101　主动脉瓣成形术
35.1200x001　二尖瓣修补术
35.1200x002　二尖瓣切开扩张术
35.1200x003　二尖瓣切开探查术
35.1201　二尖瓣成形术
35.1202　胸腔镜下二尖瓣成形术
35.1300x002　肺动脉瓣切开扩张术
35.1300x004　肺动脉瓣修补术
35.1300x005　胸腔镜下肺动脉瓣成形术
35.1301　肺动脉瓣成形术
35.1400x001　三尖瓣修补术
35.1400x002　三尖瓣下移矫治术［Ebstein畸形］
35.1400x003　三尖瓣切开扩张术
35.1400x006　三尖瓣环缩术
35.1401　三尖瓣成形术
35.1402　胸腔镜下三尖瓣成形术
35.2100x002　自体肺动脉移植术［Ross手术］
35.2100x003　主动脉瓣置换伴升主动脉置换术［Wheat's手术］
35.2100x004　主动脉根部扩大伴主动脉瓣生物瓣膜置换术
35.2100x005　胸腔镜下主动脉瓣生物瓣膜置换术
35.2101　主动脉瓣生物瓣膜置换术
35.2200x002　主动脉根部扩大伴主动脉瓣机械瓣膜置换术
35.2200x004　胸腔镜下主动脉瓣机械瓣膜置换术
35.2201　主动脉瓣机械瓣膜置换术
35.2300x002　二尖瓣生物瓣膜置换术（保留瓣下结构）
35.2301　二尖瓣生物瓣膜置换术
35.2302　胸腔镜下二尖瓣生物瓣置换术
35.2400x002　二尖瓣机械瓣膜置换术（保留瓣下结构）
35.2401　二尖瓣机械瓣膜置换术
35.2402　胸腔镜下二尖瓣机械瓣膜置换术
35.2500x002　胸腔镜下肺动脉瓣生物瓣膜置换术
35.2501　肺动脉瓣生物瓣膜置换术
35.2600x002　胸腔镜下肺动脉瓣机械瓣膜置换术
35.2601　肺动脉瓣机械瓣膜置换术
35.2701　三尖瓣生物瓣膜置换术
35.2702　胸腔镜下三尖瓣生物瓣膜置换术
35.2801　三尖瓣机械瓣膜置换术
35.2802　胸腔镜下三尖瓣机械瓣膜置换术
35.3100x001　心脏乳头肌切开术
35.3101　心脏乳头肌修补术
35.3200x003　腱索移植术
35.3201　腱索修补术
35.3202　腱索切断术
35.3300x001　二尖瓣瓣环成形术
35.3300x002　三尖瓣瓣环成形术
35.3300x003　三尖瓣瓣环折叠术
35.3400x001　右心室动脉圆锥切除术
35.3400x003　右室流出道疏通术
35.3400x004　左室流出道疏通术
35.3400x005　跨肺动脉瓣右室流出道肺动脉补片修补术
35.3400x006　右室漏斗部病损切除术
35.3400x007　右室流出道修补术
35.3400x008　左室流出道修补术
35.3500x002　主动脉瓣下狭窄切开术
35.3500x003　二尖瓣下环切除术
35.3500x004　二尖瓣上环切除术
35.3500x005　肺动脉瓣上环切除术
35.3500x006　主动脉瓣上环切除术
35.3500x007　主动脉瓣下膈膜切除术
35.3500x008　主动脉瓣下狭窄切除术

35.3500x009　主动脉瓣瓣上狭窄矫治术
35.3501　主动脉瓣膜下环切除术
35.3901　主动脉窦修补术
35.4100x001　房间隔缺损扩大术
35.4100x002　卵圆孔缺损扩大术
35.4101　房间隔造口术
35.4200x002　房间隔开窗术
35.4200x003　经皮房间隔造口术
35.4200x005　室间隔开窗术
35.4200x006　室间隔缺损扩大术
35.4200x009　经皮室间隔完整的肺动脉闭锁射频打孔及球囊扩张成形术
35.4201　布莱洛克-汉隆手术
35.5100x001　房间隔缺损人造补片修补术
35.5100x002　经胸房间隔缺损闭式封堵术
35.5100x003　卵圆孔未闭人造补片修补术
35.5101　卵圆孔未闭假体修补术
35.5200x001　经皮房间隔缺损封堵术
35.5200x002　经皮卵圆孔未闭封堵术
35.5201　房间隔缺损闭式封堵术
35.5300x001　室间隔缺损人造补片修补术
35.5300x003　经胸室间隔缺损闭式封堵术
35.5301　室间隔缺损假体修补术
35.5400x003　心内膜垫缺损人造补片矫治术
35.5400x004　部分型心内膜垫缺损人造补片矫治术
35.5400x005　房室通道人造补片修补术
35.5400x006　完全型心内膜垫缺损人造补片矫治术
35.5500x001　经皮室间隔缺损封堵术
35.6100x001　胸腔镜下房间隔缺损组织补片修补术
35.6101　房间隔缺损组织补片修补术
35.6102　卵圆孔未闭组织补片修补术
35.6201　室间隔缺损组织补片修补术
35.6300x002　心内膜垫缺损组织补片矫治术
35.6300x003　部分型心内膜垫缺损组织补片矫治术
35.6300x004　完全型心内膜垫缺损组织补片矫治术
35.6300x005　移行型心内膜垫缺损组织补片矫治术
35.7100x002　卵圆孔未闭修补术
35.7100x003　房间隔部分闭合术
35.7100x004　房间隔开窗闭合术
35.7100x005　房间隔膨出瘤修补术
35.7100x007　人工房间隔再造术
35.7100x008　单心房矫治术
35.7100x009　房间隔缺损修补术
35.7101　胸腔镜下房间隔缺损修补术
35.7200x001　室间隔缺损修补术
35.7200x002　多发室间隔缺损修补术
35.7201　胸腔镜下室间隔缺损修补术
35.7300x002　心内膜垫缺损矫治术
35.7300x003　右房右室异常通道修补术
35.7300x004　部分型心内膜垫缺损矫治术
35.7300x005　房室通道修补术
35.7300x006　完全型心内膜垫缺损矫治术
35.7300x007　移行型心内膜垫缺损矫治术
35.7301　胸腔镜下心内膜垫缺损修补术
35.8100x001　法乐氏四联症根治术
35.8100x002　法乐氏三联症根治术
35.8100x003　法乐氏三联症矫治术
35.8100x004　法乐氏五联症根治术
35.8100x005　右室流出道补片修补术
35.8100x006　左室流出道补片修补术
35.8200x006　部分型肺静脉畸形引流矫治术
35.8200x008　胸腔镜下肺静脉畸形引流矫治术
35.8200x009　左心房—肺静脉干吻合术
35.8200x010　部分型肺静脉畸形引流心内直视修复术
35.8200x011　混合型肺静脉畸形引流心内直视修复术
35.8200x012　完全型肺静脉畸形引流心内直视修复术
35.8201　完全肺静脉异位引流矫正术
35.8300x004　肺动脉干全部矫正术
35.8300x005　永存动脉干修补术
35.8301　肺动脉干全部修补术
35.8302　肺动脉干全部矫正术伴室间隔缺损假体修补术
35.8303　肺动脉干全部修补术伴右室代替肺动脉供血建造术
35.8304　主动脉-肺动脉间隔缺损修补术
35.8305　肺动脉干加宽术
35.8307　完全动脉干矫正术
35.8308　完全动脉干矫正伴室间隔缺损假体置入术
35.8309　共同动脉干矫正术
35.8400x001　大血管转位矫正术
35.8400x002　Nikaidoh手术
35.8400x003　双动脉根部调转术
35.9101　马斯塔德手术
35.9102　心房内调转术
35.9200x001　右心室-肺动脉分流术［Rastelli手术］
35.9200x003　右心室—肺动脉外通道置换术
35.9200x004　单源化手术

35.9200x005　右室双出口矫治术
35.9201　拉斯特里氏手术
35.9202　REV手术
35.9300x002　心室内隧道修补术
35.9300x003　左心室-主动脉隧道修补术
35.9300x005　Damus-Kaye-Stansel手术
35.9301　左心室双出口直视修复术
35.9302　左心室尖-主动脉分流术
35.9400x003　右心耳-肺动脉不带瓣管道吻合术
35.9400x004　右心耳-肺动脉带瓣管道吻合术
35.9400x005　右心耳-肺动脉直接吻合术
35.9400x006　半方坦手术［半Fontan手术］
35.9401　方坦手术
35.9402　改良方坦手术
35.9500x001　人造心脏瓣膜重新缝合术
35.9500x003　主动脉瓣瓣周漏修补术
35.9500x004　二尖瓣瓣周漏修补术
35.9500x005　三尖瓣瓣周漏修补术
35.9501　心脏间隔补片再缝合术
35.9900x001　三尖瓣瓣膜切除术（非瓣膜置换）
35.9900x002　三尖瓣闭合术（单心室）
36.0300x002　冠状动脉内膜剥脱术
36.0300x003　冠状动脉内膜剥脱术伴补片移植术
36.0300x006　冠状动脉开口成形术
36.0301　冠状动脉内膜切除术
36.0302　冠状动脉内膜切除伴补片修补术
36.0303　冠状动脉血栓切除术
36.1000x001　主动脉-冠状动脉搭桥术
36.1000x002　带蒂左冠状动脉移植术
36.1100　一根冠状动脉的（主动脉）冠状动脉旁路移植
36.1200　二根冠状动脉的（主动脉）冠状动脉旁路移植
36.1300　三根冠状动脉的（主动脉）冠状动脉旁路移植
36.1400　四根或以上冠状动脉的（主动脉）冠状动脉旁路移植
36.1500　单乳房内动脉-冠状动脉旁路移植
36.1600　双乳房内动脉-冠状动脉旁路移植
36.1700x001　胃网膜动脉-冠状动脉搭桥术
36.1900x001　左锁骨下动脉-左冠状动脉吻合术
36.2x00　动脉植入的心脏血管再形成术
36.3100x001　心肌激光打孔术
36.3900x001　心脏网膜固定术
36.3901　心肌细胞移植术
36.9100　冠状血管动脉瘤修补术
36.9900x002　冠状动脉探查术
36.9902　冠状动脉结扎术
36.9903　冠状动脉瘘修补术
37.0x00x003　心脏穿刺异物去除术
37.1000x004　心脏切开探查术
37.1000x007　心肌松解术
37.1000x008　心脏切开异物去除术
37.1100x004　心房血栓清除术
37.1100x005　冠状动脉肌桥切断术
37.1100x006　心内膜剥除术
37.1100x007　冠状动脉肌桥松解术
37.1100x008　心耳血栓清除术
37.1100x009　心室血栓清除术
37.1101　心肌切开术
37.1102　心内膜切开术
37.1103　心室切开术
37.1104　心房切开术
37.1200x005　心包切开探查术
37.1200x008　胸腔镜下心包切开引流术
37.1200x009　心包切开闭式引流术
37.1200x010　心包血块清除术
37.1200x011　胸腔镜下心包开窗术
37.1201　心包粘连松解术
37.1202　心包异物取出术
37.1203　心包开窗术
37.1204　心包切开引流术
37.2401　胸腔镜下心包活组织检查
37.3100x006　心包减压术
37.3101　心包剥脱术
37.3102　心包部分切除术
37.3103　心包病损切除术
37.3104　胸腔镜下心包病损切除术
37.3201　心室动脉瘤折叠术
37.3202　心脏动脉瘤修补术
37.3300x006　心室异常肌束切除术
37.3300x008　心脏病损切除术
37.3300x009　三房心矫治术
37.3300x020　右室双腔心矫治术
37.3300x021　左室双腔心矫治术
37.3300x024　经胸心脏射频消融改良迷宫术
37.3300x026　主动脉瓣赘生物清除术
37.3301　心房病损切除术
37.3304　心房部分切除术
37.3305　心室病损切除术

37.3307　心肌部分切除术
37.3500x005　Morrow手术
37.3501　改良Morrow手术
37.3502　心室减容术
37.3600x001　胸腔镜下左心耳切除术
37.4900x001　心包修补术
37.4900x002　心脏破裂修补术
37.4900x005　心室修补术
37.4900x007　室壁瘤折叠术
37.4900x014　改良心室修补术
37.4903　心房折叠术
37.5200x001　全人工心脏移植术
37.6200x002　心脏辅助系统置入术
37.6201　心脏泵置入术
37.6301　心脏辅助系统置换术
37.6500x001　外置式心脏辅助系统置入术
37.6600x001　左心室辅助系统置入术［LVAD置入术］
37.6600x002　右心室辅助系统置入术［RVAD置入术］
37.9100　开胸心脏按摩
38.0300x003　上肢血管切开探查术
38.0301　上肢静脉取栓术
38.0302　上肢动脉取栓术
38.0400x001　腹主动脉血栓切除术
38.0400x002　主动脉切开探查术
38.0401　主动脉取栓术
38.0500x002　肺动脉探查术
38.0501　锁骨下动脉取栓术
38.0502　上腔静脉取栓术
38.0503　肺动脉取栓术
38.0504　胸主动脉取栓术
38.0600x001　肠系膜上动脉血栓切除术
38.0602　髂动脉取栓术
38.0700x001　肠系膜上静脉血栓切除术
38.0700x003　门静脉探查术
38.0701　髂静脉取栓术
38.0702　下腔静脉取栓术
38.0703　肾静脉取栓术
38.0704　门静脉取栓术
38.0705　肠系膜静脉取栓术
38.0800x002　下肢动脉血栓切除术
38.0800x003　下肢动脉探查术
38.0801　股动脉取栓术
38.0802　腘动脉取栓术
38.0900x001　下肢静脉血栓切除术
38.0900x002　下肢静脉探查术
38.0901　股静脉取栓术
38.0902　腘静脉取栓术
38.1000x002　动脉内膜剥脱术
38.1400x001　主动脉内膜剥脱术
38.1401　主动脉内膜切除伴补片修补术
38.1402　腹主动脉内膜切除术
38.1500x001　肺动脉内膜剥脱术
38.1501　肺动脉内膜切除术
38.1600x002　髂动脉内膜剥除术
38.1600x005　髂动脉内膜剥脱伴补片修补术
38.1601　肾动脉内膜切除伴补片修补术
38.1602　髂动脉内膜切除术
38.1603　髂动脉内膜切除伴补片修补术
38.1800x001　股动脉内膜剥脱术
38.1800x002　股动脉内膜剥脱伴血栓切除术
38.1800x003　腘动脉内膜剥脱伴补片修补术
38.1800x004　腘动脉内膜剥脱术
38.1800x005　下肢动脉内膜剥脱伴血栓切除术
38.1800x006　胫腓动脉内膜剥脱伴补片修补术
38.1800x007　股动脉内膜剥脱伴补片修补术
38.1801　股动脉内膜切除术
38.1802　股动脉内膜切除伴补片修补术
38.1803　腘动脉内膜切除术
38.1804　腘动脉内膜切除伴补片修补术
38.3000　血管部分切除术伴吻合术
38.3000x001　动脉瘤切除伴吻合术
38.3301　上肢动脉动脉瘤切除伴吻合术
38.3400　主动脉部分切除术伴吻合术
38.3400x003　血管环矫治术
38.3401　主动脉动脉瘤切除伴吻合术
38.3501　肺动脉部分切除伴吻合术
38.3800　下肢动脉部分切除术伴吻合术
38.4300x001　肱动脉瘤切除伴自体血管移植术
38.4400x001　腹主动脉部分切除伴人工血管置换术
38.4400x002　腹主动脉瘤切除伴人工血管置换术
38.4401　腹主动脉瘤切除伴置换术
38.4500x001　上腔静脉部分切除伴人工血管补片修补术
38.4500x002　锁骨下动脉瘤切除伴人工血管置换术
38.4500x003　上腔静脉部分切除伴人工血管置换术
38.4500x004　肺动脉瘤切除伴补片修补术
38.4500x007　部分主动脉弓人工血管置换术
38.4500x009　次全主动脉人工血管置换术

38.4500x011　支架象鼻术
38.4500x013　升主动脉部分切除伴人工血管置换术
38.4500x014　胸主动脉部分切除伴人工血管置换术
38.4500x015　肺动脉瘤切除伴人工血管置换术
38.4500x016　全主动脉人工血管置换术
38.4500x017　主动脉弓中断矫治术
38.4503　主动脉瓣和升主动脉置换和冠脉移植术（Bentall手术）
38.4504　全主动脉弓人工血管置换并支架象鼻手术（Sun's手术）
38.4506　主动脉瓣和升主动脉置换术（Cabrol手术）
38.4507　保留主动脉瓣主动脉根部置换加冠状动脉移植术（David手术）
38.4600x001　髂动脉部分切除术伴人工血管置换术
38.4600x003　髂动脉瘤切除伴人工血管置换术
38.4602　脾动脉瘤切除伴置换术
38.4700x001　下腔静脉部分切除伴人工血管置换术
38.4701　门静脉瘤切除伴置换术
38.4702　下腔静脉部分切除伴置换术
38.4800x001　腘动脉瘤切除伴人工血管置换术
38.4800x002　腘动脉部分切除伴人工血管置换术
38.4801　腘动脉部分切除伴置换术
38.4802　股动脉部分切除伴置换术
38.4803　胫动脉部分切除伴置换术
38.4804　腘动脉瘤切除伴置换术
38.4805　股动脉瘤切除伴置换术
38.4900x001　下肢静脉部分切除伴人工血管置换术
38.4900x002　下肢静脉部分切除伴自体血管移植术
38.5900x003　大隐静脉主干激光闭合术
38.5900x005　下肢静脉剥脱术
38.5900x008　大隐静脉高位结扎电凝术
38.5901　大隐静脉高位结扎和剥脱术
38.5902　大隐静脉曲张结扎术
38.5903　大隐静脉曲张剥脱术
38.5905　小隐静脉曲张剥脱术
38.5906　小隐静脉高位结扎和剥脱术
38.6000x011　躯干部血管瘤切除术
38.6000x012　血管病损切除术
38.6000x013　血管球瘤切除术
38.6300x001　肱动脉瘤切除术
38.6302　上肢血管病损切除术
38.6400x001　腹主动脉瘤切除术
38.6500x001　头臂干动脉瘤切除［无名动脉瘤切除术］
38.6500x002　头臂静脉病损切除术［无名静脉病损切除术］
38.6500x003　肺动脉病损切除术
38.6500x004　胸腔镜下肺动脉病损切除术
38.6500x006　经右心房下腔静脉破膜术
38.6700x003　门静脉部分切除术
38.6701　下腔静脉病损切除术
38.6702　门静脉病损切除术
38.6704　肝静脉病损切除术
38.6800x002　下肢动脉病损切除术
38.6801　腘动脉瘤切除术
38.6802　股动脉瘤切除术
38.6901　下肢静脉病损切除术
38.8300x004　上肢血管结扎术
38.8301　尺动脉结扎术
38.8302　肱动脉结扎术
38.8500x001　动脉导管结扎术
38.8500x012　动脉导管未闭切断缝合术
38.8500x013　体-肺动脉侧支结扎术
38.8500x016　奇静脉结扎术
38.8500x019　体-肺侧支汇聚术
38.8501　肺动脉环缩术
38.8502　肺动脉结扎术
38.8503　肋间动脉结扎术
38.8504　锁骨下动脉结扎术
38.8600x004　腹壁血管结扎术
38.8600x005　腹膜血管结扎术
38.8601　大网膜动脉结扎术
38.8602　胃动脉结扎术
38.8603　胆囊动脉结扎术
38.8604　肠系膜动脉结扎术
38.8605　肝动脉结扎术
38.8606　脾动脉结扎术
38.8700x001　腹部静脉结扎术
38.8700x009　腹腔镜下卵巢动静脉高位结扎术
38.8704　门静脉结扎术
38.8800x002　髂内动脉结扎术
38.8801　下肢动脉结扎术
38.8901　下肢静脉结扎术
38.9400　静脉缩短
39.0x01　升主动脉-肺动脉吻合术
39.0x02　锁骨下动脉-肺动脉吻合术
39.0x03　无名动脉-肺动脉吻合术
39.0x05　降主动脉-肺动脉吻合术
39.1x00x006　肾静脉-下腔静脉吻合术
39.1x00x008　脾静脉-下腔静脉人工血管分流术

39.1x00x009　肠系膜上静脉-下腔静脉颈内静脉搭桥术
39.1x00x010　肠系膜上静脉-下腔静脉人工血管搭桥术
39.1x00x011　肠系膜上静脉-下腔静脉-右心房人工血管搭桥术
39.1x00x012　颈外静脉-大隐静脉分流术
39.1x00x013　胃冠状静脉-肾静脉吻合术
39.1x01　肠系膜静脉-腔静脉吻合术
39.1x03　门静脉-腔静脉吻合术
39.1x05　肠系膜上静脉-下腔静脉吻合术
39.1x07　脾静脉-肾静脉吻合术
39.1x10　经颈静脉肝内门体静脉吻合术
39.2100x001　肺动脉-上腔静脉分流术
39.2100x003　单向肺动脉-上腔静脉分流术［单向Glenn手术］
39.2100x004　双向肺动脉-上腔静脉分流术［双向Glenn手术］
39.2100x005　双侧双向肺动脉-上腔静脉分流术［双侧双向Glenn手术］
39.2100x006　侧通道全腔静脉-肺动脉吻合术
39.2100x007　外通道全腔静脉-肺动脉吻合术
39.2101　腔静脉-右心房搭桥术
39.2200x001　降主动脉-锁骨下动脉人工血管搭桥术
39.2200x003　颈总动脉-肱动脉自体血管搭桥术
39.2200x005　颈总动脉-腋动脉自体血管搭桥术
39.2200x006　颈总动脉-腋动脉人工血管搭桥术
39.2200x008　升主动脉-颈总动脉人工血管搭桥术
39.2200x009　升主动脉-锁骨下动脉人工血管搭桥术
39.2200x011　锁骨下动脉-肱动脉自体血管搭桥术
39.2200x012　主动脉-颈动脉人工血管搭桥术
39.2200x014　锁骨下动脉-肱动脉人工血管搭桥术
39.2200x015　升主动脉-头臂血管人工血管搭桥术
39.2200x016　升主动脉-无名动脉人工血管搭桥术
39.2200x019　颈总动脉-肱动脉人工血管搭桥术
39.2200x021　主动脉-锁骨下动脉-颈动脉搭桥术
39.2300x003　肺动脉融合术
39.2300x004　无名静脉-右心房人工血管搭桥术
39.2300x005　降主动脉腹主动脉人造血管旁路术
39.2300x017　无名静脉-上腔静脉人工血管搭桥术
39.2300x018　无名静脉-右心耳人工血管搭桥术
39.2300x019　下腔静脉-右心耳人工血管搭桥术
39.2300x020　下腔静脉-右心房人工血管搭桥术
39.2300x021　腔静脉一右心房人工血管搭桥术
39.2301　升主动脉-降主动脉搭桥术
39.2302　升主动脉-腹主动脉搭桥术
39.2303　降主动脉-胸主动脉搭桥术
39.2304　无名静脉-上腔静脉搭桥术
39.2305　上腔静脉-右心房搭桥术
39.2306　下腔静脉-右肺静脉搭桥术
39.2307　右心房-右肺静脉搭桥术
39.2308　颈静脉-锁骨下静脉搭桥术
39.2401　腹主动脉-肾动脉搭桥术
39.2500x001　腹主动脉-股动脉-髂动脉人工血管搭桥术
39.2500x002　腹主动脉-股动脉人工血管搭桥术
39.2500x003　腹主动脉-髂动脉人工血管搭桥术
39.2500x004　腹主动脉-双侧髂动脉人工血管搭桥术
39.2500x005　髂动脉-股动脉人工血管搭桥术
39.2500x006　髂动脉-腘动脉人工血管搭桥术
39.2500x007　升主动脉-股动脉人工血管搭桥术
39.2500x008　升主动脉-双股动脉人工血管搭桥术
39.2500x009　髂动脉-股动脉-腘动脉人工血管搭桥术
39.2500x011　髂动脉-股动脉人工血管-腘动脉自体血管搭桥术
39.2500x012　髂动脉-股动脉自体血管搭桥术
39.2500x013　髂动脉-腘动脉自体血管搭桥术
39.2600x001　腹主动脉-肠系膜上动脉人工血管搭桥术
39.2600x002　髂总动脉-肠系膜上动脉搭桥术
39.2600x003　髂总动脉-髂外动脉搭桥术
39.2600x004　肾动脉-股动脉人工血管搭桥术
39.2600x006　升主动脉-腹主动脉人工血管搭桥术
39.2600x007　髂动脉-髂动脉人工血管搭桥术
39.2600x008　腹主动脉-腹腔干动脉搭桥术
39.2600x009　髂总动脉-腹腔干动脉人工血管搭桥术
39.2605　肾动脉-脾动脉搭桥术
39.2700x001　为肾透析的动静脉造瘘术
39.2700x002　为肾透析的动静脉人工血管搭桥术
39.2700x003　为肾透析的人工血管造瘘术
39.2700x004　为肾透析的移植血管造瘘术
39.2900x001　大隐静脉-肱动脉搭桥术
39.2900x002　大隐静脉-股动脉搭桥术
39.2900x003　股动脉-腓动脉自体血管搭桥术
39.2900x004　股动脉-腘动脉自体血管搭桥术
39.2900x005　股动脉-腘动脉人工血管搭桥术
39.2900x011　颈内静脉-股静脉搭桥术
39.2900x013　颈内静脉-锁骨下静脉自体血管搭桥术
39.2900x015　髂静脉-股静脉自体血管搭桥术

39.2900x017　腋动脉-腋动脉人工血管搭桥术
39.2900x019　腋动脉-股动脉人工血管搭桥术
39.2900x024　肱动脉分支-肱动脉主干人工血管搭桥术
39.2900x025　肱动脉-头静脉人工血管搭桥术
39.2900x026　腘动脉-胫动脉自体血管搭桥术
39.2900x027　股动脉-胫腓动脉干搭桥术
39.2900x028　股静脉-股静脉人工血管搭桥术
39.2900x031　股动脉-股动脉人工血管搭桥术
39.2900x032　股动脉-股动脉自体血管搭桥术
39.2900x033　股动脉-腘动脉-腓动脉血管搭桥术
39.2900x034　股动脉-腘动脉-腓动脉自体血管搭桥术
39.2900x035　股动脉-腘动脉-胫后动脉血管搭桥术
39.2900x036　股动脉-腘动脉-胫后动脉自体血管搭桥术
39.2900x037　股动脉-腘动脉-胫前动脉血管搭桥术
39.2900x038　股动脉-腘动脉-胫前动脉自体血管搭桥术
39.2900x039　股动脉-腘动脉人工血管-腓动脉自体血管搭桥术
39.2900x041　股动脉-腘动脉人工血管-胫前动脉自体血管搭桥术
39.2900x042　股动脉-胫后动脉自体血管搭桥术
39.2900x043　股动脉-胫前动脉自体血管搭桥术
39.2900x044　股静脉-大隐静脉吻合术
39.2900x045　股静脉-股静脉自体血管搭桥术
39.2900x046　腘动脉-腓动脉自体血管搭桥术
39.2900x047　腘动脉-胫后动脉自体血管搭桥术
39.2900x048　腘动脉-胫前动脉自体血管搭桥术
39.2900x049　腋动脉-双股动脉人工血管搭桥术
39.2902　股动脉-股动脉搭桥术
39.2906　股动脉-腓动脉搭桥术
39.2907　股动脉-腘动脉搭桥术
39.2908　股动脉-胫动脉搭桥术
39.2915　腋动脉-肱动脉搭桥术
39.2916　腘动脉-腘动脉搭桥术
39.3100x002　肱动脉修补术
39.3100x004　股动脉修补术
39.3100x006　肋间动脉修补术
39.3200x004　门静脉缝合术
39.3200x006　头静脉缝合术
39.3201　肠系膜静脉缝合术
39.3203　下腔静脉缝合术
39.3206　股静脉缝合术
39.3207　肝静脉缝合术
39.4100x001　血管术后出血止血术
39.4200x001　为肾透析的动静脉瘘修补术
39.4200x002　为肾透析的人工血管动静脉瘘修补术
39.4200x003　为肾透析的移植血管动静脉瘘修补术
39.4900x001　人工血管取出术
39.4900x004　动静脉造瘘术后人工血管血栓切除术
39.4900x005　下肢人工血管血栓切除术
39.4900x006　上肢人工血管血栓切除术
39.4903　体-肺分流再校正术
39.4904　体-肺分流去除术
39.5200x002　动脉瘤破裂修补术
39.5200x003　动脉瘤孤立术
39.5200x005　肺动脉瘤包裹术
39.5200x006　主动脉瘤包裹术（非体外）
39.5201　动脉瘤包裹术
39.5300x011　动静脉瘘切除术
39.5300x015　人工动静脉瘘切除术
39.5300x016　人工动静脉瘘修补术
39.5300x017　上肢动静脉瘘结扎术
39.5300x018　下肢动静脉瘘结扎术
39.5302　动静脉瘘切断术
39.5303　动静脉瘘结扎术
39.5304　动静脉瘘夹闭术
39.5400x001　胸主动脉夹层动脉瘤开窗术
39.5601　动脉组织补片修补术
39.5602　静脉组织补片修补术
39.5700x003　主动脉补片修补术
39.5701　静脉合成补片修补术
39.5702　动脉合成补片修补术
39.5900x001　动脉修补术
39.5900x002　肺动脉修补术
39.5900x003　肝静脉成形术
39.5900x004　股动脉成形术
39.5900x005　腘静脉修补术
39.5900x007　静脉修补术
39.5900x008　髂动脉成形术
39.5900x009　上腔静脉成形术
39.5900x011　无名动脉成形术
39.5900x012　主动脉-肺动脉开窗术
39.5900x014　静脉瓣膜包裹术
39.5900x015　肺静脉成形术
39.5900x016　升主动脉成形术
39.5900x018　主动脉成形术
39.5900x019　股静脉环缩术

39.5900x021　股静脉瓣膜环缩术
39.5900x022　腘动脉修补术
39.5900x023　体静脉狭窄矫治术
39.5900x024　血管修补术
39.5900x025　烟囱技术肠系膜上动脉重建术
39.5900x026　烟囱技术髂内动脉重建术
39.5900x027　烟囱技术肾动脉重建术
39.5900x028　烟囱技术颈总动脉重建术
39.5900x029　烟囱技术锁骨下动脉重建术
39.5900x031　胸腔镜下肺动脉修补术
39.7800x008　经皮动脉导管未闭封堵术
39.7900x402　经皮主动脉窦瘤封堵术
39.9000x022　肺动脉支架置入术
39.9000x027　肺动脉带瓣支架植入术
39.9000x038　经皮肺静脉支架置入术
39.9100x003　下腔静脉粘连松解术
40.9x00x004　淋巴干-小静脉吻合术

PC1　新生儿（出生年龄＜29天）除心血管外复杂手术

包含以下主要手术或操作：
02.1202　脑膜膨出修补术
03.5100x003　脑脊膜膨出修补术
03.5200x003　脊髓外露修补术
07.2100　肾上腺病损切除术
07.2102　腹腔镜肾上腺病损切除术
17.3900x004　腹腔镜经肛门巨结肠根治术（改良Soave法）
17.3901　腹腔镜巨结肠切除术
31.7301　气管食管瘘修补术
32.2001　胸腔镜下肺楔形切除术
32.2003　胸腔镜下肺病损切除术
32.2903　肺袖式切除术
32.2904　肺楔形切除术
32.2905　肺部分切除术
32.3001　胸腔镜下肺叶部分切除术
32.4100　胸腔镜下肺叶切除术
32.4100x002　胸腔镜下复合肺叶切除术
32.4902　肺叶切除术
32.4903　肺叶袖状切除术
34.3x04　胸腔镜下纵隔病损切除术
34.4x00x008　胸腔病损切除术
42.3100x001　食管憩室切除术
42.3101　胸腔镜食管憩室切除术
42.3201　食管病损切除术
44.6100x003　胃破裂修补术
44.6500x003　胸腔镜下贲门松解术
45.3101　十二指肠病损切除术
45.3301　小肠病损切除术
45.3303　腹腔镜小肠病损切除术
45.6100　小肠多节段部分切除术
45.7100x001　大肠多节段切除术
45.7900x002　巨结肠切除术
45.7900x003　经肛门巨结肠根治术（改良Soave法）
45.9100x006　小肠-小肠端侧吻合术
45.9306　回肠-直肠吻合术
46.7901　肠穿孔修补术
49.7902　肛门括约肌成形术
49.7903　肛门成形术
49.7904　腹腔镜下肛门成形术
49.7905　经会阴肛门成形术
49.7906　经骶会阴肛门成形术
53.4901　脐疝修补术
53.7101　腹腔镜经腹食管裂孔疝修补术
53.7201　经腹膈疝修补术
53.7202　经腹食管裂孔疝修补术
53.8000x001　经胸膈疝修补术
53.8001　经胸食管裂孔疝修补术
53.8002　经胸腹横膈疝修补术
53.8100x001　膈肌折叠术
53.8101　经胸膈肌折叠术
53.8102　经腹膈肌折叠术
53.8103　胸腔镜膈肌折叠术
53.9x05　腹膜后疝修补术
54.1201　再开腹探查术
54.4x02　腹膜后病损切除术
54.4x06　肠系膜病损切除术
54.4x07　骶前病损切除术
54.5903　肠粘连松解术
54.7100　腹裂（畸形）修补术
54.7200x002　脐膨出修补术
54.7200x003　脐膨出补片修补术
54.9500x005　腹腔镜下拉德手术（Ladd's）
54.9501　拉德手术
56.2x05　输尿管镜下输尿管切开术
57.8600　膀胱外翻修补术
65.2501　腹腔镜卵巢病损切除术
65.2901　卵巢病损切除术
65.3100　腹腔镜单侧卵巢切除术
65.3900x001　单侧卵巢切除术

PD1　新生儿（出生年龄＜29天）腹部手术

包含以下主要手术或操作：
38.6700x005　腹腔静脉瘤切除术
40.2900x023　髂外血管旁淋巴结切除术
40.2905　腹主动脉旁淋巴结切除术
40.2907　腹膜淋巴结切除术
40.2909　盆腔淋巴结切除术
40.3x00x001　淋巴结扩大性区域性切除术
42.9200x008　内镜下胃咽吻合口扩张术
43.0x00x003　胃切开探查术
43.0x02　胃切开异物取出术
43.0x03　腹腔镜下胃切开异物取出术
43.1900x003　永久性胃造口术
43.1900x005　暂时性胃造口术
43.3x00x003　幽门环肌层切开术
43.3x00x004　幽门肌层切开术
43.3x01　腹腔镜下幽门肌层切开术
43.5x00x003　贲门部分切除伴食管-胃吻合术
43.5x00x007　胃近端切除伴食管-胃吻合术
43.5x01　胃大部切除伴食管胃吻合术
43.5x02　贲门切除伴食管胃弓下吻合术
43.5x03　腹腔镜下胃大部切除伴食管-胃吻合术
43.6x00x005　胃幽门切除术伴胃-十二指肠吻合术
43.6x00x006　胃远端切除术伴胃-十二指肠吻合术
43.6x01　胃大部切除伴胃十二指肠吻合术
43.6x02　腹腔镜胃大部切除伴胃十二指肠吻合术
43.7x00x001　胃大部切除伴胃-空肠吻合术［Billroth Ⅱ式手术］
43.7x01　残胃部分切除伴胃空肠吻合术
43.7x02　胃肠吻合口切除伴胃空肠吻合术
43.7x03　腹腔镜胃大部切除伴胃空肠吻合术
43.8100　胃部分切除术伴空肠移位术
43.8201　腹腔镜胃部分切除术
43.8202　腹腔镜胃楔形切除术
43.8901　胃部分切除术
43.8902　胃底横断术
43.8903　胃袖状切除术
43.9101　全胃切除伴空肠间置术
43.9102　腹腔镜辅助全胃切除伴空肠间置术
43.9900x002　残胃切除术
43.9900x003　腹腔镜下胃切除术
43.9900x004　根治性胃切除术
43.9901　全胃切除伴食管空肠吻合术
43.9902　残胃切除，食管空肠吻合术
43.9903　全胃切除伴食管十二指肠吻合术
43.9904　腹腔镜辅助全胃切除伴食管-十二指肠吻合术
43.9905　腹腔镜辅助全胃切除伴食管-空肠吻合术
44.0100　迷走神经干切断术
44.0200x002　壁细胞迷走神经切断术
44.0300x001　选择性迷走神经切断术
44.1500　开放性胃活组织检查
44.2100x001　幽门切开扩张术
44.2100x002　幽门括约肌切开术
44.2200x001　胃镜下胃-肠吻合口扩张术
44.2200x003　内镜下食管胃吻合口扩张术
44.2200x004　内镜下胃肠吻合口支架植入术
44.2900x001　幽门成形术
44.2901　幽门粘连松解术
44.3801　腹腔镜下胃空肠吻合术
44.3802　腹腔镜下胃十二指肠吻合术
44.3803　腹腔镜下幽门旷置术
44.3804　腹腔镜下胃转流术（LRYGB）
44.3900x003　胃-十二指肠吻合术
44.3901　胃转流术［胃-肠搭桥吻合术］
44.3902　胃十二指肠吻合术（旁路）
44.3903　胃空肠吻合术（旁路）
44.3904　幽门旷置术
44.4100x008　胃溃疡穿孔修补术
44.4102　腹腔镜胃溃疡穿孔修补术
44.4901　胃切开止血术
44.4902　十二指肠切开止血术
44.5x00x002　胃-空肠吻合口闭合术
44.5x00x004　胃-十二指肠吻合口闭合术
44.5x00x005　胃-十二指肠吻合口修补术
44.5x01　胃肠吻合口修补术
44.5x02　食管胃吻合口成形术
44.6200　胃造口闭合术
44.6300x001　胃-结肠瘘闭合术
44.6301　胃结肠瘘修补术
44.6302　胃空肠瘘修补术
44.6400　胃固定术
44.6401　腹腔镜下胃固定术
44.6500　胃十二指肠成形术
44.6500x001　食管-贲门成形术
44.6500x002　食管-胃成形术［Belsey手术］
44.6501　贲门成形术
44.6600x002　胃-贲门成形术
44.6601　胃底折叠术

44.6701　腹腔镜胃底折叠术
44.6800x002　腹腔镜下胃束带术
44.6801　腹腔镜垂直束带胃成形术（VBG）
44.6902　腹腔镜胃修补术
44.9100x001　贲门周围血管离断术
44.9100x002　门奇静脉断流术［食管-胃底静脉结扎术］
44.9100x005　腹腔镜下胃静脉曲张离断术
44.9101　胃底静脉结扎术
44.9201　胃扭转复位术
44.9501　腹腔镜下可调节胃束带术（LAGB）
44.9502　垂直绑带式胃减容术（VGB）
44.9601　腹腔镜可调节胃束带置换术
44.9602　腹腔镜可调节胃束带修正术
44.9701　腹腔镜可调节胃束带去除术
44.9801　腹腔镜可调节胃束带放松术
44.9802　腹腔镜下可调节胃束带紧缩术
45.0100x005　十二指肠切开探查术
45.0101　十二指肠切开异物取出术
45.0102　十二指肠切开取石术
45.0200x001　空肠切开取石
45.0201　小肠切开异物取出术
45.0202　小肠切开取石术
45.0203　小肠切开减压术
45.0204　腹腔镜小肠切开减压术
45.0300x002　大肠切开探查术
45.0300x003　横结肠切开引流术
45.0301　大肠切开取石术
45.0302　大肠切开异物取出术
45.0303　大肠切开减压术
45.1500　开放性小肠活组织检查
45.2600　开放性大肠活组织检查
45.3102　十二指肠憩室切除术
45.3200x001　十二指肠病损破坏术
45.3300x006　空肠病损切除术
45.4100x001　大肠病损切除术
45.4101　结肠病损切除术
45.4102　横结肠病损切除术
45.4103　降结肠病损切除术
45.4104　乙状结肠病损切除术
45.4105　盲肠病损切除术
45.4107　升结肠病损切除术
45.4108　盲肠憩室切除术
45.4900x001　大肠病损破坏术
45.4900x003　结肠病损高频电凝术
45.4900x005　结肠病损激光烧灼术
45.4901　结肠袋形缝合术
45.5100x001　回肠部分切除用于间置术
45.5101　小肠部分切除用于间置术
45.5201　结肠部分切除术用于间置术
45.6200x001　腹腔镜下回肠部分切除术
45.6200x002　腹腔镜下空肠部分切除术
45.6201　小肠部分切除术
45.6202　十二指肠部分切除术
45.6203　十二指肠切除术
45.6204　空肠部分切除术
45.6205　空肠切除术
45.6206　回肠部分切除术
45.6207　回肠切除术
45.6208　腹腔镜下小肠部分切除术
45.6300　小肠全部切除术
45.7200x002　回盲部切除术
45.7200x004　盲肠部分切除术
45.7201　回盲部分切除术
45.7202　盲肠切除术
45.7300x003　升结肠部分切除术
45.7300x006　右半结肠姑息性切除术
45.7300x007　右半结肠切除术
45.7301　回肠结肠切除术
45.7302　右半结肠根治性切除术
45.7304　升结肠切除术
45.7400x003　横结肠切除术
45.7401　横结肠部分切除术
45.7500　左半结肠切除术
45.7500x001　降结肠部分切除术
45.7501　左半结肠根治性切除术
45.7600x008　乙状结肠切除术
45.7601　乙状结肠部分切除术
45.7901　结肠部分切除术
45.8100　腹腔镜腹内全结肠切除术
45.8100x001　腹腔镜下结肠次全切除术
45.8200　开放性腹内全结肠切除术
45.9100x008　空肠-空肠端侧吻合术
45.9101　空肠空肠吻合术
45.9102　回肠回肠吻合术
45.9103　十二指肠空肠吻合术
45.9104　空肠回肠吻合术
45.9200　小肠直肠残端吻合术
45.9300x012　小肠-升结肠吻合术
45.9300x013　小肠-大肠吻合术

45.9300x014　小肠-结肠吻合术
45.9300x015　回肠贮袋肛管吻合术
45.9302　回肠-降结肠吻合术
45.9304　回肠-升结肠吻合术
45.9305　回肠-乙状结肠吻合术
45.9307　空肠-横结肠吻合术
45.9310　空肠-乙状结肠吻合术
45.9400x004　降结肠-乙状结肠吻合术
45.9400x009　盲肠-乙状结肠吻合术
45.9400x012　升结肠-乙状结肠吻合术
45.9400x016　横结肠-直肠吻合术
45.9401　横结肠-降结肠吻合术
45.9402　横结肠-乙状结肠吻合术
45.9403　降结肠-直肠吻合术
45.9404　结肠-直肠吻合术
45.9405　乙状结肠-直肠吻合术
45.9406　升结肠-横结肠吻合术
45.9407　升结肠-降结肠吻合术
45.9408　升结肠-直肠吻合术
45.9501　结肠-肛门吻合术
45.9502　回肠-肛门吻合术
45.9503　降结肠-肛门吻合术
45.9504　乙状结肠-肛门吻合术
46.0100x001　回肠外置术
46.0101　十二指肠外置术
46.0102　襻式回肠造口术
46.0300x001　肠外置术［Mikulicz手术］
46.0300x003　盲肠外置术
46.0300x004　结肠旷置术
46.0301　肠外置术（一期）
46.0302　襻式结肠造口术
46.0400x002　肠外置段的切除术
46.0401　肠外置术（二期）
46.0402　结肠襻切除术
46.1000　结肠造口术
46.1000x007　腹腔镜下结肠造口术
46.1100　暂时性结肠造口术
46.1100x002　腹腔镜下结肠暂时性造口术
46.1300　永久性结肠造口术
46.1301　腹腔镜乙状结肠永久性造口术
46.1400　结肠造口的延迟性切开
46.2100　暂时性回肠造口术
46.2300x001　回肠永久性造口术
46.2301　腹腔镜永久性回肠造口术
46.2400　回肠造口的延迟性切开
46.3900x002　空肠造口术
46.3900x006　腹腔镜下十二指肠造口术
46.3900x007　腹腔镜下小肠造口术
46.3901　空肠（营养性）造口术
46.3902　十二指肠造口术
46.3904　小肠造口术
46.3905　腹腔镜空肠造口术
46.4101　回肠造口修复术
46.4102　空肠造口修复术
46.4103　回肠造口周围疝修补术
46.4200　结肠造口周围疝修补术
46.4201　腹腔镜结肠造口周围疝修补术
46.4202　腹腔镜结肠造口周围疝无张力成形术
46.4300x004　横结肠造口重建术
46.4300x005　结肠造口扩大术
46.4301　结肠造口修复术
46.4302　横结肠造口修复术
46.4303　降结肠造口修复术
46.5100x002　回肠造口还纳术
46.5100x004　空肠造口还纳术
46.5100x006　小肠造口还纳术
46.5101　回肠造口闭合术
46.5102　空肠造口闭合术
46.5200x006　结肠造口还纳术
46.5200x010　乙状结肠造口还纳术
46.5200x011　横结肠造口还纳术
46.5201　盲肠造口闭合术
46.5202　结肠造口闭合术
46.5203　乙状结肠造口闭合术
46.5204　横结肠造口闭合术
46.6200x003　小肠排列术
46.6200x004　小肠外排列术
46.6201　小肠折叠术［Noble手术］
46.6301　盲肠-升结肠固定术
46.6302　乙状结肠-腹壁固定术［Moschowitz手术］
46.6401　盲肠固定术
46.6402　乙状结肠固定术
46.6403　结肠固定术
46.7100　十二指肠裂伤缝合术
46.7200　十二指肠瘘的闭合术
46.7300x005　小肠破裂修补术
46.7301　空肠裂伤修补术
46.7302　回肠裂伤修补术
46.7303　腹腔镜小肠裂伤修补术
46.7400x004　小肠瘘修补术

46.7401　小肠-小肠吻合口瘘修补术
46.7402　小肠-大肠吻合口瘘修补术
46.7403　空肠瘘修补术
46.7404　小肠腹壁瘘切除术
46.7405　小肠-乙状结肠瘘切除术
46.7500x004　结肠破裂修补术
46.7501　横结肠裂伤修补术
46.7502　乙状结肠裂伤修补术
46.7503　盲肠裂伤修补术
46.7504　升结肠裂伤修补术
46.7505　降结肠裂伤修补术
46.7506　腹腔镜下结肠裂伤修补术
46.7601　乙状结肠瘘修补术
46.7602　盲肠瘘修补术
46.7603　结肠瘘修补术
46.7604　腹腔镜下结肠瘘修补术
46.7900x009　腹腔镜下十二指肠成形术
46.7902　十二指肠成形术
46.7903　小肠浆膜修补术
46.7904　十二指肠憩室修补术
46.8101　小肠扭转复位术
46.8102　小肠套叠复位术
46.8201　大肠扭转复位术
46.8202　大肠套叠复位术
46.9100　乙状结肠肌切开术
46.9200x001　结肠肌切开术
46.9201　结肠隔膜切开术
46.9300x001　十二指肠空肠吻合口切除术
46.9301　空肠回肠吻合口切除术
46.9401　直肠吻合口狭窄切开术
47.0100　腹腔镜下阑尾切除术
47.0901　阑尾切除术
47.0902　阑尾残端切除术
47.0903　阑尾病损切除术
47.2x00　阑尾脓肿引流术
47.2x01　腹腔镜下阑尾脓肿引流术
47.9100　阑尾造口术
47.9200　阑尾瘘管闭合术
47.9901　阑尾内翻包埋术
48.0x00x002　直肠切开引流术
48.0x00x003　直肠切开探查术
48.0x01　直肠减压术
48.0x02　肛门闭锁减压术
48.0x03　直肠直线切开术［PANAS］
48.0x04　直肠脓肿切开引流术
48.1x00　直肠造口
48.2500　开放性直肠活组织检查
48.3101　直肠病损根治性电凝固术
48.3200x003　直肠病损电凝术
48.3201　直肠病损电切术
48.3301　直肠病损激光切除术
48.3501　直肠病损切除术
48.3502　经肛门直肠病损切除术
48.3504　经阴道直肠病损切除术
48.3505　直肠后壁病损切除术
48.3506　Kraske术
48.3507　腹腔镜直肠病损切除术
48.3600x007　经肛门内镜下直肠病变微创手术［TEM］
48.3601　直肠息肉切除术
48.3603　内镜下直肠息肉氩离子凝固术（APC）
48.4101　直肠黏膜下切除术
48.4102　经肛门直肠黏膜环切术
48.4103　直肠黏膜下环切术
48.4104　直肠内拖出切除术
48.4105　直肠黏膜切除术
48.4106　腹腔镜直肠黏膜下切除术
48.4900x002　直肠切除术［Swenson手术］
48.4900x003　直肠-腹-会阴拖出切除术
48.4901　会阴-直肠拖出术
48.4902　经前会阴超低位直肠切除术
48.4903　腹腔镜辅助经前会阴超低位直肠切除术
48.4904　斯文林直肠切除术
48.4905　Bacon-Black术
48.5100　腹腔镜下腹会阴直肠切除术
48.5100x002　腹腔镜下经肛提肌外腹会阴直肠联合切除术［LELAPE手术］
48.5200　开放性腹会阴直肠切除术
48.5201　肛提肌外腹会阴直肠联合切除术
48.5900x001　直肠全部切除术
48.6100　经骶直肠乙状结肠切除术
48.6100x001　腹腔镜下经腹直肠乙状结肠切除术
48.6100x002　腹腔镜下经骶直肠乙状结肠切除术
48.6200　直肠前切除术同时伴结肠造口术
48.6201　腹腔镜下直肠前切除伴结肠造口术
48.6301　直肠前切除术
48.6302　腹腔镜下直肠前切除术
48.6303　腹腔镜低位直肠前切除术
48.6400x001　经骶尾直肠切除术
48.6500x001　腹-会阴拖出术

48.6900x002 腹腔镜下直肠根治术
48.6900x004 经肛门直肠病损根治术
48.6900x007 直肠根治术
48.6901 经骶经肛门括约肌直肠病损切除术
48.6902 直肠部分切除术
48.6903 直肠-乙状结肠切除术
48.6904 直肠乙状结肠部分切除术
48.6905 直肠切除术
48.6906 残余直肠切除术
48.6907 全结肠直肠（包括肛门）切除术
48.6908 残余直肠肛管切除术
48.6909 腹腔镜下直肠部分切除术
48.6910 腹腔镜直肠切除术
48.6911 腹腔镜直肠-乙状结肠部分切除术
48.6912 腹腔镜全结肠直肠（包括肛门）切除术
48.6913 腹腔镜帕克氏术（Park's术）
48.7100 直肠裂伤缝合术
48.7101 腹腔镜直肠破裂修补术
48.7200 直肠造口闭合术
48.7300x001 会阴-直肠瘘闭合术
48.7301 会阴直肠瘘修补术
48.7302 肛门直肠瘘修补术
48.7303 直肠瘘修补术
48.7400 直肠直肠吻合术
48.7401 经肛门吻合器直肠切除术
48.7501 直肠脱垂里普斯坦修补术
48.7600x001 直肠固定术
48.7600x002 直肠骶骨上悬吊术
48.7600x008 直肠黏膜悬吊术
48.7601 直肠脱垂注射术
48.7602 直肠脱垂德洛姆修补术
48.7603 直肠脱垂悬吊术
48.7604 直肠乙状结肠固定术
48.7605 腹腔镜直肠悬吊术
48.7900x003 直肠修补术
48.7901 陈旧性产科直肠裂伤修补术
48.8100x001 直肠瘘管切开术
48.8102 直肠阴道隔膜切开术
48.8201 直肠阴道隔病损切除术
48.8202 直肠-阴道隔切除术
48.8203 经阴直肠阴道隔病损切除术
48.8204 盆腔直肠病损切除术
48.8205 腹腔镜下直肠阴道隔病损切除术
48.8206 腹腔镜下直肠后囊肿切除术
48.9100 直肠狭窄切开术
48.9200 肛门直肠肌切开术
48.9201 肛门直肠肌部分切除术
48.9300 直肠周围瘘的修补术
49.0101 肛周脓肿穿刺抽吸术
49.0200x001 肛周组织下部切开术
49.0201 肛门周围组织切开术
49.0300 肛周皮赘切除术
49.0400x008 肛周脓肿根治术
49.0400x009 肛周病损切除术
49.0401 肛周脓肿切除术
49.0402 肛门周围组织切除术
49.1100 肛门瘘管切开术
49.1200 肛门瘘管切除术
49.3900x015 肛门皮肤和皮下坏死组织切除清创术
49.3901 肛裂切除术
49.3902 肛窦切除术
49.3903 肛裂切开挂线术
49.3904 肛门病损激光切除术
49.3905 肛门病损切除术
49.3906 肛乳头切除术
49.3907 肛管病损切除术
49.4902 肛垫悬吊术
49.5200x002 肛门后侧括约肌切开术
49.5900x001 耻骨直肠肌部分切断术
49.5901 肛管内括约肌切开术
49.5902 肛门括约肌切断术
49.5903 肛门括约肌切开术
49.6x00 肛门切除术
49.6x01 肛门括约肌切除术
49.7100 肛门裂伤缝合术
49.7200 肛门环扎术
49.7302 肛瘘结扎术
49.7400x001 股薄肌移植肛门失禁矫正术
49.7501 人工肛门括约肌植入术
49.7502 人工肛门括约肌修复术
49.7600 人工肛门括约肌去除
49.7900x005 肛门括约肌修补术
49.7901 肛门陈旧性产科裂伤修补术
49.9300x001 肛管探查术
49.9300x002 肛门后切术
49.9300x003 肛门扩张术
49.9300x004 肛门切开探查术
49.9302 肛门切开异物取出术
49.9400 肛门脱垂复位术
49.9500x002 手术后肛门出血缝扎止血术

49.9900x007　肛门脱细胞异体真皮置入术
49.9901　肛管皮肤移植术
50.0x00x004　腹腔镜下肝切开引流术
50.0x00x008　肝被膜下血肿清除术
50.0x00x016　肝探查术
50.0x01　肝切开引流术
50.0x02　肝切开异物取出术
50.0x03　腹腔镜下肝囊肿开窗引流术
50.0x04　腹腔镜下肝脓肿切开引流术
50.0x05　腹腔镜下肝异物去除术
50.1200　开放性肝活组织检查
50.1400　腹腔镜下肝活组织检查
50.2200x003　肝Ⅱ段切除术
50.2200x004　肝Ⅲ段切除术
50.2200x005　肝Ⅳ段切除术
50.2200x006　肝Ⅴ段切除术
50.2200x007　肝Ⅵ段切除术
50.2200x008　肝Ⅶ段切除术
50.2200x009　肝Ⅷ段切除术
50.2205　腹腔镜下肝部分切除术
50.2301　肝病损微波消融术
50.2302　肝病损射频消融术
50.2303　胆囊床病损射频消融术
50.2501　腹腔镜下肝病损微波消融术
50.2502　腹腔镜下肝病损射频消融术
50.2503　腹腔镜超声引导下肝病损射频消融术
50.2900x021　腹腔镜下肝抽吸术
50.2901　肝病损氩氦刀治疗术
50.2902　肝病损冷冻治疗术
50.2903　肝病损酒精固化治疗术
50.2904　肝病损离体切除术
50.2905　肝病损破坏术
50.2906　肝病损超声刀治疗
50.2907　肝病损微波治疗
50.2908　肝病损切除术
50.2909　腹腔镜下肝病损切除术
50.2910　腹腔镜下肝病损烧灼术
50.3x01　右半肝切除术
50.3x02　左半肝切除术
50.3x03　肝叶部分切除术
50.3x04　全肝叶切除术伴其他肝叶部分切除术
50.3x05　腹腔镜下肝叶切除术
50.3x06　腹腔镜下半肝切除术
50.4x00　全肝切除术
50.6101　肝破裂修补术
50.6900x002　肝修补术
50.9900x003　肝止血术
51.0300x002　胆囊造口术
51.0301　腹腔镜下胆囊造口术
51.0400x006　浅式胆囊取石术
51.0400x008　胆道镜下碎石取石术
51.0402　胆囊切开引流术
51.0405　腹腔镜下胆囊切开取石术
51.1104　腹腔镜下胆总管探查术
51.1105　腹腔镜下胆道造影术
51.1301　开放性胆囊活组织检查
51.1302　开放性胆管活组织检查
51.2200　胆囊切除术
51.2200x004　胆囊扩大切除术
51.2201　残余胆囊切除术
51.2300　腹腔镜下胆囊切除术
51.2301　腹腔镜下残余胆囊切除术
51.2400　腹腔镜下部分胆囊切除术
51.3100　胆囊肝管吻合术
51.3201　胆囊空肠吻合术
51.3202　胆囊十二指肠吻合术
51.3203　腹腔镜下胆囊空肠吻合术
51.3204　腹腔镜下胆囊十二指肠吻合术
51.3400　胆囊胃吻合术
51.3601　胆总管空肠吻合术
51.3602　胆总管十二指肠吻合术
51.3700x001　腹腔镜下肝门-空肠吻合术
51.3700x002　腹腔镜下肝门-肠吻合术
51.3700x003　肝胆管-空肠吻合术
51.3700x007　肝门-空肠吻合术
51.3701　肝总管空肠吻合术
51.3702　肝管胃吻合术
51.3703　肝管十二指肠吻合术
51.3704　肝管空肠吻合术
51.3900x005　胆管吻合术
51.3900x008　胆管-胰吻合术
51.3901　胆管空肠吻合术
51.3902　胆管十二指肠吻合术
51.3904　胆管肝管空肠吻合术
51.3905　胆总管胃吻合术
51.3906　胆管胃吻合术
51.4100x001　胆总管切开取石术
51.4201　胆总管切开异物取出术
51.4202　胆总管切开减压术
51.4301　肝胆总管吻合术

51.4302　肝管支架置入术
51.4303　胆总管支架置入术
51.4304　胆管支架置入术
51.4900x002　胆管切开取石术
51.4900x003　胆总管切开取栓术
51.4901　肝管切开取石术
51.4902　胆肠吻合口切开取石术
51.4903　胆管切开取石术（伴T管引流）
51.4904　肝总管切开取石术
51.4905　胆管切开取栓术
51.5100　胆总管探查术
51.5101　胆总管切开引流术
51.5102　胆总管切开支架取出术
51.5900x006　腹腔镜下胆道探查术
51.5901　肝管切开引流术
51.5902　肝管切开探查术
51.5903　胆管切开探查术
51.5904　肝总管切开探查术
51.6100x001　残余胆囊管切除术
51.6200x002　法特壶腹切除术
51.6201　法特氏壶腹病损切除术
51.6301　胆总管病损切除术
51.6302　胆总管部分切除术
51.6303　胆总管切除术
51.6900x007　肝胆管病损切除术
51.6900x008　肝胆管切除术
51.6900x012　肝总管切除术
51.6900x013　腹腔镜下胆管病损切除术
51.6901　胆管病损切除术
51.6902　胆管部分切除术
51.6903　肝管切除术
51.6904　肝管病损切除术
51.6905　肝总管部分切除术
51.7101　胆总管裂伤缝合术
51.7200x001　胆总管修补术
51.7201　胆总管瘘修补术
51.7202　胆总管-肠吻合口拆除术
51.7203　胆总管球囊扩张术
51.7204　胆总管扩张术
51.7900x002　胆管成形术
51.7900x005　胆管修补术
51.7900x006　胆总管损伤修补术
51.7900x007　空肠代胆道术
51.7901　肝管成形术
51.7902　胆管空肠吻合口闭合术
51.7903　带蒂肠片肝管成形术
51.7904　胆管瘘修补术
51.7905　胆管造口闭合术
51.7906　肝总管修补术
51.7907　胆管人工造口闭合术
51.7908　肝管扩张术
51.7909　腹腔镜下胆管瘘口修补术
51.7910　腹腔镜下胆管修补术
51.8100　奥狄氏括约肌扩张
51.8101　法特氏壶腹扩张术
51.8200x001　奥狄括约肌切开术
51.8200x002　经十二指肠壶腹括约肌切开术
51.8200x003　胰管括约肌切开取石术
51.8201　十二指肠乳头肌切开术
51.8300x003　胆总管-十二指肠后壁吻合术
51.8301　十二指肠括约肌成形术
51.8800x006　腹腔镜下胆道取石术
51.8803　腹腔镜下胆总管切开取石术
51.9100　胆囊裂伤的修补术
51.9101　腹腔镜下胆囊破裂修补术
51.9200　胆囊造口闭合术
51.9300x001　胆囊-空肠瘘切除术
51.9301　胆囊瘘修补术
51.9302　胆囊空肠瘘修补术
51.9303　胆囊十二指肠瘘修补术
51.9304　胆囊结肠瘘修补术
51.9305　胆囊胃瘘修补术
51.9401　胆管吻合口重建术
51.9800x010　经皮胆管支架置入术
51.9901　胆道内假体置换术
52.0101　腹腔镜下胰腺周围脓肿外引流术
52.0102　腹腔镜下胰腺囊肿外引流术
52.0900x001　腹腔镜下胰腺脓肿引流术
52.0901　胰腺切开探查术
52.0902　胰腺切开取石术
52.0903　胰腺切开引流术
52.0904　腹腔镜下胰腺切开引流术
52.1200　开放性胰腺活组织检查
52.1302　腹腔镜下胰腺探查
52.2101　腹腔镜下胰腺病损切除术
52.2102　超声内镜下胰腺无水酒精注射术
52.2201　胰腺病损切除术
52.3x00　胰囊肿袋形缝合术［造袋术］
52.4x00x004　胰腺囊肿引流术
52.4x02　胰腺囊肿胃吻合术

52.5101　胰头切除术
52.5102　胰头伴部分胰体切除术
52.5103　胰头十二指肠切除术
52.5104　胰头部分切除术
52.5202　胰尾伴部分胰体切除术
52.5203　胰尾部分切除术
52.5300　根治性胰腺次全切除术
52.5301　腹腔镜根治性胰体尾切除术
52.5901　胰腺部分切除术
52.5902　胰腺十二指肠部分切除术
52.5903　胰腺节段切除术
52.5904　胰体尾切除术
52.5905　腹腔镜胰腺部分切除术
52.5906　腹腔镜胰腺中段切除术
52.6x00　全胰切除术
52.6x00x003　异位胰腺切除术
52.6x01　胰腺全部切除伴十二指肠切除术
52.6x02　腹腔镜下全胰切除术
52.6x03　腹腔镜下胰十二指肠切除术
52.7x00　根治性胰十二指肠切除术
52.7x00x003　胰腺根治性切除术
52.7x01　腹腔镜下胰十二指肠根治术
52.8100　胰腺组织再植入
52.9201　胰管支架置入术
52.9500x001　胰瘘管切除术
52.9500x002　胰尾修补术
52.9501　胰腺裂伤缝合术
52.9502　胰管修补术
52.9503　胰腺瘘修补术
52.9504　胰腺修补术
52.9601　胰腺管空肠吻合术
52.9602　胰腺管胃吻合术
52.9603　胰腺管回肠吻合术
52.9604　胰腺管十二指肠吻合术
52.9605　腹腔镜下胰胃吻合术
53.0001　单侧腹股沟疝修补术
53.0002　腹腔镜下单侧腹股沟疝修补术
53.0100x001　单侧腹股沟直疝疝囊高位结扎术
53.0101　单侧腹股沟直疝修补术
53.0102　单侧腹股沟直疝斜疝修补术
53.0201　单侧腹股沟斜疝修补术
53.0202　单侧腹股沟斜疝疝囊高位结扎术
53.0203　腹腔镜下单侧腹股沟斜疝修补术
53.0204　腹腔镜下单侧腹股沟斜疝疝囊高位结扎术
53.0301　单侧腹股沟直疝斜疝无张力修补术
53.0302　单侧腹股沟直疝无张力修补术
53.0401　单侧腹股沟斜疝无张力修补术
53.0501　单侧腹股沟疝无张力修补术
53.1000　双侧腹股沟疝修补术
53.1101　双侧腹股沟直疝修补术
53.1201　双侧腹股沟斜疝修补术
53.1202　双侧腹股沟斜疝疝囊高位结扎术
53.1203　腹腔镜下双侧腹股沟斜疝修补术
53.1301　腹股沟疝修补术，一侧直疝一侧斜疝
53.1401　双侧腹股沟直疝无张力修补术
53.1501　双侧腹股沟斜疝无张力修补
53.1601　腹股沟疝无张力修补术，一侧直疝，一侧斜疝
53.1701　双侧腹股沟疝无张力修补术
53.2101　单侧股疝无张力修补术
53.2901　单侧股疝修补术
53.3101　双侧股疝无张力修补术
53.3901　双侧股疝修补术
53.4101　脐疝无张力修补术
53.4201　腹腔镜下脐疝无张力修补术
53.4301　腹腔镜下脐疝修补术
53.4902　脐重建术
53.5100　切口疝修补术
53.5101　腹腔镜下切口疝修补术
53.5900x001　腹壁白线疝修补术
53.5901　腹壁疝修补术
53.5902　腹腔镜下腹壁疝修补术
53.6101　腹壁切口疝无张力修补术
53.6900x002　腹白线疝无张力修补术
53.6901　腹壁疝无张力修补术
53.9x00x015　造口旁疝修补术
53.9x00x016　会阴疝无张力修补术
53.9x01　坐骨孔疝修补术
53.9x02　腰疝修补术
53.9x03　闭孔疝修补术
53.9x04　坐骨直肠窝疝修补术
53.9x06　网膜疝修补术
54.0x00x010　腹壁血肿清除术
54.0x00x021　腹膜外血肿清除术
54.0x00x023　髂窝积液清除术
54.0x01　腹股沟探查术
54.0x03　腹壁异物取出术
54.1100　开腹探查术
54.1202　近期开腹术后腹腔止血术

54.1900x005　腹腔镜下腹腔积血清除术
54.1900x006　腹腔镜下男性盆腔脓肿切开引流术
54.1900x010　腹腔脓肿切开引流术
54.1900x011　腹腔血肿清除术
54.1900x023　男性盆腔血肿清除术
54.1901　腹膜后血肿清除术
54.1902　腹膜血肿清除术
54.1903　腹腔切开引流术
54.1904　膈下脓肿切开引流术
54.1905　男性盆腔切开引流术
54.1906　网膜切开术
54.1907　腹腔出血止血术
54.1909　肠系膜血肿清除术
54.2100　腹腔镜检查
54.2200x003　腹腔镜下腹壁活检术
54.2300x003　腹膜后活检术
54.2301　开放性腹膜活组织检查
54.2302　开放性网膜活组织检查
54.2303　开放性肠系膜活组织检查
54.3x00x004　腹壁窦道扩创术
54.3x00x010　腹壁伤口扩创术
54.3x00x011　腹壁伤口清创术
54.3x00x027　脐病损切除术
54.3x01　腹壁病损切除术
54.3x02　腹腔镜下腹壁病损切除术
54.3x03　腹股沟病损切除术
54.3x05　盆腔壁病损切除术
54.3x06　腹壁清创术
54.3x07　腹壁脐尿管囊肿切除术
54.4x00x005　大网膜病损切除术
54.4x00x006　大网膜部分切除术
54.4x00x007　大网膜切除术
54.4x00x012　骶尾部病损切除术
54.4x00x021　腹膜外病损切除术
54.4x00x035　盆腔病损切除术
54.4x00x039　盆腔病损冷冻治疗术
54.4x00x042　髂窝病损切除术
54.4x00x048　腹腔病损氩氦刀靶向冷冻治疗术
54.4x00x050　腹腔镜下直肠全系膜切除术［TME］
54.4x01　腹膜病损切除术
54.4x03　网膜部分切除术
54.4x04　网膜切除术
54.4x05　网膜病损切除术
54.4x08　盆腔腹膜切除术
54.4x09　经阴道腹膜后病损切除术
54.4x10　腹腔镜下盆腔腹膜病损切除术
54.4x11　腹腔镜下腹膜病损切除术
54.4x12　腹腔镜下网膜病损切除术
54.4x13　腹腔镜下肠系膜病损切除术
54.4x14　腹腔镜下网膜部分切除术
54.4x15　腹腔镜下腹膜后病损切除术
54.4x16　腹腔镜下网膜切除术
54.5100　腹腔镜下腹膜粘连松解术
54.5100x005　腹腔镜下腹腔粘连松解术
54.5100x009　腹腔镜下盆腔粘连松解术
54.5101　腹腔镜下肠粘连松解术
54.5103　腹腔镜下盆腔腹膜粘连松解术
54.5900x007　盆腔腹膜粘连松解术
54.5901　腹腔粘连松解术
54.5902　腹膜粘连松解术
54.5904　盆腔粘连松解术
54.5906　阑尾周围粘连松解术
54.6101　腹壁切口裂开缝合术
54.6301　腹壁裂伤缝合术
54.6401　网膜裂伤缝合术
54.7200x001　腹壁补片修补术
54.7300x001　腹膜组织修补术
54.7301　腹膜后组织修补术
54.7302　胃结肠韧带缝合术
54.7400x001　大网膜包肝术
54.7400x002　大网膜包肾术
54.7400x003　大网膜还纳术
54.7400x004　大网膜内移植术
54.7400x005　大网膜修补术
54.7400x006　生物大网膜移植术
54.7401　网膜固定术
54.7402　网膜缝合术
54.7403　网膜移植术
54.7404　网膜扭转复位术
54.7405　异体大网膜移植术
54.7500x002　肠系膜修补术
54.7501　肠系膜固定术
54.7502　肠系膜折叠术
54.9201　腹腔切开异物取出术
54.9202　腹腔镜下腹腔异物取出术
54.9300x001　腹壁造口术
54.9300x003　腹膜透析导丝法置管术
54.9300x004　腹膜透析腹腔法置管术
54.9300x005　腹膜透析腹腔镜法置管术
54.9300x006　腹膜透析手工法置管术

54.9300x009　腹膜透析置管腹腔镜法复位术
54.9400x002　腹腔-静脉转流泵管置入术
54.9401　腹腔颈静脉分流术
54.9402　腹腔静脉分流术
54.9500x004　脑室-腹腔引流管腹腔端修正术
54.9502　脑室-腹腔分流修复术
54.9900x010　腹腔镜下盆腔病损切除术
54.9900x011　腹腔镜下盆腔内膜病损电凝术
54.9900x017　盆腔补片术
54.9904　腹腔镜下腹腔病损切除术
55.5101　单侧肾切除术
70.5200　直肠膨出修补术
70.5202　腹腔镜阴道后壁修补术
70.7200　结肠阴道瘘修补术
70.7400x001　小肠-阴道瘘修补术
70.7401　小肠-阴道瘘切除术

PJ1　新生儿（出生年龄＜29天）其他手术

包含以下主要手术或操作：
31.3x03　气管切开异物取出术
31.7900x004　气管狭窄松解术
31.7900x005　气管隆突成形术
45.9301　回肠-横结肠吻合术
45.9303　回肠-盲肠吻合术
49.9100　肛门隔膜切开术
58.3905　尿道狭窄切除术
58.5x00　尿道狭窄松解术
59.0201　输尿管狭窄松解术
59.0202　输尿管周围粘连松解术

PK1　新生儿伴呼吸机支持

包含以下主要手术或操作：
93.9000　无创机械性通气
93.9000x002　无创呼吸机辅助通气（双水平气道正压［BiPAP］）
93.9000x003　无创呼吸机辅助通气（高频通气［HFPPV］）
93.9001　持续性气道正压通气（CPAP）
93.9100　间歇性正压通气［IPPB］
96.7101　呼吸机治疗［小于96小时］

PR1　新生儿呼吸窘迫综合征

包含以下主要诊断：
P22.000　新生儿呼吸窘迫综合征
P22.000x001　新生儿肺透明膜病
P22.100x003　新生儿肺水肿
P22.101　新生儿湿肺
P22.801　新生儿呼吸困难
P22.900　新生儿的呼吸窘迫

PS1　极度发育不全（出生体重＜1500g）

包含以下主要诊断或其他诊断：
P07.200　极度不成熟
P07.200x011　未成熟儿（孕期小于24整周）
P07.200x021　未成熟儿（孕期等于或大于24整周以上，但小于28整周）
P07.300　早产婴儿，其他的
P07.300x001　早产儿
P07.300x011　早产儿（孕期等于或大于28整周，但小于32整周）
P07.300x021　早产儿（孕期等于或大于32整周，但小于37整周）

PS2　早产儿（出生体重1500-1999g）

包含以下主要诊断或其他诊断：
P07.200　极度不成熟
P07.200x011　未成熟儿（孕期小于24整周）
P07.200x021　未成熟儿（孕期等于或大于24整周以上，但小于28整周）
P07.300　早产婴儿，其他的
P07.300x001　早产儿
P07.300x011　早产儿（孕期等于或大于28整周，但小于32整周）
P07.300x021　早产儿（孕期等于或大于32整周，但小于37整周）

PS3　早产儿（出生体重2000-2499g）

包含以下主要诊断或其他诊断：
P07.200　极度不成熟
P07.200x011　未成熟儿（孕期小于24整周）
P07.200x021　未成熟儿（孕期等于或大于24整周以上，但小于28整周）
P07.300　早产婴儿，其他的
P07.300x001　早产儿
P07.300x011　早产儿（孕期等于或大于28整周，但小于32整周）
P07.300x021　早产儿（孕期等于或大于32整周，但小于37整周）

PS4 早产儿（出生体重＞2499g）

包含以下主要诊断或其他诊断：

P07.200 极度不成熟
P07.200x011 未成熟儿（孕期小于24整周）
P07.200x021 未成熟儿（孕期等于或大于24整周以上，但小于28整周）
P07.300 早产婴儿，其他的
P07.300x001 早产儿
P07.300x011 早产儿（孕期等于或大于28整周，但小于32整周）
P07.300x021 早产儿（孕期等于或大于32整周，但小于37整周）

PU1 足月儿相关疾病

包含以下主要诊断：

A04.000x001 新生儿肠致病性大肠杆菌肠炎
A04.100x002 新生儿肠毒性大肠杆菌肠炎
A04.200x002 新生儿肠侵袭性大肠杆菌肠炎
A04.301 新生儿肠出血性大肠杆菌肠炎
A04.400x003 新生儿肠粘附性大肠杆菌肠炎
A04.402 新生儿大肠杆菌肠炎
A09.900x005 新生儿腹泻
A33.x00 新生儿破伤风
A54.301+H13.1* 淋球菌性新生儿眼炎
E55.000x006 新生儿佝偻病
E84.101+P75* 囊性纤维化性胎粪性肠梗阻
K10.200x009 新生儿颌骨骨髓炎
K30.x00x002 新生儿消化不良
L00.x01 新生儿天疱疮
L01.006 新生儿大疱性脓疱疮
P05.001 低体重儿
P05.100 小于胎龄
P05.102 足月小样低体重儿
P05.200 胎儿营养不良
P05.900 胎儿生长缓慢
P05.900x001 胎儿宫内生长迟缓
P08.000 特大婴儿
P08.100x001 大于胎龄儿
P08.100x002 巨大儿
P08.200x002 过期产儿
P10.000 产伤引起的硬膜下出血
P10.100 产伤引起的大脑出血
P10.200 产伤引起的脑室内出血
P10.300 产伤引起的蛛网膜下隙出血
P10.400 产伤引起的脑幕撕裂
P10.800 产伤引起的其他颅内撕裂和出血
P10.901 产伤致新生儿颅内出血
P11.000 产伤引起的脑水肿
P11.100 产伤引起的其他特指的脑损害
P11.101 产伤致新生儿脑白质损伤
P11.200 产伤引起的脑损害
P11.300 面神经产伤
P11.400 脑神经的产伤，其他的
P11.500x002 新生儿脊髓损伤
P11.500x003 新生儿脊柱损伤
P11.900x001 新生儿中枢神经系统损伤
P12.000x001 新生儿头颅血肿
P12.100 产伤引起的热带毛孢子菌病
P12.201 产伤引起的帽状腱膜下血肿
P12.300 产伤引起的头皮挫伤
P12.400 新生儿头皮监测性损伤
P12.801 产伤致新生儿头皮水肿
P12.900 头皮产伤
P13.000 产伤引起的颅骨骨折
P13.100 颅骨的其他产伤
P13.200 股骨产伤
P13.300 长骨的产伤，其他的
P13.301 产伤致新生儿肱骨骨折
P13.400 产伤引起的锁骨骨折
P13.800 骨骼其他部位的产伤
P13.801 产伤致新生儿肋骨骨折
P13.900 骨骼产伤
P14.000 产伤引起的埃尔布麻痹
P14.100 产伤引起的克隆普克麻痹
P14.200 产伤引起的膈神经麻痹
P14.300 臂丛神经的产伤，其他的
P14.800x001 新生儿喉返神经麻痹
P14.800x002 新生儿桡神经麻痹
P14.900 周围神经系统的产伤
P15.000 肝的产伤
P15.100 脾的产伤
P15.201 产伤致新生儿斜颈
P15.300 眼的产伤
P15.400 面部产伤
P15.500 外生殖器产伤
P15.600 产伤引起的皮下脂肪坏死
P15.800x004 新生儿软组织挤压伤
P15.801 产伤致新生儿咽部损伤
P15.802 产伤致新生儿肛门裂伤

P15.803　产伤致新生儿足挫伤
P15.804　产伤致新生儿皮肤损伤
P15.900　产伤
P15.901　新生儿挤压综合征
P20.000　在产程开始前首先察觉到的子宫内低氧症
P20.100　在产程和分娩中首先察觉到的子宫内低氧症
P20.900　子宫内低氧症
P20.901　新生儿子宫内低氧酸中毒
P21.000　严重的出生窒息
P21.101　新生儿中度出生窒息
P21.102　新生儿轻度出生窒息
P21.900　出生窒息
P21.900x002　新生儿低氧血症
P23.000x001　新生儿病毒性肺炎
P23.100　衣原体性先天性肺炎
P23.200　葡萄球菌性先天性肺炎
P23.300　B族链球菌性先天性肺炎
P23.400　大肠杆菌性先天性肺炎
P23.500　假单胞菌性先天性肺炎
P23.600　先天性肺炎，其他细菌性病原体引起的
P23.600x001　新生儿支原体肺炎
P23.600x002　新生儿流感嗜血杆菌肺炎
P23.600x003　新生儿肺炎杆菌肺炎
P23.600x004　新生儿链球菌肺炎（非B族）
P23.800　先天性肺炎，其他病原体引起的
P23.900　先天性肺炎
P24.001　新生儿胎粪吸入综合征
P24.002　新生儿胎粪吸入性肺炎
P24.101　新生儿羊水吸入性肺炎
P24.102　新生儿羊水吸入综合征
P24.200　新生儿吸入血液
P24.300　新生儿吸入奶和反流食物
P24.800　新生儿吸入综合征，其他的
P24.900　新生儿吸入综合征
P24.901　新生儿吸入性肺炎
P25.000　起源于围生期的间质肺气肿
P25.100　起源于围生期的气胸
P25.200　起源于围生期的纵隔气肿
P25.300　起源于围生期的心包积气
P25.801　新生儿肺大疱
P26.000　起源于围生期的气管支气管出血
P26.100　起源于围生期的大量肺出血
P26.800　起源于围生期的其他肺出血
P26.900　起源于围生期的肺出血
P27.000　威尔逊-米基迪综合征
P27.000x001　肺发育未成熟
P27.100　起源于围生期的支气管肺发育不良
P27.801　新生儿通气机肺
P27.802　先天性肺纤维化
P27.900　起源于围生期的慢性呼吸性疾病
P28.000　新生儿原发性肺不张
P28.102　新生儿肺不张
P28.200　新生儿青紫发作
P28.300　新生儿原发性睡眠呼吸暂停
P28.301　中枢性新生儿睡眠呼吸暂停
P28.302　阻塞性新生儿睡眠呼吸暂停
P28.303　未特指新生儿睡眠呼吸暂停
P28.400　新生儿的其他呼吸暂停
P28.401　阻塞性新生儿呼吸暂停
P28.402　早产儿呼吸暂停
P28.500　新生儿呼吸衰竭
P28.800x101　新生儿鼻塞
P28.800x201　新生儿插管后声门下狭窄
P28.800x202　新生儿后天性声门下狭窄
P28.800x901　新生儿周期性呼吸
P28.800x903　新生儿上呼吸道感染
P28.801　先天性喉喘鸣
P28.900　新生儿的呼吸性情况
P29.000　新生儿心力衰竭
P29.100　新生儿心律失常
P29.200　新生儿高血压
P29.300　持久的胎儿循环
P29.301　新生儿持续性肺动脉高压
P29.400　新生儿短暂性心肌缺血
P29.401　新生儿缺血缺氧性心肌损害
P29.800x201　新生儿心脏生理性杂音
P29.800x901　新生儿循环衰竭
P29.800x902　新生儿心包积液
P29.802　新生儿低血压
P29.900　起源于围生期心血管疾患
P35.000　先天性风疹综合征
P35.000x001　先天性风疹肺炎
P35.100　先天性巨细胞病毒感染
P35.200　先天性疱疹病毒［单纯疱疹］感染
P35.300　先天性病毒性肝炎
P35.400　先天性寨卡病毒病
P35.401　先天性寨卡病毒病引起的小头畸形
P35.800x001　先天性水痘
P35.900　先天性病毒性疾病

P35.900x001　新生儿病毒血症
P36.000　B族链球菌性新生儿脓毒症
P36.101　链球菌性新生儿脓毒症
P36.200　金黄色酿脓葡萄球菌性新生儿脓毒症
P36.301　葡萄球菌性新生儿脓毒症
P36.400　大肠杆菌性新生儿脓毒症
P36.500　厌氧菌性新生儿脓毒症
P36.800x001　新生儿铜绿假单胞菌脓毒症
P36.800x002　新生儿肺炎克雷伯菌脓毒症
P36.800x003　新生儿阴沟肠杆菌脓毒症
P36.800x004　新生儿不动杆菌脓毒症
P36.800x005　新生儿枸橼酸杆菌脓毒症
P36.900　新生儿的细菌性脓毒症
P36.901　新生儿脓毒症
P36.902　新生儿菌血症
P37.200　新生儿（播散性）利斯特菌病
P37.400　先天性疟疾，其他的
P37.500　新生儿念珠菌病
P37.800x001　新生儿真菌性脑膜炎
P37.800x002　新生儿真菌性脓毒症
P37.900　先天性传染病和寄生虫病
P37.901　先天性寄生虫病
P38.x00x001　新生儿脐炎伴有出血
P38.x01　新生儿脐炎
P39.000　新生儿感染性乳腺炎
P39.100x003　新生儿眼炎
P39.100x004　新生儿结膜炎
P39.101　新生儿泪囊炎
P39.102　新生儿衣原体性结膜炎
P39.200　胎儿羊膜腔内感染，不可归类在他处者
P39.300　新生儿泌尿道感染
P39.401　新生儿脓皮病
P39.402　新生儿皮肤霉菌感染
P39.403　新生儿臀炎
P39.800x004　新生儿沙门菌感染
P39.800x005　新生儿鼠伤寒沙门菌感染
P39.800x006　新生儿猪霍乱沙门菌感染
P39.800x007　新生儿梭状芽孢杆菌感染
P39.800x008　新生儿大肠杆菌感染
P39.801　新生儿颅内感染
P39.900　特发于围生期的感染
P50.000　前置血管所致的胎儿失血
P50.100　脐带破裂所致的胎儿失血
P50.200　胎盘所致的胎儿失血
P50.300　出血流入双胎之另一胎儿
P50.400　出血流入母体循环
P50.500　双胎之另一胎儿的脐带断端所致的胎儿失血
P50.800　胎儿失血，其他的
P50.900　胎儿失血
P51.000　新生儿脐带大量出血
P51.801　新生儿脐带结扎滑脱
P51.900　新生儿的脐带出血
P52.000　胎儿和新生儿脑室内（非创伤性）出血，Ⅰ度
P52.100　胎儿和新生儿脑室内（非创伤性）出血，Ⅱ度
P52.200x001　新生儿脑室内出血Ⅲ度（非创伤性）
P52.200x002　新生儿脑室内出血Ⅳ度（非创伤性）
P52.300　胎儿和新生儿的脑室内（非创伤性）出血
P52.400　胎儿和新生儿大脑内（非创伤性）出血
P52.500　胎儿和新生儿蛛网膜下（非创伤性）出血
P52.600x001　新生儿小脑出血（非创伤性）
P52.600x002　新生儿后颅凹出血（非创伤性）
P52.801　非创伤性新生儿硬膜外出血
P52.802　非创伤性新生儿硬膜下出血
P52.900　胎儿和新生儿的颅内（非创伤性）出血
P53.x00x001　新生儿出血病
P53.x00x002　新生儿维生素K缺乏性出血症
P54.000　新生儿呕血
P54.100　新生儿黑粪症
P54.200　新生儿直肠出血
P54.300x001　新生儿胃肠道出血
P54.300x002　新生儿胃出血
P54.300x003　新生儿肠出血
P54.400　新生儿肾上腺出血
P54.500　新生儿皮肤出血
P54.600　新生儿阴道出血
P54.800x002　新生儿结膜出血
P54.800x003　新生儿心包积血
P54.801　新生儿视网膜出血
P54.802　新生儿鼻出血
P54.900　新生儿出血
P55.000x002　新生儿Rh血型不合溶血性贫血
P55.001　新生儿抗D抗体增高
P55.002　新生儿RH溶血症
P55.101　新生儿ABO溶血性黄疸
P55.102　新生儿ABO溶血性贫血
P55.800x002　新生儿血型不合溶血病（Duffy系统）
P55.801　新生儿MN溶血症

P55.900　胎儿和新生儿的溶血性疾病
P56.000　同种免疫引起的胎儿水肿
P56.900　溶血性疾病引起的胎儿水肿，其他和未特指的
P57.000　同种免疫引起的核黄疸
P57.800　核黄疸，其他特指的
P57.900　核黄疸
P57.901　新生儿胆红素脑病
P58.000　挫伤引起的新生儿黄疸
P58.100　出血引起的新生儿黄疸
P58.200　感染引起的新生儿黄疸
P58.300　红细胞增多引起的新生儿黄疸
P58.401　母体传新生儿黄疸
P58.402　服用药物致新生儿黄疸
P58.403　毒素致新生儿黄疸
P58.500　吞咽母血引起的新生儿黄疸
P58.800　过度溶血引起的新生儿黄疸，其他特指的
P58.800x001　新生儿葡萄糖-6-磷酸脱氢酶［G6PD］缺乏性溶血性贫血
P58.900　过度溶血引起的新生儿黄疸
P59.000　与早产有关的新生儿黄疸
P59.100　胆汁浓缩综合征
P59.201　新生儿肝炎
P59.202　婴儿肝炎综合征
P59.203　胎儿或新生儿巨细胞肝炎
P59.301　新生儿母乳性黄疸
P59.801　新生儿病理性黄疸
P59.901　新生儿高胆红素血症
P59.902　新生儿生理性黄疸
P60.x00　胎儿和新生儿播散性血管内凝血
P61.000　短暂性新生儿血小板减少
P61.001　新生儿血小板减少性紫癜
P61.100　新生儿红细胞增多症
P61.200　早产性贫血
P61.300　胎儿失血所致的先天性贫血
P61.401　新生儿贫血
P61.500　短暂性新生儿中性粒细胞减少
P61.601　新生儿低凝血酶原血症
P61.800　围生期血液疾患，其他特指的
P61.900　围生期血液疾患
P70.000　母亲伴有妊娠糖尿病的婴儿综合征
P70.100　糖尿病母亲的婴儿综合征
P70.200　新生儿糖尿病
P70.300　医源性新生儿低血糖症
P70.400x001　新生儿低血糖症
P70.400x002　新生儿短暂性低血糖症
P70.401　新生儿顽固性低血糖
P70.801　新生儿高血糖症
P70.900　胎儿和新生儿的暂时性碳水化合物代谢疾患
P71.000　新生儿牛乳性低钙血症
P71.100　新生儿低钙血症，其他的
P71.100x001　新生儿低钙血症
P71.200　新生儿低镁血症
P71.300x001　新生儿手足搐搦
P71.400　暂时性新生儿甲状旁腺功能减退症
P71.800　暂时性新生儿钙和镁代谢紊乱，其他的
P71.901　新生儿暂时性镁代谢紊乱
P71.902　新生儿暂时性钙代谢紊乱
P72.000　新生儿甲状腺肿，不可归类在他处者
P72.100　新生儿暂时性甲状腺功能亢进症
P72.200x001　新生儿甲状腺功能减退症
P72.800　新生儿其他特指的暂时性内分泌疾患
P72.900　新生儿暂时性内分泌疾患
P74.001　新生儿短暂性代谢性酸中毒
P74.002　新生儿呼吸性酸中毒
P74.100　新生儿脱水
P74.201　新生儿低钠血症
P74.202　新生儿高钠血症
P74.301　新生儿高钾血症
P74.302　新生儿低钾血症
P74.400　新生儿其他的暂时性电解质失调
P74.401　新生儿低氯血症
P74.402　新生儿代谢性碱中毒
P74.403　新生儿呼吸性碱中毒
P74.501　新生儿高酪氨酸血症
P74.800x003　新生儿乳糖代谢紊乱
P74.801　新生儿低磷血症
P74.802　新生儿低蛋白血症
P74.900　新生儿暂时性代谢紊乱
P76.000　胎粪堵塞综合征
P76.100　新生儿暂时性肠梗阻
P76.200　浓缩乳汁引起的肠梗阻
P76.801　新生儿肠麻痹
P76.900　新生儿肠梗阻
P77.x01　新生儿坏死性小肠结肠炎
P78.000x003　新生儿空肠穿孔
P78.000x004　新生儿回肠穿孔
P78.000x005　新生儿结肠穿孔
P78.000x006　新生儿乙状结肠穿孔

P78.000x007　新生儿直肠穿孔
P78.001　新生儿肠穿孔
P78.002　胎粪性腹膜炎
P78.100x001　新生儿腹膜炎
P78.200x001　新生儿咽下综合征
P78.300x001　新生儿非感染性腹泻
P78.300x002　非感染新生儿性肠炎
P78.300x003　新生儿生理性腹泻
P78.300x005　非感染性新生儿结肠炎
P78.800x004　新生儿贲门失弛缓
P78.800x005　新生儿幽门痉挛
P78.800x006　新生儿便秘
P78.800x007　新生儿阑尾炎
P78.800x008　新生儿胆汁淤积症
P78.800x009　新生儿胃穿孔
P78.800x010　新生儿气胀
P78.800x012　新生儿吞咽动作不协调
P78.801　新生儿胆囊结石
P78.802　新生儿腹胀
P78.803　先天性肝硬化
P78.804　新生儿消化性溃疡
P78.805　新生儿暂时性胃扭转
P78.806　新生儿食管反流
P78.807　新生儿胃肠功能紊乱
P78.900　围生期消化系统疾患
P78.901　新生儿胎粪延迟排出
P80.000　冷伤综合征
P80.800x001　新生儿轻度低体温
P80.801　新生儿环境性低体温
P80.900　新生儿低温症
P81.000　新生儿环境性高温
P81.001　新生儿捂热综合征
P81.800　新生儿其他特指的体温调节障碍
P81.901　新生儿脱水热
P81.902　新生儿发热
P83.000　新生儿硬化病［硬肿症］
P83.100　新生儿中毒性红斑
P83.200　非溶血性疾病引起的胎儿水肿
P83.301　新生儿水肿
P83.302　胎儿水肿
P83.400　新生儿乳房肿胀
P83.401　新生儿非感染性乳腺炎
P83.500　先天性鞘膜积液
P83.500x002　先天性睾丸鞘膜积液
P83.500x003　先天性精索鞘膜积液
P83.600　新生儿脐息肉
P83.800x004　新生儿硬皮病
P83.800x005　青铜症［婴儿青铜综合征］
P83.800x006　蓝莓松饼状婴儿
P83.800x007　新生儿皮肤附属器息肉
P83.801　新生儿红斑
P83.802　新生儿皮下脂肪坏疽
P83.803　新生儿荨麻疹
P83.901　新生儿骶尾肿物
P90.x00　新生儿惊厥
P91.000x002　新生儿脑梗死
P91.100　新生儿后天性脑室周围囊肿
P91.200　新生儿脑白质软化
P91.300　新生儿大脑兴奋增盛
P91.400　新生儿大脑抑制
P91.500　新生儿昏迷
P91.600　新生儿缺氧缺血性脑病
P91.700　后天性新生儿脑积水
P91.800x001　新生儿脑病
P91.801　新生儿颅内静脉窦血栓形成
P91.802　新生儿中毒性脑病
P91.900　新生儿大脑障碍
P91.900x001　围生期脑损伤
P92.000　新生儿呕吐
P92.001　新生儿贲门松弛
P92.100x001　新生儿胃食管反流
P92.200　新生儿进食缓慢
P92.300　新生儿喂养不足
P92.400　新生儿喂养过量
P92.500　新生儿母乳喂养困难
P92.800x001　新生儿喂养不当
P92.800x003　新生儿喂养不耐受
P92.900　新生儿喂养问题
P93.x00　胎儿和新生儿用药引起的反应和中毒
P93.x01　新生儿用药中毒
P93.x02　新生儿灰白综合征
P94.000　短暂性新生儿重症肌无力
P94.100x001　先天性肌张力增高
P94.200x001　先天性肌张力减退
P94.200x002　先天性肌弛缓综合征［松软儿］
P94.800　新生儿其他的肌张力疾患
P94.900　新生儿肌张力疾患
P95.x00　胎儿死亡
P96.000x001　先天性肾功能衰竭
P96.000x002　新生儿尿毒症

P96.100x001　新生儿撤药综合征（母亲药瘾）
P96.100x002　新生儿药物戒断综合征（母亲药瘾）
P96.200　新生儿使用治疗性药物所致的脱瘾性症状
P96.300　新生儿宽颅缝
P96.301　新生儿颅骨软化
P96.400　妊娠终止，影响到胎儿和新生儿
P96.500　子宫内操作的并发症，不可归类在他处者
P96.800x101　新生儿颤抖
P96.800x904　高危儿
P96.801　新生儿多器官功能损害
P96.802　新生儿缺血缺氧性肾损害
P96.803　新生儿死亡
P96.804　新生儿休克
P96.900x001　新生儿反应低下
Q27.000　先天性脐动脉缺如和发育不全
Q86.000　胎儿酒精综合征（畸形的）
Q86.100　胎儿乙内酰脲综合征
Q86.200　苄丙酮香豆素引起的同质异形
Q87.300x301　韦弗综合征［Weaver综合征］
Q87.300x901　普罗特斯综合征［Proteus综合征］
Q87.300x902　CLOVES综合征
Q89.000　脾先天性畸形
Q89.001　多囊脾
Q89.002　副脾
Q89.003　先天性脾大
Q89.400　联体儿
Q89.801　先天性淋巴管畸形
R95.000　婴儿猝死综合征伴提及尸体解剖
R95.900　婴儿猝死综合征伴未提及尸体解剖
Z03.800x701　可疑新生儿疾病的观察
Z03.800x711　可疑新生儿感染情况的观察
Z03.800x721　可疑新生儿神经病学的观察
Z03.800x731　可疑新生儿呼吸情况的观察
Z03.803　可疑新生儿红细胞增多症观察
Z38.000x001　在医院内出生的单胎活产婴儿
Z38.100x001　在医院外出生的单胎活产婴儿
Z38.200x001　未知出生地点的单胎活产婴儿
Z38.300x001　在医院内出生的双胎活产婴儿
Z38.400x001　在医院外出生的双胎活产婴儿
Z38.500x001　未知出生地点的双胎活产婴儿
Z38.600x001　在医院内出生的多胎活产婴儿
Z38.700x001　在医院外出生的多胎活产婴儿
Z38.800x001　未知出生地点的多胎活产婴儿

PV1　源于新生儿（29天≤出生年龄＜1周岁）诊断的婴儿疾病

包含以下主要诊断：
A04.000x001　新生儿肠致病性大肠杆菌肠炎
A04.100x002　新生儿肠毒性大肠杆菌肠炎
A04.200x002　新生儿肠侵袭性大肠杆菌肠炎
A04.301　新生儿肠出血性大肠杆菌肠炎
A04.400x003　新生儿肠粘附性大肠杆菌肠炎
A04.402　新生儿大肠杆菌肠炎
A09.900x005　新生儿腹泻
A33.x00　新生儿破伤风
A54.301+H13.1*　淋球菌性新生儿眼炎
E55.000x006　新生儿佝偻病
E84.101+P75*　囊性纤维化性胎粪性肠梗阻
K10.200x009　新生儿颌骨骨髓炎
K30.x00x002　新生儿消化不良
L00.x01　新生儿天疱疮
L01.006　新生儿大疱性脓疱疮
P00.807　母体系统性红斑狼疮新生儿
P05.001　低体重儿
P05.100　小于胎龄
P05.102　足月小样低体重儿
P05.200　胎儿营养不良
P05.900　胎儿生长缓慢
P05.900x001　胎儿宫内生长迟缓
P08.000　特大婴儿
P08.100x001　大于胎龄儿
P08.100x002　巨大儿
P08.200x002　过期产儿
P10.000　产伤引起的硬膜下出血
P10.100　产伤引起的大脑出血
P10.200　产伤引起的脑室内出血
P10.300　产伤引起的蛛网膜下隙出血
P10.400　产伤引起的脑幕撕裂
P10.800　产伤引起的其他颅内撕裂和出血
P10.901　产伤致新生儿颅内出血
P11.000　产伤引起的脑水肿
P11.100　产伤引起的其他特指的脑损害
P11.101　产伤致新生儿脑白质损伤
P11.200　产伤引起的脑损害
P11.300　面神经产伤
P11.400　脑神经的产伤，其他的
P11.500x002　新生儿脊髓损伤
P11.500x003　新生儿脊柱损伤

P11.900x001　新生儿中枢神经系统损伤
P12.000x001　新生儿头颅血肿
P12.100　产伤引起的热带毛孢子菌病
P12.201　产伤引起的帽状腱膜下血肿
P12.300　产伤引起的头皮挫伤
P12.400　新生儿头皮监测性损伤
P12.801　产伤致新生儿头皮水肿
P12.900　头皮产伤
P13.000　产伤引起的颅骨骨折
P13.100　颅骨的其他产伤
P13.200　股骨产伤
P13.300　长骨的产伤，其他的
P13.301　产伤致新生儿肱骨骨折
P13.400　产伤引起的锁骨骨折
P13.800　骨骼其他部位的产伤
P13.801　产伤致新生儿肋骨骨折
P13.900　骨骼产伤
P14.000　产伤引起的埃尔布麻痹
P14.100　产伤引起的克隆普克麻痹
P14.200　产伤引起的膈神经麻痹
P14.300　臂丛神经的产伤，其他的
P14.800x001　新生儿喉返神经麻痹
P14.800x002　新生儿桡神经麻痹
P14.900　周围神经系统的产伤
P15.000　肝的产伤
P15.100　脾的产伤
P15.201　产伤致新生儿斜颈
P15.300　眼的产伤
P15.400　面部产伤
P15.500　外生殖器产伤
P15.600　产伤引起的皮下脂肪坏死
P15.800x004　新生儿软组织挤压伤
P15.801　产伤致新生儿咽部损伤
P15.802　产伤致新生儿肛门裂伤
P15.803　产伤致新生儿足挫伤
P15.804　产伤致新生儿皮肤损伤
P15.900　产伤
P15.901　新生儿挤压综合征
P20.000　在产程开始前首先察觉到的子宫内低氧症
P20.100　在产程和分娩中首先察觉到的子宫内低氧症
P20.900　子宫内低氧症
P20.901　新生儿子宫内低氧酸中毒
P21.000　严重的出生窒息
P21.101　新生儿中度出生窒息
P21.102　新生儿轻度出生窒息
P21.900　出生窒息
P21.900x002　新生儿低氧血症
P22.801　新生儿呼吸困难
P23.000x001　新生儿病毒性肺炎
P23.100　衣原体性先天性肺炎
P23.200　葡萄球菌性先天性肺炎
P23.300　B族链球菌性先天性肺炎
P23.400　大肠杆菌性先天性肺炎
P23.500　假单胞菌性先天性肺炎
P23.600x001　新生儿支原体肺炎
P23.600x002　新生儿流感嗜血杆菌肺炎
P23.600x003　新生儿肺炎杆菌肺炎
P23.600x004　新生儿链球菌肺炎（非B族）
P23.800　先天性肺炎，其他病原体引起的
P23.900　先天性肺炎
P24.001　新生儿胎粪吸入综合征
P24.002　新生儿胎粪吸入性肺炎
P24.101　新生儿羊水吸入性肺炎
P24.102　新生儿羊水吸入综合征
P24.200　新生儿吸入血液
P24.300　新生儿吸入奶和反流食物
P24.800　新生儿吸入综合征，其他的
P24.901　新生儿吸入性肺炎
P25.000　起源于围生期的间质肺气肿
P25.100　起源于围生期的气胸
P25.200　起源于围生期的纵隔气肿
P25.300　起源于围生期的心包积气
P25.801　新生儿肺大疱
P26.000　起源于围生期的气管支气管出血
P26.100　起源于围生期的大量肺出血
P26.800　起源于围生期的其他肺出血
P26.900　起源于围生期的肺出血
P27.000　威尔逊-米基迪综合征
P27.000x001　肺发育未成熟
P27.100　起源于围生期的支气管肺发育不良
P27.801　新生儿通气机肺
P27.802　先天性肺纤维化
P27.900　起源于围生期的慢性呼吸性疾病
P28.000　新生儿原发性肺不张
P28.102　新生儿肺不张
P28.200　新生儿青紫发作
P28.301　中枢性新生儿睡眠呼吸暂停
P28.302　阻塞性新生儿睡眠呼吸暂停
P28.303　未特指新生儿睡眠呼吸暂停

P28.401 阻塞性新生儿呼吸暂停
P28.402 早产儿呼吸暂停
P28.500 新生儿呼吸衰竭
P28.800x101 新生儿鼻塞
P28.800x201 新生儿插管后声门下狭窄
P28.800x202 新生儿后天性声门下狭窄
P28.800x901 新生儿周期性呼吸
P28.800x903 新生儿上呼吸道感染
P28.801 先天性喉喘鸣
P28.900 新生儿的呼吸性情况
P29.000 新生儿心力衰竭
P29.100 新生儿心律失常
P29.200 新生儿高血压
P29.300 持久的胎儿循环
P29.301 新生儿持续性肺动脉高压
P29.400 新生儿短暂性心肌缺血
P29.401 新生儿缺血缺氧性心肌损害
P29.800x201 新生儿心脏生理性杂音
P29.800x901 新生儿循环衰竭
P29.800x902 新生儿心包积液
P29.802 新生儿低血压
P29.900 起源于围生期心血管疾患
P35.000 先天性风疹综合征
P35.000x001 先天性风疹肺炎
P35.100 先天性巨细胞病毒感染
P35.200 先天性疱疹病毒［单纯疱疹］感染
P35.300 先天性病毒性肝炎
P35.800x001 先天性水痘
P35.900x001 新生儿病毒血症
P36.000 B族链球菌性新生儿脓毒症
P36.101 链球菌性新生儿脓毒症
P36.200 金黄色酿脓葡萄球菌性新生儿脓毒症
P36.301 葡萄球菌性新生儿脓毒症
P36.400 大肠杆菌性新生儿脓毒症
P36.500 厌氧菌性新生儿脓毒症
P36.800x001 新生儿铜绿假单胞菌脓毒症
P36.800x002 新生儿肺炎克雷伯菌脓毒症
P36.800x003 新生儿阴沟肠杆菌脓毒症
P36.800x004 新生儿不动杆菌脓毒症
P36.800x005 新生儿枸橼酸杆菌脓毒症
P36.901 新生儿脓毒症
P36.902 新生儿菌血症
P37.200 新生儿（播散性）利斯特菌病
P37.400 先天性疟疾，其他的
P37.500 新生儿念珠菌病
P37.800x001 新生儿真菌性脑膜炎
P37.800x002 新生儿真菌性脓毒症
P37.900 先天性传染病和寄生虫病
P37.901 先天性寄生虫病
P38.x00x001 新生儿脐炎伴有出血
P38.x01 新生儿脐炎
P39.000 新生儿感染性乳腺炎
P39.100x003 新生儿眼炎
P39.100x004 新生儿结膜炎
P39.101 新生儿泪囊炎
P39.102 新生儿衣原体性结膜炎
P39.200 胎儿羊膜腔内感染，不可归类在他处者
P39.300 新生儿泌尿道感染
P39.401 新生儿脓皮病
P39.402 新生儿皮肤霉菌感染
P39.403 新生儿臀炎
P39.800x004 新生儿沙门菌感染
P39.800x005 新生儿鼠伤寒沙门菌感染
P39.800x006 新生儿猪霍乱沙门菌感染
P39.800x007 新生儿梭状芽孢杆菌感染
P39.800x008 新生儿大肠杆菌感染
P39.801 新生儿颅内感染
P39.900 特发于围生期的感染
P50.000 前置血管所致的胎儿失血
P50.100 脐带破裂所致的胎儿失血
P50.200 胎盘所致的胎儿失血
P50.300 出血流入双胎之另一胎儿
P50.400 出血流入母体循环
P50.500 双胎之另一胎儿的脐带断端所致的胎儿失血
P50.800 胎儿失血，其他的
P50.900 胎儿失血
P51.000 新生儿脐带大量出血
P51.801 新生儿脐带结扎滑脱
P51.900 新生儿的脐带出血
P52.000 胎儿和新生儿脑室内（非创伤性）出血，Ⅰ度
P52.100 胎儿和新生儿脑室内（非创伤性）出血，Ⅱ度
P52.200x001 新生儿脑室内出血Ⅲ度（非创伤性）
P52.200x002 新生儿脑室内出血Ⅳ度（非创伤性）
P52.300 胎儿和新生儿的脑室内（非创伤性）出血
P52.400 胎儿和新生儿大脑内（非创伤性）出血
P52.500 胎儿和新生儿蛛网膜下（非创伤性）出血
P52.600x001 新生儿小脑出血（非创伤性）

P52.600x002　新生儿后颅凹出血（非创伤性）
P52.801　非创伤性新生儿硬膜外出血
P52.802　非创伤性新生儿硬膜下出血
P52.900　胎儿和新生儿的颅内（非创伤性）出血
P53.x00x001　新生儿出血病
P53.x00x002　新生儿维生素K缺乏性出血症
P54.000　新生儿呕血
P54.100　新生儿黑粪症
P54.200　新生儿直肠出血
P54.300x001　新生儿胃肠道出血
P54.300x002　新生儿胃出血
P54.300x003　新生儿肠出血
P54.400　新生儿肾上腺出血
P54.500　新生儿皮肤出血
P54.600　新生儿阴道出血
P54.800x002　新生儿结膜出血
P54.800x003　新生儿心包积血
P54.801　新生儿视网膜出血
P54.802　新生儿鼻出血
P54.900　新生儿出血
P55.000x002　新生儿Rh血型不合溶血性贫血
P55.001　新生儿抗D抗体增高
P55.002　新生儿RH溶血症
P55.101　新生儿ABO溶血性黄疸
P55.102　新生儿ABO溶血性贫血
P55.800x002　新生儿血型不合溶血病（Duffy系统）
P55.801　新生儿MN溶血症
P55.900　胎儿和新生儿的溶血性疾病
P56.000　同种免疫引起的胎儿水肿
P56.900　溶血性疾病引起的胎儿水肿，其他和未特指的
P57.000　同种免疫引起的核黄疸
P57.800　核黄疸，其他特指的
P57.900　核黄疸
P57.901　新生儿胆红素脑病
P58.000　挫伤引起的新生儿黄疸
P58.100　出血引起的新生儿黄疸
P58.200　感染引起的新生儿黄疸
P58.300　红细胞增多引起的新生儿黄疸
P58.401　母体传新生儿黄疸
P58.402　服用药物致新生儿黄疸
P58.403　毒素致新生儿黄疸
P58.500　吞咽母血引起的新生儿黄疸
P58.800　过度溶血引起的新生儿黄疸，其他特指的
P58.800x001　新生儿葡萄糖-6-磷酸脱氢酶［G6PD］缺乏性溶血性贫血
P58.900　过度溶血引起的新生儿黄疸
P59.000　与早产有关的新生儿黄疸
P59.100　胆汁浓缩综合征
P59.201　新生儿肝炎
P59.202　婴儿肝炎综合征
P59.203　胎儿或新生儿巨细胞肝炎
P59.301　新生儿母乳性黄疸
P59.801　新生儿病理性黄疸
P59.901　新生儿高胆红素血症
P59.902　新生儿生理性黄疸
P60.x00　胎儿和新生儿播散性血管内凝血
P61.000　短暂性新生儿血小板减少
P61.001　新生儿血小板减少性紫癜
P61.100　新生儿红细胞增多症
P61.200　早产性贫血
P61.300　胎儿失血所致的先天性贫血
P61.401　新生儿贫血
P61.500　短暂性新生儿中性粒细胞减少
P61.601　新生儿低凝血酶原血症
P61.800　围生期血液疾患，其他特指的
P61.900　围生期血液疾患
P70.000　母亲伴有妊娠糖尿病的婴儿综合征
P70.100　糖尿病母亲的婴儿综合征
P70.200　新生儿糖尿病
P70.300　医源性新生儿低血糖症
P70.400x001　新生儿低血糖症
P70.400x002　新生儿短暂性低血糖症
P70.401　新生儿顽固性低血糖
P70.801　新生儿高血糖症
P70.900　胎儿和新生儿的暂时性碳水化合物代谢疾患
P71.000　新生儿牛乳性低钙血症
P71.100　新生儿低钙血症，其他的
P71.100x001　新生儿低钙血症
P71.200　新生儿低镁血症
P71.300x001　新生儿手足搐搦
P71.400　暂时性新生儿甲状旁腺功能减退症
P71.800　暂时性新生儿钙和镁代谢紊乱，其他的
P71.901　新生儿暂时性镁代谢紊乱
P71.902　新生儿暂时性钙代谢紊乱
P72.000　新生儿甲状腺肿，不可归类在他处者
P72.100　新生儿暂时性甲状腺功能亢进症
P72.200x001　新生儿甲状腺功能减退症

P72.800　新生儿其他特指的暂时性内分泌疾患
P72.900　新生儿暂时性内分泌疾患
P74.001　新生儿短暂性代谢性酸中毒
P74.002　新生儿呼吸性酸中毒
P74.100　新生儿脱水
P74.201　新生儿低钠血症
P74.202　新生儿高钠血症
P74.301　新生儿高钾血症
P74.302　新生儿低钾血症
P74.401　新生儿低氯血症
P74.402　新生儿代谢性碱中毒
P74.403　新生儿呼吸性碱中毒
P74.501　新生儿高酪氨酸血症
P74.800x003　新生儿乳糖代谢紊乱
P74.801　新生儿低磷血症
P74.802　新生儿低蛋白血症
P74.900　新生儿暂时性代谢紊乱
P76.000　胎粪堵塞综合征
P76.100　新生儿暂时性肠梗阻
P76.200　浓缩乳汁引起的肠梗阻
P76.801　新生儿肠麻痹
P76.900　新生儿肠梗阻
P77.x01　新生儿坏死性小肠结肠炎
P78.000x003　新生儿空肠穿孔
P78.000x004　新生儿回肠穿孔
P78.000x005　新生儿结肠穿孔
P78.000x006　新生儿乙状结肠穿孔
P78.000x007　新生儿直肠穿孔
P78.001　新生儿肠穿孔
P78.002　胎粪性腹膜炎
P78.100x001　新生儿腹膜炎
P78.200x001　新生儿咽下综合征
P78.300x001　新生儿非感染性腹泻
P78.300x002　非感染新生儿性肠炎
P78.300x003　新生儿生理性腹泻
P78.300x005　非感染性新生儿结肠炎
P78.800x004　新生儿贲门失弛缓
P78.800x005　新生儿幽门痉挛
P78.800x006　新生儿便秘
P78.800x007　新生儿阑尾炎
P78.800x008　新生儿胆汁淤积症
P78.800x009　新生儿胃穿孔
P78.800x010　新生儿气胀
P78.800x012　新生儿吞咽动作不协调
P78.801　新生儿胆囊结石
P78.802　新生儿腹胀
P78.803　先天性肝硬化
P78.804　新生儿消化性溃疡
P78.805　新生儿暂时性胃扭转
P78.806　新生儿食管反流
P78.807　新生儿胃肠功能紊乱
P78.900　围生期消化系统疾患
P78.901　新生儿胎粪延迟排出
P80.000　冷伤综合征
P80.800x001　新生儿轻度低体温
P80.801　新生儿环境性低体温
P80.900　新生儿低温症
P81.001　新生儿捂热综合征
P81.800　新生儿其他特指的体温调节障碍
P81.901　新生儿脱水热
P81.902　新生儿发热
P83.000　新生儿硬化病［硬肿症］
P83.100　新生儿中毒性红斑
P83.200　非溶血性疾病引起的胎儿水肿
P83.301　新生儿水肿
P83.302　胎儿水肿
P83.401　新生儿非感染性乳腺炎
P83.500x002　先天性睾丸鞘膜积液
P83.500x003　先天性精索鞘膜积液
P83.600　新生儿脐息肉
P83.800x004　新生儿硬皮病
P83.800x005　青铜症［婴儿青铜综合征］
P83.800x006　蓝莓松饼状婴儿
P83.800x007　新生儿皮肤附属器息肉
P83.801　新生儿红斑
P83.802　新生儿皮下脂肪坏疽
P83.803　新生儿荨麻疹
P83.901　新生儿骶尾肿物
P90.x00　新生儿惊厥
P91.000x002　新生儿脑梗死
P91.100　新生儿后天性脑室周围囊肿
P91.200　新生儿脑白质软化
P91.300　新生儿大脑兴奋增盛
P91.400　新生儿大脑抑制
P91.500　新生儿昏迷
P91.600　新生儿缺氧缺血性脑病
P91.700　后天性新生儿脑积水
P91.800x001　新生儿脑病
P91.801　新生儿颅内静脉窦血栓形成
P91.802　新生儿中毒性脑病

P91.900x001 围生期脑损伤
P92.001 新生儿贲门松弛
P92.100x001 新生儿胃食管反流
P92.200 新生儿进食缓慢
P92.300 新生儿喂养不足
P92.400 新生儿喂养过量
P92.500 新生儿母乳喂养困难
P92.800x001 新生儿喂养不当
P92.800x003 新生儿喂养不耐受
P92.900 新生儿喂养问题
P93.x01 新生儿用药中毒
P93.x02 新生儿灰白综合征
P94.000 短暂性新生儿重症肌无力
P94.100x001 先天性肌张力增高
P94.200x001 先天性肌张力减退
P94.200x002 先天性肌弛缓综合征［松软儿］
P94.800 新生儿其他的肌张力疾患
P94.900 新生儿肌张力疾患
P95.x00 胎儿死亡
P96.000x001 先天性肾功能衰竭
P96.000x002 新生儿尿毒症
P96.100x001 新生儿撤药综合征（母亲药瘾）
P96.100x002 新生儿药物戒断综合征（母亲药瘾）
P96.200 新生儿使用治疗性药物所致的脱瘾性症状
P96.300 新生儿宽颅缝
P96.301 新生儿颅骨软化
P96.400 妊娠终止，影响到胎儿和新生儿
P96.500 子宫内操作的并发症，不可归类在他处者
P96.800x101 新生儿颤抖
P96.800x904 高危儿
P96.801 新生儿多器官功能损害
P96.802 新生儿缺血缺氧性肾损害
P96.803 新生儿死亡
P96.804 新生儿休克
P96.900x001 新生儿反应低下
Q27.000 先天性脐动脉缺如和发育不全
Q86.000 胎儿酒精综合征（畸形的）
Q86.100 胎儿乙内酰脲综合征
Q86.200 苄丙酮香豆素引起的同质异形
Q87.300x301 韦弗综合征［Weaver综合征］
Q87.300x901 普罗特斯综合征［Proteus综合征］
Q87.300x902 CLOVES综合征
Q89.000 脾先天性畸形
Q89.001 多囊脾
Q89.002 副脾
Q89.003 先天性脾大
Q89.400 联体儿
Q89.801 先天性淋巴管畸形
R95.000 婴儿猝死综合征伴提及尸体解剖
R95.900 婴儿猝死综合征伴未提及尸体解剖

MDCQ 血液、免疫疾病及功能障碍

主诊表

包含以下主要诊断：
C26.100 脾恶性肿瘤
C78.805 脾继发恶性肿瘤
D13.901 脾良性肿瘤
D17.700x031 骨髓脂肪瘤
D18.000x044 脾血管瘤
D18.100x002 腹膜后淋巴管瘤
D18.100x003 海绵状淋巴管瘤
D18.100x006 淋巴管瘤
D18.100x017 阴囊淋巴管瘤
D18.100x018 会阴淋巴管瘤
D18.100x019 腹股沟淋巴管瘤
D18.100x023 脾淋巴管瘤
D18.100x024 下肢淋巴管瘤
D18.103 躯干淋巴管瘤
D18.104 肢体淋巴管瘤
D18.107 盆腔淋巴管瘤
D21.900x015 木村病
D36.000 淋巴结良性肿瘤
D37.700x005 脾交界性肿瘤
D37.703 脾动态未定肿瘤
D37.704 脾肿瘤
D46.000 难治性贫血不伴有环形铁粒幼细胞，如此述及的
D46.000x002 骨髓再生不良性贫血
D46.000x003 再生不良性贫血
D47.700x008 儿童Castleman病
D47.700x009 局限性Castleman病
D47.700x010 多中心性Castleman病
D47.700x011 血管滤泡性淋巴细胞增生病
D48.906+D63.0* 肿瘤性贫血
D50.000 继发于（慢性）失血的缺铁性贫血
D50.001 慢性失血性贫血
D50.100 缺铁性吞咽困难

D50.101　普卢默-文森综合征
D50.102　凯利-佩特森综合征
D50.800x001　正细胞低色素性贫血
D50.801　小细胞低色素性贫血
D50.900　缺铁性贫血
D50.901　低色素性贫血
D51.000　内在因子缺乏引起的维生素B12缺乏性贫血
D51.001　恶性贫血
D51.002　亨特舌炎
D51.003+G32.0*　内在因子缺乏引起维生素B12缺乏性贫血性脊髓后侧索硬化
D51.100　选择性维生素B12吸收不良伴有蛋白尿引起的维生素B12缺乏性贫血
D51.101　巨幼细胞遗传性贫血
D51.102　伊梅斯隆德综合征
D51.200　转钴胺素Ⅱ缺乏
D51.200x001　转钴胺素Ⅱ缺乏性贫血
D51.300　饮食性维生素B12缺乏性贫血，其他的
D51.301　绝对素食者贫血
D51.302+G32.0*　饮食性维生素B12缺乏性贫血性脊髓后侧索硬化
D51.800　维生素B12缺乏性贫血，其他的
D51.900　维生素B12缺乏性贫血
D52.000x001　营养性大细胞性贫血
D52.000x003　饮食性叶酸缺乏性贫血
D52.001　营养性巨幼细胞性贫血
D52.100　药物性叶酸盐缺乏性贫血
D52.800　叶酸缺乏性贫血，其他的
D52.900x001　叶酸缺乏性贫血
D53.000　蛋白缺乏性贫血
D53.001　乳清酸尿性贫血
D53.002　氨基酸缺乏性贫血
D53.100　巨幼细胞性贫血，其他的，不可归类在他处者
D53.200　维生素C缺乏性贫血
D53.801　缺铜性贫血
D53.802　缺锌性贫血
D53.803　缺钼性贫血
D53.804　维生素D缺乏性贫血
D53.900　营养性贫血
D53.901　慢性单纯性贫血
D55.000　葡萄糖6-磷酸脱氢酶［G6PD］缺乏性贫血
D55.001　蚕豆病
D55.100x001　谷胱甘肽代谢紊乱性贫血
D55.100x003　己糖磷酸盐酶缺乏性贫血
D55.101　遗传性非球形细胞性溶血性贫血Ⅰ型
D55.200　糖酵解酶代谢紊乱性贫血
D55.201　遗传性非球形细胞性溶血性贫血Ⅱ型
D55.202　己糖激酶缺乏性贫血
D55.203　磷酸丙糖异构酶缺乏性贫血
D55.204　丙酮酸激酶缺乏性贫血
D55.300　核苷酸代谢紊乱性贫血
D55.800　酶代谢紊乱性贫血，其他的
D55.900　酶代谢紊乱性贫血
D56.000　α型地中海贫血
D56.100　β型地中海贫血
D56.100x001　库利贫血
D56.100x003　重型β型地中海贫血
D56.101　中间型地中海贫血
D56.102　重型地中海贫血
D56.200　δ-β型地中海贫血
D56.300　地中海贫血特性
D56.301　（β型）地中海贫血轻型
D56.400　遗传性胎儿血红蛋白持续增多症［HPFH］
D56.800　地中海贫血，其他的
D56.900　地中海贫血
D56.901　混合型地中海贫血
D57.000x001　镰状细胞性贫血伴危象
D57.001　血红蛋白-SS病伴危象
D57.100　镰状细胞性贫血不伴有危象
D57.100x003　镰状细胞疾病
D57.200　双杂合镰状细胞形成疾患
D57.200x001　双杂合镰状细胞β型地中海贫血
D57.201　血红蛋白-SC病
D57.202　血红蛋白-SD病
D57.203　血红蛋白-SE病
D57.204　镰状细胞地中海贫血
D57.300　镰状细胞特性
D57.301　杂合血红蛋白S病
D57.302　血红蛋白S病
D57.800　镰状细胞疾患，其他的
D58.000　遗传性球形红细胞增多症
D58.000x001　先天性球形红细胞血性黄疸
D58.000x003　家族性无胆色素尿性黄疸
D58.001　先天性溶血性贫血
D58.002　明科夫斯基-消法尔综合征
D58.003　无胆色素尿性黄疸
D58.100　遗传性椭圆形红细胞增多症

D58.100x002　先天性椭圆形红细胞增多症
D58.100x004　遗传性卵形红细胞症
D58.101　先天性卵形红细胞症
D58.200x002　异常的血红蛋白
D58.200x004　血红蛋白病
D58.200x006　不稳定血红蛋白溶血病
D58.201　血红蛋白-C病
D58.202　血红蛋白-D病
D58.203　血红蛋白-E病
D58.204　先天性海因茨小体性贫血
D58.205　血红蛋白增高
D58.206　不稳定血红蛋白病
D58.800　遗传性溶血性贫血，其他特指的
D58.800x001　口形红细胞增多
D58.801　遗传性口形红细胞增多
D58.900　遗传性溶血性贫血
D58.901　溶血性贫血
D59.000　药物性自身免疫性溶血性贫血
D59.100x002　慢性冷性血细胞凝集素病
D59.100x005　冷凝集素性血红蛋白尿
D59.101　自身免疫性溶血性贫血
D59.102　冷抗体型自身免疫性溶血性贫血
D59.103　温抗体型自身免疫性溶血性贫血
D59.104　继发性冷性溶血性贫血
D59.105　冷凝集素病
D59.200　药物性非自身免疫性溶血性贫血
D59.201　药物性酶缺乏性贫血
D59.300x001　溶血-尿毒综合征
D59.301　非典型溶血性尿毒症
D59.400x001　非自身免疫性溶血性贫血
D59.400x002　感染性溶血性贫血
D59.401　继发性溶血性贫血
D59.402　传染性溶血性贫血
D59.403　微血管病性溶血性贫血
D59.404　机械性溶血性贫血
D59.500　阵发性夜间血红蛋白尿［马尔基亚法瓦-米凯利］
D59.500x001　阵发性睡眠性血红蛋白尿
D59.501　阵发性夜间性血红蛋白尿伴再生障碍性贫血
D59.600　血红蛋白尿，其他外因性溶血症引起的
D59.600x004　外因性溶血性血红蛋白尿
D59.601　劳力性血红蛋白尿
D59.602　行军性血红蛋白尿
D59.603　阵发性冷性血红蛋白尿
D59.604　血红蛋白尿伴溶血性贫血
D59.800　后天性溶血性贫血，其他的
D59.900　后天性溶血性贫血
D59.901　急性溶血性贫血
D59.902　溶血性黄疸
D59.903　慢性特发性溶血性贫血
D60.000x001　慢性后天性纯红细胞再生障碍性贫血
D60.100x001　短暂后天性纯红细胞再生障碍性贫血
D60.800　后天性纯红细胞再生障碍，其他的
D60.900x001　纯红细胞再生障碍性贫血
D61.000　体质性再生障碍性贫血
D61.000x006　全血细胞减少症伴畸形
D61.001　先天性纯红细胞再生障碍性贫血
D61.002　婴儿纯红细胞再生障碍性贫血
D61.003　原发性纯红细胞再生障碍性贫血
D61.004　布拉克凡-戴蒙德综合征
D61.005　家族性再生不良性贫血
D61.006　先天性再生障碍性贫血
D61.007　范科尼贫血
D61.101　化疗后骨髓抑制
D61.102　药物性骨髓抑制
D61.200x002　外因性再生障碍性贫血
D61.201　中毒性贫血
D61.202　放疗后骨髓抑制
D61.300　特发性再生障碍性贫血
D61.800x002　肝炎相关重型再生障碍性贫血
D61.801　肝炎后再生障碍性贫血
D61.802　继发性再生障碍性贫血
D61.900　再生障碍性贫血
D61.900x001　骨髓抑制
D61.901　骨髓抑制性贫血
D61.902　慢性再生障碍性贫血
D61.903　全血细胞减少
D61.904　增生低下性贫血
D61.905　重度再生障碍性贫血
D61.906　急性骨髓造血功能抑制
D61.907　全骨髓病
D61.908　髓性再生不良
D61.909　急性再生障碍性贫血
D62.x00　急性出血后贫血
D64.000　遗传性铁粒幼细胞贫血
D64.001　性连锁遗传低色素铁粒幼细胞贫血
D64.100　由疾病引起的继发性铁粒幼细胞贫血

D64.200　由药物和中毒引起的继发性铁粒幼细胞贫血
D64.300　铁粒幼细胞贫血，其他的
D64.300x002　吡哆醇有效性铁粒幼红细胞贫血
D64.400x001　先天性造血不良性贫血
D64.401　造血不良性贫血
D64.800x002　多红细胞的高粘稠综合征
D64.801　婴儿假白血病性贫血
D64.802　混合性贫血
D64.803　幼白红细胞贫血
D64.900　贫血
D64.900x006　婴儿贫血
D64.900x007　感染性贫血
D64.901　轻度贫血
D64.902　中度贫血
D64.903　重度贫血
D64.904　继发性贫血
D65.x00x001　弥散性血管内凝血
D65.x00x003　坏疽性紫癜
D65.x00x005　消耗性凝血障碍
D65.x01　后天性纤维蛋白原缺乏血症
D65.x02　后天性纤维蛋白溶解性出血
D65.x03　纤维蛋白溶解性紫癜
D65.x04　暴发性紫癜
D66.x00x001　获得性血友病
D66.x01　血友病A型
D66.x02　血友病
D66.x03+M36.2*　血友病性关节炎
D67.x00x003　克里斯马斯病
D67.x01　血友病B型
D68.000　冯・维勒布兰德病
D68.000x001　血管性血友病
D68.000x002　因子Ⅷ缺乏伴血管缺陷
D68.001　获得性血管性血友病
D68.100x001　血浆凝血致活酶前质缺乏
D68.101　血友病C型
D68.200x001　凝血酶原缺乏
D68.200x005　先天性纤维蛋白原缺乏血症
D68.200x006　AC球蛋白缺乏
D68.200x007　低前转变素血症
D68.200x008　奥夫伦病
D68.200x009　前加速因子缺乏
D68.200x010　先天性异常纤维蛋白原血症
D68.201　纤维蛋白原缺乏血症
D68.202　凝血因子Ⅰ缺乏症
D68.203　凝血因子Ⅱ缺乏症
D68.204　凝血因子Ⅴ缺乏症
D68.205　凝血因子Ⅶ缺乏症
D68.206　凝血因子Ⅹ缺乏症
D68.207　凝血因子Ⅻ缺乏症
D68.208　凝血因子ⅩⅢ缺乏症
D68.300　循环抗凝物引起的出血性疾患
D68.300x001　因子Ⅷ抗体形成
D68.300x003　血循环中抗凝物质存在
D68.300x004　抗凝血酶增多
D68.301　高肝素血症
D68.302　抗凝血酶增多导致的出血症
D68.303　长期使用抗凝剂引起的出血
D68.400　后天性凝血因子缺乏
D68.400x002　获得性维生素K依赖因子缺乏症
D68.400x003　由于肝病引起的凝血因子缺乏
D68.401　维生素K依赖因子缺乏症
D68.402　自身免疫性凝血酶原减少
D68.500　原发性血栓形成倾向
D68.501　抗活化蛋白C症
D68.502　抗凝血酶原Ⅲ缺乏症
D68.503　遗传性蛋白C缺陷症
D68.504　遗传性蛋白S缺陷症
D68.505　凝血酶原基因突变
D68.600x003　高凝状态
D68.601　抗心磷脂抗体综合征
D68.602　易栓症
D68.603　抗磷脂综合征
D68.604　狼疮抗凝物质出现
D68.605　抗磷脂抗体综合征
D68.801　凝血因子缺乏
D68.900x003　凝血功能异常
D68.900x005　高纤维蛋白原血症
D68.900x006　低纤维蛋白原血症
D68.901　出血倾向
D68.902　凝血障碍
D68.903　凝血时间延长
D69.000　变应性［过敏性］紫癜
D69.000x007　恶性紫癜
D69.000x008　感染性紫癜
D69.000x010　神经性紫癜
D69.000x011　细菌性紫癜
D69.000x013　中毒性紫癜
D69.001　皮肤型过敏性紫癜
D69.002　关节型过敏性紫癜

D69.003　风湿性紫癜
D69.004　过敏性紫癜
D69.006　混合型过敏性紫癜
D69.007　血管性紫癜
D69.008　变应性血管炎
D69.009　腹型过敏性紫癜
D69.010　亨诺克紫癜
D69.100x001　血小板病
D69.100x002　出血性血小板功能不全
D69.100x003　贝尔纳德-苏利耶综合征［Bernard-Soulier综合征］
D69.100x004　格兰茨曼病
D69.101　血小板功能不全
D69.102　巨大血小板综合征
D69.103　灰色血小板综合征
D69.200　非血小板减少性紫癜、其他的
D69.200x003　精神性紫癜
D69.200x005　湿疹样紫癜
D69.200x006　糖皮质激素紫癜
D69.200x007　血小板增多性紫癜
D69.200x008　淤积性紫癜
D69.201　单纯性紫癜
D69.202　老年性紫癜
D69.203　紫癜
D69.300　特发性血小板减少性紫癜
D69.301　出血性紫癜
D69.302　埃文斯综合征
D69.400　血小板减少，其他原发性的
D69.400x001　巨核细胞再生不良
D69.400x002　免疫性血小板减少
D69.400x003　无巨核细胞性血小板减少
D69.400x006　先天性巨核细胞增生不良
D69.401　先天性血小板减少症
D69.403　原发性血小板减少症
D69.405　无巨核细胞性血小板减少性紫癜
D69.406　血小板减少性紫癜
D69.407　MYH9相关综合征
D69.500　继发性血小板减少
D69.500x003　症状性血小板减少性紫癜
D69.501　继发性血小板减少性紫癜
D69.502　药物性血小板减少症
D69.503　药物性血小板减少性紫癜
D69.504　获得性巨细胞性血小板减少症
D69.600　血小板减少
D69.800　出血性情况，其他特指的
D69.800x002　血管性假血友病
D69.801　卡-梅综合征
D69.802　毛细血管脆弱
D69.900　出血性情况
D70.x00　粒细胞缺乏
D70.x00x001　周期性中性粒细胞减少症
D70.x00x003　药物性中性粒细胞减少症
D70.x00x004　脾性中性粒细胞减少症
D70.x00x005　婴儿遗传性粒细胞缺乏
D70.x00x008　粒细胞缺乏性咽峡炎
D70.x00x010　先天性中性粒细胞减少症
D70.x00x011　TAFRO综合征
D70.x01　急性粒细胞缺乏症
D70.x02　药物性粒细胞减少
D70.x03　科斯特曼病
D70.x04　白细胞减少
D70.x05　中性粒细胞减少症
D70.x06　中性粒细胞减少性脾肿大
D70.x07　重症先天性粒细胞缺乏症
D71.x00　多形核中性粒细胞的功能紊乱
D71.x00x002　细胞膜受体复合体缺陷
D71.x00x003　儿童期慢性肉芽肿病
D71.x00x004　先天性吞噬细胞功能不良
D71.x00x005　进行性脓毒性肉芽肿病
D71.x01　慢性肉芽肿病
D72.000　白细胞遗传性异常
D72.001　佩尔格-许特综合征
D72.100　嗜酸性粒细胞增多
D72.101　反应性嗜酸性粒细胞增多症
D72.102　特发性嗜酸性粒细胞增多症
D72.104　遗传性嗜酸性粒细胞增多症
D72.105　继发性嗜酸性粒细胞增多
D72.800　白细胞的其他特指疾患
D72.800x003　症状性单核细胞增多
D72.801　浆细胞增多症
D72.802　白细胞增多症
D72.803　淋巴细胞减少症
D72.804　淋巴细胞增多症
D72.805　淋巴细胞性白血病样反应
D72.806　类白血病反应
D72.807　单核细胞增多症
D72.808　症状性淋巴细胞增多
D72.809　单核细胞性类白血病反应
D72.900　白细胞疾患
D73.000　脾功能减退症

D73.001　脾萎缩
D73.002　后天性脾缺失
D73.100　脾功能亢进
D73.200　慢性充血性脾大
D73.300　脾脓肿
D73.400　脾囊肿
D73.500　脾梗死
D73.501　非创伤性脾破裂
D73.502　脾出血
D73.503　脾坏死
D73.504　脾静脉血栓形成
D73.505　脾扭转
D73.800x002　脾血肿机化
D73.800x007　脾感染
D73.800x010　脾钙化
D73.800x011　脾瘘
D73.801　脾浆细胞性肉芽肿
D73.802　脾假性囊肿
D73.803　脾周围炎
D73.804　游走脾
D73.805　脾炎性假瘤
D73.807　脾纤维化
D73.808　脾疝
D73.900　脾疾病
D73.901　脾肿物
D74.000　先天性高铁血红蛋白血症
D74.000x002　先天性NADH高铁血红蛋白还原酶缺乏
D74.000x003　血红蛋白-M病
D74.000x004　遗传性高铁血红蛋白血症
D74.800x001　后天性高铁血红蛋白血症伴硫化血红蛋白血症
D74.800x003　硫化血红蛋白血症
D74.801　中毒性高铁血红蛋白血症
D74.900　高铁血红蛋白血症
D75.000　家族性红细胞增多症
D75.000x002　良性红细胞增多症
D75.100　继发性红细胞增多症
D75.101　过性红细胞增多症
D75.102　后天性红细胞增多症
D75.103　高原性红细胞增多症
D75.104　应激性红细胞增多症
D75.105　相对性红细胞增多症
D75.106　红细胞增多症，未特指
D75.107　红细胞生成素性红细胞增多症
D75.108　血浆容量降低性红细胞增多症
D75.109　情绪性红细胞增多症
D75.110　血氧过低性红细胞增多症
D75.111　肾源性红细胞增多症
D75.800　血液和造血器官其他特指的疾病
D75.800x003　感染后骨髓抑制
D75.801　骨髓硬化
D75.802　骨髓坏死
D75.803　继发性骨髓纤维化
D75.804　骨髓增生
D75.805　继发性血小板增多症
D75.806　嗜碱粒细胞增多症
D75.807　红细胞生成障碍
D75.809　急性造血功能抑制
D75.901　造血功能停滞
D75.902　骨髓增生减低
D76.100x003　除朗格汉斯细胞外的单核吞噬细胞的组织细胞增多症
D76.100x004　家族性噬血细胞淋巴组织细胞增生症
D76.100x005　噬血细胞淋巴组织细胞增生症
D76.101　噬血细胞综合征
D76.102　家族性噬红细胞性网状细胞增多
D76.200　噬红细胞综合征，与感染有关的
D76.300　组织细胞增多综合征，其他的
D76.301　黄色肉芽肿
D76.302　网状组织细胞瘤
D76.303　窦性组织细胞增生伴巨大淋巴结病
D76.304　Erdheim-Chester病
D80.000　遗传性低丙球蛋白血症
D80.001　常染色体隐性无丙种球蛋白血症
D80.002　X-连锁无丙球蛋白血症
D80.100　非家族性低丙球蛋白血症
D80.100x003　无丙球蛋白血症伴载有免疫球蛋白的B型淋巴细胞
D80.101　低丙种球蛋白血症
D80.102　普通易变型无丙球蛋白血症
D80.200x001　lgA缺乏
D80.300　免疫球蛋白G［IgG］亚类的选择性缺乏
D80.400　免疫球蛋白M［IgM］的选择性缺乏
D80.500　伴有免疫球蛋白M［IgM］增多的免疫缺陷
D80.601　免疫缺陷伴高免疫球蛋白血症
D80.700　婴儿期短暂性低丙球蛋白血症
D80.800　抗体缺陷为主的其他免疫缺陷

D80.800x001 κ轻链缺乏
D80.900 抗体缺陷为主的免疫缺陷
D80.900x002 体液免疫缺陷
D80.901 免疫球蛋白缺乏
D81.000 重症联合免疫缺陷［SCID］伴有网状组织发育不全
D81.000x002 网状组织发育不全
D81.100 重症联合免疫缺陷［SCID］伴有低数量的T和B细胞
D81.200 重症联合免疫缺陷［SCID］伴有低或正常数量的B细胞
D81.400 奈泽洛夫综合征
D81.600 主要组织相容性复合体一级缺乏
D81.601 淋巴细胞稀少综合征
D81.700 主要组织相容性复合体二级缺乏
D81.800 联合免疫缺陷，其他的
D81.801 生物素依赖羧化酶缺乏
D81.802 全羧化酶合成酶缺乏症
D81.803 生物素酶缺乏症
D81.900 联合免疫缺陷
D81.900x001 重症联合型免疫缺陷病
D81.901 获得性联合免疫缺陷
D82.000 威斯科特-奥尔德里奇综合征
D82.100 迪格奥尔格综合征
D82.200 免疫缺陷伴有短肢身材
D82.300 EB病毒遗传缺陷反应后的免疫缺陷
D82.300x002 EB病毒阳性T细胞淋巴增殖性疾病
D82.301 X-连锁淋巴增生性疾病
D82.400 高免疫球蛋白E［IgE］综合征
D82.800 与其他特指的严重缺陷有关的免疫缺陷
D82.800x001 Omenn综合征
D82.900 与严重缺陷有关的免疫缺陷
D83.000 常见变异型免疫缺陷伴有显著的B细胞数量和功能异常
D83.100 常见变异型免疫缺陷伴有显著的免疫调节的T细胞疾患
D83.200 常见变异型免疫缺陷伴有对B或T细胞的自身抗体
D83.800 常见变异型免疫缺陷，其他的
D83.900 常见变异型免疫缺陷
D84.000 淋巴细胞功能抗原-1［LFA-1］缺陷
D84.100 补体系统中的缺陷
D84.100x002 遗传性血管神经性水肿
D84.100x005 补体缺陷综合征
D84.101 补体成分缺乏
D84.102 补体1酯酶抑制剂［C1-INH］缺乏
D84.103 遗传性血管水肿
D84.800 免疫缺陷，其他特指的
D84.800x001 细胞免疫缺陷
D84.900 免疫缺陷
D84.900x002 原发性免疫缺陷
D84.900x003 重症免疫缺陷
D86.100 淋巴结结节病
D86.101 良性淋巴肉芽肿
D89.000 多克隆高丙球蛋白血症
D89.000x003 良性高丙球蛋白血症性紫癜
D89.000x004 多克隆丙球蛋白病
D89.001 高球蛋白血症性紫癜
D89.002 多克隆免疫球蛋白增多症
D89.100 冷球蛋白血症
D89.100x001 冷球蛋白血症性血管炎
D89.100x002 继发性冷球蛋白血症
D89.100x003 冷球蛋白血症性紫癜
D89.100x004 原发性冷球蛋白血症
D89.100x005 混合性冷球蛋白血症
D89.100x006 特发性冷球蛋白血症
D89.100x007 自发性冷球蛋白血症
D89.200 高丙球蛋白血症
D89.300 免疫重建综合征
D89.301 免疫重建炎性综合征
D89.800 涉及免疫机制其他特指的疾患，不可归类在他处者
D89.800x002 γ-球蛋白增高
D89.800x003 克罗-深濑综合征
D89.900 涉及免疫机制的疾患
E80.000 遗传性红细胞生成性卟啉症
E80.000x004 血卟啉病
E80.001 先天性红细胞生成性卟啉病
E80.002 红细胞生成性卟啉病
E80.003 肝性红细胞生成性卟啉病
E80.100 迟发性皮肤卟啉症
E80.100x002 肝性红细胞生成型卟啉病
E80.200x001 卟啉病［紫质病］
E80.200x004 急性间歇性卟啉病
E80.200x005 急性间歇性肝卟啉病
E80.200x007 X连锁显形原卟啉病
E80.200x008 假性卟啉病
E80.201 三羧基卟啉病
E80.202 混合型卟啉病
E80.203 遗传性粪卟啉病

E83.101 血色病
E85.400x004 脾淀粉样变性
I86.810 脾静脉曲张
I88.100 慢性淋巴结炎，除外肠系膜
I88.108 慢性腹股沟淋巴结炎
I88.800x001 其他非特异性淋巴结炎
I88.900x003 腹股沟淋巴结炎
I88.900x005 颈淋巴结炎
I88.900x006 淋巴结炎
I88.901 反应性淋巴结炎
I89.010 淋巴回流障碍
I89.800x011 脂肪黑变性网状细胞增多
I89.802 淋巴管瘘
I89.806 淋巴结钙化
L03.901 急性淋巴管炎
L04.100 躯干急性淋巴结炎
L04.200 上肢急性淋巴结炎
L04.201 急性肩淋巴结炎
L04.202 急性腋下淋巴结炎
L04.300 下肢急性淋巴结炎
L04.301 急性髋淋巴结炎
L04.800 急性淋巴结炎，其他部位的
L04.900 急性淋巴结炎
L04.900x002 坏死性淋巴结炎
L04.900x005 淋巴结坏死
L04.900x007 亚急性坏死性淋巴结炎
L04.901 急性化脓性淋巴结炎
L04.902 组织细胞坏死性淋巴结炎
M32.111+D77* 狼疮性血液系统损害
N18.300x001+D63.8* 慢性肾脏病3期相关性贫血
N18.400x001+D63.8* 慢性肾脏病4期相关性贫血
N18.500x001+D63.8* 慢性肾脏病5期相关性贫血
N18.900x012+D63.8* 肾性贫血
Q27.807 先天性脾血管畸形
Q85.907 脾错构瘤
Q89.004 先天性脾缺如
Q89.200x601 胸腺发育不全
Q89.208 异位胸腺
R16.100x001 脾大
R23.300 自发性瘀斑
R23.300x003 出血斑点
R23.301 皮下出血
R59.000x009 局部淋巴结肿大
R59.000x010 面部淋巴结肿大
R59.000x012 肝门淋巴结肿大
R59.000x013 肝脾淋巴结肿大
R59.002 鼻咽淋巴结肿大
R59.003 舌根淋巴结肿大
R59.004 耳后淋巴结肿大
R59.005 颈淋巴结肿大
R59.006 颌下淋巴结肿大
R59.007 锁骨上淋巴结肿大
R59.008 腋下淋巴结肿大
R59.010 纵隔淋巴结肿大
R59.011 腹腔淋巴结肿大
R59.012 腹膜后淋巴结肿大
R59.013 盆腔淋巴结肿大
R59.014 腹股沟淋巴结肿大
R59.100 全身性淋巴结增大
R59.100x002 淋巴结病
R93.300x002 脾占位性病变
R94.800x001 脾功能异常
S36.000 脾损伤
S36.000x021 脾被膜撕裂
S36.000x031 脾撕裂伴软组织损伤
S36.000x081 脾穿透伤
S36.001 创伤性脾血肿
S36.002 创伤性脾破裂
S36.011 开放性脾破裂
T86.000 骨髓移植排斥
T86.000x003 急性移植物抗宿主病
T86.000x004 慢性移植物抗宿主病
T86.001 移植物抗宿主反应

QB1 脾切除术

包含以下主要手术或操作：
38.6601 脾动脉瘤切除术
39.1x07 脾静脉-肾静脉吻合术
41.2x01 脾切开探查术
41.2x02 脾切开引流术
41.2x03 腹腔镜脾切开引流术
41.2x04 腹腔镜脾囊肿开窗术
41.4100 脾囊肿袋形缝术［造袋术］
41.4200x002 脾病损切除术
41.4200x003 经皮脾病损射频消融术
41.4200x005 经皮脾病损微波消融术
41.4300 部分脾切除术
41.4301 腹腔镜脾部分切除术
41.5x00 全脾切除术
41.5x01 腹腔镜全脾切除术

41.9300 副脾切除术
41.9301 腹腔镜副脾切除术
41.9400 脾移植术
41.9500x001 脾套网缩小术
41.9501 脾修补术
41.9502 脾固定术
41.9503 脾缝合术
41.9504 腹腔镜脾修补术
41.9901 脾内无水酒精注入治疗术

QJ1 非特指部位、组织、器官的良性肿瘤手术

包含以下主要手术或操作：
16.9200 眼眶病损切除术
16.9300x003 眶内病损切除术
18.2101 耳前病损切除术
18.2900x009 外耳道病损切除术
18.2902 外耳病损烧灼术
18.2903 外耳病损冷冻术
18.2904 外耳病损刮除术
18.2905 外耳病损电凝术
18.3901 外耳切断术
20.5100x002 耳后病损切除术
21.3101 鼻息肉切除术
21.3102 内镜下鼻息肉切除术
21.3103 鼻内病损切除术
21.3104 内镜下鼻内病损切除术
21.3105 鼻内病损破坏术
21.3106 内镜下鼻内病损破坏术
21.3107 鼻息肉激光烧灼术
21.3108 鼻内病损激光烧灼术
21.3109 内镜下鼻内病损射频消融术
21.3201 鼻部皮肤病损切除术
21.4x00 鼻部分切除术
26.2901 腮腺病损切除术
26.2902 涎腺病损切除术
26.2903 舌下腺病损切除术
26.2904 颌下腺病损切除术
26.2906 副腮腺病损切除术
26.3000 涎腺切除术
26.3100x008 腮腺深叶切除术
26.3100x009 腮腺浅叶切除术
26.3101 腮腺部分切除术
26.3102 腮腺叶切除术
26.3103 舌下腺部分切除术
26.3104 颌下腺部分切除术
26.3105 副腮腺切除术
26.3201 腮腺切除术
26.3202 舌下腺切除术
26.3203 颌下腺切除术
27.4200 唇病损广泛切除术
27.4301 唇病损切除术
27.4302 唇病损激光烧灼术
27.4900x007 口底病损切除术
27.4902 颌下区病损切除术
27.4903 颊内部病损切除术
27.4905 鼻唇病损切除术
27.4906 口腔病损切除术
27.4907 口病损射频消融术
27.4908 口病损激光烧灼术
27.4909 软腭射频消融术
27.4910 软腭切除术
27.9900x005 面部病损切除术
27.9901 颊部病损切除术
27.9902 颏下病损切除术
28.9200x002 扁桃体病损射频消融术
28.9201 扁桃体病损切除术
28.9202 腺样增殖体病损切除术
29.3900x001 鼻咽病损切除术
29.3900x007 支撑喉镜下鼻咽病损切除术
29.3900x017 咽颌淋巴烧灼术
29.3902 咽旁病损切除术
32.3001 胸腔镜下肺叶部分切除术
32.3902 肺叶部分切除术
34.0200x001 开胸探查术
34.0200x003 胸腔镜中转开胸探查术
34.2000 胸腔镜胸膜活组织检查
34.2100x001 胸腔镜检查
34.2200 纵隔镜检查
34.2502 胸腔镜下纵隔活组织检查
34.2600 开放性纵隔活组织检查
34.4x01 胸壁病损切除术
34.4x03 胸腔镜下胸壁病损切除术
34.5901 胸膜部分切除术
38.7x01 腔静脉结扎术
38.7x02 腔静脉折叠术
38.7x03 上腔静脉滤器置入术
38.7x04 下腔静脉滤器置入术
38.8606 脾动脉结扎术
39.7900x809 下肢静脉滤器置入术
39.7904 经导管脾动脉栓塞术

39.9000x010 脾动脉支架置入术
40.0x00x002 皮下淋巴抽吸术
40.0x01 淋巴管探查术
40.1100x003 腹腔镜下淋巴结活检术
40.1100x004 纵隔镜下淋巴结活检术
40.2100 深部颈淋巴结切除术
40.2200 乳房内淋巴结切除术
40.2300 腋淋巴结切除术
40.2400 腹股沟淋巴结切除术
40.2900x002 单纯淋巴结切除术
40.2900x008 颌下淋巴结切除术
40.2900x017 腹膜后淋巴管瘤（囊肿）切除术
40.2900x018 肠系膜淋巴管瘤（囊肿）切除术
40.2900x019 肢体淋巴管瘤（囊肿）切除术
40.2900x020 腹壁淋巴管瘤（囊肿）切除术
40.2900x021 颈淋巴结切除术
40.2900x022 淋巴结切除术
40.2900x023 髂外血管旁淋巴结切除术
40.2900x024 颏下淋巴结切除术
40.2900x025 胸腔镜下纵隔淋巴结切除术
40.2900x026 胸腔镜下淋巴管瘤切除术
40.2900x027 腹腔镜下淋巴管瘤切除术
40.2900x028 腹膜后淋巴结切除术
40.2900x029 肝门淋巴结切除术
40.2900x030 上肢淋巴结切除术
40.2900x031 下肢淋巴结切除术
40.2901 锁骨上淋巴结切除术
40.2902 肺门淋巴结切除术
40.2903 肺门纵膈淋巴结切除术
40.2904 纵隔淋巴结切除术
40.2905 腹主动脉旁淋巴结切除术
40.2906 腹腔淋巴结切除术
40.2907 腹膜淋巴结切除术
40.2908 肠系膜淋巴结切除术
40.2909 盆腔淋巴结切除术
40.2910 淋巴管瘤切除术
40.3x00x001 淋巴结扩大性区域性切除术
40.3x00x002 淋巴结区域性切除术
40.4100 根治性颈淋巴结清扫，单侧
40.4200 根治性颈淋巴结清扫，双侧
40.5000 淋巴结根治性切除术
40.5100 腋下淋巴结根治性切除术
40.5101 腔镜腋下淋巴结清扫术
40.5301 腹腔镜髂淋巴结清扫术
40.5400x001 腹股沟淋巴结清扫术
40.5400x002 腹腔镜下腹股沟淋巴结清扫术
40.5400x003 腹股沟浅淋巴结清扫术
40.5900x010 腹腔镜下腹膜后淋巴结清扫术
40.5900x021 下肢淋巴结清扫术
40.5901 颌下淋巴结清扫术
40.5905 肺门淋巴结清扫术
40.5906 纵隔淋巴结清扫术
40.5907 腹膜后淋巴结清扫术
40.5908 腹腔淋巴结清扫术
40.5909 肠系膜淋巴结清扫术
40.5910 盆腔淋巴结清扫术
40.5911 腹腔镜腹腔淋巴结清扫术
40.5912 腹腔镜盆腔淋巴结清扫术
40.5914 胸腔镜纵隔淋巴结清扫术
40.6100 胸导管套管置入术
40.6200 胸导管造瘘术
40.6300 胸导管瘘口闭合术
40.6301 胸腔镜淋巴瘘修补术
40.6400 胸导管结扎术
40.6900x002 胸导管-颈外静脉吻合术
40.6900x003 胸导管狭窄扩张术
40.6900x004 胸导管成形术
40.6901 胸导管颈内静脉吻合术
40.9x00x003 周围淋巴管-小静脉吻合术
40.9x00x004 淋巴干-小静脉吻合术
40.9x00x006 髂淋巴干-小静脉吻合术
40.9x00x007 肠淋巴干-小静脉吻合术
40.9x00x008 淋巴水肿矫正Homans-Macey手术［Homan手术］
40.9x00x009 淋巴水肿矫正Charles手术［Charles手术］
40.9x00x010 淋巴水肿矫正Thompson手术［Thompson手术］
40.9x00x011 腹膜后淋巴管横断结扎术
40.9x00x012 髂淋巴干横断结扎术
40.9x00x013 淋巴管瘘结扎术
40.9x00x014 淋巴管瘘切除术
40.9x00x015 淋巴管瘘粘连术
40.9x00x016 淋巴管瘤注射术
40.9x00x017 淋巴水肿抽吸术
40.9x01 腹腔淋巴管修补术
40.9x02 周围淋巴管结扎术
40.9x03 周围淋巴管闭合术
40.9x04 周围淋巴管扩张术
40.9x05 周围淋巴管吻合术

40.9x06　周围淋巴管移植术
40.9x07　周围淋巴管重建术
40.9x08　淋巴水肿矫正术
40.9x09　淋巴管静脉吻合术
41.1x00　脾穿刺
41.3300　开放性脾活组织检查
41.9100x001　供者骨髓采集术
41.9200　骨髓注入
41.9201　肱骨断端骨髓注射术
41.9202　股骨断端骨髓注射术
41.9203　胫骨断端骨髓注射术
41.9900x003　脾病损硬化剂注射术
45.4200x003　纤维结肠镜下结肠息肉切除术
51.2300　腹腔镜下胆囊切除术
54.1100　开腹探查术
54.1101　腹腔镜中转剖腹探查术
54.1900x001　腹部血肿去除术
54.1900x005　腹腔镜下腹腔积血清除术
54.1900x010　腹腔脓肿切开引流术
54.1900x011　腹腔血肿清除术
54.1900x020　男性盆腔脓肿切开引流术
54.1901　腹膜后血肿清除术
54.1902　腹膜血肿清除术
54.1904　膈下脓肿切开引流术
54.1907　腹腔出血止血术
54.2100　腹腔镜检查
54.2300x003　腹膜后活检术
54.2300x004　腹腔镜下网膜活组织检查
54.2300x005　腹腔镜下腹膜活组织检查
54.2300x006　腹腔镜下肠系膜活组织检查
54.2301　开放性腹膜活组织检查
54.2302　开放性网膜活组织检查
54.2303　开放性肠系膜活组织检查
54.3x01　腹壁病损切除术
54.3x02　腹腔镜下腹壁病损切除术
54.3x03　腹股沟病损切除术
54.3x04　脐切除术
54.3x05　盆腔壁病损切除术
54.3x06　腹壁清创术
54.3x07　腹壁脐尿管囊肿切除术
54.4x00x012　骶尾部病损切除术
54.4x00x021　腹膜外病损切除术
54.4x00x035　盆腔病损切除术
54.4x00x055　经皮腹膜后病损纳米刀消融术
54.4x01　腹膜病损切除术
54.4x02　腹膜后病损切除术
54.4x07　骶前病损切除术
54.4x11　腹腔镜下腹膜病损切除术
54.4x12　腹腔镜下网膜病损切除术
54.4x13　腹腔镜下肠系膜病损切除术
54.4x14　腹腔镜下网膜部分切除术
54.4x15　腹腔镜下腹膜后病损切除术
54.4x16　腹腔镜下网膜切除术
54.9900x011　腹腔镜下盆腔内膜病损电凝术
54.9904　腹腔镜下腹腔病损切除术
66.5102　腹腔镜双侧输卵管切除术
67.3903　腹腔镜子宫颈病损切除术
67.3904　子宫颈病损切除术
68.2906　子宫病损切除术
68.2907　经阴道子宫病损切除术
68.2912　腹腔镜子宫病损切除术
68.2917　宫腔镜子宫病损切除术
68.2918　腹腔镜辅助经阴道子宫病损切除术
68.3104　腹腔镜残角子宫切除术
70.3200x002　直肠子宫陷凹病损切除术
70.3201　腹腔镜直肠子宫陷凹病损切除术
71.3x00x001　大阴唇病损切除术
71.3x00x011　外阴病损烧灼术
71.3x01　会阴病损切除术
71.3x04　外阴病损切除术
83.3900x017　软组织病损切除术
83.3900x064　经皮头部软组织病损纳米刀消融术
83.3900x065　经皮颈部软组织病损纳米刀消融术
83.3900x066　经皮上肢软组织病损纳米刀消融术
85.2100x003　乳房病损切除术
85.2100x019　乳房腺体区段切除术
85.2100x024　经皮乳腺病损纳米刀消融术
86.2200x011　皮肤和皮下坏死组织切除清创术
86.3x02　皮肤病损切除术
86.3x03　皮下组织病损切除术
99.2800x003　抗肿瘤基因治疗
99.2800x006　分子靶向治疗
99.2801　抗肿瘤免疫治疗

QR1　移植物抗宿主病

包含以下主要诊断：
T86.000　骨髓移植排斥
T86.000x003　急性移植物抗宿主病
T86.000x004　慢性移植物抗宿主病
T86.001　移植物抗宿主反应

QR2　网状内皮及免疫性疾病

包含以下主要诊断：

C26.100　脾恶性肿瘤
C78.805　脾继发恶性肿瘤
D13.901　脾良性肿瘤
D17.700x031　骨髓脂肪瘤
D18.000x044　脾血管瘤
D18.100x002　腹膜后淋巴管瘤
D18.100x003　海绵状淋巴管瘤
D18.100x006　淋巴管瘤
D18.100x017　阴囊淋巴管瘤
D18.100x018　会阴淋巴管瘤
D18.100x019　腹股沟淋巴管瘤
D18.100x023　脾淋巴管瘤
D18.100x024　下肢淋巴管瘤
D18.103　躯干淋巴管瘤
D18.104　肢体淋巴管瘤
D18.107　盆腔淋巴管瘤
D21.900x015　木村病
D36.000　淋巴结良性肿瘤
D37.700x005　脾交界性肿瘤
D37.703　脾动态未定肿瘤
D37.704　脾肿瘤
D47.700x008　儿童Castleman病
D47.700x009　局限性Castleman病
D47.700x010　多中心性Castleman病
D47.700x011　血管滤泡性淋巴细胞增生病
D70.x00　粒细胞缺乏
D70.x00x001　周期性中性粒细胞减少症
D70.x00x003　药物性中性粒细胞减少症
D70.x00x004　脾性中性粒细胞减少症
D70.x00x005　婴儿遗传性粒细胞缺乏
D70.x00x008　粒细胞缺乏性咽峡炎
D70.x00x010　先天性中性粒细胞减少症
D70.x00x011　TAFRO综合征
D70.x01　急性粒细胞缺乏症
D70.x02　药物性粒细胞减少
D70.x03　科斯特曼病
D70.x04　白细胞减少
D70.x05　中性粒细胞减少症
D70.x06　中性粒细胞减少性脾肿大
D70.x07　重症先天性粒细胞缺乏症
D71.x00　多形核中性粒细胞的功能紊乱
D71.x00x002　细胞膜受体复合体缺陷
D71.x00x003　儿童期慢性肉芽肿病
D71.x00x004　先天性吞噬细胞功能不良
D71.x00x005　进行性脓毒性肉芽肿病
D71.x01　慢性肉芽肿病
D72.000　白细胞遗传性异常
D72.001　佩尔格-许特综合征
D72.100　嗜酸性粒细胞增多
D72.101　反应性嗜酸性粒细胞增多症
D72.102　特发性嗜酸性粒细胞增多症
D72.104　遗传性嗜酸性粒细胞增多症
D72.105　继发性嗜酸性粒细胞增多
D72.800　白细胞的其他特指疾患
D72.800x003　症状性单核细胞增多
D72.801　浆细胞增多症
D72.802　白细胞增多症
D72.803　淋巴细胞减少症
D72.804　淋巴细胞增多症
D72.805　淋巴细胞性白血病样反应
D72.806　类白血病反应
D72.807　单核细胞增多症
D72.808　症状性淋巴细胞增多
D72.809　单核细胞性类白血病反应
D72.900　白细胞疾患
D73.000　脾功能减退症
D73.001　脾萎缩
D73.002　后天性脾缺失
D73.100　脾功能亢进
D73.200　慢性充血性脾大
D73.300　脾脓肿
D73.400　脾囊肿
D73.500　脾梗死
D73.501　非创伤性脾破裂
D73.502　脾出血
D73.503　脾坏死
D73.504　脾静脉血栓形成
D73.505　脾扭转
D73.800x002　脾血肿机化
D73.800x007　脾感染
D73.800x010　脾钙化
D73.800x011　脾瘘
D73.801　脾浆细胞性肉芽肿
D73.802　脾假性囊肿
D73.803　脾周围炎
D73.804　游走脾
D73.805　脾炎性假瘤

D73.807 脾纤维化
D73.808 脾疝
D73.900 脾疾病
D73.901 脾肿物
D75.000 家族性红细胞增多症
D75.000x002 良性红细胞增多症
D75.100 继发性红细胞增多症
D75.101 一过性红细胞增多症
D75.102 后天性红细胞增多症
D75.103 高原性红细胞增多症
D75.104 应激性红细胞增多症
D75.105 相对性红细胞增多症
D75.106 红细胞增多症，未特指
D75.107 红细胞生成素性红细胞增多症
D75.108 血浆容量降低性红细胞增多症
D75.109 情绪性红细胞增多症
D75.110 血氧过低性红细胞增多症
D75.111 肾源性红细胞增多症
D75.800 血液和造血器官其他特指的疾病
D75.800x003 感染后骨髓抑制
D75.801 骨髓硬化
D75.802 骨髓坏死
D75.803 继发性骨髓纤维化
D75.804 骨髓增生
D75.805 继发性血小板增多症
D75.806 嗜碱粒细胞增多症
D75.807 红细胞生成障碍
D75.809 急性造血功能抑制
D75.901 造血功能停滞
D75.902 骨髓增生减低
D76.100x003 除朗格汉斯细胞外的单核吞噬细胞的组织细胞增多症
D76.100x004 家族性噬血细胞淋巴组织细胞增生症
D76.100x005 噬血细胞淋巴组织细胞增生症
D76.101 噬血细胞综合征
D76.102 家族性噬红细胞性网状细胞增多
D76.200 噬红细胞综合征，与感染有关的
D76.300 组织细胞增多综合征，其他的
D76.301 黄色肉芽肿
D76.302 网状组织细胞瘤
D76.303 窦性组织细胞增生伴巨大淋巴结病
D76.304 Erdheim-Chester病
D80.000 遗传性低丙球蛋白血症
D80.001 常染色体隐性无丙种球蛋白血症
D80.002 X-连锁无丙球蛋白血症
D80.100 非家族性低丙球蛋白血症
D80.100x003 无丙球蛋白血症伴载有免疫球蛋白的B型淋巴细胞
D80.101 低丙种球蛋白血症
D80.102 普通易变型无丙球蛋白血症
D80.200x001 lgA缺乏
D80.300 免疫球蛋白G［IgG］亚类的选择性缺乏
D80.400 免疫球蛋白M［IgM］的选择性缺乏
D80.500 伴有免疫球蛋白M［IgM］增多的免疫缺陷
D80.601 免疫缺陷伴高免疫球蛋白血症
D80.700 婴儿期短暂性低丙球蛋白血症
D80.800 抗体缺陷为主的其他免疫缺陷
D80.800x001 κ轻链缺乏
D80.900 抗体缺陷为主的免疫缺陷
D80.900x002 体液免疫缺陷
D80.901 免疫球蛋白缺乏
D81.000 重症联合免疫缺陷［SCID］伴有网状组织发育不全
D81.000x002 网状组织发育不全
D81.100 重症联合免疫缺陷［SCID］伴有低数量的T和B细胞
D81.200 重症联合免疫缺陷［SCID］伴有低或正常数量的B细胞
D81.400 奈泽洛夫综合征
D81.600 主要组织相容性复合体一级缺乏
D81.601 淋巴细胞稀少综合征
D81.700 主要组织相容性复合体二级缺乏
D81.800 联合免疫缺陷，其他的
D81.801 生物素依赖羧化酶缺乏
D81.802 全羧化酶合成酶缺乏症
D81.803 生物素酶缺乏症
D81.900 联合免疫缺陷
D81.900x001 重症联合型免疫缺陷病
D81.901 获得性联合免疫缺陷
D82.000 威斯科特-奥尔德里奇综合征
D82.100 迪格奥尔格综合征
D82.200 免疫缺陷伴有短肢身材
D82.300 EB病毒遗传缺陷反应后的免疫缺陷
D82.300x002 EB病毒阳性T细胞淋巴增殖性疾病
D82.301 X-连锁淋巴增生性疾病
D82.400 高免疫球蛋白E［IgE］综合征
D82.800 与其他特指的严重缺陷有关的免疫缺陷
D82.800x001 Omenn综合征

D82.900　与严重缺陷有关的免疫缺陷
D83.000　常见变异型免疫缺陷伴有显著的B细胞数量和功能异常
D83.100　常见变异型免疫缺陷伴有显著的免疫调节的T细胞疾患
D83.200　常见变异型免疫缺陷伴有对B或T细胞的自身抗体
D83.800　常见变异型免疫缺陷，其他的
D83.900　常见变异型免疫缺陷
D84.000　淋巴细胞功能抗原-1［LFA-1］缺陷
D84.100　补体系统中的缺陷
D84.100x002　遗传性血管神经性水肿
D84.100x005　补体缺陷综合征
D84.101　补体成分缺乏
D84.102　补体1酯酶抑制剂［C1-INH］缺乏
D84.103　遗传性血管水肿
D84.800　免疫缺陷，其他特指的
D84.800x001　细胞免疫缺陷
D84.900　免疫缺陷
D84.900x002　原发性免疫缺陷
D84.900x003　重症免疫缺陷
D86.100　淋巴结结节病
D86.101　良性淋巴肉芽肿
D89.000　多克隆高丙球蛋白血症
D89.000x003　良性高丙球蛋白血症性紫癜
D89.000x004　多克隆丙球蛋白病
D89.001　高球蛋白血症性紫癜
D89.002　多克隆免疫球蛋白增多症
D89.100　冷球蛋白血症
D89.100x001　冷球蛋白血症性血管炎
D89.100x002　继发性冷球蛋白血症
D89.100x003　冷球蛋白血症性紫癜
D89.100x004　原发性冷球蛋白血症
D89.100x005　混合性冷球蛋白血症
D89.100x006　特发性冷球蛋白血症
D89.100x007　自发性冷球蛋白血症
D89.200　高丙球蛋白血症
D89.300　免疫重建综合征
D89.301　免疫重建炎性综合征
D89.800　涉及免疫机制其他特指的疾患，不可归类在他处者
D89.800x002　γ-球蛋白增高
D89.800x003　克罗-深濑综合征
D89.900　涉及免疫机制的疾患
E85.400x004　脾淀粉样变性
I86.810　脾静脉曲张
I88.100　慢性淋巴结炎，除外肠系膜
I88.108　慢性腹股沟淋巴结炎
I88.800x001　其他非特异性淋巴结炎
I88.900x003　腹股沟淋巴结炎
I88.900x005　颈淋巴结炎
I88.900x006　淋巴结炎
I88.901　反应性淋巴结炎
I89.010　淋巴回流障碍
I89.800x011　脂肪黑变性网状细胞增多
I89.802　淋巴管瘘
I89.806　淋巴结钙化
L03.901　急性淋巴管炎
L04.100　躯干急性淋巴结炎
L04.200　上肢急性淋巴结炎
L04.201　急性肩淋巴结炎
L04.202　急性腋下淋巴结炎
L04.300　下肢急性淋巴结炎
L04.301　急性髋淋巴结炎
L04.800　急性淋巴结炎，其他部位的
L04.900　急性淋巴结炎
L04.900x002　坏死性淋巴结炎
L04.900x005　淋巴结坏死
L04.900x007　亚急性坏死性淋巴结炎
L04.901　急性化脓性淋巴结炎
L04.902　组织细胞坏死性淋巴结炎
M32.111+D77*　狼疮性血液系统损害
Q27.807　先天性脾血管畸形
Q85.907　脾错构瘤
Q89.004　先天性脾缺如
Q89.200x601　胸腺发育不全
Q89.208　异位胸腺
R16.100x001　脾大
R59.000x009　局部淋巴结肿大
R59.000x010　面部淋巴结肿大
R59.000x012　肝门淋巴结肿大
R59.000x013　肝脾淋巴结肿大
R59.002　鼻咽淋巴结肿大
R59.003　舌根淋巴结肿大
R59.004　耳后淋巴结肿大
R59.005　颈淋巴结肿大
R59.006　颌下淋巴结肿大
R59.007　锁骨上淋巴结肿大
R59.008　腋下淋巴结肿大
R59.010　纵隔淋巴结肿大

R59.011　腹腔淋巴结肿大
R59.012　腹膜后淋巴结肿大
R59.013　盆腔淋巴结肿大
R59.014　腹股沟淋巴结肿大
R59.100　全身性淋巴结增大
R59.100x002　淋巴结病
R93.300x002　脾占位性病变
R94.800x001　脾功能异常
S36.000　脾损伤
S36.000x021　脾被膜撕裂
S36.000x031　脾撕裂伴软组织损伤
S36.000x081　脾穿透伤
S36.001　创伤性脾血肿
S36.002　创伤性脾破裂
S36.011　开放性脾破裂

QS1　红细胞病及营养性贫血

包含以下主要诊断：
D48.906+D63.0*　肿瘤性贫血
D50.000　继发于（慢性）失血的缺铁性贫血
D50.001　慢性失血性贫血
D50.100　缺铁性吞咽困难
D50.101　普卢默-文森综合征
D50.102　凯利-佩特森综合征
D50.800x001　正细胞低色素性贫血
D50.801　小细胞低色素性贫血
D50.900　缺铁性贫血
D50.901　低色素性贫血
D51.000　内在因子缺乏引起的维生素B12缺乏性贫血
D51.001　恶性贫血
D51.002　亨特舌炎
D51.003+G32.0*　内在因子缺乏引起维生素B12缺乏性贫血性脊髓后侧索硬化
D51.100　选择性维生素B12吸收不良伴有蛋白尿引起的维生素B12缺乏性贫血
D51.101　巨幼细胞遗传性贫血
D51.102　伊梅斯隆德综合征
D51.200　转钴胺素Ⅱ缺乏
D51.200x001　转钴胺素Ⅱ缺乏性贫血
D51.300　饮食性维生素B12缺乏性贫血，其他的
D51.301　绝对素食者贫血
D51.302+G32.0*　饮食性维生素B12缺乏性贫血性脊髓后侧索硬化
D51.800　维生素B12缺乏性贫血，其他的
D51.900　维生素B12缺乏性贫血
D52.000x001　营养性大细胞性贫血
D52.000x003　饮食性叶酸缺乏性贫血
D52.001　营养性巨幼细胞性贫血
D52.100　药物性叶酸盐缺乏性贫血
D52.800　叶酸缺乏性贫血，其他的
D52.900x001　叶酸缺乏性贫血
D53.000　蛋白缺乏性贫血
D53.001　乳清酸尿性贫血
D53.002　氨基酸缺乏性贫血
D53.100　巨幼细胞性贫血，其他的，不可归类在他处者
D53.200　维生素C缺乏性贫血
D53.801　缺铜性贫血
D53.802　缺锌性贫血
D53.803　缺钼性贫血
D53.804　维生素D缺乏性贫血
D53.900　营养性贫血
D53.901　慢性单纯性贫血
D59.301　非典型溶血性尿毒症
D59.500　阵发性夜间血红蛋白尿［马尔基亚法瓦-米凯利］
D74.000　先天性高铁血红蛋白血症
D74.000x002　先天性NADH高铁血红蛋白还原酶缺乏
D74.000x003　血红蛋白-M病
D74.000x004　遗传性高铁血红蛋白血症
D74.800x001　后天性高铁血红蛋白血症伴硫化血红蛋白血症
D74.800x003　硫化血红蛋白血症
D74.801　中毒性高铁血红蛋白血症
D74.900　高铁血红蛋白血症
E83.101　血色病

QS2　溶血性贫血

包含以下主要诊断：
D55.000　葡萄糖6-磷酸脱氢酶［G6PD］缺乏性贫血
D55.001　蚕豆病
D55.100x001　谷胱甘肽代谢紊乱性贫血
D55.100x003　己糖磷酸盐酶缺乏性贫血
D55.101　遗传性非球形细胞性溶血性贫血Ⅰ型
D55.200　糖酵解酶代谢紊乱性贫血
D55.201　遗传性非球形细胞性溶血性贫血Ⅱ型
D55.202　己糖激酶缺乏性贫血

D55.203　磷酸丙糖异构酶缺乏性贫血
D55.204　丙酮酸激酶缺乏性贫血
D55.300　核苷酸代谢紊乱性贫血
D55.800　酶代谢紊乱性贫血，其他的
D55.900　酶代谢紊乱性贫血
D56.000　α型地中海贫血
D56.100　β型地中海贫血
D56.100x001　库利贫血
D56.100x003　重型β型地中海贫血
D56.101　中间型地中海贫血
D56.102　重型地中海贫血
D56.200　δ-β型地中海贫血
D56.300　地中海贫血特性
D56.301　（β型）地中海贫血轻型
D56.400　遗传性胎儿血红蛋白持续增多症［HPFH］
D56.800　地中海贫血，其他的
D56.900　地中海贫血
D56.901　混合型地中海贫血
D57.000x001　镰状细胞性贫血伴危象
D57.001　血红蛋白-SS病伴危象
D57.100　镰状细胞性贫血不伴有危象
D57.100x003　镰状细胞疾病
D57.200　双杂合镰状细胞形成疾患
D57.200x001　双杂合镰状细胞β型地中海贫血
D57.201　血红蛋白-SC病
D57.202　血红蛋白-SD病
D57.203　血红蛋白-SE病
D57.204　镰状细胞地中海贫血
D57.300　镰状细胞特性
D57.301　杂合血红蛋白S病
D57.302　血红蛋白S病
D57.800　镰状细胞疾患，其他的
D58.000　遗传性球形红细胞增多症
D58.000x001　先天性球形红细胞血性黄疸
D58.000x003　家族性无胆色素尿性黄疸
D58.001　先天性溶血性贫血
D58.002　明科夫斯基-消法尔综合征
D58.003　无胆色素尿性黄疸
D58.100　遗传性椭圆形红细胞增多症
D58.100x002　先天性椭圆形红细胞增多症
D58.100x004　遗传性卵形红细胞症
D58.101　先天性卵形红细胞症
D58.200x002　异常的血红蛋白
D58.200x004　血红蛋白病
D58.200x006　不稳定血红蛋白溶血病
D58.201　血红蛋白-C病
D58.202　血红蛋白-D病
D58.203　血红蛋白-E病
D58.204　先天性海因茨小体性贫血
D58.205　血红蛋白增高
D58.206　不稳定血红蛋白病
D58.800　遗传性溶血性贫血，其他特指的
D58.800x001　口形红细胞增多
D58.801　遗传性口形红细胞增多
D58.900　遗传性溶血性贫血
D58.901　溶血性贫血
D59.000　药物性自身免疫性溶血性贫血
D59.100x002　慢性冷性血细胞凝集素病
D59.100x005　冷凝集素性血红蛋白尿
D59.101　自身免疫性溶血性贫血
D59.102　冷抗体型自身免疫性溶血性贫血
D59.103　温抗体型自身免疫性溶血性贫血
D59.104　继发性冷性溶血性贫血
D59.105　冷凝集素病
D59.200　药物性非自身免疫性溶血性贫血
D59.201　药物性酶缺乏性贫血
D59.300x001　溶血-尿毒综合征
D59.400x001　非自身免疫性溶血性贫血
D59.400x002　感染性溶血性贫血
D59.401　继发性溶血性贫血
D59.402　传染性溶血性贫血
D59.403　微血管病性溶血性贫血
D59.404　机械性溶血性贫血
D59.500x001　阵发性睡眠性血红蛋白尿
D59.501　阵发性夜间性血红蛋白尿伴再生障碍性贫血
D59.600　血红蛋白尿，其他外因性溶血症引起的
D59.600x004　外因性溶血性血红蛋白尿
D59.601　劳力性血红蛋白尿
D59.602　行军性血红蛋白尿
D59.603　阵发性冷性血红蛋白尿
D59.604　血红蛋白尿伴溶血性贫血
D59.800　后天性溶血性贫血，其他的
D59.900　后天性溶血性贫血
D59.901　急性溶血性贫血
D59.902　溶血性黄疸
D59.903　慢性特发性溶血性贫血

QS3 重型再生障碍性贫血

包含以下主要诊断：
D61.800x002 肝炎相关重型再生障碍性贫血
D61.905 重度再生障碍性贫血

QS4 其他再生障碍性贫血

包含以下主要诊断：
D60.000x001 慢性后天性纯红细胞再生障碍性贫血
D60.100x001 短暂后天性纯红细胞再生障碍性贫血
D60.800 后天性纯红细胞再生障碍，其他的
D60.900x001 纯红细胞再生障碍性贫血
D61.000 体质性再生障碍性贫血
D61.000x006 全血细胞减少症伴畸形
D61.001 先天性纯红细胞再生障碍性贫血
D61.002 婴儿纯红细胞再生障碍性贫血
D61.003 原发性纯红细胞再生障碍性贫血
D61.004 布拉克凡-戴蒙德综合征
D61.005 家族性再生不良性贫血
D61.006 先天性再生障碍性贫血
D61.007 范科尼贫血
D61.101 化疗后骨髓抑制
D61.102 药物性骨髓抑制
D61.200x002 外因性再生障碍性贫血
D61.201 中毒性贫血
D61.202 放疗后骨髓抑制
D61.300 特发性再生障碍性贫血
D61.801 肝炎后再生障碍性贫血
D61.802 继发性再生障碍性贫血
D61.900 再生障碍性贫血
D61.900x001 骨髓抑制
D61.901 骨髓抑制性贫血
D61.902 慢性再生障碍性贫血
D61.903 全血细胞减少
D61.904 增生低下性贫血
D61.906 急性骨髓造血功能抑制
D61.907 全骨髓病
D61.908 髓性再生不良
D61.909 急性再生障碍性贫血

QS5 其他贫血

包含以下主要诊断：
D46.000 难治性贫血不伴有环形铁粒幼细胞，如此述及的
D46.000x002 骨髓再生不良性贫血
D46.000x003 再生不良性贫血
D62.x00 急性出血后贫血
D64.000 遗传性铁粒幼细胞贫血
D64.001 性连锁遗传低色素铁粒幼细胞贫血
D64.100 由疾病引起的继发性铁粒幼细胞贫血
D64.200 由药物和中毒引起的继发性铁粒幼细胞贫血
D64.300 铁粒幼细胞贫血，其他的
D64.300x002 吡哆醇有效性铁粒幼红细胞贫血
D64.400x001 先天性造血不良性贫血
D64.401 造血不良性贫血
D64.800x002 多红细胞的高粘稠综合征
D64.801 婴儿假白血病性贫血
D64.802 混合性贫血
D64.803 幼白红细胞贫血
D64.900 贫血
D64.900x006 婴儿贫血
D64.900x007 感染性贫血
D64.901 轻度贫血
D64.902 中度贫血
D64.903 重度贫血
D64.904 继发性贫血
E80.000 遗传性红细胞生成性卟啉症
E80.000x004 血卟啉病
E80.001 先天性红细胞生成性卟啉病
E80.002 红细胞生成性卟啉病
E80.003 肝性红细胞生成性卟啉病
E80.100 迟发性皮肤卟啉症
E80.100x002 肝性红细胞生成型卟啉病
E80.200x001 卟啉病［紫质病］
E80.200x004 急性间歇性卟啉病
E80.200x005 急性间歇性肝卟啉病
E80.200x007 X连锁显形原卟啉病
E80.200x008 假性卟啉病
E80.201 三羧基卟啉病
E80.202 混合型卟啉病
E80.203 遗传性粪卟啉病
N18.300x001+D63.8* 慢性肾脏病3期相关性贫血
N18.400x001+D63.8* 慢性肾脏病4期相关性贫血
N18.500x001+D63.8* 慢性肾脏病5期相关性贫血
N18.900x012+D63.8* 肾性贫血

QT1 血栓与止血

包含以下主要诊断：
D65.x00x001 弥散性血管内凝血

D65.x00x003　坏疽性紫癜
D65.x00x005　消耗性凝血障碍
D65.x01　后天性纤维蛋白原缺乏血症
D65.x02　后天性纤维蛋白溶解性出血
D65.x03　纤维蛋白溶解性紫癜
D65.x04　暴发性紫癜
D66.x00x001　获得性血友病
D66.x01　血友病A型
D66.x02　血友病
D66.x03+M36.2*　血友病性关节炎
D67.x00x003　克里斯马斯病
D67.x01　血友病B型
D68.000　冯・维勒布兰德病
D68.000x001　血管性血友病
D68.000x002　因子Ⅷ缺乏伴血管缺陷
D68.001　获得性血管性血友病
D68.100x001　血浆凝血致活酶前质缺乏
D68.101　血友病C型
D68.200x001　凝血酶原缺乏
D68.200x005　先天性纤维蛋白原缺乏血症
D68.200x006　AC球蛋白缺乏
D68.200x007　低前转变素血症
D68.200x008　奥夫伦病
D68.200x009　前加速因子缺乏
D68.200x010　先天性异常纤维蛋白原血症
D68.201　纤维蛋白原缺乏血症
D68.202　凝血因子Ⅰ缺乏症
D68.203　凝血因子Ⅱ缺乏症
D68.204　凝血因子Ⅴ缺乏症
D68.205　凝血因子Ⅶ缺乏症
D68.206　凝血因子Ⅹ缺乏症
D68.207　凝血因子Ⅻ缺乏症
D68.208　凝血因子ⅩⅢ缺乏症
D68.300　循环抗凝物引起的出血性疾患
D68.300x001　因子Ⅷ抗体形成
D68.300x003　血循环中抗凝物质存在
D68.300x004　抗凝血酶增多
D68.301　高肝素血症
D68.302　抗凝血酶增多导致的出血症
D68.303　长期使用抗凝剂引起的出血
D68.400　后天性凝血因子缺乏
D68.400x002　获得性维生素K依赖因子缺乏症
D68.400x003　由于肝病引起的凝血因子缺乏
D68.401　维生素K依赖因子缺乏症
D68.402　自身免疫性凝血酶原减少
D68.500　原发性血栓形成倾向
D68.501　抗活化蛋白C症
D68.502　抗凝血酶原Ⅲ缺乏症
D68.503　遗传性蛋白C缺陷症
D68.504　遗传性蛋白S缺陷症
D68.505　凝血酶原基因突变
D68.600x003　高凝状态
D68.601　抗心磷脂抗体综合征
D68.602　易栓症
D68.603　抗磷脂综合征
D68.604　狼疮抗凝物质出现
D68.605　抗磷脂抗体综合征
D68.801　凝血因子缺乏
D68.900x003　凝血功能异常
D68.900x005　高纤维蛋白原血症
D68.900x006　低纤维蛋白原血症
D68.901　出血倾向
D68.902　凝血障碍
D68.903　凝血时间延长
D69.000　变应性［过敏性］紫癜
D69.000x007　恶性紫癜
D69.000x008　感染性紫癜
D69.000x010　神经性紫癜
D69.000x011　细菌性紫癜
D69.000x013　中毒性紫癜
D69.001　皮肤型过敏性紫癜
D69.002　关节型过敏性紫癜
D69.003　风湿性紫癜
D69.004　过敏性紫癜
D69.006　混合型过敏性紫癜
D69.007　血管性紫癜
D69.008　变应性血管炎
D69.009　腹型过敏性紫癜
D69.010　亨诺克紫癜
D69.100x001　血小板病
D69.100x002　出血性血小板功能不全
D69.100x003　贝尔纳德-苏利耶综合征［Bernard-Soulier综合征］
D69.100x004　格兰茨曼病
D69.101　血小板功能不全
D69.102　巨大血小板综合征
D69.103　灰色血小板综合征
D69.200　非血小板减少性紫癜、其他的
D69.200x003　精神性紫癜
D69.200x005　湿疹样紫癜

D69.200x006 糖皮质激素紫癜
D69.200x007 血小板增多性紫癜
D69.200x008 淤积性紫癜
D69.201 单纯性紫癜
D69.202 老年性紫癜
D69.203 紫癜
D69.300 特发性血小板减少性紫癜
D69.301 出血性紫癜
D69.302 埃文斯综合征
D69.400 血小板减少，其他原发性的
D69.400x001 巨核细胞再生不良
D69.400x002 免疫性血小板减少
D69.400x003 无巨核细胞性血小板减少
D69.400x006 先天性巨核细胞增生不良
D69.401 先天性血小板减少症
D69.403 原发性血小板减少症
D69.405 无巨核细胞性血小板减少性紫癜
D69.406 血小板减少性紫癜
D69.407 MYH9相关综合征
D69.500 继发性血小板减少
D69.500x003 症状性血小板减少性紫癜
D69.501 继发性血小板减少性紫癜
D69.502 药物性血小板减少症
D69.503 药物性血小板减少性紫癜
D69.504 获得性巨细胞性血小板减少症
D69.600 血小板减少
D69.800 出血性情况，其他特指的
D69.800x002 血管性假血友病
D69.801 卡-梅综合征
D69.802 毛细血管脆弱
D69.900 出血性情况
R23.300 自发性瘀斑
R23.300x003 出血斑点
R23.301 皮下出血

MDCR 骨髓增生疾病及功能障碍，低分化肿瘤

主诊表

包含以下主要诊断：
C45.706 盆腔间皮瘤
C45.900 间皮瘤
C46.300 淋巴结卡波西肉瘤
C46.700 卡波西肉瘤，其他部位的
C46.800 多器官的卡波西肉瘤
C46.900 卡波西肉瘤
C46.900x002 非洲型卡波西肉瘤
C46.900x003 经典（欧洲）型卡波西肉瘤
C46.900x004 同种异质移植型卡波西肉瘤
C48.101 肠系膜恶性肿瘤
C48.102 结肠系膜恶性肿瘤
C49.901 淋巴管恶性肿瘤
C76.101 腋恶性肿瘤
C76.200x002 髂窝恶性肿瘤
C76.300 盆腔恶性肿瘤
C76.302 骶恶性肿瘤
C76.305 骶尾部恶性肿瘤
C76.306 臀部恶性肿瘤
C76.700 恶性肿瘤，其他不明确部位的
C76.700x002 腰部恶性肿瘤
C76.800 交搭跨越恶性肿瘤的损害，其他和不明确部位的
C76.801 不明确部位交搭跨越恶性肿瘤
C77.107 膈淋巴结继发恶性肿瘤
C77.200 腹腔内淋巴结继发性的恶性肿瘤
C77.202 脾淋巴结继发恶性肿瘤
C77.205 腹膜后淋巴结继发恶性肿瘤
C77.206 主动脉旁淋巴结继发恶性肿瘤
C77.300 腋下和上肢淋巴结继发性的恶性肿瘤
C77.300x001 腋窝淋巴结继发恶性肿瘤
C77.300x003 肱骨内上髁淋巴结继发恶性肿瘤
C77.301 腋下淋巴结继发恶性肿瘤
C77.302 锁骨下淋巴结继发恶性肿瘤
C77.303 胸壁淋巴结继发恶性肿瘤
C77.400x001 腹股沟淋巴结继发恶性肿瘤
C77.401 下肢淋巴结继发恶性肿瘤
C77.500 盆腔内淋巴结继发性的恶性肿瘤
C77.501 髂淋巴结继发恶性肿瘤
C77.502 骶骨淋巴结继发恶性肿瘤
C77.503 耻骨联合前淋巴结继发恶性肿瘤
C77.800 多个部位淋巴结继发性的恶性肿瘤
C77.900 淋巴结恶性肿瘤
C77.900x001 淋巴结继发恶性肿瘤
C78.604 恶性腹水
C78.605 道格拉斯陷凹继发恶性肿瘤
C79.800x804 躯干继发恶性肿瘤
C79.800x811 腋下继发恶性肿瘤
C79.800x816 臀部继发恶性肿瘤
C79.800x818 骶尾区继发恶性肿瘤
C79.800x837 鞘膜继发恶性肿瘤
C79.800x862 癌性淋巴管炎

C79.811　盆腔继发恶性肿瘤
C79.826　淋巴管继发恶性肿瘤
C79.829　骶尾部继发恶性肿瘤
C79.900　继发恶性肿瘤，未特指部位
C79.900x001　广泛转移性恶性肿瘤
C80.000　恶性肿瘤
C80.000x001　恶性肿瘤复发
C80.001　恶性恶病质
C80.900　恶性肿瘤，原发部位未特指
C80.901　癌，未特指
C80.902　恶性上皮肿瘤，未特指
C80.903　恶性肿瘤，未特指
C80.904　恶性肿瘤恶病质，未特指
C80.905　复合癌，未特指
C81.000　结节性淋巴细胞为主型霍奇金淋巴瘤
C81.100　结节性硬化型（经典型）霍奇金淋巴瘤
C81.200　混合细胞型（经典型）霍奇金淋巴瘤
C81.300　淋巴细胞减少型（经典型）霍奇金淋巴瘤
C81.400　富淋巴细胞性（经典型）霍奇金淋巴瘤
C81.700　经典型霍奇金淋巴瘤，其他类型的
C81.701　霍奇金副肉芽肿
C81.702　霍奇金肉芽肿
C81.703　霍奇金肉瘤
C81.900　霍奇金淋巴瘤，未特指
C81.900x005　皮肤霍奇金淋巴瘤
C82.000　滤泡性淋巴瘤Ⅰ级
C82.100　滤泡性淋巴瘤Ⅱ级
C82.200　滤泡性淋巴瘤Ⅲ级
C82.300　滤泡性淋巴瘤Ⅲa级
C82.400　滤泡性淋巴瘤Ⅲb级
C82.500　弥漫性滤泡中心细胞淋巴瘤
C82.600　皮肤滤泡中心细胞淋巴瘤
C82.700　滤泡性淋巴瘤，其他类型的
C82.701　恶性淋巴瘤，淋巴细胞性，高分化，结节性
C82.702　恶性淋巴瘤，淋巴细胞性，中分化，结节性
C82.703　恶性淋巴瘤，淋巴细胞性，低分化，结节性
C82.704　恶性淋巴瘤，中心母细胞性，滤泡性
C82.900　滤泡性淋巴瘤
C82.901　恶性淋巴瘤，滤泡中心性
C82.903　结节性淋巴瘤，未特指
C83.000　小B细胞淋巴瘤
C83.001　淋巴浆细胞性淋巴瘤
C83.002　结节边缘区淋巴瘤
C83.003　脾缘区淋巴瘤
C83.004　非白血病B-CLL变异
C83.100　曼特尔细胞淋巴瘤
C83.101　中心细胞性淋巴瘤
C83.102　恶性淋巴瘤性息肉病
C83.300　弥漫性大B细胞淋巴瘤
C83.300x006　原发中枢神经系统弥漫大B细胞淋巴瘤
C83.300x007　原发皮肤弥漫大B细胞淋巴瘤（腿型）
C83.300x008　老年人EBV阳性弥漫大B细胞淋巴瘤
C83.300x009　与慢性炎症相关弥漫大B细胞淋巴瘤
C83.301　间变型弥漫大B细胞淋巴瘤
C83.302　中心母细胞型弥漫大B细胞淋巴瘤
C83.303　浆母细胞性弥漫大B细胞淋巴瘤
C83.304　免疫母细胞型弥漫大B细胞淋巴瘤
C83.305　未特指亚型的弥漫大B细胞淋巴瘤
C83.306　富T细胞弥漫大B细胞淋巴瘤
C83.307　CD30阳性弥漫大B细胞淋巴瘤
C83.500　原淋巴细胞（弥漫性）淋巴瘤
C83.501　前体B细胞淋巴瘤
C83.502　B淋巴母细胞性淋巴瘤
C83.503　淋巴母细胞性淋巴瘤NOS
C83.504　T淋巴母细胞性淋巴瘤
C83.505　前体T细胞淋巴瘤
C83.700　伯基特淋巴瘤
C83.702　伯基特样淋巴瘤
C83.703　非典型伯基特淋巴瘤
C83.800　其他非滤泡性淋巴瘤
C83.800x006　脾红髓弥漫小B细胞淋巴瘤
C83.800x008　恶性淋巴瘤，淋巴浆细胞性
C83.800x009　起源于HHV8相关多中心性Castleman病的大B细胞淋巴瘤
C83.801　原发渗出性淋巴瘤
C83.802　血管内大B细胞淋巴瘤
C83.803　淋巴样肉芽肿病
C83.900　非滤泡（弥漫性）淋巴瘤，未特指
C84.000　蕈样真菌病
C84.000x002　原发性皮肤T细胞淋巴瘤［蕈样肉芽肿］
C84.000x003　嗜毛囊性蕈样肉芽肿
C84.100　塞扎里病
C84.400　周围T细胞淋巴瘤，不可分类在他处
C84.400x001　成熟T细胞淋巴瘤
C84.401　血管免疫母细胞性T-细胞淋巴瘤

C84.402　外周T-细胞淋巴瘤，多形性小细胞
C84.403　外周T-细胞淋巴瘤，多形性中等细胞和大细胞
C84.404　间变大细胞T-细胞淋巴瘤，ALK阴性
C84.405　外周T-细胞淋巴瘤，AILD
C84.406　Lennert淋巴瘤
C84.407　淋巴上皮样淋巴瘤
C84.500　其他成熟的T/NK细胞淋巴瘤
C84.500x004　儿童系统性EBV阳性T细胞增殖性疾病
C84.500x012　原发皮肤外周T细胞淋巴瘤（罕见类型）
C84.500x016　原发皮肤CD4+小/中多形性T细胞淋巴瘤
C84.502　皮肤淋巴瘤
C84.600　间变性大细胞淋巴瘤，ALK阳性
C84.601　间变性大细胞淋巴瘤，CD30阳性
C84.700　间变性大细胞淋巴瘤，ALK阴性
C84.800　皮肤T细胞淋巴瘤，未特指
C84.900　成熟T/NK细胞淋巴瘤，未特指
C84.901　T/NK细胞淋巴瘤，未特指
C85.100　B-细胞淋巴瘤
C85.100x010　富T细胞/富组织细胞大B细胞淋巴瘤
C85.100x017　ALK+大B细胞淋巴瘤
C85.100x021　原发皮肤B细胞淋巴瘤
C85.200　纵隔（胸腺）大B细胞淋巴瘤
C85.700　非霍奇金淋巴瘤的其他特指类型
C85.700x004　慢性NK细胞淋巴增殖性疾病
C85.700x016　皮下NK细胞淋巴瘤
C85.701　单核细胞样B细胞淋巴瘤
C85.704　血管中心性T-细胞淋巴瘤
C85.705　大细胞（ki-1+）淋巴瘤
C85.707　NK/T-细胞淋巴瘤
C85.709　间变大细胞淋巴瘤
C85.715　血管内皮瘤病
C85.900　非霍奇金淋巴瘤
C85.900x001　鼻窦淋巴瘤
C85.900x002　鼻腔淋巴瘤
C85.900x003　扁桃体淋巴瘤
C85.900x004　肠淋巴瘤
C85.900x005　肠系膜淋巴瘤
C85.900x006　淋巴瘤
C85.900x008　肺淋巴瘤
C85.900x009　腹膜后淋巴瘤
C85.900x010　腹腔淋巴瘤
C85.900x011　肝淋巴瘤
C85.900x012　睾丸淋巴瘤
C85.900x013　纵隔淋巴瘤
C85.900x014　回盲部淋巴瘤
C85.900x015　结肠淋巴瘤
C85.900x016　卵巢淋巴瘤
C85.900x017　盲肠淋巴瘤
C85.900x019　脑淋巴瘤
C85.900x020　脾淋巴瘤
C85.900x022　舌淋巴瘤
C85.900x023　胃淋巴瘤
C85.900x024　小肠淋巴瘤
C85.900x025　眼淋巴瘤
C85.900x026　硬膜外淋巴瘤
C85.900x027　肢体淋巴瘤
C85.900x028　直肠淋巴瘤
C85.900x029　骨淋巴瘤
C85.900x030　腹股沟淋巴瘤
C85.900x031　乳腺淋巴瘤
C85.900x034　周围神经血管内淋巴瘤
C85.900x036　甲状腺淋巴瘤
C85.900x037　脊髓淋巴瘤
C85.900x038　淋巴瘤结内侵及
C85.900x039　淋巴瘤结外侵及
C85.900x040　颈淋巴瘤
C85.900x041　心脏淋巴瘤
C85.900x042　胰腺淋巴瘤
C85.900x043　肾淋巴瘤
C85.901　复合性霍奇金和非霍奇金淋巴瘤
C86.000　结外NK/T细胞淋巴瘤，鼻型
C86.100　肝脾T细胞淋巴瘤
C86.200　肠型T细胞淋巴瘤
C86.300　皮下血管炎样T细胞淋巴瘤
C86.400　原始NK细胞淋巴瘤
C86.500　血管免疫母细胞性T细胞淋巴瘤
C86.600　原发性皮肤CD30阳性T细胞增殖性病变
C86.601　淋巴瘤样丘疹病
C86.602　原发性皮肤间变性大细胞淋巴瘤
C86.603　原发性皮肤CD30+间变性大细胞淋巴瘤
C88.000　瓦尔登斯特伦巨球蛋白血症
C88.000x002　高黏滞综合征
C88.000x011　巨球蛋白血症伴缓解
C88.000x012　高黏滞综合征伴缓解
C88.200　其他重链病

C88.200x011　γ重链病伴缓解
C88.200x012　富兰克林病伴缓解
C88.201　富兰克林病
C88.202　γ重链病
C88.203　Mμ重链病
C88.300　免疫增生性小肠病
C88.301　地中海淋巴瘤
C88.302　α重链病
C88.400　MALT-淋巴瘤
C88.401　与黏膜有关的淋巴样组织淋巴瘤
C88.402　与支气管有关的淋巴样组织淋巴瘤
C88.403　与皮肤有关的淋巴样组织淋巴瘤
C88.700　恶性免疫增生性疾病，其他的
C88.700x002　重链病
C88.700x003　μ重链病
C88.700x012　重链病伴缓解
C88.700x013　μ重链病伴缓解
C88.701　血管中心性免疫增生性病变，恶性
C88.900　恶性免疫增生性疾病
C88.900x001　原发性免疫疾病相关性淋巴增殖性疾病
C90.000　多发性骨髓瘤
C90.000x004　卡勒病
C90.000x005　浆细胞病
C90.000x008+M90.6*　多发性骨髓瘤引起的变形性骨炎
C90.000x009　多发性骨髓瘤髓外浸润
C90.000x011　多发性骨髓瘤伴缓解
C90.000x012　浆细胞性骨髓瘤伴缓解
C90.000x014　卡勒病伴缓解
C90.000x021　多发性骨髓瘤（IgGλ型）
C90.000x022　多发性骨髓瘤（IgG κ 型）
C90.000x023　多发性骨髓瘤（轻链λ型）
C90.000x024　多发性骨髓瘤（轻链 κ 型）
C90.000x025　多发性骨髓瘤（无分泌型）
C90.000x026　多发性骨髓瘤（IgDλ型）
C90.000x027　多发性骨髓瘤（IgAλ型）
C90.000x028　多发性骨髓瘤（IgA κ 型）
C90.000x029　多发性骨髓瘤（IgD κ 型）
C90.000x030　多发性骨髓瘤（DS分期Ⅰ期）
C90.000x031　多发性骨髓瘤（DS分期Ⅱ期B组）
C90.000x032　多发性骨髓瘤（DS分期Ⅱ期）
C90.000x033　多发性骨髓瘤（DS分期Ⅲ期B组）
C90.000x034　多发性骨髓瘤（DS分期Ⅲ期）
C90.000x035　多发性骨髓瘤（DS分期Ⅰ期B组）
C90.000x036　多发性骨髓瘤（ISS分期Ⅲ期）
C90.000x037　多发性骨髓瘤（ISS分期Ⅲ期B组）
C90.000x038　多发性骨髓瘤（ISS分期Ⅱ期）
C90.000x039　多发性骨髓瘤（ISS分期Ⅱ期B组）
C90.000x040　多发性骨髓瘤（ISS分期Ⅰ期）
C90.000x041　多发性骨髓瘤（ISS分期Ⅰ期B组）
C90.001　骨髓瘤病
C90.002　浆细胞性骨髓瘤
C90.100　浆细胞白血病
C90.100x002　继发性浆细胞白血病
C90.100x011　浆细胞白血病伴缓解
C90.200　髓外浆细胞瘤
C90.200x008　软组织浆细胞瘤
C90.200x009　原发皮肤浆细胞瘤
C90.200x013　髓外的浆细胞瘤伴缓解
C90.300　孤立性浆细胞瘤
C90.300x001　浆细胞瘤伴缓解
C90.300x002　浆细胞肉瘤伴缓解
C90.300x003　浆细胞肉瘤
C90.300x004　孤立性骨髓瘤伴缓解
C90.301　局限性恶性浆细胞瘤
C90.302　浆细胞瘤
C90.303　孤立性骨髓瘤
C91.000　急性淋巴细胞白血病
C91.000x006　前B细胞急性淋巴细胞白血病
C91.000x007　前T细胞急性淋巴细胞白血病
C91.000x009　B淋巴母细胞性白血病/淋巴瘤
C91.000x012　急性淋巴细胞白血病L1伴缓解
C91.000x013　急性淋巴细胞白血病L2伴缓解
C91.000x014　急性淋巴细胞白血病L3伴缓解
C91.000x015　慢性粒细胞性白血病伴缓解（急淋变）
C91.000x016　T淋巴母细胞白血病/淋巴瘤
C91.000x017　前T细胞急性淋巴细胞白血病伴缓解
C91.001　急性淋巴细胞性白血病，L1型
C91.002　急性淋巴细胞性白血病，L2型
C91.003　急性淋巴细胞性白血病，L3型
C91.004　慢性粒细胞性白血病，急淋变
C91.006　急性淋巴细胞白血病，完全缓解
C91.007　成人Ph+急性淋巴细胞白血病（ALL）
C91.008　成人Ph-急性淋巴细胞白血病（ALL）
C91.100　B细胞型慢性淋巴细胞白血病
C91.100x011　慢性淋巴细胞白血病伴缓解
C91.100x012　慢性淋巴细胞性白血病，急性变

C91.101　淋巴浆细胞性白血病
C91.102　Richter综合征
C91.300　幼淋巴细胞白血病，B细胞型
C91.400　多毛细胞白血病
C91.400x004　毛细胞白血病（变异型）
C91.400x013　毛细胞白血病伴缓解
C91.401　白血病性网状内皮细胞增多症
C91.500　成人T-细胞淋巴瘤/白血病［HTLV-1-相关性］
C91.500x011　成人T细胞白血病伴缓解
C91.600　T细胞型早幼粒细胞白血病
C91.700　淋巴样白血病，其他的
C91.701　非白血性淋巴细胞性白血病
C91.704　T-细胞大颗粒淋巴细胞白血病
C91.800　伯基特型成熟B细胞白血病
C91.900　淋巴样白血病
C91.901　淋巴细胞白血病
C92.000　急性髓细胞白血病
C92.000x003　急性粒细胞性白血病
C92.000x006　急性嗜碱性粒细胞白血病
C92.000x011　急性粒细胞性白血病未分化型伴缓解（M1型）
C92.000x012　急性粒细胞性白血病部分分化型伴缓解（M2型）
C92.000x013　急性粒细胞性白血病伴缓解
C92.000x014　急性髓系白血病，伴有异常的骨髓嗜酸性粒细胞
C92.000x015　急性髓系白血病，最低分化
C92.000x016　急性髓系白血病，伴有成熟
C92.000x017　急性髓系白血病，完全缓解
C92.000x018　急性髓系白血病，t (6; 9) (p23; q34); DEK :: NUP214
C92.001　急性髓细胞白血病，微分化型
C92.002　急性髓细胞白血病，不伴有成熟
C92.003　急性髓细胞白血病，1/ETO型
C92.004　急性髓细胞白血病，M0型
C92.005　急性髓细胞白血病，M1型
C92.006　急性髓细胞白血病，M2型
C92.007　急性髓细胞白血病，t (8; 21)
C92.008　急性髓细胞白血病（没有FAB分类），未特指
C92.009　转化过程中难治性贫血伴原始细胞增多
C92.100　慢性髓系白血病（CML），BCR/ABL阳性
C92.100x001　慢性粒细胞性白血病
C92.100x002　慢性粒细胞性白血病（急性变）
C92.100x004　慢性髓单核细胞性白血病
C92.100x011　慢性粒细胞性白血病伴缓解
C92.100x012　慢性粒细胞性白血病伴缓解（急性变）
C92.100x014　慢性髓单核细胞性白血病伴缓解
C92.100x016　慢性髓系白血病伴缓解
C92.100x017　慢性髓系白血病，急性发作
C92.100x018　慢性中幼粒细胞性白血病
C92.100x019　慢性髓系白血病，BCR/ABL阳性
C92.101　费城染色体（Ph1）阳性慢性粒细胞白血病
C92.102　慢性粒细胞白血病伴t (9: 22) (q34; q11)
C92.103　慢性粒细胞白血病原始细胞危象
C92.200　非典型性慢性髓系白血病，BCR/ABL阴性
C92.200x001　慢性粒细胞白血病（加速期）
C92.200x011　慢性粒细胞白血病伴缓解（加速期）
C92.201　亚急性粒细胞性白血病
C92.300　髓样肉瘤
C92.300x001　绿色瘤
C92.300x003　粒细胞肉瘤
C92.300x011　绿色瘤伴缓解
C92.300x013　粒细胞肉瘤伴缓解
C92.400x011　急性早幼粒细胞白血病伴缓解（M3型）
C92.401　急性早幼粒细胞性白血病，完全缓解
C92.402　急性髓细胞白血病，M3型
C92.403　急性髓细胞白血病，M3伴t (15; 17)伴多样型
C92.500x011　急性粒单核细胞白血病伴缓解（M4型）
C92.501　急性髓细胞白血病，M4型
C92.502　急性髓细胞白血病，M4伴t (16; 16)伴多样型
C92.600　急性髓系白血病伴11q23异常
C92.601　急性髓系白血病伴MLL基因变异
C92.700　髓样白血病，其他的
C92.700x006　唐氏综合征相关的髓系白血病
C92.700x012　嗜碱细胞性白血病伴缓解
C92.700x013　嗜酸细胞性白血病伴缓解
C92.701　非白血性髓系白血病
C92.703　嗜碱细胞白血病
C92.706　嗜酸细胞白血病
C92.800　急性髓系白血病伴多系增生异常
C92.900　髓样白血病

C92.900x001　低增生性粒细胞性白血病
C92.900x011　低增生性粒细胞性白血病伴缓解
C92.901　粒细胞白血病
C93.000x011　急性单核细胞性白血病伴缓解（M5型）
C93.000x016　急性单核细胞白血病伴缓解
C93.001　急性髓细胞白血病，M5a型
C93.002　急性髓细胞白血病，M5b型
C93.003　急性髓细胞白血病，M5型
C93.100　慢性粒单核细胞白血病
C93.100x011　慢性单核细胞白血病伴缓解
C93.100x012　慢性单核细胞白血病，急性加重
C93.100x013　慢性粒单核细胞性白血病伴缓解
C93.101　慢性单核细胞白血病
C93.102　慢性粒单核细胞白血病-1
C93.103　慢性粒单核细胞白血病-2
C93.104　慢性粒单核细胞白血病伴嗜酸粒细胞增多
C93.300　幼年型骨髓单核细胞白血病
C93.300x001　幼年型粒单核细胞白血病伴缓解
C93.700　单核细胞白血病，其他的
C93.701　非白血性单核细胞白血病
C93.900　单核细胞白血病
C93.901　组织细胞白血病
C94.000x001　急性红白血病（M6型）
C94.000x011　急性红白血病伴缓解（M6型）
C94.001　红白血病
C94.004　急性髓系白血病，M6（a）(b）
C94.200　急性原巨核细胞白血病
C94.200x011　急性巨核细胞白血病伴缓解（M7型）
C94.201　急性巨核细胞性白血病
C94.202　急性髓系白血病，M7
C94.300　肥大细胞白血病
C94.300x011　肥大细胞白血病伴缓解
C94.400　急性全骨髓增殖症伴骨髓纤维化
C94.400x001　急性骨髓纤维化
C94.600　骨髓增生异常和骨髓增生性疾病，不可归类在他处者
C94.700　白血病，其他特指的
C94.700x004　中枢神经系统白血病
C94.700x014　中枢神经系统白血病伴缓解
C94.702　急性嗜碱细胞性白血病
C94.703　侵袭性NK细胞白血病
C95.000　急性白血病
C95.000x002　急性白血病髓外复发
C95.000x003　急性非淋巴细胞性白血病
C95.000x015　急性白血病（谱系未定）
C95.000x016　B淋巴细胞和髓系混合表型急性白血病
C95.000x017　T淋巴细胞和髓系混合表型急性白血病
C95.000x018　NK细胞淋巴母细胞性白血病/淋巴瘤
C95.000x101　急性白血病伴缓解
C95.000x102　急性白血病髓外复发伴缓解
C95.000x115　急性白血病伴缓解（谱系未定）
C95.000x116　B淋巴细胞和髓系混合表型急性白血病伴缓解
C95.000x117　T淋巴细胞和髓系混合表型急性白血病伴缓解
C95.000x118　NK细胞淋巴母细胞性白血病/淋巴瘤伴缓解
C95.002　干细胞白血病
C95.003　未分化细胞白血病
C95.004　急性双系白血病
C95.005　急性混合型单系白血病
C95.006　急性双表型白血病
C95.100　慢性白血病
C95.100x011　慢性白血病伴缓解
C95.100x012　慢性白血病急性加重
C95.700x001　高白细胞白血病
C95.700x002　先天性白血病
C95.700x003　皮肤白血病
C95.700x011　高白细胞白血病伴缓解
C95.900　白血病
C95.900x003+M36.1*　白血病性关节病
C95.900x005　难治性白血病
C95.900x007+N16.1*　白血病致肾小管间质疾患
C95.900x012　混合细胞性白血病伴缓解
C95.900x013+M36.1*　白血病性关节病伴缓解
C95.900x015　难治性白血病伴缓解
C95.901　混合细胞性白血病
C96.000　莱特雷尔-西韦病
C96.002　急性分化性进行性组织细胞增多症
C96.004　组织细胞增生症X，多系统
C96.200　恶性肥大细胞瘤
C96.200x005　全身性肥大细胞病
C96.200x013　肥大细胞肉瘤伴缓解
C96.201　侵袭性系统性肥大细胞增生症
C96.202　肥大细胞肉瘤

C96.400　树突细胞肉瘤
C96.400x001　滤泡树突状细胞肉瘤
C96.400x002　未定型树突细胞瘤
C96.400x003　母细胞性浆细胞样树状突细胞肿瘤
C96.400x004　指突状树突细胞肉瘤
C96.401　交错树突细胞肉瘤
C96.402　朗格汉斯细胞肉瘤
C96.403　小结树突细胞肉瘤
C96.500　朗格汉斯细胞组织细胞增生症，多病灶和单系统性
C96.501　汉-许-克病
C96.502　组织细胞增生症X，多病灶
C96.600　朗格汉斯细胞组织细胞增生症，单病灶
C96.601　嗜酸细胞性肉芽肿
C96.602　组织细胞增生症X，单病灶
C96.603　组织细胞增生症XNOS
C96.604　朗格汉斯细胞组织细胞增生症NOS
C96.700　淋巴、造血和有关组织其他特指的恶性肿瘤
C96.704　原发皮肤γδ-T细胞淋巴瘤
C96.705　种痘样水疱病样淋巴瘤
C96.800　组织细胞肉瘤
C96.801　恶性组织细胞增生症
C96.900　淋巴、造血和有关组织的恶性肿瘤
C97.x00　独立（原发）多个部位的恶性肿瘤
C97.x01　复合癌
D09.700　原位癌，其他特指部位的
D09.700x001　骶尾原位癌
D09.900　原位癌
D19.700　间皮组织良性肿瘤，其他部位的
D19.900x001　良性间皮瘤
D36.700x011　肩胛区良性肿瘤
D36.700x012　锁骨下良性肿瘤
D36.700x023　骶尾良性肿瘤
D36.700x025　尿道旁良性肿瘤
D36.700x028　肩部良性肿瘤
D36.704　躯干部良性肿瘤
D36.705　背部良性肿瘤
D36.710　盆腔良性肿瘤
D36.711　臀部良性肿瘤
D45.x00　真性红细胞增多症
D46.001　难治性贫血伴单系病态造血
D46.100　难治性贫血伴有环形铁粒幼细胞
D46.100x002　伴环形铁粒幼红细胞的难治性贫血合并血小板显著增多
D46.100x012　伴环形铁粒幼红细胞的难治性贫血合并血小板显著增多伴缓解
D46.200　难治性贫血伴有胚细胞过多
D46.201x001　难治贫血伴有胚细胞过多-Ⅰ型
D46.203　难治性贫血伴有胚细胞过多-Ⅱ型
D46.400　难治性贫血
D46.500　难治性贫血伴多系病态造血
D46.600　MDS-5q-综合征
D46.700　骨髓增生异常综合征，其他的
D46.700x001　难治性血细胞减少伴单一系列病态造血
D46.700x002　难治性中性粒细胞减少症
D46.700x003　难治性血小板减少症
D46.700x006　不能分型的骨髓异常增生综合征
D46.700x007　儿童骨髓异常增生综合征
D46.700x008　儿童难治性血细胞减少
D46.900　骨髓增生异常综合征
D46.900x002　骨髓增生异常性贫血
D46.900x004　骨髓发育不良综合征
D46.900x006　治疗相关性AML和MDS
D46.901　白血病前期综合征
D47.000　动态未定和动态未知的组织细胞和肥大细胞瘤
D47.001　懒性系统性肥大细胞增多症
D47.002　肥大细胞肿瘤，未特指
D47.003　肥大细胞瘤，未特指
D47.004　非肥大细胞系的造血系统增生疾病
D47.100　慢性骨髓增生性疾病
D47.100x004　慢性骨髓增殖性肿瘤
D47.100x007　慢性骨髓增殖性疾病（不能分型）
D47.100x008　骨髓增生异常性/骨髓增殖性肿瘤（不能分型）
D47.100x009　唐氏综合征相关的骨髓增殖性疾病
D47.100x017　慢性骨髓增殖性疾病伴缓解（不能分型）
D47.100x018　骨髓增生异常性/骨髓增殖性肿瘤伴缓解（不能分型）
D47.100x019　慢性中性粒细胞性白血病伴缓解
D47.101　慢性中性粒细胞白血病
D47.200　意义未明的单克隆丙种球蛋白病
D47.200x003　单克隆免疫球蛋白沉积病
D47.200x004+G63.1*　副蛋白血症相关神经病
D47.200x005+G63.1*　神经病伴副蛋白血症
D47.300　特发性（出血性）血小板增多症
D47.400　骨髓纤维瘤

D47.401 慢性原发性（特发性）骨髓纤维化
D47.402 （特发性）（髓样化生性）骨髓纤维化
D47.403 （巨核细胞性）骨髓硬化伴有髓样化生的
D47.404 继发性骨髓纤维化骨髓增殖性疾病
D47.500 慢性嗜酸性粒细胞白血病
D47.700 淋巴、造血和有关组织其他特指的动态未定或动态未知的肿瘤
D47.700x005 B淋巴细胞克隆性疾病
D47.700x006 原发性系统性淀粉样变性
D47.700x007 Castleman病
D47.701 血管中心性免疫增生性损害
D47.702 血管免疫母细胞淋巴结病
D47.703 T-γ淋巴组织增生性疾病
D47.900 淋巴、造血和有关组织的动态未定或动态未知的肿瘤
D47.900x001 淋巴细胞增殖性疾病
D47.900x002 移植后淋巴增殖性疾病
D48.700x001 背部交界性肿瘤
D48.700x015 臀部交界性肿瘤
D48.700x023 腋下交界性肿瘤
D48.707 躯干动态未定肿瘤
D48.708 躯干肿瘤
D48.715 盆腔动态未定肿瘤
D48.716 盆腔肿瘤
D48.722 背动态未定肿瘤
D48.723 臀动态未定肿瘤
D48.725 腋动态未定肿瘤
D48.900 动态未定或动态未知的肿瘤
D48.901 瘤
D48.902 新生物
D89.801 POEMS综合征
Q85.802 波伊茨-耶格综合征
Q85.909 错构瘤病
Z08.000 恶性肿瘤手术后的随诊检查
Z08.100 恶性肿瘤放射治疗后的随诊检查
Z08.200 恶性肿瘤化学治疗后的随诊检查
Z08.700 恶性肿瘤联合治疗后的随诊检查
Z08.800x001 恶性肿瘤中医治疗后的随诊检查
Z08.800x002 恶性肿瘤免疫治疗后的随诊检查
Z08.800x003 恶性肿瘤分子靶向治疗后的随诊检查
Z08.800x004 恶性肿瘤内分泌治疗后的随诊检查
Z08.900 恶性肿瘤的治疗后的随诊检查
Z09.100 随诊检查，其他情况放射治疗后的
Z09.200 随诊检查，其他情况化学治疗后的
Z51.000x003 放射治疗
Z51.000x008 恶性肿瘤放射性粒子置入治疗
Z51.000x012 恶性肿瘤术中放疗
Z51.000x013 恶性肿瘤终末期放疗
Z51.001 恶性肿瘤术前放射治疗
Z51.002 恶性肿瘤术后放射治疗
Z51.003 恶性肿瘤放射治疗
Z51.100x004 恶性肿瘤终末期化疗
Z51.101 手术前恶性肿瘤化学治疗
Z51.102 手术后恶性肿瘤化学治疗
Z51.103 恶性肿瘤维持性化学治疗
Z51.104 姑息性化疗
Z51.200x008 化学治疗
Z51.500x001 姑息医疗
Z51.500x002 恶性肿瘤支持治疗
Z51.500x003 恶性肿瘤终末期维持治疗
Z51.800x092 恶性肿瘤介入治疗
Z51.800x094 恶性肿瘤内分泌治疗
Z51.800x095 恶性肿瘤免疫治疗
Z51.800x096 恶性肿瘤生物治疗
Z51.800x097 恶性肿瘤射频治疗
Z51.800x921 恶性肿瘤冷冻治疗
Z51.800x922 恶性肿瘤灌注治疗
Z51.800x924 恶性肿瘤热疗
Z51.800x925 恶性肿瘤激光治疗
Z51.800x927 恶性肿瘤光动力治疗
Z51.800x951 恶性肿瘤术前免疫治疗
Z51.800x952 恶性肿瘤术后免疫治疗
Z51.800x953 恶性肿瘤终末期免疫治疗
Z51.800x981 恶性肿瘤术前靶向治疗
Z51.800x983 恶性肿瘤终末期靶向治疗
Z51.801 恶性肿瘤靶向治疗
Z51.802 恶性肿瘤中医治疗
Z51.804 肿瘤内分泌治疗
Z51.805 肿瘤术后免疫治疗
Z51.806 肿瘤术后同位素治疗
Z51.807 恶性肿瘤术后靶向治疗
Z51.808 恶性肿瘤术后中医治疗
Z51.809 肿瘤术后内分泌治疗
Z51.810 肿瘤免疫治疗
Z51.811 肿瘤同位素治疗
Z54.001 恶性肿瘤术后恢复期

RA1 淋巴瘤、白血病等伴重大手术

包含以下主要诊断：
C45.706 盆腔间皮瘤

C45.900　间皮瘤
C46.300　淋巴结卡波西肉瘤
C46.700　卡波西肉瘤，其他部位的
C46.800　多器官的卡波西肉瘤
C46.900　卡波西肉瘤
C46.900x002　非洲型卡波西肉瘤
C46.900x003　经典（欧洲）型卡波西肉瘤
C46.900x004　同种异质移植型卡波西肉瘤
C49.901　淋巴管恶性肿瘤
C77.107　膈淋巴结继发恶性肿瘤
C77.200　腹腔内淋巴结继发性的恶性肿瘤
C77.202　脾淋巴结继发恶性肿瘤
C77.205　腹膜后淋巴结继发恶性肿瘤
C77.206　主动脉旁淋巴结继发恶性肿瘤
C77.300　腋下和上肢淋巴结继发性的恶性肿瘤
C77.300x001　腋窝淋巴结继发恶性肿瘤
C77.300x003　肱骨内上髁淋巴结继发恶性肿瘤
C77.301　腋下淋巴结继发恶性肿瘤
C77.302　锁骨下淋巴结继发恶性肿瘤
C77.303　胸壁淋巴结继发恶性肿瘤
C77.400x001　腹股沟淋巴结继发恶性肿瘤
C77.401　下肢淋巴结继发恶性肿瘤
C77.500　盆腔内淋巴结继发性的恶性肿瘤
C77.501　髂淋巴结继发恶性肿瘤
C77.502　骶骨淋巴结继发恶性肿瘤
C77.503　耻骨联合前淋巴结继发恶性肿瘤
C77.800　多个部位淋巴结继发性的恶性肿瘤
C77.900　淋巴结恶性肿瘤
C77.900x001　淋巴结继发恶性肿瘤
C78.605　道格拉斯陷凹继发恶性肿瘤
C79.800x804　躯干继发恶性肿瘤
C79.800x811　腋下继发恶性肿瘤
C79.800x816　臀部继发恶性肿瘤
C79.800x818　骶尾区继发恶性肿瘤
C79.800x837　鞘膜继发恶性肿瘤
C79.800x862　癌性淋巴管炎
C79.811　盆腔继发恶性肿瘤
C79.826　淋巴管继发恶性肿瘤
C79.829　骶尾部继发恶性肿瘤
C79.900　继发恶性肿瘤，未特指部位
C79.900x001　广泛转移性恶性肿瘤
C80.000　恶性肿瘤
C80.000x001　恶性肿瘤复发
C80.001　恶性恶病质
C80.900　恶性肿瘤，原发部位未特指
C80.901　癌，未特指
C80.902　恶性上皮肿瘤，未特指
C80.903　恶性肿瘤，未特指
C80.904　恶性肿瘤恶病质，未特指
C80.905　复合癌，未特指
C81.000　结节性淋巴细胞为主型霍奇金淋巴瘤
C81.100　结节性硬化型（经典型）霍奇金淋巴瘤
C81.200　混合细胞型（经典型）霍奇金淋巴瘤
C81.300　淋巴细胞减少型（经典型）霍奇金淋巴瘤
C81.400　富淋巴细胞性（经典型）霍奇金淋巴瘤
C81.700　经典型霍奇金淋巴瘤，其他类型的
C81.701　霍奇金副肉芽肿
C81.702　霍奇金肉芽肿
C81.703　霍奇金肉瘤
C81.900　霍奇金淋巴瘤，未特指
C81.900x005　皮肤霍奇金淋巴瘤
C82.000　滤泡性淋巴瘤Ⅰ级
C82.100　滤泡性淋巴瘤Ⅱ级
C82.200　滤泡性淋巴瘤Ⅲ级
C82.300　滤泡性淋巴瘤Ⅲa级
C82.400　滤泡性淋巴瘤Ⅲb级
C82.500　弥漫性滤泡中心细胞淋巴瘤
C82.600　皮肤滤泡中心细胞淋巴瘤
C82.700　滤泡性淋巴瘤，其他类型的
C82.701　恶性淋巴瘤，淋巴细胞性，高分化，结节性
C82.702　恶性淋巴瘤，淋巴细胞性，中分化，结节性
C82.703　恶性淋巴瘤，淋巴细胞性，低分化，结节性
C82.704　恶性淋巴瘤，中心母细胞性，滤泡性
C82.900　滤泡性淋巴瘤
C82.901　恶性淋巴瘤，滤泡中心性
C82.903　结节性淋巴瘤，未特指
C83.000　小B细胞淋巴瘤
C83.001　淋巴浆细胞性淋巴瘤
C83.002　结节边缘区淋巴瘤
C83.003　脾缘区淋巴瘤
C83.004　非白血病B-CLL变异
C83.100　曼特尔细胞淋巴瘤
C83.101　中心细胞性淋巴瘤
C83.102　恶性淋巴瘤性息肉病
C83.300　弥漫性大B细胞淋巴瘤
C83.300x006　原发中枢神经系统弥漫大B细胞淋

巴瘤
C83.300x007　原发皮肤弥漫大B细胞淋巴瘤（腿型）
C83.300x008　老年人EBV阳性弥漫大B细胞淋巴瘤
C83.300x009　与慢性炎症相关弥漫大B细胞淋巴瘤
C83.301　间变型弥漫大B细胞淋巴瘤
C83.302　中心母细胞型弥漫大B细胞淋巴瘤
C83.303　浆母细胞性弥漫大B细胞淋巴瘤
C83.304　免疫母细胞型弥漫大B细胞淋巴瘤
C83.305　未特指亚型的弥漫大B细胞淋巴瘤
C83.306　富T细胞弥漫大B细胞淋巴瘤
C83.307　CD30阳性弥漫大B细胞淋巴瘤
C83.500　原淋巴细胞（弥漫性）淋巴瘤
C83.501　前体B细胞淋巴瘤
C83.502　B淋巴母细胞性淋巴瘤
C83.503　淋巴母细胞性淋巴瘤NOS
C83.504　T淋巴母细胞性淋巴瘤
C83.505　前体T细胞淋巴瘤
C83.700　伯基特淋巴瘤
C83.702　伯基特样淋巴瘤
C83.703　非典型伯基特淋巴瘤
C83.800　其他非滤泡性淋巴瘤
C83.800x006　脾红髓弥漫小B细胞淋巴瘤
C83.800x008　恶性淋巴瘤，淋巴浆细胞性
C83.800x009　起源于HHV8相关多中心性Castleman病的大B细胞淋巴瘤
C83.801　原发渗出性淋巴瘤
C83.802　血管内大B细胞淋巴瘤
C83.803　淋巴样肉芽肿病
C83.900　非滤泡（弥漫性）淋巴瘤，未特指
C84.000　蕈样真菌病
C84.000x002　原发性皮肤T细胞淋巴瘤［蕈样肉芽肿］
C84.000x003　嗜毛囊性蕈样肉芽肿
C84.100　塞扎里病
C84.400　周围T细胞淋巴瘤，不可分类在他处
C84.400x001　成熟T细胞淋巴瘤
C84.401　血管免疫母细胞性T-细胞淋巴瘤
C84.402　外周T-细胞淋巴瘤，多形性小细胞
C84.403　外周T-细胞淋巴瘤，多形性中等细胞和大细胞
C84.404　间变大细胞T-细胞淋巴瘤，ALK阴性
C84.405　外周T-细胞淋巴瘤，AILD
C84.406　Lennert淋巴瘤
C84.407　淋巴上皮样淋巴瘤
C84.500　其他成熟的T/NK细胞淋巴瘤
C84.500x004　儿童系统性EBV阳性T细胞增殖性疾病
C84.500x012　原发皮肤外周T细胞淋巴瘤（罕见类型）
C84.500x016　原发皮肤CD4+小/中多形性T细胞淋巴瘤
C84.502　皮肤淋巴瘤
C84.600　间变性大细胞淋巴瘤，ALK阳性
C84.601　间变性大细胞淋巴瘤，CD30阳性
C84.700　间变性大细胞淋巴瘤，ALK阴性
C84.800　皮肤T细胞淋巴瘤，未特指
C84.900　成熟T/NK细胞淋巴瘤，未特指
C84.901　T/NK细胞淋巴瘤，未特指
C85.100　B-细胞淋巴瘤
C85.100x010　富T细胞/富组织细胞大B细胞淋巴瘤
C85.100x017　ALK+大B细胞淋巴瘤
C85.100x021　原发皮肤B细胞淋巴瘤
C85.200　纵隔（胸腺）大B细胞淋巴瘤
C85.700　非霍奇金淋巴瘤的其他特指类型
C85.700x004　慢性NK细胞淋巴增殖性疾病
C85.700x016　皮下NK细胞淋巴瘤
C85.701　单核细胞样B细胞淋巴瘤
C85.704　血管中心性T-细胞淋巴瘤
C85.705　大细胞（ki-1+）淋巴瘤
C85.707　NK/T-细胞淋巴瘤
C85.709　间变大细胞淋巴瘤
C85.715　血管内皮瘤病
C85.900　非霍奇金淋巴瘤
C85.900x001　鼻窦淋巴瘤
C85.900x002　鼻腔淋巴瘤
C85.900x003　扁桃体淋巴瘤
C85.900x004　肠淋巴瘤
C85.900x005　肠系膜淋巴瘤
C85.900x006　淋巴瘤
C85.900x008　肺淋巴瘤
C85.900x009　腹膜后淋巴瘤
C85.900x010　腹腔淋巴瘤
C85.900x011　肝淋巴瘤
C85.900x012　睾丸淋巴瘤
C85.900x013　纵隔淋巴瘤
C85.900x014　回盲部淋巴瘤
C85.900x015　结肠淋巴瘤

C85.900x016　卵巢淋巴瘤
C85.900x017　盲肠淋巴瘤
C85.900x019　脑淋巴瘤
C85.900x020　脾淋巴瘤
C85.900x022　舌淋巴瘤
C85.900x023　胃淋巴瘤
C85.900x024　小肠淋巴瘤
C85.900x025　眼淋巴瘤
C85.900x026　硬膜外淋巴瘤
C85.900x027　肢体淋巴瘤
C85.900x028　直肠淋巴瘤
C85.900x029　骨淋巴瘤
C85.900x030　腹股沟淋巴瘤
C85.900x031　乳腺淋巴瘤
C85.900x034　周围神经血管内淋巴瘤
C85.900x036　甲状腺淋巴瘤
C85.900x037　脊髓淋巴瘤
C85.900x038　淋巴瘤结内侵及
C85.900x039　淋巴瘤结外侵及
C85.900x040　颈淋巴瘤
C85.900x041　心脏淋巴瘤
C85.900x042　胰腺淋巴瘤
C85.900x043　肾淋巴瘤
C85.901　复合性霍奇金和非霍奇金淋巴瘤
C86.000　结外NK/T细胞淋巴瘤，鼻型
C86.100　肝脾T细胞淋巴瘤
C86.200　肠型T细胞淋巴瘤
C86.300　皮下血管炎样T细胞淋巴瘤
C86.400　原始NK细胞淋巴瘤
C86.500　血管免疫母细胞性T细胞淋巴瘤
C86.600　原发性皮肤CD30阳性T细胞增殖性病变
C86.601　淋巴瘤样丘疹病
C86.602　原发性皮肤间变性大细胞淋巴瘤
C86.603　原发性皮肤CD30+间变性大细胞淋巴瘤
C88.000　瓦尔登斯特伦巨球蛋白血症
C88.000x002　高黏滞综合征
C88.000x011　巨球蛋白血症伴缓解
C88.000x012　高黏滞综合征伴缓解
C88.200　其他重链病
C88.200x011　γ重链病伴缓解
C88.200x012　富兰克林病伴缓解
C88.201　富兰克林病
C88.202　γ重链病
C88.203　Mμ重链病
C88.300　免疫增生性小肠病
C88.301　地中海淋巴瘤
C88.302　α重链病
C88.400　MALT-淋巴瘤
C88.401　与黏膜有关的淋巴样组织淋巴瘤
C88.402　与支气管有关的淋巴样组织淋巴瘤
C88.403　与皮肤有关的淋巴样组织淋巴瘤
C88.700　恶性免疫增生性疾病，其他的
C88.700x002　重链病
C88.700x003　μ重链病
C88.700x012　重链病伴缓解
C88.700x013　μ重链病伴缓解
C88.701　血管中心性免疫增生性病变，恶性
C88.900　恶性免疫增生性疾病
C88.900x001　原发性免疫疾病相关性淋巴增殖性疾病
C90.100　浆细胞白血病
C90.100x002　继发性浆细胞白血病
C90.100x011　浆细胞白血病伴缓解
C91.000　急性淋巴细胞白血病
C91.000x006　前B细胞急性淋巴细胞白血病
C91.000x007　前T细胞急性淋巴细胞白血病
C91.000x009　B淋巴母细胞性白血病/淋巴瘤
C91.000x012　急性淋巴细胞白血病L1伴缓解
C91.000x013　急性淋巴细胞白血病L2伴缓解
C91.000x014　急性淋巴细胞白血病L3伴缓解
C91.000x015　慢性粒细胞性白血病伴缓解（急淋变）
C91.000x016　T淋巴母细胞白血病/淋巴瘤
C91.000x017　前T细胞急性淋巴细胞白血病伴缓解
C91.001　急性淋巴细胞性白血病，L1型
C91.002　急性淋巴细胞性白血病，L2型
C91.003　急性淋巴细胞性白血病，L3型
C91.004　慢性粒细胞性白血病，急淋变
C91.006　急性淋巴细胞白血病，完全缓解
C91.007　成人Ph+急性淋巴细胞白血病（ALL）
C91.008　成人Ph-急性淋巴细胞白血病（ALL）
C91.100　B细胞型慢性淋巴细胞白血病
C91.100x011　慢性淋巴细胞白血病伴缓解
C91.100x012　慢性淋巴细胞性白血病，急性变
C91.101　淋巴浆细胞性白血病
C91.102　Richter综合征
C91.300　幼淋巴细胞白血病，B细胞型
C91.400　多毛细胞白血病
C91.400x004　毛细胞白血病（变异型）

C91.400x013　毛细胞白血病伴缓解
C91.401　白血病性网状内皮细胞增多症
C91.500　成人T-细胞淋巴瘤/白血病［HTLV-1-相关性］
C91.500x011　成人T细胞白血病伴缓解
C91.600　T细胞型早幼粒细胞白血病
C91.700　淋巴样白血病，其他的
C91.701　非白血性淋巴细胞性白血病
C91.704　T-细胞大颗粒淋巴细胞白血病
C91.800　伯基特型成熟B细胞白血病
C91.900　淋巴样白血病
C91.901　淋巴细胞白血病
C92.000　急性髓细胞白血病
C92.000x003　急性粒细胞性白血病
C92.000x006　急性嗜碱性粒细胞白血病
C92.000x011　急性粒细胞性白血病未分化型伴缓解（M1型）
C92.000x012　急性粒细胞性白血病部分分化型伴缓解（M2型）
C92.000x013　急性粒细胞性白血病伴缓解
C92.000x014　急性髓系白血病，伴有异常的骨髓嗜酸性粒细胞
C92.000x015　急性髓系白血病，最低分化
C92.000x016　急性髓系白血病，伴有成熟
C92.000x017　急性髓系白血病，完全缓解
C92.000x018　急性髓系白血病，t (6; 9) (p23; q34); DEK :: NUP214
C92.001　急性髓细胞白血病，微分化型
C92.002　急性髓细胞白血病，不伴有成熟
C92.003　急性髓细胞白血病，1/ETO型
C92.004　急性髓细胞白血病，M0型
C92.005　急性髓细胞白血病，M1型
C92.006　急性髓细胞白血病，M2型
C92.007　急性髓细胞白血病，t (8; 21)
C92.008　急性髓细胞白血病（没有FAB分类），未特指
C92.009　转化过程中难治性贫血伴原始细胞增多
C92.100　慢性髓系白血病（CML），BCR/ABL阳性
C92.100x001　慢性粒细胞性白血病
C92.100x002　慢性粒细胞性白血病（急性变）
C92.100x004　慢性髓单核细胞性白血病
C92.100x011　慢性粒细胞性白血病伴缓解
C92.100x012　慢性粒细胞性白血病伴缓解（急性变）
C92.100x014　慢性髓单核细胞性白血病伴缓解
C92.100x016　慢性髓系白血病伴缓解
C92.100x017　慢性髓系白血病，急性发作
C92.100x018　慢性中幼粒细胞性白血病
C92.100x019　慢性髓系白血病，BCR/ABL阳性
C92.101　费城染色体（Ph1）阳性慢性粒细胞白血病
C92.102　慢性粒细胞白血病伴t (9: 22) (q34; q11)
C92.103　慢性粒细胞白血病原始细胞危象
C92.200　非典型性慢性髓系白血病，BCR/ABL阴性
C92.200x001　慢性粒细胞白血病（加速期）
C92.200x011　慢性粒细胞白血病伴缓解（加速期）
C92.201　亚急性粒细胞性白血病
C92.300　髓样肉瘤
C92.300x001　绿色瘤
C92.300x003　粒细胞肉瘤
C92.300x011　绿色瘤伴缓解
C92.300x013　粒细胞肉瘤伴缓解
C92.400x011　急性早幼粒细胞白血病伴缓解（M3型）
C92.401　急性早幼粒细胞性白血病，完全缓解
C92.402　急性髓细胞白血病，M3型
C92.403　急性髓细胞白血病，M3伴 (15; 17)伴多样型
C92.500x011　急性粒单核细胞白血病伴缓解（M4型）
C92.501　急性髓细胞白血病，M4型
C92.502　急性髓细胞白血病，M4伴t (16; 16)伴多样型
C92.600　急性髓系白血病伴11q23异常
C92.601　急性髓系白血病伴MLL基因变异
C92.700　髓样白血病，其他的
C92.700x006　唐氏综合征相关的髓系白血病
C92.700x012　嗜碱细胞性白血病伴缓解
C92.700x013　嗜酸细胞性白血病伴缓解
C92.701　非白血性髓系白血病
C92.703　嗜碱细胞白血病
C92.706　嗜酸细胞白血病
C92.800　急性髓系白血病伴多系增生异常
C92.900　髓样白血病
C92.900x001　低增生性粒细胞性白血病
C92.900x011　低增生性粒细胞性白血病伴缓解
C92.901　粒细胞白血病
C93.000x011　急性单核细胞性白血病伴缓解（M5型）

C93.000x016　急性单核细胞白血病伴缓解
C93.001　急性髓细胞白血病，M5a型
C93.002　急性髓细胞白血病，M5b型
C93.003　急性髓细胞白血病，M5型
C93.100　慢性粒单核细胞白血病
C93.100x011　慢性单核细胞白血病伴缓解
C93.100x012　慢性单核细胞白血病，急性加重
C93.100x013　慢性粒单核细胞性白血病伴缓解
C93.101　慢性单核细胞白血病
C93.102　慢性粒单核细胞白血病-1
C93.103　慢性粒单核细胞白血病-2
C93.104　慢性粒单核细胞白血病伴嗜酸粒细胞增多
C93.300　幼年型骨髓单核细胞白血病
C93.300x001　幼年型粒单核细胞白血病伴缓解
C93.700　单核细胞白血病，其他的
C93.701　非白血性单核细胞白血病
C93.900　单核细胞白血病
C93.901　组织细胞白血病
C94.000x001　急性红白血病（M6型）
C94.000x011　急性红白血病伴缓解（M6型）
C94.001　红白血病
C94.004　急性髓系白血病，M6（a）（b）
C94.200　急性原巨核细胞白血病
C94.200x011　急性巨核细胞白血病伴缓解（M7型）
C94.201　急性巨核细胞性白血病
C94.202　急性髓系白血病，M7
C94.300　肥大细胞白血病
C94.300x011　肥大细胞白血病伴缓解
C94.400　急性全骨髓增殖症伴骨髓纤维化
C94.400x001　急性骨髓纤维化
C94.600　骨髓增生异常和骨髓增生性疾病，不可归类在他处者
C94.700　白血病，其他特指的
C94.700x004　中枢神经系统白血病
C94.700x014　中枢神经系统白血病伴缓解
C94.702　急性嗜碱细胞性白血病
C94.703　侵袭性NK细胞白血病
C95.000　急性白血病
C95.000x002　急性白血病髓外复发
C95.000x003　急性非淋巴细胞性白血病
C95.000x015　急性白血病（谱系未定）
C95.000x016　B淋巴细胞和髓系混合表型急性白血病
C95.000x017　T淋巴细胞和髓系混合表型急性白血病
C95.000x018　NK细胞淋巴母细胞性白血病/淋巴瘤
C95.000x101　急性白血病伴缓解
C95.000x102　急性白血病髓外复发伴缓解
C95.000x115　急性白血病伴缓解（谱系未定）
C95.000x116　B淋巴细胞和髓系混合表型急性白血病伴缓解
C95.000x117　T淋巴细胞和髓系混合表型急性白血病伴缓解
C95.000x118　NK细胞淋巴母细胞性白血病/淋巴瘤伴缓解
C95.002　干细胞白血病
C95.003　未分化细胞白血病
C95.004　急性双系白血病
C95.005　急性混合型单系白血病
C95.006　急性双表型白血病
C95.100　慢性白血病
C95.100x011　慢性白血病伴缓解
C95.100x012　慢性白血病急性加重
C95.700x001　高白细胞白血病
C95.700x002　先天性白血病
C95.700x003　皮肤白血病
C95.700x011　高白细胞白血病伴缓解
C95.900　白血病
C95.900x003+M36.1*　白血病性关节病
C95.900x005　难治性白血病
C95.900x007+N16.1*　白血病致肾小管间质疾患
C95.900x012　混合细胞性白血病伴缓解
C95.900x013+M36.1*　白血病性关节病伴缓解
C95.900x015　难治性白血病伴缓解
C95.901　混合细胞性白血病
C96.000　莱特雷尔-西韦病
C96.002　急性分化性进行性组织细胞增多症
C96.004　组织细胞增生症X，多系统
C96.200　恶性肥大细胞瘤
C96.200x005　全身性肥大细胞病
C96.200x013　肥大细胞肉瘤伴缓解
C96.201　侵袭性系统性肥大细胞增生症
C96.202　肥大细胞肉瘤
C96.400　树突细胞肉瘤
C96.400x001　滤泡树突状细胞肉瘤
C96.400x002　未定型树突细胞瘤
C96.400x003　母细胞性浆细胞样树状突细胞肿瘤
C96.400x004　指突状树突细胞肉瘤

C96.401　交错树突细胞肉瘤
C96.402　朗格汉斯细胞肉瘤
C96.403　小结树突细胞肉瘤
C96.500　朗格汉斯细胞组织细胞增生症，多病灶和单系统性
C96.501　汉-许-克病
C96.502　组织细胞增生症X，多病灶
C96.600　朗格汉斯细胞组织细胞增生症，单病灶
C96.601　嗜酸细胞性肉芽肿
C96.602　组织细胞增生症X，单病灶
C96.603　组织细胞增生症XNOS
C96.604　朗格汉斯细胞组织细胞增生症NOS
C96.700　淋巴、造血和有关组织其他特指的恶性肿瘤
C96.704　原发皮肤γδ-T细胞淋巴瘤
C96.705　种痘样水疱病样淋巴瘤
C96.800　组织细胞肉瘤
C96.801　恶性组织细胞增生症
C96.900　淋巴、造血和有关组织的恶性肿瘤
C97.x00　独立（原发）多个部位的恶性肿瘤
C97.x01　复合癌
D09.700　原位癌，其他特指部位的
D09.700x001　骶尾原位癌
D09.900　原位癌
D19.700　间皮组织良性肿瘤，其他部位的
D45.x00　真性红细胞增多症
D46.001　难治性贫血伴单系病态造血
D46.100　难治性贫血伴有环形铁粒幼细胞
D46.100x002　伴环形铁粒幼红细胞的难治性贫血合并血小板显著增多
D46.100x012　伴环形铁粒幼红细胞的难治性贫血合并血小板显著增多伴缓解
D46.200　难治性贫血伴有胚细胞过多
D46.201x001　难治贫血伴有胚细胞过多-Ⅰ型
D46.203　难治性贫血伴有胚细胞过多-Ⅱ型
D46.400　难治性贫血
D46.500　难治性贫血伴多系病态造血
D46.600　MDS-5q-综合征
D46.700　骨髓增生异常综合征，其他的
D46.700x001　难治性血细胞减少伴单一系列病态造血
D46.700x002　难治性中性粒细胞减少症
D46.700x003　难治性血小板减少症
D46.700x006　不能分型的骨髓异常增生综合征
D46.700x007　儿童骨髓异常增生综合征
D46.700x008　儿童难治性血细胞减少
D46.900　骨髓增生异常综合征
D46.900x002　骨髓增生异常性贫血
D46.900x004　骨髓发育不良综合征
D46.900x006　治疗相关性AML和MDS
D46.901　白血病前期综合征
D47.000　动态未定和动态未知的组织细胞和肥大细胞瘤
D47.001　懒性系统性肥大细胞增多症
D47.002　肥大细胞肿瘤，未特指
D47.003　肥大细胞瘤，未特指
D47.004　非肥大细胞系的造血系统增生疾病
D47.100　慢性骨髓增生性疾病
D47.100x004　慢性骨髓增殖性肿瘤
D47.100x007　慢性骨髓增殖性疾病（不能分型）
D47.100x008　骨髓增生异常性/骨髓增殖性肿瘤（不能分型）
D47.100x009　唐氏综合征相关的骨髓增殖性疾病
D47.100x017　慢性骨髓增殖性疾病伴缓解（不能分型）
D47.100x018　骨髓增生异常性/骨髓增殖性肿瘤伴缓解（不能分型）
D47.100x019　慢性中性粒细胞性白血病伴缓解
D47.101　慢性中性粒细胞白血病
D47.200　意义未明的单克隆丙种球蛋白病
D47.200x003　单克隆免疫球蛋白沉积病
D47.200x004+G63.1*　副蛋白血症相关神经病
D47.200x005+G63.1*　神经病伴副蛋白血症
D47.300　特发性（出血性）血小板增多症
D47.400　骨髓纤维瘤
D47.401　慢性原发性（特发性）骨髓纤维化
D47.402　（特发性）（髓样化生性）骨髓纤维化
D47.403　（巨核细胞性）骨髓硬化伴有髓样化生的
D47.404　继发性骨髓纤维化骨髓增殖性疾病
D47.500　慢性嗜酸性粒细胞白血病
D47.700　淋巴、造血和有关组织其他特指的动态未定或动态未知的肿瘤
D47.700x005　B淋巴细胞克隆性疾病
D47.700x006　原发性系统性淀粉样变性
D47.700x007　Castleman病
D47.701　血管中心性免疫增生性损害
D47.702　血管免疫母细胞淋巴结病
D47.703　T-γ淋巴组织增生性疾病
D47.900　淋巴、造血和有关组织的动态未定或动态未知的肿瘤

D47.900x001　淋巴细胞增殖性疾病
D47.900x002　移植后淋巴增殖性疾病
D48.700x001　背部交界性肿瘤
D48.700x015　臀部交界性肿瘤
D48.700x023　腋下交界性肿瘤
D48.707　躯干动态未定肿瘤
D48.708　躯干肿瘤
D48.715　盆腔动态未定肿瘤
D48.716　盆腔肿瘤
D48.722　背动态未定肿瘤
D48.723　臀动态未定肿瘤
D48.725　腋动态未定肿瘤
D48.900　动态未定或动态未知的肿瘤
D48.901　瘤
D48.902　新生物
D89.801　POEMS综合征
Q85.802　波伊茨-耶格综合征
Q85.909　错构瘤病
包含以下主要手术或操作：
00.7000x001　全髋关节假体翻修术
00.7100x001　髋关节髋臼假体翻修术
00.7200x001　髋关节股骨假体翻修术
01.2500x003　颅骨清创术
01.2502　颞骨部分切除术
01.2503　颅骨部分切除术
01.2504　颅骨死骨切除术
01.2507　茎突截短术
01.4101　丘脑切开术
01.4102　丘脑射频毁损术
01.4103　丘脑化学破坏术
01.4104　丘脑核破坏术
01.4105　丘脑病损切除术
01.4201　立体定向苍白球切开术
01.4202　苍白球切开术
01.4203　苍白球射频毁损术
01.4204　苍白球丘脑化学破坏术
01.5100x001　开颅蛛网膜剥离术
01.5100x006　大脑镰脑膜病损切除术
01.5100x007　小脑幕脑膜病损切除术
01.5105　脑蛛网膜病损切除术
01.5106　脑膜病损切除术
01.5200　大脑半球切除术
01.5301　脑叶次全切除术
01.5302　额叶切除术
01.5303　颞叶切除术
01.5900x022　多个脑室病损切除术
01.5900x030　中颅窝病损切除术
01.5900x032　颈静脉孔病损切除术
01.5900x036　海马杏仁核切除术
01.5900x037　大脑半球病损切除术
01.5900x038　大脑深部病损切除术
01.5900x040　蝶鞍旁病损切除术
01.5900x041　额颞岛叶病损切除术
01.5900x043　小脑病损切除术
01.5900x044　小脑桥脑角病损切除术
01.5900x048　岩斜区病损切除术
01.5900x049　枕骨大孔区病损切除术
01.5900x050　神经内镜下脑室病损切除术
01.5900x053　经皮脑病损冷冻消融术
01.5900x054　经皮脑病损激光消融术（映射）
01.5901　脑病损切除术
01.5902　鞍区病损切除术
01.5903　侧脑室病损切除术
01.5904　第三脑室病损切除术
01.5905　后颅窝病损切除术
01.5906　岛叶病损切除术
01.5907　第四脑室病损切除术
01.5908　顶叶病损切除术
01.5909　额叶病损切除术
01.5910　海绵窦病损切除术
01.5911　经额脑病损切除术
01.5912　经蝶窦脑病损切除术
01.5913　颞叶病损切除术
01.5914　经顶脑病损切除术
01.5915　经颞脑病损切除术
01.5916　经翼点脑病损切除术
01.5917　经枕脑病损切除术
01.5918　颅底病损切除术
01.5920　脑干病损切除术
01.5922　胼胝体病损切除术
01.5923　小脑半球病损切除术
01.5924　小脑蚓部病损切除术
01.5925　脑清创术
01.5927　立体定向脑病损切除术
01.5928　脑斜坡病损切除术
01.5935　小脑扁桃体部分切除术
01.5940　枕叶病损切除术
01.6x00　颅骨病损的切除术
01.6x01　颅肉芽肿切除术
02.2102　脑室外引流［EVD］装置置换术

02.2200x001 神经内镜下第三脑室底造瘘术
02.2200x005 脑室-静脉窦分流术
02.2204 脑室Ommaya泵置入术
02.2206 脑室脑池分流术
02.2207 脑室蛛网膜下腔分流术
02.2210 脑室小脑延髓池分流术
02.3102 脑室乳突分流术
02.3103 脑室鼻咽分流术
02.3200x001 脑室-颈外静脉分流术
02.3201 脑室心房分流术
02.3202 脑室腔静脉分流术
02.3203 脑室颈静脉分流术
02.3204 脑室颈外动脉分流术
02.3300x001 脑室-胸腔分流术
02.3301 侧脑室胸腔造口引流术
02.3400x002 脑室-腹腔分流术
02.3401 侧脑室腹腔内分流术
02.3402 脑室胆囊分流术
02.3403 硬膜下腹腔分流术
02.3404 脑室镜下脑室腹腔分流术
02.3405 腹腔镜下脑室腹腔分流术
02.3501 脑室膀胱分流术
02.3502 脑室输尿管分流术
02.3901 脑室骨髓分流术
02.4200x005 Ommaya泵引流管修正术
02.4201 脑室-腹膜分流管脑室端修正术
02.4202 脑室分流管修正术
02.4203 脑室腹腔分流管调整术
02.4204 脑室腹腔分流管重置术
02.4301 脑室腹腔引流管夹闭术
02.4302 脑室Ommaya泵去除术
02.9100 大脑皮层粘连松解术
02.9301 颅内神经刺激器植入术
03.0200 椎板切除术部位再切开
03.0900x003 颈椎后路单开门椎管减压术
03.0900x004 颈椎后路双开门椎管减压术
03.0900x005 颈椎前路椎管减压术
03.0900x006 腰椎椎板切除减压术
03.0900x007 胸椎椎板切除减压术
03.0900x009 椎管成形术
03.0900x010 椎管减压术
03.0900x014 椎管钻孔减压术
03.0900x016 椎间孔切开术
03.0900x019 脊髓后正中点状切开术
03.0900x021 颈椎椎间孔钻孔减压术
03.0901 椎管探查术
03.0903 脊神经根探查术
03.1x00x001 椎管内神经根切断术
03.1x00x003 马尾神经切断术
03.1x01 脊髓后根神经切断术
03.1x02 脊髓前根神经切断术
03.2100x001 经皮脊髓切断术
03.2101 立体定向脊髓切断术
03.2900x003 脊髓前连合切断术
03.2900x004 脊髓前连合切开术
03.2900x005 脊髓背根入髓区切开术
03.2901 脊髓前外侧束切断术
03.2902 脊髓神经束切断术
03.4x00x002 脊髓病损栓塞术
03.4x00x004 硬脊膜切除术
03.4x00x007 脊髓脊膜病损电凝破坏术
03.4x02 硬脊膜囊肿造袋术
03.5300x001 脊椎骨折复位术
03.5301 脊椎骨折切开复位内固定术
03.5302 颈椎骨折切开复位内固定术
03.5303 齿状突骨折切开复位内固定术
03.5304 胸椎骨折切开复位内固定术
03.5305 腰椎骨折切开复位内固定术
03.7100 脊髓蛛网膜下-腹腔分流术
03.7101 脊髓空洞腹腔引流术
03.7200 脊髓蛛网膜下-输尿管分流术
03.7900x002 脊髓-蛛网膜下腔分流术
03.7901 脊髓硬膜外分流术
03.7902 脊髓空洞蛛网膜下腔分流术
03.7904 胸腔脊膜吻合术
03.7905 腰-蛛网膜下腔分流术
03.7906 输卵管脊膜吻合术
03.9202 脊髓鞘内注射
03.9302 脊髓神经刺激器置换术
03.9500 脊髓血块补片
03.9600 经皮的椎骨关节面去神经术
03.9700x001 脊髓膜分流修正术
03.9900x003 脊髓造瘘术
07.8000 胸腺切除术
07.8001 胸腔镜下胸腺切除术
07.8100 胸腺部分切除术
07.8100x009 CT引导下胸腺病损射频消融术
07.8101 胸腺病损切除术
07.8201 胸腺扩大切除术
07.8300 胸腔镜下胸腺部分切除术

07.8300x002　胸腔镜下胸腺病损切除术
07.8400　胸腔镜下胸腺全部切除术
07.8401　胸腔镜下胸腺扩大切除术
07.9100　胸腺区探查术
07.9200x001　胸腺切开探查术
07.9300　胸腺修补术
07.9400　胸腺移植术
07.9500　胸腔镜下胸腺切开术
07.9800　胸腺其他和未特指的胸腔镜手术
07.9901　胸腺固定术
17.3200　腹腔镜盲肠切除术
17.3200x001　腹腔镜下盲肠部分切除术
17.3300　腹腔镜右半结肠切除术
17.3300x002　腹腔镜下升结肠部分切除术
17.3400　腹腔镜横结肠切除术
17.3401　腹腔镜横结肠部分切除术
17.3500　腹腔镜左半结肠切除术
17.3500x001　腹腔镜下降结肠部分切除术
17.3600　腹腔镜乙状结肠切除术
17.3600x001　腹腔镜下乙状结肠部分切除术
17.3900x002　腹腔镜下结肠部分切除术
17.3900x003　腹腔镜下小肠-结肠切除术
17.3901　腹腔镜巨结肠切除术
25.3x00　舌全部切除术
25.4x00x001　舌扩大性切除术
27.7200　腭垂切除术
27.7201　腭垂部分切除术
32.2000x002　纵隔镜下肺病损切除术
32.2000x003　胸腔镜下肺部分切除术
32.2001　胸腔镜下肺楔形切除术
32.2003　胸腔镜下肺病损切除术
32.2004　胸腔镜下肺病损氩氦刀冷冻术
32.2100x001　肺大泡缝扎术
32.2100x005　胸腔镜下肺大疱缝扎术
32.2200　肺容量减少术
32.2200x004　支气管镜下肺减容术
32.2201　胸腔镜下肺减容术
32.2300x001　直视下肺病损射频消融术
32.2801　内镜下肺病损切除术
32.2802　内镜下肺大疱切除术
32.2803　内镜下肺病损激光切除术
32.2804　内镜下肺病损电凝切除术
32.2900x005　肺病损氩氦刀冷冻术
32.2900x016　余肺楔形切除术
32.2901　肺病损切除术
32.2902　肺大疱切除术
32.2903　肺袖式切除术
32.2904　肺楔形切除术
32.2905　肺部分切除术
32.3001　胸腔镜下肺叶部分切除术
32.3900x003　全余肺切除术
32.3901　肺节段切除术
32.3902　肺叶部分切除术
32.4100　胸腔镜下肺叶切除术
32.4100x002　胸腔镜下复合肺叶切除术
32.4900x003　余肺肺叶切除术
32.4901　肺叶伴邻近肺叶节段切除术
32.4902　肺叶切除术
32.4903　肺叶袖状切除术
32.5000x001　胸腔镜下全肺切除术
32.5001　胸腔镜下全肺切除术伴纵隔淋巴清扫
32.5900x001　全肺切除术
32.5901　全肺切除术伴纵隔淋巴结清扫术
32.6x00x002　肺叶切除术伴淋巴结清扫术
32.6x00x004　支气管根治性清扫术
34.0200x003　胸腔镜中转开胸探查术
34.3x01　经皮纵隔病损射频消融术
34.3x02　纵隔病损切除术
34.3x03　纵隔病损射频消融术
34.3x04　胸腔镜下纵隔病损切除术
34.3x05　纵隔镜下纵隔病损切除术
34.4x00x008　胸腔病损切除术
34.4x01　胸壁病损切除术
34.4x02　胸壁部分切除术
34.4x03　胸腔镜下胸壁病损切除术
34.5101　胸膜剥脱术
34.6x00　胸膜划痕术
34.6x01　胸膜硬化术
34.6x02　胸腔镜下胸膜划痕术
37.1200x005　心包切开探查术
37.1200x008　胸腔镜下心包切开引流术
37.1201　心包粘连松解术
37.1203　心包开窗术
37.1204　心包切开引流术
37.3101　心包剥脱术
37.3102　心包部分切除术
37.3103　心包病损切除术
38.0800x003　下肢动脉探查术
40.0x00x002　皮下淋巴抽吸术
40.2900x023　髂外血管旁淋巴结切除术

40.2905　腹主动脉旁淋巴结切除术
40.2907　腹膜淋巴结切除术
40.2909　盆腔淋巴结切除术
40.3x00x001　淋巴结扩大性区域性切除术
40.3x00x003　腔镜下区域性腋窝淋巴结区域切除术
40.3x00x005　功能性颈淋巴结清扫术
40.4000x003　舌骨上颈淋巴结清扫术
40.4100　根治性颈淋巴结清扫，单侧
40.4200　根治性颈淋巴结清扫，双侧
40.5000　淋巴结根治性切除术
40.5100　腋下淋巴结根治性切除术
40.5101　腔镜腋下淋巴结清扫术
40.5200　主动脉旁淋巴结根治性切除术
40.5300　髂淋巴结根治性切除术
40.5301　腹腔镜髂淋巴结清扫术
40.5400x001　腹股沟淋巴结清扫术
40.5400x002　腹腔镜下腹股沟淋巴结清扫术
40.5400x003　腹股沟浅淋巴结清扫术
40.5900x010　腹腔镜下腹膜后淋巴结清扫术
40.5901　颌下淋巴结清扫术
40.5905　肺门淋巴结清扫术
40.5906　纵隔淋巴结清扫术
40.5907　腹膜后淋巴结清扫术
40.5908　腹腔淋巴结清扫术
40.5909　肠系膜淋巴结清扫术
40.5910　盆腔淋巴结清扫术
40.5911　腹腔镜腹腔淋巴结清扫术
40.5912　腹腔镜盆腔淋巴结清扫术
40.5914　胸腔镜纵隔淋巴结清扫术
40.9x00x003　周围淋巴管-小静脉吻合术
40.9x00x004　淋巴干-小静脉吻合术
40.9x00x005　腰淋巴干-小静脉吻合术
40.9x00x006　髂淋巴干-小静脉吻合术
40.9x00x007　肠淋巴干-小静脉吻合术
40.9x00x008　淋巴水肿矫正Homans-Macey手术［Homan手术］
40.9x00x009　淋巴水肿矫正Charles手术［Charles手术］
40.9x00x010　淋巴水肿矫正Thompson手术［Thompson手术］
40.9x00x011　腹膜后淋巴管横断结扎术
40.9x00x012　髂淋巴干横断结扎术
40.9x00x013　淋巴管瘘结扎术
40.9x00x014　淋巴管瘘切除术
40.9x00x015　淋巴管瘘粘连术
40.9x00x016　淋巴管瘤注射术
40.9x00x017　淋巴水肿抽吸术
40.9x01　腹腔淋巴管修补术
40.9x02　周围淋巴管结扎术
40.9x03　周围淋巴管闭合术
40.9x04　周围淋巴管扩张术
40.9x05　周围淋巴管吻合术
40.9x06　周围淋巴管移植术
40.9x07　周围淋巴管重建术
40.9x08　淋巴水肿矫正术
40.9x09　淋巴管静脉吻合术
41.2x01　脾切开探查术
41.2x02　脾切开引流术
41.2x03　腹腔镜脾切开引流术
41.4200x002　脾病损切除术
41.4300　部分脾切除术
41.4301　腹腔镜脾部分切除术
41.5x00　全脾切除术
41.5x01　腹腔镜全脾切除术
41.9300　副脾切除术
41.9301　腹腔镜副脾切除术
41.9400　脾移植术
41.9501　脾修补术
41.9502　脾固定术
41.9503　脾缝合术
41.9504　腹腔镜脾修补术
42.3300x007　胃镜下食管射频术
42.4100　部分食管切除术
42.4100x008　食管内翻拔脱术
42.4101　胸腹联合切口食管部分切除术
42.4102　颈胸腹三切口食管部分切除术
42.4103　胸腔镜食管部分切除术
42.4104　胸腔镜颈腹切口食管部分切除术
42.4201　胸腹联合切口全食管切除术
42.4202　颈胸腹三切口全食管切除术
42.4203　胸腔镜全食管切除术
42.5100　胸内食管食管吻合术
42.5200　胸内食管胃吻合术
42.5200x005　胸内食管-胃颈部吻合术
42.5201　食管胃弓上吻合术
42.5202　食管胃弓下吻合术
42.5300x001　胸内空肠代食管术
42.5500x001　胸内结肠代食管术
42.5801　人工食管建造术

42.5802　胃-咽吻合术
42.5803　胃-喉吻合术
42.5900x001　食管-空肠弓上吻合术
42.6100　胸骨前食管食管吻合术
42.6200　胸骨前食管胃吻合术
42.6300　胸骨前食管吻合术伴小肠间置术
42.6400x002　胸骨前食管-小肠吻合术
42.6401　胸骨前食管十二指肠吻合术
42.6402　胸骨前食管回肠吻合术
42.6403　胸骨前食管空肠吻合术
42.6500　胸骨前食管吻合术伴结肠间置术
42.6601　胸骨前食管结肠吻合术
42.7x00x001　食管贲门肌层切开术
42.7x01　改良食管肌层切开术［改良Heller手术］
42.7x02　腹腔镜食管贲门肌层切开术
42.7x04　胸腔镜食管肌层切开术
42.8100　食管置入永久性管
42.8101　内镜下食管支架置入术
42.8200　食管裂伤缝合术
42.8300　食管造口闭合术
42.8400　食管瘘修补术
42.8501　食管吻合口狭窄修补术
42.8502　食管镜食管狭窄整复术
42.9200x007　内镜下贲门括约肌切开术（POEM）
43.0x03　腹腔镜下胃切开异物取出术
43.5x00x003　贲门部分切除伴食管-胃吻合术
43.5x00x007　胃近端切除伴食管-胃吻合术
43.5x01　胃大部切除伴食管胃吻合术
43.5x02　贲门切除伴食管胃弓下吻合术
43.5x03　腹腔镜下胃大部切除伴食管-胃吻合术
43.6x00x005　胃幽门切除术伴胃-十二指肠吻合术
43.6x00x006　胃远端切除术伴胃-十二指肠吻合术
43.6x01　胃大部切除伴胃十二指肠吻合术
43.6x02　腹腔镜胃大部切除伴胃十二指肠吻合术
43.7x00x001　胃大部切除伴胃-空肠吻合术［Billroth Ⅱ式手术］
43.7x01　残胃部分切除伴胃空肠吻合术
43.7x02　胃肠吻合口切除伴胃空肠吻合术
43.7x03　腹腔镜胃大部切除伴胃空肠吻合术
43.8100　胃部分切除术伴空肠移位术
43.8201　腹腔镜胃部分切除术
43.8202　腹腔镜胃楔形切除术
43.8901　胃部分切除术
43.8902　胃底横断术
43.8903　胃袖状切除术
43.9101　全胃切除伴空肠间置术
43.9102　腹腔镜辅助全胃切除伴空肠间置术
43.9900x002　残胃切除术
43.9900x003　腹腔镜下胃切除术
43.9900x004　根治性胃切除术
43.9901　全胃切除伴食管空肠吻合术
43.9903　全胃切除伴食管十二指肠吻合术
43.9905　腹腔镜辅助全胃切除伴食管-空肠吻合术
44.3200x001　内镜下经皮胃-空肠造瘘术
44.3201　内镜下胃空肠吻合术
44.3801　腹腔镜下胃空肠吻合术
44.3802　腹腔镜下胃十二指肠吻合术
44.3803　腹腔镜下幽门旷置术
44.3804　腹腔镜下胃转流术（LRYGB）
44.3900x003　胃-十二指肠吻合术
44.3901　胃转流术［胃-肠搭桥吻合术］
44.3902　胃十二指肠吻合术（旁路）
44.3903　胃空肠吻合术（旁路）
44.3904　幽门旷置术
44.6300x001　胃-结肠瘘闭合术
45.0203　小肠切开减压术
45.0300x002　大肠切开探查术
45.0302　大肠切开异物取出术
45.3101　十二指肠病损切除术
45.3102　十二指肠憩室切除术
45.3200x001　十二指肠病损破坏术
45.3300x006　空肠病损切除术
45.3301　小肠病损切除术
45.3303　腹腔镜小肠病损切除术
45.4100x001　大肠病损切除术
45.4101　结肠病损切除术
45.4102　横结肠病损切除术
45.4103　降结肠病损切除术
45.4104　乙状结肠病损切除术
45.4105　盲肠病损切除术
45.4107　升结肠病损切除术
45.4108　盲肠憩室切除术
45.4900x001　大肠病损破坏术
45.4900x003　结肠病损高频电凝术
45.4900x005　结肠病损激光烧灼术
45.4901　结肠袋形缝合术
45.6100　小肠多节段部分切除术
45.6200x001　腹腔镜下回肠部分切除术
45.6200x002　腹腔镜下空肠部分切除术
45.6201　小肠部分切除术

45.6202　十二指肠部分切除术
45.6203　十二指肠切除术
45.6204　空肠部分切除术
45.6205　空肠切除术
45.6206　回肠部分切除术
45.6207　回肠切除术
45.6208　腹腔镜下小肠部分切除术
45.6300　小肠全部切除术
45.7100x001　大肠多节段切除术
45.7200x002　回盲部切除术
45.7200x004　盲肠部分切除术
45.7202　盲肠切除术
45.7300x003　升结肠部分切除术
45.7300x006　右半结肠姑息性切除术
45.7300x007　右半结肠切除术
45.7301　回肠结肠切除术
45.7302　右半结肠根治性切除术
45.7304　升结肠切除术
45.7400x003　横结肠切除术
45.7401　横结肠部分切除术
45.7500　左半结肠切除术
45.7500x001　降结肠部分切除术
45.7501　左半结肠根治性切除术
45.7600x008　乙状结肠切除术
45.7601　乙状结肠部分切除术
45.7900x002　巨结肠切除术
45.7901　结肠部分切除术
45.8100　腹腔镜腹内全结肠切除术
45.8200　开放性腹内全结肠切除术
45.9100x006　小肠-小肠端侧吻合术
45.9100x008　空肠-空肠端侧吻合术
45.9103　十二指肠空肠吻合术
45.9104　空肠回肠吻合术
45.9200　小肠直肠残端吻合术
45.9300x012　小肠-升结肠吻合术
45.9300x013　小肠-大肠吻合术
45.9300x014　小肠-结肠吻合术
45.9300x015　回肠贮袋肛管吻合术
45.9301　回肠-横结肠吻合术
45.9302　回肠-降结肠吻合术
45.9303　回肠-盲肠吻合术
45.9304　回肠-升结肠吻合术
45.9305　回肠-乙状结肠吻合术
45.9306　回肠-直肠吻合术
45.9307　空肠-横结肠吻合术
45.9310　空肠-乙状结肠吻合术
45.9400x004　降结肠-乙状结肠吻合术
45.9400x009　盲肠-乙状结肠吻合术
45.9400x012　升结肠-乙状结肠吻合术
45.9400x016　横结肠-直肠吻合术
45.9401　横结肠-降结肠吻合术
45.9402　横结肠-乙状结肠吻合术
45.9403　降结肠-直肠吻合术
45.9404　结肠-直肠吻合术
45.9405　乙状结肠-直肠吻合术
45.9406　升结肠-横结肠吻合术
45.9407　升结肠-降结肠吻合术
45.9408　升结肠-直肠吻合术
45.9501　结肠-肛门吻合术
45.9502　回肠-肛门吻合术
45.9503　降结肠-肛门吻合术
45.9504　乙状结肠-肛门吻合术
46.0100x001　回肠外置术
46.0101　十二指肠外置术
46.0102　襻式回肠造口术
46.0300x001　肠外置术［Mikulicz手术］
46.0300x003　盲肠外置术
46.0300x004　结肠旷置术
46.0301　肠外置术（一期）
46.0302　襻式结肠造口术
46.0400x002　肠外置段的切除术
46.0401　肠外置术（二期）
46.8101　小肠扭转复位术
46.8102　小肠套叠复位术
46.8201　大肠扭转复位术
46.8202　大肠套叠复位术
48.3501　直肠病损切除术
48.3502　经肛门直肠病损切除术
48.3504　经阴道直肠病损切除术
48.3505　直肠后壁病损切除术
48.4101　直肠黏膜下切除术
48.4102　经肛门直肠黏膜环切术
48.4103　直肠黏膜下环切术
48.4104　直肠内拖出切除术
48.4105　直肠黏膜切除术
48.4106　腹腔镜直肠黏膜下切除术
48.4900x002　直肠切除术［Swenson手术］
48.4900x003　直肠-腹-会阴拖出切除术
48.4901　会阴-直肠拖出术
48.4902　经前会阴超低位直肠切除术

48.4903　腹腔镜辅助经前会阴超低位直肠切除术
48.4904　斯文林直肠切除术
48.4905　Bacon-Black术
48.5100　腹腔镜下腹会阴直肠切除术
48.5100x002　腹腔镜下经肛提肌外腹会阴直肠联合切除术［LELAPE手术］
48.5200　开放性腹会阴直肠切除术
48.5201　肛提肌外腹会阴直肠联合切除术
48.5900x001　直肠全部切除术
48.6100　经骶直肠乙状结肠切除术
48.6100x001　腹腔镜下经腹直肠乙状结肠切除术
48.6100x002　腹腔镜下经骶直肠乙状结肠切除术
48.6200　直肠前切除术同时伴结肠造口术
48.6201　腹腔镜下直肠前切除伴结肠造口术
48.6301　直肠前切除术
48.6302　腹腔镜下直肠前切除术
48.6303　腹腔镜低位直肠前切除术
48.6400x001　经骶尾直肠切除术
48.6500x001　腹-会阴拖出术
48.6900x002　腹腔镜下直肠根治术
48.6900x004　经肛门直肠病损根治术
48.6900x007　直肠根治术
48.6901　经骶经肛门括约肌直肠病损切除术
48.6902　直肠部分切除术
48.6903　直肠-乙状结肠切除术
48.6904　直肠乙状结肠部分切除术
48.6905　直肠切除术
48.6906　残余直肠切除术
48.6907　全结肠直肠（包括肛门）切除术
48.6908　残余直肠肛管切除术
48.6909　腹腔镜下直肠部分切除术
48.6910　腹腔镜直肠切除术
48.6911　腹腔镜直肠-乙状结肠部分切除术
48.6912　腹腔镜全结肠直肠（包括肛门）切除术
48.6913　腹腔镜帕克氏术（Park's术）
48.7401　经肛门吻合器直肠切除术
50.2200　部分肝切除术
50.2200x003　肝Ⅱ段切除术
50.2200x004　肝Ⅲ段切除术
50.2200x005　肝Ⅳ段切除术
50.2200x006　肝Ⅴ段切除术
50.2200x007　肝Ⅵ段切除术
50.2200x008　肝Ⅶ段切除术
50.2200x009　肝Ⅷ段切除术
50.2201　肝楔形切除术
50.2202　肝段切除术
50.2203　腹腔镜下肝段切除术
50.2204　腹腔镜下肝楔形切除术
50.2205　腹腔镜下肝部分切除术
50.2206　腹腔镜下活体取肝术
50.2501　腹腔镜下肝病损微波消融术
50.2502　腹腔镜下肝病损射频消融术
50.2503　腹腔镜超声引导下肝病损射频消融术
50.2902　肝病损冷冻治疗术
50.2904　肝病损离体切除术
50.2905　肝病损破坏术
50.2908　肝病损切除术
50.2909　腹腔镜下肝病损切除术
50.3x01　右半肝切除术
50.3x02　左半肝切除术
50.3x03　肝叶部分切除术
50.3x04　全肝叶切除术伴其他肝叶部分切除术
50.3x05　腹腔镜下肝叶切除术
50.3x06　腹腔镜下半肝切除术
50.4x00　全肝切除术
50.6101　肝破裂修补术
50.6900x002　肝修补术
50.6901　肝固定术
51.2100　部分胆囊切除术
51.2200　胆囊切除术
51.2200x004　胆囊扩大切除术
51.2201　残余胆囊切除术
51.2300　腹腔镜下胆囊切除术
51.2301　腹腔镜下残余胆囊切除术
51.2400　腹腔镜下部分胆囊切除术
51.2401　腹腔镜下胆囊病损切除术
51.3100　胆囊肝管吻合术
51.3201　胆囊空肠吻合术
51.3202　胆囊十二指肠吻合术
51.3203　腹腔镜下胆囊空肠吻合术
51.3204　腹腔镜下胆囊十二指肠吻合术
51.3400　胆囊胃吻合术
51.3601　胆总管空肠吻合术
51.3602　胆总管十二指肠吻合术
51.3700x001　腹腔镜下肝门-空肠吻合术
51.3700x002　腹腔镜下肝门-肠吻合术
51.3700x003　肝胆管-空肠吻合术
51.3700x007　肝门-空肠吻合术
51.3701　肝总管空肠吻合术
51.3702　肝管胃吻合术

51.3703 肝管十二指肠吻合术
51.3704 肝管空肠吻合术
51.3900x005 胆管吻合术
51.3900x008 胆管-胰吻合术
51.3901 胆管空肠吻合术
51.3902 胆管十二指肠吻合术
51.3903 胆总管胃空肠吻合术
51.3904 胆管肝管空肠吻合术
51.3905 胆总管胃吻合术
51.3906 胆管胃吻合术
51.3907 腹腔镜下胆管空肠吻合术
51.4100x001 胆总管切开取石术
51.4201 胆总管切开异物取出术
51.4202 胆总管切开减压术
51.4301 肝胆总管吻合术
51.4302 肝管支架置入术
51.4303 胆总管支架置入术
51.4304 胆管支架置入术
51.4900x002 胆管切开取石术
51.4901 肝管切开取石术
51.4902 胆肠吻合口切开取石术
51.5100 胆总管探查术
51.5101 胆总管切开引流术
51.5102 胆总管切开支架取出术
51.5900x006 腹腔镜下胆道探查术
51.5900x009 内镜下胆道异物去除术
51.5901 肝管切开引流术
51.5902 肝管切开探查术
51.5903 胆管切开探查术
51.5904 肝总管切开探查术
51.6100x001 残余胆囊管切除术
51.6200x002 法特壶腹切除术
51.6301 胆总管病损切除术
51.6303 胆总管切除术
51.6400x002 内镜下胆总管病损切除术
51.6900x007 肝胆管病损切除术
51.6900x008 肝胆管切除术
51.6900x012 肝总管切除术
51.6900x013 腹腔镜下胆管病损切除术
51.6901 胆管病损切除术
51.6903 肝管切除术
51.6904 肝管病损切除术
51.9300x001 胆囊-空肠瘘切除术
51.9301 胆囊瘘修补术
51.9302 胆囊空肠瘘修补术
51.9303 胆囊十二指肠瘘修补术
51.9304 胆囊结肠瘘修补术
51.9305 胆囊胃瘘修补术
51.9401 胆管吻合口重建术
52.0902 胰腺切开取石术
52.1302 腹腔镜下胰腺探查
52.2100x001 腹腔镜下胰腺病损射频消融术
52.2100x002 腹腔镜下胰腺病损微波消融术
52.2100x003 腹腔镜下胰腺病损冷冻消融术
52.2100x004 腹腔镜下胰腺病损纳米刀消融术
52.2101 腹腔镜下胰腺病损切除术
52.2102 超声内镜下胰腺无水酒精注射术
52.5100x001 胰近端切除伴十二指肠切除术
52.5101 胰头切除术
52.5102 胰头伴部分胰体切除术
52.5103 胰头十二指肠切除术
52.5104 胰头部分切除术
52.5201 胰尾切除术
52.5202 胰尾伴部分胰体切除术
52.5203 胰尾部分切除术
52.5204 腹腔镜下胰尾切除术
52.5205 腹腔镜下胰尾伴部分胰体切除术
52.5206 腹腔镜下胰体胰尾病损切除术
52.5300 根治性胰腺次全切除术
52.5301 腹腔镜根治性胰体尾切除术
52.5901 胰腺部分切除术
52.5902 胰腺十二指肠部分切除术
52.5903 胰腺节段切除术
52.5904 胰体尾切除术
52.5905 腹腔镜胰腺部分切除术
52.5906 腹腔镜胰腺中段切除术
52.6x00 全胰切除术
52.6x00x003 异位胰腺切除术
52.6x01 胰腺全部切除伴十二指肠切除术
52.7x00 根治性胰十二指肠切除术
52.7x00x003 胰腺根治性切除术
52.7x01 腹腔镜下胰十二指肠根治术
52.9500x001 胰瘘管切除术
52.9500x002 胰尾修补术
52.9501 胰腺裂伤缝合术
52.9504 胰腺修补术
52.9601 胰腺管空肠吻合术
52.9602 胰腺管胃吻合术
54.1101 腹腔镜中转剖腹探查术
54.1201 再开腹探查术

54.1202　近期开腹术后腹腔止血术
54.1900x001　腹部血肿去除术
54.1900x005　腹腔镜下腹腔积血清除术
54.1900x010　腹腔脓肿切开引流术
54.1900x011　腹腔血肿清除术
54.1901　腹膜后血肿清除术
54.1902　腹膜血肿清除术
54.1903　腹腔切开引流术
54.1904　膈下脓肿切开引流术
54.1907　腹腔出血止血术
54.1909　肠系膜血肿清除术
54.3x06　腹壁清创术
54.4x00x005　大网膜病损切除术
54.4x00x006　大网膜部分切除术
54.4x00x007　大网膜切除术
54.4x00x012　骶尾部病损切除术
54.4x00x021　腹膜外病损切除术
54.4x00x035　盆腔病损切除术
54.4x00x039　盆腔病损冷冻治疗术
54.4x00x042　髂窝病损切除术
54.4x00x047　腰骶病损切除术
54.4x00x048　腹腔病损氩氦刀靶向冷冻治疗术
54.4x00x050　腹腔镜下直肠全系膜切除术［TME］
54.4x01　腹膜病损切除术
54.4x02　腹膜后病损切除术
54.4x03　网膜部分切除术
54.4x04　网膜切除术
54.4x05　网膜病损切除术
54.4x06　肠系膜病损切除术
54.4x07　骶前病损切除术
54.4x08　盆腔腹膜切除术
54.4x09　经阴道腹膜后病损切除术
54.4x10　腹腔镜下盆腔腹膜病损切除术
54.4x11　腹腔镜下腹膜病损切除术
54.4x12　腹腔镜下网膜病损切除术
54.4x13　腹腔镜下肠系膜病损切除术
54.4x14　腹腔镜下网膜部分切除术
54.4x15　腹腔镜下腹膜后病损切除术
54.4x16　腹腔镜下网膜切除术
54.5100　腹腔镜下腹膜粘连松解术
54.5100x005　腹腔镜下腹腔粘连松解术
54.5100x009　腹腔镜下盆腔粘连松解术
54.5101　腹腔镜下肠粘连松解术
54.5102　腹腔镜下网膜粘连松解术
54.5103　腹腔镜下盆腔腹膜粘连松解术
54.5900x007　盆腔腹膜粘连松解术
54.5901　腹腔粘连松解术
54.5902　腹膜粘连松解术
54.5903　肠粘连松解术
54.5904　盆腔粘连松解术
54.5905　网膜粘连松解术
54.7300x001　腹膜组织修补术
54.7301　腹膜后组织修补术
54.7302　胃结肠韧带缝合术
54.7400x001　大网膜包肝术
54.7400x002　大网膜包肾术
54.7400x003　大网膜还纳术
54.7400x004　大网膜内移植术
54.7400x005　大网膜修补术
54.7400x006　生物大网膜移植术
54.7401　网膜固定术
54.7402　网膜缝合术
54.7403　网膜移植术
54.7404　网膜扭转复位术
54.7405　异体大网膜移植术
54.7500x002　肠系膜修补术
54.7501　肠系膜固定术
54.7502　肠系膜折叠术
54.9400x002　腹腔-静脉转流泵管置入术
54.9401　腹腔颈静脉分流术
54.9402　腹腔静脉分流术
54.9500x004　脑室-腹腔引流管腹腔端修正术
54.9501　拉德手术
54.9502　脑室-腹腔分流修复术
54.9900x010　腹腔镜下盆腔病损切除术
54.9900x011　腹腔镜下盆腔内膜病损电凝术
54.9904　腹腔镜下腹腔病损切除术
55.3100　肾病损袋形缝合术［造袋术］
55.3400x001　腹腔镜下肾病损射频消融术
55.3400x002　腹腔镜下肾病损纳米刀消融术
55.3900x001　副肾切除术
55.3900x003　肾病损切除术
55.3901　经皮肾病损冷冻治疗术
55.3902　经尿道输尿管镜肾病损激光切除术
55.3903　经皮肾镜肾盂病损电切术
55.4x00　部分肾切除术
55.4x01　肾楔形切除术
55.4x02　肾盂部分切除术
55.4x03　腹腔镜下肾部分切除术
55.4x04　肾盂切除术

55.4x05　肾盏切除术
55.5100　肾输尿管切除术
55.5101　单侧肾切除术
55.5102　供肾取肾术
55.5103　腹腔镜下单侧肾切除术
55.5104　腹腔镜下单侧肾输尿管切除术
55.5105　腹腔镜供肾取肾术
55.5106　腹腔镜膀胱镜下肾输尿管切除术
55.5200　残留肾切除术
55.5201　孤立肾切除术
55.5300x001　移植肾切除术
55.5400　双侧肾切除术
55.5401　腹腔镜下双侧肾切除术
56.4100x009　腹腔镜下输尿管囊肿造口术
56.4100x011　腹腔镜下输尿管残端切除术
56.4101　输尿管病损切除术
56.4105　腹腔镜下输尿管部分切除术
56.4200　输尿管全部切除术
56.7101　输尿管-回肠吻合术
56.7103　输尿管-直肠吻合术
56.7200　输尿管肠吻合术的修复术
56.7400　输尿管膀胱吻合术
56.8900x001　肠管代输尿管术
56.8900x006　腹腔镜下肠管代输尿管术
56.8901　输尿管成形术
56.8902　输尿管移植术
56.8907　膀胱瓣代输尿管术
56.8908　腹腔镜下输尿管成形术
56.8909　腹腔镜下膀胱瓣代输尿管术
57.4900x001　经尿道膀胱病损电切术
57.4901　经尿道膀胱病损切除术
57.4902　经尿道膀胱颈电切术
57.5900x001　膀胱病损激光切除术
57.5901　膀胱病损切除术
57.5902　膀胱憩室切除术
57.5903　膀胱颈切除术
57.7100　根治性膀胱切除术
57.7101　膀胱尿道全切除术
57.7102　男性盆腔脏器去除术
57.7103　腹腔镜下膀胱根治切除术
57.7900x001　膀胱全切除术
57.7901　腹腔镜下全膀胱切除术
57.8100　膀胱裂伤缝合术
57.8301　膀胱回肠瘘修补术
57.8302　膀胱乙状结肠瘘修补术
57.8303　膀胱结肠瘘修补术
57.8304　膀胱直肠瘘修补术
57.8305　膀胱阴道直肠瘘修补术
57.8400x004　腹腔镜下膀胱-阴道瘘修补术
57.8400x005　经阴道膀胱-阴道瘘修补术
57.8401　膀胱瘘修补术
57.8402　膀胱阴道瘘修补术
57.8404　膀胱子宫瘘修补术
57.8500x002　膀胱颈重建术
57.8501　膀胱颈成形术
57.8600　膀胱外翻修补术
57.8700x005　腹腔镜下回肠代膀胱术
57.8700x006　腹腔镜下可控性肠代膀胱术
57.8700x007　腹腔镜下胃代膀胱术
57.8700x008　腹腔镜下直肠代膀胱术
57.8700x009　胃代膀胱术
57.8701　回肠代膀胱术
57.8704　直肠代膀胱术
57.8706　乙状结肠代膀胱术
57.8707　乙状结肠膀胱扩大术
57.8708　回肠浆肌层膀胱扩大术
57.8801　膀胱肠管吻合术
57.8802　膀胱结肠吻合术
57.8900x001　膀胱修补术
59.0200x007　肾周围淋巴管剥脱术
59.0300x002　腹腔镜下肾周围淋巴管剥脱术
59.9101　肾周病损切除术
62.4101　双侧睾丸附睾切除术
62.4102　双侧睾丸根治性切除术
65.2501　腹腔镜卵巢病损切除术
65.2505　腹腔镜卵巢部分切除术
65.2901　卵巢病损切除术
65.2903　经阴道卵巢病损切除术
65.2906　卵巢部分切除术
65.5100x001　女性去势术
65.5300　腹腔镜双侧卵巢切除术
65.6300　腹腔镜双侧卵巢和输卵管切除术
67.3903　腹腔镜子宫颈病损切除术
67.4x00x002　子宫颈广泛性切除术
67.4x00x005　子宫颈切除术
67.4x01　子宫颈部分切除术
67.4x02　残余子宫颈切除术
68.2900x035　子宫角部分切除术
68.2901　子宫肌瘤切除术
68.2906　子宫病损切除术

68.2907　经阴道子宫病损切除术
68.2912　腹腔镜子宫病损切除术
68.2918　腹腔镜辅助经阴道子宫病损切除术
68.3100x002　筋膜内子宫切除术［CISH手术］
68.3101　标准子宫筋膜内子宫切除术
68.3102　腹腔镜子宫次全切除术
68.3104　腹腔镜残角子宫切除术
68.3105　腹腔镜双子宫单侧切除术
68.3106　腹腔镜辅助子宫颈上子宫切除术
68.3900x003　子宫颈上子宫切除术
68.3901　子宫次全切除术
68.3902　子宫部分切除术
68.3903　子宫角切除术
68.3904　子宫楔形切除术
68.3907　双角子宫切除术
68.4100　腹腔镜经腹全子宫切除术
68.4101　腹腔镜经腹子宫扩大切除术
68.4102　腹腔镜经腹筋膜外子宫切除术
68.4103　腹腔镜经腹始基子宫切除术
68.4104　腹腔镜经腹双子宫切除术
68.4900x004　始基子宫切除术
68.4900x006　子宫次广泛切除术
68.4901　经腹全子宫切除术
68.4902　经腹筋膜外全子宫切除术
68.4903　经腹扩大性全子宫切除术
68.4905　经腹双子宫切除术
68.5100x004　腹腔镜辅助经阴道始基子宫切除术
68.5100x005　腹腔镜辅助经阴道子宫次全切除术
68.5101　腹腔镜辅助经阴道子宫扩大切除术
68.5102　腹腔镜辅助经阴道筋膜内子宫切除术
68.5103　腹腔镜辅助经阴道子宫部分切除术
68.5900x002　经阴道子宫次全切除术
68.5901　经阴道子宫切除术
68.5902　经阴道子宫部分切除术
68.6100x001　腹腔镜下子宫广泛性切除术
68.6100x002　腹腔镜下子宫改良广泛性切除术
68.6101　腹腔镜改良根治性子宫切除术
68.6900x001　子宫广泛性切除术
68.6900x002　子宫改良广泛性切除术
68.6901　子宫根治性切除术
68.6902　子宫改良根治性切除术
68.7100x001　腹腔镜辅助经阴道子宫广泛性切除术
68.7900x003　经阴道子宫广泛性切除术
68.7901　经阴道子宫根治性切除术
68.8x01　女性盆腔廓清术
70.5305　全盆底重建术
70.7200　结肠阴道瘘修补术
70.7300　直肠阴道瘘修补术
70.7400x001　小肠-阴道瘘修补术
70.7401　小肠-阴道瘘切除术
71.5x00x001　外阴广泛性切除术
71.5x00x003　外阴根治性局部扩大切除术
71.5x00x004　外阴根治性局部切除术
71.6100　单侧外阴切除术
71.6200　双侧外阴切除术
71.7900x010　后盆底重建术
71.7900x011　前盆底重建术
86.9600x003　脊髓神经刺激器置入术

RA2　淋巴瘤、白血病等伴其他手术

包含以下主要诊断：
C45.706　盆腔间皮瘤
C45.900　间皮瘤
C46.300　淋巴结卡波西肉瘤
C46.700　卡波西肉瘤，其他部位的
C46.800　多器官的卡波西肉瘤
C46.900　卡波西肉瘤
C46.900x002　非洲型卡波西肉瘤
C46.900x003　经典（欧洲）型卡波西肉瘤
C46.900x004　同种异质移植型卡波西肉瘤
C49.901　淋巴管恶性肿瘤
C77.107　膈淋巴结继发恶性肿瘤
C77.200　腹腔内淋巴结继发性的恶性肿瘤
C77.202　脾淋巴结继发恶性肿瘤
C77.205　腹膜后淋巴结继发恶性肿瘤
C77.206　主动脉旁淋巴结继发恶性肿瘤
C77.300　腋下和上肢淋巴结继发性的恶性肿瘤
C77.300x001　腋窝淋巴结继发恶性肿瘤
C77.300x003　肱骨内上髁淋巴结继发恶性肿瘤
C77.301　腋下淋巴结继发恶性肿瘤
C77.302　锁骨下淋巴结继发恶性肿瘤
C77.303　胸壁淋巴结继发恶性肿瘤
C77.400x001　腹股沟淋巴结继发恶性肿瘤
C77.401　下肢淋巴结继发恶性肿瘤
C77.500　盆腔内淋巴结继发性的恶性肿瘤
C77.501　髂淋巴结继发恶性肿瘤
C77.502　骶骨淋巴结继发恶性肿瘤
C77.503　耻骨联合前淋巴结继发恶性肿瘤
C77.800　多个部位淋巴结继发性的恶性肿瘤
C77.900　淋巴结恶性肿瘤

C77.900x001　淋巴结继发恶性肿瘤
C78.605　道格拉斯陷凹继发恶性肿瘤
C79.800x804　躯干继发恶性肿瘤
C79.800x811　腋下继发恶性肿瘤
C79.800x816　臀部继发恶性肿瘤
C79.800x818　骶尾区继发恶性肿瘤
C79.800x837　鞘膜继发恶性肿瘤
C79.800x862　癌性淋巴管炎
C79.811　盆腔继发恶性肿瘤
C79.826　淋巴管继发恶性肿瘤
C79.829　骶尾部继发恶性肿瘤
C79.900　继发恶性肿瘤，未特指部位
C79.900x001　广泛转移性恶性肿瘤
C80.000　恶性肿瘤
C80.000x001　恶性肿瘤复发
C80.001　恶性恶病质
C80.900　恶性肿瘤，原发部位未特指
C80.901　癌，未特指
C80.902　恶性上皮肿瘤，未特指
C80.903　恶性肿瘤，未特指
C80.904　恶性肿瘤恶病质，未特指
C80.905　复合癌，未特指
C81.000　结节性淋巴细胞为主型霍奇金淋巴瘤
C81.100　结节性硬化型（经典型）霍奇金淋巴瘤
C81.200　混合细胞型（经典型）霍奇金淋巴瘤
C81.300　淋巴细胞减少型（经典型）霍奇金淋巴瘤
C81.400　富淋巴细胞性（经典型）霍奇金淋巴瘤
C81.700　经典型霍奇金淋巴瘤，其他类型的
C81.701　霍奇金副肉芽肿
C81.702　霍奇金肉芽肿
C81.703　霍奇金肉瘤
C81.900　霍奇金淋巴瘤，未特指
C81.900x005　皮肤霍奇金淋巴瘤
C82.000　滤泡性淋巴瘤Ⅰ级
C82.100　滤泡性淋巴瘤Ⅱ级
C82.200　滤泡性淋巴瘤Ⅲ级
C82.300　滤泡性淋巴瘤Ⅲa级
C82.400　滤泡性淋巴瘤Ⅲb级
C82.500　弥漫性滤泡中心细胞淋巴瘤
C82.600　皮肤滤泡中心细胞淋巴瘤
C82.700　滤泡性淋巴瘤，其他类型的
C82.701　恶性淋巴瘤，淋巴细胞性，高分化，结节性
C82.702　恶性淋巴瘤，淋巴细胞性，中分化，结节性
C82.703　恶性淋巴瘤，淋巴细胞性，低分化，结节性
C82.704　恶性淋巴瘤，中心母细胞性，滤泡性
C82.900　滤泡性淋巴瘤
C82.901　恶性淋巴瘤，滤泡中心性
C82.903　结节性淋巴瘤，未特指
C83.000　小B细胞淋巴瘤
C83.001　淋巴浆细胞性淋巴瘤
C83.002　结节边缘区淋巴瘤
C83.003　脾缘区淋巴瘤
C83.004　非白血病B-CLL变异
C83.100　曼特尔细胞淋巴瘤
C83.101　中心细胞性淋巴瘤
C83.102　恶性淋巴瘤性息肉病
C83.300　弥漫性大B细胞淋巴瘤
C83.300x006　原发中枢神经系统弥漫大B细胞淋巴瘤
C83.300x007　原发皮肤弥漫大B细胞淋巴瘤（腿型）
C83.300x008　老年人EBV阳性弥漫大B细胞淋巴瘤
C83.300x009　与慢性炎症相关弥漫大B细胞淋巴瘤
C83.301　间变型弥漫大B细胞淋巴瘤
C83.302　中心母细胞型弥漫大B细胞淋巴瘤
C83.303　浆母细胞性弥漫大B细胞淋巴瘤
C83.304　免疫母细胞型弥漫大B细胞淋巴瘤
C83.305　未特指亚型的弥漫大B细胞淋巴瘤
C83.306　富T细胞弥漫大B细胞淋巴瘤
C83.307　CD30阳性弥漫大B细胞淋巴瘤
C83.500　原淋巴细胞（弥漫性）淋巴瘤
C83.501　前体B细胞淋巴瘤
C83.502　B淋巴母细胞性淋巴瘤
C83.503　淋巴母细胞性淋巴瘤NOS
C83.504　T淋巴母细胞性淋巴瘤
C83.505　前体T细胞淋巴瘤
C83.700　伯基特淋巴瘤
C83.702　伯基特样淋巴瘤
C83.703　非典型伯基特淋巴瘤
C83.800　其他非滤泡性淋巴瘤
C83.800x006　脾红髓弥漫小B细胞淋巴瘤
C83.800x008　恶性淋巴瘤，淋巴浆细胞性
C83.800x009　起源于HHV8相关多中心性Castleman病的大B细胞淋巴瘤
C83.801　原发渗出性淋巴瘤
C83.802　血管内大B细胞淋巴瘤
C83.803　淋巴样肉芽肿病
C83.900　非滤泡（弥漫性）淋巴瘤，未特指

C84.000　蕈样真菌病
C84.000x002　原发性皮肤T细胞淋巴瘤［蕈样肉芽肿］
C84.000x003　嗜毛囊性蕈样肉芽肿
C84.100　塞扎里病
C84.400　周围T细胞淋巴瘤，不可分类在他处
C84.400x001　成熟T细胞淋巴瘤
C84.401　血管免疫母细胞性T-细胞淋巴瘤
C84.402　外周T-细胞淋巴瘤，多形性小细胞
C84.403　外周T-细胞淋巴瘤，多形性中等细胞和大细胞
C84.404　间变大细胞T-细胞淋巴瘤，ALK阴性
C84.405　外周T-细胞淋巴瘤，AILD
C84.406　Lennert淋巴瘤
C84.407　淋巴上皮样淋巴瘤
C84.500　其他成熟的T/NK细胞淋巴瘤
C84.500x004　儿童系统性EBV阳性T细胞增殖性疾病
C84.500x012　原发皮肤外周T细胞淋巴瘤（罕见类型）
C84.500x016　原发皮肤CD4+小/中多形性T细胞淋巴瘤
C84.502　皮肤淋巴瘤
C84.600　间变性大细胞淋巴瘤，ALK阳性
C84.601　间变性大细胞淋巴瘤，CD30阳性
C84.700　间变性大细胞淋巴瘤，ALK阴性
C84.800　皮肤T细胞淋巴瘤，未特指
C84.900　成熟T/NK细胞淋巴瘤，未特指
C84.901　T/NK细胞淋巴瘤，未特指
C85.100　B-细胞淋巴瘤
C85.100x010　富T细胞/富组织细胞大B细胞淋巴瘤
C85.100x017　ALK+大B细胞淋巴瘤
C85.100x021　原发皮肤B细胞淋巴瘤
C85.200　纵隔（胸腺）大B细胞淋巴瘤
C85.700　非霍奇金淋巴瘤的其他特指类型
C85.700x004　慢性NK细胞淋巴增殖性疾病
C85.700x016　皮下NK细胞淋巴瘤
C85.701　单核细胞样B细胞淋巴瘤
C85.704　血管中心性T-细胞淋巴瘤
C85.705　大细胞（ki-1+）淋巴瘤
C85.707　NK/T-细胞淋巴瘤
C85.709　间变大细胞淋巴瘤
C85.715　血管内皮瘤病
C85.900　非霍奇金淋巴瘤
C85.900x001　鼻窦淋巴瘤
C85.900x002　鼻腔淋巴瘤
C85.900x003　扁桃体淋巴瘤
C85.900x004　肠淋巴瘤
C85.900x005　肠系膜淋巴瘤
C85.900x006　淋巴瘤
C85.900x008　肺淋巴瘤
C85.900x009　腹膜后淋巴瘤
C85.900x010　腹腔淋巴瘤
C85.900x011　肝淋巴瘤
C85.900x012　睾丸淋巴瘤
C85.900x013　纵隔淋巴瘤
C85.900x014　回盲部淋巴瘤
C85.900x015　结肠淋巴瘤
C85.900x016　卵巢淋巴瘤
C85.900x017　盲肠淋巴瘤
C85.900x019　脑淋巴瘤
C85.900x020　脾淋巴瘤
C85.900x022　舌淋巴瘤
C85.900x023　胃淋巴瘤
C85.900x024　小肠淋巴瘤
C85.900x025　眼淋巴瘤
C85.900x026　硬膜外淋巴瘤
C85.900x027　肢体淋巴瘤
C85.900x028　直肠淋巴瘤
C85.900x029　骨淋巴瘤
C85.900x030　腹股沟淋巴瘤
C85.900x031　乳腺淋巴瘤
C85.900x034　周围神经血管内淋巴瘤
C85.900x036　甲状腺淋巴瘤
C85.900x037　脊髓淋巴瘤
C85.900x038　淋巴瘤结内侵及
C85.900x039　淋巴瘤结外侵及
C85.900x040　颈淋巴瘤
C85.900x041　心脏淋巴瘤
C85.900x042　胰腺淋巴瘤
C85.900x043　肾淋巴瘤
C85.901　复合性霍奇金和非霍奇金淋巴瘤
C86.000　结外NK/T细胞淋巴瘤，鼻型
C86.100　肝脾T细胞淋巴瘤
C86.200　肠型T细胞淋巴瘤
C86.300　皮下血管炎样T细胞淋巴瘤
C86.400　原始NK细胞淋巴瘤
C86.500　血管免疫母细胞性T细胞淋巴瘤
C86.600　原发性皮肤CD30阳性T细胞增殖性病变

C86.601　淋巴瘤样丘疹病
C86.602　原发性皮肤间变性大细胞淋巴瘤
C86.603　原发性皮肤CD30+间变性大细胞淋巴瘤
C88.000　瓦尔登斯特伦巨球蛋白血症
C88.000x002　高黏滞综合征
C88.000x011　巨球蛋白血症伴缓解
C88.000x012　高黏滞综合征伴缓解
C88.200　其他重链病
C88.200x011　γ重链病伴缓解
C88.200x012　富兰克林病伴缓解
C88.201　富兰克林病
C88.202　γ重链病
C88.203　Mμ重链病
C88.300　免疫增生性小肠病
C88.301　地中海淋巴瘤
C88.302　α重链病
C88.400　MALT-淋巴瘤
C88.401　与黏膜有关的淋巴样组织淋巴瘤
C88.402　与支气管有关的淋巴样组织淋巴瘤
C88.403　与皮肤有关的淋巴样组织淋巴瘤
C88.700　恶性免疫增生性疾病，其他的
C88.700x002　重链病
C88.700x003　μ重链病
C88.700x012　重链病伴缓解
C88.700x013　μ重链病伴缓解
C88.701　血管中心性免疫增生性病变，恶性
C88.900　恶性免疫增生性疾病
C88.900x001　原发性免疫疾病相关性淋巴增殖性疾病
C90.100　浆细胞白血病
C90.100x002　继发性浆细胞白血病
C90.100x011　浆细胞白血病伴缓解
C91.000　急性淋巴细胞白血病
C91.000x006　前B细胞急性淋巴细胞白血病
C91.000x007　前T细胞急性淋巴细胞白血病
C91.000x009　B淋巴母细胞性白血病/淋巴瘤
C91.000x012　急性淋巴细胞白血病L1伴缓解
C91.000x013　急性淋巴细胞白血病L2伴缓解
C91.000x014　急性淋巴细胞白血病L3伴缓解
C91.000x015　慢性粒细胞性白血病伴缓解（急淋变）
C91.000x016　T淋巴母细胞白血病/淋巴瘤
C91.000x017　前T细胞急性淋巴细胞白血病伴缓解
C91.001　急性淋巴细胞性白血病，L1型
C91.002　急性淋巴细胞性白血病，L2型
C91.003　急性淋巴细胞性白血病，L3型
C91.004　慢性粒细胞性白血病，急淋变
C91.006　急性淋巴细胞白血病，完全缓解
C91.007　成人Ph+急性淋巴细胞白血病（ALL）
C91.008　成人Ph-急性淋巴细胞白血病（ALL）
C91.100　B细胞型慢性淋巴细胞白血病
C91.100x011　慢性淋巴细胞白血病伴缓解
C91.100x012　慢性淋巴细胞性白血病，急性变
C91.101　淋巴浆细胞性白血病
C91.102　Richter综合征
C91.300　幼淋巴细胞白血病，B细胞型
C91.400　多毛细胞白血病
C91.400x004　毛细胞白血病（变异型）
C91.400x013　毛细胞白血病伴缓解
C91.401　白血病性网状内皮细胞增多症
C91.500　成人T-细胞淋巴瘤/白血病［HTLV-1-相关性］
C91.500x011　成人T细胞白血病伴缓解
C91.600　T细胞型早幼粒细胞白血病
C91.700　淋巴样白血病，其他的
C91.701　非白血性淋巴细胞性白血病
C91.704　T-细胞大颗粒淋巴细胞白血病
C91.800　伯基特型成熟B细胞白血病
C91.900　淋巴样白血病
C91.901　淋巴细胞白血病
C92.000　急性髓细胞白血病
C92.000x003　急性粒细胞性白血病
C92.000x006　急性嗜碱性粒细胞白血病
C92.000x011　急性粒细胞性白血病未分化型伴缓解（M1型）
C92.000x012　急性粒细胞性白血病部分分化型伴缓解（M2型）
C92.000x013　急性粒细胞性白血病伴缓解
C92.000x014　急性髓系白血病，伴有异常的骨髓嗜酸性粒细胞
C92.000x015　急性髓系白血病，最低分化
C92.000x016　急性髓系白血病，伴有成熟
C92.000x017　急性髓系白血病，完全缓解
C92.000x018　急性髓系白血病，t (6; 9) (p23; q34); DEK :: NUP214
C92.001　急性髓细胞白血病，微分化型
C92.002　急性髓细胞白血病，不伴有成熟
C92.003　急性髓细胞白血病，1/ETO型
C92.004　急性髓细胞白血病，M0型

C92.005　急性髓细胞白血病，M1型
C92.006　急性髓细胞白血病，M2型
C92.007　急性髓细胞白血病，t (8; 21)
C92.008　急性髓细胞白血病（没有FAB分类），未特指
C92.009　转化过程中难治性贫血伴原始细胞增多
C92.100　慢性髓系白血病（CML），BCR/ABL阳性
C92.100x001　慢性粒细胞性白血病
C92.100x002　慢性粒细胞性白血病（急性变）
C92.100x004　慢性髓单核细胞性白血病
C92.100x011　慢性粒细胞性白血病伴缓解
C92.100x012　慢性粒细胞性白血病伴缓解（急性变）
C92.100x014　慢性髓单核细胞性白血病伴缓解
C92.100x016　慢性髓系白血病伴缓解
C92.100x017　慢性髓系白血病，急性发作
C92.100x018　慢性中幼粒细胞性白血病
C92.100x019　慢性髓系白血病，BCR/ABL阳性
C92.101　费城染色体（Ph1）阳性慢性粒细胞白血病
C92.102　慢性粒细胞白血病伴t (9: 22) (q34; q11)
C92.103　慢性粒细胞白血病原始细胞危象
C92.200　非典型性慢性髓系白血病，BCR/ABL阴性
C92.200x001　慢性粒细胞白血病（加速期）
C92.200x011　慢性粒细胞白血病伴缓解（加速期）
C92.201　亚急性粒细胞性白血病
C92.300　髓样肉瘤
C92.300x001　绿色瘤
C92.300x003　粒细胞肉瘤
C92.300x011　绿色瘤伴缓解
C92.300x013　粒细胞肉瘤伴缓解
C92.400x011　急性早幼粒细胞白血病伴缓解（M3型）
C92.401　急性早幼粒细胞性白血病，完全缓解
C92.402　急性髓细胞白血病，M3型
C92.403　急性髓细胞白血病，M3伴t (15; 17)伴多样型
C92.500x011　急性粒单核细胞白血病伴缓解（M4型）
C92.501　急性髓细胞白血病，M4型
C92.502　急性髓细胞白血病，M4伴t (16; 16)伴多样型
C92.600　急性髓系白血病伴11q23异常
C92.601　急性髓系白血病伴MLL基因变异
C92.700　髓样白血病，其他的
C92.700x006　唐氏综合征相关的髓系白血病
C92.700x012　嗜碱细胞性白血病伴缓解
C92.700x013　嗜酸细胞性白血病伴缓解
C92.701　非白血性髓系白血病
C92.703　嗜碱细胞白血病
C92.706　嗜酸细胞白血病
C92.800　急性髓系白血病伴多系增生异常
C92.900　髓样白血病
C92.900x001　低增生性粒细胞性白血病
C92.900x011　低增生性粒细胞性白血病伴缓解
C92.901　粒细胞白血病
C93.000x011　急性单核细胞性白血病伴缓解（M5型）
C93.000x016　急性单核细胞白血病伴缓解
C93.001　急性髓细胞白血病，M5a型
C93.002　急性髓细胞白血病，M5b型
C93.003　急性髓细胞白血病，M5型
C93.100　慢性粒单核细胞白血病
C93.100x011　慢性单核细胞白血病伴缓解
C93.100x012　慢性单核细胞白血病，急性加重
C93.100x013　慢性粒单核细胞性白血病伴缓解
C93.101　慢性单核细胞白血病
C93.102　慢性粒单核细胞白血病-1
C93.103　慢性粒单核细胞白血病-2
C93.104　慢性粒单核细胞白血病伴嗜酸粒细胞增多
C93.300　幼年型骨髓单核细胞白血病
C93.300x001　幼年型粒单核细胞白血病伴缓解
C93.700　单核细胞白血病，其他的
C93.701　非白血性单核细胞白血病
C93.900　单核细胞白血病
C93.901　组织细胞白血病
C94.000x001　急性红白血病（M6型）
C94.000x011　急性红白血病伴缓解（M6型）
C94.001　红白血病
C94.004　急性髓系白血病，M6（a）(b)
C94.200　急性原巨核细胞白血病
C94.200x011　急性巨核细胞白血病伴缓解（M7型）
C94.201　急性巨核细胞性白血病
C94.202　急性髓系白血病，M7
C94.300　肥大细胞白血病
C94.300x011　肥大细胞白血病伴缓解
C94.400　急性全骨髓增殖症伴骨髓纤维化
C94.400x001　急性骨髓纤维化

C94.600　骨髓增生异常和骨髓增生性疾病，不可归类在他处者
C94.700　白血病，其他特指的
C94.700x004　中枢神经系统白血病
C94.700x014　中枢神经系统白血病伴缓解
C94.702　急性嗜碱细胞性白血病
C94.703　侵袭性NK细胞白血病
C95.000　急性白血病
C95.000x002　急性白血病髓外复发
C95.000x003　急性非淋巴细胞性白血病
C95.000x015　急性白血病（谱系未定）
C95.000x016　B淋巴细胞和髓系混合表型急性白血病
C95.000x017　T淋巴细胞和髓系混合表型急性白血病
C95.000x018　NK细胞淋巴母细胞性白血病/淋巴瘤
C95.000x101　急性白血病伴缓解
C95.000x102　急性白血病髓外复发伴缓解
C95.000x115　急性白血病伴缓解（谱系未定）
C95.000x116　B淋巴细胞和髓系混合表型急性白血病伴缓解
C95.000x117　T淋巴细胞和髓系混合表型急性白血病伴缓解
C95.000x118　NK细胞淋巴母细胞性白血病/淋巴瘤伴缓解
C95.002　干细胞白血病
C95.003　未分化细胞白血病
C95.004　急性双系白血病
C95.005　急性混合型单系白血病
C95.006　急性双表型白血病
C95.100　慢性白血病
C95.100x011　慢性白血病伴缓解
C95.100x012　慢性白血病急性加重
C95.700x001　高白细胞白血病
C95.700x002　先天性白血病
C95.700x003　皮肤白血病
C95.700x011　高白细胞白血病伴缓解
C95.900　白血病
C95.900x003+M36.1*　白血病性关节病
C95.900x005　难治性白血病
C95.900x007+N16.1*　白血病致肾小管间质疾患
C95.900x012　混合细胞性白血病伴缓解
C95.900x013+M36.1*　白血病性关节病伴缓解
C95.900x015　难治性白血病伴缓解
C95.901　混合细胞性白血病
C96.000　莱特雷尔-西韦病
C96.002　急性分化性进行性组织细胞增多症
C96.004　组织细胞增生症X，多系统
C96.200　恶性肥大细胞瘤
C96.200x005　全身性肥大细胞病
C96.200x013　肥大细胞肉瘤伴缓解
C96.201　侵袭性系统性肥大细胞增生症
C96.202　肥大细胞肉瘤
C96.400　树突细胞肉瘤
C96.400x001　滤泡树突状细胞肉瘤
C96.400x002　未定型树突细胞瘤
C96.400x003　母细胞性浆细胞样树状突细胞肿瘤
C96.400x004　指突状树突细胞肉瘤
C96.401　交错树突细胞肉瘤
C96.402　朗格汉斯细胞肉瘤
C96.403　小结树突细胞肉瘤
C96.500　朗格汉斯细胞组织细胞增生症，多病灶和单系统性
C96.501　汉-许-克病
C96.502　组织细胞增生症X，多病灶
C96.600　朗格汉斯细胞组织细胞增生症，单病灶
C96.601　嗜酸细胞性肉芽肿
C96.602　组织细胞增生症X，单病灶
C96.603　组织细胞增生症XNOS
C96.604　朗格汉斯细胞组织细胞增生症NOS
C96.704　原发皮肤γδ-T细胞淋巴瘤
C96.705　种痘样水疱病样淋巴瘤
C96.800　组织细胞肉瘤
C96.801　恶性组织细胞增生症
C96.900　淋巴、造血和有关组织的恶性肿瘤
C97.x00　独立（原发）多个部位的恶性肿瘤
C97.x01　复合癌
D09.700　原位癌，其他特指部位的
D09.700x001　骶尾原位癌
D09.900　原位癌
D19.700　间皮组织良性肿瘤，其他部位的
D45.x00　真性红细胞增多症
D46.001　难治性贫血伴单系病态造血
D46.100　难治性贫血伴有环形铁粒幼细胞
D46.100x002　伴环形铁粒幼红细胞的难治性贫血合并血小板显著增多
D46.100x012　伴环形铁粒幼红细胞的难治性贫血合并血小板显著增多伴缓解
D46.200　难治性贫血伴有胚细胞过多

D46.201x001 难治贫血伴有胚细胞过多-Ⅰ型
D46.203 难治性贫血伴有胚细胞过多-Ⅱ型
D46.400 难治性贫血
D46.500 难治性贫血伴多系病态造血
D46.600 MDS-5q-综合征
D46.700x001 难治性血细胞减少伴单一系列病态造血
D46.700x002 难治性中性粒细胞减少症
D46.700x003 难治性血小板减少症
D46.700x006 不能分型的骨髓异常增生综合征
D46.700x007 儿童骨髓异常增生综合征
D46.700x008 儿童难治性血细胞减少
D46.900 骨髓增生异常综合征
D46.900x002 骨髓增生异常性贫血
D46.900x004 骨髓发育不良综合征
D46.900x006 治疗相关性AML和MDS
D46.901 白血病前期综合征
D47.000 动态未定和动态未知的组织细胞和肥大细胞瘤
D47.001 懒性系统性肥大细胞增多症
D47.002 肥大细胞肿瘤，未特指
D47.003 肥大细胞瘤，未特指
D47.004 非肥大细胞系的造血系统增生疾病
D47.100 慢性骨髓增生性疾病
D47.100x004 慢性骨髓增殖性肿瘤
D47.100x007 慢性骨髓增殖性疾病（不能分型）
D47.100x008 骨髓增生异常性/骨髓增殖性肿瘤（不能分型）
D47.100x009 唐氏综合征相关的骨髓增殖性疾病
D47.100x017 慢性骨髓增殖性疾病伴缓解（不能分型）
D47.100x018 骨髓增生异常性/骨髓增殖性肿瘤伴缓解（不能分型）
D47.100x019 慢性中性粒细胞性白血病伴缓解
D47.101 慢性中性粒细胞白血病
D47.200 意义未明的单克隆丙种球蛋白病
D47.200x003 单克隆免疫球蛋白沉积病
D47.200x004+G63.1* 副蛋白血症相关神经病
D47.200x005+G63.1* 神经病伴副蛋白血症
D47.300 特发性（出血性）血小板增多症
D47.400 骨髓纤维瘤
D47.401 慢性原发性（特发性）骨髓纤维化
D47.402 （特发性）（髓样化生性）骨髓纤维化
D47.403 （巨核细胞性）骨髓硬化伴有髓样化生的
D47.404 继发性骨髓纤维化骨髓增殖性疾病
D47.500 慢性嗜酸性粒细胞白血病
D47.700 淋巴、造血和有关组织其他特指的动态未定或动态未知的肿瘤
D47.700x005 B淋巴细胞克隆性疾病
D47.700x006 原发性系统性淀粉样变性
D47.700x007 Castleman病
D47.701 血管中心性免疫增生性损害
D47.702 血管免疫母细胞淋巴结病
D47.703 T-γ淋巴组织增生性疾病
D47.900 淋巴、造血和有关组织的动态未定或动态未知的肿瘤
D47.900x001 淋巴细胞增殖性疾病
D47.900x002 移植后淋巴增殖性疾病
D48.700x001 背部交界性肿瘤
D48.700x015 臀部交界性肿瘤
D48.700x023 腋下交界性肿瘤
D48.707 躯干动态未定肿瘤
D48.708 躯干肿瘤
D48.715 盆腔动态未定肿瘤
D48.716 盆腔肿瘤
D48.722 背动态未定肿瘤
D48.723 臀动态未定肿瘤
D48.725 腋动态未定肿瘤
D48.900 动态未定或动态未知的肿瘤
D48.901 瘤
D48.902 新生物
D89.801 POEMS综合征
Q85.802 波伊茨-耶格综合征
Q85.909 错构瘤病
包含以下主要手术或操作：
01.1200 开放性脑膜活组织检查
01.1400 开放性大脑活组织检查
01.2400x005 开颅探查术
01.2400x009 颅内脓肿引流术
01.2400x013 硬脑膜外血肿清除术
01.2400x018 硬脑膜切开术
01.2402 颅骨切开引流术
01.2405 硬膜外脓肿清除术
01.2407 颅骨钻孔探查术
01.2413 颅骨去骨瓣减压术
01.2414 颅骨钻孔减压术
01.2415 颅骨切开异物取出术
02.0101 线形颅骨切除术
02.0102 条带状颅骨切除术
02.0201 颅骨骨折减压术

02.0202 颅骨骨折清创术
02.0203 颅骨骨折复位术
02.0300x001 颅骨骨瓣修补术
02.0400x003 颅骨骨膜移植术
02.0500x004 颅骨硅橡胶板置入术
02.0500x005 颅骨有机玻璃板置入术
02.0502 颅骨钛板置入术
02.0600x003 颅骨修补术
02.0700 颅骨（金属）板去除
03.3201 硬脊膜活组织检查
03.3202 脊髓活组织检查术
03.4x03 脊髓病损切除术
25.0200 开放性舌活组织检查
25.1x01 舌病损切除术
25.1x02 舌病损破坏术
25.1x03 舌射频治疗术
25.1x04 支撑喉镜下舌根部病损切除术
25.1x05 支撑喉镜下舌病损激光烧灼术
25.2x00 舌部分切除术
25.2x01 半舌切除术
32.2400x001 经皮肺病损射频消融术
32.2500x001 胸腔镜下肺病损射频消融术
33.2000 胸腔镜肺活组织检查
33.2000x002 纵隔镜下肺组织活检术
33.2500x002 胸腔镜下支气管活检术
33.2500x003 直视下支气管活检术
33.2800x001 开胸肺活检术
34.2000 胸腔镜胸膜活组织检查
34.2502 胸腔镜下纵隔活组织检查
34.2600 开放性纵隔活组织检查
34.2700x001 膈肌活检术
37.2401 胸腔镜下心包活组织检查
37.9100 开胸心脏按摩
38.8605 肝动脉结扎术
39.7900x017 结肠动脉栓塞术
39.9800x001 伤口止血术
39.9801 手术后伤口止血术
40.1100x003 腹腔镜下淋巴结活检术
40.1100x004 纵隔镜下淋巴结活检术
40.2100 深部颈淋巴结切除术
40.2200 乳房内淋巴结切除术
40.2300 腋淋巴结切除术
40.2400 腹股沟淋巴结切除术
40.2900x002 单纯淋巴结切除术
40.2900x008 颌下淋巴结切除术
40.2900x017 腹膜后淋巴管瘤（囊肿）切除术
40.2900x018 肠系膜淋巴管瘤（囊肿）切除术
40.2900x019 肢体淋巴管瘤（囊肿）切除术
40.2900x020 腹壁淋巴管瘤（囊肿）切除术
40.2900x021 颈淋巴结切除术
40.2900x022 淋巴结切除术
40.2900x024 颏下淋巴结切除术
40.2900x025 胸腔镜下纵隔淋巴结切除术
40.2900x026 胸腔镜下淋巴管瘤切除术
40.2900x027 腹腔镜下淋巴管瘤切除术
40.2900x028 腹膜后淋巴结切除术
40.2900x029 肝门淋巴结切除术
40.2900x030 上肢淋巴结切除术
40.2900x031 下肢淋巴结切除术
40.2901 锁骨上淋巴结切除术
40.2902 肺门淋巴结切除术
40.2903 肺门纵膈淋巴结切除术
40.2904 纵隔淋巴结切除术
40.2906 腹腔淋巴结切除术
40.2908 肠系膜淋巴结切除术
40.2910 淋巴管瘤切除术
41.1x00 脾穿刺
41.3300 开放性脾活组织检查
41.4200x003 经皮脾病损射频消融术
41.9100x001 供者骨髓采集术
41.9200 骨髓注入
41.9201 肱骨断端骨髓注射术
41.9202 股骨断端骨髓注射术
41.9203 胫骨断端骨髓注射术
42.1100 颈部食管造口术
42.1200 食管憩室外置术
42.1901 胸部食管造口术
42.2100 经手术切开的食管镜检查
42.2200 经人工造口的食管镜检查
42.2500 开放性食管活组织检查
42.3200x003 食管病损氩气刀治疗术
42.3201 食管病损切除术
42.3300x006 胃镜下食管病损电灼术
42.3301 内镜食管病损切除术
42.3303 内镜黏膜下隧道食管病损切除术
42.3305 内镜食管黏膜下剥离术
42.3306 内镜食管黏膜切除术
42.3309 内镜食管静脉曲张组织胶注射术
43.0x00x003 胃切开探查术
43.0x02 胃切开异物取出术

43.1100x001　内镜下经皮胃造瘘术
43.1900x003　永久性胃造口术
43.1900x005　暂时性胃造口术
43.4100x011　胃镜下贲门病损切除术
43.4100x013　胃镜下胃病损电切术
43.4100x014　胃镜下胃病损切除术
43.4100x015　胃镜下贲门病损电切术
43.4100x016　胃镜下胃病损硬化术
43.4100x026　内镜下胃病损射频消融术
43.4101　内镜下胃病损氩离子凝固术
44.1500　开放性胃活组织检查
45.1101　术中小肠内镜检查
45.3001　内镜下十二指肠病损切除术
45.3004　内镜下十二指肠黏膜下剥离术（ESD）
45.3005　内镜下十二指肠黏膜切除术（EMR）
45.3007　内镜下经黏膜下隧道十二指肠病损切除术（STER）
45.3400x002　内镜下小肠黏膜切除术（EMR）
45.3400x003　内镜下小肠黏膜下剥离术（ESD）
45.3400x004　内镜下经黏膜下隧道小肠病损切除术（STER）
45.4200x003　纤维结肠镜下结肠息肉切除术
45.4201　内镜下乙状结肠息肉切除术
45.4300x008　结肠镜下结肠病损电凝术
45.4300x009　内镜下结肠黏膜下剥离术（ESD）
45.4300x012　内镜下经黏膜下隧道结肠病损切除术（STER）
45.4302　内镜下结肠病损切除术
45.4304　内镜下结肠止血术
45.4307　内镜下结肠黏膜切除术（EMR）
46.0402　结肠襻切除术
46.1000　结肠造口术
46.1000x007　腹腔镜下结肠造口术
46.1100　暂时性结肠造口术
46.1100x002　腹腔镜下结肠暂时性造口术
46.1300　永久性结肠造口术
46.1301　腹腔镜乙状结肠永久性造口术
46.1400　结肠造口的延迟性切开
46.2100　暂时性回肠造口术
46.2300x001　回肠永久性造口术
46.2301　腹腔镜永久性回肠造口术
46.2400　回肠造口的延迟性切开
46.3200x002　内镜下经皮空肠造瘘术
46.3900x002　空肠造口术
46.3900x006　腹腔镜下十二指肠造口术
46.3900x007　腹腔镜下小肠造口术
46.3901　空肠（营养性）造口术
46.3902　十二指肠造口术
46.3904　小肠造口术
46.3905　腹腔镜空肠造口术
46.4101　回肠造口修复术
46.4102　空肠造口修复术
46.4103　回肠造口周围疝修补术
46.8600　内镜下结肠支架置入
48.3507　腹腔镜直肠病损切除术
48.3600x002　内镜下直肠病损切除术
48.3600x003　内镜下直肠黏膜下剥离术（ESD）
48.3600x004　内镜下直肠黏膜切除术（EMR）
48.3600x006　内镜下经黏膜下隧道直肠病损切除术（STER）
48.3600x007　经肛门内镜下直肠病变微创手术［TEM］
50.1200　开放性肝活组织检查
50.1400　腹腔镜下肝活组织检查
50.2301　肝病损微波消融术
50.2302　肝病损射频消融术
50.2303　胆囊床病损射频消融术
50.2400x001　肝病损聚焦超声消融术
50.2400x002　经皮肝病损纳米刀消融术
50.2401　CT引导下肝病损射频消融术
50.2402　CT引导下肝病损微波消融术
50.2403　超声引导下肝病损微波消融术
50.2404　超声引导下肝病损射频消融术
50.2900x020　腹腔镜下肝内无水酒精注射术
50.9401　肝内无水酒精注射术
50.9402　肝囊肿硬化剂注射术
50.9900x003　肝止血术
51.1301　开放性胆囊活组织检查
51.1302　开放性胆管活组织检查
51.8400x001　内镜下奥迪括约肌切开术
51.8500x002　内镜下十二指肠乳头肌切开取石术
51.8501　内镜下胰管括约肌切开术
51.8502　内镜下胆管括约肌切开术
51.8503　内镜下十二指肠乳头肌切开术（EST）
51.8600x002　内镜下鼻胆管引流术
51.8700x001　内镜下胆道内支架成形术
51.8700x003　内镜下胆管支架置入术
51.8700x004　内镜下胆管置管引流术
51.9100　胆囊裂伤的修补术
51.9200　胆囊造口闭合术

51.9501 经皮胆总管支架去除术
51.9600x001 经皮胆总管结石取出术
51.9800x005 经皮胆道镜下取石术
51.9800x008 经皮胆管球囊扩张术
51.9800x010 经皮胆管支架置入术
51.9800x015 经皮肝穿刺胆总管支架置入术
51.9800x016 经皮胆肠吻合口扩张术
51.9801 经皮肝穿刺胆管支架植入术
51.9806 经皮胆管扩张术
51.9807 经胆道镜胆管扩张术
51.9808 经T管胆道支架植入术
51.9901 胆道内假体置换术
52.0903 胰腺切开引流术
52.1200 开放性胰腺活组织检查
52.9201 胰管支架置入术
52.9300x002 内镜下胰管置管引流术
52.9400 内镜下胰管结石去除术
52.9400x002 内镜下胰管碎石取石术
54.0x00x010 腹壁血肿清除术
54.0x00x021 腹膜外血肿清除术
54.0x00x023 髂窝积液清除术
54.0x01 腹股沟探查术
54.0x03 腹壁异物取出术
54.1100 开腹探查术
54.2100 腹腔镜检查
54.2200x003 腹腔镜下腹壁活检术
54.2300x003 腹膜后活检术
54.2300x004 腹腔镜下网膜活组织检查
54.2300x005 腹腔镜下腹膜活组织检查
54.2300x006 腹腔镜下肠系膜活组织检查
54.2301 开放性腹膜活组织检查
54.2302 开放性网膜活组织检查
54.2303 开放性肠系膜活组织检查
54.3x00x004 腹壁窦道扩创术
54.3x00x010 腹壁伤口扩创术
54.3x00x011 腹壁伤口清创术
54.3x00x027 脐病损切除术
54.3x01 腹壁病损切除术
54.3x02 腹腔镜下腹壁病损切除术
54.3x03 腹股沟病损切除术
54.3x04 脐切除术
54.3x05 盆腔壁病损切除术
54.3x07 腹壁脐尿管囊肿切除术
54.4x00x055 经皮腹膜后病损纳米刀消融术
54.6101 腹壁切口裂开缝合术
54.6301 腹壁裂伤缝合术
54.6400 腹膜缝合术
54.6401 网膜裂伤缝合术
54.7100 腹裂（畸形）修补术
54.7200x001 腹壁补片修补术
54.9300x001 腹壁造口术
55.3300x001 经皮肾病损纳米刀消融术
55.3301 超声引导下肾病损射频消融术
55.3302 经皮肾镜肾病损消融术
56.4100x012 经尿道输尿管病损激光切除术
56.5101 乙状结肠膀胱腹壁造口术
56.5102 回肠输尿管皮肤造口术
56.5200x001 输尿管-回肠皮肤造口修正术
56.6100x001 输尿管-皮肤造口术
56.6100x003 输尿管造口术
56.6100x004 腹腔镜下输尿管-皮肤造口术
56.7100x002 输尿管-乙状结肠吻合术
56.7100x004 腹腔镜下输尿管-乙状结肠吻合术
56.7402 腹腔镜下输尿管膀胱吻合术
56.7501 左右输尿管吻合术
56.8100 输尿管管腔内粘连松解术
56.8200x002 腹腔镜下输尿管损伤修复术
56.8201 输尿管裂伤修补术
56.8300 输尿管造口闭合术
56.8400x001 输尿管瘘修补术
56.8401 输尿管阴道瘘修补术
56.8500 输尿管固定术
56.8600 输尿管结扎去除术
57.1200 膀胱切开的膀胱腔内粘连松解术
57.1901 膀胱探查术
57.1902 膀胱切开取石术
57.1903 膀胱切开异物取出术
57.1905 膀胱切开血块清除术
57.2100 膀胱造口术
57.3400x002 直视下膀胱活检术
57.4100x002 经尿道膀胱腔内粘连松解术
57.8200 膀胱造口闭合术
57.8900x003 腹腔镜下膀胱颈悬吊术
57.8900x004 膀胱颈悬吊术
57.8903 膀胱悬吊术
57.9102 经尿道膀胱颈切断术
57.9201 经尿道膀胱颈扩张术
57.9600 电子膀胱刺激器置入术
57.9900x001 膀胱封闭术
58.0x00x003 尿道切开探查术

58.0x01　尿道切开取石术
58.0x02　尿道会阴造口术
58.1x01　尿道外口切开术
58.3101　经尿道尿道病损电切术
58.3103　经尿道尿道狭窄电切术
58.3901　尿道病损切除术
58.3902　尿道瓣膜切除术
58.3903　尿道切除术
58.3904　尿道部分切除术
58.3905　尿道狭窄切除术
58.3906　尿道口病损切除术
58.4301　尿道瘘修补术
58.4302　尿道阴道瘘修补术
58.4303　尿道直肠瘘修补术
58.4304　尿道会阴瘘修补术
58.4305　腹腔镜下尿道瘘修补术
58.9102　尿道旁切开引流术
58.9200x002　尿道旁腺病损切除术
58.9201　尿道旁病损切除术
58.9901　可膨胀的尿道括约肌去除术
59.0000　腹膜后清扫术
59.0201　输尿管狭窄松解术
59.0202　输尿管周围粘连松解术
59.0203　肾周围粘连松解术
59.0301　腹腔镜下输尿管狭窄松解术
59.0302　腹腔镜下肾周粘连松解术
59.0303　腹腔镜下输尿管周围粘连松解术
59.0901　肾周切开引流术
59.0902　肾周血肿清除术
59.0903　肾周区域探查术
59.1901　膀胱周围探查术
59.1902　耻骨后探查术
60.2100x001　经尿道前列腺激光切除术［TULIP手术］
60.2900x003　经尿道前列腺绿激光汽化术（PVP）
60.2901　经尿道前列腺气化电切术［TEVAP手术］
60.2902　经尿道前列腺切除术（TURP）
60.6100x001　前列腺病损切除术
60.6100x002　前列腺部分切除术
60.6101　腹腔镜下前列腺病损切除术
60.6200　经会阴前列腺切除术
60.6201　经会阴前列腺冷冻切除术
60.6900x001　前列腺切除术
60.6900x002　腹腔镜下前列腺切除术
65.1200x001　直视下卵巢活检术
65.1201　卵巢活组织检查
65.1300　腹腔镜卵巢活组织检查
67.2x00　子宫颈锥形切除术
67.2x01　宫腔镜子宫颈锥形切除术
67.3904　子宫颈病损切除术
67.4x08　宫腔镜子宫颈切除术
68.1300　开放性子宫活组织检查
68.1400　开放性子宫韧带活组织检查
68.1501　腹腔镜子宫韧带活组织检查
68.1601　腹腔镜子宫活组织检查
68.2903　子宫内膜病损切除术
68.2915　宫腔镜子宫内膜病损切除术
68.2917　宫腔镜子宫病损切除术
71.2400x003　前庭大腺切除术

RA3　骨髓增生性疾病或恶性增生性疾病等伴重大手术

包含以下主要诊断：
C76.101　腋恶性肿瘤
C76.200x002　髂窝恶性肿瘤
C76.300　盆腔恶性肿瘤
C76.302　骶恶性肿瘤
C76.305　骶尾部恶性肿瘤
C76.306　臀部恶性肿瘤
C76.700　恶性肿瘤，其他不明确部位的
C76.700x002　腰部恶性肿瘤
C76.800　交搭跨越恶性肿瘤的损害，其他和不明确部位的
C76.801　不明确部位交搭跨越恶性肿瘤
C90.000　多发性骨髓瘤
C90.000x004　卡勒病
C90.000x005　浆细胞病
C90.000x008+M90.6*　多发性骨髓瘤引起的变形性骨炎
C90.000x009　多发性骨髓瘤髓外浸润
C90.000x011　多发性骨髓瘤伴缓解
C90.000x012　浆细胞性骨髓瘤伴缓解
C90.000x014　卡勒病伴缓解
C90.000x021　多发性骨髓瘤（IgGλ型）
C90.000x022　多发性骨髓瘤（IgG κ 型）
C90.000x023　多发性骨髓瘤（轻链λ型）
C90.000x024　多发性骨髓瘤（轻链 κ 型）
C90.000x025　多发性骨髓瘤（无分泌型）
C90.000x026　多发性骨髓瘤（IgDλ型）
C90.000x027　多发性骨髓瘤（IgAλ型）

C90.000x028　多发性骨髓瘤（IgA κ 型）
C90.000x029　多发性骨髓瘤（IgD κ 型）
C90.000x030　多发性骨髓瘤（DS分期Ⅰ期）
C90.000x031　多发性骨髓瘤（DS分期Ⅱ期B组）
C90.000x032　多发性骨髓瘤（DS分期Ⅱ期）
C90.000x033　多发性骨髓瘤（DS分期Ⅲ期B组）
C90.000x034　多发性骨髓瘤（DS分期Ⅲ期）
C90.000x035　多发性骨髓瘤（DS分期Ⅰ期B组）
C90.000x036　多发性骨髓瘤（ISS分期Ⅲ期）
C90.000x037　多发性骨髓瘤（ISS分期Ⅲ期B组）
C90.000x038　多发性骨髓瘤（ISS分期Ⅱ期）
C90.000x039　多发性骨髓瘤（ISS分期Ⅱ期B组）
C90.000x040　多发性骨髓瘤（ISS分期Ⅰ期）
C90.000x041　多发性骨髓瘤（ISS分期Ⅰ期B组）
C90.001　骨髓瘤病
C90.002　浆细胞性骨髓瘤
C90.200　髓外浆细胞瘤
C90.200x008　软组织浆细胞瘤
C90.200x009　原发皮肤浆细胞瘤
C90.200x013　髓外的浆细胞瘤伴缓解
C90.300x001　浆细胞瘤伴缓解
C90.300x002　浆细胞肉瘤伴缓解
C90.300x003　浆细胞肉瘤
C90.300x004　孤立性骨髓瘤伴缓解
C90.302　浆细胞瘤
C90.303　孤立性骨髓瘤
包含以下主要手术或操作：
00.7000x001　全髋关节假体翻修术
00.7100x001　髋关节髋臼假体翻修术
00.7200x001　髋关节股骨假体翻修术
01.2500x003　颅骨清创术
01.2502　颞骨部分切除术
01.2503　颅骨部分切除术
01.2504　颅骨死骨切除术
01.2507　茎突截短术
01.4101　丘脑切开术
01.4102　丘脑射频毁损术
01.4103　丘脑化学破坏术
01.4104　丘脑核破坏术
01.4105　丘脑病损切除术
01.4201　立体定向苍白球切开术
01.4202　苍白球切开术
01.4203　苍白球射频毁损术
01.4204　苍白球丘脑化学破坏术
01.5100x001　开颅蛛网膜剥离术
01.5100x006　大脑镰脑膜病损切除术
01.5100x007　小脑幕脑膜病损切除术
01.5105　脑蛛网膜病损切除术
01.5106　脑膜病损切除术
01.5200　大脑半球切除术
01.5301　脑叶次全切除术
01.5302　额叶切除术
01.5303　颞叶切除术
01.5900x022　多个脑室病损切除术
01.5900x030　中颅窝病损切除术
01.5900x032　颈静脉孔病损切除术
01.5900x036　海马杏仁核切除术
01.5900x037　大脑半球病损切除术
01.5900x038　大脑深部病损切除术
01.5900x040　蝶鞍旁病损切除术
01.5900x041　额颞岛叶病损切除术
01.5900x043　小脑病损切除术
01.5900x044　小脑桥脑角病损切除术
01.5900x048　岩斜区病损切除术
01.5900x049　枕骨大孔区病损切除术
01.5900x050　神经内镜下脑室病损切除术
01.5900x053　经皮脑病损冷冻消融术
01.5900x054　经皮脑病损激光消融术（映射）
01.5901　脑病损切除术
01.5902　鞍区病损切除术
01.5903　侧脑室病损切除术
01.5904　第三脑室病损切除术
01.5905　后颅窝病损切除术
01.5906　岛叶病损切除术
01.5907　第四脑室病损切除术
01.5908　顶叶病损切除术
01.5909　额叶病损切除术
01.5910　海绵窦病损切除术
01.5911　经额脑病损切除术
01.5912　经蝶窦脑病损切除术
01.5913　颞叶病损切除术
01.5914　经顶脑病损切除术
01.5915　经颞脑病损切除术
01.5916　经翼点脑病损切除术
01.5917　经枕脑病损切除术
01.5918　颅底病损切除术
01.5920　脑干病损切除术
01.5922　胼胝体病损切除术
01.5923　小脑半球病损切除术
01.5924　小脑蚓部病损切除术

01.5925　脑清创术
01.5927　立体定向脑病损切除术
01.5928　脑斜坡病损切除术
01.5935　小脑扁桃体部分切除术
01.5940　枕叶病损切除术
01.6x00　颅骨病损的切除术
01.6x01　颅肉芽肿切除术
02.2102　脑室外引流［EVD］装置置换术
02.2200x005　脑室-静脉窦分流术
02.2204　脑室Ommaya泵置入术
02.2206　脑室脑池分流术
02.2207　脑室蛛网膜下腔分流术
02.2210　脑室小脑延髓池分流术
02.3102　脑室乳突分流术
02.3103　脑室鼻咽分流术
02.3200x001　脑室-颈外静脉分流术
02.3201　脑室心房分流术
02.3202　脑室腔静脉分流术
02.3203　脑室颈静脉分流术
02.3204　脑室颈外动脉分流术
02.3300x001　脑室-胸腔分流术
02.3301　侧脑室胸腔造口引流术
02.3400x002　脑室-腹腔分流术
02.3401　侧脑室腹腔内分流术
02.3402　脑室胆囊分流术
02.3403　硬膜下腹腔分流术
02.3404　脑室镜下脑室腹腔分流术
02.3405　腹腔镜下脑室腹腔分流术
02.3501　脑室膀胱分流术
02.3502　脑室输尿管分流术
02.3901　脑室骨髓分流术
02.4200x005　Ommaya泵引流管修正术
02.4201　脑室-腹膜分流管脑室端修正术
02.4202　脑室分流管修正术
02.4203　脑室腹腔分流管调整术
02.4204　脑室腹腔分流管重置术
02.4301　脑室腹腔引流管夹闭术
02.4302　脑室Ommaya泵去除术
02.9100　大脑皮层粘连松解术
02.9301　颅内神经刺激器植入术
03.0200　椎板切除术部位再切开
03.0900x003　颈椎后路单开门椎管减压术
03.0900x004　颈椎后路双开门椎管减压术
03.0900x005　颈椎前路椎管减压术
03.0900x006　腰椎椎板切除减压术
03.0900x007　胸椎椎板切除减压术
03.0900x009　椎管成形术
03.0900x010　椎管减压术
03.0900x014　椎管钻孔减压术
03.0900x016　椎间孔切开术
03.0900x019　脊髓后正中点状切开术
03.0900x021　颈椎椎间孔钻孔减压术
03.0901　椎管探查术
03.0903　脊神经根探查术
03.1x00x001　椎管内神经根切断术
03.1x00x003　马尾神经切断术
03.1x01　脊髓后根神经切断术
03.1x02　脊髓前根神经切断术
03.2100x001　经皮脊髓切断术
03.2101　立体定向脊髓切断术
03.2900x003　脊髓前连合切断术
03.2900x004　脊髓前连合切开术
03.2900x005　脊髓背根入髓区切开术
03.2901　脊髓前外侧束切断术
03.2902　脊髓神经束切断术
03.4x00x002　脊髓病损栓塞术
03.4x00x004　硬脊膜切除术
03.4x00x007　脊髓脊膜病损电凝破坏术
03.4x02　硬脊膜囊肿造袋术
03.5300x001　脊椎骨折复位术
03.5301　脊椎骨折切开复位内固定术
03.5302　颈椎骨折切开复位内固定术
03.5303　齿状突骨折切开复位内固定术
03.5304　胸椎骨折切开复位内固定术
03.5305　腰椎骨折切开复位内固定术
03.7100　脊髓蛛网膜下-腹腔分流术
03.7101　脊髓空洞腹腔引流术
03.7200　脊髓蛛网膜下-输尿管分流术
03.7900x002　脊髓-蛛网膜下腔分流术
03.7901　脊髓硬膜外分流术
03.7902　脊髓空洞蛛网膜下腔分流术
03.7904　胸腔脊膜吻合术
03.7905　腰-蛛网膜下腔分流术
03.7906　输卵管脊膜吻合术
03.9202　脊髓鞘内注射
03.9302　脊髓神经刺激器置换术
03.9500　脊髓血块补片
03.9600　经皮的椎骨关节面去神经术
03.9700x001　脊髓膜分流修正术
03.9900x003　脊髓造瘘术

07.8000 胸腺切除术
07.8001 胸腔镜下胸腺切除术
07.8100 胸腺部分切除术
07.8100x009 CT引导下胸腺病损射频消融术
07.8101 胸腺病损切除术
07.8201 胸腺扩大切除术
07.8300 胸腔镜下胸腺部分切除术
07.8300x002 胸腔镜下胸腺病损切除术
07.8400 胸腔镜下胸腺全部切除术
07.8401 胸腔镜下胸腺扩大切除术
07.9100 胸腺区探查术
07.9200x001 胸腺切开探查术
07.9300 胸腺修补术
07.9400 胸腺移植术
07.9500 胸腔镜下胸腺切开术
07.9800 胸腺其他和未特指的胸腔镜手术
07.9901 胸腺固定术
17.3200 腹腔镜盲肠切除术
17.3200x001 腹腔镜下盲肠部分切除术
17.3300 腹腔镜右半结肠切除术
17.3300x002 腹腔镜下升结肠部分切除术
17.3400 腹腔镜横结肠切除术
17.3401 腹腔镜横结肠部分切除术
17.3500 腹腔镜左半结肠切除术
17.3500x001 腹腔镜下降结肠部分切除术
17.3600 腹腔镜乙状结肠切除术
17.3600x001 腹腔镜下乙状结肠部分切除术
17.3900x002 腹腔镜下结肠部分切除术
17.3900x003 腹腔镜下小肠-结肠切除术
17.3901 腹腔镜巨结肠切除术
25.3x00 舌全部切除术
25.4x00x001 舌扩大性切除术
27.7200 腭垂切除术
27.7201 腭垂部分切除术
32.2000x002 纵隔镜下肺病损切除术
32.2000x003 胸腔镜下肺部分切除术
32.2001 胸腔镜下肺楔形切除术
32.2003 胸腔镜下肺病损切除术
32.2004 胸腔镜下肺病损氩氦刀冷冻术
32.2100x001 肺大泡缝扎术
32.2100x005 胸腔镜下肺大疱缝扎术
32.2200 肺容量减少术
32.2200x004 支气管镜下肺减容术
32.2201 胸腔镜下肺减容术
32.2300x001 直视下肺病损射频消融术
32.2801 内镜下肺病损切除术
32.2802 内镜下肺大疱切除术
32.2803 内镜下肺病损激光切除术
32.2804 内镜下肺病损电凝切除术
32.2900x005 肺病损氩氦刀冷冻术
32.2900x016 余肺楔形切除术
32.2901 肺病损切除术
32.2902 肺大疱切除术
32.2903 肺袖式切除术
32.2904 肺楔形切除术
32.2905 肺部分切除术
32.3001 胸腔镜下肺叶部分切除术
32.3900x003 全余肺切除术
32.3901 肺节段切除术
32.3902 肺叶部分切除术
32.4100 胸腔镜下肺叶切除术
32.4100x002 胸腔镜下复合肺叶切除术
32.4900x003 余肺肺叶切除术
32.4901 肺叶伴邻近肺叶节段切除术
32.4902 肺叶切除术
32.4903 肺叶袖状切除术
32.5000x001 胸腔镜下全肺切除术
32.5001 胸腔镜下全肺切除术伴纵隔淋巴清扫
32.5900x001 全肺切除术
32.5901 全肺切除术伴纵隔淋巴结清扫术
32.6x00x002 肺叶切除术伴淋巴结清扫术
32.6x00x004 支气管根治性清扫术
34.0200x003 胸腔镜中转开胸探查术
34.3x01 经皮纵隔病损射频消融术
34.3x02 纵隔病损切除术
34.3x03 纵隔病损射频消融术
34.3x04 胸腔镜下纵隔病损切除术
34.3x05 纵隔镜下纵隔病损切除术
34.4x00x008 胸腔病损切除术
34.4x01 胸壁病损切除术
34.4x02 胸壁部分切除术
34.4x03 胸腔镜下胸壁病损切除术
34.5101 胸膜剥脱术
34.6x00 胸膜划痕术
34.6x01 胸膜硬化术
34.6x02 胸腔镜下胸膜划痕术
37.1200x005 心包切开探查术
37.1200x008 胸腔镜下心包切开引流术
37.1201 心包粘连松解术
37.1203 心包开窗术

37.1204　心包切开引流术
37.3101　心包剥脱术
37.3102　心包部分切除术
37.3103　心包病损切除术
38.0800x003　下肢动脉探查术
40.0x00x002　皮下淋巴抽吸术
40.2900x023　髂外血管旁淋巴结切除术
40.2905　腹主动脉旁淋巴结切除术
40.2907　腹膜淋巴结切除术
40.2909　盆腔淋巴结切除术
40.3x00x001　淋巴结扩大性区域性切除术
40.3x00x005　功能性颈淋巴结清扫术
40.4000x003　舌骨上颈淋巴结清扫术
40.4100　根治性颈淋巴结清扫，单侧
40.4200　根治性颈淋巴结清扫，双侧
40.5000　淋巴结根治性切除术
40.5100　腋下淋巴结根治性切除术
40.5101　腔镜腋下淋巴结清扫术
40.5200　主动脉旁淋巴结根治性切除术
40.5300　髂淋巴结根治性切除术
40.5301　腹腔镜髂淋巴结清扫术
40.5400x001　腹股沟淋巴结清扫术
40.5400x002　腹腔镜下腹股沟淋巴结清扫术
40.5400x003　腹股沟浅淋巴结清扫术
40.5900x010　腹腔镜下腹膜后淋巴结清扫术
40.5901　颌下淋巴结清扫术
40.5905　肺门淋巴结清扫术
40.5906　纵隔淋巴结清扫术
40.5907　腹膜后淋巴结清扫术
40.5908　腹腔淋巴结清扫术
40.5909　肠系膜淋巴结清扫术
40.5910　盆腔淋巴结清扫术
40.5912　腹腔镜盆腔淋巴结清扫术
40.5914　胸腔镜纵隔淋巴结清扫术
40.9x00x003　周围淋巴管-小静脉吻合术
40.9x00x004　淋巴干-小静脉吻合术
40.9x00x005　腰淋巴干-小静脉吻合术
40.9x00x006　髂淋巴干-小静脉吻合术
40.9x00x007　肠淋巴干-小静脉吻合术
40.9x00x008　淋巴水肿矫正Homans-Macey手术［Homan手术］
40.9x00x009　淋巴水肿矫正Charles手术［Charles手术］
40.9x00x010　淋巴水肿矫正Thompson手术［Thompson手术］
40.9x00x011　腹膜后淋巴管横断结扎术
40.9x00x012　髂淋巴干横断结扎术
40.9x00x013　淋巴管瘘结扎术
40.9x00x014　淋巴管瘘切除术
40.9x00x015　淋巴管瘘粘连术
40.9x00x016　淋巴管瘤注射术
40.9x00x017　淋巴水肿抽吸术
40.9x01　腹腔淋巴管修补术
40.9x02　周围淋巴管结扎术
40.9x03　周围淋巴管闭合术
40.9x04　周围淋巴管扩张术
40.9x05　周围淋巴管吻合术
40.9x06　周围淋巴管移植术
40.9x07　周围淋巴管重建术
40.9x08　淋巴水肿矫正术
40.9x09　淋巴管静脉吻合术
41.2x01　脾切开探查术
41.2x02　脾切开引流术
41.2x03　腹腔镜脾切开引流术
41.4200x002　脾病损切除术
41.4300　部分脾切除术
41.4301　腹腔镜脾部分切除术
41.5x00　全脾切除术
41.5x01　腹腔镜全脾切除术
41.9300　副脾切除术
41.9301　腹腔镜副脾切除术
41.9400　脾移植术
41.9501　脾修补术
41.9502　脾固定术
41.9503　脾缝合术
41.9504　腹腔镜脾修补术
42.3300x007　胃镜下食管射频术
42.4100　部分食管切除术
42.4100x008　食管内翻拔脱术
42.4101　胸腹联合切口食管部分切除术
42.4102　颈胸腹三切口食管部分切除术
42.4103　胸腔镜食管部分切除术
42.4104　胸腔镜颈腹切口食管部分切除术
42.4201　胸腹联合切口全食管切除术
42.4202　颈胸腹三切口全食管切除术
42.4203　胸腔镜全食管切除术
42.5100　胸内食管食管吻合术
42.5200　胸内食管胃吻合术
42.5200x005　胸内食管-胃颈部吻合术
42.5201　食管胃弓上吻合术

42.5202　食管胃弓下吻合术
42.5300x001　胸内空肠代食管术
42.5500x001　胸内结肠代食管术
42.5801　人工食管建造术
42.5802　胃-咽吻合术
42.5803　胃-喉吻合术
42.5900x001　食管-空肠弓上吻合术
42.6100　胸骨前食管食管吻合术
42.6200　胸骨前食管胃吻合术
42.6300　胸骨前食管吻合术伴小肠间置术
42.6400x002　胸骨前食管-小肠吻合术
42.6401　胸骨前食管十二指肠吻合术
42.6402　胸骨前食管回肠吻合术
42.6403　胸骨前食管空肠吻合术
42.6500　胸骨前食管吻合术伴结肠间置术
42.6601　胸骨前食管结肠吻合术
42.7x00x001　食管贲门肌层切开术
42.7x01　改良食管肌层切开术［改良Heller手术］
42.7x02　腹腔镜食管贲门肌层切开术
42.7x04　胸腔镜食管肌层切开术
42.8100　食管置入永久性管
42.8101　内镜下食管支架置入术
42.8200　食管裂伤缝合术
42.8300　食管造口闭合术
42.8400　食管瘘修补术
42.8500　食管狭窄修补术
42.8501　食管吻合口狭窄修补术
42.8502　食管镜食管狭窄整复术
42.9200x007　内镜下贲门括约肌切开术（POEM）
43.0x03　腹腔镜下胃切开异物取出术
43.5x00x003　贲门部分切除伴食管-胃吻合术
43.5x00x007　胃近端切除伴食管-胃吻合术
43.5x01　胃大部切除伴食管胃吻合术
43.5x02　贲门切除伴食管胃弓下吻合术
43.5x03　腹腔镜下胃大部切除伴食管-胃吻合术
43.6x00x005　胃幽门切除术伴胃-十二指肠吻合术
43.6x00x006　胃远端切除术伴胃-十二指肠吻合术
43.6x01　胃大部切除伴胃十二指肠吻合术
43.6x02　腹腔镜胃大部切除伴胃十二指肠吻合术
43.7x00x001　胃大部切除伴胃-空肠吻合术［Billroth Ⅱ式手术］
43.7x01　残胃部分切除伴胃空肠吻合术
43.7x02　胃肠吻合口切除伴胃空肠吻合术
43.7x03　腹腔镜胃大部切除伴胃空肠吻合术
43.8100　胃部分切除术伴空肠移位术
43.8201　腹腔镜胃部分切除术
43.8202　腹腔镜胃楔形切除术
43.8901　胃部分切除术
43.8902　胃底横断术
43.8903　胃袖状切除术
43.9101　全胃切除伴空肠间置术
43.9102　腹腔镜辅助全胃切除伴空肠间置术
43.9900x002　残胃切除术
43.9900x003　腹腔镜下胃切除术
43.9900x004　根治性胃切除术
43.9901　全胃切除伴食管空肠吻合术
43.9903　全胃切除伴食管十二指肠吻合术
43.9905　腹腔镜辅助全胃切除伴食管-空肠吻合术
44.3200x001　内镜下经皮胃-空肠造瘘术
44.3201　内镜下胃空肠吻合术
44.3801　腹腔镜下胃空肠吻合术
44.3802　腹腔镜下胃十二指肠吻合术
44.3803　腹腔镜下幽门旷置术
44.3804　腹腔镜下胃转流术（LRYGB）
44.3900x003　胃-十二指肠吻合术
44.3901　胃转流术［胃-肠搭桥吻合术］
44.3902　胃十二指肠吻合术（旁路）
44.3903　胃空肠吻合术（旁路）
44.3904　幽门旷置术
44.6300x001　胃-结肠瘘闭合术
45.0203　小肠切开减压术
45.0300x002　大肠切开探查术
45.0302　大肠切开异物取出术
45.3101　十二指肠病损切除术
45.3102　十二指肠憩室切除术
45.3200x001　十二指肠病损破坏术
45.3300x006　空肠病损切除术
45.3301　小肠病损切除术
45.3303　腹腔镜小肠病损切除术
45.4100x001　大肠病损切除术
45.4100x002　腹腔镜下结肠病损切除术
45.4100x003　腹腔镜下乙状结肠病损切除术
45.4100x007　腹腔镜下结肠止血术
45.4101　结肠病损切除术
45.4102　横结肠病损切除术
45.4103　降结肠病损切除术
45.4104　乙状结肠病损切除术
45.4105　盲肠病损切除术
45.4107　升结肠病损切除术
45.4108　盲肠憩室切除术

45.4900x001　大肠病损破坏术
45.4900x003　结肠病损高频电凝术
45.4900x005　结肠病损激光烧灼术
45.4901　结肠袋形缝合术
45.6100　小肠多节段部分切除术
45.6200x001　腹腔镜下回肠部分切除术
45.6200x002　腹腔镜下空肠部分切除术
45.6201　小肠部分切除术
45.6202　十二指肠部分切除术
45.6203　十二指肠切除术
45.6204　空肠部分切除术
45.6205　空肠切除术
45.6206　回肠部分切除术
45.6207　回肠切除术
45.6208　腹腔镜下小肠部分切除术
45.6300　小肠全部切除术
45.7100x001　大肠多节段切除术
45.7200x002　回盲部切除术
45.7200x004　盲肠部分切除术
45.7202　盲肠切除术
45.7300x003　升结肠部分切除术
45.7300x006　右半结肠姑息性切除术
45.7300x007　右半结肠切除术
45.7301　回肠结肠切除术
45.7302　右半结肠根治性切除术
45.7304　升结肠切除术
45.7400x003　横结肠切除术
45.7401　横结肠部分切除术
45.7500　左半结肠切除术
45.7500x001　降结肠部分切除术
45.7501　左半结肠根治性切除术
45.7600x008　乙状结肠切除术
45.7601　乙状结肠部分切除术
45.7900x002　巨结肠切除术
45.7901　结肠部分切除术
45.8100　腹腔镜腹内全结肠切除术
45.8200　开放性腹内全结肠切除术
45.9100x006　小肠-小肠端侧吻合术
45.9100x008　空肠-空肠端侧吻合术
45.9103　十二指肠空肠吻合术
45.9104　空肠回肠吻合术
45.9200　小肠直肠残端吻合术
45.9300x012　小肠-升结肠吻合术
45.9300x013　小肠-大肠吻合术
45.9300x014　小肠-结肠吻合术
45.9300x015　回肠贮袋肛管吻合术
45.9301　回肠-横结肠吻合术
45.9302　回肠-降结肠吻合术
45.9303　回肠-盲肠吻合术
45.9304　回肠-升结肠吻合术
45.9305　回肠-乙状结肠吻合术
45.9306　回肠-直肠吻合术
45.9307　空肠-横结肠吻合术
45.9310　空肠-乙状结肠吻合术
45.9400x004　降结肠-乙状结肠吻合术
45.9400x009　盲肠-乙状结肠吻合术
45.9400x012　升结肠-乙状结肠吻合术
45.9400x016　横结肠-直肠吻合术
45.9401　横结肠-降结肠吻合术
45.9402　横结肠-乙状结肠吻合术
45.9403　降结肠-直肠吻合术
45.9404　结肠-直肠吻合术
45.9405　乙状结肠-直肠吻合术
45.9406　升结肠-横结肠吻合术
45.9407　升结肠-降结肠吻合术
45.9408　升结肠-直肠吻合术
45.9501　结肠-肛门吻合术
45.9502　回肠-肛门吻合术
45.9503　降结肠-肛门吻合术
45.9504　乙状结肠-肛门吻合术
46.0100　小肠外置术
46.0100x001　回肠外置术
46.0101　十二指肠外置术
46.0102　襻式回肠造口术
46.0300x001　肠外置术［Mikulicz手术］
46.0300x003　盲肠外置术
46.0300x004　结肠外置术
46.0301　肠外置术（一期）
46.0302　襻式结肠造口术
46.0400x002　肠外置段的切除术
46.0401　肠外置术（二期）
46.8101　小肠扭转复位术
46.8102　小肠套叠复位术
46.8201　大肠扭转复位术
46.8202　大肠套叠复位术
48.3501　直肠病损切除术
48.3502　经肛门直肠病损切除术
48.3504　经阴道直肠病损切除术
48.3505　直肠后壁病损切除术
48.4101　直肠黏膜下切除术

48.4102 经肛门直肠黏膜环切术
48.4103 直肠黏膜下环切术
48.4104 直肠内拖出切除术
48.4105 直肠黏膜切除术
48.4106 腹腔镜直肠黏膜下切除术
48.4900x002 直肠切除术［Swenson手术］
48.4900x003 直肠-腹-会阴拖出切除术
48.4901 会阴-直肠拖出术
48.4902 经前会阴超低位直肠切除术
48.4903 腹腔镜辅助经前会阴超低位直肠切除术
48.4904 斯文林直肠切除术
48.4905 Bacon-Black术
48.5100 腹腔镜下腹会阴直肠切除术
48.5100x002 腹腔镜下经肛提肌外腹会阴直肠联合切除术［LELAPE手术］
48.5200 开放性腹会阴直肠切除术
48.5201 肛提肌外腹会阴直肠联合切除术
48.5900x001 直肠全部切除术
48.6100 经骶直肠乙状结肠切除术
48.6100x001 腹腔镜下经腹直肠乙状结肠切除术
48.6100x002 腹腔镜下经骶直肠乙状结肠切除术
48.6200 直肠前切除术同时伴结肠造口术
48.6201 腹腔镜下直肠前切除伴结肠造口术
48.6301 直肠前切除术
48.6302 腹腔镜下直肠前切除术
48.6303 腹腔镜低位直肠前切除术
48.6400x001 经骶尾直肠切除术
48.6500x001 腹-会阴拖出术
48.6900x002 腹腔镜下直肠根治术
48.6900x004 经肛门直肠病损根治术
48.6900x007 直肠根治术
48.6901 经骶经肛门括约肌直肠病损切除术
48.6902 直肠部分切除术
48.6903 直肠-乙状结肠切除术
48.6904 直肠乙状结肠部分切除术
48.6905 直肠切除术
48.6906 残余直肠切除术
48.6907 全结肠直肠（包括肛门）切除术
48.6908 残余直肠肛管切除术
48.6909 腹腔镜下直肠部分切除术
48.6910 腹腔镜直肠切除术
48.6911 腹腔镜直肠-乙状结肠部分切除术
48.6912 腹腔镜全结肠直肠（包括肛门）切除术
48.6913 腹腔镜帕克氏术（Park's术）
48.7401 经肛门吻合器直肠切除术
50.2200 部分肝切除术
50.2200x003 肝Ⅱ段切除术
50.2200x004 肝Ⅲ段切除术
50.2200x005 肝Ⅳ段切除术
50.2200x006 肝Ⅴ段切除术
50.2200x007 肝Ⅵ段切除术
50.2200x008 肝Ⅶ段切除术
50.2200x009 肝Ⅷ段切除术
50.2201 肝楔形切除术
50.2202 肝段切除术
50.2203 腹腔镜下肝段切除术
50.2204 腹腔镜下肝楔形切除术
50.2205 腹腔镜下肝部分切除术
50.2206 腹腔镜下活体取肝术
50.2501 腹腔镜下肝病损微波消融术
50.2502 腹腔镜下肝病损射频消融术
50.2503 腹腔镜超声引导下肝病损射频消融术
50.2902 肝病损冷冻治疗术
50.2905 肝病损破坏术
50.2908 肝病损切除术
50.2909 腹腔镜下肝病损切除术
50.3x01 右半肝切除术
50.3x02 左半肝切除术
50.3x03 肝叶部分切除术
50.3x04 全肝叶切除术伴其他肝叶部分切除术
50.3x05 腹腔镜下肝叶切除术
50.3x06 腹腔镜下半肝切除术
50.4x00 全肝切除术
51.2100 部分胆囊切除术
51.2200 胆囊切除术
51.2200x004 胆囊扩大切除术
51.2201 残余胆囊切除术
51.2300 腹腔镜下胆囊切除术
51.2301 腹腔镜下残余胆囊切除术
51.2400 腹腔镜下部分胆囊切除术
51.3100 胆囊肝管吻合术
51.3201 胆囊空肠吻合术
51.3202 胆囊十二指肠吻合术
51.3203 腹腔镜下胆囊空肠吻合术
51.3204 腹腔镜下胆囊十二指肠吻合术
51.3400 胆囊胃吻合术
51.3601 胆总管空肠吻合术
51.3602 胆总管十二指肠吻合术
51.3700x001 腹腔镜下肝门-空肠吻合术
51.3700x002 腹腔镜下肝门-肠吻合术

51.3700x003　肝胆管-空肠吻合术
51.3700x007　肝门-空肠吻合术
51.3701　肝总管空肠吻合术
51.3702　肝管胃吻合术
51.3703　肝管十二指肠吻合术
51.3704　肝管空肠吻合术
51.3900x005　胆管吻合术
51.3900x008　胆管-胰吻合术
51.3901　胆管空肠吻合术
51.3902　胆管十二指肠吻合术
51.3903　胆总管胃空肠吻合术
51.3904　胆管肝管空肠吻合术
51.3905　胆总管胃吻合术
51.3906　胆管胃吻合术
51.3907　腹腔镜下胆管空肠吻合术
51.4100x001　胆总管切开取石术
51.4201　胆总管切开异物取出术
51.4202　胆总管切开减压术
51.4301　肝胆总管吻合术
51.4302　肝管支架置入术
51.4303　胆总管支架置入术
51.4304　胆管支架置入术
51.4900x002　胆管切开取石术
51.4901　肝管切开取石术
51.4902　胆肠吻合口切开取石术
51.5100　胆总管探查术
51.5101　胆总管切开引流术
51.5102　胆总管切开支架取出术
51.5900x006　腹腔镜下胆道探查术
51.5900x009　内镜下胆道异物去除术
51.5901　肝管切开引流术
51.5902　肝管切开探查术
51.5903　胆管切开探查术
51.5904　肝总管切开探查术
51.6100x001　残余胆囊管切除术
51.6200x002　法特壶腹切除术
51.6301　胆总管病损切除术
51.6303　胆总管切除术
51.6400x002　内镜下胆总管病损切除术
51.6900x007　肝胆管病损切除术
51.6900x008　肝胆管切除术
51.6900x012　肝总管切除术
51.6900x013　腹腔镜下胆管病损切除术
51.6901　胆管病损切除术
51.6903　肝管切除术
51.6904　肝管病损切除术
51.9300x001　胆囊-空肠瘘切除术
51.9301　胆囊瘘修补术
51.9302　胆囊空肠瘘修补术
51.9303　胆囊十二指肠瘘修补术
51.9304　胆囊结肠瘘修补术
51.9305　胆囊胃瘘修补术
51.9401　胆管吻合口重建术
51.9500　胆管假体装置去除
52.0902　胰腺切开取石术
52.1302　腹腔镜下胰腺探查
52.2100x001　腹腔镜下胰腺病损射频消融术
52.2100x002　腹腔镜下胰腺病损微波消融术
52.2100x003　腹腔镜下胰腺病损冷冻消融术
52.2100x004　腹腔镜下胰腺病损纳米刀消融术
52.2101　腹腔镜下胰腺病损切除术
52.2102　超声内镜下胰腺无水酒精注射术
52.5100x001　胰近端切除伴十二指肠切除术
52.5101　胰头切除术
52.5102　胰头伴部分胰体切除术
52.5103　胰头十二指肠切除术
52.5104　胰头部分切除术
52.5201　胰尾切除术
52.5202　胰尾伴部分胰体切除术
52.5203　胰尾部分切除术
52.5204　腹腔镜下胰尾切除术
52.5205　腹腔镜下胰尾伴部分胰体切除术
52.5206　腹腔镜下胰体胰尾病损切除术
52.5300　根治性胰腺次全切除术
52.5301　腹腔镜根治性胰体尾切除术
52.5901　胰腺部分切除术
52.5902　胰腺十二指肠部分切除术
52.5903　胰腺节段切除术
52.5904　胰体尾切除术
52.5905　腹腔镜胰腺部分切除术
52.5906　腹腔镜胰腺中段切除术
52.6x00　全胰切除术
52.6x00x003　异位胰腺切除术
52.6x01　胰腺全部切除伴十二指肠切除术
52.7x00　根治性胰十二指肠切除术
52.7x00x003　胰腺根治性切除术
52.7x01　腹腔镜下胰十二指肠根治术
52.9500x001　胰瘘管切除术
52.9500x002　胰尾修补术
52.9501　胰腺裂伤缝合术

52.9504　胰腺修补术
52.9601　胰腺管空肠吻合术
52.9602　胰腺管胃吻合术
54.1101　腹腔镜中转剖腹探查术
54.1201　再开腹探查术
54.1202　近期开腹术后腹腔止血术
54.1900x001　腹部血肿去除术
54.1900x005　腹腔镜下腹腔积血清除术
54.1900x010　腹腔脓肿切开引流术
54.1900x011　腹腔血肿清除术
54.1901　腹膜后血肿清除术
54.1902　腹膜血肿清除术
54.1903　腹腔切开引流术
54.1904　膈下脓肿切开引流术
54.1907　腹腔出血止血术
54.1909　肠系膜血肿清除术
54.3x06　腹壁清创术
54.4x00x005　大网膜病损切除术
54.4x00x006　大网膜部分切除术
54.4x00x007　大网膜切除术
54.4x00x012　骶尾部病损切除术
54.4x00x021　腹膜外病损切除术
54.4x00x035　盆腔病损切除术
54.4x00x039　盆腔病损冷冻治疗术
54.4x00x042　髂窝病损切除术
54.4x00x047　腰骶病损切除术
54.4x00x048　腹腔病损氩氦刀靶向冷冻治疗术
54.4x00x050　腹腔镜下直肠全系膜切除术［TME］
54.4x01　腹膜病损切除术
54.4x02　腹膜后病损切除术
54.4x03　网膜部分切除术
54.4x04　网膜切除术
54.4x05　网膜病损切除术
54.4x06　肠系膜病损切除术
54.4x07　骶前病损切除术
54.4x08　盆腔腹膜切除术
54.4x09　经阴道腹膜后病损切除术
54.4x10　腹腔镜下盆腔腹膜病损切除术
54.4x11　腹腔镜下腹膜病损切除术
54.4x12　腹腔镜下网膜病损切除术
54.4x13　腹腔镜下肠系膜病损切除术
54.4x14　腹腔镜下网膜部分切除术
54.4x15　腹腔镜下腹膜后病损切除术
54.4x16　腹腔镜下网膜切除术
54.5100　腹腔镜下腹膜粘连松解术
54.5100x005　腹腔镜下腹腔粘连松解术
54.5100x009　腹腔镜下盆腔粘连松解术
54.5101　腹腔镜下肠粘连松解术
54.5102　腹腔镜下网膜粘连松解术
54.5103　腹腔镜下盆腔腹膜粘连松解术
54.5900x007　盆腔腹膜粘连松解术
54.5901　腹腔粘连松解术
54.5902　腹膜粘连松解术
54.5903　肠粘连松解术
54.5904　盆腔粘连松解术
54.5905　网膜粘连松解术
54.7300x001　腹膜组织修补术
54.7301　腹膜后组织修补术
54.7302　胃结肠韧带缝合术
54.7400x001　大网膜包肝术
54.7400x002　大网膜包肾术
54.7400x003　大网膜还纳术
54.7400x004　大网膜内移植术
54.7400x005　大网膜修补术
54.7400x006　生物大网膜移植术
54.7401　网膜固定术
54.7402　网膜缝合术
54.7403　网膜移植术
54.7404　网膜扭转复位术
54.7405　异体大网膜移植术
54.7500x002　肠系膜修补术
54.7501　肠系膜固定术
54.7502　肠系膜折叠术
54.9400x002　腹腔-静脉转流泵管置入术
54.9401　腹腔颈静脉分流术
54.9402　腹腔静脉分流术
54.9500　腹膜切开术
54.9500x004　脑室-腹腔引流管腹腔端修正术
54.9501　拉德手术
54.9502　脑室-腹腔分流修复术
54.9900x010　腹腔镜下盆腔病损切除术
54.9900x011　腹腔镜下盆腔内膜病损电凝术
54.9904　腹腔镜下腹腔病损切除术
55.3100　肾病损袋形缝合术［造袋术］
55.3400x001　腹腔镜下肾病损射频消融术
55.3400x002　腹腔镜下肾病损纳米刀消融术
55.3900x001　副肾切除术
55.3900x003　肾病损切除术
55.3901　经皮肾病损冷冻治疗术
55.3902　经尿道输尿管镜肾病损激光切除术

55.3903　经皮肾镜肾盂病损电切术
55.4x00　部分肾切除术
55.4x01　肾楔形切除术
55.4x02　肾盂部分切除术
55.4x03　腹腔镜下肾部分切除术
55.4x04　肾盂切除术
55.4x05　肾盏切除术
55.5100　肾输尿管切除术
55.5101　单侧肾切除术
55.5102　供肾取肾术
55.5103　腹腔镜下单侧肾切除术
55.5104　腹腔镜下单侧肾输尿管切除术
55.5105　腹腔镜供肾取肾术
55.5106　腹腔镜膀胱镜下肾输尿管切除术
55.5200　残留肾切除术
55.5201　孤立肾切除术
55.5300x001　移植肾切除术
55.5400　双侧肾切除术
55.5401　腹腔镜下双侧肾切除术
56.4100x009　腹腔镜下输尿管囊肿造口术
56.4100x011　腹腔镜下输尿管残端切除术
56.4101　输尿管病损切除术
56.4105　腹腔镜下输尿管部分切除术
56.4200　输尿管全部切除术
56.7101　输尿管-回肠吻合术
56.7103　输尿管-直肠吻合术
56.7200　输尿管肠吻合术的修复术
56.7400　输尿管膀胱吻合术
56.8900x001　肠管代输尿管术
56.8900x006　腹腔镜下肠管代输尿管术
56.8901　输尿管成形术
56.8902　输尿管移植术
56.8907　膀胱瓣代输尿管术
56.8908　腹腔镜下输尿管成形术
56.8909　腹腔镜下膀胱瓣代输尿管术
57.4900x001　经尿道膀胱病损电切术
57.4901　经尿道膀胱病损切除术
57.4902　经尿道膀胱颈电切术
57.5900x001　膀胱病损激光切除术
57.5901　膀胱病损切除术
57.5902　膀胱憩室切除术
57.5903　膀胱颈切除术
57.7100　根治性膀胱切除术
57.7101　膀胱尿道全切除术
57.7102　男性盆腔脏器去除术
57.7103　腹腔镜下膀胱根治切除术
57.7900x001　膀胱全切除术
57.7901　腹腔镜下全膀胱切除术
57.8100　膀胱裂伤缝合术
57.8301　膀胱回肠瘘修补术
57.8302　膀胱乙状结肠瘘修补术
57.8303　膀胱结肠瘘修补术
57.8304　膀胱直肠瘘修补术
57.8305　膀胱阴道直肠瘘修补术
57.8400x004　腹腔镜下膀胱-阴道瘘修补术
57.8400x005　经阴道膀胱-阴道瘘修补术
57.8401　膀胱瘘修补术
57.8402　膀胱阴道瘘修补术
57.8404　膀胱子宫瘘修补术
57.8500x002　膀胱颈重建术
57.8501　膀胱颈成形术
57.8600　膀胱外翻修补术
57.8700x005　腹腔镜下回肠代膀胱术
57.8700x006　腹腔镜下可控性肠代膀胱术
57.8700x007　腹腔镜下胃代膀胱术
57.8700x008　腹腔镜下直肠代膀胱术
57.8700x009　胃代膀胱术
57.8701　回肠代膀胱术
57.8704　直肠代膀胱术
57.8706　乙状结肠代膀胱术
57.8707　乙状结肠膀胱扩大术
57.8708　回肠浆肌层膀胱扩大术
57.8801　膀胱肠管吻合术
57.8802　膀胱结肠吻合术
57.8900x001　膀胱修补术
59.0200x007　肾周围淋巴管剥脱术
59.0300x002　腹腔镜下肾周围淋巴管剥脱术
59.9101　肾周病损切除术
62.4101　双侧睾丸附睾切除术
62.4102　双侧睾丸根治性切除术
65.2501　腹腔镜卵巢病损切除术
65.2505　腹腔镜卵巢部分切除术
65.2901　卵巢病损切除术
65.2903　经阴道卵巢病损切除术
65.2906　卵巢部分切除术
67.3903　腹腔镜子宫颈病损切除术
67.4x00x002　子宫颈广泛性切除术
67.4x00x005　子宫颈切除术
67.4x01　子宫颈部分切除术
67.4x02　残余子宫颈切除术

68.2900x035　子宫角部分切除术
68.2906　子宫病损切除术
68.2907　经阴道子宫病损切除术
68.2912　腹腔镜子宫病损切除术
68.2918　腹腔镜辅助经阴道子宫病损切除术
68.3100　腹腔镜子宫颈上子宫切除术［LSH］
68.3100x002　筋膜内子宫切除术［CISH手术］
68.3101　标准子宫筋膜内子宫切除术
68.3102　腹腔镜子宫次全切除术
68.3104　腹腔镜残角子宫切除术
68.3105　腹腔镜双子宫单侧切除术
68.3106　腹腔镜辅助子宫颈上子宫切除术
68.3900x003　子宫颈上子宫切除术
68.3901　子宫次全切除术
68.3902　子宫部分切除术
68.3903　子宫角切除术
68.3904　子宫楔形切除术
68.3907　双角子宫切除术
68.4100　腹腔镜经腹全子宫切除术
68.4101　腹腔镜经腹子宫扩大切除术
68.4102　腹腔镜经腹筋膜外子宫切除术
68.4103　腹腔镜经腹始基子宫切除术
68.4104　腹腔镜经腹双子宫切除术
68.4900x004　始基子宫切除术
68.4900x006　子宫次广泛切除术
68.4901　经腹全子宫切除术
68.4902　经腹筋膜外全子宫切除术
68.4903　经腹扩大性全子宫切除术
68.4905　经腹双子宫切除术
68.5100　腹腔镜辅助阴道子宫切除术（LAVH）
68.5100x004　腹腔镜辅助经阴道始基子宫切除术
68.5100x005　腹腔镜辅助经阴道子宫次全切除术
68.5101　腹腔镜辅助经阴道子宫扩大切除术
68.5102　腹腔镜辅助经阴道筋膜内子宫切除术
68.5103　腹腔镜辅助经阴道子宫部分切除术
68.5900x002　经阴道子宫次全切除术
68.5901　经阴道子宫切除术
68.5902　经阴道子宫部分切除术
68.6100x001　腹腔镜下子宫广泛性切除术
68.6100x002　腹腔镜下子宫改良广泛性切除术
68.6101　腹腔镜改良根治性子宫切除术
68.6900x001　子宫广泛性切除术
68.6900x002　子宫改良广泛性切除术
68.7100x001　腹腔镜辅助经阴道子宫广泛性切除术
68.7900x003　经阴道子宫广泛性切除术
68.8x01　女性盆腔廓清术
70.5305　全盆底重建术
70.7200　结肠阴道瘘修补术
70.7300　直肠阴道瘘修补术
70.7400x001　小肠-阴道瘘修补术
70.7401　小肠-阴道瘘切除术
71.5x00x001　外阴广泛性切除术
71.5x00x003　外阴根治性局部扩大切除术
71.5x00x004　外阴根治性局部切除术
71.6100　单侧外阴切除术
71.6200　双侧外阴切除术
86.9600x003　脊髓神经刺激器置入术

RA4　骨髓增生性疾病或恶性增生性疾病等伴其他手术

包含以下主要诊断：
C76.101　腋恶性肿瘤
C76.200x002　髂窝恶性肿瘤
C76.300　盆腔恶性肿瘤
C76.302　骶恶性肿瘤
C76.305　骶尾部恶性肿瘤
C76.306　臀部恶性肿瘤
C76.700　恶性肿瘤，其他不明确部位的
C76.700x002　腰部恶性肿瘤
C76.800　交搭跨越恶性肿瘤的损害，其他和不明确部位的
C76.801　不明确部位交搭跨越恶性肿瘤
C90.000　多发性骨髓瘤
C90.000x004　卡勒病
C90.000x005　浆细胞病
C90.000x008+M90.6*　多发性骨髓瘤引起的变形性骨炎
C90.000x009　多发性骨髓瘤髓外浸润
C90.000x011　多发性骨髓瘤伴缓解
C90.000x012　浆细胞性骨髓瘤伴缓解
C90.000x014　卡勒病伴缓解
C90.000x021　多发性骨髓瘤（IgGλ型）
C90.000x022　多发性骨髓瘤（IgG κ 型）
C90.000x023　多发性骨髓瘤（轻链λ型）
C90.000x024　多发性骨髓瘤（轻链 κ 型）
C90.000x025　多发性骨髓瘤（无分泌型）
C90.000x026　多发性骨髓瘤（IgDλ型）
C90.000x027　多发性骨髓瘤（IgAλ型）
C90.000x028　多发性骨髓瘤（IgA κ 型）

C90.000x029　多发性骨髓瘤（IgD κ 型）
C90.000x030　多发性骨髓瘤（DS分期Ⅰ期）
C90.000x031　多发性骨髓瘤（DS分期Ⅱ期B组）
C90.000x032　多发性骨髓瘤（DS分期Ⅱ期）
C90.000x033　多发性骨髓瘤（DS分期Ⅲ期B组）
C90.000x034　多发性骨髓瘤（DS分期Ⅲ期）
C90.000x035　多发性骨髓瘤（DS分期Ⅰ期B组）
C90.000x036　多发性骨髓瘤（ISS分期Ⅲ期）
C90.000x037　多发性骨髓瘤（ISS分期Ⅲ期B组）
C90.000x038　多发性骨髓瘤（ISS分期Ⅱ期）
C90.000x039　多发性骨髓瘤（ISS分期Ⅱ期B组）
C90.000x040　多发性骨髓瘤（ISS分期Ⅰ期）
C90.000x041　多发性骨髓瘤（ISS分期Ⅰ期B组）
C90.001　骨髓瘤病
C90.002　浆细胞性骨髓瘤
C90.200　髓外浆细胞瘤
C90.200x008　软组织浆细胞瘤
C90.200x009　原发皮肤浆细胞瘤
C90.200x013　髓外的浆细胞瘤伴缓解
C90.300x001　浆细胞瘤伴缓解
C90.300x002　浆细胞肉瘤伴缓解
C90.300x003　浆细胞肉瘤
C90.300x004　孤立性骨髓瘤伴缓解
C90.302　浆细胞瘤
C90.303　孤立性骨髓瘤
包含以下主要手术或操作：
01.1200　开放性脑膜活组织检查
01.1400　开放性大脑活组织检查
01.2400x005　开颅探查术
01.2400x009　颅内脓肿引流术
01.2400x013　硬脑膜外血肿清除术
01.2400x018　硬脑膜切开术
01.2402　颅骨切开引流术
01.2405　硬膜外脓肿清除术
01.2407　颅骨钻孔探查术
01.2413　颅骨去骨瓣减压术
01.2414　颅骨钻孔减压术
01.2415　颅骨切开异物取出术
02.0101　线形颅骨切除术
02.0102　条带状颅骨切除术
02.0201　颅骨骨折减压术
02.0202　颅骨骨折清创术
02.0203　颅骨骨折复位术
02.0300x001　颅骨骨瓣修补术
02.0400x003　颅骨骨膜移植术
02.0500x004　颅骨硅橡胶板置入术
02.0500x005　颅骨有机玻璃板置入术
02.0502　颅骨钛板置入术
02.0600x003　颅骨修补术
02.0700　颅骨（金属）板去除
03.3201　硬脊膜活组织检查
03.3202　脊髓活组织检查术
25.0200　开放性舌活组织检查
25.1x01　舌病损切除术
25.1x02　舌病损破坏术
25.1x03　舌射频治疗术
25.1x04　支撑喉镜下舌根部病损切除术
25.1x05　支撑喉镜下舌病损激光烧灼术
25.2x00　舌部分切除术
25.2x01　半舌切除术
32.2400x001　经皮肺病损射频消融术
32.2500x001　胸腔镜下肺病损射频消融术
33.2000　胸腔镜肺活组织检查
33.2000x002　纵隔镜下肺组织活检术
33.2500x002　胸腔镜下支气管活检术
33.2500x003　直视下支气管活检术
33.2800x001　开胸肺活检术
34.2000　胸腔镜胸膜活组织检查
34.2502　胸腔镜下纵隔活组织检查
34.2600　开放性纵隔活组织检查
34.2700x001　膈肌活检术
37.2401　胸腔镜下心包活组织检查
37.9100　开胸心脏按摩
39.9800x001　伤口止血术
39.9801　手术后伤口止血术
40.1100x003　腹腔镜下淋巴结活检术
40.1100x004　纵隔镜下淋巴结活检术
40.2100　深部颈淋巴结切除术
40.2200　乳房内淋巴结切除术
40.2300　腋淋巴结切除术
40.2400　腹股沟淋巴结切除术
40.2900x002　单纯淋巴结切除术
40.2900x008　颌下淋巴结切除术
40.2900x017　腹膜后淋巴管瘤（囊肿）切除术
40.2900x018　肠系膜淋巴管瘤（囊肿）切除术
40.2900x019　肢体淋巴管瘤（囊肿）切除术
40.2900x020　腹壁淋巴管瘤（囊肿）切除术
40.2900x021　颈淋巴结切除术
40.2900x022　淋巴结切除术
40.2900x024　颏下淋巴结切除术

40.2900x025　胸腔镜下纵隔淋巴结切除术
40.2900x026　胸腔镜下淋巴管瘤切除术
40.2900x027　腹腔镜下淋巴管瘤切除术
40.2900x028　腹膜后淋巴结切除术
40.2900x029　肝门淋巴结切除术
40.2900x030　上肢淋巴结切除术
40.2900x031　下肢淋巴结切除术
40.2901　锁骨上淋巴结切除术
40.2902　肺门淋巴结切除术
40.2903　肺门纵膈淋巴结切除术
40.2904　纵隔淋巴结切除术
40.2906　腹腔淋巴结切除术
40.2908　肠系膜淋巴结切除术
40.2910　淋巴管瘤切除术
41.1x00　脾穿刺
41.3300　开放性脾活组织检查
41.4200x003　经皮脾病损射频消融术
41.9100x001　供者骨髓采集术
41.9200　骨髓注入
41.9201　肱骨断端骨髓注射术
41.9202　股骨断端骨髓注射术
41.9203　胫骨断端骨髓注射术
41.9800　骨髓其他手术
42.1100　颈部食管造口术
42.1200　食管憩室外置术
42.1901　胸部食管造口术
42.2100　经手术切开的食管镜检查
42.2200　经人工造口的食管镜检查
42.2500　开放性食管活组织检查
42.3200x003　食管病损氩气刀治疗术
42.3201　食管病损切除术
42.3300x006　胃镜下食管病损电灼术
42.3301　内镜食管病损切除术
42.3303　内镜黏膜下隧道食管病损切除术
42.3305　内镜食管黏膜下剥离术
42.3306　内镜食管黏膜切除术
42.3309　内镜食管静脉曲张组织胶注射术
43.0x00x003　胃切开探查术
43.0x02　胃切开异物取出术
43.1100x001　内镜下经皮胃造瘘术
43.1900x003　永久性胃造口术
43.1900x005　暂时性胃造口术
43.4100x011　胃镜下贲门病损切除术
43.4100x013　胃镜下胃病损电切术
43.4100x014　胃镜下胃病损切除术
43.4100x015　胃镜下贲门病损电切术
43.4100x016　胃镜下胃病损硬化术
43.4100x026　内镜下胃病损射频消融术
43.4101　内镜下胃病损氩离子凝固术
44.1500　开放性胃活组织检查
45.1101　术中小肠内镜检查
45.3001　内镜下十二指肠病损切除术
45.3004　内镜下十二指肠黏膜下剥离术（ESD）
45.3005　内镜下十二指肠黏膜切除术（EMR）
45.3007　内镜下经黏膜下隧道十二指肠病损切除术（STER）
45.3400x002　内镜下小肠黏膜切除术（EMR）
45.3400x003　内镜下小肠黏膜下剥离术（ESD）
45.3400x004　内镜下经黏膜下隧道小肠病损切除术（STER）
45.4200x003　纤维结肠镜下结肠息肉切除术
45.4201　内镜下乙状结肠息肉切除术
45.4300x008　结肠镜下结肠病损电凝术
45.4300x009　内镜下结肠黏膜下剥离术（ESD）
45.4300x012　内镜下经黏膜下隧道结肠病损切除术（STER）
45.4302　内镜下结肠病损切除术
45.4304　内镜下结肠止血术
45.4307　内镜下结肠黏膜切除术（EMR）
46.0402　结肠襻切除术
46.1000　结肠造口术
46.1000x007　腹腔镜下结肠造口术
46.1100　暂时性结肠造口术
46.1100x002　腹腔镜下结肠暂时性造口术
46.1300　永久性结肠造口术
46.1301　腹腔镜乙状结肠永久性造口术
46.1400　结肠造口的延迟性切开
46.2100　暂时性回肠造口术
46.2300x001　回肠永久性造口术
46.2301　腹腔镜永久性回肠造口术
46.2400　回肠造口的延迟性切开
46.3200x002　内镜下经皮空肠造瘘术
46.3900x002　空肠造口术
46.3900x006　腹腔镜下十二指肠造口术
46.3900x007　腹腔镜下小肠造口术
46.3901　空肠（营养性）造口术
46.3902　十二指肠造口术
46.3904　小肠造口术
46.3905　腹腔镜空肠造口术
46.4100　小肠造口修复术

46.4101　回肠造口修复术
46.4102　空肠造口修复术
46.4103　回肠造口周围疝修补术
46.8600　内镜下结肠支架置入
48.3507　腹腔镜直肠病损切除术
48.3600x002　内镜下直肠病损切除术
48.3600x003　内镜下直肠黏膜下剥离术（ESD）
48.3600x004　内镜下直肠黏膜切除术（EMR）
48.3600x006　内镜下经黏膜下隧道直肠病损切除术（STER）
48.3600x007　经肛门内镜下直肠病变微创手术［TEM］
50.1200　开放性肝活组织检查
50.1400　腹腔镜下肝活组织检查
50.2301　肝病损微波消融术
50.2302　肝病损射频消融术
50.2303　胆囊床病损射频消融术
50.2400x001　肝病损聚焦超声消融术
50.2400x002　经皮肝病损纳米刀消融术
50.2401　CT引导下肝病损射频消融术
50.2402　CT引导下肝病损微波消融术
50.2403　超声引导下肝病损微波消融术
50.2404　超声引导下肝病损射频消融术
50.2900x020　腹腔镜下肝内无水酒精注射术
50.2904　肝病损离体切除术
50.6101　肝破裂修补术
50.6900x002　肝修补术
50.6901　肝固定术
50.9401　肝内无水酒精注射术
50.9402　肝囊肿硬化剂注射术
50.9900x003　肝止血术
51.1301　开放性胆囊活组织检查
51.1302　开放性胆管活组织检查
51.8400x001　内镜下奥迪括约肌切开术
51.8500x002　内镜下十二指肠乳头肌切开取石术
51.8501　内镜下胰管括约肌切开术
51.8502　内镜下胆管括约肌切开术
51.8503　内镜下十二指肠乳头肌切开术（EST）
51.8600x002　内镜下鼻胆管引流术
51.8700x001　内镜下胆道内支架成形术
51.8700x003　内镜下胆管支架置入术
51.8700x004　内镜下胆管置管引流术
51.9100　胆囊裂伤的修补术
51.9200　胆囊造口闭合术
51.9501　经皮胆总管支架去除术
51.9600x001　经皮胆总管结石取出术
51.9800x005　经皮胆道镜下取石术
51.9800x008　经皮胆管球囊扩张术
51.9800x010　经皮胆管支架置入术
51.9800x015　经皮肝穿刺胆总管支架置入术
51.9800x016　经皮胆肠吻合口扩张术
51.9801　经皮肝穿刺胆管支架植入术
51.9806　经皮胆管扩张术
51.9807　经胆道镜胆管扩张术
51.9808　经T管胆道支架植入术
51.9901　胆道内假体置换术
52.0903　胰腺切开引流术
52.1200　开放性胰腺活组织检查
52.9201　胰管支架置入术
52.9300　内镜下胰管支架（管）置入
52.9300x002　内镜下胰管置管引流术
52.9400　内镜下胰管结石去除术
52.9400x002　内镜下胰管碎石取石术
54.0x00x010　腹壁血肿清除术
54.0x00x021　腹膜外血肿清除术
54.0x00x023　髂窝积液清除术
54.0x01　腹股沟探查术
54.0x03　腹壁异物取出术
54.1100　开腹探查术
54.2100　腹腔镜检查
54.2200x003　腹腔镜下腹壁活检术
54.2300x003　腹膜后活检术
54.2300x004　腹腔镜下网膜活组织检查
54.2300x005　腹腔镜下腹膜活组织检查
54.2300x006　腹腔镜下肠系膜活组织检查
54.2301　开放性腹膜活组织检查
54.2302　开放性网膜活组织检查
54.2303　开放性肠系膜活组织检查
54.3x00x004　腹壁窦道扩创术
54.3x00x010　腹壁伤口扩创术
54.3x00x011　腹壁伤口清创术
54.3x00x027　脐病损切除术
54.3x01　腹壁病损切除术
54.3x02　腹腔镜下腹壁病损切除术
54.3x03　腹股沟病损切除术
54.3x04　脐切除术
54.3x05　盆腔壁病损切除术
54.3x07　腹壁脐尿管囊肿切除术
54.4x00x055　经皮腹膜后病损纳米刀消融术
54.6101　腹壁切口裂开缝合术

54.6301　腹壁裂伤缝合术
54.6400　腹膜缝合术
54.6401　网膜裂伤缝合术
54.7100　腹裂（畸形）修补术
54.7200x001　腹壁补片修补术
54.9300x001　腹壁造口术
55.3300x001　经皮肾病损纳米刀消融术
55.3301　超声引导下肾病损射频消融术
55.3302　经皮肾镜肾病损消融术
56.4100x012　经尿道输尿管病损激光切除术
56.5101　乙状结肠膀胱腹壁造口术
56.5102　回肠输尿管皮肤造口术
56.5200x001　输尿管-回肠皮肤造口修正术
56.6100x001　输尿管-皮肤造口术
56.6100x003　输尿管造口术
56.6100x004　腹腔镜下输尿管-皮肤造口术
56.7100x002　输尿管-乙状结肠吻合术
56.7100x004　腹腔镜下输尿管-乙状结肠吻合术
56.7300　肾膀胱吻合术
56.7402　腹腔镜下输尿管膀胱吻合术
56.7501　左右输尿管吻合术
56.8100　输尿管管腔内粘连松解术
56.8200x002　腹腔镜下输尿管损伤修复术
56.8201　输尿管裂伤修补术
56.8300　输尿管造口闭合术
56.8400x001　输尿管瘘修补术
56.8401　输尿管阴道瘘修补术
56.8500　输尿管固定术
56.8600　输尿管结扎去除术
57.1200　膀胱切开的膀胱腔内粘连松解术
57.1901　膀胱探查术
57.1902　膀胱切开取石术
57.1903　膀胱切开异物取出术
57.1905　膀胱切开血块清除术
57.2100　膀胱造口术
57.3400x002　直视下膀胱活检术
57.4100x002　经尿道膀胱腔内粘连松解术
57.8200　膀胱造口闭合术
57.8900x003　腹腔镜下膀胱颈悬吊术
57.8900x004　膀胱颈悬吊术
57.8903　膀胱悬吊术
57.9102　经尿道膀胱颈切断术
57.9201　经尿道膀胱颈扩张术
57.9600　电子膀胱刺激器置入术
57.9900x001　膀胱封闭术
58.0x00x003　尿道切开探查术
58.0x01　尿道切开取石术
58.0x02　尿道会阴造口术
58.1x01　尿道外口切开术
58.3101　经尿道尿道病损电切术
58.3103　经尿道尿道狭窄电切术
58.3901　尿道病损切除术
58.3902　尿道瓣膜切除术
58.3903　尿道切除术
58.3904　尿道部分切除术
58.3905　尿道狭窄切除术
58.3906　尿道口病损切除术
58.4301　尿道瘘修补术
58.4302　尿道阴道瘘修补术
58.4303　尿道直肠瘘修补术
58.4304　尿道会阴瘘修补术
58.4305　腹腔镜下尿道瘘修补术
58.9102　尿道旁切开引流术
58.9200x002　尿道旁腺病损切除术
58.9201　尿道旁病损切除术
58.9300　人工尿道括约肌［AUS］置入
58.9901　可膨胀的尿道括约肌去除术
59.0000　腹膜后清扫术
59.0201　输尿管狭窄松解术
59.0202　输尿管周围粘连松解术
59.0203　肾周围粘连松解术
59.0301　腹腔镜下输尿管狭窄松解术
59.0302　腹腔镜下肾周粘连松解术
59.0303　腹腔镜下输尿管周围粘连松解术
59.0901　肾周切开引流术
59.0902　肾周血肿清除术
59.0903　肾周区域探查术
59.1901　膀胱周围探查术
59.1902　耻骨后探查术
60.2100x001　经尿道前列腺激光切除术［TULIP手术］
60.2900x003　经尿道前列腺绿激光汽化术（PVP）
60.2901　经尿道前列腺气化电切术［TEVAP手术］
60.2902　经尿道前列腺切除术（TURP）
60.6100x001　前列腺病损切除术
60.6100x002　前列腺部分切除术
60.6101　腹腔镜下前列腺病损切除术
60.6200　经会阴前列腺切除术
60.6201　经会阴前列腺冷冻切除术
60.6900x001　前列腺切除术

60.6900x002　腹腔镜下前列腺切除术
65.1200x001　直视下卵巢活检术
65.1201　卵巢活组织检查
65.1300　腹腔镜卵巢活组织检查
67.2x00　子宫颈锥形切除术
67.2x01　宫腔镜子宫颈锥形切除术
67.3904　子宫颈病损切除术
68.1300　开放性子宫活组织检查
68.1400　开放性子宫韧带活组织检查
68.1501　腹腔镜子宫韧带活组织检查
68.1601　腹腔镜子宫活组织检查
68.2903　子宫内膜病损切除术
68.2915　宫腔镜子宫内膜病损切除术
68.2917　宫腔镜子宫病损切除术
71.2400x003　前庭大腺切除术

RK1　急性白血病化学治疗和/或其他治疗

包含以下主要诊断：
C91.000　急性淋巴细胞白血病
C91.000x006　前B细胞急性淋巴细胞白血病
C91.000x007　前T细胞急性淋巴细胞白血病
C91.000x009　B淋巴母细胞性白血病/淋巴瘤
C91.000x012　急性淋巴细胞白血病L1伴缓解
C91.000x013　急性淋巴细胞白血病L2伴缓解
C91.000x014　急性淋巴细胞白血病L3伴缓解
C91.000x015　慢性粒细胞性白血病伴缓解（急淋变）
C91.000x016　T淋巴母细胞白血病/淋巴瘤
C91.000x017　前T细胞急性淋巴细胞白血病伴缓解
C91.001　急性淋巴细胞性白血病，L1型
C91.002　急性淋巴细胞性白血病，L2型
C91.003　急性淋巴细胞性白血病，L3型
C91.004　慢性粒细胞性白血病，急淋变
C91.006　急性淋巴细胞白血病，完全缓解
C91.007　成人Ph+急性淋巴细胞白血病（ALL）
C91.008　成人Ph-急性淋巴细胞白血病（ALL）
C91.100x012　慢性淋巴细胞性白血病，急性变
C91.800　伯基特型成熟B细胞白血病
C92.000　急性髓细胞白血病
C92.000x003　急性粒细胞性白血病
C92.000x006　急性嗜碱性粒细胞白血病
C92.000x011　急性粒细胞性白血病未分化型伴缓解（M1型）
C92.000x012　急性粒细胞性白血病部分分化型伴缓解（M2型）
C92.000x013　急性粒细胞性白血病伴缓解
C92.000x014　急性髓系白血病，伴有异常的骨髓嗜酸性粒细胞
C92.000x015　急性髓系白血病，最低分化
C92.000x016　急性髓系白血病，伴有成熟
C92.000x017　急性髓系白血病，完全缓解
C92.000x018　急性髓系白血病，t (6; 9) (p23; q34); DEK :: NUP214
C92.001　急性髓细胞白血病，微分化型
C92.002　急性髓细胞白血病，不伴有成熟
C92.003　急性髓细胞白血病，1/ETO型
C92.004　急性髓细胞白血病，M0型
C92.005　急性髓细胞白血病，M1型
C92.006　急性髓细胞白血病，M2型
C92.007　急性髓细胞白血病，t (8; 21)
C92.008　急性髓细胞白血病（没有FAB分类），未特指
C92.009　转化过程中难治性贫血伴原始细胞增多
C92.100x002　慢性粒细胞性白血病（急性变）
C92.100x012　慢性粒细胞性白血病伴缓解（急性变）
C92.100x017　慢性髓系白血病，急性发作
C92.400x011　急性早幼粒细胞白血病伴缓解（M3型）
C92.401　急性早幼粒细胞性白血病，完全缓解
C92.402　急性髓细胞白血病，M3型
C92.403　急性髓细胞白血病，M3伴t (15; 17)伴多样型
C92.500x011　急性粒单核细胞白血病伴缓解（M4型）
C92.501　急性髓细胞白血病，M4型
C92.502　急性髓细胞白血病，M4伴t (16; 16)伴多样型
C92.600　急性髓系白血病伴11q23异常
C92.601　急性髓系白血病伴MLL基因变异
C92.800　急性髓系白血病伴多系增生异常
C93.000x011　急性单核细胞性白血病伴缓解（M5型）
C93.000x016　急性单核细胞白血病伴缓解
C93.001　急性髓细胞白血病，M5a型
C93.002　急性髓细胞白血病，M5b型
C93.003　急性髓细胞白血病，M5型
C93.100x012　慢性单核细胞白血病，急性加重
C94.000x001　急性红白血病（M6型）

C94.000x011　急性红白血病伴缓解（M6型）
C94.001　红白血病
C94.004　急性髓系白血病，M6（a）（b）
C94.200　急性原巨核细胞白血病
C94.200x011　急性巨核细胞白血病伴缓解（M7型）
C94.201　急性巨核细胞性白血病
C94.202　急性髓系白血病，M7
C94.400　急性全骨髓增殖症伴骨髓纤维化
C94.400x001　急性骨髓纤维化
C94.702　急性嗜碱细胞性白血病
C95.000　急性白血病
C95.000x002　急性白血病髓外复发
C95.000x003　急性非淋巴细胞性白血病
C95.000x015　急性白血病（谱系未定）
C95.000x016　B淋巴细胞和髓系混合表型急性白血病
C95.000x017　T淋巴细胞和髓系混合表型急性白血病
C95.000x018　NK细胞淋巴母细胞性白血病/淋巴瘤
C95.000x101　急性白血病伴缓解
C95.000x102　急性白血病髓外复发伴缓解
C95.000x115　急性白血病伴缓解（谱系未定）
C95.000x116　B淋巴细胞和髓系混合表型急性白血病伴缓解
C95.000x117　T淋巴细胞和髓系混合表型急性白血病伴缓解
C95.000x118　NK细胞淋巴母细胞性白血病/淋巴瘤伴缓解
C95.002　干细胞白血病
C95.003　未分化细胞白血病
C95.004　急性双系白血病
C95.005　急性混合型单系白血病
C95.006　急性双表型白血病
C95.100x012　慢性白血病急性加重
包含以下主要手术或操作：
99.2500x017　化学物质栓塞
99.2500x036　椎管内注射化疗药物
99.2500x037　超声内镜下化疗药物注射
99.2502　动脉注射化疗药物
99.2503　静脉注射化疗药物
99.2504　肌肉注射化疗药物
99.2505　化疗药物灌注
99.2506　膀胱灌注化疗
99.2800x003　抗肿瘤基因治疗
99.2800x004　肌肉注射抗肿瘤免疫抑制剂治疗
99.2800x005　静脉注射抗肿瘤免疫制剂治疗
99.2800x006　分子靶向治疗
99.2801　抗肿瘤免疫治疗

RK2　淋巴瘤、多发骨髓瘤化学治疗和/或其他治疗

包含以下主要诊断：
C81.000　结节性淋巴细胞为主型霍奇金淋巴瘤
C81.100　结节性硬化型（经典型）霍奇金淋巴瘤
C81.200　混合细胞型（经典型）霍奇金淋巴瘤
C81.300　淋巴细胞减少型（经典型）霍奇金淋巴瘤
C81.400　富淋巴细胞性（经典型）霍奇金淋巴瘤
C81.700　经典型霍奇金淋巴瘤，其他类型的
C81.701　霍奇金副肉芽肿
C81.702　霍奇金肉芽肿
C81.703　霍奇金肉瘤
C81.900　霍奇金淋巴瘤，未特指
C81.900x005　皮肤霍奇金淋巴瘤
C82.000　滤泡性淋巴瘤Ⅰ级
C82.100　滤泡性淋巴瘤Ⅱ级
C82.200　滤泡性淋巴瘤Ⅲ级
C82.300　滤泡性淋巴瘤Ⅲa级
C82.400　滤泡性淋巴瘤Ⅲb级
C82.500　弥漫性滤泡中心细胞淋巴瘤
C82.600　皮肤滤泡中心细胞淋巴瘤
C82.700　滤泡性淋巴瘤，其他类型的
C82.701　恶性淋巴瘤，淋巴细胞性，高分化，结节性
C82.702　恶性淋巴瘤，淋巴细胞性，中分化，结节性
C82.703　恶性淋巴瘤，淋巴细胞性，低分化，结节性
C82.704　恶性淋巴瘤，中心母细胞性，滤泡性
C82.900　滤泡性淋巴瘤
C82.901　恶性淋巴瘤，滤泡中心性
C82.903　结节性淋巴瘤，未特指
C83.000　小B细胞淋巴瘤
C83.001　淋巴浆细胞性淋巴瘤
C83.002　结节边缘区淋巴瘤
C83.003　脾缘区淋巴瘤
C83.004　非白血病B-CLL变异
C83.100　曼特尔细胞淋巴瘤
C83.101　中心细胞性淋巴瘤

C83.102　恶性淋巴瘤性息肉病
C83.300　弥漫性大B细胞淋巴瘤
C83.300x006　原发中枢神经系统弥漫大B细胞淋巴瘤
C83.300x007　原发皮肤弥漫大B细胞淋巴瘤（腿型）
C83.300x008　老年人EBV阳性弥漫大B细胞淋巴瘤
C83.300x009　与慢性炎症相关弥漫大B细胞淋巴瘤
C83.301　间变型弥漫大B细胞淋巴瘤
C83.302　中心母细胞型弥漫大B细胞淋巴瘤
C83.303　浆母细胞性弥漫大B细胞淋巴瘤
C83.304　免疫母细胞型弥漫大B细胞淋巴瘤
C83.305　未特指亚型的弥漫大B细胞淋巴瘤
C83.306　富T细胞弥漫大B细胞淋巴瘤
C83.307　CD30阳性弥漫大B细胞淋巴瘤
C83.500　原淋巴细胞（弥漫性）淋巴瘤
C83.501　前体B细胞淋巴瘤
C83.502　B淋巴母细胞性淋巴瘤
C83.503　淋巴母细胞性淋巴瘤NOS
C83.504　T淋巴母细胞性淋巴瘤
C83.505　前体T细胞淋巴瘤
C83.700　伯基特淋巴瘤
C83.702　伯基特样淋巴瘤
C83.703　非典型伯基特淋巴瘤
C83.800　其他非滤泡性淋巴瘤
C83.800x006　脾红髓弥漫小B细胞淋巴瘤
C83.800x008　恶性淋巴瘤，淋巴浆细胞性
C83.800x009　起源于HHV8相关多中心性Castleman病的大B细胞淋巴瘤
C83.801　原发渗出性淋巴瘤
C83.802　血管内大B细胞淋巴瘤
C83.803　淋巴样肉芽肿病
C83.900　非滤泡（弥漫性）淋巴瘤，未特指
C84.000　蕈样真菌病
C84.000x002　原发性皮肤T细胞淋巴瘤［蕈样肉芽肿］
C84.000x003　嗜毛囊性蕈样肉芽肿
C84.100　塞扎里病
C84.400　周围T细胞淋巴瘤，不可分类在他处
C84.400x001　成熟T细胞淋巴瘤
C84.401　血管免疫母细胞性T-细胞淋巴瘤
C84.402　外周T-细胞淋巴瘤，多形性小细胞
C84.403　外周T-细胞淋巴瘤，多形性中等细胞和大细胞
C84.404　间变大细胞T-细胞淋巴瘤，ALK阴性
C84.405　外周T-细胞淋巴瘤，AILD
C84.406　Lennert淋巴瘤
C84.407　淋巴上皮样淋巴瘤
C84.500　其他成熟的T/NK细胞淋巴瘤
C84.500x004　儿童系统性EBV阳性T细胞增殖性疾病
C84.500x012　原发皮肤外周T细胞淋巴瘤（罕见类型）
C84.500x016　原发皮肤CD4+小/中多形性T细胞淋巴瘤
C84.502　皮肤淋巴瘤
C84.600　间变性大细胞淋巴瘤，ALK阳性
C84.601　间变性大细胞淋巴瘤，CD30阳性
C84.700　间变性大细胞淋巴瘤，ALK阴性
C84.800　皮肤T细胞淋巴瘤，未特指
C84.900　成熟T/NK细胞淋巴瘤，未特指
C84.901　T/NK细胞淋巴瘤，未特指
C85.100　B-细胞淋巴瘤
C85.100x010　富T细胞/富组织细胞大B细胞淋巴瘤
C85.100x017　ALK+大B细胞淋巴瘤
C85.100x021　原发皮肤B细胞淋巴瘤
C85.200　纵隔（胸腺）大B细胞淋巴瘤
C85.700　非霍奇金淋巴瘤的其他特指类型
C85.700x004　慢性NK细胞淋巴增殖性疾病
C85.700x016　皮下NK细胞淋巴瘤
C85.701　单核细胞样B细胞淋巴瘤
C85.704　血管中心性T-细胞淋巴瘤
C85.705　大细胞（ki-1+）淋巴瘤
C85.707　NK/T-细胞淋巴瘤
C85.709　间变大细胞淋巴瘤
C85.715　血管内皮瘤病
C85.900　非霍奇金淋巴瘤
C85.900x001　鼻窦淋巴瘤
C85.900x002　鼻腔淋巴瘤
C85.900x003　扁桃体淋巴瘤
C85.900x004　肠淋巴瘤
C85.900x005　肠系膜淋巴瘤
C85.900x006　淋巴瘤
C85.900x008　肺淋巴瘤
C85.900x009　腹膜后淋巴瘤
C85.900x010　腹腔淋巴瘤
C85.900x011　肝淋巴瘤
C85.900x012　睾丸淋巴瘤
C85.900x013　纵隔淋巴瘤
C85.900x014　回盲部淋巴瘤

C85.900x015　结肠淋巴瘤
C85.900x016　卵巢淋巴瘤
C85.900x017　盲肠淋巴瘤
C85.900x019　脑淋巴瘤
C85.900x020　脾淋巴瘤
C85.900x022　舌淋巴瘤
C85.900x023　胃淋巴瘤
C85.900x024　小肠淋巴瘤
C85.900x025　眼淋巴瘤
C85.900x026　硬膜外淋巴瘤
C85.900x027　肢体淋巴瘤
C85.900x028　直肠淋巴瘤
C85.900x029　骨淋巴瘤
C85.900x030　腹股沟淋巴瘤
C85.900x031　乳腺淋巴瘤
C85.900x034　周围神经血管内淋巴瘤
C85.900x036　甲状腺淋巴瘤
C85.900x037　脊髓淋巴瘤
C85.900x038　淋巴瘤结内侵及
C85.900x039　淋巴瘤结外侵及
C85.900x040　颈淋巴瘤
C85.900x041　心脏淋巴瘤
C85.900x042　胰腺淋巴瘤
C85.900x043　肾淋巴瘤
C85.901　复合性霍奇金和非霍奇金淋巴瘤
C86.000　结外NK/T细胞淋巴瘤，鼻型
C86.100　肝脾T细胞淋巴瘤
C86.200　肠型T细胞淋巴瘤
C86.300　皮下血管炎样T细胞淋巴瘤
C86.400　原始NK细胞淋巴瘤
C86.500　血管免疫母细胞性T细胞淋巴瘤
C86.600　原发性皮肤CD30阳性T细胞增殖性病变
C86.601　淋巴瘤样丘疹病
C86.602　原发性皮肤间变性大细胞淋巴瘤
C86.603　原发性皮肤CD30+间变性大细胞淋巴瘤
C90.000　多发性骨髓瘤
C90.000x004　卡勒病
C90.000x005　浆细胞病
C90.000x008+M90.6*　多发性骨髓瘤引起的变形性骨炎
C90.000x009　多发性骨髓瘤髓外浸润
C90.000x011　多发性骨髓瘤伴缓解
C90.000x012　浆细胞性骨髓瘤伴缓解
C90.000x014　卡勒病伴缓解
C90.000x021　多发性骨髓瘤（IgGλ型）
C90.000x022　多发性骨髓瘤（IgG κ 型）
C90.000x023　多发性骨髓瘤（轻链λ型）
C90.000x024　多发性骨髓瘤（轻链 κ 型）
C90.000x025　多发性骨髓瘤（无分泌型）
C90.000x026　多发性骨髓瘤（IgDλ型）
C90.000x027　多发性骨髓瘤（IgAλ型）
C90.000x028　多发性骨髓瘤（IgA κ 型）
C90.000x029　多发性骨髓瘤（IgD κ 型）
C90.000x030　多发性骨髓瘤（DS分期Ⅰ期）
C90.000x031　多发性骨髓瘤（DS分期Ⅱ期B组）
C90.000x032　多发性骨髓瘤（DS分期Ⅱ期）
C90.000x033　多发性骨髓瘤（DS分期Ⅲ期B组）
C90.000x034　多发性骨髓瘤（DS分期Ⅲ期）
C90.000x035　多发性骨髓瘤（DS分期Ⅰ期B组）
C90.000x036　多发性骨髓瘤（ISS分期Ⅲ期）
C90.000x037　多发性骨髓瘤（ISS分期Ⅲ期B组）
C90.000x038　多发性骨髓瘤（ISS分期Ⅱ期）
C90.000x039　多发性骨髓瘤（ISS分期Ⅱ期B组）
C90.000x040　多发性骨髓瘤（ISS分期Ⅰ期）
C90.000x041　多发性骨髓瘤（ISS分期Ⅰ期B组）
C90.001　骨髓瘤病
C90.002　浆细胞性骨髓瘤
C90.100　浆细胞白血病
C90.100x002　继发性浆细胞白血病
C90.100x011　浆细胞白血病伴缓解
C90.200　髓外浆细胞瘤
C90.200x008　软组织浆细胞瘤
C90.200x009　原发皮肤浆细胞瘤
C90.200x013　髓外的浆细胞瘤伴缓解
C90.300　孤立性浆细胞瘤
C90.300x001　浆细胞瘤伴缓解
C90.300x002　浆细胞肉瘤伴缓解
C90.300x003　浆细胞肉瘤
C90.300x004　孤立性骨髓瘤伴缓解
C90.301　局限性恶性浆细胞瘤
C90.302　浆细胞瘤
C90.303　孤立性骨髓瘤
包含以下主要手术或操作：
99.2500x017　化学物质栓塞
99.2500x036　椎管内注射化疗药物
99.2500x037　超声内镜下化疗药物注射
99.2502　动脉注射化疗药物
99.2503　静脉注射化疗药物
99.2504　肌肉注射化疗药物
99.2505　化疗药物灌注

99.2506　膀胱灌注化疗
99.2800x003　抗肿瘤基因治疗
99.2800x004　肌肉注射抗肿瘤免疫抑制剂治疗
99.2800x005　静脉注射抗肿瘤免疫制剂治疗
99.2800x006　分子靶向治疗
99.2801　抗肿瘤免疫治疗

RL1　恶性及增生性疾病放射治疗（体外照射）

包含以下主要手术或操作：
92.2100　表浅放射治疗
92.2200　正电压放射治疗
92.2201　深部放射治疗
92.2300　放射性核素远距离放射疗法
92.2301　碘-125放射性同位素远距离治疗
92.2302　放射性铯远距离治疗
92.2303　钴-60放射性同位素远距离治疗
92.2400　光子远距离放射疗法
92.2400x002　三维适形放射治疗［3D-CRT］
92.2400x003　调强适形放射治疗［IMRT］
92.2400x004　体部立体定向放射治疗［SBRT］
92.2400x005　容积弧形调强放射治疗［VMAT］
92.2400x006　影像引导调强适形放射治疗［IGRT］
92.2400x007　螺旋断层放射治疗［TOMO］
92.2500　电子远距离放射疗法
92.2501　β-粒子放疗
92.2600x001　重离子（碳离子）远距离放射治疗
92.2601　质子远距离放射治疗
92.2602　中子远距离放射治疗
92.3000　立体定向放射外科［SRS］
92.3001　脑立体定向双侧扣带回毁损术
92.3002　脑立体定向药瘾戒断术
92.3100　单源光子放射外科
92.3101　直线加速器放射外科
92.3102　X刀放射治疗
92.3200　多源光子放射外科
92.3200x001　伽马刀放射外科治疗
92.3201　立体定向γ放射治疗
92.3202　钴-60放射治疗
92.3900　其他立体定向放射外科治疗
92.4100　手术中电子放射治疗［IORT］

RL2　恶性及增生性疾病放射治疗（近距离照射）

包含以下主要手术或操作：
92.2001　碘-125放射性同位素近距离治疗
92.2700x002　放射性粒子置入放射治疗
92.2700x004　腔内近距离放射治疗
92.2701　血管内近距离放射治疗
92.2702　前列腺放射性粒子置入术
92.2703　食管放射性粒子置入术
92.2704　甲状腺放射性粒子置入术
92.2705　鼻咽放射性粒子置入术
92.2706　肺放射性粒子置入术
92.2800　放射性核素注射或滴入
92.2801　碘-131放射性同位素注射治疗
92.2900x001　放射治疗
92.2900x002　后装组织间放射治疗
92.2900x003　后装腔内放射治疗
92.3300　粒子放射外科

RM1　恶性及增生性疾病的介入、消融治疗

包含以下主要手术或操作：
01.5900x053　经皮脑病损冷冻消融术
01.5900x054　经皮脑病损激光消融术（映射）
06.3100x002　经皮甲状腺病损微波消融术
06.3102　甲状腺病损射频消融术
06.9900x003　经皮甲状旁腺病损微波消融术
32.2400x001　经皮肺病损射频消融术
32.2500x001　胸腔镜下肺病损射频消融术
39.7100x004　腹主动脉栓塞术
39.7900x017　结肠动脉栓塞术
39.7900x019　髂动脉栓塞术
39.7900x020　肾动脉栓塞术
39.7900x021　腰动脉栓塞术
39.7900x025　股动脉栓塞术
39.7903　经导管肝动脉栓塞术
39.7904　经导管脾动脉栓塞术
39.7906　经导管髂内动脉栓塞术
41.4200x003　经皮脾病损射频消融术
41.4200x005　经皮脾病损微波消融术
43.4100x026　内镜下胃病损射频消融术
44.4400x005　胃十二指肠动脉栓塞术
44.4403　经导管胃动脉栓塞术
50.2301　肝病损微波消融术
50.2302　肝病损射频消融术
50.2303　胆囊床病损射频消融术
50.2400x001　肝病损聚焦超声消融术
50.2400x002　经皮肝病损纳米刀消融术
50.2401　CT引导下肝病损射频消融术
50.2402　CT引导下肝病损微波消融术
50.2403　超声引导下肝病损微波消融术

50.2404　超声引导下肝病损射频消融术
50.2501　腹腔镜下肝病损微波消融术
50.2502　腹腔镜下肝病损射频消融术
50.2503　腹腔镜超声引导下肝病损射频消融术
50.2902　肝病损冷冻治疗术
52.2200x005　经皮胰腺病损射频消融术
52.2200x006　经皮胰腺病损微波消融术
52.2200x007　经皮胰腺病损冷冻消融术
52.2200x008　胰腺病损聚焦超声消融术
52.2200x009　经皮胰腺病损纳米刀消融术
52.2202　胰腺病损射频消融术
54.4x00x039　盆腔病损冷冻治疗术
54.4x00x048　腹腔病损氩氦刀靶向冷冻治疗术
54.4x00x055　经皮腹膜后病损纳米刀消融术
55.3300x001　经皮肾病损纳米刀消融术
68.2500x001　子宫动脉栓塞术
99.2500x017　化学物质栓塞
99.2501　动脉化疗栓塞

RN1　恶性及增生性疾病的化学治疗和/或其他治疗

包含以下主要诊断：
Z51.101　手术前恶性肿瘤化学治疗
Z51.102　手术后恶性肿瘤化学治疗
Z51.103　恶性肿瘤维持性化学治疗
Z51.104　姑息性化疗
包含以下主要手术或操作：
03.8x01　椎管内无水酒精注射
54.9701　腹腔内无水酒精注射
54.9702　腹腔穿刺药物注射
54.9703　腹腔镜下腹腔局部注射
99.2500x036　椎管内注射化疗药物
99.2500x037　超声内镜下化疗药物注射
99.2500x038　皮下注射化疗药物
99.2500x039　子宫颈注射化疗药物
99.2502　动脉注射化疗药物
99.2503　静脉注射化疗药物
99.2504　肌肉注射化疗药物
99.2505　化疗药物灌注
99.2506　膀胱灌注化疗
99.2800x004　肌肉注射抗肿瘤免疫抑制剂治疗
99.2800x005　静脉注射抗肿瘤免疫制剂治疗
99.2800x006　分子靶向治疗
99.2801　抗肿瘤免疫治疗

RN2　恶性及增生性疾病的靶向、免疫治疗

包含以下主要诊断：
Z51.800x095　恶性肿瘤免疫治疗
Z51.800x951　恶性肿瘤术前免疫治疗
Z51.800x952　恶性肿瘤术后免疫治疗
Z51.800x981　恶性肿瘤术前靶向治疗
Z51.801　恶性肿瘤靶向治疗
Z51.805　肿瘤术后免疫治疗
Z51.807　恶性肿瘤术后靶向治疗
Z51.810　肿瘤免疫治疗
包含以下主要手术或操作：
99.2800x003　抗肿瘤基因治疗
99.2800x004　肌肉注射抗肿瘤免疫抑制剂治疗
99.2800x005　静脉注射抗肿瘤免疫制剂治疗
99.2800x006　分子靶向治疗
99.2801　抗肿瘤免疫治疗

RP1　恶性及增生性疾病的终末期治疗

包含以下主要诊断：
Z51.000x013　恶性肿瘤终末期放疗
Z51.100x004　恶性肿瘤终末期化疗
Z51.800x953　恶性肿瘤终末期免疫治疗
Z51.800x983　恶性肿瘤终末期靶向治疗
包含以下主要手术或操作：
99.2500x036　椎管内注射化疗药物
99.2500x037　超声内镜下化疗药物注射
99.2502　动脉注射化疗药物
99.2503　静脉注射化疗药物
99.2504　肌肉注射化疗药物
99.2505　化疗药物灌注
99.2506　膀胱灌注化疗
99.2800x003　抗肿瘤基因治疗
99.2800x004　肌肉注射抗肿瘤免疫抑制剂治疗
99.2800x005　静脉注射抗肿瘤免疫制剂治疗
99.2800x006　分子靶向治疗
99.2801　抗肿瘤免疫治疗

RR1　急性白血病

包含以下主要诊断：
C91.000　急性淋巴细胞白血病
C91.000x006　前B细胞急性淋巴细胞白血病
C91.000x007　前T细胞急性淋巴细胞白血病
C91.000x009　B淋巴母细胞性白血病/淋巴瘤
C91.000x012　急性淋巴细胞白血病L1伴缓解

C91.000x013　急性淋巴细胞白血病L2伴缓解
C91.000x014　急性淋巴细胞白血病L3伴缓解
C91.000x015　慢性粒细胞性白血病伴缓解（急淋变）
C91.000x016　T淋巴母细胞白血病/淋巴瘤
C91.000x017　前T细胞急性淋巴细胞白血病伴缓解
C91.001　急性淋巴细胞性白血病，L1型
C91.002　急性淋巴细胞性白血病，L2型
C91.003　急性淋巴细胞性白血病，L3型
C91.004　慢性粒细胞性白血病，急淋变
C91.006　急性淋巴细胞白血病，完全缓解
C91.007　成人Ph+急性淋巴细胞白血病（ALL）
C91.008　成人Ph-急性淋巴细胞白血病（ALL）
C91.100x012　慢性淋巴细胞性白血病，急性变
C92.000　急性髓细胞白血病
C92.000x003　急性粒细胞性白血病
C92.000x006　急性嗜碱性粒细胞白血病
C92.000x011　急性粒细胞性白血病未分化型伴缓解（M1型）
C92.000x012　急性粒细胞性白血病部分分化型伴缓解（M2型）
C92.000x013　急性粒细胞性白血病伴缓解
C92.000x014　急性髓系白血病，伴有异常的骨髓嗜酸性粒细胞
C92.000x015　急性髓系白血病，最低分化
C92.000x016　急性髓系白血病，伴有成熟
C92.000x017　急性髓系白血病，完全缓解
C92.000x018　急性髓系白血病，t (6; 9) (p23; q34); DEK :: NUP214
C92.001　急性髓细胞白血病，微分化型
C92.002　急性髓细胞白血病，不伴有成熟
C92.003　急性髓细胞白血病，1/ETO型
C92.004　急性髓细胞白血病，M0型
C92.005　急性髓细胞白血病，M1型
C92.006　急性髓细胞白血病，M2型
C92.007　急性髓细胞白血病，t (8; 21)
C92.008　急性髓细胞白血病（没有FAB分类），未特指
C92.100x002　慢性粒细胞性白血病（急性变）
C92.100x012　慢性粒细胞性白血病伴缓解（急性变）
C92.100x017　慢性髓系白血病，急性发作
C92.201　亚急性粒细胞性白血病
C92.300　髓样肉瘤
C92.400x011　急性早幼粒细胞白血病伴缓解（M3型）
C92.401　急性早幼粒细胞性白血病，完全缓解
C92.402　急性髓细胞白血病，M3型
C92.403　急性髓细胞白血病，M3伴t (15; 17)伴多样型
C92.500x011　急性粒单核细胞白血病伴缓解（M4型）
C92.501　急性髓细胞白血病，M4型
C92.502　急性髓细胞白血病，M4伴t (16; 16)伴多样型
C92.600　急性髓系白血病伴11q23异常
C92.601　急性髓系白血病伴MLL基因变异
C92.700x006　唐氏综合征相关的髓系白血病
C92.700x012　嗜碱细胞性白血病伴缓解
C92.700x013　嗜酸细胞性白血病伴缓解
C92.701　非白血性髓系白血病
C92.703　嗜碱细胞白血病
C92.800　急性髓系白血病伴多系增生异常
C92.900x001　低增生性粒细胞性白血病
C92.900x011　低增生性粒细胞性白血病伴缓解
C92.901　粒细胞白血病
C93.000x011　急性单核细胞性白血病伴缓解（M5型）
C93.000x016　急性单核细胞白血病伴缓解
C93.001　急性髓细胞白血病，M5a型
C93.002　急性髓细胞白血病，M5b型
C93.003　急性髓细胞白血病，M5型
C93.100x012　慢性单核细胞白血病，急性加重
C94.000x001　急性红白血病（M6型）
C94.000x011　急性红白血病伴缓解（M6型）
C94.001　红白血病
C94.004　急性髓系白血病，M6（a）（b）
C94.200　急性原巨核细胞白血病
C94.200x011　急性巨核细胞白血病伴缓解（M7型）
C94.201　急性巨核细胞性白血病
C94.202　急性髓系白血病，M7
C94.400　急性全骨髓增殖症伴骨髓纤维化
C94.400x001　急性骨髓纤维化
C94.702　急性嗜碱细胞性白血病
C94.703　侵袭性NK细胞白血病
C95.000　急性白血病
C95.000x002　急性白血病髓外复发
C95.000x003　急性非淋巴细胞性白血病
C95.000x015　急性白血病（谱系未定）
C95.000x016　B淋巴细胞和髓系混合表型急性白

血病
C95.000x017　T淋巴细胞和髓系混合表型急性白血病
C95.000x018　NK细胞淋巴母细胞性白血病/淋巴瘤
C95.000x101　急性白血病伴缓解
C95.000x102　急性白血病髓外复发伴缓解
C95.000x115　急性白血病伴缓解（谱系未定）
C95.000x116　B淋巴细胞和髓系混合表型急性白血病伴缓解
C95.000x117　T淋巴细胞和髓系混合表型急性白血病伴缓解
C95.000x118　NK细胞淋巴母细胞性白血病/淋巴瘤伴缓解
C95.002　干细胞白血病
C95.003　未分化细胞白血病
C95.004　急性双系白血病
C95.005　急性混合型单系白血病
C95.006　急性双表型白血病
C95.100x012　慢性白血病急性加重
C95.700x001　高白细胞白血病
C95.700x002　先天性白血病
C95.900x005　难治性白血病
C95.900x015　难治性白血病伴缓解
C95.901　混合细胞性白血病

RS1　淋巴瘤及其他类型白血病

包含以下主要诊断：
C81.000　结节性淋巴细胞为主型霍奇金淋巴瘤
C81.100　结节性硬化型（经典型）霍奇金淋巴瘤
C81.200　混合细胞型（经典型）霍奇金淋巴瘤
C81.300　淋巴细胞减少型（经典型）霍奇金淋巴瘤
C81.400　富淋巴细胞性（经典型）霍奇金淋巴瘤
C81.700　经典型霍奇金淋巴瘤，其他类型的
C81.701　霍奇金副肉芽肿
C81.702　霍奇金肉芽肿
C81.703　霍奇金肉瘤
C81.900　霍奇金淋巴瘤，未特指
C81.900x005　皮肤霍奇金淋巴瘤
C82.000　滤泡性淋巴瘤Ⅰ级
C82.100　滤泡性淋巴瘤Ⅱ级
C82.200　滤泡性淋巴瘤Ⅲ级
C82.300　滤泡性淋巴瘤Ⅲa级
C82.400　滤泡性淋巴瘤Ⅲb级
C82.500　弥漫性滤泡中心细胞淋巴瘤
C82.600　皮肤滤泡中心细胞淋巴瘤
C82.700　滤泡性淋巴瘤，其他类型的
C82.701　恶性淋巴瘤，淋巴细胞性，高分化，结节性
C82.702　恶性淋巴瘤，淋巴细胞性，中分化，结节性
C82.703　恶性淋巴瘤，淋巴细胞性，低分化，结节性
C82.704　恶性淋巴瘤，中心母细胞性，滤泡性
C82.900　滤泡性淋巴瘤
C82.901　恶性淋巴瘤，滤泡中心性
C82.903　结节性淋巴瘤，未特指
C83.000　小B细胞淋巴瘤
C83.001　淋巴浆细胞性淋巴瘤
C83.002　结节边缘区淋巴瘤
C83.003　脾缘区淋巴瘤
C83.004　非白血病B-CLL变异
C83.100　曼特尔细胞淋巴瘤
C83.101　中心细胞性淋巴瘤
C83.102　恶性淋巴瘤性息肉病
C83.300　弥漫性大B细胞淋巴瘤
C83.300x006　原发中枢神经系统弥漫大B细胞淋巴瘤
C83.300x007　原发皮肤弥漫大B细胞淋巴瘤（腿型）
C83.300x008　老年人EBV阳性弥漫大B细胞淋巴瘤
C83.300x009　与慢性炎症相关弥漫大B细胞淋巴瘤
C83.301　间变型弥漫大B细胞淋巴瘤
C83.302　中心母细胞型弥漫大B细胞淋巴瘤
C83.303　浆母细胞性弥漫大B细胞淋巴瘤
C83.304　免疫母细胞型弥漫大B细胞淋巴瘤
C83.305　未特指亚型的弥漫大B细胞淋巴瘤
C83.306　富T细胞弥漫大B细胞淋巴瘤
C83.307　CD30阳性弥漫大B细胞淋巴瘤
C83.500　原淋巴细胞（弥漫性）淋巴瘤
C83.501　前体B细胞淋巴瘤
C83.502　B淋巴母细胞性淋巴瘤
C83.503　淋巴母细胞性淋巴瘤NOS
C83.504　T淋巴母细胞性淋巴瘤
C83.505　前体T细胞淋巴瘤
C83.700　伯基特淋巴瘤
C83.702　伯基特样淋巴瘤
C83.703　非典型伯基特淋巴瘤

C83.800　其他非滤泡性淋巴瘤
C83.800x006　脾红髓弥漫小B细胞淋巴瘤
C83.800x008　恶性淋巴瘤，淋巴浆细胞性
C83.800x009　起源于HHV8相关多中心性Castleman病的大B细胞淋巴瘤
C83.801　原发渗出性淋巴瘤
C83.802　血管内大B细胞淋巴瘤
C83.803　淋巴样肉芽肿病
C83.900　非滤泡（弥漫性）淋巴瘤，未特指
C84.000　蕈样真菌病
C84.000x002　原发性皮肤T细胞淋巴瘤［蕈样肉芽肿］
C84.000x003　嗜毛囊性蕈样肉芽肿
C84.100　塞扎里病
C84.400　周围T细胞淋巴瘤，不可分类在他处
C84.400x001　成熟T细胞淋巴瘤
C84.401　血管免疫母细胞性T-细胞淋巴瘤
C84.402　外周T-细胞淋巴瘤，多形性小细胞
C84.403　外周T-细胞淋巴瘤，多形性中等细胞和大细胞
C84.404　间变大细胞T-细胞淋巴瘤，ALK阴性
C84.405　外周T-细胞淋巴瘤，AILD
C84.406　Lennert淋巴瘤
C84.407　淋巴上皮样淋巴瘤
C84.500　其他成熟的T/NK细胞淋巴瘤
C84.500x004　儿童系统性EBV阳性T细胞增殖性疾病
C84.500x012　原发皮肤外周T细胞淋巴瘤（罕见类型）
C84.500x016　原发皮肤CD4+小/中多形性T细胞淋巴瘤
C84.502　皮肤淋巴瘤
C84.600　间变性大细胞淋巴瘤，ALK阳性
C84.601　间变性大细胞淋巴瘤，CD30阳性
C84.700　间变性大细胞淋巴瘤，ALK阴性
C84.800　皮肤T细胞淋巴瘤，未特指
C84.900　成熟T/NK细胞淋巴瘤，未特指
C84.901　T/NK细胞淋巴瘤，未特指
C85.100　B-细胞淋巴瘤
C85.100x010　富T细胞/富组织细胞大B细胞淋巴瘤
C85.100x017　ALK+大B细胞淋巴瘤
C85.100x021　原发皮肤B细胞淋巴瘤
C85.200　纵隔（胸腺）大B细胞淋巴瘤
C85.700　非霍奇金淋巴瘤的其他特指类型
C85.700x004　慢性NK细胞淋巴增殖性疾病
C85.700x016　皮下NK细胞淋巴瘤
C85.701　单核细胞样B细胞淋巴瘤
C85.704　血管中心性T-细胞淋巴瘤
C85.705　大细胞（ki-1+）淋巴瘤
C85.707　NK/T-细胞淋巴瘤
C85.709　间变大细胞淋巴瘤
C85.715　血管内皮瘤病
C85.900　非霍奇金淋巴瘤
C85.900x001　鼻窦淋巴瘤
C85.900x002　鼻腔淋巴瘤
C85.900x003　扁桃体淋巴瘤
C85.900x004　肠淋巴瘤
C85.900x005　肠系膜淋巴瘤
C85.900x006　淋巴瘤
C85.900x008　肺淋巴瘤
C85.900x009　腹膜后淋巴瘤
C85.900x010　腹腔淋巴瘤
C85.900x011　肝淋巴瘤
C85.900x012　睾丸淋巴瘤
C85.900x013　纵隔淋巴瘤
C85.900x014　回盲部淋巴瘤
C85.900x015　结肠淋巴瘤
C85.900x016　卵巢淋巴瘤
C85.900x017　盲肠淋巴瘤
C85.900x019　脑淋巴瘤
C85.900x020　脾淋巴瘤
C85.900x022　舌淋巴瘤
C85.900x023　胃淋巴瘤
C85.900x024　小肠淋巴瘤
C85.900x025　眼淋巴瘤
C85.900x026　硬膜外淋巴瘤
C85.900x027　肢体淋巴瘤
C85.900x028　直肠淋巴瘤
C85.900x029　骨淋巴瘤
C85.900x030　腹股沟淋巴瘤
C85.900x031　乳腺淋巴瘤
C85.900x034　周围神经血管内淋巴瘤
C85.900x036　甲状腺淋巴瘤
C85.900x037　脊髓淋巴瘤
C85.900x038　淋巴瘤结内侵及
C85.900x039　淋巴瘤结外侵及
C85.900x040　颈淋巴瘤
C85.900x041　心脏淋巴瘤
C85.900x042　胰腺淋巴瘤
C85.900x043　肾淋巴瘤

C85.901　复合性霍奇金和非霍奇金淋巴瘤
C86.000　结外NK/T细胞淋巴瘤，鼻型
C86.100　肝脾T细胞淋巴瘤
C86.200　肠型T细胞淋巴瘤
C86.300　皮下血管炎样T细胞淋巴瘤
C86.400　原始NK细胞淋巴瘤
C86.500　血管免疫母细胞性T细胞淋巴瘤
C86.600　原发性皮肤CD30阳性T细胞增殖性病变
C86.601　淋巴瘤样丘疹病
C86.602　原发性皮肤间变性大细胞淋巴瘤
C86.603　原发性皮肤CD30+间变性大细胞淋巴瘤
C88.000　瓦尔登斯特伦巨球蛋白血症
C88.000x002　高黏滞综合征
C88.000x011　巨球蛋白血症伴缓解
C88.000x012　高黏滞综合征伴缓解
C88.200　其他重链病
C88.200x011　γ重链病伴缓解
C88.200x012　富兰克林病伴缓解
C88.201　富兰克林病
C88.202　γ重链病
C88.203　Mμ重链病
C88.300　免疫增生性小肠病
C88.301　地中海淋巴瘤
C88.302　α重链病
C88.400　MALT-淋巴瘤
C88.401　与黏膜有关的淋巴样组织淋巴瘤
C88.402　与支气管有关的淋巴样组织淋巴瘤
C88.403　与皮肤有关的淋巴样组织淋巴瘤
C88.700　恶性免疫增生性疾病，其他的
C88.700x002　重链病
C88.700x003　μ重链病
C88.700x012　重链病伴缓解
C88.700x013　μ重链病伴缓解
C88.701　血管中心性免疫增生性病变，恶性
C88.900　恶性免疫增生性疾病
C88.900x001　原发性免疫疾病相关性淋巴增殖性疾病
C91.100　B细胞型慢性淋巴细胞白血病
C91.100x011　慢性淋巴细胞白血病伴缓解
C91.101　淋巴浆细胞性白血病
C91.102　Richter综合征
C91.300　幼淋巴细胞白血病，B细胞型
C91.400　多毛细胞白血病
C91.400x004　毛细胞白血病（变异型）
C91.400x013　毛细胞白血病伴缓解
C91.401　白血病性网状内皮细胞增多症
C91.500　成人T-细胞淋巴瘤/白血病［HTLV-1-相关性］
C91.500x011　成人T细胞白血病伴缓解
C91.600　T细胞型早幼粒细胞白血病
C91.700　淋巴样白血病，其他的
C91.701　非白血性淋巴细胞性白血病
C91.704　T-细胞大颗粒淋巴细胞白血病
C91.800　伯基特型成熟B细胞白血病
C91.900　淋巴样白血病
C91.901　淋巴细胞白血病
C92.009　转化过程中难治性贫血伴原始细胞增多
C92.100　慢性髓系白血病（CML），BCR/ABL阳性
C92.100x001　慢性粒细胞性白血病
C92.100x004　慢性髓单核细胞性白血病
C92.100x011　慢性粒细胞性白血病伴缓解
C92.100x014　慢性髓单核细胞性白血病伴缓解
C92.100x016　慢性髓系白血病伴缓解
C92.100x018　慢性中幼粒细胞性白血病
C92.100x019　慢性髓系白血病，BCR/ABL阳性
C92.101　费城染色体（Ph1）阳性慢性粒细胞白血病
C92.102　慢性粒细胞白血病t (9: 22) (q34; q11)
C92.103　慢性粒细胞白血病原始细胞危象
C92.200　非典型性慢性髓系白血病，BCR/ABL阴性
C92.200x001　慢性粒细胞白血病（加速期）
C92.200x011　慢性粒细胞白血病伴缓解（加速期）
C92.300x001　绿色瘤
C92.300x003　粒细胞肉瘤
C92.300x011　绿色瘤伴缓解
C92.300x013　粒细胞肉瘤伴缓解
C92.700　髓样白血病，其他的
C92.706　嗜酸细胞白血病
C92.900　髓样白血病
C93.100　慢性粒单核细胞白血病
C93.100x011　慢性单核细胞白血病伴缓解
C93.100x013　慢性粒单核细胞性白血病伴缓解
C93.101　慢性单核细胞白血病
C93.102　慢性粒单核细胞白血病-1
C93.103　慢性粒单核细胞白血病-2
C93.104　慢性粒单核细胞白血病伴嗜酸粒细胞增多
C93.300　幼年型骨髓单核细胞白血病
C93.300x001　幼年型粒单核细胞白血病伴缓解
C93.700　单核细胞白血病，其他的
C93.701　非白血性单核细胞白血病

C93.900　单核细胞白血病
C93.901　组织细胞白血病
C94.300　肥大细胞白血病
C94.300x011　肥大细胞白血病伴缓解
C94.600　骨髓增生异常和骨髓增生性疾病，不可归类在他处者
C94.700　白血病，其他特指的
C94.700x004　中枢神经系统白血病
C94.700x014　中枢神经系统白血病伴缓解
C95.100　慢性白血病
C95.100x011　慢性白血病伴缓解
C95.700x003　皮肤白血病
C95.700x011　高白细胞白血病伴缓解
C95.900　白血病
C95.900x003+M36.1*　白血病性关节病
C95.900x007+N16.1*　白血病致肾小管间质疾患
C95.900x012　混合细胞性白血病伴缓解
C95.900x013+M36.1*　白血病性关节病伴缓解
C96.000　莱特雷尔-西韦病
C96.002　急性分化性进行性组织细胞增多症
C96.004　组织细胞增生症X，多系统
C96.200　恶性肥大细胞瘤
C96.200x005　全身性肥大细胞病
C96.200x013　肥大细胞肉瘤伴缓解
C96.201　侵袭性系统性肥大细胞增生症
C96.202　肥大细胞肉瘤
C96.400　树突细胞肉瘤
C96.400x001　滤泡树突状细胞肉瘤
C96.400x002　未定型树突细胞瘤
C96.400x003　母细胞性浆细胞样树状突细胞肿瘤
C96.400x004　指突状树突细胞肉瘤
C96.401　交错树突细胞肉瘤
C96.402　朗格汉斯细胞肉瘤
C96.500　朗格汉斯细胞组织细胞增生症，多病灶和单系统性
C96.501　汉-许-克病
C96.502　组织细胞增生症X，多病灶
C96.600　朗格汉斯细胞组织细胞增生症，单病灶
C96.601　嗜酸细胞性肉芽肿
C96.602　组织细胞增生症X，单病灶
C96.603　组织细胞增生症XNOS
C96.604　朗格汉斯细胞组织细胞增生症NOS
C96.700　淋巴、造血和有关组织其他特指的恶性肿瘤
C96.704　原发皮肤γδ-T细胞淋巴瘤
C96.705　种痘样水疱病样淋巴瘤
C96.800　组织细胞肉瘤
C96.801　恶性组织细胞增生症
C96.900　淋巴、造血和有关组织的恶性肿瘤
D45.x00　真性红细胞增多症
D46.001　难治性贫血伴单系病态造血
D46.100　难治性贫血伴有环形铁粒幼细胞
D46.100x002　伴环形铁粒幼红细胞的难治性贫血合并血小板显著增多
D46.100x012　伴环形铁粒幼红细胞的难治性贫血合并血小板显著增多伴缓解
D46.200　难治性贫血伴有胚细胞过多
D46.201x001　难治贫血伴有胚细胞过多-I型
D46.203　难治性贫血伴有胚细胞过多-II型
D46.400　难治性贫血
D46.500　难治性贫血伴多系病态造血
D46.600　MDS-5q-综合征
D46.700　骨髓增生异常综合征，其他的
D46.700x001　难治性血细胞减少伴单一系列病态造血
D46.700x002　难治性中性粒细胞减少症
D46.700x003　难治性血小板减少症
D46.700x006　不能分型的骨髓异常增生综合征
D46.700x007　儿童骨髓异常增生综合征
D46.700x008　儿童难治性血细胞减少
D46.900　骨髓增生异常综合征
D46.900x002　骨髓增生异常性贫血
D46.900x004　骨髓发育不良综合征
D46.900x006　治疗相关性AML和MDS
D46.901　白血病前期综合征
D47.000　动态未定和动态未知的组织细胞和肥大细胞瘤
D47.001　懒性系统性肥大细胞增多症
D47.002　肥大细胞肿瘤，未特指
D47.003　肥大细胞瘤，未特指
D47.004　非肥大细胞系的造血系统增生疾病
D47.100　慢性骨髓增生性疾病
D47.100x004　慢性骨髓增殖性肿瘤
D47.100x007　慢性骨髓增殖性疾病（不能分型）
D47.100x008　骨髓增生异常性/骨髓增殖性肿瘤（不能分型）
D47.100x009　唐氏综合征相关的骨髓增殖性疾病
D47.100x017　慢性骨髓增殖性疾病伴缓解（不能分型）
D47.100x018　骨髓增生异常性/骨髓增殖性肿瘤伴

缓解（不能分型）
D47.100x019　慢性中性粒细胞性白血病伴缓解
D47.101　慢性中性粒细胞白血病
D47.200　意义未明的单克隆丙种球蛋白病
D47.200x003　单克隆免疫球蛋白沉积病
D47.200x004+G63.1*　副蛋白血症相关神经病
D47.200x005+G63.1*　神经病伴副蛋白血症
D47.300　特发性（出血性）血小板增多症
D47.400　骨髓纤维瘤
D47.401　慢性原发性（特发性）骨髓纤维化
D47.402　（特发性）（髓样化生性）骨髓纤维化
D47.403　（巨核细胞性）骨髓硬化伴有髓样化生的
D47.404　继发性骨髓纤维化骨髓增殖性疾病
D47.500　慢性嗜酸性粒细胞白血病
D47.700　淋巴、造血和有关组织其他特指的动态未定或动态未知的肿瘤
D47.700x005　B淋巴细胞克隆性疾病
D47.700x006　原发性系统性淀粉样变性
D47.700x007　Castleman病
D47.701　血管中心性免疫增生性损害
D47.702　血管免疫母细胞淋巴结病
D47.703　T-γ淋巴组织增生性疾病
D47.900　淋巴、造血和有关组织的动态未定或动态未知的肿瘤
D47.900x001　淋巴细胞增殖性疾病
D47.900x002　移植后淋巴增殖性疾病

RS2　浆细胞病

包含以下主要诊断：
C90.000　多发性骨髓瘤
C90.000x004　卡勒病
C90.000x005　浆细胞病
C90.000x008+M90.6*　多发性骨髓瘤引起的变形性骨炎
C90.000x009　多发性骨髓瘤髓外浸润
C90.000x011　多发性骨髓瘤伴缓解
C90.000x012　浆细胞性骨髓瘤伴缓解
C90.000x014　卡勒病伴缓解
C90.000x021　多发性骨髓瘤（IgGλ型）
C90.000x022　多发性骨髓瘤（IgG κ 型）
C90.000x023　多发性骨髓瘤（轻链λ型）
C90.000x024　多发性骨髓瘤（轻链 κ 型）
C90.000x025　多发性骨髓瘤（无分泌型）
C90.000x026　多发性骨髓瘤（IgDλ型）
C90.000x027　多发性骨髓瘤（IgAλ型）
C90.000x028　多发性骨髓瘤（IgA κ 型）
C90.000x029　多发性骨髓瘤（IgD κ 型）
C90.000x030　多发性骨髓瘤（DS分期Ⅰ期）
C90.000x031　多发性骨髓瘤（DS分期Ⅱ期B组）
C90.000x032　多发性骨髓瘤（DS分期Ⅱ期）
C90.000x033　多发性骨髓瘤（DS分期Ⅲ期B组）
C90.000x034　多发性骨髓瘤（DS分期Ⅲ期）
C90.000x035　多发性骨髓瘤（DS分期Ⅰ期B组）
C90.000x036　多发性骨髓瘤（ISS分期Ⅲ期）
C90.000x037　多发性骨髓瘤（ISS分期Ⅲ期B组）
C90.000x038　多发性骨髓瘤（ISS分期Ⅱ期）
C90.000x039　多发性骨髓瘤（ISS分期Ⅱ期B组）
C90.000x040　多发性骨髓瘤（ISS分期Ⅰ期）
C90.000x041　多发性骨髓瘤（ISS分期Ⅰ期B组）
C90.001　骨髓瘤病
C90.002　浆细胞性骨髓瘤
C90.100　浆细胞白血病
C90.100x002　继发性浆细胞白血病
C90.100x011　浆细胞白血病伴缓解
C90.200　髓外浆细胞瘤
C90.200x008　软组织浆细胞瘤
C90.200x009　原发皮肤浆细胞瘤
C90.200x013　髓外的浆细胞瘤伴缓解
C90.300　孤立性浆细胞瘤
C90.300x001　浆细胞瘤伴缓解
C90.300x002　浆细胞肉瘤伴缓解
C90.300x003　浆细胞肉瘤
C90.300x004　孤立性骨髓瘤伴缓解
C90.301　局限性恶性浆细胞瘤
C90.302　浆细胞瘤
C90.303　孤立性骨髓瘤
D89.801　POEMS综合征

RT1　非特指恶性肿瘤

包含以下主要诊断：
C45.706　盆腔间皮瘤
C45.900　间皮瘤
C46.300　淋巴结卡波西肉瘤
C46.700　卡波西肉瘤，其他部位的
C46.800　多器官的卡波西肉瘤
C46.900　卡波西肉瘤
C46.900x002　非洲型卡波西肉瘤
C46.900x003　经典（欧洲）型卡波西肉瘤
C46.900x004　同种异质移植型卡波西肉瘤
C48.101　肠系膜恶性肿瘤

C48.102　结肠系膜恶性肿瘤
C49.901　淋巴管恶性肿瘤
C76.101　腋恶性肿瘤
C76.200x002　髂窝恶性肿瘤
C76.300　盆腔恶性肿瘤
C76.302　骶恶性肿瘤
C76.305　骶尾部恶性肿瘤
C76.306　臀部恶性肿瘤
C76.700　恶性肿瘤，其他不明确部位的
C76.700x002　腰部恶性肿瘤
C76.800　交搭跨越恶性肿瘤的损害，其他和不明确部位的
C76.801　不明确部位交搭跨越恶性肿瘤
C77.107　膈淋巴结继发恶性肿瘤
C77.200　腹腔内淋巴结继发性的恶性肿瘤
C77.202　脾淋巴结继发恶性肿瘤
C77.205　腹膜后淋巴结继发恶性肿瘤
C77.206　主动脉旁淋巴结继发恶性肿瘤
C77.300　腋下和上肢淋巴结继发性的恶性肿瘤
C77.300x001　腋窝淋巴结继发恶性肿瘤
C77.300x003　肱骨内上髁淋巴结继发恶性肿瘤
C77.301　腋下淋巴结继发恶性肿瘤
C77.302　锁骨下淋巴结继发恶性肿瘤
C77.303　胸壁淋巴结继发恶性肿瘤
C77.400x001　腹股沟淋巴结继发恶性肿瘤
C77.401　下肢淋巴结继发恶性肿瘤
C77.500　盆腔内淋巴结继发性的恶性肿瘤
C77.501　髂淋巴结继发恶性肿瘤
C77.502　骶骨淋巴结继发恶性肿瘤
C77.503　耻骨联合前淋巴结继发恶性肿瘤
C77.800　多个部位淋巴结继发性的恶性肿瘤
C77.900　淋巴结恶性肿瘤
C77.900x001　淋巴结继发恶性肿瘤
C78.604　恶性腹水
C78.605　道格拉斯陷凹继发恶性肿瘤
C79.800x804　躯干继发恶性肿瘤
C79.800x811　腋下继发恶性肿瘤
C79.800x816　臀部继发恶性肿瘤
C79.800x818　骶尾区继发恶性肿瘤
C79.800x837　鞘膜继发恶性肿瘤
C79.800x862　癌性淋巴管炎
C79.811　盆腔继发恶性肿瘤
C79.826　淋巴管继发恶性肿瘤
C79.829　骶尾部继发恶性肿瘤
C79.900　继发恶性肿瘤，未特指部位
C79.900x001　广泛转移性恶性肿瘤
C80.000　恶性肿瘤
C80.000x001　恶性肿瘤复发
C80.001　恶性恶病质
C80.900　恶性肿瘤，原发部位未特指
C80.901　癌，未特指
C80.902　恶性上皮肿瘤，未特指
C80.903　恶性肿瘤，未特指
C80.904　恶性肿瘤恶病质，未特指
C80.905　复合癌，未特指
C96.403　小结树突细胞肉瘤
C97.x00　独立（原发）多个部位的恶性肿瘤
C97.x01　复合癌
D09.700　原位癌，其他特指部位的
D09.700x001　骶尾原位癌
D09.900　原位癌
D48.700x001　背部交界性肿瘤
D48.700x015　臀部交界性肿瘤
D48.700x023　腋下交界性肿瘤
D48.707　躯干动态未定肿瘤
D48.708　躯干肿瘤
D48.715　盆腔动态未定肿瘤
D48.716　盆腔肿瘤
D48.722　背动态未定肿瘤
D48.723　臀动态未定肿瘤
D48.725　腋动态未定肿瘤
D48.900　动态未定或动态未知的肿瘤
D48.901　瘤
D48.902　新生物
Q85.802　波伊茨-耶格综合征
Q85.909　错构瘤病

RT2　非特指良性肿瘤

包含以下主要诊断：
D19.700　间皮组织良性肿瘤，其他部位的
D19.900x001　良性间皮瘤
D36.700x011　肩胛区良性肿瘤
D36.700x012　锁骨下良性肿瘤
D36.700x023　骶尾良性肿瘤
D36.700x025　尿道旁良性肿瘤
D36.700x028　肩部良性肿瘤
D36.704　躯干部良性肿瘤
D36.705　背部良性肿瘤
D36.710　盆腔良性肿瘤
D36.711　臀部良性肿瘤

RU1　恶性及增生性疾病的其他治疗

包含以下主要诊断：

Z51.000x003　放射治疗
Z51.000x008　恶性肿瘤放射性粒子置入治疗
Z51.000x012　恶性肿瘤术中放疗
Z51.001　恶性肿瘤术前放射治疗
Z51.002　恶性肿瘤术后放射治疗
Z51.003　恶性肿瘤放射治疗
Z51.101　手术前恶性肿瘤化学治疗
Z51.102　手术后恶性肿瘤化学治疗
Z51.103　恶性肿瘤维持性化学治疗
Z51.104　姑息性化疗
Z51.200x008　化学治疗
Z51.800x092　恶性肿瘤介入治疗
Z51.800x094　恶性肿瘤内分泌治疗
Z51.800x095　恶性肿瘤免疫治疗
Z51.800x096　恶性肿瘤生物治疗
Z51.800x097　恶性肿瘤射频治疗
Z51.800x921　恶性肿瘤冷冻治疗
Z51.800x922　恶性肿瘤灌注治疗
Z51.800x924　恶性肿瘤热疗
Z51.800x925　恶性肿瘤激光治疗
Z51.800x927　恶性肿瘤光动力治疗
Z51.800x951　恶性肿瘤术前免疫治疗
Z51.800x952　恶性肿瘤术后免疫治疗
Z51.800x981　恶性肿瘤术前靶向治疗
Z51.801　恶性肿瘤靶向治疗
Z51.802　恶性肿瘤中医治疗
Z51.804　肿瘤内分泌治疗
Z51.805　肿瘤术后免疫治疗
Z51.806　肿瘤术后同位素治疗
Z51.807　恶性肿瘤术后靶向治疗
Z51.808　恶性肿瘤术后中医治疗
Z51.809　肿瘤术后内分泌治疗
Z51.810　肿瘤免疫治疗
Z51.811　肿瘤同位素治疗

RW1　恶性及增生性疾病治疗后的随诊检查

包含以下主要诊断：

Z08.000　恶性肿瘤手术后的随诊检查
Z08.100　恶性肿瘤放射治疗后的随诊检查
Z08.200　恶性肿瘤化学治疗后的随诊检查
Z08.700　恶性肿瘤联合治疗后的随诊检查
Z08.800x001　恶性肿瘤中医治疗后的随诊检查
Z08.800x002　恶性肿瘤免疫治疗后的随诊检查
Z08.800x003　恶性肿瘤分子靶向治疗后的随诊检查
Z08.800x004　恶性肿瘤内分泌治疗后的随诊检查
Z08.900　恶性肿瘤的治疗后的随诊检查
Z09.100　随诊检查，其他情况放射治疗后的
Z09.200　随诊检查，其他情况化学治疗后的
Z54.001　恶性肿瘤术后恢复期

RW2　恶性及增生性疾病维持性治疗

包含以下主要诊断：

Z51.000x013　恶性肿瘤终末期放疗
Z51.100x004　恶性肿瘤终末期化疗
Z51.500x001　姑息医疗
Z51.500x002　恶性肿瘤支持治疗
Z51.500x003　恶性肿瘤终末期维持治疗
Z51.800x953　恶性肿瘤终末期免疫治疗
Z51.800x983　恶性肿瘤终末期靶向治疗

MDCS　感染及寄生虫病（全身性或不明确部位的）

主诊表

包含以下主要诊断：

A01.000　伤寒
A01.000x004　伤寒复发
A01.000x006　伤寒迁延型
A01.000x007　伤寒逍遥型
A01.000x008　伤寒并发腹膜炎
A01.000x009　伤寒并发肠穿孔
A01.000x010　伤寒并发肠出血
A01.000x011　伤寒并发中毒性肝炎
A01.000x012　伤寒并发支气管炎
A01.000x014　伤寒并发胆囊炎
A01.000x017　伤寒轻型
A01.000x018　伤寒普通型
A01.000x019　伤寒暴发型
A01.000x020　伤寒再燃
A01.003　伤寒杆菌性脓毒症
A01.100　副伤寒甲
A01.200　副伤寒乙
A01.300　副伤寒丙
A01.400　副伤寒
A02.000　沙门菌肠炎
A02.000x005　婴儿沙门菌肠炎
A02.000x006　C群沙门菌肠炎

A02.000x007　B群沙门菌肠炎
A02.000x009　沙门菌小肠炎
A02.000x010　猪霍乱沙门菌肠炎
A02.001　阿哥拉沙门菌肠炎
A02.002　沙门菌伦敦血清型肠炎
A02.003　沙门菌胃肠炎
A02.004　鼠伤寒沙门菌肠炎
A02.100　沙门菌脓毒症
A02.100x002　鼠伤寒沙门菌脓毒症
A02.101　猪霍乱沙门菌脓毒症
A02.800　沙门菌感染，其他特指的
A02.900x002　鼠伤寒沙门菌感染
A02.900x003　沙门菌属食物中毒
A02.900x004　亚利桑那菌感染
A02.901　猪霍乱沙门菌感染
A06.000　急性阿米巴痢疾
A06.000x001　阿米巴肠炎
A06.001　阿米巴结肠炎
A06.002　阿米巴痢疾
A06.100　慢性肠阿米巴病
A06.100x002　阿米巴肠溃疡
A06.200　阿米巴非痢疾性结肠炎
A06.200x001　非痢疾性阿米巴结肠炎
A06.300　肠道阿米巴瘤
A06.300x001　阿米巴肉芽肿
A06.700　皮肤阿米巴病
A06.800x001　阿米巴膀胱炎
A06.800x002　阿米巴阑尾炎
A06.800x003　阿米巴精囊炎
A06.900　阿米巴病
A18.100x021+N37.8*　结核性会阴瘘
A18.100x022+N37.8*　结核性尿道瘘
A18.100x025+N29.1*　结核性肾盂炎
A18.100x031　男性盆腔结核
A18.101　泌尿系统结核
A18.103+N29.1*　肾结核
A18.104+N29.1*　结核性肾脓肿
A18.105+N29.1*　结核性肾盂积水
A18.106+N29.1*　输尿管结核
A18.107+N29.1*　结核性输尿管狭窄
A18.108+N33.0*　膀胱结核
A18.200x006　淋巴结结核
A18.200x010　周围淋巴结结核
A18.206　锁骨上淋巴结结核
A18.207　腋下淋巴结结核
A18.208　食管旁淋巴结结核
A18.209　闭孔淋巴结结核
A18.210　腹股沟淋巴结结核
A18.211　结核性淋巴管炎
A18.212　全身多发淋巴结结核
A18.700+E35.1*　肾上腺结核
A18.700x002+E35.1*　结核性艾迪生病
A18.800x001　肺外结核
A18.801+E35.8*　垂体结核
A18.806+E35.0*　甲状腺结核
A18.813+D77*　脾结核
A19.100　多个部位的急性粟粒型结核
A19.200　急性粟粒型结核
A19.200x001　急性血行播散性结核
A19.900　粟粒型结核
A19.900x004　全身血行播散性结核
A19.900x005　结核性多浆膜腔积液
A19.901　结核性多浆膜炎
A19.902　全身性粟粒型结核
A20.000　腺鼠疫［腹股沟淋巴结鼠疫］
A20.000x001　腺鼠疫
A20.100　蜂窝织皮下型鼠疫
A20.101　皮肤型鼠疫
A20.200　肺鼠疫
A20.700　脓毒症型鼠疫
A20.800x004　肠鼠疫
A20.800x005　眼鼠疫
A20.801　顿挫性鼠疫
A20.802　无症状鼠疫
A20.803　轻型鼠疫
A20.900x002　鼠疫菌病［鼠疫耶尔森菌病］
A21.000　溃疡腺型土拉菌病
A21.100　眼腺型土拉菌病
A21.300　胃肠土拉菌病
A21.300x002　咽腺型土拉菌病
A21.301　腹部土拉菌病
A21.700　全身性土拉菌病
A21.700x002　土拉菌脓毒症
A21.800　土拉菌病，其他形式的
A21.800x001　伤寒中毒型土拉菌病
A21.900x001　兔热病
A22.000　皮肤炭疽
A22.100x003　职业性炭疽
A22.200　胃肠炭疽
A22.200x001　肠炭疽

A22.700 炭疽性脓毒症
A22.900 炭疽
A23.000 马耳他布氏菌病
A23.000x001 羊布氏杆菌病
A23.100 流产布氏菌病
A23.100x001 牛布氏菌病
A23.200 猪布氏菌病
A23.300 犬布氏菌病
A23.800 布氏菌病，其他的
A23.900x001 布氏杆菌病［波状热］
A23.900x003 布氏杆菌性葡萄膜炎
A23.900x004 慢性布氏杆菌病
A23.903+N16.0* 布氏菌病肾小管-间质病变
A24.000 鼻疽
A24.000x002 马皮疽伯克霍尔德菌感染
A24.001 鼻疽假单胞菌感染性鼻疽
A24.002 鼻疽伯克霍德菌感染性鼻疽
A24.100x002 类鼻疽脓毒症
A24.100x003 类鼻疽肺炎
A24.101 急性类鼻疽
A24.102 暴发性类鼻疽
A24.201 亚急性类鼻疽
A24.202 慢性类鼻疽
A24.300 类鼻疽，其他的
A24.400 类鼻疽
A25.000x001 小螺菌鼠咬热
A25.100x001 念珠状链杆菌鼠咬热
A25.900 鼠咬热
A26.000 皮肤类丹毒
A26.700 丹毒丝菌脓毒症
A26.700x001 类丹毒脓毒症
A26.800x001 播散性类丹毒
A26.900 类丹毒
A26.900x002 丹毒丝菌感染
A27.000 出血性黄疸钩端螺旋体病
A27.800 钩端螺旋体病，其他形式的
A27.800x001 流感伤寒型钩端螺旋体病
A27.900x002 钩端螺旋体病感染中毒型
A27.900x004 钩端螺旋体病肺出血型
A27.900x005 钩端螺旋体病肾衰竭型
A27.900x006 钩端螺旋体病脑膜脑炎型
A28.000 巴斯德菌病
A28.001 巴斯德菌脓毒症
A28.100 猫抓病
A28.200 肠外耶尔森菌病
A28.801 人感染猪链球菌
A28.900 动物源性细菌性疾病
A30.000x001 未定类（I）麻风
A30.100x001 结核样型（TT）麻风
A30.100x003 麻风性穿孔性足溃疡
A30.200 偏结核样型界线类麻风
A30.200x001 界限结核样型（BT）麻风
A30.300 中间界线类麻风
A30.300x001 界线类（BB）麻风
A30.300x002 混合型麻风
A30.400 偏瘤型界线类麻风
A30.400x001 界限瘤型（BL）麻风
A30.400x002 近瘤型中间型麻风
A30.500 瘤型麻风
A30.500x001 瘤型（LL）麻风
A30.800 麻风，其他形式的
A30.900 麻风
A30.900x002 麻木型麻风
A30.900x003 斑疹麻木型麻风
A30.900x004 斑疹性麻风
A30.900x005 神经性麻风
A30.900x008 麻风性神经病
A31.000 肺分枝杆菌感染
A31.000x001 肺非结核分枝杆菌病
A31.000x004 堪萨斯分枝杆菌感染
A31.000x005 胞内分枝杆菌感染
A31.001 肺非典型分枝杆菌病
A31.002 鸟-胞内复合分枝杆菌感染
A31.100 皮肤分枝杆菌感染
A31.100x002 溃疡分枝杆菌感染
A31.101 伯鲁里溃疡
A31.102 海分枝杆菌感染
A31.800x001 猿猴分枝杆菌感染
A31.800x002 瘰疬分枝杆菌感染
A31.800x003 偶然分枝杆菌感染
A31.800x004 龟分枝杆菌感染
A31.800x005 土地分枝杆菌感染
A31.800x006 鸟分枝杆菌感染
A31.800x007 脓肿分枝杆菌感染
A31.801 淋巴结分枝杆菌感染
A31.802 足分枝杆菌病
A31.803 播散性非结核分枝杆菌病
A31.900x001 分枝杆菌病
A31.901 非典型分枝杆菌感染
A32.000 皮肤利斯特菌病

A32.700 利斯特菌脓毒症
A32.701 单核细胞增多性利斯特菌脓毒症
A32.803 眼腺利斯特菌病
A32.900 利斯特菌病
A35.x00x001 破伤风
A36.800x005+N33.8* 白喉性膀胱炎
A36.804+N16.0* 白喉性肾小管-间质病变
A36.900 白喉
A36.900x002 播散性白喉
A38.x00 猩红热
A38.x00x010 猩红热轻型
A38.x00x011 猩红热中毒型
A38.x00x012 猩红热脓毒型
A38.x00x013 猩红热外科型
A38.x00x014 猩红热产科型
A40.000 A族链球菌性脓毒症
A40.100 B族链球菌性脓毒症
A40.200 D族链球菌和肠球菌所致脓毒症
A40.300 肺炎链球菌性脓毒症
A40.800 链球菌性脓毒症，其他的
A40.900 链球菌性脓毒症
A40.903+N16.0* 链球菌性脓毒症性肾小管-间质病变
A41.000 金黄色葡萄球菌性脓毒症
A41.100x002 表皮葡萄球菌脓毒症
A41.101 凝固酶阴性葡萄球菌脓毒症
A41.200 葡萄球菌性脓毒症
A41.300 流感嗜血杆菌性脓毒症
A41.400 厌氧菌性脓毒症
A41.400x001 产气荚膜杆菌脓毒症
A41.500x083 革兰阴性杆菌脓毒症
A41.500x087 粘球杆菌脓毒症
A41.501 大肠杆菌脓毒症
A41.502 铜绿假单胞菌脓毒症
A41.503 克雷伯杆菌脓毒症
A41.504 阴沟肠杆菌脓毒症
A41.505 变形杆菌脓毒症
A41.506 不动杆菌属性脓毒症
A41.800x002 JK组棒状杆菌脓毒病
A41.801 枯草杆菌脓毒症
A41.802 类酵母菌脓毒症
A41.803 新型隐球菌脓毒症
A41.804 真菌脓毒症
A41.805 革兰阳性菌脓毒症
A41.806 微球菌属性脓毒症
A41.807 肠球菌性脓毒症
A41.900 脓毒症
A41.900x004 内毒素血症
A41.904+N16.0* 脓毒症性肾小管-间质病变
A42.000 肺放线菌病
A42.100 腹放线菌病
A42.200 颈面部放线菌病
A42.200x002 颌骨放线菌病
A42.700 放线菌病性脓毒症
A42.800x002 放线菌皮肤感染
A42.801 涎腺放线菌病
A42.802 乳腺放线菌病
A42.803 肝放线菌病
A42.804 盆腔放线菌病
A42.805 阴道放线菌病
A42.900 放线菌病
A43.100 皮肤诺卡菌病
A43.800x001 播散性奴卡菌病
A43.802 肾诺卡菌病
A43.900 诺卡菌病
A44.000 全身性巴尔通体病
A44.100 皮肤和黏膜皮肤的巴尔通体病
A44.800 巴尔通体病，其他形式的
A44.900 巴尔通体病
A48.000 气性坏疽
A48.100 军团病
A48.100x001 嗜肺军团菌肺炎
A48.200 非肺炎性军团病［庞蒂亚克热］
A48.300 中毒性休克综合征
A48.400 巴西紫热
A48.800 细菌性疾病，其他特指的
A48.800x002 坏死性杆菌病
A48.801 鼻硬结病
A49.000 葡萄球菌感染
A49.001 葡萄球菌感染性菌血症
A49.002 耐甲氧西林金黄色葡萄球菌感染
A49.003 耐甲氧西林凝固酶阴性葡萄球菌感染
A49.004 甲氧西林敏感金黄色葡萄球菌感染
A49.100x004 草绿色链球菌感染
A49.100x005 屎肠球菌感染
A49.100x006 粪肠球菌感染
A49.101 链球菌感染性菌血症
A49.102 肺炎球菌感染
A49.103 链球菌感染综合征
A49.200 流感嗜血杆菌感染

A49.201　流感嗜血杆菌感染性菌血症
A49.300　支原体感染
A49.301　支原体菌属感染性菌血症
A49.800x003　弗里德兰德杆菌感染
A49.800x014　产碱杆菌感染
A49.800x015　迟钝爱德华杆菌感染
A49.800x019　醋酸钙不动杆菌感染
A49.800x020　人苍白杆菌菌血症
A49.800x023　革兰阳性杆菌感染
A49.801　大肠杆菌感染
A49.802　肺炎杆菌感染
A49.803　不动杆菌感染性菌血症
A49.804　变形杆菌感染
A49.805　克雷伯杆菌感染
A49.806　肠杆菌感染性菌血症
A49.807　沙雷菌感染
A49.808　雷极普鲁菲登菌感染
A49.810　阴沟肠杆菌感染
A49.811　嗜麦芽窄食单胞菌感染性菌血症
A49.812　鲍曼不动杆菌感染
A49.813　克雷伯杆菌感染性菌血症
A49.814　铜绿假单胞菌感染
A49.815　肺炎克雷伯杆菌感染
A49.817　气球菌感染
A49.900　细菌性感染
A49.901　菌血症
A49.902　革兰阴性杆菌感染
A50.000　有症状的早期先天性梅毒
A50.100　潜伏性早期先天性梅毒
A50.200　早期先天性梅毒
A50.400　晚期先天性神经梅毒［青少年神经梅毒］
A50.400x001　晚期先天性神经梅毒［幼年型神经梅毒］
A50.401　幼年型麻痹性痴呆
A50.500　有症状的其他晚期先天性梅毒
A50.500x001　先天性梅毒牙
A50.600　潜伏性晚期先天性梅毒
A50.700　晚期先天性梅毒
A50.900　先天性梅毒
A51.000　初期生殖器梅毒
A51.000x002　梅毒性下疳
A51.001　阴茎下疳
A51.002　一期梅毒
A51.100x001　肛门梅毒
A51.200　初期梅毒，其他部位的
A51.201　唇下疳
A51.300x002　二期早发梅毒疹
A51.300x003　二期晚发梅毒疹
A51.300x004　二期复发梅毒疹
A51.300x005　二期梅毒湿疣
A51.301　皮肤二期梅毒
A51.302　黏膜二期梅毒
A51.303　皮肤梅毒
A51.304　外阴扁平湿疣
A51.400x001　二期梅毒
A51.400x010　二期梅毒性淋巴结炎
A51.500　潜伏性早期梅毒
A51.900　早期梅毒
A52.100　有症状性神经梅毒
A52.100x011　梅毒性痉挛性截瘫
A52.101　脊髓痨
A52.200　无症状性神经梅毒
A52.300　神经梅毒
A52.700x001　梅毒瘤
A52.700x012+N08.0*　梅毒性肾炎
A52.709+N08.0*　梅毒性肾小球病变
A52.800　潜伏性晚期梅毒
A52.801　潜伏性三期梅毒
A52.900　晚期梅毒
A53.000x001　隐性梅毒
A53.000x002　梅毒血清反应阳性
A53.900　梅毒
A54.001　淋球菌性膀胱炎
A54.002　淋球菌性尿道炎
A54.100x002　淋球菌性尿道脓肿
A54.500　淋球菌性咽炎
A54.600x001　淋球菌性直肠炎
A54.601　直肠淋球菌感染
A54.602　肛门淋球菌感染
A54.808　淋球菌性脓毒症
A54.809　淋球菌性皮肤病
A54.900　淋球菌感染
A54.900x001　淋病
A54.900x002　慢性淋球菌感染
A55.x00　衣原体（性病性）淋巴肉芽肿
A56.000x003　衣原体性尿道炎
A56.001　衣原体性膀胱炎
A56.200　泌尿生殖道的衣原体感染
A56.300x001　衣原体性直肠炎
A56.301　直肠衣原体感染

A56.302　肛门衣原体感染
A56.400　咽的衣原体感染
A56.800　衣原体感染，其他部位的性传播的
A57.x00x002　外阴软下疳
A57.x00x003　阴茎软下疳
A58.x00　腹股沟肉芽肿
A58.x01　溃疡性腹股沟肉芽肿
A59.000　泌尿生殖系滴虫病
A59.001+N37.0*　滴虫性尿道炎
A59.800x001　口腔毛滴虫感染
A59.900　滴虫病
A60.001　生殖器疱疹
A60.002　泌尿生殖道疱疹病毒感染
A60.900　肛门生殖器的疱疹病毒感染
A63.000　肛门生殖器（性病性）疣
A63.001　肛门生殖器尖锐湿疣
A63.002　外阴尖锐湿疣
A63.003　喉尖锐湿疣
A63.800　主要为性传播的疾病，其他特指的
A64.x00　性传播疾病
A65.x00　非性病性梅毒
A66.000　雅司病初发损害
A66.100　多发性乳头瘤和湿性角化过度性雅司病
A66.200　雅司病的其他早期皮肤损害
A66.300　雅司病角化过度
A66.400　雅司病的树胶样肿和溃疡
A66.600　雅司病的骨和关节损害
A66.700　雅司病的其他表现
A66.800　潜伏性雅司病
A66.900　雅司病
A67.000　品他病初期损害
A67.100　品他病中期损害
A67.200　品他病晚期损害
A67.300　品他病的混合性损害
A67.900　品他病
A68.000　虱媒介的回归热
A68.100　蜱媒介的回归热
A68.900　回归热
A69.200　莱姆病
A69.800　螺旋体感染，其他特指的
A69.900　螺旋体感染
A70.x00　鹦鹉热衣原体感染
A74.900　衣原体感染
A75.000x002　轻型斑疹伤寒
A75.000x003　典型斑疹伤寒
A75.000x004　重型斑疹伤寒
A75.001　流行性斑疹伤寒
A75.100　再燃性斑疹伤寒［布里尔病］
A75.200x001　地方性斑疹伤寒
A75.300x001　恙虫病
A75.900　斑疹伤寒
A77.000　立氏立克次体性斑疹热
A77.000x001　落基山斑点热
A77.100　康诺尔立克次体性斑疹热
A77.100x001　南欧斑疹热［纽扣热］
A77.200　西伯利亚立克次体性斑疹热
A77.200x001　北亚蜱传斑点热
A77.300　澳洲立克次体性斑疹热
A77.300x001　昆士兰蜱传斑点热
A77.800　斑疹热，其他的
A77.900　斑疹热
A77.900x001　蜱传斑点热
A78.x00　Q热
A79.000　战壕热
A79.100　螨立克次体性立克次体痘
A79.800x002　人粒细胞无形体病
A79.801　附红细胞体病
A79.900　立克次体病
A79.901　立克次体感染
A92.000　奇昆古尼亚病毒病
A92.001　基孔肯雅热
A92.100　奥尼昂-尼昂热
A92.200　委内瑞拉马型热
A92.300　西尼罗河病毒感染
A92.300x001　西尼罗热
A92.400　裂谷热
A92.500　寨卡病毒病
A92.800　蚊媒介的病毒性发热，其他特指的
A92.900　蚊媒介的病毒性发热
A93.000　奥罗普什病毒病
A93.100　白蛉热
A93.200　科罗拉多蜱热
A93.801　疱疹性口炎病毒病
A93.802　发热伴血小板减少综合征
A94.x01　虫媒病毒性发热
A95.000　森林黄热病
A95.100　城市黄热病
A95.900　黄热病
A96.000　朱宁出血热
A96.100　马丘波出血热

A96.100x001　玻利维亚出血热
A96.200　拉沙热
A96.800　沙粒病毒性出血热，其他的
A96.900　沙粒病毒性出血热
A97.000　登革热不伴预警
A97.100　登革热伴预警
A97.200　重症登革热
A97.900　登革热，未特指
A98.000　克里米亚-刚果出血热
A98.100　鄂木斯克出血热
A98.200　基萨那［凯萨努］森林病
A98.300　马尔堡病毒病
A98.400　埃博拉病毒病
A98.400x001　埃博拉出血热
A98.500x001+N08.0*　流行性出血热［肾综合征出血热］
A98.800　病毒性出血热，其他特指的
A99.x00　病毒性出血热
B00.001　卡波西水疱样疹
B00.202　疱疹病毒性咽扁桃体炎
B00.204　疱疹病毒性颌下腺炎
B00.205　疱疹病毒性咽炎
B00.700　播散性疱疹病毒病
B00.701　疱疹性脓毒症
B00.900x005　播散性单纯疱疹［系统性单纯疱疹］
B00.900x007　接种性单纯疱疹
B00.901　EB病毒感染
B00.902　单纯疱疹
B01.800x002+N08.0*　水痘并发肾炎
B01.800x004　痘感染相关性视神经炎
B01.801　水痘肝炎
B01.900x001　水痘
B01.900x002　出血性水痘
B02.700　播散性带状疱疹
B02.800x001　内脏带状疱疹
B02.900x001　带状疱疹
B02.900x002　不全性带状疱疹
B02.900x003　顿挫性带状疱疹
B03.x00　天花
B03.x00x002　变形天花
B03.x00x003　重型天花
B03.x00x004　类天花
B04.x00　猴痘
B05.400　麻疹伴有肠道并发症
B05.800x008　麻疹综合征
B05.800x009　麻疹合并上呼吸道感染
B05.800x010　重型麻疹
B05.801　麻疹并发喉炎
B05.802　麻疹并发支气管炎
B05.803　麻疹并发心肌炎
B05.900x001　麻疹
B05.900x002　轻型麻疹
B05.900x005　出血性麻疹
B05.901　异型麻疹
B06.900x001　风疹
B07.x00x009　咽喉疣
B08.000x001　牛痘
B08.000x002　副牛痘
B08.000x004　羊痘
B08.100　传染性软疣
B08.200　猝发疹［第六病］
B08.200x002　幼儿急疹
B08.300　传染性红斑［第五病］
B08.400x003　EV71感染
B08.401　手足口病
B08.800x004　流行性粟疹热
B08.800x006　传染性水疱病
B08.801　口蹄疫
B18.103+N08.0*　乙型肝炎相关性肾炎
B18.205+N08.0*　丙型肝炎相关性肾炎
B18.904+N08.0*　病毒性肝炎相关性肾病
B25.800x001　巨细胞病毒血症
B25.900x001　巨细胞病毒感染
B25.900x002　巨细胞包涵体病
B26.800x004　流行性腮腺炎并发胸骨前水肿
B26.800x008+N08.0*　流行性腮腺炎性肾炎
B26.800x010　流行性腮腺炎并发乳腺炎
B26.800x011　流行性腮腺炎并发甲状腺炎
B26.804　流行性腮腺炎伴颌下腺炎
B26.805+N08.0*　流行性腮腺炎性肾小球病变
B26.900x001　流行性腮腺炎
B27.000　γ疱疹病毒性单核细胞增多症
B27.001　EB病毒性单核细胞增多症
B27.100　巨细胞病毒性单核细胞增多症
B27.800　传染性单核细胞增多症，其他的
B27.900x001　传染性单核细胞增多症［腺性热］
B33.000　流行性肌痛
B33.000x001　波恩霍尔姆病
B33.100　罗斯河病
B33.300x001　逆转录病毒感染

B33.800　病毒性疾病，其他特指的
B33.801　急性传染性淋巴细胞增多症
B33.802　奥耶斯基病毒（伪狂犬病毒（PRV））感染
B34.000　腺病毒感染
B34.100　肠病毒感染
B34.101　柯萨奇病毒感染
B34.102　艾柯病毒感染
B34.200　冠状病毒感染
B34.300　细小病毒感染
B34.300x002　细小病毒B19感染
B34.400　乳头多瘤空泡病毒感染
B34.400x001　乳头状瘤多型空泡病毒感染
B34.400x002　人乳头瘤病毒感染
B34.800x002　副流感病毒感染
B34.800x003　呼吸道合胞病毒感染
B34.800x004　尼帕病毒感染
B34.801　鼻病毒感染
B34.900　病毒性感染
B36.800　浅部真菌病，其他特指的
B36.801　播散性阿萨希毛孢子菌感染
B37.400x001+N37.0*　泌尿道念珠菌病
B37.401+N37.0*　念珠菌性尿道口炎
B37.700　念珠菌性脓毒症
B37.700x001　念珠菌脓毒症
B37.800x085　脑念珠菌感染
B37.800x088　念珠菌性扁桃体炎
B37.801　念珠菌性眼内炎
B37.802　念珠菌性中耳炎
B37.808　播散性念珠菌病
B37.900　念珠菌病
B37.901　热带白色念珠菌感染
B38.700　播散性球孢子菌病
B38.800　球孢子菌病，其他形式的
B38.900　球孢子菌病
B39.300　播散性荚膜组织胞浆菌病
B39.400　荚膜组织胞浆菌病
B39.400x001　美洲组织胞浆菌病
B39.500　杜波依西变种组织胞浆菌病
B39.500x001　非洲组织胞浆菌病
B39.900　组织胞浆菌病
B40.700　播散性芽生菌病
B40.800　芽生菌病，其他形式的
B40.900　芽生菌病
B41.700　播散性副球孢子菌病
B41.800x001　内脏型副球孢子菌病
B41.800x003　淋巴管型副球孢子菌病
B41.900　副球孢子菌病
B42.100　淋巴皮肤的孢子丝菌病
B42.100x001　固定型孢子丝菌病
B42.100x002　淋巴管型孢子丝菌病
B42.100x003　黏膜型孢子丝菌病
B42.700　播散性孢子丝菌病
B42.800　孢子丝菌病，其他形式的
B42.900　孢子丝菌病
B43.100　棕色真菌病性脑脓肿
B43.800　着色真菌病，其他形式的
B43.801　暗丝孢霉病
B43.900　着色真菌病
B44.100x003　曲霉球
B44.700　播散性曲霉病
B44.800x003　眼曲霉菌病
B44.800x005　脑曲霉菌病
B44.801　声带曲霉病
B44.802　耳曲霉病
B44.900x001　曲霉菌病
B45.100　大脑隐球菌病
B45.700　播散性隐球菌病
B45.800x002　前列腺隐球菌病
B45.801　眼新型隐球菌病
B45.900　隐球菌病
B46.100x001+G99.8*　鼻脑型毛霉菌病
B46.400　播散性毛霉病
B46.500　毛霉病
B46.800x001　蝇疫霉病
B46.800x002　虫霉病
B46.900x002　藻菌病
B47.000　真菌性足菌肿
B47.100　放线菌瘤
B47.100x001　放线菌性足菌肿
B47.900　足菌肿
B48.000　瘢痕疙瘩性芽生菌病
B48.000x001　洛博芽生菌病
B48.200　阿利什利菌病
B48.201　霉样真菌病
B48.300　地霉病
B48.300x001　地丝菌病
B48.400　青霉病
B48.401　马尔尼菲蓝状菌病
B48.402　播散型青霉病

B48.700　机会性真菌病
B48.800x001　不育大孢子菌病
B49.x00x007　真菌感染
B49.x00x013　脑真菌感染
B49.x00x021　肝脏真菌感染
B49.x02+E35.8*　垂体真菌感染
B49.x11　外耳道真菌病
B49.x18　真菌性泌尿道感染
B50.000　恶性疟原虫疟疾伴有大脑并发症
B50.800　恶性疟原虫疟疾，其他严重的和有并发症的
B50.801　黑水热
B50.900x001　恶性疟
B51.000　间日疟原虫疟疾伴有脾破裂
B51.000x001+D77*　间日疟伴脾破裂
B51.800　间日疟原虫疟疾伴有其他并发症
B51.900　间日疟原虫疟疾不伴有并发症
B52.000　三日疟原虫疟疾伴有肾病
B52.000x002+N08.0*　三日疟性肾小球肾炎
B52.001+N08.0*　三日疟原虫疟疾性肾小球病变
B52.800　三日疟原虫疟疾伴有其他并发症
B52.900x001　三日疟
B53.000x001　卵形疟
B53.100　猴疟原虫性疟疾
B53.800x001　寄生虫学性疟疾
B54.x00x004　输血性疟疾
B54.x00x006　婴幼儿疟疾
B54.x00x008　疟疾复发
B55.000　内脏利什曼病
B55.000x001　黑热病
B55.000x003　黑热病后皮肤利什曼病
B55.100　皮肤利什曼病
B55.100x001　皮肤利什曼病［皮肤型黑热病］
B55.200　黏膜皮肤利什曼病
B55.200x001　淋巴结型黑热病
B55.900　利什曼病
B56.000x001　布氏冈比亚锥虫病［中西非睡眠病］
B56.100x001　布氏罗得西亚锥虫病［东非睡眠病］
B56.900x001　非洲锥虫病［非洲睡眠病］
B57.100　急性查加斯病，未累及心脏
B57.200x001　美洲锥虫病
B57.200x003　慢性恰加斯病
B57.300　慢性查加斯病累及消化系统
B57.500　慢性查加斯病累及其他器官
B58.801+N16.0*　弓形虫病性肾小球病变
B58.900x001　弓形虫病［弓形体病］
B60.000　巴贝虫病
B60.000x001　梨浆虫病
B60.800x001　肺蠊缨滴虫感染
B64.x00　原虫性疾病
B65.000x001　埃及血吸虫病
B65.001　膀胱血吸虫病
B65.100x001　曼氏血吸虫病
B65.101　慢性结肠血吸虫病
B65.200x001　日本血吸虫病
B65.300　尾蚴性皮炎
B65.800x001　湄公血吸虫病
B65.800x002　间插血吸虫病
B65.800x003　异位血吸虫病
B65.900x006　急性血吸虫病
B65.900x007　慢性血吸虫病
B65.900x008　晚期血吸虫病
B65.905+N08.0*　血吸虫病性肾小球病变
B66.000　后睾吸虫病
B66.000x001　猫后睾吸虫病
B66.100　支睾吸虫病
B66.101　华支睾吸虫感染
B66.200　支双腔吸虫病
B66.300　片吸虫病
B66.300x001　巨片吸虫病
B66.400　并殖吸虫病
B66.400x001　皮下组织并殖吸虫病
B66.500　姜片虫病
B66.800x001　棘口吸虫病
B66.800x002　异形吸虫病
B66.800x003　后殖吸虫病
B66.800x004　隐孔吸虫病
B66.800x005　沃森吸虫病
B66.800x006　横川吸虫病
B66.800x007　胰阔盘吸虫病
B66.900　吸虫感染
B66.901　脑吸虫病
B66.902　胆道吸虫病
B67.301　多部位细粒棘球蚴感染
B67.302+E35.0*　甲状腺细粒棘球蚴病
B67.400x001　细粒棘球蚴病
B67.401　犬绦虫感染
B67.600x001　肺泡型棘球蚴病
B67.600x002　脑泡型棘球蚴病
B67.600x003　骨泡型棘球蚴病

B67.601 多部位多房棘球蚴感染
B67.700x001 泡型棘球蚴病
B67.901 棘球蚴病
B67.902 脑棘球蚴病
B67.903 心脏棘球蚴病
B67.904 肺棘球蚴病
B67.905 胸膜棘球蚴病
B67.906 纵隔棘球蚴病
B67.907 腹腔棘球蚴病
B68.000 猪肉绦虫的绦虫病
B68.100 牛肉绦虫的绦虫病
B68.900x002 脑绦虫病
B68.900x003 肠绦虫病
B68.900x004 带绦虫病
B68.901 马尾绦虫肉芽肿
B69.100 眼囊虫病
B69.800x003 肌肉囊虫病
B69.800x004 皮下组织囊虫病
B69.800x005 脊髓囊虫病
B69.800x008 胸膜包囊虫症
B69.801 肺囊尾蚴病
B69.802 肝囊虫病
B69.803 骨囊虫病
B69.804 肌肉囊尾蚴病
B69.805 皮肤囊尾蚴病
B69.900x001 囊虫病［囊尾蚴病］
B70.000 裂头绦虫病
B70.100 裂头蚴病
B71.000 膜壳绦虫病
B71.100 复孔绦虫病
B71.800 绦虫感染，其他特指的
B71.900 绦虫感染
B73.x00 盘尾丝虫病
B74.000x001 班氏丝虫病
B74.000x002 班氏丝虫性象皮肿
B74.000x003 班氏丝虫性乳糜尿
B74.100x001 马来丝虫病
B74.100x002 马来丝虫性象皮肿
B74.100x003 马来丝虫性乳糜尿
B74.200x001 帝汶丝虫病
B74.200x002 帝汶丝虫性象皮肿
B74.200x003 帝汶丝虫性乳糜尿
B74.300 罗阿丝虫病
B74.400 曼森丝虫病
B74.400x001 欧氏丝虫病
B74.400x002 常现丝虫病
B74.400x003 链尾丝虫病
B74.800x001 恶丝虫病
B74.900 丝虫病
B74.900x003 丝虫性外阴象皮肿
B74.900x005 淋巴丝虫病
B74.901 丝虫病性乳糜尿
B74.902 丝虫性象皮病
B75.x00 旋毛虫病
B76.000 十二指肠钩虫病
B76.100 美洲钩虫病
B76.800 钩虫病，其他的
B76.900 钩虫病
B76.900x003 皮肤蠕虫蚴移行症
B76.901 胃钩虫病
B76.902 肠道钩虫病
B77.800x002 肝管蛔虫病
B77.800x004 蛔虫病伴胆道并发症
B77.800x005 蛔虫病伴肝管并发症
B77.803 胆道蛔虫病
B77.900 蛔虫病
B78.000 肠道类圆线虫病
B78.700 播散性类圆线虫病
B78.901 粪类圆线虫感染
B78.902+N08.0* 类圆线虫病性肾小球病变
B79.x00 鞭虫病
B80.x00 蛲虫病
B81.000 异尖线虫病
B81.100 肠道毛细线虫病
B81.200 毛圆线虫病
B81.300 肠道血管圆线虫病
B81.400 混合型肠道蠕虫病
B81.800x001 结节线虫病
B81.800x002 三齿线虫病
B81.801 食道口线虫病
B81.802 缩小三齿线虫病
B83.000 内脏幼虫移行症
B83.000x001 内脏蠕虫蚴移行症
B83.000x002 弓蛔虫病
B83.100 颚口线虫病
B83.200x001 广州管圆线虫病
B83.200x003 广州管圆线虫病性脑炎
B83.201 广州血管圆线虫病
B83.300 比翼（线虫）病
B83.400 内部水蛭病

B83.800x001　棘头虫病
B83.800x002　美丽筒线虫病
B83.800x003　肝毛细线虫病
B83.800x004　后圆线虫病
B83.800x005　结膜吸吮线虫病
B83.800x006　管圆线虫病
B83.800x007　腹部管圆线虫病
B83.800x008　肾膨结线虫病
B83.800x009　猪巨吻棘头虫病
B83.900　蠕虫病
B85.000　头虱引起的虱病
B85.100　体虱引起的虱病
B85.200　虱病
B85.300　阴虱病
B85.400　混合型虱病和阴虱病
B87.100　伤口蝇蛆病
B87.300　鼻咽蝇蛆病
B87.800x001　泌尿生殖道蝇蛆病
B87.900　蝇蛆病
B88.000x002　螨虫病
B88.000x003　蠕形螨病
B88.100　潜蚤病［沙蚤侵染］
B88.200x001　肠蜣螂病
B88.300　外部水蛭病
B88.800x001　舌形虫病
B88.800x002　蛇舌状虫病
B88.800x004　蚰蜒皮炎
B88.900x001　皮肤病虫侵染
B88.900x002　螨侵染
B88.900x003　皮肤寄生虫侵染
B89.x00　寄生虫病
B89.x01　颅内寄生虫感染
B90.102+N29.1*　肾自截
B99.x00x001　感染
B99.x01　感染性发热
J10.800x002　已知病毒的流感性胃肠炎
O98.600x001　孕妇疟疾
P37.000　先天性结核病
P37.100　先天性弓形虫病
P37.300　先天性恶性疟
R50.800x002　发热伴强直
R50.801　发热伴恶寒
R50.802　发热伴寒颤
R50.803　持续性发热
R50.900　发热
R50.900x002　高热
R50.901　夏季热
R68.801　毒血症
T79.300x001　创伤后伤口感染
T80.200　输注、输血和治疗性注射后的感染
T80.200x004　输注后感染
T80.201　输注后脓毒症
T81.400x001　操作后伤口感染
T81.400x002　操作后伤口积液
T81.400x004　手术后切口脂肪液化
T81.400x005　操作后感染性发热
T81.400x006　操作后脓毒症
T81.401　手术后口腔感染
T81.402　手术后耳部感染
T81.403　手术后胸腔感染
T81.404　手术后胆道感染
T81.405　手术后膝关节感染
T81.406　手术后切口感染
T82.700x001　血管导管相关性感染
T82.700x002　起搏器周围组织感染
T82.700x003　心脏导管相关性感染
T82.700x004　心脏电子装置感染
T82.700x005　心脏电子装置囊袋感染
T82.700x007　肾透析的动静脉瘘感染
T82.700x008　肾透析的静脉导管感染
T82.700x009　肾透析的血管通路感染
T82.700x010　肾透析的人造血管感染
T82.700x011　肾透析的移植血管感染
T82.701　化疗泵植入感染
T84.701　下颌骨假体植入感染
T85.700x103　腹膜透析导管隧道感染
T85.700x104　腹膜透析导管外口感染
T85.700x808　植入装置后感染
T85.700x809　鼻假体植入后感染
T85.701　脑室腹腔分流管置入感染
T85.702　人工硬脑膜植入感染
T85.703　导管相关性感染
T85.706　鼻硅胶植入感染
T85.708　胆道造影术后感染
T85.709　腹腔插管感染
T85.710　腹膜透析中腹腔感染
T85.711　腹膜透析后腹膜炎
T85.712　皮肤扩张器植入感染
T86.807　皮瓣移植感染
T88.000　免疫接种后的感染

T98.200x012　开放性损伤伴异物合并感染
T98.200x021　开放性损伤伴感染
Z03.000　可疑结核病的观察

SB1　全身性感染疾病的手术

包含全部手术或操作

SR1　败血症

包含以下主要诊断：
A01.003　伤寒杆菌性脓毒症
A02.100　沙门菌脓毒症
A02.100x002　鼠伤寒沙门菌脓毒症
A02.101　猪霍乱沙门菌脓毒症
A20.700　脓毒症型鼠疫
A21.700x002　土拉菌脓毒症
A22.700　炭疽性脓毒症
A24.100x002　类鼻疽脓毒症
A26.700　丹毒丝菌脓毒症
A26.700x001　类丹毒脓毒症
A28.001　巴斯德菌脓毒症
A32.700　利斯特菌脓毒症
A32.701　单核细胞增多性利斯特菌脓毒症
A38.x00x012　猩红热脓毒型
A40.000　A族链球菌性脓毒症
A40.100　B族链球菌性脓毒症
A40.200　D族链球菌和肠球菌所致脓毒症
A40.300　肺炎链球菌性脓毒症
A40.800　链球菌性脓毒症，其他的
A40.900　链球菌性脓毒症
A40.903+N16.0*　链球菌性脓毒症性肾小管-间质病变
A41.000　金黄色葡萄球菌性脓毒症
A41.100x002　表皮葡萄球菌脓毒症
A41.101　凝固酶阴性葡萄球菌脓毒症
A41.200　葡萄球菌性脓毒症
A41.300　流感嗜血杆菌性脓毒症
A41.400　厌氧菌性脓毒症
A41.400x001　产气荚膜杆菌脓毒症
A41.500x083　革兰阴性杆菌脓毒症
A41.500x087　粘球杆菌脓毒症
A41.501　大肠杆菌脓毒症
A41.502　铜绿假单胞菌脓毒症
A41.503　克雷伯杆菌脓毒症
A41.504　阴沟肠杆菌脓毒症
A41.505　变形杆菌脓毒症
A41.506　不动杆菌属性脓毒症
A41.800x002　JK组棒状杆菌脓毒病
A41.801　枯草杆菌脓毒症
A41.802　类酵母菌脓毒症
A41.803　新型隐球菌脓毒症
A41.804　真菌脓毒症
A41.805　革兰阳性菌脓毒症
A41.806　微球菌属性脓毒症
A41.807　肠球菌性脓毒症
A41.900　脓毒症
A41.900x004　内毒素血症
A41.904+N16.0*　脓毒症性肾小管-间质病变
A42.700　放线菌病性脓毒症
A54.808　淋球菌性脓毒症
B00.701　疱疹性脓毒症
B25.800x001　巨细胞病毒血症
B37.700　念珠菌性脓毒症
B37.700x001　念珠菌脓毒症
R68.801　毒血症
T80.201　输注后脓毒症

SS1　手术后及创伤后感染

包含以下主要诊断：
T79.300x001　创伤后伤口感染
T81.400x001　操作后伤口感染
T81.400x002　操作后伤口积液
T81.400x004　手术后切口脂肪液化
T81.400x005　操作后感染性发热
T81.400x006　操作后脓毒症
T81.401　手术后口腔感染
T81.402　手术后耳部感染
T81.403　手术后胸腔感染
T81.404　手术后胆道感染
T81.405　手术后膝关节感染
T81.406　手术后切口感染
T82.700x001　血管导管相关性感染
T82.700x002　起搏器周围组织感染
T82.700x003　心脏导管相关性感染
T82.700x004　心脏电子装置感染
T82.700x005　心脏电子装置囊袋感染
T82.700x007　肾透析的动静脉瘘感染
T82.700x008　肾透析的静脉导管感染
T82.700x009　肾透析的血管通路感染
T82.700x010　肾透析的人造血管感染
T82.700x011　肾透析的移植血管感染

T82.701 化疗泵植入感染
T84.701 下颌骨假体植入感染
T85.700x103 腹膜透析导管隧道感染
T85.700x104 腹膜透析导管外口感染
T85.700x808 植入装置后感染
T85.700x809 鼻假体植入后感染
T85.701 脑室腹腔分流管置入感染
T85.702 人工硬脑膜植入感染
T85.703 导管相关性感染
T85.706 鼻硅胶植入感染
T85.708 胆道造影术后感染
T85.709 腹腔插管感染
T85.710 腹膜透析中腹腔感染
T85.711 腹膜透析后腹膜炎
T85.712 皮肤扩张器植入感染
T86.807 皮瓣移植感染
T98.200x012 开放性损伤伴异物合并感染
T98.200x021 开放性损伤伴感染

ST1 原因不明的发热

包含以下主要诊断：
R50.800x002 发热伴强直
R50.801 发热伴恶寒
R50.802 发热伴寒颤
R50.803 持续性发热
R50.900 发热
R50.900x002 高热
R50.901 夏季热

SU1 病毒性疾病

包含以下主要诊断：
A92.000 奇昆古尼亚病毒病
A92.001 基孔肯雅热
A92.100 奥尼昂-尼昂热
A92.200 委内瑞拉马型热
A92.300 西尼罗河病毒感染
A92.300x001 西尼罗热
A92.400 裂谷热
A92.800 蚊媒介的病毒性发热，其他特指的
A92.900 蚊媒介的病毒性发热
A93.000 奥罗普什病毒病
A93.100 白蛉热
A93.200 科罗拉多蜱热
A93.802 发热伴血小板减少综合征
A94.x01 虫媒病毒性发热
A95.000 森林黄热病
A95.100 城市黄热病
A95.900 黄热病
A96.000 朱宁出血热
A96.100 马丘波出血热
A96.100x001 玻利维亚出血热
A96.200 拉沙热
A96.800 沙粒病毒性出血热，其他的
A96.900 沙粒病毒性出血热
A97.000 登革热不伴预警
A97.100 登革热伴预警
A97.200 重症登革热
A97.900 登革热，未特指
A98.000 克里米亚-刚果出血热
A98.100 鄂木斯克出血热
A98.200 基萨那［凯萨努］森林病
A98.300 马尔堡病毒病
A98.400 埃博拉病毒病
A98.400x001 埃博拉出血热
A98.500x001+N08.0* 流行性出血热［肾综合征出血热］
A98.800 病毒性出血热，其他特指的
A99.x00 病毒性出血热
B00.700 播散性疱疹病毒病
B00.900x005 播散性单纯疱疹［系统性单纯疱疹］
B00.900x007 接种性单纯疱疹
B00.901 EB病毒感染
B00.902 单纯疱疹
B01.900x001 水痘
B01.900x002 出血性水痘
B02.700 播散性带状疱疹
B02.800x001 内脏带状疱疹
B02.900x002 不全性带状疱疹
B02.900x003 顿挫性带状疱疹
B03.x00x002 变形天花
B03.x00x003 重型天花
B03.x00x004 类天花
B04.x00 猴痘
B05.800x008 麻疹综合征
B05.800x010 重型麻疹
B05.900x001 麻疹
B05.900x002 轻型麻疹
B05.900x005 出血性麻疹
B05.901 异型麻疹
B06.900x001 风疹

B08.000x001　牛痘
B08.000x002　副牛痘
B08.000x004　羊痘
B08.400x003　EV71感染
B08.401　手足口病
B08.800x006　传染性水疱病
B08.801　口蹄疫
B25.900x001　巨细胞病毒感染
B25.900x002　巨细胞包涵体病
B27.000　γ疱疹病毒性单核细胞增多症
B27.001　EB病毒性单核细胞增多症
B27.100　巨细胞病毒性单核细胞增多症
B27.800　传染性单核细胞增多症，其他的
B27.900x001　传染性单核细胞增多症［腺性热］
B33.100　罗斯河病
B33.300x001　逆转录病毒感染
B33.800　病毒性疾病，其他特指的
B33.801　急性传染性淋巴细胞增多症
B33.802　奥耶斯基病毒（伪狂犬病毒（PRV））感染
B34.000　腺病毒感染
B34.100　肠病毒感染
B34.101　柯萨奇病毒感染
B34.102　艾柯病毒感染
B34.200　冠状病毒感染
B34.300　细小病毒感染
B34.300x002　细小病毒B19感染
B34.400　乳头多瘤空泡病毒感染
B34.400x001　乳头状瘤多型空泡病毒感染
B34.400x002　人乳头瘤病毒感染
B34.800x002　副流感病毒感染
B34.800x003　呼吸道合胞病毒感染
B34.800x004　尼帕病毒感染
B34.801　鼻病毒感染
B34.900　病毒性感染
J10.800x002　已知病毒的流感性胃肠炎

SV1　细菌性疾病

包含以下主要诊断：
A01.000　伤寒
A01.000x004　伤寒复发
A01.000x006　伤寒迁延型
A01.000x007　伤寒逍遥型
A01.000x017　伤寒轻型
A01.000x018　伤寒普通型
A01.000x019　伤寒暴发型
A01.000x020　伤寒再燃
A01.100　副伤寒甲
A01.200　副伤寒乙
A01.300　副伤寒丙
A01.400　副伤寒
A02.800　沙门菌感染，其他特指的
A02.900x002　鼠伤寒沙门菌感染
A02.900x004　亚利桑那菌感染
A02.901　猪霍乱沙门菌感染
A18.800x001　肺外结核
A19.100　多个部位的急性粟粒型结核
A19.200　急性粟粒型结核
A19.200x001　急性血行播散性结核
A19.900　粟粒型结核
A19.900x004　全身血行播散性结核
A19.900x005　结核性多浆膜腔积液
A19.901　结核性多浆膜炎
A19.902　全身性粟粒型结核
A20.000　腺鼠疫［腹股沟淋巴结鼠疫］
A20.000x001　腺鼠疫
A20.801　顿挫性鼠疫
A20.802　无症状鼠疫
A20.803　轻型鼠疫
A20.900x002　鼠疫菌病［鼠疫耶尔森菌病］
A21.000　溃疡腺型土拉菌病
A21.700　全身性土拉菌病
A21.800　土拉菌病，其他形式的
A21.800x001　伤寒中毒型土拉菌病
A21.900x001　兔热病
A22.100x003　职业性炭疽
A22.900　炭疽
A23.000　马耳他布氏菌病
A23.000x001　羊布氏杆菌病
A23.100　流产布氏菌病
A23.100x001　牛布氏菌病
A23.200　猪布氏菌病
A23.300　犬布氏菌病
A23.800　布氏菌病，其他的
A23.900x001　布氏杆菌病［波状热］
A23.900x004　慢性布氏杆菌病
A24.000　鼻疽
A24.000x002　马皮疽伯克霍尔德菌感染
A24.001　鼻疽假单胞菌感染性鼻疽
A24.002　鼻疽伯克霍德菌感染性鼻疽
A24.101　急性类鼻疽

A24.102　暴发性类鼻疽
A24.201　亚急性类鼻疽
A24.202　慢性类鼻疽
A24.300　类鼻疽，其他的
A24.400　类鼻疽
A25.000x001　小螺菌鼠咬热
A25.100x001　念珠状链杆菌鼠咬热
A25.900　鼠咬热
A26.800x001　播散性类丹毒
A26.900　类丹毒
A26.900x002　丹毒丝菌感染
A27.000　出血性黄疸钩端螺旋体病
A27.800　钩端螺旋体病，其他形式的
A27.800x001　流感伤寒型钩端螺旋体病
A27.900x002　钩端螺旋体病感染中毒型
A28.000　巴斯德菌病
A28.200　肠外耶尔森菌病
A28.801　人感染猪链球菌
A28.900　动物源性细菌性疾病
A30.000x001　未定类（I）麻风
A30.100x001　结核样型（TT）麻风
A30.200　偏结核样型界线类麻风
A30.200x001　界限结核样型（BT）麻风
A30.300　中间界线类麻风
A30.300x001　界线类（BB）麻风
A30.300x002　混合型麻风
A30.400　偏瘤型界线类麻风
A30.400x001　界限瘤型（BL）麻风
A30.400x002　近瘤型中间型麻风
A30.500　瘤型麻风
A30.500x001　瘤型（LL）麻风
A30.800　麻风，其他形式的
A30.900　麻风
A30.900x002　麻木型麻风
A30.900x003　斑疹麻木型麻风
A30.900x004　斑疹性麻风
A31.800x001　猿猴分枝杆菌感染
A31.800x002　瘰疬分枝杆菌感染
A31.800x003　偶然分枝杆菌感染
A31.800x004　龟分枝杆菌感染
A31.800x005　土地分枝杆菌感染
A31.800x006　鸟分枝杆菌感染
A31.801　淋巴结分枝杆菌感染
A31.803　播散性非结核分枝杆菌病
A31.900x001　分枝杆菌病
A31.901　非典型分枝杆菌感染
A32.900　利斯特菌病
A35.x00x001　破伤风
A36.900　白喉
A36.900x002　播散性白喉
A38.x00　猩红热
A38.x00x010　猩红热轻型
A38.x00x011　猩红热中毒型
A38.x00x013　猩红热外科型
A38.x00x014　猩红热产科型
A42.900　放线菌病
A43.800x001　播散性奴卡菌病
A43.900　诺卡菌病
A44.800　巴尔通体病，其他形式的
A44.900　巴尔通体病
A48.400　巴西紫热
A48.800　细菌性疾病，其他特指的
A48.800x002　坏死性杆菌病
A49.000　葡萄球菌感染
A49.001　葡萄球菌感染性菌血症
A49.002　耐甲氧西林金黄色葡萄球菌感染
A49.003　耐甲氧西林凝固酶阴性葡萄球菌感染
A49.004　甲氧西林敏感金黄色葡萄球菌感染
A49.100x004　草绿色链球菌感染
A49.100x005　屎肠球菌感染
A49.100x006　粪肠球菌感染
A49.101　链球菌感染性菌血症
A49.102　肺炎球菌感染
A49.103　链球菌感染综合征
A49.200　流感嗜血杆菌感染
A49.201　流感嗜血杆菌感染性菌血症
A49.300　支原体感染
A49.301　支原体菌属感染性菌血症
A49.800x003　弗里德兰德杆菌感染
A49.800x014　产碱杆菌感染
A49.800x015　迟钝爱德华杆菌感染
A49.800x019　醋酸钙不动杆菌感染
A49.800x020　人苍白杆菌菌血症
A49.800x023　革兰阳性杆菌感染
A49.801　大肠杆菌感染
A49.802　肺炎杆菌感染
A49.803　不动杆菌感染性菌血症
A49.804　变形杆菌感染
A49.805　克雷伯杆菌感染
A49.806　肠杆菌感染性菌血症

A49.807　沙雷菌感染
A49.808　雷极普鲁菲登菌感染
A49.810　阴沟肠杆菌感染
A49.811　嗜麦芽窄食单胞菌感染性菌血症
A49.812　鲍曼不动杆菌感染
A49.813　克雷伯杆菌感染性菌血症
A49.814　铜绿假单胞菌感染
A49.815　肺炎克雷伯杆菌感染
A49.817　气球菌感染
A49.900　细菌性感染
A49.901　菌血症
A49.902　革兰阴性杆菌感染
Z03.000　可疑结核病的观察

SZ1　其他感染性或寄生虫性疾病

包含以下主要诊断：
A01.000x008　伤寒并发腹膜炎
A01.000x009　伤寒并发肠穿孔
A01.000x010　伤寒并发肠出血
A01.000x011　伤寒并发中毒性肝炎
A01.000x012　伤寒并发支气管炎
A01.000x014　伤寒并发胆囊炎
A02.000　沙门菌肠炎
A02.000x005　婴儿沙门菌肠炎
A02.000x006　C群沙门菌肠炎
A02.000x007　B群沙门菌肠炎
A02.000x009　沙门菌小肠炎
A02.000x010　猪霍乱沙门菌肠炎
A02.001　阿哥拉沙门菌肠炎
A02.002　沙门菌伦敦血清型肠炎
A02.003　沙门菌胃肠炎
A02.004　鼠伤寒沙门菌肠炎
A02.900x003　沙门菌属食物中毒
A06.000　急性阿米巴痢疾
A06.000x001　阿米巴肠炎
A06.001　阿米巴结肠炎
A06.002　阿米巴痢疾
A06.100　慢性肠阿米巴病
A06.100x002　阿米巴肠溃疡
A06.200　阿米巴非痢疾性结肠炎
A06.200x001　非痢疾性阿米巴结肠炎
A06.300　肠道阿米巴瘤
A06.300x001　阿米巴肉芽肿
A06.700　皮肤阿米巴病
A06.800x001　阿米巴膀胱炎
A06.800x002　阿米巴阑尾炎
A06.800x003　阿米巴精囊炎
A06.900　阿米巴病
A18.100x021+N37.8*　结核性会阴瘘
A18.100x022+N37.8*　结核性尿道瘘
A18.100x025+N29.1*　结核性肾盂炎
A18.100x031　男性盆腔结核
A18.101　泌尿系统结核
A18.103+N29.1*　肾结核
A18.104+N29.1*　结核性肾脓肿
A18.105+N29.1*　结核性肾盂积水
A18.106+N29.1*　输尿管结核
A18.107+N29.1*　结核性输尿管狭窄
A18.108+N33.0*　膀胱结核
A18.200x006　淋巴结结核
A18.200x010　周围淋巴结结核
A18.206　锁骨上淋巴结结核
A18.207　腋下淋巴结结核
A18.208　食管旁淋巴结结核
A18.209　闭孔淋巴结结核
A18.210　腹股沟淋巴结结核
A18.211　结核性淋巴管炎
A18.212　全身多发淋巴结结核
A18.700+E35.1*　肾上腺结核
A18.700x002+E35.1*　结核性艾迪生病
A18.801+E35.8*　垂体结核
A18.806+E35.0*　甲状腺结核
A18.813+D77*　脾结核
A20.100　蜂窝织皮下型鼠疫
A20.101　皮肤型鼠疫
A20.200　肺鼠疫
A20.800x004　肠鼠疫
A20.800x005　眼鼠疫
A21.100　眼腺型土拉菌病
A21.300　胃肠土拉菌病
A21.300x002　咽腺型土拉菌病
A21.301　腹部土拉菌病
A22.000　皮肤炭疽
A22.200　胃肠炭疽
A22.200x001　肠炭疽
A23.900x003　布氏杆菌性葡萄膜炎
A23.903+N16.0*　布氏菌病肾小管-间质病变
A24.100x003　类鼻疽肺炎
A26.000　皮肤类丹毒
A27.900x004　钩端螺旋体病肺出血型

A27.900x005　钩端螺旋体病肾衰竭型
A27.900x006　钩端螺旋体病脑膜脑炎型
A28.100　猫抓病
A30.100x003　麻风性穿孔性足溃疡
A30.900x005　神经性麻风
A30.900x008　麻风性神经病
A31.000　肺分枝杆菌感染
A31.000x001　肺非结核分枝杆菌病
A31.000x004　堪萨斯分枝杆菌感染
A31.000x005　胞内分枝杆菌感染
A31.001　肺非典型分枝杆菌病
A31.002　鸟-胞内复合分枝杆菌感染
A31.100　皮肤分枝杆菌感染
A31.100x002　溃疡分枝杆菌感染
A31.101　伯鲁里溃疡
A31.102　海分枝杆菌感染
A31.800x007　脓肿分枝杆菌感染
A31.802　足分枝杆菌病
A32.000　皮肤利斯特菌病
A32.803　眼腺利斯特菌病
A36.800x005+N33.8*　白喉性膀胱炎
A36.804+N16.0*　白喉性肾小管-间质病变
A42.000　肺放线菌病
A42.100　腹放线菌病
A42.200　颈面部放线菌病
A42.200x002　颌骨放线菌病
A42.800x002　放线菌皮肤感染
A42.801　涎腺放线菌病
A42.802　乳腺放线菌病
A42.803　肝放线菌病
A42.804　盆腔放线菌病
A42.805　阴道放线菌病
A43.100　皮肤诺卡菌病
A43.802　肾诺卡菌病
A44.000　全身性巴尔通体病
A44.100　皮肤和黏膜皮肤的巴尔通体病
A48.000　气性坏疽
A48.100　军团病
A48.100x001　嗜肺军团菌肺炎
A48.200　非肺炎性军团病［庞蒂亚克热］
A48.300　中毒性休克综合征
A48.801　鼻硬结病
A50.000　有症状的早期先天性梅毒
A50.100　潜伏性早期先天性梅毒
A50.200　早期先天性梅毒
A50.400　晚期先天性神经梅毒［青少年神经梅毒］
A50.400x001　晚期先天性神经梅毒［幼年型神经梅毒］
A50.401　幼年型麻痹性痴呆
A50.500　有症状的其他晚期先天性梅毒
A50.500x001　先天性梅毒牙
A50.600　潜伏性晚期先天性梅毒
A50.700　晚期先天性梅毒
A50.900　先天性梅毒
A51.000　初期生殖器梅毒
A51.000x002　梅毒性下疳
A51.001　阴茎下疳
A51.002　一期梅毒
A51.100x001　肛门梅毒
A51.200　初期梅毒，其他部位的
A51.201　唇下疳
A51.300x002　二期早发梅毒疹
A51.300x003　二期晚发梅毒疹
A51.300x004　二期复发梅毒疹
A51.300x005　二期梅毒湿疣
A51.301　皮肤二期梅毒
A51.302　黏膜二期梅毒
A51.303　皮肤梅毒
A51.304　外阴扁平湿疣
A51.400x001　二期梅毒
A51.400x010　二期梅毒性淋巴结炎
A51.500　潜伏性早期梅毒
A51.900　早期梅毒
A52.100　有症状性神经梅毒
A52.100x011　梅毒性痉挛性截瘫
A52.101　脊髓痨
A52.200　无症状性神经梅毒
A52.300　神经梅毒
A52.700x001　梅毒瘤
A52.700x012+N08.0*　梅毒性肾炎
A52.709+N08.0*　梅毒性肾小球病变
A52.800　潜伏性晚期梅毒
A52.801　潜伏性三期梅毒
A52.900　晚期梅毒
A53.000x001　隐性梅毒
A53.000x002　梅毒血清反应阳性
A53.900　梅毒
A54.001　淋球菌性膀胱炎
A54.002　淋球菌性尿道炎
A54.100x002　淋球菌性尿道脓肿

A54.500　淋球菌性咽炎
A54.600x001　淋球菌性直肠炎
A54.601　直肠淋球菌感染
A54.602　肛门淋球菌感染
A54.809　淋球菌性皮肤病
A54.900　淋球菌感染
A54.900x001　淋病
A54.900x002　慢性淋球菌感染
A55.x00　衣原体（性病性）淋巴肉芽肿
A56.000x003　衣原体性尿道炎
A56.001　衣原体性膀胱炎
A56.200　泌尿生殖道的衣原体感染
A56.300x001　衣原体性直肠炎
A56.301　直肠衣原体感染
A56.302　肛门衣原体感染
A56.400　咽的衣原体感染
A56.800　衣原体感染，其他部位的性传播的
A57.x00x002　外阴软下疳
A57.x00x003　阴茎软下疳
A58.x00　腹股沟肉芽肿
A58.x01　溃疡性腹股沟肉芽肿
A59.000　泌尿生殖系滴虫病
A59.001+N37.0*　滴虫性尿道炎
A59.800x001　口腔毛滴虫感染
A59.900　滴虫病
A60.001　生殖器疱疹
A60.002　泌尿生殖道疱疹病毒感染
A60.900　肛门生殖器的疱疹病毒感染
A63.000　肛门生殖器（性病性）疣
A63.001　肛门生殖器尖锐湿疣
A63.002　外阴尖锐湿疣
A63.003　喉尖锐湿疣
A63.800　主要为性传播的疾病，其他特指的
A64.x00　性传播疾病
A65.x00　非性病性梅毒
A66.000　雅司病初发损害
A66.100　多发性乳头瘤和湿性角化过度性雅司病
A66.200　雅司病的其他早期皮肤损害
A66.300　雅司病角化过度
A66.400　雅司病的树胶样肿和溃疡
A66.600　雅司病的骨和关节损害
A66.700　雅司病的其他表现
A66.800　潜伏性雅司病
A66.900　雅司病
A67.000　品他病初期损害
A67.100　品他病中期损害
A67.200　品他病晚期损害
A67.300　品他病的混合性损害
A67.900　品他病
A68.000　虱媒介的回归热
A68.100　蜱媒介的回归热
A68.900　回归热
A69.200　莱姆病
A69.800　螺旋体感染，其他特指的
A69.900　螺旋体感染
A70.x00　鹦鹉热衣原体感染
A74.900　衣原体感染
A75.000x002　轻型斑疹伤寒
A75.000x003　典型斑疹伤寒
A75.000x004　重型斑疹伤寒
A75.001　流行性斑疹伤寒
A75.100　再燃性斑疹伤寒［布里尔病］
A75.200x001　地方性斑疹伤寒
A75.300x001　恙虫病
A75.900　斑疹伤寒
A77.000　立氏立克次体性斑疹热
A77.000x001　落基山斑点热
A77.100　康诺尔立克次体性斑疹热
A77.100x001　南欧斑疹热［纽扣热］
A77.200　西伯利亚立克次体性斑疹热
A77.200x001　北亚蜱传斑点热
A77.300　澳洲立克次体性斑疹热
A77.300x001　昆士兰蜱传斑点热
A77.800　斑疹热，其他的
A77.900　斑疹热
A77.900x001　蜱传斑点热
A78.x00　Q热
A79.000　战壕热
A79.100　螨立克次体性立克次体痘
A79.800x002　人粒细胞无形体病
A79.801　附红细胞体病
A79.900　立克次体病
A79.901　立克次体感染
A92.500　寨卡病毒病
A93.801　疱疹性口炎病毒病
B00.001　卡波西水疱样疹
B00.202　疱疹病毒性咽扁桃体炎
B00.204　疱疹病毒性颌下腺炎
B00.205　疱疹病毒性咽炎
B01.800x002+N08.0*　水痘并发肾炎

B01.800x004　痘感染相关性视神经炎
B01.801　水痘肝炎
B02.900x001　带状疱疹
B03.x00　天花
B05.400　麻疹伴有肠道并发症
B05.800x009　麻疹合并上呼吸道感染
B05.801　麻疹并发喉炎
B05.802　麻疹并发支气管炎
B05.803　麻疹并发心肌炎
B07.x00x009　咽喉疣
B08.100　传染性软疣
B08.200　猝发疹［第六病］
B08.200x002　幼儿急疹
B08.300　传染性红斑［第五病］
B08.800x004　流行性粟疹热
B18.103+N08.0*　乙型肝炎相关性肾炎
B18.205+N08.0*　丙型肝炎相关性肾炎
B18.904+N08.0*　病毒性肝炎相关性肾病
B26.800x004　流行性腮腺炎并发胸骨前水肿
B26.800x008+N08.0*　流行性腮腺炎性肾炎
B26.800x010　流行性腮腺炎并发乳腺炎
B26.800x011　流行性腮腺炎并发甲状腺炎
B26.804　流行性腮腺炎伴颌下腺炎
B26.805+N08.0*　流行性腮腺炎性肾小球病变
B26.900x001　流行性腮腺炎
B33.000　流行性肌痛
B33.000x001　波恩霍尔姆病
B36.800　浅部真菌病，其他特指的
B36.801　播散性阿萨希毛孢子菌感染
B37.400x001+N37.0*　泌尿道念珠菌病
B37.401+N37.0*　念珠菌性尿道口炎
B37.800x085　脑念珠菌感染
B37.800x088　念珠菌性扁桃体炎
B37.801　念珠菌性眼内炎
B37.802　念珠菌性中耳炎
B37.808　播散性念珠菌病
B37.900　念珠菌病
B37.901　热带白色念珠菌感染
B38.700　播散性球孢子菌病
B38.800　球孢子菌病，其他形式的
B38.900　球孢子菌病
B39.300　播散性荚膜组织胞浆菌病
B39.400　荚膜组织胞浆菌病
B39.400x001　美洲组织胞浆菌病
B39.500　杜波依西变种组织胞浆菌病
B39.500x001　非洲组织胞浆菌病
B39.900　组织胞浆菌病
B40.700　播散性芽生菌病
B40.800　芽生菌病，其他形式的
B40.900　芽生菌病
B41.700　播散性副球孢子菌病
B41.800x001　内脏型副球孢子菌病
B41.800x003　淋巴管型副球孢子菌病
B41.900　副球孢子菌病
B42.100　淋巴皮肤的孢子丝菌病
B42.100x001　固定型孢子丝菌病
B42.100x002　淋巴管型孢子丝菌病
B42.100x003　黏膜型孢子丝菌病
B42.700　播散性孢子丝菌病
B42.800　孢子丝菌病，其他形式的
B42.900　孢子丝菌病
B43.100　棕色真菌病性脑脓肿
B43.800　着色真菌病，其他形式的
B43.801　暗丝孢霉病
B43.900　着色真菌病
B44.100x003　曲霉球
B44.700　播散性曲霉病
B44.800x003　眼曲霉菌病
B44.800x005　脑曲霉菌病
B44.801　声带曲霉病
B44.802　耳曲霉病
B44.900x001　曲霉菌病
B45.100　大脑隐球菌病
B45.700　播散性隐球菌病
B45.800x002　前列腺隐球菌病
B45.801　眼新型隐球菌病
B45.900　隐球菌病
B46.100x001+G99.8*　鼻脑型毛霉菌病
B46.400　播散性毛霉病
B46.500　毛霉病
B46.800x001　蝇疫霉病
B46.800x002　虫霉病
B46.900x002　藻菌病
B47.000　真菌性足菌肿
B47.100　放线菌瘤
B47.100x001　放线菌性足菌肿
B47.900　足菌肿
B48.000　瘢痕疙瘩性芽生菌病
B48.000x001　洛博芽生菌病
B48.200　阿利什利菌病

B48.201　霉样真菌病
B48.300　地霉病
B48.300x001　地丝菌病
B48.400　青霉病
B48.401　马尔尼菲蓝状菌病
B48.402　播散型青霉病
B48.700　机会性真菌病
B48.800x001　不育大孢子菌病
B49.x00x007　真菌感染
B49.x00x013　脑真菌感染
B49.x00x021　肝脏真菌感染
B49.x02+E35.8*　垂体真菌感染
B49.x11　外耳道真菌病
B49.x18　真菌性泌尿道感染
B50.000　恶性疟原虫疟疾伴有大脑并发症
B50.800　恶性疟原虫疟疾，其他严重的和有并发症的
B50.801　黑水热
B50.900x001　恶性疟
B51.000　间日疟原虫疟疾伴有脾破裂
B51.000x001+D77*　间日疟伴脾破裂
B51.800　间日疟原虫疟疾伴有其他并发症
B51.900　间日疟原虫疟疾不伴有并发症
B52.000　三日疟原虫疟疾伴有肾病
B52.000x002+N08.0*　三日疟性肾小球肾炎
B52.001+N08.0*　三日疟原虫疟疾性肾小球病变
B52.800　三日疟原虫疟疾伴有其他并发症
B52.900x001　三日疟
B53.000x001　卵形疟
B53.100　猴疟原虫性疟疾
B53.800x001　寄生虫学性疟疾
B54.x00x004　输血性疟疾
B54.x00x006　婴幼儿疟疾
B54.x00x008　疟疾复发
B55.000　内脏利什曼病
B55.000x001　黑热病
B55.000x003　黑热病后皮肤利什曼病
B55.100　皮肤利什曼病
B55.100x001　皮肤利什曼病［皮肤型黑热病］
B55.200　黏膜皮肤利什曼病
B55.200x001　淋巴结型黑热病
B55.900　利什曼病
B56.000x001　布氏冈比亚锥虫病［中西非睡眠病］
B56.100x001　布氏罗得西亚锥虫病［东非睡眠病］
B56.900x001　非洲锥虫病［非洲睡眠病］
B57.100　急性查加斯病，未累及心脏
B57.200x001　美洲锥虫病
B57.200x003　慢性恰加斯病
B57.300　慢性查加斯病累及消化系统
B57.500　慢性查加斯病累及其他器官
B58.801+N16.0*　弓形虫病性肾小球病变
B58.900x001　弓形虫病［弓形体病］
B60.000　巴贝虫病
B60.000x001　梨浆虫病
B60.800x001　肺蠊缨滴虫感染
B64.x00　原虫性疾病
B65.000x001　埃及血吸虫病
B65.001　膀胱血吸虫病
B65.100x001　曼氏血吸虫病
B65.101　慢性结肠血吸虫病
B65.200x001　日本血吸虫病
B65.300　尾蚴性皮炎
B65.800x001　湄公血吸虫病
B65.800x002　间插血吸虫病
B65.800x003　异位血吸虫病
B65.900x006　急性血吸虫病
B65.900x007　慢性血吸虫病
B65.900x008　晚期血吸虫病
B65.905+N08.0*　血吸虫病性肾小球病变
B66.000　后睾吸虫病
B66.000x001　猫后睾吸虫病
B66.100　支睾吸虫病
B66.101　华支睾吸虫感染
B66.200　支双腔吸虫病
B66.300　片吸虫病
B66.300x001　巨片吸虫病
B66.400　并殖吸虫病
B66.400x001　皮下组织并殖吸虫病
B66.500　姜片虫病
B66.800x001　棘口吸虫病
B66.800x002　异形吸虫病
B66.800x003　后殖吸虫病
B66.800x004　隐孔吸虫病
B66.800x005　沃森吸虫病
B66.800x006　横川吸虫病
B66.800x007　胰阔盘吸虫病
B66.900　吸虫感染
B66.901　脑吸虫病
B66.902　胆道吸虫病
B67.301　多部位细粒棘球蚴感染

B67.302+E35.0*　甲状腺细粒棘球蚴病
B67.400x001　细粒棘球蚴病
B67.401　犬绦虫感染
B67.600x001　肺泡型棘球蚴病
B67.600x002　脑泡型棘球蚴病
B67.600x003　骨泡型棘球蚴病
B67.601　多部位多房棘球蚴感染
B67.700x001　泡型棘球蚴病
B67.901　棘球蚴病
B67.902　脑棘球蚴病
B67.903　心脏棘球蚴病
B67.904　肺棘球蚴病
B67.905　胸膜棘球蚴病
B67.906　纵隔棘球蚴病
B67.907　腹腔棘球蚴病
B68.000　猪肉绦虫的绦虫病
B68.100　牛肉绦虫的绦虫病
B68.900x002　脑绦虫病
B68.900x003　肠绦虫病
B68.900x004　带绦虫病
B68.901　马尾绦虫肉芽肿
B69.100　眼囊虫病
B69.800x003　肌肉囊虫病
B69.800x004　皮下组织囊虫病
B69.800x005　脊髓囊虫病
B69.800x008　胸膜包囊虫症
B69.801　肺囊尾蚴病
B69.802　肝囊虫病
B69.803　骨囊虫病
B69.804　肌肉囊尾蚴病
B69.805　皮肤囊尾蚴病
B69.900x001　囊虫病［囊尾蚴病］
B70.000　裂头绦虫病
B70.100　裂头蚴病
B71.000　膜壳绦虫病
B71.100　复孔绦虫病
B71.800　绦虫感染，其他特指的
B71.900　绦虫感染
B73.x00　盘尾丝虫病
B74.000x001　班氏丝虫病
B74.000x002　班氏丝虫性象皮肿
B74.000x003　班氏丝虫性乳糜尿
B74.100x001　马来丝虫病
B74.100x002　马来丝虫性象皮肿
B74.100x003　马来丝虫性乳糜尿
B74.200x001　帝汶丝虫病
B74.200x002　帝汶丝虫性象皮肿
B74.200x003　帝汶丝虫性乳糜尿
B74.300　罗阿丝虫病
B74.400　曼森丝虫病
B74.400x001　欧氏丝虫病
B74.400x002　常现丝虫病
B74.400x003　链尾丝虫病
B74.800x001　恶丝虫病
B74.900　丝虫病
B74.900x003　丝虫性外阴象皮肿
B74.900x005　淋巴丝虫病
B74.901　丝虫病性乳糜尿
B74.902　丝虫性象皮病
B75.x00　旋毛虫病
B76.000　十二指肠钩虫病
B76.100　美洲钩虫病
B76.800　钩虫病，其他的
B76.900　钩虫病
B76.900x003　皮肤蠕虫蚴移行症
B76.901　胃钩虫病
B76.902　肠道钩虫病
B77.800x002　肝管蛔虫病
B77.800x004　蛔虫病伴胆道并发症
B77.800x005　蛔虫病伴肝管并发症
B77.803　胆道蛔虫病
B77.900　蛔虫病
B78.000　肠道类圆线虫病
B78.700　播散性类圆线虫病
B78.901　粪类圆线虫感染
B78.902+N08.0*　类圆线虫病性肾小球病变
B79.x00　鞭虫病
B80.x00　蛲虫病
B81.000　异尖线虫病
B81.100　肠道毛细线虫病
B81.200　毛圆线虫病
B81.300　肠道血管圆线虫病
B81.400　混合型肠道蠕虫病
B81.800x001　结节线虫病
B81.800x002　三齿线虫病
B81.801　食道口线虫病
B81.802　缩小三齿线虫病
B83.000　内脏幼虫移行症
B83.000x001　内脏蠕虫蚴移行症
B83.000x002　弓蛔虫病

B83.100　颚口线虫病
B83.200x001　广州管圆线虫病
B83.200x003　广州管圆线虫病性脑炎
B83.201　广州血管圆线虫病
B83.300　比翼（线虫）病
B83.400　内部水蛭病
B83.800x001　棘头虫病
B83.800x002　美丽筒线虫病
B83.800x003　肝毛细线虫病
B83.800x004　后圆线虫病
B83.800x005　结膜吸吮线虫病
B83.800x006　管圆线虫病
B83.800x007　腹部管圆线虫病
B83.800x008　肾膨结线虫病
B83.800x009　猪巨吻棘头虫病
B83.900　蠕虫病
B85.000　头虱引起的虱病
B85.100　体虱引起的虱病
B85.200　虱病
B85.300　阴虱病
B85.400　混合型虱病和阴虱病
B87.100　伤口蝇蛆病
B87.300　鼻咽蝇蛆病
B87.800x001　泌尿生殖道蝇蛆病
B87.900　蝇蛆病
B88.000x002　螨虫病
B88.000x003　蠕形螨病
B88.100　潜蚤病［沙蚤侵染］
B88.200x001　肠蜣螂病
B88.300　外部水蛭病
B88.800x001　舌形虫病
B88.800x002　蛇舌状虫病
B88.800x004　蚰蜒皮炎
B88.900x001　皮肤病虫侵染
B88.900x002　螨侵染
B88.900x003　皮肤寄生虫侵染
B89.x00　寄生虫病
B89.x01　颅内寄生虫感染
B90.102+N29.1*　肾自截
B99.x00x001　感染
B99.x01　感染性发热
O98.600x001　孕妇疟疾
P37.000　先天性结核病
P37.100　先天性弓形虫病
P37.300　先天性恶性疟
T80.200　输注、输血和治疗性注射后的感染
T80.200x004　输注后感染
T88.000　免疫接种后的感染

MDCT　精神疾病及功能障碍

主诊表

包含以下主要诊断：
F04.x00x001　脑器质性创伤后遗忘
F04.x00x901　器质性遗忘综合征
F05.000　谵妄，描述为并非附加于痴呆的
F05.000x001　药物中毒性意识障碍（包括谵妄状态）
F05.001　老年性谵妄
F05.100　谵妄，附加于痴呆的
F05.101　老年痴呆性谵妄
F05.801　癫痫性意识障碍
F05.802　手术后谵妄
F05.900　谵妄
F05.901　感染性精神病
F05.902　急性脑病综合征
F06.000　器质性幻觉症
F06.100　器质性紧张性障碍
F06.200　器质性妄想性［精神分裂症样］障碍
F06.300　器质性心境［情感］障碍
F06.300x002　器质性躁狂障碍
F06.300x010　器质性双相障碍
F06.300x020　器质性抑郁障碍
F06.300x021　卒中后抑郁
F06.300x030　器质性混合型情感障碍
F06.301　癫痫性情感障碍
F06.302　颅脑外伤性情感障碍
F06.400　器质性焦虑障碍
F06.400x003　卒中后焦虑
F06.500　器质性分离性障碍
F06.600　器质性情绪不稳定［衰弱］障碍
F06.700　轻度认知障碍
F06.800　脑损害和功能障碍及躯体疾病引起的其他特指的精神障碍
F06.800x002　胆道感染所致精神障碍
F06.800x003　胆道术后精神障碍
F06.800x004　低血糖所致精神障碍
F06.800x005　肺结核所致精神障碍
F06.800x006　肺气肿所致精神障碍
F06.800x007　肺炎所致精神障碍

F06.800x008　肝硬化所致精神障碍
F06.800x009　感冒所致精神障碍
F06.800x010　高热所致精神障碍
F06.800x011　高血压所致精神障碍
F06.800x012　过敏性紫癜所致精神障碍
F06.800x013　甲状腺功能亢进所致精神障碍
F06.800x014　疟疾所致精神障碍
F06.800x015　肾炎所致精神障碍
F06.800x016　细菌性痢疾所致精神障碍
F06.800x017　心脏病所致精神障碍
F06.800x018　营养不良所致精神障碍
F06.800x019　有害气体中毒后精神障碍
F06.800x020　中暑伴发精神障碍
F06.800x021　系统性红斑狼疮所致的精神障碍
F06.800x023　甲状腺功能减退所致精神障碍
F06.800x024　一氧化碳中毒所致精神障碍
F06.800x025　肠伤寒所致精神障碍
F06.800x026　血管性认知功能障碍
F06.800x027　认知障碍
F06.800x032　血液病所致精神障碍
F06.800x033　染色体异常所致精神障碍
F06.800x034　物理因素所致精神障碍
F06.800x037　肝脑病变所致精神障碍
F06.800x038　心脏病（心力衰竭）所致精神障碍
F06.800x039　肺脑综合征所致精神障碍
F06.800x040　尿毒症所致精神障碍
F06.800x041　内分泌疾病所致精神障碍
F06.800x042　甲低所致精神障碍
F06.800x043　脑下垂体疾病所致精神障碍
F06.800x044　Sheeham病所致精神障碍
F06.800x045　Addison氏病所致精神障碍
F06.800x046　肾上腺功能亢进所致精神障碍
F06.800x047　营养代谢疾病所致精神障碍
F06.800x048　糖尿病所致精神障碍
F06.800x049　胶原性疾病所致精神障碍
F06.800x050　Behcet氏病所致精神障碍
F06.801　癫痫性精神病
F06.802　颅脑外伤性精神病
F06.803　颅内感染所致精神障碍
F06.804　病毒性脑炎所致精神障碍
F06.805　脑瘤所致精神障碍
F06.806　肝豆核变性症所致精神障碍
F06.807　多发性硬化症所致精神障碍
F06.808　躯体疾病所致精神障碍
F06.809　脑血管病所致精神障碍
F06.810　卒中后精神病态
F06.811　脑炎后精神障碍
F06.900　脑损害和功能障碍及躯体疾病引起的精神障碍
F07.000　器质性人格障碍
F07.001　额叶综合征
F07.100　脑炎后综合征
F07.200　脑震荡后综合征
F07.201　脑外伤后综合征
F07.800x001　一氧化碳中毒致人格和行为障碍
F07.800x002　脑血管病所致的人格和行为障碍
F07.800x003　脑外伤所致的人格和行为障碍
F07.900　脑部疾病、损害和功能障碍引起的器质性人格和行为障碍
F07.900x001　器质性精神综合征
F07.901　癫痫性人格改变
F09.x00x003　器质性精神病
F09.x00x004　症状性精神病
F09.x01　症状性精神障碍
F09.x02　一氧化碳所致精神障碍
F09.x03　器质性精神障碍
F20.000　偏执型精神分裂症
F20.100　青春型精神分裂症
F20.200　紧张型精神分裂症
F20.200x002　紧张性木僵
F20.201　紧张症综合征
F20.300　未分化型精神分裂症
F20.301　非典型精神分裂症
F20.400　精神分裂症后抑郁
F20.500　残留型精神分裂症
F20.501　慢性精神分裂症
F20.600　单纯型精神分裂症
F20.800x001　难治性精神分裂症
F20.800x002　精神分裂症衰退期
F20.800x003　精神分裂症缓解期
F20.801　体感异常性精神分裂症
F20.802　晚发性精神分裂症
F20.803　强迫型精神分裂症
F20.900　精神分裂症
F21.x00　分裂型障碍
F22.000　妄想性障碍
F22.001　偏执性精神病
F22.002　妄想狂
F22.003　偏执状态
F22.800　持久的妄想性障碍，其他的

F22.800x001　更年期偏执状态
F22.900　持久妄想性障碍
F23.000　不伴有精神分裂症症状的急性多形性精神病性障碍
F23.001　妄想阵发，急性妄想发作
F23.002　周期性精神病
F23.100　伴有精神分裂症症状的急性多形性精神病性障碍
F23.200　急性精神分裂症样精神病性障碍
F23.200x003　急性精神分裂样精神病性障碍，不伴急性应激反应
F23.200x011　急性精神分裂样精神病性障碍，伴有急性应激反应
F23.300x001　偏执性反应
F23.300x002　心因性偏执性精神障碍
F23.300x003　以妄想为主的急性精神病性障碍
F23.301　急性偏执性反应状态
F23.800　急性而短暂的精神病性障碍，其他的
F23.900　急性而短暂的精神病性障碍
F23.901　反应性精神病
F23.902　旅途精神病
F23.903　急性反应性木僵状态
F24.x00　感应性妄想性障碍
F25.000　分裂情感性障碍，躁狂型
F25.000x001　分裂情感性障碍躁狂发作
F25.100　分裂情感性障碍，抑郁型
F25.100x001　分裂情感性障碍抑郁发作
F25.200　分裂情感性障碍，混合型
F25.200x001　周期性精神病性障碍
F25.200x002　分裂情感性障碍混合发作
F25.800　分裂情感性障碍，其他的
F25.900　分裂情感性障碍
F28.x00x002　更年期精神病
F28.x00x011　违拗状态
F28.x00x012　木僵状态
F28.x01　幻觉症
F28.x02　幻觉妄想状态
F29.x00　非器质性精神病
F30.000　轻躁狂
F30.100　不伴有精神病性症状的躁狂
F30.100x001　不伴有精神病性症状的躁狂发作
F30.200　伴有精神病性症状的躁狂
F30.200x001　伴有精神病性症状的躁狂发作
F30.200x002　躁狂性木僵
F30.201　谵妄性躁狂症
F30.800x002　兴奋状态
F30.900　躁狂发作
F30.901　兴奋躁动状态
F31.000　双相情感障碍，目前为轻躁狂发作
F31.100　双相情感障碍，目前为不伴有精神病性症状的躁狂发作
F31.200　双相情感障碍，目前为伴有精神病性症状的躁狂发作
F31.300x002　双相情感障碍，目前为轻度抑郁发作
F31.300x003　双相情感障碍，目前为不伴有躯体症状的轻度抑郁发作
F31.300x005　双相情感障碍，目前为不伴有躯体症状的中度抑郁发作
F31.300x011　双相情感障碍，目前为伴有躯体症状的轻度抑郁发作
F31.300x012　双相情感障碍，目前为伴有躯体症状的中度抑郁发作
F31.301　双相情感障碍，目前为中度抑郁发作
F31.400　双相情感障碍，目前为不伴有精神病性症状的重度抑郁发作
F31.500　双相情感障碍，目前为伴有精神病性症状的重度抑郁发作
F31.600　双相情感障碍，目前为混合性发作
F31.700　双相情感障碍，目前为缓解状态
F31.800x001　复发性躁狂发作
F31.800x002　双相情感障碍2型
F31.800x003　难治性双相情感障碍
F31.801　慢性躁狂症
F31.802　双相情感障碍，快速循环型
F31.803　非典型双相情感障碍
F31.900　双相情感障碍
F31.901　双相情感障碍Ⅰ型
F31.902　躁郁症
F32.000x002　不伴有躯体症状的轻度抑郁发作
F32.000x011　伴有躯体症状的轻度抑郁发作
F32.100x002　不伴有躯体症状的中度抑郁发作
F32.100x011　伴有躯体症状的中度抑郁发作
F32.200　不伴有精神病性症状的重度抑郁发作
F32.300　伴有精神病性症状的重度抑郁发作
F32.301　抑郁性精神病
F32.800x001　抑郁性木僵
F32.800x002　难治性抑郁症
F32.801　更年期抑郁症
F32.802　非典型抑郁症

F32.900 抑郁发作
F32.901 抑郁状态
F32.902 反应性抑郁症
F33.000 复发性抑郁障碍，目前为轻度发作
F33.000x002 复发性抑郁障碍，目前为伴有躯体症状的轻度发作
F33.000x011 复发性抑郁障碍，目前为不伴有躯体症状的轻度发作
F33.100 复发性抑郁障碍，目前为中度发作
F33.100x002 复发性抑郁障碍，目前为伴有躯体症状的中度发作
F33.100x011 复发性抑郁障碍，目前为不伴有躯体症状的中度发作
F33.200 复发性抑郁障碍，目前为不伴有精神病性症状的重度发作
F33.300 复发性抑郁障碍，目前为伴有精神病性症状的重度发作
F33.400 复发性抑郁障碍，目前为缓解状态
F33.800 复发性抑郁障碍，其他的
F33.900 复发性抑郁障碍
F34.000 环性气质
F34.001 环性心境人格
F34.002 情感性人格障碍
F34.100 恶劣心境
F34.101 神经官能性抑郁症
F34.102 抑郁性人格障碍
F34.800 持久的心境［情感］障碍，其他的
F34.900 心境［情感］障碍，持久的
F38.000x001 单次发作的心境［情感］障碍
F38.001 混合性情感发作
F38.100x001 复发心境［情感］障碍
F38.100x002 复发性短暂性抑郁障碍
F38.800 心境［情感］障碍，其他特指的
F39.x00 心境［情感］障碍
F40.000 广场恐怖
F40.100 社交恐怖
F40.200x001 高空恐怖
F40.200x002 动物恐怖
F40.200x003 幽闭恐怖
F40.200x004 单纯恐怖
F40.800 恐怖性焦虑障碍，其他的
F40.900 恐怖性焦虑障碍
F40.901 恐怖状态
F41.000 惊恐障碍［间歇发作性焦虑］
F41.001 惊恐发作
F41.100 广泛性焦虑障碍
F41.101 焦虑状态
F41.102 焦虑性神经症
F41.200 混合性焦虑和抑郁障碍
F41.200x002 焦虑抑郁状态
F41.201 焦虑性抑郁症
F41.300x001 混合性焦虑障碍
F41.800 焦虑障碍，其他特指的
F41.900 焦虑障碍
F42.000 以强迫思维或穷思竭虑为主
F42.001 强迫性思维
F42.003 强迫状态
F42.100 以强迫动作［强迫仪式］为主
F42.101 强迫性动作
F42.200 混合性强迫思维和动作
F42.800 强迫性障碍，其他的
F42.800x001 难治性强迫症
F42.900 强迫性障碍
F42.901 强迫性神经症
F43.000 急性应激反应
F43.001 过度惊吓反应症
F43.002 震吓性痴呆
F43.100 创伤后应激障碍
F43.101 脑外伤神经症性反应
F43.200 适应障碍
F43.200x031 适应障碍，情绪紊乱为主
F43.200x041 适应障碍，以品行障碍为主
F43.200x051 适应障碍，混合性情绪和品行障碍
F43.200x081 适应障碍，特定症状为主
F43.800x002 监护室综合征
F43.801 与文化相关的精神障碍
F43.802 气功所致精神障碍
F43.803 与迷信巫术相关的精神障碍
F43.804 恐缩症
F43.900 严重应激反应
F44.000 分离性遗忘
F44.100 分离性神游
F44.200 分离性木僵
F44.300 昏游和附体障碍
F44.301 附体综合征
F44.400 分离性运动障碍
F44.401 癔病性震颤
F44.402 心因性运动障碍
F44.403 癔病性失音
F44.404 癔病性瘫痪

F44.405　癔病性痉挛发作
F44.406　癔症性缄默症
F44.407　功能性截瘫
F44.500　分离性抽搐
F44.501　癔病性抽搐
F44.600　分离性感觉麻木和感觉丧失
F44.600x002　心因性耳聋
F44.601　癔病性耳聋
F44.602　癔症性失明
F44.603　癔症性视觉模糊
F44.700　混合性分离［转换］性障碍
F44.800x002　甘泽综合征［Ganser综合征］
F44.800x011　双重人格障碍
F44.800x012　多重人格障碍
F44.800x021　见于儿童和青少年的短暂分离［转换］性障碍
F44.801　心因性精神错乱
F44.802　心因性意识障碍
F44.804　癔症性情感暴发
F44.805　分离型癔症
F44.900　分离［转换］性障碍
F44.901　癔症性精神病
F44.902　转换型癔症
F44.903　癔症
F45.000　躯体化障碍
F45.100　未分化的躯体形式障碍
F45.200　疑病障碍
F45.201　疑病症
F45.202　癌病恐怖
F45.300　躯体形式的自主神经功能紊乱
F45.300x021　躯体化的自主神经功能障碍，上消化道
F45.300x022　咽异感症
F45.300x031　躯体化的自主神经功能障碍，下消化道
F45.300x041　躯体化的自主神经功能障碍，呼吸系统
F45.300x051　躯体化的自主神经功能障碍，泌尿生殖系统
F45.300x091　躯体化的自主神经功能障碍，多种器官系统
F45.301　心因性多尿症
F45.302　换气过度综合征
F45.303　功能性咳嗽
F45.304　心血管性神经官能症
F45.305　心因性吞气症
F45.306　心脏神经官能症
F45.307　心因性呃逆
F45.308　胃肠神经官能症
F45.309　肠神经官能症
F45.310　胃神经官能症
F45.400　持久的躯体形式的疼痛障碍
F45.401　精神性疼痛
F45.402　情绪性头痛
F45.403　功能性腹痛综合征
F45.800x002　磨牙症
F45.801　心因性瘙痒症
F45.802　精神源性风湿病
F45.803　功能性吞咽困难
F45.804　功能性肌无力
F45.805　精神性多饮
F45.806　婴儿阴部摩擦症
F45.807　精神源性痛经
F45.900　躯体形式障碍
F45.901　心因性幻觉症
F48.000　神经衰弱
F48.001　疲劳综合征
F48.100　人格解体-现实解体综合征
F48.100x002　解离状态
F48.801　精神衰弱
F48.802　混合型神经症
F48.900　神经症性障碍
F48.901　神经官能症
F50.000　神经性厌食
F50.100　非典型神经性厌食
F50.200　神经性贪食
F50.300　非典型神经性贪食
F50.401　心因性暴食
F50.501　心因性呕吐
F50.502　神经性呕吐
F50.800x002　异食症
F50.801　心因性无食欲
F50.900　进食障碍
F51.000　非器质性失眠症
F51.100　非器质性睡眠过度
F51.200　非器质性睡眠-觉醒节律障碍
F51.200x002　睡眠时相后移综合征
F51.200x003　睡眠时相前移综合征
F51.300　睡行症［夜游症］
F51.400　睡惊症［夜惊症］

F51.500　梦魇
F51.800　非器质性睡眠障碍，其他的
F51.900　非器质性睡眠障碍
F52.000　性欲减退或缺失
F52.001　性欲缺失
F52.100　性厌恶和性乐缺乏
F52.100x002　性厌恶
F52.100x011　性乐缺乏
F52.200　生殖器反应丧失
F52.200x002　女性性唤起障碍
F52.201　心因性阳痿
F52.202　男性勃起障碍
F52.300　性高潮功能障碍
F52.400　早泄
F52.500　非器质性阴道痉挛
F52.600　非器质性性交疼痛
F52.700　性欲亢进
F52.800　性功能障碍，非由器质性障碍或疾病引起，其他的
F52.900　性功能障碍，非由器质性障碍或疾病引起的
F53.000x001　与产褥期有关的轻度精神和行为障碍
F53.001　产褥期抑郁
F53.002　产后抑郁症
F53.100x001　与产褥期有关的重度精神和行为障碍
F53.101　产褥期精神病
F53.800　精神和行为障碍，其他与产褥期有关的不可归类在他处者
F53.900　产褥期精神障碍
F54.x00　与归类在他处的障碍或疾病有关的心理和行为因素
F59.x00　与生理紊乱和躯体因素有关的行为综合征
F59.x00x001　心因性生理功能障碍
F60.000　偏执型人格障碍
F60.100　分裂样人格障碍
F60.200　社交紊乱型人格障碍
F60.201　反社会型人格障碍
F60.300　情绪不稳型人格障碍
F60.301　冲动型人格障碍
F60.302　边缘型人格障碍
F60.400　表演型人格障碍
F60.500　强迫型人格障碍
F60.600　焦虑［回避］型人格障碍
F60.700　依赖型人格障碍
F60.800x001　情感性人格
F60.800x002　抑郁性人格
F60.800x003　躁狂性人格
F60.801　妄想狂样人格障碍
F60.802　自恋型人格障碍
F60.900　人格障碍
F61.x00　混合型和其他人格障碍
F61.x00x011　烦扰型人格障碍
F62.000　灾难性经历后的持久性人格改变
F62.100　精神科疾病后持久性人格改变
F62.800　持久性人格改变，其他的
F62.900　人格改变，持久性的
F63.000　病理性赌博
F63.100　病理性纵火［纵火狂］
F63.200　病理性偷窃［偷窃狂］
F63.300　拔毛狂
F63.800　习惯和冲动障碍，其他的
F63.800x001　病理性网络使用
F63.801　青少年网络成瘾
F63.900　习惯和冲动障碍
F64.000x001　易性症，男
F64.000x002　易性症，女
F64.100　双重异装症
F64.200　童年期性身份障碍
F64.800　性身份障碍，其他的
F64.900　性身份障碍
F65.000　恋物症
F65.100　恋物性异装症
F65.200　露阴症
F65.300　窥淫症
F65.400　恋童症
F65.500　施虐受虐症
F65.500x001　施虐症
F65.500x002　受虐症
F65.600　性偏好多相障碍
F65.800　性偏好障碍，其他的
F65.900　性偏好障碍
F66.000　性成熟障碍
F66.100　自我不和谐的性取向
F66.200　性关系障碍
F66.800　性心理发育障碍，其他的
F66.900　性心理发育障碍
F68.000　由于心理原因渲染的躯体症状
F68.000x001　赔偿神经症
F68.100　有意制造或伪装的躯体或心理性的症状或残疾［做作性障碍］

F68.100x001　做作性障碍
F68.800　成人人格和行为障碍，其他特指的
F69.x00　成人人格和行为障碍
F70.000　轻度精神发育迟缓，无或轻微行为缺陷的
F70.000x001　轻度精神发育迟滞
F70.100　轻度精神发育迟缓，需要加以关注或治疗的显著行为缺陷
F70.800　轻度精神发育迟缓，其他行为缺陷
F70.900　轻度精神发育迟缓，未提及行为缺陷的
F71.000　中度精神发育迟缓，无或轻微行为缺陷的
F71.000x001　中度精神发育迟滞
F71.100　中度精神发育迟缓，需要加以关注或治疗的显著行为缺陷
F71.800　中度精神发育迟缓，其他的行为缺陷
F71.900　中度精神发育迟缓，未提及行为缺陷的
F72.000　重度精神发育迟缓，无或轻微行为缺陷的
F72.000x001　重度精神发育迟滞
F72.100　重度精神发育迟缓，需要加以关注或治疗的显著行为缺陷
F72.800　重度精神发育迟缓，其他行为缺陷
F72.900　重度精神发育迟缓，未提及行为缺陷的
F73.000　极重度精神发育迟缓，无或轻微行为缺陷的
F73.000x001　极重度精神发育迟滞
F73.100　极重度精神发育迟缓，需要加以关注或治疗的显著行为缺陷
F73.800　极重度精神发育迟缓，其他行为缺陷
F73.900　极重度精神发育迟缓，未提及行为缺陷的
F78.000　其他的精神发育迟缓，无或轻微行为缺陷的
F78.100　其他精神发育迟缓，需要加以关注或治疗的显著行为缺陷
F78.800　其他精神发育迟缓，其他行为缺陷的
F78.900　精神发育迟缓其他的，未提及行为缺陷
F79.000　精神发育迟缓，无或轻微行为缺陷的
F79.000x001　精神发育迟滞
F79.100　精神发育迟缓，需要加以关注或治疗的显著行为缺陷
F79.800　精神发育迟缓引起的，其他的
F79.900　精神发育迟缓，未提及行为缺陷
F79.901　智力低下
F80.000　特定性言语构音障碍
F80.100　表达性语言障碍
F80.200　感受性语言障碍
F80.201　感觉性失语
F80.202　韦尼克失语
F80.203　先天性听力无知觉
F80.204　接受型言语障碍或失语症
F80.205　辨语聋
F80.300　伴有癫痫的后天性失语［兰道-克勒夫纳综合征］
F80.800　言语和语言发育障碍，其他的
F80.900　言语和语言发育障碍
F81.000　特定性阅读障碍
F81.100　特定性拼写障碍
F81.200　特定性计算技能障碍
F81.201　格斯特曼综合征
F81.300　混合性学习技能障碍
F81.800　发育障碍，其他学习技能
F81.900　学习技能发育障碍
F82.x00　特定性运动功能发育障碍
F83.x00　混合性特定性发育障碍
F84.000　童年孤独症
F84.000x001　儿童孤独症
F84.001　婴儿孤独症
F84.002　儿童期精神症
F84.100　不典型孤独症
F84.200　雷特综合征
F84.300x001　童年瓦解性障碍
F84.301　婴儿痴呆
F84.400　与精神发育迟缓和刻板动作有关的多动障碍
F84.500　阿斯珀格综合征
F84.800　弥漫性［综合性］发育障碍，其他的
F84.900　弥漫性［综合性］发育障碍
F84.900x001　广泛性发育障碍
F88.x00　其他心理发育障碍
F88.x01　发育性失认症
F89.x00　心理发育障碍
F90.000　活动与注意失调
F90.000x001　注意缺陷与多动障碍
F90.100　多动性品行障碍
F90.800　多动性障碍，其他的
F90.900　多动性障碍
F91.000　局限于家庭的品行障碍
F91.100　非社会化的品行障碍
F91.100x002　孤独攻击性品行障碍
F91.200　社会化的品行障碍
F91.300　对立违抗性障碍

F91.800　品行障碍，其他的
F91.900　品行障碍
F92.000　抑郁性品行障碍
F92.800　品行和情绪混合性障碍，其他的
F92.900　品行和情绪混合性障碍
F93.000　童年离别焦虑障碍
F93.100　童年恐怖性焦虑障碍
F93.200　童年社交性焦虑障碍
F93.300　同胞竞争障碍
F93.800　童年情绪障碍，其他特指的
F93.900　童年情绪障碍
F94.000　选择性缄默症
F94.100　童年反应性依恋障碍
F94.200　童年脱抑制性依恋障碍
F94.800　童年其他社会功能障碍
F94.900　童年社会功能障碍
F95.000　一过性抽动障碍
F95.100　慢性运动或发声抽动障碍
F95.101　慢性运动抽动障碍
F95.200　发声和多种运动联合抽动障碍［德拉图雷特综合征］
F95.201　抽动秽语综合征
F95.800　抽动障碍，其他的
F95.801　眨眼症
F95.900　抽动障碍
F98.000　非器质性遗尿症
F98.001　功能性遗尿
F98.100　非器质性遗粪症
F98.101　功能性遗粪症
F98.200　婴儿和儿童期的喂养障碍
F98.300　婴幼儿和童年异食癖
F98.400　刻板性运动障碍
F98.500　口吃［结巴］
F98.600　言语急促杂乱
F98.800　通常在童年和青少年期发病的其他特指的行为和情绪障碍
F98.800x001　儿童情感交叉擦腿综合征
F98.801　吸吮拇指
F98.802　咬指甲
F98.803　挖鼻孔
F98.900　通常在童年和青少年期发病的行为和情绪障碍
F99.x00　精神障碍
G47.000　初发性或维持性睡眠障碍［失眠症］
G47.000x001　失眠
G47.000x002　继发性失眠
G47.100　过度嗜眠障碍［睡眠过度］
G47.800x001　周期性瞌睡［Kleine-Levin综合征］
G47.800x002　快动眼睡眠行为障碍
G47.801　发作性嗜睡强食综合征
G47.900　睡眠障碍
Q90.900　唐氏综合征［先天愚型］
Q91.300　爱德华兹综合征
Q93.400　染色体5短臂缺失
Q93.500　染色体其他部分缺失
Q93.500x001　22号染色体缺如综合征
Q93.501　天使综合征
Q93.900　常染色体的缺失
R41.801　智能减退
R44.000　幻听
R44.100　幻视
R44.201　幻嗅
R44.300　幻觉
R45.000　神经质
R45.100x001　不安
R45.100x002　激越状态
R45.200　不愉快
R45.200x001　忧虑
R45.200x003　烦恼
R45.300x001　淡漠
R45.300x002　沮丧
R45.400x001　急躁
R45.400x002　愤怒
R45.500　敌视
R45.600　凶暴
R45.700x001　情绪冲动
R45.700x002　紧张状态
R45.800x091　癔症样发作
R45.801　自杀倾向
R46.200x002　行为异常
R46.400　迟钝和反应不良
R48.000x002　诵读困难
R48.001　失读
R48.100　失认
R48.200　失用
R48.800x001　计算不能
R48.800x002　失写
R48.800x004　计算困难
R48.800x005　精神性聋
R48.801　符号识别功能障碍

R68.803 神游症
Z03.200 可疑精神和行为障碍的观察

TB1 精神病患者的手术

包含全部手术或操作

TR1 精神分裂症

包含以下主要诊断：
F20.000 偏执型精神分裂症
F20.100 青春型精神分裂症
F20.200 紧张型精神分裂症
F20.200x002 紧张性木僵
F20.201 紧张症综合征
F20.300 未分化型精神分裂症
F20.301 非典型精神分裂症
F20.400 精神分裂症后抑郁
F20.500 残留型精神分裂症
F20.501 慢性精神分裂症
F20.600 单纯型精神分裂症
F20.800x001 难治性精神分裂症
F20.800x002 精神分裂症衰退期
F20.800x003 精神分裂症缓解期
F20.801 体感异常性精神分裂症
F20.802 晚发性精神分裂症
F20.803 强迫型精神分裂症
F20.900 精神分裂症
F21.x00 分裂型障碍
F23.100 伴有精神分裂症症状的急性多形性精神病性障碍
F23.200 急性精神分裂症样精神病性障碍

TR2 偏执及急性精神病

包含以下主要诊断：
F22.000 妄想性障碍
F22.001 偏执性精神病
F22.002 妄想狂
F22.003 偏执状态
F22.800 持久的妄想性障碍，其他的
F22.800x001 更年期偏执状态
F22.900 持久妄想性障碍
F23.000 不伴有精神分裂症症状的急性多形性精神病性障碍
F23.001 妄想阵发，急性妄想发作
F23.002 周期性精神病
F23.200x003 急性精神分裂样精神病性障碍，不伴急性应激反应
F23.200x011 急性精神分裂样精神病性障碍，伴有急性应激反应
F23.300x001 偏执性反应
F23.300x002 心因性偏执性精神障碍
F23.300x003 以妄想为主的急性精神病性障碍
F23.301 急性偏执性反应状态
F23.800 急性而短暂的精神病性障碍，其他的
F23.900 急性而短暂的精神病性障碍
F23.901 反应性精神病
F23.902 旅途精神病
F23.903 急性反应性木僵状态
F24.x00 感应性妄想性障碍
F28.x00x002 更年期精神病
F28.x00x011 违拗状态
F28.x00x012 木僵状态
F28.x01 幻觉症
F28.x02 幻觉妄想状态

TS1 心境障碍

包含以下主要诊断：
F25.000 分裂情感性障碍，躁狂型
F25.000x001 分裂情感性障碍躁狂发作
F25.100 分裂情感性障碍，抑郁型
F25.100x001 分裂情感性障碍抑郁发作
F25.200 分裂情感性障碍，混合型
F25.200x001 周期性精神病性障碍
F25.200x002 分裂情感性障碍混合发作
F25.800 分裂情感性障碍，其他的
F25.900 分裂情感性障碍
F29.x00 非器质性精神病
F30.000 轻躁狂
F30.100 不伴有精神病性症状的躁狂
F30.100x001 不伴有精神病性症状的躁狂发作
F30.200 伴有精神病性症状的躁狂
F30.200x001 伴有精神病性症状的躁狂发作
F30.200x002 躁狂性木僵
F30.201 谵妄性躁狂症
F30.800x002 兴奋状态
F30.900 躁狂发作
F30.901 兴奋躁动状态
F31.000 双相情感障碍，目前为轻躁狂发作
F31.100 双相情感障碍，目前为不伴有精神病性症状的躁狂发作
F31.200 双相情感障碍，目前为伴有精神病性症

状的躁狂发作
F31.300x002　双相情感障碍，目前为轻度抑郁发作
F31.300x003　双相情感障碍，目前为不伴有躯体症状的轻度抑郁发作
F31.300x005　双相情感障碍，目前为不伴有躯体症状的中度抑郁发作
F31.300x011　双相情感障碍，目前为伴有躯体症状的轻度抑郁发作
F31.300x012　双相情感障碍，目前为伴有躯体症状的中度抑郁发作
F31.301　双相情感障碍，目前为中度抑郁发作
F31.400　双相情感障碍，目前为不伴有精神病性症状的重度抑郁发作
F31.500　双相情感障碍，目前为伴有精神病性症状的重度抑郁发作
F31.600　双相情感障碍，目前为混合性发作
F31.700　双相情感障碍，目前为缓解状态
F31.800x001　复发性躁狂发作
F31.800x002　双相情感障碍2型
F31.800x003　难治性双相情感障碍
F31.801　慢性躁狂症
F31.802　双相情感障碍，快速循环型
F31.803　非典型双相情感障碍
F31.900　双相情感障碍
F31.901　双相情感障碍Ⅰ型
F31.902　躁郁症
F32.000x002　不伴有躯体症状的轻度抑郁发作
F32.000x011　伴有躯体症状的轻度抑郁发作
F32.100x002　不伴有躯体症状的中度抑郁发作
F32.100x011　伴有躯体症状的中度抑郁发作
F32.200　不伴有精神病性症状的重度抑郁发作
F32.300　伴有精神病性症状的重度抑郁发作
F32.301　抑郁性精神病
F32.800x001　抑郁性木僵
F32.800x002　难治性抑郁症
F32.801　更年期抑郁症
F32.802　非典型抑郁症
F32.900　抑郁发作
F32.901　抑郁状态
F32.902　反应性抑郁症
F33.000　复发性抑郁障碍，目前为轻度发作
F33.000x002　复发性抑郁障碍，目前为伴有躯体症状的轻度发作
F33.000x011　复发性抑郁障碍，目前为不伴有躯体症状的轻度发作
F33.100　复发性抑郁障碍，目前为中度发作
F33.100x002　复发性抑郁障碍，目前为伴有躯体症状的中度发作
F33.100x011　复发性抑郁障碍，目前为不伴有躯体症状的中度发作
F33.200　复发性抑郁障碍，目前为不伴有精神病性症状的重度发作
F33.300　复发性抑郁障碍，目前为伴有精神病性症状的重度发作
F33.400　复发性抑郁障碍，目前为缓解状态
F33.800　复发性抑郁障碍，其他的
F33.900　复发性抑郁障碍
F34.800　持久的心境［情感］障碍，其他的
F34.900　心境［情感］障碍，持久的
F38.000x001　单次发作的心境［情感］障碍
F38.001　混合性情感发作
F38.100x001　复发心境［情感］障碍
F38.100x002　复发性短暂性抑郁障碍
F38.800　心境［情感］障碍，其他特指的
F39.x00　心境［情感］障碍
R45.801　自杀倾向

TS2　神经症及相关障碍

包含以下主要诊断：
F34.000　环性气质
F34.001　环性心境人格
F34.002　情感性人格障碍
F34.100　恶劣心境
F34.101　神经官能性抑郁症
F34.102　抑郁性人格障碍
F43.000　急性应激反应
F43.001　过度惊吓反应症
F43.002　震吓性痴呆
F43.100　创伤后应激障碍
F43.101　脑外伤神经症性反应
F43.200　适应障碍
F43.200x031　适应障碍，情绪紊乱为主
F43.200x041　适应障碍，以品行障碍为主
F43.200x051　适应障碍，混合性情绪和品行障碍
F43.200x081　适应障碍，特定症状为主
F43.800x002　监护室综合征
F43.801　与文化相关的精神障碍
F43.802　气功所致精神障碍
F43.803　与迷信巫术相关的精神障碍

F43.804　恐缩症
F43.900　严重应激反应
F44.000　分离性遗忘
F44.100　分离性神游
F44.200　分离性木僵
F44.300　昏游和附体障碍
F44.301　附体综合征
F44.400　分离性运动障碍
F44.401　癔病性震颤
F44.402　心因性运动障碍
F44.403　癔病性失音
F44.404　癔病性瘫痪
F44.405　癔病性痉挛发作
F44.406　癔症性缄默症
F44.407　功能性截瘫
F44.500　分离性抽搐
F44.501　癔病性抽搐
F44.600　分离性感觉麻木和感觉丧失
F44.600x002　心因性耳聋
F44.601　癔病性耳聋
F44.602　癔症性失明
F44.603　癔症性视觉模糊
F44.700　混合性分离［转换］性障碍
F44.800x002　甘泽综合征［Ganser综合征］
F44.800x011　双重人格障碍
F44.800x012　多重人格障碍
F44.800x021　见于儿童和青少年的短暂分离［转换］性障碍
F44.801　心因性精神错乱
F44.802　心因性意识障碍
F44.804　癔症性情感暴发
F44.805　分离型癔症
F44.900　分离［转换］性障碍
F44.901　癔症性精神病
F44.902　转换型癔症
F44.903　癔症
F45.000　躯体化障碍
F45.100　未分化的躯体形式障碍
F45.200　疑病障碍
F45.201　疑病症
F45.202　癌病恐怖
F45.300　躯体形式的自主神经功能紊乱
F45.300x021　躯体化的自主神经功能障碍，上消化道
F45.300x022　咽异感症
F45.300x031　躯体化的自主神经功能障碍，下消化道
F45.300x041　躯体化的自主神经功能障碍，呼吸系统
F45.300x051　躯体化的自主神经功能障碍，泌尿生殖系统
F45.300x091　躯体化的自主神经功能障碍，多种器官系统
F45.301　心因性多尿症
F45.302　换气过度综合征
F45.303　功能性咳嗽
F45.304　心血管性神经官能症
F45.305　心因性吞气症
F45.306　心脏神经官能症
F45.307　心因性呃逆
F45.308　胃肠神经官能症
F45.309　肠神经官能症
F45.310　胃神经官能症
F45.400　持久的躯体形式的疼痛障碍
F45.401　精神性疼痛
F45.402　情绪性头痛
F45.403　功能性腹痛综合征
F45.800x002　磨牙症
F45.801　心因性瘙痒症
F45.802　精神源性风湿病
F45.803　功能性吞咽困难
F45.804　功能性肌无力
F45.805　精神性多饮
F45.806　婴儿阴部摩擦症
F45.807　精神源性痛经
F45.900　躯体形式障碍
F45.901　心因性幻觉症
F48.000　神经衰弱
F48.001　疲劳综合征
F48.100　人格解体-现实解体综合征
F48.100x002　解离状态
F48.801　精神衰弱
F48.802　混合型神经症
F48.900　神经症性障碍
F48.901　神经官能症
F53.000x001　与产褥期有关的轻度精神和行为障碍
F53.001　产褥期抑郁
F53.002　产后抑郁症
F53.100x001　与产褥期有关的重度精神和行为

障碍
F53.101　产褥期精神病
F53.900　产褥期精神障碍
F54.x00　与归类在他处的障碍或疾病有关的心理和行为因素
F59.x00　与生理紊乱和躯体因素有关的行为综合征
F59.x00x001　心因性生理功能障碍
F68.000　由于心理原因渲染的躯体症状
F68.000x001　赔偿神经症
F68.100　有意制造或伪装的躯体或心理性的症状或残疾［做作性障碍］
F68.100x001　做作性障碍
F95.000　一过性抽动障碍
F95.100　慢性运动或发声抽动障碍
F95.101　慢性运动抽动障碍
F95.200　发声和多种运动联合抽动障碍［德拉图雷特综合征］
F95.201　抽动秽语综合征
F95.900　抽动障碍

TT1　进食及睡眠障碍

包含以下主要诊断：
F50.000　神经性厌食
F50.100　非典型神经性厌食
F50.200　神经性贪食
F50.300　非典型神经性贪食
F50.401　心因性暴食
F50.501　心因性呕吐
F50.502　神经性呕吐
F50.800x002　异食症
F50.801　心因性无食欲
F50.900　进食障碍
F51.000　非器质性失眠症
F51.100　非器质性睡眠过度
F51.200　非器质性睡眠-觉醒节律障碍
F51.200x002　睡眠时相后移综合征
F51.200x003　睡眠时相前移综合征
F51.300　睡行症［夜游症］
F51.400　睡惊症［夜惊症］
F51.500　梦魇
F51.800　非器质性睡眠障碍，其他的
F51.900　非器质性睡眠障碍
G47.000　初发性或维持性睡眠障碍［失眠症］
G47.000x001　失眠
G47.000x002　继发性失眠
G47.100　过度嗜眠障碍［睡眠过度］
G47.800x001　周期性瞌睡［Kleine-Levin综合征］
G47.800x002　快动眼睡眠行为障碍
G47.801　发作性嗜睡强食综合征
G47.900　睡眠障碍

TT2　人格障碍

包含以下主要诊断：
F60.000　偏执型人格障碍
F60.100　分裂样人格障碍
F60.200　社交紊乱型人格障碍
F60.201　反社会型人格障碍
F60.300　情绪不稳型人格障碍
F60.301　冲动型人格障碍
F60.302　边缘型人格障碍
F60.400　表演型人格障碍
F60.500　强迫型人格障碍
F60.600　焦虑［回避］型人格障碍
F60.700　依赖型人格障碍
F60.800x001　情感性人格
F60.800x002　抑郁性人格
F60.800x003　躁狂性人格
F60.801　妄想狂样人格障碍
F60.802　自恋型人格障碍
F60.900　人格障碍
F61.x00　混合型和其他人格障碍
F61.x00x011　烦扰型人格障碍
F62.000　灾难性经历后的持久性人格改变
F62.100　精神科疾病后持久性人格改变
F62.800　持久性人格改变，其他的
F62.900　人格改变，持久性的
F63.000　病理性赌博
F63.100　病理性纵火［纵火狂］
F63.200　病理性偷窃［偷窃狂］
F63.300　拔毛狂
F63.800　习惯和冲动障碍，其他的
F63.800x001　病理性网络使用
F63.801　青少年网络成瘾
F63.900　习惯和冲动障碍
F68.800　成人人格和行为障碍，其他特指的
F69.x00　成人人格和行为障碍
F91.000　局限于家庭的品行障碍
F91.100　非社会化的品行障碍
F91.100x002　孤独攻击性品行障碍
F91.200　社会化的品行障碍

F91.300　对立违抗性障碍
F91.900　品行障碍
F92.000　抑郁性品行障碍
F92.900　品行和情绪混合性障碍
R45.000　神经质
R45.100x001　不安
R45.100x002　激越状态
R45.200　不愉快
R45.200x001　忧虑
R45.200x003　烦恼
R45.300x001　淡漠
R45.300x002　沮丧
R45.400x001　急躁
R45.400x002　愤怒
R45.500　敌视
R45.600　凶暴
R45.700x001　情绪冲动
R45.700x002　紧张状态
R45.800x091　癔症样发作
R46.200x002　行为异常
R46.400　迟钝和反应不良
Z03.200　可疑精神和行为障碍的观察

TU1　儿童期精神发育障碍

包含以下主要诊断：
F70.000　轻度精神发育迟缓，无或轻微行为缺陷的
F70.000x001　轻度精神发育迟滞
F70.100　轻度精神发育迟缓，需要加以关注或治疗的显著行为缺陷
F70.800　轻度精神发育迟缓，其他行为缺陷
F70.900　轻度精神发育迟缓，未提及行为缺陷的
F71.000　中度精神发育迟缓，无或轻微行为缺陷的
F71.000x001　中度精神发育迟滞
F71.100　中度精神发育迟缓，需要加以关注或治疗的显著行为缺陷
F71.800　中度精神发育迟缓，其他的行为缺陷
F71.900　中度精神发育迟缓，未提及行为缺陷的
F72.000　重度精神发育迟缓，无或轻微行为缺陷的
F72.000x001　重度精神发育迟滞
F72.100　重度精神发育迟缓，需要加以关注或治疗的显著行为缺陷
F72.800　重度精神发育迟缓，其他行为缺陷
F72.900　重度精神发育迟缓，未提及行为缺陷的
F73.000　极重度精神发育迟缓，无或轻微行为缺陷的
F73.000x001　极重度精神发育迟滞
F73.100　极重度精神发育迟缓，需要加以关注或治疗的显著行为缺陷
F73.800　极重度精神发育迟缓，其他行为缺陷
F73.900　极重度精神发育迟缓，未提及行为缺陷的
F78.000　其他的精神发育迟缓，无或轻微行为缺陷的
F78.100　其他精神发育迟缓，需要加以关注或治疗的显著行为缺陷
F78.800　其他精神发育迟缓，其他行为缺陷的
F78.900　精神发育迟缓其他的，未提及行为缺陷
F79.000　精神发育迟缓，无或轻微行为缺陷的
F79.000x001　精神发育迟滞
F79.100　精神发育迟缓，需要加以关注或治疗的显著行为缺陷
F79.800　精神发育迟缓引起的，其他的
F79.900　精神发育迟缓，未提及行为缺陷
F79.901　智力低下
F80.000　特定性言语构音障碍
F80.100　表达性语言障碍
F80.200　感受性语言障碍
F80.201　感觉性失语
F80.202　韦尼克失语
F80.203　先天性听力无知觉
F80.204　接受型言语障碍或失语症
F80.205　辨语聋
F80.300　伴有癫痫的后天性失语［兰道-克勒夫纳综合征］
F80.800　言语和语言发育障碍，其他的
F80.900　言语和语言发育障碍
F81.000　特定性阅读障碍
F81.100　特定性拼写障碍
F81.200　特定性计算技能障碍
F81.201　格斯特曼综合征
F81.300　混合性学习技能障碍
F81.800　发育障碍，其他学习技能
F81.900　学习技能发育障碍
F82.x00　特定性运动功能发育障碍
F83.x00　混合性特定性发育障碍
F84.000　童年孤独症
F84.000x001　儿童孤独症
F84.001　婴儿孤独症
F84.002　儿童期精神症
F84.100　不典型孤独症

F84.200　雷特综合征
F84.300x001　童年瓦解性障碍
F84.301　婴儿痴呆
F84.400　与精神发育迟缓和刻板动作有关的多动障碍
F84.500　阿斯珀格综合征
F84.800　弥漫性［综合性］发育障碍，其他的
F84.900　弥漫性［综合性］发育障碍
F84.900x001　广泛性发育障碍
F88.x00　其他心理发育障碍
F88.x01　发育性失认症
F89.x00　心理发育障碍
F90.000　活动与注意失调
F90.000x001　注意缺陷与多动障碍
F90.100　多动性品行障碍
F90.800　多动性障碍，其他的
F90.900　多动性障碍
F91.800　品行障碍，其他的
F92.800　品行和情绪混合性障碍，其他的
F93.000　童年离别焦虑障碍
F93.100　童年恐怖性焦虑障碍
F93.200　童年社交性焦虑障碍
F93.300　同胞竞争障碍
F93.800　童年情绪障碍，其他特指的
F93.900　童年情绪障碍
F94.000　选择性缄默症
F94.100　童年反应性依恋障碍
F94.200　童年脱抑制性依恋障碍
F94.800　童年其他社会功能障碍
F94.900　童年社会功能障碍
F95.800　抽动障碍，其他的
F95.801　眨眼症
F98.000　非器质性遗尿症
F98.001　功能性遗尿
F98.100　非器质性遗粪症
F98.101　功能性遗粪症
F98.200　婴儿和儿童期的喂养障碍
F98.300　婴幼儿和童年异食癖
F98.400　刻板性运动障碍
F98.500　口吃［结巴］
F98.600　言语急促杂乱
F98.800　通常在童年和青少年期发病的其他特指的行为和情绪障碍
F98.800x001　儿童情感交叉擦腿综合征
F98.801　吸吮拇指
F98.802　咬指甲
F98.803　挖鼻孔
F98.900　通常在童年和青少年期发病的行为和情绪障碍
Q90.900　唐氏综合征［先天愚型］
Q93.400　染色体5短臂缺失
Q93.500　染色体其他部分缺失
Q93.500x001　22号染色体缺如综合征
Q93.501　天使综合征
Q93.900　常染色体的缺失
R48.000x002　诵读困难
R48.001　失读
R48.100　失认
R48.200　失用
R48.800x001　计算不能
R48.800x002　失写
R48.800x004　计算困难

TV1　焦虑障碍

包含以下主要诊断：
F40.000　广场恐怖
F40.100　社交恐怖
F40.200x001　高空恐怖
F40.200x002　动物恐怖
F40.200x003　幽闭恐怖
F40.200x004　单纯恐怖
F40.800　恐怖性焦虑障碍，其他的
F40.900　恐怖性焦虑障碍
F40.901　恐怖状态
F41.000　惊恐障碍［间歇发作性焦虑］
F41.001　惊恐发作
F41.100　广泛性焦虑障碍
F41.101　焦虑状态
F41.102　焦虑性神经症
F41.200　混合性焦虑和抑郁障碍
F41.200x002　焦虑抑郁状态
F41.201　焦虑性抑郁症
F41.300x001　混合性焦虑障碍
F41.800　焦虑障碍，其他特指的
F41.900　焦虑障碍
F42.800　强迫性障碍，其他的

TW1　器质性及症状性精神障碍

包含以下主要诊断：
F04.x00x001　脑器质性创伤后遗忘

F04.x00x901　器质性遗忘综合征
F05.000　谵妄，描述为并非附加于痴呆的
F05.000x001　药物中毒性意识障碍（包括谵妄状态）
F05.001　老年性谵妄
F05.100　谵妄，附加于痴呆的
F05.101　老年痴呆性谵妄
F05.801　癫痫性意识障碍
F05.802　手术后谵妄
F05.900　谵妄
F05.901　感染性精神病
F05.902　急性脑病综合征
F06.000　器质性幻觉症
F06.100　器质性紧张性障碍
F06.200　器质性妄想性［精神分裂症样］障碍
F06.300　器质性心境［情感］障碍
F06.300x002　器质性躁狂障碍
F06.300x010　器质性双相障碍
F06.300x020　器质性抑郁障碍
F06.300x021　卒中后抑郁
F06.300x030　器质性混合型情感障碍
F06.301　癫痫性情感障碍
F06.302　颅脑外伤性情感障碍
F06.400　器质性焦虑障碍
F06.400x003　卒中后焦虑
F06.500　器质性分离性障碍
F06.600　器质性情绪不稳定［衰弱］障碍
F06.700　轻度认知障碍
F06.800　脑损害和功能障碍及躯体疾病引起的其他特指的精神障碍
F06.800x002　胆道感染所致精神障碍
F06.800x003　胆道术后精神障碍
F06.800x004　低血糖所致精神障碍
F06.800x005　肺结核所致精神障碍
F06.800x006　肺气肿所致精神障碍
F06.800x007　肺炎所致精神障碍
F06.800x008　肝硬化所致精神障碍
F06.800x009　感冒所致精神障碍
F06.800x010　高热所致精神障碍
F06.800x011　高血压所致精神障碍
F06.800x012　过敏性紫癜所致精神障碍
F06.800x013　甲状腺功能亢进所致精神障碍
F06.800x014　疟疾所致精神障碍
F06.800x015　肾炎所致精神障碍
F06.800x016　细菌性痢疾所致精神障碍
F06.800x017　心脏病所致精神障碍
F06.800x018　营养不良所致精神障碍
F06.800x019　有害气体中毒后精神障碍
F06.800x020　中暑伴发精神障碍
F06.800x021　系统性红斑狼疮所致的精神障碍
F06.800x023　甲状腺功能减退所致精神障碍
F06.800x024　一氧化碳中毒所致精神障碍
F06.800x025　肠伤寒所致精神障碍
F06.800x026　血管性认知功能障碍
F06.800x027　认知障碍
F06.800x032　血液病所致精神障碍
F06.800x033　染色体异常所致精神障碍
F06.800x034　物理因素所致精神障碍
F06.800x037　肝脑病变所致精神障碍
F06.800x038　心脏病（心力衰竭）所致精神障碍
F06.800x039　肺脑综合征所致精神障碍
F06.800x040　尿毒症所致精神障碍
F06.800x041　内分泌疾病所致精神障碍
F06.800x042　甲低所致精神障碍
F06.800x043　脑下垂体疾病所致精神障碍
F06.800x044　Sheeham病所致精神障碍
F06.800x045　Addison氏病所致精神障碍
F06.800x046　肾上腺功能亢进所致精神障碍
F06.800x047　营养代谢疾病所致精神障碍
F06.800x048　糖尿病所致精神障碍
F06.800x049　胶原性疾病所致精神障碍
F06.800x050　Behcet氏病所致精神障碍
F06.801　癫痫性精神病
F06.802　颅脑外伤性精神病
F06.803　颅内感染所致精神障碍
F06.804　病毒性脑炎所致精神障碍
F06.805　脑瘤所致精神障碍
F06.806　肝豆核变性症所致精神障碍
F06.807　多发性硬化症所致精神障碍
F06.808　躯体疾病所致精神障碍
F06.809　脑血管病所致精神障碍
F06.810　卒中后精神病态
F06.811　脑炎后精神障碍
F06.900　脑损害和功能障碍及躯体疾病引起的精神障碍
F07.000　器质性人格障碍
F07.001　额叶综合征
F07.100　脑炎后综合征
F07.200　脑震荡后综合征
F07.201　脑外伤后综合征

F07.800x001　一氧化碳中毒致人格和行为障碍
F07.800x002　脑血管病所致的人格和行为障碍
F07.800x003　脑外伤所致的人格和行为障碍
F07.900　脑部疾病、损害和功能障碍引起的器质性人格和行为障碍
F07.900x001　器质性精神综合征
F07.901　癫痫性人格改变
F09.x00x003　器质性精神病
F09.x00x004　症状性精神病
F09.x01　症状性精神障碍
F09.x02　一氧化碳所致精神障碍
F09.x03　器质性精神障碍
F53.800　精神和行为障碍，其他与产褥期有关的不可归类在他处者
F99.x00　精神障碍
Q91.300　爱德华兹综合征
R41.801　智能减退
R44.000　幻听
R44.100　幻视
R44.201　幻嗅
R44.300　幻觉
R48.800x005　精神性聋
R48.801　符号识别功能障碍
R68.803　神游症

TX1　性心理及性功能障碍

包含以下主要诊断：
F52.000　性欲减退或缺失
F52.001　性欲缺失
F52.100　性厌恶和性乐缺乏
F52.100x002　性厌恶
F52.100x011　性乐缺乏
F52.200　生殖器反应丧失
F52.200x002　女性性唤起障碍
F52.201　心因性阳痿
F52.202　男性勃起障碍
F52.300　性高潮功能障碍
F52.400　早泄
F52.500　非器质性阴道痉挛
F52.600　非器质性性交疼痛
F52.700　性欲亢进
F52.800　性功能障碍，非由器质性障碍或疾病引起，其他的
F52.900　性功能障碍，非由器质性障碍或疾病引起的
F64.000x001　易性症，男
F64.000x002　易性症，女
F64.100　双重异装症
F64.200　童年期性身份障碍
F64.800　性身份障碍，其他的
F64.900　性身份障碍
F65.000　恋物症
F65.100　恋物性异装症
F65.200　露阴症
F65.300　窥淫症
F65.400　恋童症
F65.500　施虐受虐症
F65.500x001　施虐症
F65.500x002　受虐症
F65.600　性偏好多相障碍
F65.800　性偏好障碍，其他的
F65.900　性偏好障碍
F66.000　性成熟障碍
F66.100　自我不和谐的性取向
F66.200　性关系障碍
F66.800　性心理发育障碍，其他的
F66.900　性心理发育障碍

TY1　强迫及相关障碍

包含以下主要诊断：
F42.000　以强迫思维或穷思竭虑为主
F42.001　强迫性思维
F42.003　强迫状态
F42.100　以强迫动作［强迫仪式］为主
F42.101　强迫性动作
F42.200　混合性强迫思维和动作
F42.800x001　难治性强迫症
F42.900　强迫性障碍
F42.901　强迫性神经症

MDCU　酒精 / 药物使用及其引起的器质性精神功能障碍

主诊表

包含以下主要诊断：
F10.000　急性酒精中毒引起的精神和行为障碍
F10.001　急性酒精中毒
F10.002　病理性醉酒
F10.003　复杂性醉酒

F10.100　有害性使用酒精引起的精神和行为障碍
F10.100x002　酒精非成瘾性滥用
F10.200　使用酒精引起的依赖综合征
F10.201　慢性酒精中毒
F10.300　使用酒精引起的戒断状态
F10.400　使用酒精引起的戒断状态伴有谵妄
F10.401　酒精性谵妄
F10.500　使用酒精引起的精神性障碍
F10.501　慢性酒精中毒性分裂样精神病
F10.502　慢性酒精中毒性妄想症
F10.503　慢性酒精中毒性幻觉症
F10.504　酒精中毒性抑郁状态
F10.505　酒精中毒性躁狂状态
F10.600　使用酒精引起的遗忘综合征
F10.600x002　酒精中毒性科尔萨科夫综合征
F10.601　慢性酒精性谵妄
F10.700　使用酒精引起的残留性和迟发性精神病性障碍
F10.700x091　慢性酒精性脑综合征
F10.701　酒精中毒性痴呆
F10.800　使用酒精引起的其他精神和行为障碍
F10.900　使用酒精引起的精神和行为障碍
F11.000　急性阿片类物质中毒引起的精神和行为障碍
F11.000x001　阿片类药急性中毒
F11.100　有害性使用阿片类物质引起的精神和行为障碍
F11.100x001　阿片类药有害使用
F11.200　使用阿片类物质引起的依赖综合征
F11.200x001　杜冷丁药物依赖
F11.200x003　镇痛药物成瘾
F11.201　吗啡型药物瘾
F11.202　哌替啶药物瘾
F11.203　咖啡型药物瘾
F11.204　海洛因药物瘾
F11.300　使用阿片类物质引起的戒断状态
F11.400　使用阿片类物质引起的戒断状态伴有谵妄
F11.500　使用阿片类物质引起的精神性障碍
F11.600　使用阿片类物质引起的遗忘综合征
F11.700　使用阿片类物质引起的残留性和迟发性精神病性障碍
F11.800　使用阿片类物质引起的其他精神和行为障碍
F11.900　使用阿片类物质引起的精神和行为障碍
F12.000　急性大麻类物质中毒引起的精神和行为障碍
F12.000x002　大麻类物质急性中毒
F12.100　有害性使用大麻类物质引起的精神和行为障碍
F12.100x001　大麻类物质非成瘾性滥用
F12.200　使用大麻类物质引起的依赖综合征
F12.300　使用大麻类物质引起的戒断状态
F12.400　使用大麻类物质引起的戒断状态伴有谵妄
F12.500　使用大麻类物质引起的精神性障碍
F12.600　使用大麻类物质引起的遗忘综合征
F12.700　使用大麻类物质引起的残留性和迟发性精神病性障碍
F12.800　使用大麻类物质引起的其他精神和行为障碍
F12.900　使用大麻类物质引起的精神和行为障碍
F13.000　急性镇静剂或催眠剂中毒引起的精神和行为障碍
F13.000x001　镇静剂或催眠剂急性中毒
F13.100　有害性使用镇静剂或催眠剂引起的精神和行为障碍
F13.100x001　镇静剂或催眠剂的有害使用
F13.200　使用镇静剂或催眠剂引起的依赖综合征
F13.200x001　巴比妥盐药物成瘾
F13.201　安眠药物成瘾
F13.300　使用镇静剂或催眠剂引起的戒断状态
F13.400　使用镇静剂或催眠剂引起的戒断状态伴有谵妄
F13.500　使用镇静剂或催眠剂引起的精神性障碍
F13.600　使用镇静剂或催眠剂引起的遗忘综合征
F13.700　使用镇静剂或催眠剂引起的残留性和迟发性精神病性障碍
F13.800　使用镇静剂或催眠剂质引起的其他精神和行为障碍
F13.900　使用镇静剂或催眠剂引起的精神和行为障碍
F14.000　急性可卡因中毒引起的精神和行为障碍
F14.100　有害性使用可卡因引起的精神和行为障碍
F14.100x001　可卡因非成瘾性滥用
F14.200　使用可卡因引起的依赖综合征
F14.300　使用可卡因引起的戒断状态
F14.400　使用可卡因引起的戒断状态伴有谵妄
F14.400x001　伴有谵妄的可卡因戒断状态

F14.500　使用可卡因引起的精神性障碍
F14.600　使用可卡因引起的遗忘综合征
F14.700　使用可卡因引起的残留性和迟发性精神病性障碍
F14.800　使用可卡因质引起的其他精神和行为障碍
F14.900　使用可卡因引起的精神和行为障碍
F15.000　使用其他兴奋剂（包括咖啡因）急性中毒引起的精神和行为障碍
F15.000x002　含有咖啡因的兴奋剂急性中毒
F15.000x003　苯丙胺类兴奋剂急性中毒
F15.000x004　氯胺酮急性中毒
F15.100　有害性使用其他兴奋剂（包括咖啡因）引起的精神和行为障碍
F15.100x001　含有咖啡因的兴奋剂有害使用
F15.100x002　咖啡因的有害使用
F15.100x003　苯丙胺类兴奋剂的有害使用
F15.100x004　氯胺酮的有害使用
F15.200x001　含有咖啡因的兴奋剂依赖综合征
F15.200x002　咖啡因依赖综合征
F15.200x003　苯丙胺类兴奋剂依赖综合征
F15.200x004　氯胺酮依赖综合征
F15.300x001　含有咖啡因的兴奋剂戒断状态
F15.300x002　咖啡因戒断状态
F15.300x003　苯丙胺类兴奋剂戒断状态
F15.300x004　氯胺酮戒断状态
F15.400x001　伴有谵妄的含有咖啡因兴奋剂戒断状态
F15.400x002　伴有谵妄的咖啡因戒断状态
F15.400x003　伴有谵妄的苯丙胺类兴奋剂戒断状态
F15.400x004　伴有谵妄的氯胺酮戒断状态
F15.500x001　含有咖啡因的兴奋剂所致的精神病性障碍
F15.500x002　咖啡因所致的精神病性障碍
F15.500x003　苯丙胺类兴奋剂所致的精神病性障碍
F15.500x004　氯胺酮所致的精神病性障碍
F15.501　苯丙胺类中毒性精神病
F15.600x001　含有咖啡因的兴奋剂所致的遗忘综合征
F15.600x002　咖啡因所致的遗忘综合征
F15.600x003　苯丙胺类兴奋剂所致的遗忘综合征
F15.600x004　氯胺酮所致的遗忘综合征
F15.700x001　含有咖啡因的兴奋剂所致的残留性和迟发性精神病性障碍
F15.700x002　咖啡因所致的残留性和迟发性精神病性障碍
F15.700x003　苯丙胺类兴奋剂所致的残留性和迟发性精神病性障碍
F15.700x004　氯胺酮所致的残留性和迟发性精神病性障碍
F15.800　使用其他兴奋剂（包括咖啡因）引起的其他精神和行为障碍
F15.900x001　含有咖啡因的兴奋剂所致的精神和行为障碍
F15.900x002　咖啡因所致的精神和行为障碍
F15.900x003　苯丙胺类兴奋剂所致的精神和行为障碍
F15.900x004　氯胺酮所致的精神和行为障碍
F16.000　使用致幻剂急性中毒引起的精神和行为障碍
F16.000x002　致幻剂急性中毒
F16.100　有害性使用致幻剂引起的精神和行为障碍
F16.100x002　致幻剂非成瘾性滥用
F16.200　使用致幻剂引起的依赖综合征
F16.300　使用致幻剂引起的戒断状态
F16.400　使用致幻剂引起的戒断状态伴有谵妄
F16.400x001　伴有谵妄的致幻剂戒断状态
F16.500　使用致幻剂引起的精神性障碍
F16.600　使用致幻剂引起的遗忘综合征
F16.700　使用致幻剂引起的残留性和迟发性精神病性障碍
F16.800　使用致幻剂质引起的其他精神和行为障碍
F16.900　使用致幻剂引起的精神和行为障碍
F17.000　使用烟草急性中毒引起的精神和行为障碍
F17.100　有害性使用烟草引起的精神和行为障碍
F17.100x001　烟草的有害使用
F17.200　使用烟草引起的依赖综合征
F17.300　使用烟草引起的戒断状态
F17.400　使用烟草引起的戒断状态伴有谵妄
F17.400x001　伴有谵妄的烟草戒断状态
F17.500　使用烟草引起的精神性障碍
F17.600　使用烟草引起的遗忘综合征
F17.700　使用烟草引起的残留性和迟发性精神病性障碍
F17.800　使用烟草质引起的其他精神和行为障碍

F17.900 使用烟草引起的精神和行为障碍
F18.000 使用挥发性溶剂急性中毒引起的精神和行为障碍
F18.100 有害性使用挥发性溶剂引起的精神和行为障碍
F18.100x001 挥发性溶剂的有害使用
F18.200 使用挥发性溶剂引起的依赖综合征
F18.300 使用挥发性溶剂引起的戒断状态
F18.400 使用挥发性溶剂引起的戒断状态伴有谵妄
F18.500 使用挥发性溶剂引起的精神性障碍
F18.600 使用挥发性溶剂引起的遗忘综合征
F18.700 使用挥发性溶剂引起的残留性和迟发性精神病性障碍
F18.800 使用挥发性溶剂引起的其他精神和行为障碍
F18.900 使用挥发性溶剂引起的精神和行为障碍
F19.000 使用多种药物和其他精神活性物质急性中毒引起的精神和行为障碍
F19.100 有害性使用多种药物和其他精神活性物质引起的精神和行为障碍
F19.100x004 多种药物和其他精神活性物质的有害使用
F19.200 使用多种药物和其他精神活性物质引起的依赖综合征
F19.200x001 A.P.C药物成瘾
F19.201 镇痛药物瘾
F19.300 使用多种药物和其他精神活性物质引起的戒断状态
F19.400 使用多种药物和其他精神活性物质引起的戒断状态伴有谵妄
F19.400x001 伴有谵妄的多种药物和其他精神活性物质戒断状态
F19.500 使用多种药物和其他精神活性物质引起的精神性障碍
F19.600 使用多种药物和其他精神活性物质引起的遗忘综合征
F19.700 使用多种药物和其他精神活性物质引起的残留性和迟发性精神病性障碍
F19.800 使用多种药物和其他精神活性物质引起的其他精神和行为障碍
F19.900 使用多种药物和其他精神活性物质引起的精神和行为障碍
F19.900x002 A.P.C中毒致精神障碍
F19.900x003 阿的平中毒致精神障碍
F19.900x004 合霉素中毒致精神障碍
F19.900x005 激素类药物致精神障碍
F19.900x006 眠尔通中毒致精神障碍
F19.900x007 药物源性精神障碍
F19.900x008 抗帕金森药物所致精神障碍
F19.900x009 利血平所致精神障碍
R78.000 血中发现酒精
R78.100 血中发现阿片药物
R78.200 血中发现可卡因
R78.300 血中发现致幻剂
R78.400 血中发现其他可能成瘾的药物
R78.500 血中发现精神药物
R78.600 血中发现类固醇剂
T40.000 阿片类中毒
T40.100 海洛因中毒
T40.200 阿片样物质中毒，其他的
T40.200x001 可待因中毒
T40.201 吗啡中毒
T40.300 美散痛中毒
T40.400 合成的麻醉品中毒，其他的
T40.401 杜冷丁中毒
T40.500 可卡因中毒
T40.601 麻醉品中毒
T40.700 大麻类（衍生物）中毒
T43.600 精神兴奋剂中毒伴有滥用潜势
T43.600x003 冰毒中毒
T51.001 酒精中毒

UR1 酒精中毒及戒除

包含以下主要诊断：
F10.000 急性酒精中毒引起的精神和行为障碍
F10.001 急性酒精中毒
F10.002 病理性醉酒
F10.003 复杂性醉酒
F10.100 有害性使用酒精引起的精神和行为障碍
F10.100x002 酒精非成瘾性滥用
F10.200 使用酒精引起的依赖综合征
F10.201 慢性酒精中毒
F10.300 使用酒精引起的戒断状态
F10.400 使用酒精引起的戒断状态伴有谵妄
F10.401 酒精性谵妄
F10.500 使用酒精引起的精神性障碍
F10.501 慢性酒精中毒性分裂样精神病
F10.502 慢性酒精中毒性妄想症
F10.503 慢性酒精中毒性幻觉症

F10.504　酒精中毒性抑郁状态
F10.505　酒精中毒性躁狂状态
F10.600　使用酒精引起的遗忘综合征
F10.600x002　酒精中毒性科尔萨科夫综合征
F10.601　慢性酒精性谵妄
F10.700　使用酒精引起的残留性和迟发性精神病性障碍
F10.700x091　慢性酒精性脑综合征
F10.701　酒精中毒性痴呆
F10.800　使用酒精引起的其他精神和行为障碍
F10.900　使用酒精引起的精神和行为障碍
R78.000　血中发现酒精
T51.001　酒精中毒

US1　兴奋剂滥用与依赖

包含以下主要诊断：
F11.000　急性阿片类物质中毒引起的精神和行为障碍
F11.000x001　阿片类药急性中毒
F11.100　有害性使用阿片类物质引起的精神和行为障碍
F11.100x001　阿片类药有害使用
F11.200　使用阿片类物质引起的依赖综合征
F11.200x001　杜冷丁药物依赖
F11.200x003　镇痛药物成瘾
F11.201　吗啡型药物瘾
F11.202　哌替啶药物瘾
F11.203　咖啡型药物瘾
F11.204　海洛因药物瘾
F11.300　使用阿片类物质引起的戒断状态
F11.400　使用阿片类物质引起的戒断状态伴有谵妄
F11.500　使用阿片类物质引起的精神性障碍
F11.600　使用阿片类物质引起的遗忘综合征
F11.700　使用阿片类物质引起的残留性和迟发性精神病性障碍
F11.800　使用阿片类物质引起的其他精神和行为障碍
F11.900　使用阿片类物质引起的精神和行为障碍
F12.000　急性大麻类物质中毒引起的精神和行为障碍
F12.000x002　大麻类物质急性中毒
F12.100　有害性使用大麻类物质引起的精神和行为障碍
F12.100x001　大麻类物质非成瘾性滥用
F12.200　使用大麻类物质引起的依赖综合征
F12.300　使用大麻类物质引起的戒断状态
F12.400　使用大麻类物质引起的戒断状态伴有谵妄
F12.500　使用大麻类物质引起的精神性障碍
F12.600　使用大麻类物质引起的遗忘综合征
F12.700　使用大麻类物质引起的残留性和迟发性精神病性障碍
F12.800　使用大麻类物质引起的其他精神和行为障碍
F12.900　使用大麻类物质引起的精神和行为障碍
F13.000　急性镇静剂或催眠剂中毒引起的精神和行为障碍
F13.000x001　镇静剂或催眠剂急性中毒
F13.100　有害性使用镇静剂或催眠剂引起的精神和行为障碍
F13.100x001　镇静剂或催眠剂的有害使用
F13.200　使用镇静剂或催眠剂引起的依赖综合征
F13.200x001　巴比妥盐药物成瘾
F13.201　安眠药物成瘾
F13.300　使用镇静剂或催眠剂引起的戒断状态
F13.400　使用镇静剂或催眠剂引起的戒断状态伴有谵妄
F13.500　使用镇静剂或催眠剂引起的精神性障碍
F13.600　使用镇静剂或催眠剂引起的遗忘综合征
F13.700　使用镇静剂或催眠剂引起的残留性和迟发性精神病性障碍
F13.800　使用镇静剂或催眠剂质引起的其他精神和行为障碍
F13.900　使用镇静剂或催眠剂引起的精神和行为障碍
F14.000　急性可卡因中毒引起的精神和行为障碍
F14.100　有害性使用可卡因引起的精神和行为障碍
F14.100x001　可卡因非成瘾性滥用
F14.200　使用可卡因引起的依赖综合征
F14.300　使用可卡因引起的戒断状态
F14.400　使用可卡因引起的戒断状态伴有谵妄
F14.400x001　伴有谵妄的可卡因戒断状态
F14.500　使用可卡因引起的精神性障碍
F14.600　使用可卡因引起的遗忘综合征
F14.700　使用可卡因引起的残留性和迟发性精神病性障碍
F14.800　使用可卡因质引起的其他精神和行为障碍

F14.900　使用可卡因引起的精神和行为障碍
F15.000　使用其他兴奋剂（包括咖啡因）急性中毒引起的精神和行为障碍
F15.000x002　含有咖啡因的兴奋剂急性中毒
F15.000x003　苯丙胺类兴奋剂急性中毒
F15.000x004　氯胺酮急性中毒
F15.100　有害性使用其他兴奋剂（包括咖啡因）引起的精神和行为障碍
F15.100x001　含有咖啡因的兴奋剂有害使用
F15.100x002　咖啡因的有害使用
F15.100x003　苯丙胺类兴奋剂的有害使用
F15.100x004　氯胺酮的有害使用
F15.200x001　含有咖啡因的兴奋剂依赖综合征
F15.200x002　咖啡因依赖综合征
F15.200x003　苯丙胺类兴奋剂依赖综合征
F15.200x004　氯胺酮依赖综合征
F15.300x001　含有咖啡因的兴奋剂戒断状态
F15.300x002　咖啡因戒断状态
F15.300x003　苯丙胺类兴奋剂戒断状态
F15.300x004　氯胺酮戒断状态
F15.400x001　伴有谵妄的含有咖啡因兴奋剂戒断状态
F15.400x002　伴有谵妄的咖啡因戒断状态
F15.400x003　伴有谵妄的苯丙胺类兴奋剂戒断状态
F15.400x004　伴有谵妄的氯胺酮戒断状态
F15.500x001　含有咖啡因的兴奋剂所致的精神病性障碍
F15.500x002　咖啡因所致的精神病性障碍
F15.500x003　苯丙胺类兴奋剂所致的精神病性障碍
F15.500x004　氯胺酮所致的精神病性障碍
F15.501　苯丙胺类中毒性精神病
F15.600x001　含有咖啡因的兴奋剂所致的遗忘综合征
F15.600x002　咖啡因所致的遗忘综合征
F15.600x003　苯丙胺类兴奋剂所致的遗忘综合征
F15.600x004　氯胺酮所致的遗忘综合征
F15.700x001　含有咖啡因的兴奋剂所致的残留性和迟发性精神病性障碍
F15.700x002　咖啡因所致的残留性和迟发性精神病性障碍
F15.700x003　苯丙胺类兴奋剂所致的残留性和迟发性精神病性障碍
F15.700x004　氯胺酮所致的残留性和迟发性精神病性障碍
F15.800　使用其他兴奋剂（包括咖啡因）引起的其他精神和行为障碍
F15.900x001　含有咖啡因的兴奋剂所致的精神和行为障碍
F15.900x002　咖啡因所致的精神和行为障碍
F15.900x003　苯丙胺类兴奋剂所致的精神和行为障碍
F15.900x004　氯胺酮所致的精神和行为障碍
F16.000　使用致幻剂急性中毒引起的精神和行为障碍
F16.000x002　致幻剂急性中毒
F16.100　有害性使用致幻剂引起的精神和行为障碍
F16.100x002　致幻剂非成瘾性滥用
F16.200　使用致幻剂引起的依赖综合征
F16.300　使用致幻剂引起的戒断状态
F16.400　使用致幻剂引起的戒断状态伴有谵妄
F16.400x001　伴有谵妄的致幻剂戒断状态
F16.500　使用致幻剂引起的精神性障碍
F16.600　使用致幻剂引起的遗忘综合征
F16.700　使用致幻剂引起的残留性和迟发性精神病性障碍
F16.800　使用致幻剂质引起的其他精神和行为障碍
F16.900　使用致幻剂引起的精神和行为障碍
F17.000　使用烟草急性中毒引起的精神和行为障碍
F17.100　有害性使用烟草引起的精神和行为障碍
F17.100x001　烟草的有害使用
F17.200　使用烟草引起的依赖综合征
F17.300　使用烟草引起的戒断状态
F17.400　使用烟草引起的戒断状态伴有谵妄
F17.400x001　伴有谵妄的烟草戒断状态
F17.500　使用烟草引起的精神性障碍
F17.600　使用烟草引起的遗忘综合征
F17.700　使用烟草引起的残留性和迟发性精神病性障碍
F17.800　使用烟草质引起的其他精神和行为障碍
F17.900　使用烟草引起的精神和行为障碍
F18.000　使用挥发性溶剂急性中毒引起的精神和行为障碍
F18.100　有害性使用挥发性溶剂引起的精神和行为障碍
F18.100x001　挥发性溶剂的有害使用

F18.200　使用挥发性溶剂引起的依赖综合征
F18.300　使用挥发性溶剂引起的戒断状态
F18.400　使用挥发性溶剂引起的戒断状态伴有谵妄
F18.500　使用挥发性溶剂引起的精神性障碍
F18.600　使用挥发性溶剂引起的遗忘综合征
F18.700　使用挥发性溶剂引起的残留性和迟发性精神病性障碍
F18.800　使用挥发性溶剂引起的其他精神和行为障碍
F18.900　使用挥发性溶剂引起的精神和行为障碍
F19.000　使用多种药物和其他精神活性物质急性中毒引起的精神和行为障碍
F19.100　有害性使用多种药物和其他精神活性物质引起的精神和行为障碍
F19.100x004　多种药物和其他精神活性物质的有害使用
F19.200　使用多种药物和其他精神活性物质引起的依赖综合征
F19.200x001　A.P.C药物成瘾
F19.201　镇痛药物瘾
F19.300　使用多种药物和其他精神活性物质引起的戒断状态
F19.400　使用多种药物和其他精神活性物质引起的戒断状态伴有谵妄
F19.400x001　伴有谵妄的多种药物和其他精神活性物质戒断状态
F19.500　使用多种药物和其他精神活性物质引起的精神性障碍
F19.600　使用多种药物和其他精神活性物质引起的遗忘综合征
F19.700　使用多种药物和其他精神活性物质引起的残留性和迟发性精神病性障碍
F19.800　使用多种药物和其他精神活性物质引起的其他精神和行为障碍
F19.900　使用多种药物和其他精神活性物质引起的精神和行为障碍
F19.900x002　A.P.C中毒致精神障碍
F19.900x003　阿的平中毒致精神障碍
F19.900x004　合霉素中毒致精神障碍
F19.900x005　激素类药物致精神障碍
F19.900x006　眠尔通中毒致精神障碍
F19.900x007　药物源性精神障碍
F19.900x008　抗帕金森药物所致精神障碍
F19.900x009　利血平所致精神障碍
R78.100　血中发现阿片药物
R78.200　血中发现可卡因
R78.300　血中发现致幻剂
R78.400　血中发现其他可能成瘾的药物
R78.500　血中发现精神药物
R78.600　血中发现类固醇剂
T40.000　阿片类中毒
T40.100　海洛因中毒
T40.200　阿片样物质中毒，其他的
T40.200x001　可待因中毒
T40.201　吗啡中毒
T40.300　美散痛中毒
T40.400　合成的麻醉品中毒，其他的
T40.401　杜冷丁中毒
T40.500　可卡因中毒
T40.601　麻醉品中毒
T40.700　大麻类（衍生物）中毒
T43.600　精神兴奋剂中毒伴有滥用潜势
T43.600x003　冰毒中毒

MDCV　创伤、中毒及药物毒性反应

主诊表

包含以下主要诊断：
F14.000x001　可卡因急性中毒
F17.000x001　烟草急性中毒
F18.000x001　挥发性溶剂急性中毒
F19.000x002　多种药物和其他精神活性物质急性中毒
F55.x00　非致依赖性物质滥用
F55.x00x001　滥用抗抑郁剂
F55.x00x101　滥用缓泻剂
F55.x00x201　滥用止疼药
F55.x00x301　滥用抑酸药
F55.x00x401　滥用维生素
F55.x00x501　滥用激素
F55.x00x601　滥用草药或民间验方
F55.x00x702　有机化合物所致精神障碍
F55.x00x703　重金属所致精神障碍
F55.x00x704　食物毒素所致精神障碍
G25.803　静坐不能（药物引起）（治疗引起）
N99.400　操作后盆腔腹膜粘连
N99.401　手术后盆腔腹膜粘连
N99.900　泌尿生殖系统的操作后疾患
R50.200　药物性发热

R78.700　血中发现重金属水平异常
R78.801　血锂异常
R78.900　血中发现通常不出现的物质
S00.102　额部血肿
S07.000　面部挤压伤
S07.100　颅骨挤压伤
S07.800　头部其他部位的挤压伤
S07.900　头部挤压伤
S08.900　头部的创伤性切断
S09.100x001　头部肌肉损伤
S09.700　头部多处损伤
S11.800x011　颈部开放性损伤伴颈椎骨折
S11.800x021　颈部开放性损伤伴颈椎脱位
S18.x00x001　砍头
S19.700　颈部多处损伤
S21.100x002　胸骨前区开放性损伤
S21.101　开放性肋部前壁损伤
S21.200x001　背部开放性损伤
S21.200x002　胸壁外部开放性损伤
S21.201　开放性胸后壁损伤
S21.202　开放性肋后壁损伤
S21.203　开放性肩胛间区损伤
S21.700　胸壁多处开放性伤口
S21.800x011　胸部开放性损伤伴骨折
S21.800x021　胸部开放性损伤伴脱位
S21.800x031　胸部开放性损伤伴胸内损伤
S21.900x001　胸壁开放性损伤
S21.900x003　创伤性胸部异物
S21.901　开放性胸部损伤
S30.201　创伤性会阴血肿
S31.000x003　骶骨区开放性损伤
S31.000x004　骨盆开放性损伤
S31.000x005　下背开放性损伤
S31.000x006　臀部开放性损伤伴异物
S31.003　开放性会阴损伤
S31.004　开放性臀部损伤
S31.005　开放性腰背部损伤
S31.006　臀部异物
S31.100　腹壁开放性伤口
S31.100x002　腹上部开放性损伤
S31.100x003　胁腹开放性损伤
S31.100x005　髂区开放性损伤
S31.100x007　阴部开放性损伤
S31.101　开放性季肋部损伤
S31.102　开放性腹股沟损伤
S31.700　腹部、下背和骨盆多处开放性伤口
S31.800x003　创放性腹部异物
S31.800x011　下背开放性损伤伴骨折
S31.800x012　骨盆开放性损伤伴骨折
S31.800x021　下背开放性损伤伴脱位
S31.800x022　骨盆开放性损伤伴脱位
S31.800x031　腹部开放性损伤伴腹内器官损伤
S31.801　开放性腹部损伤
S31.802　开放性腹部异物
S31.803　阴道直肠贯通伤
S31.804　创伤性肛括约肌裂伤
S31.805　创伤性肛门裂伤
S37.700　多个盆腔器官损伤
S37.900　盆腔器官的损伤
S37.910　开放性盆腔器官损伤
S38.100x002　腹部挤压伤
S38.100x003　下背挤压伤
S38.100x004　骨盆挤压伤
S38.101　腹部、下背和骨盆挤压伤
S38.300x001　躯干切断
S38.300x002　腹部切断
S38.301　创伤性腹背部切断
S38.302　创伤性下背切断
S38.303　创伤性骨盆切断
S39.600　腹内器官伴有盆腔器官的损伤
S39.700　腹部、下背和骨盆其他多处损伤
S39.900x002　下背损伤
S39.900x004　腹股沟损伤
S39.907　腹部损伤
S39.908　盆腔损伤
S41.000　肩开放性伤口
S41.000x002　肩胛带开放性损伤
S41.100　上臂开放性伤口
S41.700　肩和上臂多处开放性伤口
S41.800x001　腋窝开放性损伤
S41.800x011　肩部开放性损伤伴骨折
S41.800x012　上臂开放性损伤伴骨折
S41.800x021　肩部开放性损伤伴脱位
S41.800x022　上臂开放性损伤伴脱位
S41.801　开放性肩胛区损伤
S41.802　开放性肩带损伤
S47.x00x002　肩部挤压伤
S47.x01　上臂挤压伤
S48.000　肩关节处创伤性切断
S48.100x001　上臂切断

S49.900x001　肩部损伤
S51.000　肘开放性伤口
S51.700　前臂多处开放性伤口
S51.800x011　前臂开放性损伤伴骨折
S51.800x021　前臂开放性损伤伴脱位
S57.000　肘挤压伤
S57.900　前臂的挤压伤
S58.000x001　肘创伤性切断
S58.100x001　肘和腕关节之间水平创伤性切断
S58.900x001　前臂创伤性切断
S61.000x001　手指开放性损伤
S61.000x002　拇指开放性损伤
S61.100x001　手指开放性损伤伴指甲损伤
S61.100x002　拇指开放性损伤伴指甲损伤
S61.700　腕和手多处开放性伤口
S61.800x011　腕和手开放性损伤伴骨折
S61.800x012　手部开放性损伤伴骨折
S61.800x013　腕部开放性损伤伴骨折
S61.800x021　腕和手开放性损伤伴脱位
S61.800x022　手部开放性损伤伴脱位
S61.800x023　腕部开放性损伤伴脱位
S61.800x081　手掌开放性损伤
S61.900　腕和手的开放性伤口
S61.900x002　腕部开放性损伤
S61.900x004　手部爆炸伤
S67.000x001　拇指挤压伤
S67.000x003　手指碾挫伤
S67.001　手指挤压伤
S67.800x001　腕部挤压伤
S67.800x003　手部碾挫伤
S67.801　手挤压伤
S68.100x002　单指完全离断
S68.400x001　手腕部创伤性切断
S68.800x001　掌部创伤性切断
S69.900x001　腕部损伤
S69.900x002　手部损伤
S69.900x003　拇指损伤
S69.900x004　手指损伤
S71.000　髋开放性伤口
S71.100　大腿开放性伤口
S71.700　髋和大腿多处开放性伤口
S71.800x011　髋部开放性损伤伴骨折
S71.800x012　股部开放性损伤伴骨折
S71.800x021　髋部开放性损伤伴脱位
S71.800x022　股部开放性损伤伴脱位
S71.801　开放性骨盆带损伤
S77.000　髋部挤压伤
S77.100　大腿挤压伤
S77.200　髋伴有大腿挤压伤
S78.000　髋部创伤性切断
S78.100x001　大腿部切断
S79.900x001　髋部损伤
S81.000　膝开放性伤口
S81.700　小腿多处开放性伤口
S81.800x011　小腿开放性损伤伴骨折
S81.800x021　小腿开放性损伤伴脱位
S81.800x081　腓部开放性损伤
S81.800x082　腘窝开放性损伤
S81.800x083　胫部开放性损伤
S81.900　小腿开放性伤口
S87.000　膝挤压伤
S87.801　小腿挤压伤
S88.000x001　膝部切断
S88.100x001　小腿部切断
S91.000　踝开放性伤口
S91.100　趾开放性伤口不伴有趾甲损坏
S91.200　趾开放性伤口伴有趾甲损坏
S91.300x002　足部套脱伤
S91.300x003　跟部开放性损伤
S91.300x812　踝部开放性损伤伴骨折
S91.300x813　足部开放性损伤伴骨折
S91.300x822　踝部开放性损伤伴脱位
S91.700x002　踝部多处开放性损伤
S91.700x003　足部多处开放性损伤
S97.000　踝挤压伤
S97.100　足趾挤压伤
S97.800x002　踝和足挤压伤
S97.801　足挤压伤
S98.000x001　踝部切断
S98.100x001　单趾切断
S98.200x001　两趾切断
S98.200x002　多趾切断
S99.700x001　足部多处损伤
S99.700x002　踝部多处损伤
S99.900x001　足部损伤
S99.900x002　踝部损伤
T01.000x001　头和颈开放性损伤
T01.100x001　胸伴腹和下背及骨盆开放性损伤
T01.101　开放性胸腹损伤
T01.200x001　上肢多处开放性损伤

T01.300x001　下肢多处开放性损伤
T01.302　下肢多处裂伤
T01.600x001　上肢和下肢多处开放性损伤
T01.900　多处开放性伤口
T01.901　多发性穿刺伤
T01.902　多发性动物咬伤
T01.903　多发性切割伤
T01.904　多发性撕裂伤
T02.400x001　双上肢多发性骨折
T02.410　开放性多发性双上肢骨折
T02.500x001　双下肢多发性骨折
T02.510　开放性多发性双下肢骨折
T02.600x001　上肢伴下肢多发性骨折
T02.600x011　上肢伴下肢多发性开放性骨折
T02.610　开放性多发性肢体骨折
T02.700x001　胸伴下背和骨盆及四肢骨折
T02.710　开放性胸部伴有下背和骨盆及四肢骨折
T04.000x001　头和颈挤压伤
T04.100x001　躯干挤压伤
T04.200x001　上肢多处挤压伤
T04.300x001　下肢多处挤压伤
T04.400x001　上肢和下肢多处挤压伤
T04.700x001　胸伴腹和下背及骨盆四肢挤压伤
T04.901　全身性挤压伤
T05.000　双手创伤性切断
T05.100x001　手和对侧臂创伤性切断
T05.200x001　双臂创伤性切断
T05.300　双足创伤性切断
T05.300x002　双足部分创伤性切断
T05.400x001　足和对侧小腿创伤性切断
T05.500x001　双小腿创伤性切断
T05.600x001　上肢和下肢创伤性切断
T05.800x001　胸部创伤性切断
T05.800x002　腹部创伤性切断
T05.900　多处创伤性切断
T06.300x001　多处血管损伤
T06.500x001　胸内器官伴腹内及盆腔器官开放性损伤
T06.500x002　胸内器官伴腹内及盆腔器官损伤
T06.501　多脏器损伤
T07.x00　多处损伤
T09.100　躯干开放性伤口
T09.600　躯干创伤性切断
T09.800　躯干其他特指的损伤
T09.900　躯干损伤
T11.100　上肢开放性伤口
T11.600　上肢创伤性切断
T11.600x001　臂创伤性切断
T13.100　下肢开放性伤口
T13.600　下肢创伤性切断
T14.800　其他损伤
T14.900　损伤
T36.000　青霉素类中毒
T36.100x003　β内酰胺类抗生素中毒
T36.101　头孢类抗菌素中毒
T36.102　先锋霉素中毒
T36.200　氯霉素族中毒
T36.300　大环内酯类中毒
T36.300x001　红霉素中毒
T36.400　四环素类中毒
T36.500　氨基糖苷类中毒
T36.500x003　链霉素中毒
T36.501　丁胺卡那中毒
T36.502　庆大霉素中毒
T36.600　利福霉素类中毒
T36.700　全身性抗真菌性抗生素中毒
T36.800　全身性抗生素中毒，其他的
T36.900　全身性抗生素中毒
T36.900x001　抗生素中毒
T37.000　磺胺类中毒
T37.100　抗分枝杆菌药中毒
T37.100x001　异烟肼中毒
T37.200　抗疟疾和对其他血液原虫有作用的药中毒
T37.300　抗原虫药中毒，其他的
T37.300x001　抗原生动物药中毒
T37.400　驱蠕虫药中毒
T37.500　抗病毒药中毒
T37.800　全身性抗感染药和抗寄生虫药中毒，其他特指的
T37.800x001　羟基喹啉衍生物中毒
T37.900x001　全身性抗感染药中毒
T37.900x002　全身性抗寄生虫药中毒
T38.000　糖［肾上腺］皮质激素类及其合成的类似物中毒
T38.000x001　医源性类固醇性糖尿病
T38.000x002　糖皮质激素类及其合成的类似物中毒
T38.100　甲状腺激素类及其代用品中毒
T38.100x001　甲状腺激素及其衍生物中毒
T38.200　抗甲状腺药中毒
T38.300　胰岛素和口服降血糖［抗糖尿病］药中毒

T38.300x001 医源性高胰岛素血症
T38.300x003 口服抗糖尿病药中毒
T38.301 胰岛素中毒
T38.400 口服避孕药中毒
T38.401 棉酚中毒
T38.500 雌激素和孕激素中毒，其他的
T38.500x001 雌激素中毒
T38.500x002 孕激素中毒
T38.501 己烯雌酚中毒
T38.600 抗促性腺激素药、抗雌激素药、抗雄激素药中毒，不可归类在他处者
T38.600x001 三苯氧胺中毒
T38.700 雄激素类及其促组成代谢的同类药中毒
T38.800x001 垂体前叶激素类中毒
T38.801 激素类及其合成代用品中毒
T38.901 激素类拮抗剂中毒
T39.000 水杨酸盐类中毒
T39.100 4-氨基苯酚衍生物中毒
T39.101 对乙酰氨基酚中毒
T39.200 吡唑啉酮衍生物中毒
T39.200x001 安乃近中毒
T39.201 氨基比林中毒
T39.300 非类固醇性消炎药［NSAID］中毒
T39.300x002 曲马多中毒
T39.300x003 吲哚美辛中毒
T39.400x001 抗风湿药中毒
T39.800 非阿片样镇痛药和解热药中毒，其他的，不可归类在他处者
T39.801 痛可宁中毒
T39.802 山豆根中毒
T39.900 非阿片样镇痛药、解热药和抗风湿药中毒
T39.901 非阿片样镇痛药中毒
T39.902 解热药中毒
T40.400x002 马兜铃（万丈龙）中毒
T40.800 二乙麦角酰胺［LSD］中毒
T40.900x001 南美仙人掌毒碱中毒
T40.900x002 二甲-4-羟色胺中毒
T40.900x003 西洛西宾中毒
T40.901 致幻药中毒
T41.000 吸入性麻醉药中毒
T41.100 静脉内麻醉药中毒
T41.100x002 硫巴比妥盐类中毒
T41.200x002 氯胺酮中毒
T41.201 全身麻醉药中毒
T41.300 局部麻醉药中毒
T41.400 麻醉药中毒
T41.500 治疗性气体中毒
T41.500x001 治疗性氧气中毒
T41.500x003 治疗性二氧化碳中毒
T42.000 乙内酰脲衍生物中毒
T42.001 苯妥英钠中毒
T42.100 亚氨基二苯乙烯类中毒
T42.101 卡马西平中毒
T42.200x001 噁唑烷二铜类中毒
T42.200x002 琥珀酰亚胺类中毒
T42.300 巴比妥盐类中毒
T42.301 苯巴比妥中毒
T42.302 速可眠中毒
T42.400 苯二氮䓬类中毒
T42.401 安定中毒
T42.402 佳静安定中毒
T42.403 舒乐安定中毒
T42.404 利眠宁中毒
T42.405 硝基安定中毒
T42.406 氯氮平中毒
T42.500x001 混合型抗癫痫药中毒
T42.600 镇癫痫药和镇静催眠药中毒，其他的
T42.600x002 佐匹克隆中毒
T42.600x004 丙戊酸钠中毒
T42.600x005 丙戊酸中毒
T42.600x006 苯乙哌啶酮类中毒
T42.601 安眠酮中毒
T42.602 芬那露中毒
T42.700x001 催眠药中毒
T42.700x003 镇静剂中毒
T42.701 镇静催眠药中毒
T42.702 安眠药中毒
T42.800 抗帕金森病药和其他中枢神经系统肌肉张力抑制剂中毒
T42.800x001 抗震颤麻痹药中毒
T42.800x002 中枢神经系统肌肉张力抑制剂中毒
T42.800x003 金刚烷胺中毒
T43.000x002 三环抗抑郁药中毒
T43.000x003 四环抗抑郁药中毒
T43.001 阿米替林中毒
T43.002 多虑平中毒
T43.100 单胺-氧化酶-抑制剂抗抑郁药中毒
T43.200x001 氟西汀中毒
T43.201 抗抑郁药中毒
T43.300 酚噻嗪抗精神病药和精神安定剂中毒

T43.300x001　奋乃静中毒
T43.300x003　酚噻嗪基类安定药中毒
T43.301　非那根中毒
T43.302　氯丙嗪中毒
T43.400x002　丁酰苯中毒
T43.400x003　硫蒽精神安定剂中毒
T43.401　氟哌啶醇中毒
T43.500x001　安宁中毒
T43.500x002　富马酸喹硫平中毒
T43.500x003　碳酸锂中毒
T43.500x004　抗精神病药中毒
T43.500x005　五氟利多中毒
T43.501　抗精神病药和精神安定剂中毒
T43.502　眠尔通中毒
T43.600x004　摇头丸中毒
T43.601　咖啡因中毒
T43.800　对精神有影响的药物中毒，其他的，不可归类在他处者
T43.900　对精神有影响的药物中毒
T44.000　抗胆碱酯酶剂中毒
T44.001　吡啶斯明中毒
T44.100x001　拟副交感神经药中毒
T44.200x001　神经节阻滞药中毒
T44.300　副交感神经抑制剂［抗胆碱能药和抗毒蕈碱药］和解痉药中毒，其他的，不可归类在他处者
T44.301　阿托品中毒
T44.302　莨菪碱类植物中毒
T44.303　安坦中毒
T44.400x001　α肾上腺素能受体显效药中毒
T44.400x002　阿拉明中毒
T44.500x001　β肾上腺素能受体显效药中毒
T44.600x001　α肾上腺素能受体拮抗剂中毒
T44.700x001　β肾上腺素能受体拮抗剂中毒
T44.701　普萘洛尔中毒
T44.800x001　中枢作用和肾上腺素能-神经元-阻滞剂中毒
T44.900x001　α和β肾上腺素能受体药中毒
T44.900x002　麻黄碱中毒
T44.900x003　血管紧张素受体抑制剂中毒
T44.901　主要影响自主神经系统药物中毒
T45.000x001　抗过敏药中毒
T45.001　止吐药中毒
T45.002　胃复安中毒
T45.003　乘晕宁中毒
T45.100　抗肿瘤药和免疫抑制剂中毒
T45.100x001　抗肿瘤性抗生素中毒
T45.100x002　阿糖胞苷中毒
T45.100x003　环孢素中毒
T45.100x004　高氨甲蝶呤血症
T45.101　甲氨蝶呤中毒
T45.102　长春新碱中毒
T45.200x001　维生素类中毒
T45.201　维生素A中毒
T45.202　维生素D中毒
T45.300x001　酶类中毒
T45.400　铁及其化合物中毒
T45.500x002　抗凝血药中毒
T45.501　新抗凝片中毒
T45.600　影响纤维蛋白分解药中毒
T45.700x001　抗凝拮抗剂中毒
T45.700x002　维生素K中毒
T45.700x003　凝血药中毒
T45.800x001　天然血中毒
T45.800x002　血制品中毒
T45.800x003　血浆代用品中毒
T45.900　主要为全身性和血液学制剂中毒
T46.000　心脏兴奋苷和相似作用药中毒
T46.001　地高辛中毒
T46.002　洋地黄中毒
T46.100　钙通道阻滞剂中毒
T46.100x001　异搏定中毒
T46.200x001　抗心律失常药中毒
T46.300x002　冠状血管扩张剂中毒
T46.300x003　潘生丁中毒
T46.301　硝酸甘油中毒
T46.302　依姆多中毒
T46.400　血管紧张素转换酶抑制剂中毒
T46.500x002　胍乙啶中毒
T46.500x003　萝芙木中毒
T46.500x004　利血平中毒
T46.500x005　降压药中毒
T46.501　可乐定中毒
T46.600　抗高脂血症和抗动脉硬化药中毒
T46.600x001　抗动脉硬化药中毒
T46.700　周围血管扩张剂中毒
T46.700x001　复方降压片中毒
T46.700x002　烟酸中毒
T46.800x001　抗静脉曲张药中毒
T46.900x001　乌头碱中毒

T46.901　主要影响心血管系统制剂中毒
T47.000　组胺H2受体拮抗剂中毒
T47.100x001　抗酸药和抗胃分泌药类中毒
T47.200　刺激性轻泻剂中毒
T47.200x002　芦荟中毒
T47.300　盐水和渗透性轻泻剂中毒
T47.300x001　渗透性轻泻剂中毒
T47.400　轻泻剂中毒，其他的
T47.400x001　肠弛缓药中毒
T47.500　助消化药中毒
T47.600　止泻药中毒
T47.700　催吐药中毒
T47.800　主要影响胃肠系统的其他制剂中毒
T47.900　主要影响胃肠系统的制剂中毒
T48.000　催产药中毒
T48.100　骨骼肌松弛剂［神经肌肉阻滞剂］中毒
T48.201　作用于肌肉制剂中毒
T48.300　镇咳剂中毒
T48.400　祛痰剂中毒
T48.500　抗感冒药中毒
T48.600　抗哮喘药中毒，不可归类在他处者
T48.600x002　曼陀罗中毒
T48.600x003　舒喘宁中毒
T48.601　氨茶碱中毒
T48.602　氨氯地平中毒
T48.603　克仑特罗中毒
T48.701　呼吸系统制剂中毒
T49.000　局部抗真菌、抗感染和消炎药中毒，不可归类在他处者
T49.000x003　碘酒中毒
T49.000x005　新洁尔灭中毒
T49.001　甲酚中毒
T49.002　氯化亚汞中毒
T49.003　来苏中毒
T49.100　止痒药中毒
T49.200x001　局部收敛药中毒
T49.201　局部去污剂中毒
T49.300x001　润滑剂中毒
T49.300x002　缓和剂中毒
T49.300x003　胃黏膜保护剂中毒
T49.400x001　角质层分离药中毒
T49.400x002　角质层增生药中毒
T49.400x003　毛发治疗的药物和制剂中毒
T49.500　眼科用药和制剂中毒
T49.600　耳鼻喉科药物和制剂中毒
T49.700x001　口腔科局部药物中毒
T49.800　局部制剂中毒，其他的
T49.800x001　杀精子药中毒
T49.801　化妆品中毒
T49.900　局部制剂中毒
T50.000　盐（肾上腺）皮质激素类及其拮抗剂中毒
T50.100　袢［强效］利尿剂中毒
T50.200　碳酸脱水酶抑制剂、苯并噻二嗪类和其他利尿剂中毒
T50.200x001　乙酰醋胺中毒
T50.200x002　汞利尿药类中毒
T50.300　电解质、热量和水平衡剂中毒
T50.300x001　氯化钾中毒
T50.300x002　口服再水化盐类中毒
T50.400x001　尿酸代谢药中毒
T50.500　食欲抑制剂中毒
T50.600x001　解酒药中毒
T50.600x002　解毒剂中毒
T50.600x003　螯合剂中毒
T50.700x001　兴奋药中毒
T50.700x002　阿片样物质受体拮抗剂中毒
T50.800　诊断性制剂中毒
T50.900　药物、药剂和生物制品中毒，其他和未特指的
T50.900x001　药物中毒
T50.900x002　酸化剂中毒
T50.900x003　碱化剂中毒
T50.900x004　免疫球蛋白中毒
T50.900x005　免疫制剂中毒
T50.900x006　调脂药物中毒
T50.900x007　甲状旁腺激素类中毒
T51.000　乙醇的毒性效应
T51.100　甲醇的毒性效应
T51.200　2-丙醇的毒性效应
T51.200x001　异丙醇中毒
T51.300　杂醇油的毒性效应
T51.300x002　戊基醇中毒
T51.300x003　丁基醇中毒
T51.300x004　丙基醇中毒
T51.800　醇类的毒性效应，其他的
T51.800x001　三氯吡啶醇钠中毒
T51.900　醇的毒性效应
T52.000　石油产品的毒性效应
T52.000x002　石脑油中毒
T52.000x003　煤油中毒

T52.000x004 汽油中毒
T52.000x005 醚中毒
T52.000x006 石油精中毒
T52.101 苯中毒
T52.200 苯同类物的毒性效应
T52.200x002 甲苯中毒
T52.200x003 二甲苯中毒
T52.300 脂肪族二元醇类的毒性效应
T52.400 酮类的毒性效应
T52.800 毒性效应，其他有机溶剂的
T52.800x001 二甲基甲酰胺中毒
T52.800x002 甲醛水溶液中毒
T52.800x003 二氯乙烷中毒
T52.800x004 正己烷中毒
T52.800x005 香蕉水中毒
T52.800x006 硫酸二甲酯中毒
T52.900 有机溶剂的毒性效应
T53.000 四氯化碳的毒性效应
T53.000x002 四氯代甲烷中毒
T53.100 氯仿的毒性效应
T53.100x002 三氯甲烷中毒
T53.200 三氯乙烯的毒性效应
T53.200x002 三氯乙烷中毒
T53.300 四氯乙烯的毒性效应
T53.300x001 全氯乙烯中毒
T53.400 二氯甲烷的毒性效应
T53.500 含氯氟烃类的毒性效应
T53.600 脂环烃的其他卤素衍生物的毒性效应
T53.600x001 氯乙烯中毒
T53.600x002 三氯丙烷中毒
T53.600x003 氯丁二烯中毒
T53.600x004 氯内烯中毒
T53.700 芳香族烃的其他卤素衍生物的毒性效应
T53.700x001 氯酚中毒
T53.900 脂环烃和芳香族烃的卤素衍生物的毒性效应
T54.000 酚及其同类物的毒性效应
T54.000x002 苯酚中毒
T54.100 腐蚀性有机化合物的毒性效应，其他的
T54.201 硫酸中毒
T54.202 酸性物质中毒
T54.203 亚硝酸中毒
T54.300 腐蚀性碱和碱样物质的毒性效应
T54.300x002 氢氧化钾毒性效应
T54.300x003 氢氧化钠毒性效应
T54.301 苛性碱中毒
T54.900 腐蚀性物质的毒性效应
T54.900x002 卤水中毒
T55.x00x001 皂类中毒
T55.x00x002 清洁剂中毒
T55.x00x003 洗涤剂中毒
T56.000x002 铅化合物中毒
T56.000x003 四乙基铅中毒
T56.001 铅中毒
T56.100x002 汞化合物中毒
T56.101 汞中毒
T56.200x001 铬中毒
T56.200x002 铬化合物中毒
T56.300x001 镉中毒
T56.300x002 镉化合物中毒
T56.400x002 铜化合物中毒
T56.401 铜中毒
T56.500x001 锌中毒
T56.500x002 锌化合物中毒
T56.600x001 锡中毒
T56.600x002 锡化合物中毒
T56.700 铍及其化合物的毒性效应
T56.700x002 铍化合物中毒
T56.800 金属的毒性效应，其他的
T56.800x001 钒中毒
T56.800x002 钒化合物中毒
T56.800x003 铀中毒
T56.800x004 铀化合物中毒
T56.800x005 羰基镍中毒
T56.800x006 铟中毒
T56.800x007 铟化合物中毒
T56.800x008 铈中毒
T56.801 铊中毒
T56.900 金属的毒性效应
T56.900x002 金属烟热
T56.900x003 金属蒸气中毒
T57.000x001 砷中毒
T57.000x002 砷化合物中毒
T57.000x003 砷化氢中毒
T57.100x001 磷中毒
T57.100x002 磷化合物中毒
T57.100x003 磷化氢中毒
T57.100x004 磷化锌中毒
T57.100x005 磷化铝中毒
T57.200x001 锰中毒

T57.200x002　锰化合物中毒
T57.300　氰化氢的毒性效应
T57.800　无机物质的毒性效应，其他特指的
T57.800x002　钡化合物中毒
T57.800x003　钡中毒
T57.900　无机物的毒性效应
T58.x00　一氧化碳的毒性效应
T59.000　氧化氮类的毒性效应
T59.000x001　氮气中毒
T59.100　二氧化硫的毒性效应
T59.101　烟雾中毒
T59.200　甲醛的毒性效应
T59.300　催泪气体的毒性效应
T59.401　氯气中毒
T59.500x001　氟气中毒
T59.500x002　氟化合物中毒
T59.601　硫化氢中毒
T59.700　二氧化碳的毒性效应
T59.800　气体、烟雾和蒸气的毒性效应，其他特指的
T59.800x001　沼气中毒
T59.800x002　液化石油气中毒
T59.800x004　天然气中毒
T59.800x005　溴甲烷中毒
T59.800x006　芥子气中毒
T59.800x007　光气中毒
T59.800x008　一甲胺中毒
T59.800x009　溴丙烷中毒
T59.800x010　环氧乙烷中毒
T59.801　氨气中毒
T59.802　液化气中毒
T59.803　总烃油蒸气中毒
T59.900　气体、烟雾和蒸气的毒性效应
T59.900x001　刺激性气体中毒
T59.900x002　气雾剂中毒
T59.900x003　挥发剂中毒
T59.900x004　混合性气体中毒
T59.900x005　窒息性气体中毒
T60.000x003　辛硫磷中毒
T60.000x004　氨基甲酸酯杀虫剂中毒
T60.001　有机磷中毒
T60.002　敌敌畏中毒
T60.100　卤化杀虫剂的毒性效应
T60.101　溴氰菊酯中毒
T60.200　杀虫剂的毒性效应，其他未特指的
T60.200x001　杀蟑螂药中毒
T60.300x001　除莠剂中毒
T60.300x002　杀真菌药中毒
T60.300x003　氯乙酸中毒
T60.400　杀啮齿类剂的毒性效应
T60.401　杀鼠剂中毒
T60.800　农作物杀虫剂的毒性效应，其他的
T60.900　杀虫剂的毒性效应
T60.900x002　农药中毒
T60.900x003　木材防腐剂中毒
T61.000　鱼肉中毒
T61.001　鱼胆中毒
T61.100　鲭亚目鱼中毒
T61.100x002　组织胺样综合征
T61.200x001　鱼类中毒
T61.200x003　贝类中毒
T61.201　河豚中毒
T61.800　海产品的毒性效应，其他的
T61.900　海产品的毒性效应
T62.000x001　蘑菇类中毒
T62.000x002　蕈类中毒
T62.001　食入毒蘑菇中毒
T62.002　牛肝菌中毒
T62.100x001　浆果类中毒
T62.200x002　蓖麻子中毒
T62.200x003　植物类中毒
T62.202　龙葵果中毒
T62.800　摄入食物中其他特指有害物质的毒性效应
T62.800x002　亚硝酸盐中毒
T62.801　苦杏仁中毒
T62.802　扁豆中毒
T62.900x002　食物中毒
T63.000　蛇毒液的毒性效应
T63.001　毒蛇咬伤
T63.100　爬行动物类毒液的毒性效应，其他的
T63.100x001　蜥蜴毒液中毒
T63.200　蝎子毒液的毒性效应
T63.300　蜘蛛毒液的毒性效应
T63.400　节肢动物的毒液的毒性效应，其他的
T63.400x002　有毒昆虫咬伤
T63.400x003　有毒昆虫螫伤
T63.400x004　白蛉叮咬
T63.401　蜂蜇伤
T63.402　节肢动物咬伤
T63.500x001　接触鱼后中毒

T63.600x001　接触海蜇后中毒
T63.600x002　接触海葵后中毒
T63.600x003　接触水生贝壳类动物后中毒
T63.600x004　接触海生动物后中毒
T63.600x005　接触海星后中毒
T63.800x001　两栖动物毒液中毒
T63.900　与有毒动物接触的毒性效应
T64.x00x001　黄曲霉毒素中毒
T64.x00x002　真菌毒素污染食物毒性效应
T64.x01　其他真菌毒素污染食物毒性效应
T64.x02　黄曲霉毒素污染食物的毒性效应
T65.000　氰化物的毒性效应
T65.100　士的年及其盐类的毒性效应
T65.200x001　烟草中毒
T65.200x002　尼古丁中毒
T65.300　苯及其同类物的氮衍生物和胺衍生物的毒性效应
T65.300x001　苯胺中毒
T65.300x002　硝基苯中毒
T65.300x003　三硝基甲苯中毒
T65.300x004　硝基化合物中毒
T65.400　二硫化碳的毒性效应
T65.500x001　硝基甘油醇中毒
T65.500x002　三硝酸甘油中毒
T65.501　特指硝酸及酯类毒性效应
T65.600x001　清漆中毒
T65.600x002　油漆中毒
T65.600x003　染料中毒
T65.800　物质的毒性效应，其他特指
T65.800x002　染发液中毒
T65.800x003　高锰酸钾中毒
T65.800x004　偏二甲基肼中毒
T65.800x005　消毒剂中毒
T65.800x006　丙烯酰胺中毒
T65.800x007　碘甲烷中毒
T65.801　加湿器消毒剂中毒
T65.900　物质的毒性效应
T65.900x001　防冻液中毒
T65.901+F02.8*　中毒性痴呆
T66.x00x001　放射病
T66.x00x002　职业性放射性疾病
T66.x01　放射性损伤
T67.000x001　热射病
T67.000x002　热卒中
T67.001　热性发热
T67.002　日射病
T67.100　热性晕厥
T67.100x002　热性虚脱
T67.200　中暑痉挛
T67.300　脱水性中暑衰竭
T67.300x001　中暑脱水
T67.300x002　脱水性中暑虚脱
T67.400　盐缺失引起的中暑衰竭
T67.400x001　盐缺失性中暑虚脱
T67.500　中暑衰竭
T67.500x001　中暑虚脱
T67.600　短暂性中暑疲劳
T67.700　中暑水肿
T67.800　热和光的其他效应
T67.900　热和光的效应
T67.901　中暑
T68.x00　低体温
T69.000x001　浸泡手
T69.000x002　浸泡足
T69.000x003　战壕足
T69.000x004　打猎反应
T69.100　冻疮
T69.100x002　耳廓冻疮
T69.100x003　足部冻疮
T69.100x004　面部冻疮
T69.100x005　手部冻疮
T69.800x001　皲裂
T69.800x002　手部皲裂
T69.800x003　足部皲裂
T70.200x005　气压伤
T70.200x006　阿尔卑斯山病
T70.201　高原性肺水肿
T70.202　高原性高血压
T70.204　高山病
T70.205　航空病
T70.206　飞行员病（由于飞行气压改变引起的）
T70.207　高海拔效应
T70.300　潜水员病［减压病］
T70.300x002　潜水员瘫痪
T70.300x004　潜水员麻痹
T70.800　气压和水压的其他效应
T70.800x001　冲击波损伤综合征
T71.x00　外因性窒息
T71.x00x001　缺氧性窒息
T71.x00x002　创伤性窒息

T71.x00x003　绞窄性窒息
T71.x00x004　机械性窒息
T73.000　饥饿效应
T73.000x001　绝食
T74.000x001　被忽视综合征
T74.000x002　被遗弃综合征
T74.100　躯体虐待
T74.100x001　幼儿受虐综合征
T74.100x002　儿童受虐综合征
T74.100x003　配偶受虐综合征
T74.200　性虐待
T74.300　心理上的虐待
T74.800x001　混合型虐待综合征
T74.900x001　虐待成人综合征
T74.900x002　虐待儿童综合征
T75.000　雷电效应
T75.000x001　雷击
T75.000x002　雷电休克
T75.100　淹死和非致命性溺水
T75.100x001　溺水
T75.100x002　游泳者痉挛
T75.101　溺水性肺水肿
T75.200x001　气锤综合征
T75.200x002　亚声波眩晕
T75.200x003　创伤性血管痉挛综合征
T75.200x004　局部振动病
T75.200x005　手臂振动病
T75.300　晕动病
T75.300x002　空晕病［晕机病］
T75.300x003　晕船病
T75.300x004　晕车病
T75.400　电流效应
T75.400x001　电击伤
T75.800x001　异常重力效应
T75.800x002　失重效应
T76.x00　外部原因未特指的影响
T78.000　有害食物反应引起的过敏性休克
T78.101　牛奶过敏反应
T78.102　食物过敏
T78.200　过敏性休克
T78.201　赫克斯海默反应
T78.300　血管神经性水肿
T78.300x003　耳廓血管神经性反应
T78.300x004　巨大荨麻疹
T78.301　急性特发性水肿
T78.400　变态反应
T78.400x002　过敏反应
T78.800　有害效应，其他不可归类在他处者
T79.000　空气栓塞（创伤性）
T79.201　创伤性复发性出血
T79.202　创伤性继发性出血
T79.400　创伤性休克
T79.501　挤压综合征
T79.800x001　创伤性脂肪液化
T79.800x003　创伤性指坏死
T79.800x004　创伤性头皮坏死
T79.800x005　创伤性凝血病
T79.900　创伤的早期并发症
T80.100x001　输注后血栓性静脉炎
T80.100x002　输注后静脉炎
T80.200x003　治疗性注射后脓毒症性休克
T80.300　ABO血型不配合性反应
T80.300x001　血型不配合性输血
T80.400　Rh不配合性反应
T80.500　血清引起的过敏性休克
T80.500x001　血清过敏反应
T80.600x004　血清性皮疹
T80.600x005　血清中毒
T80.600x006　蛋白质过敏病
T80.601　血清病
T80.602　血清病样反应
T80.603　血清反应性荨麻疹
T80.604　血清性药疹
T80.900　输注、输血和治疗性注射后的并发症
T80.900x003　输注反应
T80.901　输液反应
T80.902　血液透析并发症
T80.903　输血反应
T81.000x001　操作后出血
T81.000x002　操作后颅内血肿
T81.000x004　操作后胸腔出血
T81.000x005　操作后扁桃体出血
T81.000x009　操作后血肿
T81.000x010　操作后阴道残端出血
T81.000x011　操作后膀胱出血
T81.000x013　操作后腹腔出血
T81.000x014　操作后前列腺出血
T81.000x018　操作后腹壁出血
T81.000x019　操作后腹腔血肿
T81.000x020　操作后肛门出血

T81.000x021　操作后宫颈出血
T81.000x022　操作后尿道出血
T81.000x023　操作后切口出血
T81.000x024　操作后眼底出血
T81.000x026　动静脉瘘破裂出血
T81.000x027　操作后眼前房出血
T81.000x028　操作后视网膜出血
T81.000x029　操作后鼻出血
T81.000x030　操作后咽出血
T81.000x031　操作后甲状腺出血
T81.000x032　操作中肺出血
T81.000x033　操作后胃出血
T81.000x034　操作后胃吻合口出血
T81.000x035　操作后胆管出血
T81.000x036　操作后胆囊出血
T81.000x037　操作后盆腔出血
T81.000x038　操作后肾出血
T81.000x039　肠造口出血
T81.000x041　操作后肝出血
T81.000x042　操作后胰腺出血
T81.001　手术后硬脑膜外出血
T81.002　手术后眼前房出血
T81.003　手术后视网膜出血
T81.004　手术后鼻出血
T81.005　手术后扁桃体出血
T81.006　手术后咽出血
T81.007　手术后甲状腺出血
T81.008　手术后胸腔出血
T81.009　手术中肺出血
T81.010　手术后腹腔出血
T81.011　手术后胃出血
T81.012　手术后胃吻合口出血
T81.013　手术后胆管出血
T81.014　手术后胆囊出血
T81.015　手术后肠出血
T81.016　手术后肠吻合口出血
T81.017　手术后盆腔出血
T81.018　手术后肾出血
T81.019　手术后膀胱出血
T81.020　手术后尿道出血
T81.021　手术后前列腺出血
T81.022　手术后伤口出血
T81.023　手术后颅内血肿
T81.024　手术后切口血肿
T81.025　操作后十二指肠乳头出血
T81.026　操作后肠出血
T81.027　拔牙创口出血
T81.028　食管静脉曲张术后出血
T81.029　结肠造口出血
T81.030　膀胱造口出血
T81.031　治疗后宫颈出血
T81.032　肾穿刺后血肿
T81.033　血管穿刺后血肿
T81.034　手术后肝出血
T81.035　手术后子宫出血
T81.036　手术后胰腺出血
T81.101　操作中休克
T81.102　手术后休克
T81.200x001　操作中意外损伤
T81.200x002　操作中膀胱损伤
T81.200x005　操作中肠损伤
T81.200x009　操作中肌腱损伤
T81.200x010　操作中血管损伤
T81.200x012　操作中器官损伤
T81.200x013　操作中食管损伤
T81.200x014　操作中心脏损伤
T81.200x015　操作中胃损伤
T81.200x016　操作中子宫损伤
T81.200x017　操作中胆总管损伤
T81.201　食管穿孔，操作中
T81.202　心脏穿孔，操作中
T81.203　胃穿孔，操作中
T81.204　肠穿孔，操作中
T81.205　子宫穿孔，操作中
T81.206　胆总管断裂，操作中
T81.207　膀胱撕裂，操作中
T81.208　肌腱断裂，操作中
T81.209　动脉破裂，操作中
T81.210　血管破裂，操作中
T81.211　胸腔损伤，操作中
T81.212　胸导管损伤，操作中
T81.213　胆管损伤，操作中
T81.214　输尿管损伤，操作中
T81.215　阴道损伤，操作中
T81.216　静脉损伤，操作中
T81.217　神经损伤，操作中
T81.218　气胸，操作中
T81.219　尿道损伤，操作中
T81.220　喉损伤，操作中
T81.221　肺损伤，操作中

T81.301 手术后伤口裂开
T81.400x007 操作后口腔感染
T81.400x008 操作后耳部感染
T81.400x010 操作后胆道感染
T81.400x011 操作后膝关节感染
T81.400x012 操作后腹壁感染
T81.400x013 操作后腹腔感染
T81.400x014 操作后盆腔感染
T81.407 手术后腹壁脓肿
T81.408 手术后腹内脓肿
T81.409 手术后盆腔脓肿
T81.411 手术后脓毒症
T81.412 手术后发热
T81.500x001 操作后子宫内残留异物
T81.500x002 操作后伤口内残留异物
T81.500x006 操作后血管内残留异物
T81.500x007 操作后残留异物
T81.501 手术后腹内异物遗留
T81.502 手术后吻合口缝线残留
T81.503 手术后子宫内异物遗留
T81.504 手术切口异物肉芽肿
T81.505 手术切口异物遗留
T81.600x001 操作中残留异物反应
T81.700x106 经皮球囊扩瓣术后冠状动脉撕裂
T81.700x107 经皮球囊扩瓣术后冠状动脉穿孔
T81.700x108 经皮球囊扩瓣术后冠状动脉急性闭塞
T81.700x206 射频消融术后冠状动脉撕裂
T81.700x207 射频消融术后冠状动脉穿孔
T81.700x208 射频消融术后冠状动脉急性闭塞
T81.700x305 心导管检查术后冠状动脉撕裂
T81.700x306 心导管检查术后冠状动脉穿孔
T81.700x307 心导管检查术后冠状动脉急性闭塞
T81.700x406 心导管造影术后冠状动脉撕裂
T81.700x407 心导管造影术后冠状动脉穿孔
T81.700x408 心导管造影术后冠状动脉急性闭塞
T81.800x001 操作后窦道
T81.800x002 操作后瘘
T81.800x003 操作后皮下气肿
T81.800x004 操作后积液
T81.800x005 操作后伤口肉芽肿
T81.800x017 手术后切口愈合不良
T81.801 开颅术后窦道形成
T81.805 动脉导管结扎手术后残余漏
T81.806 手术后腹痛
T81.807 手术后皮下瘘
T81.808 手术后伤口肉芽肿
T81.809 手术后皮下气肿
T81.810 手术后伤口持续性瘘
T81.811 手术后伤口愈合不良
T81.812 手术后伤口脂肪液化
T81.813 手术后皮肤坏死
T81.900 操作的并发症
T83.900 泌尿生殖系假体装置、植入物和移植物的并发症
T85.500 胃肠道假体装置、植入物和移植物的机械性并发症
T85.500x001 胆管假体引起的机械性并发症
T85.500x002 食管抗反流装置引起的机械性并发症
T85.500x003 胃肠道植入物引起的机械性并发症
T85.501 胆总管内支架脱出
T85.600 内部假体装置、植入物和移植物，其他特指的机械性并发症
T85.600x001 硬膜外和硬膜下输注导管引起的机械性并发症
T85.600x003 不可吸收性手术材料引起的机械性并发症
T85.600x004 永久性缝线引起的机械性并发症
T85.600x006 MEDPOR假体外露
T85.600x007 扩张器外露
T85.600x008 扩张器渗液
T85.600x009 扩张器破裂
T85.600x010 腹腔化疗泵外露
T85.601 人工耳蜗松动
T85.602 人工听骨移位
T85.603 鼓膜置管移位
T85.604 外耳道支架短缩
T85.609 腹膜透析管移位
T85.610 腹膜透析管阻塞
T85.611 腹膜透析管并发症
T85.700 假体装置、植入物和移植物引起的感染和炎症性反应，其他内部的
T85.704 巩膜硅胶带环扎植入感染
T85.705 人工耳蜗植入感染
T85.800x801 扩张器植入术后皮瓣破裂
T85.800x803 植入物脱出
T85.803 支架植入后出血
T85.900 内部假体装置、植入物和移植物的并发症
T85.901 腹膜透析装置并发症

T86.800x805　骨移植失败
T86.800x807　肠移植失败
T86.800x808　肠移植排斥
T86.800x809　皮肤移植失败
T86.800x813　皮瓣移植失败
T86.800x814　皮瓣移植排斥
T86.805　移植骨排斥反应
T86.806　移植皮肤排斥反应
T86.808　移植皮瓣坏死
T88.100x002　免疫接种后皮疹
T88.101　疫苗接种反应
T88.102　免疫接种后反应
T88.200　麻醉引起的休克
T88.300　麻醉引起的恶性高热
T88.400x001　插管失败
T88.400x002　插管困难
T88.500x001　麻醉后低体温
T88.501　麻醉意外
T88.600　适当应用正确药物或药剂的有害效应引起的过敏性休克
T88.601　药物过敏性休克
T88.700　药物和药剂的有害效应
T88.700x002　药物不良反应
T88.700x003　避孕药药物反应
T88.700x004　药物超敏综合征
T88.700x007　氨茶碱药物反应
T88.700x010　氨基糖甙类抗菌素药物反应
T88.700x012　苯妥英钠药物反应
T88.700x014　草酸爱司西酞普兰药物反应
T88.701　药物过敏反应
T88.702　类固醇激素并发症
T88.703　维甲酸综合征
T88.800　手术和医疗其他特指的并发症，不可归类在他处者
T88.800x001　医源性脊髓损伤
T88.900　手术和医疗的并发症
T97.x00x001　非药用物质毒性效应的后遗症
T98.100　外因的其他和未特指效应的后遗症
T98.100x001　电击伤后遗症
T98.200x011　开放性损伤伴异物
T98.200x033　开放性损伤愈合不良
T98.300x002　眼植入物暴露的后遗症
T98.300x003　手术后坐骨神经损伤的后遗症
T98.300x004　手术后心脏异物残留的后遗症
T98.300x005　人工耳蜗植入后电极脱出的后遗症
T98.300x006　手术后颌骨异物残留的后遗症

VB1　损伤的皮肤移植

包含以下主要手术或操作：
21.8300x001　臂部皮瓣鼻再造术
21.8301　额部皮瓣鼻重建术
21.8302　前臂皮瓣鼻重建术
85.8200　中厚皮片移植至乳房
85.8300　全层皮片移植至乳房
85.8400　带蒂皮瓣移植至乳房
85.8500　肌瓣移植至乳房
86.5100　头皮再植术
86.6101　手全厚皮片游离移植术
86.6200x002　指皮肤游离移植术
86.6201　手中厚皮片游离移植术
86.6202　手刃厚皮片游离移植术
86.6300x001　腹部全厚皮片移植术
86.6301　头面颈全厚皮片移植术
86.6302　躯干全厚皮片移植术
86.6303　上肢全厚皮片移植术
86.6304　下肢全厚皮片移植术
86.6501　猪皮移植术
86.6601　同种皮片移植术
86.6701　脱细胞异体真皮植皮术
86.6702　人工皮肤移植术
86.6900x010　全厚皮片移植术
86.6901　刃厚皮片移植术
86.6902　中厚皮片移植术
86.6903　头面颈部植皮术
86.6904　躯干部植皮术
86.6905　上肢植皮术
86.6906　下肢植皮术
86.7100x009　皮瓣预制术
86.7101　带蒂皮瓣断蒂术
86.7102　皮管成形术
86.7103　带蒂皮瓣延迟术
86.7104　腹部埋藏皮瓣术
86.7105　带蒂皮瓣制备术
86.7200x001　带蒂皮瓣迁徙术
86.7300x003　手带蒂皮瓣移植术
86.7300x004　手游离皮瓣移植术
86.7301　邻指皮瓣术
86.7302　鱼际皮瓣术
86.7303　指蹼成形术
86.7400x026　带蒂皮瓣移植术

86.7400x031　筋膜皮瓣移植术
86.7400x032　皮下蒂皮瓣移植术
86.7400x033　岛状皮瓣移植术
86.7400x034　肌皮瓣游离移植术
86.7400x035　腓动脉穿支腓骨皮瓣游离移植修复
86.7400x036　带血管化腓骨肌皮瓣移植术
86.7400x037　腓骨肌皮瓣移植术
86.7400x038　腹股沟皮瓣转移术
86.7400x039　二级串联游离植皮术
86.7400x040　岛状皮瓣转移术
86.7400x041　皮下筋膜瓣术
86.7400x042　游离脂肪瓣移植术
86.7401　前徙皮瓣移植术
86.7402　滑动皮瓣移植术
86.7403　双带蒂皮瓣移植术
86.7404　旋转皮瓣移植术
86.7405　管状皮瓣移植术
86.7407　颌面局部皮瓣转移术
86.7500x001　带蒂皮瓣修整术
86.7500x010　带蒂皮瓣去脂术
86.7500x011　邻近皮瓣修复术
86.7500x012　皮瓣探查术
86.7501　皮瓣清创术
86.7502　皮瓣去脂术
86.7503　皮瓣修整术
86.7504　复杂性皮瓣、肌皮瓣、超薄皮瓣修复术
86.9301　皮肤扩张器植入术
86.9302　皮肤扩张器调整术
86.9303　头皮扩张器植入术
86.9305　肢体皮肤扩张器植入术
86.9306　躯干皮肤扩张器植入术

VC1　与损伤有关的清创术

包含以下主要手术或操作：
21.9900x002　鼻清创术
21.9900x005　鼻腔缩窄术
21.9901　鼻腔扩张术
21.9902　鼻植入物取出术
79.6100　肱骨开放性骨折部位的清创术
79.6201　桡骨开放性骨折清创术
79.6202　尺骨开放性骨折清创术
79.6301　腕骨开放性骨折清创术
79.6302　掌骨开放性骨折清创术
79.6400　手指开放性骨折部位的清创术
79.6500　股骨开放性骨折部位的清创术
79.6601　胫骨开放性骨折清创术
79.6602　腓骨开放性骨折清创术
79.6701　跗骨开放性骨折清创术
79.6702　跖骨开放性骨折清创术
79.6800　趾开放性骨折部位的清创术
79.6900x002　髌骨开放性骨折清创术
79.6901　锁骨开放性骨折清创术
83.4500x001　肌肉切除术
83.4501　肌肉清创术
83.4502　斜角肌切除术
86.2200x011　皮肤和皮下坏死组织切除清创术
86.2201　皮肤伤口切除性清创术
86.2202　焦痂切除术

VJ1　其他损伤的手术

包含以下主要手术或操作：
00.0300　周围血管治疗性超声
00.5601　植入型压力传感器与导线的置入，用于心内或大血管血液动力学监测
00.6200x005　经皮大脑中动脉球囊扩张成形术
00.6201　经皮基底动脉球囊扩张成形术
00.6202　经皮交通动脉血管球囊扩张成形术
00.6600x004　经皮冠状动脉球囊扩张成形术
00.7000x001　全髋关节假体翻修术
00.8000x001　全膝关节假体翻修术
00.8100x001　膝关节胫骨假体翻修术
00.8500x001　全髋关节表面置换术
00.8600x001　股骨头表面置换术
00.8700x001　髋臼表面置换术
01.0900x002　脑室穿刺术
01.0900x004　硬脑膜下腔穿刺抽吸术
01.0900x007　立体定向颅内血肿穿刺引流术
01.0900x008　脑脓肿穿刺引流术
01.0900x009　脑室钻孔引流术
01.0901　颅内穿刺引流术
01.1000x001　颅压监护探极置入术
01.1500　颅骨活组织检查
01.1800x002　神经内镜检查术
01.2400x005　开颅探查术
01.2400x013　硬脑膜外血肿清除术
01.2401　颅后窝血肿清除术
01.2402　颅骨切开引流术
01.2403　延髓前方减压术
01.2404　环枕减压术
01.2405　硬膜外脓肿清除术

01.2406　神经内镜下环枕减压术
01.2407　颅骨钻孔探查术
01.2408　颅内血肿清除术
01.2409　颅骨钻孔引流术
01.2410　颞肌下减压术
01.2411　颅骨切开减压术
01.2413　颅骨去骨瓣减压术
01.2414　颅骨钻孔减压术
01.2415　颅骨切开异物取出术
01.2500x003　颅骨清创术
01.2503　颅骨部分切除术
01.2504　颅骨死骨切除术
01.3101　脑膜切开伴蛛网膜下腔血肿引流术
01.3104　脑膜切开伴硬脑膜下腔血肿清除术
01.3105　硬脑膜下切开引流术
01.3107　脑膜切开引流术
01.3108　硬脑膜下钻孔引流术
01.3206　颅内立体定向双侧扣带回毁损术
01.3900x009　脑内血肿清除术
01.3902　脑室切开引流术
01.3904　经颞叶脑血肿清除术
01.3905　脑立体定向血肿碎吸术
01.3907　脑切开异物取出术
01.5301　脑叶次全切除术
01.5303　颞叶切除术
01.5900x053　经皮脑病损冷冻消融术
01.5900x054　经皮脑病损激光消融术（映射）
01.5901　脑病损切除术
01.5902　鞍区病损切除术
01.5903　侧脑室病损切除术
01.5909　额叶病损切除术
01.5911　经额脑病损切除术
01.5913　颞叶病损切除术
01.5915　经颞脑病损切除术
01.5925　脑清创术
01.6x00　颅骨病损的切除术
02.0202　颅骨骨折清创术
02.0203　颅骨骨折复位术
02.0300x001　颅骨骨瓣修补术
02.0501　颅骨钛板置换术
02.0502　颅骨钛板置入术
02.0503　颅骨钛网置入术
02.0504　颅骨金属板置入术
02.0505　颅骨金属板置换术
02.0600x003　颅骨修补术
02.0700　颅骨（金属）板去除
02.1100x001　硬脑膜缝合术
02.1203　脑脊液漏修补术
02.1204　脑脊液鼻漏修补术
02.1205　脑脊液耳漏修补术
02.1206　脑脊液切口漏修补术
02.1208　内镜下脑脊液鼻漏修补术
02.1209　硬脑膜补片修补术
02.2101　脑室外引流［EVD］装置置入术
02.2102　脑室外引流［EVD］装置置换术
02.3400x002　脑室-腹腔分流术
02.3901　脑室骨髓分流术
02.4102　脑室分流管探查术
02.4202　脑室分流管修正术
02.4302　脑室Ommaya泵去除术
02.9301　颅内神经刺激器植入术
02.9302　颅内神经刺激器置换术
02.9303　脑深部电极置入术
02.9304　丘脑底核电极刺激器置入术
03.0100x001　椎管内异物去除术
03.0200　椎板切除术部位再切开
03.0900x003　颈椎后路单开门椎管减压术
03.0900x004　颈椎后路双开门椎管减压术
03.0900x005　颈椎前路椎管减压术
03.0900x006　腰椎椎板切除减压术
03.0900x007　胸椎椎板切除减压术
03.0900x010　椎管减压术
03.0900x016　椎间孔切开术
03.0901　椎管探查术
03.0904　椎间孔减压术
03.0909　椎管扩大成形术，单开门
03.0910　椎管扩大成形术，双开门
03.0911　椎板切开减压术
03.0912　椎板切除减压术
03.3100x001　腰大池引流术
03.4x00x002　脊髓病损栓塞术
03.4x03　脊髓病损切除术
03.5300x001　脊椎骨折复位术
03.5301　脊椎骨折切开复位内固定术
03.5302　颈椎骨折切开复位内固定术
03.5304　胸椎骨折切开复位内固定术
03.5305　腰椎骨折切开复位内固定术
03.5900x005　硬脊膜修补术
03.5902　脊髓纵裂修补术
03.5903　脊膜修补术

03.7100　脊髓蛛网膜下-腹腔分流术
03.7101　脊髓空洞腹腔引流术
03.9000x001　连续硬膜外阻滞术
03.9202　脊髓鞘内注射
04.0304　周围神经切断术
04.0305　指神经切断术
04.0306　趾神经切断术
04.0400x029　胸背神经探查术
04.0401　面神经解剖术
04.0402　颅神经探查术
04.0404　面神经探查术
04.0405　喉返神经探查术
04.0408　周围神经探查术
04.0410　臂丛神经探查术
04.0413　膈神经探查术
04.0414　坐骨神经探查术
04.0415　腋神经探查术
04.0416　肌皮神经探查术
04.0418　正中神经探查术
04.0419　尺神经探查术
04.0420　桡神经探查术
04.0421　指神经探查术
04.0422　肋间神经探查术
04.0423　股神经探查术
04.0424　胫神经探查术
04.0425　腓总神经探查术
04.0426　足底神经探查术
04.0710　面神经病损切除术
04.2x00x017　内囊前肢毁损术
04.2x01　颅神经破坏术
04.3x00x012　臂丛神经上、中、下干缝合术
04.3x00x017　腓肠神经吻合术
04.3x00x019　下颌神经吻合术
04.3x00x020　隐神经吻合术
04.3x00x023　马尾神经缝合术
04.3x00x024　皮神经缝合术
04.3x00x026　腓总神经吻合术
04.3x01　颅神经缝合术
04.3x02　面神经缝合术
04.3x03　迷走神经缝合术
04.3x05　周围神经缝合术
04.3x06　臂丛神经缝合术
04.3x09　肌皮神经缝合术
04.3x10　正中神经缝合术
04.3x11　尺神经缝合术
04.3x12　桡神经缝合术
04.3x13　指神经缝合术
04.3x14　闭孔神经缝合术
04.3x15　坐骨神经缝合术
04.3x16　股神经缝合术
04.3x17　胫神经缝合术
04.3x18　腓神经缝合术
04.4203　面神经减压术
04.4208　舌咽神经减压术
04.4213　副神经减压术
04.4300　腕管松解术
04.4900x042　周围神经松解术
04.4901　臂丛神经松解术
04.4902　舌神经根松解术
04.4903　神经根管松解术
04.4905　骶神经松解术
04.4906　马尾神经松解术
04.4907　正中神经松解术
04.4908　尺神经松解术
04.4909　桡神经松解术
04.4910　指神经松解术
04.4911　坐骨神经松解术
04.4913　股神经松解术
04.4915　腓总神经松解术
04.4916　腓神经松解术
04.4917　足神经松解术
04.4919　趾间神经松解术
04.5x00x025　异体神经移植修复臂丛神经术
04.5x00x026　异体神经移植修复肌皮神经术
04.5x00x027　异体神经移植修复正中神经术
04.5x00x028　异体神经移植修复桡神经术
04.5x00x029　异体神经移植修复尺神经术
04.5x00x030　异体神经移植修复坐骨神经术
04.5x00x031　异体神经移植修复股神经术
04.5x00x032　异体神经移植修复胫神经术
04.5x00x033　异体神经移植修复腓总神经术
04.5x02　臂丛神经移植术
04.5x03　正中神经移植术
04.5x06　指神经移植术
04.5x10　腓肠神经移植术
04.6x00x014　尺神经前移术
04.6x00x019　正中神经部分神经束移位术
04.6x05　健侧颈7神经移位术
04.6x08　正中神经移位术
04.6x10　尺神经移位术

04.6x11　指神经移位术
04.7401　颅神经吻合术
04.7402　面神经吻合术
04.7403　面神经膈神经吻合术
04.7404　舌下神经吻合术
04.7405　牙槽神经吻合术
04.7406　迷走神经吻合术
04.7407　周围神经吻合术
04.7408　指神经吻合术
04.7409　尺神经吻合术
04.7410　桡神经吻合术
04.7411　臂丛神经吻合术
04.7412　正中神经吻合术
04.7413　肌皮神经吻合术
04.7414　闭孔神经吻合术
04.7415　坐骨神经吻合术
04.7416　股神经吻合术
04.7417　胫神经吻合术
04.7418　腓神经吻合术
04.7500x003　正中神经调整术
04.7501　颅神经修复术
04.7502　周围神经修复术
04.7503　正中神经修复术
04.7601　尺神经延迟修补术
04.7603　皮神经延迟修补术
05.0x00x001　交感神经切断术
05.2300x006　经皮腹腔神经丛射频消融术
05.2300x007　腹膜后无水酒精神经阻滞术
05.3101　腹腔无水酒精神经阻滞术
06.0200x001　甲状腺术后切开探查术
06.0201　甲状腺术后止血术
06.0900x004　颈部探查术
06.0901　甲状腺切开探查术
06.3905　甲状腺峡部切除术
06.3906　甲状腺峡部部分切除术
06.7x00x003　甲状舌管瘘闭合术
06.7x01　甲状舌管病损切除术
06.7x02　甲状舌管瘘切除术
07.6100x003　经额垂体漏斗部切除术
07.7200x002　经蝶骨垂体探查术
07.8000　胸腺切除术
07.8001　胸腔镜下胸腺切除术
07.8100　胸腺部分切除术
07.8100x009　CT引导下胸腺病损射频消融术
07.8201　胸腺扩大切除术
07.8300　胸腔镜下胸腺部分切除术
07.8300x002　胸腔镜下胸腺病损切除术
07.8400　胸腔镜下胸腺全部切除术
07.8401　胸腔镜下胸腺扩大切除术
07.9100　胸腺区探查术
07.9200x001　胸腺切开探查术
07.9300　胸腺修补术
07.9400　胸腺移植术
07.9500　胸腔镜下胸腺切开术
07.9800　胸腺其他和未特指的胸腔镜手术
07.9901　胸腺固定术
08.2000x006　眼睑病损切除术
08.2000x009　眼睑皮肤和皮下坏死组织切除清创术
08.2001　眉部病损切除术
08.2100　睑板腺囊肿切除术
08.2200x003　眼睑小病损切除术
08.2201　睑板腺病损切除术
08.2300x001　眼睑病损板层切除术
08.2400x001　眼睑病损全层切除术
08.2500　眼睑病损破坏术
08.3101　上睑下垂额肌瓣悬吊术
08.3200x001　上睑下垂缝线悬吊术
08.3200x002　上睑下垂异体组织额肌悬吊术
08.3600x002　上睑下垂眼轮匝肌悬吊术
08.4102　睑内翻热灼修补术
08.4202　睑内翻缝合修补术
08.4203　睑轮匝肌缩短睑内翻修补术
08.4301　睑外翻楔形切除修补术
08.4401　睑内翻矫正伴睑重建术
08.4402　睑外翻矫正伴睑重建术
08.4901　睑外翻矫正术
08.4902　睑内翻矫正术
08.5101　睑裂增大术
08.5200　睑缝合术
08.5200x002　睑缘缝合术
08.5200x003　眦缝合术
08.5900x001　眦移位矫正术
08.5900x004　内眦成形术
08.5900x005　外眦成形术
08.5900x007　眦韧带修复术
08.5901　内眦赘皮修补术
08.6100x002　眼睑全厚植皮术
08.6100x003　眼睑中厚植皮术
08.6100x004　游离皮瓣移植眼睑重建术
08.6102　眼睑皮片移植重建术

08.6201 黏膜瓣移植眼睑重建术
08.7100x001 眼睑非全层伴睑缘重建术
08.7200x001 眼睑板层重建术
08.7300x001 眼睑全层伴睑缘重建术
08.7400x001 眼睑全层重建术
08.8101 眼睑裂伤缝合术
08.8102 眉裂伤缝合术
08.8200x001 眼睑非全层的眼睑裂伤及修补术
08.8300x001 眼睑非全层裂伤修补术
08.8400x001 眼睑全层及睑缘裂伤修补术
08.8500x001 眼睑全层裂伤修补术
08.8900x005 重建眉修整术
08.8903 眉修补术
09.2200x001 泪腺部分切除术
09.2300 全部泪腺切除术
09.4100 泪点探通术
09.4402 鼻泪管激光探通插管术
09.4404 人工泪管置入术
09.4405 泪小管穿线插管术
09.4900x002 鼻内镜下人工泪管取出术
09.5200 泪小管切开术
09.6x00x006 泪小管病损切除术
09.6x01 泪囊切除术
09.7100 泪点外翻矫正术
09.7300x001 泪小管成形术
09.7300x004 泪道重建术
09.7301 泪小管吻合术
09.8100x004 鼻内镜下鼻腔泪囊造口术
09.8101 内镜下鼻-泪管吻合术
09.8200 结膜泪囊鼻腔吻合术
09.8301 结膜-鼻腔吻合插管术
10.0x00x001 结膜切开异物取出术
10.2900x001 结膜囊探查术
10.3101 结膜病损切除术
10.3102 结膜环切除术
10.3200 结膜病损破坏术
10.3201 结膜冷冻术
10.3300x002 结膜结石取出术
10.3301 沙眼滤泡去除术
10.3302 沙眼摩擦挤压术
10.4100x001 睑球粘连游离移植物修补术
10.4101 睑球粘连羊膜移植修补术
10.4102 睑球粘连口唇黏膜移植修补术
10.4200x001 结膜穹窿游离移植物重建术
10.4201 结膜穹窿羊膜移植重建术
10.4202 结膜穹窿口唇黏膜移植重建术
10.4300x002 结膜穹窿成形术
10.4400x001 结膜移植术
10.4401 自体结膜移植术
10.4402 异体结膜移植术
10.4403 羊膜移植结膜修补术
10.4900x001 结膜成形术
10.4900x003 结膜修补术
10.4901 结膜滤过泡瘘修补术
10.4903 结膜囊成形术
10.4904 结膜瓣修补术
10.6x00x001 结膜缝合术
10.6x00x002 结膜撕裂修补术
11.0x00 磁吸法去除嵌入角膜异物
11.1x00 角膜切开术
11.1x01 角膜切开异物去除术
11.3201 翼状胬肉切除伴自体干细胞移植术
11.3202 翼状胬肉切除术伴异体干细胞移植术
11.3203 翼状胬肉切除伴羊膜植片移植术
11.3204 翼状胬肉切除术伴丝裂霉素注入
11.3900x001 翼状胬肉切除术
11.3901 翼状胬肉切除伴结膜移植术
11.4200 角膜病损的热灼术
11.4300 角膜病损的冷冻疗法
11.4901 板层角膜切除术
11.4903 角膜病损切除术
11.5100 角膜裂伤缝合术
11.5101 角巩膜瘘缝合术
11.5200 角膜手术后伤口裂开修补术
11.5300x001 结膜瓣角膜修补术
11.5900x001 角膜修补术
11.5900x002 角膜间层烧灼术
11.5901 角膜缝线调整术
11.6000x002 部分角膜缘移植术
11.6000x003 全角膜缘移植术
11.6100 用自体移植物的板层角膜成形术
11.6200x002 板层角膜移植术
11.6200x003 角膜板层修补术
11.6300x001 穿透性自体角膜移植术
11.6300x002 自体角膜转位术
11.6400x001 穿透性角膜移植术
11.6400x002 羊膜移植的角膜成形术
11.6900x001 全层角膜移植术
11.6900x003 异体角膜缘干细胞移植术
11.6901 角膜干细胞移植

11.6902　角膜内皮移植术
11.7100x001　屈光性角膜成形术
11.7100x002　准分子激光角膜原位磨镶术［LASIK］
11.7100x005　准分子激光屈光性角膜切削术［PRK］
11.7100x007　全飞秒微小切口基质透镜切除术（SMILE）
11.7101　准分子原位角膜磨镶术
11.7102　前弹力层下角膜磨镶术［SBK］
11.7103　微型角膜刀法准分子激光角膜上皮瓣下磨镶术（Epi-LASIK）
11.7104　准分子激光角膜上皮瓣下磨镶术（LASEK）
11.7300x001　人工角膜移植术
11.7400x001　角膜交联术
11.7500　放射性角膜切开术
11.7600　表面角膜镜片术
11.7900x001　角膜基质环植入术
11.7901　不规则散光矫正术
11.7902　角膜植片更换术
11.9100x001　角膜染色术［墨针］
11.9200x001　植入角膜去除术
11.9900x002　自体角膜缘干细胞取材术
12.0100　用磁吸法去除眼前节眼内异物
12.0200x002　眼前房切开异物取出术
12.0200x003　巩膜异物取出术
12.0200x004　眼前节非磁性异物取出术
12.1100x002　虹膜激光切开贯通术
12.1101　虹膜激光打孔术
12.1200x001　虹膜切开术
12.1201　瞳孔缘剪开术
12.1202　虹膜激光切开术
12.1203　虹膜括约肌切断术
12.1300　虹膜脱出切除术
12.1400x001　虹膜部分切除术
12.1400x008　瞳孔前膜激光切开术
12.1401　虹膜全切除术
12.1402　虹膜激光切除术
12.1403　虹膜周边切除术
12.1404　虹膜周边激光切除术
12.3100　虹膜前房角粘连松解术
12.3200x001　虹膜前粘连松解术
12.3300　虹膜后粘连松解术
12.3301　虹膜粘连松解术
12.3400　角膜玻璃体粘连松解术
12.3500　瞳孔成形术
12.3501　瞳孔膜穿刺术
12.3502　瞳孔粘连松解术
12.3503　瞳孔切开术
12.3504　瞳孔残膜切除术
12.3505　滤过泡针拨术
12.3900x001　虹膜修补术
12.3900x004　虹膜还纳术
12.3901　虹膜离断缝合术
12.3902　虹膜复位术
12.4100x001　眼前房病损激光切除术
12.4200　虹膜病损切除术
12.4201　前房机化膜切除术
12.4300x001　睫状体病损破坏术
12.4400　睫状体病损切除术
12.4401　虹膜睫状体切除术
12.5100x001　前房角穿刺术
12.5200x001　前房角切开术
12.5300　眼前房角切开伴眼前房角穿刺
12.5400　外路小梁切开术
12.5501　睫状体切开术
12.5900x001　房角分离术
12.5900x003　巩膜静脉窦扩张术［Schlemm's管扩张术］
12.5901　前房角成形术
12.6100　巩膜环钻术伴虹膜切除术
12.6200　巩膜热灼术伴虹膜切除术
12.6301　虹膜嵌顿术
12.6400x001　激光小梁成形术［ALP、KLP］
12.6400x003　滤帘切除术［小梁切除术］
12.6400x009　小梁切除术伴人造移植物
12.6400x010　滤过道再通术
12.6401　氪激光小梁成形术［KLP］
12.6402　小梁消融术
12.6403　氩激光小梁成形术［ALP］
12.6404　小梁切除术伴丝裂霉素注入
12.6405　非穿透性小梁切除术
12.6406　小梁切除术伴羊膜移植
12.6407　小梁切除术伴移植物
12.6408　非穿透小梁切除术伴移植物
12.6500x003　巩膜灼瘘术
12.6500x004　虹膜周边切除伴巩膜造瘘术［谢氏手术］
12.6501　巩膜切除术
12.6502　巩膜下巩膜咬切术
12.6503　虹膜巩膜切除术
12.6600　巩膜造口术后修复术

12.6601　滤泡修复术
12.6700　眼房水引流装置置入
12.6700x010　眼压调节器再次置入术
12.6701　青光眼阀取出术
12.6702　青光眼阀修复调位术
12.6703　前房导管术
12.6901　脉络膜上腔巩膜内引流术
12.7401　睫状体贫血术
12.8100　巩膜裂伤缝合术
12.8200x001　巩膜瘘修补术
12.8300x002　眼前节手术伤口修补术
12.8302　巩膜瓣剥离术
12.8303　巩膜缝线调整术
12.8304　巩膜环扎带修正术
12.8400x002　巩膜咬切术
12.8400x004　巩膜缝合术
12.8401　巩膜灼烙术
12.8402　巩膜透热术
12.8403　巩膜病损切除术
12.8404　巩膜冷冻术
12.8500x002　异体巩膜移植术
12.8600x001　巩膜葡萄肿修补术
12.8700x005　巩膜移植物加固术
12.8701　巩膜异体羊膜填充术
12.8702　巩膜生物胶植入术
12.8703　巩膜外加压术伴填充
12.8801　巩膜外加压术
12.8802　后巩膜加固术
12.8900x001　巩膜板层移植术
12.8900x007　巩膜交联术
12.8901　巩膜修补术
12.8902　巩膜成形术
12.8903　巩膜切开探查术
12.8904　巩膜切开放液术
12.9100x002　机化膜切除
12.9100x004　睫状体放液术
12.9100x006　前房抽吸术
12.9101　前房穿刺术
12.9102　前房冲洗术
12.9201　前房注气术
12.9202　前房注液术
12.9203　前房药物注射术
12.9301　前房上皮衍生物去除术
12.9302　前房上皮衍生物破坏
12.9701　人工虹膜隔取出术
12.9702　人工虹膜隔植入术
12.9703　虹膜缩短术
12.9801　睫状体缝合术
12.9802　睫状体固定术
12.9803　睫状体复位术
12.9900x004　滤过泡增生组织切除术
12.9901　放射敷贴器取出术
12.9903　前房成形术
13.0100　用磁吸法的去除晶状体异物
13.0201　晶状体切开异物取出术
13.9001　人工晶状体复位术
14.0100　用磁吸法去除眼后节异物
14.0101　玻璃体异物磁吸术
14.0200x001　眼后节异物去除术
14.0200x002　玻璃体腔异物取出术
14.0201　脉络膜切开异物取出术
14.0202　后段眼球壁异物取出术
14.2301　脉络膜病损氙弧光凝固术
14.2403　黄斑光动力学治疗（PDT）
14.2500　用光凝固法的脉络膜视网膜病损破坏术
14.2601　脉络膜病损放射疗法
14.2602　视网膜病损放射疗法
14.2700x001　放射敷贴器置入术
14.2900x003　脉络膜病损切除术
14.2900x004　内界膜剥离术
14.2901　脉络膜病损其他破坏术
14.2902　视网膜病损其他破坏术
14.3101　视网膜裂孔电凝术
14.3200x002　视网膜裂孔冷冻术
14.3300　用氙弧光凝固法的视网膜裂伤修补术
14.3500　用光凝固法的视网膜裂伤修补术
14.3901　黄斑裂孔填塞术
14.4100　巩膜环扎术伴有植入物
14.4900x001　巩膜环扎术
14.4901　巩膜环扎术伴空气填塞
14.4902　巩膜环扎术伴巩膜切除术
14.4903　巩膜环扎术伴玻璃体切除术
14.5101　视网膜脱离电凝术
14.5200x001　视网膜脱离冷冻术
14.5300x001　视网膜脱离氙弧光凝固术
14.5400x001　视网膜脱离激光治疗术
14.5500　用光凝固法的视网膜脱离修补术
14.5901　巩膜缩短术
14.5902　玻璃体硅油置入术，用于视网膜再附着
14.5903　玻璃体腔注气，视网膜复位术

14.5904　玻璃体气液交换，视网膜复位术
14.5905　玻璃体腔重水注射术，视网膜复位术
14.6x00x001　眼后节置入物取出术
14.6x01　巩膜环扎带取出术
14.6x02　玻璃体硅油取出术
14.7100x001　前入路玻璃体切除术
14.7201　玻璃体抽吸术
14.7300x001　前入路玻璃体切割术
14.7401　后入路玻璃体切割术
14.7500x001　玻璃体腔内替代物注射术
14.7500x002　玻璃体自体血清注入术
14.7501　玻璃体硅油填充术
14.7901　玻璃体腔探查术
14.7902　玻璃体腔脱位晶状体取出术
14.7903　玻璃体药物注射术
14.7904　玻璃体腔残留晶体皮质取出术
14.7905　玻璃体气液交换术
14.9x00x001　巩膜外环扎带调整术
14.9x01　视网膜下放液术
14.9x02　视网膜部分剥离术
14.9x03　视网膜切开术
14.9x05　视网膜松解术
14.9x06　视网膜部分切除术
14.9x07　黄斑转位术
14.9x08　视网膜色素上皮细胞移植术
15.7x01　眼肌粘连松解术
15.9x00x001　眼肌部分切除术
15.9x00x007　眼肌探查术
15.9x01　眼阔筋膜切除术
16.0101　外侧开眶术
16.0900x004　一个眶壁减压术
16.0900x005　多个眶壁减压术
16.0901　开眶探查术
16.0904　内镜下眶减压术
16.1x00x001　眼内异物取出术
16.1x01　眶切开异物取出术
16.1x02　内镜下眶内异物取出术
16.4200x001　眼球摘除伴义眼台置入术
16.4900x001　眼球摘除术
16.4901　隐眼摘除术
16.5200　眼眶内容物剜出术伴治疗性去除眶骨
16.5900x001　眼眶内容物剜出术
16.5901　眼眶内容物切除伴皮瓣滑行修复术
16.5902　眼眶内容物剜出术伴颞肌移植术
16.6100x001　义眼二期置入术
16.6101　二期义眼台置入术
16.6200x001　义眼台修正术
16.6300x002　眼窝凹陷填充术
16.6500　内容物剜出腔的二期移植物置入术
16.7101　义眼台取出术
16.7200　去除眼眶植入物
16.8100x002　眼眶缺损修补术
16.8200　眼球破裂修补术
16.8900x001　眶骨重建术
16.8900x002　眶内壁重建术
16.8901　眼球修补术
16.8902　内镜下眼眶修补术
16.8903　眼窝成形术
16.8904　眼眶再造术
16.9201　内镜下眶内病损切除术
16.9300x003　眶内病损切除术
16.9801　眼眶清创术
17.1200x001　腹腔镜下单侧腹股沟斜疝无张力修补术
18.0200x003　外耳道探查术
18.2900x003　耳廓病损切除术
18.2900x016　耳廓皮肤和皮下坏死组织切除清创术
18.2901　外耳病损切除术
18.2905　外耳病损电凝术
18.3900x003　耳廓切除术
18.3901　外耳切断术
18.4x00　外耳裂伤缝合术
18.6x00x001　内镜下外耳道成形术
18.6x01　外耳道成形术
18.6x02　外耳道植皮术
18.7100x001　耳廓成形术
18.7100x002　耳廓重建术
18.7100x009　耳廓支架取出术
18.7100x010　义耳置入术
18.7101　杯状耳矫正术
18.7102　耳廓支架植入术
18.7104　隐耳矫正术
18.7105　耳廓缺损修补术
18.7200　断耳再接术
18.7900x008　乳突植皮术
18.7900x009　耳游离皮瓣移植术
18.7901　外耳成形术
18.7902　耳廓植皮术
18.7905　耳后皮肤移植术

18.7906　耳甲腔成形术
18.9x00x002　耳前皮肤扩张器置入术
18.9x00x004　外耳道支架取出术
18.9x00x005　外耳道支架置换术
18.9x00x007　耳后皮肤扩张器置入术
21.0100　控制鼻出血，用前鼻孔填塞
21.0200　控制鼻出血，用后鼻孔（和前鼻孔）填塞
21.0300x003　鼻内窥镜下鼻微波烧灼止血术
21.0300x004　鼻内窥镜下电凝止血术
21.0302　鼻出血电凝术
21.0400　控制鼻出血，用筛动脉结扎术
21.0500　控制鼻出血，用（经上颌窦）颌动脉结扎术
21.0501　内镜下蝶腭动脉结扎术
21.0600　控制鼻出血，用颈外动脉结扎术
21.0700x001　鼻黏膜切除止血术
21.0901　鼻出血冷冻术
21.0905　内镜下鼻射频止血术
21.1x00x002　鼻切开探查术
21.1x02　鼻腔切开异物取出术
21.3101　鼻息肉切除术
21.3104　内镜下鼻内病损切除术
21.3200x010　鼻皮肤和皮下坏死组织切除清创术
21.4x00　鼻部分切除术
21.5x00　鼻中隔黏膜下切除术
21.5x00x004　鼻内窥镜下鼻中隔黏膜下部分切除术
21.5x01　内镜下鼻中隔黏膜下切除术
21.6200　鼻甲骨折术
21.6900x009　鼻内窥镜下鼻甲切除术
21.7100　鼻骨折闭合性复位术
21.7200　鼻骨折开放性复位术
21.7200x001　内镜下鼻骨骨折切开复位术
21.8100　鼻裂伤缝合术
21.8200x006　鼻正中瘘管切除术
21.8400x002　鼻内窥镜下鼻中隔成形术
21.8400x003　鼻中隔成形术
21.8400x006　歪鼻鼻成形术
21.8500x002　隆鼻伴耳廓软骨移植术
21.8500x004　隆鼻伴人工假体置入术
21.8500x005　隆鼻伴自体甲状软骨移植术
21.8500x007　隆鼻伴自体颅骨外板移植术
21.8500x008　隆鼻伴自体髂骨移植术
21.8500x010　隆鼻伴自体鼻软骨移植术
21.8500x011　隆鼻伴自体脂肪移植术
21.8501　肋骨移植隆鼻术
21.8502　硅胶支架植入隆鼻术
21.8503　鼻甲移植物植入术
21.8504　人造植入物隆鼻术
21.8505　单纯鞍鼻矫治术（隆鼻术）
21.8600x004　鼻翼成形术
21.8602　鼻唇沟皮瓣修补术
21.8603　鼻尖成形术
21.8700x003　鼻唇沟成形术
21.8700x004　鼻甲成形术
21.8700x005　鼻小柱成形术
21.8700x008　鼻内窥镜下鼻甲成形术
21.8700x009　内镜下前后鼻孔成形术
21.8701　后鼻孔成形术
21.8702　前鼻孔成形术
21.8801　鼻中隔穿孔修补术
21.8802　鼻中隔软骨移植术
21.8900x002　鼻植皮术
21.8900x003　断鼻再接术
21.8900x004　再造鼻修整术
21.8901　鼻翼上提术
22.2x00x009　鼻内窥镜下上颌窦根治术
22.4101　内镜下额窦开窗术
22.4201　额窦病损切除术
22.5001　鼻窦探查术
22.5101　筛窦探查术
22.5102　内镜下筛窦开窗术
22.5300x004　鼻内窥镜下多个鼻窦开窗术
22.6303　内镜下筛窦病损切除术
22.7100x004　上颌窦瘘修补术
22.7903　鼻窦成形术
24.2x00　牙龈成形术
24.3101　牙周病损切除术
24.3200x001　牙龈缝合术
24.3900x001　牙龈沟加深术
24.4x00x002　牙源性颌骨病损切除术
24.5x00x003　牙槽植骨成形术
24.5x00x005　牙槽切除术
24.5x01　牙槽修补术
24.5x03　牙槽部分切除术
24.5x05　牙槽嵴裂植骨术
25.5100x001　舌缝合术
25.5900x008　舌修补术
25.5900x009　颏舌肌前移术
25.5900x010　舌根牵引固定术
25.5900x011　舌骨悬吊术

25.5902　舌悬吊术
25.5903　道格拉斯手术
25.5904　舌根牵引伴舌骨悬吊术
25.5905　舌移植皮瓣修补术
25.5906　舌体舌根减容术
26.2901　腮腺病损切除术
26.4100x001　唾液腺缝合术
26.4200x001　唾液腺瘘修补术
26.4200x002　腮腺导管瘘修补术
26.4900x001　下颌下腺移植术后导管重建术
26.4900x005　腮腺管口移植术
26.4900x006　唾液腺管修补术
26.4900x007　下颌下腺自体移植腺体减量术
26.4900x008　下颌下腺导管口转位术
26.4900x009　唇腺自体移植术
26.4900x010　颊腺自体移植术
26.4901　颌下腺自体移植术
26.4902　腮腺管吻合术
27.0x11　翼腭窝切开异物取出术
27.3104　硬腭部分切除术
27.3201　牙槽骨隆突切除修整术
27.3202　腭广泛切除术
27.3203　腭全切除术
27.4900x007　口底病损切除术
27.4900x009　口腔病损激光烧灼术
27.4900x014　软腭病损射频消融术
27.4900x018　磨牙后区病损切除术
27.4900x019　口角病损切除术
27.4901　口腔黏膜病损切除术
27.4902　颌下区病损切除术
27.4903　颊内部病损切除术
27.4904　软腭病损切除术
27.4905　鼻唇病损切除术
27.4906　口腔病损切除术
27.4907　口病损射频消融术
27.4908　口病损激光烧灼术
27.4909　软腭射频消融术
27.4910　软腭切除术
27.5100　唇裂伤缝合术
27.5200　口的其他部分裂伤缝合术
27.5301　腭瘘管修补术
27.5302　唇瘘修补术
27.5303　颊部瘘修补术
27.5401　唇裂二期修复术
27.5500x002　唇全厚植皮术
27.5600x002　唇中厚植皮术
27.5601　口内皮肤移植术
27.5700x005　交叉唇瓣转移术
27.5701　唇皮瓣移植术
27.5702　口内皮瓣移植术
27.5703　唇带蒂皮瓣移植术
27.5900x011　口形矫正术
27.5901　口角缝合术
27.5902　交叉唇瓣断蒂术
27.5903　唇成形术
27.5904　口轮匝肌功能重建术
27.6100　腭裂伤缝合术
27.6200x003　腭裂修补术
27.6201　腭裂修补术伴悬雍垂修补术
27.6900x004　咽腭弓延长成形术
27.6900x007　悬雍垂-软腭-咽成形术［UPPP］
27.6902　腭咽成形术
27.9900x001　半侧颜面萎缩矫正术
27.9900x005　面部病损切除术
27.9900x006　面横裂矫正术
27.9900x007　面瘫矫正术
27.9900x009　面斜裂矫正术
27.9900x010　颊系带切开术
27.9901　颊部病损切除术
27.9902　颏下病损切除术
27.9903　颊脂垫修复术
27.9904　颅颌面裂矫形术
28.7x01　扁桃体切除术后止血
29.5100　咽裂伤缝合术
29.5300x002　咽瘘缝合术
29.5301　咽瘘修补术
29.5302　咽食管瘘切除术
29.5901　咽后壁修补术
30.1x00　半喉切除术
30.1x00x002　垂直喉切除术
30.2100　会厌切除术
30.2100x002　支撑喉镜下会厌切除术
30.2100x003　会厌软骨切除术
30.2101　会厌扩大切除术
30.2200　声带切除术
30.2201　声带部分切除术
30.2202　声带扩大切除术
30.2203　内镜下声带部分切除术
30.2204　内镜下声带切除术
30.2900x002　喉杓状软骨切除术

30.2900x003　喉部分切除术
30.2900x009　支撑喉镜下喉软骨切除术
30.2904　喉软骨切除术
30.2906　喉裂开术
30.3x04　残余喉切除术
31.1x00x005　暂时性气管切开术
31.2900x001　永久性气管切开术
31.3x02　气管探查术
31.3x03　气管切开异物取出术
31.6100　喉裂伤缝合术
31.6201　喉气管瘘管切除术
31.6202　喉气管瘘修补术
31.6300　喉造口修复术
31.6400　喉骨骨折修补术
31.6900x007　声带固定术
31.6900x008　声带转位术
31.6900x013　喉支架置入术
31.6901　喉结成形术
31.6902　喉成形术
31.6903　喉功能重建术
31.6904　喉双蒂双肌瓣修复术
31.6905　环甲膜缩短术
31.6906　会厌成形术
31.6907　甲状软骨成形术
31.6908　声门成形术
31.6909　声带外移术
31.6910　声带成形术
31.6911　内镜下声带成形术
31.6912　内镜下环杓关节复位术
31.6913　内镜下喉成形术
31.7100x001　气管修补术
31.7201　气管造口闭合术
31.7300x001　气管瘘闭合术
31.7301　气管食管瘘修补术
31.7400　气管造口修复术
31.7500x002　气管成形伴人工喉重建术
31.7500x004　人工气管重建术
31.7501　发音重建术
31.7502　发音钮置入术
31.7503　气管重建术
31.7504　人工喉建造术
31.7900x004　气管狭窄松解术
31.7900x005　气管隆突成形术
31.7900x006　气管扩张术
31.7901　气管成形术
31.7902　人造气管移植术
31.7903　气管狭窄修复术
31.7904　气管膜部修补术
31.9201　气管粘连松解术
31.9202　声带粘连松解术
31.9203　喉粘连松解术
31.9204　内镜下声带粘连松解术
31.9500　气管食管造口术
31.9501　内镜下气管食管造口术
31.9901　气管硅胶管植入术
31.9902　气管扩张管去除术
31.9903　气管球囊扩张术
31.9904　气管人工假体植入术
31.9905　气管悬吊术
32.1x00x004　胸腔镜下支气管袖形切除术
32.1x01　支气管袖状切除术
32.1x02　支气管楔形切除术
32.2000x002　纵隔镜下肺病损切除术
32.2001　胸腔镜下肺楔形切除术
32.2201　胸腔镜下肺减容术
32.2900x016　余肺楔形切除术
32.2901　肺病损切除术
32.2902　肺大疱切除术
32.2903　肺袖式切除术
32.2904　肺楔形切除术
32.2905　肺部分切除术
32.3001　胸腔镜下肺叶部分切除术
32.3900x003　全余肺切除术
32.3901　肺节段切除术
32.3902　肺叶部分切除术
32.4100　胸腔镜下肺叶切除术
32.4100x002　胸腔镜下复合肺叶切除术
32.4101　胸腔镜下肺叶伴邻近肺叶节段切除术
32.4900x003　余肺肺叶切除术
32.4901　肺叶伴邻近肺叶节段切除术
32.4902　肺叶切除术
32.4903　肺叶袖状切除术
32.5000x001　胸腔镜下全肺切除术
32.5900x001　全肺切除术
33.0x00x003　胸腔镜下支气管切开异物取出术
33.0x00x004　胸腔镜下支气管切开术
33.0x03　支气管切开异物取出术
33.1x00x003　胸腔镜下肺内异物取出术
33.1x00x004　胸腔镜下肺切开术
33.1x04　肺内异物取出术

33.4100　支气管裂伤缝合术
33.4100x002　胸腔镜下支气管裂伤缝合术
33.4200x001　食管-支气管瘘修补术
33.4300x002　肺裂伤修补术
33.4801　胸腔镜下支气管成形术
33.4802　支气管成形术
33.4803　支气管吻合术
33.4804　气管支气管吻合术
33.4805　支气管修补术
33.4901　肺修补术
33.4902　胸腔镜下肺修补术
33.9200　支气管结扎术
33.9900x001　支气管肺灌洗术
33.9901　肺灌洗术
33.9903　气管镜肺灌洗术
34.0102　胸壁切开异物取出术
34.0103　胸壁切开血肿清除术
34.0200x001　开胸探查术
34.0200x003　胸腔镜中转开胸探查术
34.0300x001　近期开胸术后再开胸术
34.0301　胸腔术后再切开止血术
34.0900x006　胸膜切开探查术
34.0900x010　胸腔镜下脓胸清除术
34.0900x011　开胸止血术
34.0903　胸腔切开引流术
34.0904　开胸异物取出术
34.0906　胸腔镜下胸腔切开止血术
34.1x01　纵隔切开引流术
34.1x02　纵隔探查术
34.1x03　纵隔切开异物取出术
34.1x04　纵隔血肿清除术
34.2100x001　胸腔镜检查
34.2200　纵隔镜检查
34.4x01　胸壁病损切除术
34.4x03　胸腔镜下胸壁病损切除术
34.5101　胸膜剥脱术
34.5901　胸膜部分切除术
34.5902　胸膜病损切除术
34.5903　胸膜切除术
34.5904　胸腔镜下胸膜病损切除术
34.6x00　胸膜划痕术
34.6x01　胸膜硬化术
34.6x02　胸腔镜下胸膜划痕术
34.7100　胸壁裂伤缝合术
34.7101　胸壁清创缝合术
34.7200　胸廓造口闭合术
34.7300x001　食管-胸膜瘘闭合术
34.7301　支气管胸膜瘘闭合术
34.7302　胸壁瘘管闭合术
34.7303　支气管镜下支气管胸膜瘘修补术
34.7900x001　胸壁修补术
34.7900x002　关胸术
34.7900x003　胸壁缺损修补术（人工材料）
34.7900x004　胸壁缺损修补术（自体材料）
34.8200　横膈裂伤缝合术
34.8200x002　膈肌缝合术
34.8301　胸腹瘘管切除术
34.8302　胸胃瘘管切除术
34.8303　胸肠瘘管切除术
34.8400x003　膈肌修补术
34.8500　横膈起搏器置入
34.8900x002　膈肌脓肿引流术
34.8900x003　膈肌切开术
34.8900x004　膈上升术
34.9300　胸膜修补术
34.9301　带蒂大网膜胸腔移植术
34.9302　胸腔镜下胸膜修补术
34.9901　胸腔粘连松解术
34.9902　胸膜固定术
34.9904　胸腔镜下胸腔粘连松解术
34.9905　胸腔镜下胸膜固定术
35.2101　主动脉瓣生物瓣膜置换术
35.2301　二尖瓣生物瓣膜置换术
35.9400x005　右心耳-肺动脉直接吻合术
36.0602　冠状动脉裸支架置入术
36.1000x001　主动脉-冠状动脉搭桥术
37.1100x004　心房血栓清除术
37.1100x005　冠状动脉肌桥切断术
37.1101　心肌切开术
37.1102　心内膜切开术
37.1103　心室切开术
37.1200x005　心包切开探查术
37.1202　心包异物取出术
37.1203　心包开窗术
37.1204　心包切开引流术
37.2100　右心导管置入
37.2200　左心导管置入
37.2300　联合的右心和左心导管置入
37.2600x001　术中心脏电生理检查
37.2800　心内超声心动图

37.3101　心包剥脱术
37.3102　心包部分切除术
37.3103　心包病损切除术
37.3600x007　左心耳结扎术
37.4900x001　心包修补术
37.4900x002　心脏破裂修补术
37.4900x005　心室修补术
37.4903　心房折叠术
37.6101　主动脉球囊反搏置入术
37.7200　首次经静脉入心房和心室置入导线［电极］
37.7300　首次经静脉入心房置入导线［电极］
37.7401　心外膜电极置入术
37.7402　心外膜电极置换术
37.7501　心脏起搏器电极调整术
37.7600x002　导线［电极］置换术
37.7701　心脏电极去除术
37.7800　暂时性经静脉起搏器系统的置入
37.7900x003　脉冲发生器复位术
37.7900x004　循环记录器置入术（心电记录系统植入术）
37.7901　心脏起搏器囊袋清创术
37.7902　心脏起搏器囊袋修补术
37.8000x001　永久起搏器置入术
37.8001　心脏起搏器置入术
37.8101　单腔永久起搏器置入术
37.8901　起搏器装置去除术
37.9100　开胸心脏按摩
38.0000　血管切开术
38.0200x002　颈动脉探查术
38.0200x003　颈内静脉血栓切除术
38.0201　颈动脉取栓术
38.0300x003　上肢血管切开探查术
38.0300x005　上肢动脉探查术
38.0301　上肢静脉取栓术
38.0302　上肢动脉取栓术
38.0400x001　腹主动脉血栓切除术
38.0500x002　肺动脉探查术
38.0501　锁骨下动脉取栓术
38.0502　上腔静脉取栓术
38.0503　肺动脉取栓术
38.0600x001　肠系膜上动脉血栓切除术
38.0601　肠系膜动脉取栓术
38.0602　髂动脉取栓术
38.0603　肾动脉取栓术
38.0700x001　肠系膜上静脉血栓切除术
38.0700x003　门静脉探查术
38.0702　下腔静脉取栓术
38.0703　肾静脉取栓术
38.0704　门静脉取栓术
38.0800x002　下肢动脉血栓切除术
38.0800x003　下肢动脉探查术
38.0801　股动脉取栓术
38.0802　腘动脉取栓术
38.0900x001　下肢静脉血栓切除术
38.0900x002　下肢静脉探查术
38.0901　股静脉取栓术
38.0902　腘静脉取栓术
38.1000x002　动脉内膜剥脱术
38.1200x003　颈动脉内膜剥脱术
38.1201　颈动脉内膜切除术
38.1202　颈动脉内膜切除伴补片修补术
38.1400x001　主动脉内膜剥脱术
38.1401　主动脉内膜切除伴补片修补术
38.1402　腹主动脉内膜切除术
38.1500x001　肺动脉内膜剥脱术
38.1501　肺动脉内膜切除术
38.1600x002　髂动脉内膜剥除术
38.1600x005　髂动脉内膜剥脱伴补片修补术
38.1601　肾动脉内膜切除伴补片修补术
38.1602　髂动脉内膜切除术
38.1603　髂动脉内膜切除伴补片修补术
38.1800x001　股动脉内膜剥脱术
38.1800x002　股动脉内膜剥脱伴血栓切除术
38.1800x003　腘动脉内膜剥脱伴补片修补术
38.1800x004　腘动脉内膜剥脱术
38.1800x005　下肢动脉内膜剥脱伴血栓切除术
38.1800x006　胫腓动脉内膜剥脱伴补片修补术
38.1800x007　股动脉内膜剥脱伴补片修补术
38.1801　股动脉内膜切除术
38.1802　股动脉内膜切除伴补片修补术
38.1803　腘动脉内膜切除术
38.1804　腘动脉内膜切除伴补片修补术
38.3000　血管部分切除术伴吻合术
38.3100　颅内血管部分切除伴吻合术
38.3100x001　脑血管切除伴吻合术
38.3101　颅内血管畸形切除伴吻合术
38.3202　颈动脉部分切除伴吻合术
38.3300　上肢血管部分切除伴吻合术
38.3301　上肢动脉动脉瘤切除伴吻合术
38.3400　主动脉部分切除术伴吻合术

38.3400x003 血管环矫治术
38.3501 肺动脉部分切除伴吻合术
38.3800 下肢动脉部分切除术伴吻合术
38.3900 下肢静脉部分切除术伴吻合术
38.4200x001 颈动脉部分切除伴颈总-颈内动脉人工血管搭桥术
38.4200x002 颈总动脉切除伴自体血管移植术
38.4200x003 颈动脉部分切除伴颈总-颈内动脉自体血管搭桥术
38.4300x002 桡动脉部分切除伴桡尺动脉自体血管移植术
38.4400x001 腹主动脉部分切除伴人工血管置换术
38.4401 腹主动脉瘤切除伴置换术
38.4500x001 上腔静脉部分切除伴人工血管补片修补术
38.4500x003 上腔静脉部分切除伴人工血管置换术
38.4500x007 部分主动脉弓人工血管置换术
38.4500x010 全主动脉弓人工血管置换术
38.4500x011 支架象鼻术
38.4500x013 升主动脉部分切除伴人工血管置换术
38.4500x014 胸主动脉部分切除伴人工血管置换术
38.4503 主动脉瓣和升主动脉置换和冠脉移植术（Bentall手术）
38.4505 保留主动脉窦的主动脉瓣和升主动脉替换术（Wheat手术）
38.4506 主动脉瓣和升主动脉置换术（Cabrol手术）
38.4600x001 髂动脉部分切除术伴人工血管置换术
38.4700x001 下腔静脉部分切除伴人工血管置换术
38.4701 门静脉瘤切除伴置换术
38.4702 下腔静脉部分切除伴置换术
38.4800x001 腘动脉瘤切除伴人工血管置换术
38.4900x001 下肢静脉部分切除伴人工血管置换术
38.4900x002 下肢静脉部分切除伴自体血管移植术
38.5900x003 大隐静脉主干激光闭合术
38.5901 大隐静脉高位结扎和剥脱术
38.5902 大隐静脉曲张结扎术
38.5904 小隐静脉曲张结扎术
38.6000x010 静脉内异物取出术
38.6000x012 血管病损切除术
38.6100x001 脊髓畸形血管切除术
38.6101 颅内血管畸形切除术
38.6302 上肢血管病损切除术
38.6400x001 腹主动脉瘤切除术
38.6700x003 门静脉部分切除术
38.6701 下腔静脉病损切除术
38.6702 门静脉病损切除术
38.6704 肝静脉病损切除术
38.6800x002 下肢动脉病损切除术
38.6801 腘动脉瘤切除术
38.6802 股动脉瘤切除术
38.6901 下肢静脉病损切除术
38.7x01 腔静脉结扎术
38.7x02 腔静脉折叠术
38.7x03 上腔静脉滤器置入术
38.7x04 下腔静脉滤器置入术
38.8000 血管的其他手术闭合
38.8100x004 椎动脉结扎术
38.8101 颅内血管畸形夹闭术
38.8200x003 颈内动脉结扎术
38.8200x005 颈内静脉结扎术
38.8200x006 颈前静脉结扎术
38.8200x007 颈总动脉结扎术
38.8200x008 颈外动脉结扎术
38.8202 颈静脉结扎术
38.8203 舌动脉结扎术
38.8300x004 上肢血管结扎术
38.8301 尺动脉结扎术
38.8302 肱动脉结扎术
38.8303 桡动脉结扎术
38.8500x001 动脉导管结扎术
38.8500x010 胸壁血管结扎术
38.8500x012 动脉导管未闭切断缝合术
38.8500x013 体-肺动脉侧支结扎术
38.8500x016 奇静脉结扎术
38.8501 肺动脉环缩术
38.8502 肺动脉结扎术
38.8503 肋间动脉结扎术
38.8504 锁骨下动脉结扎术
38.8505 动脉导管未闭结扎术
38.8600x004 腹壁血管结扎术
38.8600x005 腹膜血管结扎术
38.8601 大网膜动脉结扎术
38.8602 胃动脉结扎术
38.8603 胆囊动脉结扎术
38.8604 肠系膜动脉结扎术
38.8605 肝动脉结扎术
38.8606 脾动脉结扎术
38.8607 髂动脉结扎术
38.8608 肾动脉结扎术

38.8609　子宫动脉结扎术
38.8700x001　腹部静脉结扎术
38.8700x002　卵巢动静脉高位结扎术
38.8700x008　子宫动静脉高位结扎术
38.8700x009　腹腔镜下卵巢动静脉高位结扎术
38.8701　肠系膜静脉结扎术
38.8702　子宫静脉高位结扎术
38.8704　门静脉结扎术
38.8800x002　髂内动脉结扎术
38.8801　下肢动脉结扎术
38.8901　下肢静脉结扎术
38.9501　为肾透析半永久静脉插管术
39.1x01　肠系膜静脉-腔静脉吻合术
39.2200x001　降主动脉-锁骨下动脉人工血管搭桥术
39.2200x002　颈外动脉-颈内动脉人工血管搭桥术
39.2200x003　颈总动脉-肱动脉自体血管搭桥术
39.2200x004　颈总动脉-锁骨下动脉搭桥术
39.2200x005　颈总动脉-腋动脉自体血管搭桥术
39.2200x006　颈总动脉-腋动脉人工血管搭桥术
39.2200x008　升主动脉-颈总动脉人工血管搭桥术
39.2200x009　升主动脉-锁骨下动脉人工血管搭桥术
39.2200x010　升主动脉-腋动脉人工血管搭桥术
39.2200x011　锁骨下动脉-肱动脉自体血管搭桥术
39.2200x012　主动脉-颈动脉人工血管搭桥术
39.2200x014　锁骨下动脉-肱动脉人工血管搭桥术
39.2200x015　升主动脉-头臂血管人工血管搭桥术
39.2200x016　升主动脉-无名动脉人工血管搭桥术
39.2200x018　颈外动脉-颈内动脉自体血管搭桥术
39.2200x019　颈总动脉-肱动脉人工血管搭桥术
39.2200x021　主动脉-锁骨下动脉-颈动脉搭桥术
39.2203　主动脉-颈动脉搭桥术
39.2300x003　肺动脉融合术
39.2401　腹主动脉-肾动脉搭桥术
39.2500x001　腹主动脉-股动脉-髂动脉人工血管搭桥术
39.2500x002　腹主动脉-股动脉人工血管搭桥术
39.2500x003　腹主动脉-髂动脉人工血管搭桥术
39.2500x004　腹主动脉-双侧髂动脉人工血管搭桥术
39.2500x005　髂动脉-股动脉人工血管搭桥术
39.2500x006　髂动脉-腘动脉人工血管搭桥术
39.2500x007　升主动脉-股动脉人工血管搭桥术
39.2500x008　升主动脉-双股动脉人工血管搭桥术
39.2500x009　髂动脉-股动脉-腘动脉人工血管搭桥术
39.2500x010　髂动脉-股动脉-腘动脉自体血管搭桥术
39.2500x011　髂动脉-股动脉人工血管-腘动脉自体血管搭桥术
39.2500x012　髂动脉-股动脉自体血管搭桥术
39.2500x013　髂动脉-腘动脉自体血管搭桥术
39.2600x001　腹主动脉-肠系膜上动脉人工血管搭桥术
39.2600x002　髂总动脉-肠系膜上动脉搭桥术
39.2600x003　髂总动脉-髂外动脉搭桥术
39.2600x004　肾动脉-股动脉人工血管搭桥术
39.2600x006　升主动脉-腹主动脉人工血管搭桥术
39.2600x007　髂动脉-髂动脉人工血管搭桥术
39.2600x008　腹主动脉-腹腔干动脉搭桥术
39.2600x009　髂总动脉-腹腔干动脉人工血管搭桥术
39.2600x010　肾动脉-股动脉自体血管搭桥术
39.2605　肾动脉-脾动脉搭桥术
39.2700x001　为肾透析的动静脉造瘘术
39.2700x002　为肾透析的动静脉人工血管搭桥术
39.2700x003　为肾透析的人工血管造瘘术
39.2700x004　为肾透析的移植血管造瘘术
39.2800x002　颞肌贴敷术
39.2801　颞浅动脉-大脑中动脉搭桥术
39.2900x001　大隐静脉-肱动脉搭桥术
39.2900x002　大隐静脉-股动脉搭桥术
39.2900x003　股动脉-腓动脉自体血管搭桥术
39.2900x004　股动脉-腘动脉自体血管搭桥术
39.2900x005　股动脉-腘动脉人工血管搭桥术
39.2900x010　股浅动脉-股深动脉搭桥术
39.2900x011　颈内静脉-股静脉搭桥术
39.2900x012　颈外静脉-颈内静脉搭桥术
39.2900x013　颈内静脉-锁骨下静脉自体血管搭桥术
39.2900x015　髂静脉-股静脉自体血管搭桥术
39.2900x017　腋动脉-腋动脉人工血管搭桥术
39.2900x019　腋动脉-股动脉人工血管搭桥术
39.2900x024　肱动脉分支-肱动脉主干人工血管搭桥术
39.2900x025　肱动脉-头静脉人工血管搭桥术
39.2900x026　腘动脉-胫动脉自体血管搭桥术
39.2900x027　股动脉-胫腓动脉干搭桥术
39.2900x028　股静脉-股静脉人工血管搭桥术

39.2900x030　腋动脉-腘动脉人工血管搭桥术
39.2900x031　股动脉-股动脉人工血管搭桥术
39.2900x032　股动脉-股动脉自体血管搭桥术
39.2900x033　股动脉-腘动脉-腓动脉血管搭桥术
39.2900x034　股动脉-腘动脉-腓动脉自体血管搭桥术
39.2900x035　股动脉-腘动脉-胫后动脉血管搭桥术
39.2900x036　股动脉-腘动脉-胫后动脉自体血管搭桥术
39.2900x037　股动脉-腘动脉-胫前动脉血管搭桥术
39.2900x038　股动脉-腘动脉-胫前动脉自体血管搭桥术
39.2900x039　股动脉-腘动脉人工血管-腓动脉自体血管搭桥术
39.2900x040　股动脉-腘动脉人工血管-胫后动脉自体血管搭桥术
39.2900x041　股动脉-腘动脉人工血管-胫前动脉自体血管搭桥术
39.2900x042　股动脉-胫后动脉自体血管搭桥术
39.2900x043　股动脉-胫前动脉自体血管搭桥术
39.2900x044　股静脉-大隐静脉吻合术
39.2900x045　股静脉-股静脉自体血管搭桥术
39.2900x046　腘动脉-腓动脉自体血管搭桥术
39.2900x047　腘动脉-胫后动脉自体血管搭桥术
39.2900x048　腘动脉-胫前动脉自体血管搭桥术
39.2900x049　腋动脉-双股动脉人工血管搭桥术
39.2902　股动脉-股动脉搭桥术
39.2903　腋动脉-股动脉搭桥术
39.2906　股动脉-腓动脉搭桥术
39.2907　股动脉-腘动脉搭桥术
39.2908　股动脉-胫动脉搭桥术
39.2915　腋动脉-肱动脉搭桥术
39.2916　腘动脉-腘动脉搭桥术
39.3100　动脉缝合术
39.3100x002　肱动脉修补术
39.3100x004　股动脉修补术
39.3100x005　颈总动脉修补术
39.3100x006　肋间动脉修补术
39.3100x007　桡动脉修补术
39.3100x009　足背动脉修补术
39.3100x010　尺动脉吻合术
39.3101　胫动脉缝合术
39.3102　股动脉缝合术
39.3104　肋间动脉缝合术
39.3105　足背动脉缝合术
39.3108　肾动脉缝合术
39.3109　颈动脉缝合术
39.3110　十二指肠动脉缝合术
39.3111　腘动脉缝合术
39.3112　肱动脉缝合术
39.3113　桡动脉缝合术
39.3200　静脉缝合术
39.3200x004　门静脉缝合术
39.3200x006　头静脉缝合术
39.3201　肠系膜静脉缝合术
39.3202　肱静脉缝合术
39.3203　下腔静脉缝合术
39.3204　颈静脉缝合术
39.3205　上腔静脉缝合术
39.3206　股静脉缝合术
39.3207　肝静脉缝合术
39.4100x001　血管术后出血止血术
39.4200x001　为肾透析的动静脉瘘修补术
39.4200x002　为肾透析的人工血管动静脉瘘修补术
39.4200x004　为肾透析的自体血管动静脉瘘修补术
39.4300x001　去除用于肾透析的动静脉搭桥术
39.4900x001　人工血管取出术
39.4901　上腔静脉滤器取出术
39.4902　下腔静脉滤器取出术
39.5000x011　下腔静脉球囊扩张成形术
39.5000x013　锁骨下静脉球囊扩张成形术
39.5000x014　主动脉球囊扩张成形术
39.5000x015　肺动脉球囊扩张成形术
39.5000x019　头臂静脉球囊扩张成形术
39.5000x021　上腔静脉球囊扩张成形术
39.5000x024　肝动脉球囊扩张成形术
39.5000x025　上肢静脉球囊扩张成形术
39.5000x026　下肢静脉球囊扩张成形术
39.5000x027　肺动脉分支球囊扩张成形术
39.5000x029　髂总动脉球囊扩张成形术
39.5000x030　髂外动脉球囊扩张成形术
39.5000x031　下肢动脉球囊扩张成形术
39.5000x032　动静脉造瘘后球囊扩张（用于肾透析）
39.5001　锁骨下动脉球囊血管成形术
39.5002　肾动脉球囊血管成形术
39.5003　升主动脉球囊血管成形术
39.5004　股动脉球囊血管成形术
39.5005　髂动脉球囊血管成形术
39.5006　肝静脉球囊血管成形术
39.5007　髂静脉球囊血管成形术

39.5008　无名动脉球囊血管成形术
39.5009　腘动脉球囊血管成形术
39.5010　腹主动脉球囊血管成形术
39.5011　胫动脉球囊血管成形术
39.5013　桡动脉球囊血管成形术
39.5014　腋动脉球囊血管成形术
39.5015　腓动脉球囊血管成形术
39.5016　肱动脉球囊血管成形术
39.5300x011　动静脉瘘切除术
39.5300x015　人工动静脉瘘切除术
39.5302　动静脉瘘切断术
39.5303　动静脉瘘结扎术
39.5304　动静脉瘘夹闭术
39.5601　动脉组织补片修补术
39.5602　静脉组织补片修补术
39.5700x003　主动脉补片修补术
39.5701　静脉合成补片修补术
39.5702　动脉合成补片修补术
39.5800　用其他类型补片移植物的血管修补术
39.5900x001　动脉修补术
39.5900x002　肺动脉修补术
39.5900x003　肝静脉成形术
39.5900x004　股动脉成形术
39.5900x005　腘静脉修补术
39.5900x006　颈内动脉成形术
39.5900x007　静脉修补术
39.5900x008　髂动脉成形术
39.5900x009　上腔静脉成形术
39.5900x010　肾动脉成形术
39.5900x011　无名动脉成形术
39.5900x012　主动脉-肺动脉开窗术
39.5900x013　颞浅动脉贴敷术
39.5900x015　肺静脉成形术
39.5900x016　升主动脉成形术
39.5900x018　主动脉成形术
39.5900x019　股静脉环缩术
39.5900x020　肺静脉再植入术
39.5900x021　股静脉瓣膜环缩术
39.5900x022　腘动脉修补术
39.5900x023　体静脉狭窄矫治术
39.5900x024　血管修补术
39.5900x025　烟囱技术肠系膜上动脉重建术
39.5900x026　烟囱技术髂内动脉重建术
39.5900x027　烟囱技术肾动脉重建术
39.5900x028　烟囱技术颈总动脉重建术
39.5900x029　烟囱技术锁骨下动脉重建术
39.5900x030　主动脉弓成形术
39.5900x031　胸腔镜下肺动脉修补术
39.7100x004　腹主动脉栓塞术
39.7101　腹主动脉支架置入术
39.7102　腹主动脉覆膜支架腔内隔绝术
39.7103　腹主动脉分支覆膜支架置入术
39.7200x001　颈静脉支架置入术
39.7200x004　颈内动脉栓塞术
39.7200x005　颈动脉栓塞术
39.7200x018　颈动静脉瘘栓塞术
39.7202　颈部血管内修补或闭合术
39.7205　经导管颅内动脉瘤支架辅助栓塞术
39.7206　经导管颈动脉瘤栓塞术
39.7209　经导管颅内血管栓塞术
39.7213　经导管椎动脉栓塞术
39.7300x003　主动脉覆膜支架腔内隔绝术
39.7300x004　胸主动脉覆膜支架置入术（腋-腋、腋-颈、腋-腋-颈）［HYBRID复合手术］
39.7301　胸主动脉支架置入术
39.7302　胸主动脉分支覆膜支架置入术
39.7303　胸主动脉覆膜支架腔内隔绝术
39.7400x002　经皮颅内动脉取栓术
39.7400x004　经皮颈动脉取栓术
39.7503　经导管颅内动脉瘤裸弹簧圈栓塞术
39.7504　经导管颈动脉瘤裸弹簧圈栓塞术
39.7505　经导管颈部血管裸弹簧圈栓塞术
39.7800x001　胸主动脉开窗分支覆膜支架置入术
39.7800x002　腹主动脉开窗分支覆膜支架置入术
39.7800x008　经皮动脉导管未闭封堵术
39.7800x010　主动脉伞堵术
39.7900x007　髂动脉瘤覆膜支架置入术
39.7900x009　甲状腺动脉栓塞术
39.7900x011　肺动脉栓塞术
39.7900x013　锁骨下动脉栓塞术
39.7900x014　体-肺动脉侧支封堵术
39.7900x015　奇静脉封堵术
39.7900x017　结肠动脉栓塞术
39.7900x019　髂动脉栓塞术
39.7900x020　肾动脉栓塞术
39.7900x021　腰动脉栓塞术
39.7900x022　精索静脉栓塞术
39.7900x023　卵巢静脉栓塞术
39.7900x024　盆腔静脉栓塞术
39.7900x025　股动脉栓塞术

39.7900x027　臀下动脉栓塞术
39.7900x078　动静脉瘘栓塞术
39.7900x301　上肢动静脉瘘栓塞术
39.7900x809　下肢静脉滤器置入术
39.7901　经导管肾血管栓塞术
39.7902　经导管支气管动脉栓塞术
39.7903　经导管肝动脉栓塞术
39.7904　经导管脾动脉栓塞术
39.7906　经导管髂内动脉栓塞术
39.7907　经导管上肢血管栓塞术
39.7910　经导管动静脉畸形介入栓塞术
39.8901　颈动脉体瘤切除术
39.9000　周围（非冠状的）血管非药物洗脱支架置入
39.9000x010　脾动脉支架置入术
39.9000x011　髂静脉支架置入术
39.9000x012　锁骨下静脉支架置入术
39.9000x016　下肢静脉支架置入术
39.9000x017　尺动脉支架置入术
39.9000x019　股动脉覆膜支架置入术
39.9000x020　尺动脉非药物洗脱支架置入术
39.9000x021　腓动脉非药物洗脱支架置入术
39.9000x022　肺动脉支架置入术
39.9000x023　肱动脉非药物洗脱支架置入术
39.9000x024　肱动脉支架置入术
39.9000x025　腘动脉覆膜支架置入术
39.9000x026　动脉导管支架置入术
39.9000x027　肺动脉带瓣支架植入术
39.9000x028　髂动脉覆膜支架置入术
39.9000x029　桡动脉非药物洗脱支架置入术
39.9000x030　桡动脉支架置入术
39.9000x031　上肢动脉覆膜支架置入术
39.9000x032　上肢静脉非药物洗脱支架置入术
39.9000x033　上肢静脉支架置入术
39.9000x034　锁骨下动脉覆膜支架置入术
39.9000x035　头臂静脉非药物洗脱支架置入术
39.9000x036　无名动脉覆膜支架置入术
39.9000x037　肺动脉分支支架置入术
39.9001　肠系膜上动脉支架置入术
39.9003　门静脉支架置入术
39.9004　髂动脉支架置入术
39.9005　上腔静脉支架置入术
39.9006　肝静脉支架置入术
39.9007　无名动脉支架置入术
39.9008　锁骨下动脉支架置入术
39.9009　股动脉支架置入术
39.9010　下腔静脉支架置入术
39.9011　胫动脉支架置入术
39.9012　肝动脉支架置入术
39.9013　腘动脉支架置入术
39.9015　腓动脉支架置入术
39.9016　肾动脉支架置入术
39.9100　血管松解
39.9100x003　下腔静脉粘连松解术
39.9300　血管-血管的套管的置入术
39.9500　血液透析
39.9500x004　血浆置换
39.9500x005　单膜血浆置换
39.9500x006　双膜血浆置换
39.9500x007　连续性肾脏替代治疗［CRRT］
39.9501　血液滤过
39.9600x002　血浆灌流
39.9600x003　血液灌流
39.9700x001　灌注治疗术
39.9800x001　伤口止血术
39.9801　手术后伤口止血术
39.9900　血管其他手术
40.2900x008　颌下淋巴结切除术
40.2904　纵隔淋巴结切除术
40.2906　腹腔淋巴结切除术
40.2908　肠系膜淋巴结切除术
40.2910　淋巴管瘤切除术
40.6100　胸导管套管置入术
40.6200　胸导管造瘘术
40.6300　胸导管瘘口闭合术
40.6301　胸腔镜淋巴瘘修补术
40.6400　胸导管结扎术
40.6900x002　胸导管-颈外静脉吻合术
40.6900x003　胸导管狭窄扩张术
40.6900x004　胸导管成形术
40.6901　胸导管颈内静脉吻合术
40.9x00x003　周围淋巴管-小静脉吻合术
40.9x00x004　淋巴干-小静脉吻合术
40.9x00x005　腰淋巴干-小静脉吻合术
40.9x00x006　髂淋巴干-小静脉吻合术
40.9x00x007　肠淋巴干-小静脉吻合术
40.9x00x008　淋巴水肿矫正Homans-Macey手术［Homan手术］
40.9x00x009　淋巴水肿矫正Charles手术［Charles手术］

40.9x00x010　淋巴水肿矫正Thompson手术［Thompson手术］
40.9x00x011　腹膜后淋巴管横断结扎术
40.9x00x012　髂淋巴干横断结扎术
40.9x00x013　淋巴管瘘结扎术
40.9x00x014　淋巴管瘘切除术
40.9x00x015　淋巴管瘘粘连术
40.9x00x016　淋巴管瘤注射术
40.9x00x017　淋巴水肿抽吸术
40.9x01　腹腔淋巴管修补术
40.9x02　周围淋巴管结扎术
40.9x03　周围淋巴管闭合术
40.9x04　周围淋巴管扩张术
40.9x05　周围淋巴管吻合术
40.9x06　周围淋巴管移植术
40.9x07　周围淋巴管重建术
40.9x08　淋巴水肿矫正术
40.9x09　淋巴管静脉吻合术
41.2x01　脾切开探查术
41.2x02　脾切开引流术
41.2x03　腹腔镜脾切开引流术
41.4200x002　脾病损切除术
41.4200x003　经皮脾病损射频消融术
41.4200x005　经皮脾病损微波消融术
41.4300　部分脾切除术
41.4301　腹腔镜脾部分切除术
41.5x00　全脾切除术
41.5x01　腹腔镜全脾切除术
41.9501　脾修补术
41.9502　脾固定术
41.9503　脾缝合术
41.9504　腹腔镜脾修补术
42.0901　食管切开异物取出术
42.0902　食管切开探查术
42.1100　颈部食管造口术
42.1200　食管憩室外置术
42.1901　胸部食管造口术
42.3310　内镜食管出血止血术
42.4100　部分食管切除术
42.4101　胸腹联合切口食管部分切除术
42.4102　颈胸腹三切口食管部分切除术
42.4103　胸腔镜食管部分切除术
42.4104　胸腔镜颈腹切口食管部分切除术
42.4201　胸腹联合切口全食管切除术
42.4202　颈胸腹三切口全食管切除术
42.4203　胸腔镜全食管切除术
42.5100　胸内食管食管吻合术
42.5200　胸内食管胃吻合术
42.5200x005　胸内食管-胃颈部吻合术
42.5201　食管胃弓上吻合术
42.5202　食管胃弓下吻合术
42.5300x001　胸内空肠代食管术
42.5500x001　胸内结肠代食管术
42.5801　人工食管建造术
42.5802　胃-咽吻合术
42.5803　胃-喉吻合术
42.5900x001　食管-空肠弓上吻合术
42.6100　胸骨前食管食管吻合术
42.6200　胸骨前食管胃吻合术
42.6300　胸骨前食管吻合术伴小肠间置术
42.6400x002　胸骨前食管-小肠吻合术
42.6401　胸骨前食管十二指肠吻合术
42.6402　胸骨前食管回肠吻合术
42.6403　胸骨前食管空肠吻合术
42.6500　胸骨前食管吻合术伴结肠间置术
42.6601　胸骨前食管结肠吻合术
42.7x00x001　食管贲门肌层切开术
42.7x01　改良食管肌层切开术［改良Heller手术］
42.7x02　腹腔镜食管贲门肌层切开术
42.7x04　胸腔镜食管肌层切开术
42.8100　食管置入永久性管
42.8101　内镜下食管支架置入术
42.8200　食管裂伤缝合术
42.8300　食管造口闭合术
42.8400　食管瘘修补术
42.8501　食管吻合口狭窄修补术
42.8502　食管镜食管狭窄整复术
42.9200x007　内镜下贲门括约肌切开术（POEM）
42.9200x008　内镜下胃咽吻合口扩张术
43.0x00x003　胃切开探查术
43.0x02　胃切开异物取出术
43.0x03　腹腔镜下胃切开异物取出术
43.1900x003　永久性胃造口术
43.1900x005　暂时性胃造口术
43.5x00x003　贲门部分切除伴食管-胃吻合术
43.5x00x007　胃近端切除伴食管-胃吻合术
43.5x01　胃大部切除伴食管胃吻合术
43.5x02　贲门切除伴食管胃弓下吻合术
43.5x03　腹腔镜下胃大部切除伴食管-胃吻合术
43.6x00x005　胃幽门切除术伴胃-十二指肠吻合术

43.6x00x006　胃远端切除术伴胃-十二指肠吻合术
43.6x01　胃大部切除伴胃十二指肠吻合术
43.6x02　腹腔镜胃大部切除伴胃十二指肠吻合术
43.7x00x001　胃大部切除伴胃-空肠吻合术［Billroth Ⅱ式手术］
43.7x01　残胃部分切除伴胃空肠吻合术
43.7x02　胃肠吻合口切除伴胃空肠吻合术
43.7x03　腹腔镜胃大部切除伴胃空肠吻合术
43.8100　胃部分切除术伴空肠移位术
43.8201　腹腔镜胃部分切除术
43.8202　腹腔镜胃楔形切除术
43.8901　胃部分切除术
43.8902　胃底横断术
43.8903　胃袖状切除术
43.9101　全胃切除伴空肠间置术
43.9102　腹腔镜辅助全胃切除伴空肠间置术
43.9900x002　残胃切除术
43.9900x003　腹腔镜下胃切除术
43.9900x004　根治性胃切除术
43.9901　全胃切除伴食管空肠吻合术
43.9903　全胃切除伴食管十二指肠吻合术
43.9905　腹腔镜辅助全胃切除伴食管-空肠吻合术
44.2200x001　胃镜下胃-肠吻合口扩张术
44.2200x003　内镜下食管胃吻合口扩张术
44.2200x004　内镜下胃肠吻合口支架植入术
44.4200x001　腹腔镜下十二指肠溃疡穿孔修补术
44.4300x001　胃镜下十二指肠止血术
44.4300x002　胃镜下胃出血止血术
44.4301　内镜下胃氩气刀止血术
44.4302　内镜下胃钛夹止血术
44.4400x005　胃十二指肠动脉栓塞术
44.4401　十二指肠动脉栓塞术
44.4403　经导管胃动脉栓塞术
44.4901　胃切开止血术
44.5x00x002　胃-空肠吻合口闭合术
44.5x00x004　胃-十二指肠吻合口闭合术
44.5x00x005　胃-十二指肠吻合口修补术
44.5x01　胃肠吻合口修补术
44.5x02　食管胃吻合口成形术
44.6100x003　胃破裂修补术
44.6200　胃造口闭合术
44.6300x001　胃-结肠瘘闭合术
44.6301　胃结肠瘘修补术
44.6302　胃空肠瘘修补术
44.6400　胃固定术
44.6401　腹腔镜下胃固定术
44.6500　胃十二指肠成形术
44.6500x001　食管-贲门成形术
44.6500x002　食管-胃成形术［Belsey手术］
44.6500x003　胸腔镜下贲门松解术
44.6501　贲门成形术
44.6600x002　胃-贲门成形术
44.6601　胃底折叠术
44.6701　腹腔镜胃底折叠术
44.6800x002　腹腔镜下胃束带术
44.6801　腹腔镜垂直束带胃成形术（VBG）
44.6901　胃修补术
44.6902　腹腔镜胃修补术
44.9101　胃底静脉结扎术
44.9201　胃扭转复位术
45.0100x005　十二指肠切开探查术
45.0101　十二指肠切开异物取出术
45.0102　十二指肠切开取石术
45.0200x001　空肠切开取石
45.0201　小肠切开异物取出术
45.0202　小肠切开取石术
45.0203　小肠切开减压术
45.0204　腹腔镜小肠切开减压术
45.0300x002　大肠切开探查术
45.0300x003　横结肠切开引流术
45.0301　大肠切开取石术
45.0302　大肠切开异物取出术
45.0303　大肠切开减压术
45.1101　术中小肠内镜检查
45.3101　十二指肠病损切除术
45.3301　小肠病损切除术
45.4104　乙状结肠病损切除术
45.4200x003　纤维结肠镜下结肠息肉切除术
45.4201　内镜下乙状结肠息肉切除术
45.4300x008　结肠镜下结肠病损电凝术
45.4301　内镜下乙状结肠病损切除术
45.4302　内镜下结肠病损切除术
45.4304　内镜下结肠止血术
45.4305　内镜下直肠止血术
45.4306　内镜下直肠钛夹止血术
45.4307　内镜下结肠黏膜切除术（EMR）
45.6100　小肠多节段部分切除术
45.6200x001　腹腔镜下回肠部分切除术
45.6200x002　腹腔镜下空肠部分切除术
45.6201　小肠部分切除术

45.6202　十二指肠部分切除术
45.6203　十二指肠切除术
45.6204　空肠部分切除术
45.6205　空肠切除术
45.6206　回肠部分切除术
45.6207　回肠切除术
45.6208　腹腔镜下小肠部分切除术
45.6300　小肠全部切除术
45.7100x001　大肠多节段切除术
45.7200x002　回盲部切除术
45.7200x004　盲肠部分切除术
45.7201　回盲部分切除术
45.7202　盲肠切除术
45.7300x003　升结肠部分切除术
45.7300x006　右半结肠姑息性切除术
45.7300x007　右半结肠切除术
45.7301　回肠结肠切除术
45.7302　右半结肠根治性切除术
45.7400x003　横结肠切除术
45.7401　横结肠部分切除术
45.7500　左半结肠切除术
45.7500x001　降结肠部分切除术
45.7501　左半结肠根治性切除术
45.7600x008　乙状结肠切除术
45.7601　乙状结肠部分切除术
45.7900x002　巨结肠切除术
45.7901　结肠部分切除术
45.8100　腹腔镜腹内全结肠切除术
45.8200　开放性腹内全结肠切除术
45.9000　肠吻合术
45.9100x006　小肠-小肠端侧吻合术
45.9100x008　空肠-空肠端侧吻合术
45.9101　空肠空肠吻合术
45.9103　十二指肠空肠吻合术
45.9104　空肠回肠吻合术
45.9200　小肠直肠残端吻合术
45.9300x012　小肠-升结肠吻合术
45.9300x013　小肠-大肠吻合术
45.9300x014　小肠-结肠吻合术
45.9300x015　回肠贮袋肛管吻合术
45.9301　回肠-横结肠吻合术
45.9302　回肠-降结肠吻合术
45.9303　回肠-盲肠吻合术
45.9304　回肠-升结肠吻合术
45.9305　回肠-乙状结肠吻合术
45.9306　回肠-直肠吻合术
45.9307　空肠-横结肠吻合术
45.9310　空肠-乙状结肠吻合术
45.9400x004　降结肠-乙状结肠吻合术
45.9400x009　盲肠-乙状结肠吻合术
45.9400x012　升结肠-乙状结肠吻合术
45.9400x016　横结肠-直肠吻合术
45.9401　横结肠-降结肠吻合术
45.9402　横结肠-乙状结肠吻合术
45.9403　降结肠-直肠吻合术
45.9404　结肠-直肠吻合术
45.9405　乙状结肠-直肠吻合术
45.9406　升结肠-横结肠吻合术
45.9407　升结肠-降结肠吻合术
45.9408　升结肠-直肠吻合术
45.9501　结肠-肛门吻合术
45.9502　回肠-肛门吻合术
45.9503　降结肠-肛门吻合术
45.9504　乙状结肠-肛门吻合术
46.0100x001　回肠外置术
46.0101　十二指肠外置术
46.0102　襻式回肠造口术
46.0300x001　肠外置术［Mikulicz手术］
46.0300x003　盲肠外置术
46.0300x004　结肠旷置术
46.0301　肠外置术（一期）
46.0302　襻式结肠造口术
46.0400x002　肠外置段的切除术
46.0401　肠外置术（二期）
46.0402　结肠襻切除术
46.1000　结肠造口术
46.1000x007　腹腔镜下结肠造口术
46.1100　暂时性结肠造口术
46.1100x002　腹腔镜下结肠暂时性造口术
46.1300　永久性结肠造口术
46.1301　腹腔镜乙状结肠永久性造口术
46.2000　回肠造口术
46.2100　暂时性回肠造口术
46.2300x001　回肠永久性造口术
46.2301　腹腔镜永久性回肠造口术
46.2400　回肠造口的延迟性切开
46.3200x002　内镜下经皮空肠造瘘术
46.3900x002　空肠造口术
46.3900x006　腹腔镜下十二指肠造口术
46.3900x007　腹腔镜下小肠造口术

46.3901　空肠（营养性）造口术
46.3902　十二指肠造口术
46.3904　小肠造口术
46.3905　腹腔镜空肠造口术
46.4101　回肠造口修复术
46.4102　空肠造口修复术
46.4103　回肠造口周围疝修补术
46.4200　结肠造口周围疝修补术
46.4201　腹腔镜结肠造口周围疝修补术
46.4202　腹腔镜结肠造口周围疝无张力成形术
46.4300x004　横结肠造口重建术
46.4300x005　结肠造口扩大术
46.4301　结肠造口修复术
46.4302　横结肠造口修复术
46.4303　降结肠造口修复术
46.5100x002　回肠造口还纳术
46.5100x004　空肠造口还纳术
46.5100x006　小肠造口还纳术
46.5101　回肠造口闭合术
46.5102　空肠造口闭合术
46.5200x006　结肠造口还纳术
46.5200x010　乙状结肠造口还纳术
46.5200x011　横结肠造口还纳术
46.5201　盲肠造口闭合术
46.5202　结肠造口闭合术
46.5203　乙状结肠造口闭合术
46.5204　横结肠造口闭合术
46.6201　小肠折叠术［Noble手术］
46.7100　十二指肠裂伤缝合术
46.7200　十二指肠瘘的闭合术
46.7300x005　小肠破裂修补术
46.7301　空肠裂伤修补术
46.7302　回肠裂伤修补术
46.7303　腹腔镜小肠裂伤修补术
46.7400x004　小肠瘘修补术
46.7401　小肠-小肠吻合口瘘修补术
46.7402　小肠-大肠吻合口瘘修补术
46.7403　空肠瘘修补术
46.7404　小肠腹壁瘘切除术
46.7405　小肠-乙状结肠瘘切除术
46.7500x004　结肠破裂修补术
46.7501　横结肠裂伤修补术
46.7502　乙状结肠裂伤修补术
46.7503　盲肠裂伤修补术
46.7504　升结肠裂伤修补术
46.7505　降结肠裂伤修补术
46.7506　腹腔镜下结肠裂伤修补术
46.7601　乙状结肠瘘修补术
46.7602　盲肠瘘修补术
46.7603　结肠瘘修补术
46.7604　腹腔镜下结肠瘘修补术
46.7900x009　腹腔镜下十二指肠成形术
46.7901　肠穿孔修补术
46.7902　十二指肠成形术
46.7903　小肠浆膜修补术
46.7904　十二指肠憩室修补术
46.8101　小肠扭转复位术
46.8102　小肠套叠复位术
46.8201　大肠扭转复位术
46.8202　大肠套叠复位术
46.8503　十二指肠支架置入术
46.9300x001　十二指肠空肠吻合口切除术
46.9301　空肠回肠吻合口切除术
46.9401　直肠吻合口狭窄切开术
46.9602　大肠灌洗
47.0100　腹腔镜下阑尾切除术
47.0901　阑尾切除术
47.2x00　阑尾脓肿引流术
47.2x01　腹腔镜下阑尾脓肿引流术
47.9200　阑尾瘘管闭合术
48.0x00x002　直肠切开引流术
48.0x00x003　直肠切开探查术
48.0x01　直肠减压术
48.0x02　肛门闭锁减压术
48.0x03　直肠直线切开术［PANAS］
48.1x00　直肠造口
48.2101　手术中直肠乙状结肠镜检查术
48.3200x001　直肠-乙状结肠镜下直肠病损电切术
48.3200x003　直肠病损电凝术
48.3501　直肠病损切除术
48.3502　经肛门直肠病损切除术
48.3603　内镜下直肠息肉氩离子凝固术（APC）
48.4105　直肠黏膜切除术
48.4900x002　直肠切除术［Swenson手术］
48.4900x003　直肠-腹-会阴拖出切除术
48.4901　会阴-直肠拖出术
48.4902　经前会阴超低位直肠切除术
48.4903　腹腔镜辅助经前会阴超低位直肠切除术
48.4904　斯文林直肠切除术
48.4905　Bacon-Black术

48.5100 腹腔镜下腹会阴直肠切除术
48.5100x002 腹腔镜下经肛提肌外腹会阴直肠联合切除术［LELAPE手术］
48.5200 开放性腹会阴直肠切除术
48.5201 肛提肌外腹会阴直肠联合切除术
48.5900x001 直肠全部切除术
48.6100 经骶直肠乙状结肠切除术
48.6200 直肠前切除术同时伴结肠造口术
48.6201 腹腔镜下直肠前切除伴结肠造口术
48.6301 直肠前切除术
48.6302 腹腔镜下直肠前切除术
48.6400x001 经骶尾直肠切除术
48.6500x001 腹-会阴拖出术
48.6902 直肠部分切除术
48.6903 直肠-乙状结肠切除术
48.6904 直肠乙状结肠部分切除术
48.6905 直肠切除术
48.7100 直肠裂伤缝合术
48.7101 腹腔镜直肠破裂修补术
48.7200 直肠造口闭合术
48.7300x001 会阴-直肠瘘闭合术
48.7301 会阴直肠瘘修补术
48.7302 肛门直肠瘘修补术
48.7303 直肠瘘修补术
48.7400 直肠直肠吻合术
48.7401 经肛门吻合器直肠切除术
48.7501 直肠脱垂里普斯坦修补术
48.7600x001 直肠固定术
48.7600x002 直肠骶骨上悬吊术
48.7600x008 直肠黏膜悬吊术
48.7601 直肠脱垂注射术
48.7602 直肠脱垂德洛姆修补术
48.7603 直肠脱垂悬吊术
48.7900x003 直肠修补术
48.7901 陈旧性产科直肠裂伤修补术
48.9100 直肠狭窄切开术
49.0200x001 肛周组织下部切开术
49.0300 肛周皮赘切除术
49.0400x009 肛周病损切除术
49.0401 肛周脓肿切除术
49.5901 肛管内括约肌切开术
49.7100 肛门裂伤缝合术
49.7200 肛门环扎术
49.7301 肛瘘挂线术
49.7302 肛瘘结扎术
49.7400x001 股薄肌移植肛门失禁矫正术
49.7501 人工肛门括约肌植入术
49.7502 人工肛门括约肌修复术
49.7600 人工肛门括约肌去除
49.7900x005 肛门括约肌修补术
49.7901 肛门陈旧性产科裂伤修补术
49.7902 肛门括约肌成形术
49.7903 肛门成形术
49.7904 腹腔镜下肛门成形术
49.9901 肛管皮肤移植术
50.0x00x004 腹腔镜下肝切开引流术
50.0x00x008 肝被膜下血肿清除术
50.0x00x016 肝探查术
50.0x01 肝切开引流术
50.0x02 肝切开异物取出术
50.2200 部分肝切除术
50.2200x003 肝Ⅱ段切除术
50.2200x004 肝Ⅲ段切除术
50.2200x005 肝Ⅳ段切除术
50.2200x006 肝Ⅴ段切除术
50.2200x007 肝Ⅵ段切除术
50.2200x008 肝Ⅶ段切除术
50.2200x009 肝Ⅷ段切除术
50.2201 肝楔形切除术
50.2202 肝段切除术
50.2203 腹腔镜下肝段切除术
50.2204 腹腔镜下肝楔形切除术
50.2205 腹腔镜下肝部分切除术
50.2206 腹腔镜下活体取肝术
50.3x01 右半肝切除术
50.3x02 左半肝切除术
50.3x03 肝叶部分切除术
50.3x04 全肝叶切除术伴其他肝叶部分切除术
50.3x05 腹腔镜下肝叶切除术
50.3x06 腹腔镜下半肝切除术
50.4x00 全肝切除术
50.6101 肝破裂修补术
50.6900x002 肝修补术
50.6901 肝固定术
50.9200x001 肝透析［人工肝治疗］
50.9201 肝透析
50.9300 肝局部灌注
50.9900x003 肝止血术
51.0400x008 胆道镜下碎石取石术
51.0405 腹腔镜下胆囊切开取石术

51.1000　内镜逆行胰胆管造影［ERCP］
51.1101　术中胆道镜检查
51.2100　部分胆囊切除术
51.2200　胆囊切除术
51.2200x004　胆囊扩大切除术
51.2201　残余胆囊切除术
51.2300　腹腔镜下胆囊切除术
51.2400　腹腔镜下部分胆囊切除术
51.3100　胆囊肝管吻合术
51.3201　胆囊空肠吻合术
51.3202　胆囊十二指肠吻合术
51.3203　腹腔镜下胆囊空肠吻合术
51.3204　腹腔镜下胆囊十二指肠吻合术
51.3400　胆囊胃吻合术
51.3601　胆总管空肠吻合术
51.3602　胆总管十二指肠吻合术
51.3700x001　腹腔镜下肝门-空肠吻合术
51.3700x002　腹腔镜下肝门-肠吻合术
51.3700x003　肝胆管-空肠吻合术
51.3700x007　肝门-空肠吻合术
51.3701　肝总管空肠吻合术
51.3702　肝管胃吻合术
51.3703　肝管十二指肠吻合术
51.3704　肝管空肠吻合术
51.3900x005　胆管吻合术
51.3900x008　胆管-胰吻合术
51.3901　胆管空肠吻合术
51.3902　胆管十二指肠吻合术
51.3903　胆总管胃空肠吻合术
51.3904　胆管肝管空肠吻合术
51.3905　胆总管胃吻合术
51.3906　胆管胃吻合术
51.3907　腹腔镜下胆管空肠吻合术
51.4201　胆总管切开异物取出术
51.4202　胆总管切开减压术
51.4301　肝胆总管吻合术
51.4302　肝管支架置入术
51.4303　胆总管支架置入术
51.4304　胆管支架置入术
51.5100　胆总管探查术
51.5101　胆总管切开引流术
51.5900x006　腹腔镜下胆道探查术
51.5900x009　内镜下胆道异物去除术
51.5901　肝管切开引流术
51.5902　肝管切开探查术
51.5903　胆管切开探查术
51.5904　肝总管切开探查术
51.6100x001　残余胆囊管切除术
51.7101　胆总管裂伤缝合术
51.7200x001　胆总管修补术
51.7201　胆总管瘘修补术
51.7202　胆总管-肠吻合口拆除术
51.7203　胆总管球囊扩张术
51.7204　胆总管扩张术
51.7900x002　胆管成形术
51.7900x005　胆管修补术
51.7900x006　胆总管损伤修补术
51.7901　肝管成形术
51.7902　胆管空肠吻合口闭合术
51.7903　带蒂肠片肝管成形术
51.7904　胆管瘘修补术
51.7906　肝总管修补术
51.8100　奥狄氏括约肌扩张
51.8101　法特氏壶腹扩张术
51.8200x001　奥狄括约肌切开术
51.8200x002　经十二指肠壶腹括约肌切开术
51.8201　十二指肠乳头肌切开术
51.8300x003　胆总管-十二指肠后壁吻合术
51.8301　十二指肠括约肌成形术
51.8503　内镜下十二指肠乳头肌切开术（EST）
51.8600x002　内镜下鼻胆管引流术
51.8700x003　内镜下胆管支架置入术
51.8700x005　内窥镜胆总管内置管术
51.8801　胆道镜下胆管取石术
51.9100　胆囊裂伤的修补术
51.9101　腹腔镜下胆囊破裂修补术
51.9200　胆囊造口闭合术
51.9300x001　胆囊-空肠瘘切除术
51.9301　胆囊瘘修补术
51.9302　胆囊空肠瘘修补术
51.9303　胆囊十二指肠瘘修补术
51.9304　胆囊结肠瘘修补术
51.9305　胆囊胃瘘修补术
51.9401　胆管吻合口重建术
51.9800x008　经皮胆管球囊扩张术
51.9800x010　经皮胆管支架置入术
51.9801　经皮肝穿刺胆管支架植入术
51.9805　经皮经肝肝管支架植入术
51.9901　胆道内假体置换术
52.0903　胰腺切开引流术

52.1200 开放性胰腺活组织检查
52.4x00x004 胰腺囊肿引流术
52.5100x001 胰近端切除伴十二指肠切除术
52.5101 胰头切除术
52.5102 胰头伴部分胰体切除术
52.5103 胰头十二指肠切除术
52.5104 胰头部分切除术
52.5201 胰尾切除术
52.5202 胰尾伴部分胰体切除术
52.5203 胰尾部分切除术
52.5204 腹腔镜下胰尾切除术
52.5205 腹腔镜下胰尾伴部分胰体切除术
52.5206 腹腔镜下胰体胰尾病损切除术
52.5300 根治性胰腺次全切除术
52.5301 腹腔镜根治性胰体尾切除术
52.5901 胰腺部分切除术
52.5902 胰腺十二指肠部分切除术
52.5903 胰腺节段切除术
52.5904 胰体尾切除术
52.5905 腹腔镜胰腺部分切除术
52.5906 腹腔镜胰腺中段切除术
52.6x00 全胰切除术
52.6x00x003 异位胰腺切除术
52.6x01 胰腺全部切除伴十二指肠切除术
52.7x00 根治性胰十二指肠切除术
52.7x00x003 胰腺根治性切除术
52.7x01 腹腔镜下胰十二指肠根治术
52.9201 胰管支架置入术
52.9300 内镜下胰管支架（管）置入
52.9500x001 胰瘘管切除术
52.9500x002 胰尾修补术
52.9501 胰腺裂伤缝合术
52.9502 胰管修补术
52.9503 胰腺瘘修补术
52.9504 胰腺修补术
52.9601 胰腺管空肠吻合术
52.9602 胰腺管胃吻合术
52.9603 胰腺管回肠吻合术
52.9604 胰腺管十二指肠吻合术
52.9605 腹腔镜下胰胃吻合术
53.0001 单侧腹股沟疝修补术
53.0101 单侧腹股沟直疝修补术
53.0401 单侧腹股沟斜疝无张力修补术
53.1203 腹腔镜下双侧腹股沟斜疝修补术
53.2901 单侧股疝修补术
53.4901 脐疝修补术
53.5100 切口疝修补术
53.5901 腹壁疝修补术
53.6101 腹壁切口疝无张力修补术
53.7101 腹腔镜经腹食管裂孔疝修补术
53.7201 经腹膈疝修补术
53.7202 经腹食管裂孔疝修补术
53.8000x001 经胸膈疝修补术
53.8001 经胸食管裂孔疝修补术
53.8100x001 膈肌折叠术
53.8300x001 胸腔镜下膈疝修补术
54.0x00x010 腹壁血肿清除术
54.0x00x021 腹膜外血肿清除术
54.0x00x023 髂窝积液清除术
54.0x01 腹股沟探查术
54.0x03 腹壁异物取出术
54.1100 开腹探查术
54.1101 腹腔镜中转剖腹探查术
54.1201 再开腹探查术
54.1202 近期开腹术后腹腔止血术
54.1900x001 腹部血肿去除术
54.1900x005 腹腔镜下腹腔积血清除术
54.1900x006 腹腔镜下男性盆腔脓肿切开引流术
54.1900x010 腹腔脓肿切开引流术
54.1900x011 腹腔血肿清除术
54.1900x020 男性盆腔脓肿切开引流术
54.1900x023 男性盆腔血肿清除术
54.1901 腹膜后血肿清除术
54.1902 腹膜血肿清除术
54.1903 腹腔切开引流术
54.1904 膈下脓肿切开引流术
54.1905 男性盆腔切开引流术
54.1906 网膜切开术
54.1907 腹腔出血止血术
54.1909 肠系膜血肿清除术
54.2100 腹腔镜检查
54.3x00x004 腹壁窦道扩创术
54.3x00x010 腹壁伤口扩创术
54.3x00x011 腹壁伤口清创术
54.3x01 腹壁病损切除术
54.3x02 腹腔镜下腹壁病损切除术
54.3x03 腹股沟病损切除术
54.3x04 脐切除术
54.3x06 腹壁清创术
54.3x08 腹壁瘢痕切除术

54.4x00x005　大网膜病损切除术
54.4x00x006　大网膜部分切除术
54.4x00x007　大网膜切除术
54.4x00x012　骶尾部病损切除术
54.4x00x035　盆腔病损切除术
54.4x00x055　经皮腹膜后病损纳米刀消融术
54.4x01　腹膜病损切除术
54.4x06　肠系膜病损切除术
54.4x07　骶前病损切除术
54.5100　腹腔镜下腹膜粘连松解术
54.5100x005　腹腔镜下腹腔粘连松解术
54.5100x009　腹腔镜下盆腔粘连松解术
54.5101　腹腔镜下肠粘连松解术
54.5102　腹腔镜下网膜粘连松解术
54.5103　腹腔镜下盆腔腹膜粘连松解术
54.5900x007　盆腔腹膜粘连松解术
54.5901　腹腔粘连松解术
54.5902　腹膜粘连松解术
54.5903　肠粘连松解术
54.5904　盆腔粘连松解术
54.5905　网膜粘连松解术
54.5906　阑尾周围粘连松解术
54.6101　腹壁切口裂开缝合术
54.6200　肉芽性腹部伤口的延迟性闭合术
54.6301　腹壁裂伤缝合术
54.6400　腹膜缝合术
54.6401　网膜裂伤缝合术
54.7100　腹裂（畸形）修补术
54.7200x001　腹壁补片修补术
54.7300x001　腹膜组织修补术
54.7301　腹膜后组织修补术
54.7302　胃结肠韧带缝合术
54.7400x001　大网膜包肝术
54.7400x002　大网膜包肾术
54.7400x003　大网膜还纳术
54.7400x004　大网膜内移植术
54.7400x005　大网膜修补术
54.7400x006　生物大网膜移植术
54.7401　网膜固定术
54.7402　网膜缝合术
54.7403　网膜移植术
54.7404　网膜扭转复位术
54.7405　异体大网膜移植术
54.7500x002　肠系膜修补术
54.7501　肠系膜固定术
54.7502　肠系膜折叠术
54.9201　腹腔切开异物取出术
54.9202　腹腔镜下腹腔异物取出术
54.9300x001　腹壁造口术
54.9300x011　腹膜透析管置入术
54.9500x004　脑室-腹腔引流管腹腔端修正术
54.9501　拉德手术
54.9502　脑室-腹腔分流修复术
54.9900x010　腹腔镜下盆腔病损切除术
54.9900x017　盆腔补片术
55.0100x010　肾被膜下血肿清除术
55.0101　肾探查术
55.0107　肾血肿清除术
55.0109　腹腔镜下肾探查术
55.0200　肾造口术
55.0201　腹腔镜下肾造口术
55.0300x005　经皮肾造口术
55.1100x001　肾盂切开探查术
55.1200　肾盂造口术
55.1200x001　肾盂内T管引流术
55.5100　肾输尿管切除术
55.5101　单侧肾切除术
55.5103　腹腔镜下单侧肾切除术
55.5104　腹腔镜下单侧肾输尿管切除术
55.5106　腹腔镜膀胱镜下肾输尿管切除术
55.5200　残留肾切除术
55.5201　孤立肾切除术
55.8101　肾裂伤修补术
55.8102　移植肾破裂修补术
55.8602　肾盂输尿管吻合术
55.8603　肾盏输尿管吻合术
55.8605　肾盂输尿管膀胱吻合术
55.8606　腹腔镜下肾盂输尿管吻合术
55.8701　肾盂成形术
55.8702　肾盂输尿管成形术
55.8703　腹腔镜下肾盂输尿管成形术
55.8704　腹腔镜下肾盂成形术
55.8901　肾修补术
56.4100　部分输尿管切除术
56.4100x008　膀胱镜下输尿管病损切除术
56.4103　输尿管口囊肿切除术
56.4105　腹腔镜下输尿管部分切除术
56.4200　输尿管全部切除术
56.5101　乙状结肠膀胱腹壁造口术
56.5102　回肠输尿管皮肤造口术

56.6100x001　输尿管-皮肤造口术
56.6100x003　输尿管造口术
56.6100x004　腹腔镜下输尿管-皮肤造口术
56.7100x002　输尿管-乙状结肠吻合术
56.7101　输尿管-回肠吻合术
56.7103　输尿管-直肠吻合术
56.7200　输尿管肠吻合术的修复术
56.7400　输尿管膀胱吻合术
56.7402　腹腔镜下输尿管膀胱吻合术
56.7501　左右输尿管吻合术
56.8200x002　腹腔镜下输尿管损伤修复术
56.8201　输尿管裂伤修补术
56.8500　输尿管固定术
56.8900x001　肠管代输尿管术
56.8900x006　腹腔镜下肠管代输尿管术
56.8901　输尿管成形术
56.8907　膀胱瓣代输尿管术
56.8908　腹腔镜下输尿管成形术
56.8909　腹腔镜下膀胱瓣代输尿管术
57.0x00x003　经尿道膀胱镜膀胱异物取出术
57.0x00x006　经尿道膀胱镜膀胱血块清除术
57.0x00x010　经尿道膀胱镜膀胱超声碎石术
57.0x04　经尿道膀胱血块清除术
57.1101　膀胱穿刺术
57.1700x001　超声引导下耻骨上膀胱造口导尿管插入术
57.1701　经皮耻骨上膀胱造口导尿管插入术
57.1800x001　耻骨上膀胱造口导尿管插入术
57.1901　膀胱探查术
57.1903　膀胱切开异物取出术
57.1905　膀胱切开血块清除术
57.2100　膀胱造口术
57.4900x001　经尿道膀胱病损电切术
57.4902　经尿道膀胱颈电切术
57.4903　经尿道膀胱病损激光烧灼术
57.7101　膀胱尿道全切除术
57.7102　男性盆腔脏器去除术
57.7900x001　膀胱全切除术
57.7901　腹腔镜下全膀胱切除术
57.8100　膀胱裂伤缝合术
57.8500x002　膀胱颈重建术
57.8501　膀胱颈成形术
57.8900x001　膀胱修补术
57.9300x001　膀胱术后出血止血术
57.9301　经尿道膀胱电凝止血术
58.0x00x003　尿道切开探查术
58.0x01　尿道切开取石术
58.0x02　尿道会阴造口术
58.0x03　尿道切开异物取出术
58.1x01　尿道外口切开术
58.3903　尿道切除术
58.3904　尿道部分切除术
58.3906　尿道口病损切除术
58.4100　尿道裂伤缝合术
58.4401　尿道吻合术
58.4600x001　膀胱黏膜瓣代尿道成形术
58.4600x002　颊黏膜代尿道成形术
58.4600x003　结肠黏膜代尿道成形术
58.4600x004　回肠黏膜代尿道成形术
58.4600x005　阴唇皮瓣代尿道成形术
58.4600x006　包皮皮肤代尿道成形术
58.4600x007　舌黏膜代尿道成形术
58.4600x008　唇黏膜代尿道成形术
58.4601　尿道建造术
58.4700　尿道口成形术
58.4900x003　尿道修补术
58.4900x006　后尿道成形术
58.4901　尿道成形术
58.6x01　尿道会师术
59.0901　肾周切开引流术
59.0902　肾周血肿清除术
59.0903　肾周区域探查术
59.1901　膀胱周围探查术
59.1902　耻骨后探查术
59.8x00x001　膀胱镜下输尿管扩张术
59.8x00x004　经尿道膀胱镜输尿管导管插入术
59.8x00x005　经尿道膀胱镜输尿管镜输尿管扩张术
59.8x01　输尿管扩张术
59.8x03　经尿道输尿管支架置入术
59.9300　输尿管造口导管置换术
59.9400　膀胱造口导管置换
60.2100x001　经尿道前列腺激光切除术［TULIP手术］
60.2901　经尿道前列腺气化电切术［TEVAP手术］
60.2902　经尿道前列腺切除术（TURP）
60.3x01　耻骨上经膀胱前列腺切除术
60.6100x002　前列腺部分切除术
60.9300　前列腺修补术
60.9400x001　前列腺术后止血术

60.9401　经尿道前列腺电凝止血术
61.0x00x003　阴囊切开探查术
61.0x03　阴囊血肿清除术
61.3x00x005　阴囊皮肤和皮下坏死组织切除清创术
61.3x03　阴囊病损切除术
61.4101　睾丸鞘膜裂伤缝合术
61.4102　阴囊裂伤缝合术
61.4201　阴囊输精管瘘修补术
61.4202　阴囊皮肤瘘修补术
61.4902　阴囊修补术
61.4903　阴囊再造术
61.4904　睾丸鞘膜翻转术
61.9200x001　鞘膜囊肿切除术
62.2x01　睾丸病损切除术
62.3x00　单侧睾丸切除术
62.4100x004　双侧睾丸切除术
62.4101　双侧睾丸附睾切除术
62.5x00　睾丸固定术
62.6100　睾丸裂伤缝合术
62.6900x001　睾丸修补术
63.3x01　精索病损切除术
63.5101　精索裂伤缝合术
63.5201　睾丸扭转复位术
63.5202　精索扭转复位术
63.5203　睾丸附件扭转复位术
63.5900　精索和附睾的其他修补术
63.8101　输精管裂伤的缝合术
63.8102　附睾裂伤的缝合术
63.9300　精索切开术
64.0x00　包皮环切术
64.2x00x002　包皮病损切除术
64.2x00x006　阴茎皮肤和皮下坏死组织切除清创术
64.4100　阴茎裂伤缝合术
64.4300　阴茎建造术
64.4500x002　阴茎海绵体断裂修补术
64.4901　阴茎矫直术
64.4902　阴茎延长术
64.4904　阴茎海绵体白膜修补术
64.4905　转移皮瓣阴茎修补术
64.9101　包皮切开术
64.9200　阴茎切开术
65.2200　卵巢楔形切除术
65.2501　腹腔镜卵巢病损切除术
65.2502　腹腔镜卵巢病损破坏术
65.2900x007　卵巢黄体血肿清除术
65.7300x001　输卵管-卵巢成形术
65.7400　腹腔镜卵巢单纯缝合术
65.7500　腹腔镜卵巢再植入
65.7600　腹腔镜输卵管卵巢成形术
65.7900x008　腹腔镜下卵巢破裂修补术
65.7900x009　腹腔镜下卵巢破裂止血术
65.7901　卵巢成形术
65.7902　卵巢固定术
65.7903　卵巢悬吊术
65.7904　腹腔镜卵巢悬吊术
65.7905　腹腔镜卵巢成形术
65.8102　腹腔镜输卵管粘连松解术
65.8900x001　输卵管-卵巢粘连松解术
65.8901　卵巢粘连松解术
65.8902　输卵管粘连松解术
66.3200x001　双侧输卵管切断术
66.4x02　腹腔镜单侧输卵管切除术
66.5100　双侧输卵管切除术
66.7100　单纯输卵管缝合术
66.7901　输卵管成形术
66.7902　输卵管移植术
66.7904　输卵管切断再通术
66.7905　腹腔镜输卵管成形术
67.3200　子宫颈病损烧灼破坏术
67.3200x009　子宫颈电凝止血术
67.3201　子宫颈环形电切术
67.3202　子宫颈锥形电切术
67.3203　宫腔镜子宫颈病损电切术
67.3301　子宫颈冷冻治疗术
67.3902　宫腔镜子宫颈病损切除术
67.3904　子宫颈病损切除术
67.4x01　子宫颈部分切除术
67.5100　经腹子宫颈环扎术
67.5901　经阴道子宫颈环扎术
67.6100　子宫颈裂伤缝合术
67.6901　子宫颈成形术
68.0x00x004　子宫切开探查术
68.0x00x005　子宫切开异物取出术
68.2100x002　子宫内膜粘连松解术
68.2101　宫腔镜子宫内膜粘连松解术
68.2202　子宫隔膜切除术
68.2300　子宫内膜切除术
68.2300x005　宫腔镜下子宫内膜热球去除术

68.2500x001　子宫动脉栓塞术
68.2900x048　宫腔镜下子宫电凝止血术
68.2901　子宫肌瘤切除术
68.2905　子宫病损射频消融术
68.2906　子宫病损切除术
68.2907　经阴道子宫病损切除术
68.2913　宫腔镜子宫病损电切术
68.2914　宫腔镜子宫病损射频消融术
68.2915　宫腔镜子宫内膜病损切除术
68.2917　宫腔镜子宫病损切除术
68.3905　残角子宫切除术
68.4100　腹腔镜经腹全子宫切除术
68.4900x004　始基子宫切除术
68.4901　经腹全子宫切除术
69.0100x002　人工流产钳刮术
69.0101　终止妊娠刮宫术
69.0200x003　流产后刮宫术
69.0201　人工流产后刮宫术
69.2200x022　阴道-骶棘韧带固定术
69.2300　经阴道慢性子宫内翻修补术
69.2901　子宫韧带修补术
69.4100　子宫裂伤缝合术
69.4200　子宫瘘管闭合术
69.4900x005　子宫修补术
69.4900x006　宫腔镜下子宫修补术
69.4901　子宫陈旧性产科裂伤修补术
69.4903　腹腔镜子宫修补术
69.5101　负压吸引人工流产术
69.5102　超声引导下负压吸引人工流产术
69.5103　宫腔镜电吸人流术
69.5201　分娩后电吸刮宫术
69.5202　流产后电吸刮宫术
69.5901　电吸刮宫术
69.7x00　子宫内避孕装置置入
69.9101　宫腔填塞止血术
70.1200x001　后穹窿切开引流术
70.1300　阴道管腔内粘连松解术
70.1400x007　阴道切开术
70.1400x012　阴道纵隔切除术
70.1405　阴道切开异物取出术
70.2901　阴道探查
70.3301　阴道病损切除术
70.5001　阴道前后壁修补术
70.5002　腹腔镜阴道前后壁修补术
70.5100　膀胱膨出修补术
70.5101　阴道前壁修补术
70.5201　阴道后壁修补术
70.5305　全盆底重建术
70.5400x001　阴道前壁修补术伴生物补片植入
70.6200x002　阴道成形术
70.6400x001　人工阴道重建术
70.7100　阴道裂伤缝合术
70.7101　后穹窿裂伤缝合术
70.7200　结肠阴道瘘修补术
70.7300　直肠阴道瘘修补术
70.7400x001　小肠-阴道瘘修补术
70.7401　小肠-阴道瘘切除术
70.7600　处女膜缝合术
70.7900x005　阴道断蒂缝合术
70.7900x006　阴道断蒂止血术
70.7900x010　阴道黏膜瓣移植术
70.7901　阴道延长术
70.7902　阴道扩张术
70.7903　阴道缩窄术
70.7905　阴道残端缝合术
70.7906　阴道会阴成形术
70.7907　阴道穹窿修补术
70.7909　腹腔镜阴道会阴成形术
71.0900x004　外阴血肿清除术
71.0900x006　外阴脓肿穿刺术
71.0903　会阴造口术
71.0904　会阴切开术
71.0905　会阴切开异物取出术
71.3x00x001　大阴唇病损切除术
71.3x00x013　外阴窦道切除术
71.3x00x021　女性会阴皮肤和皮下坏死组织切除清创术
71.3x01　会阴病损切除术
71.3x03　外阴部分切除术
71.3x04　外阴病损切除术
71.7101　外阴裂伤缝合术
71.7102　会阴裂伤缝合术
71.7202　会阴瘘修补术
71.7900x001　会阴陈旧性产科裂伤修补术
71.7900x008　小阴唇成形术
71.7900x010　后盆底重建术
71.7900x011　前盆底重建术
71.7900x012　阴唇黏膜游离移植术
71.7900x013　阴唇成形术
71.7901　外阴成形术

71.7902　外阴陈旧性产科裂伤修补术
71.7903　会阴成形术
71.7904　会阴陈旧性裂伤修补术
73.6x01　会阴侧切缝合术
74.1x01　剖宫产术，子宫下段横切口
74.1x02　剖宫产术，子宫下段直切口
74.2x00　腹膜外剖宫产
74.9100　子宫切开终止妊娠
75.0x01　羊膜腔内注射药物引产术
75.0x02　利凡诺羊膜腔内注射终止妊娠
75.5100　子宫颈近期产科裂伤修补术
75.6901　近期产科盆底裂伤修补术
75.6902　近期产科会阴裂伤修补术
75.6905　近期产科阴道裂伤修补术
75.8x00　子宫或阴道产科填塞
75.9100x001　产科会阴血肿去除术
75.9200x001　产科外阴血肿去除术
75.9201　外阴产科血肿排除术
76.0100　面骨死骨切除术
76.0101　下颌骨死骨切除术
76.0900x001　面骨切开术
76.2x00x014　面骨病损局部切除术
76.2x01　下颌骨病损切除术
76.3102　半下颌骨切除术
76.3902　上颌骨部分切除术
76.5x00　颞下颌关节成形术
76.6501　上颌骨成形术
76.6502　上颌Lefort Ⅰ型截骨成形术
76.6904　颧弓成形术
76.7200　颧骨骨折开放性复位术
76.7200x001　颧弓骨折切开复位术
76.7201　颧骨骨折切开复位内固定术
76.7300x001　鼻内窥镜下上颌骨骨折闭合复位术
76.7400　上颌骨骨折开放性复位术
76.7401　上颌骨骨折切开复位内固定术
76.7500　下颌骨骨折闭合性复位术
76.7600　下颌骨骨折开放性复位术
76.7601　髁状突骨折切开复位内固定术
76.7602　下颌骨骨折切开复位内固定术
76.7801　眶骨骨折闭合复位术
76.7900x006　面骨骨折切开复位术
76.7902　眶骨骨折切开复位术
76.7903　眶骨骨折切开复位内固定术
76.9101　下颌骨骨移植术
76.9200x004　下颌骨钛板置入术
76.9200x011　上颌骨钛板置入术
76.9701　下颌骨内固定装置取出术
77.0103　肋骨死骨去除术
77.0104　胸骨死骨去除术
77.0301　桡骨死骨去除术
77.0500　股骨死骨去除术
77.0701　胫骨死骨去除术
77.0801　跗骨死骨去除术
77.0802　跖骨死骨去除术
77.0902　指骨死骨去除术
77.0903　趾骨死骨去除术
77.0904　椎骨死骨去除术
77.1002　骨碎片去除术
77.1700x001　胫骨开窗引流术
77.1801　跗骨切开引流术
77.1900x004　椎骨负压引流管置入术
77.1902　指骨切开引流术
77.2200x001　肱骨截骨术
77.2200x003　肱骨髁上截骨术
77.2300x001　尺骨截骨术
77.2300x002　桡骨截骨术
77.2302　尺骨楔形截骨术
77.2400x002　掌骨截骨术
77.2500x001　股骨截骨术
77.2700x001　腓骨截骨术
77.2700x003　胫骨截骨术
77.2702　胫骨上端高位截骨术
77.2800x002　跖骨截骨术
77.2801　跗骨楔形切骨术
77.2900x003　指骨截骨术
77.2900x005　趾骨截骨术
77.2902　指骨楔形截骨术
77.2903　趾骨楔形截骨术
77.3101　肩胛骨切断术
77.3701　胫骨切断术
77.3802　跖骨切断术
77.3902　髂骨切开术
77.3904　坐骨耻骨切开术
77.3906　指骨切断术
77.3907　趾骨切断术
77.5100　踇囊肿切除术伴软组织矫正术和第一跖骨切开术
77.5600x002　锤状趾矫正术
77.6100x013　经皮肋骨病损纳米刀消融术
77.6101　肩胛骨病损切除术

77.6102　锁骨病损切除术
77.6201　肱骨病损切除术
77.6401　腕骨病损切除术
77.6701　胫骨病损切除术
77.6802　跖骨病损切除术
77.6900x007　跟骨病损切除术
77.6900x032　胸椎病损切除术
77.6900x039　腰椎病损切除术
77.6900x047　足骨病损切除术
77.6900x055　颈椎病损切除术
77.6900x059　经皮椎骨病损射频消融术
77.6900x060　经皮椎骨病损微波消融术
77.6900x061　经皮椎骨病损冷冻消融术
77.6900x062　经皮椎骨病损纳米刀消融术
77.6900x068　经皮髂骨病损纳米刀消融术
77.6900x069　经皮骶骨病损纳米刀消融术
77.6902　指骨病损切除术
77.6903　趾骨病损切除术
77.6904　椎骨病损切除术
77.7900x001　跟骨取骨术
77.7900x005　椎骨取骨术
77.7901　髂骨切除术用作移植物
77.8103　肋骨部分切除术
77.8106　胸骨部分切除术
77.8200　肱骨部分骨切除术
77.8300x006　桡骨小头切除术
77.8402　掌骨部分切除术
77.8500　股骨部分骨切除术
77.8702　腓骨部分切除术
77.8801　跗骨部分切除术
77.8900x005　髋臼周围截骨术
77.8900x013　椎体部分切除术
77.8900x026　足骨部分切除术
77.8903　指骨部分切除术
77.8904　趾骨部分切除术
77.8906　棘突切除术
77.9802　距骨切除术
77.9804　跖骨切除术
77.9805　籽骨切除术
77.9902　指骨全部切除术
77.9903　趾骨全部切除术
78.0000x003　同种异体骨植骨术
78.0100x003　异体肩胛骨移植术
78.0100x004　异体锁骨移植术
78.0102　锁骨植骨术
78.0200x001　肱骨植骨术
78.0200x002　肱骨人工骨植骨术
78.0200x003　异体肱骨上段半关节移植术
78.0200x004　异体肱骨下段半关节移植术
78.0300x005　桡骨人工骨植骨术
78.0300x006　异体桡骨移植术
78.0300x007　异体尺骨移植术
78.0301　桡骨植骨术
78.0302　尺骨植骨术
78.0400x001　掌骨人工骨植骨术
78.0401　腕骨植骨术
78.0403　掌骨植骨术
78.0500x001　股骨植骨术
78.0500x002　股骨人工骨植骨术
78.0500x003　异体股骨上段半关节移植术
78.0500x004　异体股骨下段半关节移植术
78.0500x005　异体股骨头移植术
78.0500x006　异体股骨骨板移植术
78.0501　股骨颈骨折骨栓植入术
78.0600x001　髌骨植骨术
78.0700x004　胫骨人工骨植骨术
78.0700x007　异体胫骨上段半关节移植术
78.0700x008　异体胫骨下段半关节移植术
78.0700x009　异体腓骨移植术
78.0701　胫骨植骨术
78.0702　腓骨植骨术
78.0802　跖骨植骨术
78.0900x001　跟骨植骨术
78.0900x008　颈椎植骨术
78.0900x010　腰椎植骨术
78.0900x012　髋骨植骨术
78.0900x014　跟骨人工骨植骨术
78.0900x020　指骨人工骨植骨术
78.0900x022　髂骨植骨术
78.0900x025　异体半骨盆移植术
78.0900x026　异体椎间融合骨块移植术
78.0902　指骨植骨术
78.0903　趾骨植骨术
78.0904　椎骨植骨术
78.1102　锁骨外固定术
78.1201　肱骨外固定术
78.1301　桡骨外固定术
78.1302　尺骨外固定术
78.1401　腕骨外固定术
78.1402　掌骨外固定术

78.1501　股骨外固定术
78.1601　髌骨外固定术
78.1701　胫骨外固定术
78.1702　腓骨外固定术
78.1801　跗骨外固定术
78.1802　跖骨外固定术
78.1901　盆骨外固定术
78.1902　指骨外固定术
78.1903　趾骨外固定术
78.2301　桡骨缩短术
78.2901　指骨短缩术
78.2902　趾骨短缩术
78.3302　尺骨延长术
78.3701　胫骨延长术
78.3702　腓骨延长术
78.3900x001　指骨延长术
78.4101　肩胛骨成形术
78.4105　胸骨成形术
78.4201　肱骨成形术
78.4402　掌骨成形术
78.4501　股骨成形术
78.4701　胫骨成形术
78.4802　跖骨成形术
78.4900x005　指骨修补术
78.4901　骨盆成形术
78.4904　椎骨成形术
78.5100x003　胸骨内固定装置再置入术
78.5100x004　锁骨髓内针内固定术
78.5100x006　胸骨钢针内固定术
78.5100x009　肋骨钢板内固定术
78.5100x012　肋骨髓内针内固定术
78.5100x013　肩胛骨钢板内固定术
78.5100x016　锁骨钢板内固定术
78.5101　肩胛骨内固定术
78.5102　锁骨内固定术
78.5103　胸骨内固定术
78.5104　肋骨内固定术
78.5200x003　肱骨螺钉内固定术
78.5200x005　肱骨钢板内固定术
78.5200x006　肱骨钢针内固定术
78.5201　肱骨内固定术
78.5300x002　尺骨钢针内固定术
78.5300x003　尺骨螺钉内固定术
78.5300x005　桡骨钢板内固定术
78.5300x006　桡骨钢针内固定术
78.5300x009　尺骨钢板内固定术
78.5301　桡骨内固定术
78.5302　尺骨内固定术
78.5400x003　腕骨螺钉内固定术
78.5400x005　掌骨钢板内固定术
78.5400x006　掌骨钢针内固定术
78.5400x010　腕骨钢针内固定术
78.5401　腕骨内固定术
78.5402　掌骨内固定术
78.5500x003　股骨髓内针内固定术
78.5500x005　股骨钢板内固定术
78.5500x006　股骨钢针内固定术
78.5500x007　股骨螺钉内固定术
78.5600x002　髌骨钢针内固定术
78.5601　髌骨内固定术
78.5700x004　腓骨髓内针内固定术
78.5700x005　胫骨钢板内固定术
78.5700x006　胫骨钢针内固定术
78.5700x008　胫骨髓内针内固定术
78.5700x012　膝关节镜下胫骨髁间棘骨折固定术
78.5701　胫骨内固定术
78.5702　腓骨内固定术
78.5800x005　跖骨钢板内固定术
78.5800x006　跖骨钢针内固定术
78.5802　跖骨内固定术
78.5900x019　指骨钢板内固定术
78.5900x022　椎弓根钉内固定术
78.5900x028　骨盆钢针内固定术
78.5900x031　指骨钢针内固定术
78.5900x032　指骨螺钉内固定术
78.5900x034　趾骨钢针内固定术
78.5900x035　趾骨螺钉内固定术
78.5900x036　趾骨髓内针内固定术
78.5901　骨盆内固定术
78.5902　指骨内固定术
78.5903　趾骨内固定术
78.5904　椎骨内固定术
78.6100x004　肩锁关节内固定物取出术
78.6101　肩胛骨内固定装置去除术
78.6102　肩胛骨外固定装置去除术
78.6103　锁骨内固定装置去除术
78.6107　胸骨内固定装置去除术
78.6201　肱骨内固定装置去除术
78.6301　桡骨内固定装置去除术
78.6303　尺骨内固定装置去除术

78.6304　尺骨外固定装置去除术
78.6403　掌骨内固定装置去除术
78.6501　股骨内固定装置去除术
78.6502　股骨外固定装置去除术
78.6600x002　膝关节内固定物取出术
78.6601　髌骨内固定装置去除术
78.6701　胫骨内固定装置去除术
78.6702　胫骨外固定装置去除术
78.6703　腓骨内固定装置去除术
78.6704　腓骨外固定装置去除术
78.6705　踝关节内固定装置去除术
78.6706　踝关节外固定装置去除术
78.6800x005　楔骨内固定物取出术
78.6803　跖骨内固定装置去除术
78.6804　跖骨外固定装置去除术
78.6900x002　跟骨内固定物取出术
78.6900x008　髋关节内固定物取出术
78.6900x010　椎骨内固定物取出术
78.6901　骨盆内固定装置去除术
78.6903　指骨内固定装置去除术
78.6904　指骨外固定装置去除术
78.6905　趾骨内固定装置去除术
78.6907　脊柱内固定装置去除术
78.7902　指骨折骨术
78.7903　趾骨折骨术
79.0100x001　肱骨骨折闭合复位术
79.0201　桡骨骨折闭合性复位术
79.0202　尺骨骨折闭合性复位术
79.0302　掌骨骨折闭合性复位术
79.0400x004　指关节骨折闭合复位术（腕掌关节、掌指关节、指间关节）
79.0401　指骨骨折闭合性复位术
79.0500x002　股骨骨折闭合复位术
79.0601　胫骨骨折闭合性复位术
79.0602　腓骨骨折闭合性复位术
79.0603　踝关节骨折闭合性复位术
79.0700x005　跟骨骨折闭合复位术
79.0801　趾骨骨折闭合性复位术
79.0902　骨盆骨折闭合性复位术
79.1100x002　肱骨骨折闭合复位钢针内固定术
79.1100x003　肱骨骨折闭合复位螺钉内固定术
79.1100x004　肱骨骨折闭合复位髓内针内固定术
79.1200x003　尺骨骨折闭合复位钢针内固定术
79.1200x004　桡骨骨折闭合复位钢针内固定术
79.1200x005　尺骨骨折闭合复位螺钉内固定术
79.1200x006　桡骨骨折闭合复位螺钉内固定术
79.1200x008　桡骨骨折闭合复位髓内针内固定术
79.1200x010　桡骨骨折闭合复位钢板内固定术
79.1201　桡骨骨折闭合复位内固定术
79.1202　尺骨骨折闭合复位内固定术
79.1300x003　腕骨骨折闭合复位钢针内固定术
79.1300x004　掌骨骨折闭合复位钢针内固定术
79.1300x009　掌骨骨折闭合复位钢板内固定术
79.1302　掌骨骨折闭合复位内固定术
79.1400x002　指骨骨折闭合复位钢针内固定术
79.1400x003　指骨骨折闭合复位螺钉内固定术
79.1400x004　指骨骨折闭合复位髓内针内固定术
79.1500x006　股骨骨折闭合复位髓内针内固定术
79.1500x007　股骨骨折闭合复位钢针内固定术
79.1500x008　股骨骨折闭合复位螺钉内固定术
79.1600x004　胫骨骨折闭合复位髓内针内固定术
79.1600x006　胫骨骨折闭合复位螺钉内固定术
79.1600x008　踝关节骨折闭合复位钢针内固定术
79.1600x010　腓骨骨折闭合复位钢针内固定术
79.1600x011　腓骨骨折闭合复位螺钉内固定术
79.1600x012　胫骨骨折闭合复位钢板内固定术
79.1600x013　踝关节骨折闭合复位螺钉内固定术
79.1601　胫骨骨折闭合复位内固定术
79.1602　腓骨骨折闭合复位内固定术
79.1603　踝关节骨折闭合复位内固定术
79.1700x005　跖骨骨折闭合复位钢针内固定术
79.1700x006　跖骨骨折闭合复位螺钉内固定术
79.1700x009　跟骨骨折闭合复位钢针内固定术
79.1700x010　跟骨骨折闭合复位螺钉内固定术
79.1700x011　跖骨骨折闭合复位髓内针内固定术
79.1700x012　跗骨骨折闭合复位钢针内固定术
79.1702　跖骨骨折闭合复位内固定术
79.1800x002　趾骨骨折闭合复位钢针内固定术
79.1800x003　趾骨骨折闭合复位髓内针内固定术
79.1900x006　锁骨骨折闭合复位钢板内固定术
79.1901　肋骨骨折闭合复位内固定术
79.1902　锁骨骨折闭合复位内固定术
79.1903　骨盆骨折闭合复位内固定术
79.2101　肱骨骨折切开复位术
79.2201　桡骨骨折切开复位术
79.2202　尺骨骨折切开复位术
79.2301　腕骨骨折切开复位术
79.2302　掌骨骨折切开复位术
79.2400x002　指关节骨折切开复位术（腕掌关节、掌指关节、指间关节）

79.2401　指骨骨折切开复位术
79.2501　股骨骨折切开复位术
79.2601　胫骨骨折切开复位术
79.2602　腓骨骨折切开复位术
79.2603　踝关节骨折切开复位术
79.2700x004　跟骨骨折切开复位术
79.2701　跗骨骨折切开复位术
79.2702　跖骨骨折切开复位术
79.2801　趾骨骨折切开复位术
79.2900x004　髌骨骨折切开复位术
79.2901　锁骨骨折切开复位术
79.3100x004　肱骨骨折切开复位钢针内固定术
79.3100x005　肱骨骨折切开复位钢板内固定术
79.3100x006　肱骨骨折切开复位螺钉内固定术
79.3100x007　肱骨骨折切开复位髓内针内固定术
79.3101　肱骨骨折切开复位内固定术
79.3200x001　尺骨骨折切开复位钢板内固定术
79.3200x002　尺骨骨折切开复位髓内针内固定术
79.3200x009　尺骨骨折切开复位螺钉内固定术
79.3200x010　尺骨骨折切开复位钢针内固定术
79.3200x011　桡骨骨折切开复位钢板内固定术
79.3200x012　桡骨骨折切开复位螺钉内固定术
79.3200x014　桡骨骨折切开复位钢针内固定术
79.3201　桡骨骨折切开复位内固定术
79.3202　尺骨骨折切开复位内固定术
79.3300x005　掌骨骨折切开复位钢板内固定术
79.3300x006　掌骨骨折切开复位螺钉内固定术
79.3300x007　掌骨骨折切开复位髓内针内固定术
79.3300x008　掌骨骨折切开复位钢针内固定术
79.3300x009　腕骨骨折切开复位钢板内固定术
79.3300x010　腕骨骨折切开复位螺钉内固定术
79.3300x012　腕骨骨折切开复位钢针内固定术
79.3300x013　腕骨骨折切开复位空心钉内固定术
79.3301　腕骨骨折切开复位内固定术
79.3302　掌骨骨折切开复位内固定术
79.3400x002　指骨骨折切开复位螺钉内固定术
79.3400x003　指骨骨折切开复位髓内针内固定术
79.3400x004　指骨骨折切开复位钢针内固定术
79.3400x005　指骨骨折切开复位钢板内固定术
79.3400x006　指关节骨折切开复位内固定术（腕掌关节、掌指关节、指间关节）
79.3401　指骨骨折切开复位内固定术
79.3500x016　股骨骨折切开复位钢板内固定术
79.3500x017　股骨骨折切开复位螺钉内固定术
79.3500x018　股骨骨折切开复位髓内针内固定术
79.3500x019　股骨骨折切开复位钢针内固定术
79.3501　股骨骨折切开复位内固定术
79.3600x008　腓骨骨折切开复位钢针内固定术
79.3600x009　踝关节骨折切开复位钢板内固定术
79.3600x010　踝关节骨折切开复位螺钉内固定术
79.3600x011　踝关节骨折切开复位髓内针内固定术
79.3600x012　踝关节骨折切开复位钢针内固定术
79.3600x013　胫骨骨折切开复位钢板内固定术
79.3600x014　胫骨骨折切开复位螺钉内固定术
79.3600x015　胫骨骨折切开复位髓内针内固定术
79.3600x016　胫骨骨折切开复位钢针内固定术
79.3600x017　腓骨骨折切开复位钢板内固定术
79.3600x018　腓骨骨折切开复位螺钉内固定术
79.3600x019　腓骨骨折切开复位髓内针内固定术
79.3601　胫骨骨折切开复位内固定术
79.3602　腓骨骨折切开复位内固定术
79.3603　踝关节骨折切开复位内固定术
79.3604　髌骨骨折切开复位内固定术
79.3605　胫骨骨折切开复位内固定，经关节镜
79.3700x010　跗骨骨折切开复位螺钉内固定术
79.3700x012　跗骨骨折切开复位钢针内固定术
79.3700x013　跟骨骨折切开复位钢板内固定术
79.3700x014　跟骨骨折切开复位螺钉内固定术
79.3700x015　跖骨骨折切开复位螺钉内固定术
79.3700x016　跖骨骨折切开复位髓内针内固定术
79.3700x017　跖骨骨折切开复位钢针内固定术
79.3700x018　跟骨骨折切开复位钢针内固定术
79.3700x019　跖骨骨折切开复位钢板内固定术
79.3700x020　楔骨骨折切开复位螺钉内固定术
79.3700x031　距骨骨折切开复位螺钉内固定术
79.3700x033　距骨骨折切开复位钢针内固定术
79.3701　跗骨骨折切开复位内固定术
79.3702　跖骨骨折切开复位内固定术
79.3800x002　趾骨骨折切开复位螺钉内固定术
79.3800x003　趾骨骨折切开复位髓内针内固定术
79.3800x004　趾骨骨折切开复位钢针内固定术
79.3900x001　髌骨骨折切开复位张力带钢丝内固定术
79.3900x002　髌骨骨折切开复位螺钉内固定术
79.3900x025　骨盆骨折切开复位螺钉内固定术
79.3900x026　骨盆骨折切开复位髓内针内固定术
79.3900x027　骨盆骨折切开复位钢针内固定术
79.3900x030　肩胛骨骨折切开复位钢针内固定术
79.3900x034　肋骨骨折切开复位螺钉内固定术

79.3900x036　肋骨骨折切开复位钢针内固定术
79.3900x037　髂骨骨折切开复位螺钉内固定术
79.3900x040　锁骨骨折切开复位螺钉内固定术
79.3900x041　锁骨骨折切开复位髓内针内固定术
79.3900x043　骨盆骨折切开复位钢板内固定术
79.3900x044　肩胛骨骨折切开复位钢板内固定术
79.3900x045　髋骨折切开复位钢板内固定术
79.3900x046　髋骨骨折切开复位螺钉内固定术
79.3900x048　髋骨骨折切开复位钢针内固定术
79.3900x049　肋骨骨折切开复位钢板内固定术
79.3900x050　髂骨骨折切开复位钢板内固定术
79.3900x051　锁骨骨折切开复位钢板内固定术
79.3900x052　髌骨骨折切开复位聚髌器内固定术
79.3900x053　胸骨骨折切开复位钢板内固定术
79.3900x054　胸骨骨折切开复位螺钉内固定术
79.3901　盆骨骨折切开复位内固定术
79.3902　肩胛骨骨折切开复位内固定术
79.3903　肋骨骨折切开复位内固定术
79.3904　锁骨骨折切开复位内固定术
79.3905　胸骨骨折切开复位内固定术
79.6000　开放性骨折部位的清创术
79.7000　脱位的闭合性复位术
79.7100　肩脱位闭合性复位术
79.7200　肘脱位闭合性复位术
79.7300　腕脱位闭合性复位术
79.7401　掌指关节脱位闭合性复位术
79.7402　指关节脱位闭合复位术
79.7500　髋脱位闭合性复位术
79.7700　踝脱位闭合性复位术
79.7801　跖关节脱位闭合复位术
79.7802　趾关节脱位闭合性复位术
79.7900x003　颈椎脱位闭合复位术
79.7900x005　桡尺关节脱位闭合复位术
79.8100x003　肩关节脱位切开复位内固定术
79.8100x004　肩锁关节脱位切开复位术
79.8100x006　肩锁关节脱位切开复位内固定术
79.8200　肘脱位开放性复位术
79.8200x001　肘关节脱位切开复位内固定术
79.8300　腕脱位开放性复位术
79.8300x001　腕关节脱位切开复位内固定术
79.8301　腕掌关节脱位切开复位术
79.8401　指关节脱位切开复位术
79.8402　掌指关节脱位切开复位术
79.8500x001　髋关节脱位切开复位内固定术
79.8700　踝脱位开放性复位术
79.8801　趾关节脱位切开复位术
79.8802　距下关节脱位切开复位术
79.8803　跖跗关节脱位切开复位术
79.8900x001　尺桡关节脱位切开复位术
79.8900x002　颈椎脱位切开复位内固定术
79.8900x005　腕掌关节切开复位内固定术
79.8900x006　腰椎脱位切开复位内固定术
79.8901　胸锁关节切开复位术
79.9400　手指骨损伤的手术
79.9800　趾骨损伤的手术
80.0201　肘关节切开假体去除关节旷置术
80.0500x001　髋关节假体取出术
80.0600x001　膝关节假体取出术
80.1100　肩关节切开术
80.1101　关节镜肩关节游离体取出术
80.1300　腕关节切开术
80.1500　髋关节切开术
80.1600　膝关节切开术
80.1601　膝关节游离体取出术
80.1602　膝关节异物取出术
80.1603　膝关节血肿清除术
80.1604　关节镜膝关节游离体取出术
80.1700　踝关节切开术
80.1802　趾关节切开术
80.4101　肩关节松解术
80.4102　关节镜肩关节松解术
80.4201　肘关节松解术
80.4400x001　指关节囊松解术
80.4401　指关节松解术
80.4601　膝关节松解术
80.4602　髌韧带松解术
80.4603　关节镜膝关节松解术
80.4701　踝关节松解术
80.4800x002　蹬趾关节松解术
80.4800x005　距下关节囊松解术
80.4802　趾关节松解术
80.5100x008　前入路颈椎间盘切除术
80.5100x011　后入路胸椎间盘切除术
80.5100x013　后入路腰椎间盘切除术
80.5100x023　颈椎间盘切除伴椎板切除术
80.5100x024　颈椎间盘切除伴半椎板切除术
80.5100x025　颈椎间盘髓核切除术
80.5100x026　椎间盘镜下后入路颈椎间盘切除术
80.5100x033　椎间盘镜下后入路腰椎间盘切除术
80.5100x035　腰椎间盘切除伴椎板切除术

80.5101　颈椎间盘切除术
80.5102　颈椎间盘切除伴椎管减压术
80.5107　腰椎间盘切除术
80.5108　腰椎间盘切除伴椎管减压术
80.6x00x002　膝半月板切除术
80.6x00x011　膝关节镜下内侧半月板切除术
80.6x06　关节镜膝关节半月板部分切除术
80.6x08　关节镜膝外侧半月板部分切除术
80.7100　肩关节滑膜切除术
80.7101　关节镜肩关节滑膜切除术
80.7300　腕关节滑膜切除术
80.7400　手和指关节滑膜切除术
80.7501　关节镜髋关节滑膜切除术
80.7600　膝关节滑膜切除术
80.7601　关节镜膝关节滑膜切除术
80.7701　关节镜踝关节滑膜切除术
80.7800　足和趾关节滑膜切除术
80.8101　肩关节病损切除术
80.8102　关节镜肩关节病损切除术
80.8201　肘关节病损切除术
80.8301　腕关节病损切除术
80.8302　关节镜腕关节病损切除术
80.8401　指关节病损切除术
80.8402　关节镜指关节病损切除术
80.8501　髋关节病损切除术
80.8502　关节镜髋关节病损切除术
80.8600x009　膝关节镜下微骨折术
80.8601　膝关节病损切除术
80.8602　关节镜膝关节病损切除术
80.8701　踝关节病损切除术
80.8702　关节镜踝关节病损切除术
80.8800x003　踇囊病损切除术
80.8801　趾关节病损切除术
80.8900x005　胸锁关节病损切除术
80.8901　脊柱关节病损切除术
80.9903　椎体次全切除伴椎间盘切除术
81.0100x001　前入路寰-枢椎融合术
81.0102　寰-枢椎融合术，后入路
81.0200x001　前入路颈椎融合术
81.0200x002　前外侧入路颈椎融合术
81.0300x001　后入路颈椎融合术
81.0300x002　后外侧入路颈椎融合术
81.0402　胸腰椎椎体间融合术，前入路
81.0501　胸椎融合术，后入路
81.0502　胸腰椎融合术，后入路
81.0800x016　后外侧入路腰椎融合术
81.0801　腰椎椎体间融合术，后入路
81.1100　踝融合术
81.1300x003　距下关节融合术
81.1500　跗跖融合术
81.1700x001　跟骨关节融合术
81.1700x003　趾关节融合术
81.2201　膝关节融合术
81.2300x004　肩关节镜下盂唇固定术
81.2301　肩关节融合术
81.2401　肘关节融合术
81.2500x004　腕中关节融合术
81.2501　腕桡关节固定术
81.2601　掌腕关节固定术
81.2701　掌指关节固定术
81.2801　指间关节固定术
81.3701　腰椎后柱再融合术，后入路
81.4000x004　髋关节镜下髋关节成形术
81.4000x005　髋关节镜下盂唇修补术
81.4000x006　髋关节镜下软骨成形术
81.4000x007　髋关节镜下异体骨软骨移植术
81.4000x008　髋关节异体骨软骨移植术
81.4400x001　异体韧带重建膝关节内侧支持带术
81.4400x002　异体韧带重建膝关节外侧支持带术
81.4402　髌骨支持带外侧松解，内侧紧缩术
81.4403　髌骨习惯性脱位韧带成形术
81.4501　膝关节前交叉韧带重建术
81.4502　膝关节后交叉韧带重建术
81.4504　关节镜膝关节前交叉韧带重建术
81.4505　关节镜膝关节后交叉韧带重建术
81.4600x001　副韧带修补术
81.4600x002　异体韧带重建膝关节内侧副韧带术
81.4600x003　异体韧带重建膝关节外侧副韧带术
81.4601　关节镜膝关节副韧带修补术
81.4700x005　膝关节镜下半月板成形术
81.4700x013　膝关节镜下半月板缝合术
81.4700x020　膝关节镜下异体内侧半月板移植术
81.4700x021　膝关节异体骨软骨移植术
81.4900x001　踝关节修补术
81.4900x007　踝关节异体骨软骨移植术
81.4900x008　异体韧带重建踝关节韧带术
81.4901　踝关节内侧韧带修补术
81.4902　踝关节外侧韧带修补术
81.5100　全髋关节置换
81.5201　人工股骨头置换术

81.6200　2-3个椎骨融合或再融合
81.6300　4-8个椎骨融合或再融合
81.6500　经皮椎骨成形术
81.6600x002　腰椎骨折球囊扩张成形术
81.6600x003　胸椎骨折球囊扩张成形术
81.6601　经皮椎体球囊扩张成形术
81.7100x005　人工掌指关节置换术
81.7200x002　掌指关节成形术
81.7200x003　指间关节成形术
81.7200x006　指关节软骨重建术
81.7500x001　腕关节成形术
81.7500x002　腕掌关节成形术
81.7500x004　腕关节镜下TFCC修补术
81.7900　手、指和腕关节的其他修补术
81.8101　人工肱骨头置换术
81.8300x001　肩关节成形术
81.8300x003　肩关节囊修复重建术
81.8300x004　肩关节修补术
81.8300x006　肩袖修补术
81.8300x008　肩关节镜下肩袖修补术
81.8301　肩峰成形术
81.8303　肩锁关节修补术
81.8305　肩关节成形翻修术
81.8400x002　人工桡骨头置换术
81.8500x002　肘关节成形术
81.8500x009　异体韧带重建肘关节周围韧带术
81.9101　关节抽吸术
81.9201　关节治疗性物质注射
81.9202　韧带治疗性物质注射
81.9300x003　指间关节侧副韧带重建术
81.9300x005　腕关节韧带重建术
81.9300x007　指关节囊缝合术
81.9300x008　指间关节侧副韧带缝合术
81.9300x010　肘关节韧带修补术
81.9301　上肢关节囊缝合术
81.9302　上肢韧带缝合术
81.9400x001　踝关节韧带修补术
81.9400x006　踝关节镜下韧带修补术
81.9401　踝关节囊缝合术
81.9402　踝关节韧带缝合术
81.9403　足关节囊缝合术
81.9404　足韧带缝合术
81.9500x001　髌韧带缝合术
81.9501　下肢关节囊缝合术
81.9502　下肢韧带缝合术
81.9600x003　髌韧带重建术
81.9600x009　关节软骨修复术
81.9600x015　韧带修补术
81.9600x018　跖趾关节镜下软骨修复术
81.9600x021　膝关节后外侧角重建术
81.9600x024　膝关节镜下膝后十字韧带再附着术
81.9600x025　膝后十字韧带再附着术
81.9600x027　髌骨内侧支持带紧缩缝合术
81.9600x029　髌韧带移位术
81.9700x002　肘关节翻修术
81.9900　关节结构的其他手术
82.0101　手部腱鞘松解术
82.0102　手腱鞘切开探查术
82.0103　手部肌腱切开异物去除术
82.0200x001　手部肌肉切开减压术
82.0201　手部肌肉异物去除术
82.0401　掌间隙切开引流术
82.0901　手部软组织切开术
82.0902　手部软组织切开异物去除术
82.1101　手部肌腱切断术
82.1201　手部筋膜切断术
82.2100　手腱鞘病损切除术
82.2200　手肌肉病损切除术
82.2900x001　手部软组织病损切除术
82.3301　手部腱鞘切除术
82.3400x001　手肌肉切取术
82.3500x002　掌腱膜切除术
82.3501　掌腱膜挛缩松解术
82.3600x001　手部肌肉切除术
82.3601　手部肌肉清创术
82.4100　手腱鞘缝合术
82.4200　手屈肌腱延迟性缝合术
82.4300x001　手部肌腱延迟性缝合术
82.4301　手部伸肌腱延迟性缝合术
82.4400x001　屈腕肌腱缝合术
82.4400x002　屈指肌腱缝合术
82.4500x001　拇长伸肌腱缝合术
82.4500x009　伸指总肌腱缝合术
82.4500x010　伸指肌腱侧束缝合术
82.4500x011　伸指肌腱中央束缝合术
82.4500x012　伸腕肌腱缝合术
82.4500x013　伸指肌腱缝合术
82.4501　手部伸肌腱缝合术
82.4601　手部筋膜缝合术
82.4602　手部肌肉缝合术

82.5100　手肌腱前徙术
82.5301　手部肌腱止点重建术
82.5401　手部肌肉止点重建术
82.5501　手部肌腱延长术
82.5502　手部肌腱缩短术
82.5600x002　手部自体肌腱移植术
82.5601　手部肌腱移植术
82.5700x001　手部肌腱移位术
82.5801　手部肌肉移植术
82.6100x002　拇指整复术
82.6101　足趾转位代拇指术
82.6102　手指转位代拇指术
82.6900x002　拇指重建术
82.6901　拇指残端拇化术
82.7100x001　拇外展功能重建术
82.7100x002　指浅屈肌替代法屈肌腱滑车重建术
82.7100x003　游离腱片法屈肌腱滑车重建术
82.7100x004　腱环法屈肌腱滑车重建术
82.7101　拇对掌肌功能重建术
82.7900x001　手肌腱移植的整形术
82.7901　手肌腱硅条成形术
82.8100x001　手指移位术
82.8101　手指代手指再造术
82.8102　足趾代手指再造术
82.8400x001　槌状指矫正术
82.8500x001　手部肌腱固定术
82.8500x002　屈指浅肌腱近指间关节固定术
82.8600x001　手部肌腱成形术
82.8600x006　手指肌腱成形术
82.8600x010　指深-浅屈肌腱交叉延长术
82.8600x011　伸指肌腱中央束重建术［Matev法］
82.8901　手筋膜疝修补术
82.8902　手筋膜折叠术
82.9100x004　手指肌腱松解术
82.9101　手部筋膜松解术
82.9102　手部肌肉粘连松解术
82.9103　手部肌腱粘连松解术
82.9300x001　手软组织抽吸术
82.9600x001　手软组织局部作用治疗性物质注射
82.9900　手肌、腱和筋膜的其他手术
83.0100x001　肌腱探查术
83.0101　腱鞘切开术
83.0102　腱鞘松解术
83.0200x005　前臂切开减压术
83.0200x006　小腿减张术
83.0201　肌肉筋膜切开减压术
83.0202　肌肉切开探查术
83.0203　肌肉切开异物取出术
83.0204　肌肉切开引流术
83.0900x003　筋膜间隙切开减压术
83.0901　筋膜切开术
83.0902　软组织探查术
83.0903　软组织切开异物取出术
83.1101　跟腱挛缩松解术
83.1202　臀大肌切断术
83.1300x004　前臂肌腱松解术
83.1300x006　下肢肌腱松解术
83.1300x007　肌腱松解术
83.1301　足部肌腱松解术
83.1303　腕部屈肌腱松解术
83.1900x023　髋关节镜下髂腰肌松解术
83.1901　肌肉松解术
83.1904　胸腔出口综合征减压术
83.2900x001　肌腱、血管、神经探查术
83.2900x002　手肌腱、血管、神经探查术
83.2900x003　足血管、神经、肌腱探查术
83.3100x001　跟腱病损切除术
83.3101　腱鞘囊肿切除术
83.3200　肌肉病损切除术
83.3200x001　背部肌肉病损切除术
83.3200x009　上肢肌肉病损切除术
83.3200x012　下肢肌肉病损切除术
83.3900x001　腘窝病损切除术
83.3900x016　滑囊病损切除术
83.3900x017　软组织病损切除术
83.3900x064　经皮头部软组织病损纳米刀消融术
83.3900x065　经皮颈部软组织病损纳米刀消融术
83.3900x066　经皮上肢软组织病损纳米刀消融术
83.3901　肌腱病损切除术
83.3902　腘窝囊肿切除术
83.3904　颈部软组织病损切除术
83.4100x001　肌腱切取术
83.4201　肌腱切除术
83.4301　肌肉切取用做移植物
83.4400x001　筋膜切除术
83.4900　软组织的其他切除术
83.6100　腱鞘缝合术
83.6201　肌腱延迟缝合术
83.6300　回旋肌环带修补术
83.6400x007　前臂肌腱缝合术

83.6400x008 上肢肌腱缝合术
83.6400x009 腕部肌腱缝合术
83.6400x011 下肢肌腱缝合术
83.6400x013 趾肌腱缝合术
83.6400x015 踇长伸肌腱缝合术
83.6401 肌腱缝合术
83.6402 跟腱缝合术
83.6403 腱膜缝合术
83.6500x001 腹直肌缝合术
83.6500x002 肱二头肌缝合术
83.6500x003 肱三头肌缝合术
83.6500x005 股二头肌缝合术
83.6500x006 股四头肌缝合术
83.6500x011 胫前肌缝合术
83.6500x012 前臂肌缝合术
83.6500x013 三角肌缝合术
83.6500x014 提肛肌缝合术
83.6500x015 臀部肌缝合术
83.6500x016 下肢肌肉缝合术
83.6500x017 胸锁乳突肌缝合术
83.6500x018 上肢肌肉缝合术
83.6501 肌肉缝合术
83.6502 筋膜缝合术
83.6503 腹直肌分离修补术
83.7300x002 肌腱再接术
83.7400x001 肌肉再接术
83.7500x003 前臂肌腱移位术
83.7501 肌腱转移术
83.7600x002 胫前肌腱移位术
83.7600x005 足趾肌腱移位术
83.7600x010 屈指肌腱移位术
83.7600x013 掌长肌腱移位术
83.7700x001 下肢肌肉移植术
83.7700x012 上肢肌屈指功能重建伴肌移位术
83.7701 肌肉转移术
83.7702 肌皮瓣转移术
83.7900x009 腓肠肌移位术
83.8100 肌腱移植
83.8101 异体肌腱移植术
83.8200x001 背阔肌移植术
83.8200x007 背阔肌游离移植术
83.8201 肌肉移植术
83.8202 筋膜移植术
83.8300 肌腱滑车重建术
83.8500x003 跟腱延长术
83.8500x008 伸趾肌腱延长术
83.8500x009 足屈肌腱延长术
83.8500x015 肱三头肌腱缩短术
83.8500x024 股四头肌腱延长术
83.8501 肌腱紧缩术
83.8502 肌腱延长术
83.8600 股四头肌成形术
83.8700x001 肌肉成形术
83.8700x003 肩关节肌肉成形术
83.8700x005 三角肌重建术
83.8700x007 下肢肌肉成形术
83.8701 肌肉修补术
83.8800x001 跟腱修补术
83.8800x010 距腓韧带缝合修补术
83.8800x012 足肌腱成形术
83.8800x014 肩关节镜下肱二头肌肌腱长头固定术
83.8800x015 冈上肌腱修补术
83.8800x016 胫前肌腱修补术
83.8800x017 上肢肌腱固定术
83.8800x018 下肢肌腱固定术
83.8801 肌腱固定术
83.8802 肌腱成形术
83.8803 肌腱修补术
83.8901 筋膜成形术
83.8902 筋膜延长术
83.9100x005 上肢肌腱粘连松解术
83.9100x008 下肢肌腱粘连松解术
83.9101 肌腱粘连松解术
83.9400 黏液囊抽吸术
84.0100x001 多指截指术
84.0100x002 手指关节离断术
84.0100x004 手指离断术
84.0101 指关节离断术
84.0102 手指截断术，拇指除外
84.0103 掌指关节离断术
84.0201 拇指截断术
84.0202 拇指关节离断术
84.0301 手截断术
84.0302 掌截断术
84.0400 腕关节离断术
84.0500 经前臂截断术
84.0600 肘关节离断术
84.0701 上臂截断术
84.0800 肩关节离断术

84.0900x001　肩胛带离断术
84.1101　趾关节离断术
84.1102　多趾截除术
84.1103　跖骨头截断术
84.1200　经足截断术
84.1300　踝关节离断术
84.1400　经胫骨和腓骨踝部的踝截断术
84.1500x002　经胫骨和腓骨的小腿离断术
84.1501　小腿截断术
84.1600　膝关节离断术
84.1701　大腿截断术
84.1800　髋关节离断术
84.1901　半侧骨盆截断术
84.2101　拇指断指再植术
84.2201　手指断指再植术
84.2301　前臂断肢再植术
84.2302　断手再植术
84.2303　断腕再植术
84.2304　断掌再植术
84.2401　上臂断肢再植术
84.2501　断趾再植术
84.2601　断足再植术
84.2701　小腿断肢再植术
84.3x00　截断残端的修复术
84.5500x003　丙烯酸水泥骨空隙填充
84.5500x004　钙质骨空隙填充
84.5501　骨空隙骨水泥填充术
84.5600x001　水泥间隔物置入术
84.8205　经皮椎弓根钉内固定术
84.9900　肌肉骨骼系统的其他手术
85.2000x001　乳房皮肤和皮下坏死组织切除清创术
85.2100x003　乳房病损切除术
85.2100x019　乳房腺体区段切除术
85.2100x020　腔镜下乳房病损切除术
85.2100x024　经皮乳腺病损纳米刀消融术
85.2101　乳房病损微创旋切术
85.2200　乳房象限切除术
85.2300x001　乳腺局部扩大切除术
85.2301　乳腺部分切除术
85.2401　副乳腺切除术
85.2402　副乳头切除术
85.2500　乳头切除术
85.3300x001　单侧乳房腺体切除伴假体置入术
85.3401　保留乳头的单侧皮下乳房切除术
85.3500x001　双侧皮下乳房切除伴假体置入术
85.3600x001　双侧皮下乳房切除术
85.3601　保留乳头的双侧皮下乳房切除术
85.4100x001　单侧乳房切除术
85.4200x001　双侧乳房切除术
85.4401　双侧乳腺改良根治术
85.7000x001　乳房重建术
85.7200x001　乳房重建术应用带蒂横向腹直肌（TRAM）肌皮瓣
85.8100　乳房裂伤缝合术
85.8601　乳头乳晕移位术
85.8700x003　乳头缩小术
85.8701　乳头成形术
85.8702　乳头重建术
85.8900x005　乳晕再造术
85.8900x007　乳房瘢痕松解术
85.8900x008　乳房下皱襞成形术
85.9300　乳房植入物修复术
85.9400　去除乳房植入物
85.9500　乳房组织扩张器置入
85.9600　乳房组织扩张器去除
85.9900　乳房其他手术
86.0100x002　皮肤和皮下组织脓肿抽吸术
86.0100x003　皮肤和皮下组织血肿抽吸术
86.0100x005　疱液抽取术
86.0101　帽状腱膜下血肿穿刺吸引术
86.0200x003　皮肤着色
86.0500x007　皮下引流装置取出术
86.0501　皮下神经刺激器去除
86.0502　皮肤和皮下组织异物切开取出术
86.0503　皮肤组织扩张器取出术
86.0900x002　皮肤和皮下组织切开探查术
86.0901　皮肤焦痂切开术
86.0902　皮肤窦道切开术
86.0903　甲切开术
86.2101　藏毛囊肿切除术
86.2102　藏毛窦切除术
86.2300x001　甲床去除术
86.2300x002　甲根部分去除术
86.2300x003　甲褶去除术
86.2300x005　拔甲术
86.2301　指（趾）甲去除术
86.2400x001　皮肤病损显微外科手术［Mohs手术］
86.3x01　皮肤瘢痕切除术
86.3x02　皮肤病损切除术
86.3x03　皮下组织病损切除术

86.3x09　皮肤病损冷冻治疗
86.3x11　皮肤病损电灼治疗
86.3x12　皮肤病损激光治疗
86.3x13　颈部皮下组织病损切除术
86.3x15　皮肤及皮下血管瘤切除术
86.3x16　瘢痕单纯切除，Z字改形修复术
86.4x01　头.面.颈皮肤病损根治切除术
86.4x02　躯干皮肤病损根治性切除术
86.4x03　肢体皮肤病损根治切除术
86.5900x006　皮肤缝合术
86.5901　伤口裂开缝合术
86.5902　头皮裂伤清创缝合术
86.5903　男性会阴皮肤缝合术
86.700x0013　游离皮瓣移植术
86.700x0014　皮瓣转移术
86.8100x002　面肌悬吊术
86.8300x031　脂肪垫切除术
86.8300x032　脂肪切除术
86.8301　吸脂术
86.8306　腹壁去脂术
86.8401　皮肤瘢痕松解术
86.8402　皮肤蹼状挛缩松解术
86.8403　皮肤Z型成形术
86.8501　并指矫正术
86.8502　并趾矫正术
86.8600x001　甲成形术
86.8701　自体脂肪移植术
86.8702　颞部脂肪移植充填术
86.8900x002　面部皮肤部分切除整形术
86.8900x010　脐整形术
86.8900x011　残端皮肤修整术
86.8900x014　颈部皮肤部分切除整形术
86.8901　皮肤V-Y缝合术
86.8902　“酒窝”成形术
86.9100x001　供体皮肤切除术
86.9100x002　皮片取皮术
86.9600x003　脊髓神经刺激器置入术
86.9601　其他神经刺激器的置入
86.9900　皮肤和皮下组织的其他手术
98.1800x001　造口腔内异物去除
98.1900x001　尿道内异物去除
98.2501　非切开躯干异物取出术
98.2600x001　手异物去除
98.2700x001　上肢异物去除
98.2800x001　足异物去除
98.2900x001　下肢异物去除

VR1　损伤

包含以下主要诊断：
S00.102　额部血肿
S07.000　面部挤压伤
S07.100　颅骨挤压伤
S07.800　头部其他部位的挤压伤
S07.900　头部挤压伤
S08.900　头部的创伤性切断
S09.100x001　头部肌肉损伤
S09.700　头部多处损伤
S11.800x011　颈部开放性损伤伴颈椎骨折
S11.800x021　颈部开放性损伤伴颈椎脱位
S18.x00x001　砍头
S19.700　颈部多处损伤
S21.100x002　胸骨前区开放性损伤
S21.101　开放性肋部前壁损伤
S21.200x001　背部开放性损伤
S21.200x002　胸壁外部开放性损伤
S21.201　开放性胸后壁损伤
S21.202　开放性肋后壁损伤
S21.203　开放性肩胛间区损伤
S21.700　胸壁多处开放性伤口
S21.800x011　胸部开放性损伤伴骨折
S21.800x021　胸部开放性损伤伴脱位
S21.800x031　胸部开放性损伤伴胸内损伤
S21.900x001　胸壁开放性损伤
S21.900x003　创伤性胸部异物
S21.901　开放性胸部损伤
S30.201　创伤性会阴血肿
S31.000x003　骶骨区开放性损伤
S31.000x004　骨盆开放性损伤
S31.000x005　下背开放性损伤
S31.000x006　臀部开放性损伤伴异物
S31.003　开放性会阴损伤
S31.004　开放性臀部损伤
S31.005　开放性腰背部损伤
S31.006　臀部异物
S31.100　腹壁开放性伤口
S31.100x002　腹上部开放性损伤
S31.100x003　胁腹开放性损伤
S31.100x005　髂区开放性损伤
S31.100x007　阴部开放性损伤
S31.101　开放性季肋部损伤

S31.102　开放性腹股沟损伤
S31.700　腹部、下背和骨盆多处开放性伤口
S31.800x003　创放性腹部异物
S31.800x011　下背开放性损伤伴骨折
S31.800x012　骨盆开放性损伤伴骨折
S31.800x021　下背开放性损伤伴脱位
S31.800x022　骨盆开放性损伤伴脱位
S31.800x031　腹部开放性损伤伴腹内器官损伤
S31.801　开放性腹部损伤
S31.802　开放性腹部异物
S31.803　阴道直肠贯通伤
S31.804　创伤性肛括约肌裂伤
S31.805　创伤性肛门裂伤
S37.700　多个盆腔器官损伤
S37.900　盆腔器官的损伤
S37.910　开放性盆腔器官损伤
S38.100x002　腹部挤压伤
S38.100x003　下背挤压伤
S38.100x004　骨盆挤压伤
S38.101　腹部、下背和骨盆挤压伤
S38.300x001　躯干切断
S38.300x002　腹部切断
S38.301　创伤性腹背部切断
S38.302　创伤性下背切断
S38.303　创伤性骨盆切断
S39.600　腹内器官伴有盆腔器官的损伤
S39.700　腹部、下背和骨盆其他多处损伤
S39.900x002　下背损伤
S39.900x004　腹股沟损伤
S39.907　腹部损伤
S39.908　盆腔损伤
S41.000　肩开放性伤口
S41.000x002　肩胛带开放性损伤
S41.100　上臂开放性伤口
S41.700　肩和上臂多处开放性伤口
S41.800x001　腋窝开放性损伤
S41.800x011　肩部开放性损伤伴骨折
S41.800x012　上臂开放性损伤伴骨折
S41.800x021　肩部开放性损伤伴脱位
S41.800x022　上臂开放性损伤伴脱位
S41.802　开放性肩带损伤
S47.x00x002　肩部挤压伤
S47.x01　上臂挤压伤
S48.000　肩关节处创伤性切断
S48.100x001　上臂切断
S49.900x001　肩部损伤
S51.000　肘开放性伤口
S51.700　前臂多处开放性伤口
S51.800x011　前臂开放性损伤伴骨折
S51.800x021　前臂开放性损伤伴脱位
S57.000　肘挤压伤
S57.900　前臂的挤压伤
S58.000x001　肘创伤性切断
S58.100x001　肘和腕关节之间水平创伤性切断
S58.900x001　前臂创伤性切断
S61.000x001　手指开放性损伤
S61.000x002　拇指开放性损伤
S61.100x001　手指开放性损伤伴指甲损伤
S61.100x002　拇指开放性损伤伴指甲损伤
S61.700　腕和手多处开放性伤口
S61.800x011　腕和手开放性损伤伴骨折
S61.800x012　手部开放性损伤伴骨折
S61.800x013　腕部开放性损伤伴骨折
S61.800x021　腕和手开放性损伤伴脱位
S61.800x022　手部开放性损伤伴脱位
S61.800x023　腕部开放性损伤伴脱位
S61.800x081　手掌开放性损伤
S61.900　腕和手的开放性伤口
S61.900x002　腕部开放性损伤
S61.900x004　手部爆炸伤
S67.000x001　拇指挤压伤
S67.000x003　手指碾挫伤
S67.001　手指挤压伤
S67.800x001　腕部挤压伤
S67.800x003　手部碾挫伤
S67.801　手挤压伤
S68.100x002　单指完全离断
S68.400x001　手腕部创伤性切断
S68.800x001　掌部创伤性切断
S69.900x001　腕部损伤
S69.900x002　手部损伤
S69.900x003　拇指损伤
S69.900x004　手指损伤
S71.000　髋开放性伤口
S71.100　大腿开放性伤口
S71.700　髋和大腿多处开放性伤口
S71.800x011　髋部开放性损伤伴骨折
S71.800x012　股部开放性损伤伴骨折
S71.800x021　髋部开放性损伤伴脱位
S71.800x022　股部开放性损伤伴脱位

S71.801　开放性骨盆带损伤
S77.000　髋部挤压伤
S77.100　大腿挤压伤
S77.200　髋伴有大腿挤压伤
S78.000　髋部创伤性切断
S78.100x001　大腿部切断
S79.900x001　髋部损伤
S81.000　膝开放性伤口
S81.700　小腿多处开放性伤口
S81.800x011　小腿开放性损伤伴骨折
S81.800x021　小腿开放性损伤伴脱位
S81.800x081　腓部开放性损伤
S81.800x082　腘窝开放性损伤
S81.800x083　胫部开放性损伤
S81.900　小腿开放性伤口
S87.000　膝挤压伤
S87.801　小腿挤压伤
S88.000x001　膝部切断
S88.100x001　小腿部切断
S91.000　踝开放性伤口
S91.100　趾开放性伤口不伴有趾甲损坏
S91.200　趾开放性伤口伴有趾甲损坏
S91.300x002　足部套脱伤
S91.300x003　跟部开放性损伤
S91.300x812　踝部开放性损伤伴骨折
S91.300x813　足部开放性损伤伴骨折
S91.300x822　踝部开放性损伤伴脱位
S91.700x002　踝部多处开放性损伤
S91.700x003　足部多处开放性损伤
S97.000　踝挤压伤
S97.100　足趾挤压伤
S97.800x002　踝和足挤压伤
S97.801　足挤压伤
S98.000x001　踝部切断
S98.100x001　单趾切断
S98.200x001　两趾切断
S98.200x002　多趾切断
S99.700x001　足部多处损伤
S99.700x002　踝部多处损伤
S99.900x001　足部损伤
S99.900x002　踝部损伤
T01.000x001　头和颈开放性损伤
T01.100x001　胸伴腹和下背及骨盆开放性损伤
T01.101　开放性胸腹损伤
T01.200x001　上肢多处开放性损伤
T01.300x001　下肢多处开放性损伤
T01.302　下肢多处裂伤
T01.600x001　上肢和下肢多处开放性损伤
T01.900　多处开放性伤口
T01.901　多发性穿刺伤
T01.902　多发性动物咬伤
T01.903　多发性切割伤
T01.904　多发性撕裂伤
T02.400x001　双上肢多发性骨折
T02.410　开放性多发性双上肢骨折
T02.500x001　双下肢多发性骨折
T02.510　开放性多发性双下肢骨折
T02.600x001　上肢伴下肢多发性骨折
T02.600x011　上肢伴下肢多发性开放性骨折
T02.610　开放性多发性肢体骨折
T02.700x001　胸伴下背和骨盆及四肢骨折
T02.710　开放性胸部伴有下背和骨盆及四肢骨折
T04.000x001　头和颈挤压伤
T04.100x001　躯干挤压伤
T04.200x001　上肢多处挤压伤
T04.300x001　下肢多处挤压伤
T04.400x001　上肢和下肢多处挤压伤
T04.700x001　胸伴腹和下背及骨盆四肢挤压伤
T04.901　全身性挤压伤
T05.000　双手创伤性切断
T05.100x001　手和对侧臂创伤性切断
T05.200x001　双臂创伤性切断
T05.300　双足创伤性切断
T05.300x002　双足部分创伤性切断
T05.400x001　足和对侧小腿创伤性切断
T05.500x001　双小腿创伤性切断
T05.600x001　上肢和下肢创伤性切断
T05.800x001　胸部创伤性切断
T05.800x002　腹部创伤性切断
T05.900　多处创伤性切断
T06.300x001　多处血管损伤
T06.500x001　胸内器官伴腹内及盆腔器官开放性损伤
T06.500x002　胸内器官伴腹内及盆腔器官损伤
T06.501　多脏器损伤
T07.x00　多处损伤
T09.100　躯干开放性伤口
T09.600　躯干创伤性切断
T09.800　躯干其他特指的损伤
T09.900　躯干损伤

T11.100　上肢开放性伤口
T11.600　上肢创伤性切断
T11.600x001　臂创伤性切断
T13.100　下肢开放性伤口
T13.600　下肢创伤性切断
T14.800　其他损伤
T14.900　损伤
T98.200x011　开放性损伤伴异物

VS1　过敏反应

包含以下主要诊断：
T78.000　有害食物反应引起的过敏性休克
T78.101　牛奶过敏反应
T78.102　食物过敏
T78.200　过敏性休克
T78.201　赫克斯海默反应
T78.300　血管神经性水肿
T78.300x003　耳廓血管神经性反应
T78.300x004　巨大荨麻疹
T78.301　急性特发性水肿
T78.400　变态反应
T78.400x002　过敏反应
T80.300　ABO血型不配合性反应
T80.300x001　血型不配合性输血
T80.400　Rh不配合性反应
T80.500　血清引起的过敏性休克
T80.500x001　血清过敏反应
T80.600x004　血清性皮疹
T80.600x005　血清中毒
T80.600x006　蛋白质过敏病
T80.601　血清病
T80.602　血清病样反应
T80.603　血清反应性荨麻疹
T80.900x003　输注反应
T80.901　输液反应
T80.903　输血反应
T88.600　适当应用正确药物或药剂的有害效应引起的过敏性休克
T88.601　药物过敏性休克
T88.700x004　药物超敏综合征

VS2　药物中毒或毒性反应

包含以下主要诊断：
F14.000x001　可卡因急性中毒
F17.000x001　烟草急性中毒
F18.000x001　挥发性溶剂急性中毒
F19.000x002　多种药物和其他精神活性物质急性中毒
F55.x00　非致依赖性物质滥用
F55.x00x001　滥用抗抑郁剂
F55.x00x101　滥用缓泻剂
F55.x00x201　滥用止疼药
F55.x00x301　滥用抑酸药
F55.x00x401　滥用维生素
F55.x00x501　滥用激素
F55.x00x601　滥用草药或民间验方
F55.x00x702　有机化合物所致精神障碍
F55.x00x703　重金属所致精神障碍
F55.x00x704　食物毒素所致精神障碍
G25.803　静坐不能（药物引起）（治疗引起）
R50.200　药物性发热
R78.700　血中发现重金属水平异常
R78.801　血锂异常
R78.900　血中发现通常不出现的物质
T36.000　青霉素类中毒
T36.100x003　β内酰胺类抗生素中毒
T36.101　头孢类抗菌素中毒
T36.102　先锋霉素中毒
T36.200　氯霉素族中毒
T36.300　大环内酯类中毒
T36.300x001　红霉素中毒
T36.400　四环素类中毒
T36.500　氨基糖苷类中毒
T36.500x003　链霉素中毒
T36.501　丁胺卡那中毒
T36.502　庆大霉素中毒
T36.600　利福霉素类中毒
T36.700　全身性抗真菌性抗生素中毒
T36.800　全身性抗生素中毒，其他的
T36.900　全身性抗生素中毒
T36.900x001　抗生素中毒
T37.000　磺胺类中毒
T37.100　抗分枝杆菌药中毒
T37.100x001　异烟肼中毒
T37.200　抗疟疾和对其他血液原虫有作用的药中毒
T37.300　抗原虫药中毒，其他的
T37.300x001　抗原生动物药中毒
T37.400　驱蠕虫药中毒
T37.500　抗病毒药中毒

T37.800　全身性抗感染药和抗寄生虫药中毒，其他特指的
T37.800x001　羟基喹啉衍生物中毒
T37.900x001　全身性抗感染药中毒
T37.900x002　全身性抗寄生虫药中毒
T38.000　糖［肾上腺］皮质激素类及其合成的类似物中毒
T38.000x001　医源性类固醇性糖尿病
T38.000x002　糖皮质激素类及其合成的类似物中毒
T38.100　甲状腺激素类及其代用品中毒
T38.100x001　甲状腺激素及其衍生物中毒
T38.200　抗甲状腺药中毒
T38.300　胰岛素和口服降血糖［抗糖尿病］药中毒
T38.300x001　医源性高胰岛素血症
T38.300x003　口服抗糖尿病药中毒
T38.301　胰岛素中毒
T38.400　口服避孕药中毒
T38.401　棉酚中毒
T38.500　雌激素和孕激素中毒，其他的
T38.500x001　雌激素中毒
T38.500x002　孕激素中毒
T38.501　己烯雌酚中毒
T38.600　抗促性腺激素药、抗雌激素药、抗雄激素药中毒，不可归类在他处者
T38.600x001　三苯氧胺中毒
T38.700　雄激素类及其促组成代谢的同类药中毒
T38.800x001　垂体前叶激素类中毒
T38.801　激素类及其合成代用品中毒
T38.901　激素类拮抗剂中毒
T39.000　水杨酸盐类中毒
T39.100　4-氨基苯酚衍生物中毒
T39.101　对乙酰氨基酚中毒
T39.200　吡唑啉酮衍生物中毒
T39.200x001　安乃近中毒
T39.201　氨基比林中毒
T39.300　非类固醇性消炎药［NSAID］中毒
T39.300x002　曲马多中毒
T39.300x003　吲哚美辛中毒
T39.400x001　抗风湿药中毒
T39.800　非阿片样镇痛药和解热药中毒，其他的，不可归类在他处者
T39.801　痛可宁中毒
T39.802　山豆根中毒
T39.900　非阿片样镇痛药、解热药和抗风湿药中毒
T39.901　非阿片样镇痛药中毒
T39.902　解热药中毒
T40.400x002　马兜铃（万丈龙）中毒
T40.800　二乙麦角酰胺［LSD］中毒
T40.900x001　南美仙人掌毒碱中毒
T40.900x002　二甲-4-羟色胺中毒
T40.900x003　西洛西宾中毒
T40.901　致幻药中毒
T41.000　吸入性麻醉药中毒
T41.100　静脉内麻醉药中毒
T41.100x002　硫巴比妥盐类中毒
T41.200x002　氯胺酮中毒
T41.201　全身麻醉药中毒
T41.300　局部麻醉药中毒
T41.400　麻醉药中毒
T41.500　治疗性气体中毒
T41.500x001　治疗性氧气中毒
T41.500x003　治疗性二氧化碳中毒
T42.000　乙内酰脲衍生物中毒
T42.001　苯妥英钠中毒
T42.100　亚氨基二苯乙烯类中毒
T42.101　卡马西平中毒
T42.200x001　噁唑烷二铜类中毒
T42.200x002　琥珀酰亚胺类中毒
T42.300　巴比妥盐类中毒
T42.301　苯巴比妥中毒
T42.302　速可眠中毒
T42.400　苯二氮䓬类中毒
T42.401　安定中毒
T42.402　佳静安定中毒
T42.403　舒乐安定中毒
T42.404　利眠宁中毒
T42.405　硝基安定中毒
T42.406　氯氮平中毒
T42.500x001　混合型抗癫痫药中毒
T42.600　镇癫痫药和镇静催眠药中毒，其他的
T42.600x002　佐匹克隆中毒
T42.600x004　丙戊酸钠中毒
T42.600x005　丙戊酸中毒
T42.600x006　苯乙哌啶酮类中毒
T42.601　安眠酮中毒
T42.602　芬那露中毒
T42.700x001　催眠药中毒
T42.700x003　镇静剂中毒
T42.701　镇静催眠药中毒

T42.702　安眠药中毒
T42.800　抗帕金森病药和其他中枢神经系统肌肉张力抑制剂中毒
T42.800x001　抗震颤麻痹药中毒
T42.800x002　中枢神经系统肌肉张力抑制剂中毒
T42.800x003　金刚烷胺中毒
T43.000x002　三环抗抑郁药中毒
T43.000x003　四环抗抑郁药中毒
T43.001　阿米替林中毒
T43.002　多虑平中毒
T43.100　单胺-氧化酶-抑制剂抗抑郁药中毒
T43.200x001　氟西汀中毒
T43.201　抗抑郁药中毒
T43.300　酚噻嗪抗精神病药和精神安定剂中毒
T43.300x001　奋乃静中毒
T43.300x003　酚噻嗪基类安定药中毒
T43.301　非那根中毒
T43.302　氯丙嗪中毒
T43.400x002　丁酰苯中毒
T43.400x003　硫蒽精神安定剂中毒
T43.401　氟哌啶醇中毒
T43.500x001　安宁中毒
T43.500x002　富马酸喹硫平中毒
T43.500x003　碳酸锂中毒
T43.500x004　抗精神病药中毒
T43.500x005　五氟利多中毒
T43.501　抗精神病药和精神安定剂中毒
T43.502　眠尔通中毒
T43.600x004　摇头丸中毒
T43.601　咖啡因中毒
T43.800　对精神有影响的药物中毒，其他的，不可归类在他处者
T43.900　对精神有影响的药物中毒
T44.000　抗胆碱酯酶剂中毒
T44.001　吡啶斯明中毒
T44.100x001　拟副交感神经药中毒
T44.200x001　神经节阻滞药中毒
T44.300　副交感神经抑制剂［抗胆碱能药和抗毒蕈碱药］和解痉药中毒，其他的，不可归类在他处者
T44.301　阿托品中毒
T44.302　莨菪碱类植物中毒
T44.303　安坦中毒
T44.400x001　α肾上腺素能受体显效药中毒
T44.400x002　阿拉明中毒
T44.500x001　β肾上腺素能受体显效药中毒
T44.600x001　α肾上腺素能受体拮抗剂中毒
T44.700x001　β肾上腺素能受体拮抗剂中毒
T44.701　普萘洛尔中毒
T44.800x001　中枢作用和肾上腺素能-神经元-阻滞剂中毒
T44.900x001　α和β肾上腺素能受体药中毒
T44.900x002　麻黄碱中毒
T44.900x003　血管紧张素受体抑制剂中毒
T44.901　主要影响自主神经系统药物中毒
T45.000x001　抗过敏药中毒
T45.001　止吐药中毒
T45.002　胃复安中毒
T45.003　乘晕宁中毒
T45.100　抗肿瘤药和免疫抑制剂中毒
T45.100x001　抗肿瘤性抗生素中毒
T45.100x002　阿糖胞苷中毒
T45.100x003　环孢素中毒
T45.100x004　高氨甲蝶呤血症
T45.101　甲氨蝶呤中毒
T45.102　长春新碱中毒
T45.200x001　维生素类中毒
T45.201　维生素A中毒
T45.202　维生素D中毒
T45.300x001　酶类中毒
T45.400　铁及其化合物中毒
T45.500x002　抗凝血药中毒
T45.501　新抗凝片中毒
T45.600　影响纤维蛋白分解药中毒
T45.700x001　抗凝拮抗剂中毒
T45.700x002　维生素K中毒
T45.700x003　凝血药中毒
T45.800x001　天然血中毒
T45.800x002　血制品中毒
T45.800x003　血浆代用品中毒
T46.000　心脏兴奋苷和相似作用药中毒
T46.001　地高辛中毒
T46.002　洋地黄中毒
T46.100　钙通道阻滞剂中毒
T46.100x001　异搏定中毒
T46.200x001　抗心律失常药中毒
T46.300x002　冠状血管扩张剂中毒
T46.300x003　潘生丁中毒
T46.301　硝酸甘油中毒
T46.302　依姆多中毒

T46.400　血管紧张素转换酶抑制剂中毒
T46.500x002　胍乙啶中毒
T46.500x003　萝芙木中毒
T46.500x004　利血平中毒
T46.500x005　降压药中毒
T46.501　可乐定中毒
T46.600　抗高脂血症和抗动脉硬化药中毒
T46.600x001　抗动脉硬化药中毒
T46.700　周围血管扩张剂中毒
T46.700x001　复方降压片中毒
T46.700x002　烟酸中毒
T46.800x001　抗静脉曲张药中毒
T46.900x001　乌头碱中毒
T46.901　主要影响心血管系统制剂中毒
T47.000　组胺H2受体拮抗剂中毒
T47.100x001　抗酸药和抗胃分泌药类中毒
T47.200　刺激性轻泻剂中毒
T47.200x002　芦荟中毒
T47.300　盐水和渗透性轻泻剂中毒
T47.300x001　渗透性轻泻剂中毒
T47.400　轻泻剂中毒，其他的
T47.400x001　肠弛缓药中毒
T47.500　助消化药中毒
T47.600　止泻药中毒
T47.700　催吐药中毒
T48.000　催产药中毒
T48.100　骨骼肌松弛剂［神经肌肉阻滞剂］中毒
T48.300　镇咳剂中毒
T48.400　祛痰剂中毒
T48.500　抗感冒药中毒
T48.600　抗哮喘药中毒，不可归类在他处者
T48.600x002　曼陀罗中毒
T48.600x003　舒喘宁中毒
T48.601　氨茶碱中毒
T48.602　氨氯地平中毒
T48.603　克仑特罗中毒
T49.000　局部抗真菌、抗感染和消炎药中毒，不可归类在他处者
T49.000x003　碘酒中毒
T49.000x005　新洁尔灭中毒
T49.001　甲酚中毒
T49.002　氯化亚汞中毒
T49.003　来苏中毒
T49.100　止痒药中毒
T49.200x001　局部收敛药中毒
T49.201　局部去污剂中毒
T49.300x001　润滑剂中毒
T49.300x002　缓和剂中毒
T49.300x003　胃黏膜保护剂中毒
T49.400x001　角质层分离药中毒
T49.400x002　角质层增生药中毒
T49.400x003　毛发治疗的药物和制剂中毒
T49.500　眼科用药和制剂中毒
T49.600　耳鼻喉科药物和制剂中毒
T49.700x001　口腔科局部药物中毒
T49.800　局部制剂中毒，其他的
T49.800x001　杀精子药中毒
T49.801　化妆品中毒
T50.000　盐（肾上腺）皮质激素类及其拮抗剂中毒
T50.100　袢［强效］利尿剂中毒
T50.200　碳酸脱水酶抑制剂、苯并噻二嗪类和其他利尿剂中毒
T50.200x001　乙酰醋胺中毒
T50.200x002　汞利尿药类中毒
T50.300　电解质、热量和水平衡剂中毒
T50.300x001　氯化钾中毒
T50.300x002　口服再水化盐类中毒
T50.400x001　尿酸代谢药中毒
T50.500　食欲抑制剂中毒
T50.600x001　解酒药中毒
T50.600x002　解毒剂中毒
T50.600x003　螯合剂中毒
T50.700x001　兴奋药中毒
T50.700x002　阿片样物质受体拮抗剂中毒
T50.800　诊断性制剂中毒
T50.900　药物、药剂和生物制品中毒，其他和未特指的
T50.900x001　药物中毒
T50.900x002　酸化剂中毒
T50.900x003　碱化剂中毒
T50.900x004　免疫球蛋白中毒
T50.900x005　免疫制剂中毒
T50.900x006　调脂药物中毒
T50.900x007　甲状旁腺激素类中毒
T51.000　乙醇的毒性效应
T51.100　甲醇的毒性效应
T51.200　2-丙醇的毒性效应
T51.200x001　异丙醇中毒
T51.300　杂醇油的毒性效应
T51.300x002　戊基醇中毒

T51.300x003　丁基醇中毒
T51.300x004　丙基醇中毒
T51.800　醇类的毒性效应，其他的
T51.800x001　三氯吡啶醇钠中毒
T51.900　醇的毒性效应
T52.000　石油产品的毒性效应
T52.000x002　石脑油中毒
T52.000x003　煤油中毒
T52.000x004　汽油中毒
T52.000x005　醚中毒
T52.000x006　石油精中毒
T52.101　苯中毒
T52.200　苯同类物的毒性效应
T52.200x002　甲苯中毒
T52.200x003　二甲苯中毒
T52.300　脂肪族二元醇类的毒性效应
T52.400　酮类的毒性效应
T52.800　毒性效应，其他有机溶剂的
T52.800x001　二甲基甲酰胺中毒
T52.800x002　甲醛水溶液中毒
T52.800x003　二氯乙烷中毒
T52.800x004　正己烷中毒
T52.800x005　香蕉水中毒
T52.800x006　硫酸二甲酯中毒
T52.900　有机溶剂的毒性效应
T53.000　四氯化碳的毒性效应
T53.000x002　四氯代甲烷中毒
T53.100　氯仿的毒性效应
T53.100x002　三氯甲烷中毒
T53.200　三氯乙烯的毒性效应
T53.200x002　三氯乙烷中毒
T53.300　四氯乙烯的毒性效应
T53.300x001　全氯乙烯中毒
T53.400　二氯甲烷的毒性效应
T53.500　含氯氟烃类的毒性效应
T53.600　脂环烃的其他卤素衍生物的毒性效应
T53.600x001　氯乙烯中毒
T53.600x002　三氯丙烷中毒
T53.600x003　氯丁二烯中毒
T53.600x004　氯丙烯中毒
T53.700　芳香族烃的其他卤素衍生物的毒性效应
T53.700x001　氯酚中毒
T53.900　脂环烃和芳香族烃的卤素衍生物的毒性效应
T54.000　酚及其同类物的毒性效应
T54.000x002　苯酚中毒
T54.100　腐蚀性有机化合物的毒性效应，其他的
T54.201　硫酸中毒
T54.202　酸性物质中毒
T54.203　亚硝酸中毒
T54.300　腐蚀性碱和碱样物质的毒性效应
T54.300x002　氢氧化钾毒性效应
T54.300x003　氢氧化钠毒性效应
T54.301　苛性碱中毒
T54.900　腐蚀性物质的毒性效应
T54.900x002　卤水中毒
T55.x00x001　皂类中毒
T55.x00x002　清洁剂中毒
T55.x00x003　洗涤剂中毒
T56.000x002　铅化合物中毒
T56.000x003　四乙基铅中毒
T56.001　铅中毒
T56.100x002　汞化合物中毒
T56.101　汞中毒
T56.200x001　铬中毒
T56.200x002　铬化合物中毒
T56.300x001　镉中毒
T56.300x002　镉化合物中毒
T56.400x002　铜化合物中毒
T56.401　铜中毒
T56.500x001　锌中毒
T56.500x002　锌化合物中毒
T56.600x001　锡中毒
T56.600x002　锡化合物中毒
T56.700　铍及其化合物的毒性效应
T56.700x002　铍化合物中毒
T56.800　金属的毒性效应，其他的
T56.800x001　钒中毒
T56.800x002　钒化合物中毒
T56.800x003　铀中毒
T56.800x004　铀化合物中毒
T56.800x005　羰基镍中毒
T56.800x006　铟中毒
T56.800x007　铟化合物中毒
T56.800x008　硒中毒
T56.801　铊中毒
T56.900　金属的毒性效应
T56.900x002　金属烟热
T56.900x003　金属蒸气中毒
T57.000x001　砷中毒

T57.000x002 砷化合物中毒
T57.000x003 砷化氢中毒
T57.100x001 磷中毒
T57.100x002 磷化合物中毒
T57.100x003 磷化氢中毒
T57.100x004 磷化锌中毒
T57.100x005 磷化铝中毒
T57.200x001 锰中毒
T57.200x002 锰化合物中毒
T57.300 氰化氢的毒性效应
T57.800 无机物质的毒性效应，其他特指的
T57.800x002 钡化合物中毒
T57.800x003 钡中毒
T57.900 无机物的毒性效应
T58.x00 一氧化碳的毒性效应
T59.000 氧化氮类的毒性效应
T59.000x001 氮气中毒
T59.100 二氧化硫的毒性效应
T59.101 烟雾中毒
T59.200 甲醛的毒性效应
T59.300 催泪气体的毒性效应
T59.401 氯气中毒
T59.500x001 氟气中毒
T59.500x002 氟化合物中毒
T59.601 硫化氢中毒
T59.700 二氧化碳的毒性效应
T59.800 气体、烟雾和蒸气的毒性效应，其他特指的
T59.800x001 沼气中毒
T59.800x002 液化石油气中毒
T59.800x004 天然气中毒
T59.800x005 溴甲烷中毒
T59.800x006 芥子气中毒
T59.800x007 光气中毒
T59.800x008 一甲胺中毒
T59.800x009 溴丙烷中毒
T59.800x010 环氧乙烷中毒
T59.801 氨气中毒
T59.802 液化气中毒
T59.803 总烃油蒸气中毒
T59.900 气体、烟雾和蒸气的毒性效应
T59.900x001 刺激性气体中毒
T59.900x002 气雾剂中毒
T59.900x003 挥发剂中毒
T59.900x004 混合性气体中毒
T59.900x005 窒息性气体中毒
T60.000x003 辛硫磷中毒
T60.000x004 氨基甲酸酯杀虫剂中毒
T60.001 有机磷中毒
T60.002 敌敌畏中毒
T60.100 卤化杀虫剂的毒性效应
T60.101 溴氰菊酯中毒
T60.200 杀虫剂的毒性效应，其他未特指的
T60.200x001 杀蟑螂药中毒
T60.300x001 除莠剂中毒
T60.300x002 杀真菌药中毒
T60.300x003 氯乙酸中毒
T60.400 杀啮齿类剂的毒性效应
T60.401 杀鼠剂中毒
T60.800 农作物杀虫剂的毒性效应，其他的
T60.900 杀虫剂的毒性效应
T60.900x002 农药中毒
T60.900x003 木材防腐剂中毒
T61.000 鱼肉中毒
T61.001 鱼胆中毒
T61.100 鲭亚目鱼中毒
T61.100x002 组织胺样综合征
T61.200x001 鱼类中毒
T61.200x003 贝类中毒
T61.201 河豚中毒
T61.900 海产品的毒性效应
T62.000x001 蘑菇类中毒
T62.000x002 蕈类中毒
T62.001 食入毒蘑菇中毒
T62.002 牛肝菌中毒
T62.100x001 浆果类中毒
T62.200x002 蓖麻子中毒
T62.200x003 植物类中毒
T62.202 龙葵果中毒
T62.800 摄入食物中其他特指有害物质的毒性效应
T62.800x002 亚硝酸盐中毒
T62.801 苦杏仁中毒
T62.802 扁豆中毒
T62.900x002 食物中毒
T63.000 蛇毒液的毒性效应
T63.001 毒蛇咬伤
T63.100 爬行动物类毒液的毒性效应，其他的
T63.100x001 蜥蜴毒液中毒
T63.200 蝎子毒液的毒性效应

T63.300　蜘蛛毒液的毒性效应
T63.400　节肢动物的毒液的毒性效应，其他的
T63.400x002　有毒昆虫咬伤
T63.400x003　有毒昆虫螯伤
T63.400x004　白蛉叮咬
T63.401　蜂蜇伤
T63.402　节肢动物咬伤
T63.500x001　接触鱼后中毒
T63.600x001　接触海蜇后中毒
T63.600x002　接触海葵后中毒
T63.600x003　接触水生贝壳类动物后中毒
T63.600x004　接触海生动物后中毒
T63.600x005　接触海星后中毒
T63.800x001　两栖动物毒液中毒
T64.x00x001　黄曲霉毒素中毒
T64.x00x002　真菌毒素污染食物毒性效应
T64.x01　其他真菌毒素污染食物毒性效应
T64.x02　黄曲霉毒素污染食物的毒性效应
T65.000　氰化物的毒性效应
T65.100　士的年及其盐类的毒性效应
T65.200x001　烟草中毒
T65.200x002　尼古丁中毒
T65.300　苯及其同类物的氮衍生物和胺衍生物的毒性效应
T65.300x001　苯胺中毒
T65.300x002　硝基苯中毒
T65.300x003　三硝基甲苯中毒
T65.300x004　硝基化合物中毒
T65.400　二硫化碳的毒性效应
T65.500x001　硝基甘油醇中毒
T65.500x002　三硝酸甘油中毒
T65.501　特指硝酸及酯类毒性效应
T65.600x001　清漆中毒
T65.600x002　油漆中毒
T65.600x003　染料中毒
T65.800　物质的毒性效应，其他特指
T65.800x002　染发液中毒
T65.800x003　高锰酸钾中毒
T65.800x004　偏二甲基肼中毒
T65.800x005　消毒剂中毒
T65.800x006　丙烯酰胺中毒
T65.800x007　碘甲烷中毒
T65.801　加湿器消毒剂中毒
T65.900　物质的毒性效应
T65.900x001　防冻液中毒
T65.901+F02.8*　中毒性痴呆
T78.800　有害效应，其他不可归类在他处者
T88.102　免疫接种后反应
T88.500x001　麻醉后低体温
T88.700　药物和药剂的有害效应
T88.700x002　药物不良反应
T88.700x003　避孕药药物反应
T88.700x007　氨茶碱药物反应
T88.700x010　氨基糖甙类抗菌素药物反应
T88.700x012　苯妥英钠药物反应
T88.700x014　草酸爱司西酞普兰药物反应
T88.701　药物过敏反应
T88.703　维甲酸综合征
T97.x00x001　非药用物质毒性效应的后遗症

VT1　医疗后遗症

包含以下主要诊断：
N99.400　操作后盆腔腹膜粘连
N99.401　手术后盆腔腹膜粘连
N99.900　泌尿生殖系统的操作后疾患
T80.100x001　输注后血栓性静脉炎
T80.100x002　输注后静脉炎
T80.200x003　治疗性注射后脓毒症性休克
T80.604　血清性药疹
T80.900　输注、输血和治疗性注射后的并发症
T80.902　血液透析并发症
T81.000x001　操作后出血
T81.000x002　操作后颅内血肿
T81.000x005　操作后扁桃体出血
T81.000x009　操作后血肿
T81.000x010　操作后阴道残端出血
T81.000x011　操作后膀胱出血
T81.000x013　操作后腹腔出血
T81.000x014　操作后前列腺出血
T81.000x018　操作后腹壁出血
T81.000x019　操作后腹腔血肿
T81.000x020　操作后肛门出血
T81.000x021　操作后宫颈出血
T81.000x022　操作后尿道出血
T81.000x023　操作后切口出血
T81.000x024　操作后眼底出血
T81.000x026　动静脉瘘破裂出血
T81.000x027　操作后眼前房出血
T81.000x028　操作后视网膜出血
T81.000x029　操作后鼻出血

T81.000x030　操作后咽出血
T81.000x031　操作后甲状腺出血
T81.000x033　操作后胃出血
T81.000x034　操作后胃吻合口出血
T81.000x035　操作后胆管出血
T81.000x036　操作后胆囊出血
T81.000x037　操作后盆腔出血
T81.000x038　操作后肾出血
T81.000x039　肠造口出血
T81.000x041　操作后肝出血
T81.000x042　操作后胰腺出血
T81.001　手术后硬脑膜外出血
T81.002　手术后眼前房出血
T81.003　手术后视网膜出血
T81.004　手术后鼻出血
T81.005　手术后扁桃体出血
T81.006　手术后咽出血
T81.007　手术后甲状腺出血
T81.010　手术后腹腔出血
T81.011　手术后胃出血
T81.012　手术后胃吻合口出血
T81.013　手术后胆管出血
T81.014　手术后胆囊出血
T81.015　手术后肠出血
T81.016　手术后肠吻合口出血
T81.017　手术后盆腔出血
T81.018　手术后肾出血
T81.019　手术后膀胱出血
T81.020　手术后尿道出血
T81.021　手术后前列腺出血
T81.022　手术后伤口出血
T81.023　手术后颅内血肿
T81.024　手术后切口血肿
T81.025　操作后十二指肠乳头出血
T81.026　操作后肠出血
T81.027　拔牙创口出血
T81.028　食管静脉曲张术后出血
T81.029　结肠造口出血
T81.030　膀胱造口出血
T81.031　治疗后宫颈出血
T81.032　肾穿刺后血肿
T81.033　血管穿刺后血肿
T81.034　手术后肝出血
T81.035　手术后子宫出血
T81.036　手术后胰腺出血
T81.101　操作中休克
T81.102　手术后休克
T81.200x001　操作中意外损伤
T81.200x002　操作中膀胱损伤
T81.200x005　操作中肠损伤
T81.200x009　操作中肌腱损伤
T81.200x010　操作中血管损伤
T81.200x012　操作中器官损伤
T81.200x013　操作中食管损伤
T81.200x014　操作中心脏损伤
T81.200x015　操作中胃损伤
T81.200x016　操作中子宫损伤
T81.200x017　操作中胆总管损伤
T81.201　食管穿孔，操作中
T81.202　心脏穿孔，操作中
T81.203　胃穿孔，操作中
T81.204　肠穿孔，操作中
T81.205　子宫穿孔，操作中
T81.206　胆总管断裂，操作中
T81.207　膀胱撕裂，操作中
T81.208　肌腱断裂，操作中
T81.209　动脉破裂，操作中
T81.210　血管破裂，操作中
T81.211　胸腔损伤，操作中
T81.212　胸导管损伤，操作中
T81.213　胆管损伤，操作中
T81.214　输尿管损伤，操作中
T81.215　阴道损伤，操作中
T81.216　静脉损伤，操作中
T81.217　神经损伤，操作中
T81.218　气胸，操作中
T81.219　尿道损伤，操作中
T81.220　喉损伤，操作中
T81.221　肺损伤，操作中
T81.301　手术后伤口裂开
T81.400x007　操作后口腔感染
T81.400x008　操作后耳部感染
T81.400x010　操作后胆道感染
T81.400x011　操作后膝关节感染
T81.400x012　操作后腹壁感染
T81.400x013　操作后腹腔感染
T81.400x014　操作后盆腔感染
T81.407　手术后腹壁脓肿
T81.408　手术后腹内脓肿
T81.409　手术后盆腔脓肿

T81.411　手术后脓毒症
T81.412　手术后发热
T81.500x001　操作后子宫内残留异物
T81.500x002　操作后伤口内残留异物
T81.500x006　操作后血管内残留异物
T81.500x007　操作后残留异物
T81.501　手术后腹内异物遗留
T81.502　手术后吻合口缝线残留
T81.503　手术后子宫内异物遗留
T81.504　手术切口异物肉芽肿
T81.505　手术切口异物遗留
T81.600x001　操作中残留异物反应
T81.700x106　经皮球囊扩瓣术后冠状动脉撕裂
T81.700x107　经皮球囊扩瓣术后冠状动脉穿孔
T81.700x108　经皮球囊扩瓣术后冠状动脉急性闭塞
T81.700x206　射频消融术后冠状动脉撕裂
T81.700x207　射频消融术后冠状动脉穿孔
T81.700x208　射频消融术后冠状动脉急性闭塞
T81.700x305　心导管检查术后冠状动脉撕裂
T81.700x306　心导管检查术后冠状动脉穿孔
T81.700x307　心导管检查术后冠状动脉急性闭塞
T81.700x406　心导管造影术后冠状动脉撕裂
T81.700x407　心导管造影术后冠状动脉穿孔
T81.700x408　心导管造影术后冠状动脉急性闭塞
T81.800x001　操作后窦道
T81.800x002　操作后瘘
T81.800x003　操作后皮下气肿
T81.800x004　操作后积液
T81.800x005　操作后伤口肉芽肿
T81.800x017　手术后切口愈合不良
T81.801　开颅术后窦道形成
T81.805　动脉导管结扎手术后残余漏
T81.806　手术后腹痛
T81.807　手术后皮下瘘
T81.808　手术后伤口肉芽肿
T81.809　手术后皮下气肿
T81.810　手术后伤口持续性瘘
T81.811　手术后伤口愈合不良
T81.812　手术后伤口脂肪液化
T81.813　手术后皮肤坏死
T81.900　操作的并发症
T83.900　泌尿生殖系假体装置、植入物和移植物的并发症
T85.500　胃肠道假体装置、植入物和移植物的机械性并发症
T85.500x001　胆管假体引起的机械性并发症
T85.500x002　食管抗反流装置引起的机械性并发症
T85.500x003　胃肠道植入物引起的机械性并发症
T85.501　胆总管内支架脱出
T85.600　内部假体装置、植入物和移植物，其他特指的机械性并发症
T85.600x001　硬膜外和硬膜下输注导管引起的机械性并发症
T85.600x003　不可吸收性手术材料引起的机械性并发症
T85.600x004　永久性缝线引起的机械性并发症
T85.600x006　MEDPOR假体外露
T85.600x007　扩张器外露
T85.600x008　扩张器渗液
T85.600x009　扩张器破裂
T85.600x010　腹腔化疗泵外露
T85.601　人工耳蜗松动
T85.602　人工听骨移位
T85.603　鼓膜置管移位
T85.604　外耳道支架短缩
T85.609　腹膜透析管移位
T85.610　腹膜透析管阻塞
T85.611　腹膜透析管并发症
T85.700　假体装置、植入物和移植物引起的感染和炎症性反应，其他内部的
T85.704　巩膜硅胶带环扎植入感染
T85.705　人工耳蜗植入感染
T85.800x801　扩张器植入术后皮瓣破裂
T85.800x803　植入物脱出
T85.803　支架植入后出血
T85.900　内部假体装置、植入物和移植物的并发症
T85.901　腹膜透析装置并发症
T86.800x805　骨移植失败
T86.800x807　肠移植失败
T86.800x808　肠移植排斥
T86.800x809　皮肤移植失败
T86.800x813　皮瓣移植失败
T86.800x814　皮瓣移植排斥
T86.805　移植骨排斥反应
T86.806　移植皮肤排斥反应
T86.808　移植皮瓣坏死
T88.100x002　免疫接种后皮疹
T88.101　疫苗接种反应
T88.200　麻醉引起的休克
T88.300　麻醉引起的恶性高热

T88.400x001　插管失败
T88.400x002　插管困难
T88.501　麻醉意外
T88.702　类固醇激素并发症
T88.800x001　医源性脊髓损伤
T88.900　手术和医疗的并发症
T98.200x033　开放性损伤愈合不良
T98.300x002　眼植入物暴露的后遗症
T98.300x003　手术后坐骨神经损伤的后遗症
T98.300x004　手术后心脏异物残留的后遗症
T98.300x005　人工耳蜗植入后电极脱出的后遗症
T98.300x006　手术后颌骨异物残留的后遗症

VZ1　其他损伤、中毒及毒性反应疾病

包含以下主要诊断：
S41.801　开放性肩胛区损伤
T45.900　主要为全身性和血液学制剂中毒
T47.800　主要影响胃肠系统的其他制剂中毒
T47.900　主要影响胃肠系统的制剂中毒
T48.201　作用于肌肉制剂中毒
T48.701　呼吸系统制剂中毒
T49.900　局部制剂中毒
T61.800　海产品的毒性效应，其他的
T63.900　与有毒动物接触的毒性效应
T66.x00x001　放射病
T66.x00x002　职业性放射性疾病
T66.x01　放射性损伤
T67.000x001　热射病
T67.000x002　热卒中
T67.001　热性发热
T67.002　日射病
T67.100　热性晕厥
T67.100x002　热性虚脱
T67.200　中暑痉挛
T67.300　脱水性中暑衰竭
T67.300x001　中暑脱水
T67.300x002　脱水性中暑虚脱
T67.400　盐缺失引起的中暑衰竭
T67.400x001　盐缺失性中暑虚脱
T67.500　中暑衰竭
T67.500x001　中暑虚脱
T67.600　短暂性中暑疲劳
T67.700　中暑水肿
T67.800　热和光的其他效应
T67.900　热和光的效应
T67.901　中暑
T68.x00　低体温
T69.000x001　浸泡手
T69.000x002　浸泡足
T69.000x003　战壕足
T69.000x004　打猎反应
T69.100　冻疮
T69.100x002　耳廓冻疮
T69.100x003　足部冻疮
T69.100x004　面部冻疮
T69.100x005　手部冻疮
T69.800x001　皲裂
T69.800x002　手部皲裂
T69.800x003　足部皲裂
T70.200x005　气压伤
T70.200x006　阿尔卑斯山病
T70.201　高原性肺水肿
T70.202　高原性高血压
T70.204　高山病
T70.205　航空病
T70.206　飞行员病（由于飞行气压改变引起的）
T70.207　高海拔效应
T70.300　潜水员病［减压病］
T70.300x002　潜水员瘫痪
T70.300x004　潜水员麻痹
T70.800　气压和水压的其他效应
T70.800x001　冲击波损伤综合征
T71.x00　外因性窒息
T71.x00x001　缺氧性窒息
T71.x00x002　创伤性窒息
T71.x00x003　绞窄性窒息
T71.x00x004　机械性窒息
T73.000　饥饿效应
T73.000x001　绝食
T74.000x001　被忽视综合征
T74.000x002　被遗弃综合征
T74.100　躯体虐待
T74.100x001　幼儿受虐综合征
T74.100x002　儿童受虐综合征
T74.100x003　配偶受虐综合征
T74.200　性虐待
T74.300　心理上的虐待
T74.800x001　混合型虐待综合征
T74.900x001　虐待成人综合征
T74.900x002　虐待儿童综合征

T75.000　雷电效应
T75.000x001　雷击
T75.000x002　雷电休克
T75.100　淹死和非致命性溺水
T75.100x001　溺水
T75.100x002　游泳者痉挛
T75.101　溺水性肺水肿
T75.200x001　气锤综合征
T75.200x002　亚声波眩晕
T75.200x003　创伤性血管痉挛综合征
T75.200x004　局部振动病
T75.200x005　手臂振动病
T75.300　晕动病
T75.300x002　空晕病［晕机病］
T75.300x003　晕船病
T75.300x004　晕车病
T75.400　电流效应
T75.400x001　电击伤
T75.800x001　异常重力效应
T75.800x002　失重效应
T76.x00　外部原因未特指的影响
T79.000　空气栓塞（创伤性）
T79.201　创伤性复发性出血
T79.202　创伤性继发性出血
T79.400　创伤性休克
T79.501　挤压综合征
T79.800x001　创伤性脂肪液化
T79.800x003　创伤性指坏死
T79.800x004　创伤性头皮坏死
T79.800x005　创伤性凝血病
T79.900　创伤的早期并发症
T81.000x004　操作后胸腔出血
T81.000x032　操作中肺出血
T81.008　手术后胸腔出血
T81.009　手术中肺出血
T88.800　手术和医疗其他特指的并发症，不可归类在他处者
T98.100　外因的其他和未特指效应的后遗症
T98.100x001　电击伤后遗症

MDCW　烧伤

主诊表

包含以下主要诊断：
T20.000　头和颈的烧伤
T20.000x002　头部烧伤
T20.000x003　颈部烧伤
T20.000x004　头皮烧伤
T20.000x006　鼻部烧伤
T20.000x007　颞部烧伤
T20.000x008　唇部烧伤
T20.000x010　眼伴头烧伤
T20.000x011　眼伴颈烧伤
T20.000x012　眼伴面烧伤
T20.002　耳烧伤
T20.003　面部烧伤
T20.100　头和颈一度烧伤
T20.100x002　头部一度烧伤
T20.100x003　颈部一度烧伤
T20.100x004　头皮一度烧伤
T20.100x005　面部一度烧伤
T20.100x006　鼻部一度烧伤
T20.100x007　颞部一度烧伤
T20.100x008　唇部一度烧伤
T20.100x009　耳部一度烧伤
T20.100x010　眼伴头一度烧伤
T20.100x011　眼伴颈一度烧伤
T20.100x012　眼伴面一度烧伤
T20.200　头和颈二度烧伤
T20.200x002　头部二度烧伤
T20.200x003　颈部二度烧伤
T20.200x004　头皮二度烧伤
T20.200x006　鼻部二度烧伤
T20.200x007　颞部二度烧伤
T20.200x008　唇部二度烧伤
T20.200x009　耳部二度烧伤
T20.200x010　眼伴头二度烧伤
T20.200x011　眼伴颈二度烧伤
T20.200x012　眼伴面二度烧伤
T20.201　面部二度烧伤
T20.300　头和颈三度烧伤
T20.300x002　头部三度烧伤
T20.300x003　颈部三度烧伤
T20.300x004　头皮三度烧伤
T20.300x005　面部三度烧伤
T20.300x006　鼻部三度烧伤
T20.300x007　颞部三度烧伤
T20.300x008　唇部三度烧伤
T20.300x009　耳部三度烧伤
T20.300x010　眼伴头三度烧伤

T20.300x011 眼伴颈三度烧伤
T20.300x012 眼伴面三度烧伤
T20.400 头和颈腐蚀伤
T20.400x002 头部腐蚀伤
T20.400x003 颈部腐蚀伤
T20.400x004 头皮腐蚀伤
T20.400x005 面部腐蚀伤
T20.400x006 鼻部腐蚀伤
T20.400x007 颞部腐蚀伤
T20.400x008 唇部腐蚀伤
T20.400x009 耳部腐蚀伤
T20.400x010 眼伴头腐蚀伤
T20.400x011 眼伴颈腐蚀伤
T20.400x012 眼伴面腐蚀伤
T20.401 耳化学性烧伤
T20.500 头和颈一度腐蚀伤
T20.500x002 头部一度腐蚀伤
T20.500x003 颈部一度腐蚀伤
T20.500x004 头皮一度腐蚀伤
T20.500x005 面部一度腐蚀伤
T20.500x006 鼻部一度腐蚀伤
T20.500x007 颞部一度腐蚀伤
T20.500x008 唇部一度腐蚀伤
T20.500x009 耳部一度腐蚀伤
T20.500x010 眼伴头一度腐蚀伤
T20.500x011 眼伴颈一度腐蚀伤
T20.500x012 眼伴面一度腐蚀伤
T20.600 头和颈二度腐蚀伤
T20.600x002 头部二度腐蚀伤
T20.600x003 颈部二度腐蚀伤
T20.600x004 头皮二度腐蚀伤
T20.600x005 面部二度腐蚀伤
T20.600x006 鼻部二度腐蚀伤
T20.600x007 颞部二度腐蚀伤
T20.600x008 唇部二度腐蚀伤
T20.600x009 耳部二度腐蚀伤
T20.600x010 眼伴头二度腐蚀伤
T20.600x011 眼伴颈二度腐蚀伤
T20.600x012 眼伴面二度腐蚀伤
T20.700 头和颈三度腐蚀伤
T20.700x002 头部三度腐蚀伤
T20.700x003 颈部三度腐蚀伤
T20.700x004 头皮三度腐蚀伤
T20.700x005 面部三度腐蚀伤
T20.700x006 鼻部三度腐蚀伤
T20.700x007 颞部三度腐蚀伤
T20.700x008 唇部三度腐蚀伤
T20.700x009 耳部三度腐蚀伤
T20.700x010 眼伴头三度腐蚀伤
T20.700x011 眼伴颈三度腐蚀伤
T20.700x012 眼伴面三度腐蚀伤
T21.000 躯干烧伤
T21.000x011 乳房烧伤
T21.000x021 胸壁烧伤
T21.000x031 腹壁烧伤
T21.000x032 胁腹烧伤
T21.000x033 腹股沟烧伤
T21.000x041 臀部烧伤
T21.000x042 背部烧伤
T21.000x043 肩胛间区烧伤
T21.000x051 大阴唇烧伤
T21.000x052 小阴唇烧伤
T21.000x053 阴茎烧伤
T21.000x054 会阴烧伤
T21.000x055 阴囊烧伤
T21.000x056 睾丸烧伤
T21.000x057 外阴烧伤
T21.000x091 肛门烧伤
T21.100 躯干一度烧伤
T21.100x011 乳房一度烧伤
T21.100x021 胸壁一度烧伤
T21.100x031 腹壁一度烧伤
T21.100x032 胁腹一度烧伤
T21.100x033 腹股沟一度烧伤
T21.100x041 臀部一度烧伤
T21.100x042 背部一度烧伤
T21.100x043 肩胛间区一度烧伤
T21.100x051 大阴唇一度烧伤
T21.100x052 小阴唇一度烧伤
T21.100x053 阴茎一度烧伤
T21.100x054 会阴一度烧伤
T21.100x055 阴囊一度烧伤
T21.100x056 睾丸一度烧伤
T21.100x057 外阴一度烧伤
T21.100x091 肛门一度烧伤
T21.200 躯干二度烧伤
T21.200x011 乳房二度烧伤
T21.200x021 胸壁二度烧伤
T21.200x031 腹壁二度烧伤
T21.200x032 胁腹二度烧伤

T21.200x033　腹股沟二度烧伤
T21.200x041　臀部二度烧伤
T21.200x042　背部二度烧伤
T21.200x043　肩胛间区二度烧伤
T21.200x051　大阴唇二度烧伤
T21.200x052　小阴唇二度烧伤
T21.200x053　阴茎二度烧伤
T21.200x054　会阴二度烧伤
T21.200x055　阴囊二度烧伤
T21.200x056　睾丸二度烧伤
T21.200x057　外阴二度烧伤
T21.200x091　肛门二度烧伤
T21.300　躯干三度烧伤
T21.300x011　乳房三度烧伤
T21.300x021　胸壁三度烧伤
T21.300x031　腹壁三度烧伤
T21.300x032　胁腹三度烧伤
T21.300x033　腹股沟三度烧伤
T21.300x041　臀部三度烧伤
T21.300x042　背部三度烧伤
T21.300x043　肩胛间区三度烧伤
T21.300x051　大阴唇三度烧伤
T21.300x052　小阴唇三度烧伤
T21.300x053　阴茎三度烧伤
T21.300x054　会阴三度烧伤
T21.300x055　阴囊三度烧伤
T21.300x056　睾丸三度烧伤
T21.300x057　外阴三度烧伤
T21.300x091　肛门三度烧伤
T21.400　躯干腐蚀伤
T21.400x011　乳房腐蚀伤
T21.400x021　胸壁腐蚀伤
T21.400x031　腹壁腐蚀伤
T21.400x032　胁腹腐蚀伤
T21.400x033　腹股沟腐蚀伤
T21.400x041　臀部腐蚀伤
T21.400x042　背部腐蚀伤
T21.400x043　肩胛间区腐蚀伤
T21.400x051　大阴唇腐蚀伤
T21.400x052　小阴唇腐蚀伤
T21.400x053　阴茎腐蚀伤
T21.400x054　会阴腐蚀伤
T21.400x055　阴囊腐蚀伤
T21.400x056　睾丸腐蚀伤
T21.400x057　外阴腐蚀伤
T21.400x091　肛门腐蚀伤
T21.500　躯干一度腐蚀伤
T21.500x011　乳房一度腐蚀伤
T21.500x021　胸壁一度腐蚀伤
T21.500x031　腹壁一度腐蚀伤
T21.500x032　胁腹一度腐蚀伤
T21.500x033　腹股沟一度腐蚀伤
T21.500x041　臀部一度腐蚀伤
T21.500x042　背部一度腐蚀伤
T21.500x043　肩胛间区一度腐蚀伤
T21.500x051　大阴唇一度腐蚀伤
T21.500x052　小阴唇一度腐蚀伤
T21.500x053　阴茎一度腐蚀伤
T21.500x054　会阴一度腐蚀伤
T21.500x055　阴囊一度腐蚀伤
T21.500x056　睾丸一度腐蚀伤
T21.500x057　外阴一度腐蚀伤
T21.500x091　肛门一度腐蚀伤
T21.600　躯干二度腐蚀伤
T21.600x011　乳房二度腐蚀伤
T21.600x021　胸壁二度腐蚀伤
T21.600x031　腹壁二度腐蚀伤
T21.600x032　胁腹二度腐蚀伤
T21.600x033　腹股沟二度腐蚀伤
T21.600x041　臀部二度腐蚀伤
T21.600x042　背部二度腐蚀伤
T21.600x043　肩胛间区二度腐蚀伤
T21.600x051　大阴唇二度腐蚀伤
T21.600x052　小阴唇二度腐蚀伤
T21.600x053　阴茎二度腐蚀伤
T21.600x054　会阴二度腐蚀伤
T21.600x055　阴囊二度腐蚀伤
T21.600x056　睾丸二度腐蚀伤
T21.600x057　外阴二度腐蚀伤
T21.600x091　肛门二度腐蚀伤
T21.700　躯干三度腐蚀伤
T21.700x011　乳房三度腐蚀伤
T21.700x021　胸壁三度腐蚀伤
T21.700x031　腹壁三度腐蚀伤
T21.700x032　胁腹三度腐蚀伤
T21.700x033　腹股沟三度腐蚀伤
T21.700x041　臀部三度腐蚀伤
T21.700x042　背部三度腐蚀伤
T21.700x043　肩胛间区三度腐蚀伤
T21.700x051　大阴唇三度腐蚀伤

T21.700x052　小阴唇三度腐蚀伤
T21.700x053　阴茎三度腐蚀伤
T21.700x054　会阴三度腐蚀伤
T21.700x055　阴囊三度腐蚀伤
T21.700x056　睾丸三度腐蚀伤
T21.700x057　外阴三度腐蚀伤
T21.700x091　肛门三度腐蚀伤
T22.000x001　肩和上肢烧伤
T22.000x002　上肢烧伤
T22.000x003　肩部烧伤
T22.000x004　肩胛区烧伤
T22.000x005　臂烧伤
T22.000x006　腋烧伤
T22.100x001　肩和上肢一度烧伤
T22.100x002　上肢一度烧伤
T22.100x003　肩部一度烧伤
T22.100x004　肩胛区一度烧伤
T22.100x005　臂一度烧伤
T22.100x006　腋一度烧伤
T22.200x001　肩和上肢二度烧伤
T22.200x002　上肢二度烧伤
T22.200x003　肩部二度烧伤
T22.200x004　肩胛区二度烧伤
T22.200x005　臂二度烧伤
T22.200x006　腋二度烧伤
T22.300x001　肩和上肢三度烧伤
T22.300x002　上肢三度烧伤
T22.300x003　肩部三度烧伤
T22.300x004　肩胛区三度烧伤
T22.300x005　臂三度烧伤
T22.300x006　腋三度烧伤
T22.400x001　肩和上肢腐蚀伤
T22.400x002　上肢腐蚀伤
T22.400x003　肩部腐蚀伤
T22.400x004　肩胛区腐蚀伤
T22.400x005　臂腐蚀伤
T22.400x006　腋腐蚀伤
T22.500x001　肩和上肢一度腐蚀伤
T22.500x002　上肢一度腐蚀伤
T22.500x003　肩部一度腐蚀伤
T22.500x004　肩胛区一度腐蚀伤
T22.500x005　臂一度腐蚀伤
T22.500x006　腋一度腐蚀伤
T22.600x001　肩和上肢二度腐蚀伤
T22.600x002　上肢二度腐蚀伤
T22.600x003　肩部二度腐蚀伤
T22.600x004　肩胛区二度腐蚀伤
T22.600x005　臂二度腐蚀伤
T22.600x006　腋二度腐蚀伤
T22.700x001　肩和上肢三度腐蚀伤
T22.700x002　上肢三度腐蚀伤
T22.700x003　肩部三度腐蚀伤
T22.700x004　肩胛区三度腐蚀伤
T22.700x005　臂三度腐蚀伤
T22.700x006　腋三度腐蚀伤
T23.000x001　腕和手烧伤
T23.000x002　腕部烧伤
T23.000x003　手部烧伤
T23.000x004　手掌烧伤
T23.000x005　拇指烧伤
T23.000x006　手指烧伤
T23.000x007　指甲烧伤
T23.100　腕和手一度烧伤
T23.100x002　腕部一度烧伤
T23.100x003　手部一度烧伤
T23.100x004　手掌一度烧伤
T23.100x005　拇指一度烧伤
T23.100x006　手指一度烧伤
T23.100x007　指甲一度烧伤
T23.200　腕和手二度烧伤
T23.200x002　腕部二度烧伤
T23.200x003　手部二度烧伤
T23.200x004　手掌二度烧伤
T23.200x005　拇指二度烧伤
T23.200x006　手指二度烧伤
T23.200x007　指甲二度烧伤
T23.300　腕和手三度烧伤
T23.300x002　腕部三度烧伤
T23.300x003　手部三度烧伤
T23.300x004　手掌三度烧伤
T23.300x005　拇指三度烧伤
T23.300x006　手指三度烧伤
T23.300x007　指甲三度烧伤
T23.400　腕和手腐蚀伤
T23.400x002　腕部腐蚀伤
T23.400x003　手部腐蚀伤
T23.400x004　手掌腐蚀伤
T23.400x005　拇指腐蚀伤
T23.400x006　手指腐蚀伤
T23.400x007　指甲腐蚀伤

T23.500　腕和手一度腐蚀伤
T23.500x002　腕部一度腐蚀伤
T23.500x003　手部一度腐蚀伤
T23.500x004　手掌一度腐蚀伤
T23.500x005　拇指一度腐蚀伤
T23.500x006　手指一度腐蚀伤
T23.500x007　指甲一度腐蚀伤
T23.600　腕和手二度腐蚀伤
T23.600x002　腕部二度腐蚀伤
T23.600x003　手部二度腐蚀伤
T23.600x004　手掌二度腐蚀伤
T23.600x005　拇指二度腐蚀伤
T23.600x006　手指二度腐蚀伤
T23.600x007　指甲二度腐蚀伤
T23.700　腕和手三度腐蚀伤
T23.700x002　腕部三度腐蚀伤
T23.700x003　手部三度腐蚀伤
T23.700x004　手掌三度腐蚀伤
T23.700x005　拇指三度腐蚀伤
T23.700x006　手指三度腐蚀伤
T23.700x007　指甲三度腐蚀伤
T24.000x001　髋和下肢烧伤
T24.000x002　髋部烧伤
T24.000x003　下肢烧伤
T24.000x004　小腿烧伤
T24.100x001　髋和下肢一度烧伤
T24.100x002　髋部一度烧伤
T24.100x003　下肢一度烧伤
T24.100x004　小腿一度烧伤
T24.200x001　髋和下肢二度烧伤
T24.200x002　髋部二度烧伤
T24.200x003　下肢二度烧伤
T24.200x004　小腿二度烧伤
T24.300x001　髋和下肢三度烧伤
T24.300x002　髋部三度烧伤
T24.300x003　下肢三度烧伤
T24.300x004　小腿三度烧伤
T24.400x001　髋和下肢腐蚀伤
T24.400x002　髋部腐蚀伤
T24.400x003　下肢腐蚀伤
T24.400x004　小腿腐蚀伤
T24.500x001　髋和下肢一度腐蚀伤
T24.500x002　髋部一度腐蚀伤
T24.500x003　下肢一度腐蚀伤
T24.500x004　小腿一度腐蚀伤
T24.600x001　髋和下肢二度腐蚀伤
T24.600x002　髋部二度腐蚀伤
T24.600x003　下肢二度腐蚀伤
T24.600x004　小腿二度腐蚀伤
T24.700x001　髋和下肢三度腐蚀伤
T24.700x002　髋部三度腐蚀伤
T24.700x003　下肢三度腐蚀伤
T24.700x004　小腿三度腐蚀伤
T25.000　踝和足烧伤
T25.000x002　踝部烧伤
T25.000x003　足部烧伤
T25.100　踝和足一度烧伤
T25.100x002　踝部一度烧伤
T25.100x003　足部一度烧伤
T25.200　踝和足二度烧伤
T25.200x002　踝部二度烧伤
T25.200x003　足部二度烧伤
T25.300　踝和足三度烧伤
T25.300x002　踝部三度烧伤
T25.300x003　足部三度烧伤
T25.400　踝和足腐蚀伤
T25.400x002　踝部腐蚀伤
T25.400x003　足部腐蚀伤
T25.500　踝和足一度腐蚀伤
T25.500x002　踝部一度腐蚀伤
T25.500x003　足部一度腐蚀伤
T25.600　踝和足二度腐蚀伤
T25.600x002　踝部二度腐蚀伤
T25.600x003　足部二度腐蚀伤
T25.700　踝和足三度腐蚀伤
T25.700x002　踝部三度腐蚀伤
T25.700x003　足部三度腐蚀伤
T28.401　内部器官烧伤
T28.901　内部器官化学性烧伤
T29.000　多个部位烧伤
T29.100x001　多处一度烧伤
T29.200x001　多处二度烧伤
T29.300x001　多处三度烧伤
T29.400　多个部位腐蚀伤
T29.500x001　多处一度腐蚀伤
T29.600x001　多处二度腐蚀伤
T29.700x001　多处三度腐蚀伤
T30.000　身体烧伤
T30.100　一度烧伤
T30.200　二度烧伤

T30.300　三度烧伤
T30.400　身体腐蚀伤
T30.500　一度腐蚀伤
T30.600　二度腐蚀伤
T30.700　三度腐蚀伤
T33.000　头部浅表冻伤
T33.100　颈部浅表冻伤
T33.200　胸部浅表冻伤
T33.300x001　腹壁浅表冻伤
T33.300x002　背部浅表冻伤
T33.300x003　骨盆浅表冻伤
T33.400　臂浅表冻伤
T33.500x002　腕部浅表冻伤
T33.500x003　手部浅表冻伤
T33.600x002　髋部浅表冻伤
T33.600x003　大腿浅表冻伤
T33.700x002　膝部浅表冻伤
T33.700x003　小腿浅表冻伤
T33.800x002　踝部浅表冻伤
T33.800x003　足部浅表冻伤
T33.900x003　躯干浅表冻伤
T33.901　浅表冻伤
T34.000　头部冻伤伴有组织坏死
T34.100　颈部冻伤伴有组织坏死
T34.200　胸部冻伤伴有组织坏死
T34.300x001　腹壁冻伤伴组织坏死
T34.300x002　背部冻伤伴组织坏死
T34.300x003　骨盆冻伤伴组织坏死
T34.400　臂冻伤伴有组织坏死
T34.500x002　腕部冻伤伴组织坏死
T34.500x003　手部冻伤伴组织坏死
T34.600x002　髋部冻伤伴组织坏死
T34.600x003　大腿冻伤伴组织坏死
T34.700x002　膝部冻伤伴组织坏死
T34.700x003　小腿冻伤伴组织坏死
T34.800x002　踝部冻伤伴组织坏死
T34.800x003　足部冻伤伴组织坏死
T34.900x002　冻伤伴组织坏死
T34.900x003　躯干冻伤伴组织坏死
T35.000x001　多处浅表冻伤
T35.100x001　多处冻伤伴组织坏死
T35.200　头和颈部的冻伤
T35.300x001　躯干冻伤
T35.300x002　胸部冻伤
T35.300x003　腹部冻伤
T35.300x004　背部冻伤
T35.300x005　骨盆冻伤
T35.300x006　腹壁和下背及骨盆冻伤
T35.400　上肢的冻伤
T35.500　下肢的冻伤
T35.600x001　多处冻伤
T35.700x002　冷伤
T35.700x003　职业性冻伤
T35.700x004　全身冷伤
T35.700x005　局部冻伤
T35.700x006　局部一度冻伤
T35.700x007　局部二度冻伤
T35.700x008　局部三度冻伤
T35.700x009　局部四度冻伤

WB1　烧伤面积≥50%，或三度面积≥20%的烧伤，伴有手术操作

入组条件1：主要诊断+其他诊断1+主要手术或操作
或入组条件2：其他诊断2+主要手术或操作

主要诊断：
T20.300　头和颈三度烧伤
T20.300x002　头部三度烧伤
T20.300x003　颈部三度烧伤
T20.300x004　头皮三度烧伤
T20.300x005　面部三度烧伤
T20.300x006　鼻部三度烧伤
T20.300x007　颞部三度烧伤
T20.300x008　唇部三度烧伤
T20.300x009　耳部三度烧伤
T20.300x010　眼伴头三度烧伤
T20.300x011　眼伴颈三度烧伤
T20.300x012　眼伴面三度烧伤
T20.700　头和颈三度腐蚀伤
T20.700x002　头部三度腐蚀伤
T20.700x003　颈部三度腐蚀伤
T20.700x004　头皮三度腐蚀伤
T20.700x005　面部三度腐蚀伤
T20.700x006　鼻部三度腐蚀伤
T20.700x007　颞部三度腐蚀伤
T20.700x008　唇部三度腐蚀伤
T20.700x009　耳部三度腐蚀伤
T20.700x010　眼伴头三度腐蚀伤
T20.700x011　眼伴颈三度腐蚀伤

T20.700x012　眼伴面三度腐蚀伤
T21.300　躯干三度烧伤
T21.300x011　乳房三度烧伤
T21.300x021　胸壁三度烧伤
T21.300x031　腹壁三度烧伤
T21.300x032　胁腹三度烧伤
T21.300x033　腹股沟三度烧伤
T21.300x041　臀部三度烧伤
T21.300x042　背部三度烧伤
T21.300x043　肩胛间区三度烧伤
T21.300x051　大阴唇三度烧伤
T21.300x052　小阴唇三度烧伤
T21.300x053　阴茎三度烧伤
T21.300x054　会阴三度烧伤
T21.300x055　阴囊三度烧伤
T21.300x056　睾丸三度烧伤
T21.300x057　外阴三度烧伤
T21.300x091　肛门三度烧伤
T21.700　躯干三度腐蚀伤
T21.700x011　乳房三度腐蚀伤
T21.700x021　胸壁三度腐蚀伤
T21.700x031　腹壁三度腐蚀伤
T21.700x032　胁腹三度腐蚀伤
T21.700x033　腹股沟三度腐蚀伤
T21.700x041　臀部三度腐蚀伤
T21.700x042　背部三度腐蚀伤
T21.700x043　肩胛间区三度腐蚀伤
T21.700x051　大阴唇三度腐蚀伤
T21.700x052　小阴唇三度腐蚀伤
T21.700x053　阴茎三度腐蚀伤
T21.700x054　会阴三度腐蚀伤
T21.700x055　阴囊三度腐蚀伤
T21.700x056　睾丸三度腐蚀伤
T21.700x057　外阴三度腐蚀伤
T21.700x091　肛门三度腐蚀伤
T22.300x001　肩和上肢三度烧伤
T22.300x002　上肢三度烧伤
T22.300x003　肩部三度烧伤
T22.300x004　肩胛区三度烧伤
T22.300x005　臂三度烧伤
T22.300x006　腋三度烧伤
T22.700x001　肩和上肢三度腐蚀伤
T22.700x002　上肢三度腐蚀伤
T22.700x003　肩部三度腐蚀伤
T22.700x004　肩胛区三度腐蚀伤
T22.700x005　臂三度腐蚀伤
T22.700x006　腋三度腐蚀伤
T23.300　腕和手三度烧伤
T23.300x002　腕部三度烧伤
T23.300x003　手部三度烧伤
T23.300x004　手掌三度烧伤
T23.300x005　拇指三度烧伤
T23.300x006　手指三度烧伤
T23.300x007　指甲三度烧伤
T23.700　腕和手三度腐蚀伤
T23.700x002　腕部三度腐蚀伤
T23.700x003　手部三度腐蚀伤
T23.700x004　手掌三度腐蚀伤
T23.700x005　拇指三度腐蚀伤
T23.700x006　手指三度腐蚀伤
T23.700x007　指甲三度腐蚀伤
T24.300x001　髋和下肢三度烧伤
T24.300x002　髋部三度烧伤
T24.300x003　下肢三度烧伤
T24.300x004　小腿三度烧伤
T24.700x001　髋和下肢三度腐蚀伤
T24.700x002　髋部三度腐蚀伤
T24.700x003　下肢三度腐蚀伤
T24.700x004　小腿三度腐蚀伤
T25.300　踝和足三度烧伤
T25.300x002　踝部三度烧伤
T25.300x003　足部三度烧伤
T25.700　踝和足三度腐蚀伤
T25.700x002　踝部三度腐蚀伤
T25.700x003　足部三度腐蚀伤
T29.300x001　多处三度烧伤
T29.700x001　多处三度腐蚀伤
T30.300　三度烧伤
T30.700　三度腐蚀伤
T35.700x008　局部三度冻伤
T35.700x009　局部四度冻伤

其他诊断1：
T31.200　累及体表20%~29%的烧伤
T31.300　累及体表30%~39%的烧伤
T31.400　累及体表40%~49%的烧伤
T31.500　累及体表50%~59%的烧伤
T31.600　累及体表60%~69%的烧伤
T31.700　累及体表70%~79%的烧伤
T31.800　累及体表80%~89%的烧伤

T31.900 累及体表90%及以上的烧伤
T32.200 累及体表20%~29%的腐蚀伤
T32.300 累及体表30%~39%的腐蚀伤
T32.400 累及体表40%~49%的腐蚀伤
T32.500 累及体表50%~59%的腐蚀伤
T32.600 累及体表60%~69%的腐蚀伤
T32.700 累及体表70%~79%的腐蚀伤
T32.800 累及体表80%~89%的腐蚀伤
T32.900 累及体表90%及以上的腐蚀伤

其他诊断2：
T31.500 累及体表50%~59%的烧伤
T31.600 累及体表60%~69%的烧伤
T31.700 累及体表70%~79%的烧伤
T31.800 累及体表80%~89%的烧伤
T31.900 累及体表90%及以上的烧伤
T32.500 累及体表50%~59%的腐蚀伤
T32.600 累及体表60%~69%的腐蚀伤
T32.700 累及体表70%~79%的腐蚀伤
T32.800 累及体表80%~89%的腐蚀伤
T32.900 累及体表90%及以上的腐蚀伤

主要手术或操作：
04.0408 周围神经探查术
04.0414 坐骨神经探查术
04.0415 腋神经探查术
04.0418 正中神经探查术
04.0419 尺神经探查术
04.0420 桡神经探查术
04.0421 指神经探查术
04.0422 肋间神经探查术
04.0423 股神经探查术
04.0424 胫神经探查术
04.0425 腓总神经探查术
04.0426 足底神经探查术
04.4400 跗管松解术
04.4900x033 腓浅神经松解术
04.4900x034 腓深神经松解术
04.4900x035 腋神经松解术
04.4900x037 胫后神经松解术
04.4900x042 周围神经松解术
04.4901 臂丛神经松解术
04.4903 神经根管松解术
04.4907 正中神经松解术
04.4908 尺神经松解术
04.4909 桡神经松解术
04.4910 指神经松解术
04.4911 坐骨神经松解术
04.4913 股神经松解术
04.4914 胫神经松解术
04.4915 腓总神经松解术
04.4916 腓神经松解术
04.4917 足神经松解术
04.4918 跖间神经松解术
04.4919 趾间神经松解术
04.5x00x016 周围神经移植术
04.5x01 面神经移植术
04.5x02 臂丛神经移植术
04.5x04 尺神经移植术
04.5x05 桡神经移植术
04.5x07 坐骨神经移植术
04.5x08 股神经移植术
04.5x09 腓总神经移植术
04.5x10 腓肠神经移植术
18.6x02 外耳道植皮术
18.7900x008 乳突植皮术
18.7900x009 耳游离皮瓣移植术
18.7902 耳廓植皮术
18.7905 耳后皮肤移植术
21.3200x010 鼻皮肤和皮下坏死组织切除清创术
21.8900x002 鼻植皮术
21.9900x002 鼻清创术
27.4300x010 唇部皮肤和皮下坏死组织切除清创术
27.5500x002 唇全厚植皮术
27.5600x002 唇中厚植皮术
27.5601 口内皮肤移植术
27.5701 唇皮瓣移植术
27.5702 口内皮瓣移植术
27.5703 唇带蒂皮瓣移植术
38.0300x003 上肢血管切开探查术
38.0800x003 下肢动脉探查术
38.0900x002 下肢静脉探查术
38.3000 血管部分切除术伴吻合术
38.4000 血管部分切除术伴置换术
54.3x00x011 腹壁伤口清创术
61.3x00x005 阴囊皮肤和皮下坏死组织切除清创术
64.2x00x006 阴茎皮肤和皮下坏死组织切除清创术
71.3x00x021 女性会阴皮肤和皮下坏死组织切除清创术
71.3x00x023 女性外阴皮肤和皮下坏死组织切除

清创术
83.0100x001　肌腱探查术
83.0101　腱鞘切开术
83.0102　腱鞘松解术
83.0200x005　前臂切开减压术
83.0201　肌肉筋膜切开减压术
83.0202　肌肉切开探查术
83.0900x003　筋膜间隙切开减压术
83.2900x001　肌腱、血管、神经探查术
83.2900x003　足血管、神经、肌腱探查术
84.0100x001　多指截指术
84.0100x002　手指关节离断术
84.0100x004　手指离断术
84.0101　指关节离断术
84.0102　手指截断术，拇指除外
84.0103　掌指关节离断术
84.0201　拇指截断术
84.0202　拇指关节离断术
84.0301　手截断术
84.0302　掌截断术
84.0400　腕关节离断术
84.0500　经前臂截断术
84.0600　肘关节离断术
84.0701　上臂截断术
84.0800　肩关节离断术
84.0900x001　肩胛带离断术
84.1101　趾关节离断术
84.1102　多趾截除术
84.1103　跖骨头截断术
84.1200　经足截断术
84.1300　踝关节离断术
84.1400　经胫骨和腓骨踝部的踝截断术
84.1500x002　经胫骨和腓骨的小腿离断术
84.1501　小腿截断术
84.1600　膝关节离断术
84.1701　大腿截断术
84.1800　髋关节离断术
84.1901　半侧骨盆截断术
84.2101　拇指断指再植术
84.2201　手指断指再植术
84.2301　前臂断肢再植术
84.2302　断手再植术
84.2303　断腕再植术
84.2304　断掌再植术
84.2401　上臂断肢再植术
84.2501　断趾再植术
84.2601　断足再植术
84.2701　小腿断肢再植术
84.2801　大腿断肢再植术
84.2900　其他再附着
84.3x00　截断残端的修复术
85.2000x001　乳房皮肤和皮下坏死组织切除清创术
85.8200　中厚皮片移植至乳房
85.8300　全层皮片移植至乳房
85.8400　带蒂皮瓣移植至乳房
85.8500　肌瓣移植至乳房
86.0901　皮肤焦痂切开术
86.2200x011　皮肤和皮下坏死组织切除清创术
86.2201　皮肤伤口切除性清创术
86.2202　焦痂切除术
86.3x02　皮肤病损切除术
86.3x03　皮下组织病损切除术
86.3x04　男性会阴病损切除术
86.3x06　皮肤Z型成形伴病损切除术
86.4x01　头.面.颈皮肤病损根治切除术
86.4x02　躯干皮肤病损根治性切除术
86.4x03　肢体皮肤病损根治切除术
86.5100　头皮再植术
86.6101　手全厚皮片游离移植术
86.6200x002　指皮肤游离移植术
86.6201　手中厚皮片游离移植术
86.6202　手刃厚皮片游离移植术
86.6300x001　腹部全厚皮片移植术
86.6301　头面颈全厚皮片移植术
86.6302　躯干全厚皮片移植术
86.6303　上肢全厚皮片移植术
86.6304　下肢全厚皮片移植术
86.6501　猪皮移植术
86.6601　同种皮片移植术
86.6701　脱细胞异体真皮植皮术
86.6702　人工皮肤移植术
86.6900x010　全厚皮片移植术
86.6901　刃厚皮片移植术
86.6902　中厚皮片移植术
86.6903　头面颈部植皮术
86.6904　躯干部植皮术
86.6905　上肢植皮术
86.6906　下肢植皮术
86.700x0013　游离皮瓣移植术

86.700x0014　皮瓣转移术
86.7100x009　皮瓣预制术
86.7101　带蒂皮瓣断蒂术
86.7102　皮管成形术
86.7103　带蒂皮瓣延迟术
86.7104　腹部埋藏皮瓣术
86.7105　带蒂皮瓣制备术
86.7200x001　带蒂皮瓣迁徙术
86.7300x003　手带蒂皮瓣移植术
86.7300x004　手游离皮瓣移植术
86.7301　邻指皮瓣术
86.7302　鱼际皮瓣术
86.7303　指蹼成形术
86.7400x026　带蒂皮瓣移植术
86.7400x031　筋膜皮瓣移植术
86.7400x032　皮下蒂皮瓣移植术
86.7400x033　岛状皮瓣移植术
86.7400x034　肌皮瓣游离移植术
86.7400x035　腓动脉穿支腓骨皮瓣游离移植修复
86.7400x036　带血管化腓骨肌皮瓣移植术
86.7400x037　腓骨肌皮瓣移植术
86.7400x038　腹股沟皮瓣转移术
86.7400x039　二级串联游离植皮术
86.7400x040　岛状皮瓣转移术
86.7400x041　皮下筋膜瓣术
86.7400x042　游离脂肪瓣移植术
86.7401　前徙皮瓣移植术
86.7402　滑动皮瓣移植术
86.7403　双带蒂皮瓣移植术
86.7404　旋转皮瓣移植术
86.7405　管状皮瓣移植术
86.7407　颌面局部皮瓣转移术
86.7500x001　带蒂皮瓣修整术
86.7500x010　带蒂皮瓣去脂术
86.7500x011　邻近皮瓣修复术
86.7500x012　皮瓣探查术
86.7501　皮瓣清创术
86.7502　皮瓣去脂术
86.7503　皮瓣修整术
86.7504　复杂性皮瓣、肌皮瓣、超薄皮瓣修复术
86.9100x001　供体皮肤切除术
86.9100x002　皮片取皮术
86.9301　皮肤扩张器植入术
86.9302　皮肤扩张器调整术
86.9303　头皮扩张器植入术
86.9305　肢体皮肤扩张器植入术
86.9306　躯干皮肤扩张器植入术

WB2　烧伤面积≥30%，＜50%，或三度面积≥10%，＜20%的烧伤，伴有手术操作

入组条件1：主要诊断+其他诊断1+主要手术或操作
或入组条件2：其他诊断2+主要手术或操作

主要诊断：
T20.300　头和颈三度烧伤
T20.300x002　头部三度烧伤
T20.300x003　颈部三度烧伤
T20.300x004　头皮三度烧伤
T20.300x005　面部三度烧伤
T20.300x006　鼻部三度烧伤
T20.300x007　颞部三度烧伤
T20.300x008　唇部三度烧伤
T20.300x009　耳部三度烧伤
T20.300x010　眼伴头三度烧伤
T20.300x011　眼伴颈三度烧伤
T20.300x012　眼伴面三度烧伤
T20.700　头和颈三度腐蚀伤
T20.700x002　头部三度腐蚀伤
T20.700x003　颈部三度腐蚀伤
T20.700x004　头皮三度腐蚀伤
T20.700x005　面部三度腐蚀伤
T20.700x006　鼻部三度腐蚀伤
T20.700x007　颞部三度腐蚀伤
T20.700x008　唇部三度腐蚀伤
T20.700x009　耳部三度腐蚀伤
T20.700x010　眼伴头三度腐蚀伤
T20.700x011　眼伴颈三度腐蚀伤
T20.700x012　眼伴面三度腐蚀伤
T21.300　躯干三度烧伤
T21.300x011　乳房三度烧伤
T21.300x021　胸壁三度烧伤
T21.300x031　腹壁三度烧伤
T21.300x032　胁腹三度烧伤
T21.300x033　腹股沟三度烧伤
T21.300x041　臀部三度烧伤
T21.300x042　背部三度烧伤
T21.300x043　肩胛间区三度烧伤
T21.300x051　大阴唇三度烧伤
T21.300x052　小阴唇三度烧伤

T21.300x053　阴茎三度烧伤
T21.300x054　会阴三度烧伤
T21.300x055　阴囊三度烧伤
T21.300x056　睾丸三度烧伤
T21.300x057　外阴三度烧伤
T21.300x091　肛门三度烧伤
T21.700　躯干三度腐蚀伤
T21.700x011　乳房三度腐蚀伤
T21.700x021　胸壁三度腐蚀伤
T21.700x031　腹壁三度腐蚀伤
T21.700x032　胁腹三度腐蚀伤
T21.700x033　腹股沟三度腐蚀伤
T21.700x041　臀部三度腐蚀伤
T21.700x042　背部三度腐蚀伤
T21.700x043　肩胛间区三度腐蚀伤
T21.700x051　大阴唇三度腐蚀伤
T21.700x052　小阴唇三度腐蚀伤
T21.700x053　阴茎三度腐蚀伤
T21.700x054　会阴三度腐蚀伤
T21.700x055　阴囊三度腐蚀伤
T21.700x056　睾丸三度腐蚀伤
T21.700x057　外阴三度腐蚀伤
T21.700x091　肛门三度腐蚀伤
T22.300x001　肩和上肢三度烧伤
T22.300x002　上肢三度烧伤
T22.300x003　肩部三度烧伤
T22.300x004　肩胛区三度烧伤
T22.300x005　臂三度烧伤
T22.300x006　腋三度烧伤
T22.700x001　肩和上肢三度腐蚀伤
T22.700x002　上肢三度腐蚀伤
T22.700x003　肩部三度腐蚀伤
T22.700x004　肩胛区三度腐蚀伤
T22.700x005　臂三度腐蚀伤
T22.700x006　腋三度腐蚀伤
T23.300　腕和手三度烧伤
T23.300x002　腕部三度烧伤
T23.300x003　手部三度烧伤
T23.300x004　手掌三度烧伤
T23.300x005　拇指三度烧伤
T23.300x006　手指三度烧伤
T23.300x007　指甲三度烧伤
T23.700　腕和手三度腐蚀伤
T23.700x002　腕部三度腐蚀伤
T23.700x003　手部三度腐蚀伤
T23.700x004　手掌三度腐蚀伤
T23.700x005　拇指三度腐蚀伤
T23.700x006　手指三度腐蚀伤
T23.700x007　指甲三度腐蚀伤
T24.300x001　髋和下肢三度烧伤
T24.300x002　髋部三度烧伤
T24.300x003　下肢三度烧伤
T24.300x004　小腿三度烧伤
T24.700x001　髋和下肢三度腐蚀伤
T24.700x002　髋部三度腐蚀伤
T24.700x003　下肢三度腐蚀伤
T24.700x004　小腿三度腐蚀伤
T25.300　踝和足三度烧伤
T25.300x002　踝部三度烧伤
T25.300x003　足部三度烧伤
T25.700　踝和足三度腐蚀伤
T25.700x002　踝部三度腐蚀伤
T25.700x003　足部三度腐蚀伤
T29.300x001　多处三度烧伤
T29.700x001　多处三度腐蚀伤
T30.300　三度烧伤
T30.700　三度腐蚀伤
T35.700x008　局部三度冻伤
T35.700x009　局部四度冻伤

其他诊断1：
T31.100　累及体表10%~19%的烧伤
T32.100　累及体表10%~19%的腐蚀伤

其他诊断2：
T31.300　累及体表30%~39%的烧伤
T31.400　累及体表40%~49%的烧伤
T32.300　累及体表30%~39%的腐蚀伤
T32.400　累及体表40%~49%的腐蚀伤

主要手术或操作：
04.0408　周围神经探查术
04.0414　坐骨神经探查术
04.0415　腋神经探查术
04.0418　正中神经探查术
04.0419　尺神经探查术
04.0420　桡神经探查术
04.0421　指神经探查术
04.0422　肋间神经探查术
04.0423　股神经探查术

04.0424　胫神经探查术
04.0425　腓总神经探查术
04.0426　足底神经探查术
04.4400　跗管松解术
04.4900x033　腓浅神经松解术
04.4900x034　腓深神经松解术
04.4900x035　腋神经松解术
04.4900x037　胫后神经松解术
04.4900x042　周围神经松解术
04.4901　臂丛神经松解术
04.4903　神经根管松解术
04.4907　正中神经松解术
04.4908　尺神经松解术
04.4909　桡神经松解术
04.4910　指神经松解术
04.4911　坐骨神经松解术
04.4913　股神经松解术
04.4914　胫神经松解术
04.4915　腓总神经松解术
04.4916　腓神经松解术
04.4917　足神经松解术
04.4918　跖间神经松解术
04.4919　趾间神经松解术
04.5x00x016　周围神经移植术
04.5x01　面神经移植术
04.5x02　臂丛神经移植术
04.5x04　尺神经移植术
04.5x05　桡神经移植术
04.5x07　坐骨神经移植术
04.5x08　股神经移植术
04.5x09　腓总神经移植术
04.5x10　腓肠神经移植术
18.6x02　外耳道植皮术
18.7900x008　乳突植皮术
18.7900x009　耳游离皮瓣移植术
18.7902　耳廓植皮术
18.7905　耳后皮肤移植术
21.3200x010　鼻皮肤和皮下坏死组织切除清创术
21.8900x002　鼻植皮术
21.9900x002　鼻清创术
27.4300x010　唇部皮肤和皮下坏死组织切除清创术
27.5500x002　唇全厚植皮术
27.5600x002　唇中厚植皮术
27.5601　口内皮肤移植术
27.5701　唇皮瓣移植术
27.5702　口内皮瓣移植术
27.5703　唇带蒂皮瓣移植术
38.0300x003　上肢血管切开探查术
38.0800x003　下肢动脉探查术
38.0900x002　下肢静脉探查术
38.3000　血管部分切除术伴吻合术
38.4000　血管部分切除术伴置换术
54.3x00x011　腹壁伤口清创术
61.3x00x005　阴囊皮肤和皮下坏死组织切除清创术
64.2x00x006　阴茎皮肤和皮下坏死组织切除清创术
71.3x00x021　女性会阴皮肤和皮下坏死组织切除清创术
71.3x00x023　女性外阴皮肤和皮下坏死组织切除清创术
83.0100x001　肌腱探查术
83.0101　腱鞘切开术
83.0102　腱鞘松解术
83.0200x005　前臂切开减压术
83.0201　肌肉筋膜切开减压术
83.0202　肌肉切开探查术
83.0900x003　筋膜间隙切开减压术
83.2900x001　肌腱、血管、神经探查术
83.2900x003　足血管、神经、肌腱探查术
84.0100x001　多指截指术
84.0100x002　手指关节离断术
84.0100x004　手指离断术
84.0101　指关节离断术
84.0102　手指截断术，拇指除外
84.0103　掌指关节离断术
84.0201　拇指截断术
84.0202　拇指关节离断术
84.0301　手截断术
84.0302　掌截断术
84.0400　腕关节离断术
84.0500　经前臂截断术
84.0600　肘关节离断术
84.0701　上臂截断术
84.0800　肩关节离断术
84.0900x001　肩胛带离断术
84.1101　趾关节离断术
84.1102　多趾截除术
84.1103　跖骨头截断术
84.1200　经足截断术
84.1300　踝关节离断术
84.1400　经胫骨和腓骨踝部的踝截断术

84.1500x002　经胫骨和腓骨的小腿离断术
84.1501　小腿截断术
84.1600　膝关节离断术
84.1701　大腿截断术
84.1800　髋关节离断术
84.1901　半侧骨盆截断术
84.2101　拇指断指再植术
84.2201　手指断指再植术
84.2301　前臂断肢再植术
84.2302　断手再植术
84.2303　断腕再植术
84.2304　断掌再植术
84.2401　上臂断肢再植术
84.2501　断趾再植术
84.2601　断足再植术
84.2701　小腿断肢再植术
84.2801　大腿断肢再植术
84.2900　其他再附着
84.3x00　截断残端的修复术
85.2000x001　乳房皮肤和皮下坏死组织切除清创术
85.8200　中厚皮片移植至乳房
85.8300　全层皮片移植至乳房
85.8400　带蒂皮瓣移植至乳房
85.8500　肌瓣移植至乳房
86.0901　皮肤焦痂切开术
86.2200x011　皮肤和皮下坏死组织切除清创术
86.2201　皮肤伤口切除性清创术
86.2202　焦痂切除术
86.3x02　皮肤病损切除术
86.3x03　皮下组织病损切除术
86.3x04　男性会阴病损切除术
86.3x06　皮肤Z型成形伴病损切除术
86.4x01　头.面.颈皮肤病损根治切除术
86.4x02　躯干皮肤病损根治性切除术
86.4x03　肢体皮肤病损根治切除术
86.5100　头皮再植术
86.6101　手全厚皮片游离移植术
86.6200x002　指皮肤游离移植术
86.6201　手中厚皮片游离移植术
86.6202　手刃厚皮片游离移植术
86.6300x001　腹部全厚皮片移植术
86.6301　头面颈全厚皮片移植术
86.6302　躯干全厚皮片移植术
86.6303　上肢全厚皮片移植术
86.6304　下肢全厚皮片移植术
86.6501　猪皮移植术
86.6601　同种皮片移植术
86.6701　脱细胞异体真皮植皮术
86.6702　人工皮肤移植术
86.6900x010　全厚皮片移植术
86.6901　刃厚皮片移植术
86.6902　中厚皮片移植术
86.6903　头面颈部植皮术
86.6904　躯干部植皮术
86.6905　上肢植皮术
86.6906　下肢植皮术
86.700x0013　游离皮瓣移植术
86.700x0014　皮瓣转移术
86.7100x009　皮瓣预制术
86.7101　带蒂皮瓣断蒂术
86.7102　皮管成形术
86.7103　带蒂皮瓣延迟术
86.7104　腹部埋藏皮瓣术
86.7105　带蒂皮瓣制备术
86.7200x001　带蒂皮瓣迁徙术
86.7300x003　手带蒂皮瓣移植术
86.7300x004　手游离皮瓣移植术
86.7301　邻指皮瓣术
86.7302　鱼际皮瓣术
86.7303　指蹼成形术
86.7400x026　带蒂皮瓣移植术
86.7400x031　筋膜皮瓣移植术
86.7400x032　皮下蒂皮瓣移植术
86.7400x033　岛状皮瓣移植术
86.7400x034　肌皮瓣游离移植术
86.7400x035　腓动脉穿支腓骨皮瓣游离移植修复
86.7400x036　带血管化腓骨肌皮瓣移植术
86.7400x037　腓骨肌皮瓣移植术
86.7400x038　腹股沟皮瓣转移术
86.7400x039　二级串联游离植皮术
86.7400x040　岛状皮瓣转移术
86.7400x041　皮下筋膜瓣术
86.7400x042　游离脂肪瓣移植术
86.7401　前徙皮瓣移植术
86.7402　滑动皮瓣移植术
86.7403　双带蒂皮瓣移植术
86.7404　旋转皮瓣移植术
86.7405　管状皮瓣移植术
86.7407　颌面局部皮瓣转移术
86.7500x001　带蒂皮瓣修整术

86.7500x010　带蒂皮瓣去脂术
86.7500x011　邻近皮瓣修复术
86.7500x012　皮瓣探查术
86.7501　皮瓣清创术
86.7502　皮瓣去脂术
86.7503　皮瓣修整术
86.7504　复杂性皮瓣、肌皮瓣、超薄皮瓣修复术
86.9100x001　供体皮肤切除术
86.9100x002　皮片取皮术
86.9301　皮肤扩张器植入术
86.9302　皮肤扩张器调整术
86.9303　头皮扩张器植入术
86.9305　肢体皮肤扩张器植入术
86.9306　躯干皮肤扩张器植入术

WB3　烧伤面积＜30%或其他烧伤，伴有手术操作

入组条件:（主要诊断或其他诊断）+主要手术或操作

主要诊断:
T20.000x010　眼伴头烧伤
T20.000x011　眼伴颈烧伤
T20.000x012　眼伴面烧伤
T20.100　头和颈一度烧伤
T20.100x002　头部一度烧伤
T20.100x003　颈部一度烧伤
T20.100x004　头皮一度烧伤
T20.100x005　面部一度烧伤
T20.100x006　鼻部一度烧伤
T20.100x007　颞部一度烧伤
T20.100x008　唇部一度烧伤
T20.100x009　耳部一度烧伤
T20.100x010　眼伴头一度烧伤
T20.100x011　眼伴颈一度烧伤
T20.100x012　眼伴面一度烧伤
T20.200　头和颈二度烧伤
T20.200x002　头部二度烧伤
T20.200x003　颈部二度烧伤
T20.200x004　头皮二度烧伤
T20.200x006　鼻部二度烧伤
T20.200x007　颞部二度烧伤
T20.200x008　唇部二度烧伤
T20.200x009　耳部二度烧伤
T20.200x010　眼伴头二度烧伤
T20.200x011　眼伴颈二度烧伤
T20.200x012　眼伴面二度烧伤
T20.201　面部二度烧伤
T20.400x010　眼伴头腐蚀伤
T20.400x011　眼伴颈腐蚀伤
T20.400x012　眼伴面腐蚀伤
T20.500　头和颈一度腐蚀伤
T20.500x002　头部一度腐蚀伤
T20.500x003　颈部一度腐蚀伤
T20.500x004　头皮一度腐蚀伤
T20.500x005　面部一度腐蚀伤
T20.500x006　鼻部一度腐蚀伤
T20.500x007　颞部一度腐蚀伤
T20.500x008　唇部一度腐蚀伤
T20.500x009　耳部一度腐蚀伤
T20.500x010　眼伴头一度腐蚀伤
T20.500x011　眼伴颈一度腐蚀伤
T20.500x012　眼伴面一度腐蚀伤
T20.600　头和颈二度腐蚀伤
T20.600x002　头部二度腐蚀伤
T20.600x003　颈部二度腐蚀伤
T20.600x004　头皮二度腐蚀伤
T20.600x005　面部二度腐蚀伤
T20.600x006　鼻部二度腐蚀伤
T20.600x007　颞部二度腐蚀伤
T20.600x008　唇部二度腐蚀伤
T20.600x009　耳部二度腐蚀伤
T20.600x010　眼伴头二度腐蚀伤
T20.600x011　眼伴颈二度腐蚀伤
T20.600x012　眼伴面二度腐蚀伤
T21.100　躯干一度烧伤
T21.100x011　乳房一度烧伤
T21.100x021　胸壁一度烧伤
T21.100x031　腹壁一度烧伤
T21.100x032　胁腹一度烧伤
T21.100x033　腹股沟一度烧伤
T21.100x041　臀部一度烧伤
T21.100x042　背部一度烧伤
T21.100x043　肩胛间区一度烧伤
T21.100x051　大阴唇一度烧伤
T21.100x052　小阴唇一度烧伤
T21.100x053　阴茎一度烧伤
T21.100x054　会阴一度烧伤
T21.100x055　阴囊一度烧伤
T21.100x056　睾丸一度烧伤

T21.100x057　外阴一度烧伤
T21.100x091　肛门一度烧伤
T21.200　躯干二度烧伤
T21.200x011　乳房二度烧伤
T21.200x021　胸壁二度烧伤
T21.200x031　腹壁二度烧伤
T21.200x032　胁腹二度烧伤
T21.200x033　腹股沟二度烧伤
T21.200x041　臀部二度烧伤
T21.200x042　背部二度烧伤
T21.200x043　肩胛间区二度烧伤
T21.200x051　大阴唇二度烧伤
T21.200x052　小阴唇二度烧伤
T21.200x053　阴茎二度烧伤
T21.200x054　会阴二度烧伤
T21.200x055　阴囊二度烧伤
T21.200x056　睾丸二度烧伤
T21.200x057　外阴二度烧伤
T21.200x091　肛门二度烧伤
T21.500　躯干一度腐蚀伤
T21.500x011　乳房一度腐蚀伤
T21.500x021　胸壁一度腐蚀伤
T21.500x031　腹壁一度腐蚀伤
T21.500x032　胁腹一度腐蚀伤
T21.500x033　腹股沟一度腐蚀伤
T21.500x041　臀部一度腐蚀伤
T21.500x042　背部一度腐蚀伤
T21.500x043　肩胛间区一度腐蚀伤
T21.500x051　大阴唇一度腐蚀伤
T21.500x052　小阴唇一度腐蚀伤
T21.500x053　阴茎一度腐蚀伤
T21.500x054　会阴一度腐蚀伤
T21.500x055　阴囊一度腐蚀伤
T21.500x056　睾丸一度腐蚀伤
T21.500x057　外阴一度腐蚀伤
T21.500x091　肛门一度腐蚀伤
T21.600　躯干二度腐蚀伤
T21.600x011　乳房二度腐蚀伤
T21.600x021　胸壁二度腐蚀伤
T21.600x031　腹壁二度腐蚀伤
T21.600x032　胁腹二度腐蚀伤
T21.600x033　腹股沟二度腐蚀伤
T21.600x041　臀部二度腐蚀伤
T21.600x042　背部二度腐蚀伤
T21.600x043　肩胛间区二度腐蚀伤
T21.600x051　大阴唇二度腐蚀伤
T21.600x052　小阴唇二度腐蚀伤
T21.600x053　阴茎二度腐蚀伤
T21.600x054　会阴二度腐蚀伤
T21.600x055　阴囊二度腐蚀伤
T21.600x056　睾丸二度腐蚀伤
T21.600x057　外阴二度腐蚀伤
T21.600x091　肛门二度腐蚀伤
T22.100x001　肩和上肢一度烧伤
T22.100x002　上肢一度烧伤
T22.100x003　肩部一度烧伤
T22.100x004　肩胛区一度烧伤
T22.100x005　臂一度烧伤
T22.100x006　腋一度烧伤
T22.200x001　肩和上肢二度烧伤
T22.200x002　上肢二度烧伤
T22.200x003　肩部二度烧伤
T22.200x004　肩胛区二度烧伤
T22.200x005　臂二度烧伤
T22.200x006　腋二度烧伤
T22.500x001　肩和上肢一度腐蚀伤
T22.500x002　上肢一度腐蚀伤
T22.500x003　肩部一度腐蚀伤
T22.500x004　肩胛区一度腐蚀伤
T22.500x005　臂一度腐蚀伤
T22.500x006　腋一度腐蚀伤
T22.600x001　肩和上肢二度腐蚀伤
T22.600x002　上肢二度腐蚀伤
T22.600x003　肩部二度腐蚀伤
T22.600x004　肩胛区二度腐蚀伤
T22.600x005　臂二度腐蚀伤
T22.600x006　腋二度腐蚀伤
T23.100　腕和手一度烧伤
T23.100x002　腕部一度烧伤
T23.100x003　手部一度烧伤
T23.100x004　手掌一度烧伤
T23.100x005　拇指一度烧伤
T23.100x006　手指一度烧伤
T23.100x007　指甲一度烧伤
T23.200　腕和手二度烧伤
T23.200x002　腕部二度烧伤
T23.200x003　手部二度烧伤
T23.200x004　手掌二度烧伤
T23.200x005　拇指二度烧伤
T23.200x006　手指二度烧伤

T23.200x007　指甲二度烧伤
T23.500　腕和手一度腐蚀伤
T23.500x002　腕部一度腐蚀伤
T23.500x003　手部一度腐蚀伤
T23.500x004　手掌一度腐蚀伤
T23.500x005　拇指一度腐蚀伤
T23.500x006　手指一度腐蚀伤
T23.500x007　指甲一度腐蚀伤
T23.600　腕和手二度腐蚀伤
T23.600x002　腕部二度腐蚀伤
T23.600x003　手部二度腐蚀伤
T23.600x004　手掌二度腐蚀伤
T23.600x005　拇指二度腐蚀伤
T23.600x006　手指二度腐蚀伤
T23.600x007　指甲二度腐蚀伤
T24.100x001　髋和下肢一度烧伤
T24.100x002　髋部一度烧伤
T24.100x003　下肢一度烧伤
T24.100x004　小腿一度烧伤
T24.200x001　髋和下肢二度烧伤
T24.200x002　髋部二度烧伤
T24.200x003　下肢二度烧伤
T24.200x004　小腿二度烧伤
T24.500x001　髋和下肢一度腐蚀伤
T24.500x002　髋部一度腐蚀伤
T24.500x003　下肢一度腐蚀伤
T24.500x004　小腿一度腐蚀伤
T24.600x001　髋和下肢二度腐蚀伤
T24.600x002　髋部二度腐蚀伤
T24.600x003　下肢二度腐蚀伤
T24.600x004　小腿二度腐蚀伤
T25.100　踝和足一度烧伤
T25.100x002　踝部一度烧伤
T25.100x003　足部一度烧伤
T25.200　踝和足二度烧伤
T25.200x002　踝部二度烧伤
T25.200x003　足部二度烧伤
T25.500　踝和足一度腐蚀伤
T25.500x002　踝部一度腐蚀伤
T25.500x003　足部一度腐蚀伤
T25.600　踝和足二度腐蚀伤
T25.600x002　踝部二度腐蚀伤
T25.600x003　足部二度腐蚀伤
T28.401　内部器官烧伤
T28.901　内部器官化学性烧伤
T29.100x001　多处一度烧伤
T29.200x001　多处二度烧伤
T29.500x001　多处一度腐蚀伤
T29.600x001　多处二度腐蚀伤
T30.100　一度烧伤
T30.200　二度烧伤
T30.500　一度腐蚀伤
T30.600　二度腐蚀伤
T35.700x006　局部一度冻伤
T35.700x007　局部二度冻伤

其他诊断：
T31.000　累及体表10%以下的烧伤
T31.100　累及体表10%~19%的烧伤
T31.200　累及体表20%~29%的烧伤
T32.000　累及体表10%以下的腐蚀伤
T32.100　累及体表10%~19%的腐蚀伤
T32.200　累及体表20%~29%的腐蚀伤

主要手术或操作：
08.2000x003　眉部瘢痕切除术
08.2000x005　眼睑瘢痕切除术
18.6x02　外耳道植皮术
18.7900x008　乳突植皮术
18.7900x009　耳游离皮瓣移植术
18.7902　耳廓植皮术
18.7905　耳后皮肤移植术
21.3200x010　鼻皮肤和皮下坏死组织切除清创术
21.8900x002　鼻植皮术
21.9900x002　鼻清创术
27.4300x010　唇部皮肤和皮下坏死组织切除清创术
27.5500x002　唇全厚植皮术
27.5600x002　唇中厚植皮术
27.5601　口内皮肤移植术
27.5701　唇皮瓣移植术
27.5702　口内皮瓣移植术
27.5703　唇带蒂皮瓣移植术
27.5909　唇瘢痕松解术
54.3x00x011　腹壁伤口清创术
54.3x08　腹壁瘢痕切除术
61.3x00x005　阴囊皮肤和皮下坏死组织切除清创术
64.2x00x001　包皮瘢痕切除术
64.2x00x003　阴茎瘢痕切除术
64.2x00x006　阴茎皮肤和皮下坏死组织切除清创术
64.9100x002　阴茎瘢痕松解术

71.3x00x007　女性会阴部瘢痕切除术
71.3x00x021　女性会阴皮肤和皮下坏死组织切除清创术
71.3x00x023　女性外阴皮肤和皮下坏死组织切除清创术
74.3x04　子宫瘢痕妊娠清除术
74.3x08　腹腔镜子宫瘢痕妊娠清除术
84.1101　趾关节离断术
84.1200　经足截断术
84.1300　踝关节离断术
84.1400　经胫骨和腓骨踝部的踝截断术
84.1500x002　经胫骨和腓骨的小腿离断术
84.1600　膝关节离断术
84.1701　大腿截断术
84.2900　其他再附着
85.2000x001　乳房皮肤和皮下坏死组织切除清创术
85.8200　中厚皮片移植至乳房
85.8300　全层皮片移植至乳房
85.8400　带蒂皮瓣移植至乳房
85.8500　肌瓣移植至乳房
85.8900x007　乳房瘢痕松解术
86.0901　皮肤焦痂切开术
86.2200x011　皮肤和皮下坏死组织切除清创术
86.2201　皮肤伤口切除性清创术
86.2202　焦痂切除术
86.3x01　皮肤瘢痕切除术
86.3x02　皮肤病损切除术
86.3x03　皮下组织病损切除术
86.3x04　男性会阴病损切除术
86.3x06　皮肤Z型成形伴病损切除术
86.3x16　瘢痕单纯切除，Z字改形修复术
86.4x01　头.面.颈皮肤病损根治切除术
86.4x02　躯干皮肤病损根治性切除术
86.4x03　肢体皮肤病损根治切除术
86.5100　头皮再植术
86.6101　手全厚皮片游离移植术
86.6200x002　指皮肤游离移植术
86.6201　手中厚皮片游离移植术
86.6202　手刃厚皮片游离移植术
86.6300x001　腹部全厚皮片移植术
86.6301　头面颈全厚皮片移植术
86.6302　躯干全厚皮片移植术
86.6303　上肢全厚皮片移植术
86.6304　下肢全厚皮片移植术
86.6501　猪皮移植术
86.6601　同种皮片移植术
86.6701　脱细胞异体真皮植皮术
86.6702　人工皮肤移植术
86.6900x010　全厚皮片移植术
86.6901　刃厚皮片移植术
86.6902　中厚皮片移植术
86.6903　头面颈部植皮术
86.6904　躯干部植皮术
86.6905　上肢植皮术
86.6906　下肢植皮术
86.700x0013　游离皮瓣移植术
86.700x0014　皮瓣转移术
86.7100x009　皮瓣预制术
86.7101　带蒂皮瓣断蒂术
86.7102　皮管成形术
86.7103　带蒂皮瓣延迟术
86.7104　腹部埋藏皮瓣术
86.7105　带蒂皮瓣制备术
86.7200x001　带蒂皮瓣迁徙术
86.7300x003　手带蒂皮瓣移植术
86.7300x004　手游离皮瓣移植术
86.7301　邻指皮瓣术
86.7302　鱼际皮瓣术
86.7303　指蹼成形术
86.7400x026　带蒂皮瓣移植术
86.7400x031　筋膜皮瓣移植术
86.7400x032　皮下蒂皮瓣移植术
86.7400x033　岛状皮瓣移植术
86.7400x034　肌皮瓣游离移植术
86.7400x035　腓动脉穿支腓骨皮瓣游离移植修复
86.7400x036　带血管化腓骨肌皮瓣移植术
86.7400x037　腓骨肌皮瓣移植术
86.7400x038　腹股沟皮瓣转移术
86.7400x039　二级串联游离植皮术
86.7400x040　岛状皮瓣转移术
86.7400x041　皮下筋膜瓣术
86.7400x042　游离脂肪瓣移植术
86.7401　前徙皮瓣移植术
86.7402　滑动皮瓣移植术
86.7403　双带蒂皮瓣移植术
86.7404　旋转皮瓣移植术
86.7405　管状皮瓣移植术
86.7407　颌面局部皮瓣转移术
86.7500x001　带蒂皮瓣修整术
86.7500x010　带蒂皮瓣去脂术

86.7500x011 邻近皮瓣修复术
86.7500x012 皮瓣探查术
86.7501 皮瓣清创术
86.7502 皮瓣去脂术
86.7503 皮瓣修整术
86.7504 复杂性皮瓣、肌皮瓣、超薄皮瓣修复术
86.8401 皮肤瘢痕松解术
86.9100x001 供体皮肤切除术
86.9100x002 皮片取皮术
86.9301 皮肤扩张器植入术
86.9302 皮肤扩张器调整术
86.9303 头皮扩张器植入术
86.9305 肢体皮肤扩张器植入术
86.9306 躯干皮肤扩张器植入术

WJ1 烧伤相关其他手术

包含WB1、WB2、WB3的所有主要手术或操作

WR1 烧伤面积≥30%的烧伤

包含以下其他诊断：
T31.300 累及体表30%~39%的烧伤
T31.400 累及体表40%~49%的烧伤
T31.500 累及体表50%~59%的烧伤
T31.600 累及体表60%~69%的烧伤
T31.700 累及体表70%~79%的烧伤
T31.800 累及体表80%~89%的烧伤
T31.900 累及体表90%及以上的烧伤
T32.300 累及体表30%~39%的腐蚀伤
T32.400 累及体表40%~49%的腐蚀伤
T32.500 累及体表50%~59%的腐蚀伤
T32.600 累及体表60%~69%的腐蚀伤
T32.700 累及体表70%~79%的腐蚀伤
T32.800 累及体表80%~89%的腐蚀伤
T32.900 累及体表90%及以上的腐蚀伤

WR2 烧伤面积＜30%的烧伤或其他烧伤

包含以下主要诊断：
T20.000 头和颈的烧伤
T20.000x002 头部烧伤
T20.000x003 颈部烧伤
T20.000x004 头皮烧伤
T20.000x006 鼻部烧伤
T20.000x007 颞部烧伤
T20.000x008 唇部烧伤
T20.000x010 眼伴头烧伤
T20.000x011 眼伴颈烧伤
T20.000x012 眼伴面烧伤
T20.002 耳烧伤
T20.003 面部烧伤
T20.100 头和颈一度烧伤
T20.100x002 头部一度烧伤
T20.100x003 颈部一度烧伤
T20.100x004 头皮一度烧伤
T20.100x005 面部一度烧伤
T20.100x006 鼻部一度烧伤
T20.100x007 颞部一度烧伤
T20.100x008 唇部一度烧伤
T20.100x009 耳部一度烧伤
T20.100x010 眼伴头一度烧伤
T20.100x011 眼伴颈一度烧伤
T20.100x012 眼伴面一度烧伤
T20.200 头和颈二度烧伤
T20.200x002 头部二度烧伤
T20.200x003 颈部二度烧伤
T20.200x004 头皮二度烧伤
T20.200x006 鼻部二度烧伤
T20.200x007 颞部二度烧伤
T20.200x008 唇部二度烧伤
T20.200x009 耳部二度烧伤
T20.200x010 眼伴头二度烧伤
T20.200x011 眼伴颈二度烧伤
T20.200x012 眼伴面二度烧伤
T20.201 面部二度烧伤
T20.300 头和颈三度烧伤
T20.300x002 头部三度烧伤
T20.300x003 颈部三度烧伤
T20.300x004 头皮三度烧伤
T20.300x005 面部三度烧伤
T20.300x006 鼻部三度烧伤
T20.300x007 颞部三度烧伤
T20.300x008 唇部三度烧伤
T20.300x009 耳部三度烧伤
T20.300x010 眼伴头三度烧伤
T20.300x011 眼伴颈三度烧伤
T20.300x012 眼伴面三度烧伤
T20.400 头和颈腐蚀伤
T20.400x002 头部腐蚀伤
T20.400x003 颈部腐蚀伤
T20.400x004 头皮腐蚀伤

T20.400x005　面部腐蚀伤
T20.400x006　鼻部腐蚀伤
T20.400x007　颞部腐蚀伤
T20.400x008　唇部腐蚀伤
T20.400x009　耳部腐蚀伤
T20.400x010　眼伴头腐蚀伤
T20.400x011　眼伴颈腐蚀伤
T20.400x012　眼伴面腐蚀伤
T20.401　耳化学性烧伤
T20.500　头和颈一度腐蚀伤
T20.500x002　头部一度腐蚀伤
T20.500x003　颈部一度腐蚀伤
T20.500x004　头皮一度腐蚀伤
T20.500x005　面部一度腐蚀伤
T20.500x006　鼻部一度腐蚀伤
T20.500x007　颞部一度腐蚀伤
T20.500x008　唇部一度腐蚀伤
T20.500x009　耳部一度腐蚀伤
T20.500x010　眼伴头一度腐蚀伤
T20.500x011　眼伴颈一度腐蚀伤
T20.500x012　眼伴面一度腐蚀伤
T20.600　头和颈二度腐蚀伤
T20.600x002　头部二度腐蚀伤
T20.600x003　颈部二度腐蚀伤
T20.600x004　头皮二度腐蚀伤
T20.600x005　面部二度腐蚀伤
T20.600x006　鼻部二度腐蚀伤
T20.600x007　颞部二度腐蚀伤
T20.600x008　唇部二度腐蚀伤
T20.600x009　耳部二度腐蚀伤
T20.600x010　眼伴头二度腐蚀伤
T20.600x011　眼伴颈二度腐蚀伤
T20.600x012　眼伴面二度腐蚀伤
T20.700　头和颈三度腐蚀伤
T20.700x002　头部三度腐蚀伤
T20.700x003　颈部三度腐蚀伤
T20.700x004　头皮三度腐蚀伤
T20.700x005　面部三度腐蚀伤
T20.700x006　鼻部三度腐蚀伤
T20.700x007　颞部三度腐蚀伤
T20.700x008　唇部三度腐蚀伤
T20.700x009　耳部三度腐蚀伤
T20.700x010　眼伴头三度腐蚀伤
T20.700x011　眼伴颈三度腐蚀伤
T20.700x012　眼伴面三度腐蚀伤
T21.000　躯干烧伤
T21.000x011　乳房烧伤
T21.000x021　胸壁烧伤
T21.000x031　腹壁烧伤
T21.000x032　胁腹烧伤
T21.000x033　腹股沟烧伤
T21.000x041　臀部烧伤
T21.000x042　背部烧伤
T21.000x043　肩胛间区烧伤
T21.000x051　大阴唇烧伤
T21.000x052　小阴唇烧伤
T21.000x053　阴茎烧伤
T21.000x054　会阴烧伤
T21.000x055　阴囊烧伤
T21.000x056　睾丸烧伤
T21.000x057　外阴烧伤
T21.000x091　肛门烧伤
T21.100　躯干一度烧伤
T21.100x011　乳房一度烧伤
T21.100x021　胸壁一度烧伤
T21.100x031　腹壁一度烧伤
T21.100x032　胁腹一度烧伤
T21.100x033　腹股沟一度烧伤
T21.100x041　臀部一度烧伤
T21.100x042　背部一度烧伤
T21.100x043　肩胛间区一度烧伤
T21.100x051　大阴唇一度烧伤
T21.100x052　小阴唇一度烧伤
T21.100x053　阴茎一度烧伤
T21.100x054　会阴一度烧伤
T21.100x055　阴囊一度烧伤
T21.100x056　睾丸一度烧伤
T21.100x057　外阴一度烧伤
T21.100x091　肛门一度烧伤
T21.200　躯干二度烧伤
T21.200x011　乳房二度烧伤
T21.200x021　胸壁二度烧伤
T21.200x031　腹壁二度烧伤
T21.200x032　胁腹二度烧伤
T21.200x033　腹股沟二度烧伤
T21.200x041　臀部二度烧伤
T21.200x042　背部二度烧伤
T21.200x043　肩胛间区二度烧伤
T21.200x051　大阴唇二度烧伤
T21.200x052　小阴唇二度烧伤

T21.200x053　阴茎二度烧伤
T21.200x054　会阴二度烧伤
T21.200x055　阴囊二度烧伤
T21.200x056　睾丸二度烧伤
T21.200x057　外阴二度烧伤
T21.200x091　肛门二度烧伤
T21.300　躯干三度烧伤
T21.300x011　乳房三度烧伤
T21.300x021　胸壁三度烧伤
T21.300x031　腹壁三度烧伤
T21.300x032　胁腹三度烧伤
T21.300x033　腹股沟三度烧伤
T21.300x041　臀部三度烧伤
T21.300x042　背部三度烧伤
T21.300x043　肩胛间区三度烧伤
T21.300x051　大阴唇三度烧伤
T21.300x052　小阴唇三度烧伤
T21.300x053　阴茎三度烧伤
T21.300x054　会阴三度烧伤
T21.300x055　阴囊三度烧伤
T21.300x056　睾丸三度烧伤
T21.300x057　外阴三度烧伤
T21.300x091　肛门三度烧伤
T21.400　躯干腐蚀伤
T21.400x011　乳房腐蚀伤
T21.400x021　胸壁腐蚀伤
T21.400x031　腹壁腐蚀伤
T21.400x032　胁腹腐蚀伤
T21.400x033　腹股沟腐蚀伤
T21.400x041　臀部腐蚀伤
T21.400x042　背部腐蚀伤
T21.400x043　肩胛间区腐蚀伤
T21.400x051　大阴唇腐蚀伤
T21.400x052　小阴唇腐蚀伤
T21.400x053　阴茎腐蚀伤
T21.400x054　会阴腐蚀伤
T21.400x055　阴囊腐蚀伤
T21.400x056　睾丸腐蚀伤
T21.400x057　外阴腐蚀伤
T21.400x091　肛门腐蚀伤
T21.500　躯干一度腐蚀伤
T21.500x011　乳房一度腐蚀伤
T21.500x021　胸壁一度腐蚀伤
T21.500x031　腹壁一度腐蚀伤
T21.500x032　胁腹一度腐蚀伤
T21.500x033　腹股沟一度腐蚀伤
T21.500x041　臀部一度腐蚀伤
T21.500x042　背部一度腐蚀伤
T21.500x043　肩胛间区一度腐蚀伤
T21.500x051　大阴唇一度腐蚀伤
T21.500x052　小阴唇一度腐蚀伤
T21.500x053　阴茎一度腐蚀伤
T21.500x054　会阴一度腐蚀伤
T21.500x055　阴囊一度腐蚀伤
T21.500x056　睾丸一度腐蚀伤
T21.500x057　外阴一度腐蚀伤
T21.500x091　肛门一度腐蚀伤
T21.600　躯干二度腐蚀伤
T21.600x011　乳房二度腐蚀伤
T21.600x021　胸壁二度腐蚀伤
T21.600x031　腹壁二度腐蚀伤
T21.600x032　胁腹二度腐蚀伤
T21.600x033　腹股沟二度腐蚀伤
T21.600x041　臀部二度腐蚀伤
T21.600x042　背部二度腐蚀伤
T21.600x043　肩胛间区二度腐蚀伤
T21.600x051　大阴唇二度腐蚀伤
T21.600x052　小阴唇二度腐蚀伤
T21.600x053　阴茎二度腐蚀伤
T21.600x054　会阴二度腐蚀伤
T21.600x055　阴囊二度腐蚀伤
T21.600x056　睾丸二度腐蚀伤
T21.600x057　外阴二度腐蚀伤
T21.600x091　肛门二度腐蚀伤
T21.700　躯干三度腐蚀伤
T21.700x011　乳房三度腐蚀伤
T21.700x021　胸壁三度腐蚀伤
T21.700x031　腹壁三度腐蚀伤
T21.700x032　胁腹三度腐蚀伤
T21.700x033　腹股沟三度腐蚀伤
T21.700x041　臀部三度腐蚀伤
T21.700x042　背部三度腐蚀伤
T21.700x043　肩胛间区三度腐蚀伤
T21.700x051　大阴唇三度腐蚀伤
T21.700x052　小阴唇三度腐蚀伤
T21.700x053　阴茎三度腐蚀伤
T21.700x054　会阴三度腐蚀伤
T21.700x055　阴囊三度腐蚀伤
T21.700x056　睾丸三度腐蚀伤
T21.700x057　外阴三度腐蚀伤

T21.700x091 肛门三度腐蚀伤
T22.000x001 肩和上肢烧伤
T22.000x002 上肢烧伤
T22.000x003 肩部烧伤
T22.000x004 肩胛区烧伤
T22.000x005 臂烧伤
T22.000x006 腋烧伤
T22.100x001 肩和上肢一度烧伤
T22.100x002 上肢一度烧伤
T22.100x003 肩部一度烧伤
T22.100x004 肩胛区一度烧伤
T22.100x005 臂一度烧伤
T22.100x006 腋一度烧伤
T22.200x001 肩和上肢二度烧伤
T22.200x002 上肢二度烧伤
T22.200x003 肩部二度烧伤
T22.200x004 肩胛区二度烧伤
T22.200x005 臂二度烧伤
T22.200x006 腋二度烧伤
T22.300x001 肩和上肢三度烧伤
T22.300x002 上肢三度烧伤
T22.300x003 肩部三度烧伤
T22.300x004 肩胛区三度烧伤
T22.300x005 臂三度烧伤
T22.300x006 腋三度烧伤
T22.400x001 肩和上肢腐蚀伤
T22.400x002 上肢腐蚀伤
T22.400x003 肩部腐蚀伤
T22.400x004 肩胛区腐蚀伤
T22.400x005 臂腐蚀伤
T22.400x006 腋腐蚀伤
T22.500x001 肩和上肢一度腐蚀伤
T22.500x002 上肢一度腐蚀伤
T22.500x003 肩部一度腐蚀伤
T22.500x004 肩胛区一度腐蚀伤
T22.500x005 臂一度腐蚀伤
T22.500x006 腋一度腐蚀伤
T22.600x001 肩和上肢二度腐蚀伤
T22.600x002 上肢二度腐蚀伤
T22.600x003 肩部二度腐蚀伤
T22.600x004 肩胛区二度腐蚀伤
T22.600x005 臂二度腐蚀伤
T22.600x006 腋二度腐蚀伤
T22.700x001 肩和上肢三度腐蚀伤
T22.700x002 上肢三度腐蚀伤
T22.700x003 肩部三度腐蚀伤
T22.700x004 肩胛区三度腐蚀伤
T22.700x005 臂三度腐蚀伤
T22.700x006 腋三度腐蚀伤
T23.000x001 腕和手烧伤
T23.000x002 腕部烧伤
T23.000x003 手部烧伤
T23.000x004 手掌烧伤
T23.000x005 拇指烧伤
T23.000x006 手指烧伤
T23.000x007 指甲烧伤
T23.100 腕和手一度烧伤
T23.100x002 腕部一度烧伤
T23.100x003 手部一度烧伤
T23.100x004 手掌一度烧伤
T23.100x005 拇指一度烧伤
T23.100x006 手指一度烧伤
T23.100x007 指甲一度烧伤
T23.200 腕和手二度烧伤
T23.200x002 腕部二度烧伤
T23.200x003 手部二度烧伤
T23.200x004 手掌二度烧伤
T23.200x005 拇指二度烧伤
T23.200x006 手指二度烧伤
T23.200x007 指甲二度烧伤
T23.300 腕和手三度烧伤
T23.300x002 腕部三度烧伤
T23.300x003 手部三度烧伤
T23.300x004 手掌三度烧伤
T23.300x005 拇指三度烧伤
T23.300x006 手指三度烧伤
T23.300x007 指甲三度烧伤
T23.400 腕和手腐蚀伤
T23.400x002 腕部腐蚀伤
T23.400x003 手部腐蚀伤
T23.400x004 手掌腐蚀伤
T23.400x005 拇指腐蚀伤
T23.400x006 手指腐蚀伤
T23.400x007 指甲腐蚀伤
T23.500 腕和手一度腐蚀伤
T23.500x002 腕部一度腐蚀伤
T23.500x003 手部一度腐蚀伤
T23.500x004 手掌一度腐蚀伤
T23.500x005 拇指一度腐蚀伤
T23.500x006 手指一度腐蚀伤

T23.500x007 指甲一度腐蚀伤
T23.600 腕和手二度腐蚀伤
T23.600x002 腕部二度腐蚀伤
T23.600x003 手部二度腐蚀伤
T23.600x004 手掌二度腐蚀伤
T23.600x005 拇指二度腐蚀伤
T23.600x006 手指二度腐蚀伤
T23.600x007 指甲二度腐蚀伤
T23.700 腕和手三度腐蚀伤
T23.700x002 腕部三度腐蚀伤
T23.700x003 手部三度腐蚀伤
T23.700x004 手掌三度腐蚀伤
T23.700x005 拇指三度腐蚀伤
T23.700x006 手指三度腐蚀伤
T23.700x007 指甲三度腐蚀伤
T24.000x001 髋和下肢烧伤
T24.000x002 髋部烧伤
T24.000x003 下肢烧伤
T24.000x004 小腿烧伤
T24.100x001 髋和下肢一度烧伤
T24.100x002 髋部一度烧伤
T24.100x003 下肢一度烧伤
T24.100x004 小腿一度烧伤
T24.200x001 髋和下肢二度烧伤
T24.200x002 髋部二度烧伤
T24.200x003 下肢二度烧伤
T24.200x004 小腿二度烧伤
T24.300x001 髋和下肢三度烧伤
T24.300x002 髋部三度烧伤
T24.300x003 下肢三度烧伤
T24.300x004 小腿三度烧伤
T24.400x001 髋和下肢腐蚀伤
T24.400x002 髋部腐蚀伤
T24.400x003 下肢腐蚀伤
T24.400x004 小腿腐蚀伤
T24.500x001 髋和下肢一度腐蚀伤
T24.500x002 髋部一度腐蚀伤
T24.500x003 下肢一度腐蚀伤
T24.500x004 小腿一度腐蚀伤
T24.600x001 髋和下肢二度腐蚀伤
T24.600x002 髋部二度腐蚀伤
T24.600x003 下肢二度腐蚀伤
T24.600x004 小腿二度腐蚀伤
T24.700x001 髋和下肢三度腐蚀伤
T24.700x002 髋部三度腐蚀伤
T24.700x003 下肢三度腐蚀伤
T24.700x004 小腿三度腐蚀伤
T25.000 踝和足烧伤
T25.000x002 踝部烧伤
T25.000x003 足部烧伤
T25.100 踝和足一度烧伤
T25.100x002 踝部一度烧伤
T25.100x003 足部一度烧伤
T25.200 踝和足二度烧伤
T25.200x002 踝部二度烧伤
T25.200x003 足部二度烧伤
T25.300 踝和足三度烧伤
T25.300x002 踝部三度烧伤
T25.300x003 足部三度烧伤
T25.400 踝和足腐蚀伤
T25.400x002 踝部腐蚀伤
T25.400x003 足部腐蚀伤
T25.500 踝和足一度腐蚀伤
T25.500x002 踝部一度腐蚀伤
T25.500x003 足部一度腐蚀伤
T25.600 踝和足二度腐蚀伤
T25.600x002 踝部二度腐蚀伤
T25.600x003 足部二度腐蚀伤
T25.700 踝和足三度腐蚀伤
T25.700x002 踝部三度腐蚀伤
T25.700x003 足部三度腐蚀伤
T28.401 内部器官烧伤
T28.901 内部器官化学性烧伤
T29.000 多个部位烧伤
T29.100x001 多处一度烧伤
T29.200x001 多处二度烧伤
T29.300x001 多处三度烧伤
T29.400 多个部位腐蚀伤
T29.500x001 多处一度腐蚀伤
T29.600x001 多处二度腐蚀伤
T29.700x001 多处三度腐蚀伤
T30.000 身体烧伤
T30.100 一度烧伤
T30.200 二度烧伤
T30.300 三度烧伤
T30.400 身体腐蚀伤
T30.500 一度腐蚀伤
T30.600 二度腐蚀伤
T30.700 三度腐蚀伤
T33.000 头部浅表冻伤

T33.100 颈部浅表冻伤
T33.200 胸部浅表冻伤
T33.300x001 腹壁浅表冻伤
T33.300x002 背部浅表冻伤
T33.300x003 骨盆浅表冻伤
T33.400 臂浅表冻伤
T33.500x002 腕部浅表冻伤
T33.500x003 手部浅表冻伤
T33.600x002 髋部浅表冻伤
T33.600x003 大腿浅表冻伤
T33.700x002 膝部浅表冻伤
T33.700x003 小腿浅表冻伤
T33.800x002 踝部浅表冻伤
T33.800x003 足部浅表冻伤
T33.900x003 躯干浅表冻伤
T33.901 浅表冻伤
T34.000 头部冻伤伴有组织坏死
T34.100 颈部冻伤伴有组织坏死
T34.200 胸部冻伤伴有组织坏死
T34.300x001 腹壁冻伤伴组织坏死
T34.300x002 背部冻伤伴组织坏死
T34.300x003 骨盆冻伤伴组织坏死
T34.400 臂冻伤伴有组织坏死
T34.500x002 腕部冻伤伴组织坏死
T34.500x003 手部冻伤伴组织坏死
T34.600x002 髋部冻伤伴组织坏死
T34.600x003 大腿冻伤伴组织坏死
T34.700x002 膝部冻伤伴组织坏死
T34.700x003 小腿冻伤伴组织坏死
T34.800x002 踝部冻伤伴组织坏死
T34.800x003 足部冻伤伴组织坏死
T34.900x002 冻伤伴组织坏死
T34.900x003 躯干冻伤伴组织坏死
T35.000x001 多处浅表冻伤
T35.100x001 多处冻伤伴组织坏死
T35.200 头和颈部的冻伤
T35.300x001 躯干冻伤
T35.300x002 胸部冻伤
T35.300x003 腹部冻伤
T35.300x004 背部冻伤
T35.300x005 骨盆冻伤
T35.300x006 腹壁和下背及骨盆冻伤
T35.400 上肢的冻伤
T35.500 下肢的冻伤
T35.600x001 多处冻伤
T35.700x002 冷伤
T35.700x003 职业性冻伤
T35.700x004 全身冷伤
T35.700x005 局部冻伤
T35.700x006 局部一度冻伤
T35.700x007 局部二度冻伤
T35.700x008 局部三度冻伤
T35.700x009 局部四度冻伤

或包含以下其他诊断：
T31.000 累及体表10%以下的烧伤
T31.100 累及体表10%~19%的烧伤
T31.200 累及体表20%~29%的烧伤
T32.000 累及体表10%以下的腐蚀伤
T32.100 累及体表10%~19%的腐蚀伤
T32.200 累及体表20%~29%的腐蚀伤

MDCX 影响健康因素及其他就医情况

主诊表

包含以下主要诊断：
B90.000 中枢神经系统结核的后遗症
B90.001 陈旧性结核性脑膜炎
B90.002 结核性脑膜炎后遗症
B90.100 泌尿生殖系结核的后遗症
B90.101 陈旧性肾结核
B90.200 骨和关节结核的后遗症
B90.200x002 陈旧性关节结核
B90.200x003 陈旧性脊柱结核
B90.201 陈旧性骨关节结核病
B90.202 陈旧性骨结核病
B90.800x004 陈旧性肠结核
B90.800x005 陈旧性支气管淋巴结核
B90.800x006 陈旧性心包结核
B90.801 陈旧性颈淋巴结核
B90.802 陈旧性肠系膜淋巴结核
B90.803 陈旧性腹腔结核
B90.804 结核性皮肤瘢痕
B90.901 陈旧性支气管结核
B90.902 陈旧性肺结核
B90.903 陈旧性胸膜结核
B90.904 陈旧性纵隔结核
B91.x00 脊髓灰质炎的后遗症
B92.x00 麻风的后遗症

B94.000　沙眼的后遗症
B94.100　病毒性脑炎的后遗症
B94.101　流行性乙型脑炎后遗症
B94.200　病毒性肝炎的后遗症
B94.201　肝炎后综合征
B94.800x001　破伤风后遗症
B94.800x003　流行性脑脊髓膜炎后遗症
B94.801　带状疱疹后遗症
B94.802　天花后遗症
B94.900　传染病或寄生虫病的后遗症
E89.900　内分泌和代谢紊乱，操作后的
I69.400　脑卒中后遗症
I69.800x002　脑血管病恢复期
I69.800x003　缺血缺氧性脑病后遗症
I69.801　脑血栓后遗症
I69.802　脑血管病后遗症
Q85.914　婴儿纤维性错构瘤
Q87.800x905　Cantrell综合征
Q87.800x907　豹皮综合征［Leopard综合征］
Q87.801　奥尔波特综合征
Q87.806　先天性歪嘴哭综合征
Q89.400　联体儿
Q89.700　多发性先天性畸形，不可归类在他处者
Q89.900　先天性畸形
Q89.901　离子通道病
Q90.100　三体性21，（同源）嵌合体（有丝分裂不分离），唐氏综合征
Q90.200　三体性21，易位，唐氏综合征
Q91.000　三体性18，减数分裂不分离，爱德华兹综合征
Q91.100　三体性18，（同源）嵌合体（有丝分裂不分离），爱德华兹综合征
Q91.200　三体性18，易位，爱德华兹综合征
Q91.400　三体性13，减数分裂不分离，帕套综合征
Q91.500　三体性13，（同源）嵌合体（有丝分裂不分离），帕套综合征
Q91.600　三体性13，易位，帕套综合征
Q91.700　帕套综合征
Q92.000　全染色体三体性，减数分裂不分离
Q92.100　全染色体三体性，（同源）嵌合体（有丝分裂不分离）
Q92.200　常染色体大部分三体性
Q92.300　常染色体小部分三体性
Q92.400　常染色体仅出现于前中期的重复
Q92.500　常染色体伴有其他复杂性重排的重复
Q92.600　常染色体额外标记染色体
Q92.700　常染色体三倍体和多倍体
Q92.800　常染色体其他特指的三体性和部分三体型
Q92.900　常染色体三体性和部分三体型
Q93.000　全染色体单体性，减数分裂不分离
Q93.100　全染色体单体性，（同源）嵌合体（有丝分裂不分离）
Q93.200　环状染色体或双着丝粒染色体替换
Q93.300　染色体4短臂缺失
Q93.600　常染色体仅出现于前中期的缺失
Q93.700　常染色体缺失伴有其他复杂性的重排
Q93.800　常染色体的其他缺失
Q95.000　正常个体中平衡易位和插入
Q95.100　正常个体中染色体倒位
Q95.200　异常个体中平衡常染色体重排
Q95.300　异常个体中平衡性染色体或常染色体重排
Q95.400　具有标记异染色质的个体
Q95.500　具有常染色体脆性位点的个体
Q95.800　平衡重排和结构标记，其他的
Q95.900　平衡重排和结构标记
Q96.000　核型45，X，特纳综合征
Q96.100　核型46，X同种（Xq），特纳综合征
Q96.200　核型46，X，伴有异常的性染色体，除外同种（Xq），特纳综合征
Q96.300　同源嵌合体，45，X/46，XX或XY，特纳综合征
Q96.400　同源嵌合体，45，X/其他细胞系，伴有异常的性染色体，特纳综合征
Q96.800　特纳综合征的其他变型
Q96.900　特纳综合征
Q97.000　染色体核型47，XXX
Q97.100　女性，伴有多于三个X染色体的
Q97.200　同源嵌合体，细胞系伴有不同数量的X染色体
Q97.300　女性，染色体伴有46，XY核型
Q97.800　性染色体异常，其他特指的，女性表型
Q97.900　性染色体异常，女性表型
Q98.000　克兰费尔特综合征，核型47，XXY
Q98.100　克兰费尔特综合征，男性，伴有多于两个X染色体的
Q98.200　克兰费尔特综合征，男性，伴有46，XX核型的
Q98.300　男性，染色体伴有46，XX核型的，其

他的
Q98.400　克兰费尔特综合征
Q98.500　核型47，XYY
Q98.600　男性，伴有结构异常的性染色体
Q98.700　男性，伴有性染色体（同源）嵌合体
Q98.800　性染色体异常，其他特指的，男性表型
Q98.900　性染色体异常，男性表型
Q99.000　异源嵌合体46，XX/46，XY
Q99.100　46，XX真两性同体
Q99.100x003　46，XY性发育异常
Q99.101　单纯性性腺发育不全
Q99.102　单纯性性腺发育障碍症
Q99.200　脆性X染色体
Q99.800　染色体异常，其他特指的
Q99.801　性发育畸形
Q99.802　Wolfram综合征
Q99.900　染色体异常
R10.200x001　盆腔痛
R10.201　会阴痛
R11.x01　周期性呕吐
R11.x02　恶心
R11.x03　呕吐
R13.x00　吞咽困难
R17.000　高胆红素血症伴黄疸
R17.001　感染性高胆红素血症伴黄疸
R18.x00　腹水
R18.x00x001　包裹性腹腔积液
R18.x00x003　血性腹水
R18.x00x005　腹腔积液
R18.x01　膈下积液
R19.000x003　腹腔假囊肿
R19.000x008　盆腔内广泛性肿块
R19.000x009　脐弥漫性肿胀
R19.000x012　脐广泛性肿块
R19.000x013　腹腔内弥漫性肿胀
R19.000x016　腹腔内广泛性肿块
R19.001　腹部肿物
R19.002　盆腔肿物
R19.003　脐肿物
R19.004　腹部肿胀
R23.000　发绀［紫绀］
R23.100　苍白
R23.100x002　皮肤湿冷
R23.101　网状青斑症
R23.200x002　皮肤潮红
R25.200x002　痉挛
R25.200x004　痉挛0级
R25.200x005　痉挛1级
R25.200x006　痉挛1+级
R25.200x007　痉挛2级
R25.200x008　痉挛3级
R25.200x009　痉挛4级
R26.100　麻痹步态
R26.100x001　痉挛性步态
R41.000　定向障碍
R41.001　意识错乱
R41.100　顺行性遗忘
R41.200　逆行性遗忘
R41.300x001　遗忘
R41.800x002　逻辑障碍
R44.801　累及一般感觉和知觉症状和体征
R46.000　个人卫生水平极差
R46.100　不正常的个人外貌
R46.300　过度活动
R46.500　多疑和明显逃避
R46.600　对应激事件的过分担心和偏见
R46.700　用啰嗦和详细叙述的语言使交往的理由含糊不清
R46.800x001　缄默状态
R46.801　自我忽视
R47.000x001　失语
R47.000x005　完全性失语
R47.000x006　传导性失语
R47.000x008　丘脑性失语
R47.001　语言困难
R47.002　命名性失语
R47.003　运动性失语
R47.004　混合性失语
R47.100x001　构音障碍
R47.100x002　言语讷吃
R47.101　构音不全
R47.801　言语不清
R47.802　言语障碍
R49.800x003　声音改变
R49.801　语音障碍
R52.000　急性疼痛
R52.100　慢性顽固性疼痛
R52.200　慢性疼痛，其他的
R52.900　疼痛
R52.901　全身性疼痛

R53.x00x001　肢体无力
R53.x00x002　乏力
R53.x00x003　偏侧肢体无力
R53.x00x004　全身衰退
R53.x00x005　不适
R53.x00x006　慢性虚弱
R53.x00x008　虚弱
R53.x00x009　嗜睡
R53.x00x010　疲劳
R53.x00x011　特发性嗜睡
R53.x00x012　周期性嗜睡
R54.x00　衰老
R54.x00x002　老年性无力
R54.x00x003　老年性虚弱
R54.x01　老年性震颤
R58.x00x002　内脏出血
R58.x00x004　黏膜出血
R58.x00x005　肿瘤破裂出血
R58.x00x006　出血
R58.x00x007　肿瘤伴出血
R59.901　淋巴结反应性增生
R60.000　局限性水肿
R60.001　下肢水肿
R60.100　全身性水肿
R60.900　水肿
R60.901　体液潴留
R61.000　局限性多汗症
R61.001　手汗症
R61.100　全身性多汗症
R61.900　多汗症
R61.901　盗汗
R62.000x002　学语延迟
R62.000x003　学步延迟
R62.801　生长发育迟缓
R62.802　儿童型生长不足
R62.803　成年型生长不足
R62.900　未达到预期的正常生理发育水平
R63.000　食欲缺乏
R63.100　烦渴
R63.100x002　多饮
R63.200　贪食
R63.200x002　营养过度
R63.300x002　喂养困难
R63.300x003　照管不当
R63.400　异常的体重减轻
R63.500　异常的体重增加
R63.601　（由于自我忽视引起）进食不足和饮水不足
R64.x00x002　消瘦
R68.000　低温，与低温环境无关
R68.100x001　新生儿呻吟
R68.100x002　易激惹婴儿
R68.101　婴儿过度哭闹
R68.200　口干
R68.300　杵状指
R68.300x002　杵状甲
R68.800x001　多脏器功能衰竭
R68.800x002　衰弱状态
R68.800x003　非婴儿哭闹
R69.x00　原因不知的发病
R70.000　红细胞沉降率升高
R70.100　血浆黏［滞］度异常
R70.101　高黏滞血症
R71.x00　红细胞异常
R71.x00x004　红细胞形态学异常
R71.x00x005　红细胞体积异常
R72.x00x002　白细胞分类计数异常
R74.000x001　转氨酶升高
R74.001　乳酸脱氢酶升高
R74.800x003　酸性磷酸酶异常
R74.800x005　淀粉酶异常
R74.800x006　脂酶（三酰基甘油脂酶）异常
R74.800x007　肌酸激酶增高
R74.800x008　CPK酶过多症
R74.801　血清碱性磷酸酶异常
R74.802　血淀粉酶增高
R74.803　心肌酶谱异常
R74.804　巨淀粉酶血症
R74.900x001　血清肌酶异常
R76.000x001　抗体滴度升高
R76.100　结核菌素试验的异常反应
R76.100x001　芒图试验异常
R76.200　梅毒血清学试验假阳性
R76.200x002　瓦塞尔曼反应假阳性
R76.800x001　高免疫球蛋白血症
R76.801　低补体血症
R76.802　免疫球蛋白升高
R76.900　血清免疫学异常所见
R77.000　清蛋白［白蛋白］异常
R77.100　球蛋白异常

R77.101　高球蛋白血症
R77.200　甲胎蛋白异常
R77.200x001　高甲胎蛋白血症
R77.800x001　血脂异常
R77.800x002　PSA升高
R77.800x003　CA199升高
R77.800x004　CA125升高
R77.800x006　肿瘤标记物升高
R77.801　D-二聚体升高
R77.802　M蛋白血症
R77.803　癌胚抗原CEA升高
R77.900　血浆蛋白异常
R77.901　蛋白血症
R79.000　血液矿物质水平异常
R79.000x001　血液钴异常
R79.000x002　血液铜异常
R79.000x003　血液铁异常
R79.000x004　血液镁异常
R79.000x006　血液锌异常
R79.800x003　低血氧症
R79.800x005　血清铁蛋白异常
R79.803　氮质血症
R79.804　血清肉毒碱缺乏
R79.805　血气异常
R79.900　血液化学的异常所见
R82.100　肌红蛋白尿
R82.500x001　尿中药物水平升高
R84.900x004　痰标本异常
R84.901　鼻分泌物异常
R84.902　咽喉刮屑异常
R85.901　唾液异常
R85.902　腹水异常
R87.900x001　子宫颈标本异常
R87.900x002　阴道标本异常
R87.900x003　外阴标本异常
R89.000　器官、系统和组织标本的酶水平异常，其他的
R89.100　器官、系统和组织标本的激素水平异常，其他的
R89.200　器官、系统和组织标本的其他药物、药剂和生物制剂水平异常，其他的
R89.300　器官、系统和组织标本的主要为非药用性物质的水平异常，其他的
R89.400　器官、系统和组织标本的异常的免疫学所见，其他的
R89.500　器官、系统和组织标本的异常的微生物学所见，其他的
R89.600　器官、系统和组织标本的异常的细胞学所见，其他的
R89.700　器官、系统和组织标本的异常的组织学所见，其他的
R89.800　器官、系统和组织标本的其他异常所见，其他的
R89.900x001　乳头流出物标本异常
R89.900x002　滑膜液标本异常
R89.900x003　伤口分泌物标本异常
R93.202　肝回声不均
R93.301　胰腺影像检查异常
R93.501　肾上腺诊断性影像异常
R93.800x002　皮肤诊断性影像异常
R93.800x003　皮下组织诊断性影像异常
R96.100x001　无疾病体征的死亡
R98.x00x002　发现时已死亡
R99.x00x002　原因不明的死亡
R99.x01　死亡
T69.900　降温的效应
T70.400　高压液体的效应
T70.900　气压和水压的效应
T73.100　口渴效应
T73.200　暴露于不良环境引起的衰竭
T73.300　过度劳累引起的衰竭
T73.800　缺乏的其他效应
T73.900　缺乏的效应
T75.200　振动效应
T78.900　有害效应
T80.202　输液后感染
T80.203　造影后胆道感染
T80.800　输注、输血和治疗性注射后的其他并发症
T80.801　透析失衡综合征
T81.601　化学性腹膜炎
T82.812　输注泵植入疼痛
T84.400　矫形外科装置、植入物和移植物的机械性并发症，其他内部的
T84.700　矫形外科假体装置、植入物和移植物引起的感染和炎症性反应，其他内部的
T84.700x001　矫形外科假体装置植入物和移植物引起的感染
T84.900　内部矫形外科假体装置、植入物和移植物的并发症

T84.901　鼻咽部内固定装置障碍
T85.800　内部假体装置、植入物和移植物的其他并发症，不可归类在他处者
T85.801　腹膜透析管内血栓
T85.802　化疗管植入后皮肤溃疡
T85.806　疝补片排斥反应
T85.902　不可吸收缝线并发症
T86.900　移植器官和组织的失败和排斥
T87.200　再植身体部位的并发症，其他的
T88.901　超声治疗并发症
T90.000　头部浅表损伤后遗症
T90.100　头部开放性伤口后遗症
T90.102　创伤后唇缺损
T90.200　颅骨和面骨骨折后遗症
T90.200x008　陈旧性颧弓颧骨骨折
T90.200x012　陈旧性颧弓骨折
T90.201　陈旧性颅骨骨折
T90.202　陈旧性鼻骨骨折
T90.203　陈旧性颧骨骨折
T90.204　陈旧性上颌骨骨折
T90.205　陈旧性下颌骨骨折
T90.206　陈旧性颌骨骨折
T90.207　陈旧性颏部骨折
T90.208　陈旧性面骨骨折
T90.400x001　眼部开放性损伤后遗症
T90.400x002　眼部浅表损伤后遗症
T90.400x003　眼眶损伤后遗症
T90.400x004　眼部损伤后遗症
T90.401　陈旧性眼损伤
T90.500x002　脑外伤后遗症
T90.500x003　颅内开放性损伤后遗症
T90.800x002　腭部损伤后遗症
T90.900　头部损伤的后遗症
T90.901　陈旧性头部损伤
T91.000x001　颈部浅表损伤后遗症
T91.000x002　躯干浅表损伤后遗症
T91.000x003　颈部开放性损伤后遗症
T91.000x004　躯干开放性损伤后遗症
T91.001　陈旧性颈部和躯干浅表损伤
T91.002　陈旧性开放性颈部和躯干损伤
T91.100　脊柱骨折后遗症
T91.101　陈旧性脊柱骨折
T91.102　陈旧性颈椎骨折
T91.103　陈旧性胸椎骨折
T91.104　陈旧性腰椎骨折
T91.200　胸和骨盆的其他骨折后遗症
T91.200x002　陈旧性骶骨骨折
T91.200x005　陈旧性胸骨骨折
T91.201　陈旧性肋骨骨折
T91.202　陈旧性骨盆骨折
T91.204　陈旧性髋臼骨折
T91.205　陈旧性耻骨骨折
T91.206　陈旧性尾骨骨折
T91.400　胸内器官损伤后遗症
T91.401　陈旧性胸内器官损伤
T91.500x001　腹内器官损伤后遗症
T91.500x003　盆腔器官损伤后遗症
T91.501　陈旧性腹内器官损伤
T91.502　陈旧性盆腔器官损伤
T91.800x001　膈神经损伤后遗症
T91.800x002　陈旧性环枢椎脱位
T91.800x003　陈旧性颈椎脱位
T91.800x004　腰丛神经损伤后遗症
T91.800x005　骶丛神经损伤后遗症
T91.800x006　陈旧性脊柱脱位
T91.800x007　躯干神经损伤后遗症
T91.800x008　脊柱韧带扭伤后遗症
T91.800x009　脊柱损伤后遗症
T91.800x010　陈旧性颈部和躯干损伤
T91.802　陈旧性躯干神经损伤
T91.803　陈旧性脊柱韧带扭伤
T91.900　颈部和躯干损伤的后遗症
T91.900x002　会阴损伤后遗症
T91.900x003　躯干损伤后遗症
T92.000　上肢开放性伤口后遗症
T92.001　陈旧性开放性上肢损伤
T92.100　臂骨折后遗症
T92.100x004　陈旧性肩峰骨折
T92.100x005　陈旧性肩盂骨折
T92.100x008　陈旧性上肢骨折
T92.100x009　陈旧性锁骨骨折
T92.100x010　陈旧性盖氏骨折
T92.100x011　陈旧性孟氏骨折
T92.101　陈旧性肩胛骨骨折
T92.102　陈旧性臂骨折
T92.103　陈旧性肱骨骨折
T92.104　陈旧性尺桡骨骨折
T92.105　陈旧性尺骨骨折
T92.106　陈旧性桡骨骨折
T92.200　腕和手水平骨折后遗症

T92.201　陈旧性腕骨骨折
T92.202　陈旧性掌骨骨折
T92.203　陈旧性手指骨折
T92.204　手骨折后畸形
T92.300　上肢脱位、扭伤和劳损后遗症
T92.300x001　上肢脱位后遗症
T92.300x002　上肢扭伤后遗症
T92.300x005　陈旧性腕掌关节脱位
T92.300x006　陈旧性掌指关节脱位
T92.300x007　陈旧性指关节脱位
T92.300x008　陈旧性桡骨头脱位
T92.300x011　指韧带损伤后遗症
T92.300x012　陈旧性下尺桡关节损伤
T92.300x013　陈旧性舟骨月骨周围脱位
T92.300x015　掌板侧副韧带损伤后遗症
T92.300x016　肘关节韧带损伤后遗症
T92.300x017　上肢韧带损伤后遗症
T92.301　陈旧性手部关节韧带损伤
T92.302　陈旧性桡尺关节脱位
T92.303　肩关节扭伤后遗症
T92.304　肩关节劳损后遗症
T92.305　肘关节脱位后遗症
T92.306　肘关节扭伤后遗症
T92.307　肘关节劳损后遗症
T92.400　上肢神经损伤后遗症
T92.400x002　桡神经损伤后遗症
T92.400x003　正中神经损伤后遗症
T92.400x004　指神经损伤后遗症
T92.400x005　肌皮神经损伤后遗症
T92.400x006　腋神经损伤后遗症
T92.400x007　臂丛神经损伤后遗症
T92.400x008　尺神经损伤后遗症
T92.401　陈旧性上肢神经损伤
T92.402　陈旧性手部神经损伤
T92.500x001　屈肌腱断裂后遗症
T92.500x002　屈肌腱粘连后遗症
T92.500x003　屈拇长肌腱损伤后遗症
T92.500x004　屈指肌腱损伤后遗症
T92.500x006　伸肌腱断裂后遗症
T92.500x007　伸肌腱粘连后遗症
T92.500x008　伸拇长肌腱损伤后遗症
T92.500x009　伸指肌腱损伤后遗症
T92.500x010　手部肌腱挛缩后遗症
T92.500x011　手部肌腱损伤后遗症
T92.500x012　上肢肌腱粘连后遗症
T92.500x013　指伸肌腱粘连后遗症
T92.500x014　手部肌肉损伤后遗症
T92.500x015　指屈肌腱粘连后遗症
T92.500x016　肩袖损伤后遗症
T92.500x017　上肢肌肉损伤后遗症
T92.500x018　上肢肌腱损伤后遗症
T92.501　陈旧性上肢肌腱断裂
T92.502　陈旧性上肢肌肉撕裂
T92.503　创伤后手指屈曲畸形
T92.504　陈旧性腕关节肌腱损伤
T92.505　陈旧性肱二头肌肌肉损伤
T92.506　陈旧性肱二头肌建损伤
T92.600　上肢挤压伤和创伤性切断后遗症
T92.600x002　创伤性手指缺如
T92.600x003　创伤性上肢骨缺损
T92.601　陈旧性上肢挤压伤
T92.602　创伤性上肢切断后遗症
T92.603　陈旧性手压伤
T92.800x001　上肢血管损伤后遗症
T92.800x002　陈旧性肩关节SLAP损伤
T92.801　手其他损伤后遗症
T92.900　上肢损伤的后遗症
T93.000　下肢开放性伤口后遗症
T93.001　陈旧性开放性下肢损伤
T93.100　股骨骨折后遗症
T93.100x007　陈旧性股骨头骨折
T93.101　陈旧性股骨骨折
T93.102　陈旧性股骨颈骨折
T93.103　陈旧性股骨干骨折
T93.104　陈旧性股骨粗隆间骨折
T93.200　下肢其他骨折的后遗症
T93.200x001　陈旧性距骨骨折
T93.200x002　陈旧性胫骨平台骨折
T93.200x007　陈旧性双踝骨折
T93.200x008　陈旧性胫腓骨骨折
T93.200x010　陈旧性跟骨骨折
T93.200x011　陈旧性Pilon骨折
T93.200x012　陈旧性跗骨骨折
T93.200x013　陈旧性趾骨骨折
T93.200x014　陈旧性跖骨骨折
T93.201　陈旧性下肢骨折
T93.202　陈旧性髌骨骨折
T93.203　陈旧性胫骨骨折
T93.204　陈旧性髁突骨折
T93.205　陈旧性腓骨骨折

T93.206　陈旧性踝关节骨折
T93.207　陈旧性踝骨骨折
T93.208　陈旧性足舟骨骨折
T93.300x001　下肢脱位后遗症
T93.300x002　下肢扭伤后遗症
T93.300x003　下肢劳损后遗症
T93.300x005　陈旧性趾间关节脱位
T93.300x008　陈旧性足舟骨脱位
T93.300x009　陈旧性跖趾关节脱位
T93.301　陈旧性髌骨脱位
T93.400　下肢神经损伤后遗症
T93.400x002　坐骨神经损伤后遗症
T93.400x003　股神经损伤后遗症
T93.400x004　腓总神经损伤后遗症
T93.400x005　胫神经损伤后遗症
T93.400x006　腓肠神经损伤后遗症
T93.500x001　下肢肌肉损伤后遗症
T93.500x002　下肢肌腱损伤后遗症
T93.501　跟腱断裂后遗症
T93.600　下肢挤压伤和创伤性切断后遗症
T93.600x001　创伤性下肢骨缺损
T93.600x002　陈旧性下肢挤压伤
T93.600x003　创伤性下肢切断后遗症
T93.800　下肢其他特指损伤的后遗症
T93.800x001　趾浅表挫伤后遗症
T93.800x002　下肢创伤性动静脉瘘后遗症
T93.800x003　下肢血管损伤后遗症
T93.801　陈旧性趾挫伤
T93.900　下肢损伤的后遗症
T94.000　涉及多个身体部位损伤的后遗症
T94.001　陈旧性多处身体部位损伤
T94.002　陈旧性多部位骨折
T94.100　损伤后遗症
T94.102　陈旧性损伤
T95.000x001　外耳道烧伤后遗症
T95.000x002　外耳道冻伤后遗症
T95.000x003　外耳道腐蚀伤后遗症
T95.000x004　头和颈烧伤后遗症
T95.000x005　头部烧伤后遗症
T95.000x006　颈部烧伤后遗症
T95.000x007　头和颈冻伤后遗症
T95.000x008　头部冻伤后遗症
T95.000x009　颈部冻伤后遗症
T95.000x010　头和颈腐蚀伤后遗症
T95.000x011　头部腐蚀伤后遗症
T95.000x012　颈部腐蚀伤后遗症
T95.001　陈旧性耳化学烧伤
T95.002　陈旧性外耳道烧伤
T95.100x001　躯干烧伤后遗症
T95.100x002　躯干冻伤后遗症
T95.100x003　躯干腐蚀伤后遗症
T95.101　陈旧性躯干烧伤
T95.102　陈旧性躯干化学性烧伤
T95.103　陈旧性躯干冻伤
T95.200x001　上肢烧伤后遗症
T95.200x002　手部烧伤后遗症
T95.200x003　上肢冻伤后遗症
T95.200x004　手部冻伤后遗症
T95.200x005　上肢腐蚀伤后遗症
T95.200x006　手部腐蚀伤后遗症
T95.201　陈旧性上肢烧伤
T95.202　陈旧性手烧伤
T95.300x001　下肢烧伤后遗症
T95.300x002　下肢冻伤后遗症
T95.300x003　下肢腐蚀伤后遗症
T95.301　陈旧性下肢烧伤
T95.400　仅根据涉及体表范围分类的烧伤和腐蚀伤后遗症
T95.800x001　眼部烧伤后遗症
T95.800x002　眼部冻伤后遗症
T95.800x003　眼部腐蚀伤后遗症
T95.800x004　上肢和下肢烧伤后遗症
T95.800x005　上肢和下肢冻伤后遗症
T95.800x006　上肢和下肢腐蚀伤后遗症
T95.800x007　食管烧伤后遗症
T95.800x008　食管腐蚀伤后遗症
T95.801　陈旧性眼烧伤
T95.802　陈旧性四肢烧伤
T95.803　陈旧性食管烧伤
T95.900　烧伤、腐蚀伤和冻伤后遗症
T96.x00x001　药物中毒后遗症
T96.x00x002　药剂中毒后遗症
T96.x00x003　生物制品中毒后遗症
T97.x00x003　中毒性脑病后遗症
T97.x01　一氧化碳中毒后遗症
T97.x02　非药用物质中毒性脑病后遗症
T98.000　通过自然腔口进入的异物效应的后遗症
T98.200　创伤的某些早期并发症的后遗症
T98.200x031　开放性损伤延期愈合
T98.200x032　开放性损伤延期治疗

T98.300x007　手术后缺氧性脑损害的后遗症
T98.301　陈旧性手术后缺氧性脑损害
Z00.001　健康查体
Z00.100　儿童常规健康检查
Z00.200　儿童快速生长期的检查
Z00.300　青春发育期的检查
Z00.300x001　青春期发育状态
Z00.401　精神科全面检查
Z00.500x001　对器官供者的检查
Z00.600　为临床研究项目的正常比较和对照接受的检查
Z00.800　一般性检查，其他的
Z01.001　眼检查
Z01.002　视觉检查
Z01.101　耳检查
Z01.102　听力检查
Z01.200　牙科检查
Z01.300　血压检查
Z01.501　变态反应试验
Z01.502　为细菌性疾病皮肤试验
Z01.503　为过敏性疾病皮肤试验
Z01.600　放射学检查，不可归类在他处者
Z01.600x001　胸部X线检查
Z01.600x002　乳房X线照相
Z01.700　实验室检查
Z01.800x001　喉镜检查
Z01.800x002　腹腔镜检查
Z01.800x004　脑电图检查
Z01.900　特殊检查
Z02.000　为入学接受的检查
Z02.100　就业前接受的检查
Z02.200　为进入居住机构接受的检查
Z02.300　征兵中新兵接受的检查
Z02.400　为办驾驶执照接受的检查
Z02.500　为参加体育运动接受的检查
Z02.600　为保险目的接受的检查
Z02.700　医学证明书的发给
Z02.800　为行政管理目的接受的其他检查
Z02.900　为行政管理目的接受的检查
Z03.100　可疑恶性肿瘤的观察
Z03.101　可疑甲状腺恶性肿瘤观察
Z03.102　可疑乳腺恶性肿瘤的观察
Z03.103　可疑前列腺恶性肿瘤的观察
Z03.300　可疑神经系统疾患的观察
Z03.600x001　可疑摄入物质引起毒性效应的观察
Z03.800　可疑疾病和情况的观察，其他的
Z03.800x701　可疑新生儿疾病的观察
Z03.800x711　可疑新生儿感染情况的观察
Z03.800x721　可疑新生儿神经病学的观察
Z03.800x731　可疑新生儿呼吸情况的观察
Z03.802　可疑颈动脉瘤观察
Z03.803　可疑新生儿红细胞增多症观察
Z03.900　可疑疾病和情况的观察
Z03.900x001　未见异常
Z04.001　血中酒精检验
Z04.002　血中药物检验
Z04.100　交通事故后接受的检查和观察
Z04.200　工作事故后接受的检查和观察
Z04.300　事故后接受的检查和观察，其他的
Z04.400　嫌疑强奸和诱奸后接受的检查和观察
Z04.500　加害性损伤后接受的检查和观察，其他的
Z04.601　精神医学鉴定
Z04.800　为其他特指原因接受的检查和观察
Z04.900　接受检查和观察
Z09.000x001　手术后随诊检查
Z09.001　肠镜下息肉切除术后，随诊检查
Z09.300　心理治疗后的随诊检查
Z09.400　骨折治疗后的随诊检查
Z09.700　随诊检查，其他情况的联合治疗后的
Z09.801　冠状动脉介入治疗后随诊检查
Z09.802　人工流产后随诊检查
Z09.803　异位妊娠治疗后随诊检查
Z09.804　蛛网膜下腔出血治疗后随诊检查
Z09.900x001　治疗后的随诊检查
Z10.000　职业性健康检查
Z10.100　公共机构居民的常规一般性健康查体
Z10.200　军队的常规一般性健康查体
Z10.300　体育比赛队的常规一般性健康查体
Z10.800　常规一般性健康查体，其他限定人群的
Z11.000　肠道传染病的特殊筛查
Z11.100　呼吸道结核的特殊筛查
Z11.200　细菌性疾病的特殊筛查，其他的
Z11.300　主要为性传播模式的传染病的特殊筛查
Z11.400　人类免疫缺陷病毒［HIV］的特殊筛查
Z11.500　其他病毒性疾病的特殊筛查
Z11.600　特殊筛查，其他原虫病和蠕虫病的
Z11.800x001　雅司病的特殊筛查
Z11.801　螺旋体病特殊筛选检查
Z11.802　衣原体病特殊筛选检查
Z11.803　真菌病特殊筛选检查

Z11.901　传染病特殊筛查
Z11.902　寄生虫病特殊筛查
Z12.000　胃部肿瘤的特殊筛查
Z12.100　肠道肿瘤的特殊筛查
Z12.200　呼吸器官肿瘤的特殊筛查
Z12.300　乳房肿瘤的特殊筛查
Z12.400　宫颈肿瘤的特殊筛查
Z12.500　前列腺肿瘤的特殊筛查
Z12.600　膀胱肿瘤的特殊筛查
Z12.800　肿瘤的特殊筛查，其他部位的
Z12.900x001　肿瘤的特殊筛查
Z12.901　肿瘤的基因筛查
Z13.000x001　血液及造血器官疾病的特殊筛查
Z13.001　免疫机制疾患特殊筛查
Z13.100　糖尿病的特殊筛查
Z13.200　营养疾患的特殊筛查
Z13.300　精神和行为障碍的特殊筛查
Z13.300x002　精神发育迟滞的特殊筛查
Z13.300x003　忧郁症的特殊筛查
Z13.400x001　发育障碍的特殊筛查
Z13.500　眼和耳疾患的特殊筛查
Z13.500x001　细菌性结膜炎的特殊筛查
Z13.501　眼疾患特殊筛查
Z13.600　心血管疾患的特殊筛查
Z13.700　先天性畸形、变形和染色体异常的特殊筛查
Z13.800x011　神经系统疾病的特殊筛查
Z13.800x021　呼吸系统疾病的特殊筛查
Z13.800x022　慢性支气管炎和肺气肿的特殊筛查
Z13.800x031　消化道疾病的特殊筛查
Z13.800x032　牙疾患的特殊筛查
Z13.800x041　肌肉关节疾病的特殊筛查
Z13.800x051　泌尿生殖系疾病的特殊筛查
Z13.800x061　内分泌和代谢疾病的特殊筛查
Z13.801　苯丙酮尿症筛选
Z13.900　特殊筛查
Z20.000　接触和暴露于肠道传染病
Z20.001　霍乱接触者
Z20.100　接触和暴露于结核病
Z20.200　接触和暴露于主要为性传播模式的传染病
Z20.300　接触和暴露于狂犬病
Z20.400　接触和暴露于风疹
Z20.500　接触和暴露于病毒性肝炎
Z20.600　接触和暴露于人类免疫缺陷病毒［HIV］
Z20.701　接触虱病病虫侵染
Z20.702　接触螨病病虫侵染
Z20.801　脊髓灰质炎接触者
Z20.802　天花接触者
Z20.900　接触和暴露于传染病
Z22.000　伤寒带菌者
Z22.100　肠道传染病带菌者，其他的
Z22.101　阿米巴病带菌者
Z22.102　鼠伤寒带菌者
Z22.103　霍乱带菌者
Z22.200　白喉带菌者
Z22.300　细菌性疾病带菌者，其他特指的
Z22.301　链球菌带菌者
Z22.302　脑膜炎双球菌带菌者
Z22.303　葡萄球菌带菌者
Z22.400　主要为性传播模式感染的病原携带者
Z22.401　淋病病原携带者
Z22.402　梅毒病原携带者
Z22.600　人T-亲淋巴1型病毒［HTLV-1］感染的病原携带者
Z22.700　潜伏性结核
Z22.800　传染病病原携带者，其他的
Z22.801　风疹传染病病原携带者
Z22.900x001　传染病带菌者
Z23.000　仅为抗霍乱采取必要的免疫
Z23.100　仅为抗伤寒-副伤寒采取必要的免疫［TAB］
Z23.200　为抗结核采取必要的免疫［BCG］
Z23.300　为抗鼠疫采取必要的免疫
Z23.400　为抗土拉菌病［兔热病］采取必要的免疫
Z23.500　仅为抗破伤风采取必要的免疫
Z23.600　仅为抗白喉采取必要的免疫
Z23.700　仅为抗百日咳采取必要的免疫
Z23.800x001　为抗单一的细菌性疾病采取必要的免疫
Z24.001　接种脊髓灰质炎疫苗
Z24.100　为抗节肢动物媒介的病毒性脑炎采取必要的免疫
Z24.200　为抗狂犬病采取必要的免疫
Z24.300　为抗黄热病采取必要的免疫
Z24.400　仅为抗麻疹采取必要的免疫
Z24.500　仅为抗风疹采取必要的免疫
Z24.600　为抗病毒性肝炎采取必要的免疫
Z24.601　接种乙型病毒性肝炎疫苗
Z25.000　仅为抗流行性腮腺炎采取必要的免疫
Z25.100　为抗流感采取必要的免疫

Z25.800x001　为抗单一病毒性疾病采取必要的免疫
Z26.000　为抗利什曼病采取必要的免疫
Z26.800　为抗其他特指的单一的传染病采取必要的免疫
Z26.900　为抗传染病采取必要的免疫
Z27.000　为抗霍乱伴有伤寒-副伤寒采取必要的免疫［霍乱+TAB］
Z27.100　为抗白喉-破伤风-百日咳联合采取必要的免疫［DTP］
Z27.200　为抗白喉-破伤风-百日咳伴有伤寒-副伤寒采取必要的免疫［DTP+TAB］
Z27.300　为抗白喉-破伤风-百日咳伴有脊髓灰质炎采取必要的免疫［DTP+脊灰］
Z27.400x001　麻疹-流行性腮腺炎-风疹联合预防接种
Z27.800　为抗其他多种传染病采取必要的联合免疫
Z27.900　为抗多种传染病采取必要的联合免疫
Z28.000　由于禁忌证未进行免疫
Z28.100　由于信仰或群体压力使病人决定不进行免疫
Z28.101　由于群体压力使病人决定不进行免疫
Z28.201　病人决定不进行免疫
Z28.800　由于其他原因未进行免疫
Z28.900　未进行免疫
Z29.000　隔离
Z29.100　预防性免疫治疗
Z29.101　术后免疫治疗
Z29.200x001　化学预防
Z29.201　预防性抗生素治疗
Z29.800　预防措施，其他特指的
Z29.900　预防措施
Z30.000x001　计划生育指导
Z30.000x002　有关避孕的初次指导
Z30.000x003　有关避孕的咨询
Z30.101　安装曼月乐环
Z30.102　安装输卵管内节育器
Z30.103　安装子宫内节育器
Z30.201　腹腔镜绝育
Z30.202　输卵管绝育
Z30.203　输精管绝育
Z30.301　防止妊娠
Z30.302　月经调节
Z30.400x001　维持避孕的常规检查
Z30.400x003　避孕药的再次指导
Z30.400x004　避孕装置的再次指导
Z30.500x011　皮下避孕针埋植术
Z30.501　更换子宫内节育器
Z30.503　取除子宫内节育器
Z30.504　取除皮下避孕针
Z30.505　放置输卵管内避孕器失败
Z30.800x001　输精管切除术后精子计数
Z30.800x002　放置子宫内避孕装置失败
Z30.800x003　放置输卵管内避孕装置
Z30.800x004　放置输卵管内避孕装置失败
Z30.800x005　放置避孕装置后避孕失败
Z30.900　避孕问题
Z31.202　ICSI术后
Z31.203　PGD术后
Z31.400x003　生育检验
Z31.400x004　生育调查
Z31.401　输卵管吹气术
Z31.402　精子计数
Z31.500　遗传咨询
Z31.600x001　关于生育的一般性咨询和指导
Z31.800　生育问题，其他的
Z31.900　生育问题
Z32.000x001　妊娠未确认
Z32.100　确认妊娠
Z39.100x001　哺乳期的监督
Z39.100x002　授乳的指导
Z39.100x003　授乳母亲的医疗照顾
Z39.200x001　产后随诊
Z40.000x001　为预防恶性肿瘤的手术医疗
Z40.800　预防性手术，其他的
Z40.900x001　预防性手术医疗
Z41.300　穿耳孔
Z41.800x002　处女膜修复
Z41.801　文身
Z41.900　非以改善健康状况为目的操作
Z42.000　涉及头和颈整形手术的随诊医疗
Z42.900　涉及整形手术的随诊医疗
Z43.100　胃造口维护
Z43.101　更换胃造瘘导管
Z43.102　关闭胃造口
Z43.200　回肠造口维护
Z43.201　关闭回肠造口
Z43.300　结肠造口维护
Z43.301　关闭结肠造口

Z43.302　巨结肠术后肠造瘘
Z43.400x002　去除T型引流管
Z43.400x003　T型引流管置换
Z43.400x004　胰管内支架维护
Z43.400x005　胆管内支架维护
Z43.401　关闭消化道人工造口
Z43.402　更换胆管引流管
Z43.403　胆道引流术后T管拔管
Z43.500　膀胱造口维护
Z43.600x002　输尿管造口维护
Z43.601　肾造口维护
Z43.602　取除肾盂造瘘管
Z43.603　取除输尿管支架
Z43.604　尿道造口维护
Z43.700　人工阴道维护
Z43.801　脑室引流管维护
Z43.802　关闭动静脉造口
Z43.900x001　人工造口维护
Z44.200x002　人工眼的调整
Z44.300　外部假乳房的安装和调整
Z45.101　取除输注泵
Z45.200　血管通路装置的调整和管理
Z45.201　取除下腔静脉滤器
Z45.202　取除输液港
Z45.802　取除喉模
Z45.803　取除胃内支架
Z45.804　更换胆管支架
Z45.805　取除胆管支架
Z45.806　取除宫颈管支架
Z45.807　安装阴道模具
Z45.900　植入装置的调整和管理
Z46.500x001　回肠造口的安装和调整
Z46.501　更换空肠造口导管
Z46.502　调整或更换回肠造口导管
Z46.503　调整或更换结肠造口导管
Z46.600x001　取出输尿管D-J管
Z46.601　更换肾盂造瘘导管
Z46.602　更换输尿管支架
Z46.603　更换膀胱造瘘导管
Z46.700　矫形外科用装置的安装和调整
Z46.701　调整外固定支架
Z46.900　安装和调整
Z47.800x003　合成植入物植入术后随诊医疗
Z47.800x004　乳房假体植入术后随诊医疗
Z47.800x005　隆鼻术后随诊医疗
Z47.800x006　瘢痕切除术后随诊医疗
Z47.800x007　耳再造术后随诊医疗
Z47.800x008　乳房英捷尔法勒注射术后随诊医疗
Z47.800x009　尿道下裂术后随诊医疗
Z47.800x010　鼻再造术后随诊医疗
Z47.800x011　乳房再造术后随诊医疗
Z47.800x012　磨削术后随诊医疗
Z47.800x013　阴道再造术后随诊医疗
Z47.800x014　下颌骨延长器植入术后随诊医疗
Z47.800x015　睑再造术后随诊医疗
Z47.800x016　眼睑整形术后随诊医疗
Z47.800x017　重睑术后随诊医疗
Z47.800x018　吸脂术后随诊医疗
Z47.800x019　整形外科术后随诊医疗
Z47.800x020　尿道术后随诊医疗
Z47.800x021　阴道英捷尔法勒注射术后随诊医疗
Z47.800x022　阴茎再造术后随诊医疗
Z47.800x023　面部除皱术后随诊医疗
Z47.800x024　颏英捷尔法勒注射术后随诊医疗
Z47.800x025　颌骨手术后随诊医疗
Z47.800x026　皮肤英捷尔法勒注射后随诊医疗
Z47.800x027　脂肪注射术后随诊医疗
Z47.800x028　皮管成形术后随诊医疗
Z47.800x029　乳房人工材料注射术后随诊医疗
Z47.800x030　颧骨截骨术后随诊医疗
Z47.800x031　皮肤奥美定注射术后随诊医疗
Z47.800x032　外耳义耳植入术后随诊医疗
Z47.800x033　上颌后缩截骨牵引术后随诊医疗
Z47.800x034　骨固定装置植入术后随诊医疗
Z47.800x035　颏部水平截骨术后随诊医疗
Z47.800x036　扩张器植入术后随诊医疗
Z47.900　矫形外科的随诊医疗
Z48.000x001　手术后拆除缝线
Z48.000x002　手术后更换敷料
Z48.900x001　手术后随诊医疗
Z50.000　心脏病康复
Z50.100x001　物理治疗
Z50.101　脑出血后物理康复训练
Z50.200　酒精滥用康复
Z50.300　药物滥用康复
Z50.400x001　心理治疗
Z50.500　言语治疗
Z50.501　脑出血后语言康复训练
Z50.600　视轴矫正训练
Z50.700x001　职业康复训练和治疗

Z50.800x002　烟草滥用康复
Z50.801　烧伤后康复治疗
Z50.900x001　康复医疗
Z51.300　（无诊断报告的）输血
Z51.400x001　自体外周血干细胞动员
Z51.400x002　随后治疗的准备医疗
Z51.400x003　自体血准备
Z51.401　造血干细胞动员
Z51.600　对变应原脱敏
Z51.800　医疗照顾，其他特指的
Z51.901　对症治疗
Z52.000　供血者
Z52.001　供干细胞者
Z52.300x002　骨髓干细胞供者
Z52.900　器官或组织的供者
Z54.000　手术后恢复期
Z54.000x002　睑袋术后恢复期
Z54.000x003　吸脂术后恢复期
Z54.000x004　隆鼻术后恢复期
Z54.000x005　重睑术后恢复期
Z54.000x006　毛发移植术后恢复期
Z54.000x007　瘢痕切除术后恢复期
Z54.000x008　痣切除术后恢复期
Z54.000x009　睑闭合不全矫正术后恢复期
Z54.000x010　开放性外伤术后恢复期
Z54.000x012　面部瘢痕磨削术后恢复期
Z54.000x013　上睑下垂术后恢复期
Z54.000x014　拆线术后恢复期
Z54.000x015　假体取出术后恢复期
Z54.000x016　扩张器植入术后恢复期
Z54.000x017　除皱术后恢复期
Z54.000x018　皮肤异物取出术后恢复期
Z54.000x019　睑外翻术后恢复期
Z54.000x020　隆颏术后恢复期
Z54.000x021　内眦成形术后恢复期
Z54.000x022　骨折术后恢复期
Z54.100　放疗后恢复期
Z54.200x001　恶性肿瘤化学治疗后恢复期
Z54.300　心理治疗后恢复期
Z54.400　骨折治疗后恢复期
Z54.700　联合治疗后恢复期
Z54.800x001　风疹恢复期
Z54.800x002　肝炎恢复期
Z54.800x003　脊髓灰质炎恢复期
Z54.800x004　脑外伤恢复期
Z54.800x005　脑炎恢复期
Z54.800x006　沙眼恢复期
Z54.800x007　天花恢复期
Z54.800x008　乙肝恢复期
Z54.800x009　脑膜炎恢复期
Z54.800x010　肺炎恢复期
Z54.900x001　治疗后恢复期
Z55.000　与文盲和文化水平低有关，具有潜在健康问题
Z55.100　与得不到和未完成教育有关，具有潜在健康问题
Z55.200　与考试不及格有关，具有潜在健康问题
Z55.300　与在校学习落后有关，具有潜在健康问题
Z55.400　与教育失调及与教师和同学不和有关，具有潜在健康问题
Z55.800　与教育和文化素养有关的其他问题，具有潜在健康问题
Z55.900　与教育和文化素养有关的问题，具有潜在健康问题
Z56.000　与失业有关，具有潜在健康问题
Z56.100　与换工作有关，具有潜在健康问题
Z56.200　与失业威胁有关，具有潜在健康问题
Z56.300　与紧张的工作进度有关，具有潜在健康问题
Z56.400　与老板和同事不和有关，具有潜在健康问题
Z56.500　与不合意的工作有关，具有潜在健康问题
Z56.600　与工作有关的其他身体和精神紧张，具有潜在健康问题
Z56.700　与就业有关的其他的问题，具有潜在健康问题
Z57.000　职业性暴露于噪声
Z57.100　职业性暴露于辐射
Z57.201　接触粉尘
Z57.300　职业性暴露于其他大气污染
Z57.400　职业性暴露于农业毒物
Z57.501　接触锰
Z57.502　接触苯
Z57.503　接触铅
Z57.504　接触汞
Z57.505　接触二氯乙烷
Z57.506　接触甲苯二异氢酸
Z57.507　接触二氯油硝基苯
Z57.508　接触汽油
Z57.600　职业性暴露于极端温度

Z57.700　职业性暴露于振动
Z57.800　职业性暴露于其他危险因素
Z57.900　职业性暴露于危险因素
Z58.000　暴露于噪声，具有潜在健康问题
Z58.100　暴露于大气污染，具有潜在健康问题
Z58.200　暴露于水污染，具有潜在健康问题
Z58.300　暴露于土壤污染，具有潜在健康问题
Z58.400　暴露于辐射，具有潜在健康问题
Z58.500　暴露于其他污染，具有潜在健康问题
Z58.600　饮用水供应不足，具有潜在健康问题
Z58.700　暴露于烟草烟雾，具有潜在健康问题
Z58.800　与外界环境有关的其他问题，具有潜在健康问题
Z58.900　与外界环境有关的问题，具有潜在健康问题
Z59.000x001　与无家可归有关的问题
Z59.100　与住房不足有关，具有潜在健康问题
Z59.200　与邻居、房客和房东不和有关，具有潜在健康问题
Z59.300　与在公共机构居住有关，具有潜在健康问题
Z59.400　与缺乏充足的食物有关，具有潜在健康问题
Z59.500　与极端贫穷有关，具有潜在健康问题
Z59.600　与低收入有关，具有潜在健康问题
Z59.700　与社会保险和福利支持不足有关，具有潜在健康问题
Z59.800　与住房和经济情况有关的其他问题，具有潜在健康问题
Z59.900　与住房和经济情况有关的问题，具有潜在健康问题
Z60.000x001　对生活周期转换的适应问题
Z60.100x001　与单亲家庭有关的问题
Z60.200x001　与独自生活有关的问题
Z60.300x002　与社会移居者有关的问题
Z60.400　与社会排斥和拒绝有关，具有潜在健康问题
Z60.500　与感觉成为不良歧视和迫害的目标有关，具有潜在健康问题
Z60.800　与社会环境有关的其他问题，具有潜在健康问题
Z60.900　与社会环境有关的问题，具有潜在健康问题
Z61.000x001　与童年时失去所爱亲属有关的问题
Z61.100x001　与童年离家有关的问题
Z61.200x001　与童年时家庭关系模式改变有关的问题
Z61.300x001　与童年时导致丧失自尊事件有关的问题
Z61.400x001　与儿童据说受家族内成员的性虐待有关的问题
Z61.500x001　与儿童据说受家族以外人员的性虐待有关问题
Z61.600x001　与儿童据说身体被虐待有关的问题
Z61.700x001　与童年时受惊吓的经历有关的问题
Z61.800　与童年时其他消极生活事件有关，具有潜在健康问题
Z61.900x001　与童年时消极生活事件有关的问题
Z62.000x001　与父母监督和管教不足有关的问题
Z62.100x001　与父母溺爱有关的问题
Z62.200x001　与公共机构的养育有关的问题
Z62.300x001　与敌视儿童和儿童代为受过有关的问题
Z62.400x001　与对儿童情感的忽视有关的问题
Z62.500x001　与缺乏学习和游戏的体验有关的问题
Z62.600x001　与父母的不适当压力和异常性质的养育有关的问题
Z62.800　与养育有关的其他特指问题，具有潜在健康问题
Z62.900　与养育有关的问题，具有潜在健康问题
Z63.000　与配偶关系有关的问题，具有潜在健康问题
Z63.100x001　与亲子有关的问题
Z63.200x001　与家庭生活不适当有关的问题
Z63.300x001　与家庭成员缺少有关的问题
Z63.400x001　与家庭成员假定的死亡有关的问题
Z63.400x002　与家庭成员失踪有关的问题
Z63.400x003　与家庭成员死亡有关的问题
Z63.500x001　与离婚使家庭分裂有关的问题
Z63.500x002　与分居使家庭分裂有关的问题
Z63.500x003　与疏远有关的问题
Z63.600　与需要在家照料的不能独立生活的亲属有关，具有潜在健康问题
Z63.700x001　与影响家庭和家属的充满压力的生活事件有关的问题
Z63.700x011　与家庭中的酒精中毒有关的问题
Z63.700x021　与家庭中的赌博有关的问题
Z63.700x091　与家中的健康问题有关的问题
Z63.700x092　与患病或受滋扰的家庭成员有关的

问题
Z63.700x093　与孤立的家庭有关的问题
Z63.800x001　与家庭不和有关的问题
Z63.800x002　与家中表现的高度情绪激动有关的问题
Z63.800x003　与家中交往不足有关的问题
Z63.800x004　与家中交往曲解有关的问题
Z63.900　与家族有关的问题，具有潜在健康问题
Z64.100x001　与多产有关的问题
Z64.200　寻求和接受躯体、营养和化学性干预措施，这些措施已知是危险和有害的
Z64.300　寻求和接受行为和心理上的干预措施，这些措施已知是危险和有害的
Z64.400x001　与监督缓刑犯的官员不和的有关问题
Z64.400x002　与社会工作者不和的有关问题
Z64.400x003　与顾问不和的有关问题
Z65.000　与在民事和刑事诉讼程序中定罪、未被监禁有关，具有潜在健康问题
Z65.100x001　与监禁有关的问题
Z65.200　与从监狱释放有关的问题，具有潜在健康问题
Z65.300x001　与逮捕有关的问题
Z65.300x002　与儿童监护有关的问题
Z65.300x003　与诉讼有关的问题
Z65.300x004　与起诉有关的问题
Z65.300x005　与抚养的诉讼程序有关的问题
Z65.400x001　与犯罪行为的受害者有关的问题
Z65.400x002　与拷打的受害者有关的问题
Z65.400x003　与恐怖主义的受害者有关的问题
Z65.500x001　与暴露于灾害有关的问题
Z65.500x002　与暴露于敌对行为有关的问题
Z65.500x003　与暴露于战争有关的问题
Z65.800　与心理社会情况有关的其他特指问题，具有潜在健康问题
Z65.900　与心理社会情况有关的问题，具有潜在健康问题
Z70.000　与性态度有关的咨询
Z70.100　与病人的性行为和性取向有关的咨询
Z70.200　与第三方的性行为和性取向有关的咨询
Z70.300　综合涉及与性态度、性行为和性取向有关的咨询
Z70.800　性咨询，其他的
Z70.900　性咨询
Z71.000　代表他人咨询的人
Z71.100　未作诊断而具有恐惧主诉的人
Z71.200　为寻求解释调查结果的人
Z71.300　饮食的咨询和监督
Z71.400　酒精滥用的咨询和监督
Z71.500　药物滥用的咨询和监督
Z71.600　烟草滥用的咨询
Z71.700　人类免疫缺陷病毒［HIV］的咨询
Z71.800　咨询，其他特指的
Z71.900　咨询
Z72.000　与吸烟有关的医疗咨询
Z72.100　与饮酒有关的医疗咨询
Z72.200　与用药有关的医疗咨询
Z72.300　与缺乏身体锻炼有关的医疗咨询
Z72.400　与不恰当的饮食习惯有关的医疗咨询
Z72.500　与高危的性行为有关的医疗咨询
Z72.600　与赌博和打赌有关的医疗咨询
Z72.800　与生活方式有关的其他问题的医疗咨询
Z72.900　与生活方式有关的医疗咨询
Z73.000　与体力耗尽有关的医疗咨询
Z73.100x001　与人格特征突出有关的问题
Z73.200　与缺乏休息和空暇时间有关的医疗咨询
Z73.300　与精神紧张有关的医疗咨询，不可归类在他处者
Z73.400　与社会技能不足有关的医疗咨询，不可归类在他处者
Z73.500　与社会职责冲突有关的医疗咨询，不可归类在他处者
Z73.600　与由于伤残引起的活动受限有关的医疗咨询
Z73.800　与生活管理困难有关其他问题的医疗咨询
Z73.900　与生活管理困难有关的问题的医疗咨询
Z74.000　由于活动能力降低而需要帮助
Z74.100x001　院外无人承担看护
Z74.200　与在家需要帮助且无其他家庭成员能够给予照顾有关
Z74.300　与需要持续的监护有关
Z74.800　与依赖于照料人员有关的其他问题
Z74.900　与依赖于照料人员有关的问题
Z75.000　与家中不具备医疗条件有关
Z75.100　等待住入他处有充足医疗设施场所的人
Z75.200　其他为检查和治疗而处于等待期的人
Z75.300　与不具备及得不到卫生保健设施有关
Z75.400　与不具备及得不到其他辅助设施有关
Z75.500　与假日解除照料有关

Z75.800x001　临终看护
Z75.900x001　由它院转入
Z76.000　在保健机构再次开处方
Z76.100　保健机构对弃婴的健康监督和照料
Z76.201　生病母亲健康婴儿监督和照料
Z76.300　在保健机构中陪伴病人的健康人
Z76.400　在卫生保健设施中其他的寄膳者
Z76.500　在保健机构中诈病者［蓄意装病］
Z76.800x001　拒遵医嘱并离院
Z76.900　在未特指情况下与保健机构接触的人

XJ1　其他接触健康服务的诊断伴手术操作

包含全部手术或操作

XR1　精神心理康复

包含以下主要诊断：
R41.000　定向障碍
R41.001　意识错乱
R41.300x001　遗忘
R41.800x002　逻辑障碍
R46.600　对应激事件的过分担心和偏见
R46.700　用啰嗦和详细叙述的语言使交往的理由含糊不清
R53.x00x005　不适
R63.200　贪食
R63.300x003　照管不当
R63.601　（由于自我忽视引起）进食不足和饮水不足
Z00.401　精神科全面检查
Z04.601　精神医学鉴定
Z50.200　酒精滥用康复
Z50.300　药物滥用康复
Z50.400x001　心理治疗
Z50.500　言语治疗
Z50.800x002　烟草滥用康复

XR2　神经、骨骼及肌肉康复

包含以下主要诊断：
B90.001　陈旧性结核性脑膜炎
B90.002　结核性脑膜炎后遗症
B94.100　病毒性脑炎的后遗症
B94.101　流行性乙型脑炎后遗症
B94.800x003　流行性脑脊髓膜炎后遗症
I69.400　脑卒中后遗症
I69.800x002　脑血管病恢复期
I69.800x003　缺血缺氧性脑病后遗症
I69.801　脑血栓后遗症
I69.802　脑血管病后遗症
R25.200x002　痉挛
R25.200x004　痉挛0级
R25.200x005　痉挛1级
R25.200x006　痉挛1+级
R25.200x007　痉挛2级
R25.200x008　痉挛3级
R25.200x009　痉挛4级
R26.100　麻痹步态
R26.100x001　痉挛性步态
T90.000　头部浅表损伤后遗症
T90.100　头部开放性伤口后遗症
T90.102　创伤后唇缺损
T90.200　颅骨和面骨骨折后遗症
T90.200x008　陈旧性颧弓颧骨骨折
T90.200x012　陈旧性颧弓骨折
T90.201　陈旧性颅骨骨折
T90.202　陈旧性鼻骨骨折
T90.203　陈旧性颧骨骨折
T90.204　陈旧性上颌骨骨折
T90.205　陈旧性下颌骨骨折
T90.206　陈旧性颌骨骨折
T90.207　陈旧性颏部骨折
T90.208　陈旧性面骨骨折
T90.400x001　眼部开放性损伤后遗症
T90.400x002　眼部浅表损伤后遗症
T90.400x003　眼眶损伤后遗症
T90.400x004　眼部损伤后遗症
T90.401　陈旧性眼损伤
T90.500x002　脑外伤后遗症
T90.500x003　颅内开放性损伤后遗症
T90.800x002　腭部损伤后遗症
T90.900　头部损伤的后遗症
T90.901　陈旧性头部损伤
T91.000x001　颈部浅表损伤后遗症
T91.000x002　躯干浅表损伤后遗症
T91.000x003　颈部开放性损伤后遗症
T91.000x004　躯干开放性损伤后遗症
T91.001　陈旧性颈部和躯干浅表损伤
T91.002　陈旧性开放性颈部和躯干损伤
T91.100　脊柱骨折后遗症
T91.101　陈旧性脊柱骨折

T91.102 陈旧性颈椎骨折
T91.103 陈旧性胸椎骨折
T91.104 陈旧性腰椎骨折
T91.200 胸和骨盆的其他骨折后遗症
T91.200x002 陈旧性骶骨骨折
T91.200x005 陈旧性胸骨骨折
T91.201 陈旧性肋骨骨折
T91.202 陈旧性骨盆骨折
T91.204 陈旧性髋臼骨折
T91.205 陈旧性耻骨骨折
T91.206 陈旧性尾骨骨折
T91.400 胸内器官损伤后遗症
T91.401 陈旧性胸内器官损伤
T91.500x001 腹内器官损伤后遗症
T91.500x003 盆腔器官损伤后遗症
T91.501 陈旧性腹内器官损伤
T91.502 陈旧性盆腔器官损伤
T91.800x001 膈神经损伤后遗症
T91.800x002 陈旧性环枢椎脱位
T91.800x003 陈旧性颈椎脱位
T91.800x004 腰丛神经损伤后遗症
T91.800x005 骶丛神经损伤后遗症
T91.800x006 陈旧性脊柱脱位
T91.800x007 躯干神经损伤后遗症
T91.800x008 脊柱韧带扭伤后遗症
T91.800x009 脊柱损伤后遗症
T91.800x010 陈旧性颈部和躯干损伤
T91.802 陈旧性躯干神经损伤
T91.803 陈旧性脊柱韧带扭伤
T91.900 颈部和躯干损伤的后遗症
T91.900x002 会阴损伤后遗症
T91.900x003 躯干损伤后遗症
T92.000 上肢开放性伤口后遗症
T92.001 陈旧性开放性上肢损伤
T92.100 臂骨折后遗症
T92.100x004 陈旧性肩峰骨折
T92.100x005 陈旧性肩盂骨折
T92.100x008 陈旧性上肢骨折
T92.100x009 陈旧性锁骨骨折
T92.100x010 陈旧性盖氏骨折
T92.100x011 陈旧性孟氏骨折
T92.101 陈旧性肩胛骨骨折
T92.102 陈旧性臂骨折
T92.103 陈旧性肱骨骨折
T92.104 陈旧性尺桡骨骨折
T92.105 陈旧性尺骨骨折
T92.106 陈旧性桡骨骨折
T92.200 腕和手水平骨折后遗症
T92.201 陈旧性腕骨骨折
T92.202 陈旧性掌骨骨折
T92.203 陈旧性手指骨折
T92.204 手骨折后畸形
T92.300 上肢脱位、扭伤和劳损后遗症
T92.300x001 上肢脱位后遗症
T92.300x002 上肢扭伤后遗症
T92.300x005 陈旧性腕掌关节脱位
T92.300x006 陈旧性掌指关节脱位
T92.300x007 陈旧性指关节脱位
T92.300x008 陈旧性桡骨头脱位
T92.300x011 指韧带损伤后遗症
T92.300x012 陈旧性下尺桡关节损伤
T92.300x013 陈旧性舟骨月骨周围脱位
T92.300x015 掌板侧副韧带损伤后遗症
T92.300x016 肘关节韧带损伤后遗症
T92.300x017 上肢韧带损伤后遗症
T92.301 陈旧性手部关节韧带损伤
T92.302 陈旧性桡尺关节脱位
T92.303 肩关节扭伤后遗症
T92.304 肩关节劳损后遗症
T92.305 肘关节脱位后遗症
T92.306 肘关节扭伤后遗症
T92.307 肘关节劳损后遗症
T92.400 上肢神经损伤后遗症
T92.400x002 桡神经损伤后遗症
T92.400x003 正中神经损伤后遗症
T92.400x004 指神经损伤后遗症
T92.400x005 肌皮神经损伤后遗症
T92.400x006 腋神经损伤后遗症
T92.400x007 臂丛神经损伤后遗症
T92.400x008 尺神经损伤后遗症
T92.401 陈旧性上肢神经损伤
T92.402 陈旧性手部神经损伤
T92.500x001 屈肌腱断裂后遗症
T92.500x002 屈肌腱粘连后遗症
T92.500x003 屈拇长肌腱损伤后遗症
T92.500x004 屈指肌腱损伤后遗症
T92.500x006 伸肌腱断裂后遗症
T92.500x007 伸肌腱粘连后遗症
T92.500x008 伸拇长肌腱损伤后遗症
T92.500x009 伸指肌腱损伤后遗症

T92.500x010　手部肌腱挛缩后遗症
T92.500x011　手部肌腱损伤后遗症
T92.500x012　上肢肌腱粘连后遗症
T92.500x013　指伸肌腱粘连后遗症
T92.500x014　手部肌肉损伤后遗症
T92.500x015　指屈肌腱粘连后遗症
T92.500x016　肩袖损伤后遗症
T92.500x017　上肢肌肉损伤后遗症
T92.500x018　上肢肌腱损伤后遗症
T92.501　陈旧性上肢肌腱断裂
T92.502　陈旧性上肢肌肉撕裂
T92.503　创伤后手指屈曲畸形
T92.504　陈旧性腕关节肌腱损伤
T92.505　陈旧性肱二头肌肌肉损伤
T92.506　陈旧性肱二头肌建损伤
T92.600　上肢挤压伤和创伤性切断后遗症
T92.600x002　创伤性手指缺如
T92.600x003　创伤性上肢骨缺损
T92.601　陈旧性上肢挤压伤
T92.602　创伤性上肢切断后遗症
T92.603　陈旧性手压伤
T92.800x001　上肢血管损伤后遗症
T92.800x002　陈旧性肩关节SLAP损伤
T92.801　手其他损伤后遗症
T92.900　上肢损伤的后遗症
T93.000　下肢开放性伤口后遗症
T93.001　陈旧性开放性下肢损伤
T93.100　股骨骨折后遗症
T93.100x007　陈旧性股骨头骨折
T93.101　陈旧性股骨骨折
T93.102　陈旧性股骨颈骨折
T93.103　陈旧性股骨干骨折
T93.104　陈旧性股骨粗隆间骨折
T93.200　下肢其他骨折的后遗症
T93.200x001　陈旧性距骨骨折
T93.200x002　陈旧性胫骨平台骨折
T93.200x007　陈旧性双踝骨折
T93.200x008　陈旧性胫腓骨骨折
T93.200x010　陈旧性跟骨骨折
T93.200x011　陈旧性Pilon骨折
T93.200x012　陈旧性跗骨骨折
T93.200x013　陈旧性趾骨骨折
T93.200x014　陈旧性跖骨骨折
T93.201　陈旧性下肢骨折
T93.202　陈旧性髌骨骨折
T93.203　陈旧性胫骨骨折
T93.204　陈旧性髁突骨折
T93.205　陈旧性腓骨骨折
T93.206　陈旧性踝关节骨折
T93.207　陈旧性踝骨骨折
T93.208　陈旧性足舟骨骨折
T93.300x001　下肢脱位后遗症
T93.300x002　下肢扭伤后遗症
T93.300x003　下肢劳损后遗症
T93.300x005　陈旧性趾间关节脱位
T93.300x008　陈旧性足舟骨脱位
T93.300x009　陈旧性跖趾关节脱位
T93.301　陈旧性髌骨脱位
T93.400　下肢神经损伤后遗症
T93.400x002　坐骨神经损伤后遗症
T93.400x003　股神经损伤后遗症
T93.400x004　腓总神经损伤后遗症
T93.400x005　胫神经损伤后遗症
T93.400x006　腓肠神经损伤后遗症
T93.500x001　下肢肌肉损伤后遗症
T93.500x002　下肢肌腱损伤后遗症
T93.501　跟腱断裂后遗症
T93.600　下肢挤压伤和创伤性切断后遗症
T93.600x001　创伤性下肢骨缺损
T93.600x002　陈旧性下肢挤压伤
T93.600x003　创伤性下肢切断后遗症
T93.800　下肢其他特指损伤的后遗症
T93.800x001　趾浅表挫伤后遗症
T93.800x002　下肢创伤性动静脉瘘后遗症
T93.800x003　下肢血管损伤后遗症
T93.801　陈旧性趾挫伤
T93.900　下肢损伤的后遗症
T94.000　涉及多个身体部位损伤的后遗症
T94.001　陈旧性多处身体部位损伤
T94.002　陈旧性多部位骨折
T94.100　损伤后遗症
T94.102　陈旧性损伤
T97.x00x003　中毒性脑病后遗症
T97.x02　非药用物质中毒性脑病后遗症
T98.300x007　手术后缺氧性脑损害的后遗症
T98.301　陈旧性手术后缺氧性脑损害
Z11.100　呼吸道结核的特殊筛查
Z12.200　呼吸器官肿瘤的特殊筛查
Z13.800x021　呼吸系统疾病的特殊筛查
Z13.800x022　慢性支气管炎和肺气肿的特殊筛查

Z22.302　脑膜炎双球菌带菌者
Z50.100x001　物理治疗
Z50.101　脑出血后物理康复训练
Z50.501　脑出血后语言康复训练
Z50.700x001　职业康复训练和治疗
Z50.801　烧伤后康复治疗
Z50.900x001　康复医疗
Z54.800x004　脑外伤恢复期
Z54.800x005　脑炎恢复期
Z54.800x009　脑膜炎恢复期

XR3　功能障碍康复

包含以下主要诊断：
R10.200x001　盆腔痛
R10.201　会阴痛
R13.x00　吞咽困难
R41.100　顺行性遗忘
R41.200　逆行性遗忘
R47.000x001　失语
R47.000x005　完全性失语
R47.000x006　传导性失语
R47.000x008　丘脑性失语
R47.001　语言困难
R47.002　命名性失语
R47.003　运动性失语
R47.004　混合性失语
R47.100x001　构音障碍
R47.100x002　言语讷吃
R47.101　构音不全
R47.801　言语不清
R47.802　言语障碍
R49.800x003　声音改变
R49.801　语音障碍
R53.x00x001　肢体无力
R53.x00x003　偏侧肢体无力
R53.x00x004　全身衰退
R62.000x002　学语延迟
R62.000x003　学步延迟
R62.801　生长发育迟缓
R62.802　儿童型生长不足
R62.803　成年型生长不足
R62.900　未达到预期的正常生理发育水平
Z50.000　心脏病康复
Z50.600　视轴矫正训练
Z54.800x010　肺炎恢复期

XS1　体征及症状

包含以下主要诊断：
R11.x01　周期性呕吐
R11.x02　恶心
R11.x03　呕吐
R17.000　高胆红素血症伴黄疸
R17.001　感染性高胆红素血症伴黄疸
R18.x00　腹水
R18.x00x001　包裹性腹腔积液
R18.x00x003　血性腹水
R18.x00x005　腹腔积液
R18.x01　膈下积液
R19.000x003　腹腔假囊肿
R19.000x008　盆腔内广泛性肿块
R19.000x009　脐弥漫性肿胀
R19.000x012　脐广泛性肿块
R19.000x013　腹腔内弥漫性肿胀
R19.000x016　腹腔内广泛性肿块
R19.001　腹部肿物
R19.002　盆腔肿物
R19.003　脐肿物
R19.004　腹部肿胀
R23.000　发绀［紫绀］
R23.100　苍白
R23.100x002　皮肤湿冷
R23.101　网状青斑症
R23.200x002　皮肤潮红
R44.801　累及一般感觉和知觉症状和体征
R46.000　个人卫生水平极差
R46.100　不正常的个人外貌
R52.000　急性疼痛
R52.100　慢性顽固性疼痛
R52.200　慢性疼痛，其他的
R52.900　疼痛
R52.901　全身性疼痛
R53.x00x002　乏力
R53.x00x006　慢性虚弱
R53.x00x008　虚弱
R53.x00x009　嗜睡
R53.x00x010　疲劳
R53.x00x011　特发性嗜睡
R53.x00x012　周期性嗜睡
R54.x00　衰老
R54.x00x002　老年性无力

R54.x00x003 老年性虚弱
R54.x01 老年性震颤
R60.000 局限性水肿
R60.001 下肢水肿
R60.100 全身性水肿
R60.900 水肿
R60.901 体液潴留
R61.000 局限性多汗症
R61.001 手汗症
R61.100 全身性多汗症
R61.900 多汗症
R61.901 盗汗
R63.000 食欲缺乏
R63.100 烦渴
R63.100x002 多饮
R63.200x002 营养过度
R63.300x002 喂养困难
R63.400 异常的体重减轻
R63.500 异常的体重增加
R64.x00x002 消瘦
R68.000 低温，与低温环境无关
R68.100x001 新生儿呻吟
R68.100x002 易激惹婴儿
R68.101 婴儿过度哭闹
R68.200 口干
R68.300 杵状指
R68.300x002 杵状甲
R68.800x001 多脏器功能衰竭
R68.800x002 衰弱状态
R68.800x003 非婴儿哭闹
R69.x00 原因不知的发病
R70.000 红细胞沉降率升高
R70.100 血浆黏［滞］度异常
R70.101 高黏滞血症
R71.x00 红细胞异常
R71.x00x004 红细胞形态学异常
R71.x00x005 红细胞体积异常
R72.x00x002 白细胞分类计数异常
R74.000x001 转氨酶升高
R74.001 乳酸脱氢酶升高
R74.800x003 酸性磷酸酶异常
R74.800x005 淀粉酶异常
R74.800x006 脂酶（三酰基甘油脂酶）异常
R74.800x007 肌酸激酶增高
R74.800x008 CPK酶过多症
R74.801 血清碱性磷酸酶异常
R74.802 血淀粉酶增高
R74.803 心肌酶谱异常
R74.804 巨淀粉酶血症
R74.900x001 血清肌酶异常
R76.000x001 抗体滴度升高
R76.100 结核菌素试验的异常反应
R76.100x001 芒图试验异常
R76.200 梅毒血清学试验假阳性
R76.200x002 瓦塞尔曼反应假阳性
R76.800x001 高免疫球蛋白血症
R76.801 低补体血症
R76.802 免疫球蛋白升高
R76.900 血清免疫学异常所见
R77.000 清蛋白［白蛋白］异常
R77.100 球蛋白异常
R77.101 高球蛋白血症
R77.200 甲胎蛋白异常
R77.200x001 高甲胎蛋白血症
R77.800x001 血脂异常
R77.800x002 PSA升高
R77.800x003 CA199升高
R77.800x004 CA125升高
R77.800x006 肿瘤标记物升高
R77.801 D-二聚体升高
R77.802 M蛋白血症
R77.803 癌胚抗原CEA升高
R77.900 血浆蛋白异常
R77.901 蛋白血症
R79.000 血液矿物质水平异常
R79.000x001 血液钴异常
R79.000x002 血液铜异常
R79.000x003 血液铁异常
R79.000x004 血液镁异常
R79.000x006 血液锌异常
R79.800x003 低血氧症
R79.800x005 血清铁蛋白异常
R79.803 氮质血症
R79.804 血清肉毒碱缺乏
R79.805 血气异常
R79.900 血液化学的异常所见
R82.100 肌红蛋白尿
R82.500x001 尿中药物水平升高
R84.900x004 痰标本异常
R84.901 鼻分泌物异常

R84.902 咽喉刮屑异常
R85.901 唾液异常
R85.902 腹水异常
R87.900x001 子宫颈标本异常
R87.900x002 阴道标本异常
R87.900x003 外阴标本异常
R89.000 器官、系统和组织标本的酶水平异常，其他的
R89.100 器官、系统和组织标本的激素水平异常，其他的
R89.200 器官、系统和组织标本的其他药物、药剂和生物制剂水平异常，其他的
R89.300 器官、系统和组织标本的主要为非药用性物质的水平异常，其他的
R89.400 器官、系统和组织标本的异常的免疫学所见，其他的
R89.500 器官、系统和组织标本的异常的微生物学所见，其他的
R89.600 器官、系统和组织标本的异常的细胞学所见，其他的
R89.700 器官、系统和组织标本的异常的组织学所见，其他的
R89.800 器官、系统和组织标本的其他异常所见，其他的
R89.900x001 乳头流出物标本异常
R89.900x002 滑膜液标本异常
R89.900x003 伤口分泌物标本异常
R93.202 肝回声不均
R93.301 胰腺影像检查异常
R93.501 肾上腺诊断性影像异常
R93.800x002 皮肤诊断性影像异常
R93.800x003 皮下组织诊断性影像异常
T69.900 降温的效应
T70.400 高压液体的效应
T70.900 气压和水压的效应
T73.100 口渴效应
T73.800 缺乏的其他效应
T73.900 缺乏的效应
T78.900 有害效应

XS2 随访（不含恶性肿瘤诊断）

包含以下主要诊断：
Z00.500x001 对器官供者的检查
Z00.600 为临床研究项目的正常比较和对照接受的检查
Z00.800 一般性检查，其他的
Z01.001 眼检查
Z01.002 视觉检查
Z01.101 耳检查
Z01.102 听力检查
Z01.200 牙科检查
Z01.300 血压检查
Z01.501 变态反应试验
Z01.502 为细菌性疾病皮肤试验
Z01.503 为过敏性疾病皮肤试验
Z01.600 放射学检查，不可归类在他处者
Z01.600x001 胸部X线检查
Z01.700 实验室检查
Z01.800x001 喉镜检查
Z01.800x004 脑电图检查
Z01.900 特殊检查
Z02.000 为入学接受的检查
Z02.100 就业前接受的检查
Z02.200 为进入居住机构接受的检查
Z02.300 征兵中新兵接受的检查
Z02.400 为办驾驶执照接受的检查
Z02.500 为参加体育运动接受的检查
Z02.600 为保险目的接受的检查
Z02.700 医学证明书的发给
Z02.800 为行政管理目的接受的其他检查
Z02.900 为行政管理目的接受的检查
Z04.001 血中酒精检验
Z04.002 血中药物检验
Z04.100 交通事故后接受的检查和观察
Z04.200 工作事故后接受的检查和观察
Z04.300 事故后接受的检查和观察，其他的
Z04.400 嫌疑强奸和诱奸后接受的检查和观察
Z04.500 加害性损伤后接受的检查和观察，其他的
Z04.800 为其他特指原因接受的检查和观察
Z04.900 接受检查和观察
Z09.000x001 手术后随诊检查
Z09.001 肠镜下息肉切除术后，随诊检查
Z09.300 心理治疗后的随诊检查
Z09.400 骨折治疗后的随诊检查
Z09.700 随诊检查，其他情况的联合治疗后的
Z09.801 冠状动脉介入治疗后随诊检查
Z09.802 人工流产后随诊检查
Z09.803 异位妊娠治疗后随诊检查
Z09.804 蛛网膜下腔出血治疗后随诊检查
Z09.900x001 治疗后的随诊检查

Z10.100　公共机构居民的常规一般性健康查体
Z10.200　军队的常规一般性健康查体
Z10.300　体育比赛队的常规一般性健康查体
Z10.800　常规一般性健康查体，其他限定人群的
Z22.800　传染病病原携带者，其他的
Z29.101　术后免疫治疗
Z29.200x001　化学预防
Z29.201　预防性抗生素治疗
Z29.800　预防措施，其他特指的
Z29.900　预防措施
Z51.600　对变应原脱敏
Z51.901　对症治疗

XT1　其他后期照护

包含以下主要诊断：
T95.000x001　外耳道烧伤后遗症
T95.000x002　外耳道冻伤后遗症
T95.000x003　外耳道腐蚀伤后遗症
T95.000x004　头和颈烧伤后遗症
T95.000x005　头部烧伤后遗症
T95.000x006　颈部烧伤后遗症
T95.000x007　头和颈冻伤后遗症
T95.000x008　头部冻伤后遗症
T95.000x009　颈部冻伤后遗症
T95.000x010　头和颈腐蚀伤后遗症
T95.000x011　头部腐蚀伤后遗症
T95.000x012　颈部腐蚀伤后遗症
T95.001　陈旧性耳化学烧伤
T95.002　陈旧性外耳道烧伤
T95.100x001　躯干烧伤后遗症
T95.100x002　躯干冻伤后遗症
T95.100x003　躯干腐蚀伤后遗症
T95.101　陈旧性躯干烧伤
T95.102　陈旧性躯干化学性烧伤
T95.103　陈旧性躯干冻伤
T95.200x001　上肢烧伤后遗症
T95.200x002　手部烧伤后遗症
T95.200x003　上肢冻伤后遗症
T95.200x004　手部冻伤后遗症
T95.200x005　上肢腐蚀伤后遗症
T95.200x006　手部腐蚀伤后遗症
T95.201　陈旧性上肢烧伤
T95.202　陈旧性手烧伤
T95.300x001　下肢烧伤后遗症
T95.300x002　下肢冻伤后遗症
T95.300x003　下肢腐蚀伤后遗症
T95.301　陈旧性下肢烧伤
T95.400　仅根据涉及体表范围分类的烧伤和腐蚀伤后遗症
T95.800x001　眼部烧伤后遗症
T95.800x002　眼部冻伤后遗症
T95.800x003　眼部腐蚀伤后遗症
T95.800x004　上肢和下肢烧伤后遗症
T95.800x005　上肢和下肢冻伤后遗症
T95.800x006　上肢和下肢腐蚀伤后遗症
T95.800x007　食管烧伤后遗症
T95.800x008　食管腐蚀伤后遗症
T95.801　陈旧性眼烧伤
T95.802　陈旧性四肢烧伤
T95.803　陈旧性食管烧伤
T95.900　烧伤、腐蚀伤和冻伤后遗症
Z42.000　涉及头和颈整形手术的随诊医疗
Z42.900　涉及整形手术的随诊医疗
Z43.100　胃造口维护
Z43.101　更换胃造瘘导管
Z43.102　关闭胃造口
Z43.200　回肠造口维护
Z43.201　关闭回肠造口
Z43.300　结肠造口维护
Z43.301　关闭结肠造口
Z43.302　巨结肠术后肠造瘘
Z43.400x002　去除T型引流管
Z43.400x003　T型引流管置换
Z43.400x004　胰管内支架维护
Z43.400x005　胆管内支架维护
Z43.401　关闭消化道人工造口
Z43.402　更换胆管引流管
Z43.403　胆道引流术后T管拔管
Z43.500　膀胱造口维护
Z43.600x002　输尿管造口维护
Z43.601　肾造口维护
Z43.602　取除肾盂造瘘管
Z43.603　取除输尿管支架
Z43.604　尿道造口维护
Z43.700　人工阴道维护
Z43.801　脑室引流管维护
Z43.802　关闭动静脉造口
Z43.900x001　人工造口维护
Z44.200x002　人工眼的调整
Z44.300　外部假乳房的安装和调整

Z45.101　取除输注泵
Z45.200　血管通路装置的调整和管理
Z45.201　取除下腔静脉滤器
Z45.202　取除输液港
Z45.802　取除喉模
Z45.803　取除胃内支架
Z45.804　更换胆管支架
Z45.805　取除胆管支架
Z45.806　取除宫颈管支架
Z45.807　安装阴道模具
Z45.900　植入装置的调整和管理
Z46.500x001　回肠造口的安装和调整
Z46.501　更换空肠造口导管
Z46.502　调整或更换回肠造口导管
Z46.503　调整或更换结肠造口导管
Z46.600x001　取出输尿管D-J管
Z46.601　更换肾盂造瘘导管
Z46.602　更换输尿管支架
Z46.603　更换膀胱造瘘导管
Z46.700　矫形外科用装置的安装和调整
Z46.701　调整外固定支架
Z46.900　安装和调整
Z47.800x003　合成植入物植入术后随诊医疗
Z47.800x004　乳房假体植入术后随诊医疗
Z47.800x005　隆鼻术后随诊医疗
Z47.800x006　瘢痕切除术后随诊医疗
Z47.800x007　耳再造术后随诊医疗
Z47.800x008　乳房英捷尔法勒注射术后随诊医疗
Z47.800x009　尿道下裂术后随诊医疗
Z47.800x010　鼻再造术后随诊医疗
Z47.800x011　乳房再造术后随诊医疗
Z47.800x012　磨削术后随诊医疗
Z47.800x013　阴道再造术后随诊医疗
Z47.800x014　下颌骨延长器植入术后随诊医疗
Z47.800x015　睑再造术后随诊医疗
Z47.800x016　眼睑整形术后随诊医疗
Z47.800x017　重睑术后随诊医疗
Z47.800x018　吸脂术后随诊医疗
Z47.800x019　整形外科术后随诊医疗
Z47.800x020　尿道术后随诊医疗
Z47.800x021　阴道英捷尔法勒注射术后随诊医疗
Z47.800x022　阴茎再造术后随诊医疗
Z47.800x023　面部除皱术后随诊医疗
Z47.800x024　颏英捷尔法勒注射术后随诊医疗
Z47.800x025　颌骨手术后随诊医疗
Z47.800x026　皮肤英捷尔法勒注射后随诊医疗
Z47.800x027　脂肪注射术后随诊医疗
Z47.800x028　皮管成形术后随诊医疗
Z47.800x029　乳房人工材料注射术后随诊医疗
Z47.800x030　颧骨截骨术后随诊医疗
Z47.800x031　皮肤奥美定注射术后随诊医疗
Z47.800x032　外耳义耳植入术后随诊医疗
Z47.800x033　上颌后缩截骨牵引术后随诊医疗
Z47.800x034　骨固定装置植入术后随诊医疗
Z47.800x035　颏部水平截骨术后随诊医疗
Z47.800x036　扩张器植入术后随诊医疗
Z47.900　矫形外科的随诊医疗
Z48.000x001　手术后拆除缝线
Z48.000x002　手术后更换敷料
Z48.900x001　手术后随诊医疗
Z54.900x001　治疗后恢复期

XT2　非特指的先天畸形

包含以下主要诊断：
Q87.800x905　Cantrell综合征
Q87.800x907　豹皮综合征［Leopard综合征］
Q87.801　奥尔波特综合征
Q87.806　先天性歪嘴哭综合征
Q89.400　联体儿
Q89.700　多发性先天性畸形，不可归类在他处者
Q89.900　先天性畸形
Q89.901　离子通道病
Q90.100　三体性21，（同源）嵌合体（有丝分裂不分离），唐氏综合征
Q91.000　三体性18，减数分裂不分离，爱德华兹综合征
Q91.100　三体性18，（同源）嵌合体（有丝分裂不分离），爱德华兹综合征
Q91.200　三体性18，易位，爱德华兹综合征
Q91.400　三体性13，减数分裂不分离，帕套综合征
Q91.500　三体性13，（同源）嵌合体（有丝分裂不分离），帕套综合征
Q91.600　三体性13，易位，帕套综合征
Q91.700　帕套综合征
Q92.000　全染色体三体性，减数分裂不分离
Q92.100　全染色体三体性，（同源）嵌合体（有丝分裂不分离）
Q92.200　常染色体大部分三体性
Q92.300　常染色体小部分三体性

Q92.400　常染色体仅出现于前中期的重复
Q92.500　常染色体伴有其他复杂性重排的重复
Q92.600　常染色体额外标记染色体
Q92.700　常染色体三倍体和多倍体
Q92.800　常染色体其他特指的三体性和部分三体型
Q92.900　常染色体三体性和部分三体型
Q93.000　全染色体单体性，减数分裂不分离
Q93.100　全染色体单体性，（同源）嵌合体（有丝分裂不分离）
Q93.200　环状染色体或双着丝粒染色体替换
Q93.600　常染色体仅出现于前中期的缺失
Q93.700　常染色体缺失伴有其他复杂性的重排
Q93.800　常染色体的其他缺失
Q95.000　正常个体中平衡易位和插入
Q95.100　正常个体中染色体倒位
Q95.200　异常个体中平衡常染色体重排
Q95.300　异常个体中平衡性染色体或常染色体重排
Q95.400　具有标记异染色质的个体
Q95.500　具有常染色体脆性位点的个体
Q95.800　平衡重排和结构标记，其他的
Q95.900　平衡重排和结构标记
Q96.000　核型45，X，特纳综合征
Q96.100　核型46，X同种（Xq），特纳综合征
Q96.200　核型46，X，伴有异常的性染色体，除外同种（Xq），特纳综合征
Q96.300　同源嵌合体，45，X/46，XX或XY，特纳综合征
Q96.400　同源嵌合体，45，X/其他细胞系，伴有异常的性染色体，特纳综合征
Q96.800　特纳综合征的其他变型
Q96.900　特纳综合征
Q97.000　染色体核型47，XXX
Q97.100　女性，伴有多于三个X染色体的
Q97.200　同源嵌合体，细胞系伴有不同数量的X染色体
Q97.300　女性，染色体伴有46，XY核型
Q97.800　性染色体异常，其他特指的，女性表型
Q97.900　性染色体异常，女性表型
Q98.000　克兰费尔特综合征，核型47，XXY
Q98.100　克兰费尔特综合征，男性，伴有多于两个X染色体的
Q98.200　克兰费尔特综合征，男性，伴有46，XX核型的
Q98.300　男性，染色体伴有46，XX核型的，其他的
Q98.400　克兰费尔特综合征
Q98.500　核型47，XYY
Q98.600　男性，伴有结构异常的性染色体
Q98.700　男性，伴有性染色体（同源）嵌合体
Q98.800　性染色体异常，其他特指的，男性表型
Q98.900　性染色体异常，男性表型
Q99.000　异源嵌合体46，XX/46，XY
Q99.100　46，XX真两性同体
Q99.100x003　46，XY性发育异常
Q99.101　单纯性性腺发育不全
Q99.102　单纯性性腺发育障碍症
Q99.200　脆性X染色体
Q99.800　染色体异常，其他特指的
Q99.801　性发育畸形
Q99.802　Wolfram综合征
Q99.900　染色体异常

XT3　其他影响健康状态的因素

包含以下主要诊断：
B90.000　中枢神经系统结核的后遗症
B90.100　泌尿生殖系结核的后遗症
B90.101　陈旧性肾结核
B90.200　骨和关节结核的后遗症
B90.200x002　陈旧性关节结核
B90.200x003　陈旧性脊柱结核
B90.201　陈旧性骨关节结核病
B90.202　陈旧性骨结核病
B90.800x004　陈旧性肠结核
B90.800x005　陈旧性支气管淋巴结核
B90.800x006　陈旧性心包结核
B90.801　陈旧性颈淋巴结核
B90.802　陈旧性肠系膜淋巴结核
B90.803　陈旧性腹腔结核
B90.804　结核性皮肤瘢痕
B90.901　陈旧性支气管结核
B90.902　陈旧性肺结核
B90.903　陈旧性胸膜结核
B90.904　陈旧性纵隔结核
B91.x00　脊髓灰质炎的后遗症
B92.x00　麻风的后遗症
B94.000　沙眼的后遗症
B94.200　病毒性肝炎的后遗症
B94.201　肝炎后综合征
B94.800x001　破伤风后遗症
B94.801　带状疱疹后遗症

B94.802　天花后遗症
B94.900　传染病或寄生虫病的后遗症
E89.900　内分泌和代谢紊乱，操作后的
Q85.914　婴儿纤维性错构瘤
Q90.200　三体性21，易位，唐氏综合征
Q93.300　染色体4短臂缺失
R46.300　过度活动
R46.500　多疑和明显逃避
R46.800x001　缄默状态
R46.801　自我忽视
R58.x00x002　内脏出血
R58.x00x004　黏膜出血
R58.x00x005　肿瘤破裂出血
R58.x00x006　出血
R58.x00x007　肿瘤伴出血
R59.901　淋巴结反应性增生
R96.100x001　无疾病体征的死亡
R98.x00x002　发现时已死亡
R99.x00x002　原因不明的死亡
R99.x01　死亡
T73.200　暴露于不良环境引起的衰竭
T73.300　过度劳累引起的衰竭
T75.200　振动效应
T80.202　输液后感染
T80.203　造影后胆道感染
T80.800　输注、输血和治疗性注射后的其他并发症
T80.801　透析失衡综合征
T81.601　化学性腹膜炎
T82.812　输注泵植入疼痛
T84.400　矫形外科装置、植入物和移植物的机械性并发症，其他内部的
T84.700　矫形外科假体装置、植入物和移植物引起的感染和炎症性反应，其他内部的
T84.700x001　矫形外科假体装置植入物和移植物引起的感染
T84.900　内部矫形外科假体装置、植入物和移植物的并发症
T84.901　鼻咽部内固定装置障碍
T85.800　内部假体装置、植入物和移植物的其他并发症，不可归类在他处者
T85.801　腹膜透析管内血栓
T85.802　化疗管植入后皮肤溃疡
T85.806　疝补片排斥反应
T85.902　不可吸收缝线并发症
T86.900　移植器官和组织的失败和排斥
T87.200　再植身体部位的并发症，其他的
T88.901　超声治疗并发症
T96.x00x001　药物中毒后遗症
T96.x00x002　药剂中毒后遗症
T96.x00x003　生物制品中毒后遗症
T97.x01　一氧化碳中毒后遗症
T98.000　通过自然腔口进入的异物效应的后遗症
T98.200　创伤的某些早期并发症的后遗症
T98.200x031　开放性损伤延期愈合
T98.200x032　开放性损伤延期治疗
Z00.001　健康查体
Z00.100　儿童常规健康检查
Z00.200　儿童快速生长期的检查
Z00.300　青春发育期的检查
Z00.300x001　青春期发育状态
Z01.600x002　乳房X线照相
Z01.800x002　腹腔镜检查
Z03.100　可疑恶性肿瘤的观察
Z03.101　可疑甲状腺恶性肿瘤观察
Z03.102　可疑乳腺恶性肿瘤的观察
Z03.103　可疑前列腺恶性肿瘤的观察
Z03.300　可疑神经系统疾患的观察
Z03.600x001　可疑摄入物质引起毒性效应的观察
Z03.800　可疑疾病和情况的观察，其他的
Z03.800x701　可疑新生儿疾病的观察
Z03.800x711　可疑新生儿感染情况的观察
Z03.800x721　可疑新生儿神经病学的观察
Z03.800x731　可疑新生儿呼吸情况的观察
Z03.802　可疑颈动脉瘤观察
Z03.803　可疑新生儿红细胞增多症观察
Z03.900　可疑疾病和情况的观察
Z03.900x001　未见异常
Z10.000　职业性健康检查
Z11.000　肠道传染病的特殊筛查
Z11.200　细菌性疾病的特殊筛查，其他的
Z11.300　主要为性传播模式的传染病的特殊筛查
Z11.400　人类免疫缺陷病毒［HIV］的特殊筛查
Z11.500　其他病毒性疾病的特殊筛查
Z11.600　特殊筛查，其他原虫病和蠕虫病的
Z11.800x001　雅司病的特殊筛查
Z11.801　螺旋体病特殊筛选检查
Z11.802　衣原体病特殊筛选检查
Z11.803　真菌病特殊筛选检查
Z11.901　传染病特殊筛查

Z11.902 寄生虫病特殊筛查
Z12.000 胃部肿瘤的特殊筛查
Z12.100 肠道肿瘤的特殊筛查
Z12.300 乳房肿瘤的特殊筛查
Z12.400 宫颈肿瘤的特殊筛查
Z12.500 前列腺肿瘤的特殊筛查
Z12.600 膀胱肿瘤的特殊筛查
Z12.800 肿瘤的特殊筛查，其他部位的
Z12.900x001 肿瘤的特殊筛查
Z12.901 肿瘤的基因筛查
Z13.000x001 血液及造血器官疾病的特殊筛查
Z13.001 免疫机制疾患特殊筛查
Z13.100 糖尿病的特殊筛查
Z13.200 营养疾患的特殊筛查
Z13.300 精神和行为障碍的特殊筛查
Z13.300x002 精神发育迟滞的特殊筛查
Z13.300x003 忧郁症的特殊筛查
Z13.400x001 发育障碍的特殊筛查
Z13.500 眼和耳疾患的特殊筛查
Z13.500x001 细菌性结膜炎的特殊筛查
Z13.501 眼疾患特殊筛查
Z13.600 心血管疾患的特殊筛查
Z13.700 先天性畸形、变形和染色体异常的特殊筛查
Z13.800x011 神经系统疾病的特殊筛查
Z13.800x031 消化道疾病的特殊筛查
Z13.800x032 牙疾患的特殊筛查
Z13.800x041 肌肉关节疾病的特殊筛查
Z13.800x051 泌尿生殖系疾病的特殊筛查
Z13.800x061 内分泌和代谢疾病的特殊筛查
Z13.801 苯丙酮尿症筛选
Z13.900 特殊筛查
Z20.000 接触和暴露于肠道传染病
Z20.001 霍乱接触者
Z20.100 接触和暴露于结核病
Z20.200 接触和暴露于主要为性传播模式的传染病
Z20.300 接触和暴露于狂犬病
Z20.400 接触和暴露于风疹
Z20.500 接触和暴露于病毒性肝炎
Z20.600 接触和暴露于人类免疫缺陷病毒［HIV］
Z20.701 接触虱病病虫侵染
Z20.702 接触螨病病虫侵染
Z20.801 脊髓灰质炎接触者
Z20.802 天花接触者
Z20.900 接触和暴露于传染病
Z22.000 伤寒带菌者
Z22.100 肠道传染病带菌者，其他的
Z22.101 阿米巴病带菌者
Z22.102 鼠伤寒带菌者
Z22.103 霍乱带菌者
Z22.200 白喉带菌者
Z22.300 细菌性疾病带菌者，其他特指的
Z22.301 链球菌带菌者
Z22.303 葡萄球菌带菌者
Z22.400 主要为性传播模式感染的病原携带者
Z22.401 淋病病原携带者
Z22.402 梅毒病原携带者
Z22.600 人T-亲淋巴1型病毒［HTLV-1］感染的病原携带者
Z22.700 潜伏性结核
Z22.801 风疹传染病病原携带者
Z22.900x001 传染病带菌者
Z23.000 仅为抗霍乱采取必要的免疫
Z23.100 仅为抗伤寒-副伤寒采取必要的免疫［TAB］
Z23.200 为抗结核采取必要的免疫［BCG］
Z23.300 为抗鼠疫采取必要的免疫
Z23.400 为抗土拉菌病［兔热病］采取必要的免疫
Z23.500 仅为抗破伤风采取必要的免疫
Z23.600 仅为抗白喉采取必要的免疫
Z23.700 仅为抗百日咳采取必要的免疫
Z23.800x001 为抗单一的细菌性疾病采取必要的免疫
Z24.001 接种脊髓灰质炎疫苗
Z24.100 为抗节肢动物媒介的病毒性脑炎采取必要的免疫
Z24.200 为抗狂犬病采取必要的免疫
Z24.300 为抗黄热病采取必要的免疫
Z24.400 仅为抗麻疹采取必要的免疫
Z24.500 仅为抗风疹采取必要的免疫
Z24.600 为抗病毒性肝炎采取必要的免疫
Z24.601 接种乙型病毒性肝炎疫苗
Z25.000 仅为抗流行性腮腺炎采取必要的免疫
Z25.100 为抗流感采取必要的免疫
Z25.800x001 为抗单一病毒性疾病采取必要的免疫
Z26.000 为抗利什曼病采取必要的免疫
Z26.800 为抗其他特指的单一的传染病采取必要

的免疫
Z26.900　为抗传染病采取必要的免疫
Z27.000　为抗霍乱伴有伤寒-副伤寒采取必要的免疫［霍乱+TAB］
Z27.100　为抗白喉-破伤风-百日咳联合采取必要的免疫［DTP］
Z27.200　为抗白喉-破伤风-百日咳伴有伤寒-副伤寒采取必要的免疫［DTP+TAB］
Z27.300　为抗白喉-破伤风-百日咳伴有脊髓灰质炎采取必要的免疫［DTP+脊灰］
Z27.400x001　麻疹-流行性腮腺炎-风疹联合预防接种
Z27.800　为抗其他多种传染病采取必要的联合免疫
Z27.900　为抗多种传染病采取必要的联合免疫
Z28.000　由于禁忌证未进行免疫
Z28.100　由于信仰或群体压力使病人决定不进行免疫
Z28.101　由于群体压力使病人决定不进行免疫
Z28.201　病人决定不进行免疫
Z28.800　由于其他原因未进行免疫
Z28.900　未进行免疫
Z29.000　隔离
Z29.100　预防性免疫治疗
Z30.000x001　计划生育指导
Z30.000x002　有关避孕的初次指导
Z30.000x003　有关避孕的咨询
Z30.101　安装曼月乐环
Z30.102　安装输卵管内节育器
Z30.103　安装子宫内节育器
Z30.201　腹腔镜绝育
Z30.202　输卵管绝育
Z30.203　输精管绝育
Z30.301　防止妊娠
Z30.302　月经调节
Z30.400x001　维持避孕的常规检查
Z30.400x003　避孕药的再次指导
Z30.400x004　避孕装置的再次指导
Z30.500x011　皮下避孕针埋植术
Z30.501　更换子宫内节育器
Z30.503　取除子宫内节育器
Z30.504　取除皮下避孕针
Z30.505　放置输卵管内避孕器失败
Z30.800x001　输精管切除术后精子计数
Z30.800x002　放置子宫内避孕装置失败
Z30.800x003　放置输卵管内避孕装置
Z30.800x004　放置输卵管内避孕装置失败
Z30.800x005　放置避孕装置后避孕失败
Z30.900　避孕问题
Z31.202　ICSI术后
Z31.203　PGD术后
Z31.400x003　生育检验
Z31.400x004　生育调查
Z31.401　输卵管吹气术
Z31.402　精子计数
Z31.500　遗传咨询
Z31.600x001　关于生育的一般性咨询和指导
Z31.800　生育问题，其他的
Z31.900　生育问题
Z32.000x001　妊娠未确认
Z32.100　确认妊娠
Z39.100x001　哺乳期的监督
Z39.100x002　授乳的指导
Z39.100x003　授乳母亲的医疗照顾
Z39.200x001　产后随诊
Z40.000x001　为预防恶性肿瘤的手术医疗
Z40.800　预防性手术，其他的
Z40.900x001　预防性手术医疗
Z41.300　穿耳孔
Z41.800x002　处女膜修复
Z41.801　文身
Z41.900　非以改善健康状况为目的操作
Z51.300　（无诊断报告的）输血
Z51.400x001　自体外周血干细胞动员
Z51.400x002　随后治疗的准备医疗
Z51.400x003　自体血准备
Z51.401　造血干细胞动员
Z51.800　医疗照顾，其他特指的
Z52.000　供血者
Z52.001　供干细胞者
Z52.300x002　骨髓干细胞供者
Z52.900　器官或组织的供者
Z54.000　手术后恢复期
Z54.000x002　睑袋术后恢复期
Z54.000x003　吸脂术后恢复期
Z54.000x004　隆鼻术后恢复期
Z54.000x005　重睑术后恢复期
Z54.000x006　毛发移植术后恢复期
Z54.000x007　瘢痕切除术后恢复期
Z54.000x008　痣切除术后恢复期

Z54.000x009　睑闭合不全矫正术后恢复期
Z54.000x010　开放性外伤术后恢复期
Z54.000x012　面部瘢痕磨削术后恢复期
Z54.000x013　上睑下垂术后恢复期
Z54.000x014　拆线术后恢复期
Z54.000x015　假体取出术后恢复期
Z54.000x016　扩张器植入术后恢复期
Z54.000x017　除皱术后恢复期
Z54.000x018　皮肤异物取出术后恢复期
Z54.000x019　睑外翻术后恢复期
Z54.000x020　隆颏术后恢复期
Z54.000x021　内眦成形术后恢复期
Z54.000x022　骨折术后恢复期
Z54.100　放疗后恢复期
Z54.200x001　恶性肿瘤化学治疗后恢复期
Z54.300　心理治疗后恢复期
Z54.400　骨折治疗后恢复期
Z54.700　联合治疗后恢复期
Z54.800x001　风疹恢复期
Z54.800x002　肝炎恢复期
Z54.800x003　脊髓灰质炎恢复期
Z54.800x006　沙眼恢复期
Z54.800x007　天花恢复期
Z54.800x008　乙肝恢复期
Z55.000　与文盲和文化水平低有关，具有潜在健康问题
Z55.100　与得不到和未完成教育有关，具有潜在健康问题
Z55.200　与考试不及格有关，具有潜在健康问题
Z55.300　与在校学习落后有关，具有潜在健康问题
Z55.400　与教育失调及与教师和同学不和有关，具有潜在健康问题
Z55.800　与教育和文化素养有关的其他问题，具有潜在健康问题
Z55.900　与教育和文化素养有关的问题，具有潜在健康问题
Z56.000　与失业有关，具有潜在健康问题
Z56.100　与换工作有关，具有潜在健康问题
Z56.200　与失业威胁有关，具有潜在健康问题
Z56.300　与紧张的工作进度有关，具有潜在健康问题
Z56.400　与老板和同事不和有关，具有潜在健康问题
Z56.500　与不合意的工作有关，具有潜在健康问题
Z56.600　与工作有关的其他身体和精神紧张，具有潜在健康问题
Z56.700　与就业有关的其他的问题，具有潜在健康问题
Z57.000　职业性暴露于噪声
Z57.100　职业性暴露于辐射
Z57.201　接触粉尘
Z57.300　职业性暴露于其他大气污染
Z57.400　职业性暴露于农业毒物
Z57.501　接触锰
Z57.502　接触苯
Z57.503　接触铅
Z57.504　接触汞
Z57.505　接触二氯乙烷
Z57.506　接触甲苯二异氢酸
Z57.507　接触二氯油硝基苯
Z57.508　接触汽油
Z57.600　职业性暴露于极端温度
Z57.700　职业性暴露于振动
Z57.800　职业性暴露于其他危险因素
Z57.900　职业性暴露于危险因素
Z58.000　暴露于噪声，具有潜在健康问题
Z58.100　暴露于大气污染，具有潜在健康问题
Z58.200　暴露于水污染，具有潜在健康问题
Z58.300　暴露于土壤污染，具有潜在健康问题
Z58.400　暴露于辐射，具有潜在健康问题
Z58.500　暴露于其他污染，具有潜在健康问题
Z58.600　饮用水供应不足，具有潜在健康问题
Z58.700　暴露于烟草烟雾，具有潜在健康问题
Z58.800　与外界环境有关的其他问题，具有潜在健康问题
Z58.900　与外界环境有关的问题，具有潜在健康问题
Z59.000x001　与无家可归有关的问题
Z59.100　与住房不足有关，具有潜在健康问题
Z59.200　与邻居、房客和房东不和有关，具有潜在健康问题
Z59.300　与在公共机构居住有关，具有潜在健康问题
Z59.400　与缺乏充足的食物有关，具有潜在健康问题
Z59.500　与极端贫穷有关，具有潜在健康问题
Z59.600　与低收入有关，具有潜在健康问题
Z59.700　与社会保险和福利支持不足有关，具有

潜在健康问题
Z59.800　与住房和经济情况有关的其他问题，具有潜在健康问题
Z59.900　与住房和经济情况有关的问题，具有潜在健康问题
Z60.000x001　对生活周期转换的适应问题
Z60.100x001　与单亲家庭有关的问题
Z60.200x001　与独自生活有关的问题
Z60.300x002　与社会移居者有关的问题
Z60.400　与社会排斥和拒绝有关，具有潜在健康问题
Z60.500　与感觉成为不良歧视和迫害的目标有关，具有潜在健康问题
Z60.800　与社会环境有关的其他问题，具有潜在健康问题
Z60.900　与社会环境有关的问题，具有潜在健康问题
Z61.000x001　与童年时失去所爱亲属有关的问题
Z61.100x001　与童年离家有关的问题
Z61.200x001　与童年时家庭关系模式改变有关的问题
Z61.300x001　与童年时导致丧失自尊事件有关的问题
Z61.400x001　与儿童据说受家族内成员的性虐待有关的问题
Z61.500x001　与儿童据说受家族以外人员的性虐待有关问题
Z61.600x001　与儿童据说身体被虐待有关的问题
Z61.700x001　与童年时受惊吓的经历有关的问题
Z61.800　与童年时其他消极生活事件有关，具有潜在健康问题
Z61.900x001　与童年时消极生活事件有关的问题
Z62.000x001　与父母监督和管教不足有关的问题
Z62.100x001　与父母溺爱有关的问题
Z62.200x001　与公共机构的养育有关的问题
Z62.300x001　与敌视儿童和儿童代为受过有关的问题
Z62.400x001　与对儿童情感的忽视有关的问题
Z62.500x001　与缺乏学习和游戏的体验有关的问题
Z62.600x001　与父母的不适当压力和异常性质的养育有关的问题
Z62.800　与养育有关的其他特指问题，具有潜在健康问题
Z62.900　与养育有关的问题，具有潜在健康问题
Z63.000　与配偶关系有关的问题，具有潜在健康问题
Z63.100x001　与亲子有关的问题
Z63.200x001　与家庭生活不适当有关的问题
Z63.300x001　与家庭成员缺少有关的问题
Z63.400x001　与家庭成员假定的死亡有关的问题
Z63.400x002　与家庭成员失踪有关的问题
Z63.400x003　与家庭成员死亡有关的问题
Z63.500x001　与离婚使家庭分裂有关的问题
Z63.500x002　与分居使家庭分裂有关的问题
Z63.500x003　与疏远有关的问题
Z63.600　与需要在家照料的不能独立生活的亲属有关，具有潜在健康问题
Z63.700x001　与影响家庭和家属的充满压力的生活事件有关的问题
Z63.700x011　与家庭中的酒精中毒有关的问题
Z63.700x021　与家庭中的赌博有关的问题
Z63.700x091　与家中的健康问题有关的问题
Z63.700x092　与患病或受滋扰的家庭成员有关的问题
Z63.700x093　与孤立的家庭有关的问题
Z63.800x001　与家庭不和有关的问题
Z63.800x002　与家中表现的高度情绪激动有关的问题
Z63.800x003　与家中交往不足有关的问题
Z63.800x004　与家中交往曲解有关的问题
Z63.900　与家族有关的问题，具有潜在健康问题
Z64.100x001　与多产有关的问题
Z64.200　寻求和接受躯体、营养和化学性干预措施，这些措施已知是危险和有害的
Z64.300　寻求和接受行为和心理上的干预措施，这些措施已知是危险和有害的
Z64.400x001　与监督缓刑犯的官员不和的有关问题
Z64.400x002　与社会工作者不和的有关问题
Z64.400x003　与顾问不和的有关问题
Z65.000　与在民事和刑事诉讼程序中定罪、未被监禁有关，具有潜在健康问题
Z65.100x001　与监禁有关的问题
Z65.200　与从监狱释放有关的问题，具有潜在健康问题
Z65.300x001　与逮捕有关的问题
Z65.300x002　与儿童监护有关的问题
Z65.300x003　与诉讼有关的问题
Z65.300x004　与起诉有关的问题

Z65.300x005　与抚养的诉讼程序有关的问题
Z65.400x001　与犯罪行为的受害者有关的问题
Z65.400x002　与拷打的受害者有关的问题
Z65.400x003　与恐怖主义的受害者有关的问题
Z65.500x001　与暴露于灾害有关的问题
Z65.500x002　与暴露于敌对行为有关的问题
Z65.500x003　与暴露于战争有关的问题
Z65.800　与心理社会情况有关的其他特指问题，具有潜在健康问题
Z65.900　与心理社会情况有关的问题，具有潜在健康问题
Z70.000　与性态度有关的咨询
Z70.100　与病人的性行为和性取向有关的咨询
Z70.200　与第三方的性行为和性取向有关的咨询
Z70.300　综合涉及与性态度、性行为和性取向有关的咨询
Z70.800　性咨询，其他的
Z70.900　性咨询
Z71.000　代表他人咨询的人
Z71.100　未作诊断而具有恐惧主诉的人
Z71.200　为寻求解释调查结果的人
Z71.300　饮食的咨询和监督
Z71.400　酒精滥用的咨询和监督
Z71.500　药物滥用的咨询和监督
Z71.600　烟草滥用的咨询
Z71.700　人类免疫缺陷病毒［HIV］的咨询
Z71.800　咨询，其他特指的
Z71.900　咨询
Z72.000　与吸烟有关的医疗咨询
Z72.100　与饮酒有关的医疗咨询
Z72.200　与用药有关的医疗咨询
Z72.300　与缺乏身体锻炼有关的医疗咨询
Z72.400　与不恰当的饮食习惯有关的医疗咨询
Z72.500　与高危的性行为有关的医疗咨询
Z72.600　与赌博和打赌有关的医疗咨询
Z72.800　与生活方式有关的其他问题的医疗咨询
Z72.900　与生活方式有关的医疗咨询
Z73.000　与体力耗尽有关的医疗咨询
Z73.100x001　与人格特征突出有关的问题
Z73.200　与缺乏休息和空暇时间有关的医疗咨询
Z73.300　与精神紧张有关的医疗咨询，不可归类在他处者
Z73.400　与社会技能不足有关的医疗咨询，不可归类在他处者
Z73.500　与社会职责冲突有关的医疗咨询，不可归类在他处者
Z73.600　与由于伤残引起的活动受限有关的医疗咨询
Z73.800　与生活管理困难有关其他问题的医疗咨询
Z73.900　与生活管理困难有关的问题的医疗咨询
Z74.000　由于活动能力降低而需要帮助
Z74.100x001　院外无人承担看护
Z74.200　与在家需要帮助且无其他家庭成员能够给予照顾有关
Z74.300　与需要持续的监护有关
Z74.800　与依赖于照料人员有关的其他问题
Z74.900　与依赖于照料人员有关的问题
Z75.000　与家中不具备医疗条件有关
Z75.100　等待住入他处有充足医疗设施场所的人
Z75.200　其他为检查和治疗而处于等待期的人
Z75.300　与不具备及得不到卫生保健设施有关
Z75.400　与不具备及得不到其他辅助设施有关
Z75.500　与假日解除照料有关
Z75.800x001　临终看护
Z75.900x001　由它院转入
Z76.000　在保健机构再次开处方
Z76.100　保健机构对弃婴的健康监督和照料
Z76.201　生病母亲健康婴儿监督和照料
Z76.300　在保健机构中陪伴病人的健康人
Z76.400　在卫生保健设施中其他的寄膳者
Z76.500　在保健机构中诈病者［蓄意装病］
Z76.800x001　拒遵医嘱并离院
Z76.900　在未特指情况下与保健机构接触的人

MDCY　HIV感染疾病及相关操作

诊断表

包含以下诊断：
B20.000x001　艾滋病伴分枝杆菌感染
B20.001　人类免疫缺陷病毒病性结核菌感染
B20.002　人类免疫缺陷病毒病性颈淋巴结结核
B20.003　人类免疫缺陷病毒病性肺结核
B20.004　人类免疫缺陷病毒病性结核性胸膜炎
B20.005　人类免疫缺陷病毒病性肠结核
B20.006　人类免疫缺陷病毒病性结核性腹膜炎
B20.100x001　艾滋病伴细菌感染
B20.200x001　艾滋病伴巨细胞病毒感染
B20.300x001　艾滋病伴病毒感染
B20.301　人类免疫缺陷病毒病性带状疱疹

B20.400x001　艾滋病伴念珠菌病
B20.500x001　艾滋病伴真菌病
B20.600x001　艾滋病伴卡氏肺孢子虫肺炎
B20.700x001　艾滋病伴多发性感染
B20.801　人类免疫缺陷病毒病性弓形虫病
B20.901　人类免疫缺陷病毒病造成寄生虫病
B21.000x001　艾滋病伴卡波西肉瘤
B21.100x001　艾滋病伴伯基特淋巴瘤
B21.200x001　艾滋病伴非霍奇金淋巴瘤
B21.300　人类免疫缺陷病毒［HIV］病造成的淋巴造血和有关组织的其他恶性肿瘤
B21.700　人类免疫缺陷病毒［HIV］病造成的多发性恶性肿瘤
B21.800　人类免疫缺陷病毒［HIV］病造成的其他恶性肿瘤
B21.900　人类免疫缺陷病毒［HIV］病造成的恶性肿瘤
B22.000x001　艾滋病相关的脑病
B22.000x003　艾滋病性脑炎
B22.000x004　艾滋病性脑膜炎
B22.000x005　艾滋病性脑膜脑炎
B22.001+F02.4*　人类免疫缺陷病毒病性痴呆
B22.100　人类免疫缺陷病毒［HIV］病造成的淋巴组织间质性肺炎
B22.200　人类免疫缺陷病毒［HIV］病造成的消瘦综合征
B22.700　人类免疫缺陷病毒［HIV］病造成的分类于他处的多种疾病
B22.701　人类免疫缺陷病毒病性多发性疾病
B23.000　急性人类免疫缺陷病毒［HIV］感染综合征
B23.100　人类免疫缺陷病毒［HIV］病造成的（持续的）全身性淋巴结病
B23.100x001　持续性全身淋巴结肿大综合征
B23.100x002　HIV感染的不典型皮肤淋巴细胞增生性疾病
B23.200　人类免疫缺陷病毒［HIV］病造成的不可归类在他处的血液学和免疫学的异常
B23.201　人类免疫缺陷病毒病造成免疫学异常
B23.800　人类免疫缺陷病毒［HIV］病造成的其他特指的情况
B23.800x001　空泡样脊髓病
B23.800x002　艾滋病神经综合征
B23.801　免疫重建炎症综合征
B24.x01　艾滋病
I33.000x018　HIV性心内膜炎
O98.700　HIV并发于妊娠、分娩和产褥期
R75.x00x001　人类免疫缺陷病毒阳性［HIV阳性］
Z21.x00x001　无症状人类免疫缺陷病毒阳性

YC1　HIV相关疾病的手术

包含全部手术或操作

YR1　HIV相关疾病

包含以下主要诊断或其他诊断：
B20.000x001　艾滋病伴分枝杆菌感染
B20.001　人类免疫缺陷病毒病性结核菌感染
B20.002　人类免疫缺陷病毒病性颈淋巴结结核
B20.003　人类免疫缺陷病毒病性肺结核
B20.004　人类免疫缺陷病毒病性结核性胸膜炎
B20.005　人类免疫缺陷病毒病性肠结核
B20.006　人类免疫缺陷病毒病性结核性腹膜炎
B20.100x001　艾滋病伴细菌感染
B20.200x001　艾滋病伴巨细胞病毒感染
B20.300x001　艾滋病伴病毒感染
B20.301　人类免疫缺陷病毒病性带状疱疹
B20.400x001　艾滋病伴念珠菌病
B20.500x001　艾滋病伴真菌病
B20.600x001　艾滋病伴卡氏肺孢子虫肺炎
B20.700x001　艾滋病伴多发性感染
B20.801　人类免疫缺陷病毒病性弓形虫病
B20.901　人类免疫缺陷病毒病造成寄生虫病
B21.000x001　艾滋病伴卡波西肉瘤
B21.100x001　艾滋病伴伯基特淋巴瘤
B21.200x001　艾滋病伴非霍奇金淋巴瘤
B21.300　人类免疫缺陷病毒［HIV］病造成的淋巴造血和有关组织的其他恶性肿瘤
B21.700　人类免疫缺陷病毒［HIV］病造成的多发性恶性肿瘤
B21.800　人类免疫缺陷病毒［HIV］病造成的其他恶性肿瘤
B21.900　人类免疫缺陷病毒［HIV］病造成的恶性肿瘤
B22.000x001　艾滋病相关的脑病
B22.000x003　艾滋病性脑炎
B22.000x004　艾滋病性脑膜炎
B22.000x005　艾滋病性脑膜脑炎
B22.001+F02.4*　人类免疫缺陷病毒病性痴呆
B22.100　人类免疫缺陷病毒［HIV］病造成的淋巴

组织间质性肺炎
B22.200　人类免疫缺陷病毒［HIV］病造成的消瘦综合征
B22.700　人类免疫缺陷病毒［HIV］病造成的分类于他处的多种疾病
B22.701　人类免疫缺陷病毒病性多发性疾病
B23.000　急性人类免疫缺陷病毒［HIV］感染综合征
B23.100　人类免疫缺陷病毒［HIV］病造成的（持续的）全身性淋巴结病
B23.100x001　持续性全身淋巴结肿大综合征
B23.100x002　HIV感染的不典型皮肤淋巴细胞增生性疾病
B23.200　人类免疫缺陷病毒［HIV］病造成的不可归类在他处的血液学和免疫学的异常
B23.201　人类免疫缺陷病毒病造成免疫学异常
B23.800　人类免疫缺陷病毒［HIV］病造成的其他特指的情况
B23.800x001　空泡样脊髓病
B23.800x002　艾滋病神经综合征
B23.801　免疫重建炎症综合征
B24.x01　艾滋病
I33.000x018　HIV性心内膜炎
O98.700　HIV并发于妊娠、分娩和产褥期

YR2　HIV其他相关情况

包含以下主要诊断或其他诊断：
R75.x00x001　人类免疫缺陷病毒阳性［HIV阳性］
Z21.x00x001　无症状人类免疫缺陷病毒阳性

MDCZ　多发严重创伤

头颈部创伤

包含以下诊断：
S01.800x011　开放性脑损伤伴颅骨骨折
S01.800x031　开放性脑损伤
S01.801　开放性颅内异物
S02.100　颅底骨骨折
S02.100x002　前颅凹骨折
S02.100x003　中颅凹骨折
S02.100x004　后颅凹骨折
S02.100x006　眶顶骨折
S02.101　枕骨骨折
S02.102　颞骨骨折
S02.111　开放性颅底骨骨折
S02.112　开放性枕骨骨折
S02.113　开放性颞骨骨折
S02.114　开放性筛窦骨折
S02.700x001　颅骨多发性骨折
S02.700x002　颅骨和面骨多发性骨折
S02.701　多发性面骨骨折
S02.712　开放性多发性颅骨骨折
S02.900x002　颅骨骨折
S02.902　颅骨凹陷性骨折
S02.911　开放性颅骨骨折
S06.000　脑震荡
S06.100　创伤性大脑水肿
S06.200x001　弥散性大脑损伤
S06.200x002　弥散性小脑损伤
S06.200x011　弥散性大脑损伤伴出血
S06.200x021　弥散性小脑损伤伴出血
S06.200x031　多发性大脑内出血
S06.200x032　多发性大脑血肿
S06.200x033　多发性小脑血肿
S06.200x081　多发性大脑挫裂伤
S06.200x082　多发性小脑挫裂伤
S06.201　脑干挫伤
S06.202　脑挫伤
S06.203　大脑撕裂伤
S06.204　创伤性脑疝
S06.205　创伤性脑受压
S06.211　开放性脑挫伤
S06.300x001　局灶性大脑损伤
S06.300x002　局灶性小脑损伤
S06.300x011　局灶性大脑挫伤伴出血
S06.300x021　局灶性小脑挫伤伴出血
S06.300x031　局灶性大脑挫伤伴血肿
S06.300x032　局灶性大脑挫伤伴大量出血
S06.300x041　局灶性小脑挫伤伴血肿
S06.300x042　局灶性小脑挫伤伴大量出血
S06.300x081　局灶性大脑挫裂伤
S06.300x082　局灶性小脑挫裂伤
S06.301　创伤性脑局灶出血
S06.302　创伤性脑血肿
S06.310　开放性局灶性脑损伤
S06.400　硬膜外出血
S06.401　创伤性闭合性硬膜外血肿
S06.410　开放性硬膜外出血
S06.500　创伤性硬膜下出血
S06.500x002　创伤性硬脑膜下血肿

S06.500x004　急性创伤性硬脑膜下血肿
S06.500x005　亚急性创伤性硬脑膜下出血
S06.500x006　亚急性创伤性硬脑膜下血肿
S06.500x007　慢性创伤性硬脑膜下出血
S06.501　创伤性急性硬膜下出血
S06.502　创伤性慢性硬膜下血肿
S06.510　开放性硬膜下出血
S06.600　创伤性蛛网膜下出血
S06.600x002　创伤性蛛网膜下腔血肿
S06.610　开放性蛛网膜下隙出血
S06.800x002　创伤性脑内血肿
S06.800x004　创伤性小脑血肿
S06.800x005　创伤性小脑挫伤
S06.800x007　创伤性颅内血肿
S06.800x009　创伤性颅内动脉瘤
S06.801　创伤性小脑出血
S06.802　创伤性脑出血
S06.803　创伤性脑干出血
S06.804　创伤性颅内出血
S06.805　创伤性颅内海绵窦损伤
S06.900　颅内损伤
S06.901　脑干损伤
S06.910　开放性颅内损伤
S06.911　开放性脑干损伤
S06.912　开放性颅内海绵窦损伤
S07.000　面部挤压伤
S07.100　颅骨挤压伤
S07.900　头部挤压伤
S08.900　头部的创伤性切断
S09.000x001　头部血管损伤
S11.001　开放性气管损伤
S11.002　开放性喉损伤
S11.003　开放性颈部气管断裂
S11.004　喉气管贯通伤
S11.201　开放性咽部损伤
S11.800x011　颈部开放性损伤伴颈椎骨折
S12.803　舌骨断裂
S12.813　开放性舌骨断裂
S12.814　开放性环状软骨断裂
S12.815　开放性气管软骨断裂
S13.200x003　甲状软骨脱位
S13.201　颈部脱位
S13.202　环杓关节脱位
S13.203　环甲软骨关节脱位
S13.500x006　喉软骨断裂
S13.500x007　甲状软骨断裂
S13.500x008　环状软骨断裂
S13.500x009　气管软骨断裂
S13.500x010　开放性喉软骨断裂
S13.500x011　开放性甲状软骨断裂
S15.001　颈内动脉裂伤
S15.002　颈总动脉裂伤
S15.003　颈外动脉裂伤
S15.004　创伤性颈动脉瘤
S15.005　创伤性颈动脉海绵窦瘘
S15.200　颈外静脉损伤
S15.300　颈内静脉损伤
S15.301　颈内静脉断裂
S15.900x001　颈部血管损伤
S17.000x001　喉气管挤压伤
S17.000x002　喉挤压伤
S17.001　气管挤压伤
S17.900　颈部挤压伤
T02.000x001　头和颈骨折
T02.010　开放性头部伴颈部骨折
T04.000x001　头和颈挤压伤
T06.000x001　脑神经损伤伴颈神经和脊髓损伤

胸部创伤

包含以下诊断：
S21.100x002　胸骨前区开放性损伤
S21.101　开放性肋部前壁损伤
S21.200x001　背部开放性损伤
S21.200x002　胸壁外部开放性损伤
S21.201　开放性胸后壁损伤
S21.202　开放性肋后壁损伤
S21.203　开放性肩胛间区损伤
S21.700　胸壁多处开放性伤口
S21.800x011　胸部开放性损伤伴骨折
S21.800x021　胸部开放性损伤伴脱位
S21.800x031　胸部开放性损伤伴胸内损伤
S21.900x001　胸壁开放性损伤
S21.900x003　创伤性胸部异物
S21.901　开放性胸部损伤
S22.200　胸骨骨折
S22.210　开放性胸骨骨折
S22.300　肋骨骨折
S22.300x011　第一肋骨骨折
S22.310　开放性肋骨骨折
S22.400　肋骨多处骨折

S22.400x011　肋骨多发性骨折伴第一肋骨骨折
S22.400x021　两根肋骨骨折不伴第一肋骨骨折
S22.400x031　三根肋骨骨折不伴第一肋骨骨折
S22.400x041　四根以上肋骨骨折不伴第一肋骨骨折
S22.410　开放性多发性肋骨骨折
S22.500　连枷胸
S22.900　骨性胸廓的骨折
S22.910　开放性胸廓骨折
S23.000　胸椎间盘创伤性破裂
S24.400　胸部交感神经损伤
S24.400x001　心丛神经损伤
S24.400x002　食管丛神经损伤
S24.400x003　肺丛神经损伤
S24.400x004　星状神经丛损伤
S24.400x005　胸部交感神经节损伤
S24.500x001　膈神经损伤
S24.600　胸部神经的损伤
S25.000　胸主动脉损伤
S25.001　创伤性胸主动脉瘤
S25.100x002　无名动脉损伤
S25.101　锁骨下动脉损伤
S25.200x001　腔静脉损伤
S25.201　创伤性上腔静脉破裂
S25.300x001　无名静脉损伤
S25.301　锁骨下静脉损伤
S25.400　肺血管损伤
S25.401　创伤性肺动脉破裂
S25.500　肋间血管损伤
S25.501　创伤性肋间动脉破裂
S25.700　胸部多处血管损伤
S25.800x003　乳房静脉损伤
S25.801　奇静脉损伤
S25.802　创伤性乳房动脉破裂
S25.900　胸部血管的损伤
S26.000x001　创伤性心包积血
S26.000x002　创伤性心包填塞
S26.010　开放性心包积血
S26.800x011　心脏挫伤
S26.800x021　心脏撕裂伤
S26.800x031　心脏撕裂伤伴心室穿透
S26.800x082　心脏穿透性损伤
S26.800x083　创伤性心脏破裂
S26.801　创伤性心包破裂
S26.810　开放性心脏特指损伤
S26.811　开放性心脏穿通伤
S26.812　开放性心脏破裂
S26.813　心脏异物
S26.900　心脏损伤
S26.910　开放性心脏损伤
S27.000　创伤性气胸
S27.010　开放性气胸
S27.100　创伤性血胸
S27.110　开放性血胸
S27.200　创伤性血气胸
S27.210　开放性血气胸
S27.300x012　肺血肿
S27.301　肺挫伤
S27.302　创伤性肺破裂
S27.303　创伤性肺韧带撕裂
S27.310　开放性肺特指损伤
S27.311　开放性肺破裂
S27.312　开放性肺内异物
S27.313　肺穿透伤
S27.400　支气管损伤
S27.401　创伤性支气管断裂
S27.410　开放性支气管损伤
S27.500　胸部气管损伤
S27.501　创伤性胸部气管破裂
S27.510　开放性胸部气管损伤
S27.600　胸膜损伤
S27.610　开放性胸膜损伤
S27.700　胸内器官多处损伤
S27.710　开放性胸内器官多处损伤
S27.800x013　创伤性纵隔血肿
S27.801　食管黏膜擦伤
S27.802　胸部食管损伤
S27.803　贲门损伤
S27.804　创伤性膈破裂
S27.805　创伤性膈疝
S27.806　胸部淋巴管损伤
S27.807　胸腺损伤
S27.808　创伤性胸腔积液
S27.810　开放性特指胸内器官损伤
S27.811　食管异物穿孔
S27.812　开放性膈破裂
S27.900　胸内器官的损伤
S27.910　开放性胸腔异物
S28.000　胸部挤压伤
S28.100　胸的部分创伤性切断
S38.300x001　躯干切断

S38.300x002 腹部切断
S38.301 创伤性腹背部切断
S38.302 创伤性下背切断
S41.000 肩开放性伤口
S41.000x002 肩胛带开放性损伤
S41.800x001 腋窝开放性损伤
S41.800x011 肩部开放性损伤伴骨折
S41.800x012 上臂开放性损伤伴骨折
S41.800x021 肩部开放性损伤伴脱位
S41.800x022 上臂开放性损伤伴脱位
S41.801 开放性肩胛区损伤
S41.802 开放性肩带损伤
S42.900 肩胛带的骨折
S42.910 开放性肩骨折

腹部创伤

包含以下诊断：
S31.800x003 创放性腹部异物
S31.800x011 下背开放性损伤伴骨折
S31.800x021 下背开放性损伤伴脱位
S31.800x031 腹部开放性损伤伴腹内器官损伤
S31.801 开放性腹部损伤
S31.802 开放性腹部异物
S31.803 阴道直肠贯通伤
S31.804 创伤性肛括约肌裂伤
S31.805 创伤性肛门裂伤
S34.600 腹部、下背和骨盆周围神经损伤
S35.000 腹主动脉损伤
S35.001 创伤性腹主动脉瘤
S35.100 下腔静脉损伤
S35.100x003 肝静脉损伤
S35.101 创伤性下腔静脉破裂
S35.102 创伤性肝静脉破裂
S35.200x001 腹腔动脉损伤
S35.200x003 胃十二指肠动脉损伤
S35.200x004 肝动脉损伤
S35.200x005 肠系膜下动脉损伤
S35.200x006 肠系膜上动脉损伤
S35.200x007 脾动脉损伤
S35.201 肠系膜动脉损伤
S35.202 胃动脉损伤
S35.203 创伤性胃动脉破裂
S35.204 创伤性肝动脉破裂
S35.205 创伤性脾动脉破裂
S35.300x001 门静脉损伤
S35.300x002 脾静脉损伤
S35.300x003 肠系膜下静脉损伤
S35.300x004 肠系膜上静脉损伤
S35.300x005 肠系膜静脉损伤
S35.301 创伤性肠系膜静脉破裂
S35.302 创伤性脾静脉破裂
S35.500x001 髂动脉损伤
S35.500x004 髂静脉损伤
S35.500x007 下腹动脉损伤
S35.500x008 下腹静脉损伤
S35.700x001 腹部和下背及骨盆多处血管损伤
S35.900x001 腹部血管损伤
S35.901 下背血管损伤
S35.903 创伤性肠系膜血管损伤
S36.000 脾损伤
S36.000x021 脾被膜撕裂
S36.000x031 脾撕裂伴软组织损伤
S36.000x081 脾穿透伤
S36.001 创伤性脾血肿
S36.002 创伤性脾破裂
S36.011 开放性脾破裂
S36.100x001 肝损伤
S36.100x011 肝挫伤
S36.100x013 创伤性肝血肿
S36.100x021 肝撕裂伤
S36.100x031 肝轻度撕裂伤
S36.100x041 肝中度撕裂伤
S36.100x051 肝重度撕裂伤
S36.100x081 胆管损伤
S36.101 胆囊损伤
S36.102 创伤性肝破裂
S36.103 创伤性胆总管破裂
S36.110 开放性肝破裂
S36.111 开放性胆囊损伤
S36.112 开放性胆管损伤
S36.113 开放性胆总管损伤
S36.200 胰损伤
S36.200x001 胰腺损伤
S36.200x011 胰头损伤
S36.200x021 胰体损伤
S36.200x031 胰尾损伤
S36.200x091 胰管损伤
S36.200x092 胰腺和胰管损伤
S36.201 创伤性胰腺破裂
S36.202 胰腺包膜撕裂

S36.210　开放性胰损伤
S36.300　胃损伤
S36.301　创伤性胃破裂
S36.310　开放性胃破裂
S36.400　小肠损伤
S36.400x091　空肠损伤
S36.400x093　回肠损伤
S36.400x095　小肠多处损伤
S36.401　创伤性十二指肠破裂
S36.402　创伤性空肠破裂
S36.403　创伤性回肠破裂
S36.404　创伤性小肠破裂
S36.405　十二指肠损伤
S36.411　开放性小肠破裂
S36.412　开放性十二指肠破裂
S36.413　开放性空肠破裂
S36.414　开放性回肠破裂
S36.500　结肠损伤
S36.500x011　升结肠损伤
S36.500x021　横结肠损伤
S36.500x031　降结肠损伤
S36.500x041　乙状结肠损伤
S36.500x091　结肠多处损伤
S36.500x092　阑尾损伤
S36.500x093　盲肠损伤
S36.501　创伤性结肠破裂
S36.511　开放性结肠破裂
S36.600　直肠损伤
S36.600x003　直肠多处损伤
S36.601　创伤性直肠破裂
S36.611　开放性直肠破裂
S36.700　多个腹内器官损伤
S36.701　创伤性腹内多器官破裂
S36.800x022　肠系膜损伤
S36.801　腹膜损伤
S36.802　肠系膜裂伤
S36.803　创伤性腹膜后血肿
S36.810　开放性特指腹内器官损伤
S36.811　开放性肠系膜血肿
S36.812　开放性肠系膜裂伤
S36.813　开放性腹膜后血肿
S36.814　开放性大网膜破裂
S36.900　腹内器官的损伤
S36.901　创伤性肠破裂
S36.910　开放性腹内器官损伤
S38.100x002　腹部挤压伤
S38.100x003　下背挤压伤
S38.101　腹部、下背和骨盆挤压伤
S39.600　腹内器官伴有盆腔器官的损伤
T79.601　创伤性骨筋膜室综合征
T79.602　福耳克曼缺血性挛缩
T79.603　腹腔间隔室综合征

泌尿系统创伤

包含以下诊断：
S35.400x001　肾动脉损伤
S35.400x002　肾静脉损伤
S35.401　创伤性肾静脉破裂
S35.402　创伤性肾动脉破裂
S37.000　肾损伤
S37.000x012　肾囊挫伤
S37.000x013　肾盂挫伤
S37.000x015　肾包膜下血肿
S37.000x016　肾盂积血
S37.000x022　肾囊破裂
S37.000x023　肾盂裂伤
S37.000x031　肾粉碎伤
S37.001　创伤性肾破裂
S37.002　肾挫伤
S37.003　创伤性肾血肿
S37.004　创伤性肾周血肿
S37.010　开放性肾损伤
S37.011　开放性肾破裂
S37.100　输尿管损伤
S37.101　创伤性输尿管断裂
S37.111　开放性输尿管断裂
S37.200　膀胱损伤
S37.200x011　膀胱挫伤
S37.200x022　腹膜外膀胱破裂
S37.200x023　腹膜内膀胱破裂
S37.200x024　混合型膀胱破裂
S37.200x081　膀胱裂伤
S37.201　创伤性膀胱破裂
S37.211　开放性膀胱破裂
S37.300　尿道损伤
S37.300x004　尿道完全断裂
S37.300x005　尿道部分断裂
S37.300x011　尿道膜部损伤
S37.300x021　尿道阴茎部损伤
S37.300x031　尿道前列腺部损伤

S37.300x081　尿道球部断裂
S37.300x082　尿道球部挫裂伤
S37.300x083　后尿道损伤
S37.301　创伤性尿道断裂
S37.302　尿道挫伤
S37.303　尿道损伤伴狭窄
S37.310　开放性尿道损伤
S37.803　肾上腺损伤
T79.500　创伤性无尿症
T79.500x002　挤压后肾衰竭
T79.501　挤压综合征

生殖系统创伤

包含以下诊断：
S35.500x005　子宫动脉损伤
S35.500x006　子宫静脉损伤
S35.800x001　卵巢动脉损伤
S35.800x002　卵巢静脉损伤
S35.801　卵巢动静脉损伤
S37.400　卵巢损伤
S37.410　开放性卵巢损伤
S37.500　输卵管损伤
S37.510　开放性输卵管损伤
S37.600　子宫损伤
S37.600x002　创伤性子宫破裂
S37.601　创伤性宫颈裂伤
S37.602　创伤性子宫穿孔
S37.610　开放性子宫损伤
S37.700　多个盆腔器官损伤
S37.710　开放性盆腔多个器官损伤
S37.801　输精管损伤
S37.802　精囊损伤
S37.804　前列腺损伤
S37.900　盆腔器官的损伤
S37.910　开放性盆腔器官损伤
S38.000　外生殖器挤压伤
S38.001　阴茎挤压伤
S38.200x001　大阴唇切断
S38.200x002　小阴唇切断
S38.200x003　阴茎离断
S38.200x004　阴囊离断
S38.200x005　睾丸离断
S38.200x006　外阴切断

躯干、脊柱创伤

包含以下诊断：
S12.000　第一颈椎骨折
S12.000x002　寰椎骨折
S12.010　开放性第一颈椎骨折
S12.100　第二颈椎骨折
S12.100x002　枢椎骨折
S12.100x003　枢椎椎弓根骨折［Hangman骨折］
S12.110　开放性第二颈椎骨折
S12.200x011　颈椎骨折C3
S12.200x021　颈椎骨折C4
S12.200x031　颈椎骨折C5
S12.200x041　颈椎骨折C6
S12.200x051　颈椎骨折C7
S12.210　开放性特指颈椎骨折
S12.700　颈椎多处骨折
S12.710　开放性多发性颈椎骨折
S12.900x001　颈椎骨折
S12.900x003　颈椎神经弓骨折
S12.900x004　颈椎棘突骨折
S12.900x005　颈椎横突骨折
S12.900x006　颈椎椎弓骨折
S12.910　开放性颈椎骨折
S13.000　颈椎间盘创伤性破裂
S13.100　颈椎脱位
S13.100x021　颈椎半脱位C2/C3
S13.100x022　颈椎脱位C2/C3
S13.100x031　颈椎半脱位C3/C4
S13.100x032　颈椎脱位C3/C4
S13.100x041　颈椎半脱位C4/C5
S13.100x042　颈椎脱位C4/C5
S13.100x051　颈椎半脱位C5/C6
S13.100x052　颈椎脱位C5/C6
S13.100x061　颈椎半脱位C6/C7
S13.100x062　颈椎脱位C6/C7
S13.100x071　颈胸椎半脱位C7/T1
S13.100x072　颈胸椎脱位C7/T1
S13.100x081　寰枕关节半脱位
S13.100x082　寰枕关节脱位
S13.101　颈椎半脱位
S13.102　寰枢椎半脱位
S13.103　寰枢椎脱位
S13.104　枢椎脱位
S13.300　颈部多发性脱位

S14.001　颈部脊髓水肿
S14.002　颈部脊髓震荡
S14.100x011　颈部脊髓完全损伤
S14.100x021　颈部脊髓中央损伤综合征
S14.100x031　颈部脊髓前索综合征
S14.100x032　颈部脊髓不完全损伤
S14.100x033　颈部脊髓后索综合征
S14.100x771　颈部脊髓功能损伤C7
S14.100x781　颈胸段脊髓功能损伤
S14.101　颈部脊髓损伤
S14.200　颈椎棘突神经根的损伤
S14.200x001　颈脊神经根损伤
S14.601　颈部神经损伤
S15.100　椎动脉损伤
S22.000x003　胸椎压缩性骨折
S22.000x005　胸椎神经弓骨折
S22.000x006　胸椎棘突骨折
S22.000x007　胸椎横突骨折
S22.000x009　胸椎椎弓骨折
S22.000x011　胸椎骨折T1/T2
S22.000x021　胸椎骨折T3/T4
S22.000x031　胸椎骨折T5/T6
S22.000x041　胸椎骨折T7/T8
S22.000x051　胸椎骨折T9/T10
S22.000x061　胸椎骨折T11/T12
S22.010　开放性胸椎骨折
S22.100　胸椎多处骨折
S22.110　开放性多发性胸椎骨折
S24.000x002　胸部脊髓震荡
S24.001　胸部脊髓水肿
S24.100x011　胸部脊髓完全损伤
S24.100x021　胸部脊髓前索综合征
S24.100x022　胸部脊髓中央损伤综合征
S24.100x023　胸部脊髓不完全损伤
S24.100x024　胸部脊髓后索综合征
S24.100x701　胸部脊髓功能损伤
S24.100x711　胸部脊髓功能损伤T1
S24.100x721　胸部脊髓功能损伤T2/T3
S24.100x731　胸部脊髓功能损伤T4/T5
S24.100x741　胸部脊髓功能损伤T6/T7
S24.100x751　胸部脊髓功能损伤T8/T9
S24.100x761　胸部脊髓功能损伤T10/T11
S24.100x771　胸部脊髓功能损伤T12
S24.101　胸部脊髓损伤
S24.200　胸椎神经根损伤
S24.300　胸部周围神经损伤
S24.300x001　肋间神经损伤
S32.000x002　腰椎压缩性骨折
S32.000x011　腰椎骨折L1
S32.000x021　腰椎骨折L2
S32.000x031　腰椎骨折L3
S32.000x041　腰椎骨折L4
S32.000x051　腰椎骨折L5
S32.010　开放性腰椎骨折
S32.300　髂骨骨折
S32.310　开放性髂骨骨折
S32.400　髋臼骨折
S32.410　开放性髋臼骨折
S32.702　多发性腰椎骨折
S32.712　开放性多发性腰椎骨折
S32.800x021　腰骶棘突骨折
S32.800x022　腰骶横突骨折
S32.800x023　腰骶椎弓骨折
S32.800x024　腰骶椎骨骨折
S33.000　腰椎间盘创伤性破裂
S34.000x002　腰部脊髓震荡
S34.001　腰部脊髓水肿
S34.100x001　腰部脊髓损伤
S34.100x002　腰部脊髓完全损伤
S34.100x003　腰部脊髓不完全损伤
S34.100x701　腰部脊髓功能损伤
S34.100x711　腰部脊髓功能损伤L1
S34.100x721　腰部脊髓功能损伤L2
S34.100x731　腰部脊髓功能损伤L3
S34.100x741　腰部脊髓功能损伤L4
S34.100x751　腰部脊髓功能损伤L5
S34.100x761　骶部脊髓功能损伤
S34.200x001　骶脊神经根损伤
S34.200x002　腰脊神经根损伤
S34.300　马尾损伤
S34.400　腰骶丛损伤
S34.601　下背周围神经损伤
S34.800x001　腰骶神经损伤
S34.801　腹部神经损伤
S34.802　下背神经损伤
S35.700x004　肠系膜血管损伤
T02.100x001　躯干多发性骨折
T02.110　开放性多发性躯干骨折
T02.700x001　胸伴下背和骨盆及四肢骨折
T02.710　开放性胸部伴有下背和骨盆及四肢骨折

T02.800x001　身体复合部位的骨折
T02.810　开放性身体特指复合部位骨折
T04.100x001　躯干挤压伤
T09.300　脊髓损伤
T09.300x003　脊髓完全损伤
T09.300x004　脊髓中央损伤综合征
T09.300x005　脊髓前索综合征
T09.300x006　脊髓后索综合征
T09.300x007　脊髓血肿
T09.301　创伤性截瘫

上肢创伤

包含以下诊断：
S14.300　臂丛损伤
S41.100　上臂开放性伤口
S41.700　肩和上臂多处开放性伤口
S42.200x001　肱骨近端骨折
S42.200x011　肱骨近端骨骺分离
S42.200x031　肱骨解剖颈骨折
S42.200x041　肱骨大结节骨折
S42.200x091　肱骨小结节骨折
S42.200x092　肱骨近端多发性骨折
S42.202　肱骨外科颈骨折
S42.203　肱骨头骨折
S42.210　开放性肱骨上端骨折
S42.300　肱骨干骨折
S42.300x002　肱骨干多发性骨折
S42.301　肱骨骨折
S42.310　开放性肱骨干骨折
S42.311　开放性肱骨骨折
S42.400x001　肱骨远端骨折
S42.400x041　肱骨内上髁骨折
S42.400x042　肱骨外上髁骨折
S42.400x043　肱骨远端骨骺分离
S42.400x051　肱骨远端T型骨折
S42.400x091　肱骨远端多发性骨折
S42.400x092　肱骨滑车骨折
S42.400x093　肱骨小头骨折
S42.401　肱骨髁上骨折
S42.402　肱骨外髁骨折
S42.403　肱骨髁间骨折
S42.404　肱骨内髁骨折
S42.410　开放性肱骨下端骨折
S42.700　锁骨、肩胛骨和肱骨多处骨折
S42.710　开放性锁骨、肩胛骨和肱骨多处骨折
S44.000x001　上臂尺神经损伤
S44.100x001　上臂正中神经损伤
S44.101　上臂正中神经断裂
S44.200x001　上臂桡神经损伤
S44.300　腋神经损伤
S44.500　在肩和上臂水平的皮感觉神经损伤
S44.501　上臂皮感觉神经损伤
S44.700x001　肩和上臂多处神经损伤
S44.701　上臂多发神经损伤
S44.900x001　肩和上臂神经损伤
S44.901　上臂神经损伤
S45.000　腋动脉损伤
S45.001　创伤性腋动脉破裂
S45.101　创伤性肱动脉损伤
S45.200x002　肱静脉损伤
S45.201　创伤性腋静脉损伤
S45.300x001　肩和上臂浅表静脉损伤
S45.300x002　肩部浅表静脉损伤
S45.301　上臂浅表静脉损伤
S45.700x001　肩和上臂多处血管损伤
S45.701　上臂多发血管损伤
S45.900x001　肩和上臂血管损伤
S47.x00x002　肩部挤压伤
S47.x01　上臂挤压伤
S48.000　肩关节处创伤性切断
S48.100x001　上臂切断
S51.800x011　前臂开放性损伤伴骨折
S51.800x021　前臂开放性损伤伴脱位
S52.000x001　肘关节骨折
S52.000x002　尺骨近端骨折
S52.000x012　尺骨鹰嘴骨骺分离
S52.000x021　尺骨冠突骨折
S52.000x091　尺骨近端多发性骨折
S52.001　鹰嘴骨折
S52.002　蒙特贾骨折脱位
S52.010　开放性尺骨上端骨折
S52.011　开放性鹰嘴骨折
S52.100x001　桡骨近端骨折
S52.100x002　桡骨近端骨骺分离
S52.100x012　桡骨头骨骺分离
S52.100x091　桡骨近端多发性骨折
S52.101　桡骨头骨折
S52.102　桡骨颈骨折
S52.110　开放性桡骨上端骨折
S52.200　尺骨干骨折

S52.200x011 孟氏骨折
S52.201 尺骨骨折
S52.210 开放性尺骨干骨折
S52.211 开放性尺骨骨折
S52.300 桡骨干骨折
S52.300x011 盖氏骨折
S52.310 开放性桡骨干骨折
S52.400x001 桡尺骨骨干骨折
S52.410 开放性尺骨桡骨骨干骨折
S52.500x001 桡骨远端骨折
S52.500x002 桡骨茎突骨折
S52.500x003 桡骨远端骨骺分离
S52.500x011 科雷骨折
S52.500x021 巴顿骨折
S52.500x022 史密斯骨折
S52.500x091 桡骨关节内骨折
S52.501 屈曲型桡骨下端骨折
S52.502 伸直型桡骨下端骨折
S52.510 开放性桡骨下端骨折
S52.600x001 尺骨远端骨折伴桡骨远端骨折
S52.600x002 尺骨茎突骨折伴桡骨远端骨折
S52.610 开放性尺骨桡骨远端骨折
S52.800x002 尺骨远端骨骺分离
S52.801 桡骨骨折
S52.802 尺骨茎突骨折
S52.803 尺骨头骨折
S52.804 尺骨下端骨折
S52.810 开放性前臂特指部位骨折
S52.811 开放性桡骨骨折
S52.812 开放性尺骨茎突骨折
S52.813 开放性尺骨头骨折
S52.814 开放性尺骨下端骨折
S52.900 前臂骨折
S54.000x001 前臂尺神经损伤
S54.001 前臂尺神经断裂
S54.100x001 前臂正中神经损伤
S54.101 前臂正中神经断裂
S54.200x001 前臂桡神经损伤
S54.700x001 前臂多处神经损伤
S54.900x001 前臂神经损伤
S55.000x001 前臂尺动脉损伤
S55.100x001 前臂桡动脉损伤
S55.101 创伤性桡动脉断裂
S55.200x001 前臂静脉损伤
S55.700x001 前臂多处血管损伤
S55.900x001 前臂血管损伤
S57.000 肘挤压伤
S57.900 前臂的挤压伤
S58.000x001 肘创伤性切断
S58.100x001 肘和腕关节之间水平创伤性切断
S58.900x001 前臂创伤性切断
S61.800x011 腕和手开放性损伤伴骨折
S61.800x012 手部开放性损伤伴骨折
S61.800x013 腕部开放性损伤伴骨折
S61.800x021 腕和手开放性损伤伴脱位
S61.800x022 手部开放性损伤伴脱位
S61.800x023 腕部开放性损伤伴脱位
S61.800x081 手掌开放性损伤
S61.900 腕和手的开放性伤口
S61.900x002 腕部开放性损伤
S61.900x004 手部爆炸伤
S61.901 开放性手部损伤
S61.902 手套撕脱伤
S62.100x011 月骨骨折
S62.100x021 三角骨骨折
S62.100x031 豆骨骨折
S62.100x041 大多角骨骨折
S62.100x051 小多角骨骨折
S62.100x061 头状骨骨折
S62.100x071 钩骨骨折
S62.100x091 腕骨多发性骨折
S62.101 腕骨骨折
S62.110 开放性特指腕骨骨折
S62.111 开放性腕骨骨折
S62.400 掌骨多处骨折
S62.410 开放性多发性掌骨骨折
S64.000x001 腕部尺神经损伤
S64.000x002 手部尺神经损伤
S64.100x001 腕部正中神经损伤
S64.100x002 手部正中神经损伤
S64.200x001 腕部桡神经损伤
S64.200x002 手部桡神经损伤
S64.300 拇指指神经损伤
S64.400x001 指神经损伤
S64.700x001 腕和手多处神经损伤
S64.800 在腕和手水平的其他神经损伤
S64.900x001 腕和手神经损伤
S65.000x001 手部尺动脉损伤
S65.000x002 腕部尺动脉损伤
S65.100x001 腕部桡动脉损伤

S65.100x002　手部桡动脉损伤
S65.200　掌浅动静脉弓损伤
S65.300　掌深动静脉弓损伤
S65.400　拇指血管损伤
S65.401　创伤性拇指动脉破裂
S65.500　手指血管损伤，其他的
S65.501　创伤性指动脉破裂
S65.700x001　腕和手多处血管损伤
S65.900x001　腕和手血管损伤
S66.800　在腕和手水平的其他肌肉和肌腱的损伤
S68.000x002　拇指不全切断
S68.001　拇指完全切断
S68.100x002　单指完全离断
S68.201　多手指完全切断
S68.300　手指（一部分）伴有腕和手其他部分的合并创伤性切断
S68.400x001　手腕部创伤性切断
S68.800x001　掌部创伤性切断
S68.900　腕和手水平的创伤性切断
S69.800　腕和手其他特指的损伤
T02.200x001　单上肢多发性骨折
T02.210　开放性多发性单上肢骨折
T02.400x001　双上肢多发性骨折
T02.410　开放性多发性双上肢骨折
T02.600x001　上肢伴下肢多发性骨折
T02.600x011　上肢伴下肢多发性开放性骨折
T02.610　开放性多发性肢体骨折
T04.200x001　上肢多处挤压伤
T05.000　双手创伤性切断
T05.100x001　手和对侧臂创伤性切断
T05.200x001　双臂创伤性切断
T10.x00　上肢骨折
T10.x10　开放性上肢骨折
T11.400　上肢血管的损伤
T11.600　上肢创伤性切断
T11.600x001　臂创伤性切断
T79.600x004　上肢骨筋膜室综合征

下肢创伤

包含以下诊断：
S71.800x011　髋部开放性损伤伴骨折
S71.800x012　股部开放性损伤伴骨折
S71.800x021　髋部开放性损伤伴脱位
S71.800x022　股部开放性损伤伴脱位
S72.000　股骨颈骨折
S72.000x011　股骨关节囊内骨折
S72.000x021　股骨头骨骺分离
S72.000x031　股骨颈头下骨折
S72.000x041　股骨颈经颈骨折
S72.000x051　股骨颈基底骨折
S72.000x081　股骨头骨折
S72.000x082　股骨髋部骨折
S72.010　开放性股骨颈骨折
S72.100x001　股骨大粗隆骨折
S72.100x002　股骨小粗隆骨折
S72.101　股骨粗隆间骨折
S72.110　开放性股骨粗隆间骨折
S72.200x001　股骨粗隆下骨折
S72.210　开放性股骨粗隆下骨折
S72.300　股骨干骨折
S72.310　开放性股骨干骨折
S72.400x001　股骨远端骨折
S72.400x012　股骨内髁骨折
S72.400x013　股骨外髁骨折
S72.400x021　股骨远端骨骺分离
S72.400x031　股骨髁上骨折
S72.400x041　股骨髁间骨折
S72.401　股骨髁骨折
S72.410　开放性股骨下端骨折
S72.700　股骨多处骨折
S72.710　开放性多发性股骨骨折
S72.900　股骨骨折
S74.000x001　坐骨神经损伤
S74.000x002　髋部坐骨神经损伤
S74.000x003　大腿坐骨神经损伤
S74.100x001　股神经损伤
S74.100x002　髋部股神经损伤
S74.100x003　大腿股神经损伤
S74.700x001　髋部多处神经损伤
S74.700x002　大腿多处神经损伤
S74.900x001　髋部神经损伤
S74.900x002　大腿神经损伤
S75.000　股动脉损伤
S75.000x002　股浅动脉损伤
S75.000x003　股深动脉损伤
S75.000x004　创伤性股动脉瘤
S75.000x005　创伤性股假性动脉瘤
S75.001　创伤性股深动脉破裂
S75.100x001　股静脉损伤
S75.100x002　髋部股静脉损伤

S75.100x003　大腿股静脉损伤
S75.200　在髋和大腿水平的大隐静脉损伤
S75.200x001　大腿大隐静脉损伤
S75.700x001　髋部多处血管损伤
S75.700x002　大腿多处血管损伤
S75.900x001　髋部血管损伤
S75.900x002　大腿血管损伤
S75.901　创伤性股动静脉瘘
S77.000　髋部挤压伤
S77.100　大腿挤压伤
S77.200　髋伴有大腿挤压伤
S78.000　髋部创伤性切断
S78.100x001　大腿部切断
S81.800x011　小腿开放性损伤伴骨折
S81.800x021　小腿开放性损伤伴脱位
S81.800x081　腓部开放性损伤
S81.800x082　腘窝开放性损伤
S81.800x083　胫部开放性损伤
S82.000　髌骨骨折
S82.000x002　髌骨软骨骨折
S82.000x004　髌骨袖套状骨折
S82.010　开放性髌骨骨折
S82.100x011　胫骨近端骨折伴腓骨骨折
S82.100x012　胫骨平台伴腓骨骨折
S82.100x081　胫骨近端骨折
S82.100x082　胫骨近端骨骺分离
S82.100x084　胫骨髁骨折
S82.100x085　胫骨髁间棘骨折
S82.100x086　胫骨外髁骨折
S82.100x087　胫骨平台骨折
S82.100x088　胫骨平台伴髁间骨折
S82.100x089　胫骨结节骨折
S82.101　闭合性胫骨平台骨折
S82.102　胫骨头骨折
S82.110　开放性胫骨上端骨折
S82.111　开放性胫骨头骨折
S82.200x011　胫骨干骨折伴腓骨骨折
S82.200x081　胫骨干骨折
S82.201　胫腓骨干骨折
S82.202　胫骨骨折
S82.203　胫腓骨闭合性骨折
S82.210　开放性胫骨骨干骨折
S82.211　开放性胫骨骨折
S82.212　开放性胫腓骨干骨折
S82.300x011　胫骨远端骨折伴腓骨骨折
S82.300x012　胫腓骨下端骨骺分离
S82.300x081　胫骨远端骨折
S82.300x082　胫骨远端骨骺分离
S82.300x083　Pilon骨折
S82.301　胫腓骨下端骨折
S82.310　开放性胫骨下端骨折
S82.311　开放性胫腓骨下端骨折
S82.400x001　腓骨骨折
S82.400x002　腓骨远端骨骺分离
S82.400x011　腓骨近端骨折
S82.400x012　腓骨头骨折
S82.400x013　腓骨颈骨折
S82.400x014　腓骨小头骨折
S82.400x091　腓骨多发性骨折
S82.401　腓骨干骨折
S82.410　开放性腓骨骨折
S82.411　开放性腓骨干骨折
S82.500　内踝骨折
S82.501　胫骨骨折累及踝关节
S82.510　开放性内踝骨折
S82.600　外踝骨折
S82.601　腓骨骨折累及踝关节
S82.610　开放性外踝骨折
S82.800x081　踝骨骨折
S82.800x082　踝关节骨折
S82.801　三踝骨折
S82.802　双踝骨折
S82.803　踝骨闭合性骨折
S82.810　开放性小腿特指部位骨折
S82.811　开放性三踝骨折
S82.812　开放性双踝骨折
S82.900　小腿骨折
S82.910　开放性小腿骨折
S84.000x001　胫后神经损伤
S84.000x002　胫神经损伤
S84.100x001　腓神经损伤
S84.700x001　小腿多处神经损伤
S84.800x001　腓总神经损伤
S84.800x002　腓肠神经损伤
S84.900x001　小腿神经损伤
S85.000　腘动脉损伤
S85.100x002　胫前动脉损伤
S85.101　胫后动脉损伤
S85.102　创伤性胫后动脉血栓形成
S85.200　腓动脉损伤

S85.300x001 小腿大隐静脉损伤
S85.400x001 小腿小隐静脉损伤
S85.500 腘静脉损伤
S85.700x001 小腿多处血管损伤
S85.800x001 胫后血管损伤
S85.801 创伤性胫后动静脉损伤
S85.900x001 小腿血管损伤
S86.001 跟腱断裂
S86.100x001 小腿后部肌群和肌腱损伤
S86.300x002 腓侧肌群肌肉损伤
S86.300x003 腓侧肌群肌腱损伤
S86.300x004 腓肠肌断裂
S86.300x006 创伤性腓骨肌腱滑脱
S86.700x001 小腿多处肌肉和肌腱损伤
S86.700x002 胫腓肌腱断裂
S86.701 小腿水平多发性肌腱损伤
S87.000 膝挤压伤
S87.801 小腿挤压伤
S88.000x001 膝部切断
S88.100x001 小腿部切断
S91.300x813 足部开放性损伤伴骨折
S94.200x001 踝和足腓深神经损伤
S94.200x002 腓深神经外侧支末端损伤
S94.700x001 踝和足多处神经损伤
S94.900x001 踝和足神经损伤
S95.000 足背动脉损伤
S95.100 足底动脉损伤
S95.200 足背静脉损伤
S95.700x001 踝和足多处血管损伤
S95.900x001 踝和足血管损伤
S98.000x001 踝部切断
S98.100x001 单趾切断
S98.200x001 两趾切断
S98.200x002 多趾切断
T02.300x001 单下肢多发性骨折
T02.310 开放性多发性单下肢骨折
T02.500x001 双下肢多发性骨折
T02.510 开放性多发性双下肢骨折
T04.300x001 下肢多处挤压伤
T05.300 双足创伤性切断
T05.300x002 双足部分创伤性切断
T05.400x001 足和对侧小腿创伤性切断
T05.500x001 双小腿创伤性切断
T05.600x001 上肢和下肢创伤性切断
T13.300 下肢神经的损伤
T13.600 下肢创伤性切断
T79.600x006 下肢骨筋膜室综合征

骨盆创伤

包含以下诊断：
S31.800x012 骨盆开放性损伤伴骨折
S31.800x022 骨盆开放性损伤伴脱位
S32.700 腰椎和骨盆多处骨折
S32.701 多发性骨盆骨折
S32.710 开放性腰椎和骨盆多处骨折
S32.711 开放性多发性骨盆骨折
S32.800x091 骨盆联合体骨折
S32.800x092 骨盆侧方挤压骨折
S32.800x093 骨盆开书样骨折
S32.800x094 骨盆垂直剪切骨折
S32.800x095 马耳盖尼骨折
S32.802 骨盆骨折
S34.602 骨盆周围神经损伤
S34.803 骨盆神经损伤
S35.902 骨盆血管损伤
S38.100x004 骨盆挤压伤
S38.303 创伤性骨盆切断
S71.801 开放性骨盆带损伤

ZB1 多发性严重创伤开颅术

包含以下主要手术或操作：
01.2100x001 颅静脉窦切开修补术
01.2300 颅骨切开术部位的再切开
01.2400x005 开颅探查术
01.2400x009 颅内脓肿引流术
01.2400x013 硬脑膜外血肿清除术
01.2400x018 硬脑膜切开术
01.2402 颅骨切开引流术
01.2405 硬膜外脓肿清除术
01.2407 颅骨钻孔探查术
01.2413 颅骨去骨瓣减压术
01.2414 颅骨钻孔减压术
01.2500x003 颅骨清创术
01.2501 颞骨全切除术
01.2502 颞骨部分切除术
01.2503 颅骨部分切除术
01.2504 颅骨死骨切除术
01.3101 脑膜切开伴蛛网膜下腔血肿引流术
01.3102 脑膜切开伴蛛网膜下腔脓肿引流术
01.3103 脑膜切开伴硬脑膜下脓肿引流术

01.3104　脑膜切开伴硬脑膜下腔血肿清除术
01.3105　硬脑膜下切开引流术
01.3106　脑蛛网膜下腔切开引流术
01.3107　脑膜切开引流术
01.3108　硬脑膜下钻孔引流术
01.3201　脑叶切开术
01.3202　脑神经束切断术
01.3203　经皮扣带回切断术
01.3204　延髓束切断术
01.3205　胼胝体切开术
01.3900x002　脑白质切开术
01.3900x009　脑内血肿清除术
01.3900x012　经外侧裂脑内血肿清除术
01.3902　脑室切开引流术
01.3903　杏仁核海马切开术
01.3904　经颞叶脑血肿清除术
01.3906　内镜下脑血肿引流术
01.3907　脑切开异物取出术
01.3908　大脑半球切开术
01.4101　丘脑切开术
01.4102　丘脑射频毁损术
01.4103　丘脑化学破坏术
01.4104　丘脑核破坏术
01.4105　丘脑病损切除术
01.4201　立体定向苍白球切开术
01.4202　苍白球切开术
01.4203　苍白球射频毁损术
01.4204　苍白球丘脑化学破坏术
01.5100x001　开颅蛛网膜剥离术
01.5100x006　大脑镰脑膜病损切除术
01.5100x007　小脑幕脑膜病损切除术
01.5101　脑膜部分切除术
01.5102　经鼻脑膜病损切除术
01.5103　经枕脑膜病损切除术
01.5104　经额脑膜病损切除术
01.5105　脑蛛网膜病损切除术
01.5106　脑膜病损切除术
01.5107　内镜下脑蛛网膜病损切除术
01.5108　软脑膜切除术
01.5200　大脑半球切除术
01.5301　脑叶次全切除术
01.5302　额叶切除术
01.5303　颞叶切除术
01.5304　标准前颞叶切除术
01.5900x022　多个脑室病损切除术
01.5900x030　中颅窝病损切除术
01.5900x032　颈静脉孔病损切除术
01.5900x036　海马杏仁核切除术
01.5900x037　大脑半球病损切除术
01.5900x038　大脑深部病损切除术
01.5900x040　蝶鞍旁病损切除术
01.5900x041　额颞岛叶病损切除术
01.5900x043　小脑病损切除术
01.5900x044　小脑桥脑角病损切除术
01.5900x048　岩斜区病损切除术
01.5900x049　枕骨大孔区病损切除术
01.5900x050　神经内镜下脑室病损切除术
01.5900x053　经皮脑病损冷冻消融术
01.5900x054　经皮脑病损激光消融术（映射）
01.5901　脑病损切除术
01.5902　鞍区病损切除术
01.5903　侧脑室病损切除术
01.5904　第三脑室病损切除术
01.5905　后颅窝病损切除术
01.5906　岛叶病损切除术
01.5907　第四脑室病损切除术
01.5908　顶叶病损切除术
01.5909　额叶病损切除术
01.5910　海绵窦病损切除术
01.5911　经额脑病损切除术
01.5912　经蝶窦脑病损切除术
01.5913　颞叶病损切除术
01.5914　经顶脑病损切除术
01.5915　经颞脑病损切除术
01.5916　经翼点脑病损切除术
01.5917　经枕脑病损切除术
01.5918　颅底病损切除术
01.5919　经蝶脑病损切除术
01.5920　脑干病损切除术
01.5921　脑囊肿造袋术
01.5922　胼胝体病损切除术
01.5923　小脑半球病损切除术
01.5924　小脑蚓部病损切除术
01.5925　脑清创术
01.5926　内镜下前颅窝病损切除术
01.5927　立体定向脑病损切除术
01.5928　脑斜坡病损切除术
01.5929　脑部分切除术
01.5931　内镜下颅底病损切除术
01.5932　颞下窝病损切除术

01.5933　选择性杏仁核海马切除术
01.5935　小脑扁桃体部分切除术
01.5936　神经导航下颅内病灶切除术
01.5937　内镜下鞍旁病损切除术
01.5938　脑室镜下颅底病损切除术
01.5939　内镜下斜坡病损切除术
01.5940　枕叶病损切除术
01.5941　前胼胝体切除术
01.6x00　颅骨病损的切除术
01.6x01　颅肉芽肿切除术
02.0101　线形颅骨切除术
02.0102　条带状颅骨切除术
02.0201　颅骨骨折减压术
02.0202　颅骨骨折清创术
02.0203　颅骨骨折复位术
02.0300x001　颅骨骨瓣修补术
02.0400x003　颅骨骨膜移植术
02.0401　颅骨骨膜自体移植术
02.0402　颅骨骨膜异体移植术
02.0500x004　颅骨硅橡胶板置入术
02.0500x005　颅骨有机玻璃板置入术
02.0501　颅骨钛板置换术
02.0502　颅骨钛板置入术
02.0503　颅骨钛网置入术
02.0504　颅骨金属板置入术
02.0505　颅骨金属板置换术
02.0600x003　颅骨修补术
02.0601　额瓣修复术
02.0602　颅缝再造术
02.0603　颅骨有机玻璃修补术
02.0700　颅骨（金属）板去除
02.1100x001　硬脑膜缝合术
02.1201　硬脑膜缺损修补术
02.1202　脑膜膨出修补术
02.1203　脑脊液漏修补术
02.1204　脑脊液鼻漏修补术
02.1205　脑脊液耳漏修补术
02.1206　脑脊液切口漏修补术
02.1207　脑膨出修补术伴颅成形术
02.1208　内镜下脑脊液鼻漏修补术
02.1209　硬脑膜补片修补术
02.1210　硬脑膜敷贴术
02.1211　内镜下经翼突入路蝶窦外侧隐窝脑膜脑膨出切除伴颅底修补术
02.1212　内镜下额隐窝及额窦脑膜脑膨出切除伴颅底修补术
02.1301　中脑膜动脉结扎术
02.1302　矢状窦结扎术
02.1401　脉络丛烧灼术
02.1402　侧脑室脉络丛切除灼烧术
02.1403　第三脑室脉络丛切除灼烧术
02.1404　第四脑室脉络丛切除灼烧术
02.2101　脑室外引流［EVD］装置置入术
02.2102　脑室外引流［EVD］装置置换术
02.2200x001　神经内镜下第三脑室底造瘘术
02.2200x005　脑室-静脉窦分流术
02.2201　经胼胝体第三脑室造口引流术
02.2202　神经内镜第三脑室造口术
02.2203　第三脑室造口术
02.2204　脑室Ommaya泵置入术
02.2205　侧脑室脑池造口引流术
02.2206　脑室脑池分流术
02.2207　脑室蛛网膜下腔分流术
02.2208　脑室造口术
02.2210　脑室小脑延髓池分流术
02.2211　脑室胼胝体周围池分流术
02.2212　脑室颈蛛网膜下腔分流术
02.2213　脑室矢状窦分流术
02.2214　内镜下脑室造口术
02.2215　侧脑室枕大池分流术
02.2216　透明隔造瘘术
02.3101　侧脑室乳突造口引流术
02.3102　脑室乳突分流术
02.3103　脑室鼻咽分流术
02.3200x001　脑室-颈外静脉分流术
02.3201　脑室心房分流术
02.3202　脑室腔静脉分流术
02.3300x001　脑室-胸腔分流术
02.3400x002　脑室-腹腔分流术
02.3402　脑室胆囊分流术
02.3502　脑室输尿管分流术
02.3901　脑室骨髓分流术
02.4101　脑室分流管冲洗术
02.4102　脑室分流管探查术
02.4201　脑室-腹膜分流管脑室端修正术
02.4202　脑室分流管修正术
02.9100　大脑皮层粘连松解术
02.9301　颅内神经刺激器植入术
02.9401　颅钳插入术
02.9402　环状钳插入术

02.9403　颅钳置换术
02.9404　环状钳置换术
02.9405　头颅骨盆牵引装置置入术
02.9501　颅钳牵引装置去除术
02.9502　环状钳牵引装置去除术
02.9503　头颅骨盆牵引装置去除术
02.9600　蝶骨电极置入
02.9901　中脑导水管粘连松解术
04.4100x003　三叉神经减压术
04.4101　三叉神经微血管减压术
04.4102　内镜下三叉神经微血管减压术
07.6100x002　经额垂体部分切除术
07.6100x003　经额垂体漏斗部切除术
07.6200x003　经蝶骨垂体部分切除术
07.6200x007　神经内镜下经鼻腔-蝶窦垂体病损切除术
07.6201　经蝶骨垂体病损切除术
07.6202　经蝶入路内镜下垂体部分切除术
07.6301　垂体病损切除术
07.6400x001　经额垂体全部切除术
07.6500　垂体腺全部切除术，经蝶骨入路
07.6501　经蝶入路内镜下垂体全部切除术
07.6800　垂体腺全部切除术，其他特指入路
07.6900x001　垂体切除术
07.7100　垂体窝探查术
07.7200x002　经蝶骨垂体探查术
07.7200x003　拉克氏（Rathke's）囊切除术
07.7201　经蝶骨垂体血肿清除术
07.7202　经蝶骨垂体切开引流术
07.7203　经蝶骨垂体脓肿清除术
07.7901　蝶鞍填塞
38.6102　脑血管瘤切除术

ZC1　多发性严重创伤的脊柱、髋、股或肢体手术

包含以下主要手术或操作：
03.5300x001　脊椎骨折复位术
03.5301　脊椎骨折切开复位内固定术
03.5302　颈椎骨折切开复位内固定术
03.5303　齿状突骨折切开复位内固定术
03.5304　胸椎骨折切开复位内固定术
03.5305　腰椎骨折切开复位内固定术
79.6201　桡骨开放性骨折清创术
79.6500　股骨开放性骨折部位的清创术
79.6601　胫骨开放性骨折清创术
79.6602　腓骨开放性骨折清创术
79.6701　跗骨开放性骨折清创术
79.6702　跖骨开放性骨折清创术
79.6800　趾开放性骨折部位的清创术
79.6900x002　髌骨开放性骨折清创术
79.7200　肘脱位闭合性复位术
79.7500　髋脱位闭合性复位术
79.7600x001　髌骨脱位闭合复位术
79.7900x002　环杓关节脱位闭合复位术
79.7900x003　颈椎脱位闭合复位术
79.7900x005　桡尺关节脱位闭合复位术
79.7900x006　腰椎脱位闭合复位术
79.8100x003　肩关节脱位切开复位内固定术
79.8200x001　肘关节脱位切开复位内固定术
79.8201　桡骨头脱位切开复位术
79.8300x001　腕关节脱位切开复位内固定术
79.8301　腕掌关节脱位切开复位术
79.8401　指关节脱位切开复位术
79.8500x001　髋关节脱位切开复位内固定术
79.8600x002　胫骨结节内下移位术［改良Hauser手术］
79.8700　踝脱位开放性复位术
79.8801　趾关节脱位切开复位术
79.8803　跖跗关节脱位切开复位术
79.8900x001　尺桡关节脱位切开复位术
79.8900x002　颈椎脱位切开复位内固定术
79.8900x003　颈椎脱位切开复位术
79.8900x005　腕掌关节切开复位内固定术
79.8900x006　腰椎脱位切开复位内固定术
79.8900x007　腰椎脱位切开复位术
80.0100x001　肩关节假体取出术
80.0100x002　肩关节旷置术
80.0200x001　肘关节假体取出术
80.0200x002　肘关节旷置术
80.0201　肘关节切开假体去除关节旷置术
80.0300x001　腕关节假体取出术
80.0300x002　腕关节旷置术
80.0400x001　指关节假体取出术
80.0400x002　指关节旷置术
80.0500x001　髋关节假体取出术
80.0500x003　髋关节旷置术
80.0501　髋关节切开假体去除关节旷置术
80.0600x001　膝关节假体取出术
80.0600x002　膝关节旷置术
80.0601　膝关节切开假体去除关节旷置术

80.0700x001　踝关节假体取出术
80.0700x002　踝关节旷置术
80.0800x001　趾关节假体取出术
80.0800x002　趾关节旷置术
80.0900x001　人工椎体取出术
80.1602　膝关节异物取出术
80.1603　膝关节血肿清除术
80.5100x008　前入路颈椎间盘切除术
80.5100x011　后入路胸椎间盘切除术
80.5100x013　后入路腰椎间盘切除术
80.5100x023　颈椎间盘切除伴椎板切除术
80.5100x024　颈椎间盘切除伴半椎板切除术
80.5100x025　颈椎间盘髓核切除术
80.5100x026　椎间盘镜下后入路颈椎间盘切除术
80.5100x027　胸椎间盘切除伴椎板切除术
80.5100x028　胸椎间盘切除伴半椎板切除术
80.5100x029　胸椎间盘髓核切除术
80.5100x030　椎间盘镜下后入路胸椎间盘切除术
80.5100x031　椎间盘镜下前入路胸椎间盘切除术
80.5100x032　椎间盘镜下前入路颈椎间盘切除术
80.5100x033　椎间盘镜下后入路腰椎间盘切除术
80.5100x034　椎间盘镜下前入路腰椎间盘切除术
80.5100x035　腰椎间盘切除伴椎板切除术
80.5100x036　腰椎间盘切除伴半椎板切除术
80.5100x037　经皮腰椎间盘髓核切吸术
80.5100x038　腰椎间盘髓核切除伴椎板切除术
80.5100x039　前外侧入路腰椎间盘切除术
80.5101　颈椎间盘切除术
80.5102　颈椎间盘切除伴椎管减压术
80.5103　内镜下颈椎间盘切除术
80.5104　胸椎间盘切除术
80.5105　胸椎间盘切除伴椎管减压术
80.5106　内镜下胸椎间盘切除术
80.5107　腰椎间盘切除术
80.5108　腰椎间盘切除伴椎管减压术
80.5109　腰椎髓核切除术
80.5110　内镜下腰椎间盘切除术
80.5111　内镜下腰椎髓核切除术
80.5200　椎间盘化学溶解术
80.5400x001　经皮椎间盘电热纤维环成形术（IDET）
80.5401　腰椎间盘纤维环缝合术
80.5900x001　椎间盘射频消融术
80.5900x003　椎间盘激光汽化术
80.6x00x002　膝半月板切除术
80.6x00x010　膝关节镜下外侧半月板切除术
80.6x00x011　膝关节镜下内侧半月板切除术
80.6x01　膝内侧半月板切除术
80.6x02　膝外侧半月板切除术
80.6x03　膝半月板部分切除术
80.6x05　关节镜膝关节半月板切除术
80.6x06　关节镜膝关节半月板部分切除术
80.6x07　关节镜膝内侧半月板部分切除术
80.6x08　关节镜膝外侧半月板部分切除术
80.8101　肩关节病损切除术
80.8102　关节镜肩关节病损切除术
80.8200x003　肘关节镜下微骨折术
80.8201　肘关节病损切除术
80.8202　关节镜肘关节病损切除术
80.8301　腕关节病损切除术
80.8302　关节镜腕关节病损切除术
80.8401　指关节病损切除术
80.8402　关节镜指关节病损切除术
80.8501　髋关节病损切除术
80.8502　关节镜髋关节病损切除术
80.8600x009　膝关节镜下微骨折术
80.8601　膝关节病损切除术
80.8602　关节镜膝关节病损切除术
80.8700x007　踝关节镜下微骨折术
80.8701　踝关节病损切除术
80.8702　关节镜踝关节病损切除术
80.8800x003　踇囊病损切除术
80.8801　趾关节病损切除术
80.9900x003　颈椎后路小关节切除术
80.9900x005　项韧带切除术
80.9900x006　颈椎前路小关节切除术
80.9901　椎体切除术伴椎间盘切除术
80.9902　椎体部分切除伴椎间盘切除术
80.9903　椎体次全切除伴椎间盘切除术
81.0100x001　前入路寰-枢椎融合术
81.0101　寰-枢椎融合术，经口
81.0102　寰-枢椎融合术，后入路
81.0103　枕-颈融合术，前入路
81.0104　枕-颈融合术，经口
81.0105　枕-颈融合术，后入路
81.0200x001　前入路颈椎融合术
81.0200x002　前外侧入路颈椎融合术
81.0300x001　后入路颈椎融合术
81.0300x002　后外侧入路颈椎融合术
81.0400x004　前外侧入路胸椎融合术
81.0400x005　前外侧入路胸腰椎融合术

81.0401　胸椎椎体间融合术，前入路
81.0402　胸腰椎椎体间融合术，前入路
81.0500x005　后外侧入路胸椎融合术
81.0500x006　后外侧入路胸腰椎融合术
81.0501　胸椎融合术，后入路
81.0502　胸腰椎融合术，后入路
81.0600x005　前外侧入路腰椎融合术
81.0600x006　前外侧入路腰骶椎融合术
81.0601　腰椎椎体间融合术，前入路
81.0602　腰骶椎椎体间融合术，前入路
81.0700x002　腰骶外侧横突融合术
81.0701　腰椎后柱融合术，后入路
81.0702　腰骶椎后柱融合术，后入路
81.0800x016　后外侧入路腰椎融合术
81.0800x017　后外侧入路腰骶椎融合术
81.0800x018　经椎间孔入路腰椎体融合术
81.0801　腰椎椎体间融合术，后入路
81.0802　腰骶椎椎体间融合术，后入路
81.1100x003　踝关节镜下踝关节融合术
81.1101　胫距关节融合术
81.1200x001　足三关节融合术
81.1300x003　距下关节融合术
81.1300x004　踝关节镜下距下关节融合术
81.1400x002　足外侧柱延长术
81.1500　跗跖融合术
81.1600　跖趾融合术
81.1700x001　跟骨关节融合术
81.1700x003　趾关节融合术
81.1800　距下关节关节制动术
81.2201　膝关节融合术
81.2300x002　肩关节喙突截骨移位固定术［Latajet手术］
81.2300x003　肩关节肩盂植骨固定术
81.2300x004　肩关节镜下盂唇固定术
81.2300x005　肩关节盂唇固定术
81.2301　肩关节融合术
81.2401　肘关节融合术
81.2500x002　全腕关节融合术
81.2500x003　腕骨间融合术
81.2500x004　腕中关节融合术
81.2501　腕桡关节固定术
81.2601　掌腕关节固定术
81.2701　掌指关节固定术
81.2801　指间关节固定术
81.3101　寰-枢椎再融合术，前入路
81.3102　寰-枢椎再融合术，经口
81.3103　寰-枢椎再融合术，后入路
81.3104　枕-颈再融合术，前入路
81.3105　枕-颈再融合术，经口
81.3106　枕-颈再融合术，后入路
81.3200x001　前入路颈椎翻修术
81.3200x002　前外侧入路颈椎翻修术
81.3300x001　后入路颈椎翻修术
81.3300x002　后外侧入路颈椎翻修术
81.3400x003　前外侧入路胸椎翻修术
81.3400x004　前外侧入路胸腰椎翻修术
81.3401　胸椎椎体间再融合术，前入路
81.3402　胸腰椎椎体间再融合术，前入路
81.3500x003　后外侧入路胸椎翻修术
81.3500x004　后外侧入路胸腰椎翻修术
81.3501　胸椎再融合术，后入路
81.3502　胸腰椎再融合术，后入路
81.3600x003　前外侧入路腰椎翻修术
81.3600x004　前外侧入路腰骶椎翻修术
81.3601　腰椎椎体间再融合术，前入路
81.3602　腰骶椎椎体间再融合术，前入路
81.3700x001　腰椎外侧横突翻修术
81.3700x002　腰骶外侧横突翻修术
81.3701　腰椎后柱再融合术，后入路
81.3702　腰骶椎后柱再融合术，后入路
81.3800x003　后外侧入路腰椎翻修术
81.3800x004　后外侧入路腰骶椎翻修术
81.3800x005　经椎间孔入路腰椎体翻修术
81.3801　腰椎椎体间再融合术，后入路
81.3802　腰骶椎椎体间再融合术，后入路
81.3900　脊柱其他部位再融合术
81.4000x004　髋关节镜下髋关节成形术
81.4000x005　髋关节镜下盂唇修补术
81.4000x006　髋关节镜下软骨成形术
81.4000x007　髋关节镜下异体骨软骨移植术
81.4000x008　髋关节异体骨软骨移植术
81.4001　髋臼成形术
81.4200　膝五合一修补术
81.4300　膝关节三联修补术
81.4400x001　异体韧带重建膝关节内侧支持带术
81.4400x002　异体韧带重建膝关节外侧支持带术
81.4401　关节镜髌骨稳定术
81.4402　髌骨支持带外侧松解，内侧紧缩术
81.4403　髌骨习惯性脱位韧带成形术
81.4501　膝关节前交叉韧带重建术

81.4502 膝关节后交叉韧带重建术
81.4503 关节镜膝关节交叉韧带重建术
81.4504 关节镜膝关节前交叉韧带重建术
81.4505 关节镜膝关节后交叉韧带重建术
81.4600x001 副韧带修补术
81.4600x002 异体韧带重建膝关节内侧副韧带术
81.4600x003 异体韧带重建膝关节外侧副韧带术
81.4601 关节镜膝关节副韧带修补术
81.4700x001 膝关节半月板成形术
81.4700x005 膝关节镜下半月板成形术
81.4700x012 膝关节镜下异体外侧半月板移植术
81.4700x013 膝关节镜下半月板缝合术
81.4700x014 膝关节镜下半月板移植术
81.4700x015 膝关节镜下软骨成形术
81.4700x016 膝关节镜下软骨细胞移植术
81.4700x017 膝关节镜下软骨修复术
81.4700x018 膝关节镜下异体骨软骨移植术
81.4700x019 膝关节镜下自体骨软骨移植术
81.4700x020 膝关节镜下异体内侧半月板移植术
81.4700x021 膝关节异体骨软骨移植术
81.4701 鹅足转移术
81.4900x001 踝关节修补术
81.4900x002 踝关节镜下软骨成形术
81.4900x003 踝关节镜下软骨修复术
81.4900x004 踝关节镜下异体骨软骨移植术
81.4900x005 踝关节镜下自体骨软骨移植术
81.4900x006 踝关节软骨镜下软骨细胞移植术
81.4900x007 踝关节异体骨软骨移植术
81.4900x008 异体韧带重建踝关节韧带术
81.5100 全髋关节置换
81.5200x004 人工双动股骨头置换术
81.5201 人工股骨头置换术
81.5202 人工髋臼置换术
81.5400x004 膝关节单髁表面置换术
81.5400x005 膝关节髌股表面置换术
81.5400x007 膝关节双间室置换术
81.5400x008 铰链式人工膝关节置换术
81.5401 部分膝关节置换术
81.5600 踝关节全部置换
81.5700x001 跖趾关节置换术
81.5700x002 趾关节置换术
81.6200 2-3个椎骨融合或再融合
81.6300 4-8个椎骨融合或再融合
81.6400x003 多块椎骨融合
81.6500 经皮椎骨成形术
81.6600x001 经皮穿刺脊柱后凸成形术
81.6600x002 腰椎骨折球囊扩张成形术
81.6600x003 胸椎骨折球囊扩张成形术
81.6601 经皮椎体球囊扩张成形术
81.7100x001 掌指关节成形术伴植入
81.7100x002 人工指关节置换术
81.7100x003 指间关节成形术伴植入
81.7200x002 掌指关节成形术
81.7200x003 指间关节成形术
81.7200x004 掌板紧缩术
81.7200x005 掌板修复术
81.7200x006 指关节软骨重建术
81.7300x001 人工腕关节置换术
81.7400x001 腕关节成形术伴植入
81.7400x002 腕掌关节成形术伴植入
81.7500x001 腕关节成形术
81.7500x002 腕掌关节成形术
81.7500x003 腕关节镜下TFCC成形术
81.7500x004 腕关节镜下TFCC修补术
81.7500x005 腕关节镜下软骨成形术
81.8000x003 肩关节表面置换术
81.8101 人工肱骨头置换术
81.8200 复发性肩脱位的修补术
81.8300x001 肩关节成形术
81.8300x003 肩关节囊修复重建术
81.8300x004 肩关节修补术
81.8300x006 肩袖修补术
81.8300x007 肩关节镜下关节囊热紧缩术
81.8300x008 肩关节镜下肩袖修补术
81.8305 肩关节成形翻修术
81.8400x002 人工桡骨头置换术
81.8500x001 肱骨髁间成形术
81.8500x002 肘关节成形术
81.8500x004 肘关节镜下软骨成形术
81.8500x005 肘关节镜下软骨修复术
81.8500x006 肘关节镜下异体骨软骨移植术
81.8500x007 肘关节镜下自体骨软骨移植术
81.8500x008 肘关节镜下软骨细胞移植术
81.8500x009 异体韧带重建肘关节周围韧带术
81.8800 反向全肩关节置换术
81.9300x003 指间关节侧副韧带重建术
81.9300x004 腕关节镜下韧带重建术
81.9300x005 腕关节韧带重建术
81.9300x006 腕关节韧带紧缩术
81.9300x007 指关节囊缝合术

81.9300x008　指间关节侧副韧带缝合术
81.9300x009　肘关节镜下韧带重建术
81.9300x010　肘关节韧带修补术
81.9301　上肢关节囊缝合术
81.9302　上肢韧带缝合术
81.9400x001　踝关节韧带修补术
81.9400x006　踝关节镜下韧带修补术
81.9400x007　踝关节镜下韧带重建术
81.9401　踝关节囊缝合术
81.9402　踝关节韧带缝合术
81.9403　足关节囊缝合术
81.9404　足韧带缝合术
81.9500x001　髌韧带缝合术
81.9501　下肢关节囊缝合术
81.9502　下肢韧带缝合术
81.9600x003　髌韧带重建术
81.9600x015　韧带修补术
81.9600x017　跖趾关节镜下软骨成形术
81.9600x018　跖趾关节镜下软骨修复术
81.9600x019　足趾关节游离移植术
81.9600x020　膝关节镜下膝关节后外侧角重建术
81.9600x021　膝关节后外侧角重建术
81.9600x022　膝关节镜下膝关节内侧髌股韧带重建术
81.9600x023　膝关节内侧髌股韧带重建术
81.9600x024　膝关节镜下膝后十字韧带再附着术
81.9600x025　膝后十字韧带再附着术
81.9600x026　膝关节镜下髌骨内侧支持带紧缩缝合术
81.9600x027　髌骨内侧支持带紧缩缝合术
81.9600x028　膝关节镜下髌韧带移位术
81.9600x029　髌韧带移位术
81.9600x030　膝关节镜下髌骨外侧支持带松解术
81.9600x031　髌骨外侧支持带松解术
81.9700x002　肘关节翻修术
81.9701　肩关节置换修复术
81.9702　肘关节置换修复术
81.9703　腕关节置换修复术
82.0200x001　手部肌肉切开减压术
82.0300　手黏液囊切开术
82.0401　掌间隙切开引流术
82.0402　鱼际间隙切开引流术
82.1100x002　侧腱束切断术
82.1101　手部肌腱切断术
82.1200x002　掌筋膜切断术
82.1201　手部筋膜切断术
82.2100　手腱鞘病损切除术
82.2200　手肌肉病损切除术
82.2900x001　手部软组织病损切除术
82.3200x001　手肌腱切取术
82.3301　手部腱鞘切除术
82.3400x001　手肌肉切取术
82.3400x002　手筋膜切除用于移植
82.3500x001　掌腱膜部分切除术
82.3500x002　掌腱膜切除术
82.3600x001　手部肌肉切除术
82.4100　手腱鞘缝合术
82.4200　手屈肌腱延迟性缝合术
82.4300x001　手部肌腱延迟性缝合术
82.4400x001　屈腕肌腱缝合术
82.4400x002　屈指肌腱缝合术
82.4500x001　拇长伸肌腱缝合术
82.4500x009　伸指总肌腱缝合术
82.4500x010　伸指肌腱侧束缝合术
82.4500x011　伸指肌腱中央束缝合术
82.4500x012　伸腕肌腱缝合术
82.4500x013　伸指肌腱缝合术
82.4601　手部筋膜缝合术
82.4602　手部肌肉缝合术
82.5100　手肌腱前徙术
82.5200　手肌腱后徙术
82.5301　手部肌腱止点重建术
82.5401　手部肌肉止点重建术
82.5501　手部肌腱延长术
82.5600x002　手部自体肌腱移植术
82.5600x003　手部异体肌腱移植术
82.5600x004　手部带腱帽异体肌腱移植术
82.5600x005　手部带鞘管异体肌腱移植术
82.5601　手部肌腱移植术
82.5700x001　手部肌腱移位术
82.5801　手部肌肉移植术
82.5900x001　手部肌肉移位术
82.6100x002　拇指整复术
82.6900x002　拇指重建术
82.6901　拇指残端拇化术
82.7100x001　拇外展功能重建术
82.7100x002　指浅屈肌替代法屈肌腱滑车重建术
82.7201　手肌肉移植物的整形术
82.7202　手筋膜移植物整形术
82.7900x001　手肌腱移植的整形术

82.8100x001　手指移位术
82.8500x001　手部肌腱固定术
82.8500x002　屈指浅肌腱近指间关节固定术
82.8600x001　手部肌腱成形术
82.8600x006　手指肌腱成形术
82.8600x010　指深-浅屈肌腱交叉延长术
82.8600x011　伸指肌腱中央束重建术［Matev法］
82.8600x012　伸指肌腱中央束重建术［Carroll法］
82.8600x013　伸指肌腱中央束重建术［Fowler法］
82.8901　手筋膜疝修补术
83.0100x001　肌腱探查术
83.0101　腱鞘切开术
83.0300　黏液囊切开术
83.1300x001　腓肠肌腱膜松解术
83.1300x004　前臂肌腱松解术
83.1300x006　下肢肌腱松解术
83.1403　臀筋膜切断术
83.1900x001　股内收肌切断术
83.1900x003　腘绳肌切断术
83.1900x010　内收肌切断术
83.1900x023　髋关节镜下髂腰肌松解术
83.2900x002　手肌腱、血管、神经探查术
83.3100x001　跟腱病损切除术
83.3100x008　踝关节镜下跟腱病损切除术
83.3200x009　上肢肌肉病损切除术
83.3200x012　下肢肌肉病损切除术
83.6400x007　前臂肌腱缝合术
83.6400x008　上肢肌腱缝合术
83.6400x009　腕部肌腱缝合术
83.6400x011　下肢肌腱缝合术
83.6400x013　趾肌腱缝合术
83.6500x002　肱二头肌缝合术
83.6500x003　肱三头肌缝合术
83.6500x005　股二头肌缝合术
83.6500x006　股四头肌缝合术
83.6500x011　胫前肌缝合术
83.6500x012　前臂肌缝合术
83.6500x013　三角肌缝合术
83.6500x016　下肢肌肉缝合术
83.7500x003　前臂肌腱移位术
83.7600x002　胫前肌腱移位术
83.7600x005　足趾肌腱移位术
83.7700x001　下肢肌肉移植术
83.7700x003　胫后肌移植术
83.7700x004　福耳克曼挛缩松解伴肌游离移植术
83.7700x005　肩内收功能重建伴肌移位术
83.7700x006　上肢肌拇内收功能重建伴肌移位术
83.7700x007　上肢肌拇外展功能重建伴肌移位术
83.7700x008　上肢肌屈拇功能重建伴肌移位术
83.7700x009　上肢肌屈拇功能重建伴肌游离移植术
83.7700x010　上肢肌屈腕功能重建伴肌移位术
83.7700x011　上肢肌屈腕功能重建伴肌游离移植术
83.7700x012　上肢肌屈指功能重建伴肌移位术
83.7700x013　上肢肌屈指功能重建伴肌游离移植术
83.7700x014　上肢肌屈肘功能重建伴肌移位术
83.7700x015　上肢肌屈肘功能重建伴肌游离移植术
83.7700x016　上肢肌伸拇功能重建伴肌移位术
83.7700x017　上肢肌伸拇功能重建伴肌游离移植术
83.7700x018　上肢肌伸腕功能重建伴肌移位术
83.7700x019　上肢肌伸腕功能重建伴肌游离移植术
83.7700x020　上肢肌伸指功能重建伴肌移位术
83.7700x021　上肢肌伸指功能重建伴肌游离移植术
83.7700x022　上肢肌伸肘功能重建伴肌移位术
83.7700x023　上肢肌伸肘功能重建伴肌游离移植术
83.7700x024　上肢肌旋后功能重建伴肌移位术
83.7700x025　上肢肌旋前功能重建伴肌移位术
83.7700x026　下肢肌屈踝功能重建伴肌移位术
83.7700x027　下肢肌屈踇功能重建伴肌移位术
83.7700x028　下肢肌屈膝功能重建伴肌移位术
83.7700x029　下肢肌屈趾功能重建伴肌移位术
83.7700x030　下肢肌伸踝功能重建伴肌移位术
83.7700x031　下肢肌伸踇功能重建伴肌移位术
83.7700x032　下肢肌伸膝功能重建伴肌移位术
83.7700x033　下肢肌伸趾功能重建伴肌移位术
83.7701　肌肉转移术
83.7702　肌皮瓣转移术
83.7900x002　胫后肌前移术
83.7900x003　胫前肌外移术
83.8500x001　腓骨长短肌腱延长术
83.8500x002　跟腱缩短术
83.8500x003　跟腱延长术
83.8500x004　肱二头肌腱延长术

83.8500x005 腘肌延长术
83.8500x008 伸趾肌腱延长术
83.8500x009 足屈肌腱延长术
83.8500x010 足伸肌腱延长术
83.8600 股四头肌成形术
83.8700x003 肩关节肌肉成形术
83.8700x007 下肢肌肉成形术
83.8800x010 距腓韧带缝合修补术
83.8800x012 足肌腱成形术
83.8800x014 肩关节镜下肱二头肌肌腱长头固定术
83.9100x004 前臂束带松解术
83.9100x009 下肢束带松解术
84.0100x001 多指截指术
84.0100x002 手指关节离断术
84.0100x004 手指离断术
84.0101 指关节离断术
84.0103 掌指关节离断术
84.0201 拇指截断术
84.0202 拇指关节离断术
84.0301 手截断术
84.0400 腕关节离断术
84.0500 经前臂截断术
84.0600 肘关节离断术
84.0701 上臂截断术
84.0800 肩关节离断术
84.1101 趾关节离断术
84.1200 经足截断术
84.1300 踝关节离断术
84.1400 经胫骨和腓骨踝部的踝截断术
84.1500x002 经胫骨和腓骨的小腿离断术
84.1600 膝关节离断术
84.1701 大腿截断术
84.1800 髋关节离断术
84.1901 半侧骨盆截断术
84.2101 拇指断指再植术
84.2201 手指断指再植术
84.2301 前臂断肢再植术
84.2302 断手再植术
84.2303 断腕再植术
84.2304 断掌再植术
84.2401 上臂断肢再植术
84.2501 断趾再植术
84.2601 断足再植术
84.2701 小腿断肢再植术
84.2801 大腿断肢再植术
84.5300 肢体内部延长装置置入伴动力分离术
84.5400x001 肢体内部延长装置置入术
84.5900x002 椎体间减压装置置入术
84.6101 颈部分椎间盘置换
84.6201 颈全椎间盘假体置换
84.6300x002 胸椎全部间盘假体置入术
84.6300x003 胸椎部分间盘假体置入术
84.6301 胸椎间盘假体置换
84.6400x001 腰椎部分间盘假体置入术
84.6400x003 腰椎棘突间腰椎稳定器置入术
84.6401 腰骶部分椎间盘假体置换
84.6501 腹腔镜辅助下腰椎前路椎间盘置换术
84.6600x001 颈人工椎间盘翻修术
84.6601 颈人工椎间盘假体置换术
84.6700x002 胸人工椎间盘翻修术
84.6701 胸人工椎间盘假体置换术
84.6800x001 腰人工椎间盘翻修术
84.6801 腰人工椎间盘假体置换术

ZD1 严重复合伤的腹部手术

包含以下主要手术或操作：
17.3100 腹腔镜多段大肠切除术
17.3101 腹腔镜直肠乙状结肠部分切除术
17.3200 腹腔镜盲肠切除术
17.3200x001 腹腔镜下盲肠部分切除术
17.3300 腹腔镜右半结肠切除术
17.3300x002 腹腔镜下升结肠部分切除术
17.3400 腹腔镜横结肠切除术
17.3401 腹腔镜横结肠部分切除术
17.3500 腹腔镜左半结肠切除术
17.3500x001 腹腔镜下降结肠部分切除术
17.3600 腹腔镜乙状结肠切除术
17.3600x001 腹腔镜下乙状结肠部分切除术
17.3900x002 腹腔镜下结肠部分切除术
17.3900x003 腹腔镜下小肠-结肠切除术
17.3901 腹腔镜巨结肠切除术
39.2401 腹主动脉-肾动脉搭桥术
41.2x01 脾切开探查术
41.4200x002 脾病损切除术
41.4200x003 经皮脾病损射频消融术
41.4200x005 经皮脾病损微波消融术
41.4300 部分脾切除术
41.5x00 全脾切除术
41.5x01 腹腔镜全脾切除术
41.9501 脾修补术

43.0x00x003　胃切开探查术
43.0x02　胃切开异物取出术
43.1900x003　永久性胃造口术
43.1900x005　暂时性胃造口术
43.5x00x003　贲门部分切除伴食管-胃吻合术
43.5x00x007　胃近端切除伴食管-胃吻合术
43.6x00x005　胃幽门切除术伴胃-十二指肠吻合术
43.6x00x006　胃远端切除术伴胃-十二指肠吻合术
43.6x01　胃大部切除伴胃十二指肠吻合术
43.6x02　腹腔镜胃大部切除伴胃十二指肠吻合术
43.7x00x001　胃大部切除伴胃-空肠吻合术［Billroth Ⅱ式手术］
43.7x03　腹腔镜胃大部切除伴胃空肠吻合术
43.8100　胃部分切除术伴空肠移位术
43.8201　腹腔镜胃部分切除术
43.8901　胃部分切除术
43.8903　胃袖状切除术
43.9101　全胃切除伴空肠间置术
43.9900x002　残胃切除术
43.9900x003　腹腔镜下胃切除术
43.9900x004　根治性胃切除术
43.9901　全胃切除伴食管空肠吻合术
43.9903　全胃切除伴食管十二指肠吻合术
43.9905　腹腔镜辅助全胃切除伴食管-空肠吻合术
44.5x00x002　胃-空肠吻合口闭合术
44.5x00x004　胃-十二指肠吻合口闭合术
44.5x00x005　胃-十二指肠吻合口修补术
44.6100x003　胃破裂修补术
44.6200　胃造口闭合术
44.6300x001　胃-结肠瘘闭合术
44.6400　胃固定术
44.6500x001　食管-贲门成形术
44.6500x002　食管-胃成形术［Belsey手术］
44.6600x002　胃-贲门成形术
44.6601　胃底折叠术
44.6701　腹腔镜胃底折叠术
44.6800x002　腹腔镜下胃束带术
44.6902　腹腔镜胃修补术
44.9201　胃扭转复位术
45.0100x005　十二指肠切开探查术
45.0201　小肠切开异物取出术
45.0203　小肠切开减压术
45.0300x002　大肠切开探查术
45.0302　大肠切开异物取出术
45.1101　术中小肠内镜检查
45.6100　小肠多节段部分切除术
45.6201　小肠部分切除术
45.6202　十二指肠部分切除术
45.6203　十二指肠切除术
45.6204　空肠部分切除术
45.6205　空肠切除术
45.6206　回肠部分切除术
45.6207　回肠切除术
45.6300　小肠全部切除术
45.7100x001　大肠多节段切除术
45.7200x002　回盲部切除术
45.7200x004　盲肠部分切除术
45.7202　盲肠切除术
45.7300x003　升结肠部分切除术
45.7300x006　右半结肠姑息性切除术
45.7300x007　右半结肠切除术
45.7301　回肠结肠切除术
45.7302　右半结肠根治性切除术
45.7400x003　横结肠切除术
45.7401　横结肠部分切除术
45.7500　左半结肠切除术
45.7500x001　降结肠部分切除术
45.7600x008　乙状结肠切除术
45.7601　乙状结肠部分切除术
45.7900x002　巨结肠切除术
45.7901　结肠部分切除术
45.8100　腹腔镜腹内全结肠切除术
45.8200　开放性腹内全结肠切除术
45.9100x006　小肠-小肠端侧吻合术
45.9100x008　空肠-空肠端侧吻合术
45.9103　十二指肠空肠吻合术
45.9104　空肠回肠吻合术
45.9200　小肠直肠残端吻合术
45.9300x012　小肠-升结肠吻合术
45.9300x013　小肠-大肠吻合术
45.9300x014　小肠-结肠吻合术
45.9300x015　回肠贮袋肛管吻合术
45.9301　回肠-横结肠吻合术
45.9302　回肠-降结肠吻合术
45.9303　回肠-盲肠吻合术
45.9304　回肠-升结肠吻合术
45.9305　回肠-乙状结肠吻合术
45.9306　回肠-直肠吻合术
45.9307　空肠-横结肠吻合术
45.9310　空肠-乙状结肠吻合术

45.9400x004　降结肠-乙状结肠吻合术
45.9400x009　盲肠-乙状结肠吻合术
45.9400x012　升结肠-乙状结肠吻合术
45.9400x016　横结肠-直肠吻合术
45.9401　横结肠-降结肠吻合术
45.9402　横结肠-乙状结肠吻合术
45.9403　降结肠-直肠吻合术
45.9405　乙状结肠-直肠吻合术
45.9406　升结肠-横结肠吻合术
45.9407　升结肠-降结肠吻合术
45.9502　回肠-肛门吻合术
45.9503　降结肠-肛门吻合术
45.9504　乙状结肠-肛门吻合术
46.0100x001　回肠外置术
46.0101　十二指肠外置术
46.0300x001　肠外置术［Mikulicz手术］
46.0300x003　盲肠外置术
46.0400x002　肠外置段的切除术
46.0401　肠外置术（二期）
46.1000x007　腹腔镜下结肠造口术
46.1100　暂时性结肠造口术
46.1300　永久性结肠造口术
46.1301　腹腔镜乙状结肠永久性造口术
46.2100　暂时性回肠造口术
46.2300x001　回肠永久性造口术
46.2400　回肠造口的延迟性切开
46.3900x002　空肠造口术
46.3900x006　腹腔镜下十二指肠造口术
46.3900x007　腹腔镜下小肠造口术
46.3902　十二指肠造口术
46.3904　小肠造口术
46.3905　腹腔镜空肠造口术
46.7100　十二指肠裂伤缝合术
46.7200　十二指肠瘘的闭合术
46.7300x005　小肠破裂修补术
46.7301　空肠裂伤修补术
46.7302　回肠裂伤修补术
46.7400x004　小肠瘘修补术
46.7403　空肠瘘修补术
46.7500x004　结肠破裂修补术
46.7501　横结肠裂伤修补术
46.7502　乙状结肠裂伤修补术
46.7503　盲肠裂伤修补术
46.7504　升结肠裂伤修补术
46.7505　降结肠裂伤修补术
46.7601　乙状结肠瘘修补术
46.7602　盲肠瘘修补术
46.7603　结肠瘘修补术
46.7900x009　腹腔镜下十二指肠成形术
46.7902　十二指肠成形术
46.8101　小肠扭转复位术
46.8102　小肠套叠复位术
46.8201　大肠扭转复位术
46.8202　大肠套叠复位术
48.0x00x002　直肠切开引流术
48.0x00x003　直肠切开探查术
48.0x02　肛门闭锁减压术
48.0x03　直肠直线切开术［PANAS］
48.1x00　直肠造口
48.4900x002　直肠切除术［Swenson手术］
48.4900x003　直肠-腹-会阴拖出切除术
48.4901　会阴-直肠拖出术
48.5100　腹腔镜下腹会阴直肠切除术
48.5100x002　腹腔镜下经肛提肌外腹会阴直肠联合切除术［LELAPE手术］
48.5200　开放性腹会阴直肠切除术
48.5201　肛提肌外腹会阴直肠联合切除术
48.5900x001　直肠全部切除术
48.6100　经骶直肠乙状结肠切除术
48.6200　直肠前切除术同时伴结肠造口术
48.6301　直肠前切除术
48.6302　腹腔镜下直肠前切除术
48.6400x001　经骶尾直肠切除术
48.6500x001　腹-会阴拖出术
48.6902　直肠部分切除术
48.6903　直肠-乙状结肠切除术
48.6904　直肠乙状结肠部分切除术
48.6905　直肠切除术
48.7100　直肠裂伤缝合术
48.7300x001　会阴-直肠瘘闭合术
48.7301　会阴直肠瘘修补术
48.7303　直肠瘘修补术
48.7400　直肠直肠吻合术
48.7401　经肛门吻合器直肠切除术
48.7501　直肠脱垂里普斯坦修补术
48.7600x001　直肠固定术
48.7600x002　直肠骶骨上悬吊术
48.7600x008　直肠黏膜悬吊术
48.7900x003　直肠修补术
48.9100　直肠狭窄切开术

50.0x00x008　肝被膜下血肿清除术
50.0x00x016　肝探查术
50.0x01　肝切开引流术
50.2200　部分肝切除术
50.2200x003　肝Ⅱ段切除术
50.2200x004　肝Ⅲ段切除术
50.2200x005　肝Ⅳ段切除术
50.2200x006　肝Ⅴ段切除术
50.2200x007　肝Ⅵ段切除术
50.2200x008　肝Ⅶ段切除术
50.2200x009　肝Ⅷ段切除术
50.2201　肝楔形切除术
50.2205　腹腔镜下肝部分切除术
50.3x01　右半肝切除术
50.3x02　左半肝切除术
50.3x03　肝叶部分切除术
50.4x00　全肝切除术
50.6101　肝破裂修补术
50.6900x002　肝修补术
50.6901　肝固定术
50.9900x003　肝止血术
51.2100　部分胆囊切除术
51.2200　胆囊切除术
51.2200x004　胆囊扩大切除术
51.2201　残余胆囊切除术
51.3100　胆囊肝管吻合术
51.3201　胆囊空肠吻合术
51.3202　胆囊十二指肠吻合术
51.3400　胆囊胃吻合术
51.3601　胆总管空肠吻合术
51.3602　胆总管十二指肠吻合术
51.3700x001　腹腔镜下肝门-空肠吻合术
51.3700x002　腹腔镜下肝门-肠吻合术
51.3700x003　肝胆管-空肠吻合术
51.3700x007　肝门-空肠吻合术
51.3701　肝总管空肠吻合术
51.3702　肝管胃吻合术
51.3703　肝管十二指肠吻合术
51.3704　肝管空肠吻合术
51.3900x005　胆管吻合术
51.3901　胆管空肠吻合术
51.3902　胆管十二指肠吻合术
51.3903　胆总管胃空肠吻合术
51.3904　胆管肝管空肠吻合术
51.3905　胆总管胃吻合术
51.3906　胆管胃吻合术
51.4201　胆总管切开异物取出术
51.5900x006　腹腔镜下胆道探查术
51.7200x001　胆总管修补术
51.7201　胆总管瘘修补术
51.7202　胆总管-肠吻合口拆除术
51.7203　胆总管球囊扩张术
51.7900x002　胆管成形术
51.7900x005　胆管修补术
51.7900x006　胆总管损伤修补术
51.7901　肝管成形术
51.7902　胆管空肠吻合口闭合术
51.7903　带蒂肠片肝管成形术
51.7904　胆管瘘修补术
51.7906　肝总管修补术
51.8100　奥狄氏括约肌扩张
51.8200x001　奥狄括约肌切开术
51.8200x002　经十二指肠壶腹括约肌切开术
51.8300x003　胆总管-十二指肠后壁吻合术
51.8301　十二指肠括约肌成形术
51.9100　胆囊裂伤的修补术
51.9300x001　胆囊-空肠瘘切除术
51.9301　胆囊瘘修补术
51.9305　胆囊胃瘘修补术
52.5100x001　胰近端切除伴十二指肠切除术
52.5101　胰头切除术
52.5102　胰头伴部分胰体切除术
52.5103　胰头十二指肠切除术
52.5104　胰头部分切除术
52.5201　胰尾切除术
52.5202　胰尾伴部分胰体切除术
52.5203　胰尾部分切除术
52.5204　腹腔镜下胰尾切除术
52.5300　根治性胰腺次全切除术
52.5901　胰腺部分切除术
52.5905　腹腔镜胰腺部分切除术
52.6x00　全胰切除术
52.6x00x003　异位胰腺切除术
52.6x01　胰腺全部切除伴十二指肠切除术
52.7x00　根治性胰十二指肠切除术
52.7x00x003　胰腺根治性切除术
52.9500x001　胰瘘管切除术
52.9500x002　胰尾修补术
52.9501　胰腺裂伤缝合术
52.9504　胰腺修补术

52.9601 胰腺管空肠吻合术
52.9602 胰腺管胃吻合术
54.0x00x010 腹壁血肿清除术
54.0x00x021 腹膜外血肿清除术
54.0x00x023 髂窝积液清除术
54.1100 开腹探查术
54.1101 腹腔镜中转剖腹探查术
54.1201 再开腹探查术
54.1900x001 腹部血肿去除术
54.1900x005 腹腔镜下腹腔积血清除术
54.1900x011 腹腔血肿清除术
54.1900x023 男性盆腔血肿清除术
54.1901 腹膜后血肿清除术
54.1902 腹膜血肿清除术
54.1906 网膜切开术
54.1907 腹腔出血止血术
54.3x04 脐切除术
54.6301 腹壁裂伤缝合术
54.6400 腹膜缝合术
54.6401 网膜裂伤缝合术
54.7200x001 腹壁补片修补术
54.7300x001 腹膜组织修补术
54.7400x001 大网膜包肝术
54.7400x002 大网膜包肾术
54.7400x003 大网膜还纳术
54.7400x004 大网膜内移植术
54.7400x005 大网膜修补术
54.7400x006 生物大网膜移植术
54.7404 网膜扭转复位术
54.7500x002 肠系膜修补术
54.7501 肠系膜固定术
54.9201 腹腔切开异物取出术
54.9501 拉德手术
54.9502 脑室-腹腔分流修复术
54.9900x017 盆腔补片术
55.0100x010 肾被膜下血肿清除术
55.0101 肾探查术
55.0107 肾血肿清除术
55.0109 腹腔镜下肾探查术
55.1100x001 肾盂切开探查术
55.5100 肾输尿管切除术
55.5101 单侧肾切除术
55.5103 腹腔镜下单侧肾切除术
55.5104 腹腔镜下单侧肾输尿管切除术
55.5200 残留肾切除术
55.5201 孤立肾切除术
55.5300x001 移植肾切除术
55.5400 双侧肾切除术
55.5401 腹腔镜下双侧肾切除术
55.8101 肾裂伤修补术
55.8701 肾盂成形术
55.8702 肾盂输尿管成形术
55.8703 腹腔镜下肾盂输尿管成形术
55.8704 腹腔镜下肾盂成形术
55.8901 肾修补术
56.4105 腹腔镜下输尿管部分切除术
56.4200 输尿管全部切除术
56.5102 回肠输尿管皮肤造口术
56.6100x001 输尿管-皮肤造口术
56.6100x003 输尿管造口术
56.6100x004 腹腔镜下输尿管-皮肤造口术
56.7100x002 输尿管-乙状结肠吻合术
56.7101 输尿管-回肠吻合术
56.7103 输尿管-直肠吻合术
56.7200 输尿管肠吻合术的修复术
56.7400 输尿管膀胱吻合术
56.7402 腹腔镜下输尿管膀胱吻合术
56.7501 左右输尿管吻合术
56.8200x002 腹腔镜下输尿管损伤修复术
56.8201 输尿管裂伤修补术
56.8500 输尿管固定术
56.8900x001 肠管代输尿管术
56.8901 输尿管成形术
56.8902 输尿管移植术
56.8908 腹腔镜下输尿管成形术
57.1901 膀胱探查术
57.1903 膀胱切开异物取出术
57.1905 膀胱切开血块清除术
57.2100 膀胱造口术
57.7101 膀胱尿道全切除术
57.7900x001 膀胱全切除术
57.7901 腹腔镜下全膀胱切除术
57.8100 膀胱裂伤缝合术
57.8500x002 膀胱颈重建术
57.8501 膀胱颈成形术
57.8700x005 腹腔镜下回肠代膀胱术
57.8700x006 腹腔镜下可控性肠代膀胱术
57.8700x007 腹腔镜下胃代膀胱术
57.8700x008 腹腔镜下直肠代膀胱术
57.8700x009 胃代膀胱术

57.8701　回肠代膀胱术
57.8704　直肠代膀胱术
57.8706　乙状结肠代膀胱术
57.8900x001　膀胱修补术

ZJ1　与多发伤有关的其他手术操作

包含以下主要手术或操作：
00.0300　周围血管治疗性超声
00.5000x001　双心室起搏器置入术
00.5100x001　双心室起搏伴心内除颤器置入术
00.5102　心脏再同步除颤器置换术
00.5201　左心室冠状静脉导线［电极］置入术
00.5202　左心室冠状静脉导线［电极］置换术
00.5301　心脏再同步起搏器脉冲发生器置入术
00.5401　心脏再同步除颤器脉冲发生器置入术
00.5402　心脏再同步除颤器脉冲发生器置换术
00.5500x008　经皮降主动脉药物洗脱支架置入术
00.5500x009　经皮周围动脉药物洗脱支架置入术
00.5500x010　经皮周围静脉药物洗脱支架置入术
00.5500x011　经皮尺动脉药物洗脱支架置入术
00.5500x012　经皮腓动脉药物洗脱支架置入术
00.5500x013　经皮肱动脉药物洗脱支架置入术
00.5500x014　经皮桡动脉药物洗脱支架置入术
00.5500x015　经皮上肢静脉药物洗脱支架置入术
00.5500x016　经皮头臂静脉药物洗脱支架置入术
00.5500x017　经皮外周动脉可降解支架置入术
00.5501　锁骨下动脉药物洗脱支架置入术
00.5502　股总动脉药物洗脱支架置入术
00.6000　表浅股动脉药物洗脱支架置入
00.6100x008　经皮颈总动脉球囊扩张成形术
00.6100x012　经皮颈静脉球囊扩张成形术
00.6101　经皮颈动脉球囊扩张成形术
00.6102　经皮椎动脉球囊扩张成形术
00.6200x005　经皮大脑中动脉球囊扩张成形术
00.6201　经皮基底动脉球囊扩张成形术
00.6202　经皮交通动脉血管球囊扩张成形术
00.6300x005　经皮颈动脉远端保护装置置入术
00.6300x006　经皮颈动脉覆膜支架置入术
00.6300x007　经皮颈动脉药物洗脱支架置入术
00.6301　脑保护伞下颈动脉支架置入术
00.6400x009　经皮椎动脉支架置入术
00.6400x012　经皮颅外远端保护装置置入术
00.6400x013　经皮椎动脉药物洗脱支架置入术
00.6401　经皮椎动脉非药物洗脱支架置入术
00.6500x008　经皮颅内动脉支架置入术
00.6500x010　经皮颅内动脉远端保护装置置入术
00.6500x014　经皮基底动脉支架置入术
00.6501　经皮大脑中动脉支架置入术
00.6600x004　经皮冠状动脉球囊扩张成形术
00.6601　经皮冠状动脉药物球囊血管内成形术
01.2415　颅骨切开异物取出术
01.2507　茎突截短术
02.3203　脑室颈静脉分流术
02.3204　脑室颈外动脉分流术
02.3301　侧脑室胸腔造口引流术
02.3401　侧脑室腹腔内分流术
02.3403　硬膜下腹腔分流术
02.3404　脑室镜下脑室腹腔分流术
02.3405　腹腔镜下脑室腹腔分流术
02.3501　脑室膀胱分流术
02.4200x005　Ommaya泵引流管修正术
02.4203　脑室腹腔分流管调整术
02.4204　脑室腹腔分流管重置术
02.4301　脑室腹腔引流管夹闭术
02.4302　脑室Ommaya泵去除术
02.9302　颅内神经刺激器置换术
02.9303　脑深部电极置入术
02.9304　丘脑底核电极刺激器置入术
03.1x00x001　椎管内神经根切断术
03.1x00x003　马尾神经切断术
03.1x01　脊髓后根神经切断术
03.1x02　脊髓前根神经切断术
03.2100x001　经皮脊髓切断术
03.2101　立体定向脊髓切断术
03.2900x003　脊髓前连合切断术
03.2900x004　脊髓前连合切开术
03.2901　脊髓前外侧束切断术
03.2902　脊髓神经束切断术
03.2903　脊髓丘脑侧索切断术
03.4x00x001　脊髓髓内病损切除术
03.4x00x002　脊髓病损栓塞术
03.4x00x004　硬脊膜切除术
03.4x00x007　脊髓脊膜病损电凝破坏术
03.4x01　颈髓病损切除术
03.4x02　硬脊膜囊肿造袋术
03.4x03　脊髓病损切除术
03.4x04　硬脊膜病损切除术
03.4x05　硬脊膜外病损切除术
03.4x06　硬脊膜下病损切除术
03.4x07　内镜下椎管内病损切除术

03.5100x003　脑脊膜膨出修补术
03.5200x003　脊髓外露修补术
03.6x00x008　脊髓终丝切断术
03.6x00x010　脊髓脊膜松解术
03.6x00x011　脊髓栓系松解术
03.6x01　脊髓粘连松解术
03.6x02　脊髓神经根粘连松解术
03.6x03　脊髓蛛网膜粘连松解术
03.7100　脊髓蛛网膜下-腹腔分流术
03.7101　脊髓空洞腹腔引流术
03.7200　脊髓蛛网膜下-输尿管分流术
03.7900x002　脊髓-蛛网膜下腔分流术
03.7901　脊髓硬膜外分流术
03.7902　脊髓空洞蛛网膜下腔分流术
03.7904　胸腔脊膜吻合术
03.7905　腰-蛛网膜下腔分流术
03.7906　输卵管脊膜吻合术
03.9202　脊髓鞘内注射
03.9302　脊髓神经刺激器置换术
03.9400x001　骶神经电刺激器导线取出术
03.9500　脊髓血块补片
03.9600　经皮的椎骨关节面去神经术
03.9700x001　脊髓膜分流修正术
03.9801　脊髓蛛网膜下腔-腹腔分流管去除术
04.0100x003　听神经切断术
04.0101　经乙状窦后入路听神经瘤切除术
04.0102　经迷路内听道听神经瘤切除术
04.0103　前庭神经切断术
04.0200x005　三叉神经感觉根部分切断术
04.0200x007　三叉神经射频毁损术
04.0201　延髓三叉神经脊髓束切断术
04.0202　颞下三叉神经根切断术
04.0203　经后颅窝三叉神经感觉根切断术
04.0204　上牙槽神经切断术
04.0205　筛前神经切断术
04.0300x002　闭孔神经切断术
04.0300x003　脊神经根切断术
04.0300x009　颈神经后根切断术
04.0300x010　腰骶神经后根切断术
04.0300x011　面神经分支切断术
04.0300x012　膈神经切断术
04.0300x013　翼管神经切断术
04.0301　颅神经切断术
04.0303　面神经切断术
04.0304　周围神经切断术
04.0305　指神经切断术
04.0306　趾神经切断术
04.0307　运动神经切断术
04.0308　坐骨神经切断术
04.0309　胫神经肌支切断术
04.0400x025　牙槽神经探查术
04.0400x029　胸背神经探查术
04.0401　面神经解剖术
04.0402　颅神经探查术
04.0404　面神经探查术
04.0405　喉返神经探查术
04.0406　副神经探查术
04.0407　舌下神经探查术
04.0408　周围神经探查术
04.0409　颈丛神经探查术
04.0410　臂丛神经探查术
04.0411　腰丛神经探查术
04.0412　骶丛神经探查术
04.0413　膈神经探查术
04.0414　坐骨神经探查术
04.0415　腋神经探查术
04.0416　肌皮神经探查术
04.0417　肩胛上神经探查术
04.0418　正中神经探查术
04.0419　尺神经探查术
04.0420　桡神经探查术
04.0421　指神经探查术
04.0422　肋间神经探查术
04.0423　股神经探查术
04.0424　胫神经探查术
04.0425　腓总神经探查术
04.0426　足底神经探查术
04.0500　半月神经节切除术
04.0700x030　神经内镜下经鼻腔视神经管减压术
04.0701　滑车神经撕脱术
04.0702　三叉神经撕脱术
04.0703　眶上神经撕脱术
04.0704　眶下神经撕脱术
04.0705　下牙槽神经撕脱术
04.0706　舌神经撕脱术
04.0707　颅神经病损切除术
04.0708　视神经病损切除术
04.0709　三叉神经病损切除术
04.0710　面神经病损切除术
04.0711　听神经病损切除术

04.0712　鼓室神经丛切除术
04.0713　周围神经病损切除术
04.0714　颈神经病损切除术
04.0715　臂丛神经病损切除术
04.0716　腰神经病损切除术
04.0717　骶尾部神经病损切除术
04.0718　坐骨神经病损切除术
04.0719　尺神经病损切除术
04.0720　桡神经病损切除术
04.0721　腓总神经病损切除术
04.0722　颅神经切除术
04.0723　视神经切除术
04.0724　面神经切除术
04.0725　听神经切除术
04.0726　经乙状窦后入路听神经切除术
04.0727　前庭神经切除术
04.0728　经迷路内听道前庭神经切除术
04.0729　舌咽神经切除术
04.0730　喉返神经切除术
04.0731　周围神经切除术
04.0732　肋间神经切除术
04.0733　骶前神经切除术
04.1201　颅神经活组织检查
04.1202　周围神经活组织检查
04.1203　神经节活组织检查术
04.2x00x001　肋间神经冷冻镇痛术
04.2x02　周围神经破坏术
04.2x03　周围神经烧灼术
04.2x04　脊神经破坏术
04.2x11　肋间神经射频消融术
04.3x00x012　臂丛神经上、中、下干缝合术
04.3x00x017　腓肠神经吻合术
04.3x00x018　腋神经吻合术
04.3x00x019　下颌神经吻合术
04.3x00x020　隐神经吻合术
04.3x00x021　隐神经修复术
04.3x00x023　马尾神经缝合术
04.3x00x024　皮神经缝合术
04.3x00x025　耳大神经吻合术
04.3x00x026　腓总神经吻合术
04.3x00x028　迷走神经干吻合术
04.3x01　颅神经缝合术
04.3x02　面神经缝合术
04.3x03　迷走神经缝合术
04.3x04　喉返神经缝合术
04.3x05　周围神经缝合术
04.3x07　腰丛神经缝合术
04.3x08　骶丛神经缝合术
04.3x09　肌皮神经缝合术
04.3x10　正中神经缝合术
04.3x11　尺神经缝合术
04.3x12　桡神经缝合术
04.3x13　指神经缝合术
04.3x14　闭孔神经缝合术
04.3x17　胫神经缝合术
04.3x18　腓神经缝合术
04.4100x007　三叉神经根粘连松解术
04.4200x006　经后颅窝面神经减压术
04.4200x007　枕下神经减压术
04.4200x014　面神经根粘连松解术
04.4200x017　迷走神经根粘连松解术
04.4201　视神经减压术
04.4202　内镜下视神经减压术
04.4203　面神经减压术
04.4204　面神经微血管减压术
04.4205　内镜下面神经微血管减压术
04.4206　听神经减压术
04.4207　听神经根粘连松解术
04.4208　舌咽神经减压术
04.4211　迷走神经减压术
04.4212　喉返神经松解术
04.4213　副神经减压术
04.4301　关节镜下腕管松解术
04.4400　跗管松解术
04.4900x033　腓浅神经松解术
04.4900x034　腓深神经松解术
04.4900x035　腋神经松解术
04.4900x037　胫后神经松解术
04.4900x042　周围神经松解术
04.4900x043　肘管松解术
04.4900x044　跖管减压术
04.4900x045　踝管减压术
04.4901　臂丛神经松解术
04.4902　舌神经根松解术
04.4903　神经根管松解术
04.4904　腰丛神经松解术
04.4905　骶神经松解术
04.4906　马尾神经松解术
04.4907　正中神经松解术
04.4908　尺神经松解术

04.4909　桡神经松解术
04.4910　指神经松解术
04.4911　坐骨神经松解术
04.4912　下肢外周神经减压术
04.4913　股神经松解术
04.4914　胫神经松解术
04.4915　腓总神经松解术
04.4916　腓神经松解术
04.4917　足神经松解术
04.4918　跖间神经松解术
04.4919　趾间神经松解术
04.5x00x005　颅神经移植术
04.5x00x009　耳大神经移植术
04.5x00x016　周围神经移植术
04.5x00x025　异体神经移植修复臂丛神经术
04.5x00x026　异体神经移植修复肌皮神经术
04.5x00x027　异体神经移植修复正中神经术
04.5x00x028　异体神经移植修复桡神经术
04.5x00x029　异体神经移植修复尺神经术
04.5x00x030　异体神经移植修复坐骨神经术
04.5x00x031　异体神经移植修复股神经术
04.5x00x032　异体神经移植修复胫神经术
04.5x00x033　异体神经移植修复腓总神经术
04.5x01　面神经移植术
04.5x02　臂丛神经移植术
04.5x03　正中神经移植术
04.5x04　尺神经移植术
04.5x05　桡神经移植术
04.5x06　指神经移植术
04.5x07　坐骨神经移植术
04.5x08　股神经移植术
04.5x09　腓总神经移植术
04.5x10　腓肠神经移植术
04.6x00x010　同侧脊神经根移位术
04.6x00x012　闭孔神经移位术
04.6x00x013　尺神经部分神经束移位术
04.6x00x014　尺神经前移术
04.6x00x015　肱三头肌支移位术
04.6x00x017　脑神经移位术
04.6x00x018　桡神经浅支移位术
04.6x00x019　正中神经部分神经束移位术
04.6x00x020　周围神经移位术
04.6x01　副神经移位术
04.6x02　耳大神经移位术
04.6x03　下牙槽神经移位术
04.6x04　颈丛神经移位术
04.6x05　健侧颈7神经移位术
04.6x06　肋间神经移位术
04.6x07　胸背神经移位术
04.6x08　正中神经移位术
04.6x09　桡神经移位术
04.6x10　尺神经移位术
04.6x12　膈神经移位术
04.7100　舌下神经-面神经吻合术
04.7200　副神经-面神经吻合术
04.7300　副神经-舌下神经吻合术
04.7400x032　面神经-三叉神经吻合术
04.7401　颅神经吻合术
04.7402　面神经吻合术
04.7403　面神经膈神经吻合术
04.7404　舌下神经吻合术
04.7405　牙槽神经吻合术
04.7406　迷走神经吻合术
04.7407　周围神经吻合术
04.7408　指神经吻合术
04.7409　尺神经吻合术
04.7410　桡神经吻合术
04.7411　臂丛神经吻合术
04.7412　正中神经吻合术
04.7413　肌皮神经吻合术
04.7414　闭孔神经吻合术
04.7415　坐骨神经吻合术
04.7416　股神经吻合术
04.7417　胫神经吻合术
04.7418　腓神经吻合术
04.7500x001　颅神经调整术
04.7500x002　周围神经调整术
04.7500x003　正中神经调整术
04.7501　颅神经修复术
04.7502　周围神经修复术
04.7503　正中神经修复术
04.7601　尺神经延迟修补术
04.7602　桡神经延迟修补术
04.7603　皮神经延迟修补术
04.9100　神经牵伸术
04.9202　周围神经刺激器置换术
04.9203　骶神经神经刺激器置入术
04.9300x001　周围神经电刺激器导线去除术
04.9301　骶神经刺激电极取出术
05.0x00x001　交感神经切断术

05.0x01　胸腔镜下交感神经切断术
05.1101　交感神经活组织检查
05.1102　交感神经节活组织检查
05.2100　蝶腭神经节切除术
05.2100x002　翼腭神经节破坏术
05.2200　颈交感神经切除术
05.2300　腰交感神经切除术
05.2300x003　超声内镜下腹腔神经丛阻滞术（CPN）
05.2300x006　经皮腹腔神经丛射频消融术
05.2301　腹腔镜腰交感神经切除术
05.2401　腹腔镜骶前神经切断术
05.2402　骶前神经切断术
05.2500　动脉周围交感神经切除术
05.2901　交感神经切除术
05.2902　交感神经病损切除术
05.2903　胸交感神经切除术
05.2904　胸腔镜下胸交感神经部分切除术
05.8101　交感神经修补术
05.8102　交感神经节修补术
05.8900x001　交感神经瘤切除术
06.2x00　单侧甲状腺叶切除术
06.2x01　腔镜下单侧甲状腺切除术
06.2x02　单侧甲状腺切除伴甲状腺峡部切除术
06.2x03　单侧甲状腺切除伴他叶部分切除术
06.2x04　单侧甲状腺切除伴峡部和其他叶部分切除术
06.3100　甲状腺病损切除术
06.3100x002　经皮甲状腺病损微波消融术
06.3102　甲状腺病损射频消融术
06.3900x001　残余甲状腺大部切除术
06.3900x003　单侧甲状腺部分切除术
06.3900x004　单侧甲状腺次全切除术
06.3900x011　腔镜下甲状腺次全切除术
06.3900x012　双侧甲状腺部分切除术
06.3900x013　双侧甲状腺次全切除术
06.3901　甲状腺大部切除术
06.3902　腔镜下甲状腺大部切除术
06.3903　异位甲状腺切除术
06.3904　甲状腺楔形切除术
06.3905　甲状腺峡部切除术
06.3906　甲状腺峡部部分切除术
06.3907　腔镜下甲状腺峡部切除术
06.3908　腔镜下甲状腺部分切除术
06.4x00　甲状腺全部切除术
06.4x02　腔镜下甲状腺全部切除术
06.5000　胸骨下甲状腺切除术
06.5200　胸骨下甲状腺全部切除术
06.6x00　舌部甲状腺切除术
06.7x00　甲状舌管切除术
06.7x00x003　甲状舌管瘘闭合术
06.7x01　甲状舌管病损切除术
06.7x02　甲状舌管瘘切除术
06.8905　移植甲状旁腺切除术
06.9200　甲状腺血管结扎术
06.9300　甲状腺缝合术
06.9401　甲状腺自体移植术
06.9501　甲状旁腺自体移植术
06.9502　甲状旁腺异体移植术
06.9900x002　甲状旁腺病损破坏术
06.9900x003　经皮甲状旁腺病损微波消融术
07.0100　单侧肾上腺区探查术
07.0200　双侧肾上腺区探查术
07.1200　开放性肾上腺活组织检查
07.2100　肾上腺病损切除术
07.2100x002　经皮肾上腺病损纳米刀消融术
07.2200　单侧肾上腺切除术
07.2201　腹腔镜单侧肾上腺切除术
07.2900x001　单侧肾上腺大部分切除术
07.2900x003　肾上腺部分切除术
07.2901　肾上腺大部切除术
07.2902　腹腔镜肾上腺部分切除术
07.3x00　双侧肾上腺切除术
07.3x01　腹腔镜双侧肾上腺切除术
07.4101　肾上腺探查术
07.4102　腹腔镜肾上腺探查术
07.4103　肾上腺切开引流术
07.4200　肾上腺神经切断
07.4200x002　经皮肾动脉去交感神经射频消融术
07.4300　肾上腺血管结扎术
07.4400　肾上腺修补术
07.4501　肾上腺自体移植术
07.4900x002　肾上腺病损破坏术
07.8000　胸腺切除术
07.8001　胸腔镜下胸腺切除术
07.8100　胸腺部分切除术
07.8100x009　CT引导下胸腺病损射频消融术
07.8201　胸腺扩大切除术
07.8300　胸腔镜下胸腺部分切除术
07.8300x002　胸腔镜下胸腺病损切除术
07.8400　胸腔镜下胸腺全部切除术

07.8401 胸腔镜下胸腺扩大切除术
07.9100 胸腺区探查术
07.9200x001 胸腺切开探查术
07.9300 胸腺修补术
07.9400 胸腺移植术
07.9500 胸腔镜下胸腺切开术
07.9800 胸腺其他和未特指的胸腔镜手术
07.9901 胸腺固定术
08.0100 睑缘切开术
08.0200 睑缝合后切开术
08.0901 眼睑切开探查术
08.0903 眼睑粘连松解术
08.0904 眼睑切开异物取出术
08.2000x003 眉部瘢痕切除术
08.2000x005 眼睑瘢痕切除术
08.2000x006 眼睑病损切除术
08.2000x009 眼睑皮肤和皮下坏死组织切除清创术
08.2001 眉部病损切除术
08.2002 睑板腺切除术
08.2003 眦病损切除
08.2100 睑板腺囊肿切除术
08.2100x001 睑板腺囊肿刮除术
08.2200x003 眼睑小病损切除术
08.2201 睑板腺病损切除术
08.2300x001 眼睑病损板层切除术
08.2400x001 眼睑病损全层切除术
08.2500 眼睑病损破坏术
08.3101 上睑下垂额肌瓣悬吊术
08.3102 额肌缝线睑下垂修补术
08.3200x001 上睑下垂缝线悬吊术
08.3200x002 上睑下垂异体组织额肌悬吊术
08.3200x003 上睑下垂额肌悬吊术
08.3201 硬脑膜异体额肌悬吊术
08.3202 眼阔筋膜悬吊术
08.3300x001 上睑下垂提上睑肌缩短术
08.3400x001 上睑下垂上直肌提吊术
08.3500 上睑下垂修补术，用睑板法
08.3600x002 上睑下垂眼轮匝肌悬吊术
08.3700 上睑下垂矫正过度复位术
08.3800 睑退缩矫正术
08.4101 睑外翻热灼修补术
08.4102 睑内翻热灼修补术
08.4201 睑外翻缝合修补术
08.4202 睑内翻缝合修补术
08.4203 睑轮匝肌缩短睑内翻修补术
08.4204 睑轮匝肌重叠，睑外翻修补术
08.4301 睑外翻楔形切除修补术
08.4302 睑内翻楔形切除修补术
08.4401 睑内翻矫正伴睑重建术
08.4402 睑外翻矫正伴睑重建术
08.4403 Wheeler睑内翻修补术
08.4901 睑外翻矫正术
08.5100 眦切开术
08.5101 睑裂增大术
08.5200x002 睑缘缝合术
08.5200x003 眦缝合术
08.5200x004 睑板缝合术
08.5900x001 眦移位矫正术
08.5900x004 内眦成形术
08.5900x005 外眦成形术
08.5900x006 眦韧带固定术
08.5900x007 眦韧带修复术
08.5901 内眦赘皮修补术
08.5902 眦成形术
08.5903 眶距增宽矫正术
08.5904 眦韧带悬吊术
08.6100x002 眼睑全厚植皮术
08.6100x003 眼睑中厚植皮术
08.6100x004 游离皮瓣移植眼睑重建术
08.6101 局部皮瓣转位眼睑重建术
08.6102 眼睑皮片移植重建术
08.6103 带蒂头皮瓣眉再造术
08.6201 黏膜瓣移植眼睑重建术
08.6301 头皮移植法眉毛再造术
08.6400 用结膜睑板移植片的眼睑重建术
08.6900 用皮瓣或移植物的其他眼睑重建术
08.7001 眉重建术
08.7100x001 眼睑非全层伴睑缘重建术
08.7200x001 眼睑板层重建术
08.7300x001 眼睑全层伴睑缘重建术
08.7400x001 眼睑全层重建术
08.8101 眼睑裂伤缝合术
08.8102 眉裂伤缝合术
08.8200x001 眼睑非全层的眼睑裂伤及修补术
08.8300x001 眼睑非全层裂伤修补术
08.8400x001 眼睑全层及睑缘裂伤修补术
08.8500x001 眼睑全层裂伤修补术
08.8600x002 眼袋切除术
08.8700 上眼睑皱纹切除术
08.8900x002 异体睑板移植术

08.8900x005 重建眉修整术
08.8901 外眦皱纹切除术
08.8902 重睑术
08.8903 眉修补术
08.9200 冷冻外科眼睑拔睫毛术
09.2100 泪腺病损切除术
09.3x00x001 泪腺悬吊术
09.3x02 泪腺加固术
09.4100 泪点探通术
09.4401 鼻泪管支架植入术
09.4402 鼻泪管激光探通插管术
09.4404 人工泪管置入术
09.4405 泪小管穿线插管术
09.4900x002 鼻内镜下人工泪管取出术
09.4900x003 人工泪管取出术
09.4901 泪道挂线术
09.5100 泪点切开术
09.5200 泪小管切开术
09.5300 泪囊切开术
09.5900x001 泪管切开术
09.6x00x001 泪管病损切除术
09.6x00x006 泪小管病损切除术
09.6x01 泪囊切除术
09.6x02 泪囊病损切除术
09.6x03 泪道病损切除术
09.6x04 泪小管切除术
09.7100 泪点外翻矫正术
09.7200x001 泪点修补术
09.7201 泪点重建术
09.7300x001 泪小管成形术
09.7300x003 泪小管缝合术
09.7300x004 泪道重建术
09.7301 泪小管吻合术
09.8100x004 鼻内镜下鼻腔泪囊造口术
09.8101 内镜下鼻-泪管吻合术
09.8200 结膜泪囊鼻腔吻合术
09.8301 结膜-鼻腔吻合插管术
09.9900x002 泪囊瘘口封闭术
10.0x00x001 结膜切开异物取出术
10.1x00x001 结膜切开探查术
10.2900x001 结膜囊探查术
10.3102 结膜环切除术
10.3201 结膜冷冻术
10.3300x002 结膜结石取出术
10.3301 沙眼滤泡去除术
10.3302 沙眼摩擦挤压术
10.4100x001 睑球粘连游离移植物修补术
10.4101 睑球粘连羊膜移植修补术
10.4102 睑球粘连口唇黏膜移植修补术
10.4200x001 结膜穹窿游离移植物重建术
10.4201 结膜穹窿羊膜移植重建术
10.4202 结膜穹窿口唇黏膜移植重建术
10.4300x002 结膜穹窿成形术
10.4400x001 结膜移植术
10.4401 自体结膜移植术
10.4402 异体结膜移植术
10.4403 羊膜移植结膜修补术
10.4900x001 结膜成形术
10.4900x003 结膜修补术
10.4901 结膜滤过泡瘘修补术
10.4903 结膜囊成形术
10.4904 结膜瓣修补术
10.5x01 睑球粘连分离术
10.6x00x001 结膜缝合术
10.6x00x002 结膜撕裂修补术
10.9900x001 结膜瓣遮盖术
10.9901 结膜松弛矫正术
11.0x00 磁吸法去除嵌入角膜异物
11.1x01 角膜切开异物去除术
11.3100x001 翼状胬肉转位术
11.3201 翼状胬肉切除伴自体干细胞移植术
11.3203 翼状胬肉切除伴羊膜植片移植术
11.3204 翼状胬肉切除术伴丝裂霉素注入
11.3900x001 翼状胬肉切除术
11.3901 翼状胬肉切除伴结膜移植术
11.4100x001 角膜上皮刮除术
11.4200 角膜病损的热灼术
11.4300 角膜病损的冷冻疗法
11.4901 板层角膜切除术
11.4903 角膜病损切除术
11.5100 角膜裂伤缝合术
11.5101 角巩膜瘘缝合术
11.5200 角膜手术后伤口裂开修补术
11.5300x001 结膜瓣角膜修补术
11.5900x001 角膜修补术
11.5900x002 角膜间层烧灼术
11.5901 角膜缝线调整术
11.6000x002 部分角膜缘移植术
11.6000x003 全角膜缘移植术
11.6100 用自体移植物的板层角膜成形术

11.6200x002　板层角膜移植术
11.6200x003　角膜板层修补术
11.6300x001　穿透性自体角膜移植术
11.6300x002　自体角膜转位术
11.6400x001　穿透性角膜移植术
11.6400x002　羊膜移植的角膜成形术
11.6900x001　全层角膜移植术
11.6900x003　异体角膜缘干细胞移植术
11.7100x001　屈光性角膜成形术
11.7100x002　准分子激光角膜原位磨镶术［LASIK］
11.7100x005　准分子激光屈光性角膜切削术［PRK］
11.7100x007　全飞秒微小切口基质透镜切除术（SMILE）
11.7101　准分子原位角膜磨镶术
11.7102　前弹力层下角膜磨镶术［SBK］
11.7103　微型角膜刀法准分子激光角膜上皮瓣下磨镶术（Epi-LASIK）
11.7104　准分子激光角膜上皮瓣下磨镶术（LASEK）
11.7300x001　人工角膜移植术
11.7400x001　角膜交联术
11.7500　放射性角膜切开术
11.7600　表面角膜镜片术
11.7900x001　角膜基质环植入术
11.7901　不规则散光矫正术
11.7902　角膜植片更换术
11.9100x001　角膜染色术［墨针］
11.9200x001　植入角膜去除术
11.9900x002　自体角膜缘干细胞取材术
12.0100　用磁吸法去除眼前节眼内异物
12.0200x002　眼前房切开异物取出术
12.0200x003　巩膜异物取出术
12.0200x004　眼前节非磁性异物取出术
12.1100x002　虹膜激光切开贯通术
12.1101　虹膜激光打孔术
12.1200x001　虹膜切开术
12.1201　瞳孔缘剪开术
12.1202　虹膜激光切开术
12.1203　虹膜括约肌切断术
12.1300　虹膜脱出切除术
12.1400x001　虹膜部分切除术
12.1401　虹膜全切除术
12.1402　虹膜激光切除术
12.1403　虹膜周边切除术
12.1404　虹膜周边激光切除术
12.3100　虹膜前房角粘连松解术
12.3200x001　虹膜前粘连松解术
12.3300　虹膜后粘连松解术
12.3301　虹膜粘连松解术
12.3400　角膜玻璃体粘连松解术
12.3500　瞳孔成形术
12.3501　瞳孔膜穿刺术
12.3502　瞳孔粘连松解术
12.3503　瞳孔切开术
12.3504　瞳孔残膜切除术
12.3505　滤过泡针拨术
12.3900x001　虹膜修补术
12.3900x004　虹膜还纳术
12.3901　虹膜离断缝合术
12.3902　虹膜复位术
12.4100x001　眼前房病损激光切除术
12.4200　虹膜病损切除术
12.4201　前房机化膜切除术
12.4300x001　睫状体病损破坏术
12.4400　睫状体病损切除术
12.4401　虹膜睫状体切除术
12.5100x001　前房角穿刺术
12.5200x001　前房角切开术
12.5300　眼前房角切开伴眼前房角穿刺
12.5400　外路小梁切开术
12.5501　睫状体切开术
12.5900x001　房角分离术
12.5900x003　巩膜静脉窦扩张术［Schlemm's管扩张术］
12.5901　前房角成形术
12.6100　巩膜环钻术伴虹膜切除术
12.6200　巩膜热灼术伴虹膜切除术
12.6301　虹膜嵌顿术
12.6400x001　激光小梁成形术［ALP、KLP］
12.6400x003　滤帘切除术［小梁切除术］
12.6400x009　小梁切除术伴人造移植物
12.6400x010　滤过道再通术
12.6401　氪激光小梁成形术［KLP］
12.6402　小梁消融术
12.6403　氩激光小梁成形术［ALP］
12.6404　小梁切除术伴丝裂霉素注入
12.6405　非穿透性小梁切除术
12.6406　小梁切除术伴羊膜移植
12.6407　小梁切除术伴移植物
12.6408　非穿透小梁切除术伴移植物
12.6500x003　巩膜灼瘘术

12.6500x004　虹膜周边切除伴巩膜造瘘术［谢氏手术］
12.6501　巩膜切除术
12.6502　巩膜下巩膜咬切术
12.6503　虹膜巩膜切除术
12.6600　巩膜造口术后修复术
12.6601　滤泡修复术
12.6700　眼房水引流装置置入
12.6700x010　眼压调节器再次置入术
12.6703　前房导管术
12.6901　脉络膜上腔巩膜内引流术
12.7401　睫状体贫血术
12.8100　巩膜裂伤缝合术
12.8200x001　巩膜瘘修补术
12.8302　巩膜瓣剥离术
12.8303　巩膜缝线调整术
12.8304　巩膜环扎带修正术
12.8400x002　巩膜咬切术
12.8400x004　巩膜缝合术
12.8401　巩膜灼烙术
12.8402　巩膜透热术
12.8403　巩膜病损切除术
12.8404　巩膜冷冻术
12.8500x002　异体巩膜移植术
12.8600x001　巩膜葡萄肿修补术
12.8700x005　巩膜移植物加固术
12.8701　巩膜异体羊膜填充术
12.8702　巩膜生物胶植入术
12.8703　巩膜外加压术伴填充
12.8801　巩膜外加压术
12.8802　后巩膜加固术
12.8900x001　巩膜板层移植术
12.8900x007　巩膜交联术
12.8901　巩膜修补术
12.8902　巩膜成形术
12.8903　巩膜切开探查术
12.8904　巩膜切开放液术
12.9100x002　机化膜切除
12.9100x004　睫状体放液术
12.9100x006　前房抽吸术
12.9101　前房穿刺术
12.9102　前房冲洗术
12.9201　前房注气术
12.9202　前房注液术
12.9203　前房药物注射术
12.9301　前房上皮衍生物去除术
12.9302　前房上皮衍生物破坏
12.9701　人工虹膜隔取出术
12.9702　人工虹膜隔植入术
12.9703　虹膜缩短术
12.9801　睫状体缝合术
12.9802　睫状体固定术
12.9803　睫状体复位术
12.9900x004　滤过泡增生组织切除术
12.9900x008　前房硅油取出术
12.9900x009　滤过泡分离术
12.9901　放射敷贴器取出术
12.9903　前房成形术
12.9904　前房导管修正术
12.9905　前房导管取出术
13.0100　用磁吸法的去除晶状体异物
13.0201　晶状体切开异物取出术
13.1100　经颞下入路晶状体囊内摘出术
13.1900x006　白内障针吸术
13.1900x007　晶状体囊内摘除术
13.1900x008　膜性白内障剪除术
13.1901　白内障囊内冷凝摘出术
13.1902　白内障囊内摘除术
13.2x01　晶状体刮匙摘除术
13.3x00x001　晶状体单纯抽吸囊外摘除术
13.3x01　创伤性白内障冲洗术
13.4100x001　白内障超声乳化抽吸术
13.4101　飞秒激光白内障超声乳化抽吸术
13.4200x001　经后路白内障切割吸出术
13.4300x001　白内障切割吸出术
13.5100　经颞下入路晶状体囊外摘出术
13.5900x001　白内障囊外摘除术
13.6400x001　后发性白内障切开术
13.6500x002　后发性白内障切除术
13.6501　晶状体前囊膜切除术
13.6502　晶状体后囊膜切除术
13.6503　晶状体后囊膜激光切开术
13.6600　后发膜机械性碎裂术［复发性白内障］
13.6900x002　激光后囊切开术［YAG］
13.6901　残留晶状体皮质切除术
13.7000　置入人工晶状体
13.7100x001　白内障摘除伴人工晶体一期置入术
13.7200x001　人工晶体二期置入术
13.8x00x003　人工晶体取出术
13.9000x004　后囊切开术

13.9000x005　张力环缝合术
13.9000x006　虹膜隔晶体置入术
13.9000x007　人工晶体缝合术
13.9000x008　人工晶体前膜切除术
13.9001　人工晶状体复位术
13.9002　人工晶状体悬吊术
13.9003　晶状体囊袋张力环植入术
13.9100x001　可植入式隐形眼镜置入术［ICL置入术］
14.0100　用磁吸法去除眼后节异物
14.0101　玻璃体异物磁吸术
14.0200x001　眼后节异物去除术
14.0200x002　玻璃体腔异物取出术
14.0201　脉络膜切开异物取出术
14.0202　后段眼球壁异物取出术
14.2101　脉络膜病损透热术
14.2102　视网膜病损透热术
14.2201　脉络膜病损冷冻术
14.2202　视网膜病损冷冻术
14.2301　脉络膜病损氙弧光凝固术
14.2302　视网膜病损氙弧光凝固术
14.2401　脉络膜病损激光凝固术
14.2402　视网膜病损激光凝固术
14.2403　黄斑光动力学治疗（PDT）
14.2500　用光凝固法的脉络膜视网膜病损破坏术
14.2601　脉络膜病损放射疗法
14.2602　视网膜病损放射疗法
14.2700x001　放射敷贴器置入术
14.2900x001　视网膜剥离术
14.2900x002　视网膜前膜切除术
14.2900x003　脉络膜病损切除术
14.2900x004　内界膜剥离术
14.2901　脉络膜病损其他破坏术
14.2902　视网膜病损其他破坏术
14.3101　视网膜裂孔电凝术
14.3200x001　黄斑裂孔冷冻术
14.3200x002　视网膜裂孔冷冻术
14.3300　用氙弧光凝固法的视网膜裂伤修补术
14.3400　用激光光凝固法的视网膜裂伤修补术
14.3500　用光凝固法的视网膜裂伤修补术
14.3901　黄斑裂孔填塞术
14.4100　巩膜环扎术伴有植入物
14.4900x001　巩膜环扎术
14.4901　巩膜环扎术伴空气填塞
14.4902　巩膜环扎术伴巩膜切除术
14.4903　巩膜环扎术伴玻璃体切除术
14.5101　视网膜脱离电凝术
14.5200x001　视网膜脱离冷冻术
14.5300x001　视网膜脱离氙弧光凝固术
14.5400x001　视网膜脱离激光治疗术
14.5500　用光凝固法的视网膜脱离修补术
14.5901　巩膜缩短术
14.5902　玻璃体硅油置入术，用于视网膜再附着
14.5903　玻璃体腔注气，视网膜复位术
14.5904　玻璃体气液交换，视网膜复位术
14.5905　玻璃体腔重水注射术，视网膜复位术
14.6x00x001　眼后节置入物取出术
14.6x01　巩膜环扎带取出术
14.6x02　玻璃体硅油取出术
14.7100x001　前入路玻璃体切除术
14.7201　玻璃体抽吸术
14.7300x001　前入路玻璃体切割术
14.7401　后入路玻璃体切割术
14.7500x001　玻璃体腔内替代物注射术
14.7500x002　玻璃体自体血清注入术
14.7501　玻璃体硅油填充术
14.7901　玻璃体腔探查术
14.7902　玻璃体腔脱位晶状体取出术
14.7903　玻璃体药物注射术
14.7904　玻璃体腔残留晶体皮质取出术
14.7905　玻璃体气液交换术
14.9x00x001　巩膜外环扎带调整术
14.9x01　视网膜下放液术
14.9x02　视网膜部分剥离术
14.9x03　视网膜切开术
14.9x04　脉络膜上腔放液术
14.9x05　视网膜松解术
14.9x06　视网膜部分切除术
14.9x07　黄斑转位术
14.9x08　视网膜色素上皮细胞移植术
15.1100　一条眼外肌的后徙术
15.1200　一条眼外肌的前徙术
15.1300　一条眼外肌的部分切除术
15.1900x001　一条眼外肌离断术
15.2100　一条眼外肌的延长术
15.2200　一条眼外肌的缩短术
15.2901　一条眼外肌的悬吊术
15.3x01　两条或两条以上眼外肌的后徙术
15.3x02　两条或两条以上眼外肌的前徙术
15.4x01　两条或两条以上眼外肌缩短术

15.4x02　两条或两条以上眼外肌悬吊术
15.5x00　眼外肌移位术
15.6x00　眼外肌手术后的修复术
15.7x01　眼肌粘连松解术
15.9x00x001　眼肌部分切除术
15.9x00x007　眼肌探查术
15.9x00x008　眼睑轮匝肌切断术
15.9x01　眼阔筋膜切除术
16.0101　外侧开眶术
16.0900x004　一个眶壁减压术
16.0900x005　多个眶壁减压术
16.0901　开眶探查术
16.0903　眶减压术
16.0904　内镜下眶减压术
16.1x00x001　眼内异物取出术
16.1x01　眶切开异物取出术
16.1x02　内镜下眶内异物取出术
16.3900x001　眼球内容物剜出术
16.4100x002　眼球摘除伴义眼置入术
16.4200x001　眼球摘除伴义眼台置入术
16.4200x002　眼球摘除伴植入物置入术
16.4900x001　眼球摘除术
16.4901　隐眼摘除术
16.5200　眼眶内容物剜出术伴治疗性去除眶骨
16.5900x001　眼眶内容物剜出术
16.5901　眼眶内容物切除伴皮瓣滑行修复术
16.5902　眼眶内容物剜出术伴颞肌移植术
16.6100x001　义眼二期置入术
16.6101　二期义眼台置入术
16.6200x001　义眼台修正术
16.6300x002　眼窝凹陷填充术
16.6300x003　放疗后眼窝凹陷填充术
16.6300x004　眼内自膨胀水凝胶注入术
16.6500　内容物剜出腔的二期移植物置入术
16.7101　义眼台取出术
16.7200　去除眼眶植入物
16.8100x002　眼眶缺损修补术
16.8200　眼球破裂修补术
16.8900x001　眶骨重建术
16.8900x002　眶内壁重建术
16.8901　眼球修补术
16.8902　内镜下眼眶修补术
16.8903　眼窝成形术
16.8904　眼眶再造术
16.9201　内镜下眶内病损切除术
16.9300x003　眶内病损切除术
16.9801　眼眶清创术
18.0101　耳廓造孔
18.0200x003　外耳道探查术
18.0202　外耳道切开异物取出术
18.2100x006　耳前瘘管切除术
18.2101　耳前病损切除术
18.2900x003　耳廓病损切除术
18.2900x009　外耳道病损切除术
18.2900x016　耳廓皮肤和皮下坏死组织切除清创术
18.2900x018　耳后瘘管切除术
18.2901　外耳病损切除术
18.2902　外耳病损烧灼术
18.2903　外耳病损冷冻术
18.2904　外耳病损刮除术
18.2905　外耳病损电凝术
18.2906　外耳病损激光手术
18.2907　副耳切除术
18.3100　外耳病损根治性切除术
18.3900x003　耳廓切除术
18.3900x004　外耳软骨切除术
18.3900x005　耳廓部分切除术
18.3901　外耳切断术
18.4x00　外耳裂伤缝合术
18.6x00x001　内镜下外耳道成形术
18.6x01　外耳道成形术
18.6x02　外耳道植皮术
18.7100x001　耳廓成形术
18.7100x002　耳廓重建术
18.7100x009　耳廓支架取出术
18.7100x010　义耳置入术
18.7101　杯状耳矫正术
18.7102　耳廓支架植入术
18.7103　全耳再造术
18.7104　隐耳矫正术
18.7105　耳廓缺损修补术
18.7200　断耳再接术
18.7900x008　乳突植皮术
18.7900x009　耳游离皮瓣移植术
18.7901　外耳成形术
18.7902　耳廓植皮术
18.7903　耳软骨整形术
18.7904　外耳上提术
18.7905　耳后皮肤移植术
18.7906　耳甲腔成形术

18.9x00x002　耳前皮肤扩张器置入术
18.9x00x004　外耳道支架取出术
18.9x00x005　外耳道支架置换术
18.9x00x007　耳后皮肤扩张器置入术
18.9x01　外耳道记忆合金支架置入术
18.9x02　外耳道记忆合金支架置换术
18.9x03　外耳道记忆合金支架取出术
19.0x00x002　镫骨板钻孔术
19.0x00x003　镫骨松动术
19.0x00x004　内镜下镫骨撼动术
19.0x01　镫骨脚切开术
19.0x02　耳硬化分离术
19.0x03　镫骨再撼动术
19.1100　镫骨切除术伴砧骨置换
19.1900x002　镫骨部分切除伴脂肪移植术
19.1900x003　镫骨切除术
19.1900x004　人工镫骨置入术
19.1900x005　人工镫骨置换术
19.1900x006　镫骨足板开窗术
19.1900x007　内镜下镫骨切除术
19.1900x008　内镜下镫骨足板开窗术
19.1901　镫骨部分切除术
19.1902　人工镫骨取出术
19.2100　镫骨切除术伴砧骨置换的修复术
19.2900x001　镫骨切除术的修正术
19.2901　镫骨粘连松解术
19.2902　镫骨重建术
19.3x00x001　听骨链撼动术
19.3x00x002　内镜下人工听骨链重建术
19.3x01　听骨切除术
19.3x02　砧镫关节复位术
19.3x03　听骨链重建术
19.3x04　异体听骨植入术
19.4x00x002　鼓膜修补术
19.4x00x003　鼓膜移植术
19.4x00x004　内镜下鼓膜修补术
19.4x00x005　内镜下鼓室成形术
19.4x01　鼓室成形术，Ⅰ型
19.5200　鼓室成形术，Ⅱ型
19.5300　鼓室成形术，Ⅲ型
19.5400　鼓室成形术，Ⅳ型
19.5500　鼓室成形术，Ⅴ型
19.6x00x001　鼓室成形修正术
19.9x00x006　乙状窦还纳术
19.9x00x007　鼓室封闭术
19.9x01　耳后瘘管修补术
19.9x02　中耳成形术
19.9x03　乳突肌成形术
19.9x04　乳突腔内植皮术
19.9x05　乳突瘘闭合术
20.0100x003　鼓膜造口术
20.0100x005　鼓室置管术
20.0100x006　内镜下鼓膜置管术
20.0900x008　中耳抽吸术
20.0901　鼓膜切开引流术
20.0902　鼓膜穿刺术
20.1x01　鼓膜通气管取出术
20.2100x004　乳突切开探查术
20.2101　乳突切开引流术
20.2200　岩锥气房切开术
20.2201　岩尖凿开术
20.2300x001　鼓室粘连松解术
20.2300x002　上鼓室切开术
20.2300x007　鼓窦探查术
20.2300x009　中耳切开探查术
20.2301　鼓室探查术
20.2302　中耳切开异物取出术
20.2303　中耳粘连松解术
20.4100　单纯乳突切除术
20.4200x002　乳突扩大根治术
20.4900x004　乳突切除术
20.4900x007　上鼓室鼓窦切开术
20.4900x008　开放式乳突改良根治术
20.4900x009　完壁式乳突改良根治术
20.4901　乳突改良根治术
20.4902　乳突病损切除术
20.5100　中耳病损切除术
20.5100x002　耳后病损切除术
20.5100x003　鼓室病损切除术
20.5101　颈静脉球瘤切除术
20.5102　鼓膜病损切除术
20.5900x003　岩尖切开术
20.5901　岩锥病损切除术
20.5902　鼓膜切除术
20.5903　内镜下岩尖病损切除术
20.6100x004　半规管阻塞术
20.6101　半规管开窗术
20.6102　迷路开窗术
20.6103　前庭开窗术
20.6200　内耳开窗术的修复术

20.6200x002　半规管裂修补术
20.7100　内淋巴分流术
20.7900x001　迷路减压术
20.7900x005　内耳切开探查术
20.7900x006　迷路切除术
20.7901　内耳切开术
20.7902　内耳病损切除术
20.7903　内淋巴减压术
20.7904　迷路部分切除术
20.7905　内耳切开引流术
20.7906　前庭切除术
20.8x00x004　咽鼓管吹张术
20.8x01　咽鼓管通气术
20.8x02　咽鼓管成形术
20.8x03　咽鼓管注药术
20.8x04　咽鼓管置管术
20.8x05　咽鼓管扩张术
20.9100　鼓室交感神经切除术
20.9201　乳突术后清创术
20.9301　卵圆窗修补术
20.9302　圆窗修补术
20.9303　半规管瘘修补术
20.9500　电磁助听器置入
20.9501　骨锚式助听器置入术
20.9502　中耳振动声桥置入术
20.9601　人工耳蜗置入术
20.9602　人工耳蜗置换术
20.9701　单道人工耳蜗置入术
20.9702　单道人工耳蜗置换术
20.9801　多道人工耳蜗置入术
20.9802　多道人工耳蜗置换术
20.9901　人工耳蜗取出术
20.9902　人工耳蜗电极取出术
20.9903　人工耳蜗电极修正术
21.0301　鼻出血激光烧灼术
21.0400　控制鼻出血，用筛动脉结扎术
21.0500　控制鼻出血，用（经上颌窦）颌动脉结扎术
21.0501　内镜下蝶腭动脉结扎术
21.0600　控制鼻出血，用颈外动脉结扎术
21.0700x001　鼻黏膜切除止血术
21.0901　鼻出血冷冻术
21.0902　鼻出血血管缝合术
21.0903　内镜下颌内动脉栓塞（用于鼻衄）
21.0904　内镜下鼻中隔黏膜划痕术
21.0905　内镜下鼻射频止血术
21.1x00x002　鼻切开探查术
21.1x00x006　鼻软骨切开术
21.1x01　鼻腔切开引流术
21.1x02　鼻腔切开异物取出术
21.1x03　鼻皮肤切开术
21.1x04　内镜下鼻中隔异物取出术
21.3101　鼻息肉切除术
21.3102　内镜下鼻息肉切除术
21.3103　鼻内病损切除术
21.3104　内镜下鼻内病损切除术
21.3105　鼻内病损破坏术
21.3106　内镜下鼻内病损破坏术
21.3107　鼻息肉激光烧灼术
21.3108　鼻内病损激光烧灼术
21.3109　内镜下鼻内病损射频消融术
21.3200x003　鼻前庭病损切除术
21.3200x007　鼻死骨切除术
21.3200x008　鼻中隔病损激光烧灼术
21.3200x010　鼻皮肤和皮下坏死组织切除清创术
21.3201　鼻部皮肤病损切除术
21.4x00　鼻部分切除术
21.4x01　鼻切断术
21.5x00　鼻中隔黏膜下切除术
21.5x00x004　鼻内窥镜下鼻中隔黏膜下部分切除术
21.5x01　内镜下鼻中隔黏膜下切除术
21.6100x002　鼻甲射频消融术
21.6100x006　鼻甲激光烧灼术
21.6101　鼻甲电烧术
21.6102　鼻甲激光切除术
21.6103　鼻甲微波烧灼术
21.6104　鼻甲冷冻切除术
21.6200　鼻甲骨折术
21.6900x009　鼻内窥镜下鼻甲切除术
21.6901　鼻甲部分切除术
21.6902　鼻甲切除术
21.6903　内镜下鼻甲部分切除术
21.6904　内镜下鼻甲射频消融术
21.7100　鼻骨折闭合性复位术
21.7200　鼻骨折开放性复位术
21.7200x001　内镜下鼻骨骨折切开复位术
21.8100　鼻裂伤缝合术
21.8200x006　鼻正中瘘管切除术
21.8201　鼻咽瘘管切除术
21.8202　鼻唇瘘管切除术

21.8203　口鼻瘘管切除术
21.8300x001　臂部皮瓣鼻再造术
21.8301　额部皮瓣鼻重建术
21.8302　前臂皮瓣鼻重建术
21.8400x002　鼻内窥镜下鼻中隔成形术
21.8400x003　鼻中隔成形术
21.8400x006　歪鼻鼻成形术
21.8401　弯鼻鼻成形术
21.8402　驼峰鼻矫正术
21.8500x002　隆鼻伴耳廓软骨移植术
21.8500x004　隆鼻伴人工假体置入术
21.8500x005　隆鼻伴自体甲状软骨移植术
21.8500x007　隆鼻伴自体颅骨外板移植术
21.8500x008　隆鼻伴自体髂骨移植术
21.8500x010　隆鼻伴自体鼻软骨移植术
21.8500x011　隆鼻伴自体脂肪移植术
21.8501　肋骨移植隆鼻术
21.8502　硅胶支架植入隆鼻术
21.8503　鼻甲移植物植入术
21.8504　人造植入物隆鼻术
21.8505　单纯鞍鼻矫治术（隆鼻术）
21.8600x004　鼻翼成形术
21.8601　鼻翼矫正术
21.8602　鼻唇沟皮瓣修补术
21.8603　鼻尖成形术
21.8700x003　鼻唇沟成形术
21.8700x004　鼻甲成形术
21.8700x005　鼻小柱成形术
21.8700x008　鼻内窥镜下鼻甲成形术
21.8700x009　内镜下前后鼻孔成形术
21.8701　后鼻孔成形术
21.8702　前鼻孔成形术
21.8801　鼻中隔穿孔修补术
21.8802　鼻中隔软骨移植术
21.8900x002　鼻植皮术
21.8900x003　断鼻再接术
21.8900x004　再造鼻修整术
21.8901　鼻翼上提术
21.9100　鼻粘连松解术
21.9101　内镜下鼻腔粘连松解术
21.9900x002　鼻清创术
21.9900x005　鼻腔缩窄术
21.9900x006　鼻腔穿刺抽吸术
21.9901　鼻腔扩张术
21.9902　鼻植入物取出术
22.2x00x009　鼻内窥镜下上颌窦根治术
22.2x01　内镜下上颌窦开窗术
22.2x02　内镜下上颌窦探查术
22.3100x002　上颌窦根治术
22.3900x002　上颌窦开窗术
22.3900x003　上颌窦探查术
22.4100x005　鼻外额窦开窗术
22.4101　内镜下额窦开窗术
22.4200x005　Draf Ⅱ a型手术
22.4200x006　Draf Ⅱ b型手术
22.4200x007　Draf Ⅲ型手术
22.4200x008　Draf Ⅰ型手术
22.4200x009　鼻内窥镜下经鼻额窦底切除术
22.4201　额窦病损切除术
22.4202　内镜下额窦病损切除术
22.5000x004　鼻窦切开异物取出术
22.5001　鼻窦探查术
22.5002　内镜下鼻窦扩大术
22.5100　筛窦切开术
22.5101　筛窦探查术
22.5102　内镜下筛窦开窗术
22.5103　内镜下筛窦切开异物取出术
22.5201　蝶窦探查术
22.5202　蝶窦开窗术
22.5203　内镜下蝶窦开窗术
22.5204　内镜下蝶窦探查术
22.5205　内镜下蝶窦切开异物取出术
22.5300　多个鼻窦切开术
22.5300x004　鼻内窥镜下多个鼻窦开窗术
22.5301　内镜下全组鼻窦开窗术
22.6001　鼻窦病损切除术
22.6002　内镜下鼻窦病损切除术
22.6100　经考德威尔-卢克入路上颌窦病损切除术
22.6200x004　上颌窦病损切除术
22.6201　内镜下上颌窦病损切除术
22.6300　筛窦切除术
22.6300x011　鼻内窥镜下钩突切除术
22.6300x012　筛窦部分切除术
22.6301　内镜下筛窦切除术
22.6302　筛窦病损切除术
22.6303　内镜下筛窦病损切除术
22.6400　蝶窦切除术
22.6401　内镜下蝶窦切除术
22.6402　蝶窦病损切除术
22.6403　内镜下蝶窦病损切除术

22.7100x001 鼻窦瘘修补术
22.7100x004 上颌窦瘘修补术
22.7101 口腔鼻窦瘘修补术
22.7102 内镜下鼻窦瘘修补术
22.7900x002 鼻窦骨折切开复位术
22.7900x003 上颌窦提升术
22.7903 鼻窦成形术
22.9x02 鼻窦造口术
24.2x00 牙龈成形术
24.3101 牙周病损切除术
24.5x00x003 牙槽植骨成形术
24.5x03 牙槽部分切除术
25.5100x001 舌缝合术
25.5900x008 舌修补术
25.5900x009 颏舌肌前移术
25.5900x010 舌根牵引固定术
25.5900x011 舌骨悬吊术
25.5902 舌悬吊术
25.5903 道格拉斯手术
25.5904 舌根牵引伴舌骨悬吊术
25.5905 舌移植皮瓣修补术
25.5906 舌体舌根减容术
26.4100x001 唾液腺缝合术
26.4200x001 唾液腺瘘修补术
26.4200x002 腮腺导管瘘修补术
26.4900x001 下颌下腺移植术后导管重建术
26.4900x005 腮腺管口移植术
26.4900x006 唾液腺管修补术
26.4900x007 下颌下腺自体移植腺体减量术
26.4900x008 下颌下腺导管口转位术
26.4900x009 唇腺自体移植术
26.4900x010 颊腺自体移植术
26.4901 颌下腺自体移植术
26.4902 腮腺管吻合术
27.0x11 翼腭窝切开异物取出术
27.3104 硬腭部分切除术
27.3201 牙槽骨隆突切除修整术
27.3202 腭广泛切除术
27.3203 腭全切除术
27.4900x007 口底病损切除术
27.4900x009 口腔病损激光烧灼术
27.4900x014 软腭病损射频消融术
27.4900x018 磨牙后区病损切除术
27.4901 口腔黏膜病损切除术
27.4902 颌下区病损切除术
27.4903 颊内部病损切除术
27.4904 软腭病损切除术
27.4905 鼻唇病损切除术
27.4906 口腔病损切除术
27.4907 口病损射频消融术
27.4908 口病损激光烧灼术
27.4909 软腭射频消融术
27.4910 软腭切除术
27.5100 唇裂伤缝合术
27.5301 腭瘘管修补术
27.5302 唇瘘修补术
27.5303 颊部瘘修补术
27.5401 唇裂二期修复术
27.5500x002 唇全厚植皮术
27.5600x002 唇中厚植皮术
27.5601 口内皮肤移植术
27.5700x005 交叉唇瓣转移术
27.5701 唇皮瓣移植术
27.5702 口内皮瓣移植术
27.5703 唇带蒂皮瓣移植术
27.5900x011 口形矫正术
27.5901 口角缝合术
27.5902 交叉唇瓣断蒂术
27.5903 唇成形术
27.5904 口轮匝肌功能重建术
27.6100 腭裂伤缝合术
27.9900x001 半侧颜面萎缩矫正术
27.9900x005 面部病损切除术
27.9900x006 面横裂矫正术
27.9900x007 面瘫矫正术
27.9900x009 面斜裂矫正术
27.9900x010 颊系带切开术
27.9901 颊部病损切除术
27.9902 颏下病损切除术
27.9903 颊脂垫修复术
29.5100 咽裂伤缝合术
29.5300x002 咽瘘缝合术
29.5301 咽瘘修补术
29.5302 咽食管瘘切除术
29.5901 咽后壁修补术
30.1x00 半喉切除术
30.1x00x002 垂直喉切除术
30.2100 会厌切除术
30.2100x002 支撑喉镜下会厌切除术
30.2100x003 会厌软骨切除术

30.2101 会厌扩大切除术
30.2200 声带切除术
30.2201 声带部分切除术
30.2202 声带扩大切除术
30.2203 内镜下声带部分切除术
30.2204 内镜下声带切除术
30.2900x002 喉杓状软骨切除术
30.2900x003 喉部分切除术
30.2900x009 支撑喉镜下喉软骨切除术
30.2904 喉软骨切除术
30.3x04 残余喉切除术
31.6100 喉裂伤缝合术
31.6201 喉气管瘘管切除术
31.6202 喉气管瘘修补术
31.6400 喉骨骨折修补术
31.6900x007 声带固定术
31.6900x008 声带转位术
31.6900x013 喉支架置入术
31.6901 喉结成形术
31.6902 喉成形术
31.6903 喉功能重建术
31.6904 喉双蒂双肌瓣修复术
31.6905 环甲膜缩短术
31.6906 会厌成形术
31.6907 甲状软骨成形术
31.6908 声门成形术
31.6909 声带外移术
31.6910 声带成形术
31.6911 内镜下声带成形术
31.6912 内镜下环杓关节复位术
31.6913 内镜下喉成形术
31.7100x001 气管修补术
31.7201 气管造口闭合术
31.7300x001 气管瘘闭合术
31.7301 气管食管瘘修补术
31.7500x002 气管成形伴人工喉重建术
31.7500x004 人工气管重建术
31.7501 发音重建术
31.7502 发音钮置入术
31.7503 气管重建术
31.7504 人工喉建造术
31.7900x004 气管狭窄松解术
31.7900x005 气管隆突成形术
31.7901 气管成形术
31.7902 人造气管移植术
31.7903 气管狭窄修复术
31.7904 气管膜部修补术
31.9201 气管粘连松解术
31.9202 声带粘连松解术
31.9203 喉粘连松解术
31.9204 内镜下声带粘连松解术
31.9500 气管食管造口术
31.9501 内镜下气管食管造口术
31.9801 声门扩大术
31.9901 气管硅胶管植入术
31.9902 气管扩张管去除术
31.9903 气管球囊扩张术
31.9904 气管人工假体植入术
31.9905 气管悬吊术
32.0102 内镜下支气管病损破坏术
32.1x00x004 胸腔镜下支气管袖形切除术
32.1x01 支气管袖状切除术
32.1x02 支气管楔形切除术
32.1x03 支气管部分切除术
32.1x04 胸腔镜下支气管部分切除术
32.2000x002 纵隔镜下肺病损切除术
32.2000x003 胸腔镜下肺部分切除术
32.2001 胸腔镜下肺楔形切除术
32.2002 胸腔镜下肺大疱切除术
32.2003 胸腔镜下肺病损切除术
32.2004 胸腔镜下肺病损氩氦刀冷冻术
32.2100 肺大疱折叠术
32.2100x001 肺大泡缝扎术
32.2100x005 胸腔镜下肺大疱缝扎术
32.2200 肺容量减少术
32.2200x004 支气管镜下肺减容术
32.2201 胸腔镜下肺减容术
32.2300x001 直视下肺病损射频消融术
32.2500x001 胸腔镜下肺病损射频消融术
32.2801 内镜下肺病损切除术
32.2802 内镜下肺大疱切除术
32.2803 内镜下肺病损激光切除术
32.2804 内镜下肺病损电凝切除术
32.2900x005 肺病损氩氦刀冷冻术
32.2900x016 余肺楔形切除术
32.2901 肺病损切除术
32.2902 肺大疱切除术
32.2903 肺袖式切除术
32.2904 肺楔形切除术
32.2905 肺部分切除术

32.3001　胸腔镜下肺叶部分切除术
32.3900x003　全余肺切除术
32.3901　肺节段切除术
32.3902　肺叶部分切除术
32.4100　胸腔镜下肺叶切除术
32.4100x002　胸腔镜下复合肺叶切除术
32.4900x003　余肺肺叶切除术
32.4901　肺叶伴邻近肺叶节段切除术
32.4902　肺叶切除术
32.4903　肺叶袖状切除术
32.5000x001　胸腔镜下全肺切除术
32.5001　胸腔镜下全肺切除术伴纵隔淋巴清扫
32.5900x001　全肺切除术
32.5901　全肺切除术伴纵隔淋巴结清扫术
32.6x00x002　肺叶切除术伴淋巴结清扫术
32.6x00x004　支气管根治性清扫术
33.0x00x003　胸腔镜下支气管切开异物取出术
33.0x00x004　胸腔镜下支气管切开术
33.0x01　支气管造口术
33.0x02　支气管切开引流术
33.0x04　支气管血肿清除术
33.1x00x003　胸腔镜下肺内异物取出术
33.1x00x004　胸腔镜下肺切开术
33.1x01　肺大疱外引流术
33.1x02　肺切开血肿清除术
33.1x03　肺切开引流术
33.1x04　肺内异物取出术
33.1x05　胸腔镜下肺切开引流术
33.1x06　胸腔镜下肺切开血肿清除术
33.2500x003　直视下支气管活检术
33.2800x001　开胸肺活检术
33.3100x001　膈神经破坏术
33.3201　胸膜腔注气术
33.3202　胸腔镜下胸腔注气术
33.3400　胸廓成形术
33.3401　部分胸廓成形术
33.3402　胸廓改良成形术
33.3901　肺粘连松解术
33.3902　胸膜粘连松解术
33.3903　胸腔镜下胸膜粘连松解术
33.4100　支气管裂伤缝合术
33.4100x002　胸腔镜下支气管裂伤缝合术
33.4200x001　食管-支气管瘘修补术
33.4201　内镜下支气管食管瘘闭合术
33.4300x002　肺裂伤修补术
33.4801　胸腔镜下支气管成形术
33.4802　支气管成形术
33.4803　支气管吻合术
33.4804　气管支气管吻合术
33.4805　支气管修补术
33.4901　肺修补术
33.4902　胸腔镜下肺修补术
33.9200　支气管结扎术
33.9200x002　胸腔镜下支气管结扎术
33.9900x001　支气管肺灌洗术
33.9901　肺灌洗术
33.9903　气管镜肺灌洗术
34.0102　胸壁切开异物取出术
34.0103　胸壁切开血肿清除术
34.0200x001　开胸探查术
34.0200x003　胸腔镜中转开胸探查术
34.0300x001　近期开胸术后再开胸术
34.0301　胸腔术后再切开止血术
34.0500　创建胸膜腹膜分流术
34.0900x006　胸膜切开探查术
34.0900x011　开胸止血术
34.0903　胸腔切开引流术
34.0904　开胸异物取出术
34.0906　胸腔镜下胸腔切开止血术
34.1x01　纵隔切开引流术
34.1x02　纵隔探查术
34.1x03　纵隔切开异物取出术
34.1x04　纵隔血肿清除术
34.2000　胸腔镜胸膜活组织检查
34.2100x001　胸腔镜检查
34.2200　纵隔镜检查
34.2502　胸腔镜下纵隔活组织检查
34.2600　开放性纵隔活组织检查
34.2700x001　膈肌活检术
34.3x01　经皮纵隔病损射频消融术
34.3x02　纵隔病损切除术
34.3x03　纵隔病损射频消融术
34.3x04　胸腔镜下纵隔病损切除术
34.3x05　纵隔镜下纵隔病损切除术
34.4x00x008　胸腔病损切除术
34.4x01　胸壁病损切除术
34.4x02　胸壁部分切除术
34.4x03　胸腔镜下胸壁病损切除术
34.5100x004　脏层胸膜剥除术
34.5100x005　肺门胸膜剥除松解术

34.5101　胸膜剥脱术
34.5901　胸膜部分切除术
34.5902　胸膜病损切除术
34.5903　胸膜切除术
34.5904　胸腔镜下胸膜病损切除术
34.6x00　胸膜划痕术
34.6x01　胸膜硬化术
34.6x02　胸腔镜下胸膜划痕术
34.7100　胸壁裂伤缝合术
34.7101　胸壁清创缝合术
34.7200　胸廓造口闭合术
34.7300x001　食管-胸膜瘘闭合术
34.7301　支气管胸膜瘘闭合术
34.7302　胸壁瘘管闭合术
34.7303　支气管镜下支气管胸膜瘘修补术
34.7900x001　胸壁修补术
34.7900x002　关胸术
34.7900x003　胸壁缺损修补术（人工材料）
34.7900x004　胸壁缺损修补术（自体材料）
34.8200　横膈裂伤缝合术
34.8200x002　膈肌缝合术
34.8301　胸腹瘘管切除术
34.8302　胸胃瘘管切除术
34.8303　胸肠瘘管切除术
34.8400x003　膈肌修补术
34.8500　横膈起搏器置入
34.8900x002　膈肌脓肿引流术
34.8900x003　膈肌切开术
34.8900x004　膈上升术
34.9300　胸膜修补术
34.9301　带蒂大网膜胸腔移植术
34.9302　胸腔镜下胸膜修补术
34.9901　胸腔粘连松解术
34.9902　胸膜固定术
34.9904　胸腔镜下胸腔粘连松解术
34.9905　胸腔镜下胸膜固定术
37.1100x004　心房血栓清除术
37.1100x005　冠状动脉肌桥切断术
37.1101　心肌切开术
37.1102　心内膜切开术
37.1103　心室切开术
37.1200x005　心包切开探查术
37.1202　心包异物取出术
37.1203　心包开窗术
37.1204　心包切开引流术
37.3101　心包剥脱术
37.3102　心包部分切除术
37.3103　心包病损切除术
37.3600x007　左心耳结扎术
37.4900x001　心包修补术
37.4900x002　心脏破裂修补术
37.4900x005　心室修补术
37.4903　心房折叠术
37.7401　心外膜电极置入术
37.7402　心外膜电极置换术
37.7501　心脏起搏器电极调整术
37.7600x002　导线［电极］置换术
37.7701　心脏电极去除术
37.7800　暂时性经静脉起搏器系统的置入
37.7900x003　脉冲发生器复位术
37.7900x004　循环记录器置入术（心电记录系统植入术）
37.8000x001　永久起搏器置入术
37.9100　开胸心脏按摩
38.0200x002　颈动脉探查术
38.0200x003　颈内静脉血栓切除术
38.0201　颈动脉取栓术
38.0400x001　腹主动脉血栓切除术
38.0500x002　肺动脉探查术
38.0501　锁骨下动脉取栓术
38.0502　上腔静脉取栓术
38.0503　肺动脉取栓术
38.0600x001　肠系膜上动脉血栓切除术
38.0700x001　肠系膜上静脉血栓切除术
38.0700x003　门静脉探查术
38.0703　肾静脉取栓术
38.0704　门静脉取栓术
38.0800x003　下肢动脉探查术
38.0900x001　下肢静脉血栓切除术
38.0900x002　下肢静脉探查术
38.0901　股静脉取栓术
38.0902　腘静脉取栓术
38.1000x002　动脉内膜剥脱术
38.1200x003　颈动脉内膜剥脱术
38.1201　颈动脉内膜切除术
38.1202　颈动脉内膜切除伴补片修补术
38.1400x001　主动脉内膜剥脱术
38.1401　主动脉内膜切除伴补片修补术
38.1402　腹主动脉内膜切除术
38.1500x001　肺动脉内膜剥脱术

38.1501 肺动脉内膜切除术
38.1600x002 髂动脉内膜剥除术
38.1600x005 髂动脉内膜剥脱伴补片修补术
38.1601 肾动脉内膜切除伴补片修补术
38.1602 髂动脉内膜切除术
38.1603 髂动脉内膜切除伴补片修补术
38.1800x001 股动脉内膜剥脱术
38.1800x002 股动脉内膜剥脱伴血栓切除术
38.1800x003 腘动脉内膜剥脱伴补片修补术
38.1800x004 腘动脉内膜剥脱术
38.1800x005 下肢动脉内膜剥脱伴血栓切除术
38.1800x006 胫腓动脉内膜剥脱伴补片修补术
38.1800x007 股动脉内膜剥脱伴补片修补术
38.1801 股动脉内膜切除术
38.1802 股动脉内膜切除伴补片修补术
38.1803 腘动脉内膜切除术
38.1804 腘动脉内膜切除伴补片修补术
38.3000 血管部分切除术伴吻合术
38.3100 颅内血管部分切除伴吻合术
38.3100x001 脑血管切除伴吻合术
38.3101 颅内血管畸形切除伴吻合术
38.3202 颈动脉部分切除伴吻合术
38.3501 肺动脉部分切除伴吻合术
38.3800 下肢动脉部分切除术伴吻合术
38.4200x001 颈动脉部分切除伴颈总-颈内动脉人工血管搭桥术
38.4200x002 颈总动脉切除伴自体血管移植术
38.4200x003 颈动脉部分切除伴颈总-颈内动脉自体血管搭桥术
38.4300x002 桡动脉部分切除伴桡尺动脉自体血管移植术
38.4400x001 腹主动脉部分切除伴人工血管置换术
38.4500x001 上腔静脉部分切除伴人工血管补片修补术
38.4500x003 上腔静脉部分切除伴人工血管置换术
38.4500x007 部分主动脉弓人工血管置换术
38.4500x010 全主动脉弓人工血管置换术
38.4500x011 支架象鼻术
38.4500x013 升主动脉部分切除伴人工血管置换术
38.4500x014 胸主动脉部分切除伴人工血管置换术
38.4503 主动脉瓣和升主动脉置换和冠脉移植术（Bentall手术）
38.4506 主动脉瓣和升主动脉置换术（Cabrol手术）
38.4600x001 髂动脉部分切除术伴人工血管置换术
38.4700x001 下腔静脉部分切除伴人工血管置换术
38.4701 门静脉瘤切除伴置换术
38.4702 下腔静脉部分切除伴置换术
38.4900x001 下肢静脉部分切除伴人工血管置换术
38.6302 上肢血管病损切除术
38.6700x003 门静脉部分切除术
38.6701 下腔静脉病损切除术
38.6702 门静脉病损切除术
38.6704 肝静脉病损切除术
38.6800x002 下肢动脉病损切除术
38.6801 腘动脉瘤切除术
38.6802 股动脉瘤切除术
38.6901 下肢静脉病损切除术
38.7x01 腔静脉结扎术
38.7x02 腔静脉折叠术
38.7x03 上腔静脉滤器置入术
38.7x04 下腔静脉滤器置入术
38.8100x004 椎动脉结扎术
38.8101 颅内血管畸形夹闭术
38.8200x003 颈内动脉结扎术
38.8200x005 颈内静脉结扎术
38.8200x006 颈前静脉结扎术
38.8200x007 颈总动脉结扎术
38.8200x008 颈外动脉结扎术
38.8200x011 乳突导血管封闭术
38.8202 颈静脉结扎术
38.8203 舌动脉结扎术
38.8300x004 上肢血管结扎术
38.8301 尺动脉结扎术
38.8302 肱动脉结扎术
38.8303 桡动脉结扎术
38.8500x001 动脉导管结扎术
38.8500x010 胸壁血管结扎术
38.8500x012 动脉导管未闭切断缝合术
38.8500x013 体-肺动脉侧支结扎术
38.8500x016 奇静脉结扎术
38.8501 肺动脉环缩术
38.8502 肺动脉结扎术
38.8503 肋间动脉结扎术
38.8504 锁骨下动脉结扎术
38.8600x004 腹壁血管结扎术
38.8600x005 腹膜血管结扎术
38.8601 大网膜动脉结扎术

38.8602 胃动脉结扎术
38.8603 胆囊动脉结扎术
38.8604 肠系膜动脉结扎术
38.8605 肝动脉结扎术
38.8606 脾动脉结扎术
38.8607 髂动脉结扎术
38.8609 子宫动脉结扎术
38.8700x001 腹部静脉结扎术
38.8700x002 卵巢动静脉高位结扎术
38.8700x008 子宫动静脉高位结扎术
38.8700x009 腹腔镜下卵巢动静脉高位结扎术
38.8701 肠系膜静脉结扎术
38.8702 子宫静脉高位结扎术
38.8704 门静脉结扎术
38.8800x002 髂内动脉结扎术
38.8801 下肢动脉结扎术
38.8901 下肢静脉结扎术
39.1x00x013 胃冠状静脉-肾静脉吻合术
39.2200x001 降主动脉-锁骨下动脉人工血管搭桥术
39.2200x002 颈外动脉-颈内动脉人工血管搭桥术
39.2200x003 颈总动脉-肱动脉自体血管搭桥术
39.2200x004 颈总动脉-锁骨下动脉搭桥术
39.2200x005 颈总动脉-腋动脉自体血管搭桥术
39.2200x006 颈总动脉-腋动脉人工血管搭桥术
39.2200x008 升主动脉-颈总动脉人工血管搭桥术
39.2200x009 升主动脉-锁骨下动脉人工血管搭桥术
39.2200x010 升主动脉-腋动脉人工血管搭桥术
39.2200x011 锁骨下动脉-肱动脉自体血管搭桥术
39.2200x012 主动脉-颈动脉人工血管搭桥术
39.2200x014 锁骨下动脉-肱动脉人工血管搭桥术
39.2200x015 升主动脉-头臂血管人工血管搭桥术
39.2200x016 升主动脉-无名动脉人工血管搭桥术
39.2200x018 颈外动脉-颈内动脉自体血管搭桥术
39.2200x019 颈总动脉-肱动脉人工血管搭桥术
39.2200x021 主动脉-锁骨下动脉-颈动脉搭桥术
39.2300x003 肺动脉融合术
39.2500x001 腹主动脉-股动脉-髂动脉人工血管搭桥术
39.2500x002 腹主动脉-股动脉人工血管搭桥术
39.2500x003 腹主动脉-髂动脉人工血管搭桥术
39.2500x004 腹主动脉-双侧髂动脉人工血管搭桥术
39.2500x005 髂动脉-股动脉人工血管搭桥术
39.2500x006 髂动脉-腘动脉人工血管搭桥术
39.2500x007 升主动脉-股动脉人工血管搭桥术
39.2500x008 升主动脉-双股动脉人工血管搭桥术
39.2500x009 髂动脉-股动脉-腘动脉人工血管搭桥术
39.2500x010 髂动脉-股动脉-腘动脉自体血管搭桥术
39.2500x011 髂动脉-股动脉人工血管-腘动脉自体血管搭桥术
39.2500x012 髂动脉-股动脉自体血管搭桥术
39.2500x013 髂动脉-腘动脉自体血管搭桥术
39.2600x001 腹主动脉-肠系膜上动脉人工血管搭桥术
39.2600x002 髂总动脉-肠系膜上动脉搭桥术
39.2600x003 髂总动脉-髂外动脉搭桥术
39.2600x004 肾动脉-股动脉人工血管搭桥术
39.2600x006 升主动脉-腹主动脉人工血管搭桥术
39.2600x007 髂动脉-髂动脉人工血管搭桥术
39.2600x008 腹主动脉-腹腔干动脉搭桥术
39.2600x009 髂总动脉-腹腔干动脉人工血管搭桥术
39.2600x010 肾动脉-股动脉自体血管搭桥术
39.2605 肾动脉-脾动脉搭桥术
39.2700x001 为肾透析的动静脉造瘘术
39.2700x002 为肾透析的动静脉人工血管搭桥术
39.2700x003 为肾透析的人工血管造瘘术
39.2700x004 为肾透析的移植血管造瘘术
39.2800x002 颞肌贴敷术
39.2801 颞浅动脉-大脑中动脉搭桥术
39.2900x001 大隐静脉-肱动脉搭桥术
39.2900x002 大隐静脉-股动脉搭桥术
39.2900x003 股动脉-腓动脉自体血管搭桥术
39.2900x004 股动脉-腘动脉自体血管搭桥术
39.2900x005 股动脉-腘动脉人工血管搭桥术
39.2900x011 颈内静脉-股静脉搭桥术
39.2900x012 颈外静脉-颈内静脉搭桥术
39.2900x013 颈内静脉-锁骨下静脉自体血管搭桥术
39.2900x015 髂静脉-股静脉自体血管搭桥术
39.2900x017 腋动脉-腋动脉人工血管搭桥术
39.2900x019 腋动脉-股动脉人工血管搭桥术
39.2900x024 肱动脉分支-肱动脉主干人工血管搭桥术
39.2900x025 肱动脉-头静脉人工血管搭桥术
39.2900x026 腘动脉-胫动脉自体血管搭桥术

39.2900x027　股动脉-胫腓动脉干搭桥术
39.2900x028　股静脉-股静脉人工血管搭桥术
39.2900x030　腋动脉-腘动脉人工血管搭桥术
39.2900x031　股动脉-股动脉人工血管搭桥术
39.2900x032　股动脉-股动脉自体血管搭桥术
39.2900x034　股动脉-腘动脉-腓动脉自体血管搭桥术
39.2900x036　股动脉-腘动脉-胫后动脉自体血管搭桥术
39.2900x038　股动脉-腘动脉-胫前动脉自体血管搭桥术
39.2900x042　股动脉-胫后动脉自体血管搭桥术
39.2900x043　股动脉-胫前动脉自体血管搭桥术
39.2900x046　腘动脉-腓动脉自体血管搭桥术
39.2900x047　腘动脉-胫后动脉自体血管搭桥术
39.2900x048　腘动脉-胫前动脉自体血管搭桥术
39.2900x049　腋动脉-双股动脉人工血管搭桥术
39.2902　股动脉-股动脉搭桥术
39.2905　肱动脉-头静脉搭桥术
39.2906　股动脉-腓动脉搭桥术
39.2907　股动脉-腘动脉搭桥术
39.2908　股动脉-胫动脉搭桥术
39.2912　腘动脉-胫动脉搭桥术
39.2915　腋动脉-肱动脉搭桥术
39.2916　腘动脉-腘动脉搭桥术
39.3100　动脉缝合术
39.3100x002　肱动脉修补术
39.3100x004　股动脉修补术
39.3100x005　颈总动脉修补术
39.3100x006　肋间动脉修补术
39.3100x007　桡动脉修补术
39.3100x009　足背动脉修补术
39.3100x010　尺动脉吻合术
39.3101　胫动脉缝合术
39.3102　股动脉缝合术
39.3104　肋间动脉缝合术
39.3105　足背动脉缝合术
39.3111　腘动脉缝合术
39.3112　肱动脉缝合术
39.3113　桡动脉缝合术
39.3200　静脉缝合术
39.3200x004　门静脉缝合术
39.3200x006　头静脉缝合术
39.3201　肠系膜静脉缝合术
39.3203　下腔静脉缝合术
39.3204　颈静脉缝合术
39.3206　股静脉缝合术
39.3207　肝静脉缝合术
39.4901　上腔静脉滤器取出术
39.4902　下腔静脉滤器取出术
39.4903　体-肺分流再校正术
39.5000x011　下腔静脉球囊扩张成形术
39.5000x013　锁骨下静脉球囊扩张成形术
39.5000x014　主动脉球囊扩张成形术
39.5000x015　肺动脉球囊扩张成形术
39.5000x019　头臂静脉球囊扩张成形术
39.5000x021　上腔静脉球囊扩张成形术
39.5000x024　肝动脉球囊扩张成形术
39.5000x025　上肢静脉球囊扩张成形术
39.5000x026　下肢静脉球囊扩张成形术
39.5000x027　肺动脉分支球囊扩张成形术
39.5000x029　髂总动脉球囊扩张成形术
39.5000x030　髂外动脉球囊扩张成形术
39.5001　锁骨下动脉球囊血管成形术
39.5002　肾动脉球囊血管成形术
39.5004　股动脉球囊血管成形术
39.5005　髂动脉球囊血管成形术
39.5006　肝静脉球囊血管成形术
39.5007　髂静脉球囊血管成形术
39.5008　无名动脉球囊血管成形术
39.5009　腘动脉球囊血管成形术
39.5010　腹主动脉球囊血管成形术
39.5011　胫动脉球囊血管成形术
39.5013　桡动脉球囊血管成形术
39.5014　腋动脉球囊血管成形术
39.5015　腓动脉球囊血管成形术
39.5016　肱动脉球囊血管成形术
39.5100　钳夹动脉瘤
39.5106　椎动脉瘤夹闭术
39.5202　动脉瘤缝扎术
39.5601　动脉组织补片修补术
39.5602　静脉组织补片修补术
39.5700x003　主动脉补片修补术
39.5701　静脉合成补片修补术
39.5702　动脉合成补片修补术
39.5900x001　动脉修补术
39.5900x002　肺动脉修补术
39.5900x003　肝静脉成形术
39.5900x004　股动脉成形术
39.5900x005　腘静脉修补术

39.5900x006　颈内动脉成形术
39.5900x007　静脉修补术
39.5900x008　髂动脉成形术
39.5900x009　上腔静脉成形术
39.5900x010　肾动脉成形术
39.5900x011　无名动脉成形术
39.5900x012　主动脉-肺动脉开窗术
39.5900x013　颞浅动脉贴敷术
39.5900x015　肺静脉成形术
39.5900x016　升主动脉成形术
39.5900x018　主动脉成形术
39.5900x019　股静脉环缩术
39.5900x020　肺静脉再植入术
39.5900x021　股静脉瓣膜环缩术
39.5900x023　体静脉狭窄矫治术
39.5900x024　血管修补术
39.5900x025　烟囱技术肠系膜上动脉重建术
39.5900x026　烟囱技术髂内动脉重建术
39.5900x027　烟囱技术肾动脉重建术
39.5900x028　烟囱技术颈总动脉重建术
39.5900x029　烟囱技术锁骨下动脉重建术
39.5900x030　主动脉弓成形术
39.5900x031　胸腔镜下肺动脉修补术
39.7100x004　腹主动脉栓塞术
39.7101　腹主动脉支架置入术
39.7102　腹主动脉覆膜支架腔内隔绝术
39.7103　腹主动脉分支覆膜支架置入术
39.7200x001　颈静脉支架置入术
39.7200x004　颈内动脉栓塞术
39.7200x005　颈动脉栓塞术
39.7200x018　颈动静脉瘘栓塞术
39.7202　颈部血管内修补或闭合术
39.7203　经导管颅内动脉瘤栓塞术
39.7209　经导管颅内血管栓塞术
39.7213　经导管椎动脉栓塞术
39.7216　经导管颈内动脉海绵窦瘘栓塞术
39.7300x003　主动脉覆膜支架腔内隔绝术
39.7300x004　胸主动脉覆膜支架置入术（腋-腋、腋-颈、腋-腋-颈）[HYBRID复合手术]
39.7301　胸主动脉支架置入术
39.7302　胸主动脉分支覆膜支架置入术
39.7303　胸主动脉覆膜支架腔内隔绝术
39.7400x002　经皮颅内动脉取栓术
39.7400x004　经皮颈动脉取栓术
39.7503　经导管颅内动脉瘤裸弹簧圈栓塞术
39.7800x001　胸主动脉开窗分支覆膜支架置入术
39.7800x002　腹主动脉开窗分支覆膜支架置入术
39.7800x006　主动脉瘤支架置入术
39.7800x010　主动脉伞堵术
39.7900x007　髂动脉瘤覆膜支架置入术
39.7900x009　甲状腺动脉栓塞术
39.7900x011　肺动脉栓塞术
39.7900x013　锁骨下动脉栓塞术
39.7900x014　体-肺动脉侧支封堵术
39.7900x015　奇静脉封堵术
39.7900x017　结肠动脉栓塞术
39.7900x019　髂动脉栓塞术
39.7900x020　肾动脉栓塞术
39.7900x021　腰动脉栓塞术
39.7900x022　精索静脉栓塞术
39.7900x023　卵巢静脉栓塞术
39.7900x024　盆腔静脉栓塞术
39.7900x025　股动脉栓塞术
39.7900x027　臀下动脉栓塞术
39.7900x517　肺动静脉瘘栓塞术
39.7900x809　下肢静脉滤器置入术
39.7901　经导管肾血管栓塞术
39.7902　经导管支气管动脉栓塞术
39.7903　经导管肝动脉栓塞术
39.7904　经导管脾动脉栓塞术
39.7906　经导管髂内动脉栓塞术
39.9000　周围（非冠状的）血管非药物洗脱支架置入
39.9000x010　脾动脉支架置入术
39.9000x011　髂静脉支架置入术
39.9000x012　锁骨下静脉支架置入术
39.9000x016　下肢静脉支架置入术
39.9000x017　尺动脉支架置入术
39.9000x019　股动脉覆膜支架置入术
39.9000x020　尺动脉非药物洗脱支架置入术
39.9000x021　腓动脉非药物洗脱支架置入术
39.9000x022　肺动脉支架置入术
39.9000x023　肱动脉非药物洗脱支架置入术
39.9000x024　肱动脉支架置入术
39.9000x025　腘动脉覆膜支架置入术
39.9000x026　动脉导管支架置入术
39.9000x027　肺动脉带瓣支架植入术
39.9000x028　髂动脉覆膜支架置入术
39.9000x029　桡动脉非药物洗脱支架置入术
39.9000x030　桡动脉支架置入术

39.9000x031　上肢动脉覆膜支架置入术
39.9000x032　上肢静脉非药物洗脱支架置入术
39.9000x033　上肢静脉支架置入术
39.9000x034　锁骨下动脉覆膜支架置入术
39.9000x035　头臂静脉非药物洗脱支架置入术
39.9000x036　无名动脉覆膜支架置入术
39.9000x037　肺动脉分支支架置入术
39.9001　肠系膜上动脉支架置入术
39.9003　门静脉支架置入术
39.9004　髂动脉支架置入术
39.9005　上腔静脉支架置入术
39.9006　肝静脉支架置入术
39.9007　无名动脉支架置入术
39.9008　锁骨下动脉支架置入术
39.9009　股动脉支架置入术
39.9010　下腔静脉支架置入术
39.9011　胫动脉支架置入术
39.9012　肝动脉支架置入术
39.9013　腘动脉支架置入术
39.9015　腓动脉支架置入术
39.9016　肾动脉支架置入术
39.9100x003　下腔静脉粘连松解术
39.9500　血液透析
39.9500x007　连续性肾脏替代治疗［CRRT］
39.9600x003　血液灌流
39.9800x001　伤口止血术
39.9801　手术后伤口止血术
40.2900x008　颌下淋巴结切除术
40.2902　肺门淋巴结切除术
40.2906　腹腔淋巴结切除术
40.2908　肠系膜淋巴结切除术
40.6100　胸导管套管置入术
40.6200　胸导管造瘘术
40.6300　胸导管瘘口闭合术
40.6301　胸腔镜淋巴瘘修补术
40.6400　胸导管结扎术
40.6900x002　胸导管-颈外静脉吻合术
40.6900x003　胸导管狭窄扩张术
40.6900x004　胸导管成形术
40.6901　胸导管颈内静脉吻合术
40.9x00x003　周围淋巴管-小静脉吻合术
40.9x00x004　淋巴干-小静脉吻合术
40.9x00x005　腰淋巴干-小静脉吻合术
40.9x00x006　髂淋巴干-小静脉吻合术
40.9x00x007　肠淋巴干-小静脉吻合术
40.9x00x008　淋巴水肿矫正Homans-Macey手术［Homan手术］
40.9x00x009　淋巴水肿矫正Charles手术［Charles手术］
40.9x00x010　淋巴水肿矫正Thompson手术［Thompson手术］
40.9x00x011　腹膜后淋巴管横断结扎术
40.9x00x012　髂淋巴干横断结扎术
40.9x00x013　淋巴管瘘结扎术
40.9x00x014　淋巴管瘘切除术
40.9x00x015　淋巴管瘘粘连术
40.9x00x016　淋巴管瘤注射术
40.9x00x017　淋巴水肿抽吸术
40.9x01　腹腔淋巴管修补术
40.9x02　周围淋巴管结扎术
40.9x03　周围淋巴管闭合术
40.9x04　周围淋巴管扩张术
40.9x05　周围淋巴管吻合术
40.9x06　周围淋巴管移植术
40.9x07　周围淋巴管重建术
40.9x08　淋巴水肿矫正术
40.9x09　淋巴管静脉吻合术
41.1x00　脾穿刺
41.2x02　脾切开引流术
41.2x03　腹腔镜脾切开引流术
41.4301　腹腔镜脾部分切除术
41.9300　副脾切除术
41.9301　腹腔镜副脾切除术
41.9400　脾移植术
41.9502　脾固定术
41.9503　脾缝合术
41.9504　腹腔镜脾修补术
42.0901　食管切开异物取出术
42.0902　食管切开探查术
42.1100　颈部食管造口术
42.1200　食管憩室外置术
42.1901　胸部食管造口术
42.3200x003　食管病损氩气刀治疗术
42.3201　食管病损切除术
42.3310　内镜食管出血止血术
42.4100　部分食管切除术
42.4100x008　食管内翻拔脱术
42.4101　胸腹联合切口食管部分切除术
42.4102　颈胸腹三切口食管部分切除术
42.4103　胸腔镜食管部分切除术

42.4104　胸腔镜颈腹切口食管部分切除术
42.4201　胸腹联合切口全食管切除术
42.4202　颈胸腹三切口全食管切除术
42.4203　胸腔镜全食管切除术
42.5100　胸内食管食管吻合术
42.5200　胸内食管胃吻合术
42.5200x005　胸内食管-胃颈部吻合术
42.5201　食管胃弓上吻合术
42.5202　食管胃弓下吻合术
42.5300x001　胸内空肠代食管术
42.5500x001　胸内结肠代食管术
42.5801　人工食管建造术
42.5802　胃-咽吻合术
42.5803　胃-喉吻合术
42.5900x001　食管-空肠弓上吻合术
42.6100　胸骨前食管食管吻合术
42.6200　胸骨前食管胃吻合术
42.6300　胸骨前食管吻合术伴小肠间置术
42.6400x002　胸骨前食管-小肠吻合术
42.6401　胸骨前食管十二指肠吻合术
42.6402　胸骨前食管回肠吻合术
42.6403　胸骨前食管空肠吻合术
42.6500　胸骨前食管吻合术伴结肠间置术
42.6601　胸骨前食管结肠吻合术
42.7x00x001　食管贲门肌层切开术
42.7x01　改良食管肌层切开术［改良Heller手术］
42.7x02　腹腔镜食管贲门肌层切开术
42.7x04　胸腔镜食管肌层切开术
42.8100　食管置入永久性管
42.8101　内镜下食管支架置入术
42.8200　食管裂伤缝合术
42.8300　食管造口闭合术
42.8400　食管瘘修补术
42.8501　食管吻合口狭窄修补术
42.8502　食管镜食管狭窄整复术
42.9200x007　内镜下贲门括约肌切开术（POEM）
42.9200x008　内镜下胃咽吻合口扩张术
43.0x03　腹腔镜下胃切开异物取出术
43.3x00x003　幽门环肌层切开术
43.3x00x004　幽门肌层切开术
43.3x01　腹腔镜下幽门肌层切开术
43.5x01　胃大部切除伴食管胃吻合术
43.5x02　贲门切除伴食管胃弓下吻合术
43.5x03　腹腔镜下胃大部切除伴食管-胃吻合术
43.7x01　残胃部分切除伴胃空肠吻合术
43.7x02　胃肠吻合口切除伴胃空肠吻合术
43.8202　腹腔镜胃楔形切除术
43.8902　胃底横断术
43.9102　腹腔镜辅助全胃切除伴空肠间置术
43.9902　残胃切除，食管空肠吻合术
43.9904　腹腔镜辅助全胃切除伴食管-十二指肠吻合术
44.0100　迷走神经干切断术
44.0200　高选择性迷走神经切断术
44.0200x002　壁细胞迷走神经切断术
44.0300x001　选择性迷走神经切断术
44.2100x001　幽门切开扩张术
44.2100x002　幽门括约肌切开术
44.2200x001　胃镜下胃-肠吻合口扩张术
44.2200x003　内镜下食管胃吻合口扩张术
44.2200x004　内镜下胃肠吻合口支架植入术
44.2900x001　幽门成形术
44.2901　幽门粘连松解术
44.3801　腹腔镜下胃空肠吻合术
44.3802　腹腔镜下胃十二指肠吻合术
44.3803　腹腔镜下幽门旷置术
44.3804　腹腔镜下胃转流术（LRYGB）
44.3900x003　胃-十二指肠吻合术
44.3901　胃转流术［胃-肠搭桥吻合术］
44.3902　胃十二指肠吻合术（旁路）
44.3903　胃空肠吻合术（旁路）
44.3904　幽门旷置术
44.4100x008　胃溃疡穿孔修补术
44.4101　胃溃疡修补术
44.4102　腹腔镜胃溃疡穿孔修补术
44.4200x001　腹腔镜下十二指肠溃疡穿孔修补术
44.4200x003　十二指肠溃疡穿孔修补术
44.4201　十二指肠溃疡修补术
44.4202　腹腔镜十二指肠溃疡修补术
44.4400x005　胃十二指肠动脉栓塞术
44.4401　十二指肠动脉栓塞术
44.4403　经导管胃动脉栓塞术
44.4901　胃切开止血术
44.4902　十二指肠切开止血术
44.5x01　胃肠吻合口修补术
44.5x02　食管胃吻合口成形术
44.6301　胃结肠瘘修补术
44.6302　胃空肠瘘修补术
44.6401　腹腔镜下胃固定术
44.6500　胃十二指肠成形术

44.6500x003　胸腔镜下贲门松解术
44.6501　贲门成形术
44.6801　腹腔镜垂直束带胃成形术（VBG）
44.9100x001　贲门周围血管离断术
44.9100x002　门奇静脉断流术［食管-胃底静脉结扎术］
44.9100x005　腹腔镜下胃静脉曲张离断术
44.9101　胃底静脉结扎术
44.9501　腹腔镜下可调节胃束带术（LAGB）
44.9502　垂直绑带式胃减容术（VGB）
44.9601　腹腔镜可调节胃束带置换术
44.9602　腹腔镜可调节胃束带修正术
44.9701　腹腔镜可调节胃束带去除术
44.9801　腹腔镜可调节胃束带放松术
44.9802　腹腔镜下可调节胃束带紧缩术
45.0101　十二指肠切开异物取出术
45.0102　十二指肠切开取石术
45.0200x001　空肠切开取石
45.0202　小肠切开取石术
45.0204　腹腔镜小肠切开减压术
45.0300x003　横结肠切开引流术
45.0301　大肠切开取石术
45.0303　大肠切开减压术
45.3101　十二指肠病损切除术
45.3102　十二指肠憩室切除术
45.3200x001　十二指肠病损破坏术
45.3300x006　空肠病损切除术
45.3301　小肠病损切除术
45.3302　小肠憩室切除术
45.3303　腹腔镜小肠病损切除术
45.4100x001　大肠病损切除术
45.4101　结肠病损切除术
45.4102　横结肠病损切除术
45.4103　降结肠病损切除术
45.4104　乙状结肠病损切除术
45.4105　盲肠病损切除术
45.4107　升结肠病损切除术
45.4108　盲肠憩室切除术
45.4200x003　纤维结肠镜下结肠息肉切除术
45.4201　内镜下乙状结肠息肉切除术
45.4900x001　大肠病损破坏术
45.4900x003　结肠病损高频电凝术
45.4900x005　结肠病损激光烧灼术
45.4901　结肠袋形缝合术
45.5100x001　回肠部分切除用于间置术
45.5101　小肠部分切除用于间置术
45.5201　结肠部分切除术用于间置术
45.6200x001　腹腔镜下回肠部分切除术
45.6200x002　腹腔镜下空肠部分切除术
45.6208　腹腔镜下小肠部分切除术
45.7201　回盲部分切除术
45.7304　升结肠切除术
45.7501　左半结肠根治性切除术
45.7900x001　结肠次全切除术
45.7902　小肠结肠部分切除术
45.8100x001　腹腔镜下结肠次全切除术
45.9101　空肠空肠吻合术
45.9102　回肠回肠吻合术
45.9308　空肠-降结肠吻合术
45.9309　空肠-升结肠吻合术
45.9404　结肠-直肠吻合术
45.9408　升结肠-直肠吻合术
45.9501　结肠-肛门吻合术
46.0102　襻式回肠造口术
46.0300x004　结肠旷置术
46.0301　肠外置术（一期）
46.0302　襻式结肠造口术
46.0402　结肠襻切除术
46.1000　结肠造口术
46.1100x002　腹腔镜下结肠暂时性造口术
46.1400　结肠造口的延迟性切开
46.2301　腹腔镜永久性回肠造口术
46.3903　输入襻造口术
46.4101　回肠造口修复术
46.4102　空肠造口修复术
46.4103　回肠造口周围疝修补术
46.4201　腹腔镜结肠造口周围疝修补术
46.4202　腹腔镜结肠造口周围疝无张力成形术
46.4301　结肠造口修复术
46.4303　降结肠造口修复术
46.6200x003　小肠排列术
46.6200x004　小肠外排列术
46.6201　小肠折叠术［Noble手术］
46.6301　盲肠-升结肠固定术
46.6302　乙状结肠-腹壁固定术［Moschowitz手术］
46.6401　盲肠固定术
46.6402　乙状结肠固定术
46.6403　结肠固定术
46.7303　腹腔镜小肠裂伤修补术
46.7401　小肠-小肠吻合口瘘修补术

46.7402　小肠-大肠吻合口瘘修补术
46.7404　小肠腹壁瘘切除术
46.7405　小肠-乙状结肠瘘切除术
46.7506　腹腔镜下结肠裂伤修补术
46.7604　腹腔镜下结肠瘘修补术
46.7901　肠穿孔修补术
46.7903　小肠浆膜修补术
46.7904　十二指肠憩室修补术
46.9100　乙状结肠肌切开术
46.9200x001　结肠肌切开术
46.9201　结肠隔膜切开术
46.9300x001　十二指肠空肠吻合口切除术
46.9301　空肠回肠吻合口切除术
46.9401　直肠吻合口狭窄切开术
46.9602　大肠灌洗
47.0100　腹腔镜下阑尾切除术
47.0901　阑尾切除术
47.0902　阑尾残端切除术
47.0903　阑尾病损切除术
47.2x00　阑尾脓肿引流术
47.2x01　腹腔镜下阑尾脓肿引流术
47.9100　阑尾造口术
47.9901　阑尾内翻包埋术
48.0x01　直肠减压术
48.0x04　直肠脓肿切开引流术
48.2500　开放性直肠活组织检查
48.3101　直肠病损根治性电凝固术
48.3200x003　直肠病损电凝术
48.3201　直肠病损电切术
48.3301　直肠病损激光切除术
48.3501　直肠病损切除术
48.3502　经肛门直肠病损切除术
48.3504　经阴道直肠病损切除术
48.3505　直肠后壁病损切除术
48.3506　Kraske术
48.3507　腹腔镜直肠病损切除术
48.3600x007　经肛门内镜下直肠病变微创手术［TEM］
48.3601　直肠息肉切除术
48.4101　直肠黏膜下切除术
48.4102　经肛门直肠黏膜环切术
48.4103　直肠黏膜下环切术
48.4104　直肠内拖出切除术
48.4105　直肠黏膜切除术
48.4106　腹腔镜直肠黏膜下切除术
48.4902　经前会阴超低位直肠切除术
48.4903　腹腔镜辅助经前会阴超低位直肠切除术
48.4904　斯文林直肠切除术
48.4905　Bacon-Black术
48.6201　腹腔镜下直肠前切除伴结肠造口术
48.7101　腹腔镜直肠破裂修补术
48.7302　肛门直肠瘘修补术
48.7901　陈旧性产科直肠裂伤修补术
49.3900x015　肛门皮肤和皮下坏死组织切除清创术
49.4600　痔切除术
49.4601　痔切除术伴肛门成形术
49.5901　肛管内括约肌切开术
49.7100　肛门裂伤缝合术
49.7200　肛门环扎术
49.7301　肛瘘挂线术
49.7302　肛瘘结扎术
49.7400x001　股薄肌移植肛门失禁矫正术
49.7501　人工肛门括约肌植入术
49.7502　人工肛门括约肌修复术
49.7600　人工肛门括约肌去除
49.7900x005　肛门括约肌修补术
49.7901　肛门陈旧性产科裂伤修补术
49.7902　肛门括约肌成形术
49.7903　肛门成形术
49.7904　腹腔镜下肛门成形术
49.9901　肛管皮肤移植术
50.0x00x004　腹腔镜下肝切开引流术
50.0x02　肝切开异物取出术
50.0x03　腹腔镜下肝囊肿开窗引流术
50.0x04　腹腔镜下肝脓肿切开引流术
50.0x05　腹腔镜下肝异物去除术
50.1200　开放性肝活组织检查
50.1400　腹腔镜下肝活组织检查
50.2202　肝段切除术
50.2203　腹腔镜下肝段切除术
50.2204　腹腔镜下肝楔形切除术
50.2206　腹腔镜下活体取肝术
50.2301　肝病损微波消融术
50.2302　肝病损射频消融术
50.2303　胆囊床病损射频消融术
50.2501　腹腔镜下肝病损微波消融术
50.2502　腹腔镜下肝病损射频消融术
50.2503　腹腔镜超声引导下肝病损射频消融术
50.2901　肝病损氩氦刀治疗术
50.2902　肝病损冷冻治疗术

50.2903　肝病损酒精固化治疗术
50.2904　肝病损离体切除术
50.2905　肝病损破坏术
50.2906　肝病损超声刀治疗
50.2907　肝病损微波治疗
50.2908　肝病损切除术
50.2909　腹腔镜下肝病损切除术
50.2910　腹腔镜下肝病损烧灼术
50.3x04　全肝叶切除术伴其他肝叶部分切除术
50.3x05　腹腔镜下肝叶切除术
50.3x06　腹腔镜下半肝切除术
50.9300　肝局部灌注
51.0300x002　胆囊造口术
51.0301　腹腔镜下胆囊造口术
51.0400x006　浅式胆囊取石术
51.0400x008　胆道镜下碎石取石术
51.0402　胆囊切开引流术
51.0405　腹腔镜下胆囊切开取石术
51.1000　内镜逆行胰胆管造影［ERCP］
51.1101　术中胆道镜检查
51.1104　腹腔镜下胆总管探查术
51.1105　腹腔镜下胆道造影术
51.2300　腹腔镜下胆囊切除术
51.2301　腹腔镜下残余胆囊切除术
51.2400　腹腔镜下部分胆囊切除术
51.3203　腹腔镜下胆囊空肠吻合术
51.3204　腹腔镜下胆囊十二指肠吻合术
51.3900x008　胆管-胰吻合术
51.3907　腹腔镜下胆管空肠吻合术
51.4100x001　胆总管切开取石术
51.4202　胆总管切开减压术
51.4301　肝胆总管吻合术
51.4303　胆总管支架置入术
51.4900x002　胆管切开取石术
51.4900x003　胆总管切开取栓术
51.4901　肝管切开取石术
51.4902　胆肠吻合口切开取石术
51.4903　胆管切开取石术（伴T管引流）
51.4904　肝总管切开取石术
51.4905　胆管切开取栓术
51.5102　胆总管切开支架取出术
51.5902　肝管切开探查术
51.5904　肝总管切开探查术
51.6100x001　残余胆囊管切除术
51.6200x002　法特壶腹切除术
51.6201　法特氏壶腹病损切除术
51.7101　胆总管裂伤缝合术
51.7204　胆总管扩张术
51.8101　法特氏壶腹扩张术
51.8500x002　内镜下十二指肠乳头肌切开取石术
51.8600x002　内镜下鼻胆管引流术
51.9101　腹腔镜下胆囊破裂修补术
51.9302　胆囊空肠瘘修补术
51.9303　胆囊十二指肠瘘修补术
51.9304　胆囊结肠瘘修补术
51.9401　胆管吻合口重建术
51.9800x010　经皮胆管支架置入术
51.9901　胆道内假体置换术
52.1200　开放性胰腺活组织检查
52.1302　腹腔镜下胰腺探查
52.2100x001　腹腔镜下胰腺病损射频消融术
52.2100x002　腹腔镜下胰腺病损微波消融术
52.2100x003　腹腔镜下胰腺病损冷冻消融术
52.2100x004　腹腔镜下胰腺病损纳米刀消融术
52.2101　腹腔镜下胰腺病损切除术
52.2102　超声内镜下胰腺无水酒精注射术
52.2200x005　经皮胰腺病损射频消融术
52.2200x006　经皮胰腺病损微波消融术
52.2200x007　经皮胰腺病损冷冻消融术
52.2200x008　胰腺病损聚焦超声消融术
52.2200x009　经皮胰腺病损纳米刀消融术
52.2201　胰腺病损切除术
52.3x00　胰囊肿袋形缝合术［造袋术］
52.4x00x004　胰腺囊肿引流术
52.4x03　胰腺囊肿空肠吻合术
52.5205　腹腔镜下胰尾伴部分胰体切除术
52.5206　腹腔镜下胰体胰尾病损切除术
52.5301　腹腔镜根治性胰体尾切除术
52.5902　胰腺十二指肠部分切除术
52.5903　胰腺节段切除术
52.5904　胰体尾切除术
52.5906　腹腔镜胰腺中段切除术
52.7x01　腹腔镜下胰十二指肠根治术
52.9300x002　内镜下胰管置管引流术
52.9502　胰管修补术
52.9503　胰腺瘘修补术
52.9603　胰腺管回肠吻合术
52.9604　胰腺管十二指肠吻合术
52.9605　腹腔镜下胰胃吻合术
52.9901　胰管扩张术

53.0001　单侧腹股沟疝修补术
53.4901　脐疝修补术
53.5901　腹壁疝修补术
53.8000x001　经胸膈疝修补术
53.8001　经胸食管裂孔疝修补术
53.8002　经胸腹横膈疝修补术
53.8100x001　膈肌折叠术
53.8300x001　胸腔镜下膈疝修补术
54.1202　近期开腹术后腹腔止血术
54.1903　腹腔切开引流术
54.1905　男性盆腔切开引流术
54.1909　肠系膜血肿清除术
54.2100　腹腔镜检查
54.3x00x010　腹壁伤口扩创术
54.3x00x011　腹壁伤口清创术
54.3x01　腹壁病损切除术
54.3x03　腹股沟病损切除术
54.3x06　腹壁清创术
54.4x00x006　大网膜部分切除术
54.4x00x012　骶尾部病损切除术
54.4x00x055　经皮腹膜后病损纳米刀消融术
54.4x07　骶前病损切除术
54.5100　腹腔镜下腹膜粘连松解术
54.5100x005　腹腔镜下腹腔粘连松解术
54.5100x009　腹腔镜下盆腔粘连松解术
54.5101　腹腔镜下肠粘连松解术
54.5103　腹腔镜下盆腔腹膜粘连松解术
54.5900x007　盆腔腹膜粘连松解术
54.5901　腹腔粘连松解术
54.5902　腹膜粘连松解术
54.5903　肠粘连松解术
54.5904　盆腔粘连松解术
54.5906　阑尾周围粘连松解术
54.7301　腹膜后组织修补术
54.7302　胃结肠韧带缝合术
54.7401　网膜固定术
54.7402　网膜缝合术
54.7403　网膜移植术
54.7405　异体大网膜移植术
54.7502　肠系膜折叠术
54.9202　腹腔镜下腹腔异物取出术
54.9500x004　脑室-腹腔引流管腹腔端修正术
54.9900x010　腹腔镜下盆腔病损切除术
54.9902　腹腔病损切除术
55.0108　移植肾探查术
55.0200　肾造口术
55.0201　腹腔镜下肾造口术
55.0300x005　经皮肾造口术
55.1200　肾盂造口术
55.1200x001　肾盂内T管引流术
55.4x00　部分肾切除术
55.4x01　肾楔形切除术
55.4x02　肾盂部分切除术
55.4x03　腹腔镜下肾部分切除术
55.4x04　肾盂切除术
55.4x05　肾盏切除术
55.5102　供肾取肾术
55.5105　腹腔镜供肾取肾术
55.5106　腹腔镜膀胱镜下肾输尿管切除术
55.7x00　肾固定术
55.8102　移植肾破裂修补术
55.8201　肾盂造口闭合术
55.8202　肾造口闭合术
55.8500　马蹄形肾联合部切开术
55.8501　腹腔镜马蹄肾峡部分离术
55.8601　移植肾输尿管膀胱吻合术
55.8602　肾盂输尿管吻合术
55.8603　肾盏输尿管吻合术
55.8605　肾盂输尿管膀胱吻合术
55.8606　腹腔镜下肾盂输尿管吻合术
55.8900x002　供体肾修整术
55.9200x002　经皮肾脓肿抽吸术
55.9203　肾穿刺术
55.9500　肾局部灌注
55.9701　机械肾植入术
55.9702　机械肾置换术
55.9800　机械肾去除
55.9901　肾折叠术
55.9902　肾蒂淋巴管离断术
56.0x03　经尿道输尿管/肾盂激光碎石术
56.1x00x001　输尿管口切开术
56.1x01　膀胱镜下输尿管口切开术
56.2x00x002　经皮肾镜输尿管内切开术
56.2x00x007　输尿管切开探查术
56.2x01　输尿管切开取石术
56.2x02　输尿管切开异物取出术
56.2x03　输尿管切开引流术
56.2x04　腹腔镜下输尿管切开取石术
56.4100x008　膀胱镜下输尿管病损切除术
56.4101　输尿管病损切除术

56.4104 输尿管缩短伴再植术
56.4106 内镜下输尿管病损切除术
56.4107 内镜下输尿管部分切除术
56.5101 乙状结肠膀胱腹壁造口术
56.5200x001 输尿管-回肠皮肤造口修正术
56.7102 输尿管-结肠吻合术
56.7104 输尿管-阑尾吻合术
56.7105 输尿管-空肠吻合术
56.7401 用膀胱补片的输尿管置换术
56.8100 输尿管管腔内粘连松解术
56.8300 输尿管造口闭合术
56.8400x001 输尿管瘘修补术
56.8401 输尿管阴道瘘修补术
56.8600 输尿管结扎去除术
56.8903 输尿管延长术
56.8904 输尿管复位术
56.8905 空肠代输尿管术
56.8906 回肠代输尿管术
56.9500 输尿管结扎术
56.9500x001 腹腔镜下输尿管结扎术
57.0x00x005 经尿道膀胱镜膀胱取石术
57.0x00x006 经尿道膀胱镜膀胱血块清除术
57.0x00x010 经尿道膀胱镜膀胱超声碎石术
57.0x04 经尿道膀胱血块清除术
57.0x06 经尿道膀胱激光碎石术
57.1101 膀胱穿刺术
57.1200 膀胱切开的膀胱腔内粘连松解术
57.1700x001 超声引导下耻骨上膀胱造口导尿管插入术
57.1701 经皮耻骨上膀胱造口导尿管插入术
57.1800x001 耻骨上膀胱造口导尿管插入术
57.1902 膀胱切开取石术
57.1904 膀胱切开引流术
57.3400x002 直视下膀胱活检术
57.4901 经尿道膀胱病损切除术
57.4902 经尿道膀胱颈电切术
57.6x00 部分膀胱切除术
57.6x01 膀胱大部切除术
57.6x02 膀胱穹隆切除术
57.6x03 膀胱楔形切除术
57.6x04 膀胱三角区切除术
57.6x05 膀胱袖状切除术
57.6x06 腹腔镜下膀胱部分切除术
57.7100 根治性膀胱切除术
57.7102 男性盆腔脏器去除术
57.7103 腹腔镜下膀胱根治切除术
57.8200 膀胱造口闭合术
57.8301 膀胱回肠瘘修补术
57.8302 膀胱乙状结肠瘘修补术
57.8303 膀胱结肠瘘修补术
57.8304 膀胱直肠瘘修补术
57.8305 膀胱阴道直肠瘘修补术
57.8401 膀胱瘘修补术
57.8402 膀胱阴道瘘修补术
57.8404 膀胱子宫瘘修补术
57.8600 膀胱外翻修补术
57.8903 膀胱悬吊术
57.8905 腹腔镜下膀胱修补术
57.9300x001 膀胱术后出血止血术
57.9301 经尿道膀胱电凝止血术
58.0x00x003 尿道切开探查术
58.0x01 尿道切开取石术
58.0x02 尿道会阴造口术
58.0x03 尿道切开异物取出术
58.1x01 尿道外口切开术
58.3101 经尿道尿道病损电切术
58.3103 经尿道尿道狭窄电切术
58.3901 尿道病损切除术
58.3902 尿道瓣膜切除术
58.3903 尿道切除术
58.3904 尿道部分切除术
58.3905 尿道狭窄切除术
58.3906 尿道口病损切除术
58.4100 尿道裂伤缝合术
58.4200 尿道造口闭合术
58.4301 尿道瘘修补术
58.4302 尿道阴道瘘修补术
58.4303 尿道直肠瘘修补术
58.4304 尿道会阴瘘修补术
58.4305 腹腔镜下尿道瘘修补术
58.4400x001 尿道拖入术
58.4401 尿道吻合术
58.4600x001 膀胱黏膜瓣代尿道成形术
58.4600x002 颊黏膜代尿道成形术
58.4600x003 结肠黏膜代尿道成形术
58.4600x004 回肠黏膜代尿道成形术
58.4600x005 阴唇皮瓣代尿道成形术
58.4600x006 包皮皮肤代尿道成形术
58.4600x007 舌黏膜代尿道成形术
58.4600x008 唇黏膜代尿道成形术

58.4601　尿道建造术
58.4900x003　尿道修补术
58.4900x005　会阴阴囊皮瓣尿道成形术
58.4900x006　后尿道成形术
58.4901　尿道成形术
58.4902　尿道折叠术
58.5x00　尿道狭窄松解术
58.5x00x002　经尿道尿道切开术
58.5x01　尿道括约肌切开术
58.5x02　内镜下尿道内口切开术
58.5x03　尿道内口切开术
58.6x01　尿道会师术
58.6x03　前列腺尿道记忆金属支架置入术
58.9901　可膨胀的尿道括约肌去除术
59.0201　输尿管狭窄松解术
59.0202　输尿管周围粘连松解术
59.0301　腹腔镜下输尿管狭窄松解术
59.0303　腹腔镜下输尿管周围粘连松解术
59.0902　肾周血肿清除术
59.0903　肾周区域探查术
59.1100x001　膀胱周围粘连松解术
59.1901　膀胱周围探查术
59.1902　耻骨后探查术
59.8x00x005　经尿道膀胱镜输尿管镜输尿管扩张术
59.8x03　经尿道输尿管支架置入术
59.9400　膀胱造口导管置换
60.7200　精囊切开术
60.9300　前列腺修补术
60.9400x001　前列腺术后止血术
61.0x00x003　阴囊切开探查术
61.3x02　阴囊部分切除术
61.3x03　阴囊病损切除术
61.4101　睾丸鞘膜裂伤缝合术
61.4102　阴囊裂伤缝合术
61.4201　阴囊输精管瘘修补术
61.4202　阴囊皮肤瘘修补术
61.4900x002　鞘膜高位结扎术
61.4902　阴囊修补术
61.4904　睾丸鞘膜翻转术
61.4905　腹腔镜下鞘状突高位结扎术
61.9900　阴囊和睾丸鞘膜的其他手术
62.0x00x001　睾丸切开探查术
62.0x01　腹腔镜下隐睾探查术
62.0x03　睾丸切开异物取出术
62.2x00x002　睾丸附件切除术
62.2x01　睾丸病损切除术
62.3x00　单侧睾丸切除术
62.3x01　单侧睾丸附睾切除术
62.3x02　单侧睾丸部分切除术
62.3x03　单侧隐睾切除术
62.3x04　腹腔镜下单侧隐睾切除术
62.4100x004　双侧睾丸切除术
62.4101　双侧睾丸附睾切除术
62.4102　双侧睾丸根治性切除术
62.4104　双侧隐睾切除术
62.4105　腹腔镜下双侧隐睾切除术
62.6100　睾丸裂伤缝合术
62.6900x001　睾丸修补术
62.6901　睾丸移植术
63.1x01　精索静脉高位结扎术
63.5101　精索裂伤缝合术
63.5201　睾丸扭转复位术
63.5202　精索扭转复位术
63.5203　睾丸附件扭转复位术
63.5300　精索移植术
63.5900　精索和附睾的其他修补术
63.6x00x001　输精管探查术
63.6x00x002　尿道镜下射精管口取石术
63.6x01　输精管造口术
63.7300　输精管切除术
63.7300x003　输精管病损切除术
63.7301　输精管部分切除术
63.8101　输精管裂伤的缝合术
63.8102　附睾裂伤的缝合术
63.8200x001　输精管吻合术
63.8300　附睾输精管吻合术
63.9900x002　经尿道射精管切开术
64.0x00　包皮环切术
64.3x01　阴茎部分切除术
64.3x02　阴茎全部切除术
64.4100　阴茎裂伤缝合术
64.4300　阴茎建造术
64.4400　阴茎重建术
64.4500　阴茎再植术
64.4500x002　阴茎海绵体断裂修补术
64.4901　阴茎矫直术
64.4902　阴茎延长术
64.4903　阴茎增粗术
64.4904　阴茎海绵体白膜修补术
64.4905　转移皮瓣阴茎修补术

64.9101　包皮切开术
65.0900x003　卵巢切开探查术
65.7300x001　输卵管-卵巢成形术
65.7400　腹腔镜卵巢单纯缝合术
65.7500　腹腔镜卵巢再植入
65.7600　腹腔镜输卵管卵巢成形术
65.7900x008　腹腔镜下卵巢破裂修补术
65.7900x009　腹腔镜下卵巢破裂止血术
65.7901　卵巢成形术
65.7902　卵巢固定术
65.7903　卵巢悬吊术
65.7904　腹腔镜卵巢悬吊术
65.7905　腹腔镜卵巢成形术
65.8102　腹腔镜输卵管粘连松解术
65.8900x001　输卵管-卵巢粘连松解术
65.8901　卵巢粘连松解术
65.8902　输卵管粘连松解术
66.4x02　腹腔镜单侧输卵管切除术
66.7100　单纯输卵管缝合术
66.7901　输卵管成形术
66.7902　输卵管移植术
66.7904　输卵管切断再通术
66.7905　腹腔镜输卵管成形术
67.6100　子宫颈裂伤缝合术
68.0x00x004　子宫切开探查术
68.0x00x005　子宫切开异物取出术
68.4901　经腹全子宫切除术
69.0101　终止妊娠刮宫术
69.0200x003　流产后刮宫术
69.2300　经阴道慢性子宫内翻修补术
69.2901　子宫韧带修补术
69.4100　子宫裂伤缝合术
69.4200　子宫瘘管闭合术
69.4900x006　宫腔镜下子宫修补术
69.4903　腹腔镜子宫修补术
70.5305　全盆底重建术
70.6200x002　阴道成形术
70.6400x001　人工阴道重建术
70.7100　阴道裂伤缝合术
70.7101　后穹窿裂伤缝合术
70.7200　结肠阴道瘘修补术
70.7300　直肠阴道瘘修补术
70.7400x001　小肠-阴道瘘修补术
70.7401　小肠-阴道瘘切除术
70.7702　骶棘韧带悬吊术
70.7900x005　阴道断蒂缝合术
70.7900x006　阴道断蒂止血术
70.7900x010　阴道黏膜瓣移植术
70.7901　阴道延长术
70.7902　阴道扩张术
70.7903　阴道缩窄术
70.7905　阴道残端缝合术
70.7906　阴道会阴成形术
70.7907　阴道穹窿修补术
70.7909　腹腔镜阴道会阴成形术
71.7101　外阴裂伤缝合术
71.7102　会阴裂伤缝合术
71.7900x008　小阴唇成形术
71.7900x010　后盆底重建术
71.7900x011　前盆底重建术
71.7900x012　阴唇黏膜游离移植术
71.7900x013　阴唇成形术
71.7901　外阴成形术
71.7903　会阴成形术
72.5200x001　部分臀位牵引术
73.6x00x002　会阴中切缝合术
74.1x01　剖宫产术，子宫下段横切口
74.9100　子宫切开终止妊娠
75.0x02　利凡诺羊膜腔内注射终止妊娠
75.3700　羊膜腔内灌注
76.0100　面骨死骨切除术
76.0101　下颌骨死骨切除术
76.0102　上颌骨死骨切除术
76.0900x001　面骨切开术
76.0900x003　下颌骨劈开术
76.0900x004　颌骨探查术
76.0903　面骨骨折碎片取出术
76.0905　面骨开窗术
76.2x00x014　面骨病损局部切除术
76.2x01　下颌骨病损切除术
76.2x02　上颌骨病损切除术
76.2x03　面骨骨折清创术
76.3100x009　髁突高位切除术
76.3100x010　髁突摘除术
76.3102　半下颌骨切除术
76.3900x003　鼻内窥镜下上颌骨部分切除术
76.3900x013　面骨部分切除术
76.3900x014　上颌骨部分切除伴人工骨置入术
76.3900x016　上颌骨次全切除术
76.3901　上颌骨部分切除伴植骨术

76.3902 上颌骨部分切除术
76.3903 颧骨部分切除术
76.4100 下颌骨全部切除术同时伴重建术
76.4200x002 下颌骨全部切除术
76.4300x003 下颌骨重建术
76.4301 下颌骨缺损修复术
76.4400x002 面骨骨全部切除伴重建术
76.4500x003 面骨骨全部切除术
76.4501 眶骨切除术
76.4502 上颌骨全部切除术
76.4503 颧骨全切术
76.4600x001 额骨重建术
76.4600x003 眶外壁重建术
76.4600x004 眉弓重建术
76.4600x005 颧骨重建术
76.4600x007 上颌骨重建术
76.5x00 颞下颌关节成形术
76.5x00x001 关节镜下颞颌关节成形术
76.6100 下颌支闭合性骨成形术［骨切开术］
76.6200 开放性下颌支骨成形术［骨切开术］
76.6300 下颌骨体骨成形术［骨切开术］
76.6400x002 下颌下缘去骨成形术
76.6400x008 下颌角成形术
76.6400x016 下颌根尖下截骨成形术
76.6400x017 下颌矢状劈开术
76.6401 下颌骨成形术
76.6402 下颌骨截骨成形术
76.6403 下颌后退术
76.6404 下颌前徙术
76.6500x004 上颌骨部分骨成形术
76.6500x006 上颌LeFort Ⅰ型分块截骨成形术
76.6500x008 上颌LeFort Ⅱ型分块截骨成形术
76.6500x009 上颌Lefort Ⅲ型截骨成形术
76.6501 上颌骨成形术
76.6502 上颌Lefort Ⅰ型截骨成形术
76.6503 上颌Lefort Ⅱ型截骨成形术
76.6600 上颌骨全骨成形术［骨切开术］
76.6700 颏缩小成形术
76.6800x002 颏成形术
76.6800x003 颏增大成形术
76.6801 颏硅胶植入增大成形术
76.6802 隆颏术
76.6900x003 颧弓降低术
76.6900x004 髁突成形术
76.6901 颌骨修整术
76.6902 面骨成形术
76.6903 颧骨成形术
76.6904 颧弓成形术
76.6905 颧骨增高术
76.7000 面骨骨折复位术
76.7100 颧骨骨折闭合性复位术
76.7200 颧骨骨折开放性复位术
76.7200x001 颧弓骨折切开复位术
76.7201 颧骨骨折切开复位内固定术
76.7300 上颌骨骨折闭合性复位术
76.7300x001 鼻内窥镜下上颌骨骨折闭合复位术
76.7301 上颌骨折闭合复位伴牙弓夹板结扎固定术
76.7400 上颌骨骨折开放性复位术
76.7401 上颌骨骨折切开复位内固定术
76.7500 下颌骨骨折闭合性复位术
76.7501 下颌骨骨折闭合复位伴牙弓夹板结扎固定术
76.7600 下颌骨骨折开放性复位术
76.7601 髁状突骨折切开复位内固定术
76.7602 下颌骨骨折切开复位内固定术
76.7700 牙槽骨折开放性复位术
76.7701 牙槽骨折切开复位内固定术
76.7702 牙槽骨骨折切开复位伴牙齿栓结术
76.7800x001 面骨骨折闭合复位拉力螺钉内固定术
76.7800x003 齿槽骨折闭合复位内固定术
76.7801 眶骨骨折闭合复位术
76.7802 内镜下眶壁骨折整复术
76.7900x001 眶壁骨折切开复位术
76.7900x006 面骨骨折切开复位术
76.7900x013 髁突骨折切开复位内固定术
76.7901 面骨骨折切开复位内固定术
76.7902 眶骨骨折切开复位术
76.7903 眶骨骨折切开复位内固定术
76.9100x002 面骨自体骨植入术
76.9100x004 上颌骨自体骨植入术
76.9100x007 下颌骨自体骨植入术
76.9100x008 眼眶骨片垫高术
76.9100x009 眶骨缺损修复术
76.9101 下颌骨骨移植术
76.9102 上颌骨骨移植术
76.9200x001 面骨硅胶假体置入术
76.9200x003 面骨钛网置入术
76.9200x004 下颌骨钛板置入术
76.9200x005 面部生物材料充填术
76.9200x006 眶骨异质成形物置入术

76.9200x007 面骨钛网修补术
76.9200x008 面骨人工骨置入术
76.9200x009 面骨人工珊瑚置入术
76.9200x010 面骨表面植骨术
76.9200x011 上颌骨钛板置入术
76.9200x012 上颌骨人工假体置入术
76.9200x013 下颌骨人工假体置入术
76.9202 下颌骨合成物植入术
76.9300 颞下颌脱位闭合性复位术
76.9400 颞下颌脱位开放性复位术
76.9500x003 颞下颌关节病损切除术
76.9500x004 颞下颌关节置换术
76.9501 颞下颌关节松解术
76.9700 去除面骨内固定装置
76.9701 下颌骨内固定装置取出术
76.9702 上颌骨内固定装置取出术
77.0101 肩胛骨死骨去除术
77.0102 锁骨死骨去除术
77.0103 肋骨死骨去除术
77.0104 胸骨死骨去除术
77.0200 肱骨死骨去除术
77.0301 桡骨死骨去除术
77.0302 尺骨死骨去除术
77.0401 腕骨死骨去除术
77.0402 掌骨死骨去除术
77.0600 髌骨死骨去除术
77.0801 跗骨死骨去除术
77.0802 跖骨死骨去除术
77.0900x004 足骨死骨去除术
77.0900x005 坐骨死骨切除术
77.0901 骨盆死骨去除术
77.0902 指骨死骨去除术
77.0903 趾骨死骨去除术
77.1002 骨碎片去除术
77.1101 肩胛骨切开术不伴切断术
77.1500x001 股骨颈开窗引流术
77.1502 股骨减压术
77.1700x001 胫骨开窗引流术
77.1900x001 胫腓骨骺开放术
77.1900x004 椎骨负压引流管置入术
77.1901 骨盆切开引流术
77.1902 指骨切开引流术
77.1903 趾骨切开引流术
77.1904 椎骨切开引流术
77.2100x001 肩胛骨截骨术
77.2100x002 锁骨截骨术
77.2101 肩胛骨楔形截骨术
77.2102 锁骨楔形截骨术
77.2103 肋骨楔形截骨术
77.2104 胸骨楔形截骨术
77.2200x002 肱骨外科颈部分切骨术
77.2300x001 尺骨截骨术
77.2300x002 桡骨截骨术
77.2302 尺骨楔形截骨术
77.2400x002 掌骨截骨术
77.2401 腕骨楔形截骨术
77.2402 掌骨楔形截骨术
77.2500x001 股骨截骨术
77.2500x003 股骨粗隆间截骨术
77.2500x006 股骨髁上截骨术
77.2700x003 胫骨截骨术
77.2701 胫骨楔形截骨术
77.2800x001 跗骨截骨术
77.2800x002 跖骨截骨术
77.2801 跗骨楔形切骨术
77.2900x003 指骨截骨术
77.2900x004 椎骨截骨术
77.2900x005 趾骨截骨术
77.2900x006 跟骨截骨术
77.2900x007 髋脱位髋骨截骨术
77.2900x008 髂骨截骨术
77.2901 骨盆楔形截骨术
77.2902 指骨楔形截骨术
77.2903 趾骨楔形截骨术
77.2904 椎骨楔形截骨术
77.3301 桡骨切断术
77.3500 股骨切断术
77.3702 腓骨切断术
77.3901 骨盆切开术
77.3902 髂骨切开术
77.3903 耻骨切开术
77.3904 坐骨耻骨切开术
77.3905 耻骨联合切开术
77.3908 椎骨切开术
77.5100 拇囊肿切除术伴软组织矫正术和第一跖骨切开术
77.6100x008 胸廓骨病损切除术
77.6100x013 经皮肋骨病损纳米刀消融术
77.6101 肩胛骨病损切除术
77.6102 锁骨病损切除术

77.6103 肋骨病损切除术
77.6104 胸骨病损切除术
77.6201 肱骨病损切除术
77.6302 尺骨病损切除术
77.6401 腕骨病损切除术
77.6402 掌骨病损切除术
77.6501 股骨病损切除术
77.6601 髌骨病损切除术
77.6701 胫骨病损切除术
77.6801 跗骨病损切除术
77.6802 跖骨病损切除术
77.6900x001 耻骨病损切除术
77.6900x007 跟骨病损切除术
77.6900x013 踝骨病损切除术
77.6900x025 髂骨病损切除术
77.6900x032 胸椎病损切除术
77.6900x047 足骨病损切除术
77.6900x059 经皮椎骨病损射频消融术
77.6900x060 经皮椎骨病损微波消融术
77.6900x061 经皮椎骨病损冷冻消融术
77.6900x062 经皮椎骨病损纳米刀消融术
77.6900x068 经皮髂骨病损纳米刀消融术
77.6900x069 经皮骶骨病损纳米刀消融术
77.6903 趾骨病损切除术
77.6904 椎骨病损切除术
77.7101 肩胛骨切除术用作移植物
77.7102 肋骨切除术用作移植物
77.7302 尺骨切除术用作移植物
77.7900x001 跟骨取骨术
77.7900x005 椎骨取骨术
77.7901 髂骨切除术用作移植物
77.8100x007 第一肋骨部分切除术
77.8100x009 多根肋骨切除术
77.8101 肩胛骨部分切除术
77.8102 肩峰切除术
77.8103 肋骨部分切除术
77.8104 锁骨部分切除术
77.8105 锁骨头切除术
77.8106 胸骨部分切除术
77.8107 剑突切除术
77.8300x005 桡骨茎突切除术
77.8300x006 桡骨小头切除术
77.8300x007 关节镜下桡骨小头切除术
77.8301 桡骨部分切除术
77.8302 桡骨头切除术
77.8303 尺骨部分切除术
77.8400x001 月骨切除术
77.8401 腕骨部分切除术
77.8402 掌骨部分切除术
77.8501 股骨头颈切除术
77.8502 髋臼部分切除术
77.8702 腓骨部分切除术
77.8801 跗骨部分切除术
77.8900x002 耻骨部分切除术
77.8900x008 脊椎后弓切除术
77.8900x013 椎体部分切除术
77.8900x017 髂骨部分切除术
77.8900x026 足骨部分切除术
77.8900x027 跟骨部分切除术
77.8903 指骨部分切除术
77.8904 趾骨部分切除术
77.8905 椎骨部分切除术
77.9101 肩胛骨全部切除术
77.9102 锁骨全部切除术
77.9103 肋骨骨全部切除术
77.9104 肋骨椎骨横突切除术
77.9105 颈肋切除术
77.9106 胸骨全部切除术
77.9801 跗骨切除术
77.9804 跖骨切除术
77.9902 指骨全部切除术
77.9903 趾骨全部切除术
77.9904 全椎体切除术
77.9905 骶骨全部切除术
78.0000x003 同种异体骨植骨术
78.0100x002 锁骨人工骨植骨术
78.0100x003 异体肩胛骨移植术
78.0100x004 异体锁骨移植术
78.0101 肩胛骨植骨术
78.0102 锁骨植骨术
78.0103 肋骨植骨术
78.0104 胸骨植骨术
78.0200x001 肱骨植骨术
78.0200x002 肱骨人工骨植骨术
78.0200x003 异体肱骨上段半关节移植术
78.0200x004 异体肱骨下段半关节移植术
78.0300x004 尺骨人工骨植骨术
78.0300x005 桡骨人工骨植骨术
78.0300x006 异体桡骨移植术
78.0300x007 异体尺骨移植术

78.0301 桡骨植骨术
78.0302 尺骨植骨术
78.0401 腕骨植骨术
78.0402 舟状骨植骨术
78.0403 掌骨植骨术
78.0500x001 股骨植骨术
78.0500x002 股骨人工骨植骨术
78.0500x003 异体股骨上段半关节移植术
78.0500x004 异体股骨下段半关节移植术
78.0500x005 异体股骨头移植术
78.0500x006 异体股骨骨板移植术
78.0501 股骨颈骨折骨栓植入术
78.0600x001 髌骨植骨术
78.0600x003 髌骨人工骨植骨术
78.0700x004 胫骨人工骨植骨术
78.0700x006 腓骨人工骨植骨术
78.0700x007 异体胫骨上段半关节移植术
78.0700x008 异体胫骨下段半关节移植术
78.0700x009 异体腓骨移植术
78.0701 胫骨植骨术
78.0702 腓骨植骨术
78.0802 跖骨植骨术
78.0900x001 跟骨植骨术
78.0900x008 颈椎植骨术
78.0900x009 胸椎植骨术
78.0900x010 腰椎植骨术
78.0900x012 髋骨植骨术
78.0900x014 跟骨人工骨植骨术
78.0900x015 颈椎人工骨植骨术
78.0900x017 髂骨人工骨植骨术
78.0900x018 胸椎人工骨植骨术
78.0900x019 腰椎人工骨植骨术
78.0900x022 髂骨植骨术
78.0900x025 异体半骨盆移植术
78.0900x026 异体椎间融合骨块移植术
78.0901 骨盆植骨术
78.0902 指骨植骨术
78.0903 趾骨植骨术
78.0904 椎骨植骨术
78.1101 肩胛骨外固定架固定术
78.1102 锁骨外固定术
78.1103 肋骨外固定架固定术
78.1104 胸骨外固定架固定术
78.1201 肱骨外固定术
78.1301 桡骨外固定术
78.1302 尺骨外固定术
78.1401 腕骨外固定术
78.1402 掌骨外固定术
78.1501 股骨外固定术
78.1601 髌骨外固定术
78.1701 胫骨外固定术
78.1702 腓骨外固定术
78.1801 跗骨外固定术
78.1802 跖骨外固定术
78.1900x004 椎骨外固定架固定术
78.1901 盆骨外固定术
78.1902 指骨外固定术
78.1903 趾骨外固定术
78.2001 骨骺固定术
78.2901 指骨短缩术
78.2902 趾骨短缩术
78.2903 巨指畸形骨骺阻滞术
78.3200x001 肱骨延长术
78.3301 桡骨延长术
78.3302 尺骨延长术
78.3400x001 腕骨延长术
78.3401 掌骨延长术
78.3701 胫骨延长术
78.3800x001 跗骨延长术
78.3800x002 跖骨延长术
78.3900x001 指骨延长术
78.4101 肩胛骨成形术
78.4102 肩胛固定术
78.4103 锁骨成形术
78.4104 肋骨成形术
78.4105 胸骨成形术
78.4301 桡骨成形术
78.4401 腕骨成形术
78.4402 掌骨成形术
78.4501 股骨成形术
78.4801 跗骨成形术
78.4802 跖骨成形术
78.4900x001 跟骨修补术
78.4900x005 指骨修补术
78.4900x006 趾骨矫正术
78.4900x007 骨盆重建术
78.4901 骨盆成形术
78.4902 指骨成形术
78.4903 趾骨成形术
78.4904 椎骨成形术

78.5100x003　胸骨内固定装置再置入术
78.5100x004　锁骨髓内针内固定术
78.5100x005　胸骨钢板内固定术
78.5100x006　胸骨钢针内固定术
78.5100x007　胸骨螺钉内固定术
78.5100x009　肋骨钢板内固定术
78.5100x010　肋骨钢针内固定术
78.5100x011　肋骨螺钉内固定术
78.5100x012　肋骨髓内针内固定术
78.5100x013　肩胛骨钢板内固定术
78.5100x014　肩胛骨钢针内固定术
78.5100x015　肩胛骨螺钉内固定术
78.5100x016　锁骨钢板内固定术
78.5100x017　锁骨钢针内固定术
78.5100x018　锁骨螺钉内固定术
78.5101　肩胛骨内固定术
78.5102　锁骨内固定术
78.5103　胸骨内固定术
78.5104　肋骨内固定术
78.5200x003　肱骨螺钉内固定术
78.5200x004　肱骨髓内针内固定术
78.5200x005　肱骨钢板内固定术
78.5200x006　肱骨钢针内固定术
78.5201　肱骨内固定术
78.5300x002　尺骨钢针内固定术
78.5300x003　尺骨螺钉内固定术
78.5300x005　桡骨钢板内固定术
78.5300x006　桡骨钢针内固定术
78.5300x007　桡骨螺钉内固定术
78.5300x008　桡骨髓内针内固定术
78.5300x009　尺骨钢板内固定术
78.5301　桡骨内固定术
78.5302　尺骨内固定术
78.5400x003　腕骨螺钉内固定术
78.5400x004　腕骨空心钉内固定术
78.5400x005　掌骨钢板内固定术
78.5400x006　掌骨钢针内固定术
78.5400x007　掌骨螺钉内固定术
78.5400x008　掌骨髓内针内固定术
78.5400x009　腕骨钢板内固定术
78.5400x010　腕骨钢针内固定术
78.5400x011　掌骨钢丝内固定术
78.5400x012　腕关节镜下舟骨骨折固定术
78.5401　腕骨内固定术
78.5402　掌骨内固定术
78.5500x003　股骨髓内针内固定术
78.5500x005　股骨钢板内固定术
78.5500x006　股骨钢针内固定术
78.5500x007　股骨螺钉内固定术
78.5500x008　股骨头重建棒置入术
78.5501　股骨内固定术
78.5600x001　髌骨钢板内固定术
78.5600x002　髌骨钢针内固定术
78.5600x003　髌骨螺钉内固定术
78.5601　髌骨内固定术
78.5700x003　腓骨螺钉内固定术
78.5700x004　腓骨髓内针内固定术
78.5700x005　胫骨钢板内固定术
78.5700x006　胫骨钢针内固定术
78.5700x007　胫骨螺钉内固定术
78.5700x008　胫骨髓内针内固定术
78.5700x009　腓骨钢板内固定术
78.5700x010　腓骨钢针内固定术
78.5700x011　膝关节镜下后交叉韧带止点撕脱骨折固定术
78.5700x012　膝关节镜下胫骨髁间棘骨折固定术
78.5700x013　关节镜下胫骨钢丝内固定术
78.5701　胫骨内固定术
78.5702　腓骨内固定术
78.5800x002　跗骨钢针内固定术
78.5800x003　跗骨螺钉内固定术
78.5800x005　跖骨钢板内固定术
78.5800x006　跖骨钢针内固定术
78.5800x007　跖骨螺钉内固定术
78.5800x008　跖骨髓内针内固定术
78.5800x009　跗骨钢板内固定术
78.5801　跗骨内固定术
78.5802　跖骨内固定术
78.5900x019　指骨钢板内固定术
78.5900x020　趾骨钢板内固定术
78.5900x022　椎弓根钉内固定术
78.5900x025　椎骨内固定修正术
78.5900x026　脊柱可调节装置置入术（生长棒）
78.5900x027　骨盆钢板内固定术
78.5900x028　骨盆钢针内固定术
78.5900x029　骨盆螺钉内固定术
78.5900x030　骨盆髓内针内固定术
78.5900x031　指骨钢针内固定术
78.5900x032　指骨螺钉内固定术
78.5900x033　指骨髓内针内固定术

78.5900x034　趾骨钢针内固定术
78.5900x035　趾骨螺钉内固定术
78.5900x036　趾骨髓内针内固定术
78.5900x037　脊柱可调节装置调整术
78.5901　骨盆内固定术
78.5902　指骨内固定术
78.5903　趾骨内固定术
78.5904　椎骨内固定术
78.6100x004　肩锁关节内固定物取出术
78.6101　肩胛骨内固定装置去除术
78.6102　肩胛骨外固定装置去除术
78.6103　锁骨内固定装置去除术
78.6104　锁骨外固定装置去除术
78.6105　肋骨内固定装置去除术
78.6106　肋骨外固定装置去除术
78.6107　胸骨内固定装置去除术
78.6108　胸骨外固定装置去除术
78.6201　肱骨内固定装置去除术
78.6202　肱骨外固定装置去除术
78.6301　桡骨内固定装置去除术
78.6302　桡骨外固定装置去除术
78.6303　尺骨内固定装置去除术
78.6304　尺骨外固定装置去除术
78.6401　腕骨内固定装置去除术
78.6402　腕骨外固定装置去除术
78.6403　掌骨内固定装置去除术
78.6404　掌骨外固定装置去除术
78.6501　股骨内固定装置去除术
78.6502　股骨外固定装置去除术
78.6600x002　膝关节内固定物取出术
78.6600x003　膝关节镜下内固定物取出术
78.6601　髌骨内固定装置去除术
78.6602　髌骨外固定装置去除术
78.6701　胫骨内固定装置去除术
78.6702　胫骨外固定装置去除术
78.6703　腓骨内固定装置去除术
78.6704　腓骨外固定装置去除术
78.6705　踝关节内固定装置去除术
78.6706　踝关节外固定装置去除术
78.6800x005　楔骨内固定物取出术
78.6801　跗骨内固定装置去除术
78.6802　跗骨外固定装置去除术
78.6803　跖骨内固定装置去除术
78.6804　跖骨外固定装置去除术
78.6900x002　跟骨内固定物取出术
78.6900x008　髋关节内固定物取出术
78.6900x010　椎骨内固定物取出术
78.6900x016　椎骨外固定架去除术
78.6901　骨盆内固定装置去除术
78.6902　骨盆外固定装置去除术
78.6903　指骨内固定装置去除术
78.6904　指骨外固定装置去除术
78.6905　趾骨内固定装置去除术
78.6906　趾骨外固定装置去除术
78.6907　脊柱内固定装置去除术
78.6908　脊柱外固定装置去除术
78.7101　肩胛骨折骨术
78.7102　锁骨折骨术
78.7103　肋骨折骨术
78.7104　胸骨折骨术
78.7301　桡骨折骨术
78.7302　尺骨折骨术
78.7402　掌骨折骨术
78.7500　股骨折骨术
78.7701　胫骨折骨术
78.7702　腓骨折骨术
78.7801　跗骨折骨术
78.7802　跖骨折骨术
78.7901　骨盆折骨术
78.7902　指骨折骨术
78.7903　趾骨折骨术
78.7904　椎骨折骨术
78.9900x001　骨牵拉延长器置入术
79.0100x001　肱骨骨折闭合复位术
79.0201　桡骨骨折闭合性复位术
79.0202　尺骨骨折闭合性复位术
79.0301　腕骨骨折闭合性复位术
79.0302　掌骨骨折闭合性复位术
79.0400x004　指关节骨折闭合复位术（腕掌关节、掌指关节、指间关节）
79.0401　指骨骨折闭合性复位术
79.0500x002　股骨骨折闭合复位术
79.0601　胫骨骨折闭合性复位术
79.0602　腓骨骨折闭合性复位术
79.0603　踝关节骨折闭合性复位术
79.0604　髌骨骨折闭合性复位术
79.0700x002　距骨骨折闭合复位术
79.0700x005　跟骨骨折闭合复位术
79.0701　跗骨骨折闭合性复位术
79.0702　跖骨骨折闭合性复位术

79.0801　趾骨骨折闭合性复位术
79.0901　锁骨骨折闭合性复位术
79.0902　骨盆骨折闭合性复位术
79.1100x002　肱骨骨折闭合复位钢针内固定术
79.1100x003　肱骨骨折闭合复位螺钉内固定术
79.1100x004　肱骨骨折闭合复位髓内针内固定术
79.1100x005　肱骨骨折闭合复位钢板内固定术
79.1200x003　尺骨骨折闭合复位钢针内固定术
79.1200x004　桡骨骨折闭合复位钢针内固定术
79.1200x005　尺骨骨折闭合复位螺钉内固定术
79.1200x006　桡骨骨折闭合复位螺钉内固定术
79.1200x007　尺骨骨折闭合复位髓内针内固定术
79.1200x008　桡骨骨折闭合复位髓内针内固定术
79.1200x009　尺骨骨折闭合复位钢板内固定术
79.1200x010　桡骨骨折闭合复位钢板内固定术
79.1201　桡骨骨折闭合复位内固定术
79.1202　尺骨骨折闭合复位内固定术
79.1300x003　腕骨骨折闭合复位钢针内固定术
79.1300x004　掌骨骨折闭合复位钢针内固定术
79.1300x005　腕骨骨折闭合复位螺钉内固定术
79.1300x006　掌骨骨折闭合复位螺钉内固定术
79.1300x007　腕骨骨折闭合复位空心钉内固定术
79.1300x008　掌骨骨折闭合复位髓内针内固定术
79.1300x009　掌骨骨折闭合复位钢板内固定术
79.1301　腕骨骨折闭合复位内固定术
79.1302　掌骨骨折闭合复位内固定术
79.1400x002　指骨骨折闭合复位钢针内固定术
79.1400x003　指骨骨折闭合复位螺钉内固定术
79.1400x004　指骨骨折闭合复位髓内针内固定术
79.1500x006　股骨骨折闭合复位髓内针内固定术
79.1500x007　股骨骨折闭合复位钢针内固定术
79.1500x008　股骨骨折闭合复位螺钉内固定术
79.1600x004　胫骨骨折闭合复位髓内针内固定术
79.1600x006　胫骨骨折闭合复位螺钉内固定术
79.1600x007　踝关节骨折闭合复位髓内针内固定术
79.1600x008　踝关节骨折闭合复位钢针内固定术
79.1600x009　腓骨骨折闭合复位髓内针内固定术
79.1600x010　腓骨骨折闭合复位钢针内固定术
79.1600x011　腓骨骨折闭合复位螺钉内固定术
79.1600x012　胫骨骨折闭合复位钢板内固定术
79.1600x013　踝关节骨折闭合复位螺钉内固定术
79.1600x014　腓骨骨折闭合复位钢板内固定术
79.1601　胫骨骨折闭合复位内固定术
79.1602　腓骨骨折闭合复位内固定术
79.1603　踝关节骨折闭合复位内固定术
79.1700x005　跖骨骨折闭合复位钢针内固定术
79.1700x006　跖骨骨折闭合复位螺钉内固定术
79.1700x007　跗骨骨折闭合复位螺钉内固定术
79.1700x009　跟骨骨折闭合复位钢针内固定术
79.1700x010　跟骨骨折闭合复位螺钉内固定术
79.1700x011　跖骨骨折闭合复位髓内针内固定术
79.1700x012　跗骨骨折闭合复位钢针内固定术
79.1701　跗骨骨折闭合复位内固定术
79.1702　跖骨骨折闭合复位内固定术
79.1800x002　趾骨骨折闭合复位钢针内固定术
79.1800x003　趾骨骨折闭合复位髓内针内固定术
79.1900x005　髌骨骨折闭合复位空心钉内固定术
79.1900x006　锁骨骨折闭合复位钢板内固定术
79.1900x007　锁骨骨折闭合复位钢针内固定术
79.1900x008　锁骨骨折闭合复位螺钉内固定术
79.1900x009　锁骨骨折闭合复位髓内针内固定术
79.1901　肋骨骨折闭合复位内固定术
79.1902　锁骨骨折闭合复位内固定术
79.1903　骨盆骨折闭合复位内固定术
79.2101　肱骨骨折切开复位术
79.2201　桡骨骨折切开复位术
79.2202　尺骨骨折切开复位术
79.2301　腕骨骨折切开复位术
79.2302　掌骨骨折切开复位术
79.2400x002　指关节骨折切开复位术（腕掌关节、掌指关节、指间关节）
79.2401　指骨骨折切开复位术
79.2501　股骨骨折切开复位术
79.2601　胫骨骨折切开复位术
79.2602　腓骨骨折切开复位术
79.2603　踝关节骨折切开复位术
79.2700x004　跟骨骨折切开复位术
79.2701　跗骨骨折切开复位术
79.2702　跖骨骨折切开复位术
79.2801　趾骨骨折切开复位术
79.2900x004　髌骨骨折切开复位术
79.2901　锁骨骨折切开复位术
79.3100x004　肱骨骨折切开复位钢针内固定术
79.3100x005　肱骨骨折切开复位钢板内固定术
79.3100x006　肱骨骨折切开复位螺钉内固定术
79.3100x007　肱骨骨折切开复位髓内针内固定术
79.3100x008　肱骨骨折切开复位空心钉内固定术
79.3100x009　肱骨骨折切开复位TiNi环抱器内固定术
79.3101　肱骨骨折切开复位内固定术

79.3200x001 尺骨骨折切开复位钢板内固定术
79.3200x002 尺骨骨折切开复位髓内针内固定术
79.3200x009 尺骨骨折切开复位螺钉内固定术
79.3200x010 尺骨骨折切开复位钢针内固定术
79.3200x011 桡骨骨折切开复位钢板内固定术
79.3200x012 桡骨骨折切开复位螺钉内固定术
79.3200x013 桡骨骨折切开复位髓内针内固定术
79.3200x014 桡骨骨折切开复位钢针内固定术
79.3201 桡骨骨折切开复位内固定术
79.3202 尺骨骨折切开复位内固定术
79.3300x005 掌骨骨折切开复位钢板内固定术
79.3300x006 掌骨骨折切开复位螺钉内固定术
79.3300x007 掌骨骨折切开复位髓内针内固定术
79.3300x008 掌骨骨折切开复位钢针内固定术
79.3300x009 腕骨骨折切开复位钢板内固定术
79.3300x010 腕骨骨折切开复位螺钉内固定术
79.3300x012 腕骨骨折切开复位钢针内固定术
79.3300x013 腕骨骨折切开复位空心钉内固定术
79.3301 腕骨骨折切开复位内固定术
79.3302 掌骨骨折切开复位内固定术
79.3400x002 指骨骨折切开复位螺钉内固定术
79.3400x003 指骨骨折切开复位髓内针内固定术
79.3400x004 指骨骨折切开复位钢针内固定术
79.3400x005 指骨骨折切开复位钢板内固定术
79.3400x006 指关节骨折切开复位内固定术（腕掌关节、掌指关节、指间关节）
79.3401 指骨骨折切开复位内固定术
79.3500x016 股骨骨折切开复位钢板内固定术
79.3500x017 股骨骨折切开复位螺钉内固定术
79.3500x018 股骨骨折切开复位髓内针内固定术
79.3500x019 股骨骨折切开复位钢针内固定术
79.3500x020 股骨骨折切开复位钢丝内固定术
79.3501 股骨骨折切开复位内固定术
79.3600x008 腓骨骨折切开复位钢针内固定术
79.3600x009 踝关节骨折切开复位钢板内固定术
79.3600x010 踝关节骨折切开复位螺钉内固定术
79.3600x011 踝关节骨折切开复位髓内针内固定术
79.3600x012 踝关节骨折切开复位钢针内固定术
79.3600x013 胫骨骨折切开复位钢板内固定术
79.3600x014 胫骨骨折切开复位螺钉内固定术
79.3600x015 胫骨骨折切开复位髓内针内固定术
79.3600x016 胫骨骨折切开复位钢针内固定术
79.3600x017 腓骨骨折切开复位钢板内固定术
79.3600x018 腓骨骨折切开复位螺钉内固定术
79.3600x019 腓骨骨折切开复位髓内针内固定术
79.3601 胫骨骨折切开复位内固定术
79.3602 腓骨骨折切开复位内固定术
79.3603 踝关节骨折切开复位内固定术
79.3604 髌骨骨折切开复位内固定术
79.3605 胫骨骨折切开复位内固定，经关节镜
79.3700x010 跗骨骨折切开复位螺钉内固定术
79.3700x011 跗骨骨折切开复位髓内针内固定术
79.3700x012 跗骨骨折切开复位钢针内固定术
79.3700x013 跟骨骨折切开复位钢板内固定术
79.3700x014 跟骨骨折切开复位螺钉内固定术
79.3700x015 跖骨骨折切开复位螺钉内固定术
79.3700x016 跖骨骨折切开复位髓内针内固定术
79.3700x017 跖骨骨折切开复位钢针内固定术
79.3700x018 跟骨骨折切开复位钢针内固定术
79.3700x019 跖骨骨折切开复位钢板内固定术
79.3700x020 楔骨骨折切开复位螺钉内固定术
79.3700x031 距骨骨折切开复位螺钉内固定术
79.3700x033 距骨骨折切开复位钢针内固定术
79.3700x055 距骨骨折切开复位钢板内固定术
79.3701 跗骨骨折切开复位内固定术
79.3702 跖骨骨折切开复位内固定术
79.3800x002 趾骨骨折切开复位螺钉内固定术
79.3800x003 趾骨骨折切开复位髓内针内固定术
79.3800x004 趾骨骨折切开复位钢针内固定术
79.3900x001 髌骨骨折切开复位张力带钢丝内固定术
79.3900x002 髌骨骨折切开复位螺钉内固定术
79.3900x025 骨盆骨折切开复位螺钉内固定术
79.3900x026 骨盆骨折切开复位髓内针内固定术
79.3900x027 骨盆骨折切开复位钢针内固定术
79.3900x028 肩胛骨骨折切开复位螺钉内固定术
79.3900x030 肩胛骨骨折切开复位钢针内固定术
79.3900x034 肋骨骨折切开复位螺钉内固定术
79.3900x036 肋骨骨折切开复位钢针内固定术
79.3900x037 髂骨骨折切开复位螺钉内固定术
79.3900x039 髂骨骨折切开复位钢针内固定术
79.3900x040 锁骨骨折切开复位螺钉内固定术
79.3900x041 锁骨骨折切开复位髓内针内固定术
79.3900x042 锁骨骨折切开复位钢针内固定术
79.3900x043 骨盆骨折切开复位钢板内固定术
79.3900x044 肩胛骨骨折切开复位钢板内固定术
79.3900x045 髋骨骨折切开复位钢板内固定术
79.3900x046 髋骨骨折切开复位螺钉内固定术
79.3900x048 髋骨骨折切开复位钢针内固定术
79.3900x049 肋骨骨折切开复位钢板内固定术

79.3900x050　髂骨骨折切开复位钢板内固定术
79.3900x051　锁骨骨折切开复位钢板内固定术
79.3900x052　髌骨骨折切开复位聚髌器内固定术
79.3900x053　胸骨骨折切开复位钢板内固定术
79.3900x054　胸骨骨折切开复位螺钉内固定术
79.3901　盆骨骨折切开复位内固定术
79.3902　肩胛骨骨折切开复位内固定术
79.3903　肋骨骨折切开复位内固定术
79.3904　锁骨骨折切开复位内固定术
79.3905　胸骨骨折切开复位内固定术
79.4201　桡骨骨骺分离闭合复位术
79.4602　腓骨骨骺分离闭合复位术
79.5100　肱骨骨骺分离的开放性复位术
79.5601　胫骨骨骺分离切开复位术
79.6000　开放性骨折部位的清创术
79.6100　肱骨开放性骨折部位的清创术
79.6202　尺骨开放性骨折清创术
79.6301　腕骨开放性骨折清创术
79.6302　掌骨开放性骨折清创术
79.6400　手指开放性骨折部位的清创术
79.6901　锁骨开放性骨折清创术
79.7000　脱位的闭合性复位术
79.7100　肩脱位闭合性复位术
79.7300　腕脱位闭合性复位术
79.7401　掌指关节脱位闭合性复位术
79.7402　指关节脱位闭合复位术
79.7600　膝脱位闭合性复位术
79.7700　踝脱位闭合性复位术
79.7801　跖关节脱位闭合复位术
79.7802　趾关节脱位闭合性复位术
79.8100x004　肩锁关节脱位切开复位术
79.8100x006　肩锁关节脱位切开复位内固定术
79.8200　肘脱位开放性复位术
79.8300　腕脱位开放性复位术
79.8402　掌指关节脱位切开复位术
79.8500　髋脱位开放性复位术
79.8802　距下关节脱位切开复位术
79.8901　胸锁关节切开复位术
79.8904　颈后入路寰枢椎复位内固定术
79.9100　肱骨损伤的手术
80.0301　腕关节切开假体去除关节旷置术
80.0401　指关节切开假体去除关节旷置术
80.0801　趾关节切开假体去除关节旷置术
80.1100　肩关节切开术
80.1200　肘关节切开术
80.1600　膝关节切开术
80.1604　关节镜膝关节游离体取出术
80.1700　踝关节切开术
80.7401　关节镜指关节滑膜切除术
80.8800x004　跖趾关节镜下病损切除术
80.8900x001　骶髂关节病损切除术
80.8900x004　项韧带病损切除术
80.8900x005　胸锁关节病损切除术
80.9200　肘关节的其他切除术
80.9600　膝关节的其他切除术
80.9800x001　跖趾关节切除术
80.9900x001　黄韧带部分切除术
80.9900x002　假关节切除术
80.9900x004　肋软骨切除术
81.1100　踝融合术
81.1400　跗骨间融合术
81.1401　跟骰关节融合术
81.2101　髋关节融合术
81.2901　骶髂关节融合术
81.4901　踝关节内侧韧带修补术
81.4902　踝关节外侧韧带修补术
81.5400　全部膝关节置换
81.5900　下肢关节置换修复术
81.7100x004　异体指关节游离移植术
81.7100x005　人工掌指关节置换术
81.7900　手、指和腕关节的其他修补术
81.8000　肩关节全部置换
81.8100　肩关节部分置换
81.8201　关节镜习惯性肩关节脱位修补术
81.8301　肩峰成形术
81.8302　肩关节盂成形术
81.8303　肩锁关节修补术
81.8304　高肩胛症松解术
81.8400　肘关节全部置换
81.8401　肘关节部分置换术
81.9101　关节抽吸术
81.9201　关节治疗性物质注射
81.9202　韧带治疗性物质注射
81.9600x009　关节软骨修复术
81.9704　指关节置换修复术
81.9900　关节结构的其他手术
82.0103　手部肌腱切开异物去除术
82.0201　手部肌肉异物去除术
82.0901　手部软组织切开术
82.0902　手部软组织切开异物去除术

82.1900x002　手部肌肉松解术
82.3100　手黏液囊切除术
82.3601　手部肌肉清创术
82.4301　手部伸肌腱延迟性缝合术
82.4501　手部伸肌腱缝合术
82.5502　手部肌腱缩短术
82.5602　对掌肌成形术
82.6101　足趾转位代拇指术
82.6102　手指转位代拇指术
82.7100x003　游离腱片法屈肌腱滑车重建术
82.7100x004　腱环法屈肌腱滑车重建术
82.7101　拇对掌肌功能重建术
82.7901　手肌腱硅条成形术
82.8101　手指代手指再造术
82.8102　足趾代手指再造术
82.8201　裂指畸形修补术
82.8900x002　镜影手畸形矫正术
82.8900x003　缩窄环畸形矫正术
82.8902　手筋膜折叠术
82.9100x004　手指肌腱松解术
82.9103　手部肌腱粘连松解术
82.9300x001　手软组织抽吸术
82.9600x001　手软组织局部作用治疗性物质注射
83.0102　腱鞘松解术
83.0103　腱鞘米粒样小体去除术
83.0200x005　前臂切开减压术
83.0200x006　小腿减张术
83.0201　肌肉筋膜切开减压术
83.0202　肌肉切开探查术
83.0203　肌肉切开异物取出术
83.0204　肌肉切开引流术
83.0205　臀中肌综合征减压术
83.0301　去除黏液囊钙质沉积物
83.0900x003　筋膜间隙切开减压术
83.0901　筋膜切开术
83.0902　软组织探查术
83.0903　软组织切开异物取出术
83.1101　跟腱挛缩松解术
83.1300x007　肌腱松解术
83.1302　髂腰肌腱切断术
83.1400x006　跖筋膜切断术
83.1404　腿筋膜松解术
83.1405　髂胫束切断术
83.1900x005　环咽肌切断术
83.1900x008　肩胛提肌切断术
83.1900x009　单侧内收肌和髂腰肌切断术
83.1900x012　髂腰肌切断术
83.1900x013　前斜角肌切断术
83.1900x017　臀肌切断术
83.1900x019　胸腔镜下胸锁乳突肌切断术
83.1900x020　胸锁乳突肌部分切断术
83.1900x024　中、前斜角肌切断术
83.1901　肌肉松解术
83.1902　肌肉切断术
83.1903　胸锁乳突肌切断术
83.2900x001　肌腱、血管、神经探查术
83.2900x003　足血管、神经、肌腱探查术
83.3100　腱鞘病损切除术
83.3101　腱鞘囊肿切除术
83.3200x001　背部肌肉病损切除术
83.3200x007　躯干肌肉病损切除术
83.3201　骨化性肌炎切除术
83.3900x001　腘窝病损切除术
83.3900x016　滑囊病损切除术
83.3900x017　软组织病损切除术
83.3900x064　经皮头部软组织病损纳米刀消融术
83.3900x065　经皮颈部软组织病损纳米刀消融术
83.3900x066　经皮上肢软组织病损纳米刀消融术
83.3901　肌腱病损切除术
83.3902　腘窝囊肿切除术
83.3903　筋膜病损切除术
83.3904　颈部软组织病损切除术
83.4100x001　肌腱切取术
83.4200x002　腱膜切除术
83.4201　肌腱切除术
83.4202　腱鞘切除术
83.4300x001　肌肉切取术
83.4301　肌肉切取用做移植物
83.4302　筋膜切取用做移植物
83.4400x001　筋膜切除术
83.4400x002　阔筋膜部分切除术
83.4400x003　足筋膜切除术
83.4500x001　肌肉切除术
83.4500x003　肩胛舌骨肌部分切除术
83.4500x004　颈伸肌部分切除术
83.4500x005　前斜角肌切除术
83.4500x006　咬肌部分切除术
83.4500x007　中斜角肌部分切除术
83.4500x008　耻骨直肠肌部分切除术
83.4501　肌肉清创术

83.4502 斜角肌切除术
83.4900 软组织的其他切除术
83.5x00 黏液囊切除术
83.6100 腱鞘缝合术
83.6201 肌腱延迟缝合术
83.6301 冈上肌修补术
83.6400x015 踇长伸肌腱缝合术
83.6401 肌腱缝合术
83.6402 跟腱缝合术
83.6403 腱膜缝合术
83.6500x001 腹直肌缝合术
83.6500x014 提肛肌缝合术
83.6500x015 臀部肌缝合术
83.6500x017 胸锁乳突肌缝合术
83.6500x018 上肢肌肉缝合术
83.6501 肌肉缝合术
83.6502 筋膜缝合术
83.7100 腱前徙术
83.7200 腱后徙术
83.7300x002 肌腱再接术
83.7400x001 肌肉再接术
83.7501 肌腱转移术
83.7600x003 髂胫束移位术
83.7900x001 肌肉移位术
83.7900x004 斜方肌代三角肌术
83.7900x005 背阔肌移位术
83.7900x006 比目鱼肌移位术
83.7900x007 大腿肌移位术
83.7900x008 大圆肌移位术
83.7900x009 腓肠肌移位术
83.7900x010 腹部肌移位术
83.7900x011 三角肌移位术
83.7900x012 臀大肌移位术
83.7900x013 胸大肌移位术
83.8100x003 人工肌腱移植术
83.8101 异体肌腱移植术
83.8200x001 背阔肌移植术
83.8200x005 颞筋膜移植术
83.8200x007 背阔肌游离移植术
83.8200x008 肌肉游离移植术
83.8200x009 股薄肌移植术
83.8200x010 斜方肌移植术
83.8200x011 胸大肌移植术
83.8201 肌肉移植术
83.8202 筋膜移植术
83.8300 肌腱滑车重建术
83.8401 畸形足埃文斯（EVANS）手术
83.8500x011 半腱肌延长术
83.8500x012 背阔肌延长术
83.8500x013 肱桡肌腱缩短术
83.8500x014 肱桡肌腱延长术
83.8500x015 肱三头肌腱缩短术
83.8500x016 肱三头肌腱延长术
83.8500x017 股二头肌腱缩短术
83.8500x018 股二头肌腱延长术
83.8500x019 股内收肌腱缩短术
83.8500x020 股内收肌腱延长术
83.8500x021 股三头肌腱缩短术
83.8500x022 股三头肌腱延长术
83.8500x023 股四头肌腱缩短术
83.8500x024 股四头肌腱延长术
83.8500x025 股直肌腱缩短术
83.8500x026 股直肌腱延长术
83.8500x027 肩胛下肌延长术
83.8500x028 胫后肌腱缩短术
83.8500x029 胫后肌腱延长术
83.8500x030 胫前肌腱缩短术
83.8500x031 胫前肌腱延长术
83.8500x032 胫前肌延长术
83.8500x033 足屈肌腱缩短术
83.8500x034 足伸肌腱缩短术
83.8501 肌腱紧缩术
83.8502 肌腱延长术
83.8700x001 肌肉成形术
83.8700x005 三角肌重建术
83.8700x009 胸大肌成形术
83.8701 肌肉修补术
83.8800x001 跟腱修补术
83.8801 肌腱固定术
83.8802 肌腱成形术
83.8803 肌腱修补术
83.8900x002 筋膜断蒂术
83.8901 筋膜成形术
83.8902 筋膜延长术
83.8903 筋膜疝修补术
83.8904 筋膜折叠术
83.8905 筋膜固定术
83.9100x001 关节镜下臀肌挛缩松解术
83.9100x005 上肢肌腱粘连松解术
83.9100x008 下肢肌腱粘连松解术

83.9104　筋膜松解术
83.9201　骨骼肌刺激器置入术
83.9202　骨骼肌刺激器置换术
83.9300　去除骨骼肌刺激器
83.9900x003　肌腱打孔术
83.9901　黏液囊缝合术
84.0102　手指截断术，拇指除外
84.0302　掌截断术
84.0900x001　肩胛带离断术
84.1102　多趾截除术
84.1103　跖骨头截断术
84.1501　小腿截断术
84.3x00　截断残端的修复术
84.4102　肩假体安装
84.5500x003　丙烯酸水泥骨空隙填充
84.5500x004　钙质骨空隙填充
84.5500x005　聚甲基丙烯酸甲酯骨空隙填充
84.5501　骨空隙骨水泥填充术
84.5601　关节腔隙骨水泥填充术
84.8201　椎弓根动力稳定装置置入术
84.8205　经皮椎弓根钉内固定术
85.2000x001　乳房皮肤和皮下坏死组织切除清创术
85.2100x003　乳房病损切除术
85.2100x019　乳房腺体区段切除术
85.2100x020　腔镜下乳房病损切除术
85.2100x024　经皮乳腺病损纳米刀消融术
85.2101　乳房病损微创旋切术
85.2200　乳房象限切除术
85.2300x001　乳腺局部扩大切除术
85.2301　乳腺部分切除术
85.2401　副乳腺切除术
85.2402　副乳头切除术
85.2500　乳头切除术
85.3300x001　单侧乳房腺体切除伴假体置入术
85.3401　保留乳头的单侧皮下乳房切除术
85.3500x001　双侧皮下乳房切除伴假体置入术
85.3600x001　双侧皮下乳房切除术
85.3601　保留乳头的双侧皮下乳房切除术
85.4100x001　单侧乳房切除术
85.4200x001　双侧乳房切除术
85.8100　乳房裂伤缝合术
85.8400　带蒂皮瓣移植至乳房
85.8500　肌瓣移植至乳房
85.8601　乳头乳晕移位术
85.8700x003　乳头缩小术
85.8701　乳头成形术
85.8702　乳头重建术
85.8900x005　乳晕再造术
85.8900x007　乳房瘢痕松解术
85.8900x008　乳房下皱襞成形术
86.0100x002　皮肤和皮下组织脓肿抽吸术
86.0100x003　皮肤和皮下组织血肿抽吸术
86.0500x007　皮下引流装置取出术
86.0501　皮下神经刺激器去除
86.0502　皮肤和皮下组织异物切开取出术
86.0900x002　皮肤和皮下组织切开探查术
86.0902　皮肤窦道切开术
86.2200x011　皮肤和皮下坏死组织切除清创术
86.2201　皮肤伤口切除性清创术
86.2202　焦痂切除术
86.2602　多余趾切除术
86.3x02　皮肤病损切除术
86.3x03　皮下组织病损切除术
86.3x13　颈部皮下组织病损切除术
86.4x01　头.面.颈皮肤病损根治切除术
86.4x02　躯干皮肤病损根治性切除术
86.4x03　肢体皮肤病损根治切除术
86.5100　头皮再植术
86.5900x006　皮肤缝合术
86.5901　伤口裂开缝合术
86.5902　头皮裂伤清创缝合术
86.5903　男性会阴皮肤缝合术
86.6101　手全厚皮片游离移植术
86.6200x002　指皮肤游离移植术
86.6201　手中厚皮片游离移植术
86.6202　手刃厚皮片游离移植术
86.6300x001　腹部全厚皮片移植术
86.6301　头面颈全厚皮片移植术
86.6302　躯干全厚皮片移植术
86.6303　上肢全厚皮片移植术
86.6304　下肢全厚皮片移植术
86.6501　猪皮移植术
86.6601　同种皮片移植术
86.6701　脱细胞异体真皮植皮术
86.6702　人工皮肤移植术
86.6900x010　全厚皮片移植术
86.6901　刃厚皮片移植术
86.6902　中厚皮片移植术
86.6903　头面颈部植皮术
86.6904　躯干部植皮术

86.6905 上肢植皮术
86.6906 下肢植皮术
86.700x0013 游离皮瓣移植术
86.700x0014 皮瓣转移术
86.7100x009 皮瓣预制术
86.7101 带蒂皮瓣断蒂术
86.7102 皮管成形术
86.7103 带蒂皮瓣延迟术
86.7104 腹部埋藏皮瓣术
86.7105 带蒂皮瓣制备术
86.7200x001 带蒂皮瓣迁徙术
86.7300x003 手带蒂皮瓣移植术
86.7300x004 手游离皮瓣移植术
86.7301 邻指皮瓣术
86.7302 鱼际皮瓣术
86.7303 指蹼成形术
86.7400x026 带蒂皮瓣移植术
86.7400x031 筋膜皮瓣移植术
86.7400x032 皮下蒂皮瓣移植术
86.7400x033 岛状皮瓣移植术
86.7400x034 肌皮瓣游离移植术
86.7400x035 腓动脉穿支腓骨皮瓣游离移植修复
86.7400x036 带血管化腓骨肌皮瓣移植术
86.7400x037 腓骨肌皮瓣移植术
86.7400x038 腹股沟皮瓣转移术
86.7400x039 二级串联游离植皮术
86.7400x040 岛状皮瓣转移术
86.7400x041 皮下筋膜瓣术
86.7400x042 游离脂肪瓣移植术
86.7401 前徙皮瓣移植术
86.7402 滑动皮瓣移植术
86.7403 双带蒂皮瓣移植术
86.7404 旋转皮瓣移植术
86.7405 管状皮瓣移植术
86.7406 面部洞穿性缺损修复术
86.7407 颌面局部皮瓣转移术
86.7500x001 带蒂皮瓣修整术
86.7500x010 带蒂皮瓣去脂术
86.7500x011 邻近皮瓣修复术
86.7500x012 皮瓣探查术
86.7501 皮瓣清创术
86.7502 皮瓣去脂术
86.7503 皮瓣修整术
86.7504 复杂性皮瓣、肌皮瓣、超薄皮瓣修复术
86.8100x002 面肌悬吊术
86.8401 皮肤瘢痕松解术
86.8402 皮肤蹼状挛缩松解术
86.8502 并趾矫正术
86.8600x001 甲成形术
86.8701 自体脂肪移植术
86.8702 颞部脂肪移植充填术
86.8900x002 面部皮肤部分切除整形术
86.8900x010 脐整形术
86.8900x011 残端皮肤修整术
86.8900x014 颈部皮肤部分切除整形术
86.8901 皮肤V-Y缝合术
86.8902 “酒窝”成形术
86.9100x002 皮片取皮术
86.9301 皮肤扩张器植入术
86.9302 皮肤扩张器调整术
86.9600x003 脊髓神经刺激器置入术
86.9600x006 周围神经刺激器置入术
86.9900 皮肤和皮下组织的其他手术

ZZ1 多发性重要创伤无手术

符合MDCZ诊断表，且无手术或操作

五、不作为分组规则的疾病诊断和手术操作列表

（一）不作为分组规则的疾病诊断列表

B95.000　A族链球菌作为分类于其他章疾病的原因
B95.100　B族链球菌作为分类于其他章疾病的原因
B95.200　D组链球菌和肠球菌疾病作为其他章节疾病分类的原因
B95.300　肺炎链球菌作为分类于其他章疾病的原因
B95.400　链球菌作为分类于其他章疾病的原因，其他的
B95.500　链球菌作为分类于其他章疾病的原因
B95.600　金黄色葡萄球菌作为分类于其他章疾病的原因
B95.700　葡萄球菌，其他的，作为分类于其他章疾病的原因
B95.800　葡萄球菌作为分类于其他章疾病的原因
B96.000　肺炎支原体作为分类于其他章疾病的原因
B96.100　肺炎杆菌作为分类于其他章疾病的原因
B96.200　大肠杆菌作为分类于其他章疾病的原因
B96.300　流感嗜血杆菌作为分类于其他章疾病的原因
B96.400　变形菌（奇异）（摩根）作为分类于其他章的疾病的原因
B96.501　绿脓杆菌感染
B96.600　脆弱（微小）杆菌作为分类于其他章疾病的原因
B96.700　产气荚膜梭状芽胞杆菌作为分类于其他章疾病的原因
B96.800　细菌性病原体作为分类于其他章疾病的原因，其他特指的
B96.801　难辨梭状芽胞杆菌感染
B97.000　腺病毒作为分类于其他章疾病的原因
B97.100　肠病毒作为分类于其他章疾病的原因
B97.200　冠状病毒作为分类于其他章疾病的原因
B97.300　反转录病毒作为分类于其他章疾病的原因
B97.400　呼吸道合胞体病毒作为分类于其他章疾病的原因
B97.500　呼肠孤病毒作为分类于其他章疾病的原因
B97.600　细小病毒作为分类于其他章疾病的原因
B97.700　乳头状瘤病毒作为分类于其他章疾病的原因
B97.800　病毒性病原体，其他的作为分类于其他章疾病的原因
B98.000　幽门螺杆菌作为其他章节疾病分类的原因
B98.100　创伤弧菌作为其他章节的疾病分类的原因
I25.200　陈旧性心肌梗死
I25.200x006　陈旧性前壁下壁心肌梗死
I25.200x009　陈旧性小灶性心肌梗死
I25.200x011　陈旧性心内膜下心肌梗死
I25.200x012　陈旧性正后壁心肌梗死
I25.200x014　陈旧性非ST段抬高性心肌梗死
I25.200x015　陈旧性右心室心肌梗死
I25.200x016　陈旧性广泛前壁心肌梗死
I25.200x017　陈旧性前壁高侧壁心肌梗死
I25.200x018　陈旧性下壁高侧壁心肌梗死
I25.200x019　陈旧性高侧壁正后壁心肌梗死
I25.200x020　陈旧性前间壁高侧壁心肌梗死
I25.200x021　陈旧性前壁下壁高侧壁心肌梗死
I25.200x022　陈旧性前间壁下壁心肌梗死
I25.200x023　陈旧性下壁右心室心肌梗死
I25.200x024　陈旧性下壁高侧壁正后壁心肌梗死
I25.200x025　陈旧性侧壁心肌梗死
I25.200x026　陈旧性侧壁正后壁心肌梗死
I25.200x027　陈旧性前侧壁心肌梗死
I25.200x028　陈旧性下壁后壁右心室心肌梗塞
I25.200x029　陈旧性广泛前壁高侧壁心肌梗死

I25.200x030　陈旧性广泛前壁下壁心肌梗死
I25.200x031　陈旧性广泛前壁下壁高侧壁心肌梗死
I25.201　陈旧性高侧壁心肌梗死
I25.202　陈旧性后壁心肌梗死
I25.203　陈旧性前壁心肌梗死
I25.204　陈旧性前间壁心肌梗死
I25.205　陈旧性下壁后壁心肌梗死
I25.206　陈旧性下壁前壁心肌梗死
I25.207　陈旧性下壁心肌梗死
I25.208　陈旧性下壁正后壁心肌梗死
I50.900x007　心功能Ⅱ级（NYHA分级）
I50.900x008　心功能Ⅲ级（NYHA分级）
I50.900x009　心功能Ⅱ--Ⅲ级（NYHA分级）
I50.900x010　心功能Ⅳ级（NYHA分级）
I50.900x014　Killip Ⅱ级
I50.900x015　Killip Ⅲ级
I50.900x016　Killip Ⅳ级
I51.900x002　心功能Ⅰ级（NYHA分级）
I51.900x003　Killip Ⅰ级
O26.900x001　孕＜5周
O26.900x101　孕5周
O26.900x102　孕6周
O26.900x103　孕7周
O26.900x104　孕8周
O26.900x105　孕9周
O26.900x106　孕10周
O26.900x107　孕11周
O26.900x108　孕12周
O26.900x402　孕27周
O26.900x403　孕28周
O26.900x404　孕29周
O26.900x405　孕30周
O26.900x406　孕31周
O26.900x407　孕32周
O26.900x408　孕33周
O26.900x501　孕34周
O26.900x502　孕35周
O26.900x503　孕36周
O26.900x504　孕37周
O26.900x505　孕38周
O26.900x506　孕39周
O26.900x507　孕40周
O26.900x508　孕41周
O26.900x509　孕42周
O26.900x510　孕＞42周
O26.900x601　孕0次
O26.900x602　孕1次
O26.900x603　孕2次
O26.900x604　孕3次
O26.900x605　孕4次
O26.900x606　孕5次
O26.900x607　孕6次
O26.900x608　孕7次
O26.900x609　孕8次
O26.900x610　孕9次
O26.900x611　孕10次
O26.900x701　产0次
O26.900x702　产1次
O26.900x703　产2次
O26.900x704　产3次
O26.900x705　产4次
O26.900x706　产5次
O26.900x707　产6次
O26.900x708　产7次
O26.900x709　产8次
O26.900x710　产9次
O26.900x711　产10次
P00.001　母体妊娠高血压新生儿
P00.002　母体先兆子痫新生儿
P00.100　胎儿和新生儿受母体肾和泌尿道疾病的影响
P00.100x001　母体患肾病的新生儿
P00.101　母体肾衰竭新生儿
P00.200x001　母体甲型H1N1病毒感染的新生儿
P00.201　母体肺结核新生儿
P00.202　母体病毒性肝炎新生儿
P00.203　母体巨细胞病毒感染新生儿
P00.204　母体梅毒感染新生儿
P00.205　母体人类免疫缺陷病毒感染新生儿
P00.300　胎儿和新生儿受母体其他循环和呼吸疾病的影响
P00.301　母体先天性心脏病新生儿
P00.302　母体心肌病新生儿
P00.401　母体营养不良新生儿
P00.500　胎儿和新生儿受母体损伤的影响
P00.600　胎儿和新生儿受母体手术操作的影响
P00.701　胎儿和新生儿受母体放射性照射影响
P00.801　母体癫痫新生儿
P00.802　母体干燥综合征新生儿
P00.803　母体骨髓抑制新生儿

P00.804　母体甲状腺功能减退新生儿
P00.805　母体类风湿性关节新生儿
P00.806　母体皮肌炎新生儿
P00.808　母体血小板减少新生儿
P00.809　母体血小板减少性紫癜新生儿
P00.810　母体血友病新生儿
P00.811　母体阴道链球菌感染新生儿
P00.812　母体再生障碍性贫血新生儿
P00.813　母体重症肌无力新生儿
P00.900　胎儿和新生儿受母体情况的影响
P01.000　胎儿和新生儿受宫颈功能不全的影响
P01.100　胎儿和新生儿受胎膜早破的影响
P01.200　胎儿和新生儿受羊水过少的影响
P01.300　胎儿和新生儿受羊水过多的影响
P01.400　胎儿和新生儿受异位妊娠的影响腹腔妊娠
P01.501　双胎儿
P01.502　三胎儿
P01.600　胎儿和新生儿受母体死亡的影响
P01.700　胎儿和新生儿受产程开始前先露异常的影响
P01.800　胎儿和新生儿受母体其他妊娠并发症的影响
P01.900　胎儿和新生儿受母体妊娠并发症的影响
P02.000　胎儿和新生儿受前置胎盘的影响
P02.100　胎儿和新生儿受胎盘剥离和出血的其他形式的影响
P02.200　胎儿和新生儿受胎盘其他形态和功能异常的影响
P02.300x003　胎-母输血新生儿
P02.301　新生儿双胎输血综合征
P02.400　胎儿和新生儿受脐带脱垂的影响
P02.501　新生儿脐带绕颈
P02.600　胎儿和新生儿受脐带其他情况的影响
P02.602　新生儿脐带过短
P02.701　羊膜炎新生儿
P02.800　胎儿和新生儿受胎膜其他异常的影响
P02.900　胎儿和新生儿受胎膜异常的影响
P03.001　臀位分娩新生儿
P03.101　头盆不称新生儿
P03.201　产钳助产新生儿
P03.301　吸引器助产新生儿
P03.401　剖宫产术新生儿
P03.501　急产婴儿
P03.601　母体宫缩乏力新生儿
P03.800　胎儿和新生儿受产程和分娩的其他特指并发症的影响
P03.900　胎儿和新生儿受产程和分娩并发症的影响
P04.001　母体服麻醉药物新生儿
P04.101　母体服抗凝药新生儿
P04.102　母体癌症化疗新生儿
P04.200　胎儿和新生儿受母体使用烟草的影响
P04.300　胎儿和新生儿受母体使用酒精的影响
P04.400　胎儿和新生儿受母体药瘾的影响
P04.500　胎儿和新生儿受母体使用营养性、化学性物质的影响
P04.600　胎儿和新生儿受母体暴露于环境中化学物质的影响
P04.800　胎儿和新生儿受母体内其他有害物质的影响
P04.800x001　母体有机磷中毒新生儿
P04.900　胎儿和新生儿受母体内有害物质的影响
R65.000　传染性病因的全身炎症反应综合征不伴有器官衰竭
R65.100　传染性病因的全身炎症反应综合征伴有器官衰竭
R65.101　重症脓毒症
R65.200　非传染性病因的全身炎症反应综合征不伴有器官衰竭
R65.301　非感染性多器官功能障碍综合征（MODS）
R65.900　全身炎症反应综合征
U82.000　耐青霉素
U82.001　耐阿莫西林抗生素
U82.002　耐氨苄西林抗生素
U82.100　耐甲氧西林抗生素
U82.100x001　耐甲氧西林金黄色葡萄球菌（MRSA）
U82.101　耐氯唑西林抗生素
U82.102　耐氟氯西林抗生素
U82.103　耐苯唑西林抗生素
U82.200　耐广谱β-内酰胺酶
U82.200x001　产超广谱β-内酰胺酶肺炎克雷伯菌（ESBLs）
U82.200x002　产超广谱β-内酰胺酶大肠埃希菌（ESBLs）
U82.800　耐其他β-内酰胺类抗生素
U82.800x001　耐碳青霉烯类的鲍曼不动杆菌（CRAB）

U82.800x002　耐碳青霉烯类的铜绿假单胞菌（CRPA）
U82.800x003　耐碳青霉烯类的肠杆菌科菌（CRE）
U82.900　耐β-内酰胺类抗生素，未特指
U83.000　耐万古霉素
U83.000x001　耐万古霉素肠球菌（VRE）
U83.100　耐其他万古霉素相关类抗生素
U83.200　耐喹诺酮类抗生素
U83.700　耐多种抗生素
U83.800　耐其他特指单一抗生素
U83.900　耐其他抗生素的菌株
U84.000　耐抗寄生虫药物
U84.100　耐抗真菌药物
U84.200　耐抗病毒药物
U84.300　耐抗结核药物
U84.700　耐多种抗菌药物
U84.800　耐其他特指抗菌药物
U84.900　耐抗菌药物
U84.901　药物抵抗
U85.x00　耐抗肿瘤药物
U85.x01　抗肿瘤药物无效
U85.x02　难治性癌症
V01.x00　行人在与脚踏车碰撞中的损伤
V02.x00　行人在与两轮或三轮摩托车碰撞中的损伤
V03.x00　行人在与小汽车、轻型货车或篷车碰撞中的损伤
V04.x00　行人在与重型运输车或公共汽车碰撞中的损伤
V05.x00　行人在与火车或铁路车辆碰撞中的损伤
V06.x00　行人在与其他非机动车辆碰撞中的损伤
V09.000　行人在涉及其他和未特指指机动车辆的非交通事故中的损伤
V09.100　行人在非交通事故中的损伤
V09.200　行人在涉及其他和未特指机动车辆的交通事故中的损伤
V09.200x091　机动车辆与行人碰撞的交通事故
V09.200x092　行人被机动车辆碰撞的交通事故
V09.300　行人在交通事故中的损伤
V09.900　行人在运输事故中的损伤
V10.x00　骑脚踏车人员在脚踏车与行人或牲畜碰撞中的损伤
V11.x00　骑脚踏车人员在脚踏车与其他脚踏车碰撞中的损伤
V12.x00　骑脚踏车人员在脚踏车与两轮或三轮机动车碰撞中的损伤
V13.x00　骑脚踏车人员在脚踏车与小汽车、轻型货车或篷车碰撞中的损伤
V14.x00　骑脚踏车人员在脚踏车与重型运输车或公共汽车碰撞中的损伤
V15.x00　骑脚踏车人员在脚踏车与火车或铁路车辆碰撞中的损伤
V16.x00　骑脚踏车人员在脚踏车与其他非机动车辆碰撞中的损伤
V17.x00　骑脚踏车人员在脚踏车与固定或静止物体碰撞中的损伤
V18.x00　骑脚踏车人员在非碰撞性运输事故中的损伤
V19.000　非交通事故中脚踏车与其他机动车辆碰撞造成骑脚踏车人员的损伤
V19.100　非交通事故中脚踏车与其他的机动车辆碰撞造成乘脚踏车人员的损伤
V19.200　非交通事故中脚踏车与其他机动车辆碰撞造成的骑脚踏车人员的损伤
V19.300　骑脚踏车人员在非交通事故中的损伤
V19.400　交通事故中脚踏车与其他和未特指机动车辆碰撞造成骑脚踏车人员的损伤
V19.500　交通事故中脚踏车与其他机动车辆碰撞造成乘脚踏车人员的损伤
V19.600　交通事故中脚踏车与其他和未特指机动车辆碰撞造成骑不明确的脚踏车司、乘人员损伤
V19.800　骑脚踏车人员在其他特指的运输事故中的损伤
V19.900　骑脚踏车人员在交通事故中的损伤
V19.900x091　自行车的事故
V20.x00　骑摩托车人员在摩托车与行人或牲畜碰撞中的损伤
V21.x00　骑摩托车人员在摩托车与脚踏车碰撞中的损伤
V22.x00　骑摩托车人员在摩托车与两轮或三轮机动车碰撞中的损伤
V23.x00　骑摩托车人员在摩托车与小汽车、轻型货车或篷车碰撞中的损伤
V24.x00　骑摩托车人员在摩托车与重型运输车或公共汽车碰撞中的损伤
V25.x00　骑摩托车人员在摩托车与火车或铁路车辆碰撞中的损伤
V26.x00　骑摩托车人员在摩托车与其他非机动车辆碰撞中的损伤
V27.x00　骑摩托车人员在摩托车与固定或静止物

体碰撞中的损伤
V28.x00　骑摩托车人员在非碰撞性运输事故中的损伤
V29.000　非交通事故中摩托车与其他机动车辆碰撞造成骑摩托车人员的损伤
V29.100　非交通事故中摩托车与其他的机动车辆碰撞造成乘摩托车人员的损伤
V29.200　非交通事故中摩托车与其他的机动车辆碰撞造成骑摩托车人员的损伤
V29.300　骑摩托车人员在非交通事故中的损伤
V29.400　交通事故中摩托车与其他和未特指机动车辆碰撞造成骑摩托车人员的损伤
V29.500　交通事故中摩托车与其他和未特指机动车辆碰撞造成乘摩托车人员的损伤
V29.600　交通事故中摩托车与其他机动车辆碰撞造成的和未特指骑摩托车人员的损伤
V29.800　骑摩托车人员在其他特指的运输事故中的损伤
V29.900　骑摩托车人员在交通事故中的损伤
V29.900x091　摩托车的事故
V30.x00　三轮机动车乘员在三轮机动车与行人或牲畜碰撞中的损伤
V31.x00　三轮机动车乘员在三轮机动车与脚踏车碰撞中的损伤
V32.x00　三轮机动车乘员在三轮机动车与两轮或三轮机动车碰撞中的损伤
V33.x00　三轮机动车乘员在三轮机动车与小汽车、轻型货车或篷车碰撞中的损伤
V34.x00　三轮机动车乘员在三轮机动车与重型运输车或公共汽车碰撞中的损伤
V35.x00　三轮机动车乘员在三轮机动车与火车或铁路车辆碰撞中的损伤
V36.x00　三轮机动车乘员在三轮机动车与其他非机动车辆碰撞中的损伤
V37.x00　三轮机动车乘员在三轮机动车与固定或静止物体碰撞中的损伤
V38.x00　三轮机动车乘员在非碰撞性运输事故中的损伤
V39.000　非交通事故中三轮机动车与其他机动车辆碰撞造成三轮机动车司机的损伤
V39.100　非交通事故中三轮机动车与其他机动车辆碰撞造成三轮机动车乘客的损伤
V39.200　非交通事故中三轮机动车与其他机动车辆碰撞造成的三轮机动车乘员的损伤
V39.300　三轮机动车乘员在非交通事故中的损伤
V39.400　交通事故中三轮机动车与其他和未特指机动车辆碰撞造成三轮机动车司机的损伤
V39.500　交通事故中三轮机动车与其他和未特指机动车辆碰撞造成三轮机动车乘客的损伤
V39.600　交通事故中三轮机动车与其他和未特指机动车辆碰撞造成的三轮机动车乘员的损伤
V39.800　三轮机动车乘员在其他特指运输事故中的损伤
V39.900　三轮机动车乘员在交通事故中的损伤
V39.900x091　三轮机动车的事故
V40.x00　小汽车乘员在小汽车与行人或牲畜碰撞中的损伤
V41.x00　小汽车乘员在小汽车与脚踏车碰撞中的损伤
V42.x00　小汽车乘员在小汽车与两轮或三轮机动车碰撞中的损伤
V43.x00　小汽车乘员在小汽车与小汽车、轻型货车或篷车碰撞中的损伤
V44.x00　小汽车乘员在小汽车与重型运输车或公共汽车碰撞中的损伤
V45.x00　小汽车乘员在小汽车与火车或铁路车辆碰撞中的损伤
V46.x00　小汽车乘员在小汽车与其他非机动车辆碰撞中的损伤
V47.x00　小汽车乘员在小汽车与固定或静止物体碰撞中的损伤
V48.x00　小汽车乘员在非碰撞性运输事故中的损伤
V49.000　非交通事故中小汽车与其他机动车辆碰撞造成小汽车司机的损伤
V49.100　非交通事故中小汽车与其他机动车辆碰撞造成小汽车乘客的损伤
V49.200　非交通事故中小汽车与其他机动车辆碰撞造成的小汽车乘员的损伤
V49.300　小汽车乘员在非交通事故中的损伤
V49.400　交通事故中小汽车与其他机动车辆碰撞造成小汽车司机损伤
V49.500　交通事故中小汽车与其他机动车辆碰撞造成小汽车乘客的损伤
V49.600　交通事故中小汽车与其他和未特指机动车辆碰撞造成的小汽车乘员的损伤
V49.800　小汽车乘员在其他特指运输事故中的损伤
V49.900　小汽车乘员在交通事故中的损伤
V49.900x091　小汽车的事故

V50.x00　轻型货车或篷车乘员在轻型货车或篷车与行人或牲畜碰撞中的损伤
V51.x00　轻型货车或篷车乘员在轻型货车或篷车与脚踏车碰撞中的损伤
V52.x00　轻型货车或篷车乘员在轻型货车或篷车与两轮或三轮机动车碰撞中的损伤
V53.x00　轻型货车或篷车乘员在轻型货车或篷车与小汽车、轻型货车或篷车碰撞中的损伤
V54.x00　轻型货车或篷车乘员在轻型货车或篷车与重型运输车或公共汽车碰撞中的损伤
V55.x00　轻型货车或篷车乘员在轻型货车或篷车与火车或铁路车辆碰撞中的损伤
V56.x00　轻型货车或篷车乘员在轻型货车或篷车与其他非机动车辆碰撞中的损伤
V57.x00　轻型货车或篷车乘员在轻型货车或篷车与固定或静止物体碰撞中的损伤
V58.x00　轻型货车或篷车乘员在非碰撞性运输事故中的损伤
V59.000　非交通事故中轻型货车或篷车与其他机动车辆碰撞造成轻型货车或篷车司机的损伤
V59.100　非交通事故中轻型货车或篷车与其他机动车辆碰撞造成轻型货车或篷车乘客的损伤
V59.200　非交通事故中轻型货车或篷车与其他机动车辆碰撞造成的轻型货车或篷车乘员的损伤
V59.300　轻型货车或篷车乘员在非交通事故中的损伤
V59.400　交通事故中轻型货车或篷车与其他和未特指机动车辆碰撞造成轻型货车或篷车司机的损伤
V59.500　交通事故中轻型货车或篷车与其他和未特指机动车辆碰撞造成轻型货车或篷车乘客的损伤
V59.600　交通事故中轻型货车或篷车与其他和未特指机动车辆碰撞造成和未特指的轻型货车或篷车乘员的损伤
V59.800　轻型货车或篷车乘员在其他特指运输事故中的损伤
V59.900　轻型货车或篷车乘员在交通事故中的损伤
V59.900x091　轻型货车或篷车事故
V60.x00　重型运输车乘员在重型运输车与行人或牲畜碰撞中的损伤
V61.x00　重型运输车乘员在重型运输车与脚踏车碰撞中的损伤
V62.x00　重型运输车乘员在重型运输车与两轮或三轮机动车碰撞中的损伤
V63.x00　重型运输车乘员在重型运输车与小汽车、轻型货车或篷车碰撞中的损伤
V64.x00　重型运输车乘员在重型运输车与重型运输车或公共汽车碰撞中的损伤
V65.x00　重型运输车乘员在重型运输车与火车或铁路车辆碰撞中的损伤
V66.x00　重型运输车乘员在重型运输车与其他非机动车辆碰撞中的损伤
V67.x00　重型运输车乘员在重型运输车与固定或静止物体碰撞中的损伤
V68.x00　重型运输车乘员在非碰撞性运输事故中的损伤
V69.000　非交通事故中重型运输车与其他机动车辆碰撞造成重型运输车司机的损伤
V69.100　非交通事故中重型运输车与其他机动车辆碰撞造成重型运输车乘客的损伤
V69.200　非交通事故中重型运输车与其他机动车辆碰撞造成的重型运输车乘员的损伤
V69.300　重型运输车乘员在非交通事故中的损伤
V69.400　交通事故中重型运输车与其他机动车辆碰撞造成重型运输车司机的损伤
V69.500　交通事故中重型运输车与其他机动车辆碰撞造成重型运输车乘客的损伤
V69.600　交通事故中重型运输车与其他和机动车辆碰撞造成重型运输车乘员的损伤
V69.800　重型运输车乘员在其他特指运输事故中的损伤
V69.900　重型运输车乘员在交通事故中的损伤
V70.x00　公共汽车乘员在公共汽车与行人或牲畜碰撞中的损伤
V71.x00　公共汽车乘员在公共汽车与脚踏车碰撞中的损伤
V72.x00　公共汽车乘员在公共汽车与两轮或三轮机动车碰撞中的损伤
V73.x00　公共汽车乘员在公共汽车与小汽车、轻型货车或篷车碰撞中的损伤
V74.x00　公共汽车乘员在公共汽车与重型运输车或公共汽车碰撞中的损伤
V75.x00　公共汽车乘员在公共汽车与火车或铁路车辆碰撞中的损伤
V76.x00　公共汽车乘员在公共汽车与其他非机动车辆碰撞中的损伤
V77.x00　公共汽车乘员在公共汽车与固定或静止物体碰撞中的损伤
V78.x00　公共汽车乘员在非碰撞性运输事故中的损伤

V79.000　非交通事故中公共汽车与其他机动车辆碰撞造成公共汽车司机的损伤
V79.100　非交通事故中公共汽车与其他机动车辆碰撞造成公共汽车乘客的损伤
V79.200　非交通事故中公共汽车与其他机动车辆碰撞造成的公共汽车乘员的损伤
V79.300　公共汽车乘员在非交通事故中的损伤
V79.400　交通事故中公共汽车与其他机动车辆碰撞造成公共汽车司机的损伤
V79.500　交通事故中公共汽车与其他机动车辆碰撞造成公共汽车乘客的损伤
V79.600　交通事故中公共汽车与其他机动车辆碰撞造成公共汽车乘员的损伤
V79.800　公共汽车乘员在其他特指运输事故中的损伤
V79.900　公共汽车乘员在交通事故中的损伤
V79.900x091　公共汽车的事故
V80.000　在非碰撞性事故中骑手或乘员从牲畜或畜挽车辆上跌落或抛出
V80.000x091　骑手跌落
V80.100　骑手或乘员在与行人或牲畜碰撞中的损伤
V80.200　骑手或乘员在与脚踏车碰撞中的损伤
V80.300　骑手或乘员在与两轮或三轮机动车碰撞中的损伤
V80.400　骑手或乘员在与小汽车、轻型货车、篷车、重型运输车或公共汽车碰撞的损伤
V80.500　骑手或乘员在与其他特指的机动车辆碰撞中的损伤
V80.600　骑手或乘员在与火车或铁路车辆碰撞中的损伤
V80.700　骑手或乘员在与其他非机动车辆碰撞中的损伤
V80.700x091　骑手或乘员与（市内有轨）电车的碰撞
V80.700x092　骑手或乘员与畜挽车辆的碰撞
V80.700x093　骑手或乘员与被驱赶的牲畜的碰撞
V80.800　骑手或乘员在与固定或静止物体碰撞中的损伤
V80.900　骑手或乘员在其他和未特指的运输事故中的损伤
V80.900x091　畜挽车辆的事故
V81.000　非交通事故中因与机动车辆碰撞造成火车或铁路车辆乘员的损伤
V81.100　交通事故中因与机动车辆碰撞造成火车或铁路车辆乘员的损伤
V81.100x091　火车与机动车辆碰撞的交通事故
V81.200　因与铁路列车碰撞或被铁路车辆撞击造成火车或铁路车辆乘员的损伤
V81.200x091　铁路上列车碰撞事故
V81.300　因与其他物体碰撞造成火车或铁路车辆乘员的损伤
V81.400　在上下火车或铁路车辆时的人员损伤
V81.500　火车或铁路车辆乘员在火车或铁路车辆上跌倒造成的损伤
V81.600　火车或铁路车辆乘员从火车或铁路车辆上跌落造成的损伤
V81.700　不伴有事先碰撞而出轨造成的火车或铁路车辆乘员的损伤
V81.800　铁路事故中火车或铁路车辆乘员的损伤，其他特指的
V81.800x091　火车或铁路车辆乘员被落下的树击中
V81.800x092　火车或铁路车辆乘员被落下的石块击中
V81.800x093　火车或铁路车辆乘员被落下的土块击中
V81.900　铁路事故中火车或铁路车辆乘员的损伤
V82.000　非交通事故中因与机动车辆碰撞造成（市内有轨）电车乘员的损伤
V82.100　交通事故中因与机动车辆碰撞造成（市内有轨）电车乘员的损伤
V82.200　因与车辆碰撞或被车辆撞击造成（市内有轨）电车乘员的损伤
V82.300　因与其他物体碰撞造成（市内有轨）电车乘员的损伤
V82.400　在上下（市内有轨）电车时的人员损伤
V82.500　市内有轨电车乘员在市内有轨电车上跌倒造成的损伤
V82.600　市内有轨电车乘员从市内有轨电车上跌落造成的损伤
V82.700　不伴有事先碰撞而出轨造成的市内有轨电车乘员的损伤
V82.800　运输事故中（市内有轨）电车乘员的损伤，其他特指的
V82.900　交通事故中（市内有轨）电车乘员的损伤
V82.900x091　（市内有轨）电车事故
V83.000　交通事故中专用工业车辆上的司机的损伤

V83.100　交通事故中专用工业车辆上的乘客的损伤
V83.200　交通事故中专用工业车辆外部人员的损伤
V83.300　交通事故中专用工业车辆上的乘员的损伤
V83.400　在上下专用工业车辆时的人员损伤
V83.500　非交通事故中专用工业车辆上的司机的损伤
V83.600　非交通事故中专用工业车辆上的乘客的损伤
V83.700　非交通事故中专用工业车辆外部人员的损伤
V83.900　非交通事故中专用工业车辆上的乘员的损伤
V83.900x091　专用工业车辆事故
V84.000　交通事故中专用农业车辆上的司机的损伤
V84.100　交通事故中专用农业车辆上的乘客的损伤
V84.200　交通事故中专用农业车辆外部人员的损伤
V84.200x091　骑摩托车被拖拉机撞伤
V84.300　交通事故中专用农业车辆上的乘员的损伤
V84.400　在上下专用农业车辆时的人员损伤
V84.500　非交通事故中专用农业车辆上的司机的损伤
V84.600　非交通事故中专用农业车辆上的乘客的损伤
V84.700　非交通事故中专用农业车辆外部人员的损伤
V84.900　非交通事故中专用农业车辆上的乘员的损伤
V84.900x091　专用农业车辆事故
V85.000　交通事故中专用建筑车辆上的司机的损伤
V85.100　交通事故中专用建筑车辆上的乘客的损伤
V85.200　交通事故中专用建筑车辆外部人员的损伤
V85.300　交通事故中专用建筑车辆上的乘员的损伤
V85.400　在上下专用建筑车辆时的人员损伤
V85.500　非交通事故中专用建筑车辆上的司机的损伤
V85.600　非交通事故中专用建筑车辆上的乘客的损伤
V85.700　非交通事故中专用建筑车辆外部人员的损伤
V85.900　非交通事故中专用建筑车辆上的乘员的损伤
V85.900x091　专用建筑车辆事故
V86.000　交通事故中全地带或其他越野机动车上的司机的损伤
V86.100　交通事故中全地带或其他越野机动车上的乘客的损伤
V86.200　交通事故中全地带或其他越野机动车外部人员的损伤
V86.300　交通事故中全地带或其他越野机动车上的乘员的损伤
V86.400　在上下全地带或其他越野机动车时的人员损伤
V86.500　非交通事故中全地带或其他越野机动车上的司机的损伤
V86.600　非交通事故中全地带或其他越野机动车上的乘客的损伤
V86.700　非交通事故中全地带或其他越野机动车外部人员的损伤
V86.700x091　涉及其他越野机动车辆的非交通性事故
V86.900　非交通事故中全地带或其他越野机动车上的乘员的损伤
V87.000　小汽车和两轮或三轮机动车之间碰撞造成的人员损伤（交通性）
V87.100　机动车辆和两轮或三轮机动车之间碰撞造成的人员损伤（交通性），其他的
V87.200　小汽车和轻型货车或篷车之间碰撞造成的人员损伤（交通性）
V87.300　小汽车和公共汽车之间碰撞造成的人员损伤（交通性）
V87.400　小汽车和重型运输车之间碰撞造成的人员损伤（交通性）
V87.500　重型运输车和公共汽车之间碰撞造成的人员损伤（交通性）
V87.600　火车或铁路车辆和小汽车之间碰撞造成的人员损伤（交通性）
V87.700　机动车辆之间碰撞造成的人员损伤（交通性），其他特指的
V87.800　涉及机动车辆非碰撞性运输事故中的人

员损伤（交通性），其他特指的
V87.900　涉及非机动车辆（碰撞性）（非碰撞性）运输事故中的人员损伤（交通性），其他特指的
V88.000　小汽车和两轮或三轮机动车之间碰撞造成的人员损伤，非交通性
V88.100　机动车辆和两轮或三轮机动车之间碰撞造成的人员损伤，非交通性，其他的
V88.200　小汽车和轻型货车或篷车之间碰撞造成的人员损伤，非交通性
V88.300　小汽车和公共汽车之间碰撞造成的人员损伤，非交通性
V88.400　小汽车和重型运输车之间碰撞造成的人员损伤，非交通性
V88.500　重型运输车和公共汽车之间碰撞造成的人员损伤，非交通性
V88.600　火车或铁路车辆和小汽车之间碰撞造成的人员损伤，非交通性
V88.700　机动车辆之间碰撞造成的人员损伤，非交通性，其他特指的
V88.800　涉及机动车辆非碰撞性运输事故中的人员损伤，非交通性，其他特指的
V88.900　涉及非机动车辆（碰撞性）（非碰撞性）运输事故中的人员损伤，非交通性，其他特指的
V89.000　机动车辆事故中的人员损伤，非交通性
V89.100　非机动车辆事故中的人员损伤，非交通性
V89.200　机动车辆事故中的人员损伤，交通性
V89.200x091　机动车交通事故
V89.200x092　机动车辆失控引起的交通事故
V89.200x093　机动车相撞
V89.300　非机动车辆事故中的人员损伤，交通性
V89.900　车辆事故中的人员损伤
V90.x00　船舶事故引起的淹溺和沉没
V91.x00　船舶事故引起的其他损伤
V92.x00　与水上运输有关的非船舶事故的淹溺和沉没
V93.x00　非船舶事故的船上事故，未引起淹溺和沉没
V94.x00　水上运输事故，其他的
V95.000　直升机事故伤及乘员
V95.100　超轻型、轻型或动力滑翔机事故伤及乘员
V95.200　有固定机翼的私人飞机事故伤及乘员，其他的
V95.300　有固定机翼的商用飞机事故伤及乘员
V95.400　航天飞行器事故伤及乘员
V95.800　飞行器事故伤及乘员，其他的
V95.900　飞行器事故伤及乘员
V95.900x091　飞行器事故
V96.000　气球事故伤及乘员
V96.100　悬吊滑翔机事故伤及乘员
V96.200　无动力滑翔机事故伤及乘员
V96.800　无动力飞行器事故伤及乘员，其他的
V96.900　无动力飞行器事故伤及乘员
V97.000　在其他特指空中运输事故中飞行器乘员的损伤
V97.100　在上下飞行器时的人员损伤
V97.200　空中运输事故中跳伞者的损伤
V97.300　空中运输事故中地面人员的损伤
V97.800　空中运输事故，其他的，不可归类在他处者
V98.x00　运输事故，其他特指的
V99.x00　运输事故
W00.x00　在涉及冰和雪的同一平面上跌倒
W01.x00　在同一平面上滑倒、绊倒和摔倒
W02.x00　涉及溜冰、滑雪、溜旱冰或滑板时的跌倒
W03.x00　被别人碰撞或推动引起的在同一平面上的其他跌倒
W04.x00　在被他人运送或搀扶时跌倒
W05.x00　涉及轮椅上的跌落
W06.x00　涉及床上的跌落
W07.x00　涉及椅子上的跌落
W08.x00　涉及其他家具上的跌落
W09.x00　涉及运动场设施上的跌落
W10.x00　在楼梯或台阶上跌倒和跌落
W11.x00　在梯子上跌倒和跌落
W12.x00　在脚手架上跌倒和跌落
W13.x00　从房屋或建筑结构上跌落或跌出
W14.x00　从树上跌落
W15.x00　从悬崖上跌落
W16.x00　潜水或跳水引起的损伤，除外淹溺和沉没
W17.x00　从一个平面至另一平面的其他跌落
W18.x00　在同一平面的其他跌倒
W19.x00　跌倒
W20.x00　被投掷、抛出或坠落物体击中
W21.x00　撞在体育设施上或被体育设施击中
W22.x00　撞在其他物体上或被其他物体击中
W23.x00　被物体钩住、挤压、轧住或夹住

W24.x00　接触升降和传送装置，不可归类在他处者
W25.x00　接触锋利的玻璃
W26.000　接触刀、剑或匕首
W26.800　接触其他尖锐的物体，不可分类他处者
W26.900　接触其他未特指的尖锐物体
W27.x00　接触无动力手工工具
W28.x00　接触动力割草机
W29.x00　接触其他动力手工工具和家用机械
W30.x00　接触农业机械
W31.x00　接触其他的机械
W32.x00　手枪发射
W33.x00　步枪、猎枪和较大火器发射
W34.x00　火器发射，其他的
W35.x00　锅炉爆炸和破裂
W36.x00　高压气罐爆炸和破裂
W37.x00　压缩轮胎、管子和软管爆炸和破裂
W38.x00　压缩装置的爆炸和破裂，其他特指的
W39.x00　烟火发射
W40.x00　材料爆炸，其他的
W41.x00　暴露于高压喷射下
W42.x00　暴露于噪声下
W43.x00　暴露于振动下
W44.x00　异物进入或穿入眼或自然腔口
W45.x00　异物或物体经皮肤进入
W46.x00　接触皮下注射器针头
W49.x00　暴露于其他的无生命机械性力量下
W50.x00　被别人殴打、踢、拧、咬或抓伤
W51.x00　撞到别人或意外被别人碰撞
W52.x00　被蜂拥人群挤压、推挤或踏踩
W53.x00　被鼠咬伤
W54.x00　被狗咬伤或抓伤
W55.x00　被其他哺乳动物咬伤或抓伤
W56.x00　接触海生动物的损伤
W57.x00　被无毒昆虫和其他无毒节肢动物咬伤或蜇伤
W58.x00　被鳄鱼或短吻鳄咬伤或抓伤
W59.x00　被其他爬行动物咬伤或压伤
W60.x00　接触植物荆棘和刺以及锐利叶片的损伤
W64.x00　暴露于其他的有生命机械性力量下
W65.x00　在浴盆内淹溺和沉没
W66.x00　落入浴盆后淹溺和沉没
W67.x00　在游泳池中淹溺和沉没
W68.x00　落入游泳池后淹溺和沉没
W69.x00　在自然水域中淹溺和沉没
W70.x00　落入自然水域后淹溺和沉没
W73.x00　淹溺和沉没，其他特指的
W74.x00　淹溺和沉没
W75.x00　在床上意外窒息和绞窄
W76.x00　意外悬吊和绞窄，其他的
W77.x00　塌方、坠落土块和其他物质引起对呼吸的威胁
W78.x00　吸入胃内容物
W79.x00　吸入或咽下食物引起的呼吸道梗阻
W80.x00　吸入和咽下其他物体引起的呼吸道梗阻
W81.x00　被封闭于或陷入低氧环境
W83.x00　对呼吸的威胁，其他特指的
W84.x00　对呼吸的威胁
W85.x00　暴露于输电线路下
W86.x00　暴露于其他特指的电流下
W87.x00　暴露于电流下
W88.x00　暴露于电离辐射下
W89.x00　暴露于人造可见光和紫外线下
W90.x00　暴露于其他非电离辐射下
W91.x00　暴露于辐射下
W92.x00　暴露于人为原因的过热环境下
W93.x00　暴露于人为原因的过冷环境下
W94.x00　暴露于高气压、低气压和气压改变环境下
W99.x00　暴露于其他人为环境因素下
X00.x00　暴露于房屋或建筑结构内的无控制性火焰下
X01.x00　暴露于房屋或建筑结构外的无控制性火焰下
X02.x00　暴露于房屋或建筑结构内的控制性火焰下
X03.x00　暴露于房屋或建筑结构外的控制性火焰下
X04.x00　暴露于高度易燃材料的起火下
X05.x00　暴露于睡衣的起火或焚毁下
X06.x00　暴露于其他衣着用品和装饰品的起火或焚毁下
X08.x00　暴露于其他特指的烟、火和火焰下
X09.x00　暴露于烟、火和火焰下
X10.x00　接触热饮料、食物和动植物油
X11.x00　接触热自来水
X12.x00　接触其他热液体
X13.x00　接触蒸气和热蒸气
X14.x00　接触热空气和气体
X15.x00　接触热的家用器具

X16.x00　接触热的取暖器具、散热器和管
X17.x00　接触热的发动机、机械和工具
X18.x00　接触其他热的金属
X19.x00　接触其他的热和烫的物质
X20.x00　接触毒蛇和蜥蜴
X21.x00　接触毒蜘蛛
X22.x00　接触蝎子
X23.x00　接触大黄蜂、黄蜂和蜜蜂
X24.x00　接触蜈蚣和（热带）有毒的千足虫
X25.x00　接触其他有毒的节肢动物
X26.x00　接触有毒的海生动物和植物
X27.x00　接触其他特指的有毒动物
X28.x00　接触其他特指的有毒植物
X29.x00　接触有毒动物或植物
X30.x00　暴露于过度自然热下
X31.x00　暴露于过度自然冷下
X32.x00　暴露于阳光下
X33.x00　闪电的受害者
X34.000　地震受害者
X34.100　海啸受害者
X34.800　地震其他特定影响的受害者
X34.900　地震未特指影响的受害者
X34.900x091　地震所致损伤
X35.x00　火山爆发受害者
X36.x00　雪崩、山崩和其他地面运动受害者
X37.x00　灾难性暴风雨受害者
X38.x00　洪水受害者
X39.x00　暴露于其他的自然力量下
X40.x00　非阿片样镇痛药、解热药和抗风湿药的意外中毒及暴露于该类药物
X41.x00　镇癫痫药、镇静催眠药、抗帕金森病药和对精神有影响的药物的意外中毒及暴露于该类药物，不可归类在他处者
X42.x00　麻醉品和致幻药［致幻剂］意外中毒及暴露于该类药物，不可归类在他处者
X43.x00　作用于自主神经系统的其他药物的意外中毒及暴露于该类药物
X44.x00　药物、药剂和生物制品的意外中毒及暴露于该类物质，其他的
X45.x00　酒精的意外中毒及暴露于酒精
X46.x00　有机溶剂和卤素烃及其蒸气的意外中毒及暴露于该类物质
X47.000　意外中毒暴露于燃烧发动机排气中产生的一氧化碳
X47.100　意外中毒暴露于使用的气体排放的一氧化碳
X47.200　意外中毒暴露于其他家用燃料中的一氧化碳
X47.300　意外中毒暴露于其他来源中的一氧化碳
X47.400　意外中毒暴露于不明气体中的一氧化碳
X47.800　意外中毒暴露于其他特殊气体和蒸汽
X47.900　意外中毒暴露于未特指气体和蒸汽
X47.900x091　家庭火炉的一氧化碳意外中毒
X47.900x092　煤气管道气体意外中毒
X47.900x093　燃气热水器气体意外中毒
X47.900x094　机动集装箱分发的液化石油气意外中毒
X47.900x095　二氧化硫意外中毒
X47.900x096　氧化氮类意外中毒
X47.900x097　催泪气［泪气］意外中毒
X47.900x098　氟利昂意外中毒
X47.900x099　砷化氢意外中毒
X47.900x910　一氧化碳意外中毒
X47.900x911　氮意外中毒
X47.900x912　氯气意外中毒
X47.900x913　硫化氢意外中毒
X47.900x915　氨气意外中毒
X47.900x916　液化石油气意外中毒
X47.900x917　总烃油蒸气意外中毒
X47.900x918　经管道分发的气体意外中毒
X48.x00　杀虫剂的意外中毒及暴露于杀虫剂
X49.x00　化学制品和有害物质的意外中毒及暴露于该类物质，其他的
X50.x00　操劳过度和剧烈或重复运动
X51.x00　旅行和运动
X52.x00　长期滞留在失重环境下
X53.x00　食物缺乏
X54.x00　水缺乏
X57.x00　贫困
X58.x00　暴露于其他特指的因素下
X59.000　暴露于未特指因素导致的骨折
X59.900　暴露于因素导致其他的损伤
X59.900x091　复合性外伤
X59.900x092　骨折
X59.900x093　军训中意外损伤
X59.900x094　暴露
X59.900x095　体育活动中受伤
X59.900x096　意外事故
X59.900x097　工作中的意外损伤
X60.x00　非阿片样镇痛药、解热药和抗风湿药的

故意自毒及暴露于该类药物
X61.x00　镇癫痫药、镇静催眠药、抗帕金森病药和对精神有影响的药物的故意自毒及暴露于该类药物，不可归类在他处者
X62.x00　麻醉品和致幻药［致幻剂］故意自毒及暴露于该类药物，不可归类在他处者
X63.x00　作用于自主神经系统的其他药物的故意自毒及暴露于该类药物
X64.x00　药物、药剂和生物制品的故意自毒及暴露于该类药物，其他的
X65.x00　酒精的故意自毒及暴露于酒精
X66.x00　有机溶剂和卤素烃及其蒸气的故意自毒及暴露于该类物质
X67.000　暴露于内燃机排放的一氧化碳的故意自毒
X67.100　暴露于使用气体中的一氧化碳的故意自毒
X67.200　暴露于其他家用燃料中的一氧化碳的故意自毒
X67.300　暴露于其他来源中的一氧化碳的故意自毒
X67.400　暴露于未特指来源中的一氧化碳的故意自毒
X67.800　暴露于其他气体和蒸气的故意自毒
X67.900　暴露于未特指气体和蒸气的故意自毒
X67.900x091　管道分发的气体自杀
X67.900x092　瓶装液化石油气体自杀
X67.900x093　二氧化硫自杀
X67.900x094　氧化氮类自杀
X67.900x095　催泪气体［催泪瓦斯］自杀
X67.900x096　一氧化碳自杀
X67.x00　气体和蒸气的故意自毒及暴露于该类物质，其他的
X68.x00　杀虫剂的故意自毒及暴露于杀虫剂
X69.x00　化学制品和有害物质的故意自毒及暴露于该类物质，其他的
X70.x00　用悬吊、绞勒和窒息方式故意自害
X71.x00　用淹溺和沉没方式故意自害
X72.x00　用手枪发射方式故意自害
X73.x00　用步枪、猎枪和大型火器发射方式故意自害
X74.x00　用其他的火器发射方式故意自害
X75.x00　用爆炸物方式故意自害
X76.x00　用烟、火和火焰方式故意自害
X77.x00　用蒸气、热气和热物体方式故意自害
X78.x00　用尖锐物体方式故意自害
X79.x00　用钝器方式故意自害
X80.x00　用从高处跳下方式故意自害
X81.x00　用跳下或躺倒在移动物体前的方式故意自害
X82.x00　用机动车辆碰撞方式故意自害
X83.x00　用其他特指的方式故意自害
X84.x00　故意自害
X85.x00　用药物、药剂和生物制品进行加害
X86.x00　用腐蚀性物质进行加害
X87.x00　用杀虫剂进行加害
X88.000　暴露于内燃机排放的一氧化碳的加害
X88.100　暴露于使用气体中的一氧化碳的加害
X88.200　暴露于其他家用燃料中的一氧化碳的加害
X88.300　暴露于其他来源中的一氧化碳的加害
X88.400　暴露于未特指来源中的一氧化碳的加害
X88.800　暴露于其他气体和蒸气的加害
X88.900　暴露于未特指气体和蒸气的加害
X88.x00　用气体和蒸气进行加害
X89.x00　用其他特指的化学制品和有害物质进行加害
X90.x00　用化学制品或有害物质进行加害
X91.x00　用悬吊、绞勒和窒息进行加害
X92.x00　用淹溺和沉没进行加害
X93.x00　用手枪发射进行加害
X94.x00　用步枪、猎枪和大型火器发射进行加害
X95.x00　用其他的火器发射进行加害
X96.x00　用爆炸物进行加害
X97.x00　用烟、火和火焰进行加害
X98.x00　用蒸气、热气和热物体进行加害
X99.x00　用尖锐物体进行加害
Y00.x00　用钝器进行加害
Y01.x00　用从高处推下进行加害
Y02.x00　用将受害者推向或放置在移动物体前进行加害
Y03.x00　用机动车辆碰撞进行加害
Y04.x00　用暴力进行加害
Y05.x00　暴力的性加害
Y06.000　被配偶或伴侣忽视照料和遗弃
Y06.100　被父母忽视照料和遗弃
Y06.200　被熟人或朋友忽视照料和遗弃
Y06.800　被其他特指人员忽视照料和遗弃
Y06.900　被忽视照料和遗弃
Y07.000　被配偶或伴侣虐待

Y07.100　被父母虐待
Y07.200　被熟人或朋友虐待
Y07.300　被官方机构虐待
Y07.800　被其他特指人员虐待
Y07.900　被虐待
Y07.900x091　被人虐待
Y08.x00　用其他特指的手段进行加害
Y09.x00　用手段进行加害
Y10.x00　非阿片样镇痛药、解热药和抗风湿药的中毒及暴露于该类药物，意图不确定的
Y11.x00　镇癫痫药、镇静催眠药、抗帕金森病药和对精神有影响的药物的中毒及暴露于该类药物，不可归类在他处，意图不确定的
Y12.x00　麻醉品和致幻药［致幻剂］的中毒及暴露于该类药物，不可归类在他处，意图不确定的
Y13.x00　作用于自主神经系统的其他药物的中毒及暴露于该类药物，意图不确定的
Y14.x00　药物、药剂和生物制品的中毒及暴露于该类药物，意图不确定的，其他的
Y15.x00　酒精中毒及暴露于酒精，意图不确定的
Y16.x00　有机溶剂和卤素烃及其蒸气的中毒及暴露于该类物质，意图不确定的
Y17.000　燃烧发动机废气中的一氧化碳中毒及暴露于该类物质，意图不确定
Y17.100　使用气体中的一氧化碳的中毒及暴露于该类物质，意图不确定
Y17.200　家用燃料中的一氧化碳的中毒及暴露于该类物质，意图不确定
Y17.300　暴露于其他来源中的一氧化碳的中毒，意图不确定
Y17.400　暴露于未特指来源中的一氧化碳的中毒，意图不确定
Y17.800　暴露于其他气体和蒸气的中毒，意图不确定
Y17.900　暴露于未特指气体和蒸气的中毒，意图不确定
Y17.900x091　原因不明的暴露于机动车辆的排除的气体中毒，意图不确定的
Y17.900x092　原因不明的暴露于液化石油气的中毒
Y17.900x093　原因不明的暴露于其他特指的实用气体中毒
Y17.900x094　原因不明的一氧化碳中毒
Y17.900x095　原因不明的催泪气体［催泪器］中毒
Y17.900x096　原因不明的氧化氮类中毒
Y17.900x097　原因不明的二氧化硫中毒
Y18.x00　杀虫剂的中毒及暴露于杀虫剂，意图不确定的
Y19.x00　化学制品和有害物质的中毒及暴露于该类物质，意图不确定的，其他的
Y20.x00　悬吊、绞勒和窒息，意图不确定的
Y21.x00　淹溺和沉没，意图不确定的
Y22.x00　手枪发射，意图不确定的
Y23.x00　步枪、猎枪和大型火器发射，意图不确定的
Y24.x00　火器发射，意图不确定的，其他的
Y25.x00　接触爆炸物，意图不确定的
Y26.x00　暴露于烟、火和火焰下，意图不确定的
Y27.x00　接触蒸气、热气和热物体，意图不确定的
Y28.x00　接触尖锐物体，意图不确定的
Y29.x00　接触钝器，意图不确定的
Y30.x00　从高处跌落、跳下或被推下，意图不确定的
Y31.x00　在移动物体前跌倒、躺卧或跑动以及进入移动物体，意图不确定的
Y32.x00　机动车辆的碰撞，意图不确定的
Y33.x00　事件，其他特指的意图不确定
Y34.x00　事件，意图不确定的
Y35.000　涉及火器发射的依法处置
Y35.000x001　用手枪枪击的依法处置
Y35.000x002　用步枪枪击的依法处置
Y35.000x003　用霰弹枪枪击的依法处置
Y35.000x004　用小口径枪枪击的依法处置
Y35.000x005　用大口径枪枪击的依法处置
Y35.000x009　用火器的依法处置
Y35.100　涉及爆炸物的依法处置
Y35.200　涉及气体的依法处置
Y35.300　涉及钝器的依法处置
Y35.400　涉及锐器的依法处置
Y35.500　依法处以死刑
Y35.600　涉及其他特指手段的依法处置
Y35.700　依法处置
Y36.000　涉及水中武器爆炸的作战行动
Y36.100　涉及飞行器被破坏的作战行动
Y36.200　涉及其他爆炸和弹片的作战行动
Y36.200x001　枪弹和弹片所引起的战争损伤
Y36.200x002　爆炸引起的战争损伤
Y36.300　涉及炮火、大火和热物质的作战行动

Y36.300x001　燃烧和大火引起的战争损伤
Y36.300x002　汽油炸弹
Y36.400　涉及常规战争的火器发射和其他形式的作战行动
Y36.400x001　由于手枪所引起的战争损伤
Y36.400x002　由于气枪所引起的战争损伤
Y36.400x003　由于霰弹猎枪所引起的战争损伤
Y36.400x004　由于小口径步枪所引起的战争损伤
Y36.400x005　由于大口径步枪所引起的战争损伤
Y36.500　涉及核武器的作战行动
Y36.600　涉及生物武器的作战行动
Y36.700　涉及非常规战争的化学武器或其他形式的作战行动
Y36.700x001　由于化学武器所引起的战争损伤
Y36.700x002　由于激光武器所引起的战争损伤
Y36.800　发生在敌对行动停止后的作战行动
Y36.900　作战行动
Y36.900x001　在战争中损伤
Y40.000　青霉素类的有害效应
Y40.100　头孢菌素和其他β内酰胺类抗生素的有害效应
Y40.100x001　先锋霉素族［头孢菌素族］药物反应
Y40.200　氯霉素族的有害效应
Y40.300　大环内酯类的有害效应
Y40.300x001　红霉素药物反应
Y40.300x002　麦迪霉素药物反应
Y40.300x004　螺旋霉素药物反应
Y40.400　四环素类的有害效应
Y40.400x002　四环素族药物反应
Y40.500　氨基糖苷类的有害效应
Y40.500x001　链霉素药物反应
Y40.500x002　卡那霉素药物反应
Y40.500x003　庆大霉素药物反应
Y40.600　利福霉素类的有害效应
Y40.700　全身性应用的抗真菌性抗生素的有害效应
Y40.700x001　制菌霉素药物反应
Y40.800　全身性抗生素的有害效应，其他的
Y40.800x002　洁霉素药物反应
Y40.800x003　合霉素药物反应
Y40.800x004　氟哌酸药物反应
Y40.900　全身性抗生素的有害效应
Y41.000　磺胺类的有害效应
Y41.000x002　氯苯砜药物反应
Y41.100　抗分枝杆菌药的有害效应
Y41.100x001　吡嗪酰胺药物反应
Y41.100x002　雷米封药物反应
Y41.200　抗疟疾和对其他血液原虫有作用的药的有害效应
Y41.200x001　氯喹药物反应
Y41.300　抗原虫药的有害效应，其他的
Y41.400　驱蠕虫药的有害效应
Y41.400x001　吡喹酮药物反应
Y41.500　抗病毒药的有害效应
Y41.800　全身性抗感染药和抗寄生虫药的有害效应，其他特指的
Y41.800x001　痢特灵药物反应
Y41.800x002　呋喃坦啶药物反应
Y41.800x003　灭滴灵药物反应
Y41.800x004　吡哌酸药物反应
Y41.800x005　羟基喹啉衍生物药物反应
Y41.900　全身性抗感染药和抗寄生虫药的有害效应
Y42.000　糖（肾上腺）皮质激素类及其合成的类似物的有害效应
Y42.000x001　可的松药物反应
Y42.000x002　强的松药物反应
Y42.100　甲状腺激素类及其代用品的有害效应
Y42.100x001　他巴唑药物反应
Y42.200　抗甲状腺药的有害效应
Y42.300　胰岛素和口服降血糖（抗糖尿病）药的有害效应
Y42.300x001　胰岛素药物反应
Y42.300x002　降糖灵药物反应
Y42.400　口服避孕药的有害效应
Y42.400x001　棉酚药物反应
Y42.500　雌激素和孕激素类的有害效应，其他的
Y42.600　抗促性腺激素药、抗雌激素药和抗雄激素药的有害效应，不可归类在他处者
Y42.700　雄激素类及其促组成代谢的同类药的有害效应
Y42.800　激素类及其合成代用品的有害效应，其他的
Y42.900　激素类拮抗剂的有害效应，其他的
Y42.900x001　激素药物反应
Y43.000　抗过敏药和止吐药的有害效应
Y43.000x001　灭吐灵（胃复安）药物反应
Y43.000x002　扑尔敏药物反应
Y43.100　抗肿瘤性抗代谢物药的有害效应

Y43.200　抗肿瘤性天然产物的有害效应
Y43.300　抗肿瘤性药的有害效应，其他
Y43.300x002　化疗药物反应
Y43.300x003　门冬酰安药物反应
Y43.300x004　正定霉素药物反应
Y43.400　免疫抑制剂的有害效应
Y43.400x001　雷公滕药物反应
Y43.400x002　依木兰药物反应
Y43.500　酸化和碱化剂的有害效应
Y43.600　酶类的有害效应，不可归类在他处者
Y43.800　主要为全身性制剂的有害效应，其他的，不可归类在他处者
Y43.900　主要为全身性制剂的有害效应
Y44.000　铁制剂和其他抗血红蛋白过少性贫血制剂的有害效应
Y44.100　维生素B12、叶酸和其他抗巨幼细胞性贫血制剂的有害效应
Y44.100x001　维生素B12药物反应
Y44.200　抗凝剂的有害效应
Y44.300　抗凝拮抗剂、维生素K和其他凝血药的有害效应
Y44.300x001　维生素K［维生素K1］药物反应
Y44.400　抗血栓形成药［血小板聚集抑制剂］的有害效应
Y44.500　血栓溶解药的有害效应
Y44.600　天然血液和血液制品的有害效应
Y44.700　血浆代用品的有害效应
Y44.700x001　右旋糖酐药物反应
Y44.900　影响血液组成成分的其他和未特指制剂的有害效应
Y45.000　类阿片和相关镇痛药的有害效应
Y45.000x001　阿片制剂药物反应
Y45.100　水杨酸盐类的有害效应
Y45.100x001　阿斯匹林药物反应
Y45.200　丙酸衍生物的有害效应
Y45.300　非类固醇性消炎药［NSAID］的有害效应，其他的
Y45.300x001　保泰松药物反应
Y45.300x002　消炎痛药物反应
Y45.400　抗风湿药的有害效应
Y45.400x001　抗风湿剂类［消炎剂类］药物反应
Y45.500　4-氨基苯酚衍生物的有害效应
Y45.500x001　扑热息痛药物反应
Y45.800　镇痛药和解热药的有害效应，其他的
Y45.800x001　感冒药物反应
Y45.800x003　去痛药药物反应
Y45.800x004　痛可宁药物反应
Y45.800x005　吡唑衍生物类
Y45.900　镇痛药、解热药和消炎药的有害效应
Y45.900x001　解热镇痛剂药物反应
Y46.000　琥珀酰亚胺的有害效应
Y46.100　恶唑烷二酮的有害效应
Y46.200　乙内酰脲衍生物的有害效应
Y46.200x001　苯妥英纳药物反应
Y46.300　去氧巴比妥盐类的有害效应
Y46.400　亚氨基二苯乙烯类的有害效应
Y46.400x001　卡马西平药物反应
Y46.500　丙戊酸的有害效应
Y46.600　镇癫痫药的有害效应，其他和未特指的
Y46.600x001　恶唑烷衍生物类
Y46.700　抗帕金森病药的有害效应
Y46.800　镇痉药的有害效应
Y47.000　巴比妥盐类的有害效应，不可归类在他处者
Y47.000x002　鲁米那药物反应
Y47.100　苯二氮类的有害效应
Y47.100x001　苯并二氮䓬基类安定药药物反应
Y47.200　氯醛衍生物的有害效应
Y47.200x001　水化氯醛类药物反应
Y47.300　三聚乙醛的有害效应
Y47.400　溴化合物的有害效应
Y47.500　混合的镇静剂和催眠药的有害效应，不可归类在他处者
Y47.800　镇静剂、催眠药和抗焦虑药的有害效应，其他的
Y47.800x002　安眠酮化合物药物反应
Y47.800x003　苯乙哌啶酮类［导眠能族］药物反应
Y47.900　镇静剂、催眠药和抗焦虑药的有害效应
Y48.000　吸入性麻醉药的有害效应
Y48.000x001　氟烷［哈乐森，三氟溴氯乙烷］反应
Y48.100　胃肠外麻醉药的有害效应
Y48.100x001　静脉内麻醉剂类药物反应
Y48.200　全身麻醉药的有害效应，其他的
Y48.300　局部麻醉药的有害效应
Y48.300x001　普鲁卡因药物反应
Y48.300x002　周围神经和神经丛阻滞麻醉类药物反应
Y48.300x003　地卡因药物反应

Y48.300x004　表面和浸润麻醉剂类药物反应
Y48.400　麻醉药的有害效应
Y48.500　治疗性气体的有害效应
Y49.000　三环和四环抗抑郁药的有害效应
Y49.100　单胺-氧化酶-抑制剂抗抑郁药的有害效应
Y49.200　抗抑郁药的有害效应，其他的
Y49.300　吩噻嗪抗精神病药和精神安定剂的有害效应
Y49.300x001　氯丙嗪药物反应
Y49.300x002　非那根药物反应
Y49.400　丁酰苯和硫蒽精神安定剂的有害效应
Y49.500　抗精神病药和精神安定剂的有害效应，其他的
Y49.500x001　抗精神病药物反应
Y49.600　致幻药［致幻剂］的有害效应
Y49.700　伴有滥用可能性的精神兴奋剂的有害效应
Y49.800　对精神有影响的药物的有害效应，其他的不可归类在他处者
Y49.900　对精神有影响的药物的有害效应
Y50.000　复苏药的有害效应
Y50.100　类阿片受体拮抗剂的有害效应
Y50.200　甲基黄嘌呤类的有害效应，不可归类在他处者
Y50.800　中枢神经系统兴奋剂的有害效应，其他的
Y50.900　中枢神经系统兴奋剂的有害效应
Y51.000　抗胆碱酯酶剂的有害效应
Y51.100　拟副交感神经药［胆碱能药］的有害效应，其他的
Y51.200　神经节阻滞药的有害效应，不可归类在他处者
Y51.300　副交感神经抑制剂［抗胆碱能药和抗毒蕈碱药］和解痉药的有害效应，其他的，不可归类在他处者
Y51.300x001　颠茄药物反应
Y51.300x003　阿托品药物反应
Y51.400　主要为α肾上腺素能受体显效药的有害效应，不可归类在他处者
Y51.500　主要为β肾上腺素能受体显效药的有害效应，不可归类在他处者
Y51.500x001　肾上腺素药物反应
Y51.600　α肾上腺素能受体拮抗剂的有害效应，不可归类在他处者
Y51.700　β肾上腺素能受体拮抗剂的有害效应，不可归类在他处者
Y51.700x001　噻吗心安药物反应
Y51.800　中枢作用和肾上腺素能-神经元-阻滞剂的有害效应，不可归类在他处者
Y51.900　主要影响自主神经系统的其他和未特指药物的有害效应
Y51.900x001　麻黄素药物反应
Y51.900x002　多巴胺药物反应
Y52.000　心脏兴奋苷和相似作用药的有害效应
Y52.000x001　地高辛药物反应
Y52.000x002　洋地黄药物反应
Y52.100　钙通道阻滞剂的有害效应
Y52.100x001　心痛定药物反应
Y52.200　抗心律障碍药的有害效应，其他的，不可归类在他处者
Y52.200x001　心律调节剂药物反应
Y52.200x002　奎尼丁药物反应
Y52.200x003　乙胺碘呋酮药物反应
Y52.300　冠状血管扩张剂的有害效应，不可归类在他处者
Y52.300x001　潘生丁药物反应
Y52.300x002　硝酸异山梨醇酯药物反应
Y52.300x003　硝酸甘油药物反应
Y52.400　血管紧张素转换酶抑制剂的有害效应
Y52.400x001　巯甲丙脯酸药物反应
Y52.500　抗高血压药的有害效应，其他的，不可归类在他处者
Y52.500x001　利血平药物反应
Y52.500x002　复方降压片药物反应
Y52.600　抗高脂血症和抗动脉硬化药的有害效应
Y52.700　周围血管扩张剂的有害效应
Y52.800　抗静脉曲张药（包括硬化剂）的有害效应
Y52.900　主要影响心血管系统的其他和未特指制剂的有害效应
Y53.000　组胺H2受体拮抗剂的有害效应
Y53.000x001　甲腈咪胍药物反应
Y53.000x002　雷尼替丁药物反应
Y53.100　抗酸药和抗胃分泌药的有害效应，其他的
Y53.200　刺激性轻泻剂的有害效应
Y53.300　盐水和渗透性轻泻剂的有害效应
Y53.400　轻泻剂的有害效应，其他的
Y53.500　助消化药的有害效应

Y53.600　止泻药的有害效应
Y53.700　催吐药的有害效应
Y53.800　主要影响胃肠系统制剂的有害效应，其他的
Y53.900　主要影响胃肠系统制剂的有害效应
Y54.000　盐（肾上腺）皮质激素类的有害效应
Y54.100　盐（肾上腺）皮质激素类拮抗剂［醛固酮拮抗剂］的有害效应
Y54.200　碳酸脱水酶抑制剂的有害效应
Y54.300　苯并噻二嗪衍生物的有害效应
Y54.300x001　双氢克尿噻药物反应
Y54.400　袢［强效］利尿剂的有害效应
Y54.500　利尿剂的有害效应，其他的
Y54.500x001　汞利尿药类反应
Y54.500x002　排盐利尿剂类反应
Y54.500x003　嘌呤衍生物利尿剂类反应
Y54.600　电解质、热量和水平衡剂的有害效应
Y54.700　影响钙化的制剂的有害效应
Y54.800　影响尿酸代谢的制剂的有害效应
Y54.800x001　别嘌呤醇药物反应
Y54.800x002　尿酸代谢药类反应
Y54.900　矿物质盐类的有害效应，不可归类在他处者
Y54.900x001　氯化钾药物反应
Y55.000　催产药的有害效应
Y55.000x002　麦角生物碱药物反应
Y55.100　骨骼肌松弛剂［神经肌肉阻滞剂］的有害效应
Y55.200　主要作用于肌肉的其他制剂的有害效应
Y55.200x001　平滑肌松驰剂类药物反应
Y55.300　镇咳剂的有害效应
Y55.400　祛痰剂的有害效应
Y55.500　抗感冒药的有害效应
Y55.500x001　复方阿斯匹林药物反应
Y55.600　抗哮喘药的有害效应，不可归类在他处者
Y55.600x002　氨茶碱类药物反应
Y55.600x003　舒喘宁类药物反应
Y55.600x004　可可（豆）碱类药物反应
Y55.600x005　茶碱类药物反应
Y55.700　主要作用于呼吸系统的其他制剂的有害效应
Y56.000　局部抗真菌、抗感染和消炎药的有害效应，不可归类在他处者
Y56.000x001　碘药物反应
Y56.000x002　碘药物外用反应
Y56.000x003　克霉唑药物反应
Y56.100　止痒药的有害效应
Y56.200　局部收敛药和局部去污剂的有害效应
Y56.300　润滑药、缓和剂和保护药的有害效应
Y56.400　角质层分离药、角质层增生药和其他毛发治疗的药物和制剂的有害效应
Y56.400x001　牛皮癣素软膏药物反应
Y56.500　眼科用药和制剂的有害效应
Y56.500x001　眼用抗感染药和其他眼药物反应
Y56.600　耳鼻喉科药物和制剂的有害效应
Y56.600x001　耳，鼻和咽喉用的抗感染药类和其他药
Y56.700　局部应用的牙科药物的有害效应
Y56.700x001　牙科表面用药类反应
Y56.800　局部制剂的有害效应，其他的
Y56.800x001　樟脑酊药物反应
Y56.800x002　化妆品类过敏
Y56.800x003　染发液过敏
Y56.800x004　杀精子药药物反应
Y56.900　局部制剂的有害效应
Y57.000　食欲抑制剂的有害效应
Y57.100　抗脂肪肝药的有害效应
Y57.200　解毒剂和螯合剂的有害效应，不可归类在他处者
Y57.200x001　青霉胺药物反应
Y57.300　解酒药的有害效应
Y57.400　药用赋形剂的有害效应
Y57.500　X线造影剂［对比剂］的有害效应
Y57.500x001　造影剂药物反应
Y57.500x002　CT造影剂药物反应
Y57.500x003　胆影葡安药物反应
Y57.500x004　碘油造影剂药物反应
Y57.600　诊断性制剂的有害效应，其他的
Y57.700　维生素类的有害效应，不可归类在他处者
Y57.700x001　维生素类药物反应
Y57.800　药物和药剂的有害效应，其他的
Y57.800x001　多种药物反应
Y57.800x002　金莲花药物反应
Y57.800x003　益母草药物反应
Y57.800x004　营养药类反应
Y57.900　药物或药剂的有害效应
Y57.900x001　药物反应
Y58.000　卡介苗［BCG疫苗］的有害效应

Y58.100　伤寒和副伤寒疫苗的有害效应
Y58.200　霍乱疫苗的有害效应
Y58.300　鼠疫疫苗的有害效应
Y58.400　破伤风疫苗的有害效应
Y58.500　白喉疫苗的有害效应
Y58.600　百日咳疫苗的有害效应（包括含有百日咳成分的联合疫苗）
Y58.800　联合细菌疫苗类（除外含有百日咳成分）的有害效应
Y58.900　细菌疫苗类的有害效应，其他和未特指的
Y59.000　病毒疫苗类的有害效应
Y59.000x001　天花疫苗反应
Y59.000x003　脊髓灰质炎疫苗反应
Y59.000x004　麻疹疫苗反应
Y59.100　立克次体疫苗类的有害效应
Y59.101　斑疹伤寒疫苗反应
Y59.200　原虫疫苗类的有害效应
Y59.300　免疫球蛋白的有害效应
Y59.300x001　抗破伤风类药物反应
Y59.300x002　免疫球蛋白反应
Y59.300x003　人免疫球蛋白狂犬病药物反应
Y59.800　疫苗类和生物制品的有害效应，其他特指的
Y59.800x001　黄热病疫苗反应
Y59.900　疫苗类或生物制品的有害效应
Y60.000x001　在手术中的意外损伤
Y60.000x002　在手术和医疗中的意外切割
Y60.000x003　在手术和医疗中的意外针刺
Y60.000x004　在手术和医疗中的意外穿孔
Y60.000x005　在手术和医疗中的意外出血
Y60.100　在输液或输血中非故意的切割、针刺、穿孔或出血
Y60.100x001　在输液或输血中意外损伤
Y60.200　在肾透析或其他灌注中非故意的切割、针刺、穿孔或出血
Y60.200x001　在肾透析或其他灌注中意外损伤
Y60.300　在注射或人工免疫中非故意的切割、针刺、穿孔或出血
Y60.300x001　在注射或人工免疫中意外损伤
Y60.400　在内镜检查中非故意的切割、针刺、穿孔或出血
Y60.400x001　在内窥镜检查中意外损伤
Y60.500　在心导管插入术中非故意的切割、针刺、穿孔或出血
Y60.500x001　在心导管插入术中意外损伤
Y60.600　在抽吸、穿刺和其他导管插入手术中非故意的切割、针刺、穿孔或出血
Y60.600x001　医疗插管中意外损伤
Y60.700　在施行灌肠中非故意的切割、针刺、穿孔或出血
Y60.700x001　进行灌肠中意外损伤
Y60.800　在其他手术和医疗中非故意的切割、针刺、穿孔或出血
Y60.900　在手术和医疗中非故意的切割、针刺、穿孔或出血
Y60.900x001　在手术和医疗中的意外损伤
Y61.000　在手术中异物意外地遗留在体内
Y61.100　在输液或输血中异物意外地遗留在体内
Y61.200　在肾透析或其他灌注中异物意外地遗留在体内
Y61.300　在注射或人工免疫中异物意外地遗留在体内
Y61.400　在内镜检查中异物意外地遗留在体内
Y61.500　在心导管插入术中异物意外地遗留在体内
Y61.600　在抽吸、穿刺和其他导管插入手术中异物意外地遗留在体内
Y61.700　在取除导管或填塞物中异物意外地遗留在体内
Y61.800　在其他手术和医疗中异物意外地遗留在体内
Y61.900　在手术和医疗中异物意外地遗留在体内
Y62.000　在手术中无菌预防措施的失败
Y62.100　在输液或输血中无菌预防措施的失败
Y62.200　在肾透析或其他灌注中无菌预防措施的失败
Y62.300　在注射或人工免疫中无菌预防措施的失败
Y62.400　在内镜检查中无菌预防措施的失败
Y62.500　在心导管插入术中无菌预防措施的失败
Y62.600　在抽吸、穿刺和其他导管插入手术中无菌预防措施的失败
Y62.800　在其他手术和医疗中无菌预防措施的失败
Y62.900　在手术和医疗中无菌预防措施的失败
Y63.000　在输血或输液中给予过量的血或其他液体
Y63.000x001　输血或输液时液体过量
Y63.100　在输液中使用稀释不正确的液体

Y63.200　在治疗中给予过量的辐射
Y63.300　在医疗中非故意使病人暴露于辐射下
Y63.400　在电休克或胰岛素休克治疗中使用剂量不当
Y63.500　局部敷料和填塞物的温度不当
Y63.600　未给予必要的药物、药剂或生物制品
Y63.600x001　未用必要的药物或药剂
Y63.800　在其他手术和医疗中使用剂量不当
Y63.900　在手术和医疗中使用剂量不当
Y64.000　用于输血或输液的医疗或生物材料被污染
Y64.000x001　输液器械的污染
Y64.100　用于注射或免疫接种的医疗或生物材料被污染
Y64.100x001　注射的或用作疫苗接种的污染物质
Y64.800　任何其他形式的医疗或生物材料被污染
Y64.900　医疗或生物材料被污染
Y65.000　在输血中使用配错的血
Y65.100　在输液中使用错误的液体
Y65.200　在手术中缝合或结扎不当
Y65.300　在麻醉操作中气管内插管错误放置
Y65.400　插入或取除其他导管或器械不当
Y65.500　不恰当手术的实行
Y65.800　在手术和医疗中其他特指的意外事故
Y66.x00　未给予手术和医疗
Y66.x00x001　手术和医疗的过早停止
Y69.x00　在手术和医疗中的意外事故
Y69.x00x001　医疗中意外事故
Y69.x00x002　医疗中意外损伤
Y70.000　与有害事件有关的麻醉诊断和监测装置
Y70.100　与有害事件有关的麻醉治疗和康复装置（非手术的）
Y70.200　与有害事件有关的麻醉假体和其他植入物、材料和附件装置
Y70.300　与有害事件有关的麻醉手术器械、材料和装置（包括缝线）
Y70.800　与有害事件有关的麻醉多用途装置，不可归类在他处者
Y71.000　与有害事件有关的心血管诊断和监测装置
Y71.100　与有害事件有关的心血管治疗和康复装置（非手术的）
Y71.200　与有害事件有关的心血管假体和其他植入物、材料和附件装置
Y71.300　与有害事件有关的心血管手术器械、材料和装置（包括缝线）
Y71.800　与有害事件有关的心血管多用途装置，不可归类在他处者
Y72.000　与有害事件有关的耳鼻喉科诊断和监测装置
Y72.100　与有害事件有关的耳鼻喉科治疗和康复装置（非手术的）
Y72.200　与有害事件有关的耳鼻喉科假体和其他植入物、材料和附件装置
Y72.300　与有害事件有关的耳鼻喉科手术器械、材料和装置（包括缝线）
Y72.800　与有害事件有关的耳鼻喉科多用途装置，不可归类在他处者
Y73.000　与有害事件有关的胃肠病学和泌尿科诊断和监测装置
Y73.100　与有害事件有关的胃肠病学和泌尿科治疗和康复装置（非手术的）
Y73.200　与有害事件有关的胃肠病学和泌尿科假体和其他植入物、材料和附件装置
Y73.300　与有害事件有关的胃肠病学和泌尿科手术器械、材料和装置（包括缝线）
Y73.800　与有害事件有关的胃肠病学和泌尿科多用途装置，不可归类在他处者
Y74.000　与有害事件有关的综合医院用和个人使的诊断和监测装置
Y74.100　与有害事件有关的综合医院用和个人使的治疗和康复装置（非手术的）
Y74.200　与有害事件有关的综合医院用和个人使的假体和其他植入物、材料和附件装置
Y74.300　与有害事件有关的综合医院用和个人使的手术器械、材料和装置（包括缝线）
Y74.800　与有害事件有关的综合医院用和个人使的多用途装置，不可归类在他处者
Y75.000　与有害事件有关的神经科诊断和监测装置
Y75.100　与有害事件有关的神经科治疗和康复装置（非手术的）
Y75.200　与有害事件有关的神经科假体和其他植入物、材料和附件装置
Y75.300　与有害事件有关的神经科手术器械、材料和装置（包括缝线）
Y75.800　与有害事件有关的神经科多用途装置，不可归类在他处者
Y76.000　与有害事件有关的妇产科诊断和监测装置

Y76.100　与有害事件有关的妇产科治疗和康复装置（非手术的）
Y76.200　与有害事件有关的妇产科假体和其他植入物、材料和附件装置
Y76.200x001　避孕环残留
Y76.200x002　避孕环嵌顿
Y76.200x003　避孕环移位
Y76.300　与有害事件有关的妇产科手术器械、材料和装置（包括缝线）
Y76.800　与有害事件有关的妇产科多用途装置，不可归类在他处者
Y77.000　与有害事件有关的眼科诊断和监测装置
Y77.100　与有害事件有关的眼科治疗和康复装置（非手术的）
Y77.200　与有害事件有关的眼科假体和其他植入物、材料和附件装置
Y77.300　与有害事件有关的眼科手术器械、材料和装置（包括缝线）
Y77.800　与有害事件有关的眼科多用途装置，不可归类在他处者
Y78.000　与有害事件有关的放射学诊断和监测装置
Y78.100　与有害事件有关的放射学治疗和康复装置（非手术的）
Y78.200　与有害事件有关的放射学假体和其他植入物、材料和附件装置
Y78.300　与有害事件有关的放射学手术器械、材料和装置（包括缝线）
Y78.800　与有害事件有关的放射学多用途装置，不可归类在他处者
Y79.000　与有害事件有关的矫形外科诊断和监测装置
Y79.100　与有害事件有关的矫形外科治疗和康复装置（非手术的）
Y79.200　与有害事件有关的矫形外科假体和其他植入物、材料和附件装置
Y79.300　与有害事件有关的矫形外科手术器械、材料和装置（包括缝线）
Y79.800　与有害事件有关的矫形外科多用途装置，不可归类在他处者
Y80.000　与有害事件有关的理疗诊断和监测装置
Y80.100　与有害事件有关的理疗治疗和康复装置（非手术的）
Y80.200　与有害事件有关的理疗假体和其他植入物、材料和附件装置
Y80.300　与有害事件有关的理疗手术器械、材料和装置（包括缝线）
Y80.800　与有害事件有关的理疗多用途装置，不可归类在他处者
Y81.000　与有害事件有关的普通外科和整形外科诊断和监测装置
Y81.100　与有害事件有关的普通外科和整形外科治疗和康复装置（非手术的）
Y81.200　与有害事件有关的普通外科和整形外科假体和其他植入物、材料和附件装置
Y81.300　与有害事件有关的普通外科和整形外科手术器械、材料和装置（包括缝线）
Y81.800　与有害事件有关的普通外科和整形外科多用途装置，不可归类在他处者
Y82.000　与有害事件有关的其他的医疗诊断和监测装置
Y82.100　与有害事件有关的其他的医疗治疗和康复装置（非手术的）
Y82.200　与有害事件有关的其他的医疗假体和其他植入物、材料和附件装置
Y82.300　与有害事件有关的其他的医疗手术器械、材料和装置（包括缝线）
Y82.800　与有害事件有关的其他的医疗多用途装置，不可归类在他处者
Y83.000　全器官移植手术作为病人异常反应或以后并发症的原因，而在操作当时并未提及意外事故
Y83.000x001　器官移植手术后异常反应
Y83.100　人工内部装置植入手术作为病人异常反应或以后并发症的原因，而在操作当时并未提及意外事故
Y83.100x001　人工内部装置植入手术后异常反应
Y83.200　吻合、分流或移植手术作为病人异常反应或以后并发症的原因，而在操作当时并未提及意外事故
Y83.200x001　吻合，搭桥或移植外科手术后异常反应
Y83.300　外造口形成手术作为病人异常反应或以后并发症的原因，而在操作当时并未提及意外事故
Y83.300x001　外造口形成的外科手术后异常反应
Y83.400　重建手术作为病人异常反应或以后并发症的原因，而在操作当时并未提及意外事故，其他的
Y83.400x001　脊柱侧弯术后脱钩
Y83.500　肢体截肢术作为病人异常反应或以后并发症的原因，而在操作当时并未提及意外事故

Y83.500x001　肢体截肢术后异常反应
Y83.600　器官的取除（部分）（全部）作为病人异常反应或以后并发症的原因，而在操作当时并未提及意外事故，其他的
Y83.800　外科操作作为病人异常反应或以后并发症的原因，而在操作当时并未提及意外事故，其他特指的
Y83.900　外科操作作为病人异常反应或以后并发症的原因，而在操作当时并未提及意外事故
Y83.900x001　产科病人术后并发症
Y83.900x002　术后晚期并发症
Y83.900x003　胃肠道术后并发症
Y84.000　心导管插入术作为病人异常反应或以后并发症的原因，而在操作当时并未提及意外事故
Y84.000x001　心导管插入术异常反应
Y84.100　肾透析作为病人异常反应或以后并发症的原因，而在操作当时并未提及意外事故
Y84.100x001　肾透析后异常反应
Y84.200　放射学操作和放射治疗作为病人异常反应或以后并发症的原因，而在操作当时并未提及意外事故
Y84.200x001　放射学操作和放射治疗后异常反应
Y84.300　休克治疗作为病人异常反应或以后并发症的原因，而在操作当时并未提及意外事故
Y84.300x001　休克治疗后异常反应
Y84.400　液体抽吸术作为病人异常反应或以后并发症的原因，而在操作当时并未提及意外事故
Y84.400x001　液体抽吸术后异常反应
Y84.500　胃或十二指肠探子的插入作为病人异常反应或以后并发症的原因，而在操作当时并未提及意外事故
Y84.500x001　胃或十二指肠探子的插入后异常反应
Y84.600　泌尿道导管插入术作为病人异常反应或以后并发症的原因，而在操作当时并未提及意外事故
Y84.600x001　泌尿道导管插入术后异常反应
Y84.700　血液取样作为病人异常反应或以后并发症的原因，而在操作当时并未提及意外事故
Y84.700x001　血液取样后异常反应
Y84.800　医疗操作作为病人异常反应或以后并发症的原因，而在操作当时并未提及意外事故，其他的
Y84.800x001　注射后的不正常反应
Y84.900　医疗操作作为病人异常反应或以后并发症的原因，而在操作当时并未提及意外事故
Y84.900x001　医疗并发症
Y85.000　机动车事故的后遗症
Y85.900　运输事故的后遗症，其他和未特指的
Y86.x00　事故的后遗症，其他的
Y86.x00x001　意外中毒的晚期效应
Y86.x00x002　意外坠落的晚期效应
Y86.x00x003　失火事故的晚期效应
Y86.x00x004　由自然和环境因素引起的事故的晚期效应
Y87.000　故意自害的后遗症
Y87.100　加害的后遗症
Y87.200　意图不确定事件的后遗症
Y88.000　在治疗中使用药物、药剂和生物制品引起有害效应的后遗症
Y88.100　在手术和医疗操作中对病人的意外事故的后遗症
Y88.200　与在诊断和治疗中使用医疗装置有关的有害事件的后遗症
Y88.300　手术和医疗操作的后遗症作为病人异常反应或以后并发症的原因，而在操作当时并未提及意外事故
Y88.300x001　手术和医疗操作的后遗症
Y89.000　依法处置的后遗症
Y89.100　作战行动的后遗症
Y89.900　外因的后遗症
Y90.000　血中酒精水平低于20mg/100ml
Y90.100　血中酒精水平在20~39mg/100ml
Y90.200　血中酒精水平在40~59mg/100ml
Y90.300　血中酒精水平在60~79mg/100ml
Y90.400　血中酒精水平在80~99mg/100ml
Y90.500　血中酒精水平在100~119mg/100ml
Y90.600　血中酒精水平在120~199mg/100ml
Y90.700　血中酒精水平在200~239mg/100ml
Y90.800　血中酒精水平在240mg/100ml或以上
Y90.900　血中存在酒精
Y91.000　轻度酒精中毒
Y91.100　中度酒精中毒
Y91.200　严重酒精中毒
Y91.300　极严重的酒精中毒
Y91.900　酒精影响
Y95.x00　医源性情况
Y96.x00　与工作有关的情况
Y97.x00　与环境污染有关的情况
Y98.x00　与生活方式有关的情况

Z33.x00x001　妊娠状态
Z33.x01　人工授精妊娠状态
Z33.x02　试管婴儿妊娠状态
Z33.x03　输卵管绝育术后妊娠状态
Z53.000x001　因禁忌症未进行操作
Z53.100x001　因信仰或群体压力使病人决定不进行操作
Z53.200x001　因病人原因未进行操作
Z53.800x001　因病人家属原因未进行操作
Z53.800x002　因医生原因而未进行操作
Z53.800x003　因医疗条件未进行操作
Z53.900x001　未按计划诊疗
Z53.900x002　维持性救治
Z80.000　消化器官恶性肿瘤家族史
Z80.001　胃肠道恶性肿瘤家族史
Z80.002　大肠恶性肿瘤家族史
Z80.100　气管、支气管和肺恶性肿瘤家族史
Z80.200　呼吸和胸腔内器官恶性肿瘤家族史，其他的
Z80.300　乳房恶性肿瘤家族史
Z80.400　生殖器官恶性肿瘤家族史
Z80.401　卵巢恶性肿瘤家族史
Z80.500　泌尿道恶性肿瘤家族史
Z80.600　白血病家族史
Z80.700　淋巴、造血和有关组织恶性肿瘤家族史
Z80.801　涎腺恶性肿瘤家族史
Z80.900　恶性肿瘤家族史
Z81.000x001　精神发育迟滞家族史
Z81.100　酒精滥用家族史
Z81.200　烟草滥用家族史
Z81.300　精神活性物质滥用家族史，其他的
Z81.400　家族史，其他物质滥用的
Z81.800　精神和行为障碍家族史，其他的
Z82.000　癫痫和神经系统其他疾病家族史
Z82.000x001　癫痫病家族史
Z82.100　盲和视力丧失家族史
Z82.200　聋和听力丧失家族史
Z82.300x001　中风家族史
Z82.400　缺血性心脏病和其他循环系统疾病家族史
Z82.500　哮喘和其他慢性下呼吸道疾病家族史
Z82.600　关节炎和肌肉骨骼系统和结缔组织其他疾病家族史
Z82.700　先天性畸形、变形和染色体异常家族史
Z82.701　唐氏综合征家族史
Z82.800　导致劳动能力丧失的某些伤残和慢性疾病家族史，不可归类在他处者
Z83.000　人类免疫缺陷病毒［HIV］病家族史
Z83.100　传染病和寄生虫病家族史，其他的
Z83.200　血液及造血器官疾病和某些涉及免疫机制的疾患家族史
Z83.201　血友病家族史
Z83.300　糖尿病家族史
Z83.400　内分泌、营养和代谢疾病家族史，其他的
Z83.500　眼和耳疾患家族史
Z83.600　呼吸系统疾病家族史
Z83.700　消化系统疾病家族史
Z84.000　皮肤和皮下组织疾病家族史
Z84.100　肾和输尿管疾患家族史
Z84.200　泌尿生殖系统其他疾病家族史
Z84.201　生殖系统疾病家族史
Z84.300　同血缘家族史
Z84.800　家族史，其他特指情况
Z85.000x001　胆囊恶性肿瘤史
Z85.000x008　胆道恶性肿瘤史
Z85.001　食管恶性肿瘤个人史
Z85.002　胃恶性肿瘤个人史
Z85.003　小肠恶性肿瘤个人史
Z85.004　盲肠恶性肿瘤个人史
Z85.005　阑尾恶性肿瘤个人史
Z85.006　结肠恶性肿瘤个人史
Z85.007　直肠恶性肿瘤个人史
Z85.008　肝恶性肿瘤个人史
Z85.009　胰腺恶性肿瘤个人史
Z85.100　气管、支气管和肺恶性肿瘤个人史
Z85.101　肺恶性肿瘤个人史
Z85.201　呼吸系统恶性肿瘤个人史
Z85.203　鼻窦恶性肿瘤个人史
Z85.204　喉恶性肿瘤个人史
Z85.205　胸腺恶性肿瘤个人史
Z85.300x001　乳腺恶性肿瘤史
Z85.400x003　子宫恶性肿瘤史
Z85.400x008　附睾恶性肿瘤史
Z85.401　外阴恶性肿瘤个人史
Z85.402　子宫内膜恶性肿瘤个人史
Z85.403　宫颈恶性肿瘤个人史
Z85.404　卵巢恶性肿瘤个人史
Z85.406　绒毛膜癌个人史
Z85.407　前列腺恶性肿瘤个人史

Z85.408 阴茎恶性肿瘤个人史
Z85.409 睾丸恶性肿瘤个人史
Z85.500 泌尿道恶性肿瘤个人史
Z85.500x002 肾盂恶性肿瘤史
Z85.501 肾恶性肿瘤个人史
Z85.502 输尿管恶性肿瘤个人史
Z85.503 膀胱恶性肿瘤个人史
Z85.600x001 白血病史
Z85.700x001 多发性骨髓瘤史
Z85.701 恶性淋巴瘤个人史
Z85.800x002 口底恶性肿瘤史
Z85.800x003 口咽恶性肿瘤史
Z85.800x005 下咽部恶性肿瘤史
Z85.800x006 脊髓恶性肿瘤史
Z85.800x011 恶性黑色素瘤史
Z85.801 脑恶性肿瘤个人史
Z85.802 口腔恶性肿瘤个人史
Z85.803 舌恶性肿瘤个人史
Z85.804 甲状腺恶性肿瘤个人史
Z85.805 扁桃体恶性肿瘤个人史
Z85.806 腮腺恶性肿瘤个人史
Z85.807 胸内恶性肿瘤个人史
Z85.808 腹膜恶性肿瘤个人史
Z85.809 鼻咽恶性肿瘤个人史
Z85.810 皮肤恶性肿瘤个人史
Z85.900 恶性肿瘤个人史
Z86.001 宫颈原位肿瘤个人史
Z86.002 肾上腺良性肿瘤个人史
Z86.003 恶性葡萄胎个人史
Z86.100 传染病和寄生虫病个人史
Z86.100x021 脊髓灰质炎病史
Z86.100x031 疟疾病史
Z86.100x801 严重急性呼吸综合征个人史
Z86.101 伤寒个人史
Z86.102 血吸虫病个人史
Z86.103 梅毒个人史
Z86.104 结核个人史
Z86.200x001 血液和造血器官疾病史
Z86.200x002 免疫系统疾病史
Z86.300 内分泌、营养和代谢疾病个人史
Z86.300x001 甲状腺功能亢进史
Z86.301 营养缺乏个人史
Z86.400 精神活性物质滥用个人史
Z86.501 精神病个人史
Z86.600 神经系统和感觉器官疾病个人史
Z86.600x001 视力问题个人史
Z86.600x002 听觉问题个人史
Z86.600x003 嗅觉和味觉问题个人史
Z86.600x004 发声问题个人史
Z86.600x005 吞咽和咀嚼问题个人史
Z86.700 循环系统疾病个人史
Z86.701 病毒性心肌炎个人史
Z86.702 脑出血个人史
Z86.703 脑梗死个人史
Z87.000 呼吸系统疾病个人史
Z87.100 消化系统疾病个人史
Z87.100x011 消化性溃疡个人史
Z87.100x021 结肠息肉个人史
Z87.200 皮肤和皮下组织疾病个人史
Z87.300 肌肉骨骼系统和结缔组织疾病个人史
Z87.400 泌尿生殖系统疾病个人史
Z87.500x001 绒毛膜上皮性疾病个人史
Z87.500x003 剖宫产个人史
Z87.500x004 异位妊娠个人史
Z87.500x005 不良孕产个人史
Z87.600x001 围生期问题个人史
Z87.701 先天异常疾病个人史
Z87.800 个人史，其他特指情况的
Z88.000x001 青霉素过敏史
Z88.101 链霉素过敏个人史
Z88.102 氟哌酸过敏个人史
Z88.200x001 磺胺类药过敏史
Z88.300x001 抗感染剂过敏史
Z88.301 呋喃坦啶过敏个人史
Z88.302 痢特灵过敏个人史
Z88.400x001 麻醉剂过敏史
Z88.500x001 催眠剂过敏史
Z88.600x001 镇痛药过敏史
Z88.700x001 血清和疫苗过敏史
Z88.801 阿托品过敏个人史
Z88.802 氨茶碱过敏个人史
Z88.803 鼻炎宁冲剂过敏个人史
Z88.804 别嘌呤醇过敏个人史
Z88.805 低分子右旋糖酐过敏个人史
Z88.806 颠茄过敏个人史
Z88.807 碘剂过敏个人史
Z88.808 泛影葡胺过敏个人史
Z88.811 汞剂过敏个人史
Z88.812 甲氰咪胍过敏个人史
Z88.813 酒精过敏个人史

Z88.814 抗高血压药过敏个人史
Z88.815 抗甲状腺素药过敏个人史
Z88.817 麻黄素过敏个人史
Z88.818 灭吐灵过敏个人史
Z88.819 脑益嗪过敏个人史
Z88.820 扑尔敏过敏个人史
Z88.821 氢化可的松过敏个人史
Z88.822 肾上腺素过敏个人史
Z88.823 心律平过敏个人史
Z88.824 烟酸过敏个人史
Z88.825 优降糖过敏个人史
Z88.900x001 药物过敏史
Z89.000x001 后天性单侧手指缺失
Z89.000x002 后天性单侧指缺损
Z89.000x003 后天性单侧拇指缺损
Z89.100x001 后天性手和腕缺失
Z89.200 腕以上的上肢后天性缺失
Z89.200x002 后天性肱骨缺失
Z89.300 双上肢［任何水平］后天性缺失
Z89.300x002 后天性双侧指缺失
Z89.400x001 后天性足和踝缺失
Z89.401 后天性趾缺失
Z89.500x002 后天性小腿缺失
Z89.600x001 手术后股骨缺失
Z89.600x002 后天性膝以上大腿缺失
Z89.700x001 后天性双下肢缺失
Z89.800 上肢和下肢后天性缺失［任何水平］
Z89.800x001 后天性上肢和下肢缺失
Z89.900x001 后天性四肢缺失
Z90.000x001 后天性头部器官缺失
Z90.000x002 后天性头皮缺失
Z90.000x003 手术后颅骨缺失
Z90.000x004 手术后颌骨缺损
Z90.000x005 后天性上颌骨缺失
Z90.000x006 后天性无眼球
Z90.000x007 后天性上腭缺损
Z90.000x008 后天性下颌骨缺失
Z90.000x009 后天性喉缺失
Z90.000x010 后天性睫毛缺失
Z90.000x011 后天性睑缘缺失
Z90.000x012 后天性颊的缺损
Z90.000x013 后天性颧骨缺失
Z90.000x014 后天性眶壁缺失
Z90.000x015 后天性眼睑缺失
Z90.000x016 后天性颅骨缺损
Z90.000x017 后天性额部缺损
Z90.000x018 后天性颞部缺损
Z90.000x019 后天性面部缺损
Z90.000x021 后天性唇缺失
Z90.000x022 后天性耳缺损
Z90.000x023 后天性耳廓缺损
Z90.001 眼球摘除术后状态
Z90.002 后天性鼻缺失
Z90.100x001 后天性乳房缺失
Z90.200x001 后天性肺［部分］缺失
Z90.300x001 后天性胃部分缺失
Z90.400x001 后天性结肠［部分］缺失
Z90.400x002 后天性消化道部分缺失
Z90.400x003 后天性胆囊缺失
Z90.401 食管切除术后状态
Z90.402 食管部分切除术后状态
Z90.403 小肠部分切除术后状态
Z90.404 全结肠切除术后状态
Z90.405 结肠部分切除术后状态
Z90.406 直肠切除术后状态
Z90.407 胰腺切除术后状态
Z90.500x001 手术后肾缺失
Z90.600 泌尿道其他部分后天性缺失
Z90.600x002 后天性膀胱缺失
Z90.600x003 后天性输尿管缺失
Z90.700x002 后天性阴囊缺失
Z90.700x003 后天性龟头缺失
Z90.700x005 后天性阴茎缺失
Z90.700x006 后天性卵巢缺失
Z90.701 子宫切除术后状态
Z90.702 子宫部分切除术后状态
Z90.703 宫颈切除术后状态
Z90.704 单侧卵巢切除术后状态
Z90.705 双侧卵巢切除术后状态
Z90.706 单侧输卵管卵巢切除术后状态
Z90.707 双侧输卵管卵巢切除术后状态
Z90.708 前列腺切除术后状态
Z90.709 睾丸切除术后状态
Z90.800x002 后天性肋骨缺失
Z91.000 非药物和生物制品过敏个人史
Z91.100 不服从医疗和医疗制度个人史
Z91.200 个人卫生不良个人史
Z91.300 有害健康的作息安排个人史
Z91.400x001 心理创伤史
Z91.500x001 假自杀史

Z91.500x003　自杀企图史
Z91.501　服毒个人史
Z91.601　损伤个人史
Z91.700　女性生殖器官切割史
Z91.800x001　铅中毒史
Z91.800x002　吸烟史
Z92.000x001　避孕史
Z92.001　输卵管绝育史
Z92.100　长期（近期）使用抗凝血药个人史
Z92.200　长期（近期）使用其他药剂个人史
Z92.200x021　胰岛素使用史
Z92.201　使用阿司匹林个人史
Z92.300x001　放射治疗史
Z92.401　脑血管手术史
Z92.402　脑肿瘤切除史
Z92.500　康复措施个人史
Z92.600　肿瘤化疗个人史
Z92.800x001　电除颤史
Z92.800x002　电复律史
Z92.900　医疗个人史
Z93.100　胃造口状态
Z93.200　回肠造口状态
Z93.201　空肠造口状态
Z93.300　结肠造口状态
Z93.400　胃肠道的其他人工造口状态
Z93.500　膀胱造口状态
Z93.601　肾造口术状态
Z93.602　输尿管造术状态
Z93.603　尿道造口状态
Z93.800　人工造口状态，其他的
Z93.900　人工造口状态
Z94.001　自体肾移植状态
Z94.002　异体肾移植状态
Z94.100　心脏移植状态
Z94.200　肺移植状态
Z94.300x001　心肺移植状态
Z94.400　肝移植状态
Z94.500　皮肤移植状态
Z94.500x001　自体皮肤移植状态
Z94.500x003　皮管移植状态
Z94.500x004　皮瓣移植状态
Z94.500x005　原皮回植状态
Z94.500x006　皮瓣舒平状态
Z94.500x007　皮瓣延迟状态
Z94.600　骨移植状态
Z94.700　角膜移植状态
Z94.800x004　外周干细胞移植状态
Z94.800x006　外耳移植状态
Z94.800x007　毛发移植状态
Z94.800x010　脐血干细胞移植状态
Z94.800x011　自体造血干细胞移植状态
Z94.800x012　造血干细胞移植状态
Z94.801　肠移植状态
Z94.802　骨髓移植状态
Z94.803　胰腺移植状态
Z94.804　干细胞移植状态
Z94.900　器官和组织移植状态
Z95.001　具有心脏起搏器
Z95.002　具有心脏再同步治疗除颤器（CRT-D）
Z95.003　具有心脏再同步治疗起搏器
Z95.004　具有复律除颤器
Z95.101　冠状动脉搭桥术后状态
Z95.200x002　二尖瓣机械瓣置换状态
Z95.200x003　主动脉瓣机械瓣置换状态
Z95.200x004　三尖瓣机械瓣置换状态
Z95.300x002　二尖瓣生物瓣置换状态
Z95.300x003　主动脉瓣生物瓣置换状态
Z95.300x004　三尖瓣生物瓣置换状态
Z95.400　具有其他心脏瓣膜置换
Z95.500x002　冠状血管成形术后状态
Z95.501　冠状动脉支架植入后状态
Z95.800x001　血管置换术后状态
Z95.800x003　周围血管支架植入术后状态
Z95.800x004　血管支架植入术后状态
Z95.800x005　心脏介入封堵术后状态
Z95.800x006　人工心脏置入术后
Z95.800x007　具有心脏除颤器
Z95.801　周围血管成形术后状态
Z95.900　具有心脏和血管植入物和移植物
Z96.001　输尿管内支架
Z96.101　人工晶体植入术后
Z96.102　带晶状体眼的人工晶体植入术后
Z96.200x001　骨传导听力装置植入状态
Z96.200x005　镫骨装置植入状态
Z96.201　人工耳蜗植入
Z96.300　具有人工喉
Z96.401　胰岛素泵植入状态
Z96.500　具有牙根和下颌骨植入物
Z96.600x001　具有关节置入物
Z96.600x011　具有肩关节置入物

Z96.600x031　具有腕关节置入物
Z96.600x061　具有踝关节置入物
Z96.601　人工髋关节
Z96.602　人工膝关节
Z96.603　人工肘关节
Z96.700　具有其他骨和腱的植入物
Z96.701　颅骨板植入物
Z96.800　具有其他特指的功能性植入物
Z96.900　具有功能性植入物
Z97.000x001　义眼
Z97.000x002　人工义眼托植入状态
Z97.100x001　具有人工肢体
Z97.200x001　具有假牙装置
Z97.300x002　具有接触镜
Z97.301　配戴眼镜
Z97.400　具有外部助听器
Z97.500x001　具有子宫内避孕装置
Z97.800　具有其他特指的装置
Z98.000x001　肠搭桥状态
Z98.000x002　肠吻合状态
Z98.100　关节固定术状态
Z98.200x001　脑脊液分流状态
Z98.800x001　鼻咽术后
Z98.800x002　扁桃体术后
Z98.800x003　喉术后
Z98.800x004　气管术后
Z98.800x005　肺术后
Z98.800x006　胸腔闭式引流术后
Z98.800x007　腺样体术后
Z98.800x101　牙外科正畸术后
Z98.800x102　牙龈术后
Z98.800x103　舌术后
Z98.800x104　咽术后
Z98.800x105　咽腭成形术后
Z98.800x107　食管术后
Z98.800x108　胃术后
Z98.800x109　壶腹术后
Z98.800x110　贲门术后
Z98.800x111　胆道术后
Z98.800x112　胆囊术后
Z98.800x114　腹膜术后
Z98.800x115　肝术后
Z98.800x116　空肠术后
Z98.800x117　胰腺术后
Z98.800x118　结肠术后
Z98.800x119　回肠术后
Z98.800x120　肛管术后
Z98.800x121　盲肠术后
Z98.800x122　直肠术后
Z98.800x123　阑尾术后
Z98.800x124　十二指肠术后
Z98.800x201　输尿管术后
Z98.800x202　尿道术后
Z98.800x203　膀胱术后
Z98.800x205　前列腺术后
Z98.800x208　阴茎术后
Z98.800x209　睾丸术后
Z98.800x210　肾术后
Z98.800x301　宫颈术后
Z98.800x302　子宫术后
Z98.800x303　卵巢术后
Z98.800x305　盆腔术后
Z98.800x306　葡萄胎术后
Z98.800x307　前庭大腺术后
Z98.800x308　人流术后
Z98.800x309　输卵管术后
Z98.800x310　引产术后
Z98.800x311　外阴术后
Z98.800x312　药物流产术后
Z98.800x313　胚胎移植术后
Z98.800x315　输卵管假体置入术后
Z98.800x316　左侧输卵管绝育术后
Z98.800x317　右侧输卵管绝育术后
Z98.800x318　双侧输卵管绝育术后
Z98.800x319　多胎妊娠减胎术后
Z98.800x401　动静脉畸形栓塞术后
Z98.800x402　动脉狭窄扩张成型术后
Z98.800x403　冠状动脉造影术后
Z98.800x404　静脉曲张术后
Z98.800x405　先天性心脏病术后
Z98.800x406　二尖瓣球囊扩张术后
Z98.800x407　法洛四联症术后
Z98.800x408　室间隔缺损修补术后
Z98.800x409　二尖瓣成形术后
Z98.800x410　心内膜垫缺损修补术后
Z98.800x411　房间隔缺损修补术后
Z98.800x412　肺动脉瓣球囊扩张术后
Z98.800x413　三尖瓣成形术后
Z98.800x414　主动脉瓣成形术后
Z98.800x416　动脉导管结扎术后

Z98.800x417　淋巴静脉吻合术后
Z98.800x418　心脏消融术后
Z98.800x420　血管成形术后
Z98.800x421　心脏置入装置调整术后
Z98.800x422　心脏术后
Z98.800x423　主动脉瓣球囊扩张术后
Z98.800x501　垂体术后
Z98.800x502　甲状腺术后
Z98.800x503　肾上腺术后
Z98.800x507　脑术后
Z98.800x602　骨折术后
Z98.800x605　胸廓术后
Z98.800x606　腹股沟术后
Z98.800x609　清创术后
Z98.800x610　韧带术后
Z98.800x611　脊柱术后
Z98.800x612　乳腺术后
Z98.800x614　颈椎术后
Z98.800x615　胸椎术后
Z98.800x616　腰椎术后
Z98.800x701　耳术后
Z98.800x704　眼术后
Z98.800x901　气管支架置入术后
Z98.800x902　食管支架置入术后
Z98.800x903　胆管支架置入术后
Z98.800x904　胰管支架置入术后
Z98.800x905　十二指肠支架置入术后
Z98.800x906　结肠支架置入术后
Z98.800x907　输尿管支架置入术后
Z98.800x908　脾术后
Z98.801　玻璃体切除硅油充填状态
Z99.000　依赖吸引器
Z99.100x001　依赖于呼吸器者
Z99.200x002　肾脏透析状态
Z99.201　血液透析状态
Z99.300　依赖轮椅
Z99.400　依赖人工心脏
Z99.800　依赖其他可启动机器和装置
Z99.900　依赖可启动机器和装置

（二）不作为分组规则的手术操作列表

00.0101　头部血管治疗性超声
00.0900x001　治疗性超声
00.0901　高强度聚焦超声治疗
00.1000　化学治疗物质植入
00.1101　重组蛋白输注
00.1201　一氧化氮疗法
00.1301　人类B型钠尿肽（hBNP）输注
00.1400x001　注射噁唑烷酮类抗生素
00.1400x002　输注噁唑烷酮类抗生素
00.1500x001　输注白细胞介素
00.1500x002　注射阿地白细胞介素
00.1601　经活体外血管治疗
00.1602　高压移植［引导］
00.1700　血管加压剂灌注
00.1801　单克隆抗体治疗
00.1802　多克隆抗体治疗
00.1900　经输注的血脑屏障破坏术［BBBD］
00.2800　血管内显像，其他特指的血管
00.2900x001　血管内超声
00.3101　CT导航计算机辅助外科手术
00.3200x001　MRA神经导航辅助外科
00.3201　MR神经导航计算机辅助外科手术
00.3300　荧光透视的计算机辅助外科手术
00.3400x002　磁导航计算机辅助外科
00.3500x001　显像导航计算机辅助外科
00.3900x001　计算机辅助外科
00.4000　单根血管操作
00.4100　两根血管操作
00.4200　三根血管操作
00.4301　四根血管操作
00.4302　四根以上血管操作
00.4400x001　血管分叉部位的操作
00.4500　置入一根血管支架
00.4600　置入两根血管支架
00.4700　置入三根血管支架
00.4801　四根血管支架置入
00.4802　四根以上血管支架置入
00.4900　过饱和氧化治疗
00.5800　置入动脉瘤囊内压力监测装置（手术中）
00.6800x001　肢体动脉血管内压力测量
00.6900x001　血管内压力测量
00.6900x002　髂部血管血管内压力测量
00.6900x003　腹内血管血管内压力测量
00.6900x004　肠系膜血管血管内压力测量
00.6900x005　肾血管内压力测量
00.6901　外周静脉内压力测量
00.7400　髋轴面，金属与聚乙烯
00.7500　髋轴面，金属与金属

00.7600 髋轴面，陶瓷与陶瓷
00.7601 黑金股骨头
00.7700 髋轴面，陶瓷与聚乙烯
00.7800 髋轴面，陶瓷与金属
00.9100 与供者有血缘关系的活体移植
00.9200 与供者无血缘关系的活体移植
00.9300 从尸体上移植
00.9400 手术中神经生理监测
01.1100x001 经皮脑膜活检
01.1300x001 经皮脑活检
01.1300x002 立体定向脑活检
01.1301 神经导航下颅内病变活组织检查
01.1900 颅骨其他诊断性操作
03.3101 腰椎穿刺术
03.3900 脊髓和椎管结构的其他诊断性操作
03.9100x004 椎管内止痛剂注入术
03.9101 椎管内置管止痛术
03.9102 脊神经根阻滞术
03.9200x001 椎管内注射封闭
03.9201 脊髓蛛网膜下腔注射术
04.1101 闭合性颅神经活组织检查
04.1102 闭合性周围神经活组织检查
04.1103 闭合性神经节活组织检查术
04.1900 颅和周围神经和神经节的其他诊断性操作
04.2x12 内脏神经无水酒精注射术
04.8000 周围神经注射
04.8100x003 周围神经麻醉止痛
04.8101 周围神经阻滞术
04.8102 三叉神经阻滞术
04.8103 下颌神经阻滞术
04.8104 肋间神经阻滞术
04.8105 腹腔神经阻滞术
04.8106 股神经阻滞术
04.8900 其他物质注射，除外神经破坏药
05.1900 交感神经或神经节的其他诊断性操作
05.9x00 神经系统的其他手术
06.0100x001 甲状腺区抽吸引流术
06.1101 超声引导下经皮甲状腺活组织检查术
06.1302 经皮甲状旁腺活组织检查
06.1303 超声引导下甲状旁腺活组织检查
06.1900 甲状腺和甲状旁腺的其他诊断性操作
07.1100 闭合性［经皮］［针吸］肾上腺活组织检查
07.1600 胸腺活组织检查
07.1900 肾上腺、垂体、松果腺和胸腺的其他诊断性操作
08.0902 眼睑切开引流术
08.1100 眼睑活组织检查
08.1900 眼睑其他诊断性操作
08.2000x010 眼睑皮肤和皮下组织非切除性清创
08.2100x004 睑板腺脓肿切开引流术
09.0x00x001 泪囊切开引流术
09.1100 泪腺活组织检查
09.1200 泪囊活组织检查
09.1900 泪器系统其他诊断性操作
10.1x00x002 结膜引流术
10.2100 结膜活组织检查
10.2901 结膜刮片检查术
10.9100 结膜下注射
11.2100x001 角膜涂片检查
11.2200 角膜活组织检查
11.2900x003 角膜内皮细胞计数检查
11.2901 角膜印迹细胞检查
12.2100 眼前房诊断性抽吸术
12.2200 虹膜活组织检查
12.2900 虹膜、睫状体、巩膜和前房其他诊断性操作
14.1100 玻璃体诊断性抽吸
14.1901 脉络膜活组织检查
14.1902 视网膜活组织检查
15.0100x001 眼外肌活检术
15.0900 眼外肌和腱的其他诊断性操作
16.0900x006 鼻内镜下眶切开引流术
16.0902 眶切开引流术
16.2100x001 眼底检查
16.2200 眼眶诊断性抽吸
16.2301 眶活组织检查
16.2302 眼球内活组织检查
16.2900 眼眶和眼球的其他诊断性操作
16.9300x001 眶内脓肿引流术
16.9800x002 眼眶内穿刺引流术
17.4100 开放性机器人援助操作
17.4200 腹腔镜机器人援助操作
17.4300 经皮机器人援助操作
17.4400 内镜机器人援助操作
17.4500 胸腔镜机器人援助操作
17.4901 机器人辅助康复
17.6200x001 头颈部病损的激光质热疗法［LITT］
17.6300x001 肝病损激光间质热疗法［LITT］

17.6900x001　其他部位激光间质热疗法［LITT］
17.7000　氯法拉滨静脉内灌注
17.7100　手术中非冠状动脉荧光血管造影术［IFVA］
17.8100　抗菌外膜置入
17.91100　毫针治疗
17.91110　头针治疗
17.91120　腹针治疗
17.91130　眼针治疗
17.91140　手针治疗
17.91150　腕踝针治疗
17.91160　平衡针治疗
17.91170　醒脑开窍治疗
17.91180　靳三针治疗
17.91190　金针治疗
17.91210　耳针治疗
17.91220　三棱针治疗
17.91230　皮内针治疗
17.91240　火针治疗
17.91250　皮肤针治疗
17.91260　芒针治疗
17.91270　穴位注射治疗
17.91280　鍉针治疗
17.91290　埋线治疗
17.912A0　电针治疗
17.912B0　贺氏三通治疗
17.912C0　浮针治疗
17.91310　麦粒灸治疗
17.91320　隔物灸治疗
17.91330　悬灸治疗
17.91340　三伏天灸治疗
17.91350　温针灸治疗
17.91360　热敏灸治疗
17.91370　雷火灸治疗
17.92010　揉抓排乳治疗
17.92110　颈椎病推拿治疗
17.92120　第三腰椎横突综合征推拿治疗
17.92130　中风后遗症推拿治疗
17.92210　头痛推拿治疗
17.92220　眩晕推拿治疗
17.92230　失眠推拿治疗
17.92240　感冒推拿治疗
17.92250　咳喘推拿治疗
17.92260　心悸推拿治疗
17.92270　消渴推拿治疗
17.92280　面瘫推拿治疗
17.92290　近视推拿治疗
17.922A0　痛经推拿治疗
17.922B0　月经不调推拿治疗
17.922C0　胃脘痛推拿治疗
17.922D0　慢性胆囊炎推拿治疗
17.922E0　呃逆推拿治疗
17.922F0　腹泻推拿治疗
17.922G0　便秘推拿治疗
17.922H0　癃闭推拿治疗
17.922J0　乳蛾推拿治疗
17.92300　运动关节手法推拿治疗
17.92400　导引手法推拿治疗
17.92500　基本手法推拿治疗
17.92610　寰枢关节失稳推拿治疗
17.92620　颈椎小关节紊乱推拿治疗
17.92630　胸椎小关节紊乱推拿治疗
17.92640　腰椎小关节紊乱推拿治疗
17.92650　腰椎间盘突出推拿治疗
17.92660　骶髂关节紊乱症推拿治疗
17.92670　强直性脊柱炎推拿治疗
17.92680　落枕推拿治疗
17.92690　四肢关节错缝推拿治疗
17.92710　小儿肌性斜颈推拿治疗
17.92720　小儿发热推拿治疗
17.92730　小儿腹泻推拿治疗
17.92740　小儿咳嗽推拿治疗
17.92750　小儿捏脊治疗
17.92760　小儿流涎症推拿治疗
17.92770　小儿腹痛推拿治疗
17.92780　小儿夜啼推拿治疗
17.92790　小儿厌食推拿治疗
17.927A0　小儿呕吐推拿治疗
17.927B0　小儿便秘推拿治疗
17.927C0　小儿遗尿推拿治疗
17.927D0　小儿脱肛推拿治疗
17.927E0　小儿疳积推拿治疗
17.92800　器械辅助推拿治疗
17.92900　膏摩治疗
17.93100　刮痧治疗
17.93200　放痧治疗
17.93300　撮痧治疗
17.93400　砭石治疗
17.94100　拔罐治疗
17.94200　药罐治疗

17.94300　刺络拔罐治疗
17.94400　针罐治疗
17.95110　贴敷治疗（小）
17.95120　贴敷治疗（中）
17.95130　贴敷治疗（大）
17.95140　贴敷治疗（特大）
17.95150　穴位贴敷治疗
17.95210　烫熨治疗（小）
17.95220　烫熨治疗（中）
17.95230　烫熨治疗（大）
17.95240　烫熨治疗（特大）
17.95300　冷敷治疗
17.95410　中药蒸汽浴治疗
17.95420　中药熏药治疗
17.95430　中药硬膏热贴敷治疗
17.95510　中药局部熏洗治疗
17.95520　中药半身熏洗治疗
17.95530　中药全身熏洗治疗
17.95610　中药淋洗治疗
17.95710　中药塌渍治疗
17.95720　中药湿热敷治疗
17.96100　针刀治疗
17.96110　脊柱针刀治疗
17.96120　四肢关节针刀治疗
17.96130　手足针刀治疗
17.96200　带刃针疗法
17.96210　脊柱带刃针治疗
17.96300　水针刀治疗
17.96400　钩针治疗
17.96500　刃针治疗
17.96510　手足刃针治疗
17.96520　脊柱刃针治疗
17.96530　四肢关节刃针治疗
17.96600　长圆针治疗
17.96700　松解针松解治疗
17.96800　铍针治疗
17.97100　脱位合并撕脱骨折手法整复术
17.97110　颞颌关节脱位手法整复术
17.97120　肩锁关节脱位手法整复术
17.97130　胸锁关节脱位手法整复术
17.97140　肩关节脱位手法整复术
17.97150　肘关节脱位手法整复术
17.97160　桡骨头半脱位手法整复术
17.97170　桡骨头脱位手法整复术
17.97180　下桡尺关节脱位手法整复术
17.97190　桡腕关节脱位手法整复术
17.971A0　手腕部脱位手法整复术
17.971B0　髋关节脱位手法整复术
17.971C0　髌骨脱位手法整复术
17.971D0　足部关节脱位手法整复术
17.97200　经皮穿刺关节骨折闭合复位内固定术
17.97210　锁骨骨折手法整复术
17.97220　肱骨外科颈骨折手法整复术
17.97230　肱骨大结节骨折手法整复术
17.97240　肱骨干骨折手法整复术
17.97250　肱骨髁上骨折手法整复术
17.97260　肱骨髁间骨折手法整复术
17.97270　肱骨内外髁骨折手法整复术
17.97280　尺骨鹰嘴骨折手法整复术
17.97290　桡骨头骨折手法整复术
17.972A0　桡尺骨干双骨折手法整复术
17.972B0　桡尺骨干单骨折手法整复术
17.972C0　尺骨上1/3骨折合并桡骨头脱位手法整复术
17.972D0　桡骨下1/3骨折合并下尺桡关节脱位手法整复术
17.972E0　桡骨下端骨折手法整复术
17.972F0　腕舟骨骨折手法整复术
17.972G0　掌指骨骨折手法整复术
17.972H0　股骨颈/股骨转子间骨折手法整复术
17.972J0　股骨干骨折手法整复术
17.972K0　股骨髁上骨折手法整复术
17.972L0　髌骨骨折手法整复术
17.972M0　胫骨髁骨折手法整复术
17.972N0　胫腓骨干骨折手法整复术
17.972P0　踝关节单踝骨折手法整复术
17.972Q0　踝关节骨折脱位手法整复术
17.972R0　足部骨折手法整复术
17.972S0　脊柱骨折手法整复术
17.97310　小夹板固定治疗
17.97320　小夹板调整术
17.97330　骨折超关节夹板外固定术
17.97410　理筋手法治疗
17.97420　关节粘连手法松解术
17.97430　大关节粘连手法松解术
17.97500　练功康复疗法
17.98110　肛瘘挂线治疗
17.98121　复杂性高位肛周脓肿切开引流原发病灶清除挂线术
17.98122　肛肠术后紧线术

17.98123　肛门狭窄挂线术
17.98124　高位复杂肛瘘挂线治疗
17.98125　直肠狭窄挂线术
17.98211　内痔硬化剂注射治疗
17.98212　环状混合痔硬化剂注射治疗
17.98220　消痔灵注射治疗
17.98230　枯痔注射治疗
17.98310　单纯结扎治疗
17.98320　内痔套扎治疗
17.98340　经直肠多普勒痔动脉结扎治疗
17.98410　直肠滴注治疗
17.98421　结肠水疗
17.98422　经直肠中药滴入治疗
17.98510　直肠脱垂注射治疗
17.98511　直肠脱垂黏膜下注射治疗
17.98512　直肠前突出注射治疗
17.98521　完全性直肠脱垂双层硬化剂注射治疗
17.98611　肛周药物注射封闭治疗
17.98612　肛周穴位药物注射封闭治疗
17.99110　五禽戏治疗
17.99120　六字诀治疗
17.99130　易筋经治疗
17.99140　八段锦治疗
17.99150　五行掌治疗
17.99160　保健功治疗
17.99170　站桩功治疗
17.99180　回春功治疗
17.99190　放松功治疗
17.991A0　内养功治疗
17.991B0　强壮功治疗
17.991C0　真气运行法治疗
17.991D0　新气功疗法治疗
17.991E0　养气健目功治疗
17.991F0　龟息养生功治疗
17.99910　针刀刺营治疗急性扁桃体炎治疗
17.99920　火针洞式引流治疗
17.99930　烙治法治疗慢性扁桃体炎治疗
17.99940　脐疗法治疗
18.0100x002　耳垂切开引流术
18.0201　外耳道切开引流术
18.0900x002　耳后切开引流术
18.0901　耳前切开引流术
18.0902　耳廓切开引流术
18.1100　耳镜检查
18.1200　外耳活组织检查
18.1900　外耳其他诊断性操作
18.2900x017　耳廓皮肤和皮下组织非切除性清创
20.3100　耳蜗电图
20.3201　中耳活组织检查
20.3202　内耳活组织检查
20.3901　中耳镜检查
20.9400　鼓室注射
21.2100　鼻镜检查
21.2200　鼻活组织检查
21.2900　鼻其他诊断性操作
21.3200x011　鼻皮肤和皮下组织非切除性清创
22.1100　鼻窦闭合性［内镜的］［针吸］活组织检查
22.1100x002　鼻内窥镜下鼻窦活检
22.1901　内镜下鼻窦检查
23.2x00　牙齿填充修复
23.3x00x001　义齿修复
23.4300　置入活动桥
24.0x01　根尖囊肿切开引流术
24.0x02　牙龈切开引流术
24.0x03　牙槽切开引流术
24.0x04　牙髓管切开引流术
24.1100　牙龈活组织检查
24.1200　牙槽活组织检查
24.1900　牙、牙龈和牙槽的其他诊断性操作
24.8x01　去除牙齿矫形器
25.0100　闭合性［针吸］舌活组织检查
25.0900　舌其他诊断性操作
25.9400x001　舌切开引流术
26.0x01　腮腺切开引流术
26.1100x001　唾液腺活检
26.1100x003　腮腺活检
26.1200x001　直视下腮腺活检术
26.1200x002　直视下唾液腺活检术
26.1900x001　唾液腺内镜检查
26.9900x002　涎腺穿刺引流术
27.0x01　颌间隙引流术
27.0x02　面部引流术
27.0x03　颌下切开引流术
27.0x04　颊部切开引流术
27.0x05　颏下切开引流术
27.0x06　口底切开引流术
27.0x07　舌下腺切开引流术
27.0x08　咽旁间隙切开引流术
27.0x09　唇切开引流术

27.0x10　面部脓肿引流术
27.1x02　腭切开引流术
27.2100　硬腭活组织检查
27.2101　内镜下硬腭活组织检查
27.2201　悬雍垂活组织检查
27.2202　软腭活组织检查
27.2300　唇活组织检查
27.2401　颊黏膜活组织检查
27.2402　口腔颌面部活组织检查
27.4300x011　唇部皮肤和皮下组织非切除性清创
27.9201　口内切开引流术
28.0x00x002　扁桃体周围切开引流术
28.0x00x003　扁桃体穿刺引流术
28.0x01　咽后组织切开引流术
28.0x02　扁桃体切开引流术
28.0x03　咽旁切开引流术
28.1101　扁桃体活组织检查
28.1102　腺样增殖体活组织检查
28.1900　扁桃体和腺样增殖体的其他诊断性操作
29.0x00x001　咽部切开引流术
29.0x00x005　咽瘘切开引流术
29.0x01　咽囊引流术
29.1100　咽镜检查
29.1100x002　纤维鼻咽镜检查
29.1201　声门上病损活组织检查
29.1202　鼻咽活组织检查
29.1203　内镜下鼻咽活组织检查
29.1204　支撑喉镜下咽部活组织检查
29.1900　咽的其他诊断性操作
31.3x00x001　支撑喉镜下喉切开引流术
31.3x00x005　会厌切开引流术
31.4100　气管镜检查，经人工造口
31.4200x001　支撑喉镜检查
31.4200x003　纤维喉镜检查
31.4201　喉镜检查
31.4202　气管镜检查
31.4300x002　纤维喉镜下喉活检
31.4301　内镜下声带活组织检查术
31.4400x001　气管镜下气管活检
31.4800　喉的其他诊断性操作
31.4900　气管的其他诊断性操作
33.2100　经人工造口的支气管镜检查
33.2200x002　荧光支气管镜检查
33.2200x003　纤维支气管镜检查
33.2300x002　磁导航支气管镜检查
33.2300x003　硬质支气管镜检查
33.2301　超声支气管镜检查
33.2302　电子支气管镜检查
33.2400x001　支气管镜下支气管活检
33.2400x002　支气管镜下诊断性支气管肺泡灌洗［BAL］
33.2402　超声内镜下支气管穿刺活组织检查术
33.2403　纤维支气管镜检查伴肺泡灌洗术
33.2405　气管镜刷检术
33.2600x001　肺穿刺活检
33.2600x002　经皮针吸肺活检
33.2700x001　支气管镜下肺活检
33.2701　气管镜透壁针吸活组织检查
33.2702　超声支气管镜下肺活组织检查
33.2703　支气管镜肺穿刺抽吸术
33.2900　肺和支气管的其他诊断性操作
33.7200　内镜肺气道流量测量
33.9302　肺穿刺引流术
34.0100x002　胸膜外引流术
34.0101　胸壁切开引流术
34.0400x001　胸腔引流管置换术
34.0401　胸腔闭式引流术
34.0402　胸腔闭式引流管调整术
34.2300　胸壁活组织检查
34.2400x001　胸膜活检
34.2500　闭合性纵隔［经皮］［针吸］活组织检查
34.2501　内镜下纵隔活组织检查
34.2800　胸壁，胸膜和横膈的其他诊断性操作
34.9100x001　经皮胸膜病损穿刺定位术
34.9101　胸腔穿刺抽液术
34.9102　胸腔穿刺抽气术
34.9103　超声引导下胸腔穿刺术
34.9104　CT引导下胸腔穿刺术
37.0x00x002　心包穿刺引流术
37.0x01　超声引导下心包穿刺引流术
37.7000　首次置入导线［电极］
37.7100　首次经静脉入心室置入导线［电极］
37.9500x001　心脏除颤器导线置入术
37.9500x002　自动心脏复律器导线置入术
37.9700x001　自动心脏复律器导线置换术
37.9700x002　心脏除颤器导线置换术
38.2100　血管活组织检查
38.2200　经皮血管检查
38.2900　血管其他诊断性操作
38.9100　动脉导管插入术

38.9100x601　肝动脉插管术
38.9100x602　髂内动脉插管术
38.9200　脐静脉导管插入术
38.9300　静脉导管插入术
38.9300x001　经皮岩下窦静脉取血术（IPSS）
38.9300x002　经皮肾上腺静脉取血术
38.9300x003　经皮肾静脉取血术
38.9300x004　经皮上腔静脉取血术
38.9300x005　经皮下腔静脉取血术
38.9300x006　经皮甲状旁腺静脉取血术
38.9300x007　经皮奇静脉取血术
38.9300x008　经皮肝静脉取血术
38.9300x201　颈静脉插管术
38.9300x202　经皮颈静脉肝内门静脉-腔静脉置管术
38.9300x701　肝静脉插管术
38.9300x702　肾静脉插管术
38.9300x901　大隐静脉插管术
38.9301　经外周静脉穿刺中心静脉置管术
38.9302　颈内静脉穿刺中心静脉置管术
38.9303　锁骨下静脉穿刺中心静脉置管术
38.9304　股静脉穿刺置管术
38.9502　为肾透析的临时静脉插管术
38.9700x002　引导下中心静脉置管术
38.9800x001　动脉穿刺术
38.9800x801　股动脉穿刺术
38.9900x002　静脉穿刺术
38.9900x501　锁骨下静脉穿刺术
38.9900x701　脐静脉穿刺术
38.9900x901　股静脉穿刺术
39.4100x002　股动脉穿刺部位封堵术
39.4301　前臂动静脉瘘管拔除术
39.6100　体外循环辅助开放性心脏手术
39.6200　低温（全身性）下开放性心脏手术
39.6300　心麻痹
39.6400　手术中心脏起搏器
39.6500x001　体外膜肺氧合［ECM0］安装术
39.6500x002　体外膜肺氧合［ECM0］撤离术
39.6600　经皮心肺搭桥
39.9200　静脉注射硬化药
39.9701　下肢血管灌注
39.9702　颈动脉灌注
39.9703　冠状动脉灌注
39.9704　头部血管灌注
39.9705　上肢血管灌注
40.0x00x001　淋巴结切开引流术
40.1100x005　经支气管超声内镜纵隔淋巴结穿刺活检术
40.1100x006　超声内镜下腹腔淋巴结细针穿刺活检（FNA）
40.1100x007　超声内镜下纵隔淋巴结细针穿刺活检（FNA）
40.1100x008　肺门淋巴结活检术
40.1100x009　纵隔淋巴结活检术
40.1100x010　颌下淋巴结活检术
40.1100x011　颌上淋巴结活检术
40.1101　颈淋巴结活组织检查
40.1102　锁骨上淋巴结活组织检查
40.1103　腋窝淋巴结活组织检查
40.1104　腹股沟淋巴结活组织检查
40.1106　内镜淋巴结活组织检查
40.1900x002　纳米炭淋巴结示踪及负显影
41.3100　骨髓活组织检查
41.3200x001　经皮脾活检
41.3800x001　骨髓穿刺术
41.3900　脾其他诊断性操作
42.2300x001　食管镜检查
42.2300x002　超声内镜下食管检查
42.2400x001　食管镜下活检
42.2400x003　超声内镜下食管细针穿刺活检（FNA）
42.2900　食管的其他诊断性操作
44.1200　经人工造口胃镜检查
44.1300x001　胃镜检查
44.1301　超声内镜下胃检查
44.1400x003　超声内镜下胃细针穿刺活检（FNA）
44.1401　胃镜下活组织检查
44.1402　超声内镜下胃活组织检查
44.1901　胃电图
45.1200x001　经人工造口小肠内镜检查
45.1300x001　小肠镜检查
45.1300x004　胃-十二指肠镜检查
45.1300x005　双（单）气囊小肠镜检查
45.1300x006　超声内镜下十二指肠检查
45.1300x007　超声内镜下小肠检查
45.1301　十二指肠镜检查术
45.1302　胶囊内镜检查术
45.1400x003　胃十二指肠镜下小肠刷洗活检
45.1401　内镜下小肠活组织检查
45.1402　内镜下回肠活组织检查

45.1600x001　胃十二指肠镜下活检
45.1900　小肠其他诊断性操作
45.2101　经腹大肠内镜检查（手术中）
45.2200x001　经人工造口大肠内镜检查
45.2300x001　内镜下逆行阑尾造影术
45.2301　可曲性光学纤维结肠镜检查
45.2302　电子结肠镜检查
45.2303　超声结肠镜检查
45.2401　乙状结肠镜检查
45.2500x004　结肠刷洗
45.2501　结肠镜下大肠活组织检查
45.2700　肠活组织检查
45.2800　大肠其他诊断性操作
45.2900　肠的其他诊断性操作
47.1100　腹腔镜下附带阑尾切除术
47.1900x001　附带阑尾切除术
48.2200　直肠乙状结肠镜检查经人工造口
48.2300　硬式直肠乙状结肠镜检查
48.2300x003　超声内镜下直肠检查
48.2301　直肠乙状结肠超声内镜检查
48.2400x002　直肠活检
48.2400x003　直肠-乙状结肠镜下直肠刷洗活检
48.2401　直肠乙状结肠镜下直肠活组织检查
48.2600　直肠周围组织活组织检查
48.2900　直肠、直肠乙状结肠和直肠周围组织的其他诊断性操作
48.8101　直肠周围脓肿切开引流术
49.0100x004　肛周脓肿切开引流术
49.2100　肛门镜检查
49.2200　肛周组织的活组织检查
49.2300　肛门活组织检查
49.2900　肛门和肛周组织的其他诊断性操作
49.3900x016　肛门皮肤和皮下组织非切除性清创
50.1100x001　超声引导下肝穿刺活检
50.1100x005　经皮肝穿刺活检
50.1101　超声内镜下细针穿刺肝活组织检查（FNA）
50.1300　经颈静脉肝活组织检查
50.1900　肝的其他诊断性操作
50.9101　经皮肝穿刺引流术
50.9102　肝脓肿穿刺引流术
50.9103　肝囊肿穿刺引流术
51.1102　胆道镜检查术
51.1103　电子子母胆道镜检查
51.1201　经皮胆囊活组织检查
51.1202　经皮胆管活组织检查
51.1401　内镜下胆管活组织检查
51.1402　内镜下胆囊活组织检查
51.1403　内镜下奥狄氏扩约肌活组织检查
51.1404　内镜下壶腹活组织检查
51.1900　胆管的其他诊断性操作
51.9802　经人工造口胆道镜检查术
51.9809　经T管胆道镜检查
52.1100x001　胰腺穿刺活检
52.1101　超声内镜下胰腺细针穿刺活组织检查
52.1301　胰管内镜检查术
52.1400　闭合性［内镜的］胰管活组织检查
52.1900x001　超声内镜下胰腺检查
52.2200x002　术中胰腺病损微波消融术
52.2200x003　术中胰腺病损冷冻消融术
54.0x00x001　骶部脓肿切开引流术
54.0x00x002　腹壁窦道切开引流术
54.0x00x004　腹壁脓肿切开引流术
54.0x00x006　腹膜外脓肿切开引流术
54.0x00x013　腹股沟脓肿切开引流术
54.0x00x018　腹膜后脓肿切开引流术
54.0x00x022　脐脓肿切开引流术
54.0x00x024　髂窝脓肿切开引流术
54.0x00x025　髂窝血肿切开引流术
54.0x02　腹壁切开引流术
54.0x04　腹股沟切开引流术
54.0x05　脐切开引流术
54.0x06　髂窝切开引流术
54.0x07　腹膜外切开引流术
54.0x08　腹膜后切开引流术
54.2200x004　腹壁穿刺活检
54.2201　腹壁活组织检查
54.2202　脐活组织检查
54.2400x001　腹内病损穿刺活检
54.2400x002　腹腔病损穿刺活检
54.2400x003　髂部病损穿刺活检
54.2400x006　盆腔病损穿刺活检
54.2401　经皮腹腔肿物活组织检查
54.2403　经皮腹膜活组织检查
54.2404　经皮腹膜后活组织检查
54.2500x001　腹腔冲洗检查
54.2900　腹部其他诊断性操作
54.9100x002　经腹盆腔穿刺引流术
54.9100x009　超声引导下盆腔穿刺术
54.9101　腹腔穿刺引流术

54.9102　盆腔穿刺引流术
54.9103　髂窝穿刺引流术
54.9105　腹腔穿刺术
54.9106　盆腔穿刺术
54.9600　空气注入腹膜腔
55.2101　经皮肾镜检查术
55.2200　肾盂镜检查
55.2300x001　超声引导下肾穿刺活检
55.2300x003　经尿道输尿管镜肾活检
55.2301　肾穿刺活组织检查
55.2302　内镜下肾盂活组织检查
55.2900　肾其他诊断性操作
56.3100　输尿管镜检查
56.3200　闭合性经皮输尿管活组织检查
56.3300x001　经尿道输尿管镜输尿管活检
56.3500x001　回肠代输出道内镜检查
56.3501　回肠通道膀胱镜检查
56.3502　回肠通道回肠镜检查
56.3900　输尿管其他诊断性操作
57.0x01　经尿道膀胱引流术
57.3100　膀胱镜检查经人工造口
57.3200x001　膀胱镜检查
55.3200x002　术中肾病损纳米刀消融术
57.3300　闭合性［经尿道］膀胱活组织检查
57.3900　膀胱其他诊断性操作
57.9400　留置导尿管的置入术
57.9500　留置导尿管的置换术
58.2100　会阴尿道镜检查
58.2200x001　尿道镜检查
58.2300　尿道活组织检查
58.2400　尿道周围组织活组织检查
58.2900　尿道和尿道周围组织的其他诊断性操作
59.2101　肾周活组织检查
59.2102　膀胱周围活组织检查
59.2900　肾周组织、膀胱周围组织和腹膜后的其他诊断性操作
59.8x02　肾导管引流术
59.9201　肾周穿刺引流术
59.9900x002　输尿管支架取出术
59.9901　输尿管支架置换术
59.9902　输尿管支架调整术
59.9903　尿道悬吊带部分取出术
60.1100x002　超声引导下前列腺穿刺活检
60.1100x003　经会阴前列腺穿刺活检术
60.1101　经直肠前列腺穿刺活组织检查
60.1300　闭合性［经皮］精囊活组织检查
60.1500　前列腺周围组织的活组织检查
60.1800　前列腺和前列腺周围组织的其他诊断性操作
60.9201　前列腺药物注射
61.0x01　睾丸鞘膜切开引流术
61.0x02　阴囊切开引流术
61.1101　阴囊活组织检查
61.1102　睾丸鞘膜活组织检查
61.1900　阴囊和睾丸鞘膜的其他诊断性操作
61.3x00x006　阴囊皮肤和皮下组织非切除性清创
62.0x02　睾丸切开引流术
62.1100　闭合性［经皮］［针吸］睾丸活组织检查
62.1900　睾丸其他诊断性操作
62.9200　治疗性物质注入睾丸
63.0101　精索活组织检查
63.0102　附睾活组织检查
63.0103　输精管活组织检查
63.0900x001　输精管穿刺术
64.1100　阴茎活组织检查
64.1900　阴茎的其他诊断性操作
64.2x00x007　阴茎皮肤和皮下组织非切除性清创
65.1100　卵巢抽吸活组织检查
65.1400　腹腔镜卵巢的其他诊断性操作
65.1900　卵巢的其他诊断性操作
66.1100　输卵管的活组织检查
66.1900x001　输卵管镜检查
66.8x00x001　输卵管注气术
67.1100　子宫颈内活组织检查
67.1200x001　子宫颈活检
68.1100　子宫指检
68.1200x001　宫腔镜检查
68.1602　宫腔镜子宫活组织检查
68.1901　子宫诊断性探查术
69.0901　诊断性刮宫术
69.0902　宫腔镜诊断性刮宫术
69.6x01　月经抽吸术
69.9100x001　宫腔引流术
69.9300　昆布属植物置入
70.0x00x002　后穹窿穿刺引流术
70.0x00x003　经阴道腹腔穿刺引流术
70.1201　女性盆腔脓肿引流术
70.1400x011　阴道血肿切开引流术
70.1406　阴道切开引流术
70.2100　阴道镜检查

70.2200　陷凹镜检查（后穹窿镜检查）
70.2300　直肠子宫陷凹的活组织检查
70.2301　腹腔镜子宫直肠陷凹活组织检查
70.2400　阴道活组织检查
70.9400x001　膀胱/直肠/阴道同种异体补片植入
70.9400x002　膀胱/直肠/阴道自体补片植入
70.9400x003　膀胱/直肠/阴道异种补片植入
70.9500x001　膀胱/直肠/阴道人工补片置入
71.0900x001　会阴切开引流术
71.0902　外阴切开引流术
71.1100　外阴活组织检查
71.1900　外阴的其他诊断性操作
71.2200x002　前庭大腺脓肿切开引流术
71.3x00x022　女性会阴皮肤和皮下组织非切除性清创
71.3x00x024　女性外阴皮肤和皮下组织非切除性清创
73.0100　人工破膜引产
73.0900x001　分娩时人工破膜
73.1x00x003　放置探条引产术
73.4x00x008　前列腺素促子宫颈成熟［普贝生引产］
73.4x00x009　营养饮食引产
73.4x01　催产素引产
73.4x02　米索前列醇引产
73.4x03　米非司酮引产
73.4x04　前列腺素引产
73.5100　手法旋转胎头
73.5900x002　头位阴道助产
73.5900x003　克勒德手法助产［Crede］
75.1x00　诊断性羊膜穿刺
75.3200　胎儿心电图（头皮）
75.3400x001　胎心监测
75.3500x001　催产素激惹实验（oct）
75.3500x003　子宫内压力测定
75.3800　胎儿脉搏血氧计
75.9900x001　产后子宫颈探查术
76.0901　下颌骨切开引流术
76.0902　上颌骨切开引流术
76.0904　颌骨囊肿开窗引流术
76.1100　面骨活组织检查
76.1101　颌骨活组织检查术
76.1901　关节镜颞颌关节检查术
77.4101　肩胛骨活组织检查
77.4102　锁骨活组织检查
77.4103　肋骨活组织检查
77.4104　胸骨活组织检查
77.4200　肱骨活组织检查
77.4301　桡骨活组织检查
77.4302　尺骨活组织检查
77.4401　腕骨活组织检查
77.4402　掌骨活组织检查
77.4500　股骨活组织检查
77.4600　髌骨活组织检查
77.4701　胫骨活组织检查
77.4702　腓骨活组织检查
77.4801　跗骨活组织检查
77.4802　跖骨活组织检查
77.4900x004　跟骨活检术
77.4900x005　距骨活检术
77.4900x006　楔骨活检术
77.4900x007　髂骨活检术
77.4901　骨盆活组织检查
77.4902　指骨活组织检查
77.4903　趾骨活组织检查
77.4904　椎骨活组织检查
78.8100　肩胛骨，锁骨和胸廓［肋骨和胸骨］诊断性操作
78.8100x001　肩胛骨穿刺活组织检查
78.8100x002　锁骨穿刺活组织检查
78.8100x003　肋骨穿刺活组织检查
78.8100x004　胸骨穿刺活组织检查
78.8200　肱骨诊断性操作
78.8200x001　肱骨穿刺活组织检查
78.8300　桡骨和尺骨诊断性操作
78.8300x001　桡骨穿刺活组织检查
78.8300x002　尺骨穿刺活组织检查
78.8400　腕骨和掌骨诊断性操作
78.8400x001　腕骨穿刺活组织检查
78.8400x002　掌骨穿刺活组织检查
78.8500　股骨诊断性操作
78.8500x001　股骨穿刺活组织检查
78.8600　髌骨诊断性操作
78.8600x001　髌骨穿刺活组织检查
78.8700　胫骨和腓骨诊断性操作
78.8700x001　胫骨穿刺活组织检查
78.8700x002　腓骨穿刺活组织检查
78.8800　跗骨和跖骨诊断性操作
78.8800x001　跗骨穿刺活组织检查
78.8800x002　跖骨穿刺活组织检查

78.8900　其他骨诊断性操作
78.8900x001　骨盆穿刺活组织检查
78.8900x002　椎骨穿刺活组织检查
80.2000　关节镜检查
80.2100　关节镜肩关节检查
80.2200　关节镜肘关节检查
80.2300　关节镜腕关节检查
80.2401　关节镜指关节检查
80.2500　关节镜髋关节检查
80.2600　关节镜膝关节检查
80.2700　关节镜踝关节检查
80.2801　关节镜趾关节检查
80.2900　关节镜其他特指关节检查
80.3000　关节结构的活组织检查
80.3100　肩关节结构的活组织检查
80.3200　肘关节结构的活组织检查
80.3300　腕关节结构的活组织检查
80.3401　指关节活组织检查
80.3500　髋关节结构的活组织检查
80.3600　膝关节结构的活组织检查
80.3700　踝关节结构的活组织检查
80.3800　足和趾关节结构的活组织检查
80.3900x001　骶髂关节活组织检查
80.3901　胸锁关节活组织检查
80.3902　脊柱关节活组织检查
81.9800　关节结构的其他诊断性操作
82.9200　手黏液囊抽吸术
82.9400　手黏液囊治疗性药物注入
83.0904　软组织切开引流术
83.2100　软组织活组织检查
83.9500x001　软组织抽吸
83.9501　超声引导下躯干软组织病损抽吸术
83.9502　超声引导下颈部软组织病损抽吸术
83.9600　黏液囊治疗性药物注入
83.9700　腱治疗性药物注入
83.9800x001　软组织治疗性药物局部注射
84.5100x002　碳纤维脊椎融合物置入术
84.5100x003　陶瓷脊椎融合物置入术
84.5100x004　金属脊椎融合物置入术
84.5100x005　塑胶脊椎融合物置入术
84.5100x006　钛合金脊椎融合物置入术
84.5100x007　3D打印脊椎融合物置入术
84.5200　重组骨形态形成蛋白的置入
84.7100x001　应用单平面外固定架
84.7200x001　应用环形外固定架系统
84.7300x001　应用组合外固定架系统
85.0x00x002　乳房切开引流术
85.0x01　乳房皮肤切开引流术
85.0x02　乳腺导管切开引流术
85.1100x001　乳房穿刺活检
85.1100x003　乳管镜下乳腺活检
85.1200x001　乳腺活检术
85.1900x002　乳管镜检查
85.2000x002　乳房皮肤和皮下组织非切除性清创
85.9100　乳房抽吸术
85.9200x001　乳房抗生素注射
86.0400x011　皮肤和皮下组织切开引流术
86.0401　创面封闭式负压引流术（VSD）
86.0402　男性会阴切开引流术
86.0600x004　药物治疗泵置入
86.0601　输注泵置入术
86.0602　输注泵置换术
86.0603　化疗泵置入术
86.0701　静脉输液港植入术
86.0900x006　化疗泵管位置调整
86.0900x007　皮下药物置入术
86.1100　皮肤和皮下组织的活组织检查
86.1900　皮肤和皮下组织的其他诊断性操作
86.2701　甲床清创术
86.2800x012　皮肤和皮下组织非切除性清创
86.3x17　皮肤病损微波治疗
87.0100　气脑造影图
87.0201　脑室充气造影
87.0300x001　头部CT检查
87.0301　脑CT检查
87.0302　头颈部CTA
87.0400x001　头颈部血管CT显像
87.0501　泪囊造影
87.0600x001　鼻咽造影
87.0700x001　喉造影
87.0900x001　腮腺造影
87.0900x002　下颌下腺造影
87.0901　颈部X线检查
87.1100　全口牙X线检查
87.1200x001　牙X线检查
87.1201　根管X线检查
87.1300x001　颞下颌关节造影
87.1400x001　眼眶造影
87.1500x001　鼻窦造影
87.1600x006　颧骨X线检查

87.1600x007　面部骨X线检查
87.1601　下颌骨X线检查
87.1602　上颌骨X线检查
87.1603　鼻窦X线检查
87.1604　鼻X线检查
87.1605　眼眶X线检查
87.1700x001　颅骨X线检查
87.2100x002　椎管造影
87.2101　椎间盘造影
87.2102　脊髓造影
87.2200x001　颈椎X线检查
87.2200x002　颈椎间盘造影
87.2300x001　胸椎X线检查
87.2300x002　胸椎间盘造影
87.2400x001　腰椎间盘造影
87.2400x004　骶尾X线检查
87.2401　腰椎X线检查
87.2402　腰骶椎X线检查
87.2900x001　脊柱X线检查
87.3100x001　支气管造影
87.3201　经环状软骨支气管造影
87.3300　纵隔充气造影图
87.3400x001　纵隔淋巴管造影
87.3501　乳腺导管造影
87.3600x001　乳腺钼靶像
87.3701　乳腺钼钯检查
87.3801　胸壁瘘管造影图
87.3900　胸壁其他软组织X线
87.4100x004　胸部血管CT显像
87.4101　胸部CT检查
87.4102　肺CT检查
87.4103　冠状动脉CT血管显像
87.4104　心脏CT检查
87.4200　胸其他断层照相术
87.4300x004　肋骨胸骨锁骨X线检查
87.4301　肋骨X线检查
87.4302　胸骨X线检查
87.4303　锁骨X线检查
87.4401　胸部X线检查
87.4900x001　心脏X线检查
87.5101　经皮肝穿刺胆管造影
87.5200　静脉胆管造影图
87.5300　手术中胆管造影图
87.5400x003　胰胆管造影
87.5401　胆管造影
87.5402　胆总管造影
87.5403　胆道T管造影
87.5900x002　术中胆囊造影
87.5900x003　内镜下胆囊造影
87.5901　胆囊造影
87.6101　钡餐造影
87.6200x001　上消化道造影
87.6300　小肠造影
87.6400x001　下消化道造影
87.6401　结肠钡灌肠造影
87.6500　肠的其他X线检查
87.6600x001　胰腺造影
87.6900x001　全消化道造影
87.6901　全胃肠造影
87.7101　肾CT检查
87.7102　肾血管CT显像
87.7200　其他肾断层照相图
87.7301　静脉输尿管肾盂造影
87.7302　尿路造影
87.7401　逆行输尿管造影
87.7402　逆行输尿管肾盂造影
87.7403　逆行尿路造影
87.7500　经皮肾盂造影图
87.7600　逆行膀胱尿道造影图
87.7700x001　膀胱造影
87.7800　回肠代膀胱造影图
87.7901　尿路平片（KUB）
87.8100　妊娠子宫X线检查
87.8201　子宫-输卵管充气造影
87.8300x001　子宫-输卵管造影
87.8300x002　输卵管碘油造影
87.8400　经皮子宫造影图
87.8501　子宫造影
87.8502　输卵管造影
87.8900　女性生殖器官的其他X线检查
87.9100　对比剂精囊造影图
87.9201　前列腺造影
87.9202　精囊造影
87.9300x001　附睾造影
87.9400x001　输精管造影
87.9501　附睾的其他X线检查
87.9502　输精管的其他X线检查
87.9900　男性生殖器官的其他X线检查
88.0100x001　腹部CT检查
88.0100x002　腹部血管CT显像

88.0101　肝脏CT检查
88.0102　胰腺CT检查
88.0103　盆腔CT检查
88.0104　肾上腺CT检查
88.0200　其他腹部断层照相图
88.0300　腹壁窦道造影图
88.0400　腹淋巴管造影图
88.0401　盆腔淋巴管造影
88.0900　腹壁的其他软组织X线检查
88.1101　盆腔造影
88.1201　盆腔充气造影
88.1300　其他腹腔充气造影图
88.1400　腹膜后瘘管造影图
88.1500　腹膜后充气造影图
88.1600　其他腹膜后X线检查
88.1901　腹部平片
88.2101　肩关节X线检查
88.2102　上臂X线检查
88.2201　肘关节X线检查
88.2202　前臂X线检查
88.2301　腕关节X线检查
88.2302　手X线检查
88.2303　手指X线检查
88.2400　上肢骨骼X线检查
88.2500　骨盆测量
88.2601　髋关节X线检查
88.2602　骨盆X线检查
88.2603　骶髂关节X线检查
88.2701　股骨X线检查
88.2702　膝关节X线检查
88.2703　胫腓骨X线检查
88.2801　踝关节X线检查
88.2802　足X线检查
88.2900　下肢骨骼X线检查
88.3100　骨骼摄片
88.3200x001　关节造影
88.3201　肩关节造影
88.3202　肘关节造影
88.3203　腕关节造影
88.3204　髋关节造影
88.3205　膝关节造影
88.3206　踝关节造影
88.3301　骨龄测量
88.3400　上肢淋巴管造影图
88.3500　上肢的其他软组织X线检查
88.3600　下肢的淋巴管造影图
88.3700　下肢的其他软组织X线检查
88.3800x002　颈椎CT检查
88.3800x003　胸椎CT检查
88.3800x004　腰椎CT检查
88.3800x005　肘关节CT检查
88.3800x006　踝关节CT检查
88.3800x007　髋关节CT检查
88.3800x008　膝关节CT检查
88.3800x014　甲状腺CT检查
88.3800x015　生殖系CT检查
88.3800x016　泌尿系CT检查
88.3800x017　肱骨CT检查
88.3800x018　尺骨CT检查
88.3800x019　桡骨CT检查
88.3800x020　腕骨CT检查
88.3800x021　掌骨CT检查
88.3800x022　指骨CT检查
88.3800x023　股骨CT检查
88.3800x024　胫骨CT检查
88.3800x025　腓骨CT检查
88.3800x026　跗骨CT检查
88.3800x027　跖骨CT检查
88.3800x028　趾骨CT检查
88.3800x029　骨盆CT检查
88.3800x030　肩关节CT检查
88.3800x031　腕关节CT检查
88.3800x032　指关节CT检查
88.3800x033　趾关节CT检查
88.3800x034　骶髂关节CT检查
88.3800x035　跟骨CT检查
88.3800x036　距骨CT检查
88.3800x037　上颌骨CT检查
88.3800x038　咽喉部CT检查
88.3800x039　锁骨下血管CT显像
88.3800x040　脊髓血管CT显像
88.3800x041　上肢血管CT显像
88.3800x042　下肢血管CT显像
88.3800x043　骶尾椎CT检查
88.3800x044　颈部CT检查
88.3801　脊柱CT检查
88.3802　关节CT检查
88.3803　肢体CT检查
88.3804　鼻窦CT检查
88.3805　眼CT检查

88.3900x001　全身淋巴管造影
88.4000　对比剂动脉造影术
88.7100x001　颈部超声检查
88.7100x002　头部超声检查
88.7100x004　经颅多普勒颈动脉血流图
88.7100x005　经颅多普勒眶动脉脑血流图
88.7101　颈动脉多普勒氏超声检查
88.7102　脑回波检查法
88.7103　甲状腺超声检查
88.7104　经颅多普勒超声检查（TCD）
88.7200x004　心脏多普勒血流图
88.7201　超声心动图
88.7202　经食道超声心动图
88.7300x003　胸部超声检查
88.7300x004　肺彩色超声检查
88.7300x005　乳房彩色超声检查
88.7301　肺超声检查
88.7302　乳房超声检查
88.7303　主动脉弓超声检查
88.7400x001　食管超声检查
88.7400x002　胃超声检查
88.7400x003　食管彩色超声检查
88.7400x004　胃彩色超声检查
88.7400x005　直肠超声检查
88.7400x006　消化道系统超声检查
88.7400x007　肝脏超声造影
88.7401　肝胆胰超声检查
88.7402　肝血管超声声学造影
88.7403　肝超声检查
88.7404　胆道超声检查
88.7500x001　泌尿系超声检查
88.7501　经直肠前列腺诊断性超声
88.7502　前列腺超声检查
88.7503　肾超声检查
88.7504　膀胱超声检查
88.7600x001　腹部超声检查
88.7600x002　腹部彩色超声检查
88.7601　肝胆胰脾超声检查
88.7700x001　下肢血管超声检查
88.7700x002　上肢血管超声检查
88.7700x003　颈部血管超声检查
88.7700x004　胸部血管超声检查
88.7700x005　肾血管超声检查
88.7700x006　腹部血管超声检查
88.7700x007　锁骨下动脉超声检查
88.7701　肢体血管超声检查
88.7800　妊娠子宫的诊断性超声
88.7801　经阴道妊娠子宫超声检查
88.7900x001　盆腔超声检查
88.7900x004　子宫超声检查
88.7900x005　腕关节超声检查
88.7900x007　背部超声检查
88.7900x008　肩关节超声检查
88.7900x009　膝关节超声检查
88.7900x010　经阴道子宫超声检查
88.7900x013　髋关节超声检查
88.7901　经腹妇科超声检查
88.7902　经阴道妇科超声检查
88.7903　经直肠妇科超声检查
88.7904　关节超声检查
88.7905　浅表淋巴结超声检查
88.7906　阴囊超声检查
88.7907　软组织超声检查
88.8100　脑热影像图
88.8200　眼热影像图
88.8300　骨热影像图
88.8300x002　骨关节热影像图
88.8400　肌热影像图
88.8500　乳房热影像图
88.8600　血管热影像图
88.8901　淋巴热像图
88.9000x001　眼光学相干断层扫描（OCT）
88.9100x003　头部血管核磁共振检查
88.9101　头部磁共振检查
88.9201　心脏磁共振检查
88.9202　胸部磁共振检查
88.9203　乳腺磁共振检查
88.9301　颈椎磁共振检查
88.9302　胸椎磁共振检查
88.9303　腰椎磁共振检查
88.9304　骶尾椎磁共振检查
88.9401　上肢磁共振检查
88.9402　下肢磁共振检查
88.9501　骨盆磁共振检查
88.9502　前列腺磁共振检查
88.9503　膀胱磁共振检查
88.9504　核磁共振泌尿系造影（MRU）
88.9600　其他手术中磁共振影像
88.9700x002　眼眶核磁共振检查
88.9700x004　颈部核磁共振检查

88.9700x006　核磁共振胰胆管造影（MRCP）
88.9700x007　核磁共振排粪检查
88.9701　鼻窦核磁共振检查
88.9702　颈部磁共振检查
88.9703　腹部磁共振检查
88.9704　眼磁共振检查
88.9705　颈部血管核磁共振检查
88.9800　骨矿物质密度检查
89.0100　简单会谈和评估
89.0200　局限性会谈和评估
89.0300　全面会谈和评估
89.0301　人体残伤测定
89.0400　其他会谈和评估
89.0500　诊断性会谈和评估
89.0601　单科会诊
89.0700　全面会诊
89.0800x002　远程会诊
89.0801　院外会诊
89.0900　会诊
89.1000　颈内动脉异戊巴比妥试验
89.1100　眼压测量法
89.1200　鼻功能性检查
89.1201　嗅觉检测
89.1300　神经系统检查
89.1301　脑干听觉诱发电位
89.1400　脑电图
89.1500x001　体感诱发电位［SEP］
89.1600　新生儿颅骨透照法
89.1700x001　多导睡眠脑电图
89.1701　睡眠监测
89.1702　多导睡眠呼吸监测
89.1800x001　多导睡眠监测
89.1900x001　视频脑电图监测
89.1900x002　脑电双频指数监测［BIS］
89.2100　尿路压力测定
89.2200　膀胱内压图
89.2300　尿道括约肌肌电图
89.2400　尿流量测定［UFR］
89.2500　尿道压力分布图［UPP］
89.2600x001　妇科手法检查
89.2600x003　骨盆内外测量
89.2901　尿生物测定
89.2902　尿化学检查
89.3100　牙科检查
89.3200　食管压力测定
89.3300　肠造口指检
89.3300x002　结肠造口指检
89.3400　直肠指检
89.3500　鼻窦透照法
89.3600　乳房手法检查
89.3700　肺活量测定
89.3701　肺功能测定
89.3702　肺功能康复评定
89.3800x003　跨肺压监测
89.3801　气道激发试验
89.3901　13C-尿素呼气试验
89.3902　肛门直肠压力测定
89.3903　食管内24小时PH监测
89.3904　营养状态评估
89.4101　活动平板运动试验
89.4200　马斯特斯二阶应激试验
89.4301　蹬车运动试验
89.4401　铊应激试验伴经食管心室起搏
89.4402　铊应激试验不伴经食管心室起搏
89.4501　人工起搏器功能检查
89.4600　人工起搏器伪差波形检查
89.4700　人工起搏器电极阻抗检查
89.4800　人工起搏器电压或电流阈值检查
89.4900　自动化可置入的复率器（或）除颤器（AICD）检查
89.5001　24小时动态心电图
89.5100　节律心电图
89.5200　心电图
89.5300　心电向量图（用ECG）
89.5400　心电监测
89.5501　心音图
89.5600　用ECG导联的颈动脉搏动
89.5700　心尖心动图（用ECG导联）
89.5801　Rigiscan检查
89.5900x002　动脉硬化检测
89.5900x003　直立倾斜试验
89.5901　心电生理检查
89.6000x001　连续血氧饱和度监测
89.6100x001　24小时血压监测
89.6200　中心静脉压监测
89.6300　肺动脉压监测
89.6400x001　漂浮导管检查［Swan-Ganz导管插入］
89.6400x003　肺动脉嵌入压监测
89.6500x002　动脉血气分析

89.6600 混合静脉血气测量
89.6700 心脏排出量监测，用氧耗技术
89.6800x001 持续心排量监测（非有创）（NICCO）
89.6801 心脏排出量监测（PICCO）
89.6900 冠状动脉血流监测
89.7x00 全身体格检查
89.8x00 尸检
90.0100 神经系统标本和脊髓液的显微镜检查，细菌涂片
90.0200 神经系统标本和脊髓液的显微镜检查，培养
90.0300 神经系统标本和脊髓液的显微镜检查，培养和敏感试验
90.0400 神经系统标本和脊髓液的显微镜检查，寄生虫学检查
90.0500 神经系统标本和脊髓液的显微镜检查，毒理学检查
90.0600 神经系统标本和脊髓液的显微镜检查，细胞块和帕帕尼科拉乌涂片
90.0900 神经系统标本和脊髓液的显微镜检查其他显微镜检查
90.1100 内分泌腺标本的显微镜检查，NEC，细菌涂片
90.1200 内分泌腺标本的显微镜检查，NEC，培养
90.1300 内分泌腺标本的显微镜检查，NEC，培养和敏感试验
90.1400 内分泌腺标本的显微镜检查，NEC，寄生虫学检查
90.1500 内分泌腺标本的显微镜检查，NEC，毒理学检查
90.1600 内分泌腺标本的显微镜检查，NEC，细胞块和帕帕尼科拉乌涂片
90.1900 内分泌腺标本的显微镜检查，NEC其他显微镜检查
90.2100 眼标本的显微镜检查，细菌涂片
90.2200 眼标本的显微镜检查，培养
90.2300 眼标本的显微镜检查，培养和敏感试验
90.2400 眼标本的显微镜检查，寄生虫学检查
90.2500 眼标本的显微镜检查，毒理学检查
90.2600 眼标本的显微镜检查，细胞块和帕帕尼科拉乌涂片
90.2900 眼标本的显微镜检查其他显微镜检查
90.3100 耳、鼻、咽和喉标本的显微镜检查，细菌涂片
90.3200 耳、鼻、咽和喉标本的显微镜检查，培养
90.3300 耳、鼻、咽和喉标本的显微镜检查，培养和敏感试验
90.3400 耳、鼻、咽和喉标本的显微镜检查，寄生虫学检查
90.3500 耳、鼻、咽和喉标本的显微镜检查，毒理学检查
90.3600 耳、鼻、咽和喉标本的显微镜检查，细胞块和帕帕尼科拉乌涂片
90.3900 耳、鼻、咽和喉标本的显微镜检查其他显微镜检查
90.4100 气管、支气管、胸膜、肺标本和其他胸部标本和痰的显微镜检查，细菌涂片
90.4200 气管、支气管、胸膜、肺标本和其他胸部标本和痰的显微镜检查，培养
90.4300 气管、支气管、胸膜、肺标本和其他胸部标本和痰的显微镜检查，培养和敏感试验
90.4400 气管、支气管、胸膜、肺标本和其他胸部标本和痰的显微镜检查，寄生虫学检查
90.4500 气管、支气管、胸膜、肺标本和其他胸部标本和痰的显微镜检查，毒理学检查
90.4600 气管、支气管、胸膜、肺标本和其他胸部标本和痰的显微镜检查，细胞块和帕帕尼科拉乌涂片
90.4900 气管、支气管、胸膜、肺标本和其他胸部标本和痰的显微镜检查其他显微镜检查
90.5100 血显微镜检查，细菌涂片
90.5200 血显微镜检查，培养
90.5300 血显微镜检查，培养和敏感试验
90.5400 血显微镜检查，寄生虫学检查
90.5500 血显微镜检查，毒理学检查
90.5600 血显微镜检查，细胞块和帕帕尼科拉乌涂片
90.5900 血显微镜检查其他显微镜检查
90.6100 脾标本和骨髓的显微镜检查，细菌涂片
90.6200 脾标本和骨髓的显微镜检查，培养
90.6300 脾标本和骨髓的显微镜检查，培养和敏感试验
90.6400 脾标本和骨髓的显微镜检查，寄生虫学检查
90.6500 脾标本和骨髓的显微镜检查，毒理学检查
90.6600 脾标本和骨髓的显微镜检查，细胞块和帕帕尼科拉乌涂片

90.6900　脾标本和骨髓的显微镜检查其他显微镜检查
90.7100　淋巴结和淋巴标本的显微镜检查，细菌涂片
90.7200　淋巴结和淋巴标本的显微镜检查，培养
90.7300　淋巴结和淋巴标本的显微镜检查，培养和敏感试验
90.7400　淋巴结和淋巴标本的显微镜检查，寄生虫学检查
90.7500　淋巴结和淋巴标本的显微镜检查，毒理学检查
90.7600　淋巴结和淋巴标本的显微镜检查，细胞块和帕帕尼科拉乌涂片
90.7900　淋巴结和淋巴标本的显微镜检查其他显微镜检查
90.8100　上消化道标本和呕吐物的显微镜检查，细菌涂片
90.8200　上消化道标本和呕吐物的显微镜检查，培养
90.8300　上消化道标本和呕吐物的显微镜检查，培养和敏感试验
90.8400　上消化道标本和呕吐物的显微镜检查，寄生虫学检查
90.8500　上消化道标本和呕吐物的显微镜检查，毒理学检查
90.8600　上消化道标本和呕吐物的显微镜检查，细胞块和帕帕尼科拉乌涂片
90.8900　上消化道标本和呕吐物的显微镜检查其他显微镜检查
90.9100　下消化道标本和大便的显微镜检查，细菌涂片
90.9200　下消化道标本和大便的显微镜检查，培养
90.9300　下消化道标本和大便的显微镜检查，培养和敏感试验
90.9400　下消化道标本和大便的显微镜检查，寄生虫学检查
90.9500　下消化道标本和大便的显微镜检查，毒理学检查
90.9600　下消化道标本和大便的显微镜检查，细胞块和帕帕尼科拉乌涂片
90.9900　下消化道标本和大便的显微镜检查其他显微镜检查
91.0100　肝、胆道和胰腺标本的显微镜检查，细菌涂片
91.0200　肝、胆道和胰腺标本的显微镜检查，培养
91.0300　肝、胆道和胰腺标本的显微镜检查，培养和敏感试验
91.0400　肝、胆道和胰腺标本的显微镜检查，寄生虫学检查
91.0500　肝、胆道和胰腺标本的显微镜检查，毒理学检查
91.0600　肝、胆道和胰腺标本的显微镜检查，细胞块和帕帕尼科拉乌涂片
91.0900　肝、胆道和胰腺标本的显微镜检查其他显微镜检查
91.1100　腹膜和腹膜后标本的显微镜检查，细菌涂片
91.1200　腹膜和腹膜后标本的显微镜检查，培养
91.1300　腹膜和腹膜后标本的显微镜检查，培养和敏感试验
91.1400　腹膜和腹膜后标本的显微镜检查，寄生虫学检查
91.1500　腹膜和腹膜后标本的显微镜检查，毒理学检查
91.1600　腹膜和腹膜后标本的显微镜检查，细胞块和帕帕尼科拉乌涂片
91.1900　腹膜和腹膜后标本的显微镜检查其他显微镜检查
91.2100　肾、子宫、肾周和输尿管周围组织标本的显微镜检查，细菌涂片
91.2200　肾、子宫、肾周和输尿管周围组织标本的显微镜检查，培养
91.2300　肾、子宫、肾周和输尿管周围组织标本的显微镜检查，培养和敏感试验
91.2400　肾、子宫、肾周和输尿管周围组织标本的显微镜检查，寄生虫学检查
91.2500　肾、子宫、肾周和输尿管周围组织标本的显微镜检查，毒理学检查
91.2600　肾、子宫、肾周和输尿管周围组织标本的显微镜检查，细胞块和帕帕尼科拉乌涂片
91.2900　肾、子宫、肾周和输尿管周围组织标本的显微镜检查其他显微镜检查
91.3100　膀胱、尿道、前列腺、精囊、膀胱周围组织标本和尿及精液的显微镜检查，细菌涂片
91.3200　膀胱、尿道、前列腺、精囊、膀胱周围组织标本和尿及精液的显微镜检查，培养
91.3300　膀胱、尿道、前列腺、精囊、膀胱周围组织标本和尿及精液的显微镜检查，培养和敏感

试验

91.3400 膀胱、尿道、前列腺、精囊、膀胱周围组织标本和尿及精液的显微镜检查，寄生虫学检查

91.3500 膀胱、尿道、前列腺、精囊、膀胱周围组织标本和尿及精液的显微镜检查，毒理学检查

91.3600 膀胱、尿道、前列腺、精囊、膀胱周围组织标本和尿及精液的显微镜检查，细胞块和帕帕尼科拉乌涂片

91.3900 膀胱、尿道、前列腺、精囊、膀胱周围组织标本和尿及精液的显微镜检查其他显微镜检查

91.4100 女性生殖道标本的显微镜检查，细菌涂片

91.4200 女性生殖道标本的显微镜检查，培养

91.4300 女性生殖道标本的显微镜检查，培养和敏感试验

91.4400 女性生殖道标本的显微镜检查，寄生虫学检查

91.4500 女性生殖道标本的显微镜检查，毒理学检查

91.4600 女性生殖道标本的显微镜检查，细胞块和帕帕尼科拉乌涂片

91.4900 女性生殖道标本的显微镜检查其他显微镜检查

91.5100 肌肉骨骼系统标本和关节积液的显微镜检查，细菌涂片

91.5200 肌肉骨骼系统标本和关节积液的显微镜检查，培养

91.5300 肌肉骨骼系统标本和关节积液的显微镜检查，培养和敏感试验

91.5400 肌肉骨骼系统标本和关节积液的显微镜检查，寄生虫学检查

91.5500 肌肉骨骼系统标本和关节积液的显微镜检查，毒理学检查

91.5600 肌肉骨骼系统标本和关节积液的显微镜检查，细胞块和帕帕尼科拉乌涂片

91.5900 肌肉骨骼系统标本和关节积液的显微镜检查其他显微镜检查

91.6100 皮肤和其他体被标本的显微镜检查，细菌涂片

91.6200 皮肤和其他体被标本的显微镜检查，培养

91.6300 皮肤和其他体被标本的显微镜检查，培养和敏感试验

91.6400 皮肤和其他体被标本的显微镜检查，寄生虫学检查

91.6500 皮肤和其他体被标本的显微镜检查，毒理学检查

91.6600 皮肤和其他体被标本的显微镜检查，细胞块和帕帕尼科拉乌涂片

91.6900 皮肤和其他体被标本的显微镜检查其他显微镜检查

91.7100 手术伤口标本的显微镜检查，细菌涂片

91.7200 手术伤口标本的显微镜检查，培养

91.7300 手术伤口标本的显微镜检查，培养和敏感试验

91.7400 手术伤口标本的显微镜检查，寄生虫学检查

91.7500 手术伤口标本的显微镜检查，毒理学检查

91.7600 手术伤口标本的显微镜检查，细胞块和帕帕尼科拉乌涂片

91.7900 手术伤口标本的显微镜检查其他显微镜检查

91.8100 其他部位标本的显微镜检查，细菌涂片

91.8200 其他部位标本的显微镜检查，培养

91.8300 其他部位标本的显微镜检查，培养和敏感试验

91.8400 其他部位标本的显微镜检查，寄生虫学检查

91.8500 其他部位标本的显微镜检查，毒理学检查

91.8600 其他部位标本的显微镜检查，细胞块和帕帕尼科拉乌涂片

91.8900 其他部位标本的显微镜检查其他显微镜检查

91.9100 未特指的部位标本显微镜检查，细菌涂片

91.9200 未特指的部位标本显微镜检查，培养

91.9300 未特指的部位标本显微镜检查，培养和敏感试验

91.9400 未特指的部位标本显微镜检查，寄生虫学检查

91.9500 未特指的部位标本显微镜检查，毒理学检查

91.9600 未特指的部位标本显微镜检查，细胞块和帕帕尼科拉乌涂片

91.9900 未特指的部位标本显微镜检查其他显微镜检查

92.0101 甲状腺核素扫描

92.0201 肝核素扫描

92.0300x002 肾清除率检查
92.0301 肾核素扫描
92.0400x001 胃食管核素检查
92.0401 胃肠核素扫描
92.0500x001 心肌核素显像
92.0501 心血管核素扫描
92.0502 骨髓核素扫描
92.0503 脾核素扫描
92.0900x001 肾上腺核素扫描
92.0900x002 其他放射性核素扫描
92.1101 脑核素扫描
92.1201 腮腺核素扫描
92.1202 耳咽管核素扫描
92.1300x001 甲状旁腺核素扫描
92.1401 骨核素扫描
92.1501 肺核素扫描
92.1601 淋巴系统核素扫描
92.1701 胎盘核素扫描
92.1800x001 全身核素扫描
92.1800x002 PET-CT扫描
92.1801 全身正子X线断层显像-计算机断层显像
92.1900x001 唾液腺核素扫描
92.1901 肢体静脉核素扫描
92.1902 肢体动脉核素扫描
92.1903 腹部核素扫描
92.1904 盆腔核素扫描
92.1905 乳房核素扫描
92.2000 短程放射性核素治疗的液体输注
95.0101 配镜检查
95.0102 视力检查
95.0104 角膜内皮镜检查
95.0105 角膜曲率检查
95.0200 综合性眼检查
95.0300x004 巩膜透照
95.0301 青光眼检查
95.0302 神经性眼病检查
95.0303 视网膜疾病检查
95.0400 麻醉下眼检查
95.0500 视野检查
95.0600 色觉检查
95.0700 黑暗适应检查
95.0901 视觉检查
95.1100 眼底照相术
95.1200x003 吲哚青绿脉络膜血管造影
95.1201 眼荧光素血管造影
95.1202 眼毛细血管显微镜检查
95.1300 眼超声检查
95.1300x002 超声生物显微镜检查［UBM检查］
95.1400 眼X线检查
95.1500 眼运动检查
95.1601 光学相干性视网膜扫描
95.2100 视网膜电图［ERG］
95.2200 眼动图［EOG］
95.2300 视觉诱发电位［VEP］
95.2400 眼震电流描记图［ENG］
95.2500 眼肌电图［EMG］
95.2601 角膜地形图
95.3101 配镜
95.3200x001 角膜接触镜配镜
95.3301 助视镜安装
95.3400 眼假体
95.3500 视轴矫正训练
95.3600 眼科咨询和指导
95.4101 电测听检查
95.4102 耳声发射
95.4201 音叉听力试验
95.4202 耳语听力试验
95.4300 听力评估
95.4301 韦伯听力评估
95.4401 前庭功能热试验
95.4500 旋转测验
95.4601 前庭功能检查
95.4700x002 听觉诱发电位［AEP］
95.4800 助听器安装
95.4900 其他与听力相关的非手术性操作
95.4900x001 人工耳蜗调试
96.0100 鼻咽导气管的置入
96.0200 口咽导气管置入
96.0300 食管阻塞导气管置入
96.0500x002 喉罩插入
96.0700x001 胃插管减压
96.0700x002 NAVA导管插入
96.0800x001 肠插管减压
96.0800x004 鼻空肠营养管置入术
96.0800x005 鼻十二指肠营养管置入术
96.0800x006 经鼻肠营养管置入术
96.0800x007 经鼻肠营养管调整术
96.0900 直肠导管置入
96.0901 直肠导管置换
96.1100 外耳道填塞

96.1400　阴道填塞
96.1500　阴道塑模置入
96.1600x001　阴道扩张
96.1601　阴道口手法扩张术
96.1700　阴道隔膜置入
96.1900　直肠填塞
96.2100　额鼻管扩张
96.2200　直肠扩张
96.2300　肛门括约肌扩张
96.2400x001　肠造口扩张
96.2401　结肠造口手法扩张
96.2501　膀胱水扩张疗法
96.2600　直肠脱垂手法复位术
96.2700　疝手法复位术
96.2800　肠造口脱垂手法复位术
96.3100x001　胃低温
96.3200　胃冷冻
96.3300　胃灌洗
96.3400x001　鼻-胃管冲洗
96.3500x001　鼻饲
96.3601　胃造口冲洗
96.3602　肠造口冲洗
96.3700x001　菌群移植治疗
96.3800　嵌塞粪便去除
96.3901　直肠冲洗
96.3902　中药结肠透析
96.3903　小儿中药灌肠退热术
96.3904　中药保留灌肠
96.4101　胆囊造口冲洗
96.4102　胆管冲洗
96.4200　胰管冲洗术
96.4300　消化道滴注，除外胃饲法（胃管）
96.4400　阴道冲洗
96.4501　肾造口冲洗
96.4502　肾盂造口冲洗
96.4601　输尿管造口冲洗
96.4602　输尿管导管冲洗
96.4700　膀胱造口冲洗术
96.4801　导尿管冲洗
96.4901　膀胱灌注
96.5100　眼冲洗术
96.5200x001　耳耵聍去除
96.5200x002　外耳道冲洗
96.5201　耵聍冲洗术
96.5300　鼻道冲洗术
96.5400x001　洁牙
96.5400x002　龈下刮治术
96.5401　超声洁牙术
96.5700　血管导管冲洗术
96.5800　伤口导管冲洗术
96.5900x001　清洁伤口
96.6x01　肠内高营养
96.6x02　胃肠内高营养
97.0101　鼻-胃管置换
97.0200　胃造口导管置换
97.0301　小肠造口导管置换
97.0302　空肠造口管置换术
97.0401　大肠造口导管置换
97.0501　胆管引流管置换术
97.0503　胰管套管置换
97.0504　胆囊引流管置换术
97.1100　置换上肢石膏管型
97.1200　置换下肢石膏管型
97.1300x001　石膏置换
97.1400x001　外固定置换
97.1500　置换伤口引流管
97.1600x001　伤口填塞物置换
97.1600x002　伤口引流条置换
97.2100　鼻填塞物的置换
97.2200　牙填塞物的置换
97.2300　气管造口导管的置换
97.2301　气管套管置换术
97.2400x001　阴道隔膜置换
97.2500x001　子宫托置换
97.2601　阴道填塞物置换
97.2602　阴道引流物置换
97.2900　其他非手术性置换
97.2900x001　耳内填塞物置换
97.3100　去除眼假体
97.3200　去除鼻填塞物
97.3300x001　颌间结扎去除
97.3400　去除牙填塞物
97.3500　去除牙假体
97.3600x002　颌骨外固定去除
97.3601　颌骨牵引器去除
97.3700x001　气管插管去除
97.3800x001　口腔缝线去除
97.3801　角膜缝线去除
97.3802　结膜缝线去除
97.3803　眼部缝线去除

97.3804　头部缝线去除
97.3805　颈部缝线去除
97.3806　腭部缝线去除
97.3901　颈部治疗性装置去除
97.3902　头部治疗性装置去除
97.3903　鼻后孔成形管取出术
97.3904　头盆环牵引去除
97.3905　鼻泪管支架取出术
97.4101　胸腔引流管取出术
97.4200　去除纵隔引流物
97.4300　去除胸缝线
97.4400x003　主动脉球囊反搏装置去除［IABP装置去除］
97.4401　循环辅助装置去除
97.4402　心脏辅助装置去除
97.4900　去除胸的其他装置
97.5100　去除胃造口导管
97.5200　去除小肠导管
97.5301　直肠导管去除
97.5400　去除胆囊造口导管
97.5501　去除胆管支架
97.5502　胆管引流管取出术
97.5503　去除T型管术
97.5504　肝引流管取出术
97.5602　胰腺引流管去除
97.5603　去除胰腺导管
97.6101　肾造口导管取出术
97.6102　肾盂造口导管取出术
97.6201　输尿管导管去除
97.6202　输尿管造口导管去除
97.6203　输尿管双“J”管取出术
97.6204　输尿管镜输尿管支架取出术
97.6205　膀胱镜输尿管支架取出术
97.6300　去除膀胱造口导管
97.6400x001　导尿管去除
97.6401　去除留置的泌尿系统导管
97.6402　膀胱镜D-J管取出术
97.6501　去除尿道支撑物
97.6901　膀胱支架去除
97.6902　前列腺支架去除
97.7101　子宫内避孕器取出术
97.7102　宫腔镜子宫内避孕器取出术
97.7200　取出子宫内填塞物
97.7300　取出阴道隔膜
97.7400x001　子宫托去除
97.7500x001　阴道填塞物去除
97.7900x003　外阴缝线去除
97.7900x004　阴茎缝线去除
97.7901　阴道缝线去除
97.7902　宫颈缝线去除
97.7903　宫颈管支架取出术
97.7904　宫腔支架取出术
97.8100　去除腹膜后引流装置
97.8200　去除腹膜引流装置
97.8300　去除腹壁缝线
97.8400　去除躯干缝线
97.8500　去除躯干填塞物
97.8600x004　腹腔化疗泵去除
97.8600x006　盆腔化疗泵去除
97.8600x007　腹膜透析导丝法拔管
97.8600x008　腹膜透析腹腔法拔管
97.8600x009　腹膜透析手工法拔管
97.8601　腹膜透析管去除
97.8602　腹腔DDS泵取出术
97.8603　肝动脉泵取出术
97.8700x001　躯干装置去除
97.8801　外固定装置取出术
97.8802　石膏外固定去除
97.8900x003　肢体缝线去除
97.8900x004　为肾透析的半永久静脉导管拔管
97.8900x005　为肾透析的临时静脉导管拔管
97.8901　皮肤扩张器取出术
97.8902　输注泵取出术
97.8903　化疗泵取出术
97.8904　缝线去除
97.8905　PICC管去除
98.0200x001　食管内异物去除
98.0201　食管镜食管异物取出术
98.5900x002　子宫结石体外冲击波碎石
99.0000x002　自体血回输（术中）
99.0001　自体血液回输
99.0100x001　供者采血
99.0100x003　全血置换
99.0101　动脉输血术
99.0102　换血术
99.0200x001　自体血回输
99.0301　输血
99.0400x001　成份血细胞输入
99.0401　红细胞输入
99.0500　输入血小板

99.0601 输入抗血友病因子
99.0701 血浆输入
99.0800 血容量扩充药的输入
99.0901 人造血浆输入
99.0902 间充质干细胞回输
99.1000x011 下腔静脉导管溶栓
99.1100 注射Rh免疫球蛋白
99.1201 脱敏疗法
99.1300 自体免疫病的免疫接种
99.1401 免疫血清注射
99.1501 全部胃肠外营养
99.1502 周围胃肠外营养
99.1600x003 肉毒素注射
99.1601 抗蛇毒素注射
99.1602 重金属拮抗剂注射
99.1700 注射胰岛素
99.1800x001 电解质制剂注射
99.1800x002 电解质制剂输注
99.1900 注射凝血药
99.2000x001 血小板抑制剂注射
99.2000x002 血小板抑制剂输注
99.2100 注射抗生素
99.2200x001 抗感染药物注射
99.2300 类固醇注射
99.2400x001 肾上腺皮质激素类药物注射
99.2401 骨囊肿激素注射术
99.2600 注射镇静药
99.2700 电离子透入疗法
99.2802 小剂量白介素治疗
99.2803 溶瘤腺病毒注射术
99.2900x005 肛周湿疹封闭
99.2900x006 玻尿酸注射
99.2900x007 非抗肿瘤免疫治疗
99.2901 异位妊娠化疗药物注射
99.2902 穴位注射
99.2903 膀胱颈硬化剂注射
99.2904 血管瘤硬化剂注射
99.2905 血管瘤平阳霉素注射
99.2906 颞部充填术（透明质酸钠注射）
99.2907 超声定位下肉毒素注射
99.2908 肌电定位下肉毒素注射
99.3100 抗霍乱接种
99.3200 抗伤寒和副伤寒接种
99.3300 抗结核接种
99.3400 抗鼠疫接种
99.3500 抗兔热病接种
99.3600 应用白喉类毒素
99.3700 接种抗百日咳
99.3800 破伤风类毒素应用
99.3900 白喉-百日咳-破伤风的三联混合菌应用
99.4100 脊髓灰质炎疫苗应用
99.4200 抗天花接种
99.4300 抗黄热病接种
99.4400 抗狂犬病接种
99.4500 抗麻疹接种
99.4600 抗流行性腮腺炎接种
99.4700 抗风疹接种
99.4800 使用麻疹-流行性腮腺炎-风疹疫苗
99.5100 抗感冒的预防性接种
99.5200 抗流行性感冒的预防性接种
99.5300x001 病毒性脑炎疫苗预防性接种
99.5400 抗节肢动物传播的病毒性疾病的预防性接种
99.5500 抗其他疾病的预防性疫苗应用
99.5600 应用破伤风抗毒素
99.5600x001 破伤风抗毒素治疗
99.5700x001 肉毒中毒抗毒素治疗
99.5801 气性坏疽抗毒素治疗
99.5802 猩红热抗毒素治疗
99.5900 其他种痘和接种
99.6000 心肺复苏
99.6100 心房复律术
99.6200x001 电除颤
99.6201 心律电复律
99.6202 心室内除颤
99.6300x001 心外按压
99.6400 颈动脉窦刺激
99.6900 其他心律复转
99.7100 治疗性血浆去除术
99.7200 治疗性白细胞去除术
99.7200x002 治疗性淋巴细胞去除
99.7200x003 治疗性粒细胞去除
99.7300 治疗性红细胞去除术
99.7400 治疗性血小板去除术
99.7500 神经保护药的使用
99.7600 体外免疫吸附
99.7700x001 屏障物置入
99.7800 液体平衡疗法
99.7901 干细胞采集
99.8100x001 体表物理降温

99.8200x002 局部红外线照射
99.8200x003 新生儿紫外线照射
99.8200x004 局部紫外线照射
99.8300x003 强脉冲光治疗
99.8300x004 红光治疗
99.8300x005 蓝光照射治疗
99.8301 新生儿蓝光治疗
99.8400 隔离
99.8500x001 微波治疗
99.8500x002 振荡波治疗
99.8500x003 热疗（用于癌症）
99.8500x004 高强度聚焦超声治疗［HIFU］
99.8501 癌瘤微波治疗术
99.8502 体外聚焦热疗［FEP］
99.8503 温热化疗术
99.8601 骨创伤治疗仪使用
99.8800x002 光化学疗法［PUVA］
99.8801 光动力学疗法
99.8802 胆管癌光化学疗法［PUVA］
99.8803 食管癌光化学疗法［PUVA］
99.8804 胃癌光化学疗法［PUVA］
99.9100 针刺用于麻醉
99.9300 直肠按摩（用于提肛肌痉挛）
99.9400 前列腺按摩
99.9500 包皮伸长
99.9600 收集精液用于人工授精
99.9700 安装牙托
99.9800 授乳乳房的乳汁抽吸
99.9900x010 氩气刀治疗
99.9900x011 口服免疫抑制剂治疗
99.9901 水蛭疗法
99.9902 蜂针疗法